殷墟

甲骨学大辞典

郭旭东 张源心 张 坚 主编

王宇信 审订

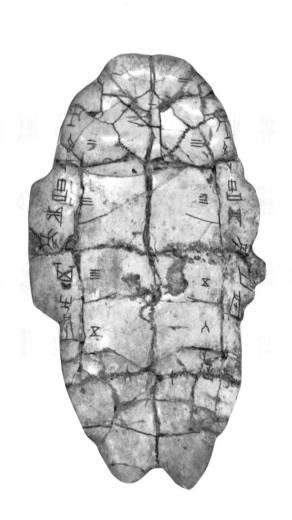

中国社会科学出版社

图书在版编目（CIP）数据

殷墟甲骨学大辞典／郭旭东，张源心，张坚主编．—北京：中国社会科学出版社，
2020.12（2023.1 重印）
ISBN 978-7-5203-5041-9

Ⅰ.①殷…　Ⅱ.①郭…②张…③张…　Ⅲ.①甲骨文—词典　Ⅳ.①K877.1-61

中国版本图书馆 CIP 数据核字（2019）第 195860 号

出 版 人　赵剑英
责任编辑　安　芳
责任校对　张爱华
责任印制　李寡寡

出　　　版　中国社会科学出版社
社　　　址　北京鼓楼西大街甲 158 号
邮　　　编　100720
网　　　址　http://www.csspw.cn
发 行 部　010-84083685
门 市 部　010-84029450
经　　　销　新华书店及其他书店

印刷装订　北京君升印刷有限公司
版　　　次　2020 年 12 月第 1 版
印　　　次　2023 年 1 月第 2 次印刷

开　　　本　787×1092　1/16
印　　　张　90.75
字　　　数　1710 千字
定　　　价　698.00 元

主编简介

  郭旭东，1965 年生，河南省林州市人，历史学博士，二级教授，中国殷商文化学会副会长，安阳师范学院历史与文博学院院长、甲骨文研究院院长，主要从事甲骨学与殷商文化研究。参与王宇信《甲骨文精粹释译》编撰工作，出版《走近殷墟——殷墟考古发掘与研究》《青铜王都——殷墟考古大发现》《殷商文明论集》等学术著作十余部。在《中国史研究》《文史哲》《史学集刊》《史学月刊》《考古与文物》《华夏考古》《中国农史》等刊物发表学术论文 50 余篇。参与李民教授主编《殷商社会生活史》的编撰工作，承担其中"殷商社会经济史"一章，近十万字，该书 1994 年被河南省教委评为优秀科研成果一等奖，1996 年被河南省社会科学联合会评为河南省优秀社科成果著作三等奖，1997 年荣获河南省社科优秀图书一等奖。

  张源心，1990 年生，河南省安阳市人。韩国庆星大学国际汉字教育在读博士。2015 年马来西亚林国荣创意科技大学硕士毕业，获硕士学位，现工作单位安阳师范学院传媒学院。2016 年参加由中国社科院荣誉学部委员、博士生导师王宇信研究员主编《殷墟文化大典》的编纂工作，为《殷墟文化大典·甲骨卷》编著之一。《殷墟文化大典》2016 年 12 月由时代出版传媒股份有限公司，安徽人民出版社出版发行。2017 年至今，参加国家教育部设立的"甲骨文等古文字研究与应用专项"课题，由中国殷商文化学会及安阳师范学院推荐课题"董作宾全集""甲骨文地名通考"的项目申报与编著。以及《甲骨文一百二十年》大型专题片编导工作、《甲骨文动漫》设计。参加《甲骨文记忆——甲骨文发现 120 周年图鉴》《千字文中学甲骨》《读三字经学甲骨文》编纂工作；发表《甲骨文发现与王懿荣的爱国情怀》等论文。被特聘为中国殷商文化学会甲骨文艺术研究分会（甲骨文艺术研究院）副秘书长。

  张坚，1955 年生，河南省安阳市人。中国殷商文化学会副会长（之前曾先后担任中国殷商文化学会副秘书长、常务副秘书长），河南省杜甫文化研究会副主席，安阳师范学院特聘教授，甲骨文与殷商史研究中心研究员，安阳工学院荣誉教授。1999 年为纪念甲骨文发现一百周年策划和带领拍摄了大型专题片《甲骨百年》，荣获 2000 年国家广电总局"中国广播电视新闻奖"一等奖。出版《走近甲骨学大师董作宾——董作宾传略》《耕耘集·金开甲骨文书法集》《殷墟邮话——方寸间品读殷墟文化》等专著。参加王宇信主编《殷墟文化大典》的编纂工作，任《殷墟文化大典·甲骨卷》主编。在《光明日报》《中国文物报》《殷都学刊》等报纸期刊发表《安阳殷墟有三宝》《文明神明忆饶公》《商族图腾及相关问题》《台湾拜访石璋如》《怀念邹衡先生》《甲骨学与甲骨文书法艺术》等文章，整理发表石璋如《殷墟妇好墓的五点疑问》等。

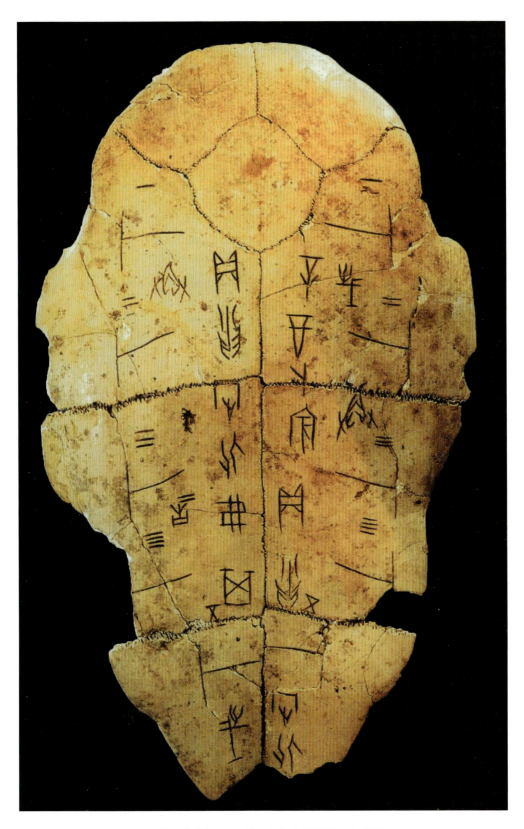

卜甲《合集》6654 号　台北史语所藏　龟腹甲

卜骨《合集》34165 号　台北史语所藏

"甲骨之王"《合集》6057 号正、反面，国博藏 35 号

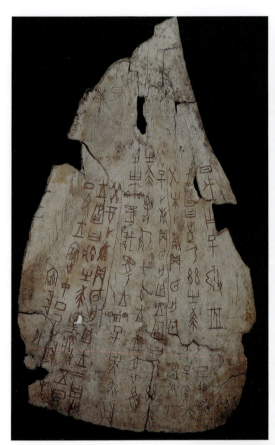

"祭祀狩猎牛胛骨卜辞"《合集》10405 号正、反面，局部，国博藏 56 号

"武丁大龟"卜甲《合集》14659 号正、反面，局部拓片，台北史语所藏

"鸟星版双刀刻卜辞"《合集》11497 号正、反面，台北史语所藏

龟背甲卜辞《合集》14129 号，台北史语所藏

改制背甲《合集》9733 号正、反面，台北史语所藏

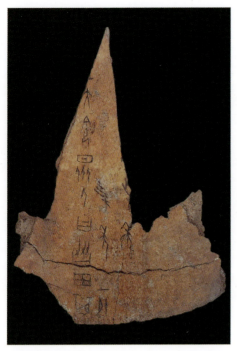

《大令协田》卜骨《合集》1 号，国博藏 46 号

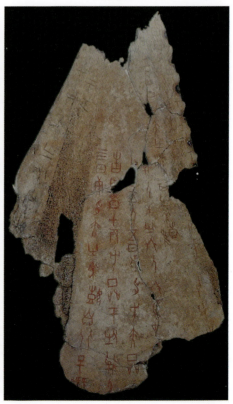

《四方风》卡骨《合集》14294 号，北图藏

填朱卜骨《合集》10406 号正、反面，图博藏 036 号

人头骨刻辞《合集》38760号，历史所藏1904号

人头骨刻辞拓片

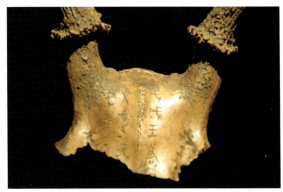

鹿头刻辞《合集》36534号，台北史语所藏

鹿头刻辞拓片

兕骨刻辞《合补》14294号，国博藏261号

蚌笄头刻辞，旅博藏2211号

蚌笄头刻辞拓片、摹片

甲桥刻辞《丙》358号局部示意，台北史语所藏

卜甲刻兆《合集》1100号局部示意，台北史语所藏

卜甲犯兆《合集》5611号局部示意，台北史语所藏

卜甲界划《合集》641号，台北史语所藏

填朱例《合集》9775号正面 台北史语所藏　　　朱书墨书例《合集》9775号反面 台北史语所藏

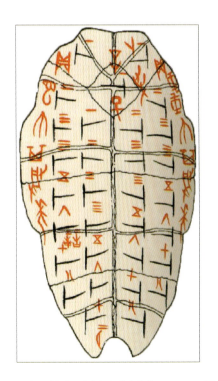

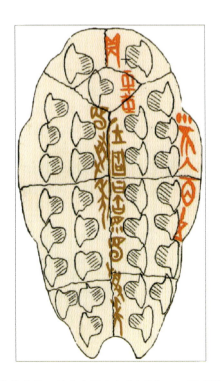

董作宾摹写的腹甲刻辞（《合集》9775号正面）　　董作宾摹写的朱书墨书（《合集》9775号反面）

《合集》14129号反面 攫书墨书 台北史语所藏

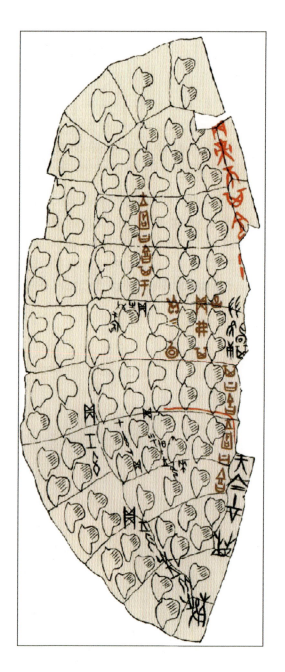

董作宾摹背甲刻辞（《合集》14129号反面）
黑色字为契刻 红色字与褐色字为朱书与墨书

朱书卜甲《乙》7285号，台北史语所藏

朱书卜甲《乙》6849号，台北史语所藏

墨书卜甲《乙》566号，台北史语所藏

墨书卜甲《乙》778号，台北史语所藏

卜甲"序数十一"例《合集》22046号，台北史语所藏

卜甲"序数十八"例《合集》10171号局部示意，台北史语所藏

成套卜辞1（一）《合集》6482号，台北史语所藏

成套卜辞1（二）《合集》6483号，台北史语所藏

成套卜辞1（三）《合集》6484号，
台北史语所藏

成套卜辞1（四）《合集》6485号，
台北史语所藏

成套卜辞1（五）《合集》6486号，
台北史语所藏

文字最多的牛胛骨记事刻辞《合集》36481号正、反面，国博藏260号

骨符刻辞《合集》20505号正、侧、反面，上博藏54806。1号

历史所藏郭沫若捐赠甲骨一盒图

《合集》36639号正、反面，旅博藏1949号，郭沫若《日本所藏甲骨择尤》1号，日本人岩间德也旧藏

孟广慧旧藏20甲骨小残片于2004年7月3日上海拍卖会拍出5280万元人民币天价

董敏（中）、董星（右一）和张坚在南阳董宅

陈炜湛、董敏、董玉京、商志𩇕、张永山、
张坚（从右至左）出席国际甲骨学会议

王宇信（右一）、宋镇豪（左一）与张坚（中）
在洹北商城考古发掘现场

石璋如（前排中）、王宇信（前排左二）、宋镇豪（前排右二）、杨学法（前排左一）、
董玉京（后排右一）、董敏（后排右二）、张坚（前排右一）于台北史语所合影

《殷墟甲骨学大辞典》编著人员

主　编：郭旭东　　张源心　　张　坚

编　著：郭旭东　　张源心　　张　坚　　张乃夫　　甘燕玲

　　　　孙雅超　　刘　宏

审　订：王宇信

编　辑：安阳师范学院历史与文博学院

总　目

第二编　人物编

第三编 著作编

附 录

索 引

目　　录

第二编　人物编

一　甲骨文上的人物

二　甲骨文研究学者 ………… （784）

附　录

索　引

序

王宇信

2019 年是殷墟甲骨文发现 120 周年，为隆重庆祝这一甲骨学史上的盛事，国家专门于 2019 年 11 月 1 日在首都北京人民大会堂召开了座谈会，国家主席习近平致信祝贺。习主席在贺信中指出："殷墟甲骨文的重大发现在中华文明乃至人类文明发展史上具有划时代的意义。甲骨文是迄今为止中国发现的年代最早的成熟文字系统，是汉字的源头和中华优秀传统文化的根脉，值得倍加珍视、更好传承发展。"同时，他还要求："新形势下，要确保甲骨文等古文字研究有人做、有传承。希望广大研究人员坚定文化自信，发扬老一辈学人的家国情怀和优良学风，深入研究甲骨文的历史思想和文化价值，促进文明交流互鉴，为推动中华文明发展和人类社会进步作出新的更大的贡献。"（摘自 2019 年 11 月 1 日《习近平致甲骨文发现和研究 120 周年的贺信》）习主席的这封贺信，是政府推动下的甲骨文研究全面深入发展与弘扬新阶段前进的动员会，必将极大地鼓舞向甲骨文研究新高峰攀登的甲骨学者们的斗志，从而把新时代的甲骨学研究推向更大的辉煌。

正值全国史学界全面深入落实习主席《贺信》精神之际，安阳师范学院历史与文博学院郭旭东教授甲骨文研究团队的新作《殷墟甲骨学大辞典》（以下简称《大辞典》）编纂完成，并即将由中国社会科学出版社出版。就在此书出版前夕，出版社的朋友们特邀我审订、阅读此书，这是对我的信任和厚爱，我表示十分感谢！先睹为快的我，本着对作者和出版社负责的精神，认真拜读了这部厚达 1300 多页，洋洋洒洒 3584 个词条的大著，我为这部《大辞典》丰富的内容和翔实的文字所折服！也为编纂者的"上穷碧落"找线索，千方百计聚材料的辛勤劳作表示慰问和由衷的敬佩！

安阳殷墟是世界文化遗产甲骨文的故乡，120 年前的 1899 年，甲骨文被伟大爱国主义学者王懿荣发现以后，直到 1910 年甲骨学家罗振玉才考证其出土地安阳小屯村一带曾是"徙于武乙，去于帝乙"的晚商都城。自此，退隐历史后院的"蕞尔一邑"小屯村，才又被学者们推向世界文明史的前台。不仅如此，甲骨文使被"疑古派"否定了的商王朝历史，重新建立在有文字可考的基础之上，成为海内外学者公认的中国历史的开篇。为了搜寻更多有科学记录的甲骨文，自1928年开始的大规模发掘工作就有15次。虽然因抗日战争爆发而暂停，但1949年新中国甫一成立，就又开始了继续发掘工作，并持续至今。安阳殷墟历年出土的15万片甲骨文，是传承中华文化基因的商文明历史遗珍。几代考古学家的努力，为我们打开了殷墟这座"地下博物馆"的璀璨华美文化圣殿的大门，从而有可能使世界人民步入这座文明宝库的堂奥，并在时空隧道的穿越中，实现与古人的对话和心灵感应，从而为博大精深的殷墟文明的深厚底蕴所震撼。因此，殷墟遗址申报世界文化遗产的成功和甲骨文成功入选《世界记忆名录》，是各国人民对殷墟甲骨文文化在人类文明史上所占重要地位的高度重视与肯定。而殷墟文化和甲骨文明由"中华遗珍"向"世界文化遗产"的飞跃，也进一步加强中国学者传承、发展与弘扬"世界双遗产"的历史责任与历史的担当。

为传承、发展与弘扬甲骨文与殷商文化，2016年12月，作为国家出版基金项目，由安徽人民出版社发行出版了由我任总主编的海内外第一部以文字和图像相结合，并全方位而形象地展示世界文化遗产殷墟文化的大型工具书——《殷墟文化大典》（以下简称《大典》）。这部《大典》以甲骨文、考古和商代史三个方面为纲，对百多年来殷墟文化的发现和研究成果，进行了条分缕析的整理和编排，因各有关方面内容又可独立成卷，即甲骨卷、考古卷、商史卷共3卷6册出版。这部全方位展现殷墟甲骨文化的著作，以其收集资料全面和内容广博准确，赢得了学术界的赞誉和推崇。当年在遴选《大典·甲骨卷》的编纂人员时，鉴于安阳师范学院研究团队，有着身处殷墟的地利优势和相当学术积累，而刻苦钻研的精神，使他们初生牛犊不怕虎，顺理成章地就使他们成为这部甲骨学史上没有前例的《大典·甲骨卷》撰著者的首选。在编纂《大典》时，我按出版社的旨意，要求各卷的编写尽量压缩文字，或精简内容，因而个别词条有"意犹未尽"，或为压缩而压缩，显得上气不接下气之感……因而我在《大典》总序中说过，编写时出现的种种不是（及朋友们指出的或是我们自己认识到的），即留下的"遗憾"，总会成为后来人的教训，并从此走向新的成功。

现在这部即将与读者见面的《殷墟甲骨学大辞典》，无论是在词条的设计方面，还是在扩容的用心方面，以及在词条写作的深度和系统方面，都比《大典·甲骨卷》大大前进了一步，并在《大典·甲骨卷》的基础上加以丰富，并全方位加以阐述，大加补充，从而使辞条的立意和辞条的涵盖面更加完善。因而可以说，这部《大辞典》，是原《大典·甲骨卷》的升华，堪称一部全新的《殷墟甲骨学大辞典》。

这部《大辞典》的内容顺序编排得甚为缜密和新颖，即全书把林林总总的甲骨学研究成果统为三编：第一编词目、术语，第二编人物，第三编著作。第一编"词目、术语"又分为两大类，一是甲骨学名词、专门用语，二是甲骨文字词解，其下更细分为一般名词（包括时间词、空间方位词、天象气象词、地理邦族和方国等）、动词、形容词、数量词、代词、副词、习惯用语等。再现了使用甲骨文的殷商时期人们社会生活种种和甲骨文再现的商代宗教崇拜与占卜祭祀活动的场景。因此也可以说，有关甲骨学自身规律的复原和甲骨文字释读的丰硕成果等，通过本《大辞典》所列条目的条分缕析，一一作出来龙去脉清晰的解答。从这个意义上说，这部分所收两千多个词条是一部分解了的甲骨学"通论"和集诸家研究于一书的甲骨文字"简明字典"；第二编"人物"又分为古今两大类。所谓"古"专指甲骨文上记录的商代人物。所谓"今"则专指1899年甲骨文发现以来，推动甲骨学研究前进，作出贡献的几代甲骨学家。甲骨文上记录的人物，是商代历史上的真实存在，诸如先公先王、商王配偶、诸妇诸子、臣工百官、贞卜人物与酋邦侯伯等十一类身份地位不同的人物，在商朝历史舞台上演出了威武雄壮的史剧。这些三千多年前的"古"代人物，在今天能"活"起来，并在其相应历史定位上"亮相"，是120年来甲骨学研究的重要成果。而第二编所列"今"人，即现代研究甲骨文的几代有贡献的甲骨学人，并着意对"甲骨学四个第一人""甲骨四堂""殷墟考古十兄弟""甲骨学八老""甲骨学六外国权威学者""甲骨学五位资深学者"等的学术成就及研究特点作了较为详细的叙述。因此可以说，这部分是创造辉煌商代历史的"商史人物传"和创造了甲骨学120年辉煌发展史的当代甲骨学家"群像"。甲骨学家们的守护、传承和道德文章，是我们后学要继承和弘扬的宝贵精神、财富；本《大辞典》第三编安排的"著作"，就是对甲骨文著录、甲骨文字考释著作、甲骨学研究专著（占卜占法、文法文例、校订缀合、断代分期及各种研究专题、商代史专著）、甲骨学史研究、工具书、学者传记、甲骨书法及书法理论专书等所取得的研究成果，进行了全方位的追踪。从这个意义上说，这部分是对120年来甲骨学研究成果的全面展示与总结。难能可贵的是，本书介绍海内外研究成果全面，评介科学客观。特别是海内外著作搜介如此之多，是需千方百计的。特别是作为地方大学的郭旭东甲骨学研究团队，搜寻如此之多的海外著作是相当不容易的！其作为我们扩大了认识海外甲骨学研究进展的窗口，我们应感谢他们的努力和奉献！

如此等等。本《大辞典》甲骨文内容的展示，既充分体现了前辈著名学者的见解和观点，又广泛吸纳了甲骨新秀的最新研究成果与创见。为充实内容的展示，在一些重点的甲骨文字词条中，适当增加了较为清晰的甲骨拓本与之印证。不仅如此，文中插入的甲骨拓片，还与书前的十八页甲骨文彩图前后呼应，使人耳目一新。特别是为了读者的阅读和使用本书词条的方便，书后特意编辑了几个"附录"：附录一、殷墟出土甲骨文收藏统计表。附录二、《史记·殷本纪》与殷墟甲骨卜辞商代世系对照。附录三、商代王室世系及卜辞所见时王对受祭者称谓表。附录四、甲骨学大事年表。附录五、甲骨学著录书简称表。附录六、引证参用著作目录及简称。附录七、本书采用甲骨文字参考表。音序索引。其中的"音序索引",极大方便了读者快速在书中找到所需查阅内容。而列出的附录七"本书采用甲骨文字参考表",则是编纂者们在《甲骨文编》《新甲骨文编》《甲骨文字编》《甲骨文可释字形总表》等甲骨文字典的基础上,从甲骨文原拓片精选出来的一个个甲骨文原刻字形。显然是作为本《大辞典》甲骨文字的依据,但这"字形表"堪为将一部甲骨文字典收入书中。特别是附录四"甲骨学大事年表",从时间的纵轴上,逐年展现了120年来甲骨学家的追求和每年所取得的成果。这与本书的第一编"词目、术语",第二编"人物",第三编"著作"紧密呼应,相得益彰。可以说,此三编是从横向上展示了120年来的研究成果。因而本书"大事年表"与第一、二、三编内容融为一体,从而在全书一纵一横中,立体地把120年来甲骨学发展成果和创造甲骨学史的人们经纬其中了。因此,我们说"附录"不"附",是本书重要的有机组成部分和特色所在。

甲骨文化绝学不绝,代有传人。这部《大辞典》中编撰团队中的张乃夫硕士在原参加我总编的《殷墟文化大典·甲骨卷》的基础上,在这次《大辞典》编撰中,轻车熟路,又有了新的提高与前进,即从近代史向古代史研究领域又前进了一大步!另一位撰稿者甘燕玲的研究方向为音乐,《大辞典》的编纂,是她把隽永的甲骨文,作为华美的乐章在尽情欣赏!而张源心硕士,参加我主编的《大典·甲骨卷》时,研究方向尚为传媒,但又通过这次《大辞典》的编纂,对甲骨文等古文字产生了浓厚的兴趣,博士研究生的方向转到了汉字与甲骨文……安阳师范学院郭旭东甲骨学研究团队的年青学者们,出生于或工作在甲骨文发祥地安阳,深厚的乡愁成就了他们对甲骨文的执着追求与深深的热爱和敬重。这一次大型《甲骨学大辞典》的编纂,使他们的甲骨学研究水平得到了进一步提高。希望他们在全面掌握甲骨文研究百多年进展的基础上,再前进一步,写出有创见的研究论著来!并逐步登上甲骨学研究的高峰!

本书的重要撰稿者郭旭东教授,虽然身兼数职,诸如历史与文博学院院长、《殷都学刊》主编和市政协副主席等。繁忙的政务、公务占去了他不少时间,但他不改初心,仍然坚持着研究和著述。他不仅承担了国家重大交办课题"大数据、云平台支持下的甲骨文字释读研究"的十个子课题之一的研究工作,而且见缝插针,利用一切可利用的时间,参加了《大辞典》的编纂工作。本书的完成和出版,与他的全力支持和精心运作是密不可分的。作为他曾经的老师,我为他这部有益于殷墟"双遗产"弘扬大著的出版,表示热烈的祝贺!

本书的另一位重要撰稿者张坚先生,可以说是我多年相知的朋友和"编外"学生,他1999年为拍摄大型文献性纪录片《百年甲骨》与我相识。在任驻京办主任十多年后，回安阳市任文联主席。他不仅多才多艺，而且对故乡的殷墟文化和甲骨文情有独钟。他肯钻研，好学习。在官场上送往迎来，却不屑于玩麻将、下象棋、打扑克，而把业余时间都用在了甲骨文化的钻研上。多年的努力，成就了他写得一手优秀甲骨文书法，对120年甲骨学发展及所取得的成就烂熟于胸。应该说，2012年他参加我总主编的《大典·甲骨卷》，他还是一位编纂大型辞书的生手，而这次参加编纂《大辞典》，则显示了他功力的炉火纯青。特别是本书的总体设计上，又有了创新和前进，即把甲骨文的现藏、著录情况糅为一体，并将甲骨学发展120年"大事年表"和本书使用甲骨文字"参考字形表"等丰富的信息作为本书的"附录"，从而使本《大辞典》成为百科全书式的著作，适应了多学科、多层次的人们，从不同角度和不同方面认识和研究120年来国际性学问甲骨文的深厚文化底蕴的需要。因此，我为张坚教授所取得的新进展而感到高兴，并在此向他致以最热烈的祝贺。

开卷有益。我恳切希望，有兴趣了解和认识殷墟甲骨文化的读者们，有志于传承殷墟甲骨文化的朋友们，不妨从展阅这部《殷墟甲骨学大辞典》开始！这部堪称殷墟甲骨文化导游图的著作，将会带你走进殷墟甲骨文化琳琅满目的大观园，并将带你从这里攀上甲骨学研究的高峰！会当凌绝顶，一览众山小！

是以为序。

2020 年 10 月 8 日
于北京方庄芳古园"入帘青小庐"寓所

编著说明

一、本书编著词条以殷墟出土甲骨文以及相关内容为主，著录、叙述相关内容的截止时间为2020年。摹录的甲骨文字从《甲骨文合集》等大型著录书的拓片字形清晰者中择优，择主要常见字形据实摹录。

二、本书编著本着全面准确、简明通俗的原则，侧重于甲骨文的深厚内涵，以及120多年来相关研究成果的集中展示。只叙述"是什么"的问题，不论述"为什么"的问题。

三、词条中的甲骨文著录号以《甲骨文合集》《小屯南地甲骨》《花园庄东地甲骨》等大型著录书中的相应编号为主。引用著录释文或相关著作，一律采用通用的简称，片号前亦均采用简称。如《甲骨文合集》简称《合集》（不简称《合》，因之前《殷虚文字缀合》已简称《合》）。各书的简称详见附录《引用甲骨文、金文著录书简称表》与《引证参用著作和简称》。

四、书中内容叙述大量引用专家、学者的著述，专家、学者名前名后皆不冠"先生""大师""师"等尊称及职务职称，实为减少文字数量，并非作者对前辈学者不尊。

五、甲骨学的词汇、专门用语，甲骨文字的隶释，100多年来学界还没有形成完全一致的认识，而本书收录的内容仅为作者日常的资料积累，但毕竟知见有限，故相应的释译以基本取得公认的观点为主，兼叙他说。甲骨卜辞引用以说明问题为主，一条卜辞能够叙述清楚观点，不再重复引用其他卜辞。

六、全书统一使用现行简化汉字，涉及甲骨文字隶释，必须使用繁体汉字时，加以繁简说明。

七、甲骨文字的隶释力求全书统一，如字形﹩、﹫均隶作更，﹪隶作隹，统一释为惟。为减少隶定植字，采纳了部分学者的一家之言。对分歧较大的，亦酌情选收，不盲目否定郭沫若、董作宾、罗振玉、王国维等大家观点。

八、殷墟甲骨文字中，还有相当数量的单字无法与繁体汉字或简化汉字对应，但字义用作人名、地名、方国邦族名等基本清楚。本书不再盲目采用简单的与繁体或简化汉字偏旁部首隶定，重新组合出一些谁也不认识的文字，而是据实摹录甲骨文原字形。对诸家已有的隶定字形,亦择优使用或采用一家之说。

　　九、卷首彩页中的甲骨文图片,选自中国国家博物馆编《中国国家博物馆藏文物研究丛书·甲骨卷》,宋镇豪、赵鹏、马季凡编著《中国社会科学院历史研究所藏甲骨集》,宋镇豪、郭富纯主编《旅顺博物馆所藏甲骨》,上海博物馆编、濮茅左编著《上海博物馆藏甲骨文字》,李宗焜著《当甲骨遇上考古导览——YH127坑》与《凿破鸿蒙纪念董作宾逝世五十周年》。

　　十、为辅助诠释甲骨文字,本书在"词目、术语编"与"人物编"中的相关书页,增加了与该页词条内容系联的拓片附图;对不太清楚的拓图进行了清晰处理。

第一编
词目、术语编

一　甲骨学名词、专门用语

商：中国古代夏商周三朝第二个王朝的名称为"商"。王国维最早认为："商之国名，本于地名。"（王国维《说商》，《集林》，第 327 页）张光直解释甲骨文"商"字为，上面一个正面偶像（象征祖神），放在一个几案上被供奉，下边加口表示祭祀时口中念念有词，"整个字是'祭祖'或'祖先崇拜'的会意。这样看来，商字源于祭祖，扩大之意为商王祭祖之邑，再扩大指称在商邑祭祖之统治王朝"（张光直《中国青铜时代》，第 295 页）。商字在甲骨文时期使用很广泛，国家称"商"，商王都称"商"，又称"大邑商"或"天邑商"；商王朝时期的方国也有"商方"的；商王朝属下地名也有叫"商"的；另有人名称"子商"。此外，"商"在甲骨文中又借用作犒赏的"赏"。《史记·殷本纪》所载盘庚迁殷后改称"殷"得不到甲骨文证明，甲骨文中的人们从来不自称为"殷"。周原甲骨文有一条卜辞"衣鸡子来降"，辞中的"衣"，王国维认为："卜辞与《大丰敦》之衣，殆皆借为殷字。"（王国维《殷礼征文》，第 6 页）故而"衣鸡子"即殷鸡子，说明"殷"是包括周在内的周边方国部落

对商所领导国家的尊称。

安阳：今河南省安阳市。位于河南省北部，北临漳河，与河北省邯郸市相望；西依太行山，与山西省长治市接壤；南邻河南省鹤壁市；东与河南省濮阳市相连。现为河南省省辖市，下一级行政区是县、县级市和市辖区。2018 年，辖 1 市：林州市；4 县：安阳县、汤阴县、内黄县、滑县；4 区：文峰区、北关区、殷都区、龙安区，还有高新技术开发区。总面积 7413 平方公里，人口 530 余万人。商以降，历史上安阳先后称邺、魏郡、相州、彰德，向为名府大邑、交通要道和商品物流中心。安阳是国家级历史文化名城，中国八大古都之一，甲骨文的故乡，《周易》的发祥地，中国优秀旅游城市，中国书法名城。世界闻名的红旗渠，也诞生在这里。1959 年郭沫若视察安阳时留下千古名句"洹水安阳名不虚，三千年前是帝都……观此胜于读古书"。

安阳市在金代以前地处古黄河两侧。远古时，为《禹贡》冀州东南境和兖州之西境。夏代，帝胤甲建都于西河，即今汤阴县东北西河村。商代，太甲曾居上司马，在今安阳县北部。河亶甲都于

相，在今内黄县旧县村东南 6.5 公里。商代后期，盘庚自奄迁于北蒙，史书称殷，今安阳市区西北殷墟即为其都所在地。自盘庚起到纣王失国，历 8 代 12 王，273 年（系《竹书纪年》记载，夏商周断代工程界定为 255 年）。之后的魏晋南北朝时期又有曹魏、后赵、冉魏、前燕、东魏、北齐在这里建都，故安阳有"七朝古都"之称。安阳之名最早见于战国时期的魏国，《史记》载赵惠文王二十四年（前 275），"廉颇攻魏之防陵、安阳，拔之"。此后，安阳一带属赵。《史记》载秦始皇十一年（前 236）秦将桓齮攻赵，"取邺、安阳"，安阳又归秦。北魏天兴四年（401）于邺城（在安阳东北 20 公里处）置相州，取商王河亶甲居相之义。东晋义熙十二年（416），在滑台（今滑县老城）置兖州和东郡。北魏永安元年（528），在林虑县（今林州市）置林虑郡，安阳市始有州和郡的治所。北周大象二年（580），相州、魏郡、邺县三级政权自邺城一并南移 40 里于安阳城，安阳从此取代邺城，成为这一地区政治、经济和文化的中心，此后至今 1400 多年来从未改变。唐代天宝元年至乾元元年（742—758）曾改相州为邺郡，后复为相州。金明昌三年（1192）升相州为彰德府，元称彰德路，属中书省。明复为彰德府，属河南省。洪武三年（1370），林州降为林县。洪武七年（1374），滑州降为滑县。彰德府辖安阳、汤阴、临漳、林县及磁州所属之武安、涉县，共 6 县 1 州。清延明制，雍正三年（1725）将直隶省大名府之内黄、浚县、滑县改隶河南省，内黄属彰德府，滑县、浚县属卫辉府。雍正四年（1726），将河南省彰德府之磁州割属直隶省。民国初废府制，辖县直属河南省，后属豫北道、河北道。1932 年在安阳设河南省第三行政督察区专员公署，驻安阳县城，辖安阳、临漳、武安、涉县、林县、汤阴、内黄、汲县、滑县、浚县、淇县共 11 县。1949 年 5 月 6 日中国人民解放军解放安阳，以老城区及四关设置安阳市，原太行五专区改称安阳专区，同属平原省。1952 年平原省撤销后，安阳市改属河南省至今。

彰德：安阳的旧称。1192 年安阳由相州升为彰德府，直至 1911 年清王朝被推翻，元明清三朝安阳均称彰德府。封建王朝的州、府设置是有区别的。一般说来府之治所应有王府及龙子龙孙所在。所以，府之所辖县要比州多，所多出县的税赋缴王府使用。如明朝安阳有赵简王府，该王府还拥有军队。1899 年发现甲骨文时，安阳时称彰德府，简称彰德。

洹河：水名，古名洹水，简称洹，又名安阳河，发源于安阳西太行山东麓一带。有说发源于今山西黎城县境，从地下河流经太行山进入安阳。其经今林州市至安阳市西北，自西向东穿过殷墟和安阳市区，流经内黄县境入卫河。这是一条非常古老的河流，它的上游有距今两万五千年的小南海原始猿人遗址。我们知道古代文献里，除黄河称"河"外，其他河流都称"水"，故古文献中洹河称洹水。甲骨文时期，黄河在安阳一带和华北平原，与太行山平行，南北走向，距殷墟很近。如武丁时期卜辞有："王占曰：有祟。八日庚戌，有各云自东冒母，昃亦有出虹自北，饮于河。"（《合集》10405 号反）这是说商王看到了天上出现了彩虹，彩虹的一端像龙首一样饮水于黄河。商王站在殷墟，即能遥望彩虹的一端入黄河，可见不远。事实上，当时的洹水与其南的羑水、汤水、淇水及其北的漳水、滏水一样都是直接汇入黄河，而后黄河北流在河北平乡一带以北形成大泽，再后分九流于今天的天津一带入渤海。殷墟卜辞有关洹水的记载很多，如武丁时期卜辞："丙寅卜，洹其盗。丙寅卜。洹勿不……"（《合集》8315 号）且庚且甲时期卜辞有"辛卯卜，大贞：洹弘，弗敦邑，七月"。廪辛、康丁时期卜辞有"庚午卜，其侑于洹，有雨"（《合集》28182 号）等。《史记·项羽本纪》所载项羽"乃与期于洹水南"之"洹水"等亦指洹河。据《安阳县志·沿革表》记载北魏郦道元《水经注》云："洹水出山东，经殷虚北。"另据董作宾《殷墟沿革》记载："十七、八年（1928、1929 年）三次的发掘，村中和村北的隋唐墓葬，不下二十余处。就中惟卜仁墓葬有志……又于樊夫人墓，得一砖志，墨书，时代为大业二年。"樊夫人墓铭载，"北跨安阳之水，左挟厘邑，右带高峦"。其中称洹水为"安阳之水"，可知安阳河之名在唐代就已经存在。

殷墟：位于安阳市西北部洹河沿岸一带。悠悠洹河水，西出太行，蜿蜒而至，缓缓东流。甲骨文中的"洹"字，就是这条古老河流的象形字。在洹河上游的小南海，有旧石器时代原始人的洞穴遗址，考古学称为"小南海文化"；其下有裴李岗文化期的洪岩遗址，随后发展形成了洹河中游仰韶文化期的后岗型、大司空型以及龙山文化期的后岗型与先商文化期的梅园庄型；在前期文化积淀的基础上，逐步形成了以小屯为中心的洹河沿岸商代中晚期约 300 年间的殷商都城。在洹河沿岸所形成的从旧石器时期至商周时期一脉相承的完整的古文化发展序列中，殷都所代表的高度繁荣的中国古代文明最为璀璨。据文献记载，自盘庚迁都于殷，至商朝灭亡，传 8 代 12 王，历时 273 年（夏商周断代工程提出的年表为 255 年）。1899 年甲骨文发现之前，殷墟仅是古代文献中的一个地名。《史记·殷本纪》："帝盘庚之时，殷已都河北，盘庚渡河南，复居成汤之故居。乃五迁，无定处。"《竹书纪年》："自盘庚徙殷，至纣之灭，773 年（后纠正为 273 年），更不徙都。纣时稍大其邑，南距朝歌，北据邯郸及沙丘，皆为离宫别馆。"（《史记·殷本纪·正义》引）这是广义的殷墟，是商都京畿之地的泛称。狭义的殷墟应指洹河南岸高地（虚之本义为高地，废墟的概念为后来义），以小屯村宫殿宗庙区、西北冈王陵区和洹北商城为中心的洹水两岸 36 平方公里的保护区范围。甲骨文发现之后，人们为了寻找甲骨文找到了小屯村，也找到了传说中的"殷虚"，使这座被湮没于地下 3000 多年的王都重见天日，成为中国上古时期夏商周三代文明研究乃至东方文明史和世界文明史研究的坐标和里程碑。特别是 1928 年至 1937 年九年期间，当时的中央研究院历史语言研究所在殷墟先后进行了 15 次大规模科学发掘。从此，安阳也以殷墟而享有盛名。殷墟文明的显著特征有三：一为甲骨文，1899 年甲骨文发现至今，殷墟出土甲骨文 15 万片左右，分别由 12 个国家和地区的博物馆与个人收藏。二为青铜器，殷墟一带自隋朝以来作为墓地就伴有青铜器出土。据不完全统计，殷墟出土青铜器逾万件。标志着中国青铜时代的繁荣与辉煌。三是都城遗址，从 1928 年至今 2013 年，"中央研究院"历史语言研究所和 1949 年以来中国科学院（后为中国社科院）考古所的发掘研究，向世人展示了一个三千多年前宏伟大都城。特别是梁思永关于后岗文化层的发现，上层是灰陶文化的遗物；中层是黑陶文化的遗物；下层是彩陶文化的遗物，形成了仰韶—龙山—殷墟三种文化的先后发展序列。2000 年，中国社会科学院考古所过洹河及京广铁路东，经考古发掘发现了四周 8000 多米长城墙的洹北商城，从而扩大了对殷墟的研究范围。按照李济的说法，"在这 273 年的时间里，这一带不但是中国政治中心，也可以说是喜马拉雅山以东，包括太平洋两岸这一广大面积的地域一个文化中心；而在好些方面这一文化可能超过了同时的以东地中海为中心的文化水准"（李济《想象的历史与真实的历史之比较》，《安阳》，第 393 页）。1961 年 3 月，殷墟列为国务院公布的第一批全国

重点文物保护单位。2006 年 7 月 13 日，联合国教科文组织在立陶宛召开的第三十届世界文化遗产大会上评选殷墟列为世界文化遗产名录。

小屯村：地名，殷墟文化遗址。位于安阳市老城区西北部 2 公里，今属于安阳市殷都区。村庄东部、北部为洹河环绕，西接四盘磨村，南邻花园庄，建于明朝中期。1929 年秋于该村发掘出土的明万历四年（1576）墓砖契券上已有小屯村名。小屯村及四周地区三千年前称商，"盘庚迁殷"后为王都。周武王灭商，周公诛"三监"后遂成废都。史书称其为"殷虚"。清光绪年间，小屯村农民常于农田中掘出古器物和甲骨，将甲骨误作中药材"龙骨"出售。1898 年至 1899 年间，古董商将收得字骨贩至京津出售，王懿荣首先发现与认识了其宝贵价值而高价收购，进而古董商与收藏家竞相收购。于是，村民争相挖掘出售，先后在村中、村北、村南挖掘出有字甲骨数万片。当时的中央研究院历史语言研究所，自 1928 年秋至 1937 年春，对殷墟进行 15 次考古发掘，其中 12 次在村中、村北、村西北、村南，出土有字甲骨 24900 余片；河南博物馆亦于 1929—1930 年在该村发掘两次，出土有字甲骨 3656 片；中国社会科学院考古研究所（原属中国科学院）于 1971—1973 年在村西、村南发掘，出土有字甲骨 4800 余片。在该村北部田中还发现商代后半期之宫殿和其他建筑基址、穴窖、墓葬和车马坑等。同时出土有铜、玉、石、陶、骨等器物。著名"殷墟五号

墓"（妇好墓），即发现于村西北现殷墟博物苑内。

亶甲城：古地名，据《宋史·地理志》载，宋元祐七年（1092年）小屯村称河亶甲城。《金史·地理志》《元史·地理志》《明史·地理志》都明确记载小屯村称河亶甲城。《安阳县志古迹志·陵墓》引《河朔访古记》："安阳县西北五里四十步，洹水南岸河亶甲城，有塚一区，世传河亶甲所葬之所也。"传说宋神宗元丰二年（1079）夏，霖雨，安阳河暴涨，把滨河地方的河亶甲塚冲破。乡人探其中，得古铜器，质文完好，略不少蚀。众人怕为官家所知，击破卖出。自是铜器不复出矣。另宋汲郡的吕大临作《考古图》，成书在哲宗元祐七年（1092），所收录宋代出土的古铜器，得自亶甲城的有乙鼎、亶甲觚，另书中所录得自邺的商兄癸彝，得自洹滨的足迹罍也应出自亶甲城。根据小屯村出土《蔡玉墓朱书契传》载，明万历四年（1576）时，河亶甲城已称为小屯村。清小屯村仍复称河亶甲城（据清《彰德府安阳县志》），乾隆时小屯村也称高楼庄，嘉庆年间称崔家小屯，道光时也称过后小屯，民国时期，从1928年小屯村科学发掘时起，称殷墟小屯村。

花园庄村：地名，殷墟文化遗址。原为小屯村南邻的一个村庄，现已与小屯村融为一体。花园庄村与小屯村一样，都是重要的甲骨文出土地。1991年在花园庄村东100多米处发现了一处甲骨窖藏坑，被命名为H3号坑。该坑呈长方形，南北长2米，东西宽1米，其第三

层深灰土厚0.9米，在此层的中部，发现甲骨堆积层；第四层黄土厚0.4米，亦为甲骨层。这批甲骨，集中在第3层中部，直至坑底，堆积厚达0.8米。在甲骨层的上部，中、小片的甲骨较多，中、下部则以大块的和完整的卜甲为主。甲骨出土时，有的竖立，有的平放，有的斜置，竖立的甲骨较少，主要发现于坑边。平放的甲骨数量最多，大多是反面朝上，露出钻、凿、灼痕迹，少数是正面朝上，叠压得十分紧密。H3号坑共出甲骨1583片，其中卜甲1558片，有字卜甲684片（腹甲667片、背甲17片），卜骨25片，有字卜骨5片，共计刻字甲骨689片（详见《花园庄东地甲骨坑》）。另1991年秋，在花园庄南500余米处，发现刻字卜骨5片，其中3片属习刻。2001年，在H3号坑的西北约200米处发现刻字卜骨2片。

后冈：地名，殷墟文化遗址。位于安阳市西北部的高楼庄北地，今属安阳市殷都区。后冈东西北三面洹河环绕，西北距小屯村1公里。1931年5月9日下午，中央研究院历史语言研究所在殷墟进行第四次考古发掘，在发掘小屯村北的同时对此地进行发掘，发现有殷商、龙山和仰韶文化三层堆积的"三层文化"。于白灰坑二的灰土坑内发现甲骨，其中一片牛胛骨刻有文字。一行竖写四字"丙辰受禾"，或为"年"字省写为"禾"。董作宾判断其为文丁、帝乙时期即殷之末季之物。由于这是在小屯村以外地区第一次发现有字卜骨，所以董作宾非常重视，于1931年7月写有《释后

冈出土的一片卜辞》一文，刊于1933年中央研究院历史语言研究所出版《安阳发掘报告》第四期，又收入1962年2月台湾世界书局出版《董作宾学术论著》。1971年，中国社科院考古研究所安阳工作站发掘后冈商代墓葬时在M48号墓坑内发现残骨一片，上刻两字，一为"又"字，另一字残缺不全。

西北冈：地名，殷墟文化遗址。位于武官村西北，因地形较周围呈高坡状故名"西北冈"，现为殷墟王陵遗址区。1934年秋，梁思永主持发掘西北冈大墓和祭祀坑，初步确定此地为商代王陵。1935年春、秋两季继续发掘西北冈王陵区大墓和祭祀坑。三次共发掘大墓11座，祭祀坑及小墓1200多座。同时发现与发掘范家庄村北地和大司空村南地商代遗址和墓葬。1939年3月，武官村村民在西北冈盗挖出司母戊大方鼎。1950年春，中国科学院派郭宝钧主持发掘西北冈王陵区的武官大墓和祭祀坑，同时于五道沟、四盘磨西北及花园庄西北地发掘商代遗址。1959年春，中国科学院考古研究所安阳工作站成立，站址在小屯村西。同年在武官村北发掘商墓一座和祭祀坑一排10座。1984年春，安阳工作站发掘西北冈传出司母戊大鼎墓及祭祀坑。

侯家庄：地名，殷墟文化遗址。位于小屯村西北，今属安阳市殷都区。东接武官村，西南临洹河，北近秋口村。1932年春，中央研究院历史语言研究所第六次发掘殷墟时，在该村高井台子发现灰陶、黑陶、红陶三层文化之堆积层。

1934年春在小屯村北进行第九次发掘时，侯家庄农民侯新文于庄南私挖秘售甲骨事泄露，被董作宾得知，董于是决定停止小屯村发掘而发掘侯家庄南地。除发掘两处商代晚期建筑基址，19座墓葬和出土一批铜、石、陶、骨器物外。最重要的发现为出土有字甲骨16片，其中有完整龟腹甲六版，背甲半个，称为"大龟七版"（详见"大龟七版"）。该地出土有字甲骨，加上向侯新文征购的26片，共42片，证明殷墟埋藏的甲骨已由小屯村扩展至此，是小屯村以外第二个出土甲骨文的遗址。

四盘磨村：地名，殷墟文化遗址。位于小屯村正西，今属安阳市殷都区。东接小屯村，西北临洹河，南近霍家小庄。1950年春，中国科学院考古研究所在殷墟考古发掘，自4月12日至6月10日，发掘洹河北岸的武官村和洹河南岸，并以该村为中心，南及万金渠、五道沟和花园庄北地。在本村西地SP11号小探坑内，发现钻灼过的卜骨。该探坑南段之小探坑出卜骨3片，其中有一片牛胛骨，下部有残缺，中部横刻3行由数目字组成的16个小字。行数、文句与卜辞不合，当时人以为习刻者所为。20世纪80年代以后大家的认识趋于一致。认为这些数字是商代的易卦，并把卜骨上的刻辞释读为"七八七六七六曰□""八六六五八七""七七五七六六曰□"。该村是小屯村以外第三处出土刻有文字甲骨的地方。所出甲骨拓片发表在1951年出版的《中国考古学报》第五册（郭宝钧《1950年春殷墟发掘报告》）上。

大司空村：地名，殷墟文化遗址，是继小屯村、后岗、侯家庄、四盘磨村之后第五个出土甲骨文的地方。该村庄隔洹河与小屯村东西相望，直线距小屯村约1公里，东临京广铁路，西南为洹河，北近花园村和三家庄。今属安阳市殷都区。1959年秋，中国科学院考古研究所在村南发掘，出土卜骨700余片，卜甲200余片，其中有字牛胛骨2片，"一片出于SH314，编号为SH314③：3（原号59ASH114③：3），整治较粗糙，未切臼角，正面靠骨臼左下侧有'辛贞在衣'四字，字体具有武丁时期宾组卜辞的特点，地层和共存的陶器也属较早的，它提供了分期和绝对年代的依据。从文辞上来看，很象是习刻，但所提到的'衣'，则无疑是地名。按'衣'的地名也常见于卜辞，为殷王田游之区，一般认为在今河南沁阳。另一件刻有'文贞'二字，字体纤细，显系习刻"（中国社会科学院考古研究所《殷墟发掘报告1958—1961》，第200—201页）。

苗圃北地：地名，因位于安阳铁路苗圃之北而得名，是继小屯村、后岗、侯家庄、四盘磨村和大司空村之后第六个出土甲骨文的殷墟文化遗址。苗圃北地遗址南距铁路苗圃100余米，东北与高楼庄、薛家庄为邻，西北距小屯村约1公里，东南距安阳火车站约1公里。1959年春到1961年秋，中国社会科学院考古研究所安阳工作队对这一遗址进行了历时三年的发掘，每年发掘两次，共开探方89个，总面积2425平方米。其中出土甲骨文1片，"苗圃北地的一片出于PNT17第四层，残缺较多，骨面左侧刻有'且乙。卜……子，其弹申'七字，从字体看，似不早于甲骨文第三期"（中国社会科学院考古研究所《殷墟发掘报告1958—1961》，第201页）。

武官村：地名，殷墟文化遗址。1950年郭宝钧主持发掘武官大墓和祭祀坑，1976年春，发掘武官大墓南墓道和191座祭祀坑。1990年冬，发掘武官村南商代墓葬遗址（内有一条墓道的大墓一座）。1994年秋，发掘武官村东商代墓葬。1995年秋，发掘武官村南地商代墓葬等。武官村多次发掘未见出土甲骨文。

殷墟博物苑：殷墟博物苑位于小屯殷墟中心，是以保护和展示河南省安阳殷墟宫殿区各类遗迹、遗物及其人文景观为宗旨的历史遗址性博物馆，坐落在殷墟宫殿区，因其位于在殷墟宫殿宗庙遗址而命名。它是中国考古学的诞生地，甲骨文发祥地，又是中宣部公布的全国百个爱国主义教育示范基地之一和首批全国旅游景区全国青年文明号，属历史遗址类型的全国重点文物保护单位。主要包括在原址上仿建的大殿（甲骨文展厅）、妇好亭堂等仿殷代宫殿建筑和其他遗址、遗迹性展示及辅助性陈列。

殷墟博物馆：位于河南省安阳市殷墟博物苑内，是在殷墟申报世界文化遗产期间新诞生的一座殷墟文物精品博物馆。殷墟博物馆中展出的文物，每件都是国宝级精品。殷墟博物馆直接折射出了殷商历史，是商代辉煌历史的缩影，一座以收藏、保护、展示、研究殷墟出土可移动文物为目的的博物馆，始建于 2005 年 3 月。该馆坐落在殷墟宫殿宗庙遗址区内的洹水岸边。建设殷墟博物馆对于全面提升殷墟的保护能力，促进殷墟成功申报世界文化遗产，具有重要意义。殷墟博物馆由中国建筑设计院教授崔凯主持设计，建筑面积 3535 平方米，展厅面积 2354 平方米，附带文物库房、研究室、报告厅等设施，总投资 2000 余万元。该馆按照科学、环保、安全、符合遗址保护并与遗址景观相协调的要求进行设计。从平面上看，殷墟博物馆酷似甲骨文的"洹"字，即取依附洹河之意，象征洹水在孕育商代文明中的重要作用，寓意着古老的洹河孕育了以甲骨文化为特色的殷商文明。为不破坏殷墟遗址的原貌，所有的建筑基本上处于地表之下，地表被植被覆盖，一幢方正的青铜墙体建筑被如茵绿草托起。这一设计朴素大方，获得世界文化遗产中心评估专家的高度评价。观光者进入博物馆需要穿越螺旋式"回"字形"历史走廊"，由高向低。"历史走廊"设定以今天地面为"当代"，而以博物馆陈列室所在的地面为三千多年前的"商代"。在由今天的地面通向博物馆入口处的走廊内侧，以用青石做成的一条"时间线"，将公元前 1046 年商王朝灭亡至 1911 年辛亥革命约三千年的历史，按所经朝代存亡长短标出清、明、元、宋（五代）、唐、隋、南北朝、两晋、三国、东汉、西汉、秦、战国、春秋、西周、商等不同朝代。游客沿着这条"历史走廊"，可以准确找出商王朝在中国历史长河中的时间定位。

博物馆的徽标设计也很别致，徽标取自殷墟出土青铜器铭文中的"子"字，颇具动感，似在向游人招手欢迎。更重要的是，据文献记载，"子"字正是商王的"姓氏"。著名的殷纣王姓子名受辛。

巨大的青铜墙位于博物馆的正中心。外形方正，墙体上部的每一个外侧面都设有浮雕青铜兽面纹饰，下部饰以殷墟出土青铜器上常见的"乳钉纹"。由于该墙体是整个博物馆唯一明显高于现代地面的建筑，它起着提示游客的作用。游客沿着"历史走廊"进入"商代"地面，首先看到的是"青铜墙"下一处方正的庭院。庭院的正中是一方池水。池水波光荡漾，池中隐约可见有一巨片褐色"龟甲"，甲上以古老的甲骨文书体铭刻着"日在林中初入暮，风来水上自成文"诗句。诗句选自甲骨学家、首位到殷墟进行考古发掘的著名学者董作宾的书法作品。游客由"水院"便可进入馆室，馆室分五个展厅陈列展品——大邑商厅、青铜厅、玉器厅、文字厅、特展厅。这样的陈列设计，是完全按照文明的特征即殷墟文明的显著特征而设计的。馆中所陈列的均为商代文物中的精品，其中的青铜器和甲骨文也是全世界最精美的同类藏品。

长期以来，殷墟的保护主要着眼于遗址——这一不可移动文物的保护，随着殷墟博物馆的建成，这一局面将会改变，散落世界各地的殷墟文物回归故里将因此成为可能。

根据安阳市人民政府与中国社科院考古研究所签署的协议书，博物馆建成以来，中国社会科学院考古研究所保存的大批殷墟出土文物将先后移至馆内收藏并展示。

如果按照《中国博物馆学概论》所说的"从博物馆所在的位置""藏品的性质和博物馆所反映的内容来划分"，殷墟博物馆因坐落在殷墟宫殿宗庙遗址东侧的洹河河曲环抱处，所陈列展示的文物和建筑遗迹及自然遗物皆为殷墟考古出土之物，故该馆属全国最具盛名的殷墟遗址文物精品博物馆。公认的博物馆功能基本上包括了三个方面，即博物馆的收藏保护、研究和传播，而陈列、展览通常被划入博物馆传播的范畴。殷墟博物馆同样也具备了这三种功能，尤其是研究功能，在世界上是第一流的水平。就传播功能而言，要借助于殷墟得天独厚的地理历史悠久和文物的精美艺术形象向国人乃至海外观光者昭示灿烂的殷商文明，寓史于教，该馆是最形象的历史教科书。有关展厅还利用电脑、灯箱、三维动画等现代科技手段，展示殷墟发掘的部分实况、文物及相关知识，增加展览的趣味性和参与性，并用文字或图片介绍了相关背景知识。

殷墟王陵：地名，殷墟文化遗址。旧称"西北冈"，为殷墟的重要组成部分之一。1934 年秋至今，民国时期的"中研院"史语所和中华人民共和国成立后的中国社科院考古所（前称中国科学院考古所）多次在此进行大规模发掘，现为殷墟博物苑王陵遗址。因未见出土甲骨文，故不为本书介绍重点。

洹北商城：地名，殷墟文化遗址。位于殷墟保护区东北部，其西南就是传统意义上的殷墟遗址，二者略有重叠。城址略呈方形，南北长 2.2 公里，东西宽 2.15 公里，总面积约 4.7 平方公里，方向北偏东 13 度。四周已确认有夯土夯筑的城墙基槽。洹北商城的宫殿区位于城址南北中轴线南段，显示出我国城市布局的早期特征，是城内核心部分。其南北长 500 米以上，东西宽远不止 200 米。宫殿区内现已发现大型夯土基址 30 余处。其中规模最大的一处基址总面积达 1.6 万平方米，即著名的一号宫殿基址，是迄今发现的面积最大的商代单体建筑基址。城址北部（宫殿区以北）近 200 万平方米的范围内，分布有密集的居民点，房址、墓葬、灰坑、水井密布其间。根据考古发现，洹北商城遗址的年代略晚于郑州早商文化，早于传统意义上殷墟的晚商文化，因而这处商城很可能是商代中后期的一处都邑遗址。

1999 年 1 月，于殷墟遗址东北部地下约 2 米深处新发现的这一座规模巨大的商代城址，对于熟悉考古学的人们来说，这一消息可谓石破天惊。因为殷墟科学发掘的历史已经长达 70 余年，是我国有史以来考古发掘时间最长的遗址，此前从未找到过任何与城址城墙有关的迹象。这一城址城墙的发现，彻底改变了传统的殷墟的概念，被誉为继殷墟发现甲骨文之后的最重要的科研突破。由于城址整体在洹河北岸，根据城址的主要发现者唐际根博士的提议，学术界将其命名为"洹北商城"。2006年7月13日，洹北商城与20世纪30年代发现的殷墟王陵区以及小屯宫殿宗庙区一道，作为中国第33处世界文化遗产项目的核心内容，被列入世界文化遗产名录，成为该项世界文化遗产的一部分。从1960年至2002年，对殷墟商城的地位的研究，从怀疑到发现整整跨越了40多年，直至1999年中国社科院考古研究所安阳工作队在殷墟西北发现了这座面积达4.7平方公里的都城遗址，并把它命名为"洹北商城"，才最终解开了殷墟就是盘庚都城的疑团。

洹北商城的发现，经历了一个十分曲折的过程。20世纪60年代，中国社科院考古研究所安阳工作队的杨锡璋曾经在其撰写的洹河流域调查报告中，列出了一个地点，即洹北花园庄东；1964年，安阳博物馆在花园庄南清理出一批青铜器；1979年，又在花园庄以东的董王度村发现一批青铜器；1980年，考古所安阳工作队在花园庄北发掘了一批商代墓葬。这4次考古发现的地点极为集中，但由于种种原因，并没有为当时的学术界所重视。1997年，中国社科院考古研究所安阳工作队和美国明尼苏达大学合作开展了"洹河流域区域考古调查"，又正值"夏商周断代工程"正式启动，学者们对洹北花园庄附近进行了小规模的发掘，获得一批实物资料。唐际根等人整理后认为，这一带的遗存应该略晚于郑州，而又早于殷墟。1998年，唐际根、刘忠伏等人按照洹河流域区域考古调查课题组的既定部署，又做

了重点调查，证实1960年以来的4次发现属同一遗址，其面积应在150万平方米以上。1999年11月，刘忠伏等人发现了洹北商城的地下城墙基槽夯土。之后，经过两个月的钻探，唐际根、刘忠伏等将四面城墙基槽均钻探出来，并最终确定该城址呈方形，面积超过4.7平方公里。至此，洹北商城遗址惊现古都安阳。

羑里城：地名。位于安阳市汤阴县城北约4公里处的羑里城，是风靡全球的周易文化发祥地，"画地为牢""文王拘而演《周易》"等历史典故均源自于此。羑里城是一处蕴含丰富的龙山至商周时期的文化遗址，地处汤阴县城北羑、汤两河之间的空旷原野上，厚达7米的文化堆积断面清晰，依稀可见远古时期人们居住、生活的情景。羑里城又称文王庙，是国家级重点文物保护单位，又是三千年前殷纣王关押周文王姬昌7年之处，中国历史上第一座监狱所在地，也是周文王据伏羲八卦推演出64卦384爻，即"文王拘而演《周易》"的圣地。据《史记》记载，商代末期，国君纣荒淫残暴，上下怨恨。而西部的诸侯国在西伯姬昌的治理下，日益强大。这引起了殷纣王的疑虑。恰在此时，"九侯有好女，入之纣。九侯女不熹淫，纣怒，杀之，而醢九侯。鄂侯争之强，辩之疾，并脯鄂侯。西伯闻之窃叹。崇侯虎知之，以告纣，纣囚西伯羑里"。姬昌在羑里被囚的漫长岁月里，潜心研究，将伏羲八卦演为64卦、384爻，并提出"刚柔相对，变在其中"的富有朴素辩证法的

观点，著成《周易》一书，这便是历史上著名的"文王拘而演周易"的故事。后人为纪念西伯姬昌，在羑里城遗址上建起文王庙。明《河南通志》载："文王庙在汤阴县北八里羑里城中，昔文王演易之所，后人因建庙焉。岁时有司致祭，3 岁一遣使祭享。"清乾隆《汤阴县志》载："文王庙在汤阴县羑里城。元大德（1297—1307）年间，邑人许仪重修。"之后明成化四年（1468）知县尚玑、嘉靖二十四年（1545）巡抚魏有本、天启三年（1623）知县杨朴、清顺治八年（1651）知县杨藻凤、雍正九年（1731）知县杨世达均有修葺。如今原大殿及塑像、观景台、玩占亭、洗心亭和刻有"文王之声"的大钟等均无存。

羑里城与甲骨文的关系在于甲骨文发现之初，古董商为了隐瞒甲骨文的真正出土地，一说甲骨出自卫辉或朝歌古城，一说甲骨出自羑里城，导致许多学者们误信。如 1903 年刘鹗在《铁云藏龟》自序中说："龟版已亥岁出土在河南汤阴县属之牖里城。"这里刘鹗将"羑里城"写作"牖里城"。罗振玉在他的《五十日梦痕录》也曾中说："龟甲兽骨潍县估人始得之，亡友刘君铁云问所自出，则诡言得之汤阴。"实则"此地从未出土一片甲骨"（王宇信《甲骨学通论》增订版，第36—37页）。

朝歌：地名，位于河南省鹤壁市淇县，是一处晚商文化遗址。根据《史记·殷本纪·正义》引《竹书纪年》记载："自盘庚徙殷，至纣之灭，730年（应为273年），更不徙都。纣时稍大其邑，南距朝歌，北据邯郸及沙丘，皆为离宫别馆。"从上述记载，朝歌殷墟时期或者属于殷墟大都城的一部分，或者说属于广义上的殷墟范围内。关于朝歌与甲骨文的关系并不是说朝歌有甲骨文发现和出土，而是和羑里城一样是古董商人谣传为甲骨出土地。方法敛在他的《中国早期文字》中写道，潍估赵执斋告诉他"1899年，在河南卫辉府附近的古朝歌故址有特殊的骨物出现"，即指甲骨文的出土，一度曾有不少学者相信此说。1908年罗振玉最先探悉了隐藏在古董商心中十年之久的甲骨出土地为安阳西北五里的小屯的秘密，并直接派人去收购甲骨后，一切谎言不攻自破。

二里冈：地名，位于河南省郑州市东南一公里，是一处商代文化遗址。1952年秋及1953年中央文化部文化事业管理局、中国科学院考古研究所和北京大学联合举办的第一、第二两届考古工作人员训练班在此地进行考古发掘，出土占卜兽骨375片，占卜龟甲11片。兽骨中大多为牛胛骨，另有鹿胛骨2片，羊胛骨3片，猪胛骨4片和牛头盖骨1片。甲骨均有钻孔和灼痕。牛胛骨和龟腹甲钻孔密集而无规律。1953年4月出土一片牛肋骨，上刻有"又土羊，乙丑贞：从受……七月"等字，此为习刻者仿刻一条不全的卜辞，9月又出土一片扁圆形牛骨，经鉴定为牛肱骨上关节面之一部分。上刻有"有"字。上述出土无字甲骨之选片和有字甲骨之拓片著录于《殷墟卜辞综述》图版3、4、5、14、15中。1954年河南文物工作队又发掘出一片牛胛骨,上刻有一字。关于郑州二里冈的考古成果,《郑州二里冈》(中国科学院考古研究所编,科学出版社 1959 年版)一书有全面介绍。

大辛庄:地名。位于山东省济南市历城区,是一处商代文化遗址,2013 年 5 月,国务院公布为第七批全国重点文物保护单位。大辛庄遗址面积 10 万余平方米,1955 年起,山东省文物管理处等单位曾多次调查和试掘。遗址延续时间较长,对探讨山东地区商文化的发展有重要意义,是 2010 年度中国十大考古新发现之一。遗址的商代文化堆积一般厚 1 米左右,最厚的达 4 米。试掘中没有发现居住遗迹。遗物有陶器、石器、骨器和铜器。陶器的器形有鬲、豆、簋、罐、盆等,并见硬陶、原始瓷器和白陶的残片。石器有斧、锛、刀、镰。骨器有笄和镞。此外发现有卜骨和卜甲,卜骨有钻、灼而无凿,也不见刻辞。铜器除发现有镞、针和锯等小件器物外,1970 年曾发现一批青铜器,有觚和 2 件铜戈等,可能是墓葬的随葬品,年代相当于殷墟早期。在 2010 年的考古发掘中,发现豪华商代大墓,出土 10 多件青铜器,器形包括鼎 2 件、盉 2 件、爵 1 件、斝 1 件、卣 1 件、罍 1 件、斗 1 件、钺 1 件、矛 2 件、钁 1 件,另有大型石磬 1 件,玉器 2 件。其中商代圆鼎备受专家关注。该鼎直径为 40 厘米,通高 60 厘米,堪与郑州商城出土大鼎相媲美,应为当时的重器,也是此次发掘出来的国宝;一对铜盉,纹饰精美,器形独特,前所未见,表现了极高的铸造工艺水平;一件铜钺,形体硕大,器身厚重,为商代同类器中较大的一件,反映了墓主人较高的身份等级。此外,2003 年的发掘中发现甲骨文,共出土有字卜甲 8 片,其中 4 片可拼合成有 25 字的一版,由兆辞、兆数和前辞组成。据初步研究,其内容是对某位"母"进行祭祀占卜的记录。不论是甲骨修整、钻凿形态,还是字形、文法,都应与安阳殷墟卜辞属于同一系统。根据出土层位、文字特征和其他资料综合分析,大辛庄甲骨文的年代应不晚于殷墟文化三期。为殷墟遗址以外山东唯一出土甲骨文的遗址(方辉《大辛庄遗址的考古发现与研究》,《山东大学学报》2004 年第 1 期;王宇信《新中国甲骨学六十年》,中国社会科学出版社 2013 年版,第 167—170 页)。

周原甲骨文:西周甲骨文字之一。1976 年 2 月,在陕西岐山县京当凤雏村南发现西周文化遗址。1977 年春,陕西周原考古队于该遗址甲组建筑基址"西厢房二号室"第十一号窖穴中,发掘出 1.7 万余片甲骨,清理出刻有文字的约 300 片。碎小居多,文字刻画纤细,于放大镜下方能辨认。每片少者一字,最多 30 字。目前所见大多是占卜的记事文字,内容有祭祀、册告、出入、往来、征伐、田猎等。1979 年 9 月至 1980 年春,在扶风县黄堆齐家村西周文化遗址内发掘和采集到 22 片甲骨,其中 6 片刻有文字。最多的一片为 23 个字,其中一片牛骨的刻辞,研究者认为与八卦有关。1982 年 5 月陈全方编著周原出土甲骨文摹本和释文，由四川大学学报编辑部发表于《古文字研究论文集》上。

陕西岐山县京当和扶风县法门黄堆接壤地区的西周文化遗址是西周早期的故都所在。《诗·大雅·緜》记载："古公亶父，来朝走马。率西水浒，至于岐下。"《孟子·梁惠王下》记载："昔者太王居邠，狄人侵之。去之岐山之下居焉。"据裴骃集解引徐广曰："岐山在扶风美阳西北，其南有周原。"又引皇甫谧云："邑于周地，故始改国曰周。"周文王晚年迁都丰后，周原仍留作故都，直到周平王东迁洛阳后，王室日衰，周原亦随之衰落而荒芜。1977 年和 1979 年两次在此发现甲骨 17000 片，其中有文字的约 320 余片，为西周甲骨文字的最大发现（参见王宇信《西周甲骨探论》，朱歧祥《周原甲骨研究》等）。

邢台西周卜骨：西周甲骨文之一。1990 年 12 月，邢台市文物工作者于市区团结路北临南小汪村发现一处古文化遗址。次年 6 月，省市文物工作者联合发掘后，定名为"南小汪西周遗址"。该遗址中出土两片卜骨，均为牛肩胛骨。两片经过修治，反面有钻痕。H75 灰坑中出土的一片卜骨正面有刻辞，反面钻中施过灼，风格与周原扶风齐家村甲骨相似。刻辞共 4 行 10 个字，内容与用马（可能是驾车）有关。今河北省邢台市，史学家多认为即《史记·殷本纪》："祖乙迁于邢"的王都。西周初为邢侯的封地。（参见王宇信《甲骨学一百年》）

龙骨：本为中国中药处方中的一位药，可治小儿、妇科疾病和男子虚弱等症，其粉可以医创止血，化腐生肌，所以俗称"刀尖药"。所谓中药龙骨，"据近代记载，一种是古脊椎动物骨骼化石，货分南北两路，北路货出于河北山西，销在华北上海；南路货出于川、黔、湘、桂、滇、粤的山洞。销往广州、香港和南洋。另一种就是殷墟出土的甲骨，除在本地零售以外，主要销路在河北的安国和北京"（胡厚宣《殷墟发掘》）。小屯村民有意识地挖掘甲骨作为"龙骨"药材出售的具体时间，现已难知其详。胡厚宣推测，"至少就在清朝的几百年中，也许在明朝或者明以前就开始了。平原省安阳县小屯村，有很多人家，以贩卖龙骨药材为生"（胡厚宣《五十年甲骨学论著目·序》）。但罗振常在《洹洛访古游记》中说："此地埋藏龟骨前三十余年已发现，不自今日始也。"又说："土人因目之为龙骨，携以视药铺。"由此可认为小屯村民当于 1869 年前后才将甲骨作为龙骨出售。此外，董作宾的《甲骨年表》以 1899 年为甲骨文发现之年，并记有："先是，小屯北地滨洹水的农田，常有甲骨发现，村人李成捡之，售于药店，谓之龙骨，经过数十年。"所言李成其人为"小屯薙头商"，即剃头匠。在 1899 年以前，"常用龙骨纷做刀尖药。此地久出龙骨，小屯村民不以为奇。乃以骨片、甲版、鹿角等物，或有或无字，都为龙骨。当时小屯人以为字不是刻上的，是天然长成的，并说有字的不好卖，刮去字药店才要。李成收集龙骨，卖与药店，每斤制钱六文。"（明义士《甲骨研究讲义》，齐鲁大学 1933 年石印本）即使李成终生以出售龙骨为生，他从二十多岁开始售卖龙骨，能活到六十岁而不辍其业，也不过四五十年光景。1899 年以前的四五十年之间，甲骨被作为药材龙骨成批卖给北京或安国的药材商；或磨成细粉，零星在庙会上作为"刀尖药"出售，时间虽然不太长，但毁灭甲骨文之多，给学术事业造成无法挽回的损失。胡厚宣称以甲骨当龙骨售卖为甲骨文破坏时期的"药材时期"。

龟：一种爬行动物名。《说文》："龟，旧也，外骨内肉者也。从它，龟头与它头同，天地之性，广肩无雄。龟鳖之类，以它为雄。象足、甲、尾之形。"甲骨文时期人们在使用传统占卜材料牛骨等的同时，开始使用龟作为卜事开兆的占卜材料。龟甲既作为占卜材料，也成为甲骨文字的载体。在殷商以前的龙山文化时期，人们已开始从事占卜，但只见用骨卜，未见用龟卜，那时期的人们占卜所用的材料，多是牛、羊与鹿等的肩胛骨，这些都是中国北方常见与常常食用的动物。到了殷墟时期开始使用龟卜，从已经鉴定的龟的种类，有产于中国南部和东南沿海一带的；也有普遍产于中国各地的，甚至还有现在只产于马来西亚的种类。甲骨文中的甲桥刻辞大量记载龟的进贡情况，有见一次进贡多达上千只者，主要从南方进贡而来。

龟甲：指龟科动物乌龟的背甲及腹甲。别名：龟壳、乌龟壳、龟底甲、龟下甲等。龟背甲和龟腹甲可以入中药。

河北、陕西、河南、江苏、山东、浙江、安徽、台湾、江西、广东、广西、湖北、湖南、贵州、云南等地均有分布。殷墟时期人们占卜使用龟甲作卜材，并在龟甲上写刻文字，也就是甲骨文的"甲"，由此，有学者称甲骨文为"甲文"（胡蕴玉《国学汇编》第一集《文字学研究法》，1923 年）。

卜甲：占卜所用的龟甲，甲骨文字的载体之一。甲骨文时期人们占卜使用的龟甲，以腹甲为主，间或也用背甲。背甲都从中脊锯开，成为左右两半；或再加工改制成椭圆形的"改制背甲"。刻辞多刻在腹甲和背甲正面。也有卜辞未完，而转刻于反面者。殷墟时期卜甲大量使用。胡厚宣曾就甲骨文发现后四十多年时的材料进行统计，当时共出土有字龟甲 80015 片。此外，"历来被弃而不取之无字甲骨，数量实多。又此外未经用过之甲骨原料，亦颇不少"。他推测，无字之龟甲"其至少亦当于有字者数量相等"。因而"合有字甲骨和无字甲骨两者计之"，其数量当为："甲十六万零三十片"。如果"以龟甲十片为一全龟"计算，最低限度当用龟"一万六千零三只"（胡厚宣《殷代卜龟之来源》）。如此数量巨大的卜龟主要来自南方和西方，这在甲骨文里有记载，如："贞：龟不其南以"（《合集》8994 号），"以"为致送、进贡之意，这是问：不从南方进贡龟来吗？此外也有"西龟。一月"（《合集》9001 号）的记载，是说此龟当自西方而来。古生物学家对安阳殷墟出土龟甲的鉴定，也完全证明了这一点。"此种中国胶龟仅产于南方，如福建、广东、广西、海南、台湾等地。仅在历史时代之安阳发现实一至有兴味之问题，意见或自他处输入而来者乎？"（卜美年《河南安阳遗龟》，《中国地质学会会志》十七卷一号）文献中关于占卜用龟，《说文》："卜，灼剥龟也，象灸龟之形。一曰象龟兆之纵衡也。"《周礼·春官·太卜》郑玄注："问龟曰卜。"又："卜用龟之腹骨。"《史记·龟策列传》："太卜官因以吉日剔取其腹下甲。"目前所见卜甲中最大的是殷墟第十三次发掘"一二七坑"出土的一版腹甲，出土号为 13.0.10110，著录于《乙》4330 号，为《合集》14659 号。甲长 44 厘米，残宽约 26.1 厘米。正面刻有 8 条卜辞，反面有钻凿 304 个。据鉴定，与现在马来西亚半岛的龟类为同一种属（陈梦家《综述》，第 8 页）。

卜骨：占卜所用的骨头，甲骨文字的载体之一。我国以兽骨占卜始于新石器时代。商族人卜用骨头，最常见的是牛肩胛骨，此外有羊、鹿、猪的胛骨。刻字的牛肋骨、牛距骨、鹿头骨、虎骨、人头骨都有所发现。李济总结小屯殷墟的前六次发掘时说："占卜以甲骨，遗留下来的以无文字记载的为多，有文字者不过十分之一。甲以腹甲为多，背甲参用；骨以牛肩胛骨为最多，羊、鹿肩胛骨参用。"（《安阳发掘报告》第四期）古生物学家杨钟健对殷墟出土的兽骨做过大量鉴定工作，写有专著和论文。后来陈梦家曾以殷墟卜用兽骨的种属问题请教杨氏，得到答复如下：（1）用作占卜的肩胛骨，各种动物都有：如鹿（不同的鹿）、马、猪、羊、牛等。不过肩胛骨一作占卜之用或刻上文字以后，出土时往往残缺，不容易辨别它是属于哪一种动物的肩胛骨。因之，只能个别的判定。（2）肋骨的使用除牛以外也用其他动物的，如鹿等。肋骨已经裁断成小节之后，很难鉴定出它的属别。牛肋骨更不容易分辨出是属于哪一种牛的。（3）上述的牛当然包括两种牛，即牛 Bossexiguus Mats 和圣水牛 Bubalusmephistophopheles Hopwood。它们只有习性上的区别：牛是在田野中生活的，水牛能在池沼中生活而不大习惯于田野或山地。当初的用途如何，无从知道（陈梦家《综述》，第 6 页）。目前所见卜骨中最大者，为殷墟私挖出土之一块完整牛胛骨，原为刘体智"善斋"所藏。拓片著录于《掇二》159 号，长 42.5 厘米，下宽 34 厘米。正面刻卜雨之辞，反面有钻凿和卜辞。牛肩胛骨的边缘部分，沿卜兆而破裂的一边，作一长条形。罗振玉过去误认为是胫骨，据殷墟发掘来看，绝没有胫骨刻卜辞的。另外，《殷虚书契菁华》著录四版大胛骨，罗氏尝谓"卜用之骨，有绝大者，殆亦象骨"（罗振玉《殷释》中，第 30 页）。王襄说："甲辰乙巳间，日间课余，始治其文字，知此骨有龟甲、象骨两种。乃古占卜之用品。"（王襄《题所录贞卜文册》）陈梦家认为胫骨是误说，象骨只是一种推测。胡厚宣指出："至罗振玉所认为胫骨者，乃胛骨边缘之误；又王襄、董作宾以甲骨之特大者，当为象骨，不知殷

代之牛，大半皆水牛，水牛之胛骨固较黄牛为大也。"（胡厚宣《甲骨学绪论》，《甲骨学商史论丛初集》，第 916 页）

甲骨文：甲骨文字的简称。甲指龟甲，骨指骨头（包括人骨与兽骨），龟甲和骨头为文字载体。其概念可以有广义和狭义之分。广义的甲骨文泛指写刻在龟甲和骨头上的文字；狭义的甲骨文单指中国古代商周时期的人们用于占卜与祭祀写刻于龟甲和骨头（牛胛骨为主）上的文字。河南安阳殷墟出土的甲骨文称"殷墟甲骨文"。陕西周原出土的称"周原甲骨文"。参见"甲骨文字"条。

甲骨文字：是人们对中国古代商周时期写刻在龟甲骨头上文字的称呼，简称甲骨文。目前所见出土的甲骨文字，以安阳殷墟和陕西周原为最多。除殷墟和周原外，河南省郑州市二里岗、洛阳市泰山庙、山东济南大辛庄、山西省洪赵县坊堆村、陕西省长安县（今长安区）张家坡、北京市昌平区白浮村皆零星发现刻有文字的甲骨。殷墟甲骨文发现于 1899 年（清朝光绪己亥年），截至 2018 年，120 年间共出土约 15 万片。关于甲骨文的计量单位称片，是无可奈何的事情。因为从目前我们所见到的甲骨，大的可以是一块完整的龟甲和牛肩胛骨，有时也称这些大片为版；小的只是指甲盖大小的碎片。一大版可以随时破碎成若干个小碎片。一些残碎的小片也可以被人们拼兑成一大片。所以，殷墟出土甲骨片的数量只能是约数，用片作为计量单位统计出一个大概数字。关于殷墟出土甲骨文的大约数量，在小屯南地、花园庄东地和村中村南几处发掘出土之前，有一个大概的统计，但各家说法不一。张秉权有如下汇总：

董作宾的统计：

已著录出版的 28707 片

已著录编辑未出版的 2433 片

合计已著录的共 31139 片

公家采集者 23082 片

私人收藏者 55389 片

合计未著录的共 78478 片

出土总数 10 万余片

胡厚宣的统计：

已著录出书的 41087 片

国内机关采集尚未著录者 20917 片

国内私人收藏尚未著录者 93625 片

国外机关采集尚未著录者 5481 片

国外私人收藏尚未著录者 825 片

总共是 16 万余片

陈梦家的统计：

属于公家的约 5.1 万片

属于私人的约 4000 片（估计）

现在中国台湾地区的约 2.6 万片

现在欧美的约 7000 片

现在日本的约 1 万片

总数约 9.8 万片

张秉权认为："其中以陈氏的估计，比较保守。胡氏的数字有点夸大重复。大概已经出土的甲骨，约在十万片左右，是比较可信的数字。"（张秉权《甲骨文与甲骨学》，第 8—9 页）事实上，单明义士收藏现存加拿大多伦多安大略皇家博物馆的甲骨就超过 8000 片，并未进入上述统计中，另据宋镇豪向笔者介绍，现故宫博物院新发现旧藏甲骨2万多片，应该说胡厚宣的统计接近真实。关于殷墟出土甲骨文单字的总数，各家的观点也不一致。董作宾早年统计和猜测，认为甲骨文单字的总数不会超过3000字以上；陈梦家的估计在3000—3500字；胡厚宣认为至少亦有五六千字；金祥恒的《续甲骨文编》统计以为《说文》所有而可识的字有1048字（内有重文59字），《说文》所无而不认识的有1585字，合计起来为2633字；李孝定的《甲骨文字集释》收录正文1062字，存疑136字，待考1551字，总计3320字。王宇信认为，1965年9月中国社会科学院考古研究所编辑、在原孙海波《甲骨文编》基础上增订出版的《甲骨文编》中所录的甲骨文字数："其编共隶定一千七百二十三字（见于《说文》的九百四十一字），附录共收入两千九百四十九字，全书共计收甲骨文单字四千六百七十二个。可以说，所见甲骨文已经释定和未能释定的单字，基本已经齐备了。"（王宇信《甲骨学通论》，第315页）多年来的研究证明，甲骨文字形已成体系，并有严密的文字规律，是我国目前发现最早的一种成体系的文字。甲骨文早期也称龟或龟甲、甲文、龟甲文、龟板文、龟刻文、龟甲文字、契文、殷契、殷契文、甲骨刻文、甲骨刻辞、贞卜文字、甲骨卜辞、殷墟书契等。由于早期人们所能看到的，只有那些古董商手中残碎的甲骨小片，应该说连甲和骨都不易分辨，由于龟甲的特征比较显著，容易被人认出，故而以甲概骨，都称龟

或甲；后来又因它的书写方法主要为刻，又多称为契；经过研究发现刻写的内容都是占卜的辞类，又称卜辞、贞卜文字等。从刘鹗称甲骨文为龟（《铁云藏龟》），到孙诒让又称契文（《契文举例》），再到罗振玉的贞卜文字（《殷商贞卜文字考》），由这几个称谓即可明白甲骨文发现后的第一个十年的甲骨文研究的发展历程。上述称谓都因不同角度的局限，不能概括本质，成为这一文字的通名。后来许多学者干脆就把这种文字叫作甲骨文，例如董作宾的《安阳侯家庄出土的甲骨文字》《甲骨文断代研究例》等。1933年安阳出了本《安阳县志》，其中附在最后的一部分简介了殷墟出土甲骨的情况，题目直接就称《甲骨文》。不少著作还以甲骨文入书名，甲骨文就成为殷墟出土这些写刻在龟甲和骨头上文字的通名，或繁称甲骨文字。1977年至1980年，在陕西省岐山、扶风两县交界处周原出土了西周早期或上及商末期刻写在龟甲和骨头上的文字，称为周原甲骨文。目前已见出土有字甲骨300余片。其文字刻画细小，在放大镜下方能辨认，未见用毛笔书写之迹，王宇信的《西周甲骨探论》对之进行专门研究。

甲骨学：泛指以甲骨文为研究对象的一门学问。由于1899年殷墟甲骨文的发现，和其后的收藏著录、文字考释、科学发掘、系统研究，而形成的一个专门研究我国古代商周时期占卜和祭祀时写刻在龟甲骨头上的文字和商代文化的学问。甲骨学是近当代一门新兴学科，

也是一门国际性显学。虽然这一学科应从 1899 年（清光绪二十五年）甲骨文的价值被认识——甲骨文发现开始，但成为一个专门学科则在 20 世纪 30 年代初期。有学者认为，甲骨学是历史学、考古学和古文字学的重要分支学科。这种观点容易让人们误认为甲骨学是文字学的一部分，文字学可以涵盖甲骨学。其实这种观点不全面，是根本不了解甲骨学的性质和甲骨学与文字学的区别而做出的错误判断。中国的文字学，在古代称为小学，现代改称为文字学，其研究的范围原来主要包括字形、字音、字义三部分。其中的字义学逐渐独立称为训诂学，字音学独立成为音韵学，剩下的只有字形学了。甲骨文虽然是一种古代的文字，自然也是中国文字的一部分，如果以为甲骨文的内容和范围，只限于甲骨文的字形方面的研究，那么说它属于文字学的一部分，观点自然成立。但是，现在甲骨学所研究的对象不仅限于文字方面，所以它与文字学应该是两门不同的学科。最早将甲骨文的研究认为是一门专门学问的学者是王国维，他在 1915 年发表的《最近二三十年中中国新发现之学问》文章中，将殷墟甲骨文字列为新发现的学问之一。对于甲骨学研究的内容，董作宾在 1930 年 12 月发表在《安阳发掘报告》第二期《甲骨文研究的扩大》一文中早有说明："从民国十七年的秋天，国立中央研究院发掘殷墟以来，甲骨文的研究范围，有自然而然要扩大的趋势，于是渐渐地由拓片上文字的研究，进而注意到实物（甲与

骨）的观察；由实物而又注意到地层；注意到参证其他遗物；注意到比较国外的材料。换句话说，就是从文字学古史学的研究，进而至于考古学的研究了。现在我草拟了一个甲骨文研究的范围，愿与治契学的同志一讨论之。"王宇信进一步指出："甲骨文并不是甲骨学"，"甲骨学是以甲骨文为研究对象的专门学科，是甲骨文自身固有规律系统的、科学的反映"，"我们绝不能把甲骨文与甲骨学混为一谈"［王宇信《甲骨学通论》（修订版），第 3 页］。张秉权出版有《甲骨文与甲骨学》专著。

龟甲兽骨文字：甲骨学专门用语，是甲骨文的繁称。早年学者依据刻字载体多为龟甲、兽骨，遂得此名，如林泰辅编著《龟甲兽骨文字》，其"龟甲兽骨文字"即为甲骨文。他们的这一名称，显然不能包含甲骨文的全部，因为甲骨文并不完全是写刻在龟甲和兽骨上，还有刻在人头骨上的刻辞文字，又有刻在蚌笄头上的刻辞（宋镇豪、郭富纯主编《旅顺博物馆所藏甲骨》，第 2211 号）。

甲骨：甲骨学专门用语，是甲骨文的简称。如胡厚宣编著《战后宁沪新获甲骨集》《战后南北所见甲骨录》等书，其中甲骨的甲为龟甲，骨即骨头，龟甲与骨头是甲骨文的文字载体，所以学者们常常以甲骨代称甲骨文。

殷墟甲骨：甲骨学专门用语，殷墟甲骨文的别称。因甲骨文出土于殷墟，遂以殷墟甲骨命名，如美国白瑞华编著、1935 年美国纽约出版的照片影印集《殷

墟甲骨相片》等。

甲文：甲骨学专门用语，是以甲概骨对甲骨文的简称，即刻在龟甲、骨头上的文字简称，如杨树达撰《积微居甲文说·卜辞琐记》《耐林廎甲文说·卜辞求义》等。张秉权论证甲骨文"原来它埋藏在地下，已经有三千多年了，在那悠久的岁月里，没有人知道它的存在，也没有人知道它原来叫作什么。因此，当它再度出世的时候，人们就给它取了许多崭新的名称。最初，人们所看到的，只是一些残碎的小片，连甲和骨都不易分辨，而龟甲的特征比较显著，也容易被人认得出来。所以人们就以甲概骨，把它们叫作龟或甲文、龟甲、龟甲文、龟版文、龟甲文字等等"（张秉权《甲骨文与甲骨学》，第1页）。

契文：甲骨学专门用语，是甲骨文的别称。因甲骨文多见用刀契刻在龟甲骨头上的文字，因此又有学者称之为契文，如孙诒让撰《契文举例》，其契文即甲骨文。其后叶玉森著《说契》，简以"契"字代契文代甲骨文。契即契刻，契文即用刀刻的文字，甲骨文称为契文，是早期学者多见到甲骨文的书写方法为契刻，因而名契文。或有称"殷商甲骨刻文"，如1935年曹铨在吴县《国专月刊》第一卷第二号上发表的《殷商甲骨刻文考》。在殷墟科学发掘大批甲骨出土后，发现了不少用毛笔和朱墨书写的文字，人们认识到甲骨文不单单是刀刻的文字，还有书写的文字，所以契文的名称也不确切。虽然至今仍然有学者称甲骨文为契文，但毕竟不是甲

骨文的准确名称。王宇信认为："诚然，甲骨文多是用刀契刻在龟甲兽骨上的文字，即刘鹗多说的'刀笔文字'，因此称甲骨文为'契'、'殷契'或'殷虚书契'、'甲骨刻文'等，是有一定道理的。但是，甲骨文并不全是刀刻而成，也有用朱、墨写在龟甲或兽骨之上的，因而这样的命名也不甚全面"（王宇信《甲骨学通论》，第60—61页）。

殷墟书契：甲骨学专门用语，是殷墟甲骨文的别称。甲骨文多为契刻文字，出土于殷墟，所以有学者称之为殷墟书契，如罗振玉编著《殷虚书契》前编、后编、续编、菁华等。其中殷墟书契的"书"，当时并非指书写，书契仍然是言契。殷墟书契即殷墟甲骨文。

殷契：甲骨学专门用语，殷墟书契的简称。契刻的甲骨文字出土于殷墟，故学者又简称殷墟书契为殷契，如王襄著《簠室殷契征文》与《簠室殷契类纂》、于省吾撰《双剑誃殷契骈枝三编》，其中殷契即殷墟甲骨文。

贞卜文字：甲骨学专门用语，是甲骨文的别称，学者以商代甲骨文占卜性质为其命名，如罗振玉撰《殷商贞卜文字考》，其中贞卜文字实指甲骨文。

殷墟文字：甲骨学专门用语，是殷墟甲骨文的别称，甲骨文是出自殷墟的文字，故学者命其名为殷墟文字，如王国维撰《戬寿堂所藏殷虚文字考释》、董作宾编著《殷虚文字》（甲、乙编）、张秉权编著《殷虚文字》丙编等。以殷墟文字称甲骨文，范围太宽。因为殷墟出土的文字不单单只有甲骨这一载体，

还有以青铜器为载体的商代金文，又有以陶器为载体的陶文以及玉石器、蚌角器等上的文字，它们都可称殷墟文字，但不是甲骨文。虽然说人们一提起殷墟文字，马上就会联想到甲骨文，甲骨文也可称为殷墟文字，但殷墟文字并不是单单甲骨文一种文字。王宇信认为："将甲骨文称之为'殷虚文字'，概念仍是较为含混的，不能反映甲骨文专门作为与占卜有关的记事文字的特点。此外，甲骨文除在安阳殷墟出土以外，在河南郑州二里冈中商遗址也有出土。不仅如此，山西洪赵、陕西周原岐山、扶风、北京昌平等地还出土了西周甲骨文。很显然，称甲骨文为'殷虚文字'包容不了地区和时代不同的甲骨文的丰富内容。"（王宇信《甲骨学通论》，第62页）前述董作宾《殷虚文字》的命名，本来叫作《甲骨文字》，后定名为《殷虚文字》是傅斯年的意思，其希望有"计划的把殷墟发掘器物上有文字的统同收入，并不只是限于甲骨，凡是铜器、玉石器、陶器等书写铭刻全部收入进去，所以，用'殷虚文字'来概括"（董作宾、董敏、张坚《走进甲骨学大师董作宾》，第200页）。

甲骨刻辞：甲骨学专门用语，是甲骨文的别称，指龟甲、骨头上刻的文字为甲骨刻辞，如雷焕章编著《库恩藏甲骨刻辞》等。

骨文：甲骨文的别称，即专指殷墟出土遗骨上（龟甲骨头统称）的文字，以与金文、玉石文、陶文等相区别，如董作宾1936年12月发表于《中央研究院历史语言研究所集刊》第七本上的《骨文例》，又如加拿大怀履光1945年编著由加拿大多伦多博物馆出版的《骨的文化》等。

甲骨卜辞：甲骨学专门用语，是甲骨文的别称，也是卜辞或占卜辞的繁称。如方法敛编著《甲骨卜辞七集》、伊藤道治编著《藤井有邻馆所藏甲骨卜辞》等，其中甲骨卜辞即甲骨文。罗振玉称甲骨文单字为"贞卜文字"，称其成句成段者为卜辞。王宇信认为是按甲骨文用途命名的，"称甲骨文为'卜辞'，说明学者已明确了甲骨文的用途，研究有了深入。但是，甲骨文并不全是卜辞，如武丁时的五种记事刻辞以及甲骨文中的表谱刻辞、干支表及杂置卜辞中的'义京刻辞'等。因此，将甲骨文一概称之为'卜辞'，也是不太全面的"（王宇信《甲骨学通论》，第61页）。可见，甲骨卜辞或曾被作为甲骨文的又一名称，但又指刻在甲骨上的占卜辞。当时人们用龟甲和骨头占卜，并将卜问之事或结果刻在甲骨上，这些刻上去的占卜辞称甲骨卜辞，或简称卜辞。完整的一条甲骨卜辞由"前辞"（叙辞）、"问辞"（命辞）、"占辞"、"验辞"四部分组成。张秉权认为："一条完整的卜辞，序、命、占、验，四个部分，并非一气呵成，当然也不可能同时契刻。我们现在所能看到的那些甲骨卜辞，绝大多数只有序、命之辞，偶有占辞，已不多见，至于验辞，更是常付阙如。这大概是事过境迁，往往容易忘了补记的缘故"（张秉权《甲骨文与甲骨学》，第197

页）。

卜辞：甲骨学专门用语，甲骨卜辞的简称。既可指甲骨上的占卜辞，又有称甲骨文为卜辞，作为甲骨卜辞的简称仍以甲骨文的用途指称甲骨文。如郭沫若撰《卜辞通纂》，又如董作宾编著《新获卜辞写本》等，其中卜辞即指甲骨文。

殷虚卜辞：甲骨学专门用语，是殷虚甲骨文的别称。甲骨文多是出自殷虚的占卜之辞，故学者以殷虚卜辞名之，如明义士编著《殷虚卜辞》，又如陈梦家编著《殷虚卜辞综述》等。

殷卜辞：甲骨学专门用语，殷墟甲骨文的别称。商朝又称为殷朝，殷卜辞即殷代的卜辞。见于王国维撰《殷卜辞中所见先公先王考》等。

叙辞：甲骨学专门用语，又称前辞、述辞。指一条卜辞中前面即占卜的时间和贞人名的文辞。如《合集》12314号："癸巳卜，亘贞：自今五日雨？"辞中"癸巳卜，亘贞"为叙辞。又如《屯南》87号："甲戌卜，今日雨？卜雨？"辞中"甲戌卜"为叙辞，未署贞人名。再如《合集》12433号："贞：今夕不雨？之夕不雨？"辞中"贞"为叙辞，省略占卜时间。一般说来，一条完整的卜辞应有叙辞、命辞、占辞、验辞四部分，但也见有省略叙辞部分的卜辞，如《合集》12529号："大今三月不其雨？"关于叙辞所包含的内容，甲骨学界有两种意见，其核心是"贞"的位置，一种意见是贞为叙辞的内容，常例为"×× 卜，×贞："（陈梦家《综述》，第43

页）；另一种意见是贞为命辞的内容，常例为"×××卜，×，贞×××"（胡厚宣《甲骨学绪论》，《甲骨学商史论丛初集》，第919页）。本典从第一种意见即陈梦家观点。

前辞：甲骨学专门用语，叙辞的别称，又称"述辞"。参见"叙辞"。

述辞：甲骨学专门用语，叙辞的别称。参见"叙辞"。

命辞：甲骨学专门用语，又称贞辞。指一条卜辞中的命归之辞，即这次占卜所问的内容以及要向祖先（神）占问的事由。如《合集》14129号："壬申卜，古贞：帝令雨？"辞中的"帝令雨"为命辞。又如《合集》12788号："贞：今夕不延雨？"辞中的"今夕不延雨"为命辞。一条卜辞中叙辞、命辞、占辞、验辞四个部分全有的刻辞不是很多，多数没有验辞，也有的省去占辞和验辞，更有的还省去叙辞，只刻命辞。命辞所言的占卜的事类，是一条卜辞的中心部分。

贞辞：甲骨学专门用语，命辞的别称。参见"命辞"。

占辞：甲骨学专门用语，也称果辞，是指视兆坼定吉凶从而决定事情是否可行之判断和预测，属于占卜的结果，它与兆辞有区别，兆辞的构词法每每是固定的，如"一告""二告""上吉""弘吉"等，而占辞有时可直接引用兆辞，却常常是卜人针对占卜事情的未来作出的预测语（宋镇豪《夏商社会生活史》，第913页）。如《合集》902号："己卯卜，殼贞：雨？王占曰：其雨，隹壬午允：雨。"辞中的"王占曰：其雨"为占辞。又如《合集》11498号："丙申卜，㱿贞：来乙巳酒下乙？王占曰：酒隹有祟，其有嗌。乙巳明雨，伐既雨，咸伐亦雨，杀鸟星。"辞中"丙申卜，㱿贞"（叙辞），"来乙巳酒下乙"（命辞），"王占曰：酒隹有祟，其有嗌"（占辞），"乙巳明雨，伐既雨，咸伐亦雨，杀鸟星"（验辞）。

验辞：甲骨学专门用语，指验证之辞，即占卜之后记录应验与否的记事辞。商时人占卜完毕，将所问事项刻记在甲骨上（即卜辞）之后，对所卜问的事项并非就置之脑后了。若干天以后，所问之事在现实生活中幸而言中，或与所希冀的结果大相径庭，都要刻记在甲骨的有关卜辞之后，这就是所谓的验辞。如著名的妇好，商王武丁对她的生育之事极为关心，曾为她卜问能否生育男孩。《合集》14002号："甲申卜，㱿贞：妇好娩嘉？王占曰：其隹丁娩嘉。其隹庚娩，弘吉！三旬又一日，甲寅娩，不嘉，隹女。"这版卜辞的"甲申卜，㱿贞"（叙辞）是甲申这一天贞人㱿问卦，"妇好娩嘉"（命辞），是卜问妇好要生孩子了，能吉利生男么？"王占曰：其隹丁娩嘉。其隹庚娩，弘吉"（占辞），商王武丁亲自看了卜兆说：惟有未来的丁日生育，能顺利生男孩；惟有未来的庚日生育，大吉！"三旬又一日甲寅娩，不嘉，唯女"（验辞），结果过了三十一天以后，到了甲寅这一天生育，"不嘉"生了个女孩。

辞例：甲骨学专门用语，殷墟出土的甲骨文，多数是商王朝祭祀时占卜的卜辞，少数是记事刻辞。另有"干支表"和习刻辞。卜辞和记事刻辞有时间、事类、形式、行款、句法、字形之不同，据此，可于各时期刻辞中寻出完整和省略之卜辞以及记事刻辞之若干例证，以各种刻辞之例证探求商代占卜和记事用词之变化规律，可助其分期断代、阅读刻辞、选用资料、补全残辞、辨别真伪、缀合碎片、校对著录书中之重片等。

凿钻：甲骨学专门用语。龟甲和牛肩胛骨的整治是占卜的准备阶段，整个阶段包括取材、削锯与刮磨、钻凿制作等工序。经过整治的甲骨不一定全用于占卜，即不一定在背面施灼而正面呈兆。但施灼呈兆的卜用甲骨则毫无例外的经过整治，特别是钻凿制作。凿、钻是占卜之前对所用卜材龟甲兽骨整治的两个重要环节。凿与钻施于龟甲和骨头的背面，是为了占卜烧灼时，能在正面呈现出兆象。《诗经·大雅·绵》说："爰始爰谋，爰契我龟。"《荀子·王制》篇也说："钻龟陈卦。"都是指在占卜前，还要对龟壳进行凿、钻处理，即在龟甲或骨头的背面，制作出"枣核形"的"凿"与圆窠形的"钻"。董作宾研究甲骨实物后，发现"其灼处必先凿而后钻，凿而不钻者甚少。由其钻处可求得其物之大小"，即所用钻子之大小。关于凿，学者们对小屯南地出土甲骨凿钻形态研究，没有发现凿子的痕迹。因而认为凿不是用凿子凿挖而成的，钻不是用钻子钻就，而是用刀挖刻而成和轮开

槽而成的方法制作。（王宇信《甲骨学通论》，第 89 页）

卜：甲骨学专门用语，烧灼龟甲或骨头求兆为卜，即命龟贞问后烧灼龟骨使其呈现出卜兆，也称灼兆。《说文》："卜、灼剥龟也。象炙龟之形。一曰象龟兆之纵横也。"罗振玉说："象卜之兆。卜兆皆先有直坼而后出歧理，歧理多兆出，或向上，或向下。"（《增订殷虚书契考释中》，第 17 页）商王朝以龟甲、牛骨作祭祀时占卜材料，于反面钻、凿后烧灼，则正面出现裂纹成卜形，以此判断吉凶（参见"卜兆"条）。陈梦家认为"灼才是卜的行为。既灼之后，正面有了兆干卜枝的裂纹；象其爆裂之声曰'卜'，写其离析之形为'卜'。钻时施灼之处，所以称为灼钻。龟策列传曰：'卜先以造灼钻，钻中已，又灼龟首各三，又复灼所钻中曰正身，灼首曰正足，各三'。甲骨有钻而未灼者，可知先钻后灼。《周礼》卜师'扬火以作龟，致其墨'，作龟即灼龟。据《周礼》，作龟所用之火有二：一是有火焰的然火，即华氏所掌'凡卜以明火（爇火）燋'，其材料为燋，即薪燋；一是硬木枝，放在然火上烧之吹之使成炽炭而后直接灼之于甲之钻处，即华氏所掌'遂吹其焌契'的焌契。契即《尔雅·释木》'楔，荆桃'之楔，亦即郑玄注'以契柱燋火而吹之也'的契柱，亦即《士丧礼》'楚焞置于燋，在龟东'的楚焞，亦即《礼三正记》'灼龟以荆'、白虎通'以荆火灼之'、《龟策列传》'荆支卜之''灼以荆若刚木''荆灼而心'

的荆、或'荆支'（枝）或刚木，《索隐》云'按古之灼龟，取生荆枝及生坚木烧之，斩断以灼龟'。小屯甲骨的灼处，绝非直接在然火上烧出来的，乃是从一枝圆柱形的木枝燃炽以后所烫灼的；故其灼迹是近乎圆的。钻孔之所以要圆，乃所以容纳烧炽了的木端而可以集中热力以增强其爆裂性。有钻者，灼于所钻中处；无钻者，通常灼于凿的左或右，但亦偶有灼于凿之左右两旁者"（陈梦家《综述》，第 12—13 页）。张秉权认为："因为贞问的语气，往往有肯定与否定两种，所以灼兆也常常在龟甲的左右两边对称的部位上施行，在兽胛骨上，则有时在左右对称的部位上，有时在上下相间的部位上。当时在甲骨上施灼的次序，可以从卜兆的序数和卜辞的卜日上看出来的。有时，一件事情的占卜，可以同时灼用几块龟甲或兽骨，这也就是我所说的成套甲骨。在灼兆的时候，是将一套中的几块甲骨，同时陈列在一起，然后一块一块地挨次灼卜。至于一套甲骨究竟有多少块？就已知的材料来说，通常是由五块大小相近的甲或骨，组成一套，同时使用的。"（张秉权《甲骨文与甲骨学》，第 58 页）

习卜：甲骨学专门用语。卜辞习见"习卜""习之卜""习龟卜"等，如《合集》31672 号出现"习一卜""习二卜"；《合集》31674 号出现"习二卜""习三卜""习四卜"。宋镇豪认为："所谓习卜，大都出现在命辞中，习者，袭也，重也，因也，习卜是后因前的占卜。文献亦见，《尚书·金縢》云：'乃卜三龟，一习吉'；《大禹谟》云：'卜不习吉'，孔疏云：'习是后因前。'《左传》襄公十三年云：'先王卜征五年，而岁习其祥，祥习则行，不习，则增修德而改卜。'杜预注：'五年五卜，皆同吉，乃巡守，不习，谓卜不吉。'习卜无非是因袭前事的重卜，总有其特殊原因，殷商王朝于所卜事情不必即日实施，有可能卜而得吉，但临时又发生一些变故，于行事不利，如天候恶劣、疾患流行、战争猝起、人事周折、准备不足等等突发性事变，乃不得不再度占卜。"又："甲骨文言'习一卜'是续前一卜的重卜，至'习四卜'是第五轮占卜，'习兹卜'是专就先前一事数贞中的某一卜再行占卜，其占卜时间都是前后'又开'的。……习卜之制，其要核表现在不同时间因袭前事而继续占卜该事或该事的后继，无非为了使甲骨占卜兆象获得更理想的结果，更适应事情的可变性，也是殷商王朝出于应变复杂事态而力图在占卜场合发挥其主观能动性因素的努力而致。"（宋镇豪《夏商社会生活史》，第884—885页）

贞：甲骨学专门用语，本指古人占卜时命龟骨问事，殷墟出土甲骨卜辞中多见贞人代商王问事，也有商王亲自问事。《说文》："贞，卜问也。从卜，贝以为贽。一曰鼎省声，京房所说。"《周礼·春官·太卜》："凡国大贞，卜立君，卜大封。"郑玄注引郑司农云："贞，问也。国有大疑，问于蓍龟。"《礼记·表记》："殷人尊神，率民以事神，先鬼而后礼。"是说商代人信鬼尊

神，凡事必占卜，贞问而后决。所见殷墟出土的完整卜辞皆有卜、有贞。关于贞于卜的关系，董作宾严格分卜与贞为二事，说："太卜司卜，卜人仅限于太卜，主灼龟、见兆、断吉凶之事；太史司贞，贞人则谓问卜之人，任何人皆可充任。"也有学者不同意董氏的观点，认为"其区别不必如是之严也"（饶宗颐《殷代贞卜人物通考》）。

贞人：甲骨学专门用语，见贞卜人物。

贞卜人物：甲骨学专门用语，即"贞人"，或"卜人"。卜辞中卜问命龟的人。《说文》："卜，灼剥龟也。""贞，问也。"殷墟卜辞于"卜"下"贞"上的字为贞人名，即卜问命龟的史官名，甲骨学中或称"贞人"，或称"贞卜人物"。目前各家所定贞人共一百有余，其所属甲骨分期多有分歧。掌握占卜之史官，官阶不高，然权力很大。祭祀占卜时，代王言事，于卜辞中能"转达"上帝祖神之意。分期断代研究中，贞人为研究甲骨断代标准之一。贞人名多见于早期卜辞，后期的卜辞多不见贞人名。此外，卜辞习见"王卜贞""王曰贞""王贞"，是商王亲自占卜贞问，商王亲自担任贞人，可以说商王就是最大的贞人。"周原"出土甲骨卜辞中目前尚未见有贞人。

占卜：甲骨学专门用语，是指求兆问卜，以决疑难。广义的占卜，包括龟骨的取材，整治和凿钻等准备事宜；问卜、灼兆、占兆过程以及刻辞、验辞等。也就是陈梦家依据《周礼》所记周人卜

事的分工和卜事的程序，结合殷墟甲骨本身的现象以及有关卜事的刻辞总结的次序过程，即（1）入龟——龟甲上卜事刻辞记"某入若干"；（2）整治——甲骨具有锯、削、刮、磨之迹；（3）钻凿——卜事刻辞"某示若干"；（4）命龟——卜辞记命龟之辞；（5）灼龟——甲骨有灼痕，有兆；（6）占龟——卜辞有占辞；（7）刻辞——先刻命辞，占辞，兆序，兆记，后刻验辞，武丁卜辞有涂朱涂墨者；（8）入档——甲尾刻辞"某入""某来"或即此（陈梦家《综述》，第17页）。狭义的甲骨文占卜，即王宇信整理的"商王在处理'国之大事'或个人行止时，往往'卜以决疑'，即通过占卜来指导一切活动。占卜时，把整治好的甲骨拿来，施灼呈兆，判断凶吉，然后把所问之事契刻（或书写）在甲骨上，这就完成了占卜的过程"。反映在甲骨上，即卜辞所记的"卜""贞""占"，是当时人们占卜过程中几个不同的步骤，卜是灼龟骨求兆；贞是问事求证；占是预测吉凶。占卜的时候先提出问题即命龟骨即贞，然后灼卜即灼龟骨即卜，而后坼兆判断吉凶即占龟。关于吉凶的预测准与否，这要等到事情过后的验证或补记。这一占卜的整个过程，表现在卜辞中则是一条完整卜辞中的四个部分：序辞、命辞、占辞、验辞，前三部分反映的是占卜过程（验辞部分是占卜以后的事情）。王宇信认为："施灼问卜并将有关占问事项契刻在甲骨上以后，占卜就结束了，卜用以后的甲骨也就可以做专门处理了。"（王宇信《甲骨学通论》，第113、118页）宋镇豪认为："据殷墟出土甲骨文材料，知殷商王朝统治者面临生老病死、出入征伐、立邑任官、田猎农作、天象气候变幻、婚姻嫁娶、祀神祭祖等等，事无巨细，每以甲骨占卜进行预测，问吉凶，占祸福，决犹豫，定嫌疑，贞卜事情的可行性，又有相应的卜官建制，由此逐渐确立起一套甲骨占卜制度，举凡大要者有四：曰正反对贞，同事异问，一事多卜；曰习卜之制；曰三卜之制；曰卜筮并用，参照联系。"（宋镇豪《夏商社会生活史》，第883页）

卜兆：甲骨学专门用语，是指烧灼甲骨的凿钻处呈现出来的纵横裂纹。《说文》："卜，灼剥龟也，象灸龟之形。一曰象龟兆之纵衡也。"又："兆，灼龟坼也。"《周礼·春官·太卜》郑玄注："问龟曰卜。"又"太卜掌三兆之法"。郑玄注："兆者，灼龟发于火，其形可占者。"《尔雅·释言》："隐，占也。"疏："占者，视兆以知吉凶也。"占卜时以火灼钻孔或凿槽，骨质受热而产生爆裂，声如"卜"，裂纹亦为"卜"形，占卜者视兆璺而判断吉凶，见"兆"刻辞。龟甲兆璺方向随钻之方向产生，钻于凿之左，则灼于左，正面之兆璺则见于左；钻于凿之右，则灼于右，正面之兆璺则见于右。牛胛骨有正反两面皆钻凿，灼钻方向多不固定。若牛胛骨反面钻凿有左右排列者，则左胛兆璺向左，右胛兆璺向右，亦能以兆璺方向定左右胛骨。

兆象：甲骨学专门用语，是指占卜

时，把整治好的甲骨施灼后在正面呈现出的裂纹长短、走向等现象。由于施灼前的凿钻有固定的格式，所以施灼后显现在骨的另一面的兆象（裂纹），一般呈一竖一横"卜"形。这个字就是"象其爆裂之声曰'卜'，写其离析之形为'卜'"。（陈梦家《综述》，第 12 页）竖纹称"兆干"，横纹称"兆枝"。

兆干：甲骨学专门用语，指甲骨施灼后，在正面显现出的卜形纹的竖纹，其位置反面为施凿处。

兆枝：指甲骨施灼后，在正面显现出的卜形纹的横纹，其位置反面为施钻处。有学者认为商王或史官们是根据兆枝显现的长短、上下走向及歧枝判断吉凶。

千里路：甲骨学专门用语，指龟甲正面中间的自然中缝。一版龟甲以千里路为界，分为左右两部分，右边部分称右龟甲，左边部分称左龟甲。龟甲近中间千里路的部分为"内"，近边缘处为"外"；近首部分为"上"，近尾部分为"下"。左龟甲卜兆向右，右龟甲卜兆向左。

兆序：甲骨学专门用语，或称为"序数"。出现在甲骨卜兆旁上单刻的数字，即是卜问的次数，叫作"序数"，或叫作"兆序"。兆序大多刻于卜兆左或右上端，也有刻于纵兆上端。龟甲多自上而下，由内向外；牛骨多自下而上，由外向内。卜兆记占卜次的序，不是卜辞，但与占卜事件有密切关系。胡厚宣认为："卜兆记叙之数字，十之后仍由一起，绝不用十一、十二等类合

文。"（胡厚宣《卜辞同文例》，《中央研究院历史语言研究所集刊》第九本）也就是说常一事多卜，只刻一至十之数字。十次以上者，再从一复始。如《丙》67 的序数十之后有一到八，说明此版占卜到十八次，是目前可见的占卜序数最多的一例。兆序十之后不使用合文的似为结论，但也有特例，如：《乙》5399 的午组卜辞中出现序数十一的合文。古人卜用三龟。《书·金滕》："乃卜三龟，一习吉。"《论衡·卜筮篇》："钻龟揲蓍有吉凶之兆者，逢吉遭凶之类也。何以明之？周武王不豫，周公卜三龟，公曰，乃逢是吉。"商代有卜一事用数龟，或数事用一龟，皆由兆序得知。

兆记：甲骨学专门用语，占卜术语。即"兆词"。

兆词：甲骨学专门用语，又称"兆语""兆记"或"兆辞"。占卜术语。刻于占卜甲骨卜兆旁或兆序上下。常见兆词有："不玄冥""吉""大吉""弘吉""一告""二告""三告"等。"不玄冥"是记兆璺清晰可见，不昏阁。"吉""大吉""弘吉"皆指此卜吉祥可用。"一告""二告""三告""小告"，或释作"吉""上吉""小吉"。或表示卜兆告之程度，或表示卜兆吉利程度之不同。

刻画卜兆：甲骨学专门用语，卜兆是指在甲骨背面烧灼之后，在其正面显现出来的"卜"字形裂纹。商王或史官们由这种裂纹来判断吉凶。只要经过灼，卜兆在甲骨上是普遍存在的。YH127 号

坑中出土的龟甲上的卜兆有一种极为特殊的现象，即在卜兆之上用刀再加以刻划。这种现象称为"刻画卜兆"或简称"刻兆"。董作宾认为："刻画卜兆这件事，很明白是为了美观。"（董作宾《乙编·序》）

犯兆：甲骨学专门用语，贞人在根据卜兆的兆象判断吉凶后，就会把卜辞刻在卜兆旁边。通常写刻卜辞时都会避开卜兆，称为"避兆"。但有时也可以见到卜辞写刻在卜兆上的情形，如《合集》5611号与376号两片甲骨上的卜辞，就刻在了卜兆上。这种把卜辞写刻在卜兆上的情况称为"犯兆"。

卜辞界划：甲骨学专门用语，数条卜辞刻在同一块甲骨上，因甲骨文字较小，或行款杂陈，各段卜辞间容易混淆，有时会刻划一条线，把相邻的卜辞区隔开，以示段落区分。这条刻线称为卜辞界划。（见《合集》641号）

夺字：甲骨学专门用语，所谓"夺字"就是出现在一条卜辞中文意不全的现象，即当初契刻时遗漏了文字。卜辞第一至第五期中都可以看到这种现象。如《合集》6413号："宾贞：今早共征土方？"辞中"共征土方"应为"共人征土方"，漏刻一"人"字。有时写刻卜辞漏字，后又加以添补。见于《合集》7288号："……酉卜，争贞：乎妇好先共人于宠？"辞中"好"字与"共"字之间，"先"字显然是添字。又见《合集》32385号："……未卜，求自上甲、大乙、大丁、大甲、大庚、（大戊）、中丁、且乙、且辛、且丁十示，

率牡？"辞中的"求"与"上甲"之间添一"自"字，其旁还划有添字记号。漏字填补例各期多有，胡厚宣《卜辞杂例》有系统论述。

衍字：甲骨学专门用语，指卜辞中多刻写了文字的现象。见于《合集》6459号："壬午卜卜宾贞：王叀妇好令征尸？"辞中的"卜卜"显然多刻写了一个"卜"字。又见《合集》4210号："贞：其其震？"辞中衍写一个"其"字。（参见胡厚宣《卜辞杂例》）

误字：甲骨学专门用语，卜辞中写刻错了字的现象称为"误字"，也就是今天的"错别字"。见于《合集》33107号："甲子，贞：王从沚或？在在月。"辞中的"在在月"的第二个"在"当为纪月数字之误。（参见胡厚宣《卜辞杂例》）

缺刻：甲骨学专门用语，殷墟出土甲骨文字，笔画以直横为主，一般先刻直画，后刻横画。卜辞有若干字，则统一先刻此若干字之直画，后统一刻横画，或为缺刻及漏刻的成因，如《合集》18927号反面："舌方弗其"与《合集》24440号"月一正曰食麦"等部分甲骨文字中有缺刻横划；《合集》36528号反面全辞36字皆缺刻横划；《合集》27146号是安阳侯家庄出土"大龟七版"之一，全版共21条卜辞，最后"甲申卜，贞：王田逐麋"，其中"贞王田"3字缺刻横划，"逐"字缺刻下半部的"止"。（参见董作宾《甲骨文断代研究例》）

《合集》18927 号正、反面

追刻：甲骨学专门用语，指卜辞记贞卜之日的叙词，与命辞中所记贞卜之日不同的现象。商人占卜契刻，多为当时所为。即一条卜辞的叙词、命辞、占辞为占卜结束当时所记。只有验辞是经若干时日所卜之事应验后所补记。但也有"追刻卜辞"的特例。如《甲》697，叙辞为"癸未"，但命辞中为"今乙酉"。癸未与乙酉相距三日，此辞当为癸未日占卜之后，过了三天——"今乙酉"追刻，也称"追契"。

涂朱：甲骨学专门用语，甲骨刻辞刻划中涂以朱色。或称"填朱"。董作宾在《〈殷虚文字乙编〉序》中说："书写之后经过契刻，朱墨不存，所以契刻之后再涂以朱墨。……涂饰朱墨，为的是装饰美观，和卜辞本身是没有什么关系的。"按照他的说法，先用朱墨书底，然后刻字，刻后再填色，而且最盛行于武丁时代，涂朱涂墨是随便的，只是为了美观。这种观点基于"先写后刻"观点之上。陈梦家不同意这种观点。（参见"涂墨"条）。

涂墨：甲骨学专门用语，甲骨刻辞刻划中涂以墨色。或称"填墨"。殷墟时期人使用的墨，陈梦家认为是碳素。按照陈梦家的观点，涂朱和涂墨是有区别的。他不同意董作宾的涂朱涂墨为了美观的观点，认为："同版之中，大字、小字也是有区别的，所以往往大字涂朱而小字填墨。"并举例如下："《乙》6664（甲上半正面）正面大字填朱，小字涂墨；《乙》6665（上甲之反）反面大字填朱，小字涂墨；《宁沪》2.25—26清华藏骨正反面大字填朱，正面小字'二告'填墨；《宁沪》2.30—31清华藏骨正面填朱，反面填墨；《宁沪》2.28—29清华藏骨一面填朱，一面填墨。"（王宇信《甲骨学通论》，第96页）

朱书：甲骨学专门用语，指甲骨上用毛笔蘸朱砂书写的文字。一般字体粗大，呈深红色或赭色，常常写于甲骨的反面。在127甲骨坑中董作宾以为是"很常见的"的现象。见于《合集》9775号反面与《合集》14129号反面，都出现多条朱书卜辞。

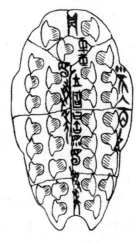

董作宾摹卜甲反面朱书文字
（《合集》9775 号）

墨书：甲骨学专门用语。甲骨上有用毛笔写后没有契刻的墨迹，这种用毛笔书写于甲骨上之墨色文字称为墨书。见于《合集》35265 号、35260 号等。刘一曼《试论殷墟甲骨书辞》文中做过统计：甲骨上有笔墨书辞的共计 74 片，其中卜骨中有书辞的 26 片，卜甲上有书辞的 48 片。这种书而未刻的文字，是我们认识三千多年前殷商书迹最直接的史料，证明了在商朝已有相当进步的毛笔。由于这些书写文字在做拓本时，其墨迹根本不可能拓出来，只有照片能把墨迹拍下来；但过去多用拓本著录甲骨，即使有图片也质量不佳，所以人们很难有机会能看到这些墨迹，因而以为甲骨文全是刻出来的而忽略这种最珍贵的书写现象。殷墟科学发掘以来，人们才有机会非常清楚地目睹这些三千多年前老祖宗的书法真迹，可以看到甲骨文时期人们书写的甲骨文，运笔也是提按变化，笔画也有粗有细。

对贞：甲骨学专门用语，殷人占卜，往往一事数问，有时从正面问了，还从反面卜问。甲骨上刻辞，多正反两问，左右成对，故又称为"左右对贞"。如《合集》12465 号武丁时期卜辞："戊辰卜，争贞：来乙亥，其雨？戊辰卜，争贞：来乙亥，不其雨？"即是对贞。

成套甲骨：甲骨学专门用语，亦称"成套卜辞"。"所谓成套卜辞是指甲骨上那些可以结合数条而成为一套的卜辞。一套卜辞，无论它包含多少条，都不过是一条卜辞的若干次重复或省略的

契刻而已，而它们的功用，也只等于一条卜辞。"（张秉权《甲骨文与甲骨学》，第 199 页）成套卜辞有时是在同一片甲骨，有时则分布在序数相连的多片甲骨上，如《合集》6482、6483、6484、6485、6486 号，共五版，都是卜问商王武丁是不是应该命令大将军望乘去攻打下危。因为事关重大，所以每一回合都卜问了若干次，共卜问了五个回合。某些省略的成套卜辞，意义难解，但对照其完整的卜辞，就容易明白了。这种成套甲骨的现象，有说是张秉权最先发现的。

卜辞同文：甲骨学专门用语，是指对同一件事情的占卜，时间、文辞都相同，或间有贞人的名字不同。或卜辞记所卜之事、记所卜应验，每一事书于数版，故有同文例。正因为有卜辞同文，所以有些残辞可以互相补全。关于卜辞同文的成因，有学者根据《周礼》所记："族长莅卜，及宗人吉服立于门西东面南上。占者三人，在其南北上，及执燋席者在塾西。"认为殷墟时期占卜时临场的多人，站立也各有固定的位置。而"占者三人"亦见于《左传·成公六年》引《商书》曰："三人贞，从二人，众故也。"从而认为殷墟时期，参加占卜同时有三人或者五人，对同一事情同时进行贞卜，因而形成卜辞同文。（参见胡厚宣《卜辞同文例》）

二史同贞：甲骨学专门用语，指两位贞人同卜问一事。见于《合集》637 号："丁丑卜，争、竹贞：令翌以子商臣于盖"又见《合集》16862 号："癸卯

卜，争、菣贞：旬亡祸?"皆为武丁时期卜辞。前辞中的争与竹以及后辞中的争与菣即指二史。此外，传统文献《书·洛诰》："视予卜休，恒吉。我二人共贞。"可见，甲骨文和古代文献都有两位贞人同贞事例。

《合集》16862 号

异卜同辞：甲骨学专门用语，是指在不同甲骨片上不同的贞卜人在同一日同卜一事。这样的例子不太多，但这种现象很重要，是甲骨文断代分期的重要条件。虽然说是不同的贞卜人，在不同甲骨片上，但是所贞卜的是同一件事情，由此可以推定这些贞卜人属于同一时代。

相间刻辞：甲骨学专门用语，又称"刻辞相间"，指两类或两组内容不同的卜辞相互间刻在胛骨的一个部位，常见于牛胛骨的骨边部位。（1）对贞卜辞中间刻另一事的对贞卜辞。如《合集》2164 号："贞：夕侑于妣甲？贞：弗其受有佑？不隹我有作祸，受有佑？隹我有作祸？不隹多介巷王？贞：父辛不巷……"为武丁时期卜辞。辞中"受有佑""我作祸"相间。（2）占同一事之多条卜辞中间刻另一事的对贞卜辞。如

《合集》1330 号，是祭祀先王而间刻卜雨的对贞卜辞。

非王卜辞：甲骨学专门用语，指非商王史官系统占卜的卜辞，是相对"王卜辞"而言的。殷墟甲骨文除一部分记事刻辞外，多为商王祭祀占卜的卜辞，称为"王卜辞"。但也发现有"子卜贞"内容的卜辞，国内外学者研究后认为这类卜辞不是商王史官系统占卜的卜辞，而是王族支脉或非王族正宗的卜辞。在前辈甲骨学者对这类卜辞研究的基础上，李学勤于 1957 年和 1958 年在论文中提出了"非王卜辞"（见《考古学报》1957 年第 3 期，1958 年第 1 期）。特别是花园庄东地 H3 甲骨窖藏的发现，全部是"非王卜辞"，大大促进了有关"非王卜辞"研究。

记事刻辞：甲骨学专门用语，是指甲骨上那些专为记事而契刻或书写的文字。王宇信称为非卜辞记事文例，"包括刻在甲骨上的记事文字和非甲骨上的记事文字。在龟甲和牛骨上刻写的记事文字包括有关准备卜材的记事刻辞，表谱文字和记事文字等；非甲骨上的记事文字包括人头刻辞、鹿头刻辞、牛头刻辞、骨柶刻辞、虎骨刻辞等"（王宇信《中国甲骨学》，第 148 页）。胡厚宣认为："所谓甲骨文者，亦实非全系卜辞。如甲骨中有甲子表，乃初学习刻者所为；有祭祀表，乃史官备忘所用。……亦皆不得为卜辞也。又如安阳侯家庄出土'大龟七版'之一，第十五辞'乙酉，小臣🐚觐'，刻于左骨桥之边际，无钻灼卜兆之痕，与同版其他

卜辞亦不相连属，盖偶然附刻之记事文字也。又中央研究院十三次发掘所得一大龟，其左骨桥之边际，亦记曰：'乙酉雨，至于甲寅，旬又八日，九月'。九月自乙酉至于甲寅，连雨凡十又八天，此非一平常之事也，故利用龟甲上卜辞之余闲以记之。除此之外，武丁时甲骨文又有所谓：甲桥刻辞、甲尾刻辞、背甲刻辞、骨臼刻辞、骨面刻辞等五种刻辞者，亦皆记事文字。"张秉权认为记事刻辞"所记的事情与占卜没有关系"（张秉权《甲骨文与甲骨学》，第188页）。但胡厚宣认为："即在甲骨卜辞本身之中，亦常包含若干记事文字。早期卜辞之后，每随记征验之辞。如卜某日是否降雨，及既雨之后，则于此卜辞之后，随记某日允雨。又如卜某日是否天晴，及是日果晴，则于此卜辞之后，随记某日允启。或卜某日王往田猎，及时果有所获，则于卜辞之后，随记允获某兽若干。又卜旬之后，王占有凶，亦每随记几日某某允有某种灾祸来临之长篇记事。晚期帝王，尤好田猎，故王田卜辞之后，其随记获兽之例，尤多至不可胜举。总之，此种记验之辞，已显然溢出于占卜文字之外矣。"（胡厚宣《武丁时五种记事刻辞考》，《甲骨学商史论丛初集》，第346—347页）甲骨上的记事刻辞，最早由董作宾发现，其在1929年写的《商代龟卜之推测》已经注意到了尾甲刻辞。关于记事刻辞，宋镇豪分为：（1）与占卜有关的记事刻辞：甲桥刻辞、甲尾刻辞、背甲刻辞、骨臼刻辞、骨面刻辞；

（2）特殊记事刻辞和一般性记事刻辞：人头骨刻辞、虎骨刻辞、兕骨刻辞、兕头骨刻辞、鹿头骨刻辞、牛距骨刻辞、牛胛骨记事刻辞、骨符；（3）表谱刻辞：干支表、祀谱刻辞、家谱刻辞；（4）习刻。（宋镇豪《夏商社会生活史》，第917—931页）

甲桥刻辞：甲桥是连接龟腹甲和龟背甲的部位，龟甲整治时，就是从这里切开，让腹甲和背甲分离但连在腹甲一边。甲桥位置一般不刻卜辞，而是刻上各地贡龟的数量或观察的记录。这种龟腹甲甲桥反面记事刻辞称甲桥刻辞。"甲桥"乃俗名。所刻文字是一种简单记事辞，内容多为"雀入二百五十"（《合集》1100反），"郑来三十"（《合集》6918号反）等。"入""来"前一字乃人名（或族名），为贡龟（或龟甲）的记录。甲桥刻辞目前只见于武丁时期。（参见胡厚宣《武丁时五种记事刻辞考》，《甲骨学商史论丛初集》）

甲尾刻辞：指刻在龟腹甲右尾甲的正面的刻辞。董作宾在《商代龟卜之推测》一文中称之为"尾右甲"，唐兰则名曰"尾右甲卜辞"，实为贡龟（或龟甲）的记录。目前只见于武丁时期。其反面无钻凿，无灼痕，正面无卜兆和兆序。内容两三字。其辞例主要有"某入""某来"等，"入""来"即贡来、贡纳之意。如《合集》9344号、9360号、9337号、20024号等。"入""来"前一字为人名（或族名）或地名。甲尾刻辞与甲桥刻辞相比，较为简单，很少记所入龟的具体数字。胡厚宣究其原因，谓:"岂以'甲尾'地位有限,恐与腹甲卜辞相混,遂皆有省略之耶!"但也有一例记某人贡"入二百二十五",见于《合集》9334号,这是甲尾刻辞最大的纪数。(参见胡厚宣《武丁时五种记事刻辞考》,《甲骨学商史论丛初集》,第346—347页)

背甲:甲骨学专门用语,龟背甲的简称。殷墟出土商代占卜的背甲呈拱形,中脊隆起,有颈甲、脊甲、肋甲、尾甲、缘甲五个部位,每个部位连接处称"齿缝",角质盾版与盾版接缝现于表面之纹路称"盾纹",正中隆起处称"中脊"。取用时将整龟甲从甲桥锯开,甲桥留于腹甲上,再将背甲刮去鳞片,去其胶质,刮削盾纹,以向上一面为正,向下一面有血肉者为反,钻凿和灼兆施于反面,烧灼后正面见兆,占卜后刻辞于正面。1931年春第四次殷墟发掘,在小屯村北E16号坑出土"带火号背甲"。同年秋第五次发掘,在小屯村北E57圆坑中出土了两版大块的龟背甲,"乃是把背甲由中间锯开,左右平分为两半的,刮削虽不如腹甲光滑,实际上也还能用"。(董作宾《甲骨文断代研究例》)另1934年第九次发掘,在侯家庄H·S·20圆形灰土坑的底层出土几块破碎了的背甲。

改制背甲:是指锯开的左右两半背甲沿其边缘弃其背甲一部分,锯成椭圆形,当中钻一孔。反面施钻凿灼兆,正面见兆刻辞。这种经过加工的背甲称为"改制背甲",目前只见于武丁时期。1936年殷墟第十三次发掘YH127号坑出土的17088片龟甲中,有穿孔的改制背甲十二片。(参见石璋如《殷墟最近之重要发现附论小屯地层》,1947年《中国考古学报》第二册)陈梦家等学者都认为这种类似鞋底形的改制背甲,上有一孔,可以想象甲骨也能穿成书册,或即是典册之册的象形。

背甲刻辞:甲骨学专门用语,刻于龟背甲上的纪事文字。一般写刻在半甲反面原中缝的边缘,内容如《合集》1823号反面的:"小臣入二",《合集》17494号的:"妇井示,韦",《合集》9420号的:"……乞自橐十……"研究者认为是有关贡龟之记事,"小臣"为人贡者,"橐"(或族)为入贡地,"妇井"为检视者(示即际,参见"骨臼刻辞"条),"韦"为验收者。背甲刻辞目前只见于武丁时期。胡厚宣说:"完整之龟背甲因高突起不平,钻灼卜兆或写刻卜辞皆不方便,故卜用龟背甲往往从中缝剖开。武丁时期之龟背甲,在背面近锯缝之边缘,亦常刻有一行与前两种刻辞(指甲桥、甲尾)相类似之祭祀文字,吾人名之曰'背甲刻辞'。"

骨臼刻辞:指牛胛骨骨臼上契刻的文字。牛前腿左右两肩的胛骨类似扇形,俗称"扇子骨",与腿骨连接的一端窄而厚,成内凹骨节,称为"骨臼",俗称"马蹄儿"。殷墟出土的商代牛胛骨,占卜前先将骨节突出的臼角从反面锯去,成半圆形。锯后出现一缺口,在骨正面左方为左胛骨的骨臼,在右为右胛骨的骨臼。骨臼上凹面刻记事文字,多为贡纳牛胛骨的记录。一般笔划较细而浅。目前只见于武丁时期。（胡厚宣《武丁时五种记事刻辞考》，《甲骨学商史论丛初集》，第350页）

骨面刻辞：是刻于牛胛骨正面骨扇下方宽薄处或背面近边外的记事刻辞。牛肩胛骨有一部分较薄，不再施钻、凿和灼卜，正面下部常用刻记事辞，亦刻于反面近骨边缘处。胡厚宣认为："每刻于骨面之上。如刻于正面，则常在骨面宽薄一端之最下方。如刻于反面，则常常近边缘。此亦利用偏僻地方，刻记与卜辞不相干之另一事件者也。此种记事文字，吾人名之曰'骨面刻辞'。"（胡厚宣《武丁时五种记事刻辞考》，《甲骨学商史论丛初集》，第351页）如《合集》9396—9398号："自匽五十屯"、《合集》5574号："乞自岩，二十屯，小臣中示。系"、《合集》15515号反面："己酉，岩示十屯。率"皆为验收贡骨之记录。辞中的匽、岩为人名或邦族名。小臣中为监视者，示即际。系、率为验收者的署名。宋镇豪认为"骨面刻辞大体也是记某日某人乞自某多少副胛骨，胛骨的数目有时比骨臼刻辞多得多，有达50副者，有时兼记检视者与签名者，其辞各有详略"（宋镇豪《夏商社会生活史》，第922页）。张秉权将骨面刻辞分成四类：（1）与骨臼辞刻类似的骨面刻辞；（2）干支表——骨面上的干支表，有些似乎是习契者所为，有些却是排列严整，秩然有序，显然是作为备忘的日历之用的；（3）祀谱——顾名思义，这是作为祭祀时的参考而契刻的；

（4）家谱——《库》1056版上的家谱是一版颇有争议的材料，有人说它是伪，有人说它是真。（张秉权《甲骨文与甲骨学》，第195—196页）

人头骨刻辞：人头盖骨上的记事刻辞。商王在征战中，将方国、部落头目俘获后，用以祭祀上帝鬼神，并取其头盖骨刻辞以炫耀武功。对于人头骨刻辞的研究，宋镇豪统计迄今共发现15片，加上之后著录于《殷遗》646号一片，共当为16片。收藏与著录情况如下：（1）北京国家图书馆藏4片，即《合集》3435号、38762号、38759号、38761号；（2）故宫博物院有明义士旧藏1片，即《合集》38758号；（3）中国社会科学院历史研究所藏1片，即《合集》38760号；（4）上海博物馆藏一片，即《合集》38764号；（5）台北南岗史语所藏1片，即《合集》27741号；（6）日本东京已故河井荃庐原藏2片，内1片今归东京大学东洋文化研究所，即《东京》972号，另一片下落不明，可能已在1945年3月10号毁于战火，即《合集》38763号；（7）日本千叶县习志野市小仓武之助原藏1片，今归东京国立博物馆，即《日搜》二.180号；（8）加拿大多伦多皇家安大略博物馆藏1片，即《怀》1914号，除上揭12片外，还有3个拓本，原骨今藏济南山东省博物馆，即《殷虚卜辞综述》图版13.中、《续补》9069号、9070号。（宋镇豪《夏商社会生活史》，922—924页）陈梦家认为人头骨刻辞可表明三事："一、诸邦方的君长为殷战败俘后常杀之以祭殷先王；二、所杀的方伯的头盖骨上常刻辞记其事；三、所谓'用'即杀之以祭。"（陈梦家《综述》，第327页）殷墟出土人头骨刻辞，大多属帝乙、帝辛时期。其中残存文字最多的一片现藏故宫博物院，为著录于《殷虚卜辞综述》附图的拓片，有"人方白……祖乙伐"六字。

虎骨刻辞：指刻于虎骨上之记事刻辞，《合集》37848号。1930年前在殷墟出土，为加拿大传教士怀履光所旧藏虎骨雕花骨柶一条，是虎的右上膊骨，原骨长15厘米，最宽处2.5厘米。上刻有帝乙、帝辛时期宽笔大字记事辞，两行直书右行共二十字："辛酉，王田于鸡录，获大霸虎，在十月，唯王三祀劦日。"是商王田猎获虎的纪念刻辞，宋镇豪认为是"帝乙三年十月辛酉猎获猛虎，专门用虎骨制成宴飨场合的进食餐具柶，又在骨上刻辞铭纪"（宋镇豪《夏商社会生活史》，第925页）。原骨照片著录于《骨的文化》，拓片著录于《怀特氏等收藏甲骨文集》，编为1915号。据认为是唯一的虎骨刻辞，原骨现藏加拿大皇家安大略博物馆。

兕骨刻辞：著名的雕花嵌石"宰丰骨柶"刻辞，刻辞作两行直书左行，著录于《合补》14294号："壬午，王田于麦麓，获商戠兕，王赐宰丰寝小𣪠兕（觥），在五月，唯王六祀肜日。"宋镇豪以为"记帝辛六年五月肜祭的壬午日，商王在麦麓狩猎，获一赤黄色猛兕，于是举行宴飨庆赏，宰丰赏得了寝宫的

一小觥醴酒，出于旌功，特用此兕之骨制成餐具柶，铭以为信物"（宋镇豪《夏商社会生活史》，第925页）。此外，《佚存》427号雕花骨柶刻辞，大概与宰丰刻辞属于同类，丁山曾推测"柶的原料，不是一般牛马骨骼，而必用犀牛肋骨以解食物之毒的"（丁山《商周史料考证》，第179页）。

牛头骨刻辞：牛头骨上刻的记事刻辞，见于《合集》37398号。1929年秋，中研院史语所在殷墟进行第三次考古发掘，11月28日于小屯村村北出土一个牛头骨。长54厘米，宽22厘米，厚13厘米。发掘编号为3.6.006。正面刻帝乙、帝辛时期宽笔大字记事刻辞，残存两行直书左行，每行皆有缺字。辞为："于腹……获白兕款于……在二月，佳王十祀，彡日，王来征盂方白……"缩小之照片著录于《卜辞通纂》，编为577号，又摹录于《殷契佚存·自序》，拓片著录于《殷墟文字甲编》，编号为3939号。先后有董作宾之《获白麟解》（刊《安阳发掘报告》二期，1930年）、方国瑜之《获白麟解质疑》（刊北京师范大学《国学丛刊》一卷二期，1931年）、唐兰之《获白兕考》（刊燕京大学《史学年报》四期，1932年）、裴文中之《跋董作宾获白麟解》（载1934年3月18日、25日北京《世界日报·自然科学周刊》第68、69期）等论述文章。宋镇豪根据辞中白兕内容称为兕头骨刻辞，并认为："刻辞性质亦与虎骨刻辞同。旌纪帝乙十年二月征伐盂方伯途中获猎白兕之事。"（宋镇豪《夏商社会生

活史》，第 926 页）现藏台北南岗"中研院"史语所。

鹿头骨刻辞：即刻在鹿头骨上的刻辞。殷墟科学发掘以来共获两件：(1) 1929 年秋第三次殷墟发掘，于 11 月 28 日在小屯村村北出土一个鹿头骨，无角，下部已残。长 10.5 厘米，宽 12 厘米，正面刻有帝乙、帝辛时大字记事刻辞，记载商王于某地田猎。两行直书左行，每行最后皆残。辞为："己亥，王田于焚……在九月，隹王十……"照片著录于《通》578，又见《佚·自序》，拓片著录于《甲》3941 号，收入《合集》为 37743 号；(2) 1931 年春第四次殷墟发掘，在小屯村村北出土了第二个鹿头骨，有两角，下部已残，带角长 23 厘米，头骨宽 10 厘米，正面刻有帝乙、帝辛时大字记事刻辞，直书三行左行，每行下皆残缺。辞为："戊戌，王蒿田……文武丁升……王来征……"照片见《通》579 号，《佚·自序》，拓片见《甲》3940 号，收入《合集》为 36534 号。现皆藏台北南港"中研院"史语所。

牛距骨记事刻辞：1936 年春第十三次发掘出土于殷墟小屯乙五基址西面的 H6 深坑，发掘编号为 13.2.49。骨的上下两端歧出的凸面已锯去一截，成为一平面，内外边缘也锯平。外长 6.9 厘米，内长 7.3 厘米，宽 5.5 厘米。骨面涂饰，呈绿色，在后下面的一片小凸面上有刻辞，辞例由上而下，由右而左分三行排列，收入《合集》35501 号："王曰：则大乙叀于白麓厈，宰丰。"是

"宰丰"记商王之言，事关则祭先王大乙，为武乙、文武丁时期刻辞。拓片著录于《殷虚文字乙编》，编为 8688 号。骨质杨钟健鉴定为牛的左距骨（高去寻《殷虚出土的牛距骨》，《田野考古报告》第四册，1948 年）。张秉权说的"这一类的刻辞，到目前为止，只发现一片"（张秉权《甲骨文与甲骨学》，第 196 页）。

牛胛骨刻辞：是牛胛骨上非卜辞的记事刻辞，见于《合集》36481 号："小臣墙从伐，禽危美……人二十人四，而千五百七十，𢆶百……两（匹），车二两，盾百八十三，函五十，矢……又伯夒于大乙，用𩇨伯印……𡧊于且乙，用美于且丁。墍曰：京易……"此片甲骨的反面为六旬干支表的下半段，刻辞残存五行，上段皆残；文例格式自上而下，由右而左，直行书，与中国汉字后世传统竖写格式同。胡厚宣推测："由反面六十干支推算起来，全文约长一百五十至二百字左右。"（胡厚宣《中国奴隶社会的人殉和人祭》，《文物》1974 年第 8 期）宋镇豪认为："这是征伐危方俘获几个伯长及大批战马、战车、箭箙盾矢等战利品而向先王献祭战俘的旌功庆典记事。"（宋镇豪《夏商社会生活史》，第 926 页）

蚌笄头刻辞：即蚌笄头上的记事刻辞。见于《旅顺博物馆所藏甲骨》2211 号："黄其羊。"旧馆藏号为 9.20.91 号，属卜辞第五期黄组。胡厚宣早在《武丁时五种记事刻辞考》中就写道："凡言中国之古文字者，无不知溯于殷

商，凡言殷商文字者，无不知其为甲骨文，凡言甲骨文者，无不知其为殷商王室之贞卜文字也。然殷商文字者，固不仅为甲骨卜辞而已。由殷墟发掘之启示，使吾人知殷人对于文字之应用，已极为广普。除甲骨文外，在若干石器、玉器、骨器、角器、陶器之上，每写刻一种款识文字，少则一二，多或十余。"（胡厚宣《武丁时五种记事刻辞考》，《甲骨学商史论丛初集》，第 343—344 页）其说甚确。除上述旅顺博物馆新著录蚌笄头刻辞外，侯家庄 M1001 号大墓出土骨笄顶端，亦刻有"昌入二"三字；出土四件骨匕，其上均刻有"大牛"二字（梁思永、高去寻《侯家庄第二本·1001 号大墓》图版 175.19 中，台北"中研院"史语所，1962 年）。

干支表：为备查日历的表谱。见于《合集》37986 号，甲骨分期为第五期，是一版完全的十天干、十二地支有序组合的六十干支表。此版一甲十癸，六旬文字无缺损，排列有序，甚为难得。内容如下：

　　甲子 乙丑 丙寅 丁卯 戊辰 己巳
庚午 辛未 壬申 癸酉
　　甲戌 乙亥 丙子 丁丑 戊寅 己卯
庚辰 辛巳 壬午 癸未
　　甲申 乙酉 丙戌 丁亥 戊子 己丑
庚寅 辛卯 壬辰 癸巳
　　甲午 乙未 丙申 丁酉 戊戌 己亥
庚子 辛丑 壬寅 癸卯
　　甲辰 乙巳 丙午 丁未 戊申 己酉
庚戌 辛亥 壬子 癸丑

　　甲寅 乙卯 丙辰 丁巳 戊午 己未
庚申 辛酉 壬戌 癸亥

宋镇豪认为："当以六行六甲为正常的行式。商代干支纪日之用至繁，故有多数之干支表存在，作为备忘日历之用。但有些干支表，似乎是习契者所为。"（宋镇豪《夏商社会生活史》，第 930 页）

《合集》37986 号

祀谱刻辞：指专记商王周祭先王先妣祀典之次序，具有参考备览之谱牒作用的刻辞，非占卜辞。见于《合集》35406 号："甲戌翌上甲、乙亥翌报乙、丙子翌报丙、（丁丑翌）报丁、壬午翌示壬、癸未翌示癸、（乙酉翌大乙、丁亥）翌大丁、甲午翌（大甲）、（丙申翌外丙）、（庚子）翌大庚、……翌……"又见《合集》39455 号："甲寅上甲翌、乙卯报乙翌、丙申……"皆为帝乙帝辛时期非占卜辞。

家谱刻辞：顾名思义，即世系家谱刻辞，著名的即争议颇大的"儿氏家谱"（见"儿氏家谱"条）。宋镇豪认为《合集》14925 号："……子曰……子曰……"也是家谱刻辞的残片（宋镇豪《夏商社会生活史》，第 931 页）。

儿氏家谱：是指《库方二氏所藏甲骨》第 1506 号牛胛骨上的刻辞。此片牛胛骨上下长约 22 厘米，左右宽约 22.5 厘米。刻辞有骨版的正面，计 13 行，除第一行为 5 字外，其余均为每行 4 字，此外，在刻辞右边的上端，单独刻了一个"贞"字，自成一行，刻辞的上端，有一条横行的界线。刻辞行款，自上而下，自右而左。

《库方二氏所藏甲骨》1506 号摹本

另外，还有一片编号 1989 号的雕花鹿角骨上也有与前者大同小异的刻辞，是有角的周围，计有 8 行，其中 3 行为每行 7 字；4 行为每行 8 字；最后一行为 3 字。行款为自上而下，环绕鹿角。除了"贞"字之上另加"王曰"二字成为"贞王曰"外，其余文字完全与 1506 号刻辞雷同。上述两版均藏于英国大不列颠博物院。这二版刻辞卜骨如属真品，那就是中国历史上最早的家谱。然而，多年来对于这两版刻辞卜骨的真伪一直争论不休。由于库方二氏所收购和转卖的甲骨，全都来自山东潍坊一带的古董商人，其中真伪杂陈。董作宾、胡小石、容庚、唐兰、金祥恒、严一萍和胡厚宣等都认为《库方》1506 号是赝品。陈梦家早期也认为是赝品，后来据说是见到了"儿氏家谱"的拓本后改变说法，认为是真品。胡厚宣《甲骨文〈家谱刻辞〉真伪问题再商榷》对各家亦伪情况介绍尤详。关于"儿氏家谱"的真伪争论最典型的代表是胡厚宣和于省吾，胡厚宣的观点。胡厚宣力主其伪的论据点是：（1）这一胛骨，没有钻凿灼兆的痕迹而右边有一"贞"字。（2）这里只有一个"家谱"，顶端不应有条"分隔两辞"那个的界划。（3）在字体上，家谱刻辞的"子"字是第四期武乙、文丁时代的写法，"𝕏"是第一期武丁时代的子名，两者拼凑在一起，不伦不类。又"儿"字的"臼"内多一横划，古文字中，没有这样的字体。（4）在意义上，"弟"字在甲骨文中，绝无用作兄弟之意者。（5）在文例方面，引胡小石《书库方二氏藏甲骨卜辞印本》中的话说："一五〇六、一九八九诸方，多书子曰云云，稽之卜辞，绝无其例，此断出自村夫俗子之手。"（6）"家谱"里的人名，或抄袭成文，或出于杜撰，有的也见于《库》1576、1598、1604、1621、1624 号等片，殆出于伪刻者一人之手。

（7）行款呆板，字迹恶劣，由于反复描刻，笔画显然毛糙粗涩，与一般甲骨文字规律整齐，写刻熟练，艺术之精美，绝不相同。（8）殷代的先公先王，自上甲开始，皆以十干为名，而"家谱刻辞"，称儿先祖曰某，某子曰某，某弟曰某，曰下系一奇异之人名，这些人名，都不见于殷代世系中，又皆无十干字样，则于卜辞全然不类。（9）英国剑桥大学图书馆所藏金璋旧藏的那批甲骨中，也有一片大骨，上下长25厘米，左右宽19厘米，编号为1110，页刻有这样的一篇家谱刻辞，先在右方领先刻"贞曰"二字，然后自右而左，刻字十三行，除第一行为六个字外，余皆每行四字，略称某某祖曰某，某子曰某，某弟曰某。其称祖者一，称子者十，称弟者二。除了"养"名与《库方》大骨相同者外，其余均不相同。且子与子之间，有一条世系，亦不相连属。而且其上部另有四行刻辞："弟曰南""贞曰静""心曰安""畐曰止"，每行三字，自右而左，全属杜撰，毫无意义。以此例彼，则《库方》大骨之为伪，不待烦言。（10）陈梦家改变旧说是因看到此骨拓本，但他所看到的考古研究所收藏的拓本，原系孙壮旧藏，而孙氏系由其表弟冯星伯所赠。这一拓本的左方，盖有"簠斋"二字的一方印章，簠斋是陈介祺（寿卿）的号，陈氏早在甲骨出土以前的一八八四年就已逝世，不可能再在那拓本上盖章，所以不但大骨刻辞不真，即使那印章，也是后人加盖。于省吾认为是真品"信之不疑"的理由在《略论甲骨文'自上甲六示'的庙号及我国成文历史的开始》也有十条。对这一甲骨学史上的"公案"，即使是董作宾的两位得意门生严一萍和张秉权，观点也相左，严一萍坚说为伪（严一萍《甲骨学》，第418—422页），张秉权却坚信为真（张秉权《甲骨文与甲骨学》，第364—371页）。现此版甲骨拓本收入《英国所藏甲骨》，并有显微放大照片供学者观察。此书编者李学勤、齐文心、艾兰也在《英国所藏甲骨》一书中各自发表了意见。

骨符：原骨藏上海博物馆，收录《合集》20505号。刻辞行款直书右行五行，每行二字共九字："庚戌，王令伐旅帚。五月。"濮茅左称之为骨符，认为其骨"呈矩形，长40毫米，宽24毫米，骨三边被锯，另一面是凿的垂直断面，骨背凿经钻灼。骨符正面左侧，上下二角各有一个直径为5毫米的圆孔"

《合集》20505号

是从牛胛骨上截取下的，从原物右边断痕看，当还有尺寸相同的右半块。他认为骨版的特殊形式含有独具的意义，即性质属于"占卜军令的骨版"，可能右半在王，左半在受命者（濮茅左《商代的骨符》，《第三届国际中国古文字学研讨会论文集》香港中文大学，1997年）。宋镇豪认为："如这一说法成立，则是迄今唯一所见最早的军事信物。"（宋镇豪《夏商社会生活史》，第927页）

牛肋骨刻辞：也称牛肋骨上习刻记事辞。宋镇豪认为："甲骨卜辞中还有一种牛肋骨卜辞，极少见，下举三例（略：《甲》3629号、《合集》31678号、《美国》10.11号）。肋骨刻辞大都表面无钻、凿痕，难于施灼见兆，但几乎包括了甲骨文辞各个种类，如习刻、仿刻、记事、干支表、卜辞等。上举三例，卜辞辞例宽式与简式穿插自如，运用娴熟，没有犯一般习刻者仿刻卜辞时常犯的关键字词往往脱夺或生拉硬凑的通病，且辞例契刻或自下而上，或左右上下呼应，章法规范，一气呵成，这是通家所为，仿刻者实难做到也无须如此去做，故与其说是翻版卜辞，不如说是占卜时所刻卜辞，惟其卜法恐与一般甲骨所见钻凿灼兆有所不一样，似用冷占卜法，恐怕是在施灼见兆之外的一种变通，属于少数卜人所为，而卜辞文辞却仍自然而然侵染于同时期流行文体间。"（宋镇豪《夏商社会生活史》，第915—916页）但陈梦家则认为："关于牛肋骨，董作宾曾说'第四期兼用牛肋骨刻辞'（《断代例》420），其实仅止一见。李济述第

五次在小屯村子范围内发掘'出土品中有一条刻字的牛肋骨，这是先前没有见过的'（《安报》4：570）。此骨据胡厚宣描写'文极草率，又无钻灼卜兆之痕，自当为习刻之字，非普通之刻辞也'（《甲骨学绪论》）。近来侑于新旧材料的出现，确定了殷代无用牛肋骨占卜的。安阳小屯和郑州二里冈出土的牛肋骨，都是习刻，少数的也用以记事。"（陈梦家《综述》，第6页）此外，李学勤访问美国匹茨堡的卡内基博物院，见过有争议的肋骨刻辞（系缀合《库方》985、1106号而成）。他说："这条肋骨未见钻灼，但字迹毫无倒错紊乱，又不像是习刻。我们知道，肋骨是可以有卜辞的，郑州二里岗采集的一片即师实例。一般以为商代占卜用骨限于胛骨，肋骨怎样用于占卜，是值得探讨的课题。从卡内基博物院甲骨中，我还检出另一片肋骨刻辞，即《库方》996号。这是一条细小的肋骨，刻有'丁卯、肤岁三'五字，不是卜辞而是与祭祀有关的纪事辞。肋骨刻辞是很稀见的，所以这一片也颇有价值。"（李学勤《论美澳收藏的几件商周文物》、《文物》1979年第十二期）总之，肋骨是否用作卜骨，肋骨刻辞是否确有卜辞？仍然是有待研究的课题。

习刻：甲骨学专门用语，殷墟出土的甲骨中，曾发现有骨板被锯去文字的一部分而改作他用的，也有把用过的甲骨，作练习刻字之用，称为"习刻"。如不少"干支表"就是习刻的作品。收入《甲编》的2692、2693、2881、2882

号四片甲骨，原为一大胛骨，后断裂成两片，正反两面都刻有文字。"可是在正面只有十组卜辞伴着卜兆，是第三期贞人何所记的，其余的还有四十段却都是初学的人仿抄贞人何的卜辞，作为习字之用的"。（董作宾《〈殷虚文字甲编〉自序》，第8页）

著录：指将有字甲骨拓片（或摹本、照片）经整理研究，编纂成图版成册出版，作为原始资料公布，供学者研究的专书。早期著录书只有卷、册、页，无顺序号，如《铁云藏龟》《殷虚书契前编》等。从20世纪30年代始，著录大多采用在图版下顺序编通号，便于翻检。如《卜辞通纂》等。20′世纪40年代胡厚宣《战后宁沪新获甲骨字》等书，开"先分期，再分类"著录甲骨之先河。20世纪80年代初著录的《甲骨文合集》，集分期、分类顺编通号之大成，翻检更加方便。

墨拓：甲骨学术语。是甲骨文著录和传播最常用的方法之一。其采用诸多传统的碑拓手法，以墨和纸为材料，将甲骨上的刻划符号加工为黑白对比强烈的纸制图面。其字迹清晰和有极高保真度的效果，至今仍然为甲骨著录所沿用。刘鹗是最早采用墨拓的方法著录甲骨文的，1903年，其《铁云藏龟》著录甲骨文率先使用了墨拓方式，之后的甲骨文著录多采用墨拓方式。但是，墨拓方式也有一定的局限，其保真度和字迹清晰效果仅限于刀刻文字，对于书写在甲骨上的朱书（以朱砂书写）、墨书（以墨书写）颜色没有任何意义。因此，给甲骨文做墨拓片时，朱书、墨迹不可拓出。由于这种局限，最早著录甲骨文遗漏了应有的书写现象，也造成了甲骨文定义上的不完整，片面认为甲骨文是"刻在龟甲和兽骨上的文字"。后来，甲骨学者们逐步注意到了甲骨上的书写现象，特别是殷墟科学发掘以来，YH127坑发现了大量的朱书、墨书，并由此对甲骨文认识更加全面，是"写刻在龟甲和骨头上的文字。"

拓片：也称"搨片"，本指从碑刻、铜器等拓印下其形状、文字或图画的纸片；是我国一项古老的传统技艺，即使用宣纸和墨，将碑文、器皿上的文字或图案，清晰地拷贝出来的一种技能。甲骨文发现后，刘鹗为了著录和传播，使用了这种传统技艺，将甲骨上刀刻的文字墨拓出来，编印成书，出版了甲骨文第一部著录书《铁云藏龟》。其后墨拓成拓片编印成为早期著录甲骨的主要手段，直至今日仍然为著录甲骨的方法之一。拓片的制作也称作传拓，完成的拓片也称作拓本，所以拓片的制作，学者们多称为拓本的制作（王宇信《甲骨学》，第230页）。用墨拓的方法著录甲骨，可谓功不可没，但也有不足之处，如甲骨上墨写朱书的文字，拓片反映不出来，则需要摹片和相片补充。

拓本：也称"搨本"。凡传拓甲骨、金石、碑碣以及印章的拓片都称为拓本，将拓片整理成册也称拓本。由于拓片所用材料的不同，亦有不同的称谓，如用墨拓印的称为墨拓本，用朱砂拓印的称为朱拓本；而最初传拓的又称为初拓本，初拓本字迹清朗，人以为贵。因传拓技法的不同又有不同的称谓，据叶昌炽《语石》说，用白宣纸蘸浓墨重拓，拓后研光，黑可鉴人，称为乌金拓；用极薄纸蘸淡墨轻拓，望之如淡云笼月，称为蝉翼拓。传拓的方法在以往的不同历史时期各有特点，所以又有唐拓、宋拓、元拓、明拓之分。这种传统方法被著录甲骨使用后，虽然拓甲骨文与拓其他古文字、古器物的图案、花纹基本相同，但甲骨文字体细小，在纸、墨和工具上要求更加精细，拓技要求更高，多年来，甲骨学者们也摸索出来一些经验。比如拓本用纸，王宇信以为"传拓甲骨最好使用薄而韧性强的棉连纸。因为纸质厚了，不能将纸打入甲骨文的字口之内，文字就会模糊不清。如果纸的韧性不强，施拓时由于反复摩擦，纸上会出现孔洞。一般以'六吉棉连'为传拓甲骨的最好用纸"（王宇信《中国甲骨学》，第230—231页）。

摹片：是指将甲骨片形及文字摹写下来的纸片，也称摹本。详见摹本。

摹本：是指将甲骨片形及文字摹写下来的纸片或文本，是著录甲骨的方法之一。王宇信认为："甲骨摹本的制作比较简单，是在没有准备传拓工具的情况下，或由于种种原因不能施拓时的一种变通的搜集甲骨资料的方便方法。一般是在纸上先将甲骨片形的轮廓勾出，最好大小与原片一致。然后再在勾出的轮廓内，按原骨文字所在部位，将文字在轮廓的相应部位摹写出。要注意的是，既不能误摹、漏摹文字，也不能将文字

的书体、风格摹写失真。应达到使读者据摹写本判断甲骨的期别，和据原骨所判断的期别一致的效果。另外一种摹本是据甲骨拓本制作的。在遇到新的甲骨拓本，因种种原因不能翻照时，可以将透明度较高的纸（以硫酸纸为最佳）覆在拓本上，用铅笔轻轻勾出轮廓并将文字摹出，然后再上以墨线即可。"（王宇信《中国甲骨学》，第232页）摹本也有称写本。

图本：也称"相本"。是指用照片再现甲骨原貌。早年由于外国人不会中国传统椎拓法，或时间紧迫，以拍照片最快，故搜集甲骨材料时常留照片。这种拍照方式也是著录甲骨文的方法之一，力图用照片再现甲骨原貌，以现在高质量相机而言，这本是著录甲骨的最好方式或也是最简单、保真度最高的方法。然而，在彩照技术没有面世的数十年前，低质量的黑白图片上的甲骨文字迹是一片馄饨，仅能再现一个事物轮廓，很少被人采用。最早采用图片著录甲骨的是国外一些学者。如1932年日本帝室博物馆出版的《周汉遗宝》，其中著录甲骨文照片五片。又如白瑞华1935年出版的《殷墟甲骨相片》等。科学发掘殷墟以来，董作宾也用图片"小照"作为著录补充。2012年4月中国社科院考古所出版《殷墟小屯村中村南甲骨》（上、下册），最早采用了拓本、摹本、图本三位一体的著录方法。

倒置：甲骨学术语。即著述中印倒的甲骨文。殷墟甲骨文自1899年发现至今，仅一百余年。由于人们对其字形辨

认较难，且流传的拓本，著录的书籍，多有不清晰者，再由于编纂时的粗心，或由于印刷出版校对者水平不高，故在一些著录和著述中，印制的甲骨文拓片，有上下颠倒的情况，这就是倒置。

考释：也称"甲骨文字考释"，是指对甲骨上写刻的文字进行释字和考证。在科学发掘以前，殷墟甲骨文已有大量出土和一些甲骨文著录书的出版，虽然扩大了流传范围，但因为甲骨上的文字"与古文或异，固汉以来小学家若张杜杨许诸儒所不得见"（罗振玉《〈殷虚书契〉序》），识读十分困难。因此，这一时期许多学者研究的主要精力是放在释字上。第一位考释甲骨文的学者为孙诒让，他于1904年所著的第一部考释甲骨文的著作《契文举例》是根据1903年《铁云藏龟》这第一部甲骨文著录书写成的。考释的文字虽然不多，且有不少是错误的，但其采用的考释方法，诸如以《说文》为证，以金文互证等等，在甲骨学史上筚路蓝缕，其草创之功是不能抹杀的。直到罗振玉《殷虚书契》1911年出版后，学术界还是遇到"书既出，群苦其不可读也"这样的问题，于是罗振玉"发愤为之考释"（罗振玉《殷虚书契后编》序）。1914年罗振玉《殷虚书契考释》一书出版，考释文字并加以解说485字，并提出了"由许书以上溯古金文，由古金文以上窥卜辞"的考释方法。经过罗振玉、王国维、叶玉森等学者的努力，可识甲骨文字日渐增多。在此基础上，一些甲骨文字典也陆续编成。第一部甲骨字典是王襄的

《簠室殷契类纂》，于1920年出版，共收可识的字873个；其后，商承祚的《殷虚文字类编》于1923年出版，共收可识字789个；到了1933年朱芳圃出版的《甲骨学·文字编》，可识的字就达到1006个了。这几部字典所收可识之字的不断增加，反映了学者们在释字方面所做的努力和所取得的成就。

隶定：甲骨学术语，指在把要释的这个甲骨文字的结构辨认清楚的前提下，按照其原有结构写成现代汉字的字体。隶定一词出于传为西汉孔安国所撰的《尚书序》："至鲁共王，好治宫室，坏孔子旧宅，于壁中得先人所藏古文虞夏商周之书，及《传》、《论语》、《孝经》，皆科斗文字。……时人无能知者，以所闻伏生之书，考论文义，定其可知者，为隶古定，更以竹简写之。"当时写在竹简上是隶书，所以称为隶定。我们现在所对甲骨文字进行隶定，即将甲骨字形的偏旁结构对应现代汉字的偏旁结构把字形固定下来。这是考释甲骨文字的第一步工作。甲骨文字考释书籍习见"隶作"即"隶定作为"的简化。

伪刻：甲骨学术语，指伪造的甲骨文。辨别伪刻甲骨为收藏、著录、研究甲骨文的基本功。殷墟甲骨文被王懿荣辨认出是商朝遗物并确定了其学术价值后，王懿荣、刘鹗、端方等人以每字两三两银子"按字论值"高价收购。中外搜求者渐增，遂有伪刻出现，1900年后潍坊就有将伪刻甲骨与真骨混同出售者，其中以河北人蓝葆光伪刻最多。此人原以造假古董为业，后专门伪刻甲骨文字。

初以殷墟出土无字甲骨任意刻上"文字"，后又照录下的卜辞成段篇仿刻卜辞，足以乱真。初期收藏者有不能辨识甲骨真伪而渗入著录书中，如《铁》《龟》中各有数片。最多为《库》，计达百片。伪刻情况有：（1）甲骨和刻辞皆伪；（2）甲骨为殷墟出土，文字伪刻；（3）在真卜辞旁加刻伪辞；（4）仿刻真卜辞。伪刻的破绽：（1）与卜兆不合；（2）文句不通；（3）无辞例规律；（4）字形无时期之分；（5）刀法生硬。凡此种种皆可判为伪刻。

辨伪：甲骨学术语。自 1899 年甲骨文发现以后，造假伪刻甲骨以求暴利随机出现。故研究甲骨文，首先需辨认真伪，在甲骨学中以"辨伪""缀合""校重"为研究甲骨文的基本工作。严一萍曾经写过一篇《甲骨研究辨伪举例》发表于 1967 年《幼狮学志》第六卷第一期，提出辨伪的四种方法：（1）辨契刻之伪，（2）辨缀合之伪，（3）辨部位之伪，（4）辨释文之伪（后来他在所著《甲骨学》上卷第三章《辨伪与缀合》中又将第三种方法改称为"辨拓本之伪"，因部位可以包括在拓本之中）。其中"辨契刻之伪"最为重要。关于对伪刻的辨别，沈之瑜提出"可以从六个方面来进行识别，即字形辨伪、文辞辨伪、称谓辨伪、部位辨伪、刻痕辨伪、实物辨伪"（沈之瑜《甲骨文讲疏》，第 173 页）。一般说来，在出土龟甲兽骨上作伪刻，多是在卜骨上仿刻，在卜甲上伪刻现象不多，因为卜甲太硬脆，易爆裂不好刻。

缀合：甲骨学专门用语，是指甲骨原本整版，之后破碎成若干片，将这些破碎的甲骨片拼兑复原，甲骨学称缀合。王宇信认为："密布甲骨背面的钻凿，使甲骨厚薄不一。再加上占卜时的灼炙，更使甲骨裂痕累累。地下深埋的三千多年时光，地层的压力和水的浸润，使甲骨还在'埋藏时期'就已破裂了许多。而发掘时的翻动，又进一步使甲骨断裂。这些出土时就残断已甚的甲骨在转运过程中，又往往一片断为数块。再几经转卖、传拓并数易其主，本为一版的残碎甲骨不免身首异处，分属于不同的藏家。因此，这些支离破碎的甲骨文，成了很难看出它们原来在整版上的相互关系的'断烂朝报'。随着甲骨学研究的深入，不仅要求甲骨文的材料要多，而且还要求材料要'全'。所谓'全'，就是把原本是一版，残碎后著录在不同书中的甲骨缀合起来，使它们'重聚一堂'。甲骨文经过缀合复原的处理，才能找出各辞之间的相互关系，恢复当时的卜法文例等等，从而成为我们认识商代社会的重要史料。因此，甲骨文的缀合复原，也是甲骨学研究的基础工作之一。"又"是甲骨文史料价值的'再发掘'"（王宇信《甲骨学通论》，第 227—228 页）。先前罗振玉的《殷虚书契》一系列的书，并没有注意甲骨的拼对，甚至在编辑时，往往将拓片剪裁得整整齐齐，有时不单是剪掉了一些无字的部分，甚至连有文字的也被剪去，经剪裁的拓本原形损坏，真相难明，根本谈不上缀合。最早发现甲骨文缀合的是王国维，他在著《殷卜辞中先公先王续考》时，发现后编上册8页第十四片与哈同的《戬寿堂所藏拓本》中的1.10可以拼合，这是第一次的缀合，王国维从中发现上甲至示癸的世次和《史记·殷本纪》差别，从而纠正了《史记》的错误。之后董作宾又发现《善斋》所藏甲骨中又有一片可以和王国维所拼合的那片相接，他将摹本寄给了郭沫若，郭沫若放在《卜辞通纂》发表。郭沫若《卜辞通纂》一书缀合甲骨30多版。1945年董作宾撰写《殷历谱》时，也对甲骨断片多有缀合。与此同时，有学者专门从事甲骨的缀合工作并出版专书。1939年曾毅公出版了《甲骨叕存》，收入缀合75版；1950年又出版《甲骨缀合编》，收入496版，各版基本按一定的事类编次。《殷墟文字》甲、乙编出版后，大陆和台湾两地学者又积极对两部著录书进行缀合，1955年出版了郭若愚、曾毅公、李学勤三人拼合482版结集《殷虚文字缀合》。1975年严一萍出版《甲骨缀合新编》以及自1978年开始出版至1983年全部出齐的《甲骨文合集》所收缀合版，被称誉为甲骨文缀合的总结（王宇信《甲骨学通论》，第229页）。1979年至1982年12月全部出齐的《甲骨文合集》在编纂过程中，特别重视甲骨的缀合和复原工作，即胡厚宣所说的"在前人已经做过的基础上尽量继续加以拼合，所以所得就较前人为多"又"总计拼合不下两千余版，单《殷虚文字》甲、乙两编，就拼合了一千版以上"（胡厚宣《郭沫若在甲骨学上的巨大贡献》，《考古学报》1978年第四期，又《〈甲骨文合集〉序》）。此外，较为有影响为缀合著作还有许进雄1981年5月发表在《中国文字》新三期上的《甲骨缀合补遗》、1984年9月发表在《中国文字》新八期上的《甲骨缀和新例》、1995年9月发表在《中国文字》新十期上的《五种祭祀卜辞的新缀合例——连小月现象》。宋镇豪1982年发表在《人文杂志》第六期上的《甲骨断片缀合三例》。裘锡圭1992年8月发表在《古文字研究》第十八辑上的《甲骨缀合拾遗》。肖楠发表在《考古学报》1986年第三期上的《〈小屯南地甲骨〉缀合篇》。常玉芝发表在《殷都学刊》1994年第一期上的《甲骨缀合新补》以及1999年发表在《考古与文物》第二期上的《甲骨缀合续补》等。2010年8月黄天树依据"甲骨形态学"缀合新方法出版《甲骨拼合集》，其后相继出版了《拼合续集》《拼合三集》等。台湾方面严一萍1975年出版了《甲骨缀合新编》、1976年出版了《甲骨缀合新编补》以及1989年出版了《殷墟第十三次发掘所得卜甲缀合集》。蔡哲茂1999年出版了《甲骨缀合集》后，相继又出版了《甲骨缀合续集》《甲骨文合集缀合补遗》《甲骨文合集缀合补遗》（续）。关于缀合应注意事项，孟世凯认为："碎片拼兑缀合，如根据实物，必须注意：1. 甲骨种属相同；2. 正反分别；3. 破碎碴口密合；4. 部位准确不乱；5. 纹路粗细相接；6. 文字时期相同；7. 刻辞事类相符；8. 兆序数字不错；9. 界划分明不混；10. 左右大小一致。如根据拓片，因拓本周边大多较实物缩小，碴口大多不能密合，部位不易辨认，纹路不能完全相接，文字时期易混，同文卜辞易相错。故著录书和论述中据拓片缀合者，误差时有所见。"（孟世凯《辞典》，第621页）

校重：甲骨学专门用语。1903年殷墟甲骨文第一部著录《铁》书出版后，迄今国内外的著录专书已达九十余种。其中有六十余种著录（不包括缀合著录专书）与先后著录重出近两万片次（一片重出一次为一个重片次，一片重出二次为二个重片次）。有的书中重片占本书著录五分之一，最多一部书占三分之二强。有的书中自重片达百余片。为避免材料庞芜，故校对重片为研究甲骨文不可或缺的工作。校对出的重片，可互相比较：有拓印不清，缺反缺臼、漏拓误摹、剪裁修饰、破碎分散、缩小放大等，皆可一一看出。（参见王宇信《甲骨学通论》）

甲骨学四个第一人：简称"四个第一"，指对甲骨学研究作出开创性贡献的学者，即甲骨文第一个发现者王懿荣；甲骨文第一部著录书《铁云藏龟》的编纂者刘鹗；甲骨文第一部研究考释著作《契文举例》的编著者孙诒让；甲骨文第一部字典《簠室殷契类纂》的编纂者王襄。殷墟甲骨于清朝光绪末被彰德府安阳县小屯村农民耕田挖出后，长时间被当作中药材"龙骨"出售。1899年（光绪二十五年）潍县古董商携安阳搜得古骨至北京，王懿荣第一个鉴定为古代文字并开始高价收购。1900年（光绪二十六年）八国联军侵占北京，是年8

月14日，王懿荣殉难，后其收藏的甲骨，大部分由他的儿子卖给了刘鹗（即刘铁云）。刘铁云选拓1058片，编为《铁云藏龟》一书，于1903年（光绪二十九年）十一月出版，是为甲骨文第一部著录书。作者《自序》写道"不意三千余年后，转得目睹殷人刀笔文字，非大幸焉"。说明刘鹗也是第一位断定甲骨文是殷代文字的人，也是目前所见到最早指出甲骨文是"殷人刀笔文字"的记录。《铁云藏龟》出版的第二年即1904年（光绪三十年），具有深厚小学与金石学功力的孙诒让开始研究甲骨文，他用了两个月的功夫，完成了甲骨学开山的第一部考释著作《契文举例》。此后的1920年（民国九年）12月，大约与王懿荣同时收藏甲骨的王襄，手书石印出版了《簠室殷契类纂》二册，这是第一部甲骨文字典，九年后又增订重印。

甲骨四堂：简称"四堂"。是史学界及甲骨学界对郭沫若、董作宾、罗振玉、王国维四位在甲骨学发展不同阶段作出卓越贡献学者的尊称。郭沫若字鼎堂、董作宾字彦堂、罗振玉号雪堂、王国维号观堂。因这四位学者字、号中都有一个"堂"字且都对甲骨文研究做出了巨大贡献，所以被尊称为"甲骨四堂"或"四堂"。唐兰曾赞曰："堂堂堂堂，郭董罗王。"并赞言其开创性贡献："雪堂（罗振玉）导夫先路，观堂（王国维）继以考史；彦堂（董作宾）区其时代，鼎堂（郭沫若）发其辞例。"其中，罗振玉为继刘铁云之后收购甲骨最勤、最多、最及时著录考释出版的甲骨学家。王国维根据刘、罗著录考释甲骨文，最早将甲骨文作为史料引入对古代史的研究，作出巨大贡献。1928 年 10 月，董作宾主持开始对殷墟考古发掘，结合发掘坑位、地层、同出器物等，对甲骨文全面研究，提出了"贞人说"，建立了甲骨文"五期断代法"，创立甲骨学。从 1929 年开始，身居日本的郭沫若写出《中国古代社会研究》，其后又著《甲骨文字研究》《古代铭刻汇考》和《卜辞通纂》《殷契粹编》等，将甲骨学推向马克思主义史学研究新天地。关于四堂的前后排序，或有学者按四堂的年龄序为罗振玉、王国维、郭沫若、董作宾。本书从唐兰"郭、董、罗、王"的排序。

殷墟考古十兄弟：简称"考古十兄弟"。是对 1928 年至 1937 年期间，先后参加殷墟考古发掘的十位考古学家和甲骨学家的尊称，并反映了他们同声相应，同甘共苦的兄弟情谊。他们之间称为兄弟，一来指他们之间亲密的工作关系；二来表明他们当时在师长傅斯年、董作宾、梁思永、李济面前是年轻的学生——师兄弟。这十位学者排序为老大李景聃（1906—1969）、老二石璋如（1902—2006）、老三李光宇（1905—1991）、老四刘燿（尹达）（1906—1983）、老五尹焕章（1909—1969）、老六祁延霈（1906—1983）、老七胡厚宣（1911—1995）、老八王湘（1912—）、老九高去寻（1910—1991）、老十潘愨（1906—1969）。

甲骨学八老：是对甲骨学发展作出卓越贡献的八位老前辈学者的尊称。以

年岁为序，他们是容庚（1894—1983）、于省吾（1896—1984）、唐兰（1901—1979）、商承祚（1902—1991）、陈梦家（1911—1966）、胡厚宣（1911—1995）、严一萍（1912—1987）、饶宗颐（1917—2018）。关于他们的生平和学术成就，详见甲骨文研究学者篇。

甲骨学六外：是对甲骨学发展作出杰出贡献的六位外国权威学者的尊称。他们分别是［加拿大］明义士（1885—1957）、［日本］岛邦男（1908—1977）、［旅台法籍］雷焕章（1922—2010）、［日本］伊藤道治（1925—2017）、［美国］吉德炜（1932—2017）、［日本］松丸道雄（1934 年至今）。关于他们的生平和学术成就，详见甲骨文研究学者篇。

甲骨学五资深学者：是对甲骨学全面深入发展阶段作出突出贡献的五位资深学者的尊称。以年岁为序，他们是李学勤（1933—2019）、裘锡圭（1935 年至今）、王宇信（1940 年至今）、刘一曼（1940 年至今）、许进雄（1941 年至今）。关于他们的生平简介和学术成就详见甲骨文研究学者篇。

殷墟 YH127 甲骨坑：简称"127坑"，殷墟第十三次发掘甲骨坑位，编号为 YH127。1936 年春，中研院史语所在殷墟进行第十三次发掘，于小屯村村北同时分 B、C 两区发掘。自 3 月 8 日至 6 月 24 日止，清理出版筑基址四处、墓葬 181 座、穴窖灰坑 127 个。在发掘的最后一个灰坑中，发现有字龟甲17088 片，有字牛骨 8 片，共 17096 片。其中完整龟甲 300 余片，为殷墟目前发

掘一坑出土甲骨文最多之一次。

此坑是未经翻挠之完整灰坑，位于小屯村北张家七亩地中（遗址位于现殷墟博物苑内）。该坑口距离地表1.2米，直径约1.8米，坑底距地表6米，直径缩小为1.4米。从出土甲骨的位置与堆积来看，这些甲骨并不是被小心储放在坑内，而是由北边倾倒入坑，形成北高南低的倾斜，北壁贴着不少整甲或碎甲，坑内甲骨排列并无次序，而是杂乱无章，由此可推测当时并不是有意的储藏。此外，YH127坑甲骨堆上有一蜷曲人骨架靠近北壁，身躯大部分压在龟甲之上，只有头和上躯露出龟甲层以外。好像此人是在甲骨倾入坑中之后，才进入坑内的。（参见石璋如《小屯后五次发掘的重要发现》，《六同别录》上册）。从1928年10月开始，到1937年6月止，在安阳殷墟共进行了十五次发掘，总计出土甲骨24906片。十五次发掘中出土甲骨数量最多，也最重要的，就是第十三次发掘的YH127坑。YH127坑出土甲骨17096片，占全部发掘出土甲骨总数的百分之七十，其数量之大之重要，在殷墟甲骨发掘史上是空前的。

主持这次发掘的石璋如形容："这是殷墟发掘以来最辛苦的工作，但是露出的龟甲契文有的大字，有的小字，有的朱书（以朱砂书写），有的墨书（以墨书写），琳琅面目，发现也是空前的。"YH127坑的甲骨从1936年6月12日发掘开始，到7月12日运抵南京的史语所仓库，经过一个月的时间。石璋如《考古日志》记载："6月12日：民国二十五年6月12日，原订是第十三次发掘的收工日，也许是幸运之神的眷顾，却在这一天发现了YH127坑。下午四时，在北壁偏东，发现了一块贴在壁面的字甲，用小铲子向下一探，却连续不断的出现龟甲。越往下挖，发现的字甲愈来愈多，龟甲更是成层的一版压着一版的出来了。虽然被取出的甲骨已有七百六十版，却仍只是小部分。"又"6月13日：把昨日回填的厚土取出，又把贴在壁上的字甲清理下来，仔细观察，才发现坑内蔓延的字甲北向南倾，重重叠叠不知多少层。由于坑内的面积很小，仅能容纳两人工作。到了上灯的时刻，已经取出四大筐的龟版了，但是龟版似乎仍然源源不绝的出现。为了慎重起见，考古人员都夜宿在坑边看守，另外有十多名工人及十名士兵，一同住宿在坑边保护。虽然劳累了一整天，但是这群年龄都不满三十岁的年轻考古学家们，却兴奋得睡不着，夜里还在考虑明天如何工作，如何把龟版安全的取出，如何让龟版避开太阳的暴晒等等。最后想出了一个将含有甲骨的整段灰土原封不动地框进一个大木箱中，运回南京中央研究院史语所，再在室内逐步清理"。又"6月14日：依照前一天晚上将灰土坑变灰土柱的计划，一大早趁着天气还十分凉爽，一群人就以YH127为中心，向四方各量了5公尺，做成10公尺见方的大坑，再以YH127为中心往下挖，只留下坑中的灰土柱。所挑选的壮丁，又特别健壮能干，他们也感染了考古队员的兴奋之情，工作特别地卖力。在同时，潘悫将此一重大发现电告南京所方。(详见潘悫于民国二十五年 6 月 15 日向史语所报告《新获甲骨》的信)另一方面通知木匠寻找材料以及工具,制作一个长宽各 1.8 公尺的大木箱。直到半夜十二时,运来了两车的木板和十个木匠,开始制作大木箱。预备来日将大木箱悬空直下套上灰土柱"。于是,在 64 位工人的合作抬运下,终于在 6 月 24 日,将重达 6 吨的大木箱抬上安阳火车站的月台,艰苦的搬运工作才告一段落。石璋如形容搬运的艰辛过程说:"这次搬这个大木箱确有'逢山开路,过水造桥的派头'。"并说:"这个大家伙真是害人不浅。"

7 月 4 日搭上火车。7 月 12 日,箱子运抵南京,由卡车运回历史语言研究所仓库,把田野工作搬到室内发掘。箱子经过了翻覆,打开来时竟是坑底朝天。张政烺叙述他目睹的经过说:"1936 年 7 月 12 日,一辆大卡车开进南京北极阁史语所图书馆前,车上载着一只大木箱,数十人无法同时在车上作业,只有部分工人合力把大木箱从车上翻到搭在车尾的斜坡木板上,而后又沿铺在台阶处木板斜面上推拉,好不容易运到图书馆的大厅内。发掘者兴奋不已,令工人立即拆去木箱四周和顶盖木板。众人一看,眼前这堆与泥粘结在一起的甲骨,同原来堆积的方位正相反,底朝天了。现场工人卸车忙乱,指挥者集中精力协调工人卸车和铺路,无暇顾及木箱的正倒,待拆开木箱见到甲骨底朝天,已经无可挽回了。"YH127 坑在当时就引起了很大反响。据胡厚宣讲,南京的许多政府

要员附庸风雅,竞相前来参观。当时尚未叛国的汪精卫,有一天也来参观。他本不学无术,以为这坑甲骨为一个大龟,看后卖弄博学说:"这个龟好大呵!"在场的学者无不哑然,相视以目。直到要走时,汪精卫才恍然大悟,说:"呀,原来是好多龟呀!"一时成为人们谈话的笑料。

清理甲骨等于是从原坑最下层做起。经过董作宾、梁思永、胡厚宣等人三个多月的仔细工作,才清理完这一坑甲骨文字,分别放在大纸盒中。

不幸的是,还未来得及上胶、黏合、编号,1937 年抗战开始,在南京沦陷前,考古学家匆忙将甲骨纸盒装入木箱,首先运到长沙,又运到桂林、再到昆明。直到 1940 年史语所迁到昆明龙头村的时候,才由董作宾、高去寻、胡厚宣把甲骨文字一一编号登记。现在所看到甲骨上的编号,就是三位在昆明连夜赶工编上去的。1941 年,史语所迁到四川李庄,正式开始传拓工作,由屈万里、李孝定、张秉权负责编辑及粘贴工作。1946 年史语所返回南京,董作宾主持加紧进行缀合、拓编、付印的工作。终于在 1948 年出版了由董作宾主编的《殷虚文字乙编·上辑》,1949 年 3 月出版了《殷虚文字乙编·中辑》,1953 年 12 月由台北艺文印书馆出版了《殷虚文字乙编·下辑》。乙编选入甲骨共 9105 号,因其正反面分别占号,故所收录甲骨并非 9105 版。1954 年史语所迁到台北南港。张秉权陆续对 YH127 坑出土的甲骨进行缀合,先后出版了《殷虚文字丙

编》上、中、下三辑，每辑两册，共六册。后钟柏生又编纂出版《殷虚文字丙编补遗》，YH127坑所出甲骨终于基本著录出版，前后经历了七十余年。YH127坑的甲骨，从发掘以来经过不断的搬迁，龟版的断裂是不可避免的，著录于书中的图版，已无可能恢复完整之旧。董作宾曾感叹："希望读此书者，原谅它是国家多难时的产儿。"

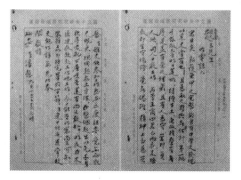

潘悫1936年6月15日向董作宾、李济、梁思永报告"新获甲骨"的信

王宇信2001年9月在台北"故宫"抄本

YH127坑出土的甲骨，绝大多数是宾组卜辞，时代上是第一期的武丁时期。除了宾组卜辞之外，还有少量的师组卜辞、子组卜辞、午组卜辞。其中宾组和师组为王室卜辞，子组卜辞和午组卜辞为"非王卜辞"。还有加工成椭圆形中间穿孔的"改制背甲"，这种形制的背甲是此坑所新发现。有将卜兆重加刻划的"刻划卜兆"。有卜辞刻纹中涂朱或墨的"涂辞龟甲"有用朱或墨书写的"朱书"和"墨书"。还有于甲桥上写记事的"甲桥刻辞"等。

殷墟小屯南地甲骨：简称"小屯南地甲骨"或《屯南》。1973年，中国社科院考古所安阳工作队在安阳小屯村南地的考古发掘中，出土了5041片带卜辞的甲骨，这是中华人民共和国成立以来发现发掘甲骨文最多的一次，也是殷墟甲骨文继YH127甲骨坑后的第二次重大发现。被称为"小屯南地甲骨"。

1972年12月下旬，安阳小屯村村民张五元在村南公路旁的小沟取土时，发现黄土中有一些卜骨碎片，其中6片有刻辞。他立即交给了中国科学院考古研究所安阳工作队。当时正值隆冬，不便发掘，安阳工作站即对出土卜骨的地方采取了一些保护措施。村民张五元也常常悄悄地去出土地暗中保护。1973年3月下旬，安阳工作队开始在村南进行钻探，确定发掘区域并设置了永久性的测绘基点。1973年3月下旬至8月10日、10月4日至12月4日，先后进行了两次发掘，共开探方21个，发掘面积430平方米。发掘地点在村南紧靠村口的公路上。中央研究院史语所 1929 年春发掘的探沟 LK 和 JIH 正好在这次发掘的范围内。先后参加这次考古发掘的有戴忠贤、王金龙、刘一曼、屈如忠、曹定云、孙秉根等考古专家。吉林大学历史系教师姚孝遂也参加了部分发掘工作。发掘出的遗迹包括夯土基址、窖穴（灰坑）、沟、陶窑、墓葬、祭祀坑等，文化遗物包括仰韶文化、龙山文化、商代文化的遗物，其中最引人瞩目的是发现了大批卜甲和卜骨。这次春秋两季的发掘，共出土甲骨 1 万余片，其中发现刻辞甲骨总计 5041 片（缀合前数字），其中卜甲 70 片，卜骨 4959 片，牛肋条 4 片，未加工的骨料 8 片。1975 年 10 月，考古研究所成立了小屯南地甲骨整理小组，对这批甲骨资料进行整理。参加整理工作的主要有刘一曼、钟少林、曹定云、郭振禄、温明荣、王兆莹等。这次甲骨的整理工作大致分两个阶段进行。第一阶段主要做一些技术性的工作，如去土锈、加固、粘对、缀合、墨拓等。第二阶段是释文和作摹本。于 1980 年和 1983 年先后出版了《小屯南地甲骨》（简称《屯南》）上册（一、二分册）、下册（一、二、三分册）。该书上册发表了刻辞甲骨拓本 4589 片。其中朱书照片 8 片，是 1973 年小屯村南地发掘出土。后附 1971 年冬于小屯西地出土卜骨 10 片，1975 年至 1977 年在小屯村一带零星采集之甲骨 13 片。另有附册，附原大图版 48 幅。下册发表了甲骨刻辞释文、字词索引、部分摹本、甲骨的钻凿形态等。这批甲骨出土时多有明确的地

层关系，并与陶器共存。不仅为甲骨文研究提供了新的文字资料，而且提供了丰富翔实的考古学资料。后来，它与妇好墓一起，被评为 1949 年后考古十大发现之一。

小屯南地甲骨大多数是小片的，而整版的和接近整版的较少，约有 100 片。发现的 4 片书辞，是朱书，可能是用毛笔写在骨版的背面，字体比较大，笔画粗壮。据学者研究，这批甲骨大部分属于商王康丁、武乙、文丁时期的卜辞，少量的属于武丁时期和帝乙、帝辛时期的卜辞。

此外，1980 年在小屯南地发掘出的被称作"易卦"卜甲，后来很受学界关注。以甲首为上顶，左上为七七六七六（旁刻"贞吉"），左下为五组横画（旁刻"友"字），右上为六七八九六八，右下为六七一六七九，甲首下部的中间刻有"阜六阜九"字，"阜"字的写法形如"半"字的一竖加右边的三撇。肖楠《安阳殷墟发现"易卦"卜甲》介绍其基本情况；冯时《殷墟"易卦"卜甲探索》认为是古式盘，"阜"为大；刘林鹰《商周数字卦之用六象筮法考—对张政烺易卦源于筮数论的初步证伪》解释是，依其六象筮法论，该龟甲的四卦异于旧有解释，图像惊人，"阜"表示升降变化，"巽""乾""坤"三卦在后天八卦位，"涣"在"重八宫"的艮宫方位，重八宫是汉代京房易的母体；黄懿陆《安阳殷墟出土易卦卜甲上的鸡卦符号解读——从壮族及其先民鸡卦看〈易〉之起源》，认为五组横画形

式的坤卦是壮族的鸡卦符号，提出易卦源于先越鸡卜里的鸡卦（不过，鸡卜文化何时产生鸡卦还是历史谜题）。

殷墟花园庄东地 H3 甲骨坑：简称"花园庄东地甲骨坑"或"花东"。是中国社科院考古所于 1991 年秋在殷墟花园庄村东发掘的。该甲骨坑距花园庄村100 余米，坑口距地表 1.2 米，近长方形。坑长 2 米、宽 1 米、深 2.5 米，保存完整。坑中出土甲骨 1583 片，其中有字甲骨为 689 片，以大片和完整的居多。这是继 1936 年小屯村东北地 YH127 坑甲骨、1973 年小屯南地甲骨发现以来，殷墟甲骨文的第三次重大发现，备受学术界关注，被评为 1991 年全国考古十大发现之一。

已发现的殷墟甲骨卜辞基本上可以分为两大类：第一类是殷王朝的公家卜辞，它的问疑者是商王，故称"王卜辞"；第二类是殷代王公贵族的私家卜辞，它的问疑者不是商王，而是那些王公贵族，故又称"非王卜辞"。在"非王卜辞"中，过去有以"子"为主要问疑者的卜辞，这种卜辞又称"子组卜辞"，主要发现于解放前发掘的 YH127坑中。已发现的殷墟卜辞，绝大多数都是"王卜辞"，"非王卜辞"所占数量很少，而 1991 年殷墟花园庄东地 H3 所出甲骨卜辞，则是清一色的"子卜辞"，是"子卜辞"的集中窖藏，这在殷墟甲骨发掘史上是罕见的。正因为如此，它对了解和研究商代的"非王卜辞"，具有重要的学术价值。

殷墟花东 H3 卜辞中占卜主体"子"，与解放前发掘的 YH127 坑中"子组卜辞"占卜主体"子"是不同的两个人。经研究，花东 H3 卜辞中占卜主体"子"，发掘者认为可能是商王沃甲之后，是这一支的"宗子"，并在殷王朝中供职。花东 H3 卜辞材料显示，他在朝中权力很大，可以"呼""会"朝中大臣，与武丁之法定配偶"妇好"之交往甚密；他有自己的占卜机关，外地诸侯、方国首领均须向他"贡纳"。这充分说明，花东 H3 卜辞之主人，是一位地位很高、权倾朝野的人物。因此，研究花东 H3 卜辞，对了解殷代早期的政治关系、家庭形态，具有重要的意义。

与以往殷墟卜辞字体相比，殷墟花东 H3 卜辞字体具有更多的原始性。这些十分逼真的象形字的存在，说明其卜辞的时代较早。因此，H3 卜辞材料的公布，对研究汉字字体的演变过程，又增添了新的依据。

2013 年 12 月，由中国社科院考古所编著（编纂者刘一曼、曹定云）的《殷墟花园庄东地甲骨》出版，公布了1991 年殷墟花园庄东地甲骨的全部材料。该书内容十分广泛，涉及殷代的祭祀、天气、征伐等方面，是研究殷代政治、经济、军事、文化极为珍贵的史料。这是新中国继《小屯南地甲骨》之后，又一部著录科学发掘所得甲骨文的专著。

大龟四版：是指 1929 年 12 月 12 日殷墟第三次发掘时，在著名的"大连坑"南段的长方形坑内出土的四版大龟甲。对于"大连坑"甲骨出土地的情形，李济记载："大连坑南段长方坑。

东西长 3 米，南北宽 1.8，最深处未见底，距地面六.五米，距坑口二.一米，坑口有隋墓一座。下出整龟一，刻字龟版四；再下有蚌壳一层，再下，又有贝一层，并夹铜器及石刀等。"四版大龟甲当时编号为 3.0.1860—3.0.1863，称"大龟四版"。其为 1928 年发掘殷墟后第一次出土之有字大龟甲。拓片先后著录于 1933 年 5 月出版的《卜辞通纂·别录之一》与《殷虚文字甲编》，编为 2121 号至 2124 号。《合集》编号为 339 号、9560 号、557 号、11546 号。大龟四版上的卜辞，董作宾有《大龟四版考释》，刊于 1931 年 6 月中央研究院历史语言研究所出版之《安阳发掘报告》第三期。因为四版甲骨"是同时同地出土，又比较完全，所以同时来研究它们。"（董作宾《大龟四版考释》）董作宾就是受到大龟四版的启示，第一个提出"贞人说"。在此之前，甲骨学者对于"卜"字之后、"贞"字之前的那个字不知所云，有的怀疑为职官名，有的怀疑为地名，也有怀疑为贞卜的事类。董作宾在《大龟四版考释》一文中，根据第四版龟甲上出现的"争贞""宾贞"等，确定"卜"之后"贞"之上的一字为"贞人"名。大龟四版上共有六名"贞人"，从第四版的内容看，全都是这六位"贞人"轮流卜旬的记录，因此发现"在九个月中，他们轮流着去贞旬，他们的年龄无论如何，必须在九个月内是生存着的，最老的和最少的，相差也不能过五十年。因此，可由贞人以定时代。"（董作宾《大龟四版考释》）董作

宾由"大龟四版"中发现了"贞人"，提出了"贞人说"，并进一步推动了他的卜辞分期断代研究。由"贞人"的发现到断代研究十项标准的建立是董作宾对甲骨文研究的重大贡献。当时，远在日本的郭沫若坦诚赞言："曩于卜贞之间一字，未明之意，近时董氏彦堂解为贞人之名，遂顿凿破鸿濛。"（郭沫若《卜通》序）此外，董作宾对大龟四版的研究除"贞人"身份的确定外，在卜法上还有"左右对贞、一事两决"等重大发现。

大龟七版：是指 1934 年 4—5 月，中研院史语所在殷墟进行第九次发掘，于洹水北侯家庄南地出土的七版刻辞龟甲。其中，有一版较完整和五版完整的有字龟腹甲，还有半个有字龟背甲。因其同出土于编号为 H.S.20 大灰土坑中，又为小屯村以外出土的大龟甲，尤显重要，称"大龟七版"。关于大龟七版的出土情况，董作宾《安阳侯家庄出土之甲骨文字》一文中刊载了石璋如的详细记载，内容摘录如下："四月十一日下午五时，已经是该要收工的时候了。在 H.S.20 大灰土坑的东北隅，深一公尺五寸的黄硬土中，发现了卜用过的大龟版。它们分南北两组，错落着相压。南边一组共有六个完整的腹甲，它们的表面向下，里面有凿灼之处向上，牢牢的黏贴在一起。它们的头端向西南，尾端向西北。北边的一组，是几块破碎了的背甲，散置成层，南面高，北面低在斜放着，它的右方压了六个腹甲的一部分。时已薄暮，天气又那样的浓阴，这龟版附近

的黄硬土坚强难剔，紧张的，小心的，直到夜色苍茫，才把它们挖了出来，裹着厚软的棉絮，捧回工作站。当夜经过精细的剔土刷洗之后，才显露出满版面的字迹。"关于大龟七版所出 H. S. 20 灰土坑的环境，本身的堆积，和后来的墓葬的破坏，自上而下，可归并为三大层。由地层关系，董作宾断定"大龟七版是同时之物，又在第三期廪辛、康丁之世"。拓片先后发表于 1936 年 8 月出版的《田野考古报告》第一册及 1948 年 4 月出版的《殷虚文字甲编》，编为 3913 号至 3919 号。《合集》编号为 28011 号、27146 号、30757 号、30439 号、31549 号、27459 号、29084 号。董作宾写有《安阳侯家庄出土之甲骨文字》，刊于 1936 年 8 月出版之《田野考古报告》第一册，后又收入 1962 年 2 月台湾世界书局出版的《董作宾学术论著》和 1978 年台湾艺文印书馆出版的《董作宾全集》（甲编·第二册）。

四方雨：《甲骨文合集》编号 12870（甲、乙）号的一版甲骨。甲骨分期为第一期，为牛胛骨。这是一版由两片甲骨缀合的甲骨，所以分甲、乙两部分。全文为："（甲）癸卯卜，今日雨？一二。一二。其自西来雨？一二。其自东来雨？一二。其自北来雨？（乙）其自南来雨？一二。"译读为："（甲）癸卯这一天占卜，问今天下雨吗？一、二，一、二为兆序。雨是从西边过来么？一、二，为兆序。还是雨从东边过来？一、二为兆序。雨是从北边过来么？（乙）雨是从南边过来呢？一、二为兆序。"

此版卜辞的两部分，因残破过甚，故不能完全缀合为一，只能按部位及文例进行"遥缀"。此也为典型的"遥缀"例子。其内容整齐的对杖也使得学者们公认为中国最早的文字诗歌之一。

《合集》12870 号

四方风：《甲骨文合集》编号 14294 号的一版甲骨。甲骨分期为第一期，为牛胛骨。此骨原为刘体智旧藏，郭沫若 1937 年编纂《殷契粹编》时疑为伪刻未收。后胡厚宣鉴定此片不伪，著录于《京津》之中，现藏中国国家图书馆。卜辞全文为："东方曰析，风曰协。南方曰夹，风曰微。西方曰夷，风曰彝。（北方曰）宛，风曰伇。"译读为："①东方叫析方，东方的风叫协风。②南方叫夹方，南方的风叫微风。③西方叫夷方，西方的风叫彝风。④（北方叫）宛方，北方的风叫伇风。"由于骨版残破，"北方曰"三字残缺，只能根据内容和文例推断添加。胡厚宣对此骨有专门研究，见其《甲骨文四方风名考》及《补证》。

四方受年：《甲骨文合集》编号36975号的一版甲骨。甲骨分期为第五期，为牛胛骨。是商王求年成（农业丰收）的卜辞。全文为：“己巳王卜贞，岁商受？王占曰：吉！东土受年？南土受年？吉！西土受年？吉！北土受年？吉！”译读为：“①己巳这一天商王亲自占卜问，今年我们商王国会得到好的年成吗？商王看了卜兆，判断说：吉利！②东方的国土会得到好年成吗？③南方的国土会得到好年成吗？此卦吉利。④西方的国土会得到好年成吗？此卦吉利。北方的国土会得到好年成吗？此卦吉利。”整体结构上五条辞分成五组字群，疏朗摆布，玲珑清亮。今人读来，感觉像读诗歌一样朗朗上口。所以学者们一致认为这是中国最早的文字诗歌之一。

武丁大龟：1936年6月，殷墟YH127坑的17076片甲骨中，最大的一版龟甲，长44厘米，残宽26.1厘米。被董作宾称为“武丁大龟”，他认为：“在这一坑（YH127）里，有一版最大的龟腹甲，也是甲骨文字出土以来惟一的最大的龟版，我叫它作‘武丁大龟’，本编的号数是13.0.10110；民国三十一年（1942），曾在重庆参加过第三次全国美术展览。当时请动物研究所伍献文研究，他参考葛莱氏（Gray）《大英博物馆龟类志》，证明这种大龟，和现在产生马来半岛的龟类是同种。这一块腹甲上面盾片的结构，确与其他的普通腹甲有异，是我早经注意到的。卜辞八段，皆横列，左半左行，右半右行，文为：

‘燎于𠔿，一牛?’－‘叀小宰?’－‘宰?’－‘勿燎于?’－（在右半）　‘勿燎于𠔿?’－‘卅牛于黄尹’－‘侑于僟?’－‘侑’－（在左半）

以上各辞均在下半，近尾甲处，左右各有卜兆记数一、二、三，卜兆下注‘上吉’者三。由于祀典及所祭之人，‘上吉’字样，均可证在武丁之世。全版形制：龟腹甲，大部分完整，仅右边残缺约五分之一，全版之长为440公厘，宽约350公厘。背面有凿处（据对称复原）共204，灼用者仅下半五排，共五十处。这样大的龟版，在号称十万片甲骨中，是惟一的一个，又和普通的龟版绝非同种，所以我们应该特别加以注意。我们知道，安阳出土的龟版，都是诸侯方国进贡来的，不是产在安阳的，所以这一龟版，也无疑的是来自远方。古代货币而宝龟，南方常有贡纳大龟的事，《禹贡》称‘九江纳锡大龟’，九江的大龟又决没有如此之大。在传说中，《帝王世纪》称‘大戊时，重译至者七十六国’；《后汉书·南蛮传》称‘交趾之南有越裳国，周公居摄，越裳以三象重译而献白雉’；据此传说，是商周之世，当有越南远方之国，重译来献方物的事实，而这惟一的产于马来半岛的大龟，也就可以得到解释了。”（董作宾《〈殷虚文字乙编〉序》，第9—10页）该版龟甲现存台北市南港“中央研究院”历史语言研究所。

甲骨之王： 《甲骨文合集》编号 6057 号的一版甲骨。甲骨分期为第一期，为牛胛骨。此版甲骨正反两面都有文字且内容连接，两面文字多达 180 余字，是目前所见字数最多的一版胛骨之一，被甲骨学界称誉为"甲骨之王"。现藏于中国国家博物馆。该版甲骨在私挖乱掘时期由罗振玉的弟弟罗振常 1911 年春在小屯村购得，出土地不明。（虽有出土地的传言，但无法考证）据有关资料载罗振常的回忆，说是有一次他在小屯村收购甲骨，一位老太太拎着一个大柳篮，其中只放了这一片甲骨来卖，但要价太高没有成交。罗振常要了个小伎俩，放出风言说不准备再买甲骨，要

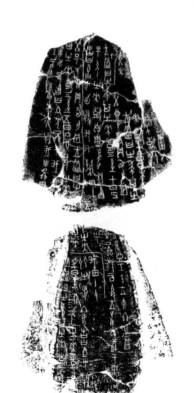

《合集》6057 号正、反面

回北京了。消息传到老太太耳中，老太太因要娶儿媳妇急于用钱，只得降低要价卖给了罗振常。具体钱数不详，只知老太太用这笔钱娶了儿媳妇并买了二十亩地。之后，该版甲骨一直由罗家收藏。直到 1949 年以后，罗振玉的后代才将该版甲骨捐给中国历史博物馆（现为国家博物馆）。"甲骨之王"不但字数多，而且卜辞内容十分重要，为反映武丁时期战争的卜辞。

祭祀狩猎卜骨： 《甲骨文合集》编号 10405（正、反面）号的一版甲骨。甲骨分期为第一期，为牛胛骨，正反两面都有文字。此版牛胛骨卜辞的内容大致为，癸酉、癸未、癸巳、癸亥几日的卜旬，商王都亲自看了卜兆后得出的判断都不太好，结果也都有了应验。特别是癸巳这一天"贞：旬亡祸？王占曰：乃兹亦有祟。若偁，甲午王往逐兕，小臣叶车马硪，曳王车，子央亦坠"。译读为："贞为下个十天一旬之内有没有灾祸发生？商王亲自看了卜兆以后判断说：这次也有祟祸之象。（事后所记的应验结果是）确如占辞所说！甲午日商王去狩猎追逐兕牛。小臣协调车马时，歪倒了。驾驭商王的车子时，商王子弟子央也坠落下来。"由此，有学者认为这是中国最早的记事散文，记录了一次交通事故。此外，反面的内容也非常重要，"晨有出虹自北，饮于河"。译读为："太阳过中午以后，从北边出来了彩虹，虹的龙头像是在吸引黄河之水。"清楚地告诉我们，当时的黄河距殷墟很近，一道彩虹的另一端就和黄河相连。

贞人说：甲骨文专门用语。是指董作宾对甲骨卜辞中卜下贞上一字是人名的确定。常见的甲骨词条开始多为"×× 卜，×贞……"如《合集》10076版："乙卯卜，宾贞：虪龟翌日。十三月。"即乙卯日占卜，贞人宾问卦，问翌日之祭以虪龟为牺品么？这是十三月占卜的。如今看来如此简单的卜辞，在董作宾没有确定"卜"下"贞"前一字"宾"是贞人名之前，没有人能读通这条卜辞。在董作宾"贞人说"创建前的三十年，虽甲骨文研究学者进行了一系列艰辛的早期耕耘，但对于辞条中"卜"之后、"贞"之前的这一个字的理解可谓五花八门。有释为地名，有释为族名，也有释为官名等。1929年殷墟第三次发掘"大龟四版"出土，董作宾发表《大龟四版考释》，提出"贞人说"，上述一类的争论全部迎刃而解。饶宗颐高度评价"贞人说"的发现，他在《殷代贞卜人物通考·序》中一开始便说："自董氏贞人之说行，然后分期断代，略有可循；而殷商遗事，晦盲否塞，近三十年莫之知者，乃得粗具端倪。"又说："窃谓董氏于甲骨学贡献最钜者，为贞人之确定。此一发现，可与法人 Champollion 对于埃及象形文字上黑线环（Cartouche）之解释，同为考古学上开荒之盛举，是以东西辉映。本书之作，董氏实导吾先路。"日本学者岛邦男的《〈殷墟卜辞研究〉序》中评价说："这贞人说是划时代的创见。"

鸟星版：《甲骨文合集》编号11497号的一版甲骨。甲骨分期为第一期，为龟腹甲，正反两面都有文字，两面文字的大字涂朱，小字涂墨。由两面文字可见正反两面文字衔接的例子。卜辞中的"鸟星"，董作宾认为："鸟星当指南方朱雀七宿，《尚书·尧典》所称日中星鸟以殷仲春之星鸟即此鸟星。它卜辞称有新大星并大之火即大火心三星，亦即《尧典》曰：永星火以正仲夏之星大，武丁时卜辞并记日月食均可见殷代天文知识之发达。"对于此版书契。董作宾赞言："殼乃武丁时期名史，喜作大字，如《殷虚书契菁华》所录多出其手，书法每有刚劲宏放之致。此版正反两面皆史殼，其大字柔和圆润，别具风格。笔画中涂饰硃墨，极为美观。"（董敏《万象——甲骨文诗画集》，第5页）该版龟甲现藏于台北市南港史语所。

《合集》11497号正、反面

分期断代：或简称断代，甲骨学专门用语。也就是说对在确定为商代晚期即盘庚迁殷至帝辛失国期间，安阳殷墟出土的 15 万片甲骨进行年代的考订和时期的分别，即王宇信提出的"将这一时期的甲骨文材料进行区分时代的处理，也就是将这十五万片甲骨材料分别统归于它所相当王世的具体时期，才能把有关商代社会历史的研究置于可靠的基础之上"（王宇信《甲骨学通论》，第 154 页）。这一时期或称为殷商时期，为公元前 1300—前 1046 年（夏商周断代工程成果界定），传统文献为公元前 1300—前 1027 年，共 273 年。1933 年董作宾发表的《甲骨文断代研究例》，将盘庚迁殷至帝辛失国这 273 年、八世十二王的殷墟甲骨文，分为下述五个不同时期：第一期，武丁及其以前的盘庚、小辛、小乙（二世四王）；第二期，祖庚、祖甲（一世二王）；第三期，廪辛、康丁（一世二王）；第四期，武乙、文丁（二世二王）；第五期，帝乙、帝辛（二世二王）。这五个不同的时期，是用下述十项标准研究甲骨文得出的：（1）世；（2）称谓；（3）贞人；（4）坑位；（5）方国；（6）人物；（7）事类；（8）文法；（9）字形；（10）书体。在董作宾之前，王国维、明义士就开始了对甲骨文分期断代的探索。王国维在《殷卜辞中所见先公先王考》文章中"首先用卜辞的称谓定甲骨的年代，大约罗振玉也有以见于此"（陈梦家《综述》，第 135 页）。可见早在 1917 年左右，王国维以及罗振玉就开了以"称谓"定卜辞时代的先河，无疑对董作宾之后的断代是有很大启示的。其后的 1928 年，明义士也曾尝试根据"称谓"对甲骨文进行分期断

代，由其所作《殷虚卜辞后编序》（未发表）一文可知，其在研究甲骨文中的称谓同时，较早的注意到字体的变化，这无疑对后来的分期断代研究是很有意义的。当然真正较为缜密系统的分期断代研究，是董作宾在《大龟四版》考释中提出"贞人"说和设想了其他几项标准以后，又进一步经过补充修正，终于日臻缜密和成熟。《甲骨文断代研究例》的发表，进一步推动了甲骨文分期断代研究。

1945 年，胡厚宣编印《甲骨六录》，将董作宾五期断代概化为四期，即第一期，盘庚、小辛、小乙、武丁时期（二世四王）；第二期，祖庚、祖甲时期（一世二王）；第三期，廪辛、康丁、武乙、文丁时期（三世四王）；第四期，帝乙，帝辛时期（二世二王）。胡氏所分的第三期包括了三世四王，实际是董作宾五期分法中的第三期和第四期，是将董作宾的三、四两期合并为一。1956 年陈梦家的《殷虚卜辞综述》第四章断代中提出了分期的三种标准，认为世系、称谓、占卜者是甲骨断代的首要条件，为第一标准。字体，包括字形的构造和书法风格等；词汇，包括常用词、术语、合文等；文例，包括行款、卜辞形式、文法等为第二标准。卜辞内容如祭祀、天象、年成、征伐、王事、卜旬等综合成某一时期的祀典、历法、史实以及其他制度为第三标准。根据上述标准，一则提出了早、中、晚三期大概的分期，同时在保留了董作宾五期分法的同时细分出九期分法。（详见下表）

董氏五期			陈氏九期		陈氏大概分期
一	武丁卜辞		1	一世	早期
二	庚、甲卜辞	祖庚卜辞	2	二世	
		祖甲卜辞	3		
三	廪、康卜辞	廪辛卜辞	4	三世	
		康丁卜辞	5		中期
四	武、文卜辞	武乙卜辞	6	四世	
		文丁卜辞	7	五世	
五	乙、辛卜辞	帝乙卜辞	8	六世	晚期
		帝辛卜辞	9	七世	

王宇信认为："陈梦家的'三个标准'和'九期'说法，从内容和方法方面看，与董作宾的'五期'说和'十项标准'并没有什么实质上的不同。所以我们认为，无论是胡厚宣的'四期'分法，还是陈梦家'九期'说，仍是以董作宾的'五期'说和'十项标准'为依据的。"又"董作宾《甲骨文断代研究例》提出的'五期'说和'十项标准'，把甲骨学商史研究推向了一个全新阶段。同时，也对考古学研究有巨大影响。正是由于甲骨文分期断代研究的深入，我们'才可以根据伴出的甲骨文，来较为可信地确定每一建筑遗迹或遗物相当于某一王的时代。甲骨文成为遗址分期的一个重要参据'（董作宾《甲骨文断代研究例》）。"（王宇信《甲骨学通论》，第183页）

在1978年第一届古文字讨论会上，李学勤首次提出"殷墟王室卜辞在演进上可以分为两系的思想"，即分期断代的"两系说"。黄天树《殷墟王卜辞的分类与断代》、彭裕商《殷墟甲骨断代》、李学勤和彭裕商《殷墟甲骨分期研究》是阐述两系说的代表作。黄天树《殷墟王卜辞分期断代》，用严密的类型学分析，将殷墟卜辞分作A（即小屯村北和村中）B（即小屯村南）两系共二十类，并对各类卜辞的划分依据及其所跨年代进行了系统全面的分析与论述。彭裕商《殷墟甲骨断代》在整理甲骨卜辞时，"充分使用考古学的方法，先分类，再断代。分类的主要标准有字体和卜人"，而"确定时代的主要标准有称谓系统，考古学依据，卜辞间的相互关系等三项。其中称谓系统可确定绝对年代（王世），其余两项可推求相对早晚"。但"对某一王世的卜辞再进一步细分早晚时，称谓系统就不起作用了，这里只能以后二者为主要依据"（彭裕商《殷墟甲骨断代》，第21页）。彭裕商的《殷墟甲骨断代》广征博引，对殷墟早期各种卜辞进行了分类与断代的全面研究；李学勤、彭裕商《殷墟甲骨分期研究》，则在彭书《殷墟甲骨断代》的基础上，扩充了"何组卜辞""黄组卜辞""无名组卜辞"等三部分内容，从而涵盖了晚商全部卜辞。书中全面论证了"师组卜辞村南、村北有出土，是两系的共同起源。师宾间组只出村北，师历间组只出村南，才开始两系发展。往后黄间类以后，村南系列又融合于村北系列之中，黄组称谓两系共同归宿"（李学勤、彭裕商《殷墟甲骨分期研究》，第305—307页）。王宇信认为："在目前的研究工作中，还不能用'两系'说驾驭十五万片甲骨的全部。就是

'两系'说的倡导者李学勤本人，他的近著《英国所藏甲骨录》，也仍然是以董作宾的'五期'分法和'十项标准'为依据进行整理的。"又"董作宾的'五期'分法和'十项标准'的断代体系为目前学术界所公认，但分期断代也还有不少问题需要我们注意解决和深入研究"。关于分期断代研究有待解决的问题，王宇信梳理了三个方面，一是十五万片甲骨中，武丁卜辞几占一半以上。武丁卜辞能否再分期？特别是王室正统以贞人宾为核心的大量卜辞，能否再行分析出早晚。二是第五期帝乙帝辛时期甲骨中，究竟有没有帝辛卜辞。三是有关第四期武乙文丁卜辞的再区分（王宇信《中国甲骨学》，第 205—209 页）。

贞人集团：是指在卜辞中出现的有相互系联关系的贞人团体。贞人集团一名最早见董作宾《甲骨文断代研究例》，即"如果我们把同在一版上的贞人，联络起来，他们就可以成为一个团体"又"贞人集团的关系确定了之后，从其中的任何一个贞人，所贞卜的事项中，找出他的时代，则其余同时各人的时代，也可以连带着知道了。"并将材料"出土与同一个坑内"也作为判断贞人集团的依据（董作宾《断代例》，《董作宾先生全集》甲编第二册，第 384、387、388 页）。董作宾梳理的贞人集团分别为：武丁时的贞人集团、第二期的贞人集团、第三期的贞人集团。

贞人组：即陈梦家所谓的同组卜人，"是指某些卜人（贞人）在两种情形之下一同出现乃可定其为同时代的人：一是同版卜人，即同一甲或骨之上有若干条卜辞在不同卜辞内有几个不同的卜人名，此诸人是同时代的；二是并卜人，即在同一版同一卜辞内两个卜人同卜一件事，可推定此诸卜人乃属于同时代的，这样的例子也不多。由以上各法组成了某些组卜人，汇合某一组卜人见于不同版的称谓便成为某组卜人的称谓系统，由此系统可决定其时代。"（陈梦家《综述》，第 173—174 页）陈说中的"同组卜人"，甲骨学界又称贞人组。

宾组卜辞："把互见同版而可系联的一群武丁卜人称之为宾组，其他一些少见的卜人而其字体文例事物同于宾组或者附属于宾组"（陈梦家《综述》，第 156 页）。宾组贞卜人物的卜辞称宾组卜辞，有宾、殻、争、亘、韦、古、品、永、内、箙、共、扫、珏、充、春等，其中，前 9 人的卜辞最多，还有少见附属于宾组的 20 多人。著名的 YH127 坑出土卜甲 17088 片，其中十之九是宾组卜辞，仅余十分之一为子组、午组及其他，甲骨上出现的宾组贞卜人物，就是这 9 位。其称谓有父甲、父庚、父辛、父乙等即武丁的父辈阳甲、盘庚、小辛、小乙，可知宾组贞卜人是武丁时期一个庞大的贞人集团。宾组卜辞的字形风格非常明显，刚健雄伟，一望可知，视为甲骨文第一期书体风格的代表。

子组卜辞：是以贞人"子"为主，其见于同版或出土于同坑，可以相系连的贞卜人物的卜辞，称子组卜辞。子组的贞卜人物有子、余、我、史、巡、禚，附属的有豕、车等。子组的称谓父甲、父庚、父乙等与宾组相同，其书体文例的特点有：（1）贞字的写法两竖划下部各加短横作平脚；（2）常写细划小字；（3）于字繁写，丁字写作圆圈与师组风格一致，隹字写得很像鸟形；（4）干支文字写法与师组类同。子组卜辞发掘出土常与其他组混合出土，如 YH127 坑与宾组、午组混合，E16 又与师组、宾组混合，由出土坑位即可断定子组贞卜人物为武丁时期（陈梦家《综述》，第 158 页）。子组卜辞成批出土的有花东 H3 坑，皆为名子的卜辞。

午组卜辞：指卜辞中贞卜人物午、九两个不系联的贞卜人物的卜辞，陈梦家列为午组卜辞。"我们所以称他们为午组者，一则他们字体自成一系，不与宾、师、子三组相同；二则其称谓也自成一系。所谓称谓自成一系者，指若干特殊的称谓互见于若干版。"（陈梦家《综述》，第 162 页）午组的书体特征，一是好用尖锐的斜笔，与武丁时期其他刚劲书体有所不同；二是干支字和"于"字的写法接近于宾组；三是"不"字上部加写一横区别于宾组、师组的"不"字上部无横；四为"子"字的中笔是斜笔，"辰"字的写法也很特别；五是"贞"字的写法有两种，一种与师组的方耳形相同，另一种是午组特有的极为特殊型，特点是两边竖划向外呈折形。

师组卜辞：卜辞中贞卜人物师、扶、勹三个的卜辞常常见于同版，陈梦家列为一个贞人组，其卜辞称为师组卜辞。在安阳殷墟一、二、三、四、五、八、十三等次的发掘出土的甲骨文中都有师组三位贞卜人物出现。这种师组卜辞的出土有两类情况，一类是零星出土于某些坑中而记载不详的情况；另一类是同一坑中出土大量的师组卜辞，如第四次发掘 E16 坑出土了大量师组卜辞卜甲，同坑也出土了大量宾组卜辞卜骨。此外，第一次发掘 F36 坑所出土也全部是师组卜辞的卜甲。由这种现象，张秉权认为师组贞卜人占卜只用龟甲，而宾组则是龟甲牛骨并用。关于师组卜辞"贞"字形的特征也有别于其他组，呈方耳形（午组卜辞也作方耳）。从字体、称谓、同坑出土、同期贞人等判断，师组为武丁时期。另从 E16 所出师组卜辞甲尾刻辞判断，所见甲尾刻辞超过一半以上都出自于师组集中的坑中，师组是武丁卜辞，由此判断甲尾刻辞也是武丁时期所特有的。　　（参考陈梦家《综述》，第 145—148 页）

出组卜人：是武丁下一代且庚、且甲兄弟相继为王时的贞卜人物。这两朝的贞卜人物，以贞人出为核心，大部分可以见于甲骨同版而联系成一组，小部分也可以与此组其他贞卜人物"异卜同辞"而断定为同时期，故称"出组卜辞"。见于同版或同一辞条的贞卜人物有出、兄、大、逐、中、昰、尹、喜、旅、尹、行、凸等，"异卜同辞"的贞卜人有即、洋等。这组的卜人有些专卜夕、卜旬而不卜祭祀。且庚时承袭了武丁的制度，书体也相近，所以不靠贞卜人，是很难区分武丁与且庚的。此外，此组贞卜人物许多历经且庚、且甲两朝，除了称谓上出现兄庚断为且甲时期或以"周祭"的出现区别且庚、且甲外，其他方面是很难区别的。另外有两个贞卜人物一个是犬、一个是涿，由于称谓、制度、书体也可以归为出组。出组卜人由其联系的亲疏关系又可分为三群：一是兄群，有兄、出、逐；二是大群，有中、吳、犬、喜、疑、大（大与出联系）；三是尹群，有尹、行、旅、凸（尹与出、凸与犬联系），附属即、洋、涿、犬。时间上兄、出在且庚时期并属于早期，可能上及武丁晚期，他们的卜辞中没有"兄庚"称谓，也未见"周祭"制度。其凡有"兄庚"称谓的一定有"周祭"，没有"兄庚"称谓的一定没有"周祭"，由此可见，"周祭"制度完成于且甲时期。出组的三群，尹群及其附属为且甲时期，兄群的兄、出属于且庚时期，中间的大群可分为二：一是大群早期的见于武丁记事刻辞中的中、凸等与兄群早期的兄、出同时，当属于且庚时代，或上及武丁晚期；二是大群晚期的大、喜与兄群晚期的逐同时，乃属且庚晚期或至且甲早期。（参考陈梦家《综述》，第186—189页）

何组卜人：贞卜人物"廪辛卜人大多数是可以系联的"，特别以何最为活跃，故称之为何组（陈梦家《综述》，第193页）。根据有关记载，这一时期甲骨出土的坑位，康丁期甲骨和武乙、文丁期甲骨多出土于小屯村中，但村南村北也有一些出土；而廪辛期甲骨虽然很多出土在"大连坑"，但村北和侯家庄也有出土，只是还没有发现出土于村

中。就书体而言，廪辛字体粗，康丁纤细。从称谓分析，廪辛无"兄辛"，康丁有。廪辛期前辞常作"××卜×贞"、"××卜贞"、"××卜×"，康丁则常作"××卜"。所见这一时期占卜所用的材料，廪辛是甲与骨并用，康丁多用卜骨。何组卜人以及附属可依据书体分为早晚期，早期有何、大、宁、即，晚期的有口、狄、彭、壴、徐等。

同组卜人：是指某些卜人在两种情况之下一同出现，乃可判定其为同时代的人：一种情况是同版卜人，即同一卜甲或卜骨的上面，有若干条卜辞在不同卜辞内有几个不同的卜人名，这不同的人物可认为是同时代的人物。另一种情况，称为"异卜同辞"，即在不同版上不同的卜人，在同一天同卜一件事情，虽然不是同版出现，但是异版同事，仍然是判断是否同一时期的重要标准。或是某有系联贞人与一不系联贞人及与此系联之另一贞人，亦可为同组。

一字多形：甲骨文字结构形特点之一，指甲骨文中一字有多种写法，即异体多形，有称之为变通性。殷墟所见甲骨文字的时间跨度长达200多年，200多年时间里有些文字因时间的演变先后异形，如甲骨文王字，卜辞一期与卜辞二期以及卜辞五期分别为三个字形；又有一些字在同一时期也存在不同的构形；还有一些字表现出造字的原始性，如在牛、羊、豕、鹿、马等字形旁或下加义符土，皆可释为牡，加义符匕，皆可释为牝。多数甲骨文字书写左右无别，上下可从。还有的由象形字演变为形声字，

如风，先假借凤鸟的象形为风，后有增凡声符成为形声字等。

异字同形：甲骨文字构形特点之一，指甲骨文中一个字形可以表示两个乃至三个音义全然不同的字。如甲骨文丙字和内字，字形完全一样，只能通过上下文义进行区别是丙是内。又如正月的正、征伐的征、丰足的足，甲骨文为一个字。还有女、母多由一个字形表现，有时母虽然加两点区别于女，但多见女、母字形相同。

合书与合文：甲骨文字构形特点之一，指甲骨文的一些数量词、人名词、习惯用语等合写在一起的现象。这一特点称为合书，合书后的两字或三字称为合文。（1）数量词合文，如十位以上数字的合文，有见十三、十五、五十、六十、七十、八十、一百、二百、三百、四百、五百、六百、七百、八百、九百、一千、两千、三千、四千、五千、六千、八千、一万、三万等，又见十人、二牛、三十牛、十牢、二朋、十朋等，还见一月、四月、七月、十三月等。（2）人名词合文，有见上甲、报乙、报丙、报丁等，凡卜辞中的先公先王与先妣多见有合文。还见有方国名和地名合文，如人方、刀方等。（3）习惯用语合文，有见上下、下上、亡灾、王祸、王尤、受佑、弘吉、大吉、小吉、不雨、延雨、小采、今日、今夕、之日等。辨识合文应注意不得任意把二字组合起来释为某一字，如之日，从之从日，不得释为时间的时（甲骨文书法常把之日用作时间的时），也不得任意把写刻接近的字释为合文。

二　甲骨文字词解

（一）一般名词

1. 时间词

甲：甲骨文"甲"字有两个基本形。其一为十，郭沫若最早释"鱼鳞谓之甲，此义于今犹活"（郭沫若《释干支》，《郭沫若全集·考古编》第一卷，第 171 页）。马薇廎释："龟之腹甲上有十字纹，因取以代表甲字。金文父甲鼎作十，颂鼎作十，与契文同。"（马薇廎《薇廎甲骨文原》，第 1345 页）姚孝遂认为："郭沫若以为'甲'象鱼鳞，实难以取信……俞樾《儿笘录》以'鳞甲'为甲之本义，谓'甲字象龟形'。'于是人之被以自卫者亦名甲，相沿既久，而被甲之事亦称甲矣。其始皆其于鳞甲之甲。古人制器，各有所象。战士披甲自卫，正取象于有甲之虫'。俞樾据小篆释甲象龟之由，甚穿凿。"（于省吾《诂林》，第 3585 页，姚孝遂按）赵诚认为："释为'画押''头甲''鱼鳞''龟形'等等，均不可信。用作天干字则为借音字。"（赵诚《词典》，第 263 页）这一基本形的甲字，或为甲字的初

形，此字形易与甲骨文数词"七"字形相混，七的横划长，竖划短，而甲字横竖划长短一样。其二为田形，王国维最早释为上甲，认为："卜辞他甲字皆作十，上甲之甲独作田者。卜辞报乙、报丙、报丁作囝囝囝，甲在口中，与乙丙丁在匚中同意。"（王国维《戬释》，第 3 页）郭沫若亦释为上甲（郭沫若《粹考》447 片），为商先公近祖上甲的专名，如《合集》32031 号："壬辰卜，求自上甲六示。"辞中的上甲为田字形。但孙海波释"卜辞上甲之甲象石函形，小篆甲字即由此形衍出"（孙海波《甲骨文编》，第 545 页）。这一字形的甲骨字易与甲骨文"田"字形相混；甲字形的中间横竖两划与"口"不相连，而"田"字形的中间横竖两划与"口"相连。卜辞中字形为十字形的"甲"用作时间词，为天干第一位。甲骨文十天干顺序为甲、乙、丙、丁、戊、己、庚、辛、壬、癸，甲居首位。十天干配十二地支（子、丑、寅、卯、辰、巳、午、未、申、酉、戌、亥）组成六十干支，用以纪日。六十干支又称一甲子，如《合集》37986 号（著名的干支表）："甲子。乙丑。丙寅。丁卯。戊辰。己巳。

庚午。辛未。壬申。癸酉。甲戌。乙亥。丙子。丁丑。戊寅。己卯。庚辰。辛巳。壬午。癸未。甲申。乙酉。丙戌。丁亥。戊子。己丑。庚寅。辛卯。壬辰。癸巳。甲午。乙未。丙申。丁酉。戊戌。己亥。庚子。辛丑。壬寅。癸卯。甲辰。乙巳。丙午。丁未。戊申。己酉。庚戌。辛亥。壬子。癸丑。甲寅。乙卯。丙辰。丁巳。戊午。己未。庚申。辛酉。壬戌。癸亥。"与此同时，天干第一位甲和地支第一位子组合，亦称甲子，是干支表上的第一天，如《合集》67 号："贞：于甲子步？二。"卜辞中"十"字除用作天干字，也用作商先王的名号或王族成员的称谓，如：尒（大甲）、夰（羌甲）、匋（龙甲）、魯（阳甲）、尒（小甲）、夰（妣甲）等。又如《合集》22883 号："甲子卜，行贞：王宾戔甲，彡福亡祸？"为且庚且甲时期卜辞。辞中的"甲"即用作天干字，也用作先王戔甲的名号。

《合集》22883 号

乙：字形乁或乁，正反无别。郭沫若最

早引《尔雅·释鱼》："鱼肠谓之乙"释"乙之象鱼肠"（郭沫若《释干支》，《郭沫若全集·考古编》第一卷，第 169 页）。《说文》："乙，象春草木冤曲而出。"以为本义指植物屈曲萌芽生长，引申表示受屈。借用作天干字居天干的第二位，作为时间词与地支相配用于纪日。如《合集》2725 号："乙丑卜，宾贞：御于大甲？"辞中的乙丑为干支的第二天。关于甲骨文乙字的构形，有释为"象人脖颈之形"；也有释为"象鱼肠之形"；还有认为与燕子形同，为燕字假借等。甲骨文乙字除用作天干字，也用作商先王的名号或王族成员的称谓，如：高祖乙、大乙、祖乙、小乙、武乙、帝乙、父乙、妣乙、母乙、兄乙等，如《合集》22174 号："乙巳卜，侑且乙？"为武丁时期卜辞。辞中的"乙"及用作干支字表时间，也用作先王且乙的名号。

丙：字形内、内、内，一字多形，郭沫若最早引《尔雅·释鱼》："鱼尾谓之丙"释"丙之象鱼尾"（郭沫若《释干支》，《郭沫若全集·考古编》第一卷，第 169 页）。《说文》："丙，位南方。万物成炳然。阴气初起，阳气将亏。"以为是炳字的初文。依形释则象某种物体底座，实为几丙之丙。用作天干字表示时间，应为借音字（赵诚《词典》，第 263 页）。丙排天干的第三位，在卜辞中与地支相配纪日。如《合集》3018 号："丙申卜，贞：翌丁酉用子央岁于丁？"译读为丙申这一天占卜，贞问未来的丁酉那一天，用名为子央者刿砍的牺牲祭于名丁的先王吗？又如《合集》3250 号：

"丙子卜，贞：多子其延学，不遘大雨？"译读为丙子这一天占卜，贞问诸位王子延迟上学，不会遇到大雨吧？所见甲骨卜辞中，丙字除用作时间词，也用作商先王的名号或王族成员的称谓，如报丙、卜丙、且丙、高妣丙、妣丙、父丙、母丙、兄丙等。还用作人名或族名、地名，如《合集》18911 号反面："妇丙来。宾。"又如《英》771 号反面："丙入十。"再如《合集》2626 号："贞：勿御妇好于丙？"此外，丙字在卜辞中也用作车马单位，如《合集》1098 号："……癸未……方于……系……马二十丙又……一月在鼻卜。"

《合集》3018 号

丁：字形囗、▭、O，或为方形，或为圆形，或为实心，郭沫若最早释丁为鱼的眼睛形。《尔雅·释鱼》："鱼枕谓之丁。"鱼枕者，郭沫若注云："枕在鱼头骨中，形似篆书丁字，可作印。"郭沫若以为："'枕'或系字之讹，而丁则当系睛之古字。睛字古籍中罕见，许书亦不载，惟《淮南·主术训》有'达视犹不能见其睛，借明于鉴以照之，则

分寸可得而察'，注曰：'睛，目瞳子也。'丁之古文既象目瞳子，丁睛古音同在耕部，后世犹有'目不识丁'之成语，则当是'达视不能见睛'之古语。"又"要知甲、乙、丙、丁均为鱼身之物，此必为其最初义。"（郭沫若《释干支》，《郭沫若全集·考古编》第一卷，第 169—170 页）《说文》："丁，夏时万物皆丁，实象形，丁承丙象人心。"此解与甲骨字形不合。关于甲乙丙丁四字的构形，有学者释"丁"象人头顶之形，为甲骨文天字的省写下部大的形状（赵诚《词典》，第 263 页）。也有学者倾向于象俯视时看到的钉帽形，为钉字的初文（马薇廎《薇廎甲骨文原》，第 1351 页）。丁字为天干字的第四位，与地支相配用作表示时间纪日，如《合集》5111 号："丁卯卜，殻贞：王勿往出？"译读为丁卯这一天占卜，贞人殻问卦，贞问商王不出去巡行吧？丁字在卜辞中，除用作时间词，也用作商先王的

《合集》5111 号

名号或王族成员的称谓，如报丁、大丁、中丁、且丁、武丁、康丁、文丁、妣丁、父丁、兄丁、子丁。也用作人名，如贞人丁。还有丁人，泛指服役的男女。此外，丁字在卜辞中用作祭名，释为祊。如《合集》32212号："丙子卜，有梦丁人于河，其用。"屈万里在《殷虚文字甲编考释》中认为："甲骨文丁与祊皆作口，字形无殊。此丁字当则当读为祊。"即《说文》所谓门内祭也。

戊：字形 ㄓ、ㄱ、ㄞ，一字多形，郭沫若最早释"戊象斧钺之形，盖即戚之古文"（郭沫若《释干支》，《郭沫若全集·考古编》第一卷，第172页）。甲骨文戊字用作时间词，为天干字的第五位，与地支相配表示时间纪日，见于《合集》599号："戊辰卜，殷贞：王值土方？"又见《合集》33419号："戊辰……王往田，亡灾？"还见《合集》

《合集》33419号

22840号："戊子卜，尹贞：王宾大戊戠……"卜辞中戊除用作时间词，也用作商先王的名号或王族成员的称谓，如大戊、且戊、画戊、妣戊、父戊、兄戊等。还用作人名，如《合集》27931号："丙戌卜，戊亚其陴其礼？"又如《屯南》4191号："……戊卜……好戊焂。"

己：字形 ㄹ、ㄥ，正反无别，郭沫若最早释"己者缴之缴也"（郭沫若《释干支》，《郭沫若全集·考古编》第一卷，第172页）。缴实绳，即绳子的象形，古人用作系箭杆和箭头，引申以纪事，读若纪，或为纪字的初文。卜辞中"己"字用作时间词，为天干字的第六位，与地支相配表示时间纪日。如《合集》22814号："己巳卜，行贞：王宾雍己……"译读为己巳这一天占卜，贞人行问卦，贞问商王对先王雍己进行宾祭吗？己字在卜辞中，除用作时间词，也用作商先王的名号或王族成员的称谓，如雍己、且己、孝己、妣己、父己、母己、兄己等。此外，己还用作人名或地名，武丁时期有贞人名己，如《合集》14036号："丁亥卜，己贞：子……姜娩不其嘉。"译读为丁亥这一天占卜，贞人己问卦，贞问某子的妻子分娩会不会顺利（会不会生男孩）。

庚：字形 ㄓ、ㄚ、ㄚ、ㄚ、ㄚ、ㄚ，一字多形，郭沫若最早释"庚盖钲之初字，其形制当是有耳可摇之乐器"（郭沫若《释干支》，《郭沫若全集·考古编》第一卷，第173—174页）。金文庚字象双手奉干的形状。也有释为象双手奉树杈形，树杈为最原始之干，假干为庚（马薇廎《薇廎甲骨文原》，第 1358 页）。也有认为象古代乐器钲的形状，本当为乐器之名（赵诚《词典》，第 263 页）。用为天干字则为借音字。甲骨文庚字用作时间词，为天干字的第七位，与地支相配表示时间纪日，如《合集》14034 号："庚午卜，宾贞：子目娩嘉？贞：子目娩不其嘉？王占曰：佳兹……嘉。"译读为庚午这一天占卜，贞人宾问卦，贞问子目将要分娩，会顺产并生男孩么？再一次问卦，贞问子目将要分娩，不会顺产并生男孩么？商王看了卜兆以后判断说：会顺利分娩并生男孩。辞中的"庚午"为干支表上的第七天。卜辞中"庚"除用作时间词，也用作商先王的名号或王族成员的称谓，如大庚、南庚、盘庚、且庚、高妣庚、妣庚、父庚、母庚、兄庚等。也用作人名或族名，如《合集》21863 号："己卯卜，翌丁巳令庚步？"又如《屯南》486 号："乙丑卜，王于庚告？"再如《合集》11460 号反面："庚入十。"

辛：字形 、、、，一字多形，郭沫若最早释"剞劂即辛，为削"（郭沫若《释干支》，《郭沫若全集·考古编》第一卷，第 184 页）。有释为像刑具之雕刀形，上部短横为指事符，指示上为锋口。受刑为痛苦之事，故以刑具象征辛苦，又象征罪（马薇廎《薇廎甲骨文原》，第 1363 页）。另有学者认为是庙中神主（被祭祀对象的塑像）的象形，或为高辛神主的象形。甲骨文商字即辛置于几丙之上会意（张光直《商代文明》）。此说可从。卜辞中"辛"字用作时间词，为天干字的第八位，与地支相配表示时间纪日。如《合集》27164 号："辛未卜，其侑岁于妣壬，一羊？"译读为辛未这一天占卜，行侑求之祭并岁（刉砍祭牲）祭于先妣名妣壬者一头羊么？辞中的"辛未"是干支表上的第八天。辛字在卜辞中，除用作时间词，也用作商先王的名号或王族成员的称谓，如且辛、二且辛、三且辛、小辛、帝辛、妣辛、父辛、母辛、兄辛等。还用作人名或地名，如《合集》21912 号："……事……不子丁在亚辛。"又如《英》2264 号："庚子卜，夏贞：其利辛？"

壬：字形 、，郭沫若最早释为壬，认为"即镜之初文"（郭沫若《释干支》，《郭沫若全集·考古编》第一卷，第 185 页）。朱芳圃释："卜辞用为工，若攻字。盖工作之事为工，工作之器为壬，形上之事以形下之器表之，故工壬同源。"（朱芳圃《甲骨学·文字编》，第 16 页）赵诚释："为纴字之初形。纴为壬之分别字，本象古代织布用的机缕，或称丝缕。"（赵诚《词典》，第 263 页）甲骨文壬字用作时间词，为天干字的第九位，与地支相配表示时间纪日，如《合集》35638 号："壬申卜，贞：王宾卜壬，彡日……尤？"辞中的"壬申"为干支表上的第九天，"卜壬"的"壬"用作先王的名号，可见卜辞中"壬"除用作时间词，也用作商先王的名号或王族成员的称谓，如示壬、卜壬、南壬、且壬、辛壬、妣壬、父壬、母壬、兄壬等。

癸：字形 、，郭沫若最早释为癸，认为"乃 之变形， 之即戣，知 、 亦必即戣之变矣。"又"由上戊己庚辛壬癸之释，可见戊为戚，己为谁缴，庚为钲，辛为剞劂为削，壬为镵，癸为戣，除辛壬外，几于全部均属戎器，而辛壬亦及器之类也。故此与专属于鱼身之物之甲、乙、丙、丁，显然成为二类，更显然为二个时期之产物。甲乙丙丁当属于渔猎时代之文字，而钲、戚、戣、削则非金石并用之时代不能有。"（郭沫若《释干支》，《郭沫若全集·考古编》第一卷，第186页）。朱芳圃亦认为："甲乙丙丁四字为一系，属于渔猎时代之文字；戊以后又为一系，属于金石并用时代之文字。与数字之一二三四为一系，五以下又别为一系者，其文化发展之过程皆同。故疑甲乙丙丁者，实古人与一二三四相应之次数，犹言第一第二第三第四，第五之戊以下，则于五以下数字观念发生以后，始由一时所创制。故六字均取同性质之器物以为比类也。"（朱芳圃《甲骨学·文字编》，第16页）《说文》："戊承丁象人胁""己承戊象人腹""庚承己象人脐""辛承庚象人股""壬承辛象人胫，胫任体也""癸承壬象人足"。甲骨文癸字用作时间词，为干支字的最后一位，与地支字组合纪日，如《合集》21052号："癸酉卜，自今至丁丑其雨不？"译读为癸酉这一天占卜，贞问从今天开始到丁丑那一天会不会下雨呢？辞中"癸酉"是干支表上的第十天。所见卜辞中，"癸"除用作时间词，也用作商先王的名号或王族成员的称谓，如示癸、且癸、妣癸、父癸、母癸、兄癸、子癸等。

子：子字的甲骨文字形分为两大类，第一类为 （字形），此字形或繁或简，为表示时间词的地支第一位子的专用字。第二类为 （字形），除表示父子之子外，用作时间词表示地支第六位巳，或用作祀。上述两类子的字形，郭沫若认为："卜辞第六位巳作'子'，此第一位之子则作 若 。"（郭沫若《释干支》，《郭沫若全集·考古编》第一卷，第197页）有学者释第二类字形象小孩的形状，由甲骨文字孕、毓、保等可知象幼子初褓之形（朱歧祥《通释稿》，第129页）。同时，认为第一类字形也为幼子的正面形，上部竖画为头发，中部囟为头，下部为两脚（朱芳圃《甲骨学·文字编》，第16—17页）。两类字形用作时间词，第一类字形为子丑之子，第二类字形借用作己巳之巳。所见甲骨卜辞以十天干配十二地支为六十干支纪日。有子的干支日为甲子、丙子、戊子、庚子、壬子共五个，均表示当时的某一天。如《合集》599号："甲子卜，殸贞：告若？"又如《合集》248号："丙子卜，殸贞：来羌率用？丙子卜，殸贞：来羌勿用？"甲骨文子字的第二类字形，孙诒让、罗振玉最早皆释为子（孙诒让《举例》上，第1页，罗振玉《殷释》中，第4页），赵诚认为："象幼子之形。本为子孙之子字。"（赵诚《词典》，第264页）卜辞有见称某之子，如《合集》94号："辛丑卜，殸贞：妇好有子，三月？王占曰：好其有子，御。"也有女性称子，如《合集》14034号："庚午卜，宾贞：子眉娩嘉？贞：子眉娩不其嘉？王占曰：隹兹……嘉。"辞中卜问名为子眉的生育情况，其当为女性。卜辞中专称"子某"的，甲骨学界称为诸子，有配以天干字的"子某"，如子丁、子己、子庚、子癸等，还有子商、子央、子孝、子美、子安、子宋等，多以地望为名。

丑：字形、，左右无别，郭沫若最早释为丑，并认为"此实象爪子形，当即古爪字"（郭沫若《释干支》，《郭沫若全集·考古编》第一卷，第198页）。金文《競卣》和《拍盘》丑的字形与甲骨文丑的字形相同。《说文》："丑，纽也。十二月，万物动用事，象手之形，日加丑亦举手时也。"实为象手屈指扭住之形。丑应为扭或纽的初文。也有释丑象手的指甲形状，实为又之本字。甲骨文丑字用作时间词，为地支字的第二位，与天干相配表示时间纪日。有丑的干支日为乙丑、丁丑、己丑、辛丑、癸丑共五个，均表示当时的某一天。如《合集》6834号："乙丑卜，㱿贞：子商弗其雀先？"又如《合集》367号："癸

《合集》367号

丑卜，㱿贞：旬亡祸？"

寅：字形、、，一字多形，郭沫若最早释为寅，并认为"均象矢若弓矢形"（郭沫若《释干支》，《郭沫若全集·考古编》第一卷，第199页）。卜辞中寅字用作时间词，为地支字的第三位，与天干相配表示时间纪日。卜辞中有寅的干支日为丙寅、戊寅、庚寅、壬寅、甲寅共五个，均表示当时的某一天。如《合集》23805号："丙寅卜，疑贞：祸其入？王曰：入。允入。"又如《合集》12459号："庚寅卜，翌癸巳雨？庚寅卜，翌癸巳不其雨？"甲骨文弓矢形的矢字在卜辞中也见有本义箭矢使用者，如《合集》36481号："小臣墙从伐，擒危美，人二十、人四……人五百七十、百……车二丙，盾百八十三、函五十、矢……"也用作地名或方国名，如《合集》28541号："……日，王其田矢，不遘雨。"又如《合集》9519号："循矢方。"等。此外，甲骨文矢字还通作疾，卜辞有连用"矢往"即"疾往"，意为疾速往赴某地，如《合集》158号："贞：不矢往……"另也见矢字用作人名，如《合集》23053号："丁巳卜，行贞：小丁岁，暨矢岁，酒？"辞中的矢与小丁共祭，或为商先祖名。

卯：字形、、，一字多形，郭沫若最早释为卯，并认为"乃出于假借"（郭沫若《释干支》，《郭沫若全集·考古编》第一卷，第202页）。皆象对剖之形。金文卯字与甲骨文字形相同。《说文》："卯，冒也。二月万物冒地而出，象开门之形。故二月为天门。"

所见甲骨卜辞中卯字除用作地支表示时间外，主要作为动词使用，即剖杀牲身。用作地支字，为地支的第四位，与天干字相配纪日。卜辞中有卯的干支日为丁卯、己卯、辛卯、癸卯、乙卯共五个，均表示当时的某一天。如《合集》24305 号："丁卯卜，行贞：王宾祖丁岁暨父丁岁，二宰，亡尤？在二月。"又如《屯南》3612 号："辛卯卜，侑于伊尹一羌一牢？"卯字在卜辞中可用作人名，贞卜人物有名卯。卯字在卜辞中又用作动词，如《合集》32229 号："丁未，贞：王命卯途危方？"又有作地名者，如《屯南》441 号："壬寅卜，王步卯，易日？"

辰：字形 ⚲、⚲、⚲，一字多形，或简或繁，繁形卜辞后期多见。孙诒让最早释为辰（孙诒让《举例》上，第 1 页），郭沫若认为"辰本耕器，故农、辱、蓐、耨诸字均从辰"（郭沫若《释干支》，《郭沫若全集·考古编》第一卷，第 202 页）。关于辰字的构形，赵诚认为"象人拿着石镰或其它农具，表示耕作之意"（赵诚《词典》，第 264页）。也有学者认为象蛤螺形，为蜃字的本字（马薇𤋮《薇𤋮甲骨文原》，第1378 页）。卜辞中，辰字用作地支字表示时间，为地支的第五位，与天干字相配纪日。卜辞中有辰字的干支日为戊辰、庚辰、壬辰、甲辰、丙辰共五个，均表示当时的某一天。如《合集》37564 号："戊辰卜，在羌贞：王田，衣逐，亡灾？"又如《合集》37497 号："壬辰王卜贞：田霉，往来亡灾？王占曰：吉。"

又用作地名和人名，如《屯南》2432号："……卜，王其田辰，亡灾，擒？"辞中的辰为商王的田猎地，有学者考证在今河南西华县一带（孟世凯《辞典》，第 286 页）。又如《合集》28196 号"乙未卜，夏贞：辰入驭其利？"辞中辰为人名。

《合集》37564 号

巳：字形 ⚲、⚲、⚲、⚲、⚲，一字多形，本义为幼子之子，借用作巳，表示时间，作为地支字的第六位。罗振玉考证："卜辞中凡十二支之巳，皆作子，与古金文同。"（罗振玉《殷释》中，第 4页）郭沫若亦认为："盖十二辰之第六位骨文均不作巳而作子也。"（郭沫若《释干支》，《郭沫若全集·考古编》第一卷，第 202 页）由于卜辞中巳使用了父子之子，而甲子之子绝不使用这个父子之子的字形（赵诚《词典》，第 264页）。卜辞中十天干与十二地支相配纪日，卜辞中有地支巳字的干支日有己巳、辛巳、癸巳、乙巳、丁巳共五个，均表示当时的某一天。如《合集》36975 号："己巳，王卜贞：岁商受？……"又如《合集》1901 号："乙巳卜，宾贞：福于父乙？"卜辞中地支之巳与释为祀的巳，二字字形有别。详见"祀"条。

午：字形 ⟨字形⟩、⟨字形⟩、⟨字形⟩，一字多形，罗振玉、王襄最早皆释为系（罗振玉《殷释》中 42 页，王襄《簠室殷契类纂》正编十三 58 页）。郭沫若释为午，"余疑当是索形，殆驭马之辔也"（郭沫若《释干支》，《郭沫若全集·考古编》第一卷，第 203 页）。赵诚认为："释为'象鞭形'，'象索形'，均不类。释为'象杵形'，近似。"（赵诚《词典》，第 264 页）赵说可从，字皆象杵形，当为杵字的初文。甲骨文舂、秦所从午皆为杵。午字借用作地支字表示时间，为地支的第七位，与天干字相配纪日的有五个干支日，有庚午、壬午、甲午、丙午、戊午，均表示当时的某一天。如《合集》33273 号："庚午，米于岳，有从在雨？"又如《合集》26096 号："丙午卜，出贞：岁卜，有祟，亡延？"所见卜辞中午字除用作时间词地支，又用作人名，如武丁时期贞卜人物午。

未：字形 ⟨字形⟩、⟨字形⟩、⟨字形⟩，一字多形，孙诒让最早释为未（孙诒让《举例》上 1 页）。郭沫若认为："十二辰第八位之未字，其朔实为穗。"（郭沫若《释干支》，《郭沫若全集·考古编》第一卷，第 204 页）其简形易与甲骨文木字混但有别，未字突显上部枝梢形。《说文》："未，味也。六月滋味也。五行木老于未，象木重枝叶也。"也强调了未字象树木突出上部枝叶或枝梢的形状。枝梢本应为末，此字形当为末的本字，末与未古音同，假为未。李孝定认为"亦象木重枝叶之形"（李孝定《集释》，第 4383 页）。所见甲骨卜辞中，未字用作地支字，为地支的第八位。在以十天干配十二地支的六十个干支纪日中，有未的干支为辛未、癸未、乙未、丁未、己未共五个，均表示当时的某一天。如《合集》17164 号："辛未卜，其侑岁于姚壬，一羊？"译读为辛未这一天占卜，行侑求之祭并岁（刿砍祭牲）祭于先姚名姚壬者一头羊么？又如《合集》20098 号："丁未卜，扶：侑咸戊不？丁未卜，扶：侑咸戊牛？丁未卜，扶：侑咸戊学戊乎？"卜辞中未字除用作地支字表时间，又用作地名，如《合集》37364 号："乙巳，王卜贞：田未，往来亡灾？王占曰，吉。"又如《合集》8134 号："……非……田灾……在未。"及《合集》8133 号："……出，在未。"辞中的未，为商王的田猎地。其地望在今河南中牟县的西南一带（郑杰祥《概论》，第 254 页）。

申：字形 ⟨字形⟩、⟨字形⟩、⟨字形⟩、⟨字形⟩，一字多形，孙诒让、罗振玉、叶玉森最早皆释为申（孙诒让《举例》下 1 页，罗振玉《殷释》中 4 页，叶玉森《前释》一卷，第 17 页）。郭沫若认为"古十二辰第九位之申字，乃象以一线连接二物之形，而古有重义"（郭沫若《释干支》，《郭沫若全集·考古编》第一卷，第 205 页）。姚孝遂认为"象闪电之形，是电的本字。"又"卜辞中申均借为干支字"（姚孝遂《再论古文字的性质》《古文字研究》第十七辑，第 316 页，于省吾《诂林》，第 1172 页姚孝遂按）。卜辞中申字表示时间，为地支的第九位，与天干字相配纪日的有五个干支日，为壬申、甲申、丙申、戊申、庚申，均表示当时的某一天。如《合集》26764 号："壬申卜，出贞：丁宗益，亡勹？"又如《合集》33986 号："甲申卜，乙昜日？"再如《合集》27164 号："乙亥卜，王先釐外丙岁，酒申？兹用。"

酉：字形𠧤、𠧤、𠧤、𠧤，一字多形，王国维最早释"酉象尊形"（引自于省吾《诂林》，第 2685 页），郭沫若认为"古十二辰第十位之酉字实象瓶尊之形，古金文及卜辞每多假以为酒字"（郭沫若《释干支》，《郭沫若全集·考古编》第一卷，第 206 页）。金文《酉作卣》的酉字和《己酉戌命彝》的酉字均与甲骨文同。《说文》："酉，就也。八月黍成，可为酎酒。象古文酉之形。"卜辞中，酉字用作时间词，为地支的第十位。在以十天干配十二地支的六十个干支纪日中，有酉的干支为癸酉、乙酉、丁酉、己酉、辛酉共五个，均表示当时的某一天。如《合集》33694 号："癸酉，贞：日月有食，隹若？癸酉，贞：日月有食，非若？"又如《合集》8398 号："乙酉卜，宾贞：翌丁亥求于丁？十一月。"虽然卜辞中多见酉字加氵旁为酒，但酉字在卜辞中也见用作酒的本义使用，如《合集》3280 号："贞：叀邑子乎飨酉？"又如《合集》15818 号："癸未卜，贞：……叀有酉用？十二月。"辞中的酉皆为酒。此外，《合集》32148 号："……辰卜，翌丁巳先用三牢、羌，于酉用？"辞中酉字，朱歧祥认为用作祭地名，亦认为《合集》33 号："壬午卜，扶：酉阳甲？"辞中的酉借为奠字，表祭奠之意（朱歧祥《通释稿》，第 359 页）。

《合集》8398 号

戌：字形𢧜、𢧜、𢧜，皆象斧钺之类兵器的形状，孙诒让最早释为戌（孙诒让《举例》上，第 2 页）。罗振玉认为："卜辞中戌字象戊形，与戊殆是一字。"（罗振玉《殷释》中 4 页）郭沫若亦认为："古十二辰第十一位之'戌字象戊形，与戊殆是一字'，罗氏之说确无可易。"（郭沫若《释干支》，《郭沫若全集·考古编》第一卷，第 206 页）《说文》："戌，从戊一。"本义当与戊、戊同。卜辞中戌用作地支字表示时间，为地支第十一位。与戌字相配纪日的干支有五个，为甲戌、丙戌、戊戌、庚戌、壬戌，均表示当时的某一天。如《合集》22931号："甲戌卜，行贞：翌乙亥祭于祖乙，亡巷？在八月。丙戌卜，行贞：翌丁亥祭于祖丁，亡巷？在九月。"戌字在卜辞中除用作地支字表时间外，又用作地名，如《合集》11404号："……寅卜，殷贞：戌于戌……矛。"辞中的戌当为地名。还用作人名，如《合集》19686号："贞：戌不其乎？"此外，也有见用作年岁的岁，如《合集》28232号："癸卯卜，今岁受禾？"辞中的岁字与戌字形同。还有见与我混用，如《合集》4368号："贞：黄尹巷戌？"辞中戌当为我。

亥：字形꜀、ꜙ、ꜛ、꜂、ꜣ、Ꜥ、ꜥ，一字多形，皆与甲骨文字豕的字形近似而非，释为亥。《说文》："象裹子咳咳之形也。春秋传曰：亥有二首六身。"郭沫若认为"亥之非豕"（郭沫若《释干支》，《郭沫若全集·考古编》第一卷，第207页）。林义光释"亥荄也……象根荄在地形"（林义光《文源》，转引自《集释》，第4420页）。吴其昌则认为："'亥'者，十二支第十二位之名也，其原始之初谊为豕之象形。"（吴其昌《殷墟书契解诂》，第1页）金文《乙亥方鼎》的亥与甲骨文同。卜辞中亥字借用作时间词为地支的最后一位，在以十天干配十二地支的六十个干支纪日中，有亥的干支日为乙亥、丁亥、己亥、辛亥、癸亥共五个，均表示当时的某一天。如《合集》5165号："乙亥卜，争贞：生七月王勿卒人戠？"又如《合集》5807号："癸亥卜，争贞：旬亡祸？王占曰：有祟。旬壬申中师蠪。四月。"此外，亥

字在卜辞中又用作远祖先公王亥名，作为王亥之亥字，有时亥字形上部繁加鸟形，与鸟合文。

日：字形⊖、⊙、①、⬭、⊘、▢、꜒，一字多形，罗振玉最早释为日，并认为："日体正圆，卜辞中诸形或为多角形，或正方者非日象如此，由刀笔能为方不能为圆故也。"（罗振玉《殷释》中，第5页）也就是说字本应为太阳的象形成圆形，甲骨文为刀刻方便，多刻为方形或多角形。本义当指太阳，引申表示整个白天，即从日出到日落的整个白天为日。古人日出而作，日入而息，从日入再到日出的整个黑夜都称夕，日夕是相对的（参见夕）。有关日表示白天的卜辞很多，如《合集》12041号："贞……日不雨？"为卜问白天会不会下雨。一日之内（一个白天）又有不同的时间分段（详见明、旦、晨、昏等）。所见甲骨卜辞中，也有日表示本义太阳，如《怀》1569号："乙酉卜，侑出日、入日？"另卜辞中有关日食记录的日字，也当表示太阳。此外，还见有日引申表示一天谓一日的，即相当于现在包括白天和晚上在内的一日的概念，如《合集》11648号："九旬有一日。"即九十一日。

《合集》12041号

夕：字形〗、〗，象月牙形。王襄最早释为夕，并认为"殷契曰夕通用不别"（王襄《簋考·天象》，第 1 页）。本义为月，借用作夕。所见甲骨卜辞五期月、夕皆混用，只能由上下文甄别是月还是夕。姚孝遂认为："卜辞'月''最'夕'二字易混，惟以文义别之。"（于省吾《诂林》，第 1120 页姚孝遂按）赵诚认为："从文字发展看，先有月字，月最初作〗或〗，象半月之形，为象形字。夕字无形可象，但与月夜有关，于是在月字中间加一点写作〗来表示。所以前期的夕写作〗，月写作〗。前期大体包括卜辞的第一二三四这时期。到了后来，突然对调了一下……这是卜辞第五期的情况。"（赵诚《词典》，第 262 页）卜辞中夕字作为时间词表示整个夜间，董作宾在《殷历谱·夕谱》认定："夕，于殷代为夜，今夕即今夜，卜夕即卜夜也。"由此引申，凡是整个一夜里发生的事，皆可称夕。如《合集》30113 号："王夕入于之，不雨。"但夕有时也指夜晚某个专门时段，如《合集》28572 号："王其田，艺入，不雨。夕入，不雨。"两辞同卜，艺、夕对文，艺是天黑后掌灯之时，夕当指更晚些的时间段（宋镇豪《夏商社会生活史》，第 140 页）。另外，卜辞中夕字还用作祭名和用牲法，详见祭祀类夕条。

妹：字形〓、〓、〓、〓，从女未声，用作表示一日（白天）中一个时间段的专名，指天将明未明的时候或天明日出之时。王襄认为"妹古与昧通"（王襄《簋室殷契类纂》第十二，第 55 页）。

陈梦家认从王襄的观点"妹即昧爽之昧"（陈梦家《综述》，第 232 页）。《说文》："昧爽，明旦也。从日，未声。"指拂晓时段，与明、旦同。所见甲骨卜辞中"妹霁"（《合集》38197 号）皆言天明之时雨停了，还有《合集》38157 号"妹雨"，是指天明之时雨还在下。又如《合集》20348 号："乙亥卜，生四月妹有事？"即未来的四月拂晓时有事祀进行么？此外，妹字在卜辞中还用作人名，详见诸妇"妇妹"条。

湄：字形〓、〓、〓、〓，一字多形，或从水眉声，或省水简形。于省吾认为湄与妹音近通用，甲骨文早期写作湄，后期作妹（于省吾《释林》，第 121 页）。此观点可商，因"湄日亡灾"为卜辞恒语，而未见用作"妹日"。卜辞中湄表示一个时间段或与妹、旦相近或相同，当指日出之前（赵诚《词典》，第 259 页），但卜辞中湄与昏相对，如《合集》29803 号："……日戊今日湄至昏不雨。"是为卜问今天从天拂晓时直至黄昏不会下雨吧？所见甲骨卜辞中除多见"湄日亡灾"恒语外，也多见湄日一词，孟世凯《辞典》释："即自天晓后田猎之日。"其义不明。杨树达《卜辞求意》释湄："或假为弥，终也。"湄日即弥日（终日），一整天的意思。可信。

丧：字形〓，罗振玉释为丧，但认为"从噩从亡"（罗振玉《殷释》中，第 75 页）。于省吾认为"罗谓丧字从噩亦为允，余谓〓字即丧之初文"（于省吾《骈三》，第 24 页）。卜辞中，丧用作地名，也用作时间词，见于《合集》6037 号："甲子卜，争，翌乙不其雨？王占曰：其雨？乙丑夕雨小。丙寅，丧雨。"按照宋镇豪的观点："丧相当于日出前，在今 4 时前后，与眉时亦相当，大致均交迭于旦的时间段范围。"（宋镇豪《夏商社会生活史》，第 145 页）

旦：字形 ⊟、⊘、⊙、⊟、⊘，一字多形，郭沫若、孙海波皆释为昌（郭沫若《粹考》，第 96 页，孙海波《考古学社社刊》第四期，第 19 页）。于省吾释为旦（于省吾《骈三》，第 4 页）。姚孝遂认为："字当从于先生（于省吾）说释旦。"（于省吾《诂林》1103 页姚孝遂按）本为日出大地的象形，用作时间词，指黎明日出之时。《说文》："旦，明也。从日见一上。一，地也。"由于甲骨文未用横一表示地，所以有学者释此字形为昌，引申表明也，晴也。旦作为时间词，在卜辞中表示清晨、早晨，如《屯南》42 号："自旦至食日不雨？"译读为从早晨日出到接近中午的时候，不下雨么？辞中有见旦与昏相对，也有见旦与各日为对，如《合集》31116 号："旦其杀鼐，酒各日又正。"辞中各日即落日。卜辞中旦字除用作时间词，又借用作坛表祭场，详见祭祀旦条。

农：字形 ，罗振玉、王襄、叶玉森、杨树达皆释为農（罗振玉《殷释》中，第 71 页，王襄《簠室殷契类纂》第一，第 11 页，叶玉森《钩沈》，第 15 页，杨树达《积微居甲文说》，第 28 页），现代汉字简化为农。于省吾释为

辳，又以为是晨（于省吾《诂林》，第 1133 页）。姚孝遂认为"字当释'晨'……卜辞晨与暮对言，有朝与夕对言，其形偶与《说文》之古文'农'相合，但不能据此即释为'农'。"（于省吾《诂林》，第 1138 页姚孝遂按）宋镇豪认为"辳，本义是以蜃器披除杂草……旧释晨字，不确。农为农作，用为时称，盖取意'日出而作'（《庄子·让王》），大体指日出清晨之际"（宋镇豪《夏商社会生活史》，第 145 页）。见于《合集》9495 号："……卜，争……令得……辳……十二月。"卜辞一期、二期、三期、四期都见有辳的时称。

《合集》9495 号

日出：字形 ⊟，释为日出，即太阳升起之时。所见日出时称的卜辞有《花东》426 号："癸巳卜，翌甲岁且甲牡一，祝豳一，于日出用？"

明：字形 ⊙、⊙、⊙、⊙，从日从月，或从窗从月，释为明（释义参见明地条）。从日从月，初义当为日月并出，亮也，日昼也。从窗从月，字形与金文同。《说文》："明，照也。从月囧。明，古文（朙），从日。"作为时间词，明在

卜辞中表示天大亮的时候。旦是指太阳出来后，也是天大亮的时候，所以明与旦所指的时间相当或比旦稍后。见于《合集》6037号："贞：翌庚申，我伐，易日？庚申明雾。王来途首。雨小。"译读为贞问未来的庚申日商王行杀伐牺牲之祭，天气阴蔽么？事后所应验的结果是：庚申那一天，天明时有大雾，商王途及首地而来，并下起了小雨。又见《合集》16057号也出现"明雾"，辞中的"明"也表天明时。在卜辞中"明"除用作时间词表示天明、白天外，还用作地名。详见地名明条。

《合集》16057号

日明：字形◯⟨，释为日明，日明即明。所见日明时称的卜辞有《库》209号："丙申卜，翌丁酉酒伐启？日明雾，大食日启。一月。"

朝：字形⟨，从木或从草，罗振玉最在释"此朝暮之朝字，日已出草中，而月犹未没，是朝也"（罗振玉《殷释》中，第6页）。字形象日初出在草木间而月犹未落的形状，会意太阳刚出地面还在草木间的一段时间，当在旦或明时段之后。甲骨文字暮为落日在草木间，朝与暮相对。朝用作时间词，见于《合集》29092号："丙寅卜，狄贞：盂田其迅、散，朝有雨？"辞中朝有雨是卜问朝时段会不会有雨。此外，朝字在卜辞中也用作地名，如《合集》33130号："贞：旬亡祸？在朝。"辞中朝为地名。

大采：字形⟨⟨。所见甲骨卜辞中，大采是旦明之后，大食之前这一时节的专名，或近似于朝。卜辞中与大采时节相对的是小采，董作宾《殷历谱》引《国语·鲁语下》："天子大采朝日，与三公、九卿祖识地德；日中考政，与百官之政事，师尹维旅牧相，宣序民事；少采夕月，与太史司载纠虔，天刑；日入监九御，使洁奉禘郊之姿盛，而后即安。"考订殷代："纪时之法，曰明、曰大采、曰大食、曰中日、曰昃、曰小食、曰小采。一日之间分七段，夜则总称之曰夕也……大采略当于朝，小采略当于暮也。"卜辞《合集》12813号："乙卯卜，殻贞：今日王往于敦？之日，大采，雨，王不步。"辞中言大采的时候下雨。另从《合集》20993号："……允。丁启，大采……"推知是由日"启"而大采。

卤：此字形宋镇豪释"卤字疑三四期即督字之一形，为立槷侧影之构形，系日中时分的时称"。宋说可从。见于

《合集》11506 号正反："甲寅卜，殻贞：翌乙卯易日？王占曰：之𢆉勿雨。乙卯，允：明雾，迄㝵，食日大星。"宋镇豪认为："两辞均为卜晴启之事。明可称日明，食日也可称大食日。明或与三四期的朝时相当。又严一萍认为，𢆉、㝵也是纪时词，前者大抵指明日，后者介于明和食日之间。"（宋镇豪《夏商社会生活史》，第146页）也就是说㝵时段是明之后与食日之前。用作时称的㝵只见于武丁时期。

大食：字形𬂠。卜辞中指用食之时段。董作宾《殷历谱》解释为："古者每日两餐，早餐曰'早食'，曰'饔'，曰'早食'、曰'食时'即卜辞之大食。"陈梦家《综述》认为："古代用食之时，有所不同。从事农作的，朝夕两餐再家熟食，中午在田上冷食；冬季则两餐而已。"并且认从《殷历谱》关于卜辞大食、小食即朝夕两餐之时的观点。大食作为大采之后，中日之前用食的时段，其具体所指，众说不一。陈梦家引《淮南子·天文篇》："蚤食在旦明之后。"认定为上午八时。赵诚认为"相当于现在上午九时左右"，张秉权则认为"相当于现在的上午十点钟巳时"。有见大食的卜辞如《合集》13450 号："乙未卜，王：翌丁酉酒伐，易日？丁，明雾，大食……"还有《合集》40341号等。关于大食与大采与朝，陈梦家认为大采与大食同时均相当于朝（陈梦家《综述》，第232页），但所见卜辞中，未见大采与大食同时或为先后的记录。

中日：字形𬂠。卜辞中也称日中，

皆指日与天中，即正午这一时段，也就是现在的中午十二点钟前后，为一白天里午前午后的分界（陈梦家《综述》，第229页）。卜辞《合集》28548 号："中日雨。"为卜问中午这段时间里会不会下雨。还有《屯南》624 号："辛亥卜，翌日壬，旦至食日不……壬，旦至食日其雨？食日至中日不雨？食日至中日其雨？中日至郭兮不雨？中日至……兮……"辞中由旦至食日（大食），由食日（大食）至中日，再由中日至郭兮，明确记录了旦—食—中日—郭兮的先后关系。

日中：字形𬂠。即中日，皆指日与天中，即正午这一时段（陈梦家《综述》，第229页）。记录日中的卜辞有见《合集》29789 号："叀日中有大雨。"上述卜辞的日中意皆与中日同。

昼：字形𬂠，从聿从日，释为晝，简体作昼。宋镇豪引"《玉篇》云：'昼，知又切，日正中。'知昼为中日时分。"（宋镇豪《夏商社会生活史》，第142页）所见昼用作时称的卜辞有《屯南》2392 号："甲午卜，𡆥……二卤。大吉。叀牛。牢。今日。昼。"辞中今日与昼对卜，说明昼必指该日的某个时间段。

督：字形𬂠、𬂠，宋镇豪认为："从手持槷而日影投地，本意是揆日定方位，因这个定方位的活动恒行在日中之时，督字因此也演变成为指日中时分的时称专字。"（宋镇豪《释督昼》，《甲骨文和殷商史》第三辑，第34页）所见用作时称的督字的卜辞有《合集》30894 号："叀……酒？叀督酒？"又见《合集》

30365 号也出现"叀督酒"内容，皆为三期卜辞。三期、四期的卜辞中常见一种语辞与祭名动词相组合的"叀……酒"辞例，介于中间的文字往往用于纪日纪时，如《合集》30837 号："叀朝酒。"辞中的"朝"则为所纪的时段。此外，武丁时期的纪时词还见有齿的一字形，如《合集》13044 号："己巳卜，王……齿雨。之……"或为卜辞三、四期督字的异构。

《合集》30365 号

嵩（善）日：甲骨文的字形为𦥯、𦥑、𦥫、𦥬，一字多形，从羊从目会意，也有释定为羊在上目在下，或下从双目。由于该字形突出羊目，羊目为善，释为嵩（善）（参见善地条）。卜辞多见"勿嵩有""勿嵩于""勿嵩用""勿嵩令""勿嵩告"等，"勿嵩"为卜辞恒语，词中嵩或为虚词。但嵩日则为时间词，在卜辞中表示一个时段（赵诚《词典》，第 260 页）。如《合集》20397 号："……壬……有雨，今日小采……允大雨，延伐……嵩日佳启。"辞中"嵩日佳启"意为嵩日的时候天气晴朗。又如

《合集》20957 号："嵩日大启，昃亦雨自北。"译读为嵩日的时候天气晴朗，到了昃的时候有了雨来自北面。说明嵩日这个时段当在昃之前。关于嵩日究竟表示哪一时段，甲骨学界未形成一致意见。陈梦家认为："在昃之前，疑即响或饷，即午时食饷之时。"（陈梦家《综述》，第 232 页）也有认为嵩读为旸，旸日即日中。上述两种意见所指的时段大致相当，都与日中相近。

昃：字形𠆤、𠆥、𠆦。罗振玉最早释为昃，认为"从日在人侧"（罗振玉《殷释》中 6 页）。董作宾认为："个或仆象人影倚斜。下从日，正为日昃之义，是昃乃初文。"（董作宾《殷历谱》下编卷四，第 1 页）昃即日侧，字形由日已偏侧，而人影倚斜会意。《说文》："昃，日在西方时，侧也。"卜辞中昃用作表示中日或嵩日之后一个时段的专名。如《合集》20421 号："壬申卜，今日方征不？昃雨自北。"辞中的昃雨今为昃时候下雨。关于昃这个时段的确切所指，有认为相当现在下午三点左右，陈梦家《综述》引《无逸正义》以为未时，即午后二时。

《合集》20967 号

黄昃：字形🔹，释为黄昃。所见黄昃用作时称的卜辞有《合集》20957号："……善日大启。昃亦雨自北，黄昃启。"由辞内容可知，黄昃时段晚于昃，当在太阳落下前后，天色昏黄的暮时（宋镇豪《夏商社会生活史》，第147页）。用作时称的黄昃只见于武丁时期。

小食：字形🔹。相对大食而言，指甲骨文时期人们吃第二餐或下午餐的时段，即为这一时段的专名。陈梦家《综述》认为："卜辞'大食''小食'皆用作朝食夕食之时，或省称'食日'，'食'。……小食为餔，今定为下午四时，即夕之开始。"所见卜辞有《合集》21021号："癸丑卜，贞：旬？甲寅，大食雨自北。乙卯，小食大启。丙辰易日，大雨自南。"辞中甲寅日大食时候有雨来自北，乙卯日小食时候天气晴朗。

日西：字形🔹，释为日西。所见日西的卜辞有《合集》29713号："重日杀。于入自日西杀。"辞中的日西或为时称。宋镇豪认为："'入自日西'与甲骨文'入自日'、'入自夕'、'入自艺'例同，日西也是时称。日西约同于汉简'日西中时'（《居》1705），在杀祭当日的午后，可能与日昃前后相当（今按，一释西借为乃，义亦通，则'日西'非时称，姑记存疑）。"（宋镇豪《夏商社会生活史》，第142页）

郭兮：字形🔹。卜辞中用作表示某一时段的专名，或单称"郭"或"兮"。例如《合集》30198号："中日至郭兮

啓，吉，兹雨。不啓，吉。"《合集》29793号："昃至郭不雨。"《屯南》42号："中日至昃不雨。"以及《合集》29801号："郭兮至昏不雨，吉。郭兮至昏其雨。"由上述卜辞可知中日、昃、郭兮、昏这几个时段的先后关系，即中日至郭兮，中日至昃，昃至郭兮，郭兮至昏，郭兮为昃之后，昏之前的这一时段。此外，《合集》30203号："今日乙郭啟，不雨。"以及卜辞"乙啟，今日兮不雨"辞中的郭、兮皆表示郭兮这个时段。陈梦家认为："郭兮既在昃昏之间，应相当于初昏与兮：《洪范五行传》郑玄注（陈寿祺《尚书大传》辑校本）云'下侧至黄昏为日之夕，'又云'出昏为夕'。《说文》'餔，日加申时食也'，在下午四时郭兮开始之时。"（陈梦家《综述》，第231页）

小采：字形🔹。相对大采而言，为小食以后日暮傍晚，或日落之前一段时间的专名。卜辞所见其在昃时之后，如《合集》20966号："……王：旬？二月。三日丙申，昃雨自东，小采既，丁酉至东……夕……"陈梦家认为："《鲁语》曰'大采朝日……日中考政……少采夕月……日入监九卿……'《殷历谱》（上编1.5）据之以定大采，小采为朝夕，是正确的。卜辞的大采小采皆属武丁卜辞。由《京都》一片（《合集》20966），可证小采在日昃之后。由'日'与'采'之对贞，可推知'小采'约当于'夕'。今暂定大采为朝，小采为夕，即上午八时下午六时前后。"（陈梦家《综述》，第232页）

萌：字形、，释为萌。此字之前多释为朝，认为是朝的异构，但宋镇豪释为“萌”，引《美国》S424号：“……今……昏……丙寅卜，狄贞：盂田，其迅散，萌又雨。”认为：“萌，从日从月从二木，从木与从草同，象日没入莽原而月始生之意，应释萌的本字。《汉书·历律志上》云：‘孳萌万物’，颜师古注：‘萌，始生也。’萌或指日落而月出之时。此版萌、昏同卜，萌与昏的时区应相邻近。”又引《合集》23148号：“癸丑卜，行贞：翌甲寅，毓且乙，岁，萌酒，兹用？贞：暮酒？”认为：“此版癸丑贞问次日甲寅提前一天的傍晚预先酒祭祖乙，萌、莫同卜，与前揭昏、萌同卜，足证萌为傍晚日落月始生时。”（宋镇豪《夏商社会生活史》，第143、149页）用作时称的萌一期、五期卜辞未见，二期、三期、四期卜辞皆出现。

莫：字形、、、，一字多形，或从木或从草。赵诚认为：“象日在草木中之形……是为会意字，意为日落林中鸟回巢之时，当表示日还没有落下去的那一段时间，即现在所说的暮，卜辞与朝对应。”（赵诚《词典》，第261页）莫为暮的初文，也可直释为暮。见于《合集》23148号：“癸丑卜，行贞：翌甲寅，毓祖乙，岁，朝酒，兹用？贞：莫酒？”辞中朝酒为朝之时候举行酒祭，莫酒指莫之时候举行酒祭，对举而贞。此外，还有《合集》28630号：“……莫省田，艺人，亡灾？”《合集》29250号：“莫田，亡灾？”《屯南》2385号：“王其省盂田，莫往，艺人，不雨？”辞中的莫皆表示日落之前这一时段（陈梦家《综述》，第230页）。所见甲骨卜辞中，莫字除用作时间词，还用作人名和地名，详见人名莫条和地名莫条。

各日：甲骨文各的字形为，从止返于凵中，有降临来到之意，引申为落。卜辞各日表示时间，即表示太阳落下去的那一时段。陈梦家认为：“旦湄与昏为对，旦与各日为对。昏与各日皆指日落而旦为日出大地上的象形。”（陈梦家《综述》，第230页）有见旦与各日相对的卜辞，如《合集》31116号：“旦其杀鼎，迺各日又正。”又见《怀》1386号出现“各日酒”内容，辞中各日酒为日落时候进行酒祭。

晻：字形、、、，从日从合，赵诚释为會，现代汉字简化为会，认为：“上面的象个盖子，下面的象个器物，中间放着一个东西，上下一合，就是此字所要表示的意思，当然有会合之意。”（赵诚《甲骨文字的二重性及其构形关系》，《古文字研究》第六辑，第221页）也有释为晻（刘钊《新甲骨文编》，第401页），此从。卜辞中晻用作动词，也用作时间词，见于《合集》30956号：“其晻酒。”宋镇豪认为：“据他辞‘其自日戊酒’（《合集》27454号）、‘其艺酒’（《安明》1768号），辞例与‘其会酒’同，知会也是纪时之字。但会字从合，意义不显，疑与后世晻字义近……殆指暮色苍茫之时”（宋镇豪《夏商社会生活史》，第142页）。

《合集》30956 号

《合集》32349 号

棥：字形 𣏟、𣎳、𣎳、𣎳，一字多形，从木或林从月，依形隶为棥。姚孝遂认为："金祥恒释此为'暮'，有此种可能性。"（于省吾《诂林》，第 1373 页姚孝遂按）此从宋镇豪释为棥。见于《合集》32216 号："丁巳卜，叀今夕酒宜？丁巳卜，于棥酒宜？"辞中棥与今夕同卜，知棥亦为时称。还有《合集》32349 号："辛亥卜，乙卯侑升岁于祖乙？辛亥卜，于棥侑？"《屯南》171 号："癸未，贞：叀乙酉延方？癸未，贞：于棥延方？"宋镇豪认为："今夕是当天夜间，棥则进一步落实到当天夜间的一个时辰。有学者释此字为木月、林月的祈书，读为'生月'，指下一个月。然上举《合集》32349 辛亥同卜第四天乙卯及棥时又升岁祭祖乙，《屯南》171 癸未同卜二天后乙酉及棥时的事情，则释棥为生月显然十分勉强。2002 年小屯考古所附近出土甲骨文有云：'乙亥卜，庚子棥燎于门，羊白豕。'……棥应指庚子日傍晚某一小时间单位，即'庚子棥时'，如果释为'庚子生月'，绝难讲得通。"（宋镇豪《夏商社会生活史》，第 143 页）

昏：字形 𣄼、𣄼，郭沫若、王襄、李孝定皆释为昏（郭沫若《粹考》，第 98 页，王襄《簠室殷契类纂》第一，第 6 页；李孝定《集释》，第 2191 页）。所见卜辞中，昏与旦、湄相对应，见于《合集》29272 号："……旦至于昏不雨，大吉！"又见《合集》29803 号："……日戊，今日湄至昏不雨？"此条卜辞，原为《邺初》33.3 号，也有学者释为："日戊，旦湄至昏不雨？"辞中旦为日出之时，昏则为日入之时（赵诚《词典》，第 259 页）。此外，由卜辞可见昏时候在郭兮时候之后，如《合集》29794 号："郭兮至昏不雨？"以及《合集》29801 号："郭兮至昏不雨？吉。郭兮至昏其雨？"《说文》："昏，日冥也。从日氏省氏者下也。"《淮南子·天文篇》："日至虞渊，是谓黄昏，至于蒙谷，是谓定昏。"定昏即黑定了。卜辞中的昏，比莫、各日应都晚，当表示定昏即黑定这个时段。昏之后至第二天的湄旦，一整夜即为夕。

《合集》29794 号

艺：字形![字形]、![字形]、![字形]、![字形]、![字形]，一字多形，旧有多释，宋镇豪隶为艺。所见艺用作时称的卜辞有《合集》28572 号："王其田，艺入，不雨？夕入，不雨？"宋镇豪认为："夕通常是指整个夜间，但有时也指夜晚某个专门时段，上举两辞同卜，艺夕对文，艺是天黑后掌灯之时，夕当指更晚些的时间段。"（宋镇豪《夏商社会生活史》，第 140 页）卜辞中此字也用作地名。

住：字形![字形]，从人从卩，从丨亦声，宋镇豪认为："![字形]字人形一跪一立，像一人跪作息止，另一人侧立而伺之，中间一点意在定上下等级之分，主人与侍者的身份俨然可见。以丨声求之，殆即后世的住字的初形，为甲骨文住乃象意兼声字，而后世住乃形声字。后世住从一人，

此从二人形，乃繁简衍变现象。住的本义是伺主息止，用为时称是取'日入而息'（《庄子·让王》）或'昏定'（《礼记·曲礼》）之义，指夜间人定息止之时。"（宋镇豪《夏商社会生活史》，第 140 页）所见住用作时称的卜辞有《合集》27522 号："其侑妣庚，更入自己夕福酒。更住酒。更入自艺福酒。"辞中夕、住、艺同卜，知其为彼此相近的三个时段。艺在天黑后掌灯时，住当在稍晚入定安息之时，夕则比住要更晚些，或指夜半时，也可能夕统指这一天的整个夜间。

寤：字形![字形]、![字形]，释为寤。宋镇豪举《合集》20966 号："癸丑卜，王贞：旬，八日庚申寤？允：雨自西，少，夕既。五月。"《合集》20964 + 21310 号："癸丑卜，贞：旬，五月庚申寤？允：雨自西，夕既。"认为"《合集》20966 两辞乃同版异日卜旬刻辞，与《合集》20964 + 21310 是同日同事同卜。验辞'八日庚申寤'与'四日丙申晨'对文，故知寤必为时称无疑。寤像一人睡在室内床上呵呼嘘吸之意，从可声，盖寤的初文。……上两辞的夕，均指整夜而言。……这两条卜辞又记寤是'夕既'亦即夜间结束之前的纪时，那么寤是睡而未觉，似醒非醒之时，自当在夙之前。两条卜辞的验辞谓庚申日的夜间寤时，果然从西面下起小雨，直到夜间终了才停止。根据这两条卜辞，知寤也是下半夜至天明之间的时段。"（宋镇豪《夏商社会生活史》，第 148 页）

夙：字形🔣、🔣，象祈月之形，《说文》："夙，早敬也。从丮，持事虽夕不休，早敬者也。"宋镇豪认为："露水之降约在清晨 3 时前后，天未启明而星月犹见，故夙时是下半夜至天明前之间的时段，为殷人早期祈月时。又《周礼·鸡人》云：'夜呼旦以叫百官'，郑注：'呼旦以警百官使夙兴'，是用夙字早敬之义，但由此也反映出夙应在旦前，却仍属夜间。"（宋镇豪《夏商社会生活史》，第 141 页）所见夙用作时称的卜辞有《安明》1685 号："隹今夙酒？"又见《合集》20346 号反面也出现"夙"的内容，亦用作时称。此外，卜辞中夙也用作祭名、地名等（于省吾《诂林》，第 423 页姚孝遂按）。

形，故以十干一周为一旬。"也就是说十个干支日名，也就是一旬之数，从甲日到癸日共十天为一旬。所见甲骨卜辞中，旬与天象似乎没有关系，但与祭祀就有相当的关系了。卜辞中每旬必卜，必于每旬的最后一日，即癸日卜问下一旬的吉凶。如《合集》522 号："癸酉卜，永贞：旬亡祸？癸未。（辞残）癸巳。（辞残）癸卯。（辞残）癸卯卜，永贞：旬亡祸？癸亥卜，永贞：旬亡祸？"这一残片卜旬的甲骨，六十干支中的六个癸日，除未见癸丑外，其他癸酉、癸未、癸巳、癸卯、癸亥全部出现。由于卜辞中十日为一旬，所以一旬也表示十日，如《合集》10976 号："丁酉雨，至于甲寅旬有八日。九月。"此辞为验辞，

《合集》20346 号反面

旬：字形🔣、🔣，正反无别。朱歧祥释为："似虫屈曲，即旬字。"（《殷墟甲骨文字通释稿》，第 139 页）也有学者认为上部从甲，自甲起一周之意为旬。董作宾认为："旬亘字皆象周匝循环之

《合集》522 号

旬为十天，旬有八日意为十八天，由丁酉日至甲寅日首尾共十八天，是说九月时雨连续下了十八天。此外，卜辞中旬又用作祭名者，详见祭祀旬条。

　　月：字形）、）。罗振玉、王国维最早皆释为月（罗振玉《殷释》中，第5页，王国维《戬考》，第14页）。叶玉森亦释"象新月"（叶玉森《说契》，第1页）。象月牙形，本义为日月之月，又借用作夕。所见卜辞五期月、夕皆混用，只能由上下文甄别是月还是夕。甲骨文时期人们以月记时，在卜辞中有充足记载。但一月多少天，有无大小之分；将一年分为十二个月或十三个月，须根据卜辞记录推断。董作宾早在1931年的《卜辞中所见之殷历》中，列举大龟四版中的二版，证明商代的月有大小。二十九天为小月，三十天则为大月。至于闰月即十三月，董作宾认为武丁时代为前期，以无节之月为置闰标准，当闰之年于年终增加一月，称十三月，每年的第一月称一月。且甲改制，仍以无节之月为置闰标准，当闰之年，置闰月于应闰之月，仍以上月之名为名，每年之第一月，改称"正月"。这就是年中置闰的办法。但陈梦家认为历法的改制不能确定必在且甲七年，在某一时期内，年终置闰与年中置闰曾经两者并行（陈梦家《综述》，第222页）。至于十三月，卜辞中多见，如武丁时期卜辞《合集》2653号："癸酉卜，亘贞：生十三月，妇好来？"等。此外，有学者认为十三月是"正月"的别名，其实罗振玉最早就认定它是闰月（张秉权《甲骨文与甲

骨学》，第293页）。卜辞中是十三月、一月、二月、三月相连，而未见十三月、二月、三月相连，所以，此说不可信。

《合集》2653号

　　年：字形𥝙、𥟖、𥝊、𥝆，一字多形，从禾从人，也有上部从黍省形或从乘省形。会意负荷禾黍而归，以表示收成。对于甲骨文年字上部的禾形，陈梦家认为："卜辞之年、禾亦有广狭两义。凡单称的如受年、受禾、年有足雨、禾有及雨，都指谷子；凡称黍年、秬年之年，则泛称谷类。"于省吾不认从陈梦家的观点，认为："甲骨文所见的禾都是广义的。因为甲骨的稷字作齌，是谷子（小米）的专字。甲骨文凡言受某年者，年上一字必为谷类专名，如受黍年、受齌

年……是其例，但从未有受禾年者，足见禾不是专名。"《说文》："年，谷熟也。从禾千声。春秋传曰：大有年。"董作宾解释"《说文》'年。谷熟也。从禾千声。'按金文卜辞皆从人不从千。"（董作宾《卜辞中所见之殷历》，《安阳发掘报告》）卜辞中年字的谷熟收成本义多见使用，如卜辞习惯用语"受年""受有年""受黍年""受稷年""受稻年"的年皆表本义收成。又如《合集》10139号："贞，帝命雨弗其足年？帝命雨足年？"辞中的年亦为农业收成。卜辞中由表示一季禾黍成熟收成引申为时间词，表示这一季庄稼从种到收获这一时段。陈梦家谓："卜辞的年如'受年''有年'即稔，指收获。年字前加数字者则有以下诸例：'自今十年有五，王豐。（《续》1.44.5）武丁卜辞；貞至于十年。（《粹》1279）廩辛卜辞；保十年。（《侯》19）'凡此之'年'皆非纪时，他们可能是纪若干个收获季节。……他们的用法略同于岁。"（陈梦家《综述》，第526页）但于省吾则认为："年乃就一切谷类全年的成熟而言。正因为禾和年都具有泛称性，所以第四期甲骨往往用受禾代替受年，但决不言受禾年。"（于省吾《释林》，第250页）卜辞中出现的年、岁、祀，后世都作纪年之用，但在卜辞中三者的表意有别，如《合集》37849号："癸丑卜，贞：今岁受禾（年）？弘吉。在八月，隹王八祀。"如果认同于省吾的甲骨文后期用受禾代替受年的观点，辞中的受禾或为受年，那么在一条卜辞中，岁、禾

（年）、祀三者同时出现，可见年、岁与祀的用法在当时是有区别的。其中的祀记载的是时王在位之年，表纪年无误。张秉权谓："董彦堂（作宾）先生和胡厚宣等，都认为殷代晚年，纪年用'祀'，早期则仍用'年'或'岁'，但在卜辞中却无实例。"（张秉权《甲骨文与甲骨学》，第292页）

《合集》10139号

岁：字形㊉、㊉、㊉、㊉、㊉，一字多形，繁形从戌、从二止，简形二止省为二点或无点。孙诒让最早释㊉"疑即戌字反文"（孙诒让《举例》下，第19页）。罗振玉释为岁，认为"从步戌声"（罗振玉《殷释》中，第6页）。《说文》："岁，……从步戌声。"《尔雅·释天》："夏曰岁，商曰祀，周曰年，唐虞

曰载。"郭璞的《注》认为岁是"取岁星行一次"的意思，年则"取禾一熟"，载为"取物终更始"。按《尔雅》和郭璞之说，岁、年、祀、载都用作纪年，只是朝代不同。但所见卜辞中岁与年一样，多与农事相关，如《合集》9649号："贞：今岁受年？"陈梦家认为："岁之言穗，言刈。《说文》穗作采，象手收禾之形，刈之义为利伤为割。在卜辞中，岁即不作纪时的年岁解，亦不作岁星解。……卜辞的卜年和卜岁都应在收获以前，即每一'禾季'或'麦季'的前半段，即种植的时期。有此种假设，可试将一年分为两岁。……此种假定与卜辞所记收获者相应：5月之稷是稷禾；12月，3月之稷与1月之食麦是稷麦、食麦。若此说不误，则卜辞的'今来岁''二岁'是一年，'自今三岁'是二年，'十岁'是五年。后世春夏秋冬四季的分法，起于春秋以后。此以前恐怕只有两季，即上述的两岁。卜辞'下岁'可能即指下半年的一季。"（陈梦家《综述》，第225—226页）但许多学者虽然认可岁与年是指一个收获季节，但认为当时生产力低下，一年农业只有一

《合集》9649 号

个收获季节，人们以一个收获季节表示全年的谷物收获，发展为表示一年的时间词。此外，卜辞中岁字除用作时间词表示一个收获时段外，也用作祭名，详见祭祀岁条。

祀：字形祀、祀、祀、祀，一字多形，繁形从巳从示，简形无示亦释为巳，初字当为巳，子字的异形，后来与祭祀相关的字陆续都增加了示旁，巳也变成了繁形祀。朱歧祥认为："象人膝跪于示前，从示巳亦声，隶作祀。"其异形："象人跪于示前，张口以祷。亦祀字，祭也。"（朱歧祥《通释稿》，第236页）所见卜辞中，多见祀字表本义的内容，如《合集》14549号："庚寅卜，争贞：我其祀于河？"等。祀字在卜辞中借用作时间词，也与"祀季"有关。陈梦家认为："关于'祀季'是祭祀的一周，祀周可有三种：（1）小祀周即一旬，祀祖先先妣之名甲至癸者；（2）中祀周，用一种主要祭法（即劦、羽、祭）在若干旬中遍祀先祖先妣；（3）大祀周，用三种祭法轮流的遍祀先祖先妣。小祀周为旬，大祀周为祀，中祀周为'祀季'。'祀季'以及由三个祀季而构成的'祀'，其所包容的日数因王朝而异，即愈后而愈长，因多一朝代即多加上一朝代的祖妣入祭之数。到了乙辛时代，每一祀季约占13旬，故一祀载360—370日之间，和一个太阳年相近。因此乙辛时代的'祀'可能即是一年。"（陈梦家《综述》，第236—237页）如卜辞中所见的"王二祀""王五祀""王廿祀"，皆王在位几年之意，"王廿祀"即王在

位二十年时。此外，卜辞中祀字除表祭祀或用作时间词外，还用作人名和地名。参见诸妇妇祀条和地名祀条。

司：字形𠃊、𠃊、𠃊，左右无别，隶定作司，假为祠字。古音"司""祀"同，罗振玉说"商称年曰祀，亦曰祠"（罗振玉《殷释》下，第 53 页）。王襄亦释"古司字。祠字重文"（王襄《籀室殷契类纂》正编第九，第 41 页）。《说文》："春祭曰祠，品物少，多文辞也。从示司声。仲春之月祠，不用牺牲，用圭璧及皮币。"所见卜辞中，司字用法很广泛，除用作神名，如龚司，又通作祀，如《合集》13559 号："壬辰卜，贞：龚司室？"之司室，为祠室即祀室。又如《合集》36856 号："癸未卜，在上𪊨贞：王旬亡灾？在九月。王卅司。"为甲骨文五期卜辞，辞中的王卅司皆为王卅祀即二十年。说明司字在甲骨文后期也用作时间词。

春：字形𣜩、𣘻、𣘸、𣜗、𣜣，一字多形，从林或从艸屯声，或繁形加日旁，或简形从木，或从日屯形。《说文》："春，推也。从日艸屯。屯亦声。"卜辞中习见"今春""来春"，如《合集》649 号："乙亥卜，争贞：今春王往田，若？"又如《合集》9660 号："贞：来春不其受年？"所见卜辞中只有春秋而无冬夏。陈梦家认为："后世春夏秋冬四季的分法，起于春秋之后。此以前恐怕只有两季，即上述的两岁（陈梦家认为一年有两岁）。……这两岁在卜辞中称为'春''秋'。……卜辞中只有春秋两季而无冬夏。"（陈梦家《综述》，第 226—227 页）朱歧祥分析："卜辞习言

'今春'，最早见卜于十月。《外 452》'戊寅卜，争贞：今春众有工。十月。'又见卜于十三月。此大致为殷时候春天的上下限。《籀人 52》'□春令殷□商。十三月。'殷人春天播种，故又王黍、受年之卜。"（朱歧祥《通释稿》，第 167 页）认为春表示春播时段。孟世凯也持这种观点，认为："从目前甲骨卜辞中反映出商代无明确的春夏秋冬四季之分，只有春种、秋收两时段（或称两季）。卜辞中有'今春''来春'，皆为春种时段。"（孟世凯《辞典》，第 387 页）张秉权则认为："至于春、夏、秋、冬四季，在卜辞中没有明显的迹象可寻，只有'春'、'秋'二字的考释，比较可信，但它们的性质，亦不过只相当于后代的'年'，所以辞中的'今春'、'今秋'，也只是'今年'之意。若要追问春或秋，究竟于一年中的那几个月？同样地也是没有答案的。"（张秉权《甲骨文与甲骨学》，第 292—293 页）赵诚也认为："则今春近似于指今年，来春指明年。"（赵诚《词典》，第 266 页）此外，春字在卜辞中除用作时间词，又用作地名，详见地名春条。

秋：字形𧊟、𧒽、𧑓、𧒽，一字多形，繁形下部增火。本为一种昆虫的象形字，应为蝗虫。郭沫若认为："字形实象昆虫之有触角者，即蟋蟀之类。以秋季鸣，其声啾啾然。故古人造字，义以象其形，声以肖其音。更借以名其所鸣之节季曰秋。"（郭沫若《粹考》2 片）也有释为象龟而有角。释为龝，即秋。《说文》："秋，禾谷孰也。从禾……"但所见卜

辞中秋字的昆虫本义多有见，学者多认为是蝗虫之灾（于省吾《诂林》，第1835页姚孝遂按）。如卜辞"宁秋"，多数学者释为秋天易生虫灾，故祈求止息虫灾，其秋则指虫灾。卜辞中秋用作时间词表示大秋收获季节，如《合集》33230号："壬子，贞：苎米，帝秋？"辞中帝秋即禘祭以求谷黍秋收丰年。有如《合集》9627号："甲申卜，宾贞：告秋于河？"言"告秋"即祈求先祖河祐护谷熟。此外，又有秋在卜辞中明确表示时令的内容。如《合集》21715号："庚午卜，我贞：今秋我入商？"又如《合集》29908号："乙亥卜，今秋多雨？"另《合集》29715号："叀今秋？叀今秋？于春。"陈梦家认为："卜辞近称的纪时之前加虚字'叀'，远称者加虚字'于'。'叀''于'是相对的，秋

《合集》33230号

春是相对的。由此可证，卜辞只有春秋两季而无冬夏。"（陈梦家《综述》，第226—227页）

艸（早）：字形𝄇、𝄇、𝄇，刘钊释为艸，读作早（刘钊《新甲骨文编》，第26页）。李宗焜释为早（李宗焜《甲骨文字编》，第497页）。孙诒让最早"释𝄇为禾，释𝄇为香"（孙诒让《举例》下，第12页）。叶玉森、董作宾、唐兰皆释为春（叶玉森《前释》第一卷，第127页，董作宾《卜辞中所见的殷历》，《安阳发掘报告》第三期，唐兰《殷墟文字记》，第3页）。于省吾释为条，以为即秋字（于省吾《骈枝·释条》，第5—8页）。刘钊曾释为者（刘钊《释𝄇》，《古文字研究》第十五辑，第230—233页）。陈梦家分别释为世、葉等。见于《合集》6689号："丁巳卜，今早方其大出？四月。"又见《合集》1276号："于早酒，先侑于唐？"皆为武丁时期卜辞。辞中的"早"皆为时间词。陈梦家认为："凡称今世者有3，4，5，11，12诸月，11月应属麦季，所以世似非季名。武丁之世已有春字，与农事有关，此称'今世'诸辞则多与征伐有关。凡此'世'字似是年岁之义，字象枝叶之形，枝叶一年一凋，故一世为一年。曲礼下'去国三世'，释文引'卢（植）王（肃）云世，岁也'；世之训岁，仅此一见，未足为证。卜辞'今世''来世'，究其上下文，似有'今时''来时'之义，《吕氏春秋·诬徒篇》'世，时也'。要之，'今春''今秋'有关乎农事，'今世'或'今时'则无关。此

是两者的区别"（陈梦家《综述》，第227—228页）。姚孝遂谓："释'春'、释'秋'、释'屯'、释'载'、释'才'、释'兹'均不可据，可以无论。陈梦家释'世'，于形未安，但释其义为'时'，则较为近是。刘钊释'者'，可备一说而已。此字仍有待于进一步考索"（于省吾《诂林》，第1364页姚孝遂按）。

《合集》1276号

今：字形△，罗振玉最早释为今（罗振玉《殷释》中，第77页）。于省吾认为："今字的造字本义，系于△字的下部附加一个横划，作为指示字的标志，以别于△，而仍因△字以为声。"（于省吾《释林》，第456页）朱歧祥则以为"今象倒口形。一，示口中气及时而出，即今字。引申有当下、现在之意"（朱歧祥《通释稿》，第256页）。《说文》："今，是时也。"《广韵》："今，对古之

称。"卜辞习见"今日""今夕""今月"。"今春""今秋""今岁"，今字的用法与现代汉字基本相同。如《合集》5111号："贞：自今至于庚午不其雨？"译读为贞问从现在开始到庚午那一天会不会下雨呢？今作为时间词，也表示当下的一段时间。如《合集》13048号："癸巳卜，贞：今其有灾？"辞中的今当表示当时的一段时间。

鼎：字形☒、☒，刘鹗最早释为问（刘鹗《铁云藏龟序》，第3页）。孙诒让亦释贞义为问（孙诒让《举例》上，第6页）。《说文》："鼎，三足两耳，和五味之宝器也。象析木以炊，贞省声。"又"古文以贞为鼎，籀文以鼎为贞"。本为古代的煮食器的象形，隶为鼎，即鼎之煮食器的本字。卜辞中鼎字用作煮食器本义的见于《合集》19962号："……侑母庚，豕鼎用。"甲骨文贞字的本字也为鼎，也见有鼎字的原字形用作贞，如《合集》22130号："乙巳，贞：酒及妣庚？"又如《合集》22231号："甲寅卜，贞：三卜用盟三羊……于妣庚。"前两辞中的贞字皆为鼎字的原字形，这种情况多见于甲骨文晚期卜辞。另有两条非常典型的卜辞，《合集》22259号："己巳，贞：妇婶长亡祸？"与《合集》22261号："己巳，贞：妇婶长亡祸？"二条卜辞的内容完全一样，但二辞中的贞不同，前者为鼎形，后者为贞形。由于当时生活中，无论是三足两耳的圆鼎还是四足的方鼎，都已用作礼器即祭器，反映到卜辞中也有了鼎祭，鼎作为名词用作动词，如《合集》

30013 号："王其鼎，佑大雨。"又如《合集》30997 号："其鼎，用三玉、犬、羊……"此外，赵诚将鼎列为时间词，认为："鼎。象鼎形。甲骨文用来表示时间，则为借音字。从卜辞来看，鼎表现在时，近似于现代的正（'某事正在进行'的'正'），如卜辞'鼎龙'，龙即宠，鼎龙即正受宠佑。这里用法很像是副词。因其表示现在时，所以列在这里。"（赵诚《词典》，第 269 页）

翌：字形 甼、𓏺、甼、𡥉、𣇂，一字多形，孙诒让最早释"鼠，读为猎"（孙诒让《举例》上，第 4 页）。罗振玉、王襄释为昱（罗振玉《殷释》中，第 77 页，王襄《古文流变臆说》，第 21 页）。王国维释为翌（王国维《戬考》，第 27 页）。《说文》："翊，飞貌，从羽，立声。"段玉裁注："翊，经史多假借为昱字，以同立声也。"朱歧祥认为"即羽字，象羽翼形，后增立声，隶作翌……读如翼，多叚为昱字，明日也"（朱歧祥《通释稿》，第 246 页）。卜辞中翌用作时间词，表示来日、来时。虽然翌即现代汉语的昱，但表意有别，昱指第二天，翌不但可指第二天，还可泛指今天以后的某一天。见于《合集》339 号："甲寅卜，贞：翌乙卯……"辞中的翌指的是甲寅那一天的第二天乙卯。又见《合集》13123 号："甲寅卜，争贞：翌乙卯不其启？"辞中的翌指的是甲寅那一天后的第二天。卜辞中的翌，有时也作翌日，如《合集》28459 号："丁卯卜，贞：翌日戊王其田，亡灾？"又如《屯南》2713 号："辛巳卜，翌日壬不

雨？吉。"卜辞中翌字除用作时间词，也用作祭名，为卜辞周祭中五种祭名之一。详见祭祀翌条。

《合集》13123 号

异：字形 𤰔、𡗗，字形为人正面上手高举形状，罗振玉最早释为異（现代汉字简化为异），并认为"象人举手自翼蔽形，皆借为翼字"（罗振玉《殷释》中，第 62 页）。王国维释"此疑戴字，象头上戴由之形"（引自李孝定《集释》，第 803 页）。朱歧祥认为："象人双手持物高置于头上……为戴的本字，示小心翼翼保护所持之物。本义为护，引申为受祐之意。"（朱歧祥《通释稿》，第 32 页）赵诚将异列为时间词，认为："异。泛指今天以后的某一天。这某一天是不固定的，近似后代所说的'异日'、'它日'，表未来时。如'王异其田'（甲三九一五），是说商王它日田猎。这它日时不定的，和翌日不同。"（赵诚《词典》，第 267 页）但所见卜辞有异与翌同时，如《屯南》256 号："丁丑卜，翌日戊，王异其田，弗悔，亡灾，

不雨?"辞中已有确指丁丑那一天的第二天戊日王去田猎,其异字在释为异日或他日,是说不通的。朱歧祥释辞中的异指贞问王田猎能否得到上天的戴护,决定施雨之有无。异字在卜辞中是否用作时间词,有待进一步考证。

侯:字形ㄏ、ㄇ、ㄆ、ㄉ,一字多形,皆从矢从厂,罗振玉、王襄最早皆释为侯(罗振玉《殷释》中,第44页,王襄《簠室殷契类纂》正编第五,第26页)。卜辞中侯字除用作诸侯的侯外,也借用作时间词,通作候,表示时候(赵诚《词典》,第269页)。见于《合集》33979号:"癸丑,贞:……启侯……"辞中"启侯"意为天晴的时候。关于侯字用作诸侯,详见"犬侯""先侯""周侯""侯虎"等条。

生:字形ㄓ。李孝定释"从屮从一,一地也,象艸木生出地上。小篆从土者,乃由生所衍化"(李孝定《集释》,第2100页)。《说文》:"生,进也。象艸木生出土上。"字本象屮冒出地面之形,本义为生长。所见卜辞中习言"求生",即祈求生育;"受生"即受祐而生,祭祀对象均先母先妣。卜辞有多言"生月""生一月""生三月"等,对于这种现象,赵诚认为:"卜辞生字有时加在表示月份的月或某月之上,以表示时间。如'生月'……这个生肯定是表示未来时,但确切意思不清楚。有人认为生月即指下一月,生八月即指下一个八月,但证据不足,尚不能作为定论。"(赵诚《词典》,第268页)朱歧祥则认为:"卜辞又多言'生月',即'殃月'之

假。殃,雨止无云也。从夕生声,亦作晴、作暒。意亦通。观察'生月'时卜辞多卜问该月有雨否,是知生当借为晴字;谓某月天晴,会否有雨。"(朱歧祥《通释稿》,第137页)但孟世凯则认为生月为"下月。未来的一个月"。如《合集》20470号:"丙午卜,其生月雨?癸丑,允:雨。"其辞中的生月,指下月,即未来的一月。"生一月",如《合集》14128号:"癸未卜,争贞:生一月帝其弘令雷?贞:生一月,帝不其弹,令雷?"辞中的生一月即"十二(或十三)月的下月";"生二月",如《合集》11562号:"贞:来生二月……今……"辞中的生二月即"一月的下月";"生三月",如《合集》249号:"贞:生三月,雨?生三月,雨?"辞中的生三月即"二月的下月";"生四月",如《合集》20384号:"乙亥卜,生四月妹有事?"辞中的生四月即"三月的下月";"生五月",如《合集》10613号:"贞:生五月陟至……"辞中的生五月即"四月的下月";"生七月",如《合集》1666号:"戊寅卜,争贞:王于生七月入于商?"辞中的生七月即"六月的下月";"生八月",如《合集》10976号:"辛未卜,争贞:生八月帝令多雨?贞:生八月帝不其令多雨?"辞中的生八月即"七月的下一月";"生九月",如《合集》6732号:"……生九月,方不至。"辞中的生九月即"八月的下月";"生十月",如《合集》12628号:"丙午卜,韦贞:生十月,雨,其隹霠?丙午卜,韦贞:生十月,不其隹霠,

雨?"辞中的生十月即"九月的下月";"生十一月",如《英》834号:"贞:生十一月令彔?"辞中的生十一月即"十月的下月";"生十二月",如《合集》21081号:"戊子卜,王贞:生十二月,帝令雨,二旬又六日……"辞中的生十二月即"十一月的下月";"生十三月",如《合集》2653号:"癸酉卜,亘贞:生十三月,妇好来?"辞中的生十三月即"十二月的下月,即当年的闰月。"(孟世凯《辞典》,第207—208页)

来:字形❀、❀、❀,一字多形,本为某种植物或禾麦荞之形,罗振玉最早释为来,并认为"卜辞中诸来字皆象形,其穗或垂或否者"(罗振玉《殷释》中,第34页)。《说文》:"来,周所受瑞麦,来麰(大麦)也。二麦一夆。象芒束之形。天所来也。故为行来之来。"《诗经·周颂》:"诒我来麰。"来字在卜辞中习用作往来之意,如《合集》2653号:"癸酉卜,亘贞:生十三月,妇好来?贞:生十三月,妇好不其来?"又表来贡之来,见于《合集》9525号:"贞:画来牛?贞:画弗其来牛?"卜辞中来又用作时间词表示未来时段,也作来日,表未来的某一天。如《屯南》313号:"庚申卜,于来乙亥酒,三羌、三牢?"辞中来乙亥即未来的乙亥那一天。来日有时下面连接干支表示具体的某一天,也有不连接干支仅卜问未来的时间。此外,卜辞中来又用作地名,详见地名等来条。

《合集》2653号

昔:字形❀、❀、❀、❀,从日从水,字形或水在日上,或水在日下,王襄最早释为昔(王襄《簠室殷契类纂》第七,第32页)。叶玉森亦释昔,并认为"从❀❀乃象洪水"(叶玉森《说契》,第2页)。朱歧祥以为:"从日,从水纹,象洪水泛滥,敛盖旭日,隶作昔。……卜辞已有往昔,过去之意。"(朱歧祥《通释稿》,第136页)也有认为昔字从日灾声,后世写作从日乍声,隶昔为昨、昨日(赵诚《词典》,第268—269页),可备一说。所见卜辞中昔字已表往昔、过去之义,见于《合集》301号:"丁亥卜,殷贞:昔乙酉,籫旋御……丁、大甲、且乙,百邙、百羌、卯三百……"

辞中"昔乙酉"之昔表往昔或过去。还有《合集》1772号："庚申卜，殻贞：昔且丁……黍，隹南庚卷。"辞中的"昔且丁"之昔也当指以前。

既：字形〈〉、〈〉、〈〉、〈〉、〈〉、〈〉，一字多形，罗振玉最早释为既，并认为："即象人就食，既象人食既。"（罗振玉《殷释》中55页）《说文》："既，小食也。从皀，旡声。"段玉裁注《说文》："引申之义为尽也，已也。"姚孝遂认为："罗振玉谓既'象人食既'是对的。引申为尽、为毕、为竟、为已，义均相通。"（于省吾《诂林》，第381页姚孝遂按）陈梦家认为"'既'亦是雨止日出之义"（陈梦家《综述》，第247页）。也有认为既在卜辞中用来表完成时，近似于现代的"已经过去""完成"等意思（赵诚《词典》，第269页）。所见卜辞中，既表示尽、终的内容，见于《屯南》665号："辛巳贞：雨不既，其燎于凶？辛巳贞：雨不既，其燎于亳土？"辞中"雨不既"意思为雨不终止。此外，既字在卜辞中也用作祭名，详见祭祀既条。

《合集》163号

甲子：字形〈十屮〉，释为甲子。为甲骨文中最常见的干支纪日的第一位，用在卜辞的叙辞或前辞中，如《合集》27042号："甲子卜，宁贞：王宾上甲，劦亡尤？"也用在卜辞的命辞或占辞、验辞中，如《合集》1086号反面："王占曰：隹甲兹鬼？隹介。四日甲子允：雨、雷。"无论是用在叙辞、命辞，还是占辞、验辞，甲子皆为时间词纪日。天干中，甲为第一位；地支中，子为第一位，甲子组合为干支第一位。此外，甲子也用于记事刻辞纪日，如《合集》4620号："甲子……示二屯。宾。"辞中的甲子为某人或某邦族（残）入贡两对甲骨的时间，宾是署名签收的贞人或史官。

乙丑：字形〈〉，释为乙丑。为甲骨文中最常见的干支纪日的第二位，用在卜辞的叙辞或前辞中，如《合集》22688号："乙丑卜，旅贞：王宾报乙？乡日亡尤？在七月。"也用在卜辞的命辞或占辞、验辞中，如《合集》20898号："……卜，扶曰：乙丑其雨？允：其雨。"辞中乙丑用于命辞。无论是用在叙辞、命辞，还是占辞、验辞，乙丑皆为时间词纪日。天干中，乙为第二位；地支中，丑为第二位，乙丑组合为干支第二位。此外，乙丑也用于记事刻辞纪日，如《合集》17538号："乙丑，妇齎示四屯。小扫。"辞中的乙丑为妇意入贡四对甲骨的时间，小扫是署名签收的贞人或史官。

丙寅：字形〈闪〉，释为丙寅。为甲骨文中最常见的干支纪日的第三位，用在卜辞的叙辞或前辞中，如《合集》35454号："丙寅卜，贞：王宾报丙？茐亡……"也用在卜辞的命辞或占辞、验辞中，如《合集》12546号："丙寅允雨。四月。"辞中丙寅用于验辞。无论是用在叙辞、命辞，还是占辞、验辞，丙寅皆为时间词纪日。天干中，丙为第三位；地支中，寅为第三位，丙寅组合为干支第三位。此外，丙寅也用于记事刻辞纪日，如《合集》6177号："丙寅，妇瘿示五屯。扫。"辞中的丙寅为妇瘿入贡五对甲骨的时间，扫是署名签收的贞人或史官。

丁卯：字形口帅，释为丁卯。为甲骨文中最常见的干支纪日的第四位，用在卜辞的叙辞或前辞中，如《合集》35462号："丁卯卜，贞：王宾报丁，彡日亡尤？"也用在卜辞的命辞或占辞、验辞中，如《合集》12906号："乙丑卜，殸……卯其雨？丁卯允：雨。"辞中丁卯用于验辞。无论是用在叙辞、命辞，还是占辞、验辞，丁卯皆为时间词纪日。天干中，丁为第四位；地支中，卯为第四位，丁卯组合为干支第四位。此外，丁卯也用于记事刻辞纪日，如《英》608号："丁卯，妇宝示二屯。小扫。"辞中的丁卯为妇宝入贡二对甲骨的时间，小扫是署名签收的贞人或史官。

戊辰：字形忄，释为戊辰。为甲骨文中最常见的干支纪日的第五位，用在卜辞的叙辞或前辞中，如《合集》35601号："戊辰卜，贞：王宾大戊，亡尤？"也用在卜辞的命辞或占辞、验辞中，如《合集》13126号："翌戊辰不其启？"辞中戊辰用于命辞。无论是用在叙辞、命辞，还是占辞、验辞，戊辰皆为时间词纪日。天干中，戊为第五位；地支中，辰为第五位，戊辰组合为干支第五位。

《合集》35601号

己巳：字形己帅，释为己巳。为甲骨文中最常见的干支纪日的第六位，用在卜辞的叙辞或前辞中，如《合集》22819号："己巳卜，行贞：王宾雍己，亡尤？"也用在卜辞的命辞或占辞、验辞中，如《合集》13448号："……日允：雨，己巳雾。"辞中己巳用于验辞。无论是用在叙辞、命辞，还是占辞、验辞，己巳皆为时间词纪日。天干中，己为第六位；地支中，巳为第六位，己巳组合为干支第六位。此外，己巳也用于记事刻辞纪日，如《合集》7161号："己巳，瘿示一屯。殸。"辞中的己巳为瘿入贡一对甲骨的时间，殸是署名签收的贞人或史官。

庚午：字形帅，释为庚午。为甲骨文中最常见的干支纪日的第七位，用在卜辞的叙辞或前辞中，如《合集》

35725 号："庚午卜，贞：王宾南庚，劦日亡尤？"也用在卜辞的命辞或占辞、验辞中，如《合集》12907 号："己巳卜，庚午雨？允：雨。"辞中庚午用于命辞。无论是用在叙辞、命辞，还是占辞、验辞，庚午皆为时间词纪日。天干中，庚为第七位；地支中，午为第七位，庚午组合为干支第七位。此外，庚午纪日也用于记事刻辞，如《合集》6451 号："庚午，妇宝示三屯，岳。"辞中庚午为妇宝入贡三对甲骨的时间，岳是署名签收的贞人或史官。

辛未：字形𐐷，释为辛未。为甲骨文中最常见的干支纪日的第八位，用在卜辞的叙辞或前辞中，如《合集》12820 号："辛未卜，贞：自今至乙亥雨？一月。"也用在卜辞的命辞或占辞、验辞中，如《合集》12907 号："庚午卜，辛未雨？辛未不其雨？"辞中辛未用于命辞。无论是用在叙辞、命辞，还是占辞、验辞，辛未皆为时间词纪日。天干中，辛为第八位；地支中，未为第八位，辛未组合为干支第八位。此外，辛未也用于记事刻辞纪日，如《合集》14337 号："辛未，零示一屯。岳。"辞中的辛未为零入贡一对甲骨的时间，岳是署名签收的贞人或史官。

壬申：字形𐐷，释为壬申。为甲骨文中最常见的干支纪日的第九位，用在卜辞的叙辞或前辞中，如《合集》35472 号："壬申卜，贞：王宾示壬，劦日亡尤？"也用在卜辞的命辞或占辞、验辞中，如《合集》12939 号："贞：今日壬申其雨？之日允：雨。"辞中壬申用于命辞。无论是用在叙辞、命辞，还是占辞、验辞，壬申皆为时间词纪日。天干中，壬为第九位；地支中，申为第九位，壬申组合为干支第九位。此外，壬申纪日也用于记事刻辞，如《合集》17567 号："壬申，邑示三屯，岳。"辞中壬申为邑进贡三对甲骨的时间，岳是署名签收的贞人或史官。

《合集》12939 号

癸酉：字形𐐷，释为癸酉。为甲骨文中最常见的干支纪日的第十位，用在卜辞的叙辞或前辞中，如《合集》35484 号："癸酉卜，贞：王宾示癸，彡……尤？"也用在卜辞的命辞或占辞、验辞中，如《合集》12427 号："贞：翌癸酉其雨？"辞中癸酉用于命辞。无论是用在叙辞、命辞，还是占辞、验辞，癸酉皆为时间词纪日。天干中，癸为第十位；地支中，酉为第十位，癸酉组合为干支第十位。此外，癸酉也用于记事刻辞纪日，如《合集》493 号："癸酉，阜示十屯。扫。"辞中的癸酉为阜入贡十对甲骨的时间，扫是署名签收的贞人或史官。

甲戌：字形十，释为甲戌。为甲骨

文中最常见的干支纪日的第十一位，用在卜辞的叙辞或前辞中，如《合集》35760号："甲戌卜，贞：王宾阳甲，彡亡尤？"也用在卜辞的命辞或占辞、验辞中，如《合集》268号："癸酉卜，箙贞：翌甲戌用……以羌，翌日甲……用自上甲？允：易……"辞中甲戌用于命辞。无论是用在叙辞、命辞，还是占辞、验辞，甲戌皆为时间词纪日。天干中，甲为第一位；地支中，戌为第十一位，甲戌组合为干支第十一位。此外，甲戌也用于记事刻辞纪日，如《合集》35406号祀谱："甲戌翌上甲，乙亥翌报乙，丙子翌报丙……报丁，壬午翌示壬，癸未翌示癸……翌大丁……翌……大庚……翌……"辞中的甲戌为对上甲进行翌祭的时间，祀谱是作为祭祀时的参考而专门写刻的，与卜辞无关。

　　乙亥：字形 彡亥，释为乙亥。为甲骨文中最常见的干支纪日的第十二位，用在卜辞的叙辞或前辞中，如《合集》22721号："乙亥卜，尹贞：王宾大乙，福亡祸？"也用在卜辞的命辞或占辞、验辞中，如《合集》12820号："辛未卜，贞：自今至乙亥雨？一月。"辞中乙亥用于命辞。无论是用在叙辞、命辞，还是占辞、验辞，乙亥皆为时间词纪日。天干中，乙为第二位；地支中，亥为第十二位，乙亥组合为干支第十二位。此外，乙亥也用于记事刻辞纪日，如《合集》9461号反面："乙亥，乞廿屯。兕。"辞中的乙亥为乞人贡二十对甲骨的时间，兕是署名签收的贞人或史官。

《合集》32503号

　　丙子：字形 丙子，释为丙子。为甲骨文中最常见的干支纪日的第十三位，用在卜辞的叙辞或前辞中，如《合集》12973号："丙子卜，殻：翌丁丑不雨？"也用在卜辞的命辞或占辞、验辞中，如《合集》12917号："……丙子允：雨。"无论是用在叙辞、命辞，还是占辞、验辞，丙子皆为时间词纪日。天干中，丙为第三位；地支中，子为第一位，丙子组合为干支第十三位。此外，丙子也用于记事刻辞纪日，如《合集》17634号："丙子，保嗀示三屯。扫。"辞中的丙子为保嗀入贡三对甲骨的时间，扫是署名签收的贞人或史官。

　　丁丑：字形 丁丑，释为丁丑。为甲骨文中最常见的干支纪日的第十四位，用在卜辞的叙辞或前辞中，如《合集》12974号："丁丑卜，翌戊寅不雨？允：

不雨。"也用在卜辞的命辞或占辞、验辞中，如《合集》21052号："癸丑卜，至今自丁丑其雨，不？至今自丁丑不其雨？允：不。"辞中的丁丑为命辞。无论是用在叙辞、命辞，还是占辞、验辞，丁丑皆为时间词纪日。天干中，丁为第四位；地支中，丑为第二位，丁丑组合为干支第十四位。此外，丁丑也用于记事刻辞纪日，如《合集》8810号："丁丑，妇……示一屯。岳、扫。"辞中的丁丑为某妇人贡一对甲骨的时间，岳、扫是署名签收的贞人或史官。

戊寅也用于记事刻辞纪日，如《合集》17574号："戊寅，小邑示二屯。岳。"辞中的戊寅为小邑入贡二对甲骨的时间，岳是署名签收的贞人或史官。

《合集》12911号

《合集》12974号

戊寅：字形⟨⟩，释为戊寅。为甲骨文中最常见的干支纪日的第十五位，用在卜辞的叙辞或前辞中，如《合集》21089号："戊寅卜，九犬帝于西？二月。"也用在卜辞的命辞或占辞、验辞中，如《合集》12911号："……戊寅其雨？戊寅允……"辞中的戊寅既用于命辞也用于验辞。无论是用在叙辞、命辞，还是占辞、验辞，戊寅皆为时间词纪日。天干中，戊为第五位；地支中，寅为第三位，戊寅组合为干支第十五位。此外，

己卯：字形⟨⟩，释为己卯。为甲骨文中最常见的干支纪日的第十六位，用在卜辞的叙辞或前辞中，如《合集》35863号："己卯卜，贞：王宾且乙，翌日亡尤？"也用在卜辞的命辞或占辞、验辞中，如《合集》12394号："贞：翌己卯不雨？"辞中的己卯出现在命辞。无论是用在叙辞、命辞，还是占辞、验辞，己卯皆为时间词纪日。天干中，己为第六位；地支中，卯为第四位，戊寅组合为干支第十六位。此外，己卯也用于记事刻辞纪日，如《合集》17605号："己卯，零示三屯。岳。"辞中的己卯为零入贡三对甲骨的时间，岳是署名签收的贞人或史官。

庚辰：字形⟨⟩，释为庚辰。为甲骨文中最常见的干支纪日的第十七位，用在卜辞的叙辞或前辞中，如《合集》35355号："庚辰卜，贞：王宾且庚，伐二……卯、牢、鬯，亡尤？"也用在卜

辞的命辞或占辞、验辞中，如《合集》12394号："贞：翌庚辰，易日？"辞中的庚辰用于命辞。无论是用在叙辞、命辞，还是占辞、验辞，庚辰皆为时间词纪日。天干中，庚为第七位；地支中，辰为第五位，庚辰组合为干支第十七位。此外，庚辰也用于记事刻辞纪日，如《合集》5512号："庚辰，乞自雪十屯。"辞中的庚辰为入贡自雪邦族的十对甲骨的时间。

辛巳：字形∦，释为辛巳。为甲骨文中最常见的干支纪日的第十八位，用在卜辞的叙辞或前辞中，如《合集》22972号："辛巳卜，即贞：王宾且辛，岁亡尤？"也用在卜辞的命辞或占辞、验辞中，如《合集》23016号："庚辰卜，行贞：翌辛巳，彡于且辛……"辞中的辛巳用于命辞。无论是用在叙辞、命辞，还是占辞、验辞，辛巳皆为时间词纪日。天干中，辛为第八位；地支中，巳为第六位，辛巳组合为干支第十八位。

壬午：字形∖，释为壬午。为甲骨文中最常见的干支纪日的第十九位，用在卜辞的叙辞或前辞中，如《合集》35636号："壬午卜，贞：王宾卜壬，翌日亡尤？"也用在卜辞的命辞或占辞、验辞中，如《合集》902号："己卯卜，殻贞：雨？王占：其雨佳壬午。允：雨。二告。"辞中的壬午用于占辞。无论是用在叙辞、命辞，还是占辞、验辞，壬午皆为时间词纪日。天干中，壬为第九位；地支中，午为第七位，壬午组合为干支第十九位。此外，壬午也用于记事刻辞纪日，如《合集》17558号："壬午，邑示八屯。珏。"辞中的壬午为邑入贡八对甲骨的时间，珏是署名签收的贞人或史官。

癸未：字形∖，释为癸未。为甲骨文中最常见的干支纪日的第二十位，用在卜辞的叙辞或前辞中，如《合集》26476号："癸未卜，王贞：旬亡祸？在十一月。"也用在卜辞的命辞或占辞、验辞中，如《合集》12388号："贞：翌癸未不雨？"辞中的癸未用于命辞。无论是用在叙辞、命辞，还是占辞、验辞，癸未皆为时间词纪日。天干中，癸为第十位；地支中，未为第八位，癸未组合为干支第二十位。此外，癸未也用于记事刻辞纪日，如《合集》17518号："癸未，妇喜示二屯。古。"辞中的癸未为妇喜入贡二对甲骨的时间，古是署名签收的贞人或史官。

甲申：字形∖，释为甲申。为卜辞中最常见的干支纪日的第二十一位，用在卜辞的叙辞或前辞中，如《合集》35403号："甲申卜，贞：王宾上甲，翌……亡……在……"也用在卜辞的命辞或占辞、验辞中，如《合集》36509号："……在……贞：旬亡祸……弘吉！在三月甲申祭小甲……佳王来征盂方伯炎……"无论是用在叙辞、命辞，还是占辞、验辞，甲申皆为时间词纪日。天干中，甲为第一位；地支中，申为第九位，甲申组合为干支第二十一位。此外，甲申也用于记事刻辞纪日，如《合集》8398号："甲申，乞自雪十屯……扫。"辞中的甲申为自雪邦族入贡十对甲骨的时间，扫是署名签收的贞人或史官。

乙酉：字形丨丨，释为乙酉。为甲骨文中最常见的干支纪日的第二十二位，用在卜辞的叙辞或前辞中，如《合集》35490号："乙酉卜，贞：王宾大乙，翌日亡尤？"也用在卜辞的命辞或占辞、验辞中，如《合集》12964号："甲辰卜，王：自今至乙酉雨？允：雨。"辞中的乙酉用于命辞。无论是用在叙辞、命辞，还是占辞、验辞，乙酉皆为时间词纪日。天干中，乙为第二位；地支中，酉为第十位，癸未组合为干支第二十二位。

丙戌：字形丨丨，释为丙戌。为甲骨文中最常见的干支纪日的第二十三位，用在卜辞的叙辞或前辞中，如《合集》36153号："丙戌卜，贞：文武丁宗其牢？兹用。"也用在卜辞的命辞或占辞、验辞中，如《英》886号："癸未卜，争贞：旬亡祸？王占曰：有祟。三日乙酉夕壹。丙戌允：有来人齿，十三月。"辞中的丙戌用于验辞。无论是用在叙辞、命辞，还是占辞、验辞，丙戌皆为时间词纪日。天干中，丙为第三位；地支中，戌为第十一位，丙戌组合为干支第二十三位。

《合集》36153号

丁亥：字形丨丨，释为丁亥。为甲骨文中最常见的干支纪日的第二十三位，用在卜辞的叙辞或前辞中，如《合集》35629号："丁亥卜，贞：王宾仲丁，彡日亡尤？"也用在卜辞的命辞或占辞、验辞中，如《合集》249号："……日丁亥，允：雨。"辞中的丁亥用于占辞。无论是用在叙辞、命辞，还是占辞、验辞，丁亥皆为时间词纪日。天干中，丁为第四位；地支中，亥为第十二位，丁亥组合为干支第二十四位。此外，丁亥也用于记事刻辞纪日，如《合集》7081号："丁亥，妇妌示三屯。亘。"辞中的丁亥为妇妌入贡三对甲骨的时间，亘是署名签收的贞人或史官。

戊子：字形丨丨，释为戊子。为甲骨文中最常见的干支纪日的第二十五位，用在卜辞的叙辞或前辞中，如《合集》22833号："戊子卜，旅贞：王宾大戊，岁三牢，亡尤？"也用在卜辞的命辞或占辞、验辞中，如《合集》22779号："丁亥卜，王贞：翌戊子，王其丙大戊……"辞中的戊子用于命辞。无论是用在叙辞、命辞，还是占辞、验辞，戊子皆为时间词纪日。天干中，戊为第五位；地支中，子为第一位，戊子组合为干支第二十五位。此外，戊子也用于记事刻辞纪日，如《合集》17535号："戊子，妇意示四屯。岳。"辞中的戊子为妇意入贡四对甲骨的时间，岳是署名签收的贞人或史官。

己丑：字形丨丨，释为己丑。为甲骨文中最常见的干支纪日的第二十六位，用在卜辞的叙辞或前辞中，如《合集》

22911 号："己丑卜，大贞：于五示告丁、且乙、且丁、羌甲、且辛？"也用在卜辞的命辞或占辞、验辞中，如《合集》24877 号："……己丑，允：雨。"辞中的己丑用于占辞。无论是用在叙辞、命辞，还是占辞、验辞，己丑皆为时间词纪日。天干中，己为第六位；地支中，丑为第二位，己丑组合为干支第二十六位。此外，己丑也用于记事刻辞纪日，如《合集》6233 号："己丑，妇井示三屯自……"辞中的己丑为妇井入贡二对甲骨的时间。

《合集》22911 号

庚寅：字形𝑛，释为庚寅。为甲骨文中最常见的干支纪日的第二十七位，用在卜辞的叙辞或前辞中，如《合集》1096 号："庚寅卜，殻贞：侑于丁，五牢？"也用在卜辞的命辞或占辞、验辞中，如《合集》12438 号："翌庚寅其雨？翌庚寅不雨？"反面"庚寅允：雨。"辞中的庚寅用于命辞也用于验辞。无论是用在叙辞、命辞，还是占辞、验辞，庚寅皆为时间词纪日。天干中，庚为第七位；地支中，寅为第三位，庚寅组合为干支第二十七位。此外，庚寅也用于记事刻辞纪日，如《合集》7941 号曰："庚寅，妇婀示三屯。小扫。"辞中的庚寅为妇婀入贡三对甲骨的时间，小扫是署名签收的贞人或史官。

《合集》7941 号曰

辛卯：字形𝑛，释为辛卯。为甲骨文中最常见的干支纪日的第二十八位，用在卜辞的叙辞或前辞中，如《合集》22723 号："辛卯卜，尹贞：王宾且辛，彡亡尤？"也用在卜辞的命辞或占辞、验辞中，如《合集》12450 号："翌辛卯不雨？"辞中的辛卯用于命辞。无论是用在叙辞、命辞，还是占辞、验辞，辛卯皆为时间词纪日。天干中，辛为第八位；地支中，卯为第四位，辛卯组合为干支第二十八位。此外，辛卯也用于记事刻辞纪日，如《合集》17551 号："辛卯，妇……示二屯。宾。"辞中的辛卯为某妇入贡两对甲骨的时间，宾是署名签收的贞人或史官。

壬辰：字形，释为壬辰。为甲骨文中最常见的干支纪日的第二十九位，用在卜辞的叙辞或前辞中，如《合集》36138 号："壬辰卜，贞：王宾示壬，奭妣庚翌日亡？"也用在卜辞的命辞或占辞、验辞中，如《合集》12921 号："辛卯卜，殻贞：王勿延鱼，不若？贞：翌壬辰不其雨？"反面"壬辰允：不雨风。"辞中的壬辰用于命辞，也用于验辞。无论是用在叙辞、命辞，还是占辞、验辞，壬辰皆为时间词纪日。天干中，壬为第九位；地支中，辰为第五位，壬辰组合为干支第二十九位。此外，壬辰也用于记事刻辞纪日，如《合集》6322 号："壬辰，邑示一屯。岳。"辞中的壬辰为邑入贡一对甲骨的时间，岳是署名签收的贞人或史官。

癸巳：字形，释为癸巳。为甲骨文中最常见的干支纪日的第三十位，用在卜辞的叙辞或前辞中，如《合集》35932 号："癸巳卜，贞：且甲丁其牢？兹用。"也用在卜辞的命辞或占辞、验辞中，如《合集》12971 号："壬辰卜，内：翌癸巳雨？癸巳见允：雨。"辞中的癸巳用于命辞，也用于验辞。无论是用在叙辞、命辞，还是占辞、验辞，癸巳皆为时间词纪日。天干中，癸为第十位；地支中，巳为第六位，癸巳组合为干支第三十位。此外，癸巳也用于记事刻辞纪日，如《合集》16910 号："癸巳，邑示三屯。扫。"辞中的癸巳为邑入贡三对甲骨的时间，扫是署名签收的

贞人或史官。

《合集》35932 号

甲午：字形，释为甲午。为甲骨文中最常见的干支纪日的第三十一位，用在卜辞的叙辞或前辞中，如《合集》35808 号："甲午卜，贞：王宾小乙⋯⋯亡⋯⋯"也用在卜辞的命辞或占辞、验辞中，如《合集》12976 号："⋯⋯占曰：⋯⋯雨。四日甲午允：雨。"辞中的甲午用于验辞。无论是用在叙辞、命辞，还是占辞、验辞，甲午皆为时间词纪日。天干中，甲为第一位；地支中，午为第七位，甲午组合为干支第三十一位。此外，甲午也用于记事刻辞纪日，如《合集》17492 号："甲午，妇井示三屯。岳。"辞中的甲午为妇井入贡三对甲骨的时间，岳是署名签收的贞人或史官。

乙未：字形，释为乙未。为甲骨文中最常见的干支纪日的第三十二位，用在卜辞的叙辞或前辞中，如《合集》23117 号："乙未卜，行贞：王宾小乙，亡尤？乙未卜，行贞：王宾小乙，岁牢亡尤？"也用在卜辞的命辞或占辞、验辞中，如《合集》12912 号："⋯⋯乙

未，其……未允：雨。"辞中的乙未或用于命辞。无论是用在叙辞、命辞，还是占辞、验辞，乙未皆为时间词纪日。天干中，乙为第二位；地支中，未为第八位，乙未组合为干支第三十二位。

《合集》12912 号

此外，乙未也用于记事刻辞纪日，如《合集》17564 号："乙未，邑示四屯。扫。"辞中的乙未为邑人贡四对甲骨的时间，扫是署名签收的贞人或史官。

丙申：字形✿，释为丙申。为甲骨文中最常见的干支纪日的第三十二位，用在卜辞的叙辞或前辞中，如《合集》35995 号："丙申卜，贞：康且丁丁其牢？"也用在卜辞的命辞或占辞、验辞中，如《合集》1075 号："甲午卜，亘贞：翌乙未，易日？王占曰：有祟，丙其有来艰。三日丙申允：有来艰自东。……"辞中的丙申用于占辞。无论是用在叙辞、命辞，还是占辞、验辞，丙申皆为时间词纪日。天干中，丙为第三位；地支中，申为第九位，丙申组合为干支第三十三位。此外，丙申也用于记事刻辞纪日，如《合集》268 号："丙申，摧示二屯。岳。"辞

中的丙申为摧入贡两对甲骨的时间，岳是署名签收的贞人或史官。

丁酉：字形✿，释为丁酉。为甲骨文中最常见的干支纪日的第三十四位，用在卜辞的叙辞或前辞中，如《合集》1916 号："丁酉卜，贞：夕侑于丁，牛？六月。"也用在卜辞的命辞或占辞、验辞中，如《合集》12908 号："……酉雨之夕壹。丁酉允：雨。"辞中的丁酉用于验辞。无论是用在叙辞、命辞，还是占辞、验辞，丁酉皆为时间词纪日。天干中，丁为第四位；地支中，酉为第十位，丁酉组合为干支第三十四位。此外，丁酉也用于记事刻辞纪日，如《合集》17596 号："丁酉，子……示六屯。小扫。"辞中的丁酉为子某人贡六对甲骨的时间，小扫是署名签收的贞人或史官。

戊戌：字形✿，释为戊戌。为甲骨文中最常见的干支纪日的第三十五位，用在卜辞的叙辞或前辞中，如《合集》22747 号："戊戌卜，壹贞：告自丁陟？"也用在卜辞的命辞或占辞、验辞中，如《合集》24769 号："丁酉卜，王贞：今夕雨，至于戊戌雨？戊戌允：夕雨。四月。"辞中的戊戌用于命辞，也用于验辞。无论是用在叙辞、命辞，还是占辞、验辞，戊戌皆为时间词纪日。天干中，戊为第五位；地支中，戌为第十一位，丙申组合为干支第三十五位。此外，戊戌也用于记事刻辞纪日，如《合集》17555 号："戊戌，妇……示二屯。永。"辞中的戊戌为妇人贡两对甲骨的时间，永是署名签收的贞人或史官。

己亥：字形✿，释为己亥。为甲骨

文中最常见的干支纪日的第三十六位，用在卜辞的叙辞或前辞中，如《合集》13447 号："己亥卜，宾贞：今夕……祸？"也用在卜辞的命辞或占辞、验辞中，如《合集》13419 号："……卜，贞：今己亥雷不，隹……"辞中的己亥用于命辞。无论是用在叙辞、命辞，还是占辞、验辞，己亥皆为时间词纪日。天干中，己为第六位；地支中，亥为第十二位，己亥组合为干支第三十六位。此外，己亥也用于记事刻辞纪日，如《合集》17393 号："己亥，妇庞示二屯。宾。"辞中的己亥为妇庞入贡两对甲骨的时间，宾是署名签收的贞人或史官。

《合集》13447 号

庚子：字形，释为庚子。为甲骨文中最常见的干支纪日的第三十七位，

用在卜辞的叙辞或前辞中，如《合集》36263 号："庚子卜，贞：王宾小乙奭妣庚，翌……"也用在卜辞的命辞或占辞、验辞中，如《合集》13117 号："贞：翌庚子不其启？贞：若？贞：翌庚子启？"辞中的庚子用于命辞。无论是用在叙辞、命辞，还是占辞、验辞，庚子皆为时间词纪日。天干中，庚为第七位；地支中，子为第一位，庚子组合为干支第三十七位。

辛丑：字形，释为辛丑。为甲骨文中最常见的干支纪日的第三十八位，用在卜辞的叙辞或前辞中，如《合集》20923 号："辛丑卜，师：自今日至于乙巳日雨，乙雾，不雨？"也用在卜辞的命辞或占辞、验辞中，如《合集》11851 号："……戊卜，彀贞：我……占曰：辛其雨。……日辛丑允：雨。"辞中的辛丑用于验辞。无论是用在叙辞、命辞，还是占辞、验辞，辛丑皆为时间词纪日。天干中，辛为第八位；地支中，丑为第二位，辛丑组合为干支第三十八位。此外，辛丑也用于记事刻辞纪日，如《合集》17572 号："辛丑，邑示二屯。扫。"辞中的辛丑为邑入贡两对甲骨的时间，扫是署名签收的贞人或史官。

壬寅：字形，释为壬寅。为甲骨文中最常见的干支纪日的第三十九位，用在卜辞的叙辞或前辞中，如《合集》36322 号："壬寅卜，贞：母癸丁，隹羊？兹用。"也用在卜辞的命辞或占辞、验辞中，如《合集》13020 号："辛丑……史贞：壬寅……三月。"辞中的壬寅用于命辞。无论是用在叙辞、命辞，还是占辞、验辞，壬寅皆为时间词纪日。天干中，壬为第九位；地支中，寅为第三位，壬寅组合为干支第三十九位。此外，壬寅也用于记事刻辞纪日，如《合集》17513 号："壬寅，妇丰示二屯。岳。"辞中的壬寅为妇丰入贡二对甲骨的时间，岳是署名签收的贞人或史官。

癸卯：字形 ⅩⅪ。释为癸卯。为甲骨文中最常见的干支纪日的第四十位，用在卜辞的叙辞或前辞中，如《合集》11482 号："癸卯，贞：旬亡祸？癸酉，贞：旬亡祸？癸丑，贞：旬亡祸？……"也用在卜辞的命辞或占辞、验辞中，如《合集》12345 号："庚子卜，贞：翌癸卯雨？"辞中的癸卯用于命辞。无论是用在叙辞、命辞，还是占辞、验辞，癸卯皆为时间词纪日。天干中，癸为第十位；地支中，卯为第四位，癸卯组合为干支第四十位。此外，癸卯

《合集》11482 号正、反面

也用于记事刻辞纪日，如《合集》9790 号："癸卯……井示四屯自匿。"辞中的癸卯为井入贡四对甲骨的时间，匿当为进贡的邦族名。

甲辰：字形 十⅍，释为甲辰。为甲骨文中最常见的干支纪日的第四十一位，用在卜辞的叙辞或前辞中，如《合集》35837 号："甲辰卜，贞：武乙丁其牢？兹用。"也用在卜辞的命辞或占辞、验辞中，如《合集》12970 号："翌甲辰雨？允：雨。"辞中的甲辰用于命辞。无论是用在叙辞、命辞，还是占辞、验辞，甲辰皆为时间词纪日。天干中，甲为第一位；地支中，辰为第五位，甲辰组合为干支第四十一位。此外，甲辰也用于记事刻辞纪日，如《合集》5545 号："甲辰，妇柩示二屯。岳。"辞中的甲辰为妇柩入贡两对甲骨的时间，岳是署名签收的贞人或史官。

乙巳：字形 ⅼⅼ，释为乙巳。为甲骨文中最常见的干支纪日的第四十二位，用在卜辞的叙辞或前辞中，如《合集》22723 号："乙巳卜，尹贞：王宾大乙彡亡尤？在十二月。"也用在卜辞的命辞或占辞、验辞中，如《合集》12926 号："……日允：雨。乙巳……"辞中的乙巳用于验辞。无论是用在叙辞、命辞，还是占辞、验辞，乙巳皆为时间词纪日。天干中，乙为第二位；地支中，巳为第六位，乙巳组合为干支第四十二位。此外，乙巳也用于记事刻辞纪日，如《合集》5299 号反面："乙巳，妥……屯。亘。"辞中的乙巳为妥入贡时间，所贡物品残，亘是署名签收的贞

人或史官。

丙午：字形◹◹，释为丙午。为甲骨文中最常见的干支纪日的第四十三位，用在卜辞的叙辞或前辞中，如《合集》22580号："丙午卜，出贞：翌丁未，其侑于丁，勿有羌？"也用在卜辞的命辞或占辞、验辞中，如《合集》12914号："……巳卜，韦贞：其亦多雨？王占曰：……丙午。允：雨。"辞中的丙午用于占辞。无论是用在叙辞、命辞，还是占辞、验辞，丙午皆为时间词纪日。天干中，丙为第三位；地支中，午为第七位，丙午组合为干支第四十三位。此外，丙午也用于记事刻辞纪日，如《合集》14008号："丙午……庞示十屯。"辞中的丙午为庞人贡十对甲骨的时间。

丁未：字形◹◹，释为丁未。为甲骨文中最常见的干支纪日的第四十四位，用在卜辞的叙辞或前辞中，如《合集》339号："丁未卜，宾贞：今日侑于丁？六月。丁未卜，宾贞：侑于丁，宰用？"也用在卜辞的命辞或占辞、验辞中，如《合集》13267号："贞：翌丁未，不其易日？"辞中的丁未用于命辞。无论是用在叙辞、命辞，还是占辞、验辞，丁未皆为时间词纪日。天干中，丁为第四位；地支中，未为第八位，丁未组合为干支第四十四位。此外，丁未也用于记事刻辞纪日，如《合集》16976号："丁未，邑示四屯。扫。"辞中的丁未为邑人贡四对甲骨的时间，扫是署名签收的贞人或史官。

戊申：字形◹◹，释为戊申。为甲骨文中最常见的干支纪日的第四十五位，用在卜辞的叙辞或前辞中，如《合集》23069号："戊申卜，即贞：其延丁岁？六月。"也用在卜辞的命辞或占辞、验辞中，如《合集》24773号："丁未卜，王贞：今夕雨？吉！告之夕，允：雨之于戊申雨。在二月。"辞中的戊申用于验辞。无论是用在叙辞、命辞，还是占辞、验辞，戊申皆为时间词纪日。天干中，戊为第五位；地支中，申为第九位，戊申组合为干支第四十五位。此外，戊申也用于记事刻辞纪日，如《合集》6040号："戊申，妇喜示四屯。亘。"辞中的戊申为妇喜入贡四对甲骨的时间，亘是署名签收的贞人或史官。

己酉：字形◹◹，释为己酉。为甲骨文中最常见的干支纪日的第四十六位，用在卜辞的叙辞或前辞中，如《合集》6672号："己酉卜，宾贞：有来告，□方征于寻，福夕告于丁？"也用在卜辞的命辞或占辞、验辞中，如《合集》12487号："癸巳卜，争贞：今一月，不其雨？癸巳卜，争贞：今一月，雨？王占曰：……丙雨，旬壬寅雨，甲辰亦雨，乙酉雨，辛亥亦雨。"辞中的己酉用于验辞。无论是用在叙辞、命辞，还是占辞、验辞，己酉皆为时间词纪日。天干中，己为第六位；地支中，酉为第十位，己酉组合为干支第四十六位。此外，己酉也用于记事刻辞纪日，如《英》429号："己酉，珍示四屯。小扫"辞中的己酉为珍入贡四对甲骨的时间，小扫是署名签收的贞人或史官。

《合集》6672 号

《合集》22749 号

庚戌：字形㭥，释为庚戌。为甲骨文中最常见的干支纪日的第四十七位，用在卜辞的叙辞或前辞中，如《合集》35734 号："庚戌卜，贞：王宾南庚……"也用在卜辞的命辞或占辞、验辞中，如《合集》12391 号："戊申卜，亘贞：翌庚戌不雨？"辞中的庚戌用于命辞。无论是用在叙辞、命辞，还是占辞、验辞，庚戌皆为时间词纪日。天干中，庚为第七位；地支中，戌为第十一位，庚戌组合为干支第四十七位。此外，庚戌也用于记事刻辞纪日，如《合集》6270 号："庚戌，妇女示……"辞中的庚戌为妇女入贡甲骨的时间。

辛亥：字形㫃，释为辛亥。为甲骨文中最常见的干支纪日的第四十八位，用在卜辞的叙辞或前辞中，如《合集》22749 号："辛亥卜，出贞：其鼓，乡告于唐，九牛？一月。"也用在卜辞的命辞或占辞、验辞中，如《合集》12918 号："壬寅……辛亥……允：雨。"辞中的辛亥用于命辞。无论是用在叙辞、命辞，还是占辞、验辞，辛亥皆为时间词纪日。天干中，辛为第八位；地支中，亥为第十二位，辛亥组合为干支第四十八位。

壬子：字形㠯，释为壬子。为甲骨文中最常见的干支纪日的第四十九位，用在卜辞的叙辞或前辞中，如《合集》264 号："壬子卜，贞：吴以羌甶于丁用？六月。"也用在卜辞的命辞或占辞、验辞中，如《合集》12966 号："辛……卜，箙翌壬子雨？允：雨。"辞中的壬子用于命辞。无论是用在叙辞、命辞，还是占辞、验辞，壬子皆为时间词纪日。天干中，壬为第九位；地支中，子为第一位，庚戌组合为干支第四十九位。此外，壬子也用于记事刻辞纪日，如《合集》6402 号："壬子，邑示一屯。小扫"辞中的壬子为邑入贡一对甲骨的时间，小扫是署名签收的贞人或史官。

癸丑：字形㸬，释为癸丑。为甲骨文中最常见的干支纪日的第五十位，用在卜辞的叙辞或前辞中，如《合集》22618 号："癸丑卜，旅贞：翌甲寅其侑于丁，一牛？"也用在卜辞的命辞或占辞、验辞中，如《合集》12972 号反面："翌癸丑其雨？二告。翌癸丑不其……"辞中的癸丑用于命辞。无论是用在叙辞、命辞，还是占辞、验辞，癸丑皆为时间词纪日。天干中，癸为第十位；地支中，丑为第二位，癸丑组合为干支第五十位。

甲寅：字形十↑，释为甲寅。为甲骨文中最常见的干支纪日的第五十一位，用在卜辞的叙辞或前辞中，如《合集》36094号："甲寅卜，贞：武且乙宗，丁其牢？兹用。"也用在卜辞的命辞或占辞、验辞中，如《合集》137号："癸丑卜，争贞：旬亡祸？王占曰：有祟，有梦。甲寅允：有来艰。"辞中的甲寅用于验辞。无论是用在叙辞、命辞，还是占辞、验辞，甲寅皆为时间词纪日。天干中，甲为第一位；地支中，寅为第三位，甲寅组合为干支第五十一位。此外，甲寅也用于记事刻辞纪日，如《合集》6768号："甲寅，犬见皋示七屯。允。"辞中的甲寅为犬见皋入贡七对甲骨的时间，允是署名签收的贞人或史官。

《合集》6768号臼

乙卯：字形〉卟，释为乙卯。为甲骨文中最常见的干支纪日的第五十二位，用在卜辞的叙辞或前辞中，如《合集》

903号："乙卯卜，殼贞：来乙亥，酒下乙，十伐又五、卯十宰？二旬又一日乙亥，不酒，雨，五月。"也用在卜辞的命辞或占辞、验辞中，如《合集》6947号："癸亥卜，争贞：翌乙卯雨？乙卯允：雨。"辞中的乙卯用于命辞，也用于验辞。无论是用在叙辞、命辞，还是占辞、验辞，乙卯皆为时间词纪日。天干中，乙为第二位；地支中，卯为第四位，乙卯组合为干支第五十二位。此外，乙卯也用于记事刻辞，如《合集》37986号干支表中的乙卯。

丙辰：字形⋀⋀，释为丙辰。为甲骨文中最常见的干支纪日的第五十三位，用在卜辞的叙辞或前辞中，如《合集》36002号："丙辰卜，贞：康且丁，丁其牢？"也用在卜辞的命辞或占辞、验辞中，如《合集》12909号："乙卯卜，丙辰雨不？"辞中的丙辰用于命辞，也用于验辞。无论是用在叙辞、命辞，还是占辞、验辞，丙辰皆为时间词纪日。天干中，丙为第三位；地支中，辰为第五位，丙辰组合为干支第五十三位。

《合集》36002号

丁巳：字形囗，释为丁巳。为甲骨文中最常见的干支纪日的第五十四位，用在卜辞的叙辞或前辞中，如《合集》339号："丁巳卜，宾贞：侑于丁，宰又牛？六月。丁巳卜，宾贞：侑于丁，用二牛？丁巳卜，宾贞：侑于丁，一牛？六月。"也用在卜辞的命辞或占辞、验辞中，如《合集》12925号："……日丁巳。允：雨不延。"辞中的丁巳用于占辞。无论是用在叙辞、命辞，还是占辞、验辞，丁巳皆为时间词纪日。天干中，丁为第四位；地支中，巳为第六位，丁巳组合为干支第五十四位。此外，丁巳也用于记事刻辞纪日，如《合集》17635号："丁巳……示一屯。岳"辞中的丁巳为入贡一对甲骨的时间，岳是署名签收的贞人或史官。

戊午：字形犋，释为戊午。为甲骨文中最常见的干支纪日的第五十五位，用在卜辞的叙辞或前辞中，如《合集》13740号："戊午卜，贞：今日至吴御于丁？"也用在卜辞的命辞或占辞、验辞中，如《合集》11681号："丁巳卜，争贞：翌戊午……"辞中的戊午用于命辞。无论是用在叙辞、命辞，还是占辞、验辞，戊午皆为时间词纪日。天干中，戊为第五位；地支中，午为第七位，戊午组合为干支第五十五位。

己未：字形己，释为己未。为甲骨文中最常见的干支纪日的第五十六位，用在卜辞的叙辞或前辞中，如《合集》3373号："己未卜，争贞：来甲子，酒正？己未卜，争贞：来甲子，酒正？"也用在卜辞的命辞或占辞、验辞中，如

《合集》12975号："翌己未不其雨？允：不。庚申不其雨？"辞中的己未用于命辞。无论是用在叙辞、命辞，还是占辞、验辞，己未皆为时间词纪日。天干中，己为第六位；地支中，未为第八位，己未组合为干支第五十六位。此外，己未也用于记事刻辞纪日，如《合集》17561号："己未，邑示四屯。岳、内。"辞中的己未为邑入贡四对甲骨的时间，岳、内二位是署名签收的贞人或史官。

庚申：字形锹，释为庚申。为甲骨文中最常见的干支纪日的第五十七位，用在卜辞的叙辞或前辞中，如《合集》28508号："庚申卜，翌日辛，王其田，湄日亡灾？"也用在卜辞的命辞或占辞、验辞中，如《合集》12324号："丁巳卜，亘贞：自今至于庚申其雨？贞：自今丁巳至于庚申不雨？戊午卜，殻贞：翌庚申其雨？贞：翌庚申不……"辞中的庚申用于命辞。无论是用在叙辞、命辞，还是占辞、验辞，庚申皆为时间词纪日。天干中，庚为第七位；地支中，申为第九位，庚申组合为干支第五十七位。此外，庚申也用于记事刻辞纪日，如《合集》9544号："庚申，妇示八十屯。古。"辞中的庚申为某妇入贡八十对甲骨的时间，古是署名签收的贞人或史官。

辛酉：字形，释为辛酉。为甲骨文中最常见的干支纪日的第五十八位，用在卜辞的叙辞或前辞中，如《合集》37575号："辛酉卜，贞：王田丧，往来亡灾？王占曰：吉！"也用在卜辞的命辞或占辞、验辞中，如《合集》12909

号："庚申卜，辛酉雨？允：雨。壬戌雨不？癸亥雨？允：雨。"辞中的辛酉用于命辞。无论是用在叙辞、命辞，还是占辞、验辞，辛酉皆为时间词纪日。天干中，辛为第八位；地支中，酉为第十位，辛酉组合为干支第五十八位。此外，辛酉也用于记事刻辞纪日，如《合集》17615号曰："辛酉，佣示六屯。扫。"辞中的辛酉为佣入贡六对甲骨的时间，扫是署名签收的贞人或史官。

《合集》17615 号曰

壬戌：字形{兲，释为壬戌。为甲骨文中最常见的干支纪日的第五十九位，用在卜辞的叙辞或前辞中，如《合集》37741号："壬戌卜，贞：王田羌，往来亡灾？"也用在卜辞的命辞或占辞、验辞中，如《合集》12973号："辛酉卜，殻：翌壬戌不雨，之日夕雨，不延？辛酉卜，殻：翌壬戌其雨？"辞中的壬戌用于命辞。无论是用在叙辞、命辞，还是占辞、验辞，壬戌皆为时间词纪日。天干中，壬为第九位；地支中，戌为第十

一位，壬戌组合为干支第五十九位。此外，壬戌也用于记事刻辞纪日，如《英》564号："壬戌，妇井示二屯。允。"辞中的壬戌为妇井入贡二对甲骨的时间，允为署名签收的贞人或史官。

癸亥：字形癸亥，释为癸亥。为甲骨文中最常见的干支纪日的第六十位，用在卜辞的叙辞或前辞中，如《合集》27875号："癸亥卜，彭贞：其侑于丁、妣己？在十月又二。小臣祸立。"也用在卜辞的命辞或占辞、验辞中，如《合集》12968号："翌癸亥其雨？癸亥允：雨。"辞中的癸亥用于命辞，也用于验辞。无论是用在叙辞、命辞，还是占辞、验辞，癸亥皆为时间词纪日。天干中，癸为第十位；地支中，亥为第十二位，癸亥组合为干支第六十位。此外，癸亥也用于记事刻辞纪日，如《合集》5708号："癸亥，示十屯。"辞中的癸亥为入贡十对甲骨的时间。

《合集》12968 号

2. 空间、方位词

东：字形。罗振玉最早释为东（罗振玉《殷释》中，第 13 页）。徐中舒释"东，古囊字。……实物囊中括其两端，𣎵象之……象人负囊形囊以贮物。物后世谓之东西者，囊之转音也"（徐中舒《说文阙义笺》）。《说文》："东。动也。从日在木中。"姚孝遂以为许说"乃据小篆立说，东西南北表方位之字，皆无形可象，假借为之。徐中舒谓东乃古囊字，其说是正确的。字本象实物囊中，束其两端之形，即不从木，亦不从日。"（于省吾《诂林》，第 3011 页，姚孝遂按）也有以为由"日和木组合而成，会意日初出，朝霞透过树林射出的景象……本义为太阳升起，霞光射出的方向，与'西'相对"（韩建周、牛海燕《甲骨文字释义》，第 308 页）。可备一说。卜辞中东用作方位词，表示东西南北四方之一。如《合集》30188 号："东方"。辞中的"东"用作方位词。另外，所见卜辞中，"东"字也作为方位神，如《合集》14314 号："甲申卜，宾贞：燎于东，三豕、三羊？"甲骨文时期祭祀方位神的习俗一直影响到后世，如《礼记·曲礼》："天子祭天地，祭四方，祭山川。"此外，东字在卜辞也用作地名。详见地名"东"。

析：字形。从木从斤，会以斤（斧子）劈木之意。《说文》："析，破木也。一曰折也。从木。从斤。"孙海波最早释"疑析字"（孙海波《甲骨文编》，第 262 页）。后胡厚宣作《甲骨文四方风名考证》，认为《山海经》中的"此某方曰某，来风曰某者，实与甲骨文之四方名即风名相合"（胡厚宣《甲骨文四方风名考证》，《甲骨学商史论丛初集》，第 267 页）。卜辞中"析"用作表示东方的名词，见于《合集》14294 号："东方曰析，风曰劦。"此外，析字在卜辞中也用作地名，如《怀》1845 号："庚寅……在析……王令……无……"

《合集》14294 号

南：字形。孙诒让、罗振玉最早皆释为南（孙诒让《举例》上，第 37 页；罗振玉《殷释》中，第 14 页）。《说文》："南，屮木至南方有枝任也。"卜辞中"南"字异形很多，多说为象形字，但所象何形，众说不一。郭沫若先释为南，以为"殆钟镈之类的乐器"（郭沫若《甲研·释南》），后改"读为瓠"（郭沫若《粹考》，第 165 页）。唐兰释为瓠（唐兰《释四方之名》，《考古学社社刊》第四期，第 2 页）。姚孝遂认为："字在卜辞中多用为方位词之'南'，方位词'东西南北'皆假借为之。其作为祭牲名，当是'㱿'为'小豚'。引申为一切畜子之称，'㱿'为其孳乳字。"（于省吾《诂林》，第 2872 页，姚孝遂按）卜辞"南"用作方位词，表示南方，与北相对，见于《屯南》1126 号："南方。"又见《合集》14321 号："贞：御于南？"还见《合集》14323 号："褅于南，犬？"辞中的南当为方位神名。卜辞中，"南"也用作地名，见于《合集》564 号："甲辰卜，贞：祈令吴以多马亚省？在南。"此外，卜辞中一种牺牲名，字形与"南"相同，从上述郭沫若观点释为"㱿"，见于《合集》1685 号："侑于且辛八㱿""九㱿于且辛。"又如《英》1256 号："……卜，争贞：燎沓百羊、百牛、百豕、㱿五十？"辞中的"㱿"字从上述姚孝遂所释为小豚。

夹（因）：字形。杨树达释"即荚之初字……盖南为夏方，夏为草木着荚之时"（杨树达《积微居甲文说》，第 54 页）。胡厚宣释为夹（胡厚宣《甲骨文四方风名考证》，《甲骨学商史论丛初集》，第 265 页）。赵诚释为因，认为此字的全字形为正面人形全包围形状，是甲骨字形当时的简化字，"象人被衣物包裹之形。商代用为表示南方的专用名词，则为借音字"（赵诚《词典》，第 270 页）。见于《合集》14294 号："南方曰夹，风曰微。"意思为南方叫夹方，南方的风叫微风。所见卜辞中还有用作人名、地名和方国名的"夹"字，其字形与表示方位的"夹"字有别。

西：字形、、。罗振玉最早释为西，并认为"与许书籀文及古金文同"（罗振玉《殷释》中，第 13 页）。《说文》："西，鸟在巢上也，象形。日在西方而鸟栖，故因以为东西之西。"王国维认为甲骨文西字三形正象鸟巢（王国维《戬考》，第 40 页）。唐兰则认为："卜辞假甾为西，不可迳释为西也。又卜辞西方字每作，实即囟字。"（唐兰《释四方之名》，《考古学社社刊》，第 3 页）于省吾从（于省吾《骈续》，第 30 页）。卜辞中"西"用作方位词，表示西方，与东方相对，见于《合集》33244 号："西方受禾。"又见《合集》7863 号、6597 号、1672 号、7440 号、20964 号等都出现西的内容，皆为武丁时期卜辞。且庚且甲时期卜辞也有，《合集》24146 号："癸丑卜，出贞：旬有祟，其自西有来艰？"另见廪辛至文

《合集》7863 号

丁时期卜辞《合集》28789 号："其逐沓麋，自西东北，亡灾？自东西北逐麋，亡灾？"卜辞中"西"字除作为方位词外，也用作方位神，如《英》125 号："庚戌卜，争贞：燎于西，凸一犬、一毂、燎四豕、四羊、毂二、卯十牛、毂一？"此外，"西"在卜辞中也用作人名和地名，如《合集》6928 号："叀子效令西。"西用作人名。《合集》8832 号："乙巳卜，争贞：乎取在西？十月。"卜辞中的"西"为地名。

夷：字形✦。关于此字的解释很多，未能形成一致的意见（于省吾《诂林》，第 3294—3296 页），此从王宇信释为夷（王宇信、杨升南、聂玉海《甲骨文精粹释译》，第 577 页）。甲骨卜辞中用作表示西方的专用词，如《合集》14294 号："西方曰夷，风曰彝。"意思为西方叫做夷方，西方的风叫彝风。卜辞中的四方和四方风，即见于一版牛胛骨的记事刻辞，《合集》编号为 14294 号。又见于一整版龟腹甲卜年的卜辞，《合集》编号为 14295 号，内容为："贞：禘于西方曰彝，风曰夷、求年？"但《合集》14294 号的方名"夷"在《合集》14295 号成为风名，而《合集》14294 号的风名"彝"在《合集》14295 号成为方名。胡厚宣对两版甲骨文的文字颠倒现象加以矫正，引《山海经·大荒西经》："西方曰夷"和《尧典》的厥民夷互证，认为"夷""彝"音近字通。此观点得到多数学者认可（胡厚宣《甲骨文四方风名考证》，《甲骨学商史论丛初集》，第 266 页）。于省吾认为西方之彝

应读作夷（认同胡厚宣两字互通的观点），训为杀伤，是指西方杀伤万物言之。认为"风曰夷"的"夷"，应读作介，训为大，是指西方的大风言之（于省吾《释林》，第 125—127 页）。

北：字形竹。唐兰释为北，并认为："北由二人相背引申而有二义，以为人体之背，以为北方。盖古代建屋多南向，则南方为前，北方为后，人恒向南而背北，北方之名以是起矣。"（唐兰《释四方之名》，《考古学社社刊》第四期，第 5 页）《说文》："北，乖也。从二人相背。"《正韵》："北，分异也。"李孝定认为："契文亦从两人相背，此其本义，至方名之北则系假借，唐氏（唐兰）谓为引申，似有可商。方名之字皆系假借，与其本义无涉也。"（李孝定《集释》，第 2699 页）字应为背的本字，本义是背离分异，如"败北"指战败向相反方向败逃，而不是指逃向北方向。卜辞中用作表示方位的北，与南相对，见于《合集》9745 号："甲午卜，宁贞：北土受年？"辞中的"北土"相对于"南土"。作为方位词北的卜辞很多，也用作方位神。如《合集》34154 号："癸亥卜，禘北。"所见卜辞中虽未见"北"字用作人名，但用作方国名和地名，如《合集》32030 号："辛亥卜，北方其出。"又如《屯南》1066 号："庚寅，贞：王其征北方？"上述二辞中的北方为方国名而非方位词北方。另《合集》7423 号："……在北称册……"与《合集》9535 号："贞：于北受年？"二辞中的"北"则为地名，有认为此"北"即为

传统文献中的"邶"（郑杰祥《概论》27 页）。

《合集》9750 号甲、乙

勹（伏）：字形 ，一字多解，胡厚宣以为："甲骨文北方曰某之字适残，然由其右半观之，字亦从宀，或即宛。"（胡厚宣《甲骨文四方风名考证》，《甲骨学商史论丛初集》，第 269 页）王宇信从（王宇信、杨升南、聂玉海《甲骨文精粹释译》，第 577 页）。赵诚隶作处，认为"构形不明。甲骨文用为表示北方之专用名词，则为借音字。……有人以为此字象伏地之形，即伏之本字，可备一说"（赵诚《词典》，第 271 页）。于省吾释为勹（于省吾《释林》，第 374 页）。曹锦炎以为是伏之初文〔曹锦炎《读甲骨文劄记（二则）》，《上海博物馆集刊》第四期，第 195—196 页〕。姚孝遂认为："字当隶作勹，实乃伏之初文。曹锦炎详论之。《合集》14295 辞云：'禘于北方曰伏'，'伏'乃北方方名。"（于省吾《诂林》，第 89 页，姚孝遂按）见于《合集》14294 号："（北方曰）宛，风曰伇。"又见《合集》14295 号："辛亥卜，内贞：禘于北方曰勹，风曰伇，求年……"后辞中的"勹"为神名。

东北：字形 。卜辞"东北"和现代人的东北观念不完全一样，还不是综合式的方位观念。如《合集》20779 号："壬午卜，有甫在昕东北获。"此卜辞中的"在昕东北"可有三种解释：第一，理解为"在昕地的东北"，则认为商代人已经有比较复杂而细致的方位观念；第二，理解为"在昕东之北"，则这种方位观念仍然不是综合式的；第三，理解为"在昕东和昕北"。从卜辞内容分析第三种理解可能性最大，因卜辞"于东于西"（《合集》8723 号）也可以说成"于东西"（《合集》8724 号）。

北东：字形 。所见甲骨卜辞中有"北东"一辞，如《合集》13505 号："己亥卜，内贞：王有石在麓北东作邑于之？"辞中的"麓"为地名，"在麓北东"可以理解为"在麓地之北和麓地之东"，也可以解释为"在麓地北之东"，还可以解释为"在麓地的北东（东北）"如若"在麓地的北东（东北）"解释成立，那么甲骨文时期人们已经有了这种综合式的方位观念。

西南：字形 。卜辞西南和后世综合性方位观念的西南方向大相径庭。如《合集》32161 号："己未卜，其刚羊十于西南？"刚字是动词，为用牲法。"西南"从全辞的内容看，实是表示被祭祀的对象，绝非表示方位西南方的西南。全辞的意思为，己未这一天占卜，问杀十头羊来祭祀西方和南方可以吗？作为被祭祀的西和南与方位有关，但不是指综合性概念的西南方。

《合集》32161 号

方：字形 𠂤，徐中舒释"方象耒的形制"（徐中舒《耒耜考》，《集刊》二本一分，第 17 页），释为方。本义为古人翻土用的农具。卜辞借用作表示方位之辞，有单独使用，也有时作为四方之简称，如《合集》847 号："贞：王勿循方？"意思为贞问商王是否要巡视四方。卜辞中多见"方帝"的内容，方亦为四方的简称，帝本义指上帝，借用作祭名，《说文》中作禘。如《合集》418 号，"贞：方帝一羌二犬卯一牛？"又如《合集》14470 号，"贞：方帝殟酒岳？"前二辞中的方帝，皆为帝方的倒文，义即禘于方的省文。但《合集》33244 号："北方受禾？西方受禾？"辞中的方前皆有修饰语，仅指一方。此外，《合集》14294 号，"东方曰析，风曰劦。南方曰夹，风曰微。西方曰夷，风曰彝。（北方曰）宛，风曰伇。"可以看出，甲骨文时期人们已经有了明确的"四望"概念。方字在卜辞中除用作方位词外，也用作地名、人名、祭名、族名及方国名等。

《合集》33244 号

东方：字形 𠂤𠂤。方位。东西南北"四方"之一。所见甲骨卜辞中，"东方"的概念非常明确，如《合集》30173 号："甲子卜，其求雨于东方？"意思为甲子这一天占卜，求雨于东方，为廪辛至文丁时期卜辞。另外《英》1288 号："……有曰，千森，王犾于之，八豕，八豕……四羊，𢇛四，卯于东方析，三牛，三羊，𢇛三？"《合集》14294 号："东方曰析，风曰劦。"皆为武丁时期卜辞。胡厚宣认为辞中"东方析""东方曰析"或为东方之神名（胡厚宣《甲骨文四方风名考证》，《甲骨学商史论丛初集》，第 269 页）。

南方：字形[南]方。方位。东西南北"四方"之一。所见甲骨卜辞中有《合集》13532号："贞：于南方将河宗？十月。"《合集》10175号："于南方崇雨？"等。卜辞中的"南方"，方位概念非常明确。

《合集》13532号

西方：字形[西]方。方位。东南西北"四方"之一。所见记录"西方"的卜辞有《合集》33244号："西方受禾。"此外，《合集》33094号："……隹西方壱我？"辞中的"我"为人称代词，商王自称，壱为灾祸词，贞问西方是否会对商王自身带来灾祸，这里的西方当为方位神。

北方：字形[北]方。方位。东南西北"四方"之一。北方作为方位词的卜辞有《合集》14295号："辛亥卜，内贞：禘于北方曰宛，风曰伇，求……"辞中的"北方"序方位。又有《屯南》2170号："于北方蓺，擒。"等。此外，《合集》32030号："辛亥卜，北方其出？"辞中的"北方"是方国名。

左：字形[左]。王国维、王襄、孙海波最早皆释为左（王国维释引自《集释》，第951页；王襄《簠室殷契类纂》正编第五，第22页；孙海波《甲骨文编》，第126页）。姚孝遂认为："卜辞[左]象左手形，相对而言，左右有别。"（于省吾《诂林》，第883页，姚孝遂按）所见甲骨文表示人手的字，无论左右，一律用三个手指。卜辞中表示方位的左，即左中右的左。如《合集》5825号："丙申卜，贞：肇马左中右，人三百？六月。"辞中的"左中右"均表方位。但卜辞中左也用作动词"佐"，如《合集》248号："贞：咸允左王？贞：咸弗左王？"此外，卜辞中左又作为吉凶用语，意思近似于后世的"意见相左"的左，如《合集》27107号："癸亥卜，彭贞：其酒，上下亡左？"酒为祭名，亡用作无，亡左即无左，意思为上下神祇和我的意见相左，不会帮助我。

中：字形[中]。甲骨文中字有多种字形，飘带可全在左或全在右，但均象有飘带的旗帜，会建中立旗之意。远古时氏族部落建旗徽作为氏族标志，凡大事都在聚集中心墟地立旗，众人望而聚之。唐兰曾说："[中]象旗之游。……古时有大事，聚众于旷地先建中焉，群众望见中而趋赴，群众来自四方则建立之地为中央矣。"（唐兰：《殷墟文字记·释中》，中华书局1981年版）。卜辞中用作表示正中含义作为方位词使用的有《合集》27884号："丁巳卜，叀小臣口以汇于中室，兹用？"辞中的"中室"是与"南室"相比较而言的，有非常明确的方位概念。辞中的"中"，表正中之室。然而，所见甲骨卜辞也有表示中字的本义旗帜的，见于《合集》7367 号："己亥卜，争贞：王勿立中？"又见《合集》7369 号："丙子，其立中，亡风？八月。亡风，易日？"所以，也有学者认为是甲骨文时期人们观测风向的象形字（李圃《甲骨文选注》，第 68 页）。此外，甲骨卜辞中带飘带的中字和不带飘带的中字使用有别，带飘带的中字可表方位，或表旗帜，不带飘带的中字释为仲，含有第二位的意思，姚孝遂认为："卜辞左中右之中作 ，伯仲之仲作 ，一般来说，区分甚严，仅有个别例外。"（于省吾《诂林》，第 2935 页，姚孝遂按）多用作人名，如"中宗"（先王名）实际为仲宗。但两者有时偶尔也混用。如"立中"的中有时也不带飘带，而《合集》32816 号："丙午，贞：酒右岁于仲丁三牢，且丁三牢？"辞中的仲字加了飘带。此外，还有贞卜人物名中者。

《合集》7369 号

右：字形 。罗振玉最早释为右，并认为"卜辞中左右之右，福祐之祐，有亡之有，皆同字"（罗振玉《殷释》中 19 页）《说文》："又，手也。象形。三指者。手指列多略不过三也。"姚孝遂认为：" 字本象右手形，与 像左手形相对。卜辞 与 有所区分，亦有个别例外。在偏旁中则无别。卜辞有无之有、福祐之祐、侑祭之侑、左右之右、再又之又，均作又。实则'有'、'祐'、'侑'、'右'均由'又'字孳乳演化而来，义俱相因。"（于省吾《诂林》，第 881 页，姚孝遂按）卜辞中"右"表示方位，见于《合集》27884 号："辛酉卜，左汇弜将，在右立。"此字在卜辞中用法很多，如《合集》36351 号："其牢又二牛。其牢又一牛。"辞中的又字形与右同，作为表示重复的又使用。又如《合集》21635 号："乙巳卜，巡贞：今五月，我有事？乙巳卜，巡贞：六月，我有事？"辞中的"有"字形与右、又同，作为有无之有使用。再如《合集》23109 号："庚午卜，大贞：其从侑于且庚？十二月。"辞中的"侑"字形与右、又、有同。还有《合集》7598 号："丁酉卜，亘贞：呼伐，其祐？"辞中的"祐"字形与右、又、有、侑同。卜辞中借用作动词"祐"时，"祐"和"佐"对举时有别，单用时一般都为"右"。如《合集》213 号："右王"也作"左王"。

上：字形 、 。朱歧祥释"从二横，示短横在长横之上，指事。即上字。与《说文》古文上形构同，高也。"（朱歧祥《通释稿》，第 131 页）此乃指事字，下面的长划表示某一个中线，上面的短划为指示符号，以表示空间的上。

《说文》："上，高也。"段玉裁注："古文上作二，故帝下、旁下、示下皆云：从古文上。可以证古文本作二。"卜辞中上除专名外，意皆为高上之上，如《合集》27815 号："王立于上。"又如《合集》32616 号："求其上自且乙。求其下自小乙。"所见甲骨卜辞中，"上"的引申义指天上。商代人认为上帝和神住在天上，先祖们去世之后也要升到天上。所以商人心目中的天上，具体的内容就是上帝、神、祖。因此卜辞中的"上"所指的天上，是有具体所指的，如卜辞成语"下上若"（下上若即上下若——这是古人的语言习惯）上指上帝神祖，下指地祇人鬼，若意为和顺。甲骨文"上"和"二"两字的写法，虽然都是两横划，但有区别。上字的上画（指事符号）要短于下画，二字的两画一般一样长短。

下：字形 ⌒、⊐。朱歧祥释"示短横在长横之下，指事"（朱歧祥《通释稿》，第 131 页）。此乃指事字，上面的长画表示某一个中线，下面的短画为指示符号，以表示空间的下。与上相对。《说文》："下，底也。"段玉裁注："有物在一之下也。"义指位置在低处。卜辞中的"下"，有时指与天上相对的地上，但不包括地下；有时甚至只指住在地上各种神，如河神、山岳之神等，后世通称为地祇。如卜辞成语"下上若"和"下上弗若"（《前》5·22·2）是求下上允诺和下上不允诺的。对于商王的"出征""作邑"这样的重大行动，谁有允诺的权利呢？只有天上的帝、神、

祖和地上的各种神。此外，廪辛、康丁时期卜辞如《合集》28231 号："在下𡒂南田受禾？弗受禾？"以及武乙、文丁时期卜辞，如《屯南》173 号："其丰，在下兮北飨，兹用。叀蹲用。"以及《合集》6487 号辞中的"下危"，诸辞中的"下"当是与地名组合使用或组合成方国名。

《合集》6487 号

3. 天象、气象词

日（太阳）：字形 ⊟，为太阳的象形，释为日（详释见时间词日条）。本义指太阳，为天象词，见于《合集》20975 号："壬午卜，扶：奏山，日南，雨？"为武丁时期卜辞。辞中"日南"的日当指太阳，南序方位。又如《合集》12742 号："丙戌卜……贞：福日于南……告。"为武丁时期卜辞。辞中"福日于南"指于南对太阳进行福祭，不但揭示了日于南的方位，而且揭示了序四方以日为准。日出于东，运行于南，为当时人们观察太阳运行的真实写照。古往今来，太阳对人类的生活和生产有着至关紧要的关系，因而世界各古老的

民族普遍都有过日神的崇拜，甲骨文时期人们也不例外，所以在甲骨文中日不但作为天象词，也用作时间词，又视为神作为被祭祀对象。不但有日出日落的祭祀，即使是太阳运行的异常现象，也认为是神对生活生产活动是否福祸或详灾的预示。在甲骨文时期人们的眼中，太阳就是日神，甲骨文字日也代表日神，如《合集》30022 号："求雨，叀黑羊用，有大雨，叀日羊，有大雨？"辞中的"日"即日神，"日羊"即日祥。宋镇豪释"大概天久旱不雨，乃把有大雨视为日神喜降其祥"。又云："商代日神信仰中有善恶兼具的双重神性，显而易见，夏商两代的日神信仰，相同之处是均视日神为自然界的天神之一，具有变换天象、致旱降雨刮风鸣雷等神力。不同之处是夏代日神时位恶神，商代日神是位善恶兼具的中性神，其善义的成分又多于恶义，灾祸的一面一般总是以间接的太阳变化现象，先期预示或告警人间，让人间有多戒鉴或防范。值得注意者，发生于这类场合下的商人防范措施，大多是通过向河、岳、土等自然神或上甲、父丁等祖先神祈告，以求平安，而不直接与日神发生关系。这可能因日神在浩浩空间，与下界有隔，亦需中介神为媒介，进行'协于上下'、'绝天地通'的沟通。但也可能出自'尊祖王以配天神'的王权政治意识，有再构人神世界生活秩序的成分。"（宋镇豪《夏商社会生活史》，第 779—780 页）又如《合集》22539 号："壬子卜，旅贞：王宾日，不雨？"为且庚且甲时期卜辞。

再如《合集》32181 号："乙巳卜，王宾日？"为武乙文武丁时期卜辞，以及《合集》23408 号等出现的"宾日"内容的日，都是作为被祭祀对象的日神，时王求其降雨或降福去灾。

《合集》30022 号

易：字形 ，释为易。李孝定认为"象日初升之形"（李孝定《集释》，第 2973 页）。《说文》："易，开也。一曰飞扬，一曰长也，一曰彊者众貌。"段玉裁注："此阴阳正字也。阴阳行而昜废矣。"或为太阳的阳字的初文，卜辞中也表日或太阳，如《合集》11499 号："……酒，明雨，伐……雨，咸伐，亦……杀卯鸟，大启，易。"为武丁时期卜辞。辞中的"易"表日即太阳。

出日：字形 ，释为出日，即日出，太阳离开地平面。所见卜辞中"出日"和"入日"作为被祭祀对象，有时单独分别出现，有时同时出现，如《合集》33006 号："辛未卜，侑于出日？辛未，侑于出日，兹不用？"辞中单独对出日进行侑祭。又如《怀特》1569 号："乙酉卜，侑出日入日？"辞中对出日、入日同时进行侑祭。宋镇豪认为："夏商另一类祭祀日神之礼，是以礼拜出日、入日为内容。"其梳理甲骨文中即出日、入日，一期有 5 条，三期有 3 条，四期有 16 条，共计 24 辞。祭出日、入日的祭仪，有戠、肆、有、又（侑）、燎、裸、岁、酒、卯等。早期盛行戠祭，晚期流行侑祭及剖牲的卯祭。用牲多用牛畜，或一牛二牛三牛至多牛不等。（宋镇豪《夏商社会生活史》，第 781—783 页）

《合集》33006 号

入日：字形∧⊙，释为入日，即日入，太阳西落入地平面下。所见卜辞中"入日"与"出日"都作为被祭祀对象，如《合集》13328 号："……其入日有……"又如《屯南》4534 号："叀入日酒。"二辞中皆对入日单独进行有祭或酒祭。再如《屯南》2615 号："……

酒出……岁三牛？兹用。癸……其卯入日，岁……上甲二牛？出入日，岁卯四牛，不用？"前二辞分别对出日进行酒祭、入日进行卯祭，后一辞则对出入日同时进行卯牛之祭。特别引起注意的是，祭出日入日与祭祀先公上甲同时，或先公上甲相配，可见商族人心目中的太阳神有祖神的影子。

出入日：字形⩘∧⊙，释为出入日，即出日和入日。如《屯南》1116 号："甲午卜，贞：侑出入日？弜侑出入日？"为武乙文武丁时期卜辞。但武丁时期的出入日则称"出日于入日"，如《合集》6572 号："戊戌卜，内：乎雀戠于出日于入日，宰？戊戌卜，内：乎雀戠一牛？戊戌卜，内：戠三牛？"还见《合集》32119 号出现"出入日岁三牛"内容。宋镇豪认为："甲骨文的出日、入日，早期分言，可称'出日于（与）入日'，晚期有合言，或称'出入日'，以抽象术语化，绝非是仅仅是日出日落的简单字面含义，有某种特殊的宗教性内容。这类祭出日入日，与《尧典》的仲春'寅宾出日'和仲秋'寅饯纳日'，意义是一致的。我们曾据上引一期武丁时呼雀祭出日与入日的同版卜辞所记月份推定，此次祭日是在二、三月之交，相当四时的仲春时节，而殷正三月即是春分的中气所在月份。显然，商代的祭出入日，不是每天礼拜日出日落，当有其比较固定的行事日期，通常行之于春秋季相关月份或春分秋分的以天象定中气的前后日子，反映了商人对四时已有较正确的认识。《礼记·玉器》有云：

'作大事必顺天时，为朝夕必放于日月。'商代的祭出入日，似亦本之于这一宗教观念。这种祭礼的特殊性，乃寓意于太阳的周日视运动，基点在日出和日落，重视东西轴线的方位观，具有揆度日影以定东西方向的意义。"（宋镇豪《夏商社会生活史》，第 783 页）

《合集》32119 号

　　晕：字形 ⊙，从日，日四周围有云气，罗振玉以为"象日光辉四射之状"（罗振玉《殷释》中，第 5 页）。叶玉森释"乃晕之古文"（叶玉森《前释》四卷，第 13 页）。《说文》："晕，光也。"段玉裁注："当作日光气也。"《说文新附·日部》："晕，日月气也。从日，军声。"甲骨文为天象词，如《合集》13048 号："癸巳卜，贞：今其有祸？甲午，晕。"又如《合集》14153 号："丁卯卜，殼：翌戊辰，帝不令雨？戊辰，允：雾。……辛未卜，翌壬，帝其雨？……未卜，翌壬，帝……雨，壬晕。"皆为武丁时期卜辞。上述辞中"晕"或为在验辞出现，确为

当时已经发生的天象情况，即人们可以看到的太阳周边有云气出现，可见甲骨文时期人们观察天象已经有了非常成熟的观念，说明甲骨文时期人们天象方面的知识已经十分的丰富。但是他们所观察到的这些现象，或认为是上帝或神祖操纵的。

　　每：字形 ，从中从母，象女束发跪坐貌，从中或加笄饰，皆为区别于女或母字，罗振玉最早释为敏（罗振玉《殷释》中，第 60 页）。王襄释为每（王襄《簠室殷契类纂》，第 3 页）。董作宾认为："每当读晦与启相对，晦阴启晴也。"（董作宾《新获卜辞写本后记》）卜辞中"每"多用作表示悔，也借用指称某一种天象，相当于现代汉语中的晦，晦有冥义，表示一种昏暗阴沉的天象，赵诚认为："重点似在于表示昏暗的状况"。如《合集》29780 号："于旦王廸田……每，不雨？"释为："清早王去田猎……天气晦冥而未下雨。"（赵诚《词典》，第 192 页）但《合集》10145 号："癸巳卜，争贞：日若兹每，佳年祸？三月。"辞中"日若兹每"的每或晦，郭沫若释为敏。对这种甲骨卜辞中出现的每或晦或敏现象，宋镇豪引英国金璋的观点："日敏是日月运行中的现象。"认为："敏与雨一样，也指气象变化，日敏或指天风气混而太阳昏晦不明现象。这是把日敏变化视为年成有灾的预告。"（宋镇豪《夏商社会生活史》，第 777 页）此字形也有释为姜（王蕴智《字学论集》，第 180 页）。

《合集》10145 号

鸣日：字形𣅀⊡，释为鸣日，见于《合集》31288 号："……小求……鸣日，求……"辞中的"鸣日"，宋镇豪梳理为"天鸣现象"，视为日神所发，"许进雄先生说，鸣日或是天象之一，恐怕是打雷或打雷之舞。今按《晋书·天文志》记元帝太兴二年（319）八月戊戌，'天鸣东南，有声如风水相薄。'疑此鸣日是天鸣。或因发自日边，故谓之鸣日。出于恐惧感，乃有小规模的'求'祭，惟'求'祭的神格不明。"（宋镇豪《夏商社会生活史》，第 779 页）

日戠：字形⊡𢦏，释为日戠。戠字从言从戈，示发号出兵会意。《说文通训定声》："兵也。从戈意省声。"卜辞中多见于征伐卜辞，用在出征之前，商王宾祭先祖，卜求此征战亡祸。也用作天象词，与日组合成"日戠"，如《合集》33698 号："庚辰，贞：日戠，其告于河？"又如《合集》33710 号："辛巳，贞：日戠，其告于父丁？"皆为武乙文丁时期卜辞。关于日戠，甲骨学界说法不一，郭沫若认为："日戠，若日又（有）戠。当是日之变。因有此变，故卜告于河，卜告于父，以稽其祯祥。戠与食音同，盖言日蚀之事。"（郭沫若《殷契粹编》考释，第 55 页）陈邦怀则释戠为填，引《释名·释地》："土黄而细密曰填。"说："据此知填（戠）为土黄色。然则卜辞有所云'月有戠'，盖谓月色异常有如土黄也（日戠同此意）。殷人视月有戠为灾异。"（《小屯南地甲骨中所发现的若干重要史料》，发表于《历史研究》1982 年第 2 期）朱文鑫释戠为痣。"乃日中黑气或黑子，为世界上最古的日斑记录。"（朱文鑫《中国日斑史》，《天文考古录》，商务印书馆1933 年版）赵诚则将"戠字释为蚀"（赵诚《词典》，第 190 页）。但严一萍认为日戠为"日之变色，戠为赤色黄色"。（严一萍《殷商天文考》）胡厚宣则认为"戠为填或炽，指赤红色"（胡厚宣《重论"余一人"问题》，《四川大学学报丛刊》第 10 期）。宋镇豪统理多家观点认为："知'变色说'是可信的。另据《晋书·天文志》记永和八年（352），凉州地区曾出现'日暴赤如火，五日乃止'的天象。甲骨文记日戠，也有'在西'或在某地的具体方位地望，可能也指'日暴赤如火'的天象。不论发生日戠，抑或月戠，忧与非忧佳若也均各占其半，而并非一味恐惧。"（宋镇豪《夏商社会生活史》，第 780 页）

日有戠：字形⊡𣦼𢦏，释为日有戠，即日戠。如《合集》33697 号："辛丑，贞：日有戠，其告于上甲？"又如《合集》33698 号："庚辰，贞：日有戠，其告于父丁，用牛九？在禁。"皆为武乙文丁时期卜辞。参见日戠条。

《合集》33698 号

日有食：字形⊙𝆑，释为日有食。见于《合集》11480 号："贞：日有食？"为武丁时期卜辞。辞中的"日有食"为命辞，是卜问日即太阳会不会有食即有蚀，多数学者认为有食即有蚀，是日食现象的记录。但这条卜辞贞问的是日有食即日食现象会不会发生，位于命辞的位置，只是求问会不会有日食现象，并不是真正发生了日食现象的记录。传统文献关于日食的记录有《诗·小雅·十月之交》："十月之交，朔月辛卯，日有食之。"还有《春秋·隐公三年》："三年春，王二月己巳，日有食之。"

日月有食：字形⊙𝆑，释为日月有食。所见卜辞中出现"日月有食"内容的仅有 5 条，如《合集》33694 号："癸酉，贞：日月有食，非若？癸酉，贞：日月有食，隹若？"为武乙文丁时期卜辞。还有《佚》374 号中出现的两条当与《合集》33694 号为成套卜辞，此外，

《屯南》379 号残片残辞出现有："……酉……日月……食……"前揭诸辞，除《屯南》379 号残片辞义不明，其他日月有食皆为命辞。命辞是占卜尚未发生的事情，所以不能够认为是日食发生的记录，所以卜问日月有食，是日有食即卜问发生日食，或是月有食即卜问发生月食。虽然由上述卜辞可以确定甲骨文时期人们对于日食或月食现象或已有了预测的能力，但仅凭上述卜辞我们还不能认为甲骨文中已经有了日食现象的记录。董作宾的《殷历谱》曾将上述《合集》33694 号列入日食谱，曾以为是日食的记录，但后来又严谨的将其删除。

《合集》33694 号

月（月亮）：字形☽，象月牙即月阙形，依月亮半圆形会意，释为月，为月亮的月的初形，本义指月亮。如卜辞多见月有戠、月有食的月即指月亮，如

《合集》11483 号："……卜，争贞：翌甲申，易曰：之夕月有食，甲雾，不雨？翌甲申，不其易日？翌己亥，不其易日？"为武丁时期卜辞。王襄认为："《说文解字》：'月，阙也。象形。'《释名》云：'满则阙也。'契文之月，象半月之形，盖一月中人见圆月时短，故作半月之形，后加中画像月中之暗处。"（王襄《古文流变臆说》，第 19 页）卜辞中月、夕多混用，郭沫若认为："古月夕字每混用，然大抵以有点者为月，无点者为夕。"（郭沫若引自《集释》，第 2254 页）赵诚认为："甲骨文有一个表示夜间的夕字，无形可象，因与月夜有关，所以在早期的月（☽）字中间加一画来表示。到了晚期，月夕二字的形体对调了一下，月字写作☽，夕字写作☽……月、夕二字体易混，但从辞意完全可以分辨，如'之夕月有食'（之夕月有食……那天晚上月食）（《丙》五六）。"（赵诚《词典》，第 187 页）

月有戠：字形☽☽，释为月有戠，即月色有变，或月色为赤黄色、赤红色，见于《屯南》726 号："壬寅贞：月有

《屯南》726 号

戠，其侑土，燎大牢，兹用？壬寅贞：月有戠，王不于一人祸？"辞中的"月有戠"即月色有变，与正常情况不一样，甲骨文时期人们认为这种月变色的显现为福祸或祥灾的预示，担心会殃及商王或国之要政，所以举行燎大牢之祭。

月有食：字形☽☽☽，释为月有食，为月食现象真实记录的天象辞。所见卜辞中有关"月有食"即月食的记录，都出现在卜辞验辞中，可确定认为是甲骨文时期曾经发生的事情，有六条：

第一，甲午月食：见于《合集》11484 号："……丑卜，宾贞：翌乙……黍蒸于且乙……王占曰：有祟……不其雨，六日……午夕，月有食。乙未酒，多工率条遣。"由辞中前后干支分析，辞中的"午夕"即午夜，当为甲午夕即甲午夜，所以命名为甲午月食。此甲午月食，董作宾《殷历谱·交食谱》原定为小乙八年，后来改为般庚二十六年。陈梦家、周法高等也都有推论，最终未成定论。

第二，庚申月食：见于《英》886 号（《库方》1595 号）："癸（卯）（卜），贞：（旬）亡（祸）？癸丑卜，贞：旬亡祸？二。王占曰：有祟！七日己未夕壹，庚申月有食。癸亥卜，贞：旬亡祸？二。癸酉卜，贞：旬亡祸？二。癸未卜，争贞：旬亡祸？二。王占曰：有祟！三日乙酉夕壹，丙戌允：有来入齿。十三月。"又见于《英》885 号（《金璋》594 号）："癸亥。癸未。十三月。癸巳卜，贞：旬亡祸？癸卯卜，贞：旬亡祸？"反面："乙未夕壹，庚申月有

（食）。"还有《铁》86.3 + 185.1 + 233.3；《缀》143；《缀新》492 号："（癸）（丑贞）：（旬）（亡祸）？癸亥，贞：旬亡祸？癸未卜，争贞：旬亡祸？王占曰：有祟！三日乙酉夕壹，丙戌，允：有来入齿？（十三月）。一。"张秉权认为："这一次月食有月日可以稽考，在年代学上，是很重要的材料，与这版同样的记载，出现两处，另外还有一处虽未见记有月食，但卜辞同文，所卜为同时同事，则可断言。第 2 版《库方》1595 所存的四个序数均为'二'，第 3 版，《金璋》594，所有序数均已残缺。《缀》143 号，仅存一个序数为'一'，这三片，很可能是一成套胛骨中的几版残片，至少亦应是成套的卜辞。"

第三，壬申月食：见于《合集》11482 号："辛卯。癸卯，贞：旬亡祸？癸丑，贞：旬亡祸？癸亥，贞：旬亡祸？癸酉，贞：旬亡祸？癸……旬……"反面"旬壬申夕，月有食"。张秉权认为："这次月食，《殷历谱·交食谱月食》三曾推定它是武丁十二年（前 1239）五月十六日四时的月偏食，《殷代月食考》改定为武丁五十八年（前 1197）的月全食。刘《表》列为癸酉，那是他的计日，是从午夜开始，所以列在次日。如果这一次月食的推断是准确而可信的话。那末，殷人的计日方法，应如董彦堂（作宾）师所说的，始于黎明而终于次日的黎明。"（张秉权《甲骨文与甲骨学》，第 279 页）

卜辞中所见还有三次的月食现象略。由上三例可证甲骨文中确有月食现象的真实记录。

星：字形⊹、❀、晶，杨树达最早释为星，并认为："星字甲文作晶，或加声旁作❀，其为天上星宿之象形字甚明。"（杨树达《积微居甲文说》卷上，第 20 页）其字形或为群星的象形，释为晶为星字的初文，或从晶生声。《说文》："星，万物之精，上为列星。从晶，生声。"所见卜辞中"星"用作本义指夜空中的星辰，如《合集》11500 号："翌乙未，侑于下乙，一牛……用……庚子艺鸟星？七月。"辞中"鸟星"的星用作星的本义。所见卜辞中"星"也借用作生，如《合集》11496 号："贞：翌戊申，女其星？"辞中"女其星"的星当为生。或有认为星"与姓同"（孟世凯《辞典》，第 401 页），释姓为晴。

鸟星：字形🐦星，释为鸟星。甲骨文中的星名，见于《合集》11497 号："丙申卜，殸贞：来乙巳酒下乙？王占曰：酒，隹有祟，其有凿。乙巳，酒，明，雨。伐既，雨。咸伐，亦雨。杀卯鸟星。"还有《合集》11498 号内容与《合集》11497 号内容相同，或为成套卜辞的两版，皆为武丁时期卜辞。辞中"其有凿"的凿有释为毁，也有隶为酸，还有释作设（于省吾《释林》，第 103 页），认为泛指祭祀时陈设祭物。关于辞中的"鸟星"，董作宾认为："鸟星，殆即尧典：'日中星鸟'之星鸟。鸟星，南方朱雀七宿之总名，祭之之时，或在春季，惟此版不记月名，无从考知矣。"（董作宾《殷历谱·交食谱》）但李学勤

《论殷墟卜辞的星》，却另有解说，读"鸟"为"倏"，读"星"为"牲"，殆即后世的"晴"字，认为鸟星就是"倏晴"的意思，而非星名。

有凿于西：字形，释为有凿于西。见于《合集》11497 号反面："乙己夕，有凿于西。"当为此版甲骨正面卜辞的验辞。董作宾释"有凿于西"的凿为毁，认为："有毁于西，疑指流行而言，盖西顾流行陨落，以为星有所毁耳。"（董作宾《殷历谱·交食谱》）

鹑星：字形，字依形隶定为鹑，为甲骨文中的星名，见于《合集》11501 号："……采，烙云自北，西单

雷……鹑星，三月。"为武丁时期卜辞。辞中有云有雷有鹑星出现，疑为验辞，那么，鹑星的出现或为真实的记录，甲骨文时期或真有星名为鹑。关于鹑星的鹑，张秉权认为："这个字释鹑或释鴅，都有问题。胡厚宣以为商星；丁山以为鹑尾之专名，也都是臆测之辞，究竟是什么星，有待考定。"（张秉权《甲骨文与甲骨学》，第 276 页）

大星：字形，或，释为大星。见于《合集》11506 号："甲寅卜，㱿贞：翌乙卯，易日？贞：翌乙卯，不其易日？"反面："王占曰：之…… 勿雨。……卯……明雾……食日，大星。"为武丁时期卜辞。还有《合集》29696 号："庚午卜…… 大星……非鸣，大吉！"为廪辛康丁时期卜辞。所见卜辞中，甲骨文星也作晶形，《说文》："晶，精光也，从三日。"徐灏笺注："晶，即星之象形文。"所以，有认为"大星即亮度很大之星"（孟世凯《辞典》，第 67 页）。

《合集》11501 号

《合集》29696 号

新大星并火：字形 ⾃⾏⾏⾏，释为新大星并火。见于《合集》11503 号反面："七日己巳，夕壹，有新大星并火。"为武丁时期卜辞。董作宾认为卜辞"有'新大星竝火'一语，乃己巳夜间观察星象之记录。并训比，训近。新大星即新星之大者，犹言有一大新星傍近火星。《后汉书严光传》：'光以足加帝腹上，明日太史奏，客星犯御座甚急'。客星即新星，为变星之一，所谓'客星犯御座'，与'新大星并火'，语颇相类，亦奇缘矣。新星之观测，他辞亦有之，且记其消灭之时……以'毁蜺'之语法例之，则'毁新星'必为新星之毁灭无疑也。次论火星，鸟星既可能为尧典之'星鸟'，此火者，亦即《尧典》'日永星火'之火星矣。古者以星象觇节候之序，心三星，其中者大而且明，尤易惹人之注意。"（董作宾《殷历谱·交食谱》）

大岁：字形 ⾏⾏，释为大岁。见于《合集》33692 号："辛亥，贞：壬子侑多公岁？弜侑于大岁，衣？"为武乙文武丁时期卜辞。辞中的"大岁"或为星名，《说文》："岁，木星也。越历二十八宿，宣遍阴阳，二月一次。"《合集》33692 号或为占卜是否祭祀大岁即木星的卜辞。

风：字形 ⾏、⾏、⾏、⾏、⾏、⾏，一字多形，皆为头上有冠鸟的象形，或增声旁凡，罗振玉、王襄最早皆释凤假为风（罗振玉《殷释》中，第 32 页；王襄《簠考·天象》，第 2 页）。《说文》："凤，神鸟也。天老曰：凤之像也。麐前鹿后蛇颈鱼尾龙文龟背燕颔，鸡喙，五色备举，出于东方君子之国，翱翔四海之外，过昆仑，饮砥柱，濯羽弱水，暮宿风穴，见则天下大安宁。从鸟凡声。"卜辞中"凤"有用作本义，如帝史凤，为上帝的使臣。多借用作风，《说文》："八风也。东方曰明庶风，东南曰清明风，南方曰景风，西南曰凉风，西方曰阊阖风，西北曰不周风，北方曰广莫风，东北曰融风。从虫凡声。风动虫生，故虫入日而匕。"所见卜辞中未见有八风，仅见四方风，习见帝风或帝令风，帝风或为帝令风的省略，或为对风神进行帝祭，如《合集》34150 号："辛未卜，帝风，不用雨？"又如《合集》672 号："翌癸卯，帝不令风，夕雾？"可见甲骨文时期人们心目中刮风也由上帝支配，所以风也是神，四方之风即四方风神，还各有专名，如《合集》14294 号："东方曰：析，风曰：协。南方曰：因，风曰：微。西方曰：夷，风曰：彝。……宛，风曰：伇。"辞中所残部分当为"北方曰"又如《合集》14295 号："贞：禘于东方曰：析，风曰：劦，受年？贞：禘于西方曰：彝，风曰：丰，受年？辛亥卜，内贞：禘于北方曰：宛，风曰：伇，求年？辛亥卜，内贞：禘于南方曰：微，风曰：夷，求年？一月。"皆为武丁时期卜辞。辞中风神名或有互换，可证其神灵的身份。虽然前二辞中的"风"皆为神名，并非气象记录，但与气象不无关系。关于"四方名"和"四方风"神名，胡厚宣最先发现，他在《甲骨文四方风名考证》及《释殷代求年于四方和四方风的祭祀》文中专有论述，提出"四方及四方之风，各有专名"。并与《山海经》四方名与风名，《尧典》的"宅嵎夷，厥民析；宅南交，厥民因；宅西，厥民夷；宅朔方，厥民隩"，以及其他先秦文献中有关风名的记载，多相契合。陈梦家也认为："四方之风应理解为四方之神的使者。"（陈梦家《综述》，第589页）卜辞中多见祭风的活动，宋镇豪认为："甲骨文中祭风主要有两类，一类是求来风降雨……有时祭风兼及祈雨，求农作年成丰收，很可能是求来风下雨。帝风为禘祭风神。这类祭风，祭礼无定则，通常用烧燎祭，祭牲牛羊豚犬豰不一。风之来是为上帝所令。'帝史风'，是风神又为上帝之使。另一类是宁风之祭……宁风乃止风之祭，或兼求息雨，用牲以犬为多。这种止风用犬祭的风习，为后世长期遵循。"（宋镇豪《夏商社会生活史》，第804—806页）

大风：字形⚘，释为大风。所见卜辞中记录"大风"内容的辞条甚多，如《合集》21012号："乙卯卜，翌丁巳，其大风？"为武丁时期卜辞。又如《合集》28554号："王其田，遘大风？大吉！其遘大风？吉！"为廪辛康丁时期卜辞。再如《合集》30238号："不遘大风？其遘大风？"为武乙文武丁时期卜辞。辞中"大风"的"风"皆指自然现象风雨的风，大为风的状语，对风进行形容。还有《合集》21021号出现的"大风自西"，序以风向，记录了当时人们对风的观察。

大撤（骤）风：字形⚘，释为大骤风。大骤风的骤字从双手持耳，或与单手持耳的取字同，借用作形容风非常大，大的需要双手捂耳。如《合集》13359号："壬寅卜，癸雨，大骤风？"又如《合集》13363号："癸丑贞：夕，庚寅大骤风？"皆为武丁时期卜辞。于省吾认为，卜辞中的"大骤风，犹今大暴风矣"（于省吾《释林》，第13页）。

《合集》13359号

凰：字形⚘、⚘，依形隶定为凰。见于《合集》27459号："辛亥卜，狄贞：有大凰？癸亥卜，狄贞：今日亡大凰？"为廪辛康丁时期卜辞。辞中"大凰"的"凰"，朱歧祥认为："从风兄声……兄、京同属古音阳部，即《说文》：飙字：'北风谓之飙。'《尔雅》：'北风谓之凉风。'卜辞用本义，称'大凰'，谓巨大的北风。"（朱歧祥《通释稿》，第220页）张秉权则认为凰为狂风（张秉权《甲骨文与甲骨学》，第285页）。

小风：字形⚘，释为小风。见于《合集》28972号："不遘小风……遘小风?"可见甲骨文时期人们观察风有大小之别。

宁风：字形 𝟙，释为宁风。卜辞中"宁风"的内容见于各期，如《合集》13372号："癸卯卜，宾贞：宁风?"为武丁时期卜辞。又如《合集》30260号："癸未卜，其宁风于方，有雨?"为廪辛康丁时期卜辞。再如《合集》34139号："癸亥卜，于南宁风，豕一?"还有《合集》34151号："乙卯，贞：宁风于伊奭?"皆为武乙文武丁时期卜辞。前揭各辞中的宁风，皆出现在命辞中，可见宁风是祈求风止，亦为祈求风调雨顺，五谷丰登。所以，所祈求的对象有先祖伊奭，求先祖福祐风顺年丰。

来风：字形 𝟙，释为来风。见于《合集》775号："贞：亡来风?"为武丁时期卜辞。辞中的"来风"即风来，卜问是否有风到来。

延风：字形 𝟙，释为延风。见于《合集》13337号："贞：今日其延风?"还有《合集》21021号："癸亥卜，贞：旬一月，昃雨自东，九日辛未大采，各二云自北，雷，延大风自西，刜二云率雨。毋祥日……"皆为武丁时期卜辞。辞中"延风"或"延大风"的"延"，《尔雅·释诂》："延，进也。"卜辞中的"延"有绵延渐出之意，延风意为是否持续有风。但延有出意，延风或为出风即有风。

风祸：字形 𝟙，释为风祸。见于《合集》13369号："丙午卜，亘贞：今日风祸?"还有《合集》21019号："辛未卜，王贞：今辛未大风不隹祸?"辞

中"风祸"或"大风不隹祸"的"祸"，宋镇豪释为忧，认为："风可有益于生产活动，又可作祸为害人类，故甲骨文专有卜风之是否危害者。"（宋镇豪《夏商社会生活史》，第804页）

《合集》13369号

云：字形 𝟙，商承祚最早释为旬（商承祚《类编》九卷，第3页）。唐兰释为云，但认为"商（商承祚）释旬，非误"（唐兰《卜释》，第4页）。于省吾认为甲骨文"云为雲之初文，加雨为形符，乃后起字"（于省吾《骈三·释云》，第1页）。《说文》："云，山川气也。从雨，从云，象回转之形。云，古文省雨。"所见卜辞中"云"字除借用作地名外，多用作气象词本义，如《合集》13649号："贞：兹云其雨?"又如《合集》13385号："贞：兹云其雨?贞：不其受年?"再如《屯南》2105号："庚午，贞：河耆云?为岳耆云?为高且亥耆云?"辞中的祭云以求雨，或与求年对贞，可知甲骨文时期人们已经认识到了云雨之间的关系，或以为与农业收

成之间也有关系。作为被祭祀对象，云当为云神，但由河、岳、高且亥等远祖先公亦可侵害云，说明其地位相对不高。宋镇豪认为："古人心目中自有云神崇拜。《离骚》云：'帅云霓而来御。'《云中君》言云神'龙驾兮帝服，聊翱游兮周章'，旧注谓'天尊云神，使之乘龙，兼衣青黄五采之色，居无常处'。可知云神曾被人格化。但在商代，尽管人们以为云有神灵之性，却似乎尚未使之人格化。"（宋镇豪《夏商社会生活史》，第 810 页）

帝云：字形♦♦♦，释为帝云。见于《合集》14227 号："贞：燎于帝云？贞：及今十三月雨？"为武丁时期卜辞。辞中的"帝云"当为帝的云，为上帝统领下的云神，对其进行燎祭。

燎于云：字形♦♦♦，释为燎于云。卜辞习见，如《合集》1051 号："己丑卜，争贞：亦乎雀燎于云，犬？贞：勿乎雀燎于云，犬？二告。"燎于云或简为燎云，如《合集》21083 号："……燎云，不雨？"辞中的"燎于云"或"燎云"，皆指对云神进行燎祭，所用祭牲除辞中出现的犬外，还有牛、羊、豕。

三酋云：字形三♦♦，释为三酋云。见于《合集》13399 号："己亥卜，永贞：翌庚子，酒……王占曰：兹，隹庚雨，卜之……雨。庚子，酒，三酋云♦，其既祔，启。"反面："王占曰：兹，隹庚雨，卜之……"为武丁时期卜辞。辞中的"三酋云"，陈梦家认为："于省吾读酋为酋为色，因谓二云三云等乃指二色云三色云等。我们则读酋为墙，假为

祥。"（陈梦家《综述》，第 575 页）

各云：字形♦♦，释为各云。见于《合集》21022 号："云其雨？不雨？各云，不其雨？允：不启。"辞中"各云"的各，朱歧祥释为"格，来也，至也"（朱歧祥《通释稿》，第 139 页）。

根云：甲骨文文字为♦，释为根云。见于《合集》13390 号："贞：兹根云，其雨？贞：兹根云，不其雨？"辞中的"兹根云"即此根云，宋镇豪释根云"殆类似'杓云如绳'之象"（宋镇豪《夏商社会生活史》，第 811 页）。

二云：字形♦，释为二云，是合文。见于《合集》21021 号："癸亥卜，贞：旬一月，昃雨自东？九日辛未大采，各二云自北，雷，延大风自西，刜二云率雨。毋祥日……"辞中的"各二云"即来二云，二云或特指云的某种色彩，或某种形态。

三云：字形三♦，释为三云。见于《合集》13401 号："贞：燎于三云？"辞中的"三云"也有释为四云（姚孝遂、肖丁《摹释》310 页），当指云的某种特定的色彩或形态。

《合集》13401 号

四云：字形三♦，释为四云。见于《合集》40866 号："己卯卜，燎豕四

云?"辞中的"四云"亦指云的某种特定的色彩或形态，人们根据其变化已定吉凶。此外，也有释四云为四方之云（袁庭栋《殷墟卜辞研究——科学技术篇》，第138页）。

五云：字形￥ठ，释为五云。见于《屯南》651号："叀岳先，乃酒五云，有雨?"辞中的"五云"为被酒祭对象，亦指云的某种特定的色彩或形态。宋镇豪引《史记·天官书》有登高而望云气之候，谓"稍云精白者，其将悍，其士怯。其大根而前绝远者，当战。青白其前低者，战胜。其前赤而仰者，战不胜。阵云如立垣，杼云类杼，轴云抟两端兑，杓云如绳者，居前亘天，其半半天。钩云句曲。诸此云见，以五色合占"。《周礼·春秋·保章氏》有谓："以五云之物，辨吉凶水旱降丰荒之祲象。"郑注："物，色也，视日旁云气之色。降，下也，知水旱所下之国。郑司农云：以二至二分观云色，青为虫，白为丧，赤为兵荒，黑为水，黄为丰。"认为"商代似已有这类辨云气之祲象。……殆商人亦有某云主战之象"（宋镇豪《夏商社会生活史》，第810—811页）。

六云：字形∩ठ，释为六云。见于《合集》33273号："癸酉卜，侑燎于六云，六豕、卯羊六。癸酉卜，侑燎于六云，五豕、卯五羊。"还有《屯南》1062号："癸酉卜，侑燎于六云，五豕、卯五羊。"对于辞中的"六云"或卜辞中出现的数字云，宋镇豪认为："一云至六云，似反映了商人的望云，视云的色彩或形态变换，都有特定的灵性祲象。

祭仪主要用烟火升腾的燎祭，兼用酒祭。用牲有犬、豕、羊，凡云数多者，用牲数一般也相应增多。"（宋镇豪《夏商社会生活史》，第812页）

雨：字形∭、⻗、帀、罒，一字多形，皆象雨点从天而降，孙诒让、罗振玉最早皆释为雨（孙诒让《举例》上，第12页；罗振玉《殷释》中，第5页）。《说文》："雨，水从云下也。一象天，冂象云，水霝其间也。"卜辞中雨用作本义，义即下雨、降雨，如《合集》12870号："癸卯卜，今日雨，其自东来雨？其自西来雨？其自北来雨？其自南来雨？"为武丁时期卜辞。又如《合集》24769号："丁酉卜，王贞：今夕雨，至于戊戌雨？戊戌允：夕雨，四月。"为且庚且甲时期卜辞。又如《合集》28255号："其求年于岳。兹有大雨。吉！"为廪辛康丁时期卜辞。再如《合集》37646号："戊辰卜，在敦贞：王田率，不遘大雨？兹御。在九月。"为帝乙帝辛时期卜辞。前揭四条卜辞中的"雨"皆指下雨。所见卜辞中"雨"除用作下雨本义外，也作为被祭祀对象，可见也是神，为雨神。卜辞习见"帝令雨""品雨""帝雨"，宋镇豪认为"令雨"是上帝的权能，故受施令者的"雨"自然也是有神性的。"品雨"《释名》"品，度也"，盖意近《周易·乾·用九》"云行雨施，品物流形"，有品度、揣度之义，用指祭雨中的行为。"帝雨"为禘祭雨神。雨神还表现出易受山川神祇侵害的柔性，可知其地位未必很高（宋镇豪《夏商社会生活史》，第808页）。

大雨：字形🔲，释为大雨。卜辞中多见大雨的记录，如《合集》12704号："贞：其疾？六月。贞：其侑大雨？"为武丁时期卜辞。又如《合集》24868号："乙酉卜，大贞：及兹二月，有大雨？"为且庚且甲时期卜辞。再如《合集》28491号："乙丑卜，狄贞：今日乙，王其田，湄日亡灾，不遘大雨？大吉！"为廪辛康丁时期卜辞。前三辞中的"大雨"，虽然都是命辞，是贞问会不会下大雨，但通过众多卜大雨的卜辞可知甲骨文时期多有大雨，雨水非常充沛。此外，《合集》28296号："其祝，求年，侑大雨？"为廪辛康丁时期卜辞。辞中求年但将大雨作为被祭祀对象，可见甲骨文时期人们已知雨水多少与农业收成的关系。

《合集》12704 号

小雨：字形🔲，释为小雨。卜辞中多见，如《合集》28546号："丁至庚，不遘小雨？大吉！丁至庚，其遘小雨？吉！兹用，小雨。"辞中命辞出现小雨，验辞也出现小雨，可见甲骨文时期人们已经有了预测雨的能力。又如《合集》28625号："王其省田，不遘大雨？不遘小雨？"辞中小雨与大雨对贞，商王或根据甲骨兆象可预测大雨或小雨。所见卜辞中小雨也作雨小，如《合集》12973号："癸亥卜，殼：翌甲子不雨，甲子雨小？"辞中的"雨小"即小雨。

攸雨：字形🔲，释为攸雨。见于《合集》34176号："不攸雨？攸雨？"为武乙文武丁时期卜辞。辞中"攸雨"的"攸"，《尔雅·释诂》："攸，遐也。"又："遐，远也。"孟世凯认为攸雨"久雨。攸与悠同意。即久远、长久。长时间下雨谓'攸雨'"（孟世凯《辞典》，第299页）。

雨疾：字形🔲，释为雨疾。多见于武丁时期卜辞，如《合集》12671号："贞：今夕其雨疾？贞：王往省？"又如《合集》12672号："贞：祸，雨疾。……雨疾亡……"卜辞中"雨疾"

《合集》12671 号

也作"疾雨",如《合集》12900号:"……疾雨,亡匄。"孟世凯引《诗·大雅·召旻》:"旻天疾威,天笃降丧。瘨戎饥馑,民卒流亡。"郑玄笺:"疾犹急也,瘨,病也。"认为雨疾为"降雨急速"(孟世凯《辞典》,第343页)。

𡥀雨:字形𡥀,依形隶定为𡥀雨。见于《合集》12648号:"隹上甲𡥀雨?"又有《合集》14620号:"庚申卜,永贞:河𡥀雨?贞:河弗𡥀雨?"皆为武丁时期卜辞。还有《屯南》2438号:"丙午卜,隹岳𡥀雨?隹河𡥀雨?隹夒𡥀雨?"为廪辛康丁时期卜辞。辞中先公远祖夒、河、岳以及先公近祖上甲皆可𡥀雨。孟世凯认为𡥀雨为"降灾祸于雨。雨量是否充沛,关系庄稼丰欠。商人认为祖先亦能主宰云和雨"(孟世凯《辞典》,第398—399页)。

宁雨:字形𡧧,释为宁雨。卜辞中习见宁雨,如《合集》30187号:"乙亥卜,宁雨,若?"又如《合集》32992号:"丁丑,贞:其宁雨于方?"再如《合集》34088号:"己未卜,宁雨于土?"辞中的"宁雨",陈梦家认为:"宁雨即止雨。宁雨于岳、土、方,和宁雨于方、土、四方是相同的。祭雨以'犾',同于祭日。"(陈梦家《综述》,第576页)此外,卜辞中"宁雨"与"宁风"见于同版,如《屯南》2772号:"其宁风、雨?辛巳卜,今日宁风?"可见当时人们对于风雨之间的关系已有所了解。孟世凯认为:"卜辞宁雨亦为祈求风调雨顺、五谷丰登,雨多则祈求止雨。"(孟世凯《辞典》,第618页)

烈雨:字形𡲢,释为烈雨。烈雨的烈,依形隶为歹,《说文》:"歹,列骨之残也。从半冎。"读如列,释为烈,表盛意。见于《合集》6589号:"贞:其亦烈雨?贞:不亦烈雨?"为武丁时期卜辞。辞中的"烈雨"即雨烈、雨盛、雨大。此外,卜辞中烈又表行列,为祭仪之一,如卜辞中的"烈鼎",即表示一定的用鼎数目和排列方式。

觏雨、遘雨:字形𡧜、𡧜,从彳或不从彳或增止义同,释为觏雨或遘雨。卜辞中"觏雨"的"觏",《说文》:"觏,遇也。"又为觏字,即见,所以,觏用作遇见。卜辞中习见"觏雨"、"不觏雨",或"觏大雨"、"不觏大雨",如《合集》5349号:"庚子卜,争贞:王前其觏,之日前,觏雨?五月。"为武丁时期卜辞。又如《合集》24879号:"……酉卜,逐贞:王宾岁,不觏大雨?贞:其觏大雨?"为且庚且甲时期卜辞。再如《合集》38177号:"丙子卜,贞:翌日丁丑,王其觏旅,延送,不觏大雨?兹御。"为帝乙帝辛时期卜辞。可见卜辞各期皆有"觏雨"或"不觏雨",虽然多出现在命辞中,但辞义非常明确,觏雨即遇见下雨,不觏雨即不遇见下雨。

盅雨:字形𡎚,依形隶定为盅雨。盅雨的盅,象卣置于水皿器中,本义类似后世的温酒,但有释为卣,以为卣下部有皿与无皿同(孟世凯《辞典》,第289页)。卜辞习见"盅雨",如《合集》12658号:"贞:亦盅雨?贞:不亦盅雨?贞:亦盅雨?"又如《合集》12659号:

"今夕不亦盦雨？贞：今夕其盦雨？"再如《合集》14468号："贞：……盦雨？二告。"反面："王占曰：其隹盦雨。"皆为武丁时期卜辞。辞中"盦雨"的"盦"，下部皆从皿，其义当与卣有别。前揭四条卜辞中，前三辞"盦雨"用作命辞，后一辞出现在验辞中。虽然甲骨学各家对盦雨的解释说法不一，或认为指和顺之雨，或以为指猛急之雨，或释为绵长之雨，但其为真实发生过的事情。

延雨：字形衍，释为延雨。卜辞中习见"延雨"，如《合集》12777号："壬寅卜……贞：今夕延雨？"又如《合集》12973号："辛酉卜，㱿：翌壬戌不雨，之日夕雨不延？"再如《掇》2.149号："癸卯卜，延雨？允：雨。"前辞中"延雨"的"延"，《尔雅·释诂》："延，进也。"卜辞中"延雨"亦即降雨绵续不断。

舞雨：字形舞，释为舞雨。舞雨的舞，甲骨文字形象人正面形双手持物（牛尾类）而舞，为舞字的初文，隶作舞。《说文》："舞，乐也。用足相背，从舛，无声。"朱歧祥认为："辞语文献中《吕氏春秋·适音篇》记上古葛天氏之舞，'操牛尾，投足以歌'之文相合。因有舞而求雨之习"（朱歧祥《通释稿》，第30页）。所见卜辞中有"奏舞雨"，如《合集》12819号："庚寅卜，甲午奏舞雨？庚寅卜，癸巳奏舞雨？庚寅卜，辛卯奏舞雨？"还见《合集》12838号出现"贞：舞雨"内容，皆为武丁时期卜辞。也有"舞有雨"，如《合集》5455号："贞：舞有雨？"又如《合集》12835号："其舞有雨？"皆为武丁时期卜辞。还有"王舞允雨""我舞雨""今日舞雨"等，舞雨的对象为河、岳等先公远祖，如《合集》14197号："贞：勿舞河，亡其雨？"又如《合集》14207号："贞：舞岳，有雨？贞：岳亡其雨？"皆为武丁时期卜辞。可见甲骨文时期人们的观念中，河、岳等祖神还肩负着降雨润物的职责。

《合集》12838号

霢：字形霢，象人舞而降雨形，当为雨舞的合文，依形隶定为霢，或为舞字的繁体，用作动词，由此字可推测，当时的舞祭主要用于求雨。"霢"多见于廪辛康丁以后卜辞，如《合集》28180号："王其乎成霢盂，有雨？吉！"又如《合集》30041号："于翌日丙霢，有大雨？吉！"再如《屯南》108号："丙寅卜，其乎霢……其霢于翊，有雨？"前揭各辞中的"霢"与分书的舞雨同，皆为舞祭而求雨。

雷：字形雷，罗振玉、王襄最早皆释为电（罗振玉《殷释》中，第5页；王襄《簠室殷契类纂》正编第十二，第51页）。叶玉森释为雷（叶玉森《前释》卷三，第19页）。卜辞中雷与风、雨一样，皆被上帝号令，如《合集》14130号："……帝其令雷？"又如《合集》14128号："癸未卜，争贞：生一月，帝其弘令雷？贞：生一月，帝不其弘令雷？"皆为武丁时期卜辞。可见在甲骨文时期人们的心目中雷也是神，是雷神，所以有《合集》13413号："……卜，贞：……雷于河？"以及《合集》13415号："……贞：雷不为祸？"这样的记录。宋镇豪引《论衡·雷虚》有云："图雷之状，累累如连鼓之形，又图一人，若力士之容，谓之雷公，使之左手引连鼓，右手推椎。其意以为雷声隆隆者，连鼓相扣之音也；其魄然若敝裂者，椎所出之声也；其杀人也，引连鼓相椎，并击之矣。"认为："甲骨文雷字写作 ，正像连鼓形……商人心目中的雷神，有致雨和祸忧惩戒人间的神力。'告雷于河'，似乎雷神的地位尚在河神之下。"（宋镇豪《夏商社会生活史》，第809

《合集》13415号

页）字形释为雷，多数学者认可，但朱歧祥认为："卜辞多习言' 来'，而雷状声音，不可见来去，释雷亦不能解，此仍当隶作电字是。"（朱歧祥《通释稿》，第142页）释雷字为电。

电：字形 。孙诒让最早释为申（孙诒让《举例》上，第1页）。叶玉森释"象电燿屈折"（叶玉森《前释》一卷，第17页）赵诚认为："申。象闪电之形，当为电之本字。用作干支字之申，则为借音字。《说文》与虹字下注：'籀文虹从申，申，电也。'可以证明古电字作申。又甲骨文雷字作 ，从 即电字。可以证明商代人有关于闪电的观念，而当时必有电字作 形。但是卜辞中的电字全用作干支字的申，无一用作电者，的确是一个疑问，后代的电者加上了一个雨头，可见当时人们认为电与雨有关。"（赵诚《词典》，第189页）字本象闪电形，当为电的本字，卜辞中多借用作地支字的"申"，未见用作电本义。但是，朱歧祥释 为电，认为"卜辞多习言' 来'，而雷状声音，不可见来去，释雷亦不能解，此仍当隶作电字是"。又引《丙》61号："王占曰：帝隹今二月令雷。其隹丙不吉。"以及《合集》1086号反面："壬戌，雷，不雨？"结论为："卜辞多卜问某日闪电后是否有雨。"（朱歧祥《通释稿》，第142页）

霝：字形 ，雨下两口，罗振玉、王襄最早皆释为霝（罗振玉《殷释》中，第5页；王襄《簠室殷契类纂》正编第十一，第51页）。《广雅·释言》：

"霝，令也。"王念孙疏证："《齐侯镈钟铭》：'霝命难老。'即令命也。"古文字霝同灵，表灵验；也用作气象词，同零，表雨降落。所见卜辞中"霝"多与妃组合成"霝妃"，如《合集》2869 号："庚寅卜，宾贞：霝妃，王不若？"又如《合集》6198 号："辛丑卜，殷贞：霝妃，不死？"还有《合集》2864 号、2865 号、2866 号、6197 号、6199 号、6200 号、16973 号、32509 号以及《英》417 号皆出现"霝妃"内容。但朱歧祥释霝妃为"雷改"，认为："卜辞习言'雷改'，即于改地有雷雨，问卜是否无灾。"（朱歧祥《通释稿》，第 140 页）若按朱歧祥观点，卜辞中出现的"霝"也是气象词。

虹：字形𩇕，象空中彩虹的形状，郭沫若最早释"是蜺字，象雌雄二虹而两端有首"（郭沫若《卜通》，第 86 页）。于省吾、孙海波、陈梦家皆释为虹（于省吾《骈枝·释虹》，第 15 页；孙海波《甲骨文编》，第 510 页；陈梦家《综述》，第 242 页）《说文》："虹，蟠蝀也。状似蟲。从蟲，工声。"《明堂月令》曰："虹始见。"《尔雅·释天》："蟠蝀，虹也。"郭璞注："俗名为美人虹。"《诗·大雅》："彼童而角，实虹小子。"所见卜辞中，"虹"见于 6 版 7 条卜辞，如《合集》10405 号反面："王占曰：有祟，八日庚戌，有各云自东面母，昃，亦有出虹自北，饮于河。"又如《合集》13443 号："庚寅卜，古贞：虹不佳年？庚寅卜，古贞：虹佳年？"再如《合集》13444 号："……庚吉……其

有凿虹于西。"皆为武丁时期卜辞。四条卜辞中《合集》13443 号两条卜辞虹出现在命辞，其余《合集》10405 号、13444 号虹皆出现在验辞，为甲骨文时期安阳王都北面或西面天空确实出现过的两条彩虹的记录。宋镇豪认为："在古代人们的信仰观念中，虹霓的气象现象，也被赋予神灵之性。虹是水气在日光中的一种折射现象，彩带七色光自外而内按红橙黄绿青蓝紫顺序排列，宛如长桥挂天空。蜺同霓，虹的外环，有时跟虹同时出现，俗称雌虹，形成原因与虹相同，惟光线在水气中比虹多一次反射，故彩带排列的顺序和虹相反，红色在内，紫色在外。通常又称鲜者为雄虹，暗者为雌霓。……甲骨文虹蜺字作桥梁之形，写作𩇕，寓赋形揣侵象之意。……虹饮于河，类于上引《释名》'啜饮东方之水气'。《皇帝占军诀》亦有云：'有虹从外南方入饮城中者。'大

《合集》13443 号

概商人于殷墟小屯附近曾见虹北出洹水
上，故有饮于河的联想。然吉、有灾咎
与出虹对文，知商人心目中虹蜺的神性，
既有善义，又有不详义。……知商代视
虹蜺还持有预示年成丰稔的神性。"（宋
镇豪《夏商社会生活史》，第 812—
814 页）

霾：字形𩃭，郭沫若、叶玉森、孙
海波、饶宗颐皆释为霾（郭沫若《卜
通》，第 85 页；叶玉森《前释》六卷，
第 45 页；孙海波《甲骨文编》，第 454
页；饶宗颐《通考》，第 159 页）。《说
文》："霾，风雨土也。从雨，貍声。"
《诗》曰："终风且霾。"《尔雅·释
天》："风而雨土曰霾。"卜辞中"霾"
用作气象词，见于《合集》13466 号：
"癸卯卜……王占曰：其……霾，甲
辰……"又见《合集》13467 号："贞：
兹雨，不佳霾？贞：……雨，佳霾？"
还见《合集》13468 号："贞：翌丁卯，
酒，丁霾？"皆为武丁时期卜辞。辞中
的"霾"当指某种气象现象，孟世凯释

《合集》13466 号

"意为天气阴晦暗"（孟世凯《辞典》，
第 678 页）。朱歧祥释此字为霓，认为
"即《说文》霓字：'屈虹，青、赤或白
色、阴气也。从雨兒声'段玉裁引赵注
《孟子》：'霓，虹也。'"以为《合集》
13467 号："卜辞问雨后有虹否！"（朱歧
祥《通释稿》，第 141 页）

雾（阴）：字形𩂇，象鸟在罩下，孙
诒让、王国维、王襄、叶玉森、最早皆
释为凤即风（孙诒让《举例》下，第 46
页；王国维《戬考》，第 60 页；王襄
《簠考·天象》，第 1 页；叶玉森《拾
考》，第 16 页）。郭沫若释为雾（郭沫
若《粹考》，第 68 页）。于省吾从其说，
认为"读作雾，与文义咸符"（于省吾
《释林》，第 108—111 页）。卜辞中习见
有"雾"，如《合集》13140 号："辛未
卜，内：翌壬申启，壬终日雾？"又如
《合集》13449 号："辛丑卜，宾：翌壬
寅启，壬寅雾？"再如《合集》13452
号："癸巳，翌甲启，甲雾，六月。"皆
为武丁时期卜辞。辞中的"启"指天亮
放晴的时段，即早晨，雾气多出现于早
晨无风无雨之时。还有《合集》13312
号："……争贞：翌乙卯，其俎，易日？
乙卯，俎，允：易日，昃雾于西。六
月。"辞中的"易日"指天气放晴，验
辞记录确实天气放晴了，但到了昃时，
雾又在西边降下。由《合集》672 号：
"翌癸卯，帝不令风，夕雾。"内容可
知，雾不但与风一样接受上帝的号令，
或为雾神，而且与风相关。关于雾字，
也有以为是阴字的一种字形（李宗焜
《甲骨文字编》，第 634 页），可备一说。

董（暵）：字形🔆、🔆、🔆，正面人形大口朝天会意，或省写口与黑字形同，或下部增火旁，于省吾、姚孝遂释为"'董'读作艱（现代汉字简化为艰），为灾咎之义。卜辞每见'降董'，均指帝所降之灾祸"（于省吾《诂林》，第289页，姚孝遂按）。董作宾认为："最初当为谨慎谨字，象人衣冠整齐，两手交叉恭谨之状。……天地降灾使下民饥馑，为商周时一种普通信念。"（董作宾《考古学社社刊》第四期，第7—10页）宋镇豪释作暵，表示干旱或旱灾，见于《合集》10184号："辛卯卜，㱿贞：其暵？三月。辛卯卜，㱿贞：不暵？壬辰卜，贞亘：有祸？贞亘：其有祸？三月。二告。"为武丁时期卜辞。辞中的"暵"与"不暵"皆指干旱，认为是灾祸。当然灾祸被释为上帝的降灾惩罚，又见《合集》10164号："……丑卜，贞：不雨，帝隹暵我？"还见《合集》10172号："辛卯卜，㱿贞：帝其暵我？三月。"皆为武丁时期卜辞。辞中"暵我"的"我"指商王或商王所代表的王朝和国家。宋镇豪将甲骨文中的暵与文献或传说中的旱魃为虐联系，认为："大概上古时候中原地区的农耕民族，通将旱魃视为虐神。"并根据前揭卜辞认为："是知在商代人心目中，旱魃也是有其神性的。《淮南子·主术训》云：'汤之时，七年旱，以身祷于桑林之际，而四海之云凑，千里之雨至。'旱魃为虐的严重灾情下的求雨之祭，甲骨文中所记甚多。"（宋镇豪《夏商社会生活史》，第808页）

雹：字形🔆，从雨从🔆，🔆为冰雹形，释为雹。王襄、陈梦家、饶宗颐、于省吾最早皆释为霏（王襄《簠室殷契类纂》正编第十一，第51页；陈梦家《综述》，第245页；饶宗颐《通考》，第247页；于省吾《释林》，第116页）。沈建华释"乃雹字古文"（沈建华《甲骨文释文二则》，《古文字研究》第六辑，第208页）。姚孝遂认为："🔆当释雹也。"（于省吾《诂林》，1156页，姚孝遂按）《说文》："雹。雨冰也。从雨。包声。"卜辞中用作气象词，如《合集》7370号："……亘贞：翌丁亥，易日？丙戌，雹……"为武丁时期卜辞。辞中的"雹"用作动词，当为卜问是否下冰雹。赵诚认为："卜辞记载的雹子和现代的情况差不多：一、和雨有关；二、可能造成灾害。"（赵诚《辞典》，第189页）所见卜辞中"雹"也有神性，受上帝的号令，如《合集》14156号："丁丑卜，争贞：不雹，帝隹其……丁丑卜，争贞：不雹，帝不隹……"又如《合集》11423号："癸未卜，宾贞：兹雹不隹降祸？十一月。二

《合集》7370号

告。癸未卜，宾贞：兹雹佳降祸？小告。"宋镇豪认为："雹可降祸忧人间，是对这一气象现象的神话。"（宋镇豪《夏商社会生活史》，第 816 页）

阴：字形↑，从今从隹，于省吾释为陰（现代汉字简化为阴），并认为"即雒字，《说文》：'雒。鸟也，从隹今声。春秋传有公子苦雒。'甲骨文以雒为天气阴晴之阴，不作雒鸟字用。"（于省吾《释林》，第 111 页）《说文》："阴，闇也。水之南，山之北也。从阜，侌声。"古文阴又作霒，《说文》："霒，云覆日也。"卜辞中"阴"用作气象词，如《合集》19780 号："丙辰卜，丁巳其阴，印？允：阴。"又如《合集》20769 号："甲辰卜，其焚，侑羌在，风印小风，延阴？"再如《合集》20988 号："戊戌卜，令嗇。戊戌卜，其阴，印？翌启，不见云。"皆为武丁时期卜辞。辞中的"阴"不论是在命辞还是在验辞，皆为天气阴晴的阴，特别是《合集》20988号阴与启（晴）对文，阴表阴晴之阴义无疑。所见卜辞中未见有对阴这种气候现象进行祭祀。

雪：字形，羽在雨下，王襄最早释"古雪字"（王襄《簠室殷契类纂》正编第十一，第 51 页）。姚孝遂认为"字从雨从彗，当释雪。卜辞以'雪'与雨对称"（于省吾《诂林》，第 1160 页，姚孝遂按）。卜辞中"雪"为气象词，见于《合集》709 号反面："贞：今夕雨，其雪？翌丁，求雪？"又见《合集》21023 号："甲辰卜，雪，雨？"又如《合集》14129 号反面："贞：帝不其令……贞：弗其今二月雷？王占曰：帝佳今二月令雷，其佳丙不令雪，佳庚其吉。吉。"再如《英》2366 号："其燎于雪，有大雨？"前二辞中出现的"雪"或为气象词表雪花，后二辞帝所令的"雪"和被作为燎祭对象的"雪"，当为雪神。陈梦家最早认为雪即雪神，乃"祭于雪神以求雨"（陈梦家《综述》，第 577 页）。宋镇豪亦认为："卜雪兼及雨，并且上帝有'令雷'、'令雪'的权威，是知雪与雷神一样，在上帝辖下，也是有其神性的。'燎于雪'，雪为神格无疑，用指雪神。雪神亦表现出易罹遭咎殃的柔性。祭雪之祭仪有燎、酒两种，亦通见于其他气象现象的祭祀场合。"（宋镇豪《夏商社会生活史》，第815 页）

《合集》21023 号

闪：字形闪，郭沫若、王襄、商承

祚最早皆释为閟，郭沫若认为"閟与大甲同例，所祭之神名"（郭沫若《粹考》，第192页；王襄《簠室殷契类纂》正编第十，第46页；商承祚《类编》十卷，第9页）。见于《英》2366号："庚子……弜燎于閟，亡雨？其燎于雪，有大雨？弜燎，亡雨？更閟燎、酒，有雨？雪暨閴酒，有雨？"宋镇豪认为："辞中祭雪而兼祭的閟、閴两位神格，是与雪、雨有关的气候神。閴大概为寒神，字从门从虍从夕，殆有寒裂闭门之义。……与寒神閴对文的閟，似为煖神，字从火在门内，有温暖之意。……甲骨文言祭寒神閴，均与雨雪连文，而祭閟神，言雨而不及雪，则固寓暖意于其中，殆閟神为冬春之交的气候神。"（宋镇豪《夏商社会生活史》，第815页）

閴：字形𨵦，依形隶定为閴。卜辞用作气象词或气候词，与閟同见于《英》2366号，辞中"閴"也作为被祭祀对象，当亦为气象神。宋镇豪认为："閴大概为寒神，字从门从虍从夕，殆有寒裂闭门之义。"（宋镇豪《夏商社会生活史》，第815页）卜辞中见与称作煖神的閟对文。详参閟条。

霖：字形𩅧，从雨林声，释为霖。《说文》："霖，凡雨三日已往为霖。从雨，林声。"已往即以上，意即雨下三日一下为霖。《尔雅·释天》："久雨谓之淫，淫谓之霖。"卜辞中或也为气象词，如《合集》11010号："王逐……霖兕。"又如《合集》13010号："贞：……霖……逐。"皆为武丁时期卜辞。所据卜辞内容太少，其用法待考。

霋：字形𩂣、𩃈，字形前后期有别，叶玉森最早释为霜，又以为是"雪之初文"（叶玉森《钩沈》，第1页；《前释》二卷，第39页）。陈梦家释为霡，认为"和《说文》的霖（即雾）和雾相当"（陈梦家《综述》，第247页）。孙海波释为霋（孙海波《甲骨文编》，第853页），此从孙释。《说文》："霋，霁谓之霋。从雨，妻声。"《玉篇·雨部》："霋，云行貌。"卜辞中用作气象词，如《合集》21010号："甲申……乙雨……大……霋，寅大启，卯大风自北。"为武丁时期卜辞。又如《合集》38194号："其雨。戊申卜，贞：今日霋？妹霋。"再如《合集》38197号："辛巳卜，贞：今日雨？妹霋。"皆为帝乙帝辛时期卜辞。辞中的"霋"，赵诚认为："卜辞借用作为霁，表示雨停止之意。"（赵诚《词典》，第191页）孟世凯则认为"从雨从敏：气象词。意为云散天晴。"（孟世凯《辞典》，第638页）卜辞习见"妹霋"，妹为时间词，与湄同，指天傍明之时，妹霋或指天傍明时是否停止下雨。

窥：字形𥆞，侧面人形突出大目，会意人的眼睛被遮蔽，依形隶定为窥。卜辞中或用作气象词，表示覆盖之义，赵诚引《甲》3336号："壬辰卜，内，翌癸巳，雨，癸巳，窥？允：雨。"认为窥"象人的眼睛被蒙蔽之形，有覆盖之义。甲骨文用来指上天被浓云蒙蔽，从下看好象整个大地被云层密密覆盖，乃其引申义。"（赵诚《词典》，第192页）所见卜辞中，还有见"窥日"，如《合集》18076 号残片残辞："……窥日……不……窥日……"

启：字形見、瞓、㿟，一字多形，基本形从又从户，为手启门户形，或增口省又，或上部增日，或增彳，孙诒让最早释为启（孙诒让《举例》上，第 34 页）。现代汉字启包括了启、啟，统一简化为启，但在古文中启、启、啟各有所解，《说文》："启，开也。从户口。"本义指打开门户。又《说文》："啟，教也。从攴。启声。"本义亦为手打开门户，引申泛指开，打开。再《说文》："启，雨而昼晴也。从日启省声。"段玉裁注："启之言闿也。晴者，雨而夜除星见也，雨而昼除见日则谓之启。"所见卜辞中，通用作启，皆指天放晴，现代汉字统一简化为启，如《合集》9816 号："己亥卜，示受年？壬寅卜，王贞：翌甲辰日，相启？允：启。十一月。"又如《合集》13351 号："贞：今夕雨？之夕启，风。"再如《合集》21021 号："癸丑卜，贞：旬甲寅，大食雨……北？乙卯，小食大启，丙辰……曰，大雨自南？"皆为武丁时期卜辞。还有《合集》24920 号："贞：不其雨？三月。壬寅卜，即贞：翌癸卯启？四月。贞：不其启？三月。"为且庚且甲时期卜辞。《合集》28663 号："……亥卜，翌日戊，王兑田，大启？大吉。兹用，允：大启。"《屯南》744 号："癸卯卜，甲启，不启，竹夕雨。不雨，允不启，夕雨。"皆为廪辛康丁时期卜辞。前揭各辞中的"启"，皆指由云雾或雨转为天放晴。所见卜辞中启也具有神性，如《合集》

122 号："贞：王梦启佳祸？王梦启不佳祸？"为武丁时期卜辞。辞中的"启"能够对王产生灾祸，当为神。卜辞中"启"不但用作气象词，用作气象神名，也用作人名、族名和地名。

《合集》24920 号

大启：字形个瞓，释为大启。卜辞中用作气象词，大启即大晴，如《合集》21021 号："癸丑卜，贞：旬甲寅，大食雨……北？乙卯，小食大启，丙辰……曰，大雨自南？"为武丁时期卜辞。又如《合集》28663 号："……亥卜，翌日戊，王兑田，大启？大吉！兹用，允：大启。"为廪辛康丁时期卜辞。辞中的"大启"皆指天气大晴。

日启：字形曰瞓，释为日启。卜辞习见"今日启"或"今日不启"，是气象词，皆卜问今日天是不是放晴，如

《合集》30381 号："丁巳卜，今日启？戊午卜，今日启？"又如《屯南》1127号："戊辰卜，今日启，不雨？弘吉！"再如《屯南》2300 号："戊戌卜，今日戊，启？今日不启？吉！"

夕启：字形 ⺁，释为夕启。卜辞习见"今夕启"或"今夕其启"或"今夕不其启"，如《合集》13085 号："贞：今夕启？"又如《合集》13088 号："贞：今夕其启？"再如《合集》13102号："贞：今夕不其启，不启？"皆为武丁时期卜辞。辞中"今夕"的夕指夜，"今夕启"即今夜放晴，"今夕不其启"即今夜不会放晴。

延启：字形 ⺁，释为延启。卜辞习见的气象用语，如《英》66 号："贞：延启？允：延启。贞：延启？"又如《合集》24161 号："贞：今日延启？四月。"再如《合集》24925 号："贞：今日不其延启？"辞中的"延启"皆指天气是否会延续放晴。

《合集》24925 号

夕壹：字形 ⺁，饶宗颐释 ⺁为壹，并认为"此壹当读为曀，《开元古籍》101引《竹书》'帝辛时天大曀'是也。

《说文》：'曀，天阴也。'《诗》：'终风且曀。'"（饶宗颐《通考》，第 86 页）此从饶说，释为夕壹，卜辞中习见，如《合集》926 号："己巳卜，宾贞：龟得母壬？王占曰：得，庚午夕壹，辛未，允：得。王占曰：得。"又如《合集》12908 号："……酉卜，翌戊戌，雨？……酉雨，之夕壹，丁酉，允：雨。"皆为武丁时期卜辞。辞中的"夕壹"，陈梦家认为："'夕壹'一定指晚上的气候……'夕壹'之意不外乎指夜间有星无云或无星有云"（陈梦家《综述》，第 246 页）。由《合集》11503号："七日己巳，夕壹，有新大星竝火。"内容，可知七日己巳这一天，天空出现新星和火星，不应该是天气阴蔽。

从斗：字形 ⺁，释为从斗。斗字形象盛水酒之勺，朱歧祥"隶作勺，《说文》勺：'枓也。所以挹取也。象形。中有实。与包同意。'形与声类同，卜辞借为升。有'卜夕'之习，于是日卜问次日晚上月亮是否会出现，称'比升'"（朱歧祥《通释稿》，第 436 页）。此从其说，但是斗与是勺皆为盛水酒之器，无别；从与比同。"从斗"或"比升"卜辞多见，如《合集》21341 号："辛未，从斗？翌庚……从斗？"再如《合集》21350 号："己亥卜，夕庚，从斗，延雨？翌辛……斗？辛从斗？"后辞中己亥日占卜，卜问第二天庚日的夜间月亮会不会升空，是否会延续下雨，其义甚明。

《合集》21341 号

易日：字形🜪⊙，释为易日。卜辞中用作气象词，如《合集》6037 号："贞：翌庚申，我伐，易日，庚申明，雾，王来途首，雨？贞：翌庚申，不其易日？"反面"……占曰：易日，其明雨，不其夕……丧雨。夕雨。王占曰：其雨。"又如《合集》11483 号："……争贞：翌甲申，易日，之夕月有食，甲雾，不雨？翌甲申，不其易日？翌己亥，不其易日？……易日。"皆为武丁时期卜辞。又如《合集》22915 号："甲申卜，旅贞：今日至于丁亥，易日不雨？在五月。"《合集》25971 号："乙亥卜，大贞：来丁亥，易日？十一月。"皆为且庚且甲时期卜辞。再如《合集》32501 号："甲寅，侑岁戋甲三牢、羌甲二十牢又七，易日，兹用。"《合集》32954 号："壬戌卜，今日王省……于癸亥，省象，易日。"皆为武乙文武丁时期卜辞。辞中的"易日"，孟世凯引郭沫若观点"余谓易乃赐之借字。……是则'易曰'犹言阴曰矣。"（郭沫若《古代铭刻汇考》一册）《说文》："暘，曰覆云暂见也。从曰，易声。"认为易日"即天阴"（孟世凯《辞典》，第 349 页）。但朱歧祥认为："卜辞习称'易日'，即'暘日'。暘，示天晴。《说文》：'曰覆云暂见也。'"（朱歧祥《通释稿》，第 456 页）赵诚认为："易日。易即赐。天气阴沉、晦暗，商代人希望上帝能把太阳赏赐给人间，所以叫做赐日。卜辞中的易日常和雾相对而言……商代人认为，太阳出来与否，一定受某一种神力的支配，所以为了使太阳出来，也就是使神赐给人间以太阳，常祈求先祖以赐日……既然希望赏赐一个太阳，则这种天气一定是没有日出：可能是阴沉、晦暗，也可能是乌云滚滚，也可能是时阴时雨，也可能是多云蔽日。有人把'易日'简单地看成是阴天，不能说没有道理，但不完全合符实际。"（赵诚《词典》，第191 页）

勿见：字形🜪，释为勿见。勿见的勿，卜辞中多用作否定词，表毋也、没也。或也用作天象词，赵诚认为："勿。构形不明，甲骨文用来指称物色，即后代所谓的云气之色，则为借音字。从这种意义上来说，勿即物色之物的初文。古代占候，多望云气。"（赵诚《词典》，第 188 页）如《合集》17330 号："……勿见，其有梌，亡勹？"孟世凯引赵诚观点论述："'勿见'即'物现'，是说云色之气出现；'梌'即'渝'，变化之义，'其有渝'是说有渝变，'亡'用作无，'勹'为灾害之义，'亡勹'义为无灾。意思是说云气呈现，有渝变，但无灾害。这和后世望云气以占候的用义显然相近。其中我们讲'紫气东来'之'紫气',当为古人所谓的这种物色之一。《周礼·保章氏》:'以五云之物,辨吉凶水旱丰荒之祲像。'郑注:'物,色也,视日旁云气之色','知水旱所下之国。'《后汉书·明帝纪》:'观物变。'章怀太子注:'物谓云色灾变也。'即指此。"(孟世凯《辞典》,第154页)

《合集》17330号

4. 地理邦族

(1) 都邑和王畿

①地名和邦族

商:字形❖、❖、❖、❖,孙诒让最早释为商(孙诒让《举例》上,第30页)。罗振玉亦释商,并认为"卜辞与篆文同。……卜辞或又省口"(罗振玉《殷释》中,第11页又第57页)。王国维谓:"其(罗振玉)说是也,始以地名为国号,继以为有天下之号。"(王国维《观堂集林·说商》,第327页)甲骨文时期的王畿或王邑称商,如《屯南》1126号:"南方,西方,北方,东方,商。"又如《英》716号:"辛卯卜,殷贞:今夕王入商?"前辞把商与四方相对,辞中的商被指称谓王畿是非常

明确的;后辞中的商则是被指为一个具体的地名,即王邑或都邑。用作地名的商在卜辞中当分两类,一类指位于中心区的王畿,大体包括今河北邢台以南,河南黄河以北,山东西南部分地区,山西太行山以西部分地区。另一类则应指一个具体的居邑,这种居邑后世又称之为商邑。关于卜辞商的性质和地望,孙诒让最早在《举例》中就指出"盖指商都",罗振玉、王国维皆具体指出它就是现在所称作的安阳殷墟(王国维《观堂集林·说商》,第327页)。但董作宾则认为卜辞商地"当在今河南商丘县"(董作宾《殷历谱》),陈梦家从其说:"董作宾修正罗、王之说,以为大邑商是商丘,丁山《辨殷商》亦同此说。董氏后来排列征人方之辞,以为亳为谷熟之南亳。卜辞《上》9.12有'在商贞今日步于亳'之语,因知商与亳之相近,商是商丘。他大约是如此推定商为商丘的,这是正确的。"(陈梦家《综述》,第255页)郑杰祥则认为:"我们认为当以罗、王一说为是。商邑应当就是商都,《诗经·商颂·殷五》:'商邑翼翼,四方之极。'毛《传》曰:'商邑,京师也。'商人的后裔仍称商王朝后裔的都邑为商邑。"(郑杰祥《概论》,第5页)虽然卜辞中未见商邑,但《逨簋》铭文出现商邑,说明王邑称商也称商邑。此外,《英》2524号:"癸卯,王卜贞:旬亡祸?在十月又一,王征人方,在商。癸丑,王卜贞:旬亡祸?在十月又一,王征人方,在亳。"辞中的商当指商方之地,与亳地相近,即今河南省商丘市

西南一带。另外，卜辞商也借为赏，即赏赐之赏。如《合集》7829 号："戊戌卜，殷贞：有商？"

《屯南》1126 号

大邑商：字形𝔞，释为大邑商。卜辞中商邑又称大邑商，见于第五期卜辞，如《合集》36530 号："己酉，王卜贞：余征三丰方，叀𤔲令邑弗悔？不无……在大邑商，王占曰：大吉！在九月遘上甲……五牛。"又如《合集》36507 号、36511 号都出现大邑商内容。关于大邑商的所指，罗振玉云："'告于大邑商'语，均谓王都。"（罗振玉《殷墟书契考释》下，第 54 页）王国维、林泰辅皆与罗的观点同，认为卜辞中的大邑商也是指安阳王都（王国维《说商》，〔日〕林泰辅《甲骨文地名考》）。但董作宾《殷历谱·闰谱》则认为："大邑商亦即今之商丘，盖其地为殷之古都，先王之宗庙在焉。故于征人方之始，先至于商而行告庙之礼也。旧说皆以大邑商为今之殷墟（安阳），误。"陈梦家又认为："大邑商疑在沁阳猎区，凡征多方皆由此出师，出师之前告庙于大邑商。"（陈

梦家《综述》，第 257 页）

天邑商：字形𝔞，释为天邑商。见于《合集》36542 号："乙丑卜，贞：在狱，天邑商，公宫衣，兹夕亡祸？宁。在九月。"又见《合集》36543 号也出现"天邑商"的内容，皆为帝乙帝辛时期卜辞。关于天邑商的所指，罗振玉云："'告于大邑商'语，均谓王都，《书·多士》：'肆予敢求尔于天邑商'，天邑即大邑之讹。"（罗振玉《殷虚书契考释》下，第 54 页）但董作宾《殷历谱·旬谱》认为："祭之地必称'天邑商公宫'或'天邑商皿宫'，公宫、皿宫之别不可知，要之，为王巡游在外之行宫也。"即认为天邑商是商王巡游在外随地设立的行宫。陈梦家则认为："凡称天邑商的记衣（殷）祭之事，凡称大邑商的记征伐之事并兼及田游。两者未必是一地。天邑商冠以所在之狱或黄林，疑即古朝歌之商邑。"（陈梦家《综述》，第 257 页）古朝歌为今河南省淇县城。李学勤的《殷代地理简论》又认为"天邑商是一个相当大的区域"，它是指商代后期的王畿而言，并不是指具体的一个城邑。岛邦男在《殷墟卜辞研究·卜辞的地名》提出："天邑商当在今河南商丘县。"郑杰祥"信从罗振玉一说，即天邑商也就是大邑商，均指为安阳王都"。认为："古字天与大形、音、义相近故相通用，卜辞'侑于大庚'（《后》下四〇·十一），它辞又称之为'天庚'（《乙》五五八四）；卜辞'岁于大戊三牢'（《甲》九〇三），它辞又写作'天戊五牢'（《前》四·一

六·四），'天庚'就是'大庚'，'天戊'就是'大戊'，因此，'天邑商'也应该就是'大邑商'。"（郑杰祥《概论》，第15—16页）

《合集》36543号

中商：字形中商，释为中商或仲商。卜辞中中商用作地名，见于《合集》7837号："……勿于中商。"又见《合集》20453号："……巳卜，王贞：于中商乎……方。"郑杰祥认为："'中商'一地不能确指其所在。〔日〕岛邦男《研究·卜辞的地名》认为中商即今河南省商邱县。陈梦家《综述·方国地理》云：'中商是地名诸商之一。安阳战国属赵，为新中，《春秋地名考略》及《方舆纪要》卷四十九引《都城记》曰：安阳一名殷中，即贝冢也。中商或是殷中之所本。'陈说可从，古代商、

殷混称，殷中即商中，就是商王朝的中心区，商中或即中商之倒文，当指为王都附近，可能在今河南省安阳市一带。"（郑杰祥《概论》，第19页）

《合集》20453号

蒿：字形蒿，释为蒿。卜辞中蒿用作地名，见于《合集》29375号："……酉卜，王曰贞：其蒿田？"又见《甲》3940号："戊戌，王蒿田……文武丁柲，王来征……"宋镇豪认为："蒿读如郊。《周礼·载师》郑氏注：'故书郊或为蒿'，并引杜子春云：'蒿读为郊，五十里为近郊，百里为远郊。'《墨子·明鬼下》记商汤'犯遂下众，人之蟜遂'。孙诒让读为'犯遂夏众，人之郊遂'。蟜、蒿、郊音义相通。'蒿田'读为'郊田'，即在郊田猎。郊应指王朝都邑外之地。"（宋镇豪《夏商社会生活史》，第32页）但郑杰祥认为："卜辞蒿地当即高地……卜辞高地应当就是春秋时代的'敖、鄗之间'的鄗地，后称广武山，现称邙山，位于今郑州市西北黄河南岸。"（郑杰祥《概论》，第381页）孟世凯从郑说："蒿即春秋时期之鄗邑。

《左传·哀公四年》：'国夏伐晋，取邢、任、乐、鄐、逆畤、阴人、盂、壶口。'故地即今河北省高邑与柏乡二县所辖大部分地区。"（孟世凯《辞典》，第586 页）

商鄙：字形 ，释为商鄙。所见"商鄙"的卜辞《英》2525 号："癸巳卜，在 字商鄙，泳贞：王旬亡祸？隹来征人方。癸酉卜，在巳奠河邑？隹来征人方。"为帝辛时期征人方回返大邑商时卜辞。宋镇豪认为："甲骨文中又有'商鄙'，大体亦指王邑'畿'外近郊野地。"（宋镇豪《夏商社会生活史》，第 32 页）由上举辞条内容，其先在商鄙，后在河邑，而后回到王都大邑商，宋镇豪观点甚是。

东鄙：字形 ，释为东鄙。卜辞中"东鄙"用作地名，如《合集》6060 号反面："……东鄙……日，辛丑夕壹。"又如《合集》6057 号："癸巳卜，殻贞：旬亡祸？王占曰：有祟，其有来艰。迄至五日丁酉，允有来艰自西，沚臷告曰，土方征于我东鄙，菑二邑，舌方亦侵我西鄙田。"关于"东鄙"，孟世凯释为"商王都东郊外之地。"（孟世凯《辞典》，第 341 页）但宋镇豪认为："在商代，不特王邑有'畿'，诸侯或方国族落也均有其势力范围圈或'经济生物圈'。甲骨文有记沚国使者向商王朝自报敌方侵犯'我东鄙'、'我西鄙田'（《合集》6057 号）。甲骨文又有言'攸侯喜鄙'（《殷缀》190 号），鄙又指诸侯与方国的政治控制领地。"（宋镇豪《夏商社会生活史》，第 32 页）也就是

说不但王邑有东鄙，诸侯的之邑以及方国之邑也有东鄙，《合集》6057 号中的东鄙当指沚邦族邑的东鄙。

《合集》6060 号反面

西鄙：字形 ，释为西鄙。卜辞中西鄙除《合集》6057 号与东鄙见于同版卜辞，还见于《合集》6059 号："……臷告曰：土方……侵我西鄙……"为武丁时期卜辞。辞中的"西鄙"或为都邑畿外西部近郊之地，或为诸侯的之邑以及方国之邑外西部近郊之地。陈梦家认为："'鄙'当为都城之外居住的地区，聚若干小邑而成。此等小邑据《周礼》鄙、甸之制推之，大约为三十家，则其小可知，殷人之邑只会更小的。我们假设卜辞有宗庙之邑为大邑，无曰邑，聚于大邑以外的若干小邑，在东者为东鄙，在西者为西鄙，而各有其田。《左传》有东、西、南、北鄙，有县鄙、边鄙。"（陈梦家《综述》，第 323 页）

京奠：字形 ，释为京奠。所见

"京奠"的卜辞有《合集》6 号："癸卯卜，宾贞：今郭系在京奠？……勿……在京奠？六月。"关于"京奠"，宋镇豪引裘锡圭《说殷墟卜辞的"奠"——试论商人处置服属者的一种方法》："甲骨文用作动词的奠字，本指商王朝处置服属者的一种方法，把战败或臣服的国族之一部或全部，让其仍保持原来的社会组织系统，安置在商王朝可控制区内。"认为："当时存在着围绕在商王朝四周可控制范围内安置被奠者的惯例，长此以往而人为形成一种特殊的政治地理圈，此已名词化意义的'奠'，性质与《周礼·天官·甸师》说的'郊外曰甸'有渊源关系，或可读如甸。《说文》：'甸，天子五百里地。'《国语·周语上》：'夫先王之制，邦内甸服，邦外侯服。'邦内谓畿内。奠应指王朝外服可控制区范围，相当商国的畿甸外围所至。"（宋镇豪《夏商社会生活史》，第 39 页）

我奠：字形 ，释为我奠。卜辞中"我奠"用作地名，如《合集》9767 号："贞：我奠受年？"此从宋镇豪观点，奠即甸，商或以自我为中心按方位而称我奠。参见京奠条。

南奠：字形 ，释为南奠。卜辞中"南奠"用作地名，如《合集》7885 号："……殻贞：在南奠？……殻贞：我受……贞：在南奠？"又如《合集》7884 号、8818 号皆出现"南奠"。南奠即南甸。参见京奠条。

北奠：字形 ，释为北奠。卜辞中"北奠"用作地名，见于《合集》32275 号："乙卯，贞：吴以人……北奠次？"

皆为武乙文武丁时期卜辞。又见《合集》32277 号也出现"北奠"。北奠即北甸。参见京奠条。

《合集》32275 号

襄奠：字形 ，释为襄奠。卜辞中"襄奠"用作地名，如《合集》3458 号反面："在襄奠。"为武丁时期卜辞。襄奠即襄甸，在襄地之甸。参见京奠条。

侯：字形 ，释为侯。"侯"字在卜辞中用作爵名，也见用作地名，如《合集》20650 号："戊申卜，王贞：受中商年……月。……卜，王……不既……于侯侯……有祐。"辞中的"侯侯"应指侯地。郑杰祥认为："卜辞侯族所在的侯地，应当就是指春秋时代的郙田……古郙田、郙人亭在今武陟县西南约 8 公里处，此地北距卜辞中商约 150 公里，它应就是卜辞中的侯地。"（郑杰祥《概论》，第 19—20 页）我们认为侯地与中商同版出现，两地当相距不远，相距150 公里不大可能。

北（邶）：字形 ，释为北，"北"字在卜辞中用作方位词，也用作方位神名和方国名，还用作地名，如《合集》9535 号："贞：乎黍于北受年？"辞中的

"北"地，甲骨学界多认为即文献中的邶。《说文》："邶，故商邑，在河南朝歌以北。"《大清一统志·河南彰德府》古迹条下："邶城在汤阴县东南。"又引《旧志》："今曰邶城镇，在县东三十里。"（《文物地图集》第288页）邶城"城址平面呈长方形。东西长1564米，南北宽1050米，四周钻探出宽4.4米的夯土墙基，据文献记载为周代邶城。城址东部有一座面积300平方米、高约3.5米的夯土台基。传为武庚官兵台。"郑杰祥认为："此地现仍称邶城镇，位于今河南省汤阴县东南约15公里，南距纣城即朝歌镇（今淇县县治）约30公里，它应当就是卜辞中的北地和文献中邶、鄘、卫的邶地。"（郑杰祥《概论》，第27页）

郭（墉）：字形𩫏、𩫜，释为郭，也可释为墉，或繁或简，象城墙四边有望楼形状。《说文》："墉，城垣也，从土，庸声。"又《说文》以为古文墉与郭二字字形相同，二字当为一字。郭沫若释："𩫜，余谓亦墉字，从四亭于城垣之上，两两相对，与从二亭相对同意字，亦地名，盖即邶，鄘之鄘。"（郭沫若《卜通》，第161片）《汉书·地理志》："周既灭殷，分其畿内为三国，《诗·风》邶、鄘、卫国是也。邶，以封纣子武庚；鄘，管叔尹之；卫，蔡叔尹之；以监殷民，谓之三监。"郑玄的《诗谱》言："自纣城而北谓之邶，南谓之鄘，东谓之卫。"所说的纣城即后世所称的朝歌，即今淇县城，那么三地的大致方位邶在北，鄘在南，卫在东。卜辞中"墉"即

"郭"，卜辞中"郭"用作地名，如《合集》9282号："……入二，在郭。"卜辞中郭也用作邦族名，如《合集》7047号："贞：依敦郭？"辞义为商王贞问依族是否敦伐郭族。郭族或是商的一个支族，或是居住于王畿之内的异族，其邦族首领也称郭。此外，卜辞中"郭"也表城郭。如《合集》13514号："辛卯卜，㱿贞：基方缶作郭？"也用作时间词，见郭兮条。

依：字形𠆳、𠈽，释为依。所见卜辞中未见"在依""于依""往依"等明确依为地名的内容，但有依用作邦族名的卜辞，见于《合集》6169号："己亥卜，争贞：勿乎依敦？"又如《合集》7047号："贞：依敦郭？"辞中的郭也释为墉，二辞中依和墉一样都用作邦族名，有邦族当肯定有封地，辞中的依和墉当时居于依地和墉地的两个族。卜辞中地名、邦族名和邦族首领名往往混而为一，大致上该邦族居于或封于某地而命名为某族，或某地因具有某族而称为某地，某族的首领也就称之为某。虽然未见依地的确指，但《合集》8277号："癸丑，贞：于依？八月。"辞中出现了地名依。郑杰祥认为："当为依字之繁体"（郑杰祥《概论》，第28页）。其地望参见衣条。

《合集》6169号

亦：字形仒，释为亦。卜辞中"亦"用作地名，如《合集》24247 号："己未卜，行贞：王宾叙亡尤？在亦卜。庚申卜，行贞：王宾叙亡尤？在衣。"辞中"亦"与"衣"见于同版，两地当相距不远，其地待考。

鲦：字形鮾、鯏、鯏、鯏，释为渔，一字多形，或从鱼从水，或从鱼从又持丝。《说文》："渔，捕鱼也。从鱼，从水。"罗振玉《增订殷虚书契考释》中释为渔。卜辞中"渔"用作动词，即捕鱼，如《合集》10475 号："……王渔，十月。"也用作人名，如诸子有子渔。用作地名，渔地与牧地见于同条卜辞，如《合集》14149 号反面："牧入十，在渔。"还有《合集》29376 号、33574 号、《屯南》2230 号皆出现"在渔"；《合集》33162 号出现"自渔"等。关于"渔"的地望，郑杰祥认为："卜辞

《合集》33162 号

渔地可能就是后世的修鱼，又称之为萧鱼。……古修鱼当在今原武镇（河南省原阳县的原武镇）东，此地春秋属郑，战国属韩，北距卜辞牧地约 60 公里，它可能就是卜辞中的渔地。"（郑杰祥《概论》，第 35 页）

沘（泥）：字形沘，释为沘字形从水，从二人（一人头朝上一人头朝下），于省吾释为泥，从水从尼，"尼字是会意字，象人坐于人上"（于省吾《释林》，第 251 页）。但也有释为沘（孟世凯《辞典》，第 310 页）。兹从释沘。卜辞中"沘"用作地名，如《合集》11001 号："壬午卜，宾贞：勿乎田于榥？"辞中的"榥"字，郑杰祥认为："卜辞榥当为枑字的繁体。又枑与泥同（其认从于省吾观点释沘为泥）。"又如《合集》10261 号："贞：乎戹逐鹿？"辞中的"戹"应为邦族名，郑杰祥认为："戹族所在的住地应当就是泥地和榥地，此地也是商王活动的地方……卜辞泥地可能就是《诗经》中的'泥中'，《诗经·卫风·式微》云：'微君之躬，胡为乎泥中。'毛《传》曰：'泥中，卫邑也。'……位于今郓城县西 20 余公里……此地西距卜辞牧地约 150 公里，它可能就是卜辞中的泥地或榥地。"（郑杰祥《概论》，第 37—38 页）但卜辞有《合集》11003 号："癸酉卜，古贞：乎戹取虎于牧鄙？"意为商王呼唤命令戹地的戹人去牧地抓老虎，相距 150 公里，不太可信。戹地与牧地当相距不远。居住在泥地的人，卜辞中作沘，隶定为戹，当为邦族名。所见戹族的卜辞除上举

《合集》11003 号外，还有《合集》10261 号、10262 号等。

乐：字形，罗振玉最早释为乐，认为"从丝附木上，琴瑟之象也"（罗振玉《殷释》中，第 40 页）。王襄亦释"古乐字"（王襄《簠室殷契类纂》正编第六，第 28 页）卜辞中乐用作地名，如《合集》36501 号："丙午卜，在商贞：今日步于乐，亡灾？己酉卜，在乐贞：今日王步于丧，亡灾？……戌卜，在……贞：今日王步于香，亡灾？"郑杰祥认为："商地当指为朝歌商邑。……卜辞乐地应当就是后世的新乐城，《水经·清水注》：'清水又东迳新乐城，城在获嘉县故城东北，即汲之新中乡也。'……《大清一统志·河南卫辉府》古迹条下云：'新乐故城，今新乡县治。'清代新乡县即今河南省新乡市，此地北距卜辞商地即古朝歌城约 60 公里，它应当就是卜辞中的乐地。"（郑杰祥《概论》，第 38 页）但陈秉新以为："乐，借为汋，疑即汋陵……今河南宁陵县东南有汋陵城。"（陈秉新《殷虚征人方卜辞地名汇释》，《文物研究》第 5 辑，第 71 页）

礜：字形，依形隶定为礜，卜辞中用作地名。姚孝遂认为"卜辞地名多增口"（于省吾《诂林》，第 750 页，姚孝遂按）。姚说可从，礜或为乐字的繁形，见于《合集》36553 号："乙酉卜，在香贞：王今夕亡祸？丁亥卜，在丧贞：王今夕亡祸？己丑卜，在礜贞：王今夕亡祸？辛卯卜，在霄贞：王今夕亡祸？"为帝乙帝辛时期卜辞。辞中礜用作地名，

与香地、丧地、霄地同版出现，其四地当相近相邻。郑杰祥认为："卜辞礜字当即乐字的繁体，因此礜地当即乐地……当在今河南省新乡县，此地东距卜辞丧地约 90 公里。"（郑杰祥《概论》，第 260—261 页）

香：字形，郭沫若释为香，认为"上正从黍，下亦甘省。古文从甘之字多省作如是者，故知此乃香字"（郭沫若《卜通》，第 143 页）。但叶玉森释为者（叶玉森《说契》，第 2 页）。姚孝遂认为："郭沫若释'香'可从。"（于省吾《诂林》，第 1457 页，姚孝遂按）卜辞中"香"用作地名，如《合集》36553 号："乙酉卜，在香贞：王今夕亡祸？丁亥卜，在丧贞：王今夕亡祸？己丑卜，在礜贞：王今夕亡祸。辛卯卜，在眉贞：王今夕亡祸。癸巳卜，在眉贞：王今夕亡祸。"为帝辛征人方卜辞。还有《合集》36752 号、《英》2565 号都出现"在香"，《合集》36501 号、41777 号、《英》2565 号都出现"步于香"。郑杰祥认为："卜辞香地不能确指，它可能就在河南省延津县香台关一带。《大清一统志·河南卫辉府》关隘条下云：'香台关在延津县西北东沙门镇。'清代延津县即今河南省延津县，古香台关当位于今延津县西北沙门村一带，此地东北距滑县桑村即卜辞丧地约 60 公里，西北距新乡市及卜辞乐地约 25 公里，北距淇县朝歌镇即卜辞商地约 40 公里，它或者就是卜辞中的香地。"（郑杰祥《概论》，第 38—39 页）但也有认为香地与噩（丧）、礜、眉等地相近，

由香至噩（衰）仅两日路程，距商末沁阳田猎区不远，当在今河南焦作市一带（孟世凯《辞典》，第404页）。

《合集》36752号

爵：字形，罗振玉最早释为爵，认为"其字确象爵形"（罗振玉《殷释》中，第36页）。王襄亦释"古爵字，象三足流柱鋬具全之形"（王襄《簠室殷契类纂》正编第五，第25页）。卜辞中"爵"用作地名，如《合集》36537号："癸未卜，贞：王旬亡祸？在七月，王征剢戈商，在爵"。为帝乙帝辛时期卜辞。又如《合集》1824号、37458号也出现"在爵。"由于爵地与商地同版出现，郑杰祥认为："卜辞爵地可能就是后世的爵城所在地，《大清一统志·河南彰德府》古迹条下：'邯城在汤阴县

东南。……相近又有爵城，相传武王封爵功臣于此。'所谓'武王封爵功臣于此'当为后世附会之辞。此爵城西南距朝歌商邑20余公里，它可能就是卜辞中的爵地。""爵"在卜辞中除用作地名，也为盛酒专用器名，也用作祭名，还用作动词表封赏之意。详见动词爵条。

龚：字形，王襄释"古龚字"（王襄《簠室殷契类纂》第一，第11页）。卜辞中"龚"用作地名，如《合集》36926号："辛未卜，在龚贞：王今夕亡祸？"为帝乙帝辛时期卜辞。又如《合集》6587号、6588号、6589号、6590号、6595号、8201号、19269号都出现"取龚"；《合集》7352号出现"于龚"；《合集》8198号出现"至龚"，皆可认为龚用作地名。关于"龚"地所在，郑杰祥认为："龚地是商王来往的地方……卜辞龚地应当就是后世的共地。共地所在……清代辉县即今河南省辉县，

《合集》6595号

西周时为共国，它应当就是卜辞中的龚地。"（郑杰祥《概论》，第39—40页）此外，卜辞中"龚"也用作人名，如《合集》6816号："……充贞：令龚……"

　　雍：字形💠，罗振玉、王襄、叶玉森最早皆释为雝（罗振玉《殷释》中，第11页；王襄《簠室殷契类纂》，第18页；叶玉森《前释》二卷，第45页），今通雍。卜辞中"雍"作用地名，见于《合集》36487号："癸亥卜，黄贞：王旬亡祸？在九月，征人方，在雍彝。"为帝辛时期征人方卜辞。又见《合集》36486号、36606号、36607号、36608号以及《屯南》2350号皆出现"在雍。"但对于这个雍字有释为"旧"。另外《屯南》4529号："于雍北队，于南阳西罜。"辞中的"雍""从隹从日"。郑杰祥认为："此辞雍字写作💠，从隹从⊙，与《存》下809雍字字形结构完全相同，此字也当释为雍字无疑。"（郑杰祥《概论》，第42页）由《合集》9748号："戊午卜，雍受年？"可知雍地为商王朝的农业区。关于"雍"地的所在，参见雍麓条。但陈梦家认为："山阳今修武县境，雍当在其东，近吴泽大陆之处。"（陈梦家《综述》，第260页）

　　休：字形🌲，象人依木息止形，罗振玉最早释为休（罗振玉《殷释》中，第53页）。卜辞中有用作本义，如《合集》32961号："……贞：王休……"辞中的"王休"应为王休息。卜辞中"休"也用作地名，如《合集》8155号："庚子卜，宾贞：王往休，亡……"辞中"王往休"的休为地名。又如《合集》8154号、8156号等十余条卜辞都出现"王往休"内容，可见休地是商王常常前往光顾之地，其地望当在王都安阳附近，但屈万里认为："休，地名卜辞习见。疑即'孟子去齐居休'之休。阎若璩《四书释地》谓故城在'今兖州府滕县北十五里'。"（屈万里《甲编考释》，第11页）孟世凯从屈说，亦认为"卜辞休即此地，在今山东滕州市附近"（孟世凯《辞典》，第247页）。

　　南阳：字形🔯，释为南阳。卜辞中"南阳"用作地名，如《屯南》4529号："于雍北队，于南阳西罜。"辞中"南阳"与雍地同版，两地当相距不远。郑杰祥认为："卜辞南阳应当就是春秋时期的南阳。其地所在……古河内地区的南阳有两种含义，一是指一个较大的地区，这个地区包括北起今河南淇县朝歌镇，西南至今河南济源县轵城镇之间的广大地区；二是指一个具体的地名，即今获嘉县西郊的古南阳城，此地西距古雍城约45公里，它应当就是卜辞中的南阳。"（郑杰祥《概论》，第42—43页）

　　②建筑

　　宫：字形🏠、🏠、🏠、🏠、🏠、🏠，一字多形，上无宀形的宫，显然是建筑群的形体组合，从宀的宫为四阿重屋式楼房之形，释为宫。《说文》："宫，室也。从宀，躳省声。"本为宫室之宫，卜辞中有"南宫""右宫"等皆用作宫室之宫。宋镇豪认为："宫均指为贵族统治者的享宴、祭祀、治事和居住之所。从妣庚神主之所可称宫，知当时宫、庙定名尚未有严格的区分。"（宋镇豪《夏商社会生活史》，第85页）卜辞中"宫"又借用作地名，见于一期至五期各期卜辞，如《合集》10985号："……龙田于宫。"为武丁时期卜辞。又如《合集》24462号："乙酉卜，坚贞：王其田宫，亡灾？在五月。"为且庚且甲时期卜辞。再如《合集》37604号："戊午卜，贞：今日王其田宫，不遘大风？"可见"宫"地为商王朝重要的田猎地和商王常常往来之地。还有《合集》29177号："壬，王其……宫田不雨？弜省宫田其雨？吉！在霋。大吉！"辞中"宫地"与霋地见于同版，说明两地相距甚近。郑杰祥认为："卜辞宫地应当就是春秋时代的丘宫，《左传·襄公十四年》：'公使子蟜、子伯、子皮与孙子盟于丘宫。'杜预注：'丘宫近戚地。'丘宫盖即宫丘之倒文，戚地……它位于铁地即卜辞霋地北侧，因此丘宫也必与霋地相近，此地西南距卜辞棷地50公里左右，它应当就是卜辞

《合集》10985号

中的宫地。"（郑杰祥《概论》，第95页）此外，"宫"在卜辞中也用作族名，如《合集》7380号："癸巳，羌宫示二屯，扫。"辞中羌宫或为羌邦族的一支。又如《合集》36566号："丁亥卜，贞：王迗宫，往来亡灾？"辞中所迗之宫或指邦族国名。

南宫：字形𦥑，释为南宫，如《合集》30374号："丁巳卜，于南宫舌？大吉！"辞中的"南宫"当为商王宴享、议政或居住的宫殿之一。

右宫：字形𦥑，释为右宫，也有释为有宫（姚孝遂、肖丁《摹释》，第674页）。如《合集》30375号："即右宫……祐？"辞中的"右宫"为商王宴享、议政或居住的宫殿之一。

天邑商公宫：字形𥝢𦥑，释为天邑商公宫，如《合集》36541号："辛酉卜，贞：在狱天邑商公宫衣，兹夕亡灾？"辞中的"天邑商公宫"冠用了天邑商地名，显然是指王都内商王宴享、议政或居住的宫殿之一。

天邑商皿宫：字形𥝢𦥑，释为天邑商皿宫，如《合集》36542号："甲午卜，贞：在狱天邑商皿宫衣……亡灾？宁。乙丑卜，贞：在狱天邑商公宫衣，兹夕亡灾？宁。在九月。"辞中"天邑商皿宫"与天邑商公宫对文，或皆为商王宴享、议政或居住的宫殿，或天邑商皿宫为天邑商公宫的别称。

妣庚示宫：字形𦥑，释为妣庚示宫，如《花东》490号："壬子卜，其将妣庚示宫，于东宫？用。"辞中"示"为神主，"妣庚示宫"当为置放妣庚神

主的场所，妣庚为求生对象，当为武丁之父小乙的配偶，为其专门建筑置放神主的场所，可见其尊贵的身份。

室：字形🏠、🏠、🏠，王襄最早释为"古室字"（王襄《簠室殷契类纂》正编第七，第 35 页）。《说文》："室，实也。从宀，从至。至，所止也。"段玉裁注："室，引申之，则凡所居皆曰室。"《尔雅·释宫》："宫谓之室，室谓之宫。"又："室有东西厢曰庙。"注："夹室、前室。"宋镇豪释室"是建筑的空间概念，在甲骨文金文中用为居住、治事、宴飨之所，……类似后世的'朝堂'；……用为祭祀或藏主之所。"（宋镇豪《夏商社会生活史》，第 85 页）姚孝遂谓："卜辞每称'大室'、'中室'、'盟室'、'司室'等等，均为祭祀之所。亦称'且丁室'（《甲》491）、'大甲室'（《林》2.1.3），盖庙中之室。"（于省吾《诂林》，第 2044 页，姚孝遂按）

大室：字形🏠，释为大室，如《合集》30371 号："癸……卜，贞：其……于大室？"辞中的"大室"当为商王居住、治事、宴飨场所之一。

中室：字形🏠，释为中室，如《合集》27884 号："丁巳卜，叀小臣剌以汇于中室？丁巳卜，叀小臣口以汇于中室？兹用。"辞中的"中室"为商王居住、治事、宴飨场所，或为祭祀场所。

血室：字形🏠，释为血室，如《合集》13562 号："贞：翌辛未，其侑于血室，三大宰？九月。"辞中的"血室"当为祭祀场所，也有释为盟室（姚孝遂、肖

丁《摹释》314 页）。朱歧祥引《说文》释为："卜辞习称'血室'，为献荐牲血之所。"（朱歧祥《通释稿》，第 351 页）

《合集》13562 号

司母大室：字形🏠🏠，释为司母大室，也有释为后母大室（宋镇豪《夏商社会生活史》，第 85 页）。如《合集》30370 号，出现"司母大室"一名，或为祭祀先母而设立的专名场所。

且丁室：字形🏠，释为且丁室即祖丁室。如《合集》30369 号残片出现"且丁室"一名，当为专司祭祀先王且丁的场所。又如《合集》30372 号残片出现"……丁西室"内容，"丁西室"或为"且丁西室"内容之残，当位于祭祀先公先王建筑群西部方位。

东室：字形🏠，释为东室。如《合集》13555 号："戊戌卜，宾贞：其受东室？小告。贞：弗其受东室？二告。"又如《合集》13556 号也出现"东室"内容。"东室"当为宗庙祭祀建筑群位于东部方位的祭室。

南室：字形🏠，释为南室。如《合集》806 号："贞：告执于南室？三宰。"

辞中的"南室"当为宗庙祭祀建筑群位于南部方位的祭室。

北室：字形 ⛄，释为北室。如《花东》3 号："壬卜，子令，其宅北室亡蕙？"辞中的"北室"当为宗庙祭祀建筑群位于北部的场所。

新室：字形 ⛄，释为新室。如《合集》13563 号："丁未卜，贞：今日王宅新室？贞：勿宅？三月。"为武丁时期卜辞，辞中的"宅新室"当为新建一座祭祀场所。又如《合集》31022 号："于盂厅奏？于新室奏？"辞中的"新室"与"盂厅"对文，虽不排除有新建之室的含义，但当与"盂厅"一样为某宴飨场所的名称。

宗：字形 ⛄、⛄、⛄、⛄，一字多形，从示（神主）在宀下，释为宗。《说文》："宗，尊祖庙也。从宀，从示。"段玉裁注："当云：尊也，祖庙也。"《白虎通义》："宗者何谓也？宗者，尊也，为先祖主者，宗人所尊也。"宗字象形，象室中有示形。示为神祇，即神主。《周礼·春官·小宗伯》："掌建国之神位。右社稷，左宗庙。"卜辞中多见有宗，如《合集》34054 号："庚申卜，在宗，夕雨？"辞中的宗或为宋镇豪所讲的"祖先宗庙建筑群体或自然神祇的祭所"（宋镇豪《夏商社会生活史》，第 85 页）。陈梦家认为："宗与示的分别，即神主（或庙主）与神主所在之宗庙、宗室的分别。神主所在之宗庙宗室与王所居之寝室，二者也自有区别。然卜辞中所见有关建筑的名称，多属于庙室合而论之，可分为以下三类：壹、

先王先妣的宗庙：宗，升，家，室，亚，宾，旦，宦，户，门；贰、集合的宗庙：宗，大宗，小宗，中宗，亚宗，新宗，旧宗，有宗，又宗，西宗，北宗，丁宗；三、宗室及其他：东室，中室，南室，血室，大室，小室，㠱室，司室，室，南宣，公宫，皿宫，从宫，宿，门，户，帚。"（陈梦家《综述》，第 468 页）

王宗：字形 ⛄，释为王宗。如《合集》13542 号："甲子卜，争贞：作王宗？"辞中卜问建作王宗，其作王宗应是为某王建作宗庙。

《合集》13542 号

中宗：字形 ⛄，释为中宗或仲宗。卜辞所见"中宗"的辞条很多，多为中宗且乙的庙号，也有用作宗庙名，如《合集》17445 号："甲戌……贞：有梦秉🔥，在中宗，不佳祸？八月。"辞中的"中宗"或为且乙中宗的宗庙，或为位于宗庙群中间位置的宗庙。

西宗：字形 ⛄，释为西宗。如《合集》36482 号："甲午，王卜贞：其于西宗，美王？王占曰：弘吉！"辞中的"西宗"当为位于宗庙群西方位的宗庙。

北宗：字形𠂤宀，释为北宗。如《合集》38231 号："……飨史于燎北宗，不……大雨？"辞中的"北宗"当为宗庙群位于北方位的宗庙。

大宗：字形𠂤宀，释为大宗。如《合集》34047 号："……亥卜，在大宗，有升伐三羌、十小宰，自上甲？"当为辞中的大宗，当为置放众先王神主的场所。晁福林认为："就殷代宗庙建筑情况看，大宗、中宗、小宗之间并无严格区分。在卜辞里，无论是在大宗，或是在小宗，均有祭祀自上甲以后诸先王的记载。"（晁福林《关于殷墟卜辞中的"示"和"宗"的探讨》，《社会科学战线》1979 年第 3 期）

小宗：字形𠂤宀，释为小宗。如《合集》34046 号："丁丑卜，在小宗，有升岁……乙？乙亥有升岁，在小宗，自上甲？一月。"辞中在小宗对自上甲以后的众先公先王进行岁祭，可见"小宗"也当为置放众先公先王神主的宗庙，与大宗类似。

右宗：字形𠂤宀，释为右宗。所见卜辞中出现"右宗"内容的有 6 条卜辞，如《合集》28252 号："贞：即于右宗，有雨？"又如《合集》30318 号："即右宗燮，有雨？"再如《合集》30319 号："贞：王其酒夒于右宗，有大雨？"其他如《合集》30320 号、30415 号也都是求雨的内容，《合集》30321 号为残辞，可知右宗是时王求雨的宗庙。在右宗祭祀燮，又酒祭夒，燮、夒都为先公远祖，右宗或为供奉先公远祖集体神主的宗庙，类似于后世的太庙。

夒宗：字形𠂤宀，释为夒宗。如《合集》30299 号："乙卯卜，不雨，夒宗燎率……吉！"辞中的"夒宗"是供奉商先公远祖夒神主的宗庙，商王在此燎祭求雨。

《合集》30299 号

河宗：字形𠂤宀，释为河宗。如《合集》13532 号："贞：于南方，将河宗？十月。"辞中的"将"为祭法，表奉献祭品，"将河宗"意为向河宗奉献祭品。河为商先公远祖之一，河宗为供奉河的宗庙，"于南方"或指河宗位于宗庙群南方位。

岳宗：字形𠂤宀，释为岳宗。如《合集》30298 号："于帝臣，有雨？于岳宗酒，有雨？于夒宗酒，有雨？"辞中"岳宗"与"帝臣""夒宗"对文，帝臣是至高无上的上帝的使臣，夒宗是商先公远祖或为契的宗庙，那么，"岳宗"当为供奉商先公远祖岳神主的宗庙。但也有释为"山神庙。……或说岳为商先祖。"（孟世凯《辞典》，第 354 页）对于岳的身份，甲骨学界认识不一，有认为是先公远祖，有认为是山神，从上前述辞条内容岳与夒、帝臣对文，同被祭求雨，岳当为先公远祖。事实上，甲骨文时期人们宗教观念是祖神合一，祖即是神，神也是祖。

唐宗：字形，释为唐宗。如《合集》1339 号："癸卯卜，宾贞：井方于唐宗，戠？"辞中"唐宗"的"唐"为商汤大乙的私名，唐宗是供奉商汤大乙神主的宗庙，井方献戠在此祭祀商汤大乙。卜辞又见有"大乙宗"，出现在武乙文武丁时期卜辞，也为商汤大乙的宗庙。商汤大乙的宗庙或在武丁时称唐宗，武丁后又称大乙宗。

大乙宗：字形，释为大乙宗。如《屯南》2707 号："……其大御，王自上甲血用白豭九，下示䣇牛，在大乙宗卜。"同版卜辞还出现父丁宗、大甲宗、且乙宗内容。又如《合集》33058 号、34049 号残片上也出现"大乙宗"。"大乙宗"是供奉商开国之君商汤大乙神主的宗庙。

大丁宗：字形，释为大丁宗。如《怀》1559 号："丁未，其，翌日在大丁宗？"辞中的"大丁宗"是供奉商先王大丁神主的宗庙。

大甲宗：字形，释为大甲宗。见于《屯南》2707 号："……自上甲，盟用白豭九……在大甲宗卜。……卯，贞：其大御？其王自上甲，盟用白豭九，下示䣇牛，在且乙宗卜。"辞中的"且乙宗"是供奉且乙神主的宗庙，"大甲

宗"则是供奉先王大甲神主的宗庙。

大庚宗：字形，释为大庚宗。如《屯南》3763 号："祀在大庚宗，卜。"辞中的"大庚宗"是供奉商先王大庚神主的宗庙。

仲丁宗：字形，释为仲丁宗，仲丁为合文。如《合集》38223 号："……彝在仲丁宗？在三月。"为武乙文武丁时期卜辞。辞中的"仲丁宗"是供奉商先王仲丁神主的宗庙。

且乙宗：字形，释为且乙宗即祖乙宗，且乙是合文。如《合集》33108 号："……王从沚获，今秋……祐在且乙宗？"辞中的"且乙宗"是供奉先王且乙神主的宗庙。又如《合集》34048 号出现"在且乙宗"。特别是《合集》34148、《屯南》600 号都出现"在且乙宗卜"内容，即在且乙的宗庙进行占卜。

且丁宗：字形，释为且丁宗即祖丁宗，且丁是合文。如《合集》30300 号："于且丁宗王受？"辞中的"且丁宗"是供奉先王且丁神主的宗庙。

父甲宗：字形，释为父甲宗。如《屯南》2334 号："于父甲宗门用，有正？"卜辞中称父甲的有武丁的父辈阳甲，也有廪辛康丁称且甲为父甲，辞中"父甲宗"当为供奉且甲神主的宗庙。

父丁宗：字形，释为父丁宗。如《屯南》2707 号："……大御自上甲，其告于且乙，在父丁宗卜？"为武乙文武丁时期卜辞，辞中的"且乙"当指小乙，"父丁"为武乙之父康丁，那么

"父丁宗"是供奉父丁即武乙之父康丁的宗庙。又如《合集》32700 号："辛亥,贞:吴以二毂于父丁宗,卩?"为武乙文武丁时期卜辞,此中的"父丁宗"亦为供奉武乙父辈康丁神主的宗庙。

《合集》32700 号

武乙宗:字形 ,释为武乙宗,武乙是合文。如《合集》36076 号:"甲子卜,贞:武乙宗,丁其牢?兹用。"辞中的"武乙宗"是供奉武乙神主的宗庙。

武且乙宗:字形 ,释为武且乙宗即武祖乙宗,且乙是合文。如《合集》36080 号:"甲戌卜,贞:武且乙宗,丁其牢?兹用。"辞中的"武且乙"即武乙,武且乙宗是供奉祖辈武乙神主的宗庙,当为帝乙时期卜辞,武乙为帝乙的祖辈,所以尊称为武且乙。

文武丁宗:字形 ,释为文武丁宗,武丁是合文。如《合集》36153 号:"丙戌卜,贞:文武丁宗其牢?兹用。"为帝乙时期卜辞,辞中"文武丁宗"是供奉文武丁神主的宗庙。

文武宗:字形 ,释为文武宗。如《合集》36159 号:"丙午卜,贞:文武宗其牢?兹用。"辞中"文武宗"的"文武"是文武丁,"文武宗"亦是供奉文武丁神主的宗庙,或为文武丁宗的省称。

且甲旧宗:字形 ,释为且甲旧宗即祖甲旧宗,且甲为合文。如《合集》30328 号残片上仅出现"且甲旧宗"一名。卜辞中的"且甲"可以指其庚且甲兄弟们中的且甲,也可以指武丁的父辈阳甲,冠以新旧之旧的形容词,当指阳甲,且甲旧宗或为供奉阳甲神主的宗庙。

《合集》30328 号

妣庚宗:字形 ,释为妣庚宗,妣庚是合文。如《合集》23372 号:"庚申卜，旅贞：往妣庚宗，岁杀？在十二月。”为且庚且甲时期卜辞。辞中“妣庚宗”的妣庚或指先公示壬之配偶或为先王小乙的配偶，只有他们两位才可能有专门的宗庙，因为这两位妣庚都是求生对象，由武丁之后示壬的配偶妣庚多称为高妣庚以区别小乙的配偶妣庚，所以这个且庚且甲卜辞中的妣庚宗，应为供奉小乙的配偶妣庚神主的宗庙。

母辛宗：字形，释为母辛宗。如《怀》1566号：“庚戌卜，将母辛宗？”辞中将为祭仪，辞义为向母辛宗供奉祭品。辞中的“母辛宗”的“母辛”当为且庚且甲的母辈妣辛妇好，“母辛宗”是供奉母辛妇好神主的宗庙。

新宗：字形、，释为新宗。如《合集》13547号：“贞：勿于新宗酒？八月。”为武丁时期卜辞，又如《合集》30323号等八条廪辛康丁时期卜辞都出现“新宗”内容。新宗或为新建的宗庙。

亚宗：字形，释为亚宗。如《合集》30295号：“其作亚宗？”辞中的“亚宗”当为配祭先公先王的旧功臣，如伊尹、师般、雀等有功之臣神主的宗庙，但也有认为是“次于大宗之又一宗庙”（孟世凯《辞典》，第327页）。

丁宗：字形，释为丁宗。如《合集》13538号：“乙酉卜，宾贞：丁宗，亡不若？六月。”为武丁时期卜辞。又如《合集》13533号等十余条卜辞出现“丁宗”内容。多为武丁时期卜辞。武丁之前的先王有且丁、仲丁、大丁，这个丁宗是前述三位名号为丁的先王的集体宗庙，还是其中某位的宗庙，或是否借用作祊，有待进一步考证。

癸宗：字形，释为癸宗。如《合集》36176号：“……司母其……文武帝，乎……司母于癸宗，若？王弗悔。”为帝乙时期卜辞，辞中的“癸宗”当为供奉文武帝的配偶妣癸神主的宗庙。文武丁也尊称文武帝，文武帝的配偶妣庚在帝乙时期称母癸，在帝辛时期称妣癸。

秦宗：字形，释为秦宗。所见卜辞中出现“秦宗”内容的卜辞有7条，如《合集》32742号：“弜秦宗于妣庚？”辞中商王卜问于秦宗祭祀妣庚，秦宗当与妣庚相关。又如《合集》27315号上出现“于且丁秦侑宗”内容以及《合集》30340号出现“且乙舌秦宗”内容，且丁与且乙都有配偶称妣庚，秦宗或为供奉妣庚神主的宗庙，为区别于妣庚宗而称秦宗。

升：字形、、、，为计量容器的象形，释为升，或释为必。本义为容器引申为计量单位，如《合集》30973号：“其蒸新鬯，二升、一卣于……”辞中的“升”“卣”都是容器，二升二卣则为计量单位。所见卜辞中“升”又借用作藏神主的场所，或为宗的别称。陈梦家认为：“‘升’，于省吾释必（《骈枝》Ⅲ：20—21）。疑当为祢，即亲庙。……乙辛卜辞日祭康丁至帝乙诸王，‘某某宗’与‘某某升’互见，则宗与升当属于同类的，皆是祭祀所在的建筑物。”（陈梦家《综述》，第470页）宋镇豪则释为“藏主之庙”（宋镇豪《夏商社会生活史》，第85页），孟世凯释为"神宫或藏庙主之处"（孟世凯《辞典》，第 145 页）。参见且甲升、且丁升等条。

且甲升：字形𝌆，释为且甲升即祖甲升，且甲是合文。如《屯南》2343号："癸丑……舌且甲升，叀……牢又一牛？用。"为武乙文武丁时期卜辞。辞中的"且甲"，当指且庚且甲的且甲，"且甲升"当为供藏先王且庚且甲的且甲神主并对其进行祭祀的场所。

庚升：字形𝌆，释为庚升。如《合集》23217号："……卜，行贞：庚升，岁王其叙？"出现卜辞第二期贞卜人物行，知为且庚且甲时期卜辞。辞中的"庚"当为且庚且甲的祖辈般庚，"庚升"是供藏先王般庚神主并对其进行祭祀的场所。

父丁升：字形𝌆，释为父丁升，父丁为合文。如《合集》23214号："己亥卜，行贞：父丁升，岁宰、牡？"出现卜辞第二期贞卜人物行，知为且庚且甲时期卜辞。辞中的"父丁"是且庚且甲的父辈武丁，"父丁升"是供藏先王武丁神主并对其进行祭祀的场所。

且丁升：字形𝌆，释为且丁升即祖丁升，且丁是合文。如《合集》30355号："弜可且丁升？"为廪辛康丁时期卜辞。辞中的"且丁"当指武丁，"且丁升"当为供藏先王武丁神主并对其进行祭祀的场所。

父庚升：字形𝌆，释为父庚升，父庚为合文。如《合集》30356号："其即父庚升？"为廪辛康丁时期卜辞。辞中的"父庚"指且庚、且甲兄弟中的且

庚，为廪康之父辈，"父庚升"是供藏先王且庚神主并对其进行祭祀的场所。

父甲升：字形𝌆，释为父甲升。如《合集》30359号："癸亥卜，其侑夕，岁于父甲升，王受有祐？"为廪辛康丁时期卜辞。辞中的"父甲"指且庚、且甲兄弟中的且甲，为廪康的父辈，"父甲升"是供藏先王且甲神主并对其进行祭祀的场所。

《合集》30359 号

武乙升：字形𝌆，释为武乙升。如《合集》36101号："甲子卜，贞：武乙升，丁其牢？兹用。"为帝乙帝辛时期卜辞。辞中的"武乙升"是供藏先王武乙并对其进行祭祀的场所。

武且乙升：字形𝌆，释为武且乙升。如《合集》36115号："甲辰卜，

贞：武且乙升，其牢？甲寅卜，贞：武且乙升，其牢？"为帝乙帝辛时期卜辞。辞中的"武且乙"即武乙，为帝乙帝辛的祖辈，"武且乙升"是供藏先王武乙并对其进行祭祀的场所。

文武丁升：字形，释为文武丁升。如《合集》36534号："戊戌，王蒿……文武丁升……王来征……"辞中的"文武丁升"是供藏先王文武丁并对其进行祭祀的场所。

武升：字形，释为武升。如《合集》36317号："……贞：昔乙卯，武升……癸亥，其至于妣癸升，丁？"为帝辛时期卜辞。辞中的"武升"的"武"指文武丁，妣癸是文武丁的配偶，武升或为文武丁升的省称，亦是供藏先王文武丁神主并对其进行祭祀的场所。

《合集》36317号

妣辛升：字形，释为妣辛升，妣辛为合文。如《屯南》2538号："其用西，在妣辛升，至母戊？"为廪辛康丁时期卜辞。辞中的"母戊"为且甲的配

偶妣戊，廪辛康丁兄弟称为母戊，那么"妣辛"当指武丁的配偶即妇好，"妣辛升"是供藏先妣妇好神主并对其进行祭祀的场所。

妣癸升：字形，释为妣癸升，妣癸为合文。如《合集》36317号："……贞：昔乙卯，武……癸亥，其至于妣癸升，丁？"为帝辛时期卜辞。辞中的"武升"的"武"指文武丁，"妣癸"是文武丁的配偶，"妣癸升"是供藏妣癸神主并对其进行祭祀的场所。

旦（坛）：字形，释为旦，本为时间词指天明日出大地的时段，又借用作建筑物名，陈梦家认为："某某旦，疑假作坛。"（陈梦家《综述》，第472页）宋镇豪从陈梦家观点："陈梦家疑借为坛，可能为人工夯筑圆墩形基址的高坛式建筑物。"（宋镇豪《夏商社会生活史》，第85页）卜辞中多见"于旦亡灾"，与"于南门旦"互证，当为祭于

《合集》34071号

旦或祭于南门旦的省称，以求消除灾难。参见南门旦、庭旦、父甲旦等条。

且丁旦：字形⿰，释为且丁旦。如《合集》27309 号："于且丁旦？"意当为祭祀于且丁旦。又如《屯南》60 号："于且丁旦，寻？"辞中的"寻"为祭名，全辞的意思为在且丁旦进行寻祭，可见且丁旦是对先王且丁专门进行祭祀的祭坛。前二辞皆为廪辛康丁时期卜辞，辞中的"且丁"或指其祖辈武丁，或指武丁之祖辈且丁，由于有见"毓且丁旦"为专祭武丁的祭坛，那么此"且丁旦"应是专祭武丁之祖且丁的祭坛。

毓且丁旦：字形⿰，释为毓且丁旦，毓且丁即后祖丁，是廪辛康丁时期卜辞后出现对武丁的称谓，以区别于武丁之祖且丁。所见毓且丁旦内容的卜辞有《合集》27308 号："于毓且丁旦？"为廪辛康丁时期卜辞。辞中的"毓且丁旦"是专祭先王武丁的祭坛。

父甲旦：字形⿰，释为父甲旦，父甲是合文。如《合集》27446 号："己酉卜，夏贞：翌日父甲旦，其十牛？"出现第三期贞卜人物夏知为廪辛康丁时期卜辞，辞中的"父甲"显然是其父辈且庚且甲的且甲，"父甲旦"是专祭先王且甲的祭坛。

父旦：字形⿰，释为父旦。如《合集》22204 号："父旦佳卩"残片残辞，为且庚且甲时期卜辞，辞中的"父"当指武丁，"父旦"当为祭祀武丁的祭坛。

庭旦：字形⿰，释为庭旦。如《屯南》60 号："于且丁旦，寻？于庭旦，寻？"辞中"庭旦"与"且丁旦"对文，贞问是在且丁旦寻祭还是在庭旦寻祭。卜辞中的"庭"有用作人名，但也指宫中堂阶前的平地，"庭旦"或为在宫中平地上夯筑的圆墩形祭坛。

南门旦：字形⿰，释为南门旦。如《合集》34071 号："于南门旦？"贞问是否在南门旦进行祭祀活动，辞中的"南门旦"当为在宫殿区南门一带夯筑的圆墩形祭坛。

臺旦：字形⿰，释为臺旦。如《合集》1074 号："贞：杀人于臺旦？"辞中的"杀"为祭祀用牲的方法，即肢解牲体，杀人为裂剖人牲，即在臺旦进行人牲祭。辞中的"臺"像是建筑物上又有建筑，或为楼房形。

单：字形⿰，释为单。单字本为一兵器的象形，借用作建筑物名。宋镇豪认为："单，墠也，可能是利用自然高地在其上筑土修整成的祭所。单与旦的区别，单是自然而经修整的墠式祭所，旦是人工构筑的夯土坛。《尚书·金縢》：'为三坛同墠，为坛于南方，北面'，孙星衍疏引郑注《礼记·祭法》云：'封土曰坛，除地曰墠'，指出三坛同墠，意思说'既除地为墠，又加三坛其上'。除地即平整土地，封土则谓人工层层夯筑的祭坛，前者为墠，后者为坛。"（宋镇豪《夏商社会生活史》，第 86 页）赵诚则认为单"本为象形字，卜辞用为台名，则为借音字。"（赵诚《甲骨文简明辞典》，第 217 页）卜辞有《合集》8303 号反面："……步于单。"即到自然高地上所修筑的祭所。参见小单、南单等条。

南单：字形𠂤𢆶，释为南单。所见"南单"的卜辞有《合集》28116号："……入从南单……从西……巳……"又如《合集》34220号："岳于南单。岳于三门。岳于楚。"也就是说在南单、三门、楚三地举行岳祭。关于"南单"所在，郭沫若认为："南单当即鹿台。"（郭沫若《殷契粹编》，第73片释文）郑杰祥从郭说："卜辞南单又称作鹿台，在今河南淇县城，此地位于太行山东麓的边缘。"（郑杰祥《概论》，第48页）但孟世凯则释南单为"商王都之南郊"（孟世凯《辞典》，第391页）。若按宋镇豪的观点，南单当是在宫殿区的自然高地上修筑的祭祀场所（宋镇豪《夏商社会生活史》，第86页），位于宫殿区南部。

东单：字形𢆶𠂤，释为东单。所见"东单"的卜辞有《合集》28115号："叀东单用。"为廪辛康丁时期卜辞。还有《合集》36475号："庚辰王卜，在敏贞：今日其逆旅以……于东单，亡灾？"为帝乙帝辛时期卜辞。孟世凯释东单为"商王都东郊"（孟世凯《辞典》，第

《合集》28115号

341页）。若按宋镇豪的观点，东单当是在宫殿区的自然高地上修筑的祭祀场所（宋镇豪《夏商社会生活史》，第86页），位于宫殿区东部。

西单：字形𠂤，释为西单。所见"西单"的卜辞有《合集》9572号："庚辰，贞：翌癸未粪西单田，受有年？十三月。"为武丁时期卜辞。孟世凯释西单为"商王都西郊"（孟世凯《辞典》，第234页）。若按宋镇豪的观点，"西单"当是在宫殿区的自然高地上修筑的祭祀场所（宋镇豪《夏商社会生活史》，第86页），位于宫殿区西部。

小单：字形𠂤，释为小单。如《合集》31683号："兹用，在牢卜？小单……"辞中的牢为地名，郑杰祥认为位于河南省汲县一带（郑杰祥《概论》，第150页），汲县在朝歌城之南，朝歌为商王朝的陪都，小单或为在朝歌之南自然高地上修筑的相较于商王都安阳的单小一点的祭祀场所。

祊：字形口，与丁字同，甲骨文字宫有口形，从二丁，省为一丁形，或借用作祊。宋镇豪认为："祊，亦宗庙之属。"（宋镇豪《夏商社会生活史》，第86页）卜辞中"祊"的卜辞有《合集》23340号："庚辰卜，大贞：来丁亥，其叔丁于大室，尿祊西，即？"辞中的"祊西"，当位于辞中的大室。

寝：字形𡤾、𡨄，从帚在宀下，释为寝。宋镇豪认为："寝，指寝室。亦有用为安置神主之寝庙。"（宋镇豪《夏商社会生活史》，第86页）孟世凯认为寝"宫室。（1）君王起居之屋。……

（2）宗庙中的寝殿。……卜辞中与祭祀相联之寝，当是祭祀坊所"（孟世凯《辞典》，第576页）。卜辞中的"西寝""东寝"或为寝室。如《屯南》1050号："弜刚于寝？辛巳，贞：其刚于且乙寝，弜刚？"辞中的"寝"当为祭祀场所。"寝"在卜辞中也用作人名，诸子中有子寝。

王寝：字形𓎤，释为王寝。如《合集》32980号："甲午，贞：其令多尹作王寝？"又如《合集》9815号、《怀》1595号皆出现"王寝"内容，王寝或为商王的寝室，但《合集》9515号出现"王寝"的残辞有受年的内容，王寝也当为祭祀场所。

《合集》32980号

东寝：字形𓎤，释为东寝。如《合集》13570号："癸巳卜，宾贞：叀今二月，宅东寝？"为武丁时期卜辞。又如《合集》13569号、34067号都出现"东寝"的内容，"东寝"当为位于东方位的寝室。

西寝：字形𓎤，释为西寝。如《合集》34067号："辛丑卜，于西寝。于东寝。"辞中"西寝"与东寝对文，西、东都应表方位，"西寝"当为位于西方位的寝室。

且乙寝：字形𓎤，释为且乙寝。如《屯南》2865号："……亥，贞：其刚……且乙寝？"又如《屯南》1050号、《合集》35673号皆出现"且乙寝"内容。由辞中出现祭名刚，当指"且乙寝"当为供奉先王且乙神主的祭祀场所。

新寝：字形𓎤，释为新寝。如《合集》24951号："……三帚宅新寝，余宅？十月。"辞中卜问三帚建造新寝，"新寝"当为新建造的寝室或祭祀场所。

宎：字形𓎤，释为宎，由歪头人在宀下会意，宋镇豪释"为宗庙建筑之侧室"（宋镇豪《夏商社会生活史》，第86页），确，此从。卜辞中有见《合集》30386号："癸亥卜，翌日辛，帝降其入于获大宎？在𨸏。……于获小乙宎？"辞中"大宎""小乙宎"对文，贞问至高无上的上帝降临在此，又冠于先王小乙之名，"宎"为宗庙祭祀场所无疑，"小乙宎"应是供奉先王小乙神主的祭祀场所。

家：字形𓎤，从豕在宀下会意，释为家。《说文》："家。凥也。从宀。豭省声。"卜辞中商王视商王朝、商王室为家，习见"我家"即我的王朝或我的王室。陈梦家引《尔雅·释宫》"牖户之间谓之扆，其内谓之家"，认为"家指门以内的居室。卜辞'某某家'当指先王庙中正室以内。"（陈梦家《综述》，第471页）宋镇豪认为："家，乃家室或宫室宗庙建筑之一部。"（宋镇豪《夏商社会生活史》，第86页）卜辞中"家"又用作地名，如《合集》33568

号："戊寅……贞：王其田，亡灾？在凡。辛巳卜，贞：王其田，亡灾？在家。"此外，《合集》6505号："家入五。"辞中的"家"当为邦族名。家地即家族的居住地，郑杰祥云："罗泌《路史·国名纪》戊记有古家地，为周家伯采邑，家地所在不详，它和凡地相距有四日路程。"由戊寅日在的凡地到辛巳日在的家地，为四天路程。

上甲家：字形 田𠂤，释为上甲家。如《合集》13580号："己酉，贞：于上甲家？"又如《合集》13581号也出现"上甲家"内容，皆为武丁时期卜辞。上甲为先公近祖之首，此从陈梦家观点（陈梦家《综述》，第471页），"上甲家"当指宗庙中供奉先公上甲的正室。

父乙家：字形 𠂤，释为父乙家，如《合集》13579号残片出现"……父乙家。"内容，为武丁时期卜辞，"父乙"指武丁的父亲小乙，"父乙家"当指宗庙中供奉先王小乙的正室。

父庚、父甲家：字形 𠂤、𠂤，释为父庚、父甲家，如《合集》30345号："……卜，彭贞：其延蒸𥣫……飨父庚、父甲家。"为廪辛康丁时期卜辞。辞中"父庚""父甲家"当为宗庙中供奉先王父庚、父甲的正室，父庚、父甲指廪康的父辈先王且庚且甲。

丁家：字形 口𠂤，释为丁家。如《合集》3096号："丙午卜，贞：效丁人嬎不死？在丁家，侑子。"为武丁时期卜辞，辞中的"丁家"当为武丁的居室，或为宗庙中供奉名号为丁的先王神主的正室。

牛家：字形 𠂤，释为牛家。如《合集》6063号反面："……自长友唐舌方征……翦舌示易？戊申，亦有来……自西告牛家……"为武丁时期卜辞，辞义为长友唐受到舌方的侵扰，商王到牛家祭求先祖护佑。牛家具体是哪位先公先王的祭祀场所待考。

妣庚家：字形 𠂤，释为妣庚家。如《合集》19894号残片上出现"……酉卜……其御……妣庚……家？"内容，为武丁时期卜辞。辞中其御当为进行御祭，"妣庚"当指先公近祖示壬的配偶，"妣庚家"当是宗庙中供奉妣庚神主的正室。

王家：字形 𠂤，释为王家。如《屯南》332号："丁巳卜，𠂤弗入王家？𠂤其入王家？"又如《合集》34192号也出现"王家"内容。辞中的"王家"，孟世凯释为"商王朝廷"（孟世凯《辞典》，第113页）。

新家：字形 𠂤，释为新家。如《合集》28001号："丁未卜，夏贞：危方晋崔新家，今秋王其从？"辞中的"新家"当为新建之家。

庭：字形 𠂤、𠂤，释为庭，或释为廳，现代汉字简化为厅。《说文》："庭，宫中也。从广，廷声。"段玉裁注："宫者，室也。室之中曰庭。"卜辞中的庭，宋镇豪认为："庭，乃宫室中有围墙封闭的露天庭院"（宋镇豪《夏商社会生活史》，第86页）。孟世凯则认为是"宫中堂阶前之平地"（孟世凯《辞典》，第418页）。见于《屯南》2470号："甲午卜，王其侑且乙，王飨于庭？"辞义为商王对先王且乙进行侑祭，之后在露天的庭院飨宴，庭为商王宴飨的场所。又见《屯南》675 号："丁酉卜，于庭伐。辛卯卜，于庭伐。辛丑贞：酒，大宜于庭，于庭伐？"辞意为在庭（露天庭院）进行伐祭，庭也为祭祀场所。此外，《合集》15241 号等也出现"庭"的内容。

《合集》15241 号

庭阜：字形{字}，释为庭阜。如《合集》10405 号："癸酉卜，㱿贞：旬亡祸？王二曰：匄，王占曰：舲有祟，有……五日丁丑，王宾仲丁，已陷在庭阜，十月。"为武丁时期卜辞。辞中"庭阜"的"阜"当指庭院内的土堆或高地，先王仲丁陷在庭阜，即陷在露天庭院中的土堆或高地上。

盂庭：字形{字}，释为盂庭。如《合集》31014 号："于盂庭奏？"辞中"盂庭"的"盂"为田猎地名，盂庭或为田猎地盂处的一个庭院，或为商王都中，有盂邦族或盂方的居所，其居所内的露天庭院名盂庭，商王贞问是否在名为盂的庭院内演奏。

召庭：字形{字}，释为召庭。如《合集》37468 号："辛未，王卜，在召庭，隹执其令飨史？"辞义为商王在召庭宴飨出使的使者，此"召庭"当为商王宫殿区内某露天庭院之名。

亚：字形{字}，由殷墟王陵区商王大墓穴皆为亚形，亚或为先人地穴式建筑的象形，释为亚。《尔雅·释言》："亚，次也。"亚字引申表示低于或次一等之意。卜辞中"亚"借用作族名、人名、职官名，也用作地名，如《合集》9788 号："甲午卜，离贞：亚受年，告？"为武丁时期卜辞。辞中"亚"为地名，当为商王朝的农耕地。又用作建筑物名，如《合集》32012 号："癸巳卜，侑于亚，豕、史、一羌、三牛？"辞中侑祭于亚的亚，或为建筑物名。宋镇豪认为："亚，可能是坟上享堂。"（宋镇豪《夏商社会生活史》，第 86 页）此说可从，卜辞中有"父甲亚"，还有"戉亚"，当皆为陵墓上的建筑物名。

父甲亚：字形{字}，释为父甲亚。如《合集》30297 号："甲午卜，王马寻駁，其御于父甲亚？"为廪辛康丁时期卜辞。辞中的"父甲"当指廪康之父辈且甲，"父甲亚"当为先王且甲陵墓上的享堂。

戉亚：字形{字}，释为戉亚。如《合集》27931 号："丙午卜，戉亚，其障其豊？"辞中的"豊"或为祭祀用酒，于"戉亚"进行酒祭，"戉亚"或为名号为戉的先王先妣陵墓上的享堂。

学：字形{字}、{字}，释为学。卜辞中用作动词，表学习训练。也用为人名，如旧臣有学戍。又用为习学场所即学校，如《合集》16406 号："作学于入，若?"辞中的"作学"为建作学校，入，《说文》："入，内也。""作学于入若"是贞问在内（王宫内）建筑学校设施是否顺利。又如《花东》450 号："丁卯卜，子其入学，若永?用。一二三。丁卯卜，子其入学，若永?用。四五六。"辞中的"学"亦为学校。

大学：字形⿰，释为大学。如《屯南》60 号："弜寻? 入，隹癸寻? 于十寻? 于且丁旦寻? 于庭旦寻? 于大学，寻?"宋镇豪认为："'大学'，为商代贵族子弟受教育习礼场所，也即后世学宫的雏形，是指商代确有受王朝直接掌管的教学场所'大学'。大学于祖丁旦、庭旦对文，'旦'是宗庙建筑的一处祖丁之祭所，'庭旦'在宗庙大庭中。若按文献'左祖右社'的说法，庭旦和祖丁旦位于东，建筑位置与'殷大学在西郊'（《王制》）是东西对应的。"（宋镇豪《夏商社会生活史》，第 680 页）

右学：字形⿰，释为右学。如《合集》20101 号："丁巳卜……右学?"又如《合集》3510 号也出现"右学"，《屯南》662 号出现"右寏学"，《合集》30518 号出现"右卤教"内容。宋镇豪认为："'右学'、'卤'、'右寏'，与'大学'一样也皆为晚商王朝直接掌管的学校名，都是以右序其方位，可证文献所谓'殷人养国老于右学'、'右学，大学也，在西郊'及'殷制，大学为右学，小学为左学，又曰瞽宗'之类的说法不是梦浪无据。……在'右学'、'左

学'中敬养老人，史记商是选择有声望道德、礼教经验丰富及有社会地位的老人赡养于学宫，对贵族子弟进行传授教诲。"（宋镇豪《夏商社会生活史》，第 682—683 页）

《屯南》60 号

右寏学：字形⿰，隶为右寏学。如《屯南》662 号："丁酉卜，今旦，亥其学? 吉! 于来丁酉学? 于右寏学，吉! 若，讷于学，吉!"辞中的"右寏学"为学校名。详参右学条。

右卤教：字形⿰，释为右卤教，或释为右卤学。如《合集》30518 号："丁卯卜……于右卤教?"辞中的"右卤教"或"右卤学"是学校名。详参右学条。

宨：字形⿰、⿰，依形隶作宨。宋镇豪认为："宨，从宀从射，钟柏生谓即后世榭字，台上架木起屋名之榭。宨似为祭祀相关的行射礼之宫。《合集》39460

刻绘有一幅一座重屋外两兽被矢射之图，辞类建筑物殆即寏，相当于周代的'射宫'、'射庐'。"（宋镇豪《夏商社会生活史》，第86—87页）如《合集》27124号："大乙史，王飨于寏？弜飨？于之若。"卜辞习见"于之若"，若，顺也。于之若意为于此顺。王在高台之上的寏即榭犒赏职掌商开国之君大乙祭祀的官员，贞问会不会顺利。还有《合集》27818号也出现"小寏"一名，当也是指某座相对小点的台上之榭。

官（馆）：字形🄰，从师在宀下，释为官，为馆的本字，本义为馆舍。后官被用作职官的官，为区别，馆舍之馆加了食形符。卜辞中官为馆义，宋镇豪认为："官，馆也，官方设立的馆舍，有的可能专门提供来宾饮食住宿和服务招待。"（宋镇豪《夏商社会生活史》，87页）如《合集》1916号："庚辰卜，贞：在官？"辞中的官即馆舍。这类的官方设立的馆舍不可能只有一处或位于一地，所以卜辞又见"东官""丁官"等。

《合集》1916号

东官：字形🄱，释为东官。如《花东》81号："壬子……示宫，于东官？用。"辞中的"东官"为商王朝官方设立的馆舍之一，或位于商王都东部。

丁官：字形🄲，释为丁官。如《花东》384号："壬卜，子又祟？曰：见丁官。一。"参见官条。

剢官：字形🄳，隶定为剢官。如《花东》286号："壬卜，子又祟？曰：见剢宫。一。"参见官条。

萑官：字形🄴，释为萑官。如《花东》351号："戊子卜，在剢，先言曰：翌日其岁，萑官宜又？其用。"参见官条。

戍官：字形🄵，释为戍官。如《合集》28032号："……戍官人，有鼎……"又如《合集》28033号："于戍官人……"二辞皆残，或可缀合，辞中的"戍官"或为负责官（馆）的官员名。参见官条。

舌官：字形🄶，隶定为舌官。如《合集》34158号："己巳卜，王弜步舌官？"参见官条。

京：字形🄷、🄸、🄹、🄺，一字多形，释为京。《说文》："京，人所为绝高丘也。从高省，丨象高形。"宋镇豪认为："京，似指有木架支承的高床式建筑物。"（宋镇豪《夏商社会生活史》，第87页）孟世凯认为京"人力所筑高台。……甲骨文'京'象高台上有宫、观建筑形。"（孟世凯《辞典》，第369页）所见卜辞中"京"为建筑物名称本义内容的如《合集》526号："贞：于京燎？"辞中的京或指一高台上的建筑物，商王贞问在此进行燎祭。卜辞中"京"有用作地名，如《合集》32864号："……贞：今日皋步自京？"辞中的"京"当为地名。此外，卜辞中多见"田于京"内容，如《合集》33209号、33220号等，可见"京"是商王朝的田猎地。其地所在，孟世凯引《左传》杜预注："京、郑邑，今荥阳京县。"认为："其故址在今河南荥阳县城东南二十里铺南的王寨村。"（孟世凯《辞典》，第369页）郑杰祥则认为在"今荥阳县东南的京襄城村"（郑杰祥《概论》，第266页）。

磬京：字形 ，依形隶定为磬京。如《合集》318号："丁卯，俎于磬京，羌……卯？"又如《合集》317号、《合集》8034号都出现"俎于磬京"内容，皆为武丁时期卜辞，可见"磬京"是武丁时期一处有木架支承的高床式建筑物的祭祀场所。陈梦家认为："磬京亦是地名。……（与）义京都在商之旧都不远之处。"（陈梦家《综述》，第266页）意即于义京同在今河南虞城县西南，商丘县之东北一带。由《合集》8035号："贞：翌辛亥，乎妇妌俎于磬京？"内容，知磬京与武丁之妃妇妌相关，其或

《合集》318号

位于妇妌的封地之内。

柚京：字形，或合文作，释为柚京。由《合集》6477号："贞：王往于柚京？贞：王勿往柚京？"辞中京和京对贞，知二字为一，有简繁二体。从所见卜辞可知，"柚京"是商王经常往来的地方，不但有《合集》4723号等的"于柚京"，又有《合集》8043号等的"在柚京"，以及《合集》6477号的"往于柚京"和"步于柚京"。陈梦家释柚京为果京或隅京，认为："此果京，王往而集合其才果之人，则其地当是重要的。卜辞果作，象木上果形。它可以和山字相合为一字，此相合之字又可和京字相合，也可以分之为果京、隅京。其地虽无从考究，但由其构形的变化可见'京'与'山'、'丘'的关系。"（陈梦家《综述》，第267页）宋镇豪释柚京为"枼京"，认为："'京'指高敞之地，《尔雅·释丘》云：'绝高为之京，非人为之丘。'"释枼京即"枼隉"，是为了保障道路交通安全畅通的常设性军事据点（宋镇豪《夏商社会生活史》，第286—287页）。其当在昧地。

隹京：字形，合文，释为隹京。如《屯南》100号："甲申卜，炆于隹京？炇。"辞中商王在隹京进行炆祭，可见隹京这类木架支承的高床式建筑物也是祭祀场所。

义京：字形，合文，释为义京。如《合集》386号："己未，俎……义京，羌……人，卯十牛？左。"又如《合集》388号、390号。三条卜辞内容一样，皆为贞问在义京进行俎祭，出现的方位词

分别为左、中、右。"义京"也当为祭祀场所。陈梦家认为："义京是宋地。《魏世家》惠王'六年伐取宋仪台',《集解》云'徐广曰一作义台'。《庄子·马蹄篇》'虽有义台路寝',郭象注'义台,灵台'。地名之义台在今河南虞城县西南,商丘县之东北。"(陈梦家《综述》,第 266 页)

芑京:字形𤰈,依形隶定为芑京。如《屯南》108 号:"丙寅卜,其乎霝?其方有雨?其霝于𤑃,有雨?其霝于芑京,有雨?"霝为求雨之舞,于芑京进行舞祭求雨,芑京也当为祭祀场所。

彻京:字形𣃾,依形隶定为彻京。如《合集》10921 号:"……之日王往于田,从彻京?允:获麂二、雉十。"为武丁时期卜辞。辞中的"彻京"当为建造于田猎地彻地。

《合集》10921 号

䝞京:字形𤯍,依形隶定为䝞京,如《合集》1138 号残片:"甲子卜……炆……䝞京……从雨。"由此残辞分析,"䝞京"也当为祭祀场所,商王在此炆祭求雨。

宀:字形𠆢,象人字顶的房屋形,释为宀。如《合集》22246 号:"辛未卜,作宀?"辞中的"作宀"当为建造房屋,"宀"即房屋,卜辞中用作本义,有众多与房屋等建造物从宀。

沚宀:字形𣲙𠆢,释为沚宀。如《合集》13517 号:"丁卯卜,作宀于沚?勿作宀于沚?四月。勿乎妇奏于沚宀?乎妇奏于沚宀?"辞中的"沚"为地名,"沚宀"当为在沚地建造的房屋,与贵妇奏相关。辞中的"沚宀"也有隶为沚宅,是妇奏所在之地名,认为辞中的宅为居舍(孟世凯《辞典》,第 272 页)。

东宀:字形𠆢,释为东宀。如《合集》34069 号:"于东宀?"辞中的"宀"也有释作𤯍(姚孝遂、肖丁《摹释》,第 750 页),"东宀"或指方位在东的房屋。

宅:字形𠆢,释为宅,本义为居室,卜辞有用作本义,如"我宅"(《乙》2256 号)、"王宅"(《怀》1576 号)等辞中的宅,都指居室。此外,卜辞中"宅"又用作祭名,如《屯南》4400 号:"癸丑卜,甲寅侑、宅土?燎牢,雨。"辞中的"宅土"亦为社祭。还用作动词表建造或居住,如《合集》13563 号:"丁未卜,贞:今日王宅新寝?贞:勿宅?三月。"辞中的"王宅新寝"意为商王建造新的寝殿,"勿宅"意为勿建造。

王宅:字形𠂤𠆢,释为王宅。如《怀》1576 号:"戊申,于王宅……"辞中的"王宅"当指商王的居室。

西宅:字形𠆢,释为西宅,如《合集》14249 号残片:"……𤉲帝……西宅。"辞中的"西宅"当指位于西方位的居室。

甲门：字形十門，释为甲门。如《合集》13603号："贞：于甲门令？"又如《合集》30283号出现"父甲门"名，《屯南》2334号出现"父甲宗门""父甲升门"，"甲门"或为前述门名的省称，或为冠于甲名号先公先王宗庙之门。

乙门：字形\門，释为乙门。如《合集》12814号："辛亥卜，㲉贞：于乙门令？辛亥卜，㲉贞：勿于乙门令？"又如《合集》13598号等都出现"于乙门令"内容。孟世凯认为："'于甲门令'、'于乙门令'，即命于甲门、命于乙门。"（孟世凯《辞典》，第6页）"乙门"或为冠于乙名号先公先王宗庙之门。

《合集》12814号

丁门：字形囗門，释为丁门。如《合集》13602号："贞：自丁门？二月。"又如《屯南》1059号："乙亥，贞：王其夕命……候商于祖乙门，于父丁门命……候商？"辞中"丁门"或为

父丁门之省称，或为冠于丁名号先公先王宗庙之门。所见卜辞中未见丙门及其他干支字门之称。

宗门：字形介門，释为宗门。如《合集》32035号："王于宗门逆羌。"辞中的"宗"指宗庙祭所，"宗门"当为宗庙祭所之门。又如《屯南》737号出现有"丁宗门"内容，《屯南》2334号出现有"父甲宗门"内容，"丁宗门"当为供奉名号为丁的先公先王神主宗庙之门。"父甲宗门"的"父甲"，或为阳甲，或为且甲，当为供奉阳甲或且甲神主宗庙之门。

《合集》32035号

南门：字形凶門，释为南门。如《合集》32036号："王于南门逆羌。"又如《合集》13607号等十余条卜辞都出现南门内容。所见卜辞中未见"东门""西门""北门"，殷墟宫殿区东北环水无门，西为石灰壕沟无门，卜辞中仅出现南门与考古证明合。

亦（夜）门：字形𠂤門，本应释为亦门，此从宋镇豪观点释为夜门（宋镇豪《夏商社会生活史》，第 88 页），如《合集》13606 号残片："……夜门……门"或为夜间值守之门。

三门：字形三門，释为三门。如《合集》34220 号："岳于楚？岳于三门？岳于南单？"又如《合集》34219 号也出现"岳于三门"内容。辞中的"三门"，郭沫若认为："三门当即砥柱。南单当即鹿台。"（郭沫若《殷契粹编考释》，第 15 页）陈梦家认为："卜辞的三门，可能就是三户，也可能另是一地。《魏世家·惠王》'二十年归赵邯郸，与盟漳水上'，《正义》曰'漳水名漳水源，出洺州武安县三门山也'。……南单与三门、三户、楚都是安阳附近的地名。"（陈梦家《综述》，第 268—269 页）郑杰祥则认为是"指的三门山"，"古三门山当在今武安县北约 40 公里，此地位于太行山东麓。"（郑杰祥《概论》，第 48 页）即今河北武安市北。

三户：字形三𠂤，释为三户。如《合集》32833 号："岳于三户。"为武乙文丁时期卜辞。陈梦家认为："卜辞的三户在邺西。《项羽本纪》'度三户，军漳南'，《集解》云'服虔曰漳水津也；张晏曰三户，地名，在梁期西南；孟康曰津峡名也，在邺西三十里'。《浊漳水注》'漳水又东迳三户峡，为三户津……在梁期西南。……漳水又东迳武城南，世谓之梁期'。据《洹水注》引《魏土地记》安阳城在邺城南四十里，则三户在安阳北四十里。"（陈梦家《综述》，第 268 页）郑杰祥也认为卜辞中"三户"即《史记·项羽本纪》中的"项羽使蒲将军日夜引兵渡三户"，在今河北磁县西南（郑杰祥《概论》，第 48—49 页）。今河南省安阳县安丰乡有渔洋村，古名三户津，为漳水上重要渡口，其地有六千年不间断文化遗存，散见无字卜骨、卜甲，皆有钻凿烧灼，为殷墟时期遗物，或为卜辞中的三户所在。

《合集》32833 号

户：字形𠁥，为单开门形状，释为户。卜辞中也指门，如《屯南》736 号有"丁宗门"，《怀》1267 号有"丁宗户"；《合集》13607 号中有"南门"，《屯南》2044 号有"南户"；《乙》2530 号有"尹门"，《乙》4810 号有"尹户"，户与门或通用，皆为门户。

埶（塾）：字形𡊮、𡉚，象人持械立于房顶上，释为塾，本义当指门卫，引申表门卫所在的地方。宋镇豪认为："塾，为门卫房。《尔雅·释宫》：'门侧之堂谓之塾。'"（宋镇豪《夏商社会生活史》，第87页）此从宋说。如《合集》30174号："于右邑塾，有雨？吉！更戊焚，有雨？"辞中出现"右邑塾"名。又如《合集》30284号："于阜西，酓王，弗……于庭门塾，酓王，弗悔？……塾……王，弗……"辞中出现"庭门塾"名。再如《合集》5976号："延于塾圈？"辞中出现"塾圈"名。右邑塾、庭门塾、塾圈当为不同地方的门卫房。

墉（郭）：字形🀀、🀀，一字二形，或简或繁，皆释为墉，或释为郭。本为建筑物的象形，宋镇豪认为："墉，一释郭，写作🀀、🀀，或用指城郭。从建筑学看，墉或郭是多个建筑物组合的形体概念，为望亭，或城垣堞楼组合之象形，或像城垣两亭相对，或像城墙上四垣之四亭，两两为对。"（宋镇豪《夏商社会生活史》，第87页）所见卜辞中出现的"尔墉""雀墉"等或为冠名的城郭。此外，墉或郭也用作地名，详见"郭（墉）"条。

尔墉：字形🀀，释为尔墉。如《合集》6943号："癸酉卜，殻贞：令多奠依尔墉？"辞中的"尔墉"或为冠尔名的城郭。参见"墉"条。

雀墉：字形🀀，释为雀墉。如《合集》13515号："癸丑卜，宾贞：雀墉？"辞中"雀墉"的"雀"，卜辞中用作人名为大将军名，其封地或邦族地也称雀，雀墉或为雀地的城郭名。

妇庐墉：字形🀀，依形隶定为妇庐墉。如《合集》13516号："辛酉卜，妇庐墉……"辞中这个冠于妇名的城郭

待考。

壨：字形🀀、🀀，依形隶定为壨。宋镇豪认为："壨，或释塞之初字，是人工构筑于高畅地的防守据点或军事要塞。……指不同地望、不同性质的据塞和堡垒，一般与宫室建筑群无直接关系。"（宋镇豪《夏商社会生活史》，第87页）此从宋说，卜辞中出现的"下壨"、"牢壨"等皆为宋镇豪所指的不同地望、不同性质的据塞和堡垒。

下壨：字形🀀，依形隶定为下壨。如《合集》28231号："在酒，盂田受禾？弜受禾？在下壨南田受禾？"辞中"下壨"盂地对文，"下壨"或为盂地的据塞或堡垒。参见"壨"条。

牢壨：字形🀀，依形隶定为牢壨。如《合集》30275号："其寻牢壨……"辞中的"牢"为地名，"牢壨"或为牢的据塞或堡垒。参见"牢""壨"条。

盂壨：字形🀀，依形隶定为盂壨。如《合集》30270号："……于盂壨，不遘大风？"又如《合集》30271号："于

《合集》30270号

盂壆不雨？"辞中的"盂"为地名，"盂壆"当为建筑在盂地的据塞或堡垒。

麓壆：字形🔣，依形隶定为麓壆。如《合集》30268号："今日丁酉卜，王其宛麓壆，弗悔？"辞中的"麓"当指有树林的山丘，"麓壆"或为建在山丘上的据塞或堡垒。参见"壆"条。

仓：字形🔣，释为仓。宋镇豪认为："仓，可能指地下粮窖，窖口有'🔣'形攒尖顶式窝盖。"（宋镇豪《夏商社会生活史》，第88页）此从其说。如《屯南》3731号："于西仓……叀壬酒品？叀癸酒品？"辞中的"西仓"或兼作贮藏酒的仓库。又如《合集》9645号残片出现"仓用"二字，辞中的"仓"也当指地下仓库。

《屯南》3731号

南廪：字形🔣，释为南廪。如《合集》9638号："己酉卜，贞：令吴省在南廪？十月。"又如《合集》5708号、6036号、6037号、6038号、6039号、6041号、6042号、9636号、9639号、9642号

都出现"南廪"名，皆为武丁时期卜辞。再如《合集》27999号："于公廪，其祝于危方奠？兹用。弜祝？……受有祐。"辞中出现"公廪"名。此外，《合集》20485号出现有"崔廪"等。宋镇豪认为："廪，象露天的谷堆之形，可能类似今北方农家有在麦场上作一圆形低土台，上堆麦秆麦壳，顶作一亭盖形，涂以泥土。"（宋镇豪《夏商社会生活史》，第88页）由《合集》583号反面出现的"廪三"内容，廪冠于序数，可见甲骨文时期生产能力极强，物质极大丰富。

（2）城邑

邑：甲骨文字形为🔣，人在口下，口代城郭，罗振玉、王襄、叶玉森、陈梦家最早皆释为邑（罗振玉《殷释》中，第7页；王襄《簠室殷契类纂》正编第六，第30页；叶玉森《钩沈》，第2页；陈梦家《综述》，第322页）。《说文》："邑，国也。从囗。先王之制，尊卑有大小，从卪。"本义当为人所群居之处，引申表城邑，如《合集》14201号："贞：王作邑，帝若？八月。贞：勿作邑，帝若？"辞中的"邑"指城邑，全辞的意思为商王要建筑城邑，至高无上的上帝是不是同意，能不能福佑工程顺利。殷墟卜辞其见"作邑帝若""作邑帝弗佐"，在甲骨文时期，作邑即建造城邑是非常大的事情，是需要报告上帝的。从文明史的发现角度，城市的形成即宗教中心的形成，是人类由野蛮进入文明的主要标志之一。所见卜辞中"邑"字还不单单是表城邑，朱歧祥认为："邑为殷土基层架构单位，与师旅

并重。盖一主内，一主外，故甲骨文多有'祐邑'之卜。"（朱歧祥《通释稿》，第41页）如《合集》23675号："庚申卜，出贞：令邑并酒河？"辞中的"邑并酒河"意为让各个邑一起来酒祭黄河。又如《合集》2895号："贞：邑其来告？五月。贞：邑不其来告？"可见诸邑按规定定期向商王朝中央禀告地方施政情况。此外，卜辞中"邑"也借用作族名，有见"邑示屯"即邑向中央王朝进贡甲骨的辞条多达36条，这个向中央王朝进贡的邑，当为邑邦族，邑邦族的首领也称邑，所以"邑"又借用作人名。

①王畿辖邑

王邑：甲骨文字形为，释为王邑。如《英》344号："戊午……王邑……"辞中的"王邑"是商王之邑，指商王都邑，或为商邑、大邑商、天邑商的别称。多年来的考古工作，迄今已发现的商代王邑有四座，分别为商代早期洛阳的偃师商城、郑州商城、商代中期的安阳洹北商城和商晚期的安阳殷墟。甲骨文中出现的"王邑"，与商邑、大邑商、天邑商一样皆指安阳殷墟，即甲骨文时期的商王都邑。

文邑：甲骨文字形为，释为文邑。如《合集》33243号："癸酉卜，贞：文邑……禾？"辞中"文邑"与禾字之间当残掉受字，原辞当为贞问"文邑受禾"。由商王亲自占问其农业收成情况，推论"文邑"是商王朝直接下辖的邦族邑，应是王畿内的王朝所辖邑。

西邑：甲骨文字形为，释为西邑。

如《合集》6156号："贞：勾舌方？贞：勾舌方？贞：侑于且乙，五牢？贞：于岳？贞：燎于西邑？"辞中商王在西邑进行燎祭，被祭对象为先公远祖岳，先王且乙，准备对舌方进行征伐。由上述内容可知，"西邑"也当是王朝的所辖邑，位于王畿内，或为祭祀地。

《合集》6156号

家邑：甲骨文字形为，释为家邑。如《美国》490号："于立，王弗悔？又蠠。于立，王弗悔？又蠠。于立，王弗悔？又蠠。于家邑立，王弗悔？又蠠。"宋镇豪认为："同卜卜辞四条，'于立'、'于立'、'于立'的'于'字下均省略了'家邑'二字，为'于家邑某立'的省辞，中间一字皆族氏人名，'立'读如位，有禄位任官之义，大意是商王反复从家邑几位人选中挑选出入征伐的武官。"（宋镇豪《夏商社会生活史》，第69—70页）卜辞中，商王称自己的王朝和王室为家，"家邑"当是王族之邑，应位于王畿内为王朝的之辖邑，类似后世的直隶。

旅邑：甲骨文字形为，释为旅邑。如《合集》30267号："王其作塦于旅邑……其受祐？"辞中的"塦"指要塞或堡垒，王在旅邑建造要塞即防御宫室，其"旅邑"或为王畿内的屯兵据点。

乃邑：甲骨文字形为，释为乃邑。宋镇豪释为厥邑（宋镇豪《夏商社会生活史》，第69页）。如《合集》8986号反面："乙卯卜，宾贞曰：以乃邑？"辞中的"乃邑"或为王畿内的商王朝直辖邑。

《合集》8986号反面

庙邑：甲骨文字形为，依形隶定为庙邑，宋镇豪释为麓邑（宋镇豪《夏商社会生活史》，第69页）。如《合集》13505号："王侑石，在庙北东，作邑于之？作邑于庙？己亥卜，内贞：王侑石，在庙北东，作邑于之？"辞中虽然是贞问在庙地建造城邑，可能庙地会有建成的城邑，当位于商王畿之内。商王亲自贞问建造这个城邑，当属于商王朝的直辖邑。

柳邑：甲骨文字形为，释为柳邑。如《合集》36526号："己巳，王卜……佐其敦……柳邑？"辞中"柳邑"的"柳"为地名，是帝辛时期的商王朝的田猎地，"柳邑"当是位于柳地的城邑。

炋：甲骨文字形为，依形隶定为炋，也有隶作岓（郑杰祥《概论》，第262页）。卜辞中"炋"用作邑名，如《合集》7074号："贞：乎从奠取炋、叟、畐三邑？"为武丁时期卜辞。辞中"炋"作为城邑名，与叟邑、畐邑以及郑邦族见于同条卜辞，其与郑地当相距不远。郑杰祥隶此字为岓，引丁山《殷商氏族方国志》：岓"即《禹贡》的'至于大伾'，即今河南省荥阳县的汜水镇，南距卜辞郑地约70公里"（郑杰祥《概论》，第262页）。但宋镇豪将此城邑归入王畿内的王朝所辖邑（宋镇豪《夏商社会生活史》，第69页）。

叟：甲骨文字形为，依形隶为叟，卜辞中用作城邑名，与炋、畐城邑见于同条卜辞，如《合集》7074号："贞：乎从郑取炋、叟、畐三邑？"为武丁时期卜辞。丁山《殷商氏族方国志》："叟可能读为邶、鄘、卫之鄘，位于今新乡县南，此地南距卜辞郑地约90公里。"但宋镇豪将此城邑归入王畿内的王朝所辖邑（宋镇豪《夏商社会生活史》，第69页）。

畐：甲骨文字形为，释为畐，卜辞中用作城邑名，与叟、炋城邑见于同条卜辞，如《合集》7074 号："贞：乎从奠取怀、叟、畾三邑？"为武丁时期卜辞。丁山《殷商氏族方国志》："畾即《卫风》的'清人在彭'，位于今河南省中牟县西，此地南距卜辞郑地约 40 公里。"但宋镇豪将此城邑归入王畿内的王朝所辖邑。（宋镇豪《夏商社会生活史》，第 69 页）

云奠河邑：甲骨文字形为🔲🔲🔲，释为云奠河邑，也有释为巳奠河邑（姚孝遂、肖丁《摹释》，第 1100 页）。如《英》2525 号："癸酉卜，在云奠河邑，泳贞：王旬亡祸？隹来征人方。"为帝辛征人方卜辞。辞中"云奠河邑"的河指黄河，卜辞中"河"是黄河的专名，"云奠河邑"当位于黄河边上，为王畿内王朝的直辖邑。

邑竝：甲骨文字形为🔲🔲，释为邑竝。如《合集》14157 号："丙寅卜，贞：翌丁卯，邑竝其侑于丁，宰、又一牛？"辞中邑竝的竝，为邦族名或地名，竝邦族与商王朝为附庸关系，常常受命征伐敌对方国，"邑竝"当为竝邦族居住地的城邑，商王贞问在这里对名号为丁的先王进行侑祭，用羊和牛。

②诸侯臣属邑

唐邑：甲骨文字形为🔲🔲，释为唐邑。如《合集》20231 号："贞：民姚🔲于唐邑？民克奠王……十月。"又如《合集》14208 号："贞：帝祋唐邑？贞：帝弗祋唐邑？"辞中的"唐"为邦族名，"唐邑"是唐邦族居住地的城邑。

有邑：甲骨文字形为🔲🔲，释为有邑。如《合集》8987 号："贞：行以有

师暨有邑？"辞中的"有师"为屯兵之地，有邑的有为邦族名或方国名，卜辞见有"有伯"，"有邑"当为有邦族或有方国的城邑。

右邑：甲骨文字形为🔲，释为右邑。如《合集》36429 号："甲戌卜，在央贞：右邑今夕弗震？在十月又一。"辞中的"央"也有释为夹，与右邑见于同辞，其当与央地相邻，由《合集》5596 号"卣小臣其右邑"内容，"右邑"或为卣小臣的城邑。

戍邑：甲骨文字形为🔲🔲，释为戍邑。如《怀》550 号残片上出现"戍邑"一名，详细地望待新出材料进一步考证。

好邑：甲骨文字形为🔲🔲，释为好邑。如《合集》32761 号："乙酉……好邑。"辞中好邑的好虽与武丁之配妇好同，但不是卜辞同期，好邑或为妇好的封邑。宋镇豪认为："甲骨文中有'好邑'，邑的性质当为这位王妇的出生族邑或其领邑，无疑可定为诸侯臣属邑一类。"（宋镇豪《夏商社会生活史》，第 65 页）

望乘邑：甲骨文字形为🔲🔲，释为望乘邑。如《合集》7071 号残片出现"望乘邑"一名，为武丁时期卜辞。"望乘邑"的"望乘"是武丁时期的大将军，"望乘邑"应为望乘的城邑。

尚邑：甲骨文字形为🔲🔲，释为尚邑。如《合集》77 号残片出现"……卩尚……以……邑"残辞。其地待考。

见邑：甲骨文字形为🔲🔲，释为见邑。如《合集》22065 号："壬戌卜，子梦见

邑，执父戊？"为且庚且甲时期卜辞。辞中的"父戊"，在第一期武丁卜辞中称为兄戊，当是商王武丁的平辈人；见邑之见或为族名，卜辞中有见邦族，也有见方，子梦见邑，这个见邑当为见邦族的城邑。

衣邑：甲骨文字形为，释为衣邑。如《合集》36443号："方来入衣邑，今夕弗震王师？"辞中的"王师"为王朝中央的军队。卜辞中有见"衣"用作邦族名，辞中的"衣邑"当为衣邦族的城邑。

遣邑：甲骨文字形为，合文释为遣邑。甲骨文遣字写作或增口为，从双手从师，师指军队，卜辞中多用作动词，有调兵遣将之意。也用作城邑名，如《屯南》130号："癸酉，贞：遣邑元，在兹……遣邑元？"辞中的"遣邑"

《屯南》130号

或为军队驻扎的城邑。

邑㞘：甲骨文字形为，依形隶定为邑㞘。如《合集》7867号残片："……贞：邑㞘？"其地待考。

邑析：甲骨文字形为，释为邑析。如《合集》21864号残片："……酉，邑析……"卜辞中东方神名曰析，"邑析"或指位于东土一带的某个城邑。

邑南：甲骨文字形为，释为邑南。如《合集》20962号："……右曰：卩……在邑南……"辞中的"邑南"或即南邑，为位于南土一带的某个城邑。

邑㲋：甲骨文字形为，依形隶定为邑㲋。如《合集》13529号："……争……勿将……邑㲋……作，若？"辞虽残也可知商王卜问建造这座名㲋的城邑，可见其也是诸侯臣属城邑之一。

邑㦷：甲骨文字形为，依形隶定为邑㦷。如《合集》28009号："丁亥卜，在陮卫酒，邑㦷典㫃，有奏方豚，今秋王其使。"辞中的"在陮卫"的陮卫，饶宗颐认为是地名（饶宗颐《甲骨文通检》第二册，第385页），"邑㦷"或为陮卫地的城邑。

邑摧：甲骨文字形为，释为邑摧。如《合集》9733号（《乙》5241号）："癸巳卜，宾帝……其既入邑摧。"辞中"入邑摧"的摧为邦族名，也为地名。《合集》17334号、17335号都出现"入摧"内容，"摧"皆用作地名，那么"邑摧"应是摧邦族居住地的城邑名。

③方国邑

丙邑：甲骨文字形为，释为丙邑。如《合集》4475号残片："……

乎……丙邑……"辞中的"丙邑"也有释为内邑（姚孝遂、肖丁《摹释》，第117页）。一字之差，关系重大，如若释为内邑，则不好判断其是诸侯邑还是方国邑；如若释为丙邑，当为方国邑，商王以天干作为名号，王朝或臣属的诸侯命邑名，一般不会使用天干字，而方国则不同，特别是敌对关系的方国，所以残辞中的丙邑当为某方国城邑名。

《合集》4475号

夷方邑旧：甲骨文字形为𝄞才𝄞，释为夷方邑旧，夷方的夷或释为尸。如《屯南》2064号："王族其敦夷方邑旧，左右其𝄞。"辞中的"夷方邑旧"是夷方国的都邑。

𝄞令邑：甲骨文字形为𝄞𝄞，依形隶定为𝄞令邑。如《合集》36530号："己酉，王卜贞：余征三丰方，叀𝄞令邑，弗悔？"辞中商王贞问征伐三丰方，连

带着𝄞令邑，此邑应是三丰方的都邑。关于"𝄞令邑"的"𝄞"有释为人名（于省吾《诂林》，第321页，姚孝遂按），此从宋镇豪观点释为邑名（宋镇豪《夏商社会生活史》，第57页）。

卤邑：甲骨文字形为𝄞，依形隶定为卤邑。如《合集》7076号："雀克，入卤邑？"又如《合集》7077号、7078号残片等。"卤邑"的"卤"是族名，其族的居住地也名卤，卤邑是其族的都邑，在卜辞中，"卤邑"与武丁时期大将雀同辞，受到征伐，说明卤族或为方国与商王朝中央是敌对关系。

迪邑：甲骨文字形为𝄞，依形隶定为迪邑。如《合集》20495号："甲寅卜，方弗迪邑？"辞中的"迪"字，此前学者多认为："其意不详"（于省吾《诂林》，第2299页）。从前引卜辞可知迪当为某方国的城邑名，或为地名或方国名，由《合集》21518号残片上，迪与"𝄞"见于同辞，"𝄞"为商王都西部的方国，其首领𝄞称为𝄞伯，"迪邑"也当位于商王都西部。

④数字邑

二邑：甲骨文字形为二𝄞，释为二邑。如《合集》6063号："……允：有来艰自西，雷告曰：……魁、夹方、相、二邑。十三月。"辞中的"二邑"当指两座城邑。

三邑：甲骨文字形为三𝄞，释为三邑。如《合集》7074号："贞：乎从奠取怀、𝄞、畾三邑？"又如《合集》6066号反面等，辞中的"三邑"都指三座城邑。

四邑：甲骨文字形为三夂，释为四邑。如《合集》7866 号出现"四邑"一名，"四邑"也当指四座城邑。

二十邑：甲骨文字形为㫃，释为二十邑。如《合集》6798 号："……大方伐……畫二十邑，庚寅雨，自南？二。"辞中的"二十邑"指二十座城邑。

三十邑：甲骨文字形为㫃，释为三十邑。如《合集》707 号："乎从臣沚，有啚三十邑？""三十邑"指三十座城邑。

（3）田猎

①田猎地名

沚：字形㳄，罗振玉最早释为洗（罗振玉《殷释》中，第 68 页）。王襄释"从水从止，疑古沚字"（王襄《簠考·地望》，第 8 页）。本当为水名，借用作地名或邦族名，见于《合集》24351 号："丁卯卜，王在沚卜。"辞中"沚"为地名。又见《合集》6993 号："辛酉，其征沚？六月。"辞中沚当为邦族名，受到商王的征伐，说明为敌对关系。还见《合集》6728 号："方其来于沚？贞：方允其来于沚？二告。"辞中沚与方族名见于同版卜辞，说明沚地与方地当相邻。沚地所在，陈梦家认为："武丁时代的沚和土方、邛方、羌方、龙方、卬方有过征伐的关系，此诸方多在晋南，所以我们定沚在陕县是适合的。陕县在以上诸方的南面。1954 年考古研究所在陕县灵宝一带调查，发现了一些殷代遗址。"（陈梦家《综述》，第 297 页）但郑杰祥认为："卜辞沚地也可称之为峙地和郜地，郜地当即春秋时代的

郜地，又称为古诗国。……《水经·济水注》二：'黄水又东南迳任城郡之亢父县故城南……县有诗亭，春秋之诗国也。'……故郜亭当在今济宁市东南一带，此地南距卜辞方地约 30 公里，它应当就是卜辞中的沚地。"（郑杰祥《概论》，第 177—178 页）孟世凯认为："沚地即沚族、沚方族居地。从卜辞中沚与舌方、土方、方方等关系来看，沚当在商之西北部，近于舌方、土方、方方。在今山西中北部和河北西北部一带。"（孟世凯《辞典》，第 309 页）朱歧祥认为沚"卜辞为殷西附庸大族，助殷收编，自武丁始即归顺殷朝。……其地处殷西，与戬相邻接。族中有邑有田，

《合集》6728 号

邑在东鄙靠殷边地，田亩则集中西面。曾与舌方、土方、印方、羌方、羲、召方、犹等族相互攻伐。……沚亦为殷初外族东侵殷边土之目标。……复作为殷王田狩地。"（朱歧祥《通释稿》，第62页）此外，沚在卜辞中又见用作动词，表止息，如《合集》418号："庚子卜，内：勿于姤？二告。贞：其沚于姤？"

蚰：字形♓♓，王襄最早释"古蚰字"（王襄《簠室殷契类纂》正编第十，第58页）。《说文》："蚰。虫之总名。读若昆。"或为昆字的初形。卜辞中蚰用作地名，见于《合集》7010号："庚午卜，缶其翦蚰？"为武丁时期卜辞。辞中蚰当为邦族名，与缶邦族见于同条卜辞。又见《合集》10951号："丁未卜，王其逐，在蚰鹿获？允获七。一月。"辞中的"鹿"或释为麓，蚰之麓或为蚰地的某一山丘，商王在此地田猎，蚰地也应为商王朝的田猎地之一。由辞中蚰与缶见于同条卜辞，两地当相近或相连。郑杰祥认为："卜辞蚰地也即虫地，虫字现已简化为虫，虫地也就是虫地。卜辞虫地当在后世的虫牢一带……古虫牢当在今封丘县北黑山脚下，黑山古或称虫山，此地东距卜辞缶地约90公里，它应当就是卜辞中的蚰麓和蚰地。"（郑杰祥《概论》，第169—170页）

东：字形♦，释为东。卜辞中东除用作方位词，又借用作一个具体的地名，如《合集》33422号："戊子卜，王往田于东，擒？辛卯卜，王往田于东，擒？"辞中的"东"不表示东方之意，而是称东的地方，东地为商王朝的田猎地。又

如《合集》643号、1106号、6906号等皆出现称东的地名。"东"地所在，郑杰祥认为："东地应是商王朝的一个重地，卜辞东地应当就是文献所说的商族祖先'相土之东都'《左传·定公四年》：'分康叔以大路……取于相土之东都，以会王之东搜。……命以《康诰》，而封于殷墟。'东都所在，杜预无注，孔颖达疏云：'盖近泰山也'，以为在今山东省泰山附近。近世唐兰《西周青铜器铭文分代史征》卷一以为'宋在商丘，即相土之东都，所以也可以称为东。'这里所说的商丘即指今河南省商丘县。岑仲勉《黄河变迁史》则以为相土的东都当在古濮阳城。今按当以岑说为是。……卜辞东地也应当就是西周以后的东地。……古濮阳在战国时期仍称为东地……秦始皇五年设东郡，即以濮阳为东郡郡治。……古濮阳城位于今濮阳县西南约8公里的故县村，魏人称此为东地，秦在此设东郡，其名曰'东'，都应是沿袭了商周时期'东'地名称而来。此地北距捍地20余公里。"（郑杰祥《概论》，第172—174页）

《合集》33422号

凡：字形六，王襄最早释"古凡字"（王襄《簠室殷契类纂》正编第十三，第59页），郭沫若亦释"六乃凡字，槃之初文也，象形"（郭沫若《卜通》，第29页）。陈梦家释"凡字象侧立之盘形，凡、皿古是一字，即盘"（陈梦家《综述》，第432页）。卜辞中"凡"用作地名，见于《合集》33568号："王其田，亡灾？在凡。"又见《合集》8017号、24385号、24386号皆有"在凡"；《合集》23395号等有"至凡"；《合集》29383号等有"凡田"；《合集》24238号有"自凡"，可知"凡地"是商王朝的一个重要的田猎区。郑杰祥认为："卜辞凡地应当就是春秋时期的凡国……《大清一统志·河南卫辉府》古迹条下：'凡城故城在辉县西南，周凡伯国。'高士奇《春秋地名考略》卷一：'今卫辉府西南二十二里有凡城。'清代辉县即今河南省辉县，春秋凡国当在今辉县西南10余公里处，它应当就是卜辞中的凡地。"（郑杰祥《概论》，第41页）此外，"凡"在卜辞中也用作人名，如诸子中有"子凡"，又如《合集》10171号："甲辰卜，宾贞：乎凡丘？二告。贞：叀偁乎凡丘？"还用作祭名，假借作燔。如《合集》5030号："……卜，王贞：凡小王？"又用作动词，与犯同，或表"盘游"，饶宗颐认为："按凡为盘字，此用作动词。应读为《五子之歌》'盘游无度'之盘。孔传'盘乐游逸'。盘本作盘。"（饶宗颐《殷代贞卜人物通考》，第346—347页）

梌：字形柠、柠，王襄、陈梦家、于省吾皆释为梌（王襄《簠室殷契类纂》存疑第六，第32页；陈梦家《综述》，第261页；于省吾《骈三》，第28页）。于省吾认为"从木，余声，应读为馀。梌、馀并谐余声。馀后世作俞"（于省吾《释林》，第74页）。卜辞中"梌"用作地名，见于《合集》28934号："辛亥卜，贞：王其田梌，亡灾？"为廪辛、康丁时期卜辞。又见《合集》33531号："乙丑卜，贞：王其田梌，亡灾？壬戌卜，贞：王其田梌，亡灾？"为武乙文武丁时期卜辞。还见《英》2542号："……王卜贞：田梌，往来亡灾？王占曰：吉！兹御，获鸟二百五十、象一、雉二。"为帝乙、帝辛时期卜辞。此外，出现"田梌"的卜辞40多条，"于梌"的卜辞40余条以及"从梌""梌田"的卜辞等，充分说明梌地是商王朝的重要田猎地之一，也是商王经常来往的地方。关于"梌"地所在，郑杰祥认为："卜辞梌字当为后世的榆字或渝字，卜辞梌地后世当已演变为榆地。梌地所在，陈梦家《综述·方国地理》以为当即春秋时代的雍榆城……高士奇《春秋地名考略》卷五引《郡邑志》云：'黎阳县有雍城即古雍榆也，今雍榆城在浚县南十八里。'……《文物地图集》228页云：瓮城遗址位于浚县西南小河乡瓮城村西，'面积约48万平方米，文化层厚约2米，断崖可见夯土。……此处传为东周雍榆城。'它最早应是卜辞中的梌地。"（郑杰祥《概论》，第80—81页）

敦：字形𥸮，孙诒让、罗振玉最早皆隶为𩎟（孙诒让《举例》下，第24

页；罗振玉《殷释》中，第 26 页）。《说文》："䵾。孰也。从亯羊，读若纯。"唐兰释"䵾者敦伐也"（唐兰《天释》，第 5 页）。李孝定亦释"诸辞均当读为敦，训为伐也"（李孝定《集释》，第 1855 页）。姚孝遂亦认为"卜辞'䵾'字除用作地名外，上为敦伐之义"（于省吾《诂林》，第 1940 页，姚孝遂按）。卜辞中"敦"用作地名，也用作邦族名，见于《合集》6463 号："贞：乎敦人？""敦"用作地名见于卜辞各期，又见《合集》17075 号："乙卯卜，争贞：今日王于敦？"为第一期武丁时期卜辞。还见《合集》24232 号："丁未卜，王在敦。丁未卜，王在，十一月。"为第二期且庚且甲时期卜辞。还见《合集》37421 号："戊辰王卜，贞：田敦，往来亡灾？王占曰：吉！兹御，获鹿二。"为第五期帝乙、帝辛时期卜辞。说明从卜辞一期到卜辞五期敦地都是商王朝主要田猎地之一，也是商王朝的农业区。关于"敦"地所在，说法不一。董作宾《殷历谱·帝辛日谱》以为当在今山东泰山以西地带，陈梦家以为敦在沁阳田猎区（陈梦家《综述》，第 259 页），郑杰祥认从日本学者林泰辅《甲骨文地名考》的观点，以为即《诗·卫风》："送子涉淇，至于顿丘。"之顿丘，地在今河南省清丰县西南。清丰县古也名顿丘。又云："古淇水自流入河南浚县境以后，流经浚县西南、淇县以东的古雍榆城南，又向北流经浚县西北的白祀山东，然后又流经古顿丘北，又流经浚县西北和河南省汤阴县接界的枉人山

东。因此，《诗经》所谓'送子涉淇，至于顿丘'的顿丘当在今河南省浚县西北约 10 公里一带，此地南距卜辞桥地约 15 公里，它应当就是卜辞中的敦地。"（郑杰祥《概论》，第 84 页）今内黄县三杨庄遗址东南有大城村，即古顿丘城遗址。此外，"敦"在卜辞中也用为动词，表挞伐之意。

《合集》2984 号

鼓：字形𪔛、𪔞、𪔪、𪔯，一字多形，皆为手持物击鼓形。从壴从殳，罗振玉、王襄、李孝定皆释为鼓（罗振玉《殷释》中，第 47 页；王襄《簠室殷契类纂》正编第五，第 23 页；李孝定《集释》，第 1069 页），卜辞中"鼓"用作邦族名，见于《合集》6945 号："壬午卜，㱿贞：亘允其翦鼓，八月。壬午卜，㱿贞：亘弗翦鼓。"为武丁时期卜辞，这时其与商王朝中央当为敌对关系。又见《合集》20075 号："己卯卜，王贞：鼓

其取宋伯歪，鼓祸，叶朕事，宋伯歪从鼓？二月。"这时的"鼓"与商王朝中央当为归附关系。归附后鼓邦族所在的鼓地，为商王常常往来之地，见于《合集》8291号："贞：翌……卯，王步于鼓？十二月。"还见《合集》8289号、36527号、36838号等都有"在鼓"出现。郑杰祥认为："卜辞鼓地所在不能确指。按鼓与顾古音同属见纽鱼部，为双声叠韵字，故相通用。《诗经·商颂·长发》：'韦、顾既伐，昆吾，夏桀。'《汉书·古今人表》又写作'韦、鼓'。颜师古注：鼓'即顾国'……《大清一统志·山东曹州府》古迹条下：'顾城在范县南三十里。'清代范县城在今河南省范县城东北约20公里，古顾城当在范县城东龙山庄一带，此地西距卜辞敦地约90公里，它可能就是卜辞中的鼓地"（郑杰祥《概论》，第87—88页）。此外，卜辞中"鼓"也用作人名，见于《合集》891号："鼓以好，二告。"或为鼓邦族首领名。还用作祭名，表伐鼓祭祀，如《合集》15710号："贞：其酒，彡，勿鼓？十月。"

《合集》8289号

壴：字形𧯌，释为壴，也有认为是鼓的初文。所见"壴"用作地名的卜辞，如《合集》6959号："辛巳卜，㱿贞：乎雀敦桑？辛巳卜，㱿贞：乎雀敦壴？辛巳卜，㱿贞：雀得亘、我？辛巳卜，㱿贞：雀弗得亘、我？辛巳卜，㱿贞：乎雀伐罩？辛巳卜，㱿贞：勿乎雀伐罩？"辞中壴族与雀族、商族、亘族、我族、罩族见于同版，商王贞问由雀族敦伐壴族，如若壴族即鼓族在顾地即今河南范县，那么雀地与鼓地相距200多公里。

琮（除）：字形𤇾、𤇾，柯昌济释"字皆象太室室屋之形，余初以为𤇾字或象帐幄之形，为古幄字"（柯昌济《殷墟卜辞综类例考释》，《古文字研究》十六辑，第156页）。张秉权亦释"其字颇似亚形之象某种建筑的平面图"（引自于省吾《诂林》，第2905页）。姚孝遂亦认为"字与亚当有别"（于省吾《诂林》，第2906页，姚孝遂按）。唐兰释作仁立之"仁"和阶除之"除"的本字，后假借为昨字，认为此字像堂屋四面有阶，古称此为除（唐兰《西周青铜器铭文分代史征·作册大鼎》），刘钊、李宗焜释为琮（刘钊《新甲骨文编》，第21页；李宗焜《甲骨文字编》，第1145页）。卜辞中"琮"用作侯名，也用作地名，见于《合集》8092号："贞：叀鼓令见于琮？"又见《合集》8093号出现"于琮"；《合集》36959号、41776号出现"在琮"，所于所在之"琮"皆为地名。关于除地所在，郑杰祥认为："卜辞除地应当就是春秋时期的胙地。古胙城今称庞固寨，位于今延津县北约 20 公里，此地北距卜辞鼓地约 160 公里，它应当就是卜辞中的胙地。"（郑杰祥《概论》，第 90 页）

利：字形𥝢、𥝤、𥞜、𥝰、𥝿，一字多形，从刀从禾，罗振玉、王襄、孙海波、李孝定皆释为利（罗振玉《殷释》中，第 73 页；王襄《簠室殷契类编》，第 21 页；孙海波《甲骨文编》，第 199 页；李孝定《集释》，第 1518 页）。卜辞中"利"除表顺利、吉利外，用作族名，见于《合集》17611 号："利示三屯又骨。宾。"又见《合集》39932 号出现"伐利"，说明其与商王朝中央为时而归附时而叛离的关系。又用作地名，见于《合集》27146 号："庚午卜，狄贞：王其田利，亡灾？吉！"可知利地当为商王朝的田猎地之一。又见《合集》7042 号、7043 号等都出现"在利"；《合集》27146 号等出现"于利"。郑杰祥云："卜辞利地不能确指。按利与黎音同相通……卜辞利地可能就是后世的黎地……古黎阳城当位于今浚县东北，此地东北距古顿丘即卜辞敦地 10 余公里，它可能就是卜辞中的利地。"（郑杰祥《概论》，第 91 页）

沇：字形𣲺、𣲺，前字形于省吾释为沇，并认为"其字中从允，上部两侧从水……在甲骨文偏旁中是常见的"又"即允字的初文"（于省吾《释林》，第 135 页）。后字形有释为奚字的异构（于省吾《诂林》，第 3185 页，姚孝遂按），但郑杰祥认为二字形同，卜辞中用作地名，见于《合集》37645 号："戊辰卜，

贞：今日王田沇，不遘大雨？"又见《合集》37480 号："戊辰卜，贞：王其田于沇，往来亡灾？获狐七。"还见《合集》37447 号、37481 号等都出现"田沇"，《合集》29242 号、29243 号都出现"沇田"，可知沇地为商王朝的重要田猎地之一。郑杰祥认为："沇当即沇水，也就是济水。《尚书·禹贡》：'导沇水，东流为济。'《汉书·地理志·河东郡》垣县下：'《禹贡》王屋山在东北，沇水所出。'《水经·济水》：'济水出河东垣县王屋山为沇水。'沇又作兖……《释名·释州国》又说：'兖州取兖水以为名也。'可知兖州、兖水本称作沇州、沇水，也就是济水。济水是古代一条独流入海的大水……它应当就是卜辞中的沇水，位于卜辞敦地以南和以东，沇水沿岸是商王主要田猎地之一。"（郑杰祥《概论》，第 92—93 页）

𪐴：字形𪐴、𪐴、𪐴、𪐴、𪐴、𪐴、𪐴，一字多形，罗振玉、王襄最早皆释为𪐴（罗振玉《殷释》中，第 75 页；王襄《簠室殷契类纂》，第 20 页）。卜辞中"𪐴"用作地名，见于《合集》37462 号："辛亥，王卜贞：田椋，往来亡灾？王占曰：吉！壬子，王卜贞：田𪐴，往来亡灾？"𪐴地与椋地见于同版卜辞。又见《合集》41606 号："……日乙雨舞，雨？其舞𪐴，有大雨？"记载商王在𪐴地举行舞祭以求雨，可知𪐴地是商王常来常往并进行重大活动的田猎地之一。所见卜辞中还有"在𪐴""于𪐴""从𪐴"等，单"田𪐴"的卜辞有见 40 余条。关于𪐴地，郑杰祥云："卜辞𪐴

地所在不能确指，它或即古代的铁地……铁地所在，《春秋·哀公二年》杜预注：'铁在戚城南。'……高士奇《春秋地名考略》卷七云：'今开州北 5 里有铁丘，地名王合里。'清代开州即今河南省濮阳县，《考古调查简报》云：'铁丘遗址位于原濮阳县城西北约 2 公里处。'……此地西南距卜辞栜地 40 余公里，它可能就是卜辞中的霾地。"（郑杰祥《概论》，第 94—95 页）也有认为"霾与曹、敦、盂、丧相距不远，当在今河南长垣与封丘一带。"（孟世凯《辞典》，第 604 页）所见卜辞中"霾"也是邦族名，如《合集》36639 号："丁未卜，贞：王迓于霾往来亡灾？"辞中的"霾"当为居住在霾地的邦族名。迓字从辶屯声，或从辶戈声，示持武器巡查

《合集》37462 号

屯驻之意，见于第四期第五期卜辞。罗振玉释为"践"，杨树达释为"过"。朱歧祥认为："迓字属田狩卜辞所用之动词，字释践、过意均可通。"（朱歧祥《通释稿》，第 301 页）

游：字形𝆏，罗振玉最早释为斿，并释"从子执旗。全为象形。从水者后来所加。于是便象形为形声矣"（罗振玉《殷释》中，第 46 页）。王襄亦释"古游字"（王襄《簠室殷契类纂》正编第七，第 32 页）。字形当释为斿，为游字的本字，小篆斿字才加氵写作游，文献中斿与游二字也多相通用，《释文》："游作斿。"卜辞中游用作地名，见于一期至五期各期卜辞，如《合集》5579 号："羌其陷麇于游。"为武丁时期卜辞。又见《合集》33529 号："戊子卜，贞：王其田游，亡灾？"为武乙文武丁时期卜辞。还见《合集》37722 号："辛酉卜，贞：王田游，往来亡灾？王占曰：吉！兹御。"为帝乙帝辛时期卜辞。可见游地即是商王朝的重要田猎地之一，也是商王往来田猎活动甚多的地方之一。还有《合集》29223 号："宫田亡……叀游田亡灾？"辞中"游地"与宫地见于同版；《屯南》2299 号："壬申卜，王往田，从利阜？从游阜？"辞中游地与利地见于同版；《合集》27459 号："戊午卜，贞：王其田，往来亡灾？庚申卜，贞：王叀麦麋逐？庚申卜，贞：王勿利南麋？……庚申卜，狄贞：王叀游麋用？吉！"辞中"游地"与麦地见于同版，以及《合集》37722 号与霾地见于同版等，说明游地与麦地、利地、宫地、霾

地皆相距不远。但郑杰祥云："游地所在不能确指，按游与浮古音同在幽部，义也相同。《说文·㫃部》：'游，旌旗之流也。从㫃，汓声。'《说文·水部》又云：'汓，浮行水上也……古或以汓为没。'古无轻唇音，浮与没古音同，说明游字偏旁汓与浮音、义都相同，故游与浮两字多相通。……因此，卜辞游地后世可能已音变为浮地。游水可能就是后世的浮水。……《大清一统志·河北大名府》山川条下：'澶水在开州西南，大河分流也。一名繁水，一名浮水。'繁、澶同部，繁、浮声同，故一水而有三名。清代开州即今河南省濮阳县，古浮水当由今濮阳县西从古黄河溢出成的沼泽，然后向北流出经今河南省内黄县东、古繁阳城南而东去，此水东与卜辞宫地相近，它可能就是卜辞中的游水、游地。"（郑杰祥《概论》，第97页）

《合集》5579 号

滩：字形 ，释为滩，但于省

吾、姚孝遂皆释为雝通雍（于省吾《诂林》，第 1684 页；姚孝遂、肖丁《类纂》，第 655 页）。字形从水，从隹，从口，当与不从水的雍字不同，指滩水。甲骨文时期滩水两岸是商王朝的重要田猎地，商王在此田猎活动的卜辞甚多，见于《合集》37406 号："壬子卜，贞：王田滩往来亡灾？吉！"又见《合集》41818 号："辛亥卜，贞：王田宫往来亡灾？弘吉！壬子卜，王田滩，往来亡灾？弘吉！"辞中"滩地"与宫地对文，滩地与宫地当相距不远。郑杰祥认为滩"现已简化作雍字，此字与不从水雍地不同，它应当指的雍水。……《禹贡》中的雍水，其上游就是《水经》中的瓠子河，此水由今濮阳县西北古黄河溢出，然后东南流经今山东省临濮集东向进入雷夏泽。因此，古代的雍水，并非仅止雷夏泽附近一段，它应从今濮阳市西南古黄河口算起，东西全长约 90 公里，此地西北距卜辞宫地 10—30 公里，它应当就是卜辞中的雍水"（郑杰祥《概论》，第 98—99 页）。雍水即雍地。此外，《合集》36571 号、36572 号、36573 号、36574 号、36575 号、36576 号、36577 号、36578 号、36579 号、36600 号、36601 号、36602 号、36603 号、36604 号皆出现"王迟于滩"的内容，滩或也为邦族名。

害䜈：字形 ，或从㞢，从口，隶作害；或从㞢，从西，西即坛字之象形，隶作䜈。前后两字形，可隶为一字，也可隶为二字，唐兰在《殷虚文字记》释第二字形为覃。两种字形在所见卜辞中皆用作地名，如《合集》37511号："壬子，王卜贞：田梌……灾？王……曰：吉！丁巳，王卜贞：田盂，往来亡灾？王占曰：……戊午，王卜贞：田盂，亡灾？王占曰：吉！辛酉，王卜贞：田㝬，往来亡灾？王占曰：吉！壬戌，王卜贞：田梌，往来亡灾？王占曰：吉！兹御。获鸩七。乙丑，王卜贞：田疐，往来亡灾？王占曰：吉！"辞中㝬地与梌地、盂地、疐地见于同版，其当为相近的地名。所见"田㝬"的卜辞有70余条，还有"在㝬""在㝬次"的卜辞10余条。由《合集》36619号、36622号以及《英》2556号皆出现"戋㝬"的内容，可知㝬或也用作邦族名，当为居住在㝬地的邦族。此外，《合集》36203号等以及《屯南》607号等20余条卜辞皆出现"田𡫳"，《合集》37716号、35892号等出现"于𡫳""在𡫳"内容，《合集》28919号等以及《屯南》660号等都出现"戋于𡫳"内容，其𡫳或为㝬的异构。㝬地当与梌地、盂地、疐地相邻，位于今浚县、内黄、濮阳一带，为商王朝重要田猎地之一。

小叀：字形[illegible]，释为小叀，也有释为小惟（姚孝遂、肖丁《摹释》，第862页）。所见"小叀"作为地名的卜辞，如《合集》37719号残片残辞："辛丑……贞：王……于㝬……来亡……往……亡灾？……卜，贞：……于小叀……来……灾？"为帝乙帝辛时期卜辞。辞中"小叀"与㝬地见于同条。由《合集》37718号出现"于小㝬"内容，小叀地或为㝬地的别称。郑杰祥云："卜辞'小叀'即'小㝬'，当为同一地名无疑。"（郑杰祥《概论》，第116页）参见"㝬"条。

曹：字形[illegible]、[illegible]，字形从二东，或繁形下部加口，罗振玉最早释"𨍽，为国名"（罗振玉《殷释》中，第58页）。王襄亦释"古𨍽字"（王襄《簠室殷契类纂》正编第六，第29页）。郭沫若释"即曹，案当是卫之曹邑"（郭沫若《卜通》，第744片考释）。卜辞中"曹"用作地名，见于《合集》36828号："壬寅卜，在曹贞：王步于瀑，亡灾？"以及《合集》36827号残辞出现"曹"之单字，或也为地名，皆为帝乙帝辛时期卜辞。又见《合集》6942号："贞：㺇伐曹，其翦？"为武丁时期卜辞，辞中的"曹"当为邦族名。郑杰祥云："卜辞曹族曹地所在，郭沫若《卜通》第744片考释以为'当是卫之漕邑。《左传·闵二年》：立戴公以庐于曹者也。《诗》作漕，《邶风·击鼓》：土国城漕……毛《传》云：卫东邑。今河南滑县南白马

《合集》6942号

城即其地。'……《大清一统志·河南卫辉府》古迹条下：'白马故城在滑县东二十里，本卫漕邑。'清代滑县即今河南省滑县，古白马县即今滑县白马镇，位于东约 10 公里，它应当就是卜辞中的曹地。"（郑杰祥《概论》，第 101 页）

瀫：字形㲻，从水，从戈，从虎，释为瀫。甲骨文有字形从戈从虎，像一戈击虎头之状，隶为虣，裘锡圭释为暴字古体，但也隶作虣（孟世凯《辞典》，第 633 页）。这个字的甲骨文字形从水，当为水名，此从郑杰祥、裘锡圭释为瀫。所见"瀫"用作地名的卜辞，如《合集》36828 号："壬寅卜，在曹贞：王步于瀫，亡灾？"为帝乙帝辛时期卜辞。辞中"瀫"地与曹地见于同条，两地当邻近。郑杰祥认从裘锡圭观点，释瀫为暴字古体，瀫地及暴地，故地在今河南阳武县一带，"河南阳武县即今河南原阳县，清代原武县即今河南省原阳县西南的原武镇，原武镇地区北距卜辞曹地约 90 公里，它应当就是卜辞中的瀫地"（郑杰祥《概论》，第 101—102 页）。

盂：字形㿱，从于从皿，罗振玉、王襄、孙海波最早皆释为盂（罗振玉《殷释》中，第 39 页；王襄《簠室殷契类纂》正编第五，第 24 页；孙海波《甲骨文编》，第 226 页）。卜辞中"盂"用作地名，见于《合集》33529 号："壬午……贞：王……田盂，亡……乙酉卜，贞：王其田桼，亡灾？"辞中盂地与桼地对文。又见《合集》29120 号："于盂，亡灾？吉！于宫，亡灾？吉！"辞中盂地与宫地对文，为廪辛康丁时期卜辞。还

见《合集》29097 号等出现"叀盂田省"内容，说明盂地不但是商王朝重要的田猎地之一，而且是商王田猎活动甚多的田猎区。但孟世凯认为："商代应该有两个盂地，其一位于商王都以西太行山南侧，此盂和卜辞沁地、羌地相近；其二就是这里所说的桼地相系联的盂地。此盂所在，钟柏生《殷商卜辞地理论丛》以为就是春秋时代的敛盂，兹从其说，《左传·僖公二十八年》：'晋侯，齐侯盟于敛盂'。杜预注：'敛盂，卫地。'……古敛盂又称为盂，当位于今濮阳县东南，此地西距卜辞桼地约 60 公里，它应当就是卜辞中的盂地。"又云："辞宫地如上文所述，应当就是春秋时代的丘宫，位于今河南省濮阳县北，此地南距卜辞盂地大约 10 公里。"（郑杰祥《概论》，第 103—104 页）

《合集》29097 号

楚：字形❖、❖、❖，从二木从正，或从三中从正，西周甲骨文作❖形，郭沫若、陈梦家、李孝定皆释为楚（郭沫若《粹考》，第171页；陈梦家《综述》，第268页；李孝定《集释》，第2041页）。卜辞中"楚"用作地名，见于《合集》10906号："壬寅卜，宾贞：亦楚东擒，有兕，之日王往……"为武丁时期卜辞，说明这个时期"楚"是商王朝的田猎地之一。但到了廪辛康丁时期楚地又成为商王祭祀神主的地方，见于《合集》29984号："其雨舞于❖。于楚有雨。……盂……雨。"辞中雨舞即进行求雨的舞祭，说明楚地也是商王的祭祀地。又见《合集》34220号："岳于楚。岳于三门。岳于南单。"辞中的楚、三门、南单，郭沫若认为："疑即楚丘。在河南滑县者。三门当即砥柱。南单当即鹿台。"（郭沫若《粹》考释，第73片）郑杰祥从郭说，认为："古楚丘当在今滑县城东约30公里，此地东北距卜辞盂地约30公里。它应当就是卜辞中的楚地。"（郑杰祥《概论》，第106页）滑县城即今河南省滑县县城。

成：字形❖，王襄、陈梦家、屈万里、李孝定皆释为成（王襄《簠室殷契类纂》正编第十四，第63页；陈梦家《综述》，第411页；屈万里《甲编考释》，第105页；李孝定《集释》，第4258页）。卜辞中"成"用作地名，见于《屯南》762号："叀成田，湄日亡灾？王叀潇田，湄日亡灾？"辞中成与潇对文。又见《合集》27925号："辛亥卜，翌日壬，王其从在成犬㞢？弗悔？

亡灾？弘吉！不㞢？吉！在盂。"辞中"成"与盂见于同条卜辞。还见《合集》27914号、27915号、29394号以及《屯南》2329号都出现"成犬"，说明成地还驻有犬官。此外，《英》1170号出现"自成"，可见成与潇地、盂地相距不远，皆为商王朝重要的田猎地。关于成地所在，郑杰祥认为："卜辞成地就是后世所说的城濮或城阳（成阳）。……《大清一统志·山东曹州府》古迹条下：'成阳故城在濮州东南。'清代濮州即今河南省范县濮城镇，成阳故城当位于濮城镇东南临濮集一带。此地汉为成阳县，又称之为城阳县和临濮城，春秋时期又称为城濮，周初成国当在此附近，此地西北距卜辞盂地约35公里，它应当就是卜辞中的成地。"（郑杰祥《概论》，第106页）此外，商王朝开国之君商汤也称成，成地或为商汤的封地或起家之地。

召：字形❖、❖、❖、❖、❖、❖，字形多样，王襄最早释"古召字"（王襄《簠考·游田》，第5页）。字形与从刀从口的召字有别，姚孝遂认为："此字变体甚多，繁简不一……契文较晚出，只能是'召'之增繁，而不能视'召'为'❖'之省体。二者属于同源分化，'❖'在卜辞皆为地名。"（于省吾《诂林》，第2473页，姚孝遂按）卜辞中"召"作为地名，见于《合集》36663号："戊申卜，贞：王田于盂，往来亡灾？在……己酉卜，贞：王送于召，往来亡灾？"辞中召地与盂地见于同版。所见"送于召"内容的卜辞有近百条，商王频繁的在召地巡查送练，说明召也为邦族名。又见《合集》36644 号："乙未卜，贞：王迄于召，往来亡灾？丁酉卜，贞：王迄于滩，往来亡灾？"辞中召地与滩地见于同版，滩地位于河南濮阳县以南，召地也应该在滩地或滩水相邻的地方。还见《合集》36676 号："壬子卜，贞：王迄于召，往来亡灾？……卜，贞：……于寉，往来亡灾？"辞中召地与寉地见于同版。郑杰祥认为："卜辞召地所在不能确指……卜辞召地后世可能已音变为兆地。如果此释不误，卜辞召地可能就是后世的洮地或桃地……高士奇《春秋地名考略》卷十二云：'今濮州西南 50 里有洮城。'清代濮州即今河南范县西南的濮城镇，古洮城或桃城当在今濮城镇西南，濮阳市东南的白岗一带，此地北距卜辞盂地 10 余公里，它或即卜辞中的召地。"（郑杰祥《概论》，第 109—110 页）

就：字形，王国维最早释为京字（王国维《克鼎铭考释》，第 2 页）。姚孝遂释"此乃'亯京'二字合文，亦有分书者。在卜辞均为地名"（于省吾《诂林》，第 1937 页，姚孝遂按）。刘钊从，亦释为就（刘钊《新甲骨文编》，第 339 页）。卜辞中"就"用作地名，见于《合集》36647 号："辛亥卜，贞：王迄于就，往来亡灾？壬子卜，贞：王迄于召，往来亡灾？"辞中就地与召地见于同版。又见《合集》36646 号："乙未卜，贞：迄于召，往来亡灾？庚子卜，贞：王迄于宫，往来亡灾？辛丑卜，贞：王迄于就……来亡灾？"辞中就地与召地、宫地见于同版。还见《东京》68

号："……夕在敦……于……就伐……取……"辞中就地与敦地见于同版，敦地即顿丘，就地当距顿丘不远。所见卜辞中，就地不但是商王朝重要的田猎地，还是商王祭祀神祖之地，见于《合集》8085 号："乙酉卜，贞：于就燎？"。郑杰祥云："卜辞臺，隶定作臺，李学勤《史惠鼎及其史学渊源》释作戚，兹从其说，释戚为是。由此可知，卜辞臺地应当就是后世的戚地。……高士奇《春秋地名考略》卷七云：'戚，世为卫臣孙氏邑，会盟要地也。……今开州北七里有古戚城，亦谓之戚田。'……清代开州即今河南省濮阳县，古戚亭在今濮阳县北三公里，现名为戚城村。……此地南距召地大约 30 公里，它应当就是卜辞中的戚地"（郑杰祥《概论》，第 112 页）。

《合集》36647 号

亡：字形𠂺，罗振玉、胡小石最早皆释为亡（罗振玉《殷释》中，第74页；胡小石《文例》卷下，第24页）。陈梦家认为："'亡'和'又'为对文，'亡'亦为'无'或'没有'，乃是动词。"（陈梦家《综述》，第127页）但甲骨文舞为无之本字，简化为无。《说文》："亾，逃也。从人，从乚。"本义当为逃亡、失去，但亡在卜辞一至五各时期多用作否定词，用法与无、不、弗、毋、勿有所区别。卜辞中亡也用作地名，见于《合集》36641号："戊寅卜，贞：……田于亡……往来……庚辰卜，贞：王迏于召，往来亡灾？"辞中亡地与召地见于同版。郑杰祥云："卜辞亡地所在不能确指。按亡与无二字古音同属明纽，韵也相近，故相通用。……又卜辞无有之'无'皆写作'亡'，因此，卜辞'亡'地应当就是后世的'无'地。此'无'地可能就是后世称作的'无胥'，《史记·苏秦列传》：魏'东有淮颖、煮枣、无胥。'《索隐》：无胥'其地缺'。但它当与煮枣相近。……古煮枣城当在今定陶县西南，古无胥城也当在此附近，此地北距卜辞召地约40公里。"（郑杰祥《概论》，第113—114页）

演：字形𣸣，从水，从寅，释为演（王蕴智《字学论集》，第187页）。也有释为潢（李宗焜《甲骨文字编》，第475页）。还有释从水从矢（姚孝遂、肖丁《摹释》，第855页）。卜辞中"演"作为地名，见于《合集》37459号："……田于演，往来……获麋十又八。"

为帝乙帝辛时期卜辞。辞中的"演"地是商王朝田猎地之一。其地待考，或参见"演麓"条。

《合集》37459号

未：字形𣏟，孙诒让、郭沫若最早皆释为未（孙诒让《举例》上，第1页；郭沫若《甲研释干支》，第29页）。《说文》："未。味也。六月，滋味也。五行木老于未。象木重枝叶也。"卜辞中"未"用作时间词表地支，也用作地名，见于《合集》37364号："乙巳，王卜贞：田未，往来亡灾？王占曰：吉！戊申，王卜贞：田王，往来亡灾？王占曰：吉！辛亥，王卜贞：田曺，往来亡灾？王占曰：吉！"为帝乙帝辛时期卜辞。辞中未地与王地、曺地见于同版，三地当相距不远，皆为商王朝的田猎区。郑杰祥认为："卜辞未地当在古代沫水一带，位于今河南省中牟县西。"（郑杰祥《概论》，第120页）

王：字形王，释为王，与用作商王之王的字形有别。所见王作为地名的卜辞，如《合集》37364 号："乙巳，王卜贞：田未，往来亡灾？王占曰：吉！戊申，王卜贞：田王，往来亡灾？王占曰：吉！辛亥，王卜贞：田曹，往来亡灾？王占曰：吉！"为帝乙帝辛时期卜辞。辞中"王"地与未地、曹地见于同版，三地当相距不远，皆为商王朝的田猎区。郑杰祥云："卜辞亡地所在不能确指，按王与匡古音同在阳部，声纽相近，故可通假……卜辞王地或即后世的匡地，此匡地所在……《水经·济水注》：'濮水又东迳匡城北。'杨守敬疏引《四书释地》云：'匡城在长垣县西南十五里。'古长垣县即今河南省长垣县，古匡城当在长垣县西南 7 公里处，此地西南距古沬水约 80 公里，北距卜辞曹地约 20 公里，它或即卜辞中的王地。"（郑杰祥《概论》，第 120 页）

香：字形 ![], ![], ![], ![], ![], ![]，一字多形，从禾或来从目，或繁加臼、王旁、再加止旁，隶定作香。郭沫若最早释为秀或琇（郭沫若《卜通》，第 146 页）。姚孝遂认为："郭沫若说不可据。形体多变异，于卜辞皆为地名，无别。"（于省吾《诂林》，第 1409 页，姚孝遂按）卜辞中"香"作为地名，见于《合集》29367 号："……弜……于香？擒。"《合集》37430 号："壬寅，王卜……田香往来亡灾？王占曰：……兹御。获狐……鹿麑。乙巳，王卜贞：田……往来亡灾？王占曰：吉！戊申，王卜贞：田王往来亡灾？王占曰：吉！……王卜贞：……曹，往来……灾？王占曰：吉！"为帝乙帝辛时期卜辞。辞中香地

与王地、曹地见于同条，即说明他们同为商王朝重要田猎区，又说明三地相距不远。香地望参见"王""未""曹"地名条。

弄：字形 ![]，从王从又，依形隶为弄。此字形于省吾、姚孝遂无释，但认为是地名（于省吾《诂林》，第 916 页，姚孝遂按）。见于《合集》37408 号："壬辰，王卜贞：田弄，往来亡灾？王占曰：吉！在十月。兹御。获鹿六。乙巳，王卜贞：田曹往来亡灾？王占曰：吉！兹御。获鹿四，麑一。戊戌，王卜贞：田羌往来亡灾？王占曰：吉！兹御。获鹿四。"辞中"弄"地与曹地、羌地见于同版，三地皆为商王朝重要田猎区，当相距不远，或在今濮阳县与长垣县之间。

丧：字形 ![], ![], ![], ![], ![]，一字多形，从口桑声，或从两口，或从三口、四口。罗振玉、郭沫若、王襄最早皆释为噩（罗振玉《殷释》中，第 75 页；郭沫若《卜通》，第 136 页；王襄《簠室殷契类纂》，第 6 页），陈梦家从其说，并以为作为地名当假借为"仲丁迁嚣"之嚣（陈梦家《综述》，第 262 页）。于省吾释"即丧之初文"（于省吾《骈三》，第 24 页），孙海波从改释丧（孙海波《甲骨文编》，第 54 页）。卜辞中"丧"用作地名，见于一期至五期各期卜辞，如《合集》10293 号："王其逐丧鹿……"为武丁时期卜辞。又如《合集》28961 号："于丧，亡灾？弘吉，用。"为廪辛康丁时期卜辞。再如《合集》37574 号："丁酉，王……贞：田

丧……来亡灾？王……曰：吉！壬寅王卜，贞：田丧，往来亡灾？王占曰：吉！"为帝乙帝辛时期卜辞。各期卜辞所记，商王在丧地的活动甚多，说明其当为商王朝的一个重要的田猎地。关于"丧"之所在，说法不一，郭沫若释丧为噩，认为："噩同鄂。殷未有鄂侯……盖邘地属鄂，殷人之鄂，周人改称为邘地。地在今河南沁阳县西北，与垣曲相隔不远。"（郭沫若《卜通》考释，第615页）郑杰祥从于省吾释为桑，认为："卜辞桑地应当就是后世释作的'桑间'。《礼记·乐记》云：'桑间濮上之音，亡国之音也。'郑玄注：'濮水之上有桑间者，……桑间在濮阳南。'孔颖达疏：'濮水之上地有桑间者，言濮水与桑间一处也。'古濮水桑间之处，这里现今仍有个桑村，商代桑地大致当在今桑村东西一带，此地与卜辞䜌地相近，它应当就是卜辞中的丧

《合集》10293号

地。"（郑杰祥《概论》，第124页）［日］岛邦男则认为：丧是"殷东田猎地域的中心……其位置大致便在殷都东北"。（［日］岛邦男《殷墟卜辞研究》中译本，第371页）即在今河北东南部。此外，桑在卜辞中也表逃亡、丧失，如《合集》97号："其丧工，二告。丧工，二告。"又如《合集》21037号："戊戌卜，贞：丁目不丧明？六月……丧明。"辞中丧明即失明。

卢：字形囟、毘、禽，禽字形郭沫若最早释为盧，并认为"此乃鑪之初文，下象鑪形，上从虍声也"（郭沫若《粹考》，第20页），现代汉字简化为卢。于省吾从，认为"郭（沫若）释禽为卢是也，至于囟字，又为卢与鑪之初文，上象卢之身，下象欤足"（于省吾《释林》，第30页）。卜辞中"卢"作为地名，见于《合集》10930号："戊申卜，贞：王往于卢，从丧，从……"为武丁时期卜辞。辞中卢地与丧地见于同条卜辞。又见《屯南》1009号："庚辰，贞：方来即事于犬延？庚辰，贞：至河，皋其捍飨方？辛卯，贞：从祈涉？辛卯，贞：从狩卢涉？"为武乙文武丁时期卜辞。辞中出现的河即黄河，卢当在古黄河的沿岸。郑杰祥认为："卜辞卢地可能就是后世的卢关津。《大清一统志·山东曹州府》关隘条下：'卢关津在濮州西北，与观城县分界，旧为黄河所经。……卢津关今名高陵津，在临黄县东南三十五里'清代濮州在今河南濮阳县东、范县西南濮城镇，古卢津关当在今濮城镇西北，此地西南距卜辞丧地约

50 公里，它可能就是卜辞中的卢地。"（郑杰祥《概论》，第 126 页）按《大清一统志·山东曹州府》中的高陵津的高陵，当为今内黄县城东南的颛顼帝喾二帝陵。卜辞中"卢"也用作方国名，如"卢方"；还用作人名，如"卢方伯潩"为卢方首领之名；又用作贞人名；还用作祭名，表剥割牺牲之祭。

《合集》10930、27880 号

沓：字形、、，有简有繁，从口从水，或从口从水从彳，于省吾释"即沓字的初文。《说文》：'沓。语多沓沓也。从水曰。辽东有沓县。'"（于省吾《释林》，第 153 页）。卜辞中"沓"作为地名，见于《合集》28982 号："戊申，王叀宫田省，亡灾？吉！叀丧田省，亡灾？吉！叀沓田，亡灾？"辞中"沓"字为简形，与宫地、丧地对贞。又见

《屯南》4334 号："弜田沓其悔，有大雨？吉！亡大雨？"辞中沓字为繁形。此外，《合集》33560 号沓地与宫地见于同版；《合集》29233 号沓地与禁地见于同版；沓地与宫地、禁地皆为商王朝重要的田猎地。郑杰祥云："卜辞沓地所在，裘锡圭以为就是春秋时代的沓地，说'当为卫地'，兹从其说。《春秋·文公十三年》：'冬，公如晋，卫侯会公于沓。'杜预注：'沓，地缺。'……沓地虽不知其所在，但它当在卫国境内，而且很可能在卫都附近。当时卫国已迁都于帝丘。帝丘在今濮阳市东南 10 余公里处，沓地很可能就在此附近或其周围地区，如果此释不误，则卜辞沓地与卜辞丧地应当是相近的。"（郑杰祥《概论》，第 129 页）

癸：甲骨文字形，从癸从殳，依形隶为癸。所见"癸"作为地名的卜辞，如《合集》29285 号："叀沓田，亡灾？王其田癸，至于目北，亡灾？"辞中癸地与沓地、目地见于同条。又如《合集》28982 号："叀沓田亡灾？吉！……叀癸田亡灾？大吉！"辞中的癸或为癸的简形。此外，《合集》33537 号癸地与盂地见于同版，《合集》37661 号癸地与丧地见于同版，充分说明，无论癸还是癸都是商王朝的重要田猎区，也是商王来往活动频繁之地。郑杰祥云："卜辞癸地也即癸地，钟柏生《殷商卜辞地理论丛》以为就是春秋时代的葵丘，兹从其说。……《大清一统志·河南卫辉府》古迹条下：'葵丘聚在考城县东三十里。'清代考城县城在今河南省兰考县

北堌阳镇，古葵丘当在今堌阳镇东一带，此地北距古帝丘约 70 公里，与卜辞沓地大致也在这距离之内。"（郑杰祥《概论》，第 130 页）

勹（包）：字形⊙，孙海波谓"商承祚释勹，地名"（孙海波《甲骨文编》，第 381 页）。李孝定释"疑此与包古为一字，许云：'包象人裹妊。'此则象人在腹中之形，与孕同意。勹包声同韵近"（李孝定《集释》，第 2901 页）。《说文》："勹，覆也。从勹，覆人。"也有释为包字（徐中舒《甲骨文字典》卷九）。卜辞中"勹"作为地名，见于《合集》33529 号："壬午……贞：王……田盂，亡……乙酉卜，贞：王其田桵，亡灾？戊子卜，贞：王其田斿，亡灾？辛卯卜，贞：王其田勹，亡灾？"辞中勹地与盂地、桵地、斿地见于同版。又见《合集》28905 号："丁丑卜，翌日戊，王其迓于勹，亡灾？于桵，亡灾？于丧，亡灾？于盂，亡灾？于宫，亡灾？"辞中勹地与桵地、丧地、盂地、宫地见于同版，说明勹地与见于同版的诸地相距不远，皆为商王朝重要的田猎区，也是商王往来甚繁之地。关于勹地所在，郑杰祥认为："卜辞勹地当为后世的包地，此包地或即后世的鄤水……古鄤水原是古仓水的下游一段称呼。古仓水发源于河南省淇县西北方山仓谷，以后潜行地下，流至古牧野始复出地面而称之为鄤水，鄤水东南流会于清水即卜辞滴水中。此水东距卜辞丧地约 60 公里，它或即卜辞中的勹地。"（郑杰祥《概论》，第 131—132 页）或者说勹地在鄤水的沿岸。

寒：字形⊙、⊙、⊙、⊙、⊙，一字多形，从宀从人，从三口或四口，或简写为点，隶为寒。卜辞中作为地名，见于《合集》28982 号："叀沓田亡灾？吉！叀寒田……叀癸田亡灾？大吉！"辞中寒地与沓地、癸地见于同版。又见《合集》28129 号、29300 号以及《屯南》2386 号皆出现"寒田"；《合集》28371 号、《怀》1447 号以及《合集》29313 号等出现"田寒"，说明寒地是商王朝重要的田猎区。由《合集》28129 号中⊙、⊙两个字形见于同版，知为一字之异构。关于寒地的所在不能确指，当与癸地、沓地相邻。

柚：字形⊙、⊙、⊙，从双手未声，诸家所释各异，有认为"未字也就是昧字的初文，柚字当为昧字之繁体，因此卜辞柚地可能就是昧地，位于今河南省淇县北，此地西北距卜辞勹地 10 余公里"（郑杰祥《概论》，第 133 页）。所见柚地与勹地见于同条的卜辞，如《屯南》745 号："辛巳卜，翌日壬，王其迓于勹。王其迓于柚，亡灾？其雨？不雨？于宫，亡灾？"辞中柚地与宫地见于同版。又如《屯南》2135 号等以及《怀》1448 号都出现"田柚"，说明柚地为商王朝田猎区之一；《合集》36577 号等出现"于柚"；《合集》36825 号出现"步于柚"；《屯南》2975 号出现"往柚"；《合集》28164 号等出现"在柚"，辞中柚地与曺地、桵地、敦地、毚地、燕地等皆见于同版，不但说明柚地与诸地皆为商王朝重要田猎地，也是商王常来常往之地。柚或也用作族名。此外，柚地与大邑商见于同条卜辞，如《佚》978号："丁未卜，在柚贞：王其入大邑商，亡灾？"辞中商王在柚地贞问进入大邑商（安阳），柚地当在安阳附近。

《合集》28164 号

㐭：字形㲋、㲋、㲋，孙海波释"从兄从开，《说文》所无。地名"（孙海波《甲骨文编》，第366页）。或有认为从双示，示为神主形，"即言之古文"，所以隶作祝，"本义或与祝同"（朱歧祥《通释稿》，第42页）。卜辞中㐭作为田猎地，见于《屯南》660号："壬戌卜，贞：王其田㐭，亡灾？甲子卜，贞：王戋柚，亡灾？乙丑卜，贞：王其戋矗，亡灾？辛未卜，贞：王田敦，亡灾？乙亥卜，贞：王其田丧，亡灾？"辞中㐭地与柚地、矗地、敦地、丧地见于同版，其地也当为商王朝重要的田猎区，亦当与上述诸地相邻。此外，《屯南》106号也见有"㐭"的内容。

臭：字形㲋，依形隶定为臭（姚孝

遂、肖丁《类纂》，第112页），见于《合集》24248号："癸丑卜，行贞：王其步自臭，于封，亡灾？癸丑卜，行贞：今夕亡灾？在封。甲寅卜，行贞：王其田，亡灾？在二月，在封。"为且庚且甲时期卜辞。辞中的臭，郑杰祥释为燕，并认为"卜辞㲋字当为燕字之别体。《说文·燕部》：'燕，玄鸟也。籋口，布翅，枝尾，象形。'卜辞燕字写作㲋，此辞字写作㲋，也作张口、布翅、枝尾之形，当为燕字别体无异。"又"燕地所在《左传·隐公元年》：'卫人以燕师伐郑。'杜预注：'燕，南燕也，今东郡燕县。'……《大清一统志·河南卫辉府》古迹条下：'南燕故城在延津县北故酢城东。'……故址在今河南省延津县东北约17公里……此地北距卜辞柚地约70公里，它最早应当就是卜辞中的燕地。"（郑杰祥《概论》，第135—136页）

《合集》36747 号

封：字形⚋，罗振玉、王襄皆释为封（罗振玉《殷释》上，第23页；王襄《簠室殷契类纂》正编第十三，第59页），孙海波释为丰（孙海波《甲骨文编》，第257页）。卜辞中"封"作为地名，见于《合集》24248号："癸丑卜，行贞：王其步自燕，于封，亡灾？癸丑卜，行贞：今夕亡灾？在封。甲寅卜，行贞：王其田，亡灾？在二月，在封。"为且庚且甲时期卜辞。辞中的封地，当为且庚且甲时期田猎地之一。封地所在，郑杰祥认为："卜辞封地应当就是后世的封丘……《大清一统志·河南卫辉府》古迹条下：'封丘故城，今封丘县治。'杨守敬《水经·济水注疏》以为古封丘当在今封丘县西。清代封丘县即今河南省封丘县，古封丘当在今封丘县附近，此地北距燕地约30公里，它应当就是卜辞中的封地。"（郑杰祥《概论》，第136页）

寻：字形⚋、⚋，于省吾释为寻，认为"字象双手之席形。其席文从二层以至五层，多少无定，这是从正面看，如从侧面看则作丨形"（于省吾《释林》，第281页）。从⚋（席）字形的⚋，孙诒让、罗振玉、王襄皆释为谢（孙诒让《举例》下，第16页；罗振玉《殷释》中，第58页；王襄《簠室殷契类纂》，第10页）。郑杰祥则认为是宿字的别体。卜辞中"寻"用作地名，见于《合集》8127号："庚辰……殼贞：今日步于寻？"为武丁时期卜辞。又见《合集》24399号："癸未卜……贞：王其步自寻，亡灾？"为且庚且甲时期卜辞。还

见《合集》28060号："……已卜，在寻，卫……吉！"为廪辛康丁时期卜辞。此外，《合集》8128号、8228号、8130号、9741号皆出现"于寻"；《合集》339号、8182号以及《东洋》637号都出现"往寻"，可知"寻"也是商王常来常往的重要田猎区。由《合集》24608号："……丑卜，行贞：王其寻，舟于滴，亡灾？"与《合集》24609号："乙亥卜，行贞：王其寻，舟于河，亡灾？"异卜同贞内容可知，寻地当距黄河、滴水不远。但这一辞条郑杰祥释为"'王其宿舟于滴'、'宿舟于河'，以及商王能否安全乘舟航行，于滴水黄河之意。"又此地"可能就是后世所称作的宿胥津……《大清一统志·河南卫辉府》山川条下：'宿胥水在浚县西南，今堙。……按宿胥故渎即淇水合卫河处。'清代浚县即今河南省浚县，淇水和卫河会合处在浚县西南和淇县交界的淇门镇，此地东北距浚县约30公里，它就是古代的宿胥口和宿胥津，可能就是卜辞中的寻地即宿地"（郑杰祥《概论》，第137—138页）。此外，"寻"字在卜辞中也用作祭名和祭祀动词，表使用（孟世凯《辞典》，第578页）。

安：字形⚋、⚋，从宀从女，王襄、孙海波、李孝定皆释为安（王襄《簠室殷契类纂》正编第七，第35页；孙海波《甲骨文编》，第317页；李孝定《集释》，第2449页）。《说文》："安。静也。从女在宀下。"卜辞中"安"作为地名，见于《合集》33550号："辛酉卜，贞：王其田丧，亡灾？壬戌卜，王

其田安，亡灾？"辞中安地与丧地见于同版。又见《合集》33561号："戊午卜，贞：王其田勾，亡灾？辛酉卜，贞：王其田，亡灾？壬戌卜，贞：王其田安，亡灾？"辞中安地与勾地见于同版。还见《合集》29378号："丁酉卜，翌日戊，王其迭于安，亡灾？弘吉！"可见安地不但与丧地一样是商王朝重要的田猎地，也是商王常来常往之地，也是商王的祭祀地。卜辞安地所在，郑杰祥认为："卜辞安地应当就是战国时代的安城，《括地志》：'故安城在郑州原武县东南二十里，指此。即今原武县东南。'清代原武县即今河南省原阳县的原武镇，古安城当在今原武镇东南，此地东北距卜辞丧地约100公里，它应当就是卜辞中的安地。"（郑杰祥《概论》，第139页）

向：字形◊，罗振玉、孙海波、李孝定皆释为向（罗振玉《殷释》中，第12页；孙海波《甲骨文编》，第316页；李孝定《集释》，第2443页）。《说文》："向。北出牖也。"赵诚认为："◊从∩象房屋，下面的凵象窗户……《说文》释向为'北出牖也'，似即向字的本义。"（赵诚《甲骨文字的二重性及其构形关系》，《古文字研究》第六辑，第221页）卜辞中"向"作为地名的内容甚多，但多见于且庚且甲时期以后的卜辞，如《合集》33541号："辛酉卜，贞：王其田向，亡灾？壬戌卜，贞：王其田丧？"辞中向地与丧地见于同版。又如《合集》33540号："辛丑卜，贞：王其田向，亡灾？壬寅卜，贞：王其田丧，

亡灾？乙巳卜，贞：王其田斿，亡灾？"辞中向地与丧地、斿地见于同版。再如《合集》33532号："戊戌卜，贞：王其田盂，亡灾？壬寅卜，贞：王其田向，亡灾？"辞中向地与盂地见于同版。还有《合集》28947号："于丧，亡灾？于盂，亡灾？于向，亡灾？翌日壬，王其迭于盂，亡灾？于宫，亡灾？……迭于椉，至于向，亡灾？"辞中向地与丧地、盂地、宫地、椉地见于同版。可见向地与前述诸地一样皆为商王朝重要田猎地，也是商王常来常往之地。郑杰祥云："向地所在，诸家所释各异，但都与卜辞所记与向地相系联的丧地等地距离过远，恐未必是。今查河南省滑县古有向固城，《大清一统志·河南卫辉府》古迹条下：'向固城在（滑）县北八里，唐时都督府兵及宋埽兵并屯此。'又封丘县古有云响城……但是从卜辞与向地相系联的地名看，滑县向固城可能性较大，此地东南距卜辞丧地约40公里，它或即卜辞中的向地。"又"卜辞椉地……当即春秋时代的雍榆，位于今河南省浚县瓮城镇，此地南距卜辞向地约7公里"。又"卜辞斿地……或即后世的浮水沿岸，位于今河南省濮阳市以西以北，此地西南距卜辞向地约40公里"。又"卜辞盂地……当即春秋时代的敛盂，位于今濮阳市东南，此地西距卜辞向地约50公里"。又"卜辞宫地……当即春秋时代的丘宫，位于今濮阳县北，此地西距卜辞向地约50公里"（郑杰祥《概论》，第141—143页）。

《合集》33541 号

列：字形🐚、🐚、🐚、🐚、🐚、🐚、🐚，一字多形，从于省吾观点释为列。于省吾之前释为丽，后改正认为即列（列）字的初文（于省吾《释林》，第 370—373 页）。"列"字的多种字形出现在卜辞中，皆用作地名，如《合集》29296号："壬午卜，王其田列，湄……"又如《合集》29298 号，辞中的"列"字皆为🐚形。又如《合集》29308 号："壬，王弜列田，亡……叀戊，省列田，亡灾？不雨？"辞中列字为🐚形。再如《合集》37403 号："戊申，王卜贞：田敦，往来亡灾？王占曰：吉！壬子，王卜贞：田列，往来亡灾？王占曰：吉！获鹿十。"辞中"列"字为🐚形，列地与敦地见于同版。《合集》41563 号："叀列田，亡灾？叀沈田，亡灾？"辞中列地与沈地见于同条卜辞。如《合集》29297 号："丁亥卜，戊，王其田叀列，擒……雍。"辞中列地与雍地见于同版，辞中列字为🐚形。《合集》29309 号："于羌，擒？于列，擒？"辞中列地与羌地见于同条卜辞，辞中的"列"字亦为🐚形。列地繁与敦地、沈地、雍地、羌地见于

同版卜辞，可知它们当相距不远，皆为商王朝重要的田猎地。

《合集》29296 号

呈：字形🐚、🐚、🐚，从城邑之口，从王，孙海波、于省吾、李孝定皆释为呈（孙海波《甲骨文编》，第 845 页；于省吾《骈续》，第 3 页；李孝定《集释》，第 376 页）。卜辞中"呈"作为地名，见于《合集》37642 号："辛巳……贞：王……呈……来亡……卜，贞：王……曹，往……亡灾？……卯卜，贞：……丧，往……亡灾？"辞虽残，但知呈地与曹地、丧地见于同版。又见《屯南》3156 号："辛未卜，翌日壬，王其田列，亡灾？在呈卜获，大吉！兹用。"辞中呈地与列地见于同条卜辞。还见《合集》37544 号："……在呈……田，衣……亡灾？"辞中呈地与衣地见于同条卜辞。可知，呈地是商王常来常

往的重要田猎地。于省吾认为："呈地接近于衣。"（于省吾《释林》，第20页）或与嚣地、丧地邻近，详地待考。

盄：字形⿱、⿱、⿱，从氏，从皿，王襄最早释"古盄字"（王襄《簠室殷契类纂》存疑第五，第28页）。隶定为盄。卜辞中"盄"作为地名，见于《合集》37380号："壬子，王卜贞：田盄，往来亡灾？王占曰：弘吉！兹御。获狐四十一、麋八、兕一。……王卜……嚣……来，亡灾？……占曰：吉！"辞中盄地与嚣地见于同版。可见盄地为商王朝重要田猎地。关于盄地所在，郑杰祥云："李孝定《集释》卷一引唐兰说，以为'盄当即《说文》菹之重文。'兹从其说。《说文·艸部》：'菹，蒩也，从艸，泝声。蘁，菹或从皿；皿，器也。'卜辞盄字当即蘁和菹字的初文。菹与蒩声近义同故可相通。……因此卜辞盄应当后世的菹地又可称之为蒩地。菹与沮声同相通。……由此推断，卜辞盄地后世已音变为沮地，此沮地所在，《水经·瓠子河注》：濮水枝津'水上承濮渠，东迳沮邱城南，京相璠曰：今濮阳城西南十五里有沮邱城。六国时沮、楚音同以为楚，非也。'沮丘又称为鉏城……鉏城应当就是春秋时期的鉏地……高士奇《春秋地名考略》卷十云：'今大名府滑县东十五里有鉏城。'《大清一统志·河南卫辉府》古迹条下：'鉏城在滑县东。'清代滑县即今河南省滑县，高士奇所说鉏城在滑县东十五里当为五十华里之误，因为滑县东五十里与京相璠所说古濮阳城西南十五里有沮

城相符合，此地西距卜辞向地约30公里，它应当就是卜辞中的盄地即菹地。"（郑杰祥《概论》，第147—148页）

雛：字形⿰，隶定为雛。所见"雛"作为地名的卜辞，如《合集》29273号："王弜往于田，其悔？翌日戊，王其田，叀雛田，弗悔？叀盄田，弗悔？亡灾？永王。擒。叀雛田，亡灾？永王。擒。叀盄田，亡灾？永。擒。"辞中雛地与盄地见于同版对文，两地当相距不远，雛地与盄地当是相邻的商王朝田猎地。详地待考。

牢：字形⿱、⿱，从宀，从午，李孝定、屈万里皆隶定为牢（李孝定《集释》，第2487页；屈万里《甲编考释》，第171页）。卜辞中"牢"作为地名，见于《合集》33534号："壬午……贞：……棷？……丑卜，贞：王其田牢，亡灾？辛未……贞：王其田向，亡灾？"辞中牢地与棷地、向地见于同版。又见《合集》33548号："辛丑卜，贞：王其田丧，亡灾？壬寅卜，贞：王其田牢，亡灾？"辞中牢地与丧地见于同版。还见《合集》37362号："壬寅卜，贞：王田牢，往来亡灾？王占曰：吉！兹御。获虎一，狐六。丁未卜，贞：王田宧，往来亡灾？王占曰：吉！戊申卜，贞：王田嚣，往来亡灾？"辞中牢地与宧地、嚣地见于同版。此外，《合集》29064号牢地与宫地见于同版，《合集》29248号牢地与沇地见于同版，还有《合集》28789号牢地与沓地见于同版等。可知"牢"为商王朝重要田猎区和商王常来常往之地。郑杰祥云："牢字《说文》

所无，李孝定《集释》卷七引陈邦怀说释为窨。陈文云：牢字'从宀、从午，疑是窨字古文。吾、午古音同在五部……'此说可从。又窨与吾音同相同。古本一字，《说文·宀部》：'窨，寱也。'《尔雅·释言》又云：'吾，寱也。'……卜辞牢地也可称之为午地。卜辞午地所在不能确指，从卜辞所记与午地相系联的地名看，它或即后世的伍城，按午与伍音同相通……《大清一统志·河南卫辉府》古迹条下云：'伍城故城，即今汲县治。'清代汲县即今河南省卫辉市，此地位于商代牧野地带，原称作牢地，后又称作午地，午与伍音同相通，又称作伍地。东魏开始在此置伍城县，后来汲县城迁徙于此地，又称作汲县。此地东距卜辞蒸地60余公里，它或即卜辞中的牢地。"（郑杰祥《概论》，第150—151页）

《合集》33534 号

辰：字形⚡，释为辰，即地支字辰。所见卜辞中"辰"除用作地支字的第五位，也用作邦族名，如《合集》28196号："乙未卜，夏贞：辰入驭其利圣？"辞中的"辰"为邦族名。辰邦族所居之地为辰地，如《屯南》2432号："……卜，王其田辰，亡灾？擒。"又如《屯南》3599号："辛，王其……牢虎，亡灾？于来自牢廼逐辰鹿，亡灾？"由辞中"田辰""逐辰鹿"可知辰地是商王朝的田猎地，又知辰地与牢地邻近，因自牢地逐鹿至辰地，辰地也当与牢地同在今河南省卫辉市即古汲县一带。但孟世凯认为："即《春秋·宣公十一年》'夏、楚子、陈侯、郑伯盟于辰陵'之辰。在今河南西华县西北。"因其错将《屯南》3599号中的"牢"释为牢（孟世凯《辞典》，第286页）。

宕：字形⚐，从宀，从石，李孝定、屈万里皆释为宕（李孝定《集释》，第2474页；屈万里《甲编考释》，第3588片）。卜辞中"宕"作为地名，见于《合集》29255号："王重牢田，亡灾？大吉！重柏首田，亡灾？吉！重宕田，亡灾？重盉田，亡灾？"辞中宕地与牢地、盉地以及柏首地见于同条卜辞。此地又见《合集》29256号、28132号等。还有《合集》27903号、27904号皆出现"宕犬"，可见宕作为商王朝的田猎地特别受到商王的重视，宕地还设有专门负责田猎事物的犬官。郑杰祥云："卜辞宕地所在不能确指，按宕与荡音义相同固相通用，《说文·宀部》：'宕，过也，一曰洞屋。从宀，砀省声。'……卜辞宕地可能后世已音变为荡地。与卜辞宕地较近的古荡地有二：一、荡水，荡阴城。《汉书·地理志·河内郡》有荡阴县。……《大清一统志·河南彰德府》古迹条下：'荡阴故城在汤阴县西南，战国时魏邑。'清代汤阴县即今河南省汤阴县，古荡阴城当位于今汤阴县西南，古荡水发源于古荡阴城西山区，东迳城南又向东流入黄泽，此地南距卜辞宕地约50公里。二、浪荡渠。……古浪荡渠大致由今河南省郑州古荥镇北自黄河分流而出，东经河南原阳县南，开封市北，然后又东南流入淮水，此水北距卜辞宕地约50公里。这里采用第一说，即认为今河南省汤阴县南的古荡水沿岸，有可能就是卜辞中的宕地。"（郑杰祥《概论》，第154—155页）

《合集》28132号

柏：字形槂、𣎵，释为柏（王蕴智《字学论集》175页），从双木或单木，从白。卜辞中"柏"用作地名，见于《合集》27781号："甲午卜，王其省权于柏匕……往来亡灾？"为廪辛康丁时期卜辞。辞中的柏地，郑杰祥引"《左传·哀公四年》谓国夏伐晋，'会鲜虞、纳荀寅于柏人'。杜预注：'晋邑也，今赵国柏人县也。'汉代柏人县在今河北隆尧县西。殆此地即卜辞中柏地。或说'在今河南汤阴县西五十里'"（郑杰祥《概论》，第155页）。

柏首：字形槂、，释为柏首。见于《合集》29255号："王叀牢田，亡灾？大吉！叀柏首田，亡灾？吉！叀宕田，亡灾？叀盉田，亡灾？"为廪辛康丁时期卜辞。辞中的"柏首"，与宕地、牢地、盉地见于同条，可知柏首与宕地、牢地、盉地皆为商王朝的田猎地，且相距不远。郑杰祥认为："'柏首'或是指的柏尖山。《大清一统志·河南彰德府》山川条下：'柏尖山在汤阴县西50里。'此邻近古荡水即卜辞宕地，它或即卜辞中的柏首一地。"（郑杰祥《概论》，第155页）但孟世凯认为柏首"当与柏地相距不远，在今河北省柏乡县一带"（孟世凯《辞典》，第393页）。

并：字形、、，罗振玉、王襄、孙海波最早皆释为并（罗振玉《殷释》中，第53页；王襄《簠室殷契类纂》正编第八，第38页；孙海波《甲骨文编》，第31页）。《说文》："并。相从也。从从，开声。"卜辞中并用作地名，见于《合集》33570号："己亥卜，贞：王其田并，亡灾？"为武乙文武丁时期卜辞。辞中的"并"地当为武乙文武丁时期田猎地之一。

先：字形，郑杰祥释为先，与上部从止的先字有别，字罗振玉、王襄、孙海波、李孝定皆释为先（罗振玉《殷释》中，第 64 页；王襄《簠室殷契类纂》正编第八，第 40 页；孙海波《文录》，第 2 页；李孝定《集释》，第 2809 页）。此字形也有释为考（姚孝遂、肖丁《摹释》，第 860 页），此从郑说释为先。卜辞中作为地名，见于《合集》37649 号："戊辰，王卜贞：田先，往来亡灾？乙丑，王卜贞：田霋，往来亡灾？王占曰：吉！"辞中先地与田猎地霋见于同版，两地当邻近，相距三四天的路程。又见《合集》5810 号出现的"在先"与《合集》7900 号出现的"往先"，其中的先字也当为地名。此外，《合集》7014 号等出现"敦先"，《合集》19773 号等出现的"伐先"，这些先当为邦族名。郑杰祥认为："卜辞先族可能就是文献中的姺族……卜辞先地后世可能已音变为莘地。莘地所在……莘

《合集》37649 号

邑之莘……又写作华，这是因为莘与华形近而误，华字当是莘的讹变。《史记·秦本纪》正义引《括地志》云：'故华城在郑州管城县南 30 里。'……古华城今称华阳寨，位于今新郑县北约 18 公里，今郑州市以南约 20 公里，华地当为莘地的讹误……此地北距卜辞弜地 20 公里，它很可能就是卜辞中的先地。"（郑杰祥《概论》，第 242—243 页）

襄：字形𠂤，于省吾释为襄（于省吾《释林》，第 133 页），姚孝遂认为："字当释'襄'，卜辞用为地名。"（于省吾《诂林》，第 69 页，姚孝遂按）也有释为兕（朱歧祥《通释稿》，第 9 页）。卜辞中"襄"作为地名，见于《合集》29352 号："……田襄，湄日亡灾？不遘雨，大吉！……弗悔。"《合集》29353 号、29354 号等都出现"田于襄"，说明襄地是商王朝重要的田猎地。又见《合集》30439 号："癸酉卜，贞：其刚于河，王宾？吉！贞：弜宾？贞：王其田于襄，刚于河？吉！"可知襄地也是商王祭奠之地，其地当在黄河岸边。甲骨文时期的黄河在华北平原与太行山平行向北流去，流经商王都一带距王都约 20 公里。

一襄：字形𠂤，字形与襄字相同多出数字一，依形释为一襄。所见"一襄"作为地名的卜辞，如《合集》30431 号："王其田一襄，刚于河？"辞义与《合集》30439 号同，可知一襄与襄地或为一地，但加以数字次序，其当为襄地的某一处。

二襄：字形 ，字形与襄字相同多出数字二，依形释为二襄。所见"二襄"作为地名的卜辞，如《合集》37600 号："丁丑卜，贞：王田二襄，往来亡灾？辛巳卜，贞：王田宫，往来亡灾？"辞中"二襄"当为襄地某一处之名，前述有见一襄，襄地以一、二数字次序，说明襄地不但是商王朝重要的田猎地，而且是编次数目的范围很大的田猎地。二襄与宫地见于同版，两地当相距不远。

夫：字形 ，罗振玉、王襄最早皆释为夫（罗振玉《殷释》中，第 22 页；王襄《簠室殷契类纂》正编第十，第 48 页）。陈梦家、孙海波释通大（陈梦家《综述》，407 页；孙海波《甲骨文编》，427 页）。朱歧祥认为"隶为天，通作大。人、元、大、天诸字本同由人形派生"。卜辞中"夫"作为地名，见于《合集》37750 号："壬子卜，贞：王田毚，往来亡灾？丁卯卜，贞：王田夫，往来亡灾？壬辰卜，贞：王田丧，往来亡灾？"辞中夫地与毚地、丧地见于同版，可见夫地也是商王朝重要的田猎地。夫地所在，朱歧祥认为，夫地即"《水经注》之'扶柳'，今河北省新河县以北。参钱穆《史记地名考》页七二七"（朱歧祥《通释稿》，第 23—24 页）。由《合集》166 号："夫入二，在庙。"可知夫也用作邦族名。

艺：字形 、 、 、 ，一字多形，从乩从木或屮，释为艺（于省吾《诂林》，第 435 页，姚孝遂按；李宗焜《甲骨文字编》，第 130 页）。用作时间词，也用作地名，见于《合集》28564 号："丙午卜，戊，王其田艺，亡灾？吉！大吉！吉！"又见《合集》24495 号等 20 余条卜辞都出现"田艺"。有认为："卜辞复多言'王田艺'，字或用为地名，或即殷王'艺（种植）于田'之倒文"（朱歧祥《通释稿》，第 55 页）。但《屯南》2358 号出现"艺田"，辞中亦出现"后王射兜"的内容，可见"艺"是商王朝的田猎地之一。

芦：字形 ，释为芦，字形与它辞芦字形有别。所见"芦"作为地名的卜辞，如《合集》10961 号："乙卯卜，韦贞：乎田于芦？"辞中的"芦"当为田猎地名。

䜌：字形 ，依形隶作䜌（于省吾《骈三》，第 12 页）。见于《合集》37383 号："……田于䜌往……御。获兜一……"为帝乙帝辛时期卜辞。辞中的"䜌"用作地名，为帝乙帝辛时期田猎地之一。其地待考。

舌：字形 ，从双手持杖，郭沫若最早释为舌（郭沫若《甲研释挈》，第 1 页）。王襄释"舌，古关字"（王襄《簠考·地望》，第 7 页）。姚孝遂认为："王襄释关是对的。字在卜辞为人名、国族名。亦用为动词，每与伐字连言。其用为国族名者，亦习见于金文，疑为'滕'之初文。"（于省吾《诂林》，第 985 页，姚孝遂按）"舌"在卜辞中用作方国名，也是武丁时期王朝西部主要的邦族名，所以相关舌的卜辞甚多。也用作地名，见于《合集》5536 号等出现的"于舌"；《合集》6131 号等出现的"至于畣"；《合集》17号等出现的"往畣"，畣都用作地名。又见《怀》412号残片残辞出现"田畣"，说明畣地也是武丁时期的田猎地之一。

《合集》5536号

目：字形⊗、⊙，象目形，释为目，与它辞目字有别。目在卜辞中除用本义表示眼睛外，也引申表示注目、监视；也借用作人名，如"子目"；又用为邦族名，为商王朝附属亲近的邦族之一，所以其邦族首领授予子爵。卜辞中"目"也作为田猎地名，见于《合集》24491号："……卜，尹……其往于……亡灾？在八月。王田于目。"为且庚且甲丁时期卜辞。由辞中"王田于目"可知，廪辛康丁时期目地是商王朝的田猎地。由《合集》29285号："叀沓田，亡灾？王其田㲃，至于目北，亡灾？"内容可知，目地当与㲃地邻近，在㲃地之南。

逆：字形⿰辶屰、⿰屰辶、⿰辶屰，释为逆（李宗焜《甲骨文字编》，第557页）。见于《合集》29335号："庚寅卜，……弜田逆其悔？翌日辛，王其田不遘雨？其遘雨？王其田逆？擒。"又如《合集》29330号以及《屯南》2531号等都出现"田逆"或"逆田"内容，可知逆地是商王朝重要的田猎地。由《屯南》2542号："王叀阼麋射，弗悔？永王。叀逆田，弗悔。永王。"逆地与阼地见于同条卜辞，两地当邻近，在今山东省东明县一带。

敝：字形⿰敝、⿰敝、⿰敝，释为敝。所见"敝"作为地名的卜辞，如《屯南》3608号："于来壬子酒田敝……于壬子，王田敝，亡灾？擒。不雨？"又如《屯南》39号、《合集》28735号、29403号、29404号皆出现"田敝"内容，可见敝地是商王朝的田猎地，其地待考。

《屯南》3608号

画：字形，从手持笔以画会意，王国维最早释"疑古畫字"（王国维《戬考》，第24页），现代汉字简化为画。《说文》："画。介也。从聿。象田四介，聿所从画也。"也有释为规（郑杰祥《概论》，第195页）。姚孝遂认为字"象持笔以画字形，王国维疑为古画字是可信的"（于省吾《诂林》，第3125页）。卜辞中"画"用作人名，如武丁时有"子画"，其封地或邦族也称画，见于《合集》17585号："画示四屯，亘。"这条记事刻辞中的画当为邦族名。此外，画又用作田猎地名，见于《合集》28319号："戊，王其田于画，擒大狐。"又见《合集》10925号也出现"田画"，说明画从武丁时期至廪辛康丁时期皆为商王朝的田猎地。孟世凯认为"画族之族居地画，为商东部一重要农牧猎区。春秋时为齐之棘邑。……在今山东淄博市东北。"（孟世凯《辞典》，第579页）朱歧祥云："《孟子》：'去齐宿于画。'《史记·田单传》：'燕之初入齐，闻画邑人王蠋贤。'画邑，又云漮邑，在山东临淄县西北2里。唯卜辞所见地望又与殷西北的井方、召方，殷南的儿不合。卜辞的画地或与文献的画属异地同名。"（朱歧祥《通释稿》，第418页）

友：字形，从双又相连，释为友（于省吾《诂林》，第948页）。用作地名，见于《合集》10960号残片残辞："……卯卜……令田……友？十二月。"辞中的"友"为商王朝田猎地名。甲骨文友字在卜辞中用为邦族名，此"友"字形也用为邦族名，其邦族所居之地为田猎地。

懋：字形，于省吾最早释为懋，但认为是上甲微的异称（于省吾《释林》，第364页）。姚孝遂谓："于先生（省吾）释'懋'是正确的，唯在卜辞乃地名"（于省吾《诂林》，第1896页，姚孝遂按）。所见"懋"作为地名的卜辞，如《合集》29004号："弜……丧旧田，不受祐……弜……灾，更懋田，彡受祐。"辞中懋地与丧地见于同条卜辞，可见懋地与丧地都是商王朝的田猎地，懋地当与丧地相邻或相连，丧地在今滑县桑村一带（郑杰祥《概论》，第124页），今滑县桑村位于滑县、内黄县、濮阳三县交汇处，懋地也当在今滑县、内黄县、濮阳三地交汇一带。关于商王的主要田猎区，郑杰祥谓："考证商代后期主要田猎区的方位所在，历来为研究商代地理者所重视，许多学者在这方面作了大量工作，而意见多不一致。例如，郭沫若《卜通》序曾认为：晚期商王'畋游之地多在今河南沁阳附近'，陈梦家《综述·方国地理》据此进一步认为'此田猎区以沁阳为中心，西不过垣曲之邵原镇，东及于原武（按：即今河南省原阳县的原武镇），北界为获嘉、修武、济源，南以大河为界。是在太行山沁水与黄河之间，东西150公里，南北50公里，地处山麓与薮泽之间。'其范围大致包括今河南省黄河北岸的西部地区。但是'董彦堂先生与岛邦男先生，研究了百余个田游、征伐地名后，所下的结论，竟与郭、陈二家大相迳庭。郭、陈二家将殷王田猎区放在殷都之西南，而董、岛二家将殷王田猎区置于殷墟之东、东北及东南。'其大致范围是在'今山东泰山、蒙山、峄山之西麓，而非为郭氏所言，以沁阳一带为田猎之主要区域。'（钟柏生《殷商卜辞地理论丛·绪论》）我们的看法则与上述二说均有不同，即认为商王的田猎活动虽然遍及于商王朝的各个地区，但其主要田猎区既不在'沁阳附近'，也不在山东泰山周围，而实在商代王畿以东的古黄河两岸，其大致范围在今河南省濮阳市以及新乡市以东和山东省的西部地区。"（郑杰祥《概论》，第79—80页）郑说可从，甲骨文时期商王的主要田猎区"实在商代王畿以东的古黄河两岸"。

莫：字形 ，释为莫。所见"莫"作为地名的卜辞，如《合集》29250号："王其田牢艺，湄日亡灾？莫田亡灾？乙不雨？"辞中莫地与牢地见于同条卜辞，说明两地不但同为田猎地，而且相近或相连。按郑杰祥的观点，牢地在古汲县今河南省卫辉市（郑杰祥《概论》，第150—151页），那么莫地也当在今河南省卫辉市一带。

難：字形 ，隶定为難。所见"難"作为地名的卜辞，如《合集》33545号："乙酉卜，贞：王其田難，亡灾？"辞中的難地为田猎地无疑。此外，《合集》28973号、29806号都出现 字形，用作地名，当为難字的异形，也有认为難为莫字的繁形，与莫为一字（姚孝遂、肖丁《摹释》，第754页）。

朱：字形 ，释为朱。李孝定释："《说文》'赤心木松柏属从木一在其中'……朱实即株之本字，其次本不误，赤心木一解当是朱之别义，自别义专行遂另制从木朱声之株字以代朱，……字在卜辞为地名，辞言'田朱'《珠》12.1可证也。"（李孝定《集释》，第1951页）所见卜辞中，"朱"用作地名，见于《合集》37363号："乙卯，王卜贞：田畫，往来亡灾？王占曰：吉！戊午卜，贞：田朱，往来亡灾？王占曰：吉！兹御。获兕十、虎一、狐一。辛酉卜，贞：田畫，往来亡灾？王占曰：吉！"又见《合集》36743号也出现"在朱"内容，皆为帝乙帝辛时期卜辞。辞中朱地与畫地见于同版，从乙卯日在畫到戊午日在朱地有大的猎获，再到辛酉日回到畫地，可见朱地不但是商王朝的重要田猎地，且与畫地相近相连。畫地与蔑地见于同版，当相近相连。按郑杰祥观点蔑地在今濮阳县一带（郑杰祥《概论》，第94—95页），那么与畫地见于同版的朱地也当距蔑地不远，都应在今内黄、濮阳、浚县三地相汇一带。

《合集》36743号

余：字形 ，从亼从木，隶定为余。

所见"余"作为地名的卜辞，如《合集》37634 号："……其田余……在二月。"又如《合集》37543 号也出现"田余"，皆为帝乙帝辛时期卜辞。此外，《合集》3458 号："庚申卜，㱿贞：我有作祸？庚申卜，㱿贞：我亡作祸？贞：亦尹祟王？贞：亦尹弗祟王？不延雨。贞：王自余入？贞：翌己未王步？辛酉，王自余入？不佳祸。二告。王梦不佳祸。贞：燎于河？"为武丁时期卜辞。辞中余亦为地名，说明武丁时期已有余地，为商王求祭之地，与黄河临近。到了帝乙帝辛时期成为田猎地。

敄：字形𤛿，从杏从夂，隶定为敄。卜辞中有侯敄，敄为此诸侯的私名，也是这个诸侯封地之名或邦族之名。所见"敄"作为地名的卜辞，如《合集》10559 号："戊寅卜，乎侯敄田……"可理解为商王呼唤侯敄，在它的封地敄地进行田猎，其地也当为田猎地之一。

《合集》10559 号

桑：字形𣘐、𣗥，释为桑。所见"桑"作为地名的卜辞，如《合集》37494 号："壬子卜，贞：……田桑，往来亡灾？王占曰：吉！丁巳卜，贞：王田高，往来亡灾？王占曰：吉！……王田瀗，往来亡灾？王占曰：……"为帝乙帝辛时期卜辞。辞中桑地与高地、瀗地见于同版卜辞，可见桑地与高地、瀗地皆为商王朝重要的田猎地，其地应相近相连。其地所在，郑杰祥认为："可能就是后世称作的桑间，班昭《东征赋》：'宿阳武之桑间。'"其地即今河南原阳县东南。（郑杰祥《概论》，第 234 页）但闻一多认为："桑为殷田猎之地，故亦称桑田。"其地即《诗·墉风·定之方中》的"降观（馆）于桑"。（《古典新义》下"释桑"）在今河南省灵宝县北。此外，"桑"用作邦族名，如《合集》6959 号："辛巳卜，㱿贞：乎雀敦桑？辛巳卜，㱿贞：乎雀敦敳？"为武丁时期卜辞，可见在武丁时期桑和敳一样，都是商王朝敌对的邦族，受到王朝军队的敦伐，后来臣服，到了帝乙帝辛时期成为田猎地。

栗：字形𣏟，释为栗，栗字上部果实有毛刺形。卜辞中作为地名，如《合集》10934 号："贞：乎取般，狩栗？"为武丁时期卜辞。又如《合集》36916 号："癸未卜，在逢贞：王旬亡祸？癸巳卜，在八栗贞：王旬亡祸？"为帝乙帝辛时期卜辞。辞中"栗"作为地名，或为田猎地名，与逢地见于同版，两地当相邻或相连。卜辞中"栗"也用作邦族名，如《合集》5477 号："令弘从栗，叶王事？贞：叀邑令从栗？"为武丁时期卜辞，辞中"栗"当为邦族名或人名。栗邦族及其居住地当与逢地相近，按郑杰祥的观点，逢地在今河南省开封市一带（郑杰祥《概论》，第 235 页），栗地与逢地相近，也当在今河南省开封市一带。

税：字形￼、￼，字形微异，或为一字之异构，或为两个不同的字形，依形隶定为税。两个"税"的字形用作地名的卜辞有三，一为《屯南》2739 号："丁丑卜，翌日戊，王其田漕？弗擒。弘吉！弘吉！吉！弘吉！壬不雨？吉！叀勞田亡灾？擒。弘吉！于壬迺田税？亡灾？壬其雨？弘吉！辛其雨？吉！"辞中税地与漕地、勞地见于同版，可见税地与漕地、勞地相近或相连。二为《合集》37495 号："乙巳卜……于召……戊午卜，贞：王田于税，往来亡灾？兹御。获狐二……王……召……灾？"辞中税地与召地见于同版。三为《合集》37409 号："戊申，王卜贞：田羌，往来亡灾？王占曰：吉！兹御。获鹿六。……王卜……来……王占……兹……弘吉！"辞中税地与羌地见于同版。税地也当与漕地、召地、羌地等相距不远。

麦：字形￼、￼、￼，从来，从夂，释为麦，以穗形直上为特征，有释为小麦，也有释为大麦，无论小麦大麦，其本意当指农作物，卜辞有"告麦""食麦"。麦用作地名的卜辞，如《合集》29369 号："叀麦田亡灾？其田麦擒。"为廪辛康丁时期卜辞。又如，《合集》29395 号出现"自麦"；《合集》36809 号等出现"在麦"；《合集》24228 号等出现"于麦"；《合集》11005 号出现"从麦"，可见从卜辞一期至五期麦地都是商王常来常往之地。麦地作为田猎地，有"田麦"，如《合集》37448 号："壬申，王……田麦，往……亡灾？王……吉！兹御。……白鹿……乙亥，王卜贞：迭丧，往来亡灾？王占曰：吉！丁丑，王卜贞：田宫，往来亡灾？王占曰：吉！……寅，王卜贞：……丧，往来……灾？王占曰……"辞中麦与丧地、宫地见于同版。此外，《合集》41826 号等、《屯南》736 号等出现"田麦"。《屯南》736 号、4033 号出现"麦田"，可见麦地不但是商王常来常往之地，也是商王朝重要的田猎地。由《合集》27459 号："戊午卜，贞：王其田，往来亡灾？庚申卜，贞：王叀麦麋逐？庚申卜，贞：王勿利南麋？……庚申卜，狄贞：王叀游麋用？吉！"辞中麦地与游地见于同版，两地当相距不远，但郑杰祥认为，麦地"即后世勑丘，位于今河南省获嘉县北，与卜辞利地相距约 80 公里，与卜辞㳄地相距约 120 公里。"（郑杰祥《概论》，第 98 页）饶宗颐疑是《史记·赵世家》"赵奢攻齐麦邱，取之"的麦邱（《殷代贞人人物通考》，第 1138 页）即今山东商河县西北，当近是。由《合集》11005 号残片残辞："……史……从麦。"内容推断，麦或可也用作邦族名。

㹜：字形￼，从三豕，当为豕之众、多豕，依形隶为㹜。罗振玉最早释为猭（罗振玉《殷释》中，第 31 页）。叶玉森释为猋（叶玉森《前释》一卷，第 106 页）。李孝定亦释为猭，并认为"古象形字二文三文并列每无别"（李孝定

《集释》，第 2987 页）。但姚孝遂认为"契文从三豕，则与豥字形义俱乖，释豥不可据"（于省吾《诂林》，第 1585 页，姚孝遂按）。卜辞中"𤞤"作为地名，见于《合集》1022 号："丁卯卜，令执以人，田于𤞤，十一月。丁卯卜，勿令执以人，田于𤞤。"为武丁时期卜辞，𤞤地当为武丁时期的田猎地，武丁之后未见𤞤地名出现。其地待考。

𤝗（丽）：字形𤝗、𤝗，从双耒双犬（双豕），隶定为𤝗，也有写作上从三力，下从一犬字形，应是其异构。此字所释各家说法不一，郭沫若释为麤（郭沫若《卜通》，第 83 页）。徐中舒、李孝定释为丽（徐中舒《耒耜考》，《集刊》二本一分，第 14 页；李孝定《集释》，第 3137 页）。于省吾释读为协（于省吾《释林》，第 253 页）。卜辞中"𤝗"作为地名，见于一期至五期各期卜辞，如《合集》8214 号："……允：十月。在𤝗。"为武丁时期卜辞。又如《合集》23802："……子卜，行……王其步自……𤝗，亡灾？"辞中出现第二期贞卜人物行，说明为且庚且甲时期卜辞。再如《合集》32077 号："戊子，王往田于𤝗，擒？"为武乙文武丁时期卜辞。辞中的"𤝗"皆用为地名。其地所在，郑杰祥从徐中舒、李孝定观点释此字为麗，简化为丽。郑杰祥认为"丽地所在不能确指，按丽与离二字音、义相同……卜辞𤝗地即丽地，后世可能已音变为离地，如果此释不误，此离地应当就是后世的离狐县。《水经·济水注》二：'濮水又东迳济阴，离狐县故城

南。'《大清一统志·河北大名府》古迹条下：'离狐故城在东明县东南。'谭其骧主编《中国历史地图集》第二册将其置于今山东省东明县北约 20 公里的郎中镇一带，此地东北距卜辞成地 30 余公里，它可能就是卜辞中的𤝗地"（郑杰祥《概论》，第 108—109 页）。

《合集》8214 号

鸡：字形𪁎，罗振玉、王襄、孙海波最早皆释为鸡（罗振玉《殷释》中，第 32 页；王襄《簠室殷契类纂》，第 18 页；孙海波《甲骨文编》，第 176 页）。姚孝遂认为："卜辞鸡字皆用作地名，均从奚声，无一例外。其形符或为鸟，或为隹。"（于省吾《诂林》，第 3191 页，姚孝遂按）卜辞中"鸡"作为地名，见于《合集》29031 号："王其田鸡？……翌日辛，王其迭于丧？于向？于宫？"为廪辛康丁时期卜辞。又见《合集》37472 号："戊寅，王卜贞：田鸡，往来亡灾？王占曰：吉！兹御。获狐二十。辛巳，王卜贞：田𪁎，往来亡灾？王占曰：吉！"为帝乙帝辛时期卜辞。还有《合

集》29032 号等廪辛康丁时期卜辞，以及《合集》37363 号等帝乙帝辛时期卜辞都出现"田鸡"或"田于鸡"，可见从廪辛康丁时期直至商朝末鸡地都是商王朝重要的田猎地。所见卜辞中鸡地不但如前举辞与丧地、向地、寤地、宫地见于同版卜辞，还与雍地、㯥地等见于同版卜辞，鸡地当位于内黄、滑县、浚县、濮阳交会一带的田猎区内。但郭沫若认为，鸡之今地当为鸡泽，其引"《春秋·襄三年》：'同盟于鸡泽。'杜预注：'鸡泽在平曲梁县西南。'（在今河北省永年县西南）《国语》作'鸡丘'。地与安相隔一日路程，卜辞之鸡当在此。"（郭沫若《卜通》考释，第 643 页）

作地名（孙海波《甲骨文编》，第 226 页；屈万里《甲编考释》，第 61 页；李孝定《集释》，第 1695 页）。陈邦福认为"当释猫。卜辞苗省从田者"（陈邦福《殷契说存》，第 5 页）。姚孝遂认为："字从'虎'从'田'，陈邦福释'猫'不可据。此'田'形不当是'土田'之'田'，犹'靁'之或从此形而非'田'。"（于省吾《诂林》，第 1629 页，姚孝遂按）卜辞中"虝"作为地名，见于《合集》29321 号："翌日戊，王叀虝田，湄日亡灾？"为廪辛康丁时期卜辞。又见《合集》29319 号、29320 号、29322 号、29323 号都出现"田虝"或"虝田"，《合集》28350 号、33363 号以及《屯南》3207 号也出现"虝"作为地名，说明虝地当为廪辛康丁时期商王朝重要的田猎地，此地或常有老虎出现而名之。

《合集》29031 号

《合集》29321 号

虝：字形、，依形隶定为虝。孙海波、屈万里、李孝定皆释从田从虎，用

藕：字形▨，依形隶定为藕。所见
"藕"作为地名的卜辞，如《合集》37363
号："戊戌，王卜贞：田鸡，往来亡灾？
王占曰：吉！兹御。获狐。辛丑卜，贞：
王田矗，往来亡灾？王占曰：吉！壬寅，
王卜贞：田甗，往来亡灾？王占曰：吉！
戊申卜，贞：田藕，往来亡灾？王占曰：
吉！兹御。获兕六、狐……壬子卜，贞：
田牢，往来亡灾？王占曰：吉！兹御。获
兕一、虎一、狐七。乙卯，王卜贞：田
矗，往来亡灾？王占曰：吉！戊午卜，
贞：田朱，往来亡灾？王占曰：吉！兹
御。获兕十、虎一、狐一。辛酉卜，贞：
田矗，往来亡灾？王占曰：吉！"为帝乙
帝辛时期卜辞，辞中藕地与鸡地、矗地、
甗地、牢地、朱地见于同版相系联，其地
也当在古黄河两岸一带田猎区内（郑杰祥
《概论》，第80页），为帝乙帝辛时期商王
朝重要田猎地。

藕：字形▨，依形隶定为藕。所见
"藕"作为地名的卜辞，如《屯南》
4045号残片残辞："……藕田，湄……
灾？不雨？吉！"辞中的藕地当为田猎
地名。朱歧祥认为，藕"或为殷附庸族
名；亦为田狩地。"（朱歧祥《通释稿》，
第183页）此从朱说，藕不但是邦族名，
也是田猎地名，其地待考。

智：字形▨、▨、▨、▨、▨、▨，
一字多形，于省吾释为智（于省吾《释
林》，第40页）。姚孝遂认为："字从夗
从目，当释智。卜辞或用作祭名，或用
作地名。"（于省吾《诂林》，第558页，
姚孝遂按）卜辞中"智"用作地名，见
于《合集》29155号："叀丧田，湄日亡

灾？叀智田，湄日亡灾？弜省田其悔？
王其田于宫，湄日亡灾？永王。"辞中
智地与丧地、宫地见于同版。辞中智地
与▨地、沇地见于同版。可见智地与丧
地、宫地、沇地等一样皆为商王朝重要
田猎地。郑杰祥云："智地所在不能确
指，以声类求之，它或即后世的宛濮和
宛亭，按宛字从宀，夗声，智字从目，
夗声，二者声符相同，故卜辞夗地后世
可能已音变为宛地。宛地所在……《大
清一统志·直隶大名府》古迹条下：
'宛亭在长垣县西南。'清代长垣县即今
河南省长垣县，故宛亭当在今长垣县西
南，春秋时代又称为宛濮，此地北距卜
辞丧地约40公里，距卜辞宫地约70公
里，它可能就是卜辞中的智地。"（郑杰
祥《概论》，第140页）此外，"智"字
在卜辞中也用作祭名，如《合集》
14848号："贞：御王自上甲，智大示？"

《合集》29348号

贇：字形▨，释为贇。所见"贇"作

为地名的卜辞，如《合集》29324号："丁亥卜，狄贞：其田贊，叀辛，湄日亡灾，不雨？贞：翌日戊，王其田盂，湄日亡灾？"为廪辛康丁时期卜辞。辞中贊地与盂地见于同版。又如《合集》29325号、29326号、29327号、29328号以及《屯南》53号都出现"田贊"或"贊田"，可见贊地与盂地皆为廪辛康丁时期商王朝的田猎地，且贊地与盂地相近或相连，都在内黄、滑县、浚县、濮阳交汇一带的田猎区。（参见"戀"条）

旧：字形 𦥯、𦥑、𦥑，释为旧。所见"旧"作为地名的卜辞，如《合集》37434号："丙辰，王卜，在……今日步于……戊午，王卜，在羌贞：田旧，往来亡灾？兹御。获鹿、狐。己未，王卜，在羌贞：今日步于憎，亡灾？庚申，王卜，在憎贞：今日步于勧，亡灾？……王……淮……"为帝乙帝辛时期卜辞。辞中旧地与羌地、憎地、勧地、淮地见于同版，而且商王于丙辰日、戊午日、己未日、庚申日先后次序的几日分别在某地卜问到某地，其某地与某地之间，也只有一两天的路程，如己未在羌，卜问到憎地田猎，庚申就已经到憎地卜问，两地之间仅一日路程，当相近或相连，由此可知，旧地当与羌地、憎地、勧地、淮地皆邻近，皆为帝乙帝辛时期商王朝重要的田猎地。旧之今地，郑杰祥认为："《大清一统志·安徽颍州府》古迹条下：'万寿城在太和县北。……又有旧县集，在县北八里，临沙河。'清代太和县即今安徽太和县，古旧县集在太和县北4公里，东北距河南永城县约100公里，

距推测的卜辞攸地约50公里，它可能就是卜辞中的旧地。"（郑杰祥《概论》，第366—367页）此外，旧字在甲骨文中也用作新旧之旧，详参形容词"旧"。

萑：字形 𦫳、𦫳，象长角的鸟，《说文》："鸱属。从隹从……有毛角，所鸣其民有祸。"释为萑。也有认为："卜辞见于雚字同……复有读如观的观。……亦有用为本义，殷人以萑鸟祭。"（朱歧祥《通释稿》，第217—218页）所见"萑"作为地名的卜辞，如《合集》9607号："……丑……贞：妇姘田萑？贞：妇姘田，不其萑？"为武丁时期卜辞。又如《合集》9608号也出现"田萑"；《合集》5158号等出现"往萑"；《合集》39502号出现"在萑"；《合集》9593号等出现"萑"字用作地名，可见萑地也是商王常常光顾之地，也是商王朝重要的田猎地。由辞中贞问妇姘参与"田萑"，萑地或为妇姘的封地。

《合集》9607号

庞：字形 𪊨、𪊨、𪊨、𪊨、𪊨，一字多形，释为庞。所见"庞"作为地名的卜辞，如《屯南》2409号："叀在庞田，封示，王弗悔……大吉！叀在福田，又

示，王弗悔漤，吉！叀在汀田，㙵示，王弗悔漤，吉！"又如《合集》891 号等 20 余条卜辞出现"于庞"，《合集》39957 号以及《屯南》2432 号出现"在庞"，可见庞地不但是商王朝重要的田猎地，也是商王常常光顾之地。卜辞中，"庞"也用作人名，如诸妇中有妇庞，此妇或为庞地、庞邦族之妇，或其封地为庞。其地也当在沁阳一带的田猎区内。

㘘：字形㘘、㘘、㘘，释为㘘。所见"㘘"作为地名的卜辞，如《合集》28831 号："丁酉卜，狄贞：王田于㘘，立擒，吉！……卜，狄……擒。"为廪辛康丁时期卜辞。又如《合集》27953 号等 20 余条卜辞皆出现"㘘田"，皆为廪辛康丁时期卜辞，可见㘘地当为廪辛康丁时期商王朝重要的田猎地。此外，《合集》8270 号等出现有"步㘘"，为武丁时期卜辞；《合集》27165 号出现"入㘘"；《合集》33159 号出现"往于㘘"；

《合集》33159 号

《合集》28058 号出现"取㘘"，㘘作为地名，见于一至五各期卜辞，可见㘘地也是商王常常光顾之地。其地待考。

衣：字形㐆、㐆，为上衣的象形，释为衣。《说文》："上曰衣，下曰裳。"甲骨学界多释衣为殷，衣实殷字。所见卜辞中"衣"除用作合祭之名，也用作邦族名以及邦族首领人名。如《合集》5884 号："衣入五十。"辞中记录的进贡五十的衣当为邦族名。再如《合集》4957 号："贞：衣亡祸？"辞中商王贞问有无福祸的衣当指名为衣的邦族首领。又用作地名，如《屯南》2564 号："己丑，贞：王寻告土方于五示？在衣。十月卜。"辞中所在之衣当为地名。又如《合集》27146 号："壬申卜，狄贞：王其田衣，亡灾？吉！"为廪辛康丁时期卜辞，还有《合集》28878 号、37532 号等 20 余条卜辞都出现"田衣"，可见衣地在廪辛康丁时期和帝乙帝辛时期皆为商王朝重要田猎地。此外，《合集》1008 号等武丁时期卜辞出现"伐衣""克衣"内容，说明衣在武丁时期曾为与商王朝为敌的邦族，受到征伐，之后臣服，其族地逐步成为商王朝的田猎地。关于衣的地望，郑杰祥认为："卜辞衣地就是后世的殷地。……古殷城当在今武陟县南约 5 公里，此地东北距卜辞塘地约 35 公里，它应当就是卜辞中依地和衣地。"（郑杰祥《概论》，第 28 页）

甾：字形甾，释为甾。所见"甾"作为地名的卜辞，如《合集》36514 号："……余一人……田甾，征盂方……自上下于毄示……"又如《合集》36512

号也为征盂方、田甾的内容，皆为帝乙帝辛时期卜辞。由辞的内容，商王征盂方路途田猎甾地，甾地当与盂地相近或相连，按郑杰祥观点盂地在今河南省濮阳市一带（郑杰祥《概论》，第103—104页），那么甾地也当与盂地都在今濮阳一带。

砅：字形㘉，象水从双石间流过，释为砅。所见"砅"作为地名的卜辞，如《屯南》4284号残片残辞："砅田"二字，但也有释为"辰田"（姚孝遂、肖丁《摹释》，第1040页）。此从饶宗颐释为"砅田"（饶宗颐《通检》第二册，第334页）。又如《合集》39858号、《英》547号出现"于砅"和"于砅奠"，辞中的砅也用作地名，砅地也当为田猎地之一。其地待考。

时期商王朝的田猎地。其地待考。

𡧱：字形㪍，从宀从亻，从糸，隶定为𡧱，也有释为宿（姚孝遂、肖丁《摹释》，第654页）。所见"𡧱"作为地名的卜辞，如《合集》29384号："……其田𡧱于𥅽"为廪辛康丁时期卜辞，𡧱地应为廪辛康丁时期商王朝的田猎地。其地待考。

霸：字形𩆨，姚孝遂以为"字可释'霸'"（于省吾《诂林》，第1124页，姚孝遂按）。孟世凯释为霸（孟世凯《辞典》，第674页）。卜辞中"霸"用作地名，见于《屯南》873号："于……田霸，伐……方擒。翦，不雉众……大吉！"为廪辛康丁时期卜辞。由辞中"田霸"内容说明霸地当为商王朝的田猎地。其地待考。

《屯南》4284号

《屯南》873号

窞：字形㙔，从宀从丙从止，隶定为窞。所见"窞"作为地名的卜辞，如《合集》29368号："戊子卜……王其田……窞。……卜，何贞：……夕……雨？"为廪辛时期卜辞，窞地当为廪辛

门：字形㦔，释为门。所见"门"作为地名的卜辞，如《合集》29341号："弜麋……迩……于雍，弗其……王叀门田，亡灾？"门地与迩地、雍地见于

同条卜辞。又如《合集》29342 号、29380 号以及《屯南》217 号都出现"门田",《合集》29381 号出现"田门",皆为廪辛康丁时期卜辞。可见,门地与雍地、迻地都是廪辛康丁时期商王朝的重要田猎地。此外,《屯南》591 号出现"征于门"内容,说明门也用作邦族名,门地当为门邦族所居之地,其与商王朝中央曾为叛离关系,受到征伐。门的地望,当与雍地、迻地相近或相连。按郑杰祥观点雍地在今河南省濮阳市一带(郑杰祥《概论》,第 98—99 页),那么门地也当位于古黄河两岸一带的田猎区。

仲:字形中,释为仲,不应释为中。所见"仲"作为地名的卜辞,如《合集》29376 号:"……卜,有戠其求……王受有祐……在鯀鈰获,仲田。"又如《合集》21199 号:"……燎,仲田。"可见仲地也是田猎地之一。又如《合集》34458 号出现"在仲",《合集》27975 号出现"戍仲",这些仲字也当为地名,但有释为中(姚孝遂、肖丁《摹释》,第 622 页)。其地待考。

徏:字形徏,隶定为徏。所见"徏"作为地名的卜辞,如《合集》37517 号:"……卜,在勃……田徏……亡灾?"为帝乙帝辛时期卜辞。辞中徏地与勃地见于同条,在勃地贞问到徏地田猎,两地当近邻。

卫:字形衛、衛、衞、衞,一字多形,象于四方路口守卫之形。《说文》:"卫,宿卫也。从韦、帀,从行,行,行列也。"简化为卫。所见卜辞中,"卫"作

为地名的记载很多,如《合集》20741 号:"丙午卜,扶:令龙以龇……丁酉卜,扶:卫田?九月。"为武丁时期卜辞,说明卫地在武丁时期也是商王朝重要的田猎地。关于卫的今地,郑杰祥引《大清一统志·河南卫辉府》古迹条下:"卫县故城在浚县西南 50 里……今卫县集。"认为:"卫县集今又称卫贤集,位于今河南省浚县西南约 25 公里,西距朝歌镇即今淇县约 10 公里,与卜辞、金文和文献所记古卫地地望相符,它应当就是卜辞中的卫地。"(郑杰祥《概论》,第 30 页)

侃:字形侃,释为侃(李宗焜《甲骨文字编》,第 876 页)。旧有释为咏(赵诚《词典》,第 357 页)。卜辞中"侃"用作地名,见于《合集》29382 号残片残辞:"叀戊田……弜往田,不擒?既求,王其田侃……子卜……雨?"为廪辛康丁时期卜辞。辞虽残,也知侃地为廪辛康丁时期商王朝的田猎地。此外,《合集》28038 号以及《屯南》1008 号、4197 号都出现"戍侃",其中的"侃"用作人名。

迅:字形迅,释为迅(李宗焜《甲骨文字编》,第 880 页)。于省吾最早释"'迅'之本字"(于省吾《诂林》,第 2290 页)。卜辞中用作地名,见于《合集》29084 号:"丁丑卜,狄贞:王其田迅,往?丁丑卜,狄贞:王往,御?丁丑卜,狄贞:王田,禽?"又见《合集》29092 号也为狄贞"田其迅、散",皆为廪辛康丁时期卜辞。辞中王田的迅,饶宗颐释为地名(饶宗颐《通检》第二

册，第 386 页），迅是廪辛康丁时期商王朝的田猎地。其地待考。

散：字形 、 、 ，屈万里、李孝定皆释为㪔（屈万里《甲释》，第 1360 片；李孝定《集释》，第 2423 页）。饶宗颐认为："㪔即散，地名。"（饶宗颐《通考》，第 1136 页）姚孝遂亦释"典籍皆以'散'为之"（于省吾《诂林》，第 1384 页，姚孝遂按）。见于《合集》8183 号："……宾贞：王往散？"又见《合集》29092 号："丙寅卜，狄贞：盂田其迅、散、 ，有雨？"为廪辛康丁时期卜辞。辞中散地与迅地见于同条卜辞，两地当相邻相连，皆为廪辛康丁时期商王朝重要的田猎地。此外，《合集》10908 号、29092 号、29289 号以及《屯南》149 号等皆出现"散"的内容。朱歧祥认为："从林从攴，隶作㪔，或即散字。第三期卜辞见用为田狩地。"（朱歧祥《通释稿》，第 166 页）

戬：字形 ，释为戬。所见"戬"作为地名的卜辞，如《屯南》1108 号："弜往省田戬，弗悔？吉！弜戬雨，往田，弗悔？"又如《合集》1535 号等出现"入戬"，《合集》16230 号等出现"步戬"，皆为武丁时期卜辞。可见戬地不但是商王朝重要的田猎地，也是商王常常光顾之地。由《合集》15524 号："贞：勿伐戬？十一月。"内容，说明戬也用作邦族名，其邦族族居之地为戬地，邦族首领也为戬，卜辞诸子有"子戬"，或为戬邦族的首领，受商王朝中央的封爵。因其与商王朝中央为时叛时附的关系，因而受到征伐。此外，"戬"在卜辞中也用作祭名与用牲之法。

砍：字形 ，隶定为砍，也有隶为戗，或将此字形归入劈（姚孝遂、肖丁《摹释》，第 653 页；《类纂》，第 849 页）。所见"砍"作为地名的卜辞有《合集》29343 号："王其田砍，亡灾？"又有《合集》33557 号："辛丑卜，王其田于砍，亡灾？"皆为廪辛康丁时期卜辞。砍地当是廪辛康丁时期商王朝的田猎地。

《合集》29343 号

磬：字形 ，从手持物击石发声会意，释为磬。所见"磬"作为地名的卜辞，如《合集》37728 号："戊申卜，贞：今日王其田磬，不遘……其遘雨？辛亥卜，贞：今日王田曹，湄日不遘雨？其遘雨？"为帝乙帝辛时期卜辞。辞中磬地与曹地见于同版，两地相距约三至四天路程，皆为帝乙帝辛时期商王朝重要田猎地。又如《合集》37727 号、《英》2291 号、2552 号都出现"田磬"，

《合集》1751 号等武丁时期卜辞也出现"礜"地名。礜地所在，由其与曹地见于同版卜辞相系联，而曹地按郑杰祥观点在今濮阳县西南（郑杰祥《概论》，第 116 页），礜地也当位于古黄河两岸一带的商王朝田猎区内。

劈：字形鼻，从殸，方声，隶定为劈。所见"劈"作为地名的卜辞，如《前》2.44.3 号："……卜，贞：王田于劈……亡灾？兹御。获狐……"为帝乙帝辛时期卜辞。可见劈地是帝乙帝辛时期商王朝的田猎地。由于劈用作地名只见于甲骨文晚期，所以有认为劈为礜字加声符方的繁形（朱歧祥《通释稿》，第 296 页）。其地不详。

劈：字形斩、斩、斩、斩、斩，从声，从方或亥，从戌，隶定为劈。所见"劈"作为地名的卜辞，如《合集》37433 号："戊子，王卜贞：田劈往来亡灾？王占曰：吉！兹御。获……寅，王卜贞：田曹……来王……王占……吉！"为帝乙帝辛时期卜辞。辞中劈地与曹地见于同条，皆为商王朝重要的田猎区。此外，还多见"田劈"的卜辞，如《合集》37405 号，与盂地、羌地见于同版。此外，《合集》28889 号等以及《屯南》2726 号等出现"劈田"；《合集》28342 号等以及《屯南》2578 号出现"至劈"；《屯南》591 号出现"征于劈"，由"征于劈"内容推断劈也用作邦族名，为居住在劈地的劈邦族。关于劈所在，郑杰祥认为："卜辞劈、盂二地可能都在今河南省沁阳市境内，东距卜辞曹地 200 余公里。"（郑杰祥《概论》，

第 121 页）

《合集》28889 号

菁：字形鼻，释为菁。所见"菁"作为地名的卜辞，如《合集》1076 号："……贞：菁暨永获，鹿？小告。允获。"为武丁时期卜辞。辞中菁地与永地见于同条卜辞，可见菁地、永地皆为武丁时期商王朝的田猎地。又如《合集》9774 号："癸丑卜，殸贞：菁受年？二月。"为武丁时期卜辞，说明菁地不但在武丁时期是商王朝重要的农耕地，也是武丁时期王朝中央归附的邦族之一。郑杰祥认为："卜辞菁与遭相通用，如'贞：其菁雨？'（《甲》1718）'贞：其遭雨？'（《前》2.183）。因此卜辞菁地就是遭地。卜辞遭地应当就是后世的郎，位于今山东省武城县西，此地西北距卜辞丘商约 100 公里。"（郑杰祥《概论》，第 24 页）

苦：字形哥、哥，依形隶定为苦。所见"苦"作为地名的卜辞，如《屯南》2401 号："弜田苦，其悔？"又如《合

集》8269 号也出现残辞"自苦"，为武丁时期卜辞，可见苦地应为武丁时期至武乙文武丁时期商王朝田猎地之一。其地待考。

嵩：字形𩫖，依形隶定为嵩。所见"嵩"作为地名的卜辞，入《合集》29398 号残辞："……嵩田，亡灾？"为廪辛康丁时期卜辞。辞中的嵩地当为廪辛康丁时期的田猎地。其地待考。

奚：字形𡩺，释为奚，也有认为甲骨文奚字"可能就是鸡字之简写，奚地也就是鸡地"（郑杰祥《概论》，第331页）。所见"奚"作为地名的卜辞，如《合集》41811 号："戊子卜，贞：王田奚，往来亡灾？兹御。获狐十。辛卯卜，贞：王田椊，往亡灾？壬辰卜，贞：王田蹇，往来亡灾？"为帝乙帝辛时期卜辞。辞中奚地与椊地、蹇地见于同版，奚地与椊地相距两天的路程，当相邻或相连，皆为帝乙帝辛时期商王朝重要的田猎地。奚地与椊地、蹇地都位于商王都安阳东南一带田猎区内。所见卜辞中，奚也用作邦族名，如《合集》9178 号："贞：今世奚来牛？五月。贞：今世奚不其来牛？"由辞中的内容可见，奚族人善于养牛。关于奚地所在，甲骨学界观点不一。郭沫若认为"奚当即鸡之省，《春秋》之鸡泽"。在今河南沁阳附近。（郭沫若《卜通》考释，第673）饶宗颐则认为，奚地即《汉书·地理志》中"夏车正奚仲之国"。在今山东滕州市薛国故城。（饶宗颐《殷代贞卜人物通考》，第205页）郑杰祥从郭沫若的观点，认同"鸡、奚"为一地，在今河北省永年县。

（郑杰祥《概论》，第331页）

剺：字形𡙁、𡙂、𡙃，依形隶定为剺。所见"剺"作为地名的卜辞，如《合集》24459 号："戊辰卜……贞：王其田于剺，亡灾？"又如《合集》24367 号："癸未卜，行贞：今夕亡祸？在正月，在丘雷卜。甲申卜，行贞：今夕亡祸？在剺卜。"皆为且庚且甲时期卜辞。剺地是且庚且甲时期商王朝重要的田猎地，其地当与丘雷相距一天路程。

函：字形𤰞、𤰟、𤰠，释为函。所见"函"作为地名的卜辞，如《合集》37545 号残片残辞："……卜，在……贞：……田函……"为帝乙帝辛时期卜辞。又如《合集》28372 号、28373 号皆为廪辛康丁时期田猎卜辞。可见从廪辛康丁时期至帝乙帝辛时期函地皆为商王朝的田猎地。函地所在，郑杰祥认为："函地或即春秋时代的函陵……高士奇《春秋地名考略》卷六引《寰宇记》曰：'函陵在新郑县北十三里，洧水流迳其北，山形如函，故名函陵。'宋代新郑县即今河南省新郑县，古函陵位于今新郑县北，它或者就是卜辞中的函地。"（郑杰祥《概论》，第273页）孟世凯又认为："或说即古函谷关。在今河南宝丰市东北。"（孟世凯《辞典》，第510页）

涵：字形𣶒，从水从函，孟世凯释"涵之古字"，并认为"此从水之涵字当与不从水之函字为一字"（孟世凯《辞典》，第598页）。《说文》："涵，水泽多也。从水，函声。"《玉篇·水部》："涵，或作涵。"卜辞中"涵"用作地名，见于《合集》29345 号："更涵，湄日亡灾？弜田涵，其悔？"为廪辛康丁时期卜辞。又见《合集》29344 号也出现"田涵"内容，可见涵地是商王朝中央的田猎地。此字形从水，或为函地的水名。参见"函"条。

《合集》29345 号

邸：字形𝕸、邸，或繁或简，隶定为邸，即师字"字见第四、五期甲文；乃师字繁体"（朱歧祥《通释稿》，第 409页）。所见"邸"作为地名的卜辞，如《合集》29377 号："叀邸田省，不遘雨？大吉！"为廪辛康丁时期卜辞。邸为地名无疑。整条辞即可理解为在邸地进行田猎和巡视，也可理解为巡视邸地之田。由《金》577 号："壬戌卜，贞：王田于邸……来亡灾？兹御。获……"辞中内容可知邸确为商王朝的田猎地之一。用

作地名的邸，还有"邸东"（《合集》36828 号）、"邸西"（《合集》36743号）、"黄邸"（《屯南》2182 号）、"齐邸"（《怀》1886 号），等特殊称谓。由《合集》37943 号邸地与朱地见于同条卜辞，在朱地征到邸地，两地当近邻或相连，邸地也当位于商王都安阳东南古黄河两岸一带的田猎区内。

《合集》29377 号

罙：字形𝕸、𝕸、𝕸，从手在皿上或皿中，释为罙（李宗琨《甲骨文字编》，第 1023 页）。刘钊亦释为"罙"并释通"探"（刘钊《新甲骨文编》，第 456页）。见于《合集》29278 号："辛亥卜，叀壬田罙不雨，吉！……其雨？"为廪辛康丁时期卜辞。罙地当为廪辛康丁时期商王朝的田猎地。又如《屯南》217 号："弜田罙……叀门田不雨，弜田门其雨？"辞中罙地与门地见于同条卜辞内容，可知罙地当与门地相近或相连。按郑杰祥观点门地与雍地在今河南省濮阳市一带（郑杰祥《概论》，第 98—99页），那么罙地也当位于今濮阳市古黄

河两岸一带的田猎区内。

《合集》29278 号

奥：字形&、&，依形隶定为奥。所见"奥"作为地名的卜辞，如《合集》28897 号："叀奥田，亡灾？大吉！叀劈田，亡灾？吉！"为廪辛康丁时期卜辞。又有《合集》28317 号："王其……奥……有麋？叀有狐射，擒。王叀盂田省，弜省盂田其悔。"亦为廪辛康丁时期卜辞。辞中奥地与盂地见于同条卜辞。还有《合集》29243 号、29290 号、29902 号以及《屯南》2355 号等都出现"田奥"或"奥田"，《屯南》722 号出现"至于奥"内容，可知奥地不但是廪辛康丁时期商王朝重要田猎地，也是商王常常光顾之地。其地望，由奥地与澅地、盂地、劈地对贞或见于同条卜辞，说明其与澅、盂两地相距不远，也是商王朝重要田猎区之一。按照郑杰祥观点，劈地在今河南省沁阳市境内（郑杰祥《概论》，第 121 页），那么奥地也当位

于今焦作以西沁阳一带田猎区内。

臽：字形&，依形隶定为臽。所见"臽"作为地名的卜辞，如《屯南》715 号："叀湿，田臽，延受年？大吉！叀上，田臽，延受年？"为廪辛康丁时期卜辞。可见臽地不但是重要的田猎地，而且还是重要的农耕地。又如《合集》28230 号，辞中饶宗颐认为出现"田臽"但也有释为"徇"（姚孝遂、肖丁《摹释》，第 627 页）。所见卜辞中臽地与湿地多见于同条卜辞，两地当邻近或相连。关于臽的地望，孟世凯释臽即郇字，引《说文》："郇……在晋地。"认为"卜辞臽之今地当是周文王子之封国，在今山西临猗县东南。"（孟世凯《辞典》，第 526—527 页）

员（圆）：字形&、&，王襄、孙海波、李孝定皆释为员（王襄《簠室殷契类纂》正编第六，第 30 页；孙海波《甲骨文编》，第 277 页；李孝定《集释》，第 2127 页）。《说文》："员。物数也。从贝口声……籀文从鼎。"或通圆，由字形鼎上○为指示符号，指示鼎口的圆形以表示圆。见于《英》1782 号："戊申卜，王叀麑既于员……"又见《合集》10978 号、20592 号、20709 号以及《英》1784 号都出现"员"的内容。辞中贞为方耳武丁师组风格，知皆为武丁时期卜辞。姚孝遂认为："卜辞员字与《说文》籀文及石鼓文同。"（于省吾《诂林》，第 2736 页，姚孝遂按）由《合集》10978 号"田于员"内容推断，员为地名，员地为商王朝田猎地之一。其地待考。

彻：字形🔲，释为彻（姚孝遂、肖丁《摹释》，第 653 页）。卜辞中用作地名，见于《合集》29357 号："王其田彻，延……大吉！"为廪辛康丁时期卜辞，又如《合集》8074 号、8302 号出现"在彻"，为武丁时期卜辞；《合集》36567 号出现"步于彻"，为帝乙帝辛时期卜辞；《合集》1023 号等武丁时期卜辞以及《合集》39464 号帝乙帝辛时期卜辞也都出现彻地名。可见彻地不但是廪辛康丁时期商王朝的田猎地，也早自武丁时期以及帝乙帝辛时期常常光顾之地。彻之今地，各家说法不一，叶玉森认为是有鬲氏之故国（陈梦家《殷墟书契前编集释》卷二，第 20 页），即今山东德州市北。李学勤认为在旧怀庆府境内（李学勤《殷代地理简论》，第 52—53 页），即今河南沁阳县境内。郑杰祥释此字为彻，认为："彻地虽不能确指"，但彻与通相通，"古代彻地后世或者已改称为通地，清代有通许县，在今河南开封市东南约 45 公里处"（郑杰祥《概论》，第 361 页）。

《合集》8047 号

豆：字形🔲，释为豆。《说文》："豆，古食肉器也。从口，象形。"即盛食物器皿。姚孝遂谓："契文'豆'与金文、小篆形体皆合。卜辞或为地名，或为人名。"（于省吾《诂林》，第 2770 页，姚孝遂按）所见"豆"在卜辞中用作地名，如《合集》29364 号："甲子卜，更豆田？于之擒。"为廪辛康丁时期卜辞。可见豆地在廪辛康丁时期是商王朝的田猎地。又如《屯南》740 号："乙巳卜，更曼令？乙巳卜，更商令？更商令？乙巳卜，更豆令？乙巳卜，更商令？更商……丁未……在……"辞中豆与商、曼当为邦族名，或为人名。商或为商邦族名或邦族首领名，曼或为曼邦族名或邦族首领名，豆也亦然。豆与商、曼见于同版卜辞，其邦族居地当相近或相连。关于商方的地望，孟世凯以为："当为商西之方国，活动于商山一带，即今陕西商南县境。"（孟世凯《辞典》，第 530 页）豆邦族即居住地与商方相近，也当在陕西商南县境一带。

毁、簋：字形🔲，从豆从殳，依形隶定为毁，有释为簋（朱歧祥《通释稿》，第 368 页；孟世凯《辞典》，第 654 页），也有释为剢（于省吾《诂林》，第 2767 页；赵诚《词典》，第 316 页），郭沫若释为投（郭沫若《安阳新出土的牛胛骨及其刻辞》，《考古》1977 年第 2 期）。卜辞中"毁"用作地名的，如《合集》29385 号残片残辞："……亡……田毁？擒。"为廪辛康丁时期卜辞。毁地当为廪辛康丁时期商王朝的田猎地。其地待考。此外，所见卜辞中毁多用作动词，表用器皿烹煮之意，常与卯牛对文。卯牛为对剖牛牲的用牲法，毁或簋也当为用牲法。如《合集》35361号："甲申卜，贞：王宾且辛奭妣甲，嫔婢二人、簋二人，卯二牢，亡尤？"

《合集》29385号

𩟡：字形𩟡、𩟡，即祭祀动词𩟡（为且甲以后新派五种固定的祀典之一，字形多样，这两个字形见于用作地名）。《说文》："𩟡。设饪也。从丮，从食。才声。读若载。"罗振玉谓："𩟡载同音叚借。"（罗振玉《殷释》中71页）王国维亦认为："古文以为载字。"（王国维《卜辞中所见地名考》）卜辞中𩟡用作地名，如《合集》37698号："……卜，贞：……田𩟡……在二月。"又如《合集》41768号出现"步……𩟡"内容，与永、攸、元、危、叉、泟等地见于同版。再如《东洋》940号："戊寅，王卜，在𩟡贞：今日步于危，亡灾？"与危地见于同条。所见皆为帝乙帝辛时期卜辞，𩟡地当为帝乙帝辛时期商王朝的田猎地。由辞中的"在𩟡贞：今日步于危"内容推断，𩟡地与危地相距不足一

天的路程，当相邻或相连；又由与攸地等见于同版，其相距也当不远。其地所在，郑杰祥从陈梦家《综述·方国地理》观点，读𩟡为酋，"他（陈梦家）认为此酋地应'即是《汉书·地理志》楚国酋丘，《一统志》谓故城在今宿县东北六十里。《睢水注》：睢水又东与毕湖水合，水上承酋丘县之卑陂。是在睢水之北。'兹从陈说，宿县即今安徽省宿县，卜辞𩟡地当在今宿县东北，卜辞攸地当距此不会太远。"（郑杰祥《概论》，第374页）

丰：字形𡴀、𡴀，释为豐（饶宗颐《通考》，第357页），现代汉字简化为丰。屈万里认为："丰，当读为酒醴之醴"（屈万里《甲编考释》，第351页）。卜辞中"丰"用作地名，见于《怀》1444号："于壬不遘雨？甲寅卜，乙王其田于丰，以戍擒？"为廪辛康丁时期卜辞。可见在廪辛康丁时期丰地为商王朝的田猎地。又见《合集》24387号且庚且甲时期卜辞有"在丰贞"内容，为祭祀卜辞，还见《合集》6068号、8286号武丁时期卜辞也出现"奠丰""往丰"的内容，说明在武丁直至廪辛康丁时期，丰地都是商王常常光顾之地。此外，"丰"在卜辞中也多用作人名，如诸子中有"子丰"，诸妇中有"妇丰"。关于丰的地望，郑杰祥云："丰地位于长族方国的郊奠地区不远。丰地所在不能确指，它或即后世所称的丰仪镇。《大清一统志·山西潞安府》关隘条下：'丰仪镇，在屯留县西南40里。'清代屯留县位于古长子城即卜辞长地的东北，因

此丰仪镇正位于卜辞长地的北郊或东北郊一带，它或者就是卜辞长族方国郊区的丰地。"（郑杰祥《概论》，第 307 页）孟世凯认为："丰之今地当在距商王畿西北方不远处。"（孟世凯《辞典》，第 659 页）

兑：字形𝑥，赵诚释为兑，"卜辞用为锐，有急速、赶快之义"（赵诚《甲骨文虚词探索》，《古文字研究》第十五辑，第 277 页）。姚孝遂亦认为"卜辞诸'兑'字皆用作锐"又"'悦'、'锐'皆'兑'之孳乳字"（于省吾《诂林》，第 84 页，姚孝遂按）。也有认为通说（王蕴智《字学论集》，第 185 页）。曹福林释为器（曹福林《殷墟卜辞中的商王名号与商代王权》，《历史研究》1986 年第五期，第 144 页）。所见卜辞中"兑"用作动词，也用作地名，见于《合集》28663 号："……亥卜，翌日戊，王兑田，大启？大吉！兹用。允：大启。"为廪辛康丁时期卜辞。可知兑地是廪辛康丁时期商王朝的田猎地。其地待考。

火：字形𝑥，从人从重八，依形隶定为火。所见"火"作为地名的卜辞，如《合集》24466 号："……卜，垦……王其田……火，亡灾？"又如《合集》29247 号："叀犬老从田火，湄日亡灾？"皆为廪辛康丁时期卜辞。可见火地为廪辛康丁时期商王朝重要的田猎地，也是农耕地，商王来此地田猎，犬官跟从。

渊：字形𝑥、𝑥、𝑥，王襄最早释为"古渊字"（王襄《簠室殷契类纂》正编十一，第 49 页）。《说文》："渊，回水也。从水，象形，左右岸也。"卜辞中"渊"用作地名，见于《合集》24452 号："戊戌卜，行贞：王其田于渊，亡灾？……申卜，行贞：王其田于……"为且庚且甲时期卜辞。辞中的渊字有释为囚（姚孝遂、肖丁《摹释》，第 545 页）又见《屯南》722 号："……卜，今日壬，王其田，在渊北，湄日亡灾？吉！王其田至于奥，湄日亡灾？大吉！今日壬，王其田渊西，其焚，亡灾？吉！吉！"还见《合集》29401 号也出现"王其田在渊北"内容，皆为廪辛康丁时期卜辞，可知由且庚且甲时期至廪辛康丁时期，渊地都是商王朝重要的田猎地。由辞中有见渊地与奥地见于同条卜辞，两地当相邻或相连，奥地与澧地、盂地对贞或见于同条，说明渊地与奥、澧、盂等地相距不远，都位于商王都东南一带的田猎区之内。但也有认为：

《合集》29401 号

"古籍中多称深水、面积大泽薮为渊，卜辞中渊水在田猎区内，应距商都不远。可能春秋时期之大陆泽就是卜辞中的渊水，后世渐淤。古大陆泽分布在今河北省隆尧、任县、巨鹿、宁晋间。"（孟世凯《辞典》，第575页）

福：字形𥅆，释为福。《说文》："福，祐也。从示，畐声。"《礼记·少仪》："为人祭曰致福。"罗振玉最早释"从双手奉尊于示前。或省收，或并省示，即后世之福字。在商则为祭名，祭象持肉，福象奉尊。"（罗振玉《殷释》中，第17页）王襄亦认为："契文之福，象双手奉尊于示前，或从点滴，为灌酒之形，或省收，只作尊形，皆福字省变之异，且为祭名，与许书'福备也'不合。"（王襄《古文字流变臆测》，第36页）所见甲骨文"福"字的字形有𥅆、𥅆、𥅆、𥅆、𥅆、𥅆等，或简或繁，或省手，或省示，或增厂，或增宀。卜辞中"福"多用作祭祀动词，也用作祭祀地名，还见用作田猎地名，如《屯南》2409号："叀在庞田封示，王弗悔……大吉！叀在福田有示，王弗悔湷，吉！叀在汋田坒示，王弗悔湷，吉！"为廪辛康丁时期卜辞。又如《合集》30449号出现"入福"；《合集》30310号等出现"于福"；《屯南》2784号出现"在福"，福皆用作地名。由《屯南》2409号辞中福地与庞地、汋地见于同版，可知福地不但与庞地、汋地都是商王朝重要的田猎地，且相距不远。按照陈梦家的观点，汋地位于沁阳田猎区，"是殷代之宁即汉代之修武，今获嘉修

武境"（陈梦家《综述》，第261页）。那么，福地也当位于沁阳田猎区一带。

《合集》30449号

白：字形⊖，释为白。卜辞中作为形容词用作定语，又借用作人名，如诸伯的伯，也用作地名，见于《合集》36794号："癸未卜，在白贞：王旬亡祸？"《合集》12523等5条卜辞都出现"在白"或"在白贞"的内容，白皆为地名。又见《合集》33425号："庚子卜，王往田，于白？"《合集》28315号、28843号都出现"于白西禽"内容，可见"白"是商王朝的田猎地。其地待考。

昊：字形𥅆，夫上有双手，依形隶定为昊。是仅出现在甲骨文中的地名文字，如《合集》37474号："壬申卜，贞：王……田昊，往来亡灾？王占曰：吉！获狲十。丁亥卜，贞：王田䠶，往来亡灾？戊子卜，贞：王田亯京，往来亡灾？"辞中"昊"与"䠶""亯京"见于同版，皆为地名，昊地与䠶地有三四天的路程，䠶地与亯京仅一天的路程，三地都是商

王朝的田猎地。

宋：字形⊘、⊘、⊘，孙海波、商承祚、李孝定皆释为宋（孙海波《甲骨文编》，第318页；商承祚《佚考》，第20页；李孝定《集释》，第2475页）。《说文》："宋。凥也。从宀木。读若送。"《释名》："宋，送也。地皆淮泗，而东南倾，以封殷后，若云滓滟所在，送使随流东人海也。"卜辞中"宋"用作邦族名或人名，如诸子中有子宋，有宋伯，宋伯之宋当为邦族名。也用作地名，见于《合集》20240号："丙子贞：丁祸，乎告曰：令眉往宋？"为武丁时期卜辞。辞中"宋"是地名，又见《合集》7898号武丁时期卜辞出现"于宋"内容，还见《合集》20233号出现"往宋"内容。此外，《合集》37389号："辛巳卜，于宋获兕？"为帝乙帝辛时期卜辞，说明宋地到了商朝末期已成为田猎地。宋地所在，郑杰祥认为："卜辞宋族所在的宋地应当就是西周时期的宋伯……古宋城当位于今商丘县南郊，此地北距卜辞古地约150公里，它应当就是卜辞中的宋地。"（郑杰祥《概论》，第191页）

《合集》7898号

良：字形⊘、⊘，王襄、商承祚、唐兰、李孝定皆释为良（王襄《簠室殷契类纂》正编第五，第26页；商承祚《类编》五卷，第17页；唐兰《文字记》，第42页；李孝定《集释》，第1874页）。卜辞中"良"用作人名，诸妇中有妇良，《合集》10302号："乎良……勿乎良往夫？"辞中"良"用作人名与夫地名见于同条卜辞。也用作邦族名，《合集》9276号反面："良入三，在……"辞中的"良"当为邦族名，良邦族的首领也称良。还用作地名，见于《合集》24472号："丙辰卜……贞：王其步于良，亡灾？丁巳卜，行贞：王其田，亡灾？在正月。"为且庚且甲时期卜辞。辞中的"良"，当为且庚且甲时期商王朝的田猎地。良地所在，郑杰祥认为："卜辞良地应当就是春秋时代的良地也即汉代的寿张县和良山一带。……《大清一统志·山东兖州府》古迹条下：'寿良古城在寿张县东南50里，泰安东平洲西南。'清代寿张县即今山东省梁山县北寿张集，东平州即今山东省东平县，古寿良城当在今寿张集东南约25公里和东平县西南一带。此地东距卜辞夫地10余公里，它应当就是卜辞中的良地。"（郑杰祥《概论》，第193页）

来：字形⊘，释为来。所见"来"用作地名的卜辞，如《英》2041号："……未卜，旅贞：王其田，于来亡灾？在二月。"为且庚且甲时期卜辞。又见《合集》33362号等，为武乙文武丁时期卜辞。由上辞可知，来地在且庚且甲时期和武乙文武丁时期皆为商王朝的田猎地。此外，《合集》29079 号等出现"在来"内容，说明来地也是商王常常光顾之地。由《合集》8195 号："贞：商至于来？十月，在襄。"武丁时期卜辞内容推断，来地当与商地、襄地相距不远，商地指安阳王都，襄地在安阳东南山东省东明一带，那么来地当位于两地之间。朱歧祥也认为来地"位殷东南"（朱歧祥《通释稿》，第 177 页）。但郑杰祥则认为来地"当在春秋时代的时来。位于今古荥镇东约 20 公里，当今郑州市以东的花园口一带，此地西距卜辞嘉地约 10 公里，它应当就是卜辞中的来也"（郑杰祥《概论》，第 71 页）。

《合集》33362 号

戈：字形 ╫、╪，为兵器戈的象形，释为戈。本为兵器名，卜辞中借用为地名，如《屯南》1013 号："庚申卜，王其省戈田，于辛，屯日亡灾？……王其省戈田，于乙，屯日亡灾？永王。"又如《合集》9806 号："贞：戈受……？"

当为戈受年之残。由前辞内容可知，戈地为商王朝的农耕地，商王不但非常关心戈地的收成，还亲自到戈地去巡视。所见卜辞中，"戈"也用作邦族名，如《英》564 号："己亥卜，宾贞：翌庚子，步戈人不橐？十三月。辛丑卜，宾贞：叀翌令以戈人伐舌方，菑？十三月。"可见戈邦族与商王朝中央为附属关系。戈地所在，郑杰祥认为："卜辞戈地应当就是春秋时代的戈地，《左传·襄公四年》：'处浇于过，处豷于戈，'杜预注：'过、戈皆国名，……戈在宋郑之间。'"（郑杰祥《概论》，第 250 页）或在今河南省淇县东北一带，位于雀地以东。

浅：字形 ╫，依形隶定为浅，卜辞中用作地名，如《合集》37533 号："戊寅卜，在高贞：王田，衣逐亡灾？壬……卜，在……贞：王田浅，衣亡灾？"为帝乙帝辛时期卜辞。辞中浅为田猎地名，与高地见于同版。关于浅，郑杰祥从李孝定、陈邦福观点释为浅："以为与古羌字相通……浅地当即羌地……其地可能在河南省温县以东的张羌村一带。"（郑杰祥《概论》，第 262 页）

高：字形 ╟，罗振玉最早释为畜（罗振玉《殷释》中，第 7 页）。王襄、杨树达释为高（王襄《簠室殷契类纂》正编第五，第 26 页；杨树达《甲文说》，第 36 页）。卜辞中"高"用作商先公先王的尊称，如高且夒、高且王亥。也用为地名，见于《合集》37494 号："丁巳卜，贞：王田高，往来亡灾？王占曰：吉！壬子卜，贞：……田丧，往来亡灾？王占曰：吉！"为帝乙帝辛时期卜辞。辞中高地与丧地见于同版，两地当相邻。陈梦家据："《左传·宣公十二年》'晋师在敖、鄗之间'，杜预注：'敖、鄗二山在荥阳县西北，'认为在今荥泽县境，大河在其西北。"（陈梦家《综述》，第 261 页）郑杰祥从陈说，认为："在今河南省郑州市西北的古荥镇，敖山当在古荥镇西北今俗称为邙山的地方。"（郑杰祥《概论》，第 263 页）

亳：字形🏛，象在岗台上建高房形，或为高字的初文（于省吾《诂林》，第 1958 页，姚孝遂按）。卜辞中用作地名，与曺地出现在同版卜辞，见于《合集》41763 号："乙未卜，……王迍……亳，往来……丁酉卜，贞：王迍于曺，往来亡灾？"相关亳的辞条残辞，结合同版贞曺的辞条，原辞当为"王迍于亳，往来亡灾？"卜辞习见"王迍于某"，皆用于田猎卜辞，那么亳地与同版出现的曺地当都是田猎地。亳地所在，郑杰祥认为："卜辞亳地当即高地。"（郑杰祥《概论》，第 264 页）在今河南省郑州市西北邙山一带。

宁：字形🛡、🛡、🛡，释为宁，卜辞中用作地名和邦族名，如《合集》21870 号："乙卯卜，贞：史入宁？"辞中"宁"为地名。又如《屯南》2522 号："丙寅卜，宁其祸。"辞中"宁"当为邦族名，宁邦族的首领也名为宁，卜辞中又见贞卜人物名宁，当为宁邦族人在商王朝中央供职。宁地所在，陈梦家引《水经·清水注》说："余按《韩诗外传》："武王伐纣，勒兵于宁，更名宁

曰修武矣……即汉代之修武，今获嘉，修武境。"（陈梦家《综述》，第 261 页）但张秉权认为宁的方向在商王都东南的田猎区域内（张秉权《丙编·考释》，第 148 页）。

泞：字形🌊，从水从宁，释为泞，本当为水名，卜辞中用作地名，如《合集》32277 号："人于泞次。"为廪辛康丁时期卜辞。又如《屯南》2409 号："更在庞田，封示，王弗悔……大吉！更在福田，又示，王弗悔漢。吉！更在泞田，空示，王弗悔漢。吉！"辞中泞地与福地、庞地见于同版，皆为商王朝中央的田猎地，三地当相距不远，都应在沁阳一带的田猎区内。陈梦家将泞与宁定为一字，引《说文》："泞，荥泞也。"认为在今获嘉、修武一带（陈梦家《综述》，第 261 页）。

《合集》32277 号

豊：字形，象玉置于豆上，罗振玉最早释为豊（罗振玉《殷释》中，第38页）。《说文》："豊。行礼之器也。从豆，象形。"本为一种祭器名，卜辞中借用作祭祀用酒也称豊，又用作地名，见于《怀》1444号："甲寅卜，乙，王其田于豊，致戌擒？"为廪辛康丁时期卜辞。辞中的豊地为商王朝的田猎地，其地待考。

射：字形，开弓射箭形，释为射，本为动词，卜辞中动作名，用作弓箭手名和职官名，也用作地名，如《合集》36775号："癸巳卜，在长贞：王逐于射，往来亡灾？……"辞中"射"作为地名与长地见于同条，两地当相接。由"王逐于射"卜辞习见的田猎地用语，可知射地应为商王朝的田猎地之一。

眉：字形，目上二折或三折为指事符，孙海波最早释为眉（孙海波《甲骨文编》，第162页）。《说文》："眉。目上毛也。从目，象眉之形。"卜辞中"眉"用作地名，见于《合集》6568号："……殻贞：妇好使人于眉……"又见《合集》33511号："贞：王其田乙，眉此？"辞中的眉皆为地名，有"王其田"的内容，眉地当为田猎地。孟世凯引《左传·定公九年》："齐侯致禚、媚、杏于卫。"杜预注："三邑皆齐西界。"认为："媚邑在今山东禹城西。眉与媚同，当是卜辞中眉地。"（孟世凯《辞典》，第442页）此外，卜辞中眉也借用作人名，也用作祭祀动词，还称作眉日与湄日同。

《合集》33511号

元：字形，从人从上，孙海波最早释为元（孙海波《甲骨文编》，第2页）。《说文》："元。始也。从一、兀声。"姚孝遂认为"即元字。《说文》对于元字形体的解释与其初形不符。商代金文作，即突出人首形，'勇士不忘丧其元'，此即用元字之本义"（于省吾《诂林》，第63页，姚孝遂按）。卜辞中"元"有作为地名，见于《英》2562号："己未，王卜贞：田元，往来亡灾？"同版还出现永地、攸地、泚地、危地等，可见元地也与上述诸地一样为商王朝重要的田猎地。又见《合集》239号出现"自元"、36773号出现"在

《合集》36773号

元"、39805 号出现"在于元"等，辞中的"元"皆为地名。元地所在，在帝辛征人方路途之上。

云：字形♋，释为云。卜辞中"云"除用作气象词表示云雨之云外，也用作地名，如《合集》33375 号："壬辰卜，癸巳，在……王狩、擒允兕十又……兕……擒……甲……擒兕允，在云。甲午卜，今日王逐兕。乙未，今日王擒……"又如《屯南》1493 号："癸卯，贞：旬亡祸？在云。"皆为武乙文武丁时期卜辞。由前辞内容可知，云地为商王朝的田猎地。其地所在，孟世凯引《书·禹贡》："云土梦作乂。"孔传："云梦之泽在江南。"孔颖达疏："昭三年《左传》：楚子与郑伯田于江南之梦。"又："定四年《左传》称'楚昭王寝于云中'，则此泽亦得单称云，单称梦。"认为："此云梦亦为春秋战国时期楚王田猎区，在今湖北以安陆市和云梦县为中心一带地区。"（孟世凯《辞典》，第 120 页）或为卜辞中云地之所在。

緩：字形⿰，从索从殳，依形隶定为緩。本义为以绳索系物，卜辞中借用作地名，如《合集》36839 号："庚寅卜，在緩贞：王田，往来亡灾？"为帝乙帝辛时期卜辞。辞中的"緩"为地名，当为帝乙帝辛时期商王朝的田猎地之一。其地待考。

皿：字形⿰、⿰，罗振玉最早释为皿（罗振玉《殷释》中，第 39 页）。王襄亦释"古皿字"，并认为"许说饮食之用器也，象形。与豆同意"（王襄《簠室殷契类纂》正编第五，第 24 页）。姚

孝遂认为："卜辞皿字皆为地名。"（于省吾《诂林》，第 2635 页，姚孝遂按）卜辞中"皿"用作地名，如《合集》10964 号："贞：令旃田于皿？勿令旃田于皿？"为武丁时期卜辞。辞中商王令旃所田之地为皿，可见皿为商王朝的田猎地。其地所在，当与旃族所居之地相近或相连，位于今河南省荥阳县一带（郑杰祥《概论》，第 237 页）。

尔：字形⿰、⿰，王襄最早释为束（王襄《簠室殷契类纂》正编第七，第 33 页）。于省吾认为："卜辞有⿰字，旧释燕，误。当即束之初文。《说文》：'束。木芒也。读若刺。'⿰字上下均象木有芒刺之形。"（于省吾《释林》，第 174 页）李孝定、饶宗颐亦皆释为束（李孝定《集释》，第 2323 页；饶宗颐《通考》，第 1153 页）。但也有释为爾（王蕴智《字学论集》，第 177 页），现代汉字简化为尔，甲骨文字有束字为⿰，字形有别。此从释尔。卜辞中尔的内容有 14 条，姚孝遂以为"当为方国名"（于省吾《诂林》，第 3340 页，姚孝遂按）。如《合集》8884 号："丁丑卜，宾贞：尔得？王占曰：其得佳庚，其佳丙其齿。四日庚辰，尔允得。十二月。"为武丁时期卜辞。辞中的尔或为邦族名，或为方国名。又见《合集》11400 号出现"牧于在尔"内容，辞中的"尔"当为田猎地名。

小箕（弃）：字形⿰、⿰，姚孝遂释"字从'⿰'、从'收'，与'其'有别，隶姑作'箕'。或增数小点，姑以为'小箕'合文。在卜辞皆为地名"

（于省吾《诂林》，第 2813 页，姚孝遂按）。此说可从。但也有释此字为粪（王蕴智《字学论集》，第 177 页）。朱歧祥释"从双托箕，有抛置之意。隶作弃"（朱歧祥《通释稿》，第 374 页）。见于《合集》10956 号："贞：狩勿至于小箕？九月。"又见《合集》33374 号、35237 号以及《屯南》664 号、2858 号等皆出现"小箕"内容。辞中的"小箕"皆用作田猎地名，可见小箕为商王朝田猎地之一。其地待考。

穆：字形𥝢，于省吾释"乃穆之初文"（于省吾《释林》，第 146 页）。卜辞中"穆"用作地名，见于《屯南》4451 号："叀穆田亡灾？"辞中的"穆田"即田穆，说明穆地为田猎之地。又见《合集》7563 号出现"于穆"，为武丁时期卜辞；《合集》28400 号、28401 号皆出现"射在穆兕"内容，为廪辛康丁时期卜辞；还有《合集》33373 号出现"王其射穆兕"，为武乙文武丁时期

《合集》28400 号

卜辞，可见穆地不同的卜辞时期皆为商王常常获兕之地。

虪：字形𧇢、𧇛，从正反二虎，隶作虪（姚孝遂、肖丁《类纂》，第 75 页）。见于《合集》20762 号："令弜狩虪？"为武丁时期卜辞。辞中虪用作地名，商王卜问是否令去虪狩猎，虪地当为田猎地。又见《合集》4485 号、8205 号、8206 号等武丁时期卜辞以及《合集》33130 号、33131 号等武乙文武丁时期卜辞，都出现"虪"的内容。姚孝遂认为："字从𧇛，不从'虎'，不得释作'虪'。卜辞用为地名。"（于省吾《诂林》，第 184 页，姚孝遂按）

《合集》8205 号

䖒：字形𧆨、𧆦，从虎从而，陈梦家隶为䖒，并认为"䖒字应是《说文》'虦，白虎也。……读若隙。'"（陈梦家《综述》，第 555 页）但孙海波、屈万里、李孝定皆隶从虎从宁（孙海波《甲骨文编》，第 741 页；屈万里《甲编考释》，第 455 页；李孝定《集释》，第 1695 页）。见于《合集》28402 号："王其射䖒兕，擒，亡灾？"又见《合集》28403 号、28404 号、28405 号、29356 号等都出现"䖒"内容，皆为廪辛康丁时期卜辞。辞中的"䖒"用作田猎地

名，姚孝遂认为："字不从宁，不得隶作宁虎，陈梦家释'魁'亦不可据。卜辞为地名，其地盛产兕，均与猎兕有关。"（于省吾《诂林》，第1629—1630页，姚孝遂按）

䍦：字形󰀀，从襄从它。见于《合集》37492号："……卜，贞：王田于䍦……亡灾？在十月。御。获犲二。"由辞中内容可知，"䍦"地为田猎地，商王在此地狩猎并收获两条狐狸或狼。

薯：字形󰀀、󰀀，于省吾释为薯（于省吾《释林》，第405页）。见于《屯南》4462号："于己……焚薯，擒有兕？"辞中的"薯"，姚孝遂释"为地名"（于省吾《诂林》，第1334页，姚孝遂按）。又见《合集》27791号、29371号、37439号都出现"薯"内容，其皆为地名。由《屯南》4462号内容可知薯地为田猎地。陈汉平认为："此字当释薯。《说文》无薯字。《方言》三：'苏，沅湘之间或谓之薯。'注：'今长沙人呼苏为薯。'《广雅·释草》：'薯，荏苏也。'"（陈汉平《古文字释丛》，《考古与文物》1985年第1期，第108页）

苜：字形󰀀，有释为苜，或认为是󰀀（筧）的异构（王蕴智《字学论集》，第182页），可从。见于《屯南》217号："叀门田不雨？弜田门不雨？王其田󰀀在苜。"为廪辛康丁时期卜辞。辞中苜用作地名，与田猎地门、󰀀见于同辞，其也当为商王朝的田猎地之一。

庆：字形󰀀、󰀀，郭沫若最早释为慶（郭沫若《卜通》，第155页），现代汉字简化为庆。李孝定从郭沫若亦释为庆（李孝定《集释》，第3255页）。《说文》："庆。行贺人也。从心从夂。吉礼以鹿皮为赘，故从鹿省。"见于《合集》24474号："乙未卜，行贞：王其田亡灾？在二月，在庆卜。丙申卜，行贞：王其田亡灾？在庆。"为且庚且甲时期卜辞。辞中的"庆"当为田猎地名。姚孝遂谓："卜辞为地名，本义不可晓。"（于省吾《诂林》，第1876页，姚孝遂按）

聘：字形󰀀，从甹从阜，孙海波最早释为聘（孙海波《甲骨文编》，第538页）。见于《合集》24453号："……王其田于聘，往来亡灾？……聘……王……八月。"又见《合集》24454号、24455号、24456号都出现"田于聘"的内容，皆为且庚且甲时期卜辞。辞中的"聘"，当为田猎地名。姚孝遂认为："字当隶为聘，于卜辞为地名。"（于省吾《诂林》，第1266页，姚孝遂按）

《合集》24455号

童：字形󰀀，释为童（姚孝遂、肖丁《类纂》，第970页）。见于《屯南》

650 号："……王弜令受……𢆶……𨑒田于童？"又见《合集》30178 号也出现"于童"内容，皆为廪辛康丁时期卜辞。辞中的"童"当为田猎地名，其地待考。

羲：字形𦍋，有释为羲（王蕴智《字学论集》，第 186 页），可备一说。见于《合集》37504 号："……在羲……王步于……亡灾？王……获犾。"为帝乙帝辛时期卜辞。辞中的"羲"，姚孝遂字未释，但谓"为地名"（于省吾《诂林》，第 2436 页，姚孝遂按）。由辞获犾内容，羲地当为商王朝的田猎地。

虎：字形𧇂、𧇚，从虍从人或从大，隶作虎（姚孝遂、肖丁《类纂》，第 74 页）。见于《合集》4593 号："贞：叀虎从微登侑示三……"为武丁时期卜辞。辞中的"虎"，姚孝遂认为："𧇂为方国名或人名，诸家混入'虎'字，非是。甲骨文、金文虎字均宛肖虎形，小篆形体讹变为'虎足象人足'，𧇂与小篆

《合集》4593 号

虎字形似，不得谓即虎字。"（于省吾《诂林》，第 183 页，姚孝遂按）又见《合集》10949 号："……涉狩于虎？"为武丁时期卜辞。辞中"狩于虎"的虎当为田猎地名。其地待考。

远：字形𢓊、𫑡、𫑡，一字多形，释为远（王蕴智《字学论集》，第 189 页；李宗焜《甲骨文字编》，第 732 页）。见于《屯南》3759 号："丁巳……弜田，其悔？王其田远，湄日亡灾？其迩田，湄日亡灾？王叀田省，亡灾？"又见《合集》8277 号、10491 号、28705 号以及《屯南》2061 号都出现"远"的内容。由上揭《屯南》3759 号内容推断，远为地名，为商王朝田猎地之一，其地待考。

幡：字形�、�、�一字多形。丁山释"殆及衣字，读为偃。当今河南偃师县"（丁山《氏族及制度》，第 125 页）。白玉峥释为�，即幡，以为"象下垂之旗幡"（白玉峥《契文举例校读》十二，《中国文字》第四十三册，第 4916 页）。卜辞中用作地名，见于《合集》4883 号等出现"往幡"以及《合集》6 号等 20 余条卜辞出现的"幡"地名，皆为武丁时期卜辞。又见《合集》41340 号、《英》527 号出现的"于幡"；《合集》24360 号等出现的"在幡"；《合集》8143 号出现的"自幡"，可见幡地是商王常常光顾之地。由《合集》10979 号："……雀，田……幡？十一月。"内容推断，幡地也当为田猎地之一。所见卜辞中"幡"字也用作邦族名，由《合集》747 号的"伐幡"、《合集》32103 号的

"剪幡"以及《合集》20601 号的"取幡"内容，可知幡邦族与商王朝中央的关系为时敌时友。

仌：上下重八，隶作仌。卜辞中用作地名，见于《合集》10968 号："贞：乎妇妍田于仌？……乎妇……于仌？"为武丁时期卜辞。又见《合集》29400 号残片残辞："……寅卜……往田……仌？擒。"为廪辛康丁时期卜辞。可知从武丁时期到廪辛康丁时期仌地都是商王朝的田猎地。由辞中仌地与妇妍见于同条卜辞，推断仌地与妇妍当有关系或为其封地。其地待考。

老：字形🐦，释为老（刘钊《新甲骨文编》，第 502 页；李宗焜《甲骨文字编》，第 28 页）。卜辞中"老"用作地名，见于《合集》20743 号："庚子卜，王令刃田老，九月。壬辰卜，王姃有……十月。"辞中"老"为田猎地无疑，其地待考。

哭：字形🐦，隶作哭，或为襄字的异构。卜辞中用作地名，见于《英》2304 号："……其田哭，湄日……其藝，亡灾？"辞中的哭地是商王的田猎地之一。

天：字形🐦，释为天（但诸家未作隶定）。卜辞中用作地名，见于《合集》31273 号残片残辞："……卜，狄……藝，天田……灾？弗悔。"辞中的"天"为商王的田猎地之一。

屄：字形🐦，从尻从祝，隶作屄。卜辞中用作地名，见于《合集》29239 号："甲戌卜，翌日乙，王其田……大吉！……翌日，叀燅……叀日亡灾？擒。叀屄田，湄日亡灾？擒。永王。大吉！

兹用。吉！"辞中屄地与燅地见于同版卜辞，两地当相邻，皆为商王的田猎地。

茻：字形🐦，隶作茻。卜辞中地名，见于《合集》29237 号："叀茻田湄日亡灾？弜田燅其悔？"辞中茻地与燅地对文，两地当邻近，皆为商王的田猎地。

丼：字形🐦、🐦，隶作丼。卜辞中用作地名，见于《合集》33532 号："辛丑卜，贞：王其田盂，亡灾？戊戌卜，贞：王其田盂，亡灾？壬寅卜，贞：王其田向，亡灾？乙巳卜，贞：王其田丼，亡灾？戊申卜，贞：王其田盂，亡灾？辛亥卜，贞：王其田盂，亡灾？壬子卜，贞：王其田向，亡灾？……"辞中丼地与盂地、向地见于同版，可见丼地与盂地、向地皆为商王朝的田猎地，其地与盂地、向地皆相距三四天路程。

珂：字形🐦，卜辞中用作地名，见于《屯南》217 号："叀门田不雨？弜田门其雨？王其田珂，在🐦。"为廪辛康丁时期卜辞。辞中珂地与门地见于同条卜辞，两地当皆为廪辛康丁时期商王朝的田猎地。其地有认为"在今河南东部"（孟世凯《辞典》，第 349 页）。

狐：字形🐦，释为狐（刘钊《新甲骨文编》，第 581 页）。卜辞中用作地名，见于《合集》10982 号："贞：乎田于狐？二告。"为武丁时期卜辞。此版反面出现"子目嘉"，狐地与子目见于同版，可见狐地当与子目的封地，或目族之目地相近或相连，与目地皆为武丁时期商王朝的田猎地。

②猎术及狩猎手段

狩：字形🐦、🐦、🐦，从单从犬，依形应隶作兽，读如狩；单或为干，由持干驱犬会意，卜辞中用作狩猎的狩。《说文》："狩，犬田也。从犬，守声。"《尔雅·释天》："宵田为燎，火田为狩。"郭璞注："放火烧草猎亦为狩。"《尔雅·释天》又有："春猎为搜，夏猎为苗，秋猎为狝，冬猎为狩。"卜辞中还无搜、苗、狝等专用语，随时田猎皆称狩或擒，如《合集》10197号："乙未卜，今日王狩光，擒？允：获麀二、兕一、鹿二十一、豕二、麑百二十七、虎二、兔二十三、雉二十七。十一月。"可见卜辞的"狩"，应当属于大规模的相互配合、相互呼应的围猎，故一次行动都有数量可观的收获，又如《合集》10307号："丁卯……狩正……擒？获鹿百六十二……百十四、豕……十、旨一……"再如《合集》10344反面出现"获麋四百五十一"的内容，一次狩猎就能收获451只麋鹿，足证狩为大规模围猎。狩猎所获如前辞中出现的麀（母老虎）、虎或豹、兕（大青牛）、鹿、豕、麑（幼鹿）、麋、兔、雉，还有不知何物的"旨"外，另还见有廌、狐（或说狼）与飞禽等。

小狩：字形🐾，释为小狩。如《屯南》2326号："弗擒？叀徝麓焚，擒？又小狩。"辞中商王贞问在徝麓小狩，小狩的小当为形容词表大小的小，小狩或称小规模的狩猎；徝麓或为并不太大的山麓，不需要大规模的狩猎行动，或为有目的捕猎某种特别动物的狩猎。

禽：字形🌿，象柄上绑网，本指工具或狩猎网器，罗振玉、王襄皆释为毕字的初形（罗振玉《殷释》中，第48页；王襄《簠室殷契类纂》，第19页），由用于擒捕猎物，卜辞中借用作禽，表擒义，丁山认为："甲骨文所见🌿字甚众，其辞多与田猎有关。……宜是禽之初文。"（丁山《氏族及制度》，第81—82页）丁说可从。卜辞习见"陷禽""射禽""田禽""禽获""逐禽"，如《合集》33371号："丙戌卜，丁亥，王陷禽？允：禽三百又四十八。"辞中的"王陷禽"意为商王使用挖陷阱的方法擒获猎物。又如《合集》28350号："王乎射禽，弗悔？"再如《合集》10407号："……其……禽？壬申允：禽获兕六、豕十又六、兔百又九十又九。"此外，"禽"在卜辞中又借用作族名和人名，见于《合集》4735号反面："禽入四十。"辞中的禽为邦族名或人名，其邦族的首领也名禽。

《合集》9225号

靃（擒）：字形🐦、🐦，从鸟在网上或手捉鸟在网上，本意当表擒拿，释为擒。有依形隶作靃（姚孝遂、肖丁《摹释》，第1095页），也有隶作从毕从隹（朱歧祥《通释稿》，第375页）。罗振玉最早释为罗，认为"古罗离为一字"（罗振玉《殷释》中，第49页）。唐兰则认为"罗说似是而实非。……亦离字。"（唐兰《史字新释补证》，《考古学社社刊》，第13—16页）姚孝遂则认为"释'罗'、释'离'皆不可据"（于省吾《诂林》，第2829页，姚孝遂按）。饶宗颐释为禽（饶宗颐《通考》，第517页）。卜辞中"擒"用作动词表捕获，如《屯南》664号："乙酉卜，在其今日，王逐兕，擒？允：擒。"又如《屯南》2095号、20736号等，辞中的"擒"皆表擒获，与禽同，可见擒与禽或为繁简，本义相同。此外，"擒"在卜辞中又用于征伐卜辞，如《合集》6450号："贞：弗其擒土方？"

擒：字形🐾、🐾，从单手持网或双手持网，本义表擒捕无疑，释为擒。卜辞中用作动词，用意与禽字同，如《合集》32788号残辞："己亥，贞：令擒……"又见《前》2.30.1号："……贞：王……往来……擒……三十八、象……雉……"也为残辞。辞虽残也可看出商王擒获了野象、雉以及残掉名的猎物三十八头，可知擒也为大规模狩猎行动与狩同。此外，卜辞中"擒"也用作邦族名或地名，如《合集》7038号："……弗翦擒？"辞中翦为征伐用词，被征伐的擒当为邦族名或地名，其邦族首领也应名擒。

网：字形🔲、🔲、🔲、🔲、🔲，一字多形，或简或繁，象网形，罗振玉最早释"象张网形"（罗振玉《殷释》中，第49页）。《说文》："网，庖牺所结绳以渔。从冂，下象网交文。"《易·系辞

下》："作结绳而为网罟，以佃以渔。"卜辞中"网"用作动词表捕捉，见于第一期武丁卜辞，如《合集》10514号："庚戌卜，贯获网雉，获十五。甲寅卜，乎名网雉，获？丙辰风，获五。"又如《合集》10976号之"网鹿"。所见卜辞中"网"不但用于捕获鹿、雉等走兽飞禽，也用作捕鱼，如《合集》16203号："甲申卜，不其网鱼？"

罟：字形🔲，网在目上，依形隶定为罟。陈梦家认为："罟是动词……乃是设网小猎。"（陈梦家《综述》，第514页）饶宗颐以为"罟亦作罝"（饶宗颐《通考》，第556页），但姚孝遂认为"罟从目，与罞从🔲（眉）有别"（于省吾《诂林》，第622页，姚孝遂按）。卜辞中"罟"用作动词表捕捉，如《合集》28342号："其罟劳鹿，禽？"又如《合集》27968号："叀戊罟，禽？"辞中的"禽"表示是否会有收获，罟为猎术即狩猎方法。

罞：字形🔲、🔲，网在鹿首或麋首上，依形隶定为罞。王国维隶作麗："从鹿首在网下。《尔雅·释器》：'麋罟谓之罞，'郭璞注：'冒其头也。'盖麋鹿大兽，不能以网网其全身，但冒其头，已是获之，此字正象以网冒鹿首之形，殆即《尔雅》罞字也。"（王国维《戬考》，第69页）也有以为罞"小网也。以网捕兽也。田猎卜辞作动词用。"（朱歧祥《通释稿》，第96页）卜辞中"罞"用作动词表捕获，如《合集》28332号："以罞，禽有鹿？翌旦允：禽。"辞中的"罞"为猎术即狩猎方法，

禽表收获。甲骨文中"罘"与"瞀"虽然都用作动词，都有捕捉义，但"罘"从鹿或麋首，"瞀"从目，当为两个表意不同字。

《合集》28332 号

羆：字形，虎或豹在网下，表用网捕虎豹，依形隶定为羆卜辞中用作动词，示用网捕兽，如《合集》20710 号："甲……燎于癸，曾羆？虎。"辞中"羆"为猎术即捕获方法或捕猎工具，虎为猎物。

羆（置）：字形，从熊式兔，在网下，释为羆（李宗琨《甲骨文字编》，第 1127 页）。罗振玉释为置："象兔在罟下，王氏国维谓即《尔雅·释器》'兔罟谓置'之置。"（罗振玉《殷释》中，第 49 页）王襄亦谓"疑置字，象网兔之形"（王襄《簠室殷契类纂》存疑第七，第 41 页）。朱歧祥亦释为置，认为："捕小兽用置。"（朱歧祥《通释稿》，第 377 页）见于《合集》20772 号："丁丑卜，今日令委羆……允不：兔十。"辞中的猎物为十只兔，所用的捕猎方法即猎术是羆。

冢：字形，豕在网下，依形隶定为冢。孙诒让最早释为羀（孙诒让《举例》下，第 41 页）。商承祚谓"此字《说文》所无。从网，从豕，当为《尔雅·释器》彘罟谓之羉之羉字"（商承祚《类编》七卷，第 16 页）。姚孝遂则认为："字从'网'、从'豕'，隶可作'冢'。释'羀'、释'羉'皆不可据。"（于省吾《诂林》，第 2835 页，姚孝遂按）如《合集》4761 号："壬申卜，令……冢印六旬……"辞残难断其意。由"冢"字形推断，其当为捕猎豕即野猪的工具或引申为捕猎奴隶之方法。

《合集》4761 号

射：字形、，象射箭形，会意张弓搭箭，准备发射，罗振玉最早释为射，认为即《说文》的躲字（罗振玉《殷释》，第 43 页）。《说文》："躲，弓弩发于身，而中于远也。从矢，从身。"卜辞中"射"用作动词表射击，多用于田猎卜辞表射兽，为猎狩方法，如《合集》29084 号："丁丑卜，贞：王其射？获，御。"又如《合集》10320 号："贞：其射鹿？获。"所见卜辞中，射是猎狩的方法之一，主要用于猎捕动作快的兽类，射所获主要有鹿、麋、兕、大豕、狐（狼）、麇等。卜辞中"射"又借用作名词，如职官有射，《屯南》2417 号出现有"六射"的官名，射为武官负责征伐时远射，武丁时大将军雀也称射雀。"射"还用为兵种名，以百人为单位，卜辞称"三百射"，还分左、中、右。

射鹿：字形􀀀、􀀀，两个字形皆为射鹿的合文（姚孝遂、肖丁《类纂》，第 648 页）。也有隶为上鹿下射一个字形（李宗焜《甲骨文字编》，第 615 页）。见于《屯南》2539 号："己未卜，象射鹿既，其乎……吉！丁未卜，象来射，其乎射鹿？射。"辞中的"􀀀"，姚孝遂认为："此乃射鹿二字之合文。"又前揭辞中"后一'射'字属验辞，足证其为'射鹿'二字之合文"（于省吾《诂林》，第 1667 页，姚孝遂按）。

彘：字形􀀀、􀀀、􀀀、􀀀，一字多形，或从豕从矢，或矢贯穿豕腹，字义非常明确为箭矢获得来的豕，肯定是野猪，本义指一种捕猎野猪的方法。罗振玉最早释"从豕，身者矢，乃彘字也。彘殆野豕，非射不可得，亦犹雉之不可生得与。其贯丿者，亦矢形。"（罗振玉《殷释》中，第 28 页）《说文》："彘。豕也。后蹢发谓之彘，从彑，矢声，从二匕，彘足与鹿足同。"姚孝遂认为《说文》"乃据小篆曲为之解。契文象矢贯豕形"（于省吾《诂林》，第 1577 页，姚孝遂按）。卜辞中"彘"用作本义，即捕猎豕的方法，如《合集》110 号："庚午卜，宾贞：田，彘，置？贞：田弗其彘，置？"辞中的"置"与"彘"

皆为捕获猎物的方法，置是用网，彘当是用箭。此外，所见卜辞中"彘"也是多见的猎物，如《合集》20723 号："……麋七十、彘四十、麇百。"一次狩猎行动即可捕猎四十头彘（野猪），可见甲骨文时期森林中也是野猪成群。所猎获的"彘"也用作祭牲。"彘"字还借用作地名或人名，贞卜人物中有彘。

焚：字形􀀀，从林或中在火上会意，释为焚。《说文》："焚，烧田也。从火林，林亦声。"《尔雅·释天》："火田为狩。"郭璞注："放火烧草亦为狩。"古人刀耕火种，焚林开荒种地，故本义应指用火烧林开荒。如《韩非子·难一》："焚林而田。"卜辞中用作动词表焚林逐兽而猎的方法，如《合集》10408 号："翌癸卯，其焚……禽？癸卯允：焚，获……兕十一、豕十五、虎……兔二十。"又如《合集》14735 号："翌戊，宁焚于西？"再如《合集》11007 号："翌丁亥，勿焚宁？"后二辞中的焚与宁组合，其焚或与卜辞中的炆意同，或与祭祀相关。

刚：字形􀀀、􀀀、􀀀、􀀀、􀀀，一字多形，从网从刀，会意用网用刀，释为刚。《说文》："强断也。"卜辞中用作动词表网和刀兼用捕猎，如《合集》10771 号："贞：刚，有禽？"又如《合集》34440 号："癸卯，贞：其刚……于延？豕十、犬……"辞中的"刚"皆指捕获猎物的方法。此外，卜辞习见"刚于某先祖"，"刚"用作祭仪，或泛指宰杀用刚的猎术捕获的猎物，用于献祭，卜辞所见祭牲中有"刚羊""刚豕"，或指是刚猎术捕获的猎物。

合：字形⿱，上下双口相合会意，释为合。《说文》："合，亼口也。从亼口。"《尔雅·释诂》："对也，同也。"本义当为相合、会合，引申表齐、同，卜辞中用作狩猎方法，如《合集》20726 号："丁亥卜……日……合兕……获？允：获六。"对付六头兕（大青牛），当然需要齐心合力共同捕捉。

逐：字形⿰、⿰、⿰，从止从豕或兔，会意追赶野兽，释为逐。《说文》："逐，追也。从辵从豚省。豕省声。"罗振玉释："此或从豕，或从犬，或从兔，从止，象兽走圹而人追之，故不限何兽。许云从豚省，失之矣。"（罗振玉《殷释》，第 70 页）王襄释"逐或从兔，疑逸字"（王襄《簠室殷契类纂》，第 8 页），唐兰认为"以偏旁考之，则⿰字昔人所误释为逐者，当释为逸。逸本象逐兔，引申为兔之奔逸"（唐兰《天壤文释》，第 29 页）。姚孝遂则认为："逐字或从豕，或从犬，或从兔，卜辞均通用无别。唐兰释从兔者为逸，非是。"又"'逐'在卜辞乃指某种具体的狩猎手段而言，根据大量有关辞例的观察，应当是围猎之一种形式。"（于省吾《诂林》，第 843—845 页，姚孝遂按）卜辞中，"逐"用作贞人名外，又用作动词表狩猎逐兽，见于《合集》33374 号反面："辛巳卜，在小箕，今日王逐兕，禽？允：擒七兕。"卜辞中，狩猎方法逐所捕捉的猎物有虎、兕、豕、鹿、麋、麂、麕、雍等。宋镇豪认为："盖'逐'属狩猎中的连续行为，追逐被伤及而难远

飞的猛禽。"（宋镇豪《夏商社会生活史》，第 375 页）

《合集》10234 号

衣逐：字形⿰，释为衣逐。李学勤谓："商王狩猎时有时采用'衣'或'衣逐'的方法。'衣'读为'殷'，训同或合，衣逐即合逐之意。"（李学勤《殷代地理简论》，第 7 页）所谓合逐，即商王率众大肆追捕狩猎。卜辞中"衣逐"多见于帝乙帝辛时期卜辞，如《英》2566 号："丙午卜，在昌贞：王其射柳，衣逐，亡灾，禽？"所见商王"衣逐"所到的地名有高、木、盂、来、鸡、丧、潽等。

麀（逐）：字形⿰、⿰，从鹿从止，叶玉森最早释"即逐之异体（叶玉森《拾考》，第 13 页）。李孝定、高明皆释逐（李孝定《集释》，第 552 页；高明《古体汉字义近形旁通用例》，《中国语文研究》第四期，第 33 页）。见于《合集》8256 号、10654 号，皆残辞。辞中的"麀"，姚孝遂认为："卜辞辞例不足以证明其为'逐'字，待考。"（于省吾

《诂林》，第 1665 页，姚孝遂按）

虝：字形，从戈从虎，以戈击虎会意，释为虝（裘锡圭《释甲骨文虝字》，《文物》1976 年第 12 期，第 75 页；李宗焜《甲骨文字编》，第 599 页）。见于《合集》5516 号："壬辰卜，争贞：其虝，弗其获？二告。壬辰卜，争贞：其虝获？九月。"又见《合集》697 号、3332 号都出现"虝"的内容，皆为武丁时期卜辞。辞中的"虝"当为捕捉老虎的方法之一。姚孝遂认为虝"今字则加暴为之"。又"《诗·大叔于田》：'檀裼暴虎'，《毛传》：'空手以搏也'。《尔雅·释训》'暴虎徒搏也'。《论语·述而》：'暴虎冯河'，《疏》'空手搏虎为暴虎'。……《毛传》谓'空手以搏'，乃夸张之词。以戈搏虎，已足见其勇，不必徒手"（于省吾《诂林》，第 1626—1627 页，姚孝遂按）。

驱：字形，手持械击虎会意，依形隶作驱，或为《说文》中的彪字的初

《合集》10951 号

文。见于《合集》30998 号："……卜，王其驱，禽？"辞中的禽字下从双手，朱歧祥认为是"禽的异文"（朱歧祥《通释稿》，第 208 页），也有释为"鼎"（姚孝遂、肖丁《类纂》，第 638 页）。驱当为卜辞中捕捉老虎的方法之一，《史记·殷本纪》："帝纣资辩捷敏，闻见甚敏；材力过人，手格猛兽"以证。

罪：字形，从兕在井上，井或为陷阱，依形隶作罪，见于《合集》28798 残片："……卜，其罪，隹……禽。"辞残难证，由字形分析象兕牛陷于阱中，或与凷、鹿意同为卜辞中捕猎兽类的方法之一。又见《屯南》2589 号："壬辰卜，其罪？叀……擒有兕。吉。"辞中的"罪"作为捕猎兕牛的专门方法，当与狩、焚、射、逐、擒等方法有别。

空：字形，止在内下，依形隶作空。卜辞中与逐对文，见于《合集》190 号："贞：王其逐兕，获弗？空兕，获豕 二。贞：其逐兕，获弗？空兕……"辞中贞问是否能捕捉到兕（大青牛），验辞中却获得了两头野猪。又见《合集》10321 号残辞："……空鹿……允：空三……获鹿一。"辞中的"空"也当为狩猎方法。

更：字形、，象人持械挖穴的形状，从攴从丙，释为更。《说文》："改也。"卜辞中，见有"更陷"相连，如《合集》10951 号："戊午卜，更陷，禽？允禽：二……二月。戊午卜，更陷，弗其禽？"朱歧祥认为："有挖土布陷猎兽之意。"（朱歧祥《通释稿》，第 273 页）由《前》6.64.8 号残辞："壬午卜，王

更……虎。"内容推断,更或为对付巨兽虎之类的捕猎方法。关于甲骨文更字,虽然于省吾释为"即古文鞭字",但也认为与狩猎相关,引"王更……麇……"(《摭续》,第128页)认为"王用鞭以驱麇,使之陷入坑坎……由此可见,商王的狩猎,用鞭驱麇,使之陷入坑坎,以便擒获"(于省吾《释林》,第392页)。

麤:字形麤,象鹿在陷阱中,依形隶定为麤,或释为陷,卜辞中用为捕猎鹿的方法,如《合集》10662号残片:"……戌……麤……禽。"又如《合集》10659号、33348号残片上皆出现"麤",当皆表猎鹿方法。此外,所见卜辞中麤又表陷落,如《合集》6480号出现的"麤于妇好"内容,麤当释为陷。

麢:字形麢、麢、麢,麇在口上,口或也表陷阱,依形隶定为麢,或释为陷。卜辞中用为捕猎麇的方法,为狩猎方法之一。如《屯南》923号:"丁未卜,贞:戊申王其麢,禽?"辞中的麢是商王使用的狩猎方法,商王卜问会不会有擒获。宋镇豪认为"麢"为兜捕的狩猎方法(宋镇豪《夏商社会生活史》,第376页)。

麤:字形麤,麤在凵上,凵为陷阱,依形隶定为麤,亦或释为陷。卜辞中作为捕猎方法之一,如《怀》1626号:"丙戌卜,在箕,丁亥,王麤,禽?允:三百又……"又如《合集》16201号等6条卜辞也出现"王麤"内容,可见"麤"这种捕猎方法是商王常常使用的捕猎方法。

获:字形获,从手捉隹,会意捕鸟在手,隶作隻,罗振玉最早释为获(罗振玉《殷释》中,第70页),王襄亦释"古获字"(王襄)《簠室殷契类纂》正编十卷,第45页)。《说文》:"获,猎所获也。"又"隻,鸟一枚也,从又持隹。"姚孝遂认为:"卜辞隻皆用为获。从手持隹为获,引申之凡一切获得之意。隻为获之初文,获为后期形声字。许慎训'隻'为'鸟一枚',亦乃晚出,非其初朔。"(于省吾《诂林》,第1672页,姚孝遂按)卜辞中获用作动词表猎获,如《合集》10410号:"辛未卜,王获?允获兕一、豕一。"又如《合集》810号:"多子获鹿"辞中的获为动词表抓捕。所见卜辞中获不但用作抓捕动物,也用作抓获人,如《合集》39488号:"贞:戊不其获羌?"此外,卜辞中"获"也用作地名。

罗:字形罗,从鸟在网中,孙海波释"象网中有隹,罗之初文"(孙海波《甲骨文编》,第332页)。《说文》:"罗,以丝罟鸟也。从网,从维。古者芒氏初作罗。"所见卜辞中,"罗"字仅出现在卜辞第一期武丁时期,皆用作邦族名或地名,见于《合集》880号:"乙卯卜,争贞:旨翦罗?"还见《合集》5775号、6016号、6827号都出现罗的内容,皆为武丁时期卜辞。但辞中的"罗"皆用作地名或邦族名,未见有用作张网捕鸟之义。从字形分析,罗即设罗网捕鸟,本应是动词,借用作邦族名或邦族居住地名。

罟:字形罟,释为罟。罟的本义是

动词，用网捕鱼，只有用网捕鱼，才能出现这个字形中的多条鱼，引申也指渔网，今罟字即表渔网。卜辞中用作本义，如《合集》10475 号："……王罟？十月。"辞中"王罟"意为商王令人到水里去用网捕鱼，罟表示用网捕鱼的捕鱼方法。甲骨文时期鱼产量非常大，有辞为证，《合集》10471 号："癸卯卜，豕获鱼其三万，不……"

《合集》10475 号

垦：字形 ⚏、⚏、⚏、⚏、⚏、⚏，一字多形，从双手或单手从土或从用，释为垦。《说文新附》："垦，耕也。从土，狠声。"关于垦字，郭沫若释"从收从土，当即圣字。"（郭沫若《粹考》，第 158 页）（此圣字非现代汉字圣所简化的圣字）《说文》："圣。汝颍之间谓致力于地曰圣，从土，从又。读若兔窟。"张政烺释为袁，认为"从臼、从用、从土，表示双手取土，而用是盛土笼。卜辞所见有几种用法，即 1. 皇田，这种用法最多，皆是第一期，也行于第

三期；2. 皇奭，仅第三期一见；3. 皇兕，皆见于第五期。甲骨文又有一个常见的字⚏（《前编》2.37.6）皆见于第一期，只有'皇田'一种用法，和'皇田'文义完全相同，其字从臼，从土，表示双手取土，而把'用'这个偏旁省掉了。双手取土是字的基本构成部分，'用'是盛土笼，可有可无，不占重要地位。"（张政烺《卜辞袁田及其相关诸问题》，《考古学报》1973 年第 1 期）胡厚宣释为贵，认为"象双手持一工具，无可疑者，贵田即隤田以及耰田。字在卜辞中或为祭名，《粹》323，疑读为馈。又或用为田猎字，《前》4.47.5 与《前》2.5.7，则疑读为溃，是一种用陷阱以猎狩的方法"（胡厚宣《说贵田》，《历史研究》1957 年第 7 期，第 67 页）。于省吾释为垦，认为"训垦为发田、为起土，均就开垦土地言之。发田、起土必须用力，故《方言》训垦为力。这和《说文》'汝颍之间谓致力于地曰圣'之义相符。总之，就圣、坚、皇的形音义三方面论证的结果，坚与皇为会意字，乃垦字的初文，垦为后期的通假字，垦为常用的俗体字，这是没有疑问的"（于省吾《释林》，第 234—235 页）。胡厚宣虽释此字为贵有待商榷，但释为用陷阱以狩猎的方法甚确可从。卜辞中习见"垦田"内容，其当与开垦或耕种田有关，如《合集》9473 号："癸卯……宾贞：……禽垦田于京？"又用作祭仪，表捧物品祭祀。第五期帝乙帝辛时期卜辞出现的"垦兕"的垦为狩猎方法，如《合集》37514 号："戊午

卜，在潢贞：王塁大兕，叀骆暨騽，亡灾，禽？"辞中"塁大兕"的塁当为挖陷阱捕猎大兕（大青牛）的方法。

围：字形 🐾、🐾，从二止或四止从口，会意环绕包围，释为围。甲骨学界多认为此字形是征字的繁形。此从朱歧祥观点释为围（朱歧祥《通释稿》，第66页）。卜辞中围字用于狩猎，也用于征伐，如《合集》33398号："叀今日辛围，禽？于翌日壬围，禽？"辞中的"围"当为围狩猎物之意。又如《合集》6678号："……其围兹邑。"辞中所围之邑当是人所居的城邑。

《合集》33398 号

弹：字形 🏹、🏹，从弓，点或圆点在弓弦处为指示符，会意弹出的弹丸，为指示会意字，释为弹。《说文》："弹，行丸也。从弓。单声。或说弹从弓持丸如此。"卜辞中用作动词，如《合集》25号："戊寅卜，贞：弹延人？"辞中的"弹"当为投弹丸之意。弹字的本义应为捕获猎物方法，宋镇豪将弹（投石）列为当时比较常用的狩猎手段之一（宋镇豪《夏商社会生活史》，第376页）。

③猎物

象：字形 🐘，象形，释为象。《说文》："南越大兽，长长鼻，三年一乳。象耳牙四足之形。"卜辞中为狩猎兽，如《合集》37365号："乙亥，王卜贞：田丧，往来亡灾？王占曰：吉！获象七、雉三十。"由辞内容可知，商王在丧地的一次田猎，就猎获了七头大象，可见甲骨文时期商王朝的田猎地中大象成群。所见卜辞中捕获来的大象用来祭祖，如《合集》8983号："……宾贞：……以象侑且乙？"还多见附属的邦族向王朝中央进贡象，如《合集》8984号："戊辰卜，雀以象？戊辰卜，雀不其以象？十二月。戊辰卜，雀以象。"又有见象借用为人名，如《合集》4619号："……王占曰：象其乎来……辰卜，亘贞：象其乎来？"又如《合集》4611号："贞：令象亢目？若。贞：生……月，象至？"皆为武丁时期卜辞，这位名象的人物当生活在武丁时期。

虎：字形 🐅、🐅、🐅、🐅，一字多形，或繁或简，皆阔口张牙纹身扬尾形，释为虎。《说文》："虎，山兽之君。从虍，从儿，虎足象人足也。凡虎之属皆从虎。"《玉篇》："虎，恶兽也。"本义为猛兽虎名，卜辞中多见田猎获虎，各期皆有，如《合集》10199号："壬午卜，宾贞：获虎？"为武丁时期卜辞。又如《合集》37363号："壬子卜，贞：田牢，往来亡灾？王占曰：吉！兹御。获兕一、虎一、狐七。"为帝乙帝辛时期卜辞。此外，所见卜辞中虎又借用作邦族名或方国名，其邦族或方国首领也名虎。

虝：字形􀀀、􀀀，依形隶定为虝，字义与牝同，指母老虎。如《合集》10197 号："乙未卜，今日王狩光，擒？允：获虝二、兕一、鹿二十一、豕二、麋百二十七、虎二、兔二十三、雉二十七。十一月。"辞中虝与虎并列，可见为母老虎的专名。此外，此字形也可释作虐，详见虐条。

大霸虎：字形􀀀，释为大霸虎。见于《合集》37848 号（《怀》1915 号）："辛酉，王田于鸡麓，获大霸虎。在十月。隹王三祀，肜日。"为帝乙帝辛时期卜辞，辞中的"大霸虎"，当与其他获虎有别，或为鸡麓之地特产名虎。

豕：字形􀀀，释为豕。《说文》："豕，彘也。竭其尾，故谓之豕，象毛足而后有尾。读与豨同。"又："豨，豕而三毛丛居者。从豕，者声。"段玉裁注："谓一孔生毛也……今之豕皆然。"卜辞中所见的动物豕应分为两种，一种是猎物，当为野猪；一种多见用作祭牲，应为家养的猪，当然猎物野猪也可作祭牲。所见卜辞中，狩猎获"豕"卜辞各期皆有，如《合集》190 号：贞：王其逐兕，获弗？𡊄兕，获豕二。贞：其逐兕，获弗？𡊄兕……"为武丁时期卜辞，用𡊄的方法本想捕获兕（大青牛），结果反而捕获了两头野猪。又如《合集》32674 号："丁巳卜，侑、燎于父丁百犬、百豕、卯百牛。"为武乙文武丁时期卜辞。辞中的父丁当指康丁，对康丁进行侑燎之祭竟然用了 100 条犬、100 头猪、100 头牛，其中的 100 头猪当来自于圈养。此外，"豕"在卜辞中也用作邦族名或人名，如《合集》10297 号："庚辰卜，王弗其执豕，允：弗执？"辞中的"豕"当指豕邦族的首领。

白豲：字形􀀀，释为白豲。卜辞中白豲多见作为祭牲，如《英》79 号："贞：侑于父乙，白豲、新毅？"又如《合集》2496 号："癸巳卜，争贞：侑白豲于妣癸？"皆为武丁时期卜辞。辞中作为祭牲的白豲，当为狩猎捕获的白色野猪，当却别于家养的祭牲豕，所以称白豲。

鹿：字形􀀀，头长角下足飞奔形，释为鹿。《说文》："鹿。兽也。象头角四足之形。鸟鹿足相似，从匕。"罗振玉释鹿："或立或寝，或左或右，或回顾或侧视，皆象鹿形。"（罗振玉《殷释》中，第 29 页）卜辞中"鹿"为动物名，是商王田猎的主要猎物之一，为野生鹿，如《合集》10307 号："丁卯……狩正……擒？获鹿百六十二……百十四豕……"为武丁时期卜辞。辞中商王一次狩猎捕获了一百六十二头鹿，可见甲骨文时期野鹿成群。捕捉鹿的方法多为射，如《合集》28341 号："……射……鹿……擒？"

《合集》10268 号

麑：字形𢏗，鹿身形而无角，释为麑即幼鹿，鹿角还没有长出来。孙海波谓："卜辞麑不从儿，无角，象形。"（孙海波《甲骨文编》，第403页）郭沫若释为"麛"（郭沫若《卜通》，第139页）姚孝遂认为："郭沫若隶作'麛'，'麛'及'麑'之或体。……'麑'之另一义为子鹿，见《论语·乡党》'素衣麑裘'《释文》。契文'麑'似鹿无角，义为子鹿。"（于省吾《诂林》，第1647页，姚孝遂按）卜辞中麑作为主要的猎物多与鹿、麋同辞，如《合集》37426号："戊申，王卜贞：田𠹪往来……王占曰：吉！在九月。兹御。获鹿一、麑三。"辞中的猎物"麑三"即三只幼鹿。

麋：字形𢉖、𢉘，身为鹿形，头上眉形或为声符，释为麋。《说文》："麋。鹿属。从鹿米声。麋，冬至解角。"颜注《急就篇》云："麋似鹿而大，冬至则角解。目上有眉，因以为名也。"孙海波释"卜辞麋以眉得声"（孙海波《甲骨文编》，第402页）。姚孝遂释麋"突出其目上有眉的形状。实则麋的目上有白斑，看上去是眉。或以为'麋'即'麈'，今谓之'四不像'，未知孰是"。又"麋本为独体象形字，但又寓眉声于其中"（于省吾《诂林》，第1651页，姚孝遂按）。卜辞中"麋"用为本义，是商王田猎捕获的主要猎物之一，如《合集》37464号："……卜，贞：王田于……往来亡灾，在五月……获麋狐四。"又如《合集》10344号反面："允：获麋四百五十。"辞中商王一

次田猎即捕获四百五十头麋，可见甲骨文时期麋鹿遍地。

《合集》37464号

廌：字形𧰡、𧰢、𧰤，兽身头上长一角，释为廌。《说文》："解廌兽也。似牛一角。古者决讼，今触不直者。"王襄最早释"古廌字。许说解廌兽也，似山羊一角。此字从一角，与鹿从两角者异"（王襄《簠室殷契类纂》正编第十，第44页）。唐兰则释为鹿（唐兰《天壤文释》，第59页），姚孝遂亦认为"𧰢或象鹿之反首回顾形，故有时只见其一角；𧰤则为正视形，故必须有两角。𧰡为𧰤之进一步符号化。《后下》1·4所获之𧰢，多达一百六十二。'解廌'只是传说中的神兽，卜辞𧰢则为经常猎获之对象，且其数量很大，其为鹿而非廌是很明显的"（姚孝遂《甲骨刻辞狩猎考古文字研究》第六辑，第49页）。此从王襄观点，由捕猎方法中猎鹿与猎廌之别推断，从一角与从二角当为不同的两种兽类。

卜辞中"麃"为商王田猎捕获的主要猎物之一。如《合集》10410号："辛巳卜，王获麃？允：获五。甲戌卜，王获？允：获麃五。"

犾：字形𤜵、𤝐，从犭从亡，依形隶定为犾，罗振玉最早释为狼（罗振玉《殷释》中，第31页）；王襄亦释"疑狼字"（王襄《簠室殷契类纂》存疑第十，第49页）；郭沫若认为："它辞有言'获犾鹿'者，自是狐鹿，狼与鹿不能同时获得之。亡音古读无，与瓜者同在鱼部。即读阳部音，亦与瓜为对转也。"（郭沫若《卜通》，第128页）姚孝遂亦认为："'犾'当以释'狐'为是。……卜辞记田猎'获犾'之事极多，而一次竟高达164头。陈梦家谓殷墟发掘未见狼之骨骼，是'犾'当释'狐'之旁证。"（于省吾《诂林》，第1582页，姚孝遂按）无论释'狼'或'狐'，犾在卜辞中作为猎物多见，如《合集》37471号："……卜，贞：王田于鸡，往来亡灾？……弘吉！兹御。获犾八十又六。"还见有《合集》10198号

上记有获"犾百六十四"内容。这些验辞记载的狩猎单获犾多达86只或164只，可见甲骨文时期荒郊野外犾野兽的数量非常多。

兕：字形𤜵，兽身而大角，唐兰最早释为兕（唐兰《获白兕考》，第123页）。《说文》："兕。如野牛，青色。其皮坚厚可制铠。象形。"段玉裁注："野牛，即今水牛；与黄牛别。"姚孝遂认为："唐兰释兕是正确的，其余诸说均非是。《说文》以兕、犀分别，实本同字。兕为象形，犀则为形声。旧说以独角者为兕，二角或三角者为犀；《考工记·函人》'犀甲寿百年'，'兕甲寿二百年'，实则今通称之曰'犀牛'而无别。陈梦家以为'卜辞的兕当是野牛'（陈梦家《综述》，第555页），其说非是。"此从陈梦家观点释兕为青牛，卜辞中用为本义，为商王田猎捕获的主要猎物之一，如《合集》37375号："禽？兹获：兕四十、鹿二、犾一。"还有见

《合集》37471号

《合集》37375号

《合集》37376号"获兕十又二"等，可见甲骨文时期兕牛成群，卜辞中所见捕获兕的方法有逐、射、焚等，获兕之地有宋、桇、丧、桑、潢、去、麦麓、北麓、东麓等，所获之兕，还有白兕、戠兕之别。戠，赤也。戠兕，即棕色亚牛。

兔：字形⬙，口大身小尾巴上翘，无颈，王襄最早释"古兔字。许说兽名，象踞后其尾形"（王襄《簠室殷契类纂》正编第十，第45页）。姚孝遂认为："卜辞兔字作⬙、⬙。⬙与'毘'的区别在于：'毘'字均有颈作⬙，而'兔'字则无颈，其首与身紧紧相连。"（姚孝遂《甲骨刻辞狩猎考》，《古文字研究》第六辑，第50页）所见卜辞中的"兔"当指野兔，为商王田猎捕获的主要猎物之一，如《合集》13331号："戊寅卜，争贞：……豕四、兔七十又……"可见猎兔的习俗自古有之。

鹰：字形⬙，此字形朱歧祥释"亦燕字，象形"（朱歧祥《通释稿》，第227页）。姚孝遂无释，以为"卜辞皆为狩猎之对象，当为禽鸟之名。"（于省吾《诂林》，第1743页，姚孝遂按）此从宋镇豪观点，释为鹰（宋镇豪《夏商社会生活史》，第377页）。见于《合集》10500号："……禽？获鹰十，豕一，麑一。"还有《合集》10499号："……燕？获鹰五十。"辞中的"燕"当为获鹰的地名，一次就能够捕获五十只鹰，看来当时的鹰满天皆是。此外，《合集》10495号等4条卜辞都出现"逐鹰"内容，可见捕获鹰的方法为逐。

《合集》10500号

鸢：字形⬙，于省吾最早释为鸢（于省吾《释林》，第325页），赵诚亦认为"实为鸢字初文"（赵诚《词典》，第205页）。卜辞中"鸢"为捕猎的对象，见于《合集》5740号："……贞：乎多射鸢，获？"还有《合集》5739号："……不其乎多射鸢，获？"为武丁时期卜辞。辞中"射鸢"的"鸢"，当为猎物，"鸢"即老鹰或为鹰的一种，猎鸢的方法为射。

鵗：字形⬙，鸟下或为癸字的繁形，从鸟癸声，严一萍释为鵗（严一萍《释⬙》，《中国文字》新十期，第121—122页），姚孝遂认为："严一萍以为即'鵗'之本字，为'鹰'之一种，其说可从。《尔雅·释鸟》'鵗'亦或省作'来'"（于省吾《诂林》，第1723页，姚孝遂按）。所见卜辞中"鵗"为一种鸟名，亦为商王田猎捕获物之一，见于《合集》9572号："戊子卜，宾贞：王逐鵗于沚，亡灾？之日王往逐鵗于沚，允：亡灾？获鵗八。"辞中的"逐鵗"用作逐，而不是网、禽，可见鹈当是大鸟，其产于沚地。

《合集》9572 号

隹：字形，短尾鸟形，释为隹。《说文》："隹。鸟之短尾总名也。象形。"罗振玉最早释为隹，认为："盖隹鸟古本一字，笔画有繁简耳。许以隹为短尾鸟之总名，鸟为长尾禽之总名。"（罗振玉《殷释》中，第31页）姚孝遂则认为："隹象羽禽之形，卜辞多用为语词，但亦有用其本义者。……卜辞晚期出现从口之'唯'，以为语词之专用字，由于'获隹'之'隹'不得作'唯'，是'隹'与'唯'在殷代晚期已开始分化，罗振玉谓'同为一字'，不确。卜辞'隹'与'鸟'亦有严格之区分，凡'鸟'字皆突出其喙形，'隹'字则否。且'鸣'字所从鸟形皆张其喙，与'唯'字亦有明显之区分。罗振玉谓'隹''鸟'古本一字，亦非是。"（于省吾《诂林》，第1670页，姚孝遂按）所见卜辞中"隹"除用作语气词，也用作本义，为商王田猎捕获物之一，如《合集》37513号："壬午卜，贞：王田梌，往来亡灾？获隹百四十八、象二。"所见卜辞中出现获隹的数量都在

百以上，说明当是这种短尾鸟数量很多。

雉：字形、，从隹矢声，释为雉。《说文》："雉，有十四种……从隹，矢声。"《玉篇·隹部》："雉，野鸡也。"甲骨文雉字罗振玉最早考释，认为："今以卜辞考之，古文乃从，盖象以绳系矢而射，所谓赠缴者也。雉不可生得，必射而后致之，所谓二生一死者是也。"（罗振玉《殷释》中，第32页）王襄亦认为："古雉字。象以矢贯鸟类之形。为雉之初字。"（王襄《簠室殷契类纂》，第18页）姚孝遂谓："'雉'除用为鸟名外，多见'雉众'之记载。'雉'当从陈梦家说训为陈列。"（于省吾《诂林》，第1730页，姚孝遂按）所见卜辞中"雉"为飞禽名，是商王田猎捕获物之一。如《合集》10921号："……之日，王往于田，从彻京？允：获麋二、雉十七。"可见彻地产雉。卜辞中获雉的数量也不大，可见也是当时的稀有动物品种。此外，"雉"在卜辞中也用作地名，或产雉之地称为雉。孟世凯认为"疑即西汉时所置之雉县，在今河南南召县东南"（孟世凯《辞典》，第592页）。

《合集》10921 号

鸟：字形 、 ，象形，释为鸟。《说文》："鸟，长尾禽总名也。"姚孝遂认为："甲骨文鸟与隹之区别，在于鸟字突出其喙，隹字则否。《说文》以长尾、短尾言之，非是。……卜辞鸟字或为人名，或为地名，亦有用其本义者。"（于省吾《诂林》，第 1738 页，姚孝遂按）卜辞中"鸟"用作本义的也为商王田猎的猎物之一，如《合集》4725 号："辛未卜，鸣获井鸟。……鸣不其……井鸟。"又如《合集》10514 号："甲寅卜，乎鸣网鸟，获？丙辰风，获五。"可见捕获鸟的方法主要是网。所见卜辞中"鸟"也借用作星名，称鸟星，又借用作地名，如《合集》116 号："乎取生努鸟？勿取生努鸟？小告。"辞中的"鸟"为地名，或为农耕地。

《合集》4725 号

蔺岙：字形 ，依形隶定为蔺岙。宋镇豪将其列为田猎所获飞禽之一（宋镇豪《夏商社会生活史》，第 377 页）。见于《合集》10198 号："戊午卜，㱿贞：我狩藏，禽？之日狩，允：禽？获虎一、鹿四十、犾百六十四、麑百五十九，蔺岙有获，三岙……"为武丁时期卜辞。辞中有获的"蔺岙"或"岙"，

为飞禽类捕猎物。

猴：字形 ，象形，释为猴，也有释为猱（姚孝遂、肖丁《类纂》，第 381页），亦为猴。姚孝遂认为："卜辞先公名之' '与狝猴名之' '在形体上是有区别的。其主要区别的特征是：手掌向上，腿直立者为先公名；手掌向下，腿屈曲者为狝猴名。有极个别的例外，但从辞例上可以明显加以区分。"（姚孝遂《屯南考释》，第 5 页）又"卜辞用作沐猴之'猱'与用作先公名之'夒'形近，但有严格之区分。乃同源分化字，形异义殊，不能混同。"（于省吾《诂林》，第 1018 页，姚孝遂按）所见卜辞中"猴"用作本义，亦是商王田猎或属下田猎捕获的猎物，如《合集》10468号残片："……其获猴。"又如《合集》8984 号："己巳卜，雀不其以猴？己巳卜，雀以猴？十二月。"皆为武丁时期卜辞。前辞虽残也知商王贞问捕获猴，可见猴也是捕猎物；后辞中的"雀"为武丁的大将军，其将猎获的猴贡献给商王武丁，也是猴作为捕猎物的证明。

鱼：字形 ，象形，罗振玉最早释为鱼（罗振玉《殷释》中，第 33 页）。《说文》："鱼，水虫也。象形。鱼尾与燕尾相似。"姚孝遂认为："卜辞'鱼'字多用为动词，读作'渔'。然亦有用作名词者。"（于省吾《诂林》，第 1746页，姚孝遂按）所见卜辞中有见"鱼"用作本义，为商王渔猎的捕获物，如《合集》16203 号："甲申卜，不其网鱼？"可见捕鱼的方法用网。又如《合集》10471 号："癸卯卜，豕获鱼其三

万，不……"辞中的三万是所见卜辞中出现的最大的数字，可见甲骨文时期水产品之丰富。此外，鱼在卜辞中有借用作祭名，也借用作地名或人名，如《合集》14591号："贞：今日其雨？十月。在甫鱼。"辞中的"甫鱼"当为地名，甫鱼之地的人也可名鱼。

《合集》10472号

（4）农牧

①农牧地名

弜：字形，罗振玉最早引《说文》释为弜（罗振玉《殷释》中，第43页），张宗骞指出卜辞弜字多用为否定词（张宗骞《卜辞弜弗通用考》，《燕京学报》第28期，1940年）。所见卜辞中"弜"除用作否定词与弗意同外，也用作地名或邦族名，如《合集》10556号："丁卯卜，翌……弜田，启？允：启？"为武丁时期卜辞。辞中弜为田猎地名。又如《合集》8939号："癸酉卜，王乎弜共牛？"辞中"弜"当为邦族名，《合集》9174号有见"弜来马"内容，可见弜族的居住地也为商王朝的畜牧地。又见《合集》9759号："……弜受有年？"

内容，说明弜地也为商王朝的农耕地。郑杰祥云："卜辞弜地应当就是后世的邲地。邲地所在……高士奇《春秋地名考略》卷六云：'今郑州东6里有邲城。'……《文物地图集》3页云：'邲故城位于郑州市东圃田乡古城村……'此地西距卜辞雀地约20公里，它应当就是卜辞中的弜地。"（郑杰祥《概论》，第241—242页）

长：字形，王襄最早释"古长字"（王襄《簠室殷契类纂》正编第九，第42页）。余永梁考释"长实象人发长貌，引申为长久之义"（余永梁《殷虚文字续考》）。叶玉森认为："发长之人则年长，故先哲制长字与老字构造法同。"（叶玉森《前释》卷二，第16页）姚孝遂亦认为："契文长字变异多端，然均象人发长貌则不变。……在卜辞多用作地名及人名。"（于省吾《诂林》，第75—76页，姚孝遂按）所见卜辞中"长"用作地名或邦族名，如《合集》5478号："贞：更……乎往于长？"为武丁时期卜辞。又如《合集》36775号："癸巳卜，在长贞：王迏于射，往来亡灾？"为帝乙帝辛时期卜辞，前二辞中的"长"皆为地名。再如《合集》6366号："舌方其翦长，翦长？"辞中的长或为邦族名。长地所在，郑杰祥认为："卜辞长地应当就是古代的长子。……《大清一统志·山西潞安府》古迹条下：'长子故城在今长子县西，'此地西距卜辞舌地约260公里，位于商代后期王畿西部太行山的西侧，它应当就是卜辞中的长地。"（郑杰祥《概论》，第304页）

由《合集》9791 号："贞：长不其受年？二告。贞：长受年？"内容，知长地当为商王朝的农耕地，商王亲自贞求长地的收成。

《合集》6366 号

教：字形，字形虽缺子形，郭沫若认为仍释为教（郭沫若《粹考》，第 149 页），当为教字的异构。但姚孝遂认为："卜辞　为地名……　为廪辛时贞人名。……卜辞"　"与教用法有别，当区分为二字。"（于省吾《诂林》，第 3264 页，姚孝遂按）卜辞中甲骨字形省写子的"教"用作农耕地名，仅见《合集》20500 号："戊戌卜，雀勞于教？"辞中勞从手择艹，像收割形，卜辞习见"某勞于某"，如"朕勞于斗"和前辞"雀勞于教"，"勞于斗"的"斗"字与"勞于教"的"教"字皆为农耕地名，"朕勞于斗"意为商王亲自躬耕于农耕地斗。可见教为农耕地名无疑。郑杰祥云："教族所在的教地，《山海经·北次三经》云：'又东北 300 里曰教山，其上多玉而无石，

教水出焉，西流注入河。'毕沅《集解》云：'山在今山西垣曲县南。'……古教山、教水当位于今山西省绛县和垣曲县之间，此地东南距卜辞雀地约 180 公里，它可能就是卜辞中的教地。"（郑杰祥《概论》，第 239—240 页）按：雀地与教地相距太远，雀虽与教见于同条卜辞，但不应为地名，应为人名。

犬：字形，释为犬。甲骨文犬字与豕字易混，二字的区别特征在尾巴，尾巴下垂为豕，尾巴上扬为犬。王国维认为："腹瘦尾拳者为犬，腹肥尾垂者为豕。"（王国维《集释》，第 3091 页）犬本义指狗，卜辞中有见用本义，如《合集》31931 号："……亡灾，擒犬。"借用作人名，如犬侯，商王朝也有职官名犬，李学勤认为："商王狩猎的场所可分两种：一种是行途所经过于行猎之地，一种是特殊设定的苑囿。在后者，设有职司猎物的人员称为犬。"（李学勤《殷代地理简论》，第 6 页）所见卜辞中"犬"又借用作地名，如《合集》9793 号："辛酉卜，犬受年，十一月。"为武丁时期卜辞。辞中的"犬"是地名，商王贞问犬地能否有好的收成，可见犬地为农耕地。还借用作邦族名，如《合集》6946 号："贞：犬追亘有及？犬追亘无其及？"又如《合集》6979 号："己酉卜，贞：雀往征犬？弗其擒……十月。……擒……"为武丁时期卜辞。犬邦族的首领也称犬。与亘邦族见于同条卜辞，说明犬邦族居住地与亘邦族居住地相近，受到雀所代表的商王朝中央征伐，其当为敌对关系。犬地所在，陈

梦家认为："犬和缶、雀、兹、亘等国有交涉，它可能是周人所谓的'畎夷'、'昆夷'、'犬戎'……今临汾县南有昆都聚，可能是昆夷之都。"（陈梦家《综述》，第 294 页）按照陈梦家的分析，犬地当在今山西临汾市一带。但郑杰祥认为："卜辞犬地当即春秋时代的犬丘，又称垂地。……古犬丘又称垂亭，当位于今菏泽县北，此地西南距卜辞亘地约 80 公里，它应当就是卜辞中的犬地。"（郑杰祥《概论》，第 191 页）

《合集》9793 号

示：字形 𝘁、𝘁，罗振玉最早释为示（罗振玉《殷释》下，第 25 页），本为神主形，与祇通。姚孝遂认为，卜辞中的示，"本象神主之形，其旁所加之小点，盖象徵祭祀拜祷时灌酒之状。……示与主初本同字，卜辞仅见示字，主盖后世分化孳乳字"（于省吾《诂林》，第 1063 页，姚孝遂按）。卜辞中"示"用于人名，如先公中有示壬、示癸，还用作祭名，还见用作地名，如《合集》15685 号："……其取糧于示？"还有《合集》22316 号出现的"在示"，示都为地名。由前辞"取糧"内容与《合集》9816 号的"示受年"内容，可知示地当为商王朝的农耕地。郑杰祥云："卜辞提到的示地……当即古祈城，位

于今祁县东南约 3 公里，此地南距卜辞长地约 125 公里。"（郑杰祥《概论》，第 304 页）

斗：字形 𝘭、𝘭，字形象二人在搏斗，释为鬥，现代汉字简化为斗，但甲骨文中搏斗的斗字与作为量词的斗字是截然不同的两个字。罗振玉谓："《说文解字》：'斗，两士相对，兵杖在后，象斗之形。'卜辞诸字，皆象两人相搏，无兵杖也。……自字形视之，徒手相搏谓之斗矣。"（罗振玉《殷释》中，第 62 页）叶玉森释甲骨文斗字最为形象，其云："古斗字象怒发相搏形。"（叶玉森《说契》，《学衡》第 31 期）姚孝遂认为："甲骨文斗字象两人相对徒手搏斗形。争斗即有交接之义。……在卜辞为地名。"（于省吾《诂林》，第 165 页，姚孝遂按）本义当为动词，但所见卜辞中"斗"皆用作地名，如《合集》152 号："庚辰卜，宾贞：朕芻于斗？贞：朕芻于斗？"为武丁时期卜辞。辞中的"朕芻"，朕为商王自称，芻字形象用手择草，或指收割，朕芻以及商王亲自躬耕，"朕芻于斗"即商王武丁亲自躬耕于斗地，以示亲民，可见"斗"当为农

《合集》14584 号

耕地或畜牧地。卜辞中"斗"也用作祭祀地，如《合集》14553 号："乙巳卜，争贞：燎于河，五牛、沉十牛？十月。在斗。"辞中商王对河进行燎祭的斗地，是祭祀地，当在黄河边上。

何：字形ᨎ、ᨏ，从人负戈形，释为何。王襄最早释"古尤字"（王襄《簠室殷契类纂》正编第五，第 26 页）唐兰认为："此'何'字象人负担之形。"（唐兰《佚存考释》，第 14 页）郭沫若亦认为："此即金文中所习见之'荷戈形'也。当是何（荷）之古文。旧释为尤，不确。"（郭沫若《粹考》，第 79 页）所见卜辞中"何"有用作人名，诸子中有子何，贞卜人物也有名何。何又用作地名，或为子何的封地。如《合集》113 号："丁巳卜，争贞：乎取何刍？勿乎取何刍？"为武丁时期卜辞。辞中"何"用作地名，商王贞问到何地去收割或择草，可见何地是商王朝的农耕地或畜牧地。

局：字形ᨎ，依形隶定为局。李孝定认为："从日从何，《说文》说无。又疑◻乃象头形字非从日。"（李孝定《集释》，第 2215 页）姚孝遂则认为："字从'日'从'何'，隶当作局。'日'不得谓象头形。卜辞皆用为地名。"（于省吾《诂林》，第 108 页，姚孝遂按）所见卜辞中局用作地名，如《合集》32963 号："在齿局，艿王米？"又如《合集》33225 号："庚辰，贞：在齿局来告艿？己卯，贞：在齿局来告艿？王。"辞中局作为地名或称为齿局，艿的本义为杂草丛生（朱歧祥《通释稿》，

第 13 页），商王关注局地的杂草丛生或影响收成，局地当为商王朝的农耕地或畜牧地。

曑：甲骨文字形为ᨎ，依形隶定为曑。鲁实先谓："隶定之为曑。《说文》经传并无其字。以愚考之，所从之自即鼻之象形文，所从之更犹犅之从更，所以示更牛之鼻也。然则曑当为牵之古文。……曑为方名，当为春秋时卫之牵邑，即今河南浚县。密迩殷虚，实为殷人刍牧之地。"（鲁实先《殷契新诠》之一，第 26 页）但姚孝遂认为："释'牵'不可据。卜辞为地名。"（于省吾《诂林》，第 679 页，姚孝遂按）所见卜辞中"曑"用作地名，仅见《合集》11408 号残片："……奠弜刍于曑……"辞中的曑为地名，刍于曑即收割于或择草于曑地，可见曑地是商王朝的农耕地或畜牧地。

名：字形ᨎ，罗振玉最早释为名（罗振玉《殷释》中，第 57 页）。《说文》："名。自命也。从口夕。夕者冥也。冥不相见，故以口自名。"姚孝遂谓："名字从夕从口，与《说文》同。在卜辞用作地名或人名。"（于省吾《诂林》，第 1122 页，姚孝遂按）赵诚以为名"从夕从口，表示在黑夜里以口自名，当为会意字。"（赵诚《词典》，第 78 页）卜辞中"名"用作人名，也借用作地名，见于《合集》9503 号："……寿耤在名，受有年？……弗其受有年？"还有《合集》9505 号也出现有"耤于名"内容，皆为武丁时期卜辞。辞中的名为地名，是商王"耤田"之地，亦是

商王朝的农耕地。卜辞中"名"除用作地名，也用作祭名，如《合集》2190号："贞：来乙亥，侑、名于父乙，用？"辞中的名为铭意（孟世凯《辞典》，第261页）。

《合集》9505号

阽：字形䏍、䏍，郭沫若隶定为阽（郭沫若《粹》，第851页）。见于《合集》28247号："其求禾于阽，叀……"残辞，辞中"阽"为地名，商王在阽地求禾即求年，祈求阽地或有好的收成，可见阽地或为商王朝的农耕地。此字形饶宗颐隶为阴，认为"阴京者，《左庄八年传》：'田于贝丘。'京相璠曰：'博昌南近灉水，水侧有地名贝丘。'地在山东，未必阴京。苟记之以俟考。"（饶宗颐《通考》，第264页）姚孝遂则认为："'阽'为地名，字从阜从心。䏍为心字，与贝有别。"（姚孝遂《屯南考释》，第167页）

鱻：字形鱻，自在鱼上，《甲骨文编》隶定为鱻（孙海波《甲骨文编》，

第164页）。卜辞中所见记录"鱻"的辞条有10余条，如《合集》21882号："癸丑，贞：庚入鱻，亡女？"辞中庚日所入鱻当为地名。又由《合集》9731号："……骰……上甲……勿鱻……不雨，帝……受我年？二月。"残辞内容推断，"受我年"即商王将鱻地的年成（农业收成）认为是自己的事情，可见鱻地是商王朝的农耕地。但饶宗颐认为："按鱻，字书所无，以文义揣之，意为抵御。"（饶宗颐《通考》，第177页）姚孝遂亦认为："卜辞'鱻'多见用为动词，其义不详。"（于省吾《诂林》，第1752页，姚孝遂按）

《合集》9731号

亯：字形亯，隶定为亯（姚孝遂、肖丁《类纂》，第734页）。饶宗颐隶定为亯，认为："亯字从亯从内，隶定为亯。亯，献也。疑献纳之'纳'字繁体。亯又为人名。"（饶宗颐《通考》，第127页）见于《合集》9560号："丁巳卜，宾贞：令亯，赐耂食乃令西史？三月。"

辞中的"矞"或为邦族名或为人名。又见《合集》9784号："……殷……在春……田，矞受年？"辞中的"矞"用作地名，或为矞邦族的所在地，由"受年"即贞问农业收成的内容，可知矞地是商王朝的农耕地。朱歧祥释："从亯丙声，隶作矞。《说文》无字。见于第一期卜辞，属农耕地名。与东南春地同辞。"（朱歧祥《通释稿》，第275页）

崔：字形，从朱歧祥观点释为崔。仅见《合集》9758号："庚子卜，崔受年？二告。"为武丁时期卜辞。辞中的"崔"为地名，商王贞问崔地的年成即农作物会不会有好的收成，可见崔地是农耕地。朱歧祥谓："隶作崔。即《说文》巂字：'巂周，燕也。从隹。山，象其冠也。冏声。一曰：蜀王望帝婬其相妻，惭，亡去，为子巂鸟。'卜辞用为殷农地名。"（朱歧祥《通释稿》，第219页）

黹：字形、，一字多形，王国维最早释"此殆黻字，所谓两己相背者形当如此"（王国维《类编》七卷，第17页）。王襄释为"古带字"（王襄《簠室殷契类纂》正编卷七，第36页）。金祥恒释为黹（金祥恒《古文字学论集初编》，第399页）。李孝定亦释为黹，认为"王氏（王国维）读为黻纯是也。黹黻古音同在十五部"（李孝定《集释》，第2605页）。《说文》："黹，针线所缝衣也。……象刺文也。"本义当象衣绣花纹，卜辞中借用作地名，如《合集》8284号："癸未卜，宾贞：王往于黹？"又如《合集》9741号："丁未卜，殷贞：

黹受年？二告。贞：黹不其受年？三月。"皆为武丁时期卜辞。后辞中商王贞问黹地受年或不其受年，即关心黹地农业收成，可见黹地是武丁时期商王朝的农耕地。

夙：字形，从夕从丮，释为夙。罗振玉最早以为是"《说文解字》夙……象执事形"（罗振玉《殷释》中，第5页）。王襄释为"古夙字"（王襄《簠室殷契类纂》正编第七，第33页）。所见卜辞中"夙"用作时间词，也用作人名，又用作地名，如《合集》9804号残片："……夙受年？……夙受年？"为武丁时期卜辞。辞中的"夙"是地名，辞虽残也知是商王贞问夙地农业能否有好的收成，可见夙地是武丁时期商王朝的农耕地。

龙圕：字形，释为龙圕。龙圕的龙，王襄释"古龙字。繁简不一，象其屈伸变化之形"（王襄《簠室殷契类纂》正编第十一，第52页）。姚孝遂谓："卜辞龙为方国名……又'龙母'为人名，为祭祀之对象……又'龙'为地名……又为水名。"（于省吾《诂林》，第1761页，姚孝遂按）所见卜辞中"龙圕"用作地名，如《合集》9552号："乙未卜，贞：黍在龙圕、杏，受有年？二月。"还有《合集》27021号残片："……龙……田有雨？"前辞卜问龙圕地的农田是否有好的收成，后辞为龙地的农田求雨，可见龙圕是商王朝的农耕地。朱歧祥以为龙"卜辞为方国名，位于殷西北，与羌人邻接……武丁亦曾主动出击龙方。……雷曾大败龙方，逐之于根西。……此役以后，龙方显然臣服于殷朝，且为殷西附庸，受殷援助，并代问卜吉凶。……而龙方地域亦沦为殷西耕地，部族尽为殷同化，再不复振。"（朱歧祥《通释稿》，第230—231页）

峇：甲骨文字形为，依形隶定为峇。郭沫若谓："字或释秋，义虽可通，而形不合。疑亦啬之异文，从来从口，口象麦之器，非口字。"（郭沫若《卜通》，第93页）姚孝遂则认为"当释'杏'"（于省吾《诂林》，第1458页，姚孝遂按）。所见卜辞中"峇"用作地名与龙圃见于同辞，《合集》9552号："乙未卜，贞：黍在龙圃、峇，受有年？二月。"辞中的峇与龙圃同时被卜问是否有好的农作物收成，可见"峇"与"龙圃"同为商王朝的农耕地。

唻：字形，释为唻。卜辞中用作地名，见于《合集》28200号："弜耤唻、萑，其受有年？"辞中卜问唻、萑二地的农作物收成，唻、萑当同为商王朝的农耕地。关于唻，姚孝遂认为"此字形体当有误，应是'来'字，不得从口"（于省吾《诂林》，第1465页，姚孝遂按）。

萑：字形，释为萑。见于《合集》28200号："弜耤唻、萑，其受有年？"朱歧祥认为"象有角鸟。《说文》：'鸱属。从隹从艹，有毛角，所鸣其民有祸。卜辞见于蒦字同；……唯字多见于第一期卜辞；属地名"（朱歧祥《通释稿》，第217—218页）。

南兆：字形，释为南兆。南兆的兆，罗振玉最早释"从水北，北亦声，其从川者水省也。此当是水北曰沠之沠。今从内声省，殆后起字也"（罗振玉《殷释》中，第10页）。姚孝遂谓："字当隶作兆，卜辞均用为地名及水名。"（于省吾《诂林》，第148页，姚孝遂按）饶宗颐认为："兆当即《诗》邶鄘卫之邶，《汉书·地理志》：'河内本殷之旧都，周既灭殷，分其畿内为三国，《诗》风邶鄘卫国是也。'然观卜辞兆上系有南北西诸名，则其所指之地极广。《说文》邶下云：'故商邑自河内朝歌以北，'殷时之兆，当是水名。"（饶宗颐《通考》，第1138页）饶说可从。所见卜辞中，出现"南兆"的卜辞有4条，如《合集》9518号："今春王黍于南……于南兆。"还有《合集》9519号、29084号、33178号皆出现"南兆"内容，由前辞内容推断南兆当为种黍之地，是商王朝的农耕地，位于兆水方位于南的两岸地段。

《合集》33178号

蕭（善）：字形、、、，一字多形，从羊从巨目或从双目，巨目或双目是指事符，羊目最为善良，释为蕭

（善）。孙诒让最早释为苜（孙诒让《举例》下，第 9 页），罗振玉释为羊（罗振玉《殷释》中，第 27 页），郭沫若谓"当是明若瞿之古文"（郭沫若《粹考》，第 12 页），张政烺认为："𦍌从羊有二目，是会意字，其目的在说明象羊的眼睛，故有时也写作𦍌，仅用一目。"（张政烺《殷契苜字说》，《古文字研究》第十辑，第 16 页）饶宗颐认从释羊说，谓："以释羊为是，故羊即祥字。《说文》：'羊，祥也。'凡卜辞之𦍌即羊，均亦读为祥。（卫聚贤金祖同曾有此说，见《殷墟卜辞讲话》）"（饶宗颐《巴黎所见甲骨录》，第 27 页）饶说可从。《说文》："祥，福也。从示，羊声；一曰，善也。"可见古文祥善或为一字。所见卜辞中"善"多用作表否定之意的虚词，也用作地名，见于《合集》787 号："贞：勿善秣受有年？弗其受有年？"辞中的"秣"为农作物，或释为梁，善为地名，卜问善地秣这种农作物的收成，善当为农耕地，其种植的农作物是秣。又见《屯南》217 号："王其田𤞤？在善。"善地或也为田猎地。

吅：字形𠮦，依形隶定为吅。王襄释为沬（王襄《簠室殷契类纂》正编十一，第 50 页），李孝定认为："字从口从孔，当隶定作吅。……此字亦象一人就凵取物之形。"（李孝定《集释》，第 425 页）所见卜辞中出现吅字的甲骨片皆残，有见残辞中出现"妇吅"，吅或用作妇名。也用作地名，如《合集》9802 号："乙酉卜，吅不其受……"《合集》9803 号："乙酉卜，吅受……"二片甲骨或为一片之折，前辞中"吅不其受"与后辞中"吅受"后的内容皆残，残去的应是"年"或"某年"，可见吅地也当为商王朝的农耕地。

《合集》9803 号

鲁：字形𩵋，从鱼在口上，释为鲁。罗振玉最早释为渔（罗振玉《殷释》中，第 71 页），郭沫若认为："以卜辞及金文案之，当是地名。余谓即是鲁字。罗氏（罗振玉）释为畋渔之渔，未确。"（郭沫若《青铜》卷一，第 18 页）卜辞中见有"鲁"用作人名，由《合集》22102 号"鲁不其嘉"内容可知鲁是女性。又用作地名，如《合集》9979 号："……鲁受黍……二告。"又如《合集》10133 号："丁巳卜，殼贞：黍田年鲁？四月。"可知鲁地的农作物为黍。由《合集》10132 号："乙丑卜，古贞：妇妌鲁于黍年？"内容推断，鲁地或为武丁贵妇妌的私田或封田，为种黍的农耕地。

吕：字形⊖，从二口，释为吕。姚孝遂释："唐兰谓象'金铔'形。字作椭圆形，与'雍'之作呂者有别。"（于省吾《诂林》，第 2099 页，姚孝遂按）卜辞中"吕"用作地名，见于《合集》811 号："贞：吕不其受年？贞：吕……其受年？"又见于《合集》3823 号："……未卜，古贞：……令……易皀吕？"辞中的"吕"为吕地，也有释为雍地（姚孝遂、肖丁《类纂》，第 800 页）。商王贞问其农业收成，其当为商王朝的农耕地。此外，吕在卜辞中也用作邦族名或人名，如《合集》6567 号："丁亥卜，亘贞：乎取吕？贞：勿乎取吕？王占曰：吉！其取。"辞中的"吕"或为邦族名或为人名。

悖：字形𢻰、𢼊，王襄最早释为誖（王襄《簠考·典礼》，第 12 页）。郭沫若释为悖（郭沫若《殷契粹编》，第 1426 片考释）。此从郭说，见于《合集》41 号："贞：勿乎众人先于悖？"为武丁时期卜辞。辞中悖是地名。又见《屯南》10 号："壬午卜，其剪悖？壬午，贞：捍弗剪悖？"辞中"悖"则为邦族名。还见《合集》6897 号等十余条卜辞出现"在悖"；《合集》40 号等二十余条出现"于悖"；《合集》33143 号出现"自悖"；《合集》973 号等出现"步于悖"；《合集》6945 号出现"入悖"；《英》679 号出现"从悖"，可见悖地为商王常常光顾之地。由《合集》248 号出现"弓彔于悖"。内容之悖地为农耕地。悖地所在，郑杰祥认为："卜辞悖地，丁山《殷商氏族方国志》以为当在

后世的贝丘一带。……兹从丁说，卜辞悖地或即古贝丘。……古代贝丘当位于今临清县东南 20 余公里，此地西南距卜辞捍地 100 余公里，它或即卜辞中的悖地。"（郑杰祥《概论》，第 175 页）孙亚冰、林欢则认为："郑杰祥先生以'悖'地当春秋古'悖'地，在今山东省临清县一带。此说过于拘泥于文献地名比勘，忽略了卜辞本身的系联关系。"以为此地"很可能就在商王朝抵御舌方的进军路线上。……不会在殷东。"（孙亚冰、林欢《商代地理与方国》，《商代史》卷十，第 94—95 页）

剢：字形𢽅，依形隶作剢。王襄释为剢（王襄《簠室殷契类纂》正编第八，第 21 页）。叶玉森认为："疑象丝紧纠形，从刀取断截意。丝既紧纠，非断不克，当即古文断字。"（叶玉森《前释》五卷，第 47 页）卜辞中"剢"用作地名，如《合集》9946 号："己巳卜，㱿贞：我受黍年？……剢。贞：我受齋年？在剢。"卜辞习见"受黍年""受齋年"，黍与齋皆为农作物，可见剢在辞中是农耕地名。再如《合集》24347 号："辛丑卜，行贞：王步自剢于雇，亡灾？"辞中剢地与雇地见于同条，饶宗颐认为："为近顾之地名。"（饶宗颐《通考》，第 360 页）

囧（牖）：字形𡆥，叶玉森、于省吾、屈万里、李孝定皆释为囧（叶玉森《拾考》，第 28 页；于省吾《骈三》，第 13 页；屈万里《甲释》，第 903 片；李孝定《集释》，第 2271 页）。《说文》："囧，窗牖丽廔闿明，象形。"段玉裁

注："象窗牖玲珑形。"甲骨文字形为窗户的象形，本义当为窗户，卜辞中用作地名，见于《合集》10号："戊寅卜，宾贞：王往以众黍于囧？"为武丁时期商王朝的种黍之地。又见《合集》1599号也出现"囧黍"内容，《合集》8103号等出现"于囧"内容，都与农耕生产相关，可见囧地为商王朝重要的农耕地，也是商王常常光顾之地。囧地所在，郑杰祥认为："卜辞囧地应当就是后世牖地，其地所在……《水经·济水注》：'济水又东迳东昏县故城北，阳武县之户牖乡矣。汉丞相陈平家焉。……平有功于高祖，封户牖侯，是后置东昏县也。王莽改曰东明县矣。'……《大清一统志·河南开封府》古迹条下云：'东昏故城在今开封府兰阳县东北20里。'清代兰阳县即今河南省兰考县，东昏故城当在今兰考县北约10公里处，东昏古称户牖，又称作牖乡，它应当就是卜辞中的囧地。"（郑杰祥《概论》，第218页）

《合集》8103号

姍：字形燚，依形隶为姍。见于《合集》10315号："丁卯卜，殸贞：垂姍有子？"为武丁时期卜辞。辞中贞问姍有子，姍用作人名，当为女性。又见《合集》418号："庚子卜，丙勿于姍？

二告。贞：其泜于姍？"为武丁时期卜辞。还见《合集》900号等5条卜辞出现"在姍"内容，辞中姍皆当为地名，或为姍的领地。其地所在，张秉权以为字"从女从自，《说文》所无，楷写为姍，在卜辞中常为地名……姍地可能在殷之西，是一个田猎的所在，也是一个农业的区域"（张秉权《殷墟文字丙编考释》，第182页）。郑杰祥认为："姍地是商王朝的农业区，商王比较关心那里的生产……卜辞姍地所在，饶宗颐《殷代贞卜人物通考》以为'姍即郎，《说文》：郎，汝南邵陵里'。兹从其说。《大清一统志·河南许州》古迹条下云：'召陵故城在郾城县东35里。'《说文》郎字条下，段玉裁注：'今河南许州郾城县东45里有故召陵城，郎者，召陵里名。'清代郾城县即今河南省郾城县，古召陵城当在今郾城县东20余公里处，古郎地当在古召陵城附近，此地北距卜辞甫族所在的甫地约250公里，它应当就是卜辞中的姍地。"（郑杰祥《概论》，第237页）郑从饶说分析姍地在今许昌市郾城县可信，但甫地认为是在山西的垣曲县西南有待考证。

茉：字形𦮃，罗振玉、王襄、李孝定皆释古茉字（罗振玉《殷释》中，第46页；王襄《簠室殷契类纂》正编第六，第28页；李孝定《集释》，第1989页）。叶玉森释"岳之省文"（叶玉森《前释》四卷，第68页）。见于《合集》9792号："丁亥卜，亘贞：茉受年？"辞中"茉"当为农牧地名。姚孝遂认为茉"实即鏣之初文……叶玉森释岳非是。

今姑且隶定作茅。古文字形体偶合则多见。江陵凤凰山一六七号汉墓遗册有'釪'字，与《说文》'茅'之或体相同，但验之于出土实物，则乃'锄'字之异体"（于省吾《诂林》，第1421页姚孝遂按）。甲骨文书法作者多以此字用作花或华，无据。

《合集》9792号

蓐：字形 ![字] 、![字] ，温少峰、袁庭栋释"甲文又有![字]字，象以手持辰耨草之形，即'蓐'字"（温少峰、袁庭栋《殷墟卜辞研究——科学技术篇》，第215页）。姚孝遂认为："甲骨文蓐字即从又持辰从艸，象除艸形。"（于省吾《诂林》，第1139页，姚孝遂按）见于《合集》583号反面出现"在蓐亦焚"内容，又见《合集》9497号、9498号反面、10474号等都出现"蓐"字。还见《屯南》2061号："于蓐擒？"辞中的"蓐"当为田猎地名或用作农牧地名。

牧：字形 ![字] 、![字] 、![字] ，释为牧，或从牛或从羊，偏旁形符意近相通。《说文》："牧，养牛人也。从攴从牛。"罗振玉释："此或从牛，或从羊。牧人以养牲为职，不限于牛羊也。诸文或从手执鞭，或更增止以象行牧，或从帚与水以象涤牛。"（罗振玉《殷释》中，第70页）姚孝遂引《左传·昭公七年》："牛有牧。"杜注："养牛曰牧。"认为："斯为牧之本义。初文牧牛为牧，牧羊为羧，卜辞此种区别已卜显明，牧已成为牧放一切牲畜之统称。"（于省吾《诂林》，第1533页，姚孝遂按）所见卜辞中"牧"除用作本义表牧放外，也用作地名，如《东洋》1161号："贞：……往于……牧。"还有《合集》11002号、11004号皆出现"从牧"，其牧也当为地名。关于牧地，郑杰祥认为："卜辞牧地应当就是春秋时期的牧地，又称之为牧野……位于朝歌城南约8公里。"（郑杰祥《概论》，第34页）卜辞中"牧"又用作邦族名，如《合集》14149号反面："牧入十，在渔。"还用作牧邦族首领人名，如《合集》32616号："辛未，贞：在兮，牧来告，辰，卫其从史受……"以及用作职官名和用作动词表示放牧与牧掠地。此外，由《合集》148号："乎牧于朕刍。"内容可知牧也是商王朝的农耕地。关于牧，宋镇豪认为："商王朝除了有封边地土著国族君长为'侯田'外，还有'牧'的别置，如甲骨文有'戈田牧'（《屯南》4033号），'牧'殆亦指与商有结盟关系的边地族落，惟牧与商王朝之间的依附性似更胜于'边侯田'，然两者亦有若干共性，即其称号的名义意义，皆并非中原王国对他们有土地民人诸实质上的封赐。……《尔雅·释地》云：'邑外谓之郊，郊外谓之牧'，以视商代，尚应结合特定历史氛围作出具体分析。盖牧本是邑与邑，国与国之间草莱未辟的隙地，凡经济实力雄厚、政治势力强大者，常得而据为田猎地，或辟而称为牧场。"又认为有王朝直属的牧场，"当时还有众多的牧场，见于甲骨文者如'左牧'、'右牧'（《合集》28769 号）、'南牧'、'北牧'（《合集》28351 号）、'中牧'等等"（宋镇豪《夏商社会生活史》，第 41、374 页）。

南牧： 字形 ，释为南牧。所见南牧的卜辞，如《合集》28351 号："隋鹿其南牧擒？吉！其北牧擒？吉！"按照宋镇豪的观点，南牧当指某国与国之间的隙地，以辟为田猎地，商王在此逐鹿，或为商王朝直属的牧场。其具体地望待考。

北牧： 字形 ，释为北牧。所见"北牧"的卜辞，如《合集》28351 号："隋鹿其南牧擒？吉！其北牧擒？吉！"按照宋镇豪的观点，北牧当指某国与国之间的隙地，以辟为田猎地，商王在此逐鹿，或为商王朝直属的牧场。辞中北牧与南牧同版对贞，两地当相距不远，其具体地望待考。

中牧： 字形 ，释为中牧。所见中牧的卜辞，如《合集》32982 号："戊戌，贞：右牧于爿，攸侯叶畕？中牧于义，攸侯叶畕？"辞中的"中牧"当是介于与攸侯之封地之间的隙地，并以辟为田猎地，为商王朝直属的牧场。

《合集》32982 号

左牧： 字形 ，释为左牧。所见"左牧"的卜辞，如《合集》28769 号："迭于右牧？于左牧？"辞中右牧、左牧对文，右左当兼叙方位，其或为商王朝直属的牧场。

右牧： 字形 ，释为右牧。所见"右牧"的卜辞，如《合集》28769 号："迭于右牧？于左牧？"又如《屯南》2320 号。如前所举，右牧又与中牧同版对文。按照宋镇豪观点，上述几条卜辞的意思皆表明"牧与边地羌人、人方、攸侯时有利害交割关系，是知此等牧是在边地"（宋镇豪《夏商社会生活史》，第 41 页）。或为商王朝直属的牧场。

易牧： 字形 ，释为易牧。所见"易牧"的卜辞有《遗》758 号："在易牧获羌。"由辞义推断,易牧当为邻近羌地的边地。

三牧:字形三**牧**,释为三牧。所见"三牧"的卜辞有《屯南》1024 号:"辛未,贞:……三牧告。"还有《合集》1309 号:"曼兹三牧……于唐。"辞中出现唐,说明三牧当位于与唐地相邻的边地。所见卜辞还出现有"二牧""九牧"用数目加以编次的牧,这类以数目编次的牧当为商王朝直属的牧场。

②农作物

禾:字形**禾**、**禾**,字形主要为二,皆象穗下垂状,释为禾,或为**禾**形。卜辞中主要用作农作物名,如《合集》33351 号:"贞:今秋禾,不遘大水?"辞中的"禾"为农作物名。宋镇豪梳理陈梦家、于省吾、裘锡圭、彭邦炯等学者论述禾的观点,认为:"甲骨文中'受年'、'受禾'之辞约有 400 多条,数量不可谓不多,这些恰与中国自史前至夏商形成的'北粟南稻'农业经济地理架构相映合,以直观知识言,粟穗聚而不散,

垂而不直,也与禾字形相合,况且商代平民确以粟为主食,陈氏等人有关禾指谷子即粟之说可以信从,毋庸置疑。"(宋镇豪《夏商社会生活史》,第 354 页)

黍:字形**黍**、**黍**、**黍**、**黍**、**黍**,从水或不从水,释为黍。《说文》:"禾属而黏者也。以大暑而种、故谓之黍。从禾,雨省声。"孔子曰:"'黍可为酒',故从禾入水也。"卜辞中"黍"用作农作物名,见于《合集》9986 号:"受黍年?受年?"卜辞其见求"黍年",意即种黍希冀丰收。所见卜辞中与种植黍相关的地名有井、甫、鲁、庞、龙、囧、丘商等,可见黍的种植面积很广泛,当为主要农作物之一。黍为何种农作物,甲骨学界争论多年,陈梦家认为黍为黄米或

《合集》33351 号

《合集》9986 号

大黄米，是贵重的粮食。裘锡圭从其说，也以为是统治者的享用品。于省吾则认为黍在商代是平民的主粮，即糜子，去皮为大黄米。日本人末次信行另有异说，以为是冬作物麦。宋镇豪认可杨升南"甲骨文黍字分黏性与不黏性两个不同的变种"，但最终认为"这应该成为今后的一个研究课题"（宋镇豪《夏商社会生活史》，第 357 页）。

秫（粱）：字形、、、、，释为秫或释为粱。卜辞中用作农作物名，如《合集》10024 号："庚申卜，贞：我受秫年？三月。"又如《合集》32014 号："叀白秫登。"辞中的"受秫年"当同于他辞的"受黍年"，秫与黍皆为农作物名。至于秫为何种农作物甲骨学界众说不一，宋镇豪梳理诸家观点认为："甲骨文这类谷物名可释为粱或秫，品种类于后世的粲和膏粱，为糯粟，其中名'白粱'或'白秫'者，与后世的'白粲'、'粲秫'、'白粱'相当，尤为糯粟之佳品。"（宋镇豪《夏商社会生活史》，第 359 页）

麦：字形、、、，从来从夕，释为麦。《说文》："芒谷，秋种厚薶，故谓之麦。麦，金也。金王而生，水王而死。从来，有穗者也。从夕。"卜辞中用作农作物，如《合集》9621 号："翌己酉，亡其告麦？己酉卜，宾：翌庚有告麦？"辞中的"告麦"是卜辞恒语，为农业信仰的礼俗，麦为农作物名。董作宾考证："今黄河流域，种麦在冬至以前，收麦在夏至以前。……余曾依殷代历法考其时之气候，与今无异。其种麦时期自当

与现时相应。冬至常在殷历十二月之下半或一月之下半，故种麦在其十一月至十二月。"关于"麦"为何类农作物，多数学者倾向于麦即大麦。

秾：字形、，字形本为来，为区别来往的来而隶作秾。卜辞中专用作农作物名，如《合集》28272 号："求年秾，其卯上甲勋，受年？其卯于示壬，弜受年？"又如《合集》9565 号中的"刈秾"内容中的秾都当为农作物名。甲骨学界对于秾究竟是何种农作物，也是争论不休，焦点在于秾是大麦还是小麦，还有甲骨文麦字是大麦还是小麦。宋镇豪汇总诸家观点结合考古成果认为："释来为小麦，麦为大麦，应该说是可以成立的。"（宋镇豪《夏商社会生活史》，第 362 页）

秜：字形，释为秜。仅见《合集》13505 号："丁酉卜，争贞：乎甫秜于姐，受有年？"辞中的"甫"为人名，姐为地名，于姐地种秜，秜当为农作物名。胡厚宣释此字从禾从北，读为稗，所指小米（胡厚宣《卜辞中所见殷代农业》，《甲骨学商史论丛二集》上册，第 83—89 页）。陈梦家释为秜，于省吾认同陈说，并认为秜是野生稻的专名。张秉权从于说，但认为是人工栽培稻的一种（张秉权《甲骨文与甲骨学》，第 463—464 页）。杨升南则认为，既然商王命令甫这个人在姐地种秜，关心农夫丰收，"既然秜用人工种植，在商时间，它就不是野生稻的专名，而是栽培稻在商时的名称"（杨升南《商代经济史》）。宋镇豪梳理诸家的观点认为："从黄淮

流域中原地区自史前至商代屡屡发现稻谷遗存推测，则上述卜辞中用为动名词的秜字，应指一种栽培稻的种植事象，然而若结合自然气候与水文条件变迁诸因素考虑，恐怕商代稻的种植已不很普遍，产量也不会很大，否则也不至于甲骨文秜字仅一见。春秋时孔子云：'食夫稻，衣夫锦。'可见稻米很早就已成为中原地区人们饮食生活中的珍美食粮了。"（宋镇豪《夏商社会生活史》，第363页）

秫：字形𥝖，释为秫。仅见《合集》37517号："丁酉卜，在𠀑……秫芀，弗悔？"辞中的"秫"为农作物名，其具体为哪一种农作物，宋镇豪引元王祯《农书·百谷谱》："稻之名不一，随人所呼，不必缕数。稻有粳、秫之别，粳性疏而可炊饭，秫性黏而可酿酒。"认为："是知元代稻名尚且随人所呼，商代或亦如此。甲骨文秜与秫应是商人对栽培稻类作物不同变种的命名，种植均为必普遍。秫可能指黏性稻，秫、糯一声之转，故学者主张为糯稻，可从。"（宋镇豪《夏商社会生活史》，第363页）

糫：字形𩚨、𥝊，米在西或覃上，依形隶定为糫。卜辞中多见"糫"的内容，如《合集》10047号："癸未卜，争贞：受糫年？贞：弗其受糫年？二月。癸未卜，争贞：受黍年？"辞中的糫当和黍同为农作物。对于糫，唐兰最早释为稻，"糫象容米于覃，稻象杼米于臼，故可引申为同一谷名矣。"（唐兰《殷虚文字记》，第25页）朱歧祥从唐说，认为："殷卜辞中'受糫年'与'受黍年'屡有同卜之例，亦可互证糫为稻的本字。"（朱歧祥《通释稿》，第362页）但钱穆持疑，引《诗经》"实覃实吁"，毛传："覃，长；吁，大。"认为糫字从覃，乃指米粒之大者，未必指稻（钱穆《中国古代北方农作物考》，《新亚学报》第一卷第二期）。宋镇豪梳理诸家之说认为糫"与黍并卜，当均属于旱地农作物种类，于氏（于省吾）早年之说可从……糫是商人种豆的专字，盖未能被沿用下来而成为佚名。钱氏云糫为米粒之大者，恰恰暗证了大豆之说"（宋镇豪《夏商社会生活史》，第365页）。

稷：字形𥞷。释为稷（裘锡圭《甲骨文中所见的商代农业》）。见于《合集》9946号："贞：我受稷年？在剌。……弗受稷年？己巳卜，㱿贞：我受黍年？……剌。己巳卜，㱿贞：我弗其受黍年？"辞中的剌为农耕地名，稷与

正甲

正乙

《合集》9946 号

黍为农作物名。稷为何种农作物，甲骨学界众说纷纭，陈梦家隶写下部从田，也有释为畚，裘锡圭释读作稷，认为字象植于田中的穗形大而直的农作物，是指高粱（裘锡圭《甲骨文中所见的商代农业》）。杨升南也认为此字构形非高粱莫属（杨升南《商代经济史》）。

（5）祭祀

①祭祀地

保： 字形♉、♊、♋、♌、♍，释为保，从人从子，象人抱幼子或背负幼子之形。《说文》："养也。" 王襄先释为好（王襄《簠考·地望》，第9页），后释为俘（王襄《簠·文》，第1页）。叶玉森释为保（叶玉森《前释》一卷，第104页）姚孝遂释"卜辞保字象背负子形"（于省吾《诂林》，第174页，姚孝遂按）。卜辞中"保"多用引申义，表安和祐，如《合集》3481号："癸未卜，古贞：黄尹保我史？贞：黄尹弗保我史？"辞中的保为表福祐意。又借用作地名，如《合集》25038号："癸未卜，出贞：侑于保，更辛卯酒？"又如《合集》6330号："乙丑卜，殼贞：于保，

《合集》6330号

舌方执？"辞中的"保"用作地名，为祭奠献俘的场所，可见保在卜辞中为祭祀地。

獂： 字形♐，寻在两兽中，依形隶作獂。诸家未释，姚孝遂亦谓："字不可识……用为地名。"（于省吾《诂林》，第149页，姚孝遂按）所见卜辞中"獂"用作地名，如《合集》30386号："癸亥卜，翌日辛，帝降其入于獂大寏？在冣。……于獂小乙寏？"辞中卜问上帝能否在辛日降临来到獂地，其地当为祭祀地。

冣： 字形♑，手抓耳在冖中，释为冣。孙海波释"从冖从取。《说文》所无。地名"（孙海波《甲骨文编》，第321页）。于省吾认为"即《说文》冣字。《说文》：'冣，积也。从冖取，取亦声。'……按《说文》冣字从冖乃宀之形讹。从冖与从宀本来有别，而晚周古文和汉代金文有时混同不分"（于省吾《释林》，第149页）。所见卜辞中"冣"用作地名，如《合集》30386号："癸亥卜，翌日辛，帝降其入于獂大寏？在冣。……于獂小乙寏？"辞中的"冣"为地名，与祭祀地獂见于同条，当同为祭祀地。此外，《合集》34676号、《合集》19537号也出现"在冣卜"和"冣"地名。

吴： 字形♒，释为吴。孙诒让释皋（孙诒让《举例》上，第17页），叶玉森释吴（叶玉森《前释》一卷，第62页），郭沫若以为"当是脊之初文"（郭沫若《粹考》，第10页）。陈梦家释为吴（陈梦家《综述》，第503页）。所见

卜辞中"吴"多用作人名，为武丁时期的大将军，多见其带兵东征西讨的卜辞。也有见吴用作邦族名和地名，如《合集》9221号反面"吴入十"记事刻辞，辞中的吴当为邦族名，吴或为吴邦族首领在商中央王朝供职。又如《合集》13740号："贞：于翌丁巳至吴，御？戊午卜，贞：今日至吴，御于丁？"辞中卜问在戊午这一天到吴地对名号为丁的先王进行御祭，可见吴地是祭祀地。

条：字形 、 ，从倒止从木或从禾，王襄最早释夆（王襄《簠室殷契类纂》五卷，第27页），商承祚释为条（商承祚《类编》卷五），姚孝遂谓："字当释'条'……乃用为动词。'帝于条'之'条'乃地名，非神名。"（于省吾《诂林》，第846页，姚孝遂按）所见卜辞中"条"用作地名，如《合集》368号："贞：禘于条？勿禘于条？"辞中贞问于条地进行禘祭，可见条地为祭祀地。由《合集》36587号："甲午卜，在演贞：王步于条，亡灾？"，与演地见于同条卜辞，知条地当与演地相近。朱歧祥认为："其地望在今河北景县。"（朱歧祥《通释稿》，第70页）

翌：字形 、 ，羽在双止或三止上，依形隶作翌。叶玉森释为能（叶玉森《前释》卷六，第28页），商承祚释为遏（商承祚《类编》第二卷，第14页）。姚孝遂认为："诸家所释，皆不可据。字在卜辞为方国名及地名。"（于省吾《诂林》，第857页，姚孝遂按）如《合集》6835号："登人三千伐翌，翦？"辞中的翌当为邦族名，受到征伐，

其与商王朝中央当为敌对关系。又如《合集》8636号出现"乎翌"内容，当为时敌时友关系。此外，卜辞中"翌"用作地名，如《合集》24356号："戊辰卜，王曰贞：其告，其陟？在翌阜卜。"位处高为阜，可见翌地或位于山地上，由其告、其陟内容知翌地为祭祀地。

秦：字形 、 ，从双手持杵击双禾，王襄释"古秦字"（王襄《簠室殷契类纂》正编第七，第34页）。徐中舒认为："秦象抱杵舂禾之形。"（徐中舒《耒耜考》，第46页）《说文》："秦伯益之后所封国，地宜禾，从禾舂省。一曰：秦，禾名。"姚孝遂认为："许慎于'秦'字之说解实有三：一、地名；二、禾名；三、以舂禾会意（朱骏声《通训定声》即以秦为会意字）。"（于省吾《诂林》，第987页，姚孝遂按）卜辞中"秦"用作地名，如《合集》30416号："……于岳？秦即……"辞虽残，也知内容为在秦地祭祀岳，秦地当为祭祀场所所在地。此外，所见卜辞中有10余条出现"秦宗"名，也当为祭祀场所。

《合集》299号

眉：字形 ，目在口上，依形隶定为眉。张秉权以为："眉，乃目字，亦作

目。"（张秉权《殷虚文字丙编考释》，第 287 页）姚孝遂则认为："尚不足以证明'眢'即目字。二者仍然有别。"（于省吾《诂林》，第 556 页，姚孝遂按）所见卜辞中眢用作人名，诸子中有"子眢"，如《合集》14033 号："甲辰卜，贞：子眢娩嘉，隹衣？"辞中卜问子眢娩嘉（生育会不会顺利，会不会生男孩），可见此子当为女性。朱歧祥认为："子眢，为殷王武丁之妃妾，盖上古妇人不冠本姓，而以所出地为名。"（朱歧祥《通释稿》，第 89 页）此说可从，子眢的出生地或封地也当名眢，如《合集》14686 号反面："勿燎帝于有眢？"还有《合集》14694 号等 20 余条卜辞皆出现"燎于眢"或"于眢燎"的内容，有见用牲"三牛""一羌""犬""豕"等，可见眢地是祭祀场所之地。

庿：字形𢽚，鹿头象形，依形隶作庿。姚孝遂认为："庿在卜辞为地名，从无用作'鹿'者，与'鹿'不同字。或假作'麓'。"（于省吾《诂林》，第 581 页，姚孝遂按）所见卜辞中"庿"用作地名，如《合集》7814 号反面："己卯，俎牝在庿？"又如《合集》8224 号："……贞：燎……兹庿？"前二辞中"庿"用作俎牝、燎之地，再如《合集》8220 号也出现"庿"用作地名，说明庿地为祭祀场所之地。又如《合集》249 号："贞：壱㑩于兹庿？"在庿地收割或择草，庿地又为农耕地。再如《合集》33103 号："……子贞：令……师在庿？"由"师在庿"内容知庿地还是军事驻地。此外，《合集》8310 号中庿与滴见

于同条卜辞，两地当相近相连，皆在商王都北面的漳水一带。

监：字形𥄝、𥄖，从人或跪或立，见皿会意，释为监，本义表视察。《说文》："临下也。"唐兰谓："从皿从见……即今监字也。"（唐兰《文字记》，第 76 页）姚孝遂认为："从见从皿。古者以水为鑑，'监'乃'鑑'之本字，'鑑'为后起孳乳字。"（姚孝遂《再论古汉字的性质》，《古文字研究》第十七辑，第 320 页）卜辞中监有用作本义，如《合集》27740 号："叀老𡥅令监凡？"意为命令老者监察制造器皿。又用作地名，如《合集》30792 号："于监烄？大吉！"辞中的"监"为地名，烄人祭祖的场所监地是祭祀地。

《合集》27740 号

羿：字形𥄲、𥄱，卩上二竖目相背，竖目为臣，依形隶作羿。《说文》："乖也，从二臣相违，读若诳。"李孝定释为眮（李孝定《集释》，第 3243 页），

姚孝遂认为："释'眲'不可据。……乃祭牲之名。"（于省吾《诂林》，第643页，姚孝遂按）朱歧祥释为"臦，《说文》：'乖也，从二臣相违，读若诳。'二目相向，左右而视……《说文》：'目邪也。从眲从大。大，人也。'卜辞属祭祀地名。"（朱歧祥《通释稿》，第99页）朱说可从。卜辞中"𪊸"出现于残辞，如《合集》20281号："己巳卜，王……𪊸……于……燎𪊸？"又如《合集》18084号、18085号都出现"𪊸"单字。这些"𪊸"都当为地名，由前揭残辞商王在𪊸地进行燎祭，可知𪊸地为祭祀地。

鼻：字形𪐨，从自畀声，释为鼻。李孝定谓："从自从矢，《说文》所无。字在卜辞中为地名。"（李孝定《集释》，第1209页）姚孝遂认为："字从'自'从'畀'当释作'鼻'。卜辞用为地名。"（于省吾《诂林》，第676页，姚孝遂按）甲骨文中自代鼻，自与畀组合的鼻字用作地名，如《合集》8189号："壬申卜，贞：乎御，在鼻……在棋？"辞中的"鼻""棋"皆为地名，在其地进行御祭，鼻地与棋地都当是祭祀地。

棋：字形𣏌，木在双手捧箕上，释为棋。罗振玉最早释为粪（罗振玉《殷释》中，第47页）叶玉森、唐兰皆释为某（叶玉森《前释》二卷，第34页，唐兰《导论》下，第18页），同棋。姚孝遂释为棋（于省吾《诂林》，第2813页，姚孝遂按）卜辞中"棋"用作地名，如《合集》8189号："壬申卜，贞：乎御，在鼻……在棋？"辞中的"棋"

"鼻"皆为地名，在二地进行御祭，棋地与鼻地都当是祭祀地。

娳：字形𡜃、𡚽，从女从虎或加木，依形隶定为娳。姚孝遂释"为殷人祭祀之对象"（于省吾《诂林》，第497页，姚孝遂按）。朱歧祥认为："从女虎声，隶作娳，《说文》无字。属于殷祭祀地名。"（朱歧祥《通释稿》，第122页）朱说可从。卜辞中"娳"用作地名，如《合集》28263号："其求年于娳？叀今日酒，又雨。"辞中的娳也有释为河（姚孝遂、肖丁《摹释》，第628页）。又如《合集》28264号："其求年于娳鼎……吉！"二辞中的娳为地名，于娳地进行酒祭，当为祭祀地，但祭祀的内容为求年，即求农业丰收，其地或为农耕地。

亳：字形𦎫，释为亳。罗振玉最早释"殆亳之异体"（罗振玉《殷释》上，第11页）王襄亦释"古亳字"（王襄《簠室殷契类纂》正编第五，第26页）丁山则认为："亳字，象草生台观止下形，当然是堡字本字。"（丁山《商周史料考证》，第27页）姚孝遂认为："卜辞亳为地名，又累见祭祀'亳土'之占。陈梦家以为'亳土即亳地之社'，并引《春秋》哀四年杜注：'亳社、殷社'为证，其说可从（陈梦家《综述》，第584）。"（于省吾《诂林》，第1960页，姚孝遂按）卜辞中"亳"用作地名，如《英》2524号："癸卯，王卜贞：旬亡祸？在十月又一。王征人方，在商。癸丑，王卜贞：旬亡祸？在十月又一。王征人方，在亳。癸亥，王卜贞：旬亡祸？

在十月又一。王征人方，在鹰。"辞中出现的"商""亳""鹰"都是地名，亳地与商地相距8天路程。又如《屯南》665号："辛巳，贞：雨不既，其燎于亳土？"亳土的土为社神，在亳地对土进行燎祭，亳地当为祭祀地。此外，《合集》7841号："贞：于亳？"辞中的"亳"当为地名。亳之地望，陈梦家认为："亳，即薄。王国维以为即《汉书·地理志》之薄县，今山东曹县境，在今商丘之北（《观堂》12：2—3）。《汳水注》称之为蒙亳，以其在大蒙城。我们以为卜辞中亳在商丘南，即谷熟之南亳。"（陈梦家《综述》，第250—251页）

《合集》7841号

木：字形 **𣏌**，象树木枝干形，释为木。《说文》："木，冒也，冒地而生也。东方之行。从中，下象其根。"孙海波释木为"方国名""地名"（孙海波《甲骨文编》，第259页）。所见卜辞中"木"借用作邦族或方国名，也用作地名，如《合集》32216号："丁巳卜，于木，夕酒、俎？"辞中的"木"为地名，

于丁巳这一天的晚上在木地进行酒祭或用俎牲法，木地当为祭祀地。又如《合集》24444号："……未卜，出贞：王狩木，于之日，王……狩木……兕十……鹿……"辞虽残也可看出，木地亦为商王朝的田猎地。木地所在，饶宗颐认为："河南光山县南有木陵山，六朝时置木棱戍，疑其地古有'木'名，殷王田狩可能至此。"（饶宗颐《通考》，第856页）

观：字形 **𮭩**，鸟有高冠从二口，释为觀，现代汉字简化为观。《说文》："观，雀也。"孙诒让释为萑（孙诒让《举例》下，第45页）。罗振玉释为萑，"借为观字"（罗振玉《殷释》中，第33页）。王襄亦释"古观字"（王襄《簠室殷契类纂》正编第八，第40页）。陈梦家以为"字当释萑，即穫之初文。古音和与穫、护相同，所以萑读若和犹存'穫'的古读"（陈梦家《综述》，第535页）。卜辞中观用作祭名，也用作地名，如《合集》26931号："癸亥卜，酒观，其……"又如《合集》27115号。二辞中的观皆为地名，与酒组合成"酒观"，意为在观地进行酒祭，可见观地是祭祀地。

进：字形 **𨘟**，鸟在止上，从朱歧祥观点释为进。朱歧祥认为："从隹止……即进字。《说文》：'登也。'卜辞为祭地名。"（朱歧祥《通释稿》，第219页）如《合集》32535号："庚午，贞：王其再珏于且乙，燎三宰……乙亥酒？甲戌卜，进燎于且乙？"辞中的"进"为地名，商王于进地对先王且乙

进行酒祭和燎祭，进地当为祭祀地。对于本条卜辞中的进，也有释为祭仪，表进贡祭品（孟世凯《辞典》，第525页）。

《合集》32535 号

宁：字形⟨图⟩，耳在宀中，依形隶定为宁。张秉权以为"当是宦字"（张秉权《殷虚文字丙编考释》，第81页）。姚孝遂则认为"字从'宀'从'耳'，隶可作'宁'，实亦'庙'之省。卜辞习见'在宁'即'在庭'，'庭'、'厅'为古今字。……张秉权释'宦'，非是。"（于省吾《诂林》，第2008页，姚孝遂按）所见卜辞中"宁"用作地名，如《合集》7153号等卜辞出现"在宁"内容；《合集》721号等出现"于宁"内容；《合集》17514号等出现"自宁"内容，其中的宁皆为地名，由《合集》721号："贞：翌乙卯，酒我宫，伐于宁？贞：翌乙卯，勿酒我宫，伐于宁？"辞中于宁进行伐祭，宁当为祭祀地。朱歧祥认为宁"地当距殷宫室不远"（朱

歧祥《通释稿》，第267页）。

閃：字形⟨图⟩，火于门中，王襄释"古閃字"（王襄《簠室殷契类纂》正编第十，第46页）。《说文》："閃。火貌。从火，门省声。"郭沫若以为閃为神名（郭沫若《粹考》，第192页）。姚孝遂则认为："郭沫若以閃为神名，殆有未然。……閃为地名无可疑。"（于省吾《诂林》，第2085—2086页，姚孝遂按）所见卜辞中"閃"用作地名，如《英》2366号："弜燎于閃，亡雨？更閃燎、酒，有雨？"辞中的閃用作地名，在其地燎祭、酒祭求雨，其地当为祭祀地。此外，由《合集》28318号："戊，王其射閃犯湄日亡灾，禽？吉！"出现的"射閃犯"内容，可推断閃地亦为田猎地，其地产犯。

嬰：字形⟨图⟩，亥上双丁，依形隶定为嬰。鲁实先最先释为"乃丽之初文"（鲁实先《新诠之一》，第27页），后又释"兀之繁文"（鲁实先《姓氏通释》之二，第5页；《幼狮学报》第二卷第一期）。姚孝遂则认为："字从'叩'，从'丂'即'亥'，'叩'即'邻'。是'丽'不可据。……为地名。"（于省吾《诂林》，第2102页，姚孝遂按）卜辞中"嬰"用作地名，如《合集》14672号："贞：于嬰东燎？"又如《合集》14673号："燎于嬰东？"二辞皆言在嬰地之东进行燎祭，可见嬰地为祭祀地。此外，《合集》7772号等以及《英》1180号也出现"嬰东燎"内容或"嬰"地名。

邦：字形⟨图⟩，重草出于田中，王襄最

早释"古邦字"(王襄《簠室殷契类纂》正编第六,第30页)。姚孝遂认为:"畐字与《说文》邦之古文形体同,王国维释'邦'是对的。但谓'古封邦一字'则有未然。卜辞封邦二字形义判然有别,金刻亦同……卜辞畐为地名,'邦土'乃邦地之社……"(于省吾《诂林》,第2118页,姚孝遂按)卜辞中"邦"用作地名,如《合集》847号:"贞:勿求年于邦?"辞中的"求"为祭名,示意持禾黍以祭,可见邦地是祭祀地。甲骨文邦字,也有释为苗(朱歧祥《通释稿》,第285页),也有释为甫(饶宗颐《通考》,第467页)。

专:字形𦔻,甫在双手上,从朱歧祥观点释为専,现代汉字简化为专。姚孝遂以为"当为祭祀之对象"(于省吾《诂林》,第2121页,姚孝遂按)。朱歧祥则认为:"隶作专。卜辞用为祭祀地名。"(朱歧祥《通释稿》,第286页)朱说可从。卜辞中"专"用作地名见于《合集》8275号残片:"……侑……十牛于专?"辞虽残也知专为地名,在专地进行侑祭用十头牛,可见专地是祭祀地。

义:字形𦫼,从我从羊,罗振玉最早释为義(罗振玉《殷释》中,第72页),现代汉字简化为义。王襄释"古义字。许说己之威仪也。从我羊,今俗作仪"(王襄《簠室殷契类纂》正编第十二,第56页)。卜辞中"义"用作地名,如《合集》27972号:"其乎戍,御羌方于义,則翦,羌方不丧众?"辞中"于义"的义为地名,于义地进行御祭,义地是祭祀地。又如《合集》38762号

人头骨祭祀刻辞出现的"义友"的义或为族名。此外,《合集》27979号等卜辞也出现"义"的内容,义皆用为地名。义地所在,陈梦家认为:"义京是宋地:《魏世家》惠王'六年伐取宋义台',《集释》云:'徐广曰一作义台'。《庄子马蹄篇》'虽有义台路寝',郭象注'义台,灵台'。地名之义台在今河南虞城县西南,商丘县之东北。"(陈梦家《综述》,第266页)

仆:字形𦦖,象人持箕除灰形,人头上的辛示意身份下贱没有首饰,罗振玉最早释为僕(罗振玉《殷释》中,第24页),现代汉字简化为仆。郭沫若谓:"仆字古亦从辛。……卜辞有此字。"(郭沫若《卜通》,第171页)姚孝遂认为"字当释仆……金文犹与此近似,小篆则讹变已甚。此字甲骨文所仅见,盖人名或地名。"(于省吾《诂林》,第2817页,姚孝遂按)卜辞中"仆"用作地名,如《合集》17961号残片出现

《合集》17961号

"仆卜"二字，辞中的"仆"字当为地名，在其地占卜，其地或为祭祀地。但饶宗颐则认为"此可能是仆人名字"（饶宗颐《通考》，第1184页）。

兮：字形↑，王襄最早释"古兮字"（王襄《簠室殷契类纂》正编第五，第23页）。郭沫若则认为"兮假为曦"（郭沫若《萃》，第715片考释）。董作宾以为"惟兮字似亦即《说文》之昕"（董作宾《殷历谱》上编卷一，第6页）。姚孝遂认为："卜辞兮字除用为地名外，亦为时间单位。读兮为'曦'为'昕'均非是。"（于省吾《诂林》，第3370页，姚孝遂按）所见卜辞中"兮"与郭组合用作时间词，称郭兮。也用作地名，如《合集》36915号："丙午卜，在兮……其寻求……在？三月。"又如《合集》32212号："乙亥，贞：来甲申酒禾、求，于兮燎？"前辞中的兮与后辞中的兮皆为地名，由后辞"于兮燎"即于兮进行燎祭推断，兮地是祭祀地。

雪：字形，雨下有羽毛状，王襄最早释"古雪字"（王襄《簠室殷契类纂》正编第十一，第51页）。姚孝遂以为"卜辞以'雪'与雨对称（见《后》上1.13及《珠》628），乃用雪之本义。又为祭祀之对象……"（于省吾《诂林》，第1160页，姚孝遂按）甲骨文雪字皆有雨点，可见甲骨文时期商王都安阳一带气候比较温暖，最冷的时候也就下点雨夹雪。卜辞中"雪"用作地名，如《英》2366号："弜燎于闪，亡雨？其燎于雪，有大雨？弜燎，亡雨？叀闪燎、酒，有雨？"辞中的"雪"与"闪"都是地名，两地对贞，进行燎祭、酒祭求雨，可见雪地与闪地都是祭祀地。但陈梦家认为雪即雪神，乃"祭于雪神以求雨，闪当是与雨雪有关的神"（陈梦家《综述》，第577页）。

吾：字形、，从五从口或省口，释为吾。柯昌济认为："字从从口，疑即古吾字，但字不定为古五字。余疑此字为敔字古文，为一种止乐之乐器。"（柯昌济《殷墟卜辞综类例证考释》，《古文字研究》十六辑，第155页）但姚孝遂认为："释'吾'、释'敔'均不可据。卜辞当为地名。"（于省吾《诂林》，第748页，姚孝遂按）卜辞中"吾"用作地名，如《合集》8788号残辞出现"北吾"一名，又如《合集》34121号："壬寅卜，求其伐归，叀北吾，用二十示一牛、二示羊、以四戈羌？"辞中的"北吾"为地名，用祭牲牛、羊、羌在其地进行伐祭，吾地或北吾地当为祭祀地。

《合集》8788号

聿：字形，罗振玉最早释为聿，以为"象手持笔形"（罗振玉《殷释》中，第40页）。姚孝遂认为："卜辞独体为官名，为地名，区分甚严，而在偏旁中则混同……"（于省吾《诂林》，第 3127 页，姚孝遂按）所见"聿"在卜辞中用作地名的皆为残辞，如《合集》28169 号："……在聿"又如《京》4359 号："……在聿土御？"二辞中的"聿"皆为地名，后辞中的土为社，在聿地进行御社之祭，聿地当为祭祀地。

明：字形◐、◑、◐，罗振玉最早释为朙，以为"朙明皆古文"（罗振玉《殷释》中，第 6 页）。董作宾认为："明字，在武丁时期作◐，或◑。右为囧，即窗之象形字，左为月，取义于夜间室内黑暗，唯有窗前月光射入，以会明意。引申之以天明之时为明也。窗形讹而为日，文武丁时已变为从日月作之明（◐）矣。"（董作宾《殷历谱》上编卷一，第 4 页）姚孝遂则认为："卜辞惟有从囧之'◐'乃今'明'字。……至于卜辞'◑'、'◑'诸形，与'◐'字之用法囧然有别，旧均释为'明'。实则'◑'与'◑'当释'朝'。"（于省吾《诂林》，第 1121 页，姚孝遂按）所见卜辞中从方窗之明见有用作地名，如《合集》8104 号："……贞：其雨？贞：不若。五月，在明。"为武丁时期卜辞。商王武丁在明地祈雨，明地当为祭祀

②祭名简表

a 旧派祭名

之地。

糜：字形、，从来从鹿，隶作糜（李宗焜《甲骨文字编》，第 615 页）。为《花东》新出字形，见于《花东》32 号："庚卜，在糜：岁妣庚三牡，又凿二，至御，晋百牛又五？一。庚卜，在糜：更五牡，又凿二用，至御妣庚？一。二。三。"又见《花东》95 号："壬申卜，在徉：其御于妣庚，晋十宰，……十凿？用，在糜。"还见《花东》320 号、375 号、410 号、494 号都出现"糜"用作地名内容，皆为武丁时期卜辞。对《花东》95 号有释"宰与十之间似有一字，但模糊不清，可能是'又'字。徉、糜都是地名。前者在前辞，后者在验辞。这条卜辞是在徉地卜问御祭妣庚，但后来在糜地才按占卜的内容进行祭祀"（考古所《花东》1598 页）。可见糜地为商王朝的祭祀地。其地与徉地见于同辞，两地当相近。徉地郑杰祥认为即后世的羊角城，在今河南省范县东南的义和庄（郑杰祥《概论》，第 334 页）。糜地也当在今河南省范县东南一带。但有认为徉地在今山西东南一带（孟世凯《辞典》，第 412 页）。

祭名	甲骨字形	卜辞内容	《合集》或其他著录书序号
御		贞：有疾身，御于且丁？	《合集》13713 号
有		庚午卜，大贞：其从有于且庚？十二月。	《合集》23109 号
燎		贞：燎于北？	《合集》14334 号
告		癸丑，贞：告河？	《合集》21951 号

祭名	甲骨字形	卜辞内容	《合集》或其他著录书序号
曶		乎从臣沚，有曶三十邑？	《合集》707 号
焛		戊辰，焛于宙，雨？弜焛雨？	《合集》32289 号
匸		癸亥，贞：其有匸于伊尹，重今……	《屯南》1122 号
登		贞：登王亥，羌？	《合集》475 号
祝		辛丑卜，㱿贞：祝于母庚？	《合集》13926 号
薪		其薪大乙有。	《屯南》4285 号
舞		贞：我舞雨？	《合集》14210 号
肉		若、肉、且乙舌，王受祐？	《合集》27110 号
萬		丙午卜，万？丁亥卜，勿万？	《合集》20874、21496 号
戠		……申卜，争：翌戊戌戠于黄尹？	《合集》575 号
刚		乙未卜，争贞：刚，亡灾？	《合集》10771 号
卢		庚申卜，卢翌酒，甲子？	《合集》34681 号
陟		其陟于大乙、且乙？	《合集》32420 号
降		丁巳卜，争贞：降曶千牛？二告。不其降曶千牛、千人？	《合集》1027 号
凡		……卜，王贞：凡小王？	《合集》5030 号
肇		己亥卜，宾贞：牧勾人肇？	《合集》8241 号
为		己丑卜，彭贞：其为且丁劦衣卯？	《合集》30282 号
裨		于翌日裨酝求侑大乙，王受祐？	《合集》27092 号
循		己卯卜，㱿贞：有奏循，下上若？	《合集》7239 号
屵		屵，母庚？	《合集》22238 号
而		……而于且丁……羌甲，一羌……祖…	《合集》412 号
雍		甲午，贞：其御雍于父丁，百小宰？	《屯南》4404 号
智		甲申卜，宾贞：王智大示？	《合集》242 号
米		乙未，贞：王米，重父丁，以于囧？	《合集》32024 号
寻		壬寅卜，寻、侑且辛，伐一、卯一牢？	《合集》32221 号
木		戊寅卜，木白豕、卯牛，于妣庚？	《英》1891 号
杏		且丁杏，曳三卣。	《合集》27301 号
艺		甲辰卜，贞：翌乙巳，艺侑于母庚，宰？	《合集》2543 号
此		五宰，王此，受祐？	《合集》31190 号
束		癸酉卜，其束三示？	《合集》30381 号
兴		乙亥，扶用巫，今兴母庚，允使？	《合集》19907 号
索		丙午卜，贞：索于大甲，于亦于丁，三牢？	《合集》1449 号
曾		丁巳卜……贞：犬……曾用自大示？	《合集》5671 号

续表

祭名	甲骨字形	卜辞内容	《合集》或其他著录书序号
次		叀七牛，次用，王受祐？	《合集》30715 号
将		贞：于南方将河宗？十月。	《合集》13532 号
正		贞：娒正王？娒弗正王？	《合集》2779 号
羞		丁巳卜，祀其羞，王受祐？	《合集》30768 号
往		乙巳，贞：其往于要，亡祸？兹用。	《屯南》2123 号
宄		甲子卜，叱以王族，宄方在辛山，亡灾？	《屯南》2301 号
作		乙亥卜，宾贞：作大御至上甲？	《合集》14860 号
姊		贞：燎于成，姊？贞：勿燎于成，姊？	《合集》1385 号
埋		戊午卜，王燎于瀧，三宰、埋三宰。	《合集》14362 号
弹		其弹，三宰？吉！	《屯南》2343 号
舌		丁亥卜，亘贞：王舌？	《合集》15153 号
匄		丁未卜，争贞：崇雨，匄于河？十三月。	《合集》12863 号
祐		……祐大……侑十羌？	《合集》327 号
取		壬午卜，争贞：令登取……	《怀》448 号
禘		贞：禘于王亥？	《合集》14748 号
求		己未卜，王贞：乞，有求于且乙，王吉！兹卜。	《合集》22913 号
鼓		辛亥卜……出贞：其鼓，彡，告于唐，九牛？一月。	《合集》22749 号
封		叀在庞田，封示，王弗悔？大吉！	《屯南》2409 号
庸		庚申卜，岁其庸？	《屯南》1022 号
熹		癸丑卜，叀旧熹用？叀新熹用，大吉！	《合集》30693 号
毚		叀唐毚……王受有祐？	《合集》27151 号
通		丁卯卜，延酉通大戊，戊辰？	《合集》19834 号
狩		乙丑，贞：王狩且乙？	《屯南》3786 号
益		壬申卜，出贞：今日益，亡尤？	《合集》26156 号
鼎		丙午卜，争贞：其雨之日，鼎雨？	《英》1136 号
逆		弜逆米帝秋？	《合集》33230 号
燕		甲子卜，何贞：王燕叀吉，燕？	《合集》27850 号
目		……未卜，争贞：告王目于且丁？	《合集》13626 号
丞		……丞父乙……弗……	《合集》2279 号
可		弜可且丁升。	《合集》30355 号
秦		甲寅卜……且乙舌，秦宗。弜秦于……	《合集》30340 号
穌		贞：上甲穌暨唐？	《合集》1240 号
凿		贞：王凿父乙？	《合集》201 号

续表

祭名	甲骨字形	卜辞内容	《合集》或其他著录书序号
宿		贞：且辛宿于父乙？贞：且辛不宿于父乙？	《合集》1779 号
同		壬辰卜，同父乙……	《合集》22202 号
沉		其求年河沉，王受祐？大雨，吉！弜沉，王受祐？大雨。	《屯南》673 号
卫		贞：卫于妣己？勿……妣己卫？	《合集》916 号
魚		庚寅卜，贞：翌辛卯，王魚灸，不雨？八月。	《合集》6 号
名		贞：来乙亥，有名于父乙，用？	《合集》2190 号
禹		弜禹大示？	《合集》32849 号
爰		庚辰卜，争贞：爰南单？辛巳卜，宾贞：燎？	《合集》6473 号
畀		贞：畀妇井？	《合集》2766 号
宁		庚戌卜，宁于四方，其五犬？	《合集》34144 号
皀		……贞：乙亥，陷擒七百麋，用皀……	《屯南》2626 号
爵		……申卜，于癸亥酒且丁？爵于且丁？	《合集》22184 号
享		壬申卜，如侑，彳伐，享妣己，兹用。	《合集》32227 号
困		乙酉，贞：取河，其困于田？雨。	《合集》34235 号
多		且辛隹之不若，王多报于唐？	《合集》1285 号反
望		丁丑，贞：王弜商，望其戠？……	《合集》32968 号
方		乙未卜，其宁方，羌一牛？	《合集》32022 号
卩		壬寅卜，殻贞：王卩于父……	《合集》2235 号
听		丁卯卜，扶：王听父戊？	《合集》20017 号
肆		叀兹且丁肆，受祐？舌肆叀伊，受祐？	《合集》27288 号
戒		甲申卜，中贞：叀戒祐雨？九月。	《合集》25030 号
巋		贞：叀巋，王受祐？	《合集》29540 号
公		其与小乙公、侑，王受祐？	《合集》27354 号
甗		甲寅，贞：来丁巳，尊甗于父丁，俎三十牛？	《合集》32125 号
鬲		于父丁其尊鬲。	《合集》32235 号
鼎		甲子卜，祭且乙又鼎，王受祐？吉！	《合集》27226 号
生		勿生报于河？	《合集》14529 号
昌		……戊，王贞：……亡，昌父辛？	《合集》19924 号

b 新派祭名

祭名	甲骨字形	卜辞内容	《合集》或其他著录书序号
幼		癸丑卜，贞：王宾幼自上甲至于多毓衣，亡尤？	《合集》35437 号

续表

祭名	甲骨字形	卜辞内容	《合集》或其他著录书序号
翌		丁酉卜，行贞：翌戊戌，翌于大戊，亡尤？在四月。	《合集》22822 号
祭		壬子卜，即贞：祭，其酒，奏，其在父丁？七月。	《合集》23256 号
劦		丙寅卜，旅贞：翌丁卯，劦于仲丁，亡……	《合集》22864 号
彡		丁丑卜，争贞：彡，其酒、鼓？	《合集》15456 号
夕		己卯卜，贞：王宾大庚，夕亡尤？	《合集》35567 号
日		叀日羊，有大雨？	《合集》30022 号
禴		乙卯卜，出贞：王宾禴，不遘雨？	《合集》24883 号
衣		辛亥卜，贞：其衣，翌日其延障于室？	《合集》30373 号
叔		丙子卜，大贞：其叔，叀今日？四月。	《合集》23541 号
濩		庚寅卜，旅贞：翌辛卯，其濩于丁？	《合集》23070 号
示		甲申卜，其示于且丁，叀王执？	《合集》27306 号
姬		己卯卜，贞：王宾且乙奭妣己姬、婢二人、㱿二人、卯二牢，亡尤？	《合集》35361 号
戠		戊寅卜，旅贞：王宾大戊戠，亡祸？	《合集》22837 号

c 旧派、新派同用祭名

祭名	甲骨字形	卜辞内容	《合集》或其他著录书序号
岁		甲戌卜，行贞：岁其延于且甲？	《合集》23097 号
酒		其一酒，五十牢。	《合集》30888 号
酉		戊辰卜，永贞：酉小宰至豕，司癸？	《合集》21804 号
俎		甲子卜，行贞：其俎于庚升？	《合集》26020 号
舌		丙子卜，旅贞：翌丁丑，父丁舌其有伐？二月。	《合集》22611 号
言		贞：王侑、言于且丁正？	《合集》1861 号
杀		于翌辛杀牛于且辛？	《合集》6949 号
卯		辛未卜，卯于且牡牝？	《合集》22101 号
伐		己酉卜，侑，伐三十？	《合集》32196 号
祀		庚寅卜，争贞：我其祀于河？	《合集》14549 号
血		乙巳卜，出贞：其御王，血五牛、晋羌五？	《英》1977 号
饗		庚子，王饗于且辛？	《合集》23003 号
奏		壬子卜，即贞：祭，其酒，奏其在父丁？七月。	《合集》23256 号
系		丁巳卜，宾贞：奏系于东，小告？	《合集》14311 号
品		己未卜，贞：王宾品，亡尤？	《合集》38716 号

续表

祭名	甲骨字形	卜辞内容	《合集》或其他 著录书序号
弘		丁亥卜，福木丁弘，兹用，三牢？	《合集》27360 号
祈		戊戌卜，殼贞：祈祀六来秋……	《合集》9186 号
观		王其观宗……	《合集》30338 号
競		……王岁，其競？在十一月。	《合集》25194 号
彝		丁亥卜……贞：王其彝？若。	《合集》26009 号
用		乙巳卜，宾贞：三羌用于且乙？	《合集》379 号
延		贞：翌丁酉，延，侑于大丁？	《合集》672 号
事		壬辰卜，妣辛事，其延妣癸更小宰？	《屯南》323 号
尊		己亥卜，行贞：翌庚子，其尊于兄庚，更牛？	《合集》23506 号
舟		庚……贞：舟上甲？	《合集》1221 号
浴		甲申卜，即贞：妣庚其浴？	《合集》25162 号

注：上述旧派特有祭名，新派特有祭名，旧派新派共有祭名参考李立新《甲骨文中所见祭名研究》，中国社会科学院研究生院博士学位论文。

③祭品简表

祭品名	甲骨字形	卜辞内容	《合集》或其他 著录书序号
一人	一	辛亥卜，祝于二父，一人，王受祐？	《合集》27037 号
一小宰	一	侑妣辛，一小宰？	《合集》27546 号
一女	一	戊辰卜，侑及妣己一女、妣庚一女？	《合集》32176 号
一犬	一	壬午卜，燎土，延巫裼。巫裼一犬、一豕？	《合集》21078 号
一牛	一	贞：燎于土，三小宰，卯一牛，沉十牛？	《合集》779 号
一伐	一	贞：侑于卜丙，一伐？	《合集》940 号
一羊	一	庚戌卜，巫帝一羊、一豕？	《合集》33291 号
一龙	一	……一龙……	《合集》11208 号
一豕	一	巫裼一犬、一豕？	《合集》21078 号
一卣	一	其福新鬯二、升一卣于……	《合集》30973 号
一羌	一	贞：方帝一羌、二犬、卯一牛？贞：勿方帝？二告。	《合集》418 号
一牢	一	辛卯贞：其求生于妣庚、妣丙、一牢。	《屯南》750 号
一垂	一	一垂、二垂、三垂、垂。	《合集》505 号
一朋	一	丁未……一朋。	《合集》21773 号
一品	一	癸丑卜，王曰贞：翌甲寅，乞酒，劦自上甲衣至于毓，余一人亡无祸，丝一品祀？在九月。	《合集》41027 号

续表

祭品名	甲骨字形	卜辞内容	《合集》或其他著录书序号
一卻		王其侑母戊,一卻……此受佑。二卻。	《合集》27040 号
一薦		弜又一薦。中宗三薦。啓又且乙。	《合集》27250 号
二人		己卯卜,贞:王宾且乙奭妣己,姬婢二人,殴二人、卯二牢,亡尤?	《合集》35361 号
二小宰		二牛,燎卯二小宰……	《合集》34274 号
二犬		叀犬此雨。二犬此雨。三犬此雨。	《合集》31191 号
二牛		贞:成日,二牛?贞:成日,三牛?`	《合集》1354 号
二艮		乙丑卜,酒且丁、酒……用二艮卯一……	《合集》19774 号
二伐		二伐利,吉。	《合集》26998 号
二羊		二牢。三牢。奭二羊。奭三羊。	《合集》33654 号
二豕		……肜夕、一羊、一豕。二羊、二豕。	《合集》672 号
二卣		二卣,王受佑。	《合集》30974 号
二羌		癸巳,贞:卯二羌、一牛?	《屯南》3552 号
二牢		丁丑卜,贞:王宾武丁,伐十人,卯二牢,凸……	《合集》35355 号
二垂		侑妣庚垂。勿二垂。二垂。勿二垂。	《合集》775 号
二卻		王其侑母戊,一卻……此受佑。二卻。	《合集》27040 号
二薦		弜暨。二薦暨,王受佑。	《合集》28159 号
三人		……上甲,伐三人,王受有祐。	《合集》26997 号
三犬		戊戌……禘……黄奭,二犬。禘黄奭,三犬。	《合集》3506 号
三牛		乎雀用三牛。二牛,二告。	《合集》1051 号
三白羌		三白羌于……	《合集》296 号
三艮		贞:燎于高妣己,有毁册三艮垂卯宰,勿燎于高妣己?	《合集》22598 号
三伐		贞:翌乙亥,侑于唐,三伐、宰?贞:御于三父,三伐。于三父,三伐?	《合集》938 号
三羊		甲戌,贞:其宁风,三羊、三犬、三豕?	《合集》34137 号
三豕		甲申卜,宾贞:燎于东,三豕、三羊……卯黄牛?	《合集》14314 号
三卣		且丁木丁,凸三卣。	《合集》27301 号
三羌		……庚辰卜,侑,升伐于上甲、三羌、九小牢?	《合集》32097 号
三牢		辛未卜,侑大庚,三牢、庚辰?	《合集》19831 号
三垂		勿垂于妣庚。三垂。四垂。	《合集》778 号
三卻		……已,三卻。	《合集》665 号
三薦		弜至三薦。至于二薦,于之若,王受佑,弜至三薦。吉!	《合集》28157 号
四羊		……四羊、四豕、五羌。	《合集》30448 号

续表

祭品名	甲骨字形	卜辞内容	《合集》或其他著录书序号
四犬		乎四犬。	《合集》22353 号
四𡙀		……贞：四𡙀于且辛，勿四𡙀于且辛？	《合集》709 号
四豕		……四羊、四豕、五羌。	《合集》30448 号
四垂		勿垂于妣庚。三垂。四垂。	《合集》778 号
五人		丁……卜……贞：于二朋，侑五人，卯五人、卯十牛，五人、卯十牛？	《合》1052 号
五犬		庚戌卜，宁：于四方，其五犬。	《合集》34144 号
五牛		……河燎五牛。	《合集》34246 号
五𡙀		侑于妣甲，十𡙀。六𡙀。五𡙀。隹妣甲。隹妣甲。	《合集》697 号
五伐		己亥卜，侑，伐五大乙？	《屯南》751 号
五羊		……殻贞：燎于东，五犬、五羊、五豕？	《合集》14316 号
五豕		癸酉卜，侑，燎于六云，五豕、卯五羊？	《合集》33273 号
五卤		……卜，旅贞：𩰋五卤？	《合集》25979 号
五羌		戊申卜，殻贞：五羌、卯五牛？	《合集》369 号
五牢		辛……天……牢。天戊五牢	《合集》22054 号
五垂		……卯卜，殻贞：酓妣庚垂。贞：酓妣庚，五垂、三垂？	《合集》772 号
五𩱠		……五𩱠。	《合集》664 号
五如		戊寅卜，侑妣庚，五如十牢，不用？	《合集》32171 号
五薦		贞：五薦……伐卯……	《合集》27010 号
六人		壬午卜，大贞：凿六人？	《合集》22599 号
六牛		甲戌卜，用六牛于且乙？	《合集》1615 号
六𡙀		侑于妣甲，十𡙀。六𡙀。五𡙀。隹妣甲。隹妣甲。	《合集》697 号
六羊		……六羊、二十犬。	《合集》22355 号
六豕		癸酉卜，侑，燎于六云、六豕、卯羊六？	《合集》33273 号
六卤		叀用……六卤。	《屯南》110 号
六羌		用六羌、卯宰。	《合集》362 号
六宰		……卯六宰。	《合集》11304 号
六小宰		甲午，贞：大御自上甲，六大示，燎六小宰，卯九牛？	《屯南》1138 号
七牛		叀七牛次用，王受佑。	《合集》30715 号
七豕		……七豕。	《合集》14988 号
七羌		……七羌……	《合集》361 号
七宰		……卯卜……贞：酒……七宰。	《英》1869 号
八犬		八犬、八羊。五羌。三羌，二告。	《合集》371 号
八羊		八犬、八羊。五羌。三羌，二告。	《合集》371 号

续表

祭品名	甲骨字形	卜辞内容	《合集》或其他著录书序号
八豕		……八犬、八豕、三羊、豰四，卯于东方，析三牛、三羊、豰三。	《合集》40550 号
九小牢		庚辰卜，侑……伐于上甲，三羌，九小牢？	《合集》32097 号
九犬		戊寅卜，九犬禘于西？二月。	《合集》21089 号
九牛		贞：求年于河？……沉九牛？	《英》790 号
九伐		贞：侑，九伐，卯九牛？贞：侑十伐，卯十牛？	《英》1194 号
九豕		……卜，出贞：……侑于洹，九犬、九豕？	《合集》24413 号
九羌		……酒，匚于上甲，九羌，卯一牛……	《合集》356 号
九宰		……乙，九宰。	《合集》10003 号
十人		其又羌十人，王受祐。十人又五，王受祐。	《合集》26916 号
十犬		……卜，争贞：翌乙亥，方禘十犬？	《合集》14298 号
十牛		丁卯卜，求于享京，亚㞜其步，十牛？	《合集》32987 号
十伇		贞：晋妣庚，十伇、卯十宰？	《合集》698 号
十伐		侑于上甲，十伐，卯十豕。	《合集》906 号
十羊		丙辰卜，宾贞：……于丁，十牛、十羊？十二月。	《合集》1984 号
十豕		侑于上甲，十伐，卯十豕。	《合集》906 号
十卤		……鬯十卤、卯……	《屯南》504 号
十羌		庚辰卜，于庚宗十羌、卯二十牛？	《合集》333 号
十牢		叀十牢晋，王受有祐。晋十牢，王受祐。	《屯南》817 号
十垂		贞：侑于妣庚，十垂？	《合集》768 号
十朋		……十朋，女。	《合集》11443 号
十人有二		甲寅允有来艰，左告曰，往芻自温，十人有二。	《合集》137 号
十宰有三		庚子卜，殼：翌丁未，酒，十宰有三于且丁？	《合集》1863 号
十人又五		……十人又五，王受祐。	《合集》26915 号
十人五		十人五。	《合集》27029 号
十又五牢		……册十又五牢，其既……	《合集》34396 号
十五犬		十五犬、十五羊、十五豚。	《合集》29537 号
十五牛		……牛。十五牛。三十牛。	《合集》33581 号
十五羊		十五犬、十五羊、十五豚。	《合集》29537 号
十五羌		辛未卜，侑十五羌、十牢？	《屯南》2104 号
十牛又五		十牛又五。	《合集》33582 号
十伐有五		贞：二十伐，上甲、卯十小宰？二告。上甲、十伐又五，卯十小宰？	《合集》893 号
十卤又五		十卤又五	《合集》29691 号

续表

祭品名	甲骨字形	卜辞内容	《合集》或其他著录书序号
十羌又五		丁酉卜，五示，十羌又五。	《合集》32063 号
十五人又二		辛……十五人又二。	《屯南》1104 号
十宰九		丁丑卜，侑且辛宰，晋十宰九？	《合集》7026 号
十宰有九		丁未卜，王乎将……丁，殪一牛、十宰又九、羌五？九月。	《合集》366 号
二十人		二十人，王受祐。	《合集》27013 号
二十犬		二十犬、二十羊、二十豚。	《合集》29537 号
二十伐		乙丑，酒，御于妣庚，伐二十、卯三十？	《合集》22227 号
二十羊		十五犬、十五羊、十五豚。二十犬、二十羊、二十豚。……	《合集》29537 号
二十豙		……六羊、二十犬。	《合集》22355 号
二十羌		己亥……示，五……二十羌……	《屯南》2792 号
二十牢		丁酉卜，戊戌侑，岁大戊，二十牢，易日……易日兹……	《合集》32494 号
二十又一		……用卯羊二十又一，丁卯，兹用。	《屯南》2332 号
二十又二		……其……羊二十又二。	《屯南》511 号
二十牢又七		甲寅侑，岁戋甲三牢、羌甲二十牢又七，易日，兹用？	《合集》32501 号
三十小宰		贞：侑于……庚三十小宰？	《合集》13865 号
三十犬		三十犬、三十羊、三十豚。	《合集》29537 号
三十牛		贞：三十牛？	《合集》11057 号
三十馭		甲寅卜，贞：三卜，用盟三羊，晋伐二十，三十牢、三十馭、三肭于妣庚？	《合集》22231 号
三十伐		侑于成，三十伐。	《合集》891 号
三十羊		……三十犬、三十羊、三十豚。……	《合集》29537 号
三十羌		贞：翌乙亥，侑、升岁于唐，三十羌、卯三十牛？六月。	《合集》313 号
三十牢		壬申卜，侑大甲，三十牢？甲戌。	《合集》19828 号
五十人		五十人王受……	《怀特》1406 号
五十小宰		……癸巳贞：御于父丁，其五十小宰……	《合集》32675 号
五十犬		五十犬、五十羊、五十豚。	《合集》29537 号
五十伐		五十伐。	《合集》885 号
五十羊		五十犬、五十羊、五十豚。	《合集》29537 号
五十羌		……上甲，五十羌，八月。	《合集》310 号
五十牢		贞：三十牢？贞：五十牢？	《合集》557 号
五十卯		丙寅，贞：今日其用五十卯于父丁，兹……	《合集》32686 号
七十羌		……伐其七十羌。	《屯南》1115 号

续表

祭品名	甲骨字形	卜辞内容	《合集》或其他著录书序号
七十宰		乙卯……内：酚……庚，勿七十宰、伐二十。	《合集》895号
七十朋		其三十朋。其五十朋。其七十朋。	《怀特》142号
二百犬		……兹致二百犬……易。	《合集》8979号
三百犬		贞：命系三百犬……	《合集》16241号
三百羌		三百羌用于丁？	《合集》295号
三百牢		兄丁延三百牢，雨？	《合集》22274号
三百四十宰		癸酉、贞：帝五丰臣，其三百四十宰？	《合集》34149号
五百牛		乙亥……内酚大……五百牛……伐百……	《合集》39531号
五百宰		……五百宰。	《合集》20699号
百小宰		……贞：御于父丁，其百小宰？	《合集》32675号
百犬		丁巳卜，侑，燎于父丁、百犬、百豕、卯百牛？	《合集》32674号
百牛		丁巳卜，侑，燎于父丁、百犬、百豕、卯百牛？	《合集》32674号
百羊		贞：肇丁，用百羊、百犬、百豕？十月。贞：十牛？	《合集》15521号
百豕		丁巳卜，侑，燎于父丁、百犬、百豕、卯百牛？	《合集》32674号
百宰		……酒，御百宰，盟三宰。	《合集》21247号
百豞		……亥，贞：王侑、百豞、百牛？	《合集》32044号
乙妻		乙亥卜，侑、岁于妣戊、庐豕、乙妻？	《合集》22098号
羌		甲子卜，庇乙糇……乙羌？	《合集》22130号
乙糇		……卜，庇乙糇。	《合集》22133号
入人		贞：乎尊、饗，入人？	《合集》376号
卩人		癸未卜，贞：旬甲申，卩人雨……雨……十二月。	《合集》21021号
大牢		……甲申，秋夕至宁，用三大牢？	《屯南》930号
大骍		叀騆暨大骍，亡灾，弘吉。	《合集》36985号
大宰		贞：叀大宰？在十月。	《怀特》1257号
小牢		其侑妣己，妣庚，叀小牢……小牢。	《合集》27514号
小骍		叀小骍，用。	《合集》36986号
千牛		丁巳卜，争贞：降酚千牛？二告。不其降酚千牛、千人？	《合集》1027号
凡牛		凡牛入商。入商。	《合集》22274号
凡羊		……殻贞：凡羊……	《合集》19717号
犬百		甲午卜，侑于父丁，犬百、羊百、卯十牛？	《合集》32698号
牛百		癸卯卜，贞：发豞百、牛百……	《合集》13523号
卬		贞：将卬？贞：勿将卬？	《合集》809号
以牛		己酉贞：辜以牛，其用自上甲，三牢汜？	《屯南》9号

祭品名	甲骨字形	卜辞内容	《合集》或其他 著录书序号
以羌		乙巳卜，何贞：亚旁以羌，其御用？	《合集》26953 号
石		壬寅卜、弜石、御于妣癸，卢豕？	《合集》22048 号
白犬		戊寅卜，燎白犬，卯牛于妣庚？	《英》1891 号
白牛		贞：侑于王亥，重三白牛？	《合集》14724 号
白牝		……大甲，白牝。	《合集》7399 号
白羊		重白羊用于之，有大雨。	《屯南》2623 号
白豕		乙丑卜，燎白豕？	《合集》29545 号
白兕		在九月，隹王……祀，彡日，王田孟，于……获白兕。	《合集》37398 号
白牡		甲子卜，旅贞：翌乙丑，劦，重白牡？	《合集》26027 号
白狐		……寅卜，王其射，智白狐，湄日亡灾？	《屯南》86 号
白马		贞：爰乎取白马以，不其以？	《合集》945 号
白豚		侑十白豚。	《合集》30516 号
白鹿		壬申卜，贞……往来亡灾，获白鹿一，狐二。	《合集》37449 号
白麑		……后侑友……重白麑。	《合集》11225 号
舌		壬午卜，其舌大乙、五牛、王受祐。	《合集》27113 号
羊三百		……登羊三百。	《合集》8959 号
羊百		……羊百、伐百……	《合集》884 号
芈羊		昂丁巳卜，焚罗，目羊？甲申卜，焚罗，目芈羊？	《合集》33747 号
贝		丙戌卜……贞：巫曰，集贝于妇用，若……月。	《合集》5648 号
羌三		……一卣、羌三……十，卯牢。	《合集》35351 号
珏		丙子卜，宾贞：伐人珏，酒河？	《合集》14588 号
其牢又二牛		其牢又二牛。其牢又一牛。其五卣有正，王受祐。	《合集》36351 号
朋		贞：重朋……	《合集》19636 号
杀人		贞：乎……杀人，暨夫致？小告。	《合集》1076 号
杀犬		于兄己杀犬。	《合集》22276 号
杀牛		己亥卜，宾：杀三十牛？	《合集》16173 号
杀豕		丁酉卜，即贞：其杀豕于妣丁？	《合集》23338 号
杀羌		戊辰卜，争贞：杀羌自妣庚？贞：杀羌自高妣己，勿杀羌，杀羌？	《合集》438 号
杀宰		丙午卜，即贞：……其杀宰？	《合集》26056 号
杀麑		……旅……杀麑。	《合集》26057 号
鬯一卣		丙申卜，即贞：父丁岁，鬯一卣？	《合集》23227 号
鬯二卣		福，鬯二卣，王受祐。	《屯南》766 号
鬯三卣		……鬯三卣……人，十月。	《合集》1069 号

续表

祭品名	甲骨字形	卜辞内容	《合集》或其他 著录书序号
曾五卤		曾五卤，有正。	《合集》30815 号
曾六卤		丁酉卜，贞：王宾义武丁，伐十人，卯六牢，曾六卤，亡尤？	《合集》35355 号
曾十卤		……曾十卤、卯……	《屯南》504 号
曾百		癸卯卜，贞：发曾百、牛百……	《合集》13523 号
新曾		庚寅卜，宾贞：新曾侑……	《英》1209 号
羞		丁巳卜……祀其羞，王受佑。	《合集》30768 号
蒿		戊戌，王蒿……文武丁升……王来征。	《合集》36534 号
骍		……买……狽骍……悔。	《合集》29420 号
夕一羊		……三夕一羊、一豕。	《合集》672 号
夕二羊		……夕二羊……	《合集》672 号
夕十羊		癸酉卜，争贞：翌甲戌，夕十羊，乙亥，酒，十……十牛。	《合集》16265 号
企束		戊子卜，贞：翌庚寅，延听企束？	《合集》10048 号
折		己酉卜，勿侑，折豕……	《合集》15004 号
专		贞：且丁弗其专？	《合集》13713 号
盟		……巳卜，即贞：盟子，岁牡？	《合集》25168 号
责		癸巳卜，今夕共责、杞？	《合集》22214 号
箙		其用，大乙箙牛。	《合集》27123 号
篡		戊寅卜，贞：侑篡？	《合集》25971 号
驳		叀并驳	《合集》36987 号
龇		贞：其御龇？贞：龇不其御？	《合集》795 号
舭		壬辰卜，子亦障宜，叀舭，于左、右用……	《花东》198 号
牝牡		甲申卜，御妇鼠姚己二牝牡？十二月。	《合集》19987 号
犯		贞：犯毂于父乙？	《合集》2263 号
狂		戊申卜，用狂？	《合集》15447 号
吡		叀吡？	《合集》32603 号
牲		父庚一牲？父辛一牲？	《合集》2131 号
駐		其买，叀又駐？叀又吡？	《花东》98 号
駓		……卜……駓于……	《合集》11049 号

（6）军事

①军队驻地名

非：字形 、 ，王襄最早释"疑古北字"（王襄《簠考·地望》，第 4 页），鲁实先释为非，认为"与卜辞有二义，其一为训不之非，其一为方名"（鲁实先《姓氏通释》之一，《东海学报》一期，第 8 页）。于省吾亦认为：" 乃非之初文。"（于省吾《骈三》，第 29 页）所见卜辞中"非"除用作副词表否定，也用作地名，如《合集》33147 号："乙丑，贞：今日王步自簪于非？"辞中非地与簪地见于同条。还有《合集》4924 号等也出现"非"作地名；《合集》10977 号等出现"在非"内容；《合集》8135 号等出现"步自非"，辞中的"非"皆为地名，为商王常常光顾之地。此外，《屯南》503 号出现有"翦非"内容，知非也用作邦族名，与商王朝中央曾为叛离关系受到征伐。由《合集》24266 号出现的"在师非"内容知非地也为军队驻地。非地所在，郑杰祥认为：

《合集》33147 号

"卜辞非地可能就是后世的棐地。棐地当即春秋时代的棐地……位于今新郑市东北 10 余公里的大范庄一带，它可能就是卜辞中的非地。"（郑杰祥《概论》，第 253 页）

殷：字形 ，依形隶为殷。姚孝遂认为："卜辞多见'在师殷'，乃军旅所在之地。"（于省吾《诂林》，第 928 页，姚孝遂按）所见卜辞中"殷用作地名，与非地见于同版，如《合集》24266 号："辛酉卜，尹贞：王宾岁，亡尤？在师殷卜。辛酉卜，尹贞：王宾岁，亡尤？在四月，在师非卜。"为且庚且甲时期卜辞。殷与非在辞中皆为军队驻地名，两地当相邻或相近。非地从郑杰祥观点在今河南新郑市一带（郑杰祥《概论》，第 253 页），那么，殷地也应在今河南省新郑市东北一带。

曼：字形 、 、 ，隶为曼。叶玉森最早释为擎，认为"从臣。臣，俘虏也。从二又，象双手引臣，即牵之本谊。擎和牵为古今文"（叶玉森《前释》二卷，第 51 页）。饶宗颐认从"擎即牵"（饶宗颐《通考》，第 301 页）。郭沫若则以为"盖曼之初文也，象一双手张目"（郭沫若《卜通》，第 154 页）。姚孝遂认为："字当释作'曼'，释'擎'非是。……'曼'亦非'曼'字。在卜辞为人名或地名。"（于省吾《诂林》，第 950 页，姚孝遂按）所见卜辞中"曼"用作的地名，如《合集》10923 号："壬戌卜，争贞：乞令曼田，于先侯？十月。"又如《合集》4506 号、4507 号都出现"曼田"，可见曼地是商王朝的田猎地。卜辞中曼也用作武将名，见于第一期武丁卜辞，当为武丁时期的武将之一。此外，曼或为族名，有其向王朝中央进贡甲骨的记录。由《合集》24261号："辛卯卜，王在师曼卜。"内容可知曼地也为军队驻地。此字郑杰祥从郭沫若观点释为曼，认为："卜辞曼地当即春秋时期郑国郾地……高士奇《春秋地名考略》卷六云：'春秋郑邑，曼伯国，为曼姓。王符《姓名志》作曼。'曼国或与古曼水有关。……古曼水当在今汜水镇（荥阳县）南，它当即曼伯国所在地，此地东距古华城即卜辞先地约60公里，它很有可能就是卜辞中的曼地。"（郑杰祥《概论》，第244页）

获：字形 ，从又从隹，象手抓鸟形，会意释为获。卜辞中"获"多用作动词，表猎获，也用作地名，如《合集》24345号："甲寅卜，尹贞：王宾夕福，亡灾？在四月。贞：亡尤？在师获卜。"为且庚且甲时期卜辞。辞中"获"用作军事驻地名。又如《合集》24346号也出现"王其步自获"内容，"获"仍用作地名。获地所在，郑杰祥认为："卜辞获地可能在古获水一带……《汉书·地理志》梁国下云：'获水首受甾获渠，东南至彭城。'《水经·汳水注》：'汳水又东迳济阳考城县故城南，为甾获渠。'古考城县在今河南省兰考县东北堌阳集，古甾获渠当在今堌阳集以南。获水大致自此开始东流至今商丘市北古蒙县的一段为商代获水，自蒙县向东为商代丹水，后世才统称作汳水。甾获渠西南距卜辞舞地100余公里，它可能就

是卜辞中的获地。"（郑杰祥《概论》，第212页）

刚（犅）：字形 、 ，罗振玉最早释为犅（罗振玉《殷释》中27页），王襄亦释"古犅字"（王襄《簠室殷契类纂》第二，第11页）。孙海波认为："从牛冈声经典皆以刚为之，此从刚与金文同。卜辞用为地名。"（孙海波《甲骨文编》，第34页）姚孝遂认为"释刚可从"（于省吾《诂林》，第2838页，姚孝遂按）所见卜辞中"犅"用作地名，如《合集》36809号："癸亥，王卜，在犅贞：旬亡祸？癸酉，王卜，在淄贞：旬亡祸？癸未，王卜，在……师贞：旬亡祸？癸巳，王卜，在敉贞：旬亡祸？"为帝乙帝辛时期卜辞。辞中"犅"作为地名与淄地、敉地见于同版，可见其地当相近。又如《合集》36435号等十余条卜辞也出现"在犅"内容；《合集》36476号等卜辞出现"在犅师"内容，可见犅地当为军事驻地。犅地所在，郑杰祥认为："卜辞犅地后世应已音转为刚地……《大清一统志·山东兖州府》古迹条下：'刚县旧城在宁阳县东北三十五里，战国时齐之刚县。清代宁阳县即今山东省宁阳县，刚县旧城当在今宁阳县东北18公里堽城镇，此地东距卜辞淄地10公里，它应当就是卜辞中的刚地。"（郑杰祥《概论》，第185页）

央（夹）：字形 ，朱歧祥释为夹（朱歧祥《通释稿》，第24页），但字形与正面人形腋下夹人的夹字有异；丁山释为央，以为"央字在帝乙帝辛时的卜辞，则将颈上之枷变为手桎，而作 形"

（丁山《甲骨文所见氏族及制度》，第75页）。姚孝遂则认为："释'央'不可据。卜辞用为地名。"（于省吾《诂林》，第219页姚孝遂按）卜辞中夹用作地名，出现在两版甲骨片上，一为《合集》36429号："甲戌卜，在夹贞：今夕师不……甲戌卜，在夹贞：有邑今夕弗震？在十月又一。"二为《合集》22423号："乙未卜，至夹御？"前辞内容贞问"今夕弗震"即今夕师弗震之省，这种辞例为卜辞习语，是贞问军队会不会有行动，可见在夹贞的夹地为军队驻地。后辞内容贞问在夹地进行御祭，夹地或也为祭祀地。

《合集》36429号

允：字形，罗振玉最早释为允，以为"象人回顾形，殆言行相顾之意与"（罗振玉《殷释》中，第54页）。王襄亦释"古允字"（王襄《簠室殷契类纂》正编第八，第40页）。赵诚认为："允，甲骨文写作，象人鞠躬低头双手向后下垂，以表示恭敬，诚信的样子。用象形

字来表示一种较为抽象的意思，是极为罕见的现象。卜辞用作副词，有'果然'、'的确'、'真的'之义，殆为本义之引申。"（赵诚《甲骨文虚词探索》，《古文字研究》第十五辑，第278页）卜辞中"允"除用作虚词，表果然结果外，又用作地名，如《合集》24253号："乙丑卜，王在师允卜。"又如《合集》28029号："丁卯卜，戍允出弗伐微。"辞中的允皆为地名。所见卜辞中习见"在师某卜"，军队所驻称师，由于出兵征战，常在军队驻地卜问吉凶，所以习称"在师某卜"，其中的某为军队所驻之地名，即凡出现"在师"之后的字皆为军队驻地名，如前辞"在师允卜"的允为军队驻地。由于词序还不完全成熟，"在师某卜"或为"在某师卜"。关于允地所在，郑杰祥释师允组合为一个地名，认为"'师允'也当是沇水沿岸地名。"又"沇水，也就是济水。济水是古代一条独流入海的大水，《尚书·禹贡》：'导沇水东流为济；入于河，溢为荥；东出陶丘北，又东至于菏，又东北入于海。'它大致发源于今山西省南部的王屋山，向东流经河南省武陟县穿过黄河，然后向东北流经封丘县北、山东省定陶县西、济南市北，至博兴入海。它应当就是卜辞中的沇水，位于卜辞敦地以南和以东……"（郑杰祥《概论》，第92—93页）

糧：字形、，依形隶定为糧，罗振玉最早释为酋（罗振玉《殷释》中，第72页）。唐兰释为稻（唐兰《文字记》，第25页）。张秉权认为："糧字，

在卜辞中的用法有二：其一为唐氏（唐兰）所说的当作稻字，另一则是地名。"（张秉权《丙编考释》，第149页）卜辞中"糳"主要用作农作物名，也用作地名，如《合集》24251号："壬申卜……在师糳……"又如《合集》24254号："……更今日甲，戍在糳。"由二辞中的"在师糳""戍在糳"内容，知糳地是军队驻地，凡出现"在师"之后的名皆为军队驻地。

《合集》24251号

唐：字形、、，鹿头下一口或两口，或口在鹿角中，依形隶定为唐。姚孝遂认为："卜辞均为地名，与'庿'当为同字。"（于省吾《诂林》，第581页，姚孝遂按）卜辞中"唐"用作军队驻地名，如《合集》33103号："……子贞：令……师在唐？"辞中的"师在唐"即在师唐，可见唐是军队驻地。又如《合集》5129号等10余条卜辞都是残辞，皆出现"唐"名，或皆为地名。其地所在，郑杰祥以为："四期又有唐字，可能为庿字之繁体……卜辞庿地应当就是鹿地……卜辞鹿地可能就是后世的浊

鹿城……浊鹿故城当在今修武县东北10公里的五里源镇一带，《文物地图集》第197页云：浊鹿故城位于修武县东北五里源李固村西南，'地面现存夯筑城墙两段。一段为南北向，约300米；另一段为东西向，约100米。……文献记载此处为汉浊鹿城。'"（郑杰祥《概论》，第73—74页）

韦：字形，孙诒让最早释为韋（孙诒让《举例》上，第7页），现代汉字简化为韦。王襄亦释"古韦字"（王襄《簠室殷契类纂》五卷，第27页）。《说文》："韦，相背也。从舛，口声。"孙海波认为"韦，《甲》350。贞人名。"（孙海波《甲骨文编》，第255页）李孝定认为"……韦实即古圍字也，在卜辞为人名。……"（李孝定《集释》，第1929页）卜辞中"韦"用作邦族名或人名，贞卜人物也有名韦，也用作地名，如《合集》28064号："戊寅卜，在韦、帥师：人亡灾？"辞中的帥即师的繁形，出现在卜辞第三期之后，既可表师，也用作地名，这条卜辞中"帥"与"韦"同为地名，在"韦、帥师"即"在师韦、帥"，韦、帥皆为军队驻地。关于韦的地望，陈梦家谓："《左传》襄二十四杜注云'东郡白马县东南有韦城'，《续汉书·郡国志》东郡白马县有韦乡，《济水注》濮渠水又东迳韦城南，即白马县之韦县也。据《一统志》，韦在今滑县东二十里。"（陈梦家《综述》，第265页）

喜：字形，从壴，从口，罗振玉最早释为喜（罗振玉《殷释》中，第73

页）。王襄亦释"古喜字"（王襄《簠室殷契类纂》正编第五，第23页）。《说文》："喜，乐也。"孙海波认为甲骨文喜用作贞人名，也用作祭名和地名（孙海波《甲骨文编》，第218页）。唐兰认为："按《说文》从口之字，于古文字当分两组，其一为口齿之口……其一为山盧之凵……喜之类是。后者之作口形，多象盛物之状，喜者象以口盛豆，豆即鼓形也。以象意字声比例推之，喜当从口豆声。豆喜二字，后世读音迥异……"（唐兰《文字记》，第51页）姚孝遂认为："释喜可从。卜辞以为人名。"（于省吾《诂林》，第2779页，姚孝遂按）卜辞中喜用作邦族名和人名，如《合集》900号反面："喜入五。"又如《合集》17518号："癸未，妇喜示二屯。古。"前辞的"喜"或为邦族名，后辞的"妇喜"为武丁时期诸妇之一，或出自喜邦族；诸侯中也有"侯喜"，喜为此侯的私名，贞卜人物也有喜。所见卜辞中，"喜"又用作地名，或为喜邦族所在之地，如《合集》24336号："戊子卜，王在师喜卜。"又如《合集》24335号、24337号、24338号皆出现"在师喜卜"内容，可见喜地为一重要的军队驻地。

齐：字形𣥚，王襄最早释"古齐字"（王襄《簠室殷契类纂》正编第七，第33页）。《说文》："齐，禾麦吐穗上平也。象形。"姚孝遂认为："王襄以卜辞𣥚为齐之古文是对的。齐字与禾麦吐穗之形无涉，初亦不从'二'。本形本义难以考索，在卜辞为地名。"（于省吾《诂

林》，第2049页，姚孝遂按）见于《合集》36493号："癸巳卜，贞：王旬亡祸？在二月。在齐师，隹来征人方。"为帝辛十年征人方归途卜辞，辞中的齐地当为军队驻地。又见《合集》36804号等出现的齐地名皆为军队驻地。其地所在，出现在征人方辞中，当在商王都安阳东南一带。郑杰祥认为："可能是古临济城，在今河南长垣县西南一带。"（郑杰祥《概论》，第379页）朱歧祥认为："处殷东南，或即今山东临淄县附近。"（朱歧祥《通释稿》，第272页）李学勤则认为："它可能与河阳济水有关。'齐'绝不是周代原名营丘的齐城，看《左传》所记晏子所述营丘的沿革便可明白。"（李学勤《殷代地理简论》，第59页）

屯：字形𠂤，郑杰祥释为屯（郑杰祥《概论》，第219页）。见于《合集》36821号："癸巳，王……贞：旬亡……在屯师。癸丑，王卜贞：旬亡祸？在齐师。"为帝乙帝辛卜辞。辞中"屯""齐"见于同版，当皆为军事驻地，但两地相距20天路程。又见《合集》36518号："乙巳，王贞：启乎祝曰：盂方登人……其出伐屯师高，其令东会于……高，弗悔？……"还见《合集》36821号也同版出现"齐""屯"用作军队驻地的内容。孙亚冰、林欢认为："'𠂤'字不识，一说释为'屯'字，无实据；其地为商属地，且与盂方相近，地望不详。……'𠂤师高'似应连读，是则'师高'可能是与𠂤地有关的一个军事地点。《左传》成公十七年：'卫北

宫括救晋，侵郑，至于高氏。'高氏为郑地，其地在今河南禹县西南。"（孙亚冰、林欢《商代地理与方国》，《商代史》卷十，第 132 页）

《合集》36821 号

②军队名

族：字形🔸、🔸、🔸、🔸、🔸，一字多形，一矢或双矢在旗下，罗振玉最早释为族（罗振玉《殷释》中 44 页）。王襄亦释"古族字"（王襄《簠室殷契类纂》正编第七，第 33 页）。《说文》："矢锋也。束之族族也、从㫃从矢，㫃所以标众。众矢之所集。"段玉裁注："今字用镞，古字用族。金部曰：镞者，利也。引申为凡族类之称。"姚孝遂认为："《说文》训'族'为'矢锋'，非其本义。……卜辞有'王族'、'子族'或'多子族'、'三族'、'五族'等等，辞中族字多与军旅之事有关。古代社会，

氏族组织与军族组织实密切相关。"丁山认为："族字从㫃从矢，矢所以杀敌，㫃所以标众，其本谊应是军旅的组织。"（丁山《甲骨文所见氏族及其制度》，第 33 页）可见卜辞中族已引申作为商王室军事单位名，如《合集》9479 号："戊子卜，宾贞：令犬延、族，垦田于虎？"辞中的犬延或为邦族名，这里当为犬延邦族首领名，族当指王室的军队，朱歧祥认为："族一军事单位，亦从事边地屯田的工作。"（朱歧祥《通释稿》，第 339 页）

王族：字形🔸，释为王族。族是军事单位，王族即王之族——商王的御林军。李学勤认为："王族即由王的亲族组成的队伍。"（李学勤《释多君多子》，《甲骨文与殷商史》，第 18 页）如《合集》6946 号"甲子卜，争：雀弗其乎王族来？甲子卜，争：雀弗其乎王族来？雀其乎王族来？二告。贞：乎雀征目？"辞中的雀为武丁时期大将军，商王卜问是否让雀率领商王的御林军征伐目方国。刘钊认为："王族即以王之亲族组成的军事组织。多子族即由众多的贵族家族组成的军事组织。但这种军事组织同'师'这样的专业军队不同，而是以族众为主体，战时征伐，平时务农的'民兵'。"又谓："由此可推见当时殷王朝向每个族氏所征集的民兵数量是固定的，即每族征集一千人，所征集的族氏是变动的，但基本限于三个或五个。"（刘钊《卜辞所见的殷代军事活动》，《古文字研究》第十六辑）

子族：字形🔸，释为子族。卜辞中

用作军事单位名称，或为商王朝宗族的军事单位。见于《合集》21290号："丙辰卜，师叀羊子……戊午卜，师……戊午卜，师侑子族？二告。勿侑子族？"辞中的羊子为诸子之一，可见称为子的军队当与诸王子相关，或为商王子弟率领和组成的军队。又又见《合集》14922号等六条卜辞出现"子族"名。

《合集》14922号

多子族：字形🖼，释为多子族。如《合集》6812号："己卯卜，允贞：令多子族，从犬侯寇周，叶王事？五月。"辞义非常明确，商王命令多子族与犬侯的军队征伐周方国，多子族当为军事单位名。李学勤认为："多子族是由大臣或诸侯的亲族组成的队伍。"（李学勤《释多君多子》，《甲骨文与殷商史》，第18页）刘钊亦认为："多子族即由众多的贵族家族组成的军事组织。"（刘钊《卜辞所见的殷代军事活动》，《古文字研究》第十六辑）又如《合集》5450号等十余条卜辞都出现"多子族"内容。

一族：字形🖼，释为一族。如《合集》34136号："乙酉卜……叀三百……令。乙酉卜，王求令？弜求令？叀一族令？叀三族马令？暨令三族？乙酉卜，于丁令马？"为一事多卜的卜辞，商王反复斟酌，令一族出征？还是令三族出征，或令马（骑兵）出征？一族与三族对文，可见一族、三族当指军事单位的规模大小。张政烺认为："从殷代的军队组织看，一族是一百人。"（张政烺《卜辞裒田及其相关诸问题》，《考古学报》1973年第1期）但也有认为一族是一千人（刘钊《卜辞所见的殷代军事活动》，《古文字研究》第十六辑）。

三族：字形三🖼，释为三族。如《合集》32815号："己亥，历贞：三族王其令追召方，及？""三族王其令"即王其令三族，"追召方"即追伐召方，可见三族也是商王朝的军事单位或表示这一军事单位的规模，刘钊认为："卜辞中从事军事活动的'三族'也即是'三千人'，'五族'也即是'五千人'。'登人三千'即指'登三族'。"（刘钊《卜辞所见的殷代军事活动》，发表于《古文字研究》第十六辑）刘钊的观点一族一千人，三族三千人，五族五千人。但也有认为一族是一百人（张政烺《卜辞裒田及其相关诸问题》，《考古学报》1973年第3期）。

五族：字形🖼，释为五族。如《合集》28053号："王叀次令五族伐羌方？王弜令次，其悔？"辞中的"五族伐"也有释为"五族戍"（姚孝遂、肖丁《摹释》，第624页），卜辞武官中有"戍"，或为五族之长官，无论是

"五族伐"还是"五族戍",五族都是军事单位的名称,五族的五或表示这个军事单位规模大小。参见一族、三族条。

师:字形𠂤,孙诒让最早释为师(现代汉字简化为师),以为"金文《盂鼎》'丧师'字作'𠂤'可证"(孙诒让《举例》下,第26页)。罗振玉亦释"即古文师字"(罗振玉《殷释》中,第20页)。《尔雅·释诂》:"师,众也。"《说文》:"二千五百人为师。从帀从𠂤。"《周礼·小司徒》:"五旅为师。"卜辞中师用作军事单位名称,如《合集》178号:"丁巳卜,㱿贞:师获羌?十二月。"又如《屯南》4516号:"庚子卜,伐归,受祐?八月。弜伐归?壬子卜,贞:步师亡祸?"前辞贞问军队是否俘获有羌俘,后辞商王伐归方,辞中"步师"的步表出征,"步师"即师步——军队出征,卜辞以步当车,以涉当舟。关于师的人员规模,朱歧祥认为:"一师约百人,与《周礼·夏官》言'两千有五百人为师'相异。《前》3.31.2号丙申卜贞:㦥马左右中人三百。六月。由卜辞言左右中人三百,显然每师编制不过百人。师中成员泛称'师人'。"(朱歧祥《通释稿》,第405—406页)可备一说。

三师:字形三𠂤,释为三师。如《合集》33006号:"丁酉,贞:王作三师,右、中、左?"辞中"三师"为右(师)、中(师)、左(师)三支军队的总称,都属于王师。参见"师"条。

《合集》33006号

中师:字形𠂤,释为中师。如《合集》5807号:"……亥卜,争贞:旬亡祸?王占曰:有祟。旬壬申,中师鼆。四月。"辞中的"中师",或为《合集》33006号上"三师右中左"的中,为商王朝军事单位名称,是王师中的一支。

师虎:字形𠂤虎,释为师虎。见于《合集》21386号:"癸亥卜,令师虎?今夕允……"为武丁时期卜辞。辞中的"师虎"当为虎师,虎为这个军队的美称,其当为商王直属的作战勇猛的军队,类似后世的虎贲军(孟世凯《辞典》,第347页)。又见《合集》21385号、21387号、21388号皆出现"师虎"内容,皆为军队名。

犬师:字形犬𠂤,释为犬师。见于《合集》41529号:"庚戌卜,王其从犬师,叀辛亡灾?王其从犬师,叀辛?"又见《合集》32983号也有"其从犬师亡灾"内容，辞中的"王其从犬师"即犬师跟从王，这支名为犬的军队，或为商王朝的附庸犬邦族的军队名称，虽然有见"犬师"内容的卜辞多与田猎相关，但田猎未必是商王简单的骄奢游猎，而是尚武尚勇炫耀武力的行动（宋镇豪《夏商社会生活史》，第288、378页）。此外，卜辞多见犬邦族跟从或受命参与对外邦的征伐活动，如多子族条引《合集》6812号："己卯卜，允贞：令多子族，从犬侯寇周，由王事？五月。"即犬邦族首领犬侯带兵与多子族共同征伐周方，可见犬邦族也有军队，或称为犬师。

对于犬师的犬字，有释为虎（于省吾《甲骨文字诂林》，第1622页，虎条）。

旅：字形，二人持旌前行，罗振玉最早释为旅（罗振玉《殷释》中，第20页），王襄亦释"古旅字"（王襄《簠室殷契类纂》正编第七，第32页）。《说文》："旅，军之五百人为旅。从㫃从从。从，俱也。"姚孝遂认为旅"均用为'军旅'之'旅'。又为祖甲时贞人名"（于省吾《诂林》，第3063页，姚孝遂按）。所见卜辞中，"旅"为商王朝军事单位之一的名称，如《英》150号："辛子卜……贞：登妇好三千，登旅，万，乎伐……"妇好的三千兵，与旅并举，组成一万三千人军队伐某方，甲骨文时期动用一万多人军队的军事行动可谓大规模的军事行动。所见卜辞中"旅"除用作军队名，也用作人名，如贞卜人物有名旅；也用作邦族名，如《屯南》2701号："癸酉卜，旅从根方于……大吉！"辞中的"旅"当为邦族名，旅邦族首领也当为旅；也用作地名，称旅邑，参见"旅邑"条，或又用作祭名。

《合集》32983号

《合集》36426号

右旅：字形，释为右旅。见于《怀》1640号："庚寅，贞：敦缶于蜀，蕺右旅？在……一月。"辞中的"蕺右旅"即右旅蕺，即参与对缶邦族或缶方国的征伐，可见右旅是军队名称，或为旅的一支在右方位。卜辞有见"三师右、中、左"，师有右、中、左编制，旅也应有相应的右、中、左编制，但卜辞中另见有左旅，未见中旅。

左旅：字形，释为左旅。见于《屯南》2328号："翌日，王其令右旅，暨左旅，臿见方，蕺不雉众？"左旅与右旅见于同条卜辞，参与对见方国的臿伐，其与右旅同为军队名。参见旅、右旅条。

行：字形，象十字路口形，罗振玉最早释为行，并认为"象四达之衢，人所行也"（罗振玉《殷释》中，第7页）。卜辞中"行"用作人名，如贞卜人物有行，也借用作地名，还用作军事单位名。罗琨认为："旅以下的编制是大行和行。甲骨文中常见的基层作战单位是'行'……军行在实战中的编制，往往以左、中、右行相配合，进，便于包抄，退，可互相支援，所以三行的组合编制也是常用的战斗单位。"（罗琨《商代战争与军制》，《商代史》卷九，第418—419页）罗说可从，行应该是师、旅下一级的军队编制，商王朝附庸邦族的军队也称行，如《合集》4898号："乎令行？"辞中的行即指行一级编制的军队。卜辞中常见行是基层作战单位，卜辞习见"永行""义行""福行"等，行前一字都是邦族名或地名。

大行：字形，释为大行。卜辞中为军事单位名称，或为师、旅下一级的作战单位，如《补编》9632号："……其御？勿御？辛酉卜，叀大行用？"辞中其称"大行"当与另一名称的军事单位行有别，"多数学者认为行作为战斗的基层单位是百人团体，大行或为千人团体，'登人三千'是出动了三个大行。但也不能排除另一种可能，即合右中左三行的三百人团体是卜辞中的'大行'，右、中、左三个大行基本武装力量九百人，则与'千人为旅的可能性很大'的推测相合"（罗琨《商代战争与军制》，《商代史》卷九，第420—421页）。

右行：字形，释为右行。见于《英》834号："贞：勿乎延复，右行从廼？"辞中的右行序于方位，当为商王朝最基层军事单位行的一支。

中行：字形，释为中行。见于《补编》6783号："戊戌卜，扶：缶中行征方，九日丙午冓……"辞中的中行序于方位，当为商王朝最基层军事单位行的一支，类似于后世的中军。

上行：字形，释为上行。见于《补编》10387号："叀旃用东行，王受祐？叀从上行左旃，王受祐？叀右旃，王受祐？"罗琨认为："所谓左旃、右旃是指其军行的军旗徽帜。商人尚左，'上行左旃'里的上行应是左行，同版的'东行'应是右行。"（罗琨《商代战争与军制》，《商代史》卷九，第419页）

义行：字形，释为义行。见于
《合集》27979 号："戍，唯义行用，遘
羌方，有莃？弜用义行，弗遘方？"又
见《合集》27980 号也出现义行的内容。
皆为廪辛康丁时期卜辞。辞中的"义
行"当为义邦族或义地的军队（罗琨
《商代战争与军制》，《商代史》卷九，
第 418—419 页）。

（7）山、丘、麓、水

山：字形凸、△、凹、凹、凹，
一字多形，皆象山岳形，王襄最早于
《簠室殷契类纂》中释"古山字"。《说
文》："宣也。谓能宣散气，生万物也。
有石而高；象形。"甲骨文山的字形易
于火字相混，可根据辞义分辨。陈炜湛
认为："一般而论，下平者为山，圆者
为火，但也往往互作，基本上两字同形，
只能根据句子的上下文来判断究竟是山
还是火。"（陈炜湛《甲骨文异字同形
例》，《古文字研究》第六辑，第 234
页）姚孝遂亦认为："'山'与'火'
的形体基本上是有区分的。山字作凹，
其底部平直；火字作凹，其底部是圆
屈。……有的时候，山与火在形体上根
本无法加以区分，我们除了根据辞例之
外，别无其他办法。"（姚孝遂《古文字
的符号化问题》，《古文字学论集》初
编，第 109—110 页）卜辞中"山"有
用作本义指自然山，如《合集》6571
号："贞曰：子商至于有丁作山莃？勿
曰：子商至于有丁作山莃？"又有借用
作人名，如《合集》5431 号："……亥
卜，王贞：……王，山来……"此外，
卜辞屡见燎祭山岳以求降雨，如《合

集》30173 号："庚……卜，其燎雨于
山？"又如《合集》20980 号："丁酉
卜，扶：燎山，羊……豕雨？"可见在
甲骨文时期人们的心目中山又是山神，
有职掌时雨的神力。

《合集》16205 号

岳：字形凸，对于此字，甲骨诸学
者解说纷纭，孙诒让最早释为岳（孙诒
让《名原》上卷，第 20 页）。罗振玉释
为羔（罗振玉《殷释》中，第 28 页）。
叶玉森认为："孙氏（孙诒让）释岳较
塙。"（叶玉森《前释》一卷，第 135
页）郭沫若先释为华（郭沫若《卜通》，
第 93 页），后又以为释岳字亦可通（郭
沫若《粹考》，第 15 页）。姚孝遂认为：
"释岳是对的。……陈梦家以为'河'
与'岳'是商代由自然崇拜向祖宗崇拜
之进一步发展，'河'、'岳'由自然神
而为祖宗神，其认识是正确的。"（于省
吾《诂林》，第 1221 页姚孝遂按）卜辞
中"岳"用作神祖名，也用作人名，又
用为山名，如《合集》5520 号："贞：
勿使人于岳，使人于岳？贞：使人于
岳？"郑杰祥认为："此辞'于'义为
往，岳就是所前往的山名。商代后期的
岳山，应当指的是现今的太行山，它是

商代王畿附近最高大的山。太行山在商代以后仍称为岳……大致是沿袭了商代的旧名。"（郑杰祥《概论》，第46—47页）

玉山：字形🜨，释为玉山，为卜辞中所见的有专名的山，如《屯南》2915号："庚子，贞：王其令，伐玉山？"辞中的玉山当属于某方国的山名，商王要到该山进行征伐，或由山名代地名。其地待考。

二山：字形🜨，姚孝遂释"此为'二山'二字合文"（于省吾《诂林》，第1237页，姚孝遂按）。也有认为从示从山（朱歧祥《通释稿》，第147页）。所见"二山"内容的卜辞有《合集》30393号："其求年二山，沿于小山，汎豚？二山暨沿，叀小宰，有大雨？"为廪辛康丁时期卜辞，辞中的二山、小山、沿被合祭求雨，二山当为被祭祀的山之一，是一座具体的山名，不应指两座山。其地待考。

三山：字形三山，释为三山。所见三山内容的卜辞有《合集》19293号："癸卯……往三山？"为武丁时期卜辞。辞中商王贞问要到往的三山不应为三座山，而应是一座具体的山名。其地待考。

五山：字形X山，释为五山。所见"五山"内容的卜辞有《合集》34168号："丁丑卜，侑于五山，在……陲、二月卜。"还有《合集》36147号也出现"五山"内容，皆为武乙文武丁时期卜辞。辞中的"五山"也当为商王祭祀山之一，商王前去进行侑祭求雨。五山当位于陲地或与陲地相近相邻。

九山：字形🜨，释为九山。所见"九山"内容的卜辞仅有《合集》96号："贞：歼以斝努？歼弗其以斝努？于九……勿于九山燎？"为武丁时期卜辞。辞中商王努于斝地，燎祭九山，九山当为求农业收成的祭祀山。斝地在商王都安阳之西，九山当位于斝地或与其相近相邻，也位于商王都安阳之西。

十山：字形十山，释为十山。所见"十山"内容的卜辞有《合集》33233号："……在且乙宗。癸巳，贞：其燎十山，雨？贞：其宁秋来辛卯酒？丙申，贞：不雨？"为廪辛康丁时期卜辞。辞中在十山燎祭，求雨，也求宁秋，十山为祭祀山无疑。由与"且乙宗"见于同版卜辞，"且乙宗"为先王且乙的宗庙，可见十山当在商王都附近。还有《合集》34166号也出现"燎于十山"。

小山：字形小山，释为小山。"小山"在卜辞中与"二山"见于同版，如《合集》30393号："其求年二山，沿于小山，汎豚？二山暨沿，叀小宰，有大雨？"为廪辛康丁时期卜辞。辞中的小山之小，不应该是形容词，小山当为该山之名。其与二山、沿当相近相连。

灾：字形🜨，火在山上，隶作灾（于省吾《诂林》，第1243页，姚孝遂按）。或为二山相叠，当为山名。姚孝遂谓："其义不详。"李孝定认为："从火从山……字或从火山二字会意为火山之专字，谓山下有火山。"（李孝定《集

释》，第 3186 页）见于《合集》32903
号："……于灾，雨。辛卯，贞：从祈
涉？辛卯，贞：从狩卢涉？……贞：犬
延，亡灾？"辞中"灾"用作地名或为
山名，与祈地、卢地、犬延见于同版，
其地所在，详参地理邦族部分"祈"
"卢"条。

辛山：字形⿱辛山，辛在山上，或为合
文，依形释作辛山，卜辞中用作山名或
地名，如《屯南》2301 号："甲子卜，
叩以王族宄方，在辛山，亡灾？……方
来降？吉！不降？吉！方不往自辛山，
大吉！"辞中的"辛山"为山名或地名，
"王族"为商王的亲军，辛山或为王族
军队所驻扎之地。

屾：字形屾，或从二日，依形隶作
屾，卜辞中用作山名或地名，如《合
集》32487 号："丙辰卜，刚于珏，大甲
师？丁，步于屾？"还有 32486 号"……
酉，贞：王步……屾于⿰告⿱止口。"残辞也出现
屾地名与⿰告⿱止口地见于同条，由二辞内容知屾
亦为商王的祭祀地。

不山：字形⿱不山、⿱二不山，从山从一不或
二不合文，二字形有不同的摹释，前字
形有释从火，后字形有释上部为从不从
又，此从饶宗颐《甲骨文通检》识上部
从二不，释为不山。卜辞中用作山名或
地名，如《合集》7862 号："贞：望
乘……侑于学戊、咸……贞：侑于父
甲、父庚、父辛？贞于不山，勿于不
山。"辞中的"不山"，或为山名，或为
山神名。

《合集》7862 号

嶯：字形⿱新山，从山，裘锡圭隶作嶯，
并认为"甲骨文常在地名之上加'山'、
'水'等偏旁"（裘锡圭《论历组卜辞的
时代》，《古文字研究》第六辑，第 287
页）。姚孝遂认为"字当隶作嶯，乃地
名之专用字……但亦有可能为'祈山'
二字之合文"（于省吾《诂林》，第
1245 页，姚孝遂按）卜辞中"嶯"用作
地名或山名，如《合集》5766 号："辛
未卜，贞：令震以射从嶯……方我？"为
武丁时期卜辞，辞中"嶯"或为地名或
山名，有待出新材料进一步考证。

杏：字形⿱木⿰口山，从口从木从山，依形隶
作杏，卜辞中用作地名或山名，如《合
集》41768 号："壬寅，王卜，在杏帅
贞：今日步于永，亡灾？癸卯，王卜，

在永邸贞：今日步于……乙巳，王卜，在溫贞：今日步于攸，亡灾？己未，王卜，在贞田元，往来亡灾？乙丑，王卜，在攸贞：今日延从攸东，亡灾？庚辰，王卜，在危贞：今日步于叉，亡灾？辛巳，王卜，在叉贞：今日步于沚，亡灾？……亡灾？丁丑王……贞：今日步……载，亡灾？"为帝乙帝辛时期卜辞。辞中"䣊"与永地见于同条，与溫地、攸地、元地、攸东地、危地、叉地、沚地、载地见于同版系联，䣊当与永地仅一天路程，当与永地相接，位于今河南省永城市一带。

兮山：字形，释为兮山，也有认为是单字，兮在山上，卜辞中用作地名或山名，如《合集》529号："贞：在兮山，羌其夙？"还有《合集》530号、531号都出现"在兮山羌"内容，皆为武丁时期卜辞。辞中的"兮山"当为地名或山名，其地望朱歧祥认为"或处于殷西"（朱歧祥《通释考》，第147页），

《合集》530号

即位于商王都之西。

目山：字形，从目从山合文，释为目山。姚孝遂隶作上目下山一字，并认为"此为卜辞燎祭祈雨之对象。可能为山名"（于省吾《诂林》，第1227页，姚孝遂按）。见于《合集》30457号："壬午卜，求雨燎目山？"还见《合集》21098号、21100号，都出现有"燎目山"内容，辞中的目山，或为甲骨文时期人们心目中的神山，是拜祭求雨的自然神。其地待考。

岙：字形、，从二止在山上，依形隶作岙。郭沫若隶上从止止下从火（郭沫若《粹考》，第206页），李孝定从郭说，以为"字象两组蹈火之形，或为巫术之一种"（李孝定《集释》，第3187页）。姚孝遂谓："字不可识，在卜辞为祈年、乞雨之祭祀对象。"（于省吾《诂林》，第1238页，姚孝遂按）朱歧祥则认为："卜辞借为殷山名，属自然神。尝与玉山并祭，以求大雨丰年。"（朱歧祥《通释稿》，第147页）朱说可从。卜辞中"岙"用作山名，如《合集》30393号："其求年二山，岙于小山，汎豚？二山暨岙，更小宰，有大雨？"为廪辛康丁时期卜辞。卜辞"岙"与二山、小山见于同条，其与二山、小山当都为商王的祭祀山。由《合集》30455号"其敊岙"内容，岙或作为被祭祀对象，也当为拜祭求雨的自然神山。

木山：字形，从木从山合文，释为木山。卜辞中用作山名，见于《屯南》2287号："甲子卜……乙丑木山燎土。"辞义为乙丑这一天在木山进行燎社之祭，

木山也当为商王的祭祀山。辞中的木山，姚孝遂释为焚（于省吾《诂林》，第1222页，姚孝遂按）。

嵾：字形，妻字形在山上，依形隶作嵾。朱歧祥认为："从山妻声。……卜辞用为山名，属自然神。"（朱歧祥《通释稿》，第149页）朱说可从。卜辞中"嵾"用作山名，见于《合集》30463号："于嵾燎？于燎？"辞中的"嵾"为山名，或被视作自然神山。其地待考。

《合集》30463 号

宀：字形，从山在宀内，依形隶作宀。姚孝遂认为："字从'宀'、从'山'，释灾不可据。"（于省吾《诂林》，第1239页，姚孝遂按）卜辞中"宀"用作地名或山名，如《合集》8955号："丙子卜，弜羊令登宀？"辞中的"登"为征召之义，辞义为在宀地或山征召人众。还有《合集》18741号也

出现"宀"地名，皆为武丁时期卜辞。宀之今地待考。

豕山：字形，从豕从山合文，释为豕山，卜辞中用作山名。见于《合集》12860号："丙寅卜，王……山豕燎，雨？"为武丁时期卜辞。辞中豕山作为祭祀山，商王于此祭求降雨，其或我自然神山。其地待考。

保山：字形，从保从山合文，释为保山，卜辞中为山名。见于《合集》14300号："辛酉卜，亘贞：保山？贞：方帝卯一牛，又毅？"为武丁时期卜辞。商王在保山贞问和祭祀上帝，可见保山也为商王的祭祀山，保山或为自然山神。其地待考。

斤山：字形，从斤从山合文，释为斤山。于省吾释作炘（于省吾《释林》，第210页），姚孝遂从，也将此字所从山隶作火（姚孝遂、肖丁《摹释》，第476页），但又认为："于先生（于省吾）释'炘'，字似从'山'，不从'火'，疑为斤山之合文，乃祭祀祈雨之对象。殷人于山川多有祭，不必为先公。"（于省吾《诂林》，第1239页，姚孝遂按）姚此说可从。斤山在卜辞中为山名，见于《合集》30413号："燎岳。燎斤山。"卜辞习见"燎某"当为"燎于某"之省文，"燎岳"当为"燎于岳"，"燎斤山"亦为"燎于斤山"，与岳并祭可见其当为自然神山。其地待考。

峀：字形，为出现在甲骨文中的地名文字。姚孝遂认为"从山……乃地名"（于省吾《诂林》，第856页姚孝遂按）。卜辞中"峀"用作山名或地名，

字形下部从山，原当为山名。卜辞中出现"㟧"内容的卜辞有《合集》24352号："庚午卜，王在㟧卜？"还有《合集》24353号、24354号、24355号、24357号都出现"㟧"的内容，皆用作地名。其地待考。

岳：字形，依形隶定为岙或岿，字形下部从山，也有释为从火，在卜辞中用作山名或地名，如《合集》27465号："丁酉卜，其求年于岳？乙酉卜，其剛父甲馭在兹生成？于剛父甲馭？"辞中的"岳"用作地名，当为商王的祭祀地。又如《屯南》999号残片残辞："在岳逐……"由辞义分析，岳地或山或为田猎地，有待出新材料进一步考证。

马山：字形，从马从山合文，释为马山，为山名。见于《合集》24378号残片残辞："……卜，行……在马山。"辞中出现贞卜人物"行"，为且庚且甲时期卜辞。其地待考。

丘：字形、，象二土突出地面，会意兼指示，王襄最早释"古丘字"（王襄《簠室殷契类纂》正编第八，第38页）。《说文》："土之高也，从北从一。一地也。一曰四方高，中央下为丘。象形。"李孝定认为："契文不从北，其字但较山字少一峰耳……"（李孝定《集释》，第2701页）商承祚认为："丘为高阜，似山而低，故甲骨文作两峰以象意。"（商承祚《佚考》，第86页）卜辞中多见"丘某"，即某地之丘（高阜），详见丘商、丘雷等条。丘字单称也为地名，如《合集》108号："……取竹，努于丘。"即指在丘地收割

庄稼，此丘地或为某丘之省称。还有《合集》33162号："贞：……王其……自渔于丘多若？……王狩暨擒。"辞中"丘"与"渔"见于同条卜辞，说明两地相距不远。此外，《合集》875号出现"在丘"，《合集》39683号出现"在丘奠"，《合集》7059号出现"取丘"，皆所指丘地。郑杰祥认为："丘地所在不能确指。按丘与虚音近义同，故可通假……《诗经·鄘风·定之方中》：'升彼虚矣'，《易·升卦》：'升虚邑。'《释文》云：'虚，丘也。'由此可见，卜辞丘地后世可能已演变为虚地。虚地所在……古虚城当位于今延津县东南，此地西南距古修鱼即卜辞渔地约50公里，古丘与虚相通假，因此，它可能就是卜辞中的丘地。"（郑杰祥《概论》，第36页）此外，卜辞中"丘"除与其他地名组合用作地名外，也用作人名或邦族名，如《合集》9331号："丘入。"辞中的"丘"当为邦族名。还用作职官名，职掌山林的职官称为"小丘臣"。

《合集》9331号

丘剢：剢字的字形，从孙海波隶定为剢（孙海波《甲骨文编》，第201页）。剢与丘字组合成丘剢，卜辞中指剢

地之丘,如《合集》780号:"贞:奠于丘剌?"《合集》152号:"贞:朕芻于丘剌?"前辞说明"丘剌"为祭祀地,后辞朕(商王)亲往芻(种植或收割),"丘剌"当为商王的耤田之地。其地所在,孙亚冰、林欢认为:"春秋时有郑邑'索氏',其地在今河南荥阳,见《左传》昭公五年。……卜辞剌当在此处。"(孙亚冰、林欢《商代地理与方国》,《商代史》卷十,第152—153页)

丘商:字形 △ᴀ,释为丘商。所见丘商作为地名的卜辞有《合集》7838号:"甲午卜,燎于丘商?"还有《合集》776号:"己丑卜,㱿贞:裁于丘商?四月。……壬寅卜,㱿贞:不雨?隹兹商有作祸?"辞中丘商与兹商见于同版,兹商应当就是指的丘商。郑杰祥认为:"卜辞丘商应当就是后世文献当中的商丘。文献记载的商丘地望有二:一是在今河南省商丘县。……二是在今河南省濮阳县以南古濮阳城。濮阳古代城称之为帝丘……以上关于古代商丘地望的两种文献记载,我们认为当以第二说近是,即古代商丘当在今河南省濮阳县以南古濮阳城区。根据卜辞资料,今河南省商丘县应是卜辞记载中的宋地,并不称商,西周成王削平武庚叛乱,复封微子'国于宋',这个宋地显然是继承了商代的地理名称,而不是微子带过去的名称。恰恰相反,宋地又称商丘,则应是以微子为首的商人带于新地的名称。……今河南商丘应是西周以后的地名,就是说它是商人迁去以后才有的名称,而不大可能是商代的地名。至于濮阳县以南的商丘,倒有可能就是殷墟卜辞中的丘商,卜辞记载商王曾多次贞问要在这里举行大祭,而且商王妇妇姘还曾在这里主持农业生产,如卜辞云:辛丑卜,㱿贞:妇姘呼黍丘商受……(《合集》9530号)显然这个丘商当距王都不会很远,至少也应当在王畿之内。今河南省商丘县的商丘远在安阳王都东南200公里以外,而濮阳县以南的商丘则距王都70余公里,正位于当时的王畿以内。"(郑杰祥《概论》,第20—22页)孙亚冰、林欢认为:"征人方经过的'商'一般认为即卜辞'丘商',而丘商的地望现主要有商丘、濮阳两所。"(孙亚冰、林欢《商代地理与方国》,《商代史》卷十,第139页)

丘雷:字形 △ᴀ,释为丘雷。见于《合集》24367号:"壬午卜,行贞:今夕亡祸?在正……在丘雷卜。癸未卜,行贞:今夕亡祸?在正月,在丘雷卜。甲申卜,行贞:今夕亡祸?在剌卜。"所见卜辞中,"丘雷"的雷除用作气象词外,也用作地名。郑杰祥认为"丘雷或即雷丘之倒文"(郑杰祥《概论》,第381页)。其地所在,由前辞丘雷与剌见于同版,陈梦家认为:"剌与丘雷仅一日路程。"(陈梦家《综述》,第308页)丘雷与剌地当相近相连。

丘羆:羆字的字形ᴀ,依形隶作羆,与丘字组合成丘羆。见于《合集》4824号残辞:"……前、丘羆。"辞中丘羆的羆为狩猎方法,丘羆或为田猎地。其地待考。

《合集》4824 号

丘亦：字形☖☆，释为丘亦，亦字
与其他甲骨文亦字有别，胯下增一点。
见于《合集》5510 号："贞：乎取丘
亦……"辞中的丘亦当为丘岭名。其地
待考。

丘弹：弹字的字形☌、☌，象弓弦上
有弹丸形，也有认为弓上的点为指示符
号，释为弦。卜辞中关于"丘弹"的内
容，见于《合集》4733 号："贞：乎丘
弹？"辞中"丘弹"的"弹"用为狩猎
方法，丘弹或为田猎地。其地待考。

《合集》4733 号

丘俌：俌字的字形☍，依形隶为俌，
与丘字组合成丘俌。见于《合集》8591
号："己酉卜，宾贞：勿衣乎从丘
俌……？"辞中"丘俌"的"俌"为地
名，丘俌当为俌地的丘岭。

剢丘：剢的字形☍，依形隶为剢，与
丘字组合成剢丘。见于《合集》8119
号："贞：乎宅剢丘？"辞中剢丘的剢为
地名，为农耕地。孙亚冰、林欢认为：
"'☍'为商属地，卜辞中有用为农业地，
'☍'至'雇'的行程在两日之间……而
在近年出土的花园庄东地卜辞中'☍'
为最常见的地名之一。"又"可见'☍'
在占卜主体'子'的活动中，占有重要
地位。'☍'以往并不少见，其地有'☍
丘'之称……可见为山地……"（孙亚
冰、林欢《商代地理与方国》，《商代
史》卷十，第 135—136 页）

宅丘：字形☍☖，释为宅丘。宅丘
的宅，罗振玉最早释定（罗振玉《殷
释》中，第 12 页）。姚孝遂认为："卜
辞宅字与金文、小篆同，从宀乇声。"
以为有名词、动词、祭名三种用法（于
省吾《诂林》，第 2015 页姚孝遂按）。
卜辞中"宅丘"用作地名，见于《合
集》8387 号："……宅丘王……"辞中
的"宅丘"为地名。又《合集》13517
号："乎妇奏于沘宅？勿乎妇奏于沘
宅？"辞中的沘宅，郑杰祥释为北宅，
并认为"卜辞宅地应当就是后世所称作
的宅阳和北宅，它位于商王朝后期的南
土。古本《竹书纪年》云：'晋出公六
年，齐、郑伐卫。荀瑶城宅阳。'又云：
'宅阳一名北宅。'……《括地志》：'宅

阳城在荥阳县东南十七里。在今荥泽县东北……'清代荥泽县即今郑州市西北的古荥镇，古宅阳城当在今古荥镇东南，它应当就是卜辞中的宅丘和北宅"（郑杰祥《概论》，第267页）。

麓：字形 ᵻ、ᷱ、ᶄ、ᶆ、ᶇ、ᶈ、ᶉ，一字多形，罗振玉最早释为麓，并认为"乃古文录字。古金文皆如此。卜辞麓字又或从二林"（罗振玉《殷释》中，第9页）。郭沫若亦隶定作麓（郭沫若《萃考》，第91页）。但王襄释为"古禄字"（王襄《簠室殷契类纂》，第1页）。《说文》："麓，守山林吏也。从林，鹿声。一曰：林属于山为麓。《春秋》传曰：沙麓崩。"段玉裁注："麓，盖凡山足皆得称麓。"姚孝遂认为："卜辞'录'为地名，多通作'禁'，与《说文》'麓'之古文合。而卜辞亦或从'鹿'作'麓'，卜辞未见'录'作'禄'之例。"（于省吾《诂林》，第2927—2928页，姚孝遂按）卜辞中"麓"的本义指山麓，如《合集》30268号："今日丁酉卜，王其宛麓遘，弗擒，不遘……启。"为廪辛康丁时期卜辞。朱歧祥认为："卜辞多言：'某麓'，均属田狩地区。……在山麓狩猎对象主要为兕牛，亦兼有鹿群。"（朱歧祥《通释稿》，第389页）言诸麓皆属田狩地区，有点绝对。从古自今，深山老林，人烟稀少多兽类出没，为狩猎之地无疑，但卜辞中称麓的，也有用作祭祀地。若从朱歧祥观点，应将诸麓这部分归入田猎地，由于卜辞麓地也作他用，所以单列。

唐麓：字形 ᶊᶋ，释为唐麓。见于《合集》8015号："……卜，古贞：艾在唐麓？二告。"为武丁时期卜辞。辞中"唐麓"的"唐"，当指唐邦族的居住地唐，唐麓是唐地的一处山麓。

白麓：字形 ᶌᶍ，释为白麓。见于《合集》35501号："王曰：即大乙叙于白麓？厵宰丰。"在白麓对先王大乙进行即祭，白麓也或为祭祀地。

麦麓：字形 ᶎ，释为麦麓。见于《合补》14294号："壬午，王田于麦麓，获商戠兕，王赐宰丰寝，小簎祝。在五月。隹王六祀，肜日。"为著名的"宰丰刻辞"，辞中宰丰的宰为官名，宰丰为宰官名丰者。麦麓之麦是地名，麦麓当为麦地的山麓。

璠麓：字形 ᶏ，依形隶定为璠麓。见于《合集》5976号："于璠麓。"参见"麓"条。

《合集》5976号

敉麓：字形 ᶐ，释为敉麓。见于

《合集》10970号："乙丑……贞：翌……卯王其……敝麓，擒？八月。乙丑……贞：翌丁卯其狩敝麓，弗擒……"为武丁时期卜辞。辞中"敝麓"的"敝"为地名，敝麓是敝地的一处山麓，商王卜问要去狩猎会不会有擒获。

《合集》10970号

臣麓：字形𡥈，释为臣麓。见于《合集》19493号残片上出现"臣麓"一名，详地待考。

麓𣅀：字形，依形隶定为麓𣅀。见于《合集》25942号："甲辰卜，疑贞：乞酒彡侑麓𣅀？"商王卜问在麓𣅀进行祭祀，此山麓或为祭祀地。

东麓：字形，释为东麓。见于《合集》28124号："叀东麓先虞？吉！叀仲麓先虞？吉！"辞中的东麓与仲麓对文。朱歧祥认为："卜辞复有'北麓'、'东麓'之列，或即指滴水之东、北高地。"（朱歧祥《通释稿》，第389页）

北麓：字形，释为北麓。见于《合集》29409号："……北麓擒。"此从朱歧祥的观点，北麓或在滴水沿岸，滴水即今漳水，在商王都之北。参见"东麓"条。

仲麓：字形，释为仲麓。见于《合集》28124号："叀东麓先虞？吉！叀仲麓先虞？吉！"辞中"仲麓"与"东麓"对文，两地当相邻，仲麓也在漳水沿岸。此外，《合集》13375号出现有"中麓"，其中字带飘带，为建中立旗的中；此辞中的仲，没有飘带，为伯仲之仲，两字形有别，卜辞中使用时分别很清楚。

中麓：字形，释为中麓。见于《合集》13375号："……壴……壬其雨，不……中麓？允：……辰亦……风。"残辞，但辞中出现地名壴，可见中麓或为壴地的一处山麓。

鶇麓：字形，依形隶定为鶇麓。见于《合集》28800号："……寅卜，王叀辛，焚鶇麓，亡灾？永王。"辞中的焚本义为焚烧，当为狩猎的一种方法。"鶇麓"的"鶇"为地名，鶇麓当为鶇的山麓。

劈麓：字形，依形隶定为劈麓。见于《合集》28899号："王其从……劈麓……豚……在孟，犬……"辞中的"劈"和"孟"都是地名，劈麓或在劈地或为孟地的一处山麓。

榗麓：字形，释为榗麓。见于《合集》29408号："叀榗麓，先擒？"其地待考。

九麓：字形，释为九麓。见于《合集》33177号："……滴北……九麓。"辞虽残，但地望交代得很清楚，在滴之北，即为商王都安阳北部滴水附近的一处山麓名，麓前序于数字九，可知当时用作田猎地或祭祀地的山麓很多。

《合集》33177 号

三麓：字形三茓，释为三麓。见于《屯南》2116 号："王其涉东兆，田三麓，澧……"辞中的"三麓"当位于兆水之东。他辞有见九麓，此为三麓，当有联系，都应在商王都附近。

十辛麓：字形𢼸，依形隶定为十辛麓。见于《合集》33378 号："辛酉卜，王其田，叀省虎，从丁十辛麓。"辞中省虎的虎，他辞用作族名，也用作方国名有虎方，此商王所省（巡视）的虎当为虎邦族的居住地，也为虎地，辞中序数为十的辛麓当为虎地的一处山麓。卜辞中的虎方可能在江淮一带（郭沫若《两周金文辞大系图录考释》下，第 17 页）。

姬麓：字形𤉶，释为姬麓。见于《合集》35965 号："丁酉卜，贞：……日 …… 亥，王其 …… 姬麓 …… 其以……"辞中"姬麓"的"姬"，他辞中多用作祭名，也用作神祇名，可见姬麓或为祭祀地，或为祭祀姬神的山麓。

𡧭麓：字形𡧭茓，依形隶定为𡧭麓。见于《合集》37461 号："……王田于𡧭麓，往……兹御。获麋六、鹿……"其地待考。

妞麓：字形𡜆茓，释为妞麓。见于《合集》37485 号："……卜，贞：王田于妞麓……灾？兹御。获狐五。"其地待考。

大麓：字形𤎟茓，释为大麓。见于《合集》37582 号："…… 申卜，贞：……大麓……来亡灾？"卜辞中大虽与小相对，用作形容词表大小的大，但也用作邦族名、方国名和地名，"大麓"当为大族之居住地的山麓。

《合集》37582 号

雍麓：字形𤏡茓，释为雍麓。见于《合集》37656 号："……其田雍麓……往来亡灾？"辞中雍麓的雍为地名，雍麓当为雍地的山麓，位于今河南省修武县一带。按照郑杰祥的观点："此地位于河南省焦作市西南约 5 公里。又位于太行山南麓，故卜辞雍地又称雍麓，此地为周初雍国，商代以当存在，它也应当就是卜辞中的雍地。"（郑杰祥《概论》，第 42 页）

潢麓：字形𤄷茓，释为潢麓。见于《屯南》762 号："王叀成麓，焚亡灾？弜焚成麓？弜焚潢麓？"辞中潢麓与成麓对文。潢麓的潢与成麓的成皆为地名，潢麓是潢地的山麓，与成麓相近。又见《屯南》1441 号："王其田𢽾、潢麓，擒，亡灾？"辞中的"𢽾"为地名，"潢麓"或为歔地的山麓。潩麓的潩甲骨文字形有时省写水，如《屯南》2722 号出现的"画麓"的画，没有水旁，或为潩字的省写。

徻麓：字形，依形隶定为徻麓。见于《屯南》2326 号："叀徻麓焚？擒，有小狩。"其地待考。

成麓：字形，释为成麓。所见成麓作为地名的卜辞有《合集》19618 号反面："……土示……成麓……若"，还有《屯南》762 号："王叀成麓，焚亡灾？弜焚成麓？"皆为廪辛康丁时期卜辞。辞中"成麓"或为成地的山麓名，其所在参见"成"条。

演麓：字形，释为演麓。所见演麓作为地名的卜辞有《合集》37452 号："己巳卜，贞：王……于召，往来……戊寅卜，贞：王迋于召，往来亡灾？甲申卜，贞：王田在演麓，往来亡灾？兹御。获狐……麂三。"辞中演麓与召地见于同版，商王在此狩猎擒获了若干狐和三头麂。演麓应为商王朝的田猎地之一，当是演地的一处丘地，其地所在当与召地邻近。

鸡麓：字形，释为鸡麓。所见"鸡麓"作为地名的卜辞有《合集》37848 号："辛酉，王田鸡麓，获大霸虎，在十月。隹王三祀，肜日。"为帝乙帝辛时期卜辞。辞中"鸡麓"或为鸡地的某一丘陵地，为帝乙帝辛时期的田猎地。

馕麓：字形、，馕麓当为馕地的某一丘地。见于《合集》37451 号："……卜，贞：王……馕麓……来亡灾？……

鹿四、狐……"辞中"馕麓"为田猎地无疑，商王在此狩猎擒获了四只鹿和狐。

水：字形、，象流水形，两旁的短横示意水边或水中的礁石，当为象形指示会意字，释为水。《说文》："水，准也。北方之行，象众水并流，中有微阳之气也。"卜辞中用作本义，见于《合集》10150 号："贞：其有大水？"又见《合集》33349 号："戍亡大水？"先秦文献中，一般的河流皆称水，如漳水、淇水等，卜辞亦然，但多单称，如洹水单称"洹"，淮水单称"淮"，潩水单称"潩"等，当与山的命名为同样情况，是水与水名的合文。如《合集》10158 号："乙丑卜，贞：洹水弗丁？"辞中洹水的"洹"指洹水，洹水的"水"指洹河之水。

《合集》33349 号

川：字形、、，亦为水的象形，释为川。《说文》："川，贯穿通流也。"罗振玉认为此字"象有畔岸而水在中，

疑似川字。"（罗振玉《殷释》，第 9 页）
卜辞中"川"与水有见用法相同，如
《宁》1.482 号："丙子贞：不川？"与
《合集》5810 号："丙戌卜，贞：弜师在
先，不水？"又用作动词表发水或表穿，
如《合集》22098 号："丁亥卜，贞：汝
有疾，其川（穿）？丁亥卜，汝有疾，
于今三月弗川（穿）？"辞中的川，孟世
凯释同穿，意为穿破（孟世凯《辞典》，
第 87 页）。又用作族名或人名，如《合
集》21657 号："……亥，子卜贞：在川
人归？"辞中的川当为族名。

《合集》10161 号

林：字形𣶒，从双水，释为林，或
为水的繁形，卜辞多见这种情况。"林"
在卜辞中用作地名，如《英》540 号：
"甲戌卜……贞：执自林，围得？"又见
《合集》33136 号。孟世凯认为"为两水
交汇处之地名"（孟世凯《辞典》，第
351 页）。此从孟说。"林"用作双水交
汇处的地名，本也当为水名借用作地名。

州：字形𑀩，字形中间的原点为指
示符，示意河水中突出的部分，释为州。
《说文》："水中可居者曰州。"卜辞中借
用作地名或人名，如《合集》849 号：

"乙酉卜，宾贞：州臣有往自䢂得？"又
如《合集》7972 号："乙酉……以
州……"辞中的"州"或为地名或为人
名。饶宗颐认为："州可作两解，一为
国名。《春秋》桓五年：'州公如曹。'
《世本》：州国，姜姓。"（饶宗颐《通
考》，第 265 页）孟世凯认为其在"今
山东安丘市东北为故地"（孟世凯《辞
典》，第 272 页）。

河：字形𣲘、𣲖、𣲥、𣲮，一字多形，
释为河。卜辞中凡出现水名的河皆指黄
河即大河（陈梦家《综述》，第 343
页），屈万里谓："只有陈梦家以为它就
是黄河：所见《燕京学报》第十九期
《古文字中之商周祭祀》。陈氏的论证虽
然简单，但他的见解是正确的。"（屈万
里《河字意义的演变》，《历史语言研究
所集刊》第三十本，第 144 页）可见在
甲骨文时期河已经成为黄河的专有名词，
如《合集》5566 号："癸巳卜，古贞：
令师般涉于河东？"为武丁时期卜辞。
又如《合集》24609 号："乙亥卜，行
贞：王其寻舟于河，亡灾？"为廪辛康
丁时期卜辞。再如《合集》41754 号：
"癸酉卜，在巳奠河邑，永贞：王旬亡
祸？隹来征人方。"为帝辛时期卜辞。
无论是武丁时期河东的河，还是廪康时
期舟于河的河以及帝辛时期河邑的河，
皆指黄河。由"令师般涉于河东"知甲
骨文时期的黄河位于商王都之东，为南
北流向。又有《合集》10405 号反面出
现的"有出虹自北饮于河"内容，可知
当时的黄河距商王都安阳不太远，商王
在殷墟一带观望北方天空的彩虹，认为

彩虹为双头龙，彩虹的一端入黄河中，定当不远。此外，商之先祖或有学者认为的自然神也称河（李学勤《评陈梦家卜辞综述》，《考古学报》1957 年第 3 期，第 123 页）。作为被祭祀对象，又有专门供奉河神主的宗庙称河宗，委派专门职掌祭祀河相关事务的官员名河史。

洹：字形𣲖、𣲕、𣲖、𣲐，一字多形，从水亘声，罗振玉最早释为洹（罗振玉《殷释》中，第 11 页）。《说文》："洹水在齐鲁间。"段玉裁注："齐，当依《水经注》所引《说文》《字林》作晋。……今洹水自山西长子县流入经林县东北，流经安阳县北……入卫河。……许当云：在晋卫之间。"姚孝遂认为："今洹水自西而东，流经殷墟之北境，复折而南，流经殷墟之东境，再折而东流。契文洹字即象其迴环之形。"（于省吾《诂林》，第 1278 页，姚孝遂按）所见卜辞中"洹"用作水名，如《合集》7854 号："……㱿贞：洹其作兹邑祸？贞：洹弗作兹邑祸？"为武丁时期卜辞。陈梦家谓："'洹弗作兹邑祸'……洹即洹水，又名安阳河。《太平御览》83 引《竹书纪年》文丁'三年洹水一日三绝'。洹水在殷都之旁，对于农业收成有极大的关系，所以卜问其祸否并致祭之。……洹水漫岸，故为祸兹邑，兹邑指安阳之殷都。"（陈梦家《综述》，第 265 页）又如《合集》23717 号："辛卯卜，大贞：洹弘，弗敦邑？七月。"为且庚且甲时期卜辞。辞中的"洹"皆指洹水，即后世文献中的洹水，今称洹河或安阳河，环绕殷墟宫殿区北面和东面。但饶宗颐则认为："洹或指洹水之神，作邑时，有祷于洹以求佑助也。"（饶宗颐《通考》，第 372 页）

洹泉：字形𣲖、𣲖，释为洹泉。见于《合集》34165 号："戊子贞：其燎于洹泉……三宰、俎宰？戊子贞：其燎于洹泉……三宰、俎宰？"为武乙文武丁时期卜辞。辞中的"洹泉"，陈梦家认为"洹泉与洹即洹水"（陈梦家《综述》，第 265 页），也有认为洹泉是洹水的支流，"即洹水邻于殷都之河流也"（屈万里《殷墟文字甲编考释》，第 140 页）。

《合集》34165 号

滴：字形𣴺、𣴶、𣴸，从水商声，王襄最早释"古滴字"（王襄《簠室殷契类纂》存疑第十一，第 53 页）。孙海波认为"从水从商。《说文》所无。商都附近水名"（孙海波《甲骨文编》，第

441 页）。杨树达释"以字音求之，盖即今之漳水也"（杨树达《释滴》，《积微居甲文说》卷下，第 70 页）。但陈梦家认为："滴是商水或以为是漳水，仅仅以声类推求之，未必可信。"（陈梦家《综述》，第 597 页）姚孝遂则认为："'滴'即'漳'。葛毅卿始发其疑。陈梦家以为'仅仅以声类推求之，未必可信'，卜辞言'王其寻舟于滴'，言'涉滴'，言'求年于滴'，按诸殷墟左近水名，非'漳'莫属。'漳'有'浊漳'、'清漳'、'南漳'。'南漳'地处鄂境，可以无论。'浊漳'、'清漳'皆河流于邺之故地以入海。"（于省吾《诂林》，第 2065 页，姚孝遂按）姚说可从。卜辞中"滴"用作水名，见于《合集》28339 号："弜涉？王涉滴射有鹿，擒？"为廪辛康丁时期卜辞。又如《合集》33178 号："于滴南北。"为武乙文武丁

《合集》28339 号

时期卜辞。有前两辞内容可知，滴水东西流向，即今之浊漳清漳合之漳水。但郑杰祥认为："卜辞所记滴水所在，正是后世清水所流经地区。《水经·清水注》：'自朝歌以南，南暨清水，土地平衍，据皋跨泽，悉牧野矣。'……可见古清水应当就是卜辞中的滴水。"（郑杰祥《概论》，第 75 页）

兆：字形㲽，依形隶定为兆。罗振玉释"从水北，北亦声……此当是水北曰汭之汭"（罗振玉《殷释》中，第 10 页）。商承祚从罗说（商承祚《类编》十一卷，第文释》，第 8 页；于省吾《骈三》，第 6 页）饶宗颐认为："兆当即《诗》邶鄘卫之邶……殷时之兆，当是水名。"（饶宗颐《通考》，第 1138 页）姚孝遂认为："字当隶作'兆'，卜辞均用为地名及水名。"（于省吾《诂林》，第 148 页，姚孝遂按）姚说可从。卜辞中兆用作水名，见于《合集》8345 号："贞：我勿涉于东兆？"又如《合集》8409 号："……方其涉河，东兆其……"皆为武丁时期卜辞。辞中的"兆"为水名，或为黄河的支流，前引辞中，兆水与河（黄河）同辞。卜辞中"兆"又用作邦族名和地名，如《合集》4499 号反面："贞：王令兆？"又如《合集》19257 号："贞：翌庚子，步于兆？"皆为武丁时期卜辞。辞中的"兆"用作地名或邦族名。兆水或兆地所在，陈槃引《路史》："今滑之白马有郒水，即兆水。"（陈槃《春秋大事表》，第 137 页）所谓《路史》中的滑即今河南省滑县，古有白马国在淇县，兆水或兆地当位于

今河南省滑县一带。

湏：字形𣹑，隶定为湏。孙海波释"从水从豆，字书所无，以声类求之，疑即澍字之省写"（孙海波《文录》，第180片考释）。姚孝遂释"为地名"（于省吾《诂林》，第2782页，姚孝遂按）。字形从水，本当为水名，或借用作地名，见于《合集》24339号："甲戌卜，王在师湏卜？"还有《合集》24341号："贞：亡尤，在师湏卜？"朱歧祥认为湏"从水豆亦声，隶作湏。《说文》无字。晚期卜辞用为师旅屯驻地名。或为豆族故地水名"（朱歧祥《通释稿》，第370页）。豆族或鼓族之居住地，从郑杰祥观点在今河南省范县一带（郑杰祥《概论》，第88页）。

澎：字形𣸸，释为澎。《玉篇》："澎，水名。"见于《前》2.6.3号："癸丑卜，在澎贞：王旬……祸？"为卜旬卜辞。辞中的澎字，朱歧祥认为："从水彭声，隶作澎。《说文》无字。晚期卜辞用为地名；或即澎故地水名。"（朱歧祥《通释稿》，第370页）

商水：字形𩰢𣲘，释为商水。见于《合集》33350号残片出现"商水大"内容，为武乙文武丁时期卜辞。有认为是滳的分书，商水即滳水（孟世凯《辞典》，第530页）。或为商地的水名。

湶：字形𣲵，依形隶定为湶。姚孝遂释"为地名"（于省吾《诂林》，第1297页，姚孝遂按）。字形从水，或为水名，见于《合集》36753号："……酉卜……贞：王选于湶，往来亡灾？"辞中"王选于"为田猎卜辞的习语，湶水

或湶地或为商王田猎之处。

溼：字形𣹠、𣹟，从水从丝，王襄最早释"古溼字"（王襄《簠室殷契类纂》正编十一，第50页）。胡厚宣亦释为溼（胡厚宣《商史论丛》四集一册，第58页）字形从水，本当为水名，或借用作地名，见于《合集》8356号："戊……贞：翌己……王步于溼？"辞中的溼或为地名或为水名。又有见《合集》38179号："弗溼……夕有大雨。壬寅卜，贞：今夕延雨？"辞中弗溼的溼，有认为表潮湿的湿（孟世凯《辞典》，第598页）。

温：字形𣴎、𥁕，罗振玉、王襄最早皆释为浴（罗振玉《殷释》中，第67页；王襄《簠室殷契类纂》正编第十一，第50页）。陈邦怀释为温（陈邦怀《小笺》，第23页）。《说文》："温，水。出犍为涪，南入黔水。从水，盈声。"屈万里认为："《说文》训温水之温，实温暖之本字。"（屈万里《甲编考释》，第53页）所见卜辞中"温"用作地名或水名，如《合集》137号："癸丑卜，争贞：旬亡祸？王占曰：有祟。有梦。甲寅，允：有来艰，左告曰：有往芻自温，十人又二。"由辞中的"往芻"内容推断，温地或温水沿岸当为商王朝的刍牧地。饶宗颐认为温"地名。陈邦怀谓温之省形。《左传》隐三年'取温之麦。'即河南温县"（饶宗颐《通考》，第375页）。孟世凯亦引《左传·隐公三年》："祭足帅师取温之麦。"杜预注："今河内温县。"认为"在今河南温县西南"（孟世凯《辞典》，第575页）。

澑：字形，姚孝遂释"字从'泅'从口，隶可作'澑'。……为地名。"（于省吾《诂林》，第3173页，姚孝遂按）见于《合集》24421号出现"于澑"二字，澑从水本当为水名，或借用作地名。其地待考。

滄：字形，孙海波以为"字甚奇……疑从水从自之字"（孙海波《文录》，第8页）。姚孝遂释为滄（姚孝遂、肖丁《类纂》，第1067页），认为"在卜辞皆为地名"（于省吾《诂林》，第2750页，姚孝遂按）。此从姚说。滄字见于《合集》24426号："己酉卜，行贞：王其观于戔泉，亡灾？在滄。"还有《合集》4368号等4条卜辞也出现"在滄"内容，滄或为水名，与戔泉有系联。

灂：字形，释为灂。姚孝遂认为："为地名。字从水，从爵，乃地名之专用字。"（于省吾《诂林》，第2747页，姚孝遂按）卜辞中灂字见于《合集》36851号："癸未卜，在灂贞：王旬亡祸？"辞中灂字从水，本当为水名，或用作地名。

《合集》36851号

沨：字形。姚孝遂认为："字从'水'，从'戉'。隶可作'沨'……为地名。"（于省吾《诂林》，第2413页，姚孝遂按）见于《英》2564号："癸未卜，在旧贞：王步于沨、亡灾？乙酉卜，在沨立贞：王步于淮，亡灾？"辞中"沨"本义为水名，卜辞中有见戉用作地名，沨或为戉地之水，与旧、淮见于同条，其与旧地或淮水当相近相连。陈梦家认为："沨当是濊水……《水经注》的涣水即濊水，亦即今世的浍水。浍、濊音同。浍水入淮处在今五河县，临淮关之东北。"（陈梦家《综述》，第306—307页）。即今安徽省五河县境。郑杰祥则认为："即《水经·淮水注》的霍丘戉。在今安徽霍丘县。"（郑杰祥《概论》，第367—368页）

涂：字形，王襄最早释"古涂字"（王襄《簠室殷契类纂》正编第十一，第49页）。从水，本义为水名。见于《合集》28167号："……迺温，在涂。"及《合集》17168号。辞虽残，可知涂为水名或地名。此外，涂在卜辞中也用作人名，如《合集》28012号："弜益涂人，方不出于之。"辞中的"涂人"或为涂地之人。涂之今地，由与温地见于同条卜辞，其与温地相近或相连，或在今河南省温县一带。饶宗颐认为："按涂者，《左》昭二十八年《传》有'涂水大夫。'杜注：'涂水，太原榆次县，'疑即其地。"（饶宗颐《通考》，第409页）姚孝遂认为："《说文》：'涂水出益州牧靡南山，西北入溜，从水余声。'朱骏声《通训定声》：'今出云南腊谷，入金沙江，至四川入江'。《续》2.1.5'在涂'为地名，与《地理志》、《水经》所言之涂水地望不符。"（于省吾《诂林》，第1932页，姚孝遂按）

瀧：字形伸、㳘、䢅，王襄最早释"古瀧字"（王襄《簠室殷契类纂》存疑第十一，第53页）。字形从水本当为水名，见于《合集》34261号残辞："……哉……瀧……河。"辞虽残但瀧与河相系联，瀧应为水名与黄河相近相连。"瀧"又用作地名，如《合集》199号："己卯卜，争贞：今世令兔田，从鞏至于瀧，获羌？"由辞中的获羌可知瀧水或瀧地当与羌方或羌地相近。陈梦家释为涓，认为："古文龟、禺、禹是一字，所以我们暂定为涓，《说文》'涓水出赵国襄国之西山，东北入寖'，今邢台县至旧大陆泽之间。"（陈梦家《综述》，第597页）姚孝遂则认为："契文瀧从水从龟，陈

《合集》34261号

梦家释作涓，以为'古文龟、禺、禹是一字'，其说非是。"（于省吾《诂林》，第1828页，姚孝遂按）

㵎：字形㳠、㳠，罗振玉最早释为㵎，并认为"从水从萬。石鼓文'㵎有小鱼'，殆即许书之砅字，砅或作㵎。……㵎为浅水，故有小鱼。许训履石渡水，亦谓浅水矣"（罗振玉《殷释》中，第10页）。卜辞中㵎用作本义，如《合集》10948号："乎子商从㵎，有麋？"辞中子商从㵎水获麋。又如《合集》4222号"见㵎"及《合集》37536号："戊戌卜，在㵎，今日不延雨？壬寅卜，在巩贞：王田，衣逐亡灾？戊申卜，在巩贞：王田，衣逐亡……"辞中的"㵎"用作水名，或为地名，出现"王田"内容，㵎水或㵎地也当为商王的田猎之处。朱歧祥云"疑即产龟水名、地名"（朱歧祥《通释稿》，第239页）。

潘：字形㵯，姚孝遂释"从水从雷，可隶作潘"（于省吾《诂林》，第1305页，姚孝遂按）。见于《合集》14357号："庚午卜，宾贞：今……牧示潘……"为武丁时期卜辞。辞中牧指放

《合集》14357号

牧，放牧多见在水边草地，澕或为水名。

沘：字形，姚孝遂释"字从水从匕，为地名"（于省吾《诂林》，第1307页，姚孝遂按）。见于《合集》36946号："庚寅卜，在沘贞：王步于嚣，亡灾？"为帝乙帝辛时期卜辞。卜辞中"沘"用作邦族名，有匕侯，沘或为匕邦族居住地的水名。

深：字形，从水从罙，王蕴智释为深（王蕴智《字学论集》，第184页）。字所从罙旁，容庚以为："字当释寇。叶玉森疑寇之初文，象盗寇手持干挺入室抨击，小点象室中什物狼藉状。"（容庚《殷墟卜辞考释》，第18页）刘钊释为罙，认为"象以手探取状，应为'探'字之本字"（刘钊《卜辞所见殷代的军事活动》，《古文字研究》，第113页）。姚孝遂认为："释'寇'不可据。卜辞每'罙伐'连言，事与征伐有关。释'罙'可备一说。"（于省吾《诂林》，第889页，姚孝遂按）此从王蕴智释为深，字见于《合集》18765号："……未卜，贞：……夕深……有由？"辞中的深从水，应为水名。又见《合集》13747号："贞：罙其有疾？"辞中的"罙"为人名，其居住地或领地或称罙，深或为罙地的水名。

《合集》18765号

浔：字形，姚孝遂释"字从'水'、从'寻'"（于省吾《诂林》，第1306页，姚孝遂按）。当释为浔。见于《合集》36779号残片："癸卯……浔……王……"为帝乙帝辛时期卜辞。辞中的"浔"或为寻地的水名。

泊：字形，姚孝遂释为泊，认为"字从水从白，为地名"（于省吾《诂林》，第1304页，姚孝遂按）。所见"泊"作为地名的卜辞有《合集》36812号："……在牺师贞：……于泊亡灾？"为帝乙帝辛时期卜辞。辞中泊地与牺地见于同条卜辞。泊地所在，郑杰祥认为："泊字从水，白声，泊与白声同相通，因此卜辞泊地当即后世的白地，《水经·汶水注》：'汶水又西南有泌水注之，水出肥城县东白原。'北朝肥城即今山东省肥城县，古白原当位于肥城县东北，此地南距卜辞牺地约60公里，它可能就是卜辞中的泊地。"（郑杰祥《概论》，第186页）

澗：字形，姚孝遂释"字从水从网，隶可作澗……为地名"（于省吾《诂林》，第1306页，姚孝遂按）。见于《合集》22044号："庚戌卜，贞：多羌自澗？"为且庚且甲时期卜辞。辞中的"澗"与多羌见于同辞，澗或为羌地的水名。

盧：字形，姚孝遂释"字可隶作盧，卜辞为地名"（于省吾《诂林》，第1298页，姚孝遂按）。见于《屯南》2320号："甲辰卜，在卝牧，延啓右……邑……在盧？弘吉！"为廪辛康丁时期卜辞。辞中卝为地名，盧当为邻近卝地的水名。又《合集》32982号：

"戊戌，贞：又殺于氏，攸侯叶啚？中，殺于义，攸侯叶啚？"朱歧祥释"'又殺于氏'，即用殺人作祭牲，求佑于氏地"（朱歧祥《通释稿》，第 415 页）。辞中氏地与攸侯见于同条，又与义地见于同版；前辞中盧与氏地见于同条，可见盧水与氏地、义地及攸地相距不远。

盧：字形，姚孝遂隶定为盧，认为"为地名"（于省吾《诂林》1297 页姚孝遂按）。见于《屯南》2116 号："王其涉东兆，田三麓，盧……"辞中"盧"与"兆"和"三麓"见于同辞，其当为与兆水相近，或与三麓地相邻的河水名，皆距古黄河很近，位于今河南省滑县东北一带（郑杰祥《概论》，第 52 页）。

涿：字形，依形隶定为涿。孙海波最早释为涿（孙海波《甲骨文编》旧版十一卷，第 3 页）。《说文》"涿，流下滴也。从水豕声。上谷有涿县。"李孝定认为："孙氏（孙海波）释涿或是。字在卜辞中为人名。"（李孝定《集释》，第 3347 页）姚孝遂则认为："字从'水'从'豕'。释涿不可据。"（于省吾《诂林》，第 1586 页，姚孝遂按）姚说可从。见于《英》837 号："贞：登人……乎涿……田？"辞中的"涿"字形从水，本当为水名，或借用作人名。

洱：字形，从于省吾释为洱。于以为此字形"旧不识。洱字右从耳，象耳之内外轮廓形"又"丘商和洱之均为地名，是肯定的。《水经注·洧水》：'洧水又南，洱水注之。水出弘农郡卢氏县之熊耳山，东南迳郿县北，东南迳

房阳城北。'总之，洱地是由洱水得名"（于省吾《释林》，第 140—141 页）。于说可从，卜辞中"洱"用作水名，见于《合集》14122 号："贞：于洱……妇嬢子。"为武丁时期卜辞。陈汉平认为："字从水从耳，当释为洱。字在卜辞为地名或水名，盖其水泽湖泊形似人耳，故名洱。"（陈汉平《古文字释丛》，《考古与文物》1985 年第 1 期，第 107 页）

洫：字形，姚孝遂释"字从'水'从'皿'，隶可作洫……为地名"（于省吾《诂林》，第 1297 页，姚孝遂按）。见于《合集》31990 号："……已，贞：擒，叀……食，众人于洫？"又见《合集》31991 号也出现"众人于洫"内容。辞中众人所在的洫或为皿地的水名，位于今河南省荥阳县一带（郑杰祥《概论》，第 237 页）。

《合集》31991 号

溢：字形，姚孝遂释"字从水从

盖，隶可作湓，当为地名"（于省吾《诂林》，第 1297 页，姚孝遂按）。见于《屯南》2169 号："壬午卜，王其……其在向熊湓？兹用。王获鹿？弗擒？……王……田……宫。"辞中的"湓"从水本当为水名，与宫地见于同辞，湓或为宫地的水名，亦当为商王朝的田猎地。

洎：字形█，姚孝遂释为洎，认为"字从'水'从'自'《说文》训'洎'为'灌釜'"（于省吾《诂林》1298 页姚孝遂按）。见于《合集》7047 号："贞：……洎……"为武丁时期卜辞。残辞中的洎字从水，当为水名。

潓：字形█，朱歧祥释"从水画声，隶作潓。《说文》无字。卜辞用为田狩地，始见第一期卜辞；或即画地水名"（朱歧祥《通释稿》，第 418 页）。见于《屯南》2739 号："丁丑卜，翌日戊王其田潓，弗禽？弘吉！"辞中王所田之潓，当为商王的田猎场所。饶宗颐认为："《史记·田单传》有齐画邑入王蠋。《水经》《淄水注》：'潓水南有王蠋墓。'又引《孟子》'去齐三宿而后出画。'《括地志》：'潓邑，因潓水为名，在临淄西北三十里。'画地在殷都之东。"（饶宗颐《通考》，第 205 页）饶引《括地志》的临淄，即今山东省淄博市，卜辞中的画地与潓水都当位于此。

淮（水）：字形█，从水隹声，李学勤释为淮，卜辞中用作水名，但认为"淮是渭水的支流"（李学勤《殷代地理简论》，第 55 页）。姚孝遂、肖丁的《类纂》将此字归于雍条，但在《合集》36968 号、37434 号以及《英》2564 号

辞中又释此字形为淮，而将从水从隹从口的字形释为雍（姚孝遂、肖丁《类纂》，第 656 页）。李孝定释为淮水的淮，认为与雍字"有别，仍不得谓淮为雕字也"（李孝定《集释》，第 3289 页）。二字形见于同版，如《合集》36591 号："丁丑卜，贞：王迍于滩，往来亡灾？己卯卜，贞：王迍滩，往来亡灾？辛巳卜，贞：王迍于淮，往来亡灾？乙酉卜，贞：王迍于滩，往来亡灾？戊子卜，贞：王迍于滩，往来亡灾？"辞中的时间顺序当为：丁丑、己卯、辛巳、乙酉、戊子，淮字形位于辛巳日，其前丁丑日、己卯日，其后乙酉日、戊子日皆为滩字形，其淮字或为滩字的省形。但《合集》41762 号（《英》2564 号）："乙酉卜，在沨立贞：王步于淮，亡灾？"辞中的淮，郑杰祥认为："淮即淮水，为古四渎之一，发源于河南省桐柏山，东流经河南固始县流入安徽省，又经霍邱县北，又东流入东海。"（郑杰祥《概论》，第 367 页）同时出现的沨，陈梦家认为亦水名，"自此自淮仅一日路程，则此水当与淮水相交。……入淮处在今五河县，临淮关之东北"（陈梦家《综述》，第 306—307 页）。

汜：字形█，从水从巳，罗振玉最早释为汜（罗振玉《殷释》中，第 10 页）。《说文》："水别复入水也。《诗》曰：江有汜，穷渎也。"见于《合集》8367 号残片上出现"汜"一字。由《英》2525 号"在巳奠河邑"内容，知巳为邻近河即黄河的地名。孙亚冰、林欢认为"'巳'疑即文献'汜水'。……

汜水所在，清人王舟瑶《默庵集》辨之甚详，引《广韵·六止》‘汜，水名，在河南成皋县东有汜水’，谓在今河南汜（汜）水县南者为古汜水"（孙亚冰、林欢《商代地理与方国》，《商代史》卷十，第 154—155 页）。

《合集》8367 号

泷：字形 ╳、╳，从水从龙，释为泷。王襄最早以为："从水，从虎，古沪字，许书所无，地名。"（王襄《簠考·地望》，第 1 页）叶玉森则认为所从偏旁为龙，"龙之最简象形文，与╳形相似，疑╳字从水从龙，即古文泷"（叶玉森《前释》二卷，第 14 页）。孙海波亦释"疑泷字"（孙海波《甲骨文编》，第 849 页）。李孝定认为："《说文》‘泷，雨泷泷貌，从水龙声’契文从╳，或省作╳，与虎形不类，叶说可从。字在卜辞为地名"（李孝定《集释》，第 3349 页）。姚孝遂认为释泷可从（于省吾《诂林》，第 1766 页）。《广韵》："泷，雨滴貌也。"卜辞中泷用作水名或地名，如《合集》902 号："……在泷。王不雨？在泷。"还有《合集》3755 号也出现"在泷"内容，皆为武丁时期卜辞。朱歧祥认为："卜辞问雨于泷地是否有雨，当亦属水名。"（朱歧祥《通释

稿》，第 232 页）

瀀：字形 ╳，麤在水上，依形隶定为瀀。姚孝遂以为"当是麤之繁体，唯不明何以增‘水’于下"（于省吾《诂林》，第 1658 页，姚孝遂按）。见于《合集》14755 号："癸……宾贞：周禽犬，延瀀？"辞中的瀀字，朱歧祥认为："从水麤声，隶作瀀。《说文》无字。乃第一期卜辞水名，地与周族见于同条卜辞，或在殷西南。"（朱歧祥《通释稿》，第 211 页）朱说可从，字形从水当为水名，或为麤鹿常常出没的地方。

瀌：字形 ╳，从水从示意纹身的鹿，姚孝遂隶作瀌，"为地名"（于省吾《诂林》，第 1663 页，姚孝遂按）。见于《合集》36835 号残片："……在瀌师……在三月。"辞中的"在瀌师"多为驻军或屯兵用语，瀌水之岸或为军队驻地。朱歧祥认为此字"从水从鹿从文声。隶作瀌。或即麇地水名。殷师曾驻兵于此，见晚期卜辞"（朱歧祥《通释稿》，第 210 页）。

濾：字形 ╳，姚孝遂隶作濾，认为"濾为地名。卜辞地名多增‘水’，地名与水名皆互相依存，‘濾’盖与‘虘’有关"（于省吾《诂林》，第 1646 页，姚孝遂按）。《说文》："濾水出北地、直路西，东入洛。"见于《合集》20364 号残辞："乙巳卜，巫叶……濾……"辞中的濾应为水名。其地所在，朱歧祥认为濾"俗称沮水，段注：‘今沮水出陕西鄜州中部县西北子午山，东流经骆驼冈，翟道山南。’"（朱歧祥《通释稿》，第 209 页）东沮水为今陕西黄陵县洛河

支流。也有认为古洛水，即今之洛河（孟世凯《辞典》，第 615 页）。

灪：字形█，隶定为灪。姚孝遂认为："裘锡圭以为字从'虒'从'水'，然'虎'所从之形体与'戈'不类，姑存疑。在卜辞为地名"（于省吾《诂林》，第 1630 页，姚孝遂按）。见于《合集》36828 号："壬寅卜，在曹贞：王步于灪，亡灾？"又见《合集》36955 号出现"在灪"的内容。辞中的"灪"或为水名或为地名，与曹地见于同条卜辞，或为曹地的水名。朱歧祥认为："从水虒声，隶作灪。《说文》无字。卜辞中属殷地名，与曹形近，曹在殷东南"（朱歧祥《通释稿》，第 207 页）。

《合集》36955 号

潢：字形█，从水黄声，王襄最早释"古潢字"（王襄《簠室殷契类纂》正编第十一，第 50 页）。姚孝遂认为"潢乃地名"（于省吾《诂林》1278 页姚孝遂按）。《说文》："潢，积水池。"卜辞中的"潢"本当为水名，或用作地名，见于《合集》36589 号："己亥卜，在潢贞：王今夕亡祸？"辞中的潢或为地名或为水名。又见于《合集》37514 号："戊午卜，在潢贞：王其垦大兕，叀駁既骗，亡灾？禽。"由辞中的内容

推断，潢水或潢地是商王朝的田猎之处。孟世凯引《左传·隐公元年》："惠公之季年，败宋师于黄。"杜预注："黄，宋邑。陈留外黄县东有黄城当在今河南民权县东十五里。"认为《左传》中的黄当是卜辞之潢水所在之地，为商末田猎范围地区（孟世凯《辞典》，第 614 页）。饶宗颐认为潢与贞卜人物黄相关，"贞卜人物之名号，其中不少原为地名"（饶宗颐《通检》第一册《前言——贞人问题与坑位》，第叁页）。

潦：字形█，释为潦。姚孝遂谓"从水从寮，释潦可从。……为地名"（于省吾《诂林》，第 1280 页，姚孝遂按）。《说文》："潦，雨水大貌。从水寮声。"卜辞中潦从水，当为水名，见于《合集》24423 号："丙戌卜，王在潦？"还有《合集》24422 号残辞也出现"在潦"内容，皆为且庚且甲时期卜辞。辞中的潦指潦水，认为"发源于今河南南阳市北百崇山南麓，南流经新野县注入洧河"（孟世凯《辞典》，第 632 页）。

涛：字形█，从水，从寿。姚孝遂谓"为地名"无释（于省吾《诂林》，第 1306 页，姚孝遂按）。孟世凯、王蕴智皆释为涛（孟世凯《辞典》；王蕴智《字学论集》，第 185 页）。《说文新附·水部》："涛，大波也。"见于《合集》10984 号："……田于涛。"涛地或涛水沿岸当为商王田猎之处。此字孟世凯释为涛，引《水经·浊漳水》："陶水南出南陶，北流至长子城东，西转径其城北，东注入漳水。"认为"陶水又作淘水，淘与涛同。当在今山西晋城市一带"

（孟世凯《辞典》，第 657 页）。朱歧祥释此字所从的旁"今作畴。卜辞为耕地意。……字复借为祷。《说文》：'告事求福也。'《广雅·释天》：'祭也。'卜辞有言'祷日'，即请福于鬼神之日"。又"字又增水旁作，或属地名"（朱歧祥《通释稿》，第 142—143 页）。

《合集》10984 号

酋：字形，从水从西，本应释为酒，但甲骨文酒字从水点不从水形，而这个从水形从西的字只见用作水名或地名，为区别于酒字，依形隶定为酋。孙海波、姚孝遂皆释"为地名"（孙海波《甲骨文编》，第 569 页；于省吾《诂林》，第 1276 页，姚孝遂按）。见于《合集》28231 号："在酋、盂田，受禾？"辞中的"酋"用为地名，为植禾之地，与盂地见于同条卜辞，两地当相近，酋或为盂地的水名。

淄（海、油）：字形，象独木舟在水中，见于《合集》10163 号："……其来水……有珏舌？五月。"辞中的字，叶玉森最早释为海，认为"泃其来水"为海其来水（叶玉森《钩沈》，第 2 页），后来仍"疑为海之初文，（《钩沈》）亦觉未信"（叶玉森《前释》四卷，第 18 页）。李孝定释为油，并认为"叶氏（叶玉森）初释海，继已自辩其非。姑无论字不从午，即从午亦不是以证其为海字也。辞云'油其来水'似亦为水名"（李孝定《集释》，第 3281 页）。姚孝遂则认为："释'油'非是。当隶作淄。在卜辞为水名。"（于省吾《诂林》，第 1273 页，姚孝遂按）李宗焜也释为淄（李宗焜《甲骨文字编》，第 472 页）。但朱歧祥释为渔，认为"象鱼游水中"（朱歧祥《通释稿》，第 155 页）。

温：字形，从水从自在皿上，姚孝遂隶作温，"为地名"（于省吾《诂林》，第 678 页，姚孝遂按）。卜辞中"温"用作水名或地名，见于《合集》41768 号："乙巳，王卜，在温贞：今日步于攸，亡灾？"辞中的温与攸地见于同条，或为攸地的水名。朱歧祥认为："从水从自皿，隶作温。《说文》无字。属第五期卜辞中的地名，与攸地相接。"（朱歧祥《通释稿》，第 103 页）

濞：字形，从水鼻声，姚孝遂释为濞，并认为与鼻"为同地。卜辞地名每增水旁，为水名"（于省吾《诂林》，第 376 页，姚孝遂按）。但叶玉森、孙海波皆隶作溴（叶玉森《前释》，第 219 页；孙海波《甲骨文编》旧版十一卷，

第 6 页）。此从姚释为濞，濞在卜辞中用作水名，见于《合集》8357 号："戊申卜，贞：……于濞？……方。"所见卜辞中鼻用作地名，如《合集》8189 号："壬申卜，贞：乎御，在鼻……"濞当为鼻地的水名。

漅：字形、，商承祚最早释为漅（商承祚《类编》十一卷，第 7 页）。叶玉森释"漅为地名，亦水名。林泰辅氏曰：'漅即济源县之漅水，即《左传》襄十六年所谓：会于漅梁。漅盖为漅之误。'（《甲骨文地名考》）"（叶玉森《前释》一卷，第 48 页）。见于《合集》7320 号："贞：涉漅？二告。"为武丁时期卜辞。又见于《合集》36785 号："癸未卜，在漅贞：王旬亡祸？"为帝乙帝辛时期卜辞。可见从卜辞一期到卜辞五期，漅水都是商王光顾之处。又由《合集》35532 号残辞"在漅……餗大甲"内容知漅水也是商王祭祀之处。陈梦家认为："漅是水名，从水枭声。《水经》'沁水出上党涅县谒戾山'注云'沁水即涅水也。'涅漅古音相同，所以漅水即

《合集》7320 号

沁水，亦名少水。《续》3.27.4 有'涉漅'之文，与敦见于一版，敦在沁阳附近。于省吾亦有此说。"（陈梦家《综述》，第 310 页）

泛：字形，从水之声，姚孝遂隶定为泛，认为"当为地名。杨树达释'灌'不可据"（于省吾《诂林》，第 776 页，姚孝遂按）。卜辞中"泛"用作水名或地名，有二见皆残辞，有《合集》36898 号："已……泛贞：……王"还有《合集》36899 号："戊……泛在……今……"辞中的"泛"或为水名或借用作地名，待考。

潋：字形，从朱歧祥隶定为潋。卜辞中为水名，见于《合集》8351 号残辞："……亡灾？在潋。"为武丁时期卜辞。朱歧祥认为："从水从见从攴，隶作潋。《说文》无字。卜辞中属殷水名。殷人曾在此卜，求免灾祸。"（朱歧祥《通释稿》，第 99 页）

流（沙）：字形，水旁的六点示意水在流动，从日人贝冢茂树观点释为流（贝冢茂树《京都大学人文科学研究所藏甲骨文字·本文篇》，第 536 页）。也有释为沙（李宗焜《甲骨文字编》，第 472 页）。仅见《合集》27996 号："叀微用舟流，于之若，翦叡方。"辞中的流或为水名，与叡方近。或借用作动词。

潖：字形，依形隶定为潖。卜辞中用作水名或地名，见于《合集》36603 号："己巳卜，贞：王迟于潖，往来亡灾？"还见《合集》36604 号。二辞中的潖或为水名或为地名，由"迟于"其常见于田猎卜辞例，潖水或潖地为田猎之

处。此字形也有释为雍（姚孝遂、肖丁《类纂》，第 656 页）。

涂：字形，依形隶定为涂。姚孝遂谓"为地名"无释（于省吾《诂林》，第 1280 页，姚孝遂按）。从水，当为水名，或用作地名，见于《合集》36956 号残辞："……辰卜，在涂……步于……亡灾？"辞中"涂"或为水名，或为地名。其地待考。

涑：字形，从水从东，于省吾、姚孝遂释为涑（于省吾《诂林》，第 1303 页）。见于《合集》11156 号："允：出。崇勿牛，崇涑牛……今……毫……"为武丁时期卜辞。辞中"涑牛"与"勿牛"对文，勿牛为杂色牛，涑牛的涑或指牛的来源地；涑字从水，应为水名。殷都之北的漳水上游分浊漳水、清漳水，浊漳水古又称涑水。

阜：字形，叶玉森、李孝定最早皆释为阜（叶玉森《说契》，第 2 页，李孝定《集释》，第 4129 页）。《说文》："阜。大陆也。山无名者，象形。"《释名》："土山曰阜。"姚孝遂认为："王筠《释例》谓'阜之古文作，，盖如画坡陀者然，层层象重叠也……侧山为阜之说陋。'其见解释对的。……山象峰峦，阜象陂陇，不得谓为山之竖书。"（于省吾《诂林》，第 1253—1254 页，姚孝遂按）见于《合集》7859 号："贞：隹阜山令？贞：允隹阜山令？"为武丁时期卜辞。辞中阜与山连文，当用作本义。又见《合集》7860 号、20600 号、19215 号、20253 号等都出现阜的内容，皆当用其本义，指

高峻之处。

（8）四土及邦族

四土：字形，释为四土。郭沫若最早释四土即四社（郭沫若《粹考》，第 119 页）。四土也称为四方，但陈梦家认为："四方与四土的意义本来是有差别的：四土指东西南北四个方面的土地，四方之东西南北四个方面。卜辞'方'其用法有五：（1）纯粹的方向，如东方、西方，（2）地祇之四方或方，（3）天帝之四方，如'帝于东''寮于西'，（4）方国之方，如羌方、多方，（5）四土之代替。与四方或四方相对待的大邑或商，可以设想为处于四方或四土之中的商之都邑。大邑或商实指一个范围的土地，即都邑所在的土地，故与之相对的四方或四土亦实指一个范围更为广大的区域……"（陈梦家《综述》，第 319 页）卜辞中的四土即东土、南土、西土、北土，如《合集》36975 号："己巳王卜贞：岁商受？王占曰：吉！东土受年？南土受年？吉！西土受年？吉！北土受年？吉！"为帝乙帝辛时期卜辞。所见卜辞中，东土、南土、西土、北土也合称四土，如《合集》21091 号："壬午卜，奏四土于芍？"为武丁时期卜辞。又如《合集》33272 号："……卜……四土于……宗。"为武乙文武丁时期卜辞。在甲骨文时期商王朝王畿以外的四方土地上，分布着众多的邦族方国，各有着或大或小的居住地。宋镇豪认为："商代的政治地理架构基本表现为王畿、四土与四至三个层次，用商人自己的语言说，即恒以'商'或'商邑'、'大

邑'，与'四土'或'四方'相对言，国家政治疆域的已确立。……'商'于'四土'或'四方'对文，商居天下之中而又称'中商'。'四土'、'四方'并非虚指，不是一个模糊的概念，而是基于以'商'为中心的国土观念的平面展示，有王权政治统治和经济制衡的内涵。……显而易见，这种以'四土'或'四方'观为特征的国土概念，无不与商王的文韬武略紧相系联，是有行政区域地理上的泛属性的，展示了商人的世界观。"（宋镇豪《夏商社会生活史》，第 25—26 页）

四方：字形 𝌆，释为四方。四方一名最早见于《诗·商颂·殷武》："商邑翼翼，四方之极。"胡厚宣作《甲骨文四方风名考证》（胡厚宣《甲骨学商史论丛初集》，第 265 页），释东方、南方、西方、北方为四方。卜辞中的四方，不但指东、南、西、北四望，亦指商王畿以外东、西、南、北四个方面的领土。所见甲骨卜辞中四方即指东西南北的概念非常明确，如《合集》30394 号："辛卯卜，御肜酒，其侑于四方？"又如《屯南》1059 号："壬辰卜，其宁疾，于四方、三羌、侑九犬。"前二辞中的四方即指即东方、南方、西方、北方四望。卜辞中的四方各有专名，如《合集》14295 号："贞：禘于东方曰：析，风曰：劦，受年？贞：禘于西方曰：彝，风曰：丰，受年？辛亥卜，内贞：禘于北方曰：宛，风曰：伇，求年？辛亥卜，内贞：禘于南方曰：微，风曰：夷，求年？一月。"为武丁时期卜辞。可见四方的概念已经

升华，其各有的专名已经升华为神名，其风各有的专名一并升华为神名。

四戈：为卜辞中出现的东戈、南戈、西戈、北戈的总称，见于《合集》33208 号："甲子卜，王从东戈乎侯戋？乙丑卜，王从南戈乎侯戋？丙寅卜，王从西戈乎侯戋？丁卯卜，王从北戈乎侯戋？"宋镇豪从陈梦家观点认为："戈指边境之地，'四戈'当为'四土'外周边'四至'的与商王朝若接若离弹性伸缩边地。"（宋镇豪《夏商社会生活史》，第 41 页）

《合集》33208 号

东对：字形 𤔔，释为东对，对字最早由罗振玉、王襄释定（罗振玉《殷释》中，第 59 页；王襄《簠室殷契类纂》，第 11 页），字形宋镇豪释"象手植丛树于土上作表记之形，疑读若垂、

同陲，意指边垂疆界标识。《说文》：'垂，远边也。''东对'指东方边地的疆界标识"（宋镇豪《夏商社会生活史》，第 37 页）。见于《合集》36419 号："辛卯，王……小臣醜……其亡圉……于东对？王占曰：吉！"辞中"东对"的东序方位，东对意为东部边界的标识，即东部封界，为商王朝国土东部的实际地望。

西对：字形𝌆，释为西对。对字的含义参见东对条。见于《合集》30600 号："于夫西对？大吉！"辞中"西对"的西序方位，西对意为西部边界的标识，即西部封界，为商王朝国土西部的实际地望。或位于夫地。

北对：字形𝌆，释为北对。对字的含义参见东对条。见于《屯南》4529 号："于售北对？"辞中"北对"的北序

《屯南》4529 号

方位，北对意为北部边界的标识，即北部封界，为商王朝国土北部的实际地望。或位于售地。

①东土和东部邦族

东土：字形𝌆，释为东土。卜辞中商人对王畿之外东部的领土称东土，如《合集》9735 号："甲午卜，延贞：东土受年？二告。甲午卜，延贞：东土不其受年？二告。"又称为东方，如《屯南》423 号："叀东方受禾。"还有见称为东邦，如《合集》33068 号："丁巳卜，贞：王令皋伐于东邦？"也见有简称为东，如《合集》7090 号："……来艰至东。十二月。"甲骨文时期的东土邻近或者包括商王朝的主要田猎区之一，即内黄、滑县、浚县、濮阳交汇一带的田猎区，是商王特别关注的地方，由于殷商时期特别是武丁时期商王朝中央的征战在西北，东部无强敌，所以为商王常常田游之地，卜辞多言"从东"获兽可证。卜辞有见甲骨文时期人们有祭四方之习，东方神名为析，如《合集》14295 号："贞：禘于东方曰：析。风曰：劦。求年。"卜辞还有见祭东母，如《合集》14761 号："贞：侑于东母？"又如《合集》14340 号："贞：燎于东母，三豕？"可见东母为东方女神。此外，《合集》20637 号："己巳卜，王贞：乎弜共生于东？四月。"宋镇豪云："'共生于东'，犹言拜求生命于东方，不如视东母、西母为商人心目中的司生死之神，分居东、西方而掌管人间的生死。甲骨文祭东母多于祭西母，商代葬俗鬼魂'之幽'意识以头朝东最多，向

西较少，似东方主生，象征生命和再生，西方主死，象征死亡，大概东母为生命之神，西母为死亡之神。燎祭东母、西母，大概是求其保佑商族子孙的繁衍兴旺。"（宋镇豪《夏商社会生活史》，第789 页）

贮（贾）：字形㑒、㒰、㓉，罗振玉最早释"象内贝于宀中形。或贝于宀下。与许书作贮，贝在宀下义同"（罗振玉《殷释》中12 页）。《说文》："贮，积也。从贝，宁声。"见于《合集》28089 号："师贮其乎取美御，吉！"为廪辛康丁时期卜辞。辞中的贮当为人名，"师贮"意为武官师名贮者。由《合集》671 号反面："贮入七十。"内容知贮当为邦族名。所见卜辞中，贮邦族为商王朝的重要附属，常常向王朝中央供奉并受商王的遣差，其居住地也为商王朝的屯兵地。张秉权认为："贮，是武丁时的一位方国首领，是卜辞最常见的人物，他有部队，也有领土。……他的方位，大约与我、基、缶、蜀等地相去不远。缶地在今山东定陶县境，蜀地在今山东泰安县境，那末贮似乎也应该在定陶与泰安附近的地方。"（张秉权《殷墟文字丙编考释》，第78 页）但郑杰祥引丁山《殷商氏族方国志》"以为贮为杼之本字……因此卜辞贮地可能就在后世的杼地。杼地所在，丁山文云：'《汉书·地理志》所称梁国杼秋县，可能即商代宁氏故居。……《清一统志》：杼秋，在今砀山县东六十里。'清代砀山县即今安徽省砀山县，古杼秋当在今砀山县东约30 公里，此地北距卜辞方地约50 公

里，它可能就是卜辞中的贮地"（郑杰祥《概论》，第162 页）。

不：字形㓰，罗振玉释"象花不形。花不为不之本谊"（罗振玉《殷释》中，第35 页）。郭沫若释象花萼形（郭沫若《甲研·释祖妣》，第18 页）。王国维释"以古文言之，如帝者，蒂也，不者，柎也"（王国维《观堂集林》上，第172 页）。李孝定认为："王国维氏取《小雅》郑笺之说谓不即柎，其说至塙。郭（郭沫若）说尤精当。"（李孝定《集释》，第3497 页）《说文》："不。鸟飞上翔不下来也。从一。一，犹天也。"卜辞中不除用作副词表否定外，也用作人名，诸子中有子不，如《合集》14007 号："贞：子不其有疾？"不又用作地名和邦族名，如《合集》20477 号："戊申卜，扶：余令方至不？"为武丁时期卜辞。辞中不地与方邦族见于同辞。又如《丙》21 号："庚申卜，王贞：余伐不？庚申卜，王贞：余伐不？庚申卜，王贞：余勿伐不？庚申卜，王贞：余勿伐不？"可见不邦族与商王朝中央为敌对关系，商王亲率军队征伐不邦族。有认为不邦族或为方国，但所见卜辞中未出现"不方"之名。不邦族及居住地所在，郑杰祥认为："卜辞不族之'不'当即丕之初文，金文丕显之丕皆写作不可作确证。因此，卜辞不族不地应当就是后世所称作的丕地。丕与邳二字相通，……《左传·昭公元年》：'商有邳、邳。'杜预注：'二国，商诸侯，邳，下邳县。'《汉书·地理志》东海郡下邳县下颜师古注引'应劭曰：邳在

薛，其后徙此，故曰下。'……古薛城当在滕县东南约20公里，仲虺城也即上邳城位于薛城西约15公里，此地西距卜辞方地约50公里，它应当就是卜辞中的不地。"（郑杰祥《概论》，第163—164页）山东滕县今为山东省滕州市。

《合集》14007号

崔：字形 𠂤，严一萍释"当即《说文》之鸟若鹊"（严一萍《释 𠂤》，《甲骨古文字研究》，第275页）。李孝定以为"严氏（严一萍）释鸟可从"（李孝定《集释》，第1393页）。但姚孝遂认为："字只能隶作'崔'，在卜辞为人名、地名及国族名。"（于省吾《诂林》，第1706页，姚孝遂按）见于《合集》20485号："戊寅卜，方至不？之日有曰：方在崔鄙？"辞中崔地与方邦族和不地见于同条卜辞。又见《合集》10983号："乎田于崔"皆为武丁时期卜辞。崔地当为武丁时期的田猎地。此外，崔在卜辞中也用作邦族名，如《合集》6785号："……卜，方……敦崔。"意为商王派方邦族敦伐崔邦族，可见崔邦族与商王朝曾为敌对关系，后经征伐归顺于商王朝中央，成为商王朝的田猎地。郑杰祥释崔为趡，认为："卜辞崔字应当就是趡的初文，卜辞趡地应当就是后世的趡地。其地所在，《春秋·桓公十七年》：'二月丙午，公会邾仪父盟于趡。'杜预注：'趡，鲁地。'春秋邾国在今山东省邹县东南，此地南距卜辞不地40公里，西南距卜辞方地约50公里，趡地当距此三地不远，它应当就是卜辞中的趡地。"（郑杰祥《概论》，第164页）

眹：字形 𥄉，释为眹。罗振玉最早释为敌，又释瞋（罗振玉《殷释》中，第57页）。王襄从释敌（王襄《簠室殷契类纂》，第64页）。姚孝遂认为"即《说文》眹字之初形。又《说文》瞋字，从目从寅，义当是眹字之异，古矢与寅为同源字，每相混"（于省吾《诂林》，第624页，姚孝遂按）。见于《合集》24249号："壬辰卜，在师眹？"又《合集》24252号出现"在师眹"内容，可见眹地为商王朝的军事驻地。还有《合集》6839号等出现"翦眹"以及《合集》6841号等出现"敦眹"内容，其眹当为邦族名，由眹邦族受到征伐，其与商王朝中央曾为敌对关系，后被征服归顺，成为商王朝的军事驻地，就有了《屯南》2100号所记载的商王"往眹"与"自眹"内容。又由《合集》6839号："……崔侯……灾。"与《合集》6840号："癸亥卜……侯其翦眹？"两版卜辞内容综合分析，《合集》6840号的侯当为崔侯之残或之省，昳地当与崔地相邻或相连，也在今山东省邹县一带（郑杰祥《概论》，第164页）。

《合集》24249 号

峹：字形 、 、 ，罗振玉最早释为峹，并认为字形增点"象水形，水可养植物则也"（罗振玉《殷释》中，第35页）。王襄亦释"古峹字"（王襄《簠室殷契类纂》正编第七，第34页）。《说文》："峹，物初生之题也。上象生形，下象其根也。"段玉裁注："古发端字作此，今则端行而峹废，乃多用峹为专矣。"《说文·页部》："颛，头颛颛，谨貌。从页，峹声。"饶宗颐谓"峹端古一字"（饶宗颐《通考》，第890页）。见于《合集》6842号："甲申卜，王贞：侯其翦峹？"又见《合集》6843号出现"其大敦峹"，《合集》6844号出现"贞：伐峹？"皆为武丁时期卜辞。辞中的峹当为邦族名受到"翦""敦""伐"等征伐，说明峹邦族在武丁时期与商王朝中央为敌对关系。此外，《合集》8266号残辞："贞：峹受？"辞中的峹或为地名，为峹邦族所居之地。关于峹地或峹族，郑杰祥认为："峹与颛音同相通，卜辞峹族应当就是颛族也即古颛臾国。《左传·僖公二十一年》：子鱼曰：

'任、宿、颛臾，风姓也。实司太皓与有济之祀。'杜预注：'颛臾在泰山南武阳县东北。'高士奇《春秋地名考略》卷十四：'今费县西北八十里有颛臾城。'清代费县即今山东省费县，古颛臾城当在今费县西北约40公里，此地西距卜辞逪地约在50至70公里之间，它应当就是卜辞中的峹地。"（郑杰祥《概论》，第165页）

贯：字形 、 、 、 ，一字多形，孙诒让最早释为毌，读若贯（孙诒让《举例》下，第33页）。《说文》："毌。穿物持之也，从一横贯，象宝货之形。凡毌之属皆从毌，读若冠。"段曰："古贯穿用此字，仅贯行而毌废矣。"唐兰认为："《说文》毌字，本象盾形……古书读借用干字，毌与干一声之转。"（唐兰《论周昭王时代的青铜器铭刻》，《古文字研究》第二辑，第48页）陈梦家释此字形为串，认为"串作 ，郭沫若释毌（《卜通》540），《尔雅·释诂》贯串并训习，所以串可能是《诗·皇矣》'串夷载路'之串夷。卜辞的侯串（《库》1109、《龟》2.3.16）则为某侯的私名。《龟》2.26.4有'串尹'则为串国之尹"（陈梦家《综述》，第294页）。卜辞中贯见于《合集》6754号："辛亥卜，贞：贯其取方？八月。"为武丁时期卜辞。辞中贯为邦族名，其邦族首领封为侯。贯族与方族见于同条卜辞，说明两地当相近或相连。又如《合集》6825号："……贯弗翦周？十二月。"辞中贯或为族名，或为人名，与周又见于同条卜辞。再如《乙》3331号："先翦于贯。"辞中贯当为地名，而且是农刍地。贯地所在，郑杰祥认为："卜辞贯地当在春秋时代的贯泽一带。《春秋·僖公二年》：'秋，九月，齐侯、宋公、江人、黄人盟于贯。'杜预注：'贯，宋地，梁国蒙县西北有贳城，贳与贯字相似。'高士奇《春秋地名考略》卷十云：贯'《公羊》作贯泽，范宁云：贯，宋地。《后汉志》：蒙县有贳城。……'《大清一统志·河南归德府》古迹条下：'贳城在商邱西北，与山东曹县接界。'清代商邱即今河南省商丘县，曹县即今山东省曹县，古贯地又称贯泽，又称之为贳城，当位于今曹县西南、商丘西北一带，此地东北距卜辞方地约 90 公里，他应当就是卜辞中的贯族所在的贯地。"（郑杰祥《概论》，第 166 页）

疋：字形𓂝，杨树达以为"象足跟，余向释为𧾷字"（杨树达《积甲文说》，第 59 页）。金祥恒释为足（金祥恒《续文编》二卷，第 33 页）。李孝定释为疋（李孝定《集释》，第 640 页）。《说文》："疋。足也。上象腓肠，下从止。"见于《合集》6974 号："……贯其鬋疋？"为武丁时期卜辞。辞中疋与贯见于同条卜辞。还见《合集》6971 号："丁巳……贞：贯弗鬋雀……五月。卜……疋……丧。"虽然是残辞，也可看出疋与雀、丧见于同版卜辞。疋地或邦族当与贯地、雀地、丧地相距不远，在今山东曹县西南、河南商丘西北一带（郑杰祥《概论》，第 261—262 页）。

缶：字形𦈇，陈梦家、饶宗颐、李孝定皆释为缶（陈梦家《综述》，第 569

页；饶宗颐《通考》，第 189 页；李孝定《集释》，第 1802 页），也有释为匋（朱芳圃《文字编》补遗，第 11 页）。见于《合集》1027 号："己未卜，殻贞：缶其来见王？一月。己未卜，殻贞：缶不其来见王？己未卜，殻贞：缶其廩我旅？己未卜，殻贞：缶不其廩我旅？一月。"为武丁时期卜辞。辞中缶当为缶邦族首领名。又见《合集》6867 号："丁酉卜，殻贞：王叀……敦缶鬋？三月。"辞中缶当为邦族名。由前二辞内容可知，缶邦族与商王朝中央为时附时叛的关系。还见《合集》36553 号："己酉卜，在缶贞：王今夕亡祸？"为帝乙帝辛时期卜辞。辞中缶是地名，商王身临其地，可见这时缶邦族与商王朝中央为归附关系。缶地所在，张秉权认为"在今山东定陶县"（张秉权《殷墟文字丙编考释》，第 248 页）。陈梦家则认为"缶与河津之基方、临汾之犬、平陆之郭、新绛之筍相近，亦当在晋南……今永济县"（陈梦家《综述》，第 294 页）。即今山西永济市。郑杰祥认为："缶族所在的缶地，应当就是后世的陶地……从卜辞所记与缶地相系联的地名看，它应位于商王朝的东方，当在古陶丘一带。……《大清一统志·山东曹州府》古迹条下云：'陶丘在今定陶县西南 7 里。'清代定陶县即今山东省定陶县，古陶丘当在今山东省定陶县西南，此地东距卜辞方地约 80 公里，它应当就是卜辞中的缶地。"

蜀：字形𧎘，孙诒让最早释为蜀（孙诒让《契文举例》下，第 9 页）。王襄亦释"古蜀字，不从虫"（王襄《簠室殷契类纂》正编第十三，第 58 页）。叶玉森"按孙氏（孙诒让）释蜀是也"（叶玉森《前释》一卷，第 140 页）。见于《合集》21723 号："癸酉卜，我贞：至蜀亡灾？"为武丁晚期卜辞。辞中蜀为地名。又见《合集》6860 号："丁卯卜，殻贞：王敦缶于蜀？"辞中商王敦伐缶邦族于蜀地，蜀地当与缶地相近。郑杰祥释蜀为蜀，认为："卜辞蜀地所在，《左传·宣公十八年》：'楚于是乎有蜀之役。'杜预注：'蜀，鲁地。泰山博山县西北有蜀亭。'西晋博县在今山东省泰安县东南。高士奇《春秋地名考略》卷二又引《山东通志》云：'汶上县西南四十里有蜀山，其下有蜀山湖。'清代汶上县即今山东省汶上县，蜀山、蜀湖当在今汶上县西南约 20 公里，此地西南距卜辞缶地约 90 公里，它可能就是卜辞中的蜀地。"（郑杰祥《概论》，第 168—169 页）陈梦家则认为："此字孙诒让以为是蜀字而省从。我们以为此字从目、从勹，勹即旬字。……是后世的荀国，史藉作荀。……晋地又有郇……杜元凯《春秋释地》云今解县西北有郇城，服虔曰郇国在解县东，郇瑕氏之墟

《合集》6860 号

也。……《春秋地名考略》以为在今临晋东北十五里。"（陈梦家《综述》，第 295—296 页）

戎（捍）：字形，孙诒让最早释为或，以为"古文以或为国。《说文》戈部或，邦也。从口戈以守其一"（孙诒让《契文举例》，第 18 页）。胡厚宣释"今案字从戈从口，口及盾，从戈从盾，当即是《说文》之戒"（胡厚宣《甲骨文所见殷代奴隶的反压迫斗争》，《考古学报》1966 年第 1 期）于省吾认为："当即后世戟字。《说文》：戟。盾也。从戈旱声。"释为捍（于省吾《诂林》2315—2316 页）。刘钊、李宗焜皆释为戎（刘钊《新甲骨文编》，第 719 页；李宗焜《甲骨文字编》，第 889 页）。见于《合集》6998 号："癸丑卜，沚其此戎豞。"前辞中的戎表本义为捍卫。所见卜辞中戎又借用作邦族名、人名和地名，见于《合集》6905 号："壬寅卜，见弗获，征戎？"为武丁时期卜辞。辞中捍当为邦族名，商王贞问对其进行征伐，应是敌对关系。又见《合集》8021 号："乙卯卜，珏贞：王往戎？"辞中戎当为地名，商王贞问前往捍地，这时的戎当已经被征服归顺。戎地所在，郑杰祥认为："卜辞戎地应当就是后世所称作的干地。……《大清一统志·直隶大名府》古迹条下：'干城在开州北。《诗·邶风》：出宿于干，《后汉书·郡国志》卫国县有竿城，《水经注》云：河之西岸有竿城，盖即干城之讹也。今开州北有干城村。'清代开州即今河南省濮阳县，干城村今称古干城，位于今

濮阳县北约 15 公里，此地东距卜辞方地约 150 公里，它应当就是卜辞中的捍族所在的捍地。"（郑杰祥《概论》，第171 页）

《合集》6898 号

徙：字形㣤㣆，王襄最早释"即步之繁文"（王襄《簠考·帝系》，第 6 页）。姚孝遂释"字从'行'、从'步'当隶作衖……皆为征讨之对象，为方国名"（于省吾《诂林》，第 2240 页，姚孝遂按）。甲骨文从行与从彳多无别，故释为徙。也有释为徙（孙亚冰、林欢《商代地理与方国》，《商代史》卷十，第 96页）。见于《合集》6892 号："……酉卜，㲆贞：我翦徙于悖？"为武丁时期卜辞。辞中徙、悖都当为地名，见于同版卜辞，说明两地相近或相连。又见《合集》39924 号："乙未卜，㲆贞：大甲乎王敦徙？"辞中徙当为邦族名，受到商王的敦伐。还有《合集》1202 号等都出现"敦徙"；《合集》6883 号等出现"捍徙"；《合集》3490 号出现"征徙"；《合集》6894 号等出现"翦徙"，可见其与商王朝中央为敌对关系，后被征服，武丁以后卜辞中未见到徙或徙族名。徙地所在，郑杰祥以为"或距卜辞悖地不远"（郑杰祥《概论》，第 176 页）。地

在殷东。但孙亚冰、林欢根据 1968 年河南温县小南张村商代墓葬出土的一件方鼎及其他四件铜礼器上均铭的㲆字形，认为："温县恰在沁阳南面，其境与沁阳相接，西地在沁阳西北。……由考古发现已知'衖'在温县一带。……小南张商墓属殷墟二期，与卜辞'衖'仅见于一期相符合，其墓主很可能就是'衖'族贵族。"（孙亚冰、林欢《商代地理与方国》，《商代史》卷十，第 96页）

匬：字形㔷、㔸，从匚从余省，依形隶定为匬。罗振玉最早释为簠（罗振玉《殷释》中，第 39 页），王襄亦释"古簠字"（王襄《簠室殷契类纂》第二，第 12 页）。李孝定"当释齋字，在卜辞为地名"（李孝定《集释》，第 1707页）。姚孝遂释"疑是'匬'字。《说文》：'匬。甌器也。从匚俞声。'"（于省吾《诂林》，第 2194 页姚孝遂按）见于《合集》6717 号："壬午卜，㲆贞曰：方出于匬？允：其出。十一月。"为武丁时期卜辞。辞中匬地与方族名见于同条卜辞，说明两地当相距不远，都在古方舆城即今山东鱼台县一带（郑杰祥《概论》，第 160 页）。

羴：字形㺉，王襄最早释"古羴字。许说羊臭也。从三羊"（王襄《簠室殷契类纂》，第 19 页）。李孝定释"字从多羊会意，羊多其臭更甚也。卜辞羴字疑当为方国之名"（李孝定《集释》，第1349 页）。见于《合集》6994 号："……申……勿乎妇好往于羴？"为武丁时期卜辞。辞中羴为地名，商王卜问让

妇好前往羴地。又见《合集》7002 号："……弗芻羴？一月。……叴母已于叠？"辞中羴被征伐，与叠地见于同版卜辞。羴地所在，朱歧祥认为："处殷西，与沚同辞。"郑杰祥云："羴字，《说文》卷四上：'羴，羊臭也，从三羊。……羶，羴或从亶。'段玉裁注：'亶，声也。'又说后世多把羴写成羶字。由此可知，卜辞羴地也就是羶地。羶地所在不能确指，按世人恶言羶，羶地当早已省去形符而称作亶地。亶与但声同相通……但与澶也相通……亶与澶也当相通，因此亶地可能就是澶地。澶地所在，《说文·水部》：'澶，澶渊水也，在宋。从水，亶声。'《续汉书·郡国志·沛国》杼秋县下：'有澶渊聚。'王先谦《集解》引《一统志》云：杼秋城在'今徐州府砀山县东六十里'。清代砀山县即今安徽砀山县，杼秋故城当在今砀山县东江苏和安徽二省交界处，古澶渊聚也当位于这个地区，此地北距卜辞沚地约 70 公里，它可能就是卜辞中的羴地。"（郑杰祥《概论》，第 178 页）若从郑杰祥释羴地即澶渊，那么，濮阳古也称澶渊，北宋时有著名的澶渊之盟，即发生在濮阳。

次：字形⿰，郑杰祥释为吹（郑杰祥《概论》，第 178 页），姚孝遂释为次（于省吾《诂林》，第 183 页，姚孝遂按），孟世凯亦将此字归入次字（孟世凯《辞典》，第 310 页）。所见"次"的卜辞有《合集》7004 号："……未卜，羴其捍次？"还有《合集》7005 号、7007 号也有次字，所贞问内容与《合集》7004 号大致相同，都是残片残辞，皆为武丁时期卜辞。关于次，郑杰祥认为："此次字当为吹字之别体……卜辞吹族所在的吹地地望，丁山《殷商氏族方国志》云：'《庄子·骈拇》：从容吹累，《释文》云：吹，一作炊。'《荀子·仲尼》：'可炊而亿也。'炊则读为吹。意者甲尾所见吹氏，即炊鼻。杜注：'炊鼻，鲁地'。江永《地理考实》曰：'地当在今宁阳县境。'意其他或在柴汶之会矣。清代宁阳县即今山东省宁阳县，古炊鼻当在今宁阳县境，此地南距卜辞羴地 100 余公里，它可能就是卜辞中的吹地。"（郑杰祥《概论》，第 179 页）

祝：字形⿰，罗振玉、王襄、郭沫若皆释为祝（罗振玉《殷释》中，第 15 页；王襄《簠室殷契类纂》，第 2 页，郭沫若《甲研·释祖妣》，第 12 页）。姚孝遂认为："论者多以为卜辞'兄'、'祝'同字，这安全是一种误解。⿰下部从⿰，下部从⿰，形体是有别的，其用法也截然不同。"（姚孝遂《古文字的符号化问题》，《古文字学论集》初编，第 104 页）所见卜辞中祝除用作祭祀动词，表祷告祈求外，也用作地名或邦族名，见于《合集》7008 号："……卜，王贞：次……戎于祝？"为武丁时期卜辞。辞中祝与次见于同条卜辞，二地当相距不远。又见《合集》15280 号也出现"祝"用作地名。郑杰祥认为："卜辞祝族所在的祝地，应当就是后世所说古铸国所在的铸地。……高士奇《春秋地名考略》卷十四云：'今宁阳西北有铸城。'……宁阳县即今山东省宁阳县，古铸城当在今肥城县南、宁阳县西北，此地南距卜辞吹（次）地 30 余公里，它应当就是卜辞中的祝地"（郑杰祥《概论》，第 179—180 页）。

《合集》15280 号

亩：字形𠇷，孙诒让最早释"即亩之古文。……或即廪，从广禀"（孙诒让《举例》下，第 6 页）。《说文》："亩。谷所振入，宗庙粢盛，仓黄亩而取之，故谓之亩。从入回，象屋形，中有户牖。"陈梦家认为："象露天的谷堆之形。今天的北方农人在麦场上，作一圆形的低土台，上堆麦秸麦谷，顶上作一亭盖形，涂以泥土。谓之'花篮子。'与此相似。"（陈梦家《综述》，第 536 页）所见卜辞中，亩用为地名，见于《合集》6943 号："癸酉卜，殻贞：亩亡，在亘？贞：弗其及捍？"为武丁时期卜辞。辞中亩与亘地见于同条卜辞，与捍地见于同版，同版还出现犹地和舞侯，说明亩地与捍地、亘地、犹地和舞侯之地皆相近。还有《合集》6940 号、6941 号等也出现亩字，或为地名或为邦族名。亩地所在，郑杰祥从亩即廪，认为："卜辞中作为专有名词的廪则是指廪族和廪地。……廪族所在的廪地，应当就是春秋时期的廪延。……高士奇

《春秋地名考略》卷六云：'按廪延，酸枣同在一地。《水经》曰：河水又东北流，谓之延津，盖延津者，廪延之津也。'古酸枣县在今河南省延津县南，此地东北距卜辞亘地约 50 公里，它应当就是卜辞中的廪地。"（郑杰祥《概论》，第 188 页）今延津县在殷都（安阳）的东南。朱歧祥则认为亩"字为殷西南耕地名"（朱歧祥《通释稿》，第 262 页）。

《合集》6939 号

喦：字形𠕤，孙海波释为喦（孙海波《卜辞文字小记》，《考古学社社刊》第三期，第 62 页）。见于《合集》6939 号："癸巳卜，争贞：喦鬲獋？八月。……争贞：曰雀翌乙酉至于雘？"为武丁时期卜辞。辞中喦当为邦族名或人名。又见于《英》758 号："己亥卜……喦以鹿？"辞中喦或为地名。郑杰祥释喦为鄙，认为"鄙族所在的鄙地所在不能确指。按都与鄙意同相通……

《大清一统志·山东曹州府》古迹条下：'都关故城在今曹州府濮州东南。'清代濮州即今河南省范县濮城镇，古都关城当在今濮城镇东南，此地东距卜辞沚地100余公里，西距卜辞覃嚞地即今河南省濮阳县东南古咸地30余公里，它可能就是卜辞中的畐地。……卜辞畐地后世或已演变为廪地。《左传·襄公二十六年》：'齐乌余以廪丘奔晋，袭卫羊角。'杜预注：'廪丘，今东郡廪丘县故城是。'《水经·瓠子河注》：'瓠河之北，即廪丘县也。'杨守敬疏：廪丘故城'在今范县东南七十里。'清代范县在今河南省范县东北约15公里，古廪丘城当在今范县东南约30公里，此地东距卜辞沚地约80公里，西距卜辞覃嚞地约50公里，它也可能就是卜辞中的畐地"（郑杰祥《概论》，第181页）。饶宗颐亦认为畐"即廪丘。《左》襄二十六年《传》：'以廪丘奔晋。'今山东范县东南有廪丘城。"（饶宗颐《通考》，第110页）但朱歧祥认为："从靣从口，隶作畐。……前期卜辞用为耕地名……又用为附庸族称，处殷西南。"（朱歧祥《通释稿》，第263页）

犹：字形𤜼，郭沫若、王襄、商承祚最早皆释为犹（郭沫若《甲研·释蕬》，第4页；王襄《簠室殷契类纂》第十；第45页，商承祚《类编》十卷；第7页）。姚孝遂认为"字从'甾'从犬隶当作犹。在卜辞为方国名"（于省吾《诂林》，第1042页，姚孝遂按）。此从姚隶，字见于《合集》33074号："己丑卜，贞：畐以沚或伐犹，受祐？"

辞中犹当为邦族名，与廪邦族、沚邦族见于同条卜辞，其地当与廪地或沚地相近。郑杰祥认为：卜辞"犹族所生活的地方又可称之为淄地。……卜辞淄地应当在后世的淄水一带。"（郑杰祥《概论》，第182页）朱歧祥则认为字"隶作猷，即犹字。卜辞用为外族名。……犹族与畐、雀、宁、曹、沚等殷西将领互有征伐。畐族位于殷西南方，是知犹族的大致方向。……殷王亲率众伐犹……犹遂沦为殷边地，不复振"（朱歧祥《通释稿》，第194页）。

洒（淄）：字形𣱩、𣲍、𣲖，从水从西，罗振玉最早释为洒（罗振玉《殷释》中，第68页）。李孝定认为："契文从水从甾，卜辞叚甾为西，罗氏释洒可从。字在卜辞为地名。"（李孝定《集释》，第3361页）姚孝遂释为淄（于省吾《诂林》，第1039页，姚孝遂按）。见于《合集》36789号："癸酉，王卜，在淄贞：旬亡祸？王占曰……"为帝乙帝辛时期卜辞。还见《合集》36612号、36809号都出现淄用作地名。淄地所在，郑杰祥认为："卜辞淄地应当在后世的淄水一带。……《大清一统志·山东兖州府》山川条下：'淄水在宁阳县东北。'清代宁阳县即今山东省宁阳县，古淄水大致就是现今的小汶河，发源于今山东省新泰县东，向西流经新汶县北、谷里镇北、宫里镇北、华丰镇北，西北至大汶口流入大汶河，此地西距卜辞畐地约100公里，南距卜辞沚族所在的沚地约70公里，它应当就是卜辞猷族所在的淄地。"（郑杰祥《概论》，第182—

183 页）

孼：字形䖝、䖞、䖩，一字多形，王国维隶为辥（王国维《观堂集林·释辥》，第 169 页），郭沫若释为孼，同孼（郭沫若《卜通》，第 84 页）。饶宗颐释为薛（饶宗颐《通考》，第 461 页）。姚孝遂认为："王国维释'辥'是对的。卜辞皆用作'孼'，乃灾咎之义。"（于省吾《诂林》，第 2479 页，姚孝遂按）见于《合集》8984 号："……以马自孼，十二月。"辞中的孼为地名。又见《合集》248 号："贞：登人，乎伐孼？二告。勿乎伐孼？"为武丁时期卜辞。辞中孼为邦族名，同版卜辞还出现悖地名，说明孼地与悖地相近。此外《合集》947 号、6826 号也出现"伐孼"，说明孼邦族与商王朝中央曾为敌对关系。孼地所在，郑杰祥认为："卜辞孼字作为族名和地名，丁山《殷商氏族方国志》以为就是后世的薛侯和薛地，兹从其说。……卜辞孼族所在的孼地应当就在春秋时代鲁国薛地一带。……古薛城当即今滕县东南的薛城镇，卜辞薛族当即汤左相仲虺的后代，此地北距卜辞甾地也即淄水 100 余公里，它应当就是卜辞中的孼地。"（郑杰祥《概论》，第 183—184 页）

敉：字形䍻，从来，从又，与麦字从来从夂有别，依形隶定为敉。朱歧祥认为："从又持来，隶作敉。《说文》无字。属晚期卜辞中的殷地名。"（朱歧祥《通释稿》，第 178 页）见于《合集》36809 号："癸亥，王卜，在刚贞：旬亡祸？癸酉，王卜，在淄贞：旬亡祸？癸未，王卜，在……师贞：旬亡祸？癸巳，王卜，在敉贞：旬亡祸？"为帝乙帝辛时期卜辞。辞中敉与刚地、淄地见于同版，三地当相近。郑杰祥认为："敉地的敉从又来声，或即后世的莱地。……古莱芜城当在今淄川镇（属山东省淄博市）西南的博山镇，此地西距卜辞淄地约 75 公里，它或者就是卜辞中的敉地。"（郑杰祥《概论》，第 185—186 页）

亘：字形㔾，吴其昌释"其字象迴环之形。……隶自当作亘也"（吴其昌《殷虚书契解诂》，第 294 页）。姚孝遂认为："字当释亘，亘回实本一字，后始分化。卜辞以为方国名及人名。"（于省吾《诂林》，第 224 页，姚孝遂按）所见卜辞中，亘用作人名，贞卜人物有名亘者；也用作方国名，有亘方；又用作地名，见于《合集》7897 号："乙亥，贞：其召衣于亘，遘雨？十一月，在圃鲁。"为武丁时期卜辞。辞中亘是地名。又如《合集》9289 号："亘入十。"辞中的亘当为族名。再如《合集》20384 号："辛亥贞：雀执亘，受佑？"辞中的亘是人名，当为亘邦族或亘方首领名，商王令大将雀执亘，说明其方国与商王朝中央曾为敌对关系，后被征服，向商王朝中央进贡。亘地所在，郑杰祥认为："亘族所在的亘地当即后世的垣地又称之为首垣和长垣……《水经·济水注》：'濮渠东绝驰道，东迳长垣县故城北，卫地也，故首垣矣，秦更从今名。'杨守敬疏引'《一统志》：长垣有长垣城。《一统志》：（长垣故城）在今长垣县东北十四里'清代长垣县即今河南省长垣县,长垣故城又称为首垣,最早当成为垣,位于今长垣县东北约 7 公里,它应当就是卜辞中的亘地。"(郑杰祥《概论》,第 187 页)但朱歧祥认为亘"卜辞用为殷武丁方国名,位殷西,于雀、䛭、长等同辞。……未几,殷吞并亘方为西边附庸,亘方岁岁来贡。……武丁期有贞人名亘,或即亘方降服后,其族人受殷朝委命为统理龟甲的官吏"(朱歧祥《通释稿》,第 296—297 页)。

《合集》7897 号

我:字形𢦏,罗振玉最早释为我(罗振玉《殷释》上,第 71 页)。王国维释"我字疑象兵器形"(引朱芳圃《文字编》十二卷,第 8 页)。赵诚亦释"我。象一种带刺的武器或工具,本为象形字"(赵诚《词典》,第 342 页)。张秉权认为:"卜辞中的'我'字,有着两种不同的意义:一是方国之名或人名。……另一个意义,便是第一身称的代名词。在卜辞中,第一身称的代名词有'我''余''朕'等字"(张秉权《殷虚文字丙编考释》,第 4 页)。卜辞中我一般作为人称代词,有见用作贞人名,也用作族名和地名,见于《合集》

5527 号:"丁丑卜,珏贞:使人于我?贞:勿使人于我?"又见《合集》8308号:"贞:在我?"皆为武丁时期卜辞,辞中的"于我""在我"的我均为地名。又见《合集》248 号反面:"我来三十。我允其来。"这条记事刻辞中的我或为族名或为人名。我地或我族所在,郑杰祥云:"'我'地望不能确指,按我与仪、义皆属疑纽歌部,为双声叠韵字。……我与仪、义音义相同固相通用,因此卜辞我地可能就是后世的仪地。……《大清一统志·河南开封府》古迹条下:'仪城在兰阳县北。……《旧志》:今县北有仪封乡。'清代兰阳即今河南省兰考县,仪封乡在今兰考县东的仪封镇,此地西距卜辞亘地约 35 公里,它可能就是卜辞中的我地"(郑杰祥《概论》,第 189—190页)。孟世凯则认为我"殆即春秋时之'夷仪'。《左传·僖公元年》:齐桓公

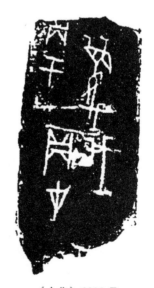

《合集》8308 号

率诸侯救邢，'邢迁于夷仪，诸侯城之，救患也'。夷仪为春秋之称，本为仪，卜辞中之我即其地，在今河北邢台市西之浆水村东"（孟世凯《辞典》，第297页）。朱歧祥又认为："我字又用为地名或族称。其地位殷西，与亘族相近。始见第一期甲骨"（朱歧祥《通释稿》，第321页）。

亢：字形↑，孙海波释为亢（孙海波《甲骨文编》，第426页）。姚孝遂认为："释'亢'可备一说。《说文》：'亢，人颈也。从大省，象颈脉形'。其或体作'颃'。契文'↑'不得谓象颈脉形……均用为人名。"（于省吾《诂林》，第310页，姚孝遂按）所见卜辞中，亢用作人名或邦族名，见于《合集》10302号："贞：多子逐鹿，令亢往于画？"为武丁时期卜辞。辞中亢为邦族名或人名，与画地见于同条卜辞，同版卜辞还出现夫、良地名。亢地所在，郑杰祥认为："卜辞亢地应当就是后世所说的亢父……《大清一统志·山东济宁州》古迹条下云：'亢父故城在今济宁州南50里。'清代济宁州即唐代任城县也即今山东省济宁市，古亢父当在今济宁市南约25公里，此地北距夫地约60公里，它应当就是卜辞中的亢地。"（郑杰祥《概论》，第194页）此字形朱歧祥释为泰，认为："从人，胯下一横，其义未详，或即泰之本字。今俗作太。……字用为第四、五期卜辞中殷王部属名。"（朱歧祥《通释稿》，第36页）

儿：字形，罗振玉最早释为儿（罗振玉《增考》中，第23页）。王襄亦释"古儿字"（王襄《簠室殷契类纂》第八，第40页）。《说文》："儿。孺子也。从儿。象小儿头囟未合。"李孝定认为："契金文儿字殊不象头囟未合之形。"（李孝定《集释》，第2785页）所见卜辞中，儿用作人名或邦族、方国名或地名，见于《合集》20534号："丙寅卜，叶王告取儿，王占曰：若、往。"为武丁时期卜辞。辞中的儿当为邦族名，卜辞有见儿伯，当为儿邦族或儿方国的首领。还见《合集》20592号："丙午卜，王令老臣于儿？六月。"辞中的儿或为地名。叶玉森释儿"疑郳倪之初文。《左》襄六年传：'齐侯灭莱，迁莱于郳。'《公羊》状五年'倪犁来朝。'《公羊》状五年'倪犁来朝'……《疏》：'倪之上世出于邾国。'《路史·国名纪》谓'郳，曹姓。'儿人即郳国之人。他辞曰'儿伯'，盖郳为殷世之伯，郳伯即郳君也。"（叶玉森《前释》七卷，第11页）郑杰祥谓："儿族所在的儿地，郭沫若《卜辞通纂》550片释

《合集》20534号

云：'儿即从邑作之郳国。'……古郳国位于今山东省滕县以东，此地西距卜辞规地约150公里，它应当就是卜辞中的儿地。"（郑杰祥《概论》，第196页）

旁：字形⺾，孙海波释"卜辞旁从凡方声"（孙海波《甲骨文编》，第4页）。《说文》："旁。溥也。从二，阙。方声。"姚孝遂认为："卜辞旁为方国名、人名或地名。"（于省吾《诂林》，第3159页，姚孝遂按）见于《合集》36945号："癸亥，王卜，在旁贞：旬亡祸？王占曰：吉！"为帝乙帝辛时期卜辞，辞中旁是地名。又见《合集》6665号："癸未卜，贞：旬亡祸？三日乙酉，有来自东画，乎贯告旁、捍。……祸。"为武丁时期卜辞。辞中旁与东画、捍见于同条卜辞，旁应用作邦族名或人名。旁地所在，郑杰祥云："旁族所在旁地不能确指，按旁与防古音同相通，因此它可能就是后世的防地。……《大清一统志·山东济宁直隶州》古迹条下：'防东故城在金乡县西南。……按古有西防城，在县西，其南即单县境，本春秋时宋防邑地，侯谓之西防城，后汉置防东县，在西防之东，故名。……'宋代单父县即今山东省单县，西防故城当在今单县北约25公里处，它可能就是卜辞中的旁地。此地西距卜辞规（画）地约60公里。"（郑杰祥《概论》，第197页）但朱歧祥以为旁"卜辞用为武丁期南面方国，见该族曾自东进犯殷边的画。……画与蜀见于同条卜辞，蜀的活动范围在殷的西南；参见基方条。从殷西南的画来告东面有旁方来犯，可推知

旁方约处于殷的南面"（朱歧祥《通释稿》，第423页）。

大：字形↑，释为大。所见卜辞中大字的用途甚多，用作商王的庙号，如大乙、大丁、大甲、大庚、大戊；又用作贞人名；还用作邦族名或方国名；还用作地名，如《合集》24238号："乙酉卜，行贞：王步自莆于大，亡灾？在十二月。"为且庚且甲时期卜辞。又如《合集》28188号："自瀼至于大，亡灾？大吉！翌，自瀼至于膏，亡灾？吉！"为廪辛康丁时期卜辞。辞中大地与莆地、瀼地、膏地见于同版或同条卜辞，其当相邻或相近。大地所在，郑杰祥认为："卜辞'大'地当即春秋时代的大城又称作大乡城。……古大乡城，大乡山也即大城所在地，位于今菏泽县西北，此地西距卜辞襄地约40公里，它应当就是卜辞中的大录和大地。"（郑杰祥《概论》，第201—202页）

膏：字形⻌，罗振玉、王襄、商承祚、李孝定皆释为膏（罗振玉《殷释》中，第25页；王襄《簠室殷契类纂》，第21页；商承祚《类编》四卷，第14页；李孝定《集释》，第1505页）。《说文》："膏，肥也。从肉，高声。"姚孝遂认为："释膏可从，卜辞用为地名。"（于省吾《诂林》，第1958页，姚孝遂按）见于《合集》28188号："自瀼至于大，亡灾？大吉！翌，自瀼至于膏，亡灾？吉！"为廪辛康丁时期卜辞。辞中膏用作地名与大地、瀼地见于同条卜辞。卜辞中膏又称膏鱼，见于《合集》10918号："戊寅，王狩膏鱼，擒。"为

武丁时期卜辞。辞中膏鱼也就是膏地，春秋时期有地名为高鱼。《左传·襄公二十六年》："齐乌余以廪丘奔晋，袭卫羊角，取之，遂袭我高鱼。"郑杰祥认为："膏鱼为地名，典籍作高鱼。……古高鱼城当在今郓城县东北，此地西南距卜辞襄地约100公里，距卜辞大地约80公里，它应当就是卜辞所称作的膏地。"（郑杰祥《概论》，第202页）

丹：字形月，饶宗颐、金祥恒、李孝定皆释为丹（饶宗颐《通考》，第968页；金祥恒《续文编》五卷，第18页；李孝定《集释》，第1737页）。《说文》："丹。巴越之赤石也。象采丹井、象丹形。"姚孝遂以为《说文》其说非是（于省吾《诂林》，第2851页，姚孝遂按）卜辞中丹用作人名，参见丹伯，当为丹邦族或丹方国首领名；又用作地名，见于《合集》24238号："辛巳卜……贞：王步自丹……灾？乙酉卜，行贞：王步自莕、于大，亡灾？在十二月。庚寅卜，行贞：王步自……于襄，亡灾？"为且庚且甲时期卜辞。辞中丹用作地名，与莕、大、襄等地见于同版。还有《合集》8041号武丁时期卜辞以及《合集》24385号等且庚且甲时期卜辞都出现"在丹"内容，可见丹地也是商王常常光顾之地。丹地所在，郑杰祥认为："卜辞丹地应当就是春秋时期宋国丹水一带。"又言获水"亦兼丹水之称也。……古获水当在商丘市北从汳水分出，它最早应称作丹水，也应当就是卜辞中的丹地"（郑杰祥《概论》，第202—203页）。即丹地当在今河南省商丘市一带。

新：字形𣂶，从辛从斤，释为新。卜辞中新除用作形容词表新旧之新外，也用作地名或邦族名，见于《合集》5528号："贞：使人于新？"为武丁时期卜辞。又见《屯南》1341号："方不出于新……戊。"为廪辛康丁时期卜辞。还见《屯南》2119号新与孟地见于同版卜辞。新地所在，郑杰祥云："卜辞新族所在新地不能确指。按新与辛同属心纽真部，为双声叠韵字故可相通。……又辛与莘音同相通，当为古今字……因此，卜辞新族后世可能已音变为莘族，此莘族所在……高士奇《春秋地名考略》卷七曰：'《夏本纪》：鲧纳有莘氏之女生禹，又伊尹耕于有莘之野，即此。今曹州曹县北18里有莘仲集。'清代曹县即今山东省曹县，莘仲集当位于今曹县北约10公里，此地东距菁地10余公里，它可能就是卜辞中的新地。"（郑杰祥《概论》205页）但孟世凯引"《战国策·秦策一》：'秦攻新城、宜阳，以临二周之郊。'此新城在今河南洛阳西南宜阳、伊川与三门峡之间，此地古为莘国之地域"（孟世凯《辞典》，第595页）。

𣄃：字形𣄃，王国维释"即旂之本字。……假借为祈求之祈"（王国维《戠考》，第73页）。《说文》："旂。旗有众铃，从令，众也。从㫃，斤声。"李孝定认为"王氏（王国维）说此为旂之本字可从"（李孝定《集释》，第2219页）。卜辞中旂用作地名，见于《合集》32903号："……辛卯，贞：从祈涉？辛卯，贞：从狩，卢、涉？"为武乙文武丁时期卜辞。同版卜辞出现尖地、卢地名。此外，武丁时期《合集》946 号中的"御祸于祈，御祸勿于祈？"以及《合集》7919 号中的"燎于祈？"《合集》17389 号中的"王梦隹祈？"等辞中的祈或为神名，或为商王祭祀神祖之地。其地所在，郑杰祥认为："卜辞祈地所在不能确指。按祈与几音近相通……卜辞祈地后世可能已音变为几地。几地所在……古几城当在今大名市东南。此地南距卜辞菁地和新地约 130 公里，它可能就是卜辞中的祈地。"（郑杰祥《概论》，第 205—206 页）张秉权则以为"在今安徽宿县境"（张秉权《殷墟文字丙编考释》，第 18 页）。

释为马（罗振玉《殷释》中，第 29 页）。《说文》："马，怒也、武也。象马头髦尾四足之形。"徐中舒认为"甲骨文凡关于禽兽的象形字多作侧视形只能显其一面，因此四足的兽只画其两足。《说文》中凡马鹿羊豕象诸字都解说为象四足形……《汉书·万石君传》说书马字与尾当五，马本有四足，再加一尾为五，这类的错误全是根据当时譌变的字体而来。正当的解释是尾三足二"（引李孝定《集释》，第 3031 页）。所见卜辞中马有用作家畜名，见于《合集》945 号："古来马，不其来马？"也借用作官名或方国名，如有"多马亚""多马卫""马方"。又用作地名，见于《合集》8208 号："辛巳卜，宾贞：王勿往马？"为武丁时期卜辞。马地所在，郑杰祥认为："卜辞马方所居住的马地所在，应当就是后世所称作的马陵……位于今河北省大名县东北 10 余公里，此地与卜辞祈地相近，它应当就是卜辞中的马地。"（郑杰祥《概论》，第 206—207 页）

《合集》32903 号

马：字形，象马形，罗振玉最早

《合集》8208 号

陝：字形、，孙诒让最早释为陵（孙诒让《举例》下，第 26 页）王襄、商承祚皆释为郊（王襄《簠室殷契类纂》正编第六，第 30 页；商承祚《类编》十四卷，第 6 页）。李孝定认为"当隶定作陕"（李孝定《集释》，第 4152 页）。于省吾亦隶作陕（于省吾《诂林》，第 1261 页）。此从李、于。见于《合集》376 号："庚申卜，古贞：王使人于陕，若，王占曰：吉！若。贞：勿使人于陕？不若，二告。"为武丁时期卜辞。又见于《合集》5473 号："庚辰卜，殻贞：陕由王事？庚申卜，殻贞：陕弗其由王事？"辞中的陕当为邦族名，向商王朝中央进贡并"由王事"，可见为归附关系。还见《合集》13748 号："乙未卜，贞：陕亡疾？"辞中的陕用作人名，为陕邦族首领之名。陕地所在，郑杰祥认为："陕应当在后世夷门和夷门山一带。……《大清一统志·河南开封府》山川条下：'夷门山，在祥符县城内东北隅，一曰夷山，以山势平夷而名，大梁旧有夷门，盖以山名。'战国时期的大梁，即清代的祥符县，也即现在的河南省开封市，古夷门合夷山当在今开封市东郊，此地距卜辞仓地甚近，它应当就是卜辞中的陕地。"（郑杰祥《概论》，第 209 页）

楇：字形𤔽、𤖰，从中或从木，从木从中同，郑杰祥释为楇（郑杰祥《概论》，第 210 页）。郑释可从。姚孝遂释"字从'鬲'从'木'或从'中'。在卜辞为地名即人名"（于省吾《诂林》，第 2741 页，姚孝遂按）。见于《合集》5708 号："乙亥卜，贞：令多马亚何，遘桇省陕回至于仓侯，从楇川，从舞侯？

九月。"为武丁时期卜辞。辞中的楇为地名，楇地或称楇川。又见《合集》4855 号："贞：楇弗祸元沚？二告。贞：楇祸元沚？"为武丁时期卜辞。辞中的楇与元沚见于同条卜辞，当皆为邦族名。郑杰祥云："卜辞楇地又称之为鬲地。卜辞楇地和鬲地所在不能确指。……卜辞楇地后世或已音变为呙地，如果此释不误，卜辞楇川当在后世的涡水沿岸……古涡水大致出自今河南省扶沟县东，东流经河南省太康县北、鹿邑县南、安徽省亳县北，又东南注入淮水。此水北距卜辞陕地最近处为 40 余公里，它或者就是卜辞中的楇川水。"（郑杰祥《概论》，第 210 页）

元沚：字形𤔽，释为元沚。见于《合集》4855 号："贞：楇弗祸元沚？二告。贞：楇祸元沚？"为武丁时期卜辞。辞中元沚与楇见于同条卜辞，当皆为邦族名。楇邦族及其居住地按郑杰祥观点位于今河南省扶沟县东，太康鹿邑一带（郑杰祥《概论》，第 210 页），元沚族或方国（孟世凯认为是方国名，见孟世凯《辞典》，第 120 页）。当与楇地相近或相连。

羡（帽）：字形𤔽，依形隶定为羡。王襄释"古羌字"（王襄《簠考·征伐》，第 4 页）。叶玉森、唐兰、丁山皆释象人戴帽形（叶玉森《前释》四卷，第 60 页；唐兰《天壤文释》，第 40 页；丁山《商周史料考证》，第 95 页）。于省吾释为羡（于省吾《释林》，第 17 页）。张秉权认为"于省吾释羡，说是《书·牧誓》之羡。也就是经传中的髦，并据伪传说髳在巴蜀。按于说似乎比较可信"（张秉权《殷墟文字丙编考释》，第45页）。见于《合集》6559号："己卯卜，王于来春伐髳？"为武丁时期卜辞。辞中髳应为邦族名，或为髳邦族的居住地名。髳地所在，郑杰祥从李孝定观点释此字为帽，认为："卜辞帽地后世可能已音变为蒙地。蒙地所在……蒙县故城当在今商邱县东北商丘市东郊，此地西距卜辞仓地约120公里……它可能就是卜辞中的帽地"（郑杰祥《概论》，第213页）。

豦：字形，依形隶定为豦。姚孝遂释"字隶作豦。……均用为人名"（于省吾《诂林》，第297页，姚孝遂按）。卜辞中豦用作人名或邦族名，见于《合集》20400号："辛亥卜，步豦伐髳？五月。"又见《合集》6561号："丁酉卜，令豦征髳，翦？"皆为武丁时期卜辞。辞中豦与髳邦族见于同条卜辞，豦用作人名或邦族名。由豦邦族奉命征伐髳邦族，豦邦族与商王朝中央当为附属关系。豦邦族居住地所在，郑杰祥认为："卜辞豦字，从大从豕，当即豭字初文。豕与亥古同为一字……卜辞豦地后世可能音变为开地。开地所在，《汉书·地理志》临淮郡有'开陵，侯国。莽曰成乡。'徐松《新斠注地理志详释》以为汉开陵'应今沂州府西南近邳州界地。'清代邳州在今江苏省邳县北。此地西距卜辞帽地约200公里，它或即卜辞中的豦地。"（郑杰祥《概论》，第214页）但朱歧祥认为豦"卜辞用为殷商西面藩属名，或人称。……字主要见于第四、

五期卜辞"（朱歧祥《通释稿》，第33页）。

永：字形，罗振玉、王襄皆释为派（罗振玉《殷释》中，第9页；王襄《簠室殷契类纂》正编第十一，第49页）。叶玉森释"当读永"（叶玉森《前释》一卷，第77页）。姚孝遂认为"字当释永"（于省吾《诂林》，第2269页，姚孝遂按）。所见卜辞中永用作方国名，有永方；也借用作人名，如贞人有永；又用作地名，见于《合集》41768号："壬寅，王卜，在沓𠂤贞：今日步于永，亡灾？癸卯，王卜，在永𠂤贞：今日步于……乙巳，王卜，在逗贞：今日步于攸，亡灾？乙未，王卜，在贞：田元，往来亡灾？乙丑，王卜，在攸贞：今日迲，从攸东，亡灾？"辞中永地与沓见于同条卜辞，与攸地、攸东地、元地见于同版卜辞。还有《合集》8288号、41768号都出现"在永"的内容。永地所在，陈梦家认为："攸地之永，即今永城。"（陈梦家《综述》，第306页）永城，今河南省永城市。

攸：字形，王襄、商承祚、陈梦家皆释为攸（王襄《簠考·地望》，第4页，商承祚《类编》三卷，第17页，陈梦家《综述》，第306页）。《说文》："攸。行水也。从攴，从人。水省。"鲁实先释"即役之古文"（鲁实先《姓氏通释》之一，《东海学报》第1期，第31页）。朱歧祥亦释役，认为"从人持杖以殳人，象驱人以戍"（朱歧祥《通释稿》，第17页）。卜辞中攸用作邦族名、地名和人名，见于《合集》7899

号："贞：取……于攸？"为武丁时期卜辞。辞中的"攸"用作地名。又见《合集》36823 号："癸酉卜，在攸，黄贞：王旬亡灾？"为帝辛时期伐人方卜辞。辞中的攸为地名。还见《合集》36484 号："癸卯卜，黄贞：王旬亡祸？在正月，王来征人方，在攸侯喜鄙永。"为帝辛时期伐人方归途卜辞。辞中的攸侯喜为人名。攸地所在，陈梦家认为："攸是攸侯之地。……攸当在今永城之南部，宿县之西北"（陈梦家《综述》，第 306 页）。即今河南省永城市一带。此外，攸或用作祭祀动词，如《英》609 号："己酉卜，宾贞：攸牛于上甲？"

《合集》7899 号

曾：字形曾、曾，于省吾释"为曾之初文。……甲骨文曾字常见，每用为地名"（于省吾《释林》，第 28 页）。《说文》："曾，词之舒也。从八，从曰。"见于《屯南》1098 号："叀戊，往己征，亡灾？永王。叀壬，往曾征，亡灾？永王。"为廪辛康丁时期卜辞。辞中的曾当为邦族名。又见《合集》4064 号、6536 号等都出现"于曾"内容，"于

曾"的曾当为地名。卜辞中曾也用作人名，如《合集》22294 号："……丑卜，曾命归。"辞中的曾或为曾邦族首领名。曾地所在，孟世凯认为："曾即鄫。《世本·姓氏》：'鄫，姒姓，子爵。'传为夏王少康封少子曲烈之地。春秋时期鲁襄公六年（前 567）为莒国所灭。故地在今山东苍山县西北鄫城。"（孟世凯《辞典》，第 574 页）饶宗颐则认为："《左》襄元年《传》：'次于鄫。'杜注：'郑地。'在河南归德府南。"（饶宗颐《通考》，第 637 页）河南归德府即今河南商丘市。此外，曾也用作祭祀动词，见于《合集》5671 号："丁巳卜……贞：……曾用自大示。"

《合集》4064 号

鷹：字形，从隹斗声，依形隶作鷹。饶宗颐释为鷹，认为卜辞中用作地名（饶宗颐《通考》，第 616 页）。白玉峥以为："就字之构形审之，疑即今隶焉字之初文。"（白玉峥《契文举例校读》十一，《中国文字》43 册，第 4902 页）所见卜辞中鷹用作地名，如《英》2524 号："癸亥，王卜贞：旬亡祸？在十月又一。王征人方，在鷹。"为帝辛征人方卜辞。又如《合集》36961 号："癸亥，王卜，在鷹贞：……步于危，

亡灾？"亦为帝乙帝辛时期卜辞，辞中鹰与危地见于同条卜辞。鹰地所在，出现在帝辛十年征人方的辞中，当在商王都安阳东南一带，与危地见于同条卜辞，当与危地同在今河南省鹿邑县境内。张秉权释此字"象鸟顶有丛毛，疑是风字之别体。风为地名，在殷之东南，与攸相距大约有五、六天路程。……风或称风方，丁山以为凤夷，在汉志六安国的安凤县，即今安徽霍丘县与攸（今安徽桐城，或说安徽永城）相距不过五、六天的路程"（张秉权《殷墟文字丙编考释》，第137页）。但朱歧祥认为："鹰地与嫘、危见于同辞，两地大约位于殷的西南，是知鹰亦当处于殷西南或南面。殷王曾沿此地征伐东南的人方"（朱歧祥《通释稿》，第219页）。

望：字形 、 、 、 ，象人立于土堆上竖目远眺之形，有监视、注目之意，罗振玉、王襄、叶玉森、商承祚皆释为望（罗振玉《殷释》中，第5页；王襄《簠室殷契类纂》正编第八，第39页；叶玉森《前释》一卷，第74页；商承祚《福》考释，第12片）。《说文》："望，出亡在外，望其还也。从亡，圣省声。"所见卜辞中望用作动词表远看监视，也用作地名，见于《合集》5535号："贞：使人于望？"为武丁时期卜辞。又见《合集》26993号："甲子卜，其往望，更伯令。更享令。"为廪辛康丁时期卜辞。还见《合集》7217号等出现的"自望"；《合集》33661号等出现的"在望"；《合集》26993号出现的"往望"，这些望都当为地名。卜辞中望

也用作邦族名或人名，见于《合集》6983号："癸巳卜，殷贞：乎雀伐望？戈。"辞中的望当为邦族名，望邦族的首领也称望。望地所在，郑杰祥云："卜辞望族所在的望地，日人林泰辅《甲骨文地名考》云：'归德府虞城县西北有孟诸泽……《周礼·职方氏》孟诸作望诸，盖孟、望同音通用也。'以为卜辞望地桑在古孟渚泽一带，兹从其说。……《大清一统志·河南归德府》山川条下：'孟渚泽在今商丘县东北，皆虞城县界。'清代归德府治商邱县即今河南省商邱县，虞城县即今河南省虞城县，古望渚泽当在今二县交界处，卜辞望族可能就生活在这一地带。"（郑杰祥《概论》，第217页）

兴：字形 、 、 ，从四手二人持盘，有授受之意，释为兴。罗振玉最早释为与，现代汉字简化为与（罗振玉《殷释》中，第62页）。郭沫若释为兴（郭沫若《卜通》，第34页）。《说文》："兴。起也。从舁、从同，同力也。"商承祚认为："昔释与，误，乃兴字，象四手各执盘之一角而兴起之。"（商承祚《佚存》，第62页）卜辞中兴用作祭名与衅同义；也用作方国名，有兴方；还用作地名，见于《合集》33564号："壬申卜，贞：王其田兴，亡灾？"为武乙文武丁时期卜辞。辞中兴地为商王朝的田猎地。又见《合集》13754号："壬子卜，贞：亚克，兴有疾，弗其克？"辞中的兴当为人名，或为兴邦族或兴方的首领名。兴方或兴地所在，武丁时期卜辞《合集》6030号兴方与下危见于同

辞，两地当相近。郑杰祥认为下危"位于今河南省鹿邑县境，商王征人方曾路过这里"（郑杰祥《概论》，第217页）。此从郑说，兴方位于下危及危方所在的今河南省鹿邑县一带。

②南土和南部邦族

南土： 字形ᕰ，释为南土。卜辞中商人对王畿之外南部的领土称南土，如《合集》24429号："辛丑卜，大贞：令岁受年？二月。癸卯卜，大贞：南土受年？贞：不其受……"又称为南方，如《合集》48746号："……侑于南方？"也见有简称为南，如《合集》29192号："王其……于南？吉！"卜辞有见甲骨文时期人们有祭四方之习，如《合集》14295号："辛亥卜，内贞：禘于南方曰：微。风曰：彝。求年？一月。"南方神名为微，南方的风神名为彝。

雀： 字形，从小从佳，王襄最早释"古雀字"（王襄《簠室殷契类纂》四卷，第18页）。《说文》："雀。依人小鸟也。从小佳。读与爵同。"本当为一种鸟名，或指小鸟。姚孝遂认为："卜辞雀字从小从佳，与小篆同。均用作人名。亦为国族名。"（于省吾《诂林》，第1736页，姚孝遂按）见于《合集》190号："乎人入于雀。乎人不入于雀。"为武丁时期卜辞。又见《合集》8632号出现的"于雀"，这些雀也当为地名。雀也用作邦族名，如《合集》768号反面："雀入二百五十。"为武丁时期记事刻辞。还有《合集》974号等出现的"雀入"内容，辞中雀为邦族名，其居住地也称雀，邦族首领名也为雀，或为

武丁时期的大将。雀地所在，饶宗颐认为："雀为殷侯国。卜辞云'……雀刍于教''雀田于祛（偃）'。《水经·河水注》：'教水出垣县教山南，'偃即河南偃师。是雀地当在豫西，《穆天子传》：'至于雀梁，浮于荥水。'《济水注》以为黄雀沟，则近荥泽之雀梁，殆即雀侯之故居矣。"（饶宗颐《通考》，第198页）郑杰祥谓："雀族所在的雀地地望，丁山《殷商氏族方国志》以为应是《穆天子传》中所说的雀梁，兹从其说。《穆天子传》卷五云：'壬寅，天子东至于雀梁。甲辰，浮于荥水……'杨守敬疏：'《地形志》：阳武有黄雀沟。……今郑州西有小贾鲁河，盖即黄雀沟。'清代小贾鲁河今仍称为贾鲁河。位于今郑州市西北郊，此水正位于古荥泽以南，它就是《水经注》所说的黄雀沟，也就是《穆天子传》所说近于荥水的雀梁，

《合集》21897号

它应当就是卜辞中的雀地。"（郑杰祥《概论》，第 223 页）

舞：字形 ，字形与甲骨文舞字有别，杨树达释为束（杨树达《积微居甲文说》，第 41 页）。李孝定释为垂（李孝定《集释》，第 2103 页）。姚孝遂以为："释'束'、释'垂'皆不可据。至于以为即简狄，则更属无稽。"（于省吾《诂林》，第 259 页）朱歧祥释 （舞）为無（现代汉字简化为无），认为：" 乃'无'字异体，仍隶作无。……卜辞之武丁始，字多用作专有名词：地名或族称。……武丁始封其酋为侯，曰：'无侯'。"（朱歧祥《通释稿》，第 31 页）朱说可从，但无应释为舞，见于《合集》838 号："甲寅卜，争贞：获以往于舞？"为武丁时期卜辞。辞中舞作为地名，与获见于同条卜辞。又见《合集》938 号武丁时期卜辞出现"取舞"内容，这个舞当为邦族名或人名，武丁时期有舞侯，或为舞邦族的首领。舞地所在，郑杰祥云："舞字后世又假借为有无的无字，舞与无相通用……卜辞舞族、舞地又可称之为无族、无地。无族无地后世又加以邑旁写作鄌地（《鄌子簠》）。鄌与许同属晓纽鱼部，为双声叠韵字，故可相通……卜辞舞地可能就是后世的许地。……古许昌城当在今许昌市东北约 20 公里，此地东距卜辞橘地约 60 公里，东北距卜辞陕地约 80 公里，距卜辞仓地约 90 公里，它应当就是卜辞中的舞地。"（郑杰祥《概论》，第 211 页）但孙亚冰、林欢认为：" 与'周'同见，可见必在陕西中部周族故地一

带：……令周取巫于 。（《合集》8115）"（孙亚冰、林欢《商代地理与方国》，《商代史》卷十，第 127 页）。

敉：字形 ，郑杰祥从商承祚《殷契佚存》释为敉。《说文》："敉。抚也。从支，米声。"卜辞中敉用作邦族名，诸侯中有敉侯，与雀出现同版卜辞，见于《合集》33071 号："甲辰卜，雀受侯祐？甲辰卜，侯宾雀？甲辰卜，雀剪敉侯？"又见《合集》33072 号："戊……卜，令雀伐敉侯……"雀作为商王朝大将征伐敉侯，可见敉邦族与商王朝中央为敌对关系。敉邦族之居住地当与雀地相近。郑杰祥云："卜辞敉地所在不详，它可能后世已音变为弭地。弭地所在……高士奇《春秋地名考略》卷六云：弭'郑西鄙地，在今禹州密县境。'清代密县即今河南省密县，谭其骧主编《中国历史地图集》将古弭地置于今河南省密县西洧水北岸，兹从其说。此地北距卜辞雀地约 50 公里，它可能就是卜辞中的敉地。"（郑杰祥《概论》，第 224 页。

陟：字形 ，从阜从步，罗振玉最早释为陟（罗振玉《殷释》中，第 65 页）。王襄亦释"古陟字"（王襄《簠室殷契类纂》正编第十四，第 62 页）。《说文》："陟。登也。"《尔雅》："陟，升也。"《玉篇》："陟，高也。"姚孝遂认为："卜辞'陟'与'降'相对而言。"陟字的本义当为由低处登上高处，卜辞中有见用为本义，如《合集》20271 号："辛未卜，癸酉王不步？壬申卜，王陟山京，癸酉易日？"也用作邦

族名，见于《合集》6981号："庚……雀弗其翦陟？庚……雀其翦陟？"为武丁时期卜辞。辞中陟为邦族名，也可认为是地名，受到雀所代表的商王朝中央征伐，其当为敌对关系。又见《合集》5828号："甲戌卜，内：翌……甲戌卜，内：翌正，有省，执陟？甲戌卜，内：翌丁丑，雀毋其执？乙亥卜，内：翌庚辰，雀弗其执？"为武丁时期卜辞。辞中雀所执的陟，当为陟邦族首领之名，由这条卜辞，进一步印证陟邦族与商王朝中央为敌对关系。郑杰祥云："卜辞陟地所在不能确指，按陟与德古音同属端纽职部，为双声叠韵字，故可相通……因此，卜辞陟地后世可能已音变为德地。如果此释不误，它应当就是后世的武德县……《大清一统志·河南怀庆府》古迹条下：'武德故城在武陟县东南……在今武陟县东南20里。'清代武陟县在今河南省武陟县城西南郊，武德城古当称为陟邑，后音变为德，至秦又加武而称之为武德，位于今武陟县东南约10公里，南距古雀梁即卜辞雀地约30公里，它可能就是卜辞中的陟地。"（郑杰祥《概论》，第224页）

祭：字形𥙫、𥙣，从手抓肉形，点表示滴血，王襄释"古祭字"（王襄《簠室殷契类纂》，第2页）。叶玉森、陈邦福皆释为祭（叶玉森《前释》一卷，第29页；陈邦福《琐言》，第5页）。《说文》："祭。祭祀也。从示，从手持肉。"姚孝遂认为："卜辞早期祭字均不从示，晚期开始从示，从手持肉以祭，与《说文》合。"卜辞中祭字的本义当用作祭祀，也用作地名，见于《合集》32677号："辛未，贞：今日告，其步于父丁，一牛？在祭卜。"为武乙文武丁时期卜辞。又用作方国名，如祭方，祭方之居住地当为祭。祭地所在，胡厚宣以为祭是管城之祭国（胡厚宣《殷代农业》，第36—37页）陈梦家引"《左传·成公四年》晋'伐郑取泛祭'，杜注云：'郑地'；……《路史·国名纪》：'祭，伯爵，商代国，后为周圻内，今管城东北十五里有古祭城也。'而《后汉书·郡国志》'长垣有祭城'，属于卫地。"（陈梦家《综述》，第288页）郑杰祥认为："卜辞祭族、祭地应当就是春秋时祭国所在地。……古祭城今称祭城集，位于今郑州市东北约7公里，此地西距卜辞雀地约20公里，它应当就是卜辞中的祭地。"（郑杰祥《概论》，第226页）

弄：字形𢼮，郑杰祥从唐兰《天壤阁甲骨文存》释为弄。此从，卜辞中用作邦族名或地名，见于《合集》6980号："……雀其翦弄？"为武丁时期卜辞。弄与雀见于同条卜辞，其或为邦族名或为地名，受到雀代表的商王朝中央征伐，应是敌对关系。弄地所在，郑杰祥云："弄族所在的弄地不能确指，按弄与并古音相近，故可相通……卜辞弄地后世或已音变为并地，并地所在，《水经·汳水注》：'汳水又东迳陈留县之鉼乡亭北。……'杨守敬疏：'亭在今陈留县北'……古陈留县即今河南省开封县陈留镇，古鉼亭、鉼乡当位于今开封县陈留镇北一带，鉼字从金，并声，铘亭、铘乡也可称之为并亭、并乡，此地西距卜辞雀地约80公里，并、弄，音相近，可相通假，因此，它或者就是卜辞中的弄地。另外《续汉书·郡国志·河南尹》成皋县下'有瓶丘聚'。此地也有可能是卜辞中的弄地。"（郑杰祥《概论》，第230页）

罩：字形🕸、🕸、🕸，从网从舞，李孝定释"象人投网之形，当为罩之初文"（李孝定《集释》，第2569页）。见于《合集》6959号："辛巳卜，㱿贞：乎雀敦桑？辛巳卜，㱿贞：乎雀敦鼓？辛巳卜，㱿贞：雀得亘、我？辛巳卜，㱿贞：雀弗得亘、我？辛巳卜，㱿贞：乎雀伐罩？辛巳卜，㱿贞：勿乎雀伐罩？"为武丁时期卜辞。又见《合集》33080号出现"敦罩"，《合集》39937号以及《英》606号出现"蕺罩"内容，这些被征伐的罩或为邦族名，或为地名。郑杰祥认为："卜辞罩地所在，《说文·网部》云：'罩，膜中网也。从网，舞声。'罩与舞声同相通，卜辞罩地可能就是上节所说的舞地，舞族归顺于商王朝其首领被封为舞侯，其地在今河南省许昌市东北，此地距卜辞雀地约90公里。"（郑杰祥《概论》，第233页）饶宗颐释此字形"从'网'从'大'，可隶定作'哭'。《篇韵》：'哭，古军字。'均读为郓。《说文》：'郓。河内沁水乡。鲁有郓地。'《公羊》作'运。'故沁水城在河南济源县东北。《左传》咸四年、十六年、昭二十九年之郓，皆在鲁西。殷之军地，所在待考"（饶宗颐《通考》，第195页）。

《合集》18494号

矗：字形🕸、🕸，或简或繁，依形隶定为矗。陈梦家释为罗（陈梦家《史字新释补证》，《考古学社社刊》第五期，第13—16页）。李孝定认为："字象人两手张网罗隹之形，与罗同意，然未必可迳释作罗。"（李孝定《集释》，第2579页）姚孝遂亦认为"释'罗'不可据"（于省吾《诂林》，第2841页，姚孝遂按）。见于《合集》33081号："丁丑卜，今日蕺矗？丁丑卜，戊寅蕺矗？"又见《合集》33078号有出现"敦矗"内容，皆为帝乙帝辛时期卜辞。辞中的矗作为邦族名或地名，受到征伐，当为敌对关系。矗字形与罩字形近似，或为罩的繁形。参见罩条。

嘴：字形🕸，字形从口从寻，岛邦男以为是寻字的繁体（岛邦男《殷墟卜辞研究》，第587页）。卜辞中用作地名，见于《合集》36914号："癸酉，王卜，在嘴贞：旬亡祸？王占曰：吉！癸未，王卜，在逢贞：旬亡祸？癸巳，王卜，在桑贞：旬亡祸？"为帝乙帝辛时期卜辞。辞中其作为地名，与逢地、桑地见于同版卜辞，三地当相邻或相连。其地所在，郑杰祥从岛邦男观点释此字为寻，认为："卜辞𬷕地也即𬷕（寻）地……应当就在古代的宿胥口。位于今河南省淇县东南，此地南距卜辞桑地约 60 公里。"（郑杰祥《概论》，第 234 页）

逢：字形𬚕，从倒止从封在路上，罗振玉最早释为逢（罗振玉《殷释》中，第 66 页）。王襄亦释"古逢字"（王襄《簠室殷契类纂》，第 7 页）。《说文》："逢。遇也。从辵，峰省声。"李孝定认为："卜辞从彳夆声。罗（罗振玉）说是也。"（李孝定《集释》，第 525 页）卜辞中逢用作地名，见于《合集》36916 号："癸未卜，在逢贞：王旬亡祸？"为帝乙帝辛时期卜辞。又见《合集》36904 号、36914 号也出现"在逢"内容，逢为地名无疑。逢地所在，郑杰祥认为："卜辞逢地应当就是后世

《合集》36904 号

称作的逢泽一带。……《大清一统志·河南开封府》山川条下：'逢泽在今开封府祥符县南。旧《志》云：府城南 20 里有伯俞河，一名东沟河，即逢池也。'清代祥符县即今河南省开封市，古逢泽当在今开封市南，此地西距卜辞桑地 40 余公里，北距卜辞宿地 80 余公里，它应当就是卜辞中的逢地。"（郑杰祥《概论》，第 235 页）

甫：字形𤰆。罗振玉最早释为圃（罗振玉《殷释》中，第 8 页）。王襄释"古甫字"（王襄《簠室殷契类纂》正编第三，第 16 页）。李孝定认为："《说文》：'圃。种菜曰圃。从口甫声。'契文不从口，甫字从文。"（李孝定《集释》，第 2115 页）《说文》："甫。男之美称也。"姚孝遂认为："说古文字则非是。所谓'男子之美称'，古作'父'，稍晚作'甫'。'甫'之初形作𤰆，从屮从田，象田中有植物形，实亦'圃'之本字。卜辞用为人名或地名。"（于省吾《诂林》，第 2120 页，姚孝遂按）见于《合集》20330 号："庚午卜，王余……示戠于甫……祸？终。"又见《合集》7895 号、7896 号等七条卜辞出现"在鱼甫"内容，说明甫地产鱼。卜辞中甫又用作邦族名，如《合集》900 号："丁酉卜，𣪊贞：我受甫糀在娟年？丁酉卜，𣪊贞：我弗其受甫糀在娟年？"辞中甫当为邦族名，与娟地见于同版卜辞。甫地所在，郑杰祥认为："甫族所在的甫地即后世蒲地，位于今山西省垣曲县西南。"（郑杰祥《概论》，第 235 页）前述卜辞中甫与娟见于同条卜辞，两地当

相距不会远到 500 余里。今新乡市长垣县春秋时期称甫，传统文献有"子路治甫"，卜辞中的甫地或为春秋时期的甫地即在今长垣县一带。

㫃：字形㫃。王襄、商承祚皆释为㫃（王襄《簠室殷契类纂》存疑第七，第 36 页；商承祚《类编》七卷，第 4 页）。卜辞中㫃用作族名或人名，见于《合集》5447 号："贞：㫃及殷弗……叶王事？贞：㫃及殷其有祸？"为武丁时期卜辞。辞中㫃与武丁时期贞卜人物殷见于同条卜辞，当为㫃族的首领名。又见《合集》10964 号："贞：令㫃田于皿？勿令㫃田于皿？"辞中商王令㫃参与田猎活动，其与商王朝中央当为归附关系。㫃地所在，郑杰祥认为："㫃人所在的㫃地当在古㫃水一带……古㫃然水即索水支流，它发源于今河南省荥阳县南的嵩渚山，向北流经古京城以西、今荥阳县东，檀山岗西，又折而东流经古荥阳县即今古荥泽镇南、东，此又称之为鸿沟水，向北流入古济水。古㫃水和檀山岗南距卜辞姬地约 140 公里，它可能就是卜辞㫃人所居住的㫃地。"（郑杰祥《概论》，第 237 页）

殷：字形殷。孙诒让、王襄、唐兰、丁山皆隶为殷（孙诒让《举例》上，第 7 页，王襄《簠室殷契类纂》存疑第三，第 20 页；唐兰《天壤文释》，第 50 页；丁山《甲骨文所见氏族及其制度》，第 60 页）。郭沫若释毅（郭沫若《粹考》，第 165 页），鲁实先从郭说释为毅（鲁实先《姓氏通释之一》，《东海学报》第 1 期，第 7 页）。李宗焜释为殷（李宗焜

《甲骨文字编》，第 1159 页），此从。卜辞中多用作人名，有贞卜人物殷；也用作邦族名，见于《合集》13505 号："戊戌卜，殷贞：㫃暨殷，亡灾？……㫃暨殷，亡灾？骨告。"为武丁时期卜辞。辞中殷当为邦族名，贞卜人物殷当为殷邦族的首领在商王朝供职；与㫃邦族名见于同条卜辞，二邦族所居之地当相距不远，都在今郑州市荥阳一带。郑杰祥云："卜辞殷族所在的殷地应当就是后世谷族所在的谷地。谷地所在……古谷水当发源于今河南省渑池县西南山中，向东流经今河南省洛阳市西北古谷城以北，又流经洛阳市东，向东南注入洛水，是流经东周洛邑的一条大水。洛阳市西北的古谷城，可能就是古代的谷国所在。另外，在黄河以北也有一个谷地。《大清一统志·怀庆府》古迹条下：'谷旦废县，在孟县北 15 里，俗讹为郭旦。《唐书·地理志》：武德三年祈河阳置谷旦县，属怀州。四年省。《县志》：今为谷旦镇。'清代孟县即今河南省孟县，今谷旦镇正位于孟县北 7 公里，它应就是唐代殷旦县城所在。这里采用前者，洛阳西北古谷城东距卜辞㫃地约 90 公里，它应当可能就是卜辞中的殷地。"（郑杰祥《概论》，第 238—239 页）

畀：字形畀，依形隶定为畀。王襄释"古畁字，从田"（王襄《簠室殷契类纂》，第 11 页）。王国维、商承祚皆隶作畀（王国维释引自李孝定《集释》，第 785 页；商承祚《类编》五卷，第 3 页）。卜辞中畀用作邦族名，见于《合集》6960 号："壬子卜，王令雀㳉伐畀？

十月。"为武丁时期卜辞。畀用作邦族名与殷见于同条卜辞受到征伐。又见《合集》6961 号、6962 号都有雀伐畀邦族的内容,皆为武丁时期卜辞,可见畀邦族在武丁时期与商王朝中央为敌对关系。郑杰祥云:"卜辞畀族所在的畀地当即后世的蓁水一带,位于今河南省济源县北西。"(郑杰祥《概论》,第 239 页)

虢:字形、,丁山释"字当是象两手搏虎形,虢之初文也"(丁山《殷商氏族方国志》,第 151 页)。姚孝遂认为:"丁山释'虢'可从。"(于省吾《诂林》,第 1627 页,姚孝遂按)卜辞中用作邦族名,见于《合集》4531 号:"乙未,贞:乎虢及曼?八月。"为武丁时期卜辞。虢与曼见于同条卜辞,当都为邦族名。又见《合集》18187 号残片残辞出现"虢"一名。郑杰祥认为"虢族所在的虢地,丁山以为'虢与虎牢,谊本相因。'……又《左传·庄公二十一年》:'王与郑伯武公之略,自虎牢以东。'杜预注:'虎牢,今河南成皋县'王应麟《通鉴地理通释》云:'虎牢之险,天下之枢也,在虢曰制,在郑曰虎

《合集》4531 号

牢,在韩曰成皋。'又《续汉书·郡国志》河南尹荥阳县下'有虢亭,虢叔国。'……古虢亭又称平咷城当在今荥阳县东北,……此地西南距卜辞曼地约 30 公里,它应即卜辞中的虢地。"(郑杰祥《概论》,第 245 页)

面:字形,余永梁最早释为面(余永梁《董作宾新获卜辞写本跋》)。《说文》:"面。颜前也。……象人面形。"李孝定认为:"契文从目,外部面部匡廓之状,盖面部五官中最是引人注意者莫过于目,故面字从之也。"(李孝定《集释》,第 2851 页)卜辞中面用作邦族名,见于《合集》7020 号:"己卯卜,王咸蔑先?余曰:雀、卾人伐面?"为武丁时期卜辞。面与先、雀、卾见于同条卜辞,雀、卾为人名或邦族名,先与面为邦族名无疑,受到征伐,其与商王朝中央当为敌对关系。郑杰祥云:"面地所在不能确指,按面与向二字义同相通……古向城当位于今洧川镇西南,此地北距卜辞雀地约 60 公里,距卜辞先地约 40 公里,向与面古字通,它可能就是卜辞中的面地。"(郑杰祥《概论》,第 246—247 页)

霏:字形,依形隶定为霏,在卜辞中用作邦族名,如《合集》7025 号:"贞:霏其蔑弜?"为武丁时期卜辞。霏与弜见于同条卜辞,霏受命征伐弜。又如《合集》7024 号:"癸丑卜,霏其克用先?"霏与先见于同条卜辞。可见霏族所居之地当与弜地、先地相邻或相近,都在今郑州市一带(郑杰祥《概论》,第 242 页)。

《合集》7024 号

有：字形屮。孙诒让释为之（孙诒让《举例》上，第 17 页）。商承祚释为及（商承祚《佚考》，第 9 页）。郭沫若最早释为有（郭沫若《卜通·别一》，第 9 页）。胡厚宣释"'有'推之或当为侑之借字"（胡厚宣《论丛·夏甲》，第 1 页）。卜辞中除用作助词的有及又或表福祐的侑外，也用作地名，见于《合集》10048 号："己卯卜，宾贞：今日弜吴令，葬我于有师，乃共有……"为武丁时期卜辞，有地在辞中作为军队驻地，与武丁之重臣吴见于同条卜辞。卜辞中有地也称为有邑，如《合集》7072 号："……勿乎……取有邑？"《合集》869 号也出现"于有邑"内容。还见"有水"的内容，如《合集》10151 号："燎于有水，叀犬？"辞中内容为商王在有水进行燎祭。此外，卜辞中还有见商王在有地举行社祭的内容，见于《合集》10344 号："甲寅卜，殻贞：燎于有土？"郑杰祥认为："有水应当就是后世的洧水。……古代有水当发源于今河南省密县西南马领山，向东南流经今河南省新郑县北、长葛县北、扶沟县西南、

西华县西而入于颍水，它应当就是卜辞中的有水。"（郑杰祥《概论》，第 248—250 页）

嘼：字形，释为嘼。姚孝遂、肖丁认为："即'蜀'字之初形。卜辞或为地名，或为人名。"（姚孝遂、肖丁《屯南考释》，第 46 页）见于《合集》20171 号："丁巳卜，令雀即？雀在嘼？二月。戊午卜，乎戈从……在嘼？二月。"辞中嘼为地名，与雀、戈皆见于同辞。又见《合集》20171 号等皆出现"在嘼"，《合集》33175 号以及《屯南》866 号、《怀》1640 号都出现"于嘼"，都为地名。郑杰祥认为："卜辞嘼地所在不能确指，按嘼与浊音同相通……卜辞嘼地后世可能已音变为浊地……古浊泽、浊城当在长葛县老城以西，即今长葛县城一带，此地北距卜辞雀地约 60 公里，东距卜辞戈地约 100 公里，它可能就是卜辞中的嘼地。"（郑杰祥《概论》，第 251 页）

辔：字形，于省吾释为辔（于省吾《诂林》，第 3006 页）。陈梦家释"字可隶定作緕，或为许训纺专之专，又可能是许书之辔"（陈梦家《综述》，第 299 页）。《说文》："辔，马辔也。从丝，从軎。与连同意。《诗》曰：'六辔如丝。'"李孝定则认为："字非从车，释辔无据。"（李孝定《集释》存疑，第 4586 页）姚孝遂认为："字当释辔，与石鼓文形体同。在卜辞为方国名及地名。"（于省吾《诂林》3007 页姚孝遂按）见于《合集》6939 号："……争贞曰：雀，翌乙酉至于辔？"又见

《合集》33145 号等出现"在辔",《合集》8176 号出现的"至辔",当都为地名。郑杰祥认为:"辔地所在不能确指,按辔,与补声纽相同当可通假,因此卜辞辔地或即后世补地……当在郑地即今河南新郑县附近,它或即卜辞中的辔地。"(郑杰祥《概论》,第 252 页)

未:字形✕,孙诒让最早释为未(孙诒让《举例》上,第 1 页)。《说文》:"未,味也。六月。滋味也。五行木老于未,象木重枝叶也。"郭沫若认为:"此字形于小篆古文均无大异。"(郭沫若《甲研·释干支》,第 29 页)卜辞中未用作地支字,也用作地名,见于《合集》8134 号残片残辞:"……非……田巷……在未。"又见《合集》8133 号也出现"在未"内容,皆为武丁时期卜辞。由未地与非地见于同条卜辞,两地当相距不远。郑杰祥认为:"卜辞未地当即《山海经》中的沫山、沫水……沫山、沫水旧本作未山、未水,位于今中牟县西南,此地南距卜辞非地 20 余公里,它应当就是卜辞中的未地。"(郑杰祥《概论》,第 254 页)

苋:字形✕、✕,下部从卩或从人,无别,旧诸家无释,孙亚冰、林欢释为苋(孙亚冰、林欢《商代地理与方国》,《商代史》卷十,第 90 页)。见于《合集》33147 号:"丁巳,贞:王步自苋于辔若?壬戌,贞:乙丑王步自辔?乙丑,贞:今日王步自辔?于非。"辞中与辔地见于同辞,与非地见于同版,其地与辔地、非地当相距不远。郑杰祥释此字为眉,认为"当即眉字之异体。眉地所

在,按眉与徽古音相同故相通用……徽地所在,《水经·洧水注》:'洧水东南,微水注之。水出微山,东北流入于洧。'……古徽水、徽山当在今密县以南,此地距卜辞辔地相近,它可能就是卜辞中的眉地。"(郑杰祥《概论》,第 254—255 页)朱歧祥则认为"乃殷西北地名,与曾遭舌方围困的'更'地相临接"(朱歧祥《通释稿》,第 95 页)。

郑:字形✕。罗振玉最早释"乃奠字也。从酉之字,古金文多从西,如障从西,郑作奠之类"(罗振玉《殷释》中,第 73 页)。王襄亦释"古奠字,郑之重文"又"古郑字,不从邑,奠之重文"(王襄《簠室殷契类纂》正编第五,第 73 页;正编第六,第 31 页)。《说文》:"郑,京兆县。周厉王子友所封。从邑,奠声。宗周之灭,郑徙瀹洧之上,今新郑足也。"吴人澄《说文古籀补》:"奠,古文以为郑字。"金文中常以奠字作郑字。卜辞中郑用作地名和邦族名,见《合集》9769 号反面:"贞:在郑,不其受年?"为武丁时期卜辞。由商王贞卜郑地的收成,可知郑地为商王朝的农耕地。又见《合集》9770 号出现的"在郑",《合集》7876 号出现的"于郑"都为地名。此外,《合集》9191 号:"郑来十。"等记事刻辞中的郑当为邦族名,郑邦族的首领也称郑。郑地所在,郑杰祥认为:"卜辞郑地应当就是春秋时期郑国所在地。"当在今河南新郑市一带,北距雀地约 40 公里(郑杰祥《概论》,第 257 页)。

雪:字形✕、✕,依形隶定为雪。陈

邦怀释"此古文视字"（陈邦怀《小
笺》，第 18 页）。姚孝遂认为："不得释
'视'。……卜辞或为人名，或为地名。
最常见则为动词，'雪牛'、'雪羊'则
为用牲之法。"卜辞中雪用作地名，见于
《合集》36553 号："乙酉卜，在香贞：
王今夕亡祸？丁亥卜，在丧贞：王今夕
亡祸？己丑卜，在礜贞：王今夕亡祸？
辛卯卜，在雪贞：王今夕亡祸？"为帝乙
帝辛时期卜辞。辞中雪地与香地、丧地、
礜地见于同版，其相距当不远。又见
《合集》36932 号等帝乙帝辛时期卜辞出
现"在雪"的内容。但《合集》7064 号
等武丁时期卜辞出现"取雪"内容，可
见武丁时期雪为邦族名，与商王朝中央
为敌对关系，受到取即征伐，后被征服，
到了帝乙帝辛时期，其邦族居地成为商
王常常光顾之地。雪郑杰祥从陈邦怀观
点释为视，认为："视地所在不能确指，
按视与示音义相同，故相通用。……卜
辞视地也可称之为示地。又视、示与市
古音相近……古示地后世可能已讹变为
市地，市地所在……位于今郑州西北约
15 公里，市丘可能就是示丘一名的讹

变，示丘当即视丘一名的简化。此地北
距卜辞礜地即卜辞乐地约 50 公里，东距
卜辞丧地约 140 公里，距卜辞香地约 80
公里，它可能就是卜辞中的视地。"（郑
杰祥《概论》，第 261—262 页）

敢：字形，饶宗颐释为肆（饶宗颐
《通考》，第 176 页）。丁骕、刘钊释为
敢（丁骕《读契记·敢字》，《中国文
字》新十期，第 75 页；刘钊《新甲骨
文编》，第 262 页）。姚孝遂认为："释
'肆'不可据。释'敢'尤为无稽。字
在卜辞为田猎方法之一，亦与征伐有
关。"（于省吾《诂林》，第 1004 页，姚
孝遂按）姚说不确，卜辞中也用作地
名，见于《合集》36752 号："辛亥卜，
在香贞：今日王步于敢，亡灾？甲寅卜，
在敢贞：今日王步于奠，亡灾？"为帝
乙帝辛时期卜辞。又见《合集》31133

《合集》36932 号

《合集》31133 号

号、36830 号都出现有敢的内容。敢作为地名，与香地见于同条卜辞，与郑地见于同版卜辞，三地当相距不远。敢郑杰祥释为擒，认为"卜辞擒地也可称之为禽地，它可能就是后世的伯禽城。……古伯禽城当在今中牟县西一带。所谓伯禽前往鲁国经过此地因此而称作伯禽城，当属附会，郦道元也未敢说确有此事；实际上这里原来应有个禽邑，后人据此附会而称之为伯禽城，此地北距卜辞香地约 70 公里，南距卜辞郑地 30 余公里，它可能就是卜辞中的禽地"（郑杰祥《概论》，第 260 页）。

鬼：字形𩹄、𩹅，大头人形，从卩或从人，于省吾释为鬼（于省吾《诂林》，第 353、357 页）。《说文》："鬼，人所归为鬼。从人，象鬼头。鬼，阴气贼害，从厶。䰠，古文从示。"卜辞中有用作本义，见于《合集》1086 号反面："王占曰：佳甲，兹鬼佳介，四日甲子，允：雨、雷。壬戌雷，不雨。"为武丁时期卜辞。辞中鬼，当表示鬼魂。所见卜辞中，鬼用作方国名，有鬼方，但鬼方的鬼字形下从人。姚孝遂认为："卜辞𩹅为方国名，与𩹄形义均有别，𩹅当为方国名之专用字"（于省吾《诂林》，第 360 页，姚孝遂按）。此外，《怀》1650 号："丁卯贞：王令郭……刚于京？丁卯贞：王令鬼闱刚于京？"辞中鬼闱的鬼，字形下部从卩，与作为鬼方专用字的下部从人的鬼字有别；闱，郑杰祥认为"是鬼族首领的私名"，又云"鬼族居地，陈梦家《综述·方国地理》云：'《山海经·海内北经》：鬼国在二负之尸北，

二负之尸在太行伯东。此国或即《左传·隐十一年》苏忿生之田之聤，今修武县北。'兹从其说。此地南距卜辞高地约 40 公里。"（郑杰祥《概论》，第 264 页）。按照郑杰祥与陈梦家的观点，此首领名闱的鬼邦族或鬼国与卜辞习见的鬼方并非一族，此鬼邦族位于的修武在殷都之南的今新乡和焦作之间。而鬼方的地望，孙亚冰、林欢认为："鬼方在武丁时期应位于殷西地区（或以为即陕西清涧李家崖古城，引自宋镇豪《夏商社会生活史》，第 58 页），鬼方可能在帝辛时期已内迁至今河北磁县，与王都比邻。"（孙亚冰、林欢《商代地理与方国》，《商代史》卷十，第 296 页）

京：字形𣑋，王襄、陈梦家、李孝定、屈万里皆释为京（王襄《簠室殷契类纂》正编第五，第 26 页；陈梦家《综述》，第 266 页；李孝定《集释》，第 1839 页；屈万里《甲编考释》，第 446 页）。《说文》："京，人所为绝高丘也。从高省，丨象高形。"陈梦家认为："人为之高丘即积土之高台，故卜辞义京即宋地的义台。然人为之京和天然之丘，有时亦可通用：《诗定之方中传》'京。高丘也。'《皇矣传》'京，大阜也'。"（陈梦家《综述》，第 266 页）孟世凯亦认为："人力所筑高台。"又云："甲骨文'京'象高台上有宫、观建筑形。"（孟世凯《辞典》，第 369 页）宋镇豪则释京为"似指有木架支承的高床式建筑物"（宋镇豪《夏商社会生活史》，第 87 页）。卜辞中京用作地名，见于《合集》6 号："癸卯卜，宾贞：

令郭系在京奠？……勿……在京奠，六月。"为武丁时期卜辞。辞中京与郭见于同条，两地当相距不远。又见《合集》33221 号："卜，王令……田于京？"可知京地也为商王的田猎地。还见《合集》33209 号："乙丑，贞：王令垦田于京？"可见京也是商王朝的农耕地。还有《合集》8078 号等出现的"往于京"，《屯南》1111 号出现的"奠于京"内容，不但说明京地为商王常常光顾之地，也说明京地亦是商王朝的祭祀地。郑杰祥云："卜辞京地所在，应当就是春秋时期郑国的京邑。……《大清一统志·河南开封府》古迹条下：'京县故城在荥阳县东南。'清代荥阳县即今河南省荥阳县，古京城即今荥阳县东南的京襄城村……此地北距卜辞墉（郭）地约 60 公里，南距卜辞郑地约 50 公里，它应当就是卜辞中的京地。"（郑杰祥《概论》，第 265—266 页）孟世凯则认为"其故址在今河南荥阳县城东南二十里铺南的王寨村"（孟世凯《辞典》，第 369 页）。

龙：字形，释为龙，与甲骨文释为龙的字形有别，郭沫若释"殆龙之繁文"（郭沫若《粹考》，第 206 页）。孙海波、饶宗颐、张秉权、严一萍皆释此字形为龙（孙海波《甲骨文编》旧版十一，第 15 页；饶宗颐《通考》，第 138 页；张秉权《殷墟文字丙编考释》，第 32 页；严一萍《殷契徵医》，第 41 页）。卜辞中用作地名，见于《合集》33209 号："乙丑，贞：王令垦田于京？于龙垦田？"辞中龙地与京地见于同版，两

地当相近。郑杰祥认为："卜辞龙地与龙方当为两地，此龙地当为后世称作的陇城，又称作垂陇城……古陇城当在今古荥镇（郑州市东北）东约 10 公里处，此地西南距卜辞京地 20 余公里，它应当就是卜辞中的龙地。"（郑杰祥《概论》，第 266 页）

《合集》33209 号

毛：字形，于省吾释为毛（于省吾《诂林》，第 3271 页）。《说文》："毛。艸叶也。从垂穗，上贯一，下有根。象形。凡毛之属皆从毛。"姚孝遂认为："毛字作，其一横在上；力字作，其一横在下。'力'或读作'妫'，'毛'则无此等用法。且'力'未见有用作祭名或用牲之法者，其区分至为显明。"（于省吾《诂林》，第 3308 页，姚孝遂按）卜辞中毛用作地名，见于《合集》28589 号："丙子卜……贞：王其往毛

田，亡灾？在十二月。"辞中的乇为田猎地名。乇地所在，郑杰祥以为乇地即卜辞宅地，并认为"宅字从宀乇声，卜辞或省去形符单写作乇……卜辞宅地应当就是后世所称作的宅阳和北宅，它位于商王朝后期的南土。……古宅阳城当在今古荥镇东南，它应当就是卜辞中的宅丘和北宅"（郑杰祥《概论》，第266—267页）。

官：字形，罗振玉最早释为官（罗振玉《殷释》中，第20页）。王襄亦释"古官字"（王襄《簠室殷契类纂》正编第十四，第61页）。赵诚释"即馆之初文。甲骨文用作名词，为馆舍之义，用作动词为馆与舍之义，用现代汉语来说近似于住宾馆"（赵诚《词典》，第336—337页）。卜辞中官指称官方设立的馆舍，有"公官""东官""丁官"等。也用作地名，见于《合集》22045号："戊戌卜，侑伐父戊，用牛于官。"辞中的官当为地名。又见《合集》28032号、28033号出现"戉官"或为馆舍名，或也为地名。郑杰祥云："卜辞官字作为普通名词当为馆舍之馆的初文，而作为专有名词用作地名应当就是指的官地。官地所在不详，按官与管两字音同相通……（郑州）小双桥商代重要建筑遗存的发现，以及邻近的岳岗商周文化遗存的发现，说明这里有可能就是商代的官地和西周、春秋时期的管地。"（郑杰祥《概论》，第267—271页）

彭：字形，罗振玉、王襄、叶玉森皆释为彭（罗振玉《殷释》中，第40页；王襄《簠室殷契类纂》正编第五，第23页；叶玉森《前释》五卷，第37页）。《说文》："彭，鼓声也。从壴，彡声。"李孝定认为："彭之音读即象伐鼓之声。从壴，即鼓之初字。彡……为鼓声之幖帜。"（李孝定《集释》，第1655页）姚孝遂亦认为"卜辞彭字皆用为地名或人名。其本义当为鼓声"（于省吾《诂林》，第2782页，姚孝遂按）。卜辞中彭用作人名，贞卜人物有彭。也用作地名和邦族名，见于《合集》7064号："辛丑卜，亘贞：乎取彭？"辞中彭或为地名或为邦族名。彭地所在，郑杰祥引《诗·郑风·清人》"清人在彭"，毛传谓："彭，卫之河上，郑之郊巾。"认为"卜辞彭地应当就是春秋时代卫国的彭地……高士奇《春秋地名考》卷七云：'……《诗》所谓清人在彭，彭为高克邑也。故杜预《春秋释地》云：中牟县西有清阳亭是也。'……清代中牟县即今河南省中牟县，古清阳亭即位于今中牟县西，古彭地当位于距此不远的西北古黄河岸边，它可能就是卜辞中的彭地。"（郑杰祥《概论》，第272—273页）饶宗颐认为："《毛诗·正风》'清人在彭，'此彭则为河上地名，《左》哀二十五年《传》：'弥子瑕食采于彭，为彭封人。'盖为卫邑，与郑连境。若以之当殷王在彭贞卜之所，地望或较合。"（饶宗颐《通考》，第899页）

畀：字形，王襄最早释"古畀字"（王襄《簠室殷契类纂》正编第十四，第63页）。叶玉森释"从己从其，即畀，乃国名。金文亦屡见"（叶玉森《前释》二卷，第3页）。《说文》："畀。

长踞也。从己，其声。读若杞。"卜辞中用作地名，见于《合集》36956号："庚寅卜，在異贞：王步于𠨧，亡灾？"为帝乙帝辛时期卜辞。辞中異地与催地见于同条。又见《合集》36525号也出现"在異"，也为地名。此外，《合集》36524号出现有"卣異"内容，異地或产酒。異地所在，郑杰祥引《说文·己部》："異，长踞也，从己，其声，读若杞。"认为"即后世杞地，位于今河南省淇县境"（郑杰祥《概论》，第274页）。

鳧：字形，从立人从隹，于省吾释为鳧（于省吾《释林》，第375页），姚孝遂、肖丁亦释为鳧（姚孝遂、肖丁《类纂》，第667页）。《说文》："鳧。水鸟也。从鸟勹，勹亦声。"卜辞中鳧用作地名，见于《合集》14161号："贞：王入于鳧，束循？贞：勿入于鳧，束？"又见《合集》18328号残片上出现单字鳧，皆为武丁时期卜辞。前辞中王入于鳧的鳧，郑杰祥从丁山的观点释为应，认为："应地所在……《括地志》：'故应城，因应山为名，在汝州鲁山县东30里。'《大清一统志·河南汝州》古迹条下：'应城在宝丰县西南……《元和志》：滍阳城一名应城，在龙兴县南25里。《旧志》今为滍阳镇，在宝丰县东南30里。'清代宝丰县即今河南省宝丰县，滍阳镇今称北滍村，属平顶山市郊区。"（郑杰祥《概论》，第274页）

摧（推）：字形。孙诒让释"当为雒之省"（孙诒让《举例》下，第45页）。王襄、商承祚、饶宗颐皆隶作鼓

（王襄《簠室殷契类纂》存疑第三，第20页，商承祚《类编》三卷，第19页，饶宗颐《通考》，第223页）。于省吾释"鼓即古推字，与摧字通。甲骨文除有时用作人名外，都指摧毁的灾害言之"（于省吾《释林》，第227页）。卜辞中摧有见用作地名，见于《合集》17334号："辛卯卜，贞：其入摧？"为武丁时期卜辞。又见《合集》17335号也出现"入摧"内容。摧为地名无疑，其地待考。

《合集》17334号

息：字形，从自下有二短竖，两短竖为指示符，为会意指示字，会意象鼻孔呼吸，释为息（王蕴智《字学论集》，第186页）。卜辞中用作方国名或人名，有息伯、妇息，也用作地名，当为息伯或妇息居住之地。见于《合集》3449号："……子……何……息……伯……"又见《佚》430号："戊午……贞：

王……息于……亡灾？"此残辞中的息或为地名，也可能是人名。此从郑杰祥观点视为地名。郑杰祥认为："息地所在，《左传·隐公十一年》：'息侯伐郑'，杜预注：'息国，汝南新息县。'《大清一统志·河南光州》古迹条下：'新息故城在息县南'1980 年考古工作者在河南省罗山县南约 30 公里的后李村发现商代息族墓地，商代息国息族应当就在这一地区。"（郑杰祥《概论》，第 274—275 页）

《合集》3449 号

反：字形，罗振玉最早释为反，认为"与古金文及许书篆文合"（罗振玉《殷释》中，第 59 页）。《说文》："反。覆也。从又厂，反形。"姚孝遂亦释为反，并认为"卜辞反字均用为地名"（于省吾《诂林》，第 915 页，姚孝遂按）。见于《合集》36537 号："癸巳卜，在反贞：王旬亡祸？在五月，王迟于畬。癸丑卜，在定贞：王旬亡祸？在六月，王迟于上畬。癸亥卜，在向贞：王旬亡祸？在六月，王迟于上畬。癸酉卜，在上畬贞：王旬亡祸？在七月。"为帝乙帝辛时期卜辞。辞中反地与定地、向地、上畬地见于同版。又见《合集》36850 号也出现"在反贞"内容，但字

作形，所以有隶为叔（姚孝遂、肖丁《摹释》，第 839 页）。由两字都与畬地名相系联，应为一字之书写微殊。反地所在，郑杰祥云："卜辞反地可能就是汜水沿岸或古代板城一带。……古代板城当在今汜水镇（河南省荥阳县）东北，板与汜皆从反得声，板城当因地处汜水而得名，汜水或板城应当就是卜辞中的反地。"（郑杰祥《概论》，第 278 页）

上畬：字形二，字孙诒让、叶玉森、商承祚皆隶定为鲁（于省吾《诂林》，第 3269 页），王襄、孙海波、李孝定皆隶定为畬（王襄《簠室殷契类纂》正编十卷，第 45 页，孙海波《甲骨文编》，第 405 页，李孝定《集释》，第 3081 页）。卜辞中用作地名，见于《合集》36849 号："己亥卜，在上畬贞：王今夕亡祸？庚子卜，在畬贞：王今夕亡祸？"辞中上畬也可省称畬。又见《合集》36850 号："癸巳卜，在反贞：王旬亡祸？在五月。癸丑卜，在定贞：王旬亡祸？癸酉卜，在畬贞：王旬亡祸？在十月。"辞中畬仍为省称，与定地、反地见于同版卜辞。此外，上畬在《合集》36871 号中又称为"王畬"，当为上畬的别称。上畬地所在，郑杰祥云："畬地所在不能确指，按吾与五音同相通……因此卜辞畬地后世可能已音变为五地。如果此释不误，此五地当即后世称作的五鹿。……古代有两个五鹿城，一在今河南濮阳市南，一在今河北省大名市东，两者一南一北，相距约 80 公里，北五鹿城位于今大名市东 20 余公

里，此地西南距卜辞向地 100 余公里，它或即卜辞中的上霤。"（郑杰祥《概论》，第 280 页）但郭沫若认为上霤"即今浙江上虞"（郭沫若《卜通》，第 130 页）。

洛：字形⚂，于省吾释为洛（于省吾《诂林》，第 780 页）。卜辞中用作地名，见于《合集》36960 号："癸丑……在洛……䏓贞：……祸？王……吉！"又见《合集》36959 号也出现"洛"用作地名，皆为帝乙帝辛时期卜辞。郑杰祥认为："卜辞洛地当在古洛水下游一带……古洛水发源于陕西省洛南县境，向东流经今河南省卢氏县，又东过熊耳山以后进入河洛平原，经过今洛阳市南，又东至巩义东北入于黄河，河洛平原就在洛水下游地区。今河南省洛阳市正位于河洛平原之上，自古以来就是由关中地区通往华北平原的交通要道，它可能就是卜辞中的洛地。"（郑杰祥《概论》，第 280 页）姚孝遂亦认为洛"当即指洛水。李孝定《集释》以为人名，非是"（于省吾《诂林》，第 780 页姚孝遂按）。

龟：字形⚄、⚅、⚆、⚇、⚈、⚉、⚊、⚋、⚌、⚍、⚎、⚏，一字多形，或侧面或正面，或简或繁，皆为乌龟的象形，罗振玉最早释为龟（罗振玉《殷释》中，第 33 页）。王襄亦释"古龟字"（王襄《簠室殷契类纂》正编第十二，第 549 页）。龟本义指乌龟这一爬行动物，甲骨文的文字载体为龟甲和兽骨，用作占卜的卜甲多由南方进贡，所以《合集》8994 号有"贞：龟不其南致？"内容。卜辞中有见龟用作邦族名，见于

《合集》17591 号："壬申，龟示四屯。岳。"意为壬申这一天，龟邦族进贡了四对龟甲，名为岳的贞卜人物收到并签署。辞中的龟邦族或生活在产龟之地，其邦族的首领亦称龟，如《合集》7859 号："贞：佳龟令？"辞中的龟为人名，或指龟邦族首领。龟邦族的居住地也称龟，饶宗颐揭《合集》10198 号："戊午卜，殷贞：我狩㩵，禽？之日狩，允：禽……"认为"㩵，地名，即龟。《左》桓十二年：'会宋公于龟。'杜注：'龟，宋地。'"（饶宗颐《通考》，第 1296 页）

③西土和西部邦族

西土：字形⚃Δ，释为西土。卜辞中用作对商王都以西地区的统称，如《合集》8777 号："贞：乎献羊于西土？"又如《屯南》1049 号："己未，贞：王令……于西土，亡灾？"卜辞西见商王卜受年内容，如《合集》9744 号："乙巳卜，殷贞：西土受年？三月。"即贞求商王都以西的地方农业丰收。卜辞中西土也称西方，如《屯南》2377 号："西方受年？"也简称西，如《合集》7094 号："贞：其有艰自西？"商王都以西的地方有众多的敌对方国，有舌方、鬼方、羌方等，卜辞中多见商王朝中央对西部地区的军事活动。甲骨文中出现的方国大多位于西土，如商王都西南方向有：基方、周方、兴方等十多个方国；正西方向也有羌方、祭方等十多个方国；西北方向更多，有舌方、龙方、亘方、御方、马方、召方、卭方、前方等，可见甲骨文时期商王朝的外患主要来自西面。在孙亚冰、林欢所列举的 158 个方国中，

西方方国多达 60 个（孙亚冰、林欢《商代地理与方国》，《商代史》卷十，第 259 页）。集中在西土的众多方国，当还处于游牧落后的阶段，出没无常，常常威胁商王朝西部边境。关于这些方国的情况，在本地理邦族部分不再重述，详参见方国部分。

唐：字形🀄，孙诒让最早释为唐（孙诒让《举例》下，第 28 页）。王国维考证："唐，即汤也。"（王国维《戬考》，第 7 页）卜辞中唐用作人名，指商立国之王大乙成汤，也用作地名或邦族名，见于《合集》8588 号："……午卜，争……舌方……马……于唐。"虽为残辞，但由唐地与舌方见于同条卜辞，唐地当位于商王都以西地区。又见《合集》8016 号等出现的"在唐"，《合集》11000 号出现的"于唐"，也当为地名。还见《合集》9269 号出现的"唐入二"以及《合集》5776 号出现的"唐来四十"的唐当为邦族名。唐地所在，陈梦家认为："唐在安邑一带"，安邑即今山西省夏县以北安邑镇（陈梦家《综述》，第 274 页）。郑杰祥则认为："《大清一统志·山西平阳府》古迹条下：'唐城

《合集》8588 号

在翼城县南，《括地志》：在县西 20 里。'……清代翼城即今山西省翼城县，位于唐代翼城县东北约 7 公里，因此故唐城在唐翼城县西今翼城县南。此地西北距卜辞舌地约 100 公里，它应当就是卜辞中的唐地。"（郑杰祥《概论》，第 293 页）

皋：字形🀄，从匕或人从禽，象人在网上，张网捕人会意，依形隶定为皋。孙诒让最早"疑当为离"（孙诒让《举例》上，第 42 页）。商承祚从罗振玉释为罗及离（商承祚《增订殷墟书契考释》中，第 49 页）。姚孝遂认为："释'离'、释'罗'、释'毕'皆非是。"但其与裘锡圭虽皆认为🀄为人名专用字，又将🀄与🀄为一人，是一字的异写（于省吾《诂林》，第 2824 页，姚孝遂按；裘锡圭《论"历组卜辞"的时代》，《古文字研究》第六辑，第 318 页）。陈炜湛则认为："🀄与🀄写法差异至显。即使承认为一字异形，也无由证明其比同时，反倒是因异时所致。"（陈炜湛《裘锡圭论"历组卜辞"的时代一文中二十组文倒的商榷》，《出土文物研究》，第 17 页）陈说可从。卜辞中🀄与🀄应为不同的两个人物，生活在不同的时期。其用作邦族名和人名，见于《合集》26 号："丁未卜，争贞：勿令皋以众伐舌？"为武丁时期卜辞。辞中的皋或为邦族名或为人名。）皋用作人名为武丁时期著名的将领，其封地或族属也当与其名同。关于皋，郑杰祥从罗振玉、丁山等的观点认为是毕之初文，其考证"毕地所在……按毕与浊古相通用，《尔雅·释天》：

'浊谓之毕。'……《括地志》云：'浊水源出浦州解县东北平地。尔时魏都安邑，韩、赵伐魏，岂至河南长社也？解县浊水近于魏都，当是也。'《大清一统志·解州》山川条下云：'浊泽在州西二十五里，一名涿泽。'清代解州即今山西省解县，古浊泽当位于今解县西 10 余公里，此地北距吉县北约 150 公里，它应当就是卜辞中的臯地"（郑杰祥《概论》，第 287 页）。

《合集》26 号

臱：字形𦎫，从人或匕从𠶸，依形隶为臱，有认为"当属𠶸字繁体"（朱歧祥《通释稿》，第 376 页）。此前的众多甲骨字书都将这个字与臯混同。但所见卜辞中，臯字形仅出现于武丁时期，臱字形则主要出现于甲骨文晚期，如《合集》33055 号："丙子……今日步臱？于翌日丁丑步臱？丙子卜，其告方来丁一牛？"为武乙文武丁时期卜辞，辞中臱为地名。又如《合集》31979 号："庚寅，贞：王令臱以众𠁣，受祐。"亦为武乙文武丁时期卜辞。辞中臱为人名或邦族名。召方的居住地孙亚冰、林欢谓："岛邦男认为召方在周代召公奭的采地召城（陕西雍城东有召城）一带，未免偏西。我们认为在今陕西中北部靠近𩫞方的地

区。"（孙亚冰、林欢《商代地理与方国》，《商代史》卷十，第 283 页）此说可从。那么，受商王令伐召方的臱或其邦族及居住地也当在召方之地一带。此外，臱的邦族或在武丁时期称臯，后来又名为臱，有待进一步考证。

万：字形𤕫，蝎子的象形，本义当指蝎子，罗振玉最早释为萬（罗振玉《殷释》中，第 3 页），现代汉字简化为万。姚孝遂认为："字本象蝎形，借为数词，是以分化。卜辞'万'亦为地名。"（于省吾《诂林》，第 1807 页姚孝遂按）见于《合集》8353 号："……卜，贞：禽其往万？"又见《合集》9812 号："……寅卜，万受年？"辞中的万当为农耕地名。还见《合集》7938 号、10951 号都出现有"万"为地名的内容，皆为武丁时期卜辞。此外《合集》21651 号："……子卜，贞：……万人归。"辞中的万当为邦族名。郑杰祥认为："卜辞万地所在，《大清一统志·

《合集》9812 号

山西绛州》古迹条下：'万春故城在河津县东北 40 里……'清代河津县即今山西省河津县，古万春故城当在今河津县东北约 20 公里，此地南距卜辞阜地约 70 公里，它可能就是卜辞中的万地。"（郑杰祥《概论》，第 290 页）

孚：字形⚬，从郑杰祥释为孚。见于《合集》189 号反面："……甲在孚。"也有认为此字为从爪从土（姚孝遂、肖丁《摹释》，第 7 页），辞中孚为地名。又见《合集》6784 号："贞：方敦孚？"以及《合集》6356 号出现的"敦孚"，都当为邦族名。此字郑杰祥释为孚，认为："卜辞孚字……上象爪，下象鸟卵形，当为孚字之初文。《说文·爪部》：'孚，卵孚也。从爪，从子，一曰信也。'……卜辞孚地应当就是春秋时代的诸浮……诸浮当在今翼城县周围。据此推测，它可能就是指的浮山，……浮山今仍称浮山，在今临汾县东南 20 余公里，南距翼城县 20 余公里，春秋诸浮可能在此附近，此地西距卜辞舌地约 100 公里，它可能就是卜辞中的孚地。"（郑杰祥《概论》，第 294 页）朱歧祥释"从爪持▢……《说文》无字。是第一期卜辞中殷西北的地名，尝受舌方、土方所侵扰"（朱歧祥《通释稿》，第 81 页）。

根：字形、、、，一字多形，于省吾释为根（于省吾《骈续》，第 7 页）。郭沫若、李孝定皆释为困（郭沫若《粹考》，李孝定《集释》，第 2120 页）。姚孝遂认为："于先生（于省吾）据《古老子》以'朱'为'根'之古文。

《说文》以'朱'为困之古文，乃假借。李孝定非之。实则《古老子》与《说文》古文同属战国古文，无早晚之别。自其形体结构言，当以于先生（于省吾）说为是。"（于省吾《诂林》，第 840 页姚孝遂按）卜辞中根用作地名，见于《合集》8934 号："贞：登牛于根？"辞中的根为地名，商王在根地徵召牛，可见根地产牛。又见《合集》9593 号："癸丑卜，贞：雷往追龙？从根西及。"辞中根也应为地名，与雷、龙见于同版，其地当与龙方之地和雷方之地相接。根地所在，郑杰祥从郭沫若、李孝定观点释此字为困，认为"困城所在，《大清一统志·山西辽州》古迹条下：'困闷城在和顺县西，《寰宇记》：在平城县南 15 里。《旧图经》云：困闷城在平城县南 15 里，赵简子在此病笃遂筑此城，由此得名。又有困闷川。'前人望文生义，附会为赵简子病笃此地而得名，实际上可能早为商代困族聚居地。清代和顺县即今山西省和顺县，隋代平城县在和顺县西，因此困闷城当在今和顺县西，此地西距卜辞雷地 50 余公里，可能就是雷族追逐龙方路过的雷地"（郑杰祥《概论》，第 299 页）。

鸣：字形，象鸟鸣形，罗振玉最早释为鸣（罗振玉《殷释》中，第 78 页）。《说文》："鸣，鸟声也。从鸟，从口。"段玉裁注："引伸之凡出声皆曰鸣。"姚孝遂认为："卜辞鸣字所从之鸟均张其喙，无一例外，与唯字有明显区分。皆用作人名。"（于省吾《诂林》，第1740页，姚孝遂按）卜辞中鸣用作人名，也用作地名，见于《合集》32839号："己未，贞：雀亡祸？辛酉，贞：王步于鸣？"辞中鸣当为地名。又见《合集》6769号："贞：勿令方归？八月。癸未卜，宾贞：令鸣暨方？"辞中鸣或为人名或为邦族名。鸣地所在，郑杰祥认为："鸣族所在的鸣地，应当就是古代的鸣条……《括地志》云：'高涯原在蒲州安邑县北30里南阪口，即古鸣条陌也。'……此地北距卜辞戉地约70公里，它可能就是卜辞中的鸣地。"（郑杰祥《概论》，第296页）孟世凯则认为："鸣之今地殆是春秋时期陈国之'鸣雁'，此地距雀地（今河南荥阳）不远。《左传·成公十六年》："卫侯伐郑，至于鸣雁，为晋故也。"杨伯峻注："鸣雁在今河南杞县北。"（孟世凯《辞典》，第608页）

《合集》6769号

魌：字形，象人戴有面具，叶玉森释为鬼（叶玉森《前释》七卷，第25页）。郭沫若释为魌（郭沫若《卜通》，

第108页）。见于《合集》6063号："……旬亡祸？王占曰：有祟！其有来艰……允：有来艰至西。畓告曰……魌、夹方相二邑。十三月。"为武丁时期卜辞。魌当为武丁时期的地名，与畓邦族、羌方见于同条卜辞。郑杰祥认为："卜辞魌地不能确指，按魌字从鬼，其声，它或即汉代的骐县，《汉书·地理志》河东郡下：骐县，师古注："骐音其'。《大清一统志·山西平阳府》古迹条下："骐县废县在乡宁县东南。……《寰宇记》：骐，汉县，后汉省，乡宁县东南约六七十里。'此地东距畓地200余公里，它可能就是卜辞中的魌地。"（郑杰祥《概论》，第299—300页）

《合集》6063号

浒：字形，姚孝遂隶定为浒，认为"字从'水'从'虎'。……为地名"（于省吾《诂林》，第1296页姚孝遂按）。见于《合集》6131号："……殻贞：王往次于浒？……卜，殻贞：舌方其至于畓？"为武丁时期卜辞。辞中浒用作地名，与舌方、畓见于同版，其地当与畓地、舌方之地相接。郑杰祥认为：

"卜辞浝从水，从虍，虍与虎古音同部，虍字当即虎字之省文。浝与滹相通……卜辞浝地当为水名，就是浝水，也就是后世所称作的滹水。……古滹沱水当发源于山西省太原市北，然后向东流经河北省石家庄市、献县以南、沧州市以北而注入渤海。此水源南距卜辞甾地60余公里，它可能就是卜辞中的浝地。"（郑杰祥《概论》，第300—301页）

笕：字形𥯤，从郑杰祥释为笕（郑杰祥《概论》，第361页）。卜辞中用作地名或邦族名，见于《合集》8236号："癸丑……王占曰：……四日丙午友唐告……入于笕。"为武丁时期卜辞，笕与友唐见于同条卜辞。又见《合集》39495号："……申，亦有来自西……于笕，亦翦……曰，舌方。"辞中笕与舌方见于同版，笕都为地名。还见《合集》6062号："……自西……舌方征我……笕，亦翦甾……"辞中笕用作邦族名，与甾邦族同时受到舌方的侵扰，可见笕族及其居住地与甾地相接。卜辞舌方，孙亚冰、林欢认为："从考古发现看，今汾河以西以北的晋山高原集中分布着与中原文化不同的游牧民族文化，舌方大抵就在这一带活动。"亦认为"'甾'在晋南"（孙亚冰、林欢《商代地理与方国》，《商代史》卷十，第263，90页）。其说可从，那么，笕地或位于舌方与甾地之间。

晋：字形𠎁、𠎀，前字形象二矢插入器物中，叶玉森释为晋（叶玉森《拾考》，第26页）；后字形象二矢插入来中，或可隶作𥘰，来为农作物，郑杰祥以为"此字可能是古晋字之异体"。卜辞中二字形皆用作地名，见于《合集》6057号："允：有来艰自西。长友角告曰：舌方出，侵我示、晋田，七十人五。"辞中晋字形从双至从来。又见《合集》19568号、19569号都出现"晋将"一名，或皆为地名。由《合集》6057号出现的晋地于示地同被舌方侵扰，两地当相近。郑杰祥认为："其地应当就在古晋水一带……《水经·晋水》：'晋水出晋阳县西悬瓮山。'……《大清一统志·山西太原府》山川条下：'悬瓮山在太原县西南10里，晋水所出，曰滴沥泉。'清代太原县即今山西省太原市西南的晋原镇，此地南距卜辞示地约50公里，它可能就是卜辞中的𥘰地也即晋地。"（郑杰祥《概论》，第305页）

《合集》19568号

豯：字形𧰲，从倒止在长毛豕上，饶宗颐隶为豯，认为"应释'原'"（饶宗颐《通考》，第156页）。卜辞中用作地名，与舌方见于同条卜辞，如《合集》6128号："乙丑卜，殻贞曰：舌方其至于豯、土？其有……"又见《合集》6129号、3298号皆出现"至于豯"内容,《合集》8244 号也出现"豖"名,当皆为地名。其地所在,郑杰祥认为:"卜辞字,陈梦家《综述·方国地理》释为原,认为'原土或即《左传·僖廿四年》之原,今济源县西北十五里有原乡。'钟柏生《殷商卜辞地理论丛》以为即古代太原,位于今山西省闻喜县一带。今按卜辞'原土'当即'原社',原地所在当以陈(梦家)说为是,即今河南省济源县的原乡,此地为商王畿的西南边缘,因此舌方侵犯原社引其商王的关注,若是今山西省闻喜县的太原,则距商王朝悬远,距舌方甚近,是舌方经常出没之地,未必会引起商王的关注,卜辞原社不当在此而当在济源原乡,此地西距舌方约 200 公里。"(郑杰祥《概论》,第 309 页)饶宗颐亦认为在河南济源县西北(饶宗颐《通考》,第 166 页)。

　　埜:字形,从林从土,罗振玉最早释为野,引"《玉篇》埜并注古文野"(罗振玉《殷释》中,第 8 页)。王襄亦释"古野字"(王襄《簠室殷契类纂》正编第十三,第 59 页)。《说文》:"野,郊外也。从里,予声。"姚孝遂认为:"罗振玉谓《说文》'野'之古文亦当作'埜',其说可从。"(于省吾《诂林》,第 1385 页姚孝遂按)卜辞中埜用作邦族名,见于《合集》30173 号:"庚午卜,贞:野丁至于斱,卤入甫?兹用。殳乎爵、埜弜于甫。"辞中野与爵、斱地、甫地见于同版,其当距甫地与斱地不远。郑杰祥认为:"卜辞野族所在的野地,应当就是后世称作的野王。……《怀庆

府志》:'野王城即今之府城,'清代怀庆府即今河南省沁阳市,此地西距卜辞甫地 100 余公里,它应当就是卜辞中的野地。"(郑杰祥《概论》,第 312—313 页)

《合集》30173 号

　　郫:字形,罗振玉释为俾(罗振玉《殷释》中,第 11 页)。王国维、叶玉森、孙海波、陈梦家皆释为郫(王国维《史籀篇疏证》,第 36 页;叶玉森《说契》,第 2 页;孙海波《甲骨文编》,第 536 页;陈梦家《综述》,第 260 页)。卜辞中用作地名,见于《合集》36962 号:"庚辰卜,在甫……王步于埠……灾?"辞中郫作为地名与甫地见于同条卜辞,两地当相近。郑杰祥释此字为埠,认为:"卜辞埠地当即春秋时代的埠地。……高士奇《春秋地名考略》卷四云:'杜注:取晋邑而戍之,即此郫也。《后汉志》垣有邵亭,刘昭

引《博物志》云：垣有郫邵之扼，晋杀公子乐于郫邵。孔颖达亦曰：垣县有邵亭。盖三名为通称矣。'《大清一统志·河南怀庆府》古迹条下：'邵原废县，在济原县西一百一十里，古曰郫，亦曰邵亭。……《府志》：今为邵原镇。'清代济源县即今河南省济源市，邵源镇今仍其名，在今济源市西约40公里，此地西距卜辞甫地约40余公里，它应当就是卜辞中的郫地。"（郑杰祥《概论》，第312页）

昕：字形⟨图⟩。唐兰、屈万里、李孝定皆释为昕（唐兰《古文字导说》下，第29页；屈万里《甲释》，第71页；李孝定《集释》，第2213页）。《说文》："昕，旦明，日将出也。从日，斤声。"姚孝遂则认为："字从'囧'从'斤'……释'昕'不可据。'昕'从'日'、'斤'声。契文偏旁'日'与'囧'不能互作。"（于省吾《诂林》，第2523页，姚孝遂按）此从唐、屈、李说，释为昕。卜辞中昕用作地名，见于《合集》20779号："壬午卜，有甫在昕，东北获。乙酉……丙戌……步……井获。不易日。"为武丁时期卜辞。辞中昕作为地名与甫见于同条卜辞，其地当与甫

《合集》20779号

相近或相接。参见甫地条。

旨：字形⟨图⟩、⟨图⟩、⟨图⟩，一字多形，或从口从匕，或从甘从匕，或上部写作刀形，从甘从匕形多见于卜辞一期，从口从匕形则多见于卜辞第二、三期，陈梦家将其分作两个不同的字，释为旨和黎（陈梦家《综述》，第296页）。朱歧祥则认为是文字衍进的现象，认为是一字的多个字形，释为召（朱歧祥《通释稿》，第322页）。此从陈梦家观点释为旨。卜辞中旨用作邦族名或人名，见于《合集》880号："乙卯卜，争贞：旨翦罗？贞：旨弗其翦罗？"辞中旨为邦族名，商王命令其征伐罗邦族。旨邦族首领名也为旨，见于《合集》5478号："丙午卜，宾贞：旨弗其由王事？贞：旨由王事？"辞中"由王事"的旨当为旨邦族首领名，供职在商王朝中央。前二辞皆为武丁时期卜辞，此时的旨邦族与商王朝中央为附属关系，其邦族之后势力扩大，直至叛离被称为旨方。旨邦族聚居地所在，郑杰祥从杨树达、李孝定观点认为："旨即西伯勘黎之黎……《水经·浊漳水注》：'漳水又东北，迳壶关县故城西，又屈迳其城西北，故黎国也，有黎亭。'《大清一统志·山西潞安府》古迹条下：'黎城在长治县西南。'清代长治县即今山西省长治市，古黎城当在今长治市西南，黎与耆古相通，耆与旨古音同，因此古黎城应当就是卜辞中的旨地，此地西南距羌方约150公里。"（郑杰祥《概论》，第315页）

④北土和北部邦族

北土：字形⟨图⟩，释为北土。卜辞

中商王都以北及王畿之外北部的领土称北土，为东南西北四土之一，见于《合集》33049号："癸酉，贞：方大出，立中于北土？"又见《合集》36975号："己巳，王卜贞：岁商受？王占曰：吉！东土受年？南土受年？吉！西土受年？吉！北土受年？吉！"辞中的北土皆指商王都以北及王畿之外北部的领土，北土又称北方，如《合集》14295号："辛亥卜，内贞：禘于北方曰：勹？风曰：伇？"也简称北，如《合集》9746号："……卯卜，北受年？"卜辞中所见北土的方国有北方、土方、井方等。孙亚冰、林欢认为"北方方国有8个"（孙亚冰、林欢《商代地理与方国》，《商代史》卷十，第259页）。

觏：字形觏，隶作觏见于《合集》6057号的"有来艰自北。觏妻姞告曰：土方侵我田、十人"。又见《合集》137号、4547号、13362号都出现觏的内容，皆为武丁时期卜辞。前揭《合集》6057号全辞的意思为觏邦族受到土方的侵扰，觏之妻向商王报告。又《合集》137号辞中出现"方征于觏"与"方征于我"对文，可见商王武丁将觏视如我，其关系当为附属关系。觏邦族的居住地所在，郑杰祥认为："土方当位于沚戜的东部和觏妻姞的北部。……土方就当位于今河北省的北部一带。……觏族位于土方之南，又位于商王朝的北土，它应生活于今河北省的古洧水流域，为了和南方有族相区别，故此族又写作觏。此洧水所在……发源于今山西省寿阳县北，向东流经阳泉市北，又东北流经河北省井陉

口，北向流入滹沱河，它应即《山海经·北次三经》所记历聚水所注入的洧水，也应当就是卜辞所记觏族的聚居地。"（郑杰祥《概论》，第327页）

竹：字形竹，郭沫若、叶玉森、李孝定皆释为竹（郭沫若《粹考》，第120页，叶玉森《前释》二卷，第65页；李孝定《集释》，第1567页）。王襄、商承祚释作冄（王襄《簠室殷契类纂》存疑第九，第47页；商承祚《类编》九卷，第5页）。此从郭、叶、李说。卜辞中竹用作人名，如贞卜人物有竹，诸侯中也有竹侯，也用作地名和邦族名，见于《屯南》744号："癸卯卜，甲启，不启，竹夕雨？"辞中的竹为地名。又见《屯南》1116号："己亥卜，贞：竹来以召方于大乙宗？"辞中的竹当为邦族名或人名，竹邦族的首领也名竹。竹地所在，郑杰祥认为："卜辞竹族应当就是文献称作的孤竹国。……《大清一统志·直隶永平府》古迹条下：'古竹城在卢龙县南'，清代卢龙县即今河北省卢龙县，孤竹古城当在今卢龙县南，它应当就是卜辞竹族的所在地，卜辞'竹来以召方'，即竹族与召方相协而来，可知召方与竹族相距不会太远，召方可能在竹族以南。"（郑杰祥《概论》，第330页）

束：字形束、束，孙诒让释为癸（孙诒让《举例》上，第3页）。罗振玉、郭沫若皆释为戣（罗振玉《金文编》初版十四卷，第17页；郭沫若《甲研·释干支》，第17页）；饶宗颐释为矢（饶宗颐《通考》，第108页）。于省吾、柯昌济、赵诚皆释为束（于省吾《释

林》，第 175 页；柯昌济《殷墟卜辞综类例证考证》，《古文字研究》第十六辑，第 151 页，赵诚《词典》，第 314 页）。《说文》："朿，木芒也。象形，读若刺。"又："刺，直伤也。"段玉裁注："朿，今字作刺，刺行而朿废矣。"《尔雅·释诂上》："刺，杀也。"卜辞中朿有见用作动词，又用作地名和邦族名，见于《合集》4089 号："壬子卜，贞：今六日有至自朿？"为武丁时期卜辞，辞中朿为地名。又见《合集》9444 号："……新朿三十屯。"《合集》9445 号曰亦有"自新朿"，两版，记事刻辞上的朿为邦族名。朿地所在，郑杰祥认为："卜辞朿地又称之为棘地。……《大清一统志·直隶顺德府》古迹条下：'棘原在平乡县南。……'清代平乡县即今河北县平乡县……古棘原当在古钜鹿城南当然也在平乡县南，此地西南距古鸡泽即卜辞鸡地约 50 公里，棘与朿古同字，它应当就是卜辞中的朿地。"（郑杰祥《概论》，第 333 页）

甘：字形 ⊟，从口中含物，会意兼指示，王襄释"古甘字，邯字从文"（王襄《簠室殷契类编》五卷，第 22 页）。《说文》："甘。美也。从口含一，一道也。"于省吾认为："许说不足为据……甲骨文甘字作 ⊟，用作地名。"（于省吾《释林》，第 445 页）见于《合集》8001 号："贞：王往于甘？"又见《合集》15782 号："庚戌卜，内：酒十宰于甘？"为武丁时期卜辞。还见《合集》27147 号："癸亥卜，彭贞：大乙、祖丁暨飨？癸亥卜……祖丁，其于甘飨？"为廪辛康丁时期卜辞。由后二辞内容可知，甘地在武丁时期和廪辛康丁时期皆为商王朝的祭祀地。甘地所在，郑杰祥云："卜辞甘地应当就在古邯郸城一带。按甘与邯音同相通，邯郸一带，

《合集》9445 号曰

《合集》8001 号

古货币文字多写作'甘单'可以为证。邯郸所在……高士奇《春秋地名考略》卷五云：'古邯郸城在今县西南二十里。'清代邯郸县即今河北省邯郸市，古邯郸城当在今县西南约10公里，邯山也当在今邯郸市西南，此地东北距卜辞柬地约40公里，它应当就是卜辞中的甘地。"（郑杰祥《概论》，第335页）或说为《书·甘誓序》中"启与有扈战于甘之野"之甘地，但其地远在今陕西省户县，商王不会把那么远的地方作为祭祀地。

徉：字形𦍡、𦍑，于省吾、姚孝遂隶作衡，认为是徉的繁体（于省吾《诂林》，第2287页及姚孝遂按）。卜辞中用作地名，见于《合集》7861号："贞：王去柬于敦？贞：于徉？"为武丁时期卜辞。辞中徉作为地名，与敦地、柬地见于同版，敦地为顿丘，位于商王都东南的田猎区，柬地在河北省平乡县南，徉地当位于两地之间。还有《合集》8209号出现的"于徉"；《合集》5111号出现的"往徉"；《合集》5609号等出现"在徉"，这些徉字都为地名。徉地所在，郑杰祥认为："卜辞徉地后世当已演变为羊地，此羊地可能就是后世称作的羊角城。……高士奇《春秋地名考略》卷七云：'今东昌府范县东南之义东保有禀丘城即羊角城。'清代范县即今河南省范县，义东保即今范县东南的义和庄，古羊角城当在此地。此地西距卜辞敦地100余公里，西北距卜辞柬地约150公里，它可能就是卜辞中的徉地。"（郑杰祥《概

论》，第334页）

5. 方国

方国：甲骨卜辞中有方，未见方国一词。方国一词最早见于1904年孙诒让的《契文举例》方国第七。虽然后来"方国第七"改名为"释地第七"，但方国一名却流传下来被甲骨学界广泛采纳，用于指称卜辞中与商王朝中央相对的边侯以外的邦方（宋镇豪《夏商社会生活史》，第42页）。孙亚冰、林欢认为："'方国'一词应包括所有的国，既含称'方'的国（甲骨文又称'多方'），也含不称'方'的国；但我们通过比较研究，发现称'方'的国时叛时服者占绝大多数，而不称'方'的国而始终臣服者占绝大多数，可见，称'方'的国与不称'方'的国是有所区别的。因此，'方国'有广义和狭义两种，广义的'方国'泛指所有的国，与中原王国对称；狭义的'方国'则只指那些称'方'的国。"又"拟定出八项判断方国的标准：（1）甲骨文中称方的。其中又可分为两类：一类为直接'某方'或'方某'；一类是不直接称方，但简介称其为方或与方并列的……（2）甲骨文、金文中称侯、伯的。其中也可再分两类：一类为直接'某侯'、'某伯'或'侯某'、'伯某'，'某'为侯、伯的封地，侯、伯为爵称；一类是不直接称侯、伯，但间接称其为侯、伯的……（3）甲骨文中的少数称子的。'子'字在甲骨文、金文中有三种含义，一是王子，二是族长，三是子爵。甲骨文中称'子某'或

'某子'者，若其中的'子'为爵称，那么就可以确定'某'亦为方国名，如旁子、告子……（4）商代的方国，大都规模不大，鉴于此，我们认为与商王朝发生过大规模战争的，都可以看做是方国……（5）甲骨文中的'某王'之某，是殷王朝边境上的异姓之国，共四个……（6）由考古材料证明是方国的……（7）对于传统文献记载的方国，只取能被甲骨文、金文等考古资料证明是可信的那些。（8）上博简《容成氏》中有叛商并被文王平服的九邦：丰、镐、郍、彄、于、鹿、耆、崇、密须，它们亦属于商代的方国。"并在此前提下分列出：（1）只与商王朝为敌的方国 26 个，其中称方的 16 个，称侯伯的 4 个；（2）与商王朝时敌时友的方国 51 个，其中称方的 26 个，称侯伯的 11 个，称王的 1 个；（3）一直与商王朝为友的方国 64 个，其中称方的 11 个，称侯伯子的 45 个，称王的 3 个。共计 141 个，在《商代方国考订》又谓"共计 158 个方国"（孙亚冰、林欢《商代地理与方国》，《商代史》卷十，第 254—259 页）。由于我们本编侯、伯、子以及王朝附属的边侯邦族皆单列，此方国部分只收入所谓狭义上的称方的方国，或有明确系联关系的，如羌方与北羌、羌龙；尸方与东尸等。

方：字形𠂤，叶玉森最早释为方，并认为"殷人称国曰方"（叶玉森《说契》，第 3 页；《殷释》一卷，第 33 页）。徐中舒释"方象耒的形制"（徐中舒《耒耜考》，《集刊》二本一分，第

17 页）。卜辞中的"方"有多种含义，除用作人名或作为方国的总称外，也用为祭名；又为方向的方，如东方、西方等名称；又为某方国的简称，如羌方、土方等都曾简称为方；又为方方国的专称，方方国居住地也称方，见于《怀》1641 号："辛巳卜，更生九月，伐方？八月。"辞中的方指方方国，商王贞问对其征伐。又见《合集》30260 号："癸未卜，其宁风于方，有雨。"辞中的方当指地名，为方方国居住之地。还见《合集》6696 号、7308 号、11467 号、20619 号等都出现有方方国的内容，皆为武丁时期卜辞。关于方方国地望，陈梦家认为"方当在沁阳之北，太行山以北的山西南部"，并将方列为武丁时代多方之首（陈梦家《综述》，第 269—270 页）。但郑杰祥认为："卜辞方族应当就是后世文献所称作的'方夷'……丁山《商周史料考证·武丁之武功》篇则认为当在汉代山阳郡方舆县境……古方舆城当在今鱼台县（山东省）西，它应当就是卜辞方族的居住地。"（郑杰祥《概论》，第 160 页）也有认为"当是在殷都之北部地区"（孟世凯《辞典》，第

《合集》6696 号

160 页）。

人方：字形⺉，亻字孙诒让最早释为人（孙诒让《举例》上，《释人第五》）。卜辞中人方主要见于帝乙帝辛时期，也见于武丁时期，如《合集》20249 号："……寅卜……令人方……"为武丁时期卜辞。由辞义中商王对人方发号施令，这一时期的人方与商王朝中央当为从属关系。还有《合集》6456 号、20612 号出现与商王朝中央为敌的方国名，有释为"人方"（孙亚冰、林欢《商代地理与方国》，《商代史》卷十，第 376 页），但饶宗颐、姚孝遂、肖丁皆释为"尸方"（饶宗颐《通检》第二册，第 108 页，姚孝遂、肖丁《类纂》，第 11 页）。所见与商为敌的人方的卜辞，主要见于武乙至帝辛时期，如《合集》36487 号："癸亥卜，黄贞：王旬亡祸？在九月，征人方，在雍彝。"还见《合集》36482 号、36483 号、36485 号、36486 号等 20 多条卜辞都有"征人方"内容，并出现了大邑商、雈、商、亳、淮、攸、𢀖、杞等重要地名，皆为帝辛时期卜辞。在商代末期，帝乙帝辛父子相继征伐人方，人方在这个时期当为商王朝中央的劲敌。帝乙帝辛时期卜辞中出现大量的与文献能够相互印证的征伐人方的内容，最先引起了郭沫若的关注，其曾认为"帝乙十祀曾征夷方，经时甚久。夷方者，山东半岛岛夷即淮夷者也"（郭沫若《卜通》序）。虽然郭老认定所征的人方为夷方，所征伐的时间认为是"帝乙十祀"与之后的学者所认为的"帝辛十祀"有别，但商末

征人方问题最早由郭老提出。20 世纪 40 年代董作宾有意识地将众多征人方的卜辞汇集起来，编入他的《殷历谱·帝辛日谱》中，对此次征人方的时间及其往返路程进行了详细论述（董作宾《殷历谱·帝辛日谱》）。五十年代陈梦家作《殷虚卜辞综述》，亦在《方国地理》章内作《征人方历程》。继之李学勤、钟柏生、郑杰祥、张永山和罗琨以及日本学者岛邦男等皆有系统排谱，特别是孙亚冰、林欢两位新秀在总结前人研究成果的基础上，又有新的排谱。几代学者的辛勤耕耘，为我们勾画出了一幅商代末年商王帝辛东征西讨的巨幅画卷。此时征人方的时间，"往程从八月癸亥到正月壬寅为 160 天，返程从正月癸丑到五月癸卯为 120 天，共耗时 281 天"（孙亚冰、林欢《商代地理与方国》，《商代史》卷十，第 386 页）。关于人方的地望，各家意见不一，前引郭沫若以为"山东半岛岛夷即淮夷"。董作宾认为在淮水之南（董作宾《帝辛日谱》）。李学勤在《殷代地理简论》中以为人方在殷西；在《从论夷方》中又认为在今鲁北地区。王恩田则认为在鲁南费县（王恩田《山东商代考古与商史诸问题》，《中原文物》2000 年第 4 期）。邓少琴、温少峰认为在江汉地区（邓少琴、温少锋《论帝乙征人方是用兵江汉》，《社会科学战线》1982 年第 3、4 期）。董作宾的《帝辛日谱》（卜夕、卜旬、卜行及其他省略）、陈梦家的《征人方历程》、郑杰祥的《帝辛十祀征人方日程、路线简表》、孙亚冰、林欢的

《征人方谱》。

尸方：字形𠈌，𠈌字孙海波释为尸，认为"人、尸、夷通用"（孙海波《甲骨文编》，第 339 页）。见于《合集》6456 号："……尸方不出。"以及《合集》20612 号，皆为武丁时期卜辞。又见《合集》6459 号："壬午卜，宾贞：王叀妇好，令征尸？癸未卜，宾贞：王叀妇好……"亦为武丁时期卜辞。辞中"令征尸"之尸也应指尸方。还有出现"伐尸方"内容的《合集》33038 号、33039 号，皆为武乙文武丁时期卜辞。可见尸方与商王朝中央的关系无论在武丁时期，还是在武乙文武丁时期皆为敌对关系。但《合集》20612 号："隹尸方受祐？"辞中商王为尸方祈祐，表示的当为和善关系，尸方与商王朝中央或为时敌时友关系。陈梦家认为："卜辞'尸其臣商'，是在武丁之时尸曾臣服于商王国。但它或服或叛，所以较晚的卜辞又有：'惟伐尸于囷'《下》22.5。"（陈梦家《综述》，第 285 页）卜辞中的尸方，或有认为是人方（郑杰祥《概论》，第 352 页；孙亚冰、林欢《商代地理与方国》，《商代史》卷十，第 376 页），实是甲骨文字"尸""人"混同。郭沫若最早论述了尸与人的区别（郭沫若《卜通》，第 569 页）。陈梦家论述更为精辟："人象人直立之形，尸象人横陈之形。卜辞金文尸又假为夷。"又"武丁卜辞中所征伐在西土的尸方，与乙辛时代在南方的人方，是不同的两个邦方，尸和人的写法也不同，则在西周初期金文《大盂鼎》还是如此"（陈梦

家《综述》，第 285、310 页）。容庚释"尸象屈膝之形"（容庚《金文编》，第 479 页），姚孝遂亦认为："甲骨文、金文'人'与'尸'有别，尸亦用为夷，尸盖象蹲踞之形，……卜辞'尸'为方国名。"（于省吾《诂林》，第 12 页，姚孝遂按）关于尸方的地望，前引陈梦家以为在殷西，但饶宗颐认为"尸方当在今河南境"（饶宗颐《通考》，第 311 页）。

《合集》6459 号

东尸：字形𣎵，释为东尸。所见东尸的卜辞仅有《合集》8410 号反面："……东尸有曰：屯……余……"为武丁时期卜辞。东尸或为方国名，或为尸方的别称及尸方其位于东部的一支。

林方：字形𣏾，释为林方。林方之林，姚孝遂认为："卜辞林为地名及方国名。"（于省吾《诂林》，第 1378 页，姚孝遂按）见于《合集》36968 号："庚寅卜，在灉𤓰贞：王𠭥林方？亡灾。"为帝辛十年征人方卜辞。又见《合集》41575 号的"𠭥林方"内容，以及《合集》34544 号出现"于林"，《合集》36547 号出现"林𤓰"，皆为武乙文武丁时期与帝乙帝辛时期卜辞。前揭《合

集》36968 号中林方与灂见于同辞，灂为地名，郭沫若认为："灂当即春秋时楚之灂邑，今安徽霍山县东北 30 里有灂城，即其地。"（郭沫若《卜通》，第 474 片考释）饶宗颐云："帝辛卜辞以八桑、或林竝列，霍为六安霍山、与潜地正和。"（饶宗颐《通检》，第贰贰页）林在卜辞中既与霍竝列，霍即为六安霍山，那么林方则距今六安不远。但陈梦家认为："卜辞所记'正人方'之役至于淮水而伐人方、林方，则此等邦国属于淮夷之一，当无可疑。"又"林方，此在淮水之南，当是淮夷之邦。……今安徽凤阳县。林方当在此一带。"（陈梦家《综述》，第 305—307 页）

危方：字形，字丁山最早释为由（丁山《商周史料考证》，第 92 页）。于省吾隶作产，认为："乃危字的初文。产字孳乳为危。"（于省吾《释林》，第 17 页）姚孝遂认为："于先生释'产'，'产'、'危'为古今字。"（于省吾《诂林》，第 3311 页，姚孝遂按）见于《合集》10084 号："乙酉卜，争贞：酒危方以牛自上甲？一月。"又见《合集》8492 号："己酉卜，殻贞：危方亡其祸？五月。己酉卜，殻贞：危方其有祸？二告。"皆为武丁时期卜辞。前辞贞问危方向王朝中央进贡祭牲牛，后辞贞问危方的福祸，可见武丁时期危方为臣属关系。卜辞中危方也有简称危，如《合集》24395 号："……其田亡灾？……在危。"辞中的危或指危方，或指危方之地，商王曾到此田猎，可见仍为臣属关系。孙亚冰、林欢论证"危方曾两次

受到奠置"，时间分别为武丁时期和廪辛康丁时期（孙亚冰、林欢《商代地理与方国》，《商代史》卷十，第 397 页），足证危方与商王朝中央曾为臣属关系。由《合集》28092 号："……用危方囚于妣庚，王宾"内容，即商王用危方人的首级当祭品，此时的危方与商王朝中央当为叛离关系。危方地望，陈梦家认为"在今永城、宿县之间，约当今皖苏交界之处"（陈梦家《综述》，第 301页）。岛邦男则以为在亳南、淮阴之间（岛邦男《殷墟卜辞研究》，第 386 页）。

《合集》8492 号

下危：字形，释为下危。见于《合集》6496 号："丙戌卜，争贞：今世王从望乘伐下危，我受有祐？二告。"又见《合集》6526 号、6527 号、6528号、6529 号都出现"征下危"内容；《合集》811 号、6482 号等 50 余条出现"伐下危"内容，皆为武丁时期卜辞。

辞中记载领导和参与征伐下危的有商王、望乘、多糸尹、兴方、奚等，可见下危当是商王朝中央的劲敌。所见武丁之后的卜辞再没有出现"下危"，所以有学者以为下危到甲骨文后期称危方（孟世凯《辞典》，第61页）。由于武丁时期卜辞已出现危方，下危与危方同时出现在武丁时期卜辞，其当为两个方国。孙亚冰、林欢认为："危方和下危是两个不同的方国，原因有二：一，危方出现在一、二、三、四、五期卜辞中，下危只出现在一期卜辞中；二，同样在一期卜辞中，危方为商王朝属国，下危则为商王朝敌国。"（孙亚冰、林欢《商代地理与方国》，《商代史》卷十，第396页）下危的地望，见于《合集》6507号："贞：王从望乘伐下危？二告。贞：王勿从望乘？贞：有来自北？"当在殷都之北。又见《合集》6413号："辛巳卜，争贞：今早王从……乘伐下危，受有祐？十一月。……宾贞：今早登，征土方？"辞中下危与土方见于同版，商王卜问同时征伐下危和土方，说明二方相近，都位于殷都之北。

旁方：字形彴，彴字孙海波最早释为旁（孙海波《甲骨文编》4页）。见于《合集》6666号："庚午卜，宾贞：旁方其圉，作捍？"又见《合集》6665号："癸未卜，贞：旬亡祸？三日乙酉，有来自东，画乎贯告旁捍……祸。"后辞中旁方省称旁，皆为武丁时期卜辞。还见《屯南》918号："贞：王令旁方执？"为武乙文武丁时期卜辞。由前三辞中《合集》6666号、《屯南》918号

"王令旁方执"内容，知旁方与商王朝中央为臣属关系；又《合集》6665号"画乎贯告旁捍"内容，知旁方曾叛离，旁方与商王朝中央当为时叛时服的关系。到了帝乙帝辛时期，旁方不再出现，有见《合集》36945号、37791号出现"在旁贞：王其田？"内容，辞中的旁当为田猎地名。又《合集》22395号："丁卯，贞：旁子不疾……"辞中的旁子当是旁方的首领，被封子爵。关于旁方的地望，卜辞有载，其在殷东，与画地相邻。孙亚冰、林欢认为："旁方近于画，在今曲阜周围。"（孙亚冰、林欢《商代地理与方国》，《商代史》卷十，第411页）郑杰祥则认为，旁与防古音相通。旁方即《左传·隐公十年》之"辛巳取防"之防。亦即西防故城，在今山东省单县北约25公里处（郑杰祥《概论》，第197页）。

盂方：字形盂，盂字罗振玉、王襄最早释为盂（罗振玉《殷释》中，第39页；王襄《簠室殷契类纂》正编第五，第24页）。见于《合集》8473号："丙子卜，古贞：令盂方归？"为武丁时期卜辞，辞中商王对盂方发号施令，其与商王朝中央当为臣属关系。又见《合集》36516号："……卜，贞：旬亡祸？王占曰：弘吉！在……月，甲辰，劦且甲，王来征盂方。"以及《合集》36509号、36510号、36511号等都出现"征盂方"内容，皆为帝乙帝辛时期卜辞，辞中的盂方与商王朝中央当为叛离关系。关于盂方的地望，郭沫若认为："宋地亦有盂者……地在河南睢县。又《左

传·哀二十六年》：'六子在唐盂。'顾栋高谓与睢县之盂为一地，余意卜辞之盂方当即此附近之古国。"（郭沫若《卜通》考释，第582片）饶宗颐亦认为："盂，地名。《左僖二十一年传》：'会宋公于盂。'杜注：'盂，宋地。'在今河南睢县界。"但又云"盂方疑即《史记·周本纪》：'文王伐邘地'，《括地志》：'在怀州河内西北古邘国也。'此与田猎地之盂不同。《左襄十二年传》：'诸侯会宋公于盂（宋世家）。'河南葵丘有盂亭，邺西别有汙水，项羽击秦兵于此。"（饶宗颐《通考》，第1136页；《通检》第二册，第拾玖—贰拾页）张秉权也认为"其地在今河南睢县境，与商丘相去不远"（张秉权《丙编考释》，第289页）。由帝辛十年征人方卜辞，盂与高、乐、寻、逢、商等地相系联，其地当在殷东南。但近有学者根据《合补》11242号，提出盂方在西方。孙亚冰、林欢认为："商代有两个盂方，即西盂方和东盂方，西盂方在今河南沁阳附近，即《诗·大雅·文王有声》'既伐于、崇，作邑于丰'中的'于'，《周本纪》'明年，伐邘。'中的'邘'、沁阳田猎区中的'盂'和上博简《容城氏》中九邦之一'于'。与《合补》11242相关的《合集》36511、《合集》36509、《合集》36516、《合集》37398等中的盂方都属于西盂方。东盂方的卜辞除《合集》36518外，应该还有……"（孙亚冰、林欢《商代地理与方国》，《商代史》卷十，第409页）

《合集》36518号

虎方：字形𢔛，𢔛字与其他甲骨文虎字有异，郭沫若释为豸（郭沫若《缀合例》，第3页），陈梦家认为："字或释虎，但与西周金文《南宫中鼎》'伐反虎方'不同。"（陈梦家《综述》，第290页）此从姚孝遂、肖丁释为虎（姚孝遂、肖丁《摹释》，第168页）。见于《合集》6667号："……卜，争贞：升伐衣于……𬯀王？十一月。……贞：令望乘暨𬷾途虎方？十一月……𬷾其途虎方，告于大甲？十一月……𬷾其途虎方，告于丁？十一月……𬷾其途虎方，告于且乙？十一月。"为武丁时期卜辞。辞中途，于省吾认为："途作动词用，义为屠戮伐灭，应读为屠。"（于省吾《骈三》，第22页）饶宗颐认为："卜辞每以'夆'为途"。（饶宗颐《通考》，第83页）若从于省吾的观点，虎方与商王朝中央是敌对关系。也有认为"'途'，动词，学者多从于省吾考释读为'屠'，表'屠杀'义。实则该字应读为'除'，义为'除道'，指商王命令望乘和舆洒水除道迎接虎方并告于祖庙，可见，从卜辞看商与虎方关系甚密"（李雪山《商代分封制度研究》，第195页）。虎方的地望，郭沫若认为虎方位于江淮流域（郭沫若《两周金文辞大系图录考释》下，第17页）。饶宗颐则认为"在凤翔西部沂西地"（饶宗颐《通检》第二册，第贰叁页），即今陕西宝鸡一带。孙亚冰、林欢释"'途'在这里有途径、经过的意思。虎方的地望，由与它相关的舆地地望可知，……舆和曾都位于南方……我们认为虎方在今汉水以北，安陆、京山以南的地区。"（孙亚冰、林欢《商代地理与方国》，《商代史》卷十，第435页）

目方：字形 ⬚，⬚字王襄、孙海波、张秉权、李孝定皆释为目（王襄《簠室殷契类纂》正编第四，第17页；孙海波《甲骨文编》，第722页；张秉权《丙编考释》，第210页；李孝定《集释》，第1133页）。见于《合集》28010号残片残辞："目方……至……吉！"为廪辛康丁时期卜辞。又见《合集》6946号："贞：呼雀征目？"为武丁时期卜辞。辞中的目或也指目方，受到征伐，其当在武丁时期与商王朝中央为敌对关系。还见《合集》33367号："……其田目，擒有鹿？甲子卜，翌日乙，王其田目，亡灾？吉！"辞中目为田猎地名。朱歧祥认为目"字又用为族名：处燹地之南，纳贡于殷，后遭殷人吞并，成为殷王田猎地"（朱歧祥《通释稿》，第88页）。卜辞诸子中有子目，见于《合集》14034号："庚午卜，宾贞：子目娩嘉？贞：子目娩不其嘉？王占曰：佳兹……嘉。"为武丁时期卜辞。辞中的子目或为目方国之女，商王卜问其生育情况，当为王妇之一。目方之目地地望，郑杰祥认为："卜辞目地后世可能已演变为牟地。此牟地或即古代中牟……古中牟城当在今中牟县东3公里处……"（郑杰祥《概论》，第227—228页）

见方：字形⬚，⬚字罗振玉最早释为见（罗振玉《殷释》中，第56页）。杨树达以为"见疑当为献"（杨树达《卜辞求义》，第19页）。还有甲骨文字形⬚，多也隶作见。姚孝遂认为："卜辞'⬚'与'⬚'形体有别，用法亦殊。'⬚'可用作'献'，'⬚'则不能。但其余则可通用。卜辞二者似已出现合并之趋势，今姑并列。"（于省吾《诂林》，第609页，姚孝遂按）卜辞中见方的见有下部从人，也有下部从卩。见于《合集》799号："癸酉卜，王贞：自今癸酉至于乙酉，邑人其见方𢦔，不其见方执？一月。"以及6797号、8790号、20413号、20417号、20491号中"见方"的见字下部都从卩，皆为武丁时期卜辞。又见《合集》6740号、6741号、6742号、6743号卜辞中"见方"的见字下部皆从人，亦为武丁时期卜辞。还见《合集》6804号卜辞上的"自见"《合集》17055号上的"往见"、《英》1784号上的"见奠"等见字，或为见方之省称。所见卜辞中未出现征伐见方内容，由

"自见""往见"内容推断见方之地是商王常来常往之地，知见方与商王朝中央为臣属关系。见方的地望，张秉权以为"见方在殷之西，与方相近"（张秉权《丙编考释》，第189页）。孟世凯认为"'方方'，为商王朝北部方国之一。……'见方'与'方'相距不远，当是商王朝北或西北之方国"（孟世凯《辞典》，第292页）。郑杰祥则认为："见与监音近义同，可以通假……故卜辞见地后世可能已演变为监地。监地所在，《史记·封禅书》：'兵主祠蚩尤，蚩尤在东平监陆乡。'"在今山东省汶上县一带（郑杰祥《概论》，第170页）。

髳方：字形𢆷，𢆷字于省吾释为髳，并认为"即《书·牧誓》'及庸、蜀、羌、髳、微、卢、彭、濮人'之髳"（于省吾《释林》，第17页）。见于《合集》32号："丁巳卜，殻贞：王学众伐于髳方，受有祐？丁巳卜，殻贞：王勿学众髳方，弗其受有祐？"又见《合集》8416号、8417号、8418号、8419号以及《英》740号都出现髳方内容；还见《合集》6542号、6550号、6551号、6553号、6554号、6555号都出现伐髳方内容，皆为武丁时期卜辞，可见髳方在武丁时期与商王朝中央是敌对关系，常常受到征伐。武丁之后未见出现髳方内容的卜辞。髳方的地望，钟柏生认为在豫陕交界（钟柏生《殷商卜辞地理论丛》）。饶宗颐认为"在今河南境"（饶宗颐《通考》，第186页）。孙亚冰、林欢从钱穆《史记地名考》观点"认为京山汉水说较为可信"，又引《合集》

6543号辞中"伐髳方与伐𢆷方同版，髳方应近于𢆷方，𢆷方在江汉流域，故髳方也在江汉流域"（孙亚冰、林欢《商代地理与方国》，《商代史》卷十，第438页）。

《合集》8416号

卢方：字形𢾿，𢾿字郭沫若最早释为卢（郭沫若《粹考》，第20页），孙海波从，亦认为"与金文《趙曹鼎》卢字同"（孙海波《甲骨文编》，第227页）。见于《屯南》667号："……三十，卢方伯澻……王徙。大吉！"辞中"卢方伯澻"的卢方为方国名，伯乃卢方之酋长，澻乃此伯的私名。又见《合集》33185号残片出现"卢方"二字。皆为廪辛康丁时期卜辞，卢方当为廪辛康丁时期方国之一。由《屯南》1009号："辛卯，贞：从狩卢涉？"内容推断，卢方之地曾用作商王的田猎地，可见卢方与商王朝中央在廪辛康丁时期为臣属关系。卢方的地望，饶宗颐认为："佐武王伐纣，牧誓八国有卢，孔传称：'紎、彭在西北。'《水经注》：'弹筝峡下，泾水经都卢山。甘肃灵台白艹坡出漜伯器，泾水东流入黑河。黑，齐人名黸、卢方地在此，为玁鬻之一支。'"（饶宗颐

《通检》第二册，第贰贰页）曹定云亦认为："殷代'卢方'的后裔应是武王伐纣时的盟邦——'卢'。……'卢'既是周的盟邦，它当在西方，而且距周应不远。……我认为今之平凉县境应是殷时卢方之所在。以地理条件观之，它处于周的西北面，与周紧紧相邻。'卢'即称'卢方'，自不会是一隅之地，平凉县境只不过是活动中心，它的活动范围可能涉及今宁夏回族自治区南部和甘肃陇东高原，以及整个泾水流域的上游。"（曹定云《殷代的"卢方"》，《社会科学战线》1982 年第 2 期，第 123—125 页）但也有认为"卢方在今河南省西部卢氏县一带的可能性很大，春秋时卢国迁往湖北，《左传》中屡有记述。那么，卢方就是商王畿西南方向的国家。"（李雪山《商代分封制度研究》，第 201 页）

风方：字形，字孙诒让最早释为鳳（孙诒让《举例》下，第 45 页），现代汉字简化为风。罗振玉释"假风为风矣"（罗振玉《殷释》中，第 32 页）。王襄亦认为"古凤字，假为风"（王襄《簠考·天象》，第 2 页）。甲骨文凤、风为一字。卜辞中风用作气象词，也用作方国名或地名，见于《合集》30258 号："……卜，其宁风方，更……大吉"又见《合集》9758 号："庚子卜，风受年？二告。"还见《合集》9245 号："风入百。"后二辞皆为武丁时期卜辞，辞中的风或为风方之省称，或为地名或族名，也可理解为此时的风族还没有称方，其农业收成受到商王的关注并向商

王朝中央进贡，可见与商王朝中央为臣属关系。风方及风地所在，由《英》2524 号："癸亥，王卜贞：旬亡祸？在十月又一，王征人方，在风。"又《合集》36961 号："癸亥王卜，在风贞：……步于危，亡灾？"二辞中内容，知风方在征人方的路途中且与危相近或相接。丁山认为风方即风夷，其故地当求之汉六安国之安凤县，安凤即今安徽省六安市霍邱之南（丁山《甲骨文所见氏族及其制度》，第 149 页）。

《合集》30258 号

舌方：字形，隶定为舌，孙诒让最早释为昌（孙诒让《举例》上，第 32 页）。叶玉森释为苦（叶玉森《前释》一卷，第 95 页）。董作宾释"从工，从口……余疑舌方及鬼方"（董作宾《殷历谱》下编卷九，第 39 页）。林义光亦谓"卜辞中屡见之方自即为经典所恒见之鬼方矣"（林义光《卜辞说》，《国学丛编》1931 年 7 月第一期 2

册）。胡厚宣隶作舌，释"舌者疑即共"（胡厚宣《商史论丛》初集二册，第8页）。陈梦家释为卭（陈梦家《综述》，第273页）。如《合集》5445号："丁酉卜，亘贞：舌叶王事？贞：王曰：舌来？二告。王占曰：吉！其曰舌来。"罗琨认为这条卜辞的时代要早于与舌方战争的卜辞，其时舌臣属于商（罗琨《殷商时期的羌和羌方》，《甲骨文与殷商史》第三辑）。出现舌方辞条多达300余条，如《合集》6189号："贞：勿乎望舌方？"辞中的望指瞭望，即表示商王对舌方行动的关注。出现征舌方的辞条有25条，如《合集》6313号："贞：叀王征舌方？"是贞问商王亲征舌方。出现伐舌方的辞条有100余条，如《合集》28号："贞：王勿令皇以众伐舌方？"是命令大将皇出征伐舌方。征伐舌方的统率，除王自身与前辞中的大将皇外，还见有师般、妇好、戉、甾以及沚、见、甫、望乘、子弘等，出动的军队有三千人和五千人。陈梦家认为："武丁之伐土方、卭（舌）方，乃由于此诸方之侵入沚等国而起"（陈梦家《综述》，第312页）。卜辞中所见被舌方侵略的邦方或边地有：甾、戉、沚、竺、吕、易、不等，与舌方联盟的主要有土方、𩵋方。所见记录舌方内容的多达481片甲骨文，绝大多数属于武丁时期，仅见1片《合集》24145号："丁酉卜，出贞：皇辇舌方？"由辞中贞卜人物出，可证为且庚且甲时期卜辞。可见舌方的侵扰或作乱在武丁时期已基本平定。舌方的地望，郭沫若认为在内蒙西宁夏北河套一带（郭沫若《粹考》，第1230片）。胡厚宣认为："则舌方者，必在今山西省以西陕西省之地……其活动区域，约在今陕北之地也。"（胡厚宣《殷代舌方考》，《甲骨学商史论丛初集》上，第171—172页）陈梦家则认为"似在今垣曲与安邑之间的中条山区域"又"卜辞的卭（舌）方都是在太行山西北的地区"（陈梦家《综述》，第274页）。饶宗颐释舌为耆，认为"当在太行山一带"（饶宗颐《通考》，第164页）。郑杰祥认为"舌方地望可能位于今山西、陕西交界的石楼、永和县境"（郑杰祥《概论》，第285页）。李济甚至认为舌方对商王朝的侵扰是欧亚大陆中心高加索一带游牧野蛮人发动的东征，而武丁伐鬼方（舌方）则是"三千年前这一中国民族的自卫战"（李济《安阳》，第452页）。

《合集》5445号

土方：字形🔲，🔲字甲骨文有🔲、⊥多形，孙诒让最早释为且（孙诒让《举例》上，第 33 页）。罗振玉、王国维皆释为土（罗振玉《殷释》中，第 8 页；王国维《戬考》，第 1 页）。卜辞中，土方见于武丁与武乙文武丁时期卜辞，如《合集》6057 号（甲骨之王巨片）："癸巳卜，㱿贞：旬亡祸？王占曰：有祟，其有来艰，迄至五日，丁酉允：有来艰自西？沚🔲告曰：土方征我东鄙，𢦏二邑，舌方亦侵我西鄙田。"为武丁时期卜辞。辞中土方与舌方联盟侵扰商所附属邦族沚，为商王武丁征伐土方与舌方的起因。卜辞中土方与舌方一样，都是武丁时期商王朝的劲敌，多见有"征土方""伐土方"的辞条，还见有登人五千征土方的内容，参加征伐的人物除商王以外，还有妇好、沚🔲、戉、三族等。陈梦家以为"征伐土方之事，仅见于武丁卜辞"（陈梦家《综述》，第 273 页）。但武丁之后仍见有征伐土方的卜辞，如《屯南》994 号："己酉，贞：王亡𦾔，擒土方？"及《屯南》1015 号："弜狩彡，其令伐土方？"皆为武乙文武丁时期卜辞，辞中亦出现"令伐土方"内容，可见土方在武乙文武丁时期仍与商王朝中央为敌。关于土方，郭沫若认为"土方即后来的獫狁部族。土方之地望盖在今山西北部；而舌方或更在河套附近也"（郭沫若《卜通》考释，第 513 页）。陈梦家则认为土方即《左传·襄公二十四年》中"在夏为御龙氏，在商为豕韦氏，在周为唐杜氏"之杜（陈梦家《综述》，第 272 页）。其地

望，张秉权认为："土方的位置虽在殷都以北，但其地望则未能确定。"（张秉权《甲骨文与甲骨学》，第 350 页）孟世凯则认为："土方分布地在今山西北部和内蒙古南部一带。"（孟世凯《辞典》，第 59 页）饶宗颐认为："旧读土为杜。谓即唐杜氏、然近年山西石楼出土大量商器，附有异族风格，如双环首刀、冒首刀，与内蒙（鄂尔多斯）及苏联卡拉苏克文化接近，数量甚丰。石楼古称土军，《汉志》：'土军县在西河郡。'汉高祖功臣表及建元表均有土军侯，其名之由来已久。《元和郡县志》：'河东道汾州，魏置吐京镇'，土军当因土方而得名。"（饶宗颐《通检》第二册，第拾陆页）

鬼方：字形🔲，🔲字下部从人，与甲骨文鬼神之鬼下部从卩有别。孙海波释"疑鬼之异文"（孙海波《甲骨文编》，第 820 页）。张秉权亦释"🔲，是鬼字"（张秉权《丙编考释》，第 53 页）。《说文》："鬼。人所归为鬼。从人象鬼头。"于省吾、姚孝遂亦释此字为鬼，认为"卜辞'🔲'为方国名，与'🔲'形义均有别，'🔲'当为方国名之专用字。"（于省吾《诂林》，第 360 页，姚孝遂按）所见卜辞中，鬼方见于武丁时期卜辞，如《合集》8591 号："己巳卜，宾贞：鬼方易亡祸？五月，二告。"还有《合集》8592 号、8593 号都出现"鬼方易"，皆为武丁时期卜辞。"鬼方易"的鬼方，为方国名，易当为鬼方首领的私名。由辞中商王卜问鬼方的福祸，可

知鬼方与商王朝中央为臣属关系。武丁之后卜辞未见有鬼方名，直到武乙文武丁时期卜辞中，出现了不带方字的鬼，用作地名或邦族名，如《合集》20757号："庚子卜，不……步鬼？"辞中的鬼当为地名，但为武丁时期卜辞。又如《怀》1650号："丁卯，贞：王令鬼鬶刚于京？"辞中鬼鬶的鬼，字形下部从卩，与用作鬼方的鬼字形下部从人有别，或为邦族名；鬶鬶的或为此鬼邦族首领的私名，按照郑杰祥与陈梦家的观点，此首领名鬶的鬼邦族或鬼国与卜辞习见的鬼方并非一族，此鬼邦族位于的修武在殷都之南的今新乡和焦作之间（郑杰祥《概论》，第264页）。但也有认为鬼与鬶皆为方国名，"王令鬼鬶刚于京"应断为"王令鬼、鬶刚于京"，"此辞言王命令鬼方和鬶国的人到京地进行刚祭"（孙亚冰、林欢《商代地理与方国》，《商代史》卷十，第294—295页）。可备一说。鬼方的地望，陈梦家以为"殷代鬼方似当在晋南"（陈梦

《合集》8593号

家《综述》，第275页）。李雪山引唐兰"鬼方原在陕西省的河洛流域"的观点，认为"'鬼方'即位于今陕西省铜川与韩城间，是商本土西方的国家"（李雪山《商代分封制度研究》，第219页）。参见地理邦族鬼条。

羌方：字形，字孙诒让最早释为羌（孙诒让《举例》上，第38页）。罗振玉、王国维皆释为羊（罗振玉《殷释》上，第4页；王国维《集林》，第272页）。所见卜辞中，羌字有等10多种字形。李学勤认为卜辞的羌与羌方有广义和狭义之分，羌是商人对异族的泛称，与东方异族人称夷相对；羌方则专指羌地的一个方国。羌方在一至五期卜辞中皆有出现，有时或单称羌。如《合集》6623号："癸卯卜，宾贞：叀甫呼，令沚𢀛羌方？七月。"为武丁时期卜辞，武丁卜辞中有见参与征伐羌方的统率有王、雀、吴、弜、𠦪、沚、射𤊾等。又如《合集》28053号："王叀次令五族戍羌方。"及《合集》28093号："其用羌方𡉚于宗，王受有祐？"皆为廪辛康丁时期卜辞。前辞商王令五族戍守羌方；后辞用羌方首领的头颅作祭品。再如《合集》36528号反面："册𠬝方、羌方、𦎫方、𢀛方，余其从侯田叶𢦏四邦方？"为帝乙帝辛时期卜辞。辞中羌方等四方联合叛乱，受到商王与侯田的征伐。但在帝乙帝辛时期卜辞中，多见羌地用作田猎地，羌方或此时臣属于商王朝。所见殷墟甲骨卜辞中动用兵员最多的即一万三千人的战争，多认为是伐羌的战争，所

以陈梦家认为："武丁时代以及以后的伐羌方，其意义极为重大。武丁伐羌方所用的兵力，就其登人（即征集兵员）的卜辞来说，校之同时代伐土、卬（舌）等方国更为雄厚……卜辞即羌事者可分为三类：一、记征伐羌或羌方的，其动词为伐、卺、靫、追、逐、舀、值、奎、挞等；二、记俘获羌人，其动词为获、执、圉、氏、来等；三、记俘获羌人的用途。关于后者，可分为两类：甲：用作从事劳作的奴隶……乙：'用羌'，即在祭祀中杀之以为牺牲……羌方应理解为一流动的游牧民族，羌是他们的种姓。武丁时期所记与羌作战的沚、戉、皋、雀等，或在晋南，或在河内附近太行山的区域。《前》7.19.2 有'才敦圉羌'之辞，敦在沁阳附近，则羌去此不远。卜辞的'马羌'可能是马方之羌，而马方活动范围似在河东……"又"今陕西大荔县西 15 里有羌白镇，地名'羌白'与卜辞'羌方白'恐非偶然的相合，此地或是羌伯所曾居住之地，在河东之西"（陈梦家《综述》，第 279—282 页）。

北羌：字形＜字形＞，释为北羌。见于《合集》6625 号："贞：北羌有告？曰：戎。"又见《合集》6626 号、6627 号、6628 号都出现北羌，皆为武丁时期卜辞。由辞义推断，北羌与商王朝中央或为友善关系。关于北羌，罗琨认为北羌是羌人之方（罗琨《殷商时期的羌和羌方》，《甲骨文与殷商史》第三辑）。此从罗说，北羌是武丁时期羌方的一支。

《合集》6625 号

羌龙：字形＜字形＞，释为羌龙，龙为地名。见于《合集》6630 号："……戊卜，㱿贞：吴靫羌龙？"又见《合集》6631 号、6632 号、6633 号、6634 号、6635 号、6636 号、6637 号、6638 号都出现羌龙，皆为武丁时期卜辞。羌龙或为龙地的羌方，辞中商王贞问派大将吴去靫羌龙，说明羌龙与商王朝中央是敌对关系。

周方：字形＜字形＞，用字孙诒让最早释"周之省"（孙诒让《举例》上，第 32 页）。王襄释为卤（王襄《簠考·游田》，第 3 页）。《说文》："周。密也。从用口。"姚孝遂认为"甲骨文周字不从口，为方国名或地名之专用字"（于省吾《诂林》，第 2128 页，姚孝遂按）。甲骨文周字有＜字形＞、＜字形＞二形，或框内有点或无点同。见于《合集》8472 号："周方弗其有祸？周方弗亡祸？周方亡祸？"又见《合集》6657号、《怀》427号都出现"周方"内容，皆为武丁时期卜辞。卜辞中周方也省称为周，所见《合集》6782号、6824号出现的"敦周"，《合集》6825号、20508号出现的"翦周"，皆指向周方，可见在武丁卜辞中周方与商王朝中央为敌对关系。此外，卜辞习见"寇周"，如《合集》6812号："乙卯卜，充贞：令多子族从犬侯寇周，叶王事？五月。"陈梦家从唐兰释辞中寇字为璞，认为"卜辞惟于伐周称璞（寇），而武丁以后不见有关周的记载"。又"卜辞中只有武丁时代有关于征伐周的记录，此以后再不出现"。并以为卜辞中周的年代即文献中公刘之豳地，"公刘之豳以及周在今山西南部之新绛、稷山、河津、万泉、荣河一带，当大河之东，汾水之南，盐池西北的涑水流域"（陈梦家《综述》，第292页）。孟世凯认为："当为商王朝西部方国，周族之一支。"又："今地当在山西西南汾河流域某地。"（孟世凯《辞典》，第365页）郑杰祥则认为："在今山西闻喜县东北。"（郑杰祥《概论》，第291页）

《合集》8472号甲、乙

沚方：字形𣲝，𣲝字罗振玉最早释为洗（罗振玉《殷释》中，第68页）。王襄释"从水从止，疑古沚字"（王襄《簠考·地望》，第8页）。姚孝遂认为："字当释'沚'，卜辞'沚'为方国名或地名……是'沚'可通作'止'。"（于省吾《诂林》，第774—774页，姚孝遂按）卜辞中沚方见于《屯南》4090号："……未……沚方。"为武乙文武丁时期卜辞。又见《合集》6728号等出现"于沚"；《合集》6号等出现"在沚"；《合集》5532号出现"自沚"；《合集》6947号等出现"往沚"；《合集》41768号出现"步沚"，以及《合集》6993号出现"征沚"的沚，或为地名，或为邦族名，皆为武丁时期卜辞。武丁卜辞中沚为商王的重要臣属，常常受命参与征伐。但由《合集》21035号"令伐沚"内容，知沚或有叛离。武丁时期有大将军名沚𢆉，姚孝遂、肖丁认为"卜辞常见'沚𢆉'、'沚或'，'𢆉'及'或'为沚方之首领名"（姚孝遂、肖丁《屯南考释》，第97页）。关于沚方或沚邦族的地望，陈梦家以为："武丁时代的沚和土方、㠱（舌）方、羌方、龙方、印方有过征伐的关系，此诸方多在晋南，所以我们定沚在陕县是适合的。"（陈梦家《综述》，第297页）孙亚冰、林欢根据《合集》6057号内容认为："'沚方'在舌方以东，土方以西。舌方、土方在晋陕高原，'沚方'也在此地。"（孙亚冰、林欢《商代地理与方国》，《商代史》卷十，第266页）

《屯南》4090 号

戉方：字形，戉字罗振玉最早释为戉（罗振玉《殷释》上，第 46 页）。《说文》："戉。斧也。从戈。"叶玉森释"戉乃国名，疑戉者"（叶玉森《钩沈》，第 2 页）。许敬参以为"戉即殷臣傅说"（《考古》第 3 期，第 88 页）李孝定认为："戉为单体象形，罗说是也。字在卜辞为方国之名或人名。"（李孝定《集释》，第 3795 页）卜辞中戉方一名，见于《合集》29648 号："……巳卜……戉方……叀小宰，大吉！"为廪辛康丁时期卜辞。还有《合集》1479 号、2728 号出现"取戉"；《屯南》附 12 号出现"入戉"；《合集》6369 号、6371 号等十余条卜辞出现"翦戉"中出现的戉，或为戉方的省称。由《合集》6983 号："癸巳卜，殻贞：乎雀伐望、戉？"内容，知武丁时期戉曾与商王朝中央为敌对关系；又由《合集》586 号："壬子卜，宾贞：令戉从舌？"内容，知戉与商王朝中央又为臣属关系，可见在武丁

时期，戉为时叛时服。关于戉方的地望，由其与舌、泜等见于同辞，当在殷西。李雪山以为："戉方在今山西省的中部，出于山西省石楼、永和以东地区，在商本土的西方。"（李雪山《商代分封制度研究》，第 230 页）

《合集》29648 号

辔方：字形，辔字陈梦家释"字可隶定作緫，或为许训纺专之专，又可能是许书之辔"（陈梦家《综述》，第 299 页）。姚孝遂认为："字当释'辔'，与石鼓文形体同。在卜辞为方国名及地名。"（于省吾《诂林》，第 3007 页，姚孝遂按）见于《合集》27990 号："叀可伯乎絆方、敊方、辔方。弜乎？"为廪辛康丁时期卜辞。辞中的敊方与商王朝中央为敌，曾受到征伐，辔方与敊方并论，可见同为叛离关系。武丁时期卜辞多见辔单字出现，如《合集》6637 号、8174 号等，还有《合集》7682 等出现的"在辔"以及《合集》6352 号等出现的"于辔"，《合集》33147 号、33148 号出现的"往于辔"，《合集》

6939号出现的“至뚇”，还有《合集》8177号出现的“뚇”，其中的뚇或为뚇方的省称，此时的뚇方或뚇邦族与商王朝中央当为臣属关系，其地也是商王常来常往之地。关于뚇方的地望，郑杰祥认为：“卜辞뚇地或即后世的补地，《国语·郑语》云：‘鄢、敝、丹、补……君之土也。’此一补地地望不详，当在郑地即今河南新郑县附近，它或即卜辞中的뚇地。”（郑杰祥《概论》，第252页）但孙亚冰、林欢由《合集》33030号记录的在뚇地抵御召方的内容，认为：“召方和舌方一样，是商王朝西方的敌国，商王之所以要在뚇地抵御召方，是因为뚇方近于召方，由此可见，其时뚇方是商王朝在西方的重要屏障。”（孙亚冰、林欢《商代地理与方国》，《商代史》卷十，第273页）张秉权释뚇为繐，亦认为：“繐，地名，在殷都之西。”（张秉权《丙编考释》，第286页）

《合集》8177号

䖒方：字形，字王襄最早释“古盧字”（王襄《簠室殷契类纂》正编第五，第24页）。于省吾、姚孝遂隶定为䖒，并认为“䖒字在卜辞为方国名。字或省又作虘，其繁体则增艸或茻”（于省吾《诂林》，第1645页，姚孝遂按）。见于《合集》27995号：“戍弗及䖒方？戍及䖒方，弗翦？戍甲伐，翦䖒方䘨？”为廪辛康丁时期卜辞。又如《合集》36528号反面：“乙丑，王卜贞：今祸巫九咎，余亡障徴告侯田，册䖒方、羌方、羞方、뚇方，余其从侯田叶戋四邦方？”为帝乙帝辛时期卜辞。辞中的四邦方，也有释为四封方（姚孝遂、肖丁《摹释》，第831页）。兹从宋镇豪观点释为“四邦方”（宋镇豪《夏商社会生活史》，第40页）。从辞中翦䖒方的内容可知其与商王朝中央为敌对关系。关于䖒的地望，丁山在《䖒夷考》中言：“䖒即虘夷，与商相距甚近，当今河南永城县西境。”（《“中央研究院”史语所集刊》二本四分）孙敬明则认为：“甲骨文中的䣜、虘，经西周以后，即春秋之莒国。在今山东莒县。”（《殷商甲骨与莒文化举隅》刊《莒文化研究专辑》第1辑）

苴方：字形，隶定为苴，或可写作，姚孝遂认为是䖒字的繁形（于省吾《诂林》，第1645页，姚孝遂按）。所见苴方的卜辞有《合集》36996号：“乙亥，王卜……暨苴方敦……妥，余一人……”还有《合集》36965号、36967号都出现“苴方”；《英》2523号出现“敦苴”，皆为帝乙帝辛时期卜辞。苴方或为帝乙帝辛时期敌对方国之一。

䍧方：字形，字罗振玉、王襄

皆释为羊的繁体（罗振玉《殷释》中，第 28 页；王襄《古文流变臆说》，第 66 页）。于省吾释为絴（于省吾《释林》，第 397 页）。姚孝遂认为"卜辞絴字隶定当作絴……用为方国名"（于省吾《诂林》，第 1547 页，姚孝遂按）。见于《合集》6 号："癸巳卜，宾贞：令众人肆入絴方……垦田。"又见《合集》8598 号、27976 号都出现絴方，还见《合集》8596 号、8599 号、8600 号、30768 号都出现絴字，或为絴方之省称，皆为武丁时期卜辞。由前揭《合集》6 号内容，王令众人入絴方垦田，絴方与商王朝中央当为臣属关系；又由《合集》1118 号卜问用絴伯以祭丁，说明其在武丁期就曾叛离；再由《合集》27986 号："今秋更告伐絴？"内容以及《合集》33019 号亦出现的絴与召方同时被征伐内容，知絴方在廪辛康丁时期和武乙文武丁时期亦与商王朝中央为敌。关于絴方的地望，由所见《合集》9598 号其与吾同辞，其与吾方当相近。参见吾方条。

羞方：字形，字罗振玉、王襄皆释为羞（罗振玉《殷释》中，第 25 页；王襄《簠室殷契类纂》正编第十四，第 64 页）。《说文》："羞。进献也。从羊，羊所进也。从丑，丑亦声。"姚孝遂认为："契文羞字从又，不从丑，与金文同。……'羞'为方国名。"（于省吾《诂林》，第 1548—1549 页，姚孝遂按）所见卜辞中明确有羞方一名的仅见《合集》36528 号反面："……册叔方、羌方、羞方、嘈方，余其从侯田叶戋四邦

方？"为帝乙帝辛时期卜辞。辞中羞方作为四邦方之一，与羌方、嘈方等联合反叛，其与商王朝中央当为叛离关系。但在武丁卜辞中，多见有羞出现，见于《合集》1048 号、15430 号、15922 号、18146 号等。由《合集》111 号："贞：乎其羞芻？"内容，知羞方或羞邦族在武丁时期与商王朝中央为臣属关系。羞方的地望，由卜辞其与嘈方、羌方、叔方相系联，被通称为四邦方，可知其地与上述三地相近或相接，皆在殷西。

《合集》18146 号

召方：字形，字刀在口上，孙海波、陈梦家、饶宗颐皆释为召（孙海波《甲骨文编》，第 40 页；陈梦家《综述》，第 260 页；饶宗颐《通考》，第 123 页）。姚孝遂、肖丁认为："卜辞召字从'￩'，旨字则从'￩'，两者有着严格的区分，不得相混……陈梦家区分'￩'、'￩'为二字，以及'￩方'亦作'￩方'，或但作'￩'，都是正确的。"（姚孝遂、肖丁《屯南考释》，第 95—96 页）所见卜辞中，召方亦称刀方，出现在武丁时期与廪辛康丁以后卜辞中，如《合集》8441 号："贞：禹召，王勿从？"为武丁时期卜辞。辞中召未见称方，与商王朝中央为敌对关系。又如

《屯南》2341号："王其田于刀，屯日亡灾？永王。"为廪辛康丁时期卜辞。辞中的刀或为召之省，王田于此，说明为臣属关系。但《屯南》81号："辛未，贞：王从沚或伐召方？"召方与商王朝中央已为叛离关系。武乙文武丁时期卜辞中伐召方的内容更多，要么商王亲自出征，要么令王族、三族、龟、犬延、沐等征伐召方。许进雄曾将武乙时期卜辞中征伐召方的材料排成了《武乙征召方日程》表（许进雄《武乙征召方日程》，《中国文字》新十二期）。召方的地望，陈梦家释召方为黎方，认为在今山西壶关一带，"与安阳殷都隔太行山东西相望"（陈梦家《综述》，第287页）。日人岛邦男以为召方在周代召公奭的采地召城（陕西雍城东有召城）一带（岛邦男《殷墟卜辞研究》，第400页）。孙亚冰、林欢则"认为召方在今山西中北部靠近𫎇方的地区"（孙亚冰、林欢《商代地理与方国》，《商代史》卷十，第283页）。

《合集》6453号

刀方：刀的字形𠂉、𠂆，王襄最早释"古刀字"（王襄《簠室殷契类纂》第二，第11页）。李孝定释"《说文》：'刀，兵也。象形。'契文与篆文同"（李孝定《集释》，第1513页）。见于《合集》33032号："癸卯卜，刀方其出？"又见《合集》33034号、33035号、33036号、33037号都出现有"刀方"内容，皆为武乙文武丁时期卜辞。还见《屯南》2341号亦出现"田于刀"内容，辞中的刀当为地名。姚孝遂认为："卜辞'召方'亦省称'召'，'召方'即'刀方'。古文字于人名、地名每增'口'以作为专用字，如'商'、'周'、'唐'、'鲁'均其例。"（于省吾《诂林》，第2452页，姚孝遂按）但刀字用作地名当与召有别，有认为："卜辞中有刀方，作为地名之刀罕见。"（考古所《屯南》，第1005页）

巴方：字形𠂇𠂊，𠂊字郭沫若、李孝定皆释为儿（郭沫若《粹考》，第159页；李孝定《集释》，第2783页）。孙海波释"方国名，唐兰释巴"（孙海波《甲骨文编》，第791页）。姚孝遂认为："释'儿'非是，释'巴'仅可备一说，今姑隶作'巴'，存以待考。在卜辞为方国名。"（于省吾《诂林》，第342页，姚孝遂按）所见甲骨文巴字也有𠂊形。卜辞中巴方见于武丁时期，如《合集》6471号："甲午卜，宾贞：沚或启……王从伐巴方，受有祐？"辞中巴方的巴为𠂊形。又如《合集》6473号："辛巳卜，宾贞：燎？贞：王隹沚或从伐巴方，帝受我祐？"辞中巴方的巴为𠂇形，皆为武丁时期卜辞。还有《合集》6472号、8411号、8412号等都出现"巴方"，皆为武丁时期卜辞。辞中多见"伐巴方"，还见《合集》6469 号、6470 号等出现"伐巴"，伐巴的巴或为巴方之省，说明巴方与商王朝中央是敌对关系。关于巴方的地望，张秉权释"𢎤，是巴字。《说文》十四下，巴部：'巴。虫也。或曰食象蛇，象形。'是把一个像人形的字，误认为蛇的象形字。巴方与髳相近，下危或亦相去不远，所以三处的战事，同在这一版上贞卜，虽然，贞卜的日子是不同的。"（张秉权《丙编考释》，第 46 页）郑杰祥释𢎤为抑，并以为抑之本字当为印字，"抑地可能就是后世的印泽……古代在今太谷县南，武乡县西又有昂车关……印古又读为昂，芒东关、昂车关原本当称作印车关，此地北距太谷县约 70 公里，可能这里都是商代抑方的居住地"（郑杰祥《概论》，第 321—322 页）。

龙方：字形𤯍，𤯍字罗振玉、王襄、叶玉森最早皆释为龙（罗振玉《殷释》中，第 32 页；王襄《簠室殷契类纂》正编第十一，第 52 页；叶玉森《枝谭》，第 10 页）。所见卜辞中龙方的内容见于武丁时期与廪辛康丁以后卜辞，如《合集》6585 号："贞：勿乎妇妌伐龙方？"还有《合集》6476 号、6583 号、6592 号、8605 号、8606 号、10187 号皆出现"龙方"；《合集》6587 号、6588 号、6589 号、6590 号出现"取龙"；《合集》9552 号出现"在龙囿"；《合集》8593 号、10558 号、10985 号出现"龙田"等，皆为武丁时期卜辞。廪康以后卜辞，龙方单称龙，如《合集》31972 号："己卯，贞：令𢀇以众伐龙，翦？"无论是武丁时期卜辞，还是廪康以后卜辞，龙方多为商王朝征伐的对象。陈梦家认为："此龙方与羌方似合或叛，两者地当相近。"又"龙方可能与匈奴有关。《匈奴传》'五月大会龙城，祭其先天地鬼神'，《索隐》云'崔浩云西方胡皆事龙神，故名大会处为龙城。'"（陈梦家《综述》，第 283 页）饶宗颐认为："陈梦家以龙城说之……或谓即《左成二年传》：'其侯伐为北鄙，围龙。'杜注：'龙、鲁、邑。'龙方或即其地，后说较近。"（饶宗颐《通检》贰贰页）日本岛邦男以为龙方有二：一在西北邻近羌方；二在东北（岛邦男《殷墟卜辞研究》，第 403 页）。孙亚冰、林欢则认为："龙方应只有一个，它与位于殷西北的羌方、彭、耳接近，所以也应位殷西北。"（孙亚冰、林欢《商代地理与方国》，《商代史》卷十，第 289 页）

《合集》6592 号

商方：字形𤲃，𤲃字孙诒让最早释"𤲃即商之省"（孙诒让《举例》上，第

30 页）。甲骨文商字的字形有 10 多种，基本形从辛从丙，繁形或上从双辛，子商的商皆上从双辛；或丙下增口形，出现在帝乙帝辛卜辞中。商字在卜辞中用作地名或人名，地名的商可指殷都安阳，也可指今河南的商丘，还可指称商方之地。所见卜辞中，商方一名仅见于《合集》27982 号："重商方步，立于大乙，翦羌方？"为廪辛康丁时期卜辞。其他武丁时期如《合集》20087 号出现的商名，以及廪辛康丁时期如《屯南》2907 号出现的伐商，皆单称商。笔者认为，不能简单的都理解为商方。关于商方的地望，孟世凯认为，商方"当为商西方之方国，活动于商山一带，即今陕西商南县境"（孟世凯《辞典》，第 530 页）。

马方：字形𓃗、𓃗字罗振玉、王襄最早皆释为马（罗振玉《殷释》中，第 29 页；王襄《古文流变臆说》，第 64 页）。姚孝遂、肖丁认为："卜辞马的涵义有：牛马之马，方国名之马，以及职官名之马。"（姚孝遂、肖丁《屯南考释》，第 105 页）所见卜辞中马方的内容出现于武丁时期，如《合集》6 号："癸未卜，宾贞：马方其征……癸未卜，宾贞：马方其征？在沚。"还有《合集》8609 号、20407 号、20613 号、20614 号都出现"马方"，《合集》6664 号出现"伐马方"，皆为武丁时期卜辞。马方当是武丁时期与商王朝中央为敌对关系的方国。卜辞中还有"伐马羌"（《合集》6624 号）、"多马羌"（《合集》5718 号）、"小多马羌"（《合集》5717 号）等。陈梦家认为："马羌或为马方之羌

或是马方、羌方；又多马羌与此多马方亦是相应的。马方与羌方当在相近之处。"（陈梦家《综述》，第 284 页）关于马方的地望，孙亚冰、林欢引《合集》6 号马方征沚方内容，以为"沚方是殷西北边境地区的一个重要方国，马方距此不远……马方在今山西石楼县，而距石楼县不远的山西灵石县旌介村晚商墓葬曾出土一件铜簋，其外底铸一铭文，像骡子，不过也有人认为是马，且与马有关。若这一看法不误的话，马方的铜器出现在灵石国墓地，应是二者比邻，往来接触的结果。"（孙亚冰、林欢《商代地理与方国》，《商代史》卷十，第 302—303 页）

《合集》20407 号

祭方：字形𓃗、𓃗字罗振玉、王襄、叶玉森、皆释为祭（罗振玉《殷释》中，第 15 页；王襄《簠室殷契类纂》，第 2 页；叶玉森《前释》一卷，第 29 页）。卜辞中祭方出现在武丁时期，如

《合集》6964 号："贞：雀翦祭方？"辞中祭方是被征伐的对象。武乙文武丁时期，祭已成为祭祀地，如《合集》32677 号："辛未，贞：今日告其步于父丁，一牛？在祭卜。"祭此时或已臣属于商。祭之地望，参见地理邦族祭条。

渔方：字形𦥑，𦥑字叶玉森最早释为渔（叶玉森《前释》四卷，第 15 页）。见于《合集》8617 号："贞：戉受渔方祐？"又见《合集》8613 号、8614 号等都出现"渔方"，还见《合集》6567 号出现"伐前方"，辞中前无水旁，以及《合集》6566 号等"翦前方"皆无水旁。另外《英》705 号出现"入渔"等。由伐于翦内容，知渔方与商王朝中央当为敌对关系。饶宗颐先谓："在河南洛阳县西南。"（饶宗颐《通考》，第 167 页）又谓："辞屡言：'戉翦渔方'（《怀》364、《合集》6568），'戉受渔方又'（《合集》6816、6817）与戉交涉之渔，殆蜀地渔水，又有称'侯渔'（《乙》986）、'乎渔、光舀'（《粹》427），此则另一渔，乃春秋之泉戎，见《左僖十一年传》又《左昭二十二年传》：'司徒醜以王师败绩于前城。'服虔曰：'前读为泉也。'"（饶宗颐《通检》第二册，第贰拾页）

亘方：字形𠄎，𠄌字孙海波最早释为亘（孙海波《甲骨文编》，第 516 页）。姚孝遂认为："亘回实本一字，后始分化。卜辞以为方国名及人名。"（于省吾《诂林》，第 2224 页，姚孝遂按）卜辞中亘用作人名，贞卜人物有亘；又用作方国名称亘方。见于《合集》

33180 号："癸酉卜，贞：旬亡祸？……夕生亘方。"为武乙文武丁时期卜辞。又见《合集》6943 号出现"在亘"；《合集》2808 号、7887 号、7897 号出现"于亘"；《合集》6948 号出现"伐亘"，皆为武丁时期卜辞，这一时期的亘还未见称方。关于亘方的地望，陈梦家引温州市文管会藏甲："甲申卜，贞：畬及亘方？"并引《合集》33180 号即《粹》193 号（陈梦家释"夕生亘方"为"夕丰亘方"）认为："卜辞的亘，即《汉书·地理志》之垣，今垣曲县西二十里。《粹》193'夕丰亘方'，夕有征伐之义，参《粹》153 和《库》1117 即知。丰即春秋之玤，《左传》庄廿一'虢公为王宫于玤'，今渑池县北，与垣曲接界。"（陈梦家《综述》，第 276 页）从陈论证，亘方与商王朝中央当为敌对关系。但张秉权认为亘方在王都的西方（张秉权《甲骨文与甲骨学》，第 350

《合集》33180 号

页）。也有学者认为亘即战国时魏国垣邑，在今山西垣曲县东南。或说即战国时卫邑首垣，在今河南省长垣县。（郑杰祥《概论》，第 187 页）

亚方：字形🔲🔲，🔲字罗振玉最早释为亚（罗振玉《殷释》中，第 73 页）。《说文》："亚。丑也。象人局背之形。贾侍中说以为次弟也。"甲骨文亚一字多形，亦有多种用法，用为官名、宗庙名、也表"次"之义，还用作方国名，见于《合集》27148 号："其侑于室……亚方？"为廪辛康丁时期卜辞。又见《合集》9788 号："甲午卜，离贞：亚受年？"为武丁时期卜辞。辞中亚为农牧地。可见武丁时期与廪辛康丁时期，亚方或亚邦族臣属于商王朝。亚方的地望，由《合集》30122 号："叀亚田省，延往于向，亡灾？"内容，亚地与向地相近。郭沫若以为向地即《诗经·小雅·十月》"作都于向"的向，在今河南济源以南"（郭沫若《萃》，第 760 片），亚方或也在今河南省济源市一带。

戈方：字形🔲🔲，🔲字罗振玉、王襄、郭沫若皆释为戈（罗振玉《殷释》中，第 46 页；王襄《簠室殷契类纂》正编第五，第 15 页；郭沫若《粹考》，第 37 页）。《说文》："戈。平头戟也。从弋一横之象形。"卜辞中戈方见于武丁时期卜辞，如《合集》8397 号："贞：叀黄令戈方？二月。"又如《合集》3521 号、8406 号都出现"于戈"，皆为武丁时期卜辞，戈方与商王朝中央为臣属关系。再如《合集》29379 号、《屯南》1013 号，廪辛康丁时期卜辞出现"戈田"内

容，可见此时的戈已成为田猎地，仍为臣属关系。戈方的地望，钟柏生以为在今河南嵩县西南（钟柏生《殷商卜辞地理论丛》，第 208 页），孙亚冰、林欢认为戈方与郇、亘、舌、羌等地邻近，"陕西泾阳高家堡曾发现一批商周墓葬，出土的铜器铭文中，戈形族徽占多数，发掘者认为这是一处戈氏家族墓地，高家堡及其附近为古戈国所在，并云'戈方原居地在豫西，后迁居于泾阳'，此说可从"（孙亚冰、林欢《商代地理与方国》，《商代史》卷十，第 318 页）。

系方：字形🔲🔲，🔲字孙诒让、罗振玉、王襄皆释为系（孙诒让《举例》下，第 13 页；罗振玉《殷释》中，第 61 页；王襄《簠室殷契类纂》正编第十二，第 57 页）。姚孝遂认为："契文系字作🔲，象联聚众丝之形。《尔雅·释古》'联'、'系'均训'连'。此当为'系'之本义。"（于省吾《诂林》，第 3206 页姚孝遂按）见于《合集》27997 号："戊申……于翌日己酒？戉及叡方？弗及？系方🔲叡方作戎？"为廪辛康丁时期卜辞。辞中系方与叡方见于同辞，其地望当与叡方相近，与商王朝中央同为敌对关系。参见叡方条。

鬲方：字形🔲🔲，🔲字孙海波释"从鬲从辰。《说文》所无。方国名，鬲方"（孙海波《甲骨文编》，第 108 页）。见于《合集》8610 号："丙辰卜，㱿贞：曰舌方以鬲方敦吕？允。"又见《合集》8612 号也出现"鬲方"名，皆为武丁时期卜辞。辞中鬲方与舌方联合"敦吕"，其当于舌方同为商王朝的敌方。其地也

当邻近舌方。参见舌方条。

敊方：字形�，⺧字王襄、陈邦福皆释为揆（王襄《簠室殷契类纂》存疑第三，第20页；陈邦福《辨疑》，第8页）姚孝遂认为："字隶定作敊，为地名及方国名。释'揆'不可据。"（于省吾《诂林》，第927页，姚孝遂按）见于《屯南》2651号："戊辰卜，戌执征敊方，不往。"为廪辛康丁时期卜辞。辞中敊方受到征伐，其与商王朝中央当为敌对关系。但同期《合集》27905号、29285号、29293号、29295号皆出现"田敊""敊"内容，可见敊地已成为商王的田猎地，其与商王朝中央已成为臣属关系。关于敊地的地望，陈梦家认为"敊皆称田，可知为田猎区；与孟同片，可知近于沁阳。《沁水注》'又东南出山经郪城西，城在山际。……京相璠曰河内山阳西北六十里有郪城。《竹书纪年》梁惠成王元年赵成侯偃、韩懿侯若伐我葵，即此城也'。据此，可知郪在山麓，故又名郪麓。地在今修武西北"（陈梦

《合集》29295号

家《综述》，第260—261页）。

井方：字形井，井字王襄、孙海波皆释为井（王襄《簠室殷契类纂》正编第五，第25页；孙海波《甲骨文编》旧编五卷，第10页）。商承祚释为荆，并认为："《毛公鼎》作井，与此同。"（商承祚《类编》五卷，第11页）卜辞中井方见于武丁时期与武乙文武丁时期卜辞，如《合集》6665号："癸未卜，贞：旬亡祸？三日乙酉，有来自东，画乎贯告，井方捍。"为武丁时期卜辞。辞中的井方为合文，也有释为旁（姚孝遂、肖丁《摹释》，第168页）还有《合集》1339号、6796号都出现"井方"，皆为武丁时期卜辞。此时期，井方与商王朝中央当为敌对关系。又见《合集》33044号："己巳，贞：执井方？"为武乙文武丁时期卜辞。辞中的井方与商王朝中央是敌对关系。也有认为执井方者为商之敌方，非商王（李民、朱桢《祖乙迁邢与卜辞井方》，《郑州大学学报》1989年第6期），那么井方与商王朝中央则为臣属关系。但姚孝遂、肖丁释《屯南》2260号，认为"'井方'为殷之敌国"（姚孝遂、肖丁《屯南考释》，第102页）。卜辞中有见井伯名（《善斋藏拓》），其或为井方的首领。关于井方，郭沫若认为："井方乃殷之诸侯，言来宗祀成汤用彘也。殷亡，此亦为周人所灭。……井方当在散关之东，岐山之南，渭水南岸矣。"（郭沫若《卜通》考释，第534页）。陈梦家则认为："《殷本纪》祖乙迁于邢，《尚书序》作耿……河津之耿国，非祖

乙所迁之邢，然'邢'、'耿'古通，则耿可能即卜辞的井方。"（陈梦家《综述》，第288页）孟世凯认为："从1978年河北元氏县出土的西周墓中青铜器《巨諫簋》铭文中证明，周初所封的井侯，其地就在近河北邢台市。……故甲骨文中的井方地位有可能就在今天河北南部，包括邢台市在内的一带地区。"（孟世凯《辞典》，第117页）由诸妇中的妇姘，宋镇豪认为："三妃之一的妣戊或后戊，在四期甲骨文又称作妣戊姘，是指即武丁时'生妇'之妇姘其人，一称妇井，姘妇。武丁时甲桥署辞有'井示'（《合集》2666）。殷商方国中有'井方'，位于西北。又有地名'井'，大概位于王畿区北部附近的今河北邢台一带。前者地敌国，后者为殷诸侯国，善斋藏骨有'勿乎从井伯'，井伯盖指后者之君主。妇姘当出身于后者，以其国族为名，再加上女性符号，她嫁给武丁，实系之家族本位为背景的殷商王室政治婚姻。"（宋镇豪《夏商社会生活史》，第230页）

《合集》1339号

北方：字形𣥞，释为北方。邘笛认为："《存》2.755：'辛亥卜，北方其出？'文例与《遗》175：'舌方其出'，《南明》617：'刀方其出'，《京》4378：'方其出'相同，舌方、刀方（刀可能为召之省）、方都是方国名，故北方也当为方国名。《屯南》1066号有：'庚寅，贞：王其正北方'之语，进一步证明北方除作方向外，在卜辞中也是方国之名。北作为国名，在金文中不止一次地出现，如北伯卣、北伯鬲、北伯尊、北伯鼎、北子鼎、北子盘等，此北与卜辞之北同一国名，即邶。"（邘笛《卜辞考释数则》，《古文字研究》第六辑，第183页）其说可从。其引《存》2.755即《合集》32030号，与《屯南》1066号皆为武乙文武丁时期卜辞，可见北方国在这一时期与商王朝中央为敌对关系。关于北方的地望，王国维考证《北伯鼎》云："彝器中多北伯，北子器，不知出于何所，光绪庚寅，直隶涞水县张家洼又出北伯器数种……北，盖古之邶国也。自来说邶国者，虽以为在殷之北，然皆于朝歌左右求之。今则殷之故虚得于洹水，大且、大父、大兄三戈出于易州，则邶之故地自不得不更于其北求之。余谓邶即燕，鄘即鲁也。邶之为燕，可以北伯诸器出土之地证之。"（王国维《集林》，第548页）陈梦家认为："'北方'可能指北地的方国，犹如后世的朔方；也可能是北方，与西周初的北，即邶有关。"（陈梦家《综述》，第300页）孟世凯认为："'北方'当在殷王畿以北，即今河北易县、涞水、涿州一带。"

（孟世凯《辞典》，第 178 页）

及方：字形 （此处为字形），字孙诒让、罗振玉皆释为及（孙诒让《举例》下，第 14 页；罗振玉《殷释》中，第 59 页）。《说文》："及。逮也。从又人。"卜辞中及方出现在武丁及廪康以后，如《合集》20457 号："癸丑卜，王贞：捍其及方？"以及 20456 号、20458 号、20493 号出现及方内容的，皆为武丁晚期卜辞。又如《合集》28011 号："壬戌卜，狄贞：及方？大吉！"还有《合集》28013 号："王其令空归，弗悔。其乎戍御方及，戍弗及方。"皆为廪辛康丁时期卜辞。其后的 33062 号、33063 号以及《怀》1466 号也都有"及方"。及方的地望，由与捍见于同辞，捍字朱歧祥释为盾，以为"为外族名。处于东方。始见第一期卜辞。……后降为殷边附庸，助殷王狩猎"（朱歧祥《通释稿》，第 310 页）。那么，及方或与盾（捍）地同在殷东。

木方：字形，释为木方。孙海波最先释"方国名"（孙海波《甲骨文编》，第 259 页）。见于《合集》33193 号："壬午，贞：癸未王令木方止？"为武乙文武丁时期卜辞。又见《合集》41811 号出现"田木"，《合集》24270 号、24271 号出现"在师木"，《屯南》1050 号出现"步自木"，其中的木或为木地，或也指木方，其即是商王的田猎地，又是军事驻地，可见其在武乙文武丁时期与商王朝中央是臣属关系的方国。其地参见地理邦族木条。

《合集》33193 号

微方：字形，字胡厚宣最早释为微（胡厚宣《四方风名考证》，《商史论丛初集》，第 269 页）。姚孝遂从并认为"在卜辞为人名或地名"（于省吾《诂林》，第 74 页，姚孝遂按）卜辞中微方见于《合集》4567 号残片残辞："……卜，争贞：微方祸？"这条卜辞也有释为"……卜，争贞：微无祸？"（姚孝遂、肖丁《摹释》，第 118 页）尽管释译有异，但辞中微或为方国名。又见《合集》3286 号等卜辞都出现的"微"与《合集》767 号等出现的"在微"；《合集》36778 号等出现"于微"；《合集》5478 号等出现"王于微"，皆为武丁时期卜辞，可见武丁常来常往于微族或微地。但由《合集》6366 号等出现"翦微"；《合集》28029 号出现"伐微"，说明微方或微邦族与商王朝中央是时友时敌的关系。微方的地望，徐锡台云："关于微方国的地望……我的看法是，今山西省洛南县眉底。"（徐锡台《周原十篇重要卜辞考释》，《中国语文研究》第八期，第 2 页）

何方：字形，释为何方。见于

《合集》7001号："……沚不捍目簧。二告。见何方。"为武丁时期卜辞。还有《合集》6786号、6787号、6788号、6789号、6790号都出现"敦见何"内容，其中的何或也指何方。由受到商王朝或者王朝中央派遣的其他邦族的敦伐，何方当是武丁时期与商王朝中央为敌对关系的方国。由《合集》6788号"方其敦见何"内容，可见何方国的居住地当与方邦族相邻或相近，都在今山东省鱼台县西南一带（郑杰祥《概论》，第160页）。

大方：字形↑𠂤，释为大方。见于《合集》6798号："大方伐……鄙廿邑……"记载商王朝的二十个邑被大方侵占抢掠。又如《合集》20475号："辛酉卜，七月，大方不其来征。"皆为武丁时期卜辞。再如《合集》27882号："……来告，大方出，伐我师，叀马小臣……"为廪辛康丁时期卜辞。无论是武丁时期还是廪辛康丁时期，大方与商王朝中央皆为敌对关系。大方的地望，郑杰祥认为："卜辞'大'地当即春秋时的大乡城，又称作大乡山。……古大乡城，大乡山也即大城所在地，位于今菏泽县西北，此地西距卜辞襄地约40公里，它应当就是卜辞中的大录和大地。"（郑杰祥《概论》，第203—204页）

夹方：字形𠂤𠂤，释为夹方。见于《合集》6063号："……旬亡祸，王占曰：有祟，其有来艰……允有来艰自西，甾告……魃，夹方臬二邑。十三月。"为武丁时期卜辞。还有《合集》6064号也出现"夹方"。由辞中"允有来艰自西"可知夹方其地在商王都的西部，其与商王朝中央是敌对关系。

御方：字形𢼸，𢼸字罗振玉最早释为御（罗振玉《殷释》中，第70页）。王国维释"御，卜辞作𢼸，从午从卩，或作𢼸，不省，盖假为御字。《说文》：'御，祭也。'"（王国维《戬考》，第12页）卜辞中御方见于武丁时期与廪辛康丁时期，如《合集》4888号："辛亥卜，占贞：令遘以……御方于陟……酯。"还有《合集》686号、6759号、6760号、6761号等皆出现"御方"，皆为武丁时期卜辞。由辞中多见"乎御方""于御方"内容，知其与商王朝中央当为臣属关系。但到了廪辛康丁时期，如《合集》28000号、28013号以及《怀》1501号，皆出现"伐御方"内容，说明御方在这一时期与商王朝中央为叛离关系。御方的地望，陈梦家认为："御方是猃狁族之一支……猃狁即戎，而御方、蛮方、朔方是其一支。"（陈梦家《综述》，第283页）但孟世凯不以为御方是方国名，以为"卜辞中御与禦同"，

《合集》6759号

御方为"抵御方国"（孟世凯《辞典》，第569页）。

並方：字形𣥠亻，𣥠字罗振玉、王襄、唐兰皆释为並（罗振玉《增考》中，第53页；王襄《簠室殷契类纂》正编第十，第48页；唐兰《导论》下，第53页）。卜辞中並方见于《屯南》2907号："庚寅，贞：王令並方，商？"也有释作"庚寅，贞：王令並伐商？"（姚孝遂、肖丁《摹释》，第1022页）又见《合集》33065号："丁巳卜，贞：王令並方，商？"或可释为"丁巳卜，贞：王令並伐商？"两条卜辞並后的方或伐字当有别，此从饶宗颐释为並方（饶宗颐《通检》第二册，第115页）。（附《合集》33065号和《屯南》2907号拓片）卜辞中有"王令並方"，也有《合集》33119号出现的"伐並"内容，可见並方与商王朝中央为时友时敌的关系。並方的地望，由令其伐商内容，知其当与商地相近。参见商方条。

𠂤方：字形亻亻，释为𠂤方。见于《合集》21312号："癸亥……旬庚午……𠂤方……十月。"为武丁时期卜辞。𠂤方当为武丁时期的一个方国。但姚孝遂以为"卜辞𠂤或为'御'之省"（于省吾《诂林》，第341页，姚孝遂按）。

子方：字形𠂤亻，释为子方。见于《合集》5622号："丁巳卜，争贞：令郭以有族尹𢎥有友？五月。……贞：翌……令吴……子方……友由王事。"为武丁时期卜辞。又见《屯南》3723号："……亥，贞：……以子方奠于並，

在父丁宗。"为武乙文武丁时期卜辞。虽然武丁时期有见"子方"的卜辞由于辞残无法正确推断其与商王朝中央的关系，但在武乙文武丁时期子方与商王朝中央当臣属关系。其与並见于同辞，二地当相邻。

饗方：字形𩝁亻，𩝁字罗振玉、王襄、孙海波皆释为饗（罗振玉《殷释》下，第63页；王襄《簠室殷契类纂》正编第五，第25页；孙海波《甲骨文编》，第238页）卜辞中饗方见于《屯南》1009号："庚辰，贞：至河，邑戎饗方？"为武乙文武丁时期卜辞。辞中戎用作动词，为捍卫抵御，那么饗方当是武乙文武丁时期与商王朝中央为敌对关系的方国。饗方的地望，由其与河见于同辞，当与河即黄河相近。

《屯南》1009号

口方：字形ㅂ方，ㅂ字李孝定释："《说文》：'口，人所以言食也。象形。'契文作ㅂ，正象口形。"（李孝定《集释》，第 343 页）卜辞中口方见于《合集》40839 号："丁亥卜，扶：余令口方其至？丁亥卜，扶：方至？"也有隶作"丁亥卜，扶：余令曰方其至？丁亥卜，扶：方至？"（姚孝遂、肖丁《摹释》，第 933 页）此从饶宗颐释为口方（饶宗颐《通检》第二册，第 120 页）。为武丁时期卜辞。由商王对其发号施令，说明其与商王朝中央是臣属关系。其地待考。

由方：字形ㅂ方，ㅂ字孙诒让释为由（孙诒让《举例》下，第 34 页）。郭沫若释为古（郭沫若《卜通》，第 158 页）。于省吾释为甾（于省吾《释林》，第 69 页）。饶宗颐释"此字从口从十，以叶为是。《说文》叶即协之或体"（饶宗颐《通考》，第 309 页）。卜辞中由方见于《英》573 号出现"……由方于西"残辞。为武丁时期卜辞。此外，《合集》8240 号出现"取由"，若说取之由为由方的省称，那么由方与商王朝中央当是敌对关系。由"由方于西"知其地当在殷西。

刃方：字形方，方字孙海波、李孝定皆释为刃（孙海波《甲骨文编》旧版四卷，第 27 页；李孝定《集释》，第 1545 页）。姚孝遂认为："释刃可备一说。字或当从'水'，与小篆'刃'形体有别。……为方国名。"（于省吾《诂林》，第 2453 页，姚孝遂按）卜辞中刃方见于《合集》6659 号："……翦刃方"为武丁时期卜辞，刃方当为武丁时期与商王朝中央敌对的方国。其地待考。

寻方：字形方，方字罗振玉最早释为谢（罗振玉《殷释》中，第 58 页）。唐兰释为寻（唐兰《天壤文释》，第 43 页）。曹定云认为："方字，过去诸家考释甚多，均不得要领；唯唐兰释'寻'，从形声义三个方面作出了合理的解释，颇令人信服。"（曹定云《殷代的卢方》，《社会科学战线》1982 年第 2 期，第 123 页）卜辞中寻方见于《合集》8174 号："……皋……彗……寻方至。"为武丁时期卜辞，又见《合集》27804 号："弜寻方有雨？其寻方有雨？"为廪辛康丁时期卜辞。辞中商王为寻方卜雨，当为友善关系。卜辞习见"在寻""从寻""自寻""于寻"等内容，知寻地是商王常来常往之地，进一步说明寻方与商王朝中央为臣属关系。其地待考。

来方：字形方，方字罗振玉、王襄最早皆释为来（罗振玉《殷释》中，第 34 页；王襄《簠室殷契类纂》正编第五，第 27 页）。卜辞中来方见于《合集》28011 号："壬戌卜，狄贞：其有来方，亚㽥其御，王受有祐？"为廪辛康丁时期卜辞。此外，又见《合集》33154 号等出现"于来"，《合集》20907 号等出现"在来"，《合集》28058 号出现"往于来"，《合集》13568 号出现"往来鹿"，说明来方或来地是商王常来常往之地，其与商王朝中央当为臣属关系。关于来的地望，郑杰祥认为："位于今古荥镇东约 20 公里，当今郑州市以东的花园口一带，此地西距卜辞嘉地约 10 公里，它

应当就是卜辞中的来地。"（郑杰祥《概论》，第71页）

得方：字形，字孙诒让、罗振玉、王襄最早皆释为得（孙诒让《举例》下，第15页；罗振玉《殷释》中，第60页；王襄《簠室殷契类纂》，第8页）。卜辞中得方见于《合集》6764号："戊戌卜，殻贞：戊得方戎我，翦？"又见《合集》6765号，内容与前辞同，皆为武丁时期卜辞。此外，《合集》39491号、《英》624号都见出现"雪得方"内容。知得方是商王朝中央的敌对方国。其地待考。

《合集》6764号

崇方：字形，字孙诒让最早释为象（孙诒让《举例》上，第26页）。罗振玉、王国维、王襄皆释为裘或求（罗振玉《殷释》中，第42页；王襄《簠室殷契类纂》正编第八，第39页）。于省吾、姚孝遂释"卜辞多用作'崇'。……释'求'于形难通"（于省吾《诂林》，第1495页，姚孝遂按）。其说可从。卜辞中崇方见于《合集》8199号："……王乎崇方……龚。"为武丁时期卜辞，又见《合集》28315号出现"往崇"，《合集》32509号出现"步崇"，《合集》903号等出现"伐崇"，

崇方与商王朝中央当是时友时敌的关系。由其与龚地见于同辞，二地当相近。龚地位于今河南辉县（张秉权《丙编考释》，第18页），崇方或崇地也当在河南辉县一带。

珍方：字形，字罗振玉最早释"从勹贝，乃珍字也"（罗振玉《殷释》中，第40页）。唐兰释为駒（唐兰《天壤文释》，第10页）。陈梦家释为包（陈梦家《释勹坿记》，《考古学社社刊》第五期，第22页）。姚孝遂认为"字不从'勹'……释'珍'、释'駒'、释'包'皆不可据。姑隶作旬。卜辞为人名及方国名。"（于省吾《诂林》，第1885页，姚孝遂按）此从罗释为珍。卜辞中仅《屯南》869号残片上出现"珍方"一名。此外，贞卜人物有珍，或为珍方之人在王朝中央供职。由此推断，珍方与商王朝中央当为臣属关系。其地待考。

洹方：字形，释为洹方，洹方之

《合集》33179号

洹字与洹水之洹字，水偏旁字形有别。见于《合集》33179 号残片上出现"洹方"一名，或为当时的一个方国，其地当与洹水相关。

宣方：字形 ⌂，⌂字罗振玉、王襄最早释为宣（罗振玉《殷释》中，第72页；王襄《簠室殷契类纂》正编第七，第35页）。《说文》："宣，天子宣室也。从宀亘声。"李孝定谓："辞云'弜宣方'《后》上24.7，似为方国之名。"（李孝定《集释》，第2441页）姚孝遂则认为："殷代有宣室……李孝定《集释》以'宣方'连读，以为方国名，似未妥。"（于省吾《诂林》，第2225页，姚孝遂按）此从李孝定观点，视宣方为方国，见于《合集》28003号："出：于卜燎。弜宣方燎？"为廪辛康丁时期卜辞。辞中"于卜燎"的卜或用作地名（饶宗颐《通考》，第311页），与宣方对文，皆为祭祀之地，可见廪辛康丁时期的宣方与商王朝中央为臣属关系。

新方：字形 ，释为新方，新为地名。见于《合集》33205号残片残辞："……叀新方令……"但也有释作"……叀新伐令……"（姚孝遂、肖丁《摹释》，第744页）为武乙文武丁时期卜辞。卜辞又见《合集》5528号出现"于新"；还见《合集》9445号、40579号，为武丁时期卜辞，《屯南》2119号出现"自新"；《合集》31275号出现"新北"，为廪辛康丁时期卜辞，说明从武丁时期到廪辛康丁时期，商王不但对新方发号施令，还常来常往于新地，新方与商王朝中央当为臣属关系。饶宗颐引《佚周书·世俘解》："庚子，新荒命伐蜀、艾侯。"（唐大沛本），认为"新荒殆新方首领。"新方当近于蜀地（饶宗颐《通检》，第贰贰页）。由《屯南》2119号："自新畕，翦，吉！自盂畕，翦，大吉！"内容推断新地与盂地相近。参见盂方条。

宁方：字形 ，释为宁方，宁为地名，或作 繁形。见于《合集》32022号："乙未卜，其宁方羌，一牛。"为武乙文武丁时期卜辞。又见《屯南》2380号也出现"宁方"；《合集》26892号出现"于宁"；《合集》8274号出现"往宁"；《合集》27991号、《屯南》930号出现"至于宁"；《合集》3061号出现"在宁"等，可见宁方或宁地为商王常来常往之地，其与商王朝中央当为臣属关系。关于宁方的地望，饶宗颐引："《元和郡县志》：'宁邑武王伐纣至此，改名修武，皇帝陶正封于宁。'《左传·定元年传》：'还卒于宁'杜注：'今修武县'。"并且认为卜辞宁方"又称北宁、南宁、宁田"（饶宗颐《通检》第二册，第贰肆页）。

《合集》32022 号

基方：字形𠂤，释为基方，基为地名。见于《合集》6570号："乙酉卜，内贞：子商翦基方？四月。"又见《合集》6573号、6574号、6575号等皆出现"基方"；《合集》6571号、6572号、39899号等都出现"翦基方"，皆为武丁时期卜辞。说明基方在这一时期是商王朝中央的敌方国。关于基方的地望，郑杰祥认为："即《春秋·僖公三十三年》：'晋人败狄于箕。'杜预注：'太原阳邑县南有箕城，'此古箕城，在今山西太谷县东十余公里处即基方。"（郑杰祥《概论》，第319页）陈梦家言："基字从郭沫若所释，并以为箕子所封邑（《卜通》526）。我们以为基方或者是冀方，《禹贡》冀州所从来。"（陈梦家《综述》，第288页）

凡方：字形𠁅，释为凡方，凡为地名。见于《合集》8622号残片残辞："……凡方……"也有释作"……𣄾方……"又见《合集》8623号也出现"凡方"，但也有释为"旁方"（姚孝遂、肖丁《摹释》，第209页）。此外《合集》33568号出现"在凡"；《合集》29990号出现"凡田"；《合集》23395号等出现"至田"；《合集》27740号等

《合集》8622号

出现或为方国名的单字"凡"，未见有对凡方或凡进行征伐的卜辞，凡方与商王朝中央当为友善关系。

兴方：字形𢦔，释为兴方，兴为地名。见于《合集》270号："壬寅卜，㱿贞：兴方以羌，用自上甲至下乙？王占曰：吉！"又见《合集》6530号、6531号都出现"兴方"，皆为武丁时期卜辞。由前揭《合集》270号"兴方以羌"即兴方进贡羌牲内容，说明其与商王朝中央为臣属关系。还见《合集》33564号："壬申卜，贞：王其田兴，亡灾？"为武乙文武丁时期卜辞，可见这一时期的兴地已成为商王的田猎地。兴方的地望，由《合集》6530号出现的"兴方伐下危"内容，钟柏生考证其与下危相近（钟柏生《说"异"兼释与"异"并见诸词》，《"中研院"史语所集刊》第56本3分）。参见下危条。

庚方：字形𢆶，释为庚方。庚字用作地名，与用作天干或商王名号的庚字有别。见于《合集》36528号："乙丑，王卜贞：今祸巫九咎，余亡障徽告侯田，册𢼸方、羌方、羞方、庚方，余其从侯田叶戋四邦方？"为帝乙帝辛时期卜辞。辞中的四邦方，也有释为四封方（姚孝遂、肖丁《摹释》，第831页）。此从宋镇豪观点释为"四邦方"（宋镇豪《夏商社会生活史》，第40页）。庚方当为帝乙帝辛时期的方国，其地与羌方、羞方、𢼸方相近，位于殷西。参见羌方、羞方、𢼸方条。

橐方：字形𣎴，字王襄、丁山、李孝定、于省吾皆释为橐（王襄《簠室殷

契类纂》正编第六，第 30 页；丁山
《甲骨文所见氏族及其制度》，第 90 页；
李孝定《集释》，第 2109 页；于省吾
《释林》，第 344 页）。姚孝遂认为："于
先生（于省吾）释'橐'，论其形音义
之流变甚详。"（于省吾《诂林》，第
3216 页，姚孝遂按）卜辞中橐方见于
《屯南》2915 号："庚子，贞：王其令伐
玉山？……酉，贞：竹、橐方？"又见
《合集》33064 号出现"弗橐方"；《合
集》9422 号等出现"橐"单名；《合
集》9419 号等出现"自橐"；《合集》
8186 号出现"在橐"，皆为武丁时期卜
辞。这些出现的未带方的橐，或用作地
名，或为橐方的省称，可见橐方或橐地
亦是商王常来常往之地，其与商王朝中
央当为臣属关系。关于橐的地望，孟世
凯认为："今河南省陕县古有橐水、橐
山，或为卜辞中的橐。"（孟世凯《辞
典》，第 637 页）

小方：字形 ，释为小方。见于
《合集》20471 号："丁卯卜……姚
于……御小方？七月。"又见《合集》
20470 号、20472 号、20473 号、20475
号都出现"小方"，皆为武丁时期卜辞。
小方当为武丁时期的方国之一。

舀方：字形 ，释为舀方。见于
《合集》33061 号："癸未卜，方从寻，
弜舀方？"还有《合集》33042 号：
"己巳，贞：竝、舀伐 ？"由辞内容可
知，舀与竝同为方国名，皆是臣属于商
王朝中央的方国。舀方的地望，郑杰祥
认为："舀与凿音、义相近当相通……
卜辞舀地或已演变为凿地。如果此释不

《合集》20472 号

误，则此凿地或即后世的凿台。……
《大清一统志·山西太原府》古迹条
下：'凿台在榆次县西。……'清代榆
次即今山西省榆次县，古凿台当在今榆
次县西。"（郑杰祥《概论》，第
298 页）

祈方：字形 ，释为祈方。见于
《合集》30 号："贞：以射祈方……宾：
御丁羌？"为武丁时期卜辞，祈方当为
武丁时期的方国。又见《屯南》1009
号："庚辰，贞：……方来，即事于犬
延？庚辰，贞：至河，邕其捍乡方？辛
卯，贞：从祈涉？辛卯，贞：从狩卢
涉？"为武乙文武丁时期卜辞。辞中祈
与河（黄河）、卢、犬、乡方见于同版
卜辞。关于祈方的地望，郑杰祥认为：
"当即古代几城，位于今河北省大名市
东南，此地与马地相距甚近。"（郑杰祥
《概论》，第 348 页）

汰方：字形 ， 字李孝定释此字与

《说文》之汏同，"今俗作汏"（李孝定《集释》，第3359页）此从李说。卜辞中汏方见于《屯南》1059号："丁卯，贞：王其汏方及乎御史？"同版出现"父丁"称谓，或为武乙时期卜辞。汏方当是武乙文武丁时期的方国。但也有释"辞中汏为动词，及为俘虏，方及是方夷之俘，汏方及可能是对方及施以汏刑。关于此种刑法的具体内容，从此片卜辞中难以推断"（考古所《屯南》，第921页）。

昊方：字形𤓰，𤓰字从目从大，依形隶定为昊。见于《合集》28012号："弜益涂人方不出于之？王其乎卫于昊方出，于之有𫎭？"为廪辛康丁时期卜辞。辞中的昊方与人方见于同版，二方或相近。详地待考。

相方：字形𤓰，𤓰字杨树达释为相（杨树达《积微居甲文说》，第24页），屈万里谓"可从"（屈万里《甲编考释》，第378页），姚孝遂认为："释'相'不可据。卜辞为方国名。"（于省吾《诂林》，第626页，姚孝遂按）此从杨释为相。卜辞中相方见于《合集》3524号残片残辞："……昔我旧……之齿，令……齿，三旬又六日……相方，允……"为武丁时期卜辞。又见《合集》8628号残片出现"相方"二字。此外《合集》18410号："……相……亡祸？二告。"辞中相字不是上下结构，而是左右结构，或与相为一字异形。所见相方的卜辞虽残，但由商王卜问其福祸可知，相方当是武丁时期与商王朝中央为臣属关系的方国。其地待考。

《合集》8628号

乏方：字形𤓰，𤓰字唐兰释为乏（唐兰《导论》下，第60页）。饶宗颐释升之繁形（饶宗颐《通考》，第364页）姚孝遂认为："释'乏'释'升'皆不可据。卜辞用为祭名。"（于省吾《诂林》，第859页，姚孝遂按）此从唐释为乏。卜辞中乏方见于《合集》22758号："甲子卜……曰贞：……翌……咸毓且乙……乏方其……"为廪辛康丁时期卜辞，乏方当为廪辛康丁时期的方国，饶宗颐亦将其定为方国名（饶宗颐《通检》第二册，第127页）。此外，《合集》8039号出现"卜乏京"内容，乏又作为京名，可见乏在卜辞中不单单用为祭名。

鬱方：字形𤓰，𤓰字于省吾释为鬱（于省吾《释林》，第306页）。唐兰释"即奇字，象骑在人背上，后来骑马的骑，就是由此发展的"（唐兰《论周昭王时代的青铜器铭刻》，《古文字研究》第二辑，第22页）。姚孝遂认为："于先生（于省吾）已详论'鬱'字形体的演变过程，其说是对的。唐兰释'奇'非是。"（于省吾《诂林》，第1395页，姚孝遂按）卜辞中鬱方见于《合集》20624 号："乙丑，王其鬱方。乙丑，王方农鬱？"还有《合集》11252 号、11253 号、20626 号都出现"鬱方"皆为武丁时期卜辞，鬱方当为武丁时期的一个方国。前揭《合集》20624 号中的"其"字，裘锡圭疑为"柞"，与下文的"农"对文，"柞"义为"除木"，农读作耨除之耨，卜辞的意思是商王派人到鬱方开荒〔裘锡圭《甲骨文中所见的商代农业》，《全国商史学术讨论会论文集》（《殷都学刊》增刊），第 221 页〕。裘说可从，鬱方与商王朝中央当为臣属关系。其地待考。

灾方：字形，字从才从戈，于省吾释为灾（于省吾《诂林》，第 2359 页）。卜辞中灾字表灾祸、灾害，也表刀兵之灾，又用作方国名，见于《合集》6649 号："王占曰：吉！翌之日允：翌灾方。十三月。"又见《合集》6648 号、6650 号皆出现灾方被征伐内容，皆为武丁时期卜辞，可见灾方灾武丁时期为商王朝中央的敌国。灾方的地望，孟世凯认为灾方"即《春秋·隐公十年》'宋人、蔡人、卫人伐戴'之戴。杜预注：'戴国，今陈留外黄县东南有戴城。戴亦作载。'《公羊传》作'伐载'。……之族居地即春秋时之戴国，在今河南兰考、民权、杞县一带"（孟世凯《辞典》，第 228 页）。

冃方：字形，字与、字形于省吾皆释为冃（于省吾《诂林》，第 3351 页）姚孝遂认为："于先生是冃是对的。实象帽形。"（于省吾《诂林》，

第 3353 页，姚孝遂按）此从其说。卜辞中冃方见于《合集》20397 号："……亥卜，王令……冃方橹……"为武丁时期卜辞，辞中的冃字形为。商王对冃方发号施令，说明冃方为臣属关系的方国。但也有认为冃方之前残去的是伐字，以为此条卜辞为征伐冃方（孙亚冰、林欢《商代地理与方国》，《商代史》卷十，第 451 页）。此外，又见《合集》8424 号："贞：千弗其作冃方祸？"还有《合集》8425 号、20497 号、20622 号、20623 号都出现"冃方"，皆为武丁时期卜辞，冃字形为。还见《合集》6561 号出现"征冃"；《合集》6558 号、6559 号、6560 号、6562 号、6564 号、20400 号皆出现"伐冃"，冃字形为。由上述卜辞内容推断，冃方与商王朝中央当为时友时敌的关系。

《合集》20497 号

道方：字形，字于省吾以为是永字的异形（于省吾《诂林》，第 2310 页）。王襄释"古行字。行或从人，石鼓文行亦从人，象人行于四通之衢"（王襄《簠室殷契类纂》，第 8 页）。商

承祚释为彷，亦认为"象人行于道中"（商承祚《福释》，第 2 页）。严一萍释为道（严一萍《甲骨古文字研究》第一辑，第 53 页）。此从严释为道。卜辞中道方见于《合集》33189 号："癸未卜，龙来以道方……兹用乙酉遘……"又见《合集》33190 页出现"道方"皆为武乙文武丁时期卜辞，道方当为武乙文武丁时期方国。道方的地望，彭邦炯认为，"道"即《左传》僖公五年："弦之奔黄，于是江、黄、道、柏方睦于齐"的道国，在今河南确山县境。（彭邦炯《再说甲骨文的"衍"和"衍方"——

《合集》33190 号

附说首人及其地望》，《殷商文明暨纪念三星堆遗址发现 70 周年国际学术研讨会论文集》，第 240 页）

　　戛方：字形𣪊，𣪊字于省吾释为戛（于省吾《骈枝·释戛》，第 26 页）。此从于释。卜辞中戛用作人名，为商一位远祖先公名，又用作地名，见于《合集》34182 号出现"往戛"，戛为地名，也用作方国名（饶宗颐《通检》第二册，第 147 页），见于《合集》27962 号："更马……戛方翦。"为廪辛康丁时期卜辞，戛方当为廪辛康丁时期方国之一。

　　矢方：字形𠂤，𠂤字罗振玉、王襄、于省吾皆释为矢（罗振玉《殷释》中，第 44 页；王襄《簠室殷契类纂》正编第五，第 26 页；于省吾《骈三》，第 18 页）。矢本义为箭矢之矢，卜辞中用作祭名或神祇名，又用作方国名，见于《合集》9519 号："丁酉卜，争贞：今世王勿黍？值矢方？"为武丁时期卜辞。辞中商王卜问值矢方，并关心其黍的收成，其与商王朝中央当为臣属关系。但对辞中的值，孙亚冰、林欢认为"有征伐的意思，卜辞问是否征伐矢方"（孙亚冰、林欢《商代地理与方国》，《商代史》卷十，第 454 页）。若从孙、林说，那么，矢方与商王朝中央当为敌对关系。卜辞中矢用作地名，又见于《合集》31981 号："乙亥，贞：邑令郭以众甾矢……受祐？"为武乙文武丁时期卜辞。辞中矢字后残，矢或指矢方，受到甾伐，此时期的矢方与商王朝中央是叛离关系。其地待考。此外，《合集》9519 号中的徝矢方，也有释为“徝交方”（姚孝遂、肖丁《摹释》，第227页）。

旝方：字形，字从㫃从追，隶定为旝，是出现在甲骨文中的地名文字。姚孝遂认为“字从㫃、从𠂤。𠂤即古‘追’字。……此疑是‘追’之繁体。卜辞所仅见，有待于进一步之证明”（于省吾《诂林》，第3067页，姚孝遂按）。见于《屯南》776号：“……子，贞：王令……人𢦏旝方？”王令对旝方进行𢦏伐，其与商王朝中央是敌对关系。

ǁ方：字形，字隶定为ǁ，是出现在甲骨文中的文字。饶宗颐以为“ǁ疑古浍字”，姚孝遂认为“字不可识，释‘浍’不可据……为地名……为人名”（于省吾《诂林》，第3368页，姚孝遂按）。卜辞中ǁ方见于《合集》19621号残片残辞：“……宾贞：……ǁ方……山……”为武丁时期卜辞，ǁ方当为武丁时期的方国之一。但是也有把《合集》19621号释为“……宾贞：……ǁ伐……山……”（姚孝遂、肖丁《摹释》，第432页）。ǁ方的地望，饶宗颐认为ǁ“古浍字，《左传》成六年：‘汾浍。’浍水出平阳绛县，则地太远；疑读为郐，即郑语之郛郐，在河南新郑。”（饶宗颐《通考》，第1039页）

汩方：字形。字姚孝遂释“字从‘水’从‘口’，隶可作汩。《合集》32103‘汩方’当为方国名。”（于省吾《诂林》，第1305页，姚孝遂按）姚说可从。除姚揭《合集》32103号出现“汩”字外，又见于《屯南》2616号：“贞：叀丁亥，于汩烄雨，于烄雨？”皆为武乙文武丁时期卜辞。辞中的汩、，考古所著录者释“皆为地名”（考古所《屯南》，第1031页）。汩从姚孝遂观点释为方国名，其方国领地也名汩。王卜问在其地进行烄雨即祭祀求雨，其方国与商王朝中央，在武乙文武丁时期当为臣属关系。其地待考。

《合集》32103号

硊方：字形，从石，隶定为硊，卜辞中用作方国名。见于《合集》6662号：“……贞：曰戉侑硊方？允……弗其伐。”又见《合集》4594号出现“令硊”内容，皆为武丁时期卜辞。对于《合集》6662号中“戉侑硊方”内容，孙亚冰、林欢认为：“‘侑’在卜辞中有两种意思：一，对鬼神言，为祭祀之事；二，对活人言，为酬酢之事。‘戉侑硊方’之‘侑’取第二义，谓戉劝侑硊方。硊方很可能是正准备出征。”（孙亚冰、林欢《商代地理与方国》，《商代史》卷十，第448—449页）所见卜辞又有对硊方发号施令的内容，可见其在武丁时期与商王朝中央为时敌时友的关系。其地待考。

妍方：字形𦋻，𦋻释为妍（李宗琨《甲骨文字编》，第 145 页），用作方国名，见于《合集》6639 号："乙未卜，㲦贞：王登三千人，呼伐妍方？葊。"又见《合集》6640 号、6641 号与 6639 号内容同，《合集》6642 号、6644 号、6645 号也有"伐妍方"于"伐妍"的内容，皆为武丁时期卜辞。卜辞多见征伐该方记录，说明妍方是武丁时期与商王朝中央为敌对关系的方国；一次征伐妍方就登人三千，可见该方为劲敌。此外，《合集》3273 号："贞：妍子囙我？"孙亚冰、林欢认为："辞中的妍子，可能是𦋻方被征服，称臣于商王，首领被封为子爵。"（孙亚冰、林欢《商代地理与方国》，《商代史》卷十，第 447 页）

嵬方：字形𪩘，𪩘字姚孝遂以为"字可隶作嵬"（于省吾《诂林》，第 1627 页，姚孝遂按）。是出现在甲骨文中的地名文字，见于《合集》8203 号、8204 号出现"于嵬"，为武丁时期卜辞，但其字形尾部有异，应为同一地名。又见用作方国名，如《合集》36969 号残片残辞："……在兄牧……嵬方……"为帝乙帝辛时期卜辞，嵬方当为帝乙帝辛时期方国之一。

二邦方：字形二𦐇，释为二邦方，也有释为二丰方（孟世凯《辞典》，第 11 页）。见于《合集》36243 号："……王宾且乙奭姒己……于二邦方……"为帝乙帝辛时期卜辞。二邦方当为帝乙帝辛时期方国之一，或指称两个不同的

方国。

三邦方：字形三𦐇，释为三邦方，也有释为三丰方（孟世凯《辞典》，第 48 页）。见于《合集》36530 号："己酉，王卜贞：余征三邦方？"为帝乙帝辛时期卜辞。三邦方或为帝乙帝辛时期与商王朝中央为敌的一个方国名，或指称三个不同的方国。

四邦方：字形三𦐇，释为四邦方，也有释为四丰方（姚孝遂、肖丁《摹释》，第 831 页；孟世凯《辞典》，第 202 页）。见于《合集》36528 号反面："乙丑，王卜贞：今祸巫九咎，余亡陟徼告侯田，册叡方、羌方、羞方、庚方，余其从侯田叶戋四邦方？"辞中的四邦方，明确指向叡方、羌方、羞方、庚方，即叡方、羌方、羞方、庚方为四邦方（宋镇豪《夏商社会生活史》，第 40 页）。

《合集》36528 号反

南邦方：字形𦐇，释为南邦方。所见南邦方的卜辞见于《甲》2902 号。南

邦方的南，序以方位，当为商王都之南的方国名。

方：字形。字张亚初释为爰，以为字形"是一人援之以棍棒，把另一人从低下处往上拉的会意字。这是爰字的整体会意字，通常所见的字是省写体，是局部会意字"（张亚初《古文字分类考释论稿》，《古文字研究》第十七辑，第 233 页）。姚孝遂认为："释'爰'不可据。卜辞用为人名。"（于省吾《诂林》，第 177 页，姚孝遂按）此从饶宗颐《甲骨文通检》卷四方国释为方国名（饶宗颐《通检》第二册，第 108 页）。见于《合集》32935 号："乙亥，贞：弜方……弜征方在……癸酉，贞：翌乙亥酒升于大乙？兹用。"为武乙文武丁时期卜辞。辞中酒祭大乙以贞问是否征伐方，方与商王朝中央当为敌对关系。

方：字形，是出现在甲骨文中的地名文字，卜辞中用作方国名，见于《合集》20615 号："丁巳，方。"为武丁时期卜辞。辞中的方当为武丁时期的一个方国。饶宗颐认为："方或即江方。"（饶宗颐《通检》第二册，第 13 页）可备一说。

《合集》20615 号

方：字形，字是出现在甲骨文中的地名文字，饶宗颐认为用作方国名（饶宗颐《通检》第二册，第 127 页）。姚孝遂认为："字当从口……乃'各'字之异。"（于省吾《诂林》，第 874 页，姚孝遂按）卜辞中方见于《怀》382 号："乙卯卜，珏贞：歼及方于窒？"为武丁时期卜辞，方或为武丁时期的一个方国。但辞中的字姚孝遂、肖丁又释作"征"，释辞为"乙卯卜，珏贞：歼及征方于窒？"（姚孝遂、肖丁《摹释》，第 1137 页）字与方有待进一步考证。

方：字形，字王襄释"古采字，许说辨别也。"（王襄《簠室殷契类纂》第一，第 4 页）姚孝遂认为："释'采'不可据。卜辞为人名或方国名。"（于省吾《诂林》，第 1333 页，姚孝遂按）王蕴智释为"辨"（王蕴智《字学论集》，第 175 页）。卜辞中方见于《合集》8380 号："贞：在方？"又见《合集》32291 号出现"焚于"，《合集》32292 号、32293 号出现"焚"，焚意为焚人求雨，《合集》32291 号中"焚于"的是地名，引申指方的首领之名。作为被焚的对象，未必是敌对之国，其地待考。

方：字形，是出现在甲骨文中的地名文字，卜辞中用作方国名（饶宗颐《通检》第二册，第 132 页）。见于《合集》6658 号残片残辞："贞：勿……遘……方……"为武丁时期卜辞，方当为武丁时期的一个方国，其地待考。但姚孝遂、肖丁释《合集》

6658 号中的✲方为舌方（姚孝遂、肖丁《类纂》，第 374 页）。有待进一步考证。

⧈方：字形⧈才，⧈字张亚初释"为栅栏之栅，象插数根树枝，以横木编成栅栏之形"（张亚初《古文字分类考释论稿》，《古文字研究》第十七辑，第 253 页）。姚孝遂以为"⧈"在卜辞中为方国名又用为动词（于省吾《诂林》，第 1333 页，姚孝遂按）。卜辞中⧈方见于《合集》6647 号："戊戌卜，争贞：⧈方匄射隹我祸？五月。贞：⧈方匄射不隹我祸？"为武丁时期卜辞，此方当为武丁时期商王朝的一个敌方国。其地待考。

⧈方：字形⧈才。⧈字王襄释"疑册字"（王襄《簠室殷契类纂》存疑第二，第 10 页）。叶玉森先释为井（叶玉森《钩沈》，第 7 页），后自言非是"王氏（王襄）释册未确，余旧疑井字亦非"（叶玉森《前释》七卷，第 11 页）。陈晋释为串（陈晋《龟甲文字概论》，第 26 页）。姚孝遂认为："为方国名，释'册'、释'串'均不可据。"（于省吾《诂林》，第 2979 页，姚孝遂按）⧈在卜辞中用作方国名，见于《合集》6534 号："……卜，㱿贞：今早王值⧈方？受祐……"又见《合集》6532 号、6533 号、6535 号、8626 号、8627 号都出现"⧈方"，还见《合集》6539 号、6540 号、6541 号等出现"伐⧈方"内容，皆为武丁时期卜辞。⧈方与商王朝中央是敌对关系。由《合集》6541 号出现登人五千伐⧈方内容，说明⧈方是武丁王朝的劲敌。⧈方的地望，孙亚冰、林欢认为

"它是商朝的南方大敌"。又认为湖北黄陂盘龙城遗址"很可能与中商时期'比九世乱，于是诸侯莫朝'有关，中原王朝自顾处理内乱，不断迁都，无力管辖边缘地区，边缘地区的强族逐渐兴起，侵夺商地，⧈方很可能就是其中之一。武丁征伐⧈方，就是为了夺回故地，重新打通铜矿的运输通道。武丁以后的卜辞中不见⧈方，很可能是已被武丁彻底消灭。"（孙亚冰、林欢《商代地理与方国》，《商代史》，第 440—441 页）

《合集》6534 号

⧈方：字形⧈才。⧈字在卜辞中用作方国名，见于《合集》28087 号："贞：王其寻⧈方伯智，于之若？"为廪辛康丁时期卜辞，⧈方当为廪辛康丁时期方国之一。

⧈方：字形⧈才。⧈字在卜辞中用作方国名，见于《合集》33042 号："乙巳，贞：并舌伐⧈方，受祐？并弗受祐？"又见《合集》33043 号、《屯南》1536 号出现"伐⧈"，《屯南》491 号出现"敦⧈"，皆为武乙文武丁时期卜辞，后三辞

中的当为方的省称。对其进行敦之
义，郭沫若认为："敦字习见，有用为
地名者，有用为达伐意者。"（郭沫若
《卜通》考释，第 11 页）郭说可从，
对方进行伐、敦，说明其与商王朝中
央为敌对关系。方的地望，其同辞出
现的并地，彭邦炯定在今山西西部和中
北部一带（彭邦炯《再说甲骨文的
"衔"和"衔方"——附说首人及其地
望》，《殷商文明暨纪念三星堆遗址发
现 70 周年国际学术研讨会论文集》，
第 240 页）。

方：字形，字饶宗颐认为在卜
辞中用作方国名（饶宗颐《通检》第二
册，第 149 页），此从饶说。见于《合
集》12684 号残片残辞："……用兹
……我方……从雨。"为武丁时期卜
辞，方或为武丁时期方国之一。《合
集》12684 号也有释为"……用兹
……我菜方……从雨"（姚孝遂、肖丁
《摹释》，第 295 页）。

方：字形，字姚孝遂、孟世
凯皆释为井（姚孝遂、肖丁《屯南考
释》，第 102 页；孟世凯《辞典》，第
117 页）。此从饶宗颐单列（饶宗颐
《通检》，第 163 页）。卜辞中用作方国
名，见于《屯南》2260 号："己卯卜，
贞：方其罙我戈？"为武乙文武丁
时期卜辞，方当为武乙文武丁时期方国
之一。前揭辞中的罙字多与征伐有关
（于省吾《诂林》，第 889 页，姚孝遂
按），由此推断，方与商王朝中央当
为敌对关系。

《屯南》2260 号

方：字形，字在卜辞中用作方
国名，见于《合集》28002 号："癸酉
卜，夏贞：其归方于囗兆不……"为
廪辛康丁时期卜辞。方在廪辛康丁时
期当与商王朝中央为臣属关系。其地
待考。

（二）动词

彡（肜）：字形、。罗振玉最早
释为彡，并认为即肜字（罗振玉《殷
释》中，第 16 页）。叶玉森认为："罗
氏（罗振玉）释彡为肜至确。予疑彡为
古代表示不绝之标帜。"（叶玉森《前
释》一卷，第 20 页）当为击鼓声音嘭
嘭之嘭的半边，会意鼓声，即肜字的初
形。由《合集》15456 号："丁酉卜，争
贞：彡其酒鼓？"以及《合集》15710
号："贞：其酒彡勿鼓？十月。"内容可
知，彡由鼓声表示鼓乐，引申以击鼓祭

祀，为祭祀动词，又引申用为击鼓方法祭祀的祭典名，为且甲以后新派五种固定的祀典之一。由且甲时开始盛行的一种以彡、翌、祭、𩚵、协五大祀典为主干的轮番系统致祭上甲以下先公先王先妣的"周祭"，董作宾主张是从彡祀开始："五种祭祀之先后，颇难确定，因其'祀系'蝉联鱼贯，若环无端，不易分划也。然以理推知，彡与翌皆单独举行；祭、𩚵、协联合复叠举行。故彡、翌当在前，而翌居彡后，故彡当为五种祭祀之首也。在且甲时，依其祀典，每种单行，须九旬而毕，五九四十五旬，已至一年以上，故后三种必联合复叠行之，并彡祭'工典'一旬，凡三十旬，即可五种祭祀举行一周也。在帝乙帝辛时，祖妣增多，每种祭祀，须十一旬，彡、翌合计二十二旬，祭𩚵协合计十三旬，并彡祭工典一旬，凡三十六旬而一周也。"但朱歧祥则认为彡"居翌、祭、𩚵、协之后，仪式最隆重。习称'肜日'、'肜夕'、'肜龠'。……卜辞祭祀先祖，往往与干支相匹配，即甲日祭某甲，乙日祭某乙，丙日祭某丙，余类推。如肜祭有言'肜日'之祭，所祀对象相率与当日干支相对。唯'肜夕'之祭则于甲日祭某乙，乙日祭某丙，乃于是夜祭次日当祭先祖之仪式。……因知肜祭之前夕，有'肜夕'之祭。肜祭之明日则有'肜龠'之祭。奏管龠与鼓声相和，或为当日肜祭之实况。"（朱歧祥《通释稿》，第 455 页）甲骨学者多引《尔雅·释天》："绎，又祭也，周曰绎，商曰肜。"《尚书·高宗肜日》伪孔传："祭之明日又祭。"认为："祭之再祭称'彡'。"（孟世凯《辞典》，第 87 页）

《合集》15710 号

翌：字形甲、明、𗀶、𗀷，一字多形，或简或繁，简形象羽翼形；繁形增立或日旁，罗振玉、王国维最早皆释为翌，或隶定为昱、翊（罗振玉《殷释》中，第 77 页；王国维《戬考》中，第 27 页）。《说文》："翊，飞貌。从羽，立声。"《尔雅·释言》："翌，明也。"所见卜辞中翌用作时间词，指来日、下一日，或泛指二三日之后，也用作祭祀动词，是一种持羽而舞祭的祭祀形式，为且甲以后新派五种固定的祀典之一，即彡祭的祀序结束，就在下一段时期里依次对先公先王及先妣进行翌祭，见于《合集》22822 号："丁酉卜，行贞：翌戊戌，翌于大戊，亡𡆥？在四月。"为且甲时期卜辞。辞中"翌戊戌"的翌为时间词，"翌于大戊"的翌为祭祀动词，即对先王大戊进行持羽舞祭。

祭：字形 、、、，一字多形，皆从手抓滴血的肉，释为祭。《说文》："祭。祀也。从示，右手持肉。"卜辞用作本义，即以肉供奉神祖，为且甲以后新派五种固定的祀典之一。见于《合集》5684号："丁未卜，贞：亚勿往，庚在兹祭？贞：勿乎伐舟，更允，用，勿乎涉河？"为武丁时期卜辞。又见《合集》27168号："更今日酒，大庚、大戊、仲丁，其告祭？"为廪辛康丁时期卜辞。还见《合集》35700号："癸未，王卜贞：旬亡祸？王占曰：在十月，甲申祭阳甲，酚羌甲，协戋甲？"为帝乙帝辛时期卜辞。关于五大祀典中的祭，张秉权认为："祭、酚、协是三种联合重叠举行，而又各成系统的。即'祭'之下一旬，加入酚；酚之下一旬，加入协。例如：第一旬的第一天'甲子'，开始'祭'祀上甲。则第二旬的第一天'甲戌'，就开始'酚'祀上甲。而在第三旬的第一天'甲申'，即开始'协'祀上甲。同时，甲申这天正值'祭'祀大甲和示癸之配妣甲的日子，所以'祭'和'协'二种祀典就重叠举行了。何以从第一旬的甲子开始'祭'祀上甲，要到第三旬的甲申，才轮到'祭'祀大甲呢？因为甲子'祭'上甲、乙丑'祭'匚乙，丙寅'祭'匚丙，丁卯'祭'匚丁……而大甲以前的祖先，还有大乙和大丁。第一旬的'乙'日和'丁'日，已经'祭'祀了匚乙和匚丁。所以大乙和大丁就必须等到第二旬的'乙'日和'丁'日再行享受'祭'祀，而大甲的世次，又在大乙和大丁之后，所以不能在第二旬的甲戌去'祭'祀他，必须等到第三旬的甲申才能对他举行'祭'祀。这就是'子虽齐圣，不先父食'的道理。同样地，第一旬的壬申和癸酉，已经'祭'祀了示壬和示癸，所以示壬之配妣庚，在'过其祖，遇其妣'的原则之下，不能放在第一旬的庚午，而必须等到第二旬的庚辰，才能对她举行'祭'祀。至于示癸之配妣甲，除了'过其祖，遇其妣'的原则的限止之外，还得加上'不先父食'的限止，所以他既不能在第一旬的甲子，也不能在第二旬的甲戌，而必须等待'祭'祀过示壬之配妣癸之后的第三旬的甲申日，才能享受到对她的'祭'祀。因此第三旬的甲申日，除了对大申和示癸之配妣甲，举行'祭'祀之外，还要重叠地加上对上甲的酚祀。"（张秉权《甲骨文与甲骨学》，第382—383页）

《合集》5684号

酚：字形 、、、、、、，

一字多形，卜辞各期字形有别。董作宾《殷历谱》上卷三有列此字的断代，卜辞一期作𩵋、𩵋字形；卜辞二期作𩵋、𩵋字形；卜辞三、四期作𩵋字形；卜辞五期作𩵋、𩵋字形。但朱歧祥认为："𩵋字有见于三、四期卜辞，而𩵋则始见于第二期。"（朱歧祥《通释稿》，第367页）关于𩵋，甲骨学界皆认为相当于《说文》的𩵋字，《说文》："𩵋。设饪也，从乩从食才声。"表示以稷黍祭祀，是且甲以后新派五种固定的祀典之一。见于《合集》2217号："乙酉卜，更今日酒𩵋于父乙？"为武丁时期卜辞。又见《合集》22698号："丙申卜，旅贞：王宾报丙，𩵋亡祸？"为且庚且甲时期卜辞。还见《合集》35530号："癸卯，王卜贞：旬亡祸？王占曰：吉！在十一月又二，甲辰𩵋大甲祭小甲。"为帝乙帝辛时期卜辞。无论是卜辞一期，或卜辞五期，𩵋作为五种祀典之一，皆以黍祭以祭祀神祖。

协：字形𢺲、𢺲、𢺲，一字多形，或劦在口上，或简写下部口，或上部简为一力，或增示旁，皆释为劦，现代汉字简化为协。赵诚认为："协。或写作𢺲，象三耒并耕之形，会协合之意。甲骨文有不少字从𠙵不从𠙵同，如启字作𢺲，或从𠙵作𢺲。启或劦本为一字，后代分化为恊、协等字。"（赵诚《词典》，第229页）卜辞中"协"是且甲以后新派五种固定的祀典之一，在祭、𩵋之后举行，是最后的大合祭。张秉权认为："五种祀典的彡是用鼓乐，翌是用羽舞、祭是用酒肉，𩵋是用稷黍，劦（协）是

最后的大合祭。在它们开始的前一旬，则举行'贡典'之礼。彡和翌是各自单独举行而相连续的，祭、𩵋、劦（协）三种是联合重叠举行，而又各成系统的。"（张秉权《甲骨文与甲骨学》，第382页）朱歧祥认为："五常祭分三祀组周而复始地顺序举行：翌；祭、𩵋、劦（协）；彡。"（朱歧祥《通释稿》，第107页）如《合集》32714号："于既酒父丁，翌日，协、彡日，王迺宾？"

福：字形𩵋、𩵋、𩵋、𩵋、𩵋、𩵋、𩵋、𩵋、𩵋、𩵋、𩵋、𩵋，一字多形，有简有繁。简形为酒尊形，或为名词，繁形象双手捧酒尊献于示前，会意尊酒以祭，即福之献酒，罗振玉、王襄、郭沫若、商承祚最早皆释为福（罗振玉《殷释》中，第17页；王襄《类纂存疑》第一，第1页；郭沫若《由周初四德器的考释谈到殷代已在进行文字简化》，《文物》1957年第7期；商承祚《佚存》，第79页）。《说文》："福，祐也。从示，畐声。"《礼记·少仪》："为人祭曰致福。"卜辞中福用作祭祀动词表示一种祭祀仪

《合集》22883号

式，见于《合集》1901 号："乙巳卜，宾贞：福于父乙？乙巳卜，宾贞：勿衣，有福于父乙？"为武丁时期卜辞。又见《合集》22883 号："甲子卜，行贞：王宾戋甲，彡福亡灾？"还见《合集》25572 号："戊辰卜，旅贞：王宾夕福亡灾？"皆为且庚且甲时期卜辞。辞中的"福"皆表祈求神祖赐福之义。

禘：字形㮆、㮇，即上帝的帝，借用作祭祀动词，即禘。《说文》："禘，谛祭也。从示，帝声。"《诗·商颂·长发序》："长发，大禘也。"郑玄笺："大禘，郊祭天也。《礼记》曰：'王者禘其祖之所自出，以其祖配之是谓也。'王云，殷祭也。"由上述文献可知，后世人们心目中的禘祭就是殷祭，是一种盛大的祭祀，但所见卜辞中的禘祭似也是一种普通的祭祀，只见于旧派的祭祀系统，见于《合集》1140 号："丁未卜，王禘于罒？"为武丁时期卜辞，是卜问对远祖先公的禘祀。又见《合集》14328 号："己巳卜，宾贞：禘于西？贞：勿禘于西？"是卜问对自然神的禘祀。还见《合集》34154 号："癸亥，禘？癸亥卜，禘北？癸亥卜，禘南？癸亥卜，禘西？"为武乙文武丁时期卜辞，也是对自然神的禘祀。

岁：字形𠦒、𠦓、𠦔、𠦖、𠦗、𠦘，一字多形，或简或繁，简形为斧钺的象形，繁形增二止（步）或会意一种祭祀形式，释为岁。所见卜辞中岁除用作时间词，也用作祭祀动词。赵诚认为："关于岁祭，目前有三种主要的解释。第一种认为祭名曰岁者，殆因一岁举行一次而然。第二种认为不是一岁一次的祭名，而是载牲之祭，如'其又岁于南庚，丝用一牛——又用作侑，祭名。丝即兹'（遗三六五），意为供载着牲牛以祭南庚。第三种岁用作列，割杀之意。岁祭就是杀牲以祭。"（赵诚《词典》，第 238 页）但所见卜辞中岁祭为年中常祭，每月均见有举行岁祭，见于《合集》34046 号："乙亥，升岁在小宗，自上甲？一月。"又见《合集》24305 号："丁卯卜，行贞：王宾大戊岁二牛，亡尤？在二月。"还见《合集》25267 号："甲寅卜，尹贞：王宾岁一牛，亡尤？在三月。"还有《合集》25802 号为"在四月"岁祭；《合集》36977 号为"在五月"岁祭；《合集》313 号为"在六月"岁祭；《合集》25150 号为"在七月"岁祭；《合集》9659 号为"在八月"岁祭；《合集》15695 号为"在九月"岁祭；《合集》24431 号为"在十月"岁祭；《合集》22551 号为"在十一月"岁祭；《合集》377 号为"在十二月"岁祭；《合集》1158 号为"在十三月"岁祭。岁祭的目的有求雨、求征战、求俘获祭牲等。此外，卜辞有见"夕岁"，如《合集》27453 号："癸亥卜，父甲夕岁二牢？吉！"也有见"莫（暮）岁"，如《合集》30729 号："莫岁三牢，王受祐？"前辞中的"夕岁""莫岁"即指在夜间举行岁祭。

求：字形㣇、㣆、㣇，甲骨学者多隶定为㣇，皆认同表求意，从王宇信《甲骨文精粹释译》观点隶作㣇，释为求。朱歧祥认为："像植物生长茂盛貌……俗体作拜。假为祓，稽首以祭；谓双手持禾黍拜祭，以求丰年足雨。一般学者释此字作求，于文意亦合，但秉作，求作。二字形构稍异。"（朱歧祥《通释稿》，第 182 页）卜辞中求用作祭祀动词表乞求之义，见于《合集》14431 号："癸丑卜，宾贞：求于岳？"又见《合集》1171 号："贞：求于上甲受我祐？"还见《合集》1483 号："辛丑卜，内：求于大庚，一牛？一月。"是对先公先王乞求福祐。还有卜辞中习见的"求年""求禾"为乞求好的年成；"求雨"为乞求降雨即风调雨顺；"求生"为乞求生育或长寿（长生）。甲骨文求字，杨逢彬释为祷，将其归为甲类祭祀动词（杨逢彬《殷墟甲骨刻辞词类研究》，第 79 页）。

祝：字形、、、，一字多形，或简或繁。王襄最早释为祝（王襄《簠室殷契类纂》，第 2 页）。《说文》："祝，祭主赞词者，从示从儿、口。一曰从兑省。"段玉裁注："以人口交于神也。"郭沫若认为："祝，象跪而有所祷告。"（郭沫若《甲研·释祖妣》，第 12 页）陈初生谓："'祝'字甲骨文作、，象人跪于示前祷告之形；或不从示，作、。"（陈初生《商周古文字读本》，第 291 页）卜辞中用作祭祀动词，见于《合集》787 号："贞：祝于且辛？祝于且辛？"为武丁时期卜辞。又见《合集》27037 号："辛亥卜，祝于二父，一人，王受祐？祝于二人，王受祐？三人，王受祐？"为廪辛康丁时期卜辞。内容皆为向先王求祐。此外，卜辞习见

"岁叀王祝"，指举行岁祭的时候商王亲自祈祷。还习见"龟祝"，即献龟以祈祷。

告：字形、，释为告。《说文》："告，牛触人，角箸横木，所以告人也。从口从牛。"《尔雅·释言》："告，请也。"《广雅·释诂》："告，语也。"但朱歧祥认为"不从牛。甲骨文牛均作，象牛头，不从横画。字隶作告，示也。……卜辞有示警、报告意。"（朱歧祥《通释稿》，第 104 页）卜辞中告用作本义，表示警、报告，见于《屯南》997 号："乙酉卜，犬来告，有鹿，王往逐……"辞中的"犬来告"即犬来报告。所见卜辞中告用作祭祀动词即叚作祰，祭也。《说文》："祰，告祭也。从示，从告声。"《礼记·曾子问》："诸侯适天子必告于祖。"所见卜辞中告于神祖的辞条甚多，如《合集》33227 号："……戊，贞：其告秋隻于高且夒，六……"又如《合集》32313 号："庚寅，贞：其告高且，燎于上甲，三牛？"是对远祖或近祖先公的告祭。再如《合集》1585 号："丁未卜，宾贞：告于且乙？"是对先王的告祭，即求告先公先王的福祐。赵诚认为："甲骨文的告祭，内容相当广泛，凡是敌对的方国来侵犯，商王出兵征伐，外出田游，巡行视察，以及有关的灾害、疾病等等都一一上告鬼神，以求得福祐，去除灾难，如……从告祭可以很清楚的看出商代人的精神状态和当时迷信鬼神、崇尚天命的社会意识。"（赵诚《词典》，第 233 页）

《合集》33227 号

卜，贞：今日奏舞，有从雨？"辞中的
"奏舞"为卜辞习见，可见奏祭或与舞
祭相关，或也为祈雨之祭。

《合集》1352 号

奏：字形 ᨕ、ᨕ。郭沫若释为奏
（郭沫若《粹考》，第 77 页）。《说文》：
"奏，进也。从夲。从廾。从中。中，
上进之义。"赵诚认为："甲骨文有个奏
字写作 ᨕ，或简写作 ᨕ。……卜辞中用作
行为动词，其中有两种意义紧相关联。
一是演奏乐器……二是聚众跳舞。……
其目的都是为了祈求神灵福佑或降雨以
获得丰收，因而与祭祀有关。"（赵诚
《甲骨文行为动词探索》（一），《古文字
研究》第十七辑，第 330 页）卜辞中用
作本义，为祭祀动词，见于《合集》
1255 号："……未卜，宾……奏于示
壬……月。"又见《合集》1352 号：
"丙午卜，贞：奏成？七月。"后辞中的
"奏成"即奏于成，与前辞中"奏于示
壬"意同，即向示壬、成（商汤）进行
奏祭。还见《合集》12818 号："丙辰

美奏：字形 ᨕᨕ。孟世凯认为"美
奏"是"乐舞祭祀"（孟世凯《辞典》，
第 425 页）。见于《合集》33128 号：
"叀美奏？叀祁奏？叀商奏？"

有（侑、又）：字形 ᨕ，孙诒让最早
释为之（孙诒让《举例》上，第 17
页）。郭沫若释"卜辞多假为又"（郭沫
若《卜通》别一，第 9 页）。胡厚宣释
"为武丁时常见之祭名"又"推之或当
为侑之借字"（胡厚宣《论丛·厦甲》1
页）。姚孝遂认为："不此为再又之
'又'，有无之'有'，福佑之'祐'，
意为祭名'侑'。"（于省吾《诂林》，
第 3432 页，姚孝遂按）

又（右、佑、祐、有、侑）：字形
ᨕ，姚孝遂释"字本象右手形"又"卜
辞有无之有，福祐之祐，侑祭之侑，左

右之右，再又之又，均作又"（于省吾《诂林》，第 881 页，姚孝遂按）。见于《合集》30391 号："……求侑于帝五臣，有大雨？"卜辞的"有大雨"即有下大雨。

佑：字形祚、祝、𥎦、𥎦、𥎦，一字多形，或简或繁，简形单手于示前，繁形双手与示下，释为佑。《说文》："佑，助也。从示，右声。"《集韵》："佑，神助也。"本义当为摆设祭品供奉神祖以求福祐，是祭祀动词，卜辞中用作本义，见于《合集》27400 号："贞：王宾父己，岁佑？"又见《合集》27416 号："于父己父庚，即佑酒酒？"皆为廪辛康丁时期卜辞。由于佑字又省形为祚字形，所以也有释佑为祭，认为是祭字增加示旁之形（姚孝遂、肖丁《类纂》，第 352 页；赵诚《词典》，第 229 页）。

祐：字形祚，左手形于示前，依形释为祐，卜辞手形左右多无别，祐与祈求福祐的祐表义相同，见于《合集》19941 号："于父乙祐，豕？"又见《合集》19964 号："戊午卜，王于母庚祐子辟？"皆为武丁时期卜辞。辞中的"祐"皆表示祈求父乙（小乙）与母庚（小乙之配）给予福祐。

御：字形𥎦、𥎦、𥎦。罗振玉、王国维、王襄、叶玉森等皆释为御（罗振玉《殷释》中，第 70 页；王国维《戬考》，第 12 页；王襄《簠考》，第 5 页；叶玉森《前释》卷一，第 25 页）《说文》："御，使马也。"杨树达认为："甲文有御字，为祭祀之名。"（杨树达《积微居甲骨文说》卷上，第 30 页）王贵民认为卜辞中御用义有三，即"祭祀""征伐""人名"（王贵文《甲骨探史录》，第 303—323 页）。姚孝遂亦认为卜辞中御用作祭名，又用为防御之御（于省吾《诂林》，第 406 页，姚孝遂按）卜辞中御用作人名，也用作动词。见于《合集》20451 号："己卯卜，王令御方？"为武丁时期卜辞。辞中御用作动词表抵御。又见《合集》8007 号："其御羊豕。"为武丁时期卜辞。辞中御用作动词表进献。还见《合集》27798 号："……微御事来……"为廪辛康丁时期卜辞。辞中御用作动词表治事。此外，卜辞中御用作祭祀动词，见于《合集》22099 号："庚戌卜，朕耳鸣，有御于且庚羊百，有用？"

《合集》20451 号

燎：字形𥎦、𥎦、𥎦、𥎦、𥎦，一字多形，或简或繁，繁形火上有木，象堆木柴于火上燃烧，诸点示意燃烧的火星，依形隶定为尞，释为燎。《说文》："尞（燎），柴祭天也。从火、眘。古文慎字，祭天所以慎也。"卜辞中用作祭祀动词，虽然新旧两派燎字的字形有别，但祭祀活动中普遍使用燎祭，所燎祭的对象十分广泛，如《合集》14305 号：“贞：燎土方，帝？”是对上帝的燎告。又如《合集》32387 号：“乙酉，贞：又燎于上甲、大乙、大丁、大甲……”是对先公先王的燎告。再如《合集》14314 号：“甲申卜，宾贞：燎于东？三豕、三羊、骨犬、卯黄牛。”是对东方神的燎告。由前辞内容可知，所燎之物不单纯是木材，还有豕、羊、犬、黄牛等。

《合集》32387 号

叙：字形、、、、、、，一字多形，或简或繁。罗振玉、王国维、王襄最早皆隶作叙（罗振玉《殷释》中，第 18 页；王国维《戬考》，第 12 页；王襄《古文流变臆说》，第 47—48 页）。简形木于示上，繁形象手持束木于示前，会意焚木以祭，依形隶定为叙，多见用于新派且甲时期祭祀系统，或即旧派祭祀系统燎字的异形。卜辞中用作祭祀动词表一种祭祀方式，与燎字相同，常与其他祀典祭、彡、翌、岁、䎽等连用，见于《合集》22762 号：“戊辰卜，旅贞：王宾大丁，彡龠叙亡尤？在十一月。”又见《合集》22735 号：“庚申卜，尹贞：王宾岁叙亡尤？”皆为且甲时期卜辞。还见《合集》15701 号：“庚辰……贞：翌日酒叙三十……卯四宰？”为武丁时期卜辞。辞中的叙与卯皆为用牲方法。

敹：字形，象手持货币贝献于示前，依形隶定为敹。卜辞中用作祭祀动词，表示一种祭祀仪式，与祭为献肉，福为献酒，叙为焚木类同，只是所祭献的物品有别，所以有不同的文字表示。所见卜辞中，敹多见于帝乙帝辛时期，如《合集》36482 号：“甲午，王卜贞：作余，酒，朕求，酒？余步从侯喜征人方，上下敹示，受有祐？”为帝乙帝辛时期征人方卜辞。辞中的“上下敹示”即献贝币于上下神祇祈求赐福祐以征人方。

禨：甲骨文字形还有，从双手或单手持升，献于示前。卜辞中用作祭祀动词，或为一种祭仪，字形中升为盛酒器，献升酒于神主前，与福祭献酒类同，见于《合集》35708 号：“贞：王宾羌甲，亡尤？”又见《合集》35788 号：“……王宾小辛，亡尤？”还见《合集》35715 号：“贞：王宾四且丁，……”皆为帝乙帝辛时期卜辞。辞中的四且丁，王国维认为：“商诸帝以丁名者，大丁第一，沃丁第二，仲丁第三，祖丁第四，则四祖丁即《史记》之祖丁也。”（王国维《殷卜辞中所见先公先王考》，收入《集林》卷九）

烄：字形⚹、⚹。罗振玉、王襄最早皆释为烄（罗振玉《殷释》中，第50页；王襄《簠考·天象》，第6页）。《说文》："烄，交木然也。从火交声。"《玉篇》："交木然也，以燎柴天也。"姚孝遂认为："象以火焚人之形，乃祈雨之祭。"（于省吾《诂林》，第1236页，姚孝遂按）似为积木为烄，甲骨文烄为祭祀动词，本义当为焚祭人牲，多与求雨相关。见于《合集》1130号："叀戋烄，有雨？勿烄戋，亡其雨？"赵诚认为："从卜辞来看，戋这个人曾多次卜问要用来以焚烧以祭，如……似乎戋这个焚烧对象并不是真正要烧掉，而只是做一做样子。"（赵诚《词典》，第237页）

蒸：字形⚹、⚹、⚹、⚹、⚹，一字多形，从収从豆，或又从米，会意呈上盛好的饭食。《说文》："蒸，折麻中榦也。从艸，烝声。"《尔雅·释天》："春祭曰祠，夏祭曰礿，秋祭曰尝，冬祭曰烝（蒸）。"卜辞义中用作祭祀动词（进黍稷以祭），见于《屯南》189号："辛亥，贞：其蒸米于且乙？"

濩：字形⚹、⚹、⚹，一字多形，从隹从多水滴，释为濩。卜辞中用作祭祀动词，字形与从水从隹释为淮的水名或地名有别。见于《合集》23070号："庚寅卜，旅贞：翌辛卯，其濩于丁？"为且庚且甲时期卜辞。又见《合集》35499号："乙亥卜，贞：王宾大乙，岁亡尤？乙亥卜，贞：王宾大乙，濩亡尤？"为帝乙帝辛时期卜辞。辞中的濩皆为祭祀动词，表某一种祭祀方式。关于濩，朱歧祥认为："示投隹于水中。为殷祭祀方式之一，与沉、洋等字沈牲口于水相类。"（朱歧祥《通释稿》，第215页）赵诚则认为："用法与镬同，为煮物以祭，也可能就是镬的省文，故释作濩。"（赵诚《词典》，第244页）孟世凯则以为是"乐舞之祭。濩同護字。《集韵·莫韵》：'護，大護，汤乐名。通作濩。'《周礼·春官·大司乐》：'以乐舞教国子，舞云门、大卷、大咸、大磬、大夏、大濩、大武。'郑玄注：'大濩，汤乐也。'"（孟世凯《辞典》，第651页）

宾：字形⚹、⚹、⚹、⚹、⚹、⚹、⚹、⚹，释为宾。《说文》："宾，所敬也。"甲骨文宾一字多形，用途也十分广泛，用作地名，也用作邦族名，又用作人名，还用作祭祀动词，见于《合集》1402号："贞：大甲不宾于帝？贞：下乙不宾于帝？"辞中的宾表祭祀时配享。又见《合集》27057号："癸丑卜，上甲岁，伊宾？吉！"辞中"伊宾"的宾亦表示配享即从祀，"上甲岁，伊宾"即对上甲进行岁祭，伊尹配享宾祭。卜辞习见"王宾彡""王宾翌""王宾祭""王宾酹""王宾协""王宾福""王宾岁"等，赵诚认为这些王宾"为商王亲自进入祭场参加祭祀"（赵诚《词典》，第232页）。朱歧祥则认为："字当即《说文》宾字：'所敬也。'用为恭谨迎神意。"（朱歧祥《通释稿》，第271页）

匃：字形⚹，从刀从亡，释为匃。《说文》："匃，气也。逯安说：亡人为匀。"甲骨文刀、人字形易混，所以也有认为"从人从亡"。卜辞中习见"匀某方""有匀""亡匀"，朱歧祥认为："卜辞习言'匀某方'，字本有以刀戈灭亡某部方国之义。引申有祸害意。……'有匀''亡匀'，即卜问有祸，抑无祸之意。用法于'祸'、'灾'、'尤'等意同。"（朱歧祥《通释稿》，第324页）郭沫若亦释"有匀""亡匀"为"有害""无害"（郭沫若《粹考》，考释401片）所见卜辞中，匀也用作祭祀动词表乞求，见于《合集》930号："贞：王其有匀于且丁?"辞中"有匀于且丁"即有求于且丁。又见《合集》1672号："贞：其大事于西，于下乙匀?"辞中"于下乙匀"即匀于下乙、求于下乙，匀字作为祭祀动词用法与祭祀动词"求"同。

《合集》1672号

宁：字形 ，或简或繁，简形从皿从丂，繁形增宀，释为宁，现代汉字简化为宁。《说文》："宁，愿词也。从丂。盆声。"宁字的本意当表安静，与扰动相对，卜辞有用作本义，如卜辞习见的"今夕亡宁"即卜问商王夜间是否安宁无恙。还有卜辞习见的"宁风"

"宁雨"即卜求风雨安宁。引申用作祭祀动词，表祈求止灾之意，见于《合集》34144号："庚戌卜，宁于四方，其五犬?"辞中"宁于四方"即对四方神进行祈求止灾的宁祭。又见《合集》34229号："丁亥卜，宁岳，燎牢? 丁亥卜，弜宁岳?"辞中"宁岳"即对先祖岳进行祈求止灾的宁祭。

将：字形 ，从双手，从爿，依形隶定为牁。《说文》："牁，扶也。从手，爿声。"《玉篇》："牁，扶也，今作将。"牁当为将字的初文，卜辞中用作祭祀动词，表示奉献祭物，见于《合集》12532号："贞：于南方，将河宗? 十月。"辞中的"将河宗"即奉献祭物于河的宗庙。又见《合集》30763号："其将祀，鼓其……祐?"辞中的"将祀"即奉献祭物祭祀。此外，卜辞中动词将也用于征伐，见于《合集》8402号："贞：将戈人?"又见《遗》458号："癸亥卜，宾贞：勿将戈人，侑征盷?"此外，《合集》32765号："辛酉卜，将兄丁于父宗?"辞中"将兄丁"的"将"当表配享即从祀、配祀先王。

取：字形 ，以手执耳，释为取。《说文》："取，捕取也。从又从耳。《周礼》：获者取左耳。《司马法》曰：载献馘。馘者，耳也。"其言战争获胜回归献耳以记功，所以有释取"象以手取割下来的耳朵，指战争获馘而言，为会意字"（赵诚《词典》，第236页）。郭沫若则认为："取殆梄省，'梄，木薪也。'《说文》音义俱与樵近。"（郭沫若《粹考》，考释 28 片）孟世凯引《说文》："橧，积火燎之地。从木、从火、酉声。《诗》曰：薪之橧之。《周礼》：以橧燎祠司中，司命。褆，柴祭神。或从示。"认为取"即燔柴祭神祇，属郊祀之一"（孟世凯《辞典》，第 329 页）。所见卜辞中取用作祭祀动词表进献，所取之物不是耳朵，而是牛、羊、豕、犬等祭牲，取诸牲献祭于神祖以求福祐，见于《合集》93 号反面："丙午卜，宾贞：乎取牛百以？王占……吉！以其至……"此外，甲骨文动词取也表取胜、战胜，见于《合集》6987 号："贞：乎取微伯？勿取微伯？"还表治理，如《合集》622 号："乙亥卜，般取多臣……"

《合集》6987 号

卯：字形🌿，释为卯。《说文》："卯，冒也。二月万物冒地而出，象开门之形。"王国维认为："疑卯即刘之假借字，《释诂》：刘，杀也。"（王国维《戬考》，第 5—6 页）甲骨学者多从其说，如孟世凯认为："即对剖牲身。"（孟世凯《辞典》，第 214 页）赵诚则认为："卯。象对剖之形。甲骨文用作祭名，是将祭牲对剖开来祭祀。"（赵诚《词典》，第 239 页）朱歧祥亦认为

"卜辞习言'卯若干牲'于某祖，意亦为剖杀牲口"（朱歧祥《通释稿》，第 462 页）。卜辞中卯除用为地支时间词外，主要用作祭祀动词，表示一种祭祀用牲的方法，见于《合集》779 号："贞：燎于土三小牢，卯一牛、沈十牛？"辞中的"卯"与"燎""沈"一样皆为祭祀动词，"卯一牛"即剖杀一头牛。

刚：字形🔪、🔪、🔪，从刀从网，释为刚。《说文》："刚，彊断也。从刀。冈声。"朱歧祥认为："卜辞作动词，示兼用刀、网捕兽。……又习称：'刚与某先祖'。刚乃祭仪，此当泛指宰杀用网捕获之野兽，用以献祭。字见各期卜辞。……亦有特定以用网捕获之某类野兽为祭牲，如'刚羊'、'刚豕'。"（朱歧祥《通释稿》，第 378 页）此从朱说，刚之本义当为狩猎动词，又用作祭祀动词，见于《合集》30439 号："癸酉卜，贞：其刚于河，王宾？吉！"赵诚则以为刚"即以刀割牲而祭"（赵诚《词典》，第 240 页）。

血：字形🍷。罗振玉、王襄最早皆释为血（罗振玉《殷释》中，第 31 页，王襄《簠室殷契类纂》第五，第 29 页）。《说文》："血。祭所荐牲血也。从皿一，象血形。"卜辞中用作祭祀动词，如《合集》38633 号："庚午卜，贞：王宾血岁，亡……"辞中的"王宾血岁"辞中的"王宾血岁"即卜问商王用牲血宾祭祀岁之事。

盟：字形🍷，从皿从囧，释为盟。《释名》："盟，明也。告其事于神明也。"

于省吾认为："囧为祭名，契文亦作盟，通盟，即《周礼》诅祝盟诅之盟……囧未连文，盟未要誓于鬼神。"（于省吾《诂林》，第2637页）卜辞中盟用作祭祀动词，表示一种使用祭牲的方法，见于《合集》32330号："丁未，贞：其大御，王自上甲，盟用白豭九，三示羴牛？在父丁宗卜。"辞中的"盟用白豭九"即卜问是否用九头白色的公猪盟祭上甲以降的大宗。关于血和盟字，朱歧祥认为盟"当为血字的繁体"（朱歧祥《通释稿》，第351页），但姚孝遂则认为二字有别，"诸家多混同，非是"（于省吾《诂林》，第2636页，姚孝遂按）。

羴：字形宀，从于省吾观点依形隶定为羴（于省吾《释林》，第22页）。《说文》："羴，以血有所刉涂祭也。从血幾声。"又："刉，划伤也。从刀，气声。一曰断也。又读若殲。一曰刀不利，于瓦石上刉之。"赵诚认为："从数点象血滴，从月、冂象几案形，全字表示刉取牲血之意，此为本义。从卜辞来看，刉取牲血均用于祭祀，所以由此引申而用作祭名，即刉取祭牲之血以祭神灵。"（赵诚《词典》，第240页）卜辞中羴用作本义，为祭祀动词，见于《合集》32028号："丁卯，贞：畐以羌，其用自上甲，羴至于父丁？"辞中的"羴至于父丁"即卜问是否对上甲以降至于父丁的大宗进行羴祭。

毛：字形从、，于省吾释为毛（于省吾《释林》，第167页）。《说文》："毛，草叶也。上毌一。下有根。象形字。"姚孝遂认为："于先生释'毛'，

在卜辞为祭名，亦为用牲之法。"（于省吾《诂林》，第3308页，姚孝遂按）见于《合集》1976号："丙子卜，宾贞：毛于且乙，四牛。二告？"为武丁时期卜辞。又见《合集》22657号："庚戌卜，洋贞：翌辛亥，迄酒、彡、毛，自上甲衣，至于多后？"为且庚且甲时期卜辞。辞中毛用作祭祀动词即用牲法。赵诚认为："甲骨文的毛为用牲之法，亦用为祭名，乃是割裂祭牲的肢体而祭。"（赵诚《词典》，第238页）朱歧祥则认为毛字"亦为刕祭字的省文"（朱歧祥《通释稿》，第446页）。

舌：字形、，依形隶定为舌。赵诚认为："甲骨文与祭祀用牲作毛、舌、祜，实际上是一个字的三种写法，后代典籍通作磔。"（赵诚《词典》，第239页）于省吾亦认为："毛舌祜均读为砥，典籍通作磔，是就割裂祭牲的肢体言之。"（于省吾《诂林》，第3307页）卜辞中舌用作祭祀动词，表示一种使用祭牲的方法，见于《合集》26027号："甲子卜，旅贞：翌乙丑，舌更白牡？"辞中的"舌更白牡"即卜问是否使用白色的公牛进行舌祭。

用：字形用，释为用。《说文》："用，可施行也。从卜从中。"郭沫若认为："'用'当读为诵若颂，言以歌乐侑神也。"（郭沫若《粹考》第1页第1片释文）姚孝遂从于省吾说："于先生以'用'本象桶形，孳乳为'甬'，其说是对的。卜辞'用'皆为'施形'之义。"（于省吾《诂林》，第3406页，姚孝遂按）卜辞习见"用某牲于先祖"，如

《合集》379号："乙巳卜，宾贞：三羌用于且乙？"辞中的"三羌用于且乙"即用三羌于且乙，用表用祭之意。又如《合集》25020号："甲戌卜，大贞：勿羊用三卜？"为甲骨占卜一事三卜之例。还有卜辞验辞中习见"兹用"，即祭牲诸神所接受的意思。

《合集》25020号

俎：字形🄰，像肉在且上，释为俎，字形由🄰而🄰而俎。《说文》"俎，礼俎也。从半肉在且上。"《国语·楚语》韦注："俎，即昨。"昨，祭福肉也。卜辞中俎用作祭祀动词，见于《合集》14552号："……卯卜，内：燎于河十牛，俎十牛？"对于辞中的"燎于河十牛，俎十牛"，朱歧祥认为："由'燎十牛'与'俎十牛'两辞相较，见俎与燎同属祭祀的方式，燎为焚祭，俎即用作牲看陈几以荐之祭。"（朱歧祥《通释稿》，第448页）此外，俎也有释为宜

（孟世凯《辞典》，第412页）。但姚孝遂认为"'宜'乃后起之挛乳字"（于省吾《诂林》，第3337页）。

尊：字形🄰，双手捧酉，酉，酒器，释为尊。《说文》："尊，酒器也。从酉。廾以奉之。周礼六尊。牺尊，象尊，箸尊，壶尊，大尊，山尊。以待祭祀宾客之礼。"罗振玉释尊："卜辞象两手奉尊形。或从阜与古金文同。又古金文或从酉，或从酋。从酉者是许君所本矣。"（罗振玉《殷释》中，第36页）尊的本义即祭祀动词，见于《合集》23506号："己亥卜，行贞：翌庚子其尊于兄庚，惠羊？"辞中的"尊于兄庚"即向兄庚进行奉酒之祭。又见《合集》14879号亦出现"尊"。关于尊，朱歧祥认为："乃🄰字繁体。增从双，示用为动词；祭奠也。"（朱歧祥《通释稿》，第360页）。

《合集》14879号

奠：字形▯，从酉置于一上，会意设置酒食而祭，释为奠。《说文》："奠，置祭也。从酋，酋，酒也。丌其下也。礼有奠祭。"罗振玉释奠："从酉从丌并省，象尊有荐，乃奠字也。"（罗振玉《殷释》中，第73页）董作宾认为："奠字在卜辞中有二意：其一为地名……当为郑地。其一则假借为甸。"（董作宾《殷历谱》下编卷九，第38页）姚孝遂则认为："罗振玉释奠字之形体是正确的。董作宾以为'奠字在卜辞中有二意'，不确。实有四意：一、为地名，二、假为'甸'，三、为人名……四、为祭名……"（于省吾《诂林》，第2691页，姚孝遂按）卜辞中用作本义，为祭祀动词，见于《屯南》2985号："……奠鬯，卯牢，王受有祐？"辞中的"奠鬯"即献祭鬯酒。所见卜辞中，奠又用作名词，表祭祀的场所，也借用作邦族名，见于《合集》6437号："奠示十屯又一。永。"辞中的"奠示十屯又一"即奠邦族进贡了十一对甲骨。

镬：字形▯、▯，释为镬。《说文》："镬，鑴也。从金，蒦声。"朱歧祥释镬："从手擒隹，投于鼎鬲中，有进食于祖之意。……卜辞用为武丁时期附庸族徽名或人名，助王董理国事。"（朱歧祥《通释稿》，第221页）但赵诚认为："从鬲从隹从又（手），象以手执隹置于镬中，会煮物之意。从数点为水滴。引申为煮物之器，即后代的镬（后期形声字）。甲骨文用作祭名，乃煮物以祭。"（赵诚《词典》，第243页）孟世凯认为

镬既作为人名，又用作动词，"与濩同义。《尔雅·释训》：'是刈是濩。濩，煮之也。'卜辞中用作祭仪，即以煮牲祭祀。"（孟世凯《辞典》，第676页）镬的卜辞见于《屯南》341号："壬申卜，王令镬以子尹，立于帛？壬申卜，王令鼓以束尹，立于敦？"辞中的"镬"与"鼓"义同，皆为祭祀动词。

敊：字形▯。赵诚认为："其本义当为献隹之祭。甲骨文作为祭名，用于祭祀的却不仅是隹，而且有牛、艮等等。"（赵诚《词典》，第244页）敊在卜辞中用作祭祀动词，表示献祭于神主，见于《屯南》593号："辛酉，贞：其敊于且乙，叀癸？"辞中的"敊于且乙"即向且乙献祭。又见《合集》1591号："辛酉卜，争贞：取彡敊？贞：勿取彡敊？九月。"辞中的"彡"为五大祀典之一，"敊"多见用于彡、协、酒等祀典中，所献的祭品有兕、虎、人牲及货贝等。

彝：字形▯，释为彝。《说文》："彝，宗庙常祭器。……周礼六彝：鸡彝、鸟彝、黄彝、虎彝、蜼彝、斝彝。以待裸将之礼。"罗振玉释彝："卜辞中彝字，象双手持鸡，与古金文同，其谊则不可知矣。"（罗振玉《殷释》中，第36页）郭沫若谓："鸡在六畜中应是最先为人所畜用之物，故祭器通用的彝字竟为鸡所专用也。就是最初的牺牲是鸡的表现。"（郭沫若《集释》，第3889页）赵诚认为："彝。从双手（又）捧着反缚的鸡或鸟。甲骨文用作祭名，则所捧之鸡或鸟被用为祭品，而应是供鸡或鸟以祭。"（赵诚《词典》，第245页）

彝字的本义当为祭祀动词，见于《合集》32360 号："甲戌卜，乙亥王其彝于大乙宗？"辞中的"彝于大乙宗"即在大乙成汤的宗庙进行彝祭。后引申作为祭器之名。

鼓：字形𪔀，手持捶击鼓会意，释为鼓。《说文》："鼓，郭也。春分之音，万物郭皮甲而出，故谓之鼓。从壴，支，象手击之也。周礼六鼓，雷鼓八面，灵鼓六面，路鼓四面。鼖鼓、皋鼓、晋鼓、皆两面，凡鼓之属皆从鼓。"《广韵》："鼓，击鼓也。"《广雅》："鼓，鼓鸣也。"赵诚认为甲骨文鼓字"均象击鼓之形，与壴本同字。甲骨文用作祭名，为击鼓以祭"（赵诚《词典》，第 250 页）。卜辞中鼓用作祭祀动词，表示击鼓声闻于神祖，见于《合集》22749 号："辛亥卜，出贞：其鼓，彡，告于唐，九牛？一月。"辞中的"鼓"为祭祀动词表示击鼓，这种祭祀仪式与彡祀典相伴进行。

登：字形𤿎、𥄗、𣅽、𦥑、𦥕、𤼲、𤼷，一字多形，或从双手捧豆，或双手在豆上，或上从双止，或上增双止，释为登。《说文》："登，上车也。从癶豆。象登车形。"《玉篇》："登，上也。进也。"甲骨文登字的本义当为祭祀动词，即进献祭品以祭，见于《怀》904 号："登大甲牛三百？"即向大甲进献三百头牛以祭。此外，卜辞习见征伐时"登人"，登人中的登，即征，仍为动词表招募，见于《合集》6167 号："贞：登人五千乎见舌方？贞：勿登人五千？"

正：字形𓊝，释为正。朱歧祥释正："从口止，口，即围，象城郭。从止朝口，象人攻城之形，隶作正。读为征伐之征。《孟子·尽心》：征者，上伐下也。……'国之大事，在祀与戎。'是以卜辞屡言'又正'，即'佑征'，大底师出征伐，必须事先占卜吉凶，以求鬼神相祐。"（朱歧祥《通释稿》，第 65 页）赵诚谓："正，甲骨文用作祭名，为借音字。卜辞的正祭，即后世的禜祭，为攘除殃患之祭，是禳祭之一种。后世举行禜祭先要设坛，并在坛位的周围用束草做成一个屏障，卜辞中的禳祭或与此不尽相同。"（赵诚《词典》，第 245—246 页）所见卜辞中正除用作动词表征伐，也用作祭祀动词，见于《合集》11484 号："贞：正唐？弗其正唐？"辞中的"正唐"即卜问举行攘灾之祭是否会得到唐（商汤）的福祐。

共：字形𠬞，双手捧举形，释为共。《说文》："共，同也。从廿卄。"段玉裁注："《周礼》、《尚书》供给、供奉字皆借'共'为之。"杨树达认为共"即登字之省写"又谓："卜辞又恒云共人，与登人用法同。"（杨树达《积微居甲文说》，第 23 页）朱歧祥亦认为："从双手，隶作双。卜辞用为登字省体。"（朱歧祥《通释稿》，第 81 页）卜辞中共除用作动词，表供给、供奉、征取外，也用作祭祀动词，如《合集》19933 号："戊申卜，王御共父乙，庚戌彡共？八月。"辞中"王御共父乙"即商王卜问对父乙进行御祭和共祭。

《合集》19933号

伐：字形，以戈砍人首形，释为伐。《说文》："伐，击也。从人持戈。一曰败也。"《广雅》："伐，杀也。"卜辞中伐用作动词表征伐，也用作祭祀动词。罗振玉谓："汤以武功得天下，故以伐旌武功。伐当是武舞。"（罗振玉《殷释》下，第12页）郭沫若认为："伐当是中干之伐，谓干舞也。《山海经·海外西经》：'大约之也，夏后启于此舞九伐'，当与此同例。"（郭沫若《卜通》，第16页）赵诚认为："伐。从人从戈，象用戈加在人的颈上而击杀之形。甲骨文用作杀牲之法并用作祭名，即砍牲头以祭。"（赵诚《词典》，第239页）所见卜辞中伐祭主要用人牲，也间配若干畜牲，见于《合集》32055号："庚寅卜，辛卯有伐于父丁，羌三十、卯五牢？"即对父丁进行伐祭，用羌牲三十，牛牲五牢。

此（柴）：字形，释为此。《说文》："此。止也。从止从匕。匕相比次也，凡此之属皆从此。"陈邦福释"当释此，柴之省。《说文·示部》云：'柴烧柴燎祭天地。'"（陈邦福《殷墟说存》，第4页）李孝定以为："陈氏释此，读为柴，说并可从。"（李孝定《集释》，第496页）赵诚认为此"甲骨文用作祭名，即后代所谓的柴祭"（赵诚《词典》，第237页）。卜辞中此字用作祭祀动词，见于《合集》31191号："叀犬，此雨？二犬，此雨？三犬，此雨？"是卜问用二犬或是三犬举行求雨的此祭。此外，卜辞中此也用为地名，见于《合集》5524号："贞：使人于此？"辞中的此为地名。姚孝遂谓："'此'在卜辞为地名，亦为用牲之法。"（于省吾《诂林》，第836页，姚孝遂按）

《合集》5524号

至：字形⚡，从倒矢，从一，释为至。《说文》："至，鸟飞从高下至地也。象形。不上去而至下，来也。"但罗振玉释甲骨文至"一象地，⚡象矢远来降至地之形，非象鸟形也"（罗振玉《雪堂金石文字跋尾》）。所见卜辞中，至用作动词表到、来之意，见于《合集》12820号："辛未卜，贞：自今至乙亥雨？"辞中"自今至乙亥"即从今天到乙亥那天。又见《合集》20410号："乙巳卜，今日方其至，不？"辞中的"方其至"即方其来。此外，卜辞中至又用作祭祀动词，表致祭，见于《合集》27283号："癸巳卜，大贞：其至且丁祝，王受有祐？"屈万里释卜辞"至且丁求……吉"（《甲编》1934号）云："此……至字代祭名也。"（屈万里《甲编考释》，第245页）

戠：字形🔨，从弋从言，释为戠。罗振玉谓："《说文解字》：'戠，阙。从戈从音。'此从言……古从言从音殆通用不别。"（罗振玉《殷释》中，第59页）陈梦家认为："卜辞戠的用法有三：1.日戠；2.'王宾戠'是祭名；3.《佚》518'获商戠兕'，假作犆，是戠色牛的专名。"（陈梦家《综述》，第240页）卜辞中戠用作祭祀动词，表示一种祭祀用牲的方法，见于《合集》22550号："乙卯卜，行贞：王宾且乙戠一牛？"对于戠这种用牲的方法，孟世凯认为："戠与檄同。《说文》：'檄，弋也。从木，戠声。'段玉裁注：'《释宫》曰：檄，谓之杙。弋、杙古今字。'《周礼·地官·牛人》：'凡祭祀，共其

享牛，求牛以授职人而刍之。'又《春宫·肆师》：'大祭祀，展牺牲，系于牢，分于职人。'郑玄注：'职读为檄，檄可以系牲者。'系牛于木檄备献享，义与卜辞稍异。"此外，戠也为祭品名，孟世凯认为："戠与臛同，即干肉条，用于祭祀，谓之'荐脯'（见《仪礼·乡射礼》及郑玄注）。"（孟世凯《辞典》，第573页）朱歧祥释戠"从言从戈，示发号出兵也。……征伐卜辞中多见在大军出发前，殷王宾祭先祖，求此行征战无祸"（朱歧祥《通释稿》，第313页）。

延：字形🔨，从彳从止，本义当为在路上行走，依形隶作征，释为延或延。所见卜辞中延除用作动词表延续、延长外，也用作祭祀动词，见于《合集》27259号："邕其延羌甲，王受……"对于辞中的延，姚孝遂认为："祭而复祭乃谓之征"，又："古延、延当本同字。与辵、徙有别。……延训长，引申之为连绵继续之意。卜辞习见'延雨'、'延风'，谓风雨连绵不止息。'延启'谓常有姓日。"（于省吾《诂林》，第2234页，姚孝遂按）

汇：字形🔨，姚孝遂释为汇，认为"字从'水'从'亡'，卜辞皆用为祭名"（于省吾《诂林》，第1301页，姚孝遂按）。汇见于《合集》27884号："丁巳卜，更小臣剌以汇于中室。丁巳卜，更小臣口以汇于中室，兹用。庚申卜，其奏宗，汇有燎……小宰。庚申卜，其奏……兹用。辛酉卜，左汇弜将在右立。"为廪辛康丁时期卜辞。辞中的

"汇"为祭祀动词。

祷：字形，朱歧祥释"借为祷。《说文》：'告事求福也。'《广雅·释天》：'祭也。'卜辞有言'祷日'，即请福于鬼神之日"。朱说可从，见于《合集》23614号："己酉卜，出贞：祷日其乂十㲄，牢？"辞中的祷当为祭祀动词。此外，朱歧祥又认为此字"今作畴。卜辞为耕地意"。见于《合集》9503号："……畴弗其受有年？……畴耤在名，受有年？"朱歧祥释"耤，耕也。'畴耤'，即'耤畴'之倒文。名，殷地名"（朱歧祥《通释稿》，第142—143页）。

匸：字形匚、匸。《说文》："匸，受物之器也，象形。"王国维最早释为报（王国维《戬考》，第5页）。孟世凯以为释报或释祊，为门内祭祀的祭名（孟世凯《辞典》，第29—30页）。见于《合集》1971号："丙寅卜，贞：酒匸于丁，三十小牢，若？"为武丁时期卜辞。辞中"酒匸于丁"的"匸"为祭祀动词。

入：字形入。《说文》："入，内也。象从上俱下也。"王襄、陈梦家、饶宗颐最早皆释为入（王襄《簠室殷契类纂》正编第五，第25页，陈梦家《综述》，第177页，饶宗颐《通考》，第313页）。见于《合集》1666号："戊寅卜，争贞：王于生七月入于商？"为武丁时期卜辞。辞中"入"用作动词表进入。此外，卜辞中"入"也用作动词表贡纳，见于《合集》3333号："雀入二百五十。"

乂：字形乂，王襄最早释为乂（王襄《簠室殷契类纂》正编第十二，第55页）。饶宗颐认为："乂与艾通。《周颂》：'奄观铚艾。'艾者，'乂'之假借。《说文》：'乂，芟草也。'"（饶宗颐《通考》，第364页）见于《合集》32103号："癸巳，贞：侑升，伐于伊，其乂大乙，彡？"为武乙文丁时期卜辞。辞中"乂"用作祭祀动词即用牲法。

《合集》32103号

丩：字形丩。《说文》："丩，相纠缭也。一曰瓜瓠结丩起。象形。"孙海波最早释"丩字无释，今审当是丩字，象丩缭之形"（孙海波《考古学社社刊》第四期，第16页）。赵诚认为："甲骨文的丩，象两物相互纠结，有缠绕、纠缠之意，卜辞中用此义，为动词。"（赵诚《古文字发展过程中的内部调整》，《古文字研究》第十辑，第358页）姚孝遂亦认为："丩用为动词，王肘有疾，丩有缠绕之义，谓以物缠绕其肘以治疗之。"（于省吾《诂林》，第3412页姚孝遂按）卜辞中丩见于《合集》11018号："王肘隹有㞢。乎丩肘。"为武丁时期卜辞。辞中的"𢀛"用作动词。又见《屯南》579："……史人，𢀛告启……"为廪辛康丁时期卜辞。辞中的"𢀛"为人名。

卩：字形，罗振玉、孙海波最早皆释为卩（罗振玉《殷释》中，第19页，孙海波《甲骨文编》，第374页）。姚孝遂认为："像人踞跪之形。契文与有别，像人立之侧面形体。不当是人字。《说文》训为瑞信，隶作卩，今符信字作节。"（于省吾《诂林》，第341页，姚孝遂按）见于《合集》20398号："辛丑卜，奏𣪊，从甲辰卩，雨少？"为武丁时期卜辞。辞中"卩"用作动词，表祭祀时的行礼活动。

弋：字形。于省吾释为弋（于省吾《释林》，第407页）。孔传："弋取也。"孔颖达疏："弋，射也，射而后取之，故弋为取也。"见于《合集》4282号："……师令弋微。"为武丁时期卜辞。辞中"弋"用作动词表伐取。

口：字形。《说文》："口，人所以、言、食也。象形。"金祥恒最早释为口（金祥恒《续文编》二卷，第7页）。见于《合集》32906号："乙巳

《合集》32906号

卜，叀口令？"为廪辛康丁时期卜辞。辞中"口"用作动词表口述。又见《合集》27889号："叀小臣口。"辞中的"口"为人名。此外，口也用作贞人名，详参贞卜人物口条。

乞：字形三。于省吾释为乞，并认为："甲骨文之三即今气字，俗作乞。"（于省吾《释林》，第79页）姚孝遂认为："卜辞中三为气之初文，用为乞求之乞、迄至之迄、终止之讫。"（于省吾《诂林》，第3379页，姚孝遂按）见于《合集》43号："戊辰卜……贞：翌辛未，亚乞以众人甾丁彔，乎保我。"为武丁时期卜辞。辞中"乞"用作动词表乞求。

及：字形。《说文》："及，逮也。从又，从人。"孙诒让、罗振玉皆释为及（孙诒让《举例》，第14页；罗振玉《殷释》中，第59页）。郭沫若谓："'及'同逮，即逮捕之意。"（郭沫若《保卣铭释文》，《考古学报》1958年第1期）姚孝遂认为："甲骨文及字从又从人，戴侗《六书故》谓'从人而又属其后，追及前人也'，其说与古字形体合。"（于省吾《诂林》，第110页，姚孝遂按）见于《合集》6946号："贞：犬追亘，有及？犬追亘，无其及？"为武丁时期卜辞。辞中及用作动词表逮住。又见《合集》28013号："其乎戍御方，及？"辞中"及"用作动词表达到。

凡：字形凡。王襄认为乃古凡字，释为凡（王襄《簠室殷契类纂》正编第十三，第59页）。于省吾认为应读作侵犯之犯（于省吾《释林》，第426页）。

姚孝遂亦认为"当指某种动词或行为而言。亦声称为'凡'"（于省吾《诂林》，第2850页，姚孝遂按）。卜辞凡见于《合集》8662号："壬戌卜，方其凡？"为武丁时期卜辞。辞中凡用作动词表侵犯。又见《合集》5349号："庚子卜，争贞：王凡，其遘？之日凡，遘雨？五月。"饶宗颐认为："按凡为盘字，此用作动词。应读为《五子之歌》'盘游无度'之盘。孔传'盘乐游逸'。盘本作槃。"（《通考》，第346—347页）辞中的凡用作动词表"盘游"之义。还见《合集》5030号："……卜，王贞：凡小王？"辞中的"凡"用作祭祀动词，为燔之假借字。

止：字形 ∀ 。《说文》："止。下基也。象草木出又址，故以止为足。凡止之属皆从止。"孙诒让最早释为止（孙诒让《举例》下，第2页）。姚孝遂认为："止本像足趾之形。"（于省吾《诂林》，第761页，姚孝遂按）卜辞中止用作本义表足，见于《合集》13692号："贞：不疾止？十二月。"为武丁时期卜辞。又用作动词表停止、使……停止，见于《合集》33193号："壬午贞：癸未王令木方止？"还用作祭祀动词，见于《合集》2627号："御妇好，止于父乙？"

曰：字形 ⊟ 。《说文》："曰，词也。从口，乙声，亦象口气出也。"罗振玉最早释为曰（罗振玉《殷释》中，第58页）。陈梦家认为卜辞中的曰是一般动词，"'曰'义为'谓'，而'王曰''王占曰'之'曰'则义为'说'"（陈梦家《综述》，第103—104页）。见于《合集》3297号："戊戌卜，殼贞：王曰，侯虎毋归？戊戌卜，殼贞：王曰，侯虎往余不束，其合以乃归。"为武丁时期卜辞。辞中"曰"用作动词表说话。又见《合集》14295号："贞：禘于东方？曰：析，风曰：劦，求年。"辞中"曰"也用作动词表称。

介：字形 ⺈、⺈ 。罗振玉、王襄最早皆释为介（罗振玉《殷释》中，第43页，王襄《簠室殷契类纂》，第4页）。见于《合集》2619号："贞：于七介，御妇好？"孟世凯认为辞中的"介"为祭法。义为治、助。（孟世凯《辞典》，第146页）

弔：字形 𝄚 。《说文》："弔，问终也。从人弓。"郭沫若、唐兰释为弔（郭沫若《甲研释干支》，第9—10页，唐兰《释四方之名》，《考古》第四期，第3页）。见于《合集》6636号："丙辰卜，殼贞：吴弔羌龙？"辞中"弔"用作动词表问凶丧（孟世凯《辞典》，第162页）。

征：字形 𝄆、𝄇、𝄈，一字多形。孙诒让最早释为征，并认为"龟文云征者有二。一为征行之征……一为征伐之征"（《举例》上，第11页）。王襄谓"古正字。古正与征通"，又"古征字"（王襄《簠室殷契类纂》，第7页）。姚孝遂认为"甲骨文'正'字之基本形体作 𝄆，繁体作 𝄇"，并认为"其用法为：一、征伐之'征'；二、正月之正；三、用为'足'；四、用为祭名"（于省吾《诂林》，第807—809页，姚孝遂按）。

见于《合集》6680号："方不我征?"为武丁时期卜辞。辞中的"征"用作动词表侵扰。又见《合集》6451号："贞：获，征土方……贞：弗其获，征土方?"为武丁时期卜辞。辞中的征用作动词表征伐。还见《合集》33398号："于翌日壬，征擒。叀今日辛，征擒。"为武乙文武丁时期卜辞。卜辞的"征"用作动词表狩猎方法。此外，卜辞中"征"又用作祭祀动词，见于《合集》20775号："庚午卜，贞：乎征舞从雨?"

去：字形🖐。王襄最早释为去（王襄《簠考》，第3页）。姚孝遂、肖丁认为去字在卜辞均为动词或当与祈雨之活动有关，或当为被除之义（姚孝遂、肖丁《屯南考释》，第20页）。见于《合集》7966号："贞：于敦去火? 六月。"为武丁时期卜辞。辞中"去"用作动词表驱赶、驱除。

由：字形凷、𢆉。郭沫若、金祖同释为古（郭沫若《甲研》，第2页；金祖同《遗珠》，第2页）。于省吾释为甾，读作载，假借（于省吾《骈续》，第39页），陈梦家从其说，并认为"甾为动词，卜辞于卜征伐"（陈梦家《综述》，第317页）。杨树达释为"叶"（杨树达《积微居甲文说》，第63页），饶宗颐亦释为叶（饶宗颐《通考》，第747页）。赵诚认为："卜辞的甾作为行为动词，用现代的词义观点看大体有两种用义。一种意义是指驾着拉车的马前进，即现在通俗所说的驾马车。……另一种意义是处理商王交办之事，用现代的语来讲，就是替商王办事。"（赵诚《甲骨文行为

动词探索（一），《古文字研究》第十七辑，第331页）见于《合集》177号："己丑卜，争贞：吴由王事?"为武丁时期卜辞。辞中由用作动词表行、执行。又见《合集》10405号："甲午，王往逐兕，小臣由车马硪，㳄王车，子央亦坠。"为武丁时期卜辞。辞中"由"用作动词表驾驭。

乎：字形𠂤。《说文》："乎。语之余也。"罗振玉、李孝定皆释为乎（罗振玉《殷释》中，第78页，李孝定《集释》753页）。见于《合集》2972号："贞：乎子鱼侑于且乙?"为武丁时期卜辞。辞中"乎"用作动词表表呼、呼叫、命令。

《合集》2972号

册：字形𠕋。罗振玉、王襄最早皆

释为册（罗振玉《殷释》中，第40页，王襄《簠室殷契类纂》，第9页）。见于《合集》27560号："辛卯卜，其册妣辛？"为且庚且甲时期卜辞。辞中的"册"用作祭祀动词。

祂：字形❀。孙海波释为祂（孙海波《甲骨文编》，第14页）。"祂：祭名。"（《小屯南地甲骨》，第845页）姚孝遂认为："字从'示'、从'册'，隶可作'祂'。乃由'册'所孳乳，为祭祀之册专用字。"（于省吾《诂林》，第2964页，姚孝遂按）见于《合集》27324号："叀丁且祂用二牢，王受祐？"为廪辛康丁时期卜辞。辞中"祂"用作祭祀动词。

《合集》27324号

出：字形❀。《说文》："出，进也。象草木益兹，上出达也。"孙诒让最早释为出（孙诒让《举例》下，第3页）。见于《合集》7943号："贞：王往，出于敦？二告。贞：王往，勿出于敦？"为武丁时期卜辞。辞中出用作动词表出行。又见《合集》6087号："壬子卜，㱿贞：舌方出，隹我有作祸？壬子卜，㱿贞：舌方出，不隹我有作祸？五月。"为武丁时期卜辞。辞中"出"用作动词表出现。

召：字形❀。见于《合集》14807号："辛亥卜，㱿贞：侑于嬿，召二犬、酚五牛？"为武丁时期卜辞。辞中的"召"用作祭祀动词即用牲法。

孕：字形❀、❀。《说文》："孕，裹子也，从子，从几。"商承祚谓："疑包唐氏谓当是孕之本字……像人大腹之形，故古者称孕曰有身，像子在腹中也。"（商承祚《佚存》，第77页）见于《合集》10136号："丙申卜，㱿贞：妇好孕，弗以妇囚（死）？贞：妇孕，其以妇囚（死）？"为武丁时期卜辞。辞中"孕"用作动词表怀孕、妊娠。

幼：字形❀。《说文》："幼，少也。从幺从力。"王襄最早释为幼（王襄《簠室殷契类纂》，第22页）。姚孝遂认为卜辞中"幼"为祭名（于省吾《诂林》，第3209页，姚孝遂按）。见于《合集》35437号："癸丑卜，贞：王宾幼自上甲至于多毓衣，亡尤？"为帝乙帝辛时期卜辞。辞中幼用作祭祀动词。又见《合集》52号："……卜，古贞：幼❀，在……"为武丁时期卜辞。孟世凯认为辞中的幼"当是一狩猎动词。幼又作勠，从纟，从力。疑与纠同义。《说文》：'纠，绳三合也。'与绳力有关。"（孟世凯《辞典》，第224页）

考：字形❀、❀。王襄最早释为考

（王襄《簠室殷契类纂》正编第八，第39页）。商承祚、陈邦福、孙海波则释为老（商承祚《类编》卷八，第7页；陈邦福《琐言》，第4页；孙海波《甲骨文编》，第357页）。此从王襄释为考。《诗·小雅·斯干序》："斯干，宣王考室也。"毛传："考，成也。"见于《合集》23715号："丁酉卜，大贞：小……考，隹丁叶。"为且庚且甲时期卜辞。辞中"考"用作祭祀动词。

死：字形𠂆、𠬸。《说文》："死，澌也。人所离也。从歹、人。"罗振玉最早释为死，"象生人拜于朽骨之旁，死之义也"，孙海波从其说（孙海波《甲骨文编》，第198页）。见于《合集》19933号："戊申卜，王：御共父乙？庚戌死共。"为武丁时期卜辞。辞中死用作动词表死亡。此外，卜辞中贞问时王的寿命习见"弜隹死""不隹死""不死"等。

同：字形𠙵。《说文》："同、会合也。"屈万里释为同（屈万里《甲编考释》，第492页）。见于《合集》30439号："丁丑卜，狄贞：其用兹卜，异其涉兄同，吉！"为廪辛康丁时期卜辞。辞中的同用作动词表会合。又见《合集》22202号："壬辰卜，同父乙……"为武丁时期卜辞。辞中"同"用作祭祀动词。

舌：字形𠙵、𠙵、𣲎。余永梁释为舌（余永梁《国学论丛》第一卷四号《殷虚文字续考》一）。《说文》："舌在口，所以言也，别味也。从干口，干亦声。"孟世凯认为舌用作祭祀动词，即话。见于《合集》2561号："庚辰卜，古贞：舌母庚？勿于母庚告？"此外，舌用作动词与告同。徐中舒认为："言、舌、告、音等字，都为同义的异形字。"（徐中舒《怎样考释古文字》，《古文字学论集》初编）见于《合集》27923号："叀牢犬舌从，弗悔？"（孟世凯《辞典》，第246页）

企：字形𠈌。《说文》："企。举踵也。从人，止声。"罗振玉、王襄最早皆释为企（罗振玉《殷释》中，第64页，王襄《簠室殷契类纂》正编第八，第37页）。姚孝遂认为："段玉裁云：企，举踵也。从人止'下本无声字，有声非也。……止即趾也。从人止，取人竦之意'。其说至确。……卜辞企字正象举足而竦身之形。"（于省吾《诂林》，第32页，姚孝遂按）见于《合集》15241号："贞：告厅企束于高……"为武丁时期卜辞。辞中的"企"用作祭祀动词。

奔：字形𠀎，从夶从止，孙海波、李孝定、于省吾皆释旋字的异体（孙海波《卜辞文字小记》，《考古学学社社刊》，第三期71页；李孝定《集释》，第2225页；于省吾《诂林》，第3056页）。刘钊释为奔（刘钊《新甲骨文编》，第604页）。见于《合集》301号："丁亥卜，殷贞：昔乙酉葡奔御……丁大甲、且乙百卣、百羌、卯三百……"为武丁时期卜辞。辞中的奔，孙海波以为"所以周旋也，故引申为转运之称。"但姚孝遂认为"当为人名"（于省吾《诂林》，第3057页姚孝遂按）。

《合集》34076 号

宅：字形🏠。《说文》："宅，人所托尻也。从宀乇声。"王襄最早释"古宅家"（王襄《簠室殷契类纂》正编第七，第 34 页）。张秉权亦释为宅，并认为卜辞中"'我宅兹邑'语法与《尧典》的：'宅隅夷''宅南交''宅西''宅朔方'相同。"（张秉权《丙编考释》，第 215 页）姚孝遂认为卜辞中宅字用法有三：用为名词，人之居舍曰宅；用为动词，营建居宅亦谓之宅；也用为祭名（于省吾《诂林》，第 2015 页，姚孝遂按）。见于《合集》8119 号："贞：乎宅断丘……翌其断丘？"为武丁时期卜辞。辞中的宅用作动词表营建。又见《合集》13563 号："丁未卜，贞：今日王宅新寝？贞：勿宅？"为武丁时期卜辞。辞中的宅用作动词表居住。还见《屯南》4400 号："癸丑卜，甲寅侑、宅土，燎牢，雨？"为武乙文武丁时期卜辞。辞中的"宅"用作祭祀动词。

戒：字形🛡。卜辞中用作祭祀动词，见于《合集》25030 号："甲申卜，中贞：叀戒祐雨？九月。"

折：字形🪓。唐兰、孙海波、饶宗颐、皆释为折（唐兰《导论》，第 187 页；孙海波《甲骨文编》，第 22 页；饶宗颐《殷代易卦及有关占卜诸问题》，《文史》第二十辑，第 2 页）。姚孝遂认为："字从又持斤断木……像木之折。"（于省吾《诂林》，第 2525 页，姚孝遂按）卜辞中折用作地名，也用作动词。见于《合集》15004 号："乙酉卜，勿侑，折豕……"为武丁时期卜辞。辞中"折"用作祭祀动词，即用牲方法。

步：字形🦶、🦶。《说文》："步，行也。"罗振玉、王襄、叶玉森最早皆释为步（罗振玉《殷释》中，第 65 页；王襄《簠室殷契类纂》，第 6 页；叶玉森《前释》一卷，第 142 页）。姚孝遂认为："甲骨文惟作🦶或🦶者为步字，其他诸形体均非是。……王筠《说文释例》谓：'止字象足形，本不分左右，若以两足取象，则必分左右矣。……步之足前后相随，是步行也。'至于🦶、🦶、🦶等字，在卜辞中其用法与步字迥然有别，或释为步，乃不明卜辞辞例所致，说不可信。🦶为方国名，🦶为人名，🦶字辞义不明，均与步字有别，不得混同。"（于省吾《诂林》，第 763 页，姚孝遂按）见于《合集》11274 号："丙寅卜，内：翌丁卯王步，易日？翌丁卯，王勿步，不其易日？"为武丁时期卜辞。辞中步用作动词表外出。又见《合集》6461 号："庚寅卜，宾贞：今载王其步伐夷？庚寅卜，宾贞：今载王勿步伐夷？"为武丁时期卜辞。辞中步用作动词表出发、前往。还见《合集》10918 号："丙辰，步于母庚？"为武丁时期卜辞。辞中步用作祭祀动词，与醊通。（《周礼·地官·族师》："春秋祭醊。"郑玄注："醊者为人物灾害之神也。"）

克：字形🜂、🜃、🜄。《说文》："克，肩也。"《尔雅》："克，能也。"罗振玉、王襄最早皆释为可（罗振玉《殷释》中，第 69 页；王襄《簠室殷契类纂》正编第七，第 33 页）。李孝定认为："字作🜃若🜄，下从🜅于古文🜆字形近，象人躬身以两手拊膝之形。上从凵象所肩之物，肩重物者恒作此形也。……引申之遂有任也胜也。……卜辞中克字或为人名。"（李孝定《集释》，第 2343 页）卜辞中克用作人名，也用作动词。见于《合集》6573 号："甲戌卜，殻贞：雀及子商徒基方，克？"又见《合集》15 号、114 号、641 号、643 号等都出现有克的内容，皆为武丁时期卜辞。辞中"克"用作动词表能（胜任）。

束：字形🜇、🜈、🜉。姚孝遂释为束（于省吾《诂林》，第 1434 页，姚孝遂按）。《说文》："束。缚也。从口从木。"卜辞中束用作人名，也用作祭祀动词。见于《合集》32548 号："乙亥，其束自且乙至多毓？"为廪辛康丁时期卜辞。辞中"束"用作祭祀动词。

见：字形🜊、🜋。罗振玉、王襄最早释为见（罗振玉《殷释》中，第 56 页）。张秉权认为："见。人名，乃见方之首领，见方在殷西，与方相近。……或又称帚见者，当系娶自见方之妇。"（张秉权《丙编考释》，第 189—190 页）赵诚谓："甲骨文的见字写作🜌，象人跪坐着睁开眼睛。或写作🜍，象人站着睁开眼睛，者表示有所看见。卜辞作为动词用的比较广泛，词义内部的层次比较丰富，按照后代的词义观念，大体可以分为四个方面：一为商王见臣下之见；二为臣属见王之见，后来叫做'觐'；三为监视之见；四为看见之见。"（赵诚《甲骨文行为动词探索（一）》，《古文字研究》第十七辑，第 327—328 页）姚孝遂认为："《说文》：'见，视也。从儿，从目。'……卜辞'见'之用法为：一、观；二、监；三、献。"（于省吾《诂林》，第 609 页，姚孝遂按）卜辞中见用作族名、人名、地名、方国名，也用作动词，所表示之义甚多。如《合集》12163 号反面："王占曰：今夕不其雨，其隹丙不吉，丙……见癸。"为武丁时期卜辞。辞中见用作动词表监看。《合集》12500 号："己酉卜，宾贞：今日王步……见雨，亡灾？"为武丁时期卜辞。辞中"见"用作动词表遇见、碰见。《合集》1027 号："己未卜，殻贞：缶其见王？一月。己未卜，殻贞：缶不其来见王？"为武丁时期卜辞。辞中"见"用作动词表拜见。《合集》4221 号："贞：见师般。"为武丁时期卜辞。辞中"见"用作动词表会见、接见。《合集》6167 号："贞：舌方无闻？贞：登人五千乎见舌方。贞：勿登人五千？"为武丁时期卜辞。辞中见用作动词表视察、监视；见于《合集》102 号："……戌卜，贞：皋见百牛，汎用自上示？"为武丁时期卜辞。辞中"见"用作动词表献。

《合集》102 号

困：字形田。姚孝遂认为困在卜辞中用作祭名（于省吾《诂林》，第 1373 页，姚孝遂按）。孟世凯亦从之，认为困，即梱，"殆燔薪祀天，为郊祀之一"（孟世凯《辞典》，第 292 页）。见于《合集》34235 号："乙酉，贞：取河，其困于田，雨？"为武乙文武丁时期卜辞。辞中"困"用作祭祀动词。

讷：字形，王襄最早释"古肉字，与讷通"（王襄《簠室殷契类纂》，第 10 页）。李孝定亦释为讷（李孝定《集释》，第 691 页）。《说文》："肉。言之讷也。从口内。"《玉篇》："肉，言不出口也。"见于《合集》23395 号："……侑于妣辛，讷，岁其至凡……且？四月。"为且庚且甲时期卜辞。辞中"讷"用作祭祀动词。又见《屯南》2393 号："若讷于升，受有祐？"还有《合集》23396 号、37110 号以及《屯南》110 号等都出现有"讷"的内容。辞中的"讷"，姚孝遂认为："甲骨文或不从口而从口，释呐可备一说。字在卜辞为祭名。"（于省吾《诂林》，第 2056 页，姚孝遂按）也

有认为讷"在卜辞中为祭名，可能为祝祷或献歌。若讷相连可能为献歌舞之祭"（《小屯南地甲骨》，第 887 页）。

皀：字形。像簋盛饭菜之形。卜辞中用作祭祀动词，如《合集》14854 号："丁卯卜，争贞：翌乙巳皀……自上甲至于多……"

言：字形、。叶玉森释为言（叶玉森《前释》五卷，第 24 页）。于省吾认为："《说文》：'言。直言曰言，论难曰语，从口，辛声。'又：'音。声也。……从言含一。'按甲骨文言字作，在偏旁中则作或。"（于省吾《释林》，第 458—459 页）姚孝遂亦认为："《说文》以为言'从口辛声'，非是。郑樵《六书略》谓：'言从二从舌，二，古文上字，自舌上而出者言也。'其说近是。"（于省吾《诂林》，第 697 页，姚孝遂按）卜辞中"言"用作人名，也用作动词。见于《合集》21631 号："甲申卜，子不言多亚？"为武丁时期卜辞。辞中"言"用作动词表说、告诉。又见《合集》1861 号："贞：王侑、言于且丁正？"为武丁时期卜辞。辞中"言"用作祭祀动词。

冓：字形、、、、。罗振玉、王襄、叶玉森等最早皆释为冓（罗振玉《殷释》中，第 66 页；王襄《簠考·天象》，第 2 页；叶玉森《前释》一卷，第 29 页）。《说文》："冓，交积材也，象对交之形。凡冓之属皆从冓。"又"遘，遇也。从辵，冓声。"张秉权谓："冓字在卜辞中，有的从辵作遘，有的不从辵作冓，它们的意义是一样的，都

当'遇'讲。"（张秉权《丙编考释》，第 120 页）姚孝遂认为："卜辞菁字之用法为：一，祭名；二，遭遇；三，人名。"（于省吾《诂林》，第 3145 页，姚孝遂按）卜辞中菁用作动词表遇见之意，见于《合集》28554 号："王其田，遭大风？大吉！其遭大风？吉！"辞中的"遭大风"即卜问是否遇见大风。还有卜辞习见的"遭某方""遭雨"等的遭皆表遇见之意。此外，卜辞中多见"遭某先王"，见于《合集》22715 号："癸巳卜，王贞：旬亡祸？在四月。遭示癸，乡乙……"还有《合集》27952 号中的"遭上甲"等的"遭"皆借为媾，表会、结合义。所见卜辞中"菁"又借用作邦族名和地名。

疫：字形𤕫，从又从疒。《说文》："疫，颤也。从疒，又声。"卜辞中用作动词专表"治疗腹疾"，如《合集》4415 号："丁酉卜，争贞：乎娅疫克？贞：乎娅疫克？乎娅疫克？"

兑：字形𠑹。赵诚谓："兑，甲骨文写作𠑹，构形不明。卜辞用为锐，有急速、赶快之义……"（赵诚《甲骨文形为动词探索》，《古文字研究》第十五辑，第 277 页）姚孝遂亦认为"卜辞诸'兑'字皆用作'锐'"（于省吾《诂林》，第 84 页，姚孝遂按）。见于《合集》27945 号："戊申卜，马其先，王兑从……大吉！"又见《合集》27965 号、28067 号、28801 号等都出现有"兑"的内容，皆为廪辛康丁时期卜辞。辞中"兑"用作动词表急速、赶快。

《合集》28801 号

次：字形𣶒。于省吾释此字为次，并认为卜辞中次为祭名、次示和次令、次与盗均就洹水泛滥言之（于省吾《释林》，第 382 页）。《说文》："次，慕欲口液也。从欠，从水。"赵诚认为次用作动词有两种意思，一是指河水外溢而泛滥；一释为迎接之义（赵诚《甲骨文行为动词探索（一）》，《古文字研究》第十七辑，第 324—325 页）见于《合集》8317 号："洹不次？"为武丁时期卜辞。辞中"次"用作动词表泛滥，与溢同。又见《合集》28053 号："王叀次命五族伐羌。王勿命次，其悔。"为廪辛康丁时期卜辞。辞中"次"用作动词表延续。

沈（沉）：字形𡶆、𣲷。罗振玉、王襄皆释为沈（罗振玉《殷释》中，第 16 页，王襄《簠室殷契类纂》正编第十一，第 50 页）。李孝定从其说，并认为："卜辞用此为祭时用牲之法。"（李孝定《集释》，第 3388 页）姚孝遂认为："卜辞'沈'为用牲之法，迄今所见，均用于祭'河'。……卜辞所'沈'者多为牛，引申之，凡沈祭牲于水皆可谓'沈'……"（于省吾《诂林》，第 1528 页，姚孝遂按）见于《合集》779

号："燎于土三小牢、卯一牛、沉十牛?"为武丁时期卜辞。辞中"沈"用作祭祀动词即用牲法,指沉牲以祭。

《合集》779号

易:字形𝌆,释为易。《说文》:"易,开也。从日一勿。一曰飞扬;一曰长也;一曰彊者众貌。"本义当指太阳始出,也指太阳,卜辞中用作本义,又借用作邦族名或地名,也用作动词表飞扬,见于《合集》8591号:"己酉卜,宾贞:鬼方易,亡灾?五月。二告。"辞中"鬼方易"的鬼方当指与商王朝敌对的鬼方国的军队。赵诚认为:"鬼方为游牧民族,善骑,来去迅速,逃跑也快,所以卜辞用了易这个动词,而未用

走,可见'易'比'走''跑'还跑的快。从文字发展来看,易、扬为古今字。"(赵诚《词典》,第351页)

厔:字形𝌆,二倒止在厂下,厂或表示山崖,会意从山崖上走下或降下,字的构形与降相类,依形隶定为厔。卜辞中仅见《合集》21073号:"庚午卜,隹斧再,乎帝厔食,受祐?"赵诚释:"再即称,举也。惟斧即称斧,举起大斧之义。乎即呼,呼号、呼颇之呼。厔食,降临人间受祭享。"(赵诚《词典》,第351页)

析:字形𝌆,从斤伐木会意,斤即斧,释为析。《说文》:"析,破木也。一曰折也。从木从斤。"《声类》:"析,劈也。"本义是挥斧头砍木头,卜辞中借用作四方中的东方神名,又用作祭祀地名,也见有用作动词,赵诚认为:"甲骨文用为解开绳索使舟可行之义,如'惟吴令析舟——令吴析舟,命令吴解开绳索做好行舟之准备(邺三.三九.三)',则为本义之引申。"(赵诚《辞典》,第352—353页)

绞:字形𝌆,从糸从殳,手持殳击打丝绳会意,依形隶定为绞。本义当为以绳索系物,卜辞中有用作本义,见于《合集》6073号:"癸丑卜,宾贞:今春,商绞舟,由?"辞中的"绞舟"即用绳索将舟系起来。又见《屯南》4584号:"王叀绞犬从,亡灾?"辞中的"绞犬"即用绳索拴住犬。此外,"绞"在卜辞中也用作地名,见田猎地"绞(地)"条。

迅:字形𝌆、𝌆。一字多形,由简而

繁，简形从止从至，繁形从止双至或增彳旁，释为迅（李宗焜《甲骨文字编》，第880页），此从。但学者多认为是驲字的初文，《说文》："驲，驿传也。从马，日声。"《尔雅·释言》："驲，递、传也。"郭璞注："皆传车、驿马之名。"甲骨文迅或驲当本为名词指驿传车，或可借用作人名或地名，也引申用作动词表传递，如《英》2411号："己卯，贞：迅来羌，其用于父……"又如《屯南》725号："……贞：迅来羌，其用于父丁?"辞中的"迅来羌"即将用作祭祀父丁用的羌牲传递过来。朱歧祥认为："字若释为动词则通疾；若释为名词，则属人名"（朱歧祥《通释稿》，第69页）。

侃：字形，释为侃（李宗焜《甲骨文字编》，第876页）。赵诚："从口永声，即古咏字。典籍中与咏通用。卜辞有歌颂，赞颂、称颂之义。"（赵诚《词典》，第357页）卜辞中用作动词，见于《合集》27879号："叀小臣侃克有翦，侃王?"辞中的"侃王"即称颂商王。

引：字形，从赵诚观点释为引。见于《合集》32892号："丁丑，贞：其引御? 丁丑，贞：其并御自萑?"辞中的"引御"也有释为"弘御"（姚孝遂、肖丁《类纂》，第155页）。赵诚认为："引。于弓的中部加一邪划，表示引弓之处，应是表义字。甲骨文用作动词，为延续、继续之义。"（赵诚《词典》，第362页）

《合集》32892号

咢：字形，依形隶定为咢。赵诚释："甲骨文用作动词，有逼迫之义，"摘引《合集》10405号验辞："甲午王往逐兕，小臣叶车马，硪咢王车，子央亦坠。"与《合集》13584号："戊午卜，争贞：水其咢兹邑?"认为"用现代汉语的词义观念来看待，'硪咢王车'应该是鹅卵石妨碍了商王的车子，使之激烈颠簸而不能正常进行，所以子央从车上坠了下来；而'水其咢兹邑'之咢才有了冲击、拍打之义。两者的用法不同，意义也不一样，用同一个动词来表示的确不易理解。但是，通观这个卜辞，发现商代人把自然现象看成是有生命者，都能主动发出某种动作，如'虹饮于河'、'大风翦云'。从这种意义上来看

待 '碰迫王车' 和 '水迫兹邑'，似乎好理解了一些。不过还是感到不十分妥贴。这就是商代词义系统和现代词义系统不同而又有交叉的地方"（赵诚《词典》，第 354—355 页）。朱歧祥释 "象持殳逐兔，殳亦声……字读如殳。《说文》：'以杖殊人'；有击打意。"（朱歧祥《通释稿》，第 205 页）无论赵诚还是朱歧祥皆释为动词。

巡：字形𢖭、𢕚，从彳川声，依形隶作巡。卜辞中用作邦族名或地名，也借用作动词表延迟、久留之义，见于《合集》21744 号："己丑，丁来于卫，巡？"辞中的 "于卫，巡" 即卜问于卫地是否要延迟离开或久留。

亡：字形𠃊，释为亡。《说文》："亾，逃也。从入，从乚。会意。"段玉裁注："亡之本义为逃。"又："亾，亦假借为有无之无。"卜辞中亡除用作本义外，也用作动词，表有无之无，与有相对，见于《合集》16521 号："乙卯卜，贞：今夕其有祸？乙卯卜，贞：今夕亡祸？"辞中的 "亡祸" 即无祸。

梌：字形𣏾、𣏁，从木余声，释为梌。即《说文》榆字："榆白，枌。"卜辞中多用作田猎地名，也借用作动词，假为瘉，表病情加重，见于《合集》23711 号："……大贞：作孽小㐰亡梌？"辞中卜问 "亡梌" 即卜问病情会不会加重。

改：字形𢻱，从巳从攴，或简为巳形𢀳，释为改。卜辞中用作动词，习见与弜组合成 "弜改"，表示不改、不变、不停止，如《合集》36418 号："弜改，其唯小臣临令，王弗悔？"辞中的 "弜改" 即表不改变。

囚：字形𡆥，从人在井中，井像棺椁形，人在棺椁中会意，当为死字的初文，但甲骨文字已有死字，从朱歧祥观点释为囚（朱歧祥《通释稿》，第 11 页），也有释为因、殪、瞳（姚孝遂、肖丁《类纂》，第 35 页）。卜辞中用作动词表死亡，见于《合集》526 号："贞：有疾羌，其囚？"卜辞的 "囚" 表死亡，"有疾羌" 即羌有疾病，卜问其是否死亡。此外，卜辞多见女子怀孕贞问 "不囚"，见于《合集》4125 号："贞：子母其毓，不囚？"辞中的 "不囚" 也当为不死，即卜问生育会不会有难产死亡的危险。

《合集》526 号

酉：字形𨡜，从酉从水或川，本应释为酒，但甲骨文名词酒字形酉旁加水点不从水字形，而从酉从水或川的此字则不表示酒，为区别于名词酒，只得依形隶定为酋。卜辞中用作动词表饮酒意，仅见《合集》9560 号："戊子卜，宾贞：皐酋在疾，不从王古？"此条卜辞赵诚释为"皐饮酒而至于病，不随从商王办事"。并认为："从卜辞内容来看，这个酒不像是指一般的饮酒，而是指醉于酒，即饮酒而醉之义，近似于现在所说的酗酒，至少也相当于现在所说的醉，所以才至于病。"（赵诚《词典》，第 369 页）此字形董作宾、郭沫若皆释为酋（郭沫若《卜通·别一》，第 4 页）。

教：字形𣀦、𢻻，从攴或增子，爻声，释为教。《说文》："上所施，下所效也。"甲骨文学字也从爻，教在卜辞中当与学有系联，用作动词，见于《合集》28008 号："癸巳卜，其乎戍……弗利？丁酉卜，乎以多方子小臣？其教戍？亚立其于右利？其于左利？"辞中的"教"为动词表教习义。所见卜辞中"教"又借用作地名，参见地理"教"条。

《合集》27734 号

疾：字形𤕫，箭矢射入人腋下形，表示受了伤，依形隶定为疾。卜辞中用作动词，见于《合集》21052 号："癸酉卜，贞：亥即，骨凡有疾？十二月。"卜辞的"有疾"即有了伤疾，从词意分析大概伤到了骨头，"疾"用作本义即箭射人伤人。

旦：字形☉，释为旦。卜辞中旦本为时间词表天刚明太阳离开地面的时段，又借用作动词，表太阳升起，见于《合集》34601 号："丁卯卜，戊辰退旦？兹用。"辞中的"戊辰退旦"赵诚释为"戊辰复旦"，谓"戊辰那一日又出太阳。复即復，再，又的意思，副词"（赵诚《词典》，第 371 页）。然辞中的"退"，姚孝遂释为祭名（于省吾《诂林》，第 866 页，姚孝遂按），"退旦"即在太阳升起的时侯进行退祭。

雾：字形𩄉，隹在笼罩下，释为雾。本义为气象名词指雾，卜辞中又用作动词，表起雾、下雾、有雾，见于《合集》13449 号："辛丑卜，宾：翌壬寅启，壬寅雾？"辞中"壬寅启、壬寅雾"意即壬寅这一天是天晴或是起雾？又见《合集》456 号："甲午卜，争贞：翌乙未用羌，用之日，雾？"辞中的"雾"或指雾天，或指起雾、下雾。

荆：字形𣏾，从刀从弗，王襄最早释为荆（王襄《簠室殷契类纂》，第 21 页）。《说文》："荆，击也。从刀，弗声。"赵诚认为："𣏾，荆。从刀弗声。本义似为以刀刃击断。甲骨文用为动词，有吹拂打击之义，似为本义之引申。"（赵诚《词典》，第 371 页）见于《合集》21021 号："癸亥卜，贞：旬一月？昃雨自东……九日辛未，大采各云自北，雷，延大风自西荆云，率雨。"

为武丁时期卜辞。辞中"大风自西刜云"的"刜"用作动词表切断，即云被吹散。

董：字形𦒀，像人正面站立交叉双手，依形隶定为董，本义为名词指干旱或旱灾，即后代旱暵之暵的初文。卜辞中借用作动词，见于《合集》10172 号："辛卯卜，㱿贞：帝其董我？三月。"又见《合集》10174 号："己酉卜，亘贞：帝不我董？贞：帝其董我？小告。"辞中的"帝董我"意为上帝加之以我干旱、旱灾，"我"为商王自称，也指代商王朝或商王的国家土地。

邲：字形𨾰，依形隶定为邲，也有隶定为𨾰（姚孝遂、肖丁《类纂》，第 160 页）。卜辞中用作动词，见于《合集》31199 号："翌日庚，其秉乃雩，邲至来庚，有大雨？翌日庚，其秉乃雩，邲至来庚，有大雨？"辞中邲至的邲，杨逢彬引裘锡圭观点"读若'比'，训为'及'、'至'或'邻近'……'邲至'，'犹古书言比及、及至'（裘锡圭《裘锡圭自选集》，第 27—55 页）。"并认为："排除了'邲'是介词，那它的词性只剩下两种可能：动词和副词。殷墟甲骨刻辞中，动词可以带谓词性宾语（如'卯'），副词可以修饰动词。副词一般是只能作状语的词，其分布面较窄。在未能证明'邲'只能作状语前，我们只能暂定它为动词。"（杨逢彬《词类研究》，第 320—322 页）

暨：字形𣊣，目下有泪点，释为暨，也有释为泪。卜辞中用作动词，见于《合集》16223 号："丙午卜，宾贞：壹八羊暨酒三十牛？"辞中"暨酒"的暨为动词，酒虽也是动词，但位于暨后时为暨的宾语。甲骨学界有认为暨是介词，也有认为是连词（管燮初《殷虚甲骨刻辞的语法研究》，陈梦家《综述》，第 121 页），但杨逢彬梳理暨的词性云："我们在《殷墟甲骨刻辞摹释总集》中一共见到含有'暨'的刻辞有 266 条，除去残缺难释的 114 条，尚余 152 条。……但许多条辞中的'暨'永连词说显然不能解释。……例如'暨岳燎'（合 34210）、'暨今三族'（合 34136）、'其侑蔑，暨伊尹？弜暨？'（合 30451）中，'暨'带宾语，受副词修饰，是典型的动词。"（杨逢彬《词类研究》，第 323—391 页）

《合集》16223 号

祀：字形𥜀、𥜀、𥙅、𥙐。《说文》："祀，祭无已也。"罗振玉、王襄、郭沫若等皆释为祀（罗振玉《殷释》下，第 53 页；王襄《簠室殷契类纂》，第 2 页；郭沫若《粹考》，第 143 页）。姚孝遂认为："卜辞祀字或省作已。除用作年祀如'十祀'、'廿祀'之外，尚用作祭祀之祀。"（于省吾《诂林》，第1789页，姚孝遂按）卜辞中祀用作人名、地名、纪时词，也用作动词。见于《合集》14549号："庚寅卜，争贞：我其祀于河？"为武丁时期卜辞。辞中"祀"用作祭祀动词。

若：字形👐。孙诒让、罗振玉、王襄、等皆释为若（孙诒让《举例》上，第14页；罗振玉《殷释》中，第56页；王襄《簠室殷契类纂》，第3页）。姚孝遂谓："卜辞👐字，当释为'若'。盖文字本为约定俗成，以之交流思想。"（于省吾《诂林》，第370页，姚孝遂按）见于《合集》150号："贞：其入，侑匚示若？二告。贞：勿侑匚？二告。"为武丁时期卜辞。辞中若用作动词表顺从。又见《合集》21566号："甲子卜，丁乎犬，㲋五往，若。"为武丁时期卜辞。辞中"若"用作动词表允诺。

直：字形👁。《说文》："直，正见也。"商承祚释为直（商承祚《类编》十二卷，第10页）。姚孝遂从其说，并认为："卜辞多用为动词。也用为祭名。"（于省吾《诂林》，第555页，姚孝遂按）见于《合集》21713号："乙亥卜，我有直自来，佳若？"为武丁时期卜辞。辞中"直"用作动词表视察。又见《合集》21534号："甲戌，子卜，我获印直？"为武丁时期卜辞。辞中"直"用作动词表把持。还见《合集》22050号："戊……直于姼，奏？"为武丁时期卜辞。辞中"直"用作祭祀动词。

枚：字形👐。《说文》："枚，榦也。从木支。可为杖也。"郭沫若、李孝定皆释为枚（郭沫若《粹考》，第137页；李孝定《集释》，第1975页）。卜辞中枚用作地名、人名，也用作动词。见于《合集》33690号："癸巳卜，退枚舟？"为武乙文武丁时期卜辞。辞中枚用作动词表操控。但关于枚在卜辞中是否用作动词，学界尚无定论。李孝定认为："枚无用为动词者，而卜辞数言枚舟，字或作攺。"姚孝遂从其说，亦认为卜辞中枚用为地名、人名。郭沫若谓独言'泛舟'或'操舟'不可据（于省吾《诂林》，第1371页，姚孝遂按）。郭沫若认为："攺与枚当是一字，或是字之未刻全者。'枚舟'盖独言汎舟或操舟。"（郭沫若《粹考》1060片）此从郭说。

《合集》33690号

来：字形👐。《说文》："来，周所受瑞麦来麰也，象芒束之形。天所来也。故为行来之来。"罗振玉、王襄最早皆释为来（罗振玉《殷释》中，第34页；王襄《簠室殷契类纂》正编第五，第27页）。姚孝遂认为来指纳言，如"来马""来牛"等。此外，"来"亦表示"将来"（于省吾《诂林》，第1456页，姚孝遂按）。卜辞中"来"用作地名、未来时段，也用作动词。见于《合集》6728号："贞：方其来于沚？贞：方允其来于沚？二告。方不其来。"为武丁时期卜辞。辞中"来"用作动词表到、至。又见《合集》248号："我来三十。"为武丁时期卜辞。辞中"来"用作动词表进献、进贡。

执：字形 、 、 、 。或像桎梏形，或执止（足），或执手，或执手足，或像人双手被执。叶玉森最早释为执（叶玉森《前释》卷五，第35页）。姚孝遂认为卜辞中执用为动词（于省吾《诂林》，第2583页）。见于《合集》32287号："甲申贞：其执三封伯于父丁？"为

动词表执获（人）或捕获（动物）。又见《合集》6333号："乙酉卜，争贞：往复从臬执舌方？为武丁时期卜辞。辞中"执"用动词表夹击（敌方）。

戋：字形 。罗振玉、王襄最早皆释为戋（罗振玉《殷释》中，第69页；王襄《簠室殷契类纂》正编第十二，第56页）。姚孝遂认为卜辞中戋乃剪伐之义。卜辞"戋"亦为人名。先祖名"戋甲"即"河亶甲"（于省吾《诂林》，第2394页，姚孝遂按）。卜辞中戋用作人名，也用作动词。见于《合集》《合》6635号："贞：乎戋舌方？"为武丁时期卜辞。辞中"戋"用作动词表剪除、剪伐。

翙：字形 。《说文》："翙击踝也。从卂，从戈。读若踝。"卜辞中用作动词表投献，见于《合集》8445号："贞：基方翙？贞：基方不其翙？"此外，卜辞中用作祭祀动词，于省吾说："甲骨文的其翙，指的是祭祀时仪仗队，故以戈一斧九为言。"（《释林·释斧》）见于《合集》18031号："……亥卜，王贞：

《合集》32287号

武乙文武丁时期卜辞。辞中"执"用作

《合集》18031号

乙酉翙……"

畀：字形❏。《尔雅·释诂上》："畀，赐也。"郭璞注："畀，赐与也。"裘锡圭释为畀（裘锡圭《畀字补释》，《语言学论丛》第六辑，第137—147页）。见于《合集》3054号："庚辰卜，宾贞：受畀，画？十二月。"为武丁时期卜辞。辞中畀用作动词表赐给。又见《合集》15940号："贞：丁畀我束。"为武丁时期卜辞。辞中畀用作动词表付与。还见《合集》1430号："……大甲不其畀。贞：王其有晋于大甲，畀？"为武丁时期卜辞。辞中"畀"用作祭祀动词。

牧：字形❏、❏。《说文》："牧，养牛人也。从攴牛。"《广韵》："牧，放也，食也。"罗振玉、王襄最早皆释为牧（罗振玉《殷释》中，第70页；王襄《簠室殷契类纂》，第15页）。于省吾认为卜辞中牧为放牧之义，另云："既然牧师放牧放畜，为什么还以获羌或擒兽为言呢？……我们少数民族，在解放前，往往武装放牧。从消极方面来说，可以保护牲畜和牧场；从积极方面来说，可以获得俘虏或野兽。"（于省吾《释林》，第260—262页）卜辞中牧用作族名、人名、官名，也用作动词。见于《合集》11395号："贞：于南牧？"为武丁时期卜辞。辞中"牧"用作动词表放牧。又见《合集》35345号："壬申卜，在攸贞：有牧皋告，启，王其乎戍，从祖伐，弗悔，利？"为帝乙帝辛时期卜辞。辞中"牧"用作动词表以牧掠地。

史：字形❏、❏、❏。也可隶定作事、使。罗振玉、王襄最早皆释此字（罗振玉《殷释》中，第60页，王襄《簠室殷契类纂》正编第八，第38页）。《说文》："使，伶也。从人，吏声。"见于《合集》1110号："丙子卜，殻贞：勿乎鸣从戊使眉？三月。"为武丁时期卜辞。辞中"史"用作动词表出使。

依：字形❏。《说文》："依，倚也。从人，衣声。"王襄、商承祚皆释为依（王襄《簠室殷契类纂》正编第八，第37页，商承祚《类编》八卷，第5页）。姚孝遂亦释："从人从衣，释依可从。"（于省吾《诂林》，第1912页，姚孝遂按）见于《合集》6943号："癸酉卜，殻贞：命多奠依束敦？"为武丁时期卜辞。辞中"依"用作动词表依托、依持。

往：字形❏。罗振玉、孙海波最早皆释为往（罗振玉《殷释》中，第64页；孙海波《甲骨文编》卷十，第5页）《说文》："往，之也。从彳，生声。"见于《合集》5117号："前往。王往省，从北？"为武丁时期卜辞。辞中"往"用作动词表去、到。

令（命）：字形❏。《说文》："令，发号也。"罗振玉、王襄、孙海波最早皆释为命（罗振玉《殷释》中，第54页，王襄《簠室殷契类纂》，第5页，孙海波《甲骨文编》，第374页）。于省吾亦云："罗振玉以令字为'集众人而命令之'是对的。"（于省吾《诂林》，第366页，姚孝遂按）见于《合集》6480号："贞：王令妇好从侯告伐尸……"为武丁时期卜辞。辞中"令"用作动词表命令。

受：字形𝈔。罗振玉、王襄最早皆释为受（罗振玉《殷释》中，第 62 页；王襄《簠室殷契类纂》，第 20 页）。杨树达认为："卜辞受字作𝈔，从二又从舟，盖象甲以一手授舟，乙以一手受之，故字兼授受二义。"（杨树达《卜辞琐记》，第 19 页）张秉权亦认为："𝈔是受字，在这里是承受的意思。但在有些卜辞的句子里，则是授予的意思。"（张秉权《丙编考释》，第 31 页）卜辞中受用作人名、地名，也用作动词。见于《合集》27040 号："叀牛，王比受祐？"廪辛康丁时期卜辞。辞中"受"用作动词表接受。又见《合集》25817 号："癸卯，王受岁，有巂？兹用。"为且庚且甲时期卜辞。辞中"受"用作动词表授予。

乳：字形𝈔。金祥恒、李孝定皆释为乳（金祥恒《续甲骨文编》卷十二，第 1 页；李孝定《集释》，第 3493 页）见于《合集》22246 号："辛丑卜，乎㜎妙乳？"为武丁时期卜辞。辞中"乳"用作动词表哺乳。姚孝遂谓："《说文》：'乳。人及鸟生子曰乳，兽曰产。从孚从乙，乙者玄鸟也。'……契文象哺乳之形，引申为生育之义。"又"'乎㜎妙乳'，即用其本义，同版有'妇妙嘉'，事据相因"（于省吾《诂林》，第 437 页，姚孝遂按）。

曶：字形𝈔。罗振玉最早释为曶（罗振玉《殷释》中，第 58 页）。《说文》："曶，告也。从曰，从册，册亦声。"见于《合集》6405 号："……戉卜，㱿贞：……曶土方，王从……"为武丁时期卜辞。辞中曶用作动词表杀伐。有见《合集》5732 号："乙酉卜，宾贞：有曶王？"为武丁时期卜辞。辞中"曶"用作祭祀动词。还见《屯南》817 号："曶五牢，王受祐？曶一牢，王受祐？"为武乙文武丁时期卜辞。辞中"曶"用作祭祀动词即用牲法。

品：字形𝈔。孙诒让、罗振玉、王襄最早皆释为品（孙诒让《举例》上，第 10 页；罗振玉《殷释》下，第 11 页；王襄《簠室殷契类纂》，第 9 页）。姚孝遂认为："甲骨文品字形体与小篆同，用为祭名。"（于省吾《诂林》，第 746 页，姚孝遂按）。见于《合集》23714 号："丁酉卜，祝贞：其品司在兹？贞：其品司于王出？"为且庚且甲时期卜辞。辞中品用作动词表供（食物）。又见《合集》38715 号："辛酉卜，贞：王宾品，亡尤？"为帝乙帝辛时期卜辞。辞中"品"用作祭祀动词。

降：字形𝈔。《说文》："降，下也。"罗振玉、王襄最早释为降（罗振玉《殷释》中，第 65 页；王襄《簠室殷契类纂》正编第五，第 27 页）。见于《合集》7852 号："戊戌卜，宾贞：兹邑亡降祸？贞：兹邑其有降祸？"为武丁时期卜辞。辞中"降"用作动词表降下。又见《屯南》2301 号："方来降？不降？"为廪辛康丁时期卜辞。辞中"降"用作动词表投降。还见《合集》15377 号："贞：降？陟？"为武丁时期卜辞。辞是选贞辞，意为：从先往后（即从上到下）祭祀吗？从后往先（即从下往上）祭祀吗？

畏：字形 ，罗振玉、王襄最早皆释为畏（罗振玉《殷释》中，第 63 页；王襄《簠室殷契类纂》正编第九，第 42 页）。姚孝遂认为："契文畏字象鬼持 ， 即杖。《说文》以为'鬼头而虎爪'，乃据小篆讹变之形体立说。"（于省吾《诂林》，第 361 页，姚孝遂按）见于《合集》17442 号："癸未卜，王贞：畏梦余勿御？"为武丁时期卜辞。辞中"畏"用作动词表担心、害怕。

《合集》17442 号

畋：字形 、 。孙海波释为畋（孙海波《甲骨文编》卷三，第 16 页）。《说文》："畋，平田也。从支、田。"见于《合集》20745 号："丙辰卜，王贞：畋，亡……"为武丁时期卜辞。辞中"畋"用作动词表耕作。

品司：字形 。孟世凯认为："品即祭品，司即祀。以各种不同之祭品祭祀。"（孟世凯《辞典》，第 402 页）见于《合集》21712 号："丁酉卜，兄贞：其品司在兹？八月。贞：其品司于王，出？"

保：字形 。王襄先释为"古好字"（王襄《簠考·地望》，第 9 页，后有释为"古俘字，象俘人之形"（王襄《簠文》，第 1 页）。叶玉森、吴其昌皆释为保（叶玉森《前释》卷一，第 104 页；吴其昌《殷虚书契解诂》，第 336 页）《说文》："保，养也。"姚孝遂认为："卜辞'保'均为祐护之义。"（于省吾《诂林》，第 174 页，姚孝遂按）见于《合集》43 号："戊辰卜……贞：翌辛……亚乞致众人，雷丁录，乎保我？"为武丁时期卜辞。辞中"保"用作动词表保护。又见《合集》3481 号："癸未卜，古贞：黄尹保我史？贞：黄尹弗保史？"为武丁时期卜辞。辞中"保"用作动词表保佑。

复：字形 、 。孙诒让、罗振玉、王襄最早皆释为复（孙诒让《举例》上，第 8 页；罗振玉《殷释》中，第 64 页；王襄《簠室殷契类纂》，第 8 页）。《说文》："复，往来也。从彳。复声。"《尔雅·释言》："复，返也。"赵诚认为："复，甲骨文写作……甲骨文有一些与行走有关的字，到了后代都增加一个彳旁……复字后来写作復也是如此。"（赵诚《甲骨文虚词探索》，《古文字研究》第十五辑，第 281 页）姚孝遂认为"字当释复，段玉裁谓復字乃后增，徐灏谓复復古今字，甚是"，并指出卜辞中复或用为人名，或用为地名，或用作动词（于省吾《诂林》，第 864 页，姚孝遂按）见于《合集》5409 号："己巳卜，争贞：王复涉……"为武丁时期卜辞。辞中"复"用作动词表往返。

《合集》5409 号

俘：字形𝌆。罗振玉、王襄最早皆释为俘（罗振玉《殷释》中，第23页，王襄《簠室殷契类纂》正编第八，第38页）。《说文》："俘，军所获也。从人。孚声。"《尔雅·释诂下》："俘，取也。"姚孝遂认为："卜辞孚或俘用为俘获之俘、为动词，亦有作名词。"（于省吾《诂林》，第544页，姚孝遂按）见于《合集》32435号："甲辰卜，集俘马，自大乙？"为武乙文武丁时期卜辞。辞中"俘"用作动词表俘虏。又见《合集》35362号："……克，俘二人……侑司母，我王永……用……母其……"为帝乙帝辛时期卜辞。辞中"俘"用作动词表取得、获得。

即：字形𝌆、𝌆、𝌆。罗振玉、王襄、郭沫若最早皆释为即（罗振玉《殷释》中，第55页；王襄《簠室殷契类纂》正编第五，第25页；郭沫若《萃考》，第2页）。《说文》："即食也。"温少锋、袁庭栋认为："即，'相近'之义，故人席就坐曰'即席'；……卜辞中用'即'

为祭名。……'即日'亦是对'日'实行'即祭'。作为祭名，'即'可能是设食邀神入席受享之祭。"（温少锋、袁庭栋《殷墟卜辞研究——科学技术篇》，第3页）见于《合集》32886号："辛未，贞：其令射雷即并？辛未，贞：更戈令即并？"廪辛康丁时期卜辞。辞中即用作动词表靠近。又见《合集》1200号："即燎于上甲于唐。"为武丁时期卜辞。辞中"即"用作祭祀动词。

侵：字形𝌆。唐兰、孙海波皆释为侵（唐兰《导论》下，第25页；孙海波《甲骨文编》，第343页）。《说文》："侵，渐进也。从人、又持帚，若埽之进。又，手也。"姚孝遂认为："卜辞均用作侵伐之意，无例外。"（于省吾《诂林》，第3033页，姚孝遂按）见于《合集》6057号："土方侵我田，十人。"为武丁时期卜辞。辞中"侵"用作动词表侵犯、侵占。

追：字形𝌆。罗振玉、王襄最早皆释为追（罗振玉《殷释》中，第66页，王襄《簠室殷契类纂》，第7页）。《说文》："追。逐也。从辵，自声。""逐。追也。从辵，从豚省。"姚孝遂认为："卜辞于人言'追'，于兽言'逐'。"（于省吾《诂林》，第3045页，姚孝遂按）卜辞中追用作人名，也用作动词。见于《合集》20463号反面："乙亥卜，令虎追方？"为武丁时期卜辞。辞中"追"用作动词表追逐。

爰：字形𝌆、𝌆。罗振玉、王襄最早皆释为爰（罗振玉《殷释》中，第41页；王襄《簠室殷契类纂》，第20页）。

唐兰谓："爱字本作，像两手交付铜饼的形状，两手代表二个人，象征两个人在做交易，所以爱字有交换的意义。"（唐兰《论周昭王时代的青铜器铭刻》，《古文字研究》第二辑，第42—44页）姚孝遂认为卜辞中"爱"有二义，一为助也；一为换也（于省吾《诂林》，第969页，姚孝遂按）。见于《合集》6473号："庚辰卜，争贞：爱南单？"为武丁时期卜辞。辞中爱用作动词表援助。又见《合集》13555号："戊戌卜，宾贞：其爱东室？小告。贞：弗其爱东室？二告。"为武丁时期卜辞。辞中"爱"用作动词表交换。

冓：字形。李孝定、屈万里、于省吾等皆释为冓（李孝定《集释》，第1407页；屈万里《甲释》1689片释文；于省吾《骈续》，第13页）。《说文》："冓，并举也。从爪、菁省。"姚孝遂认为："卜辞习见'冓册'，于先生谓即'称述册命'，'冓'、'称'为古今字。其说是正确的。'冓'、'偁'、'称'皆属同源分化。……卜辞又习见'冓珏'，'冓'当训作'举'，谓祭祀奉献'珏'于先祖。……'冓'亦当训'举'，'举'谓举兵，指军事行动言之。"（于省吾《诂林》，第3139页，姚孝遂按）见于《合集》6653号："乙未卜，𣪘贞：其有冓，妇好娩？贞：亡冓，妇好娩？"为武丁时期卜辞。辞中冓用作动词表举（行动）。又见《合集》32849号："贞：其冓大示？弜冓大示？"为廪辛康丁时期卜辞。辞中"冓"用作祭祀动词。此外，卜辞中习见"冓册""冓晋""冓

典"等内容，据孟世凯认为皆当为一种仪式（孟世凯《辞典》，第415页）。

杀：字形。释为杀（刘钊《新甲骨文编》，第190页）卜辞中用作祭祀动词或用牲法，见于《合集》16173号："己亥卜，宾：杀三十牛？"

戎：字形。刘钊、李宗焜释为戎（刘钊《新甲骨文编》，第719页；李宗焜《甲骨文字编》，第889页）。于省吾、李孝定等皆释为捍（于省吾《骈枝》，第33页；李孝定《集释》，第3768页）。《集韵·翰韵》："扞，卫也。或作捍。"《广韵·翰韵》："捍，抵捍。"姚孝遂认为其在卜辞或为方国名，或为捍御义（于省吾《诂林》，第2322页，姚孝遂按）。卜辞中戎用作人名、方国名，也用作动词。见于《合集》6883号："辛未卜，𣪘贞：王戎步，受祐？"为武丁时期卜辞。辞中"戎"用作动词表捍卫。又见《合集》6581号："己卯卜，𣪘贞：基其戎？"辞中"戎"用作动词表侵犯。

陟：字形、。王襄最早释为陟（王襄《簠室殷契类纂》正编第十四，第62页）。《说文》："陟，登也。"《尔雅·释诂》："陟，陞也。"姚孝遂认为，卜辞"陟"与"降"相对为言，此乃用其本义；"陟"亦为祭名；或为人名、方国名（于省吾《诂林》，第1255页，姚孝遂按）。卜辞中"陟"用作人名、族名，也用作动词。见于《合集》20271号："辛未卜，癸酉王不步？壬申卜，王陟山京，癸酉易日？"《合集》14792号："媚不陟丘？"为武丁时期卜

辞。辞中"陟"用作动词表登高。又见《合集》27339 号："乙未卜，其集虎，陟于且甲？"为廪辛康丁时期卜辞。辞中"陟"用作祭祀的动词表逆祀之义，"陟于且甲"是指祭祀从且甲开始以前的祖先。

《合集》14792 号

索：字形 、 。王襄最早释为索（王襄《簠室殷契类纂》，第 8 页）。李孝定认为索在卜辞中用为祭名（李孝定《集释》，第 2077 页）。《礼记·郊特牲》："索祭祝于祊，不知神之所在。于彼乎？于此乎？或诸远人乎？祭于祊，尚曰求诸远者与。"郑玄注："索，求神也。"见于《合集》32884 号："乙卯，贞：丁巳其索？乙卯，贞：丁巳……索？"为武乙文武丁时期卜辞。辞中"索"用作祭祀动词。

剌：字形 、 、 。唐兰认为此字即剌字，为去阴，即宫刑（唐兰《天壤阁甲骨文存考释》，第 46 页）。张政烺亦谓："象施以宫椓之形"（于省吾《诂林》，第 3464 页）。见于《合集》525 号："庚辰卜，王：朕剌羌不黻凶……"

又见《合集》3395 号、5996 号、5997 号、5998 号都出现"剌"的内容，皆为武丁时期卜辞。辞中"剌"用作动词表使用宫刑。

《合集》5998 号

途：字形 、 、 、 。李孝定、于省吾等皆释为途（李孝定《集释》，第 557 页；于省吾《骈三》，第 22 页）。《集韵·模韵》："㐷，止也。"《正字通·止部》："㐷，俗途字。"见于《合集》68 号："贞：王途众人？"为武丁时期卜辞。辞中"途"用作动词表阻止。

讯：字形 、 、 、 。王襄、最早释为讯（王襄《类纂存疑》卷二，第 4 页）。《说文》："讯，问也。从言，卂声。"姚孝遂释"象人反缚其手，临之以口，讯籀之谊"（于省吾《诂林》，第 491 页）。讯在卜辞中用为动词，见于《合集》3716 号："丁巳卜，争贞：王讯……"为武丁时期卜辞。辞中"讯"用作动词表审讯。

畜：字形 、 、 。孙海波释为畜（孙海波《甲骨文编》，第 880 页）。《左传·僖公十九年》："司马子鱼曰：古者六畜不相为用。"孔颖达疏："《尔雅·

释畜》：马、牛、羊、豕、犬、鸡谓之六畜，《周礼》谓之六牲。养之曰畜，用之曰牲，其实一物也。"姚孝遂认为卜辞中"畜"当为畜养之义（于省吾《诂林》，第 3009 页，姚孝遂按）见于《合集》29415 号："王畜马在兹寓……母戊，王受……"为廪辛康丁时期卜辞。辞中"畜"用作动词表饲养。

益：字形𥁆、𥁖。孙诒让、罗振玉、王襄最早皆释为益（孙诒让《举例》上，第 35 页；罗振玉《殷释》中，第 9 页；王襄《簠室殷契类纂》正编第五，第 24 页）。《说文》："益，饶也。从水、皿，益之意也。"李孝定认为："此溢之本字，以益用为饶益、增益之义既久而本义转晦，遂别制溢字以当之。"（李孝定《集释》，第 1715 页）姚孝遂认为："《说文》训'益'为'饶'，训'溢'为'器满'，戴侗《六书故》疑益为溢字是正确的。水在皿上，即溢出之意，复从水作溢……"（于省吾《诂林》，第 2639 页，姚孝遂按）见于《合集》811 号："贞：有復左……循于之益，若？"为武丁时期卜辞。辞中"益"用作动词表泛滥。

涉：字形𣥯、𣥻。王襄最早释为涉（王襄《簠室殷契类纂》正编十一，第 50 页）。《说文》："涉，徒行濿水也。从林，从步。涉，篆文从水。"姚孝遂认为涉在卜辞中泛指渡水（于省吾《诂林》，第 764 页，姚孝遂按）见于《合集》5566 号："癸巳卜，古贞：令师般涉于河东？"为武丁时期卜辞。辞中涉用作动词表渡水。又见《合集》5812 号："戊辰卜，贞：翌己巳涉师？"为武

丁时期卜辞。辞中"涉"用作动词表"使……涉"。

《合集》5566 号

浴：字形𣺠。罗振玉、王襄皆释为浴（罗振玉《殷释》中，第 67 页，王襄《簠室殷契类纂》正编第十一，第 50 页）。姚孝遂释为温，谓象人发烧浴以解之之形（于省吾《诂林》，第 2642 页，姚孝遂按）。此从罗振玉、王襄释为浴。见于《合集》151 号："贞：小子有浴？贞：小子亡浴室？且丁若小子浴且丁弗若小子？"为武丁时期卜辞。辞中"浴"用作动词表沐浴（可能是祭祀仪式）。

祟：字形𥛠，构意不明。卜辞中用作动词表"使有……祟"，见于《合集》1735 号："贞：且辛祟王？贞：且辛弗祟王？"

《合集》1735 号甲、乙

责：字形🐚。金祥恒释为责（金祥恒《续文编》六卷，第 17 页）。《说文》："责，求也。从贝朿声。"李孝定认为"责"在卜辞中疑为用牲之法（李孝定《集释》，第 2155 页）。卜辞中"责"用作人名，也用作动词。见于《合集》22214 号："癸巳卜，今夕共责、杞？"为武丁时期卜辞。辞中"责"用作祭祀动词即用牲法。

通：字形🐚、🐚。王襄、商承祚、孙海波等皆释为通（王襄《簠室殷契类纂》，第 7 页；商承祚《佚存考释》，第 82 页；孙海波《甲骨文编》，第 66 页）。《说文》："通。达也。从辵，甬声。"卜辞中用作人名，也用作动词。见于《合集》21384 号："……巳卜……既梦……作通耳鸣终……"为武丁时期卜辞。辞中"通"用作动词表通畅。

专：字形🐚、🐚、🐚。罗振玉、王襄、孙海波最早皆释为专（罗振玉《殷释》中，第 53 页；王襄《簠室殷契类纂》正编第八，第 38 页；孙海波《甲骨文编》，第 136—137 页）。《说文》："专。六寸簿也。从寸，叀声。一曰专，纺专。"姚孝遂认为卜辞中"'专'挛乳为'转'、为'传'。卜辞'专'为地名；'候专'则为人名；'专伐'又当为'剸伐'……"（于省吾《诂林》，第 3003 页，姚孝遂按）。见于《合集》7603 号："戊子卜，宾贞：戊其专伐？"为武丁时期卜辞。辞中"专"用作动词。又见《合集》13713 号："贞：且丁弗其专？"为武丁时期卜辞。辞中"专"用作祭祀动词，即用牲法。

得：字形🐚、🐚、🐚、🐚。孙诒让、罗振玉、王襄最早皆释为得（孙诒让《举例》下，第 15 页；罗振玉《殷释》中，第 60 页；王襄《簠室殷契类纂》，第 8 页）。胡厚宣谓："得，《左传》定公九年说，阳虎逃，'追而得之'，其义为追而获得。"（胡厚宣《甲骨文所见殷代奴隶的反压迫斗争》，《考古学报》1966 年第 1 期）姚孝遂认为："得字，从又持贝会意。或增彳，通用无别。……卜辞均用作得失一得。"（于省吾《诂林》，第 1882 页，姚孝遂按）卜辞中得用作人名，也用作动词。见于《合集》504 号："贞：戈执羌，得？"为武丁时期卜辞。辞中"得"用作动词表获得、得到。

商（赏）：字形🐚、🐚。孙诒让、罗振玉、王襄最早皆释为商（孙诒让《举例》上，第 30 页；罗振玉《殷释》中，第 11 页；王襄《簠考·地望》，第 1 页）。郭沫若、饶宗颐、张秉权等皆认为商借为赏（郭沫若《卜通·别一》，第 5 页；饶宗颐《通考》，第 654 页；张秉权《丙编考释》，第 426 页）。姚孝遂、肖丁认为："'商'字之本形，本义，一直是悬而未决的问题。卜辞'商'字作🐚、🐚、🐚、🐚、🐚等形，曾疑其象某种管乐之类，而若无佐证。'奏商'有可能指祭祀时奏某种管乐而言。"（姚孝遂、肖丁《屯南考释》，第 15 页）姚孝遂又认为，卜辞中商除用作地名、人名外，还假借为赏（于省吾《诂林》，第 2063 页，姚孝遂按）。卜辞中"商"用作人名、王都名、方国名、地名等，还用作动词。见于《合集》7829 号：

"戊戌卜，殸贞：有商？"又见《合集》8883 号："贞：商其得？"皆为武丁时期卜辞。辞中"商"用作动词借为赏，表赏赐。

旋：字形 、 。罗振玉、王襄、孙海波最早皆释为旋（罗振玉《殷释》中，第 65 页；王襄《簠室殷契类纂》正编第七，第 32 页；孙海波《卜辞文字小记》，《考古学社社刊》第三期，第 71 页）。《说文》："旋，周旋，旌旗之指麾也。从放疋。疋，足也。"见于《合集》6465 号："今者王勿旋尸？"又见《合集》310 号、302 号、5230 号反面、21482 号等都出现"旋"的内容，皆为武丁时期卜辞。前揭辞中"旋"用作动词表（班师）回还。但是，也有释 为奔（李宗焜《甲骨文字编》，第 1184 页）。

望：字形 、 。罗振玉、王襄、叶玉森最早皆释为望（罗振玉《殷释》中，第 5 页；王襄《簠室殷契类纂》正编第八，第 39 页；叶玉森《前释》一卷，第 74 页）。《说文》："望。出亡在外，望其还也。"商承祚谓："卜辞见字作 ，望作 ，目平视为见，目举视为望。决不想混。又有作 者，象人登丘陵而望也。"（商承祚《福》12 片考释）姚孝遂认为卜辞中"望"用作本义，谓侦视地方（于省吾《诂林》，第 640 页，姚孝遂按）。卜辞中"望"用作方国名、人名、地名，也用作动词。见于《合集》6182 号："贞：勿登人乎望舌方？"为武丁时期卜辞。辞中"望"用作动词表侦察。

《合集》6182 号

盖：字形 。羊在皿上，隶作盖（于省吾《诂林》2651 页）。卜辞中用作地名，也用作动词。见于《合集》5772 号："贞：令臯盖三百射？贞：勿令臯盖三百射？"辞中"盖"用作动词即煮，为一种缮食时的烹饪方法。孟世凯引段玉裁注："谓煮而献之上帝鬼神也。"认为"盖"为祭祀动词。见于《英》1891 号："戊寅卜，盖牛于妣庚？戊寅卜，燎白犬，卯牛于妣庚？戊寅卜，盟三羊。"为武丁时期卜辞（孟世凯《辞典》，第 535 页）。

宿：字形 、 、 、 。罗振玉、叶玉森、孙海波最早皆释为宿（罗振玉《殷释》中，第 55 页；叶玉森《说契》，第 3 页；孙海波《甲骨文编》，第 298 页）。《说文》："宿，止也。"姚孝遂认为："当释'宿'义为'止宿'。又用为祭名。……'宿'从'女'作' '，则为人名。"（于省吾《诂林》，第 2141 页，姚孝遂按）见于《合集》《合》29351 号："己亥，于呈宿，亡灾？弜宿，吉！"为廪辛康丁时期卜辞。辞中"宿"用作动词表住宿。又见《合集》1779 号："贞：且辛宿于父乙？贞：且辛不宿于父乙？"为武丁时期卜辞。辞中"宿"用作祭祀动词。

启：字形𢻻、𣂏、𣂑、𣂒。孙诒让、王襄、王国维最早皆释为启（孙诒让《举例》上，第34页；王襄《簠室殷契类纂》正编第七，第32页；王国维《戬考》，第60页）。《说文》："启，开也。从户口。"姚孝遂认为："在卜辞中，'𢻻'既可用作'启'，也可用作'啓'。卜辞稍晚又出现了'𣂒'的形体，开始分化，作为'啓姓'的专用字。（于省吾《诂林》，第2083页）卜辞中"启"用作族名、人名、地名、神名、气象词，也用作动词。见于《合集》27555号："己巳卜，其启庭西户，祝姒辛，吉！"为廪辛康丁时期卜辞。辞中"启"用作动词表推开、打开。

终：字形𠂉。商承祚、李孝定等皆释为终（商承祚《福考》，第9页；李孝定《集释》，第3420—3421页）。《说文》："终，絿丝也。从糸，冬声。"于省吾谓："终字应训为终止或终绝。"（于省吾《释林》，第188—189页）见于《合集》916号："戊午卜，㱿贞：……隹终？贞：毋……终？"为武丁时期卜辞。辞中"终"用作动词表终结。

丧：字形𣒅、𣓿。陈梦家谓："罗振玉释噩（《考释》中，第75页），王襄释丧（《钩沈》五引），于省吾以为丧之初文（《骈枝》三：24），闻一多释桑（《闻一多全集》一，第565—572），字于卜辞或为名词，乃田猎所至之地；或为动词。"（陈梦家《综述》，第607—608页）姚孝遂认为："字当释丧，卜辞

丧除用作地名，人名者外，其用作动词者，如：'丧众'、'丧人'、'丧众人'，均与军旅之事有关。乃贞问战争中之伤亡损失。"（于省吾《诂林》，第1408页，姚孝遂按）《说文》："丧，亡也。从哭，从亡，会意。亡亦声。"卜辞中"丧"用作人名、地名，也用作动词。卜辞习见"丧众"，见于《合集》50号："贞：我其丧众人？"又见《合集》8号、51号、52号、54号、56号、57号等都出现有"丧众"内容，皆为武丁时期卜辞。辞中丧用作动词表丧失。又见《合集》4565号："贞：令微？贞：微不丧？"为武丁时期卜辞。辞中"丧"用作动词表逃亡。

《合集》56号

鼎：字形𣇀、𣇂、𣇃、𣇄、𣇅。罗振玉、王襄、叶玉森、孙海波等最早皆释为鼎（罗振玉《殷释》中，第17页；王襄《簠室殷契类纂》正编第七，第33页；叶玉森《前释》卷一，第3页；孙海波《甲骨文编》，第149页）。《说文》："贞，卜问也，从卜，贝以为贽；一曰鼎省声，京房所说。"孙海波谓："卜辞

借鼎为贞。"（孙海波《甲骨文编》，第305页）姚孝遂亦认为："'贞'、'鼎'当属同源。"（于省吾《诂林》，第2729页，姚孝遂按）高嶋谦一认为："我们假定殷人相信用'鼎'会在主要以言语为主的贞卜活动中加一'行动'的层面。换言之，是试图用'鼎'去增加贞卜或其他仪式中的庄严性，从字义上当，'鼎'如果解作'以鼎'的话，就是'用鼎去做某事'……当 ☒ 二字同见于一条卜辞的时候，总是比较象形化的 ☒ 放在 ☒ 之后。换言之，当殷人决定贞卜的时候，很可能是用鼎作器具。……这些仪式需要得到他们非常重视的神灵的称许满意。"（高嶋谦一《问鼎》，《古文字研究》九辑，第88页）见于《合集》418号："贞：王福鼎侑伐？"为武丁时期卜辞。辞中"鼎"用作祭祀动词。

黍：字形 ☒、☒、☒、☒。罗振玉、王襄最早皆释为黍（罗振玉《殷释》中，第34页；王襄《簠室殷契类纂》正编第七，第34页）《说文》："黍，禾属而粘者也。以大暑而种。故谓之黍。从禾，雨省声。"陈梦家谓："黍即黍字，因其色黄，故又叫做黄米，大黄米……黍本为一种农作物名，作为动词，即种黍的动作。"（陈梦家《综述》，第526、第534页）于省吾亦认为："甲骨文言乎黍于某地者习见，黍也作动词用。"（于省吾《释林》，第252页）见于《合集》10号："戊寅卜，宾贞：王往以众黍于囧？"为武丁时期卜辞。辞中"黍"用作动词表种黍。

值：字形 ☒。李孝定、饶宗颐、屈万里等皆释为循（李孝定《集释》，第567页；饶宗颐《通考》，第173页；屈万里《甲释》189片释文）。《说文》："循，行顺也。从彳，盾声。"见于《合集》559号："戊辰卜，殻贞：王值土方？"为武丁时期卜辞。辞中"值"用作动词表巡视。

饮：字形 ☒、☒、☒、☒、☒，一字多形，金祥恒、姚孝遂释为饮（金祥恒《中国文字》第四十九册，第5309页；于省吾《诂林》2674页，姚孝遂按）《说文》："歙，歠也。从欠，酓声。"《玉篇·欠部》："歙，古文饮。"卜辞中用作动词表喝，如《合集》10405号反面："有出虹自北饮于河。"

焱：字形 ☒。孙海波、李孝定皆释为焱（孙海波《甲骨文编》十卷，第11页；李孝定《集释》，第3195页）《说文》："焱，火华也。从三火。"孟世凯认为："殆为夜以火光照明之祭。或说是焚烧羌人之祭。"（孟世凯《辞典》，第574页）见于《合集》22130号："姒庚用，焱羌？"为武丁时期卜辞。辞中"焱"用作祭祀动词。

遣：字形 ☒。王襄、孙海波最早皆释为遣（王襄《簠室殷契类纂》，第7页；孙海波《甲骨文编》十四卷，第5页）。《玉篇·辵部》："遣，送也。"姚孝遂认为："卜辞'遣'均用作'差遣'。"（于省吾《诂林》，第3051页，姚孝遂按）见于《合集》7884号："贞：勿遣在南奠，遣？"为武丁时期卜辞。辞中"遣"用作动词表调遣。

会：字形🥣。赵诚释为会（赵诚《词典》，第 349 页）。《说文》："会，合也。从亼，从曾省。"姚孝遂认为："会卜辞中用为会合之义。"（于省吾《诂林》，第 731 页，姚孝遂按）见于《屯南》2510 号："己亥贞：侑升伐，其且丁会？"为武乙文武丁时期卜辞。辞中"会"用作动词表会合。此字也有释为晦（刘钊《新甲骨文编》，第 401 页）。

监：字形🗿、🐎。唐兰最早释为监（唐兰《文字记》，第 76 页）。《说文》："监，临下也。从卧。衉省声。"李孝定认为，"象人临监窥影之形"（李孝定《集释》，第 2717 页）。姚孝遂认为监用作动词，当为监视之意（于省吾《诂林》，第 619 页，姚孝遂按）见于《屯南》2581 号："……乎监，若？"为武乙文武丁时期卜辞。辞中"监"用作动词表监视。

闻：字形🧏。于省吾释为闻（于省吾《骈续》，第 37 页）。《说文》："闻，知声也。从耳。门声。"赵诚认为："闻的本义是听声音……发展一步，知道消息、了解情况都可以称之为闻，则为引申义。卜辞作为动词，基本上用其引申义。"（赵诚《甲骨文行为动词探索》（一），《古文字研究》第十七辑，第 336 页）见于《合集》6077 号："贞：舌方亡闻？"为武丁时期卜辞。辞中"闻"用作动词表听闻。

舞：字形🕺、🌲、🌿、🎋。王襄最早释为舞（王襄《簠室殷契类纂》正编第五，第 27 页）。《说文》："舞，乐也。用足相背，从舛，无声。"屈万里认为："舞，皆祈雨之舞也。"（屈万里《甲编考释》，第 170 页）姚孝遂、肖丁亦认为："卜辞凡言'奏'，多与乐舞有关。而古代祭祀，每每以乐舞为其主要仪式。"（姚孝遂、肖丁《屯南考释》，第 5 页）见于《合集》12818 号："丙辰卜，贞：今日奏舞，有从雨？"为武丁时期卜辞。辞中"舞"用作动词表祈雨之祭。

田：字形🌐。罗振玉、王国维最早皆释为田（罗振玉《殷释》中，第 7 页；王国维《戬考》，第 3 页）《说文》："田，陈也，树谷曰田。象形。口十，千百之制也。"《易·恒》："田无擒。"孔颖达疏："田者，田猎也。"陈梦家认为田在卜辞中用作动词表种田之田，或用作命辞农田之田（陈梦家《综述》，第 538—539 页）。见于《合集》24472 号："丁巳卜，行贞：王其田，亡灾？"且庚且甲时期卜辞。辞中田用作动词表田猎。

羞：字形🐑。罗振玉、王襄、孙海波最早皆释为羞（罗振玉《殷释》中，第 25 页；王襄《簠室殷契类纂》正编第十四，第 64 页；孙海波《甲骨文编》，第 560 页）。《说文》："羞，进献也。从羊。羊所进也。从丑，丑亦声。羞从手执羊，手举羊牲进献神祖会意。见于《合集》30768 号："丁巳卜……祀其羞，王受祐？丁巳，贞：弜羞将兄丁，若？"廪辛康丁时期卜辞。辞中"羞"用作动词表进献。

夙：字形🧎、🧍、🧎，罗振玉、王国维最早皆释为夙（罗振玉《殷释》中，第 36 页；王国维《戬考》，第 61 页）。

《说文》："芻。刈艸也。象包束草之形。"段注'谓可饲牛马者。'姚孝遂认为《说文》"据小篆讹误之形体，其说解是错误的。甲骨文从又持艸，即芻莞之义。刈艸以饲牲畜谓之芻，引申之，牧放之牲畜牛羊之类均谓之芻，再引申之，牧放牲畜亦谓之芻"（于省吾《诂林》，第 894 页，姚孝遂按）。胡厚宣亦认为"芻乃是一种刈艸饲养牲畜的奴隶"（胡厚宣《甲骨文所见殷代奴隶的反压迫斗争》，《考古学报》1966 年第 1 期）。朱歧祥认为："芻字除释作芻草之外，亦有用作芻豢之芻。《孟子正义》引《说文》犓字：'牛马曰芻，犬豕曰豢。'《国语·楚语》：'芻豢几何？'韦昭注：'草食曰芻，谷食曰豢。'大率指吃草的牲畜而言。"（朱歧祥《通释稿》，第 77 页）见于《合集》152 号："庚辰卜，宾贞：朕芻于斗？贞：朕芻于丘剌？贞：朕芻于斗？朕芻于剌？"朱歧祥释殷王武丁亲自躬耕以示亲民，可从。又见《合集》137 号："癸丑卜，争贞：旬亡祸？王占曰：有祟。有梦。甲寅允：有来艰，左告曰：有往芻自益。十人又二。"以及《合集》11406 号："贞：于敦大芻？"辞中的"芻"为牧放之义。还见《合集》93 号："己丑卜，殻贞：即以芻，其五百隹六？"辞中的"芻"为牲畜之义，泛指牛羊。此外，《合集》2220 号："父乙大芻于王"以及《合集》2221 号："父乙芻于王"，辞中的"芻"字用义不明，或为某祭奠之物，待考。

《合集》11406 号

迗：字形 ⿰辶戈。罗振玉、王襄最早皆隶为迗（罗振玉《殷释》中，第 67 页；王襄《簠室殷契类纂》，第 8 页）。杨树达谓："余疑此字从辵或从彳，以戈为声，即过字也。"（杨树达《积微居甲骨文说》卷上，第 15 页）董作宾认为："此字所从示戈非戌，殷人自有步字……于践履之义相近也。"（董作宾《殷历谱》下编卷八，第 13 页）饶宗颐亦认为："迗于某地，与步于某地近义。"（饶宗颐《巴黎所见甲骨录》，第 19 页）见于《合集》27799 号："翌日壬王其迗于向，亡灾？"为廪辛康丁时期卜辞。辞中"迗"用作动词表过、经过。

戌：字形 ⿰辶戈。王襄、郭沫若、屈万里皆释为戌（王襄《簠室殷契类纂》正编第十二，第 56 页；郭沫若《粹考》，第 148 页；屈万里《甲编考释》，第 127

页）。《说文》："戍，守边也。从人。持戈。"姚孝遂认为："卜辞中皆用为戍守义，义为军旅组织之名称，指戍边者而言。"（于省吾《诂林》，第2346页，姚孝遂按）见于《合集》3227号："贞：勿乎雀戍？"为武丁时期卜辞。辞中"戍"用作动词表戍守。

铸：字形🗲。孙海波最早释为铸（孙海波《甲骨文编》527页）。《说文》："铸，销金也。从金。寿声。"见于《合集》29687号："丁亥卜，大……其铸黄吕……作凡利更……"为廪辛康丁时期卜辞。辞中"铸"用作动词表铸造。

习：字形🗲。唐兰、商承祚、郭沫若等皆释为习（唐兰《文字记》，第16页；商承祚《佚考》，第34页；郭沫若《卜通》，第156页）。《说文》："习，数飞也，从羽，白声。"裘锡圭认为："卜辞所见'习一卜''习二卜'之'习'，我以为当与《礼记·曲礼》上'卜筮不相袭'之'袭'同义。……用不用的方法同卜一事可以叫'袭'。"（裘锡圭《读安阳新出土的牛胛骨及其刻辞》，《考古》1972年第5期）林政华认为："习，重也。……此习义为温习，重习。……卜辞中谓习若干卜者，犹云再卜若干次也。"（林政华《甲骨文成语集》（上），《文物与考古研究》第一期，第55页）见于《合集》31672号："癸未卜，习一卜？习二卜？"为廪辛康丁时期卜辞。此字习用作动词表重复。

雉：字形🗲。罗振玉、王襄最早皆释为雉（罗振玉《殷释》中，第32页，王襄《簠室殷契类纂》，第18页）。《说文》："雉，从隹，矢声。"《尔雅·释诂上》："雉，陈也。"陈梦家认为："雉，与陈义近，雉可能是部别、编理人众。"（陈梦家《综述》，第609页）姚孝遂认为："'雉'当从陈梦家说训为陈列。"（于省吾《诂林》，第1730页，姚孝遂按）见于《合集》69号："贞：多不雉众？"为武丁时期卜辞。辞中"雉"用作动词表陈列，引申为整治军队。

献：字形🗲、🗲。王襄、叶玉森最早皆释为献（王襄《簠室殷契类纂》正编第十，第45页；叶玉森《钩沈》，第8页）。《说文》："献，宗庙犬名羹献。犬肥者以献。"《礼记·曲礼》："献，犬曰羹献。"屈万里认为："当读为献，乃献俘之义。"（屈万里《甲释》，2082片二辞释文）见于《合集》26954号："辛亥卜，贞：其祝，一羌，王受有祐？乙卯卜，狄贞：献羌，其用妣辛，升？"为廪辛康丁时期卜辞。辞中"献"用作动词表献俘。

从（比）：字形🗲。罗振玉、叶玉森最早皆释为从（叶玉森《钩沈》，第2页）。王襄释🗲为从，🗲为比（王襄《簠室殷契类纂》正编第八，第38页）。罗振玉认为"卜辞中从与比二字，甚不易判。以文理观之，此当为从字"（罗振玉《殷释》中，第53页）。《说文》："从，相听也。从二人。"董作宾认为："卜辞习见从字。一为随从之义，一为卜得吉兆也。"（董作宾《殷历谱》下编卷四《日至谱》二，第7页）卜辞中习见"从雨""从升""从东""从南"
"从西""从北""从之"等,见于《合集》33273 号:"庚午,燎于岳,有从?
在雨。燎于岳,亡从?在雨。"为武乙
文丁时期卜辞。辞中"从"用作动词表
顺从、听从。又见《合集》7267 号:
"……值,从之若?二告。"辞中的
"从"亦表顺从。朱歧祥认为:"从二人
紧密相随,前人均隶作从,唯于殷文意
似未尽恰,今释读为'比'字是,比,
小篆作 𠤏,亦从二人。《说文》:'密也。'
段注:'其本义谓相亲密也。余义:偹
也,及也,次也,校也,例也,类也,
择善而从之也,阿党也。'今以其义校
诸甲骨文例,均能文顺意通。"(朱歧祥
《通释稿》,第 14 页)

逆:字形 ↹、𢔶,前字以倒人动态象
形,或加"彳""止""辵"旁,会意。
罗振玉、王襄、最早皆释为逆(罗振玉
《殷释》中,第 66 页;王襄《簠室殷契
类纂》,第 7 页)。《说文》:"逆,迎也。
从辵。屰声。关东曰逆,关西曰迎。"
《尔雅·释言》:"逆,迎也。"卜辞中用
作动词表迎,见于《合》6197 号:"辛
丑卜,㱿贞:舌方其来,王勿逆伐?"此
外,卜辞中用作动词也表迎受,见于
《合集》32035 号:"王于宗门逆羌?"
又见《合集》32185 号:"己巳,贞:王
其逆执,有若?"其中"逆羌""逆执"
当是迎受羌俘和已抓获的俘虏的意思。
"逆"在卜辞中也作为祭祀动词,即逆
祭,如《屯南》37 号:"庚寅卜,逆自
毓,求年。自上甲求年。"

《合集》32035 号

先:字形 𣥸。罗振玉、王襄最早皆释
为先(罗振玉《殷释》中,第 64 页;
王襄《簠室殷契类纂》正编第八,第 40
页)。《说文》:"先,前进也。从儿之。"
饶宗颐认为:"先当为殷释候国,亦称
'先候'。先字也作动词用。"(饶宗颐
《通考》,第 647、410 页)"先盖谓先
行,先道。"(《小屯南地甲骨》,第 853
页)姚孝遂认为:"卜辞均用为先后之
先。段玉裁注谓'之者出也,引申为往
也'。"(于省吾《诂林》,第 829 页,姚
孝遂按)见于《合集》27946 号:"丁
酉卜,马其先,弗悔?"为廪辛康丁时
期卜辞。辞中"先"用着动词表以…为
前锋。又见《合集》29117 号:"……先
于孟,归乃从向。吉!"为廪辛康丁时
期卜辞。辞中"先"用着动词表前进、
前往。还见《合集》11006 号:"戊午
卜,争贞:先得?"为武丁时期卜辞。
辞中"先"用着动词表进献。此外,
"先"也用作祭祀动词,见于《合集》

6647 号："甲戌卜，宾贞：今日先牛？
翌乙亥用，祖乙。丁亥卜，争贞：王往
于敦？二告。"

肇：字形屮。丁山、李孝定等皆释为
肇（丁山《氏族及制度》，第 126—127
页；李孝定《集释》，第 3757 页）。《说
文》："肇，击也。从攴，肇省声。"姚
孝遂认为："肇，卜辞中均用为动词，
当训为'启'。……卜辞'肇'亦用为
祭名。"（于省吾《诂林》，第 2314 页，
姚孝遂按）见于《合集》5825 号："丙
申卜，贞：肇马，左右中人三百？"为
武丁时期卜辞。辞中"肇"用作动词表
启动、开始。又见《合集》15519 号：
"肇丁小牢？"为武丁时期卜辞。辞中
"肇"用作祭祀动词。

归：字形。罗振玉、王襄最早皆
释为归（罗振玉《殷释》中，第 64 页；
王襄《簠室殷契类纂》，第 6 页）《说
文》："归，女嫁也。从止，妇省，自
声。"姚孝遂认为："卜辞用为归返意。
又为地名及方国名。"（于省吾《诂林》，
第 3035 页，姚孝遂按）见于《合集》
7488 号："辛卯卜，争贞：勿令望乘先
归？"为武丁时期卜辞。辞中"归"用
作动词表返回。

听：字形。王襄最早释为听（王
襄《簠室殷契类纂》，第 5 页）。《说
文》："听，聆也。"于省吾认为听为听
闻或听治之听，或为廷、庭之初文（于
省吾《释林》，第 83—86 页）。见于
《合集》19176 号："贞：弗其听？"为
武丁时期卜辞。辞中"听"为动词表
听闻。

《合集》19176 号

梦：字形。孙海波、丁山、郭沫若
等皆释为梦（孙海波《甲骨文编》，第
328—329 页；丁山《诂林》，第 3107
页；郭沫若《铁云藏龟拾遗释文》，第 7
页）《说文》："梦，不明也。"见于
《合集》122 号："贞：王梦启，隹祸？"
为武丁时期卜辞。辞中"梦"用作动词
表做梦、梦见。

坠：字形。郭沫若释为坠（郭沫若
《卜通》，第 158 页）。《说文》坠为"队"
字："队，从高队也。"从阜从倒人，会
意人从高处坠落。见于《合集》17310
号："……酉：告王坠？"为武丁时期卜

《合集》17310 号

辞。辞中“坠”用作动词表坠落。

蛊：字形。商承祚、张秉权皆释为蛊（商承祚《类编》十三卷，第3页；张秉权《丙编考释》，第491页）《说文》：“蛊，腹中虫也。”《尔雅·释诂》：“蛊，疑也。”郭璞注：“蛊惑有贰心者皆疑也。”姚孝遂认为：“蛊引申为灾祸之义。”（于省吾《诂林》，第2647页，姚孝遂按）见于《合集》6016号：“庚申卜，争贞：旨其伐，有蛊，隹？旨弗其伐，有蛊，隹？”为武丁时期卜辞。辞中“蛊”用作动词表祸害。

方：字形。卜辞方除用作方国名、地名、方位词外，也用作祭祀动词，见于《合集》418号：“贞：方帝一羌二犬卯一牛？贞：勿方帝？”

日：字形。卜辞中日除用作天象气象时间词外，也用作祭祀动词，见于《合集》1354号：“贞：成日二牛？贞：成日三牛？”

朿：字形。罗振玉、叶玉森最早皆释为朿（罗振玉《金文编》出版卷十四，第17页；叶玉森《前释》一卷，第132页）。《说文》：“朿，木芒也。象形，读若刺。”《尔雅·释诂上》：“刺，杀也。”赵诚认为：“象一种用来刺杀的器具，本应是名词。由此发展而用来指称表示刺杀，则为动词。”（赵诚《词典》，第314页）姚孝遂亦认为“朿”在卜辞中用作地名或人名，也用作动词（于省吾《诂林》，第2565页，姚孝遂按）。见于《合集》29031号：“叀朿西鹿从？王其田鷄？”为廪辛康丁时期卜辞。辞中“朿”用作动词表刺杀。又见《合集》22226号：“庚申卜，至妇御母庚牢，朿小牢？”为武丁时期卜辞。辞中“朿”用作祭祀动词，即用牲法。

示：字形。罗振玉、王国维最早皆释为示（罗振玉《殷释》下，第25页；王国维《戬考》，第4页）。《说文》：“视，瞻也。从示、见。眎，古文视。”卜辞中示用作人名、地名，也用作动词。见于《合集》838号：“妇井示三十，宾。”为武丁时期卜辞。辞中示用作动词表检视、验看。又见《合集》27412号：“戊辰卜，其示于妣己，先杀？”为廪辛康丁时期卜辞。辞中“示”用作祭祀动词。

兴：字形。罗振玉最早释为兴（罗振玉《殷释》中，第62页）。《说文》：“兴，起也，从舁同。同，同力也。”孙海波谓：“兴，祭名。”（孙海波《甲骨文编》，第105页）姚孝遂认为：“兴，卜辞中用为地名，亦用为祭名。”（于省吾《诂林》，第2852页，姚孝遂按）卜辞中“兴”用除作方国名、地名、人名，也用作动词。见于《合集》22044号：“辛亥卜，兴司戊？辛亥卜，兴？辛亥卜，兴且庚？辛亥卜，兴子庚？”为武丁时期卜辞。辞中“兴”用作祭祀动词。

龠：字形。《说文》：“龠，乐之竹管。三孔以口声也。”卜辞中“龠”用作地名，也用作动词。见于《合集》24833号：“乙卯卜，出贞：王宾龠，不遘雨？”为且庚且甲时期卜辞。辞中“龠”用作祭祀动词。

生：字形。孙海波、郭沫若等最早皆释为生（孙海波《甲骨文编》，第274

页；郭沫若《粹考》，第 62 页）《说文》："生，进也。"见于《合集》904号："甲申卜，宾贞：乎耤，生？二告。贞：不其生？"为武丁时期卜辞。辞中"生"用作动词表植物生出来、长出来之意。又见《合集》2646 号："己卯卜，㱿贞：壬父乙，妇好生，保？"为武丁时期卜辞。辞中"生"用作动词表生育。

目：字形 ◐。王襄、孙海波最早释为目（王襄《簠室殷契类纂》正编第四17 页，孙海波《甲骨文编》，第 722 页）《说文》："目，人眼。象形。"张秉权认为："目，是名词，在甲骨文中，有三种不同的用法：一，用作人身器官之名者，二，用作地名者，三，用作人名者。"（张秉权《丙编考释》210 页）赵诚谓："甲骨文的目字写作 ◐，像睁开的眼睛。卜辞作为名词，即指眼睛，作为动词，则释用眼睛观看。此外，还用作观察、监视之义，当释本义之引申。"（赵诚《甲骨文行为动词探索（一），《古文字研究》第十七辑，第 334 页）见于《合集》6194 号："贞：乎目舌

《合集》6194 号

方？"为武丁时期卜辞。辞中"目"用作动词表观察、监视。

耤：字形 ➤。叶玉森最早释为耤（叶玉森《前释》六卷，第 18 页）。王贵民谓："耤用作动词，即耕地。"（王贵民《就甲骨文所见试说商代的王室田庄》，《中国史研究》1980 年第 3 期，第 58 页）见于《合集》9504 号："丙辰卜，争贞：乎耤于隹，受有年？"为武丁时期卜辞。辞中"耤"用作动词表耕作。

爵：字形 ➤。卜辞中用作祭祀动词，见于《合集》22184 号："爵于且丁？"

肆：字形 ➤。卜辞中用作祭祀动词，见于《合集》27288 号："更兹且丁肆，受祐？"

屎：字形 ➤。陈梦家、李孝定等皆释为屎（陈梦家《综述》，第 538 页；李孝定《集释》，第 2753 页）。见于《合集》9480 号："……卜……贞：翌屎有足，乃圣田？"为武丁时期卜辞。辞中"屎"用作动词表施粪于田。

休：字形 ➤。屈万里释为休（屈万里《甲编考释》，第 11 页）。见于《合集》24397 号："……王往……延休？"为且庚且甲时期卜辞。辞中"休"用作动词表休息。

走：字形 ➤。赵诚释为走，认为"像人急走或奔跑时，两臂前后上下甩动之形，其本义相当于现在的跑。甲骨文用来表示急行。快走，似仍用其本义。……卜辞也用作急驰之义"（赵诚《词典》，第 345 页），见于《合集》17230 号："贞：王往走兕至于宾，剮？"

为武丁时期卜辞。辞中"走"用作动词表行走、奔走。

《合集》17230 号

乡：字形🐚。罗振玉、王襄、孙海波最早皆释为"乡"（罗振玉《殷释》下，第 63 页；王襄《簠室殷契类纂》正编第九，第 41 页；孙海波《甲骨文编》，第 281 页）。见于《合集》27647 号："贞：叀多子乡于厅？"为廪辛康丁时期卜辞。辞中"乡"用作动词表使……飨。又见《合集》27456 号："癸巳卜，何贞：翌甲午，蒸于父甲，乡？"为廪辛康丁时期卜辞。辞中"乡"用作动词也表"飨祀先祖"之意。

淮：字形🐦。卜辞中用作祭祀动词，见于《合集》23070 号："庚寅卜，旅贞：翌辛卯，其淮于丁……"

观：字形🦅。罗振玉、王襄最早皆释为观（罗振玉《殷释》中，第 33 页；王襄《簠室殷契类纂》正编第八，第 40 页）。见于《合集》9607 号："贞：妇姘田，不其观？"为武丁时期卜辞。辞中"观"用作动词表观看、视察。又见《合集》6096 号："壬子卜，宾贞：舌方出，王观？"为武丁时期卜辞。辞中"观"用作动词表侦察。

米：字形🌾。罗振玉、王襄最早皆释为米（罗振玉《殷释》中，第 34 页；王襄《簠室殷契类纂》正编第七，第 34 页）。象粟米。姚孝遂认为："卜辞米字多用其本义，亦有用作祭名者。"（于省吾《诂林》，第 1838 页，姚孝遂按）见于《合集》32540 号："癸卯贞：米于且乙？"为武乙文武丁时期卜辞。辞中"米"用作祭祀动词，即用米祭祀。

安：字形🏠。王襄最早释为安（王襄《簠室殷契类纂》正编第七，第 35 页）。李孝定谓："《说文》：'安，静也。从女在宀下。'在女宀下会意，言室家之安也。"（李孝定《集释》，第 2449 页）见于《合集》5373 号："癸酉卜，争贞：王腹不安，亡延？"为武丁时期卜辞。姚孝遂认为："'不安'谓'不适'指腹有疾言之，乃安之引申义。"（于省吾《诂林》，第 2017 页，姚孝遂按）辞中"安"用作动词表平安。

丁：字形口。卜辞中丁除用作时间词外，也用作祭祀动词，见于《合集》35832 号："丙戌卜，贞：武丁丁其牢？"

司：字形🔨。罗振玉、王襄、叶玉森

最早解释说司（罗振玉《殷释》下，第53页；王襄《簠室殷契类纂》正编第九，第41页；叶玉森《前释》卷六，第25页）。《说文》："司，臣事于外者。从反后。其文与此正同。"叶玉森谓："司即祠。"（叶玉森《前释》卷二，第28页）朱芳圃认为："司，孳乳为祠，《尔雅·释诂》：'祠，祭也。'又《释天》：'春祭曰祠，'郭注：'祠之言食。'考古人每食必祭。"（朱芳圃《殷周文字释丛》卷中，第101页）姚孝遂亦认为："卜辞司用为祀，亦用为饲。"（于省吾《诂林》，第2206页，姚孝遂按）见于《合集》13559号："壬辰卜，贞：设司室？"为武丁时期卜辞。辞中"司"用作祭祀动词。

戋：字形 、 、 、 。罗振玉："《说文解字》：'戋，伤也。从戈，才声。'此从屮从屮，乃古文在字。"（罗振玉《殷释》中，第69页）王襄谓："古戋字。许说伤也，从戈才声。屮，古在字通作才。"（王襄《簠室殷契类纂》正编第十二，第56页）张秉权认为："卜辞中戋即《说文》十二下戈部的戋字。戋，伤也。现在我们把它楷定为'戋'字，而把戋楷定为戋，以示分别。'戋某方'就是伤害某方的意思。"（张秉权《丙编考释》，第4页）李宗焜释为戋（李宗焜《甲骨文字编》，第902页），此从。卜辞习见，如《英》564号："辛丑卜，宾贞：叀羽令以戈人伐舌方，戋？"辞中"戋"用作动词表使……伤亡。

簁：字形 。卜辞中用作祭祀动词即用牲法，见于《英》1972号："……卯侑于母庚三牢簁一牛羌十？"

食：字形 。罗振玉、王襄最早皆释为食（罗振玉《殷释》中，第71页；王襄《簠室殷契类纂》正编第五，第25页）林义光《文源》以为金文食字从亼（倒口）在皀上，甲骨文同，其说不误。姚孝遂认为林说非是，以为食象食物在器，上有盖之形，皆为会意（于省吾《诂林》，第2759页，姚孝遂按）。见于《合集》24440号："月一正曰食麦。"为且庚且甲时期卜辞。辞中"食"用作动词表吃，食麦即吃麦。

熹：字形 。王襄、叶玉森最早皆释为熹（王襄《簠室殷契类纂存疑》第十，第50页；叶玉森《前释》卷五，第11页）。说文："熹，炙也。从火喜声。"李孝定认为"熹，即以炙肉为祭"（李孝定《集释》，第3162页）。姚孝遂亦认为熹为祭名（于省吾《诂林》，第2780页，姚孝遂按）。见于《合集》32536号："乙酉卜，叀且乙熹？用。"为武乙文武丁时期卜辞。辞中"熹"用作祭祀动词。

醜：字形 ，王襄最早释"古醜字"（王襄《簠室殷契类纂》正编第九，第42页）。《说文》："醜。可恶也。从鬼、酉声。"现代汉字醜简化为丑与地支丑字同。甲骨字醜见于《合集》4654号："……龙有醜……"又见《合集》12878号："……贞：若兹，不雨？隹……有醜于……"反面"……龙有醜。"皆为武丁时期卜辞。辞中的"龙"郭沫若释"假为宠"（郭沫若《卜通》别2.4）。对辞中的醜，姚孝遂认为："卜辞醜与宠（龙）相对为文……醜有厌恶嫌弃之义。或'荷天之宠'，是为'帝降若'；或'天厌之'，是为'帝降不若'，此'宠'与'醜'相对之义。似较释'醜'为'怒'为优。"（于省吾《诂林》，第 356 页，姚孝遂按）

《合集》4654 号

剥：字形𢇬，释为剥。《说文》："剥。裂也。从刀、从录。录，刻割也，录亦声。"姚孝遂释"此正从'刀'、从'录'，与小篆同。"（于省吾《诂林》，第 2474 页姚孝遂按）见于《合集》15788 号："戊申……贞：侑……剥……"为武丁时期卜辞。同辞出现祭名侑，"剥"字当与祭祀相关。

秉：字形𥝱，罗振玉最早释为秉，以为与《秉仲鼎》的秉字略同，"象手持禾形"（罗振玉《殷释》中，第 60 页）。说文："秉。禾束也。"《诗毛传》："把也。"姚孝遂认为："甲文秉从又持禾，与小篆同。卜辞或为地名，或为动词，其义不详。"（于省吾《诂林》，第 1421 页，姚孝遂按）见于《合集》519 号："……得四羌在秉。十二月。"为武丁时期卜辞。辞中的秉为地名。又见《合集》17444 号、17445 号、18142 号、18157 号、18158 号都出现秉的内容，皆为武丁时期卜辞。辞中的秉，朱歧祥认为"用收割义"（朱歧祥《通释稿》，第 170 页）。朱说可从，卜辞中"秉"又用作动词。

兵：字形𠩺，王襄最早释疑兵字，像双手执干形（王襄《类纂存疑》第三，第 12 页）唐兰、李孝定皆释为兵（唐兰《导论》下编，第 29 页）。姚孝遂认为："从収从斤，与小篆同，当是兵字。文辞多残，用义不明。"（于省吾《诂林》，第 2518 页，姚孝遂按）见于《合集》7204 号："甲子卜……贞：出兵，若？"又见《合集》9468 号："贞：勿赐寅兵？"还有《合集》7205 号、9469 号和《屯南》942 号都出现"兵"的内容。李孝定认为："'出兵'连文，盖与近伐语法相同已，引申以为执兵者之偶矣。"（李孝定《集释》，第 795 页）

《合集》9468 号

朱歧祥认为："卜辞习言'出兵'，即卜问是否要遣师出征之义。……又有言'易兵'、'易寅兵'，或即'赐兵'、'赐矢兵'。寅、矢字义同。见殷王已有赏赐兵戈与功臣之例。"（朱歧祥《通释稿》，第 331 页）朱说可从，卜辞中"兵"已用作本义，表兵戈。

剐（别）：字形 ⿰，于省吾、姚孝遂释为剐。《说文》："剐。分解也。从冎、从刀。"见于《合集》17230 号："贞：王往走蔑至于宾，剐？"姚孝遂认为辞中的剐"当与祭祀有关"（于省吾《诂林》，第 2475 页，姚孝遂按）。王蕴智认为剐通别字（王蕴智《字学论集》，第 175 页）。

败：字形 ⿰、⿰，两个字形，⿰字严一萍释为得（严一萍《释得》，《中国文字》第一卷，第 36 页），于省吾、姚孝遂皆释为败（于省吾《诂林》，第 1883 页）。⿰字从鼎，孙海波、饶宗颐皆释为败（孙海波《甲骨文编》，第 140 页；饶宗颐《通考》，第 279 页）。《说文》："败。毁也。"卜辞中 ⿰ 见于《合集》17318 号："贞：亡败？"为武丁时期卜辞。⿰字见于《合集》2274 号："丙子卜，宾贞：父乙弜佳败王？父乙不弜败王？"亦为武丁时期卜辞。姚孝遂认为："饶宗颐谓'败王'与'壱王'辞例同。其说盖是。"（于省吾《诂林》，第 2740 页，姚孝遂按）其说可从，卜辞中"败"字用作动词。

速：字形 ⿰、⿰，从木从横东从止，释为速（李宗焜《甲骨文字编》，第 1270 页）。为《花东》新出字形，见于《花东》90 号："（1）一。（2）其侑妣庚？三。（3）甲卜：弜侑……（4）……岁……（5）乙卜：速丁以玉？一。"又见《花东》113 号、180 号、248 号、294 号等都出现有"速"的内容，皆为武丁时期卜辞。辞中的速，有释"该辞之意义似与 37（H3：123＋373）第 4 辞'以一卣见丁'之见字，180（H3：550）第 6 辞'子启丁璧暨玉'之启字意义相近"（考古所《花东》，第 1596 页）。此解可从，速字在辞中用作动词。此外，《合集》15109 号、15110 号、18698 号都出现"⿰"字，李宗焜亦释为速。

虎：字形 ⿱、⿱，胡厚宣隶作虎，认为"即是《说文》的豥字"（胡厚宣《甲骨文虎字说》，《甲骨文探史录》，第 36 页）。见于《合集》21768 号："甲寅卜：虎获？甲寅卜：豖虎印？"为武丁时期卜辞。辞中的"虎"，姚孝遂认为"用为动词。'印'读为'抑'，为疑问连词，是一种省略的对贞形式"（于省吾《诂林》，第 1631 页，姚孝遂按）。

畐：字形 ⿱，孙海波最早释"畐假为福"又云"孳乳为福"（孙海波《诚斋考释》，第 11 页；《甲骨文编》旧五卷，第 17 页）。《说文》："富（畐）。满也。从高省，象高厚之形，读若伏。"李孝定认为："乃假为福，孙说是也。"（李孝定《集释》，第 1869 页）姚孝遂认为："字当释'畐'，《合集》30065'其畐'、又《合集》30948'弜畐'皆用为动词，其义不详。"（于省吾《诂林》，第 2135 页，姚孝遂按）字见于

《合集》30065 号、30948 号与《屯南》4197 号，皆残辞。

迟：字形 , , ，一字多形，罗振玉、王襄、屈万里皆释为避（罗振玉《殷释》中，第 66 页；王襄《簠室殷契类纂》第一，第 7 页；屈万里《甲编考释》，第 201 页）。容庚、孙海波、李孝定释为迟（容庚《金文编》二卷，第 21 页；孙海波《甲骨文编》，第 75 页；李孝定《集释》，第 539 页）。姚孝遂认为："当如容庚说释'迟'。卜辞或用为人名"（于省吾《诂林》，第 2282 页，姚孝遂按）。见于《合集》27800 号："迟步弗悔?"又见《合集》14912 号、27972 号、28089 号以及《屯南》2986 号都出现"迟"的内容，皆用作人名或族名。朱歧祥认为："字复用为动词，示离开。《前 5.30.1》（《合集》36824 号）其迟于此（之）。若。"（朱歧祥《通释稿》，第 302 页）

发：字形 , , ，一字多形，姚孝遂释"字从'弓'从'攴'。隶可作'弢'。……''与''似无别，皆为祭名"（于省吾《诂林》，第 2621—2622 页，姚孝遂按）。有释为發（王蕴智《字学论集》，第 177 页），现代汉字简化为发。见于《合集》26917 号："发，王受祐?"又见《合集》4840 号、30358 号、30414 号以及《屯南》2552 号等，辞中的"发"皆为祭名。

格：字形 ，从彳从各，依形隶为徦，李孝定释"古格字"（李孝定《集释》，第 598 页）。姚孝遂认为："字从'彳'从'各'，隶当作徦，乃由'各'

所孳乳，即《说文》训为'至'之'徦'，典籍或假为'格'或'假'为之。卜辞皆用为动词。……'徦'义当为'格斗'之'格'。"（于省吾《诂林》，第 2238 页姚孝遂按）见于《合集》31230 号："弜旬格，亡若?"又见《合集》31164 号、37386 号皆出现"格"的内容。辞中的"格"皆为动词。

《合集》31230 号

截：字形 ，从雀从戈，宋镇豪释为截（宋镇豪《甲骨文'出日'、'入日'考》，《出土文献研究》，第 33 页）。《说文》："截。断也。从戈，雀声。"见于

《屯南》2232 号："王其观日出，其截于日刚。"辞中的"截"，姚孝遂释"为祭名"（于省吾《诂林》，第2449页，姚孝遂按）。

具：字形▨，从鼎在双手上，姚孝遂释"当为'鼎'之异构，训为'当'"（于省吾《诂林》，第2739页，姚孝遂按），也有释为具（王蕴智《字学论集》，第180页）。见于《合集》22153号："具伐……不……"为武丁晚期卜辞。辞中的"具"当用作动词。

亲：字形▨，詹鄞鑫释"是薪字初文"（詹鄞鑫《释辛及与辛有关的几个字》，《中国语文》1983年第5期，第272页）。姚孝遂认为："字当隶作'亲'，契文'新'即从此，亦即'新'若'薪'字初文，詹鄞鑫之说是对的。"见于《合集》30757号："甲子卜，狄贞：王其亲？"为廪辛康丁时期卜辞。辞中的亲，姚孝遂认为用为动词，可读为"薪"。（于省吾《诂林》，第1411页，姚孝遂按）

矛：字形▨，孙海波、金祥恒、李孝定皆隶为矛（孙海波《甲骨文编》旧版三卷，第4页；金祥恒《续文编》三卷，第7页；李孝定《集释》，第791页）。《说文》："矛，持弩拊，从廾，肉声。"见于《合集》27604号："叀多母……矛？叀辟臣矛？弜矛？"又见《合集》31770号也出现"矛"的内容，皆为廪辛康丁时期卜辞。辞中的"矛"，姚孝遂认为："隶可作'矛'，但与《说文》'矛'之涵义不合。卜辞用为祭名"（于省吾《诂林》，第902页，姚孝遂按

）。

辽：字形▨，从彳从止从尞，有释为遼（王蕴智《字学论集》，第181页），现代汉字简化为辽。见于《合集》28190号："……辽于西方东乡？"为廪辛康丁时期卜辞。辞中的"辽"，姚孝遂释："当为'尞'之繁构。"又释"为祭名，义与'尞'同"（于省吾《诂林》，第2307页，姚孝遂按）。

劦（契）：字形▨，屈万里释"隶定之当作劦。按：《汗简》及《古文四声韵》并有此字（作劦）。云：'恪八切'。《六书正讹》谓即契字，其说可信"（屈万里《甲释》1170片释文）。《说文》："劦。巧劦也。从刀、丰声。"见于《合集》14176号："……卯丁帝其降祸其劦？"为武丁时期卜辞。辞中的劦，姚孝遂释："'其劦'当读作'其害'。"又"字当释'劦'，即'契'之初文。"（于省吾《诂林》，第2473—2474页，姚孝遂按）

《合集》14176 号

律：字形▨、▨，孙海波最早释为律，并谓为"地名"（孙海波《甲骨文编》，第76页）。《说文》："律。均布也。从彳聿声。"王筠《句读》："以均释律者，《周语》律所以立均出度也。"

《尔雅·释诂》："律。法也。"段注："律者，所以范天下之不一者而一之。"见于《屯南》119 号、《怀》1581 号都出现"师叀律用"内容，又见《合集》28953 号、《怀》827 号都出现"律"的内容。辞中的"师叀律用"，姚孝遂以为"即师出当以法度之意"（于省吾《诂林》，第 2298 页，姚孝遂按）。但朱歧祥引《人 2033》："……日戊王弜迖律其……亡灾。弗每。"内容，认为律"卜辞作为殷王田狩地名，与田猎动词'迖'连用。见晚期甲文。"（朱歧祥《通释稿》，第 308 页）

宓：字形⿱、⿱，从宀从弋或双弋，释为宓（王蕴智《字学论集》，第 182 页；姚孝遂、肖丁《类纂》，第 756 页；《合集》22517 条）。见于《合集》4885 号："壬戌卜，令周宓，若?"又见《合集》4813 号、4886 号、22317 号以及《屯南》307 号、425 号等皆出现"宓"的内容。姚孝遂认为《合集》4885 号中的宓"用为动词"即从双弋乃宓的繁体（于省吾《诂林》，第 2014 页，姚孝遂按）。

攴（扑）：字形⿰、⿰，孙海波最早释为攴，并谓"《说文》：攴。小击也。从又卜声。此是从又从卜，卜辞牧字般字并从此。今定为攴字"（孙海波《甲骨文编》，第 137 页）。见于《合集》22536 号："丙辰，攴禾?"为武丁时期卜辞。又见《英》1330 号也出现"攴"字。辞中的"攴禾"，姚孝遂认为："《说文》训'攴'为'小击'。'攴禾'，当指谷物之脱粒而言。今日农村

脱粒犹有以'攴'击之者。"（于省吾《诂林》，第 936 页，姚孝遂按）但是，此字形与甲骨文"父"字形近，应根据上下文辨之。攴字也有释通扑（王蕴智《字学论集》，第 183 页）。

区：字形⿱、⿱、⿱，孙海波、金祥恒皆释为区（孙海波《甲骨文编》，第 682 页；金祥恒《续文编》十二卷，第 25 页）。李孝定亦释区，以为用作地名（李孝定《集释》，第 3815 页）。见于《合集》685 号："贞：王其狩区?"为武丁时期卜辞。又见《屯南》300 号："丁丑，贞：其区擒? 弜区擒?"为武乙文武丁时期卜辞。辞中的"区"，姚孝遂认为："释区可从"又"卜辞皆用为与狩猎有关之动词，盖假作'驱'，无用作地名之例"（于省吾《诂林》，第 747 页，姚孝遂按）。

市：字形⿰、⿰、⿰，一字多形，释为市（王蕴智《字学论集》，第 184 页；姚孝遂、肖丁《类纂》，第 327 页）。见于《合集》27202 号："贞：于乙日市西，王受祐?"又见《合集》27641 号、28751 号、28754 号等皆出现"市"的内容。辞中的市，姚孝遂认为皆用为祭名（于省吾《诂林》，第 837 页，姚孝遂按）。

尤：字形⿰、⿰，商承祚释为祐（商承祚《佚考》，第 85 页）。唐兰释"古尤字，商承祚释祐，误"（唐兰《文字记》，第 32 页）。李孝定认为："契文此字唐释尤可从。"（李孝定《集释》，第 2353 页）见于《合集》2940 号："丙戌卜，争贞：父乙尤多子?"又见《合集》3238 号、16267 号、18406 号都出现

"尤"的内容，皆为武丁时期卜辞。辞中的"尤"字，姚孝遂认为："当与《孟鼎》'我闻殷述令'之'述'用法同。"（于省吾《诂林》，第914页，姚孝遂按）

稼：字形❇、❇，从田从双禾或三禾，有释为稼（李宗焜《甲骨文字编》，第825页）。见于《合集》9617号："辛丑卜，稼穧？"又见《合集》9618号："……不隹稼？"皆为武丁时期卜辞。辞中的稼，于省吾、姚孝遂隶为穧，并以为"皆为与农事有关之动词，当是'稼穑'之义。……但不必是'稼'字"（于省吾《诂林》，第2114页，姚孝遂按）。

駥：字形❇，从马从沓，隶作駥（王蕴智《字学论集》，第185页）。见于《合集》27972号："戊其归乎駥，王弗悔？"为廪辛康丁时期卜辞。辞中的"駥"，姚孝遂释"字从'马'从'沓'，隶可作'駥'，用为动词"（于省吾《诂林》，第1600页，姚孝遂按）。

惑：字形❇，从示从心，于省吾、姚孝遂隶作祕，以为"字在卜辞当为祭名"（于省吾《诂林》，第1080页，姚孝遂按）。也有释为惑（李宗焜《甲骨文字编》，第404页），可备一说。见于《合集》26896号出现"惑"的内容，辞中的"惑"，用作祭祀动词。

致：字形❇，郭沫若最早释"当是致之异，送诣也"（郭沫若《粹考》，第166页）。李宗焜亦释为致（李宗焜《甲骨文字编》，第134页）。见于《合集》27890号："叀小臣妥致不作自鱼？"为

廪辛康丁时期卜辞。辞中的"致"，姚孝遂认为："郭沫若释'致'可从。……用作动词，乃其本义。"（于省吾《诂林》，第437页，姚孝遂按）

退：字形❇、❇，释为退（张亚初《古文字分类考释论稿》，《古文字研究》第十七辑，第256页；王蕴智《字学论集》，第186页）。见于《合集》32260号："丙申卜，退伐，不用？"又见《合集》34115号："弜酒河燎，其退？"还见《合集》32261号、33215号、33690号、34601号以及《屯南》2541号等都出现"退"的内容，皆为武乙文武丁时期卜辞。辞中的"退"，姚孝遂认为："在卜辞为祭名。"（于省吾《诂林》，第866页，姚孝遂按）对于《合集》34601号出现的"退旦"，也有释为"复旦"（赵诚《词典》，第371页）。

《合集》34115号

臽：字形❇、❇，释为臽（于省吾《释林》，第270页；王蕴智《字学论集》，第186页）。见于《合集》22277号："丁丑卜，子启，臽亡祸？"又见《合集》22278号内容与《合集》22277同，《合集》8207号、22279号都出现

"臽"的内容，皆为武丁时期卜辞。辞中的"臽"，姚孝遂认为："卜辞皆用为动词，其义不详。字与'臽'当有别。"（于省吾《诂林》，第 2684 页，姚孝遂按）朱歧祥认为："从人埋宥中，象活埋人牲之祭。"（朱歧祥《通释稿》，第 359 页）

訢（欣）：字形𣄫，从言从斤，释为訢（考古所《屯南》，第 886 页）。也有释通欣（王蕴智《字学论集》，第 187 页）。见于《屯南》4544 号："丁丑卜，其告祭訢至……"又见《屯南》656 号："其告祭訢且辛，王受祐？吉！"皆为廪辛康丁时期卜辞。辞中的"訢"，姚孝遂以为"均当为祭名"（于省吾《诂林》，第 2526 页，姚孝遂按）。

劓：字形𠚥、𠚤，罗振玉、王襄最早皆释为劓，罗振玉谓"《说文解字》劓，刑鼻也。从刀，臬声。或从鼻作劓。此作劓，与《说文》或作合。自即鼻之初字也"（罗振玉《殷释》中，第 57 页；王襄《簠室殷契类纂》，第 21 页）。见于《合集》6226 号："丁巳卜，亘贞：劓牛爵？"又见《合集》4389 号、5994 号、5995 号、8986 号都出现"劓"的内容，皆为武丁时期卜辞。姚孝遂举《合集》5995 号、6226 号例认为："当用劓之本义。"（于省吾《诂林》，第 677 页，姚孝遂按）白玉峥认为："劓字与卜辞中之为用，以残辞且为字奇少，字义无由推勘。然就字之构形审之，是必为动词，《说文》刑鼻之说，固其初谊矣。"（白玉峥《说文举例校读》十二，《中国文字》第四十三册，第 4923 页）

《合集》6226 号

妍：字形𡜰、𡚇，郭沫若释"当是旡之异，象女头著簪之形"（郭沫若《粹》，247 片考释）。也有释为妍（王蕴智《字学论集》，第 187 页；李宗焜《甲骨文字编》，第 145 页），可备一说。见于《合集》28273 号："于大乙、且乙妍求年，王受……"又见《合集》27250 号、30458 号以及《屯南》1232 号等都出现"妍"的内容，皆为廪辛康丁至武乙文武丁时期卜辞。辞中的"妍"，姚孝遂认为："郭沫若释旡是对的。"又"均为祭名，或求年，或祈雨，与'旡'之本义无涉。"（于省吾《诂林》，第 460 页，姚孝遂按）

酓：字形酓、酓、酓，孙海波最早释为酓（孙海波《甲骨文编》569 页）。见于《合集》32344 号："叀邑王酓？"又见《合集》22137 号、22139 号、28097 号、30284 号等都出现"酓"内容。辞中的酓，姚孝遂认为："字当是'歙'之省，隶可作酓。在卜辞为祭名。"（于省吾《诂林》，第 2698 页，姚孝遂按）

刖（俄）：字形𠨞、𠨞、𠨞、𠨞，一字多形，最早罗振玉、王国维、王襄、孙海波皆释为陵（罗振玉《殷释》中，第66页；王国维《文字编》十四卷，第4页；王襄《簠室殷契类纂》正编第十四，第61页；孙海波《甲骨文编》，第943页）。张政烺释为俄，并认为"这个字是会意字，或者说复体象形字"又"从大从我，由字形看当时俄字。……俄是人截去一只脚，自然主不正（倾斜），呆不久（俄顷）"（张政烺《释甲骨文俄、隶、蕴三字》，《中国语文》1965年第4期，第296页）。胡厚宣释"是刖形字的最原始的文字"（《考古》1973年第2期，第108页）。见于《合集》6001号："丁巳卜，亘贞：刖若？"又见《合集》580号、581号等10数条卜辞都出现"刖"的内容。姚孝遂认为字"释'俄'是正确的。象刖足之形"（于省吾《诂林》，第312页，姚孝遂按）。

《合集》6001号

凿：字形 、 ，孙诒让最早释"疑是报字。"又"疑为设之省"（孙诒让《举例》，第15页）。郭沫若释为"疑是毁字"（郭沫若《卜通》，第89页）。王襄释"疑古酌字"（王襄《簠室殷契微文考释》典礼，第12页）。于省吾释为设（于省吾《释林》，第103页）。徐兆仁释为凿（徐兆仁《释 》，《古文字研究》第十七辑，第223页）。见于《合集》13559号："壬辰卜，贞：凿司室？"又卜辞习见"有凿"，见于《合集》522号反面、3473号等20余条卜辞，皆为武丁时期卜辞。关于"凿"，姚孝遂释为凿，认为"卜辞为用牲之法，进而引申为祭名。又为灾咎之义"（于省吾《诂林》，第926页，姚孝遂按）。朱歧祥从于省吾观点释此字为设，认为"卜辞泛指祭祀时陈列的祭物"（朱歧祥《通释稿》，第80页）。

拉：字形 ，从二走，释为拉，也有释为扶（李宗焜《甲骨文字编》，第87页）。见于《花东》280号："丁亥：子其学 拉？用。一。癸巳：岁妣庚一牢，龟祝？一。二。"又见《花东》380号也出现拉的内容，皆为武丁时期卜辞。辞中的 ，有释"疑为拉之初文"又"表示二人手拉手同行，其义昭然。根据字形结构当隶释为'妖'。'夭'乃'走'之初文。此字从二夭，疑为'拉'之初文，会意字。《说文》：'拉。摧也。从手立声。'是后期的形声字。《正韵》云：'邀人同行曰拉。'此义与该字形体十分吻合。"（考古所《花东》，第1675、1710页）

毅：字形 ，从豕从殳，隶作毅。见于《花东》76号："乙卯：岁且乙毅，叀子祝？用。二。乙卯卜：其御疾于癸子，咠犾一，又毁？用。又疾。一。二。三。"为武丁时期卜辞。辞中的毅，有释"从豕从殳。字形象双手拿鎚，击杀

一头公猪。'岁且乙毅'义为用被击杀的公猪来岁祭祖乙。"（考古所《花东》，第 1590 页）

为：字形𠂒、𦥑、𦥑、𤔔、𤔔、𤔔，一字多形，皆从又从象，罗振玉、闻一多最早皆释作为（罗振玉《殷释》中，第 60 页；闻一多《释为释豕》，《古典新义》，第 537 页）。孙海波释："卜辞为字象用手牵象"（孙海波《甲骨文编》，第 109 页）。见于《合集》13490 号："癸酉卜，争贞：叀宾为？"又见《合集》1288 号、15179 号、15180 号、15182 号等皆出现有"宾为"或"为宾"内容，皆为武丁时期卜辞。辞中的"为宾"或"宾为"，朱歧祥认为："卜辞习言'为宾'。宾，敬也；礼敬先祖。参《诗经·丝衣》序。即作为主祭者之意。"（朱歧祥《通释稿》，第 202 页）姚孝遂谓："甲骨文为字从手牵象，故

有作为之义，乃会意字。许慎以为象猕猴形，盖小篆形体讹变，非其初朔，以致误解。卜辞似均用作祭名，乃动词。闻一多谓乃舜姓之妫，非是。卜辞为字无用作名词者。"（于省吾《诂林》，第 1610 页，姚孝遂按）

系：字形𦥑、𦥑、𦥑，于省吾释为系（于省吾《释林》，第 296 页）。饶宗颐释"字象系绳于人头"（饶宗颐《通考》，第 315 页）。见于《合集》1100 号："辛亥卜，宾贞：舌正化以王係？二告。辛亥卜，宾贞：舌正化弗其以王系？"又见《合集》1097 号、1098 号、1099 号等都出现"系"的内容，皆为武丁时期卜辞。辞中的"系"，姚孝遂认为："于先生（于省吾）释'系'是正确的。卜辞'係'为众多俘虏名称之一。"又"《合集》1097 之'十羌系'，'係'有可能为动词，谓系缚十羌。又《合集》1100 之'以王系'，当为献俘

《合集》1288 号

《合集》1100 号

之事。"（于省吾《诂林》，第 3194 页，
姚孝遂按）

励：字形𪱷，从辰从力，隶作励
（姚孝遂、肖丁《类纂》，第 443 页）。
见于《合集》21479 号："丁酉卜，乎多
方励𪱷？"为武丁时期卜辞。辞中的
"励"，姚孝遂认为："用为动词，其义
不详。"（于省吾《诂林》，第 1142 页，
姚孝遂按）

（三）形容词

大：字形𠂇，像正面人形，释为大。
《说文》："大，天大、地大、人亦大，
故大象人形。"姚孝遂认为："《说文》
以为'天大、地大、人亦大，故大象人
形'，此非大字之本旨。"（于省吾《诂
林》，第 209 页，姚孝遂按）但赵诚则
认为："大。象人正面站立之形。卜辞
用为大小之大，如果和古人所说的'天
大、地大、人亦大'之义有关，则为会
意字。"（赵诚《词典》，第 276 页）所
见卜辞中"大"用作形容词与小相对，
作为定语或状语，修饰示、宗、雨、风、
星、水、豕、吉等，成为"大示""大
宗""大雨""大风""大星""大水"
"大豕""大吉"等。见于《合集》
41695 号："癸未王卜，贞：旬亡祸？在
三月。王占曰：大吉！甲申乡上甲？"
又见《合集》28491 号："乙丑卜，狄
贞：今日乙，王其田，湄日亡灾，不遘
大雨？"前辞大作为吉的定语，后辞
"大"作为雨的状语。还见《合集》
33349 号："……戌，亡大水？"辞中

"大水"的"大"，亦作为水的形容词。
有学者统计，大在所见卜辞中用作定语
的有 627 条，用作状语的有 211 条（杨
逢彬《殷墟甲骨刻辞词类研究》，第 366
页）。卜辞中可用作状语的形容词只有
大、小、多。

《合集》33349 号

小：字形𡭔，三小点象形，王襄最早
释为"古小字"（王襄《簠室殷契类
纂》，第 4 页）。《说文》："小，物之微
也。从八，丨见而分之。"李孝定谓：
"后世解《说文》者亦囿于许说，均就
丨八会意为训，非古谊也。古文小少每
不分，以其形近义复相因也。"（李孝定
《甲骨文字集释》，第 246 页）姚孝遂亦
认为："《说文》训小为'物之微'，训
少为'不多'……实则本同源。"（于省

吾《诂林》，第 3394 页，姚孝遂按）卜辞中"小"用作形容词与大相对，作为定语或状语，修饰王、子、臣、女、示、宗、方、雨等，成为"小王""小子""小臣""小女""小示""小宗""小方""小雨"等。见于《合集》630 号："癸酉卜，贞：多妣齫，小臣三十、小女三十、十妇？"辞中的"小臣""小女"的小皆为定语。又见《合集》33920 号："壬戌卜，甲子小雨？"辞中"小雨"的"小"作为状语，形容雨的状态。有学者统计，卜辞中形容词"小"用作定语的有 606 条，用作状语的有 44 条（杨逢彬《殷墟甲骨刻辞词类研究》，第 366 页）。卜辞中可用作状语的形容词只有大、小、多。

《合集》630 号

多：字形吕，像肉上下重叠，王国维最早释"多从二肉会意"。《说文》："多。重也。从重夕。夕者相绎也，故为多。"《尔雅·释诂》："多，众也。"《史记·五帝本纪》索隐："多，大也。"《汉书·赵广汉传》注："多，厚也。"关于甲骨文多重肉或重夕，姚孝遂梳理各家观点云："王国维、林义光均以为'多'字不当从重夕是对的。王氏谓从二肉，林氏谓象物形，王说较优。……

卜辞多用为众多之义。"（于省吾《诂林》，第 3324 页，姚孝遂按）所见卜辞中"多"用作形容词，表大、众诸义，与"少"相对，作为定语或状语，修饰雨、子等，成为"多雨""多子"等。见于《合集》154 号："辛卯卜，珏贞：乎多羌逐兔，获？"又见《合集》29908 号："乙亥卜，今秋多雨？"前辞中的"多"用作定语，后辞中的"多"用作状语，修饰羌和雨。有学者统计所见卜辞中形容词"多"用作定语的有 712 条，用作状语的有 31 条（杨逢彬《殷墟甲骨刻辞词类研究》，第 366 页）。卜辞中可用作状语的形容词只有大、小、多。此外，卜辞中"多"也用作人名，如诸妇中有"妇多"。

少：字形꜀，诸小点象形，字结构与小大同小异，释为少，或可释为小。《说文》："少。不多也。从小。丿声。"姚孝遂认为："《说文》以'少'为'从小，丿声'，视为形声结构，其说非是。甲骨文'少'字作'꜀'增点以与'꜀'字形体相区别，所增之点，既非形符，亦非声符，乃单纯之区别符号。"（于省吾《诂林》，第 3395 页，姚孝遂按）卜辞中"少"用作形容词，作为谓语，见于《合集》19772 号："戊辰卜，雨？自今三日庚雨少？"辞中的"少"，有认为用作谓语修饰雨，也有认为或为少雨之省。又见《合集》20912 号、20942 号、20948 号、20949 号等皆出现"雨少"内容。所见卜辞中形容词用作谓语的有"少"，或有多、小，即"雨少""雨小""雨多"。有学者统计卜辞中，"少"作为形容词用作谓语的有 37 条（杨逢彬《殷墟甲骨刻辞词类研究》，第 366 页）。

新：字形 ，从辛从斤，唐兰、李孝定皆释为新（唐兰《导论》下，第 30 页；《李孝定《集释》，第 4097 页）。《说文》："新，取木也。从斤，亲声。"段玉裁注："取木者，辛之本义。引申之为凡始基之偁。"姚孝遂认为："唐兰释'新'是对的，《说文》训新为取木，释为新之本字，卜辞用为新旧之新。"（于省吾《诂林》，第 2520 页，姚孝遂按）见于《合集》13563 号："丁未卜，贞：今日王宅新室？贞：勿宅？三月。"又见《英》1209 号："庚寅卜，宾贞：新鬯侑……"前二辞中的"新"修饰室（居室）、鬯（酒），用作定语。所见卜辞中形容词"新"皆用作定语，除前辞中"新室""新鬯"外，还见有新宗、新星、新大星、新豊、新寝等。此外，卜辞中"新"也用作地名，见于《屯南》2119 号："自新甾蕺？吉！"辞中的"新"为地名。

《合集》13563 号

旧：字形 ，萑鸟在凵上或巢臼上，罗振玉最早释为舊（罗振玉《殷释》中，第 32 页），现简化字形为旧。《说文》："鵂旧。旧，留也。从萑臼声。"姚孝遂认为："卜辞旧字从'萑'从'凵'，《粹》232、《合集》32536 辞云：'丙戌卜，叀新豊用？叀旧豊用？'是用为新旧之旧。"（于省吾《诂林》，第 1688 页，姚孝遂按）可见卜辞中"旧"作为形容词与"新"相对。又见《合集》30683 号："叀旧册三牢用，王受祐？"还见《合集》3522 号："贞：我家旧牻臣亡巷我……"辞中的"旧"皆用作定语修饰册与牻臣。所见卜辞中形容词"旧"皆用作定语。此外，卜辞中"旧"又用作地名，为商王朝的田猎地。

《合集》30683 号

白：字形 ，罗振玉最早释为白（罗振玉《殷释》中，第 25 页）。《说文》："白，西方色也，阴用事，物色白。从入合二，二，阴数。"姚孝遂以为《说文》释白"形义俱误，诸家疑之者众……陈世辉以'白'象人首，说无可易。人头骨刻辞皆书'白'字，可为明证"（于省吾《诂林》，第 1026 页，姚孝遂按）。赵诚亦认为白"似象正面人头之形，引申之有尊长之义，故卜辞多用为伯长之伯。用为黑白之白，乃借音字。后来为了将两者区别，伯长之伯加一人旁为形符，这才变成了形声字。"（赵诚《词典》，第58页）郭沫若则认为"白"为大拇指的象形（郭沫若《金文丛考》，《金文余释》）。卜辞中"白"用作形容词，作为定语修饰牛、羊、豕、鹿、马等，成为"白牛""白羊""白豕""白鹿""白马"，有学者统计见于97条卜辞（杨逢彬《殷墟甲骨刻辞词类研究》，第366页）。见于《合集》9177号："甲辰卜，殻贞：奚不其来白马？五。甲辰卜，殻贞：奚来白马……王占曰：吉！其来……白马……"又见《合集》30552号："弜用黑羊，亡雨？叀白羊用于之，有大雨？"辞中白羊与黑羊求雨对贞，或与《史记·殷本纪》中谓商人用物事色尚白相关。卜辞中"白"作为形容词皆用作定语。此外，所见卜辞中"白"又借用作伯，为方国的首领，如寻伯、雇伯等，也借用作地名，为商王朝的田猎地。

黄：字形，从矢，释为黄，或为寅的初文，借用作形容词表黄色。《说文》："黄，地之色也。从田，从炗，炗亦声。"甲骨文黄字，王襄释"疑古黄字异文"（王襄《簠考·地望》，第4页）。姚孝遂认为："契文'矢'、'寅'、'黄'本同源。以用各有当，渐致分化。……'矢'、'寅'、'黄'诸形，既有联系，复有区别，要皆自矢形衍化而出。晚期卜辞则'矢'作，

'寅'作，'黄'作，区别甚严。"（于省吾《诂林》，第2537页，姚孝遂按）卜辞中多见"黄"用作定语修饰牛，见于20余条有"黄牛"内容的卜辞，如《合集》14314号："甲申卜，宾贞：燎于东，三豕、三羊、圈犬、卯黄牛？"再如《合集》14313号也出现"卯黄牛"内容。辞中"黄牛"的"黄"用作定语为形容词。又见《合集》5658号反面："燎东，黄鹿。"辞中"黄鹿"的"黄"亦为形容词用作定语。此外，"黄"在卜辞中也用作人名如"黄尹"，为旧老臣；也用作地名，如"黄林"，为军队驻地。

《合集》14313号

赤：字形，大在火上，释为赤。《说文》："赤。南方色也。从大。从火。"罗振玉认为甲骨文赤字"从大火，与许书同"（罗振玉《殷释》中，第25页）。姚孝遂认为："从大火与赤色之义无涉，纯属音假。'朱'、'戠'、'熾'皆有赤色之义，亦属于音假。"（于省吾《诂林》，第1228页，姚孝遂按）所以，有学者认为"赤者火色也，大火之色赤"。或释为姣（金恒祥《通释稿》，第

147 页）。卜辞中仅见三条作为形容词用作定语修饰马，如《合集》29418 号："癸丑卜，夏贞：左赤马其利不岁？"还有《合集》28195 号、28196 号都出现有"赤马"内容，三辞中"赤马"的"赤"或表示红颜色作为形容词用作马的定语。其他出现在卜辞中有"赤"内容的辞多残，或也用作人名。

幽：字形，从丝从火，释为幽，或为黝字的初文。《说文》："隐也。从山，中从丝。"《诗经》："其叶有幽"，毛传："黑色也"，《周礼·牧人》："故土阴祀用幽牲。"郑司农注："黑也。"甲骨文幽，罗振玉由《说文》证之，认为："古金文幽字皆从火从丝，与此同。隐不可见者，得火而显。"（罗振玉《殷释》中，第 51 页）郭沫若认为："幽通黝，黑也。《礼·玉藻》'再命赤韨幽衡。'郑注'幽读为黝。'"（郭沫若《粹考》，549 片）姚孝遂认为："甲骨文幽字从火从丝，不从山，古文字山火形近易混。……卜辞每称'幽牛'，与'黄牛'相对，指牛之黑色者言之，皆假作黝。郭沫若之说是对的。"（于省吾《诂林》，第 3197 页，姚孝遂按）可见卜辞中习见的"幽牛"或即黑牛，"幽"也是形容词用作定语，见于《合集》14951 号："有黄牛叀幽牛？"为武丁时期卜辞。又见《屯南》763 号："……卜，小乙卯，叀幽牛，王受祐？吉！"其他还有《合集》18275 号、33606 号等 9 条卜辞皆出现"幽牛"，但多为残片残辞，"幽牛"的"幽"作为形容词修饰牛用作定语。赵诚谈到"幽"与"黑"的关系：

"'幽'卜辞中用来表示颜色，借为'黝'。后代的'黝'为黑色，卜辞有'黑'字表示，则甲骨文'黝'很可能是一种近乎'黑'的颜色。'幽牛'在商代或专门用来祭祀，可见和黑牛不完全相同。"（赵诚《词典》，第 275 页）

《合集》33606 号

黑：字形，正面人形，上部的圆圈或为指事符，释为黑。《说文》："黑，火所熏之色也。从炎、上出囧。"甲骨文黑字，郭沫若释为黄（郭沫若《粹》考释，第 786 片），也有学者认为"即董之省文"（柯昌济《殷墟卜辞综类例证考释》，《古文字研究》，第 153 页）于省吾则认为："郭沫若同志释黄。按甲骨文潢字（前二·五·七）从黄作，与黑字迥别。……其实，黑字上部本不从口，黑与董的构形判然有别。甲骨文言黑牛黑羊黑豕者均作。"（于省吾《释林》，第 227 页）所见卜辞中"黑"作为形容词用作定语，修饰牛、羊、豕、犬，组成"黑牛""黑羊""黑豕""黑犬"，如《屯南》2363 号："丁丑卜，姚庚史，叀黑牛其用，隹？"又如《合集》30022 号："求雨，叀黑羊用，有大雨？叀白羊，有大雨？"再如《英》834 号："庚寅卜，贞：其黑豕？"还有《合集》29544 号："叀黑犬，王受有佑？"所见卜辞中形容词"黑"皆用作定语。

《合集》29544 号

高：字形，从京省，下增口，王襄最早释为"古高字"（王襄《簠室殷契类纂》正编第五，第 26 页）。《说文》："崇也。象台观高之形。"《说文》中的高为形容词无疑。甲骨文"高"，从字形分析本有台上的建筑相对比较高的含义，亦有修饰义，但"高"字在所见卜辞中有用作地名，也有用作对地位特殊的先祖先妣的尊称，先公先王明确称高祖者只有高且夒、高且亥或高且王亥、高且乙，夒、王亥、大乙三位称高当绝对是尊称；先妣称高的有高妣丙、高妣己、高妣庚，皆为求生对象，她们称高亦绝对是尊称，见于《合集》2360 号："贞：勿御于高妣？……御于高妣庚？"为武丁时期卜辞。辞中"高妣庚"确指名号为庚的先妣，"高妣"则是对先公先王配偶的统称，可见"高"是形容词用作定语修饰身份特殊的先祖先妣。姚

孝遂引《礼记·乐记》"穷高极远"认为："'高'与'远'义相同，卜辞之'高祖'即'远祖'。《广雅·释诂》'高，远也'。"（于省吾《诂林》，第 1962 页，姚孝遂按）但是，目前甲骨学界对"高"是否是形容词仍认识不一。

《合集》2360 号

吉：字形，一字多形，释为吉。罗振玉最早释"吉"云："《说文解字》吉从四口。卜辞中吉字异状最多，惟第一字（吉）与许书合，作者与空首币文合。又卜辞多以大吉、弘吉二字合为一字书之。"（罗振玉《殷释》中，第 18 页）姚孝遂认为："其形体结构，或以为象矢锋形，或以为象句兵形，或以为象斧形。矢锋之说不可据，戈、斧之类则较为近是。用为吉凶之吉，与其本形无涉。"（于省吾《诂林》，第 713 页，姚孝遂按）卜辞中有一套表示吉凶的专门用语，如：吉、大吉、弘吉、不吉、亡灾、弗悔等，见于《合集》6485 号反面："王占曰：丁丑其有凿，不吉！其隹甲有凿，吉！其

佳辛有凿，亦不吉！"辞中的"吉"与
"不吉"都当为形容词，表平安吉利或
不平安不吉利。又见《合集》24871号：
"贞：佳吉雨？五月。"辞中的"吉"与
"雨"连文，当为雨的形容词。关于
"吉"的辞性或是否作为形容词，甲骨
学界认识不一。

《合集》24871 号

（四）数词、量词

1. 数词

一：字形一，一横画，释为一。
《说文》："一，惟初太始，道立于一，
造分天地，化成万物。"殷墟甲骨文中，
一用作表数目的数词，为所见最小的数
字。甲骨文没有分数，也没有约数，也
未见有零数。郭沫若认为："数生于手。
古文一二三四字作一二三亖，此手指之象
形也。手指何以横书？曰，请以手作数，
于无心之间，必先出右掌，倒其拇指为
一，次指为二，中指为三，无名指为四，
一拳为五，六则伸其拇指，轮次至小指，
即以一掌为十。一二三四均倒指，故横

书也。"（郭沫若《甲研·释五十》，第
1页）马薇廎释"一为指事字，数之始
也。数始于手势，言语不通则代之以手
势，未有文字，必先有手势，故数之文
字象手势之形，伸一之为一，伸食中二
指为二，积至末指为四，故一二三亖象指
形。五以上因累计太多，认识难清，故
另用别法。至十百千之数，则复用手势
法，合指伸掌为十作丨，伸拇指为百作百，
手指身为千作千，皆由手势而来"（马薇
廎《薇廎甲骨文原》，第1335页）。但
于省吾认为："郭氏于契文纪数字，卓
有见地。如以丨为七十，丨为五十，可纠
前人之误，而谓一至四为一系，五至十
又为一系，其第二系之分画，殊有未尝。
又谓初民以四进位，一二三亖以倒指故横
书，亦不可据。"（于省吾《骈三》，第
31页）又认为是"以一为首之一二三亖
积画纪数字。……实则原始人类社会，
由于生产生活之需要，由于语言与知识
日渐进展，因而才创造出一与二三亖之积
画字，因为它是我国文字之创始，后来
才逐渐发达到文字纪事以代表语言。于
是既突破空间与时间之限制，同时亦促
进人类文化之发展。……我国古文字，
当自纪数字开始，纪数字乃古文字中之
原始字。纪数字由一至九为二系而五居
其中。由一至四，均为积画，此一系也；
由五至九，变积画为错画，此又一系
也"（于省吾《释林》，第96—100页）。
所见卜辞中，数字"一"见于卜辞各
期，如多见的"一羊""一牛""一犬"
"一豕"等，用作记数数词；又如"一
月""一日""一卜"等，用作序数数

词，也用作兆序刻辞的数词，从一开始；再如《合集》9218号："子商入一。"辞中的一为入贡数词。赵诚认为："甲骨文时代的记数词和序数词在形式上没有区别，'一'也如此，如'一牛'、'一羊'之一为记数词，意思是一头牛、一头羊；'一月'、'一卜'之一为序数词，意思是第一月、第一卜。"（赵诚《词典》，第254页）所见卜辞中，"数词或数词词组（如'十五''五十'）常充当定语修饰名词而组成数名词组"（杨逢彬《殷墟甲骨刻辞词类研究》，第188页）。沈培梳理："甲骨卜辞中，数词和名词的结合形式共有以下七种：（1）数＋名二千六百五十六人……（2）数＋名＋又＋数＋名十犬又五犬……（3）数＋名＋又＋数十牢又五……（4）数＋名＋数十月一……（5）名＋数彘二、兕一、鹿廿一……（6）名＋数＋名羌百羌……（7）名＋数＋名卤五卤……"（沈培《殷墟甲骨卜辞语序研究》，第195页）此外，甲骨上的记兆序数皆一、二、三、四等数目字，来标记是第若干次所灼的卜兆。卜辞的写刻，虽然要等到坼兆以后，但是命辞即提出问题必在灼兆之前，往往同样一个问题，用肯定或否定两种不同的语气反复地卜问，而且每种语气又往往连续的卜问若干次，每卜问一次，就灼一兆，同时在兆象的左或右上角刻上记兆序数一、二、三、四等，所刻的记兆序数，都是从"一"开始的。

二：字形二，上下两道一样长短的横画，释为二。《说文》："二，地之数也。从耦一。"殷墟甲骨文中用作数词，既用在卜辞中，也用在兆序刻辞和记事刻辞中，即用作卜辞中表数目，见于《合集》418号："贞：方帝，一羌、二犬、卯一牛？"辞中二犬的二即表示数字二。也用作兆序刻辞的数词，还用作记事刻辞入贡数词，见于《合集》151号反面："莫入二。"《合集》141号反面："入二。"等。赵诚认为："为指事字。这两道横画一般是一样长。这样写是为了和甲骨文的另外两个字区别开来。一个是上字，甲骨文写作＝或〓，也是两画，不同的是上字上面的一画短，下面的一画长。另一个是下字，甲骨文写作＝或〓，不同的是下字下面的一画短，上面的一画长。甲骨文时代，二是记数词，也是序数词，形态上没有区别。"（赵诚《词典》，第254页）

《合集》141号反面

三：字形三，上下三道一样长短的横画，释为三。《说文》："三，数名，天地人之道也。于文一耦二为三。成数也。"殷墟甲骨文中用作数词，既用在卜辞中，也用在兆序刻辞和记事刻辞中。用作卜辞中表数目，见于《合集》3461号："丁巳卜，侑于黄，三牛？六月。"辞中的三牛的三即用牛牲数目字。又见《合集》17511号："壬寅，妇宝示三屯。岳。"这条记事刻辞中三屯的三，即为入贡甲骨的数目字。此外，三与二、一同样用于兆序刻辞。既是记数词也是序数词，形态上没有区别。赵诚认为："三。划三道横画，一般长短一样，为指事字。甲骨文还有一个三字，也是三道横画，和三字形形体相近。这两个字的主要区别是：三字中间那一画较短。三即后来的气字，或写作乞，在卜辞一般用作迄今之迄和终迄之迄。"（赵诚《词典》，第254页）

四：字形三，上下四横画纵列，释为四。《说文》："四，阴数也，象四分之形。"甲骨文中用作数词表数目，金文《毛公鼎》和《盂鼎》的数词四与甲骨文数词四同为三形。数词四，既用在卜辞中，也用在兆序刻辞和记事刻辞中，即用作卜辞中表数目，见于《合集》1086号反面："王占曰：隹甲兹鬼，隹介，四日甲子，允：雨、雷。"辞中四日的四为序数词，意为第四日。又如《合集》22353号："乎四犬。"辞中"四犬"的"四"为记数词，意为四只犬，甲骨文中的序数词和记数词在形态上没有区别。此外，数词四与数词一二三一样也用作甲骨记事刻辞和兆序刻辞，见于《合集》6385号："己丑，羌立示四屯，岳。"

五：字形X、X，释为五，甲骨文用作数词表数目。《说文》："五，五行也。从二，阴阳在天地间交午也。"对于甲骨文上的数字五，赵诚认为："五。偶尔也写作X，构形不明。从现有的考古材料来看，先是写作X，然后才变写为X。甲骨文时代，X是记数词也是序数词，形态上没有区别。"（赵诚《词典》，第254页）于省吾认为："X为五至初文。……凡纪数字均可积画为之，但积至四画以觉其繁，势不得不化繁为简，于是五字以X为之。山东城子崖所发现之黑陶，属于夏代末期。城子崖图版拾陆，又黑陶文之纪数词。其中五字作X，与甲骨文第一期骨端常见纪数之五字相同。此外，甲骨文五字均作X，偶尔有作X者（粹1149）。"（于省吾《释林》，第68页）所见数词五，即用作卜辞中表数目，见于《合集》14316号："……殻贞：燎于东，五犬、五羊、五豕？"辞中"五犬""五羊""五豕"的为序数词。也用在兆序刻辞和记事刻辞中，如《合集》892号反面："喜入五。"数词五用作兆序刻辞即出现在甲骨上的记兆序数中的五。

六：字形∧、∧、∩，一字多形，释为六。金文《克钟》等六字与甲骨文字形同。《说文》："六，易指数，阴变于六，正于八，从入，从八。"甲骨文中用作数词表数目，见于卜辞各期。有用在卜辞中，如《合集》22599号："壬午卜，大贞：凿六人？"辞中六人的六为人牲数目。还有《合集》29430号中的"六牛"，《合集》22355号中的"六羊"，以及《合集》22369号中的"六豕"的六皆为用牲数目，为记数词，即六头牛、六只羊、六头豕。还有《合集》6204 号中的"六月"的六为序数词，即第六月。甲骨文中记数词和序数词形态上没有区别。甲骨文中，数词六也用于记事刻辞，如《合集》10085 号："丁亥，邑示六屯，岳。"辞中"六屯"的"六"为记数词。还用于记兆刻辞表卜兆序数。此外，所见卜辞中，数词六也用作地名，如《合集》9185 号："戊戌卜，㱿贞：弜祀六，来秋灾？"辞中的"六"为地名，饶宗颐认为卜辞中的六地即今安徽省六安市（饶宗颐《通考》，第 39 页）。甲骨文六字由于一字多形，容易于其他字形混淆，赵诚认为："从现在的考古材料来看，先是写作∧，然后变写作∧、∧等体，甲骨文还有另外几个字和六字的某一形体相近或相同，容易混淆，需要略加说明：（1）入字写作∧，与六字作∧的形体相同，区别这两个字主要看上下文。甲骨文的入字是动词，有进入、进献之义。……（2）甲骨文的下字有时也写作∧，但总和乙字连用写作∧（下乙）。下乙，商代先王之名，六字没有这种用法。（3）甲骨文的宀字写作∧或∧，与六字的某种写法形近。两者的区别也是看上下文。宀是名词，指住宅，一般用在动词乍（乍，即作）字之下，如'乍宀'（乍宀——即作宅，建造住宅之义）（合 295）；也有用在方位词之下者，如'东宀'（东宀）。六字没有这些用法。"（赵诚《词典》254—255 页）

《合集》29430 号

七：字形十，竖长横短，释为七。金文《盂鼎》《乙敦》中的七皆作十形，与甲骨文字同。《说文》："七，阳之正也。从一，微阴从中衺出也。"甲骨文中数字七用作数词表数目，见于卜辞各期。有用在卜辞中，如《合集》30715 号："惟七牛次用，王受佑？"辞中的七牛为记数词，七牛即七头牛。又见《合集》584 号出现的"七日"，《合集》35698 号出现的"七月"，皆为序数词，七日、七月即第七日、第七月。甲骨文中记数词与序数词在形态上无别。甲骨文中，数词七也用于记事刻辞，见于《合集》1121 号："妇良示七。"辞中的"七"为记数词。还用于记兆刻辞表卜兆序数。关于数词七，赵诚认为："七。横长竖短，为切字之初形。用来表数目皆为借音字……甲骨文另有两个字，和十（七）字可能产生误会。一是'甲'字，写作十，仔细观察可以发现十（甲）字的横画和竖划基本上一样长，这是

'七'和'甲'在形体上主要的区别。……还有一个一个才（在）字，一般写作十、十，后期偶尔写作十。……但从用法上可以划分。"（赵诚《词典》，第255页）

八：字形)(，释为八。金文《旂仆鼎》《驭八卣》八皆作)(形，与甲骨文八字同。赵诚引《说文》："八，别也。象分别相背之形。"认为"与八字的原始构形之义可能一致，当为会意字。但用作数字则为借音字。卜辞的八，既是记数词又是序数词。"（赵诚《词典》，第255—256页）甲骨文中数字八用作数词表数目，见于卜辞各期。有用在卜辞中，见于《合集》371号："八犬、八羊。五羌、三羌？二告。"辞中"八犬""八羊"的"八"为记数词，即八条犬、八只羊。又见《合集》16223号："丙午卜，宾贞：壹八羊，暨酒、三十牛？八月。"辞中"八羊"的八为记数词，即八只羊；八月的八为序数词，即第八月。甲骨文中记数词与序数词在形态上无别。

《合集》16223 号

甲骨文中，数词八也用于记事刻辞，见于《合集》4632号："壬午，邑示八屯，岳。"辞中的八为记数词。数字八还用于记兆刻辞表卜兆序数。甲骨文中，还有一个专有名词八的字形易于八混淆，八用作地名或人名，可根据上下文判断其用法加以区别。

九：字形九，释为九。金文《利鼎》《克钟》上的九皆与甲骨文字同形。《说文》："九，阳之变也，象其屈曲究尽之形。"甲骨文中数字九用作数词表数目，见于卜辞各期。有用在卜辞中，如《合集》21089号："戊寅卜，九犬帝于西？二月。"辞中的"九犬"的"九"为记数词，即九条犬。又见《合集》41091号："丁卯卜，出贞：今日夕有雨，于血室牛，不用？九月。"辞中"九月"为序数词，即第九月。甲骨文中记数词与序数词在形态上无别。甲骨文中，数词九也用于记事刻辞，见于《合集》6740号："戊戌，雩示九屯。"辞中的"九"为记数词。数字九还用于记兆刻辞表卜兆序数。于省吾认为："九为错画之指事字，与乂八十)(相同，并非象形。"（于省吾《释林》，第99页）但马薇廎依然认为"象手形，为手为臂。手臂为九"（马薇廎《薇廎甲骨文原》，第1341页）。

十：字形丨，一竖划，释为十。《说文》："十，数之具也。一为东西，丨为南北，则四方中央备矣。"甲骨文中数字十用作数词表数目，见于卜辞各期。有用在卜辞中，见于《合集》34276号："己未，贞：燎于𠂤、十豕？"辞中的

"十豕"的"十"为记数词，即十头豕。又见《合集》10995号："贞：弗其擒？十月。在兕。辞中"十月"为序数词，即第十月。甲骨文中记数词与序数词在形态上无别。甲骨文中，数词十也用于记事刻辞，又见《合集》902号："竹入十。"辞中的十为记数词。数字十还用于记兆刻辞表卜兆序数。于省吾论"十字之演变。甲骨文十字作丨，周代金文作丨、丨、十、十等形。十字初形本为直画，继而中间加肥，后则加点为饰，又由点孳化为小横。数至十复反为一，但既已进位，恐其与一混，故直书之。是十与一之初形，只是纵横之别，但由此可见初民以十进位，至为明显。"（于省吾《释林》，第100页）

廿（二十）：字形∪，两条竖直画并下端连接，释为廿，即甲骨文数字二十的合文。金文《宗周钟》《宰椃角》中的廿皆为∪字形，与甲骨文廿字同。《说文》："廿，二十并也，古文省多。"甲骨文中廿用作数词，用在卜辞中表数目，见于《合集》29537号："廿犬、廿羊、廿豚？"为廪辛康丁时期卜辞。辞中"廿犬""廿羊""廿豚"的"廿"皆为记数词，表卜问祭祀用牲的数目，即二十条犬、二十只羊、二十头豚。又见《合集》37867号："癸丑卜，泳贞：王旬亡祸？在六月，甲寅酒，翌上甲，王廿祀。"为帝乙帝辛时期卜辞。辞中"廿祀"的祀为年，"廿祀"的廿为序数词，"王廿祀"即王的第二十年。可见数词廿在甲骨文中用作记数词与序数词在形态上无别。此外，数词廿也用于记事刻辞，见于《合集》6648号："画来廿。"辞中画所入贡的廿为记数词。

卅（三十）：字形∪∪，三条竖直画并下端连接，释为卅，即甲骨文数字三十的合文。金文《曶鼎》《格伯敦》中的卅皆为∪∪字形，与甲骨文卅字形同。甲骨文中卅用作数词，用在卜辞中表数目，见于《合集》11057号："贞：卅牛？"为武丁时期卜辞。辞中"卅牛"的卅为记数词，表用牲数目，"卅牛"即三十头牛。所见卜辞中，数词卅也用于记事刻辞，如《合集》4735号："禽入卅。"辞中的"卅"为入贡记数词。

卌（四十）：字形∪∪∪，四条竖直画并下端连接，释为卌，即甲骨文数字四十的合文。金文《曶鼎》《周阳侯钟》中的卌皆为∪∪∪字形，与甲骨文卌字形同。甲骨文中卌用作数词，用在卜辞中表数目，见于《合集》672号："翌辛亥，侑于王亥，卌牛；五十牛于王亥？"为武丁时期卜辞。辞中"卌牛"的"卌"为记数词，表用牲数目，"卌"牛即四十头牛。又见《合集》37375号："擒兹，获兕卌、鹿二、狐一。"为帝乙帝辛时期卜辞。辞中"兕卌"的"卌"亦为记数词，表所擒获猎物兕的数目，"兕卌"即卌兕，四十头兕。此外，甲骨文数词卌也用于记事刻辞，见于《合集》13055号反面："……卌屯。"辞中"卌屯"的卌为记数词，"卌屯"即四十对甲骨。

五十：字形㐅，十在五上合文，释为五十。严格地讲，甲骨文五十是数词词组。张秉权论述："甲骨文的数字，有：一、二、三、四、五、六、七、八、九、十、百、千、万等。十以上的数字，有时用合文，有时则否，五十以上倍数的合文则须自下往上读，如五十的合文作⚹，'五'字在下，'十'字在上。"（张秉权《甲骨文与甲骨学》，第160—161页）赵诚认为："这样写，显然是为了和十五的合文（〤或〤）相区别。"（赵诚《词典》，第256页）甲骨文数词词组五十用于卜辞中表数目，见于卜辞各期，见于《合集》29537号："五十犬、五十羊、五十豚？"为廪辛康丁时期卜辞。辞中"五十犬""五十羊""五十豚"的"五十"为记数词，表祭祀用牲的数目，五十犬、五十羊、五十豚即五十条犬、五十只羊、五十头豚。所见卜辞中数词词组"五十"也用于记事刻辞，见于《合集》9396号："自屖五十屯。"辞中"五十屯"的"五十"为记数词，"五十屯"即五十对甲骨。

六十：字形⚹，十在六上合文，释为六十。字形六上面的竖直画为数字十，所以要比单数六字形上部偶尔出头要明显长的多。甲骨文六十作为数词词组用于卜辞中表数目，见于《合集》10198号："戊午卜，殼贞：我狩轍，禽？之日狩，允：擒获虎一、鹿四十、犹百六十四、麑百五十九……"为武丁时期卜辞。辞中"百六十四"的"六十"数词词组，与"百""四"组合成"百六十四"为记数词，"犹百六十四"即百六十四犹、一百六十四只犹。此外，甲骨文六十数字词组的合文字形还有⚹形，见于《合集》10514号："甲戌卜，蝕征，禽？获六十八。"辞中"六十八"中的"六十"字形为⚹，"六十"或"六十八"为记数词；表擒获猎物的数目。又见《合集》10307号："丁卯……狩正……禽？获鹿百六十二……百十四、豕……十、旨一……"辞中"百六十二"的"六十"也为⚹字形，为数词词组六十的异构。

《合集》10514 号

《合集》9396 号

七十：字形⟊，十在七上相连合文，形成竖长横短，且横在竖下部的字形，释为七十，为甲骨文数词词组。所见卜辞中，"七十"有见用于用牲数量表数目，如《合集》27512号："……妣戊，于翌曰，七十牛。"又如《合集》895号："乙卯卜，内：册大庚，七十宰、伐二十。乙卯……内：册……庚，勿七十宰、伐二十。"辞中"七十牛""七十宰"的七十皆为记数词组，七十牛、七十宰即七十头牛、七十只宰。还见七十数词词组用于记事刻辞，如《合集》10964号："贮入七十。"辞中的"七十"亦为记数词。此外，数词词组七十的甲骨字形易与甲骨文七和甲相混，可根据上下文判断其用法或辞义加以区别。

八十：字形，十在八上合文，释为八十，为甲骨文数词词组。所见卜辞中，八十有见用于用牲数量表数目，如《合集》580号："贞：刏宰八十人不死？"为武丁时期卜辞。辞中的"八十"为记数词组，"八十人"即八十个人。此外，甲骨文数词词组八十还见用于记事刻辞，如《合集》9544号："庚申，妇示八十屯。古。"辞中"八十屯"的八十为记数词组，"八十屯"即八十对甲骨。

九十：字形，十在九上相连合文，形成九字形上部横画特别长，释为九十，为甲骨文数词词组。见于《合集》8086＋18475号："……卜，品其九十牢？"还有《合集》34675号："戊子卜，品其九十牢？……丑卜，品其五十牢？"辞中"九十牢""五十牢"的九十、五十皆为记数词组；"牢"指牛车，"九十牢""五十牢"即九十辆牛车、五

十辆牛车，为商王庞大的运输车队。

百：字形，释为百，甲骨文前期后期字形有别，但皆为数词表数目。金文《伊敦》的百字形为，与甲骨文同，但《父乙甗》中的百字形为，与甲骨文白字同。《说文》："百，十十也。从一、白数十十为一百，百，白也。十百为一贯，贯，章也。"关于甲骨文数词或数词词组百，赵诚认为："数字的百（），就是借用白（）的读音，并在（白）字中间那一横画之上加一个形写作，以表示和（白）的不同。但是区别还是不明显，和仍容易混淆，所以，后来单用的百，由繁化为，也简写作。把单数词加在之上就组成（二百）、（三百）、（四百）、（五百）、（六百）等等。"（赵诚《词典》，第256—257页）马薇廎仍坚持手势说："象拇指形，△为指甲……手势举拇指，为代表百数。"（马薇廎《薇廎甲骨文原》，第781页）也就是说，数字百即表数词百，也表数词词组一百。所见数词"百"或数词词组一百，用于卜辞中表数目，如《屯南》503号："癸巳卜，毛于父丁，犬百、羊百、卯十牛？甲午卜，毛于父丁，犬百、羊百、卯……惟犬百、卯……牛？"辞中"犬百""羊百"即百犬、百羊，为记数词组，即一百条犬、一百只羊。还有《合集》14047号："……占曰：……娩嘉……百日有八……"辞中的"百日有八"为序数词词组，当为第一百零八天。此外，数词词组百也用于记事刻辞，见于《合集》9241号："雀入百。"辞

中的百为记数词组，记录雀邦族入贡物品数量为一百。

二百：字形，百上单数二合文，组成数词词组，释为二百。所见卜辞中未见有数词词组二百分书例。数词词组二百用于卜辞中记数，见于《合集》8979号："……兹邑二百犬……易？"辞中的"二百犬"为记数词，记用牲数目，"二百犬"即二百条犬。又见《合集》10990号："……获麋二百……在襄。"辞中"麋二百"的二百为记数词组，"麋二百"即二百麋、二百只麋，为记捕获猎物数目。还见《合集》10761号出现"禽二百六十九"内容。此外，数词词组二百也用于记事刻辞，见于《合集》2399号反面："雀入二百。"辞中的"二百"为记数词组，记录雀邦族入贡物品数量为二百。

《合集》10761号

三百：字形，百上单数三合文，组成数词词组，释为三百。所见卜辞中未见有数词词组三百分书例。数词词组三百用于卜辞中记数，如《合集》300号："贞：御，惟牛三百？"辞中"牛三百"的三百为记数词组，"牛三百"即三百牛、三百头牛，为祭祀用牲数目。又见《合集》33371号："丙戌卜，丁亥，王陷，禽？允：禽三百又四十八。"辞中"三百又四十八"即三百四十八，为记数词组，记录捕获猎物数目。此外，数词词组三百也用于记事刻辞，见于《怀》53号b："殳以三百，小扫。"辞中的"三百"为记数词组，记录殳邦族入贡物品数量为三百。

四百：字形，百上单数四合文，组成数词词组，释为四百。所见卜辞中未见有数词词组四百分书例。数词词组"四百"用于卜辞中记数，如《合集》8965号："……以牛四百。"辞中"牛四百"的"四百"为记数词组，"牛四百"即四百牛、四百头牛，为祭祀用牲数目或附属邦方入贡牛的数目。

五百：字形，百上单数五合文，组成数词词组，释为五百。所见卜辞中未见有数词词组五百分书例。数词词组五百用于卜辞中记数，如《合集》560号："贞：勿善用五百？"辞中"用五百"的五百为记数词组，表示祭祀用牲的数目。又如《英》1240号："乙亥……丙晢大……五百牛……伐百……"辞中"五百牛"的"五百"为记数词组，"五百牛"即五百头牛，为祭祀用牲的数目。

《合集》560号

六百：字形🔲，百上单数六合文，组成数词词组，释为六百。所见卜辞中未见有数词词组六百分书例。数词词组六百用于卜辞中记数，仅见《合集》7771号："……八日辛亥，允：翦伐二千六百五十人，在……"为武丁时期卜辞。辞中"六百"出现在"二千六百五十"数词词组中，"二千六百五十人"为记数词组，即两千六百五十个人。

七百：字形＋🔲，七与百分书，释为七百。七百为数词词组，用于卜辞中记数，仅见《屯南》2626号："……贞：乙亥麤？擒七百麤，用……"辞中"七百麤"的"七百"为记数词组，"七百麤"即七百只麤，为捕获猎物的数目。

八百：字形🔲，百上单数八合文，组成数词词组，释为八百。所见卜辞中数词词组八百仅有二见，（1）《合集》9018号："……卜，永贞：我以……其八百？"（2）《合集》6070号："……己……舌方征……八百。"皆残辞，为武丁时期卜辞。前辞的"八百"或为祭祀

用牲的记数词组，后辞的"八百"或为征伐舌方相关的祭祀用牲或徵召人丁记数词组。

九百：字形🔲，百上单数九合文，组成数词词组，释为九百。所见卜辞中未见有数词词组九百分书例。数词词组九百用于卜辞中记数，见于《合集》40697号残片残辞："……贞：乎……九百？"残辞中的九百或为记数词。还有《合集》17908号、17995号等残片皆出现"九百"数词词组。此外，《合集》1038号残片上出现"……示九百羌"内容，"示九百羌"的示多见于记事刻辞，如"示十屯"等，由此推断这条残辞或为记事刻辞，"九百羌"即九百个羌人，为入贡的俘获的羌牲数目。

千：字形🔲，人字下部加一短横，释为千。金文《盂鼎》《晋姜鼎》中的千字形皆与甲骨文字同。《说文》："千，十百也。从十，从人。"卜辞中千用作数词表数目一千，当为数词词组。赵诚认为："千。是在🔲（人）字下部加一短横构成的。以此为基点，下部加两画即为二千，写作🔲；加三画为三千，写作🔲；四千作🔲，五千作🔲。六以上的单数字不变加在下部，所以写在上面，如六千写作🔲，八千写作🔲。"（赵诚《词典》，第257页）但马薇廎释千依然坚持手势说："从人加一划，数字起于手势，以手指自身以表千，于文字则加一于人为一千，以于人字区别。"（马薇廎《薇廎甲骨文原》，第391页）所见卜辞中数词词组一千用于卜辞中表数目，如《合集》1027号："丁巳卜，争贞：降䧘千牛？

《合集》6070号

二告。不其降暊千人、千牛?"辞中"千牛""千人"的"千"皆为记数词组,表一千,"千牛"即一千头牛,"千人"即一千个人。

二千:字形二𠂤,或合文作𠂤,释为二千,是甲骨文数词词组。数词词组二千的或合文或分书的两种字形,有二见,(1)《合集》7771 号:"……八日辛亥,翦伐二千六百五十人,在……"为武丁时期卜辞。辞中"二千六百五十人"的二千为合文,与六百五十组成数词词组,为记数数词词组,"二千六百五十人"即二千六百五十个人。(2)《合集》33182 号:"……召方二千,惟……"辞中的"二千"为分书字形,亦为记数数词词组。

三千:字形𠂤,人字下部三画长短相等短横,释为三千,是甲骨文数词词组。卜辞中未见有数词词组三千分书例。数词词组三千所见卜辞中有多条,如《合集》6169 号:"庚子卜,宾贞:勿登人三千,乎舌方,弗受有祐?"又如《合集》6407 号:"……登人三千,乎伐土方……"皆为武丁时期卜辞。辞中"登人三千"的"三千"为记数词组,"登人三千"即征召三千名人丁。卜辞中多见"登人三千"或"五千"参加征伐的记录,大概当时的战争规模每次以出动三千人或五千人为常例。

四千:字形𠂤,人字下部四画长短相等短横,释为四千,是甲骨文数词词组。数词词组四千仅见《合集》6175 号残片残辞:"……贞:登人乎见舌……人四千,乎以……"为武丁时期卜辞。辞虽残其义甚明,为征伐舌方,徵召人丁四千人,辞中的四千为记数词组。卜辞中多见"登人三千""五千","登人四千"仅见此辞。

五千:字形𠂤,五单字在人字下部合文,组成数词词组,释为五千。卜辞中未见有数词词组五千分书例。数词词组五千所见卜辞中有多条,如《合集》6409 号:"丁酉卜,殷贞:今早王登人五千,征土方,受有祐?三月。"还有《合集》6167 号、7312 号、7313 号、7314 号、7315 号、7316 号、7317 号等都出现有"登人五千"的内容,皆为武丁时期卜辞。辞中"登人五千"的"五千"为记数词组,即征召五千名人丁参加征伐。

六千:字形𠂤,六单字在千字上部合文,组成数词词组,释为六千。仅见《合集》17913 号残片上出现"六千"一数词词组,可视为合文,或也可视为上下分书。

《合集》17913 号

八千:字形𠂤,八单字在千字上部合文,组成数词词组,释为八千。卜辞中数词词组"八千"仅见《合集》31997

号："……自三报至父乙，一……丧
黻……众……八千人。"为武乙文武丁
时期卜辞。残辞中"八千人"的八千为
记数词组，"八千人"即八千个人。
"丧"当为地名，"黻"当为狩猎方法与
"牧""敉"同。

万：字形 ⧖、⧗、⧘、⧙，一字多形，
皆蝎子象形，释为萬，现代汉字简化为
万。《说文》："萬，蟲也。从厹，象
形。"段玉裁注："假借名十千数名，而
十千无正字，遂久假不归，学者昧其義
矣。"卜辞中"万"用作数词词组表一
万，见于《英》150号："辛巳卜，贞：
登妇好三千，登旅万，乎伐……"为武
丁时期卜辞。辞中征召妇好族属三千人，
与征召万对文，可知万在辞中为记数词
组表一万，是十千之数。所见卜辞中，
"万"除用作数词，也用作地名或邦族
名人名。详见地名万条。

三万：字形 ⧚，万字下部曲画处三
画长短相等的短横合文，释为三万，是
数词词组，仅见《合集》10471号："癸
卯卜，彖获鱼其三万，不……"为武丁
时期卜辞。辞中的三万为记数词组，
"获鱼其三万"即网获三万条鱼。数词

《合集》10471 号

词组"三万"为甲骨文中所见最大的
数词。

2. 量词

丙：字形 ⋒，释为丙。甲骨文中丙
用作干支字表时间，为时间名词，又与
数词词组组合成一种特殊名词，作用类
似现代汉语的量词，表示车马单位，见
于《合集》1098号："……癸未……方
于……係……马二十丙又……一月。在
鼻卜。"又见《合集》11459号："……
马五十丙。"皆为武丁时期卜辞。辞中
"马二十丙""马五十丙"的丙为单位
词，类似于后代的匹、乘，"马二十丙"
"马五十丙"即二十匹马或二十乘马、
五十匹马或五十乘马。所见卜辞中
"丙"不但为马的单位词，也为车的单
位词，如《合集》36481号："……车二
丙……"为帝乙帝辛时期卜辞。辞中的
"车二丙"即两驾车。赵诚认为："丙，
既可以用来量车，又可以用来量马，可
见当时的量词使用还非常笼统，而丙作
为量词与所表量之物的关系也还不固定。
又卜辞记载的马大多不用量词，……则
丙用作量词还在萌芽时期。"（赵诚《词
典》，第157页）杨逢彬以为甲骨文的
所有量词都是单位词，引郭锡良《从单
位名词到量词》论述："'丙'是表示车
马的单位词，相当于'乘'，几匹马构
成一'丙'，尚待考订"等观点，认为
"量词虽然归属于实词，还是比较虚的。
我们难以描绘'个'、'只'、'匹'、
'张'的具体形状，因为它们是从名词
抽象、概括来的；从名词到量词的过程，

就是其原有词义虚化的过程。反过来看'朋'、'卤'、'丙'、'升'等，它们要么是容器，要么也有一定的形状；这一点也可旁证后者是单位名词而非量词。"（杨逢彬《殷墟甲骨刻辞词类研究》，第173—177页）

《合集》1098 号

朋：字形 ⿰⿱⿱，两串贝象形，释为朋。赵诚认为朋的字形"均象以线或绳将贝穿成串的形状，当为象形表意字。甲骨文用作量词，来计量贝的多少，则为本义之引申。……这个朋，近似于现在所说的串，十朋贝即十串贝。……朋作为量词在商代后期已经相当成熟"（赵诚《词典》，第257页）。朋作为货币贝的计量单位出现在卜辞中，见于《合集》11438号："庚戌……贞：易多女有贝朋?"《合集》11442号、11443号、11444号残片皆出现"十朋"合文，皆为武丁时期卜辞。又见《合集》29694号："惟贝朋? 吉!"为廪辛康丁时期卜辞。再如《南坊》3.81号："……不死，易贝二朋? 一月。"前辞中的"易"即赐，"易贝二朋"即赐贝二朋，朋为贝之计量单位明确。宋镇豪认为，甲骨文时期"当时商品交易的活跃，又促成了

等价货币的产生。《盐铁论·错币》说：'夏后以玄贝。'今所知者，至少在商代已经以贝为货币。郑州商城发现一商墓有出海贝460枚者。殷墟历年出土的海贝甚多，据钟柏生研究，可分宝螺、织纹螺、榧螺、廉蛤等十科21种贝，产地自渤海一直到南海，来源不止一处，尤于东海、南海产为多，其中用作货币的贝种，以黄宝螺、金环宝螺为主。货贝的人工制法，常见者有'壳前或壳顶打孔'式及'背磨'式。殷墟妇好墓出土阿拉伯宝螺（阿文绶贝）一枚，海贝多达6880余枚，还有少量石贝。……贝币通常以朋为计量单位，大概每十贝为一朋。"（宋镇豪《夏商社会生活史》，第535页）卜辞多见"朋"以数词组成词组表示贝的数量，如《怀》142号："其五朋。其七朋。其八朋。其三十朋。其五十朋。其七十朋。"辞中"朋"与数字组合或分书或合文，其"五朋为五十枚贝，十朋为一百枚贝，七十朋则达七百枚贝了。七十朋是迄今所见贝的最高数，而商金文中更有记达二百朋者"（宋镇豪《夏商社会生活史》，第535页）。

《合集》11443 号

卣：字形 🝫、🝫、🝫，依形隶作卣，有以为卤的繁形，释为卤（于省吾《诂林》，第 1845 页）。不确。卜辞中"卤"用作族名，而"卣"字用法与"卤"字有别。所见卜辞中，卣之前加数字组成词组，如《合集》1069 号："……鬯三卣……人？十月。"为武丁时期卜辞。又如《合集》30815 号："十卣，有正。鬯五卣，有正。"为廪辛康丁时期卜辞。再如《合集》35355 号："丁酉卜，贞：王宾文武丁，伐十人、卯六牢、鬯六卣，亡尤？"为帝乙帝辛时期卜辞。前三辞中的"鬯"指供祭祀用的酒名，可见卣的本义当为盛鬯酒的容器名，其前加了数词，那么卣字则转化为盛量是酒的单位量词，"鬯三卣"即三卣鬯，类似后世的三卣鬯酒（三罐鬯酒）；"鬯五卣"即五卣鬯，类似后世的五卣鬯酒（五罐鬯酒）；"鬯六卣"即六卣鬯，类似后世的六卣鬯酒（六罐鬯酒）。

升：字形 🝫，为一种挹注水酒勺形器的象形，释为升。《说文》："升，十合也。从斗，象形。"段玉裁注："《律历志》曰：合龠为合，十合为升，十升为斗，十斗为斛。"卜辞中用作祭祀用鬯酒的容量单位，与卣相类，见于《合集》30973 号："其蒸新鬯二升、一卣于……"赵诚认为："先讲二升后讲一卣，可见'升'和'卣'都是由容器转化来的量词。"（赵诚《词典》，第 258 页）又见《合集》38696 号："辛卯卜，贞：王宾，二升蒸，亡尤？"这条卜辞，朱歧祥释为："辛卯卜，贞：王宾二升，登禾亡尤？"（朱歧祥《通释稿》，第

473 页）。辞中"二升"的升已由容器名转化用作量词。

屯：字形 🝫，释为屯。朱歧祥释屯"象束骨之形，合二骨为一束，隶作屯字。《广雅·释诂三》：'屯，聚也。'……卜骨以屯为单位，二骨为一屯。"赵诚认为："卜辞习见'×屯'之语，如'🝫'（四屯）、'🝫'（廿屯）、'🝫'（五屯）。这个和数字结合的屯，大家都认为是一个量词，由于卜辞不见中心词，至今尚未断定称量的什么。目前主要有两种观点：一种认为屯即后世之纯，指丝织品，即丝织品之一束一定称之为一纯。另一种看法以为屯指甲骨而言，屯即一对，一对即两块。学术界大多倾向于后一种看法，但还不是定论。"（赵诚《词典》，第 258 页）所见卜辞中"屯"前加数字见于入贡记事刻辞甚多，"屯"为所进贡物品的量词无疑，由《合集》15734 号记录的"示四屯又一骨"以及《合集》17628 号出现的"示四屯又一骨"内容，"屯"当为所贡甲骨的单位量词，"示四屯又一骨"

《合集》17628 号臼

指进贡了九版甲骨。

（五）代词、副词

1. 代词

①人称代词

a 第一人称代词

我：字形⩘，释为我。卜辞中我用作族名、地名和贞人名，也用作人称代词，见于《合集》5611 号："丙子卜，韦贞：我受年？丙子卜，韦贞：我不其受年？"辞中的"我受年"相当于"商受年"，我所指代的是整个商王朝，而不是指代商王自己。甲骨文我与后代的我有差异，后代的我可以代个人，也可以代集体，而甲骨文我一般不指代个人。殷墟甲骨卜辞中"我"有见 1000 次以上。

余：字形⨁，释为余。卜辞中余用作贞人名，也用作人称代词，见于《合集》6834 号："庚申卜，王贞：余伐？不。庚申卜，王贞：余勿伐？不。"辞中的余指代商王自己。卜辞有见"受余佑"与"受我佑"，意思是不同的，"受余佑"表达的是授王佑，而"受我佑"这表达的是授商佑，领格的"我"就是"我们的"。

朕：字形⩙，释为朕。卜辞中朕用作人称代词在句中可充当主语，见于《合集》22748 号："戊寅卜：朕出今夕？"但其主要句法功能是充当定语，见于《合集》20975 号："弗疾朕天？"又见《合集》22099 号："庚戌卜，朕耳鸣，侑御于且庚，羊百？"前辞"朕天"指商王自己的头部，后辞"朕耳"指商王的耳朵。

b 第二人称代词

女（汝）：字形⩗，隶作女，释为汝，甲骨文中汝字与女字同形，用作第二人称代词，应根据辞义区别。甲骨文有⩗字形，从水从女，隶作汝，与现代汉字汝同，但其义不同，甲骨文从水的汝字仅见用作人名。以女字替代汝字用作第二人称代词，见于《合集》439 号："癸卯卜，贞：不女（汝）得？"又见《合集》274 号："……女（汝）一人……曰汝？"后辞中"女"指为第二人称代词汝，"曰汝"的汝则为人名。

乃：字形⩘，释为乃。《尔雅·释言》："乃，汝也。"卜辞中乃字用作人称代词，见于《合集》8986 号："乙卯卜，宾贞：曰：以乃邑。"辞中的乃为第二人称代词，又见《合集》34189 号："庚辰卜，于卜乃土？"辞中的乃应为第二人称代词（杨逢彬《殷墟甲骨刻辞词类的研究》，第 201 页），也有认为是助词（孟世凯《辞典》，第 43 页）。

②指示代词

兹：字形⩘，为丝的象形。罗振玉、王襄、孙海波最早皆释为兹（罗振玉《殷释》中，第 746 页；孙海波《甲骨文编》，第 192 页）。《尔雅·释诂》："兹，此也。"《尔雅·释言》："兹，今也。"见于《合集》21796 号："辛巳，余卜：今秋我步兹？"辞中"余"指代商王自己，"我"则是我们，"兹"为此。又见《合集》24872 号："辛丑卜，即贞：兹旬更雨？十月。"辞中的"兹"表今，即现在。

《合集》24872 号

之：字形𝅘，释为之。卜辞中之用作人名和地名，也用作指示代词，表此、是，见于《合集》28399 号："北，于之禽兕？南，于之禽兕？"辞中的"之"意即此。卜辞习见"之日""之夕"，意即此日、是日与此夕、是夕。

2. 副词

①语气副词

其：字形𝖞，罗振玉、王襄最早皆释为其（罗振玉《殷释》中，第47页；王襄《类纂正编》第五，第22页）王襄认为："古其。箕其古为一字。"卜辞中其用作语气副词，见于《合集》8473 号："今夕其雨？今夕不雨？"辞中的"其"用作语气副词直接修饰单个动词。又见《合集》28546 号："丁至庚不遘小雨？丁至庚其遘小雨？"辞中的"其"修饰"小雨"短语形成述宾结构。"其"字在殷墟甲骨卜辞中用作副词出现次数不低于3000次，是使用次数最多的副词之一。

允：字形𝅻，释为允。卜辞中允用作

军事驻地名，主要用作语气副词表示肯定语气，其词义近似于现代汉语中"确实""真的"，见于《合集》12909 号："庚申卜，辛酉雨？允雨。"辞中的"允"用作语气副词直接修饰谓语动词，"允雨"即确实下雨。又见《合集》7149 号："……有来艰？允。"辞中的"允"表"确实""果然"。卜辞中"允"后边的成分有时可以省略，肯定的回答其省略单用"允"；否定的回答其省略用"允不"，如《屯南》2288 号："戊戌卜，今日雨？允。"又如《合集》12920 号："癸卯卜，不雨，允不。"前辞的"允"为"允雨"之省略，后辞"允不"为"允不雨"之省略。

《合集》7149 号

蔑：字形𝅘，释为蔑。卜辞中蔑用作人名、邦族名和动词，也用作语气副词，见于《合集》456 号："甲午卜，争贞：翌乙未蔑用羌？"杨逢彬认为蔑在"殷墟甲骨刻辞中约出现200次。除去'蔑'前后残缺无法释读的约20例，余下约 180 例含'蔑'刻辞中。除 9 例'蔑'单独位于谓语动词之前外，其他的均出现于'否定副词 + 蔑 + 谓语动词'结构中能在这一结构中出现的否定副词有勿（弜）、不、弗、毋等 4 个。另外，我们还见到两例存在动词'亡'（无）位于'蔑'前的刻辞。其中'不蔑'出现 12 次，'弗蔑' 1 次，'毋蔑' 1 次，'亡蔑' 2 次，其余 150 余例均为'勿蔑'（包括'弜蔑' 3 次）"（杨逢彬《殷墟甲骨刻辞词类研究》，第 247 页）。

②否定副词

勿：字形𝄞释为勿。见于《合集》7772 号："今辛未王夕步？今未勿夕步？"辞中的"勿"用作否定副词修饰谓语动词，但其与谓语动词之间增加了时间状语。卜辞习见勿入、勿为、勿往、勿乎、勿燎等。关于勿，姚孝遂认为："卜辞借用为否定词，与'不'、'弗'、'毋'相似。陈梦家隶定作'勿'，以为'否定词'由其声音来说可分为两组：一组是双唇塞声的不、弗，一组是双唇鼻声的勿、毋。此四者，其意义与语气当有所不同，却难以指出。以下仅能从其结构的关系上稍加区分。毋和勿有命令祈望之义，命令祈望是有对方的，希望对方不要做什么，它们与弗、不之'不是什么'是有分别的。（《综述》一二七）"（于省吾《诂林》，第 2621 页姚孝遂按）

毋：字形𝄞，与甲骨文女字、母字同，隶作女，释为毋。《说文》："毋，止之也。从女，有奸之者。"段玉裁注："止之词也，从女、一，女有奸之者，

一禁止之，令勿奸也。"卜辞中，毋字的用法与无同，见于《合集》29901 号："壬毋其雨？戊毋其雨？"辞中的"毋"用作否定副词表无。关于"毋"与"勿"的区别，杨逢彬引王力先生"'勿'字后面的动词不带宾语，'毋'（无）字后面的动词如果是及物动词，必须带宾语"的观点，认为是"在先秦文献中，'勿'与'毋'最重要的区别"，并指出："但在殷墟甲骨刻辞和商周金文中这一区别是不存在的，'勿'后面的动词完全可以带宾语。"（杨逢彬《殷墟甲骨刻辞词类研究》，第 260—261 页）

不：字形𝄞，释为不。卜辞中不字除用作人名和邦族名，主要用作副词表否定与疑问。见于《合集》33843 号："甲申卜，乙雨？乙不雨？甲申卜，丙雨？丙不雨？"辞中的"不"为否定副词。又见《合集》33829 号："庚辰卜，辛巳雨不？庚辰卜，辛巳雨不？"还见《合集》33871 号："己巳卜，庚启不？戊辰卜，己启不？"两辞中的"不"皆为疑问副词。

弗：字形𝄞，罗振玉最早释为弗（罗振玉《殷释》中，第 76 页）。姚孝遂认为："卜辞弗皆用为否定词，乃假借义。"（于省吾《诂林》，第 3458 页姚孝遂按）见于《合集》13505 号："贞：弗其受有年？二告。弗其受？"辞中的"弗"用作否定副词，相当于不字。又见《合集》32609 号："且庚弗受又？"等。关于"弗"与"勿""不"的区别，杨逢彬认为："'勿'和'不'、

'弗'的区别是：前者是对主观意愿的否定，后者是对客观事实的否定。"（杨逢彬《殷墟甲骨刻辞词类研究》，第251页）

《合集》32609 号

非：字形𦊆，释为非。卜辞中非用作地名，也用作副词表否定，见于《合集》33698 号："庚辰，贞：日戠，其告于河？庚辰，贞：日有戠，非祸，隹若？"辞中的"非"用作否定副词，相当于否。杨逢彬认为："'非'与'不'、'弗'的区别是，后者修饰的是谓语动词，前者修饰的是体词性谓语，由于都是充当修饰谓语的状语，所以'非'与"'不'。'弗'一样都是副词。"杨逢彬《殷墟甲骨刻辞词类研究》，第264页）

③时间副词

乞（气）：字形三，于省吾释："即今气字，俗作乞。"（于省吾《释林》，第79页）卜辞中乞除用作动词表乞求外，也用作时间副词表迄至，见于《合集》94 号："甲辰卜，亘贞：今三月，光呼来，王占曰，其呼来，乞至隹乙，

旬又二日乙卯，允有来自光以羌刍五十，小告，王旬占，光卜曰，不吉，有祟，兹……呼来。"辞中的"乞"用作时间副词表迄至。

卒：字形𠂔，释为卒。卜辞中卒用作邦族名和地名，又用作时间副词表示"最终"的意思，见于《合集》35437 号："癸丑卜，贞王宾幼自上甲至于多毓，卒亡尤？"辞中的"卒"即表"最终"之意。关于乞、卒两个时间副词，杨逢彬认为："这两个副词都是'最终'的意思。至于它们最大的区别，大约是：'气'是由动词'气'虚化来的，而后者是'（时间上）到……为止'的意思。因而副词'气'重在过程，可以译为'一直'；'卒'则重在结果。可以译为'最终'两个副词之见于刻辞者均在50次以上。"（杨逢彬《殷墟甲骨刻辞词类研究》，第265页）

④范围副词

咸：字形𣄰，释为咸。《说文》："咸，皆也，悉也。"卜辞中的咸除用作人名外，用作副词皆可以译为皆、悉，见于《合集》9565 号："辛亥卜，贞：咸刈黍？"又见《合集》33440 号："……亥，贞：咸既祭？"前两辞中的"咸"即表皆、悉。

率：字形𤼵释为率。见于《合集》248 号："贞：今来羌，率用？今来羌，率用？"又见《合集》555 号："甲寅卜，永贞：卫以叟，率用？贞：卫以叟，勿率用？"前两辞中的"率"用作范围副词表示皆、悉。关于范围副词咸、率，杨逢彬认为："这两个词皆可以为'悉'

'皆'，她们究竟在语法功能及意义上有何不同？我们认为，大约'咸'表示时间上的周遍，所以也可以翻译为'已经''完成'，因而张玉金先生将其划归'时间副词'也是有道理的。而'率'则不表示时间上的周遍。副词'率'刻辞中约出现 50 次。"咸"10 次左右。"（杨逢彬《殷墟甲骨刻辞词类研究》，第 264—265 页）

（六）关系词、语气词

1. 关系词

① 连词

眔（暨）：字形𦜟，眼睛流泪的象形，隶作眔，释为暨。郭沫若认为："眔字卜辞及彝铭习见，均用为接续词，其义如及如与，《说文》有此字曰'眔目相及也，从木从隶者。'……以上诸形之从不隶省显而易见……余谓此当系涕之古字，象目垂涕之形。"（郭沫若《集释》，第 1137 页）姚孝遂认为："眔象目垂涕形，郭沫若之说可信，卜辞均用为暨及之义。或以为卜辞眔字为祭名及方名，皆误读残辞，不可据。"（于省吾《诂林》，第 569 页姚孝遂按）卜辞中眔用作连词，见于《合集》1202 号："戊辰卜，上甲眔河，我敦徙？戊辰卜，既，上甲眔河，我敦徙？"辞中的"既"为祭名，"眔"在上甲、河两个并列的名词间，为暨义表联结。

以：字形𠃊，释为以。卜辞中以用作动词表用，又用作祭名，也用作连词，见于《合集》32107 号："辛丑，贞：王令吴以子方奠于并？"辞中"以"连结"吴""子方"，表示"与""和""同"之义，"王令吴以子方奠于并"意即"商王命令大将军吴与子方在并地进行奠祭"。

② 介词

自：字形𤴓，鼻子的象形。卜辞中自用作鼻子本义，为名词；也借用作动词、代词；还用作贞人名，但多见用作介词，见于《合集》900 号："自今庚子至于甲辰，帝令雨？自甲辰，帝不其令雨？"辞中的"自"用作介词，介绍时间的起讫。又见《合集》24228 号："辛酉卜，尹贞：王步自商，亡灾？"以及《合集》6597 号："贞：其有来羌自西？"两辞中的"自"为介绍地点和方位的介词。还见《合集》300 号："贞：御自唐、大甲、大丁、且乙百羌百牢？"辞中的"自"为介绍被祭祀对象的介词。

在：字形𤓅，隶作才，即在的初文。卜辞中在又见用作动词，但多见用作介词，其用法大体上与"自""于"字同，为介绍时间、地点与人物的介词。见于《合集》24247 号："己未卜，行贞：王宾岁，二牛，亡尤？在十二月，在亦卜。"辞中"在十二月"的"在"用作介绍时间，"在亦卜"的"在"用作介绍地点。又见《合集》27370 号："其求在父甲，王受佑？"辞中的"在"为介绍被祭祀对象的介词。

于：字形于、𠂤、𠃌，罗振玉、胡光炜、杨树达最早皆释为于（罗振玉《殷释》中，第 77 页，胡光炜《文例》卷下

4 页，杨树达《积微居甲文说》卷上，第 22 页）。所见卜辞中于字的内容甚多，如《合集》7663 号："甲辰卜，王贞：于戊申敦？"为武丁时期卜辞。又见《合集》38762 号："丑用于……义友……"为帝乙帝辛时期人头骨刻辞。徐中舒认为："𓏢象画大圆的圆规，从𓏢即表示圆规直径可以上下移动之形，于即𓏢之省，于画大圆，故从于之字，如迂、纡，就有迂远纡回之义。"（徐中舒《怎样考释古文字》，《古文字学论集初编》，第 17 页）高岛谦一认为于是"用来表明并联关系的连接词……'于'的意义是'包括，直至，甚至……'"（高岛谦一《甲骨文中的并联名词仍于》，《古文字研究》第十七辑，第 341 页）。姚孝遂则认为："卜辞'于'字之用法，笼统言之，当如胡光炜所言，用以示地、示时、示人。亦即陈梦家所谓之'关系词'，用以'说明事物的联系关系或动作发生的时间、地方的条件及与人物的关系'（《综述》，第 121 页）。陈氏并认为'于'字即用为关系词中之连词，亦用为介词。"（于省吾《诂林》3437 页姚孝遂按）

《合集》38762 号

从：字形𐊛，释为从，卜辞中除表相从之义用作动词和借用作地名人名外，

也用作介词，见于《合集》1434 号："……韦贞：王往省从西，告于大甲？"辞中的"从"用作介绍方位"西"的介词。但杨逢彬认为："'从'虚化为一个比较成熟的介词不会早于战国初期。因此，殷墟甲骨刻辞中的'从'应该是个动词，而非介词。"（杨逢彬《殷墟甲骨刻辞词类研究》，第 312 页）

2. 语气词

隹：字形𦐇，鸟的象形，罗振玉最早释为隹并认为："卜辞中语词惟唯诺之唯，与短尾之隹为一字，古金文亦然。然卜辞中已有从口之唯，亦仅一见耳。又卜辞中隹（许训短尾鸟者）与鸟不分，故隹字多作鸟形。"卜辞中隹用作鸟名，也用作语气词，见于《合集》615 号："贞：勿隹王往？"辞中的"隹"修饰主语"王"。又见《合集》32 号："王勿隹出值？"辞中的"隹"

《合集》32 号

修饰动词"出"。还见《合集》30300号:"王勿隹龙方伐?"辞中的"隹"修饰宾语。此外,也有见隹修饰状语、修饰介宾结构状语等。隹用作语气词,可释作惟、唯、维,有释卜辞者直接释作惟。

叀:字形 ✿✿,孙诒让最早释"当即叀"。卜辞中用作语气词,用法与隹大致相同,可释作惟、唯、维,也见释卜辞者直接释作惟。见于《合集》33387号:"己巳,贞:叀王狩?"辞中"叀"修饰主语"王"。又见《合集》6968号:"……叀伐父乙?十二月。"辞中的"叀"修饰祭祀动词"伐"。还见《合集》30022号:"叀黑羊用,有大雨?叀白羊,有大雨?"辞中"叀"修饰宾语。此外叀也可修饰状语与介宾结构状语。关于"隹"和"叀"的词性沈培认为:"按照我们对副词的定义,这两个词还是不看成副词为好。这两个词在句中的位置比一般副词的位置要灵活得多,几乎可以加在句子任何一个成分的前边。所以,把他们看成语气词更为恰当些。"(沈培《殷墟甲骨卜辞语序研究》,第162页)孟世凯认为:"卜辞前期多用'隹',后期多用'叀',前期亦有'隹'、'叀'同用,如武丁时期卜辞有:'王隹夷征?勿叀夷征?'又:'甲午卜,殻贞:令壬隹黄?甲午卜,殻贞:叀王令隹黄?'"(孟世凯《辞典》,第338页)杨逢彬认为:"'叀'出现的句子,大都是卜问占卜者方面的祭祀、征伐、田猎、行旅、住宿、使令等主观上能控制的活动的;而'叀'的对贞句中的否

定副词通常为'勿'(弜),这一否定词恰恰是否定主观意愿的。……'隹'所具有的特征,也可以从这两方面求得证实。首先,'隹'后出现的谓语动词不一定是占卜者所能控制的动作行为。'隹'一般出现在卜文客体(就占卜者这方面而言)的活动变化(诸如上帝、鬼神、他人、风、雨、雾、霾等的活动变化;祸、祟、蛊、左、右、艰、尤、孽、灾、不足、不吉、不若、疾病、死亡、吉、若、又、晦、易日、收成、事件等的变化,这都是占卜者这方面的主观意志所不能支配的)的语句之中。"(杨逢彬《殷墟甲骨刻辞词类研究》,第274—275页)

《合集》33387 号

印(抑):字形 ✿,罗振玉、王襄最早皆释为抑,王襄谓:"古抑字。许说按也,从反印。此象一手按人字形。"(罗振玉《殷释》中,第54页;王襄《类纂·正编》第九,第41页)姚孝遂认为:"古印、抑同字。"(于省吾《诂林》,第413页,姚孝遂按)本义当为动词,但卜辞中多用作语气词,见于《合集》20415号:"戊申卜,方启自南,其征印?戊申卜,方启自南,不其征

印？"又见《合集》19780号："丙辰卜，丁巳其阴印？允阴。"两辞中的"印"皆用在卜辞句尾。殷墟卜辞中语气词"印"出现次数在100次以上。

执：字形𢼄，释为执。卜辞中执用作动词与人名，也用作语气词，见于《合集》799号："癸酉卜，王贞：自今癸酉至于乙酉，邑人其见方印（抑）？不其见方执？"辞中的"执"与"印（抑）"皆为表示疑问语气的句尾语气词。又见《合集》21407号："……疾印，亡执？"等。关于"印"和"执"，杨逢彬认为："这是两个表疑问语气的句尾语气词。一般来说，在由两个正反相对的分句组成的选择问句中，前一分句（即不含否定副词的分句）句末用语气词'抑'，后一分句（即含有否定副词的分句）句末用语气词'执'。……但也有部分刻辞正好与上一类型相反：前一分句用'执'，而后一分句用'抑'。"（杨逢彬《殷墟甲骨刻辞词类研究》，第276—277页）

《合集》21407号

（七）习惯用语

卜：字形卜、𠁣，左右无别，罗振玉最早释"象卜之兆。卜兆皆先有直坼而后出岐理。歧理多斜出，或向上，或向下，故其文或作𠁣，或作𠁸"（罗振玉《殷释》中，第17页）。《说文》："卜，灼剥龟也，象灸龟之形。一曰象龟兆之纵横也。"所见卜辞中，"卜"为卜辞出现频率最多的习惯用语之一，卜辞中习见的"卜""贞"与"占"，是占卜过程中三项不同的步骤和过程，卜为占卜的第一步，灼龟骨求兆为卜。记录这一过程或步骤多出现卜与干支字组合，见于《合集》33208号："甲子卜，王从东戈……乙丑卜，王从南戈……丙寅卜，王从西戈……丁卯卜，王从北戈……"又见《合集》20451号："丁巳卜，王贞：……"辞中的"甲子卜"即甲子这一天灼龟骨求兆。所见卜辞中卜也多见于数字组合，如《合集》25020号："甲戌卜，大贞：勿羊用，三卜？"又如《合集》22046号："戊子卜，用六卜？"辞中卜前的数字当为灼龟骨求兆的次数。还有，卜辞中多见"月卜"，如《合集》21407号："辛酉卜，七月卜？"又如《合集》31676号："二月卜，有若？三月卜，有若？"辞中"卜"前的"七月""二月""三月"是灼龟骨求兆的时间。还有，卜辞多见"在某某卜"，如《合集》32330号："丁未，贞：今夕酒御，在父丁宗卜？"又如《合集》24351号："丁卯卜，王在沚卜？"辞中在与"卜"之间是指灼龟骨求兆的地方，"在父丁宗卜"即在父丁的宗庙进行灼龟骨求兆，"在沚卜"即在沚地灼龟骨求兆。还有武乙时期卜辞多见干支后省写卜，

如《合集》32287号："甲申，贞：其执
三丰伯于父丁？"辞中的"父丁"当指
武乙之父辈康丁，可见为第四期武乙时
期卜辞。此外，卜辞多见"在师某卜"，
如《合集》24266号："辛酉卜，尹贞：
王宾岁，亡尤？在四月，在师非卜。"
辞中"在师非卜"师后卜前的是地名，
与师组合，有了特殊的含义，其地是军
队驻地。

《合集》20451号

贞：字形𝌆、𝌇、𝌈、𝌉、𝌊、𝌋、
𝌌、𝌍，一字多形，孙诒让最早释贞义为
问（孙诒让《举例》上，第6页）。罗
振玉、王襄、孙海波皆释认从《说文》
以鼎为贞的观点（罗振玉《殷释》中，
第11页；王襄《簠室殷契类纂》正编
第七，第33页；孙海波《甲骨文编》，
第149页）。所见卜辞五期，贞卜人物
书写的"贞"字各有风格，𝌊、𝌋、𝌌、𝌍
四种字形，皆为鼎的象形，当为贞字的
初形；𝌆字形为卜辞一期宾组贞卜人物
多用的字形；𝌇字形两边竖下皆加一短
横，为武丁晚期子组贞卜人物多用的字

形；𝌈上部方耳字形为武丁晚期师组贞
卜人物多用字形，部分午组贞卜人物也
用此形；𝌉字形两边竖画中间向外折，
为武丁午组贞卜人物字体风格，可见在
同一卜辞分期内，贞卜人物的字体文例
也不完全相同。所见卜辞中对占卜过程
步骤的记录，贞是最常见的习惯用语之
一，卜是灼龟骨求兆，贞是问事求证，
占卜的时候必先提出提问，然后灼卜，
贞与卜的关系，原本十分简单，一贞必
有一卜，一卜必有一贞。也就是说一次
贞问，就得灼卜一次，每灼一穴，龟骨
的另一面即出现一个卜兆。可见每一卜
兆，都代表着一次贞问，也应有一次卜
辞的记录。虽然我们见到的真实情况并
非如此，往往许多次的贞问并没有卜辞
的记录，或简记或省记，但是我们从所
见的珍贵的卜辞记录中，还是能够弄清
楚贞与卜的关系。卜辞多见"贞"位于
"卜"之后，"贞"与"卜"之间多有
贞卜人物出现，如《合集》11546号：
"癸酉卜，争贞：旬亡祸？十月。"此为
一条卜旬卜辞，是卜问下一旬及未来的
十天有没有灾祸，为求问的事情，"癸
酉"是灼龟骨求兆的时间，贞，问也，
争贞的争为贞卜人物名，就是在占卜之
时，代替商王发问的人，争贞即争代替
商王问事求证。这是比较规范的一条卜
辞，但卜辞的实际情况往往多变，有单
记贞人名而省写贞，也有单写贞字而省
写贞人名的，还有贞人名和贞全部省写
的，见于《合集》3458号："庚申卜，
殼：我有作祸？"辞中"殼"为贞卜人
物名，其后省写贞。又见《合集》

16871号："癸卯卜，贞：旬亡祸？"辞中"贞"字之前"卜"字之后省写贞卜人物名。还见《合集》22077号："己亥卜，有岁于天庚子卢豕？"辞中贞卜人物名与贞字皆省。此外，卜辞中多见"王卜""王卜贞"，即商王亲自问事求兆，可见商王是最大的贞卜人物。详见王卜条。

《合集》16871号

占：字形固、固、固、固，一字多形，刘鹗、罗振玉、王襄最早皆释为占（刘鹗《铁云藏龟序》，第4页；罗振玉《殷释》中，第18页；王襄《簠室殷契类纂》，第16页）。《说文》："占，视兆问也。从卜从口。"孙海波认为"固即许书训视兆问之占。从口者为王占之媦字"（孙海波《文录》，第11页）。所见"占"是卜辞中出现频率非常高的习惯用语，多与"王曰"组合，如"王占曰"等（参见"王占曰"条），是占卜过程预测吉凶的步骤。占卜的过程一般有卜即灼龟骨求兆；贞即问事求证；占即观察兆象判断预测吉凶，这一步骤一般由商王亲自视兆作出判断，见于《合集》6032号反面："甲戌卜，王占：吉！其御。"辞中的"王占"之后或漏写了"曰"字。此外，卜辞又见有"由占曰"，如《合集》20153号："戊子卜，叶……亦有闻……由占曰：闻。"还有《合集》21206号、21410号、21411号、21412号残片都出现"由占曰"内容，辞中"由占曰"的"由"即协，"由占曰"当为贞卜人物或史官代替商王视兆后刻写下的判断语。

王占曰：字形△固曰，释为王占曰，其占字的甲骨文字形卜辞一期与卜辞五期有别，但皆与凸形近，"王占曰"为最多见的卜辞习惯用语，意为商王亲自观看了卜兆后说，即商王对卜兆判断的结论，如《合集》809号："戊寅卜，宾贞：今十月雨？贞：今十月不其雨？王占曰：其雨，惟庚其，惟辛雨，弘吉！"为武丁时期卜辞，是占问吉祥的卜辞，商王观验卜兆后判断弘吉。又如《合集》1075号："甲午卜，亘贞：翌乙未，易日？王占曰：有祟！丙，其有来艰。"是卜问是否有祟的卜辞，验辞记录的结果是应验了商王有祟的判断，果然有外敌入侵。还见《合集》4264号："戊午卜，古贞：般其有祸？戊午卜，古贞：般亡祸？二告。王占曰：吉！亡祸。"是卜问是否有灾祸的卜辞，商王十分关心大将军师般的福祸，验辞记录的结果应验了商王吉的判断结果，师般果然没有灾祸。还有众多的气象卜辞、疾病卜辞、出现卜辞、征战卜辞等都出现"王占曰"内容。

《合集》1075 号

由王事：字形山，释为由王事。为卜辞习惯用语，见于《合集》5454号："贞：行由王事？贞：行弗其由王事？二告。"还见《合集》5463号："贞：吴由王事？"再如《合集》5468号："癸酉卜，古贞：师般由王事？"皆为武丁时期卜辞。辞中"由王事"的由也有释作叶、古、载。孙诒让释为叶，郭沫若释为古，于省吾释为甾，认为："'甾王事'、'甾朕事'、'甾我事'，甾字均应读载训行。言行王事、行朕事、行我事也。"（于省吾《释林》，第70页）朱歧祥认为："山，从口贯丨，隶作古，或释作叶。由文例见以后者为惯用。卜辞多言'叶王事'。叶，即协字古文；助也。同力也。"（朱歧祥《通释稿》，

第105页）卜辞中习见的"由王事"即同心协力辅助商王政事。所见协助商王政事的大臣、将领除前揭三辞中的"行""吴""师般"外还见有"舌""化""召""刃""长""羽""鸣""多子族""犬侯"等。此外，卜辞中还见有商王亲自贞卜要求或命令诸侯将领协办政事，称为"由朕事""由我事"。参见"由朕事"条。

由朕事：字形山，释为由朕事。为卜辞习惯用语，见于《合集》5495号："甲戌卜，王于令角妇，由朕事？"又见《合集》20075号："己卯卜，王贞：鼓，其取宋伯歪，鼓祸，由朕事，宋伯歪从鼓？二月。"辞中"由朕事"的朕为代词，是商王自称，亲自贞卜要求或命令诸侯将领协办政事。或作"由我事"，仅见《合集》21905号："……有父曆不……蚰由我事。"

上下：字形，释为上下，或合文作、形。上指至高无上的上帝，或上帝所代表的天神，下指地面以上的神祇，包括祖神、自然神，赵诚认为："卜辞所说的下，有时指与天上相对的地上（不包括地下）；有时甚至只指住在地上的各种神，如河神，山岳之神等等，后世通称为地祇。"（赵诚《词典》，第272页）"上下"为上帝、天神和地祇的总称或省称。见于《合集》36507号："……戈人方，上下于祭示受余祐……于大邑商，亡巷？在祸。"又见《合集》36747号、36966号等都出现有"上下"内容，皆为帝乙帝辛时期卜辞。辞中的"上下"即指上帝和地面以上的

一切神祇。"上下"也作"下上",但"上下"仅见于帝乙帝辛时期,"上下"与"下上"或有区别。参见下上条。

"……称册,王从,下上若,受我佑。"辞中的"下上若"是指即上帝天神地祇能否应允作称册事情,能否得到福祐。

《合集》36747 号

《合集》7428 号

下上:字形⌒⌒,释为下上,或合文作 三 形。下指地面以上的神祇,上指上帝,或上帝所代表的天神,和上下同义,皆为天地神祇的总称和省称。见于《合集》14222 号:"贞:不惟上下肇王疾?二告。"辞中的"下上"即指天地神祇。"下上"也作"上下",参见"上下"条。

下上若:字形 三, 下上为合文,释为下上若,即上下若,赵诚认为:"下上若即上下若,同样的例子,如大小各国金文称为小大邦。这是古人语言的习惯。"(赵诚《词典》,第 272 页)"下上若"的"若"字,甲骨文字形象人用双手梳理头发,本当有顺意。《说文》:"择菜也。从艹右。右,手也。"字读为诺,表应、允,言所求的事情上帝天神地祇能否应允。见于《合集》7428 号:

下上弗若:字形 三, 下上为合文。卜辞习见下上弗若与下上若对贞,见于《合集》7239 号:"己卯卜,㱿贞:有奏循,下上若?己卯卜。……贞:有奏循,下上弗若?二告。"辞中弗若的弗为否定副词,表否定。"下上若"与"下上弗若"对贞,正反卜问。参见"下上若"条。

帝若:字形 , 释为帝若。为卜辞习惯用语,见于《合集》14201 号:"庚午卜,内贞:王作邑,帝若?八月。二告。庚午卜,内贞:王勿作邑,在兹,帝若?"辞中"帝若"的"若",诺、应也,允也,即卜问王建造新邑上帝是否允诺,是否福祐工程顺利。

王若:字形 , 释为王若。为卜辞习惯用语,见于《合集》30326 号:"弜去舌于之新宗，王若，受祐？"辞中"王若"的"王"当指先公先王，商王卜问建造新的宗庙，先公先王是否允诺，福祐顺利。"王若"也作"若王"，见于《合集》30325 号："……去舌于之新宗，若王，受祐？"这条卜辞与前述《合集》30326 号同卜一件事情，内容相同，可见"王若"与"若王"同。此外，卜辞习惯一件事情正问和反问，有"王若"或"若王"，就有"王不若"，见于《合集》2002 号："贞：王 不 若？贞：王若？"

不若：字形🔠，释为不若。为卜辞习惯用语，见于《合集》891 号："甲申卜，争贞：王有不若？贞：王亡不若？"辞中"王有不若"与"王亡不若"对贞，"若"为顺，"不若"即不顺。

亡不若：字形🔠，释为亡不若。为卜辞习惯用语，见于《合集》506 号："……寅卜，㱿贞：般亡不若，不执羌？贞：龙亡不若，不执羌？贞：般亡不若，不执羌？贞：龙不若，不执羌？"辞中"亡不若"的亡表无、没有，"亡不若"即"无不若"，没有不顺当的事情。

佳若：字形🔠，释为佳若。为卜辞习惯用语，见于《合集》12898 号："癸亥卜，永贞：兹雨？佳若。贞：兹雨不？佳若。"又见《合集》21566 号："癸亥卜，仲子有往来？佳若。"辞中的"佳若"，朱歧祥"谓此贞问结果果然是如此。属验辞"（朱歧祥《通释稿》，第45 页）。

若兹：字形🔠，释为若兹。为卜辞习惯用语，若兹的兹，甲骨文字形从双丝，《说文》："艸木多益也。"《尔雅·释言》："兹，今也。"卜辞中用作代词，表此也。卜辞习见"兹商""兹邑""兹雨""兹风""兹云""兹电""兹日""兹夕""兹用""兹卜""兹祝""兹册""兹御"皆作此解。那么，"若兹"的"若"表如、果然，"若兹"即如此，如《合集》94 号："壬寅卜，宾贞：若兹不雨，帝佳兹邑宠，不若？二月。王占曰：帝佳兹邑宠，不若？"又如《合集》1611 号："戊寅卜，宾贞：且乙三牢？王卜，其若兹，永。"辞中的"若兹"皆表如此或如同此。

若偁：字形🔠，释为若偁。为卜辞习惯用语，若偁的偁也作🔠形，从人以手抓冉，有举意，为称的初文。《说文》："扬也。"《广雅》："誉也。"卜辞中"若偁"位于验辞之前，表示事情果然如卜兆所显现的征兆一样，见于《合集》10405 号："癸巳卜，㱿贞：旬亡祸？王占曰：乃兹，亦有祟，若偁。甲午，王往逐兕。小臣叶车马㱿御王车，子央亦坠。"反面"王占曰：乃，若偁"。

于之若：字形🔠，释为于之若。为卜辞习惯用语，见于《合集》16152 号："戊寅卜，争贞：杀王循，于之若？二告。贞：勿杀，不若？二告。"为武丁时期卜辞。又见《合集》28157 号："至于二羁，于之若，王受有祐？弜至三羁？吉！"为廪辛康丁时期卜辞。辞中"于之若"的"若"意为顺，于之若即于此顺。

上子：字形🔠，释为上子。为卜辞

习惯用语，见于《合集》14257 号：
"贞：上子受我佑？贞：上子受我佑？"
还见《合集》14260 号："贞：上子不我
其受佑？贞：上子不我其受佑？"辞中
的上子有认为"上帝之子或上天之子"
（孟世凯《辞典》，第 71 页），也有认为
"上子"即上示，"卜辞中有大子、中
子、小子、上子、下子等词，也不应释
子为子孙之子，而应释为祀，祀与示
通"（常正光《甲骨文字的一字多形问
题》，《古文字研究论文集》，四川大学
出版社 1982 年版）。

《合集》14260 号

燕叀吉：字形，释为燕叀吉。为
卜辞习惯用语，也作叀吉燕。见于《合
集》5266 号："……辰卜，史贞：燕叀
吉？"为武丁时期卜辞。又见《合集》
27846 号："辛亥卜，何贞：叀吉燕，
用？"为廪辛康丁时期卜辞。其中的燕
字，曹定云认为"人格化之燕……其主
祭者往往打扮成某种动物之象形……燕

是个专用字，只用于祭祀，其含义是祭
祀中舞蹈仪式"（曹定云《殷代燕国
考——兼释甲骨、金文中的"燕"字》，
《人文与社会》2003 年第 2 期）。朱歧祥
认为："卜辞多假为宴享的宴。通作讌
字。"（朱歧祥《通释稿》，第 226 页）
孟世凯则认为"燕叀吉""意为安静吉
祥"（孟世凯《辞典》，第 635 页）。

王燕叀吉：字形，释为王燕叀
吉。为卜辞习惯用语，见于《合集》
5280 号："壬子卜，史贞：王燕叀吉，
燕？八月。"又如《合集》27830 号：
"壬辰卜，何贞：王燕叀吉？贞：王燕
叀吉，不遘雨？"为廪辛康丁时期卜辞。
孟世凯认为："卜辞中的'王燕'意为
商王举行燕式舞祭吉祥。后一"燕"为
安启、安静"（孟世凯《辞典》，第 115
页）。

《合集》5280 号

王燕叀雨：字形，释为王燕叀
雨。为卜辞习惯用语，见于《合集》
12624 号："壬戌卜，史贞：王燕叀雨？
十月。"为武丁时期卜辞。又见《合集》
27843 号："壬子卜，何贞：王燕叀雨？"
为廪辛康丁时期卜辞。辞中的"王燕叀
雨"，孟世凯认为"殆为商王举行燕式

舞祭祈雨……或说'商王宴息有雨'"（孟世凯《辞典》，第115页）。

王卜：字形⛏，释为王卜。为卜辞习惯用语。见于《合集》1611号反面："王卜，其若？兹永。"为武丁时期卜辞。又见《合集》36914号："癸酉，王卜，在嘀贞：旬无祸？王占曰：吉！癸未，王卜，在逢贞：旬无祸？癸巳，王卜，在桑贞：旬无祸？"为帝乙帝辛时期卜辞。辞中的"王卜"即商王占卜，有时也在王与卜之间加上所在的地名，或地名的性质，如"王某师卜"，"师"表达某地为军事驻地。所见卜辞中出现的"王卜"和"王贞"的辞条多达1200余条，可见商王才是最大的卜人和贞人。

王贞：字形⛏，释为王贞。卜辞中多见"王贞"这一习惯用语，见于《合集》106号："戊子卜，王贞：来邲邑？十一月。二告。"反面："戊子……来邲邑？十一月。"为武丁时期卜辞。又见《合集》24664号："己巳卜，王贞：亡祸？在九月。三告。己巳卜，王贞：其有祸？己巳卜，王贞曰：雨？在九月。"辞中的"王贞"即商王亲自占卜贞问，"王贞"有时也省写"贞"字。

王曰贞：字形⛏，释为王曰贞。为卜辞习惯用语，多见于且庚且甲时期卜辞，见于《合集》24346号："乙卯卜，王曰贞：翌丙辰，王其步自获？乙卯卜，王曰贞：于丁巳步？"又见《合集》24471号："甲寅卜，王曰贞：翌乙卯，其田亡灾，于谷？"皆为且庚且甲时期卜辞。辞中的"王曰贞"即商王亲

自命贞卜问祈求。

王田：字形⛏，释为王田。为卜辞习惯用语，也作"王其田"，指商王田猎出行，见于《合集》37363号："戊午卜，贞：王田朱，往来亡灾？王占曰：吉！兹御。获兕十、虎一、狈一。"为帝乙帝辛时期卜辞。又见《合集》24474号："乙未卜，行贞：王其田，亡灾？在二月。在庆卜。丙申卜，行贞：王其田，亡灾？在庆。"为且庚且甲时期卜辞。前辞中的"王田朱"即商王出行朱地田猎，后辞中的"王其田"即商王出行田猎。还有《合集》24457号、37801号、37802号等皆出现有"王田"或"王其田"内容。

王立：字形⛏，释为王立。为卜辞习惯用语，本义当指商王站立，卜辞中有用作本义，见于《合集》27815号："王立于上。"又见《合集》28799号："……王于东立，虎出，禽？大吉！"皆为廪辛康丁时期卜辞。辞中的"王立"、"王于东立"皆表示商王站立。但卜辞中"王立"又表示商王亲临卜问。见于《合集》9525号："庚戌卜，殻贞：王立黍，受年？贞：王勿立黍，弗其受年？贞：王立黍，受年？一月。立黍，弗其受？"辞中的"王立"则表示商王亲临，"王立黍"则表示商王亲自莅临巡视黍的生长情况，能否丰收。

王出：字形⛏，释为王出。为卜辞习惯用语，指商王出行离开王都，见于《合集》5063号："己巳卜，亘贞：翌庚午，王出？王占曰：不……"为武丁时期卜辞。又见《合集》23727号："辛未

卜，行贞：王出，亡祸？在六月。"为且庚且甲时期卜辞。还见《合集》33381号："庚戌卜，辛亥，王出，狩？"为武乙文武丁时期卜辞。前三辞中的"王出"皆表示商王出行离开王都，特别是第三次意思更为明了，王出去狩猎，肯定是离开王都前往田猎区。

王步：字形𣥒，释为王步。为卜辞习惯用语，见于《合集》180号："癸酉卜，㱿贞：今日王步？辛丑卜，㱿贞：翌乙巳，王勿步？"为武丁时期卜辞。辞中的"王步"意为商王出行，所见卜辞中不但商王出行习见"王步"，也简为"步"，见于《英》2562号："庚辰，王卜，在危贞：今日步于又，亡灾？"或繁为王其步，见于《合集》6461号："庚寅卜，宾贞：今早王其步伐夷？庚寅卜，宾贞：今早王勿步伐夷？"辞中的"王其步"即"王步"，"步"或表车行，或为商王率步卒征伐夷方。

王往：字形𣥸，释为王往。为卜辞习惯用语，见于《合集》614号："贞：更王往伐舌方？贞：更王往伐舌？贞：勿隹王伐舌方？"辞中的"王往"指商王出发前去征伐舌方。又见《屯南》420号："辛丑卜，王往田，亡灾？"辞中"王往田"即商王前往田猎，可见卜辞中的"王往"即指商王前往某地。

王米：字形𣥖，释为王米。为卜辞习惯用语，见于《合集》32543号："庚寅贞：王米于囧，以且乙？甲申贞：王米于囧，以且乙？"又见《屯南》936号："甲申，贞：王其米，以且乙暨父丁？庚寅，贞：王米于囧，以且乙？庚

寅贞：王其米，惟……"辞中的"王米"也作"王其米"，意同，皆指商王举行米祭。孟世凯认为："商代收获谷类作物，去皮后称为米。有尝新之祭。有不用牲牢之米祭。目前只见于武乙、文丁时期卜辞。"（孟世凯《辞典》，第110页）

《合集》32543号

王宾：字形𥎤，释为王宾。为卜辞习惯用语，见于《合集》22551号："甲寅卜，行贞：王宾岁，亡尤？在十月。乙卯卜，行贞：王宾且乙升，伐羌十又五、卯宰，亡尤？在十二月。"为且庚且甲时期卜辞。又作"王其宾"，其为语气副词，如《合集》27176号："丁未卜，祸贞：王其宾大戊，彭，燕更……"为廪辛康丁时期卜辞。无论"王宾"或"王其宾"都表示商王对神祖的宾敬。郭沫若认为："是故'王宾'者，王侯也。《礼运》'礼者……所以以傧鬼神'，即卜辞所用宾字之义。"（郭

沫若《卜通》考释，第 38 页）

王迖：字形 🔲，依形隶定为王迖。为卜辞习惯用语，见于《合集》37460 号："壬寅卜，贞：王迖于召，往来亡灾？辛亥卜，王迖于召，往来亡灾？"辞中"王迖"的"迖"，朱歧祥认为："字从辵屯声，或从辵戈亦声；示持武器巡查屯驻之意。字见第四、五期卜辞。罗振玉释为践，杨树达释为过，见李孝定《甲骨文字集释》，第 509 页。据卜辞辞例观察，迖字下所巡越地望都是殷田狩地区，如向、丧、囚、安……等地。……是知迖字属田狩卜辞所用之动词。字释践、释过亦均可通。"（朱歧祥《通释稿》，第 301 页）也就是说"王迖"义同"王田"，为商王田猎出行的习惯用语。但也有认为"王迖"为"商王到达"（孟世凯《辞典》，第 111 页）。

王令：字形 🔲，释为王令，也有释为王命。令，从倒口从卩，示上令下，人跪以受命。《说文》："发号也。"甲骨文"令""命"为一字。王令或王命意即商王发号施令，见于《合集》5044

《合集》5044 号

号："甲午卜，殷贞：叀王令隹黄？"又见《屯南》243 号："癸未，贞：王令子画盅？癸未，贞：王令……癸未，贞：王令皋盅方？兹用。"二辞中的"王令"皆商王发号施令。

王省：字形 🔲，释为王省，为卜辞习惯用语。省字从目上有生，《说文》："视也。"所见卜辞中"王省"即商王省视，见于《合集》36361 号："辛丑卜，贞：王省，往来亡灾？"又作"王其省"，多与农牧地相关，见于《合集》29157 号："辛亥卜，王其省田，叀宫，不遘雨？"或作"王往省"，见于《合集》11175 号："贞：王往省牛？"卜辞中多见商王巡视农牧地，可见其对农牧的重视。

王徝：字形 🔲，释为王徝。徝字形从目直视于道路，显见循视之意，多表出巡或巡伐，见于《合集》6354 号："壬辰卜，殷贞：今早王徝土方，受有……癸巳卜，殷贞：今早王徝土方，受有……"又见《合集》6399 号："庚申卜，殷贞：今早王徝伐土方？"由辞中的"王徝伐土方"可知"王徝"绝不是一般意义的出巡。这个"徝"的甲骨字由于从彳从直，所以也有释为德，甲骨文书法多用。

王祸：字形 🔲，释为王祸，为卜辞习惯用语。王祸的祸字为卜骨的象形，隶作冎，《说文》："剔人肉置其骨也。象形。头隆骨也。"卜辞借用作祸，《说文》："祸，害也，神不福也。"只见于武丁时期卜辞，见于《合集》201 号："贞：王祸，隹蛊？贞：王祸，不惟蛊？"又见《合集》1747 号："癸丑卜，殼贞：隹且辛耄，王祸？贞：不隹且辛耄，王祸？"辞中的"王祸"意即商王可能遭到祸祟，不能够得到神和祖的福祐。

王梦：字形，释为王梦，为卜辞习惯用语。王梦的梦字，一字多形，或象人披发躺卧在床上，示惊醒貌，或似人巨目躺在床上，目上两折示意灵魂出窍，本义是做梦，"王梦"即王做梦，见于《合集》776号："己丑卜，殼贞：王梦，隹且乙？贞：王梦，不隹且乙？"又见《合集》10345号："丙申卜，争贞：王梦，隹祸？丙申卜，争贞：王梦，不隹祸？"可见商王凡事必占卜，梦幻吉凶也是占卜的内容，商王梦见了先王或鬼神异样，于是卜问吉凶。

王归：字形，释为王归，为卜辞习惯用语。王归的归，《广雅·释诂》："归，往也，就也。"《释言》："归，返也。"卜辞中"王归"即商王返回王都，见于《合集》5194号："……丑卜……贞：王归，若？"又和涉组合为王涉归，见于《合集》5231号："己亥卜，殼贞：翌庚子，王涉归？"辞中王所涉（渡）的河水当为黄河，王涉黄河而归回王都，当然要卜问若（顺）与不若。

王听：字形，释为王听。为卜辞习惯用语，王听的听从耳从口或二口，表示专注而听，即《说文》中的昌字："聂语也，从口耳。"又："聂附耳私小语也。"郭沫若释为听（郭沫若《卜通》，第137页）。卜辞中"听"字的本义也为听闻，见于《合集》1632号："戊子卜，宾贞：王听，隹且乙孽我？"

为武丁时期卜辞。辞中的"王听"意及商王听闻。但于省吾引"书洪范之'四曰听'，孔疏'听者，受人言察是非也。'荀子王霸之'要百事之听'，杨注：'听，治也。'又王制之'听之绳也'，杨注：'听，听政也。'"认为："是古谓听为听政。"卜辞多见"王听不惟祸"，于省吾释"言王之听治有无患害"（于省吾《释林》，第85页）。

王自缑：字形，释为王自缑。为卜辞习惯用语，见于《合集》5245号："叀王缑。贞：勿隹王自缑？"又见《合集》10105号出现"贞：王缑"内容，皆

《合集》10105号

为武丁时期卜辞。辞中"王自飨"的"飨"，朱歧祥释"众献食于神曰飨，意与即同"（朱歧祥《通释稿》，第46页）。"王自飨"即商王亲自飨于神祖。

左王：字形𠂇，释为左王。为卜辞习惯用语，见于《合集》248号："贞：成允左王？贞：成弗左王？"辞中的"左"通辅佐的佐，成是商汤的私名，正反对贞卜问先王商汤是否会辅佐时王。又见《合集》13584号："……贞：侑……家且乙弗左王？我家且辛弗左王……家且辛左王？贞：……家且乙左王？"辞虽残，也可看出辞与《合集》248号同，亦为正反对贞卜问先王且乙、且辛是否会辅佐时王。再如《英》1136号："壬寅卜，殷贞：帝弗左王？"辞中的"帝"为上帝，卜问上帝会不会辅佐时王。

永王：字形𠂤，释为永王。为卜辞习惯用语，或作王永，见于《合集》28496号："王其田，叀乙，湄日亡灾，永王？禽。于戊田，湄日亡灾，永王？……"又见《合集》27310号："叀父庚庸奏，王永？"皆为廪辛康丁时期卜辞，辞中"永王"或"王永"的"永"，《说文》"永，长也。象水巠理之长。《诗》曰：'江之永矣。'"卜辞或假借为歌诵的咏，意为长久，永远吉祥。

及今：字形𠂤，释为及今。为卜辞习惯用语，及今的及从手从人会意手捕人，《说文》："及，逮也。"表赶及、追及意；今象倒口形下有指示符，示意口中气及时呼出，引申表当下现在之意。卜辞中习见的"及今"多与天象气象相关，如《合集》14138号："贞：帝弗其

及今四月令雨？王占曰：丁雨，不更辛，旬丁酉，允：雨。"又如《合集》14127号："贞：帝其及今十三月令霍？"辞中的"帝"为上帝，及今令雨或令霍是卜问上帝能否当下及时的在四月施雨或十二月降霍。所见卜辞中"及今"也用于分娩生子，如《合集》13980号："及今一月娩？"及卜问王的某妇能否在当下的一月赶及生子。

亡祸：字形𠤎，释为亡祸。甲骨文祸字作𠤎、𠤎多形，晚期又作𠤎形，旧有多释，但都认为表示灾祸的祸。《说文》："祸，害也，神不福也。从示，咼声。"于省吾言："晚期甲骨文常见'亡咼才祸'和'亡咼自祸'之贞，郭沫若同志读繇一文读祸为繇（爻），颇有道理。"（于省吾《释林》，第231页）从郭、于说，"祸"的本义当是显示在甲骨上的占爻中视为不吉的兆象，甲骨文时期人们通过烧灼反映在龟甲兽骨上的兆象（兆干和兆支），人们通过观察兆象判断吉凶，"祸"当为判断为不吉的兆象，"亡祸"则指这种凶兆没有出现；"亡"即无，即无凶兆。有辞为证，《合集》914号："癸丑卜，争贞：戜往来亡祸？王占曰：亡祸。二告。"卜辞中"亡祸"与"有祸"对文，见于《合集》17409号："壬午卜，殷贞：王有梦，其有祸？……卜，殷贞：王有梦，亡祸？贞：王有梦，其有祸？贞：王梦，亡祸？"

旬亡祸：字形𠤎，释为旬亡祸。为卜旬习惯用语，见于《合集》26535号："癸丑卜，尹贞：旬亡祸？在正月。"又见《合集》1118号："癸亥卜，古贞：

旬亡祸？二月。"又见《合集》26483号："癸酉卜，王贞：旬亡祸？吉告。在三月。"又见《合集》16683号："癸己卜，贞：旬亡祸？四月。"又见《合集》26490号："癸未卜，王贞：旬亡祸？五月。"又见《合集》16689号："癸未卜，宾贞：旬亡祸？六月，在敦。"又见《合集》26532卜，祝贞：旬亡祸？七月。"又见《合集》26680号："癸未卜，兄贞：旬亡祸？八月。"又见《合集》26542号："癸酉卜，大贞：旬亡祸？九月。"又如《合集》39369号："癸未，王卜贞：旬亡祸？王占曰：吉！在十月。"又见《合集》16749号："癸亥卜，史贞：旬

《合集》26490号

亡祸？十一月。"又见《合集》16751号："癸未卜，古贞：旬亡祸？十二月。"又见《合集》26547号："癸未卜，大贞：旬亡祸？十三月。"看来是月月有卜旬，皆在癸日，旬为十天，"旬亡祸"是在一旬十天的最后一天癸日卜问下一旬即下一个十天的卜兆，不会有凶兆吧。

往来亡祸：字形 ，释为往来亡祸。为卜出行习惯用语，见于《合集》16525号："庚申卜，王贞：往来亡祸？弜其禽？丙……禽？"辞中的"禽"表示商王要出行田猎，亲自卜问去来没有灾祸。又见《合集》152号："辛巳卜，内贞：般往来亡祸？贞：亚往来亡祸？"辞中的"般"当指师般，为武丁时期的大将军；"亚"也指武官，卜问二位出行，当卜问其出征去来没有灾祸。所见卜辞中"往来亡祸"与"往来有祸"对文，如《合集》914号："癸丑卜，争贞：戜往来亡祸？王占曰：亡祸。二告。贞：戜往来其有祸？"

今夕亡祸：字形 ，释为今夕亡祸。为卜夕习惯用语。今夕亡祸的亡，《说文》："亾，逃也。从入，从乚。会意。"段玉裁注："亡之本义为逃。"又："亾，亦假借为有无之无。"卜辞中"亡"除用作本义外，也借用作表无，与有对文。习见的"今夕亡祸"即今夜无灾祸，如《合集》3940号："丁巳卜，宾贞：今夕亡祸？五月。"为武丁时期卜辞。又如《合集》26312号："戊戌卜，旅贞：今夕亡祸？在十二月。"为且庚且甲时期卜辞。再如《合集》35673号：

"壬子卜，贞：王今夕亡祸？"为帝乙帝辛时期卜辞。不同时期卜辞中的"今夕亡祸"皆为今天夜里无灾祸吧。

今夕有祸：字形△〢〢凵，释为今夕有祸，为卜夕习惯用语，见于《合集》21302号："戊子卜，今夕有祸？己丑卜，今夕有祸？"辞中的"今夕有祸"是卜问今天晚上有灾祸吗？

今夕其有祸：字形△〢〢凵，释为今夕其有祸，为卜夕习惯用语，辞中增加了语气副词其，表意与今夕有祸同，如《合集》16521号："乙卯卜，贞：今夕其有祸？乙卯卜，贞：今夕亡祸？"辞中的"今夕其有祸"亦为卜问今天晚上有灾祸吗？

今祸巫九备：字形△凵十乚，释为今祸巫九备。为卜辞习惯用语，多见于帝乙帝辛时期卜辞，如《合集》36525号："癸未卜，在师贞：今祸巫九备，王于夔侯缶师，王其在夔备？"辞中的"今祸巫九备"的含义学者说法不一，唐兰认为"今卟巫九县或今卟巫九占……巫九占当占法之一种也……其本义或是卜而神灵来降于繇典。"（唐兰《天壤阁甲骨文存》考释5）于省吾释"今祸巫九备"为今用巫九舞，把祸读为由，用也。备释为摇，摇舞也。"今祸巫九备者，即今用巫九摇也"。认为："巫九摇犹言巫九舞。古者歌舞恒以九为节。巫祝以歌舞为其重要技能，所以降神致福也。"（于省吾《双剑誃殷契骈枝·释巫九备》）还是朱歧祥讲的清楚，"殷人贞问，有一事三卜以决疑之习。由甲文多见右中左同条卜辞之例可互参。今师旅

在外，决胜于顷刻间，故三卜其事，以示审慎。一卜用三版，三卜辞当用九版骨或甲。'今祸巫九备'、即言今次以骨卜问鬼神，要用上骨版九块"（朱歧祥《通释稿》，第70页）。

亡尤：字形犾，释为亡尤。为卜辞习惯用语，亡尤的尤，《说文》："异也。从一右声。"《中庸》："下不尤人。"《论语》："则寡尤。"《诗经·四月》："莫知其尤。"这些文献中"尤"皆训作过也非也，卜辞中多用怨尤、过失之意。卜辞习见亡尤，是指没有怨尤，没有过失，或指灾异，如《合集》22781号："甲申卜，即贞：王宾大甲，翌亡尤？在四月。"即卜问王对大甲进行宾祭，没有过失或灾异，或卜问先王大甲对时王的怨尤会消失吧。所见卜辞中"亡尤"多用于王宾岁卜辞或王宾燎卜辞，如《合集》25096号："壬申卜，行贞：王宾岁，二牛叙，亡尤？七月。"此外，也见"有尤"卜辞，如《合集》16931号："贞：旬有不系，有尤？"

《合集》22781号

翌日亡尤：字形凵日犾，释为翌日亡尤。为卜辞习惯用语，也作翌亡尤，多

见于祭祀卜辞，如《合集》36194 号：
"丙寅卜，贞：王宾大乙奭妣丙，翌日
亡尤？"又如《合集》23330 号："庚戌
卜，贞：王宾小乙奭妣庚，翌亡尤？"
辞中"翌日"或"翌"为时间词，《说
文》："翌，飞貌。从羽立声。"多假为
昱，《尔雅·释言》："翌，明也。"《尚
书》中言"翌日"皆训为明日。但在卜
辞中"翌日"或"翌"不但指明日即下
一日外，也泛指第二日之后的某一日，
卜辞有见"翌"指五十二天后的日，也
见有指六十日。

亡灾：字形，释为亡灾。为卜辞
习惯用语，"亡灾"的"灾"，即灾祸，
有多种甲骨字形，如用横水形表灾，
当残留着人类对原始洪荒的记忆；后演
变为竖水形或在水中加声符在，作、
、形；再演变为水形从戈，作、
形，又演变为、形；最后规范为形，
用作灾祸字，多见于第三期以后卜辞，
习称亡灾，如《英》2326 号："庚午卜，
王其从虎师，叀辛，亡灾？"为战争征
伐卜辞。又如《合集》28564 号："丙午
卜，戊王其田艺，亡灾？吉！"为田猎
卜辞。再如《合集》28633 号："于辛省
田，亡灾，不遘雨？"为巡视出行卜辞。
出行卜辞又有"往来亡灾"，田猎卜辞
又有"湄日亡灾"等。

往来亡灾：字形，释为往来亡
灾。为卜出行习惯用语，多见于田猎卜
辞，见于《合集》37746 号："丁亥，王
卜贞：田盂，往来亡灾？王占曰：吉！
戊子，王卜贞：田丧，往来亡灾？王占
曰：吉！"又见《合集》37460 号："壬

寅卜，贞：王迭于召，往来亡灾？"辞
中出现"迭于"为田猎习惯用语。此
外，商王出巡也用"往来亡灾"，见于
《合集》36361 号："乙亥卜，贞：王省，
往来亡灾？辛丑卜，贞：王省，往来亡
灾？"辞中的"王省"即商王外出巡视。

《合集》36361 号

湄日亡灾：字形，释为湄日
亡灾。为卜辞习惯用语，多见于廪辛康
丁时期的田猎卜辞，如《合集》28500
号："丁丑卜，翌日戊，王其田，湄日
亡灾？"又如《合集》29383 号："王至
于凡田，湄日亡灾？"再如《合集》
28496 号："于戊田，湄日亡灾，永王，
禽？王其田，叀乙，湄日亡灾，永王，
禽？"辞中"湄日亡灾"的"湄日"为
时间词表示天将明未明的时段，所以有
认为"湄日亡灾""即天晓后田猎之日
无灾祸"（孟世凯《辞典》，第 576 页）。

朱歧祥引杨树达《卜辞求义》，第44页谓湄"或假为弥，终也"。认为："湄日即弥日；一整天的意思。"

其有来艰：字形⿰，释为其有来艰。为卜辞习惯用语，其有来艰的艰，从女或从卩，从壴，《说文》："土艰治也。"引申表困难或灾难；"来艰"则指外来的困难或灾难，卜辞中的"来艰"，多指来自四边方国的侵扰，见于《合集》7118号："贞：其有来艰，自北？四月。贞：其有来艰，自北？四月。"又见《合集》7094号："贞：其有来艰，自西？"还见《合集》7089号："……卜，宾：……旬有……其有……艰，自东？二月。"以及《合集》7093号："贞：亡来艰自南？"可见侵扰来自北、西、东、南四方皆有。"有来艰"与"亡来艰"相对，卜问有与亡大致意思相当，皆表示会不会有来自外部方国的侵扰。

亡来艰：字形⿰，释为亡来艰。为卜辞习惯用语，亡来艰与有来艰对贞，见于《合集》672号："乙未卜，殸贞：其有来艰？贞：亡来艰？"辞中卜问"来艰"，有正面卜问，也有反面卜问，可见商代人的占卜习惯，往往在卜问同一件事情的时候，同时使用肯定的与否定的问句形式。

允有来艰：字形⿰，释为允有来艰。为卜辞习惯用语，见于《合集》137号："癸丑卜，争贞：旬亡祸？王占曰：有祟！有梦！甲寅，允：有来艰。左告曰：有往刍自盉，十人有二。"又见《合集》7105号反面："……乃兹，

有祟！其……允有来艰……有凿……"皆为武丁时期卜辞。孟世凯释允有来艰"意为果然有灾难"（孟世凯《辞典》，第165页）。但卜辞中的"有来艰""亡来艰"皆指四边方国的侵扰。"允有来艰"应该是果然有来自四边方国的侵扰。

乃兹：字形⿰，释为乃兹。为卜辞习惯用语，见于《合集》367号反面："……乃兹有祟，其有来艰。"又见《合集》10405号："癸未卜，殸贞：旬亡祸？王占曰：往，乃兹有祟。六日戊子，子弹死，一月。"还见《合集》16949号反面："……占曰：乃兹有祟。"皆为武丁时期卜辞，可见"乃兹"多见于武丁时期卜辞，在辞中表示如此意，用作验辞的转折语，多与"有祟"组合。

受又：字形⿰，释为受又。为卜辞习惯用语，受又的受，从双手持舟，会给予意，引申表授予、赐予意，《说文》："受，相付也。从受，舟省声。"又："授，予也。"又即右手，借作右，引申表祐、佑意，受又即受到神祖的福祐、保佑。所见卜辞中，"受又"的内容见于卜辞各期，如《合集》6317号："癸丑卜，殸贞：勿佳王征舌方，下上弗若、不我其受又？贞：勿佳王征舌方，下上弗若，不我其受又？"为武丁时期卜辞。又如《合集》27644号："叀王飨，受又？"为廪辛康丁时期卜辞。再如《合集》36351号："其五卤有正，王受又？"为帝乙帝辛时期卜辞。前辞中的"受又"皆指得到神祖的福祐、保佑。

受有又：字形⿰，释为受有又。为

卜辞习惯用语，意当同"受又"，即得到神祖的福祐、保佑，见于《合集》6226号："庚申卜，争贞：乎伐舌方，受有又？"为武丁时期卜辞。又见《合集》6259号："甲辰卜，宾贞：勿乎伐舌，弗其受有又？"亦为武丁时期卜辞，前辞正问，后辞反问。"受有又"多见于武丁时期卜辞，第三期以后卜辞多见"受又又"，或"受又"的"又"字下加两短横。

受又又：字形 ，释为受又又。为卜辞习惯用语，表意当与"受又""受有又"同，多见于廪辛康丁时期以后卜辞，如《合集》28011号："壬戌卜，贞：弗受左左？壬戌卜，祸贞：其有来方亚旒，其御，王受又又？"其辞中"弗受左左"当为"又又"的错刻。

受佑佑：字形 ，依形隶定为受佑佑。为卜辞习惯用语，"受佑佑"即"受又又"，为"受又又"的又一写刻形式，其"受佑佑"的"佑佑"，为"又"字下增二短横，二短横当为叠字符号，后世书法或手写汉字也多见二短横作叠字符号，表前字的相同重复，这种文字的省写方式一直延续至今。所见卜辞中"受又又"写刻成"受佑佑"并非孤证，如《合集》27881号："惟戌马，眉呼允：王受佑佑。王其乎允：受佑佑。"又如《屯南》2279号："癸亥卜，王其敦封方，惟戊午，王受佑佑？翦，在凡，吉！惟癸亥，王受又？吉！"皆为廪辛康丁时期卜辞。又如《合集》36350号："乙卯，其黄牛正，王受佑佑？"再如《合集》36123号："癸酉

卜，贞：翌日乙亥，王其有升于武乙升，正王受有又？"皆为帝乙帝辛时期卜辞。还有《合集》36126号、36352号、38228号、38230号以及《英》2259号等都出现受又又写作"受佑佑"。

《合集》36350号

求年：字形 ，释为求年。为卜辞求丰年习惯用语，"求年"的"求"字本应隶作秝，为植物生长茂盛的象形。《说文》："首至手也。"假为被，稽首以祭，意为双手捧禾黍拜祭，以求丰年足雨。朱歧祥认为："一般学者释此字作求，于文意亦合，但秝作 ，求作 。二字形体稍异。"（朱歧祥《通释稿》，第

182 页）孟世凯认为："'求年'即祈求五谷丰登。"（孟世凯《辞典》，第 283 页）卜辞中习见"求年"于先公先王，见于《合集》10080 号："贞：求年于岳？……于河求年？"又见《合集》10076 号："戊午卜，宾贞：酒，求年于岳、河、夒？"辞中的"酒求"意为酒祭时用求的仪式。求年的对象有夒、河、岳、王亥、上甲、示壬、大乙、且乙、且丁等。

《合集》10080 号

我受年：字形，释为我受年。为卜求农作物收成的习惯用语，见于《合集》5611 号："丙子卜，韦贞：我受年？二告。丙子卜，韦贞：我不其受年？"又见《合集》9671 号："辛卯卜，古贞：我受年？二告。贞：我不其受年？小告。"皆为武丁时期卜辞。辞中"我受年"的"我"，或为商王自称，也为集合代词，表示我的商王室，我的商王朝，我的国家，我的土地。"受年"的"年"，从人头上或肩上扛着禾，即稔，义为禾谷熟，扛着庄稼回家，会意农业收成；"受年"的"受"，即授予或赐予，卜问我受年即指上帝和诸神能否授予或赐予我好的农业收成。卜求或希冀农作物的丰收，所求的对象有上帝，有先公夒、㝢（契）、河、岳、王亥、上甲、示壬等，还有先王大乙、大甲、且乙、且丁、后且丁以及自然山水之神等。所见卜辞中"求受年"之地有奠、龚、井、商、中商、羽、箙、宫、犬、羊、甫、夫、庞、亚、蜀、戈、长、菁、畱、画、夙、永、万、名、黍、龙、沚、湿等。

受年：字形，释为受年。为卜求农作物收成的习惯用语，为我受年之省语，见于《合集》9658 号："辛巳卜，亘贞：祀岳求来岁受年？二告。贞：来岁不其受年？二告。"为武丁时期卜辞。又见《合集》28274 号："其求年，在毓，王受年？于且乙求，王受年？吉！于大甲求，王受年？"为廪辛康丁时期卜辞。还见《合集》36975号："己巳，王卜贞：岁商受？王占曰：吉！东土受年？南土受年？吉！西土受年？吉！北土受年？吉！"为帝乙帝辛时期卜辞。可见卜辞第一期至第五期皆有卜"受年"卜辞。

受有年：字形𢆉，释为受有年。为卜辞习惯用语，义与受年同，见于《合集》787号："癸亥卜，争贞：我𥞫受有年？一月。贞：勿善，𥞫受有年，弗其受有年？"为武丁时期卜辞。又见《合集》28216号："叀盂先，受有年？叀宫先，受有年？"为廪辛康丁时期卜辞。无论是武丁时期或廪辛康丁时期，"受有年"皆指"受年"，即上帝或神祖授予或赐予好的农业收成。

求禾：字形𣎳，释为求禾。为卜辞习惯用语，见于《屯南》93号："壬子，贞：其求禾于河，燎三宰，沉三？"又见《屯南》750号："丁酉，贞：求禾于岳，燎五牢、卯五牛？"还见《合集》33296号："丁未，贞：求禾，自上甲六示，牛小示羴羊？丁未，贞：求禾于岳，燎小宰、卯三牛？"辞中的"求禾"的"禾"狭义指谷子即小米，广义泛指谷物即农作物，"求禾"即指求农作物的收成，所以"求禾"与"求年"同。求禾的对象与求年的对象同，有夒、啇（契）、高且、河、岳、大宗、上甲、示壬、大乙等。所见卜辞中出现的"求禾"内容的卜辞多达数百条。

受禾：字形𣎳，释为受禾。为卜辞习惯用语，见于《合集》32001号："丁丑卜，叀矢，往求禾于河，受禾？"又见《合集》33241号："戊寅，贞：来岁大邑，受禾？在六月卜。"为廪辛康丁时期以后卜辞。还见《合集》37849号："癸丑卜，贞：今岁受禾？弘吉！在八月，佳王八祀。"为帝乙帝辛时期卜辞。前三辞中的"受禾"意与"受年"相当，主要见于廪辛康丁时期以后卜辞，辞中的"禾"即年，皆指农作物，"受禾"即上帝或诸神授予或赐予我农作物好的收成。

受黍年：字形𢆉，释为受黍年。为卜辞习惯用语，见于《合集》9949号："庚申卜，贞：我受黍年？"又见《合集》9956号："贞：我不其受黍年？九牛。"为武丁时期卜辞。还见《合集》24431号："癸卯卜，大贞：今岁受黍年？十一月。"为且庚且甲时期卜辞。辞中受黍年的黍，究竟指哪一种农作物，甲骨学界说法不一，此从陈梦家观点释为黄米或大黄米，或为一种香米，也就是孔子所说的"黍可为酒"的哪一种可

《合集》9956号

酿酒的香米，受黍年与受年、受禾年同，皆卜问农作物是否有好的收成。卜辞多见"妇姘受黍年"，妇姘为武丁贵妇之一，其封地或为种黍之地。所见卜辞中卜"受黍年"的地望有井、甫、鲁、庞、龙、敦、囧、丘商、观、京等。由《合集》9535 号："贞：乎黍于北，受年？"内容，可知"黍"这种农作物的产地当在商王都之北或与今天一样为北方的农作物。

受秫年：字形，释为受秫年。为卜辞习惯用语，"受秫年"的"秫"，或作形，有释为粱，即指高粱，也有释为稷，认为是《说文》中的"稷，斋也。五谷之长。从禾，畟声"。此从宋镇豪梳理各家观点，释为秫或粱，"品种类于后世的粢和膏粱，为糯粟"。所见卜辞中"受秫年"与"受年""受禾""受黍年"义同，具体当为求这一种农作物的丰收，见于《合集》10024 号："庚申卜，贞：王受秫年？三月。"为武丁时期卜辞。此外，卜辞又见"白秫"或"白粱"，又见《合集》32014 号：

《合集》10024 号正面

"叀白秫蒸？"辞中的白秫，按照宋镇豪的观点，"与后世的'白粢'、'粢秫'、'白粱'相当，尤为糯粟之佳品"（宋镇豪《夏商社会生活史》，第 359 页）。

受糧年：字形，依形隶定为受糧年。为卜辞习惯用语，见于《合集》10041 号："戊戌卜，殻贞：我受糧年？"又见《合集》10047 号："癸未卜，争贞：受糧年？贞：弗其受糧年？二月。"皆为武丁时期卜辞。辞中"受糧年"的"糧"，为农作物名，甲骨学界多从唐兰《殷墟文字记》的观点释为稻，但宋镇豪梳理多家观点认为糧字"当属旱地农作物种类……糧是商人称豆的专字"（宋镇豪《夏商社会生活史》，第 305 页）。可从。"受糧"年即指祈求种植豆类植物的丰收，辞例同于"受年""受禾""受黍年"等。"受糧年"多见于武丁时期卜辞，甲骨文后期"糧"又用作地名，或为其地产糧得名，由《合集》24251 号："壬申卜……在师糧？"内容，可知"糧"地为军队驻地。

帝令雨：字形，释为帝令雨。为卜辞习惯用语，辞中"帝令雨"的帝指上帝，为甲骨文时期至高无上的神祖，掌管着天上人间一切事物。由卜辞第三期以后商王也以帝的称号，指帝在甲骨文时期人们心目中，既是神，也是祖。祖神合一为甲骨文时期人们的宗教观念，所以帝既是神，也是人祖，具备有呼风唤雨、福吉降灾的神力，见于《合集》5658 号："丙寅卜，争贞：今十一月，帝令雨？二告。贞：今十一月，帝不其令雨？二告。"又见《合集》14153 号：

"丙子卜，設：翌丁丑，帝其令雨？丁卯卜，設：翌戊辰，帝其令……戊辰卜，設：翌己巳，帝不令雨？二告。"辞中的"帝令雨"也作"帝其令雨"，"帝不令雨"也作"帝不其令雨"，正问反问皆表示上帝命令下雨，甚至雨下多少也由上帝的意志，见于《合集》10976号："辛未卜，争贞：生八月，帝令多雨？贞：生八月，帝不其令多雨？"

《合集》14153 号

帝其令风：字形　　　，释为帝其令风。为卜辞习惯用语，见于《合集》672号："贞：求年于大甲十牢？且乙十牢？求雨于上甲牢？于上甲牛？二告。贞：翌乙未，酒成，用牢？翌……未，酒成？贞：翌丁酉，延侑于大丁？翌丁酉，勿侑于大丁？贞：翌癸卯，帝其令风？翌癸卯，帝不令风，夕雾？"辞中商王求年（农作物收成）于大甲，求雨（雨顺）于上甲，对成（商汤）进行酒祭，延于大丁进行侑祭，这些都与帝令风（风调）相关，可见甲骨文时期人们已经将农作物的收成与天象自然相系联，当然他们相信风调雨顺是上帝的福祐与恩赐。

帝风：字形　　，释为帝风。为卜辞习惯用语。见于《合集》21084号："帝风，九犬？"又见《合集》34150号：

"辛未卜，帝风不用雨？"辞中帝风的帝为禘，帝风即对风神进行禘祭。还见《合集》14295号："贞：帝于东方，曰：析，风曰：协，求年？"即贞问是否对名为析的东方神与名为协的东方风神进行求年（农业收成）的禘祭。

帝其令雷：字形　　　，释为帝其令雷。为卜辞习惯用语，见于《合集》14130号："……贞：帝其令雷？"又见《合集》14127号："贞：帝其及今十三月令雷？贞：帝其于生一月令雷？"还见《合集》14128号："癸未卜，争贞：生一月，帝其弘令雷？贞：生一月，帝不其弘令雷？"辞中帝其令雷或弘令雷皆指上帝命令打雷。但有学者释雷为电，以《合集》3946号："戊寅卜，設贞：雷其来？贞：雷不其来？"为例，认为"雷状声音，不可见来去，释雷亦不能解。此仍当隶作电字是"（朱歧祥《通释稿》，第142页）。

帝受我佑：字形　　　，释为帝受我佑。为卜辞习惯用语，也谓帝不我其受佑，见于《合集》6273号："……伐舌方，帝受我佑？"又见《合集》6272号："……贞：勿伐舌，帝不我其受佑？"皆为武丁时期卜辞。辞中的"帝受我佑"或"帝不我其受佑"皆卜问上帝是否授予我福佑。还见《合集》6473号："贞：王更沚戜，从伐巴方，帝受我佑？王勿隹沚戜从伐巴方，帝不我其受佑？二告。"辞中的"帝受我佑""帝不我其受佑"即正文或反问伐巴方是否能得到上帝的福佑。

《合集》6273 号

帝肇王疾：字形，释为帝肇王疾。帝肇王疾的肇，《尔雅·释言》："肇，始也。"引申为开始、发生；疾，疾病，帝肇王疾即上帝使商王生疾病。见于《合集》14222 号："贞：不佳下上肇王疾？二告。贞：帝肇王疾？贞：佳帝肇王疾？"为武丁时期卜辞。辞中的"下上"为上帝或天地神祖的总称，或认为商王有疾，是由上帝或天地神祖所致。

帝佳其终兹邑：字形，释为帝佳其终兹邑。卜辞中也谓"帝弗终兹邑"，与"帝佳其终兹邑"对文，如《合集》14209 号："贞：帝佳其终兹邑？贞：帝弗终兹邑？丙辰卜，殻贞：帝佳其终兹邑？贞：帝弗终兹邑？"为武丁时期卜辞。当为建造城邑占卜是否工程顺利的习惯用语，卜问上帝是否福祐建造城邑终能顺利建成。

帝孜：字形，依形隶定为帝孜。"帝孜"的"孜"，或即《说文》躰，示弓箭发于身而中于远也。篆文作射，表示箭矢于身，引申有灾害意；"帝孜"即上帝降灾害于身，卜辞中习言的"帝孜"皆指帝降灾害，见于《合集》14208 号："贞：帝孜唐邑？贞：帝弗孜唐邑？"即卜问上帝是否降灾害于唐邑。又如《合集》14211 号："戊戌卜，争贞：帝孜兹邑？二告。帝弗孜兹邑？"即卜问上帝是否降灾害于此邑，兹，此也。

帝虎：字形，释为帝虎。仅见《合集》21387 号："丁丑卜，王叀豕、羊，用帝虎？十月。丁丑卜，王勿帝虎？十月。"为武丁时期卜辞。辞中"帝虎"的"帝"，孟世凯认为："帝与禘同。祭祀虎。《易·干》：'云从龙，风从虎。'孔颖达疏：'龙是水畜，云是水气，故龙吟则景云出，是云从龙也。虎是威猛之兽，风师震动之气，此亦是同类相感。故虎啸则谷风生，是风从虎也。'故商王视虎为神兽而祀。"（孟世凯《辞典》，第 422 页）

帝于：字形，释为帝于。为卜辞习惯用语，帝于的帝，用作动词，叚作禘，见于《合集》14748 号："贞：帝于王亥？"为武丁时期卜辞，是卜问是否对先公远祖王亥进行禘祭。又见《合集》21084 号："甲辰卜，帝于东？九月。"《合集》14323 号："帝于南，犬？"《合集》21089 号："戊寅卜，九犬，帝于西？二月。"《合集》14332 号："帝于北，二犬，卯……"是对东方神、南方神、西方神、北方神进行禘祭。所见卜辞中对四方神进行禘祭，在武乙文武丁时期卜辞中省"于"字，见于《合集》34145 号："癸丑卜，帝东？癸丑卜，帝南？"

又见《合集》34154 号:"癸亥卜,帝西?癸亥卜,帝北?"辞中的"帝东"即"禘于东","帝南"即"禘于南","帝西"即"禘于西","帝北"即"禘于北"。

娩嘉:字形🀄,释为娩嘉。娩嘉的娩为分娩,嘉从郭沫若所释(郭沫若《粹考》,第 160 页),为卜辞习惯用语,见于《合集》13997 号:"壬寅卜,宾贞:妇好娩嘉?"又见《合集》181 号:"乙巳卜,宾贞:妇妌娩嘉,妇妌……"还见《合集》14002 号:"甲申卜,㲉贞:妇好娩嘉?王占曰:其隹丁娩嘉,其隹庚娩,弘吉。三旬又一日,甲寅,娩,不嘉!隹女。"皆为武丁时期卜辞。由辞中义可知,甲骨文时期人们已经有重男轻女的观念,生男孩曰"嘉",生女孩则称"不嘉""不其嘉"或"不吉"。

《合集》13997 号

大吉:字形🀄,释为大吉,或合文作🀄形。大吉中的吉,《说文》:"吉,善也。从士、口。"卜辞中"大吉"为习惯用语,或用在占辞中,或作为记兆刻辞,是标志卜兆性质的习惯用语,常常刻在卜兆的左或右下侧。见于《合集》30687 号:"叀旧智,二牢,用王受祐?大吉!"又见《合集》30707 号:"贞:叀牢又一牛用?大吉!"二辞中的大吉皆为记兆刻辞,是刻在卜兆之侧,标志卜兆性质的习惯用语,多见于三、四期的新派卜辞中。但帝乙帝辛时期新派卜辞也多见"大吉",如《合集》41695 号:"癸未王卜,贞:旬亡祸?在三月,王占曰,大吉,甲申彡上甲。"辞中的"大吉"位于占辞中。又如《英》2513 号:"癸亥,王卜贞:旬亡祸?在三月。王占曰:大吉!甲子劦且甲。"辞中的"大吉"位于占辞中,与记兆刻辞有别。

弘吉:字形🀄,释为弘吉,或合文作🀄、🀄形,为卜辞习惯用语。弘吉的弘,《说文》:"弓声也。"段玉裁注:"经传多叚此篆为宏大字。宏者屋深,故《尔雅》曰:宏,大也。"所见卜辞中"弘吉"多出现在占辞中,如《合集》14002 号:"甲申卜,㲉贞:妇好娩嘉,王占曰,其隹丁娩嘉,其隹庚娩,弘吉!三旬又一日甲寅,娩,不嘉,隹女。"为武丁时期卜辞。又如《合集》35347 号:"中不雉众?王占曰:弘吉!左不雉众?王占曰:弘吉!"再如《合集》35582 号:"癸卯,王卜贞:旬亡祸?王占曰:吉!在三月。甲辰……小甲劦大乙。癸丑,王卜贞:旬亡祸?王占曰：弘吉！在……月。甲……祭……癸亥，王卜贞：旬亡祸？王占曰：弘吉！……癸酉，王卜贞：旬亡祸？王占曰：弘吉！在五月。甲戌……"皆为帝乙帝辛时期卜辞。朱歧祥认为："卜辞验辞中弘字用叚借意，大也。习言'弘吉'，即大吉。"（朱歧祥《通释稿》，第348页）但孟世凯认为弘吉"意为宏大之吉祥或吉利。大多见于武丁和帝乙帝辛时期卜辞中。……卜辞"吉""大吉""弘吉"，三者义有别，弘吉为最宏大之吉祥"（孟世凯《辞典》，第219页）。此外，张秉权认为"弘吉"也是表示卜兆性质的记兆术语，"在甲骨上释独立存在的，它不属于任何一组贞卜的文字，这是它在用法上的特征"（张秉权《甲骨文与甲骨学》，第172页）。

不玄冥：字形𩵋𥝪，此从孟世凯释为不玄冥（孟世凯《辞典》，第130页）。为甲骨文习惯用语，是记兆刻辞，即刻在卜兆处的习见语辞，用来标记卜兆征象性质，和序数字一、二、三、四等一样，不属于任何一组卜辞的文字，多见于一期、二期旧派甲骨，见于《合集》1076号出现一处"不玄冥"记兆刻辞。又见《合集》1075号出现两处"不玄冥"记兆刻辞。还见《合集》1655号出现四处"不玄冥"记兆刻辞。关于"不玄冥"的含义，在解说上争议颇多，孙诒让最早将这一记兆刻辞解说为"意思是不必再命龟了"；胡小石解说为"不必再踌躇了"，董作宾从其说，读为"不跼躅"；郭沫若释为"不迷茫，不朦胧，不纷乱的意思"；唐兰释为"不才

龟"而读为不再墨；于省吾释为"不午龟"，意为"不牾冥"，也就是说卜辞不舛牾，不冥闇的意思；孟世凯《辞典》释为"不玄冥"；张秉权初从胡小石说，后来改从陈邦福的观点，释为"不牾鼁"，认为"早期的记兆术语'不牾鼁'相当于晚期的'兹用'"（张秉权《甲骨文与甲骨学》，第172页）。

兹用：字形𢆶用，释为兹用。为甲骨文习惯用语，兹用的兹，《说文》："兹。艸木，多益也。"《尔雅·释诂》："兹，此也。"《广雅·释言》："兹，今也。"卜辞中兹用作代词表此，兹用即此用，多见用于且甲以后新派卜辞，也用作记兆刻辞。见于《合集》25016号："……叀兹用？一月。"为且甲时期卜辞。又见《合集》34115号："甲申卜，贞：酒，求自上甲十示又二，牛；小示䜌，羊，兹用。"为武乙文武丁时期卜辞。孟世凯认为"兹用""意为用此卜。商代占卜常一事多卜后决定取舍。目前主要见于武丁以后各期卜辞，置于辞中或辞末。"（孟世凯《辞典》，第429页）但《合集》34467号出现的一处"兹用"，《合集》34240号出现两处"兹用"，《合集》35931号出现三处"兹用"，都当为记兆刻辞。

兹不用：字形𢆶不用，释为兹不用。为卜辞习惯用语，见于《合集》24402号："乙未卜，王曰贞：其田？兹用。……曰贞：祝于庭，兹不用。"为且甲时期卜辞。又见《合集》34442号："丙辰，贞：其延，兹用。丙辰，贞：……不用。"为武乙文武丁时期卜

辞。辞中的"兹不用"与"兹用"相对。

《合集》34442 号

小告或小吉：字形凷，为合文，释为小告或小吉。为甲骨文习惯用语，是常见刻在卜兆旁边的记兆刻辞，用来标记卜兆的性质，见于《合集》127 号上出现的一处"小告"或"小吉"，又见《合集》438 号出现的两处"小告"或"小吉"，还见《合集》116 号出现的三处"小告"或"小吉"等。对于小告的告和卜辞中习见的二告的告字解说，甲骨学界至今尚无一致公认的定论，有释为告，也有释为吉，认为不是小告是小吉。最早对甲骨文进行考释的孙诒让，在《契文举例·襍例弟十》中释为"小吉"，后来的学者叶玉森、王襄、董作宾、胡小石、陈邦福等皆从孙说。而郭沫若、胡厚宣、商承祚、容庚、孙海波、曾毅公等皆释为"小告"，商承祚在《福氏所藏甲骨文考释》中论述："小告习读为小吉，非也。吉作凷，此作凷即告之省，卜辞每于辞下刻二告、小告，乃纪当日册也。"又在《殷契卜辞释文》中进一步论述："祚案：凷字昔皆读吉，

非是。当是告字，其例有大告、小告、二告、三告……告吉结体不同。"张秉权则认为："那么事实上，在甲骨文字中，不但告吉结体不同，吉与吉的结体也有不同的，即使商氏所认为的告之省的凷与告字的结体又何尝相同？有时甚至在同一块甲骨上，也可以看到它们各有各的写法。"（张秉权《甲骨文与甲骨学》，第 174 页）

二告或上吉、下吉：字形二凷，或合文作凷形，释为二告，也有释为上吉、下吉。为甲骨文习惯用语，是刻写在卜兆旁的记兆刻辞，见于《合集》53 号出现的一处"二告"或"上吉、下吉"。又见《合集》150 号出现的两处"二告"或"上吉、下吉"。还见《合集》151 号上出现的八处"二告"或"上吉、下吉"。还有《合集》140 号出现的十处"二告"或"上吉、下吉"。对于这常见于武丁时期的刻在卜兆旁的记兆刻辞，甲骨学界有释为二告，也有释为上吉或下吉，与释小告或小吉一样，关键是对于告或吉字的释读。张秉权认为："'吉'是卜辞中最常见的文字之一，也是形态变化最多的文字之一，它的形体变化虽甚繁剧，董彦堂先生早已加以整理过了，计得三十余种不同的书体，排成系统，列成图表……谈到吉字的用法，在卜辞中却很简单，概括地划分起来，可以归纳为两类：（1）用在文句中，如'王占曰吉'之类。（2）用在贞卜文辞以外的术语中，如'上吉'、'下吉'、'小吉'、'大吉'、'弘吉'、'吉'之类，这些术语在甲骨上是独立存在的，它不属于任何一组的贞

卜的文字，这是它在用法上的特征。属于第一类的那些吉字虽则有早期的有晚期的，形体变化很多，但这一类的吉字，考释家们都一一承认，并无疑义……只有第二类之中的'上吉''下吉''小吉'等的吉字，才是讨论的重心。这些吉字的形体变化的幅度虽则不大，但是因为它有时可以写作''形，与卜辞中的一些告于之告字的形体竟然相同，牵涉到另一文字的形体范围之内，于是在文字的考释上变成了问题，有些人将它释为告字，以'上吉'为'二告'，以'小吉'为'小告'，但有些人仍旧相信它是吉字，于是一种术语有了两样解释，至今尚无大家一致承认的说法。则在甲骨文字中虽则不能算是一个大问题，确实一个须要解决的问题。"（张秉权《甲骨文与甲骨学》，第172页）

不吉：字形，释为不吉。为卜辞习惯用语，见于《合集》14001号："壬寅卜，殻贞：妇……娩嘉？王占曰：其隹戊申娩，吉、嘉！其隹甲寅娩，不吉，空，隹女。壬寅卜，殻贞：妇好娩，不其嘉？王占曰：凡，不嘉，其嘉，不吉，于之若，兹迺死。"辞中"不吉"的

"不"为否定词，"不吉"即不吉祥，与"吉"相对。

条遣：字形，释为条遣。见于《合集》11484号："……丑卜，宾贞：翌乙……黍蒸与且乙……王占曰：有祟……不其雨，六日庚午，夕月有食，乙未酒，多工率条遣。"为武丁时期卜辞。孟世凯引《农政全书·农事·占候》："凡久雨至午少止，谓之昼遣。在正午遣，或可晴；午前遣，则午后雨不可胜。"认为条遣"祈雨辞，从卜辞内容看当与气象有关，暂定为祈雨辞"（孟世凯《辞典》，第304—305页）。

今夕王西言：字形，释为今夕王西言。为卜辞习惯用语，主要见于且庚且甲时期卜辞，如《合集》26726号："乙亥卜，旅贞：今夕王西言？"又如《合集》26725号："丁卯卜，旅贞：今夕西言王？"辞中的旅为第二期且庚且甲出组贞卜人物。辞中的"今夕王西言"也作"今夕西王言"，其义待考。

《全集》26726号

告方：字形，释为告方。为卜辞习惯用语，见于《屯南》63号："壬辰，于大示，告方？"又见《合集》6131号：

《合集》14001号

"壬午卜，亘贞：告舌方于上甲？"还见《合集》6386 号："贞：告土方于上甲？"皆为武丁时期卜辞。辞中的"告方"即求告不受方（某方国）的侵扰，告舌方即求告不受舌方的侵扰，"告土方"即求告不受土方的侵扰，求上甲等神祖的护佑。

福告：字形▨，释为福告。为卜辞习惯用语，见于《合集》13619 号："癸巳卜，㱿贞：子渔疾目，福告于父乙？"为武丁时期卜辞。又见《英》2082 号："己丑卜，疑贞：其福告于大室。"为且庚且甲时期卜辞。还见《合集》34505 号："甲寅，贞：酒，翌日其福告？"为武乙文武丁时期卜辞。辞中福告的福为祭名，《说文》："福，祐也。从示，畐声。"甲骨文福字象双手捧着酒坛子于示旁，福祭为摆设酒置祭，"福告"即举行福祭以求神祖的福祐。

先马：字形▨，释为先马。为卜辞习惯用语，见于《合集》5726 号："贞：勿先马？"为武丁时期卜辞。又见《合集》27951 号："先马，其悔雨？"为廪辛康丁时期卜辞。所见卜辞中"先马"或称"马先"和"马其先"，见于《合集》27954 号："其乎马先弗悔不……大吉！"又见《合集》27946 号："丁酉卜，马其先弗悔？"前辞中先马、马先、马其先义同。关于先马，于省吾《甲骨文释林》有专篇《释'先马'》，引孙海波考释"疑先马为职官之名"："按先马与卜辞并非职官之名，然实后世先马，洗马之滥觞。古者王公外出，常有导马于前。沿习既久，则先马为专职之官名

矣。"（于省吾《释林》，第 63—64 页）朱歧祥亦认为："有为殷队伍先行，曰：'先马'。后成为殷专有官名。"（朱歧祥《通释稿》，第 199 页）

先酒：字形▨，释为先酒。为卜辞习惯用语，见于《合集》1162 号："贞：有匚于上甲，先酒？"为武丁时期卜辞。又见《合集》23064 号："乙丑卜，出贞：大史弋酒，先酒，其有匚于丁，三十牛？七月。"为且庚且甲时期卜辞。还见《屯南》651 号："更岳，先酒，酒酒，五云有雨？大吉！"为武乙文武丁时期卜辞。辞中的"先酒"，孟世凯释为"祭祀时先献酒"（孟世凯《辞典》，第 245 页）。

逆羌：字形▨，释为逆羌。见于《合集》32035 号："王于宗门逆羌？"又有《合集》32036 号："王于南门逆羌？"辞中"逆羌"的"逆"为卜辞习惯用语，《说文》："逆，迎也。"于省吾认为："南门即宗门，以方向言之谓之南门，以宗庙言之谓之宗门。'逆羌'谓以羌为牲，而迎之以致祭。周礼大祝：'随衅逆牲'。礼记明堂位：'君肉袒迎牲于门。'祭统：'及迎牲，君执引，卿大夫从，士执刍。'此乃周代迎牲之礼。甲骨文言王于南门或宗门逆羌，此殷礼之足征者也。"（于省吾《释林》，第 47—48 页）

逆伐：字形▨，释为逆伐。为卜辞习惯用语，见于《合集》6198 号："辛丑卜，㱿贞：舌方其来逆伐？"又见《合集》6204 号："辛未卜，㱿贞：王勿逆伐舌方，下上弗若不，我其受佑？六月。"辞中"逆伐"的"逆"，《说文》：

"逆，迎也。从辵。屰声。关东曰逆，关西曰迎。"本义当为迎击、迎战。朱歧祥认为："卜辞亦用为逢迎意；甲文习言'逆伐'，即由背面突袭之意。"（朱歧祥《通释稿》，第303页）

今夕师亡祸宁：字形 ，释为今夕师亡祸宁。为卜辞习惯用语，见于《合集》36450号："戊辰卜，贞：今夕师亡祸宁？"又见《合集》36461号："癸丑卜，贞：今夕师亡祸宁？甲寅卜，贞：今夕师亡祸宁？乙卯卜，贞：今夕师亡祸宁？丙辰卜，贞：今夕师亡祸宁？丁巳卜，贞：今夕师亡祸宁？"皆为帝乙帝辛时期卜辞。辞中的"今夕"即今夜，"师"为军队的代称，"今夕师亡祸宁"即商王卜问今天晚上我的军旅没有灾祸与神祖福祐安宁无恙。

《合集》36450号

驭釐：字形 ，从董作宾观点释为驭釐，是"进福之意"（董作宾《甲骨文断代研究例》，《董作宾先生全集》甲编

第2册，第447—448页）。驭釐的釐也作 、 、 字形；驭也作 、 字形，朱歧祥释"从手驭马，隶作驭。《说文》：'使马也。'通作御。……'驭釐'，即进福。殷人每于祭祀先祖妣时祈福"（朱歧祥《通释稿》，第438页）。"驭釐"作为甲骨上习惯用语，习见写刻在卜兆旁，为记兆刻辞吉祥语，如《合集》26899号、26908号等30余片甲骨上都出现有记兆刻辞吉祥语"驭釐"。此外，"驭釐"也见于卜辞中表祈福，如《合集》26975号："庚戌卜，何贞：妣辛岁其驭釐？"又如《合集》28173号："癸丑卜，何贞：驭釐？"再如《合集》27728号："……酉卜，夏……驭釐……"辞中何、夏皆为廪辛康丁时期贞卜人物，习惯用语"驭釐"多见于廪辛康丁时期。廪康以后的卜辞中，如《合集》37382号："其延釐。"辞中"釐"为驭釐之省。

《合集》26908号

驭每：字形𩢍，从朱歧祥观点释为驭每。朱歧祥认为："卜辞习言殷王'驭每'，即'驭牧'；乃操辔驾马放牧之意。"（朱歧祥《通释稿》，第438页）卜辞习惯用语驭每多见于廪辛康丁时期，如《合集》26907号："辛亥卜，贞：驭每？"辞中"驭每"的"每"，也有释作母（姚孝遂、肖丁《类纂》，第1238页）。

（八）待考地名、族名或人名及其他

娘：字形𡞓，依形隶定为娘（姚孝遂、肖丁《类纂》，第195页）。见于《合集》22099号："戊午卜，娘力？"辞中的"娘"当为人名。同版出现妇石、告子等人物，出现的鼎字为方耳师组卜辞风格，当为武丁晚期卜辞，"娘"字从女，此或为武丁时期的某妇名。但姚孝遂以为："此亦'毓'字之异构，《合集》22099号当读为'毓妫'《刻辞类纂》译读有误，当正。"（于省吾《诂林》，第524页，姚孝遂按）此字形出现了在合体字中用作偏旁部件的哀字，王蕴智认为"一部分在合体字中只充当偏旁部件的字头，如甲骨文娘字所从的哀，濼字所从的巢，霸字所从的革，商金文阑字所从的柬等，这些偏旁字在当时大致应该是可以独立使用的"（王蕴智《字学论集》，第174页），此说可从。

艾：字形𦫵，王蕴智释为艾（王蕴智《字学论集》，第175页）。姚孝遂以为"字不可识，其义不详"（于省吾

《诂林》，第1333页，姚孝遂按）。见于《合集》8015号："……卜，古贞：艾在唐麓？二告。"为武丁时期卜辞。辞中的艾字多家未见有释，待考。

《合集》8015号

卑：字形𤰈，于省吾、姚孝遂释为卑。见于《合集》37677号："……贞：王……往来亡……占曰：吉……王曰：卑女（母）……"辞中的"卑"姚孝遂认为："字当是'卑'。与金文'卑'字同形。《说文》：'卑。贱也。执事也……'朱骏声《通训定声》以为'卑'乃'椑'之古文。谓象圆槌酒器，……《周礼·卢人》注：'齐人谓柯斧柄为椑'。'卑'即象手持某种有柄工具之形。卜辞残缺，其义不详。"（于省吾《诂林》，第2133页，姚孝遂按）

婢：字形𡜪、𡜨、𡜩、𡜫，一字多形，依形隶作婢，于省吾释"系'婢'字的初文"（于省吾《释奴婢》，《考古》1962年第9期）。孙海波亦释"从妾，婢之别体"（孙海波《甲骨文编》，第473页）。屈万里、李孝定皆认为是"古婢字"（屈万里《甲编考释》，第85页；李孝定《集释》，第3631页）。《说文》：

"婢。女之卑者也。从女从卑，卑亦声。"卜辞中"婢"用为祭牲之名，见于《合集》26956号："叀婢，王受佑？"为廪辛康丁时期卜辞。又见《合集》35361号、35363号、36276号都出现"姬婢"内容，皆为帝乙帝辛时期卜辞。辞中的"姬婢"，于省吾认为是祭名（于省吾《释林》，第214页），姚孝遂则以为是"女俘之名"（于省吾《诂林》，第502页，姚孝遂按）。

字：字形⿰，孙海波最早释为孝（孙海波《甲骨文编》，第357页），张亚初释为字（张亚初《甲骨文金文零释》，《古文字研究》第六辑，第165—166页），姚孝遂认为："张亚初以此为'字'之初文，可供参考，卜辞为地名。"（于省吾《释林》，第546页，姚孝遂按）见于《英》2525号："癸巳卜，在⿰字商鄙，泳贞：王旬亡祸？隹来征人方。"此从姚孝遂观点，辞中的"字"为地名。

偪：字形⿰、⿰，姚孝遂释"字当隶作'偪'"（于省吾《诂林》187页姚孝遂按）。见于《合集》27991号："自可至于宁偪，御。"为廪辛康丁时期卜辞。又见《合集》20652号："丁丑卜，王贞：偪……"为武丁时期卜辞。孙海波认为："从人从畐，《说文》所无。《礼记·内则》偪屦着綦，《释文》作幅，《左传》偪阳子，《汉书·古今人表》作福。《方言》亦有偪字云，满也。"（孙海波《甲骨文编》，第347页）王蕴智认为通"逼"（王蕴智《字学论集》，第175页）。

边：字形⿰，陈梦家释"这是卜辞仅见的边字，辞云'往边'，则成有守边之责"（陈梦家《综述》，第516页）。见于《合集》28058号："戌，值往于来取，廼边⿰卫有⿰。叀往边……"姚孝遂认为："字当释'边'，卜辞均用为'边塞'之义。"（于省吾《诂林》，第679页，姚孝遂按）

杜：字形⿰、⿰，从木从土，释为杜。见于《合集》19711号反面："乙卯……杜。"又见《合集》21458号也出现"杜"字。辞中的"杜"字，姚孝遂释"字又从木，在左从'⊥'，'⊥'可为'士'，亦可为'土'，辞残，其义不明"（于省吾《诂林》，第1414页，姚孝遂按）。甲骨文⊥字形未见有释作士。

帛：字形⿰，王襄最早释"古帛字"（王襄《簠室殷契类纂》正编第七，第36页）。姚孝遂认为："释帛可从，字在卜辞为地名。"（于省吾《诂林》，第1027页，姚孝遂按）见于《合集》36842号："癸酉卜，在帛贞：王步……鼓……灾？"为帝乙帝辛时期卜辞。辞中"帛"用作地名与鼓地见于同辞，两地当相近相邻。鼓地郑杰祥的观点为古顾城，在今河南省范县城东北约20千米，那么帛地也当在今范县城东一带（郑杰祥《概论》，第87—88页）。

蔡：字形⿰，有释为蔡（王蕴智《字学论集》，第175页；刘钊《新甲骨文编》，第28页）。见于《戬》33.9号上出现单字"蔡"（《戬考》未释）。多家字书未收此字，待考。

晨：字形⿰，王襄最早释"古晨字"（王襄《簠室殷契类纂》，第11页）。《说文》："晨。早昧爽也。从臼、从辰。

辰，时也，辰亦声。"李孝定以为"契文正从臼从辰"（李孝定《集释》，第837页），所以有释晨通晨（王蕴智《字学论集》176页）。见于《合集》9477号："……卜，宾……令多晨……奸……艱？"姚孝遂认为："字可隶作'晨'，但与卜辞'晨'之作'譝'似有别。……'多晨'当为职官名。"（于省吾《诂林》，第1140页，姚孝遂按）

承：字形𢎛，罗振玉、王襄、商承祚最早皆释为丞（罗振玉《殷释》中，第63页；王襄《簠室殷契类纂》第一，第11页；商承祚《类篇》三卷，第6页）。李孝定认为"卜辞之𢎛当为承之古文"，又"契文象双手捧一人之形，奉之义也。篆文又增之'手'形，于形已复矣"（李孝定《集释》，第783、3567页）。姚孝遂认为："字当释承。孙海波《甲骨文编》原收入承字，增订版复以为丞字。丞、承者义皆近可通，但卜辞形体迥殊，丞为拯人于臼之形，承则为枏举之形，不得以为同字。"（于省吾《诂林》，第417页，姚孝遂按）见于《合集》9175号："……弜来马承。"又

见《合集》4094号："……叀皋……承。"皆为武丁时期卜辞。辞残，用义不详。

齿：字形𦥑、𦥑、𦥑、𦥑，王襄、商承祚、孙海波最早皆释为齿（王襄《簠室殷契类纂》存疑第二，第10页；商承祚《类篇》二卷，第19页，孙海波《甲骨文编》，第85页）。姚孝遂认为："甲骨文齿字本象口齿之形，与《说文》古文齿形近。其从止声者，乃后期形声字，卜辞'齿'之用法为：一、口齿之齿……二、齿为象牙……三、年齿之齿……四、来齿入齿……引申为触犯之义。'来齿'、'来入齿'，当指外族前来侵犯而言。"（于省吾《诂林》，第2150页姚孝遂按）见于《合集》773号："妇好弗疾齿？"为武丁时期卜辞。辞中的"齿"指口齿之齿，为齿之本义。又见《合集》17307号："贞：曰戈以齿王？"辞中的"齿"指象牙。此外，《合集》8140号出现"在齿"内容，说明齿也用作地名（饶宗颐《通检》第二册地名，第212页）。其地待考。

《合集》8140号

《合集》9175号

春：字形𦥑、𦥑，王襄、于省吾皆释为春（王襄《簠室殷契类纂》正编第七，第34页，于省吾《骈三》，第27

页)。《说文》:"舂。擣粟也。从𠂇持杵临臼上。午，杵省也。"李孝定认为:"契文正象一人两手奉杵临臼擣粟之形。"(李孝定《集释》,第 2405 页)见于《屯南》880 号:"王其乎众舂,成受人……囬土人暨𢁤人,有灾？大吉！"辞中的"众舂"有释"众舂:也可能是舂众。'舂'在此当为一种人的身份,如《周礼》之舂人"(《屯南》,第904页)。

冲:字形𣲖,王襄最早释"古冲字"(王襄《簠室殷契类纂》正编十一,第 49 页)。《说文》:"冲。涌摇也。从水,中声。"孙海波认为:"卜辞从中在水中央,涌摇之义。引申之为冲:《吕览·重言》'飞将冲天',《史记·滑稽传》'一飞冲天',犹升也,至也。"(孙海波《考古社刊》第 4 期,第 11 页)见于《合集》32906 号:"令冲宗。"李孝定释:"辞云'令冲宗'即读冲为中,中宗以上言令亦觉不辞。"(李孝定《集释》,第 3309 页)姚孝遂以为"释'冲'可从。《后》下 3.6.6'……令冲……宗',中有缺文,不得连读。'冲'为人名,孙海波以为假作'中',非是"(于省吾《诂林》,第 1274 页,姚孝遂按)。

稠:字形𥝩,从禾从周,释为稠。《说文》:"稠,多也。从禾、周声。"见于《合集》10056 号残片上有一"稠"字。姚孝遂认为:"隶可作'稠',辞残,其义不详。"(于省吾《诂林》,第 1465 页,姚孝遂按)

传:字形𫝀,于省吾、姚孝遂释为傳,现代汉字简化为传。见于《合集》8383 号:"……丘……传……"又见《合集》9100 号:"……传以血……"都为武丁时期卜辞,皆残辞。姚孝遂认为:"卜辞传字为人名,与专当有别。"(于省吾《诂林》,第 3004 页,姚孝遂按)

初:字形𥘅,王襄最早释"古初字"(王襄《簠室殷契类纂》第二,第 11 页)。《说文》:"初。始也。从刀、从衣。裁衣之始也。"姚孝遂认为:"甲骨文初字与金文、小篆同。辞所残缺,用义不明。"(于省吾《诂林》,第 1911 页,姚孝遂按)见于《合集》31801 号:"……祈初。"又见《合集》36423 号出现"初"的内容。李孝定认为:"《前》5.39.8(《合集》36423)辞云'……王初……寮……改。'同片它辞'刺令其唯太史寮令。'其义似亦当训始。"(李孝定《集释》,第 1521 页)

彶:字形𢍱,于省吾、姚孝遂隶作彶。见于《合集》5716 号:"甲申……贞:……彶……"为武丁时期卜辞。残辞中的"彶",姚孝遂认为:"字从'彳'从'从',辞残,其义不详。"(于省吾《诂林》,第 2277 页,姚孝遂按)但也有释为從(王蕴智《字学论集》,第 176 页),是"从"字的繁体。

恩:字形𢝔,于省吾释"甲骨文有恩字(《菁》11.4,辞已残),只一见,旧不识。按即恩字之初文"。并认为与周器克鼎、宗周钟铭文恩字同(于省吾《释林》,第 366 页)。见于《合集》5346 号残片残辞:"……卜,王……恩……自……"为武丁时期卜辞。辞残，辞义不详。

岛：字形⿱山鸟，从鸟、从山，于省吾、姚孝遂释为岛（于省吾《诂林》，第1742页）。《说文》："岛。海中往往有山可依止曰岛。从山、鸟声。"见于《屯南》4565号："岛有祸？"辞中的岛用作人名。又见《合集》5497号也出现一疑是"岛"的字形，辞残，义不明。

弟：字形⿰戈己、⿰戈己，王襄、吴其昌最早皆释为叔（王襄《簠室殷契类纂》第一，第13页，吴其昌《金文名象疏证·兵器篇》）。李孝定释为弟（李孝定《集释》，第1932页）。《尔雅·释亲》："男子先生为兄，后生为弟。"姚孝遂认为："弟与叔有别，吴其昌之说非是。林义光《文原》以为弟字'从戈、己束之'，卜辞用为兄弟之弟。"（于省吾《诂林》，第3233页，姚孝遂按）见于《合集》19207号："贞：重侑弟，令司父？十一月。"为武丁时期卜辞。又见《英》2674号："壶弟曰启。"为帝乙帝辛时期卜辞。可见"弟"字从卜辞一期至卜辞五期皆用作兄弟之弟。

翟：字形⿱羽隹，于省吾、姚孝遂释为翟（于省吾《诂林》，第1684页）。见于《合集》37439号："癸……王卜……翟……"辞残，其义不详，待考。

耊：字形⿱老至，孙海波、李孝定、姚孝遂、肖丁皆释为耊（孙海波《甲骨文编》，第357页，李孝定《集释》，第2738页，姚孝遂、肖丁《类纂》，第80页）。见于《合集》17938号："贞：……戊……耊……"辞中的"耊"字，姚孝遂又认为："孙海波《甲骨文编》8.10.

金祥恒《续甲骨文编》8.14、李孝定《集释》2738均释作'耊'，皆非是。唯岛邦男《综类》11以为'老'、'至'二字是对的。"（于省吾《诂林》，第204页，姚孝遂按）

冰：字形⿰人人，王蕴智释为仌，通作冰（王蕴智《字学论集》，第175页）。卜辞中用作地名，见于《合集》8251号："……占曰：吉！奴……曰：往冰……毓……子入。"为武丁时期卜辞。又见《合集》33160号："……贞：王往冰？"为武乙文武丁时期卜辞。两辞中"往冰"的冰，饶宗颐皆归为地名（饶宗颐《通检》第2册地名，第339页）。其地待考。

《合集》8251号

度：字形⿰石又，姚孝遂、肖丁隶为砃（姚孝遂、肖丁《类纂》，第359页），也有释为度（王蕴智《字学论集》，第177页；刘钊《新甲骨文编》，第175页）。见于《合集》21289号反面："……兴弗度……"辞残，义不详，待考。又见《屯南》4178号："祖卯三牢又度？其五牢又度？"辞中的两个"度"字，姚孝遂、肖丁未释（姚孝遂、肖丁

《屯南考释》，第 358 页）。李宗焜释为度（李宗焜《甲骨文字编》，第 323 页）。

姒：字形𢀰、𢀰，王襄最早释为姒（王襄《簠考·杂事》，第 10 页），"疑古姒字，从女从巳也"（王襄《簠室殷契类纂》存疑第十二，第 57 页）。罗振玉、叶玉森、李孝定、孙海波皆释为妃（罗振玉《殷释》中，第 242 页；叶玉森《前释》卷四，第 30 页，李孝定《集释》，第 3606 页，孙海波《甲骨文编》，第 470 页）。姚孝遂认为："罗振玉释'妃'，不可据。…… 字当释'姒'。……《刻辞类纂》亦释作'妃'，今正。"（于省吾《诂林》，第 470 页，姚孝遂按）此从姚说。卜辞中"姒"用为人名，见于《合集》2864 号："贞：于姒癸御灵姒？"又见《合集》2866 号、2869 号、6197 号、6198 号、6199 号、6200 号都出现"灵姒"内容，皆为武丁宾组卜辞。辞中的"灵姒"为人名。

斧：字形𠂤，唐兰释为斧（唐兰《导论》下 29 页）。《说文》："斧。所以斫也。从斤，父声。"《释名》："斧。甫也。甫。始也。凡将制器，始。用斧伐木，已，乃制之也。"见于《合集》5810 号出现一单"斧"字。又见《合集》3212 号、18456 号都出现斧的内容。姚孝遂认为"字当释斧。卜辞用义不详"（于省吾《诂林》，第 2525 页，姚孝遂按）。此外，甲骨文字形𠂤，也有释为斧（姚孝遂、肖丁《类纂》，第 1344 页）。

《合集》5810 号

服：字形𦙫，姚孝遂、肖丁释为服（姚孝遂、肖丁《类纂》，第 158 页）。陈初生认为："甲骨文作𦙫，象用手按跽人于肉（⊏）前，其本义当为服事，艮（𠬝）亦兼声。"（陈初生《商周古文字读本》，第 385 页）姚孝遂认为："此亦'艮'之繁体，乃增'凡'为声符。"（于省吾《诂林》，第 410 页，姚孝遂按）见于《合集》36924 号："……卜，在服……"为帝乙帝辛时期卜辞。辞中的"服"当为地名。

腹：字形𦡁、𦡁，两个字形，从复从人或从身，杨树达最早释"左从复，右疑从人，字盖艮为服"（杨树达《求义》，第 30 页）。李孝定亦认为"并服之古文"（李孝定《集释》，第 2672 页）。《说文》："腹。厚也。从肉、复声。"姚孝遂认为："甲骨文腹字从身复声，此为腹字之本形。"（于省吾《诂林》，第 865 页，姚孝遂按）卜辞中"腹"用作本义，见于《合集》5373 号："癸酉卜，争贞：王腹不安，亡延？"为武丁时期卜辞。又见《合集》31759 号出现"弜腹"内容，为廪辛康丁时期卜辞。前辞贞问王腹有疾，会不会缠绵不愈？后辞李孝定释"此辞言'弜腹'当读为'弗腹'，言弗返也。叚腹为復"（李孝定《集释》，第1509页）。

干：字形¥，姚孝遂、肖丁释为干（姚孝遂、肖丁《类纂》，第1176页）。见于《合集》28059号："弜令戍干卫其……"为廪辛康丁时期卜辞。辞中的"干卫"，姚孝遂认为干卫当读为捍卫，"《说文》：'干。犯也。从反人，从一。'段玉裁认为'反人'乃'上犯之意'。皆非是。字乃象干盾之形。戴侗《六书故》引蜀本训'盾也'，此实存本义"（于省吾《诂林》，第3088页，姚孝遂按）。此外，甲骨文字形丫、¥，也有释为干（王蕴智《字学论集》，第178页），也有释为单（于省吾《诂林》，第3069页）。

杲：字形，商承祚、李孝定、于省吾、姚孝遂皆释为杲（商承祚《佚考》，第4页；李孝定《集释》，第1981页；于省吾《诂林》，第1410页）。《说文》："杲。明也。从日在木上。"见于《合集》20592号："……杲……侯……六月。"辞残，义不明，待考。

扣：字形，朱歧祥释"从手从口，隶作扣。有止奔意。《说文》：'牵马也。从手口声。'"见于《合集》10409号："获兕五，扣于东。十二月。"又见《合集》8852号："甲子卜，宾贞：乎扣取？"朱歧祥释："卜辞有'扣取'连用，止而捕之，意相连贯。唯词意残简，仍待深考。"（朱歧祥《通释稿》，第79页）姚孝遂对、未释，但认为

"字在卜辞中为人名"（于省吾《诂林》，第909页，姚孝遂按）。此外，此字形也有释为夬（王蕴智《字学论集》，第178页）。

害：字形，王蕴智释为害（王蕴智《字学论集》，第178页）。见于《合集》1333号："贞：夕害燕……滴？"辞中的"害"字，姚孝遂未释，但认为"似为祭名"（于省吾《诂林》，第3469页，姚孝遂按）。

《合集》1333号

迨：字形，孙海波最早释迨，并认为"与《说文》会字古文同"（孙海波《甲骨文编》，第64页）。金祖同、李孝定皆认为与《魏正始三体诗经》会字同（金祖同《遗珠》，第14页，李孝定《集释》，第519页）。见于《合集》22606号："丙申卜，行贞：王宾伐十人，亡尤？在师迨卜。"又见《合集》24267号、24268号、24269号、35965号、36518号皆出现"迨"的内容，迨皆用作地名。姚孝遂认为，辞中的"此'字即读作'会'。又卜辞累见'师

徝'，亦作'师徝'，皆为地名，'徝'
'徝'无别"（于省吾《诂林》，第 2294
页，姚孝遂按）。

《全集》36518 号

寇（罙）：字形 ☋、 ☋，最早容庚、
唐兰皆释为寇（容庚《殷虚卜辞考释》，
第 18 页），刘钊释为罙，认为"象以手
探取状，应为'探'之本字……卜辞
'罙'与'伐'组词为'罙伐'，亦为
袭击"（刘钊《卜辞所见殷代的军事活
动》，《古文字研究》，第 113 页）。此从
刘说。见于《英》1179 号："己丑卜，
㱿贞：令戈来曰：戈罙伐舌方？在十
月。"又见《合集》4185 号："甲申卜，
宾贞：乎舌罙？"还见《合集》13747
号："贞：罙其有疾？"姚孝遂认为：
"释'寇'不可据。卜辞每'罙伐'连

言是与征伐有关。释'罙'可备一说。
又《合集》13747 有辞云：'贞：罙其有
疾？'则为人名。"（于省吾《诂林》，第
889 页，姚孝遂按）此外，甲骨文有 ☋ 字
形，姚孝遂释"字为 ☋ 之倒书，然其用法
则判然有别"（于省吾《诂林》，第 890
页，姚孝遂按）。见于《合集》4856 号：
"贞：令从罙？"又见《合集》8278 号：
"贞：乎见于罙？"辞中的"罙"皆用为
地名或邦族名。此字形也有释为宏（王
蕴智《字学论集》，第 179 页）。

鸿：字形 ☋，罗振玉最早释"疑此
字与鸿雁之鸿古为一字。惜卜辞之鸿为
地名"（罗振玉《殷释》中，第 33 页）。
见于《合集》36567 号："甲寅，王卜，
在亳贞：今日……鸿，亡灾？乙卯，王
卜，在鸿贞：今日往于彻，亡灾？"又
见《合集》36565 号也出现"在鸿贞"
内容，皆为帝乙帝辛时期卜辞。辞中鸿
用作地名，与亳、彻见于同辞，鸿地与
亳地仅一日之遥，两地当相近相连。鸿
地也当与亳地都在今河南商丘以北一带
（陈梦家《综述》，第 250—251 页）。姚
孝遂认为："字卜辞用作地名。《散盘》
亦为地名。"（于省吾《诂林》，第 1730
页，姚孝遂按）

後：字形 ☋、 ☋，或简或繁，于省吾
释"後字初文，从彳乃后期字"（于省
吾《释林》，第 400 页）。《说文》："後。
迟也。从彳幺夂者後也。"段注："幺者
小也，小而行迟，後可知矣，故从幺夂
会义。"林义光《文源》："☋ 古玄字，系
也，从行省，夂象足形。足有所系，故
後不得前。"後现代汉字简化作后。卜

辞中後用作副词，见于《合集》25948号："贞：後酒？"又见《屯南》4397号也出现"後酒"内容。赵诚释"後酒，後进行酒祭"（赵诚《甲骨文虚词探索》，《古文字研究》第15辑，第280页）。

厚：字形𦥑，唐兰、李孝定皆释为厚（唐兰《文字记》，第29页；李孝定《集释》，第1867页）。见于《合集》34124号："辛未卜，王令厚示𡆥……"又见《合集》34123号也出现"王令厚"内容，皆为武乙文武丁时期卜辞。辞中"厚"用作人名。

壶：字形𦥫、𦥫、𦥫，罗振玉最早释"上有盖，旁有耳，壶之象也"（罗振玉《殷释》中，第36页）。王襄亦释"古壶字，象形"（王襄《簠室殷契类纂》正编第十，第47页）。见于《英》751号："贞：勿于壶力？"又见《合集》18559号、18560号、18561号以及《屯南》1167号都出现"壶"的内容，皆为残辞。姚孝遂认为："卜辞壶字均通体象壶之形。辞均残，用义不详。"（于省吾《诂林》，第2702页，姚孝遂按）但由《英》751号"于壶"内容，壶或为地名。待考。

趄：字形𦥦，罗振玉、王襄皆隶为趄（罗振玉《前释》中，第67页；王襄《簠室殷契类纂》，第6页）。丁山释"即还字本字"（丁山《甲骨文所见氏族及其制度》，第72页）。张秉权释"与亘同，恐系垣曲之垣"（张秉权《丙编考释》，第193页）。见于《合集》4931号："……中示趄……"辞中的趄，姚

孝遂认为："释趄可信。古文字偏旁从止，从辵、从走通用无别。卜辞用作地名，或为贞人名。"（于省吾《诂林》，第2227页，姚孝遂按）

《合集》4931号

皇：字形𥛅、𥛅、𥛅，许进雄释"与金文皇字绝似，当是皇字无疑"（许进雄《怀特氏等藏甲骨文集》，第40页）。刘钊亦释"卜辞皇字作'𥛅'，本象冠冕字形"（刘钊《卜辞所见殷代的军事活动》，《古文字研究》106页）。见于《合集》6354号："辛丑卜，争贞曰：舌方凡皇于土……其敦𠂤？允：其敦。四月。"辞中的皇，饶宗颐认为"乃方国名，与舌方为邻，可能即朔。古地有朔方，《诗·小雅》'城彼朔方。'汉武置朔方郡，则在今绥远，后世陕西山西并有朔州，或与古朔地有关"（饶宗颐《通考》，第397页）。

圂：字形𡇇、𡇈，罗振玉最早释"从豕在口中，乃豕笠也。或一豕或二豕者，笠中固不限豕数也"（罗振玉《殷释》中，第13页）。饶宗颐释"按圂，《苍颉篇》云：'豕所居也。'《汉

书·五行志》：'豕出圂。'颜注：'养豕之牢。'"（饶宗颐《通考》，第494页）字或从豛，胡厚宣释"疑即圂字的别构，《说文》：'豛。豕也。'又'豕。豛也。'豛豕两字转注，从豛与从豕同"（胡厚宣《甲骨文所见殷代奴隶的反压迫斗争》，《考古学报》1966年第1期）。卜辞中圂用作本义，见于《合集》11274号："贞：乎作圂于专？勿作圂于专？"又见《合集》524号、857号、11275号等皆出现"圂"的内容。

《合集》524号

霍：字形𩂈、𩃱、𩄉，从雨从三隹，罗振玉、王襄、李孝定皆释为霍（罗振玉《殷释》中，第78页；王襄《簠室殷契类纂》，第19页；李孝定《集释》，第1351页）。姚孝遂释"小篆作霍，今字作霍"（于省吾《诂林》，第1715页，姚孝遂按）。见于《合集》35887号："癸未卜，在霍贞：王旬亡祸？在六月。甲申……且甲劦阳甲。"又见《合集》36779号、36780号、36781号、36782号、36783号、36784号皆出现"在霍贞"内容，说明霍用作地名，当为祭祀之地，其他待考。

殷：字形𣪊，胡厚宣、于省吾皆释为殷（于省吾《释林》，第321页）。胡

厚宣认为："𣪊字盖象一人身腹有病，一人用手持针刺痛之形。"（胡厚宣《论殷人治疗疾病之方法》，《中国语文研究》第7期，第9页）见于《合集》15733号、17979号，皆残辞，义不明，待考。

楴：字形𣝫，姚孝遂释"字从木从齐"，释为楴（于省吾《诂林》，第2050页，姚孝遂按）。《说文》："楴，木也。可以为大车轴。"见于《合集》6947号："贞：亘不楴佳执？贞：亘其楴佳执？"为武丁时期卜辞。辞中的"楴"用义不详，待考。

彶：字形𢓜，孙海波、李孝定皆释为彶（孙海波《甲骨文编》，第75页，李孝定《集释》，第571页）。《说文》："彶，急行也。从彳、及声。"见于《合集》21653号："……卯卜，巡贞：彶五月乎妇来归？"为武丁时期卜辞。辞中的"彶"用义不详，待考。

级：字形𨽅，于省吾隶从阝从及，并以为是级之本字（于省吾《释林》，第402页）。见于《合集》19799号："己未卜，王级延二人今夕示途？己未卜，王级延二人今……示不……"又见《屯南》1445号出现"从级"内容。用义不详，待考。

亟：字形𠄨，唐兰最早释"疑亟字所从出"（唐兰《天壤文释》，第58页）。于省吾、李孝定皆释为亟，亦认为即极之古文（于省吾《骈三》，第27页；李孝定《集释》，第3697页）。见于《合集》16936号反面："……曰：有祟，亟其有……"又见《合集》13637号反面也出现"亟"字，皆为武丁时期

卜辞。姚孝遂认为字"中从人，'上极于顶，下极于踵'，乃其本义，于先生之说是对的。'极'为'亟'之孳乳字。卜辞均残，用义不详"（于省吾《诂林》，第 64 页，姚孝遂按）。

《合集》16936 号正、反面

无：字形**，于省吾、姚孝遂皆释为无。见于《合集》13587 号："甲戌卜，贞：其有作无兹家？"为武丁时期卜辞。又见《合集》18006 号、21476 号、30286 号皆出现"无"的内容。姚孝遂认为："'无'疑通作'既'。"（于省吾《诂林》，第 391 页，姚孝遂按）

苟：字形**、**，王襄最早释"古敬字"，并认为《盂鼎》敬与此同（王襄《簠室殷契类纂》正编第九，第 41 页）。见于《合集》21091 号："壬申卜，奏四土于苟？"又见《合集》5590 号、21954 号、32294 号、34283 号等皆出现"苟"的内容。屈万里释"卜辞中所见者，都为卜问象苟求雨之辞，疑乃神祇之类也"（屈万里《甲编考释》，第 138 页）。姚孝遂认为："屈万里疑为'神祇之类'是对的。卜辞皆为祭祀之对象。"（于省吾《诂林》，第 363 页，姚孝遂按）朱

歧祥释此字"从人膝跪，系首饰，隶作羌，或读为敬。卜辞用为殷先公'羌甲'之省，即《史记·殷本纪》之沃甲。乃祖乙之子，南庚之父"（朱歧祥《通释稿》，第 44 页）。但饶宗颐将《合集》21091 号、32294 号出现的"于苟"的苟列为地名（饶宗颐《通检》第 2 册地名，第 189 页）。

《合集》32294 号

斝：字形**、**、**，王襄、孙海波皆释为斝（王襄《古文流变臆说》，第 71 页；孙海波《甲骨文编》，第 531 页）。有释"斝：像器皿有三足，立柱，鋬，无流，正是斝的象形"（《屯南》，第 992 页）。见于《合集》18579 号、18580 号、21504 号、19791 号，皆残片残辞。姚孝遂认为"字当释斝。《前》5.5.3 辞云：'壬戌卜，古贞：乎**斝黍？'当为地名或人名"（于省吾《诂林》，第 2749 页，姚孝遂按）。

弄：字形**，于省吾、姚孝遂释为

乔。见于《怀》845号："……戊……乔亡……"许进雄认为："㮦不见著录过。为人名。"姚孝遂引"《说文》'乔，谨也。从三子。……读若蔑。'卜辞为人名"（于省吾《诂林》，第551页，姚孝遂按）。

集：字形🌿🐦，隹在木上，罗振玉、王襄、孙海波、李孝定皆释为集（罗振玉《殷释》中，第78页；王襄《簠室殷契类纂》，第19页；孙海波《甲骨文编》，第186页；李孝定《集释》，第1357页）。郭沫若释"集字于木上契一飞鸟形，示鸟之将止息也"（郭沫若《粹考》，第212页）。《说文》："𪇞，群鸟在木上。从雥，从木。"《毛公鼎》集字从隹在木上，与甲骨文字同。"集"字见于《合集》17455号、17867号，皆为残片残辞，其义不详，待考。此外，《前》5.37.7号与《后下》6.3号也出现隹在木上字形，但隹不是飞鸟状，也当为集字。

建：字形🏗️，从人双手持杆，会意设立标杆，有释为建（王蕴智《字学论集》，第181页，李宗焜《甲骨文编》，第59页；刘钊《新甲骨文编》，第115页）。见于《合集》36908号："……王卜，在建……在二月。"为帝乙帝辛时期卜辞。残辞中的建或为地名，待考。

交：字形🦵，王襄最早释"古交字"（王襄《簠室殷契类纂》正编第十，第47页）。见于《合集》32509号："甲戌，贞：令步祟交得？"又见《合集》20799号、32905号、34430号、35324号皆出现"交"的内容。姚孝遂认为：

"'交'在卜辞皆为方国名。'令某祟交'，'祟'有征伐之义。'祟交得'，乃贞问征伐'交'是否有收获。"（于省吾《诂林》，第323页，姚孝遂按）

皆（列）：字形🐅，罗振玉最早释为譻，并认为："《说文解字》：'譻。两虎争声，从虤从日。'此从口与日同意。"（罗振玉《殷释》中，第78页）于省吾释为列，训为并（于省吾《释林》，第370页），也有释为皆（王蕴智《字学论集》，第180页）。见于《合集》27445号："弜皆在父甲"又见《合集》25228号、27748号、27749号以及《屯南》1092号皆出现"皆"的内容。辞中的譻字，姚孝遂认为："释为'列'，训为'并'是正确的，其余诸释皆非是。"（于省吾《诂林》，第1639页，姚孝遂按）

解：字形🐂，王国维最早释"🐂字，余释为解，祇以从双手判牛角，与从到判牛角同意"（王国维《类编·王序》，第1页）。王襄亦释"古解字"（王襄《簠室殷契类纂》，第21页）。《说文》："解。判也。从刀判牛角也。"见于《合集》18388号："……酉卜……羊解……"又见《合集》18387号也出现"解"字，皆为武丁时期卜辞。辞中的"解"，姚孝遂认为："卜辞残缺，又仅此一见，用义不详。"（于省吾《诂林》，第1875页，姚孝遂按）

绝（约）：字形🧵、🧵，从幺从刀，罗振玉、王襄最早皆释为约（罗振玉《类编》十三卷，第1页；王襄《簠室殷契类纂》正编十三，第58页）。姚孝遂释"即古文'绝'字"（于省吾《诂林》，第3192页，姚孝遂按）。见于《合集》1423号："……殸……子绝侑自大甲白牛？……殸……子绝侑大甲白牛用？"为武丁时期卜辞。又见《合集》36508号也出现"绝"的内容，当皆用为人名。

潾：字形，于省吾、姚孝遂释"字从'水'、从'舜'，当释为'潾'"（于省吾《诂林》，第1299页）。见于《合集》27286号："叀母潾用且丁升。"为廪辛康丁时期卜辞。辞义不详，待考。

舜：字形，陈汉平释为舜（陈汉平《古文字释丛》，《考古与文物》1985年第1期，第104页）。见于《合集》261号："……卜，宾贞：……舜竹……一牛……"为武丁时期卜辞。又见《合集》33040号："丙申卜，舜舀人……在聱若？"为武乙文武丁时期卜辞。辞中的舜字，姚孝遂认为："字从大，不从火，罗振玉释'炎'不可据。"又"卜辞舜字用义不详"（于省吾《诂林》，第236—237页，姚孝遂按）。由《合集》33040号内容可知"舜"或用作人名。

夌：字形，于省吾、姚孝遂释为夌（于省吾《诂林》，第76页）。见于《合集》8243号残辞出现"在夌"内容，可见夌用作地名。又见《合集》1095号残辞出现"艮夌不"内容，辞中的"夌"，或用作邦族名。还见《合集》18684号出现"曰：告夌"内容，辞中的"夌"用作人名。卜辞中所见"夌"的内容皆为武丁时期残辞。

《合集》18684号

叩：字形、，于省吾、姚孝遂释为叩（于省吾《诂林》，第416页）。见于《合集》1060号："……王获叩……五人一牛？"为武丁时期卜辞。又见《屯南》1239号："……其乎叩……"前揭两辞中的"叩"皆用为人名。

联：字形、、，一字多形，郭沫若释为绐（郭沫若《粹考》，第99页）。李孝定亦认为"从糸从耳，《说文》所无。当是会意。其初谊为以绳系耳"（李孝定《集释》，第3550页）。丁山释作珥（丁山《甲骨文所见氏族及制度》，第17页）。见于《合集》32176号："甲子卜，不联雨？其联雨？"又见《合集》32721号也出现"联"的内容，皆为武乙文武丁时期卜辞。辞中的联，姚孝遂认为："字当释'联'。《说文》：'联，从耳，耳连于颊也。从丝，丝连不绝也。'契文即从'耳'，从'糸'。'糸'即'丝'之省。隶可作'绐'，'不联雨'即'不连雨'，犹他辞之言'不延雨'。"（于省吾《诂林》，第653页，姚孝遂按）此外，《合集》4070号："癸酉，㠱示十屯。联。"为武丁时期骨臼刻辞。辞中署名的"联"当为人名。

夸：字形 ⿱大亏、⿱大亏，于省吾、姚孝遂释为夸（于省吾《诂林》，第 328 页）。见于《合集》19117 号："勿令……宗夸……"又见《合集》4813 号也出现"夸"的内容，皆为武丁时期卜辞。辞中的"夸"或用为人名。

《合集》19117 号

秝：字形 ⿰禾禾、⿰禾禾，孙海波、李孝定皆释为秝（孙海波《甲骨文编》，第 312 页；李孝定《集释》，第 2383 页）。《说文》："秝。稀疏适秝也。从二禾，读若历。"见于《合集》28209 号："叀且丁秝舞用又正？"为廪辛康丁时期卜辞。又见《合集》9364 号出现"秝"字。前辞中的"秝舞"，姚孝遂释"'秝舞'，盖言舞之成行列"（于省吾《诂林》，第 1427 页姚孝遂按）。关于"秝"字，吴其昌认为："秝、甦、歷，实一字，繁省之异体也。"（吴其昌《殷墟书契解诂》，第 350 页）可备一说。

洌：字形 ⿰氵列、⿰氵列，王襄、商承祚最早皆释为洌（王襄《簠室殷契类纂》正编第十，第 49 页；商承祚《类编》十一卷，第 3 页）。见于《合集》18772 号："贞：摧其大洌？"又见《合集》18773 号、21435 号残片上都出现"洌"字，皆为武丁时期卜辞。辞中的"洌"，姚孝遂认为："其义未详，可能指某种天灾而言。"（于省吾《诂林》，第 2883 页，姚孝遂按）

量：字形 ⿱旦重、⿱旦重、⿱旦重、⿱旦重、⿱旦重、⿱旦重，一字多形，王襄、于省吾皆释为量（王襄《簠室殷契类纂》存疑第二，第 4 页，于省吾《释林》，第 414 页）。《说文》："量。称轻重也。从重省，曏省声。"见于《合集》22094 号："壬寅卜，量亡灾？壬寅卜，御于量？壬寅卜，御量于父戊？"为武丁时期卜辞。辞中的量用作人名。又见《合集》37475 号出现"今日步于量"内容，为帝乙帝辛时期卜辞。辞中的"量"当为地名。

吝：字形 ⿱文口，于省吾、李孝定皆释为吝（于省吾《诂林》，第 3267 页；李孝定《集释》397 页）。《说文》："吝。恨昔也。从口、文声。"见于《合集》25216 号："……卜，大……岁于……于吝……"为且庚且甲时期卜辞。辞中的"吝"当为地名。

蠱（疊）：字形 ⿰虫虫，于省吾隶作疊（于省吾《释林》，第 350 页）。也有释通疊（王蕴智《字学论集》，第 180 页）。见于《合集》31319 号："今日……蠱……"为廪辛康丁时期卜辞。辞中的蠱，姚孝遂认为："于先生（省吾）释'疊'是正确的。《说文》篆文作'㲜'，或体作'疊'、作'疊'。卜

辞残泐，其义未详。”（于省吾《诂林》，第 2673 页，姚孝遂按）

咙：字形𪘁𪘁，姚孝遂释“从口从龙，与《说文》训为喉之咙字形体同，金祥恒《续甲骨文编》列入咙字”（于省吾《诂林》，第 1767 页，姚孝遂按）。见于《合集》4659 号：“……皋从咙前……”为武丁时期卜辞。辞中的“咙”当为人名或邦族名。此外，《英》281 号、《怀》811 号都出现“咙”字，辞残义不明。

李：字形𣏂，从木从子，释为李。见于《英》1013 号：“……李于宫，亡灾？”辞中的李，姚孝遂认为：“字可隶作‘李’，卜辞似为地名。”（于省吾《诂林》，第 1413 页，姚孝遂按）

姈：字形𪘁，从女从令，释为姈。见于《合集》1463 号反面：“……姈甲……”为武丁时期卜辞。辞中的“姈”，姚孝遂释：“可隶‘姈’，辞残，用义不详。”（于省吾《诂林》，第 522 页，姚孝遂按）

綹：字形𥾝、𥾝、𥾝、𥾝、𥾝、𥾝，一字多形，从糸从令，李孝定、屈万里皆释为綹（李孝定《集释》，第 3901 页，屈万里《甲释》，第 500 页补十片释文）。见于《合集》13902 号：“……綹骨凡有疾？”又见《合集》4489 号：“丙寅卜，令綹从元……”皆为武丁时期卜辞。辞中的“綹”用作人名。还见《合集》31812 号、32919 号等廪辛康丁与武乙文武丁时期卜辞也出现“綹”字，辞残，义不详，待考。

买：字形𦉢、𦉢、𦉢，从网从贝，郭沫若、孙海波、金祥恒、李孝定皆释为买，现代汉字简化为买（郭沫若《粹考》，第 307 页；孙海波《考古学社社刊》第 3 期，第 69 页；金祥恒《续文编》六卷，第 17 页；李孝定《集释》，第 2157 页）。《说文》：“买，市也。从网贝。孟子曰‘登垄断而网市利’。”见于《合集》10976 号：“戊寅……内：乎雀买？勿……雀买？”又见《合集》11433 号、11434 号、11435 号等残片上斗出现“买”字，皆为武丁时期卜辞。辞中的“买”，姚孝遂认为“金文买字亦同。卜辞用为人名。甲骨文买字或倒书作𦉢”（于省吾《诂林》，第 1891 页，姚孝遂按）。

秝：字形𥞦、𥞦，字从二秝，于省吾、姚孝遂隶作秝（于省吾《诂林》，第 3306 页）。见于《合集》3415 号：“……亥卜，王伯吹曰……秝值，其受有佑？”为武丁时期卜辞。又见《合集》28141 号也出现“秝”字，为廪辛康丁时期卜辞。辞中的“秝”当为地名，其地待考。

泺：字形𤃭，罗振玉最早释“此即许书从水乐声之泺”（罗振玉《殷释》中，第 10 页），王襄、李孝定皆释为泺（王襄《簠室殷契类纂》正编第十一，第 49 页；李孝定《集释》，第 3298 页）。《说文》：“泺。齐鲁间水也。从水、乐声。《春秋传》曰：‘公会齐侯于泺’。”见于《合集》5902 号：“……以多……泺。”为武丁时期卜辞。辞中的“泺”，姚孝遂认为：“辞残，用义不详。依卜辞通例，水名每增‘水’，用为专

字。卜辞'乐'为地名，地名与水名每相因。"（于省吾《诂林》，第 3200 页，姚孝遂按）

霂：字形𩂣，从雨从各，孙海波最早隶为霂，并谓为"地名"（孙海波《甲骨文编》，第 454 页）。《说文》："霂。雨零也。从雨各声。"（大徐本）段注："此下雨本字。今则落行而霂废矣。"见于《合集》24257 号："在师霂卜。"为且庚且甲时期卜辞。辞中的"霂"当为地名。朱歧祥认为："卜辞残缺，辞意或为在屯兵地有雨；或用为名词。与卜辞文例'在师某'互校，字乃殷驻军地名。"（朱歧祥《通释稿》，第 142 页）

《合集》24257 号

陆：字形𨸏，王襄最早释"古陆字"（王襄《簠室殷契类纂》正编第十四，第 61 页）。《说文》："陆。高平地。"见于《合集》36825 号残片上出现"陆"字，为帝乙帝辛时期卜辞。辞中的"陆"，李孝定释为地名（李孝定《集释》，第 4135 页）。但姚孝遂认为："字当释陆。《续》3.30.7 拓本较清晰，其下段乃残文，与上段不能连读。"故认为李孝定释"殊误"（于省吾《诂林》，

第 1261 页，姚孝遂按）。

免：字形𠂤，释为免（王蕴智《字学论集》，第 180 页）。见于《合集》33069 号残片仅有一"免"字。姚孝遂认为："字当释'免'，即'冕'之初形。"（于省吾《诂林》，第 444 页，姚孝遂按）

莽：字形𦰦、𦫽、𦫿、𦳆，一字多形，从犬在林中或森中、茻中，屈万里、于省吾皆释为莽字的初文（屈万里《甲编考释》232 页，于省吾《释林》，第 404 页）。《说文》："莽。南昌谓犬善逐兔艸中为莽，从犬从茻，茻亦声。"见于《合集》21437 号："丙午卜，夫：翌戊申且莽入不女？"又见《合集》18409 号、18430 号、18431 号都出现"莽"字，皆为武丁时期卜辞。辞中的"莽"，姚孝遂释"字或从'茻'、或从'林'、或从'森'，释莽可从，卜辞用义不详"（于省吾《诂林》，第 1562 页，姚孝遂按）。

《合集》21437 号

沫（饮）：字形𣲷，姚孝遂释"此乃'饮'之或体"（于省吾《诂林》，第

2674 页，姚孝遂按）。但有释为沫（王蕴智《字学论集》，第 181 页）。见于《合集》4284 号："辛亥卜，殻贞：乎沫……"为武丁时期卜辞。辞中的"沫"用为人名。

芈：字形🐏，释为芈（王蕴智《字学论集》，第 182 页）。见于《合集》22155 号："戊戌卜，有伐芈？……未……有伐芈？"为武丁时期卜辞。又见《合集》33747 号、34272 号都出现"芈"的内容，为武乙文武丁时期卜辞。辞中的"芈"，孙海波以为是方国名（孙海波《甲骨文编》，第 182 页）。姚孝遂认为"卜辞芈字从羊，象声气上出形。用为地名"（于省吾《诂林》，第 1537 页，姚孝遂按）。

丏（万）：字形𠂕，屈万里释为万，并谓"亦即萬字"（屈万里《甲释》，第 211 页）。又有释为丏（王蕴智《字学论集》，第 182 页）。见于《合集》27468 号："丁丑卜，狄贞：丏于父甲？"又见《合集》21232 号、31033 号以及《屯南》825 号等都出现"丏舞"（一般释为"万舞"）内容。辞中的"丏"，赵诚释为万，认为"万似为掌管舞之舞臣"（赵诚《词典》，第 62 页）。姚孝遂认为："字隶当做万。林义光《文源》以为即《说文》训为'不见''丏'之初形。'双声旁转'为'万千'之'万'，其说是对的。"又"是'万'为司乐舞之职。"（于省吾《诂林》，第 3146 页，姚孝遂按）

谧：字形🐌、🐌、🐌，一字多形，从戈从皿，释为谧（王蕴智《字学论集》，

第 182 页）。见于《合集》10308 号："……殻贞：今日我其狩谧？贞：今日我其狩谧……"为武丁时期卜辞。辞中的谧用为地名。又见《合集》13973 号："……卜，争贞：谧娩？"还有《合集》13972 号、《英》125 号等出现的"谧娩"内容，辞中的"谧"当为人名。朱歧祥释"从皿壬声……《说文》无字。卜辞用为武丁时妇名，乃'子商'之妾……又为武丁时族称或地名"（朱歧祥《通释稿》，第 355 页）。

牟（牛）：字形🐄，于省吾、姚孝遂与朱歧祥皆释为牛字的异构（于省吾《诂林》，第 1503 页；朱歧祥《通释稿》，第 185 页），但也有释为牟（王蕴智《字学论集》，第 182 页）。见于《合集》18274 号："黄牟……"又见《合集》18275 号："幽牟……黄……"还见《英》1289 号："己丑卜，宾贞：……豕卯十黄牟……"由上揭三辞内容，辞中的牟当为牛字的异写。释为牟可备一说。

民：字形🐪、🐪，郭沫若最早释为民（郭沫若《甲研·释臣宰》，第 3 页），李孝定从其说，谓"郭氏之说是也"。《说文》："民。众萌也。"见于《合集》13629 号："……疾民……"又见《合集》18272 号："……王役……民……口……"还有《合集》20231 号也出现"卯民"内容，皆为武丁时期卜辞。辞中的"卯民"，李孝定认为"'卯民'之辞与卯牛卯羊同等，此以民为人牲之实证也"（李孝定《集释》，第 3716 页）。姚孝遂认为："释民可备一说。辞残，用义不明。"（于省吾《诂林》，第 561

页，姚孝遂按）

敏：字形𣁋、𣁋、𣁋，从手执每，王襄最早释"古敏字"（王襄《簠室殷契类纂》，第 14 页）。但饶宗颐则认为"敏为每之繁形，读为悔吝之悔"（饶宗颐《通考》，第 361 页）。也有认为"敏当通母"（柯昌济《殷墟卜辞综述例证考释》，《古文字研究》十六辑，第 143 页）。《说文》："敏。疾也。从攴每声。"见于《合集》36765 号："乙未，王卜，在漅师贞：翌其……其敏来伐，受佑？其敏来伐，受佑？王……既伐……"又见《合集》39459 号残片也出现"敏"字，皆为帝乙帝辛时期卜辞。辞中的"敏"，姚孝遂认为"敏为方国名，与妻之形义皆有别"（于省吾《诂林》，第 465 页，姚孝遂按）。朱歧祥则认为"或隶作妻"，"卜辞用法有二：（一）为武丁时北方附庸部族名，……（二）用作女奴为殷人牲"（朱歧祥《通释稿》，第 116 页）。

《合集》39459 号

囡：字形囡，孙海波、金祥恒、李孝定皆释为囡（孙海波《甲骨文编》，第 276 页；金祥恒《续文编》六卷，第 14 页；李孝定《集释》，第 2117 页）。饶宗颐亦认为："汗简，囡即柙字，《说文》：囡读若箙。"（饶宗颐《通考》，第 1176 页）《说文》："囡。下取物缩藏之。从口、从又，读若聂。"见于《合集》22173 号："癸未卜，囡在我用隹且乙盥？"为武丁时期卜辞。辞中的"囡"，姚孝遂释"似为国族名"（于省吾《诂林》，第 2101 页，姚孝遂按）。

吅（邻）：字形吅，李孝定释为吅（李孝定《集释》427 页）。何琳仪以为"亦应释'鄰'"（何琳仪《战国文字通论》，第 76 页），现代汉字简化为邻。见于《合集》15351 号："……贞：艺允，往于吅，其……"为武丁时期卜辞。辞中的"吅"当为地名。又见《合集》2607 号、13713 号反面以及《屯南》1111 号皆出现"吅"的内容，皆用作地名。姚孝遂认为："何琳仪释'邻'可从，郭沫若即释为'邻'……当为地名。"（于省吾《诂林》，第 2099—2100 页，姚孝遂按）

宧：字形宧，于省吾、姚孝遂释为宧，并谓"疑即'宁'字之异构"（于省吾《诂林》，第 2638 页，姚孝遂按）。见于《合集》13696 号："贞：宧畴？不其畴？"为武丁时期卜辞。辞中的"宧"，也有认为是"饎之本字"（陈汉平《古文字释丛》，《考古与文物》1985 年第 1 期，第 107 页）。辞义待考。

奴：字形𡚽，于省吾释为奴，亦谓"多习见于偏旁中，象反缚其两手以跪形"（于省吾《释奴婢》,《考古》1962年第 9 期）。见于《英》646 号出现"奴"字。此奴字,姚孝遂认为:"'𡥩'与'𡥩'形体有别,为奴字之初形。"（于省吾《诂林》,第 521 页,姚孝遂按）此外,甲骨文有从女从又字形,亦隶作"奴"。

虐:字形𧲲、𧳆,李孝定释"从虎从匕,《说文》所无。疑为牝虎专字"（李孝定《集释》,第 1695 页）。见于《合集》10197 号中的"𧲲二",当为李孝定所讲的"牝虎"。但《合集》17224 号:"贞:亡灾其虐?"以及《合集》8857 号、17187 号出现的"蛊虐",其"灾虐""蛊虐",裘锡圭释为虐,以为"从虎从人",又"这个字象虎抓人欲噬形,应是虐的初文。……这个字的意义一定与灾祸有关。从这一点看,把这个字释作虐也是合理的。《尚书·盘庚》:'殷降大虐,先王不怀,厥攸作,视民利用迁',同书《金滕》:'史乃册祝曰:惟尔元孙某遘厉虐疾……''虐'字的用法都与卜辞相近"（裘锡圭《古文字研究》第四辑,第 161 页）。参见猎物𧲲条。

《合集》17224 号

俏:字形𣁋,罗振玉、王襄、孙海波最早皆释为倗（罗振玉《殷释》中,第 21 页;王襄《簠室殷契类纂》正编第八,第 37 页,孙海波《甲骨文编》,第 341 页）。见于《合集》13 号:"己丑卜,宾贞:令射倗卫? 一月。"又见《合集》12 号、7563 号、10196 号都出现"倗"的内容,皆为武丁时期卜辞。辞中的"倗",姚孝遂认为:"卜辞倗为人名,朋则为贝朋,二者区分至严,从不相混。倗乃朋之孳乳字,加人为形符,由象形而形声。"（于省吾《诂林》,第 3290 页,姚孝遂按）

粤（聘）:字形𢍰,于省吾、姚孝遂释为粤（于省吾《诂林》,第 1042 页）。有释通聘（王蕴智《字学论集》,第 183 页）。见于《合集》18842 号残片:"……于乙卯……粤……"为武丁时期卜辞。辞残,义不详。

起:字形𧿹、𧿹,从巳从止,释为起（王蕴智《字学论集》,第 183 页）。《说文》:"起。能立也。从走巳声。"见于《合集》456 号:"贞:乎取起伐?"又见《合集》7244 号:"贞:不其起循?"《合集》7245 号:"乙亥卜,永贞:起值?"皆为武丁时期卜辞。辞中的"起",姚孝遂以为"当为人名"（于省吾《诂林》,第 868 页,姚孝遂按）。朱歧祥释《合集》456 号"𧿹伐"为"𧿹方",以为"从止子声,隶作迀。或即游字。《说文》:'旌旗之流也。'……乃殷武丁时期方国,后助殷守边"（朱歧祥《通释稿》,第 73 页）。

庆:字形𢊖、𢊖,郭沫若最早释为慶（郭沫若《卜通》,第 155 页）,现代汉字简化为庆。李孝定从郭沫若亦释为庆（李孝定《集释》，第3255页）。《说文》："庆。行贺人也。从心从夂。吉礼以鹿皮为贽，故从鹿省。"见于《合集》24474号："乙未卜，行贞：王其田亡灾？在二月，在庆卜。丙申卜，行贞：王其田亡灾？在庆。"为且庚且甲时期卜辞。辞中的"庆"当为田猎地名。姚孝遂谓："卜辞为地名，本义不可晓。"（于省吾《诂林》，第1876页，姚孝遂按）

龠：字形𠎥、𪛛、𪛕，一字多形，郭沫若释"象编管之形，从𠙴𠙴，是管头之空"（郭沫若《甲研·释龢言》）。王襄释"古龠字，许说乐之竹管，三孔以和众声，从品龠"（王襄《簠室殷契类纂》，第9页）。见于《合集》3241号："戊戌卜，尹贞：王宾父丁，彡龠亡祸？"为武丁时期卜辞。又见《合集》25752号："乙酉卜，即贞：王宾龠亡灾？"为且庚且甲时期卜辞。关于"龠"，姚孝遂认为："'龠'、'籥'、'龠'、'龢'古本同字，后世始孳乳分化，义有引申，卜辞皆用为祭名。"（于省吾《诂林》，第736页，姚孝遂按）赵诚亦认为"龠。象排管乐器。甲骨文用作祭名，当为以音乐助祭，与彭祭近似"（赵诚《词典》，第251页）。此外，《合集》4720号："庚子卜，争贞：令买取玉于龠？"辞中的龠，字形为𪛛，以及《合集》6453号、18690号出现的𪛕字形，亦释为龠，皆当为地名，与祭名𠎥字形有别。

戎：字形𢦏，释为戎（李宗焜《甲骨文字编》，第889—890页）。罗振玉最早释为戎（罗振玉《殷释》中，第43页）。李孝定释"字从戌从甲，戌亦兵器，当亦戎字"（李孝定《集释》，第3759页）。姚孝遂认为"释戎可从"（于省吾《诂林》，第2367页，姚孝遂按）。《说文》："戎。兵也，从戈、从甲。"见于《屯南》2286号："……卜，王其乎伐戎……王其受佑？……"辞中的"戎"，为"族邦之名"（《屯南》998页）。

曲：字形𦥑，于省吾释"𦥑即曲字的古文"（于省吾《释林》，第413页）。《说文》："曲。象器曲受物之形也。"见于《合集》1022号出现"贞：曲"二字，为武丁时期卜辞。卜辞残缺，其义不明。

齵：字形𪗗，闻一多最早释为齵，并谓："《篇海》有齫字，云'齿病朽缺也'，立主切，即齵之异文，从虫从齿，与契文合，尤为此字当释齵之切证。齵一作齫，亦可证此虫即禹之初文。"（闻一多《释齵》，《中国文字》第49期，第5411页）见于《合集》13663号："贞：勿于甲御妇嘉齵？"又见《合集》13662号也出现"齵"字，皆为武丁时期卜辞。辞中的齵，姚孝遂释"当与祸咎有关"（于省吾《诂林》，第2152页，姚孝遂按）。朱歧祥认为："从齿从虫，示蛀齿，即《说文》齵字。"对于前揭《合集》13663号内容，则认为"卜辞问卜求神治齿患"（朱歧祥《通释稿》，第290页）。

扔：字形𠬝、𠬝，王襄、饶宗颐皆释

为扔（王襄《簠室殷契类纂》正编十二，第53页，饶宗颐《通考》，第87页）。《说文》："扔。因也。从手乃声。"见于《合集》20082号："戊子……妇伯……闻扔……占……"又见《合集》17748号、20081号、21050号都出现"扔"的内容，皆为武丁时期残辞。辞中的"扔"用义不详，待考。

《合集》21050号

飤：字形 ⿰，从人从食，释为飤（王蕴智《字学论集》，第185页）。见于《合集》33170号残片出现"飤"字。姚孝遂认为："卜辞'飤'字从人从食与金文、小篆同，用义则不详。"（于省吾《诂林》，第188页，姚孝遂按）

弱：字形 ⿰、⿰、⿰，饶宗颐释为弜（饶宗颐《通考》，第357页）。李孝定释为尿（李孝定《集释》，第2755页）。也有释为弱（王蕴智《字学论集》，第184页）。见于《合集》557号："癸未

卜，贞：勿隹弱令？一月。"又见《合集》137号、4305号、13887号等都出现"弱"的内容，皆为武丁时期卜辞。辞中的弱，姚孝遂认为："释'尿'、释'弜'、释'次'均不可据。只能存疑以待考。"（于省吾《诂林》，第21页，姚孝遂按）朱歧祥释此字为尿，以为"卜辞用为疾病一种，示夜遗之症"（朱歧祥《通释稿》，第5页）。

殳：字形 ⿰、⿰，李孝定、金祥恒皆释为殳（李孝定《集释》，第999页；金祥恒《续甲骨文编》三卷，第25页）。见于《合集》21868号："殳有……人。"又见《合集》6号、22196号都出现"殳"的内容，皆为武丁时期卜辞。姚孝遂认为："卜辞'殳'为人名。"（于省吾《诂林》，第937页，姚孝遂按）

首：字形 ⿰、⿰、⿰、⿰、⿰，一字多形，王襄最早释"古首字，象形"（王襄《簠室殷契类纂》正编第九，第41页）。《说文》："首。头也。象形。"见于《合集》24956号："甲辰卜，出贞：王疾首，王延？"又见《合集》13614号："贞：子疾首……"还见《合集》13615号、13616号、13617号、13618号都出现"疾首"内容，皆为武丁时期卜辞。饶宗颐认为："卜辞'王疾首'，按《诗·小弁》：'疢如疾首，'又《伯兮》：'甘心首疾。'《孟子·赵注》：'疾首，头疼也。'卜辞言'疾首'，又如'王疾首，中日雪，'皆其例。"（饶宗颐《通考》，第859页）姚孝遂认为："卜辞累见'疾首'，谓首有

疾。首上无发型。卜辞又云：'甲戌卜，
設贞：翌乙亥，王途首，亡祸？'（《乙》
3401）此象首上有发型。"（于省吾《诂
林》，第 1011 页，姚孝遂按） 《乙》
3401 即《合集》6032 号。对于上有发
型的首字，朱歧祥认为："头上增三竖
以别义。字在第一期。卜辞中"用"为
地名；与形纯指头部异。"（朱歧祥
《通释稿》，第 88 页）

《合集》13614 号

森：字形、，从三木，李孝定释
为森，并认为"契文从三木与小篆同"
（李孝定《集释》，第 2045 页）。《说
文》："森。木多貌。从木。读若曾参之
参。"见于《合集》11323 号出现"森"
字，又见《英》1288 号："……有曰，
千森，王戠于之，八犬、八豕……四羊、

《合集》11323 号

豰四，卯于东方析，三牛、三羊、豰
三？"皆为武丁时期卜辞。辞中的
"森"，姚孝遂认为："当用为地名。"
（于省吾《诂林》，第 1417 页，姚孝
遂按）

祥：字形、，从羊从示，释为祥
（王蕴智《字学论集》，第 186 页）。《说
文》："祥。福也。从示、羊声。"见于
《合集》104 号："祥以努于牧？"又见
《合集》105 号："勿祥以努于牧？"皆
为武丁时期卜辞。辞中的"祥"，姚孝
遂认为： "为人名，字从'示'、从
'羊'，隶可作'祥'。但无后世吉祥
义。"（于省吾《诂林》，第 1552 页，姚
孝遂按）

塞：字形，释为塞（于省吾《释
林》393 页）。见于《合集》29365 号：
"……子卜，在欁田龙……塞其……"
为武丁时期卜辞。辞中的"塞"，姚孝
遂谓："于先生（于省吾）释'塞'，卜
辞用义不详。" （于省吾《诂林》，第
2041 页，姚孝遂按）

配：字形、，从酉从卩，王襄、
孙海波皆释为配（王襄《簠室殷契类
纂》正编第十四，第 65 页，孙海波
《甲骨文编》，第 569 页）。见于《合
集》5007 号："辛酉卜，王贞：……余
配？"又见《合集》14238 号以及《英》
1864 号、《怀》25 号等都出现"配"的
内容。还见《合集》31840 号、31841
号出现"小配"合文。辞中的"配"，
姚孝遂、肖丁《类纂》释为配（姚孝
遂、肖丁《类纂》，第 1041 页），但又
云"字不当释配"，认为是饗字的或体

（于省吾《诂林》，第 2699 页，姚孝遂按）。

瑟：字形䇶、䇶、䇶、䇶，一字多形，皆象人正立之形，头上有饰。前三字形有释为瑟（李宗焜《甲骨文字编》，第 95 页）。见于《花东》130 号："己卯卜，子用我瑟若……"又见《花东》372 号与《怀》1345 号皆出现"瑟"的内容。《花东》释文谓䇶"新见字，象人正立之形，头上戴，疑与'䇶'为一字之异构。《合集》9089 号反面：'癸卯，允。……䇶以。'䇶似邦族之名。我，地名或方名。第 1 辞（即前揭《花东》，第 130 号）'用我䇶'即用我地䇶族人作为人牲"（考古所《花东》，第 1611 页）。《合集》9089 号的字形下从文，姚孝遂释"当为人名"（于省吾《诂林》，第 340 页，姚孝遂按）。

豕（遂）：字形䇶，从八从豕，释为豕，有释通遂（王蕴智《字学论集》，第 185 页）。见于《合集》10863 号："辛卯卜，争贞：豕获？"又见《合集》7653 号也出现"豕于"内容，皆为武丁时期卜辞。辞中的豕，姚孝遂释"为人名"（于省吾《诂林》，第 1586 页，姚孝遂按）。

驶：字形䇶，饶宗颐释"从马从史，即驶字。《说文》新附：'驶。疾也；一曰马行疾。'"（饶宗颐《通考》，第 1153 页）见于《合集》28196 号："乙未卜，夏贞：辰入驶其利？"又见《合集》28195 号也出现"入驶"内容，皆为廪辛康丁时期卜辞。辞中的驶，姚孝遂以为指"训顺而不烈也"（于省吾《诂林》，第 1601 页，姚孝遂按）。驶，实指良马。

队：字形䇶，从阜从人，释为队（李宗焜《甲骨文字编》，第 465 页）。见于《合集》17984 号："贞：不队䇶？十二月。"为武丁时期卜辞。辞中的"队"用义不详，待考。

阶：字形䇶，有释为阶（李宗焜《甲骨文字编》，第 469 页），可备一说。见于《合集》36938 号："丙申卜，在阶贞：……于……"又见《合集》36937 号也出现"（在）阶贞"的内容，皆为帝乙帝辛时期卜辞。辞中的"阶"当为祭祀地名，其地待考。

杉：字形䇶、䇶、䇶，于省吾、姚孝遂、王蕴智、李宗焜皆释为杉（于省吾《诂林》，第 1413 页；王蕴智《字学论集》，第 184 页；李宗焜《甲骨文字编》，第 514 页）。见于《合集》8172 号："……王贞：乎……于杉？"又见《合集》8027 号出现两个"杉"字，皆为武丁时期卜辞。辞中的"杉"当为地名，其地待考。

《合集》8027 号

祁：字形䇶、䇶，张亚初、李宗焜皆释为祁（张亚初《甲骨文金文零释》，《古文字研究》第 6 辑，第 167 页；李宗焜《甲骨文字编》，第 536 页）。也有释为祇（王蕴智《字学论集》，第 183 页）。见于《合集》18801 号："己巳卜，贞：翌庚午鱼益祁之日……己巳卜，贞：今日益祁不雨？"为武丁时期卜辞。又见《合集》26787 号、26789 号、33128 号以及《花东》206 号都出现"祁"的内容。对于辞中的祁，姚孝遂认为："张亚初据郭沫若说进一步加以申论，释此为'祁'之初形。其说是对的。"（于省吾《诂林》，第 1481 页，姚孝遂按）前揭辞中"益祁"的祁，当为被祭祀对象。

叔：字形🐾，王蕴智释为叔（王蕴智《字学论集》184 页）。见于《合集》22352 号："己未卜，叔牛……"为武丁时期卜辞。辞中的"叔"，姚孝遂谓："字不可识，其义不详。"（于省吾《诂林》，第 934 页，姚孝遂按）

《合集》22352 号

㝱（叟、搜）：字形🕯️、🕯️，王襄、郭沫若皆释为㝱（王襄《簠室殷契类纂》，第 12 页；郭沫若《粹考》，第 149 页）。于省吾认为："㝱即搜之本字，《说文》：'㝱。老也。从又从灾。'朱骏声云：'即搜之古文，从又持火，屋下

索物也。会意。为长老之称者，发声之词，非本训。'"（于省吾《骈续》，第 39 页）见于《合集》8185 号反面："壬辰卜……㝱乞……"又见《合集》2670 号反面、3907 号反面、18175 号等都出现"㝱"的内容，皆为武丁时期卜辞。辞中的"㝱"，饶宗颐认为："㝱为动词，即'搜'字。'其曰毋㝱'（《粹编》1160）即其例证，又为地名，如云：'自㝱。'（《前编》4.29.1）是也。"（饶宗颐《通考》，第 425 页）姚孝遂亦认为："卜辞每见有残辞'自㝱'，㝱当为人名或地名，不可能为动词。"（于省吾《诂林》，第 3366 页，姚孝遂按）

页：字形🐾，孙海波、金祥恒、李孝定皆释为页（孙海波《甲骨文编》，第 371 页，金祥恒《续文编》九卷，第 1 页，李孝定《集释》，第 2837 页）。《说文》："页，头也。"见于《合集》22215 号："壬寅卜，贞：四子㪅页？"又见《合集》15684 号反面、22216 号、22217 号都出现"页"的内容，皆为武丁时期卜辞。辞中的页，姚孝遂认为："卜辞页字用义不详，与'首'字有别。唯'页'字仅见于师组卜辞，师组卜辞字多异构，或当为'首'之异体。"（于省吾《诂林》，第 1012 页，姚孝遂按）

枫（桐）：字形🌲、🌲，从木从凡，当隶为枫，但有释为桐（李宗焜《甲骨文字编》，第 513 页）。见于《屯南》2152 号："于枫宿，亡灾？"又见《合集》10196 号、20975 号都出现"枫"

的内容。辞中的"枛",姚孝遂认为:"卜辞为地名。"(于省吾《诂林》,第1413页,姚孝遂按)

《屯南》2152 号

它:字形 ，一字多形,皆为虫的象形,罗振玉、王襄最早皆释为它(罗振玉《殷释》中,第32页;王襄《簠室殷契类纂》正编第十三,第59页)。《说文》:"它。虫也。从虫而长,象冤曲垂尾形。"甲骨文它字,赵诚认为:"本象蛇,为象形字。甲骨文用作代词,则为借音字,如'辛酉卜,宾贞:勿于它示求'——它示指旁系先王。商代的先王分直系、旁系两类,而以直系为主。旁系当是直系以外其他的先王,所以称为它示,'它'就是用来指旁系者。"(赵诚《词典》,第308页)但《合集》32033 号、27703 号中出现的"它",朱歧祥则认为"借用为外族名"(朱歧祥《通释稿》,第233页)。

《合集》32033 号

陶:字形 ，从阜从双人,有释为陶(王蕴智《字学论集》,第185页;刘钊《新甲骨文编》,第793页)。见于《合集》8844 号:"……卜,宾贞:乎吴取陶?"又见《合集》5788 号以及《屯南》2154 号、2259 号皆出现"陶"的内容。关于辞中的"陶",有释为用牲法(考古所《屯南》,第994页)。姚孝遂认为:"似为地名或方国名。《屯》2154 及《屯》2259 辞残,不足以证明为'用牲法'。"(于省吾《诂林》,第1260页,姚孝遂按)

充:字形 ，释为充。见于《合集》27042 号反面:"乙卯卜,宁贞:王宾报丙飌充多亡尤?丙辰卜,宁贞:王宾报丙飌充多亡尤?丙辰卜,宁贞:王宾报丙飌充多……"又见《合集》27643 号、27645 号都出现"充多"内容,皆为廪辛康丁时期卜辞。辞中的"充",姚孝遂认为:"'充'为倒字,实即'毓'之简体,'充多'即'多毓'。"(于省吾《诂林》,第720页,姚孝遂按)

贱（貮）：字形✍，从戈或弋从贝，释为贱（于省吾《诂林》，第 2410 页），也有释为貮（王蕴智《字学论集》，第 185 页）。见于《合集》18379 号出现"贱"字，为武丁时期卜辞。对于这个贱字，姚孝遂认为："字从'戈'从'贝'，隶可作'贱'。辞残，其义不详。"（于省吾《诂林》，第 2410 页，姚孝遂按）

尾：字形✍，严一萍释为尾。《说文》："尾。微也。从倒毛在尸后。古人或饰系尾，西南夷亦然。"见于《合集》136 号："王占曰：其隹丙戌执有尾，其隹辛家。"为武丁时期卜辞。辞中的"有尾"严一萍释"当指牛马牝牝交接以相繁殖"（严一萍《释✍》，《甲骨文字研究》第一辑，第 24 页）。姚孝遂认为："字当释尾。"又"'尾'之辞残，义不详。以'尾'为牲畜之交尾，纯属推测之辞，不可据"（于省吾《诂林》，第 187 页，姚孝遂按）。孟世凯释尾"殆为氏族名，'有尾'当为尾族首领"（孟世凯《辞典》，第 315 页）。

妖（委）：字形✍，从女从禾，释为妖（姚孝遂、肖丁《类纂》，第 189 页），也有释为委（王蕴智《字学论集》，第 186 页）。见于《合集》7076 号："贞：允其启妖？贞：不其启妖？"又见《合集》18051 号也出现"妖"的内容，皆为武丁时期卜辞。辞中的"委"，姚孝遂释"为氏族名"（于省吾《诂林》，第 487 页姚孝遂按）。

问：字形✍，从口在门内，罗振玉、李孝定、姚孝遂、肖丁皆释为问（罗振玉《殷释》中，第 57 页，李孝定《集释》363 页，姚孝遂、肖丁《类纂》792 页）。《说文》："问。说也。从口门声。"见于《合集》21490 号："贞：于……问大……"又见《合集》16419 号残片也出现"问"字，皆为武丁时期卜辞。辞中的"问"，辞残，用义不详。

物（勿牛）：字形✍、✍、✍、✍，王国维最早释为物，释✍为勿，并谓勿牛"亦即物牛之省"（王国维《释物》，《集林》，第 174 页）。王襄亦认为"勿，古物字"（王襄《簠考·帝系》，第 26 页）。商承祚认为："物，当是杂色牛之名，或又有牛作勿。"（商承祚《佚存》，第 32 页）胡小石释"勿，在卜辞与✍异字，✍为物之省"（胡小石《文例》下卷，第 27 页）。郭沫若认为"卜辞勿作✍，勿字作✍，判然有别。勿乃笏之初文，象笏形上而有题録。勿乃犁之初文，象以犁启土之状。勿多假为犁牛之犁，犁之本字作✍，若，旧均误释为物"（郭沫若《粹考》，第 66 页），但又释✍作物（郭沫若《粹考》，第 42 页）。饶宗颐亦认为"勿牛即犁牛，"又"物即杂色牛……物即牛之毛色"（饶宗颐《通考》，第 526 页，第 982 页）。董作宾、陈梦家皆释✍为黎之初文（董作宾《佚存》，第 32 页，陈梦家《综述》，第 285 页）。姚孝遂、肖丁皆释✍、✍为"勿牛"合文（姚孝遂、肖丁《类纂》，第 961 页）。见于《合集》23584 号："辛酉卜，大贞：物（勿牛）三？"辞中的"物（勿牛）"字形为✍。又见《合集》24542 号、24543 号、24580 号出现的"贞物

（勹牛）"，物（勹牛）字形为 $\mathcal{H}$。还见《合集》39 号、2052 号、8973 号、33665 号等 40 余条卜辞都出现"物（勹牛）"内容。姚孝遂认为 $\mathcal{S}$ "当从郭沫若说隶定为勹，徐中舒以为即古文'利'字所从之偏旁，为下端歧出之农具。其说可信。但诸家释 $\mathcal{H}$ 为'物'或'犁'，均非是。此乃勹牛之合文。卜辞大量的辞例是 $\mathcal{S}$ 牛两形体之间相去甚远，明显地是两个独立形体，其形体相距甚近，或左右并列作 $\mathcal{S}$ 或 $\mathcal{H}$ 者，相对比地在数量上要少的多。其单称 $\mathcal{S}$ 者绝对不能释为'物'或'犁'之省，而是泛指杂色之牲而言，不专指

《合集》24542 号、33665 号

牛。卜辞或称 $\mathcal{S}$ 牛；或称 $\mathcal{S}$ 马；或称 $\mathcal{S}$ 牡；或称 $\mathcal{S}$ 牝；或称 $\mathcal{S}$ 宰。凡此均足以进一步证明 $\mathcal{S}$ 乃合文"（于省吾《诂林》，第 2470—2471 页，姚孝遂按）。

蓲：字形 $\mathcal{L}$，金祖同释"读若蓲，用女俘也"（金祖同《殷契遗珠释文》，第 5 页）。见于《合集》19802 号："丙申卜，王贞：勿祥蓲于门辛丑用？十二月。"又见《合集》22374 号也出现"蓲"的内容，皆为武丁时期卜辞。辞中的"蓲"，李孝定认为："金氏读此为蓲，其意是也。然非谓此即蓲字。"（李孝定《集释存疑》，第 4457 页）姚孝遂认为："金祖同读此为'蓲'，谓为'用女俘'，其说是也。"（于省吾《诂林》，第 2683 页，姚孝遂按）朱歧祥认为："从女埋于宕……女首一横，用义与夫、妾、仆、童等字首配饰相当，亦用为区别义，特指用牲之女奴。与一般言母女字作 $\mathcal{H}$ 相异。卜辞用本义。"又"古有祭门之仪。《尔雅·释宫》：'閟为之门。'注：'閟，门祭也。'卜辞谓用羊，和埋祭女子于门旁祭祀。"（朱歧祥《通释稿》，第 369 页）

嬉：字形 $\mathcal{L}$，孙海波最早释"从女从喜，《说文》所无。《广雅》：'嬉，戏也。'"（孙海波《甲骨文编》，第 482 页）见于《合集》3097 号："丙戌卜，争贞：取效丁人嬉？"又见《合集》2726 号反面出现记事刻辞"嬉示"，皆为武丁时期卜辞。辞中的"嬉"，姚孝遂认为："字从'女'从'喜'，隶可作'嬉'。但与'嬉戏'之义无涉。卜辞用义不详。"（于省吾《诂林》，第 2789

页，姚孝遂按）由《合集》2726 号反面记事刻辞"嬉示"内容，嬉当为人名或邦族名。

《合集》2726 号正、反面

仪：字形，李孝定释"从义从子，疑即仪字，非仪省也。从人从止意同，偏旁中例得相通。辞云'在仪'疑即卫邑之仪"（李孝定《集释》，第 3804 页）。陈邦福释"当释义，仪之省"（陈邦福《说存》，第 5 页），此从释仪。见于《合集》36522 号："庚寅，王卜，在仪贞：余其次在兹……"为帝乙帝辛时期卜辞。辞中的"仪"，姚孝遂认为："释仪不可据。卜辞乃地名。"（于省吾《诂林》，第 2437 页，姚孝遂按）朱歧祥认为字"从子义声"又"《说文》无字。第五期卜辞中用为地名，仅一见。与上鼍同辞。约处殷东"（朱歧祥《通释稿》，第 322 页）。

徙：字形，罗振玉释为徙（罗振玉《殷释》中，第 65 页），王襄释为徙（王襄《簠室殷契类纂》，第 9 页）。商承祚释为街，认为"象人步行于通衢也"（商承祚《福氏所藏甲骨》，第 2 页）。董作宾释"疑同卫，从两止相背立于道上，即守卫之义"（引自于省吾《诂林》，第 2235 页）。见于《合集》18703 号："贞：徙……"又见《合集》16301 号、19276 号都出现"徙"字，皆为武丁时期卜辞。辞中的"徙"，姚孝遂认为："释'徙'可从。辞均残缺，其义不详。"（于省吾《诂林》，第 2237 页，姚孝遂按）朱歧祥认为："从彳从二止，隶作徙。《说文》无字。或即征字繁体。卜辞用为人名，任殷尹一职。唯属孤证。尹，见于《诗经·崧高》、《尚书·顾命》，为百官之长，位极高。《后下 43.2》……申呼尹徙……"（朱歧祥《通释稿》，第 298 页）

须：字形，一字多形，金祥恒、李孝定、于省吾皆释为须（金祥恒《续文编》九卷，第 1 页；李孝定《集释》，第 2855 页，于省吾《释从天从大从人的一些古文字》，《古文字研究》第 15 辑，第 186 页）。《说文》："须。颐下毛也。从页彡。"见于《合集》816 号反面："王须豕史其奠。"又见《合集》675 号、858 号、17931 号、35302 号都出现"须"的内容。姚孝遂认为："卜辞云：'令须扫多女'《合集》675 正，'须'用为人名。"（于省吾

《合集》675 号

《诂林》，第 87 页，姚孝遂按）

臭：字形 、 ，王襄、孙海波、李孝定皆释为臭（王襄《簠室殷契类纂》正编第十，第 45 页，孙海波《甲骨文编》，第 407 页，李孝定《集释》，第 3099 页）。《说文》："臭。禽走臭而知其迹者。从犬自。"见于《合集》4649 号："贞：御臭于母庚？"又见《合集》4650 号、4651 号、7066 号、8977 号、10093 号都出现"臭"的内容，皆为武丁时期卜辞。辞中的臭，姚孝遂认为："卜辞用为人名及方国名。"（于省吾《诂林》，第 674 页，姚孝遂按）但朱歧祥认为字"从犬从自。偏旁从自从白无别，《说文》白：'亦自字'，是指此字即《说文》的狛：'如狼，善驱羊，从犬白声。读若檗。'卜辞用本义。殷人习以犬，羊及奴隶祭祀先人"（朱歧祥《通释稿》，第 102 页）。

《合集》4649 号

裚：字形 、 ，王襄、郭沫若皆释为裚，郭沫若谓"王国维疑裚之初文，按此衣中尚有点滴，盖裚之初文也"（王襄《簠室殷契类纂》存疑第八，第

43 页；郭沫若释引自朱芳圃《文字编·补遗》，第 19 页）。饶宗颐释"裚当即褮"（饶宗颐《通考》，第 1049 页）。《说文》："褮。鬼衣。从衣熒声。"见于《合集》24276 号："壬寅卜，行贞：今夕亡祸？在二月。在师裚……癸卯卜，行贞：今夕亡祸？在师裚卜。甲辰卜，行贞：今夕亡祸？在二月。在师裚卜。己巳卜，行贞：今夕亡祸？在师裚卜。"又见《合集》24282 号、24284 号、24298 号等 20 余条卜辞都出现"王在师裚卜"内容，皆为且庚且甲时期卜辞。辞中的裚，姚孝遂谓"释'裚'可从。字在卜辞为地名"（于省吾《诂林》，第 1921 页，姚孝遂按）。由上揭卜辞内容推断，裚地当为且庚且甲时期重要的军队驻地和祭祀地。

业（邺、競）：字形 、 ，此甲骨字形于省吾、姚孝遂、肖丁等皆归入競字（于省吾《诂林》，第 150 页；姚孝遂、肖丁《类纂》，第 69 页）。但也有释为業，现代汉字简化为业，通邺（王蕴智《字学论集》，第 187 页）。见于《合集》106 号："戊子卜，王贞：来邺芻？十一月。二告。戊子……来邺芻？十一月。"为武丁时期卜辞。辞中的"邺"字形为正面人形，与侧面前后相随的競字形当有别，競字在卜辞中用作祭名（赵诚《词典》，第 252 页），而邺字在卜辞中用作邦族名或地名，朱歧祥认为字"象二人系手并立之形，隶为競"。又"卜辞借用为附庸族称，勿农耕。曾进贡殷室"（朱歧祥《通释稿》，第 35 页）。

徇：字形，见于《合集》15435
号残片："宰用？九月。……卜……
徇……"为武丁时期卜辞。姚孝遂认
为："字不可释，其义不详。"（于省吾
《诂林》，第 206 页，姚孝遂按）但也有
释为徇（王蕴智《字学论集》，第 187
页），可备一说。

备：字形，从人从箙，释为備
（李宗焜《甲骨文字编》60 页），现代
汉字简化为备。见于《合集》565 号：
"贞：隹備犬？"为武丁时期卜辞。辞
中的"备"，姚孝遂未释，但认为"似
用为地名"（于省吾《诂林》，第 204
页，姚孝遂按）。

《合集》565 号

尧：字形、，孙海波最早释"与
尧字古文略同"（孙海波《甲骨文编》，
第 520 页）。张秉权释"疑是苟字，殷
先祖名"（张秉权《丙编考释》，第 500
页）。见于《合集》4479 号："壬辰卜，
叀尧令？"又见《合集》4480 号、9379
号都出现尧的内容，皆为武丁时期卜辞。
辞中的尧，姚孝遂认为："释尧可备一
说。"又"《刻辞类纂》将'￼'混入
'￼'字，二者形体当有别，但均用作人
名"（于省吾《诂林》，第 420 页，姚孝
遂按）。

《合集》4479 号

娅：字形，李孝定释"从女从亚，
《说文》所无。今隶有之"（李孝定《集
释》，第 3710 页）。见于《合集》22301
号："妣乙娅，妣戊娅。"为武丁时期卜
辞。辞中的娅，丁骕认为："疑娅为女
性之宗庙或陵寝，妣戊娅与父甲亚皆康
丁时之宗也。"（丁骕《诸妇名》，《中国
文字》第八卷三十四册，第 3572 页）
但于省吾认为："于诸妣下附于娅……
等字，我认为，这些从女的字都是女奴
隶的女字，也就是女奴隶之名，这是用
女奴隶作为人牲以祭祀诸妣。"（于省吾
《释林》，第 212 页）

眅：字形，从目从攴，罗振玉、饶
宗颐皆隶为眅（罗振玉《殷释》，第 57
页；饶宗颐《通考》，第 710 页）。《说
文》："眅。举目使人也。从攴从目。"
见于《合集》16981 号、33794 号两片
残片上都出现"眅"字。姚孝遂释：

“字从目从攴，与《说文》旻字形同。许慎训为‘举目使人’，典籍无徵。卜辞残泐，用义不详。”（于省吾《诂林》，第560页，姚孝遂按）李孝定则认为“字在卜辞似为人名”（李孝定《集释》，第1131页）。

犷：字形，从犬从斤，释为犷（李孝定《集释》补遗4447页）。《说文》：“犷。犬吠声。从犬、斤声。”见于《合集》14396号：“壬戌卜，争贞：既出犷，燎于土，宰？贞：燎于土，一牛，俎宰？”又见《合集》23688号也出现“犷”的内容。辞中的犷，姚孝遂引《合集》23688号辞，认为：“为人名。”（于省吾《诂林》，第2518页，姚孝遂按）但饶宗颐认为：“犷即狺字，此为地名。”（饶宗颐《通考》，第375页）

騽：字形，罗振玉、郭沫若、王襄、唐兰皆释为騽（罗振玉《殷释》中，第29页；郭沫若《卜通》，第156页；王襄《簠室殷契类纂》正编第十，第44页；唐兰《文字记》，第17页）。《说文》：“騽。马豪骭也。从马习声。”见于《合集》37514号：“戊午卜，在潢贞：王其垦大兕，叀駁暨騽，亡灾，擒？”为帝乙帝辛时期卜辞。辞中的“騽”，朱歧祥释“言脛足高大的马种。卜辞用本义”（朱歧祥《通释稿》，第200页）。

恙：字形，于省吾释为恙，认为：“甲骨文有字（《乙》1706，文残），《甲骨文编》误以为‘从羊从贝，《说文》所无’。按其字从羊从心，即恙字。《说文》：‘恙。忧也。从心羊声。’段注：‘古相问曰不恙，曰无恙，皆谓无忧也。’”（于省吾《释林》，第361页）见于《合集》8877号：“……贮……恙……取。”残辞，其义不详。

旻：字形、、，从目从又，隶为旻（姚孝遂、肖丁《类纂》，第207页），或隶为叟（李宗焜《甲骨文字编》，第187页）。见于《合集》234号：“……午卜，争贞：旻以三十？”又见《合集》20234号：“丁未卜，甫令旻？”还见《合集》4318号、7039号、20232号等皆出现“旻”内容，皆为武丁时期卜辞。辞中的旻，姚孝遂认为：“在卜辞为人名，”又“疑为《说文》训‘捾目’之旻字。”（于省吾《诂林》，第558页，姚孝遂按）朱歧祥释：“从目又，隶作旻。《说文》作旻：‘捾目也。’段注：‘捾，搯也。’字在第一期卜辞用为殷的附庸部属，进贡牛畜。殷人亦为之问疾。可见其族与殷人关系密切。”（朱歧祥《通释稿》，第89页）

臤：字形、，从臣从又，释为臤（姚孝遂、肖丁《类纂》，第231页、359页）。《说文》：“臤。坚也。从又臣声。凡臤之属皆从臤。读若铿鎗。古文以为贤字。”又“贤。多钱也。从贝，臤声。”《集韵》：“贤。古作臤。”见于《合集》8461号：“……周臤……”又见《合集》18143号出现“臤”字，皆为武丁时期卜辞。辞中的“臤”，姚孝遂谓“辞残，用义不详”（于省吾《诂林》，第645页，姚孝遂按）。

《合集》8461 号

涅：字形 㶛，亚在水中，隶为涅（姚孝遂、肖丁《类纂》，第 1117 页）。见于《合集》18768 号仅有"涅宾"二字，又见《洹宝斋所藏甲骨》也出现"涅"字，但编者隶为"乙亚"合文（郭青萍《洹宝斋所藏甲骨》，第 112 页）。皆辞残，用义不详。

叙：字形 㲉，释为叙（王蕴智《字学论集》，第 187 页），可备一说。见于《合集》20610 号："……叙行东至河？"为武丁时期卜辞。辞中的叙，姚孝遂谓"字不可释，其义不详"（于省吾《诂林》，第 932 页，姚孝遂按）。

衍：字形 㳂，从行从川，释为衍（王蕴智《字学论集》，第 187 页），见于《合集》20762 号、21069 号、21156 号、21221 号等，在卜辞中为贞卜人物名，或为陈梦家所释的子组贞卜人物巡，但上揭数版出现"衍"内容的文字风格与《合集》21727 号等出现贞卜人物巡内容的子组卜辞文字风格不是微殊，而是迥别，其当为同一时期的两个贞卜人物。

医：字形 㲃，从匚从矢，隶为医（王蕴智《字学论集》，第 187 页）。见于《合集》5375 号："壬辰卜，贞：王……医？"又见《合集》3379 号出现"贞：从医……贞：不其若？"辞中的"医"有释为侯（姚孝遂、肖丁《摹释》，第 95 页）。辞残，其义待考。

犹：字形 㹞、㹖、㹩，从酉从犬，孙海波最早释"方国名。从酉"（孙海波《甲骨文编》，第 407 页）。有释为猶（王蕴智《字学论集》，第 188 页，李宗焜《甲骨文字编》，第 559 页），现代汉字简化为犹。《说文》："犹。玃属。从犬、酉声。一曰陇西谓犬子为犹。"见于《合集》33076 号："戊辰卜，弗执犹？"又见《合集》33078 号、《屯南》2351 号以及《怀》1638 号都出现"执犹"内容。辞中的"犹"，有认为"为邦族之名"（《屯南》，第 1006 页）。姚孝遂亦认为："字从酉从犬，在卜辞为方国名。"（于省吾《诂林》，第 1562 页，姚孝遂按）

《合集》33078 号

膺：字形❀、❀、❀、❀，一字多形，有释为膺，并认为通应、鹰（王蕴智《字学论集》，第 188 页），可备一说。见于《合集》109 号："勿取剁于膺。"为武丁时期卜辞。辞中"膺"为❀字形，用为地名。又见《合集》8239 号、18337 号、18338 号都出现"膺"字，字形为❀，皆为武丁时期卜辞。这个字形，陈汉平释为雕，以为"字从肉形附于佳形之后"（陈汉平《古文字释从》，《出土文献研究》，第 222 页）。姚孝遂则认为："字不从肉，释'雕'不可据。"（于省吾《诂林》，第 1721 页，姚孝遂按）朱歧祥引《乙》4960 号："❀入二"内容，认为字"从佳。⊏示佳腹；指事。或即《说文》雌字：'鸟肥大雌雌然也。'卜辞用为附属名"（朱歧祥《通释稿》，第 219 页）。

宇：字形❀，从宀从于，释为宇（于省吾《诂林》2037 页）。《说文》："宇。屋边也。从宀、于声。《易》曰：上栋下宇。"见于《合集》20575 号出现"宇口"二字，为武丁时期卜辞。其义待考。

乱：字形❀，从双手上下从糸会意，隶作圈，通释亂（王蕴智《字学论集》，第 186 页；李志伟《古文字编》，第 126 页）。现代汉字简化为乱。杨树达释："人以一手持丝，又一手持互以收之，丝亦乱，以互收之，则有条不紊，故字训治训理也"（杨树达《积微居小学述林》）。本义当为理丝。《说文》："乱，治也。从乙，乙，治之也；从圈。"见于《花东》159 号："癸未卜，今月六日……于生月又至……子占曰：其又至，

畴月乱。"辞中的乱，《花东》编者隶从爫从幺从又，释："用为祭名"（《花东》，第 1621 页）。

阳：字形❀、❀，从阜从易，隶作陽，现代汉字简化为阳。《说文》："阳，高、明也。从阜易聲。"段玉裁注："从阜，不言山南曰易者，阴之解可错见也。山南曰阳，故从阜。毛传曰：山东曰朝阳，山西曰夕阳。易声。"见于《合集》948 号："……防……阳"辞中的"阳"，姚孝遂谓："字隶作'阳'，辞残，其义不详"（于省吾《诂林》，第 1267 页，姚孝遂按）。又见《屯南》4529 号出现"于南阳西"内容，辞中的"阳"与"南"组合用作地名。

《合集》948 号

貔：字形❀，有释为貔（李宗焜《甲骨文字编》，第 560 页），可备一说。见于《合集》28319 号："戊王其田于画，擒大貔。"为廩辛康丁时期卜辞。辞中的貔，也有释为狐（姚孝遂、肖丁《摹释》，第 629 页）。

宙：字形❀，从宀从由，释为宙（王蕴智《字学论集》，第 190 页）。《玉篇》："宙。居也。徐铉曰：凡天地之居

万物，犹有居室之迁贸而不觉。"卜辞中宙用作地名（饶宗颐《通检》第 2 册地名，第 354 页），见于《合集》32289号："壬辰，炆于宙，雨？弜炆雨？弜炆雨……辛未卜，炆天于凡，享壬申？弜炆？"为武乙文武丁时期卜辞。又见《合集》21966 号也出现"宙"的内容。辞中于宙地进行炆祭，宙地当为祭祀地。关于宙字，李宗焜隶从宀从畄（李宗焜《甲骨文字编》，第 387 页）。

奂：字形、，于省吾释为奂（于省吾《释林》，第 301 页）。见于《合集》1107 号："乙巳卜，殻贞：我其有令戜，奂用王？乙巳卜，殻贞：我勿有令戜，弗其奂？"又见《合集》17955 号也出现"奂"的内容，皆为武丁时期卜辞。辞中的"奂"，姚孝遂认为："小篆'奂'之形构结构同。卜辞用义不明。"（于省吾《诂林》，第 112 页，姚孝遂按）朱歧祥则认为此字"乃二字合文；又作。隶为登人，即召集众人之意。《乙》6370：乙巳卜，殻贞：我其有令戜，奂用王？（《合集》1107 号）我令方国登人。'用王'乃倒文，即登人为殷王武丁所用"（朱歧祥《通释稿》，第 13 页）。

罷：字形、，裘锡圭释为罷（裘锡圭《读安阳新出的牛胛骨及其刻辞》，《考古》1972 年第 5 期）。见于《合集》27742 号："叀老，罷令监凡。"又见《合集》27740 号出现同样内容，皆为廪辛康丁时期卜辞。辞中的"罷"，姚孝遂认为："释'罷'是正确的。卜辞用为人名。"（于省吾《诂林》，第

316 页，姚孝遂按）但朱歧祥认为："从人，大首而长须，隶为须字。《说文》：'颐下毛也。从页彡。'"又"示老人。语义与老同。卜辞言派遣长者监守器皿"（朱歧祥《通释稿》，第 37 页）。

臧：字形、，于省吾释"即臧之初文"（于省吾《释林》，第 51 页）。《说文》："臧。善也，从臣、戕声。"见于《合集》3297 号反面："王占曰：其祸其隹……其隹乙臧。"又见《合集》3963 号反面、6404 号反面、12836 号都出现"臧"的内容，皆为武丁时期卜辞。辞中的"臧"，姚孝遂认为："卜辞均用为'臧否'之'臧'。"（于省吾《诂林》，第 642 页，姚孝遂按）

《合集》6404 号反面

胄：字形，释为胄（王蕴智《字学论集》，第 190 页）。见于《合集》36492 号："丙午卜，在攸贞：王其乎……延执胄、人方赯焚……弗悔？在正月，隹来征……"为帝乙帝辛时期卜辞。辞中的胄，姚孝遂认为："字当释'胄'，在卜辞为方国名。"（于省吾《诂林》，第 716 页，姚孝遂按）

之：字形、，陈梦家释"之是'止'下加'一'，凡此皆同于西周金文。卜辞的之由《粹》141、335 两例知

其所指是人物与地方"（陈梦家《综述》，第 98 页），张秉权释"是之字，在这里是指示代词，之夕即是夕"（张秉权《丙编考释》，第 13 页）。所间卜辞中，之字的内容甚多，习见（1）"于之"，如《合集》13421 号："有羽土于之？"（2）"从之"，如《合集》7267 号："……循从之若？"（3）"之日"，如《合集》6647 号："之日用，戊寅竹侑？"（4）"之夕"，如《合集》7709 号反面："之夕允：雨。"（5）"隹之"，如《合集》974 号："父乙竘隹之？父乙竘不隹之？"（6）"曰之"，如《合集》11461 号："贞：曰之？贞：勿曰之？"等等。

肘（肱）：字形 、 、 、 ，释为肘（赵诚《词典》，161 页，李孝定《集释》，第 4189 页）。前两形未加指事符号，后两形加指事符号者有释为肱（于省吾《释林》，第 390 页，姚孝遂、肖丁《类纂》，第 374 页）。《说文》："肘。臂节也。"见于《合集》13676 号："贞：疾肘？"又见《合集》11018 号、13677 号都出现" "即未加指事符号肘字，皆为武丁时期卜辞。还见《合集》13680 号："甲子卜，宾贞：王隹肘？"以及《合集》1772 号、5532 号等所出现的" "增加指事符号的肘字或肱字，亦为武丁时期卜辞。此外，《合集》10419 号："辛亥卜，争贞：王不其获 、获兕？"辞中的" "与"兕"并列，当指某一俘获品。但朱歧祥认为："卜辞又言'王获厷（ ）'或即'王获肱疾'之省文。"（朱歧祥《通释稿》，第 74 页）

寸：字形 ，王襄最早释"古寸字"（王襄《簠室殷契类纂》正编第三，第 14 页）。也有释为肘（李孝定《集释》，第 1507 页；李宗焜《甲骨文字编》，第 315 页）。见于《怀》786 号："壬辰卜，贞：寸稽……"又见《合集》4899 号也出现"寸"的内容。对于辞中的" "字，姚孝遂未释，但认为"此与' '或' '形义皆有别，不得释'肘'"（于省吾《诂林》，第 929 页，姚孝遂按）。

爪：字形 ，释为爪（王蕴智《字学论集》189 页，李宗焜《甲骨文字编》316 页）。见于《合集》18640 号："……用……爪……"为武丁时期卜辞。姚孝遂谓："卜辞偏旁'爪'字均作此形，唯独体此所仅见。辞残，其义不详。"（于省吾《诂林》，第 929 页，姚孝遂按）

祭：字形 ，于省吾、姚孝遂隶为祭。见于《合集》33871 号："乙亥卜，今日其至不祭雨？丙寅卜，丁卯其至祭雨？"为武乙文武丁时期卜辞。姚孝遂认为辞中的祭"用为副词。《说文》训为'际见'，'祭雨'犹今言'阵雨'"（于省吾《诂林》，第 1098 页，姚孝遂按）。

渭：字形 ，释为渭（王蕴智《字学论集》第 188 页，李宗焜《甲骨文字编》，第 479 页）。见于《屯南》2212 号："……观渭，亡……"又见《合集》36531 号以及《屯南》2232 号都出现"渭"的内容。姚孝遂认为字"从'禺'不从'萬'，孙海波《文编》11.4，李孝定《集释》3341 混入'溝'字，释作'砅'，均误"。又字在卜辞"皆为地名。《说文》：'渭水出赵国襄国之西山，东北入湡'。朱骏声《通训定声》云：'在今直隶顺德府邢台县西山，一名百泉水，又名氿央水，又名胡卢河，至任县合湡水，即澧水之上源也'"（于省吾《诂林》，第1300页，姚孝遂按）。

椎：字形 ，从木从隹，释为椎（王蕴智《字学论集》190页）。见于《合集》13159号反面出现两个"椎"字，为武丁时期卜辞。对于"椎"字，姚孝遂认为："字从'木'从'隹'，隶可作'椎'。辞残，其义不详。"（于省吾《诂林》，第1414页，姚孝遂按）

枫：字形 ，从木从辛从隹，有释为枫（陈汉平《古文字释丛》，《考古与文物》1985年第1期，第106页），可备一说。见于《合集》18416号出现一个"枫"字，为武丁时期卜辞。但姚孝遂认为："释'枫'不可据，辞残，其义不详。契文'鳳'无作' '者。"（于省吾《诂林》，第1414页，姚孝遂按）

《合集》18461号

叉（叉）：字形 、 ，罗振玉最早释"《说文解字》：' 。手足甲也。从又象叉形。'古金文亦作 （《叉卣》）均与此合。惟字既从又，不能兼为足甲。许书

举手并及足，失之矣"（罗振玉《殷释》中，第24页）。王襄亦释"古叉字"（王襄《簠室殷契类纂》，第12页）。见于《英》2562号："庚辰，王卜，在危贞：今日步于叉，亡灾？辛巳，王卜，在叉贞：今日步于沚，亡灾？"又见《合集》6450号、36902号都出现"叉"的内容。对于辞中的"叉"，姚孝遂认为："释叉非是。'叉'、'爪'为古今字。小篆形体已讹误，不足据。字当释'叉'。《说文》：'叉。手相错也。从又，象叉之形。'段玉裁注：'为手指与物相错也。凡布指错物兼而取之曰叉，因之凡歧头皆曰叉'。"（于省吾《诂林》，第888页，姚孝遂按）卜辞中叉为地名，其地所在，陈梦家认为："地在今永城县西30公里。（《考古》Ⅱ：86），在涣水即今浍水之北。"（陈梦家《综述》，第307页）朱歧祥亦认为："卜辞属殷地名。"又"位于殷西南"（朱歧祥《通释稿》，第74页）。

羽：字形 、 、 、 ，孙诒让最早释为羽（孙诒让《举例》下，第15页）。王襄亦释"古羽字"（王襄《簠室殷契类纂》正编第四，第17页）。叶玉森释"雪之初文"（叶玉森《说契》，第1页）。唐兰、李孝定释为彗（唐兰《文字记》，第15页，李孝定《集释》941页）。于省吾释为羽（于省吾《释林》，第230页）。所见卜辞中"羽"的内容很多，习见"有羽""令羽""告羽"等，如《合集》13420号："己亥卜，争贞：有羽土……"又见《合集》32916号："乙酉，贞：其令羽告

于……"对于羽，姚孝遂认为："字当从唐兰说释彗。卜辞彗字可分二类：（1）为地名及人名……（2）为'除'义。杨树达谓《前》6.17.7 之'王疾首，中日彗'即'王疾首中日而除也'。"（于省吾《诂林》，第 1852 页，姚孝遂按）

《合集》13420 号

赒（锾）：字形、，罗振玉最早释"卜辞有赒字，殆即从金之锾。锾为重量之名，谊亦为罚金。古者货贝而宝龟。至周而有钱。至秦废贝行泉。故从贝从金一也"（罗振玉《殷释》中，第 42 页）。见于《合集》5624 号："乙未卜，争贞：赒王唬曰妥?"又见《合集》21775 号也出现"赒"字，皆为武丁时期卜辞。姚孝遂认为："字当释赒，篆文从金作锾。卜辞用义不详。"（于省吾《诂林》，第 1889 页，姚孝遂按）

袁：字形、、、、，姚孝遂、肖丁释为袁，并认为通远（姚孝遂、肖丁《类纂》，第 724 页）。见于《合集》22274 号："兄丁延三百牢，雨，袁宗……"又见《合集》18165 号、277556 号、30085 号等都出现"袁"的内容。姚孝遂认为："字当释'袁'亦即'远'，古'袁'、'远'同字。"（于省吾《诂林》，第 1920 页，姚孝遂按）陈汉平认为："甲骨文此字当释为袁。此字在卜辞中令字下，若为名词则为人名。若为动词，则读为远。"（陈汉平《古文字释丛》，《出土文献研究》，第 226 页）

圉：字形，释为圉（李孝定《集释》3236 页）。《说文》："圉。囹圄。拘辠人。从幸、从口。"见于《合集》5973 号："壬辰卜，贞：执于圉?"又见《合集》5972 号也出现"圉"的内容，皆为武丁时期卜辞。姚孝遂认为："'圉'为拘辠人之所，此乃用其本义。"（于省吾《诂林》，第 2585 页，姚孝遂按）朱歧祥亦认为："卜辞用囚所本义，属名词。"（朱歧祥《通释稿》，第 343 页）

帀：字形，孙海波释为帀（引自《考古学社刊》第 4 期 21 页）。《说文》："帀。周也。从反之而帀之也。"见于《英》337 号："戊午卜，宾贞：更永帀……"为武丁时期卜辞。辞中的"帀"，姚孝遂认为："释'帀'可从。"又"似用为动词"（于省吾《诂林》，第 2516 页，姚孝遂按）。

诛：字形，从朱从戈（李宗焜《甲骨文字编》，第 680 页），通诛（刘钊《新甲骨文编》，第 137 页）。见于《怀》1314 号残片上出现"诛"字。辞残义不详。

戕：字形，郭沫若、孙海波、李孝定皆释为戕（郭沫若《粹考》，第 158

页；孙海波《卜辞文字小记续》，《考古学社社刊》第 5 期，第 47 页；李孝定《集释》，第 3775 页）。《说文》："戕。槍也。他国臣来弑君曰戕。从戈、爿声。"见于《合集》35301 号："……其遣戕？"辞残义不详。

妝：字形𡜎、𡜎，释为妝（王蕴智《字学论集》，第 190 页，李宗焜《甲骨文字编》，第 1206 页）。见于《合集》5652 号："贞：巫妝不御？"又见《合集》18063 号也出现"妝"字，皆为武丁时期卜辞。辞中的妝，姚孝遂认为："字从'女'从'爿'，隶可作'妝'。"又"'妝'为'巫'之名。"（于省吾《诂林》，第 3114 页，姚孝遂按）

《合集》5652 号

担：字形𦥑，释为担（王蕴智《字学论集》190 页）。见于《合集》7040 号："贞：弗其翦牝担……"为武丁时期卜辞。辞残义不详。

娱：字形𡜎、𡜎，从虍从女，隶作娱（姚孝遂、肖丁《类纂》，第 196 页）。见于《怀》1509 号、《合集》22292 号、22425 号都出现有"娱"字。姚孝遂认为："𡜎当为女性之𡜎。"（于省吾《诂林》，第 528 页，姚孝遂按）亦即为人名。

樜：字形𣛻、𣛻，隶作樜（李宗焜《甲骨文字编》，第 598 页）。见于《花东》3 号："壬卜：于乙延休，不……一。壬卜：子其延休？二。壬卜：子其往田，丁不樜？一。"为武丁时期卜辞。辞中的"樜"为《花东》新出字形，有释"樜，本作𣛻。《怀特》1509 有𡜎娱字，是此字之简体。樜，从木、娱声，娱从虍女声。此片'延樜'、'不延樜'，'延休'、'不延休'、'不樜'对贞；300（H3：897）'甾友又凡，隹其又吉？'与'隹樜'正反对贞；181（H3：533）'子其往田？曰又求，非樜。'从以上几天卜辞，可以看出樜有凶祸、艰咎之义。"（考古所《花东》，第 1557 页）可备一说。

麒：字形𢍰、𢍰，从庚从虎，隶作麒（李宗焜《甲骨文字编》，第 601 页）。见于《花东》467 号："戊申卜：叀麒乎匄……用？在麗。"又见《花东》179 号也出现"麒"内容，皆为武丁时期卜辞。辞中的"麒"为《花东》新出字形，有释为人名（考古所《花东》，第 1628 页）。

聋：字形𦔅，从耳从龙，释为聋（李宗焜《甲骨文字编》，第 667 页），现代汉字简化为聋，可备一说。见于《合集》21099 号："辛丑卜，燎瀧翦三牢？……丑卜……聋……"为武丁时期卜辞。辞中的"聋",辞残,其义不详。也有释为"耳龙"二字(姚孝遂、肖丁《摹释》,第462页),待考。

麗:字形𪊽、𪊽、𪊽、𪊽,从鹿从一口或二口、三口,释为麗,也有隶为鹿上三口(李宗焜《甲骨文字编》,第613页)。见于《花东》2号:"戊子卜,在麗:子其射,若?一。戊子卜,在麗:子弜射于之,若?一。有贞:子金?一。有贞:子金?一。"又见《花东》7号、37号、196号、259号等都出现"在麗"内容,皆为武丁时期卜辞。辞中的"麗",有释为"地名。地望待考"(考古所《花东》,第1556页)。

丽:字形𪊽,鹿首角上二目相连会意,释为麗(李宗焜《甲骨文字编》,第616页),现代汉字简化为丽。见于《缀佚》576号出现"丽"字。详义待考。

櫓(盾):字形𪊽,释为櫓(李宗焜《甲骨文字编》,第602页)。见于《合集》20397号:"……亥卜,王令……冒方櫓……"为武丁时期卜辞。又见《合集》36481号出现与"𪊽"字相近的字形,姚孝遂释为盾,并认为:"《合集》36481即著名之《小臣墙刻辞》,记某次大规模战役之战功。除俘获人宗外,上有车、盾、函、矢等。此为'盾'之初形无疑,象虎士执盾形。《说文》:'盾。瞂也。所以扞身蔽目,象形。'小篆讹变,难以见其为象形。'目'实即盾形,故许慎不言从'目',但又以'蔽目'为言。如无完整之辞例,则难以定此即'盾'字。"(于省吾《诂林》,第1635页,姚孝遂按)

尘:字形𪊽,从鹿从土,王襄、叶玉森皆释为麈(王襄《簠室殷契类纂》正编第十,第45页,叶玉森《前释》七卷,第12页),现代汉字简化为尘。但商承祚、李孝定皆释从鹿从土(商承祚《类编》第二,第3页;李孝定《集释》,第3074页)。见于《合集》8233号:"……永贞:翌丁酉……俎于尘……占曰:其有……"为武丁时期卜辞。辞中的尘,姚孝遂释"字本当指牡鹿而言"又"卜辞以为地名"(于省吾《诂林》,第1664页,姚孝遂按)。

麤:字形𪊽,王襄、孙海波皆释为麤(王襄《簠室殷契类纂》正编第十,第44页;孙海波《甲骨文编》,第404页)。商承祚释"从二鹿与三鹿同"(商承祚《类编》十卷,第4页)。见于《合集》21771号出现"麤"字,又见《合集》21586号、《前》8.10.1都出现"麤"的内容(李宗焜《甲骨文字编》,第614页)。但姚孝遂认为:"释'麤'不可据。卜辞为地名。"(于省吾《诂林》,第1665页,姚孝遂按)

靦:字形𪊽、𪊽,从鹿从见,罗振玉最早释"象鹿子随母形,殆许书之麑字"(罗振玉《殷释》中,第29页)。王襄亦释"古麑字"(王襄《簠室殷契类纂》正编第十,第44页)。郭沫若"隶定靦"(郭沫若《卜通》,第137页)。见于《合集》37468号:"丁丑卜,贞:牢逐辟祝侯麓,靦犬,翌日戊寅……"又见《合集》29425号、37439号、37467号以及《屯南》3381号等都出现有"觊"的内容。姚孝遂认为："字当隶作'觊'，不从'儿'，不得释为'麂'，且《合集》37439'觊鹿'连言，是'觊'不得释'麂'之明证。"（于省吾《诂林》，第 1666 页，姚孝遂按）

龖：字形，二龙并列，释为龖（姚孝遂、肖丁《类纂》，第 682 页；李宗焜《甲骨文字编》，第 667 页）。《说文》："龖。飞龙也。从二龙，读若沓。"见于《合集》8197 号残片上出现一个"龖"字。姚孝遂认为："此与小篆同。辞残，其义不详。"（于省吾《诂林》，第 1775 页，姚孝遂按）

唬：字形，从口从虎，前字形有释为唬（姚孝遂、肖丁《类纂》，第 638 页，李宗焜《甲骨文字编》，第 602 页），也有释为咙（金祥恒《续文编》二卷，第 7 页；李孝定《集释》，第 347 页）。见于《合集》18312 号："己丑……唬……受……"为武丁时期卜辞。辞中的"唬"，姚孝遂认为："字从'虎'，不从'龙'，释'咙'不可据。辞残，其义不详。"（于省吾《诂林》，第 1634 页，姚孝遂按）又《屯南》499 号："甲戌，贞：王令剐垦田于？"为廪辛康丁时期卜辞。辞中的用作农耕地名，字形从虎从口，当为唬字的异构。由《合集》18312 号"唬……受"内容推测，唬也当为农耕地。

虎：字形，从冖从虎，隶为虎（姚孝遂、肖丁《类纂》，第 638 页）。见于《合集》15401 号："丙申卜，㱿弜用虎大祓？"又见《合集》22105 也出现

"虎"的内容，皆为武丁时期卜辞。辞中的"虎"，姚孝遂认为："卜辞为祭牲名。"（于省吾《诂林》，第 1633 页，姚孝遂按）

《合集》15401 号

聎：字形，从耳从虎，隶作聎（姚孝遂、肖丁《类纂》638 页）。见于《合集》18035 号："贞：……聎……不隹祸？"为武丁时期卜辞。辞中的"聎"，姚孝遂谓"辞残，其义不详"（于省吾《诂林》，第 1632 页，姚孝遂按）。

嗽：字形，有释为嗽（李宗焜《甲骨文字编》，第 1270 页），可备一说。见于《合集》34072 号："癸未卜，王弗疾嗽？"又见《合集》34073 号也出现"嗽"的内容，皆为武乙文武丁时期卜辞。辞中的"嗽"字，于省吾、姚孝遂认为："字不可释，其义不详"（于省吾《诂林》，第 3016 页，姚孝遂按）。

豹：字形、、、，一字多形，王襄最早释"，古豹字"（王襄《簠室殷契类纂》第九，第 43 页）。叶玉森认为："先哲造字时疑虎豹为一物，作豹斑者亦呼为虎，于字形可推之焉。"（叶玉森《前释》四卷，第 61 页）所见卜

辞中，豹字形见于《合集》3303 号："贞：……豹归……见乃……"又见《合集》3295 号、4620 号、6553 号、6554 号、10055 号、10208 号等，皆为武丁时期卜辞，"豹"字皆用为人名。姚孝遂认为："'豹'字旧均混同于虎字，为王襄释'豹'是正确的。'豹'字形义与'虎'固然有别。但迄今尚未发现卜辞以豹为兽名之例。"（于省吾《诂林》，第 1624 页，姚孝遂按）

《合集》3295 号

犯：字形，从犬从匕，隶作犯（李宗焜《甲骨文字编》，第 560 页，姚孝遂、肖丁《类纂》，第 620 页）。见于《合集》5777 号："隹犯令？"为武丁时期卜辞，辞中的犯字形所从的犬之尾巴明显上卷，用为人名。又见《合集》3353 号中犯所从的犬尾巴下垂，或为犹，但姚孝遂认为："为人名。与'犯'有别。"（于省吾《诂林》，第 1578 页，姚孝遂按）

邵：字形、、，从卩从召（或省口从刀）。唐兰最早释"即色字，当

即邵字也"（唐兰《文字记》，第 78 页）。李孝定从，亦认为"唐氏释邵，谓即绍字。又论邵绝二字训诂上关系，说并精当，惟谓亦即色字，色之本义当训绝，颜色之义乃其假借，则似有未安"（李孝定《集释》，第 2871 页），此从释邵。但姚孝遂认为："唐兰释色，谓与邵同字，不可据。'邵'为殷人祭祀之对象。"（于省吾《诂林》，第 438 页，姚孝遂按）所见卜辞中，邵用作人名，如《花东》467 号："戊卜，叀邵乎勾？不用。"辞中的邵，有释为"即邵字的省体"又"人名"（考古所《花东》，第 1628 页）。又用作地名，见于《合集》35174 号："甲戌卜，燎羊二十，于邵？"辞中的"邵"当为祭祀地名（饶宗颐《通检》第 2 册地名，第 412 页）。

舨：字形，从舟从人，隶作舨（李宗焜《甲骨文字编》，第 1229 页）。见于《花东》380 号："庚戌卜：子于辛亥拉？子占曰：舨卜。子尻。用。"为武丁时期卜辞。辞中的"舨"，有释"舨，本作，H3 新出之字。此字从'舟'从'人'。《广韵》：'舨，古文服字。'"（考古所《花东》，第 1710 页）

毁：字形，从兒从殳，隶作毁。见于《花东》226 号："庚申：岁妣庚牡一？子占曰：渄羌，自来多臣毁？二。"为武丁时期卜辞。有释"渄，用为人名"又"毁，本作，象双手拿鎚击兒牛，于毅（）结构相似。贞辞卜问岁祭妣庚是否用一头公牛？子作的占辞认为用渄送来的羌人和多臣送来的已被击杀的兒牛作祭品。"（考古所《花东》，

第 1650 页）

殷：字形╲，隶作殷。见于《花东》183 号："翌用，其乎多臣舟？二。癸卜：其舟殷我人？一。"为武丁时期卜辞。辞中的"殷"，有释"或可隶作殷。'其舟殷我人'即'我人其舟殷'，'殷'用作地名"（考古所《花东》，第 1632页）。

咠：字形╕，戈在口上，隶作咠。见于《花东》183 号："癸卜：我人其舟咠？癸卜：我人其舟咠？二。"为武丁时期卜辞。辞中的"咠"，有释为"地名"（考古所《花东》，第 1632 页）。

她：字形╲、╲，从女从它（虫），有释为她（李宗焜《甲骨文字编》，第 140 页），可备一说。见于《合集》22301 号："妣辛她。"辞中的"她"也有释从女从虫（姚孝遂、肖丁《摹释》，第 495 页）。又见《合集》21506 号也出现"她"的内容，皆为武丁时期卜辞。辞中的"她"，用为人名。

膝：字形╲，释为膝（李宗焜《甲骨文字编》，第 10 页）。见于《合集》13670 号："贞：勿于父乙告疾膝？"为武丁时期卜辞。辞中的"膝"，于省吾、

《合集》13670 号

姚孝遂未释，但认为"'疾╲'当指'╲'有疾而言，应为指示字，指膝关节炎之"（于省吾《诂林》，第 197 页，姚孝遂按）。

颈：字形╲、╲，释为颈（李宗焜《甲骨文字编》，第 10 页）。也有认为"当释领（或项）"（陈汉平《古文字释丛》，《出土文献研究》，第 220 页）。见于《英》97 号："疾颈御于妣己暨妣庚？小告。"又见《屯南》463 号也出现"颈"的内容。辞中的"颈"，于省吾、姚孝遂未释，但认为"乃疾病之名称。以╲、╲诸字例之，均属指事字。位置当在颈项之间。至于究属何字，形体以失其演变之联系，存疑以待考"（于省吾《诂林》，第 67 页，姚孝遂按）。

牵：字形╲、╲、╲。最早商承祚释作牛（商承祚《殷契佚考》，第 19 页）。李孝定则认为商说存疑，此字与羁字结构法相同（李孝定《集释存疑》，第 4461 页）。姚孝遂认为"卜辞皆为祭祀用牲"（于省吾《诂林》，第 3214 页姚孝遂按）。朱歧祥亦认为："从牛，首系丝索，示捕获之野牛。《说文》无字。卜辞用本义，作祭牲之一种。"（朱歧祥《通释稿》，第 433 页）宋镇豪释为牵，认为："甲骨文╲从牛从口从系亦声，字与牛相关，其牛则从绳缚而约束之，字又寓以系运车之义。此字当为牵之本字。"（宋镇豪《甲骨文牵字说》，《甲骨文与殷商史》第 2 辑，第 66 页）宋说可从。字见于《合集》34675 号："戊子卜，品其九十牵？"又见《合集》34674号、34677 号以及《合集》8086 + 18475

号都出现有"品其五十牵""品其九十牵""……其百有五十牵"内容。宋镇豪认为:"《尚书·酒诰》云:'肇牵车牛远服贾',牵用为动词,但卜辞作名词,意为服牛。"又:"《汉书·酷吏传》颜师古注:'品,率也。'卜辞的'品五十牵'、'品九十牵'、'品百有五十牵',意思都是率服牛多少。"(宋镇豪《甲骨文九十合书例》,《中原文物》1983年第3期,第58页)并认为"商人在社会联系和社会关系中,已懂得利用牛车作为运输物资进行交往交流的交通运输工具"(宋镇豪《夏商社会生活史》,第323页)。

身:字形 𢎨、𠂤,李孝定释为身(李孝定《集释》,第2719页)。见于《合集》13668号:"贞:御疾身于父乙?"又见《合集》376号、822号、6475号、6477号、13666号等皆出现有"疾身"内容,皆为武丁时期卜辞。姚孝遂认为:"李孝定释身是对的。"又"卜辞'疾身'即指身有疾言之"(于省吾《诂林》,第37页,姚孝遂按)。

瀼:字形 𣲪、𣴎、𣴘、𣴑,从水从襄或从襄从水点,释为瀼(于省吾《诂林》,第351页)。见于《合集》28188号:"自瀼至于大,亡灾?大吉!翌,自瀼至于膏,亡灾?吉!"为廪辛康丁时期卜辞。又见《合集》8360号也出现"于瀼"内容,为武丁时期卜辞。前二辞中的"瀼"字从水从襄。还见《合集》37777号、37778号出现"田瀼"字内容,字形从襄从水点,有释同为瀼字(李宗焜《甲骨文字编》,第23页)。可见"瀼"在卜辞中用作地名,当为商王朝田猎地之一。

姜:字形 𦍋、𦍌,释为姜(李宗焜《甲骨文字编》,第45页)。见于《合集》22099号:"戊午卜,姜力?"又见《合集》32160号:"……寝于小乙,三姜?"后辞中"三姜"的姜有释为羌(姚孝遂、肖丁《摹释》,第714页)。卜辞中姜当用作女子名。又《合集》18047号出现的繁增女旁的字形 𡠉,李宗焜亦释为姜(李宗焜《甲骨文字编》,第46页)。

竟:字形 𡉚,释为竟(詹鄞鑫《释辛及与辛有关的几个字》,《中国语文》1983年第5期,第372页)。见于《合集》18186号:"……辰卜,宾……乎竟……"为武丁时期卜辞。又见《合集》35224号也出现"弜竟"内容。姚孝遂以为:"文辞均残,用义不详"(于省吾《诂林》,第186页,姚孝遂按)。然从"乎竟"与"弜竟"内容,竟当用作人名或族名。

化:字形 𠤎、𠤏、𠤐,释为化(姚孝遂、肖丁《类纂》,第69页)。见于《合集》137号反面:"王占曰:有祟有梦,其有来艰。七日己丑,允:有来艰,自……戈化乎……方征于我……"又见《合集》151号、1100号、4177号、4180号等皆出现有"化"的内容,皆为武丁时期卜辞。姚孝遂认为:"契文'化'从'人'从'𠤎',乃会意兼形声字。"又"卜辞化为人名"(于省吾《诂林》,第149—150页,姚孝遂按)。

句:字形 𠯑,释为句(李宗焜《甲骨文字编》，第 60 页）。见于《史购》314 号。

知（智）：字形㣇、㿝、㺬、䰨、䰧、䰦、䰃、㺪，字形有从子从大，或繁从子从大从口；或从子从册，或凡从子从大从册等，一字多形，罗振玉最早皆释为智（罗振玉《殷释》中，第 72 页）。王襄释“古智字，不从白，知字重文”（王襄《簠室殷契类纂》，第 17 页）。王蕴智、李宗焜亦释为知或智（王蕴智《字学论丛》，第 189 页；李宗焜《甲骨文字编》，第 79 页）。见于《合集》32563 号：“叀……且乙？弜知用其弹？弜其祝？”又见《合集》32390 号，辞中的知字从子从大；还见《合集》30429 号，辞中的知或智字从子从大从口；还有《合集》30685 号中的知或智字从子从册，《合集》26994 号、30689 号等中的知或智从子从大从册。姚孝遂认为甲骨文知或智，“其意当如‘册’，均为祭祀册祝之类。旧释‘智’不可据。鲁实

《合集》30429 号

先释‘嗣’读为‘辞’，其说盖是”（于省吾《诂林》，第 2973 页，姚孝遂按）。

匿：字形㣇，从若下加半匸，有释为匿（李宗焜《甲骨文字编》，第 115 页）。见于《屯南》3566 号：“㣇匿。”姚孝遂、肖丁《类纂》，第 137 页，《摹释》，第 1030 页皆释㣇为若。

欠：字形㐱、㐳、㐲、㐴、㐵，一字多形，或从人或从卩，罗振玉最早释为旡（罗振玉《殷释》中，第 55 页），张秉权释“是欠字，也是旡，在《说文》中，‘旡’是‘欠’的反书”（张秉权《丙编考释》，第 62 页）。见于《合集》9099 号：“丙辰……欠允以。”为武丁时期卜辞。辞中的欠下部从人。又见《合集》21475 号反面：“甲午卜，令欠？”辞中的欠下部从卩。姚孝遂认为：“字当释欠，象人张口出气形。”（于省吾《诂林》，第 382 页，姚孝遂按）但辞中的“欠”当用作人名或族名。朱歧祥亦认为：“象人跪坐，张口出气……俗即欠字，《说文》：‘张口气悟也。’卜辞似用为外族名。”（朱歧祥《通释稿》，第

《合集》9099 号

48 页）此外，于省吾、姚孝遂对下部从人的欠字无释，对下部从卩的"欠"字释为旡（于省吾《诂林》，第 391 页，姚孝遂按）。

吹：字形⿰口欠、⿰口欠、⿰口欠、⿰口欠，从口从欠，王襄、唐兰、孙海波皆释为吹（王襄《簠室殷契类纂》存疑第八，第 44 页；唐兰《导论》，第 75 页；孙海波《卜辞文字小记》、《考古学社刊》第 3 期，第 55 页）。《说文》："吹。嘘也。从口、从欠。"见于《合集》9359 号、9360 号、9361 号、9363 号皆出现"吹入"内容，皆为武丁时期刻辞。辞中的吹，李孝定认为："辞云'吹入'为甲尾刻辞，吹为人名或地名。《佚》939 辞云'卜，王在吹丁……'为地名。"（李孝定《集释》，第 349 页）

《合集》9359 号

娠：字形⿰女辰，从女从辰，释为娠（姚孝遂、肖丁《摹释》，第 326 页，李宗焜《甲骨文字编》，第 167 页）。见于《合集》14070 号："甲子……令……娠……其嘉？"残辞，为武丁时期卜辞。辞中的"娠"当为某女子名，商王贞问其生育情况，其或为妇的身份。

弃：字形⿱⿱、⿱⿱、⿱⿱，一字多形，从倒子下有双手，或子下省双手加其形，或繁从子从其从双手。罗振玉最早释"此从卩在㘪中……殆即弃字"（罗振玉《殷释》中，第 47 页），王襄、孙海波皆释为弃（王襄《簠室殷契类纂》，第 20 页，孙海波《甲骨文编》，第 189 页）。见于《合集》21430 号，辞中的"弃"为⿱形；又见《合集》18492 号，辞中的弃为⿱形；还见《合集》8451 号，辞中的弃为⿱形。于省吾、姚孝遂释⿱为弃（于省吾《诂林》，第 549 页），⿱隶为从子从其，又认为"释'弃'可备一说"（于省吾《诂林》，第 2814 页，姚孝遂按）。此外，又见《合集》9100 号出现⿱字形，有以为亦是弃字（李宗焜《甲骨文字编》，第 183 页）。

孙：字形⿰子系、⿰子系、⿰子系，从子从系，王襄、李孝定皆释为孙（王襄《簠室殷契类纂》正编十二，第 57 页；李孝定《集释》，第 3865 页）。见于《合集》10554 号："……多子……孙……田"残辞，为武丁时期卜辞。又见《合集》30527 号、31217 号以及《怀》434 号皆出现"孙"的内容。姚孝遂认为："卜辞均残，'孙'之用意不详。《后》下一四·七（《合集》10534 号）有缺文，'多子孙田'不得连读。"（于省吾《诂林》，第 545 页，姚孝遂按）对于孙字，商承祚认为："此字余曩释孙非是，殆是纪字，从系从己，字书所无。其字与妃同。"（商承祚《契释》，第 77 页）所见卜辞中的孙或为地名。

《合集》10554 号

顺：字形𓂃，从川从页，释为顺（姚孝遂、肖丁《摹释》，第 999 页、李宗焜《甲骨文字编》，第 206 页）。见于《屯南》2080 号："……卜……于父甲其顺从？"为廪辛康丁时期卜辞。其义待考。

嵒：字形𓏢、𓏢、𓏢，一字多形，从三口下部相连或呈人形，罗振玉最早释为嵒（罗振玉《殷释》中，第 58 页），王襄释"古嵒字，许说山岩也，从山品"（王襄《簠室殷契类纂》正编第九）。见于《合集》5574 号："迄自嵒，二十屯，小臣中示……系。"为武丁时期记事刻辞。辞中的"嵒"为𓏢形。又见《合集》17599 号："二十屯嵒示。犬。"辞中嵒字为𓏢形，下部从人。姚孝遂认为："'嵒'在卜辞均为人名。"又"'𓏢'当为'嵒'之异构，均见于骨面记事刻辞。乃主管卜事者之名。"（于省吾《诂林》，第 744—745 页，姚孝遂按）

吽：字形𓏢，从口从牛，释为吽（李宗焜《甲骨文字编》，第 258 页）。见于《编补》6.383.1 号出现"吽"字形。其义待考。

革：字形𓏢，释为革。见于《花东》474 号："率酒革？不用。"又见《花东》491 号也出现"革"的内容。释者认为，字"本作𓏢，H3 新出之字。金文有"革"字，其形作𓏢（《康鼎》），与此今本相似。在此为祭名"（考古所《花东》，第 1742 页）。

置：字形𓏢、𓏢、𓏢，一字多形，从止从巾或繁增双手，饶宗颐释"古'会'字"（饶宗颐《通考》，第 862 页）。也有释为置（李宗焜《甲骨文字编》，第 276 页）见于《合集》32419 号："……𓏢鼓于大乙……"辞中的"𓏢鼓"，饶宗颐释"乃会祭之义"。但姚孝遂认为"字在卜辞皆为祭名，无由以见'会'义，存以待考"（于省吾《诂林》，第 2889 页，姚孝遂按）。

燮：字形𓏢、𓏢，《说文》："燮。大孰也。从又，持炎辛。辛者，物熟味也。"罗振玉释"此字从又持炬从三火，象炎炎之形，殆即许书之燮字。许从辛，殆炬形之讹"（罗振玉《殷释》中，第 52 页）。见于《合集》26631 号："癸亥卜，兄贞：旬亡……夕燮大禹……"又见《合集》18178 号、18793 号皆出现有"燮"的内容。辞中的燮，饶宗颐释"疑子祭时荐熟，为合烹馈俎之事"（饶宗颐《通考》，第 577 页）。于省吾则释"夕燮"意为"谓夕有忧患也"（于省吾《释林》，第 90 页）。

龢：字形𓏢、𓏢、𓏢，从龠从禾，或下部繁增口，释为龢（王蕴智《字学论集》，第 178 页，李宗焜《甲骨文字编》，第 519 页）。见于《合集》1240 号："贞：上甲龢暨唐？"又见《合集》15335 号、30693 号皆出现有龢的内容。

姚孝遂认为："'龢'则为'龠'之孳乳字。"又"卜辞'龢'为祭名"（于省吾《诂林》，第1426页，姚孝遂按）。

羁：字形、、，叶玉森最早释为羁（叶玉森《钩沉》，第8页）见于《合集》28155号："庚辰卜，狄贞：……王羁先酒？"又见《合集》28159号、28160号出现有"二羁"；《合集》28157号出现有"三羁"；《合集》28156号出现有"五羁"内容。辞中的羁，许进雄释"可能是驿站一类之特别设置"（许进雄《明义士收藏甲骨释文篇》，第163页）。宋镇豪认为："一羁至五羁，应是顺道路编次的"又"殷商时期，在王畿区范围内的干道上，王朝直接设置有食宿交通设施，专供贵族阶级人员过行寄舍，甲骨文称之为'羁'"（宋镇豪《夏商社会生活史》，第288—289页）。

《合集》28156号

蚤：字形、、，王襄、朱芳圃最早皆释为扡（王襄《簠室殷契类纂》正编十二，第53页；朱芳圃《甲骨学文字编》十二卷，第2页）。也有释为蚤（王蕴智《字学论集》，第189页；李宗焜《甲骨文字编》，第674页）。见于《合集》4890号、18154号、21238号以及《英》1704号皆出现有"蚤"内容。姚孝遂认为："释扡不可据。卜辞均残，其义不详，亦不可能为'有它'之合文。"（于省吾《诂林》，第1793页，姚孝遂按）

胶：字形，从羽从肉，释为膠（李宗焜《甲骨文字编》，第693页），现代汉字简化为胶。见于《合集》353号："庚戌……贞：翌……胶……羌十……"为武丁时期卜辞。辞中的胶，姚孝遂以为："字不可释，其义不详。"（于省吾《诂林》，第1856页，姚孝遂按）

卒：字形、，王襄最早释"古卒字，爻象衣之题识"（王襄《簠室殷契类纂》正编第八，第39页），但多数学者认为是"衣"字的异体。见于《合集》1535号："贞：王勿卒入戠？"又见《合集》1210号、5165号、5186号等皆出现衣字加爻形的卒字，又见《合集》6161号、6162号、6163号、6359号等出现字的内容。姚孝遂认为："其作形者，则非衣字。"又"'衣'与'卒'乃后世所分化，卜辞犹未区分"（于省吾《诂林》，第1911页，姚孝遂按）。但也有释、、等字形皆为卒（李宗焜《甲骨文字编》，第726—729页）。

圭：字形、、，王襄最早释为亯（王襄《簠室殷契徵文考释》天象，第3页）。白玉峥引高笏之观点释为辉，认为"甲骨文有辉字，人多不识。，全象烛光形，应是讬形寄意之字。讬光辉之形，以寄光辉之义。光为形，故为名词；辉为态，故为状词"（白玉峥《契文举例校读》二十、《中国文字》第52册，第5951页）。也有释为圭（李宗焜《甲骨文字编》，第750—751页）。又有认为"⚶即玉类器物。殷墟所出的商代玉器，玉戈、圭、璋等头部均作三角形，体呈长条形，与⚶形近。可能⚶是此类器物的泛称"。又"⚶与⚶词位相同，可能⚶是吉之繁体，或⚶与⚶义近。由此可推测，'吉'之本义，是一种尖头长条状的玉器（戈、圭类），受到殷人的喜爱，因而引申出吉祥、吉利等意义"（考古所《花东》，第1635页）。可从。见于《合集》11006号："丙戌卜，殻贞：燎王亥，圭？贞：勿圭燎，十牛？"又见《合集》1950号、15147号、18546号以及《花东》193号、203号、286号等武丁时期卜辞皆出现"圭"的内容。辞中的"圭"，姚孝遂以为"均为祭名"（于省吾《诂林》，第1977页，姚孝遂按）。

竿：字形♦、♦、♦，释为竿（李宗焜《甲骨文字编》，第751页）。见于《合集》16243号："庚戌卜，争贞：王乞正河新竿？允：正。"又见《合集》14617号、16242号、18635号22912号、24216号等皆出现"竿"的内容。于省吾、姚孝遂♦、♦字未释，但以为"当为宗庙建筑之名"（于省吾《诂林》，第1964页，姚孝遂按）。

宪：字形♦，从宀从先，释为宪（姚孝遂、肖丁《类纂》771页，李宗焜《甲骨文字编》，第783页）。见于《合集》8811号："贞：乎宪取羊不于毗？"为武丁时期卜辞。辞中的"宪"，姚孝

遂谓"为人名"（于省吾《诂林》，第2034页，姚孝遂按）。

《合集》8811号

坐：字形♦、♦，从女，与从卩之♦（宿）有别，有释为坐（李宗焜《甲骨文字编》，第835页）。见于《合集》16998号："……♦佳有咎？♦不佳有咎？"为武丁时期卜辞。辞中的♦，姚孝遂、肖丁未释（姚孝遂、肖丁《摹释》，第387页）。释为坐，可备一说。但姚孝遂又认为："'宿'从'女'作'♦'，则为人名。"（于省吾《诂林》，第2141页，姚孝遂按）

庶：字形♦、♦，从石从火，于省吾释"卜辞庶字是'从火燃石，石亦声'的会意兼形声字，也即煮之本字。凡会意兼形声字，仍应属于形声的范畴"（于省吾、陈世辉《释庶》，《考古》1959年第10期）。见于《合集》22045号："戊戌卜，庶至今辛？不至庶今辛？"为武丁时期卜辞。又见《合集》4292号、6595号、16270号、26272号、30498号等皆出现"庶"的内容。姚孝遂认同"于先生（省吾）释'庶'"又"卜辞辞义均不详。似不得为'煮'之初文"（于省吾

《诂林》，第 2209 页，姚孝遂按）。

硪：字形𤥨，董作宾最早释"硪从石，我声，当同峨。山麓之石径嵯峨也"（董作宾《殷历谱》下卷第九，第 37 页）。见于《合集》10405 号："甲午，王往逐兕，小臣由，车马硪，弜王车，子央亦坠。"为武丁时期卜辞。辞中的硪，姚孝遂释："《说文》：'硪，石岩也。从石，我声。'此从二石，从我声，与篆文同。"（于省吾《诂林》，第 2209 页，姚孝遂按）

声：字形𦒃、𣪠、𦒃、𣀈，一字多形，或简或繁，郭沫若、于省吾、李孝定皆释为声（郭沫若《粹》第 1225 片考释，于省吾《骈三》，第 19 页，李孝定《集释》，第 3523 页）。见于《屯南》3551 号："丁丑，贞：声有兕，其……"辞中的声，姚孝遂释"为地名。其省体作'𣪠'"（于省吾《诂林》，第 2222 页，姚孝遂按）。赵诚认为："声。象以殳击磬，会声闻于耳之意，当是声之本字。简体写作𣪠。甲骨文用作馨，为'香的'意思。"（赵诚《词典》，第 179 页）于省吾亦认为"以声为馨。《诗·文王》的'无声无臭'，《文选》嵇叔《夜幽愤》诗引作'无馨无臭'。可见声与馨古字通"（于省吾《释林》，第 246 页）。

震：字形𩃋、𩃋、𩃋、𩃋，王襄最早释"古辱字，不从寸"（王襄《簠室殷契徵文考释》征伐，第 7 页）。叶玉森释"从止从辰或古距字"（叶玉森《前释》二卷，第 27 页）。饶宗颐释"即震字"（饶宗颐《通考》，第 373 页）。见于《合集》17360 号："乙丑卜，㱿贞：兹

邑亡震？"又见《合集》14211 号反面、17361 号、17362 号等皆出现"震"的内容。还见《合集》36427 号、36428 号、36430 号等皆出现有"师不震"内容。姚孝遂认为："卜辞习见'师不震'或'今夕师不震'，乃占问师旅是否有警，或称'兹邑亡震'……乃占问其邑或邑人是否有警。"（于省吾《诂林》，第 1132 页，姚孝遂按）

振：字形𩀼，释为振（姚孝遂、肖丁《类纂》，第 442 页）。见于《合集》36426 号："丁丑，王卜贞：其振旅，延迻于盂，往来亡灾？王占曰：吉！在九……"为帝乙帝辛时期卜辞。辞中的"振旅"，刘钊认为："典籍习武谓之振旅，作战凯旋亦谓之振旅。卜辞所在当指习武而言。"（刘钊《卜辞所见殷代的军事活动》，《古文字研究》第 16 辑，第 73 页）姚孝遂认为此字为震之繁构（于省吾《诂林》，第 1133 页，姚孝遂按）。

达：字形𢓃、𢓜、𢓶，从彳从大，或繁增止，孙海波最早释为达（孙海波《甲骨文编》，第 67 页）。见于《合集》27745 号："达往于……馘"辞中的达下部增止。又见《合集》21099 号、22303 号都出现有"达"的内容，达字形从彳从大。姚孝遂释"当为人名"（于省吾《诂林》，第 2306 页，姚孝遂按）。

扬：字形𦉪、𦊽，姚孝遂隶从彳从王从乩（姚孝遂、肖丁《类纂》，第 877 页）。也有释作扬（李宗焜《甲骨文字编》，第 881 页）。见于《合集》3156 号："……申，子宾扬牡……"又见

《合集》3154 号、3155 号、3157 号等都出现宾扬内容。辞中的"扬"，姚孝遂释"当为祭名"（于省吾《诂林》，第 2291 页，姚孝遂按）。

　　街：字形 ，从行从圭，释为街（李宗焜《甲骨文字编》，第 885 页）。见于《合集》4908 号："……街至？"或为人名，待考。

《合集》4908 号

　　分：字形 ⅓、Ⅱ，王襄、孙海波、李孝定皆释为分（王襄《簠室殷契类纂》，第 4 页；孙海波《甲骨文编》，第 27 页；李孝定《集释》，第 251 页）。《说文》："分。别也。从八从刀；已分别物也。"见于《花东》391 号："甲午卜，子乍玉分卯，其告丁若？一。甲午卜，子乍玉分卯，子弜告丁用若？一。"又见《合集》7852 号、11398 号都出现分的内容，皆为武丁时期卜辞。前辞中的"分卯"，有释"分卯是将玉材剖开，这是制作玉器的第一道工序"（考古所《花东》，第 1713 页）。

　　斤：字形 ⅓，释为斤。《说文》："斤。斫木斧也。"见于《合集》21954 号残辞出现"斤"字。甲骨文兵、斧、折、析等皆从斤旁，"斤"当指斧子一类的工具。

　　所：字形 ⅓、⅓、⅓，释为所（李宗焜《甲骨文字编》，第 941 页）。也有隶从骨从斤（考古所《花东》，第 1572 页）。见于《合集》9389 号："……子，妇井乞自……戌，妇井乞……所又三十。"又见《花东》35 号、548 号都出现"所"内容，皆为武丁时期卜辞。《合集》9389 号辞中的所，姚孝遂、肖丁释为骨（姚孝遂、肖丁《摹释》，第 224 页），《花东》35 号、548 号著录者释"义未明"（考古所《花东》，第 1573 页）。

　　璧：字形 ⅓、⅓、⅓，为《花东》新见字形，释为璧（考古所《花东》1573 页）。见于《花东》180 号："甲子卜，乙，子启丁璧眔玉？一。更黄璧眔璧？一。"又见《花东》37 号、196 号、475 号、490 号等都出现有璧的内容。著录者释"璧为形声字"又"此字从○从辛，当是璧字的早期形态"（考古所《花东》，第 1574 页）。此外，《合集》8108 号出现 ⅓ 字形，也有释为璧（李宗焜《甲骨文字编》，第 980 页）。

《合集》8108 号

梓：字形✦、✦，从木从辛，为《花东》新见字形，释为梓（李宗焜《甲骨文字编》，第985页）。见于《花东》440号、483号都出现"梓"字。由于梓字形旁出现"丁"字符，著录者释字形从丁，认为"当是一个氏族徽号"（考古所《花东》，第1729页）。

释：字形✦，旧释为执字的异构（姚孝遂、肖丁《类纂》，第1004页）。有释为释（李宗焜《甲骨文字编》，第1003页）见于《合集》5922号、5923号残辞出现"释"字。可备一说。

盛：字形✦，从皿从戌，孙海波最早释为盛（孙海波《卜辞文字小记》，《考古学社社刊》第3期，第64页）。李孝定认为"孙氏释此字为盛可从。"并举金文例认为"与契文同"（李孝定《集释》，第1705页）。见于《合集》号26764号："壬申卜，出贞：丁宾户盛，亡匄？"又见《合集》18803号、《合集补》8293号都出现有盛的内容。但姚孝遂认为："释盛不可据。字不从成，不得为从成声。所据金刻，皆春秋以后器，可证盛字较晚出。"又"为祭名"（于省吾《诂林》，第2414页，姚孝遂按）。

匜（盥、益、注）：字形✦、✦、✦、✦、✦，董作宾释为匜（董作宾《中国文字的起源》，《大陆杂志》第五卷第十期，第352页），张秉权从，并认为卜辞中"均为人名"（张秉权《丙编考释》，第487页）。饶宗颐释"象倒水于皿，疑盥字"（饶宗颐《通考》，第329页）。姚孝遂从郭沫若释为益（姚孝遂、肖丁《类纂》，第1027页）。也有

释为注（李宗焜《甲骨文字编》，第1015页）。见于《合集》940号："庚寅卜，宾贞：匜（盥、益、注）及？"又见《合集》5458号、7325号、8253号等都出现有"匜（盥、益、注）"的内容。辞中的匜（盥、益、注）或简形或繁形下增双手。

粮：字形✦、✦，从米从食，释为粮（考古所《花东》，第1572页）。见于《花东》35号："壬申卜，既粮，子其往田？用。一、二。"又见《花东》286号也出现"粮"的内容。辞中的粮，著录者释"祭名"（考古所《花东》，第1573页）。由于《花东》新见粮字形，所以有将甲骨文字✦（原释为滄）的字也释为粮（李宗焜《甲骨文字编》，第1073页）。但滄为地名，《花东》新见的粮字为祭名。

殊：字形✦、✦、✦，从黾从歺从女或从人，有释从歺从人从黾字形为"死黾"合文（姚孝遂、肖丁《摹释》，第389页）。有释为"殊"（李宗焜《甲骨文字编》，第1135页）。可备一说。

轭：字形✦，见于《合集》18267号残片出现一个单字，有释为轭（李宗焜《甲骨文字编》，第1135页）。可备一说。

编：字形✦，郭沫若最早释为编，认为"从册，从系"（郭沫若《粹》496片考释）。李孝定从，并认为"编之本义为次简，是与册义同。契文从册从系会意"（李孝定《集释》，第3885页）。见于《合集》26801号："丁巳卜，出……今日益编……之日允……"为且

庚且甲时期卜辞。辞中的编，于省吾、姚孝遂隶从册从束，以为"释'编'不可据，且卜辞无以见'编次'之义"（于省吾《诂林》，第2978页，姚孝遂按）。

删：字形 ![]，从册从刀，释为删（李宗焜《甲骨文字编》，第1177页）。见于《合集》22075号出现"删"字，原著录《乙编》为6298号。

君：字形 ![]、![]，从尹从口，孙海波最早释为君（孙海波《甲骨文编》，第40页）。见于《合集》24132号、24133号、24134号、24135号都出现有"多君"内容。姚孝遂认为："盖殷代职官名，陈梦家谓'卜辞的多白与多君则属于邦内的诸侯'，此亦局限后世'君'的观念，非是。'多君'在商王左右，其地位较尊，可能属于尹、史之类，甚至可能即武丁卜辞之'多尹'。'君'乃'尹'之孳乳分化字。《小盂鼎》'三左三右多君'并言，均职官名，与所谓'诸侯'的概念无关。"（于省吾《诂林》，第907页，姚孝遂按）

舟：字形 ![]、![]、![]、![]、![]、![]，王襄最早释"古舟字"（王襄《簠室殷契类纂》正编第八，第39页）。见于《合集》24609号："乙亥卜，行贞：王其寻舟于河，亡灾？"辞中的"寻舟"，宋镇豪释"寻舟谓再次动用舟"（宋镇豪《夏商社会生活史》，第302页）。可见舟用作舟船本义。所见卜辞中，出现舟内容的有《合集》16940号、24609号、32389号等各期卜辞70余条。姚孝遂认为："除用其本义外，亦用为人名及地名。"（于省吾《诂林》，第3162页，姚孝遂按）又见用为祭名并作为被祭祀对象（考古所《屯南》，第999页），或用为方国名（饶宗颐《通考》，第371页）。

《合集》16940号

《合集》24133号

冉（再）：字形 ![]、![]，郭沫若最早释为再（郭沫若《金文续考》，第28页），唐兰、李孝定亦释为再（唐兰《获白兕考》，李孝定《集释》，第1404页）。姚孝遂、肖丁或释再，或释冉（姚孝遂、肖丁《类纂》，第1193页）。

有释&为冉（李宗焜《甲骨文字编》，第1208页），释&为再（王蕴智《字学论集》页，李宗焜《甲骨文字编》1208页）。见于《合集》7434号、8088号、28078号残片，辞中的"冉"为&字形。又见《合集》7660号辞中的"冉（再）"为&字形。

艅（俞）：字形&、&，王襄最早释"疑俞字"（王襄《簠室殷契类纂》存疑第八，第43页），李宗焜从（李宗焜《甲骨文字编》，第1228页）。姚孝遂、肖丁皆隶从舟从余释为艅，认为"卜辞作为语气词，用在句首"（赵诚《甲骨文虚词探索》，《古文字研究》第15辑，第302页）。见于《合集》16335号反面："王占曰：艅（俞）不其吉！在兹。"又见《合集》4883号、10405号、10406号、26874号、18675号以及《怀》977号都出现有"艅（俞）"的内容。辞中的"艅（俞）"，姚孝遂认为："'艅'义当略与'勾'同。"又"'艅'均有'不吉'之涵义"（于省吾《诂林》，第3169号，姚孝遂按）。

辇：字形&、&，释为辇（姚孝遂、肖丁《类纂》1222页）。《说文》："辇，挽车也。从车，从扶在车前引之。"见于《合集》29693号："其乎箇辇有正？"为廪辛康丁时期卜辞。辞中的辇，姚孝遂认为："当用'辇'之本义。"（于省吾《诂林》，第3179页，姚孝遂按）

箇：字形&，释为箇（姚孝遂、肖丁《类纂》，第1222页）。见于《合集》29693号："其乎箇辇有正？"为廪辛康

丁时期卜辞。义不详。

重：字形&，释为重（王蕴智《字学论集》，第190页，李宗焜《甲骨文字编》，第1269页）。见于《合集》17949号、17950号二残片上出现二个单"重"字。辞残义不详。

《合集》17949号

绿：字形&，从糸从录，释为绿（李宗焜《甲骨文字编》，第1256页）。见于《录》800号上出现有绿字。

搓：字形&、&，释为搓（李宗焜《甲骨文字编》，第1255页）。见于《花东》3号："庚卜：五日子而搓？一。庚卜：弜御子而搓？一。"又见《花东》44号、241号、246号、247号等都出现有"搓"的内容。辞中的"搓"字，《花东》著录者未释，但认为："&与子组卜辞及午组卜辞中的为一字之异构。姚孝遂认为，《合集》21358'今夕有&'的&字，与灾咎有关（《甲诂》3367页）。此片第8、9辞及44、241、246、247等片的&字，亦为灾咎之义。"（考

古所《花东》，第1557页）

要：字形⚟，饶宗颐释"⚟字或释要，与篆文⚟形近。"又"卜辞言'有要'，殆指有所檄福于神"（饶宗颐《通考》，第684页）。见于《合集》21358号："……卜……夕有要？今夕有要？"又见《合集》21714号、22049号、22391号等都出现"有要"内容。但姚孝遂认为⚟"均当与灾咎有关，与'乂'无涉，亦非要字"（于省吾《诂林》，第3367页，姚孝遂按）。

庸：字形⚟、⚟、⚟，郭沫若最早释从庚从舟（郭沫若《粹考》，第76页）。饶宗颐释"即唐字"（饶宗颐《通考》，第898页）。于省吾释为庸（于省吾《释沃丁、盘庚》，《考古与文物》1987年第1期，第69页）。见于《合集》27310号："叀且丁庸奏？叀父庚庸奏？王永。"又见《合集》12839号出现"庸舞"内容，《合集》15994号、27352号、27459号等出现"庸用"内容。姚孝遂认为："字当释庸，卜辞为祭名。"（于省吾《诂林》，第2896页，姚孝遂按）

《合集》12839号

冒（面）：字形⚟，孙常叙、杨潜斋等释为冒。鲁宾先释为宦。余永梁、马叙伦释为面（于省吾《诂林》，第561—564页）。李宗焜释为冒（李宗焜《甲骨文字编》，第189页）。见于《合集》10405号："王占曰：有祟。八日庚戌，有各云自东冒母，昃亦有出虹自北，饮于河。"

镝：字形⚟、⚟。杨树达最早释为镝（杨树达《积·甲文说》卷上，第16页）。刘钊从（刘钊《新甲骨文编》，第778页）。见于《合集》34115号："镝侑于……"为武乙文武丁时期卜辞。辞中"镝"为祭名。关于镝，姚孝遂则认为："释'镝'不可据"（于省吾《诂林》，第1088页，姚孝遂按）。

《合集》34115号

辨：字形⚟，王襄释"古采字，许说辨别也"（王襄《簠室殷契类纂》第一，第4页）。姚孝遂认为："释'采'不可据。卜辞为人名或方国名"（于省吾《诂林》，第 1333 页，姚孝遂按）。王蕴智释通"辨"（王蕴智《字学论集》，第 175 页），此从。见于《合集》8380 号："贞：在辨方？"又见《合集》32291 号出现"焚于辨"，《合集》32292 号、32293 号出现"焚辨"，焚意为焚人求雨，《合集》32291 号中"焚于辨"的辨是地名，引申指辨方的首领之名。

橐：字形 。隶作橐（刘钊《新甲骨文编》，第 387 页）。卜辞中用作地名或邦族名，见于《合集》7037 号："……午卜，𣪘贞：……翦橐？"为武丁时期卜辞。辞中被征伐的橐或为邦族名或为地名。此字形郑杰祥释为函（郑杰祥《概论》，第 273 页），可备一说。

第二编

人物编

一　甲骨文上的人物

（一）先公先王

夒：字形𗂽，象人立而低首至手之形，一手向上举在胸前，释为夒。夒字王国维先释为夋，后释为夒，引皇甫谧"帝喾名夋"，又以为是《大荒东经》的帝俊，即帝喾（王国维《集林》，第 260 页）。于省吾释为忧（《古文字研究》16 辑，第 18 页）。所见夒内容的卜辞有近百条，如《合集》1205 号："贞：告即侑于夒，于上甲？"意为对夒和上甲进行侑祭。辞中夒列上甲之前，肯定身份高于上甲。甲骨学界多认同卜辞中的夒即后世文献中的帝喾（高辛氏），为商王朝先公远祖。所见卜辞夒有配"夒母"。董作宾也认为"可信的是夒为帝喾"（董作宾《甲骨学五十年》）。史记和传统文献所见名称为喾、帝喾、俊、俈、帝俈、夋、高辛氏。根据相关文献，帝喾是黄帝曾孙，玄嚣孙，蟜极之子，兴于高辛，故以地名为氏，十五岁时助颛顼有功，封为辛侯，食邑于高辛。能序日月星三辰以固民，民心归附，三十岁代高阳氏王天下。即位以后，定都于亳。《史记》说他"普施利物，聪以知

远，明以察微，顺天之义，知民之急，仁而威，惠而信，脩身而天下服……日月所照，风雨所至，莫不服从。"可谓天下大治，人民安居乐业。帝喾有四妃。正妃有邰氏名姜嫄，生子弃，即后稷，是周朝的始祖；次妃有娀氏名简狄，生子契，是商朝的始祖；再次妃陈锋氏（又作"陈丰氏"或"陈酆氏"）名庆都生尧，是夏朝的始祖；再再次妃邹屠氏常仪生挚（即"鸷"），挚继承了喾的帝位，九年后禅让给帝尧。帝喾"爻策占验推算历法，穷极变化，颁告天下"《大戴礼记·五帝德》说他"夜观北斗，尽观日，作历弦、望、晦、朔、迎日推策"，或"观北斗四时指向，以定节气；观天干以定周天历度。"科学探索天象，物候变化规律，划分四时节令，指导人们按照节令从事农畜活动，极大地促进了社会生产力的发展。使华夏农业出现一次伟大的革命，农耕文明走进了一个崭新的时代。在帝喾时，传说出了八个有才能的人，号称"八元"。左丘明认为"八元"就是"八神"，并记载了这"八元"的名字：伯奋、仲堪、叔羲、季仲、伯虎、仲熊、叔豹、季狸。在位七十年，享寿 100 岁。著名历史学家范

文澜认为，三皇五帝传说中，只有帝喾可能确有其人，因为甲骨文时期人们还把他作为商的远祖进行祭祀。关于姜嫄生弃、简狄生契，显然经不起考证，弃至周文王仅 15 王，而契至纣王为 45 王，年代无论如何说不通。本为商族人的远祖，西周以后的人写历史，也将自己的族和夏的族都附在了帝喾之后。现在，河南内黄县颛顼帝喾陵，当地百姓称"二帝陵"，文献记载始建于东汉时期。

《合集》10076 号

大夒：字形 ⚎，释为大夒。卜辞中所见大夒的内容仅有《合集》24963 号："壬戌王卜，喜……大夒……"为廪辛康丁时期卜辞。辞中的大夒当为夒的别称或尊称。详参见夒条。

高且夒：字形 ⚎，释为高且夒（王国维《集林》，第 260 页），为夒的尊称。甲骨文字且，为祖字的初形，由且表示祖实为男根崇拜（郭沫若《甲研·释祖妣》，第 10 页）。卜辞中所见高且夒的称谓有二，一为《屯南》4528 号："乙亥卜，贞：高且夒燎，二十牛？"还有《合集》30398 号也出现高且夒内容。所见卜辞中称高且的先公远祖仅有高且夒和高且亥。由前辞中对高且

夒进行燎祭用二十头牛，可见其身份之尊贵。详参见夒条。

夒高且：字形 ⚎，释为夒高且，即高且夒的倒刻。所见夒高且的卜辞仅有《合集》30399 号："于夒高且求？弜用。"详参见夒和高且夒条。

夏：字形 ⚎，罗振玉释为伐，认为"象人倒持戉，知人持戉亦为伐者。"（罗振玉《殷释》中，第 68 页）郭沫若以为"当是蔑之异文，假为灭。"（郭沫若《卜通》，第 107 页）又："字象一人倒执斧钺之形，旧释伐，不确。此乃人名，乃殷之先公。"（郭沫若《粹考》，第 6 页）从于省吾的隶定释作戛（于省吾《骈枝·释戛》，第 26 页），为商先公远祖，或为《史记·殷本纪》记载的商先公第二世契。卜辞中有见"戛"的记载有六条，如《合集》14380 号："辛酉卜，宾贞：燎于戛……牛？二月。……卜……贞：取岳？"为武丁时期卜辞。还有《合集》14381 号、14385 号、14389 号、14390 号、30405 号皆出现戛的内容。传统文献记载称契、偰、商契、卨、禼，又名阏伯，子姓，帝喾之子，帝尧之弟，生母为简狄，玄鸟生商神话传说为简狄吞燕卵而生。《史记·殷本纪》："殷契，母曰简狄，有娀氏之女，为帝喾次妃。三人行浴，见玄鸟坠其卵，简狄取吞之，因孕生契。"《诗经》言："有娀方将，立子生商。"又言："天命玄鸟，降而生商"等。虞舜即帝位时派司徒大禹去治水，同时也派契、后稷帮助禹治水，有功被封于商，命为司徒（主要掌管教育的

官，等于现今的教育部部长），赐姓子氏，为殷商始祖，被尊为"玄王"。关于契之后至汤，史学界和甲骨学界称为先商时期。

《合集》6300 号

罔：字形𝕏，依形隶定为罔，为某商先公远祖之名。此字罗振玉最早释为兕（罗振玉《殷释》中，第 30 页），陈梦家暂定为凶（陈梦家《综述》，第 344 页）。作为被祭祀对象，卜辞中有见罔的辞条有一百多条，如《合集》418 号："庚申卜，殷贞：燎于罔？"为武丁时期卜辞。辞中贞问对罔进行燎祭，与祭祀夒、㚔相同。董作宾的《甲骨文断代研究例》认为："卜辞祭罔用燎，同与夋（夒）、土、王亥诸先祖，疑即契。《汉书·古今人表》契作离，《说文解字》：离，虫也。段注云：殷玄王以为名。按离上所从之凵与兕首之形近易讹；又或因契、兕、离声母均作 ts，音同相假。"朱歧祥从董说："卜辞祀序在报甲之前，

与河、岳、土神并祀。或即契；《说文》作偰：'高辛氏之子，为尧司徒，殷之先也。'《史记·司马相如传》、《汉书·古今人表》又作离。《说文》窃字下：'离，偰字也。'"所见卜辞中罔又用作地名，如《英》736 号："……步于罔……"罔地或为罔祖的发家之地，卜辞中人地同名现象非常普遍。

𤉲：字形𤉲，隶定为𤉲。于省吾认为："甲骨文与𤉲言求禾或宁秋，有时与岳或河同列于一版，当系商代旁系先公之不见于载籍者。"（于省吾《释林》，第 42 页）所见卜辞中相关𤉲内容的有五条，如《合集》32028 号："辛未，贞：求禾于河，燎三牢，沉三牛，俎牢？辛未，贞：求禾于岳？乙亥卜，其宁秋于𤉲？……丁卯，贞：畓以羌其用自上甲盠至于父丁？"辞中𤉲与河、岳、上甲见于同版。又如《屯南》750 号："庚辰，𤉲求……丁酉，贞：其求禾于岳，求五牢。卯五牛。辛卯，贞：其求生于匕庚匕丙，一牢。"辞中𤉲与岳、匕庚、匕丙见于同版。还有《屯南》108 号、1300 号以及《英》2428 号皆出现𤉲的内容。虽然于省吾因为𤉲不见于传统文献而认为其属于旁系先公，但从所见卜辞其与河、岳、上甲同版受祭，似乎又像是直系先公。对于𤉲的身份，朱歧祥不认可，而认为："从兮旬，隶作𤉲。《说文》无字。或即兮字繁体。卜辞用为求丰年之祭地名。"（朱歧祥《通释稿》，第 455 页）姚孝遂也认为："卜辞𤉲当为地名。"（于省吾《诂林》，第 2673 页，姚孝遂按）

王恒：字形⿱，王国维最早释作王恒，为商先公远祖名（王国维《集林》，第 265 页）。所见卜辞中相关王恒内容的辞条有 11 条，如《合集》14767 号："贞：侑于王恒？丁卯卜，韦贞：王……"辞中出现第一期武丁宾组贞卜人物韦，为武丁时期卜辞。还有《合集》14760 号、14761 号等以及《英》1177 号都出现王恒的内容。王国维云："卜辞之王恒与王亥，同以王称，其时代自当相接，而《天问》之该与恒适与之相当，前后所陈，又皆商家故事，则中间十二韵，自系述王亥王恒上甲微三世之事。然则王亥与上甲微之间，又当有王恒一世，以《世本》《史记》所未载，《山经》《竹书》所未详，而今于卜辞得知，《天问》之辞，千古不能通其说者，而今于卜辞得知，此治史学与文学者所当同声称快者也。"（王国维《集林》，第 267 页）

王夭：字形⿱，是商先公远祖名。陈梦家释为王夭（陈梦家《综述》，第 345 页），罗振玉释为王矢（罗振玉《殷释》中，第 55 页）；郭沫若释为王昊（郭沫若《卜通》，第 68 页）。所见卜辞中出现"王夭"内容的有三条，如《合集》14709 号："……侑于王夭……二豕？"（《摹释》，第 342 页释为王矢）还有《合集》1025 号、14708 号都出现"王夭"的内容，皆为武丁时期卜辞。关于王夭，丁山在《新殷本纪》中认为是指商先公第三世昭明，商部族的第二任首领。传统文献除《史记·殷本纪》有记载外，其他文献记载甚少。所以有人认为是司马迁为了凑足"十有四世而兴"随意参入的。因为《史记》中也没有描述他的事迹功过，周鸿祥《商殷帝王本纪》中的昭明，只有"昭明者，帝契之子也。契卒，昭明立。初居砥石，复迁商。昭明有子曰相土；昭明卒，相土立"33 个文字，认为："昭明一名，甲骨文未见。"（周鸿祥《卜辞所见商先公上甲以上无征说》）此外，甲骨文中有一个字形为⿱的先公远祖，隶定为羔或岳，闻一多认为"羔从昭省声，羔即昭明"（闻一多《闻一多全集》Ⅱ）。可备一说。

土：字形⿱、⊥，罗振玉最早释为土，认为："古金文土作⿱，此作⊥，契刻不能作粗笔，故为匡廓也。"（罗振玉《殷释》中，第 8 页）王国维从罗说，并认为："然则卜辞之⊥，当即相土，曩以卜辞有⿱（《前》4.17）字即邦社，假土为社，疑诸土字皆社之假借字。今观卜辞中殷之先公有季，有王亥，有王恒，又至上甲至于主癸，无一不见于卜辞，则此土亦当为相土，而非社矣。"（《集林》，第 262—263 页）王说可从。卜辞中，土作为被祭祀对象，见于《合集》14395 号："甲辰卜，争：翌乙巳，燎于土，牛？"是对土进行单独燎祭。又见《合集》34185 号："己亥卜，田率燎土、豕，罒、豕，河、豕，岳、豕？"是对土、罒、河、岳诸先公进行合祭。《史记·殷本纪》："契卒，子昭明立。昭明卒，子相土立。"卜辞中所见的作为被祭祀对象的土，即《史记》中相土。

《合集》34185 号

岳：字形 🔆，孙诒让最早释为岳（孙诒让《举例》上，第 20 页），也有释为羌（罗振玉《殷释》中，第 28 页）。卜辞中作为被祭祀对象，见于《合集》10070 号："戊午卜，韦贞：求年于岳？"又见《合集》10076 号："戊午卜，宾贞：酒求年于岳、河、夒？"前辞卜问对岳单独祭祀，后辞卜问对岳、河、夒并列合祭，可见岳与河、夒身份相同，皆为商先公远祖。卜辞中习见向岳求雨，也习见卜问岳是否带来灾害。关于岳的身份，赵诚认为："从卜辞来看，岳的情况和河相近，可能既是自然神又是先祖神。有一种情况值得注意，即岳与河同时并祭的卜辞不只一、两条，如……这决不是一种偶然现象。这一点，从某种意义上说明河与岳有某种关系。这种关系也许就表明了他们有一个共同的身份。在研究中，有人根据传世文献和语音通转的关系，分别提出 🔆，这位先公即后世文献中记载的昌若、帝喾、冥、昭明。也有人提出 🔆 作为岳神即嵩山。这一些，由于在卜辞里没有直接的证据，只好存而不论。岳和河的卜辞都

相当多，而且常常并列祭祀，其地位应大体相当。但《小屯南地甲骨》的第二二七二片卜骨，同版祭祀岳与河，于岳用五牛，于河用九牢，说明岳的地位略低于河。这是一个值得注意的现象。"（赵诚《词典》，第 10—12 页）

《合集》10070 号

河：字形 🔆，释为河。罗振玉、王国维皆释为妣乙（罗振玉《殷释》上，第 9 页；王国维《戬考》，第 21 页），郭沫若谓："旧多释为匕乙。按匕形不类，疑是河之初文，从水丂声也。（卜辞从水之字多与乙形相混）此言'求年于汙'与'求年于夒'为对贞，知汙亦必殷之先世，无可考。"（郭沫若《卜通》，第 56 页）于省吾谓："汙河古今字。"（于省吾《骈三》，第 9 页）孙海波认为："卜辞河从丂，用法有三，一为商代高祖之名，二为大河之河，三为贞人名。"（孙海波《甲骨文编》，第 431 页）陈梦家认为："卜辞之汙为大河之河。但此与以河为其先世的想法，并无冲突。古音'丂''告'是相同的，所以'河'可能转化为帝喾。帝喾本来是天帝而转化为人帝的，而帝与河都是令雨的主宰，则以河为其先祖，亦是可能的。"（陈梦家《综述》，第 344 页）所见

卜辞中河的辞条甚多，如《合集》5566号："癸巳卜，命师般涉于河东？"辞中的河即黄河。又如《合集》10076号："戊午卜，宾贞：酒，求年于岳、河、夔？"辞中的河与岳、夔作为被祭祀对象见于同条卜辞，其与岳、夔当同为商先公远祖。但李学勤认为："河与岳均为自然神。或以为殷之先公者，非也。"（李学勤《评陈梦家卜辞综述》，《考古学报》1957年3期，第123页）再如《合集》766号："壬寅卜，殸贞：河壱王？壬寅卜，殸贞：河弗壱王？"辞中"河"还有对时王作祟的功能，可见其为商之先祖无疑。杨升南认为河即《国语·鲁语上》"冥勤其官而水死"的商人先祖冥［杨升南《殷墟甲骨文中的河》，《殷墟博物苑苑刊》（创刊号）1989年］。此从杨升南观点，卜辞中的河即传统文献中的先祖冥。

季：字形ⅹ、ⅹ、ⅹ，王襄释"古季字"（王襄《簠室殷契类纂》正编第十四，第64页）。见于《合集》14720号："辛酉卜，珏贞：季祟王？"为武丁时期卜辞。又见《合集》24969号："壬申卜，旅贞：其侑于季，叀羊？"为且庚且甲时期卜辞。辞中的季，王国维认为："季亦殷之先公，即冥是也。《楚辞·天问》：'该秉孝德，厥父是臧，'又曰：'恒秉季德，'则该与恒皆季之子，该即王亥，恒即王恒，皆见于卜辞，则卜辞之季亦当是王亥之父冥矣。"（王国维《殷卜辞中所见先公先王考》，《集林》，第263页）姚孝遂认为："卜辞'季'为先公名，王国维以为即'冥'。陈梦家谓：'我们根据《天问》所能肯定者

是该、恒在季之后而昏、微之前。《天问》的昏、微，相当于《殷本纪》的冥、微。就我们的理解，推论如下：1《天问》的昏、微相当于《殷本纪》的冥与微；2《天问》之季在该、恒、昏、微之前而不是冥；（中略）在声音上加以推测，武丁之季和武丁以后之蔑可能是一'（陈梦家《综述》，第341页）。陈氏辩证王国维之说可从，但以'季'为'蔑'，则属臆断。"（于省吾《诂林》，第1438页，姚孝遂按）

《合集》14720号

王亥：字形ⅹ，或合文作ⅹ，亥字形或作ⅹ。王国维最早考证为王亥，为商先公远祖名，并认为其是《史记》之振，"当为'核'或为'垓'字之讹也"（王国维《殷卜辞中所见先公先王考》，《集林》，第263页）。但陈梦家认为："卜辞之王亥使我们倾向于即殷之主要始祖契。"（陈梦家《综述》，第338页）所见卜辞中记录王亥的内容甚多，有一百多条卜辞，如《合集》358号："贞：燎于王亥……贞：燎九牛？"为武丁时期卜辞。《史记·殷本纪》中记载的商先公第八世振，甲骨学界多从王国维观点，认为指卜辞中的"王亥"。卜辞中王亥有配偶称"王亥母"或"王亥妾"，

都见于卜辞第一期。传统文献除称振，也称王亥、亥、该、核、垓、胲、王冰等。王国维认为："余读《山海经·大荒东经》、《竹书纪年》乃知（卜辞中之）王亥为殷之先公，并与《世本·作篇》之胲，《帝之篇》之核，《楚辞天问》之该，《吕氏春秋·勿躬篇》之王冰，《史记·殷本纪》及《三代世表》之振，汉书古今人表之垓，实系一人。"（王国维《集林》，第259页）。《世本·作篇》记载："胲作服牛。"王国维认为是以牛拉车，但之前相土已经作乘马，以马拉车，舍马而用牛说不过去，所以这个"服牛"应是开始用牛耕田。相土作乘马，王亥服牛，先后媲美。《山海经·大荒东经》记载："有人曰王亥，两手操鸟方食其头。王亥托于有易、河伯仆牛，有易杀王亥，取仆牛。"今本《竹书纪年》记载："十二年，殷侯子亥宾于有易，有易杀而放之。"又："十六年，殷侯微以河伯之师伐有易，杀其君绵臣。"又注曰："殷侯子亥宾于有易而淫焉，有易之君绵臣杀而放之。故殷上甲微假师于河伯，以伐有易，灭之，遂杀其君绵臣。"关于王亥的故事，顾颉刚曾举《易》大壮六五："丧羊于易"、旅上九"丧牛于易"，以为所指都是王亥的故事（顾颉刚《周易卦爻辞中的故事》，《燕京学报》1929年第6期，第971页）。卜辞的先公中，王亥的祭祀是隆重的，他既称高祖又称为王，较之河、夒的只称高祖与恒，夭的只称王，肯定是有区别的。他与上甲、大乙等先王并列于一辞之中，不同于其他的先公远祖，

他从来不和山川之神祇混杂在一处。在传说上，他又最早驯化牛羊。此外，对于王国维认为："王亥确为殷人以辰为名之始，犹上甲微之为以日为名之始也"的观点，陈梦家也不赞同，举《山海经·大荒东经》所载考证，认为"王亥之'亥'是一种鸟名，而非以辰为名"（陈梦家《综述》，第339页）。周鸿祥《商殷帝王本纪》中则认为卜辞中所见上甲以前的先公一概无征，尤其在谈到"王亥"时，所持的理由是殷人没有用地支作名字的例子。关于这一点，他的老师饶宗颐在为他的这部书的序文中，曾指出卜辞中多有用辰为名的例子，如：子、午、卯等都是人名（周鸿祥《商殷帝王本纪》，第3页）。总之，上甲以前到八世，除了夒与王亥的争论比较少，其余的先公远祖对应卜辞的解释，众说纷纭。周鸿祥认为无征，实是难征。

《合集》358号

高且亥：字形 ，释为高且亥（陈

梦家《综述》，第 339 页），为先公远祖王亥的尊称，多见于第三期廪辛康丁以后卜辞。所见高且亥的卜辞有《屯南》608 号："丁丑，贞：侑报于高且亥？"为廪辛康丁时期卜辞。还有《合集》32087 号、34285 号、34288 号、34289 号、34290 号以及《屯南》665 号、2105 号都出现"高且亥"。详参见王亥条。

高且王亥：字形🐦🦩🦢，王国维最早释为高且王亥（王国维《殷卜辞中所见先公先王考》，《集林》，第 263 页）。为王亥的又一尊称，亥字上部增鸟形。对甲骨文亥字的这一现象，胡厚宣认为："卜辞又称王亥为高祖，高祖的意思就是遥远的祖先，所以才把鸟图腾的符号，特加在王亥的亥字上边。"（胡厚宣《甲骨文所见商族鸟图腾的新证据》，《文物》1977 年第 2 期）所见高且王亥的卜辞有《合集》30447 号："其告于高且王亥？三牛，其五牛。"详参见王亥条。

《合集》30447 号

上甲：字形⊞、⊡、⊟，王国维最早释为上甲，认为："卜辞他甲字皆作十，上甲之甲独作⊞者。卜辞报乙、报丙、报丁作⊏⊏⊏，甲在囗中，与乙丙丁在匚中同意。"（王国维《戬释》，第 3 页）所见卜辞中上甲的辞条多达 700 余条，如《合集》248 号："丙子卜，殻贞：今来羌率用？……翌乙酉，有伐于五示，上甲、成、大丁、大甲、且乙。"为武丁时期卜辞。卜辞中的上甲传统文献有称"微"，《史记·殷本纪》："振卒，子微立。"《国语》又称"上甲微"；《山海经》则称"主甲微"。董作宾认为上甲为先公近祖六世中的第一世，认为"自上甲至示癸六示，有在一版中一次排比者，故皆确定无疑"（董作宾《断代例》，《董作宾先生全集》甲编第二册，第 372 页）。但许多学者的观点则是从上甲开始进入先王时期，认为上甲是第一先王。所见殷墟甲骨文卜辞第一期到第五期都名上甲，其配称"妣甲""妣癸"，这和之前的先公远祖不太一样，如王亥：卜辞第一期名"王亥"，卜辞第五期名"高祖王亥"；夒：卜辞第一、二期名"夒"，卜辞第三、四期则名"高祖夒"。从上甲直至帝辛，商王名都有了天干字。所见卜辞中，对上甲的祭典特别隆重，如周祭、岁祭、合祭、全起自上甲，又称其为"元宗""一宗""上宗"等。上甲为殷商先公中承上启下的人物，也是中兴之主，报父仇，借河伯之兵，杀绵臣，灭有易氏。所以，今本《竹书纪年》有载："中叶衰而上甲微复兴，故殷人报焉。"也就是说，商部族由上甲开始强大起来。甲骨文时期不但有上甲微的庙宇，称"上甲家"，见于《合集》13580号："己酉，贞：于上甲家？"还有专门负责祭祀上甲微的史官，称"上甲史"。

《合集》13580号

报乙：字形▯，为合文，释为报乙。王国维认为："自上甲至汤，《史记·殷本纪》《三代世表》《汉书·古今人表》有报丁、报丙、报乙、主壬、主癸五世，盖皆出于《世本》。案：卜辞有▯、▯、▯三人……其乙、丙、丁三字皆在匚或匸中，又称之曰'王宾'，与他先王同。罗参事（罗振玉）疑即报乙、报丙、报丁，而苦无以证之。余案：参事说是也。……上甲之甲字在口中，报乙、报丙、报丁之乙、丙、丁三字在匚或匸中，自是一例，意坛墠或郊宗石室之制，殷人已有行之者与？"（王国维《殷卜辞中所见先公先王考》，《集林》，第269—270页）卜辞中报乙是上甲的儿辈，为先公近祖第二世，大乙成唐的五代祖先。《史记·殷本纪》记载上甲后"三报"的排列顺序为上甲微、报丁、报乙、报

丙；甲骨卜辞的次序为上甲微、报乙、报丙、报丁，由甲骨文证明了《史记》所记的错误。所以，《史记·殷本纪》："微卒，子报丁立"为错误。最早由王国维根据甲骨文纠正了这三代世系，得到甲骨学界的普遍认可，应从甲骨卜辞记录的世次，即报乙承接上甲。报乙与子报丙、孙报丁并称三报。后世商王祭祀报乙有专祭，也有合祭，见于《合集》32384号，为武乙、文丁时期卜辞："乙未酒，兹品，上甲十、报乙三、报丙三、报丁三、示壬三、示癸三、大乙十、大丁十、大甲十、大庚十、小甲三……"

《合集》32384号

报丙：字形▯，为合文，释为报丙，"三报"中的第二世（参报乙条王国维释），卜辞中为上甲的孙辈，为先公近祖第三世，大乙成唐的第四代祖先。所见卜辞中报丙的辞条有20余条，如《合集》22689号："丙申卜，旅贞：王

宾报丙……"为且庚且甲时期卜辞。辞中对报丙进行专祭。又如《合集》32384号，为武乙、文丁时期卜辞："乙未酒，兹品，上甲十，报乙三、报丙三、报丁三、示壬三、示癸三、大乙十、大丁十、大甲十、大庚十、小甲三……"辞中报丙与报乙、报丁被合祭。关于报丙，《史记·殷本纪》："报乙卒，子报丙立"与甲骨卜辞相合。此外，卜辞有"二丙"名称，在商之时，先公先王中名为"丙"的，只有报丙、外丙二位，陈梦家以为："商王名丙者只有报丙与外丙。"（陈梦家《综述》，第422页）陈说可从。可见二丙是对报丙、外丙的合称，与报乙、报丙、报丁合称"三报"一样。

报丁：字形⿰，为合文，释为报丁，"三报"中的第三位（参见报乙条王国维释），卜辞中上甲的曾孙辈，为先公近祖第四世，大乙成唐的曾祖。卜辞中报丁的记载有见20余条，如《合集》22688号："丁卯卜，旅贞：王丁报丁彡亡尤？在七月。"为且庚且甲时期卜辞。辞中对报丁进行专祭。又如《合集》19811号反面："……上甲、报乙、报丙、报丁示……"是对上甲及三报的合祭。关于报丁，《史记·殷本纪》："微卒，子报丁立"为误；"报丁卒，子报乙立"亦误。王国维的《殷卜辞中所见先公先王考》一方面证明了司马迁所记商代世系的可靠性，证明《史记》是一部可信的历史著作；另一方面又纠正了《史记·殷本纪》中排列的先公先王的位次。甲骨卜辞是商族人祭祀祖先时的

现场记录——三千多年从未更改过的真实史料，其排列次序是上甲、报乙、报丙、报丁、示壬、示癸。而《史记·殷本纪》中的排列次序是上甲、报丁、报乙、报丙、主壬、主癸，显然是《史记》错了。但司马迁这一错误，却被比他晚两千多年的王国维根据甲骨文纠正。

三报：字形三⿰，释为三报，指⿰、⿰、⿰三位（陈梦家《综述》，第461页）或合文作⿰形，仍释作三报。所见三报的卜辞有《合集》27082号："……祝三报叀羊……"还有《合集》27083号、27084号等以及《屯南》2265号都出现有"三报"的内容，为商三位先公报乙、报丙、报丁的合称。

《合集》27082号

示壬：字形⿰，王国维释："卜辞屡见示壬、示癸，罗参事（罗振玉）谓即《史记》之主壬、主癸，其说至确，而证之至难。今既知⊞为上甲，则示壬、示癸之即主壬、主癸亦可证之。"（王国维《殷卜辞中所见先公先王考》，《集

林》，第 270 页）卜辞中示壬或合文作 形，丁字形象宗庙神主形，《说文》："示。天垂象，见吉凶，所以示人也。从上。三垂，日月星也。观乎天文，以察时变。示，神事也。"卜辞有见"大示""小示"，相当于后世文献的"大宗""小宗"。所见卜辞中示壬作为被祭祀对象的卜辞有百余条，如《合集》776 号："壬辰卜，殻：侑于示壬，牢？侑于示壬，二牛？"为武丁时期卜辞，同版还出现上甲、且乙、且辛及河等神祖名。示壬一名从卜辞一期至卜辞五期无变。卜辞中的示壬即《史记·殷本纪》中的商先公近祖第五世，《史记》作主壬，当为后世示字之误。另《史记》中记载主壬承报丙也错，卜辞中示壬承继报丁。卜辞中示壬和其子示癸，并称"二示"，如《屯南》2265 号："三报二示罙上甲酒，王受又"卜辞中示壬有配偶为"妣庚"，卜辞第一期又称"妻妣庚""姕妣庚"，卜辞第四期又称"母妣庚"。与示壬并受飨。后世商王祭祀示壬有专祭，如《屯南》1110号："庚戌，贞：其求禾于示壬？庚戌，贞：其求禾于上甲？"此外，虽然示壬、示癸统称二示，但于示壬的祀典远较示癸隆重。这种情况于宾组卜辞表现最为突出。卜辞求年于示壬，但未见于示癸求年之例。若按商代先公先王有直系、旁系两类划分，示壬为直系先公或先王。

示癸：甲骨字形为 ，或合文作 形，释为示癸（参示壬条王国维释）。卜辞中作为被祭祀对象，有见其辞条 60余条，如《合集》1257 号："侑于示

癸？"卜辞中的示癸即《史记·殷本纪》中的商先公近祖第六世，为商汤的父亲，《史记》作主癸，当为后世示字之误。卜辞中示壬有配偶为"妣甲"，卜辞第一期又称"姕妣甲"，与示癸并受飨。后世文献《帝王世纪》记载："主癸（示癸）之妃曰扶都，见白气贯月，意感以日生汤，故名履，字天乙，是谓成汤，一名帝乙。"根据传统文献所记，商自契，帮助夏禹治水有功封于商后，十多世为夏的诸侯，迄主癸之子天乙成汤，革夏命入主天下后，结束了先后十四世为诸侯的历史。所以，《国语·鲁语上》记载："自玄王（即契）以及主癸莫若汤。"

二示：字形 ，释为二示（陈梦家《综述》，第 460 页）。卜辞中二示的辞条见于《合集》27083 号："三报二示即王祭，于之若，有正。彳祭，于之若，有正。"辞中的二示于三报见于同版卜辞，三报指报乙、报丙、报丁，那么二示即指示壬、示癸，二示为示壬、示癸两位近祖先公的简称，或指示壬、示癸二位近祖先公的神主。

五示：字形 、 ，释为五示（陈梦家《综述》，第 461 页）。见于《合集》248 号："翌乙酉，侑伐于五示、上甲、成、大丁、大甲、且乙。"为武丁时期卜辞。辞中的五示指上甲、成（大乙）、大丁、大甲、且乙五位先公先王。又见《合集》22911 号："己丑卜，大贞：于五示告丁、且乙、且丁、羌甲、且辛？"为且庚且甲时期卜辞。辞中的"丁"应为武丁，"且乙"应为小乙，此

五示即武丁、小乙、且丁、羌甲、且辛。

六示：字形⋔，释为六示（陈梦《综述》，第 462 页）。所见卜辞中习见"自上甲六世"的辞语，六示指先公中最后的上甲、报乙、报丙、报丁、示壬、示癸而言，也为这六位近祖先公的神主。所见六示的卜辞如《合集》32099 号："庚寅，贞：酒，升伐，自上甲六示，三羌、三牛？六示，二羌、二牛？小示，一羌、一牛？"辞中的"上甲六示"即指上甲、报乙、报丙、报丁、示壬、示癸。按王国维、董作宾的观点，六示的庙号为后人所追定（王国维《殷卜辞中所见先公先王续考》，《集林》，第 279 页，董作宾《断代例》，《董作宾先生全集》甲编第二册，第 366 页）。于省吾则认为："六示中上甲和三报的庙号，乃后人所追定。至于六示中示壬、示癸的庙号，并非如此。……二示与二示配偶的庙号之有典籍可稽，可以交验互证。"并认为"我国有文字可考的历史开始于商先公的二示——夏代末期，那么就一般推算三代积年来说，则夏代末期距离现在约为三千七百年左右"（于省吾《释林》，第 193—198 页）。

《合集》32099 号

大乙：字形⋔，或合文作⋔，释为大乙（王国维《殷卜辞中所见先公先王续考》，《集林》，第 271 页）。所见甲骨卜辞中大乙的辞条多达 300 多条，如《合集》19773 号："庚午卜，侑奚大乙三十？"为武丁时期卜辞。又如《合集》32113 号："甲子，贞：侑伐于上甲，羌一；大乙，羌一；大甲，羌一；兹用？"为武乙文武丁时期卜辞。卜辞中作为被祭祀对象的大乙，即《史记·殷本纪》中的商朝开国之君，称汤、成汤、武汤。甲骨卜辞中大乙又被称作"唐"或"成"，字形分别为⋔、⋔。有学者认为，大乙是他的庙号，唐或成都是他的私名。下列三条卜辞参证：（1）《合集》32385 号"……未卜，求自上甲、大乙、大丁、大甲、大庚、大戊、中丁、且乙、且辛、且丁、十示"。（2）《合集》300 号"贞：御自唐、大甲、大丁、且乙，百羌、百宰？二告"。（3）《合集》248 号"翌乙酉，侑伐于五示、上甲、成、大丁、大甲、且乙"。这三条卜辞中，上甲和大丁之间或上甲和大丁之间的大乙、唐、成肯定是一个人。此外，甲骨文还有一个字形为⋔，从戌从口而不从丁，释为咸，也有认为是商汤的另一称谓，见于《合集》1242 号："乙卯卜，宾贞：于上甲、咸、大丁？"又见《合集》1403 号："侑于咸、大丁、大甲、大庚、大戊、中丁、且乙……"由其在辞中位于上甲与大丁之间，或大丁之前，当指大乙即商汤。但朱歧祥引《丙》36 号卜辞举证认为："由下乙、大甲祖先王宾迎咸，复由咸宾迎上帝。可见咸为殷王与神的中间人，能降祐时王。"（朱歧祥《通释稿》，第 319 页）在卜辞中，大乙又被称作"高且乙"，字形或写作合文为：甲骨卜辞中以乙为名的先王有多人，在某种情况下都可以成为且乙。为了区别，分别称：高且乙、中宗且乙、小且乙、毓且乙，高且乙即大乙。又有学者认为高且乙指中丁之子且乙。据周鸿祥《商殷帝王本纪》："天乙者，成汤也；主癸之子。母扶都主癸之妃，以乙日生之；取名履，字天乙，一名帝乙，是为成汤。武功烈烈，讨葛伯，伐韦、雇，征昆吾、夏桀。创业垂统，故殷人追号之为武王，又称武汤。与太甲、祖乙、武丁，并称殷之盛君。都亳，从先王居。作帝诰：辩明上下，施章乃服。"作为一代开国盛君，据史书记载，商族从始祖契到汤，曾先后迁居八次，至汤定居于亳。夏末自孔甲始，荒淫无度，力量渐衰，至桀时更甚。汤定居于亳，为灭夏之战创造了有利条件。汤初置二相，以伊尹、仲虺共同辅助国事，又陆续灭掉邻近的葛国（今河南宁陵）以及夏的联盟韦（在今河南滑县）、顾（在今河南范县）、昆吾（在今河南许昌）等部落、方国，十一征而无敌于天下，成为当时的强国，而后作《汤誓》伐夏。汤与桀大战于鸣条（今河南封丘东），桀大败。此后三千诸侯大会，汤时为诸侯，被推为天子。经过 11 次战争，无敌于天下，使得夏王朝空前的孤立，又利用有缗氏的反叛，起兵打败夏桀于鸣条之野，一举灭夏，在亳地建立商朝，成为中国继夏王朝之后，第二个

王朝。古书中把汤伐桀灭夏称作"汤武革命，顺乎天而应乎人"（《周易·革》）。民间还有许多关于汤的美丽传说，相传汤经常率领大臣仲虺和伊尹出外巡视四周的农耕、畜牧。有一次汤走到郊外山林中，看见在一个树木茂盛的林子里，一个农夫正在张挂捕捉飞鸟的网，是东南西北四面都张挂。待网挂好后，这个农夫对天拜了几拜，然后跪在地上祷告说，"求上天保佑，网已挂好，愿天上飞下来的，地下跑出来的，从四方来的鸟兽都进入我的网中来"。汤听见了以后，非常感慨说："只有夏桀才能如此网尽矣！要是如此的张网，就会完全都捉尽啊！这样做实在太残忍了。"就叫从人把张挂的网撤掉三面，只留下一面。商汤也跪下去对网祷告说："天上飞的，地下走的，想往左跑的，就往左飞，想往右跑的，就往右飞，不听话的，就向网里钻吧！"说完起来对那个农夫和从人们说，对待禽兽也要有仁德之心，不能捕尽捉绝，不听天命的，还是少数，我们要捕捉的就是那些不听天命的。仲虺和伊尹听了以后，都称颂说：真是一个有德之君。那个农夫也深受感动，就照汤的作法，收去三面的网，只留下一面。这就是流传到后世的"网开三面"的成语故事。还有商汤祷雨的故事，说汤初主天下，五年大旱。汤对大家说，如果上天加罪于天下，那么，就加罪于我一人吧。于是祈祷于桑山之林以求雨，站在架起的干柴上，准备自焚以身牺牲，当火刚刚点燃时，由于汤的仁德爱民感动了上天，天降大雨。《吕

氏春秋·顺民》也有记载："昔者，汤克夏而正天下，天大旱，五年不收，汤乃以身祷于桑林……用祈福于上帝，民乃甚说，雨乃大至。"汉荀悦《申鉴·杂言上》："汤祷桑林，邪迁于绎，景祠于旱，可谓爱民矣。"关于商汤的家庭，甲骨卜辞记录有配偶妣丙，传统文献记载汤妃为有莘氏之女，性贤淑，有吉妃之称。有三个儿子，长子太丁，次子外丙，三子中壬。汤崩。太丁未立而卒，外丙代立，是为帝外丙。

成：字形〼，从戌从丁，释为成。陈梦家认为成"《说文》戌部成字从戌丁声，西周金文则从戌丁声。卜辞口耳之口作'ㅂ'，丙丁之丁作'口'，两者是有分别的。咸戉之'咸'从戉从口，成汤之'成'从戌从丁。有此分别，则我们向来犹疑不定的人名成，才得解决。……成与先王所处的地位跟大乙、唐所处的完全一致……由此可知大乙、成、唐并是一人，即汤。大乙是庙号而唐是私名，成则可能是生称的美名，成唐犹云成汤"（陈梦家《综述》，第411—412页）。所见卜辞中大乙称成的辞条有近百条，如《合集》423号："乙未卜，勿用羌于成？"辞中成即指大乙。

唐：字形〼，孙诒让最早释为唐（孙诒让《举例》下，第28页）。罗振玉释"疑即汤也……唐殆大乙之谥"（罗振玉《殷释》上，第3页）。王国维以为"则唐必汤之本字"（王国维《戬考》，第7页）。陈梦家认为"唐必定是大乙汤。……大乙、成、唐并是一人，即汤。大乙是庙号而唐是私名，成则可

能是声称的美名，成唐有云武汤"（陈梦家《综述》，第410—412页）。《说文》："唐，大言也。从口，庚声。"所见唐的卜辞有200多条，如《合集》6301号："壬申卜，殻贞：于唐告舌方？"为武丁时期卜辞，商王征伐舌方向唐求告庇佑，唐即指大乙成汤。在卜辞中有见唐用作地名，唐之地或为商汤的封地或发家之地，也有可能借地名为人名。

《合集》6301号

大唐：字形〼，释为大唐。所见卜辞中大唐的称谓仅见《合集》22793号："庚申卜，行贞：王宾大唐，岁二牛，亡尤？在……卜，行……王宾……亡尤……二月。"辞中的大唐有释为大庚（姚孝遂、肖丁《摹释》，第507页），但仔细看原字形，当从饶宗颐《通检》第一册《先公先王先妣贞人》，第14页释为大唐。大唐或为商汤的又一美称。

高且乙：字形〼、或为〼形，且乙为合文，或为〼形，三字合文，释为高且乙即高祖乙。王国维认为"卜辞中惟王亥称'高祖王亥'，或'高祖亥'。大乙称'高祖乙'"又"商诸帝名乙者六，

除帝乙外皆有祖乙之称而各加字以别之，是故高祖乙者谓大乙也，中宗祖乙者谓祖乙也，小祖乙者谓小乙也，武祖乙后祖乙者谓武乙也"（王国维《殷卜辞中所见先公先王续考》，《集林》278—281页）。王说可从。高且乙应是对大乙的尊称。所见高且乙的卜辞，如《合集》32447号："甲子卜，其有岁于高且乙，三牢？"为武乙文武丁时期卜辞。辞中贞问对高且乙进行岁祭，是否使用三牢。还有30余条卜辞都出现"高且乙"内容，多为帝乙帝辛时期。卜辞中对先公先王的称谓，称高且即高祖的仅夒、上甲、大乙三位。但陈梦家以为王国维"说高祖乙为大乙，后祖乙为武乙都是不对的；又说大乙亦有'祖乙'之称，也是不确的。郭沫若、董作宾修正王说以小乙当后且乙，是十分正确的，但于高且乙仍信从王说。自祖甲以后成唐称大乙而不改，只有祖乙与小乙并称'且乙'，所以为了区分起见产生两条办法：（1）小乙只在次序的竝列王名中称'且乙'，凡单独的'且乙'总指中丁子祖乙；（2）小乙与祖乙并列于一辞时，在祖甲、廪辛、武乙卜辞中祖乙称'且乙'而小乙称'小乙'或'后且乙'，而在武乙卜辞中除称'小乙'以别于'且乙'外，也以'高且乙''后且乙'为分别"（陈梦家《综述》，第416页）。姚孝遂亦认为"'高祖乙'即'仲丁'之子'祖乙'。以与武丁之父'小乙'相区别"（于省吾《诂林》，第3533页，姚孝遂按）。

大丁：字形⇑口，或合文作⇑∘⇑，释为大丁。姚孝遂认为："'大丁'乃继'大乙'为王。史称'大丁'未立而卒，然卜辞'大丁'祀典同于其他诸先王，且有其法定配偶'妣戊'。未立而卒之说似有可疑。"（于省吾《诂林》，第3526页，姚孝遂按）卜辞中所见有大丁内容的辞条多达160余条，如《合集》248号："翌乙酉，侑伐于五示、上甲、成、大丁、大甲、且乙。"又见《合集》19817号也出现"大丁"内容，皆为武丁时期卜辞。辞中大丁祀序在成即大乙之后，可知卜辞中的大丁即《史记·殷本纪》中的太丁，为商代直系先王，大乙成汤的长子。《史记·殷本纪》："汤崩，太子太丁未立而卒。"但从大丁在卜辞祭祀序列中所占的地位分析，其似乎并不是没有即位过王位的商王。因为对他祭祀的隆重，比较上甲、太甲、盘庚、武丁等，几乎一样。由于大丁的卜辞甚多，因而学者们认为，他曾协助成汤并主持过军事，立有大的战功。卜辞中大丁的配偶为妣戊，与大丁并受飨。如《合集》36206号："戊辰卜，贞：王宾大丁奭妣戊……"。但从甲骨文的记

《合集》19817号

载也看不出大丁即位为王的情况。

大甲：字形↑十，或合文作↑↑，或个别写作十↑，释为大甲。姚孝遂认为："据卜辞世次，'大甲'乃继'大丁'为王，与《史记·殷本纪》有出入。"（于省吾《诂林》，第 3526 页，姚孝遂按）所见大甲的卜辞甚多，有 300 多条，如《合集》300 号"贞：御自唐、大甲、大丁、且乙，百羌、百宰？二告。"为武丁时期卜辞。辞中唐即大乙成汤，大甲排唐之后大丁之前，但也有卜辞如《合集》248 号大甲祀序排大丁之后。至于为什么卜辞中大甲和大丁的祀序有时颠倒，有待研究。卜辞中的大甲即为《史记·殷本纪》中的太甲，商代直系先王。关于太甲的事迹，今本《竹书纪年》："太甲，名至。元年辛巳即位居亳。"《史记》记载："帝太甲既立三年，不明，暴虐，卜遵汤法，乱德，于是伊尹放之于桐宫。三年，伊尹摄行政当国，以朝诸侯。帝太甲居桐宫三年，悔过自责，反善，于是伊尹乃迎帝太甲而授之政。"这就是着名的"伊尹放逐"，史称"伊尹放太甲"。依文献和传说，太甲继承了王位，伊尹一连写了三篇文章给太甲阅读，教他怎样做一个好的君主。有一篇文章的题目叫《肆命》，专门讲如何分清是非的道理，对于什么样的事情不应当做，什么样的事情应当做，都说得清清楚楚。还有一篇文章的题目叫《祖后》，讲的是商汤时期的法律制度，教育太甲一定要按照祖先定的规矩行事，不能背弃祖训，爱所欲爱。太甲读了这些文章，开始时也能按伊尹的教导行事，

小心谨慎地遵守祖宗留下的规矩。到了第三年，他就忘乎所以了，认为一切应当由他说了算，否则枉为一国之君，被那个奴隶出身的宰相伊尹来管着了。他恣意妄为。不听伊尹的规劝，破坏了祖宗留下来的法律制度。他居然学夏桀的样子以暴虐的手段对付老百姓，百姓们怨声载道。伊尹自然不能容忍太甲破坏汤王留下的社稷。他先是一再规劝，希望太甲对自己的行为要多加检点，后来看到太甲屡教不改，伊尹就把他赶下台，放逐到商汤的坟墓所在地桐宫（今河南偃师县）去。在太甲被放逐期间，伊尹见朝中无主，就自己执政，管理起国家来。伊尹见太甲改过自新，便郑重的将政权交给他。太甲复位后，沉痛接受教训，成为一个勤政爱民、励精图治的圣君。太甲"桐宫悔过"后，修德厚生，终成一代明君。孟子尊太甲为商代的"圣贤之君"之一，与汤、祖乙、武丁，并称天下盛君。太甲庙号被尊为太宗。甲骨卜辞记录有配偶妣辛并受飨。从《太平御览》《晋书》《史通》《文选》《通鉴外纪》等书目中载《竹书纪年》，对伊尹和太甲有另一番说法："伊尹放太甲于桐而自立也。太甲潜出自桐，杀伊尹。乃立其子伊陟、伊奋，命复其父之田宅而中分之。"关于伊尹的《太甲训》已失佚，相传老话"天作孽，犹可违；自作孽，不可活"。就出自《太甲训》。

夫甲：字形↑十，↑字姚孝遂释"卜辞'夫'与'大'有别，但亦可通假。'夫甲'即'大甲'，'夫示'即'大

示'"（于省吾《诂林》，第216页，姚孝遂按）。姚说可从，卜辞夫甲即大甲，所见夫甲的卜辞有《合集》227号："辛亥卜，贞：……来甲，翌甲寅殼，用于夫甲？十三月。"又有《合集》1471号："……用于夫甲？"皆为武丁时期卜辞。这两条卜辞中的"夫甲"没有异议。又有《屯南》2241号："叀御折牛于夫甲？"这条卜辞中的"夫甲"，有释为"天"（姚孝遂、肖丁《摹释》，第1003页）。还有《合集》1425号："……侑于夫甲？"这条卜辞中的"夫甲"有释为"大甲"（姚孝遂、肖丁《摹释》，第53页）。

《合集》1471号

卜丙：字形，或合文作，还有个别的合文作或，释为卜丙。姚孝遂认为："'卜丙'即史称之'外丙'，乃继'大甲'为王，与《殷本纪》异。"（于省吾《诂林》，第3526页，姚孝遂按）姚说可从，卜辞卜丙即外丙。所见卜丙的卜辞有30多条，如《合集》19817号："乙巳卜，扶：侑大乙母妣丙，牝？乙巳卜，侑卜丙……丙午卜，扶：侑大丁，牡用？"为武丁时期卜辞。辞中卜丙与大乙、大丁见于同版卜辞，

同样作为被祭祀对象，虽然所见卜辞中"卜丙"之名多为合文，但这条卜辞中的"卜丙"则分书。所见卜辞中的卜丙即《史记·殷本纪》中的外丙，是大乙成汤的次子，大丁的弟弟。按《史记》的记载，太丁未立而卒，汤崩，由弟外丙即位。由此之前的商王嫡继的制度，宣告终结，从外丙开始，商王位的传承，不再是单纯的父死子继，而是父死子继和兄终弟及两种制度相辅而用。卜丙为第一个旁系先王，卜辞记录配妣甲并受侑。根据《史记》记载："帝外丙即位三年崩，立外丙之弟仲壬，是为帝仲壬。"此外，卜辞中卜丙也有作"且丙"。传统文献中对外丙、仲壬二王，还有存无之争。虽然《史记》《孟子》《纪年》《四本》《汉书》《帝王世纪》等皆无异议，但《孔传》记有："成汤既没，太甲元年，伊尹作伊训。"意思是汤和太甲之间没有外丙、仲壬二世，唐宋以降直至元明，所编古书，皆不录外丙、仲壬二世。虽然甲骨卜辞的中壬为"南壬"观点未成定论，但是外丙则由卜辞确证无疑。《史记》记载商代的

《合集》19817号

先公先王，是由外丙开始有了"帝"名之冠。关于外丙在位有两说，一说二年，一说三年，《史记》《世本》记为三年，《竹书纪年》《孟子》记为二年。

南壬：字形㐀，为合文，释为南壬，仅见于《合集》24977号："丙寅卜……贞：南壬……延。"辞中的南壬，姚孝遂认为："'南壬'当即'仲壬'，其世次当在'卜丙'之后，'大庚'之前。"（于省吾《诂林》，第3526页，姚孝遂按）周鸿祥认为："中壬之中，《史记》作'中'《孟子》、《御览八三》、古《列女传》、《竹书纪年》、《世本》、《三代世表》等皆作'仲'。卜辞为见'中壬'，而另有'南壬'一名，彦堂以为即'中壬'。"又"中壬者，名庸；成汤三子，太丁次第，而外丙之弟也。父成汤崩，长兄太丁未立而卒，次兄外丙即位，二年而崩，中壬继立，是为帝中壬"（周鸿祥《商殷帝王本纪》，第80页）。陈梦家排列"大乙以后即位次序是：大乙→大丁→外丙→仲壬→大甲→沃丁→大庚"（陈梦家《综述》，第276—277页）。

大庚：字形㐀㐀，或合文作㐀㐀，王国维最早释为大庚（王国维《殷卜辞中所见先公先王续考》，《集林》，第283页）。姚孝遂认为："卜辞未见'沃丁'，'大庚'之世次当在'南壬'之后。"（于省吾《诂林》，第3526页，姚孝遂按）所见卜辞中大庚的卜辞有100余条，如《合集》1483号："辛丑卜，内：求于大庚，一牛？一月。"为武丁时期卜辞。又如《合集》27168号："叀今日

酒，大庚、大戊、仲丁其告祭。"为廪辛康丁时期卜辞。卜辞中的大庚即《史记·殷本纪》中的太庚，今本《竹书纪年》称太庚为小庚，记有："小庚，名辨。元年壬子，王即位居亳。"《史记》则记："沃丁崩，弟太庚立，是为帝太庚。"太庚则是沃丁之弟，太甲之子，直系先王。卜辞记录大庚的配偶为妣壬、妣庚，与大庚并受飨。如《合集》23314号："壬寅卜，行贞：王宾大庚奭妣壬，亡尤？"同版卜辞出现"大甲奭妣辛""大戊奭妣壬""且乙奭妣己"内容，可见，对大庚的祭祀，不但有专祭，也有合祭。文献记载其在位五年。

小甲：字形㐀㐀，或合文作㐀，陈梦家释"小甲位大庚、大戊之间"（陈梦家《综述》，第374页）。所见卜辞中相关小甲的辞条有60余条，如《合集》1489号："……酉卜，王求小甲？"为武丁时期卜辞。是对小甲的专祭。又如《合集》35534号："癸亥，王卜贞：旬亡祸？在四月。王占曰：大吉！甲寅彡小甲。癸卯，王卜贞：旬亡祸？在四月。王占曰：大吉！甲辰彡大甲。"为帝辛帝辛时期卜辞。辞中癸亥日、癸卯日先后贞问是否在甲寅日、甲辰日彡祭小甲和大甲。卜辞中的小甲即《史记·殷本纪》中的小甲，今本《竹书纪年》记载："小甲名高。元年丁巳，王即位居亳。十七年陟。"这位商王，传统文献和甲骨文都称"小甲"，但《史记》所记："帝太庚崩，子帝小甲立。"《世表》误记小甲为太庚弟。卜辞列为旁系先王祭祀。关于所居之亳今在何处？无从考

证。殷商所居之亳，目前有"八亳说"，也有"十亳说"。商王所居之都邑，有前八后五之说，就是说商汤之前，先后迁徙了八个都邑，商汤主天下后，也有五次迁都。迁都的原因说法不一，有政治原因说，有军事原因说，也有自然灾害原因说。根据近来考古证据，无论汤之前或之后的迁都，都是沿着黄河，在黄河附近择地建都（江林昌《夏商周文明新探》，第 208—209 页）。关于商汤之居亳，考古证据更倾向于内黄亳、汤阴亳。

大戊：字形㫃，释为大戊。姚孝遂认为："'大戊'之世次位于'小甲'之后'雍己'之前。"（于省吾《诂林》，第 3528 页，姚孝遂按）卜辞中大戊或合文字形为㫃，也见有㫃字形，释为天戊；还见有㫃字形，为合文，释为且戊，皆指向大戊。所见前述四种字形大戊的卜辞有 100 多条，如《合集》1491 号："侑于大戊，三宰?"为武丁时期卜辞。又如《合集》35601 号："戊辰卜，贞：王宾大戊，亡尤?"为帝乙帝辛时期卜辞。卜辞中的大戊即《史记·殷本纪》中的太戊，是太庚三子，小甲次弟，雍己之弟，《史记》记为："帝雍己崩，弟太戊立，是为帝太戊。"今本《竹书纪年》："太戊，名密，元年丙戌，王即位居亳。"卜辞列为直系先王祭祀，有配偶为妣壬。周祭次序大戊排雍己之前，而《史记》雍己排大戊之前，学者们多从甲骨卜辞更改了二者的排序。传统文献记载为商第九位国王，汤五世孙，太甲孙。为中兴之王，与祖乙、太甲并称

为三示。太戊即位后，起用伊尹的儿子伊陟为相。太戊七年，亳都出现"桑谷共生于朝"的现象，就是桑树下长出了谷树，也就是构树。太戊很害怕，问大臣伊陟，伊陟答道："臣闻妖不胜德，帝之政其有阙与? 帝其修德。"意思是说臣听说妖怪胜不过德，大概大王在治理朝政上有什么缺德之处，所以才会出现妖怪。如果善政修道，以德治民，自会免除祸害。太戊信之无疑。此后开始勤政厚德，治国抚民，任用伊陟、巫咸掌握国政。国政大修，各小国又纷纷归顺。在太戊的励精图治下，本来开始衰落的商王朝又得以复兴。在位七十五年，是商王朝在位最长久的，《史记》记载：太戊时"殷复兴，诸侯归之，故称中宗"。死后葬于内黄（今河南省内黄县亳城乡刘次范村），称"商中宗太戊陵"，陵内有一通宋开宝七年（974）所立《大宋新修商帝中宗庙碑》，高耸雄伟，通高 7.2 米，宽 1.6 米，厚 0.59 米，由翰林梁同翰撰写，碑有铭有序，

《合集》1491 号

雕刻精湛，字迹清晰，其东南约20公里为颛顼帝喾陵。由《合集》36225号、36226号、36227号出现的"大戊奭妣壬"知大戊之配为妣壬，与大戊并受飨。

雍己：字形，或写作、、、，皆为合文，吴其昌最早释作雍己（吴其昌《殷虚书契解诂》，第117页）。陈梦家认为："吴其昌最先证明他是雍己，并以为是口己的合文，而'口'是雍的初文。郭沫若亦从此说。我们则以为或是一个字。"（陈梦家《综述》，第429页）所见卜辞中相关雍己的辞条有30余条，如《合集》22816号："己丑卜，行贞：王宾雍己，彡亡尤？……卜，行贞：王宾妣甲，亡尤？甲寅卜，王宾且辛奭妣甲，彡亡尤？"为且庚且甲时期卜辞。辞中雍己与且辛及之配妣甲同作为被祭祀对象。卜辞中的雍己即《史记·殷本纪》中的雍己，是太庚次子，小甲之弟。甲骨文与传统文献雍己称谓同。今本《竹书纪年》记载："雍己名佃。元年甲戌，王即位居亳。十二年陟。"《史记》："帝小甲崩，弟雍己立，是为帝雍己，殷道复衰，诸侯或不至。"可见这时诸侯的势力日趋膨胀，商王室的权利有所削弱。卜辞列为旁系先王祭祀。吴其昌在《殷虚书契解诂》，考订为雍己，其字形大己上下两部分中的两个丁形，隶定为雍字。《史记》中他排在太戊的前面，但在甲骨卜辞周祭次序中，排在大戊之后，应是《史记》排序有错。卜辞中虽见有雍己，但未见其法定配偶。《史记·殷本纪》所见先公先

王名为己的，仅雍己一人，但在卜辞的周祭序列里排入了《史记》中未见的武丁之子孝己，所以，甲骨卜辞中被祭祀对象有二己。

仲丁：字形，或合文作，于省吾释为仲丁（于省吾《诂林》，第3530页），甲骨文与字形有别，后者释为中，有飘带；前者无飘带的字形当释为仲，为伯仲之仲。所见卜辞中相关仲丁的辞条有近百条，如《合集》6174号："癸巳卜，㱿贞：登人乎伐舌……受佑……卜，㱿贞：翌丁未，酒仲丁？易日。"为武丁时期卜辞。辞中商王贞问登召军队征伐舌方，向先王仲丁进行酒祭。卜辞中的仲丁即《史记·殷本纪》中的中丁，《殷本纪》："中宗崩，子帝中丁立。"但今本《竹书纪年》记载："仲丁，名庄。元年辛丑即位。"其称仲丁与《史记》中称中丁有别。今本《竹书纪年》又载："辛丑元年，王即位，自亳迁于嚣，于河上。六年征蓝夷。"然《史记·殷本纪》则记："帝中丁迁于隞。"嚣、隞或为同地异名，当指今

《合集》6174号

郑州荥阳一带（宋镇豪《商代都邑》，《商代史》卷五，第203页）。所见卜辞中仲丁又称三且丁，配偶有二，（1）妣己，（2）妣癸。如《合集》36232号："己卯卜，贞：王宾仲丁奭妣己……"又如《合集》36233号："癸酉卜，贞：王宾仲丁奭妣癸，乡日亡尤？"相传在位13年。仲丁死后，诸弟争夺王位，造成继承上的"九世之乱"，商朝一度中衰。

卜壬：字形〬，是合文，释为卜壬，姚孝遂认为："'卜壬'即史籍所称之'外壬'。'卜壬'皆合书，未见分书。"（于省吾《诂林》，第3531页，姚孝遂按）卜辞中相关卜壬的辞条有15条，如《合集》22875号："壬子卜，行贞：王宾卜壬，乡……尤？"为且庚且甲时期卜辞。卜辞中的卜壬即《史记·殷本纪》中的外壬，大戊的次子，仲丁的弟弟。今本《竹书纪年》："外壬，名发。"又："元年庚戌，王即位居嚣。邳人妣人叛。"《史记·殷本纪》："帝中丁崩，弟外壬立，是为帝外壬。"关于外壬的在位年限，今本《竹书纪年》记载为"十年"，《御览》引《史记》作"五年"，王国维的《今本竹书纪年疏证》引作"十五年"，《皇极经世》和《通鉴外纪》均作"十五年"。卜辞中未见卜壬有德配，对其的祭礼有"宾""乡""羽"等。为旁系先王。传统文献和传说，仲丁死后，外壬成功地夺取王位，并向诸弟妥协，造成了商王朝继承上的混乱，史称"九世之乱"。乃诸侯不朝，妣与邳两个侯国发动了叛变（妣是有莘

氏的后代，商汤曾娶了有莘氏之女为妃，尹就是作为媵臣陪嫁到商的。因此，有莘氏与商朝的关系是很密切的；邳是夏禹车正奚仲的后人，也就是说是仲虺的后代，初时也与商王室的关系很好），商朝开始衰落。传说是"大彭国"帮助平定了妣人、邳人的叛乱。

戋甲：字形𢦏，释为戋甲。戋字王襄最早释"从二戈相背，疑古戋字"（王襄《簠考·帝系》，第21页）。姚孝遂认为"戋甲即《纪年》所称的'河亶甲'，非'阳甲'"（于省吾《诂林》，第3532页，姚孝遂按）。所见卜辞中相关戋甲的卜辞有60余条，如《合集》22883号："甲子卜，行贞：王宾戋甲乡，福亡祸？"又如《合集》35644号："癸巳，王卜贞：旬亡祸？王占曰：大吉！在九月甲午，翌戋甲。癸酉，王卜贞：旬亡祸？王占曰：大吉！在九月甲戌，翌戋甲。"为帝乙帝辛时期卜辞。卜辞中的戋甲即《史记·殷本纪》中的河亶甲，是大戊的幼子，仲丁次弟，外壬之弟，《史记》记为："帝外壬崩，弟河亶甲立，是为帝河亶甲。"今本《竹书纪年》："河亶甲，名整，元年甲申，王即位，自嚣迁于相。"为旁系先王。但根据卜辞的记录，尚无法判断他与卜壬是兄弟关系，还是父子关系，卜辞中也未见戋甲的德配。传统文献记载河亶甲的在位年限：今本《竹书纪年》为九年，《皇极经世》和《通鉴外纪》均作"八年"。其迁都相的方位，有说为沛都之相县，亦今符离集西北45公里，对于"沛郡相县说"，多因符离集附近有相山

而附会，不可取，对此，邹衡等学者已有精辟论证。多数学者倾向于迁都到安阳或内黄。2000 年发现了洹北商城新的考古线索，又有学者认为洹北商城即为河亶甲所迁之相都（宋镇豪《夏商社会生活史》，第 30 页）。殷墟小屯村西北出甲骨文的洹河岸边，多年来也称"亶甲城"。传统文献多记载河亶甲所居相为安阳，唐杜佑《通典》卷 178 相州条："相州（今安阳），殷王河亶甲居相，即其地也……后魏道武置相州，取河亶甲居相之义。"宋王应麟《通鉴·地理通释》引《类要》："安阳县本殷墟，所谓北蒙者；亶甲城在五里四十步，洹水南岸。"宋罗泌《路史·国名纪四》既提到河亶甲之居在内黄，又提到河亶甲故城和亶甲冢在安阳。关于河亶甲的事迹，今本《竹书纪年》记载较为详细："三年彭伯克邳。四年征蓝夷。五年姺（姓）人入于班方，彭伯、韦伯伐班方，姺人来宾。"死后所葬之处也有三说：（1）今河南省内黄县境内；（2）今河南省汤阴县；（3）殷墟洹水南岸。

且乙：字形𠦪，合文写作𠦪、𠦪，释为且乙，释作祖乙；卜辞中还见有𠦪𠦪，王国维最早释为中宗祖乙，并认为"中宗是祖乙"（王国维《殷卜辞中所见先公先王续考》，《集林》，第 281—282 页）。陈梦家则以为"中宗本是宗庙之宗，犹卜辞的大宗小宗"（陈梦家《综述》，第 415 页）。姚孝遂、肖丁认为"卜辞先王匚乙、大乙、祖乙、小乙、武乙、帝乙均名'乙'。其中祖乙、小

乙、武乙均可名为'祖乙'。为了加以区别，仲丁之子祖乙称为'高祖乙'，武丁之父小乙称为'毓祖乙'，文丁之父武乙则称之为'武祖乙'。"又"'仲丁'之子'祖乙'史称'中宗祖乙滕'。自此为始，庙号如亲称如'祖'、'父'之类。'小乙'、'武乙'亦均可称之为'祖乙'。"（姚孝遂、肖丁《屯南考释》，第 49 页；于省吾《诂林》，第 3533 页，姚孝遂按）所见且乙的相关卜辞高达 800 多条，一至五期皆见有且乙的卜辞，如《合集》1506 号："贞：侑于且乙，十白豕？"为武丁时期卜辞。又如《合集》32558 号："于且乙十牢？"为武乙文武丁时期卜辞。再如《合集》35361 号："己卯卜，贞：王宾且乙奭妣己，姬𤔲二人、殳二人、卯二牢，亡尤？甲申卜，贞：王宾且乙奭妣己，姬𤔲二人、殳二人、卯二牢，亡尤？"为帝乙帝辛时期卜辞。由辞内容可知且乙奭妣己即德配妣己。再如《合集》36245 号："庚申卜，贞：王宾且乙奭妣庚，彡日亡尤？"由辞内容知且乙另有一配为妣庚。卜辞中的且乙即《史记·殷本纪》中的祖乙，河亶甲之子。今本《竹书纪年》记载："祖乙，名滕（也作胜）。元年己巳王即位，自相迁于耿，命彭伯韦伯。二年圮于耿，自耿迁于庇。三年命卿士巫贤。八年城庇。十五年命邠侯高圉。"《殷本纪》也记："祖乙迁于邢。"（邢即耿）由上可知，祖乙先后两次迁都。其在位 19 年，几次出兵平定了兰夷、班等方国，解除了东南方的夷族对中央王朝的威胁，国运再

度中兴。甲骨文中称他为中宗且乙，和大乙、大甲合称为"三示"。传统文献记载祖乙是一位很有作为的君主，孟子把他列入了商朝的"贤圣之君"。《孟子·公孙丑上》说："由汤至于武丁，圣贤之君六、七作。"其中包括商汤、太甲、太戊、祖乙以及后来的盘庚、武丁。《晏子春秋·内篇谏上》也说："汤、太甲、祖乙、武丁，天下之盛君也。"其辅佐朝政的是巫咸的儿子巫贤。《史记·殷本纪》："帝祖乙立，殷复兴，巫贤任职。"巫咸是太戊时的名臣，巫贤则是祖乙的名臣，在复兴商王室的过程中功劳很大。此外，传说"春节"和"万年历"也是祖乙时的樵夫万年发明的，并且说万年还发明了"日晷仪"和"漏壶"，用以计时。

《合集》32558 号

下乙：字形⌒乚，或合文写作⌒，释为下乙。所见卜辞中出现下乙的辞条有50 余条，如《合集》6947 号："求于上甲、成、大丁、大甲、下乙？二告。侑下乙，一牛。"相关下乙内容的卜辞仅见于武丁时期。卜辞中的下乙，胡厚宣认为："下乙者，既非下乙、大乙、报乙，则必为祖乙。"（《北京大学四十年纪念论文集》，胡厚宣《卜辞下乙说》1940 年）有学者认为："'下乙'即

'小乙'，为武丁之父，亦称'入乙'。"（于省吾《诂林》，第 3533 页）

入乙：字形∧乚，合文写作↑，释为入乙。所见入乙在卜辞中作为被祭祀对象的辞条有 10 余条，皆为武丁晚期至且庚且甲时期，如《合集》22065 号："甲子卜，三牢于入乙？甲子卜，二牝入乙？甲子卜，三牝入乙？甲子卜，夕有岁父戊？"又见《合集》22060 号、22061 号、22062 号、22063 号、22064 号等都出现"入乙"内容，皆为武丁时期卜辞。卜辞中的入乙，严一萍认为是传统文献中的祖乙："余谓即祖乙之别称'下乙'。"（《大陆杂志·释"四且丁"》18 卷 8 期，1959 年 4 月）；有学者则认为："'入乙'即武丁之父'小乙'。"（于省吾《诂林》，第 3354 页）；陈炜湛从严一萍之说，认为"入乙"即"下乙"，是祖乙而非小乙（陈炜湛《甲骨文异字同形例》，《古文字研究》第十五期）。

《合集》22063 号

且辛：字形，或合文写作、，左右无别，释为且辛。陈梦家认为："祖乙子祖辛，从武丁到乙辛一直称作'且辛'，并无其它的名称。当庚甲时，

武丁的父辈小辛本可以称'且辛',但当时与小乙一同称为小辛、小乙,遂不至于和祖乙子祖辛混淆。"(陈梦家《综述》,第 432 页)所见卜辞中相关且辛的卜辞达 300 多条,如《合集》95 号:"贞:且辛不我告?贞:且辛告我?"为武丁时期卜辞。由辞中内容可知,且辛能够崇祸时王。卜辞中的且辛即《史记·殷本纪》中的祖辛,是祖乙之子,《史记》记为:"祖乙崩,子帝祖辛立。"今本《竹书纪年》:"祖辛名旦,元年戊子,王即位居庇。"卜辞中祖辛的名常又有倒书做辛且,还有专门的庙宇为"且辛宗"。所见卜辞中且辛德配有三,一为妣庚,卜辞第一期又称"高妣庚";二为妣甲;三为妣壬,与且辛并受飨,如《合集》22816 号:"甲寅卜,行贞:王宾且辛奭妣甲,乡亡尤?"又如《合集》23323 号:"……申卜,寅贞:王宾且辛奭妣壬……"文献记载其在位 16 年,葬于狄泉。谥号"商桓王"。

羌甲:字形𦍧,或合文作𦍋,陈梦家释"羌甲即《殷本纪》中的沃甲,《史记·世本纪年》的开甲。于省吾以为沃字是羌字的讹字,其说可采"(陈梦家《综述》,第 407 页)。羌甲所见的卜辞有 170 余条,如《合集》641 号:"乙亥卜,古贞:妇㛚娩嘉?贞:于羌甲,御克往疾?"为武丁时期卜辞。由辞中内容可知,羌甲有祛病消灾之神通。卜辞中的羌甲即《史记·殷本纪》中的沃甲。《史记·殷本纪》记有:"帝祖辛崩,弟沃甲立,是为帝沃甲。"所记为祖乙的次子,祖辛的弟弟,但卜辞的记

录,羌甲是祖辛的下一辈,列为旁系先王。今本、古本《竹书纪年》都作"开甲",今本《竹书纪年》:"开甲,名踰。元年壬寅,王即位居庇。"对于卜辞中甲之前的这个字的考释,郭沫若《卜辞通纂》中释为"狗甲",谓即沃甲。有学者以为"沃"为羌之伪字,认为羌甲即沃甲。卜辞记录羌甲德配为妣庚,与羌甲并受飨,如《合集》23326 号:"己巳卜,行贞:翌庚午岁其延于羌甲奭妣庚……"关于沃甲的在位年限,今本《竹书纪年》记为五年;《御览》和《经世》作二十五年;《通鉴》作二十年。死后葬于狄泉,谥号"商僖王"。

南庚:字形𦥑,或合文作𦥑,释为南庚。陈梦家认为:"南庚,从武丁到乙辛只作南庚,没有其他名称。南庚是武丁的祖父辈,在武丁卜辞中应可以称为'且庚',但武丁卜辞中的'且庚'和南庚却分明是两个人……'且庚'不但不是南庚,而且是前于羌甲的。他可能是祖辛之兄,也可能在此以前。武丁时代的午组卜辞,常常致祭'且庚'和'且戊''且己''且壬',都不是先王。"(陈梦家《综述》,第 411 页)南庚所见的卜辞有 130 余条,如《合集》721 号:"来乙未,有且乙,宰?于羌甲御祸?勿于羌甲御?御祸南庚?勿于南庚?贞:其有来齿?"为武丁时期卜辞。辞中内容或是武丁牙疼,遍求于且乙、羌甲、南庚。卜辞中的南庚即《史记·殷本纪》中的南庚,沃甲之子,祖丁之弟,祖辛之侄。今本、古本《竹书纪年》都作南庚,皆与卜辞同。今本《竹

书纪年》记有："南庚名更。元年丙辰，王即位居庇。三年，迁于奄。"卜辞中列为旁系先王。关于南庚所迁奄的方位，传统的说法是在今山东省曲阜市东约1公里，此种说法至今未得到考古的支持，山东曲阜一带未发现商朝时期的城址、宫殿、宗庙及墓葬。应该说曲阜历史上曾称为奄，但此奄并不一定是南庚所迁之奄，且史上名称奄之地，比比皆是。由此可以说，盘庚所迁之奄，也可能是指山东曲阜（有待发现新的证据证明），也可能是其他史上曾名为奄的地方，按吴其昌的分析，所迁之地当在庇之南，自庇迁奄，奄在庇南，故称南庚。可备一说（吴其昌《殷虚书契解诂》，第150页）。卜辞中未见南庚之配，见用于其的祭礼众多，有宾祭、御祭、侑祭、祈祭、彡祭、延祭等。今本《竹书纪年》称他在位六年；《御览》《皇极经世》皆作二十九年；《通鉴》作二十五年。谥号"商顷王"。

赢甲：字形🐍十，或合文作🐍，🐍字形明显与龙虎之龙有别，依形隶为赢。所见赢甲的卜辞有三条，如《合集》795号："辛未卜，㲒贞：我登人，乞在黍，不㞢受……于赢甲御妇？二告。既㞢赢甲㞢？二告。壬午卜，㲒贞：妇骨凡？"又如《合集》3007号："贞：御子央于赢甲？"再如《合集》39666号："贞：侑于赢甲？"本版甲骨反面出现妇井一名。卜辞中的赢甲作为被祭祀对象，其身份可确定为某位先王。陈梦家释为"巴甲"，并认为："武丁卜辞中以及有了大甲、沃甲、阳甲，所以他若是先王则可

能是小甲、河亶甲，因此二甲在武丁卜辞中尚未出现。巴字的隶定，也是不妥当的，唐兰以为旬字的初文（《天释》41）。"（陈梦家《综述》，第434页）

《合集》3007号

且丁：字形🔔口，或合文作🔔、🔔，依形隶作且丁，释为祖丁。陈梦家认为："中丁子祖乙和小乙父祖丁在武丁卜辞中都称'祖'。祖乙以后有小乙，祖丁以后为武丁，而小乙、武丁在祖甲以后又可称为'且乙''且丁'。在祖乙、小乙的例中，我们见到小乙让在他之前的祖乙独称'且乙'，他则改为'小乙''后且乙'等；在祖丁之例中，我们见到祖丁让在他之后的武丁独称'且丁'；武乙以后，祖丁又称'四且丁'。过去我们曾以廪康的'且丁'为小乙父祖丁，今更正为武丁。"（陈梦家《综述》，第427页）所见且丁的卜辞高达600多条，如《合集》914号："癸亥卜，㲒贞：御于且丁？㠯且丁，十伐、十宰。

勿酉且丁？"为武丁时期卜辞。卜辞中的且丁列为直系先王，即《史记·殷本纪》中的祖丁，是祖辛之子，沃甲之侄，《史记》记有："帝沃甲崩，立沃甲兄祖辛之子祖丁，是为帝祖丁。"今本《竹书纪年》："祖丁名新，元年丁未，王即位居庇。"卜辞中且丁德配有五，一为妣甲，二为妣己，三为妣庚，四为妣辛，五为妣癸。卜辞第一期见有妣甲、妣己、妣庚，第二期和第四期仅见妣己，第五期有见妣己、妣庚、妣辛、妣癸。与且丁并受飨，如《合集》2392号："于且丁母妣甲，御有……"又如《合集》23330号："己丑卜，尹贞：王宾祖丁奭妣己，翌亡尤？"再如《合集》27367号："戊戌卜，祖丁史其延妣辛、妣癸王……"关于祖丁的在位年限，史书所载说法不一，今本《竹书纪年》为九年，《御览》《皇极经世》《通鉴》皆作 32 年。

四且丁：字形訊，合文，释为四且丁（释参见且丁条陈梦家说）。所见卜辞中出现四且丁的有 16 条，皆为帝乙帝辛时期卜辞，如《合集》35715 号："贞：王宾四且丁？"王国维认为："商

《合集》35715 号

诸帝以丁为名者，大丁第一，沃丁第二，仲丁第三，祖丁第四，则四祖丁即《史记》之祖丁也。"（王国维《殷卜辞中所见先公先王考》，《集林》，第 275 页）此从王国维观点，四且丁即传统文献中的祖丁。

小丁：字形㐱，释为小丁。卜辞中出现小丁的辞条有 20 余条，只见于武丁以后的各期卜辞，如《合集》22560 号："丁卯卜，旅贞：王宾小丁，岁暨父丁升、伐五羌？"又如《合集》32645 号："弗以小丁？丙戌卜，小丁岁一牛？丙戌卜，父丁木丁，以小丁。"为武乙文武丁时期卜辞。卜辞中的小丁，郭沫若认为："小丁当是祖丁之别号。……武丁以殷王之名丁者为大丁、沃丁、中丁、祖丁。沃丁乃旁系，余三丁盖以大中小为次名，则小丁舍祖丁莫属矣。"（郭沫若《卜通》，第 307 页）

毓且丁：字形㲋卯，依形隶为毓且丁，陈梦家释为后且丁，并认为："后且丁是小乙父祖丁。"（陈梦家《综述》，第 424 页）董作宾以为"后且丁"为武丁（董作宾《断代例》，《董作宾先生全集》甲编第二册，第 377 页）。郭沫若初以为指武丁（郭沫若《卜通》别二，第 8 页），后以为指中丁（郭沫若《粹考》，第 248 页）。卜辞中毓且丁的辞条不足 20 条，如《屯南》2359 号："丁亥卜，其求年于大示，即日，此又雨？弜即日？其求雨且丁，先酒，又雨？更大乙先酒，又雨？毓且丁求一羊，王受佑？二羊，王受佑？三羊，王受佑？"又如《合集》27183 号："……毓且丁、且乙，

叀……吉!"辞中且乙指小乙,该辞当为且庚且甲时期卜辞。由毓且丁与且乙(小乙)见于同条卜辞,且祀序排小乙之前,毓且丁当指且丁,当为区别于其前天干名的丁的先祖而称为毓且丁或后且丁。

阳甲:字形𠂤,合文为𠂤或𠂤,郭沫若释为象甲(郭沫若《卜通》,第31页)。董作宾释虎甲,并认为"虎甲即沃甲"(董作宾《断代例》,《董作宾先生全集》甲编第2册,第374页)。陈梦家隶为象甲即阳甲,并认为"阳甲是武丁的父辈。……阳甲在康丁卜辞中仍称且甲"(陈梦家《综述》,第407—408页)。所见阳甲的卜辞有百余条,如《合集》2098号:"贞:侑于阳甲,犬?"为武丁时期卜辞。卜辞中的阳甲即《史记·殷本纪》中的阳甲,是祖丁之子,而南庚之侄,《史记》记为:"帝南庚崩,立帝祖丁之子阳甲,是为帝阳甲。"今本《竹书纪年》:"阳甲名和。元年壬戌,王即位居亳。三年西征丹山戎。"又《殷本纪》:"帝阳甲之时,殷衰。自中丁以来,废嫡而更立诸弟子,弟子或争相代立;比九世乱,于是诸侯莫朝。"其所言的九世,自仲丁以后,有外壬、河亶甲、祖乙、祖辛、沃甲、祖丁、南庚至阳甲,正好九世。事实上,废嫡而更立诸弟子,并非从中丁开始,可能这九世中由弟代立的情况严重了点。此外,卜辞中所见的且甲、父甲,如武丁时期卜辞的父甲,肯定是指阳甲;祖庚、祖甲时期卜辞的祖甲,当亦指阳甲。卜辞中又见有𠂤,隶为嬴甲,也有学者认

为是阳甲。卜辞中未见阳甲之配,所享祭礼甚重,有宾祭、酒祭、侑祭、羽祭、翊祭等。今本《竹书纪年》称他在位四年,《御览》作十七年,《皇极经世》和《通鉴》皆作七年。谥号"商悼王"。

般庚:字形𠂤,或合文作𠂤、𠂤、𠂤,释为般庚。陈梦家认为卜辞中般庚有三名:父庚、且庚、般庚,"般庚是武丁之父,故武丁卜辞称父庚,庚甲卜辞称'且庚'……般庚最早见于武丁晚期卜辞。"(陈梦家《综述》,第431—432页)所见甲骨卜辞中相关般庚的辞条仅30余条,如《合集》19798号:"庚戌卜,扶:夕侑般庚,伐卯牛?"为武丁时期卜辞。卜辞中的般庚即《史记·殷本纪》中的盘庚,是祖丁之子,阳甲之弟,《史记》记为:"帝阳甲崩,弟盘庚立,是为帝盘庚。帝盘庚之时,殷已都河北,盘庚渡河南,复居成汤之故居,乃五迁,无定处。"又,"十四年自奄迁于北蒙曰殷。十五年营殷邑"。《帝王世纪》:"帝盘庚徙都殷,始改商曰殷。"又,"盘庚以耿在河北,迫近山川,自祖辛以来,奢淫不绝。乃南渡河,将徙都亳之殷地。人咨嗟相怨,不欲徙。盘庚乃作书三篇以告谕之。……亳在偃师"。上述为传统文献对"盘庚迁殷"的记载,如若认为奄地为山东曲阜,许多问题说不通。从山东曲阜至安阳殷墟是由东南向西北迁,怎么又要渡河南?所以有的学者解释不通,干脆改变《史记·殷本纪》的断句为:"帝盘庚之时,殷已都河北。盘庚渡河,南复居成汤之故居。"可是仍然说不清。若按李民观

点，盘庚自奄地，为漳河以北的某地；盘庚渡河南，所渡为漳河（先秦以前文献河单指黄河，但也有漳水称河的例子），一切好像都解释通了（李民《盘庚迁都新议》，《史学月刊》2010 年第 2 期，第 19 页）。盘庚迁殷后，按《殷本纪》记载："行汤之政，然后百姓由宁，殷道复兴，诸侯来朝，以其尊成汤之德也。"后世评论盘庚迁殷，"若颠木之有由蘖（就像被伐倒的树木发出新芽）"。应该说，《史记》的记载是可信的，特别是盘庚迁殷为"复居成汤之故居（回到了先王商汤以前生活居住的地方）"，不但印证了先商文化在豫北冀南的观点，而且得到了考古证据的支持。盘庚迁殷到纣王失国，文献记载为 273 年，夏商周断代工程阶段成果确定为 255 年，商王朝再也没有迁都。目前我们所见的甲骨文，全部是盘庚以后诸王时期的杰作。传统文献记载，盘庚迁殷后改国号为殷，未能得到甲骨文的支持，所见甲骨文商族人仍自称为商，从不自称为殷。般庚在卜辞未见有德配，列为旁系先王。今本《竹书纪年》记载在位 28 年，《御览》作 18 年。总之，盘庚以迁都化解政治危机，选择了"左孟门而右漳、滏，前带河，后背山"的先王所发家之地——殷，作为新都。从此，商朝的首都固定了下来，进入了历史上高度繁荣的殷墟时代和高度文明的甲骨文时代。般庚在卜辞中有多称，称"父庚"（见于武丁卜辞）、"且庚"（见于庚甲、廪康卜辞）和"三且庚"（卜辞名庚的先祖，第一是大庚，第二是南庚，第三是般庚，三且庚指第三位且庚，即般庚）。

三且庚：字形䷀，释为三且庚，陈梦家认为指盘庚（陈梦家《综述》，第 431 页）。所见卜辞中三且庚的辞条仅有《合集》22188 号："侑示于三且庚。"为且庚且甲时期卜辞。辞中的三且庚当指武丁之父辈般庚，所见卜辞名庚的商王第一位是大庚，第二位是南庚，第三位是般庚，第四位是且庚，般庚位居第三，故卜辞中称般庚为三且庚。

小辛：字形䷀，或合文作䷀、䷀，释为小辛。陈梦家认为："当庚甲时，武丁的父辈小辛本可以称'且辛'，但当时与小乙一同称为小辛、小乙，遂不至于和祖乙子祖辛混淆。"（陈梦家《综述》，第 432 页）所见卜辞中小辛的辞条约 30 条，如《合集》21538 号："……般庚三牢戠……御父庚三牢，又戠二酒崔至……庚。御小辛三牢，又戠二酒崔至……"为武丁时期卜辞。卜辞中的小辛即《史记·殷本纪》中的小辛，帝祖丁三子，阳甲次弟，盘庚之弟，《殷本纪》："帝盘庚崩，弟小辛立。是为帝小辛。帝小辛立，殷复衰。百姓思盘庚，乃作《盘庚》三篇。"今本、古本《竹书纪年》都作小辛："小辛名颂。元年甲午，王即位居殷。"卜辞中列为旁系先王，也称"父辛"（见于武丁卜辞）、"且辛"（见于庚甲、廪康卜辞）和"二且辛"（卜辞名辛的先王，第一是且辛，第二是小辛，这二且辛是说第二位辛，即小辛）。卜辞未见有德配。今本《竹书纪年》记载在位 3 年，《皇极经世》和《通鉴外纪》皆作 21 年。

《合集》21538 号

小乙：字形🔲，或合文作🔲，释为小乙。陈梦家认为："至祖庚以后，小乙的名称一直用到乙辛，然中间还有别的名称。"（陈梦家《综述》，第417页）所见卜辞中小乙的卜辞有160余条，如《合集》2169号："甲戌卜，贞：侑于小乙……窜……月。"为武丁时期卜辞。又如《合集》2175号："贞：侑于父乙，燎……牛。"亦为武丁时期卜辞，辞中的父乙也指小乙。卜辞中的小乙即《史记·殷本纪》中的小乙，帝祖丁四子，阳甲三弟，小辛之弟，《殷本纪》："帝小辛崩，弟小乙立。是为帝小乙。"今本、古本《竹书纪年》都作小乙："小乙名敛。元年丁酉，王即位居殷。"卜辞中列为直系先王。德配有二，一为妣庚、二为妣己，妣庚在卜辞第一期称为"母庚"，如《合集》2725号正面："戊寅卜，宾贞：御妇妌于母庚？"且庚且

甲之后称"妣庚"，见于《合集》36262号："庚戌卜，贞：王宾小乙奭妣庚，彡亡尤？"小乙是武丁的父亲，今本《竹书纪年》记载："（小乙）六年，命世子武丁居于河，学于甘盘。"甘盘为商朝时著名的武将，也就是说早早的让武丁向甘盘学习军事，为武丁中兴作了准备。小乙在位，今本《竹书纪年》记为10年，《御览》作20年。

小且乙：字形🔲，是合文，释为小且乙。王国维认为"此小且乙即小乙"（王国维《戬考》，第13页）。卜辞中小且乙仅一见，为《合集》23171号："癸巳卜，即贞：翌乙未，其侑于小且乙……五月。"为且庚且甲时期卜辞。卜辞中的小且乙为且庚且甲之祖，武丁之父，是为了区别于"高且乙"和"中宗且乙"，而称小乙为小且乙。

毓且乙：字形🔲，或三字合文作🔲，依形隶为毓且乙，释为后祖乙。郭沫若、董作宾皆认为后且乙即小乙（郭沫若《卜通》，第40页；董作宾《断代例》，《董作宾先生全集》甲编第2册，第368页）。陈梦家认为："在庚甲卜辞中，小乙、小且乙、后且乙、亚且乙、且乙五名并存。其分别是：（1）且乙在并列数王中才出现；（2）称小乙的多为周祭，只有《库》1204称后且乙时例外；（3）又祭称小且乙，一见而已；（4）周祭以外诸祭多称后且乙，但岁祭亦称小乙。"（陈梦家《综述》，第418页）所见相关毓且乙或后且乙的卜辞有上百条，如《合集》22758号："甲子卜……曰贞：翌……咸、毓且乙……寽方

其……"为且庚且甲时期卜辞。卜辞中以天干字乙为名的商王有大乙、下乙、小乙、武乙，皆有名为且乙，为了区别，称大乙为高且乙，下乙为中宗且乙，小乙为小且乙，那么，这个毓且乙或后且乙的所指众说不一，有认为指小乙，也有认为指武乙。由上述且庚且甲时期卜辞出现毓且乙或后且乙称谓，其当指小乙。姚孝遂认为："'毓祖乙'即'小乙'，为'武丁'之父辈，'毓祖乙'是相对'高祖乙'而言的。"（于省吾《诂林》，第 3547 页，姚孝遂按）

武丁：字形 ₰口，或合文作 ₰，释为武丁。陈梦家认为武丁在卜辞中有父丁、且丁、武丁三名，父丁见于庚甲卜辞；且丁见于廪康、武文、乙辛卜辞，"武丁称为'武丁'是帝辛时代才有的"（陈梦家《综述》，第 426—427 页）。所见卜辞中相关武丁的辞条不足百条，皆为帝乙帝辛时期卜辞，如《合集》35812 号："丁巳卜，贞：王宾武丁翌日亡尤？"卜辞中武丁列为直系先王，即《史记·殷本纪》中的武丁，是帝小乙之子，《殷本纪》记为："帝小乙崩，子帝武丁立。帝武丁即位，思复兴殷，而未得其佐。三年不言，政事决定于冢宰，以观国风。武丁夜梦得圣人，名曰说。以梦所见视群臣百吏，皆非也。于是乃使百工营求之野，得说于傅险中。是时说为胥靡，筑于傅险。见于武丁，武丁曰是也。得而与之语，果圣人，举以为相，殷国大治。"今本《竹书纪年》："武丁名昭。元年丁未，王即位居殷。"又，"命卿士甘盘"。《尚书》记载"王

曰：来汝说，台小子旧学于甘盘，既乃遁于荒野，入宅于河。"《传》："其父欲使高宗知民之艰苦，故使居民间。"又《无逸》："其在高宗，时旧劳于外，爰暨小人。"《传》："武丁其父小乙，使之久居民间，劳是稼穑，与小人出入同事。"传统文献武丁称高宗，其事迹记载很多，任用贤臣傅说为相，妻子妇好为将军，商朝再度强盛，史称"武丁中兴"。其在位五十九年，最为辉煌的是"傅说拜相""妇好将兵"和"伐鬼方"。拜奴隶傅说为相，傅说发明了版筑，大大提高了城址和宫殿的建设水平。妇好率兵东征西讨，稳定了边疆，甲骨卜辞中所见用兵最多的一次为一万三千人，就是由妇好指挥的。伐鬼方，后世文献记载"高宗伐鬼方，三年克之"。也就是说先后打了三年。关于这场战争，李济认为是中国人的第一次自卫反击战。是生活在欧亚大陆中部的野蛮游牧族人，在消灭了两河文明、印度文明后的东征，意图消灭黄河文明即中华文明，被伟大的武丁击溃，使得四大文明古国仅有中华文明传承至今（李济《安阳》，第 450 页）。所见甲骨卜辞中，武丁德配有三，一为妣辛（即妇好，也称母辛、司母辛）、二为妣癸、三为妣戊。但周鸿祥认为妣戊不确，武丁为二配（周鸿祥《商殷帝王本纪》，第 129 页）。关于武丁在位的年限，今本《竹书纪年》《尚书·无逸》《御览》《皇极经世》《通鉴外纪》皆言 59 年；《史记》没有明确的武丁在位年数；但孙星衍《尚书古今注疏》引谓《史选》作 55 年；又汉《熹

平石经》据《今文尚书》《汉书·五行志》《论衡·气寿篇》、刘向《杜钦传》等皆记为高宗享国百年。

《合集》35812 号

三且丁：字形三𠂤，或三字合文作𠂤，释为三且丁。所见卜辞中相关三且丁的内容有六条，如《合集》27180 号："乙亥卜，蒸𠭁，三且丁，牢，王受佑？吉！"为廪辛康丁时期卜辞。还有《合集》27181 号廪辛康丁时期卜辞与《合集》35634 号等都出现有"三且丁"。陈梦家认为："三且丁应是中丁（仲丁）。"（陈梦家《综述》，第 423 页）姚孝遂则认为："陈梦家《综述》以为即'中丁'，则是由乙辛卜辞'四祖丁'推论而来的，尚有待进一步之证明。"（于省吾《诂林》，第 3537 页，姚孝遂按）

且己：字形𠃊，或合文为𠃊，释为且己。孙海波释"即孝己"（孙海波《甲骨文编》，第 591 页）。所见卜辞中相关且己的辞条有十余条，如《合集》22055 号："丙辰卜，岁于且己，牛？"为武丁时期卜辞。辞中的且己当为武丁祖辈以上的且己。又如《合集》22056 号："丙子卜，于丁丑燎，其……父丁，明……戊寅卜，燎于且己？戊寅卜，不雨？……"为且庚且甲时期卜辞。辞中

的父丁指武丁，辞中的且己绝不是且庚与且甲称为"兄己"的传统文献中的"孝己"，应为雍己。此外，帝乙帝辛时期的卜辞也出现有"且己"，如《合集》35863 号："己卯卜，王宾且己，翌日亡尤？"辞中的且己即传统文献所记载的孝己，《史记·殷本纪》："帝武丁崩，子帝祖庚立。祖己嘉武丁之以祥雉为德，立其庙为高宗。"虽未言祖己曾即帝位，但据此推断其当死于武丁之后。所见卜辞中且己在周祭中享有与其他先王同等的地位。常玉芝认为："《史记·殷本纪》记载'帝武丁崩，子帝祖庚立。'周祭中武丁之后祖庚之前却有祖己受祭。司马迁是将祖己看做是武丁的贤臣，但卜辞有的则称其为小王（《南明》631 记有小王父己）。祖甲称其为'兄己'……《殷本纪》记载'太子太丁未立而卒'。可见太丁、祖己都是曾被确定继承王位的。对这种已确定继位而未来得及继位的太子，周祭中都是安排他们的祭祀位置的，如大丁在第二旬被祭

《合集》22055 号

祀，祖己在第九旬被祭祀。"（常玉芝《商代周祭制度》，第138页）

小王、小王父己：字形⌂，释为小王，或合文作⌂。姚孝遂以为："'祖己'即《史记》所载的'孝己'。在武丁卜辞中称之为'小王'。'祖庚'、'祖甲'则称之为'兄己'。"（于省吾《诂林》，第3548页姚孝遂按）所见小王的卜辞如《合集》5029号："癸卯卜……侑小王？"为武丁时期卜辞。又如《合集》28278号："癸酉卜，于父甲求田……小王父己。"为廪辛康丁时期卜辞。前二辞中的小王皆指武丁之子"己"即文献中的"孝己"，武丁时期称为小王，廪辛康丁时期称为小王父己。还有《合集》5030号、5031号、5033号、22021号、22022号、22023号、21546号、23808号、39809号都出现"小王"的内容。

《合集》23808号

小己：字形⌂，释为小己，卜辞中所见称作小己的仅见一例，为《合集》21586号："己亥卜，巡：御小己若？"由辞中卜辞一期贞卜人物巡知为武丁晚期卜辞，卜辞小己作为被祭祀对象。所见卜辞中名号为己的被祭祀对象仅有雍己和称为小王的孝己，这个小己只能是指称为小王的孝己。小己是孝己的又一称谓。

且庚：字形⌂，或合文作⌂、⌂，左右无别，释为且庚。陈梦家认为武丁子祖庚在卜辞中有兄庚（祖甲卜辞）、父庚（廪康卜辞）、且庚（乙辛卜辞）三名（陈梦家《综述》，第432页）。姚孝遂亦认为："'盘庚'在'祖庚'、'祖甲'卜辞中可称为'祖庚'，而'帝乙'、'帝辛'卜辞亦称'武丁'之子'祖庚'为'祖庚'。"（于省吾《诂林》，第3548页，姚孝遂按）所见卜辞中且庚的辞条有60余条，见于《合集》1822号："贞：隹南庚？贞：不隹南庚？贞：隹且庚？贞：不隹且庚？二告。贞：隹羌甲？贞：不隹羌甲？"为武丁时期卜辞。辞中的且庚当指武丁祖辈以上的先王。又见《合集》35877号："庚戌贞：王宾且庚乡亡尤？"卜辞中的且庚即《史记·殷本纪》中的祖庚，《史记》记有："帝武丁崩，子帝祖庚立。"为武丁的次子，祖己的弟弟。今本《竹书纪年》："祖庚名曜，元年丙午，即位居殷。"后世文献有"祖甲避王位"之说。祖己（孝己）、祖庚、祖甲都为武丁的儿子，长子祖己未及继王位便已死去，次子祖庚立为太子，但武丁偏用幼子祖甲，打算废祖庚而改立祖甲。祖甲认为这是违礼之举，若强行废立，则可能重演"九世之乱"的局面，故仿效当年武丁，离开王都，到民间生活。但从甲骨文的记录，还出现"兄壬"之名，祖庚、祖甲时期卜辞出现兄壬，说明他们还有一个名为"壬"的哥哥，另见廪康卜辞中，还有名"戊"、名"辛"、名"癸"的，都是祖庚祖甲的兄弟，可见同辈昆仲，绝非祖己、祖庚、祖甲三人（于省吾《诂林》，第3552页）。关于祖庚的在位年数，今本《竹书纪年》记为十一年，《御览》《皇极经世》《通鉴外纪》皆作七年，《史记》无明确记载。卜辞中未见祖庚之配。

《合集》35877号

且甲：字形𦊆十，或合文作𦊆十、𦊆十，左右无别，依形隶为且甲，释为祖甲。姚孝遂认为："卜辞'祖甲'既可以是'祖辛'之子'羌甲'，亦可以是'武丁'之父'阳甲'，亦可以是'武丁'之子'祖甲'。然而，'祖庚'以前只称'羌甲'为'祖甲'；'廪辛'、'康丁'卜辞只称'阳甲'为'祖甲'；'武乙'、'文丁'以后，只称'武丁'之子为'祖甲'。是在不同时期之卜辞，不

致于相混。"（于省吾《诂林》，第3549页，姚孝遂按）所见卜辞中且甲的辞条有160余条，如《屯南》2281号："……辰卜，翌日其酒，其祝自中宗、且丁、且甲……于父辛。"为武乙时期卜辞。辞中父辛当为廪辛，且甲为廪辛之父辈称且即祖。又如《合集》35885号："甲辰卜，贞：王宾，求且乙、且丁、且甲……"为帝乙帝辛时期卜辞，辞中的且乙当为小乙，且丁当为武丁，且甲当指武丁之子，即《史记·殷本纪》的祖甲，《史记》记有："帝祖庚崩，弟祖甲立，是为帝甲。帝甲淫乱，殷复衰。"为武丁的三子，孝己的次弟，祖庚之弟。今本《竹书纪年》："祖甲名载，元年丁巳，王即位居殷。"文献中祖甲之名，《尚书》《竹书纪年》皆作"祖甲"，《国语·周语》《三代世表》作"帝甲"。《殷本纪》则先言"帝祖甲"，后又称"帝甲"。卜辞中除称且甲，又称父甲，见于廪康卜辞，也有帝甲名，王国维最早认为指祖甲，后又改正认为指沃甲，陈梦家《综述》中列举了大量的例证说明卜辞中"帝甲"指"祖甲"。卜辞中，祖甲德配为妣戊，廪辛时期卜辞称母，卜辞第五期称妣戊，见于《合集》36284号："戊寅卜，贞：王宾祖甲奭妣戊，彡日亡尤？"关于祖甲的在位年数，《竹书纪年》《皇极经世》记为三十三年，《御览》《通鉴外纪》皆作十六年，《史记》无明确记载。相关文献和所见甲骨卜辞记载，商族人盛行祭祀，但所祭对象和顺序之前没有形成定制。祖甲即位后，创造了"周

祭"之法，使殷人的祭祀系统更为严密规范，因此盛行于商后期，并逐渐达到最高峰（常玉芝《商代宗教祭祀》，《商代史》卷八，第 427 页）。但武丁卜辞也有称且甲，见于《合集》1658 号："……卜，贞：……且甲……且乙……晋。"辞中的且甲按祀序应指小甲或戔甲，祖乙前旁系先王只有小甲、戔甲。又见《合集》1775 号："且辛一牛。且甲一牛。且丁一牛。"辞中的且甲当指戔甲。还见《合集》23097 号："甲戌卜，行贞：岁，其延于且甲？"辞中的且甲当指阳甲。

三且辛：字形三⩎，释为三且辛。所见三且辛的卜辞仅有《合集》32658 号："辛亥卜，其侑岁于三且辛？"为帝乙帝辛时期卜辞。卜辞中的三且辛，有学者认为："三且辛指廪辛，以别于'祖辛'及'小辛'。"（于省吾《诂林》，第 3535 页）即《史记·殷本纪》中的廪辛，《史记》记有："帝甲崩，子帝廪辛立。"这位称为廪辛的商王，卜辞中称三且辛。在商一朝，称辛的先公先王有三，《殷本纪》称为祖辛、小辛、廪辛，分别得很清楚。然而卜辞中称辛的王，只有且辛、小辛两个名称，这个且辛或包含《殷本纪》中的祖辛、廪辛两位。为了区别，卜辞以"三且辛"名称指廪辛，"三且辛"（廪辛）列为旁系先王，未见有德配。又称"父辛"（武乙时期卜辞）。今古本《竹书纪年》称廪辛为冯辛，记有："冯辛，名先。元年庚寅，王即位居殷。四年陟。"但《御览》《皇极经世》《通鉴外纪》皆记

在位 6 年。

《合集》32658 号

康丁：字形⩎囗，孙海波最早释为康丁，并认为"《殷本纪》《竹书纪年》，《汉书》古今人表皆作庚丁"（孙海波《甲骨文编》，第 591 页）。所见康丁的卜辞有《合集》36290 号："辛巳卜，贞：王宾康丁奭妣辛……亡……"为帝乙帝辛时期卜辞。卜辞中的康丁即《史记·殷本纪》中的庚丁，《殷本纪》记有："帝廪辛崩，弟庚丁立，是为帝庚丁。"为祖甲的次子，廪辛的弟弟。今本《竹书纪年》："庚丁名嚣，元年甲午，王即位居殷，八年陟。"卜辞中又见"父丁"，当为武乙时期卜辞。有德配妣辛，与康丁并受飨，如前举《合集》36290 号。关于康丁即文献中的庚丁的在位年数，《竹书纪年》记为八年；《御览》记为三十一年；《皇极经世》记为二十一年；《通鉴外纪》记为六年，《史记》无明确记载。此外，卜辞中多

见康且丁辞条，康且丁即康丁的别称。详见康且丁条。

康且丁：字形 🐘、🐘，释为康且丁。姚孝遂认为："'康祖丁'即'康丁'。此称谓不与其他任何先王相混。"（于省吾《诂林》，第 3551 页，姚孝遂按）所见卜辞中康且丁的辞条有 70 余条，如《合集》36291 号："辛亥卜，贞：王宾康且丁奭妣辛……"为帝乙帝辛时期卜辞。参见《合集》36290 号："辛巳卜，贞：王宾康丁奭妣辛……亡……"内容，可知康且丁与康丁为一人的两个称谓，配偶有妣辛。也见有康丁或康且丁简称为康，如《合集》36281 号："戊戌卜，王宾且甲奭妣戊，酹亡……辛酉卜，贞：王宾康奭妣辛，酹亡尤？"

武乙：字形 🐘，或合文作 🐘，释为武乙。陈梦家认为武乙在卜辞中有父乙（文丁卜辞）、武乙（乙辛卜辞）、武且乙（乙辛卜辞）、武（乙辛卜辞）四名，"'武'与'武乙'是帝乙时的称谓。但'武'又与'妣癸'同片，则'武'又是帝辛时的称谓"（陈梦家《综述》，第 419—420 页）卜辞中所见武乙的辞条有 130 余条，如《合集》35375 号："乙未卜，贞：王宾武乙，执伐，亡尤？"为帝乙帝辛时期卜辞。卜辞中的武乙即《史记·殷本纪》中的武乙，为庚丁（康丁）之子，《史记》记有："帝庚丁崩，子帝武乙立。殷复去亳，徙河北。帝武乙无道，为偶人，谓之天神。与之博，令人为行。天神不胜，乃僇辱之。为革囊，盛血，卬而射之，命曰'射天'。武乙猎于河渭之间，暴雷，武乙

震死。"今本《竹书纪年》："武乙名瞿，元年壬寅，王即位居殷。邠迁于岐周。三年自殷迁于河北。命周公亶父，赐以岐邑。十五年，自河北迁于沫。二十一年，周公亶父薨。"传统文献对武乙事迹的记载很多，主要为暴虐无道，渎神射天，最后遭天谴被雷暴劈死。而这时商王朝西部的诸侯小邦周，在古公亶父及其子季历的领导下，迅速强大。由于武乙处于商代开始走向衰亡的时代，政治观念和礼制方面开始有了很大变化。传统的天神观念也受到了极大的冲击，都反映在后人的记述和传说中。所见卜辞中武乙也称"父乙"（文武丁时期卜辞）、"武且乙"（第五期卜辞），未见有配，但商铜器铭文则有，见《肆簋》："武乙奭妣戊。"关于武乙的在位年数，《竹书纪年》记为 35 年，《皇极经世》《通鉴外纪》皆记为 4 年，《御览》虽未明确记载，但曾引《帝王世纪》述："三十四年，周王季历来朝。"认可武乙在位三十四年以上。

武且乙：字形 🐘，释为武且乙。姚孝遂认为："乙辛卜辞称'文丁'之父为'武乙'、'武祖乙'。"（于省吾《诂林》，第 3551 页，姚孝遂按）卜辞中所见武且乙的辞条约有 30 条，如《合集》36094 号："甲寅卜，贞：武且乙宗丁其牢？兹用。丙午卜，贞：文武丁宗丁其牢？"为帝乙帝辛时期卜辞，可见武且乙的称谓为帝乙帝辛时期祭祀时称武乙为祖的称谓，到了帝乙帝辛时期，武乙与文武丁皆有宗（庙）。详见武乙条。

《合集》36094 号

文武丁：字形𝑓，或三字合文作𝑓，释为文武丁。陈梦家认为文武丁在卜辞中有父丁（帝乙卜辞）、文武（乙辛卜辞）、文武丁（乙辛卜辞）三名（陈梦家《综述》，第428—429页）。姚孝遂认为："'文武丁'即'帝乙'之父'文丁'。"（于省吾《诂林》，第3551页，姚孝遂按）所见卜辞中文武丁的辞条有30余条，如《合集》35355号："丁酉卜，贞：王宾文武丁，伐十人，卯六牢，鬯六卣，亡尤？"为帝乙帝辛时期卜辞。卜辞中的文武丁即《史记·殷本纪》中的太丁，《殷本纪》记有："武乙震死，子帝太丁立。"《史记》中的太丁，《后汉书·西羌传》引古本《竹书纪年》作"大丁"，其他史书皆作"文丁"。今本《竹书纪年》："文丁名托，元年丁丑，王即位居殷。二年，周公季历伐燕京之戎，败绩。三年，洹水一日三绝。四年，周公季历伐余无之戎，克之；命为牧师。"又，"十一年，周公季历伐翳徒之戎，获其三大夫来献捷，王杀季历"。上述记载中的周公季历，

是周太王古公亶父的幼子，武乙时继位为周侯。季历曾率兵西灭程（今陕西省咸阳市）、北伐义渠（今宁夏固原），生擒义渠首领。武乙末年到殷都朝贡，武乙赐以土地三十里，美玉十双、良马十匹。次年，王季又征伐西落鬼戎（即鬼方），俘获大小头目二十。太丁为商王时，季历又率兵征伐余吾戎（今山西省长治市西北），迫使其服于周。太丁任命季历为殷牧师，授以征伐之权，执掌商朝西部地区之征伐。其后，季历又征伐始呼戎、翳徒戎，声威大振。太丁为此而感到恐惧，决心抑止周的发展。季历到殷都献俘报捷，太丁赐以圭瓒、秬鬯，作为犒赏，加封季历为西伯，使季历毫无戒备之心。当季历准备返周时，太丁突然下令囚禁季历。不久，季历死于殷都，季历之子为周文王。卜辞中文武丁有德配妣癸，帝乙时期卜辞称为母癸，与文武丁同受飨，见于《合集》36176号："……司母其……文武帝乎……司母于癸宗若王弗悔？"关于太丁的在位年数，《竹书纪年》记为十三

《合集》36534 号

年，《御览》《皇极经世》皆记为三年。此外，《合集》35965号出现“文丁”称谓（饶宗颐《通检》第一册，《先公先王先妣贞人》，第40页），孤证并未得到公认。

文武帝：字形，于省吾认为文武帝即文武丁（于省吾《诂林》，第3551页）。但陈梦家以为：“文武帝应是帝乙、则旧说以文武帝为文武丁是不确的。”（陈梦家《综述》，第422页）所见文武帝内容的卜辞有7条，如《合集》35356号：“乙丑卜，贞：王其侑升于文武帝，必其以羌五人，正王受有佑？”又如《合集》36167号：“丙戌卜，贞：翌日丁亥，王其侑升于文武帝，正王受有佑？”还有《合集》36168号、36169号、36172号、36175号、36176号都出现“文武帝”的内容，皆为帝乙帝辛时期卜辞。

帝乙：字形，释为帝乙，见于王宇信《西周甲骨探论》，第13页，为西周甲骨字。陈梦家以为殷墟卜辞中帝乙有父乙、文武帝二名，并认为“帝乙称谓在卜辞中的确定，有关于安阳殷墟年代的下限”（陈梦家《综述》，第421页）。有见《合集》36129号：“丁丑卜，贞：王宾父丁，劦亡尤？”辞中的父丁为文武丁，贞卜这条卜辞者当为帝乙。又见《合集》37853号等出现的称父丁的王都当为帝乙。此外，“帝辛之称帝乙，亦当为‘父乙’。然卜辞未见”（于省吾《诂林》，第3560页）。《史记·殷本纪》：“帝太丁崩，子帝乙立。帝乙立，殷益衰。”其名为帝乙的，即文武丁之子。今本《竹书纪年》：“名羡，元年庚寅，王即位居殷。三年，王命南仲西拒昆夷，城朔方。夏六月周地震。”传统文献皆记帝乙有二妃，但卜辞中未见有配。其在位年限，今本《竹书纪年》记为九年，《御览》《皇极经世》《通鉴外纪》皆记为三十七年。由于第五期卜辞中多见“王二十祀”，所以学者们分析帝乙在位的年数，必在二十年或在二十年以上。帝乙在位期间，虽然商王朝已趋于没落，仍然多次发动了对外的战争。曾出兵征伐岛夷和淮夷，半路上受到盂方（今河南睢县附近）的截击。帝乙率兵征伐盂方，得胜。第二年，继续南下征伐夷族，到达淮水下游一带的攸方。帝乙和攸侯喜合兵攻伐人方（位于今黄、泗、淮流域，今山东、江苏、安徽一带），得胜而归。关于帝乙征人方事迹，卜辞中有详细的记录（郭沫若《卜通》序）。关于帝乙在位末年，迁都于沬（即朝歌，今河南省淇县）的记载，得不到甲骨文和考古证据的支持。

《合集》36129号

王（帝辛）：字形，释为王。殷墟甲骨文的王字，早期作形，之后中期作形，到晚期帝乙帝辛时期作形。作为商代的失国之君"帝辛"之名，或文献中的"子受辛"名，都没有出现在殷墟甲骨卜辞中，但殷墟甲骨帝辛时期的卜辞中出现的王的记录，这个被称为王者，肯定指帝辛。见于《合集》36483号："甲午，王卜贞：作余酒……余步从侯喜征人方。"为帝辛10年征人方卜辞之一，辞中的"王"指帝辛，"余"仍指帝辛（帝辛未见于卜辞说不确），即《史记·殷本纪》："帝乙长子曰微子启，启母贱，不得嗣。少子辛，辛母正后，辛为嗣。帝乙崩，子辛立，是为帝辛，天下谓之纣。"《吕氏春秋》："纣之同母三人，其长曰微子启，其次曰中衍，其次曰受德。受德乃纣也，甚少矣。纣母之生微子启与中衍也，尚为妾，已而为妻而生纣。纣之父，纣之母，欲置微子启以为太子，太史据法而争之曰：有妻之子，而不可置妾之子，纣故为后。"帝辛天资聪颖，闻见甚敏，才力过人，有倒曳九牛之威，具抚梁易柱之力，深得帝乙欢心。继位后，重视农桑，因此社会生产力得到较好发展，国力强盛之余，便兴拓土开疆之事，发兵攻打东夷诸部落，把商朝疆域势力扩展到江淮一带，国土扩大到山东、安徽、江苏、浙江、福建沿海。毛泽东评价说："把纣王、秦始皇、曹操看作坏人是错误的。其实纣王是个很有本事、能文能武的人。他统一东南，把东夷和平原的统一巩固起来，在历史上是有功的。"帝辛统一东南，把中原先进的生产技术和文化向东南传播，推动了社会进步和经济发展，促进了民族融合，郭沫若作诗赞曰：

"但缘东夷已克服，殷人南下集江湖，南方因之惭开化，国焉有宋荆与舒。"关于纣王失国的原因有多种说法，传统文献记载帝辛在位后期，居功自傲，耗巨资建鹿台，造酒池，悬肉为林，修建豪华的宫殿园林，过着穷奢极欲的生活，使国库空虚。他刚愎自用，听不进正确意见，在上层形成反对派，使用炮烙等酷刑，镇压人民。杀比干，囚箕子，年年征战，失去人心。他在讨伐东夷之时，没有注意对西方族的防范，连年用兵，国力衰竭，又需面对其因长年征战而日积月累有增无减的大批俘虏如何处理等问题而造成负担。此外，重用奴隶，触犯贵族利益。周武伐纣，给纣王设立的罪状，排前的便是"怠慢祖宗，轻视祭祀""任用贱民为官"以及"以贱民辱

《合集》36483 号

贵族"等。孔夫子时代对纣王的评价还是客观的，如《论语·子张十九》："纣之不善，不如是之甚也。是以君子恶居下流，天下之恶皆归焉。"周以后人写的历史，天下的罪恶当然要归于纣王一身。且不说那个诞生在明朝和清朝之际的狐狸精妲己，即使炮烙酷刑也是早在纣王五六百年前夏桀的发明。甲骨文和殷墟考古证明，纣王时期不但祭祀从简，而且废除了人殉。关于帝辛的在位年限，《竹书纪年》记为52年，《御览》《皇极经世》作32年，《通鉴外纪》作33年。商王朝由始祖高辛，到契封商侯，历经相土、王亥、上甲微、成汤、盘庚、武丁、帝辛共46王，而祚终于帝受辛。

帝甲：字形科，释为帝甲。陈梦家以为帝甲可能是武丁之子祖甲（陈梦家《综述》，第408页）。所见出现帝甲内容的卜辞如《合集》27437号："贞：其自帝甲有延？"还有《合集》27438号、27439号都出现有"帝甲"内容，仅见的这三条出现"帝甲"内容的皆为廪辛康丁时期卜辞。关于帝甲的身份，从所见卜辞中无法确指，但由仅见于廪辛康丁时期，或是对廪康之父辈且甲的尊称或美称。廪康之前卜辞祀序名号为甲的有上甲、大甲、小甲、戋甲、沃甲、阳甲、且甲，或可指他们其中的任何一位。

帝丁：字形和口，释为帝丁。姚孝遂认为："'帝丁'当是'武丁'。"（于省吾《诂林》，第3553页，姚孝遂按）所见帝丁内容的卜辞仅有两条，（1）《合集》24982号："甲……曰贞：……父丁……祐……甲戌卜，王曰贞：勿告于

帝丁，不兹？"为且庚且甲时期卜辞。辞中帝丁与父丁对文，父丁是指且庚且甲的父辈武丁，此帝丁指武丁无疑，是对武丁的尊称或美称。（2）《合集》27372号："乙卯卜，其侑，岁于帝丁，一宰？"为廪辛康丁时期的卜辞。辞中的帝丁也应是指武丁。

《合集》27372号

石甲：字形合文，释为石甲。所见卜辞中石甲作为被祭祀对象的卜辞有两条，（1）《合集》22116号："甲寅卜，御石甲牢，用？五月。"为武丁时期卜辞。（2）《屯南》2671号："癸亥卜，贞：酒，御石甲至殷庚？正。"辞中石甲的祀序排殷庚之前，殷庚前名号为甲的有：上甲、大甲、小甲、戋甲、沃甲、阳甲，石甲可能指他们中的任何一位，或指上甲，为上甲的别称。

（二）商王配偶（先妣）

夒母：字形，释为夒母。所见甲骨卜辞中出现夒母的仅有《合集》

34171号："……夒母……"残片残辞，当为武乙文武丁时期卜辞。虽然仅出现夒母二字，也可据此推断夒母为高祖夒的配偶（张秉权《甲骨文与甲骨学》，第357页），即后世文献中高辛氏帝喾的配偶。

《合集》34171号

夒妣：字形，释为夒妣。所见甲骨卜辞中出现夒妣的仅有《合集》30400号："……钐至……夒妣……"为廪辛康丁时期卜辞。辞中夒妣作为被祭祀对象，为高祖夒之配无疑。卜辞中的妣作为对各代祖母辈的通称，即对自己的父辈的母亲，祖辈的乃至再上几辈的祖母皆称妣，不管是嫡亲的，或是伯叔关系的祖母也都称之为妣。简单说，祖母及其上称妣。由于各代都有妣，妣又都是以天干为名，因此必然会有相当多的重名，当然也不会只指一个人，所以卜辞中有"多妣"之称。此外，甲骨文妣的字形和人的字形相当接近，有时甚至完全同形，但词义分别非常明显。卜

辞中所见妣的情况非常复杂，而且材料不足，只有一部分先公先王见有配妣。

河妾：字形，释为河妾。卜辞中河妾作为被祭祀对象，见于《合集》658号："辛丑卜，于河妾？"为武丁时期卜辞。杨升南认为，河即《国语·鲁语上》"冥勤其宫而水死"的商人先祖冥，河妾是先祖河（冥）的配偶〔杨升南《殷墟甲骨文中的河》，《殷墟博物苑苑刊》（创刊号）1989年〕。所以，卜辞中河妾也作为被祭祀对象。

王亥母：字形，释为王亥母。于省吾认为："甲骨文关于先公和先王的配偶，自示壬示癸才开始以天干为庙号。至于王亥配偶之称为王亥母……王亥母之为王亥的配偶是可以断定的。"（于省吾《释林》，第192页）卜辞中王亥母作为被祭祀对象，见于《合集》672号"翌辛亥，侑于王亥，四十牛？五十牛于王亥？侑于王亥母。钐夕二羊、二豕，俎？"为武丁时期卜辞。辞中王亥母与王亥对文同作为被祭祀对象，王亥母为王亥的配偶明确无误。又见《合集》685号也出现"燎于王亥母"的内容，对于王亥母进行燎祭，可见其身份非常尊贵。

王亥妾：字形，陈梦家释为王亥妾，并认为："卜辞中先公先王配偶的称谓，有母、妾、妻、奭四种。妻、妾两称多属武丁卜辞，奭仅限于祖庚和乙辛的周祭卜辞。"（陈梦家《综述》，第487页）卜辞中出现王亥妾内容的有《合集》660号，"……于王亥妾？……酒河……牛……我……"为武丁时期卜

辞。虽为残片残辞，也可以从中分析出王亥妾在辞中作为被祭祀对象，并与河（神祖）见于同版卜辞，祭祀使用牛牲，可见王亥妾高贵的身份。妾字之前冠有王亥，当为王亥配偶的另一称谓。卜辞中妾字虽也用作女奴但先公先王乃至神祖及诸子的配偶也称妾，见于《合集》658号："辛丑卜，于河妾？"

上甲妣甲：字形𠙼十，释为上甲妣甲，应为上甲奭妣甲之省。所见上甲妣甲的卜辞有《合集》1249号，"庚子卜，王，上甲妣甲，保妣癸……"为武丁时期卜辞。辞中上甲与妣甲之间或为省写奭字，妣甲为上甲配偶的名号无疑，可知近祖先公上甲的法定配偶为妣甲。陈梦家举此条卜辞与《甲》905号："佳小乙妣庚"例，认为："是比较两辞，妣庚为小乙之配，则妣甲为上甲之配。先王以上甲开始，用天干之首，而上甲之配名甲，也是很可能的。"（陈梦家《综述》，第488页）

示壬奭妣庚：字形𤔲奭㛸，释为示壬奭妣庚，妣庚或合文作𤔲。所见示壬奭妣庚的卜辞如《合集》36183号："庚辰卜，贞：王宾示壬奭妣庚，翌日亡……"辞中奭字，罗振玉、王襄最早皆释为"赫"（罗振玉《殷释》中，第51页；王襄《簠考·帝系》，第5页）。郭沫若释为"奭"读为母（郭沫若《卜通》，第22页）；叶玉森释为"夹"（叶玉森《前释》卷一，第16页）；唐兰释为"夾"又怀疑奭字是从这个字演变而来（唐兰《天壤文释》，第36页）；张政烺释为"奭"读为仇（张政烺《奭字

说》，《集刊》十三本，第165—171页），虽然各家的考释并不相同，但大家都同意本字有配偶的意思。张秉权认为："卜辞中出现的'某祖奭某妣'，亦犹如后世神主上的'某府君德配某夫人'之类中的'德配'之义，指的是某妣。所以那些都是对某妣的专祭，而不是与某祖先的合祭。"（张秉权《甲骨文与甲骨学》，第356页）此从张说，妣庚即示壬的法定配偶。（以下先王先王的法定配偶诸条皆参考陈梦家《综述·先王的法定配偶》，第379—384页）

示壬妻妣庚：字形𤔲𡞴㛸，释为示壬妻妣庚，如《合集》938号，"贞：侑于示壬妻妣庚，牢叀勿牛七十？二告。贞：翌乙亥，侑于唐，三伐牢"为武丁时期卜辞。辞中妣庚作为示壬的法定配偶被专祭，与唐（商汤）对文，用牛70头，可见其尊贵身份。

示壬妾妣：字形𤔲妾妣，释为示壬妾妣。所见示壬妾妣的卜辞有《合集》2285号："贞：来庚戌，侑于示壬妾妣，牝、牝、牝？"为武丁时期卜辞。辞中妾妣当为示壬的又一法定配偶。所见卜辞中表示先王先王配偶关系可称奭，也可称母、妻、妾。

示壬母：字形𤔲母，释为示壬母，当为示壬法定配偶的别称。所见示壬母的卜辞有《合集》32752号："……卜……酒……示壬母。"残片残辞。辞中示壬母作为被祭祀对象受享酒祭。参见示壬妾妣庚条。

示癸奭妣甲：字形𦎧奭㚸十，释为示癸奭妣甲，妣甲或合文作𦎧。所见示癸

奭妣甲内容的卜辞如《合集》36190号，"……辰卜，贞：王宾示癸奭妣甲，刕日亡尤？"辞中的示壬奭妣甲意为示壬的配偶妣甲，妣甲乃先公示癸的法定配偶。

示癸妾妣甲：字形，释为示癸妾妣甲。所见示壬妾妣甲内容的卜辞如《合集》2386号："癸丑卜，王宁……宰，示癸妾妣甲。"为武丁时期卜辞。辞中的示癸妾妣甲之妾，当与示癸奭妣甲之奭，或与示壬妻妣庚之妻，意思相同。

大乙奭妣丙：字形，释为大乙奭妣丙，大乙、妣丙为合文。所见大乙奭妣丙内容的卜辞如《合集》36194号："丙寅卜，贞：王宾大乙奭妣丙，翌日亡尤？"为帝乙帝辛时期卜辞。辞中大乙奭妣丙意为大乙的配偶妣丙，妣丙乃商朝开国之君大乙的法定配偶。所见甲骨卜辞中，先王的法定配偶唯大乙的配偶称妣丙，常常作为卜辞中祈求生育的对象，如《合集》34082号，"戊辰贞：其求生于妣庚妣丙？在且乙宗卜。"妣丙也称"高妣丙"。详见高妣丙条。

大乙奭妣甲：字形，释为大乙奭妣甲，大乙、妣甲为合文。所见大乙奭妣甲的卜辞如《合集》36199号："……卜，贞：王……大乙奭妣甲，亡尤？"为帝乙帝辛时期卜辞。辞中大乙奭妣甲意为大乙的配偶妣甲，妣甲乃商朝开国之君大乙的又一法定配偶。罗振玉增订《考释》考出的16位王的20位先妣未考出这位大乙的妣甲，后董作宾以及郭沫若、陈梦家、［日］岛邦男诸家的修订补充，也未见增加这位大乙的妣甲。（张秉权《甲骨文与甲骨学》，第354—356页）

母丙：字形，释为母丙。所见卜辞中出现"母丙"的卜辞有30余条，多为武丁时期卜辞，如《合集》678号，"戊子卜，王侑母丙女？"由于卜辞中所见的商先公先王的配偶名号为丙的仅有大乙，所以有学者认为"母丙"当为妣

《合集》36194号

《合集》678号

丙的别称；也有学者认为："先王法定配偶无称'母丙'者，'武丁'卜辞之'母丙'有可能为'阳甲'、'小辛'、'小乙'诸先王之一的非法定配偶。"（于省吾《诂林》，第3563页）

大丁奭妣戊：字形 ，释为大丁奭妣戊，大丁、妣戊为合文。所见大丁奭妣戊的卜辞如《合集》36196号，"戊戌卜，卜，王宾大丁奭妣戊，翌日亡尤？"为帝乙帝辛时期卜辞。辞中大丁奭妣戊意为大丁的配偶妣戊，妣戊乃大丁的法定配偶。

大甲奭妣辛：字形 ，释为大甲奭妣辛，大甲、妣辛为合文。所见大甲奭妣辛的卜辞如《合集》36208号，"辛巳卜，贞：王宾大甲奭妣辛，翌日亡尤？"为帝乙帝辛时期卜辞。辞中大甲奭妣辛意为大甲的配偶妣辛，妣辛乃大甲的法定配偶。

卜丙母妣甲：字形 ，释为卜丙母妣甲，卜丙、妣甲为合文，或释为外丙母妣甲。所见卜丙母妣甲的卜辞如《合集》22775号，"癸酉卜，行贞：翌甲戌卜丙母妣甲，彡亡尤？"为且庚且甲时期卜辞。卜辞的母字，陈梦家认为："其称先王的配偶关系则曰'妻'、'妾'、'母'和'奭'。……卜辞的奭，无论它是否假借为后妃之后，它必然代表一种特殊身份的配偶关系。……由示壬配妣庚之或称母或称妻或称妾，证母、妻、妾亦同故相同。"（陈梦家《综述》，第379—380页）也就是说卜辞中奭、母、妻、妾都代表一种特殊身份的配偶关系。此从陈说，卜丙母妣甲即卜丙的

配偶妣丙，妣丙乃卜丙的法定配偶。

大庚奭妣壬：字形 ，释为大庚奭妣壬，大庚、妣壬为合文。所见大庚奭妣壬的卜辞如《合集》23314号："壬寅卜，行贞：王宾大庚奭妣壬，彡亡尤？"为且庚且甲时期卜辞。辞中大庚奭妣壬意为大庚的配偶妣壬，妣壬乃大庚的法定配偶。

大庚奭妣庚：字形 ，释为大庚奭妣庚，大庚、妣庚为合文。所见大庚奭妣庚的卜辞如《合集》36245号，"壬寅卜，贞：王宾大庚奭妣庚，彡日亡尤？"为帝乙帝辛时期卜辞。辞中大庚奭妣庚意为大庚的配偶妣庚，妣庚乃大庚的又一法定配偶。

大戊奭妣壬：字形 ，释为大戊奭妣壬，大戊、妣壬为合文。所见大戊奭妣壬内容的卜辞如《合集》23314号："壬子卜，行贞：王宾大戊奭妣壬，彡亡尤？"为且庚且甲时期卜辞。辞中大戊奭妣壬意为大戊的配偶妣壬，妣壬乃大戊的法定配偶。

仲丁奭妣癸：字形 ，释为仲丁奭妣癸，仲丁、妣癸为合文。所见仲丁奭妣癸内容的卜辞如《合集》23330号，

《合集》23330号

"癸酉卜，尹贞：王宾仲丁奭妣癸，翌亡尤？"为且庚且甲时期卜辞。辞中仲丁奭妣癸意为仲丁的配偶妣癸，妣癸乃仲丁的法定配偶之一。

仲丁奭妣己：字形，释为仲丁奭妣己，仲丁、妣己为合文。所见仲丁奭妣己内容的卜辞如《合集》36232号："己卯卜，贞：王宾仲丁奭妣己䰜亡尤？"为帝乙帝辛时期卜辞。辞中仲丁奭妣己意为仲丁的配偶妣己，妣己乃仲丁的又一法定配偶。

且乙奭妣己：字形，释为且乙奭妣己，且乙、妣己为合文。所见且乙奭妣己内容的卜辞如《合集》36237号："己卯卜，贞：王宾且乙奭妣己，翌日亡尤？"为帝乙帝辛时期卜辞。辞中且乙奭妣己意为且乙的配偶妣己，妣己乃且乙的法定配偶之一。

且乙奭妣庚：字形，释为且乙奭妣庚，且乙、妣己为合文。所见且乙奭妣庚内容的卜辞如《合集》36245号："庚申卜，贞：王宾且乙奭妣庚，乡日亡尤？"为帝乙帝辛时期卜辞。辞中且乙奭妣庚意为且乙的配偶妣庚，妣庚乃且乙的又一法定配偶。

《合集》36245号

且辛奭妣甲：字形，释为且辛奭妣甲，且辛、妣甲为合文。所见且辛奭妣甲内容的卜辞如《合集》36251号："甲申卜，贞：王宾且辛奭妣甲，翌日亡尤？"为帝乙帝辛时期卜辞。辞中且辛奭妣甲意为且辛的配偶妣甲，妣甲乃且辛的法定配偶之一。

且辛奭妣壬：字形，释为且辛奭妣壬，且辛、妣壬为合文。所见且辛奭妣壬内容的卜辞如《合集》23323号："……申卜，尹贞：王宾且辛奭妣壬……"为且庚且甲时期卜辞。辞中且辛奭妣壬意为且辛的配偶妣壬，妣壬乃且辛的又一法定配偶。

且辛奭妣庚：字形，释为且辛奭妣庚，且辛、妣庚为合文。所见且辛奭妣庚内容的卜辞如《合集》36256号："庚子卜，贞：王宾且辛奭妣庚，乡日……尤？"为帝乙帝辛时期卜辞。辞中且辛奭妣庚意为且辛的配偶妣庚，妣庚乃且辛的又一法定配偶。

羌甲奭妣庚：字形，释为羌甲奭妣庚，羌甲、妣庚为合文。所见羌甲奭妣庚内容的卜辞如《合集》23325号："庚辰卜……贞：王宾羌甲奭妣庚，劦亡尤？"为且庚且甲时期卜辞。辞中羌甲奭妣庚意为羌甲的配偶妣庚，妣庚乃羌甲的法定配偶。

且丁母妣甲：字形，释为且丁母妣甲。所见且丁母妣甲内容的卜辞如《合集》2392号："于且丁母妣甲，御有……"为武丁时期卜辞。辞中出现且丁母妣甲意为且丁的配偶妣甲，妣甲乃且丁的法定配偶之一。

且丁奭妣己：字形██████，释为且丁奭妣己，且丁、妣己为合文。所见且丁奭妣己内容的卜辞如《合集》23328号："……卯卜，尹贞：王宾且丁奭妣己，劦亡尤？"为且庚且甲时期卜辞。辞中且丁奭妣己意为且丁的配偶妣己，妣己乃且丁的又一法定配偶。

四且丁奭（妣庚）：字形██████，释为四且丁奭，且丁为合文。所见四且丁奭的卜辞有《合集》36252号："庚子卜，贞：王宾小乙奭妣庚……日亡尤？庚辰卜，贞：王宾四且丁奭……彡……卜，贞：王宾且辛奭妣甲，劦日王……"为帝乙帝辛时期卜辞。辞中的四且丁奭后字残无，其前辞为小乙奭妣庚，后辞为且辛奭妣甲，中间的辞条虽残也知，当为四且丁奭妣庚（因在庚日），可知且丁有配偶为妣庚。又如《合集》2392号："于且丁母妣甲，御有……于妣庚，御有……"为武丁时期卜辞。辞中妣庚与妣甲见于同条卜辞，同作为被祭祀对象，可见其与妣甲同为且丁的又一法定配偶。

且丁奭妣辛：字形██████，释为且丁奭妣辛，且丁、妣辛为合文。所见且丁奭妣辛内容的卜辞如《合集》36270号："辛酉卜，贞：王宾且丁奭妣辛，彝亡尤？"为帝乙帝辛时期卜辞。辞中且丁奭妣辛意为且丁的配偶妣辛，妣辛乃且丁的又一法定配偶。

且丁奭妣癸：字形██████，释为且丁奭妣癸，且丁、妣癸为合文。所见且丁奭妣癸内容的卜辞如《合集》36274号："癸酉卜，贞：王宾且丁奭妣癸，劦亡尤？"为帝乙帝辛时期卜辞。辞中且丁奭妣癸意为且丁的配偶妣癸，妣癸乃且丁的又一法定配偶。

且乙（小乙）奭妣己：字形██████，释为且乙奭妣己，且乙、妣己为合文。所见且乙奭妣己内容的卜辞如《合集》23330号："己未卜……贞：王宾且乙奭妣己，岁……"为且庚且甲时期卜辞。辞中且乙奭妣己意为且乙的配偶妣己，妣己乃且乙的法定配偶之一无疑，此且乙在且庚且甲之前，或指武丁之父小乙，或指河亶甲之子的那个先王且乙。

小乙奭妣庚：字形██████，释为小乙奭妣庚，小乙、妣庚为合文。所见小乙奭妣庚内容的卜辞如《合集》23330号："庚戌卜，尹贞：王宾小乙奭妣庚，翌亡尤？"为且庚且甲时期卜辞。又如《合集》36262号："庚戌卜，贞：王宾小乙奭妣庚，彡亡尤？"为帝乙帝辛时期卜辞。前二辞中的小乙奭妣庚皆意为小乙的配偶妣庚，妣庚乃小乙的又一法定配偶。

武丁奭妣辛：字形██████，释为武丁奭妣辛，武丁、妣辛为合文。所见武丁奭妣辛内容的卜辞如《合集》36267号："辛卯卜，贞：王宾武丁奭妣辛，翌日亡尤？"辞中武丁奭妣辛意为武丁的配偶妣辛，妣辛乃武丁的法定配偶之一。其在武丁时期也称为"后辛"，如《合集》332残片残辞："……翌辛……侑……后辛……菔侑……羌。"辞中的后辛即妣辛，也有释为"司辛"（姚孝遂、肖丁《摹释》，第12页）。李学勤认为，卜辞中的妇好、后辛、后母辛、后𡥀母实指一人，即后来祀谱中称为妣辛的武丁之妃（李学勤《论妇好墓的年代及有关问题》，《文物》1977 年第 11 期）。宋镇豪云："妇是亲属称谓，本义是子妇，乃对夫之母而言，又引申为妻子。后指王后。妇好的好是名，𡥀母是妇好的字，𡥀读为巧，巧、好韵同义近，《释名》：'好，巧也。'名与字合拍。"（宋镇豪《夏商社会生活史》，第 231 页）

武丁奭妣癸：字形𤔲，释为武丁奭妣癸，武丁、妣癸为合文。所见武丁奭妣癸内容的卜辞如《合集》36268 号："癸未卜，贞：王宾武丁奭妣辛，翩亡尤？"又见《合集》36272 号亦出现"武丁奭妣癸"内容。辞中武丁奭妣癸意为武丁的配偶妣癸，妣癸乃武丁的又一法定配偶。武丁时期妣癸又称为后癸（见《殷缀》289 号）

《合集》36272 号

妣戊妌：字形𤔲，释为妣戊妌，妣戊为合文。所见妣戊妌的卜辞有《屯南》4023 号："王其侑妣戊妌，鍪羊，王受佑？叀妣戊妌，小宰王受佑？"为武乙文武丁时期卜辞。辞中的妣戊妌，当为武丁的法定配偶妣戊，私名为妌，

在武丁时期为诸妇之一妇妌。宋镇豪认为："三妃之一的妣戊或后戊，在四期甲骨文又称作妣戊妌，是知即武丁时'生妇'之妇妌其人，一称妇井、妌妇。"（宋镇豪《夏商社会生活史》，第 230 页）武丁时期曾称为"后戊"，如《合集》22044 号："辛亥卜，兴后戊。"辞中的后戊当指妣戊妌，后戊也有释为司戊（姚孝遂、肖丁《摹释》，第 484 页）

且甲奭妣戊：字形𤔲，释为且甲奭妣戊，且甲、妣戊为合文。所见且甲奭妣戊内容的卜辞如《合集》36284 号："戊寅卜，贞：王宾且甲奭妣戊，乡日亡尤？"为帝乙帝辛时期卜辞。辞中且甲奭妣戊意为且甲的配偶妣戊，妣戊乃且甲的法定配偶。

康且丁奭妣辛：字形𤔲，释为康且丁奭妣辛，康且丁、妣辛为合文。所见康且丁奭妣辛内容的卜辞如《合集》36291 号，"辛亥卜，贞：王宾康且丁奭妣辛……"为帝乙帝辛时期卜辞。辞中康且丁奭妣辛意为康且丁的配偶妣辛，妣辛乃康且丁的法定配偶。

武乙奭妣戊：卜辞中武乙也称"父乙"（文武丁时期卜辞）、"武且乙"（帝乙帝辛时期卜辞），虽然未见卜辞出现有武乙配偶相关的材料，但商代铜器铭文则有《肆毁》："武乙奭妣戊"内容（《三代》6.52.2），说明武乙的法定配偶亦称妣戊。

文武帝及后母：文武帝的字形𤔲，后母的字形𤔲，文武帝与后母见于同版或同条的卜辞有《合集》36176 号，"……

后母其……文武帝乎……后母于癸宗，若。王弗悔？"辞中"文武帝"指文武丁，同辞出现的"后母"当为帝乙的配偶，"于癸宗"其名号当为癸，被尊称为"后母"。宋镇豪认为卜辞中"凡王后或世家主妇，或以特定身份字'后'相称，其地位要高于一般的妇。"（宋镇豪《夏商社会生活史》，第233页）卜辞中有见武丁时的三妃皆称后，为"后戊"（见《合集》22044号）、"后辛"（见《合集》332号）、"后癸"（见《殷缀》289号）。

五妣：字形⋎，释为五妣，见于武丁时期的称谓，指五位先王的配偶，见于《合集》22100号："戊申卜，求生五妣于……"对辞中的五妣，陈梦家认为："求生的五匕（妣），即大甲配匕辛，大庚配匕壬，大戊配匕壬，仲丁配匕己，祖乙配匕癸。"（陈梦家《综述》，第495页）宋镇豪则认为指"妣庚、妣丙、妣壬、妣己、妣癸"。宋的观点来源于这几位先妣都见作为被求生对象，见《怀》71号："……卜，争贞：求王生于妣庚于妣丙？二月。"辞中妣庚、妣丙都是求生对象。又见《合集》22050号："乙未卜，于妣壬求生？于妣己？于妣癸？"辞中妣壬、妣己、妣癸皆为求生对象。还见《合集》21060号："求生妣己？"辞中妣己为求生对象。"妣庚、妣丙、妣壬、妣己、妣癸，在商人心目中已被神化，成为能为本族人口繁衍带来希望的生育女神。"（宋镇豪《夏商生活生活史》，第253页）

《合集》22100 号

高妣：字形，释为高妣，卜辞中作为求生对象被祭祀。所见卜辞中相关高妣的辞条有六条，见于《合集》27499号："高妣燎，叀羊，有大雨？叀牛，此有大雨？"为廪辛康丁时期卜辞。又见《屯南》1089号："己亥，贞：其求生于妣庚？丁丑，贞：其求生于高妣丙大乙？……生……高妣庚示壬？丁丑，贞：其求生于高妣，其庚酒？"辞中高妣被燎祭或酒祭，前辞与卜雨相关，后辞为求生卜辞。高妣所指，有认为"商王先公远祖配偶之统称"（孟世凯《辞典》，第487页）。但《合集》2360号："贞：勿御于高妣？御于高妣庚？"辞中高妣与高妣庚对文，不应为诸先妣的统称，而应具体有所指，或为高妣庚的省称。高妣在《屯南》1089号中与高妣丙、高妣庚、妣庚并列，所见卜辞中有称高妣的还有高妣己，或为高妣己的省称。卜辞中王妣冠以高称的皆为求生对象。

《合集》2360 号

高妣丙：字形👤內，释为高妣丙，是大乙（商汤）配偶的尊称，卜辞中作为求生对象，武丁时期称妣丙，武丁之后称高妣丙，见于《屯南》1089 号："己亥，贞：其求生于妣庚？丁丑，贞：其求生于高妣丙大乙？……生……高妣庚示壬？丁丑，贞：其求生于高妣，其庚酒？"辞中的"高妣丙大乙"如同上甲妣甲例，明确为大乙之配偶，与高妣丙与高妣庚、高妣、妣庚并列被合祭，祭仪为酒祭，卜辞中对求生对象多用酒祭，也有燎祭。又见《合集》34078 号，"癸未，贞：其求生于高妣丙"。辞中高妣丙作为专祭求生对象。

高妣己：字形👤己，释为高妣己，卜辞中作为求生对象，见于《合集》2351 号："丁……卜，亘贞：侑于高妣己、高妣庚？贞：侑于高妣己、高妣庚？"是对高妣己和高妣庚的合祭卜辞。又见《合集》2366 号："……卜，宾贞：于来己亥，酒高妣己暨妣庚？三月。贞：来己亥，酒高妣己暨妣庚？"是对高妣己和妣庚的合祭卜辞，妣庚为小乙的配偶，

虽然亦为求生对象，但不称高，以与示壬之配高妣庚区别。还见《合集》710 号："贞：燎于高妣己，侑毅，册三，……、卯牢？勿于高妣己。"是对高妣己的专祭卜辞。高妣己是先公且乙的配偶，也称妣己，高妣己当为尊称。

《合集》2366 号

高妣庚：字形👤庚，释为高妣庚，卜辞中作为求生对象，见于《屯南》1089 号："己亥，贞：其求生于妣庚？丁丑，贞：其求生于高妣丙大乙？……生……高妣庚示壬？丁丑，贞：其求生于高妣，其庚酒？"虽然相关高妣庚的辞条残缺，但出现生字，参前后辞条互证，高妣庚为求生对象无疑。辞中出现"高妣庚示壬"内容，与"上甲妣甲""高妣丙大乙"例同，明确高妣庚为示壬的配偶。又见《合集》2351 号、2374 号等都出现"高妣庚"内容。卜辞中的求生对象，武丁时期见有五位，有妣丙、妣乙、妣庚、妣壬、妣癸，武丁之后主要有四

位，有妣己或称高妣己、妣丙或称高妣丙、高妣庚（示壬之配）、妣庚（小乙之配）。宋镇豪认为，这四妣似亦分主四方，与殷商流行的四方观念相应，"东西南北与先妣对应，已结合进了商王朝国家形态下的四方观念，意义正如《诗·商颂·殷武》所云：'商邑翼翼，四方之极，赫赫厥声，濯濯厥灵，寿考且宁，以保我后生。'武丁时生育之神'五妣'，以及又规范为四妣的安排，当出于对商邑及周围四方商宗族的永生和子孙后嗣永继的寄托。在商人心目中，这几位妣既能保佑商族子孙永昌，又能时降灾祸。"（宋镇豪《夏商社会生活史》，第253—254页）

《合集》2374号

（三）诸妇

诸妇：所见甲骨卜辞中，有相当多的女性人物，称妇某。如妇好、妇果、妇井、妇娘等。陈梦家认为："卜辞中有六十个以上的妇某。"（陈梦家《综述》，第492页）张秉权列举了八十余位妇名（张秉权《甲骨文与甲骨学》，第432—433页）。赵诚亦认为妇名"据

统计，有六、七十个"（赵诚《词典》，第46页）。孟世凯《甲骨学辞典》附录六"殷墟甲骨文所见诸妇表"收集有119位。宋镇豪则认为卜辞中"称'妇某'或'某妇'的，共达164位"（宋镇豪《夏商社会生活史》，第226页）。在卜辞中统称为"妇"或"多妇"，甲骨学者为了方便，将她们称为诸妇。甲骨文妇字写作，多见写作，释为帚，像是用某种植物做成的工具扫帚，卜辞中用作妇。郭沫若在《骨臼刻辞之一考察》中认为武丁卜辞习见的"妇某"为人名，帚为"妇"之省文，妇下一字乃是女字，妇某乃是殷王的妃嫔。也有学者认为诸妇不是商王的妃嫔，起码不全是商王的妃嫔。但从卜辞分析，诸妇在当时的地位相当崇高，还有相当大的权力。我们知道国之大事，惟祀与戎。所见卜辞中，诸妇不仅参与，有时甚至主持祭祀；不仅参与，甚至指挥将领带兵打仗。所以，多数学者认为，妇表示一种妇女的身份，诸妇是当时特有的一个阶层，对国家的政治、军事、经济乃至社会都产生过较多的作用。见于卜辞中的诸妇，都属于武丁时期和武乙或文武丁时期，原因是这两个时期都属于旧派，所谓旧派，卜问事类比较复杂。其他新派的卜辞中基本不出现诸妇之名。此外，传统文献对于商代妇女在政治上、军事上所占有的重要地位，也有很多记载。如《诗·大雅·緜》，"古公亶父，来朝走马，率西水浒，至于歧下，爰及姜女，聿来胥宇"。又如《大名》，"挚仲氏任，自彼殷商，来嫁于周，曰嫔于

京，乃及王季，维德之行……有命自天，命此文王，于周于京，缵女维莘，长子维行"。《思齐》："思齐大任，文王之母，思媚周姜，京室之妇，大似嗣徽音，则百斯男。"都是歌颂妇女贤德，能够辅佐帝王勋业的记录。也就是说，传统文献和甲骨文都详细记录了当时妇女参政这一通常现象。所以本卷本专列章节对诸妇中一些重要的人物加以介绍。

妇好：字形 或 ，释为妇好。 字罗振玉、王襄最早皆释为好（罗振玉《殷释》中，第 72 页，王襄《簠考·典礼》，第 12 页）。商承祚释为后妃之妃（商承祚《契》181 片考释）。卜辞中妇好是诸妇中非常重要的一位。所见记有妇好的有数百条，大体有四方面内容：（1）参与祭祀，如《合集》2612 号："贞：御妇好于高……"又《合集》2613 号："御妇好于父乙？"又《合集》94 号："乙卯卜，宾贞：乎妇好有及于妣癸？"都是记录妇好参与对先王先妣的祭祀。（2）带兵征伐和征集军队，如《合集》6412 号："辛巳卜，争贞：今早王共人乎妇好伐土方，受有佑？五月。"又《合集》6480 号："贞：王令妇好比侯告伐尸……"又《英》150 号："辛巳卜……贞：登妇好三千，登旅万乎伐……"前二辞记录王令妇好带兵征伐土方、尸方，后一辞"旅"指军队，"登"为征召，记录为妇好征召一万三千部队，由其率领参加征伐。这是所见甲骨卜辞中用兵最多的记录。（3）为妇好生子或生病卜问，如《合集》154 号："己丑卜，殼贞：翌庚寅妇好娩？贞：翌

庚寅妇好不其娩？一月。"又《合集》13997 号："壬戌卜，宾贞：妇好娩嘉？"又《合集》14002 号："甲申卜，殼贞：妇好娩嘉？王占曰：佳丁娩嘉，其佳庚娩弘吉。三旬又一日甲寅娩，不嘉，佳女。"后一辞商王亲自为妇好占问，妇好分娩嘉否？商王判断丁日生产嘉，庚日生产弘吉，结果三旬过一日甲寅妇好生产，不嘉，生了个女孩。嘉，包括顺利、吉善多层意思，顺利与否，当卜问顺产还是难产；吉善与否，当卜问生男还是生女，从上条卜辞分析，生男孩当为嘉。还有如《合集》709 号："贞：妇好骨凡有疾？"又《合集》13931 号："……申卜，争贞：妇好不延有疾？"此二条卜辞是对妇好是否有病的卜问。

《合集》2613 号

（4）对妇好进行祭祀，如《合集》3638号："……寅卜，韦贞：宾妇好？贞：弗其宾妇好？"又如《合集》3639号："贞：有来宾妇好？"是妇好已经去世，对妇好进行宾祭的记录，说明妇好的地位相当崇高（王宇信、张永山、杨升南《试论殷墟五号墓的"妇好"》，《考古学报》1977年第2期）。1976年，安阳殷墟发掘了5号墓，墓的规模虽不大，但未被盗掘，出土了400余件青铜器及共计1928件随葬品。根据所出土青铜器铭文多见"妇好"和"司母辛"确定墓主人身份为"妇好"，即武丁的法定配偶妣辛。

妇姘：字形𡢊，释为妇姘。𡢊字罗振玉、王襄、李孝定最早皆释为姘（罗振玉《殷释》中，第23页；王襄《簠室殷契类纂》正编第十二，第55页；李孝定《集释》，第3655页）。《说文》："姘。静也，从女井声。"卜辞中姘或为此妇的私名。所见妇姘与妇好的地位相当，非常尊贵。（1）参加祭祀主持祭奠，如《合集》2725号："戊寅卜，宾贞：御妇姘于母庚？"又见《合集》2726号。又见主持俎祭，如："乎妇姘俎与声京"等。（2）参加征伐，如《合集》6584号："甲辰……更乎妇姘伐龙……"又如《合集》6585号："贞：勿乎妇姘伐龙方？"（3）王亲自对妇姘的生育进行占卜，如《合集》14009号："……卜，争贞：妇姘娩嘉？王占曰：其佳庚娩嘉。旬辛……妇姘娩，允嘉。二月。"又如《合集》13949号等。（4）多见受年的卜辞，说明与农业生产

有密切关系。如《合集》9965号："贞：妇姘黍受年？"又见《合集》9966号等。妇姘有田地，如《合集》9610号："……卯卜，古贞：妇姘田……其萑？"又见《合集》9607号商王关心妇姘田地庄稼能不能得到好的收获。（5）有见妇姘纳贡甲骨的卜辞记录，如《合集》6233号："己丑妇姘示二屯自岩。"此"屯"为量词，表示一对或两块，专指卜用之甲骨。还有见妇姘纳贡七屯甲骨的记录。有学者认为妇姘为商王武丁之妃，但从卜辞记录分析，妇姘虽然与商王关系密切，却好像不在商王身边，所以，又有学者认为其当是卜辞中井方之女，可能还是井方首领之女嫁于商王武丁为妃（宋镇豪《夏商社会生活史》，第230页）。

妇井：字形𡞋，释为妇井。井与姘为简、繁同一字，是先借用井作人名，因为是女性，所以又加了形旁女，妇井即妇姘。所见甲骨卜辞，出现妇井的记载达六七十条，但多为"妇井""妇井示"残辞，比较完整的多见于进贡甲骨的记事刻辞，见于《合集》3286号："癸卯，妇井示四屯。殷。"又见《合集》1248号、《合集》838号、《合集》116号等。有妇井参与农田管理的卜辞，见于《合集》9598号："妇井黍萑？"又见《合集》9599号等。妇井有参加祭祀的卜辞，如《英》160号："……翌庚子……妇井侑母庚。"还见有卜问妇井生育的卜辞，如《合集》32763号残辞："……亥，妇井毓……"等。由上述卜辞分析，这个妇井的身份很复杂，似乎

不应该在商王的身边,但商王不但关心她的生育情况,还带着她参加祭祀。有学者认为妇井的井,是指井方,商王娶女于井,故称妇井。所以妇井之名,可以见于不同时期,第一期的武丁可以娶女于井,第四期的文武丁,也可以娶女于井。参见妇妌条。

《合集》3286 号臼

妇㛰(媒):字形🔣或🔣,释为妇㛰。🔣字罗振玉、王襄最早皆释为媒(罗振玉《殷释》中,第 23 页;王襄《簠室殷契类纂》正编第十二,第 55 页)。也有学者释为媒(李孝定《集释》,第 3669 页)。所见甲骨卜辞记录,妇㛰应是商王室的直系亲属,如《合集》738 号:"母㛰王不囏。"称为母㛰(或女㛰),不管是母还是女,都是商王的近亲。关于妇㛰的卜辞内容:(1)妇㛰参加商王对先王、先母的祭祀活动,如《合集》2774 号:"甲寅卜,争贞:勿御妇㛰于唐?"又见《合集》5908 号、

《合集》2777 号等。(2)商王对妇㛰生育的占卜,如《合集》14019 号:"丙戌卜,争贞:妇㛰娩嘉?七月。"又见《合集》14128 号等。

妇果:字形🔣,释为妇果。🔣字罗振玉、王襄最早皆释为果(罗振玉《殷释》中,第 36 页;王襄《簠室殷契类纂》正编第六,第 28 页)。郭沫若、孙海波皆释为枼(郭沫若《卜通》,第 89 页;孙海波《甲骨文编》,第 262 页)。姚孝遂认为:"郭沫若释枼,以为葉之初文,'象木之枝头著叶',其说非是。"(于省吾《诂林》,第 1398 页,姚孝遂按)所见卜辞中妇果的记录不多,是否为妇㛰之省女旁简写,有待考证。《合集》14018 号:"丙午卜,亘贞:妇果娩嘉?四月。"这条卜辞卜问的是妇果生育是否嘉,参证《合集》14019 号七月的卜辞,妇果与妇㛰当为一人。详见妇㛰。

《合集》14018 号

妇娘:字形🔣,释为妇娘。🔣字李孝定释为娘(李孝定《集释》,第 3699 页)姚孝遂认为:"'妇娘'唯见于甲桥刻辞。从女良声,与今'娘'字偶合。"

（于省吾《诂林》，第 511 页，姚孝遂按）卜辞中还有字形，释为妇良。娘或为良加女旁繁形。有学者认为是先借良用作人名，因其为女性，故又加形旁女，于妇井又写作妇妌，妇果又写作妇婐形同（赵诚《词典》，第 53 页）。甲骨文娘字，只是某妇的私名，还没有作为后代姑娘的娘或爹娘的娘使用。古今文字中，许多字形相同的字，其表义并不相同。所见妇娘的内容多见于记事刻辞，如《合集》11423 号："妇娘示三。"还有《怀》9660 号："妇娘示七屯。亘。"

妇良：字形，释为妇良。字徐中舒、白玉峥皆释为良（徐中舒《怎样研究中国古代文字》，《古文字研究》第 15 辑，第 4 页；白玉峥《契文举例校读》，第 21 页）姚孝遂认为："此亦当释'良'，卜辞'妇良'习见，为人名。"（于省吾《诂林》，第 3356 页，姚孝遂按）良字在甲骨卜辞中还作族名使用，妇良或为良族之女，进入中央王朝为妇。记有妇良内容的也多为贡纳甲骨方面，如《合集》1121 号："妇良示七相。"又如《合集》17528 号："妇良示十屯……六月。"也见有商王对妇良生育的占卜，如《怀》495 号："癸未卜，王良嘉……"又如《合集》13936 号："壬辰卜，㱿贞：妇良有子？"《合集》27527 号："……良妣庚王……"一条残辞，似乎表示着妇良也参加对妣庚的祭祀。由于妇良与㱿这个武丁时期重要的贞卜人物同版同条出现，也当为武丁时期诸妇之一。

妇妏：字形，释为妇妏。妏字也可写作，上下无别。字金祥恒、李孝定皆释为妏（金祥恒《续文编》十二卷，第 11 页；李孝定《集释》，第 3677 页）卜辞中妇妏的记录不多，多为残辞，如《合集》2692 号、5775 号，仅有"妇妏"之名，又如《合集》6648 号、6655 号、9200 号，也只有"妇妏来"三个字，再如《合集》6828 号只有"妏"一个字。《合集》454 号有卜辞两条，一为："辛未卜，㱿贞：妇妏娩嘉？王占曰：其隹庚娩嘉。三月，庚戌娩嘉。"再为："辛……卜，㱿贞：……妏娩嘉……其嘉。"商王亲自为妇妏的生育占卜，说明关系非常亲近。此外，妇妏与武丁时期贞卜人物㱿同版同条出现，说明其也是生活在武丁时期。

妇妹：字形，释为妇妹。字王国维最早释为妹（王国维《戬考》，第 59 页）妹为此妇的私名。所见记录妇妹的内容多为记事刻辞，有见《合集》6552 号骨臼刻辞："乙未，妇妹示屯，争。"又见《合集》6524 号骨臼刻辞："庚子，妇妹……"所残部分也应为示屯的内容，同版其他卜辞也出现武丁时期贞卜人物"宾"，由上述争、宾可判断妇妹是武丁时期诸妇之一。

妇媿：字形或，、叶玉森最早隶定为媿（叶玉森《前释》，第 42 页）。姚孝遂认为："从''从''无别。"（于省吾《诂林》，第 509 页，姚孝遂按）当为此妇的私名。所见卜辞中记录妇媿的内容主要为三个方面，（1）参加祭祀，如《合集》2787 号：

"御妇嫄女且丁？七月。"又见《合集》2788号、《合集》19886号等。（2）为妇嫄的生育进行占卜，如《合集》14016号："……嫄娩不其嘉？"又见《合集》13954号，两条都为残辞。（3）记录妇嫄很疼爱她的儿子，如《合集》3783号："戊辰卜，争贞：勿䵼妇嫄子子？"辞中第一个子为动词，表疼爱之义；第二个子为名词，表儿子之义。从与武丁时期贞卜人物争同版同条卜辞出现，其亦为武丁时期诸妇之一。

妇姓：字形𦣻，释为妇姓。𦣻字王襄、孙海波、李孝定皆释为姓（王襄《簠室殷契类纂》正编第十二，第54页；孙海波《甲骨文编》旧版十二卷，第5页；李孝定《集释》，第3589页）当为此妇的私名。所见卜辞中，妇姓的记录很少，且多为残辞，如《合集》2861号："妇姓……彝。"又见《合集》15220号、《合集》19143号等。从上述残辞分析，妇姓与王室关系亲近，且与武丁时期贞卜人物宾同版同条，当为武丁时期诸妇之一。另有见《合集》14027号："……姓娩其嘉。"说明商王也很关心她的生育情况。

妇㜅：字形𢆉或𢆉，释为妇㜅。𢆉字叶玉森最早释为㜅（叶玉森《拾考》，第20页）孙海波、李孝定释为㜅（孙海波《卜辞文字小记》，《考古学社社刊》第三期，第62页；李孝定《集释》，第3661页）。姚孝遂认为："字从索，当隶作'嫊'。在偏旁中'索'与'束'可通用，或隶作'㜅'，亦可。"（于省吾《诂林》，第505页，姚孝遂

按）当为此妇的私名。见于《合集》13961号："……申……贞：妇㜅娩？"是为商王关心妇㜅生育的内容。还有两条都与妇㜅的儿子相关的卜辞，其一为商王卜问妇㜅的儿子是否遭祸害，《合集》2812号："……午卜……妇㜅子不囚？"其二为《合集》17068号："贞：妇㜅子其囚？"表面看来商王很关心妇㜅的儿子，但所见卜辞还不能证明妇㜅为商王的配偶。

《合集》13961号

妇鼠：字形𤝔或𤝔，释为妇鼠。𤝔字罗振玉、叶玉森皆释为鼠（罗振玉《殷商贞卜文字考》，第18页；叶玉森《前释》一卷，第108页）。郭沫若释"此即狸字。狸者，狸猫也"（见朱芳圃《文字编》补遗，第15页）。当为此妇的私名。所见卜辞关于妇鼠的内容比较丰富，（1）妇鼠参加对先妣、先母的祭祀，如《英》1763号："癸未卜，妇鼠侑妣己毅豕？"又如《英》1765号："癸未卜，妇鼠侑母庚毅？"指对妣己、母庚进行侑祭。（2）商王祭祀先妣以为妇鼠御除灾殃。如《合集》19987号："甲申卜，御妇鼠妣己二牝牡？十二月。"及"一牛一羊御妇鼠妣己？"

（3）祭祀先妣以御除妇鼠之子的殃祸，如《合集》14118号："御妇鼠子于妣己允佑龙？"由此看来，妇鼠之子当为商王亲子。又见《合集》14116号："贞：妇鼠娩，余弗其子？四月。"另见《合集》14115号："戊戌卜，王贞：妇鼠娩。余子？"二辞对贞，是卜问对这孩子应该不应该慈爱。一般说来，对于亲生之子，不应该通过卜问来决定对其是否疼爱。所以，有学者认为妇鼠虽然与商王的关系相当亲近，但其子不可能是商王的亲子，认为妇鼠与商王的关系可能是亲生的兄妹或姐弟关系。还有见卜问妇鼠是否回来的卜辞，如"妇鼠不来"，则说明妇鼠常常住在都城之外（赵诚《词典》，第54页）。

《合集》19987号

妇婞：字形 ，隶定为婞，为此妇的私名，从女率声。所见卜辞中妇婞的内容很少，且多为残辞，如《合集》22215号，有"贞：妇婞"，又见《合集》22257号、《合集》22262号、《合集》22256号等。见《合集》22259号、22260号、22261号内容基本相同，为"丁巳，贞：妇婞允亡祸"，即卜此妇之灾祸。

妇妿：字形 或 ，释为妇妿。 字孙海波、李孝定皆释为妿（孙海波《甲骨文编》，第473页；李孝定《集释》，第3629页）姚孝遂认为："'妿'为妇名之专用字。字亦省作 。"又以为妇妿之妿为多之加女旁繁形，妇妿和妇多为同一人（于省吾《诂林》，第493页姚孝遂按）。当为此妇的私名。所见卜辞中妇妿的内容主要有两方面，一是为妇妿求子，如《合集》22246号："辛丑卜，乎受妿乳？"又如《合集》22247，"辛……卜，乎受妇妿乳？"辞中受为授，授予、给予的意思，乳象抱子哺乳之形，全辞意思为卜求给予妇妿以子。二是商王为妇妿是否有灾祸进行占卜，如《合集》22261号："贞：妿亡祸？"又见《合集》22247号等。还有为妇妿之子卜求去除疾病的卜辞，如《合集》22246号："妇妿子疾不延？"从上述卜辞内容分析，妇妿当为商王室之妇。

妇多：字形 ，释为妇多（释名参见妇妿条）。在《合集》22246号、22247号上都有"贞：妇多嘉"相同的辞条，与妇妿同版，但写作妇多，当为同一妇。还见《合集》22251号等。《合集》22252号："壬午，贞：妇多亡祸？"及《合集》22253号："壬午，贞：妇多亡祸？"也都是为妇多有无灾祸进行卜问。

妇力：字形 ，释为妇力。 字孙海波、李孝定皆释为力（孙海波《甲骨文编》，第524页；李孝定《集释》，第

4049 页）。姚孝遂认为："'力'乃'妠'之省，均当读作'嘉'。"（于省吾《诂林》，第 3306 页，姚孝遂按）当为此妇的私名。卜辞中妇力的内容甚少，有《合集》22269 号："酉至中母，力……"又《合集》22268 号："酉至妇力，中母豕。"两条残辞。有学者认为为武丁后期卜辞（孟世凯《辞典》，第 51 页），妇力也当为武丁时期诸妇之一。

妇凡：字形 𠂤，释为妇凡，凡当为此妇的私名。卜辞中妇凡的内容甚少，见于《合集》22395 号："丁卯卜，妇凡子，亡疾？"商王卜问妇凡之子有无疾病，说明妇凡为商王室诸妇之一。有学者认为这条辞为武丁后期卜辞（孟世凯《辞典》，第 51 页），妇凡也当生活在武丁时期。

妇巳：字形 𨑨，释为妇巳。巳为此妇的私名。所见记录妇巳内容释的多为记事刻辞，如《合集》13338 号反面："吴。入五十。妇巳示十，争。"为武丁时期记事刻辞。有学者据此推论妇凡当为商代诸侯之妇（孟世凯《辞典》，第 51 页）。

妇女：字形 𢼸，释为妇女。女为此妇的私名。卜辞中妇女的内容也不多。有见妇女与纳贡甲骨相关的记事刻辞，如《合集》6270 号："庚戌，妇女示……"残辞，又《合集》15528 号："册宾妇女"，又见《合集》17105 号："妇女……"残辞。此外，《合集》2820 号："贞：旻，妇女有祸？"又《合集》2822 号："贞：不隹父巳它妇女？"及

《合集》19996 号等，都为卜问妇女有无灾祸的卜辞。商王如此关心妇女，说明其当为商王室成员，为武丁时期诸妇之一。

妇古：字形 𡚿，释为妇古。古为此妇的私名而不是庙号。卜辞中妇古的内容甚少。仅见残损卜辞有妇古之名，如《合集》6325 号："……妇古"，有学者认为《合集》6153 号残辞也为"妇古"（孟世凯《辞典》，第 51 页），但也有释为"乙未古"（姚孝遂、肖丁《摹释》，第 152 页）。武丁时期有名古的贞卜人物，也有族名为古，此妇古或为古族之妇，或为贞卜人物古之妇。

妇丙：字形 𡚱，释为妇丙。丙为此妇的私名而不是庙号。卜辞中妇丙的内容甚少。有见《合集》18911 号："妇丙来。宾。"有贞卜人物署名，当与纳贡甲骨有关。与贞卜人物宾见于同辞，当为武丁时期诸妇之一。

妇石：字形 𡚸或 𡚹。释为妇石。石为此妇的私名。卜辞中妇石的事迹记录虽不多，但很重要。如《屯南》2118 号："己丑卜，妇石燎爵于南庚？"为妇石参与或主持对南庚祭祀的记录。又如《合集》22099 号："戊午卜，贞：妇石力？十三月。戊午卜，御石？"出现御之祭名，当与祭祀相关。

妇史：字形 𢼸，释为妇史。史为此妇的私名。卜辞中史有作为贞卜人物名，也有作为族名或职官名，亦能通使，但作为妇史的内容甚少，仅见《合集》21975 号，记有"癸卯妇史"。同版其他卜辞文字模糊不清，难辨其义。

妇光：字形𢀛，释为妇光。光为此妇的私名。卜辞中妇光的内容甚少，仅见有《合集》2811号残片上，"……品妇光……"为卜辞第一期即武丁时期，妇光为武丁时期诸妇之一。

《合集》2811号

妇妌：字形𢀛，𢀛隶定为妌，为此妇的私名，从女羊声，妌或为羊加女旁的繁形，也有释为姜（王蕴智《字学论集》，第180页）。所见记录妇妌事迹的为两个方面，第一为向中央王朝进贡甲骨，如《合集》7287号骨臼刻辞，"妇妌示十屯。争"。还有若干残辞，如《合集》2488号骨臼刻辞及《合集》1463号残辞。第二为商王卜问妇妌生育

《合集》2488号臼

的相关情况，如《合集》974号："贞：妇妌娩嘉？"还有《合集》6826号："妇妌来？"为商王关心妇妌的出行往来情况，都说明其与王室的密切关系。从贞卜人物争、宾推断，妇妌是武丁时期诸妇之一。

妇羊：字形𢀛，释为妇羊。羊为此妇的私名。所见记录妇羊内容的不多，如《合集》6479号："……妇羊示……古。"为妇羊纳贡若干甲骨的记录。另见《合集》9810号反面，"妇羊来"。正面为贞卜人物亘卜受年的内容。妇羊与武丁时期贞卜人物亘、古同版出现，说明妇羊是武丁时期诸妇之一。

妇汝：字形𢀛，释为妇汝。汝为此妇的私名，从水女声。所见记录妇汝事迹的有两个方面，一为妇汝进贡甲骨，如《合集》6156号："戊寅，妇汝示二屯。扫。"二为商王对妇汝生育之事进行卜问，如《合集》14026号："贞：汝娩不其嘉？"意思为卜问妇汝分娩不会顺利吧。皆为武丁时期卜辞，其也当为武丁时期诸妇之一。

妇杏：字形𢀛。释为妇杏。杏为此妇的私名。所见记录妇杏内容的仅有记事刻辞，如《合集》17524号："……妇杏……三屯。"意思为妇杏进贡了三对甲骨。由此分析妇杏当为中央王朝之外的诸妇之一。

妇瘿：字形𢀛。释为妇瘿。瘿为此妇的私名。所见记录妇瘿内容的多为记事刻辞，如《合集》17543号："……妇瘿示一屯。争自匽。"又《合集》17541号："戊戌，妇瘿示二屯。扫"。又该版

骨臼刻有"丙寅，妇瓔示二屯。扫"。还有《合集》15734 号等。此外，与妇瓔同版同条的贞卜人物，都是卜辞一期武丁时期，妇瓔也为武丁时期中央王朝之外的诸妇之一。

妇利：字形，释为妇利。利为此妇的私名。所见记录妇利的若干辞条多为记事刻辞，如《合集》1853 号骨臼刻辞，"妇利示十屯。争"。又见《合集》2774 号骨臼刻辞。有武丁时期贞卜人物争署名，妇利应为武丁时期诸妇之一，或为利族之妇。

妇辛：字形，释为妇辛。辛为此妇的私名。诸妇中，用天干字为名，除妇辛外，还有妇丙。所见记录妇辛内容的仅一条骨臼记事刻辞，为《合集》5478 号："妇辛示……宾。"其与武丁时期贞卜人物宾同版同条出现，当为武丁时期诸妇之一。

妇亚：字形，释为妇亚。亚为此妇的私名。卜辞中记载妇亚的内容甚少，仅见《合集》2813 号反面，"……妇亚来……"残辞，该残片正面有武丁时期贞卜人物殻，所以，妇亚当为武丁时期诸妇之一。

妇娅：字形，释为妇娅。娅为此妇的私名。所见卜辞中记载妇娅的内容甚少。仅见残辞，《合集》2803 号："……妇娅……扫。"另见《合集》7145 号："……艰迄至……有来艰臯……子娅……有洀曰。二、三。"残辞中的子娅也当为妇娅，皆为武丁时期卜辞，说明妇娅是武丁时期诸妇之一。

妇呵：字形。释为妇呵。呵为此妇的私名。所见记录妇呵内容的多为记事刻辞，如《合集》7081 号骨臼刻辞，"丁亥，妇呵示三屯。亘。"又如《合集》17532 号骨臼刻辞、17533 号骨臼刻辞、17360 号骨臼刻辞等。与妇呵同版同条出现的亘、韦，皆为卜辞第一期武丁时期贞卜人物，说明妇呵亦为武丁时期诸妇之一。

妇婡：字形或、、隶定为婡，为此妇的私名，从女奏声，左右无别。所见卜辞中，记载妇婡的内容不多，如《怀》432 号残辞，"……妇婡……"，还有《合集》1994 号："己酉卜，贞：取妇婡？"甲骨文中取通娶。另有两条残辞，《合集》18037 号："……御……婡……于……"虽然辞残，但出现祭名御，可认为妇婡参与祭祀，身份尊贵。

妇奏：字形，释为妇奏。奏为此妇的私名，或为婡之简形。所见卜辞中记录妇奏内容的仅有《合集》13517 号："丁卯卜，作于宀洮，勿作宀于洮？四月。乎妇奏于洮宅？勿乎妇奏于洮宅？"为武丁时期卜辞。妇奏当为武丁时期商王室诸妇之一。

妇壴：字形，释为妇壴。壴为此妇的私名。关于甲骨文字壴，郭沫若认为"乃鼓之初文也"（郭沫若《卜通》，第 54 页）。所见卜辞中记载妇壴的内容很少，且多为残片残辞，如《合集》2797 号反面，"妇壴……"又《合集》21799 号等。《合集》13943 号："王贞：好娩……贞：令壴妇……"也当为妇壴。妇好和贞卜人物子与妇壴同版同条出现，妇壴也当是武丁时期商王室诸妇之一。

《合集》2797 号正、反面

妇共：字形（此处为字形），释为妇共。共为此妇的私名。所见卜辞中记录妇共内容的多为残片残辞，见于《合集》2795 号："贞：妇共……占曰：有祟……其隹庚。"又见《合集》2796 号。《合集》13962 号："……贞：妇共娩不……"为卜问妇共生育相关情况的卜辞，由此推断，妇共是武丁时期商王室诸妇之一。

妇枢：字形（字形）或（字形），释为妇枢。枢为此妇的私名。所见卜辞中记录妇枢内容的多为残片残辞，见于《合集》2824 号："贞：妇枢晋，册画？贞：得

《合集》2824 号

不……"又见《合集》5545 号骨臼刻辞，"甲辰，妇枢示二屯。岳"。同版卜辞还见有贞卜人物亘。妇枢与武丁时期贞卜人物亘、岳同版同条出现，说明其生活在武丁时期；进贡甲骨，又可推断其为商中央王朝之外诸妇之一。

妇喜：字形（字形），释为妇喜。（字形）字罗振玉、王襄、唐兰皆释为喜（罗振玉《殷释》中，第 73 页；王襄《簠室殷契类纂》正编第五，第 23 页；唐兰《文字记》，第 51 页）。姚孝遂认为："释喜可从。卜辞以为人名。"（于省吾《诂林》，第 2779 页，姚孝遂按）当为此妇的私名。所见妇喜内容的多是记事刻辞，见于《合集》390 号："戊戌，妇喜示一屯，岳。"又见《合集》527 号、6040 号、17517 号、17518 号等。还有多条残辞，如《合集》900 号："喜入五……"以及《合集》17520、17521 号等，上述残辞中的喜也当为妇喜。此外，《合集》21790 号："……卜，贞：……喜嘉。"残辞，当为卜问妇喜生育相关情况的卜辞。从卜辞所记载妇喜进贡甲骨的情况推断，其应是商中央王朝之外诸妇之一。因为与武丁时期贞卜人物亘、岳、扫、古同版同条出现，可以断定其生活在武丁时期。

妇媚：字形（字形），释为妇媚。（字形）字李孝定、余永梁皆释为媚（李孝定《集释》，第 3645 页；余释见于于省吾《诂林》，第 616 页）。此从其说，媚为此妇的私名，从女眉声。所见卜辞中明确记载妇媚内容的，仅见《合集》2809 号残辞，"……翌己酉……妇媚侑……"出现祭

名侑，说明妇媚参加祭祀，同时说明妇媚的身份相当尊贵。其他卜辞中多见媚字出现，如《合集》6592号："丁未卜，贞：媚侑于丁？"又如《合集》10405号："己卯，媚子广入俎羌十？"还有《合集》655号："贞：有伐妾媚。三十妾媚？"同版其他辞条出现卜辞人物殸。上述辞条中的媚应与妇媚有关。与贞卜人物殸同版出现并参加祭祀，说明其为武丁时期商王室诸妇之一。

妇裘：字形 🀄，释为妇裘。裘为此妇的私名。所见卜辞中明确记载妇裘内容的仅见《合集》2853号残片残辞，"贞：妇裘……"为武丁时期卜辞，妇裘为武丁时期诸妇之一。

妇宾：字形 🀄，释为妇宾。宾为此妇的私名。所见记录妇宾内容的仅见《合集》17523号骨臼刻辞，"辛未，妇宾示三屯。扫"。同版其他卜辞出现贞卜人物韦，韦、扫都是武丁时期贞卜人物，那么妇宾也应为武丁时期诸妇之一。

妇燕：字形 🀄，释为妇燕。燕为此妇的私名。所见卜辞中妇燕内容的仅见《合集》2856号残片残辞，"……妇燕……"为武丁时期卜辞，妇燕为武丁时期诸妇之一。

妇龙：字形 🀄，释为妇龙。龙为此妇的私名。所见记录妇龙内容的仅见《合集》17544号："……妇龙示……珏。"妇龙与武丁时期贞卜人物珏同版同条出现，说明妇龙是武丁时期诸妇之一，有学者认为是龙方之女为商王室之妇。

妇爵：字形 🀄，释为妇爵。爵为此妇的私名。所见卜辞中记录妇爵内容的，如《合集》22267号："乙丑卜，贞：妇爵……"又如《合集》22323号、22324号内容相同，为"乙丑卜，贞：妇爵肉子亡疾？"此外，《合集》22324号同版还有"乙丑卜，妇亡祟？"此妇也当指妇爵。皆为武丁时期卜辞，妇爵是武丁时期诸妇之一。

妇妌：字形 🀄 或 🀄，释为妇妌。妌为此妇的私名，从女丰声，左右无别，或为丰之加女形旁繁写。所见卜辞中记录妇妌内容的，如《合集》12030号残片残辞反面"……妇妌"。又如《合集》17514号骨臼刻辞，"自窜，己未，妇妌示……屯。扫"。妇妌与武丁时期贞卜人物扫同版同条出现，说明其为武丁时期诸妇之一；向商王朝进贡甲骨，说明其生活在商王室之外，所以有学者认为妇妌当是商诸侯之妇。

妇丰：字形 🀄，释为妇丰。丰为此妇的私名。所见记录妇丰内容的，如《合集》17513号："壬寅，妇丰示二屯。岳。"又见《合集》17515号、15920号、17516号、9938号等。此外，《合集》2798号反面记有"妇丰……来"。都能说明妇丰是商中央王朝之外的诸妇之一。

妇庞：字形 🀄，释为妇庞。庞为此妇的私名。所见记录妇庞内容的，如《合集》17393号骨臼刻辞，"己亥，妇庞示二屯。宾"。又见《合集》14008号、17545号、17546号等，其中的庞也应是妇庞。此外，《合集》14008号另有辞条为"丁未卜，韦贞：妇妌娩嘉？"

妇庞与武丁时期贞卜人物韦、宾同版同条出现，说明妇庞是武丁时期诸妇之一，但不在商王室。

妇宝：字形，释为妇宝。宝为此妇的私名。所见记录妇宝内容的，如《合集》6451 号："庚午，妇宝示三屯。岳。"又如《合集》17511 号："壬寅，妇宝示三屯，岳。"又见《合集》17512 号、《英》430 号等。上述卜辞中，妇宝与武丁时期贞卜人物岳、扫同版同条出现，说明其为武丁时期诸妇之一；所见卜辞内容全为进贡甲骨，说明其生活在商王室之外。

娶：字形，从女从取，释为娶。见于《合集》3297 号："娶娩？"是卜问名为"娶"的妇生育情况。卜辞中"娶"只用作该女的名字，没有后世娶亲之娶义，甲骨文嫁娶之娶没有女旁。

妇瓒：字形。从陈梦家观点释为意（陈梦家《综述》，第 303 页），为此妇的私名，但甲骨文字形，也有学者隶定为"意"（王蕴智《字学论集》，第 188 页），二字形有别。刘钊释为瓒（刘钊《新甲骨文编》，第 20 页），此从。甲骨卜辞中，这个名为瓒的妇之记载，多为进贡甲骨，如《合集》17534 号："戊子，妇瓒示二屯。扫。"又如《合集》17535 号骨臼刻辞，"戊子，妇意示四屯。岳"。又如《合集》17538 号骨臼刻辞，"乙丑，妇意示四屯。小扫"。还有《合集》17539 号残辞，"庚申，妇瓒示……屯"。妇瓒与武丁时期贞卜人物岳、扫、小扫同条卜辞出现，说明妇瓒也当为武丁时期诸妇之一。

《合集》17534 号臼

妇芟：字形，或写作，、隶定为芟，为此妇的私名，字有学者认为是"悔"之异形。所见甲骨卜辞中记载妇芟的内容仅见《合集》8969 号反面，"……卜，古……妇芟……庚辰卜，贞：妇芟来……"模糊不清。同版出现芟字为两个字形和，为武丁时期卜辞。妇芟为武丁时期诸妇之一。

妇娲：字形或，或为此妇的私名。释为娲（朱歧祥《通释稿》，第 124 页）。见于《合集》14021 号："戊午卜，争贞：妇娲娩嘉？王占曰：毓三……妇娲娩嘉。"又见《合集》14022 号："……贞：妇娲娩嘉？妇娲娩，不其嘉？"从上述两条商王卜问妇娲相关生育问题的对贞卜辞，可见他们的亲密关系，由此推断辞妇当为商王室成员；与武丁时期贞卜人物争同条卜辞出现，说明是武丁时期诸妇之一。

妇叕：字形，隶定为叕（于省吾《诂林》，第 465 页），为此妇的私名。见于《合集》14024 号："丁丑卜，争贞：妇𤔲娩嘉，隹……二月。"又见《合集》22405 号文字不多的整版龟腹甲上，记有"𤔲"一个单字。妇𤔲与武丁时期贞卜人物争同条卜辞出现，说明其为武丁时期人物；商王亲自卜问其生育情况，当为商王室诸妇之一。

妇𥄂：字形𥄂，𥄂隶定为𥄂，为此妇的私名，或为笁加帚旁的繁写，与妇笁或为同一人。所见记录妇𥄂内容的，如《合集》17510 号："甲子，妇𥄂示四屯。小扫仲。"是记录妇𥄂向王朝中央进贡四对甲骨。可见其为商王室之外的诸妇之一。

妇笁：字形𥶿或𥶿，𥶿、𥶿隶定为笁，为此妇的私名，从女竹声。所见记录妇笁内容的，如《合集》17507 号："……巳，妇笁示五屯。小扫。"又如《合集》17508 号、7384 号、还见残辞《合集》17509 号等。皆为妇笁进贡甲骨的记录，皆由扫、小扫、小扫仲以验收签署，与妇𥄂相同，可见妇笁与𥄂同为一人。另见《合集》6057 号反面，"王占曰：有祟，其有来艰。迄至九日辛卯，允有来艰，自北。蚰妻笁告曰：土方侵我田十人"。卜辞中笁是蚰之配偶，蚰为驻守边境的将领，笁当协助蚰驻守边境，否则她不可能向商王报告敌情。如果这个笁和妇笁为同一人，那么，她的身份就复杂多了。最起码可以说，妇笁是生活在商王室之外的诸妇之一。

妇敕：字形𢼊，𢼊隶定为敕，为此妇的私名。见于《英》173 号："贞：乎妇敕？"商王直接卜问召唤妇敕，可见妇敕为商王室诸妇之一。

妇戉：字形𢦏，𢦏隶定为戉，为此妇的私名，从女戈声。所见卜辞中记录妇戉的内容很少，见有两个"妇戉"之名出现在《合集》2788 号残片上残辞。另《英》1291 号："贞：……王戉且……玉燎三小宰卯三大……"如若这条残辞王之后的戉与妇戉同一人，那么妇戉的身份肯定相当尊贵。能够参加祭祀，说明妇戉为商王室诸妇之一。

妇芑：字形𦬸，𦬸隶定为芑，为此妇的私名。所见卜辞中记录妇芑仅有《合集》2794 号："辛卯……妇芑……"此妇芑之芑或为杞的繁形，详见妇杞。

妇杞：字形𣏴，𣏴隶定为杞，为此妇的私名。所见记录妇杞内容的如《合集》13443 号骨臼刻辞，"妇杞示七屯。又一月。宾。"（同版其他卜辞出现贞卜人物古），又见《合集》17525 号、17526 号等。妇杞与武丁时期贞卜人物古、宾同版同条出现，说明其为武丁时期诸妇之一。

妇𠮩：字形𠮩，𠮩字从口从乳，隶定为𠮩，有释为沫字的异形（李孝定《集释》存疑，第 4572 页），为此妇的私名。见于《合集》17159 号反面出现"妇𠮩"一名，为武丁时期卜辞。妇𠮩当为武丁时期诸妇之一。

妇㛚：字形𡚌，𡚌隶定为㛚，为此妇的私名，从女来声。所见甲骨卜辞中记载妇㛚的内容有两方面，一为商王卜问妇㛚的生育相关情况的一段验辞，《合集》14017 号："……旬有二日辛未，妇㛚允：嘉。"意思为辛未这一天妇㛚果然顺利分娩或生一男孩。二为商王卜问妇娽的疾病情况，如《合集》13716号："丁巳卜，宾贞：妇娽不汏疾？贞：妇娽其汏疾？小告。"由上述两方面内容推断，妇娽当为商王室成员，又与武丁时期贞卜人物宾同条卜辞出现，其应为武丁时期诸妇之一。

妇娀：字形𤔲，𤔲隶定为娀，为此妇的私名。所见甲骨卜辞中妇娀的内容仅见《合集》2802号残片残辞，写有两条"……妇娀……弗"。为武丁时期卜辞，妇娀是武丁时期诸妇之一。

妇㛸：字形𤔲，𤔲隶定为㛸，为此妇的私名。所见甲骨卜辞中记载妇㛸的内容，如《合集》21727号："壬辰子卜，贞：妇㛸子曰㦰？"又如《合集》14023号："癸亥卜，争贞：妇㛸娩嘉？十二月。"商王卜问妇㛸的生育相关情况，说明其应为商王室诸妇之一，与武丁时期贞卜人物争同版同条出现，说明其应生活在武丁时期。

妇先：字形𤔲，释为妇先。先为此妇的私名。所见甲骨卜辞中明确记载妇先的内容甚少，仅见《合集》6349号残片残辞，记有"乎妇先"。同版其他条卜辞有武丁时期贞卜人物㱿，妇先为武丁时期诸妇之一。

妇执：字形𤔲，释为妇执。执为此妇的私名。见于《合集》176号残片残辞，"……妇执。贞：乎妇执？"为武丁时期卜辞。妇执是武丁时期诸妇之一。

妇媛：字形𤔲，隶定为媛，为此妇的私名。见于《合集》2606号："贞：乎妇媛侑？"出现祭名"侑"，当为妇媛参与祭祀活动的相关记录。由此可推断，妇媛是商王室诸妇之一。

妇婞：字形𤔲，释为妇婞。婞为此妇的私名，从女幸声。见于《合集》6905号："妇婞娩，不其嘉？"是卜问妇婞生育是否顺利的卜辞。商王关心妇婞的分娩情况，妇婞当为商王室成员，是武丁时期诸妇之一。

妇㑚：字形𤔲，隶定为㑚，为此妇的私名，从人禾声，或有释为"利"。见于《合集》17531号："妇㑚示二屯，宾。"与武丁时期贞卜人物宾同条卜辞出现，妇㑚为武丁时期诸妇之一。

《合集》17531 号

妇㛥：字形𤔲，隶定为㛥，为此妇的私名，从女桑声。见于《英》171号："甲寅卜，㱿贞：妇㛥……"又见《合集》2781号残辞，以及《合集》2782号残辞出现妇㛥的内容，皆为武丁时期卜辞。妇㛥为武丁时期诸妇之一。

妇妹：字形𤔲，隶定为妹，为此妇的私名。卜辞中记载妇妹的内容有两方面，一为向中央王朝进贡甲骨，如《合集》6552号骨臼刻辞，"乙未，妇妹示屯。争"。史官争签收，同版其他条卜辞出现贞卜人物殼。另见有"……妹娩，不其嘉"。当为商王卜问妹生育是否顺利，是否能生男孩。还见有"御妹"残辞，或可认为妹参加祭祀。与武丁时期贞卜人物殼、争同版同条出现，且商王关心其生育或参加祭祀，说明其是武丁时期商王室诸妇之一。

妇息：字形，释为妇息。息为此妇的私名。见于《合集》2354 号骨臼刻辞，"戊申，妇息示二屯。永"。同版同条有武丁时期贞卜人物永署名，妇息当为武丁时期诸妇之一。

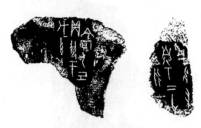

《合集》2354 号臼

妇泚：字形，释为妇泚。见于《合集》32048 号残辞："辛……妇泚戈……"同版其他辞条出现武丁时期重臣之一吴，妇泚当为武丁时期诸妇之一。

妇㞢：字形，隶定为㞢，为此妇的私名。见于《合集》21368 号残片残辞，"……妇㞢……寅卜，王……妇……子不葬，一月"。其他单出现㞢而不冠妇名的卜辞，多见求雨之祭，如《合集》1121 号："勿烄㞢亡其雨?"又见《合集》1125 号、1231 号残片残辞等。能够参加求雨的祭典，说明其身份尊贵。虽然是作为祭品被烄（焚烧），

但没有相当的身份是不可能作为祭品的。当然，妇㞢被作为焚烧对象并不是真正要被烧掉，可能只是做个样子。妇㞢或㞢皆出现于武丁卜辞，妇㞢亦是武丁时期诸妇之一。

妇子：字形，释为妇子。子为此妇的私名。见于《合集》15117 号残片残辞，"癸巳卜，叀戊御妇子? 七月。"又见《合集》2833 号残片残辞。上述两条卜辞妇子都与祭祀相关，说明其尊贵的身份，应为商王室成员；字形书体风格为卜辞第一期，当为武丁时期诸妇之一。

妇壹：字形，释为妇壹。壹为此妇的私名。所见甲骨卜辞中记载妇壹主要为参加祭祀，如《合集》924 号："壬辰卜，殼贞：乎子宾御侑母于父乙，壹宰、晢艮、三垔、五宰……贞：乎妇壹于父乙，壹小宰、晢艮、三垔、五宰。龙正? 贞：乎妇壹于父乙，宰、晢、三宰，侑艮?"另见有妇壹进贡甲骨的记录，如《合集》6614 号骨臼刻辞有："……妇壹示十屯。"妇壹与武丁时期贞卜人物殼同版同辞出现，且参加对父乙的祭祀（父乙即小乙，武丁称小乙为父乙），所以，妇壹是武丁时期商王室诸妇之一。

妇周：字形，释为妇周。周为此妇的私名。见与《合集》22264 号："贞：妇周?"同版卜辞见有妣丁。又见《合集》2816 号："……妇周……有……"皆为武丁时期卜辞。辞中的妇周当为武丁时期诸妇之一。但张秉权认为妇周是武乙文武丁时期（张秉权《甲

骨文与甲骨学》，第 433 页）。

妇妊：字形🔣。释为妇妊。妊为此妇的私名，从女壬声。见于《合集》21725 号："……在……御妇妊姣壬。"即御妇妊于姣壬，妇妊参加祭祀，说明其尊贵身份。又见《合集》2799 号、21556 号、21557 号、21558 号等都出现有妇妊的内容，皆为武丁时期与且庚且甲时期卜辞。辞中的妇妊生活的年代当在武丁晚期下沿至且庚且甲时期。但张秉权将其列入武乙文武丁时期（张秉权《甲骨文与甲骨学》，第 433 页）。

妇白：字形🔣，释为妇白。白为此妇的私名，或可释为伯。所见甲骨卜辞中记载妇白的内容多为参加祭祀，如《合集》20083 号残片残辞，"……午卜，王贞：叀丁巳……妇白于大丁……"又见《合集》20463 号反面："己……卜，史人妇白绅？"辞中的白绅，有释为"绅伯"，为伯名，并以为"白绅"词前的"妇"指绅伯之妇。此外，《合集》20081 号、20082 号皆出现"妇白"内容，皆为武丁时期卜辞，妇白是武丁时

《合集》20083 号

期诸妇之一。

妇妥：字形🔣，释为妇妥。妥为此妇的私名，从爪从女会意。见于《合集》21727 号："妇妥子曰……"又见《合集》21793 号："乙巳卜，贞：妇妥子亡若？"皆为武丁时期卜辞。辞中的妇妥当为武丁时期诸妇之一。此外，卜辞中还有以妥为名的小臣和以妥为名的子，如《合集》5578 号："小臣妥"，又如《合集》20038 号："辛丑……御子妥多姣。"小臣妥、子妥可能与妇妥为一个人，因为他们不但同名，而且为女性小臣和女性子。

《合集》21793 号

妇姗：字形🔣，🔣隶作姗，为此妇私名。见于《合集》15935 曰："戊寅，妇姗示二屯。"为武丁时期的记事刻辞。辞中的妇姗为武丁时期诸妇之一。

妇姪：字形🔣或🔣，释为妇姪。姪为此妇的私名。见于《合集》14067 号："丁卯……妇姪……嘉壬……"又见《合集》18055 号、21066 号，三条残辞，都与卜问妇姪生育相关，皆为武丁

时期卜辞，说明妇姪当为武丁时期诸妇之一。此外，《合集》21065 号："己亥卜，王……余弗其子，妇姪子。"辞中"余"为商王自称，内容与妇鼠的相关记录类同，是商王卜问应该不应该对妇姪的孩子疼爱。此类卜辞是值得注意的现象。张秉权则认为妇姪是武乙文武丁时期诸妇之一（张秉权《甲骨文与甲骨学》，第 433 页）。

《合集》14067 号

妇嫚：字形 ， 隶定为嫚，为此妇的私名。见于《合集》2815 号残片残辞，"……丑卜，妇嫚又……"为武丁时期卜辞。辞中的妇嫚当为武丁时期诸妇之一。但张秉权将其列入武乙文武丁时期（张秉权《甲骨文与甲骨学》，第 433 页）。

妇康：字形 ，释为妇康。康为此妇的私名。见于《合集》21794 号残片残辞，"贞；妇康有子？今六月"。为武丁时期卜辞。辞中的妇康当为武丁时期诸妇之一。但张秉权将其列为武乙文武丁时期（张秉权《甲骨文与甲骨学》，第 433 页）。

妇鼓：字形 ，释为妇鼓。鼓为此妇的私名。见于《合集》21787 号残片，"庚戌卜，我贞：妇鼓嘉？"当为卜问妇鼓生育相关情况的武丁时期卜辞，商王亲自卜问妇鼓的生育情况，可知妇鼓当为武丁时期商王室诸妇之一。但张秉权将其列为武乙文武丁时期（张秉权《甲骨文与甲骨学》，第 433 页）。

妇娞：字形 ，隶定为娞，为此妇的私名。见于《合集》22248 号、22249 号、22251 号、22250 号残片残辞，都为商王卜问妇娞疾病情况的内容，如《合集》22249 号："癸巳卜，贞：妇娞亡疾？"而《合集》22248 号与 22249 号、22251 号都为"癸巳卜，贞：妇娞亡至口"。都说明妇娞与商王的关系密切，其当为商王室成员，为武丁时期诸妇之一。

角妇：字形 ，释为角妇。角为此妇的私名。仅见《合集》5495 号："甲戌卜，王余令角妇由朕事？"此外，《合集》670 号、671 号都记有"角女"，或也为角妇的他称。皆为武丁时期卜辞，角妇是武丁时期诸妇之一。

妇 ：字形 ， 字为此妇的私名，但与现代汉字无法对应。此妇在所见甲骨卜辞中内容甚少，仅见《英》1770 号："御妇 子于子廌。"是该妇参加祭祀相关情况的记录。由于材料太少，无法准确判断此妇的生活年代及其他情况，或为武乙文武丁时期诸妇之一。

妇 ：字形 ， 字为此妇的私名，但与现代汉字无法对应，或为漏刻的"女"字。此妇在所见甲骨卜辞中仅见《合集》2819 号残片残辞记有"……妇 ……"两个字。凭这点材料无法判断此妇更多的信息。

《合集》2819 号

妇佑：字形佑，佑字与现代汉字无法
对应。所见记录妇佑内容的，如《合集》
13676 号反面，"庚申，妇佑……示……
屯……"同版正面有贞卜人物宾，为武
丁时期重要贞卜人物，妇佑当为武丁时
期诸妇之一。

《合集》13676 号正、反面

妇内：字形内或内，内字为此妇的
私名，此字有释为商之省，或可释为
"尚""当""常"（张亚初《古文字分
类考释论稿》，《古文字研究》第十七
辑，第 253 页）。卜辞中内用作地名，也
用作妇名，见于《合集》7103 号反面，

"妇内示四……"（该版正面出现贞卜人
物岳），又见《合集》17529 号残辞、
17530 号反面残辞，都为"妇内示……"
字形为内的内容见于《合集》656 号反
面，"妇内示十。殻"。又见《合集》
2789 号、《怀》310 号皆仅有"……妇
内……"残辞。关于字形内的卜辞，见于
《合集》7566 号："贞：卫从内北？"皆
为武丁时期卜辞，妇内为武丁时期诸妇
之一。

妇子：字形子，子字为此妇的私名，但
与现代汉字无法对应。此妇在所见甲骨
卜辞中内容甚少，见有《合集》10136
号："丙申卜，殻贞：妇好子弗以妇囚。
贞：妇子其以妇囚？"该妇与妇好同条卜
辞出现，肯定为武丁时期诸妇之一，也
应为商王室成员。

妇子：字形子，子字为此妇的私名，
从自从手，但有一曲划相隔，无法会意
其与现代哪个文字对应。此妇在所见甲
骨卜辞中内容甚少，仅见《合集》6855
号反面，"丁卯，妇子示一屯。永。"为
该妇向中央王朝进贡甲骨的记录，署名
接收这一对甲骨的贞卜人物为永。是武
丁时期贞卜人物，那么该妇也应是武丁
时期诸妇之一。

妇子：字形子，子字为此妇的私名，
但与现代汉字无法对应。此妇在所见甲
骨卜辞中内容甚少，仅见《合集》9172
号骨臼刻辞，"癸……妇子……二屯。
扫。"与武丁时期贞卜人物扫同条卜辞
出现，说明此妇为武丁时期诸妇之一。

（四）诸子

诸子：是对殷墟甲骨卜辞中出现的诸多子某或某子的统称。卜辞中所见的子，张秉权梳理各家研究成果认为："董作宾师列举二十三位，胡厚宣增为五十三位，日本岛邦男增为一百四十位，不过其中有十二位，先后重出，又有一条卜辞中的'羊子伐'，他析而为'羊子''子伐'二人，另外在他的表中，第三期综述虽有四位，列名的只有二位，所以他所举出的实数只得一百二十五位。"其认定了120位，其中第一期武丁时代的有81位；第二期且庚且甲时代的有11位；第三期廪辛康丁时代的有1位；第四期武乙文武丁时代有29位（有8位亦见于第一期中）。孟世凯的《甲骨学辞典》附录五甲骨刻辞中所见诸子表列入134位，宋镇豪的《夏商社会生活史》："据我们大略统计，甲骨金文中称'子某'者有156名，称'某子'者有29名。"如此众多的子，其身份也极为复杂。但在当时的政治生活中，他们占有极为重要的地位。（1）所见甲骨卜辞中，诸子参与祭祀远较其他人物为多，说明他们与王室有非常密切的关系。虽然不能说诸子全部为某一时王之子侄，但由卜辞中所记录的时王对他们的特别关注分析，他们起码是王室的近亲。（2）大量的子名与地名相应，绝不会是偶然的巧合。宋镇豪统计诸子中"人地同名者有90例，约占总数185名的49%"，"地名出现场合，或为卜受年之地，或为登人征集人役之地，或为王田于、步于、往于、在于之地，或为使人于、令于、呼于之地，或为来贡一方"。按照宋镇豪的观点，这是一批受有土田族邑的子名，"因受土受邑、分宗立族和世功官邑，在许多场合已与族氏名号难分难解"。（3）子不仅是一种亲属的称谓，也是一种爵位的名称。也就是说子爵制度在商已成事实，他们不但为子，也可为官，或与侯、伯混称，如子商有称子商臣，子大有称臣大，子妥有称小臣妥；或子安有称安侯，长子有称长侯或长伯，羊子有称羊伯，古子有称古伯。（4）子不仅限于男性，也有女性。如《合集》14033号："甲辰卜，贞：子眉娩嘉，隹衣？"是商王卜问名眉之子生育情况的卜辞，子眉身份为女性无疑。（5）诸子或还有私名，如宋镇豪分析，"子宋"一名又有称作"宋白歪""宋歪"，歪或为子宋的私名。总之，由于诸子在商代政治、社会生活中的重要地位，本卷本专列章节对卜辞中所见的有明确诸子身份的人物加以介绍。（张秉权《甲骨文与甲骨学》，第429—430页；宋镇豪《夏商社会生活史》，第264—265页）

子央：字形𠂤，释为子央。央为此子之名。甲骨卜辞中记载子央的内容很丰富，主要为参与祭祀，有参加对先王先妣的祭祀，见于《合集》3007号残片残辞，"贞：御子央于赢甲。……燎三宰……"，又见《合集》3013号残片，"贞：酒，子央御于父乙，勿酒，子央御？贞：酒，子央御？"还见《合集》

3012号残片，"贞：御子央于母庚？"子央也进贡甲骨，见于《合集》11171号骨臼刻辞，"壬戌，子央示二屯。岳"。著名的祭祀狩猎牛骨《合集》10405号记录了子央的一次车祸，"癸巳卜，殷贞：旬亡祸？王占曰：乃兹亦有祟。若偁，甲午王往逐兕，小臣叶车马硪，礜王车，子央亦坠"。意思为癸巳这一天占卜，贞人殷问卦，贞问下一个十天一旬之内没有灾祸之事发生吧？商王亲自看了卜兆以后判断说：这次也有祟祸之象。事后所记的应验结果是：确如占繇辞所说！第二天甲午日商王去追逐兕牛。小臣调协车马时，歪倒了。驾驭商王的车子时，商王子弟子央也坠落下来。这应是最早的交通事故文字记录。由上述卜辞推断，虽然不能说所有子都是王之子，但肯定有子是王子身份。记录子央事迹的皆为武丁时期卜辞，子央是武丁时期诸子之一。

子渔：字形𣥠或𣥠，释为子渔。渔为此子之名。所见甲骨卜辞中相关子渔的内容多达50余条，多为子渔参加祭祀的记录，如《合集》2975号残片，"……午卜，殷贞：翌乙未乎子渔侑于父乙，宰？"又见《合集》13871号、13872号等。其他还有许多残片残辞如《合集》2991号、2992号、2993号、2994号、2995号、2996号、2997号、2998号、2999号等出现的子渔，都当与祭祀有关。此外，还见有卜辞记载商王多次卜问子渔的疾病情况，如《合集》13723号："……丁……贞：子渔亡疾？三月。"又见《合集》32780号等，甚至

子渔眼睛有了毛病、牙齿疼痛等商王都非常关心，如《合集》13716号："癸巳卜，殷贞：子渔疾目，福告于父乙？"又如《英》123号："……甲，御子渔齿……"如若不是父子之间，哪有如此的眷顾与殷勤。子渔一名在卜辞中先后出现于武丁与武乙文武丁两个时期，但字形有别。武丁时期子渔的渔字从水从鱼；武乙文武丁时期子渔的渔字从川从鱼。当为异代同名。

《合集》13723号

子画：字形𣥠，释为子画。画为此子之名，或写作𣥠简形。甲骨卜辞中记载子画的内容非常丰富，多与战争征伐有关，见于《合集》6209号："贞：叀王往伐舌？贞：叀弘乎伐舌？贞：叀子画乎伐？"此条卜辞是商王征伐舌方时，卜问决定派弘带兵去还是子画带兵去。又见《合集》23529号、32773号等残辞，也都与军事有关。此外，《合集》32900号："王令师般……师般途子画。"子画竟然与大将师般同条卜辞出现，更说明其身份的尊贵。此外，也有见子画参与祭祀的卜辞，如《合集》14019号："……示子画父庚……"又如《合集》23529号："……卜……其侑……子

画……羊……”前两条残辞有祭名示、侑出现，肯定与祭祀有关。还见有子画参与狩猎，如《合集》10426号：“贞：子画弗其获兕。”商王也非常关心子画的疾病灾祸情况，如《合集》2033号：“贞：子画疾？”又如《合集》2032号：“其侑子画有祟？”子画也进贡甲骨，见于《合集》17584号骨臼刻辞，“画示四屯。㱿。”又见《合集》17583号残片残辞，当然，画也是族名，画族的首领也称画，或可以认为这个族长的称谓也可以为子。无论是与商王朝关系非常密切的子画，或是画族的首领画，都是武丁时期人物，子画也当为武丁时期诸子之一。但出现在《合集》32773号、32900号等武乙文武丁时期卜辞中的子画，当异代同名。

子乂：字形，释为子乂。乂或为画字的简形，或为此子之名。甲骨卜辞中明确记载子乂的内容仅见《英》2412号：“叀子乂以众。”其他卜辞也出现名为“乂”的人物，如《合集》822号：“贞：乂使人？”又见《合集》3844号、5112、33140号残片残辞等，这几条卜辞中的乂与子乂应是同一人。由上述卜辞可见，乂参加祭祀，商王关心他的往来，他又可以使人或众，说明此子为王室成员，有相当大的权力。

子汏：字形，释为子汏。汏为此子之名。从甲骨卜辞中记载子汏的内容，此子或为武丁时期方国宗族首领。如《合集》3064号：“贞：子汏来？”子汏来又见《合集》3061号：“壬申卜，㱿：翌乙亥子汏其来？”同版又见“子汏其隹甲戌来。”同版还见“甲寅卜，㱿：乎子汏酒，缶于娩？二告。甲寅卜，㱿：勿乎子汏酒，缶于娩？”结合《合集》657号：“……争贞：娶汏妾？”似乎是娶自汏族的妾分娩，卜问是否召唤子汏前来保护。此缶字与宝、保义通。但是，卜辞中又多见子汏参加祭祀的内容，如《合集》672号：“贞：乎子汏祝一牛，侑父甲？”又见《合集》20028号、20029号、20030号等皆为残片残辞。商王也非常关心子汏的福祸疾病情况，如《合集》3063号残片残辞，“贞：子汏隹祸？”又见《合集》4350号残片残辞。子汏也参加狩猎，如《合集》10314号：“乎子汏逐鹿？获。”又见《合集》7075号等。由上述卜辞推论，子汏的身份很复杂，单纯地判断为方国首领或商王之子恐怕都不太合适。

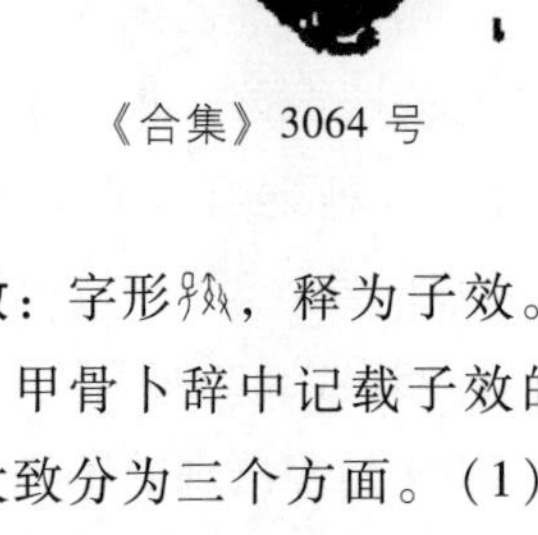

《合集》3064号

子效：字形，释为子效。效为此子之名。甲骨卜辞中记载子效的内容不太多，大致分为三个方面。（1）卜问子效的祸福，如《英》138号：“辛亥……贞：子效亡祸？”又见《合集》20378号残辞；（2）卜问子效征伐俘获情况，如《合集》195号：“丙寅卜，子效臣田获

羌？丙寅卜，子效臣田不其获羌？"又见《合集》6928 号残辞等；（3）卜问子效出行，如《合集》32782 号："癸巳，贞：子效先步，在尤？一月。己丑，贞：子效先戈，在尤？一月。"辞中之"步"，不能简单的理解为步行，商承祚认为，卜辞中以步曰车，以舟曰涉（商承祚《类编》第 11 卷，第 8 页）。也见有子效参加祭祀的记录，如《合集》3090 号："丁卯卜，争贞：令子效……宰于……"子效多出现于武丁时期卜辞，但又见于第四期武乙文武丁时期卜辞，应为异代同名，待考。

子宋：字形𦥑或𦥯，释为子宋。宋或为此子之名，或为族名，卜辞中出现宋伯之名，肯定是商代的诸侯之一；也出现宋作地名，应与子宋有关系。卜辞中明确记载子宋的内容不多，如《合集》20032 号："丙子……侑子宋。六。"又见《合集》20033 号、20034 号、20035 号等，上述几条同版皆有卜雨的卜辞，也就是说子宋参加卜雨的活动。皆为武丁时期卜辞，子宋是武丁时期诸子之一。

子𢦏：字形𢦏，释为子𢦏。𢦏为此子之名。甲骨卜辞中未见有𢦏作为族名或方国名，所以子𢦏不可能是宗族或方国首领。《合集》21727 号："壬辰，子卜贞：妇𡥀子曰𢦏？子妥子曰𠳄？"详细记录了子𢦏为妇𡥀之子。《合集》32775 号："甲午卜，侑升于子𢦏，十犬，卯牛一？"及《合集》13514 号、20036 号、20037 号、23006 号等皆为子𢦏参加祭祀的记录。子𢦏一名除见于第一期武丁时期卜辞外，也见于第四期武乙文武丁时期卜辞。或亦为异代同名，待考。

子美：字形𦎍，释为子美。美为此子之名。所见甲骨卜辞中，美字虽然也做地名使用，但应当是舞乐训练场地的名称，未见有名为美的族名或方国名，所以子美也不是族长一类。卜辞中明确记录子美的内容不多，仅见《合集》3100 号残片残辞："……子美见以岁于丁。"及残辞《合集》3101 号、3103 号、12939 号等。上述几条残损卜辞的内容似乎都与祭祀相关。能够参与祭祀活动，说明此子的尊贵身份，当为商王室成员，是武丁时期诸子之一。

《合集》20032 号

《合集》3103 号

子鬲：字形𢀷，释为子鬲。鬲为此

子之名。所见甲骨卜辞中，记录子鬲的内容甚少，仅见《合集》3224号残片："贞：子鬲亡疾？"但可以说明许多问题。即商王亲自卜问子鬲的疾病情况，说明其亲密关系，其或为商王室成员，是武丁时期诸子之一。

子大：字形𣂈，释为子大。大为此子之名。甲骨卜辞中记录子大的内容不多，有见《合集》7631号残片残辞，"贞：翌甲……子大……征……"这条残辞的重要之处在于记录了子大参与征伐，也由此说明了子大的尊贵身份。其他甲骨卜辞中也出现"大子"之名，或为一人。子大是武丁时期诸子之一。

子麇：字形𪊨，𪊨隶定为麇，字为此子之名，也有学者释为陷。所见甲骨卜辞中有关子麇的卜辞不太多，皆为卜问其有无灾祸生死之类，如《合集》3222号："丁巳卜，宾贞：子麇其有灾……"又见《合集》7363号等。也见有商王卜问子麇疾病情况的卜辞，如《合集》13875号："……子麇骨凡有……"子麇于多位武丁时期贞卜人物殼、争、永同条出现，当为武丁时期诸子之一。

子不：字形𥄁，释为子不。不为此子之名。所见甲骨卜辞中，记载子不的内容很少，有《合集》7352号："隹子不乎？陷。勿隹子不乎？"同版见有其他辞条："己未卜，争贞：王亥崇我？贞：王亥不我崇？"子不与武丁时期贞卜人物争同版出现，说明其为武丁时期诸子之一；商王卜问是不是召唤子不，或子不生活在商王朝中央之外。但卜辞中未见有以不为名的氏族或方国，子不不应为氏族或方国首领。

子商：字形𪔅或为𪔄，释为子商。商字为此子之名，用作名字的商，字形丙上为双辛，未见下有从口。甲骨卜辞中记载子商的内容非常丰富，所见子商之名的卜辞多达七八十条，涉及的事迹记录，有以下六个方面，（1）参与祭祀，如《合集》969号残片，"翌乙酉，乎子商酒伐于父乙"。又见《合集》2944号、2940号等。多次参与王朝中央最重要的活动祭祀，充分说明其重要的身份。卜辞中的父乙是武丁之父小乙，由此可知子商为武丁时期诸子之一。（2）参加征伐，如《合集》6571号："壬寅卜，殼贞：自今至于甲辰，子商翦基方？贞：自今壬辰至于甲辰，子商翦基方敦舃？甲辰卜，殼贞：翌乙巳日，子商敦至于丁，未翦？"关于占问子商带领军队达伐基方的卜辞，还见《合集》6572号、6573号、6577号、6578号等。国之大事，在祀与戎。上述卜辞更加印证了了商的高贵身份。（3）商王卜问命令或召唤子商，如《合集》6928号："叀子商令"、又见《合集》7352号、7803号等。（4）商王卜问子商有否受祟及疾病情况，如《合集》5530号："……子商有壱。"又见《合集》2955号、13721号等。（5）子商参与田猎，如《合集》10315号："贞：子商获鹿？"又见《合集》10948号等。（6）子商进贡甲骨，如《合集》819号："庚申……子商二屯……"此外，子商的配偶生育及儿子的生死，也都受到商王的关注，如《英》125号残片残辞，"……寅卜，宾……子商妾……
益……娩……"又见《英》126 号等。
由上述卜辞分析，武丁时期的这位子商，
王子身份无疑。虽然卜辞中有见用商作
名的方国，子商也有进贡甲骨的记录，
但子商绝不是商方之首领。

《合集》2955 号

子簥：字形 或为 、 、 ，从桑从
日，隶作簥，为此子之名。所见甲骨卜
辞中记载子簥的内容主要有两个部分，
（1）参与祭祀，如《合集》3111 号：
"贞：来乙丑，勿乎子簥侑于父乙？"又
见《合集》3112 号："……贞：今乙丑，
勿乎子簥侑于父乙？"还见《合集》
3113 号、3114 号等。所祭祀的对象父乙
为武丁之父小乙，由此可断定子簥为武
丁时期诸子之一。（2）卜问子簥的生
死，如《合集》17071 号、17072 号皆
为"贞：子簥不囚（死）"。商王亲自卜
问子簥的生死，其当为商王室之子。但
武丁时期有氏族或方国名作桑，子簥或
为名称桑的氏族或方国首领。

子姞：字形 、 为此子之名，从
女缶声，或借缶为名，为缶方或缶族之
女，后加女形旁。所见甲骨卜辞中明确
记载子姞的内容仅见《合集》10579 号
残片，"贞勿乎爙途，子姞来？贞：乎爙

途，子姞来？"虽然内容不多，但可以
确定此妇女拥有子之爵位。此外，《合
集》13868 号："己酉卜，宾贞：姞骨凡
有疾"，同版还有"乙酉卜，贞：今日
延雨"。此版卜辞中的姞也当为子姞，
商王卜问其疾病情况，说明其密切关系；
与武丁时期贞卜人物宾同条卜辞出现，
说明其为武丁时期诸子之一。

子妊：字形 ，释为子妊。妊为此
子之名，从女正声。甲骨卜辞中记录子
妊的内容不多，有见《合集》7145 号残
片残辞，"……娥迄至……有来艰，
皋……子妊……有……沚曰"。又见
《合集》2805 号出现"妇妊"一名，皆
为武丁时期卜辞。辞中的子妊或妇妊的
妊，从女旁，当为女性。虽然无法足证
二者为一人，或可推测子妊为武丁时期
女性诸子之一。

《合集》7145 号

子母：字形 ，释为子母。母字或
为女字，为此子之名。仅见《合集》
21890 号："……卯，贞：子母不死"，
为武丁时期卜辞。子母或子女是武丁时
期诸子之一。

子香：字形𦩂，释为子香。香为此子之名，甲骨文字香，口上有禾有水点，用作子香名字的香字，有的未见有水点，所以有学者隶定为从曰从来，可备一说。甲骨卜辞中明确记载子香的内容不多，有见《合集》3108 号残片残辞，"贞：御子香于寻……"又见《合集》3109 号残片残辞。上述两条卜辞皆为子香参与祭祀的记录，可见子香尊贵的身份，或为商王室成员。关于子香的年代，张秉权将其列为卜辞第一期武丁时期诸子之一（张秉权《甲骨文与甲骨学》，第 430 页）。

子奠：字形𦥑，释为子奠。奠为此子之名。甲骨卜辞中记录子奠的内容不多，有见《合集》3195 号："庚寅卜，争贞：子奠隹令？"为武丁时期卜辞。子奠是武丁时期诸子之一。

子妥：字形𡚬。释为子妥。妥为此子之名，见于《合集》10936 号："子妥骨凡？"又见《合集》20578 号。两条卜辞皆为卜问子妥的疾病情况。《合集》10936 号同版卜辞有"贞：妇好娩嘉？"与武丁时期妇好同版出现，说明子妥为武丁时期诸子之一。此外，虽然未见子妥其他相关信息，但诸妇中见有妇妥，此子妥与妇妥当有关系，或为同一人。

子柚：字形𣟄，或为𣟄，𣟄字释为柚（刘钊《新甲骨文编》，第 375 页）。卜辞中多用作地名，即王其田猎之地。作为子之名的卜辞不多，见于《合集》6032 号："贞：御子柚于父乙？二告。"是记录为御除子柚之灾殃对武丁之父小乙的御祭，断定此子为武丁时期诸子之

一。又见《合集》17079 号："贞：子柚不囚（死）？……子柚其囚（死）。"是说商王关心其死活。能够为其行御祭，且其生死受到商王的关切，说明其尊贵身份和相互亲密的关系。出现在武丁时期卜辞，可见是武丁时期诸子之一。

大子：字形𦥑，释为大子。大为此子之名。见于《合集》3061 号："癸丑卜，争：复缶于大子？癸丑卜，争：勿复缶于大子？"（同版还出现武丁时期贞卜人物㱿），又见《合集》3256 号残片残辞："贞：御于……大子小宰？十月。"大子与卜辞第一期武丁时期贞卜人物㱿、争同版同条出现，其当为武丁时期商王室诸子之一。

子臀：字形𦞬，释为子臀。臀为此子之名，臀字为指示字，人之身后加指示符号。所见甲骨卜辞记载子臀的内容甚少，仅见《合集》3183 号甲残片："丙戌卜，亘贞：子臀其有……"又见《合集》3183 号。虽仅见两条残辞，但其与武丁时期贞卜人物亘同条卜辞出现，说明为武丁时期诸子之一。

子兄：字形𦣻，释为子兄，兄为此子之名。甲骨卜辞中明确记载子兄的内容仅见《合集》20543 号残片残辞："子兄王值。"由此碎片残辞虽然可以确定甲骨卜辞中确有子兄这个人物，但其生活年代和其他情况无法更多推论。张秉权将子兄列为卜辞第一期武丁时期诸子之一（张秉权《甲骨文和甲骨学》，第 430 页）。

子凡：字形𦥑，释为子凡，凡为此

子之名。见于《合集》3216 号："乙丑卜，殻贞：先酒，子凡，父乙，三宰？"又见《合集》22294 号。皆为武丁时期卜辞，子凡是武丁时期诸子之一。

子儿：字形，释为子儿，儿为此子之名。仅见武丁时期卜辞《合集》3398 号残片残辞，"……子儿……王，六月……卜，王令……子儿……月"。所见卜辞中儿字用作族名，如《合集》3399 号残片，"贞：令儿来"。也见有称"儿伯"的诸侯。子儿受于王命，或为儿族首领之一，但与儿伯不是同一人。上述《合集》3398 号、3399 号两片甲骨，或为一骨破碎为二。如若是在同一版甲骨上，不应该又称子儿，又称儿伯。虽然卜辞中明确记录子儿的内容不多，但仍可以证明子儿为武丁时期诸子之一。

子㙁：字形，㙁隶定为㙁，为此子之名。仅见《合集》3227 号："己未卜，御子㙁于女雈？"为武丁时期卜辞。辞中子㙁参与祭祀，可见其为武丁时期商王室诸子之一。

子异：字形，释为子异。异为此子之名。见于《合集》3193 号残片残辞："乙丑卜……贞：出……子异……"仅凭此条卜辞无法判断子异的更多情况。但甲骨文单字在他辞中出现，参与过对舌方的征伐，见于《合集》6341 号："癸丑卜，争贞：及舌方？"皆为武丁时期卜辞。前辞中子异身份非常明确，后辞中的当为字的异形，也应指向子异，由其率兵征伐舌方，说明是商王室的重臣，是武丁时期诸子之一。

《合集》3193 号

子豕：字形，释为子豕，豕为此子之名。仅见《合集》20692 号："子豕。"残片残辞，为武丁时期卜辞。子豕是武丁时期诸子之一。

子潨：字形，隶定为潨，为此子之名，这个字有学者隶定为洋，也有学者隶定不从水。见于《合集》17070 号残片残辞，"贞：子潨不囚（死）"，及《合集》5755 号残片残辞，皆为武丁时期卜辞，该子当为武丁时期诸子之一。此外，《合集》6952 号："贞：望潨若启雀？"《合集》13506 号："贞：令望潨归？小告。贞：勿令望潨归？二告。"等卜辞中的望潨当与子潨为同一人。也就是说，名为"潨"或"望潨"的这个人物，还有子的尊贵身份。

子骑：字形，释为骑，为此子之名，见于《合集》22283 号、22284 号、22288 号、22289 号、22290 号五版龟腹甲相同部位，相同内容的"乙卯卜，贞：子骑？"（其中 22283 号与 22290 号辞残）为武丁时期的成套卜辞。于五版一套五次重复卜问这一人物的情况，可见其身份尊贵与特殊，其王子身份显见。子骑这个王子，仅见出现在这一成套甲骨之上。

子安：字形 𦥑，释为子安。安为此子之名，见于《合集》454 号："隹母庚耂子安？"卜问母庚会不会对子安带来祸害。又见《合集》905 号、3162 号、3163 号等，皆为武丁时期卜辞。由上述卜辞看来，子安受到商王特别的关怀，当为商王室成员。其与贞卜人物亘同条卜辞出现，说明是武丁时期诸子之一。

《合集》3162 号

古子：字形 𤦌，释为古子，古为此子之名。仅见《合集》5906 号："癸丑卜，贞：执古子？"卜辞中"执"字用作动词，有捉、捕之义。"古"字用作贞人名，也用作族名。由这条卜辞推论古子或为古族首领，商王卜问是否捉拿逮捕这位名为古子的古族首领。

子目：字形 𡧱，𡧱隶作目，为此子之名，见于《合集》14032 乙号："卜，殻贞：子目娩嘉？"卜子目生育。又见《合集》14032 甲号、14033 号等，分别卜问子目分娩嘉与不嘉，可见子目为女性，由商王对她的生育事情甚为关切，亦可说

明她们的亲密关系。由此也可以说明，"子"在卜辞中不仅表示一种亲属的身份，也是一种爵位的名称，而且不仅限于男性，女性也可称子。传统文献中妇女称子的例子也非常多，如《论语》："以其子妻之"，又如《诗·桃夭》："之子于归"，还有《诗·大明》："长子惟行"、《诗·载驱》："齐子岂弟"；等等。此外，卜辞也有见子目参加祭祀的记录，如《合集》3199 号残片残辞反面，"御子目"，同版正面出现武丁时期贞卜人物宾，有卜雨内容。此女性的子目也是武丁时期诸子之一。

子目：字形 𡧱，释为子目。目字或为目的简形，所以张秉权认为："子目即子目。"（张秉权《甲骨文与甲骨学》，第430 页）卜辞中关于两位的明确记载，都与生育相关。子目的主要记录为《合集》14034 号："庚午卜，宾贞：子目娩嘉？贞：子目娩，不其嘉？王占曰，隹兹……嘉。"又见《合集》10982 号反面残辞。还见《合集》3201 号："贞：子目亦毓隹臣？贞：子目亦毓不其……臣？"由上述卜辞中商王对子目生育嘉与不嘉的卜问，可见此子也为女性，与武丁时期贞卜人物宾同条卜辞出现，说明其也是武丁时期的人物，或为商王室成员，或与子目同一人。

子宾：字形 𡧱，释为子宾。宾为此子之名，宾字甲骨字形有十余种写法，用作子宾的名字写法有 𡧱或 𡧱。所见甲骨卜辞中记载子宾的内容有两方面，（1）子宾被行祭御除灾殃之祭祀，如《合集》3169 号残片残辞："贞：御子宾

于兄丁壹羊卯小宰,今日酒?"(同版其他条卜辞有贞卜人物殷)。(2)卜问子宾的疾病情况,如《合集》13890 号残片:"贞:子宾不延有疾?"(同版其他条卜辞也出现贞卜人物殷)虽然明确记录子宾的卜辞不太多,但单从上述两条卜辞,我们可知子宾的尊贵身份,以及其当为武丁时期诸子之一。

子亯:字形𝆑,释为子亯。亯为此子之名,此字或释为"享"。甲骨卜辞中记载子亯的内容不太多,有见子亯参与祭祀的记录,如《合集》3133 号:"……子亯……侑于……"其他如《合集》3134 号:"贞:于子亯",《合集》3135 号:"子亯。"等残片残辞,仅可证明有子亯这个人物。张秉权将子亯列为卜辞第一期武丁时期诸子之一。(张秉权《甲骨文与甲骨学》,第 430 页)

子宁:字形𝆑,𝆑为此子之名,所见甲骨卜辞记载子宁的内容多为卜问有无祟或灾祸方面,如《合集》454 号:"隹萑巷子宁。"又见《合集》1076 号(同版其他卜辞出现贞卜人物宾)、14787 号、975 号(同版还见"乙巳卜,争贞:今日酒……")等。如此反复卜问子宁会不会有祟或遭到祸害,不但说明了商王与子宁的密切关系,同时也显示了子宁的特殊身份,即商王室成员。其与武丁时期贞卜人物争同版出现,说明其是武丁时期诸子之一。

子娓:字形𝆑,𝆑为此子之名。仅见《合集》137 号反面:"……四日庚申,亦有来艰自北,子娓告曰,昔甲辰,方征于蚁,俘人十又五人,五日戊申,

方亦征,俘人十又六人,六月,在……"为武丁时期卜辞。说明此子为武丁时期诸子之一,且参与边关军事活动,当生活在商王朝中央之外。

子皋:字形𝆑,隶定为皋,为此子之名。见于《合集》335 号残片残辞,"贞:翌……子皋其束子,十羌、十牢?"又见《合集》3226 号出现"子皋"的内容,皆为武丁时期卜辞。辞中的子皋参与使用十羌、十牢的祭祀活动,说明其尊贵身份,当为商王室重要成员。所见卜辞中,武丁卜辞多出现名为皋的大将军,子皋或与大将军身份的皋为同一人,子为皋的爵位。此子亦为武丁时期诸子之一。

《合集》335 号

子陕:字形𝆑,𝆑隶作陕(李宗焜《甲骨文字编》,第 467 页),为此子之名。仅见《合集》926 号:"贞:王有微,子陕其以?"为武丁时期卜辞。这个人物亦为武丁时期诸子之一。

子刔:字形𝆑,𝆑隶作刔,为此子之名。甲骨卜辞中记载子刔的内容不多,有见《合集》23539 号残片残辞:"……

卜……贞：子利壯"，又见《怀》965号："贞：子利亡疾？小告。"两条残辞对子利的生平事迹无法过多推断，仅知商王亲自卜问子利的疾病情况，子利也参与祭祀活动。应该说由此可断定子利有尊贵的身份，应为商王室诸子之一。出现在且庚且甲时期卜辞中，其当为且庚且甲时期诸子之一。

子酱：字形🐲，🐲隶作酱（刘钊《新甲骨文编》，第70页；李宗焜《甲骨文字编》，第246页）。为此子之名，或可释为吉。见于《合集》10406号反面："癸卯卜，殻贞：旬亡祸？王占曰……其亦有来艰，五日丁卯，子酱殊不凶（死）？"又见《合集》2120号、3221号等，皆为武丁时期卜辞，可见此子是武丁时期诸子之一。此外《合集》17080号："癸未卜，永贞：旬亡祸？癸酉卜，旬亡祸？癸亥……贞：旬……有祟……子酱……凶（死）？"商王多次卜问其是否有祟及生死情况，说明关系相当密切，当为商王室诸子之一。

卩子：字形🦴，释为卩子。卩为此子之名。见于《合集》2027号残片残辞，"王作……卩子……牛……"为武丁时期卜辞。卩子或为武丁时期诸子之一。此外，残辞中出现祭牲牛，说明此子参与祭祀活动，其身份当为王室成员。

小子：字形🦴，释为小子。小为此子之名。见于《合集》3262号残片残辞，"……丙岂小子"。为商王卜问小子是否受到祸害。又见《合集》6653号："贞：且丁若小子浴（温）？且丁弗若小子？"辞中的若，顺的意思，可理解为

且丁眷顾或顺意小子。还见《合集》151号："贞：小子有浴（温）？小子亡浴（温）？二告。贞：且丁若小子浴（温）？贞：且丁弗若小子浴（温）？"这条辞中的浴（温）字形，水盆中的立人特别突出的刻写了人下之脚，当有用意。所见卜辞中小子也受御除灾殃之祭祀，如《屯南》2673号："……至小子御母庚……"母庚是小乙的法定配偶，武丁的母辈，可知小子是武丁时期诸子之一。

《合集》3262号

长子：字形🦴，释为长子。长为此子之名。仅见《合集》27641号："其侑长子重龟至，王受佑？"为第三期廪辛康丁时期卜辞。长子当时廪康时期人物，但张秉权将长子列为卜辞第二期且庚且甲时代诸子之一。（张秉权《甲骨文与甲骨学》，第430页）

仲子：字形🦴，释为仲子。仲为此子之名。甲骨卜辞中记载仲子内容的虽然多为残辞，但很丰富，30余条卜辞大致为五个方面：（1）参与祭祀，如《合集》23545号："辛丑卜，大贞：仲子岁其延酒？"（2）商王卜问仲子受祟及灾祸否，如《合集》21824号："……

卜……仲子耂祸。"又见《合集》3259号残片等。(3)商王卜问仲子的疾病情况,如《合集》21565号:"……贞:仲子肱疾,乎田于凡?"(4)商王卜问仲子的往来,如《合集》21566号:"癸亥卜,仲子有往来,隹若?"(5)也见有仲子参与军事行动的残辞,如《合集》23551号:"丁酉……贞:仲子……其……旅……仲子……王……宾……"甲骨文伯仲之仲与有飘带的左中右之中的用义是有严格区分的,此子冠仲名,当为区别于其他诸子。此外,记录仲子事迹的卜辞不但多为第一期武丁时期,又见于第二期庚甲时期,还见于第三期廪康时期。有待进一步考证。

盟子:字形𦥑,释为盟子。盟为此子之名。见于《合集》22857号:"丙寅卜,即贞:其杀羊盟子?"又见《合集》23556号、25168号、22988号、25167号等。上述卜辞出现卜辞第二期且庚且甲时期贞人即、大、旅等,说明盟子为且庚且甲时期诸子之一。所见卜辞多为盟子参与祭祀的内容,身份尊贵毋庸置疑,当为商王室诸子之一。

庐子:字形𠆆,释为庐子。庐为此子之名,或写作𠆆。甲骨卜辞中记载庐子的内容不多,有见《合集》26010号:"……出……丁未其奏家庐子母于有宗,若?"又见《怀》1268号、26765号等。上述卜辞有卜问庐子之母的相关参与祭祀的内容,商王如此关切庐子母,说明其密切关系,也可推断庐子为商王之子。庐子与卜辞第二期且庚且甲时期贞卜人物大(《合集》26765号)、出(《合集》

26010号)同条卜辞出现,可知庐子为且庚且甲时期诸子之一。

上子:字形二𠂤,释为上子。上为此子之名。甲骨卜辞中记载上子的内容见于《合集》14257号:"贞:上子受我祐?贞:上子受我祐?"又见《合集》14258号、14259号、《合集》14260号等。皆为武丁时期卜辞,上子当为武丁时期商王室诸子之一。但张秉权将其列为且庚且甲时期诸子之一(张秉权《甲骨文与甲骨学》,第430页)。

子鼠:字形𤓷,释为子鼠。鼠为此子之名。见于《合集》20544号:"子鼠亡循。"此外,见残辞《合集》13715号及《怀》1514号等,皆为武丁时期卜辞。子鼠当为武丁时期诸子之一,但张秉权将子鼠列为卜辞第四期武乙文武丁时期诸子之一(张秉权《甲骨文与甲骨学》,第430页)。

子狀:字形𤝔。𤝔隶作狀,为此子之名,从戈从大会意,"大"形偏旁或为"扶"形偏旁。所见甲骨卜辞中记载子狀的内容多为参加祭祀,如《合集》728号:"……卜,贞:子狀于母壹𪃟小宰又及女一?"又见《合集》3185号、3186号、3190号等。此外,《合集》13874号:"己卯卜,宾贞:子狀骨凡?贞:子狀骨凡有疾?"这条当为卜问子狀疾病情况的卜辞,也说明此子与商王的亲密关系。子狀是武丁时期商王室诸子之一。

子戈:字形𢧜,释为子戈,戈为此子之名。仅见《合集》32779号残片,"壬子贞:子戈亡祸?二。"为武乙文武丁时期卜辞，其他关于名戈但未冠子的卜辞有令戈，见于《合集》14915号："戊戌卜，争贞：叀王族令戈？"还有乎戈的卜辞，如《合集》8405号："癸巳卜，争贞：乎戈……"这些卜辞中的戈与子戈的关系，有待考证。张秉权将子戈列为武乙文武丁时期诸子之一，那么未冠子的戈，与子戈应为异代同名（张秉权《甲骨文与甲骨学》，第430页）。

羊子：字形，释为羊子。羊为此子之名。见于《合集》21290号："丙辰卜，师：叀羊子……叀子……叀女……"又见《怀》77号、《乙》9072号、《佚》450号等。上述卜辞中出现贞卜人物师、扶，皆为师组卜辞贞卜人物，可知羊子为卜辞第一期武丁时期的诸子之一。

子娩：字形，释为子娩。见于《合集》13975号残片残辞，"……殼贞：子娩，王占……隹丁娩……"为武丁时期卜辞。此片甲骨反面出现"允娩"，当与正面卜辞相关。因贞问此子生育情况，此子当为女性之子，亦为武丁时期商王室女性诸子之一，其子之名不详。

《合集》13975号

子启：字形，释为子启。启为此子之名。甲骨文字启一字多形，有七种字形，用作子启之名仅见此形。所见甲骨卜辞中，记载子启的内容有两条为卜问是否有灾祸，有《合集》22277号、22278号皆为"丁丑卜，子启陷，亡祸"。还有卜问子启的疾病情况，《合集》22282号、22283号皆为"乙卯卜，贞：子启亡疾？"另有《合集》22284号等。无论福祸、疾病都能受到商王的殷切呵护，除子无他。所见出现子启内容的六条卜辞皆为武丁时期，子启当为武丁时期人物，但张秉权将子启列为武乙文武丁时期诸子之一。（张秉权《甲骨文与甲骨学》，第430页）

子索：字形，释为子索。索为此子之名。见于《合集》672号："翌乙卯，酒子索。祈？翌乙卯，子太，酒？"还见《合集》1866号残片残辞。虽然仅有两条卜辞的记录，但皆为子索参与酒祭活动的卜辞，为武丁时期卜辞，子索应为武丁时期人物，但张秉权将子索列为武乙文武丁时期诸子之一。（张秉权《甲骨文与甲骨学》，第430页）

子尹：字形，释为子尹。尹或为此子之名，或为职官名。见于《屯南》341号："大乙。辛未卜，王令……翌子尹立帛？壬申卜，王令介以疾立于迹。壬申卜，王令镬以子尹立于帛……"为武乙文武丁时期的卜辞，其第一条卜辞王令之后辞残，后一辞条中的镬为人名。在卜辞中"尹"为职官名，职司较为广泛。辞中的子尹当为武乙文武丁时期诸子之一。

《屯南》341 号

子雡：字形或，释为子雡。雡为此子之名。见于《合集》331 号："丁丑卜，宾贞：子雡其御王于丁妻二妣己，壹，羊三……羌十……"又见《合集》3123 号、3124 号等。皆为武丁时期卜辞，子雡为武丁时期诸子之一，能够参加对妣己的祭祀，说明其身份尊贵，应为商王王室诸子之一。

子雍：字形或，释为子雍。雍为此子之名，有学者认为这个雍字与上加鸟形的雡为同一字（姚孝遂、肖丁《类纂》，第 655 页）。没有鸟形的子雍甲骨卜辞中也有出现，见于《屯南》2070 号："辛卯卜，子雍……"姚孝遂、肖丁合著《小屯南地甲骨考释》中写道："即雍之本字，说见于于省吾《释林》……而称雍为子雍，则属前所未见。"既然是前所未见，所见的卜辞中信息又非常少，无法确定其与加鸟形子雡的是否为同一人。其生活年代也有待考证。

子陷：字形，释为子陷。陷字在卜辞中有用作动词，表示一种猎术，见于《合集》10349 号："壬申卜，殻贞：甫擒麋，丙子陷？允擒二百又九。一月。"又见《合集》10363 号："子其陷麋……"还见《合集》5839 号正面、反面等。该残片正反两面两条残辞中的陷与子陷或为同一人。子陷参加田猎，又受到商王特别关心疾病情况或有无灾祸，说明其为商王室成员，为武丁时期诸子之一。

子弘：字形，释为弘（李宗焜《甲骨文字编》，第 944 页），王蕴智释为弘或强（王蕴智《商代文字可释字形的初步整理》，《字学论集》，第 179 页、183 页）。所见甲骨卜辞中记载子弘的内容很丰富，主要为三个方面。（1）参与祭祀，如《合集》269 号："贞：来辛亥子弘以羌暨岁艺……于妣……"又如《合集》381 号、23717 号等。（2）参加征伐，如《合集》3192 号："贞：勿乎弘望吾方？"又见《合集》6209 号、7594 号等。（3）商王卜问其疾病情况，如《合集》22532 号："癸亥卜，出贞：子弘弗疾？丁卯，子弘有疾？"又见《合集》23533 号等。甚至还卜问子弘母的疾病情况，如《合集》23531 号："乙未卜，出贞：子弘母有疾不……"由上述卜辞分析，此子的生活年代，不仅在武丁时期，或可下延至且庚、且甲时期。因为子弘与武丁时期贞卜人物争同条卜辞出现，又见子弘与且庚、且甲时期贞卜人物卜辞同条，武丁与且庚、且甲时代相接，出现在这两个时期的子弘应为同一人，而非异代同名。

子弹：字形，释为子弹（于省吾《诂林》，第 2605 页），弹为此子之名。

见于《合集》10405 号："癸未卜，殷贞：旬亡祸？王占曰：往，乃兹有祟。六日戊子，子弹囚（死）一月。"意思为癸未这一天占卜，贞人殷问卦，贞问未来的十天即一旬之内没有灾祸之事发生吧？商王亲自看了卜兆以后判断说：有逃亡的事情，这就是祟祸之象。（事后所记应验的结果是）占卜之日后的第六天戊子日，果然名为子弹的商王子弟死了。这是某月所记。由这一条卜辞可知，子弹为武丁时期商王室诸子之一，身死的情况有确切记录。此外，子弹的弹字也有释为发（刘钊《新甲骨文编》，第 739 页；李宗焜《甲骨文字编》，第 947 页）。

子卭：字形𠨍，隶定为卭，用作此子之名。见于《合集》20020 号："乙卯卜，祀（界）……子卭"，为武丁时期卜辞，子卭当为武丁时期诸子之一。

子就：字形𩰙，𩰙字上亯下京，释为就（于省吾《诂林》，第 1937 页，姚孝遂按；刘钊《新甲骨文编》，第 339 页），为此子之名。甲骨卜辞中记载子就的内容多为参与祭祀，见于《合集》3139 号残片残辞，"……子就扬亯牡三……"所见出现子就内容的卜辞有 11 条，其中 10 条为武丁时期卜辞，如《合集》3137 号、15855 号、13732 号等，多为残片残辞。又见《合集》32776 号："丁丑卜，其侑于子就？弜酒？"为武乙文武丁时期卜辞。第一期武丁时期与第四期武乙文武丁时期卜辞重复出现"子就"。当为异代人物同名。

子辟：字形𦫳或𦫳，释为子辟。辟

为此子之名。见于《合集》19964 号："戊午卜，王子母庚，袚子辟？"又见《合集》20023 号："己未卜，御子辟小王，不？御子辟，中子，不？"还见《合集》20024 号、21036 号、20608 号等都出现有子辟内容，皆为武丁时期卜辞，可知子辟为武丁时期诸子之一。所见出现子辟的卜辞多与祭祀相关，说明其尊贵的身份，当为商王室诸子之一。

《合集》19964 号

子眉：字形𦥑，释为子眉。眉为此子之名。见于《合集》3197 号残片残辞："……贞：子眉……"又见《合集》3198 号残片残辞、11689 号等残片残辞，皆为武丁时期卜辞。辞中的子眉当为武

《合集》3198 号

丁时期诸子之一。卜辞中虽然眉字用作地名，但未见有以眉为名的氏族或方国，所以子眉不可能是氏族或方国首领，只能是商王室诸子之一。

子广：字形𠂤，释为子广。广为此子之名。见于《合集》10405号："己卯，媚子广入俎羌十。"这条卜辞乃为骨面的记事刻辞，意思为己卯这一天贵族眉子广贡入宜祭羌奴十名。《合集》10405号是甲骨名片"祭祀狩猎牛骨"，在这版牛胛骨上，不但出现子广，在同版正面又出现武丁时期诸子"子央""子弹"，反面还出现"子峕"。所记录的事情，子央跟随商王出行狩猎，并出了车祸，身份非常明确是商王之子。子弹为商王卜旬判断有祟，验辞记录子弹生死。子峕的事迹更为详细，商王卜旬判断有灾祸发生，应验的结果是子吉没有死，但昏冥看不见东西了。子弹与子吉的身份，也当为商王的子辈。然而，子广贡入十羌，其身份或为商王的子辈，或为氏族或方国的首领前来进贡。其亦为武丁时期诸子之一。

子彶：字形𝕏，𝕏隶定为彶，为此子之名。见于《合集》6477号反面，"令子彶涉涉？勿令子彶涉涉？"此版还有"勿乎子画涉"辞条，同版正面出现武丁时期贞卜人物亘。子画的年代为武丁时期，且子彶与武丁时期贞卜人物亘同版出现，可见子彶是卜辞第一期武丁时期诸子之一。

子甗：字形𝕏，释为子甗。甗为此子之名。见于《合集》3086号："丙寅卜，宾贞：……子甗孽？"又见《合集》

3088号、3089号都出现子甗的内容，皆为武丁时期卜辞。还见《合集》23536号："丙寅卜，兄贞：令子甗孽？八月。"为且庚且甲时期的卜辞。说明子甗的年代由武丁时期下延至且庚且甲时期，为武丁与且庚且甲两个时期的人物。

《合集》3088号

子丰：字形𝕏，释为子丰，丰为此子之名。仅见《合集》137号："癸丑卜，争贞：旬亡祸？三日乙卯……有艰，单邑丰尿于录……丁巳饶，子丰尿……鬼亦得疾。"意思为癸丑这一天占卜，贞人争问卦：争贞问下个十日一旬之间没有灾祸吧？（事后所记的验证结果是）占卜后的第三日乙卯果然就有祸事发生，单邑这个地方举行礼祭时山麓处出现了异常……第五日丁巳那一天，贵族子丰又出现了异常……因为名鬼的贵族也生了疾病。此外，卜辞中还有妇名为丰，所以其他残辞中出现的单字丰，不好判断是子丰还是妇丰。虽然仅有这一条卜辞，足以说明子丰的相关情况。首先，与卜辞第一期武丁时期贞卜人物贞同条卜辞出现，说明其为武丁时期诸子之一。

其次，参与祭祀并受到商王的特别关注，也说明其是商王室诸子之一。

子戊：字形𣏂，释为子戊，戊为此子之名。见于《合集》22047号："癸未卜，𠂤，余于且庚，羊、豕、𠬝？于且戊、御，余羊、豕、𠬝？于子庚御，余毋宰，又𠬝？叀宰，又𠬝？有岁：羊，不？弗有岁？叀用，子戊、不叀父丁、父戊？"这是一条子戊参与祭祀的卜辞，所祭祀的对象有且庚、且戊、父丁、父戊。由这样的内容分析，且庚应是殷庚，父丁为武丁，所以，子戊是且庚且甲时期诸子之一。

子癸：字形𦘒，释为子癸，癸为此子之名。见于《合集》20110号："……扶：子癸……"为武丁时期卜辞。子癸又见《合集》23538号、27583号、27610号、27633号、27640号等。所见甲骨诸子中，子癸是一位非常重要的人物，在上述武丁时期卜辞中，他称子癸，但在且庚且甲时期卜辞中称为兄癸，于廪辛康丁时期卜辞中又称为父癸。陈梦家《殷墟卜辞综述》推论："是武丁所以称其上世四王，子癸附于父乙，或是小乙之后。"《合集》27610号卜辞中子癸与兄丙同条卜辞出现，当为廪辛廪康时期的诸子，与武丁时期的子庚只能是异代同名。

子丁：字形𘓶，释为子丁，丁为此子之名，作为人名使用子组卜辞为圆形丁，午组卜辞为方形丁。所见卜辞中记载子丁的内容主要为参与祭祀，见于《合集》20523号残片，"侑于子丁，牛用"。又见《合集》21885号、21912号

22316号等及《怀》1568号。皆为武丁时期卜辞，子丁当为武丁时期诸子之一。

子龏：字形𤕝，释为子龏，龏为此子之名，或写作𤖕、𤖕。见于《合集》22296号残片："癸酉卜，侑子龏？"为武丁时期卜辞。辞中的子龏参与隆重的侑祭活动，说明其尊贵身份，当为武丁时期商王室诸子之一。

《合集》22296号

子庚：字形𤕟，释为子庚。庚为此子之名。甲骨卜辞中记载子庚的内容比较丰富，多为参与祭祀，见于《合集》22078号："辛未卜，叀庚辰用牛于子庚？"又见《合集》22088号、22295号等。此外，还见《合集》20072号残片残辞，"……卜，扶……妾……子庚"。皆是武丁时期卜辞，子庚为武丁时期诸子之一。

子成：字形𤕟，释为子成。成为此子之名。见于《合集》20053号："……戌卜，扶……子成……𣨛。"为武丁时期卜辞。辞中的子成为武丁时期诸子之一。

《合集》20053 号

子鼓：字形𠂤，释为子鼓。鼓为此子之名。甲骨卜辞中记载子鼓的内容甚少，仅见《合集》21881 号："壬子，子鼓。"子鼓为诸子之一身份，确切无疑。关于他的生活年代也当为武丁时期，为武丁时期诸子之一。

子六：字形𠂤，释为子六。六字或可释为"宀"，为此子之名。甲骨卜辞中记载子六的内容甚少，仅见《合集》21593 号残片残辞出现"子六"一名。虽然由这条碎片残辞可知甲骨文时期有子六这个人物，但其的生活年代和其他情况无从过多论及，多家学者也未论及此子，有待新的材料出现。

子骨：字形𠂤，释为子骨。骨为此子之名。甲骨卜辞中记载子骨的内容不多，见于《合集》20051 号残片残辞，"……卜……子骨……曰弜……列"。又见《合集》20544 号。上述两条残辞为武丁时期卜辞，那么，子骨也应为武丁时期诸子之一。

子曼：字形𠂤，释为子曼。曼为此子之名。甲骨卜辞中明确记载子曼的内容甚少，见于《怀》1607 号残片残辞，"癸卯……子曼……"又见《合集》

14436 号："癸亥卜，贞：今日戊令曼？"这条卜辞中的曼，也应为子曼。相关曼的辞条，多与武丁时期贞卜人物贞同时出现，所以曼为武丁时期诸子之一。

子特（麠）：字形𠂤，麠字释为麠（于省吾《诂林》，第 1611 页）。但朱歧祥释"象牛首身尾之形。长其体，示大牛也。相当《说文》特字。卜辞有黄特，为殷祭牲"（朱歧祥《通释稿》，第 203 页）。卜辞中特（麠）为此子之名，见于《英》1770 号："……于子特（麠）御妇𠂤子。"这条卜辞可知子特参加祭祀，由此可知其尊贵身份。或为商王室成员，为武乙文武丁时期诸子之一。但姚孝遂释特为麠，本辞条也释为"御妇𠂤子于子特（麠）"（姚孝遂、肖丁《类纂》，第 632 页）。

子祝：字形𠂤，释为子祝。祝为此子之名。见于《合集》22351 号残片残辞，"……牛一子祝……"又见《合集》20543 号残片残辞，"子祝亡𡆥。子……亡𡆥。子……亡𡆥"。上述卜辞记录的子祝事迹，虽片碎辞残，但清楚地显示子祝参与祭祀，并代商王出巡。由上而知，子祝有尊贵的身份，当为王室成员之一。此外，所见甲骨卜辞中未见以祝作名的氏族或方国，子祝不应为氏族或方国首领，只能是商王室诸子之一。《合集》22351 号、20543 号皆为卜辞第一期武丁时期，子祝为武丁时期诸子之一。

子牧：字形𠂤，释为子牧，牧为此子之名，见于《合集》27790 号："叀……子牧……王弗……"为廪辛康丁时期卜辞。词中的子牧当为廪辛康丁时期诸子之一。

子俏：字形𝑔，释为子俏，俏为此子之名，孟世凯隶定此字为"般"。（孟世凯《辞典》，第 101 页），见于《合集》32777 号："己卯，贞：子俏亡祸？"又见《合集》32778 号，皆为武乙文武丁时期卜辞。卜辞为商王占卜子俏是否有灾祸的卜辞，可见他们的亲密关系。子俏为武乙文武丁时期诸子之一。

子黄：字形𝑔，释为子黄，黄为此子之名。见于《合集》32783 号："癸亥，贞：子黄吉，亡祸？一。有祸？二。"为武乙文武丁时期卜辞。辞中商王卜问子黄是否有祟祸？能够得到商王的亲切眷顾，说明子黄身份的尊贵。所见卜辞中有氏族用黄作名，如《合集》22 号："癸卯卜，贞：（王）田，令禽取黄丁人？七月。"子黄或为黄氏族首领，或为武乙文武丁时期商王室诸子之一。

子方：字形𝑔，释为子方，殷墟卜辞出现"子方"一名有七条，《合集》5622 号为武丁时期，《合集》32107 号、32832 号、32833 号以及《屯南》3723 号、4366 号为武乙文武丁时期。饶宗颐《甲骨文通检》将"子方"分别收入第二册地名方国与第四册职官人物子。"子方"一名无论出现在武丁时期，还是武乙文武丁时期，都应是方国名。是否认为又是某子之名，待考。

子羌：字形𝑔，释为子羌，羌为此子之名。仅见《合集》747 号残片残辞："……戌卜，王……反于……子羌……"为武丁时期卜辞。相关信息太少，仅知

其为武丁时期能够参与祭祀的诸子之一。

子奸：字形𝑔，𝑔隶定为奸，为此子之名。仅见《合集》3194 号残片残辞"……子奸……自……"为武丁时期卜辞，奸为武丁时期诸子之一。

子双：字形𝑔，𝑔隶定双，为此子之名。见于《合集》20045 号："子双出。"为武丁时期卜辞。辞中的子双当为武丁时期诸子之一。但张秉权将子双列入卜辞第四期武乙文武丁时期（张秉权《甲骨文与甲骨学》，第 430 页）。

《合集》20045 号

子祀：字形𝑔，𝑔隶作祀，为此子之名。仅见《合集》3229 号残片残辞，"贞：勿子祀？一月。二告"。为武丁时期卜辞，那么，子祀应为武丁时期诸子之一。

子虎：字形𝑔，释为子虎，虎为此子之名。仅见《怀》1588 号残辞，"癸酉卜，侑……子虎……"辞中"侑"字的书写风格为师组贞人风格，子虎应为武丁时期诸子之一。

子寝：字形𝑔，𝑔释为寝（姚孝遂、肖丁《类纂》757 页）。见于《合集》

20044 号残片残辞，"癸巳，曰子寝亡……"为武丁时期卜辞。辞中的子寝为武丁时期诸子之一。

《合集》20044 号

子窫：字形🔲，🔲字形从宀从女从贝，隶作窫。仅见《合集》5874 号残片残辞，"……以子🔲巫……"为武丁时期卜辞。子窫为武丁时期诸子之一。

子要：字形🔲，🔲字形从双手贡拱，饶宗颐释为要（饶宗颐《通考》，第684页），也有释为瘞（李宗焜《甲骨文字编》，第345页）。仅见《合集》21567号残片残辞，"……卜子……子要……"同版其他残辞"贞"字两竖画下部各有两短横，为子组卜辞的字体风格。子要的卜辞可归为子组一系，那么，此子应为卜辞第一期武丁时期诸子之一。

子寇：字形为🔲，🔲字形从宀从人手持杵，释为寇（刘钊《新甲骨文编》，第197页；李宗焜《甲骨文字编》，第767页）。仅见《合集》3184号残片残辞，"……卜，殸：……子寇……"虽然上条卜辞碎片辞残，但子寇身份明确，

特别重要的是与卜辞第一期武丁时期贞卜人物殸同版同条出现，可见子寇为武丁时期诸子之一。

子徝：字形🔲，🔲为此子之名，从彳从旋，隶作徝，仅见《合集》27747号："……子徝令……王弗悔。"为廪辛康丁时期卜辞。辞中的这位子爵当为廪辛康丁时期诸子之一。

子扫：字形🔲，🔲释为扫（刘钊《新甲骨文编》，第761页）。为此子之名，从厂从帚从又。仅见《合集》13727号："乙未卜，禽，子扫亡疾？"为武丁时期卜辞。这条卜辞的内容为商王卜问此子的疾病情况，说明其或为商王室诸子。为武丁时期商王室诸子之一，但张秉权将此子列为卜辞第四期武丁文武丁时期诸子之一。（张秉权《甲骨文与甲骨学》，第430页）

子弢：字形🔲，🔲，从弓从又，隶定为弢，为此子之名。见于《合集》20042号残片残辞，"……寅，甫令……子弢"。又见《合集》20041号也出现"子弢"内容，皆为武丁时期卜辞。辞中的子弢为武丁时期诸子之一。

《合集》20041 号

子甫：字形，释为子甫，甫为此子之名。见于《合集》9526 号残片残辞，"……子甫立。……隹甫立"。为武丁时期卜辞。辞中的立指为莅临义。此外，残片同版同面还出现两个𡆥字，若与残辞相关，此条残辞或为卜问子甫是否受到祸害，商王亲自贞问子甫的福祸，其当为武丁时期商王室诸子之一。

《合集》9526 号

子敉：字形，隶定为敉，为此子之名，或隶定为从玉从殳。见于《英》1767 号："戊午卜，王贞：勿御子辟余弗其子？癸亥卜，师：叀小宰兄甲……子敉叀牛，一月，用。"这条卜辞中，出现贞卜人物师，为师组卜辞，特别是出现在兄甲的称谓，所见甲骨卜辞中武丁卜辞的诸兄有兄甲，廪辛、康丁卜辞中有兄甲，师组卜辞当为武丁时期，那么子敉是武丁时期诸子之一。能够参与祭祀，可见其尊贵身份，应为商王室诸子之一。

子阦：字形，字从阝从夭，隶作阦（李宗焜《甲骨文字编》，第 466 页），为此子的私名。见于《花东》33 号："子阦贞"三字内容，为武丁时期卜辞。辞中的"子阦"为《花东》新见人名，不但有子的身份，说明为武丁时期诸子之一，同时"为新见的贞人名"（考古所《花东》，第 1571 页）。

告子：字形，释为告子，即子告。所见告子的卜辞有《合集》22099 号："丁巳卜，若翌告子？"同条卜辞中间出现"妣辛暨父丁"内容，父丁为武丁，妣辛为武丁法定配偶之一，是且庚且甲对武丁及配偶之称，知告子为且庚且甲时期的诸子之一。还有《合集》3673 号残片残辞："……宾贞：……告子……"为武丁时期卜辞，辞中的告当为动词。

书子：字形，释为書子。字饶宗颐释"書从聿从口，《集韵》十一没：'啫，声也。'……即此字当是祭祀时祈叫呼告之意"（饶宗颐《通考》，第 684 页）。见于《合集》3272 号："……卜，……書子……乎……射"残辞，为武丁时期卜辞。辞中的書，姚孝遂认为："字从'聿'、从'口'，乃由'聿'字所孳乳，隶当作'書'。在卜辞为人名。"（于省吾《诂林》，第 3127 页，姚孝遂按）与子字组合，或为某子之名。書字现代汉字简化为书。出现于武丁时

《合集》3272 号

期卜辞中，其亦为武丁时期诸子之一。

子金：金的字形◇、◇、◇，当为此子的私名，释为金（刘剑《新甲骨文编》，第 777 页）。见于《花东》2 号："戊子卜，在麗：子其射，若？一。戊子卜，在麗：子弜射于之，若？一。友贞：子金？一。友贞：子金？一。"为武丁时期卜辞。辞中的"子金"，有释"子金，新见人名。亦见于（《花东》）2、6、15、55、75、80 等 28 片。在 H3 卜辞中，子金出现的次数仅次于子"（考古所《花东》，第 1556 页）。

子踊：字形♦、♦，♦字从步从宀，孙海波最早隶"从子从正，《说文》所无。人名"。有释为踊（李宗焜《甲骨文字编》，第 277 页）。见于《合集》22249 号："癸巳卜，贞：子踊亡祸？"又见《合集》12830 号也出现"踊"的内容，皆为武丁时期卜辞。辞中的踊当是此子之名，子踊为武丁时期诸子之一。

子♦：字形♦，♦字形从匕从宀或六，与现代汉字无法直接对应。所见甲骨卜辞中，明确记载子♦的内容仅见《合集》3232 号残片残辞反面，"…… 殷贞：……子♦……"虽然相关信息甚少，但出现卜辞第一期武丁时期贞卜人物殷，起码可以证明此子为武丁时期诸子之一。

子♦：字形♦，♦字形从月下一横，与现代汉字无法直接隶定。所见甲骨卜辞中子♦的内容仅见《合集》22086 号："壬午卜，贞：隹亚涉子♦？"虽然仅见这一条卜辞，但内容非常重要，这条卜辞中的"贞"字，两边竖画向外折，使贞字成鼓形，是午组卜辞的字体风格，

极为特殊。关于贞卜人物午的断代，陈梦家和《甲骨文合集》都断为卜辞第一期，饶宗颐断为卜辞第一期或第三期，日本人岛邦男断代为卜辞第四期。

子♦：文字♦，为卜辞中某子之名。♦字与现代汉字无法隶定。称为♦的这位子爵，出现在甲骨卜辞中的内容也不多，仅见《合集》3225 号残片残辞"……子♦于……"为武丁时期卜辞。辞中的这位子爵亦为武丁时期诸子之一。

（五）诸臣

臣：字形♦，罗振玉最早释为臣。（罗振玉《殷释》中，第 20 页）《说文》："臣。牵也。是君也，象屈服之形。"郭沫若认为："臣之训牵，盖以同声为专注，然其字何以象屈服之形，于小篆字形实不能见出。近人亦有依小篆字形以为说者，然皆以讹传讹也。字于卜辞作♦若♦……均象一竖目之形。人首俯则目竖，所以'象屈服之形'者殆以此也。古人造字，于人形之象徵，目颇重要。"（郭沫若《释臣宰》，《郭沫若全集·考古编》第一卷，第 69—70 页）郭说可从，甲骨文臣象竖目形，横目形为目，竖目形为臣，区别很严。卜辞中的臣，是一种地位较高的职官名，其地位或与侯、伯相同。所见卜辞中臣有时单独出现，但常有在臣这一职官名前后记上私名、族名或称号。如"王臣"（《合集》117 号）、"臣沚"（《合集》707 号）、"臣戉"（《怀》13 号）陈梦家认为："卜辞名词与名词结合而成为

一名词组时，其在前的名词是形容性的，因此'雀臣正''王臣'是雀之臣正或王之臣。"（陈梦家《综述》，第 503 页）关于臣，于省吾认为："甲骨文臣字的用法有两种：一，臣谓奴隶。……二，臣谓臣僚。甲骨文言小臣或小臣某者习见，均指臣僚言之。"（于省吾《释林》，第 312 页）。孟世凯认为："因分工不同，地位亦不同。'多臣'地位较高。'小臣'管理各种事务，地位较低。亦有一般臣僚，如'子商臣'、子效臣、州臣、夹臣等等。"（孟世凯《辞典》，第 230 页）但赵诚认为："甲骨文的小臣与后世之小臣不同。从卜辞来看，商代的小臣，有的地位很高，仅次于王，近似于后代之大臣。商代各方国也有小臣，有的地位也仅次于方国的领袖。这些小臣也像侯、伯、臣一样……卜辞不仅地上的君王有臣，天上的上帝也有臣，称之为帝臣，可见在商代人的心目中，天上和人间的结构基本一样。这一点也告诉我们，卜辞的臣不仅指人臣，也指帝臣。……有人以为商代的臣和小臣，也指奴隶，这是一个需要深入研究的问题。"（赵诚《词典》，第 59 页）

《合集》117 号

帝臣：字形𦥑，释为帝臣，即帝之臣。所见帝臣的卜辞有五条，如《合集》217 号："贞：王出，隹帝臣名？"为第一期武丁时期卜辞。又如《合集》30298 号："于帝臣，有雨？于岳宗酒，有雨？"为廪辛康丁时期卜辞。按照陈梦家的观点："卜辞中的上帝或帝，常常发施号令，与王一样。上帝或帝不但施令于人间，而且他自有朝廷，有使、臣之类供奔走者。"（陈梦家《综述》，第 572 页）

帝五臣：字形𦥑，释为帝五臣。所见帝五臣的卜辞，仅有《合集》30391 号："……求，侑于帝五臣，有大雨？"为第三期廪辛康丁时期卜辞，同版其他辞条出现"帝五臣正"。陈梦家认为："帝五臣正、帝五工臣、帝五臣、帝工所指皆上帝之臣正。"又："王与族邦之有臣正，反映于殷人自然崇拜中以为帝亦有臣正。"（陈梦家《综述》，第 572、503 页）

帝五臣正：字形𦥑，释为帝五臣正。所见帝五臣正的卜辞仅有《合集》30391 号："……王侑，岁于帝五臣正，隹亡雨？"（参见"帝五臣"及"帝五工臣"条）

帝五工臣：字形𦥑，陈梦家释为帝五工臣，但认为："除'帝工'之工作𦥑外，其他'帝五工臣'之工则作丰。金文《章殷》（《三代》7.34.6）'玉五工'，玉、工皆作丰。丰乃工字，工为玉字单位词，《淮南子·道应篇》'玄玉百工'，注云'三玉为一工也'，丰象三玉成串之形。"（陈梦家《综述》，第

572 页）所见帝五工臣的卜辞有《合集》34149 号："癸酉，贞：帝五工臣，其三百四十宰？"还有《屯南》930 号："贞：其宁，秋于帝五工臣，于日告？"郭沫若释丰为介，"介今作个，故'帝五丰臣'又省称作'帝五臣'。帝自上帝，五臣不知何所指"（郭沫若《粹考》12 片）。陈梦家释五工臣为："卜辞的帝五工臣、帝五臣正和《左传》昭十七所述郯子一段有关。郯子曰'我高祖少暤挚之立也，凤鸟适至，故纪于鸟为鸟师而鸟名，凤鸟氏历正也……五雉为五工正'。此是《左传》所保存有关殷代神话最宝贵的一段。郯子所说的五鸟是历正、司分、司至、司启、司闭，五鸠是司徒、司马、司空、司寇、司事。前者是掌天时者，后者是掌人事者。五鸠五工正，发展而为《左传》昭廿九晋大史蔡墨所说的五行之官，五官即木、火、金、水、土。凤鸟相当于卜辞的'帝史凤'，五工正相当于卜辞的'帝五工臣'。帝五工臣当指帝庭的诸执司，其成员当近于九歌的东皇太一、东君、云中君、大司命、小司命，或《周礼·大宗伯》的司中、司命、飘师、雨师，或郑玄注《小宗伯》五帝之日、月、风师、雨师和司中、司命。《淮南子·天文篇》'四时者天之吏也，日月者天之使也'，《史记·封禅书》记秦雍祀日月风雨九臣十四臣之朝：凡此以日月风雨为吏、使、臣，都和卜辞的帝五臣正相应。"（陈梦家《综述》，第 572 页）

旧臣（旧老臣）：字形 ，释为旧臣。旧臣的称谓在卜辞中仅见于《合集》39720 号。原片为《库》1516 号，多数学者认为是伪刻。但《合集》3522 号："贞：我家旧姥臣亡㞢我……夕我旧……之齿今……"原著录片为《前》4.15.4 号，辞中"旧姥臣"的姥多数学者释为老，"旧姥臣"即旧老臣。对于旧臣或旧老臣，赵诚认为："从卜辞来看，旧臣的地位相当崇高，有的可以和商之先王同样祭祀，并为之立示（即主，如伊示、黄示），为之建祊（如庙，如伊祊、黄祊），和商之先王相等。有人以为这些旧臣近似于后代的宰相。但封建社会里任何一个宰相都不可能在死后于祭祀中和先王处于相等之地位。种种迹象表明，卜辞中的旧臣和商代先王是近亲，好像周公和武王、周公和成王的关系那样。所以当某一先王不配当君主时，可以将其废弃，待其改过从善之后又将他扶立，如伊尹之废立太甲。"（赵诚《词典》，第 33—34 页）"其名臣见于卜辞者有三：曰伊尹，亦曰伊；曰咸戊，曰且己"，而以"咸戊殆即巫咸"

《合集》3522 号

（罗振玉《考释》上，第 13 页）。

伊尹：字形 ，释为伊尹。尹的甲骨文字形易于父字相混，其尹字手旁在竖画上部，父字手旁在竖画下部。无论是传统文献的记录还是在卜辞中，伊尹都是最重要的旧老臣。所见卜辞中伊尹作为被祭祀对象，见于《合集》21575 号："辛亥卜，至伊尹用一牛？"辞中"至伊尹"即对伊尹进行至祭。又见《合集》21573 号、21574 号等武丁时期卜辞及《合集》32792 号、32793 号等武乙文武丁时期卜辞皆有"伊尹"受祭内容。传统文献《君奭》记载伊尹为汤奭臣；《竹书纪年》记载其放大甲而大甲杀之；《尚书》记载沃丁葬之；《孟子·万章》记载："伊尹耕于有莘之野"；《墨子·尚贤》下记载："其伊尹为有莘氏女师仆"；《吕氏春秋·本味》篇记载："有侁氏……以伊尹媵女"等。伊尹名挚，见《天问》《墨子·尚贤》《孙子·用问》诸篇，但《史记·殷本纪》："伊尹名阿衡"，《商颂·长发》篇《毛传》："阿衡，伊尹也。"陈梦家认为："混伊尹与阿衡、保衡为一人是不对的。"（陈梦家《综述》，第 363 页）传统文献伊尹也可以单称伊，如《尚书·序》："伊尹作伊训"，伊训即伊尹之训。卜辞中伊尹的伊是其私名，尹是其官名，所以伊尹也单称为伊。所见卜辞中伊尹的相关记载有三十余条，伊的卜辞有近百条。陈梦家认为："致祭伊尹的卜辞，最早见于武丁晚期的子组卜辞（《前》8.1.2，《菁》11.18），而廪、康、武、文卜辞中则屡见。在卜辞中他

地位的重要，可以下列各事表明：（1）与大乙并见于一辞（《上》22.1，22.2）；（2）'伊尹五示''伊五示'当是旧臣五示而伊尹为首；又有'又于十立：伊又九'是伊尹与其他九臣为十位；（3）有'伊宾'（《续》6.21.11，《粹》151，《佚》802）和'上甲岁伊宾'（《明续》513）则是伊尹附祭于先王；（4）卜辞惟上甲及其前的先公高祖能'耏年''耏雨'而伊尹耏雨又为祈求宁风的对象；（5）武乙卜辞'伊，廿示又三'当指伊尹和大甲至康丁二十三王，则伊尹卒于大甲之时，当属有据。"（陈梦家《综述》，第 363 页）

伊示：字形 ，释为伊示。见于《合集》32847 号："庚辰……庚辰，贞：邑以大示？辛巳，贞：以伊示？弜以伊示？"又见《合集》32848 号："庚辰，贞：王于有丁亥令邑？叀父示以。辛巳，贞：以伊示？弜以伊示？"皆为武乙文丁时期卜辞。由辞义分析，伊示当指伊尹的神主。但赵诚认为："伊示应是伊尹。"（赵诚《词典》，第 36 页）

《合集》32847 号

伊爽：字形 𓀀𓀁，𓀁 隶定为爽，为私名。所见伊爽的卜辞有五条，为《合集》33273 号、34151 号、34154 号、34214 号和《怀》1573 号。辞中伊爽的爽，有学者认为是官名（陈梦家《综述》，第 363 页），但由于爽字形与卜辞中表示配偶的奭字形相近，所以也有认为："伊爽、黄爽很可能是伊尹、黄尹，但也可能是伊、黄之配偶。"（陈梦家《综述》，第 364 页）

黄尹：甲骨字形为 𓀂，释为黄尹，黄为私名，尹是官名，也有认为是族长之称。黄尹与伊尹一样，在卜辞中有非常崇高的地位，为旧老臣之一。所见黄尹的卜辞有百余条。从卜辞来看，黄尹有时也简称作黄，单称黄的卜辞也有 60 余条。关于黄尹，陈梦家认为："卜辞之黄尹、黄爽即《诗》《书》之阿衡、保衡，因为阿、保即爽，而'黄''衡'古相通用；西周金文赏赐之'赤市幽黄'即《礼记·玉藻》之'赤韨幽衡'……致祭黄尹的卜辞仅见于武丁卜

《合集》3255 号

辞……颇疑黄尹可能是伊尹之子。据《君奭》，保横立于太甲之时，而《春秋经传集解后序》引《竹书纪年》伊尹发太甲，太甲杀伊尹而立其子伊陟、伊奋，时间正相当。"（陈梦家《综述》，第 364 页）赵诚也认为："据考证，卜辞之黄尹，即《诗》《书》之阿衡、保衡。黄、衡音近相通，为其私名。尹和阿、保同，为其官名。可备一说。"（赵诚《词典》，第 34 页）

黄示：字形 𓀃，释为黄示。所见黄示的卜辞有《合集》6354 号反面："……占曰：其卫于黄示？"还有《合集》3505 号反面。从卜辞内容分析，黄示即黄尹，卫作为祭名只见用于黄示和黄尹（赵诚《词典》，第 35 页）。

黄爽：字形 𓀄𓀁，𓀁 隶定为爽。所见黄爽的卜辞有十余条，关于其身份，有学者认为黄爽即黄尹，也有依据爽字形与卜辞中表示配偶的奭字形相近，认为是黄的配偶（赵诚《词典》，第 35 页）。从黄尹、黄爽的卜辞同出土于 YH127 坑分析，二者不应是指一个人。

伊丁：字形 𓀀口，释为伊丁。所见卜辞中伊丁的记载有四条，一为《合集》32800 号："丙子卜，侑伊丁六……一牛。"二为《合集》32802 号："丁酉，贞：侑于伊丁？"三为《合集》32803 号："……卜，贞：今日其取伊丁人……"四为《屯南》978 号："丁酉，贞：侑于伊丁？"还见有伊尹丁的卜辞，如《屯南》3033 号："癸亥卜，侑于伊尹丁，更今日侑？"赵诚认为："伊即伊尹，明确无疑。则伊尹之又称为丁，必

为庙号，与其它先王之以十干为庙号同。"（赵诚《词典》，第37页）

咸戊：字形 𝕏，释为咸戊，咸戊为旧老臣之一。卜辞中所见咸戊的记录有十一条，如《合集》3507号："贞：侑于咸戊？"还有《合集》1822号、3508号等都出现"咸戊"的内容，皆为武丁时期卜辞。另有单称咸字的卜辞60余条。虽然咸也是商汤的称谓，但这60余条中的咸也有是咸戊的简称。在卜辞中咸戊为地位崇高的旧老臣，祭祀上帝、先王、咸戊皆同时配享，而且可以佐王或老王。关于咸戊之名，咸或为私名，戊或为职官名。陈梦家认为："卜辞的咸戊可能是巫咸。爻戊、尽戊、戊陟、戊爻等名称，其同有之'戊'可能是一个官名。由于戊陟、戊爻（《图》13）、咸戊、爻戊（《甲》264+《粹》425）之并见于一辞，爻戊、咸戊（《乙》753、3476）之并见于一版，可见他们是同类的。伊尹、黄尹先私名而后官名，则咸戊、爻戊、尽戊等之咸、爻、尽亦为私名，而'戊'为官名。伊尹可以省之为伊，而卜辞又有咸。'戊''巫'古音相近，卜辞之十可能是巫字，而卜辞戊作 𝕏，与之形近易混。"（陈梦家《综述》，第365页）

学戊：字形 𝕏，释为学戊，学字或写作 𝕏、𝕏、𝕏、𝕏、𝕏、𝕏，为私名，戊为职官名，学戊为旧老臣之一。卜辞中所见学戊的记录有十余条，从相关内容看，学戊也有非常高的地位，其不仅作为被祭祀对象，而且与咸戊同条被祭，如《合集》20098号："丁未卜，扶：侑，

岁咸戊、学戊？"说明二者地位相当，同为有崇高地位的旧臣（赵诚《词典》，第38页）。传统文献未见学戊之名。

爻戊：字形 𝕏，释为爻戊。所见爻戊的卜辞有两条，一为《合集》3512号残片残辞，仅有"爻戊"二字，爻字下面残，或为学字之残。二为《合集》7862号："侑于爻戊，咸……"皆为武丁时期卜辞。关于爻戊，未见陈梦家《综述》中有学戊，可见陈梦家释学戊皆为爻戊，也未见孟世凯《辞典》有学戊条，但引用"孙海波认为：'爻用为学。爻戊即学戊。'（《甲骨文编》，第155页）"，《合集》20098号、20100号中的学戊皆为加双手旁的学字，学戊之人确有。参见学戊条。

《合集》3512号

尽戊：字形 𝕏，戊为职官名，𝕏或为 𝕏，皆释为尽，尽为私名，尽戊为旧老臣之一。所见卜辞中尽戊的记录有十余条，有对其进行侑祭的卜辞，见于《合集》3515号："贞：侑于尽戊？"又其也能崇王，如《合集》3251号："尽戊崇王？尽戊弗崇王？"可见其地位也相当之高。赵诚认为："后世文献未见尽戊之名，而有关于巫贤的记载，如《尚书·君奭》曰：'在祖乙时则有若巫

贤.'有人以为巫和戊古音相近,字形
也相近易混,很可能古本同字;而贤和
尽古音也相近,则卜辞之尽戊,很可能
就是巫贤。这只能说是一种推测,尚待
证实。"(赵诚《词典》,第39页)

《合集》3515 号

旨千: 字形 ℒℽ,释为旨千。所见旨
千的卜辞仅有《合集》14199 号,为
《乙》3085 号 + 3260 号 + 5569 号 + 6189
号:"己未……贞:旨千若于帝右? 贞:
旨千不若于帝左?"也有释为:"己
未…… 贞:旨 …… 千若于帝右? 贞:
旨……千不……若于帝左?"为武丁时
期卜辞。关于旨千,陈梦家认为:
"'旨'从尸从口,'千'即《说文》卷
八"'壬,善也'之壬而省去下划者。
其人当即迟任。般庚上'迟任有言曰:
人惟求旧,器非旧惟新'。敦煌本、日
本唐写本皆古定《尚书》,凡夷字隶作
'迟';日本唐写本般庚迟任作迟任,所
从之昆是夷字,而金文'尸'即'夷'
字。迟任若于帝之左右,即《君奭》所
谓格于上帝。" (陈梦家《综述》,第

366 页)

亦尹: 字形 ⁂,释为亦尹,亦字也
用作邦族名或地名。所见亦尹的卜辞有
《合集》3458 号:"庚申卜,殸贞:我有
作祸? 庚申卜,殸贞:我亡作祸? 贞:
亦尹祟王? 贞:亦尹弗祟王?"还有
《合集》3459 号:"贞:勿告于亦尹? 八
月。"皆为武丁时期卜辞。辞中亦尹被
作为祭祀对象,还有祟王的能力,其身
份当与伊尹、黄尹相同,或为伊尹或黄
尹的别称。

蔑: 字形 ⁑,王襄最早释"古蔑字"
(王襄《簠室殷契类纂》,第 18 页)。杨
树达亦释为蔑,但认为"蔑为殷人所事
之神名,蔑密声近,殆即《纪年》所记
大戊名密之密矣"(杨树达《甲文说》,
第 36 页)。卜辞中蔑的相关记录有三十
余条,见于《合集》970 号:"己亥卜,
殸贞:有伐于黄尹,亦侑于蔑?"又见
《合集》30451 号:"……弜暨。其侑蔑
暨伊尹?"蔑与黄尹、伊尹皆并见于同
条卜辞,应与伊尹、黄尹同为旧臣,但
也有认为蔑为神祇名(孟世凯《辞典》,
第 603 页)。姚孝遂认为蔑"在卜辞为
祭祀之对象,与伊尹并列,陈梦家以为
殷人之'旧臣',其说可从(陈梦家

《合集》970 号

《综述》，第 366 页）。杨树达以为'大戊'，非是。又卜辞'蔑雨'累见，当与'岳雨'、'夒雨'之辞例同，在殷人心目中，先公旧臣多与风雨年禾有关"（于省吾《诂林》，第 2445 页，姚孝遂按）。

沚或：字形，释为沚或，沚为地名、邦族名或方国名，或为私名，陈梦家认为："'或'（不是或字）则是戜的后代的私名。"（陈梦家《综述》，第 297 页）所见沚或的卜辞有 20 余条，还见有单称或的卜辞有 10 余条，如《合集》33058 号："癸酉，贞：王从沚或伐召方，受佑？在大乙宗。"为武乙文武丁时期卜辞，那么沚或应为武乙文武丁时期商王朝中央的重臣或武将，但《合集》142 号："甲午卜，古贞：在……或刍乎……"辞中古为卜辞第一期武丁宾组贞卜人物，这个或当为武丁时期商王朝中央的大臣，或为异代重名。

小臣：字形，释为小臣，甲骨文小字或写作，也释作少，小少同，所以小臣也有称少臣。按照陈梦家的观点："卜辞的小臣至少有两类：一类是多方的小臣，记其来王与来觐等等；一类是王朝的小臣，即臣正。……臣或小臣在殷代为一较高的官名，在此官名之后常虽以私名……小臣受王之令，为其征伐，为其具车马，为其司卜事。武丁时代甲桥、背甲、骨臼、骨面上的卜事刻辞，其上的人名亦兼为卜人之名，如小臣中或即祖庚卜人中。又康丁的小臣口可能是廪辛的卜人口；廪辛的小臣凸可能是祖甲的卜人凸。康丁的小臣墙也出现于

乙辛卜辞，武丁的小臣㚔和武乙的亚㚔同名，廪辛的小臣咏和康丁的'戍咏'同名。凡此不同时代的同名者，很可能是此等名字乃是邦族之名。"（陈梦家《综述》，第 505—507 页）

王臣：字形，释为王臣。所见王臣的卜辞有七条，如《合集》117 号："王臣其有刍？王臣弗有刍？"又如《合集》5567 号："贞：吴弗其氏王臣？"按照陈梦家的观点，王臣即王之臣。（陈梦家《综述》，第 503 页）但孟世凯认为王臣为："商王室之奴隶。"（孟世凯《辞典》，第 109 页）从《合集》11506 号："甲寅卜，殻贞：翌乙卯易日？"反面有"王占曰：王臣占……途首若。"内容分析，王臣能够"占"（视兆，一般视兆者为商王），其身份不应为奴隶。

众人臣：字形，释为众人臣。所见众人臣的卜辞有《合集》5597 号："贞：叀吴勿小众人臣？"为武丁时期卜辞。辞中吴是主管藉田的臣，于省吾认为："小众人臣即主管众人的小臣。这是说，由吴传呼主管众人的小臣，以从事某项工作。"（于省吾《释林》，第 310 页）

多臣：字形，释为多臣，臣为职官名，多为邦族名或私名。所见多臣的卜辞有二十余条，如《合集》627 号："壬午卜，宾贞：伲不薾执多臣往羌？"又如《合集》22258 号："丙午，贞：多臣亡疾？"辞中宾为卜辞第一期武丁宾组贞卜人物，那么多臣当为武丁时期商王朝中央大臣之一。

元臣：字形，释为元臣。所见元

臣的卜辞有《合集》5856号："……以侑元臣……允幸。"为武丁时期卜辞，说明元臣为武丁时期诸大臣之一。还有《合集》4489号、7243号辞中元字后残，或为元臣之残掉臣字，《合集》7242号辞中的元或为元臣之简称。于省吾认为："臣当属下读，元臣不能连读。"（于省吾《诂林》，第63页）孟世凯释元臣为"和善之臣"（孟世凯《释典》，第120页）。可备一说。

多朊臣：字形𠂤𦥑，释为多朊臣，多或为邦族名，朊为私名。所见多朊臣的卜辞有《合集》5444号："贞：晶不我多朊臣永……辰卜，令雀往，由王事？一告。"为武丁时期卜辞，多朊臣当为武丁时期诸大臣之一。

州臣：字形𠂤，释为州臣，州为邦族名，但饶宗颐认为："州也作两解，一为国名。"（饶宗颐《通考》，第265页）所见州臣的卜辞有四条，如《合集》849号："丙戌卜，𣪘贞：翌丁亥侑于且丁？乙酉卜，宾贞：州臣有往，自夐得？"又如《合集》851号："贞：州臣得？"辞中𣪘、宾皆为卜辞第一期武丁时期贞卜人物，那么州臣或为武丁时期州邦族或州方国的大臣。

夹臣：字形𠂤，释为夹臣，夹为地名或方国名。所见夹臣的卜辞有《合集》634号："丁亥卜，𣪘贞：乎𠨍从韦取夹臣？……𠨍从韦取夹臣？"辞中𣪘为卜辞第一期武丁宾组贞卜人物，夹臣当为武丁时期的臣之一或为夹方国的臣。

小丘臣：字形𠂤𠂤𦥑，释为小丘臣。

所见小丘臣的卜辞仅见《合集》5602号："……小丘臣"一名，为武丁时期卜辞。于省吾认为："小丘臣，即丘小臣的倒句。丘小臣是主管丘居的小臣。"（于省吾《释林》，第310页）

《合集》5602号

小臣由：字形𠂤由，释为小臣由。所见卜辞中小臣由仅出现在著名的祭祀狩猎牛骨《合集》10405号上，相关内容为："癸巳卜，𣪘贞：旬亡祸？王占曰：乃兹，亦有祟，若偁。甲午王往逐兕，小臣由车马硪，𡚥王车，子央亦坠。"由辞义分析，此小臣当为商王武丁的驾车之臣，于省吾释此字为甾，并认为："甾应读为载。这是说，由小臣驾驶车马。旧既误释甾为古，又误以古为小臣之名。"（于省吾《释林》，第310—311页）

马小臣：字形𠂤𦥑，释为马小臣，小臣二字合文。所见马小臣的卜辞有两条，一为《合集》27881号："丙寅卜，叀马小臣……"二为《合集》27882号："……来告，大方出，伐我师，叀马小臣……"皆为第三期廪辛康丁时期卜辞。其马小臣或为管理马匹的臣。

《合集》27882 号

小多马羌臣：字形，释为小多马羌臣。所见小多马羌臣的卜辞有《合集》5717 号："丁亥卜，宾贞：叀淅乎小多马羌臣？十月。"辞中宾为卜辞第一期武丁宾组贞卜人物，小多马羌臣当为武丁时期诸臣之一。于省吾认为："小多马羌臣，即主管多马羌的小臣。多马羌是羌族的一种，甲骨文屡见。"（于省吾《释林》，第 310 页）另《合集》5718 号残片残辞仅有"多马羌臣"一名，或为"小多马羌臣"之残。

小耤臣：字形，释为耤。所见小耤臣的卜辞有两条，一为《合集》5603 号："己亥卜……观耤……乙亥卜，贞：令吴小耤臣？"二为《合集》5604 号："乙亥卜……令吴……耤臣？"辞中令前与吴后皆残，当为残去贞和小二字。于省吾认为："令吴小耤臣，即令耤小臣吴的倒句，也即令主管耕藉小臣吴的省语。旧误认为'小耤臣，疑是殷

代农奴'。"（于省吾《释林》，第 310 页）

小臣口：字形，释为小臣口，口是此臣的私名。所见小臣口的卜辞有二条，一为《合集》27884 号："丁巳卜，叀小臣口，以汇于中室，兹用？丁巳卜，叀小臣刺，以汇于中室？"二为《合集》27889 号："叀小臣口？叀小臣叡？"皆为第三期廪辛康丁时期卜辞，小臣口或为廪辛康丁时期商王室诸臣之一。

小臣叡：字形，隶定为叡，是此臣的私名。所见卜辞中小臣叡仅与小臣口同见于《合集》27889 号，其当与小臣口同为第三期廪辛康丁时期商王室的大臣。

小臣临：字形，释为小臣临，临为此臣的私名。所见小臣临的卜辞有《合集》36418 号："乙未……先……弜改，其唯小臣临令，王弗悔？"为第五期帝乙帝辛时期卜辞，那么小臣临应为帝乙帝辛时期商王室诸臣之一。

小臣弋：字形，弋是此臣的私名。所见小臣弋的卜辞有两条，一为《怀》961 号："癸亥卜，宾贞：令何、曼乎靽，小臣弋，衣？"二为《怀》962 号："丙……宾贞：……宁……弋……贞：令宁以射何弋衣？四月。贞：其有祸在兹？贞：令何、曼乎靽，小臣弋，衣？"辞中宾为卜辞第一期武丁宾组贞卜人物，弋当为武丁时期商王室诸臣之一。

小臣中：字形，释为小臣中，中为此臣的私名。所见小臣中的卜辞有

三条：一为《合集》5574号："迄自啚，二十屯，小臣中示……系。"二为《合集》5575号："丙子，小臣中……"三为《合集》16559号反面："……大……小臣中……"皆为武丁时期卜辞，那么小臣中当为武丁时期的臣，由其向王朝进贡二十对甲骨，其或为啚邦族的大臣。

小臣妥：字形，释为小臣妥，妥当为邦族名。所见小臣妥的卜辞有两条：一为《合集》5578号："小臣妥。"为第一期武丁时期卜辞。二为《合集》27890号："更小臣妥以，不作自鱼，兹用？"为第三期廪辛康丁时期卜辞。两条辞中的"小臣妥"异代同名，皆为妥邦族之臣。

小臣允：字形，释为小臣允，允为此臣的私名。所见小臣允的卜辞仅有《合集》5582号："贞：小臣允有？二告。贞：小臣亡？"为第一期武丁时期卜辞，其当为武丁时期商王室诸臣之一。

小臣皋：字形，隶定为皋，为此臣的私名。所见小臣皋的卜辞有见《合集》5571号、5572号两片反面仅出现"小臣皋"一名，又见《合集》5573号

《合集》5572号正、反面

出现"臣皋"两个残字，或为小臣皋之残，皆为武丁时期卜辞。辞中的小臣皋其他词条有见为子的身份，可见其当为武丁时期商王室重臣之一。

小臣敊：字形，敊隶定为敊，为此臣的私名。所见小臣敊的卜辞仅有《合集》27885号："庚午卜，王贞：乎小臣敊，从在曾？庚午卜，王……辛酉卜，宁？"辞中两个王字皆为戴帽王形，为第三期廪辛康丁时期王字书写风格，小臣敊应为廪辛康丁时期商王室大臣。

小臣刺：字形，释为小臣刺，刺为此臣的私名。所见小臣刺的卜辞仅有《合集》27884号："丁巳卜，更小臣口，以汇于中室，兹用？丁巳卜，更小臣刺，以汇于中室？"为第三期廪辛康丁时期卜辞。与小臣口同出一辞，二者皆为廪辛康丁时期商王室大臣。

小臣啬：字形，小臣为合文，释为小臣啬，啬为此臣的私名，仅见《合集》27886号："……小臣啬有来告。"为第三期廪辛康丁时期卜辞，小臣啬应为廪辛康丁时期商王室诸臣之一。

小臣墙：字形，小臣为合文，释为小臣墙，墙为此臣的私名。所见小臣墙的卜辞仅有《合集》27888号："更小臣墙，令乎从，王受佑？"为第三期廪辛康丁时期卜辞，小臣墙应为廪辛康丁时期商王室诸臣之一。

小臣侃：字形，释为侃，为此小臣的私名。所见小臣侃的卜辞有两条，一为《合集》27878号："乙巳卜，更小臣侃，克有蔑，侃……"二为《合集》27879号："翌日……小臣……更小臣

侃，克有蔑，侃王。"辞中"侃王"的"侃"，用作动词。二辞皆为廪辛康丁时期卜辞，那么，小臣侃为廪辛康丁时期商王室诸臣之一。

《合集》27879 号

小臣成：字形，释为小臣成，成为此臣的私名。所见小臣成的卜辞仅有《合集》5584 号："贞：小臣成辟王……"为第一期武丁时期卜辞，小臣成为武丁时期商王室诸臣之一。

小臣害：字形，小臣二字为合文，为此臣的私名，释为害（刘钊《新甲骨文编》，第446页）。所见小臣害的卜辞仅有《合集》28011 号："乙酉，小臣害董。"整版皆为廪辛康丁时期贞卜人物狄贞问，小臣害为廪辛康丁时期商王室诸臣之一。

小臣臧：字形，小臣二字为合文，臧为此臣的私名，是仅出现在甲骨文中的人名文字。所见小臣臧的卜辞仅有《合集》27877 号："乙丑卜……贞：其……遘……飨……翌日，小臣臧……"为第三期廪辛康丁时期卜辞，其应为廪辛康丁时期商王室诸臣之一。

小臣骨：字形，小臣二字为合文，释为小臣骨，骨为此臣的私名。所见小臣骨的卜辞有两条，一为《合集》27875 号："癸亥卜，彭贞：其侑于丁，妣己，在十月又二，小臣骨立？"二为《合集》27876 号："……鄂，小臣骨立？"辞中彭为卜辞第三期廪辛康丁时期何组贞卜人物，小臣骨应为廪辛康丁时期商王室诸臣之一。

小臣鬼：字形，释为小臣鬼，鬼或为此臣的私名，或为方国名，卜辞中有鬼方。所见小臣鬼的卜辞仅有《合集》5577 号残片残辞："……逐自……小臣鬼……于……"为武丁时期卜辞。由于片残辞残，无法确定小臣鬼是商王室的大臣还是鬼方之臣。

小臣爿：字形、、，卜辞中出现的小臣爿，或小臣二字为合文，或臣爿二字合文，或小臣爿三字合文。所见小臣爿的卜辞有四条：一为《合集》5598 号："己巳卜，亘贞：王梦珏不佳值小臣爿？"二为《合集》5599 号："……乎……小臣爿"三为《合集》5600 号："贞：兹旬雨？二告。贞：不其受年？贞：小臣爿得？二告。"四为《合集》5061 号："……小臣爿不其得？"辞中亘为卜辞第一期武丁宾组贞卜人物，小臣爿当为武丁时期商王室诸臣之一。对于小臣爿也有释为小臣墙。（姚孝遂、肖丁《摹释》，第139页）胡厚宣《殷人疾病考》释为"小疒臣"合文。孟世凯释为小疾臣"管治疗疾病之小官"（孟世凯《辞典》，第83页）。

虏小臣：字形，小臣二字为合

文，释为虞小臣，虞为此臣的私名。见于《合集》629号："贞：今庚辰，夕用虞小臣三十小妾三十于妇？九月。"还有《合集》630号："癸酉卜，贞：多从虞小臣三十小母三十妇？"皆为武丁时期卜辞，虞小臣应为武丁时期商王室诸臣之一。

小凤臣：字形 ，释为小凤臣，凤或为此臣的私名。见于《合集》21386号："……唐……小凤臣……十囚（死）？"为武丁时期卜辞，小凤臣当为武丁时期商王室诸臣之一。辞中小凤臣的小也有释为少。（姚孝遂、肖丁《摹释》，第468页）

多辟臣：字形 ， 释为辟。《说文》："辟，法也。从卩，从辛。"卜辞中未见辟有法之义，陈梦家认为："多辟臣可能是嬖臣，乃亲近的嬖臣。"（陈梦家《综述》，第508页）见于《合集》27896号："……亥卜，多辟臣，其……"也有辟臣的辞条，如《合集》27604号："其……弜彔。叀辟臣彔。叀多母……彔"皆为廪辛康丁时期卜辞，那么多辟臣或辟臣当为廪辛康丁时期的与商王亲近的嬖臣。

东臣：字形 ，释为东臣，东或为地名及邦族名，或为邦族首领人名。所见东臣的卜辞仅有《英》1900号："丁卯子卜，弔归？丁卯子卜……卯子卜，东臣……归？"辞中子为卜辞第一期武丁子组贞卜人物，东臣应为武丁时期东地或东邦族之臣。

臣戊：字形 ，释为臣戊，戊或为此臣的名号。所见臣戊的卜辞仅有

《怀》13号残片残辞："……臣戊……其。"

亚臣：字形 ，释为亚臣，亚在卜辞中虽也有次一等的含义，但此亚当为邦族名。所见亚臣的卜辞仅有《合集》27937号："叀亚臣其辟。"为第三期廪辛康丁时期卜辞，亚臣当为廪辛康丁时期亚族之臣。姚孝遂认为："亚为其官职。……卜辞亚之职掌主要为军旅，同时也司祭祀，其地位异常尊崇。"（姚孝遂、肖丁《屯南考释》，第115页）

朕臣：字形 ，释为朕臣，朕在卜辞中一般用作代词，为商王自称，"朕臣"应理解为"我的臣"。所见朕臣的卜辞仅有《屯南》2672号："丙子，贞：朕臣商？家亡震？有其朕？如壴（鼓）。"

《屯南》2672号

臣子：字形 ，释为臣子，子或为此臣的名号。所见臣子的卜辞仅有《合集》22374号："甲寅卜，臣子来蜀？丁未卜……从田，亡祸？"为武丁时期卜辞。辞中的臣子应为武丁时期诸臣之一。

舞臣‖：字形 ，‖隶定为‖，是仅出现在甲骨文中的人名文字，舞字形

下部有别，同样字形也见于伯舞之舞。‖应为此臣的私名。所见舞臣‖的卜辞仅有《合集》938号："贞：告于且乙？二告。弜告于且。贞：乎取舞臣‖？"为武丁时期卜辞，舞臣‖或为武丁时期管理乐舞祭祀的大臣。

奠臣：字形𦥑，释为奠臣，奠字也隶为郑，卜辞中用作地名、邦族名、人名，奠臣的奠应为邦族名。奠臣的卜辞见于《合集》635号反面："……共……更共奠臣。"同版出现卜辞第一期武丁宾组贞卜人物殳，奠臣当为武丁时期奠邦族之臣。

亦臣：字形𦥑，释为亦臣，亦或为此臣的私名。卜辞中亦臣的记录仅见《合集》634号："丁亥卜，殳贞：乎即从韦取亦臣……即从韦取亦臣？"辞中的乎取当为捕取，殳为卜辞第一期武丁时期贞卜人物，那么亦臣应为武丁时期叛臣之一。

商臣：字形𦥑，释为商臣。卜辞诸子中有子商，也称臣，见于《合集》637号："丁卯卜，争贞：令塱以于子商臣于盖？"所见卜辞中仅有的记录商臣的卜辞为《合集》636号："丙申卜，争贞：令出以商臣于盖？"商臣或为子商臣之省称。为武丁时期商王室诸臣之一。

臣正：字形𦥑，释为臣正。见于《合集》5569号："王以臣正。"等片。陈梦家谓"王与族邦之有臣正，反映于殷人自然崇拜中以为帝亦有臣正"（陈梦家《综述》，第503页）。

《合集》5569号

臣徙：字形𦥑，释为臣徙，徙为地名，或释为徙，或为此臣的封地。所见臣徙的卜辞仅有《合集》33389号残片残辞："……从臣徙……亡祸……祸。"为武乙文武丁时期卜辞，臣徙当为武乙文武丁时期商王室诸臣之一。

臣沚：字形𦥑，释为臣沚，沚为邦族名。所见臣沚的卜辞仅有《合集》707号："乎从臣沚，有𢀛三十邑……从臣沚……𢀛三十邑。"为武丁时期卜辞，臣沚当为武丁时期沚邦族的大臣，或人在商王室供职。

望漾：字形𦥑，𦥑隶定为漾，为此臣的私名，是仅出现在甲骨文中的人名文字，也有隶作洋。所见望漾的卜辞有三条，一为《合集》6952号："乙巳卜，争贞：雀获亘？乙巳卜，争贞：雀弗其获亘？贞：望漾若，启雀？望漾弗其若，启雀？二告。"辞中争和同版出现的殳皆为第一期武丁宾组贞卜人物。二为《合集》13506号："贞：令望漾归？小告。贞：勿令望漾归？二告。"也为武丁时期卜辞，辞中漢字未见有水点。三为《天理》156号。关于望漢的身份，从饶宗颐观点："卜辞所见，望乘、望漢、望戎皆主望祭之官，乃以职为号。"（饶宗颐《通检》第4册《职官人物》，第贰拾页）

公：字形䒑，释为公。卜辞中商先公先王称公，见于《合集》21114号："庚午卜，王燎河公于……"为武丁时期卜辞。又见《合集》27354号："其于小乙公侑，王受佑？"为廪辛康丁时期卜辞。但饶宗颐认为："五官之长者，郑玄注曰：'谓为三公者，《周礼·九命》作伯。'是方伯非三公不足以当之。卜辞有'三公父'，辞曰：'……巳卜三公父，下岁，专羊。'（合二七四九四），又多公（合二七四九五）之名，及'大公'（合二〇二四三）、公宫（合三六四五一）之号。殷时确有三公之职。《尚书·康王之诰》：'太保率西方诸侯……毕公率东方诸侯……'郑玄注：'《顾命》曰毕公入为司马。'周原卜辞有毕公，说者谓即毕公。西周甲骨有大保之官（H11：50）；他辞有保老（屯南一〇六六、一〇八二）、右保（合二三六八三），周康王时《作册大鼎》云：'大扬皇天尹大保休。'大保之前加上皇天尹尊称。周初召公为大保，周公任大傅，姜太公为大师。大保一职，明见于卜辞。"（饶宗颐《通检》第4册《职官人物》，第贰拾页）所见甲骨卜辞有20余条单称公的内容，或为多公、大公、公宫及三公父之残辞，或为指称某先公先王之残辞。

多公：字形㚤䒑，释为多公，多为众多之意。所见多公的卜辞有四条，一为《合集》27495号："……至于多公，王受佑？"二为《合集》33692号："辛亥，贞：壬子侑于多公，岁？"又见《合集》33693号、34296号等，皆为廪辛至文武丁时期的卜辞。按照孟世凯的观点，多公指"商诸先公先王"（孟世凯《辞典》，第263页）。

三公父：字形三䒑刈，释为三公父。仅见《合集》27494号："……巳卜，三公父下岁，叀羊？"由辞义分析，此三公父当与三父、三介父义同，不应指三公大臣。

公史：字形䒑屮，释为公史。仅见《合集》30770号："……卜，王其延公史？"为廪辛康时期卜辞。辞中公史不应指先公先王，或为职官名。

大公：字形个䒑，释为大公。仅见《合集》20243号："王令大公……"为第一期武丁时期卜辞。辞中的大公应不是指先公先王，受到商王号令，其当为某职官名。

任：字形刈，释为任。饶宗颐认为卜辞"任有：多任、侯任、亚任（《白虎通》男作任，与卜辞同，《书·立政》：有常任、任人）"。徐中舒也认为任同男字，"为殷代封建之侯甸男卫四服之一"（徐中舒《甲骨文字典》，第890页）。那么卜辞中的任当为后世五等爵公、侯、伯、子、男的男爵。所见单称任的卜辞有五条，如《合集》7859号："贞：乎吴取祸任？"又见《合集》10917号等，皆为第一期武丁时期卜辞。

多任：字形 $\exists$ ᠯ，释为多任。仅见《合集》19034 号残片残辞："……丑……多任……"为第一期武丁时期卜辞。多任当为武丁时期大臣。

《合集》19034 号

侯任：字形 ᠯ，释为侯任。仅见《怀》434 号："甲辰……王雀弗其获侯任，在方。"为第一期武丁时期卜辞。此侯任，孟世凯认为："诸侯之副或派遣使者。"（孟世凯《辞典》，第 409 页）

蘆任：字形 ᠯ，隶定为蘆，是仅出现在甲骨文中的人名文字。所见蘆任的卜辞仅有《合集》5944 号："己巳卜，王贞：仲其执蘆任？六月。允执。"为第一期武丁时期卜辞。辞中"执"当表捉拿、逮捕，蘆任被执、允执，其被执者当为武丁时期的叛臣。

骨任：字形 ᠯ，释为骨任。见于《合集》7854 号："……殻贞：乎吴取骨任伐以？乙酉卜，殻贞：勿乎吴取骨任伐弗其以？"为武丁时期卜辞。辞中取为捕取，商王贞问是否派大将吴取骨任，可见骨任当为武丁时期的叛臣。

《合集》7854 号

叛任：字形 ᠯ，隶定为叛，是仅出现在甲骨文中的人名文字。仅见《合集》1248 号："贞：取叛任于羆？"同版出现卜辞第一期武丁宾组贞卜人物争、殻，叛任应为武丁时期人物，被取（捕取）其当为叛臣。

鸟任：字形 ᠯ，释为鸟任。仅见《合集》17920 号："戊寅卜，内贞：乎……鸟任？"辞中内为卜辞第一期武丁宾组贞卜人物，那么鸟任应为武丁时期被呼来唤去的大臣。

名任：字形 ᠯ，释为名任，名在其他卜辞中用作地名。所见名任的卜辞仅有《屯南》668 号："奠名任。"

雀任：字形 ᠯ，释为雀任，雀在卜辞中用作邦族名和邦族首领名，雀任的雀或为邦族名。所见雀任的卜辞仅有《合集》19033 号残片残辞："……雀任……受……"为武丁时期卜辞，其当为武丁时期的大臣。

任虍虎：字形 ᠯ，释为任虍虎。仅见《合集》10917 号："丁巳卜，史贞：乎任 虎空？十月。"辞中史为武丁时期贞卜人物，那么任虎应是武丁时期的大臣之一。

而任：字形𣏾，释为而任。仅见《合集》10989号："贞：而任雨获畀舟？"也有释此条卜辞为"贞：而姚壬雨获畀舟？"（姚孝遂、肖丁《摹释》，第260页）此片反面有"丁未卜，争：癸亥卜，宾：……"争、宾皆为第一期武丁宾组贞卜人物，而任当为武丁时期的大臣。

男：字形𤰡，释为男。所见卜辞中出现男的记录有八条，皆用作人名，如《合集》21954号："庚辰卜，贞：男苟亡祸？"为武丁时期卜辞。虽然商王亲自卜问其的福祸，说明其有相当尊贵的身份，但未见男用作职官名。

祝：字形𥛁、𥛐、𥛞、𥛠，释为祝。祝字早期作𥛁，与兄字易混，祝字下部从卩，兄字下部从人，虽然甲骨文卩与人偏旁有时相通，但祝字和兄字从卩从人非常严格。所见卜辞中，祝的辞条有百余条，虽然祝也用作动词或祭名，但也用作职官名。饶宗颐认为："因卜辞祝每省作'兄'。其为官名之祝，大略如下：（一）……丁（宗）兄。（合一五二八一）……兄史……册祝……又有'兄（祝）亚之名'……祝二人……祝在……祝至……祝降……祝往……祝于……乎祝……或言'祀祝'……以上为官名之祝见于殷契者，惟'大祝'则无之。"（饶宗颐《通检》第四册《职官人物》，第拾贰—拾肆页）其祝二人有见《合集》27037号："辛亥卜，祝于二父一人，王受祐？祝二人，王受祐？三

人，王受祐？"祝在有见于《合集》30364号："……子卜，祝在必？"祝至有见于《屯南》310号："于父己，祝至。"祝降有见于《合集》20440号："允，𫄫祝降。"祝往有见于《合集》19291号："……巳卜……于……祝往。"祝于有见于《合集》30294号："己巳卜，其启？庭西户，祝于……"乎祝有见于《合集》36518号："乙巳，王贞：启，乎祝曰：盂方登人……"祀祝有见于《合集》27553号："于之若，弜祀祝？"

宗祝：字形𥛪，隶作示祝，示释为宗，即宗祝。仅见《合集》15281号上出现的"示祝"一名。按照饶宗颐的观点："《周语》单子引述《秩官》官名有'宗祝'，亦称祝宗；《左成十七年传》：'使其祝宗祈死'又《左襄九年传》：'祝宗用马四塘，祀盘庚于西门之外。'祝宗与宗祝义同。"（饶宗颐《通检》第四册《职官人物》，第拾贰页）

《合集》15281号

祝史：字形𥛗，释为祝史。所见祝史的卜辞有三条，一为《合集》21037

号："丙申卜，母……犬，祝史……"二为《合集》27127号："……卜，大乙史……祝。"三为《合集》32390号："上甲，史其祝父丁必。"祝、史皆为职官名。饶宗颐认为："祝与史古每连用，《左桓六年传》：'祝史正辞。'"（饶宗颐《通检》第四册《职官人物》，第拾贰页）

册祝：字形🔲，释为册祝。卜辞中册祝也有写作祝册。所见册祝的卜辞有五条，如《屯南》2459号："……卜，求祝册……毓且乙，叀牡？"又如《合集》30648号："册祝。"又见《合集》32285号等，三条卜辞中的祝皆从示旁。饶宗颐认为："《尚书·雒诰》：'王命作册逸祝册。'语同。卜辞亦作册祝、晢祝（三〇六四九）。按《周礼》：'大祝，掌六祝之辞以事鬼神示。六曰筴祝。'郑注：'筴祝，远罪疾。'孙诒让谓正字当做册，与卜辞合。书于简册以告祖先，故曰册祝。"（饶宗颐《通检》第四册《职官人物》，第拾贰页）那么，册祝当为负责祭祀书写的职官。卜辞中祝册又作祝其册，如《合集》32327号："辛亥，贞：有报……有报于上甲，不遘雨？其雨？祝其册。"

祝亚：字形🔲，释为祝亚。所见卜辞中出现祝亚的有《合集》22130号、22137号、22138号、22139号，皆为："祝亚束嬴。"饶宗颐认为："此惯语于数见，祝之次位者曰祝亚。《佚周书·尝麦解》：'王命大正（即司寇）正刑书；爽明，仆告既驾少祝导王，亚祝迎王。'亚祝即卜辞之祝亚。"（饶宗颐《通检》第四册《职官人物》，第拾叁页）

王祝：字形🔲，释为王祝。所见卜辞中出现王祝的内容有二十余条，有《合集》1076号、15278号、22919号、22920号、22984号等及《屯南》774号等。如《合集》15278号："己丑，贞：叀王祝？"按陈梦家释王臣为王之臣，那么王祝应为王之祝，即王的大臣祝。

《合集》15278号

祝用：字形🔲，释为祝用，祝为职官名，用为动词。所见祝用的卜辞有十余条，如《屯南》771号："癸未，贞：叀兹祝用？癸未卜，叀侯射？"还有《合集》8093号、19849号、27296号、30418号等及《屯南》2039号、2345号等。

羊祝：字形🔲，释为羊祝，羊在卜辞中除用作牲畜名外，也用作邦族名或地名与人名。所见羊祝的卜辞有两条，见于《合集》15284号："……申卜，王……羊祝……"又见《合集》22138

号。作为职官名，羊或为此祝的邦族名。

羿祝：字形䎱，䎱隶定为羿，为此祝的私名，是仅出现在甲骨文中的人名文字。卜辞中所见羿祝的记载仅有《合集》20440 号："……亥卜，扶：方征商……允，羿祝降。"出现卜辞第一期师组贞卜人物扶，说明羿祝为武丁时期负责祭祀书写的职官之一。

龟祝：字形䰟，释为龟祝，龟在卜辞中除用作水生动物名，也用作邦族名或人名。所见龟祝的卜辞有八条，如《屯南》16 号："叀龟祝。"又见《合集》18361 号等出现在《合集》30632 号上的"龟祝"与贞人狄同辞同条，狄为卜辞第三期廪辛何组贞卜人物，龟祝应为第三期廪辛康丁时期负责祭祀书写的职官之一。

臾祝：字形䴗，臾隶定为臾，是此祝的私名。见于《合集》32671 号："乙未，贞：大御其遘，翌日酒……未。

《合集》32671 号

贞：……御弜……翌日……丙申，贞：有报于父丁，叀臾祝？"为武乙文武丁时期卜辞。辞中的臾祝应为武乙文武丁时期大臣之一。

小臣䏌：字形䏌，䏌字是仅出现在甲骨文中的人名文字。所见小臣䏌的卜辞有《合集》36416 号："……贞：翌日乙酉，小臣䏌其……有老晜侯，王其……以商庚卯，王弗悔？"为第五期帝乙帝辛时期卜辞，小臣䏌应为帝乙帝辛时期商王室诸臣之一。

小臣䵺：字形䵺，䵺是此臣的私名，是仅出现在甲骨文中的人名文字。所见小臣䵺的卜辞有《合集》36417 号："戊戌卜，王其巡……小臣䵺东黾克……"为第五期帝乙帝辛时期卜辞，那么小臣䵺应为帝乙帝辛时期商王室诸臣之一。

小臣䲜：字形䲜，䲜是此臣的私名，是仅出现在甲骨文中的人名文字。所见小臣䲜的卜辞有两条，有见《合集》36419 号："辛卯，王……小臣䲜……其亡圉……于东对，亡祸曰：吉。"为第五期帝乙帝辛时期卜辞，那么小臣䲜应为帝乙帝辛时期商王室诸臣之一。

小臣䲣：字形䲣，䲣为此臣的私名，是仅出现在甲骨文中的人名文字。所见小臣䲣的卜辞有《合集》5576 号残片残辞："……小臣䲣……来艰，自……"反面有："……殻贞：旬……"出现卜辞第一期武丁宾组贞卜人物殻，其当为武丁时期商王室诸臣之一。

苜任：字形苜任，苜为此臣的私名，是仅出现在甲骨文中的人名文字。所见苜任的卜辞仅有《合集》7049 号："丁卯卜，曰：蚩任有征归，蚩允征。……归人征蚩任。"为第一期武丁时期卜辞，蚩任应为武丁时期的大臣。

㓝任：字形㓝㐱，㓝字是仅出现在甲骨文中的人名文字。仅见《合集》27746号："辛酉卜，贞：其乎㓝任鬲鸣……母若弗悔？在三月。"为廪辛康丁时期卜辞，㓝任应为廪辛康丁时期的大臣。

大任𠦤：字形𠆢𠦤，𠦤字孟世凯释作亚，是仅出现在甲骨文中的人名文字。所见大任𠦤的卜辞仅有《合集》4889号："辛亥卜，古贞：今遘以……御方于陟……凿。贞：令遘致文，取大任𠦤？"辞中古为卜辞第一期武丁时期贞卜人物，大任亚当为武丁时期的臣。孟世凯认为："任为诸侯、方伯之副或为侯、伯派遣使者，任亚则为任之副。"（孟世凯《辞典》，第251页）

（六）贞卜人物

1. 宾组贞卜人

宾：字形𠈹，孙诒让最早释为賔（孙诒让《举例》上，第9页），现代汉字简化为宾。姚孝遂认为"契文宾字变体甚多，此为最常见之简单形体……卜辞人名但作'𠈹'，不作其他形体"（于省吾《诂林》，第2022页，姚孝遂按）。姚说可从，所见宾字的甲骨文字形有：从"宀"从"人"；有从"宀"从"亥"，有从"止""完"声的，也有倒书的。在甲骨卜辞或祭祀刻辞中诸形通用，而从"止""完"声者最为习见。有关宾所贞卜辞，分类有：卜雨，见于

《合集》12862号："庚辰卜，宾贞：崇雨我……"还有卜晴、卜风、卜夕、卜旬、卜受年、卜狩猎、卜往来、卜梦、卜疾病、卜作邑、卜祭祀、卜征伐与方国、杂卜等。其卜辞中所见人物除神、祖、王、姚之外，还有侯、伯、诸子、诸妇、卜人、旧臣等。从卜辞《合集》1657号："父乙宾于且乙，父乙不宾于且乙？"不但知宾在卜辞中也用作动词，同时知其为武丁时期贞卜人物。因"父乙"即"小乙"，武丁的父辈。此外，从卜辞"卜宾贞"和"卜即贞"的"卜宾""卜即"，知宾为武丁时期的主要掌卜之官。卜辞中宾的卜辞出现次数与㱿一样非常多。

《合集》12862号

㱿：字形𣪊，从𡈼、从殳，也有省作

，释为殻（李宗焜《甲骨文字编》，第1159页）。《说文》："愨，谨也。"《檀弓·释文》："'愨'本作殻，知殻、愨本一字。"卜辞中的贞卜人物，以殻所见次数为最多。其所贞卜辞，饶宗颐的《殷代贞卜人物通考》中分为十四类：卜雨、卜晴、卜风、卜夕、卜旬、卜年、卜狩、卜往来、卜梦、卜疾病、卜作邑、卜祭祀、卜征伐与方国杂卜等。其卜辞中所见人物除神、祖、王、妣之外，还有侯、伯、诸子、诸妇、卜人、旧臣等。《合集》6484号反面卜辞有："隹父庚，不隹父庚？隹父辛，不隹父辛？"同版正面的几条卜辞皆为："辛酉卜，殻贞：……"知同版反面的此条亦殻所贞。据《史记·殷本纪》："帝阳甲崩，弟盘庚立，是为帝盘庚……帝盘庚崩，弟小辛立，是为帝小辛。"盘庚、小辛都是武丁父辈，故称父庚、父辛。由此，可证殻为武丁时期贞卜人物。

争：字形，刘鹗最早释为哉。（刘鹗《铁云藏龟序》，第3页"序"）胡光炜最早释为争。（胡光炜《说文古文考》卷上，第49页）张秉权认为："胡师光炜释争，可信。争是第一期武丁时代的贞人，而且是最常见的贞人之一，也是那时的史官。"（张秉权《丙编考释》，第5页）。卜辞中争作为贞卜人物，见于《合集》6647号："戊戌卜，争贞：方勾射隹我祸？五月。贞：勿侑于阳甲、父庚、父辛，一牛？"为武丁时期卜辞。辞中争与阳甲、父庚、父辛见于同版，皆武丁父辈，足证其为武丁时期贞卜人物。殷墟出土的甲骨文字中，争

的贞卜辞为数非常多，所见已著录者多达一千条以上。其字体风格大体如殻、宾卜辞字体雄浑风格。但有例外两种：一为笔划细小如子等人所卜者，二为笔划纤弱，但字体恣肆。对此种例外现象，饶宗颐说："故知刻辞文字，原非尽卜人亲笔书写，未可全依字体作为断代之标准也。"关于争所贞卜辞的分类有：卜雨、卜晴、卜风、卜云气、卜水、卜月食、卜旬、卜狩猎、卜往来，卜梦、卜疾病、卜作邑、卜祭祀、卜征伐与方国、杂卜等。争的贞卜辞所见人物除神、祖、王、妣之外，还有侯、伯、诸子、诸妇、卜人、旧臣等。

亘：字形，一字多形，释为亘。亘字在徐中舒《殷代铜器足征说》录铜玺内有"子亘梦"三字，认为子亘即亘也。说明亘也是诸子之一。所见"亘"所贞卜辞中称谓有父乙，如《合集》2206号："庚午卜，亘贞：告于父乙？"又有父辛、父庚、父甲，如《合集》444号："乙丑卜，亘贞：隹父辛？乙丑卜，亘贞：隹父庚？"父乙、父辛、父庚、父甲指小乙、小辛、盘庚、阳甲，皆为武丁父辈，所以，断定亘为武丁时期贞卜人物。另亘字在卜辞中又作为方国族名，亦称亘方，学者考证亘的地望在今山西一带，详见方国亘方条。关于亘所贞卜辞的分类有：卜雨、卜晴、卜风、卜旬、卜受年、卜狩猎、卜往来、卜梦、卜疾病、卜作邑、卜祭祀、卜征伐与方国、杂卜等。亘的卜辞所见人物除神、祖、王、妣之外，还有侯伯、诸子、诸妇、卜人、旧臣等。

《合集》2206 号

古：字形$，刘鹗、孙诒让最早皆释
为中。（刘鹗《铁云藏龟》"序"，孙诒
让《举例》上，第 18 页）。董作宾、商
承祚皆释为吉（董作宾《写本后记》；
商承祚《类编》二卷，第 6 页）唐兰释
为古（唐兰《导论》下，第 40 页）。金
文《盂鼎》中的古字形与甲骨文中字形
相近有别。所见卜辞中，古所贞卜辞先
王称谓有父乙，见于《合集》2231 号：
"乙未卜，古贞：父乙耄王？"称小乙为
父乙，是武丁时期称谓。又见㱿、宾组
的卜辞每每言及古，故知古为㱿、宾同
时，皆为武丁时期贞卜人物。古在卜辞
中又称古子，如《合集》5906 号："癸
丑卜，贞：执古子？"又见古来入贡之
事，如《合集》945 号："贞：古来犬？
古不其来犬？古来马？"亦知方国族名
或侯伯有称古的。关于古所贞卜辞的分
类有：卜雨、卜晴、卜旬、卜年、卜狩
猎、卜往来、卜梦、卜疾病、卜祭祀
（有祭山川社神，有祭先公、先王、先
妣）、卜征伐与方国、杂卜等。古的卜
辞所见人物除神、祖、王、妣之外，还

有侯、诸子、诸妇、卜人等。

韦：字形，王襄最早释"古韦字"，
并认为"韦，从口，从二𠂤相背，口，
围也，𠂤，足迹也，相背而驰，有违背
之谊，从口得声"（王襄《簠室殷契类
纂》五卷，第 27 页）。卜辞中韦用作贞
卜人物名，见于《合集》586 号："寅
卜，韦贞：御子不……御子不？巳卜，
宾贞：王曰行……申卜，㱿贞……"韦
与㱿、宾同版出现，故知韦同为武丁时
期贞卜人物。还见韦与妇好同条的卜辞，
如《合集》2638 号："……寅卜，韦贞：
宾妇好？贞：弗其宾妇好？"说明韦与
妇好同时期，皆生活于武丁时期。关于
韦所贞卜辞的分类有：卜雨、卜晴、卜
年、卜狩猎、卜往来、卜祭祀（有祭
岳，有祭先公、先王、先妣）、卜征伐、
杂卜等。韦的卜辞所见人物除神、祖、
王、妣之外，还有诸子、诸妇、卜人等。

《合集》2638 号

永：字形、。王襄最早释为行（王襄《簠室殷契类纂》，第 8 页）。孙海波释为永（孙海波《甲骨文编》，第 450 页）。姚孝遂认为："'永'孳乳为'泳'，《说文》训为'潜行水中'……武丁时贞人''亦作''，凡此诸形，或隶作永，或隶作'𣲎'、'派'，其实一也。今据金文概释作'永'。"（于省吾《诂林》，第 2276 页，姚孝遂按）姚说可从，永在卜辞中为武丁时期贞卜人物，见于《合集》178 号："丁巳卜，殸贞：师获羌？十二月。己丑卜，永贞：……"特别是《合集》3297 号上的卜辞，永作为贞人与殸、争、宾诸武丁时期贞人同版同贞，足以说明永为武丁时期贞卜人物。董作宾、陈梦家、《甲骨文合集》以及岛邦男、贝冢茂树皆断定永为卜辞第一期武丁时期。但饶宗颐根据《续殷文存》中的"永作旅父丁尊及卣"，认为父丁即指武丁，如是永的年代，可能至且甲以降。此外，卜辞中永也用作人名，如妇永。永也有作地名使用。关于永所贞卜辞的分类有：卜雨、卜云、卜晴、卜风、卜旬、卜年、卜祭祀、卜征伐与方国、杂卜等。

内：字形，孙诒让最早释为内，并认为"与丙作微异"（孙诒让《举例》上，第 10 页）。孙海波亦释为内，并认为"贞人名"（孙海波《甲骨文编》，第 240 页）。所见内的贞卜辞，有祭先王为父乙的称谓，见于《合集》2211 号："辛未卜，内：求父乙？"辞中父乙为小乙，称小乙为父乙，是武丁时期称谓。还见有内与殸同版出现，故知"内"为武丁时期贞卜人物。关于内所贞卜辞的分类：有卜雨、卜晴、卜风、卜旬、卜受年、卜往来、卜作邑、卜祭祀（有祭日于山川，有祭先公、先王、先妣，也有祭旧臣的）、卜征伐与方国、杂卜等。内的卜辞所见人物除神、祖、王、妣之外，还有侯、诸子、诸妇、卜人等。

：字形，隶定为。的贞卜辞在所见甲骨卜辞中有 20 余条，主要内容有卜祭祀卜辞，见于《合集》909 号残辞："……内侑于大唐，壹……伐十又三十……未卜，内、贞：……"（辞中与内同贞）。除祭祀卜辞外，多为卜旬卜辞，见于《合集》3610 号："癸巳卜，殸、贞：旬亡祸？……贞：旬亡祸？"（辞中又与殸同贞）《合集》3700 号残片残辞："癸亥卜，宾、贞：……"（辞中又与宾同贞）《合集》3755 号："癸未卜，争、贞：旬亡祸？"《合集》3756 号："……争、贞：旬亡祸？壬辰雨？……贞：旬亡祸？丁未雨？己酉……"（此辞条为卜旬兼顾卜雨卜辞，辞中与争同贞）的贞卜辞的

《合集》909 号

特点多与其他贞卜人物，如内、殷、宾、争同贞，说明他们是系联密切的同组同期，皆为卜辞第一期武丁时期贞卜人物。

珏：字形器、䂂，饶宗颐释为珏，认为其异形像置二玉于器中，以卜辞例《前编》4、13、5 版："淄其来水……有珏，舌。五月。"证《续存》下 72 版："有珏"辞条，"有珏"即侑珏，谓淄水为灾，以玉侑之而行祭，以证即珏字（饶宗颐《通考》，第 345 页）。此字陈梦家、陈邦福皆释为品（陈梦家《综述》，第 156 页，陈邦福《殷器琐言》，第 3 页）。所见卜辞中珏作为贞卜人物的辞条，见于《合集》16677 号："癸未卜，珏贞：旬亡祸，五月。"又见《合集》11546 号："癸酉卜，争贞：旬亡祸？十月。癸酉卜，珏贞：旬亡祸？十二月。癸巳卜，古贞：旬亡祸？四月。癸亥卜，允贞：旬亡祸？五月。"辞中珏与争、古、允同版且同卜旬，故知珏与争、古、允同为武丁时期贞卜人物。关于"珏"所贞卜辞的分类：卜雨、卜晴、卜夕、卜旬、卜受年、卜狩猎、卜往来、卜祭祀（有祭岳，有祭先公、先王、先妣）、卜征伐与方国、杂卜等。

箙：字形卤，释为箙，姚孝遂释："象盛矢于器中之形"（于省吾《诂林》，第 2558 页，姚孝遂按）。卜辞中用作地名，也用作贞卜人物名，见于《合集》3902 号："癸丑卜，箙贞：……"为武丁时期卜辞。其他箙的贞卜辞按内容分类有：（1）卜雨、（2）卜晴、（3）卜受年、（4）卜祭祀、（5）卜征伐、（6）残辞。关于箙的年代，因与武丁时贞卜人物殷、宾、争同条出现，应断箙为武丁时期贞卜人物。但箙又与贞卜人物兄、何同条出现，或为武丁晚期。此外，甲骨卜辞中常有箙牛语句，这里的箙作为动词使用，指用牲之事。也有箙受年、多箙，是作为方国名使用。

扫：字形几，释为扫（唐兰《文字记》，第 21 页；于省吾《诂林》，第 3028 页，姚孝遂按）。卜辞中又见小扫、工扫。朱歧祥认为："由诸辞比较，知'扫'又称'小扫'，其职为工官，有称'工扫'，卜辞工、示通用，即管理宗庙名扫者。又倒文作'扫工'。后期卜辞见用为殷人祭拜的对象。"（朱歧祥《通释稿》，第 404 页）扫除作为史官签署贡品外，又作为贞人，见于《合集》33 号："壬午卜，扫贞：侑于高妣己，妣庚？癸酉卜，宾贞：翌戊令……"其与贞人宾同版出现。又见《合集》9663 号："庚子卜，扫贞：令凡䲿侑……辛丑卜，古贞：商受年？十月。甲寅卜，亘贞：乎……"其又与贞人古、亘同版。前二辞一为卜祭祀；二为卜受年。还见有卜雨、卜晴的卜辞，由扫与贞人宾、古、亘同卜同版，当同为卜辞第一期武丁时期贞卜人物。

彶：字形䢔，从彳从出，隶定为彶，姚孝遂以为："彶乃贞人名之专用字，乃由延字所孳生。所有已经分化之文字，有时可以单向通用，但不得视为同字。"（于省吾《诂林》，第 2235 页，姚孝遂按）卜辞中彶作为贞卜人物附属于师组贞人，与彶相关的贞卜辞卜较多，有十多条，见于《合集》20276 号："庚寅卜，伷：王品司癸巳不？二月。"辞省贞。《合集》20276号伷的字形繁加丁，此片甲骨出土于F36坑，该坑所出土的甲骨多是师组卜辞；此中的"品司"一词有见于贞卜人兄、出所卜辞中，又此判断，伷当属武丁晚期。但它的字体风格接近于宾组卜辞。

延：字形 𣍟、𣎆，左右无别，罗振玉最早释为延（罗振玉《殷释》中，第67页）。董作宾释为遝，认为"从止在途中，有前进之谊"（引自李孝定《集释》，第605页）。姚孝遂认为："字当释延，读作延……古闬、延当本同字。"（于省吾《诂林》2234页，姚孝遂按）所见卜辞中延作为贞人的贞卜辞有三例：（1）《合集》9735号："甲午卜，延贞：东土受年？甲午卜，延贞：东土不其受年？"为卜受年卜辞。（2）《合集》11761号："乙巳卜，延贞：雨？"为卜雨辞。（3）《合集》19834号："丁卯卜，延：晋通大戊？辰。丙午卜……酒

《合集》11761号

大……卯三牛……征……"为卜祭祀、卜征伐卜辞。关于延的年代，陈梦家、《甲骨文合集》、岛邦男皆断定为卜辞第一期武丁时期。

奚：字形 𦅫，释为奚，从糸从人，陈梦家释为充字（陈梦家《综述》，第156页）李宗焜释为奚（李宗焜《甲骨文字编》，第1250页）以为是奚字的简形，此从。所见卜辞中奚作为贞卜人物的卜辞，见于《合集》3875号："癸丑卜，奚贞：翌乙卯王……"又见大龟四版的第四版，《合集》11546号："癸亥卜，奚贞：旬亡祸？五月。"同版出现宾、古、珏诸贞卜人物，是认定奚之属于武丁时期贞卜人物的显证。所见奚所贞卜辞的分类有：卜雨、卜夕、卜旬、卜疾病、卜祭祀、卜征伐与方国等。

《合集》3875号

卣：字形 𣎑，释为卣，也见繁写成两卣。卜辞中用作贞卜人物名，见于《合集》21306号："庚辰卜，卣：比糸责？辛卯，啬其则？"又见《合集》3927号、22787号上出现的卣，也为贞

卜人物身份。其中，《合集》22787 号中的卣字为繁写两卣形。此外，卣在卜辞中又用作其他人名，与争、殷二位武丁时期贞卜人物同辞，卣当为武丁时期贞卜人物。陈梦家、饶宗颐、《甲骨文合集》、岛邦男皆断定卣为武丁时期贞卜人物，但董作宾断定卣的年代为卜辞第四期。

戋：字形 ，隶定为戋，也有学者将 释为何。戋的贞卜辞在所见甲骨卜辞中仅有一条，《合集》30926 号残片残辞："丁巳卜，戋贞：福叀……吉。"

犟：字形 ，隶为犟。所见甲骨卜辞中犟的贞卜辞有两条，有《合集》9788 号："甲午卜，犟贞：亚受年？告。甲午卜，犟贞：不其受年？告。"为卜受年卜辞，这片甲骨的反面出现贞卜人物殷，犟应与殷同期为武丁时期。还有《合集》12347 号："丙子卜，犟贞：翌丁丑雨？贞：不其雨？"为卜雨卜辞。关于犟的年代，陈梦家将其附属于宾组，认为犟是卜辞第一期武丁时期贞卜人物（陈梦家《综述》，第 156 页）。饶宗颐、《甲骨文合集》、岛邦男皆断定其为卜辞第一期武丁时期。

中：字形 ，字形多异，有单飘带，有双飘带，也有旗杆上开叉形等。中为贞卜人物，所见甲骨卜辞中有 30 余条，主要内容有（1）卜雨卜辞；（2）卜夕卜辞；（3）卜日卜辞；（4）卜旬卜辞；（5）卜崇害卜辞；（6）卜祭祀卜辞。由于中的贞卜辞与疑、大、黄、扶等同版出现，其年代应为武丁晚期或下沿至且甲时期。董作宾、饶宗颐认为中为卜辞

第一期武丁时期贞卜人物，陈梦家、《甲骨文合集》、岛邦男、贝冢茂树认为中是卜辞第二期贞卜人物。

珍：字形 ，罗振玉最早释"从勹贝，乃珍字。篆文从玉，此从贝者，古从玉之字或从贝。……勹贝为珍，乃会意"（罗振玉《殷释》中，第 41 页）。唐兰释为购（唐兰《天壤文释》，第 10 页）。陈梦家释为包裹之包（陈梦家《释勹·坿记》，《考古学社社刊》第五期，第 22 页）。姚孝遂认为："字不从'勹'，亦不从'丩'。释'珍'、释'购'、释'包'皆不可据。"（于省吾《诂林》，第 1885 页，姚孝遂按）此暂且从罗振玉释为珍。所见卜辞中，珍的贞卜辞仅有一例卜雨的卜辞，见于《合集》12343 号："丙申卜，珍贞：翌戊戌，雨？己亥……珍贞：翌庚子，雨？"其他卜辞中也有珍的内容出现，见于《合集》4090 号："癸丑卜，宾贞：叀珍令目皋孽？"又见《合集》4678 号："辛酉卜，亘贞：生十一月，珍不其至？"还有见珍相关进贡的卜辞，如《合集》9288 号："珍入二十，在……"又如《合集》9409 号："丁亥，乞自雪充十屯珍示。扫。"根据上述卜辞，珍与宾、亘、扫同条卜辞出现，其应与这些贞卜人物同为卜辞第一期武丁时期贞卜人物。

品：字形 ，或从二止，或从三止，隶定为品，是出现在甲骨文中的人名文字，卜辞中用作贞卜人物名，见于《合集》11892 号："己酉卜，品贞：雨？不其雨？庚戌卜，品贞：雨？不其雨？……"为卜雨卜辞。又见《合集》

9743 号："甲午卜，畐贞：西土受年？甲午卜，畐贞：……土不其受年？"为卜受年卜辞。还见《合集》7121 号："……畐贞：有来自北？"为卜往来或卜征伐卜辞。皆为武丁时期卜辞，陈梦家将其附属于武丁宾组，无误。

沐：字形，从"水"、从"木"或从"中"。饶宗颐从郭沫若释为沐。陈梦家释作棨。见于争、宾的卜辞中有木，饶宗颐认为是省写"氵"旁的沐字。（饶宗颐《通考》，第 399 页）所见卜辞中沐的贞卜辞有两例，见于《合集》12436 号："戊子卜，沐：翌己丑，其雨？己丑卜，沐：翌庚寅，其雨？庚寅卜，沐：翌辛卯，不雨？"为卜雨卜辞。又见《合集》6578 号："丙午卜，沐贞：翌丁未，子商伐基方？"为卜征伐卜辞。皆为武丁时期卜辞，沐是武丁时期贞卜人物之一，陈梦家将其列入宾组附属（陈梦家《综述》，第 205 页）。

亚：字形，释为亚。亚字在甲骨卜辞中使用很广泛，有祀室之名如："乍亚宗""告亚""有于亚"；有职官名如："多亚""马亚""多马亚"；有军队名如："亚旅"；有用作地名如："亚受年""亚侯"；有用作人名如："史亚"。作为贞卜人亚的贞卜辞不太多，有《合集》22308 号："壬子卜，亚贞……"（横式右向左书）还有《合集》22306 号："庚子卜，亚贞：新……"（横式左向右书）《合集》22302 号："甲辰卜，亚：徝兄丁用。"（横式右向左书，省贞）横向书写，为该贞人的书写风格。由于其卜辞内所记录的人物事

类有见于宾组或师组卜辞，如辞中有称兄丁，兄丁称谓见于宾、师、子三组卜辞，故可推断亚为武丁时期贞卜人物，附属于宾组。但董作宾断代亚为甲骨第四期，《甲骨文合集释文》、岛邦男断代为甲骨第一期，饶宗颐断代为甲骨第一期至甲骨第三期。

己：字形己，释为己。所见甲骨卜辞中己的贞卜辞有两条：（1）《乙》123 号："丁亥卜，己：焚，不雨？丁亥…… 戊 …… 不雨？"为卜雨辞。（2）《合集》14036 号："丁亥卜，己贞：子……妾，娩不其嘉？"（此版上的"己"有学者释为"亘"，郭沫若释为"己"）其他卜辞中所见"己"也作为地名。关于"己"的年代，饶宗颐、《甲骨文合集释文》、岛邦男均断代为甲骨第一期，为武丁时期贞卜人物。

耳：字形，释为耳，另有异形多种。陈梦家的《综述》中引邵章倬庵藏契有两条贞卜人耳的卜辞，但未刊原拓本，其图二二引倬庵藏骨有："癸卯卜，耳贞：其求……东……"（《合集》3941 号）耳作为贞人的卜辞有《合集》967 号："丁酉卜，耳贞：侑于 …… 乙，伐…… 先。"还有《合集》3942 号等。此外，骨臼刻辞数见有耳的署名，如《合集》17563 号："丁丑，邑示四屯。耳。"又见《英》608 号。还见有耳用作人名的卜辞，如《合集》21377 号："己未卜，隹父庚巷耳？"辞中父庚即般庚，武丁父辈，所以，陈梦家、饶宗颐、《甲骨文合集释文》断代"耳"皆为卜辞第一期武丁时期。

御：字形⿰，容庚释此字为御，有学者释为卬。甲骨卜辞中所见贞卜人御的贞卜辞不多，《合集》22073 号龟版的全部内容皆为御卜的内容，有："己丑卜，御：于帝三十小牢？己丑，余自狱羊？乙酉卜，岁父丁，戊羌？乙酉卜，御：新于妣辛，白卢豕？"辞中出现父丁和妣辛，卜辞中只有武乙称康丁为父丁，称康丁之配偶为妣辛；虽然且庚、且甲也称武丁为父丁，但称武丁之配为母辛。所以，御应为卜辞第四期武乙、文武丁时期贞卜人物。

乐：字形⿰，其上部与甲骨文其他乐字有异，或为乐字的异形。所见甲骨卜辞中贞卜人乐的贞卜辞仅见一条，为卜雨辞：《合集》12344 号："癸未卜，乐贞：翌甲申，雨？贞：翌丙……雨？"对于乐的分期断代，未见董作宾的观点，陈梦家、饶宗颐、《甲骨文合集释文》、岛邦男均断代为甲骨第一期。

佛：字形⿰，隶定为佛，是仅出现在甲骨文中的人名文字。佛的贞卜辞在所见甲骨卜辞，内容有卜雨卜辞，见于《合集》11760 号、12051 号等。还有卜阴晴卜辞，见《合集》13230 号。关于佛的年代，陈梦家将其附属于宾组贞卜人，董作宾、《甲骨文合集》、岛邦男、贝冢茂树皆断定佛为卜辞第一期武丁时期贞卜人物。

卯：字形⿰、⿰、⿰，释为卯，象对剖之形。殷墟甲骨卜辞中的卯除作干支字使用外，也作贞卜人名。所见贞卜人卯的贞卜辞，全部为卜雨，如《合集》12048 号："丙辰卜，卯贞：今日雨？"及《合集》11993 号、26961 号。此外，卯字作为人名出现在其他卜辞中与贞卜人争同版同条，由此推断卯为武丁时期贞卜人物。除董作宾将卯断定为卜辞第四期外，陈梦家、饶宗颐、《甲骨文合集》及岛邦男皆断为卜辞第一期武丁时期。

2. 师组贞卜人

师：字形⿰、⿰，左右无别，释为师。所见甲骨卜辞中，师除用作军旅、军种及官名外，也有贞卜人物名师，如《合集》19932 号："乙卯卜，师：一羊父乙不？二羊父乙不？五月。"（辞中省贞）又见《合集》20280 号等。陈梦家将其归纳为师组卜辞，此组的卜人主要有三：师、扶、勺，这三个贞卜人往往见于同版。（陈梦家《综述》，第 145 页）其卜

《合集》11760 号

《合集》19932 号

辞中的称谓多见父甲、父乙、父辛、父庚，皆为武丁的父辈，所以师向来被断定为武丁时期贞卜人物。但董作宾、岛邦男断定师为卜辞第四期贞卜人物。

扶：字形🔣，有从大，也有从夫，异形颇多，释作扶乃从陈梦家说。关于扶的贞卜辞，有学者统计《甲》《乙》《前编》《后编》《佚存》五书，有41处。饶宗颐《殷代贞卜人物通考》辑出扶的辞条多达142条。所见扶贞卜辞的叙词多省去贞字，为其主要特征，如《合集》19798号："庚戌卜，扶：夕侑殷庚，伐卯牛？"另外，扶书刻的字体有纤细、粗大两种，《乙》九千号左右的诸版（《合集》19813号即《乙》9087号）为扶的卜刻字，尤显奇诡。关于扶所贞卜辞的分类有：卜雨、卜风晕、卜夕、卜旬、卜年、卜狩猎、卜往来、卜疾病、卜祭祀、卜方国与人物、杂卜等。以其在卜辞中与贞卜人宾、内同版，足以证明扶为武丁时期贞卜人物。陈梦家将扶归纳为师组卜辞卜人。（陈梦家《综述》，第145页）

勺：字形🔣、🔣，释为勺（陈梦家《综述》，第145页）。为师组卜辞主要卜人之一。所见甲骨卜辞中勺与师、扶常见于同版，见于《合集》20230号："庚戌……勺：壬申卜，扶：令竹……官。十月。"勺的卜辞中有父庚、父辛，如《合集》19920号："庚戌卜，勺：侑父辛。"父辛为武丁父辈小辛，由此可知，勺为武丁时期贞卜人物，但勺的卜辞中也有称兄丁，同于子组卜辞的称谓，也同于宾组卜辞的称谓。

勿：字形🔣，释为勿。"勿"作为贞卜人物的贞卜辞有《殷缀》58——《屯甲》3020＋3014＋《吉》283版："丙（午）卜，勿贞：不死？丙午卜，勿贞：囗不死？丙午卜，勿贞：竝不死？丙午卜……丙午卜，勿贞：尸不死？丙午卜，勿贞：囗不死？丙午卜，勿贞：采不死？丙午卜……"此缀合甲骨出自殷墟E16坑，该坑出土之物以"师"卜为多，所以陈梦家在其《卜人篇》中谓"勿"为武丁晚期时人物。另"勿"的贞卜辞中"竝""尸"等，均与武丁时期人物同时，亦知"勿"为武丁时期贞卜人物。饶宗颐和《甲骨文合集释文》也都断代为武丁时期及甲骨第一期。

卢：字形🔣，或上部加"虍"为🔣，释为卢，训为陈牲，读作胪，陈梦家释为界字。所见甲骨卜辞中卢的贞卜辞有十余条，主要内容为卜雨、卜夕、卜疾病卜辞，还有上部加"虍"旁的卢的贞卜辞，如《合集》34680号："庚辰卜，卢：翌日甲申？"又见《合集》34681号，还见《屯南》2482号："庚申卜，卢：翌日甲子酒？"关于卢的年代未见有董作宾的观点，陈梦家、饶宗颐、《甲骨文合集》、岛邦男皆断定为卜辞第一期武丁时期。

圉：字形🔣，释为圉（朱歧祥《通释稿》，第343页）。朱芳圃释"从🔣，从日。日象首形，革、黄诸字皆从此作，是其证也。当为枑之初文。"（朱芳圃《殷周文字释丛》卷下，第156页）饶宗颐释为幸，并认为"幸之作晕，增益口旁，亦有泳之作渀，即为一人"（饶宗颐《通考》，第482页）。卜辞中圍用作贞人名，见于《殷缀》81号（《乙》38号+108号）："乙酉卜，圍：今夕其雨？"为武丁时期卜雨卜辞。辞中贞人圍是武丁时期贞卜人物之一，陈梦家将其列入师组附属（陈梦家《综述》，第205页）。

丁：字形□，释为丁。丁字在所见甲骨卜辞中用作贞卜人物名，附属于武丁晚期的师组卜人。卜辞中，丁字有时书刻稍呈"○"形，见于《合集》20072号："戊子卜，丁贞：来……戊子卜，丁贞：弗来……"丁的贞卜辞也有省贞的情况，如《合集》21555号："壬寅卜，丁：伐羲？"又如《合集》21566号"甲寅卜，丁：乎杀羲五，往若？"卜辞中又见丁称作子丁，《合集》20523："侑于子丁牛用？"辞中的子丁作合文，说明丁即子丁。关于丁的年代，岛邦男断代为甲骨第四期，陈梦家、饶宗颐、《甲骨文合集》皆断代为甲骨第一期。

由：字形凵，有学者释为畄或叶，陈梦家释为由（陈梦家《综述》，第205页）。在甲骨贞人集团中，由附属于师组卜人，但所见由的贞卜内容比较丰富，有近三十条。如《合集》19754号："己未卜，由贞：自委获羌？"（辞中贞字上部方耳形，典型的师组卜辞字形风格）所卜问的内容有祭祀、征伐、卜雨等。关于叶的年代，陈梦家、饶宗颐、《甲骨文合集》皆断定为卜辞第一期武丁时期，但董作宾断定为卜辞第四期。

《合集》19754号

取：字形⋀，释为取，也释为娶。所见甲骨卜辞中取作为贞人的卜辞有三：（1）《合集》20279号："乙巳卜，取贞：终夕截？"（此版卜辞中取后之贞字异形，所以有学者释为员字）；（2）《合集》10644号："……取贞：勿乎逐……不……"（3）《合集》9216号残片残辞："……卜，取：……入四十屯。"此外，取也以小臣的身份，每见于扶的贞卜辞，如《合集》20354号："庚申卜，扶：令小臣取丁羊鸟？"还多见于武丁时期贞卜人宾、争等的贞卜辞中，如《合集》110号："庚辰卜，宾贞：乎取扶刍于……"又如《合集》113号："丁巳卜，争贞：乎取何刍？勿乎取何刍？"由上可断定，取为武丁时期贞卜人物之一。但董作宾和岛邦男断定取为卜辞第四期贞卜人物。

3. 子组贞卜人

子：字形♀，释为子。用作为贞卜人

物子之名，字形与其他“子”字形有别。由于贞卜人物子与其他贞卜人物我、余、巡等常常见于同版甲骨，其文例字体特色相近，辞中祭祀的称谓以及出土坑位等联系密切，甲骨学界称这一贞人集团为子组卜辞或子组卜人。此组贞卜人文字的书刻，字体风格特别，恒作细如毛发之笔画，其贞字两边竖画下加短横，丁字或子字上部书刻为圆形。陈梦家最早注意子卜辞的特点，特别是卜辞前辞“××，×卜贞”“××，×卜”现象。认为这两式“是子组所独有的”（陈梦家《综述》，第160页）。国内外有学者进一步研究后认为这类卜辞不是商王史官系统占卜的卜辞，而是王族支脉非正宗的卜辞。在此研究的基础上，李学勤提出了“非王卜辞”论述。得到花园庄东地甲骨发现的支持，“非王卜辞”研究也日益深化。花东H3甲骨坑出土之前，《甲骨文合集》收录贞卜人物子的卜辞就有近百条，如《合集》21727号整版龟腹甲十三条卜辞中，有十条为子所卜，皆写刻为：“××子卜贞”如：“乙丑，子卜贞：庚有来？丙寅，子卜贞：庚有事？”又如：“壬辰，子卜贞：妇鄘子曰戠？”但同版其他卜辞的辞例则不同，如：“癸酉卜，巡贞：至蜀亡祸？”其他子的贞卜辞也多为“××子卜贞”，相比较其他贞人的贞卜辞，也非常特别。关于贞卜人子的年代，董作宾、岛邦男断代为卜辞第四期；陈梦家与《甲骨文合集释文》断代为卜辞第一期；饶宗颐认为由卜辞第一期下沿卜辞第二期；贝冢茂树则认为是“多子族”卜辞，各家分歧较大。因子字在甲骨文中既作为贞卜人名，又作为其他人名，如诸子，所以由不同的角度作出不同的断代。子的贞卜辞中有关人物多见于武丁时，故知其年代属武丁时，或可下及且庚且甲之世。关于子所贞卜辞的分类有：卜雨与晴、卜游畋、卜祭祀、杂卜等。

余：字形，释为余。余在贞卜辞中或言“余卜贞”，如《合集》40879号：“庚午，余卜贞：人……不归？”或言“余卜”，如《合集》40878号：“乙亥，余卜：今十人归？戊寅，余卜：……”最常见的则为“卜余”，省略贞字。与余同版的贞卜人有扶、我等，余当为武丁晚期贞卜人物，为子组主要贞卜人之一，其贞字的书刻风格为两边竖画下加短横。李学勤认为余、子等一类贞卜辞为非王卜辞，理由为无王占语，辞中不提到王，又无商先王名号，故问疑者非商王（李学勤《帝乙时代的非王卜辞》，《考古学报》第19册）饶宗颐则考证余的贞卜辞所见先王先妣有蔑、祖丁、妣己，并认为余与争、宁、见等贞卜人同时，不应为帝乙时期。可见余的贞卜辞有卜年、卜往来、卜狩猎、卜祭祀，另有人物杂卜等。

我：字形，释为我。甲骨卜辞中的我字与余字皆为第一人称代词，但我又用作贞卜人物名。我的贞卜辞，每言“我卜贞”或“卜我”省贞字，见于《合集》21843号：“壬戌卜，我卜贞：亡……”也多见与其他贞卜人物前辞相同的卜辞，如《合集》21715号：“庚午

卜，我贞：今秋我入商？"所见我的贞卜辞，有卜夕、卜往来、卜年、卜祭祀、卜狩猎及征伐等内容。关于我的年代，我的贞卜辞中有署名殷、宾者，所以，我当属武丁时期贞卜人物。陈梦家、饶宗颐、《甲骨文合集》皆断定我为卜辞第一期武丁时期，董作宾、岛邦男则断定为卜辞第四期，贝冢茂树将我列入"多子族"。

《合集》21843 号

巡：字形𤔲，从陈梦家释为巡。所见甲骨卜辞中巡作为贞卜人物，为子组卜辞的主要贞卜人，其年代为卜辞第一期武丁晚期。陈梦家认为："子组卜人㵸和巡（或与妇巡是一人）很像是妇人，该组的字体是纤细的。第十五次发掘出土的（《乙》8691—9052）字体近子、师、午组的，内容多述妇人之事，可能是嫔妃所作。这些卜人不一定皆是卜官，时王自卜，大卜以外很可能有王室贵官之参与卜事的。"（陈梦家《综述》，第167 页）正如陈梦家所指出的，巡的贞卜辞字体文例很有特色，不但常作细划小字，于字的写法也为繁形，特别是贞

字两边竖画下各加断横，丁字写刻成圆圈，隹字写得很像鸟，如《合集》21727 号整版龟腹甲巡与子同版同贞："癸酉卜，巡贞：至蜀亡祸？乙丑，子卜贞：庚有来？丙寅，子卜贞：庚有事？壬辰，子卜贞：妇䀠子曰哉？"

事：字形𠭟，释为事或史。事字与史的字形有二，一为上部开叉，一为上部直画，下部无别。许多论贞卜人物的学者认为事与史为两字。饶宗颐根据《合集》13759 号反面上的卜辞："壬辰卜，内：五月，史有至？今五月，史亡其至？"和同版正面："六月，有来曰：事有疾。二告"，证明两种写法的事或史即一人。事作为贞人的卜辞见于《合集》1251 号："癸卯卜，事贞：来辛……寿于河……母王。十月。"同版还有辞条为："癸亥卜，午贞：侑于示壬，燎？"事作为贞人与贞人午同版出现，其当为武丁时期贞卜人物。董作宾、陈梦家、饶宗颐、《甲骨文合集》以及岛邦男、贝冢茂树皆断定事为卜辞第一期武丁时期。关于事所贞卜辞的分类有：卜雨与阴晴、卜夕、卜旬、卜祭祀、卜方国与人物、杂卜等。

㵸：字形𣲩，隶定为㵸，用作贞卜人的㵸字，饶宗颐认为是帚字的繁形，写两个"帚"或加"氵"旁，殆如"卤"或繁写双"卤"，释为一字无异。朱歧祥依据《存》2.69 号："庚申乞十屯。小㵸。"与《存》2.50 号："乙亥乞自雪五屯。小扫。"则认为从二帚，隶作㵸，字与扫同。（朱歧祥《通释稿》，第404 页）所见卜辞中㵸的贞卜

辞大多作"卜，䎅贞"，有省"贞"字者，仅两三例，如《合集》40886号："己丑卜，䎅：御司姚甲？"又见《合集》40887号等。所贞卜之事以卜夕和卜"我又事""亡事"为多。其书刻字体纤细，特别是书刻的贞字，两边的竖画下部加两短横，与其他书写的贞字迥异。䎅的贞卜辞中所见有父丁，指武丁，所以，其年代当为祖庚时期，断为甲骨第二期祖庚时期贞卜人物。但董作宾、[日]岛邦男断为甲骨第四期，陈梦家和《甲骨文合集释文》断为甲骨第一期，[日]贝冢茂树则认为是"多子族"卜辞，各家分歧较大。关于䎅所贞卜辞的分类有：卜夕、卜往来、卜祭祀、杂卜等。

豕：字形，释为豕。所见甲骨卜辞豕作为贞卜人物的贞卜辞主要以卜祭祀为主，如《合集》22815号："甲申卜，豕贞：王宾叙，亡尤？己丑卜，豕贞：王宾雍己，彡，亡尤？"又如《合集》23075号："庚申卜，豕贞：王宾南庚，彡，亡尤？"（所祭祀对象除雍己、南庚外，还有卜壬、且戊等）。还见有卜夕卜辞，如《合集》26420号："庚子卜，豕贞：今夕亡……辛巳卜，贞：今夕亡祸？……卜，豕……今夕……祸？"此外还有卜旬、卜狩猎等皆为第二期且庚且甲时期卜辞。卜辞中，豕用作人名，多见于武丁时期贞卜人物殽、宾、争、我等的贞卜辞，但作为贞卜人物的辞条全都是第二期且庚且甲时期。豕当为且庚且甲时期的贞卜人物。陈梦家将其列附属于子组卜人（陈梦家《综述》，第

166页）。此外，有见与豕同版出现豕繁加水旁，见于《合集》23193号："乙丑卜，涿贞：王宾叙，亡尤。丁卯卜，涿贞：王宾父丁，岁宰，亡尤。丁卯卜，涿贞：王宾叙，亡尤。己巳卜，豕贞：王宾叙，亡尤。"豕与加水旁的涿或是同一人，但陈梦家将涿列为且庚且甲时期出组卜人附属（陈梦家《综述》，第205页）。豕与涿或为两个贞卜人物。

涿：字形，隶定为涿。是一位与豕见于同版有系联关系的贞卜人物，所见甲骨卜辞中，涿的内容主要有以下四类：（1）卜祭祀卜辞，《合集》22693号："乙亥卜，涿贞：王宾报乙，劦，亡尤？"等。（2）卜雨卜辞，如《合集》24782号："丁卯卜，涿贞：今夕雨？"（3）卜旬卜辞，如《合集》25090号："癸酉卜，涿贞：旬亡祸？……彡，于……"（4）卜夕卜辞，如《合集》26413号："丁卯卜，涿贞：今夕亡祸？"关于涿的年代，董作宾、陈梦家、《甲骨文合集》、岛邦男皆断定为卜辞第二期，饶宗颐断定为卜辞第一期武丁时期，贝冢茂树则断为卜辞第三期。

4. 午组贞卜人

午：字形，释为午，卜辞中用作干也用作贞卜人名，见于《合集》1251号："癸亥卜，午贞：侑于示壬，燎？"同版还有："癸卯卜，事贞：来辛……寿于河……母王。十月。"又见《合集》22047号、22305号，皆为武丁时期卜辞（后二辞省贞）。关于贞人午的年代，陈梦家、《甲骨文合集》皆断定为卜辞第

一期武丁时期，饶宗颐断为卜辞第一期至卜辞第三期，岛邦男断为卜辞第四期。关于午组卜人，陈梦家认为这一组只有两个不系联的卜人午、允，"我们所以称它们为午组者，一则它们字体自成一系，不与宾、师、子三组相同；二则其称谓也自成一系。所谓称谓自成一系者，指若干特殊的称谓互见于若干版（陈梦家《综述》，第 162 页）"。

《合集》22305 号

允：字形允，隶定为允，有学者释为冗，张秉权认为象鸟飞形，释为飞。也有认为是皆字的一种字形（李宗焜《甲骨文字编》，第 1336 页）。允在甲骨卜辞中作为贞卜人物的内容仅有一例，见于《合集》22074 号："甲午卜，允：御于妣，至妣辛？甲午卜，允：御于内乙，至父戊，牛一？甲午卜：御于内乙？甲午卜，御父己？乙未卜：御于妣乙？乙未卜：御于妣辛妣癸？"此版卜辞又言癸巳日卜，有岁且戊，贞问"牢三""牢五不用"，所记为癸巳、甲午、乙未三日卜祭祀事情。其中只有甲午条记名，其他条虽然不见记名，也应该为允所卜。贞卜所祭的王有且戊、父戊、父己、内乙；先妣有妣乙、妣辛、妣癸，其父己

当指武丁之子小王孝己，是廪辛、康丁对孝己之称，由此应断此贞卜人为廪辛康丁时期贞卜人物。饶宗颐断其为卜辞第三期，岛邦男断其为卜辞第四期。但陈梦家将其归入午组两个重要的贞卜人物之一。其书体风格喜用尖锐的斜笔，于字的中笔也是斜的，且贞人之后省贞。如若允归入午组卜人，那么他的年代应为武丁时期，所以陈梦家和《甲骨文合集》皆断其为卜辞第一期。

5. 武丁期不系联贞卜人

陟：字形，释为陟。所见甲骨卜辞中陟的贞卜辞有六条，其中一条为卜夕、卜雨卜辞，《合集》24839 号："辛卯卜，陟贞：今夕亡雨？"其他五条皆为卜夕辞，《合集》26393 号："己卯卜，陟贞：今夕亡祸？"另外四条《合集》26394 号、26395 号、26396 号、26397号所卜内容与 26393 号同，陟应是专门卜夕的卜人之一。所见陟的 6 条卜辞中，夕的写法只有 26393 号月牙中加点，其他五条夕字的月牙中无点，与宾组卜辞夕字月牙中加点有别，陈梦家认为："如此夕的写法，乃是武丁晚期的新形

《合集》26393 号

式。"（陈梦家《综述》，第 185 页）。所以，断定陟的年代为卜辞第一期武丁晚期，饶宗颐也认为陟为卜辞第一期，董作宾、《甲骨文合集》、岛邦男则断定陟的年代为卜辞第二期。卜辞中陟也作为方国名使用。

芇：字形 ，释为芇，异形有二，有繁写加"彳"部首的，也有再在下部加"止"偏旁的。殷墟甲骨卜辞中贞卜人芇的贞卜辞有如下三类：（1）卜雨，如《合集》12341 号："庚子卜，芇贞：翌辛丑，雨？贞：翌辛丑，不其雨？"（2）卜夕，如《合集》16600 号："壬午卜，芇贞：今夕亡祸？"（3）卜旬，如《合集》31485 号："癸亥卜，逆贞：旬亡祸？贞：旬亡祸？"有关芇的其他内容，《合集》22246 号一整龟版所记甚详，又多见于㱿、争的贞卜辞，所以芇当为武丁时期贞卜人物。但是，所见卜辞中芇作为贞人与贞人口同版同贞，芇的年代或可下沿至卜辞第二期。此外，芇也用作地名和职官名，详见地名芇和职官芇条。

窒：字形 ，隶定为窒，是仅出现在甲骨文中的人名文字。窒的贞卜辞在所见甲骨卜辞中有四条，其中三条为卜夕卜辞，《合集》3937 号："乙未卜，窒贞：今夕亡祸？五月。"及《合集》3939 号、3940 号等。还有卜雨辞《合集》12172 号："贞：今夕不雨？……窒……"皆为武丁时期卜辞。关于窒的年代，陈梦家认为其是武丁不附属组的贞卜人物之一。《甲骨文合集》其说为卜辞第一期，未见其他学者意见。

窀：字形 ，隶定为窀。是仅出现在甲骨文中的人名文字。窀的贞卜辞在所见甲骨卜辞中有三条，其中两条为卜夕卜辞，有《合集》40585 号："甲子卜，窀贞：今夕亡祸？七月。"及《合集》26424 号，还有《英》1736 号残片残辞等有学者释为内。关于窀的年代，陈梦家认为其是武丁晚期不附属组的贞卜人物之一。《甲骨文合集》断定其为卜辞第二期，岛邦男断定其为卜辞第一期。

专：字形 ，释为专，或释作更。甲骨卜辞中所见专的贞卜辞有八条，以卜夕、卜旬卜辞为多，也有卜雨的，如《合集》30106 号："壬寅卜，专贞：王不……雨。"另也有卜往来的，如《合集》27759 号："癸亥卜，专：往？"皆为第三期廪辛康丁时期卜辞。贞卜人物专应是第三期时的贞人。但在甲骨卜辞中，屡见侯专之名，当为商之侯爵之一。如《合集》20065 号："其从侯专"此外，又见专用作地名，如《合集》11274 号："贞：乎乍圙于专？勿乍圙于专？"西周宋国公族有专氏，当为侯专之后，其地望在宋地的老丘。从甲骨卜辞中相关人物关系判断，专与争同条出现，当为武丁时期，董作宾、陈梦家、饶宗颐、《甲骨文合集》以及岛邦男、贝冢茂树皆断定专为卜辞第一期武丁时期，但也有学者认为专系廪辛时期贞卜人物。

义（画）：字形 ，释为义，字形上部加聿为画，有释为画的简形。甲骨卜辞中义用作贞卜人物名仅有一列，见于《合集》13793 号："癸未卜，亘贞：义贞：方……亡祸？"同版还见有卜辞：
"癸未卜，亘贞：其亡祸？贞：其有祸？
癸亥卜，宾贞：其有疾？"义与贞人亘
卜辞同条，又与宾同版，说明同为卜辞
第一期武丁时期贞卜人物。

委：字形，隶定为委。作为贞卜人
物在所见甲骨卜辞中的记载有二，见于
《合集》40833 号残片："丁巳卜，王，
委：弗其获？征方。九月。"及《合集》
40834 号残片残辞："壬子卜，委：
隹……鹿获……麋、雉十五。"关于委
的年代，董作宾断其为卜辞第四期，饶
宗颐和《甲骨文合集》皆断为卜辞第一
期武丁时期。

友：字形、，从二又，罗振玉、
王襄、李孝定皆释为友（罗振玉《殷
释》中，第 21 页，王襄《簠室殷契类
纂》，第 13 页，李孝定《集释》，第 944
页）。《说文》："友。同志为友，从二又
相交。"见于《合集》8964 号："戊戌
卜，贞：令蕇以有友马卫……"又见
《合集》685 号、3785 号、5622 号、
38762 号等 20 余条卜辞都出现"友"的
内容。辞中的友，姚孝遂认为："卜辞
每'有友'连言，可能用如'侑'。或
为人名，无义。"又"《合集》29465 辞
云：'邕友……隹牛'后均为牲名，是
'友'之义当为'对'、惟'双'。"（于
省吾《诂林》，第 948 页，姚孝遂按）
此外，《花东》2 号："戊子卜，在麗：
子其射，若？一。戊子卜，在麗：子弜
射于之，若？一。友贞：子金？一。友
贞：子金？一。"为武丁时期卜辞，辞
中的友为贞卜人物。有释"友，新见的

贞人名"（考古所《花东》，第 1556
页）。

金：字形、、，从亼从火，刘
钊释为金（刘钊《新甲骨文编》，第 777
页）。见于《花东》122 号："子金贞：
其有艰？……"又见《花东》6 号也出
现"子金贞"内容，皆为武丁时期卜
辞。辞中的金，不但有子的身份，而且
为武丁时期贞卜人物之一。

阩：字形，从阝从夭，隶作阩
（李宗焜《甲骨文字编》，第 466 页）。
见于《花东》1571 号："子阩贞"三字
内容，为武丁时期卜辞。辞中的"子
阩"为《花东》新见人名，不但有子的
身份，同时"为新见的贞人名"（考古
所《花东》，第 1571 页）。

陷：字形、、从阝从人下有一短
横，隶作陷。见于《花东》205 号："爵
凡。一。陷贞：二。三。贞：女？二。
贞：延？二。"又见《花东》349 号、
441 号都出现"陷贞"内容，皆为武丁
时期卜辞。可见辞中的陷当为武丁时期
贞卜人物之一，是《花东》新出现贞人
名。字"当隶为'陷'与甲骨文原有
的字，为同字异构"（考古所《花东》，
第 1641 页）。

勤：字形、，从索从卩，隶作勤
（李宗焜《甲骨文字编》，第 1255 页）。
见于《花东》174 号："勤贞：一。"为
武丁时期卜辞。辞中的勤为《花东》新
出字形，被认为"是新发现的贞人名"
（考古所《花东》，第 1626 页）。又见
《花东》226 号："辛酉，宜勤牝暨……"
辞中的勤"作地名"（考古所《花东》，

第 1650 页）。

弹：字形，释为弹。卜辞中用作动词，亦为旧派祭名之一。又见《花东》174 号："弹贞：一。"为"新发现的贞人名"（考古所《花东》，第 1626 页）。辞中的弹亦为武丁时期贞卜人物之一。

亚奠：字形，释为亚奠。见于《花东》61 号："（1）癸卯卜，亚奠贞，子占曰：叺用。（2）癸卯卜，亚奠贞，子占曰：终卜用。"为武丁时期卜辞。辞中的亚奠，有释"贞人名，首见。"又"此版第 1.2 条卜辞只有前辞、占辞，省去贞辞，这在以往发现的卜辞中是罕见的。'终卜'指最后一卜"（考古所《花东》，第 1585 页）。

6. 出组贞卜人

出：字形或，释为出。所见甲骨卜辞中出的贞卜辞有 300 多条，记录内容非常丰富。所有甲骨学家的分期断代都认定出为卜辞第二期，也由出而命名卜辞第二期即且庚、且甲时期的贞人集团为"出组卜人"。卜辞中与出同版的卜人有兄、大、逐、尹、凸，他们的共同特点是称武丁为父丁，称武丁配偶为母辛，称孝己未兄己，但称且庚为兄庚，即有兄庚的卜辞一定是且甲卜辞。卜辞中出的贞卜辞主要以下内容：（1）卜雨卜辞，如《合集》24718 号："丁酉卜，出贞：五日雨？辛丑卜，出贞：自五日雨？"（2）卜夕辞，如《合集》24800 号："乙丑卜，出贞：今夕亡祸？"（3）卜旬卜辞，如《合集》24549 号："癸亥卜，出贞：旬亡祸？癸卯卜，大

贞：旬亡祸？"（辞中出与出组大群卜人大同版同页）（4）卜出行卜辞，如《合集》23786 号："己卯卜，出贞：今日王其往河？"（5）卜祭祀卜辞，如《合集》22739 号："癸酉卜，出贞：侑于唐……"还有卜梦、卜疾病、卜鱼、卜方国人物、杂卜等。饶宗颐认为出的年代宜断在且甲前，上及武丁晚期。是认为，出字有增加"彳"旁的繁形，应与出为同一字，这种字形的贞卜辞皆为武丁时期。

《合集》22739 号

兄：字形，从口从人。也有甲骨字形，从口从卩，有学者释下部卩旁的字形为祝，将两种字形视为两个人物，本卷从陈梦家观点释为兄字的两种字形。所见甲骨卜辞中兄的贞卜辞有百余条，以下部为卩旁的字形居多。兄的贞卜辞有卜雨卜辞，如《合集》24742 号："壬戌卜，兄贞：今日不雨？"有卜祭祀卜辞，《合集》23717 号："己酉卜，兄贞：求年于高且？四月。"还有卜往来卜辞等，但出现最多的为卜旬卜辞，如《合集》26539 号："癸巳卜，兄贞：旬亡祸？"还有《合集》26560 号、26588

号、26590 号、26600 号（与出同版同贞）、26628 号、26629 号、26630 号等。关于兄的年代董作宾、陈梦家、《甲骨文合集》、岛邦男及贝冢茂树皆断定为卜辞第二期，为卜辞第二期出组大群贞卜人物之一。饶宗颐则认为兄大约由武丁至且甲，因其同版的贞卜人有大、出、逐等。由于兄的贞卜辞大多为卜旬，其贞卜辞未见父丁、兄庚的称谓。

大：字形↑或↖，释为大。所见甲骨卜辞中大的贞卜辞有近三百条，其内容可分为：（1）卜雨卜辞，如《合集》24733 号："辛亥卜，大贞：今日雨？"（2）卜晴与风卜辞，如《合集》24929 号："丙戌卜，大贞：翌丁亥易日？八月。"又如《合集》24934 号："丁卯卜，大贞：今日风？"（3）卜旬卜辞，如《合集》26550 号："癸巳卜，大贞：旬亡祸？癸未卜，大贞：旬亡祸？"（4）卜日、卜夕卜辞，如《合集》24180 号："乙卯卜，大贞：今日亡来艰？"又如《合集》24767 号："辛丑卜，大贞：今夕亡……"（5）卜往来卜辞，如《合集》23791 号："壬辰卜，大贞：翌癸巳王往……"（6）卜受年卜辞，如《合集》24427 号："癸卯卜，大贞：今岁商受年？七月。"（7）卜作邑卜辞，如《合集》23717 号："辛卯卜，大贞：洹弘，弗敦邑？七月。"（洹弘的"弘"，大也，是卜问洹水大涨会不会伤及商邑？）（8）卜祭祀卜辞，如《合集》22746 号："丁酉卜，大贞：告其壹于唐，衣，亡灾？九月。"（辞中成汤仍称唐，不称大乙）。被祭祀对象有季、上

甲、示癸、唐、大丁、且乙、且丁、羌甲、且辛、父丁、兄庚、母辛、妣庚、黄尹等。由上述被祭祀对象称父丁、兄庚、母辛（父丁即武丁，兄庚即且庚，母辛指武丁之配），可知大的年代应为卜辞第二期且甲时期，为出组大群贞卜人。《甲骨文合集》、贝冢茂树断代为卜辞第二期，饶宗颐断代为卜辞第一期至第三期，董作宾、陈梦家、岛邦男断代为卜辞第二期至第三期。

逐：字形犭，释为逐。所见甲骨卜辞逐的贞卜辞有以下三类：（1）卜旬卜辞，如《合集》26682 号："癸丑卜，逐贞：旬亡祸？九月。癸亥卜，逐贞：旬亡祸？"（此版皆为卜旬，有九月癸卯兄卜，十月癸酉出卜，一月癸未出卜，与出和兄同版）。（2）卜祭祀卜辞，如《合集》22714 号："壬申卜，逐贞：示壬岁，其延于……癸。"（癸上缺文当是示字，即指示癸）（3）卜雨卜辞，如《合集》24879 号："……酉卜，逐贞：王宾岁，不遘大雨？贞：其遘大雨？"由上述卜辞可知，逐为出组兄群卜人之一，其年代当为卜辞第二期且庚时期，董作宾、陈梦家、《甲骨文合集》、岛邦男皆断代为卜辞第二期，饶宗颐则认为可上延至卜辞第一期，贝冢茂树断代为卜辞第三期。

昆：字形昂，隶定为昆，是仅出现在甲骨文中的人名文字。昆的贞卜辞在所见甲骨卜辞中有两条，皆为卜旬卜辞。见于《合集》26698 号："癸巳卜，昆贞：旬亡祸？"又见《合集》26701 号。关于昆的年代陈梦家、《甲骨文合集》、

岛邦男皆断定为卜辞第二期，根据陈梦
家的观点，为出组大群贞卜人之一。但
饶宗颐认为疋的年代或可上及武丁时期，
为卜辞第一期至卜辞第二期贞卜人物。

疑：字形𤶇，释为疑。所见甲骨卜
辞中疑的贞卜辞有七十余条，记录的内
容有：（1）卜雨卜辞，如《合集》
24866号："壬子卜，疑贞：有来雨？八
月。"（2）卜夕卜辞，如《合集》26379
号："辛丑卜，疑贞：今夕亡祸？八
月。"（3）卜旬卜辞，如《合集》26664
号："癸酉卜，疑……：旬亡祸？在七
月。癸未卜，疑贞：旬亡祸？在八月。
癸巳卜，疑贞：旬亡祸？在八月。"
（4）卜出行卜辞，如《合集》23559
号："癸未卜，疑贞：王征，不若。
乙……大贞：……夕告……侯往……
丁"（辞中疑与大同版同贞）（5）卜祭
祀卜辞，如《合集》23841号："癸亥
卜，疑贞：翌甲子其侑于兄庚，叀王
宾……"（6）卜日卜辞，如《合集》
22577号："康寅……疑贞：今日亡来

《合集》22577号

艰？一月。"疑的祭祀卜辞中见兄庚称
谓，又见卜辞同版之人有大、中、喜、
即、旅、兄、出、竹等人物，疑当为且
甲时期贞卜人物。董作宾、陈梦家、饶
宗颐、《甲骨文合集》、岛邦男、贝冢茂
树皆断代为卜辞第二期，为卜辞第二期
出组大群贞卜人物之一。

尹：字形𢎜，释为尹。贞卜人尹的字
形书写恒异于伊尹、黄尹的尹。饶宗颐
举《合集》5611号"多尹若"句中尹
的字形佐证，释其为尹字。所见甲骨卜
辞尹的贞卜辞有300余条，贞卜内容非
常丰富。主要有以下分类：（1）卜雨卜
辞，如《合集》24759号："丙辰卜，尹
贞：今日至于翌丁巳雨？"（2）卜旬卜
辞，如《合集》26533号："癸卯卜，尹
贞：旬亡祸？在十月。癸未卜，尹贞：
旬亡祸？"（3）卜日卜辞，如《合集》
24172号："壬寅卜，尹贞：今日亡来
艰？"（4）卜夕卜辞，如《合集》24776
号："丁亥卜，尹贞：今夕雨？"（5）卜
往来卜辞，如《合集》23748号："戊寅
卜，尹贞：王出亡灾？"（6）卜游田卜
辞，如《合集》24481号："……戌卜，
尹贞：王其田，亡灾？"（7）卜祭祀卜
辞，如《合集》23195号："丙午卜，尹
贞：王宾父丁，岁……"所见卜祭祀贞
卜辞中先王称谓有父丁、兄庚、兄己，
可知尹为且甲时期贞卜人物。董作宾、
陈梦家、《甲骨文合集》、岛邦男、贝冢
茂树均将尹断代为甲骨第二期，为出组
尹群贞卜人之一。但饶宗颐认为尹或可
上及武丁晚期，因作为人名出现的尹常
在武丁时期贞卜辞中出现。

喜：字形，释为喜。所见甲骨卜辞中喜的贞卜辞有60余条，除有卜雨、卜夕、卜旬、卜出行等外，重要的是有卜祭祀，见于《合集》22747号："戊戌卜，喜贞：告自丁陟？……贞：告自唐降？"又见《合集》22753号："乙未卜，喜贞：唐岁其……佑……"（前二辞称成汤为唐而不称大乙）。又如《合集》23422号："辛亥卜，喜贞：母辛岁其叙？"其祭祀卜辞称唐而不称大乙和称母辛，皆为卜辞第二期的称谓，故喜应是卜辞第二期且庚、且甲时期贞卜人物，为出组大群贞卜人之一。董作宾、陈梦家、《甲骨文合集》、岛邦男、贝冢茂树皆将喜断代为卜辞第二期，饶宗颐考证喜的同版贞卜人有狄、疑并见有喜的署名言及雀事，故推断喜的年代可上及武丁时期和下沿且甲时期。此外，卜辞中喜用作地名时加"氵"旁。

《合集》24765号

凸（骨）：字形，释为凸，颇多异形，也有释为骨。卜辞中骨的内容比较丰富，有（1）卜雨卜辞，如《合集》24803号："辛未卜，骨贞：今夕亡雨？"（2）卜夕卜辞，如《合集》26403号："乙丑卜，骨贞：今夕亡灾？己巳卜，骨贞：今夕亡灾？"（3）卜日卜辞，如《合集》24170号："癸寅卜，骨贞：今日亡来艰？癸寅卜，骨贞：今日不雨？"（4）卜旬卜辞，如《合集》41246号："癸丑卜，骨贞：旬亡祸？在七月。"（5）卜祭祀卜辞，如《合集》23247号残片残辞："……卜，骨……宾父丁……"上述被祭祀对象有父丁（即武丁）等，父丁即且庚且甲称其父武丁，可知骨的年代在且庚且甲时期，为且甲出组尹群贞卜人之一。陈梦家、《甲骨文合集》、岛邦男、贝冢茂树皆将骨断代为卜辞第二期。但由于骨用作人名，又见于殻、宾、争等的贞卜辞中，且与雀同版同条，骨或可上及武丁时期。

旅：字形，释为旅。所见甲骨卜辞中旅的贞卜辞近500条，内容非常丰富。主要有以下分类：（1）卜雨，如《合集》24745号："庚寅卜，旅贞：今日不雨？"（2）卜日，如《合集》24173号："癸卯卜，旅贞：今日亡来艰？"（3）卜夕，如《合集》24812号："甲子卜，旅贞：今夕亡祸？"（旅的卜夕辞特别多）（4）卜旬，如《合集》26520号："癸丑卜，旅贞：旬亡祸？癸丑卜，尹贞：旬亡祸？"（旅与尹同版同贞，此证为同组同群贞卜人）（5）卜出行，如《合集》23741号："戊寅卜，旅贞：王出，亡灾？"（6）卜游田，如《合集》24479号："戊申卜，旅贞：王其田，亡灾？"（7）卜祭祀，如《合集》23141号："己卯卜，旅贞：王宾兄己，彡，亡尤？在正月。"所祭祀对象除辞中的兄己，还有父丁、兄庚，还有夒、季、报乙、报丙、示壬、示癸、唐、大丁、外丙、大庚、大戊、且戊、中丁、外壬、戋甲、且乙、且辛、羌甲、且丁、阳甲、小乙、父戊、兄壬、妣庚、妣己、妣戊、多妣、母辛、母壬等。由上述祭祀卜辞内容，称父丁即武丁，称兄己即孝己，称兄庚即且庚。可知旅的年代为卜辞第二期且甲时期，或可下延至卜辞第三期廪辛、康丁时期。董作宾、饶宗颐皆断代为卜辞第二期至卜辞第三期，陈梦家、《甲骨文合集》、岛邦男和贝冢茂树均断代为卜辞第二期，为出组尹群贞卜人之一。

　　行：字形𧗟，释为行。所见甲骨卜辞中行的贞卜辞多达 400 余条，其贞卜的内容也非常丰富，有（1）卜雨卜辞，《合集》24805 号："辛未卜，行贞：今夕不雨？在十月。"（2）卜夕卜辞，如《合集》26278 号："癸亥卜，行贞：今夕亡祸？在十一月。"（3）卜旬卜辞，如《合集》26517 号："癸未卜，行贞：旬亡祸？在十二月。癸酉卜，行贞：旬亡祸？在十二月。癸卯卜，行贞：旬亡祸？在正月。癸巳卜，行贞：旬亡祸？在正月。"（4）卜出行卜辞，如《合集》24347 号："己酉卜，行贞：王其步自勤于来……亡灾？"（5）卜游田卜辞，如《合集》24492 号："戊寅卜，行贞：王其往于田，亡灾？在十二月。"（6）卜祭祀卜辞，如《合集》25846 号："庚辰卜，行贞：王宾般庚……"又如《合集》24343 号："己亥卜，行贞：王宾父丁，岁𡉣，亡尤？在壴。"还有卜风、杂卜等。其贞卜辞有父丁、兄庚、兄己

等商王称谓，父丁指武丁，兄庚指且庚为且甲称且庚；兄己指孝己，且庚且甲皆可称兄己，由上述称谓可知行是、且甲时期贞卜人物，为出组尹群贞卜人之一。陈梦家、饶宗颐、《甲骨文合集释文》、岛邦男、贝冢茂树均将行断代为卜辞第二期，董作宾则断定行是卜辞第二期或可下沿至卜辞第三期。另外，武丁时期的贞卜人宾、争、亘、韦等的贞卜辞中以及且甲时期贞卜人旅的贞卜辞中，都有言及一个名为行的人物，此行若与贞卜人物行是同一人，那么行的年代或可上及武丁时期。

　　漛：字形𣴎，隶作漛，从水从双羊。漛的贞卜辞在所见甲骨卜辞中有二十余条，多为卜夕卜辞，如《合集》26407 号："乙巳卜，漛贞：今夕亡祸？四月。"《甲骨文全集》相连的《合集》26408 号、26409 号、26410 号、26411 号、26412 号全部为漛的卜夕卜辞。还有卜祭祀卜辞，如《合集》22650 号："癸酉卜，漛贞：翌甲戌乞酒劦，自上甲衣……于多毓……七月。"等。漛与旅有时同版同贞。按照陈梦家的观点，漛附属于卜辞第二期出组尹人。董作宾、《甲骨文合集》、岛邦男、贝冢茂树皆断定漛为卜辞第二期且庚、且甲时期，唯饶宗颐断定漛为卜辞第一期武丁时期。

　　即：字形𫞩，释为即。所见甲骨卜辞中作为贞卜人即的字形与用作祭名的即的字形有别，贞人即恒从人旁，而祭名之即则从卩旁。卜辞中即的贞卜辞的内容也非常丰富，主要有以下六类：（1）卜雨、卜晴卜辞，如《合集》

24748 号："甲寅卜，即贞：今日不雨？"（2）卜日卜辞，如《合集》24177 号："丁未卜，即贞：今日亡来艰？"（3）卜夕卜辞，如《合集》26358 号："庚午卜，即贞：今夕亡祸？在三月。辛未卜，即贞：今夕亡祸？在三月。"（4）卜旬卜辞，如《合集》26619 号："癸丑卜，即贞：旬亡祸？二月。癸亥卜，即贞：旬亡祸？三月。"（5）卜出行卜辞，如《合集》41035 号："丙寅卜，即贞：王出，亡祸？"（6）卜祭祀卜辞，如《合集》22692 号："乙卯卜，即贞：王宾报乙，祭亡灾？"等。另外还有卜田猎、卜疾病卜辞等。由于即的卜辞中出现父丁、母辛、兄己、兄庚等称谓，断其为且甲时期贞卜人物无误，附属于出组贞卜人。陈梦家、饶宗颐、《甲骨文合集》、贝冢茂树皆断代为卜辞第二期，董作宾、岛邦男则认为或可下沿至卜辞第三期。

《合集》22542 号

（不系联的）

坚：字形 ，隶定为坚，是仅出现在甲骨文中的人名文字。坚作为贞卜人物在所见甲骨卜辞中的相关内容有五条，其中《合集》25841 号残片残辞："丙寅卜，坚贞：王宾……父……"为祭祀卜辞。另外四条为《合集》24410 号、24462 号、24465 号、24466 号，以24465 号为例："……酉卜，坚……王其田……游，亡灾？"皆为卜田游卜辞。根据"王宾"辞例，坚当为卜辞第二期且甲时期贞卜人物。陈梦家、《甲骨文合集》断定坚的年代为卜辞第二期。未见其他学者关于坚的断代意见。

先：字形 ，释为先。字形与用作地名或动词的先（ ）有别，上部为生形而不是之形，下部为卩形而不是人形，从陈梦家观点释为先。作为贞卜人物先的贞卜辞有九见，贞卜内容可分四方面：（1）卜雨卜辞，《合集》24730 号："乙亥卜，先贞：今日雨？"（2）卜夕卜辞，《合集》26423 号残片残辞："……卯卜，先……今夕……祸？"（3）卜旬卜辞，如《合集》26697 号："癸未卜，先贞：旬亡祸？"（4）卜祭祀卜辞，《合集》32812 号："乙亥卜，先：鼓，酒又且辛？"辞中鼓指祭用鼓乐，但辞中的先字为上之下人形（ ），与其他辞中贞人先的字形有别。根据祭祀卜辞中出现祭名又，饶宗颐将先断定为武丁时期贞卜人物。董作宾、《甲骨文合集》、贝冢茂树皆断定为卜辞第一期，陈梦家、岛邦男断定为卜辞第二期。

《合集》24730 号

7. 何组贞卜人物

何：字形ᵈ，释为何。所见甲骨卜辞中何的贞卜辞有近 300 条，内容非常丰富，主要分为以下六类：（1）卜雨卜辞，《合集》29957 号："丁丑卜，何贞：今夕雨？"（2）卜夕卜辞，《合集》29730 号："癸未卜，何贞：今夕亡祸？十三月。"（3）卜旬卜辞，《合集》27924 号："癸未卜，何贞：旬亡祸？在八月。"（4）卜年、卜受禾卜辞，《合集》28238 号："辛……贞……今岁……辛卯卜，何贞：不其受禾？"（5）卜田游卜辞，《合集》28433 号："戊申卜，何贞：王其田，亡灾？"（6）卜祭祀卜辞，《合集》27321 号："癸卯卜，何贞：翌甲辰其侑丁于父甲，宰飨？"辞中称谓有父甲，当为廪辛、康丁辈称且甲，确证何为卜辞第三期廪辛、康丁时期贞卜人物。陈梦家《殷墟卜辞综述》中以何为代表贞人，归纳为廪辛何组卜人，认为"廪辛卜人大多数是可以系联的"，提出："就卜辞本身而言，廪辛字体粗，康丁细；廪辛有卜人，康丁无；廪辛无'兄辛'，康丁有；廪辛偶有周祭并记月，康丁更少；廪辛前辞作'甲子卜某贞''甲子卜贞''甲子卜某'，康丁常

作'甲子卜'。就卜用的材料而言，廪辛甲与骨并用，康丁多用骨。"（陈梦家《综述》，第 193 页）关于何的年代甲骨学界意见不一，董作宾断为卜辞第二期，《甲骨文合集》、岛邦男、贝冢茂树皆断为卜辞第三期，饶宗颐虽认可何为卜辞第三期，但根据何用作人名出现在武丁时期贞卜人殻的辞条，以及武丁时的甲尾刻辞有见何的署名，认为何应上及武丁时期。客观的说，武丁期的何与廪辛康丁时期的何或为异代同名。

宁：字形ᵇ，释为宁。甲骨文宁与宁（现代汉语简化为宁）是两个形义不同的两个字。在《说文》中，宁、宁也是两个字。卜辞中宁用作贞人名，所贞卜辞内容除有卜雨、卜年外，多为卜祭祀，如《合集》27042 号整版正反两面皆为宁的祭祀卜辞，正面有："甲子卜，宁贞：王宾上甲劦亡尤。"反面亦有："甲子卜，宁贞：王宾上甲劦亡尤。"还有："丙辰卜，宁贞：王宾报丙……戊申卜，宁贞：王宾大戊戠亡尤。"（同版出现贞卜人物何，另《合集》27456 号宁与何亦同版出现）再如《合集》27086 号："癸亥……宁贞：王宾示癸，翌亡尤？"皆为廪辛康丁时期卜辞。关于宁的年代，饶宗颐认为："从宁与韦、壴、争、我等贞卜辞同版，宁应属武丁时期贞卜人物。又见《金璋》413 版："甲申卜，出贞：令多宁……"与出同版，又断宁"下及廪康之世"，可知饶宗颐断为卜辞第一期至卜辞第三期。陈梦家断宁的年代为卜辞第三期，归入廪辛何组贞卜人之一。董作宾则认为宁为卜辞第二期贞

卜人物。《甲骨文合集》、岛邦男、贝冢茂树皆断为卜辞第三期。此外,还有一个值得注意的现象,就是明义士、《库方》所收甲骨多见宁的贞卜辞。

《合集》27086 号

巍:字形,释为巍。所见甲骨卜辞中巍的贞卜辞有十一条,主要内容有:(1)卜雨、卜往来卜辞,如《合集》27866 号:"丁卯卜,巍贞:王往于勺,卜遘雨?丁卯卜,何贞:王……更吉,不遘雨?"(辞中巍与何同版同贞)(2)卜夕卜辞,《合集》29719 号:"乙丑卜,巍贞:今夕亡祸?三月。"(3)卜旬卜辞,《合集》31484 号:"……卜,巍……旬亡祸?"(4)卜祭祀卜辞,《合集》22066 号:"乙未卜,巍……妣乙。有豕。"由于巍与何同版同贞,当为廪辛何组贞卜人之一,但饶宗颐根据巍与妇井同版断代其为武丁至且甲时期贞卜人物。董作宾断代巍为卜辞第二期,陈梦家、《甲骨文合集》、岛邦男断代为卜辞第三期。

彭:字形,释为彭。所见甲骨卜辞中彭的贞卜辞有百余条,彭卜内容主要有:(1)卜夕卜辞,如《合集》31561 号:"壬午卜,彭贞:今夕亡祸?"

(2)卜旬卜辞,如《合集》31367 号:"癸未卜,彭贞:旬亡祸?癸酉卜,狄贞:旬亡祸?"(辞中彭与狄同版同贞)(3)卜祭祀卜辞,如《合集》26907 号:"己巳卜,彭贞:御于河,羌三十人,在十月又二卜。"这版甲骨的正面全部为彭的祭祀卜辞和狩猎卜辞,背面皆为狄的习刻卜辞。又见《合集》27148 号彭与何同版同贞,知彭为廪辛何组贞卜人之一。董作宾、陈梦家、《甲骨文合集》、贝冢茂树皆断定彭的年代为卜辞第三期,岛邦男断定为卜辞第三期至卜辞第四期。但是,饶宗颐根据所见彭的贞卜辞中有小臣职官名,另见彭的贞卜辞中有父甲、父庚、父辛称谓,如《合集》32663 号:"……戌卜,彭贞:其有求于父辛?"当为武丁对阳甲、盘庚、小辛祖父辈的称谓,故将彭的年代上及武丁之世,断定彭为卜辞第一期武丁时期至卜辞第二期且庚且甲时期的贞卜人物。

《合集》31561 号

逆:字形、,释为逆。所见甲骨卜辞中逆的贞卜辞有六条,全部为卜夕、卜旬卜辞,如《合集》31486 号:"癸巳卜,逆贞:旬亡祸?癸酉卜,口贞:旬

亡祸？”卜辞逆与口同版同贞。另外《合集》31485号、31487号、31488号也全部是卜旬卜辞。逆与口同版同贞，二者皆为廪辛何组贞卜人。董作宾、陈梦家、《甲骨文合集》、岛邦男皆断定逆为卜辞第三期，饶宗颐断定逆为卜辞第一期至第二期。

狄：字形，隶定为狄。原字形从犬、从大（不从火）董作宾考证后代异化从火，为狄的本字。殷墟第三次发掘，于大连坑中所出狄的贞卜辞为多，后侯家庄南地所出甲骨大都为狄的贞卜辞。所见甲骨卜辞中狄的贞卜辞多达300余条，单《合集》27146号一版卜辞，就有卜祭祀、卜田猎、卜雨多方面内容：“戊午卜，狄贞：叀罚于大乙叀示？大吉！戊午卜，狄贞：叀罚于大丁叀示？吉！戊午卜，狄贞：叀罚于大甲叀示？”还有：“乙丑卜，狄贞：王其田，衣入亡灾？己巳卜，狄贞：其田不遘雨？己巳卜，狄贞：其田遘雨？庚午卜，狄贞：王其田，于利，亡灾？吉！”所见卜辞中与狄同版的贞卜人有何、彭、口、即等，其年代当为卜辞第三期，为廪辛何组贞卜人之一。董作宾、陈梦家、《甲骨文合集》皆断代为卜辞第三期，饶宗颐断代为卜辞第四期，岛邦男断代为卜辞第三期至卜辞第四期。

卯：字形，隶定为卯。所见甲骨卜辞中卯的贞卜辞有60余条，其内容主要为卜夕、卜旬卜辞，如《合集》31468号：“癸未卜，卯贞：旬亡祸？”等。又有卜雨卜辞，《合集》27841号：“己酉卜，卯贞：王……雨……”还见有卜田游卜辞，《合集》28475号：“乙丑卜，卯贞：王其田，往来亡灾？”为卜辞第三期廪辛何组卜人之一，其年代董作宾、陈梦家、《甲骨文合集》、岛邦男、贝冢茂树皆断定为卜辞第三期，唯有饶宗颐断为卜辞第一期至卜辞第三期。

口：字形，释为口。所见甲骨卜辞中口的贞卜辞有50余条，内容以卜旬、卜夕卜辞为多，如《合集》31448号：“癸巳卜，口贞：旬亡祸？癸卯卜，口贞：旬亡祸？癸丑卜，壴贞：旬亡祸？癸亥卜，彭贞：旬亡祸？”（辞中口与壴、彭同版同贞）等。也见有卜祭祀、卜狩猎卜辞，如《合集》26899号：“癸亥卜，口贞：其祝于妣，叀福用？……贞：其令马亚射麋？”等。关于口的年代，其与壴、彭、逆皆有同版同贞，他们的年代皆为卜辞第三期，即廪辛何组贞卜人物。董作宾、陈梦家、岛邦男断代口为卜辞第二期至卜辞第三期，《甲骨文合集》、贝冢茂树断代口为卜辞第二期，饶宗颐则认为可上及武丁晚期，因见《合集》31549号：“壬申卜，口贞：今夕亡祸。”（此版全是卜人狄贞卜夕之辞，唯此条为口所贞卜）口的贞卜辞有见“父己”称谓。

（不系联）

教：字形，释为教。所见甲骨卜辞中教的贞卜辞有见七条，皆为卜夕、卜旬辞。（1）卜夕卜辞，如《合集》31621号：“……戌卜，教贞：今夕亡祸？”（2）卜旬卜辞，如《合集》31482号：“癸亥卜，教贞：旬亡祸？”《合集》27734号残片残辞：“……教……其侑父……"辞中出现祭名侑，或为祭祀卜辞。关于教的年代，董作宾、陈梦家、饶宗颐、《甲骨文合集》、岛邦男、贝冢茂树皆断代为卜辞第三期。

弗：字形，释为弗。所见甲骨卜辞中弗的贞卜辞有两条，都是卜夕卜辞。有《合集》31620 号："丁丑卜，弗贞：今夕亡祸？"等。关于弗的年代，陈梦家、《甲骨文合集》、岛邦男断定为卜辞第三期，饶宗颐根据子的卜辞中有弗出现，断定其为武丁时期贞卜人物或下沿武丁后代。

祸：字形，与第五期帝乙帝辛时期卜辞的祸字相同。祸在所见甲骨卜辞中的贞卜辞有十六条，主要贞卜内容有（1）卜夕卜辞，《合集》31580 号、31581 号、31582 号、31583 号皆为祸的卜夕卜辞，其中 31582 号不但有卜雨内容，而且还与口同版同贞。（2）卜旬，如《合集》31461 号："癸丑卜，祸贞：旬亡祸？"《合集》31462 号、31463 号、31464 号、31465 号、31466 号全部是祸的卜旬卜辞。（3）卜祭祀，如《合集》27176 号："丁未卜，祸贞：王其宾大戊，畳……更……"关于祸的年代，未见董作宾、贝冢茂树的断代分期，陈梦家、饶宗颐、《甲骨文合集》、岛邦男皆断代为卜辞第三期。

夏：字形，从日从见，释为夏（刘钊《新甲骨文编》，第 349 页）所见甲骨卜辞中夏的贞卜辞有七十多条，其主要内容为：（1）卜雨卜辞，如《合集》29966 号："甲寅卜，夏贞：翌日乙雨？"（2）卜晴卜辞，如《合集》30199

号："丁未卜，夏贞：今夕启？"（3）卜夕卜辞，如《合集》31617 号："甲申卜，夏贞：今夕亡尤？"（4）卜旬卜辞，如《合集》31481 号："癸卯卜，夏贞：旬亡……在九月。"（5）卜田游卜辞，如《合集》27930 号："庚戌卜，夏贞：亚其往宫，往来亡灾？"（6）卜征伐卜辞，如《合集》28001 号："丁未卜，夏贞：危方晋观新家，今秋，王其从？……壬寅卜，夏贞：翌日癸卯王其达？"（7）卜祭祀卜辞，如《合集》27446 号："己酉卜，夏贞：翌日，父甲旦其，十牛？"祭祀卜辞中出现父甲称谓，当指廪辛父辈且甲，夏的年代为卜辞第三期廪辛康丁时期无疑。诸家甲骨学者皆断夏的年代为卜辞第三期廪辛康丁时期。

《合集》29966 号

8. 武乙和乙辛贞卜人

历：字形，释为暦，简化为历。所见甲骨卜辞中历的贞卜辞有 20 余条，多为卜旬卜辞，如《合集》32821 号："癸未，历贞：旬亡祸？"又有卜征伐卜辞，如《合集》32815 号："己亥，历贞：三族，王其令追召方……"还有卜祭祀卜辞，如《合集》32818号："癸未，贞，历：酒升岁？"历的卜辞有两个特点，一为省去"卜"字；二为省去"贞"或"贞"置贞人名前。关于历的年代，董作宾、陈梦家、《甲骨文合集》、岛邦男皆断代历为卜辞第四期，武乙时期唯一的贞卜人，但饶宗颐断代历为卜辞第三期。陈梦家认为："武乙、文丁两世的卜辞，很少有记卜人的。我们只找到一个卜人历，他的字体似当属于武乙。"

《合集》32821号

　　黄：字形 黄 、 黄 ，释为黄，后字形为中间省写一横异形。所见甲骨卜辞中，贞人黄的贞卜辞共有六见，全都是卜旬卜辞。其中，有两条为第二期且庚且甲时期，见于《合集》26662号残片残辞："……巳卜，黄贞：旬亡祸？"与《合集》26663号，皆为简单的卜旬内容。又见《合集》36496号："癸巳卜，黄贞：王旬亡祸？王来征人方。癸未卜，黄贞：王旬亡祸？王来征人方。"以及

《合集》36484号、36487号、36505号、36823号，全部是卜旬兼卜有关伐人方。贞卜人物黄所在的时期，甲骨学界有多种说法，由黄多见于武丁时殼、争、古的卜辞中，当为武丁时期人物。另有学者从相关人物关系论证，黄的年代应属于武丁或稍后。但见黄所贞卜辞记名者，只有卜旬及征人方二类，且字体细小整饬，所以，又有学者将其列为帝乙、帝辛时期。明义士在《表较新旧版殷墟书契前编并记所得之新材料》（《齐大季刊》1933年第2期）中，以黄之卜辞，于卜旬之下兼纪伐尸方事，认为是帝辛时伐东夷之事，遂认定黄为帝辛时人物。董作宾的《断代例》中将黄与泳列于第五期帝乙、帝辛时期。饶宗颐认为商中央王朝与人方，自武丁以来屡有征伐及交涉之事。黄卜旬之兼记伐人方，应为武丁时期，所以，认为黄与泳皆在武丁晚期，而泳可能下至武乙。陈梦家依据有征人方的卜辞断"黄"为帝乙帝辛时期。那么，出现在"正人方"卜辞中的黄与出现在且庚且甲时期卜旬辞中的黄（或为寅）当是异代同名。

　　立：字形 立 ，释为立。见于《合集》36442号："壬午卜，旧，立贞：王今夕不震。"又见《英》2564号："癸未卜，在旧贞：王步于渂，亡灾？乙酉卜，在渂立贞：王步于淮，亡灾？"卜辞均系于帝辛时征人方之行程中，证明立乃帝乙、帝辛时期贞卜人物。所以，对于立的年代，董作宾、陈梦家、《甲骨文合集》以及岛邦男、贝冢茂树皆断定为卜辞第五期帝乙、帝辛时期。但是，饶宗

颐认为："立见于武丁时期争的贞卜辞，如《前编》6、51、2版：'庚午卜，争贞：令立从……'该版卜辞字细小，与立的其他卜辞相类。由此，立应属武丁时期。"此外，立又见于狄的贞卜辞，《甲》1603版："丁酉卜，狄贞：王田于逦，立擒，吉。"狄为廪辛康丁时人，由此，有学者断立的年代为廪辛康丁时期。

《合集》36442号

猪：字形猪，隶定为猪，是仅出现在甲骨文中的人名文字。所见甲骨卜辞中猪的贞卜辞有三十余条，内容全部为卜旬卜辞，如《合集》35588号："癸丑卜，猪贞：王旬亡祸？在五月。甲寅彡日小甲。"其辞中的辞例特点由"旬亡祸"成为"王旬亡祸"，祸字形增加犬旁，这种字形的写法只见于卜辞第五期帝乙帝辛时期，猪为卜辞第五期帝乙帝辛时期贞卜人物无疑。

仒：字形仒，隶定为仒，是仅出现在甲骨文中的人名文字，有学者释此字为

齐。仒的贞卜辞在所见甲骨卜辞中有两条，如《合集》37902号残片残辞："……卜，仒贞：……亡祸？在四月。……卜……旬……祸？"当为卜旬卜辞。又如《合集》41709号："癸未卜，仒贞：王旬亡祸？在十月。甲申翌日小甲。癸卯卜，贞：王旬亡祸？在……月。甲辰翌……"辞中翌为祭名，当为祭祀卜辞。两辞中的王字皆为以一横带帽王，祸字加犬旁，字体为卜辞第五期帝乙、帝辛时期字体风格，由此判断，仒应为卜辞第五期帝乙、帝辛时期贞卜人物。

《合集》37902号

衍：字形衍，罗振玉、王襄最早皆释为派（罗振玉《殷释》中，第9页；王襄《簠室殷契类纂》正编第十一，第49页）。饶宗颐释为泳（饶宗颐《通考》，第373页）。李宗焜释为衍（李宗焜《甲骨文字编》，第875页），此从。衍的贞卜辞在所见甲骨卜辞中有20余条，其贞卜内容，文例、字形风格皆为卜辞第五期帝乙、帝辛时期，如《合集》35965号、35966号、35967号、35968号、35969号、35970号、35971

号、35972 号、35973 号等，皆为："衍贞：王旬亡祸？"其王字和加犬旁的祸字皆仅见于卜辞第五期帝乙、帝辛时期。饶宗颐释衍为泳，认为："董氏（董作宾）在《日至谱》曾引泳田事，谓泳武丁时人，乃与贞人之泳分为二人。今由大英博物院藏骨'卜泳贞'证之，武丁时之泳，亦为贞人"（饶宗颐《通考》，第 373 页）。其他甲骨学者陈梦家、岛邦男、贝冢茂树皆断代衍为卜辞第五期。

9. 其他贞卜人物

告：字形🖐，释为告。"告"作为贞卜人所见殷墟甲骨卜辞上仅一例，见《南北·明》377 版："庚寅卜，告贞：告其……"另《合集》22099 号："丁巳卜，若翌告子？"此条卜辞中的"告子"，为诸子之一。其他甲骨卜辞中有见"侯告"，如《合集》3342 号："壬子卜，殸贞：王勿衣岁侯告……叀易……"有学者认为"侯告"即"告"，为武丁时期诸侯之一。安阳出土商器中有《告刀》，当为告所制。

光：字形🗡，释为光。甲骨卜辞中光的贞卜辞，其叙辞每省去"贞"字，见于《合集》22174 号："丁未卜、光：……在六月。"又见《侯家庄》27 版："丁亥卜，光：取贝二朋？在正月取。"董作宾认为："此版文字乃第五期体"又"文中用牛于'乙'，'乙'即'帝乙'，可知此为'紂'时之卜辞"（《董作宾先生全集》卷二，第 751 页）。但《合集》94 号反面："丙申，王寻占。光卜曰：不吉。……"此光卜之

辞，与"宾""亘"同版，断其为武丁卜辞无疑。《侯家庄》版改称"一月"为"正月"，始知武丁时期已有正月之名而非所谓祖甲改历"一月"为"正月"。"光"字作为其他人物，见于武丁时期贞卜人"殸""宾"的贞卜辞有：（1）《合集》4483 号："乙未卜，殸贞：光有……"（2）《合集》6566 号："（甲）午卜，宾贞：光亡祸。"此外，"光"作为方国名称使用，也使用为侯名，如《合集》20057 号上的"侯光"。安阳出土的青铜器有"光觯""光爵"等应为"光"的所用品。

竹：甲骨文竹字形为🎋，作为贞卜人竹的字形上部有异，此从董作宾《甲骨五十年》96 页观点，释为竹，有其他学者存疑，陈梦家释为㞷。所见甲骨卜辞中竹的贞卜辞有两例：（1）如《合集》40888 号："己酉卜，竹：又酬，允……"（2）又如《合集》4754 号："丙辰，竹：丙辰，竹。"上述两条称卜、称竹，皆无贞字。竹作为卜人也见出现在"疑"的贞卜辞中，如《合集》23805 号："丙寅卜，疑贞：卜竹曰：其侑于……"为第二期且庚且甲时期卜辞。又见竹与争、大共贞例，饶宗颐根据《前编》2、37、7 版："丁丑卜，竹、争、大贞：令羽子商臣于岳。"认为贞卜人共贞，特例少见。此外，武丁时期贞卜人物殸、争、宾等的贞卜辞中多言及竹，故应断代竹为武丁时期贞卜人物。但陈梦家和《甲骨文合集释文》都断代为甲骨第二期，饶宗颐断代由第一期沿及第二期。

岳：字形𥁕，释为岳。岳见于卜辞第一期武丁时期的骨臼刻辞，署名的有数十版。其明确为贞卜人物的仅见一例，《殷缀》193号（《乙》2480＋2718版）："癸酉卜，岳贞：有来自西。八月……王其来自……"原版岳字恰在右甲上端折断处，不易辨识，缀合后方得复原全字，知岳为武丁时期贞卜人物之一。此外，与史官岳署名的骨臼刻辞相系联的其他人物有：妇井、妇宝、妇妾、妇丰、妇喜、及后、零、邑、龟、羌立等。《甲骨文合集释文》断代为第一期贞卜人物。

步：字形𣥂，释为步（详释见动词步条）。卜辞中步又用作贞人名，见于《合集》1601号："……步贞：……求于……在……十月。"及《合集》20494号、21125号等。由步与内、亘等武丁时期贞卜人物同辞出现，步应与内、亘同为武丁时期贞卜人物。

禾：字形𥝌，释为禾。所见甲骨卜辞中禾的贞卜辞有两条：（1）如《合集》33242号："……酉卜，禾：大邑受……卜，禾：……邑受。"（2）《合集》33243号："癸酉卜，禾贞：文邑？"（文邑即大邑，其他辞有见大室亦作文室）此两版书刻字体风格相同，禾字写的很夸张，似可缀合。《甲骨文合集》断代禾为卜辞第四期，其他各家均未确定其时代。

不：字形𣎾，释为不。𣎾与不的其他字形有别，所以有学者释为大。所见甲骨卜辞中不的贞卜辞仅有一条，《合集》31529号："丙午卜，不贞：今夕亡祸？……戌卜……今夕亡祸？"为卜夕卜辞。此前多家甲骨学者将这条卜辞归入大的贞卜辞，所以均不为断代。从《合集》31529号的字形分析，其贞字的风格接近宾组，不或为卜辞第一期武丁时期贞卜人物之一。

合：字形合，有异形上部为倒口形，两口相合释为合。陈梦家在《殷墟卜辞综述》中释为名。所见甲骨卜辞合的贞卜辞有一条，《合集》31548号："……贞：今夕其雨？戊戌卜，合贞：今夕亡祸？贞：今夕启？己亥卜，何贞：今夕亡祸？贞：今夕不启？……何……亡祸？壬子……合贞：今夕亡祸？……夕……不雨？贞：今夕亡祸？"即是卜夕卜辞，又是卜雨卜辞，还是卜晴卜辞。因合与何同版同贞，其当为卜辞第三期廪辛康丁时期贞卜人物，为何组贞人之一。但饶宗颐根据合与武丁时贞卜人古同版出现，断定合为卜辞第一期，陈梦家因释合为名，也将合断代为卜辞第一期。

用：字形用，释为用。所见甲骨卜辞中用作为贞卜人物仅见一例，《合集》11800号："癸巳卜，用贞：入？癸巳卜，秋……"对于此版甲骨，姚孝遂释为："癸巳卜，贞：入，用。"如按姚氏

《合集》11800号

的释读，那么用就不是贞卜人物。本卷从饶宗颐观点，列用为武丁时期贞卜人物之一。

狱：字形，隶定为狱。甲骨卜辞中贞卜人狱的贞卜辞有一条，《合集》36896号："癸卯卜，在东，狱贞：王旬亡祸？"由于这条卜辞的内容过于简单，又无其他材料佐证，所以各家均未对狱的时期断代。但辞中的"王旬亡祸"为卜辞第五期帝乙、帝辛时期文例，其祸字加犬旁，亦为这个时期的字形风格，所以，狱应为卜辞第五期帝乙、帝辛时期贞卜人物之一。

中录：字形，释为中录。甲骨卜辞中的贞卜人名两字的，仅此一例。所见贞卜辞也仅一例，为《合集》35344号："丁酉，中录卜，在兮贞：在……田……其……又尸……"原为《甲》2562号。原拓本不太清楚。董作宾在《甲骨学五十年》中引用此条卜辞，认为"中录"为卜人名，属帝辛时期。

‖：字形‖。所见甲骨卜辞中贞卜人物‖的卜辞仅见一例，《合集》22531号："‖贞"原为《乙》7574号，出自YH127坑，为武丁时期卜辞，其当为贞卜人物之一。虽仅见一例二字，但书刻贞字为鼎形，很有特点。由于所见材料太少，甲骨文诸家均未为其断代。

《合集》22531号

自：字形，释为自。自作为贞卜人物在甲骨卜辞中所见内容很少，仅有《合集》22459号残片残辞："自贞：妥……"这片甲骨出自YH127坑。虽依据材料不多，但由出土坑位和字体风格推断自为武丁时期贞卜人物之一。

朿：字形，释为朿。所见甲骨卜辞中，朿作为贞卜人物的卜辞有二见（1）《合集》21255号残片残辞："壬子卜，朿……隹不……九月。"（2）《合集》22077号："癸卯卜，朿……"两片皆来源于《乙》，前片为《乙》331号，后片为《乙》5384号。从出土坑位和书写风格（字体纤细）以及惟字形像鸟的特征，可推断朿惟武丁晚期贞卜人物之一。

䨮：字形，隶定为䨮。䨮在甲骨卜辞中作为贞卜人物的内容仅见一例，《合集》20167号："癸丑卜，䨮：曰雀㠱。"来源于《甲》2369号。为武丁时期卜辞，其亦为武丁时期贞卜人物之一。

死：字形，释为死（刘钊《新甲骨文编》，第265页；李宗焜《甲骨文字编》，第1133页）。所见甲骨卜辞中死作为贞卜人物的记载仅见一例，《合集》22049号残片残辞："戊午卜，死贞：不……"但有学者释读为"贞：不死"。关于死的年代《甲骨文合集》与岛邦男皆断为卜辞第四期。未见其他学者的断代意见。

昰：字形，从月从土，隶作昰，见于《合集》22093号："丙午，昰卜：有岁于父丁？羊。"辞中称谓出现父丁，或为且庚、且甲称武丁，或为武乙、文武丁称康丁，但从字体风格接近于午组卜辞，星应为卜辞第二期贞卜人物。由于依据资料太少，仅见饶宗颐列星为贞卜人物之一。

豕：字形，释为豕。所见甲骨卜辞中豕作为贞卜人物的内容有见两例，(1)《合集》3944 号："癸未卜，豕贞：旬亡祸？"为卜旬卜辞，这片甲骨的反面有祭祀刻辞"妇井示"。(2)《合集》30546 号："丁巳卜，豕……亡祸？"豕与武丁时期人物妇井同版出现，其当为武丁时期贞卜人物之一。祸字的写法也常见于卜辞第一期武丁时期。

父：字形，隶定为父，是仅出现在甲骨文中的人名文字。父的贞卜辞在所见甲骨卜辞中仅有一条，《合集》26810 号残片残辞："庚戌……父贞：……夕卜。"由于所据材料太少，无法准确判断其年代及其它情况。

射：字形，释为射。所见甲骨卜辞中射的贞卜辞仅有一条，《合集》26805 号残片残辞："丙戌卜，射贞：夕……"夕字的字形为宾组卜辞风格，月牙中有点。关于射的年代，《甲骨文合集》断定为卜辞第二期。

祸：字形，释为祸，字形与卜辞习惯用语常见的旬亡祸的祸的早期的字形相同。祸的贞卜辞在所见甲骨卜辞中有四条：《合集》29960 号："癸巳卜，祸贞：今夕亡雨？"为卜夕、卜雨卜辞，有学者释为："癸巳卜，贞：今夕雨？亡祸。"但"癸巳卜，贞：今夕雨？"为右向左书，若释为"亡祸"则左向右书，显然不确。又见《合集》31478 号、

31479 号、31480 号等。皆为廪辛康丁时期卜辞，祸当为廪辛康丁时期贞卜人物之一。

珋：字形，隶定为珋，饶宗颐将此列为贞人（饶宗颐《通检》第一册《先公先王先妣贞人》，第 159 页）。珋与御字的甲骨文字形相近，或为御字的异形。珋的贞卜辞在所见甲骨卜辞中仅见一条，《合集》27703 号残片残辞："丁亥卜，珋贞：……它毓……甲更……"为第三期廪辛康丁时期祭祀卜辞。这一贞人是廪辛康丁时期贞卜人物之一。

丩（纠）：字形，释为丩或纠，饶宗颐将其列为贞人（饶宗颐《通检》第一册《先公先王先妣贞人》，第 161 页）。丩（纠）的贞卜辞在所见甲骨卜辞中仅有一条，《屯南》2113 号："戊申卜，贞：今日戈禽？丙午卜，丩贞：翌丁未步易？丁未，王步。允易。"为卜狩猎、卜出行卜辞。丩（纠）的贞卜人身份确切。

车：字形，饶宗颐将此列为贞人（存疑）（饶宗颐《通检》第一册《先公先王先妣贞人》，第 164 页）。有见《合集》21622 号："甲辰卜，车……允。旳……贝今生……"原为《乙》214 号，出自 YH127 坑，为武丁时期。仅此一例，车字后辞残无贞，辞中的车或为贞卜人物名。

万：字形，释为万。见于《合集》20874 号："丙午卜，来……告。丙午卜，万："原为《乙》367 号，出自 YH127 坑，为武丁时期。仅此一例，万字后片残无贞，辞中的万或用作贞卜人

物名。

虎：字形𩓣，有见《合集》14363号："庚戌卜，虎：勿禘于瀧?"（辞中的虎有学者释为豹）又见《合集》20708号残片残辞："癸亥卜，虎……九月。……其冕执。"皆为武丁时期卜辞。虽然二辞的虎后皆未见贞仍可判断这是名虎的人物为武丁时期贞卜人物之一。

仆：字形𩓣，释为仆，饶宗颐将此列为贞人（存疑）（饶宗颐《通检》第一册《先公先王先妣贞人》，第163页）。见于《合集》17961号："……仆卜……"此小残甲骨片上仅见两字，因为有卜字，所以，推测仆或为贞卜人物身份。

呬：字形𩓣，见于《合集》40728号残片残辞："壬午卜……呬：隹……壬午卜……呬：不隹……自……"辞中呬字后未见贞，卜字后也不知什么内容，呬的贞卜人物身份有待进一步考证，但陈梦家将其附属于武丁时期师组卜人。

𩓣、𩓣：字形𩓣、𩓣，饶宗颐将此列为贞人（饶宗颐《通检》第一册。《先公先王先妣贞人》，第148页）其作为贞卜人物在所见甲骨卜辞中的内容有五见，即《合集》23633号残片残辞、24795号、26405号、31478号及《英》2034号等所见记载虽不多，但有卜雨、卜夕、卜旬、卜晴、卜日等内容。关于其所在的年代陈梦家、《甲骨文合集》、岛邦男和贝冢茂树皆断为卜辞第二期，为且庚、且甲时期不属于出组的贞卜人物之一。（贞卜人物参考文献：陈梦家《殷墟卜辞综述·断代上、断代下》135—206

页；饶宗颐《殷代贞卜人物通考》《甲骨文通检》第一册《先公、先王、先妣、贞人》；于省吾《甲骨文释林》《甲骨文字诂林》)）

《合集》26405号

（七）史官

尹：字形𩓣，释为尹。所见卜辞中尹的记录非常丰富，如《合集》5551号："壬午卜，珏贞：尹其有祸?"辞中的尹用作人名。又如《合集》8174号："……尹方至?"辞中的尹为方国名，还有贞卜人物名尹。用作职官名的尹，陈梦家认为："尹之职司为作大田、作寝、飨，都是国内的事，但亦有出使于外的。……族邦亦有尹，有族尹。"（陈梦家《综述》，第517页）赵诚释："尹。史官名，从又（手）持笔会意。从卜辞来看，尹在君王左右，管理国家或君王的某些事物……尹的地位相当崇高，旧臣中著名的伊尹、黄尹为后代的祭祀对象，由此可见一般。卜辞于单个的尹称尹，两个以上的尹则称多尹，用现代汉语来说则应称为'尹们'。卜辞未见尹带兵征战者，当为一种文职官员。"（赵诚《词典》，第59—60页）

多尹：字形![], 释为多尹。所见卜辞中多尹的记录有20余条，如《合集》19838号："癸未，扶：酒御父甲？甲申……多尹若田？"辞中扶为武丁时期贞卜人物，此多尹当为武丁时期人物。还有《合集》27894号："元殷，叀多尹飨。"为廪辛康丁时期卜辞，辞中的多尹当为廪辛康丁时期人物。还有《合集》32980号："甲午，贞：其令多尹作王寝？"为武乙文武丁时期卜辞，其多尹应是武乙文武丁时期人物，两个多尹异代同名，若按赵诚的观点或都指"尹们"。但从辞义分析多尹当与多臣、多犬一样为某一尹之名。

《合集》32980 号

三尹：字形![], 释为三尹。所见卜辞中三尹的记录见于《合集》32892号："癸亥，贞：三尹既于西？"为武乙文武丁时期卜辞，辞中的三尹是武乙文武丁时期商王朝中央的尹官（饶宗颐《通检》第4册《职官人物》，第210页）。

右尹：字形![], 释为右尹。所见右尹的卜辞有《合集》23683号："丙寅卜，大贞：叀徝，右保自右尹？十二月。"为且庚且甲时期卜辞，右尹当为且庚且甲时期王朝中央的尹官。

有族尹：字形![], 释为有族尹。所见卜辞中有族尹的记录见于《合集》5622号："丁未卜，争贞：令郭以有族尹事有友？五月。"辞中争为卜辞第一期武丁宾组贞卜人物，有族尹当为武丁时期有邦族的尹官。

束尹：字形![], 释为束尹，束字或带水点作![]、![]，为邦族名或地名。所见束尹的卜辞有《合集》5618号："甲午卜，贞：乎束尹有擒？"为武丁时期卜辞。又见《屯南》341号："壬申卜，王令壹以束尹立于敦。"为武乙文武丁时期卜辞。又见《合集》20358号中的![]尹，也有隶作束尹。辞中的束尹异代同名，皆为束邦族的尹官。

多束尹：字形![], 释为多束尹，多束为邦族名或地名。所见多束尹的卜辞仅有《合集》5617号："乎多束尹次于教。"为武丁时期卜辞。多束尹应为武丁时期多束邦族的尹官。

小尹：字形![], 释为小尹，见于《屯南》601号："令小尹步？"又见《屯南》723号："……王其侑，小尹之。"两版卜辞皆出现"父丁"称谓，为武乙文武丁时期卜辞。辞中的"小尹"应为这一时期的小邦族尹官。

尹弜：字形![], ![]隶定为弜，为邦族名或地名。见于《合集》5614号残片残辞："……暨侑……尹弜……"为武丁时期卜辞，尹弜应为武丁时期弜邦族的尹官。

舌尹：字形⿰，释为舌尹，舌字或释为告，为邦族名或地名。所见舌尹的卜辞仅有《天理》54号。

紸尹：字形⿰，⿰隶定为紸，为邦族名或地名。见于《合集》34256号："庚申卜，告……紸尹⿰册于河，酒……"为武乙文武丁时期卜辞，紸尹应为武乙文武丁时期紸邦族的尹官。

乍册：字形⿰，释为乍册。所见乍册的卜辞有《合集》1724号反面："乍册。"还有《合集》5658号反面："乍册西。"皆为武丁时期卜辞。陈梦家引："《尚书·洛诰》的'乍册逸'《逸周书克殷篇》与《史记·殷本纪》作'尹佚'，《左传》、《国语》和《汉书古今人表》则作'史佚'，都同指一个人。由此可知乍册、尹、史三种官名是同类的。乍册是史官而《多士》周成王诰命说'惟殷先人有册有典'，则殷代已有竹木简的册书，大约是不成问题的。"（陈梦家《综述》，第518页）根据陈梦家的观点，乍册亦可认为是史官的名称。

元卜：字形⿰，释为元卜，卜为史官名。所见元卜的卜辞仅有《合集》23390号："庚申卜，旅贞：叀元卜用？在二月。"辞中旅为卜辞第二期且庚且甲出组尹群贞卜人物。元卜也有释为"始卜"（孟世凯《辞典》，第119页）。但卜既然为史官名，那么元卜或可解释为卜官之首领。

右卜：字形⿰，释为右卜，右为史官名。所见右卜的卜辞有《合集》25019号："己酉卜，大贞：叀右卜用？"

辞中大为卜辞第二期且庚且甲出组大群贞卜人物。此外，《合集》28974号反面也出现"右卜"一名。右卜当指且庚且甲时期某一卜官。

左卜：字形⿰，释为左卜，左为史官名。所见左卜的卜辞有《屯南》930号："贞：其宁，秋于帝五工臣，于日告……入商，左卜占曰：弜入商。甲申秋，夕至宁，用三大牢。"为武乙文武丁时期卜辞。由辞义分析，辞中的左卜具体指某一史官无疑，由此推论右卜、元卜亦为史官名。

卜竹：字形⿰，释为卜竹，竹为此卜官的私名。所见卜竹的卜辞有《合集》23805号："丙寅卜，疑贞：卜竹曰：其侑于……"为第二期且庚且甲时期卜辞，卜竹当为且庚且甲时期史官之一。

工：字形⿰，释为工。所见卜辞中工用作官名的辞条多达五十余条。饶宗颐云："一般谈殷商官制，必列举内、外服，其说出于《尚书·酒诰》，文云：越在外服：侯、甸、男、卫、邦伯。越在内服：百僚庶尹，惟亚惟服，宗工越百姓里居。《佚周书·商誓》：'及百官里居献民。'下文云：'百姓献民'。（李学勤谓上文：'百官当作百姓。'按以《康诰》证之，百官即百工。）……内服之庶尹、亚、宗工、百生，亦具载在卜辞。"（饶宗颐《通检》第四册《职官人物》，第17—18页）卜辞中"尹、工"（《合集》5636号）并举，说明二者的地位相近；不仅凡间的商王有工官，至高无上的上帝也有"帝工"。

多工：字形🔡，释为多工。所见多工的卜辞有《合集》19433 号："甲寅卜，史贞：多工亡尤？"为武丁时期卜辞，还有《合集》11484 号、19434 号、19435 号、32981 号皆出现多工。虽然有学者认为多工的多为两个以上众多之意，但分析辞义，此多工当为某一人的官名。陈梦家认为："卜辞与酒祭卜多工之事，则多工可能指乐工。"（陈梦家《综述》，第 519 页）

右工：字形🔡，释为右工。所见右工的卜辞有《合集》29686 号："其令右工于……"辞中的右工也有释为"有工"（姚孝遂、肖丁《摹释》，第 660 页）还有《合集》28971 号、29685 号以及《屯南》599 号皆出现右工。右工当指某一工官，与右尹、右马、右戍等同。

《合集》29686 号

左工：字形🔡，释为左工。所见左工的卜辞仅有《合集》21772 号残片残辞："……卜，于……左工……戊午

……"辞中左工当指某一工官，与左尹、左马、左戍、左射等同。

司我工：字形🔡，释为司我工。所见司我工的卜辞仅有《合集》32967 号："己酉，贞：王其令山司我工？己酉，贞：山，由王事。"对于辞中的司我工，陈梦家认为："'司我工'与西周金文的官名司工（即司空），已极相近。"（陈梦家《综述》，第 519 页）

司工：字形🔡，释为司工。所见司工的卜辞仅见《合集》5628 号："壬辰卜，贞：叀弘令司工……"为武丁时期卜辞。辞中司工与西周金文的官名司工完全一样。

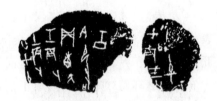

《合集》5628 号

尹工：字形🔡，释为尹工。所见卜辞《合集》5623 号、5624 号、5625 号、5627 号都出现"尹工"，皆为武丁时期卜辞。尹、工为官名，或指某一职官即是尹又为工。但也有释尹工"殆为尹之工奴"（孟世凯《辞典》，第 162 页）。

百工：字形🔡，释为百工。所见百工的卜辞仅见《屯南》2525 号："癸未卜，有祸百工。"虽然卜辞中百作为数字词，一般表示一百，但此百工或为众工官之义。饶宗颐言："百工、宗工诸名，俱于文献有征。"（饶宗颐《通检》第 4 册《职官人物》，第 19 页）

北工：字形⿰，释为北工。所见北工的卜辞有《合集》7294 号："贞：令在北工登人。"还有《合集》7295 号："贞：勿令在北工登人。"辞中北虽是方位词，但与工组合，其表义或与北史同。

宗工：字形⿰，释为宗工。所见宗工的卜辞有《合集》19 号残片残辞："……戊卜……登众……宗工。"还有《合集》20 号残片残辞也出现宗工。陈梦家认为："《酒诰》述殷制的工、宗工、百宗工，着重一'宗'字，可能指宗庙之工，或是作器的百工，或是乐工。"（陈梦家《综述》，第 519 页）

工典：字形⿰，释为工典。所见工典的卜辞有 10 余条，如《合集》24387 号："癸未卜，王在丰贞：旬亡祸？在六月甲申工典，其酒乡。"为第二期且庚且甲时期卜辞。又如《合集》37867 号："癸巳卜，泳贞：旬亡祸？六月甲午工典，其幼。"为第五期帝乙帝辛时期卜辞。陈梦家认为："乙辛周祭卜辞于每一'祭季'完毕之时即有'工典'（或工册）执行一种仪式。此工典亦可能为一官名。"（陈梦家《综述》，第 519 页）

斨工卫：字形⿰⿰，⿰隶定为斨。所见斨工卫的卜辞仅有《合集》9575 号："庚寅卜，争贞：令登暨虤斨工卫，有擒？"为武丁时期卜辞。辞中的斨工卫，饶宗颐释为斨工与工卫。（饶宗颐《通检》第四册《职官人物》，第 224 页）

朕老工：字形⿰⿰，释为朕老工。所见朕老工的卜辞仅有《合集》20613 号："乙酉卜，王贞：余辛朕老工延……"辞中贞字为武丁师组、午组风格，当为武丁时期卜辞，朕老工或为朕（商王）之老工官。

般工：字形⿰，释为般工，般字异形。所见般工的卜辞仅有《合集》14911 号："……卜，宾贞：局克般工，示吴取有……"为武丁时期卜辞。辞中的般为邦族名，般工或为般邦族的工官。

执工：字形⿰⿰，释为执工，执字异形，繁加了虎首人身偏旁。所见执工的卜辞有《屯南》2148 号："戊辰卜，今日雍己，夕其乎⿰执工？大吉！"还有《合集》26974 号也出现"执工"，辞中的执虽也用作人名，但《屯南》2184 号与《合集》26974 号中执工之执应为动词，表示执捉，与工组合为职官名。

史：字形⿰或⿰、⿰，释为史或事，通使或吏。所见卜辞中史的辞条有上百条，用作族名、人名或贞人名。关于用作职官名的史，孟世凯认为："（1）内庭史官。掌祭祀、占卜、典册、天象。武丁时期卜辞有：'……侯虎允来，晋侑，史鼓，五月。'又：王曰侯虎得女，史劫。（《合集》3295，3297 正）祖庚、祖甲时期卜辞有：'乙酉卜，兄贞：……丁亥，史其酒，告南室。'又：'贞：……史其酒，告于血室，十月。'（《合集》24940，24944）（2）专祭史官。专司祭祀某一先公、先王、先妣或其他神祇之史官。……（3）驻方国监查官。《礼记·王制》：'天子使其大夫为三监，监于方伯之国，国三人。'……或说为驻外武官。此备一说"

（孟世凯《辞典》，第 198 页）。陈梦家认为："史、卿史、御史似皆主祭祀之事。'朕御史'、'我御史'指王及商国的御史，'北御史'似指遣于北方的御史，'美御史'则是邦方的御史。"（陈梦家《综述》，第 520 页）饶宗颐云："卜辞中史有王史、大史、小史诸官名，知当日已有史官专掌奠系世、辨氏姓之务。"（饶宗颐《通检》第四册《职官人物》，第贰伍页）

王史：字形🔸，释为王史，王指商王，王史即王之史。所见王史的卜辞有《合集》5494 号："癸亥卜，侑王史？四月。"还有《合集》20345 号："乙未卜，王史出？"皆为武丁时期卜辞。辞中的王史当为武丁时期商王朝中央的御史。

亚王史：字形🔸，释为亚王史。所见亚王史的卜辞仅见《合集》5683 号："……御亚王史。"为武丁时期卜辞，亚王史当为武丁时期商王室的相比较王史次一级的御史。对于《合集》5683 号也有释为"……御亚立史"（姚孝遂、肖丁《摹释》，第 140 页）。

御史：字形🔸，释为御史，为职掌祭祀的史官（陈梦家《综述》，第 520 页）。所见御史的卜辞有《合集》25 号："辛巳卜，贞：众御史？"还有《合集》151 号、1075 号等武丁时期卜辞以及《合集》27789 号、27790 号等皆出现御史之名。

卿史：字形🔸，释为卿史。所见卿史的卜辞有《合集》37468 号："辛未，王卜：在召庭，隹执其令卿史？"为帝乙帝辛时期卜辞。辞中的卿史也有释作"飨史"（姚孝遂、肖丁《摹释》，第 855 页）。陈梦家认为："史、卿史、御史似皆主祭祀之事。"（陈梦家《综述》，第 520 页）

我御史：字形🔸，释为我御史。所见我御史的卜辞有《合集》21717 号："辛未，巡卜，我入商，北我御史？"辞中巡为武丁子组贞卜人物，我御史应指武丁时期王朝中央的御史。

大史：字形🔸，释为大史。所见大史的卜辞有 20 余条，见于《合集》5634 号："贞：叀大史夹令？七月。"为武丁时期卜辞。又见《合集》25950 号："……卜，出贞：大史其酒，告于血室？十月。"辞中出为卜辞第二期出组兄群贞卜人物，那么这条卜辞应为且庚且甲时期卜辞。还见《屯南》2838 号："翌日，乙、大史且丁侑，去自雨、启。"为廪辛康丁时期卜辞。由上述各个时期都有大史的卜辞推论，大史当为史官名，而不具体指某一官员。

《合集》5634 号

小史：字形🔸，释为小史。所见小史的卜辞有《屯南》2260 号："己卯卜，贞：叀大史？己卯卜，贞：叀小史？"为武乙文武丁时期卜辞，辞中小史与大史并见。此外《合集》32835 号也有

"叀小史"。有学者释小史"为辅助祭祀之小官"（孟世凯《辞典》，第77页）。名为小则视为小官不妥，既然与大史同版同辞并见，其身份地位当相距不大。

立史：字形，释为立史。所见立史的卜辞有《合集》5509号："丙寅卜，殻贞：立史乎取？……"还有《合集》5511号反面："……珏贞：立史于屰？"此外《合集》5504号、5505号、5509号、5510号、5513号、5514号以及《合集》32849号皆出现"立史"。对于立史的释译，观点不一，有许多释为立事。（姚孝遂、肖丁《摹释》，第137页）

《合集》5509号

宰立史：字形，释为宰立史。所见宰立史的卜辞有《合集》5512号："乙未卜……宰立史……有从我从……"为武丁时期卜辞。辞中的立史也有释作立事。（姚孝遂、肖丁《摹释》，第137页）宰字作为职官名，在卜辞中不多见，此为一例。

豕史：字形，释为豕史。所见豕史的卜辞有《合集》816号反面："立须

豕史其奠。"为武丁时期卜辞。还有《怀》748号也出现"豕史"。豕史当为武丁时期豕邦族的御史。

美御史：字形，释为美御史。所见美御史的卜辞有《合集》28089号："迟取美御史，于之及伐望，王受有佑？"为廪辛康丁时期卜辞，美御史当为廪辛康丁时期美邦族的御史。

微御史：字形，释为微御史。所见微御史的卜辞有《合集》27789号："……微御史来……"辞中的微御史当为微方国的御史。

卢御史：字形，释为卢御史。所见卢御史的卜辞有《合集》32969号："……其乎卢御史灵射，有正？"辞中的卢御史当为卢方国的御史。

东史：字形，释为东史。所见东史的卜辞有《合集》5635号："……卜，亘贞：……东史来……东史……来。"辞中亘为武丁宾组贞卜人物，东史应为武丁时期商王朝中央派驻东部的官员。关于东史，陈梦家释为东吏（陈梦家《综述》，第520页）。也有学者释为东使（孟世凯《辞典》，第339页）。张秉权认为："其实，史吏二字，在卜辞中很难分别，大可不必将它们分为二类。"（张秉权《甲骨文与甲骨学》，第440页）

西史：字形，释为西史。所见西史的卜辞有《合集》5636号："贞：我西史亡祸？"为武丁时期卜辞，还有《合集》9560号以及《屯南》3072号皆出现"西史"，西史当为商王朝中央派驻西部的官员。但陈梦家释为西吏（陈

梦家《综述》，第 520 页）。也有学者释为西使。（孟世凯《辞典》，第 234 页）

西史旨：字形𣪠，释为西史旨。所见西史旨的卜辞有《合集》5637 号："庚子卜，争贞：西史旨其有祸？二告。庚子卜，争贞：西史旨亡祸？叶。"为武丁时期卜辞。辞中西史为官名，旨为邦族名，西史旨应为武丁时期商王朝中央派驻旨邦族的官员。

南史：字形𣪠，释为南史。所见南史的卜辞有《合集》5646 号残片出现"南史"一名，为武丁时期卜辞，南史当为武丁时期商王朝中央派驻南部的官员。

北史：字形𣪠，释为北史。所见北史的卜辞有《合集》914 号："贞：在北史有祸羌？贞：在北史亡其祸羌？"为武丁时期卜辞，北史当为武丁时期商王朝中央派驻北部的官员。对于北史，也有学者释为北使（孟世凯《辞典》，第 178 页）。

史豆：字形𣪠，释为史豆，史为官名，豆为邦族名，史豆即豆史，是豆邦族的御史官。所见史豆的卜辞仅有《合集》3295 号："……侯豹，允：来晋有史豆。五月。"但有释为"……侯豹，允：来晋有事鼓。五月"（姚孝遂、肖丁《摹释》，第 93 页）。

寻史：字形𣪠，释为寻史。所见寻史的卜辞仅有《合集》28184 号上出现"寻史"一名。其寻字当为地名或邦族名，寻史当为寻地或寻邦族的御史。

宰丰：字形𣪠，释为宰丰。卜辞中宰丰出现在著名的宰丰刻辞雕骨上，为

《合补》14294 号："壬午，王田于麦麓，获商戠兕，王易宰丰寝小𦥯祝，在五月，隹王六祀，肜日。"辞中宰丰参与肜日之仪，说明其身份非常尊贵。此外《合集》35501 号："王曰：即大乙，焚于白麓，胾宰丰。"辞中宰丰的丰一般释作封，于宰丰骨刻辞宰丰的丰有异，不应是一人。但其参与即大乙的祭仪，再次证明宰之身份地位之尊贵。可有学者认为宰"当为商王小臣之属"（孟世凯《辞典》，第 503 页）。

女史：字形𣪠，释为女史。所见女史的卜辞如《合集》3297 号："贞：王曰：侯豹得，得女史劦。"还有《合集》3298 号、3299 号、18377 号都出现"女史"，皆为武丁时期卜辞。但对于《合集》3297 号、18377 号的女史，有释为女事，《合集》3298 号、3299 号上的女史劦有释为母事劦。（姚孝遂、肖丁《摹释》第 93、412 页）

我右史：字形𣪠，释为我右史。所见我右史的卜辞如《合集》21635 号："乙巳卜，巡贞：令五月，我右史？乙巳卜，巡贞：六月，我右史？"还有《合集》21637 号、21663 号及《英》1899 号等都出现"我右史"，皆为武丁时期卜辞。对于我右史，姚孝遂、肖丁《摹释》皆释为"我有事"。

我三史：字形𣪠，释为我三史。所见我三史的卜辞仅有《合集》822 号："己未卜，古贞：我三史使人？贞：我三史不其使人？"为武丁时期卜辞。我三史的我为商王自称之我们，三史，孟世凯引"《礼记·王制》：'天子使其大

夫为三监，监于方伯之国，国三人．'孔颖达疏：'崔氏云：此谓殷之方伯皆有三人以辅之，佐其伯，谓监所领之诸侯也．'"（孟世凯《辞典》，第50页）

立三大史：字形⿰，释为立三大史．所见立三大史的卜辞仅有《合集》5506号："壬辰卜，宾贞：立三大史？六月．"为武丁时期卜辞．辞中的大史或为官名，立当为册立．（参见我三史条）

伯紃史：字形⿰，紃隶定为紃，伯紃为诸伯之一．所见伯紃史的卜辞有《合集》20088号："庚申卜，王叀于令御伯紃史，旅……"为武丁时期卜辞．伯紃史应为派驻伯紃邦族的御史．

《合集》20088号

河史：字形⿰，释为河史，河为商之高祖．所见河史的卜辞有《英》2348号："……卯卜，河史……王受有祐？吉！"为廪辛康丁时期卜辞．辞中的河史应为专门负责对高祖河祭祀事务的御史．

上甲史：字形⿰，释为上甲史，上甲为合文，是商之第一先公．所见上甲史的卜辞有《合集》27070号："贞：上甲史，五牢？"为廪辛康丁时期卜辞，还有《合集》32390号："上甲史，其祝父丁，升．"为武乙文武丁时期卜辞．辞中的上甲史应为专门负责对先公上甲祭祀事务的御史．

阳甲史：字形⿰，释为阳甲史，阳甲为合文．所见阳甲史的卜辞有《屯南》738号："阳甲史，其延般庚、小辛、王受佑？吉！"为廪辛康丁时期卜辞．辞中的阳甲史应为专门负责对先公阳甲祭祀事务的御史．

大乙史：字形⿰，释为大乙史，大乙为合文，是商开国之君，商汤的名号．所见大乙史的卜辞有《合集》27125号："大乙史，王其飨．"还有《合集》27106号、27124号皆有"大乙史"．辞中的大乙史应为专门负责对先王大乙祭祀事务的御史．

小乙史：字形⿰，释为小乙史，小乙为合文，为武丁之父．所见小乙史的卜辞有《合集》27355号："甲申卜，小乙史，其延？"为廪辛康丁时期卜辞．辞中的小乙史应为专门负责对先王小乙祭祀事务的御史．

父己史：字形⿰，释为父己史，父己应指孝己．所见父己史的卜辞有《合集》25862号："……父己史，王宾．"为廪辛康丁时期卜辞．辞中的父己史应为专门负责对孝己祭祀事务的御史．

且乙史：字形⿰，释为且乙史，且

乙指名号为乙的先公先王。所见且乙史的卜辞有《合集》27203 号："甲申卜……贞：且乙史，其……"为廪辛康丁时期卜辞。辞中的且乙史应为专门负责对名号为乙的先公先王祭祀事务的御史。

且丁史：字形，释为且丁史，且丁为合文，指名号为丁的先公先王。所见且丁史的卜辞有《合集》27367 号："戊戌卜，且丁史，其延妣辛、妣癸，王……"为廪辛康丁时期卜辞。辞中的且丁史应为专门负责对名号为丁的先公先王祭祀事务的御史。

《合集》27367 号

小丁史：字形，释为小丁史，小丁为合文，是商王且丁的别称。郭沫若认为："小丁当是祖丁之别号。……武丁以殷王之名丁者为大丁、沃丁、中丁、祖丁。沃丁乃旁系，于三丁盖以大中小为次，则小丁舍祖丁莫属矣。"（郭沫若《卜通》，第 307 页）所见小丁史的卜辞有《合集》32642 号："丁丑卜……小丁

史，有正。"为武乙文武丁时期卜辞。辞中的小丁史应为专门负责对且丁祭祀事务的御史。

伊史：字形，释为伊史，伊当指旧臣伊尹，伊史辞例与伊示同，伊示指伊尹的神主，那么伊史当为专门负责对旧臣伊尹祭祀事务的御史。所见伊史的卜辞有《合集》5644 号："庚午卜，……贞：其……伊史。"为武丁时期卜辞。还有《英》2119 号也出现伊史。关于伊史也有认为其"当为伊族任史官者。"（孟世凯《辞典》，第 252 页）

妣庚史：字形，释为妣庚史，妣庚为商王之配。所见妣庚史的卜辞有《屯南》1220 号："……戌卜，妣庚史……"为廪辛康丁时期卜辞。辞中的妣庚史应为专门负责对妣庚祭祀事务的御史。

妣辛史：字形，释为妣辛史，妣辛为商王之配。所见妣辛史的卜辞有《屯南》323 号："壬辰卜，妣辛史，其延妣癸，叀小宰？"为廪辛康丁时期卜辞。辞中的妣辛史应为专门负责对妣辛祭祀事务的御史。

多老：字形，释为多老。所见多老的卜辞有《合集》16013 号："癸卯卜，玨贞：乎多老舞。贞：勿乎多老舞？王占曰：其有雨。甲辰……丙午亦雨。多……"为武丁时期卜辞，辞中多老当为职掌舞乐的官员。孟世凯释多老为"官员。以资深臣僚充任，为司乐舞之官。《礼记·王制》：'殷人养国老右学，养庶老于左学。'"（孟世凯《辞典》，第264 页）

小劝老：字形▨▨，老为官名，▨隶作劝，为此老的私名，是仅出现在甲骨文中的人名文字。所见小劝老的卜辞如《合集》23716 号："丁酉卜，大贞：小劝老，隹丁咎？八月。"还有《合集》23715 号、23717 号都出现"小劝老"，皆为且庚且甲时期卜辞。此外武丁时期卜辞《合集》17098 号以及且庚且甲时期卜辞《合集》23713 号、23714 号皆出现"小劝"，或为小劝老的省称。

巫：字形十，王襄最早释"古巫字"（王襄《簠室殷契类纂》正编第五，第 22 页）。所见巫的卜辞如《合集》5647 号："壬辰卜，亘贞：侑瞽，巫乎取以？"还有《合集》5649 号、5651 号、5659 号等武丁时期卜辞以及《合集》34155 号、35667 号皆出现巫之名。此外，如《合集》5662 号、33291 号等还出现"巫帝"一名，当为神名。关于巫，孟世凯释为"接事鬼神之人。《说文》：'巫，祝也。女能事无形以舞降神者也。'古以能接事鬼神之人，女称巫，男称觋。"（孟世凯《辞典》，第 279 页）也就是说巫是女性参与祭祀与占卜的人员。卜辞中出现的巫名有巫妌、巫妟、巫妆，其妌、妟、妆皆从女，应为女性，但巫在甲骨文时期或许不止单称女性之巫，还没有后世分的那么清楚。

巫妆：字形十▨，▨字从爿从女，释为妆。巫妆见于《合集》5652 号："贞：翌乙亥，侑于父乙牛……妇？贞：巫妆不御？"辞中父乙当指小乙，为武丁之父辈，巫妆当为武丁时期参与祭祀的女巫。

巫妟：字形十▨，▨隶定为妟，从口从女，但上下结构区别于如字的左右结构，是出现在甲骨文中的人名文字。所见巫妟的卜辞有《合集》5650 号："丁亥卜，㱿贞：巫妟……"辞中㱿为卜辞第一期武丁宾组贞卜人物，那么巫妟应为武丁时期的女巫。

巫妌：字形十▨，释为巫妌，妌字从女从丰（封），当为此巫的私名。所见巫妌的卜辞有《合集》21568 号残片残辞："……巫妌▨。"为武丁时期卜辞，巫妌当为武丁时期参与祭祀的女巫。

巫夵：字形十▨，▨隶定为夵，从双手从天，为此巫的私名，是出现在甲骨文中的人名文字。所见巫夵的卜辞有《合集》20366 号残片残辞："……巫夵……允执……妣，若。"为武丁时期卜辞，巫夵应为武丁时期的诸巫之一。

巫由：字形十▨，释为巫由。所见卜辞中有伯由，由为地名或方国名。有关巫由的卜辞有《合集》20364 号残片残辞："乙巳卜，巫由渣……"为武丁时期卜辞，巫由应为武丁时期诸巫之一。

《合集》20364 号

巫先：字形十▨，释为巫先，先字在卜辞中用作地名，也用作人名，巫先之先或为此巫的私名。所见巫先的卜辞见《合集》21880 号残片残辞："隹巫先。于母🜨……先"为武丁时期卜辞，巫先应为武丁时期诸巫之一。

巫示：字形🜨，释为巫示，示在卜辞中用作地名，也用作人名，巫示之示或为此巫的私名。所见巫示的卜辞见《合集》20365 号残片残辞："辛……巫示……庚。允。"为武丁时期卜辞，巫示应为武丁时期诸巫之一。

新巫：字形🜨，释为新巫，新字为地名，在此或用作此巫的私名，新巫即巫新。所见新巫的卜辞见《合集》5653 号残片残辞："己巳卜……贞：其……新巫……"为武丁时期卜辞，新巫应为武丁时期诸巫之一。

巫尹：字形🜨，释为巫尹，巫字异形，也有隶作求，（姚孝遂、肖丁《摹释》，第 446 页）尹字也是官名。所见巫尹的卜辞见《合集》20358 号残片上出现"巫尹"二字，年代为武丁时期，巫尹或为武丁时期具有尹身份的巫。

以巫：字形🜨，释为以巫，甲骨字🜨多数学者隶为以，但也有隶为致。（孟世凯《辞典》，第 455 页）饶宗颐将以巫列为职官（饶宗颐《通检》第四册《职官人物》，第 208 页）。见于《合集》5658 号："甲子卜，殻贞：妥以巫，二告。贞：妥不其以巫？"又见《合集》946 号、5654 号、5655 号、5656 号等都出现"以巫"，皆为武丁时期卜辞。

（八）武官

多马亚：字形🜨，释为多马亚，卜辞中多马亚的内容见《合集》5707 号、5708 号、5709 号、5710 号等，皆为武丁时期卜辞，还见《合集》564 号："甲辰卜，贞：其令吴以多马亚省，在南？"按照陈梦家的观点："武丁卜辞的'多马、亚'是多马与多亚，卜辞有多马也有多亚，马、亚都是官名。……马受令征伐于狩猎，很可能是马师，后世司马之官或从此出。"（陈梦家《综述》，第 508—509 页）但孟世凯认为："马亚为官名，多马亚及众马亚。"（孟世凯《辞典》，第 266 页）

《合集》564 号

多马：字形🜨，释为多马。所见卜辞中记录多马的内容有 20 余条。如《合集》5775 号："乎多马逐鹿？"为武丁时期卜辞。又如《屯南》693 号："……卜，其乎射豕，叀多马？吉！"为廪辛康丁时期卜辞。前二辞中的多马为异代同名。孟世凯认为多马是"兵种名"（孟世凯《辞典》，第 266 页）。

马亚：字形，释为马亚。所见卜辞中马亚的记录有10余条，如《合集》26899号：“贞：其令马亚射麋?”为廪辛康丁时期卜辞，辞中的马亚是武官名。

多马羌：字形，释为多马羌。所见卜辞中多有记录多马羌的内容。《合集》6761号：“……寅卜，宾贞：多马羌御方？二告。”辞中宾为卜辞第一期武丁宾组贞卜人物。按照孟世凯的解释多马羌“兵种名。以羌人组成的队伍”（孟世凯《辞典》，第266页）。

多马羌臣：字形，释为多马羌臣。卜辞中多马羌臣的记录仅见于《合集》5718号残片残辞：“……多马羌臣……”为武丁时期卜辞，辞中的多马羌臣或为多马羌的繁称。

先马：字形，释为先马。所见卜辞中先马的记录有10余条，如《合集》27951号：“……先马，其悔，雨。”于省吾言：“孙海波考释‘疑先马为职官之名’。按先马于卜辞并非职官之名，然实后世先马，洗马之滥觞。古者王公外出，常有导马于前，沿习既久，则先马为专职之官名矣。周器令鼎：‘今眔里先马走。’荀子正论：‘诸侯持与挟轮先马。’杨注：‘先马，导马也。’按导马后世亦称为顶马，指乘马者言之。”（于省吾《释林》，第63页）

右马：字形，释为右马。所见卜辞中右马的记录仅有《合集》24506号：“庚戌卜，王曰贞：其爵用？庚戌卜，王曰贞：其剢右马？庚戌卜，王曰贞：其剢左马?”辞中的左右对贞，右、左当指方位，但与马组合则不是指右边的马或左边的马，是指右边马上所乘之武官与左边马上所乘之武官，引申为武官名。

左马：字形，释为左马。所见卜辞中左马的记录除与右马对贞的《合集》24506号外，还有《合集》37514号：“叀左马暨马亡灾?”辞中的左马也应为特指的武官名。参见右马条。

肇马：字形，释为肇马。所见卜辞中肇马的记录有三条：一为《合集》5825号：“肇马，左、右、中，人三百，六月。”为第一期武丁时期卜辞。二为《合集》29693号：“其肇马，有征。弜肇?”三为《合集》31181号：“其肇马，弜肇?”为第三期廪辛、康丁时期卜辞。关于肇，孟世凯释“启动，开始。《尔雅·释诂》：‘肇，始也。’”（孟世凯《辞典》，第619页）由《合集》5825号中肇马与左、右、中对应，其当为司职马队启始的武官名，或相当于后世的先锋官。

御马：字形，释为御马。所见卜辞中御马的记录有两条，一为《合集》22211号：“己丑卜……御马妣己?”二为《合集》23602号：“丙辰卜，即贞：叀秘出于夕，御马?”辞中即为卜辞第二期且庚且甲时期贞卜人物。关于御马的御，孟世凯解释为“进献”。（孟世凯《辞典》，第569页）但御字也有治理王事之意，其御马也为武官名（饶宗颐《通检》第4册《职官人物》，第187页）。

亚：字形，释为亚。所见卜辞中单称亚的记录有百余条，用作职官名的亚如《合集》26953号：“乙巳卜，何贞：亚旁以羌，其御用？"按照陈梦家的观点，卜辞中"多亚与亚都是官名……卜辞中的'亚'可以'保王'、'保我'，可想见其关系，'亚立吏'云云当指其立使或莅事于侯伯……此由可注意的三事：（1）除王以外，立吏者如皋雀等都是亚；（2）立吏的对象是侯伯；（3）立吏时或召集'众人'同往，似是以武力与侯伯建立使者的关系。……郭沫若考释《粹》1178以为亚为皋的官名，是正确的。这些随在官名后的名字可能是私名，也可能是族邦之名"（陈梦家《综述》，第510页）。姚孝遂、肖丁认为："卜辞'亚'职掌主要为军旅，同时也司祭祀，其地位异常尊崇。"（姚孝遂、肖丁《屯南考释》，第115页）

多亚：字形㞷✚，释为多亚。所见卜辞中多亚的记录有九条，其中《合集》20349号："乙，有事，今八月刀。乙，有在多亚。"以及《合集》21707号："……我作多亚。"还有《合集》30296号："丁丑卜，其祝，王入于多亚？"三辞中的多亚不是官名，孟世凯释为"宗庙中藏神主之处"（孟世凯《辞典》，第265页）。但《合集》5677号等中的多亚应是武官名。

亚多鬼：字形✚㝵，释为亚多鬼。所见卜辞中亚多鬼的记录为《合集》17443号、17447号、17448号、17449号，其中《合集》17448号："贞：亚多鬼梦，亡疾？四月。"其他三辞皆残，有出现"亚多鬼""亚多……梦"，按照孟世凯的解释，多鬼梦为"多做鬼怪之梦"（孟世凯《辞典》，第265页）。饶

宗颐将此列入职官名（饶宗颐《通检》第4册《职官人物》，第213页）。亚肯定是官名，多鬼是否为此亚的私名或邦族名，待考。

亚雀：字形✚，释为亚雀，雀是此亚的私名。所见卜辞中亚雀的记录如《合集》22092号："乙巳卜，贞：告人于亚雀？乙巳卜，贞：于翌丙，告人于亚雀？"还有《合集》21623号、5679号等，皆为第一期武丁时期卜辞，亚雀当为武丁时期的武官之一。姚孝遂、肖丁认为："卜辞担任'亚'职者上有'雀'，《甲》3942有'亚雀'。'雀'与'邑'乃同时人，是担任'亚'职者不止一人。"（姚孝遂、肖丁《屯南考释》，第115页）

《合集》5679号

亚皋：字形✚，✚隶定为皋，是此亚的私名。所见卜辞中亚皋的记录有《屯南》2378号："己巳卜，告亚皋往于丁一牛？"还有《合集》31983号等。此外，《合集》32987号等出现的邑字形，姚孝遂释："'皋'亦作'邑'，为一字异形。"认为："皋为武丁时之著名人

物，其官职为'亚'，经常率兵出征，亦能主持祭祀。"（姚孝遂、肖丁《屯南考释》，第 109—110 页）

亚喜：字形 ✙，释为亚喜，喜是此亚的私名或邦族名。所见卜辞中亚喜的内容仅见《合集》21207 号残辞："庚，亚喜……"为第一期武丁时期卜辞，亚喜应为武丁时期的武官之一。

亚宾：字形 ✙，释为亚宾，宾或为此亚的私名。卜辞中所见亚宾的记录仅有《合集》22301 号："己酉卜，亚宾其隹臣？"同版出现"母庚"，当指小乙之配妣庚，那么亚宾当为武丁时期的武官之一。

亚伀：字形 ✙，隶定为伀，是此亚的私名，是仅出现在甲骨文中的人名文字。所见卜辞中亚伀的记录仅有《合集》22301 号："……酉卜，亚伀其隹臣？"与亚喜同版出现，当同为武丁时期的武官之一。

亚田：字形 ✙田，释为亚田。饶宗颐将亚田列入职官名（饶宗颐《通检》第 4 册《职官人物》，第 214 页）所见卜辞中亚田的记录有两条，《合集》29374 号、《屯南》888 号，内容皆为"更亚田省"。卜辞中省表示视察，那么辞中的"田省"应为视察农田或田猎地。

二亚：字形 二✙，释为二亚。饶宗颐将二亚列入职官名（饶宗颐《通检》第四册《职官人物》，第 214 页）。所见二亚的卜辞仅有《合集》23398 号残片残辞："……于妣辛……二亚……"辞中的二亚当为二位亚。

《合集》23398 号

品亚：字形 品✙，释为品亚。饶宗颐将品亚列入职官名（饶宗颐《通检》第 4 册《职官人物》，第 214 页），所见品亚的卜辞仅有《屯南》2346 号："其品亚更于丰用？吉！"品字在卜辞中多用作祭名或祭品，品亚之品不应是此亚的名号，待考。

亚先：字形 ✙，释为亚先，先是此亚的邦族名或私名。所见亚先的卜辞仅有《合集》5685 号："贞：翌庚申，亚先告？"为第一期武丁时期卜辞，亚先当为武丁时期的武官之一。

亚旁：字形 ✙，释为亚旁，旁是此亚的私名。所见亚旁的卜辞仅有《合集》26953 号："乙巳卜，何贞：亚旁以羌其御用？庚寅卜，何贞：其牢？"辞中何为卜辞第三期廪辛康丁何组贞卜人物，亚旁当为廪辛康丁时期武官之一。

亚刬：字形 ✙，刬隶定为刬，为此亚的私名，是仅出现在甲骨文中的人名文字。所见亚刬的卜辞仅有《合集》5682 号残片残辞："亚刬梦有祸？"为武丁时期卜辞。另还有刬字单出现的卜辞有七八条，卜辞中诸妇也有名刬的，此亚或为女性武官。

亚且：字形 ✙，隶定为且，为此亚的私名。所见亚且的卜辞仅有《合集》

22086 号："壬申卜，贞：亚且雀甾内乙祸？"同版还有："壬午卜，贞：隹亚涉子且？"亚且亦为武丁时期的武官，或也有子的身份。

亚徳：字形✛〼，〼隶定为徳，为此亚的私名，是仅出现在甲骨文中的人名文字。所见亚徳的卜辞仅有《合集》22302 号："甲辰卜，亚徳用？"辞中辰字上部增一横划，为文武丁以后字形风格，其应为文武丁时期或之后武官之一。

亚走马：字形✛〼，释为亚走马。所见亚走马的卜辞仅有《合集》27939 号："贞：其令……亚走马……"同版翌字增日旁，用于纪时，为卜辞第三期、第四期用法。亚为职官名，走马的含义待考。

亚束：字形✛〼，释为亚束，束应为此亚的私名。卜辞中所见亚束的明确记载仅有《合集》22226 号："己未卜，御妇妣庚？御妇妣庚？于亚束御妇……庚申卜，至御妇母庚牢，束小宰。"辞中母庚当指小乙之配，为武丁时期的称谓，亚束当为武丁时期的武官。卜辞中还见有"祝亚束"，如《合集》22130 号："祝亚束〼。"二者或为一人。

亚般：字形✛〼，释为亚般，般是此亚的邦族名或私名。所见亚般的卜辞仅有《合集》27938 号："……卜，亚般岁竞曁？"为廪辛康丁时期卜辞。这位名般的武官当为廪辛康丁时期人物。

亚旐：字形✛〼，〼隶定为旐，为此亚的私名，是仅出现在甲骨文中的人名文字。所见亚旐的卜辞仅有《合集》28011 号："壬戌卜，贞：亚旐从受于方？壬戌卜，狄贞：亚旐其陟旐入？"辞中狄为卜辞第三期廪辛康丁时期何组贞卜人物，那么亚旐当为廪辛康丁时期武官之一。

亚克：字形✛〼，释亚克，克是此亚的私名。所见亚克的卜辞，见于《合集》13754 号："壬子卜，贞：亚克兴有疾？弗其克？"又见《合集》5680 号残片残辞。皆为武丁时期卜辞，亚克当为武丁时期武官之一。

多箙：字形〼〼，释为多箙，《说文》："箙，弩矢箙也。从竹，服声。"本义为盛箭的器具，引申用作地名或族名、人名。所见多箙的卜辞有《合集》5802 号、5803 号、5804 号，皆为残片残辞。关于多箙，孟世凯释为"主管弓矢之事"的官员。（孟世凯《辞典》，第 266 页）陈梦家则认为："金文和文献亚、服（箙）并称，武丁卜辞亦有多箙：左多箙《乙》4208，多箙《乙》4212。"（陈梦家《综述》，第 511 页）

射：字形〼、〼、〼，一字多形，释为射。射字的甲骨文字形象弓上有箭之形，在卜辞中用作动词表示射箭的射，也用作名词指射箭的人，又引申用作职掌射箭人的官员。所见卜辞中射的记录有一百余条，如《合集》10419 号："辛亥卜，争贞：王不其获肱？射兕？"辞中的射为动词射箭。又如《合集》5760 号："丙午卜，永贞：登射百？令黄……"辞中的射为名词指射箭的人。再如《合集》3228 号："贞：更乙亥，用射……"辞中的射则为官名。

《合集》3228 号

多射：字形㞢，释为多射。所见多射的卜辞有 30 余条，如《合集》46 号："贞：翌己卯，令多射？二月。己亥卜，古贞：有众之？十二月。"为武丁时期卜辞。又如《英》2421 号："……子卜，令㝬以多射？若。"为武乙文武丁时期卜辞。陈梦家认为："'射'、'多射'当如'多尹''多亚'之例，乃是官名。"（陈梦家《综述》，第 512 页）但孟世凯释多射为"兵种。以弓箭手组成的军队"（孟世凯《辞典》，第 266 页）。

射甾：字形㞢，释为射甾。卜辞中所见射甾的记录有二十余条，有武丁时期的，如《合集》165 号："乙酉卜，珏

《合集》163 号

贞：射甾获羌？"也有武乙文武丁时期的，如《合集》32022 号："癸酉，贞：射甾以羌用自上甲？"关于射甾的身份，陈梦家认为："卜辞又有'射甾'，亦当是射官。"（陈梦家《综述》，第 513 页）但孟世凯则释射甾为"武官。即射官名甾者。"（孟世凯《辞典》，第 461 页）

卫射亚：字形㞢，释为卫射亚。所见卫射亚的卜辞仅见《合集》27941 号："……不遘……受年……酒乎归，卫射亚。"辞中卫或为邦族名，射亚为武官名。

多生射：字形㞢，释为多生射。所见多生射的卜辞有《合集》24140 号："辛卯卜，即贞：叀多生射？"还有《合集》24141 号、24142 号、24143 号皆出现多生射。辞中的即为卜辞第二期且庚且甲时期贞卜人物，多生射应为且庚且甲时期武官之一（饶宗颐《通检》第 4 册《职官人物》，第 182 页）。

左射：字形㞢，释为左射。所见左射的卜辞见于《合集》24391 号："癸未卜，王曰贞：有兕在行，其左射……"辞中左射的左应指方位，左射所指当与左马同，为左方位职掌弓箭手的武官名（饶宗颐《通检》第 4 册《职官人物》，第 183 页）。

射豕：字形㞢，释为射豕，豕是此射的邦族名或私名。饶宗颐将射豕列入职官名（饶宗颐《通检》第 4 册《职官人物》，第 184 页）所见射豕的卜辞仅有《合集》693 号："……卜，其乎射豕叀多马？吉！"

射游：字形㞢，释为射游，游是此

射的邦族名或私名。卜辞中射游一名仅出现在《天理大学参考馆所藏甲骨》561号上。

射左犬：字形⿰矢⿰屮屮，释为射左犬，射为职官名（饶宗颐《通检》第4册《职官人物》，第184页），左表方位，犬或为此射的邦族名或私名。所见射左犬的卜辞仅有《合集》28882号："……滴至……劈射左犬擒……"辞中劈为地名，出现在狄的贞卜辞中，由此推断射左犬为廪辛康丁时期武官之一。

盖射：字形⿰羊矢，⿰羊矢隶定为盖，是仅出现在甲骨文中的文字，用作祭名或地名，也用作动词。陈梦家云："盖射之盖是动词，《说文》有（羊鬲）字，此假作养或庠。卜辞'令㠱盖三百射'者令㠱教三百射以射。"（陈梦家《综述》，第513页）所以可认为盖射或为训练射手的教官名。所见卜辞中盖射的记录有《合集》5772号："癸巳卜，殼贞：令㠱盖射？"为武丁时期卜辞。其他《合集》5770号、5771号上的卜辞，也为殼贞，也出现盖射和盖三百射。

三百射：字形⿰三矢，三百为合文，释为三百射。所见三百射的卜辞有《合集》5775号："癸卯卜，争贞：王令三百射，弗告……"还有《合集》5769号、5774号、5777号皆出现三百射。此外《合集》5770号、5771号、5772号出现盖三百射，皆为武丁时期卜辞。陈梦家认为："三百射或作射三百，与三族、马并卜，故知是一集体。殷代师旅似以百人为一小队，三百人为一大队。"（陈梦家《综述》，第513页）卜辞中的

三百射或指三百个射手的队伍，其三百个射手队伍的首领或可称三百射。

射三百：字形⿰矢三，三百为合文，释为射三百。所见射三百的卜辞有《合集》698号："登射三百？勿登射三百？"还有《合集》5773号、5776号也出现射三百。陈梦家言"三百射或作射三百"（陈梦家《综述》，第513页）。参见三百射条。

卫：字形⿰行韦、⿰行韦、⿰行韦，一字多形，释为卫。陈梦家言："卫与戍、射、亚、北御史等官名并列。它可能是'侯、甸、男、卫'之卫，乃界于边域上的小诸侯"（陈梦家《综述》，第512页）。所见卜辞中单称卫的记录有60余条，当然有用作职官名，也用作人名，见于《合集》7567号："贞：勿乎卫？王从，二告。"为武丁时期卜辞。也有用作邦族名，见于《合集》32999号："己酉，

《合集》7567号

贞：令歼卫，从？乙酉，贞：令从以多射？"为廪辛康丁时期卜辞。另也作动词使用，见于《合集》26888号："戍卫不雉众，戍亡灾？"为廪辛康丁时期卜辞。还有用作地名、祭名等。

多马卫：字形，释为多马卫。所见多马卫的卜辞有《合集》5711号："庚戌卜，古贞：令多马卫？亡……贞：令多马卫于北？"还有《合集》5712号、5714号、27943号皆出现"多马卫"，皆为武丁时期卜辞。辞中的多马卫显然是武官名，应任职在商王朝中央，不似陈梦家所言"边域的小诸侯"（陈梦家《综述》，第512页）。

多犬卫：字形，释为多犬卫。所见多犬卫的卜辞有两条，一为《合集》5665号："己酉卜，亘贞：乎多犬卫？"二为《合集》5666号："……戍，永贞：令旨以，多犬卫从……蛊羊……从？"皆为武丁时期卜辞。辞中的犬用作商王朝田猎情报职官的名称，所以孟世凯释多犬卫"即情报官之长"（孟世凯《辞典》，第262页）。

多射卫：字形，释为多射卫。所见多射卫的卜辞有《合集》5747号："……未卜，允……令多射卫？一月。"辞中允为卜辞第一期武丁宾组贞卜人物。又如《合集》33001号："贞：令多射卫？"为武乙文武丁时期卜辞。陈梦家认为："卜辞'多射、卫'似当读作多射与卫，都是官名。"（陈梦家《综述》，第512页）

儆卫：字形，从彳从敝。隶作儆，见于《合集》28058号："戍，值往

于来取，廼边儆卫有蔑？"为廪辛康丁时期卜辞，儆卫或为廪辛康丁时期边域的小诸侯。

北御史卫：字形，释为北御史卫，孟世凯将其列为职官（孟世凯《辞典》，第179页）。所见北御史卫的卜辞仅有《合集》27897号："癸巳卜，其乎北御史卫？"为廪辛康丁时期卜辞。但这条卜辞陈梦家释为"癸巳卜，其乎北御史、卫？"（陈梦家《综述》，第512页）

犬：字形，释为犬。甲骨文犬字形"象狗侧面之形，本义为犬（狗），乃象形字。卜辞用为职官名，似为管理猎犬参与田猎和战争之武官。"（赵诚《词典》，第80页）所见卜辞中犬的辞条有百余条，有用作动物名的，如《合集》31931号："……亡灾？擒犬。"也有用作邦族名，如《合集》6979号："己酉卜，贞：雀往征犬，弗其擒……"还有用作贞人名或地名者。用作职官名的犬，陈梦家认为："'犬'本为饲猎犬之官，进而为田狩之官，亦参加征伐之事。"（陈梦家《综述》，第514页）但孟世凯认为犬"官名。商王朝田猎情报官，分布于各田猎地区，发现野兽向商王报告，

《合集》6979号

商王据此打猎。"（孟世凯《辞典》，第131页）

多犬：字形🐾，释为多犬。所见多犬的卜辞有五条，如《合集》10976号："壬戌卜，㲋贞：乎多犬网鹿于农？八月。"为武丁时期卜辞。还有《合集》5663号、5664号、5665号、5666号皆出现多犬。陈梦家引"郭沫若考释《粹》935云'犬中盖犬人之官名中者，《周礼》秋官有犬人职'。西周金文《师晨鼎》'官犬'次于小臣、善夫之后，郭氏亦释作犬人之官。这是正确的。我们以为武丁卜辞的多犬和廪辛卜辞的犬某都是犬人之官，多犬与犬是司犬之官，犹多马与马乃师马之官"（陈梦家《综述》，第514页）。但孟世凯释多犬为"众犬官"（孟世凯《辞典》，第262页）。

《合集》5665号

犬延：字形🐾，释为犬延。所见犬延的卜辞有30余条，如《合集》4630号："丙戌卜，贞：令犬延于京？"为武丁时期卜辞。又如《合集》33033号："庚戌，犬延允伐方。"为武乙文武丁时期卜辞。陈梦家隶犬延的延为征，考证："此'犬征'与'犬中''犬𢀜'同一结构，征、中、𢀜可以是私名亦可以是族邦之名。但犬征即出现于武丁卜辞，又出现于武文卜辞，则征不可能是私名。因此犬征与'犬侯'犬族无关。"（陈梦家《综述》，第514页）但孟世凯认为犬延是"族名"。（孟世凯《辞典》，第132页）姚孝遂、肖丁则考证"'犬征'为人名。"（姚孝遂、肖丁《屯南考释》，第110页）

犬口：字形🐾，释为犬口，口为此犬官的私名。所见犬口的卜辞有《合集》27751号："……兼，犬口从，屯日……兹用。"还有《合集》28316号等，皆为廪辛康丁时期卜辞，犬口当为廪辛康丁时期犬官之一。

兼犬：字形🐾，𤕦为此犬的私名，有释为智（于省吾《诂林》，第556页）。也释为兼（李宗焜《甲骨文字编》，第186页）。又释为睫（刘钊《新甲骨文编》，第224页）。见于《合集》27751号："……兼犬口从屯日……兹用。"对于这条卜辞，也有释为"……兼，犬口从，屯日……兹用"。认为兼犬为犬口，有待考证。

潫犬：字形🐾，释为潫犬，潫为水名和地名。所见潫犬的卜辞仅有《合集》27902号："戊辰卜，在，潫犬中告麋，王其射，亡灾？擒。"为廪辛康丁时期卜辞，潫犬当为廪辛康丁时期负责潫地一带或潫邦族的犬官，其名为中。

但对于《合集》27902 号，也有释为"戊辰卜，在溍，犬中告麋，王其射，亡灾？擒"。认为此犬官名为犬中。（孟世凯《辞典》，第 131—132 页，所引错为《合集》27903 号）可备一说。

《合集》27902 号

犬告：字形，释为犬告，告或为此犬官的私名，但也有释犬告为犬来报告。饶宗颐将犬告列入职官（饶宗颐《通检》第 4 册《职官人物》，第 189 页）。所见犬告的卜辞如《合集》23688 号："丑卜，尹……犬告曰……不……"辞中尹为卜辞第二期且庚且甲出组尹群贞卜人物，"犬告曰"的犬告不应释为犬来报告而应释为犬告说。

犬言：字形，释为犬言，言为此犬官的私名，但也有释犬言为"犬官报告"（孟世凯《辞典》，第 133 页）。饶宗颐将犬言列入职官。（饶宗颐《通检》第四册《职官人物》，第 190 页）所见犬言的卜辞如《合集》27922 号："……犬言，亡灾？"还有《屯南》2329 号："丁未卜，翌日戊，王其田……叀犬言

从，亡灾？擒。吉！"皆为廪辛康丁时期卜辞，辞中的犬言释为"犬官报告"不妥。犬言应是廪辛康丁时期犬官之一。此外《合集》27923 号中的犬言也有隶为犬舌。（姚孝遂、肖丁《摹释》，第 621 页）

犬登：字形，释为犬登，登为此犬官的私名。所见犬登的卜辞如《合集》4642 号："贞：犬登亡祸？"还有《合集》4641 号、4643 号、4644 号、4645 号以及《怀》452 号皆出现犬登，皆为武丁时期卜辞，犬登应为武丁时期犬官之一。孟世凯释犬登之"犬，族名。登，人名。即犬族名登之人"（孟世凯《辞典》，第 134 页）。

犬蔪：字形，释为蔪（李宗焜《甲骨文字编》，第 902 页），为此犬官的私名。所见犬蔪的卜辞有《合集》29207 号："叀，犬蔪从，亡灾？擒。"为廪辛康丁时期卜辞，犬蔪当为廪辛康丁时期犬官之一。

犬琮：字形，为此犬官的私名，是仅出现在甲骨文中的人名文字。所见犬琮的卜辞有《合集》10976 号："贞：……乎犬琮省从南？"同版有㲋贞、争贞，犬琮为武丁时期犬官之一无疑。

犬邕：字形，隶定为邕，为此犬官的私名。所见犬邕的卜辞如《屯南》2329 号："叀成，犬邕从，亡灾？擒、弘吉！"为武乙文武丁时期卜辞，犬邕当为武乙文武丁时期犬官之一。

犬豕：字形，释为犬豕，豕为此犬官的私名。所见犬豕的卜辞有《合

集》27911 号："叀沓，犬豕从，亡灾？王……弘吉！"为廪辛康丁时期卜辞，犬豕当为廪辛康丁时期犬官之一。

犬辰：字形，释为犬辰，辰为此犬官的私名。所见犬辰的卜辞有《合集》27917 号："……其从犬辰，亡灾？"为廪辛康丁时期卜辞，犬辰当为廪辛康丁时期犬官之一。

犬老：字形，释为犬老，老字异形，为此犬官的私名。所见犬老的卜辞有《合集》29247 号："叀犬老从田兕，湄日亡灾？"为廪辛康丁时期卜辞，犬老当为廪辛康丁时期犬官之一。

犬壬：字形，释为犬壬，壬字异形，为此犬官的私名。所见犬壬的卜辞有《屯南》625 号："叀在襄，犬壬从，亡灾，禽？吉！叀在潅，中从，亡灾，禽？吉！"为廪辛康丁时期卜辞，犬壬当为廪辛康丁时期犬官之一。

犬光：字形，释为光，为此犬官的私名。所见犬光的卜辞有《合集》27903 号："叀宕，犬光从，亡灾？"还有《合集》27904 号、27905 号皆出现犬光，皆为廪辛康丁时期卜辞，犬光当为廪辛康丁时期犬官之一。

魁犬：字形，隶定为魁，为此犬官的私名。所见魁犬的卜辞有《合集》27899 号："……尹卜，王其从魁犬……壬，湄日亡灾？永……"为廪辛康丁时期卜辞，魁犬当为廪辛康丁时期犬官之一。

狽犬：字形，释为狽犬，即犬狽，狽为此犬官的私名。所见狽犬的卜辞有《合集》27900 号："……狽犬告

曰：有大……"为廪辛康丁时期卜辞，狽犬当为廪辛康丁时期犬官之一。

盂犬：字形，释为盂犬，盂为邦族名或方国名。所见盂犬的卜辞有《合集》27921 号："盂犬告鹿，其从，擒。"为廪辛康丁时期卜辞，盂犬当为廪辛康丁时期负责盂地或方国的犬官。

沈犬：字形，释为沈，为地名，亦为犬官之名。所见沈犬的卜辞仅有《合集》27898 号："叀沈犬陕从，亡……"为廪辛康丁时期卜辞，沈犬当为廪辛康丁时期负责沈地一带的犬官。但也有释《合集》27898 号为"叀沈、犬陕从，亡……"那么沈犬则为犬陕。（孟世凯《辞典》，第 133 页犬陕条，文中所引《合集》27898 号错为 29898 号）两种观点孰是孰非，有待考证。

《合集》27898 号

多犬冒：字形，多犬与犬是犬人之官，犹多马与马乃司马之官，为职官名，隶定为冒，为此多犬官的私名。所

见多犬瞀的卜辞仅有《合集》5664 号残片残辞："己卯卜，贞：翌辛……多犬瞀……"为武丁时期卜辞，多犬瞀应为武丁时期犬官之一（陈梦家《综述》，第 514 页）。

竹犬：字形〔字形〕，释为竹犬，竹是地名或邦族名。所见竹犬的卜辞有《合集》22045 号："子，竹犬。"辞中子为武丁时期贞卜人物，竹犬当为武丁时期负责竹地一带的犬官。

子族犬：字形〔字形〕，释为子族犬，子族为邦族名。饶宗颐将子族犬列入职官（饶宗颐《通检》第 4 册《职官人物》190 页）。所见子族犬的卜辞仅有《合集》21287 号："己卯卜，沚：侑子族犬用？"辞中沚为卜辞第一期武丁时期贞卜人物，子族犬当为武丁时期负责子族的犬官。但也有释子族犬为"子族豕"。（姚孝遂、肖丁《摹释》，第 465 页）

马犬：字形〔字形〕，释为马犬，马为方国名。所见马犬的卜辞仅有《合集》21895 号残片残辞："……令弘祟……马犬。"为武丁时期卜辞，马犬当为武丁时期负责马方或马地一带的犬官。

《合集》21859 号

肉犬：字形〔字形〕，释为肉犬，肉或为此犬的私名。饶宗颐将肉犬列入职官。（饶宗颐《通检》第 4 册《职官人物》，第 190 页）所见肉犬的卜辞仅有《合集》21907 号："辛未，肉犬……"但也有释为："辛未，多犬……"（姚孝遂、肖丁《摹释》，第 480 页）

立犬：字形〔字形〕，释为立犬，立是此犬的私名。饶宗颐将立犬列入职官（饶宗颐《通检》第 4 册《职官人物》，第 191 页）。所见立犬的卜辞仅有《合集》28799 号："王其焚沇，迺麓，王于东，立犬出，擒。大吉！"为廪辛康丁时期卜辞，立犬应为廪辛康丁时期犬官之一。

成犬：字形〔字形〕，释为成犬，成为地名，又为犬官之名。所见成犬的卜辞有《合集》27915 号："王其田，更成犬比，亡灾？"还有《合集》27914 号、27925 号、29394 号以及《屯南》2329 号皆出现成犬，皆廪辛康丁时期卜辞，皆犬当为廪辛康丁时期负责成地一带的犬官。

埶犬：字形〔字形〕，〔字形〕隶定为埶，为地名，又为犬官之私名。所见埶犬的卜辞仅有《屯南》2531 号、2702 号两条卜辞，内容皆为"更埶犬田，亡灾？大吉！"埶犬当为负责埶地一带的犬官。

牢犬：字形〔字形〕，〔字形〕隶定为牢，为地名，亦为犬官之名。所见牢犬的卜辞有《合集》27920 号："牢犬告，王其从，亡灾？擒。"还有《合集》27910 号、27916 号、27923 号、27924 号以及《屯南》625 号、3599 号、4140 号皆有牢犬的内容，皆为廪辛康丁时期卜辞，军犬当为廪辛康丁时期犬官之一。但《屯南》3599 号、4140 号的军犬也有释为军虎者。（姚孝遂、肖丁《摹释》，第 1032页、1040 页）关于军的地望详见地名军条。

阦犬：字形［圖］，［圖］隶定为阦，为地名，亦为犬官之名。所见阦犬的卜辞有《合集》27915 号："王其田，叀成犬从，禽，亡灾？王叀阦犬……"同版出现成犬，皆为廪辛康丁时期犬官。

襄犬：字形［圖］，释为襄犬，襄是地名，亦为犬官之名。（饶宗颐《通检》第 4 册《职官人物》，第 193 页）所见襄犬的卜辞有《屯南》625 号："叀在襄犬壬从，亡灾？擒。吉！"辞中的襄犬为廪辛康丁时期负责襄地一带的犬官。

傲犬：字形［圖］，［圖］隶定为傲，为地名，亦为犬官之名。所见傲犬的卜辞仅有《屯南》4584 号："王叀傲犬从，亡灾？"为第三期廪辛康丁时期卜辞，傲犬当为廪辛康丁时期负责傲地一带的犬官。

盖犬：字形［圖］，［圖］隶定为盖，为地名，亦为犬官之名。所见盖犬的卜辞仅有《屯南》4584 号："叀盖犬从，亡灾？"与傲犬同版出现，为第三期廪辛康丁时期卜辞，盖犬当为廪辛康丁时期负责盖地一带的犬官。

夐犬：字形［圖］，隶定为夐，为地名，亦为犬官之名。饶宗颐释为夐犬，所见夐犬的卜辞仅有《屯南》999 号："在夐犬止……"这条卜辞也有释为"在夐逐……"（姚孝遂、肖丁《摹释》，第 984 页），还有释为"在夐虎……"（姚孝遂、肖丁《屯南考释》，第 254页），夐犬当为负责夐地一带的犬官。

发犬：字形［圖］，［圖］隶定为发，为地名，亦为犬官之名。所见发犬的卜辞仅有《合集》5677 号："庚辰卜，令多亚，发犬？"为第一期武丁时期卜辞，发犬当为武丁时期负责发地一带的犬官。

匕犬：字形［圖］，释为匕犬，匕为地名或邦族名（孟世凯《辞典》，第 41页），亦为犬官之名。所见匕犬的卜辞有《合集》27909 号："癸卯卜，戌，王其匕犬舌……"还有《合集》27915 号、27916 号、27917 号以及《屯南》808号、3696 号皆出现匕犬或犬匕。但《合集》27909 号、27917 号的匕犬也有释为比犬。（姚孝遂、肖丁《摹释》，第620—621 页）所见匕犬的卜辞皆为廪辛至文武丁时期卜辞，匕犬当为这个时期负责匕地一带的犬官。（饶宗颐《通检》第 4 册《职官人物》，第 193 页）对于匕犬，孟世凯释为"狩猎射野生犬"（孟世凯《辞典》，第 41 页）。

犬奴：字形［圖］，［圖］隶定为奴，奴为地名，此犬的私名。所见奴犬的卜辞仅有《天理大学参考馆所藏甲骨》575 号。

令龙：字形［圖］，释为令龙，饶宗颐将此列入职官。（饶宗颐《通检》第 4册《职官人物》，第 189 页）所见令龙的卜辞有《合集》4652 号："贞：翌辛巳……令龙？"为武丁时期卜辞，龙当为武丁时期某犬官之名，商王对其发号施令。

《合集》4652 号

戍：字形 ，释为戍。所见卜辞中戍的相关记录有六十余条，如《合集》26888 号："戍亡灾？"陈梦家认为："以上'戍'字从戈从人，人在戈下。卜辞的'伐'字亦从戈从人，而象人负戈之形。《邺三》44.5 名词之戍与动词之伐并见于一辞，可见两个字是有分别的。罗氏《考释》、商氏《类编》和《甲骨文编》都不录戍字，惟王襄（《类纂》12：56）和郭沫若（《粹》1155）俱有分辨。西周金文'戍''伐'有别，动词之'戍于某师'和名词之'监某师戍'，其戍字都与卜辞同。戍与马、卫等官名并举，戍也是官名。戍某之某乃是邦族之名"。又"其主要的任务有二：（1）管理'众'与'王众'；（2）守边征伐邦方"（陈梦家《综述》，第 516 页）。

左戍：字形 ，释为左戍。所见左戍的卜辞仅有《屯南》2320 号："左戍有灾？吉！左戍不雉众。吉！"为第三期廪辛康丁时期卜辞，左戍当为廪辛康丁时期管理众的武官之一。辞中左戍的

左应表方位，或指左方位的戍队，左戍则是管理左方位戍队的官名。

中戍：字形 ，释为中戍。所见中戍的卜辞仅有《屯南》2320 号："中戍有灾？中戍不雉众。吉！"为第三期廪辛康丁时期卜辞，中戍当为廪辛康丁时期管理中间戍队的武官之一。

右戍：字形 ，释为右戍。所见右戍的卜辞仅有《屯南》2320 号："右戍不雉众？"为第三期廪辛康丁时期卜辞，右戍当为廪辛康丁时期管理右戍队的武官之一。武乙文武丁时期卜辞有《合集》33006 号："丁酉，王作三师，右、中、左。"《屯南》2320 号同时出现了右戍、中戍、左戍。

戍马：字形 ，释为戍马。所见卜辞中戍马的记录有《合集》27881 号："叀戍马霤乎允，王受有祐？"为廪辛康丁时期卜辞，同版出现马小亚。还有《合集》27966 号："叀戍马乎暨往……众。"戍马当为廪辛康丁时期管理戍众

《合集》27966 号

的武官，既然称戌马，也应与马相关。

戌卫：字形𢧢，释为戌卫，卫当为地名或邦族名。所见卜辞中戌卫的记录有《屯南》728号："弜乎戌卫其悔？大吉！"辞中的戌卫当为责守卫地的武官。

戌干卫：字形𢧢，释为戌干卫，干卫或为卫族某地名。所见卜辞中戌干卫的记录仅见《合集》28059号："弜令戌干卫其……弜令……吉！"辞中的戌干卫当为责守卫族某地的武官。

戌射：字形𢧢，释为戌射，戌和射皆为官名。所见戌射的卜辞有《合集》28080号："叀戌射有征？"还有《合集》24220号、27970号以及《屯南》4355号皆出现戌射。戌射或为两个官名并举，或为一个官员同时兼有戌和射的职责，但从《合集》28080号卜辞的内容可知其有征伐邦方的职责。

戌舞：字形𢧢，释为戌舞，舞当表此戌的职责。所见戌舞的卜辞有《合集》27891号："叀田暨戌舞？"辞中的

《合集》27891号

戌舞为负责舞雩即求雨之乐舞的官员。由《合集》30028号："叀戌乎舞，有大雨？"分析，负责舞祭的是戌官。

戌霖：字形𢧢，𡘋隶定为霖，即舞雩，当为求雨之舞祭，是仅出现在甲骨文中的文字。所见戌霖的卜辞有《合集》28180号："王其乎戌霖盂有雨？吉！"辞中霖字由雨和舞组合，更加说明了此戌的职责。

戌辟：字形𢧢，释为戌辟，辟是地名，亦为戌官之名。所见戌辟的卜辞有《合集》28034号："戌辟迅之，翦。"为廪辛康丁时期卜辞，那么戌辟应为廪辛康丁时期责守辟地一带的武官。

戌武：字形𢧢，释为戌武，武为此戌的私名。所见戌武的卜辞仅有《合集》28047号残片残辞："……戌武……翦。"为廪辛康丁时期卜辞，戌武当为廪辛康丁时期负责征伐的武官之一。

戌光：字形𢧢，隶定为光，为此戌的私名。所见戌光的卜辞有《合集》27975号："叀戌光往有翦。"为廪辛康丁时期卜辞，戌光当为廪辛康丁时期负责征伐的武官之一。

戌仲：字形𢧢，释为戌仲，仲为此戌的私名，仲字也有隶为毌者。（姚孝遂、肖丁《摹释》，第622页）所见戌仲的卜辞仅有《合集》27975号："叀戌仲往有翦。"与戌光同版出现，皆为廪辛康丁时期武官。

戌咠：字形𢧢，𢧢隶定为咠，为地名或邦族名，亦为戌官之名。所见戌咠的卜辞仅有《合集》26898号："丁巳卜……弜祀众戌咠受人，亡灾？"为廪辛

康丁时期卜辞，戍晷当为负责晷地一带的武官。

戍官：字形 🔣，释为戍官，官为此戍的私名。所见戍官的卜辞有《合集》28032 号："……戍官入，有葡。"还有 28033 号："于戍官入……"两片甲骨皆为残片，应可缀合。

戍凤：字形 🔣，释为戍凤，凤为地名，亦可为戍私名。所见戍凤的卜辞有《合集》26897 号："癸，戍凤伐葡，不雉众。"为廪辛康丁时期卜辞，戍凤当为廪辛康丁时期管理凤地一带众的武官。

戍佣：字形 🔣，🔣隶定为佣，为此戍的私名，是仅出现在甲骨文中的文字。所见戍佣的卜辞有《合集》28042 号："戍佣其……"为廪辛康丁时期卜辞，戍佣当为廪辛康丁时期的武官。

戍冉：字形 🔣，释为戍冉，冉为此戍的私名。所见戍冉的卜辞有《合集》28044 号："戍冉其遘戎。"为廪辛康丁时期卜辞，戍冉当为廪辛康丁时期的武官。

戍侃：字形 🔣，🔣释为侃，为此戍的私名。所见戍侃的卜辞有《合集》28038 号："……于……戍……戍侃其遘戎。"为廪辛康丁时期卜辞，戍侃当为廪辛康丁时期的武官。

五族戍：字形 🔣，释为五族戍。所见五族戍的卜辞有《合集》26880 号："……丑卜，五族戍弗雉王……吉!"又有《合集》28053 号："王叀次令五族戍羌方。"还有《合集》28054 号："癸巳卜，王其令五族戍盾……伐葡。"此外《合集》26879 号有："戍屮弗雉王众?

戍🔣弗雉王众? 戍骨弗雉王众? 戍逐弗雉王众? 戍何弗雉王众? 五族其雉王众?""上述记'五族'之辞四条，其中《邺三》38·2（《合集》26879 号）是一较完整的甲骨，五次分卜五个'戍某'之弗雉王众，而总之以五族之雉王众，由此可证戍屮、带、凸、逐、何是五个族，故称'五族戍'。但戍不止五族，所以有王乎戍凤令五族戍之辞。"（陈梦家《综述》，第 576 页）

《合集》26880 号

戍屮：字形 🔣，释为戍屮，屮为邦族名。所见戍屮的卜辞有《合集》26879 号："戍屮弗雉王众? ……"为五族戍之一。参见五族戍条。

戍带：字形 🔣，🔣释为带（刘钊《新甲骨文编》，第 467 页），为邦族名。所见戍带的卜辞有《合集》26879 号："……戍带弗雉王众? ……"为五族戍之一。参见五族戍条。

戍凸：字形 🔣，释为戍凸，凸为邦族名，或可释为骨。所见戍凸的卜辞有《合集》26879 号："……戍凸弗雉王众? ……"为五族戍之一。参见五族戍条。

戍逐：字形，释为戍逐，逐为邦族名。所见戍逐的卜辞有《合集》26879 号："……戍逐弗雉王众？……"为五族戍之一。参见五族戍条。

戍何：字形，释为戍何，何为邦族名。所见戍何的卜辞有《合集》26879 号："……戍何弗雉王众？……"为五族戍之一。参见五族戍条。

保：字形，叶玉森释为保。（叶玉森《前释》一卷，第 104 页）所见保的卜辞如《合集》43 号："戊辰……贞：翌辛……亚乞以众人，舌丁录，乎保，我？"为武丁时期卜辞。辞中保被呼唤参与舌（杀伐）丁录，其身份或为具有征伐之责的官员。此外，《合集》17633号、17634号、25039号、25040号、26094号、40455号以及《天理》345号、346号皆出现"保"。还有《合集》24945 号："戊戌卜，出贞：侑、报于保，于……室，酒？"辞中的保作为被祭祀对象，被祀于侑祭、报祭，若不是先王先王，其或为商之旧臣。传统文献中旧臣有保衡，说明保之官名，久而有之。

右保：字形，释为右保。所见右保的卜辞仅见《合集》23683 号："丙寅卜，大贞：更甾，右保自右尹？十二月。"为且庚且甲时期卜辞。辞中右保与右尹同条并举，其身份应该与右尹一样相当尊贵。

祝保：字形，隶定为祝，祝或为此保的私名。所见祝保的卜辞仅有《合集》6 号："丁酉卜，宾贞：令甫取元伯殳及？贞：令祝、保、甫？六月。"为武丁时期卜辞。辞中甫为邦族首领名，祝保与甫同条并举，亦参与征伐。

保凡：字形，凡当为人名。所见保凡的卜辞如《合集》17634 曰号："丙子，保凡示三屯。扫。"为武丁时期卜辞。辞中保？向商王朝中央进贡三对甲骨，保应为官名，凡应为地名或邦族名，由此推断，商王朝中央有保职官，邦族或也有保职官。但也有释保为地名。（孟世凯《辞典》，第 406 页）

《合集》17634 号

弋保：字形，弋释为弋（于省吾《诂林》，第 3455 页；刘钊《新甲骨文编》，第 717 页；李宗焜《甲骨文字编》，第 1341 页）。为保的私名。所见弋保的卜辞仅有《合集》18722 号："甲申卜，宾贞：令家……弋保？"为武丁时期卜辞，其当为武丁时期王朝中央的一位保官。此外《合集》18721号、18850号、18851号、18852号、19088号等残片上也出现弋字，同时皆出现令字。

保老：字形，释为保老（饶宗颐

《通检》第 4 册《职官人物》，第 236 页）。所见保老的卜辞有《屯南》1066 号："丁亥，贞：王令保老，因侯商？……庚寅，贞：王其征北方？"为武乙文武丁时期卜辞。辞中商王命令保老参与征伐，其当为商王朝中央具有征伐之责的官员。

保我：字形衧，释为保我（饶宗颐《通检》第 4 册《职官人物》，第 234 页）。所见保我的卜辞如《合集》1473 号："大甲其岩我？……不岩保我？"为武丁时期卜辞。辞中的保我或为我保即我之保。

《合集》1473 号

（九）侯

侯：字形侯、侯、侯，一字多形，或倒书作侯，隶作医，即后世诸侯的侯。关于侯，陈梦家认为："介乎'邦伯'与国邑之间的，是边域上的许多'诸侯'。《酒诰》所述殷制诸侯是外服，而《大盂鼎》'殷边侯田'则在内外服之间。因为卜辞于四戈（域）乎侯出伐，则诸侯当在边域。'侯'之本义当是斥候，

《说文》'候，伺望也'，由戍边的斥候引申为诸侯。乙辛卜辞中余（即殷王自称，该等卜辞乃王所自卜）'告侯田''从侯田''从多田于（与）多白''从侯喜'征伐羌方、孟方、人方。由此可知侯、田不是多邦方的君长。卜辞的侯、田当如《大盂鼎》之说乃殷边之侯田，《君奭》所谓'屏侯甸'者乃以侯、甸作邦国的屏藩。"（陈梦家《综述》，第 328 页）赵诚认为："从卜辞的内容来看，商代的侯为地方长官，其所处之地区当在商的四域，和商以外的邦国靠近。……卜辞关于某侯的称谓，最完整者由三部分组成，如仓侯虎，第一部分仓为邦族或地域之名，第二部分侯当是该邦族或地域的领袖之义，第三部分虎为该侯之私名。"（赵诚《词典》，第 57—58 页）孟世凯则认为，侯为"方国之长"。（孟世凯《辞典》，第 409 页）所见卜辞中的侯，一般具有以下三方面特征：（1）各有领土；（2）各有武装；（3）其与商王朝中央的关系亦时有叛逆，王室的兴衰与诸侯的叛服息息相关。这些诸侯除了在内乱外患之际，提供兵力捍卫王室外，在平时也常向王室进贡奉献。商王除了向他们征收人力和物力之外，也时常关心他们的祸福。关于侯的数量，董作宾在《五等爵在殷商》中列举了 24 位侯名，胡厚宣在《殷代封建制度考》中列有 29 位，陈梦家的《综述》列有 25 位，张秉权的《甲骨文与甲骨学》列有 41 位，岛邦男的《殷墟卜辞研究》列了 35 位。

二侯：字形二侯，释为二侯，二侯指

两位诸侯。所见卜辞中二侯的记载有二：一为《合集》7242号："戊寅卜，贞：令甫从二侯叟，及元王值，于之若？"为武丁时期卜辞。辞中"二侯"当为武丁时期的两位诸侯。二为《合集》23560号："戊子卜，疑贞：王曰：余其曰多尹，其令二侯，上丝暨會侯其……周。"辞中疑为卜辞第二期且庚且甲时期出组大群贞卜人物，那么这两位侯应是且庚且甲时期的诸侯。

《合集》7242号

虢侯：字形𤉹，释为虢，虢是地名或邦族名，也有隶定作虢（孟世凯《辞典》，第633页）。所见虢侯的卜辞有《合集》697号："隹妣己，贞：乎从虢侯？"还有《合集》3332号残片残辞："贞：乎从虢侯？"皆为武丁时期卜辞。其封地不详。

仓侯虎：字形𤔤，释为仓侯虎，仓为地名或邦族名（饶宗颐《通检》第2册《地名》，第216页），虎是此侯的私名。所见仓侯虎的卜辞有三条，一为《合集》3286号："丙戌卜，亘贞：……贞：仓侯虎其……"又见《合集》6553号及《合集》6554号："贞：今早……从仓侯虎伐夅方，受有佑？"等。辞中出现贞人亘，皆为卜辞第一期武丁宾组贞卜人物，那么此仓侯虎应为武丁时期诸侯之一。关于仓的地望，由于对仓字的解释有异，出现了多种说法，唐兰释为仓侯，认为："疑为蒋国，周灭殷后，以封同姓者，地在今河南固始西。"（唐兰《天壤阁甲骨文存考释》91片）郭沫若释为匡侯，认为："匡地在春秋时有三：《论语·子罕》：'子畏于匡。'乃卫地，在今河北长垣县（现属河南省）西南。《左传·定六年》：'公侵郑，取匡。'乃郑地在今河南扶沟县东北。《春秋·僖十五年》：'盟于牡秋，遂次于匡。'乃宋地，在今河南睢阳县西三十里。三匡虽分隶三国，然均相隔不远。盖古匡国地，入后被分割者也。"（郭沫若《卜通》考释，第518页）丁山释为蒙侯，认为："即《汲郡古文》所称的壮冡，梁国蒙县，在今河南商丘东北。"（丁山《释蒙》，刊《中央研究院历史研究所期刊》一本2分）郑杰祥认为："卜辞仓侯所在的仓地可能就在后世的仓颉师旷城或仓

《合集》3286号

垣城……在今河南省开封市东北。"（郑杰祥《概论》，第 208 页）

仓侯：字形▨，释为仓侯，仓为地名或邦族名。所见仓侯的卜辞有二十余条，或为仓侯虎之省写私名的称谓。参见仓侯虎条。

侯虎：字形▨，释为侯虎，虎是此侯的私名，也有学者释为豹（王襄《古文流变臆说》，第 225 页）。所见侯虎的卜辞有十余条，或为仓侯虎之省写地名或邦族名的称谓。参见仓侯虎条。

虎：字形▨，所见虎的卜辞有三条，《合集》3304 号、3305 号、3306 号皆残片残辞，辞中的虎或为仓侯虎之残省，但卜辞中有虎方，如《合集》6667 号："……贞：令望乘暨舆途虎方？十一月。"虎族的首领也称虎，如《合集》16496 号："丁巳卜，贞：虎其有祸？"又如《合集》16523 号："乙亥卜，令虎追方？"所以《合集》3304 号、3305 号、3306 号的虎有待进一步考证。

侯光：字形▨，释为侯光，光在卜辞中用作族名和地名，此侯光当为光侯。所见侯光的卜辞有两条，一为《合集》3358 号残片残辞："……叀紎比侯光使？"二为《合集》20057 号残片残辞："丙寅卜，王贞：侯光若……往桑嘉……侯光……"辞中贞字为卜辞第一期武丁师组字形风格，侯光当为武丁时期诸侯之一。此外，《合集》6566 号："甲午卜，宾贞：光其有祸……午卜，宾贞：光亡祸？"反面有"王占曰：有祟！兹囗执光。"辞中的光或为侯光之省称，执光即抓捕光，说明这时的光或

叛离商王朝中央。关于光的地望，叶玉森认为："光国今光州。……光国为黄帝后，姞姓封。卜辞之光或即古光国"（叶玉森《前释》三卷，第 36 页），即今河南省信阳市光山县一带。

侯专：字形▨，释为侯专，专字或写作▨，专在卜辞中也用作地名或族名，侯专或为专侯。所见侯专的卜辞有七条，如《合集》3346 号："癸亥卜，王贞：余从侯专？八月。"又如《合集》6834 号："丙寅卜，争：乎嬴敽侯专祟权？"等。辞中出现贞卜人物争，同版还出现贞卜人物殻，皆为卜辞第一期武丁宾组贞卜人物，说明侯专为武丁时期诸侯之一。卜辞还有《合集》8597 号、27759 号，皆残片残辞，其中出现单字专，或为侯专之残去侯字，或为侯专之省称。关于专的封地，郑杰祥认为在今濮阳县西南一带。（郑杰祥《概论》，第 116 页）

岁侯：字形▨，释为岁（李宗焜《甲骨文字编》，第 911 页），为地名或邦族名，是仅出现在甲骨文中的文字。所见岁侯的卜辞有三条，一为《合集》3342 号："壬子卜，殻贞：王勿衣岁侯告……叀易……"二为《合集》3345 号："……午，争贞：王岁侯……"三为《合集》3383 号等。辞中殻、争皆为卜辞第一期武丁宾组贞卜人物，那么岁侯当为武丁时期诸侯之一，其封地待考。

侯徒：字形▨，释为侯徒（饶宗颐《通检》第 4 册《职官人物》，第 72 页），徒应为地名或邦族名，侯徒即徒侯。所见侯徒的卜辞仅有一条，为《合集》8656 号："庚子卜，贞：乎侯徒出

自方"为武丁时期卜辞，侯徒或为武丁时期诸侯之一。关于侯徒的封地待考。

侯敿：字形，隶定为敿，为地名或邦族名，亦为侯名。侯敿即敿侯。所见侯敿的卜辞有三条，一为《合集》3357号："壬寅卜，贞：乎侯敿紤？十一月。"二为《合集》10559号："戊寅卜，乎侯敿田"三为《合集》20066号等。辞中出现卜辞第一期武丁师组贞卜人物扶，那么侯敿当为武丁时期诸侯之一，其封地待考。

侯贯：字形，释为侯贯，贯字也有写作，也有释为串（张秉权《丙编考释》，第179页），在卜辞中用作族名，那么侯贯当为贯侯。所见侯贯的卜辞有五条，如《合集》3356号残片残辞："……叀……用赢侯贯王不……"其他《合集》3354号、3355号与《怀》380号皆残片，仅有侯贯名，但皆为武丁时期卜辞，侯贯应为武丁时期诸侯之一。另《合集》32813号的侯贯的贯字写法为，或为贯字的异写。贯字陈梦家释为串，认为是"《诗·皇矣》'串夷载路'之串夷"（陈梦家《综述》，第294页）。其封地在今陕西、山西北部，东至太行山一带。

贯告：字形，释为贯告，贯为地名或族名，告当为私名。饶宗颐将贯告列入侯中（饶宗颐《通检》第4册《职官人物》，第73页）所见贯告的卜辞有一条，为《合集》6665号："三日乙酉，有来自东，画乎贯告，旁捍……祸。"为武丁时期卜辞，辞中的贯告或与侯贯为一人。参见侯贯条。

犬侯：字形，释为犬侯，犬为地名或族名。所见犬侯的卜辞有三条，一为《合集》6812号："己卯卜，允贞：令多子族从犬侯璞周，由王事？五月。"辞中璞周即征伐周。二为《合集》6813号："贞：令多子族暨犬侯璞周，叶王事？丙寅卜，争贞：……"三为《合集》3296号等。前两辞出现的允、争皆为卜辞第一期武丁宾组贞卜人物，那么，犬侯当为武丁时期诸侯之一。

侯奠：字形，释为侯奠，奠为地名或族名、人名，也释为郑（王襄《簠室殷契类纂》正编第五，第22页）。见于《合集》3351号："甲寅卜，王乎……致，侯奠来……六月。"又见《合集》3352号："贞：勿曰侯奠？"皆为武丁时期卜辞，那么侯奠应为武丁时期诸侯之一。

宾侯：字形，释为宾，为地名或族名、人名，所见宾侯的卜辞仅有一条，为《合集》3333号："丙申卜，永贞：乎宾侯？贞：勿乎宾侯？"辞中永为卜

《合集》3333号

辞第一期武丁宾组贞卜人物，那么宾侯当为武丁时期诸侯之一。

侯商：字形🅐，商字与其他甲骨文商字有别，暂释为侯商，商为地名或族名，侯商即商侯。所见侯商的卜辞有两条，一为《屯南》1066 号："丁亥，贞：王令仔老因，侯商？王令陕彭因，侯商？……寅，贞：王其正方？"二为《屯南》3195 号残片残辞，皆为武乙文武丁时期卜辞，那么侯商应为武乙文武丁时期诸侯之一。

舞侯：字形🅑，释为舞侯，舞为地名或族名，所见舞侯的卜辞有 10 余条，如《合集》6943 号："己酉卜，殻贞：乎葬舞侯？贞：勿乎葬舞侯？"同版其他辞条出现贞人争，殻、争皆为卜辞第一期武丁宾组贞卜人物。又见《合集》3318 号、3319 号、3320 号等都出现舞侯之名，皆为武丁时期卜辞，那么舞侯当是武丁时期诸侯之一，其封地待考。

《合集》3320 号

敖侯：字形🅒，释为敖侯，敖为地名或族名，也有释为先（饶宗颐《通考》第六册，第 47 页）。所见敖侯的卜辞有五条，如《合集》10923 号："壬戌卜，争贞：乞今曼田于敖侯？十月。"辞中争为卜辞第一期武丁宾组贞卜人物，

那么敖侯当为武丁时期诸侯之一，其封地待考。

橄侯：字形🅓，隶定为橄，为地名或族名。所见橄侯的卜辞仅有一条，为《怀》1592 号残片残辞："……不……橄侯……丁用……不易。"其年代和封地待考。

敖：字形🅔，释为敖（王蕴智《字学论集》，第 175 页），是地名或族名。所见敖的卜辞有十数条，或为敖侯之残去侯字，如《合集》5734 号、5735 号，敖字之后的辞皆残；或为敖侯之省称，详见敖侯。

杞侯艺：字形🅕，杞为地名或族名，（于省吾《诂林》，第 3362 页，姚孝遂按）🅖释为艺，王襄释为热（引自孙海波《甲骨文编》，第 112 页），是此侯的私名。所见杞侯的卜辞仅有一条，为《合集》13890 号："丁酉卜，殻贞：杞侯艺，弗其骨凡有疾？贞：子宾不延有疾？"辞中殻为卜辞第一期武丁宾组贞卜人物，那么杞侯当为武丁时期诸侯之一，关于其封地之杞学者多认为在河南省杞县境内。

《合集》13890 号

崔侯：字形🅗，隶定为崔，为地名

或族名，是仅出现在甲骨文中的文字。所见崔侯的卜辞有六条，如《合集》3321号："庚午卜，崔侯其……"还有《合集》3322号、3323号、6839号、39702号等全部是残片残辞，但皆为武丁时期的卜辞，可知崔侯为武丁时期诸侯之一，其封地待考。

崔：字形，隶定为崔，为地名或族名。所见崔的卜辞有七条，为《合集》4726号、4727号、4728号、4729号、4730号、4731号、4732号，皆为武丁时期卜辞，其中出现的崔皆用作人名，是否与崔侯同为一人待考。

靳侯：字形，隶定为靳，为地名或族名，也有释为祈。所见靳侯的卜辞仅有《合集》3325号残片残辞出现"靳侯"二字，为武丁时期卜辞，那么靳侯应为武丁时期诸侯之一。关于靳侯的封地，郑杰祥认为："当即古代几城，位于今河北省大名县东南。"（郑杰祥《概论》，第348页）

竹侯：字形，释为竹侯，竹为地名或族名。所见竹侯的卜辞有《合集》3324号残片残辞出现"竹侯"二字，为武丁时期卜辞，那么竹侯应是武丁时期诸侯之一。关于竹侯的封地，彭邦炯认为："竹国就是文献上讲的孤竹国，甲骨卜辞中叫竹或竹侯。竹国的范围就在今以卢龙为中心的河北东部到辽西一带广大地方，是商代在东北方面重要的巨族。"（彭邦炯《商史探微》，第189页）此外，所见卜辞中还有三十余条出现竹的单字，或指竹族之人，如《合集》4747号："壬申卜，扶：令竹官？十

月。"或用作地名，如《合集》108号："……取竹葱于丘？"

《合集》108号

侯匿：字形，隶定为匿，或为此侯的私名。所见侯匿的卜辞仅有《合集》19852号："癸亥卜，往卫祝于且辛？辛丑卜，勿乎雀凵，雀取侯匿……于且丁……"为第一期武丁时期卜辞，那么侯匿应为武丁时期诸侯之一。

黍侯：字形，释为黍侯，黍为地名或邦族名。所见黍侯的卜辞仅有《合集》9934号："癸卯卜，古贞：王于黍侯受黍年？十三月，小告。癸卯卜，王勿于黍侯（受黍年）？"辞中古为卜辞第一期武丁宾组贞卜人物，黍侯当为武丁时期诸侯之一。此外，辞中的侯字皆倒书。关于黍侯的封地黍，孟世凯认为："黍之今地，即《左传·哀公七年》：曹伯'乃背晋而奸于宋。宋人伐之，晋人不救，筑五邑于其郊，曰黍丘、揖丘、大城、钟、邘'。杜预注：'夏邑县西南有黍丘亭。'在今河南夏邑县境。"（孟世凯《辞典》，第566页）

取侯：字形，释为取侯，取为地名或邦族名。所见取侯的卜辞仅有《合集》3331号："……午卜，王……受，

亡……十一月。壬……令……取侯以。十一月。"为第一期武丁时期卜辞，取侯应为武丁时期诸侯之一，其封地待考。

侯佃：字形𦙶、𦗆，隶定为佃，为地名或邦族名，是仅出现在甲骨文中的文字。侯佃即佃侯。所见侯佃的卜辞仅有《合集》1026 号："戊申卜，侯佃以人？"为武丁时期卜辞，那么侯佃应为武丁时期诸侯之一，其封地待考。

侯达：字形𦫳、𦫵，隶定为达，为地名或邦族名。侯达即达侯。所见侯达的卜辞有两条，一为《合集》3353 号："叀犾乎从侯达。"二为《合集》5777 号残片残辞："……亘贞：令侯达……"辞中亘为卜辞第一期武丁宾组贞卜人物，那么侯达当为武丁时期诸侯之一，其封地待考。

侯前：字形𦙶、𦗆，释为侯前，前为地名或邦族名，侯前即前侯。所见侯前的卜辞仅有一条，《合集》8656 号："庚子卜，贞：曰侯前出自方？小告。庚子卜，贞：乎侯徒出自方？"为第一期武丁时期卜辞，侯前应为武丁时期诸侯之一。此外，武丁时期卜辞多见前用作人名出现，如《合集》123 号、1115 号 8620 号等，也见用作地名，如《合集》4824 号、9504 号、10991 号等。

匕侯：字形𦗆，释为匕侯，匕为地名或邦族名（孟世凯《辞典》，第 41 页）。所见匕侯的卜辞有《合集》20069 号："……戊……令匕侯……有匕。"为第一期武丁时期卜辞，那么匕侯当为武丁时期诸侯之一，其封地待考。

有侯：字形𦗆，释为有侯，有为地名或邦族名。所见有侯的卜辞有《合集》20061 号："戊……有侯……祸，中……"为第一期武丁时期，那么有侯当为武丁时期诸侯之一。其封地当与有伯之地相邻，即洧水一带，古洧水源于今河南登封市阳城山，向东南流至今新郑与溱水汇合，再流至西华县入颍水。（孟世凯《辞典》，第 237 页）

侯唐：字形𦗆，释为侯唐，唐为地名或邦族名，侯唐即唐侯。所见侯唐的卜辞有《英》186 号："……亥卜，王……唐，不隹侯唐？"为第一期武丁时期卜辞，那么，侯唐应为武丁时期诸侯之一。关于卜辞中的唐地，陈梦家认为："唐在安邑一带。"（陈梦家《综述》，第 174 页）郑杰祥认为在今山西翼城县南。（郑杰祥《概论》，第 293 页）孟世凯认为："在今河北唐县西北。"（孟世凯《辞典》，第 496 页）

上丝：字形二𦗆，释为上丝，上丝或为此侯的私名。所见卜辞中上丝的记载有《合集》23560 号："戊子卜，疑贞：王曰：余其曰多尹，其令二侯，上丝暨會侯其……周。"为第二期且庚且甲时期卜辞，那么上丝与會侯应为且庚且甲时期所令的二侯之一，其封地待考。

攸侯：字形𦗆，释为攸侯，攸为地名或邦族名。所见攸侯的卜辞有六条，如《合集》5760 号："甲戌卜，宾贞：攸侯令其珏舌曰：前若之。五月。丙午卜，永贞：登射百令菫……"辞中宾、永皆为卜辞第一期武丁宾组贞卜人物，那么，这个攸侯与帝乙帝辛时期的攸侯喜或侯喜绝非一人。

工侯：字形𦗆，释为工侯，工为地

名或族名，所见工侯的卜辞仅有一条，为《合集》23558号残片残辞："……逐贞：……佳有……工侯……允……令……其若。"辞中逐为卜辞第二期且庚且甲时期出组兄群贞卜人物，那么工侯当为且庚且甲时期诸侯之一。

《合集》23558号

粄侯：字形，释为粄，为地名或族名。所见粄侯的卜辞有四条，分别为《合集》20074号、33071号（有两条）、33072号，分别为第一期武丁时期

《合集》33071号

与第四期武乙文武丁时期，其当为两个时期两个不同人物。由《合集》33072号："戊……卜，令雀伐粄侯……"内容分析粄侯与商王朝中央当为叛离关系。

米侯：字形，释为米侯，米为地名或族名。所见米侯的卜辞仅有《合集》33208号："甲子卜，王从东戈米侯冀？乙丑卜，王从南戈米侯冀？丙寅卜，王从西戈米侯冀？丁卯卜，王从北戈米侯冀？"辞中的米字，也有隶作粄，或为粄之省攵形，参见粄侯条。

多侯：字形，释为多侯。所见多侯的卜辞有两条，一为《合集》11024号残片残辞"……多侯……廼令……"为武丁时期卜辞。二为《屯南》3396号："多侯归。"反面"于多侯……"为武乙文丁时期卜辞。由辞义分析多不应表示众多之意，而是此侯名。其封地不详。但姚孝遂、肖丁认为："'多侯'与'多方''多白''多田'均约略相当于后世所谓之'诸侯'。陈梦家谓卜辞'有多田、多白而从无多侯'。（陈梦家《综述》，第328页）"姚孝遂、肖丁认为《屯南》的3396号："今得此片，是卜辞亦有'多侯'。"实际上《合集》11024号已出现"多侯"。

亚侯：字形，释为亚侯，亚为地名或族名。所见亚侯的卜辞有两条，一为《合集》32911号："乙酉贞：王令疌夆亚侯，佑？"二为《屯南》502号，皆为武乙文丁时期卜辞，那么亚侯应是武乙文丁时期诸侯之一，其封地待考。

《合集》32911 号

周侯：字形▨▨，释为周侯，周为地名或邦族名（于省吾《诂林》，第 2128 页，姚孝遂按）。所见周侯的卜辞有《合集》20074 号："令周侯，今生月亡祸？"为第四期武乙文武丁时期卜辞，那么，周侯应为武乙文武丁时期诸侯之一。周的封地"当在山西西南汾河流域某地"（孟世凯《辞典》，第 365 页）。郑杰祥认为在今山西闻喜县东北（郑杰祥《概论》，第 291 页）。有学者对《合集》20074 号有不同的释读，不认为是周侯（孟世凯《辞典》，第 365 页）。

侯告：字形▨，释为侯告，告是此侯的私名。所见侯告的卜辞有 10 余条，如《合集》6480 号："贞：王令妇好从侯告伐夷……贞：王勿令妇好从侯告？"为第一期武丁时期卜辞，这个侯告当为武丁时期诸侯之一。又如《合集》32812 号："壬午卜，令般从侯告？癸未卜，令般从侯告？"再如《合集》33039 号："侯告伐夷方。"为第四期武乙文武丁时期卜辞，这个侯告当为武乙文武丁时期诸侯之一。两个侯告异代同名。关于侯告，日本的岛邦男认为："此乃'侯来告'的意思，释作侯名是不妥的"，张秉权认为"举《乙编》2948 号同版上，另有一条卜辞说：辛未卜，争贞：妇好其从沚㦰伐巴方……可见'从侯告'，与'从沚㦰''从侯喜'的辞例一样，所以侯告是侯名，而不是'侯来告'的意思。"（张秉权《甲骨文与甲骨学》，第 426 页）

攸侯喜：字形▨▨，释为攸侯喜，攸为地名或邦族名，喜是此侯的私名。所见攸侯喜的卜辞仅有一条，《合集》36484 号："……卜……贞：王旬亡祸？在正月，王来征人方，在攸。癸卯卜，黄贞：旬亡祸？在正月，王来征人方，在攸侯喜畾永。"辞中黄为卜辞第五期帝乙帝辛时期贞卜人物，王、祸二字的风格也是五期的典型写法，为第五期卜辞无疑。关于攸的地望有多说，郭沫若认为："攸字，王襄谓条省，疑即鸣条。案其说近是。《天问》'何条放致罚'，鸣条正省称条。……考《鲁语》言'桀奔南巢'，南巢故城在今安徽桐城县南六十五里（据《寰宇记》），与鸣条纵非一地，亦必相近"。（郭沫若《卜通》考释，第 574 页）陈梦家则认为"攸是攸

侯之地。《左传》定四，今鲁公以殷民
七族，其中条、徐、萧、索当在今徐州、
萧县、宿县一带，条亦应近此三处……
征人方途中，二月癸酉在攸侯鄙永，四
日后戊寅已在宿县东北六十里之甾丘，
则攸当在今永城之南部，宿县之西北。
攸地之永，即今永城"（陈梦家《综
述》，第306页）。

冀侯：字形𧰼，隶为冀侯，冀为地
名或族名。所见冀侯的卜辞有两条，一
为《合集》36416号："……贞：翌日乙
酉，小臣……其……右老冀侯，王
其……王其以商，庚卯王弗悔？"二为
《合集》36525号："癸未卜，在贞：今
祸巫九备，王于冀侯缶师，王其在冀餗
正？"皆为帝乙帝辛时期卜辞，冀侯应
为帝乙帝辛时期诸侯之一。丁山认为：
"这位右老冀侯，非箕子不能当
之。……箕子，在甲骨文里称'冀侯'，
可见，子，也是'王子''公子'的简
称，不是爵名，箕子之爵，在商代仍然
称侯。"（丁山《商周史料考证》，第
169页）关于冀侯的封地，《集韵·止
韵》："冀，古国名，卫宏说，与杞同。"
但郭沫若认为："云冀者古国名，卫宏
云与其同……按所引卫宏说乃本《集
韵》，然杞乃姒姓之国，此冀乃姜姓之
国，冀与杞非一也。"（郭沫若《两周金
文辞大系图录考释》冀公壶）

侯喜：字形𧰼，释为侯喜，喜是此
侯的私名。见于《合集》36482号、
36483号，占问的内容与记载攸侯喜的
《合集》36484号相关，其中称攸侯喜为
侯喜或为省称。详见攸侯喜条。

《合集》36482号

侯昌：字形𧰼，隶定为昌，为地名
或族名，是仅出现在甲骨文中的文字。
侯昌即昌侯。所见昌侯的卜辞仅有《英》
1772号残片残辞："……侯……昌……"
其年代与封地待考。

會侯：字形𧰼，𧰼字隶定为會，为地
名或邦族名。所见會侯的卜辞仅有一条，
为《合集》23560号："戊子卜，疑贞：
王曰：于其日多尹，其令二侯，上丝暨
會侯其……周。"辞中疑为卜辞第二期
且庚且甲时期出组大群贞卜人物，那么
會侯当为且庚且甲时期诸侯之一，与商
王朝中央为属从关系，其地望在商王都
的西南方向。

啄侯：字形𧰼，𧰼从口从豕，隶作
啄。见于《合集》36344号："丁丑，王
卜贞：今祸巫九备？……典春啄侯"二
为《合集》36347号："……卜，贞：典

春啄侯……子其从弹……王占曰：吉！"
此两片甲骨或为一骨折为二，由王字的
字形风格和辞例判断，皆为第五期帝乙
帝辛时期卜辞。关于 的地望待考。

莫幡侯：字形 ，幡字从丁山，白
玉峥释为幡（于省吾《诂林》，第3069
页）。见于《合集》32811号、《屯南》
862号、1059号，由《合集》1059号：
"己丑，贞：王其莫幡侯商于父庚告"
的父庚，当指盘庚，为武丁对盘庚的称
谓，那么莫幡侯当为武丁时期诸侯之一。

侯妔：字形 ，妔隶作妔，为地名
或族名、人名。侯妔即妔侯。所见侯妔
的卜辞仅有《合集》20024号："戊午
卜，王勿御子辟？戊午卜，王上崇子辟
我？于仲子祎子辟侯妔来"为武丁时期
卜辞，那么侯妔应为武丁时期诸侯之一，
其封地待考。

侯角：字形 ，释为侯角。所见侯
角的卜辞仅见《存》2.102："甲戌……
侯角……"按照朱歧祥的观点，角"卜
辞为武丁附庸名，位殷西。其酋曾封侯。
角族女尝入贡为殷王侍妾"（朱歧祥
《通释稿》，第247页）。还有《合集》
6057号中的"长友角"也当指此侯，其
在武丁时期与商王朝中央为属从关系。

覃侯：字形 ，释为覃，为地名或
邦族名。见于《合集》3326号残片残辞
"……覃侯"二字，为第一期武丁时期
卜辞，覃侯应为武丁时期诸侯之一，其
封地待考。

琼侯：字形 、 ，释为琼侯，琼
为地名或族名。所见琼侯的卜辞有十余
条，如《怀》393号："壬辰卜，争贞：

翌己巳……琼侯使……"辞中争为卜辞
第一期武丁宾组贞卜人物，那么琼侯当
为武丁时期诸侯之一。但《合集》
32807号："己未，贞：王其告比琼侯？
庚申，贞：王其告于大示？庚申，贞：
王于父丁告？"为武乙文武丁时期卜辞。
辞中的琼侯与出现在武丁时期卜辞中的
琼侯是不同时代的两个人物。此外，前
辞中的琼侯与亚侯绝非同一人，所以，
诸家均未将 释为亚。唐兰在《西周青
铜器铭文分代史征·作册大鼎》释作伫
立之"伫"和阶除之"除"的本字，后
假借为昨字。说此字像堂屋四面有阶，
古称此为除。可备一说。琼侯的封地当
就是春秋时期的昨地，在今河南省延津
县一带。

《合集》32807号

凸侯：字形 ，凸为地名或邦族名，
是仅出现在甲骨文中的文字。所见凸侯
的卜辞仅有一条，为《怀》24号：

"庚……争……乎……臣……贞：翌甲寅……凸侯……以羌自上甲至于丁。"辞中出现争，为卜辞第一期武丁宾组贞卜人物，凸侯当为武丁时期诸侯之一，其封地待考。

▨侯：字形▨𠂤，▨为地名或族名。所见▨侯的卜辞仅有一条，为《合集》36345号："……丑卜，贞：今祸巫九备……曰告▨侯……"为第五期帝乙帝辛时期卜辞，那么▨侯应为帝乙帝辛时期诸侯之一。

（十）伯

伯：字形θ，释为白，有释为象正面人头之形，也有释为大拇指的象形，由大拇指会尊长之意。甲骨文用作伯仲之伯，也表黑白之白，后来为了区别伯仲之伯加了人旁形符，伯字成了形声字。关于卜辞中的伯，《礼记·曲礼》："五官之长曰伯。"陈梦家认为："在卜辞中有一些特殊身份的名称，代表着一些占有大小不等的土地的统治者，他们对于殷王的关系以及他们对于多占有的土地上的人们的关系，是研究殷代社会最重要的问题。……最外一层为多方或邦方……凡此'邦方'之长，称之为'某方白'而往往附以私名……'方白''邦白'即后来'方伯''邦伯'之所从来。《王制》曰'千里之外设方伯'，'千里之内为甸'，则'方伯'乃所谓甸服以外的君长。《召诰》、《酒诰》述殷制的'侯、甸、男、卫、邦伯'，而《酒诰》谓之外服，故'邦伯'是所谓外服的诸侯。"（陈梦家《综述》，第325—326页）赵诚认为："《尚书·酒诰》谓邦伯是诸伯之一。从卜辞来看，各方国的白（伯）基本上不属于商王朝，而侯则基本上属于商王朝，两者在性质上略有分别。《孟子·万章》说伯为五等爵之一，与商代实情不符。卜辞关于某白之称谓，最完整者有三部分组成，如'易白㷍'、'孟方白炎'，第一部分易或孟方为地名或方国名，第二部分之白为伯长之称，第三部分的㷍或炎为白之私名。由完整的称谓可以判断其它简称的结构和含义，如'儿白'之儿为地名或方国名；'白𡨄'之𡨄为白之私名。"（赵诚《词典》，第58页）关于卜辞中出现的伯名，董作宾曾经举出12位，胡厚宣则减去了其中的2位又增添了9位，为19位；陈梦家将胡厚宣删去的2位恢复，将胡厚宣所增列的又删去了6位，另外增加了11位，而为26位；岛邦男则增列了40位（张秉权《甲骨文与甲骨学》，第428页）；饶宗颐《甲骨文通检》增列为61位（其中伯戜重，实为60位）。

方伯：字形柏θ，隶作方白，释为方伯。详见伯条。

多伯：字形㗊θ，释为多伯。甲骨文多字从二肉相叠，会众多之意，引申表示与少相对，卜辞中也用作人名，如妇多。所见卜辞相关多伯的内容有三条，见于《合集》36510号："……丑，王卜，贞：今祸……多伯征孟方。"又见《合集》36511号："丁卯，王卜，贞：今祸巫九备，余其从多田于多伯，征孟方伯炎……"前二辞为第五期帝乙帝辛时期卜辞。还见《合集》39713号："壬戌卜，争贞：其侑……癸亥卜，永贞：邑克以多伯？二月。"辞中出现争、永为卜辞第一期武丁宾组贞卜人物，当为武丁时期卜辞。从上述三辞分析，多伯之多不应表众多，而是某伯之地名或方国名。陈梦家认为："卜辞'多田于多白（伯）'征盂方白（伯），则多伯既非侯田亦非方白。多白的性质，与多田大约相近；他们和《酒诰》所称妹土的'庶伯'相近。他们也有在边域上的也有在邦境内的。"（陈梦家《综述》，第328页）

儿伯：字形㫃，释为儿伯，儿为地名或方国名。所见儿伯的卜辞仅有一条，为《合集》3397号："贞：侑于……东，画告曰，儿伯……"此外，还见有出现儿单字但省略伯的卜辞，为《合集》1075号："甲午卜，殻贞：侑于羌甲？甲午卜，亘贞：翌乙未，易日？王占曰，

《合集》3397号

有祟！丙其有来艰，三日丙申，允有来艰自东，画告曰，儿……不玄冥。"辞中出现卜辞第一期武丁宾组贞卜人物殻、亘，说明儿伯为武丁时期诸伯之一。关于儿的地望郭沫若认为，卜辞中的儿即春秋时期的郳，为今山东滕州市东。（郭沫若《卜通》考证，第550页）

雇伯：字形㫃，释为雇伯，雇为地名或方国名。所见雇伯的卜辞仅有一条，为《合集》13925号："丁酉卜，宾贞：妇好有受生？贞：乎取雇伯？"辞中出现贞人宾与妇好，雇伯为武丁时期诸伯之一无疑。依据呼取辞义，雇伯与商王朝中央当为叛离关系。

《合集》13925号

寻伯：字形㫃，释为寻伯，寻字的字形有别，姚孝遂认为寻字的异体（于省吾《诂林》，第970页，姚孝遂按）。饶宗颐将此列入职官伯（饶宗颐《通检》第四册《职官人物》，第91页）。所见寻伯的卜辞仅有一条，为《合集》8947号："……亥卜，殻贞：王其乎共、寻伯出牛有正？贞：勿乎共、寻伯出牛不其正？"辞中殻为卜辞第一期武丁时期

贞卜人物，那么寻伯当为武丁时期诸伯之一。

丹伯：字形♇，释为丹伯，丹为地名或方国名。所见丹伯的卜辞仅有一例，为《合集》716号："乎从丹伯？勿乎从丹伯？"关于丹的地望，郑杰祥认为："卜辞丹地应当就在春秋时期宋国丹水一带。"（郑杰祥《概论》，第202—203页）即今河南商丘市一带。岛邦男认为："丹位于桵地与向地间，可知是殷东之地，王曾留滞于此，丹伯当为此地封伯。"（岛邦男《殷墟卜辞研究》，第432页）

易伯岁：字形♈，易为地名或方国名，♈释为岁，是此伯的私名。所见易伯岁的卜辞仅有一例，为《合集》7410号："己巳卜，争贞：侯告称册，王勿衣……庚午卜，争贞：王叀易伯岁？"辞中争为卜辞第一期武丁宾组贞卜人物，易伯岁也应是武丁时期的方伯。

易伯燊：字形♈，易为地名或方国名，♈隶定为燊，是此伯的私名。所见易伯燊的卜辞有十余条，如《合集》3380号："辛巳卜，殸贞：王比易伯燊？"又如《合集》3384号："壬午……殸贞：王叀易伯燊比？"由辞中贞卜人物殸可知易伯燊为武丁时期的诸伯之一。关于易的地望，有学者认为易地即春秋战国时的阳邑，在今山西太谷县东北一带（释见地名易条）。

易伯：字形♈，释为易伯。所见此未加私名的易伯的卜辞仅有一见，为《合集》3393号残片残辞："……兹易伯牛……勿……"亦为武丁时期卜辞，或为省略私名的易伯。

《合集》3393号

而伯龟：字形♈，释为而伯龟，而应为地名或方国名，龟是此伯的私名。所见而伯龟的卜辞有两例，见于《合集》6480号："贞：王叀而伯龟从伐……方……贞：王勿叀而伯龟伐……"又见《合集》39965号："甲寅卜，韦贞：王自往从而伯龟？王勿自往于从？"辞中韦是第一期武丁宾组贞卜人物，那么而伯龟当为武丁时期方伯之一。

而：字形♈，释为而，是地名或方国名，有时单称而是对而伯的省称，这种现象在所见甲骨卜辞中有三例，见于《合集》673号："戊午卜，而弗其以我……女？"又见《合集》15588号："翌辛巳，燎于而暮？"及《合集》20649号："庚辰卜，王叀往稽受年？一月。……善左……祟……比……而……曰不……"

绊伯益：字形♈，绊为地名或方国名，此字也有释为羌，也有释为羊，认为羊族、羊方、羊地当在羊头山少水上游一带，即今山西高平市羊头山一带

（孟世凯《辞典》，第 270 页）。🔸隶定为盆，是此伯的私名。所见絳伯盆的卜辞仅有一条，为《合集》1118 号："丁卯卜，……贞：奚……絳伯盆用于丁？癸酉卜，贞：旬亡祸？癸亥卜，古贞：旬亡祸？二月。"辞中古为卜辞第一期武丁宾组贞卜人物，那么絳伯盆当是武丁时期方伯之一。被用作献牲于祭名号为丁的先祖，当为战败被俘获之诸侯。另见《合集》5497 号残片残辞，出现下部残缺的絳字，或也是絳伯盆之残。

《合集》5497 号

息伯引：字形🔸，释为息伯引，朱歧祥以为息"用为外邦族名"（朱歧祥《通释稿》，第 104 页），引是息伯的私名。所见卜辞中息伯弘的记载有两条，一为《合集》20086 号："乙亥卜，奏🔸息伯引？十一月。"二为《合集》22300 号（二片卜辞内容完全相同，应为重片）。此外，武丁时期引用作人名的卜辞还有《合集》4811 号："贞：勿乎从引？"《合集》4812 号："贞：引不其获……"《合集》4813 号："丁巳卜，宾贞：乎引宓蚕夸弗桑？"等。辞中的引，或为息引伯之省写。出现卜辞第一

期贞卜人物宾，说明息伯引或为武丁时期方伯之一。所见卜辞中还有十数条仅出现引而无伯名的卜辞，如《合集》3099 号："丙寅卜，古贞：叀引令……"辞中名引而无伯名者，或应为引伯名之省。

伯弘：字形🔸，🔸释为弘，为此伯的私名。所见伯弘的卜辞有两条，一为《合集》3439 号残片残辞："……伯弘……丁巳卜，乎……启，弘……"二为《合集》3440 号残片残辞皆为武丁时期卜辞，那么伯弘应为武丁时期诸伯之一。从辞中用乎判断，伯弘与商中央王朝当为归附关系。此外，也有见弘省伯名的卜辞，如《合集》9106 号："……午卜，弘不其以……"辞中弘名，应是伯弘之省。

伯𢦏：字形🔸，🔸隶定为𢦏，是此伯的私名。所见伯𢦏的卜辞有一条，为《合集》5945 号："辛未卜，贞：四月。不舌。二告……卜，贞：伯𢦏……典执。四月。不舌。"为武丁时期卜辞，辞中的𢦏为甲骨文中的人名文字，对此字的隶定不一，本典依形隶定为𢦏，其即用作沚方首领的名字，又是商王朝武将之名，用作伯名或此人物为方伯身份。

伯𦀿：字形🔸，🔸隶定为𦀿，为此伯的私名。所见卜辞中伯𦀿的记载有七条，如《合集》5431 号残片残辞、《合集》20091 号："……王勿御伯𦀿史……"此外，出现在《合集》20092 号和 20463 号反面的贞字皆为方耳形，为武丁晚期师组风格，那么伯𦀿应为武丁时期方伯之一，其相互关系也应为归

附关系。此方伯或还有"史"的身份。

《合集》20091 号

伯由：字形⊖⿱，释为伯由，由是地名或方国名。所见伯由的卜辞有《合集》2341 号："戊戌卜，宾贞：舌不死？贞：雚以省伯由？三月。嘉。贞：勿侑犬于多介父？贞：雚弗其以由？"还有《合集》3416 号："贞：雚以省伯由？"等。辞中宾为卜辞第一期武丁宾组贞卜人物，伯由应是武丁时期方伯之一，与商王朝中央当为归附关系。

由：字形⿱，释为由，是地名或方国名，或为单称伯由为由。卜辞中由字单见有五例，皆残片残辞，或为伯由之残去伯字。参见伯由条。

由伯：字形⿱⊖，释为由伯，由为此伯的私名。所见由伯的卜辞有《英》1977 号："贞：令由伯于……敦。"为武丁时期卜辞，由伯当为武丁时期方伯之一。

伯阋：字形⊖⿰，⿰隶定为阋，是此伯的私名。所见伯阋的卜辞有十余条，如《合集》3418 号："壬子卜，伯阋其启？七月。"《合集》20532 号："庚戌卜，王贞：伯阋其⿰角？"辞中贞字呈方耳，当为第一期武丁晚期师组贞卜人物字形特征，那么伯阋应为武丁时期方伯之一，但张秉权认为伯阋为第四期武乙文武丁时代的伯。（张秉权《甲骨文与甲骨学》，第 428—429 页）所见卜辞中还有十数条仅出现伯阋而无伯名的卜辞，或为伯阋之省，或为阋用作地名，如《合集》130 号："甲午卜，争贞：往⿰，阋得？二告。"辞中的阋应为地名。

《合集》20532 号

艺伯：字形⿰⊖，隶定为艺伯，艺字也有释为执，从中从木同。所见艺伯的卜辞仅有一条，为《合集》3407 号残片残辞："贞：心……于艺伯……"为第一期武丁时期卜辞，艺伯当为武丁时期方伯之一。

伯率：字形⊖⿰，释为伯率，率为此伯的私名。所见伯率的卜辞仅有一例，为《合集》21936 号残片残辞："癸丑，贞：……癸丑叱伯率……"为武丁时期卜辞。但片残辞残，所记内容不详。

昊伯：字形⿱⊖，⿱隶定为昊，为地名或方国名。所见昊伯的卜辞仅有一例，为《合集》3401 号："壬子卜，宾贞：昊伯……王事。五月。"此外《合集》3402 号、3403 号、3404 号残片皆出现昊单字。辞中出现一期贞卜人物宾，昊伯当为武丁时期方伯之一，但昊的地望有待考证。

孽伯：字形 {字形}，释为孽伯，孽为地名或方国名。所见孽伯的卜辞仅见《合集》6827 号："辛酉卜，古贞：旨蔑罗？贞：旨弗其……伯……贞：旨弗其伐孽伯……"辞中古为卜辞第一期贞卜人物，那么孽伯当为武丁时期方伯之一。从辞中贞问对其征伐，孽伯与商王朝中央当为敌对关系。

伯舞：字形 {字形}，释为伯舞，{字} 为舞的异形。所见伯舞的卜辞仅见《合集》3439 号出现"伯舞"一名，为武丁时期卜辞。辞中伯舞应为武丁时期方伯之一。

伯次：字形 {字形}，{字} 释为次，是此伯的私名。所见卜辞中伯次的记载有三条，《合集》3413 号："贞：伯次……祸？"《合集》3414 号："伯次其有祝。"《合集》3415 号："……亥卜，王：伯次曰……耤值其受有佑？"三条卜辞或为一版之残裂，为第一期时期卜辞，那么伯次应是武丁时期方伯之一，且与商王朝中央为归附关系。

长伯廁：字形 {字形}，长为地名或方国名，也有释为微。{字} 隶定为廁，是此伯的私名。所见长伯廁的卜辞仅一例，《合集》20084 号："壬子卜，贞：长伯廁亡疾？"辞中虽省去贞人，但贞字是方耳卜辞第一期师组贞卜人物书写特征，长

伯廁应为武丁时期方伯之一。从辞中内容分析，商王关心并卜问长伯廁的疾病情况，其与商王朝中央当为友善关系。

微伯：字形 {字形}，释为微伯，微为地名或方国名。所见微伯的卜辞仅一例，《合集》6987 号："贞：雀弗其获征微？贞：乎取微伯？贞：勿取微伯？二告。"为第一期卜辞，微伯当为武丁时人物。全辞卜问对微及微伯进行征取，其与商王朝中央应为敌对关系。

微：字形 {字形}，释为微，为地名或方国名。所见卜辞中微的相关内容甚少，且对有的相关卜辞学者解释不一，如《合集》4555 号："贞：乎从微告取事？"有学者则释为"贞：乎比微告取事？"又如《合集》4833 号："贞：更镀？令从微。"有学者则释为"贞：更镀？令比微。"（姚孝遂、肖丁《摹释》，第 123 页）前两辞中的微当是微伯之省伯的简称。

子伯：字形 {字形}，释为子伯，子是否为地名或方国名，待考。所见子伯的卜辞有四条，皆残片残辞，如《合集》3409 号："……亥卜，亘贞：皋……爵……子伯。"又如《屯南》2650 号："……卜……子伯……弜。"辞中出现卜辞第一期武丁宾组贞卜人物亘，说明子伯生活在武丁时期。此外，卜辞还有见伯子，如《合集》20085 号残片残辞："甲子卜，隹伯子……"辞中伯子的子是否为此伯的私名待考。

老伯：字形 {字形}，释为老伯，所见老伯的卜辞仅有一条，为《合集》1780 号："辛亥……殼贞：侑老伯于父乙？

贞：……其……亡。贞：侑于父乙？壬子卜，宾贞：贞：弗其获？二告。贞：求于且辛。翌癸丑，侑且辛，四牛。"辞中殻、宾为卜辞第一期武丁宾组贞卜人物，父乙为武丁之父小乙，老伯为武丁时期方伯之一无疑。由其作为向父乙祭祀的人牲可推断其与商王朝中央的关系为叛离关系。

去伯：字形⚇，释为去伯，去为地名或方国名。所见去伯的卜辞仅有一例，为《合集》635 号："贞：乎去伯于娩？贞：乎去伯于娩？贞：王往于田？二告。王勿往于田？"为武丁时期卜辞，从辞的内容分析，去伯与商王朝中央当为友善关系。其地望待考。

有伯：字形⚇，释为有伯，有为地名或方国名，有学者认为有族即洧族，其族居故地当在今河南新乡一带（孟世凯《辞典》，第 238 页）。所见几条有伯的卜辞皆残片残辞，如《合集》39599 号："……卜，宾贞：有伯……示。三月。"又如《合集》20078 号、20079 号等。辞中出现卜辞第一期武丁宾组贞卜人物宾，说明有伯是武丁时期诸伯之一。商王能对其发号施令，有伯向商王报告

《合集》20078 号

皆说明其与商王朝中央为归附关系。

养伯：字形⚇，释为养伯，养字从羊从殳，隶定为殺，即养字（朱歧祥《通释稿》，第 191 页），卜辞中用作邦方名或地名，其邦首领称伯，如《合集》20017 号："戊午卜，扶：令养伯林？"辞中扶为卜辞第一期武丁师组贞卜人物，说明养伯是武丁时期的方伯之一，由商王对其发号施令，可见其与商王朝中央为归附关系。所见卜辞中有许多"养"人被用作人牲，如《合集》1309 号："……曼系三养……于唐。"意为向唐（成汤）献祭三个养人牲。

莫伯：字形⚇，⚇释为莫（刘钊《新甲骨文编》，第 34 页），为地名或方国名，有学者认为"莫之今地当在商王畿主要田猎区一带，今河南沁阳附近"（孟世凯《辞典》，第 449 页）。所见莫伯的卜辞有 2 条，一为《合集》10047 号："辛亥卜，争贞：令莫伯于曼？一月。"辞中的争为卜辞第一期贞卜人物。二为《英》1978 号："辛亥卜，出贞：令莫伯于與？癸卯卜……令莫……"辞中出为卜辞第二期出组贞卜人物，那么莫伯当为武丁下沿至且庚且甲时期的伯。此外，既然商王能够对莫伯发号施令，那么其关系应为归附关系。

卢伯：字形⚇，卢为地名或方国名。所见卢伯的卜辞仅有一例，为《合集》27041 号："甲戌卜，翌日乙，王其寻卢伯……不雨？大吉！"为第三期禀康时期卜辞，辞中的卢伯后辞残，或为卢伯瀿之残去瀿。此外，"王其寻卢伯"的寻为使用的含义，说明卢伯与商王朝

中央为友善关系。

卢伯澡：字形 ，卢为地名或方国名， 释为澡，是此伯的私名。所见卢伯澡的卜辞仅有一例，为《合集》28095号："……卢伯澡其延乎飨？吉！"辞中"乎飨"即呼唤并对其犒赏，说明卢伯澡与商王朝中央非常友好的关系。

《合集》28095号

危伯：字形 ，释为危伯，危为地名或方国名。所见卜辞中危伯的记载有一条，为《合集》28091号残片残辞："……危伯，美于之及……望……"为第三期卜辞。郭沫若根据帝乙帝辛时期的卜辞《英》2562号："庚辰王卜，在危贞：今日步于叉，亡灾？辛巳王卜，在叉贞：今日步于沚，亡灾？"认为其地"殆即《汉书·地理志》沛郡之鄼县也。"（郭沫若《卜通》考释612）

二方伯：字形 ，释为二方白，即二方伯。指商的二位地方邦伯，如《合集》28086号："壬戌卜，王寻二方伯，大吉。王其寻二方伯于阜辟。"

戠伯：字形 ， 隶定为戠，为地名或方国名。戠伯的卜辞仅见一条，《合集》29407号："弜戠伯叀鼎正王

擒？"依据辞中王的字形当为第三期卜辞，其廪康时期与商王朝中央的关系当为叛离关系。

里伯：字形 ， 隶定为里，为地名或方国名。所见里伯的卜辞仅有一条，为《合集》3396号残片残辞："丁卯……贞：乎……里伯"为武丁时期卜辞。虽然辞残，但出现呼即召呼召唤，说明里伯与武丁时期商王朝中央为友善关系。

伯或：字形 ，释为伯或，或为此伯的私名。所见伯或的卜辞有一条，为《合集》32814号："庚辰，贞：己亥，又登从，伯或亡祸？"为第四期卜辞。也有学者释为"庚辰，贞：己亥，又登比，今或亡祸"（姚孝遂、肖丁《摹释》，第733页）。辞中商王关心名为或的伯是否有灾祸，说明其与商王朝中央为归附关系。卜辞又见沚或，如《合集》33107号："甲子贞：王从沚或伐？在七月。辛巳贞：王从沚或？"还有《合集》33056号、33058号、33074号、33106号等皆出现沚或参与征伐的内容，皆为武乙文武丁时期卜辞。辞中的沚或与伯或当为一人。关于沚或或伯或的年代，王宇信、徐义华认为："如按李学勤等学者'历组卜辞'应提前至武丁至祖庚时的观点，此沚或与沚馘为同一人。但我们仍采取传统说法，即'历组卜辞'为第四期物，认为此沚或或为第一期的沚馘的后人。"（王宇信、徐义华《商代国家与社会》，《商代史》卷四，第65页）

宋伯歪：字形 ，宋为地名或方国

名，⟨字形⟩隶定为歪，是此伯的私名。卜辞中宋伯歪的记载有一见，为《合集》20075号："己卯卜，王贞：鼓其取宋伯歪？鼓祸，由朕事，宋伯歪，从鼓。二月。"有学者认为辞中的宋地在今河南商丘市原商丘县南郊。（孟世凯《辞典》，第312页）

伯歪： 字形⟨字形⟩，⟨字形⟩隶定为歪，是此伯的私名，是仅出现在甲骨文中的文字。所见伯歪的卜辞仅有《合集》20076号残片残辞："戊戌……伯歪……其来……鼓……"辞中伯歪应是宋伯歪残去了宋字。参见宋伯歪条。

归伯： 字形⟨字形⟩，释为归伯，归为地名或方国名，郭沫若认为："归当即后之夔国，其故地当在今湖北省秭归县"（郭沫若《粹》考释1180片）。所见归伯的卜辞有一条，为《合集》33070号残片残辞："……伐归伯……受佑？"为第四期卜辞，对其进行征伐，说明其与武乙文丁时期商王朝中央的关系为叛离关系。

《合集》33070号

帚伯： 字形⟨字形⟩，释为帚伯，帚字也有释为妇，应为此伯的地名或方国名。所见帚伯的卜辞有四条，见《合集》20081号残片残辞、《合集》20082号残辞、《合集》20083号："……午卜，王贞：叀丁巳帚伯于大丁？"及《合集》20463号反面："己……卜，使人帚伯纴？"此外，《合集》20080号："壬寅卜，扶：令帚有伯。"辞中的帚有伯或也为帚伯。皆为武丁时期卜辞，帚伯是武丁时期归附王朝中央的方伯之一。

三邦伯： 字形⟨字形⟩，隶为三邦白，即三邦伯。但三邦的邦也有释作丰，为三丰伯，并认为是商代方伯之一。（孟世凯《辞典》，第48页）三邦或三丰或是指三个邦方的伯名，见于《合集》32287号："甲申，贞：其执三邦（丰）伯于父丁。"为武乙文武丁卜辞。辞中的"父丁"当指康丁。

盂方伯炎： 字形⟨字形⟩，释为盂方伯炎，盂为地名，盂方为方国名，炎为此伯的私名。所见盂方伯炎的卜辞有两条，一为《合集》36509号："……在……旬亡祸……弘吉！在三月。甲申祭小甲……佳王来征盂方伯炎……"二为《合集》36511号："丁卯，王卜，贞：今祸巫九备，余其众多田……多伯征盂方伯炎，叀衣，翌日步……"辞中祸字为典型卜辞第五期帝乙帝辛时期风格，盂方伯炎当为帝乙帝辛时期方伯之一。前二辞皆卜问对其进行征伐，说明其为叛离关系。关于盂的地望郑杰祥根据《合集》28230号廪辛康丁时期卜辞有："癸卯卜，王其延二盂田。"推断卜辞中有两个盂地，一个是《左传》《水经注》记载的古邘国，即今河南沁阳市北的邘台镇，为西盂；另一个是春秋时卫地的歈盂，即今河南濮阳县东南，为东盂。（郑杰祥《概论》，第63—64、103—104页）

可伯：字形⚟，释为可伯，可用为此伯的族名或方国名，见于《合集》27991号："自可至于宁畐，御。"辞中可与宁皆为族名或方国名。又见《合集》27990号出现"更可伯"内容，但因伯字形有异，有释这个伯字为"日"（姚孝遂、肖丁《摹释》，第622页）。还见《合集》18891号、18892号、18893号等残片都出现有可的内容，或为可伯或可方之残。虽然所见卜辞未见有可方，但有可伯可推断当有可方，为商王朝西部的外族，后被征服被用作宗庙的人牲，如《英》2267号："更可用于宗父甲，王受有佑？"

《合集》18893号

孽伯：字形⚟、⚟，释为孽，为族名或方国名，见于《合集》248号："贞：登人乎伐孽？二告。勿乎伐孽。壬戌卜，

争贞：召伐孽？翦。"为武丁时期卜辞。辞中孽与召见于同条卜辞，孽、召当皆为族名或方国名，其地当相邻或相接，孽与商王朝中央是敌对的被征伐关系。所见孽伯的卜辞如《合集》6827号："贞：召弗其伐孽伯……"为武丁时期卜辞。辞中孽伯是武丁时期与王朝中央为叛离关系的方伯之一。

鲋伯：字形⚟，隶定为鲋，鲋从鱼从大，朱歧祥认为："或即《说文》鲋字：'鱃鱼出东莱。'由字义言，或相当鱣，俗作鲸，海大鱼也。卜辞仅一见，字形未能尽明；借用为附庸名，其酋封为伯：《南明472》乙酉贞，王其令羽以从鲋……由王事？"（朱歧祥《通释稿》，第229页）由辞义推断鲋伯与商王朝中央为归附关系。

玑伯：字形⚟，玑为地名或方国名。所见玑伯的卜辞仅有一条，为《合集》36346号："己亥卜，在微贞：王……亚其从玑伯伐……"为第五期帝乙帝辛时期卜辞，辞中"亚其从玑伯"是言亚相从玑伯进行征伐，由此判断玑伯与商王朝中央应为归附关系。出现在帝乙帝辛时期卜辞中，当为帝乙帝辛时期方伯之一。

伯戠：字形⚟，释为伯戠，戠是此伯的私名。卜辞中伯戠的记载仅有一见，为《合集》33704号残片残辞："……巳……伯戠……西……祸。允戠。"从辞意分析，商王当关心伯戠的福祸而卜问，其与商王朝中央当为归附关系。出现在武乙文武丁时期卜辞中，当为武乙文武丁时期方伯之一。

伯商：字形⊖⊠，释为伯商。商为地名或方国名。所见伯商的卜辞仅有一条，为《合集》20087号残片残辞："壬子卜，贞：……伯商亡……"此外，有学者认为真伪争议最大的儿氏家谱中的最后一句"伊子曰商"为"伊子伯商"。（饶宗颐《通检》第四册《职官人物》，第92页）

乩伯：字形⊠⊖，⊠、⊠罗振玉、王襄、李孝定皆释为乩（罗振玉《殷释》中，第63页；王襄《簠室殷契类纂》，第12页；李孝定《集释》，第867页）。见于《合集》21188号："甲戌卜，王弜令乩戠，于若？"为武丁时期卜辞。辞中的乩受王之令，当为人名。又见《合集》11006号反面、11007号反面皆出现"乩入五"记事内容，辞中的乩或为邦族名。还见《乙》4279号出现"乩伯"二字，白玉峥认为"字在甲文中，或为人名、或为地名、亦或为方国名。'……乩白……《乙》4279'，此当为乩地之君，殷王赐封为伯爵者；故曰：乩白"（白玉峥《契文举例校读》，《中国文字》第8卷，第34册，第3875页）。

《乙编》4279号

畀长：字形⊠，⊠隶作畀，应为地名或方国名。长字也有释为微，或为私名。所见⊠长的卜辞有两条，《合集》5663号："贞：多犬弗其及畀长？贞：多犬及畀长？"《合集》6855号："壬子卜，争贞：叀戉……暨舌。贞：叀辥令旋畀长？"辞中出现卜辞第一期武丁宾组贞卜人物，说明畀长为武丁时期方伯之一。由辞义分析，畀长与商王朝中央的关系当为归附关系。

⊠伯：字形⊠⊖，⊠为地名或方国名，是仅出现在甲骨文中的文字。所见⊠伯的卜辞仅一例，为《合集》3395号："乙丑卜，争贞：⊠伯……丙寅卜，争贞：……庚午卜，争贞：乎……"辞中争为第一期武丁宾组贞卜人物，⊠伯当为武丁时期方伯之一，从辞中出现呼可推断⊠伯与商王朝中央或为友善关系。

⊠伯：字形⊠⊖，⊠为地名或方国名。所见卜辞中⊠伯的记载仅有一条，为《合集》3405号残片残辞："辛丑卜，王……⊠伯弗……徒。"为武丁时期卜辞，此伯亦当为武丁时期方伯之一。

⊠伯：字形⊠⊖，⊠为地名或方国名。所见⊠伯的卜辞仅有一条，为《合集》3450号残片残辞，仅有"⊠伯"二字。为武丁时期卜辞，其亦当为武丁时期方伯之一。

⊠长：字形⊠，⊠应为地名或方国名。长字也有释为微，或为私名。所见⊠长的卜辞有四条，《合集》5455号、5456号内容同为："贞：奚及⊠长？"《合集》8180号："贞：叀皋令……⊠暋？"⊠字后辞残。又见《合集》18621号残片残辞等。皆为此时期方伯之一。商王对其发号施令，说明其与商王朝中央的关系为归附关系。

（十一）名将

师般：字形，释为师般，师在卜辞中多用作师旅之师，当为武职官名，般则为私名，或为族名。卜辞中所见师般的记录有七十余条，还有单称般字的卜辞七十余条，内容大体分以下三类：第一，关于师般的活动，第二，对师般下达命令，第三，卜问师般是否有灾祸。孟世凯认为：师般"商王朝世袭武官。……师为武职官名。般为族名。'师般'即般族首领或代表人物在商王朝为官者，世袭其职，故武丁时期及武乙、文丁时期皆有师般"（孟世凯《辞典》，第462页）。

《合集》5566号

戴：字形，隶定为戴，为地名或邦族名，也为该邦族首领名。卜辞中有沚，为沚邦族或沚地，与戴地或邦族相邻，屡屡受到舌方、土方侵扰。所以，卜辞中沚、戴的内容有二百余条，另外还见有戴单独出现的辞条一百余条，如《合集》25号："己卯卜，贞：令沚、戴步？七月。辛巳卜，贞：令众御事？癸未卜，贞：今日令戴步？"从戴所出现在这么大数量的卜辞中，可知戴为武丁时期商王朝的重臣之一，多参与征伐活动，如《合集》6087号："乙卯卜，争贞：沚、戴称册，王从伐土方，受有佑？贞：王勿从沚、戴？"此前，多数学者认为沚戴为一词，沚为族名，戴为私名，于省吾甚至认为"余疑沚戴即傅说"（于省吾《骈续》，第13页）。张秉权认为："沚戴联用，戴当为沚方之首领。此人在甲骨文中屡见，他曾带兵从王及妇好伐过舌方、土方、卬方、子方、畎方。"（张秉权《甲骨文考释六则》，《古文字研究论文集》，第99页）应误。卜辞习称"戴来""戴告"，戴与沚为相邻的两个邦族，或用作两个邦族首领之名，都在商王朝中央为臣或为将。

吴：字形，按陈梦家观点暂释为吴（陈梦家《综述》，第503页）。所见卜辞中吴的记录有一百六十余条，此外还有"令吴""乎吴""吴以"等六十余条。关于吴，陈梦家认为："吴是暂时隶定的一个字，并不是'氏王臣'，是很重要的。武丁的太子孝己早亡，于卜辞称为小王，小王当是太子的一种称号。卜辞'令小王臣''令吴耤臣'，小王也可能是吴、祖庚卜辞曰：'庚午卜，出贞：王吴曰……'（《金》78）此王吴可能是祖庚曜的生称。吴有耤臣，可能是管理藉田之臣。"姚孝遂、肖丁认为："'　'亦为武丁时期著名臣属之一，其所从事的活动范围甚为广泛。其主要职司为'小耤臣'（《前》6.17.6）'省亩'亦属于农事有关。《周礼·地官》有'廪人'、'仓人'，卜辞之'省亩'盖于其职司相当。'廪人掌九谷之数，以待国之匪颁赒赐稍食'；'食人掌粟入之藏，辨九谷之物以待邦用'。殷人对其廪藏非常重视。经常令人'省亩'。（姚孝遂、肖丁《屯南考释》，第 113 页）所见卜辞吴常"由王事"（协力王事），如《合集》177 号："己丑卜，争贞：吴由王事？贞：吴由王事？"为武丁时期卜辞。吴也常参与征伐活动，如《合集》32048 号："癸亥卜，令吴乎比沚戓曾……"

《合集》32838 号

雀：字形，释为雀，卜辞中用作地名和邦族名，雀邦族首领也称雀，武丁时期卜辞有见其为常常受命东征西伐的大将军，如《合集》20399 号："乙巳卜……弜暨雀伐羌，祸？"意为雀受命征伐羌方或羌族。还有《合集》6931 号等卜辞都出现有"乎羌伐"的内容；《合集》1051 等出现令雀的内容；《合集》53 号等出现"雀翦"内容，有上

百条卜辞皆与雀参与征伐相关。此外，雀也参与商王的祭祀活动，如《合集》672 号："贞：乎雀酒于河，五十……"五十后辞残，又如《合集》1140 号："贞：勿乎雀酒于……五十牛？"两辞相系联，可知商王呼唤雀用五十头牛酒祭先祖河，可见其身份之尊贵。雀也受命管理耕作农事，如《合集》9760 号："卜，雀……人，受年？"并代表雀邦族向王朝中央进贡，卜辞中见雀入贡的记事刻辞有近 40 条，如《合集》12487 号："雀入二百五十。"雀死后商王专设置其神主与亚室中，与商先公先王并祀，称为亚雀，如《乙》3478 号："乙巳卜，贞：于翌丙，告人于亚雀？"又如《合集》33071 号："甲辰卜，侯宾雀？"诸侯也参与对雀的宾祭。丁山推论："雀侯必小乙之子，亦武丁之兄弟行也。雀侯为武丁懿亲，故卜辞所见其事亦较繁。"（丁山《殷商氏族方国志》，《甲骨文所见氏族及其制度》，第 124 页）王宇信、徐义华亦认为："雀是武丁时期重要人物，应是王族成员……他经常参加各种祭祀等王庭事务，类似内服职官。"（王宇信、徐义华《商代国家与社会》，《商代史》卷四，第 312—313 页）

鸣：字形，象鸟鸣形，从口，释为鸣。卜辞中有见用作本义，如《合集》17366 号："……之日夕，有鸣鸟。"也借用作地名，如《合集》8237 号残片残辞出现"于鸣"，《合集》8238 号残片出现"往鸣"，辞中的鸣当为地名。还借用作人名，如《合集》6768 号："癸未卜，宾贞：令鸣暨方？八月。"意

为命令鸣参与对方族的军事活动。还有《合集》4722 号、4723 号等皆出现"乎鸣从戉"内容，也当为鸣参与军事活动的记录。此外，鸣也参与商王的田猎活动，如《合集》10514 号："甲寅卜，乎鸣网雉获，丙辰风获五。"可见鸣也是武丁时期一位重要的将领。

可见𦥑常常受命东征西伐。还有《合集》5571 号、5572 号出现"小臣𦥑"名称，可见𦥑也有小臣的身份。有学者认为小臣为小吏（《孟世凯《辞典》，第 78 页），以𦥑这样大将军身份者也为小臣，可见在商之时小臣也为重臣。

《合集》6297 号

《合集》4722 号

𦥑：字形𦥑，从匕或人从禽，象人在网上，张网捕人会意，依形隶定为𦥑。卜辞中用作人名，为武丁时期的大将军名，所见卜辞中，出现商王"令𦥑"内容的卜辞多达 100 余条，如《合集》6297 号："丁未卜，宾贞：勿令𦥑伐舌方，弗其受有佑？"又如《合集》7084 号："贞：令𦥑伐东土，告于且乙于丁？八月。"辞中商王求告且乙及名为丁的先祖，护佑及命令𦥑伐东族之地。还有《合集》6292 号等出现"𦥑伐"内容，《合集》6293 号等出现"𦥑𩵋"内容，

𣁽：字形𣁽，从人或匕从𣁽，依形隶为𣁽，有认为"当属𣁽字繁体"（朱歧祥《通释稿》，第 376 页）。卜辞中用作人名，亦为大将军之一。之前诸多学者将其混同于𦥑，但𦥑仅见于武丁时期，𣁽则分见于前后期卜辞，当为两人。此外，𣁽也称为犬𣁽，曾为犬官身份；𦥑则曾为小臣身份，可见𣁽与𦥑不是同一人。卜辞中𣁽身为将帅，常率众征伐，如《屯南》4489 号："丁未，贞：王令𣁽登众，伐在河西……"为武乙文武丁时期卜辞。辞中商王命令𣁽征召众人参与在河西的征伐活动。𣁽也常常参与商王的田猎活动，如《合集》33219 号："庚申，王令𣁽田？"此外，《合集》32845 号："庚申，贞：王令𣁽中？庚申，贞：王令𣁽中？"辞中的𣁽中，当为𣁽建中立旗，商王命令𣁽建中立旗，或与观察气象或风向活动相关，可见𣁽也是在商之

时的气象专家。

《合集》33219 号

望乘：字形 ，释为望乘，望字或写作 ，下部省写土堆，卜辞中用作邦族名，也用作地名；乘或为此人的私名，望乘当为望邦族首领或代表人物在商王朝中央供职。卜辞中望乘的记录有百余条，年代有第一期武丁时期的，如《合集》32 号："乙卯卜，㱿贞：王从望乘伐下危，受有佑？乙卯卜，㱿贞：王勿从望乘伐下危，弗其受佑？贞：王从望乘？贞：王勿从望乘？"又如《合集》3995 号："辛巳卜，宾贞：今早勿望乘？"辞中㱿、宾皆为武丁宾组贞卜人物。也有第四期武乙文武丁时期的，如《合集》32899 号："庚辰，贞：令望乘途危方？"辞中的下危和危方应为一个方国的两个名称，武丁时期称下危或危方，到武乙文武丁时期单称危方。前辞中的望乘皆参与征伐，当为武丁时期的大将军之一。但饶宗颐认为："卜辞所

见，望乘、望漐、望瞢皆主望祭之官，乃以职为号。"（饶宗颐《通检》第四册《职官人物》，第贰拾页）或为另外一位望乘，武乙文武丁时期的卜辞也有望乘出现，如《合集》32019 号："……望乘以羌，用自上甲？"又《屯南》135 号："辛巳，贞：其告，令望乘？于且乙告，望乘？于大甲告，望乘？"这位武乙文武丁时期的望乘，或为武乙文武丁时期王朝中央的一位参与祭祀活动的大臣。

《合集》32019 号

委：字形 、 ，依形隶作委，或为《说文》中的囷字："廪之圜者。从禾在口中。圜谓之囷，方谓之京。"卜辞中用为人名，为武丁时期的大将军之一，见于《合集》19754 号："乙未卜，由贞：委获羌？"又见《合集》20444 号："壬寅卜，委于亡，征方，翦？二月。"前二辞记载的皆为委参与征伐的内容，前辞为征伐羌方，商王贞问其是否捕获羌人；后辞则记其于亡地率军征伐方邦族，其军队将领身份无疑。关于委的年

代，由其与武丁时期贞卜人物由见于同条卜辞，知其亦为武丁时期的大将军。但董作宾将贞卜人物由断代为卜辞第四期，朱歧祥从董的观点，也认为委为第四期卜辞中的将领（朱歧祥《通释稿》，第170页）。由《合集》20196号："甲午卜，扶：令委……"中委与武丁晚期师组贞卜人物扶见于同条卜辞，可见委当生活在武丁时期。

啄：字形，从口从豕，依形隶为啄，本当指某一豕类，动物名，卜辞中借用作人名，如《合集》22324号："甲申卜，令啄宅，征？"为武丁晚期卜辞。又如《合集》28399号："王其从啄，擒智……从东兕。"前辞中商王命令啄参与征伐，后辞啄跟从商王参与智地的军事或田猎活动，可见啄的身份当为军队将领。张秉权曾谐言，甲骨文不是户籍登记，能够出现在甲骨文中的人物已很难得（张秉权《甲骨文与甲骨学》，第302页），何况是有名确指的武将，故啄也当为武丁晚期或下沿至且庚且甲时期的名将之一。

蚩：字形、，从止下有虫，有释为蚩（王蕴智《字学论集》，第176页）。也有释为疋字的一种字形（李宗焜《甲骨文字编》，第284页）。卜辞中用作邦族名，其邦族首领名也为蚩，供职在商王朝中央为武将参与征伐，如《合集》32911号："乙酉，贞：王令蚩途亚侯，侑？"为武乙文武丁时期卜辞。蚩当为武乙文武丁时期商王朝的大将军。关于辞中"王令蚩途亚侯"，卜辞习见王"令某途某"，如《合集》32899号

有"令望乘途危方"，辞中的途借为屠。于省吾认为："途作动词用，义为屠戮伐灭，应读为屠。"（于省吾《骈三》，第22页下释途）此从于说，王令蚩途亚侯即王令蚩带兵屠伐亚侯，可见蚩的军队将领身份。所见卜辞中蚩族人还参与农芻活动，如《合集》249号："贞：蚩刍于兹庶？蚩刍于贯？二告。"还有见蚩的邦族人向王朝中央进贡甲骨的记录，如《合集》2362号："蚩示三屯。宾。"以及向中央进贡女子，如《合集》674号："行：弗其以蚩女？"等，皆为武丁时期卜辞。蚩族之人在武丁时期已在商王朝中央供职。

《合集》674号

疋：字形，释为疋。卜辞中用作地名或邦族名，疋邦族的首领也称疋，供职在商王朝中央为武将，如《合集》190号："丁丑卜，宾贞：疋获羌？九月。贞：疋不其获羌？二告。"还有《合集》191号、192号、193号皆出现"疋获羌"内容，疋及其邦族居住地或与羌邦族相近，受命征伐羌邦族或羌方，

商王屡屡贞问其俘获羌人的情况。又如《合集》231号："贞：疋来羌，用自成、大丁……甲、大庚、下乙。"记录了疋送来俘获的羌人用作人牲祭祀成（商汤）、大丁等先王。此外，还多见疋参与田猎活动，如《合集》20706号有"疋在妊虎获"内容。所见相关疋内容的皆为甲骨文第一期卜辞，可见疋为武丁时期大将军之一。

御：字形🔲，姚孝遂释为是御的繁体（于省吾《诂林》，第2285页姚孝遂按）。朱歧祥认为从攴御声，《说文》无字，卜辞用为武丁将领名（朱歧祥《通释稿》，第50页）。见于《合集》2631号："……贞：叀妇好乎御伐……戊辰……伐……三月。"辞残片背面有"妇好示十屯。宾。"内容。辞中御与妇好见于同条，被妇好呼唤参与征伐，其身份当为武将。能够在妇好手下听命，其身份也相当尊贵，应为武丁时期名将之一。

次：字形🔲、🔲，象人垂涎形，依形隶定为次，《说文》："次，慕欲口液也。从欠，从水。"或可释为涎的初文（于省吾《释林》，第382页）。张政烺认为次在卜辞中用法有两种，一种是人名，一种用作羡，表河水外溢（张政烺《殷虚甲骨文羡字说》，《甲骨探史录》，第32—35页）。卜辞中次用作人名和邦族名，见于《合集》9375号："次王入。"为记事刻辞，辞中的次为邦族名，其邦族首领也名次，在商王朝中央供职，为武将，见于《合集》28053号："王叀次令五族伐羌方？"辞中次率领五族的军

队征伐羌方，可见其大将军身份。又见《合集》9375号出现"次王入"内容，以及《合集》30715号出现的"叀七牛次用，王受佑？"内容，可知次邦族的居住地也为商王入龟、祭祀之地，为商王常常光顾之地。此外，卜辞中次也用作祭祀动词，见于《合集》19945号、19946号等。

《合集》19945号

叒：字形🔲、🔲，从人举子形，依形隶为叒，有释为弃。卜辞中用作人名，为武丁时期的武将名，主要参与对舌方的征伐，见于《合集》6341号："癸丑卜，争贞：叒及舌方？"又如《英》566号等都是记录的叒带兵征伐舌方的内容。卜辞还多见叒教练射手的内容，见于《合集》5770号："癸巳卜，散贞：叀叒令盖射？"又见《合集》5771号："癸巳卜，散贞：令叒盖三百射？"辞中"盖射"意为训练射手，"盖三百射"意为训练三百名射手，可见叒不但带兵征伐，还为训练军队的高级军事教官。

畀：字形🔣，从人在田下，依形隶为畀，朱歧祥释为"从人，人首持物，隶作异，为戴字之本形"（朱歧祥《通释稿》，第44页）。卜辞中畀用作武丁时期的武将名，见于《合集》203号："己巳卜，宾贞：畀获羌？一月。乙巳卜，宾贞：畀不其获羌？"还见《合集》14291号残辞、14292号残片等。其中的畀或可为地名或邦族名，畀为邦族首领或代表人物在商王朝中央供职。由前辞畀主要参与的是对羌的征伐，其邦族或居住地当与羌族或羌方相邻。

𤰅：字形🔣，依形隶为𤰅，卜辞中用作邦族名或人名，见于《合集》6855号："贞：叀𤰅令旋畏、微？"辞中的旋也有释为奔（李宗焜《甲骨文字编》，第1184页），为人名或族名，𤰅与之同伐畏和微邦族，可知𤰅的身份也为军队将领，为武丁时期军队将领之一。此外，《合集》5478号、5479号都出现"叀𤰅乎往于微"和"叀𤰅令往于微"内容，或为微被征服后，商王派𤰅前往微地戍守。

《合集》6855号

佥（冠）：字形🔣，从倒口，从祝省形，有释为佥，通俭（王蕴智《字学论集》，第179页），现代汉字简化为俭。也有释为冠（刘钊《新甲骨文编》，第461页；李宗焜《甲骨文字编》，第22页）。卜辞中用作人名，见于《合集》6947号："己巳卜，㱿：令佥（冠）往沚？二告。乙未卜，㱿：勿令佥（冠）往沚？"又见《合集》10976号上也出现"叀佥令"的内容。朱歧祥根据前辞内容，认为佥"卜辞用为殷武丁时将领名，曾戍守殷西沚地"（朱歧祥《通释稿》，第20页）。

二　甲骨文研究学者

（一）甲骨文发现非科学发掘时期和甲骨学草创时期（1899—1928 年）

王懿荣 （1845—1900）男，汉族，山东省烟台市福山区（清山东省登州福山县）古现村人。字正孺、廉生、莲生，晚号养潜居士，直庐花衣，谥文敏。王懿荣出身于一个典型的世代官宦书香门第。在清朝 200 多年时间里，王家一族就出了 6 名翰林，24 名进士，58 名举人。王懿荣的祖父王兆琛，是经魁、进士、翰林，《清史稿》有传。其精通经文，尤长文字音韵学，并酷爱金石文物，所编纂的《天壤阁丛书》，由王懿荣最后完成。王懿荣的父亲王祖源，拔贡，历任成都知府、四川成绵龙茂兵备道，官至四川按察使。良好的家学渊源培养了王懿荣的金石之学和酷爱收藏，都为他之后的成就以及发现甲骨文提前做了学术准备。1879 年（清光绪五年），35 岁的王懿荣考中举人，次年考中进士，从此走上仕途。历任翰林院编修、侍读、国子监祭酒、南书房行走、山东团练大臣、京师团练大臣等。为官清正廉洁，勤勉奉公。1900 年（清光绪二十六年）七月，八国联军入侵北京。时任京师团练大臣（京都城防司令）的王懿荣率众抗击，兵败城破后于家中吞金、服药自绝不成，偕夫人谢氏、长媳张氏投井自尽，以身报国，终年 56 岁。作为晚清著名金石学家的王懿荣，虽然学满朝野，但他首先是一个爱国主义志士，也是出于忧国忧民爱国情操的驱使，加上他对金石、古物的深厚学养，使至他见到了龟甲和兽骨上的刻画，自然而然地与中国悠久历史联系起来，从而，1899 年，他第一个认知了这些骨头上刻画的价值，发现并开始购藏甲骨文，成为誉满学林的"甲骨文之父"。关于王懿荣发现甲骨文，有多种说法。归纳起来主要有两种：一是"吃药说"，是说 1899 年王懿荣患了病，从一个叫达仁堂的药店买来的中药材中有一味名为"龙骨"的药材上见到了刻画，他认为是古老文字，并由此指使古董商开始大量收购带有刻画的"龙骨"，从而发现了甲骨文。这种说法最富有传奇色彩，被人所津津乐道，源自 1931 年北京《华北画刊》，署名为汐翁的一篇满是错误时间和错误地点的小文，本不足训。二是"购藏说"，是说王懿荣的同乡山东潍县古董商人范维卿倒腾古物，常往来于武安彰德一带（安阳旧称彰德，武安当时隶属安阳）见有骨头上带刻纹的，购买若干片献给王懿荣，或说端方等，王懿荣鉴定、购藏甲骨文由古董商起。关于这种说法，刘鹗在《铁云藏龟·自序》中说得很清楚："……庚子岁有范姓客，挟百余片走京师，福山王文敏公懿荣见之狂喜，以厚价留之。后有潍县赵君执斋得数百片，亦售归文敏。"王国维的《最近二三十年中国新发现之学问》中也有记载，甲骨"初出土后，潍县估人得其数片，以售之福山王文敏懿荣（闻每字银四两）。文敏命秘其事，一时所出，先后皆归之"。陈梦家也依据不同记载考证，王懿荣共三次购藏甲骨："第一次，己亥 1899 年秋，范估以 12 版售于王氏，每版银二两；第二次，庚子 1900 年春，范估又以八百片售于王氏……"陈梦家考证的王懿荣第二次和第三次收购甲骨即刘鹗《铁云藏龟·自序》所记。无论是"购藏说"或"吃药说"，王懿荣发现甲骨文似乎有诸多偶然因素，但偶然中有必然，如果没有充分的思想、学养准备，即便是见到了甲骨文，也未必能够认识它的学术价值，从而发现甲骨文。其实，殷墟甲骨文至少在 1400 多前的隋代就已经重见天日。隋代时殷墟王陵遗址一带被用作坟墓，所见坟墓的回填土中，时杂有甲骨文。但隋人没有王懿荣一样的思想和学养准备，虽然见到了甲骨文但没有发现甲骨文。对于王懿荣是甲骨文的第一个鉴定、收藏者及发现甲骨第一人的观点，已得史学界、甲骨学界多数学者公认，并誉称他为"甲骨文之父"。胡厚宣曾这样评价王懿荣："出土的大量甲骨文使中国文字起源至少可以上溯到三千年前的殷商时代。在世界上这种数千年一脉相传的文字体系只有在中国的汉字中才能找到。王懿荣作为甲骨文的首先发现者、断代者，其功绩是不可磨灭的"。

刘鹗（1857—1909）男，汉族，江苏丹徒县（今镇江市丹徒区）人，寄籍山阳（今江苏淮安市）。原名震远，后改名鹗，字铁云，又字公钓，号老残，别署洪都百炼生。金石学家、甲骨学家、小说家。1876 年（光绪二年）赴南京应乡试，未考中。遂潜心研究治河工程。1884 年（光绪十年）在淮安经营烟草，年终亏本。1886 年（光绪十二年）赴江宁应试，未考完离去。两年后去河南参助治河工程，不畏艰苦，奋力助工。黄河龙合，河督吴大澂为之请功，让于兄孟熊。1891 年（光绪十七年）以同知任用，被任为黄河下游提调，参治黄河。1893（光绪十九年）被荐至总理衙门考核，以知府候补。后见官场腐败遂弃官经商。刘鹗自青年时期拜从太谷学派李光（龙川）之后，终生主张以"教养"为大纲，发展经济生产，富而后教，养民为本的太谷学说。他一生从事实业，投资教育，为的就是能够实现太谷学派"教养天下"的目的。而他之所以能屡败屡战、坚韧不拔，太谷学派的思想可以说是他的精神支柱，也是其见到甲骨文就全身心投入，寻购收藏，并毫无私心刊布天下的学养基础。关于刘鹗初识甲骨文的经过，说法很多。一说1899年（光绪二十五年）于王懿荣家中见到甲骨，并从古董商手中购得甲骨，辨认出是"殷人刀笔文字"。一说在琉璃厂古董店中发现辨认出。此后尽力收购有字甲骨。1903（光绪二十九年）十月，从所购藏约5000片甲骨中，选出1058片墨拓，编纂为《铁云藏龟》出版，是第一部殷墟甲骨文著录书，刘鹗也因之成为殷墟甲骨文的第一著录者。1908（光绪三十四年）被清廷加以"私售仓粮"罪，流放于新疆，次年病死于戍所。另有《铁云藏陶》《历代黄河图考》和小说《老残游记》著作。王懿荣虽然是甲骨文第一个发现者，也是精于金石鉴赏、深通古文的专家，可是他在发现甲骨文之后的第二年就以身殉国，所以他对甲骨文字还没有时间去多加探索和研究。在王懿荣死后的第三年（1903年），他所收藏的甲骨大部分由他的长子卖给了刘鹗，而刘鹗实际上早在1901年就开始购藏甲骨。也就是刘鹗得到王懿荣所遗甲骨文的那一年，罗振玉在刘家第一次见到甲骨文，当时，35岁的罗振玉正在刘家当私塾先生，后来还将自己的长女罗孝责嫁给了刘鹗的儿子，也是他的弟子刘大坤。刘鹗出版《铁云藏龟》，确受到了

罗振玉的怂恿和鼓励，罗振玉从墨拓到编印也帮了不少忙，但没有刘鹗就没有《铁云藏龟》；没有《铁云藏龟》，也可能没有《契文举例》。刘鹗不但是甲骨文著录的第一人，也是第一位断定甲骨文就是殷代文字的人——甲骨文断代第一人，同时也是第一位考释甲骨文字的人。他在《铁云藏龟》的序文中，认出了40多个甲骨单字，其中34个都认对了，有19个干支字，2个数目字。所以我们说，刘鹗的开山之功，是伟大无私的。刘鹗死后，所藏5000余片甲骨随即流散，大致有三大宗：第一宗千余片归卜子休，后来卖给上海英籍犹太人哈同夫人，1917年王国维著录的《戬寿堂所藏殷虚文字》，就是这批甲骨，现归藏上海市博物馆。第二宗约1300片归叶玉森，叶玉森选择其中的240片，1925年编为《铁云藏龟拾遗》，这批甲骨多数现已归上海博物馆，但有一部分归美国人福开森，后来在1933年由商承祚著录编为《福氏所藏甲骨文字》。还有一部分百余片归西泠印社吴振平，1939年由李旦秋著录编为《铁云藏龟零拾》。第三宗约2550片，1926年为商承祚等人所购，商承祚选文辞少见和字之变异的，手拓600多片，1933年编入《殷契佚存》，这一批甲骨中的一部分归中央大学，1941年由李孝定编为《中央大学史学系所藏甲骨文字》；一部分归束世徵，1947年让给暨南大学，以后归复旦大学历史系；一部分归陈中凡，曾由董作宾编入《甲骨文外编》。这三大宗甲骨又都在1945年由胡厚宣编入《甲骨六

录》。另外还有一部分归"中央研究院"历史语言研究所，1951 年也由胡厚宣编入《战后南北所见甲骨录》。

孙诒让 （1848—1908） 男，汉族，浙江瑞安人。又名德涵，幼名效洙，字仲容，号籀庼。其父孙衣言，字绍闻，号琴西，晚号逊披，斋名逊学，道光三十年（1850）进士。授编修，光绪年间，官至太仆寺卿。生平努力搜辑乡邦文献，刻《永嘉丛书》，筑玉海楼以藏书。有《逊学斋诗文钞》为晚清著名学者、藏书家。孙诒让幼承家学，聪颖好学。13 岁即撰成《广韵姓氏刊误》一书，18 岁时又写成《白虎通校补》。曾随父宦游京师江淮等地，博采珍本秘籍，广结学者名流，见识大增。1867 年（清同治六年）不到 20 岁即中举人，授刑部主事。但后又五次参加科举考试不中，遂绝意仕途，专攻学术，25 岁时写定的《温州经籍志》，被誉为"近世汇志一郡艺文之祖"。《四库全书简明目录批注》二十卷，《四部别录》二卷，是目录版本学的专著。他还校辑《永嘉郡记》、参加编辑光绪《永嘉县志》，协助编辑《永嘉丛书》，撰写《永嘉丛书札记》、《温州古甓记》等。其学术成就，与著名学者俞曲园、黄以周合称为"清末浙江三先生"。梁启超赞他"有醇无疵，得此后殿，清学有光"，章太炎誉为"三百年绝等双"，郭沫若尊他是"启后承前一巨儒"。孙氏晚年，坚辞清廷的

多次征召，专以办学校、开风气为己任。1896 年（光绪二十二年）在瑞安创建"算学书院"（后改称学计馆），传授数学、物理、化学等现代科学知识。次年力赞项崧等人创办瑞安方言馆，讲授国文、英文及外国史、地理等。同时与友人在温州创办蚕学馆（后称蚕桑学校），教授中外种桑养蚕之学。1901 年（光绪二十七年），将学计，方言两馆合并，更名为瑞安县普通学堂（瑞安中学前身）。同时在城区四隅各设蒙学堂一所，是为瑞安有初等小学教育开始。光绪二十八年（1902），温州中山书院改为温州府学堂（温州中学前身），公推孙诒让为总理。孙另荐余朝绅任总理，并附设高、初级小学。光绪三十一年（1905），成立温处学务分处，推孙任总理。后相继任学部咨议官、浙江省学务公所议绅和浙江省教育总会副会长。任内积极筹集教育资金，选派优秀学生出洋留学，创办女学，在温处两地 16 个县，倡办府、县中学堂、温州师范学堂、处州初级师范学堂和一大批小学，总数达 300 余所。另外，孙诒让还很注重社会教育，创办和参与兴办"瑞安务农会""瑞安天算社""演说会""阅报社""劝解缠足会"等，且曾计划筹办温州农工商实业学堂。除了杰出的学术成就和优异的办学成绩之外，孙诒让对地方实业的兴办也颇具心。曾创办大新轮船公司、内河轮船公司和人力车公司，还倡导开发南北麂渔业等。为浙南近代教育奠定了良好的基础，并为地方启蒙运动和刷新乡土社会风气起着巨大作用。

1908 年，因劳累过度，在瑞安病逝，享年 61 岁。后人为了纪念他的功绩与贡献，在温州和瑞安建立了"籀园""怀籀亭""籀公楼"。孙家的玉海楼为清代江南私家著名藏书楼之一，已列为县级文物保护单位。孙诒让一生著书三十多种，涉及经学、史学、诸子学、文字学、考据学、校勘学等多方面，且都具优异成就。其中尤以《周礼正义》、《墨子间诂》二书影响最大，被公认为"周官学"与"墨学"的权威著作。1904 年（光绪三十年），也就是刘鹗的《铁云藏龟》问世的第二年，孙诒让见到就开始研究，花了两个月的功夫，完成了甲骨学开山的第一部著作《契文举例》。孙诒让运用他所具备的小学、金文方面深厚知识，以《说文解字》分析偏旁的方法，互相比勘，考释甲骨文字，由于所依据的资料仅有《铁云藏龟》一书，而那书又是石印版本，模糊不清；甲骨又都是些碎片，辞句残缺，不成章法，所以认出的字正确的只有 185 个，但所使用的方法和指引的方向，影响至今。由于《契文举例》，孙诒让成为系统考释殷墟甲骨文字的第一人。

孟广慧（1868—1941）男，汉族，祖籍山东寿光，世居天津。字定生，也作定僧，别号很多，远生、淳于室、问梅吟社、白云山人、君子泉等。自幼受文道礼学的教化，家学渊源，其父孟继尊，津门饱学之士，自小受父熏陶，

很小就能作诗。8 岁能写擘窠大字，11 岁能摹写何绍基字，为津门临摹南帖北碑的名手。他壮年游历闽、浙、苏、鄂各省名山大川。与画家马家桐同隶端方幕。一次他随手挥毫书写一副对联，竟被他人当作何绍基真迹售卖四两银，在津城传为佳话。民国初年，孟广慧参加了全国书法展览，此展除展出国内众多书法大家的作品外，还邀请东亚、东南亚华裔书家参展，规模十分宏大。经专家评选，孟广慧的作品被评为"亚洲第一"。从此，国内书坛便有了"南郑（孝胥）北孟（广慧）"之说，使孟广慧名声大振，声冠南北。1915 年，孟广慧应邀参加了在美国旧金山举办的"巴拿马太平洋万国博览会"，他书写的六条屏，逐体相参，气度不凡，名震海外。孟广慧在近代书法界的地位和贡献，得到了世人首肯，在文化界亦堪称翘楚。冯骥才称孟广慧为"一代书坛大家，百年依旧雄风"。孟广慧自幼还喜好古物，收集各朝代出土文物及书法用纸、扇面、信笺，收藏以大钱为最出名。尤其重视甲骨文的研究和收藏，为最早收藏甲骨者之一。据其子孟昭联介绍，孟广慧家境虽贫，但对甲骨文的收藏与研究极其重视。1898 年旧历十月，山东潍县古物商人范寿轩，在王襄家谈河南安阳出土的"甲骨"（当时视为"龙骨"，尚不知是甲骨文）。孟广慧恰也在座，他当时以为是古简，便催促范寿轩快去蒐购。第二年秋天，范寿轩带着"甲骨"来到天津，经孟广慧和王襄研究，认为是殷商时代用于占卜的文字，属于殷商出土

文物。范见孟、王二人视若珍宝，爱不释手，便抬高价，大片完好的甲骨，竟索一字一金。孟广慧是个穷秀才，靠卖字为生，哪有如此巨款，范见孟、王财力不足，于是便带到北京，卖给了国子监祭酒王懿荣。其叔孟志青时任武昌盐道，正好给他寄些路费来，约孟广慧到湖北旅游，孟广慧嗜古心切，竟把全部路费买了甲骨。孟广慧前后共买了430片甲骨，都是最早出土的甲骨，其中有一片是牛胛骨的上半。2004年7月3日，孟广慧早期旧藏传于其后人的20小片刻字甲骨，在上海拍卖出5280万元人民币高价。据拍卖师称，这是全球首次拍卖甲骨文，不但"空前"，也极有可能"绝后"。

　　王襄（1876—1965）男，汉族，祖籍浙江绍兴，世居天津。字纶阁，别号簠室，晚号簠室老人。出生于天津城东门里仓门口的一个文人世家，父亲王恩翰，母亲郑氏。7岁时，王襄跟随兄长入私塾读书。10岁，其父考中科举举人。11岁时，改入樊氏私塾学习。曾从李桐庵读。1897年经州县考试录取为生员就读于学馆，后入实业学堂。20岁前对古文字即有所爱好，喜欢小篆、古书，曾师从王守安。1910年毕业于北京农工商部高等实业学堂矿业科。1913年又毕业于天津民国法政讲习所政经科。先后在天津、广州、福建、浙江、四川、湖北等地盐务稽核所任职。1953年任天津文史馆馆

长，并先后兼任中国科学院历史研究所《甲骨文合集》编辑委员会委员、天津市政协委员。1959年天津市书法研究会在天津市文史馆成立，他出任首任会长，直至逝世。现史学和甲骨学界的主流观点，认为王襄和王懿荣基本同时或稍后购藏甲骨文，是我国殷墟甲骨文的最早鉴定和购买者之一。王懿荣虽然最早鉴定并收购甲骨，作为甲骨文发现第一人，但他在1900年以身殉国，没来得及对所藏甲骨进行全面研究，因而没有留下任何的研究论述。王襄不仅有鉴定、购买甲骨之功，还有著述传世，其有关的甲骨文著作主要有《簠室殷契征文》《簠室殷契类纂》等，特别是1920年出版的《簠室殷契类纂》，堪称甲骨文第一部字典。关于王襄鉴定和购买甲骨的情况，特别是在年代上，其自己的文章中也是前后不一，如王襄发表于1925年出版的《簠室殷契征文》一节的序中曾载："自清光绪己亥下迄民国纪元，此十四年间所出甲骨颇有所获……"又如1933年《河北博物馆半月刊》第三十二、三十三期《题所录贞卜文册》记载："前清光绪己亥年，河南安阳县出贞卜文。是年秋，潍贾始携来乡求售……"都清楚的记载了甲骨文面世于"清光绪己亥年（即1899年）"直到1953年王襄的《题宝契小相》，收入《簠室诗稿》第二册还曰："惟昔己亥秋之季，惟贾创获甲骨文。至今小屯侯庄地，宗庙陵寝溯有殷。"1957年的《孟定生殷契序》中又曰："昔潍友范寿轩来津，携有河南安阳所出之殷契。同人等以为人间未见之

奇，遂奔走相告，咸至范君寓所，时前清光绪己亥冬十月也……"还都记载着"己亥年"，但王襄在其后，1955年写的《簠室殷契》中又提出："世人知有殷契，至公元1898年始（即清光绪二十四年）"，有了1898年的新观点。有学者根据王襄后期的一些文章中记载在1898年就已经购买甲骨文的内容，认为王襄应是甲骨发现第一人，但王襄自己早期的文章记载的是1899年才见到了甲骨文。甲骨文的发现是一个很严肃的课题，众多学者全方位研究所得出的结论，确实是王懿荣为发现甲骨第一人，但也认可王襄为最早购买和鉴定甲骨文的学者之一。王宇信在《甲骨学通论》中写道："王襄、孟定生基本上可与王懿荣一起做为甲骨文的最早发现者，但不是第一个发现者。"

罗振玉 （1866—1940）男，汉族，江苏淮安人，祖籍浙江上虞（现浙江省绍兴上虞市永丰乡）。原名振钰，字式如、叔言、叔蕴，号雪堂，称永丰乡人、仇亭老民，晚年号贞松老人。罗振玉5岁入私塾，跟随乾嘉朴学的传人李岷山读书，15岁学作诗词，16岁中秀才。自幼对经史、训诂潜心学习，留意金石名物，尤倾心于经史考据之学，研究经史文字。20岁起专力研读古碑帖，写成《读碑小传》，由此开始著书立说。1890年，罗振玉在乡间教私塾。甲午战争之后，他深受震动，认为只有学习西方才能增强国力，于是潜心研究农业，与蒋伯斧于1896年在上海创立"学农社"，并设"农报馆"，创《农学报》，专译日本农书。自此与日本人交往渐多。1898年又在上海创立"东文学社"，教授日文，与梁启超齐名的大学问家王国维便是东文学社诸生中的佼佼者。1900年（光绪二十六年），应张之洞之邀赴汉口，总理湖北农务局，任湖北农务局总理兼农务学堂监督，武昌江楚编译局帮办，次年东渡日本考察一年。后任上海南洋公学虹口分校校长，1903年被两广总督岑春煊聘为教育顾问。翌年，在苏州创办江苏师范学堂，任监督。1906年调北京，先后任学部咨议、考试官、殿试襄校官、京师大学堂农科监督等职。辛亥革命后，以清遗民自居，长期侨居日本。1919年（民国八年）回国，积极参与制造伪满洲国活动。1925年在日本使馆庇护下于2月23日深夜，陪同溥仪秘密迁至天津日本租界地张园，后因功被委为顾问。1928年末，迁居旅顺，建大云书库，内藏《大云无想经》和碑碣墓志、金石拓本、法帖、书画等30余万册。1932年3月，参加溥仪就任伪满洲国执政典礼，并代溥仪向外宾致答词。伪政权任命他为参议府参议，后改为临时赈务督办。翌年6月，任监察院院长，满日文化协会常务理事。1934年伪满洲国改行帝制，被邀为大典筹备委员会委员，受到"叙勋一位"的封赏。1936年任满日文化协会会长。翌年3月，罗振玉返回旅顺寓所。1940年5月14日在旅顺逝世，终年74岁。罗振玉虽政治上沦为投靠日本帝国主义的汉奸，应加以批判，但在学术上做出的成绩还是应该加以肯定的。罗振玉一生著述达189种，校刊书籍642种，在文史、金石学、甲骨学上作出重大成就，是甲骨学早期奠基人之一。从1902年（光绪二十八年）在刘鹗家见甲骨文拓本，叹为"汉以来小学家若张、杜、杨、许所不得见"之文字。乃尽力搜求、保存，亲自墨拓，考释文字，编辑成书，公之于世，促进甲骨文的研究发展。1908年（光绪三十四年），从古董商范维卿口中得知甲骨文出土真实地方是安阳小屯村，1911年春即派其弟罗振常赴小屯村收购甲骨文。1915年（民国四年）三月，从日本回国亲自来到小屯村，考证殷墟即商王都遗址。先后著录有《殷虚书契前编》（1913年）、《殷虚书契菁华》（1914年）、《铁云藏龟之余》（1915年）、《殷虚书契后编》（1916年）、《殷虚书契续编》（1933年）。甲骨文考释有《殷商贞卜文字考》、《殷虚书契考释》。又集其《铁》《余》《前》《后》《菁》著录之甲骨文中不识之字为《殷虚书契待问编》和单篇考释等。他对甲骨学的贡献主要体现在：1. 他搜集、保存、印行了大批原始资料。著有《五十日梦痕录》等，同时还编有《殷虚古器物图录》（1916年）及《附说》各一卷。2. 他率先正确地判定了甲骨刻辞的性质及出土处的地望。他指出卜辞属于殷商时代，是王室遗物；断定它作为文字学资料能代表中国文字的来源，作为史料，它比正史更可靠。同时他还指出甲骨出土地小屯即殷墟遗址，也就是殷朝国都。这对后来的甲骨学研究具有重大的意义。甲骨自受到收藏家及学者的注意后，古董商为了谋取高利，隐瞒了真实的出土地。罗振玉一开始研究甲骨就致力于调查其真实出土地，并且考订出这些甲骨出土于商代晚期都城，属于殷室王朝遗物。罗振玉派人去小屯，不仅收购甲骨，还收购了一批不为古董商重视的出土物，他以"古卜用龟，辅以兽骨"的文献记载为出发，认为在搜集甲骨时必须龟、骨"兼收并蓄"。3. 他考释出大量的单字。他以甲骨文字本身的特点为主要依据，参照《说文解字》，并将甲骨文与金文、古文、籀文、篆文做比较，以阐释文字的渊源与流变情况。他还利用字形或后世文献资料推求字的本义及其通假关系。先后于1910年在《殷商贞卜文字考》中释出单字近300个，于1915年在《殷虚书契考释》中释出单字近500个，其中多得到学界认可。1916年，他还将未识别的卜辞中的千余字编成《殷虚书契待问编》，供大家探讨。4. 他首创了对卜辞进行分类研究的方法。《殷虚书契考释》一书虽然未列卷目，但实际上已有意识将卜辞分为卜祭、卜告、卜出入、卜田渔、卜征伐、卜禾、卜风雨等8类编排，为后世的甲骨分类研究开创了先例。5. 与王国维一起，确证了甲骨文中的合书的现象。6. 作《集殷虚文字楹贴》（1921年）、《集殷虚文字楹贴汇编》（1927年）为甲骨文书法之开篇。在甲骨文研究中，罗振玉占有重要地位，为甲骨四堂之一。

王国维（1877—1927）汉族，浙江嘉兴市海宁盐官镇人。初名国桢，字静安，又字伯隅。初号礼堂，晚号观堂，又号永观，东海愚公等，谥忠悫。海宁王氏乃当地书香世家。

1886年，王国维10岁时，全家迁居城内西南隅周家兜新宅，此处后成为王国维故居纪念馆。少年时代即被誉为"海宁四才子"之一。1892年，16岁时，入州学，参加海宁州岁试，以第二十一名中秀才。1893年，17岁时赴省城杭州应乡试不中，肄业于杭州崇文书院。1894年，18岁时中日甲午战起，清军战败，极为震动。始知世有"新学"。1895年，19岁时与莫氏成婚。1897年，21岁时赴杭州再次参加乡试，不中。从1895年至此年，撰成《咏史》诗20首。1928年始发表于《学衡》第66期，吴宓称之"分咏中国全史，议论新奇正大"。年底，与同乡张英甫等谋创海宁师范学堂，并上呈筹款缘由，未果。1898年，22岁时至上海任《时务报》书记。此举为其一生行事之始。罗振玉等创办的东文学社开课后，王氏入学学习，受业于藤田丰八等，渐为罗振玉所知。罗振玉引之入东文学社，负责庶务，免缴学费，半工半读。是年，撰《曲品新传奇品跋》《杂诗》等3首。1899年，23岁时东文学社迁至江南制造局前之桂墅里，王系学监，其与同学关系不洽，旋免职，但薪俸照拿。学社除日文外，始兼授英文及数理化各科。王氏攻读甚勤。从日本教员田冈文集中，始知汗德（即康德）、叔本华，并萌研治西洋哲学之念。是年，河南安阳小屯发现殷商甲骨文。代罗振玉为日本人那珂通世所撰、东文学社影印之《支那通史》撰序、为日人桑原隲藏《东洋史要》撰序。1900年，24岁时庚子事变发生，东文学社因之而提前让学生毕业，秋即停办。王氏毕业返里，自习英文。秋，返沪，罗振玉请其译编《农学报》，自谓译才不如沈纮而荐其任之，自己则协助译日本农事指导。秋，罗振玉应张之洞之邀，至武昌任农务局总理兼农校监督，不久，召王国维等同至，任武昌农校日籍教员翻译。年底，由罗氏资助，东渡日本东京物理学校习数理。是年撰《〈欧罗巴通史〉序》，译《势力不灭论》（*The Theory of The Conservation of Energy*）、《农事会要》。1901年，25岁时在日本东京物理学校留学，夏归国，协助罗振玉编《教育世界》杂志，此后，其哲学及文学方面的撰述常刊载于此。是年，撰《崇正讲舍碑记略》，译《教育学》《算术条目及教授法》。次年回国，在上海、南通、苏州任教。辛亥革命后随罗振玉旅居日本京都。始治经史、金石之学。1916年回国，在上海英国商人哈同办的仓圣明智大学编辑《学术丛编》。1922年至北京，被聘为北京大学研究所国学门通讯导师。次年在故宫作退位之宣统南书房行走。1924年任清华学校国学研究院导师。1927年，51岁时撰成《南宋人所传蒙古史料考》《元朝秘史之主因亦儿坚考》《水经注笺跋》《清华学校研究院讲义》《金长城考》（后易名为《金壕界考》）。5 月 12 日，出席清华史学会成立会，并致辞。6 月 1 日，国学研究院第二班毕业，中午，参加研究院师生叙别会，午后访陈寅恪。6 月 2 日上午，告别清华园，到颐和园内的鱼藻轩前，自沉于昆明湖。后人们在其内衣口袋内发现遗书（背面书"送西院十八号王贞明先生收"）："五十之年，只欠一死；经此世变，义无再辱！……" 6 月 3 日，入殓，停灵于成府街之刚秉庙，7 日，罗振玉来京为其经营丧事，16 日举办悼祭。8 月 14 日，安葬于清华园东二里许西柳村七间房之原。1928 年 6 月 3 日，王国维逝世一周年忌日，清华立《海宁王静安先生纪念碑》，碑文由陈寅恪撰，林志钧书丹，马衡篆额，梁思成设计。是年，编成《海宁王忠悫公遗书》四集，1940 年由赵万里、王国华合编的《王静安先生遗书》刊行，1983 年上海古籍出版社又据此刊本影印，名为《王国维遗书》，1984 年中华书局始出版《王国维全集》，但仅出《书信》一册。在台湾，1976 年大通书局影行《王国维先生全集》，为目前收罗最为完备的王国维著作集。王国维的甲骨文主要论著有《殷卜辞中所见先公先王考》和《续考》《殷虚卜辞中所见地名考》《殷周制度论》《殷礼征文》《古史新论》等，余见《观堂集林》。王国维是中国近、现代相交时期一位享有国际声誉的著名学者。王国维早年追求新学，接受资产阶级改良主义思想的影响，把西方哲学、美学思想与中国古典哲学、美学相融合，研究哲学与美学，形成了独特的美学思想体系，继而攻词曲戏剧，后又治史学、古文字学、考古学。郭沫若称他为新史学的开山，不止如此，他平生学无专师，自辟户牖，成就卓越，贡献突出，在文学、美学、史学、哲学、古文字学、考古学等各方面成就卓著的学术巨子，为中华民族文化宝库留下了广博精深的学术遗产，为名副其实的国学大师，甲骨四堂之一。

叶玉森 （1880—1933）男，汉族，江苏镇江人。字荭渔，号中冷。少年时代在家乡学习诗文、经史、数学、音乐，天资颖异，深得师长喜爱。1896

年 16 岁时，他考取秀才。1909 年底至 1911 年，叶玉森在日本早稻田大学、明治大学学习法律。1913 年回国后，在南京宁属师范学校（民国元年改为省立第四师范，次年与省立一中并为省立南京中学）做过短期教师。此后，在上海还兼过大学的课。担任镇江县立议会议员，后任苏州高等法院推事兼检察庭长。1918 年任滁县县知事，1920 年调颍上县县知事，1923 年秋任当涂县县知事，1924 年底去职，到芜湖市政筹备处任秘书长。1930 年后为上海交通银行总管理处的秘书长，又兼国立劳动大学、上海大学课务。1925 年，叶玉森购得刘鹗旧藏甲骨 1300 片，开始甲骨文研究。叶玉森时在滁县知事任上，他对同乡刘鹗非常仰慕。1903年《铁云藏龟》出版，轰动一时，成为震动文化界的大事。叶玉森曾写道："惟地不爱宝，殷墟掘遗契。吾乡刘铁云，藏龟始表揭。"1925年春，经柳诒徵、王伯沆介绍，叶玉森购得刘鹗后妻郑安香出售的甲骨1300片（其中精品800片），于是他选拓240片，并附考释，写了《铁云藏龟拾遗附考释》。同年12月，又写成《殷契钩沉》二卷，刊于《学衡》第24期。柳诒徵序："经生家法，故能契学宗师"，称赞叶氏是与王国维、罗振玉鼎足而三的契学大师。这里的"经生家法"，是指秀才出身的叶玉森具备扎实的经学功底。叶玉森有一部《左传评选》（未刊，现藏镇江市图书馆），足见其晓谙经学。叶玉森在《殷契钩沉》中已引《汗简》来考释甲骨文。1929年又写了《说契》及《研契枝谭》各一卷，刊于《学衡》第31期，从而奠定了叶玉森在甲骨学界的地位和影响。他和当时的学者王襄、罗振玉、董作宾、郭沫若都有书信往来，王襄之子王翁如还保存有1923年王襄致叶玉森信稿5通，内容涉及很广，或谈论文字，或议论经史，乃至工作等。叶玉森通晓中西文化，涉猎学术多门，洞悉世情百态。余暇，又潜心着述，既攻诗词文赋，谙熟外文翻译，亦善书画篆刻，尤考释甲骨文字，名盛当时。他长期活动在政界和金融界，研究方向多为甲骨文考释。叶玉森考释甲骨文的方法主要有以下六种：（一）注重字形分析，特别是据偏旁考察释字；（二）注重从辞例文意考察释字；（三）注重与其他古文字的比较释字；（四）注重从甲骨文的初形溯义，通过理解古人造字意图进行释字；（五）注重从甲骨文本身的谐声系统出发，利用古音学知识释字；（六）注重分析甲骨文中的合文、析文、倒书释字。叶玉森的甲骨文研究对后来人们系统提出古文字的考释方法，产生过一定的影响。1933年3月，叶玉森逝世，享年54岁。

胡光炜（1888—1962）男，汉族，原籍浙江嘉兴，生于江苏南京。字小石，号倩尹，又号夏庐，斋名愿夏庐，晚年别号子夏、沙公。少承家学，其父胡季石，清末著名学者刘熙载门下，胡小石五岁即读《尔雅》，对张惠言的《仪礼图》也研学多遍，因此胸有成竹，一挥而就。梅庵先生（李瑞清）发现学农博的学生中居然有一弱冠少年能作有关《仪礼》的文章，青睐有加，并亲自在课余授其传统国学。梅庵先生精于碑学，是清末享有盛名的大书家，胡小石得其指点，始学北碑《郑文公碑》和《张黑女墓志》，于《郑》取其坚实严密，于《张》取其空灵秀美，从此笔力沉着，书艺大进。1909年毕业于两江优级师范学堂，该校曾先后更名为南京高等师范学校、国立东南大学、国立中央大学、南京大学；曾师从陈三立、曾农髯、郑大鹤、王静安、沈曾植等人。1910年，与同学杨仲子之妹杨秀英结为伉俪。民国初年毕业于北京大学国学门。

1917年，胡小石经梅庵先生介绍，到上海任仓圣明智大学国文教员。翌年1月，应邀到梅庵先生家当塾师，一方面教其弟侄经学、小学及诗文；一方面又师从梅庵先生及与梅庵过从甚密的晚清老宿沈曾植、郑大鹤、王静安、曾农髯（熙）等，学帖学、金石文字学及书画、甲骨学等。1920年秋，梅庵先生病逝，胡小石与梅庵先生同乡挚友曾农髯共理丧事，将其遗体安葬于南京城郊牛首山雪梅岭罗汉泉，墓旁植梅300株，筑室数间，名"玉梅花庵"。胡小石常说："此三年（1918—1920年）中，受益最大，得与梅庵先生朝夕晤谈。"1920年11月，胡小石离开上海北上，受北京女子高等师范学校之聘，任该校教授兼国文部主任，与同在该校执教的李大钊先生相识。李大钊与国文系师生专门欢迎胡小石并合影留念。胡小石与立志"铁肩担道义，妙手著文章"的李大钊十分投缘，过从甚密，晚上常常步行去石驸马大街后宅李大钊家中闲谈。胡小石曾对其女弟子程俊英说："守常兄是一位爱国爱民的学者，他整夜伏案写文章，想用马克思理想的共产主义救中国，达到世界大同的境界，我钦佩他，欢喜他，他是我的一位益友。"有一次，北京高校师生发起"索薪运动"，李大钊、胡小石都参加了，大家围在新华门外抗议当局拖欠教师薪水，吁请派员解决问题。但半天无一名官员出面会见。李大钊义愤填膺，振臂高呼，突然因悲怆过度而昏厥在地。站在他身旁的胡小石极度震惊，多少年后言及此事，仍为李大钊的赤诚与义愤而感叹不已，他说："守常兄平时极为温和，想不到他那天反应会这么激烈。"1922年7月，胡小石辞职南返。女高师大部分留京的毕业生与第二届国文部的部分同学，请李大钊作陪，欢送胡小石，并在学校大礼堂前假山上摄影留念。胡小石手捧一束鲜花，站在中央，李大钊立其旁，其余师生分立于前。1924年胡小石出任金陵大学教授兼国文系主任。不久，李大钊南下广州途经南京，曾专门下车，登门拜访胡小石。1927年4月，李大钊慷慨就义，噩耗传来，"先生哀之甚至，其后辄形诸梦寐"。此后长期执教，曾在武昌高等师范学校、西北大学、四川国立女子师范学院等校任教，历任云南大学教授兼文学院院长，国立东南大学中文系教授、国立中央大学中文系教授兼系主任与文学院院长、南京大学中文系教授兼系主任与文学院院长，南京大学图书馆馆长。胡小石重师传少著述，思想学术，多散见弟子之作。甲骨文研究主要论著有《甲骨文例》《甲骨文字和甲骨文参考》《卜辞中之羔即昌若说》《书库方二氏藏甲骨卜辞印本》《古文变迁论》《说文古文考》等。以上论著收入上海古籍出版社1995年出版的《胡小石论文集》《胡小石论文集三编》。

容庚（1894—1983）男，汉族，广东东莞人。原名肇庚，字希白，初号容斋，后改为颂斋。青年时从舅父学《说文解字》。1917年在东莞中学毕业后，被校长聘为教员，讲授国文和文字源流等课程。其后刻苦学习，20岁时以

研究金文所得编纂成1200余页的《金文编》，还计划编纂《殷周秦汉文字》。1922年他远离广东家乡携《金文编》上京求学，得古文字学家罗振玉、马衡的赏识，被破格录取为北京大学研究所国学部研究生，投在著名学者王国维门下，从此奠定了一生从事考古学和古文字学研究的基础。1926年毕业后留校任教，次年转入燕京大学任襄教授，并主编《燕京学报》，又被聘为北京古物陈列所鉴定委员。在此期间，先后编著了《宝蕴楼彝器图录》《武英殿彝器图录》《海外吉金图录》《善斋吉金图录》等书。1931年发表的《商周彝器通考》，对青铜器进行系统性的科学研究，被学术界誉为商周彝器研究的奠基著作。当时，亡命日本的郭沫若正研究古文字，曾写信向这位年仅37岁的容庚请教。容庚虽未见过郭沫若，却复信给予支持，二人以通信联系，交流研究古文字的心得。后来郭沫若曾说，"若是没有容庚的帮助，我走上研究金文的道路，恐怕也是不可能的"。容庚从青年时期已满头白发，不论时势如何，个人处境顺逆，数十年如一日，坚持在书斋工作，每天总在10小时以上。他博览群书，手不释卷，孜孜于古文物的探索之中。容庚的女儿容琬和容璂，谈起父亲埋头钻研的艰苦精神，常说："我们都笑父亲仿佛有胶把他粘在书房的椅子上似的，每次吃饭时，都要一请、再请，才能把他请出来。"容

庚也以这废寝忘食的治学精神，教育女儿们。他常说："好书不厌百回读。"就是这种坚忍不拔、锲而不舍的苦读好学，使得容庚知识渊博，对古文物和金石书画，无所不精。1946年任岭南大学中文系主任，后入中山大学任教。1952年后，任中山大学教授、全国政协委员、中国古文字学术研究会理事等职。20世纪60年代中期以后，身处困境的容庚一头埋在碑帖的研究中，最后完成了一部百万言的《丛帖目》，为他晚年开拓一个研究领域。容庚于1983年3月6日在广州病逝，享年89岁。他逝世前已将珍贵的商周青铜器，名贵书画以及藏书，全部捐赠国家博物馆和中山大学图书馆。其甲骨文研究主要论著有《甲骨文之发现及其考释》《甲骨文书籍目录》《甲骨学概说》《殷契卜辞》等。

唐兰（1901—1979）男，汉族，浙江省嘉兴市（原秀水县）人。曾用名唐佩兰、唐景兰，曾用笔名曾鸣。号立厂，又作立庵、立盦。民国初年卒业于商业学校，曾学医、学诗词，复就学于无锡国学专修馆，遂发愤治小学，先研读《说文解字》，后渐及群经，与王蘧常、吴其昌合称"国专三杰"。1923年毕业于江苏无锡国学专修馆。自修古文字，从事《说文解字》研究，继承孙诒让的偏旁分析法，运用于甲骨文字研究，为王国维、罗振玉所称赞。自1931年起，先后应聘在东北大学、燕京大学、北京大学、

北京师范大学、清华大学、辅仁大学任讲师，讲授古文字学。代顾颉刚讲《尚书》，后讲金文及古籍新证，又代董作宾讲甲骨文字。1936 年受聘为故宫博物院专门委员。日寇侵华，北平沦陷，辗转至昆明。1939 年任西南联合大学副教授（次年任教授）兼北京大学文科研究所导师。抗日战争胜利，北京大学迁回北平，继续担任北大教授，代理中文系主任。1947 年任中文系主任。新中国建立后，1952 年调任故宫博物院研究员、陈列部主任，后任学术委员会主任、副院长等。并任中国科学院历史研究所学术委员、北京史学会理事、市政协委员等社会职务。1953 年至 1972 年，唐兰数次将收藏铜器等文物捐献故宫博物院。1974 年发表了《黄帝四经》《战国纵横家书》《春秋事语》《西周青铜器铭文史征》。1978 年任中国古文字学研究会理事，并当选为第五届全国政协委员，1979 年 1 月 11 日在北京逝世。唐兰从事教学和学术研究 50 余年，涉及广泛的学术领域，建树颇多。在古文字学方面，不仅考释出很多难识的字，而且还建立了一套较为完整和系统的古文字的研究方法，如对照法、推勘法、偏旁分析法、历史考证法，使古文字研究摆脱了过去那种猜谜射覆式的主观臆想，走上了比较科学的轨道。在文字学方面，主张文字学应从音韵和训诂学中分出，成为一门独立发展的学科。反对把文字学的研究仅仅作为其他学科研究的一种工具。唐兰提出三书说：形符（象形）、意符（象意）、声符（象声），突破了《说文》体系。唐兰还主张用拼音字母和部分汉字组成新文字，代替现行文字。在古文字的分类中提出较为科学的自然分类法，打破《说文》归纳的五百四十部分类法。唐兰甲骨学的主要论著有《殷墟文字记》《古文字导论》《中国文字学》《释四方之名》《天壤阁甲骨文存》《在甲骨金文中所见的一种已经遗失的中国古代文字》等。是著名文字学家、历史学家、青铜器专家。其 40 年代所著《中国文字学》一书，曾礼评价："是在掌握新资料和继承前人研究成果的基础上，所建立起来的崭新的、理论更严密的、方法更科学的文字学体系的一部代表作品"。

商承祚 （1902—1991） 男，汉族，广东番禺人。字锡永，号驽刚、蠖公、契斋。商氏祖籍辽宁铁岭市，为当地八大姓之一。1682年（康熙二十一年），

商氏先人随汉军正白旗部队前往广州驻防，从此商家在广州开枝散叶。商承祚的祖父商廷焕，七次参加科考皆不中，转而将一切希望寄托在两个儿子身上。为了二子有个安静的读书环境，商廷焕在广州住所莲花巷尾辟出一块地，取名玉莲园。二子也不辜负老父期望，于1890 年中秀才，之后二人又考中举人。商家在广东科举史上有"禺山双凤"（商衍鎏、商衍瀛两个进士）的美誉。父亲商衍鎏有两个儿子，商承祖和商承祚，都是著名的学者教授。商承祚幼承

家学，从小酷爱古文物及古文字，乃决心向这方面努力发展。为求深造，1921年秋到天津，拜著名古文字学家罗振玉为师，在他的指导下研习甲骨文、金文，其间与广东东莞人容庚相识，自此，两人同乡同行来往甚密。1923年21岁时，父亲商衍鎏出钱刻木版，花了八百多块钱印成了商承祚的第一部著作，即出版了甲骨文字典《殷墟文字类编》，可谓弱冠成名，得到学术名师罗振玉、王国维的赞赏。当年入北京大学文科研究所读研究生。1925年，任南京国立东南大学讲师（1949年后更名南京大学）。1927年，应聘赴广州中山大学任教授，讲授甲骨文和金文，时任国立中山大学史学系主任兼筹办国立中山大学语言历史学研究所主要成员的顾颉刚教授，聘请商承祚来校担任史学系和筹备中的语言历史学研究所的教授。商承祚在史学系开设了殷周古器物研究、殷周古器物铭释、殷墟文字研究、三代古器物研究、说文解字部首笺巽等多门课程。《语言历史学研究所周刊》创刊后，商承祚陆续在该刊发表多篇学术论文。在该所顾颉刚为总编辑的《语言历史学丛书》中，商承祚负责考古学，陆续出版了《殷墟文字类编》十四卷及他自己集撰的《石刻篆文类编》《金文萃编》等。1928年暑假，他还与容肇祖"赴北路调查瑶民考察古物"。12月，在该所内成立了考古学会，商承祚任主席。他"以本所古物不敷研究，特会同本所主任顾颉刚教授商准校长筹出一笔款项以为购买古物之用。"并亲自到北平收购古碑、古造像等200余件。该会"发掘南汉残瓦，收集本省古物，审定本所所藏古器物字画"，设立古物陈列室，"颇得中外参观人士之赞许"。1929年，顾颉刚离校后，商承祚继任语言历史学研究所代主任，他除主持该所工作外，还做了许多研究工作。1932年，应聘赴南京金陵大学执教。次年四月出版《福氏所藏甲骨文字》，十月，将历年所搜集的甲骨文选墨拓著录为《殷契佚存》出版。抗日战争开始后，随校迁至四川，先后在成都齐鲁大学、重庆大学、重庆女子师范大学任教。抗战胜利后，1948年重返中山大学任教授。中华人民共和国成立，先后任第三、四届全国人大代表，第五、第六届全国政协委员，民盟中央委员、民盟广东省副主任委员。并任故宫博物院青铜器专业委员会会员，广东省文管会副主任，中国考古学会名誉理事，中国书法家协会理事，中国古文字研究会理事，广东省语文学会会长等。出版有十五种专著、两种书法作品集。甲骨文研究方面发表的论述还有《殷墟文字考》《殷墟文字用点之研究》《释霝》《释酉》《殷商无四时考》《谈廿卅卌及其起源》《一块甲骨片的风波——契齐东西南北谈》等数十篇。

柯昌济　（1902—1990）男，汉族。字纯卿，号息庵，斋号余园。山东胶县人。著名元史专家《新元史》作者柯劭忞次子，金石学家柯昌泗之弟。北平

师范大学毕业，早年研究甲骨文字，得王国维嘉许，称为古文学四青年之一，与其他容庚，唐兰，商承祚齐名。柯昌济生长于书香门第，自幼受到家庭文化的熏陶。1921 年出版了《殷墟书契补释》，共考释甲骨文字 60 个，多为前人未释，在甲骨文学史上有其独特的地位。1925 年，柯昌济毕业于清华大学文史研究院，后任上海社科院历史研究所研究员。1934 年加入中国考古社。

1935 年创作出《甲骨文字解谊》《金文分域编》及《辅华阁集古录跋尾》几部重要著作，又于 1937 年在《金文分域编》的基础上继续创作出《金文分域续编》一书，为中国的青铜器物分域问题的研究添上浓墨重彩一笔。新中国成立之后主要担任山东省历史研究所研究员、济南史学会秘书等职，发表了几篇相关论文，如《殷金文卜辞所见国名考》《读〈山海经〉札记》等，晚年在上海社会科学院工作，继续从事古文字及商周方国、历史地理方面的研究工作。较为可惜的是柯昌济的部分著作由于某种原因尚未刊行于世，如《殷周氏族考》《殷周史料三代地名辑证》等书只闻其名未见流传，而《中华古代国族史》《中华姓氏源流考》则仅存手稿，后由其学生陈建敏代发部分章节，而《河北省金文录》（一册）为民国时排印线装本，此书由原北京大学历史系教授俞伟超旧藏，未大量刊印。此外，柯昌济还参与撰写《续修四库全书总目提要》（稿本）的第七册的部分内容，对清代王仁俊所撰的《端匋斋商周吉金欵

识考释》（一卷）、清代傅伯辰所撰的《戒湟宝训》（二卷）以及部分经书做出评论，这是柯昌济在文学评论方面的新的尝试。

丁 山 （1901—
1952）男，汉族，安徽省和县人。出生于贫苦农民家庭，1924 年考取北京大学研究所国学门研究生，师从古文字学家沈兼士。1926 年任厦门大学助教，同年入中山大学文科，先后任副教授、教授，讲授中国文字学通论。1929 年至 1932 年任中央研究院历史语言研究所专任研究员，又在山东大学国文系任教授。其研究方向开始时侧重于古文字、音韵方面，之后转向甲骨文考释，先后在 1928 年创刊的《历史语言研究所集刊》上发表《殷契亡尤说》《说文阙义笺》《数名古谊》《释梦》等专著与论文。后潜心于商周历史与文化的研究，擅长将分散的甲骨史料加以贯穿并与文献考证相结合，将甲骨文、金文的研究融汇其中，视野宽阔，见解敏锐，富有探索精神，形成了自己独特的风格，其古史研究成就集中体现在史前神话、殷商氏族方国、商周史料考证、商周年代学研究四个方面。丁山古史研究的"二重证据法"在三个层面上的运用与扩大，对古史辨伪理论也有继承和发展。甲骨文研究的相关论著还有：《吴雷考》《释旁》《释疾》《释蒙》《殷契亡尤说》《新殷本纪》《辨殷商》《商周史料考证》《殷商氏族

方国志》《甲骨文所见氏族及其制度》等。

陈邦怀 （1897—1986）男，汉族，祖籍江苏省丹徒县（今镇江市），生于江苏省东台县（今东台市）。字保之，斋名嗣朴斋。自幼勤奋好学，民国初

年毕业于江苏无锡国学专修馆（后改为无锡国学专科学校，唐兰等人亦曾就学于此），并留该校任职，教授古文字学。先后在苏州、南京等地和东台达德学校、南通女子师范学校任教。曾作为溥仪起草退位诏书"状元实业家"张謇的秘书多年。1931年到天津，在中国银行任文书职务，1952年离任，后任天津市文物管理委员会委员。1954年受聘为天津市文史馆馆员，后任副馆长。1979年任天津市社会科学院历史研究所研究员、顾问，同时兼任天津文史研究馆副馆长。陈邦怀是中国共产党党员，古文字学家和考古学家。生前曾任中国考古学会名誉理事、《甲骨文合集》编委会委员、天津市文物保管委员、中国书法家协会天津分会主席、天津口岸文物出口鉴定组顾问。潜心研究《说文解字》，著述不辍，80岁时仍伏案笔耕，不懈探求古文字和考古学。甲骨文主要论著有1925年28岁时出版的《殷墟书契考释小笺》；1927年出版的《殷契拾遗》，对当时尚处在开拓阶段的甲骨学作出了一定的贡献。1955年开始，将金文研究心得撰写成诸器铭文的跋文，直至去世前一

年的1985年或撰写或增删或亲笔缮写清稿，三十年如一日，编成《嗣朴斋金文跋》，论及的器物上至商，下至战国，内容涉及文字考释、句读训诂、史料订补、名物辨正、器物断代等方面，创见颇多。1959年出版的《甲骨文零拾》和《殷代社会史料征存》，对于甲骨文字考证及商代四方风名、宫寝制度、先公旧臣钩沉发微多有创见。还有《卜辞日月食解》《小屯南地甲骨中发现的若干重要史料》等。其《甲骨文零拾》（附考释）1970年6月由日本东京汲古书院翻译出版。1983年将已发表和尚未发表的文章106篇编成《一得集》，1989年由齐鲁书社出版。

马衡 （1881—1955）男，汉族。浙江鄞县（今鄞州区）人，字叔平，别署无咎、凡将斋。早年在南洋公学读书，曾学习经史、金石诸学。精于汉

魏石经，注重文献研究与实地考察。1922年被聘为北京大学研究所国学门考古研究室主任兼导师，同时在清华大学、北京师范大学、北京女子师范大学兼课。1924年11月受聘于"清室善后委员会"，参加点查清宫物品工作。1925年10月故宫博物院成立后，曾兼任临时理事会理事、古物馆副馆长，1926年12月任故宫博物院维持会常务委员。1928年6月南京政府接管故宫博物院时，曾受接管代表易培基的委派，参与接管故宫博物院的工作。1929年后，任故宫博

物院理事会理事兼古物馆副馆长，1933
年 7 月任故宫博物院代理院长，1934 年
4 月任故宫博物院院长。抗战期间，他
主持故宫博物院西迁文物的维护工作。
抗战胜利后，主持故宫博物院复员与西
迁文物东归南京的工作。北平解放前夕，
为确保故宫建筑与文物的安全，他坚守
院长岗位，并与社会名流呼吁国民党当
局避免战火，保护北平文化古城。北平
解放后继续留任故宫博物院院长。1952
年，调任北京文物整理委员会主任委员。
将自己收藏的大量甲骨、碑帖等文物捐
献故宫博物院。1955 年 3 月在北京病
逝，其家属又遵嘱将家藏金石拓本 9000
余件悉数捐给故宫博物院。马衡毕生致
力于金石学的研究，上承清代乾嘉学派
的训诂考据传统，又注重对文物发掘考
古的现场考察，遂使其学术水平领先于
时代，被誉为"中国近代考古学的前
驱"。其主要著作有《中国金石学概要》
《凡将斋金石丛稿》《隋书律历志十五等
尺》等。马衡早年收藏的甲骨，是在上
海收购的刘鹗旧藏。其编纂的《凡将斋
藏甲骨文字》，1979 年严一萍撰《凡将
斋藏甲骨文字考释》，由台北艺文印书
馆出版。马衡早年曾在北京大学开设甲
骨学课程，聘请罗振玉、王国维等为通
讯导师，自己亦开设甲骨学相关课程，
培养了容庚、董作宾、商承祚等甲骨学
人才。同时，是最早将甲骨文入印的金
石学者之一，开创了甲骨文篆刻新风。
现《故宫博物院藏殷墟甲骨文》将《马
衡卷》作为该丛书第一卷即将出版，回
顾并总结马衡对早期甲骨学的贡献。

明 义 士 ［加］

（1885—1957），詹姆
斯·梅隆·明义士
（James Mellon Menz-
ies）。1885 年 2 月 23
日出生于加拿大安大略
省克林顿镇。他的祖籍
在苏格兰西北部，其祖父移民来加拿大，
务农为生。明义士在家排行老二，在他
出生时，他父亲戴卫已经是一个乡里知
名的农场主，并经营着一个有一定规模
的木材公司，使得明义士从小有了良好
的受教育的机会。1903 年，他考入多伦
多大学应用科技学院学土木工程专业。
1907 年毕业实习时，被安排作国土测量
员，负责加拿大西部萨斯克彻万和阿尔
伯塔两省省界的勘定工作。这段野外工
作经历，为他日后进行考古工作和学术
研究奠定了良好的基础。实习结束后，
他以优异的成绩完成学业并获得土木工
程学士学位。之后又进入多伦多大学诺
克斯神学院（Knox College）学习，系统
学习神学专业。1910 年，明义士从诺克
斯神学院毕业，根据加拿大长老会海外
传教协会的统一安排，他被派往位于中
国河南北部的加拿大长老会豫北差会工
作。豫北差会先是把明义士分配到武安
传教总站工作，后调任安阳传教总站，
并在安阳荣升为牧师。在安阳期间，是
明义士的甲骨文收藏时期，他先后购藏
了甲骨文近五万片（现分藏于山东省博
物馆、南京博物院、故宫博物院、加拿
大皇家安大略博物馆、加拿大维多利亚
艺术博物馆等）。明义士收藏和研究甲

骨文的初衷，是由于看到了甲骨文中有"上帝"的记载，想搞清楚甲骨文中的"上帝"与他所信仰的上帝是不是一回事。试图寻找到连接西方基督教和中国传统信仰之间的连接点，他把自己的收藏与研究工作看作"上帝的指引"，是自己传教工作的组成部分。1932年秋，明义士应齐鲁大学之邀，离开安阳到齐鲁大学任教。这期间是他对甲骨文的系统研究时期。其对甲骨文研究的贡献是：1. 甲骨著录方面。著录是甲骨研究的基础性工作。明义士生前完成的甲骨著录有三种，即《殷虚卜辞》《殷虚卜辞后编》和《柏根氏旧藏甲骨文字》。2. 甲骨辨伪方面。甲骨文自1899年被发现后，一夜之间身价百倍，由原来一斤只值数钱的"龙骨"，被爆炒成为每字值银二两五钱的"古董"。随之而来的便是伪造甲骨的出现。伪片出现之初，由于缺乏鉴别方面的经验，即使是国内收藏行家亦不免受骗上当。明义士在这方面也吃过亏，这也给国内一些学者留下了笑柄，以至许多人都知道明义士"初得大胛骨，乃新牛骨仿制者，售者欺外人不识真伪，举以鬻之"。未久，乃腐臭不可闻迹。但明义士也正是"从此悉心考究，终成鉴别真伪能手"。明义士甲骨辨伪经验的获得，有着其他人无法比拟的条件。因为他在安阳生活过20多年，对安阳的古董商和作伪者非常了解。据明义士自己声称，他见过蓝保光伪刻的甲骨成百上千件。他在辨伪方面的功夫是非常深厚的，如1917年出版的《殷虚卜辞》一书收录甲骨2369片，其中只

有1片赝品也被他识别出来。正如李济评价说，"几个有远见卓识并研究过真的而伪造的甲骨文的学者，为了探索区别甲骨真假标准而更发奋工作。这个队伍中的一个先锋是《甲骨研究》的作者明义士。"3. 甲骨缀合方面。由于甲骨变质、发掘扰动等多方面的原因，许多甲骨往往断裂为数片，把残片或书中著录的残碎甲骨拼合到一起，恢复其本来面目，称之为甲骨缀合。明义士在安阳期间自己捡拾、友人相赠，积累了大量的甲骨碎片，这也使得他成为较早从事甲骨缀合的学者之一，成就得到了学界的首肯。如容庚说："明义士、商锡永、董彦堂、郭鼎堂、孙涵溥，皆曾致力于缀合之工作。"陈梦家也说，"最早留意及此（甲骨缀合）者，则为明义士。"4. 甲骨校重方面。所谓校重就是剔除甲骨著录中的重见甲骨片。有同一片甲骨，会在先后出版的几种著录书中出现，有的一片甲骨会在同一种著录的不同地方出现。这给甲骨学研究带来诸多不便。明义士1933年6月发表在《齐大季刊》的《表校新旧版〈殷虚书契前编〉并记所得这新材料》一文，就是较早涉足这一领域的成果之一。他还把《殷虚书契前编》同《龟甲兽骨文字》《铁云藏龟》《殷虚书契后编》等书互相校勘，发现重见拓片37例，为后来的学者提供了极大的便利。5. "商祖名甲者之次序"的整理。6. "五期说"的探索。明义士对"历组卜辞"问题进行了深入研究，提出了"五期说"，即1924年小屯出土的一坑甲骨分属于武丁、祖庚、祖甲和康

丁、武乙时期。此说虽然目前在学术界仍有争议，但已被许多学者认同。特别值得一提的是，在明义士为该书写的自序中，首次以"字型"作为断代依据，具有方法论的意义，受到学术界的高度评价。王宇信认为，"明义士甲骨文分期断代的考古类型学考察，给了分期断代文字演进'两系说'以深刻的影响。而'历组卜辞'时间前提的争论，应肇始于明义士"。

林 泰 辅 [日]

（1854—1922）男，字浩卿，号进斋。早年师从汉学家并木栗水学习汉字，后入东京帝国大学古典讲修科，研修中国经学和古代史。1903年，《铁云藏龟》刚出版，身为日本高等师范学校教授的文学博士林泰辅就见到了此书，但他初时怀疑书中所载的骨片系伪造之物。1905年，东京文求堂从古董商手中买了100片甲骨，放在店中出售，林泰辅从中选购了十几片。在认真审视原物之后，他疑窦冰释，相信甲骨文是真正的古代文字，史料价值极高。1907（光绪三十三年）年来中国赴安阳搜购殷墟出土的有字甲骨。曾受古董商称甲骨出自汤阴的欺骗，故第一篇研究甲骨文的题目为《清国河南省汤阴县发现之龟甲兽骨文字》。他是第一位研究甲骨文的日本学者。其1909年撰写的《清国河南汤阴县发现之龟甲兽骨》一文，极力宣传新出的甲骨文。文中林泰辅旁征博引，详细考证了出土甲骨史料

在文字学和上古史学上的可信度，充分肯定了甲骨史料的重大学术研究价值，对罗振玉甲骨文研究有所促进。日本学者神田喜一郎在《敦煌学五十年》中写道："罗振玉先生读了此论文后深受刺激和震动，他开始发愤地研究起甲骨史料来，以后作出了著名的《殷商贞卜文字考》一书。"当时，日本人尤其是京都的关西学派都不相信甲骨文字。东京的许多学者，从一开始也视其为伪造之物。林泰辅的许多友人也持怀疑观点，而他坚信不疑。尽管当年林泰辅的文章被视为邪说，不是登在《史学杂志》论说栏，而是被置于杂录栏，但他还是竭尽财力，又购买了600多片甲骨，拿回去继续研究。这样，他渐渐对甲骨文字有了心得。在他的影响下，日本学者争相收集甲骨文，有的甚至达到3000多片。1914年，林泰辅写就《上代汉学的研究》，这篇研究甲骨文的博士论文距我国孙诒让1904年的《契文举例》，仅仅晚10年。1915年，林泰辅又写了名著《周公和他的时代》，王国维看后亲笔回信，并高度赞扬。1921年，林泰辅在罗振玉的帮助下，搜罗了商周遗文会、榷石斋、听冰阁、继述堂等所藏甲骨拓片，编成了《龟甲兽骨文字》一书。他对出土的甲骨文字史料进行了分类，是国际甲骨学界、日本汉学界进行科学化甲骨学研究的先驱。林泰辅在甲骨学方面的出色工作，还包括他的六卷本巨著《龟甲兽骨文字表》。遗憾的是，该书未能正式出版，现由庆应大学斯道文库保管。不过其中的两页，曾在平凡社《书

道全集》第一卷中有图版介绍。林泰辅是一位求实求真的严谨学者，他于1918年专程来到中国，像罗振玉一样，亲赴安阳小屯调查和搜购文物，共计购得甲骨20片。归国之后，林泰辅写成了《殷墟遗物研究》一书，记述了到安阳旅行、察访的过程，其中有收购甲骨的经过、甲骨出土地的描写，以及关于当地风俗人情的记述。日本甲骨学界因为有了林泰辅的开山之功，才造就了甲骨学大师贝冢茂树等人，才有了20世纪日本甲骨研究集大成者白川静研究著作的诞生。林泰辅甲骨文研究论著还有《龟甲牛骨使用之年代》《文字和文章》《卜法之异同》等。

（二）甲骨文科学发掘和甲骨学发展时期（1928—1949 年）

郭沫若　（1892—1978）男，汉族，四川省乐山市沙湾镇人。乳名文豹，学名开贞，字鼎堂，号尚武（留学日本时取家乡沫、若二水名，始名沫若）。

5 岁入家塾读书。习读《诗经》《唐诗三百首》，喜欢王维、孟浩然、李白。1901 年家塾采用上海编印的新式教科书授课，14 岁入乐山县高等小学。第一学期成绩名列第一，因受年长同学忌妒，被降为第三名。次年因反对教师专制，被学校开除，经斡旋返校。夏升入乐山

县中学堂，大量阅读林琴南的译述小说。1908 年，16 岁患伤寒并发中耳炎，听力受损。病中读先秦诸子等古籍，偏爱《庄子》。次年，因参加罢课，请求校方与当地政府交出惩办打伤同学的肇事者，被学校开除。1910 年进省城成都，插入四川官立高等分设中学堂。冬参加成都学界要求早开国会的罢课风潮，任班级代表，又受开除处分。1911 年冬清帝退位。回家乡组织民团响应辛亥革命。1913 年考入成都四川官立高等学堂理科，未学。夏，被天津军医学校录取，未就学。年底得长兄资助，东渡日本留学。1914 年 1 月抵东京。秋考入东京第一高等学校预科。与郁达夫同学。1915 年秋入冈山第六高等学校。与成仿吾同学。1918 年升入九州帝国大学医学部。1919 年夏与留日同学响应五四运动，组织抵日爱国社团夏社。1923 年自九州帝国大学医学部毕业。随即回国从事文学活动，编辑出版创造社刊物。1924 年，再赴日本，在福冈翻译河上肇《社会组织与社会革命》、屠格涅夫长篇小说《新时代》，对马克思主义理论作系统了解，从此确立马克思主义世界观。1926 年 3 月与郁达夫等赴广州，任广东大学文学院学长，实行文科改革。结识毛泽东、周恩来等共产党人。7 月参加北伐，任国民革命军总政治部中将副主任、代主任。12 月任黄埔军校武汉分校（中央军事政治学校）政治科教官。1927 年 3 月在南昌朱德住处作《请看今日之蒋介石》，痛斥蒋介石叛变革命。被蒋介石政府通缉。7 月任第二方面军政治部主

任。8 月参加八一南昌起义，任国民革命委员会主席团成员、起义部队总政治部主任。经周恩来、李一氓介绍加入中国共产党。冬潜回上海从事文艺活动。重译《浮士德》第一部。因患斑疹伤寒，错过乘船转移到苏联去的机会。1928 年 2 月为躲避国民党政府缉捕，得内山完造帮助离沪，化名旅日，定居千叶县，行动受警方监视。居日期间，通览东京东汉文库先秦史籍，研究中国古代史和甲骨文字。1930 年论证中国古代存在奴隶制社会形态的《中国古代社会研究》出版。1931 年作《甲骨文字研究》《殷周青铜器铭文研究》《两周金文辞大系》。1932 年作《金文丛考》《创造十年》。1933 年作《卜辞通纂》《金文余释之余》《古代铭刻汇考》等。1934 年作《两周金文辞大系考释》。1937 年作《殷契粹编》。7 月抗日战争爆发。只身归国参加抗战。在上海主办《救亡日报》、组织文化宣传队、战地服务团赴前线劳军。以无党派人士身份，在周恩来直接领导下从事抗战文化工作。1938 年 1 月与于立群结合，同由广州赴武汉，就任国民政府军事委员会政治部第三厅厅长。当选中华全国文艺界抗敌协会理事。10 月武汉失守，经长沙、桂林撤至重庆。1942 年作历史剧《屈原》《虎符》《高渐离》《孔雀胆》；译歌德《赫曼与窦绿苔》。创办群益出版社，主编学术刊物《中原》。1949 年 3 月率中国代表团出席世界拥护和平大会布拉格会议。1949 年前夕当选中华全国文学艺术工作者联合会主席、中国人民政治协

商会议副主席。中华人民共和国成立后，先后任中央人民政府委员、政务院副总理兼文化教育委员会主任、中国科学院院长、哲学社会科学部主任兼历史研究所第一所所长（1959 年历史研究一、二所合并后任所长）、全国人大常务委员会副委员长、中国人民保卫世界和平委员会主席、中日友好协会名誉会长等。1956 年，哲学社会科学部历史研究所第一、二所，根据国务院科学规划委员会制定的《一九五六——九六七年科学技术发展远景规划纲要》，制定本单位《远景规划》时，建议将编纂《甲骨文全集》订入规划中。被推为编纂委员会主任和主编。1959 年 3 月，又建议将《全集》改名《合集》。1973 年 5 月，亲自写信上报中央解决《合集》出版事宜。1977 年《甲骨文合集》图版编定，亲自听取编纂工作组汇报并审定书名题签。1978 年 6 月 12 日于北京逝世，终年 86 岁。郭沫若对甲骨学的贡献，不但有旅居日本时所著《中国古代社会研究》《甲骨文字研究》《卜辞通纂》《古代铭刻汇考》《青铜时代》和《两周金文辞大系》等。回国后又出版《殷契粹编》。在《甲骨文字研究》《卜辞通纂》和《殷契粹编》中，对甲骨文多有精深考释和发现。《卜辞通纂》分类编排，考释简洁明了，是引导甲骨文初学者之入门书，提出的分期断代的初步意见，为董作宾建立的分期断代提供不少根据。甲骨学一代宗师，甲骨四堂之一。

傅斯年　（1896—1950）男，汉族，祖籍江西省永丰县，山东省聊城市人。

初字梦簪，字孟真。先祖傅以渐，顺治年间的状元，是有清一朝的第一个状元。傅以渐以后，傅氏成为典型的官宦世家，获取功名，中举人、进士、为庠生、太学生者不下百余人，在朝为官和出任封疆大吏者几代不绝。

傅以渐三传至傅继勋，字玉溪，号湘屏，是傅斯年的曾祖父，1825 年（道光五年）拔贡，官至安徽布政使，清末名臣。傅斯年在填写个人履历时往往上至曾祖父，但是他出生时，曾祖父已去世多年，曾祖父以上对傅斯年的影响都是间接的。直接影响傅斯年个性和品格的是傅斯年的祖父和父母，其中在家庭方面影响傅斯年一生品行和思想作风的，主要是傅斯年的祖父傅淦和母亲李夫人。傅淦的教诲，对傅斯年一生影响甚巨。傅斯年成年后曾对弟弟傅斯岩深情地说："祖父生前所教我兄弟的，尽是忠孝节义，从未灌输丝毫不洁不正的思想。我兄弟得有今日，都是祖父所赐。"傅斯年一生坚持参政而不从政，为人常怀侠义之心，率直而有豪气等人品与作风都深受其祖父影响。对傅斯年影响较大的另一位亲人是傅斯年的母亲。傅斯年母亲姓李，闺名叔音，聊城西南郊贺家海人。李夫人出生于一个地主家庭，虽然识字不多，但却接受了严格的儒家教育。傅斯年 1909 年，就读于天津府立中学堂，1913 年考入北京大学预科，1916 年升入北京大学文科，本科国文门，曾著《文学革新申义》响应胡适的《文学改良刍议》，提倡白话文。1918 年夏，受到民主与科学新思潮的影响，与罗家伦、毛准等组织新潮社，创办《新潮》月刊，提倡新文化，影响颇广，从而成为北大学生会领袖之一。1919 年，五四运动期间，傅斯年担任游行总指挥，后因受胡适思想影响，反对"过急"运动，退出学运，回到书斋。同年夏，北大毕业后考取庚子赔款的官费留学生，先入英国爱丁堡大学，后转入伦敦大学研究院，研究学习实验心理学、生理学、数学、物理以及爱因斯坦的相对论、勃朗克的量子论等。1923 年，入柏林大学哲学院，学习比较语言学等。1926 年冬，应中山大学之聘回国，1927 年任该校教授，文学院院长，兼任中国文学和史学两系主任。同年在中山大学创立语言历史研究所，任所长。1928 年，受蔡元培之聘，筹建中央研究院历史语言研究所。同年底历史语言所成立，任专职研究员兼所长，创办《历史语言研究所集刊》，任主编。1929 年春，历史语言研究所从广州迁往北平，兼任北京大学教授，讲授"中国上古史专题研究"及"中国古代文学史"。其间先后兼任社会科学研究所所长，中央博物院筹备主任，国民参政会参政员，中央研究院总干事，政治协商会议委员，北京大学代理校长等职。"九一八"事变后，傅斯年于 1932 年 10 月出版了《东北史纲》一书，针对日本学者"满蒙在历史上非中国领土"的反动言论，从历史角度详细地论证了东北自古就是中国领土的史实，字里行间洋溢着强烈的民族主义价值观。此书后由李济翻译成英文，送交国际联盟。《东北史纲》一书为李顿调查团报告书明确指出东北三省"为中国之一部，此为中国及各国公认之事实"起到了重要作用。1948年，当选南京国民政府立法委员。同年当选为中央研究院院士。1949年1月，傅随历史语言研究所迁至台北，并兼台湾大学校长。1950年12月20日上午，傅斯年在台湾省议会答复教育行政质询时过度激动，"突患脑溢血逝世于议场"，享年55岁。傅斯年逝世后，葬于台湾大学校园。墓园称"傅园"，并建有希腊式纪念亭及"傅钟"，其中，傅钟启用后成为台湾大学的象征，每节上下课会钟响二十一声，因傅斯年曾说过："一天只有二十一小时，剩下三小时是用来沉思的。"作为著名历史学家、古典文学研究专家、教育家、学术领导人、五四运动学生领袖之一、中央研究院历史语言研究所的创办者，在政治上，傅斯年要求严惩贪官污吏，整制政风，反对"中国走布尔什维克道路"；在学术上，信奉考证学派传统，主张纯客观科学研究，注重史料的发现与考订，发表过不少研究古代史的论文，并多次来安阳指导殷墟发掘。他主持历史语言研究所期间，延揽一流人才，作出不少成绩。他所提出的"上穷碧落下黄泉，动手动脚找东西"的原则影响深远。他是胡适的学生，但是走在胡适的前面，胡适说他是"人间一个最稀有的天才。……他是最能做学问的学人，同时他又是最能办事、最有组织才干的天生领袖人物"。

胡适当年刚进北大做教授，就发现有些学生比他的学问好，而他在北大讲中国哲学史之所以没有被学生赶下台，就是由傅斯年等人在私底下做了他的"保护人"。可是恨傅斯年之极的周作人却认为他不过是一个外强中干的人，"又怕人家看出他懦怯卑劣的心事，表面上故意相反的显示得大胆，动不动就叫嚣，人家叫他傅大炮，这正中了他的诡计"。其中主要原因是1945年日本投降后，西南联大解散并迁回平津，傅斯年任北大代理校长，欲替胡适回国主持校务扫清障碍，严格执行他所说的"北大决不录用伪北大的教职员"，认定"汉、贼不两立"，而周作人恰在此列。傅斯年收罗很多人才到史语所来。其中不少人后来成为大家，如：董作宾、李济、梁思永、陈寅恪、徐中舒、赵元任、李方桂、罗常培、陈盘、石璋如、丁声树、劳干、胡厚宣、夏鼐、周一良、高去寻、全汉升、邓广铭、张政烺、傅乐焕、王崇武、董同和、马学良、张琨、逯钦立、周法高、严耕望等。这些人或多或少都受过傅斯年的支持或培养，都或多或少继承了他严谨的重材料、重考证的学风。安阳殷墟的发掘，就是在他大力支持和关怀下进行的。

董作宾（1895—1963）男，汉族，原名作仁，祖籍河南省温县董杨门，生于河南省南阳市（原南阳县）。字彦堂，又字雁堂，号平庐、平庐老人。父董

士魁，字杰卿，年轻时背井离乡经商来到南阳，在南阳北关开一杂货店谋生，母王氏，南阳当地人。董作宾6岁从陈文斗受业，改今名。12岁从史九读，与郭宝钧是同学。16岁南阳元宗小学高级肄业。18岁在南阳经商之余，与陈耀垣共设馆授徒。20岁在南阳与侪辈组立文社，互相督励。约同志为月课，文成，求正于乡先辈。21岁在南阳试考县立师范讲习所，被录取为第二名。22岁师范毕业，名列优等第一。23岁师范讲习所聘留堂任教员。1918年，24岁赴开封考入河南育才馆，知有甲骨文字。次年育才馆毕业，与同学筹办《新豫日报》，任编辑。两年后报纸扩充篇幅，任编校。1922年，28岁入北京大学作旁听生，初学甲骨文字。次年，北京大学研究所国学门成立，入所为王国维研究生。考古学会成立，为会员。1925年至福州，任福建协和大学国文系教授。次年，回开封，任中州大学文学院讲师，兼任省立甲种工业学校、北仓女子中学校国文教员。1927年暑假至北京，任北京大学研究所国学门干事。秋至广州，任中山大学副教授。1928年，中央研究院历史语言研究所筹备处成立于广州，被聘为通信员。暑假与乡前辈张中孚赴洛阳、安阳调查三体石经及殷墟甲骨。秋，史语所成立，聘为编辑员。主持试掘安阳小屯遗址工作，为第一次殷墟发掘。10月13日的第一锹土，标志着中国人自主考古的开始，也是中国考古学的发端，一门崭新的学科中国考古学的诞生。次年，参加第二次、第三次殷墟发掘。随史语所迁北平。著《商代龟卜之推测》。1930年在北平写《殷墟发掘报告》。冬，至济南，参加第一次城子崖发掘工作。参与颂斋之会二次。次年，参加第四次、第五次殷墟发掘。与李济至南京开古物展览会。在中央大学讲"甲骨文之厄运与幸运"。著《卜辞中所见之殷历》《大龟四版释》等文。1932年参加第六次、第七次殷墟发掘。被"史语所"聘为研究员。著《甲骨文断代研究例》。在北京大学兼课，讲授"甲骨文字研究"。次年，随史语所迁上海。赴山东滕县，主持发掘工作。著《谭〈谭〉》等文。1934年随史语所迁南京。参加第九次殷墟发掘。著《殷历中几个重要问题》等文。《城子崖》出版。次年至安阳，监察第十一次殷墟发掘工作。1936年编辑《殷虚文字甲编》图版成，交商务印书馆影印制作。至安阳，视察第十三次殷墟发掘工作。赴登封调查周公测景台古迹。著《殷商疑年》等文。次年赴杭州，调查黑陶出土情形。再至登封，计划周公测景台修理工程。转安阳、辉县，视察发掘工作。与胡厚宣合编《甲骨年表》出版。七七事变，抗战军兴，随史语所迁长沙，再迁桂林。1938年由桂林取道越南迁昆明。居昆明郊外龙头村。次年，参加天文学会第十五届年会。1940年，昆明龙头村平庐新居落成，傅斯年题"平庐"横幅相赠。两次影印之《殷虚文字甲编》图版，因战事起，书陷上海浦东。至1939年再印于香港；本年书成，却未及运入内地。冬，"史语所"迁四川南溪李庄。次年，赴重庆出席中央研究院院务会议。参加第三次全国美术展览会。著《天历发微》等文。1943 年写《殷历谱》稿本付石印。著《四分一月说辨正》《中康日食》等文。次年,兼代"史语所"所长。续写《殷历谱》。纂《平庐景谱》。举办五十岁个人作品展览会。著《王若曰古义》等文。1945 年《殷历谱》成,石印 200 部。次年,筹办复员还京各项事宜。接美国芝加哥大学聘为客座教授约,定翌年 1 月赴美。1947 年应聘为芝加哥大学中国考古学客座教授,于 1 月乘轮赴美,在学校授甲骨金文课程。1948 年当选中央研究院院士。《殷虚文字甲编》及《殷虚文字乙编》上中两辑出版。著《殷历谱后记》。12 月回国经上海到台湾,仍任中研院史语所专任研究员。次年,史语所迁台湾。应台湾大学聘为文学院教授;在中文系授古文字学,在历史系授殷代史。考古人类学系成立后,转为该系教授。1950 年,创办《大陆杂志》,为发行人。著《甲骨学五十年》等。1951 年被任命为"中央研究院"历史语言研究所所长。著《司母戊大鼎》及《清明上河图》等文。1952 年,赴菲律宾参加太平洋科学会第八次会议。被美国东方学会选举为荣誉会员。著《西周年历谱》等文。1954 年,著《殷历谱的自我检讨》《今日之甲骨学》等文。1955 年,5 月与朱家骅、溥儒同赴韩国汉城讲学,被汉城大学研究院授予文学博士学位。又赴日本东京东洋文库及京都大学人文科学研究所作学术演讲。8 月接受香港大学东方文化研究院研究员之聘,辞史语所所长职,向台湾大学告假,赴香港就任。1956 年,被香港大学聘为荣誉史学教授,并兼任崇基书院历史学教授。著《中国年历总谱》下编付排,香港大学出版社印行。编《殷虚文字外编》。1957 年,任新亚书院甲骨钟鼎文兼任教授。著《中国年历总谱》上编付排,从事上下编之校对工作。冬,赴曼谷参加第九届太平洋科学会议。编《香港大学所藏甲骨文字》。1958 年,兼任珠海书院上古史教授。秋,返回台湾,继续任台湾大学考古人类学系专任教授。史语所设甲骨文研究室。被聘为主任。著《甲骨实物之整理》等文。1959 年 5 月 10 日,忽中风,不能言语,随入台大医院治疗三个月,虽病愈,然言语不利。秋,《中国年历总谱》上下编由香港大学出版于香港。编《历史博物馆所藏甲骨文字》。1960 年,受马来亚大学聘,为校外考试委员,参加第一年中文考试,乃赴新加坡马来亚。接受台湾大学甲骨学研究讲座教授。手写《殷虚文字乙编摹写本示例》,于《中国文字》第一期之上连载。1961 年,与黄然伟合编《续甲骨年表》《董作宾学术论著》上下册出版。著《殷墟文字中"人猿图"》。1962 年 5 月 25 日晚间,与友人小叙于台北市中华路真北平饭店,心脏病突发,被急送至台大医院抢救。第二天,转送至荣民总医院,治疗一个月。著《罗雪堂先生事略》《汪怡先生传略》《"中央研究院"历史语言研究所略史》及《方地山所藏之一版卜辞》等文。1963 年,夏历二月二十四(3 月 19 日)为 69 岁生日。各方友好，连日举觞祝嘏。倍感劳累，当晚心脏病复发，再进台湾大学附属医院治疗。10月《平庐文存》上册出版，《殷历谱》再版本出版（艺文印书馆印行）。11月23日午，于入院治疗八个月后，终告不治，于台大附属医院病室去世。举殡日，蒋介石题写挽额："彦堂教授千古　绩学贻徽　蒋中正"。陈诚亲临吊祭，学术文化界吊祭者千余人。葬台北南港"中研院"对面山之上，与胡适墓为邻。石璋如评价董作宾："是民俗学家、文字学家、文学家、史学家、艺术家、考古学家、甲骨学家，也是年历学家。"一代宗师，甲骨四堂之一。

李济（1896—1979）男，汉族，湖北省钟祥市人。因李济出生于钟祥中果园街双眼井，取名"李顺井"。父亲李权，1907年（光绪三十三年）赴京赶考，得七品文官，接全家人到北京，李济随家到京，住在厂甸附近的达智营16号。11岁入南城琉璃厂的五成中学学习，师从大名鼎鼎的翻译家林纾。1911年考入清华学堂留美预科学校，改名李济，字受之，后改济之。1918年毕业，同年官派赴美国留学，在麻省克拉克大学学习心理学和社会学。次年，获心理学文学士学位。1920年转入美国哈佛大学，读人类学专业，受民族学家罗兰·狄克森（Roland Dixon）与体质人类学家恩斯特·虎顿（Earnest Hooton）指导，于1923年完成论文《中国民族的

形成》，从而获得人类学博士学位。在美国学习期间，李济与徐志摩同宿舍，成绩优异，总是徐第一，李第二。其间结识了哈佛的梅光迪、赵元任、吴宓等。1923年返回中国，受聘于清华大学，任国学研究院讲师。1924年，开始田野考古。1926年，李济发掘山西夏县西阴村新石器时代遗址。1929年初，应聘出任中央研究院历史语言研究所考古组主任，主持并参加了第二次安阳殷墟发掘。至1937年全面抗战爆发前，主持或参加了安阳殷墟第二次至第十五次科学发掘工作，期间1930年在山东龙山镇（今属章丘市）东北的城子崖台地进行发掘。首次发掘出"黑陶杯"，是一个具有显著特征的文化体系，称为黑陶文化，后命名为"龙山文化"。1936年曾赴欧洲讲学。1938年被推选为英国皇家人类学会名誉会员。抗战期间，随史语所转移至长沙、昆明，最后到四川李庄，担任中央博物院筹备组主任。抗战胜利后，1946年参加中国政府驻日代表团，索回日本侵华期间掠去的中国文物。1948年被推选为中央研究院院士，年底随史语所迁台。1949年至1950年兼任台湾大学教授，并主办考古人类学系。1955—1972年，在台北任历史语言研究所所长。1958年和1962年两度代理台北"中央研究院"院长，1972年辞去史语所所长一职，年底退休。1979年8月1日，因心肌梗死病逝于台北温州街寓所。李济一生学术上的主要成就是以殷墟发掘资料为中心，进行专题和综合研究，建立了殷商文化在历史上的地位。亦初

创了中国考古学嗣后 70 年间研究古代陶器、青铜器、石玉器方法的基础。前后发表考古学著作约 150 种。相关考古和殷墟研究方面的论著主要有：1929 年中央研究院历史语言研究所专刊之一《安阳发掘报告》第一期《安阳发掘报告发刊语》、1929 年中央研究院历史语言研究所专刊之一《安阳发掘报告》第一期《小屯地面下情形分析初步》、1929 年中央研究院历史语言研究所专刊之一《安阳发掘报告》第一期《殷商陶器初论》、1930 年中央研究院历史语言研究所专刊之一《安阳发掘报告》第二期《民国十八年秋季发掘殷虚之经过及其重要发现》、1930 年中央研究院历史语言研究所专刊之一《安阳发掘报告》第二期《小屯与仰韶》、1930 年中央研究院历史语言研究所专刊之一《安阳发掘报告》第二期《现代考古学与殷虚发掘》、1931 年中央研究院历史语言研究所专刊之一《安阳发掘报告》第三期《俯身葬》、1933 年中央研究院历史语言研究所专刊之一《安阳发掘报告》第四期《安阳最近发掘报告及六次工作之总估计》、1933 年中央研究院历史语言研究所专刊之一《安阳发掘报告》第四期《安阳发掘报告编后语》、1933 年中央研究院历史语言研究所集刊外编第一种《庆祝蔡元培先生六十五岁论文集》《殷虚铜器五种及其相关之问题》、1934 年《东方杂志·中国考古之学过去与将来》、1936 年中央研究院历史语言研究所专刊之十三《中国考古学报》第一册《田野考古报告编辑大旨》、1945 年中央研究院历史语言研究所《六同别录》中册《研究中国古玉问题的新资料》、1947 年中央研究院历史语言研究所专刊之十三《中国考古学报》第二册《中国考古学报前言》、1948 年中央研究院历史语言研究所专刊之十三《中国考古学报》第三册《记小屯出土之青铜器》、1953 年《历史语言研究所集刊·跪坐蹲居与箕踞》、1956 年《小屯第三本·殷虚器物甲编：陶器上辑·"中央研究院"历史语言研究所中国考古报告集》之 2、1964 年与万家保合著《古器物研究专刊第一本·殷虚出土青铜觚形器之研究·"中央研究院"历史语言研究所中国考古报告集》之 4、1966 年与万家保合著《古器物研究专刊第二本·殷虚出土青铜爵形器之研究·"中央研究院"历史语言研究所中国考古报告集》之 4、1968 年与万家保合著《古器物研究专刊第三本·殷虚出土青铜斝形器之研究·"中央研究院"历史语言研究所中国考古报告集》之 4、1970 年与万家保合著《古器物研究专刊第四本·殷虚出土青铜鼎形器之研究·"中央研究院"历史语言研究所中国考古报告集》之 4、1972 年与万家保合著《古器物研究专刊第五本·殷虚出土五十三件青铜器之研究·"中央研究院"历史语言研究所中国考古报告集》之 4、1977 年美国华盛顿大学出版社《安阳》等。李济以等身著作和殷墟发掘的巨大成就，成为中国考古学的奠基人之一。

梁思永（1904—1954）男，汉族。祖籍广东省新会市，梁启超次子，梁思成之弟。出生于澳门（一说出生于上海），但其童年是在日本度过的，在日本念的小学。回国后进入清华学校留美班，1923 年毕业，赴美国入哈佛大学研究  院攻读考古学及人类学，研究东亚考古。留学期间，曾参加印第安人遗址的发掘，也曾一度回国到清华学校国学研究所担任助教。1927 年初，他写信给父亲，表示想回国实习并搜集一些中国田野考古资料，作毕业论文。1930 年夏天，梁思永从美国哈佛大学毕业后，回国参加中央研究院历史语言研究所考古组工作。同年秋季，他到黑龙江参加了昂昂溪遗址的发掘。1931 年春，27 岁的梁思永告别新婚三个月的妻子李福曼，随史语所组织的殷墟发掘团来到安阳殷墟，以中国第一位专门考古学家的身份和名义参加了小屯和后冈的发掘。同年秋季，他又参加了山东历城（今章丘）龙山镇城子崖的第二次发掘。他的参与提高了当时考古发掘的科学水平，他还第一次从地层学证据上明确了仰韶文化和龙山文化两个新石器时代遗址的先后顺序及它们与商代文化之间的关系，"仰韶—龙山—殷墟"三个相继文化层是中国近代考古史上一次划时代的重大发现。工作中他非常敬业和勤奋，不幸于 1932 年在一次野外发掘时病倒。1934 年，梁思永再度参加安阳殷墟侯家庄南地和同乐寨的田野发掘。同年，他主笔的《城子崖遗址发掘报告》出版，这是我国首次出版的大型田野考古报告集。1935 年，他主持殷墟侯家庄西北冈的发掘。也就在这次发掘中，梁思永与夏鼐两位在中国考古史上影响深远的巨擘不期而遇了，并在安阳侯家庄商王陵区，主持发掘出了 10 座大型陵墓和上千座"人牲"祭祀坑，为中国古代社会的研究提供了重要的科学资料。抗日战争爆发后，梁思永跟随史语所撤退到长沙，后经桂林入昆明，最后到达四川李庄。1939 年，他在"第六次太平洋学术会议"上提交的论文中，全面总结了龙山文化，该成果一直影响到目前对龙山文化类型的进一步划分。1940 年冬，开始着手撰写抗战前殷墟西北冈发掘报告，并有"一气呵成"之志。据石璋如追述，此报告自南京撤退长沙时即开始撰写，梁思永一有机会便出示标本，加以整理。1950 年 8 月，梁思永被任命为中国科学院考古研究所副所长。1954 年 4 月 2 日，长期带病坚持工作的他，因心脏病发作在北京逝世，终年 50 岁。梁思永一生致力于考古事业，是第一届中国科学院院士，也是中国近代考古学和近代考古教育开拓者之一，是我国第一个受过西方的近代考古学正式训练的学者。在他短暂的一生中，为中国考古人才的培养做出重要的贡献，夏鼐、刘耀（尹达）、郭宝钧、石璋如及高去寻等人在历次殷墟发掘中都受到其熏陶与栽培。他还对中国的田野工作和研究对象做了统筹的设想，成为后来历届长远规划的得力蓝本。他的主要论著除主编的《城子崖遗址发掘报告》，还有论文汇编《梁思永考古论文集》以及由于病逝未完稿后由高去寻辑补而成的《侯家庄》多册。此外，1930年他用英文发表的《山西西阴村史前遗址的新石器时代的陶器》一文，是中国国内对仰韶文化认真进行比较研究的第一篇论著。对中国新石器时代的仰韶文化和龙山文化，以及殷商文化的研究，具有重大意义。

郭宝钧（1893—1971）男，汉族，祖籍山西省汾阳市，生于河南省南阳市，字子衡。其父在他出生前二十日逝世，留下年仅38岁的祖母及22岁的母亲，两世孀居，五服之内无可依靠的。身为遗腹子的郭宝钧深谙家境清寒及祖母、母亲抚育之难苦，自幼生活简朴，勤奋求学。1922年毕业于北京师范大学国文系，返回家乡，邀约友人创办了南阳中学，后调至开封河南省政府教育厅任职。由于与董作宾读私塾时同窗的关系，1928年他以河南省教育厅代表身份，协助挚友参加了首次的殷墟考古发掘。1931年春殷墟第四次发掘时，他和梁思永同时正式加入史语所考古组，任研究员。同年秋天，他又参加殷墟第五次发掘。他吸取了山东历城县龙山镇城子崖发掘城墙的经验，并且结合文献，肯定了殷墟"文化层内的聚凹纹"及是版筑遗迹，推翻了"水波浪遗痕"的"殷墟水淹说"。此外，他提出殷人居住的两种形式，即地下的居穴及地面上的宫室，认为殷代末期是由居穴到修建宫室的过渡期。他又探讨了"覆穴窦窖"和"黄土堂基"的问题，这对殷虚建筑基址的研究提供了具有启发性的见解。之后又先后主持了殷墟第八次及第十三次的发掘。在第十三次发掘中，他采用大面积翻的方法，这不仅可研究遗址的层位关系，还可研究各种遗址的平面分布情况。由于方法的改进，发掘收获远超以往诸次发掘。这种方法是考古工作者结合殷墟的实际情况逐渐摸索出来的，而非从西方考古学中直接搬过来的。殷墟发掘期间的1932—1933年，郭宝钧还主持了河南浚县辛村的四次发掘，清理了从西周早期至春秋初年的墓葬82座。另外，先后两次参加了史语所在山东历城县（今章丘）龙山镇城子崖的发掘，并与梁思永等人合编《城子崖》。1937年，主持了辉县琉璃阁的发掘工作。1945年12月，被聘为河南大学文史系考古专业教授。中华人民共和国成立后，任中国科学院考古研究所研究员，为首届中国史学会理事，兼任北京大学研究生导师。1950年春，郭宝钧以年过半百之龄，重返河南安阳发掘了著名的武官村大墓及其附近的排葬坑，在曾多次遭盗的遗址中发现了不少遗迹和珍贵的文化遗物，包括中国现存上古石磬中最精致的虎形大石磬。1959年兼任中国历史博物馆特约研究员；1964年被选为第四届全国政协委员；1971年于北京逝世。主要论著有《中国的青铜器时代》《关于新郑莲鹤方壶的研究》《洛阳西郊汉代居住遗迹》《陶器与文化》《殷周车制研究》《殷周的青铜武器》《商周铜器群综合研究》等。

李景聃（1900—1946）男，汉族，安徽省舒城县人。字纯一。其父李紫晟于1912年在家乡桃溪镇创办桃溪高等学堂。李  景聃是家中的长子，早年进清华学校高等科，后考入南开大学，1923年毕业准备赴美国深造，因父积劳成疾，受家乡父老挽留，接任桃溪高等学校校长，主校6年。1929年春赴沪经商。后受中央研究院历史语言研究所李济指教，从事考古研究，深受李济器重。1933年任史语所助理员，曾参加安阳殷墟第八次、第九次、第十二次、第十三次发掘工作，第十三次发掘出土了著名的YH127甲骨坑。1933年11月，他和王湘对寿县史前遗址进行调查、试掘。1936年11月5日至12月23日，对朱家集李三孤堆楚墓原坑进行勘察，查清出土器物及其排列情况，为研究楚国青铜器找到了标准器，并辗转瓦埠湖畔和淝河东岸，发现和试掘魏家郢子等12处遗址。后由他和王湘分别执笔写成5万多字的《寿县楚墓调查报告》和4万多字的《安徽寿县史前遗址调查报告》，先后刊载于北京大学《田野考察报告》第一、二册。1937年，李景聃和郭宝钧共同主持辉县考古调查，于该县琉璃阁墓地发掘完整墓葬多处，出土青铜器物多件。七七事变后，李景聃随中央研究院历史研究所至云南昆明。先后在国民政府工程委员会桂林筹备处、第三十九工程处和滇缅铁路财务处等单位工作。抗战期间中央博物研究院馆藏文物迁至大后方，南京旧址多遭日军破坏。抗战胜利后他和同仁一道冒着酷暑严寒深入工地谋划经营，修复院址。1946年的11月，因积劳成疾，高烧不退，且精神渐失常态，不幸于同年12月10日逝世，享年47岁。在"殷墟考古十兄弟"中排老大。

石璋如（1902—2004）男，汉族，河南省偃师市人。8岁入私塾，后入偃师县小学，毕业后入洛阳中学。因家道中落，华北战事，遂辍学从军，又  就业数年。1928年考入中州大学（河南大学前身）历史系学习。是年十月，中央研究院历史语言研究所考古组在安阳小屯村开始考古发掘，主持发掘的董作宾应邀至河南大学讲安阳小屯考古发掘，石逐对安阳殷墟发掘产生兴趣。1931年读大三时，安阳殷墟发掘在当地遭到阻挠，史语所所长傅斯年与河南省政府交涉，住在河南大学。傅斯年利用晚上的时间进行演讲，石璋如亲逢其会，深受影响。河南省为谋求与中央学术合作，遴选学生参与发掘，作为大学三年级学生的石璋如被派往安阳参加殷墟的第四次发掘，从此与考古工作结下不解之缘。同时被派去的还有刘燿（尹达）。1932年从河南大学毕业，入史语所为研究生，1934年研究生毕业，留所为助理员，1940年为副研究员，1949年为研究员。

去台后，继续从事田野考古工作。1952—1959 年，在台湾大学考古人类学系兼任教授。1961 年，聘为终身研究员。在"殷墟考古十兄弟"中排老二，但他是"十兄弟"中年寿最高的一位，于 2004 年 3 月 1 日逝世，享年 102 岁，被称为"考古人瑞"。其学术生涯，大致可分为四个阶段：第一，安阳殷墟发掘阶段。自 1928 年至 1937 年，殷墟共进行了十五次发掘，他参加了殷墟的第四次以后的各次发掘，并主持了第十五次殷墟发掘，成为继董作宾、李济、郭宝钧、梁思永之后第五位安阳殷墟发掘的主持人，特别是参加了第十三次 YH127 甲骨坑的发掘。第二，"西北史地考察团"阶段。第三，在台初期阶段。去台后，他先后调查及发掘了台北圆山、新竹红毛港、台中营埔、南投大马璘和洞角、台南六甲顶、高雄半屏山、屏东恳丁、台东卑南、花莲、平林及花冈山等遗址，并且在台北圆山及台中水尾溪的若干遗址地层中，首先发现并确认了文化堆积的层次，给台湾北部及中部地区的史前文化层次序列提供了可资比对的标尺，为整个台湾史前年代学建立了良好的基础。第四，整理殷墟资料阶段。61 岁后，石璋如渐渐退出田野考古，专事整理、研究由大陆带来的安阳殷墟出土的资料。他最大的成就，是依据殷墟地面上及地面下的建筑遗存及墓葬的研究，复原了地上的建筑物，并将复杂的考古现象加以关联，以探求殷代的营造程式、兵马战车的组织及宗法礼制等，力图重现当时的制度。因其一生

的卓越贡献，于 1978 年当选为"中央研究院"院士，1979 年在 77 岁高龄时出任史语所考古组主任。石璋如的著述，据有关资料统计，截至 1998 年，有专著 17 部，其中与殷墟有关的达 10 部；论文 100 篇，其中与殷墟有关的达五六十篇；另外还有书评 6 篇，其他杂著 24 篇。甲骨学主要论著有《第七次殷墟发掘报告》《卜骨与龟卜探源——黑陶与白陶的关系》《殷墟发掘报告》《殷虚文字甲编约的五种分析》《殷墟的穴窖坑层与甲骨断代二例》《〈小屯〉第一本〈遗址的发现与发掘〉丁编〈甲骨坑层之一·一次至九次出土甲骨〉》《〈小屯〉第一本〈遗址的发现与发掘〉丁编〈甲骨坑层之一〉》《〈小屯〉第一本〈遗址的发现与发掘〉丁编〈甲骨坑层之二〉》（上、下册）等数十种。1998 年，石璋如著《刘耀先生考古的五大贡献》一文，纪念已经逝世 15 年的刘耀（即尹达）。他们 1937 年曾共同奔赴延安准备参加抗战，但在临汾的八路军办事处，办事人员官僚，见石璋如身着礼帽长衫，产生怀疑，只留下了刘耀，而没有接受石璋如。石璋如只得与刘耀分手回家，此后一直未能相见。分手 61 年后，写出此文，可见他们的友情和对殷墟的深厚感情。

李光宇 （1904—1991）男，汉族，湖北省钟祥市人。字启生。李济的远房侄子。1930 年 11 月，李济主持山东城子崖考古发掘

时，他跟随董作宾、郭宝钧、吴金鼎、王湘等人参加了"龙山文化"的发掘。1931年3月，李光宇参加了殷墟的第四次发掘，在该次发掘中，与吴金鼎一道负责四盘磨工作点的发掘，开探沟21处，面积约100平方公尺，发掘了灰坑、墓葬，遗物以陶、骨、石器为多。此后他又先后参加了殷墟的第六、七、八、十一、十二次的发掘，先后在小屯、侯家庄西北岗等地从事考古工作。1937年抗战爆发，随史语所西迁昆明，又随所迁至川南李庄。一路上负责文物的迁运工作。抗战胜利后随所回到南京。1949年去台湾，一直在史语所服务，曾任史语所考古组保管部主任，直到退休，1991年病逝台湾。其在史语所服务近五十年，主要担任助理以及文书、资料和照相室的管理工作，在田野活动中亦以参加辅助工作为主，但他的勤恳、认真负责的精神深受全所同仁敬佩。在"殷墟考古十兄弟"中排老三。

尹达（1906—1983）男，汉族，河南省滑县人，原名刘燿，字照林。刘燿的哥哥赵毅敏（原名刘焜），为中共早期党员，曾任莫斯科东方大学第八分校校长，共产国际代表。1931年"九一八"事变时任中共满洲省委宣传部长，发表了著名的《为日本帝国主义武装占领满洲宣言》，史称《"9·19"宣言》。在哥哥的影响下，刘燿学生时代就开始接触共产党的刊物。赵毅敏在东北被捕后，时已

在史语所工作的刘燿专程前往营救。1937年抗战爆发，刘燿随史语所西迁，11月抵达长沙。在长沙他设法领取了一张中央研究院的"特别通行证"，告别师友，改从母姓，化名尹达，投奔延安，之后便以尹达名世。尹达1928年入中州大学（河南大学前身）本科，先修哲学，后转入国学系。1931年，他和石璋如二人以中州大学学生的身份参加了安阳殷墟的发掘工作。1932年入史语所为研究生，边学习，边从事殷墟及其他田野考古发掘，1934年毕业，留所为助理员，先后参加殷墟的第四、五、八、九、十、十一、十二次发掘，即安阳小屯和后冈遗址、安阳侯家庄南地遗址和西北冈商王陵区等项重要的考古发掘。其间还参加了1932年史语所考古组和"河南古迹研究会"在河南浚县辛村西周墓地和大赉店史前文化遗址的发掘，其中大赉店发掘由他主持，后来写成考古报告《河南大赉店史前遗址》。1936年，他和梁思永、祁延霈在山东滕县安上村、日照两城镇作考古发掘，得龙山文化遗存；刘燿撰写的发掘报告，已完成十分之九，后因抗战爆发，他离开史语所赴延安，该报告最终未能完成，其未完稿现存台北史语所资料室。他在离开史语所时，在他未能完成的山东滕县安上村、日照两城镇考古报告上留言："别了，这相伴七年的考古事业！在参加考古工作的第一年，就是敌人铁蹄踏过东北的时候，内在的矛盾燃烧着愤怒的火焰，使我安心不下去作这样的纯粹学术事业！……现在敌人的狂暴更加厉害了，国亡家破

的悲剧跟着看就要在我们的面前排演，同时我们正是一幕悲剧的演员！我们不忍心就这样的让国家亡掉，让故乡的父老化作亡国的奴隶；内在的矛盾一天天加重，真不能再埋头写下去了！我爱好考古，醉心考古，如果有半点可能，也不愿意舍弃这相伴七年的老友！但是我更爱国家，更爱世世代代居住的故乡，我不能够坐视不救！"到延安后，尹达先在短训班学习，不久马列学院开学，进入第一班学习，并于 1938 年 4 月加入中国共产党，同年 11 月被分配到陕北公学任教，后又调任马列学院历史研究室研究员并兼陕北公学总教员。1941 年调任中共中央出版局出版科科长，1946 年任北方大学教员，1948 年任华北大学教务处长，1949 年任北平文化接管委员会文物部长。1950 年任中国人民大学研究部副部长兼中国历史教研室主任。1953 年任北京大学副教务长，后协助郭沫若筹办中国科学院历史研究所，任副所长。1954 年创办并主编《历史研究》，并参与编辑《考古学报》，还兼任中国科学院考古研究所副所长、所长。1955 年任中国科学院哲学社会科学部学部委员。1958 年起代表郭沫若组织编写《中国史稿》，并协助郭沫若主编《甲骨文合集》。曾任中国考古学会第一、第二届理事会副理事长，中国史学会常务理事，还曾当选为第一、第二、第三届全国人民代表大会代表，中国人民政治协商会议第五、第六届全国委员会委员。1983 年 6 月 19 日，尹达病逝，享年 78 岁。遵其遗愿，把他的骨灰撒入黄河。其学术成果有 1940 年协助范文澜编著《中国通史简编》，负责秦汉至南北朝部分。1943 年出版专著《从考古学上所见到的中国原始社会》，因为这部书，尹达被夏鼐称为"结合考古实物资料运用马克思主义来研究中国古代史的第一人"。同时还写有论文《龙山文化与仰韶文化之分析》，1947 年 3 月此文在国统区和解放区同时发表。1955 年出版的《中国新石器时代》，1963 年增订改名为《新石器时代》，该书是他从事考古事业二十多年来的成果汇集。1956 年，与吴晗、谭其骧一起负责组织绘制《中国历史地图集》。60 年代初，写有论文《新石器时代研究的回顾与展望》，该文强调要使考古研究走上马克思主义的科学轨道。1982 年下半年，与研究室成员制定《中国史学发展史》编写原则，成立编写组，分工编写。1985 年 7 月《中国史学发展史》一书由中州古籍出版社出版，下限写至 20 世纪 40 年代末，对中国历史学的起源、发展，直至成为科学的基本线索和演变规律，进行了可贵的探索。在"殷墟考古十兄弟"中排老四。

尹焕章　（1909—1969）男，汉族，河南南阳人。字子文。15 岁入省立南阳中学，董作宾正是他这个时候的老师。1928 年 19 岁入河南大学预科，次年赴

北平半工半读。恰好当时中央研究院史语所在北平，董作宾在所内任职，经董作宾介绍，尹焕章考入史语所为书记，在史语所下属的史学组工作，并在徐中舒具体指导下，参加了史语所整理明清内阁大库档案的工作，当时指导档案整理的导师还有朱希祖、陈寅恪、陈垣等大师。同时在北京大学旁听明清史的课程。1933年始，尹焕章从史学组调到考古组，是年，被派往河南安阳参加殷虚第八次发掘，开始了毕生喜爱的考古工作。1934年正式作为考古工作人员，开始参加安阳殷墟发掘，直到1937年6月，他连续参加了殷墟第九次至第十五次发掘，先后在小屯、后冈、侯家庄及浚县辛村等地参加考古发掘。他对工作认真负责，在田野工作时强调亲临现场，以取得第一手资料，工作日记从不间断。抗战全面爆发，国民政府进行了艰难的国宝西迁。9月，尹焕章奉史语所命，赴开封协助郭宝钧将河南辉县、浚县、汲县等处出土的铜器押运至汉口，交中央博物院筹备处。当时，史语所已迁至长沙，为了同仁的安全，史语所决定：家庭所在地还未沦陷的，就先回家；家庭所在地已经沦陷的，可以跟着史语所走，也可以自便。于是除有任务在身的人外，史语所同仁暂时星散，尹氏只得暂回南阳。其时殷墟考古十兄弟中的刘燿（尹达）、祁延霈、王湘已先期到达延安，于是尹焕章也带前妻和刚会走路的儿子，于1938年秋奔赴延安。他们经西安抵三原县，与当时任三原县八路军联络站站长王湘（其时名王元一）联系，由王湘介绍，入抗日军政大学学习。后因前妻坚决要求返乡，于是携妻、子

返回南阳。1939年8月，经李济和董作宾安排，辗转到达重庆，进中央博物院筹备处工作，被派驻乐山安谷乡保管中博近千箱珍贵文物，直到抗战胜利。1946年，随中博文物回到南京，继续专职文物保管工作。1948年10月，中博的文物开始迁台，本来派尹焕章押运，但因故临时换了高仁俊。据高仁俊后来回忆说，当时以为这次去台最多半年就能回来，谁知一去竟是60年。1949年后，中央博物院筹备处正式更名为南京博物院，尹焕章留任为保管部主任、副研究员。1951年，杨宪益将加拿大人明义士收藏的甲骨2390片，交到尹焕章手中，入藏南京博物院，尹焕章作《本院新获甲骨喜讯》。先后发表论文《从发现的文物中谈华东地区古文化概况》《四年来华东地区的文物工作及其重要的发现》《江苏丹徒葛村新石器时代遗址探掘记》《苏南新石器时代台型遗址的新发现》《论我国东南地区苏、浙、闽新石器时代文化概况》等，并出版专著《华东新石器时代遗址》。尹焕章于1969年3月29日身亡，时年60岁。在"殷墟考古十兄弟"中排老五。

祁延霈（1910—1939）男，满族，山东省济南市人。化名祁天民，字霈苍，父讳祁锡育（1880—1939年），字蕴璞，地理学家，著有《中华大地理》《中国文化史纲要》《国防地理》《国际概况讲义》等书，被英国皇家地

理学会授予"名誉会员"。祁延霈为祁锡育长子，1928年夏考入北平师范大学地理系。次年，慕翁文灏（中国地质学家）之名，又考入清华大学地理系。在清华学习期间，他参加了北京郊区"八大处""斋堂""百花山"三幅地质图的绘制，并对西北边疆历史、地理问题进行了研究，是清华中国边疆问题研究会的负责人之一。祁延霈大学三年级时写出了两万余字的论文《帕米尔史地考》。1933年清华大学毕业，受聘到史语所工作，并参加了殷墟第九次至第十三次的发掘工作，负责第十二次发掘中范家庄工作点的发掘工作。1936年，他还先后参加调查山东沿海古代遗址、益都铜器时代葬地，并和梁思永、尹达一道进行了山东滕县安上村、日照两城镇的发掘工作。写有《山东益都苏埠屯出土铜器调查记》等论文。1937年，他参加了史语所与中国地质调查所联合组织的西康古迹考察团，与安特生等人前往今甘孜地区的道孚、炉霍一带，进行史前遗址的调查。1937年长沙分别，离开史语所，是年冬毅然北上到了延安，年底加入中国共产党。1938年夏，祁延霈被派往新疆工作，化名祁天民，分配到新疆学院任秘书兼教育系主任。1939年1月，调往哈密地区任教育局长。1939年11月因患伤寒病，医治无效逝世。哈密群众为他举行了隆重的追悼会，并在墓碑上刻上八个大字："天山永孝，正气长存。"1946年8月，党中央在延安召开隆重追悼大会追认祁延霈为新疆死难九烈士之一。8月5日，《解放日报》登

载了《向祁延霈同志致祭》的追悼诗文。在"殷墟考古十兄弟"中排老六。

胡厚宣 （1911—1995）男，汉族，河北省望都县人，幼名福林。父名胡步云，字倬汉，前清秀才，在天津教家馆。所生子女7人，胡厚宣行六。父亲收入不多，家乡土地又少，家境比较清贫。胡厚宣10岁离家，就读保定第二模范小学，成绩出众，并有白话诗文发表于《天津儿童周报》。后入保定培德中学，在4年制中学期间，成绩一直名列全校榜首，最得国文教师缪钺（后为四川大学历史系教授）赏识。1928年中学毕业，母校培德中学破例以1200元奖学金，资助完成北京大学预科2年及史学系本科4年的学业。在北大因成绩优秀，还得到过大学奖学金280元。胡厚宣与甲骨文结缘，正是在北大期间。1928年中央研究院历史语言研究所在广州筹备成立，1929年冬迁北平北海公园静心斋。为了物色人才，所内专家纷纷为北大兼课。如傅斯年讲授"中国上古史择题研究"，李济、梁思永合开"考古学人类学导论"，徐中舒讲授"殷周史料考订"，董作宾讲授"甲骨文字研究"。董因常赴殷墟，则由唐兰讲授"殷墟文字研究"及"先秦文化史"两课。20岁的胡厚宣，尤神往于史语所起步伊始的殷墟发掘，追求甲骨文研究的新知。最初对甲骨文及殷商文化研究的尝试是从写《殷商文化丛考》一文开始，此外还

译日人《卜法管见》一文。1934年北大毕业，入中央研究院历史语言研究所，即南去安阳参加殷墟发掘，刘耀（即尹达）、祁延霈亲到车站迎接，参加了后岗仰韶文化、龙山文化、殷商文化3层的发掘，又承担了西北岗1004号殷王陵的发掘。1935年回到南京，整理研究殷墟出土的甲骨，协助董作宾编辑《殷虚文字甲编》，并撰写全部释文。1936年，殷墟第十三次发掘获重大收获，由王湘发现YH127坑出土甲骨共计17096片，运往南京，剔剥、编号、绘图，自7月12日至10月15日，前后足足工作三个多月。随后又进行清洗、初步拼合。同时还写了《第13次发掘殷墟所得龟甲文字举例》《中央研究院殷墟出土品参观记》《论殷代的记事文字》《甲骨文材料之统计》等文。又与董作宾合著了《甲骨年表》。还翻译了日本梅原末治的《中国青铜时代考》。在此期间，胡厚宣积累起甲骨资料卡片万张以上，以至傅斯年见后，称赞为一笔不可小观的文化财富。在"殷墟考古十兄弟"中排老七。1937年8月13日，日寇飞机炸上海，14日炸杭州，15日炸南京。19日史语所仓猝撤出南京，辗转长沙，后来迁到昆明城北7.5公里龙泉镇棕皮营龙头村。借住民房，上面住人，下面是猪舍。办公在破庙。地僻人少，时有狼嗥，胡厚宣仍日夜研读，唯门侧别置一根铁棍，以备不测。一次偶然机会，在撤到昆明的北平图书馆中借到一部《殷契遗珠》，著录了日本三井、河井、中村、田中氏等六宗甲骨藏品近1500片，大喜

过望，遂竭6日之力尽数摹录。在昏暗摇曳的油灯蜡烛光照下，研读相当吃力。但胡厚宣相继写出了《释牢》《释兹用兹御》《卜辞同文倒》《卜辞杂例》《卜辞下乙说》等出色论文。当时有很大一宗甲骨，为明义士所藏，据说有5万片以上。抗战前，明义士回加拿大，大批甲骨存于济南齐鲁大学。其后齐鲁大学内迁成都。寻访这批东西，是胡厚宣的渴望。恰好1939年秋，原在昆明云南大学执教的顾颉刚教授，应成都齐鲁大学国学研究所之请任主任。顾聘请胡胡厚宣去做研究员。为了寻访明氏甲骨，胡厚宣决定应聘前往。从1934年至1940年在史语所共7年，史语所良好的治学条件和浓厚的学术气氛是他最为留恋的时光。1940年，他离开历史语言研究所，离开昆明到四川成都的齐鲁大学任教。先后任齐鲁大学国学研究所研究员、中文和历史系教授、系主任。在此期间，除教书外，对甲骨材料的搜集刊布一直极为留意。华西大学古物博物馆馆长郑德坤惠赠一份厦门大学所藏甲骨的拓本，胡厚宣刊出了摹本和考释。在成都、重庆等地，搜集到中央大学、华西大学、清晖山馆、双剑誃、束天民及曾和窨氏6批甲骨拓本摹本，600余片，编成《甲骨六录》，作为齐鲁大学国学研究所专刊出版。此间，先后发表了16篇文章（包括著名的《甲骨文四方风名考》）、8部书，特别是出版了《甲骨学商史论丛》，1944年列为齐鲁大学国学研究所专刊之一的《甲骨学商史论丛初集》4册，1945年的《甲骨学商史论丛二集》

2 册，汇集了研究的精华。抗战胜利后，于 1947 年转至上海复旦大学任教授，兼中国古代史教研室主任。1947 年至 1956 年，在复旦大学 10 年，前后著书 8 种，论文一批。对 50 年甲骨文的发现作了总结，编成《五十年甲骨学论著目》，相继刊布了《战后宁沪新获甲骨集》《战后南北所见甲骨录》《战后京津新获甲片集》和《甲骨续存》等。著录甲骨近 13000 片。1956 年 12 月调入中国科学院历史研究第一所，任第一研究组（先秦史研究室前身）组长，1961 年改组建室，任先秦史研究室主任。中国社会科学院成立后，继任先秦史研究室主任至 80 年代初。1959 年历史研究所大型科研项目，郭沫若主编的《甲骨文合集》（以下简称《合集》）开始筹备，任《合集》工作组组长。1961 年 4 月《合集》编纂启动。1961 年起，协助郭沫若主持出版《合集》，任总编辑。1973 年 5 月，《合集》列入国家重点项目后任总编辑，1983 年编印出版共收甲骨 41956 版，集八十多年来甲骨文之大成的十三册巨著《甲骨文合集》。在多年治学实践中，逐渐创立了自己的"分期别类"科学编集甲骨体系。杨树达曾赞誉："君既擅静安考释之美，又兼叔言播布之勤，以一人之身，殆欲并两家之盛业，何其伟也。抑罗氏诸书，编次凌杂，散无友纪，而君则分时代，别门类，条理井然，于学者尤便，此又突过罗君，后来居上者也。"1984 年 8 月出席西安古文字第五届年会当选大会主席，公布《八十五年来甲骨文材料之再统计》，揭示国内外

收藏殷墟出土甲骨文总数为 154604 片。同年 10 月主持召开安阳全国商史学术讨论会。1987 年 9 月主持召开安阳殷商文化国际讨论会，有中、日、美、加、英、法、德、澳、意等国专家学者百余人出席。会议期间，筹备成立了中国殷商文化学会，当选为首任会长。1989 年 9 月又在安阳主持召开殷墟甲骨文发现九十周年国际学术讨论会。甲骨学界人们在谈到对甲骨文研究作出贡献的人物时，常讲"四堂加一宣"，将胡厚宣与甲骨四堂同列，即陈子展《题战后南北所见甲骨录》赞誉："君不见，胡君崛起四君后，丹甲青文弥复光。"

王湘 1912 年生，卒年不详，男，汉族，河南南阳人，字元一，是董作宾的表弟。1928 年安阳殷墟第一次发掘跟随董作宾来到安阳小屯，先后参加了殷墟第
一、二、三、四、六、十、十一、十二、十三、十四、十五次发掘，是"殷墟考古十兄弟"中参加殷墟发掘次数最多的一位。虽是"十兄弟"中年龄最小的一位，但若论参加安阳殷墟发掘，他却是资格最老的一位。特别是第十三次殷墟发掘，发现和发掘了著名的 YH127 甲骨坑，被李济赞誉"除了有长期从事安阳发掘的经验外，还是最有独创性的田野工作者之一"。1930 年 11 月，他还与董作宾、郭宝钧、吴金鼎、李光宇等参加了龙山镇城子崖的第一次发掘，1931 年 10 月，他又与吴金鼎等人参加了由梁思

永主持的城子崖第二次发掘。1934 年 11 月，他和李景聃一起在安徽寿县一带进行史前遗址调查，发现了十二处古文化遗址，写有《安徽寿县史前遗址调查报告》。1937 年，抗战爆发，王湘随史语所迁到长沙，其时北京大学、清华大学、南开大学三校组建临时大学也驻在长沙。临时大学差不多有三分之一的学生投笔从戎，王湘也参加了这个行列。1938 年，王湘到了延安，以字行，名王元一，曾任三原县八路军联络站站长。解放初期在中南区重工业部工作，后调任北京国家科学技术委员会（1998 年改名为科学技术部）工作，直到离休。2008 年，四川汶川地震，生病在家的王湘，特意托家人捐款，这事见于科技部官方网站。2008 年 10 月，王湘为纪念安阳殷墟发掘八十周年题了词——"安阳科学考古精神的发展永存"。王湘在"殷墟考古十兄弟"中排老八。

高去寻（1909—1991）男，汉族，河北省安新县人。字晓梅。1929 年考入北京大学预科，1931 年转入北京大学正科历史系。大学时发表了《殷商铜器之探讨》《〈山海经〉的新评价》《读〈前汉书·西域传〉札记》等论文，其毕业论文《李峪出土铜器及相关之问题》更表现出他的才华。1935 年毕业，被傅斯年揽入史语所为见习助理员。1935 年 9 月，参加了安阳殷墟第十二次发掘，之后又参加了殷墟的第十三、

十四、十五次发掘，特别是有幸参加了著名的 YH127 甲骨坑的发掘。1937 年 7 月，升为助理员，也就是在这个月，抗战全面爆发，高去寻随所西迁，经长沙、桂林、昆明，1940 年，迁至川南宜宾李庄。1941 年升为助理研究员。1943 年升为副研究员。抗战期间，与李济、吴金鼎、夏鼐、曾昭燏、王介忱等人一起参加了四川彭山的考古发掘工作。抗战胜利后，复原回到南京，1949 年去台湾，同年升为研究员。去台湾后，与李济、石璋如等一道参加和领导了大马璘等遗址的发掘工作，为台湾的田野考古打下了基础。1954 年开始受命整理并撰写 1935 年殷墟第十二次发掘报告未完稿，由于这次发掘的主持人梁思永生前没有完成发掘报告，但这次发掘意义重大，必须要写发掘报告，所以高去寻担起了这项工作，历时二十多年，到 1976 年终于出版了皇皇七本的侯家庄西北冈发掘报告，完成了不朽的盛业——《侯家庄》。由于高去寻当年没有亲自参加侯家庄西北冈各大墓的发掘，撰写此巨著的难度可想而知。此外，单以篇幅来说，补写的部分超过全书的 80%，然而他却在出版扉页犹题为梁思永的未完稿，而他只是辑补，这"辑补"两字蕴藏了多高贵的人格呀！1966 年当选为台北"中央研究院"院士，1972 年任史语所考古组主任，1978 年任史语所所长，1981 年卸任。1991 年 10 月 29 日逝世，享年 82 岁。其一生主要的论著除上述七本《侯家庄》专著之外，尚有 21 篇论文，另还有四部与侯家庄有关的未刊专著和一

部有关殷代小墓的专著。在"殷墟考古十兄弟"中排老九。

潘悫（1906—1969）男，汉族，字实君。1930年入史语所，在北京整理明清内阁大库档案。在整理这批档案时，发现其中有明内阁进呈的《熹宗实录》散页，引发了傅斯年校勘北平图书馆所藏红格钞本《明实录》的愿望，从而开始了大规模整理《明实录》的工作，潘悫参加了这项工作。1935年9月。他被派到安阳殷墟发掘现场，参加殷墟第十二次发掘，后又参加了第十三至第十五次的发掘工作，先后在侯家庄西北冈、小屯村北等工作点担任绘图员。特别是1936年参加YH127甲骨坑发掘，根据石璋如所作的《考古日志》："6月14日，依照前一天晚上将灰土坑变灰土柱的计划，一大早趁着天气还十分凉爽，一群人就以YH127坑为中心，向四方各量了5公尺，做成10公尺见方的大坑，再以YH127坑为中心往下挖，只留下坑中的灰土柱。所挑选的壮丁，又特别健壮能干，他们也感染了考古队员的兴奋之情，工作特别地卖力。在同时，潘悫将此一重大发现电告南京所方"（详见YH127甲骨坑条附图：潘悫于1936年6月15日向史语所报告"新获甲骨"的信和2001年9月王宇信于台北"故宫"108号展厅亲自抄写的该信手抄件），为殷墟发掘和甲骨文研究留下了难能可贵的史料。在此期间，1936年，参加了山

东滕县的考古调查和发掘工作，有论文《山东滕县下黄沟村宋代墓葬调查记》。抗战爆发，随史语所西迁，一路负责押运考古组的文物，先到长沙，再迁昆明，后迁川南李庄。在李庄板栗坳，住在柴门口，同住一个大院的还有劳干、逯钦立、岑仲勉、黄彰健、何兹全、董同龢、李连春、芮逸夫等。抗战胜利后，随所回到南京，1949年又随所去了台湾，参加了当年11月至12月的大马璘遗址的发掘，负责测量、绘图工作。1958年出版《钟表浅说》一书。1969年于台湾病逝。在"殷墟考古十兄弟"中排老十。

夏鼐（1910—1985）男，汉族，浙江省温州市人。原名作铭。早年就读于浙江省立第十中学（今温州中学），1934年清华大学历史系毕业，获文学

士学位。1935年春，在河南省安阳参加殷墟发掘。同年留学英国伦敦大学，后获埃及考古学博士学位。1940年在埃及开罗博物馆从事研究工作。1941—1942年在中央博物院筹备处任专门委员。1943—1949年在"中央研究院"历史语言研究所任副研究员、研究员。其间的1944—1945年，在甘肃省敦煌、宁定、民勤、武威、临洮、兰州各地对新石器时代、青铜时代、汉代至唐代的遗址和墓葬进行调查发掘。1945年，通过甘肃阳洼湾齐家文化墓葬的发掘，第一次从地层学上确认仰韶文化的年代早于齐家文化，从而纠正了原来安特生关于甘肃

远古文化分期问题的错误判断，根据发掘的层位关系修订了传统的学说，标志着中国史前考古学的新起点。1949 年秋至 1950 年 9 月任浙江大学教授。1950—1982 年，历任中国科学院（现中国社会科学院）考古研究所研究员、副所长、所长。夏鼐也是中国科学院哲学社会科学部委员，国务院学位委员会委员，国家文物委员会主任委员，中科院院士。1979 年，夏鼐被推选为中国考古学会理事长。1982 年，夏鼐出任中国社会科学院副院长，并兼任中国社会科学院考古研究所名誉所长。1985 年，夏鼐被任命为《中国大百科全书》总编辑委员会委员和《中国大百科全书·考古卷》编委会主任。自 1959 年起，还是第二至六届全国人民代表大会代表。夏鼐是新中国考古工作的主要指导者和组织者、中国现代考古学的奠基人之一。荣获英国学术院、德意志考古研究所、美国全国科学院等七个外国最高学术机构颁发的荣誉称号，人称"七国院士"。夏鼐参加和主持的田野调查发掘有：殷墟、英梅登堡山城遗址、埃及的艾斯尔曼特、巴勒斯坦的杜布尔、四川彭山汉代崖墓、甘肃敦煌、武威、民勤等地一些古遗址、古墓葬，河南辉县、郑州、成皋、巩义、洛阳、渑池等地新石器、商代、汉唐遗址，以及湖南长沙战国墓和汉墓。特别是 1950 年在辉县发掘，第一次发现了早于殷墟的商文化遗迹；1951 年在郑州调查，确认二里冈遗址为又一处早于殷墟的重要商代遗迹，从地域上和年代上扩大了对商文化的认识。夏鼐十分重视在考古研究中应用现代自然科学方法，突出地表现在及时将碳十四断代法引进我国。夏鼐对中国考古学的巨大贡献，表现在对中国史前考古学进行了长时期的创造性研究，不断地拓宽道路。主要是根据可靠的发掘资料，改订黄河上游新石器文化编年体系，规范考古学上的文化命名，提出中国新石器文化发展多元说。他还是现阶段最早从考古学上探讨中国文明起源的学者。

何日章 （1893—1979）男，汉族，河南省商城县人，字国璋。祖父何元杰，字焕亭，光绪戊戌科进士，钦赐翰林编修诰授中宪大夫。父何承传，字孟越，清末秀才。何日章幼年时聪慧好读书，个性耿介、淡泊名利。1917 年自北京高等师范学校英语部毕业后，即在河南省立第一、第三、第五师范学校英文科做教员兼职员，并任河南省教育厅科员。1923 年夏参加由图书馆学专家洪有丰主持的南京东南大学（南京大学前身）暑期学校首届图书馆讲习科的学习。回到开封后，便在当地图书馆界中积极活动，筹组开封图书馆协会。1924 年 5 月，河南省城开封图书馆协会成立，被推为会长。同年，被河南省政府委任为河南省立图书馆馆长兼河南民族博物院院长。任职期间，有《近三年之河南教育》《图书馆学概论》等著述问世，还为《洛阳石棺考》《登封如意考》《新郑古器图录》《河南图书馆藏石目》等史学著述撰写过序跋，同时兼任河南女子师范学校图书馆科教员。1925 年 6 月，图书馆界的全国性社团组织中华图书馆协会成立，他与留学菲律宾回国的图书馆学专家笃定友同被推选为协会执行部的首届副部长。1933 年 1 月，何日章受聘北上，回到母校，就任北平师范大学图书馆馆长。1937 年抗日战争爆发，随军西迁，受任国立西北联合大学教授兼图书馆馆长。1939 年改任国立西北师范学院教授兼图书馆馆长。抗战胜利后，1946—1948 年组建兰州大学图书馆。1948 年后定居于台湾，受邀担任政治大学图书馆馆长，1973 年届龄退休。何日章担任河南省图书馆馆长兼河南民族博物院院长期间，与甲骨文发生了关系。1929 年和 1930 年两次赴安阳发掘殷墟，总计共得甲骨 3656 片。1931 年开封关百益选拓其中 800 片编为《殷虚文字存真》，1938 年孙海波选 905 片编为《甲骨文录》入《河南通志》。河南博物馆在 1937 年抗战初期，装运了包括甲骨、铜器、陶器、织锦、玉器、玉如意及书籍等，运至重庆。1949 年 11 月，民国政府教育部再自重庆空运河南省古物三十八箱至台湾，初始存放在台中市的故宫和中央博物馆联合管理处。迨至 1956 年台湾历史博物馆初创时期，极需充实其典藏文物，乃于该年四月二十五日经由河南旅台人士同意与教育部令，将河南运台文物交由该馆整理陈列，所有权仍归河南省所有。2001 年 7 月，由董作宾哲嗣董玉京著录整理出版《河南省运台古物甲骨文专集》。

关百益 （1882—1956） 男，满族。原名探谦，字益斋，开封市人。1907 年毕业于京师大学堂速成科师范馆。1908—1917 年先后任北京第三中学堂、

第一中学堂校长兼任高等学堂校长。1917 年受聘于河南省教育厅、历任河南优级师范学校校长、河南省立师范学校校长、河南省立第一中学校长、河南省省长秘书、河南省博物馆（今河南省博物院）馆长和河南省通志馆编纂等职。关百益致力于考古学的研究，著有《金石学》《考古浅说》等。1936 年曾应晨光读书社邀请，主讲《考古学大意》，对考古学的定义、范围、方法等作比较全面、系统的论述。他把中国考古学的历史分为汉代、宋代及现代三期。将考古学理论与考古实践相结合写出《考古学大意》发表在《河南博物馆馆刊》1936 年第一、二期。三期考古学历史分期，丰富了中国近代考古学理论。甲骨文、新郑占器、汉魏石经、南阳汉画和古代货币等也是关百益的研究对象。何日章等在安阳殷墟发掘的 3656 片甲骨文，其从中精选 800 片拓印，编著成《殷文字存真》8 集。此书拓印精、图版清晰，是研究甲骨文字的宝贵资料。

闻宥 （1901—1985） 男，汉族，江苏娄县（今属上海市松江县）泗泾镇人。字在宥，号野鹤。1913 年小学毕业后，因家庭困难到上海申报馆工作，同时，在私立震旦大学进修，后转入商务

印书馆编辑部工作，并兼任私立持志大学教员。在此期间，曾加入南社为社员，为前期创造社社员。擅长诗词、书法，部分作品曾结集出版。1929 年起，历

任广州国立中山大学文史科副教授、教授兼预科教员；青岛国立青岛大学中文系教授；北平私立燕京大学中文系副教授；兼国立北平大学女子文理学院讲师；青岛国立山东大学中文系教授；成都国立四川大学中文系教授；昆明国立云南大学中文系教授、主任，兼国立西南联合大学名誉讲师；成都私立华西协合大学中文系教授兼主任；中国文化研究所所长，博物馆馆长，兼国立四川大学历史系教授。1952 年院系调整后，再任四川大学中文系教授，兼西南民族学院教授。1955 年起调北京中央民族学院任教授，直到逝世。是法国远东博古学院通讯院士，联邦德国德意志东方文学会会员，土耳其国际东方研究会会员。其生平学术论著甚丰，考古文物方面的有：《古铜鼓图录》（1953 年初版，1955 年再版）和《四川汉代画像选集》（1955 年初版，1957 年再版）等。对古铜鼓的研究，他是国内首创者。《古铜鼓图录》一书发表后，在国内掀起一股热潮，在国外也得到民主德国民族学博物馆及美国芝加哥费尔德博物馆等的高度重视。在此之前，1953 年，他在成都还写过《四川大学历史博物馆所藏古铜鼓考》，仅印百部，没有对外发行。语言方面的

论著数十篇，其中主要有《论字喃之组织及其与汉字之关涉》（《燕京学报》，1933 年）、《论爨文丛刻兼论罗文之起源》（《图书季刊》，1936 年）、《倮罗译语考》（《华西协和大学中国文化研究所集刊》，1940 年）、《民家语中同义学之研究》（《华西协合大学中国文化研究所集刊》，1940 年）、《摩些象形文之初步研究》（《历史语言研究所人类学集刊》，1941 年）、《川西羌语之初步分析》（《华西协合大学中国文化研究所集刊》，1941 年）、《黑鹿释名》（《民族语文》，1979 年）、《论所谓南语》（《民族语文》，1981 年）、《汉语鸭鸥鸳三词的层次》（《中央民族学院学报》，1982 年）、《扶留考》（《中华文史论丛》，1983 年）。其在甲骨文研究方面的主要论著有《殷虚文字孳乳研究》《甲骨学之过去与将来》等。

刘朝阳　（1901—1975）男，汉族，浙江省义乌市人。出身贫寒，自小父母双亡后，姐姐接济他读书。小学毕业后，考取了省立第一中学。毕业时，因为文笔不错，有人推荐去省府当秘书，这是一条通向官宦之途。年轻的刘朝阳一心想科学救国而放弃。1923 年考入厦门大学时，杭州书法家杨学乐送给他一副对联："舍下笋穿壁，庭中藤攀檐。"其窘迫苦读之态可见一斑。刘朝阳对天文史学的研究始于 1929 年对司马迁的《史记·天官书》的考证。20 世纪二三十年代，中国学术界出现了一股以钱玄同等学者为代表的疑古风潮，刘朝阳也卷入其中。《天官书》是《史记》中记载中

国古代天文历法的一个章节，历代学者都有著文否定《天官书》是司马迁的原作。刘朝阳将《天官书》的具体内容放在《史记》成书时的历史环境中作具体分析，一一驳斥了先前学者的论断，论证了它确是司马迁所作。此文一出，学术界为之瞩目。从此，他一发不可收拾，先后对《周髀算经》《尧典》等中国古代天文历法著作的成书年代作了系统的研究论证，以致后来英国学者李约瑟在编著《中国科学史》时竟引用了他的12篇论文。本为天文史学家，与甲骨文研究的关系源于董作宾。董作宾写成《卜辞中所见的殷历》一文，发表之前交刘朝阳先看一下，嘱他写一点意见。刘朝阳并没有因友情关系而附和董的观点，而是本着对科学负责的态度，写成《殷历质疑》一文，与董的文章相抗衡。之后两人相持不下，刘朝阳便"再论""三论""余论"以及最后作《周初历法考》的总论。他是我国最早从天文历法角度研究甲骨文献，并取得重要成果的少数学者之一。他利用古代文献记录和甲骨文中的卜辞资料研究三代的天象记录，尤其是日食记录，对夏商周历史断代有着重要的意义。1946年发表《殷历余论》论文，最早利用古籍中关于"武王十二年伐殷杀纣这一战役的天象纪事"来推断武王十二年到底为公元前哪一年，从而推算出商周两代的断代年限。这是夏商周断代工程中一个非常关键的课题。

吴其昌 （1904—1944）男，汉族，浙江省海宁市（原海宁县）硖石人。字

子馨，号正。自幼丧失父母，虽生活困难，但刻苦好学。8岁即能日记数百字，16岁考入江苏无锡国学专修馆（不久更名为无锡国学专修学校，简称"无锡国专"），受业于唐文治。好治宋理学。以才思敏捷，与王蘧常、唐兰合称"国专三杰"。节假日常怀揣烧饼坐图书馆中，攻读终日。吴其昌一生爱国。在无锡国专时，慨国事日非，曾上书政府，洋洋数千言。唐文治大为赞赏，改杜牧诗赞之曰："吴生拔剑斫地歌莫哀，我能拔尔抑塞磊落之奇才。"1923年，从国专毕业赴广西，在容县中学任教。1925年，考入清华大学国学研究院，师王国维学习甲骨文、金文和古代史，又师梁启超学习文化学术史和宋史。1926年参加"三一八"反帝大游行，扛着大旗走在队伍前面。惨案发生时，枪弹从他耳旁飞过，当即扑倒在地，方幸免于难。1928年，从清华大学国学研究院毕业后在天津南开大学任讲师，后又回清华大学任教。"九一八"事变后，与夫人诸湘、弟吴世昌乘车南下，谒中山陵痛哭，通电绝食，要求抗日，朝野震动，传为爱国壮举。1932年赴湖北，任武汉大学历史系教授。甲骨文研究主要著述有《象形古义考》《殷周之际年历推证》《殷代人祭考》《殷卜辞所见先公先王三续考》《殷墟书契解诂》《甲骨金文中所见的殷代农稼情况》等。1936年，日本汉学家桥川时雄在所编《中国文化界人

物总鉴》中曾为他立传。抗日战争爆发，随武大迁往四川乐山县（今乐山市），不久任历史系主任。当时，吴其昌患肺病咯血，仍以国难当头为念，坚持讲课、写作。临终前一月，应约着手写《梁启超传》，仅完成上卷而卒，年仅40岁。吴其昌是著名的文史学家，博学多才，生平著述颇丰，治学范围广博，除前所述外，于训诂、音韵、校勘、农田制度等亦有研究。主要著作有《朱子著述考》《殷墟书契解诂》《宋元明清学术史》《金文世族谱》《三统历简谱》《北宋以前中国田制史》，以及时论、杂文集《子馨文存》等。

孙海波（1911—1972）男，汉族，河南省光州（今潢川县）人。字铭思，又字涵溥，是古文字学家，甲骨学家，历史学家，考古学家，教育家，诗人。其在中学时期，就对古文字学产生了浓厚的兴趣，此后即以甲骨文字学为主要研究方向，一生乐此不疲。早年求学于武昌文华图书馆专科学校和北平燕京大学国文专修科。1934年毕业于北平师范大学研究院研究生，获史学硕士学位。曾任中央研究院历史语言研究所助理研究员、北平师范大学中文系讲师、1942年任北平师范大学秘书长。历任北平私立中国大学、东北大学、国学书院、沈阳长白山师范大学、昆明五华学院等校教授，以及云南大学教授和文史系主任。讲授课程包括：古器物学、中国书史学、中国通史、古文字学、中国文化史、考古学、目录学。1951年调任重庆北碚西南师范学院图博科教授。1955年调往河南开封第一师范学院（1956年改名为开封师范学院，现为河南大学）任三级教授，河南省历史研究所研究员。生前曾将所藏考古、甲骨、金文、历史等类书籍1700余册，字画24幅，文物图片416张，甲骨文残片、古钱等107件，全部捐献给河南省历史研究所。孙海波治学严肃认真，实事求是，在甲骨文研究中写出数以百篇计的高水平的学术论文以及《古文声系》（北平来薰阁书店1933年版）、《甲骨文编》（北京哈佛燕京学社1934年版）、《甲骨文录》（河南通志馆1937年版）、《诚斋殷虚文字》（北平修文堂1938年版）、《中国文字学》《卜辞文字小记》《卜辞文字小记续》等专著，其中《甲骨文录》收入河南省博物馆发掘甲骨中930片。此外，还有书评，如《评殷墟书契续编校记》《评甲骨地名通检》《评金璋所藏甲骨卜辞》等。其所著《新郑彝器》《浚县彝器》（均由河南通志馆1936年版）、《三字石经集锦》（考古学社1936年版）、《河南吉金图誊稿》（考古学出版社1940年版）都产生了很大影响。在先秦史和甲骨文的教学科研方面长期与该系另一位著名教授朱芳圃居于全国领先地位。其1934年所撰《甲骨文编》，1965年由中国科学院考古研究所邀请唐兰、商承祚、于省吾、陈梦家、张政烺等甲骨学专家商讨体例，改订重印。王宇信评价："《甲骨文编》是目前收字较多，便于历史，考古学者研究查考的工具书。"（王宇信《甲骨学通论》中国社会科学出版社1989年版）商承祚也称《甲骨文编》一书"其释字既谨严，而于商代用字之例，尤为易检，其有功于学人非浅鲜也"。

朱芳圃（1895—1973）男，汉族，湖南省醴陵县南阳桥乡（今属株洲县）人。号耘僧。早年就读于长沙明德小学、长郡中学，毕业于湖南高等师范文史专修科（曾与毛泽东在湖南一师同学、同事）。1928 年毕业于清华大学国学研究院，是王国维在清华的弟子。历任河南大学、湖南大学、东北大学、开封师范学院教授、河南省历史研究所研究员，曾主持河南大学历史系工作，开设《文字学》《训诂学》《甲骨学》等课程。九三学社社员。早年译有《日本人论瑞典高本汉中国音韵学》一书。1933 年在商务印书馆出版专著《甲骨学文字编》，最先在著述中提出了"甲骨学"这一学术概念，并获国内外学界认可，集可识之字 834 个，较罗振玉的《增订殷虚书契考释》增 274 字，商承祚的《殷虚文字类编》增 129 字。1934 年 3 月商务印书馆出版《孙诒让年谱》，1935 年中华书局印行《甲骨学商史编》。甲骨学两书，反映了甲骨学殷商史学科早期的发展情况和研究成果，创当时甲骨文工具书新类型，使之成为同郭沫若、罗振玉、商承祚齐名的专家。胡厚宣称其是"很有用的工具书"。1941 年《殷契卜叹考》发表于《学术论丛》（抗战时期创办的一个学术公开刊物）。抗战至中华人民共和国成立前，与丁乃通、张长弓、张邃青、任访秋等学者一起在河南大学开展民俗学研究。任建国后最早的一份史学刊物《新史学通讯》（《史学月刊》前身）编委。当时参加编委编辑工作的还有郭晓棠、张邃青、宋泽生、刘绍盈、孙海波、孙作云、毛健予、史苏苑、郭人民、王存华、王云海等专家教授。1961 年 12 月，写成《殷周文字释丛》三卷，共释 181 个字，其中甲骨文 41 个，金文 18 个。潜心研究的成果，引进学术界重视，研究所为他召开庆功大会。曾参与对越王勾践剑的鉴定。（当时参与鉴定的共有 12 位国内知名专家：郭沫若、于省吾、唐兰、容庚、商承祚、徐中舒、夏鼐、陈梦家、胡厚宣、苏秉琦、朱芳圃、史树青）1962 年由中华书局出版的《殷周文字释丛》，是他采用王国维提倡的"二重证据法"，集十余年研究甲骨吉金文字之心得而成，收录了他在甲骨文考释方面的不少成果。该书问世后受到学界好评，而且还被翻译成日文介绍到日本。1963 年任山西省土木建筑学会第三届理事长，同年，患白内障，回故乡养病，仍时刻不忘计划研究考证的《殷墟卜辞丛考》《山海经补注》《古史新铨》等。1966 年当选中国建筑学会第四届理事。1973 年 9 月 24 日，因脑溢血辞世。1982 年，其弟子王珍整理由中州书画社出版了遗著《中国古代神话与史实》。

陈梦家（1911—1966）男，汉族，祖籍浙江省上虞市，笔名陈漫哉。生于江苏省南京市西城的一所神学院中。陈梦家自幼喜读古诗，尤其是唐诗，并长

期在教会学校学习，童年和少年时代是在非常浓厚的宗教气氛中度过的，在他的世界观与艺术个性上烙下了深深的印记。16 岁开始写诗。其诗先学徐志摩，后学闻一多，是新月派的重要成员之一，曾与闻一多、徐志摩、朱湘一起被誉为新月诗派的四大诗人。1927 年夏入南京中央大学法律系，1931 年 20 岁时出版第一部作品《梦家诗集》，1931 年 7 月大学毕业，应徐志摩之邀，到上海编辑《新月诗选》。1932 年 2 月应闻一多之邀，到青岛大学任助教。将自己淞沪战争时期的诗结集为《陈梦家作诗在前线》。同年夏入北平燕京大学宗教学院学习法律、古文字学等。1933 年到芜湖中学任教，创作了抒情长诗《往日》和《泰山与塞外的浩歌》，这两首诗一反前期诗风，别具自由的、浪漫的抒情格调，是后期较好的诗作。1934 年 1 月返京，1934 年至 1936 年在燕京大学师从容庚攻读古文学研究生，后留校任教，主讲古文字学、《尚书》通论等课程。1937 年抗战开始，任西南联合大学中文系副教授，1944 年升为教授，旋赴美国芝加哥大学讲授中国古文字学，并前往欧洲游历了英国、法国、丹麦、荷兰、瑞典等国，收集我国商周青铜器资料。1947 年回国，任清华大学教授，1952 年调入中国科学院（今中国社会科学院）考古研究所任研究员、《考古学报》编委、《考古通讯》副主编等。1966 年 9 月受迫害逝世。其甲骨学主要论著有《甲骨断代学》四篇（甲篇祀周与农历、乙篇殷王庙号考、丙篇殷代卜人篇、丁篇甲骨断代与坑位）、《殷虚卜辞综述》等。他在语言文字学领域的贡献主要集中在他对甲骨文、殷周铜器铭文、汉简和古代文献的综合研究方面。在甲骨文研究方面的代表作为《殷墟卜辞总述》（科学出版社 1956 年版）。全书 70 多万字，共分 20 章。是甲骨学史上少见的较早的大型综合性研究著作。该书对研究古代史地、语言文字和考古学都具有重要的参考价值。王宇信赞誉：“1956 年由科学出版社出版的陈梦家《殷虚卜辞综述》一书，就是全面、系统地总结自甲骨文发现（1899 年）至 1956 年以前近 56 年来科学研究成果的一部巨著。”他在铜器研究方面的代表作是《西周铜器断代》（分 6 期连载于 1955—1956 年的《考古学报》上）。其中详细记述了不同时代的各类铜器 98 件。

闻一多 （1899—1946）男，汉族，生于湖北黄冈浠水（今湖北省黄冈市浠水县）巴河镇闻家铺一个书香世家。原名闻家骅，字友三。中国现代伟大的

爱国主义者，坚定的民主战士，中国民主同盟早期领导人，中国共产党的挚友，新月派代表诗人，散文家和学者。1912 年考入清华大学留美预备学校，喜欢读中国古代诗集、诗话、史书、笔记等。1916 年开始在《清华周刊》上发表系列

读书笔记，同时创作旧体诗，总称《二月庐漫记》。1925 年 5 月由美回国后，历任国立第四中山大学（1928 年更名为中央大学）、武汉大学（任文学院首任院长并设计校徽）、山东大学、清华大学、西南联合大学的教授，曾任北京艺术专科学校教务长、南京第四中山大学外文系主任、武汉大学文学院院长、山东大学文学院院长。代表作有《红烛》《死水》等，作品主要收录在《闻一多全集》中。闻一多对《周易》《诗经》《庄子》《楚辞》四大古籍的整理研究，后汇集成为《古典新义》，被郭沫若称为"前无古人，后无来者"。1946 年夏，民主斗士闻一多在昆明被国民党特务暗杀。多年来，对现实满腔热血又倍感无奈的闻一多，一直埋头书斋，从《诗经》《周易》《楚辞》、远古神话到金文甲骨等传统文化都作了深入的研究。特别是对甲骨文字的考释，如《释豕》《释为》《释鲡》《释羔》《释余》《释噩》《释桑》《释黾》《释省——契文疏证之一》等，先后发表在考古学社《社刊》《清华学报》、清华大学《中国文学会编·语言与文学》《金陵学报》等。可以说，闻一多也是名副其实的甲骨学家。

金祖同　（1914—1955）男，回族，祖籍浙江省嘉兴市，后迁居上海市。字寿孙，笔名殷尘、且同、晓冈等，斋名"郼斋""随缘室"。祖父金尔珍系

书画家，父亲金颂清乃学者、书商，在上海开了一家书店，除收售图书外，也收藏古董，家中藏有青铜器、甲骨文等。自幼承家学，聪慧过人，好读经史，尤好甲骨文字，10 余岁时就与章太炎谈殷墟论甲骨，著文与章太炎辩论殷墟甲骨文之真伪。郑逸梅称其"美风仪，擅辞令，早年即头角峥嵘，渊博如老儒"。金氏在甲骨学、历史考古、伊斯兰研究等方面均有涉足，精于青铜器铭文和甲骨文墨拓，曾帮助中国实业银行总经理刘体智（字晦之、清末四川总督刘秉璋之子）将所收藏的青铜器和甲骨文墨拓，以及刘自题"善斋所藏甲骨"的甲骨文拓本编为《书契丛编》一书。1936 年春，金祖同因仰慕郭沫若之名，将金家所藏《楚王鼎》拓本三件，寄给旅居日本的郭沫若。郭氏收信后甚喜，复信托其搜集更多的金文和甲骨文拓片。金氏后赴日本见郭沫若，自此成为郭沫若之私淑弟子。在日本一年，协助郭沫若从《书契丛编》中选编出甲骨文拓片，由郭编为《殷契粹编》。郭沫若在《殷契粹编》原"序"中说："祖同金君，亦有志于契学，而拓墨之艺尤精。渡日以来于此邦藏家所搜甲骨拓存殆尽，其用力之勤且专，良属后起之秀。本编之成，彼亦与有力焉。"抗日战争爆发后，冒险陪同郭沫若回到上海，并积极参加救亡活动。为了反击日本当局对郭沫若回国的污蔑，用"殷尘"的笔名写了《鼎堂归国实录》（后改名《郭沫若归国秘记》），由上海言行社出版。又得到宋庆龄、沈尹默等人的帮助，出版《透

视》杂志，同时还参加《说文月刊》的编辑。他积极参加抗战，是坚定的爱国者。抗战期间在重庆从事学术研究，在《吴越史地研究会丛书》发表学术论文。抗战结束后，曾与宋庆龄共事于中国福利会，宋曾亲笔用英文在一本书的扉页上题词"Appreciate your work"，意为"你的工作成绩很好"。白寿彝《中国回族史》为其祖孙三人分别立传。中华人民共和国成立后调入上海图书馆工作。甲骨文著述有《郫斋藏甲骨拓本》（与所著《殷虚卜辞讲话》合为一册）、《殷契遗珠》《龟卜》《甲骨文辩证（上卷）》《章太炎先生书后跋》《孔德所藏卜辞写本录副》《剖面的殷代社会举例》《闲话甲古文》《略论我国文字形体的演变》等。1955 年，金祖同 41 岁英年早逝。

于省吾（1896—1984）男，汉族，辽宁省海城市人。字思泊，号双剑誃主人、泽螺居士、夙兴叟。出生于辽宁省海城一个塾师家庭，在海城度过了小学和中学时代。中学毕业后考入奉天（今沈阳）国立高等师范，并以优异的成绩于 1919 年毕业。后曾任安东（今丹东）县志编辑、奉天省教育厅科员兼临时视学等职，后得张学良器重，1928 年被授予东北边防司令长官公署咨议，参与创办奉天萃升书院并任院监。1931 年"九一八"事变前夕，东北形势急剧恶化，毅然变卖了家产，迁居北平（今北京）。他以强烈的爱国热忱四处搜求甲骨、陶瓷、古玺、古钱币、青铜器等历史文物，其中包括吴王夫差剑、吴王光戈等珍贵文物 200多件，使这些文物免于流失国外。他潜心于古器物、古文字、古籍的研究整理，在辅仁大学、北京大学、燕京大学任教，讲授古文字学和古器物学，还曾任故宫博物院专门委员。因藏有吴王夫差剑、少虚剑，得室名"双剑誃"。1949 年后，任燕京大学名誉教授，并将其多年珍藏的古代文物分别捐献给故宫博物院和中国历史博物馆，被故宫博物院聘为鉴定委员会委员。1955 年，调到东北人民大学（今吉林大学）任教授，专门负责培养研究生的工作。到 20 世纪 60 年代中期及"文化大革命"后恢复研究生制度，培养的研究生均成为国内古文字学研究领域的骨干力量。于省吾的藏书之富，在东北三省位居第一，他收集的图书，涉及经、史、子、集、丛书、期刊等，共计 1110 种 4461 册。所藏明清善本甚多，尤多桐城派诸子文集，精本有蓝印本《吴都四子》、钱竹汀《南宋馆阁录续录》、许瀚《攀古小庐文》稿本等，所藏共有 5 万册左右。后为生计所累，曾将部分古籍换米。逝世后，其家属将这批图书捐献给吉林大学图书馆。为了纪念其捐书和对吉林大学所作出的重要贡献，吉林大学图书馆特辟"于省吾图书专藏纪念室"。于省吾把绝大部分精力都用在了古文字尤其是甲骨文、金文的研究、考释和古代典籍的考证方面。生前出版了十三部专著，发表了近百篇学术论文，留下了丰硕的成果。自

20 世纪 30 年代起，有《双剑誃尚书新证》《双剑誃诗经新证》《双剑誃易经新证》《双剑誃诸子新证》《论语新证》《双剑誃殷契骈枝》《双剑誃殷契骈枝续编》《双剑誃殷契骈枝三编》《双剑誃吉金文选》《双剑誃吉金图录》《双剑誃古器物图录》《商周金文录遗》《泽螺居诗经新证》等著作。文字训诂学家胡朴安在《中国训诂学史》一书中推许于省吾为"新证派"的代表，开辟了古籍研究的一条新途径。1979 年中华书局出版的《甲骨文字释林》，是于省吾在甲骨文字研究方面的代表作。全书共收集论文 190 篇，从而使此书成为考释甲骨文字的最重要的著作之一。主编甲骨文研究的大型工具书《甲骨文字诂林》，由中华书局于 1996 年出版，是集甲骨文字考释之大成之作，在甲骨学史上占有非常重要地位。

徐中舒（1898—1991）男，汉族，安徽省安庆市人。名裕朝，后改名道威，字中舒，以字行。3 岁时，其父替人建房不慎从梁上坠下，撒手人寰。此后，和母亲相依为命。5 岁即随母就食于安庆慈善救济机构清节堂，7 岁入此堂附设的义学育正小学。14 岁以优异的成绩考取了皖省中学，因无力筹措学费，一年后辍学仍坚持自学，16 岁考人不收学费的安庆第一师范学校，这是一所五年制的初级师范学校，由于他读过一年中学，辍学后又坚持自学，入学考试成绩优秀，便插入三年级学习。1916 年，从安庆第一师范毕业，次年到这个学校的附小做教师，教书半年，后考入武昌高等师范数理系。但徐中舒感到自然科学不是他性之所近，所以在这所学校只读了半年，于 1918 年又到庐江小学教了一段书。1919 年考入南京河海工程学校，对于徐中舒来说，学工程技术同样感到枯燥无味，不喜欢那些功课，却常常读些古文。正当为自己到底该学什么而感到迷离仿徨的时候，忽然得到母亲生病的消息，于是请假回家亲侍汤药。母亲病愈后，因请假时间过长，就不再回校复学了。1922 年经过董嘉会介绍，徐中舒到上海李国松家任家庭教师，李家藏书特别丰富。在李家教书的三年半时间里，举凡经学、先秦诸子、史籍、小学，都有广泛的涉猎，并初次接触到金文和甲骨文，还看到了一般人不容易见到的孙诒让的《名原》《契文举例》、罗振玉的《殷文存》《殷虚书契考释》等书，他的眼界大大开阔，开始认识到古文字是研究古代文化必不可少的工具。这时，北京清华学校创办了国学研究院，聘请王国维、梁启超、陈寅恪、赵元任、李济等著名学者为导师、讲师。徐中舒得知这个消息，决定报考研究院。1925 年，清华国学研究院招收了第一届新生 38 名，徐中舒被录取，就学一年，于 1926 年 7 月毕业。8 月回到安徽到合肥六中教了半年书，后来接上海立达学园的聘请，再次到了上海。其后在上海《立达》创刊号上发表处女作《古诗十九首考》，引起复旦大学中文系主任刘大白的注意,1928 年 7 月,复旦大学中文系聘请他担任中文系兼职教授。1930 年经陈寅恪推荐,任中央研究院历史语言研究所专任编辑员,两年后升任研究员。1934 年与容庚等共同发起成立考古学社。1937 年抗日战争爆发后,应四川大学聘,任历史系教授,主要讲授先秦史、史料整理、甲骨学、金文学等课程,有时也开明清史、近代史课程。从 40 年代起,他先后还在"内迁"的乐山武汉大学、成都燕京大学、华西协和大学、南京中央大学兼职执教,1946 年出任川大历史系主任,直至其辞世。成为川大历史上执教最久,任系主任时间最长的教授。解放以后还兼西南博物馆和四川省博物馆馆长、国务院古籍整理小组顾问、四川省历史学会会长、中国先秦史学会理事长、中国古文字学会常务理事、中国考古学会名誉理事,以及《中国大百科全书·中国历史》编辑委员会委员等职务。徐中舒从 1930 年初参加清代内阁大库收藏明清档案的整理,颇有成绩。在此 9 年期间,他的《内阁档案之由来及其整理》《殷人服象及象之南迁》《耒耜考》《说古玉》《再论仰韶与小屯》等论文陆续发表,逐步确立了他在历史学上的地位。此外,创造性地把王国维开创的"二重证据法"发展为"多重证据法",是其对史学研究的重要贡献之一。他的相关殷墟和甲骨文研究的论著还有:1927 年《从古书中推测之殷周民族》《王静安先生传》、1957 年《论西周是封建社会——兼论殷代社会性质》、1979 年《对古史分期问题的几点意见》、《殷

周史的几个问题》、1980 年《中国古代的父系家庭及其家属称谓》、《数占法与〈周易〉的八卦》、1984 年《怎样研究古文字》、1985 年《关于夏商研究——〈夏商史论集·序言〉》、1986 年主编《汉语大字典》、1989 年主编《甲骨文字典》、2006 年主编《汉语大字典》(八卷本)。徐中舒在直接或间接地继承和借鉴了胡远浚、王国维、梁启超、陈寅恪、李济、顾颉刚等学术思想的基础上,结合自己的学术探索与实践,不断加以融通和创新,形成了自己独到完善的学术思想体系,并对当代学术界产生了积极的影响。

张宗骞 (1906—1996),又名张慕槎,字紫峰,浙江省诸暨市枫桥镇里崝岣村(今属东和乡)人,自幼在枫桥镇杨坞外婆家长大。6 岁入启蒙小学,14 岁考入大东公学(今学勉中学前身),毕业后在枫桥一带任过小学教员。国共合作时期,张慕槎曾任十九路军少校秘书、湖南省平江县县长、第九战区长官司令部少将参事、浙江省丽水县县长等职。1949 年 3 月在浙江省丽水县武装起义。1949 年 10 月后任浙东行署主任秘书、民革浙江省委顾问、浙江省人民政府参事室参事,又是浙江逸仙书画院暨西湖诗社创始人之一,两任名誉院长。又是武林书画社、海宁跃龙诗社、诸暨诗社名誉社长,中国诗词学会浙江分会顾问,中国老年书画研究会浙江分会顾问。同时,又兼衢州烂柯山及湖南岳麓诗社顾问。受乡贤王冕、杨维桢、陈洪绶流风余韵影响,他自幼爱好文学、勤

练书法。他的诗感情充沛，豪放不羁、意境奇出，一片爱国爱民的赤诚之心，跃然于诗词中的字里行间，先后汇集出版了《松韵阁诗稿》《松韵阁文稿》两本书；他的书法苍劲挺拔，潇洒飞逸。在任浙江省人民政府参事期间，他三次回诸暨枫桥老家游览思古，还到枫桥乐山的芝坞山避暑，对芝坞山之六潭、十泉、三十六峰与二十四宜，朝游暮思，归纳乐山芝坞山十六景，并一一赋诗吟咏赞美，对乐山山水之壮丽，曲尽其妙，推崇备至，还邀友人杨鉴吾，杨仲显等人同游，留下众多歌颂乐山山水风光的诗文，并体现了作者的文采和境界。张宗骞甲骨著作虽然所见不多，但仅《卜辞弜弗通用考》（《燕京学报》第 28 期，1940 年版）一文，推动了甲骨文否定词研究的深入。

李亚农（1906—1962）男，汉族，四川省江津县人。原名李祚贞，又名李旦丘。10 岁赴日本上学，毕业于京都帝国大学。大学期

间，曾与人合建"社会科学研讨会"，阅读马列著作。1927 年加入中国共产党。1929 年与史存直等一起遭日本政府逮捕和严刑折磨，在其兄等营救下，关押 3 年后，取保释放。1932 年回国，在北京中法大学等校任教。1937 年到上海，在法国人兴办的孔德图书馆任研究员，从事中国古代文字学研究，撰写了《铁云藏龟零拾》等 4 本高质量著作。抗日战争爆发后，参加

新四军。1943 年重新入党。任敌工部副部长，负责日本战俘感化和教育工作，成绩显著。还兼任华中建设大学校长、党委书记。1946 年国民党发动全面内战后，奉命带领师生撤至大连，创办文物商店和咖啡馆，一面保存文物，一面作为党的联络据点。1948 年 9 月，在山东任华东研究院院长。1949 年 5 月上海解放后，代表上海军事管制委员会接管并主持上海市科学文化工作，任中国科学院办公室副主任、中国科学院华东办事处主任、上海市文物管理委员会主任委员、高等教育处副处长，专管学术研究，筹建上海博物馆和上海图书馆。建立上海历史学会和中科院上海历史研究所。1955 年 6 月，当选为中国科学院哲学社会科学学部委员。李亚农的史学著述，先后出版的有《中国的奴隶制与封建制》《周族的氏族制与拓跋族的前封建制》《西周与东周》《中国的封建领土制和地主制》等专著。在身患重病的情况下，仍将过去的著作加以综合整理，编成《欣然斋史论集》，并以"一段文章，一口血"的超人毅力，写完最后一篇著作《论钱舜举在中国美术史上的地位》。李亚农甲骨文研究的相关论著有《铁云藏龟零拾》《殷契摭佚》《殷契摭佚续编》《殷代社会生活》《殷契杂释》等。顾颉刚评价道："做到了古籍、古文字与马克思主义的结合……在这一学科上，郭老有开山之功，李氏有精密研究之力。"

曾毅公（1903—1991）男，汉族，北京市人。本命毅，号喆厂。是明义士

在华北语言学校与齐鲁大学的学生与助手。中华人民共和国成立后任职北京图书馆金石部。著述颇丰，主要有《甲骨地名通检》《甲骨缀存》《甲骨缀合编》《殷虚书契续编校记》《石刻考工录》等。曾毅公在甲骨缀合方面取得了超越前人的成绩，其《缀合编》为50年来甲骨缀合作了总集成。中国著名金石学家，甲骨文研究专家，敦煌学家，学界泰斗李学勤之恩师。

杨树达（1885—1956）男，汉族，湖南省长沙市人。字遇夫，号积微。12岁进长沙实学会学习，13岁考入长沙时务学堂，1900年15岁转入长沙求实书院。1905年官费赴日本留学，先入东京宏文学院大冢分校，后转入京都第三高等学校，进修外国语言学，肄业。1911年回到中国，就职于湖南省教育司，兼任湖南省图书馆编译，楚怡工业学校教员。1913年任湖南省立第四师范、第一师范、第一女子师范国文法教师。1919年，发起健学会。1920年参加"驱张运动"，与毛泽东有所接触。后至北京，任教育部国语统一筹备会辞典编辑，先后兼任北京政法专门学校教授、北京高等师范学校（后为北京师范大学）国文系教授、教育部主编审员等职。1924年任北京高等师范学校国文系

主任教授。1925年，任清华学校大学部国文系教授，后为清华大学中文系、历史系教授，讲授中国文字学概要、国学要籍、修辞学等课程。1928—1930年，任教于国立武汉大学文学院。1937年抗日战争爆发，回到长沙，任湖南大学中文系主任、文学院院长。1941年任教育部部聘教授。1945年参与组织发起九三学社。1948年当选为国民政府中央研究院院士。1949年与吴玉章、马叙伦等组织中国文字改革协会，任理事会副主席。1952年中国高校院系调整，转入湖南师范学院任教授，后兼任湖南省文史研究馆馆长。1955年当选为中国科学院哲学社会科学学部委员，苏联科学院通讯院士。是著名的中国语言文字学家、甲骨学家。其在汉语语法方面的著述有：1924年《古书疑义举例续补》（两卷，家刻本）、1928年《中国语法纲要》、《词诠》、1930年《高等国文法》、1931年《马氏文通刊误》、1933年《中国修辞学》，1954年增订后更名为《汉文言修辞学》等。其中《中国语法纲要》是仿英语语法而写的一本白话文语法书，目的是为教学的需要而分析白话文的语法结构。文字学等方面的论著有：1931年《积微居文录》、1934年《古声韵讨论集》、《古书句读释例》、1937年《积微居小学金石论丛》、1952年《积微居金文说》、1954年《积微居小学述林》《积微居甲文说·卜辞琐记》《耐林庼甲骨文说·卜辞求义》等。1983年上海古籍出版社出版《杨树达文集》。杨树达与郭沫若在研究专业上有相同之处，40

年代初，杨树达对郭沫若的《两周金文辞大系》就说过："觉可商榷处颇多。"而郭对杨却是极尊敬的。1940 年 12 月 25 日，郭沫若致杨树达的信中说："就整个言之，我兄于文字方法体会既深，涉历复博，故所论列均证据确凿，左右逢源，不蔓不枝，恰如其分，至佩至佩。"杨树达对郭沫若的文字学水平也有极高评价，认为"非一般浅学后生所能及也"。并且将郭沫若和王国维相提并论。但他对郭沫若的学术品质也有批评，因为郭沫若曾就一学术问题在给杨树达的信中说过："董某妄人耳，其说未可尽信也。"虽这是郭沫若批评董作宾的，而杨树达却说："记《卜辞通纂》曾言读董断代研究例，拍案叫绝，今乃斥为妄人，鼎堂真妙人哉。"可见其为人磊落。

马宗芗 （1883—1959）男，汉族，辽宁省开原县人，字竟荃，马氏 1909 年己酉科拔贡，次年考取法官。1917 年北京大学法科毕业，同年考取高

等文官，分发教育部。后任北京大学预科补习班国文教员。1920 年任奉天文学专门学校教授，1923 年任东北大学国文系教授，1936 年任齐鲁大学国文系教授，兼任国文研究所主任。1940 年任北平师范学院国文系讲师，1944 年转为教授。1946 年任北平师范大学国文系讲师。1948 年任蒙藏学校国文教员兼任国立东北大学国文系教授。1951 年 12 月

被聘任为中央文史研究馆馆员。1959 年 3 月 3 日逝世，终年 76 岁。作为国学研究学者的马宗芗，对经史诸子研究造诣颇深。著有《尔雅本家考》一卷、《释宫室》一卷、《训诂说略说》一卷、《毛诗集释》三十卷、《尚书章氏学》二十八卷、《音韵学讲义》四卷、《说文章氏学》十五卷、《水经注引用书目考》一卷、《太史公疑年考》一卷、《汉书地理志今释》二卷。他是章太炎的弟子，主要是弘扬章太炎之学。1971 年 9 月文海出版社出版的《甲骨地名通检·释宫室》，是马宗芗的甲骨学方面的主要著作，应是其在山东齐鲁大学任教时与明义士、曾毅公相交后的著述。2006 年 10 月 27 日，其子女将马宗芗的代表作手稿《毛诗集释》三十卷捐赠给国家图书馆。

黄浚 （1880—1952）男，汉族，字百川。其叔父黄兴甫于 1897 年在北京琉璃厂开办"尊古斋"古玩铺。1910 年，黄兴甫将尊古斋交与侄子黄百

川经营，边做买卖边记录过手文物古玩。由于识鉴精准，又过眼经手的数量极大，眼快手勤，在行内渐渐有了声誉。又在文玩中特别嗜好古玺印，全力以赴，收集鉴定，曾编有《尊古斋集印》《尊古斋玺印集林》《衡斋玉印征》《衡斋藏印》《衡斋藏印续集》《尊古斋古印拾零》等，总一百多册；其中以《尊古斋集印》六集六十卷为其代表作。1935 年以后，黄百川编《邺中片羽》初集（著

录甲骨文 245 片）、二集（著录甲骨文 93 片）与三集（著录甲骨文 214 片），公布了一批珍贵的甲骨文研究资料。此外，《邺中片羽》初次收录了三方安阳殷墟出土的商代印玺，郭沫若、马衡、罗振玉等皆给予高度评价。

姜亮夫（1902—1995）男，汉族，云南省昭通市人。中学毕业后进入成都高等师范学校，后考入北京师范大学，又考入清华大学研究院国学门，师从著  名学者王国维学习文字声韵学。1927 年任上海大夏、暨南、复旦等大学教授，同时为北新书局编辑。1933 年应河南大学文学院之聘，担任河南大学文史系教授。这一时期的论著有《甲骨吉金篆籀文字统编》《中国文字的源流》《夏殷民族考》等。1936 年到法国，在欧洲各地调查了解和研究整理流失的中国文物。1937 年归国受东北大学之聘，任文学系教授兼系主任。以后又相继担任西北大学教授、云南文法学院院长、昆明师范学院教授、云南教育厅厅长等职。新中国成立后曾任云南省文教处处长、浙江师范学院教授兼中文系主任、浙江语言学会会长等职。后长期任杭州大学中文系教授。知识渊博，李学勤曾有"宽无涯涘"的评价，古文字学、甲骨学成就尤为突出，宋镇豪主编的《百年甲骨学论著目》中收入其著有 26 种之多。《文字朴识》是他综合章太炎的声韵学与王国维的古文字学进行文字考释的著作。

《古文字学》（浙江人民出版社 1984 年版）是 1955 年姜亮夫在浙江大学任教时受国家教育部委托编纂的大学古汉语教材。在该书第一章中以大量的篇幅对甲骨文做了全面系统的论述。考释甲骨文的论著还有《释王》《释一》《释示》《释礼》《释单》《释不帝》等。

屈万里（1907—1979）男，汉族，山东省鱼台县王鲁乡东华村人，字翼鹏。15 岁考入山东省立第七中学，1925 年 18 岁入济南私立东鲁中学。1928  年"济南惨案"发生后回鱼台，任县图书馆馆长兼师范讲习所教员。不久，去北平入私立郁文学院。1931 年肄业，供职于山东省立图书馆，后任编藏部主任。1937 年抗日战争爆发，为保存馆中文物古籍，将馆中珍藏金石器物 734 件，珍贵字画 171 件，善本古籍 438 种，造册装箱，冒着生命危险运出济南。先到山东曲阜，又辗转到湖北汉口，再运至四川万县。半年后万县也不安全，只得经重庆运到川西乐山。此程千难万险，历尽坎坷，屈万里将此番经历写成《载书飘流记》。1940 年冬，供职于中央图书馆。1942 年，入中央研究院历史语言研究所考古组。1945 年，随中央图书馆迁至南京，历任编纂及特藏组主任。1949 年，随中央图书馆去台湾，应台湾大学之聘，任副教授兼文书组主任。1953 年升为教授。1957 年任台北"中央研究院"历史语言研究所研究员、代理所长。1967 年，任台北"中央图书馆"馆长。1968—1973 年任台湾大学中国文学系教授及中国文学研究所主任。1972年，以"对先秦史料之考订、中国古代经典及甲骨文之研究均有成就，尤精于中国目录、校勘之学"，当选为台北"中央研究院"院士。1972—1978 年，任台湾"教育部"学术审议常务委员，主持大专教师升职等级评审，并先后兼任台湾"国立"师范大学国文研究所及东吴大学中国文学研究所教授。1973 年元月至 1978 年 7 月兼任台北中研院史语所所长，并先后应聘为美国普林斯顿高深研究所研究员、普林斯顿大学客座教授、加拿大多伦多大学东亚系访问教授、新加坡南洋大学客座教授。1979 年 2 月16 日病逝于台湾。屈万里著作等身，其主要著述在四个领域。其一，经学。屈万里经学研究的最大特点是充分利用新发现的资料，如甲骨文、钟鼎文、石经等史料。其代表专著有《汉石经周易残字集证》《汉魏易例述评》《尚书释义》《诗经释义》等；重要论文有《易损其一考》《说易》等。其二，古文字学。屈万里在发表的《殷墟文字甲编》的基础上，把 3900 余片甲骨拼缀成 223 个版面，新认及订正旧说 70 余字，著成 40余万言的《〈殷墟文字甲编〉考释》上下两册，在古文字学界有着重大影响。其三，史学。主要著述有《从殷墟出土器物蠡测我国古文化》《谥法滥觞于殷代论》《读〈周书·世俘篇〉》等数十篇论文，多有超越前人的见解。其四，中国版本目录学。屈万里主要著作有《山东图书馆图书分类法》《图书版本学要略》《普林斯顿大学葛思德东方图书馆中文善本书志》等，另有《子部杂家类之新的分类问题》《站在中国图书馆立场上对于图书分类法文学分类的商榷》等论文多篇。甲骨文研究的主要论著还有《甲骨文入门》《先秦文史资料考辨》《甲骨文资料》和各种论文数十篇。2001 年，屈万里后人屈世钊将所藏的屈万里手稿 42 篇、来往书信 215 封，另有著作、照片、书画、拓片等 321 册（件）捐赠给山东省图书馆。山东省图书馆为此专门成立了屈万里纪念室。

张政烺（1912—2005）男，汉族。山东省荣成市人。字苑峰。著名历史学家、考古学家、文献学家、古文字学家、文物鉴定家。曾任中国社会科学院历史研究所研究员、文化部国家文物委员会委员、中国考古学会常务理事、中国历史学会理事、中国殷商文化学会顾问、第六届北京市政协委员。1990 年获国务院颁发的政府特殊津贴。1932年，考入北京大学历史系，1936 年考入北京大学文科研究所。抗战期间北大文科研究室曾由中央研究院历史语言研究所代管，随同史语所转移四川南溪李庄，由史语所的专家负责指导，在李庄完成学业。之后，进入中央研究院历史语言研究所，历任助理研究员、副研究员等职。抗日战争后期曾兼任战区文物保存委员会委员。1946 年受聘任北京大学历史系教授，同时在清华大学兼授中国文字学，还担任故宫博物院专门委员会委员。1954年，参加筹建中国科学院历史研究所，并兼任研究员。1960年至1966年任中华书局副总编辑。1966年任中国科学院（今中国社会科学院）历史研究所研究员，并先后任物质文化研究室、古文字古文献研究室主任。1978年当选为中国古文字研究会理事，1979年当选为中国考古学会常务理事，1980年当选为中国史学会理事，1982年兼任文化部国家文物委员会委员等职务。在海内外的学术刊物上发表的论文百余篇，共数十万字。《卜辞裒田及其相关诸问题》《甲骨文肖与肖田》《关于肖田问题 答张雪明同志》《释甲骨文尊田及土田》《殷契田解》等论文，用甲骨文材料考查殷代开荒和耕种的技术，说明农民的身份和殷代的社会性质。

鲁实先 （1913—1977）男，汉族，湖南省宁乡县人。谱名佑昌，字实先，晚号瀞廔，以字行。其伯父涤平、荡平都是国民党要员，父亲渭平（渭八阿公）任旅长时参加"一·二八"抗战，腿受伤退役回乡。鲁实先年少时曾先后入湖南明德、大麓中学就读，遭学校勒令退学。返乡后，家中为他延聘教师教导，购"四史"自修，数年间读毕二十四史。后随父亲宦游杭州，乘伯父鲁涤平任浙江省主席之便，在文澜阁苦读《四库全书》数年，又在大江南北各

大图书馆自学，并到北大等校旁听，学问突飞猛进。杨树达将鲁氏推荐给复旦大学中文系主任陈子展，遂入复旦担任教授，时年29岁，当时师生皆以"娃娃教授"称之。1949年后辗转至香港、台湾，先后受聘于台湾嘉义中学、省立农学院、东海大学、师范大学任教，曾任国文学系教授，精通文字学、上古历法、《史记》等。1977年12月19日，因病去世，享年65岁。鲁实先一生恃才傲物，没有哪个学校、老师让他服气，管得住他，因此小学文凭也没获得，是个小学文凭都没有的大学教授。1940年，著《史记会注考证驳议》，批驳日本学者泷川龟太郎《史记会注考证》，出版时由杨树达序言，认为："超越前儒，古今独步。"1945年8月26日，在重庆《新蜀报》上发表《斥傅斯年〈殷历谱序〉之谬》一文，继又写了《殷历谱纠矫》一书。陈子展作《龟历歌》盛赞该书，其中称在历学方面的成就说："千年以来，推补古历之朔余岁实者有之，考定积年者则自实先始也。"去世后，遗稿《文字析义》等归堂弟佶昌保管，鲁的学生许锬辉、王甦、吴玓、杜松柏等欲将老师遗著整理出版，未能与佶昌达成一致。直到1993年，其遗稿交由杜的学生陈廖安等整理出版。

沈之瑜 （1916—1990）男，汉族。原名茹志成，曾用名茹茹、鲁楷，浙江杭州人。1935年毕业于上海美术专科学校，留校

当助教。1940 年在浙江遂昌参加中共地下组织。曾任苏中抗日民主根据地《滨海报》编辑、苏浙军区司令部参谋处参谋、华中雪枫军政大学文工团和华东军政大学文工团团长。中华人民共和国成立后历任上海市军管会文艺处美术室主任，上海市文化局社文处副处长、处长、上海美术工作者协会党组副书记，上海市新成区文化局局长，上海博物馆副馆长、馆长和名誉馆长、研究员、上海市文物管理委员会副主任兼上海市美术专科学校副校长；同时，被选为中国博物馆学会副理事长、中国文物保护科学技术协会副理事长。沈之瑜在学术研究上，带头刻苦钻研、严谨治学。在"文化大革命"时期仍潜心学习，钻研甲骨文。经多年努力，他与郭若愚合著《戬寿堂所藏殷虚文字补正》，撰写了《套卜大骨一版考释》《甲骨卜辞新获》《介绍一片伐人的卜辞》《"百沟"、"正河"解》和《郭沫若同志在甲骨学方面的重大贡献》等学术论文，出版专著《甲骨文讲疏》等。

李孝定 （1918—1997）男，汉族，湖南常德鼎城区花岩溪人。字陆琦，号伯戡。幼时于家中师从黄笙陔学习经史古文，11 岁小学毕业入湖南省立三中（今常德市一中），1935 年考入南京中央大学中文系，抗日战争爆发随中央大学迁至四川重庆继续学习，1940 年考入北京大学文科研究所，次年派往南迁四川南溪县李庄的中央研究院历史语言研究所继续学习，攻读硕士学位。1944 年获硕士学位，被聘为历史语言研究所考古

组助理研究员。参加董作宾主编《殷虚文字乙编》甲骨的粘兑、剪贴、排列、督促传拓等工作。1946 年随史语所回南京后，继续参加《殷虚文字乙编》的著录图版编辑工作。1949 年到台湾后晋升为副研究员。1953 年升为研究员，兼台湾大学中文系教授。后受聘于新加坡南洋大学任中文系主任。1978 年退休返回历史语言研究所任甲骨室主任。1988 年从历史语言研究所退休后，又受聘于台湾大学中文研究所。1997 年 8 月 24 日病逝于台北，终年 79 岁。其在中央大学就读时，师从胡小石学习甲骨文。读研究生时，导师为著名甲骨学家唐兰，硕士论文为《甲骨文字集释》（未能及时付印，1958 年又以孙海波编之《甲骨文编》为底本重新编著《甲骨文字集释》）。入史语所又从董作宾继续专习甲骨文，被誉为甲骨文研究的"拓荒者"之一。其甲骨文研究的学术论著除出版《甲骨文字集释》《汉字的起源与演变论丛》两部专著外，还有《中央大学史学系所藏甲骨文字》（蒋维崧释文）、《读契小识（之一）》《读契小识（之二）》《从六书的观点看甲骨文字》《殷契零拾》《从几种史前和有史前期陶文的观察蠡测中国文字的起源》《中国文字的原始与演变》（上、下篇）、《再论史前陶文和汉字的起源问题》《殷商甲骨文字在汉字发展史上的相对位置》《汉字起源与演变论丛》《汉字史话》等。

张秉权 （1918—）男，汉族，苏州市人。早年在南京大学曾选修胡光炜（小石）《甲骨文》课程，学到了从《说

文》《尔雅》以及金文中追溯甲骨文字的方法，就十分喜爱甲骨文字。1945 年 10 月在四川南溪李庄入史语所师从董作宾研习甲骨文，之后跟史语所到南京再到台湾，为史语所研究员，1989 年退休后旅居美国。最初在李庄董作宾让他先读郭沫若《卜辞通纂》，感受"我读《卜辞通纂》，觉得郭氏的《考释》，不但字写的很好，创建不少，人所难及。但也有许多地方，想象力过于丰富，几近郢书燕说，令人难以接受。那时，我很奇怪董先生为什么要我先念这样一部书。后来读过很多书以后，才领悟到董先生的选择，最适合与初学的人"（张秉权《学习甲骨文的日子》，《新学术之路》，第 924 页）。从事甲骨文研究 50 余年，在甲骨文著录考释方面的著作有《殷虚文字丙编附考释》（上辑一·二、中辑一·二、下辑一·二）、《冬饮庐藏甲骨文字》；甲骨文史方面出版有《甲骨文与甲骨学》（1988 年 9 月台湾"国立"编译馆）、《中国艺术史集刊·甲骨文与甲骨学》（1978 年 6 月东吴大学《中国艺术史集刊》第 8 卷）；发表甲骨文相关研究论著《略论〈殷虚书契前编〉的几种版本》（1983 年 9 月《古文字学论集初编》）、《甲骨文资料在古史研究上的应用问题》（1964 年 6 月《新时代》第 4 卷 6 期）、《甲骨文史料性质之分析》（1966 年 6 月韩国中国学会《中国学报》第 15 辑）、《甲骨文简说》（1970 年 10 月《大陆杂志》第 41 卷 8 期）、《殷虚卜龟之卜兆及其有关问题》（1954 年 6 月《"中央研究院"院刊》第 1 辑）、《卜龟腹甲的序数》（1956 年 12 月《"中央研究院"历史语言研究所集刊》第 28 本上册）、《甲骨文的发现与骨卜习惯的考证》（1967 年 6 月《"中央研究院"历史语言研究所集刊》第 37 本下册）、《略论妇好卜辞》（1983 年 6 月《汉学研究》第 1 卷 1 期）、《殷墟文字剳记》（1954 年 6 月《"中央研究院"历史语言研究所集刊》第 25 本）、《论成套卜辞》（1960 年 7 月《"中央研究院"历史语言研究所集刊外编》第四种上册）、《庆祝董作宾先生六十五岁论文集》。关于兆数、成套卜辞与成套甲骨的发现，李达良在《龟版文例研究》中评论："迨晚近张氏秉权著《卜龟腹甲的序数》一文，考明兆数与辞之关系，复因之而析出成套卜辞，别为一类，卜辞之秘奥，至是涣然冰释，其种类乃可得而别。论者谓序数之发明，对斯学贡献之伟，不亚言贞人之发现，洵非虚语。"

白瑞华［美］（1897—1951），Roswell Sessoms Britton，男，1924 年在北平燕京大学筹建新闻系，得到美国密苏里大学新闻学院院长威廉博士的帮助。建系之初，师资匮乏，白瑞华教授受燕京大学校长司徒雷登邀请和美国密苏里大学新闻学院派遣，来华帮助授课，担任首届系主任，为我国新闻学教育做出具有奠基性的贡献。虽然他由于健康原因不得不提前回国，54 岁便撒手人寰，未能兑现他临别前重返燕京大学新闻学讲坛的庄重而热切的承诺。但他的《中国近代报刊史》与我国新闻史奠基人戈公振的《中国报学史》，永远彪炳我国报刊新闻出版的不寻常历史。白瑞华不仅从新闻学的角度审视中国百年重大历史事件，而且对中国的甲骨文有极大兴趣和研究，方法敛遗稿《甲骨卜辞》在其保存者好友菲尔德自然史博物馆的劳弗去世后，1934 年改由时在纽约大学的白瑞华保存（见后方法敛条）。其论著有：1937 年《哈佛大学亚洲研究杂志》发表的《甲骨文彩色颜料》，1966 年台北艺文印书馆影印出版的方法敛（Frank H. Chalfant）摹，白瑞华校《甲骨卜辞三种（外题）即方法敛摹甲骨卜辞三种》等。

贝冢茂树 [日] （1904—1987）男，日本东京人。原姓小川，父亲小川琢治是日本著名的地质地理学家，弟弟汤川秀树曾获诺贝尔物理学奖，贝冢茂树生于东京，从六岁起跟祖父小川驹桔学习汉文书籍，如"四书""五经"等中国古书。从此以后就对中国古籍和历史发生了强烈的爱好，并下决心在这方面要有所造就。1928 年京都帝国大学毕业，在研究院继续深造，1932 年进入东京文化学院京都研究所，1949 年入京都大学任教授并在京都大学人文科学研究所从事中国古代史和甲骨文研究，后任该研究所所长。1948 年以《中国古代史学的发展》一书获得朝日新闻社文化奖金，并获得博士学位。他以卓越的成就和忠厚的人格博得声望，1951 年和 1954 年先后两次被选为日本学术会议员，1954 年参加日本学术文化访华团访问了新中国，他同吉川幸次郎、桑园武夫并

称为京都大学三杰，1984 年获得日本文化勋章，他的论著很受欢迎，著有《古代的精神》《孔子》《中国古代国家》《对中国的怀念》《旧中国和新中国》等。其在甲骨文和金文方面有较深的造诣，主要论著有贝冢茂树与伊藤道治合著《甲骨文断代研究法的再检讨》《甲骨学发展的途径》《中国的黎明》《京都大学人文科学研究所藏甲骨文字》《甲骨文与金文的书体》《古代殷帝国》《评甲骨文断代研究的字体演变观》等。

岛 邦 男 [日]
（1908—1977）男，日本青森县青森市人。1933 年毕业于东京大学，毕业后在北海道厅立札幌第一中学任教，开始研究甲骨文。1935 年任东方文化学院东京研究所助教。1938 年至 1942 年在中国收集甲骨文资料。1942 年任教于伪满师范学校，1943 年任教授。1950 年任弘前大学文学部副教授。1954 年升任教授。1966 年兼任弘前大学附属图书馆馆长，1967 年兼任学生部部长。1974 年被聘为名誉教授。1977 年因胃癌病逝于日本国立弘前医院。岛邦男是日本甲骨学研究的先驱者之一，先后发表及出版了《祭祀卜辞之研究》《殷墟卜辞研究》《殷墟卜辞综类》《卜辞中先王称谓》《甲骨文地名》《贞人补正》《亚的官职》等文章书籍数十篇/部。东京大学毕业以后，岛邦男一直从事甲骨文字的研究，其著作《殷墟卜辞研究》《殷虚卜辞综类》是甲骨学

领域的代表作之一。

池田末利 ［日］ （1910—2000）
男，日本广岛县人。1936 毕业于广岛文
理科大学，师从《尚书》学大师加藤常
贤。1938—1941 年留学北京大学，获得
多种清代学者《尚书》学著作本，益坚
研究志趣。后曾任教北平中国大学及外
国语专科学校，又使自己走上研究甲骨
学及中国古代宗教学的道路。为日本甲
骨学会成员。1953 年回日本任广岛大学
副教授，钻研三年后写成《中国祖先崇
拜的源流的研究》，得文学博士，1956
年任广岛大学教授。除相继几次负责中
国宗教思想研究课题，曾于 1959 年完成
《葬制集录》外，1959—1962 年参加平
凡社刊 10 卷本《亚洲历史事典》的编
写，并于 1964 年完成要著《殷虚书契后
编释文稿》一书，及《中国古代之一祀
典——喀左旅之祭》论文。1966—1977
年任文部省科学研究费拨巨额之《中国
天人合一思想体系的综合研究》的负责
人，1971—1972 年参加《中国的语言与
文学》的编写，撰写其中的一章，其他
方面专力于《尚书》研究。1973 年退
休，被授予广岛大学名誉教授，转任大
东文化大学教授，1976 年被选为大东文
化大学学长（即校长）。在日本学术界
有很高声望，为日本学术会议会员，日
本学术会议第一部副部长；又为日本中
国学会（其后改称中国社会文化学会）
专门委员兼评议员及东方学会评议员；
还任日本境内"中国—四国地区中国学
会"会员等，多次出席安阳等地召开的
殷商文化国际研讨会。2000 年 11 月 9

日逝世，享年 90 岁。

白 川 静 ［日］
（1910—2006）男，日
本福井县人。1943 年
毕业于日本京都立命馆
大学，1948 年发表首
篇 论 文《卜 辞 的 本
质》，1962 年以论文《兴的研究》获文
学博士学位，1969 年至 1974 年陆续发
表《说文新义》15 卷，期间开始为一般
读者出版《汉字》《诗经》《金文的世
界》《孔子传》等普及性读物，1984 年
出版《字统》，1991 年出版《字训》，
1996 年出版《字通》，2004 年因其在古
文字领域研究的杰出成就而被日本政府
授予"日本文化勋章"，2006 年 10 月 30
日病逝。是日本著名的汉字学家，他的
研究立足汉字学，横跨考古学与民俗学，
旁及神话和文学。他透过卜辞金文的庞
大研究业绩，对汉字的体系与文化源流
系统性、独创性地提出丰富又生动的见
解，在日本汉学界产生了巨大的影响，
对中国本土的文字学研究也有着独特的
借鉴作用。其主要著作包括《说文新
义》15 卷、《金文通释》9 卷、《白川静
著作集》12 卷，以及《字统》《字训》
《字通》等字书。《说文新义》根据已出
土的甲骨文金文以及其他资料，对《说
文解字》进行了全新的考释和解说。自
从甲骨文发现以来，孙诒让、王国维、
郭沫若、于省吾等古文字学家都尝试运
用新出土资料对《说文》进行互证性研
究，但是白川静首先完成了这项艰巨的
工作。其致力于中国文学研究，达到痴

迷程度。他的研究室总是灯火通明到每晚的 11 点。其曾说过："学者 80 岁后才能成为真正的学者。"白川静从 73 岁到 80 岁编著出版了《字统》《字训》《字通》三部辞书。92 岁时《白川静作品集》副卷才开始发行。

赤冢忠［日］ （1913—）男，文学博士，日本东京大学名誉教授，私立二松学舍大学文学部教授，二松学舍大学文学部中国文学科主任，日本中国学会理事长，专门委员兼评议员，东方学会常任理事，前日本甲骨学会会长，中国古代哲学、历史及古文字研究家。早年毕业于日本东京大学文学部中国哲学文学科，曾任神户大学预科教授、文学部教授，50 年代初转入东京大学任文学部副教授。1955—1958 年参加《世界大百科事典》（33 卷本，平凡社刊）中国哲学部分的编写。1954—1961 年参加《书道全集》（25 卷本，平凡社刊）的编集，编译和解说第 1 卷《中国殷周秦书法》等。1961 年以《周代文化的研究》获文学博士。1962 年参加"朱子的综合研究"（此项目文部省科学研究费拨款 100 万日元），具体负责"朱子的经学研究"。同年参加东京大学文学部中国哲学研究室《中国的思想家》（2 卷本）的编写，撰写"刘安"一章。1964 年任东京大学文学部教授，兼任东京支那学会（即今东京大学中国文学哲学会）评议员。同年参加"先秦道家思想体系的综合研究"（此项目文部省科学研究费拨款 100 万日元），具体负责"道家思想的起源问题的研究"。很多学者都注意到商人上帝与祖先的密切关系，郭沫若曾说，在殷商时代，人的祖宗神就是至上神，他说：殷人的帝就是帝喾，是以至上神而兼祖宗神。赤冢忠的主要著作《中国古代的宗教与文化——殷王朝的祭礼》则认为：所有被殷人祭祀的神，诸如祖先神、族神、先公神、巫先、天神、上帝六大类，原先都是固有的族神，只是在殷民的祭祀中被分类地组合起来了。上帝作为对殷王的命令统治人间，依靠其对天候的支配，也成为统治自然界的至高无上的神。殷人诸神最终都由上帝统治，而所有祭祀的观念，都汇集于以上帝为中心的祈年祭中。这说明商人的上帝虽然是作为商代自然界、人世间的至上主宰，但其神格却是由族神转化过来。由此可见，商人至上神的观念很有可能是由祖先神脱胎而来，是通过对甲骨文的研究所提出的学术观点。

伊藤道治［日］ （1925—）男，日本著名历史学家、甲骨学家，为日本甲骨学会成员、甲骨学六位外国权威学者之一。1949 年毕业于京都大学史学  科，从小学教师起步，一路坎坷，直至大学教授。历任京都大学人文科学研究所研究员、神户大学教授、兼文学部部长，现为关西外国语大学教授，兼国际文化研究所所长。长期从事教育、文化和考古工作。50 年来，孜孜不倦地进行甲骨学和殷商史的研究，取得了令人瞩目和信服的成果，在当今日本，居于首屈一指的地位。主要成就为甲骨文的整理与著录和甲骨论考与考古学研究。代表性的论著有《中国古代王朝形成》《中国历史》《永盂铭考》《彝铭考》《裘卫诸器考》《周武王与洛邑》《中国古代国家的统治结构——西周封建制度与金文》《关于西周时代的裁判制度》等。还有 1953 年 3 月与贝冢茂树合著的《甲骨文断代研究法的再检讨》。2005 年 1 月担任中国殷商文化学会"商承祚甲骨学研究奖"专家评审委员会顾问。出版甲骨著作有《京都大学人文科学研究所藏甲骨文字》（合著）等专书及公布甲骨论文多种。

松丸道雄［日］
（1934—）男，生于日本东京，其父松丸东鱼为日本著名篆刻家。他自小受到日本汉学、书法等传统教育，对中国古代历史、文化产生浓厚兴趣。1954 年入东京大学，主攻中国古代史、甲骨学。1960 年毕业于东京大学大学院，先后任东京大学东洋文化研究所助理、副教授、教授，并兼任东京大学大学院人文科学研究科教授、博士生导师等，著名甲骨学家蔡哲茂教授即出自其门下。现为东京大学名誉教授、日本甲骨学会会长、东洋文库特别研究员、每日书道图书馆名誉馆长。代表论著有：《关于殷墟卜辞中的田猎地——殷代国家构造研究》《西周青铜器制作的背景》《关于西周青铜器中的诸侯制作器》《甲骨文字字释综览》《关于偃师商城和伊尹关系的假

说》《东京大学东洋文化研究所藏甲骨文字》（图版篇）、《谢氏瓠庐殷墟遗文》《殷周秦汉时代史的基本问题》《商周彝器通考》（容庚著/松丸道雄解题）等。被誉为甲骨学六外国权威学者之一。

林巳奈夫［日］
（1925—2006）男，毕业于日本京都大学文学部史学科，文学博士。京都大学名誉教授、东洋考古学会及日本学士院会员，著名考古学家。主要从事中国出土文物的鉴定、审评、年代鉴别、分类等方面的研究，专攻青铜器研究。主要研究方向为新石器时代至汉代的考古。成就主要表现在利用现代考古的类型学理论对铜器、玉器进行分析，并与甲骨、金文及中国古代文献相互参证，取得了一系列具有国际影响力的研究成果，颇为考古学、文字学、神话学、美术史学者所关注。2006年 1 月 1 日，在神奈川的家中因病辞世，享年 80 岁。

（三）中华人民共和国成立后的甲骨学深入发展时期（1949 年至今）

周谷城　（1898—1996）男，汉族，湖南省益阳县人，生于农民的家庭。7 岁由族人送到周氏"族学"读书，1913 年 15 岁入湖南长沙省立第一中学，1921 年考入了北京高等师范学校（北京师范大学的前身）英语部。离毕业尚有半年

时，回到湖南，在湖南第一师范学校师范部教授英文兼伦理学。1924年出版了他的第一本专著《生活系统》。周谷

城与当时在该校任国文教员的毛泽东建立了友谊。大革命时期，他受毛泽东的思想影响，参加农民运动，任湖南省农民协会顾问、省农民运动讲习所教师、全国农民协会筹备会秘书。1927年大革命失败后，周谷城到上海暨南大学附中、中国公学任教，并以卖文和翻译谋生，其间发表过多篇讨论中国农村和改造中国教育方面的论文，1929年出版了《中国教育小史》，并译有《文化之出路》《苏联的新教育》等。1930—1933年任中山大学教授兼社会学系主任，期间撰写了若干探讨中国社会的著作，如1930年的《中国社会之结构》、1931年的《中国社会之变化》、1933年的《中国社会之现状》等。1933—1942年任暨南大学教授兼历史系主任。期间1939年出版了《农村社会新论》，《中国通史》上、下两册（书中首次提出并运用"历史完形论"的理论，意在指出历史事件的有机组织和必然规律）。1942年出版了《中国政治史》。自1942年秋，一直在复旦大学执教，为该校历史系教授、博士生导师，曾任历史系主任、教务长等职。1949年9月出席中国人民政治协商会议第一届全体会议。中华人民共和国成立后，周谷城历任上海市人民政府委员，上海市人大常委会副主任兼文教委员会主任，

上海市政协副主席，第一、二、三、五届全国人大代表，第六、七届全国人大常委会副委员长兼教育科学文化卫生委员会主任委员；第五届全国政协常委。1952年加入中国农工民主党。长期从事学术研究的组织领导工作，担任中国科学院历史所学术委员会委员，创建上海历史学会，曾任中国史学会常务理事兼主席团成员以及首任执行主席、中国太平洋历史学会会长、上海市哲学社会科学联合会副主席、上海市历史学会会长。1996年11月10日，在上海逝世，享年98岁。周谷城的教学和研究，涉及史学、哲学、美学、逻辑学、政治学、社会学、教育学等学科；纵述古今、横论中外。六十多年来，著述数百万字，出版专著十余部，发表论文两百余篇。1987年9月，中国殷商文化国际学术研讨会在河南安阳召开，中国殷商文化学会宣告成立。大会推举周谷城为名誉会长。周谷城欣然为安阳题写"殷墟博物苑"，并为司母戊大方鼎题写"青铜时代第一鼎"。

严一萍 （1912—1987）男，汉族，浙江省嘉兴市（原秀水县）人。本名城，又名志鹏，字大钧，号一萍，以号行。早年新塍

正蒙小学毕业后，跟许锦城学中医。不久到上海江南学院（东亚大学）读政治经济，因学校停办而辍学，回嘉兴与许明农、沈德基办《春雷》月刊。1934年，经张木舟介绍，到

陕西长安县政府任秘书。当时的县长名叫翁桎。抗战初回家乡，任浙江省政工队二队中队长，干事，1939年出任嘉兴县新塍区区长，1943年改任嘉兴县政府主任秘书。抗战胜利后，曾任国民党上海市党部总干事、总务科长，遇缩编，转入实业界，入中纺公司任稽核，开始有钱收购古籍，留意乡邦文献，编纂《新塍镇志》，新塍大事年表、新塍建置沿革两部分已付印，人物、艺文两部分被家人焚毁。1949年上海解放前夕去了香港，设想投靠董作宾治甲骨文字学。当时，张木舟、沈德基两人在香港设有长丰公司，王梓良正在台湾主编《大陆杂志》。严一萍接到赠阅创刊号后，意外发现董作宾是杂志的发行人。由王梓良、谈益民两人具保，1950年从香港去台湾，持书稿《殷虚医徵》求见董作宾，得到董的赏识，自此出入于台湾大学董作宾的研究室，进而至中央图书馆、"中央研究院"、故宫图书馆。张木舟、顾乃登两人出资创设"艺文印书馆"，严一萍任总编辑，高佐良任总经理。"艺文印书馆"曾短暂停业，后又恢复，严氏任总经理兼总编辑。因返回大陆无望，严再娶书局同事陈女士。严一萍在印制古籍的同时，兼营建筑房地产。1973年在美国旧金山设立艺文印书馆分公司，1987年去世。严一萍到台湾后，专治甲骨文，还任《中国文字》杂志经理、编辑。发表甲骨文论著和出版有关甲骨文书籍有：《殷墟医徵》《殷商史记》《铁云藏龟新编》《甲骨文断代新例》《甲骨缀合新编》《甲骨缀合汇编》（图版篇）、《甲骨缀合集》《甲骨缀合新编补》《甲骨学》《续殷历谱》《甲骨集成》第一集、《甲骨古文字研究》第一至第三辑、《凡将斋所藏殷虚文字考释》《戬寿堂所藏殷虚文字考释》《柏根氏旧藏甲骨文字考释》《北京大学国学门藏殷虚文字考释》《殷虚书契续编研究》《集契集》（汪怡董作宾撰严一萍写）、《殷虚第一次发掘所得甲骨考释》《殷虚第十三次发掘所得卜甲缀合集》《殷虚第十五次发掘所得甲骨校释》《殷墟第三、四期甲骨断代研究》《甲骨断代问题》《金文总集附目录索引》《商周甲骨文总集》《集契汇编》等，为推动甲骨学研究的发展做出了巨大贡献。

管燮初（1914—2000）男，汉族，江苏省无锡市人。1947年上海光华大学中国文学系毕业，1950年杭州浙江大学中国文学研究所研究生毕业，历任中国社会科学院语言研究所研究员。主要从事汉语语法研究。其主要论著有：1953年《殷墟甲骨刻辞的语法研究》、1981年《西周金文语法研究》、1995年《左传句法研究》，1957年参加陆志主编的《汉语的构词》、1961年参加丁声树主编《现代汉语语法讲话》。发表甲骨文研究论文有：《甲骨文金文中"唯"字用法的分析》《商周甲骨和铜器上的卦爻辨识》《从〈说文〉中的谐声字看上古汉语声类》《上古汉语序数词组结合方式的历史演变》《"今日"古义》

《殷墟甲骨刻辞中的双宾语问题》《甲骨文首字的用法分析》等。

饶宗颐 （1917—2018）男，汉族，广东省潮州市人，1917年生。字伯濂、伯子，号选堂，又号固庵。父饶锷，为潮州大学者，著作甚丰。幼承家学，不满 18 岁整理其父遗著《潮州艺文志》，于 1937 年刊于《岭南学报》，以此知名。1935—1937 年，应中山大学聘请任广东通志馆专任纂修。1939—1941 年协助叶恭绰编《全清词钞》。1943—1945 年任无锡国专教授。1947—1948 年任汕头华南大学文史系教授兼《潮州志》总编纂。1949 年迁居香港。1952 年，任教于香港大学中文系。1962 年获法国法兰西学院颁发"汉学儒莲奖"。1963 年，曾至印度班达伽东方研究所作学术研究。1965—1966 年又在法国国立科学中心研究敦煌写卷。1968—1973 年应新加坡大学之聘出任中文系教授兼系主任；1970—1971 年，曾任美国耶鲁大学研究院客座教授。1972—1973 年，又任台北"中研院"教授。1973—1978 年，任香港中文大学中文系教授兼系主任。其间于 1974 年，为法国远东学院院士。1978 年退休后，又于 1978—1979 年任法国高等研究院客座教授。1980 年，任日本京都大学研究所客座教授。1979—1986 年又担任香港中文大学中国文化研究所荣誉高级研究员；其间于 1982 年获香港大学颁授荣誉文学博士学位。复获香港中文大学授予中文系荣休讲座教授衔。1981—1988 年曾担任澳门大学客座教授。1992 年起被复旦大学聘为顾问教授。1994 年起又任泰国华侨崇圣大学中华文化学术研究院院长；同年获汕头市潮汕历史文化研究中心潮学研究特别奖，并将全部奖金捐赠香港中文大学敦煌吐鲁番研究中心。1998 年获香港海外文学艺术家协会中华文学艺术家金龙奖、国学大师荣衔，并成为香港中文大学崇基学院首任荣誉院务委员。2000 年获香港特别行政区政府授予大紫荆勋章，以表彰他在学术领域的杰出成就。2001 年获得俄罗斯国际欧亚科学院院士。2005 年书写《心经》，由当代著名篆刻家唐积圣镌刻，《心经简林》树立于大屿山昂平一址。2009 年获中华人民共和国国务院总理温家宝聘请为中央文史研究馆馆员，并得到香港艺术发展局颁发终身成就奖。2011 年他入围亚洲电视举办的感动香港十大人物评选；同年获澳洲塔斯曼尼亚大学名誉文学博士；同年 12 月，经西泠印社选举担任第七任社长。2013 年荣任法兰西学院铭文与美文学院外籍院士，成为亚洲首位获得此荣衔的汉学家；同年 3 月，第五届世界中国学论坛在上海展览中心举行，被授予"世界中国学贡献奖"；同年 4 月，四川雅安地震，捐款 50 万元港币；同年 10 月，被杭州市十二届人大常委会第十四次会议授予"杭州市荣誉市民"称号。著名国学大师，其学问几乎涵盖国学的各个方面，且都取得显著成就，并且精通梵文。香港大学修建了"饶宗颐学术馆",潮州市政府也在其家乡修建了"饶宗颐学术馆"。其在甲骨学研究方面的代表作有《殷代贞卜人物通考》《巴黎所见甲骨录》《欧美亚所见甲骨录存》《甲骨文通检》(主编)等。

桂琼英（1917—1977）女，汉族。1943年金陵女子文理学院毕业后，就从事甲骨文的研究事业。《合集》的甲骨文缀合取得了超越前人的成就，与桂琼英几十年对甲骨文断片悉心追索，精心拼对是分不开的。早在《甲骨文合集》立项以前，桂琼英就对传世甲骨中的断片进行了大量的缀合工作。多年的创造性劳动，桂琼英已经积累了数百版的缀合初稿。特别是《殷虚文字甲编》和《乙编》出版以后，她又在近2万版甲骨的断烂苑地上细心耕耘，并屡有缀合新获。原计划出版一部《甲骨缀合》专书的桂琼英，当《合集》立项并正式启动后，作为课题组成员之一，便把自己多年刻苦努力所取得的缀合成果2000多版融入《合集》。此外，她多年来寻回分散的甲骨反面与骨臼，大约2500版，也全部贡献给《合集》，从而使《合集》的科学性大大增强。以缀合成果的数量之巨而言，桂琼英堪称甲骨缀合第一人！（王宇信《新中国甲骨学六十年》，第332页）。

金祥恒（1918—1989）男，汉族，浙江省海宁市人。自幼聪明好学，早年入硖石中学就读。1942年（民国三十一

年），考入浙江大学师范学院国文系，师从郑奠和夏承焘。1946年（民国三十五年）毕业，入山东大学任国文系助教兼办教务一年。1947年（民国三十六年）任台湾大学中文系助教，1954年升为讲师，1960年升为副教授，1966年升为教授。在台湾大学时还先后师从戴静山学习文字学，师从董作宾学习甲骨学，研读殷墟卜辞拓本。故金祥恒所讲授课程有中国文字学、古文字学、甲骨学、《说文》研究等。1985年，应聘辅仁大学中文研究所教授，讲授甲骨文研究、古文字学、《说文》等。金祥恒甲骨学主要著述有《续甲骨文编》，这是历时十年编写的一部工具书（1959年出版），为学习、研究甲骨文的必备书。另有《记方杰人先生所藏的两片牛胛骨》《卜辞中所见殷商宗庙及殷祭考》（上、中、下）、《殷商祭祀用牲之来源说》《甲骨文射牲图说》《甲骨文出日入日说》《甲骨文无十四月辨》《甲骨卜辞"月末闰旬"辨》《读京都大学人文科学研头所所藏甲骨文字》《甲骨文中的一片象肩胛骨刻辞》等文百余篇。主编《甲骨综录》，任《中文大辞典》顾问。金祥恒著作经整理出版有《金祥恒先生全集》《续甲骨文编》4册等。

姚孝遂（1926—1996）湖北省武汉市人。1945—1950年就读于华中大学中国语文学系，1957—1961年就读于吉林大学甲骨文、金文专业研究生，

毕业后留校任教。曾任吉林大学古籍研究所所长、教授、博士研究生导师、全国高校古籍整理研究工作委员会第一、二届委员，中国古文字研究会理事，中国殷商文化学会理事。获国务院有特殊贡献专家称号。撰写且主编的著作有《许慎与说文解字》《小屯南地甲骨考释》《甲骨文字诂林》等。2010 年 1 月中华书局出版《姚孝遂古文字论集》，汇集作者研究甲骨文的论文 25 篇，是作者毕生研究古文字学术精华，为古文字界的研究工作提供了便利条件。具体内容包括《甲骨文形体结构分析》《古文字学教学的若干问题》《〈汉语文字学〉序》《殷墟与河亶》。该书可供各大专院校作为教材使用，也可供从事相关工作的人员作为参考用书使用。姚孝遂培养了多名研究生，其中刘钊、王蕴智等已成为学术领军人才。

高明 （1926—2018）男，汉族，天津市人，字诚之。1949—1952 年为天津市劳动局干部，1952—1956 年就读于北京大学历史系考古专业，毕业后留校任教，历任助教、讲师、副教授、教授，从事中国考古学、古文字学的教学与研究。曾多次辅导考古专业同学田野考古实习，先后给本科及研究生开设中国古文字学、甲骨文、铜器铭文、战国文字、说文等课程。曾任中国古文字研究会理事、中国殷商文化学会理事、中国文字博物馆专家委员会委员、中国

秦文研究会学术顾问。学术主要论著有《中国古文字学通论》《古文字类编》《古陶文汇编》《古陶文字徵》《帛书老子校注》《战国陶铭》《中国历代王朝兴亡四字歌》《高明论著选集》等。先后在国家学术刊物发表的论文以及为其他学者著作撰写的序言、评论等总计 60 余篇。

郭青萍 （1926—2019）男，汉族，河南省安阳市人。1950 年参加工作，1952 年调入安阳师范学校任教。长期从事现代汉语的教学与研究工作，1958 年获第一次全国普通话教学成绩观摩会一等奖。发表学术论文多篇，出版《现代汉语》《普通话讲座》等著作、教材 6 部，其中任副主编的一套《现代汉语》为中南五省统编教材。退休前为安阳师范学院中文系教授，曾任河南省文史研究馆馆员、河南省政协常委、安阳市政协副主席、中国古都学会副会长等。1992 年获国家著名重点高校暨河南省高校科技成果博览会金奖，同年 2 月，受到时任中共中央总书记、国家主席江泽民接见。晚年致力于甲骨文研究和摹刻，出版《走近甲骨文》《解读甲骨文》《洹宝斋所藏甲骨》《〈洹宝斋所藏甲骨〉解读》等甲骨文研究著作。耄耋之年，著述不辍，被誉为"学术界的常青树"，曾接受中央电视台、韩国电视台、香港《环球旅游》杂志社等国内外新闻媒体的专访。

赵锡元 （1929—）男，汉族，辽宁省沈阳市人。1948 年入学东北行政学院（吉林大学前身）行政系，1952 年毕业，先后担任东北人民大学（后改为吉林大学）历史系资料员、助教、讲师，并在此期间担任著名古文字专家于省吾教授助手，对商周古文字资料进行了广泛的涉猎和深入钻研，掌握了古文字研究的方法和途径。还曾师从著名哲学家刘丹岩教授学习哲学。1978 年后任吉林大学历史系副教授、教授，任历史系中国古代史教研室主任、《史学集刊》主编。社会兼职有中国先秦史学会理事、吉林省史学会理事等。1993 年 4 月离休。赵锡元从 20 多岁登上大学讲坛，一直到 64 岁离休，始终没有离开过教学和研究岗位。在先秦史研究的领域内，用他自己的话说，"没有师承，纯系自学摸索，所见每与时贤不同"。20 世纪 50年代末和 60 年代初，曾在《历史研究》《光明日报》《东北人民大学学报》《史学集刊》等学术报刊发表了多篇学术论述。特别是《试论殷代主要生产者"众"和"众人"社会身分》一文，提出了商代"众"为农村公社成员而非奴隶的说法，对郭沫若的"众"和"众人"的字义提出不同意见，并对羌、奚等字义提出己见，为学界所认同。"文化大革命"期间，曾被发配到吉林省靖宇县，深谙民间疾苦。"文化大革命"后，曾远赴云南四川等少数民族地区考察民族历史与文化，并在《文史》《中国史研究》等报刊发表学术论文数十篇，出版了学术专著《中国奴隶社会史述要》，与人合著历史读物《中华五千年》，提出了商代实行幼子继承制、中国古代封建社会始于汉代武帝时期等学术观点，还考证若干甲骨文字，发表《甲骨文稻字及其有关问题》等论文。

吴浩坤 （1930—2017）男，汉族，江苏省宜兴市人。1952年考入上海复旦大学历史系，曾选读胡厚宣开设的古文字学、商周史、考古学等课程。

1956 年毕业，同年考取研究生，师从著名历史学家周予同教授攻读中国古代史学。1959 年毕业后留校，长期从事图书馆工作，并在历史地理研究室从事编绘《中国历史图集》的资料工作。1978 年转入历史系中国古代史教研室任教。1983 年接受国家文物局委托，在复旦大学创设文物与博物馆学新专业，为文博战线培养了大批优秀人才，并积极参与筹建复旦大学文博学院和复旦大学博物馆等工作，1985 年被评为副教授，1988年升为教授，1993 年授博士生导师。兼任中国先秦史学会理事、中国徐福会理事、上海市文物与博物馆学会副理事长、阳羡历史文化研究会顾问、白莲洞洞穴科学博物馆荣誉顾问、《文博研究论集》主编、江苏无锡吴学研究所研究员、徐州师院徐福研究中心研究员。1996 年退休。学术成就主要从事先秦史、古文字学、历史文献学方面的教学研究工作，发表学术论文数十篇，出版专著或合著主要有《古史探索与古籍研究》《中国甲骨学史》《文博研究论集》《战国会要》《中国职官辞典》《中国青铜器研究简史》《西周史》《春秋史》等十余种。吴浩坤夫人为潘悠，浙江省鄞县人。1952 年考入上海复旦大学历史系，从胡厚宣攻读古文字学、商周史、考古学等课程。1957 年毕业于复旦大学历史系，1978 年入华东师范大学史学研究所担任戴家祥教授的助手，从事编辑《金文大字典》的工作，同时为历史系本科生和史学研究所硕士生讲授古文字学、甲骨金文选读等课程。学术上除与吴浩坤共同编著出版《中国甲骨学史》外，还发表有《甲骨文研究综述》《甲骨学研究述评》《说孝》《王国维在甲骨金文研究上的贡献》等论著。1998 年病逝。

王贵民 （1930—）

男，汉族，江西省湖口县人，笔名寒峰。1960年中山大学历史系毕业，1961 年到中国科学院哲学社会科学部（现为中国社会科学院）历史研究所工作，1988 年聘为研究员，1992 年享受国务院颁发的政府特殊津贴，为中华炎黄文化研究会理事。主要研究方向为商周制度、礼仪文化。代表作专著有：《商周制度考信》《中国礼俗史》《商西周文化志》（合写）、主编《炎黄汇典·史籍卷》。甲骨文研究的学术论著有：《刖字滕义》《就甲骨文所见试说商代王室田庄》《说御事》《从殷墟甲骨文论古代学校教育》《商朝官制及其历史特点》《商代"众人"为奴隶论》

《商周庙制新考》《就甲骨文所见申说商代后期的徭役》《独辟蹊径勇于创新——浅论郭沫若早期甲骨文字研究》《甲骨文与殷商史·就殷墟甲骨文所见试说"司马"职名的起源》《商代"臣"的身份缕析》（署名寒峰）、《"卫服"的起源和古代社会的守卫制度》《甲骨文所见的商代军制数则》（署名寒峰）、《甲骨文字考释二则》《甲骨文字新解》《甲骨文所记商朝贡纳及所显示的相关制度》等数十种。参加《甲骨文合集》编纂，并任核心组成员，先后获吴玉章基金会历史学特别奖、国家图书奖；《甲骨文合集释文》（集体合作）获院优秀科研成果一等奖。

吴玙 （1932—）

男，汉族，字仲宝，江苏省泗阳县人。早年毕业于台北建国高中，台湾师范大学国文研究所硕士，美国夏威夷大学太平洋学院荣誉文学博士。历任台湾成功大学中文科主任教授，台湾师范大学教授，私立东海大学中文研究所兼任教授，私立文化大学兼任教授，私立辅仁大学兼任教授，香港珠海大学客座教授，韩国中央大学客座教授。早年从鲁实先习学甲骨文字，著有《甲骨学导论》专著，由韩国金锡準翻译韩文书名为《甲骨学的理解》由韩国中央大学出版；发表《谈甲骨文发现对学术研究之贡献》（1983 年韩国《东亚文化》第 21 辑）、《甲骨文与诸人文学科中所扮演之角色》（1987 年《大陆杂志》第 74 卷 5 期，1990 年 1 月《安阳文献》第 6 期）、《中国文字的特性》（1993 年香港《语文书说通讯》第 40 期）、《原戈》（1995 年 9 月《香港中文大学 30 年校庆·第二届国际中国古文字学研讨会论文集续编》）、《卜辞征伐释例》（1973 年 4 月《国文学报》第 2 期）、《鲁实先先生与其文字学》（1991 年 11 月《中国语文通信》第 17 期）、《盘庚篇研究》《卜辞对贞索隐》《甲骨文中神话故事一则》等。

马如森（1932—2017）男，汉族，辽宁省辽阳市人。东北师范大学文学院教授。中国殷商文化学会会员，中国古文字研究会会员，中国甲骨文书法艺术学术委员会委员。师从著名学者孙常叙（孙晓野），研读古文字学，1997 年出版《殷墟甲骨文引论》，2007 年该书由上海大学出版社出版时，为适应《中国殷墟丛书》的需要将书名改为《殷墟甲骨学》再版。2008 年出版《殷墟甲骨文实用字典》，2010 年出版《甲骨文书法大字典》，2010 年在《殷墟甲骨文引论》的基础上出版《甲骨金文拓本精选释译》。马如森有关甲骨文、金文书法的著作，在书法界产生了重大影响，对推动当今甲骨文书法、金文书法的健康发展有重大影响。

商志䑓（1933—2009）男，汉族，广东省番禺市人。字郁逸。其祖父为晚清末代探花商衍鎏，父亲为著名古文字

专家中山大学教授商承祚。1957 年中山大学历史系毕业后留校，在中山大学历史系、人类学系工作，历任教授、中国殷商文化学会副会长。在考古学领域做出了突出贡献，是香港考古学研究的拓荒者。家学渊源使其有古文字、古文献的深厚基础。他认为考古不但要有考古知识，也要有古文字知识，所以在这方面优势明显。2004 年 11 月编辑出版《商承祚文集》，并策划出版罗振玉《殷虚书契考释（原稿信札）》。2009 年 7 月 1 日突发脑溢血病逝，享年 76 岁。一生淡泊名利，生活简朴，与姐姐和兄长先后向故宫博物院、中国国家博物馆等多家单位捐赠数千件文物，但从没向国家拿过一分钱奖金，成为 1949 年以来私人向国家捐赠文物最多的家庭之一。2005 年 1 月，曾向中国殷商文化学会捐赠 10 万元设立"商承祚甲骨学研究奖"，专门奖励海内外甲骨学研究作出成绩的青年学者。

李学勤（1933—2019）男，汉族，北京市人。曾用笔名江鸿。生于知识分子家庭，自幼喜爱读书。主要研究中国古代历史文化、古文字学和文献学。1951—1952 年，就读清华大学哲学系，师从金岳霖。1952 年夏，李学勤在既未毕业、也未取得任何学位的情况下，

离开清华，以临时工的身份进入在中国科学院考古研究所，参加编著《殷虚文字缀合》，辅助曾毅公、陈梦家工作。1954年，到中国科学院历史研究所（后为中国社会科学院历史研究所）工作，曾担任侯外庐的助手。1985—1988年，任历史研究所副所长。为应1989年之后的新形势，李学勤提出了"走出疑古时代"口号。1991—1998年出任历史研究所所长。1996年起，任夏商周断代工程专家组组长、首席科学家。1997年，当选为国际欧亚科学院院士。2004年起，任清华大学文科高等研究中心主任、教授。他是少数于清华大学肄业、而后成为教授的特例之一，是当代著名的历史学家、古文字学家。他长期致力于汉以前的历史与文化的研究，注重将文献与考古学、古文字学成果相结合，在甲骨学、青铜器及其铭文、战国文字、简帛学，以及与其相关的历史文化研究等领域，均有重要建树。2011年9月29日，中国文字博物馆学术委员会工作会议在京召开。李学勤受聘任中国文字博物馆馆长，任期五年。2013年获首届汉语人文学术写作终身成就奖。他对甲骨文研究的主要贡献是，所提出的殷墟甲骨分期"非王卜辞说"与"两系说"，虽然曾经引起很大争议，至今仍在讨论中。其甲骨学研究方面的主要著作：1955年科学出版社出版的《殷虚文字缀合》（合作），1959年科学出版社出版的《殷代地理简论》，1985年中华书局出版的《古文字学初阶》，1990年文物出版社出版的《新出青铜器研究》，1991年（香港）中华书局出版的《比较考古学随笔》，1994年辽宁大学出版社出版的《走出疑古时代》，1996年上海古籍出版社出版的《殷墟甲骨分期研究》（合作），1996年上海远东出版社出版的《古文献丛论》，1997年上海文艺出版社出版的《失落的文明》，1998年上海古籍出版社出版的《缀古集》，1998年清华大学出版社出版的《四海寻珍》，1999年辽宁大学出版社出版的《夏商周年代学札记》，2000年5月，李学勤和工程组的其他研究人员提出了《夏商周年表》：定夏代始年约为公元前2070年；盘庚迁殷约为公元前1300年；夏商分界为公元前1046年。2001年河北教育出版社出版的《重写学术史》，2005年上海辞书出版社出版的中国社会科学院学术委员文库之一《李学勤文集》。李学勤以等身著作享誉海内外学术界，2015年获"吴玉章"学术研究终身奖，为甲骨学五资深学者之一。

赵诚　（1933—）男，汉族，浙江杭州人，笔名肖丁、赵征。1955年入南京大学中文系学习语言专业。1959年毕业，分配在北京中华书局编辑部从

事古籍整理研究及编辑工作，历任助理编辑、编辑、语言文字编辑室副主任、副编审、主任、编审。现任中国文字学会常务理事、中国语言学会理事（曾任副秘书长）、中国音韵学研究会理事（曾任副会长）、中国古文字研究会理事兼秘书长。曾参与于省吾主编的《甲骨文字诂林》，并以肖丁之名与姚孝遂合作《小屯南地甲骨考释》及《殷墟甲骨刻辞类纂》《殷墟甲骨刻辞摹释总集》。个人专著有《中国古代韵书》《甲骨文简明词典——卜辞分类读本》《二十世纪金文研究述要》《二十世纪甲骨文研究述要》《甲骨文字学纲要》等书。曾提出商周文字应该分属不同的两个系统的观点引起学界重视。三十多年来作为责任编辑发稿出书多种，其中《甲骨文合集》获国家图书奖及吴玉章学术基金奖、《殷周金文集成》获古籍整理奖、《古代汉语》获国家教委特等奖、《金文编》获古籍整理奖、《小屯南地甲骨》获中国社会科学院优秀奖、《唐五代韵书集存》获古籍整理奖、《居延汉简甲乙编》获古籍整理奖、《楚地出土文献三种研究》获古籍整理奖。发表甲骨文相关研究论文有《甲骨文字释林读后》（香港《大公报》1980年5月14日第13版）、《甲骨文字的二重性及其构形关系》（《古文字研究》第6辑）、《甲骨文合集评介》（《人民日报》1983年1月31日5版）、《商代社会性质探索》（胡厚宣主编《全国商史学术讨论会论文集》，1985年出版）、《甲骨文词义系统探索》（《甲骨文与殷商史1986年第2辑》）、《甲骨文虚词探索》（《古文字研究》第15辑）、《甲骨文形符系统初探》（《中国语言学报》1988年第3期）、《甲骨文动词探索（1）》（《古文字研究》第17期）、《甲骨文至战国金文用的演化》（《语文研究》1993年第2期）。

董玉京 （1933—2013）男，汉族，河南省南阳市人。董作宾次子，台湾著名心脏专科医师，曾任台湾甲骨文学会名誉理事。早年毕业于台湾

国防医学院，后为美国堪萨斯大学医学中心心脏科研究院，芝加哥先天性心脏病研究训练中心研究员。曾任台湾荣民总医院住院总医师、心脏内科主治医师兼小儿心脏科主任医师，医学院教授，台北宏恩医院内科主任。其不但是著名的医生，也因家学渊源，对甲骨文与甲骨学有深厚的研究，并为台湾著名的甲骨文书法家，出版有《甲骨文书法集》《甲骨文成语初集与续集》《甲骨文非四字成语集》《成语格言对联诗词选》《甲骨文书法艺术》及著录《河南运台古物甲骨文专集》等专著，发表了《董作宾先生年表》《我的父亲与甲骨文书法》等文章。

李民 （1934—）男，汉族，河北省石家庄市人。1957年毕业于河南开封师院（今河南大学），1962年南开大学历史系研究生毕业，现任郑州大学殷商

文化研究所所长、历史学院教授、博士生导师，兼任中国殷商文化学会首席顾问（曾任中国殷商文化学会常务副会长）、国际人类学与民族学学会理事、（美国）美洲与中国文化研究中心顾问。

出版著作 11 部，发表学术论文 120 余篇。分别获国际性、国家级奖和省优秀论著奖 10 余项。先后承担多项国家社科基金项目和国家教委重点项目。曾多次出国到加、美、日等参加国际学术会议，并分别在不列颠哥伦亚大学、东京大学以及香港大学短期讲学或做学术报告。1990 年被评为"全国优秀教师"，后评为省级优秀专家，并获国务院颁发的政府特殊津贴。2000 年被聘为中国社会科学院古代文明研究中心专家委员会委员。李民在取得丰硕研究成果同时，还培养了多名历史研究人才，特别是培养的硕士、博士已走上史学研究最前沿，著名学者张国硕、王星光等皆出自其门下。

裴锡圭 （1935—）

男，汉族，祖籍浙江宁波市，生于上海市。1952 年入上海复旦大学历史系，1956 年大学毕业后考上研究生，师从著名甲骨学家胡厚宣教授专攻甲骨学与殷商史。同年胡厚宣教授奉调北京，裴亦随其师入中国科学院历史研究所（现中国社会科学院）先秦史研究室。1960 年研究生毕业后，任教于北京大学中文系。1961 年发表的第一篇文字考释之作《甲骨文中所见的商代五刑》，就引起了学术界的注意。1972 年发表的《读〈安阳新出土的牛胛骨及其刻辞〉》，以及此后发表的一系列有关甲骨文字考释的论文，对不少考释难度较大的甲骨文字进行了解说，其成果已集中收入其专著《古文字论集》等

书中。裴锡圭文字考释精到，论证严密，使不少长期困扰甲骨学者的"疑字""难字"经他解说以后，学者们无不赞成称是。可以毫不夸大地说，裴锡圭在老一辈学者的基础上，把甲骨文字的考释向前推进了一步。同时在朱德熙教授影响下，对战国文字产生浓厚兴趣。1974 年开始先后参加国家文物局组织的整理银雀山汉墓竹简、云梦秦简、马王堆汉墓帛书、曾侯乙墓文字资料、江陵望山楚简、郭店楚墓竹简和尹湾汉墓简牍等出土文献的整理工作。后任北京大学中文系教授、博士生导师、古文献研究室主任、中国古文献研究中心副主任。主要从事汉字学、古汉字学和古典文献学（先秦秦汉部分）的教学和研究工作。现为复旦大学出土文献与古文字研究中心教授、博士生导师，全国政协委员，国务院学位委员会第二届学科评议组成员。裴锡圭在古文字学的不少领域，诸如甲骨学、金文、战国文字、简牍、帛书等方面都颇有造诣。此外，在历史学、考古学和语言学等方面也很有研究。出版的著作有 1988 年《文字学概要》、1992 年《古文字论集》《古代文史研究新探》、1994 年《裴锡圭自选集》等。裴锡圭功力深厚，治学严谨，深受前辈学者赏识。裴锡圭在古文字学和古史研究方面都很有建树。现已成为继老一辈学者之后，蜚声国内外学术界的知名学者。多年来，其对学问孜孜以求，"衣带渐宽终不悔，为伊消得人憔悴"，有时达到了废寝忘食的地步。他在读大学期间，几乎没有睡过午觉或虚度过星期

天。有些书他是买不起的，诸如郭沫若的《两周金文辞大系图录考释》《卜辞通纂》《殷契粹编》等以及罗振玉的有关文字考释著作。但他就一边钻研，一边一本本地抄录下来。在研究生学习期间，不断的政治运动占去他大部时间，但他顶住种种压力，仍在坚持学习专业，几年间积累了6盒资料卡片。在甲骨学研究方面，取得了很大成绩，为推动甲骨学研究的发展做出重大贡献。突出表现在：第一，在甲骨文字的考释方面，不断有新的创获。第二，在甲骨文分期断代研究方面，积极参加了断代研究问题的热烈讨论，坚决支持李学勤等学者的看法，对促进学术界关于"历组卜辞"年代的讨论和分期断代研究的深入，起了重大推动作用。第三，在利用甲骨文材料研究殷商史方面，也进行了有意义的探索。特别是对卜辞的性质问题，即甲骨卜辞是否为问句的根本问题提出了意见。他的《关于殷墟卜辞命辞是否问句的考察》发表以后，国内外学者就此展开了热烈的讨论。在国内，王宇信《申论殷墟卜辞的命辞为问句》、陈炜湛《论殷墟卜辞命辞的性质》等论文，对裘锡圭的意见进行了质疑。在美国，《古代中国》T13专门组织中国和世界各国学者就此进行了讨论。参加讨论的有中国学者裘锡圭、饶宗颐、张秉权、李学勤、王宇信、范毓周等，国外学者有夏含夷、吉德炜、倪德卫、雷焕章、高岛谦一等。应该说，这场讨论对进一步认识甲骨文命辞的性质是很有意义的。裘锡圭著作等身，现收入《裘锡圭学术文集》（六卷）出版。

孟世凯（1935—2015）男，汉族，四川西昌人。1959年毕业于四川大学历史系，同年分配到中国科学院哲学社会科学部（现为中国社会科学院）历史研究所工作至退休。为先秦史研究室研究员。主要业务专长是甲骨文，从事先秦史研究，先后担任中国先秦史学会秘书长、副会长兼秘书长、常务副会长。曾任《先秦研究动态》主编，全程参加由郭沫若主编、胡厚宣任总编辑的《甲骨文合集》编辑工作，是《甲骨学一百年》的编撰者之一，是《中国历史大辞典》总编纂委员会委员、《先秦史卷》副主编。其甲骨文和殷商史研究的主要论著有《殷墟甲骨文简述》《夏商史话》《甲骨学小词典》《甲骨文合集·释文》（第二册、第十三册下半部）、《商史与商代文明》《中国历史大事本末·先秦史卷》《中国文字发展史》《甲骨学辞典》（是在《甲骨学小词典》的基础上增订而成）。主要收录殷墟甲骨文内容，兼收周原甲骨文，共收词条3182条。书后附有《商代世系对照表》《甲骨卜辞中父母兄弟子称谓表》《各家所定甲骨卜辞贞人时期表》《殷墟卜辞所见先妣表》《甲骨刻辞中所见诸子表》《殷墟甲骨文所见诸妇表》《甲骨文干支表》《甲骨学大事年表》《甲骨文著录简表》《〈甲骨文合集〉图版检索表》等十个附录。此外，主编中国先秦史学会学术论文集 15 部。

曾宪通 （1935—）
男，汉族，广东省潮安
县人。1955 年就读于
中山大学中文系汉语言
文学专业，1959 年本
科毕业后留校工作至
今，长期担任容庚、商

承祚助手，从事汉语文字学的教学和研
究工作。1985 年起任中文系教授，1990
年经国务院学位委员会批准为汉语文字
学专业博士生导师。学术专长为汉语古
文字学，专攻战国秦汉文字。1981 年 10
月至 1983 年 12 月赴香港中文大学任中
国文化研究所访问副研究员，与饶宗颐
教授合作研究楚地出土文献，合著《云
梦睡虎地秦简日书研究》《随县曾侯乙
墓钟磬铭辞研究》和《楚帛书》三部著
作。1992 年 6、7 月间作为中日合拍
《汉字源流》教学片中方学术顾问赴东
京参加制片作业。1993 年 11 月赴台湾
高雄中山大学访问并参加"第一届清代
学术研讨会"。1996 年 10 月赴日本大东
文化大学作短期讲学。11 月在东京参加
第三届"国际汉字会议"。1997 年 4 月
赴高雄中山大学参加"训诂学学术研讨
会"。11 月赴瑞典隆德大学、德国自由
大学作学术交流；1998 年 12 月赴越南
胡志明综合大学作短期讲学。2000 年 2
月至 7 月赴台湾新竹清华大学讲学，任
人文学院中文系客座教授一学期。2001
年 5 月到香港教育学院作短期讲学。
2002 年汕头大学出版社出版《曾宪通学
术文集》。其古文字研究的主要成就在

楚简，甲骨文字研究的论著有《"宣"
及相关诸字考辨》《"作"字探源——兼
谈字的流变》《说繇》。还有《〈观堂书
札〉考订》等。

孙心一 （1935—）
辽宁省复县人。1956
年考入河南大学历史
系。1960 年毕业后曾
在中学任教，后调入河
南大学任历史系教授兼

任《史学月刊》编委、副主编。重视殷
墟甲骨文研究，在刊物上大量刊登这方
面的文章，并注意培养新人。发表论文
有《关于殷墟和武官大墓的问题》《关
于殷墟出土的"带手梏的陶俑"》等，
对殷墟发掘中出土的一些遗物和墓葬进
行了研究。《访甲骨学专家胡厚宣教授》
全面系统地介绍了著名甲骨学家胡厚宣
的生平事迹和成长道路，总结了他的学
术活动及学术成果。《董作宾先生在开
封》介绍了董作宾两次与开封有关的活
动。1987 年参加了在安阳召开的"中国
殷商文化国际学术讨论会"，会后写出
了《中国殷商文化国际讨论会综述》
（与郭胜强合著），对大会的学术成果做
了全面系统的总结。

陈昌远 （1935—）四川省大足区
人。河南大学教授。1954 年毕业于四川
大学历史系。同年进入河南师范学院历
史系任教，曾任河南大学先秦文化研究
中心副主任、河南省地名词典编辑部副
主任、河南省鬼谷子研究会副会长、河
南省地名图书志录编纂学术顾问河南大
学教授协会理事。长期从事中国先秦史

与中国历史地理的研究，编著出版有《历史地理与先秦史研究》《中国历史地理简编》《中华人民共和国地名词典》（河南卷副主编）等著作十余部，发表学术论文百余篇。在先秦史研究中，对商史研究十分重视，强调先秦史研究离不开甲骨文，注重对甲骨文的研究。其本人也曾有甲骨文的收藏，夫人蔺杰女士的祖父蔺石庵和父亲均系著名的文物古玩鉴赏收藏家，是20世纪二三十年代开封著名的文物商店"群古斋"的店主。中华人民共和国成立后，其家人将前辈生前遗留下来的青铜器、陶瓷器、玉石器等珍贵文物捐赠给河南省人民政府，尚遗留有少量的甲骨文和部分青铜器铭文及甲骨文拓片，陈昌远精心收藏并进行研究。这批甲骨由杨升南、彭邦炯等人精选收入《合集补编》之中。20世纪80年代以来，先后完成发表《商族起源地望发微兼论山西垣曲商城发现的意义》《论山西垣曲商城遗址与"汤始居亳"之历史地理考察》《论先商文化渊源及殷先公迁徙历史地理考察》等多篇论文，首次考订商族起源于晋南垣曲。商族起源晋南说自成一家之言，引起学术界的重视。与其子郑州大学教授陈隆文合作发表《论山西垣曲商城遗址与"汤始居亳"之历史地理考察》，从6个方面对山西垣曲商城遗址展开全面深入论述。还对殷周之际的战争进行了研究，发表了《从〈利簋〉谈有关武王伐纣的几个问题》《再谈武王伐纣进军路线》等论文，就牧野之战的进军路线、地点等问题进行了探讨。1992年发表了

《"虫伯"与文王伐崇地望研究——兼论夏族兴起于晋南》，指出周原甲骨中的"虫伯"，即夏族首领"崇伯"。崇地在今山西襄汾县东南崇山，这里是夏人最早活动的中心，商灭夏后其地建立古崇国，即为崇侯虎的统辖地。文王所伐崇侯虎的崇国，既非丰镐，又非嵩县，更非彭城，而只能在襄汾崇山。在商史人物研究上，对伊尹的出生地进行了考证，在《伊尹出生栾川说》一文中，考证其出生地在河南栾川。

张永山（1936—）男，汉族，北京市平谷区人。笔名有弘一（即罗琨、张永山）、贾谷文（即杨升南、王宇信、张永山）、弘毅、常弘等。1963年毕业于北京大学历史系考古专业，同年到中国科学院哲学社会科学部（现为中国社会科学院）历史研究所，为先秦史研究室研究员直至退休。主要从事甲骨文商史和金文西周史研究。参加了《甲骨文合集》的资料搜集和编辑工作以及《甲骨文合集释文》撰写，同时发起并负责编辑了《甲骨探史录》《甲骨文与殷商史》第1辑。承担了《先秦经济史·西周手工业》《中国军事通史·夏商西周军事卷》下编西周军事和《中国军事简史》西周春秋部分写作、《郭沫若全集》《殷契粹编》的校订，参与了《王国维全集》的标点工作等。1996年以来参加了夏商周断代工程和探源工程预研究有关文献的收集整理工作。撰写

论文数十篇，如：《殷契小臣辨证》《武丁南征与南方"铜路"》《卜辞中的唐与唐尧故地》《周原卜辞中殷王庙号与"民不祀非族"辨析》《中虡父盘伪名辨》《史密簋与周史研究》《利簋"岁鼎克闻"补正》《金文"初吉"新考（之一）——东周金文"初吉"整理研究》《金文中的玉礼》《从〈诗经〉看古人观念中的玉》《春秋岁星纪年管窥》《元延元年历谱及其相关问题》《蜀与夏商的交往》《梁伯戈铭文地理考》等。其甲骨文与殷商史研究的论著还有《商品货币与殷商奴隶制》（贾谷文，即杨升南、王宇信、张永山）、《试论殷墟五号墓的妇好》（王宇信、张永山、杨升南）、《论历组卜辞的时代》（张永山、罗琨）、《甲骨探史录·论商代的众人》《家字溯源》（罗琨、张永山）、《罗福颐先生学术活动简述》（署名弘毅）、《先秦史论文集·商代"众人"身份补证》《释橐和蠹》（署名常弘）、《甲骨文与殷商史·殷契小臣辨正》《"锡多女业贝朋"解》《小屯南地一版甲骨时代辨析》《武丁南征与南方"铜路"》《卜辞诸亳小议》《罗振玉评传》（罗琨、张永山）等。1998 年 11 月主编《胡厚宣先生纪念文集》。

齐文心 （1936—）女，汉族，北京市人。1955 年 9 月考入北京大学历史系，1960 年毕业，入中国科学院哲学社会科学部（现为中国社会科学院）历史研究所做研究生，师从胡厚宣，主攻甲骨学与商代史，研究生毕业后留所，1965—1985 年为助理研究员，1985—1991 年为副研究员，1991 年升任研究员，1993 年获政府津贴，1997 年退休，2001 年任中国社会科学院古代文明研究中心专家委员会委员。参加编纂《甲骨文合集》（先后获国家古籍整理奖、吴玉章历史奖、国家级古籍整理图书特别奖）。及《甲骨文合集释文》（获中国社会科学院优秀科研成果奖）撰写工作。合作完成《英国所藏甲骨集》《瑞典斯德哥尔摩远东古物博物馆藏甲骨文字》。合著《中华文化通志·商西周文化志》。论文主要有：《殷代的奴隶监狱和奴隶暴动——兼甲骨文"圉""戎"二字用法的分析》《"六"为商之封国说》《关于商代称王的封国君长的探讨》《关于英藏甲骨整理的几个问题》《商殷时期古黄国初探》《释羁——关于商代驿站的探讨》《历组胛骨记事刻辞试释》《王字本义试探》《孟克廉所藏甲骨的史料价值》《记美国辛格博士所藏甲骨》《"妇"字本义试探》等。完成《国家大地图集·商文化遗址图》及《甲骨卜辞地名图》。

陈全方 （1936—）男，汉族，1962 年毕业于西北大学历史系考古专业，1965 年毕业于西北大学历史系民族史专业研究生。负责陕西周原遗址考古发掘工作，曾任西北大学文博学院教授、省文化文物厅副厅长、省文物局副局长、陕西历史博物馆馆长，被选为中共十二大党代表，担任过中国博物馆学会常务理

事，在国内考古界声誉卓著。著有《周原与周文化》《商周文化》《陕西古代简史》《当代陕西文博》等十多部专著和一百多篇论文。

董敏（1936—）男，汉族，河南省南阳市人。董作宾三子，出生于南京市。1岁开始随父母"抗战西迁"，经长沙—越南—昆明—四川宜宾南溪李庄—重庆，抗战胜利后返南京—上海—台湾基隆—台北。台北建国中学，台中中兴大学森林系毕业。台湾著名摄影家，大型展览策划设计专家。曾担任台北"故宫博物院"专职摄影设计工作7年，参加1970年世界博览会制作群工作，担任"中华民国"馆技术组组长，曾荣获美国第十五届重要艺术奖海报摄影首奖，特别是与其二哥董玉京合办"源远流长艺展——纪念董作宾先生九十诞辰""殷商史的解谜者——董作宾百年冥诞特展""董作宾先生百岁纪念及学术研究与殷商甲骨文文物展"（先后在台北历史博物馆、中兴大学与清华大学展出），以及2002年于西安秦始皇兵马俑博物馆举办"董作宾殷商学术研究展"等，为甲骨文的推广与宣传作出积极贡献。1974年出版《万象——甲骨文诗画集》（中文、日文版），2012年12月《万象——甲骨文诗画集》（增订第五版）六次再版，用作者自己的话说："《万象》（增订五版）得以最完美的成果呈现于读者的眼前。"曾先后发表

《抗战时期YH127坑甲骨之整理及研究成果》《谈安阳殷墟发掘工作者对考古学者的精神启蒙》《为纪念董作宾先生九十诞辰》《献堂先生在李庄愉快的生活》等文章。整理出版董作宾手稿硃批《殷历谱》、董作宾《平庐影谱》《平庐印存及手稿》等。

郑慧生（1937—2014）男，汉族，河南省偃师市人。1957年考入开封师范学院（今河南大学）中文系，1961年毕业分配到河南西南部山区工作，从事中学语文教学，前后断断续续有十七年。1978年入开封师范学院（今河南大学）研究中国古代史，1982年留校任教，历任助教、讲师、副教授、教授。2014年4月病故，中国殷商文化学会专门发唁电哀悼。郑慧生在校工作十六年，教过文字学、古代天文学、历史文选、中国文化史等课程。教学之余，出版专著有1988年《上古华夏妇女与婚姻》、1995年《古代天文历法研究》、1996年《中国文字的发展》、1998年《甲骨卜辞研究》《星学宝典——司马迁与〈天官历书〉》，另有《中国古代文化史》《司马法校注》《汉字结构解析》《先秦史要籍介绍》《校勘杂志——附司马法校注》《山海经注说》《中国古代文化专题》。及论文数十篇。郑慧生知识渊博，涉及研究领域广泛，并在甲骨学商史和先秦文化史诸方面的研究都取得了骄人的成就。

郑杰祥 （1937—）
男，汉族，河南省新蔡
县人，1937 年 3 月生，
1961 年毕业于北京大
学历史学系考古专业本
科。长期从事历史学、
古文字学和先秦考古学

的研究工作，出版著作 3 部，发表论文
30 余篇，总计百余万字。所著《夏史初
探》曾获 1991 年度"河南省优秀社会
科学论著"一等奖和同年度《光明日
报》"光明杯优秀哲学社会科学著作"
三等奖；所著《商代地理概论》获 1995
年度"河南省社会科学优秀成果"三等
奖。发表甲骨文方面的论著有《卜辞所
见亳地考》（《中原文物》1983 年第 4
期）；《"甘"地辨》（《中国史研究》
1982 年第 2 期）；《释礼、玉》（《华夏
文明》第一集，北京大学出版社 1987 年
版）等。退休前为河南省社会科学院研
究员，享受政府特殊津贴。

杨升南 （1938—
2019） 男，汉族，四
川省平昌县人。1953—
1956 年在四川省平昌
县第二中学（岳家寺）
读初中，1956—1959
年在四川省巴中中学读

高中，1959 年考入四川大学历史系，
1964 年 6 月毕业后被分配到中国科学院
哲学社会科学部（现为中国社会科学
院）历史研究所先秦史组（现为先秦史
研究室）。1985 年晋升为副研究员，
1993 年升为研究员，兼任中国社会科学

院研究生院历史系教授。先后担任先秦
史研究室副主任、主任。任中国殷商文
化学会理事以及副秘书长、秘书长、副
会长等职，并兼任安阳师范学院教授。
长期从事中国先秦史及甲骨文、古文字
的研究。多年从事郭沫若任主编的《甲
骨文合集》图版编辑工作，担任《甲骨
文合集》第 3 册释文并担任《甲骨文合
集释文》总审校（此书获 2002 年度中
国社会科学院学术著作成果一等奖）。
1996 年起主持国家和社科院重点课题
《甲骨学一百年》（此书获国家 2002 年
度"五个一工程"奖、中国社会科学院
历史研究所学术著作成果一等奖、郭沫
若史学奖）。参加国家重大课题"夏商
周断代工程"，担任"文献组"课题组
长。出版个人专著有《商代经济史》
《春秋战国政治制度史》。合著有《中国
古代政治制度通史》（先秦卷。此书获
中国社会科学院学术成果一等奖）、《中
国经济通史》（先秦卷。此书获 2002 年
中国社会科学院学术成果二等奖）、《中
国古代文明与国家形成研究》（此书获
中国社会科学院学术成果二等奖）、《中
国古代政治制度通史》《春秋》（中国小
通史）、《中国古代军事制度史》《甲骨
文精粹选读》《中国古代珍稀法律典籍
集成》（甲编第一册。此书获中国社会
科学院学术成果荣誉奖）、《中国历代开
国帝王传》《中国历代亡国之君传》《经
史百家杂钞全译》《中国历史大辞典》
等，以及学术论文《略论商代的军队》
《卜辞所见诸侯对商王室的臣属关系》
《商代人祭身份的再考察》《商代的财政

制度》《商代的王权和王权的神化》《从卜辞"示""宗"说到商代的宗法制度》《周原甲骨族属考辨》等数十篇。撰写十卷本《商代史》的《经济与科技》卷（合著）。参加编写"中华世纪坛"青铜年表中之公元前841—前221年编年大事。多次参加筹备在安阳、烟台等地召开的"殷商文化国际学术研讨会"，1998年5月参加在台北由台湾师范大学和史语所召开的"甲骨文发现一百周年纪念"学术研讨会。1992年起享受国务院颁发的政府特殊津贴。

陈炜湛（1938—）男，汉族，江苏省常熟市人。自小在家乡虞山镇读小学，1952年9月跳级考入常熟市中学，1954年升入江苏省常熟中学，1957年  考入复旦大学中文系。1962年毕业后被广州中山大学中文系录取为研究生，从容庚、商承祚攻读古文字学。1966年，攻读中山大学中文系古文字学专业研究生（四年制），1968年10月至1973年11月，在广西河池地区革命委员会政工组做新闻报道，1973年冬奉调回广州中山大学中文系任教，1978年任讲师，1983年晋升为副教授，1985年开始指导研究生，1991年晋升为教授，自1993年起享受国务院政府特殊津贴，并担任中国语文现代化学会副会长、中国殷商文化学会理事，广东省语言学会学术委员。1999年退休后仍往返于各大院校普及古文知识。他长期从事古文字和甲骨

文的研究及教学，先后出版了10多本专著和《古文字纲要》等大学教材。其《甲骨文简论》于1989年获广东省优秀社会科学研究成果学术著作三等奖、《古文字学纲要》于1994年获广东省优秀社会科学研究成果学术著作二等奖、《甲骨文田猎刻辞研究》于1999年获香港中山大学高等学术研究中心基金会资助之中山大学老教师专著奖、《〈昭雪汉字百年冤案——安子介汉字科学体系〉评析》2003年获第三届期刊优秀作品一等奖。在研究古文字学、甲骨学的同时，致力于甲骨文及古文字的普及工作，其著作有《古文字趣谈》《汉字古今谈》和《汉字古今谈续编》等。因其斋名"三鉴斋"，被称为"三鉴先生"。

彭邦炯（1938—）男，汉族，四川南充市人。1963年8月毕业于四川大学历史系，同年9月入中国科学院历史研究所（现中国社会科学院历史研究所）。先后任研究实习员、助理研究员、副研究员、研究员，主攻先秦史及甲骨文。先后参加了《甲骨文合集》《国家大地图集（历史卷）》《中国历史大辞典》《中国大百科全书》历史及考古卷、《不列颠百科全书》中文版等多项国家重点项目的编纂工作，并多次获奖。1993年获国务院颁发的政府特殊津贴。曾任中国社会科学院甲骨文与殷商史研究中心副主任，中国社会科学院古代文明研究中心专家委员会委员，江苏省甲骨文学会学术委员、高级顾问，美国加州大学中国研究中心中国古史顾问，并参加《战争与外交》课题的研究。发表

出版的主要论著有《商史探微》《甲骨文农业资料选集及考辨》《甲骨文医学资料选集及考辨》《百川汇海——古代类书与丛书》《中国古籍知识启蒙》等多部专著及甲骨文研究论文若干篇；与人合著有《早期奴隶制比较研究》《中华人民共和国国家历史地图集》《甲骨文合集补编》《甲骨文合集释文》《战国史》等。

林沄（1939—）男，汉族，上海市人。1962 年毕业于北京大学历史系考古专业后，师从著名甲骨文和商史学家、吉林大学教授于省吾攻读甲骨文金文专业研究生。1965 年于吉林大学历史系甲骨文金文专业研究生毕业，当年即发表《说王》一文，为学术界树立了将考古证据与文献记载相结合研究历史问题的典范。1973 年至今在吉林大学任教。教授，商周考古、东北考古、古文字学方向的博士生导师。兼任国家古籍整理出版规划小组成员、中国考古学会理事、中国文字学会理事、国务院学位委员会历史学评议组成员、教育部历史教学指导委员会委员、吉林省社会科学界联合会副主席、国家社科基金项目考古学评议组成员、考古学科组评审委员，吉林大学资深教授，素以治学勤奋严谨、博闻强记著称，并通晓英、日、俄、朝等多种语言。1992 年获国务院颁发的中青年有突出贡献专家证书及政府特殊津贴。其学术成就集中体现在 1998 年 12 月中国大百科全书出版的《林沄学术文集》中，收入论文共 50 篇，按论文内容性质分类有：古文字考释、文字学理论、甲骨断代学、利用地下出土的文献资料研究商周历史、商周考古等多方面。在甲骨学和中国古代史研究方面的主要论著还有：《从武丁时代的几种子卜辞试论商代的家族形态》《甲骨文中所见的商代方国联盟》《关于中国早期国家形式的几个问题》《读诗札记》《天亡簋"王祀于天室"新解》。是我国著名的考古学家、古文字学家和历史学家。

李先登（1938—2009）男，汉族。北京市人。北京大学考古专业毕业，原中国历史博物馆考古部研究馆员、国家文物鉴定委员会委员、中国文物协会专家委员、《国宝档案》栏目首席顾问。用近 30 年时间对中国古代文明起源与形成进行研究。曾参加河南登封王城岗禹都阳城遗址探索夏文化的考古发掘工作，发现了夏代初期的青铜鬶残片及刻画在残片上的"共"字，参加执笔编写大型田野考古发掘报告《登封王城岗与阳城》。先后在北京大学分校（北京联合大学）、国家文物局泰安培训中心等处讲授"中国古代青铜器概论"；曾参加国家地震局与国家文物局的国家重点科研课题"汉代张衡地动仪重新复原研究"，该课题已获得国家验收通过，2008 年重新复原的 1/6 原大模型放置于国家地震局大厅之中。主要论文有《试论中国古代青铜器的起源》《试论中国古代青铜器的断代与分期》《试论中国古代青铜器鉴定》《商周青铜益为裸器说》《张衡地动仪的外形需要重新复原》《三论汉字的起源与形成》《试论青铜鬶》等。主要著作有《夏商周青铜文明探源》《商周青铜文化》等。

李绍连（1939— ）

男，汉族。广东省廉江市人。1965 年 7 月毕业于北京大学历史系考古专业。先后在河南省文物研究所、河南省博物馆、河南省社会科学院考古研究所等单位从事新石器时代考古和先秦史研究。曾任河南省社会科学院历史研究所研究员、副所长，同时兼任中国殷商文化学会理事和副秘书长、中华炎黄文化研究会理事、河南省孔子学会副会长等。长期潜心研究中国新石器时代文化、先秦史、炎黄文化，已出版《华夏文明之源》《中原古代文化研究》《河南通史》《河洛文明探源》等多部专著和合著，在全国和省级学术刊物上发表学术论文 100 余篇。1993 年被评为对国家有突出贡献的专家，享受政府特殊津贴。1987 年在《中州学刊》第 1 期发表论文《中国文明起源的考古线索及其启示》，提出"中国文明起源境内多元论"，打破黄河文明一元论，已为学术界所认同。1992 年出版的《华夏文明之源》是专门研究文明起源的学术著作，全面阐发文明起源多元论并论断中国国家始建于 5000 多年前的黄帝时代。

在已发表的论著中，已有 20 余项荣获社会科学优秀成果奖，其中《淅川下王岗》（合著）获 1991 年河南省社会科学优秀成果一等奖，《永不失落的文明——中原古代文化研究》获 2002 年河南省社会科学优秀成果二等奖，《河南通史》获 2005 年河南省社会科学优秀成果一等奖。

曹定云（1939— ）

男，汉族，湖南衡山县人。1963 年毕业于北京大学历史系考古专业，1963 年 7 月入中国科学院考古研究所工作，历任实习研究员、助理研究员、副研究员、研究员。主要从事甲骨文、古文字和殷商考古研究。1965 年春首次参加安阳殷墟发掘。1973 年参加发掘安阳小屯南地，共发现甲骨刻辞 4500 余片，是 1949 年后考古十大发现之一。1975—1983 年参加考古所小屯南地甲骨整理工作，参加《小屯南地甲骨》一书的编写。1984 年后合编《1973 年小屯南地发掘报告》。《小屯南地甲骨》一书于 1994 年获中国社会科学院优秀科学成果奖。发表论文 50 余篇，其中有些已辑入《殷墟妇好墓铭文研究》《殷商考古论丛》二书。代表作有《论武乙、文丁祭祀卜辞》《殷墟四盘磨"易卦"卜骨研究》《论"上甲廿示"及其相关问题》《丁公遗址"龙山陶文"辨伪》《商族发祥于北京》等。在相关领域均提出了独到的新见解，受到国内外学术界的关注。1996 年后参加国家

《夏商周断代工程》工作，承担"甲骨分期与年代测定"课题中的相关任务。主要代表作为：《殷墟妇好墓铭文研究》（专著）、《论殷墟卜辞中的"上示"与"下示"》（论文）、《释道、永并兼论相关系》（论文）、《古文"夏"字考——夏朝存在的文字见证》（论文）等。

王宇信（1940—）男，汉族，北京平谷人。1956 年平谷初级中学毕业，1959 年良乡高级中学毕业，1964 年北京大学历史系考古专业毕业，同年 9 月入中国科学院哲学社会科学部（现为中国社会科学院）历史研究所，成为胡厚宣教授甲骨学商史专业研究生。1983 年 5 月任副研究员，1989 年任研究员，1997 年任博士生导师，2003 年退休。2011 年任中国社会科学院荣誉学部委员。1999—2010 年任中国殷商文化学会会长，现任名誉会长、北京师范大学历史学院"985 工程"特聘教授，享受政府特殊津贴。主要学术成就在甲骨学殷商史研究、商周考古学及先秦政治制度史研究方面，且都取得了重要的学术成果。参加大型集体项目有《甲骨文合集》《甲骨文合集释文》（并任总审校）、《甲骨文字诂林》《甲骨文与殷商史》（3 辑）、《中国政治制度通史》（2·先秦卷）、《中国古代文明与国家形成研究》《中国近代史学学术史》《商代史》（4·商代国家与社会）等；主编有《甲骨学一百年》《甲骨文精粹释译》《世界文化遗产——中国殷墟丛书》（6 种）、《夏商周文明研究论文集》（多集）、《殷墟文化大典》；著有《建国以来甲骨文研究》《西周甲骨探论》《西周》《甲骨学通论》（2004 年韩译本、1999 年增订版，2015 年、2020 年修订本）、《中国甲骨学》《新中国甲骨学六十年》等。此外，还出版有《商周甲骨文》（与徐义华）、《甲骨学导论》（与魏建震）等，另有论文 90 多种。参加的《甲骨文合集》多次获国家、院级一等奖，《中国政治制度通史》多次获国家、院级一等奖，《中国古代文明与国家形成研究》获院二等奖，《甲骨文合集释文》获院一等奖，《甲骨学一百年》荣获第五届国家图书奖提名奖，第八届"五个一工程"奖。《甲骨文精粹释译》获院老年基金二等奖，《新中国甲骨学六十年（1949—2019）》获院三等奖。曾多次应邀去美国、韩国、日本、加拿大、意大利、新加坡、澳大利亚及我国台湾、香港地区出席国际学术会议或任客座教授，是在国内河南安阳、郑州、洛阳、北京琉璃河及平谷、四川三星堆、江西南昌、山东烟台、浙江瑞安等地多次召开的大型殷商文明国际学术会议的组织者和主持者，是各次会议的学术论文集《夏商周文明研究》系列的主编（目前已编至第十集），是当今国内外享有盛誉的甲骨学大家。此外，王宇信关于殷墟和甲骨文研究的重要论著有：《考古学报》1977 年第 2 期《试论殷墟五号墓的妇好》（王宇信、张永山、杨升南），《文物》1977 年第 12 期《释"九十"》，《北方论丛》1979 年第 3 期

《甲骨文田猎之"田"不能与农田的"田"字混读》,《郑州大学学报》1979年第2期《试论殷墟5号墓的年代》,《郑州大学学报》1980年第4期《甲骨学三十年与我国甲骨文研究的展望》,《中国史研究》1980年第1期《商代的马和养马业》,《人文杂志》1980年第2期《试论郭沫若的甲骨文研究》,《中原文物》1981年第3期《试读〈安阳市博物馆藏甲骨文字〉》,《人文杂志》1981年第3期《西德、瑞士藏我国殷墟甲骨文考辨》,1982年生活·读书·新知三联书店《甲骨探史录·甲骨文贞人"专"时代的审定》,《学习与研究》1982年第6期《郭沫若与甲骨文合集》,《考古与文物》1982年第4期《试论子渔其人》,《文史知识》1983年第11期《商代职官概述》,《文物天地》1984年第5期《大放异彩的地下"档案库"——漫谈甲骨文》,《殷都学刊》1984年第4期《关于殷墟甲骨文的发现》,《殷都学刊》1985年第1—4期《殷墟甲骨文基础七讲》(仁言),《郑州大学学报》1987年第1期《读甲骨文与甲骨书法》,《人文杂志》1987年第3期《一本最科学的甲骨著录》,《中国文物报》1988年9月9日《殷墟发掘开创了历史研究的新局面》,《中原文物》1989年第2期《再论殷墟卜辞的命辞为问句》,《郭沫若学刊》1991年第2期《试论郭沫若的甲骨学研究》(上、下),《史学月刊》1994年第6期《论殷墟发掘的第一阶段在我国考古学史上的地位》,《中原文物》1994年第4期《说"事"字》,1997年《香港第三届国际古文字学研讨会论文集·甲骨文"马""射"的再考察》,1998年11月香港中文大学出版社《南中国及周边地区文化国际研讨会论文集·甲骨文所见殷人宝玉用玉及几点启示》,《文史知识》1999年第7期《甲骨文与殷墟》,《中国文物报》1999年6月9日《甲骨文·甲骨学与甲骨学的科学界定——为甲骨文发现100周年而作》,《中国文物报》1999年7月21日《开辟中国学术研究的新纪元——论甲骨文发现在学术史上的地位》,《中国文物报》1999年8月18日《甲骨学的形成与发展》,《中国史研究》2000年第1期《殷人宝玉用玉及对玉文化研究的启示》,《中国社科院院报》2000年5月18日《新中国的甲骨学研究》,《中国历史文物》2002年第5—6期《论甲骨学研究"全面深入"的新阶段》,2002年《韩国中语中文学会国际学术研讨会论文集·新中国的甲骨学研究》,《中国社会科学院院报》2002年10月22日《两代学者尽心力,精益求精巨帙成》,2003年9月文物出版社出版的《纪念商承祚教授诞辰一百周年论文集·商承祚教授对〈甲骨文合集〉编纂工作的巨大贡献》,2004年社会科学文献出版社出版的《2004年安阳殷商文明国际学术研讨会论文集·于老"致觊"和甲骨学史上的两大工程》,《中国文化遗产》2006年第3期《甲骨文——契刻文明的国宝》,《中国社会科学院院报》2006年7月20日《里程碑式著作:〈甲骨文合集〉》,《光明日报》2006年7

月 21 日《殷墟——人类文明的宝库》，2006 年 9 月社会科学文献出版社《北京平谷与华夏文明国际学术研讨会论文集·怀念邹衡先生》，《汉字文化》2006 年第 4 期《陈梦家先生对甲骨学的贡献》，《殷都学刊》2007 年 1 期、又《人大复印报刊资料·先秦秦汉史》2007 年 5 期《谈上甲至汤灭夏前商族早期国家的形成》，《中国历史文物》2007 年 3 期《殷墟 YH127 甲骨窖藏发现的意义及面临的新课题》，《寻根》2008 年 4 期《宁氏家族的发祥地——商周时期的宁》，《殷都学刊》2009 年 1 期《弘扬殷墟文化、构建和谐社会》，《中国文物报》2011 年 7 月 8 日《殷墟宫殿区建筑基址研究的新突破》，《殷都学刊》2011 年第 3 期《殷墟宫殿宗庙基址考古发掘的新收获——读〈安阳小屯建筑遗存〉》，《南方文物》2011 年第 4 期《殷墟宫殿区建筑基址研究的新突破——读杜金鹏〈殷墟宫殿区建筑基址研究〉》。还为多部论著作"序"和"跋"，奖掖后进，促使新时期甲骨学研究群星灿烂。

刘一曼（1940—）女，汉族，广东省佛冈县人。1957 年毕业于广州市广东广雅中学。1962 年毕业于北京大学历史系，同年考入中国科学院考古研究所研究生班，从徐旭生学习商周考古。1966 年研究生结业后留所工作至 2005 年退休。现为中国社会科学院考古所研究员、博士生导师。研究方向为：殷商考古、甲骨文及中国古

代铜镜。1972 年以来，长期在河南安阳殷墟参加考古工作。先后发掘过建筑基址、墓葬、祭祀坑、车马坑、骨料坑、甲骨坑等遗迹多处，其中有三次重大的考古发现：1. 1973 年，参加小屯南地发掘，获刻辞甲骨 5335 片，主持发掘的 H24 坑，出土甲骨最多，达 1300 余片。小屯南地甲骨出土时大多有明确的地层关系，且刻辞内容丰富，对甲骨文的分期断代及商代史研究有重要意义，被学术界誉为殷墟甲骨文的第二次重大发现。2. 1990 年参加了殷墟郭家庄 160 号墓的发掘，这是一座保存完整的高级贵族（武将）的墓葬，出土各类器物 353 件，其中青铜器 293 件（包括质地精良的青铜礼器 41 件）。对研究殷代的埋葬制度、青铜礼器的组合、分期等有重要意义。3. 1991 年主持并参加了花园庄东地 H3 甲骨坑的发掘，获甲骨 1583 片，上有刻辞的 689 片，以大版的卜甲为主，其中完整的刻辞卜甲达 300 多版。内容新颖、丰富，对甲骨文的分期断代，对"非王卜辞"及商代家族形态的研究，有很高的学术价值。花东甲骨坑，被评为 1991 年全国十大考古发现，也被甲骨学界称为殷墟甲骨文的第三次重大发现。出版甲骨学研究专著有《小屯南地甲骨》（简称《屯南》，全书分上、下册，共五分册，与温明荣、曹定云、郭振录共同编著，获 1993 年第一届中国社会科学院优秀科研成果奖），《甲骨文书籍提要》（与郭振录、徐自强合作，为其第一作者），《殷墟的发现与研究》（与郑振香、杨锡璋、陈志达、杨宝成合著。

此书获得 1996 年第二届中国社会科学院优秀科研成果奖），《殷墟花园庄东地甲骨》（简称《花东》，全书共六分册，与曹定云合著，为其第一作者，此书获 2007 年第六届中国社会科学院优秀科研成果一等奖），《安阳小屯》（与郑振香、陈志达合著），《中国书法全集·甲骨文卷》（与冯时合著），《甲骨学论文集》（与温明荣、曹定云、郭振录合著），《殷墟小屯村中村南甲骨》（简称《村中南》，全书上、下二册，与岳占伟合著，为其第一作者）等。发表相关论著有：《考古发掘与卜辞断代》《殷墟兽骨刻辞初探》《殷墟陶文研究》《试论殷墟甲骨书辞》《殷墟青铜刀》《安阳殷墟甲骨出土地及其相关问题》《殷墟花园庄东地甲骨坑的发现及主要收获》《殷墟花园庄东地甲骨卜辞选释与初步研究》《殷墟车子遗迹与甲骨金文中的车字》《考古学与甲骨文研究》《论殷墟甲骨的埋藏状况及相关问题》《略论甲骨文及殷墟文物中的龙》《殷墟花东 H3 卜辞中的马——兼论商代马匹的使用》《论殷墟花园庄东地 H3 的记事刻辞》《花东 H3 祭祀卜辞研究》《殷墟花园庄东地甲骨刻辞考释数则》《重论午组卜辞》《三论武乙、文丁卜辞》等。刘一曼数十年考古研究工作的主要成就，是将考古学与甲骨学相结合来研究殷商文字、殷商考古中的问题，突出表现在五个方面：第一，以考古学的方法整理发掘出土的刻辞甲骨与编纂甲骨著录。第二，结合殷墟出土的遗迹、遗物来考释甲骨文字。第三，在考古发掘与对遗迹的研究中注

意运用商代的文字资料。第四，用考古地层学的观点研究甲骨文的分期断代。她认为，甲骨文的分期断代不但要注意甲骨文的内容（称谓、贞人、字体、事类等），还应特别注意甲骨文出土的地层、坑位、共存陶器的形态，将这几方面结合起来进行综合分析才能得出正确的结论。第五，从殷墟一般遗址与宫殿区出土的甲骨在形态上的差异，探讨殷代的占卜习俗。曾主持过两个中国社会科学院重点基础课题的研究——《殷墟花园庄东地甲骨》《殷墟小屯村中村南甲骨》。刘一曼以其在考古学和甲骨学研究的贡献和影响，被誉为甲骨学研究五资深学者之一。

罗琨　（1940—）

女，汉族，浙江省上虞市人。甲骨学家罗振玉孙女，金石学家罗福颐之女。1963 年毕业于北京大学历史系，入中国科学院哲学社会科学部（现为中国社会科学院）历史研究所工作，历任副研究员、研究员，曾任先秦研究室副主任，为中国殷商文化学会、先秦史学会和中华炎黄文化研究会理事。主要学术专长是甲骨文与先秦史研究。主要代表作有：《中国军事史·夏商西周》（上、下篇）（合著）、《从〈世系〉探索武王伐商日谱》（论文）、《国学大师丛书·罗振玉评传》（合著）、《甲骨文"来"字辨析》（论文）等。参加大型项目有《甲骨文合集》《甲骨文合集释文》《中国军

事史》《商代史》（军事卷）等。

袁庭栋（1940—）
男，汉族，四川绵竹
人，著名巴蜀文化学
者。1965 年四川大学
历史系研究生毕业，
1968 年供职于四川人
民出版社，1983 年参

与筹建巴蜀书社。在四川大学、四川师
范大学等高校兼课，曾经开设过"中国
古代文化史""古代文字与古代社会"
"四川史""中国古代科技史""工具书
使用法"等课程。出版各类著述 30 余
种：《张献忠传论》《中国古代战争》
《古代职官漫话》《巴蜀文化》《周易初
阶》《话说四川》《锦绣成都》《巴蜀文
化志》《天府的记忆》《成都街巷志》
《巴蜀文化图典》（合作）等。甲骨文研
究方面的论著有与温少峰合著的《殷墟
卜辞研究——科学技术篇》，是一部从
天文学、历法、气象学、农业等方面系
统研究卜辞中所反映的商代科学技术的
著作。

许进雄（1941—）
男，汉族，台湾省高雄
市人。1968 年台湾大
学中文研究所毕业后，
受聘于加拿大多伦多市
的皇家安大略博物馆远

东部，整理馆藏的明义士旧藏甲骨文字，
直至 1996 年退休。历任研究助理、助理
研究员、副研究员、研究员等。在加拿
大任职期间，以半工半读方式，于 1974
年获多伦多大学东亚系博士学位，并于

1977 年起在该系教授中国文字学、经学
史、中国古代社会等课程，历任助理教
授、副教授、教授等职。1996 年返台专
任台湾大学中文系教授。2006 年自台湾
大学退休，转任世新大学中文教授，讲
授有关中国文字学、甲骨学、中国古代
社会、中国文物等课程。其研究和教学
领域主要为甲骨学、中国古文字学、中
国古代社会、博物馆学。对甲骨研究特
有专精，提出以甲骨钻凿型态的断代法，
推进了甲骨学断代研究的深入。其甲骨
学主要论著有《明义士所藏甲骨文字》
《殷卜辞中五种祭祀的研究》《甲骨上钻
凿形态的研究》《殷虚卜辞后编》《卜骨
上的钻凿形态》《周祭卜骨缀合一例》
《甲骨的钻凿形态示例》《凿钻研究述
略》《识字有感，王、皇与令》《读〈商
代周祭制度〉谈例外旬》《古文字中特
殊身分者的形像》《判定字形演变方向
的原则》《古文字与商周文明》《反映生
活经验的古文字》等。出版《中国古代
社会》（中、韩、英文版）、《简明中国
文字学》《中华古文物导览》《许进雄古
文字论集（繁体版）》等专著。其中
《许进雄古文字论集（繁体版）》收入其
从事古文字研究多年的学术成果 40 篇，
主要研究甲骨卜辞断代、钻凿形态、祭
祀分期及从古文字形看古代社会生活等，
展现了他治古文字学的研究心得。许进
雄为甲骨学的发展作出了贡献，被誉为
甲骨学五资深学者之一。

常玉芝（1942—）女，汉族，黑龙
江省哈尔滨市人。1966 年 7 月毕业于北
京大学历史系考古学专业，1968 年 7 月

入中国社会科学院历史研究所工作。1998 年任研究员，中国先秦史学会理事，中国殷商文化学会理事。主要从事甲骨文、商代史的研究。其参加国家项目有：1. 参加国家重点项目《甲骨文合集》的编纂和释文撰写工作。该书曾受到国务院古籍整理出版规划小组的表彰和奖励、获得首届吴玉章奖金历史学特等奖、全国首届古籍整理图书特别奖、中国社会科学院优秀科研成果奖、国家图书奖荣誉奖等。2. 参加国家重点项目《中国历史大辞典》辞条的撰写工作。该书曾获国家奖励。3. 参加国家重大科研项目"夏商周断代工程"中"甲骨文天象记录和商代历法""甲骨文和商代金文年祀"两个专题的研究。4. 参加国家项目《甲骨学一百年》的写作。该书获得中宣部"五个一工程"一等奖和中国社会科学院和其他多种奖励。5. 完成了中国社会科学院重大科研项目多卷本《商代史》《商代宗教祭祀》卷的写作。个人主要学术成果，专著有：1987 年《商代周祭制度》、1998 年《殷商历法研究》，这两部专著都获得了中国社会科学院历史研究所优秀科研成果奖。主要论文有：1980 年《说文武帝——兼略述商末祭祀制度的变化》、1986 年《"祊祭"卜辞时代的再辨析》、1987 年《晚期龟腹甲卜旬卜辞的契刻规律及意义》、1989 年《太甲、外丙的即位纠纷与商代王位继承制》、1992 年《论商代王位继承制》、1993 年《黄组周祭分属三王的又一证据》、1997 年《"己未夕皿庚申月有食"解》、1999 年《甲骨缀合续补》、2000 年《说佳王（廿）祀（司）》、2001 年《黄组周祭分属三王的新证据与相关问题》。曾于 1998 年到日本东京、京都、神户、大阪等地做学术访问。1993 年获国务院颁发的政府特殊津贴。

聂玉海（1942—1999）男，汉族，北京市人。中国印刷学院教授。1967 年毕业于北京大学历史学系，分配到安阳师范专科学校（现安阳师范学院）任

教，参与创建了安阳师范专科学校的政史系，曾担任《殷都学刊》主编。1995 年调入北京印刷学院任教。1987 年中国殷商文化学会成立，任副秘书长，以后在安阳召开一系列殷商文化研讨会时，协助秘书长王宇信做了大量的筹备工作。代表论著有《试释"盘庚之政"》《试谈（尚书，盘庚）中的"众"》《初探商代后期的监察制度》《略谈商王盘庚对都址的选择》《甲骨文中的各与出和商代的住宅建筑》《董作宾与安阳殷商都城的科学发掘》《甲骨文精粹释译》（合著）等。

党相魁（1942—）男，汉族。河南省清丰县人。1962 年考入郑州大学中文系，1966 年毕业后分配到安阳工作。1985 年以后长期任安阳市文化局副局长、文物局局长。对殷墟的保护研究十分重视，除完成制定实施殷墟保护等本

职工作外，还联合安阳师范学院等单位和有关人员于 1986 年 5 月创立了全国第一个殷墟甲骨文研究的群众性学术团体——安阳甲骨学会，创办会刊《甲骨学研究》，组织学会会员进行甲骨学殷商史的研究。《甲骨学研究》先后刊载胡厚宣、王宇信和其他会员的论文，引起学术界的重视，不少论文都被收入《百年甲骨学论著目》和《甲骨文献集成》。其中，《甲骨学研究·第三集·纪念殷墟甲骨文发现 100 周年专刊》收入论文 40 余篇，在"纪念甲骨文发现 100 周年国际学术研讨会"上交流，受到出席会议的专家学者的好评。同时积极进行学术研究，先后完成了《殷契科释》《释甲骨文》《甲骨文释丛》《读"洹"札记》等学术论文 10 多篇。还与焦志勤等合作编著出版《殷墟甲骨辑佚：安阳民间藏甲骨》，该书收录了散失在安阳的甲骨文 1100 片，为商代历史研究增添了新资料，是 21 世纪初对甲骨学研究的非常有价值的贡献。

葛英会 （1943—）男，汉族。1968 年毕业北京大学历史系，1982 年获历史学硕士后留校任教。曾讲授课程：中国古文学、战国古文字、甲骨文、古代历史文选。退休前为北京大学考古文博学院教授，博士生导师、

中国殷商文化学会理事。代表论著：1989 年《殷墟墓地的区与组》［《考古学文化论集》（二）］1990 年《古陶文字征》（合著）、1991 年出版的《金文氏族徽号所反映的我国氏族制度的痕迹》《北京大学珍藏甲骨文字》（上、下）（合著）。

晁福林 （1943—）男，汉族。1965 年毕业于北京师范大学历史系，1982 年于北京师范大学历史系在赵光贤指导下获硕士学位。曾

任北京师范大学历史系主任，现任北京师范大学历史学院教授、博士生导师、兼任苏州大学社会学院历史学系教授，并担任国务院历史学科评议组成员。主要研究方向为中国古代史（先秦史），鼓吹"无奴派"五家（黄现璠、张广志、胡钟达、沈长云、晁福林）之一，即主张中国历史没有经过奴隶社会。他认为夏商为氏族封建制社会，西周和春秋为宗法封建制社会，战国后逐渐进入地主封建制社会，对中国先秦社会性质进行了深入探讨，见解独到，突破了"五种生产方式"的束缚，引起很大争议。除了先秦社会性质外，其余对像商族起源、盘庚迁殷、姬周族早期国号等先秦史诸问题都有深入研究和独到的见解，同时还对先秦思想文化、民俗方面进行了跨学科的交叉研究。其《先秦民俗史》获北京市第七届哲学社会科学优秀成果二等奖，《先秦社会形态研究》获第三届郭沫若中国历史学奖提名奖，

主编的《中国古代史》教材被评为 2006 年北京高等教育精品教材。发表的甲骨文和殷商史研究论著主要有：《墟卜辞中的商王名号与商代王权》《从盘庚迁殷说到〈尚书·盘庚〉三篇的次序问题》《论殷代神权》《论中国古史的氏族时代——应用长时段理论的一个考察》《补释甲骨文"众"字并论社会身份的变化》《先秦时期"德"观念的起源及其发展》等几篇。晁福林培养先秦史研究硕士、博士多名，著名甲骨学家王晖、韩江苏博士即出自其门下。

赵林（1944—）男，汉族。1965 年毕业于台湾东海大学中文系，后入台北"中央研究院"史语所从张秉权研究甲骨文，并从芮逸夫、杨希枚研究先秦亲族制度。1968 年赴美留学，1972 年获芝加哥大学博士学位。曾任芝加哥大学远东语文系讲师、台湾中兴大学历史系副教授、政治大学中文系教授，兼台北"中央研究院"人文社会科学研究中心研究员。现为台湾中国文化大学中文系教授。著有《商代的羌人与匈奴》《商周亲属制度之研究》（英文）、《商代的社会政治制度》（英文）、《中国古代的宇宙观及创世神话》《无悔的付出》（散文集）等书及专论数十种。

郭胜强（1945—）男，汉族。1967 年毕业于河南大学历史系，曾任安阳师范学院甲骨学与殷商文化研究中心教授，中国殷商文化学会会员中国古都学会理

事、中国先秦史学会鬼谷子研究会理事。利用甲骨文和文献及考古资料研究殷商史和安阳地方史，出版学术著作 10 余部，发表论文 100 余篇。20 世纪 80 年代，有一部分学者曾提出了"殷墟非殷都"的观点，郭胜强撰写发表了《试论帝乙帝辛时期殷都未迁——兼论朝歌在晚商的地位》《殷都城墙初探》《文献中殷和殷墟的记载》等多篇论文，论证殷墟为殷都是确凿无疑的事实。还进行了殷商经济史的研究，其中有《略论殷代的制酒业》《试论我国赋税制度的形成和早期发展》（《安阳教育学院学报》1987 年第 1 期）、《商代赋税制度刍议》（《殷都学刊》1988 年第 2 期）等论文。在商代科学技术的研究方面发表了《商朝的日食和月食记录》《略谈殷合代在数学上的成就》《殷代在医学和化学方面》论文，论证殷墟为殷都是确凿无疑的事实。还进行了殷商经济史的研究，其中有《略论殷代的制酒业》《试论我国赋税制度的形成和早期发展》（《安阳教育学院学报》1987 年第 1 期）、《商代赋税制度刍议》（《殷都学刊》1988 年第 2 期）等论文。在商代科学技术的研究方面发表了《商朝的日食和月食记录》《略谈殷代在数学上的成就》《殷代在医学和化学方面的成就》《殷代科技成就综述》等论文。2010 年江苏文艺出版社出版的《董作宾传》是海峡两岸第一部董作宾传记作品，得到学术界和读者的好评。远在海

外的澳洲国立大学教授、董作宾早年学生黄然伟看到该书后十分激动，来信表达感慨欣慰之情，并提出自己保存有一些有关先师董作宾的文物（照片、文字资料等），愿意捐赠提供使用。参加编撰的著作还有《中外学者论安阳》《甲骨学110年：回顾与展望》等。

钟柏生（1946—）男，台湾大学中文研究所硕士。1972年8月—1977年7月花莲师专讲师，1977年8月—1983年7月花莲师专副教授，1983年8月为台北"中央研究院"历史语言研究所副研究员，1993年6月升为研究员，1994年1月，为史语所文字学组主任，1997年为古文字研究室召集人。其甲骨学和殷商史研究的主要论著有：《武丁卜辞中的方国地望考》《殷商卜辞地理论丛》《殷虚文字乙编补遗》《卜辞田游地名总估计订补》《廪辛至帝辛时期卜辞中的方国地望考》《帚卜辞及其相关问题的探讨》《说"异"兼释与"异"并见诸词》《殷商卜辞中所见的农业地理》《记事刻辞中的殷代地名》《释〈新缀〉四一八版卜辞》《论"任官卜辞"》《〈甲骨文简论〉卜辞分期"贞人同版关系"之商榷》《卜辞中所见殷代的军政之一——战争启动的过程及其准备工作》《〈乙〉三二一二版卜辞与作邑前之祭祀》《卜辞中所见殷代的军礼之一——殷代的大搜礼》《卜辞中所见殷代的军礼之二——殷代的战争礼》《史语所藏殷墟海贝及其相关问题初探》《卜辞职官泛称之一——臣：并略论商代至春秋各类臣的职务》《卜辞中所见的刍牧地名》《冥地考》《中华民国国史传记·董作宾传》《台湾地区所藏甲骨概况及〈合集〉一二九七三版之新缀合》《〈外〉四四与〈外〉四七版之缀合》《中央研究院历史语言研究所购藏甲骨选释》《中央研究院历史语言研究所购藏甲骨选释》（二）等。并负责再版了《殷虚文字乙编》（上、中、下）。其学术成果主要为殷商地理、殷商官制军制之研究、考释甲骨文字和整理史语所藏的甲骨资料等。

吕伟达（1946—）男，汉族，山东省烟台市福山区人，字绿洲，号布衣。曾任王懿荣纪念馆馆长，福山区文物管理委员会副主任，文物管理所所长，烟台市民间文艺家协会主席，现任中国殷商文化学会王懿荣研究会会长，山东省民俗学会常务理事、副秘书长，山东省作家协会会员，山东省历史学会理事，山东省考古学会理事。自1973年进入文化馆从事管理、研究、创作以来，创作发表剧本多次获奖；先后发表各类作品计200余篇，共800多万字。编著、创作出版了《福山移民史略》《甲骨之父·王懿荣》（合作）、《王懿荣集》《福山明清七十五进士传》《福山文化名人》《福山风情》《牟国磁山》《山东根据地解放区民俗》（合作）、《节庆》《苹果

之乡——福山》《鲁菜之乡——福山》
（合作）、《乡魂——吕伟达小说选》《乡
情——吕伟达散文选》等 15 部作品，
论文 50 余篇。曾荣获国家文物局先进工
作者，中国文联"德艺双馨"优秀会
员，省文化厅、人事厅表彰的先进工作
者等称号，并被福山区记大功一次、三
等功七次。其研究成果曾获全国优秀论
文一等奖，华东地区优秀古籍类图书一
等奖，山东省历史学会优秀学术成果一
等奖，山东省民俗学会优秀学术成果一
等奖多次，山东省民间文学一等奖和山
东省"五个一精品工程奖""王懿荣研
究终身奖"等。入选《世界华人文学艺
术名人录》《中国文学艺术界辞典》《中
国当代历史学家辞典》《中国民间文艺
家辞典》《山东作家辞典》等。

朱凤瀚（1947—）
男，汉族，江苏省淮安
市人。在其父亲（古
文字专家）的影响下，
从小就对古物、古文
字、古代历史产生浓厚
的兴趣，乐于收藏欣

赏，乐于探索研究，立志将来成为一名
考古专家和历史学家。20 岁的他从天津
的海河畔下乡插队到科尔沁草原，先在
开鲁县，后抽调工作到奈曼旗。因为爱
好和专长，他被分在文化系统负责文物
征研工作。第一篇学术作品《吉林奈曼
旗大沁他拉新石器时代遗址调查》发表
在 1979 年第 3 期《考古》杂志上。1982
年在南开大学获历史学硕士学位。1988
年在南开大学获历史学博士学位。1990

年出版的《商周家族形态研究》于 1992
年获全国古籍优秀图书奖一等奖、1994
年获天津市第五届哲学社会学优秀成果
奖二等奖。1995 年出版的《古代中国青
铜器》于 1996 年获天津市第六届哲学社
会科学优秀成果奖一等奖、1997 年获天
津市优秀图书特等奖、1998 年获全国高
校社科优秀成果奖考古类二等奖。此外
著有《先秦史研究概要》（合著），主持
编撰了《西周诸王年代研究》（"夏商周
断代工程"丛书之一）、《文物鉴定指
南》等书，并在各种学术期刊与论文集
中发表学术论文近四十篇。目前承担的
科研项目有国家"九五"重大科研项目
"夏商周断代工程"课题中的专题，以
及国家教育部博士点基金项目"商周家
族制度研究"。给先秦史方向的博士研
究生开设《先秦史研究中的多学科交叉
研究方法》《甲骨文、金文与古史专题
研究》课程，为硕士研究生开设《商周
史研究》《先秦史料学》等数门专业课
程。1995 年任南开大学历史系主任、人
文学院副院长，兼任国家古籍保护工作
专家委员会委员、南开大学学术委员会
委员、北京大学历史系学术委员会委员、
北京大学中国考古学研究中心与中国古
代史研究中心学术委员会委员、南开大
学学位委员会委员、南开大学学术委员
会委员、国务院学位委员会学科评议组
成员、天津市学位委员会委员、中国史
学会理事、中国博物馆学会理事、中国
先秦史学会常务理事、国家"九五"社
会发展重大科研项目——"夏商周断代
工程"专家组成员。曾任中国国家博物

馆常务副馆长，现任北京大学历史系教授、博士生导师。

范毓周 （1947—）男，汉族，河南省修武县人。1981 年至 1985 年，曾任中国社会科学院历史研究所先秦史研究室助理研究员，现任南京大学历史系教授、

博士生导师，南京大学东方书画艺术中心顾问和兼职研究员。兼任中国社会科学院古代文明研究中心专家委员会委员、客座教授，任国家文物局扬州培训中心、北京大学中国持续发展中心。西北大学艺术系、南京艺术学院美术学院、东南大学旅游系、南京农业大学农业文明研究院、河南大学历史文化学院兼职教授，江苏中华文化学院文物艺术品鉴定与拍卖国际研究中心主任，《中国旅游地理》副总编，《鉴宝》顾问、国家社科基金评议专家、教育部人文社科重点学科基地重大项目评议专家，江苏省政协委员、文史委员会委员，江苏古陶瓷文化研究会学术顾问，江海书画会副会长，文化部诗书画院副院长、江苏农史学会副会长、南京旅游学会副会长、东西方艺术家协会执行主席。范毓周长期从事古文字与出土文献、先秦社会历史文化、美术考古与艺术史、文明探源与比较研究工作。发表《殷代武丁时期的战争》《甲骨文月食纪事刻辞考辨》《出土文献与中国书法》《商周金文与中国早期书法艺术》等论文 80 多篇，出版《甲骨文》等学术著作 6 部，并与李学勤共同

主编大型考古学专著《早期中国文明》（13 卷本）。2010 年 11 月 12 日应联合国总部邀请在联合国总部第一个中文日举办《跨越 6000 年的文化传承：汉字与中国文化》专题书法展，作品为联合国总部收藏。

刘志伟 （1948—）男，汉族。祖籍北京，出生于武汉，长期生活在安阳。1985 年毕业于安阳市广播电视大学中文专业，1986 年进入安阳日报社工作。安

阳日报社主任编辑，安阳市优秀专家，中国殷商文化学会会员。退休后被聘为安阳市殷都区安阳殷都文化研究院院长。创作了以王懿荣发现甲骨文为背景的殷商题材电视剧《甲骨魂》、仿殷乐舞《商颂》、仿殷乐舞《大秀殷商》，发表殷商题材剧本《妇好请缨》《魂系华夏》，出版文史读物《中国·安阳》《古都遗韵》《古都三千年》《殷墟殷商殷都》等，为宣传普及甲骨学和殷商文化作出了贡献。致力于加拿大汉学家明义士研究，推动安阳明义士故居获批安阳市文物保护单位（2004 年 11 月）。作为中方发起人之一，参与组建中国与拉丁美洲古代文明比较研究推广中心，担任秘书长。1999 年 5 月，《百年话甲骨》由海潮出版社出版，应邀走进中央电视台演播室担任嘉宾，参加央视"读书时间"（1999 年 9 月第 150 期"甲骨学 100 年"）；探索发现"百年守望 – 甲骨风云'栏目，与著名学者王宇信一道，畅

谈甲骨百年的风云历程。

宋镇豪（1949—）男，汉族，江苏省苏州市人。少年时代曾师从巷中硕儒章氏学《说文》、音韵、诗词格律，尤对古文字有一种特别爱好；又从姑苏文坛贤达林伯希、张寒月、钱荣初等，习法书，临旧帖，治古印，点缀山水花鸟画。因不合时流，被同学谑称为"古董"。1972年在故乡苏州，从旧书店买到不少文物、考古书刊，其中有《甲骨文编》《陶斋吉金录》《寿县蔡侯墓出土遗物》《春秋左氏传》《诗经》《文选》等。这期间，吴中宿儒尤墨君转让给他仿宋影印藤花榭版《说文解字》，以及《史记》、前后《汉书》《三国志》《文献通考》等线装书。因为无事，竟把《甲骨文编》《说文解字》通抄了一遍，把前四史点读一通。他还摹集1949年以来青铜彝铭，借抄过许多书，如陈梦家《六国纪年》、胡厚宣《五十年甲骨文发现的总结》、李学勤《殷代地理简论》、胡光炜《说文古文考》、杨树达《积微居金文说》等，一一装订成册，摩挲翻读。这对他以后的治学，受益莫大。1978年全国恢复研究生招考，宋考入中国社会科学院研究生院，师从著名甲骨学家胡厚宣。1981年毕业，获历史学硕士学位，进入历史研究所先秦史研究室至今。主要从事甲骨学、古文字学和中国上古史研究。学术专长古文字学、历史文献学、中国古代史。30多年来，先后主持院所及国家重点科研项目多项。发表独著9种，合著12种，论文142篇，编集论文集等13种，译文9篇。主要论著有，专著：《夏商社会生活史》《中国春秋战国习俗史》《中国饮食史·夏商卷》《中国风俗通史·夏商卷》等，主编《甲骨文献集成》《百年甲骨学论著目》等，合著《早期奴隶制社会比较研究》《中国古代文明与国家形成研究》《甲骨学一百年》等。主要代表作有：《夏商社会生活史》（专著）、《中国春秋战国习俗史》（专著）、《中国真迹大观》（全27卷）、《商代军事制度研究》（论文）、《商代邑制所反映的社会性质》（论文）等。还著有《中国风俗通史·夏商卷》《中国春秋战国习俗史》《中国法书全集·先秦秦汉卷》等。后书系统集萃和介绍了甲骨朱书墨书、金文墨书、玉版盟书、简牍帛书等先秦秦汉时期软笔书法作品115批288帧，一律为彩色图版，兼及同时期其他硬笔即书刻作品。该书紧密结合古文字、古文献学研究与考古发现的最新进展，深入揭示中国早期书法演进的脉络，在中国法书编纂史上具有里程碑意义。现任中国社会科学院历史研究所研究员、学术委员会副主任、专业技术职务评审委员会副主任、先秦史研究室主任，甲骨学殷商史研究中心主任，中国社会科学院文史哲学部历史学科正高级专业技术职务评审委员会委员，中国社会科学院古代文明研究中心专家委员会委员，中国社会科学院研究生院历史系教授、博士生导师、学位评定委员会委员，北京大学文博学院教授、博士生导师，中国文字博物馆学术委员会副主任委员，中国先秦史学会会长。曾任中国殷商文化学会副会长兼秘书长。1997 年享受国务院颁发政府特殊津贴，中国社会科学院授予"中青年有突出贡献专家"。2011 年 3 月任中国社会科学院学部委员。第十一届全国政协委员，中央组织部联系专家，九三学社中央教育文化委员会委员。

黄天树 （1949—）
男，汉族，福建省莆田市人。1978—1982 年在陕西师范大学中文系读本科并获学士学位。1982—1985 年在陕西师范大学中文系读汉语史专业古文字研究方向硕士生并获硕士学位。1988 年在北京大学中文系中国古典文献专业读古文字方向博士生，师从著名学者裘锡圭，获博士学位。1988—1995 年在陕西师范大学中文系任副教授、硕士生导师。1995 年调入北京，现任首都师范大学文学院副院长、教授、博士生导师。为国务院学位委员会第六、七届学科评议组成员。获第五届北京市高等学校教学名师奖。主要学术兼职有：国务院学位委员会"中文"学科评议组成员、中国殷商文化学会理事、中国文字学会理事、《古汉语研究》编委、《殷都学刊》编委、《中国古典文献学》丛刊学术顾问委员会委员、北京外国语大学客座教授。主要从事古文字学（甲骨文、金文、战国文字，秦汉简帛）和古代汉语等方面的教学和研究工作。在

《中国语文》、史语所《集刊》《考古》《文物》《古文字研究》《中国文字》等刊物上发表古文字学方面论文 80 多篇，学术专著《殷墟王卜辞的分类与断代》1998 年获全国普通高校第二届人文社科研究成果（语言学）三等奖，还有《黄天树古文字论集》《甲骨拼合集》《甲骨拼合续集》《甲骨拼合三集》等。先后主持并承担过七项国家级或省部级科研项目：第一项《殷墟甲骨断代》（1991—1994 年）是国家社科基金项目，独自承担并完成。第二项《金文虚词研究》（1993—1996 年）是国家教委"八五"人文、社科基金项目，独自承担并完成。第三项《夏商周断代工程》（1996—2000 年）是国家"九五"规划重大课题，承担两个子课题《殷墟甲骨分期与年代测定》和《甲骨文宾组、历组日月食卜辞分期断代研究》，并已完成。第四项《古文字虚词研究》（1999—2002 年）是北京市跨世纪人才专项基金项目，独自承担并将完成。第五项《殷商甲骨文音系研究》（2002—2004 年）是教育部人文社科"十五"规划项目，为项目主持人。第六项《中华文明探源工程预研究》（2001—2004 年），是国家"十五"规划重大项目，参加第二课题"中国天文学起源研究"工作，承担其中《甲骨文所见天文、气象资料的整理》专题，并担任该专题负责人。第七项《北京地区出土古文字资料研究》（2005—2007 年）是北京市教育委员会"拔尖创新人才计划"项目，本人独自承担。2003 年应台北"中央研

究院"史语所黄宽重所长邀请作题为《殷墟甲骨文"有声字"的构造》和《说殷墟甲骨文中的复合方位词》的两场学术演讲。

彭裕商（1949—）男，汉族，生于四川省成都市。1978 年至1981 年在四川大学历史系师从徐中舒攻读硕士学位，1982 年 5 月获历史系硕士学位。

1981 年至 1985 年在四川大学历史系任讲师，1985 年至 1988 年在四川大学历史系师从徐中舒攻读博士学位，1988 年10 月获历史系博士学位。1989 年至1995 年任四川大学历史系副教授，1995年至今任四川大学历史系教授，1996 年5 月增列为博士生导师，为中国古文字研究会理事，四川省历史学会常务理事。1997 年 3 月，被四川省人民政府授予"四川省有突出贡献的优秀专家"称号，1998 年 2 月，获国务院颁发的政府特殊津贴。在甲骨文研究方面的专著有：《殷墟甲骨断代》（中国社会科学出版社1994 年版）、《殷墟甲骨分期研究》（与李学勤合作）（上海古籍出版社1996 年版）。参与徐中舒主编的《殷周金文集录》（四川辞书出版社 1984 年出版）、《甲骨文字典》（四川辞书出版社，1988年出版）。与常正光，方述鑫合作《甲骨金文字典》（巴蜀书社 1993 年版）。发表甲骨文研究方面的论文有：《卜辞中的土、河、岳》（四川大学学报编辑部、四川大学古文字研究室编：《四川

大学学报丛刊》第十辑《古文字研究论文集》，1982 年版）、《释小甲》（四川大学学报编辑部、四川大学古文字研究室编：《四川大学学报丛刊》第十辑《古文字研究论文集》，1982 年 5 月）、《也论历组卜辞的时代》（《四川大学学报》（哲学社会科学版）1983 年第 1期）、《小屯乙十一基址与 M238 的时代》（《考古与文物》1986 年第 6 期）、《"非王卜辞"研究》（《古文字研究》第十三辑，中华书局 1986 年版）、《殷墟甲骨断代与殷墟考古》（《四川大学学报丛刊》第四十四辑，1989 年）、《宾组卜辞的时代分析》（四川大学历史系编：《徐中舒先生九十寿辰纪念文集》，巴蜀书社 1990 年版）、《殷墟甲骨分期新论》（与李学勤合作）（《中原文物》1990 年第 3 期）、《殷墟地层与甲骨分期》（与李学勤合作）（《文博》1990 年第 6期）、《徐中舒先生传略》（《成都文物》1991 年第 1 期）《屯南 2384 甲骨与历组卜辞的时代》（《考古与文物》1992 年第 2 期）等。《甲骨金文字典》1994 年获四川省第七次哲学社会科学优秀成果一等奖，《殷墟甲骨断代》1998 年获教育部第二届社科优秀成果三等奖。

蔡哲茂（1951—）男，汉族。1978 年台湾大学中文研究所硕士毕业，硕士论文为《殷礼丛考》。1984 年获日本国立东京大学东洋史学硕士学位，论文为《中山国史初探》。1991 年获日本国

立东京大学东洋史学博士学位，论文为
《论卜辞中所见商代宗法》。1987 年 8
月—1995 年 5 月，为台北"中央研究
院"历史语言研究所助理研究员，1995
年 5 月—2006 年 11 月为副研究员，
2006 年 11 月升为研究员至今。并兼任
政治大学中文系所教授和私立辅仁大学
中文系所教授。学术研究的重点主要为：
甲金文字的考释、甲骨缀合、运用古文
字的基础研究经典的相关问题。主要专
著有：《甲骨缀合集》《甲骨缀合续集》
《甲骨缀合汇编》（图版篇）《甲骨缀合
汇编》（释文篇）。发表的甲骨文研究论
著有：《说屮𡿺又𡿺》《逆羌考》《读殷
契萃编小识》《卜辞"徉"字重探》
《释"𦥑"》《"释四𠬝丁"纠谬》《论羌
甲爽妣庚在殷卜辞中五种祭祀的地位》
《殷卜辞"𠂤𡴋"试释（附读英国所藏甲
骨集补遗）》《殷卜辞伊尹𠤳示考——兼
论它示》《甲骨文合集的重片》《释
"𤔌""𤔗"》《甲骨文合集的同文例》
《日本后藤朝太郎氏藏的甲骨文字》《甲
骨文四方风名再探》《商代称王问题的
检讨——甲骨文某王与王某身份的分
析》《释"𤔍"》（与吴匡合作）《甲骨
文考释两则（一）说"𠂤"（蝈）（二）
释"𠀎"（云）》《说"𦏵"》《卜辞生字
再探》《释殷卜辞的"速"字》《说甲
骨文葬字及其相关问题》《伊尹传说的
研究》《介绍一版鲜为人知的甲骨缀合》
《说殷卜辞中的"𤔃"字》《卜辞同文研
究举例》《契生昭明辨》《释甲骨文的地
名"𡚱"》《甲骨缀合对殷卜辞研究的重
要性》《释"𤓰"》《释殷卜辞中𡿺字的

一种用法》《〈殷虚文字乙编〉4810 号
考释》《殷卜辞"暂雨"试释》《记蒋
一安先生藏的甲骨文字拓片》《商代的
凯旋仪式——迎俘告庙的典礼》等。

黄德宽（1954—）
男，汉族。安徽省广德
县人。先后于安徽大
学、南京大学、吉林大
学获得文学学士、硕士
和历史学（古文字学）

博士学位。安徽大学汉语言文字学专业
教授、博士研究生导师，第十二届全国
政协委员，中共安徽省第七、八届委员
会委员，安徽文史研究馆馆长。曾任安
徽大学党委书记、国家社科基金评审委
员会委员、教育部中文学科教学指导委
员会副主任委员、中国古文字研究会法
人代表、中国文字学会会长、安徽省社
科联副主席等职。主要从事中国文字学、
古文字学教学和研究工作。1993 年起享
受国务院政府特殊津贴，2007 年、2008
年、2011 年三次入选中国杰出社会科学
家名录。成果曾入选国家优秀成果文库，
多次获得国家、省各级各类优秀成果奖。
主要论著有《汉语文字学史》《汉字阐
释与文化传统》《古汉字形声结构论》
等。先后主持国家社会科学研究基金
"九五"重点项目"商周秦汉汉字发展
谱系研究"、国家社科基金重大项目
"汉字发展通史"等多项。

王蕴智（1955—）男，汉族，河南
省许昌市人。1991 年吉林大学考古学古
文字专业博士研究生毕业。长期任郑州
大学历史与考古系教授、博士生导师与

河南大学教授，河南省中国古代史重点学科及博士点学科带头人。另任全国汉字标准化技术委员会委员，中国文字学会理事，中国文字博物馆（安阳）学术顾问，漯河市政府许慎文化资源开发特聘顾问，北京师范大学兼职教授，河南省文字学会会长。主要从事古文字与古代文明方向的教研工作，尤致力于甲骨学与殷商史、商周文字考释及汉字字源学等学术领域前沿课题的研究。先后主持有国家社科基金项目《商代宗教研究》《甲骨文词义系统研究》，及《甲骨文构形研究》《中原文化大典·古文字卷》等重要课题九项，出版有《殷周古文同源分化现象探索》等专著四部，发表《甫、许古族探微》《毓、后语源及上古部分牙喉舌齿音声母通变关系合解》等学术论文80余篇。具有较为扎实的专业理论基础和较强的科学研究能力，在古文字学、甲骨学殷商史、汉语史、商周考古等专业领域有很高的学术知名度，是当代我国古文字学界成果比较突出的中年学者之一。

王晖（1955—）男，汉族。陕西省洋县人。1989年获陕西师范大学文学硕士学位，1999年获北京师范大学史学博士学位。现任陕西师范大学历史系教授、中国古代史专业博士生导师、国家

重点学科"中国古代史"专业学术带头人。2002年享受国务院颁发的政府特殊津贴。兼任中国社会科学院中国古代文明研究中心兼职研究员、中国先秦史学会副理事长、中国秦文化研究会副会长、中国人民大学书报资料中心《先秦、秦汉史》编委会委员、陕西省史学会常务理事、中国殷商文化学会理事。他把古文字资料与古文献资料的研究充分结合起来，运用古文献与古文字资料互证的方法，并运用民族人类学的研究成果，来研究夏商周三代历史。多年来先后出版《商周文化比较研究》《古文字与商周史新证》《先秦秦汉史史料学》《古史传说时代新探》等学术著作多部。在《历史研究》《中国史研究》《考古学报》《大陆杂志》（台）、《学术月刊》《史学月刊》《人文杂志》《齐鲁学刊》等权威学术刊物上发表论文150余篇。主要学术论文有《周原甲骨属性与商周之际祭礼的变化》和《盘古考源》等。这些论文大部分为人大复印资料《先秦秦汉史》《历史学》《新华文摘》《中国社会科学文摘》等报刊所转摘，产生了较大影响。主持完成的国家级和教育部科研项目有2012年国家哲学社会科学重大课题攻关项目"关中地区出土西周金文资料整理与研究"、2005年度中国教育部哲学社会科学重大课题攻关项目"中国早期文字与文化研究"等。

涂白奎（1955—）男，汉族。河南省潢川县人。北京大学毕业，考古学硕士。现任河南大学教授、博士生导师、博物馆馆长、教育部人文社会科学重点

研究基地黄河文明与可持续发展研究中心古汉字研究所副所长。主要研究方向为青铜器、古文字研究。在《中国史研究》《考古与文物》《华夏考古》等学

术期刊发表论文 40 余篇，出版著作 3 部。和导师高明合著的《古文字类编（增订本）》（上、下两卷）在学术界产生了较大影响。论文《殷墟卜辞"贞"字为龟腹甲形说》观点新颖，受到学术界重视。

杜久明（1956—）

男，汉族。河南省确山县人。大学本科毕业，1982 年参加工作，曾任安阳市殷墟管理处主任、研究馆员。长期从事殷墟遗址保护、利用、管理、开发和研究工作，在实践中把文物遗址保护、学术研究、园林绿化、旅游观光有机地结合在一起，有效地保护了殷墟遗址。在文物遗址保护展示方面，主持完成了"殷墟 YH127 甲骨堆积坑复原陈列设计""殷墟 54 号基址，乙七、乙八、丙组等各组基址的地下封存，地上夯土复原展示""殷墟车马坑的异地集中保护展示陈列设计""殷墟妇好墓墓圹的复原陈列设计及实施""殷墟甲骨碑廊的设计、实施、碑面甲骨片选释和镌刻"等项目。所撰写的《殷墟古遗址：保护与展示的智慧》《商文明的考古学解读》《安阳殷墟遗址与日本奈良平城宫遗址保护

展示比较与探讨》《殷墟遗址旅游价值展示效果调查与研究》《安阳殷墟——古遗址保护与展示的成功血节》《谈殷墟宫殿宗庙遗址保护展示比较与探讨》《殷墟遗址旅游价值展示效果调查与研究》《安阳殷墟——古遗址保护与展示的成功典范》《谈殷墟宫殿宗庙遗址保护与展示的新举措》《殷墟博物苑园林绿化浅谈》等十多篇论文，受到好评。参与编写《灿烂的殷商文明》一书，由中国大百科全书出版社出版后，已多次再版。主持编写的《中国殷墟——去安阳认识商代文明》受到专家和读者的好评。主编的《殷墟》是联合国教科文组织亚太世界遗产研究与培训中心的出版项目《世界遗产丛书》首辑之一，2008 年 7 月由上海世界图书出版公司出版。

王震中（1957—）

男，汉族，祖籍陕西省三原县，出生于陕西省榆林市。1982 年毕业于西北大学历史学系考古专业，1982 年 3 月至 1984 年 12 月，师从尹达、杨向奎、张政烺，在中国社会科学院研究生院，获历史学硕士学位。1985 年 1 月留中国社科院历史所先秦史研究室工作。1987 年起师从田昌五在中国社科院研究生院攻读博士学位。期间，1989—1990 年师从伊藤道治教授，留学日本一年。1991 年聘为副研究员。1992 年获博士学位。1995—1996 年作为日本学术振兴会的博士后研究项目在日本京都学习研究一年。1998 年晋升为中国社

科院历史研究所研究员。1999 年至 2000年作为日本国际交流基金项目在东京大学东洋文化研究所作研究一年。曾赴美国、墨西哥、意大利、韩国、新加坡、俄罗斯以及我国台湾、香港等地进行学术交流和访问。他在中国文明起源、国家起源、商代城市都邑、史前文化、原始宗教等研究领域，形成了自己独特的学术体系，是学术界有影响力的学者。曾任中国社会科学院历史研究所副所长、学术委员会副主任、专业技术职务评审委员会副主任、博士生导师，兼任中国社会科学院研究生院历史系主任、学位委员会主任、中国社会科学院文史哲学部历史学科正高级专业技术职务评审委员会委员、中国社会科学院古代文明研究中心副秘书长、中国社会科学院甲骨文殷商史研究中心副主任、2014 年任中国社会科学院学部委员。其社会兼职有：山东师范大学齐鲁文化研究中心学术委员会委员、校外专职研究员；河南大学兼职博士生导师；天津师范大学古典文献研究所兼职教授；陕西榆林学院兼职教授；中国殷商文化学会会长、中华炎黄文化研究会副会长；国家广播电影电视总局电影审查委员会委员。从 20 世纪90 年代初开始，他在《中国文明起源的比较研究》等著作中，提出并论证了中国文明和国家起源经历了："由大体平等的农耕聚落形态，发展为含有初步不平等和社会分层的中心聚落形态，再发展为都邑国家（邦国）形态"，被学术界称为"文明起源的聚落三形态演进说"。在文明与国家的概念、标志，中国文明与国家起源的过程、路径和机制等问题上，他都作了理论上的探索和创新。之后，他又提出夏商周时期的国家结构是以夏王商王周王为"天下共主"的"复合型国家结构"；提出进入国家以后的国家形态的发展经历了由邦国发展为王国，再发展为帝国的"邦国—王国—帝国"三形态三阶段说等，在学术界也产生了影响。在商代城市都邑研究中，他将甲骨文与商代考古和文献相结合，提出汤都亳乃"内黄邺薄（亳）"说。主要学术著作：《中国文明起源的比较研究》《中国古代文明的探索》《商代都邑》《商族起源与先商社会变迁》《中国古代文明与国家形成研究》（合著）、《国际汉学漫步》（合著）、《民族与文化》（合著），还有论文 80 余篇和译文 8 篇。曾荣获多项学术奖项，主要有：《中国文明起源的比较研究》1997年 12 月先后获得"第二届全国青年优秀社会科学成果专著一等奖"及"首届胡绳青年学术奖"。《中国古代文明与国家形成研究》（合著）2000 年获中国社会科学院优秀成果二等奖及历史所优秀成果奖。《东夷的史前史及其灿烂文化》1992 年获"中国社会科学院第一届青年优秀成果一等奖"。《甲骨文亳邑新探》2007 年获"第六届中国社会科学院优秀科研成果三等奖及历史所优秀成果奖一等奖。《商代都鄙邑落结构与商王的统治方式》2009 年获山东省第二十三次社会科学优秀成果奖二等奖。《先商社会形态的演进》2010 年获中国社会科学院优秀成果三等奖及历史所优秀成果奖一等奖。

宫长为 （1957—）
男，吉林省永吉县人。
中学毕业后，曾经下过
乡、进过工厂。随后，
就读于东北师大历史
系、吉林大学古籍研究
所，师从宋敏、徐喜辰
和金景芳三位导师，学习中国古代史，
专攻先秦史，先后获历史学学士、硕士
和博士。1996 年 8 月，进入中国社会科
学院历史研究所博士后流动站，师从李
学勤。1998 年 9 月出站后，留历史研究
所先秦史研究室工作，现为研究员、中
国社会科学院古代文明中心秘书、中国
先秦史学会常务理事、秘书长，主要从
事先秦史、简帛学和国学的研究工作。
曾于 2001 年 6 月赴日本京都大学人文科
学研究所进行学术访问和交流。代表作
有《周公何以摄政称王》《"分陕而治"
说再认识》《西周三公新论》《"隶臣
妾"是秦时官奴婢》《试论〈秦律〉中
手工业管理》，以及《〈周礼〉官职初
论》《〈周礼〉官职研究》《西周官制研
究》等，个人已发表著作两部、译著一
部，论文五十余篇。其甲骨文和殷商史
相关论著有：《〈尚书〉中所见商周关
系》《中国文字起源研究中的比较方法
问题》《追寻中华古代文明的足迹·
"祭祀"疏解》《东北师大所藏甲骨选
释》等。曾参加大型项目《商代史·殷
鉴与殷遗》（合著）、《甲骨文献集成》
（40 册）等。

吴振武 （1957—）男，汉族，上
海人。1978 年考取吉
林大学历史系考古专业
古文字方向研究生，
1981 年获历史学硕士
学位，1984 年获历史
学博士学位。毕业后留吉林大学古籍研
究所任教，从事中国古文字学研究。现
任吉林大学副校长、研究生院院长。主
要研究著作有，《吉林大学所藏古玺印
选》《殷墟甲骨刻辞摹释总集》（参与编
辑）、《殷墟甲骨刻辞类纂》（参与编
辑）、《甲骨文字诂林》（参与编辑）、
《珍秦斋藏印〈战国篇〉》（考释）。此
外，学术论文八十余种。现任中国古文
字研究会会长、中国文字学会副会长、
中国殷商文化学会理事、全国古籍保护
工作专家委员会委员、吉林省古籍保护
工作专家委员会主任、国务院学位委员
会学科评议组历史学组成员、国家社会
科学基金学科评审组专家、教育部历史
学教学指导委员会委员、中国社会科学
院古代文明研究中心专家委员会委员、
北京大学中国古文献研究中心学术委员
会委员、清华大学出土文献研究与保护
中心学术委员会委员等。

朱歧祥 （1958—）
男，汉族，广东省高要
县人。台湾大学中文系
学士、硕士，香港中文
大学哲学博士。任职于
台湾静宜大学中文系，
任教授。天津南开大学
中文系访问学者，上海华东师范大学中
文系访问学者，香港中文大学中国文化

研究所访问学者，"中央研究院"史语所访问学者，河南安阳师范学院客座教授，香港珠海学院中文系客座教授，安徽大学文学院讲座教授，北京师范大学民族与文字研究所客座教授，上海华东师范大学思勉中心客座教授，南京大学中文系客座教授。2013年任澳门汉字学会副会长，2014年任韩国世界汉字学会台湾区会长，2015年任中国台湾地区文字学会理事长。甲骨学方面的主要著作有《殷墟甲骨文字通释稿》（台北文史哲出版社1989年版）、《殷墟卜辞句法论稿——对贞卜辞句型变异研究》（台北学术书局1990年版）、《甲骨四堂论文集》（台北学术书局1990年版）、《甲骨学论丛》（台北学术书局1992年版）、《王国维学术研究》（台北文史哲出版社1995年版）、《甲骨学论丛〈再版〉》（台北里仁书局1998年版）、《甲骨文读本》（台北里仁书局1999年版）、《甲骨文研究》（台北里仁书局2000年版）、《甲骨文字学》（台北里仁书局2002年版）、《花园庄东地甲骨学术论丛》（台北圣环图书2006年版）、《殷墟花园庄东地甲骨论稿》（台北里仁书局2008年版）、《朱歧祥学术文存》（台北艺文书局2012年版）、《甲骨文词谱》（台北里仁书局2013年版）、《释古疑今——甲骨文、金文、陶文、简文存疑论丛》（台北里仁书局2015年版）。曾荣获台湾东海大学98学年度特优教学奖，其《甲骨文词组研究》《花园庄东地甲骨》与《甲骨文合集》第七册《〈一期附〉比较》《花园庄东地甲骨释文考订》《殷商金文文字编》等先后列入台湾93、94、96、97、98年度"国科会专题研究计划"。朱氏早年师从金恒祥习甲骨文，自诩为"甲骨学开山董作宾的第三代弟子，长期从事与科学整理国故的工作，是中国近代著名甲骨学家"（见朱歧祥《甲骨文研究》扉页）。

张玉金　（1958—）男，汉族。吉林省榆树人。1981年12月东北师范大学中文系本科毕业，1984年12月辽宁师范大学中文系汉语史专业硕士研究生毕业。后1988年北京大学中文系古典文献专业师从著名古文字学家裘锡圭，获博士学位。毕业后任教于大连辽宁师范大学中文系，1992年破格晋升为副教授，1996年破格晋升为教授，2000年聘为特聘教授，同年被选举为辽宁省语言学会会长。2003年被选为广东省中国语言学会副会长，2004年被选中国殷商文化学会理事。现任华南师范大学文学院特聘教授、博士生导师、副院长。主要从事出土文献和语言学研究、古文字学和汉字学研究。出版著作有《甲骨文虚词词典》《甲骨文语法学》《甲骨卜辞语法研究》《20世纪甲骨语言学》《西周汉语语法研究》《西周汉语代词研究》《汉字学概论》《当代中国文字学》《出土战国文献虚词研究》等。主编有《古今汉语虚词大辞典》《简明古汉语常用字字典》《全功能汉语常用字字典》《出土文献语言研究》《古代汉语》等。主编两套丛书《高等院校文科语言学教材系列》《汉语言文字学研究丛书》。在《中国语文》《语言研究》《古汉语研究》《文史》等刊物发表学术论文 120 多篇。

常耀华（1959—）男，汉族，河南省西平县人。北京第二外国语学院国际传播学院教授，毕业于中国社会科学院研究生院，获硕士学位。主要从事汉语言

文字学、中国文化和书法艺术教学和研究。现为北京第二外国语学院语言学及应用语言学研究中心主任，硕士研究生导师，语言学及应用语言学学科带头人，是学校"教学名师""金牌导师"获得者。中国殷商文化学会会员、理事、中国先秦史学会会员、理事，中国文字博物馆学术委员。在甲骨学、古代文化以及书法艺术领域有很高的造诣。出版论著（译著）4 种，主要有：2006 年《殷墟甲骨非王卜辞研究》，1999 年《百年甲骨学论著目》（合著），2008 年《中国文化史十七讲》（合著），2009 年《神与兽的纹样学》（合译）。另有开创性著作《古文字与旅游文化研究》等。发表论文 60 余篇。

刘钊（1959—）男，汉族，吉林省吉林市人。1978 年考入吉林大学历史系考古专业，1985 年获硕士学位并留校任教，1991年获博士学位，导师姚

孝遂。后留校教学晋升副教授。1995 年8 月—1996 年 3 月在香港中文大学中国文化研究所任访问学者（与饶宗颐合作项目），1997 年晋升教授，任吉林大学古籍研究所古文字研究室主任、副所长，1999 年被评为博士生导师。2007 年入厦门大学历史系任教授、系主任、历史学科评议组组长，现为复旦大学出土文献与古文字研究中心任特聘教授、中心主任，为教育部"长江学者奖励计划"特聘教授，中国殷商文化学会副会长。2009 年 6 月 25 日，刘钊不拘一格，接收 2009 年高考用"甲骨文"作文学生小黄为校外私淑弟子，并让其通过电子邮件跟他学习。刘钊多年致力于甲骨文、西周金文、战国文字、秦汉文字的研究与考释，这些字的考释都具有相当的难度，其中有些字还是困扰学术界多年的老大难问题。共考释出古文字中的疑难字近两百个。主要著作有《古文字构形学》《郭店楚简校释》《出土简牍帛书文字丛考》。曾参加《殷墟甲骨刻辞摹释总集》《殷墟甲骨刻辞类纂》《甲骨文字诂林》《中国文字学史》等大型工具书的写作和编纂工作。

邓泓（1959—）男，汉族，河南安阳人，号奥缶斋主，法律工作者，在职研究生学历。中国殷商文化学会会员，中国收藏家协会会员，安阳市收藏家协会副会长。从 1979 年起专注于安阳本地殷墟遗物与北朝遗物的系列收藏。甲骨文收藏为主要特色，其中一大版龟腹甲经缀合后发表于中国社会科学院历史研究所"先秦史研究室"网站。研究专著

有《殷器别鉴》《邺华甄赏》藏品，论文《商晚期陶纺砖与甲骨文叀专簪之渊源》收入 2012 年齐鲁书社出版的《甲骨学暨高青陈庄西周城址重大发现国际学术研讨会论文集》，后被多家网站转载。并先后在《中国收藏家通迅》《收藏界》等杂志发表相关文章、论文。

李宗焜　（1960—）

字照庵，取义于《阿弥陀经》"光明无量，照十方国，无所障碍"（焜为光明照耀之义），谐音于"诏安"。祖籍福建诏安。1960 年生于台北县金山乡农村，1985 年毕业于台湾大学中文系，获学士学位。1990 年获台北"中央研究院"硕士学位，1995 年获北京大学文学博士学位。1994—1996 年为台北"中央研究院"史语所助理，1996—2003 年为助理研究员，2003—2012 年为副研究员，2012 年 7 月 16 日升任研究员至今。期间 2007 年 11 月始担任史语所文字学门召集人、史语所历史文物陈列馆主任。主要研究方向为甲骨学、古文字学、古代史、文献学、中国艺术史。2012 年由中华书局出版《甲骨文字编》，2013 年荣获"第 28 届全国优秀古籍图书奖"一等奖。2006 年编撰《历史文物陈列馆丛书》（一）《当甲骨遇上考古——导览 YH127 坑》，2011 年 10 月《百年风华》发表《龟壳上的国家档案——甲骨文与世界记忆》。曾追随台静农学习书法，由台静农推荐得王壮为指导学习篆刻。

马季凡　（1960—）

女，汉族，原籍湖南，生于锦州。最后学历大学本科。1980 年进入历史所，先后在办公室、科研处工作，1987 年调入先秦史研究室，1994 年评为馆员，1996 年转助研，2002 年 8 月晋升为副研究员。以甲骨学和商代史为主要研究方向，代表著作有社科"九五"重点项目"甲骨文合集补编"。该书共七册已于 1999 年由语文出版社出版，并荣获历史研究所"优秀科研成果一等奖"。参加编纂的《甲骨文献集成》收入了 100 年来海内外几代学者研究甲骨文的著作数千种，其中有许多是难得一见的珍本。全书四十册已于 2001 年由四川大学出版社出版。被学术界评为"2001 年全国文博考古十部最优秀的图书之一"，获最佳图书奖。年发表论文有《商代中期的人祭制度研究——以郑州小双桥商代遗址的人祭遗存为例》等多篇。现正从事国家项目"甲骨文合集"三编的编纂工作。

张国硕　（1963—）

男，汉族，河南省平顶山市（原叶县）人。1981—1985 年在北京大学考古系学习，获学士学位。1990 年、2000 年分别获郑州大学历史学硕士、博士学位。2004—2005 年到日本九州大学访问学者。1985 年被分配到郑州大学历史学院工作至今，曾任考古系副主任、主任等职。1994 年被国家文物局批准为考古领队。现为河南省特聘教授，郑州大学历史学院教授、博士生导师、教授委员会副主任、三代文明研究所所长。九三学社郑州大学委员会副主委。兼任中国殷商文化学会副会长、中国先秦史学会理事、中国古都学会理事、河南省文物考古学会常务理事、中华之源与嵩山文明研究会学术委员会委员等 10 多个全国或省级学术团体职务。获河南省优秀中青年骨干教师、河南省科技创新人才、河南省哲学社会科学优秀学者、河南省教育厅学术技术带头人、郑州市优秀教师等称号。主要研究方向为夏商周考古、史前考古、先秦史、民族史。出版著作《夏商时代都城制度研究》《夏商周三族源流探索》（合著）、《文明起源与夏商周文明研究》《郑州商都文化》《先秦人口流动民族迁徙与民族认同研究》《辉县孙村遗址》《民权牛牧岗与豫东考古》《中原先秦城市防御文化研究》等著作 13 部。发表《试论华夏集团与东夷集团的文化交流及融合》《甲骨文在商代非档案说》《盘庚自何地迁殷探索》《郑州商城与偃师商城并为亳都说》等论文百余篇。

赵平安 （1963—）湖南省邵东县人。1984 年毕业于华中师范大学中文系。1991 年获中山大学汉语言文字学专业博士学位。1995 年至 1997 年在中国社会科学院历史所做博士后研究。先后任职于河北大学、中国社会科学院历史研究所、北京师范大学。曾担任北京师范大学民俗典籍文字研究中心副主任、

博士生导师。2009 年调入清华大学人文社会科学院历史系，任历史系教授、博士生导师。兼任中国文字学会常务理事、中国古文字研究会理事。2004 年入选教育部新世纪优秀人才支持计划。主要研究方向为文字学、古文字学、古汉语和出土文献。出版专著《隶变研究》（1993）、《〈说文〉小篆研究》（1999），*Chinese Characters then and now*（合作，Edition Voldemeer Zurich，2004），《新出简帛与古文字古文献研究》（2008）。在国内外发表学术论文百余篇。论著曾获中国社会科学院青年语言学家奖一等奖（2002）。代表性论文有《汉字形体结构围绕字音字义的表现而进行的改造》等。在 2009 年 8 月召开的"纪念王懿荣发现甲骨文 110 周年国际学术研讨会"上，获"王懿荣甲骨学研究奖"。

郭静云 （1965—）女，中国籍犹太人。俄罗斯国家科学院历史学博士。研究方向为中国上古史及先秦文化，从 1990 年开始在中国 20 余年从事学术研究、教学、田野考古与博物馆工作。现任台湾中正大学历史系教授、广州中山大学珠江学者讲座教授。将考古发掘资料、古代文献和古文字结合起来互补考证，不断取得新的成果。主要著作有《夏商周：从历史到神话》《天神与天地之道：巫觋信仰与传统思想渊源》《亲仁与天命：从〈缁衣〉看先秦儒学转化成"经"》。主要论文《夏商神龙佑王的信仰以及圣王神子观念》《由商周文献试论历史时间观念之形成》《从考古史实推论殷商建国的情况》《古代亚洲的

驯马、乘马与游战族群——兼说殷商文明马车的来源》《甲骨文中"神"字的雏型及其用义》《由礼器纹饰、神话记载及文字论夏商双嘴龙神信仰》《甲骨文"下上若"祈祷占辞与天地相交观念》《殷商的上帝信仰与"帝"字字形新解》《甲骨文中"神"字的雏型及其用义》《殷商王族祭日与祖妣日名索隐》《"大禾方鼎"寻钥兼论殷商巫觋的身分》等，对殷商文化进行了深入探讨。

韩江苏 （1964—）

女，汉族，河南省林州市人。中国社会科学院历史学硕士，北京师范大学历史学博士，安阳师范学院教授，殷商文化学会理事。在《中国史研究》等刊物上发表论文《从殷墟花东 H3 卜辞排谱看商代舞乐》《殷墟花东 H3 卜辞时代再探讨》《从殷墟花东 H3 卜辞排谱看商代弹侯礼》《从殷墟花东 H3 卜辞排谱看商代学射礼》《殷墟花东 H3 卜辞中"迟弓、恒弓、疾弓"考》《从殷墟花东 H3 卜辞排谱看商代田猎礼》等 30 余篇，出版《殷墟花东 H3 卜辞主人"子"研究》（专著）、《甲骨文精粹释译》《商代史·〈殷本纪〉订补与商史人物徵》（合著）三部。主持国家社会科学基金项目《甲骨文图文资料库》，参与《商代史》《基于甲骨文语料库的计算机辅助考释技术研究》《甲骨文与商代礼制研究》《甲骨文与民族传统体育因素研究》国家自然科学基金和社会科学基金项目。今后研究的方向是殷墟花东卜辞的深入研究。

朱彦民 （1964—）

男，汉族，河南省浚县人，艺名朱桢，号美髯公，斋号冰醋斋、怀醋堂、后素轩。甲骨学博士学习师从王玉哲，书艺师从范曾，怀醋堂乃范曾所命赏。1985 年毕业于安阳师范学院中文系，初习甲骨文字。1992 年获郑州大学历史学硕士学位，导师为著名学者李民教授。1996 年南开大学，获历史学博士学位，导师为权威专家王玉哲教授。诗词书画导师为范曾教授。现为南开大学历史学院教授、博士生导师、先秦史研究室主任、中国社会史研究中心研究员，北京大学中国画法研究院兼职教授。任国际易学联合会理事，中国殷商文化学会副会长、中国先秦史学会理事、天津市国学研究会会长等多所学术机构负责人和高级研究员。主要研究领域为甲骨学（古文字学）、殷墟考古与殷商社会生活史、书法艺术史论，招收先秦史方向硕士、博士研究生。出版著作有：《甲骨文精粹选读》（王宇信、杨升南、聂玉海主编，为主要参加者、执笔者）、《殷商社会生活史》（李民主编，为主要参加者，承担其中第六章"商代的衣食住行"，约六万字，并最后审定全部书稿）、《殷墟都城探论》（专著）、《黄河文化大百科全书》（合著，生活卷主编）、《巫史重光——殷墟甲骨文发现记》（专著）、《甲骨文精粹释译》（合著）、《商族的起源、迁徙与发展》（专

著）、《商代社会的文化、思想与观念》
（专著）、《殷墟考古发掘与甲骨文研究》
（专著）、《商代服饰研究》《商代都城研
究》等及研究论文数篇。

　　方辉（1964—）
男，汉族，山东省阳谷
县人。1980—1984 年
就读于山东大学历史系
考古专业，获学士学
位，1984—1987 年在
山东大学历史系考古专
业读硕士研究生，师从刘敦愿。1989—
1994 年在山东大学历史系攻读博士学
位，师从田昌五。2002 年起任山东大学
东方考古学研究中心副主任，2012 年起
任新成立的文化遗产研究院院长。2012
年 12 月，任山东大学历史文化学院院
长。为山东大学历史文化学院教授、博
士生导师，兼任山东大学博物馆馆长、
原山东大学人事部部长、山东大学学术
研究部副部长、社会科学办公室主任。
中国殷商文化学会副会长。学术特长在
三个方面：第一，岳石文化的分期、族
属，夏商文化断限问题：将岳石文化分
为四期，并第一次利用交叉断代法，得
出岳石文化与二里头文化、二里冈的对
应关系；岳石文化的族属并非单一的东
夷族遗存，而是包含了众多族姓（如
妊、姬、姜等）。在夏商文化断限问题
上，根据郑州南关外期（二里头文化
三、四期之际）所包含的岳石文化因
素，断定夏商文化的更迭应在二里头三、
四期之际，偃师商城的建立是其标志。
第二，考古学史研究：根据大量的第一

手资料，澄清了考古学史，尤其是甲骨
学史上争论已久的明义士的功过是非问
题。见《明义士和他的藏品》王宇信
序。第三，长期从事聚落考古理论与方
法的探讨与研究，结合日照两城镇中美
合作聚落考古研究，接受和掌握了大量
外国考古学新理论和方法，并积极探索
出一种适合中国考古学特点的聚落考古
新理论与新方法，为中国考古学的理论
建设做出了积极的贡献。

　　郭旭东（1965—），
河南省林州市人，1985
年毕业于安阳师范学院
政史系。1985—1987 年
在安阳师范学院与中国
社会科学院历史研究所
合办的殷商文化研究班学习甲骨学与殷
商史。1989 年考取郑州大学李民教授研
究生，获历史学硕士学位。2006 年考取
陕西师范大学历史文化学院王晖教授研
究生，获历史学博士学位。现任安阳师
范学院教授，硕士研究生导师，安阳师
范学院历史与文博学院院长兼期刊
（《殷都学刊》《安阳师范学院学报》）
编辑部主任、主编，甲骨学与殷商文化
研究中心主任。河南省政协常委、安阳
市政协副主席、民进安阳市委主委、烟
台大学、郑州大学硕士研究生导师、中
国殷商文化学会副会长、河南省文字学
会常务理事、安阳甲骨学会名誉会长，
安阳周易研究会名誉会长。河南省高校
哲学社会科学优秀学者、河南省教育厅
学术技术带头人和骨干教师。参与王宇
信《甲骨文精萃释译》编撰工作，出版

《走近殷墟——殷墟考古发掘与研究》《青铜王都——殷墟考古大发现》《殷商文明论集》等学术著作十余部。在《中国史研究》《文史哲》《史学集刊》《史学月刊》《考古与文物》《华夏考古》《中国农史》等刊物发表学术论文 50 余篇，主要为《殷墟甲骨文所见的商代军礼》（《中国史研究》2010 年第 2 期）、《殷墟卜辞所见商代品立王后制度考》（《文史哲》2009 年第 1 期，人大复印资料《先秦、秦汉史》2009 年第 3 期全文复印）、《甲骨文的"稻"及商代的稻作》（《中国农史》1996 年第 2 期）、《"求年""受年"卜辞及相关问题》（《2004 年殷商文明国际学术研讨会论文集》社会科学文献出版社 2004 年版）、《殷商时期的自然灾害及相关问题》（《史学集刊》2002 年第 4 期）、《试论〈尚书·周书〉中的"殷鉴"思想》（《史学月刊》1996 年第 6 期）、《"其在祖甲"考辨》（《1997 年中国殷商文明国际学术讨论会论文集》语文出版社 1998 年版）、《从甲骨文字"省"论及商代的巡守礼》（《中州学刊》2008 年第 2 期）、《从甲骨文"刍""牧"论及商代的经济生活》（《华夏考古》2009 年第 1 期）、《甲骨文所见商代献捷献俘礼》（《史学集刊》2009 年第 3 期，人大复印资料《先秦、秦汉史》2009 年第 5 期全文复印）、《读〈尚书·立政〉》《罗振玉确知甲骨文真正出土地时间考》（《殷都学刊》1999 年第 2 期）、《河南学人与甲骨学研究》（《郑州大学学报》2003 年第第 1 期）、《殷墟卜辞中的吉凶宜忌》（《澳门易学国际讨论会论文集》，2005 年版）、《"殷墟漂没说"与中国考古学的科学化进程》（《考古与文物》2003 年第 3 期）、《商代的军情观察与传报》（《殷都学刊》1989 年第 2 期）《召公与周初社会》（《华中师范大学学报》2003 年第 1 期）《甲骨文中所见的商代朝觐礼仪》（《陕西师范大学学报》（哲社版）2011 年第 3 期）《"大龟四版"对甲骨学和甲骨文书法的贡献》（《中国书法》2012 年第 6 期）等。主持和参加国家社科基金项目"甲骨文与商代礼制研究"和全国高校古籍整理委员会项目"甲骨文军事资料集萃与考辨"等国家、省、厅级各类科研项目五项。参与李民教授为主编的《殷商社会生活史》的编撰，承担其中"殷商社会经济史"一章，近十万字，该书 1994 年被河南省教委评为优秀科研成果一等奖，1996 年被河南省社会科学联合会评为河南省优秀社科成果著作三等奖，1997 年荣获河南省政府最高奖"河南省社科优秀图书一等奖"。

芦金峰　（1966—）河南省安阳市人。1988 年毕业于武汉体育学院体育教育专业。1997 年毕业于北京体育大学体育人文社会学专业，获硕士学位。现任安阳师范学院体育学院教授、教研室主任，兼任安阳师范学院甲骨学与殷商文化研究中心研究员。2012 年曾在加拿大荷兰学院学习。2013—2014 年在中国社会科学院历史研究所为访问学者。主要从事中国体育史，特别是甲骨文与民族传统体育的研究。发表论文十多篇，出版学术专薯部。先后主持完成安阳师范学院校培育基全项目两项（2008 年、2000 年）、安阳市社科规划项目一项（2011 年）、国家社会科学基金项目一项。以甲骨文为依据研究中国体育史，将中国体育的研究从战国时代上溯到殷商时代，提前了数百年。发表学术论文有《从甲骨文字的构型看殷商时期休闲体育因素》《殷商弹射探析》《从甲骨文游、泳、舟、鱼的构型看商代水上运动》《论殷商战车驾马及车兵配置》《殷商五兵略考》等。专著《甲骨文与民族传统体育因素研究》，通过甲骨文和考古资料的考释论证，介绍了殷商时期我国存在的传统体育项目及其作用。

李立新 （1967—）男，汉族。河南邓州人。山东大学历史系毕业后入河南省社会科学院历史考古所，后就读中国社会科学院研究生院历史系，毕业获博士

学位，回河南省社会科学院，现任河南省社会科学院历史与考古研究所及中原文化研究所副所长、研究员。兼任河南省河洛文化中心副主任、河南省姓氏祖地与名人里籍研究认定中心副主任兼秘书长、中国殷商文化学会副秘书长、《黄河文化》副主编。长期从事甲骨学殷商史与中原文化研究，主要学术论文有《甲骨文"□"字考释与洹北商城 1 号宫殿基址性质探讨》《甲骨文"贞"字新释》《甲骨文"肜"字新释》等五十余篇，并编著《中原文化解读》《中

华姓氏河南寻根》等著作。曾主持并完成国家社科基金课题 1 项。

王秀萍 （1969—）女，汉族。河南省洛阳市人。1992 年毕业于安阳师范学院艺术系音乐专业。2004 年毕业于河南大学，获音乐学硕士学位。2014 年毕

业于南京艺术学院，获音乐学博士学位。教授，硕士研究生导师，中国音乐史学会会员，中国传统音乐学会会员，河南省音乐家协会会员，河南省高等学校人文社会科学重点研究基地甲骨学与殷商文化研究中心、河洛文化国际研究中心研究员。从事中国古代乐器和音乐理论的研究，发表学术论文 20 余篇，独立出版学术专著 2 部，主持完成《甲骨文音乐史料整理与研究》（河南省高等学校人文社会科学研究科研基金培育项目）、《考古出土商代乐器研究》（2012 年度教育部人文社会科学研究规划基金项目）、《殷墟音乐考古与商代礼乐研究》（国家社科基金艺术学研究项目）等各级各类研究项目十余项。主要论文有《甲骨文"乐"字研究分析》《殷墟出土音乐文物综论》《殷墟妇好墓出土铜铙组合方式新探》《殷墟出土乐器的分类整理及相关问题探讨》《考古出土商代青铜乐器考略》。主要著作有《中国民族乐器简编》《考古出土商代乐器研究》。

林宏明 （1971—）男，汉族，台湾人。于 2003 年台湾政治大学中国文学系毕业，获文学博士学位。曾任"中央研

究院"历史语言研究所约聘助理、台湾海洋大学共同课专任助理教授。2004 年任台湾政治大学中国文学系专任助理教授。缀合专著有《醉古集——甲骨的缀合与研究》,战国文字研究专著有《战国中山国文字研究》,论文有《小屯南地甲骨缀合十二则》《历组与宾组卜辞同卜一事的新证据》《从一条新缀合的卜辞看历组卜辞的时代》《〈殷契摭佚续编〉77 真伪检讨——一版刻着历组卜辞的龟腹甲》等二十余篇。林宏明在甲骨文缀合方面,取得了骄人的成绩。

岳洪彬 (1968—)男,汉族。河南新密人。1992 年毕业于山东大学历史系考古学专业,获历史学学士学位。同年入中国社会科学院考古研究所,1995 年入中国社会科学院研究生院攻读在职硕士学位,1998 年获历史学硕士学位;同年,攻读中国社会科学院研究生院攻读在职博士学位,2001 年获考古学和博物馆学博士学位。自从事考古工作以来,曾参加和主持发掘的遗址有山东邹平丁公龙山文化城址、山东日照尧王城龙山文化遗址;夏商时期三大著名城址:河南偃师二里头夏代城址、河南偃师商城商代早期遗址、洹北商城、河南安阳殷墟商代晚期城址。现在主要从事河南安阳殷墟的发掘、研究和保护工作。主要研究方向为夏商周考古学文化和三代青铜器研究。主要著作有《殷墟村中村南出土甲骨》(合著)、《殷墟青铜礼器研

究》《殷墟新出土青铜器》(主编)、《安阳大司空——2004 年殷墟大司空发掘报告》(合著)、《殷墟与商文化》(主编)、《醉乡酒海——中国古代文物与酒文化研究之一》(合著)、《唇边的微笑——中国古代文物与酒文化研究之二》(合著)、《20 世纪中国考古大发现》(合著)等,此外,有《苏富比所拍"禾冉"方彝考》《商周蜗体兽纹铜器研究》《殷墟王陵区出土铜炮弹形器功能考》等学术论文 80 余篇。

徐义华 (1972—)男,汉族,山东省临朐县人。1993 年毕业于山东省潍坊市昌潍师范专科学校历史系,1993 年至 1994 年任教于山东省临朐县第九中学,

1994 年至 1996 年进修于山东省教育学院,1996 年考入中国社会科学院研究生院历史系,学习甲骨学殷商史专业,获硕士学位。1999 年进入中国社会科学院历史研究所工作。2006 年晋升副研究员。2012 年晋升研究员。现任中国历史研究院甲骨文研究中心主任,中国殷商文化学会副会长兼秘书长。参加了《甲骨文献集成》(40 册)、《商代史》的编撰工作,并发表《也谈甲骨文发现的"旧说"》《甲骨文发现的意义》《商代诸妇的宗教地位》《甲骨刻辞诸妇考》《商代的占卜权》等论文 30 余篇。与王宇信合著出版《商周甲骨文》(历史考古研究系列丛书)、《商代国家与社会》、(《商代史》卷 4),与宫长为合著《殷

鉴与殷遗》（《商代史》卷 11）等。

刘源 （1973—）
男，汉族，原籍湖南省
长沙市，自幼在陕西省
咸阳市长大。1990—
1994 年在陕西师范大
学历史系获历史学学士
学位，1994—2000 年
在南开大学历史系师从朱凤瀚教授学习
先秦史及古文字，先后获历史学硕士、
博士学位。2000 年至今在中国社会科学
院历史所先秦史研究室工作，历任助理
研究员、副研究员、研究员、先秦史研
究室副主任、主任。研究方向为甲骨文、
金文、商周史。与宋镇豪合著出版《甲
骨学殷商史研究》，出版自著《商周祭
祖礼研究》等专著，发表《简论早期卜
辞中祭祀的性质——兼谈历组卜辞的时
代》《读契偶识》《商代祭祀所用牺牲的
贡纳和征取》《从祭祀角度看殷商时期
的祖先观念》《花园庄卜辞中有关祭祀
的两个问题》《商代后期祭祖仪式类型》
《殷墟甲骨文中所见的豕牲》《试论殷墟
花园庄东地 H3 卜辞的行款》《殷墟花园
庄东地甲骨文所见禳祓之祭考》《甲骨
文与殷礼研究》《从国博所藏甲骨谈王
卜辞中的子某》《历组卜辞新缀两组》
《再谈殷墟花东卜辞中的"□"》《殷墟
"比某"卜辞补说》《补论殷墟卜辞中的
"在先王宗卜"》《试谈花东卜辞中的
"𠧗"》《从殷墟卜辞的"族"说到周初
金文中的"三族"》《读殷墟村中南近出
甲骨札记》《读一版新见出组田猎卜辞》
《读〈殷墟花园庄东地甲骨〉》《甲骨缀

合与研究的佳作〈醉古集〉》《近两年的
甲骨学研究》等论文多种。

章秀霞 （1974—）
女，汉族。河南省宁陵
县人。1996 年毕业于
商丘师专历史系。2001
年考取郑州大学历史文
化学院攻读历史学硕士
学位。2004 年进入河
南省社会科学院历史研究所。2012 年考
入陕西师范大学历史文化学院攻读博士
学位，主要研究方向为古文字与先秦史。
河南省社会科学院历史考古研究所副研
究员。编著《殷墟花园庄东地甲骨刻辞
类纂》（合著，线装书局 2001 年版）。
在《中国社会科学报》《郑州大学学报》
《华夏考古》《中州学刊》等专业刊物上
发表学术论文 20 余篇。主持或参与完成
国家及省部级、市厅级课题十余项。

齐航福 （1975—）
男，汉族。河南省虞城
县人。2000 年入郑州
大学历史学院攻读硕士
学位。2007 年入首都
师范大学文学院攻读博
士学位。2003 年进入
河南省社会科学院历史考古研究所从事
甲骨文殷商史研究。2013 年任河南省社
会科学院《中原文化研究》编辑。河南
省社会科学院副研究员。先后编著《甲
骨拼合集》《殷墟花园庄东地甲骨刻辞
类纂》《字源》《华夏历史文明传承创新
研究》等学术著作。发表学术论文数十
篇。代表性作品有《花东卜辞前辞形式

探论》《殷墟卜辞疑难辞例考释八则》《殷墟甲骨文中焦点问题的初步研究》《从殷墟甲骨文看商代妇女社会地位》等。主持、参与各级各类科研项目多项。其中主持并完成国家社科基金项目"殷墟花园庄东地甲骨的语言学研究"1项，主持省社科基金项目"汉字演变与文化变迁"1项，作为主要参加人完成国家级、省级社科规划项目6项。

赵鹏（1976—）女，汉族，河北定兴人。2006年毕业于首都师范大学文学院，获博士学位。2006至2007年任职于北京联

合大学师范学院，2007年任职中国社会科学院历史研究所。2009年任副研究员。出版专著有《殷墟甲骨文人名与断代的初步研究》《张藏》（合著）、《旅博藏甲》（合著）、《甲骨拼合集》（合著，续、三集）等。论文有《甲骨文考释四则》《殷墟甲骨文女名结构分析》《從花東子組卜辭中的人名看其時代》《師組肥筆類卜辭中的"王"字補釋》《"艱"字補釋》等论文。

王志轩（1976—）男，汉族。河南省安阳市人。1996年参加工作。2004年至2007年在南京大学历史系中国古代史专业学习并获得

历史学博士学位。2008年到安阳师范学院历史系任教，并在河南省人文社科重点研究基地安阳师范学院甲骨学与殷商

文化研究中心任研究员。主持2012年河南省教育厅人文社会科学专题项目——"创建富有中原文化底蕴的华夏汉字文明传承创新基地"、2013年中央财政支持地方高校发展专项资金项目"《易藏》古籍数字化基地"（财教［2013］338号）、2013年河南省哲学社会科学规划项目——"《易经》考古新材料图文数据库建设"，参与中央高校基本科研业务费专项资金资助项目——"商周军事制度初探"。发表学术论文20余篇，主要有《"五行"与"四元素"溯源与比较》《兑卦卦象"泽"为天河说》《厕筹杂考》等。受邀主笔中纪委机关刊物《中国纪检监察》"说文解字"专栏，现已发表文章5篇，利用甲骨文金文等资料对纪检工作重要词汇进行考证阐释与说明。

周伟（1977—）男，汉族。河南省安阳市人。1995—1999年在河南大学历史文化学院博物馆学专业学习，获学士学位。1999—

2002年在安阳博物馆工作。2003—2012年在安阳市文物管理局工作，任办公室副主任、钻探管理科科长。2013年至今任安阳博物馆馆长。河南省博物馆学会常务理事、安阳甲骨学会副会长。出版著作3部，发表学术论文8篇。2001年春，被选派加入安阳殷墟申报世界文化遗产委员会办公室工作，是殷墟申报世界文化遗产文本主要撰写人之一。2005年和2006年，参与完成殷墟《补充材

料》和《关于殷墟价值真实性、完整性和保护管理的补充材料》的编写制作任务。还参与中国文字博物馆筹建工作，负责重要文稿的拟制和文物征集。2006年，与《中国文化遗产》杂志合作编辑出版了庆祝殷墟申报世界遗产成功的专号。2006年，主持了大型英文图册《殷墟》的编辑出版工作，该书由新世纪出版社、中国对外翻译出版公司联合出版，是首部面向普通英文读者宣传介绍殷墟的普及性书籍。2008年，参与主持编写的大型图录《殷墟—中国的世界遗产》由中国对外翻译出版公司出版。论文《商代后期殷墟气候探索》《仰韶文化后冈类型与大司空村类型略论》《80年来殷墟遗址保护的回顾与展望》都得到学术界的好评。

孙亚冰 （1978—）女，汉族，河南省登封市人。1998年毕业于河南大学历史系，2001年毕业于中国社会科学院研究生院历史系，获历史学硕士学位。同年进入中国社会科学院历史研究所工作。2011年晋升先秦史研究室任副研究员。主要从事甲骨学和殷商史研究。先后发表的论文有《浅论殷墟卜辞中所见东方和南方方国》《卜辞中所见"亚"字释义》《〈新编甲骨文字形总表〉简评》《试论甲骨学论著目的编排方法》《百年来甲骨文材料再统计》《大师风范广为传颂——读〈商承祚教授百年诞辰文集〉》《济南市大辛庄遗址新出土甲骨卜

辞探析》（与宋镇豪合著）。在国家社科基金项目《商代史》中撰写《商代地理与方国文明》部分，参加《云间朱孔阳藏戤寿堂殷虚文字旧拓》一书的整理。现正从事国家项目《甲骨文合集》三编的整理编纂工作。

门艺 （1979—），河南省商丘市人。先后就读于河南师范大学中文系、西南师范大学（现西南大学）文献研究所汉语言文字学专业，获文学学士、文学硕士学位。2005年考入郑州大学历史学院古文字研究室，主攻方向为殷墟甲骨文，获历史学博士学位。其间发表《〈甲骨文发现与研究〉指瑕二则》《周原甲骨文动词及用字形义关系浅析》，参加导师主持的各种项目，完成博士毕业论文《殷墟黄组甲骨刻辞的整理与研究》。2009年进入河南大学黄河文明与可持续发展研究中心，从事甲骨文的整理研究和教学。缀合甲骨近120组，发表论文主要有《关于黄组仿祭卜辞性质的考察　附初祭甲骨缀合六例》《甲骨文文献信息化与利用》《殷墟晚期甲骨上的干支表刻辞》《〈英国所藏甲骨集〉校读举例》《黄组征人方卜辞及十祀征人方新谱》《〈中国国家博物馆所藏甲骨文考释〉指瑕》等。

任会斌 （1980—）男，汉族，山东省沂源县人。2001年毕业于山东大学文学院，汉语言文学专业，获文学学士学位。2004年毕业于山东大学历史文化

学院，考古学与博物馆学专业，获历史学硕士学位，师从任相宏教授。2008 年毕业于清华大学人文社会科学学院，古代史专业，获历史学博士学位，师从李学勤教授。在校期间发表《齐长城建置年代初考》《补〈论清华所藏的一版历组岁祭卜辞〉》《中国文化常识》（合著）等论著。参加了由清华大学中国考古与艺术史研究所和清华大学图书馆共同承担的"清华大学所藏甲骨整理"的课题研究。博士论文《清华所藏殷墟一坑卜骨之初步研究》获清华大学优秀毕业论文。2008 年 7 月进入中国社会科学院历史研究所先秦史研究室工作。

苗利娟 （1983—），河南省济源市人。2007 年毕业于郑州大学历史学院，获历史学硕士学位。2010 年毕业于四川大学历史文化学院，获历史学博士学位。2010
年 9 月至今，在安阳师范学院历史与文博学院教授古文字学、历史文选、中国古代史史料学、铭刻学、考古绘图等课程，兼安阳师范学院甲骨学与殷商文化研究中心研究员。研究方向甲骨文、金石文和商史，已在《考古与文物》《华夏考古》《中国历史文物》《史学月刊》等期刊上发表学术论文 20 余篇。主持河南省哲学社会科学规划项目"商代金文字形的整理与研究"、教育部人文社会科学项目"商代金文数据库的建设"、古籍整理研究项目"安阳市博物馆藏甲骨"等，参与多项国家社科基金项目。

主持完成 2011 年度教育部社科基金青年项目"商代金文数据库的建设"。该课题的最终研究成果有两项，即工具书《商代金石文字编》及"商代金文数据库"软件。《商代金石文字编》系统整理了商代金石文字头，共计单字 1362 字，并酌情收录部分特殊组合。

雷 焕 章 ［**法**］
（ 1922—2010 ），Jean Almire Robert Lefeuvre，出生在法国西南城市勒芒 （La Mans） 附近的小城高定 （Chemirele Gaodin），父亲是当地的市长。在勒芒，雷焕章上了耶稣会的中学，毕业以后就加入了耶稣会。第二次世界大战期间，参军作战，被俘后关进德军的集中营，九死一生。1946 年，从蒙彼利埃大学哲学系毕业后，立志来中国研究。后来，他经常说："前往中国并非为着传教，因为牧灵工作我留在法国便有得做。我去中国，是因为我要学习中国人看待人生、世界的眼光……"雷神父因久住中国，他稍稍及老，人们便称他为"雷公"，他就扮个脸，笑笑，是一个不传教的法国神父。1947 年 10 月，雷焕章到了上海。在徐家汇修道院，受到冷遇后去了北平修道院。在那里，设法进入了北京大学哲学系，插班念三年级。同班听课的有王太庆（研究柏拉图）、陈修斋（研究莱布尼兹）。还有一位铁杆哥们，镇江人谢邦定，中共地下党员，曾任第一届全国学联主席。他们的老师，则是著名的康德哲学专家，后来当过北大哲学系主任的郑昕教授。1949年到1952年，雷焕章离开北京，在上海的徐家汇耶稣会总部又住了三年。1955年到台湾，在台中编辑《利氏汉法大字典》。在42岁的时候，方才发愿学习甲骨文。1964年，为了编辑《利氏汉法大字典》，听从老朋友顾从义（Claude Larre，1919—2001）的意见，承担汉语古文字的研究。自1971年起，全身心投入了古文字学研究，主要是摸索甲骨文、金文在商、西周、东周时期的不同用法，"力辨各代间之异同，务求收摄提纲挈领之功"。学不在功力之积累，而在方法之正确。他曾说："我个人以为，真欲研究甲骨文，凭藉记忆固然重要，研究之方法论更是不可或缺"。雷焕章另辟蹊径，发挥所长，编辑了《法国所藏甲骨录》《德、瑞、荷、比所藏的一些甲骨录》和《甲骨文集书林》，对甲骨学确有独到之贡献。三本书所收的甲骨，虽不如大陆各处所藏总集那么浩繁，但拾遗补阙，颇有可观。凭借这些成果，1976过后，雷焕章和北京、上海的甲骨金文学者，如夏鼐、胡厚宣、马承源、李学勤、裘锡圭、王宇信等教授都建立了学术交流关系。88岁的"米寿"之年，逝在台北，葬在彰化静山墓园。由其对甲骨学研究的贡献，被誉为甲骨学六外国权威学者之一。

张光直［美］（1931—2001）男，原籍中国台湾板桥，出生在北京。在北京读完了小学和中学，抗日战争胜利后回到台湾，恰逢南京的中央研究院历史

语言研究所迁到了台北，就报考了李济、董作宾等考古学家、甲骨学家在台湾大学成立的考古人类学系。1949年台湾的"四六事件"对张光直一生的影响巨大。在其自述早年生活的《番薯人的故事》的后记中，认为当时的牢狱经历"影响了我一生做人的态度"。想要探索"人之所以为人"的问题，这是张光直报考考古专业的基本原因。当时的考古专业是极其冷门的专业，但张光直为能受教于李济、董作宾、凌纯声、芮逸夫、石璋如、高去寻等考古学菁英而深感幸运。1954年，张光直从台北大学毕业，决心走出国门，到美国深造。他如愿在美国哈佛大学读人类学系的研究生。此间有两位老师对他影响巨大，一位是旧石器时代考古学家Hallam Movius，一位是在考古学上提出聚落形态研究方法的考古学家Gordon Willey。1961年张光直获美国哈佛大学哲学博士后学位。在耶鲁大学人类学系任教16年，1977年回到哈佛大学任教，并任北京大学兼职教授，从事人类学和考古学的教学和研究工作。1981年至1984年兼人类学系主任，1985年至1988年兼哈佛东亚咨询委员会主席，并为哈佛赫德荪考古讲座教授，更荣膺美国国家科学院和美国人文科学院院士，后二者皆为百年来华人之首任。1994年至1996年，出任台北"中央研究院"副院长。在成就和名誉的背后，张光直常年饱受帕金森症的

煎熬，1997 年虽做了脑部胚胎移植疗法，健康却无起色。但他无言地忍受痛苦，为自己的学术研究争取时间，仍然活跃在学术界，做出了积极的贡献。2001 年 1 月 3 日，在美国麻省诸塞州因帕金森氏症病逝，享年 70 岁。其在中国青铜时代、中国的聚落形态、商王庙号、青铜纹饰、台湾史前史等方面有深入研究，在研究机构创办，田野考古活动，中外学术交流，两岸学术互动等方面贡献巨大，在国际考古学界享有崇高地位。他一直从事夏商周三代文明的研究，尤其感兴趣于商，著有《商文明》等。他精通考古学、人类学、历史学、文字学和文献学等多个学科，是当代著名的美籍华裔学者，人类学、考古学家。

吉德炜 ［美］

（1932—2017），David N. Keightley，男，出生于伦敦，后移居美国。24 岁的时候，在纽约大学获得欧洲现代史的硕士学位。他先在世界出版公司做了 3 年编辑，又当了两年自由撰稿人。1962 年，30 岁的他在哥伦比亚大学研究生院学习汉语，并逐渐体会到，那些能阐释中国与其他国家差异的关键因素深深植根于中国遥远的过去。于是，他的视野转到了古代中国。1969 年，他以《古代中国的公共劳动：商和西周的强制劳动研究》为论文获得哥伦比亚大学的哲学博士学位，同年，受聘于加州大学任教。此后他一直致力于有关中国古代历史文化方面的研究，相继撰写了《岛邦男的

〈殷墟卜辞综类〉（书评）》等 10 多篇评论，发表了《释贞——关于商代占卜性质的一个新假设》《宗教信仰与都市主义的起源》《商代占卜与商代的形而上学—附论新石器时代的占卜与形而上学》《商朝历史时期的年代——中国青铜时代编年史上的一个问题》，《〈古本竹书纪年〉的真实性》《安阳新发现的甲骨》等 30 多篇论文，被推选为以美国加州大学为中心的学术组织"古代中国研究会"的主席，并担任该组织出版的刊物《古代中国》（*Early China*）的主编。退休前，任加州大学伯克利分校历史系教授。多年来辛勤著述，硕果累累。出版了享有盛誉的甲骨学专著《商代史料——中国青铜时代的甲骨文》，编辑了《中国文明的起源》等。其对中国古代占卜术中"习卜"与"三卜"制有独特见解，以及对"贞"的解释——认为命辞乃是"一有关未来的陈述命题"，是宣示某种"意图"或"预见"。释"贞"为"正"，即正之等，都是对甲骨学研究的独特见解。被誉为甲骨学六外国权威学者之一。

石田千秋 ［日］ （1932—2003）出生于日本兵库县武库郡。著名汉学家、甲骨学商代史学者。1953 年考入国学院大学史学系，研习中国古代文化，以甲骨文进行殷商史的研究。1959 年入日本大学研究院人文科学院修硕士研究生课程。1959 年在日本大学附属高等学校任教。1988 年在东京大学任东洋文化研究所研究员，对甲骨学殷商史进行了创造性的探索和深入研究，并有不少著作问

世。其《盘庚三篇管见》(《镰田重雄博士花甲纪念历史丛论》,日本大学文理系镰田先生花甲纪念会刊,1969 年)、《众考》(日本甲骨学会会刊《甲骨学》第 10 号,1964 年)、《甲骨文与殷墟》(《书道研究》第 2 卷,美术出版社现改名为《萱原书房》)),在日本产生较大影响。在中国刊物上发表的《殷墟与洹水的关系——殷墟圣地考》《再论卜辞中的"众"——〈众考〉补正之一》等论文,受到学术界的好评。曾多次来华参观访问,考察安阳殷墟、郑州商城等商代文化遗址,与中国学者王宇信宋镇豪等保持着密切联系。出席了 1987 年 8 月在安阳召开的"中国殷商文化国际学术研讨会"和 1999 年 8 月在安阳召开的"纪念殷墟甲骨文发现 100 周年国际学术研讨会"等学术会议。

高岛谦一 [加]

(1939—), KEN-ICHI TAKASHIMA, 男, 日裔。加拿大温哥华英属(不列颠)哥伦比亚大学名誉教授,兼任安徽大学中文系汉语言文字研究所客座教授、华东师范大学中国文字研究与应用中心客座教授、南开大学中文系客座教授、李方桂汉语语言学学会理事等。曾任国际中国语言学学会会长;国际中国语言学学会顾问等。曾受教于李方桂和司礼仪,长年从事古汉语、古文字研究,尤潜心于甲骨文和金文研究。1973 年以《武丁时代甲骨文的否定词研究》一文获得美国西雅图华盛顿大学语言学博士

学位。1985 年后,相继出版《殷虚文字丙编通检》《甲骨文字字释综览》(松丸道雄主编)、《早期中国文明研究——宗教·社会·语言·古文字》(伊藤道治合著)、《多维视域——商王朝与中国早期文明研究》(荆志淳、唐际根合编)等著作。1986 年,继承司礼义的意图继续《殷虚文字丙编研究》研究项目,1988 年将初稿交给"中研院",在 1990 年经"中研院"审批后获准出版。到 1994 年,《甲骨文字字释综览》出版以后,高岛谦一已经发现了《殷虚文字丙编研究》更多需要修改的地方,此后用了十二年的时间重新修改,并且做详细注解,直到 2010 年才由中研院正式出版。高岛谦一四十多年来的甲骨文研究深受司礼义的启发,不仅《殷虚文字丙编研究》继承了司礼义的研究项目,其所发表的几十篇文章大多围绕着司礼义首先在《商代卜辞语言研究》里提出的问题,特别是甲骨卜辞的否定词、宾组卜辞"其"字的情态用法以及甲骨卜辞命辞是否问句等问题。

艾 兰 [英]

(1945—), Sarah Allan, 出生于美国。著名汉学家,先后在加利福尼亚大学洛杉矶分校和伯克利分校学习中文,1974 年获博士学位。1972 年始在英国伦敦大学亚非学院任教,1995 年夏始任美国达特茅斯学院教授。曾多次来安阳参加甲骨学与殷商史研究的国际学术会议,并发表论文。

1981 年，时任中国社会科学院历史研究所所长李学勤去英国访问，在艾兰的配合下，先后调查了皇家苏格兰博物馆、不列颠图书馆、剑桥大学图书馆、牛津大学亚土摩兰博物馆等多个收藏甲骨的公私机构，商定由中国社会科学院历史研究所和英国伦敦大学亚非学院联合整理研究，予以公布。经李学勤、齐文心、艾兰等相关学者的合作和努力，由中华书局出版了《英国所藏甲骨集》。还和李学勤合著《欧洲所藏中国青铜器遗珠》，收入未发表或材料为中国读者不易见到的珍品 200 余件。1992 年，主编《中国早期青铜礼器的释义问题》论文集，其中本人撰写的《西方人眼中的中国青铜器》一文，对 20 世纪西方学术界研究中国青铜器的历程做了系统回顾与展望，揭示了西方学术界研究中国青铜器和中国早期文明中的宗教信仰和艺术传统的基本历史和趋势。研究中国古代历史文化成果丰富。商务印书馆出版了《艾兰文集》4 册，分别是《龟之谜——商代神话、祭祀、艺术和宇宙观研究》《世袭与禅让——古代中国的王朝更替传说》《水之道与德之瑞——中国早期哲学思想的本喻》《早期中国历史、思想与文化》。文集由李学勤作序，在学术界影响很大。

成家彻郎［日］　（1947—）古文字学家，大东文化大学人文科学研究所学外研究员。对甲骨学殷商文化有着浓厚兴趣，曾多次来中国出席有关甲骨学殷商文化的学术研讨会。主要论著有《甲骨文研究日本人著作目录》《古代汉字的研究》《中国古代的天文和历法》（以上都由大东文化大学人文科学研究所出版）《甲骨文星"与"超新星的记载》《干支的起源》《日本人的甲骨研究》《甲骨学界的重镇王宇信氏讲演》等。

铃　木　敦［日］（1959—）男，1982 年日本茨城大学人文学部毕业，同年入日本九州大学大学院文学研究科修士课程，于 1985 年获文学修士（相当于中国的硕士学位）。1985 年考入日本九州大学大学院文学研究科博士课程。自 1986 年 9 月至 1989 年 1 月，在北京大学考古系留学。历任日本学术振兴会特别研究员、日本茨城大学人文学部专任讲师。现任日本茨城大学人文学部教授。日本甲骨学会会员、东方学会会员、日本中国考古学会会员。曾获中国殷商文化学会"商承祚甲骨学奖"。主要学术论著有《Old Hanzi における甲骨文字符号化作业の問題点》（中文：《对古汉字中的甲骨文字进行符号化处理的问题点》）、"Classification of oracle bones on prior researches on their usages""Questions on the policy of old Hanzi expert group works"《周原以外の有字西周甲骨出土遺跡の現状》《Old Hanzi における甲骨文字符号化作業の問題点と金文・列国文字符号化作業への影響》等论文三十余篇。

河　永　三［韩］　（1962—）男，1987 年获台湾政法大学中国文学研究所

硕士学位，1994 年获中国古文字研究所博士学位，现任韩国釜山庆星大学中国学院中文系教授，韩国汉字研究所所长、《汉字研究》主编、世界汉字学会秘书长。2008 年与华东师范大学承担了中国教育部人文社科重点研究重大课题"中韩汉字调查研究"并为主持人之一，承担"中韩古代小学类文献联合检索系统"的研究工作。著作有译著《甲骨学一百年》《古文字学初阶》等。论著有《韩国〈说文〉研究综述》《韩国朝鲜时期坊刻本俗字研究——以〈论语集注〉、〈孟子集注〉为例》《甲骨文所见时间表现法之特记》等数十种。

具隆会［韩］

（1962—）男，1997 年来中国留学，先后在天津大学、中国政法大学、天津师范大学、天津中医学院、南开大学等学校进修中文、古文字学、针灸学和中国古代史。2000 年考入中国社会科学院研究生院历史系，2003 年获历史学硕士学位。2003 年考入中国社会科学院研究生院历史系，师从王宇信学甲骨学殷商史攻读博士，2007 年获历史学博士学位。2009 年 12 月至 2014 年 10 月，在河南安阳师范学院历史与文博学院及甲骨学与殷商文化研究中心任职。现任河南大学历史文化学院教授。现为中国殷商文化学会会员、中国先秦史学会会员。

主要从事甲骨学殷商史和《周易》思维模式研究。主要著作为《甲骨文与殷商时代神灵崇拜研究》（中国社会科学博士论文文库）、《甲骨学发展 120 年》（与王宇信）合著等，还发表了《近 10 年来在韩国对中国先秦、秦汉史研究综述》《试论甲骨文和圣经所见的"上帝"观比较研究》《谈九世之乱与殷人屡迁问题》《从祭祀制度的演变看殷商晚期的政治、经济》等学术论文十余篇。科研成果荣获 2013 年度河南省优秀社科成果二等奖 1 项、2013 年度河南省安阳市优秀社科成果一等奖 1 项。

（四）甲骨文书法作者

陈师曾（1876—1923）男，汉族。曾游学日本多年，复居北京数载，对罗、王甲骨学研究有所关注。1921年，罗振玉《集殷墟文字楹帖》温室，陈

师曾取其内容"有文有史亦足乐，无车无鱼归乎来"，以宿墨沾水书写，由浓而淡，细观可见水墨在宣纸上美妙的晕化效果，笔墨韵味，跃然纸上。用笔以中锋为主，一字之中，主笔常常藏锋起笔，次要笔画则中侧并用，收笔处时见枯笔、侧锋逸出，甚得甲骨文的契刻意味。

联中相同之字如"有""无"等在用笔、结构上亦尽变化之能事，小行书题款用笔苍劲灵动，与甲骨文相映成趣。

整幅作品与其石鼓文意趣相通，行笔洒脱，古拙纯朴，风神超雅，毫无悍霸之气。虽偶然一挥，却高超迈群，具有浓郁的书卷气。

汪怡（1878—1960）男，汉族，浙江杭州市人。字一庵，又字怡安。其父晚清秀才，曾供职两湖书院，汪怡随侍居武昌，肄业于湖北自强学堂即两湖书院。之后曾在湖南、湖北与江西多省担任教职工作，1919年国民政府教育部成立国语统一筹备会，被聘为会员兼驻会干事，任国语讲习所所长，著《国语语音学》等。1947年夏，因病养疴来到台湾，担任国语推行委员会部聘委员与国语速记讲习所所长。因与董作宾邻居十年，且喜爱古文字，与董作宾合作《集契集》三卷，被董作宾赞誉为："学力深固，博古通今能汇新旧学问于一炉，发展语言及速记学之大功臣。"（董作宾《汪怡先生传略》）汪怡对中国古文字及甲骨文的意义有深刻的认识，曾言道："我们提倡新文字，为便于应用便于民众始终不想废弃汉字，契文是殷代甲骨文字，也是我们现用汉字中最古最美术化的文字，当然应该并存。不但并存，似还应加以认识，因为甲骨久埋地下，发现到今只五十年，好像还在我们提倡新文字之后方才出土的，实在是一种崭新的古董！一般汉学以为从新必须废古，殊不知古即新之本源废古即是断源况且古文字为一切学术文化之本源，若学术文化之本源枯竭，此国家尚有何文明可言。"

丁辅之（1879—  1949）男，汉族，浙江杭州人。原名仁友，后改名仁，字辅之，号鹤庐，又号守寒巢主，后以字行。晚清著名藏书家"八千卷楼主人"丁松生重孙。1904年与王褆、吴隐、叶舟等发起创办西泠印社于杭州孤山，社址即设于丁辅之幼年读书处。为近代篆刻家、书画家，并以其家藏书之丰闻名于海内外。幼承家学，曾供职于沪杭铁路局，公余之暇，探讨金石书画，并擅画花卉瓜果。又嗜甲骨文书法，1928年刊印有《商卜文集联》（附诗），1937年出版《观水游山集》（为作者游历时所作诗词集以甲骨文书之），1969年入编严一萍《集契汇编》。又1938年刊有《商卜文分韵》。曾将家藏及自藏之印章，先后辑成《西泠八家印谱》三十卷（1904）和四卷（1925）、《杭郡印辑》《悲盦印賸》以及袖珍本《丁氏秦汉印谱》二卷。其甲骨文书法创作与成就参见著作编《商卜文集联》（附诗）、《观水游山集》条。

沈兼士（1887—1947），浙江吴兴人。中国语言文字学家、文献档案学家、教育学家。1905 年自费留学日本，在日期间加入同
盟会并师从章太炎学习古文字、音韵。1911 年归国后在浙江杭州、嘉兴任教。1917 年后，任北京大学"国史编纂处"编纂员、国文系教授，因与兄士远、尹默同任教北大，合称"三沈"。1922 年，任北大研究所国学门主任。1926 年任厦门大学文科国文系主任兼国学研究院主任。其后执教于北京中法大学、清华大学、辅仁大学。曾任故宫博物院图书馆副馆长、文献馆副馆长等职。其论文《从古器款识上推寻六书以前之文字画》首先提出"文字画"学说。主要论著有《文字形义学》《沈兼士学术论文集》等。沈兼士精研古文字学，书法于行楷之外，旁涉篆隶，其甲骨文书法亦受小篆影响。

李叔同（1888—1942）男，汉族。幼名文涛，名息、息霜，后名广平，号激筒、瘦桐，39 岁出家，释名演音，号弘一。别名多至 200 余个，以叔同、弘一最著。天津人。从赵幼梅学词，从唐敬严学金石篆刻。李权同有两封信言及，

"朽人所写之字，应作一张图案观之则可矣。不惟写字，刻印亦然。仁者若能于图案研究明了，所刻之印必大有进步。因印文之章法布置十分合宜也"。又，"朽人于写字时，皆依西洋画图案之原则，竭力配置调和全纸面之形状，于常人所注意之字画、笔法、笔力、结构、神韵；乃至某碑某帖某派，皆一致摒除，决不用心揣摩"。李叔同与天津同乡中的甲骨学者孟定生、王襄等人交情颇深，因而亦有一段甲骨文书法篆刻之缘。他的甲骨文联"福如东海长流水，寿比南山不老松"。款曰："观师九旬大庆，息霜叔同划甲骨致贺。门人徐树元集甲骨庆贺。"款中"划甲骨"三字，透露出李叔同创作甲骨文书法的基本主张，即以类似刀刻的笔法书写甲骨文。其甲骨

文书法笔画瘦劲而有刀笔味，结体空灵，布局生动。虽为偶涉，却可见其巧妙运思。

简经纶 （1888—1950）男，汉族，广东番禺（今属广州市）人。字琴石，号琴斋，别署千石、千石楼主、万石楼主，后以号行。曾任职上海侨务机构，主持南洋兄弟烟草公司宣传事务。公余工诗文书法篆刻。曾叩书艺于康有为，与易大庵、叶恭绰、张大千、吴湖帆、马公愚、邓散木等往来研讨艺术。1937年日寇侵华，于冬季赴香港，设袖海堂又称琴斋书舍授徒，1941年香港沦陷，次年移家澳门课徒。抗日战争胜利后返回香港，教学之余举办展览。著有《琴斋壬戌印存》《琴斋书画印集》二辑、《琴斋印留》初集、《千石斋印识》等行世。1937年出版《甲骨集古诗联》（上编），未见出版下编。1969年入编严一萍《集契汇编》。其甲骨文书法创作与成就参见著作编《甲骨集古诗联》（上编）条。

潘天寿 （1897—1971）男，汉族。原名授，字大颐，别号雷婆头峰寿者。浙江宁海人。潘天寿曾说："吾国文字，见于现今者，当以甲骨文为最古。""甲骨……其字颇类于篆籀而特简古……骨文，点画细健，转角均分，非用笔及漆所书写，实纯出刀刻，于此可悟古人刀笔之意。"这种对甲骨文艺术特征的认识与见解，自然会对其甲骨文书法创作产生一定的影响。潘天寿为吴昌硕的弟子，其甲骨文书法作品中落款中常有"参以猎碣（按：指石鼓文）意"字样。其甲骨文书法内容大都取自简经纶《甲骨集古诗联上编》之集联，但在作品形式安排上却大都采用条幅，而非对联形式，耐人寻味。潘氏以自己独具特色的用笔、结体与布白，统摄全局，形成了独特的艺术风格。其甲骨书法笔墨苍古而又凝练老辣，结体峻拔奇肆而又空灵简古。其章法布局，如其行草书，字距虽密，然因其笔画线条端凝干练、字形大小错落而不觉逼闷，整幅作品跌宕起伏，具有摄人心魄的力量感和现代形式美。

鲍 鼎（1898—1973），字扶九，以字行，号墨庵，江苏镇江人。镇江著名的金石文字学家，兼擅诗文书法。对书法艺术有较深的造诣与功力。鲍鼎隶书学张迁碑，小楷学北碑程哲墓志。极为推崇《瘗鹤铭》《泰山金刚经》《匡喆刻经颂》等法帖碑刻，所以其书法有自然古朴的金石韵致。

鲍鼎书写甲骨文书法，既不同于罗振玉的方正匀净，亦不同于董作宾的飘逸遒丽。文字依照甲骨文第一期风神，结构宏阔雄伟，线条粗壮敦实，喜欢用金文笔意创作，用笔圆起圆收，改变了甲骨文笔画原有的瘦劲纤细面貌，在现代笔墨甲骨文书法中颇有自家特征。

邓 散 木（1898—1963），原名菊初，又名铁，学名士杰，字钝铁、散木，别号粪翁、芦中人、无恙、且渠子、厕简子，因动脉硬化截去左腿后更号夔、一足，斋名厕简楼、豹皮室、三长两短斋，生于上海，中国现代书法家、篆刻家，中国书法研究社社员。在艺坛上与齐白石并称，有"北齐南邓"之誉。擅书法篆刻，真、行、草、篆、隶各体皆精。

山 之 南（1906—1997）男，汉族，原名昌庭，号陈堪、师伊、郑亭、山东省龙口市人。中国书法家协会会员，曾任山东省书法家协会理事、山东省文史研究馆馆员。早年师从丁佛言学习书法篆刻，1937年，其创作甲骨文对联在

上海参加"中国语文展览会"。当时《新闻报》称："语文展览会自开始以来，连日往观之中外人士拥挤非凡……山之南之甲骨文联亦属珍品。"1942年，作品参加青岛《大新民报》书展，荣获"直追秦汉"银盾。1976年，其作品在日本东京、名古屋、北九州参加"现代中国书道展"。1982年，烟台市文化局主办其个人书法展。1984年，其作品参加安阳段墟笔会书法展。1992年，《书法》第三期专题介绍其书艺成就，刊发作品，辑入《中国当代书法家辞典》和《中国印学年鉴》。

潘主兰 （1909—2001）男，汉族，福建省长乐市人，原名鼎。中国书法家协会会员，中国书法家协会篆刻艺术委员会委员，西泠印社社员，福州市文学艺术界联合会名誉主席；福建省诗词学会副会长、顾问，中华诗词学会顾问。曾任福州书法篆刻研究会副会长，福州画院副院长，福建省书法家协会副主席、顾问，福州市书法家协会顾问，福州书画研究院首席学术顾问，国家一级美术师，中国民主同盟盟员，福州市第六、第七届政协委员，福建省文史研究馆馆员。出版著作有《潘主兰印选》《潘主兰诗书画印》《近代印人录》《闽中画人春秋》《谈刻印艺术》等。毕生致力于甲骨文字的研究，并运用于实践。他创作了大量的甲骨文书法作品，致力研究甲骨文书法创作中的用字疑难，拓宽了甲骨文书法创作的路子。

李鹤年 （1912—2000）男，汉族。字鸣皋，别署蹇斋，祖籍浙江绍兴，世居津门。李鹤年精于书法，各体兼善，尤擅篆、隶，喜用长锋羊毫，高捉管，用笔灵活，章法考究，所作既有古拙深沉、雍容庄重之美，又有清新隽秀、洒脱流走的特点，书卷气盎然。李鹤年传世的甲骨文书法作品，迥然不同于其他书家那样有所假借，而是对照甲骨原片进行临摹，完全按照甲骨文字形进行临写，一丝不苟，用笔在篆书和隶书之间，挺劲峭拔而不失古朴典雅，所以形神兼似，为老一代甲骨文书法家中的上上之作。

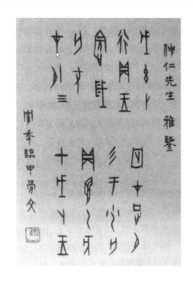

杂志主办的"全国首届群众书法评比"活动中,以一幅书卷气十足的甲骨文对联在数万件来稿中脱颖而出,成为10名一等奖得主之一。遗憾的是,这幅作品并非沙曼翁的原创,而是临写的罗振玉一副对联。

安国钧 (1915—) 男,汉族,河南省杞县

人。抗日战争期间,积极投身于地下抗战工作。1945年8月22日现场亲历了日寇投降在郑州举行的,胡宗南主持的受降仪式,著有《抗战胜利后的河南受降典礼纪实》。1949年去台湾,居台中市,先后在台中师范学院、台中商专任教。性喜研习中国历代各体书法,尤喜甲骨文书法创作,1990年创办中华民国甲骨文学会(后更名为中华甲骨文学会),多次举办海内外甲骨文书法展览,著有《安国钧甲骨文书法集》《甲骨文诗联格言选集》《中华文字与书法》《十三经选读集契》等。

沙曼翁 (1916—2011) 男,满族。8岁学书,14岁练刻。书法酷爱褚遂良,印宗秦汉。稍长,临王羲之行草,学石鼓、钟鼎文,旁涉汉碑、秦诏版、甲骨文、简牍。1979年,沙曼翁在《书法》

袁德炯 (1916—) 男,汉族,安徽省合肥市人。1949年去台湾,先后在省立台中女中及台中师专(院)任教,兼职指导学生书法社二十余年,为中国书法学会台中市支会成员,应邀参加国内外书法联展四十多次。著《八然斋甲骨游艺集》共计集甲骨文对联351副、诗83首、词17阕,皆自撰自书,另有《契隶百联》《袁德炯书法选集》《八然居吟草》等著作。

欧阳可亮 （1918—1992）男，汉族，广东省中山市（原香山县）人，清末民初外交家欧阳庚的次子。

1939年入读辅仁大学历史系，曾参加爱国学生运动，毕业于东吴大学。日本投降后，欧阳可亮到了台湾。1954年应聘到日本外务省教中文达20多年。期间曾任日本京都拓植大学、春秋学院教授。中曾根、大平正芳、田中角荣等政界显要都是他的学生。他以炽热的爱国之情，执着地探求祖国和人类文化之源，将全部心血倾注于甲骨文的研究，曾专程从日本到台北，行三叩九拜大礼拜董作宾为师，学习甲骨文书法创作。生前先后在日本举办了个人甲骨文书法展览34次，送作品参加团体展览35次，成为著名的甲骨文书法家。欧阳教授长期从事甲骨文史工作，在甲骨学科造诣很深，1984年受安阳市政府聘为殷商文化研究顾问，安阳师范专科学校名誉教授；1986年又受他的母校聘为北京师范大学客座教授、苏州大学客座教授。他在传授甲骨文史及学术交流中博得广大师生和校友的尊重和称赞，受到同仁的爱戴。欧阳教授给祖国和后人留下可贵的文化遗产。从1959年起先后出版有：手书集殷墟文字楹联汇编注释新编一册，甲骨美术一百幅两册，1975年在东京出版《欧阳可亮手书集契集》（中日文版）一册五卷。自1984年10月安阳召开"殷墟笔会"起，曾四次回祖国参加安阳殷墟笔会等学术交流活动。

刘兴隆 （1927—）男，汉族，河南省鲁山县人，现居北京。中国老年书写研究会创作研究员、中国书法艺术研究院顾问、中国和平统一促进会理事、中华炎黄文化研究会理事等。1953年，任职新疆和田县文化馆，从此后的40多年里，坚持临写甲骨文拓片，研究甲骨文的书法艺术。1982年7月，回到河南，在省博物馆外宾服务部，以仿制的甲骨文和自己的书法艺术为外宾服务。1987年5月，由中州古籍出版社出版刘兴隆的《甲骨文集句简释》，《中原文物》杂志社发行。胡厚宣题书名并作"序"，王宇信作"跋"。著有：《新编甲骨文字典》《甲骨文集联书法篆刻专集》《刘兴隆书法篆刻艺术》《刘兴隆甲骨文集联》《甲骨文之美》《甲骨文与殷商文化》《刘兴隆访台书法作品集》等。所书小篆、隶书、狂草、楷书等自一家。尤其擅长甲骨文的书写和篆刻。其甲骨文书法特点是以骨版刊刻前用毛笔所书的卜辞底稿为宗，其作品书意很浓，非常象形，令人有书写同源之感。2001年4月荣宝斋出版社出版《刘兴隆甲骨文集联》。李绍连评价："它集甲骨文字释文，甲骨书法，甲骨篆刻为一体，熔科学性，知识性和技巧性为一炉，不仅对甲骨书法和篆刻爱好者具有很高的学习和欣赏价值，而且对于普及甲骨文知识，让更多的人了解和喜欢甲骨文具有更重要的意义。"

徐无闻（1931—1993），四川成都人，原名永年，字嘉龄。30岁后因患耳疾而失聪，遂更字无闻。凡书法篆刻及论艺之作皆以无闻署名，故艺术同好只知其字。斋名歌商颂室。1992年8月贵州

人民出版社出版了徐无闻、黄任重编著的《殷墟甲骨文书法选》，册后汇编了他的甲骨文集联101副，每联下方都附有楷书释文。对于当代人如何用笔墨书写甲骨文书法，他也有自己的独到见解，对甲骨文书作的章法、结体、线条深有体会，也有自己经验的积累。

林时九（1934—）

男，汉族，湖南省宁乡县人，别署洞庭西人。曾任湘西土家族苗族自治州博物馆馆长、文物工作队队长，副研究员。中国书法家协会会员、中国工艺美学学会会员、湖南省书法家协会理事、湘西土家族苗族自治州书法家协会主席、中国老年书画研究会会员、中国工艺美术学会会员、中国博物馆学会会员，湖南老年书画研究会理事、黄山书画院顾问。幼承家教酷爱书法，能各体，尤擅甲骨文，作品多次入选全国书法展览并被名胜古迹、纪念地、博物馆收藏或勒石，多次在长沙、湘乡、吉首、湘阴等地举办个人书法展览。作品被《国内海外书画名家作品选萃》《中国当代书画名人大辞典》等30余部巨典收录，出版有《林时九甲骨文作品集》等。以甲骨文的形式写了一万个福字创作《万福图》，目前正在申请吉尼斯纪录。

李来付（1941—）男，汉族，山东省临朐县人。历任山东省东营市副市长，山东省计划委员会副主任，山东华能集团党组书记兼总经理，山东省政协委员

等职。中国甲骨文书法艺术学术委员会执行主任，山东省甲骨文国际交流中心理事长，中国甲骨文书法艺术研究会副会长，中国殷商文化协会常务副秘书长，山东省老年书画研究会副会长、中国殷商文化协会山东分会会长、山东省大舜文化研究会常务理事、山东省海峡两岸经济文化发展促进会副会长。其工作之余和退休后，笔耕不辍，潜心研究甲骨文书法已有三十年，先后临摹甲骨拓片万余件，得到了史树青、王宇信等著名学者的指教。先后出版了《甲骨文集联》三册，《甲骨文〈论语〉精选》《甲骨文国际书法大展集萃》及楹联诗词等作品。王宇信在《李来付〈甲骨文书法集〉序》中介绍："李来付先生为弘扬甲骨文书法，身体力行，不仅推出一部又一部力作，而且他还乐于奉献，在组织、推动甲骨书艺的展示、观摩，甲骨书艺的切磋、交流等方面也做了大量工作。应该说，甲骨文书法今天繁荣景象的形成，与他和一批这样的人奔走呼号，鼎力支持是分不开的。愿这样的人更多。"

刘继贤 （1942—）字金峰，男，汉族，河南杞县人。现为中国甲骨文书法艺术研究会常务副会长兼秘书长，中国书画原创作鉴定中心副主任，中国甲骨文书

法学术委员会委员，河南省对外文化交流委员会驻安阳办事处主任，河南省书法家协会会员，中华海峡两岸书画艺术家协会常务理事，中国古文字艺术学会艺术顾问，中国人民解放军铁军猛虎书画院顾问，北京三希堂艺术院顾问，山东省甲骨文国际交流中心顾问，湖南省甲骨文学会顾问，中国老年书法研究会创作研究员，安阳市书协顾问，安阳市老年书画研究会副会长兼秘书长，安阳市政法文联名誉主席。编撰有"甲骨三字文《为民篇》《求学篇》《和谐篇》《慈善篇》"。曾获国际甲骨文书法大展一等奖，作品被欧洲、非洲、美国、日本、韩国、新加坡，及中国台湾等国家和地区收藏。曾出访日本、韩国、新加坡，及中国进行甲骨文书法交流。参与和组织海内外甲骨文书法展，作品散见于报纸杂志。

朱长和 （1943—2006）男，汉族，河南省范县人。自幼喜爱书法，初学颜真卿，既长，崇尚"二王"，从近人沈尹默入手上溯，遍习欧阳询、虞世南、褚遂良等王派书家的传世之作，融会贯通，形成结字淳朴、章法自然、雅俗共赏的个人面貌。作品参加历届河南省书展，首届中国书坛新人新作展，全国第七届书法篆刻展览，获第三届中原书法大赛一等奖，并先后在《书法》《中国书画报》《中国现代书法选》《中国古今书法选》《中国当代墨宝集》《中国当代

书法艺术大成》等专业期刊和作品集发表和收入。曾为中国书协会员，第七、第八届河南省政协委员，河南书协书法创作委员会委员，安阳市群众艺术馆副研究员，安阳市书协副主席。

刘尊法 （1945—）男，汉族，陕西省周至县人。中国书法家协会会员、河南省书法家协会第二届理事、1985—1996 年曾任平顶山市书法家协会主席。1997年后任河南省书画院特聘书法家、顾问、平顶山书法家协会、许昌市书法家协会、平顶山青年书法家协会名誉主席、书画国际网站顾问、南阳市青年书法家协会顾问。曾河南省城建高等专科学校校长、许昌学院院长，教授。作品参加第三届中原书法大赛，获得个人和集体创作两

个三等奖 1996 年以后，甲骨文书法又先后参加全国第二届正书展、全国第七届中青年书法展、全国第八届中青年书法展、全国第四届新人新作书法展、全国隶书作品展、全国第三届楹联书法展、全国第七届书法篆刻展等全国性的书法展览并获奖，作品在黄河游览区勒石上碑、在洛阳翰林院勒石上碑、在开封中国书法翰林院勒石上碑、在云南燕子洞勒石上碑、在潘阳洞书画长廊勒石上碑、在邓州花洲书院处勒石上碑等。1996 年与人合编了《河南平顶山书法作品集》，出版有《刘尊法书法作品集》《刘尊法甲骨文书黄河颂》等。作品集入编河南省书法家协会《墨海弄潮百人集》。收入《当代中国书法家辞典》《中国专家大辞典》《河南当代文化名人大辞典》《世界华人艺术家名人录》等。

焦智勤 （1947—）男，汉族，河南省滑县人。曾供职于安阳市博物馆，为副研究员。书法作品入选全国第四届、第五届、第八届书

法篆刻展；全国第三届、第四届、第五届、第六届中青年书法作品展，获全国第五届书法篆刻展"全国奖"，获河南第二届文学艺术优秀成果奖。多年来调查合搜集邺城陶文，并有论文发表。调查选拓安阳民间散见甲骨文并向学术界公布甲骨文新资料，著有《殷墟甲骨辑佚》（合著）、《殷墟甲骨拾遗》（合著）。现为中国书法家协会会员，安阳市书协副主席。

六朝墓铭、六朝墓志造像，下及宋代苏东坡、米芾，明清的文徵明、祝元明、黄道周、邓石如、伊秉绶及近代的吴昌硕等。1986 年，巴蜀书社出版其《甲骨文字歌》，用歌行体的形式介绍了甲骨学发展史，并用甲骨文书出，附有释文、注释。是一本甲骨学普及读物。1999 年，上海书画出版社出版《甲骨文字歌》（增订本），收入 1986 年出版的《甲骨文字歌》作为《前甲骨文字歌》，又收入新撰写的《后甲骨文字歌》，并重加注释。2001 年，上海书画出版社出版《甲骨文》收入其所撰《甲骨文书法概要》文章，是甲骨学和甲骨书法的普及读物。

王友谊　（1949—）

男，汉族，北京市平谷区人。毕业于首都师范大学法学书法专科，师从欧阳中石。中国书法家协会会员、中国书法家协会篆书委员会委员、中国书协培训中心教授、政协平谷区委员会常委、中国书法院研究员、北京市平谷区书法家协会主席、全国第九届书法篆刻展评审委员。其书法作品入选"新加坡第一届国际书法大展""北京第二届国际书法交流大展""北京国际书法邀请展""南韩国导书法联展""98 年法国巴黎中国书法艺术大展""2003 年南韩世界书法双年展""99′日本 20 世纪书法大展"，并多次在全国书展中获奖。全国第四、五、七届书展中作品入选并获奖，第六届全国书展入选。

何崝　（1947—）

男，汉族，四川省成都市人。字士耕，号啃轩，又号腐公、锦里先生，斋号十二梅花吟馆。四川大学历史文化学院教授，硕士生导师，中国文字学会会员，中国书法家协会会员，四川省书学学会副会长，四川省人民政府文史研究馆馆员。自幼对中国传统文化有着广泛的兴趣，从事古文字学研究，参与徐中舒主编《甲骨文字典》编纂，有著作多种。能诗词，擅长书法篆刻，研习书法艺术近四十年，自唐碑入手，上溯先秦文字、秦汉碑铭、全国第三届、六届中青展入选，全国第四届中青展获奖。全国第五、七、八届中青年书法展被聘为评委。多家报刊和电视台进行过专题介绍。其作品被中南海、国家博物馆、故宫博物院、中国美术馆收藏。出版有《大篆基础入门》《联语书法篆刻卷》《篆书基础教程》、篆书法家培训中心教材《篆书》。《当代书法家精品·王友谊卷》《王友谊书法作品精选》《大匠之门——王友谊书法作品集》《中国最具学术与市场潜力书法八家——王友谊卷》《大家之行》等。2007—2010 年，完成《四书——王友谊大篆写本》的创作，王宇信等为此书作"序"。2010 年，出版了《说文解字叙——王友谊篆书写本》，并主编《歌咏平谷诗文集》。2011 年，紫铜版《四书——王友谊大篆写本》工程竣工。作品入选中国书法院院展"翰墨千秋"。2012 年，上海书法杂志《寻找优秀范本三十家》入选并刊专题。《契文斋藏印》十五卷本由西泠印社出版社出版发行。作品被选入全国首届当代书坛名家系统工程"三名工程"书法展。荣获中国书法领域最高奖——兰亭艺术奖。2005 年获得首都劳动奖章。

雷声　（1949—），字文法，号洗耳翁，薛国传舍客。斋号卧云轩、汗青斋。男，汉族，出生于江苏省铜山县。中国殷商文化学会会员，苏轼学会研究员，甲骨文艺术对外交流协会理事。原供职徐州铁路工务段。雷声少好翰墨，书法启蒙于小学，曾受业于山东大家张立朝、魏启后门下，后遍临章草诸贴，行草

《米芾虹县三迹》《兰亭序》《裴将军诗贴》等，用功最勤。1989 年始攻金文《散氏盘》《毛公鼎》《大盂鼎》《殷商甲骨文选》等贴。2005 年云南人民出版社出版雷声的《甲骨文论语》，启功题写书名，王宇信作《雷声〈甲骨文论语〉序》。王宇信"序"中介绍："雷声先生书法艺术的皇皇大著《甲骨文〈论语〉》成，使我深受震撼并深为感动。"又"在《论语》以世界各种文字为载体广泛传播的今天，雷声又以中国最古老的文字——甲骨书法形式将其录就，不仅是一大创新，而且又以艺术的形式，吸引了一大批书法爱好者。在他们欣赏、品味甲骨文字点划动感而多变的同时，也潜移默化，受到了《论语》隽永、深刻内涵的熏陶，从而又扩大了《论语》的影响范围。我之所以说雷声书甲骨文《论语》是一大创新，是因为此前还没有一位甲骨文书法家有这么大气魄，勇于把《论语》用甲骨书法全文录就的，这就是使我受到震撼的原因之所在！"

马春勇　（1949—）男，汉族，河南省通许县人。1970 年 12 月入伍，原任河南省安阳军分区政委，大校军衔。河南省书画院顾问，河南省书协会员，河南省 长城书画院副院长，安阳市书法家协会荣誉主席。曾举办"为纪念抗日战争胜利六十周年马春勇书法作品展"，2015 年 8 月在中国文字博物馆举办"为纪念抗日战争胜利七十周年马春勇书法作品

展"，曾先后在河南省长城书画院、安阳市文联、安阳师范学院、安阳殷墟书画院举办个人书法展。

徐学萍（1949—2005）男，汉族，河南省滑县人。中国书法家协会会员，河南省书法家协会理事，河南印社副社长，安阳市书法家协会副主席，殷契印社社长。曾供职于安阳市群众艺术馆，专业从事书法篆刻创作研究和辅导工作。作品多次入选国内外重要书法赛事和展览并获奖，徐学萍先生自幼酷爱书画篆刻艺术，师从李伏雨、徐之谦、高式熊、沙曼翁等名家，为全国著名书法篆刻家高式熊、沙曼翁之入室弟子。在多年艺术生涯中刻苦自励，辛勤耕耘，书法篆刻作品先后入展全国第一、第二届篆刻艺术展，国际书展、中日书法联展、首届国际青年书法展、全国第六届、第七届中青年书法篆刻家展览，全国第六届第七届书法篆刻展，全国第二届、第三届楹联谧法艺术展等，并屡获奖项。1999年，获得了全国书法界规格最高、最具权威性的奖项——首届"兰亭奖"，被中国文联评为"99中国百名书法奖"。2000年出版《徐学萍书法篆刻集》（河南美术出版社）收入《墨海弄潮百人集》，2005年收入《书法报》当代中国书法篆刻家系列出版《徐学萍作品精选》（湖北美术出版社）。作品载入《中国印学年鉴》《当代中国书法艺术大成》《中国当代书画家大词典》《中国当代墨宝集》《中国当代名联墨迹芸萃》等。

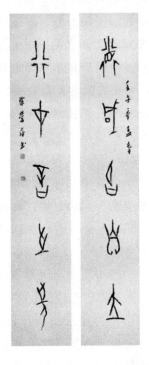

刘顺（1950—1998）男，汉族，河南省安阳市人。毕业于郑州大学历史系，曾任安阳市博物馆馆长、副研究馆员。中国博物馆学会会员，中国书法家协会会员，河南省文联委员，河南省书法家协会副主席，安阳市书法家协会副主席，殷契印社副社长，安阳甲骨学会副会长。擅长四体书，能诗文，善绘画，工篆刻，尤其以甲骨文书法见长。

作品入选"庆祝香港回归书法展""全国第一届中青年书法家作品邀请展""全国第二届中青年书法家篆刻家""全国第三届中青年书法家篆刻家作品展""第二届全国书法篆刻展览""第三届全国书法篆刻展览""第四届全国书法篆刻展览"获得二等奖，"第六届全国书法篆刻展"获全国奖。特邀参加"第一届全国楹联书法大展""全国首届刻字书法展览""现代国际临书大展""中日书法艺术交流展""日本产经第二届国际书法展""第二届中国新加坡书法展""国际和平年书法展""第三届中国艺术节中国当代书画名家墨迹邀请展"。曾获首届中原书法大赛一等奖、河南省第一届书法龙门奖银奖、第二届书法龙门奖金奖。1985 年应邀赴日本举办"殷墟出土文物暨全国甲骨文书法展"。甲骨

文书法被中南海、陕西省博物馆、青海省博物馆、西安碑林博物馆、河南省文史研究馆、深圳博物馆等多家博物馆、艺术馆收藏。刻石于太白碑林、黄河碑林、翰园碑林、神墨碑林等众多碑林。刘顺是当代甲骨文研究名家。出版有《刘顺书法篆刻集》《刘顺诗抄》。传略编入《中国现代书法家人名辞典》《中国当代艺术界名人录》《中国书法家大辞典》等。

路 工 （1952—）男，汉族，河南安阳市人。1982 年毕业于郑州大学中文系。安阳市群众艺术馆研究馆员（正高），国家文化部

文化遗产保护中心书画委员会委员，北京三希堂艺术院副院长，中国书法家协会会员，中国农工民主党党员，河南省杂文学会会员，《书法报》特约记者。1982 年获全国大学生书法竞赛三等奖，1984 年获中原书法大赛三等奖。行、草书作品曾获"跨世纪和平杯"国际书画大展铜奖，全国楹联书法大赛一等奖，入选中国书协主办的全国第二届楹联书法大展、中国文联主办的"兰亭奖·牡丹杯新人奖"、2002 年"中国书法兰亭奖"、国家文化部主办的全国"群星奖"书展等。甲骨文书法作品曾获"銮源杯"中国书法大赛二等奖，中国当代文人书画艺术大展赛金奖，《书法报》2007 年度"年度佳作"金奖，入选2009 年"中国书法兰亭奖"和全国第一届扇面书法大展等。书法论文曾获省一

等奖。有多幅书法作品和数十篇书法论文、评论等发表于书法专业报刊。在《人民日报》等报刊发表杂文、影视评论和其他文艺评论百余篇。被《河南日报》《书法导报》《美术报》《中国书法家网站》等媒体专题介绍并设有个人网页。

张伯煊 （1955—2016）男，汉族，河南省汤阴县人，原工作单位安阳市农业银行工会。中国书法家协会会员，河南省书协隶书委员会副主任，安阳市书法家协会副主席，中国国家博物馆画廊艺委会委员，安阳市政协委员。作品入展首届国际青年书法篆刻展览，全国第五届中青年书法篆刻家展览，全国职工美术、书法、摄影展览，全国第六届书法篆刻家展览，全国第二届楹联书法展览，全国首届扇面书法艺术展、全国首届隶书作品展览，1998 年兰亭奖·牡丹杯全国书画作品展，全国第三届楹联书法大展，全国当代书画家邀请展，全国第二届扇面书法展，全国第九届书法篆刻展，全国千人千作书法大展，全国当代五百家精品展，中国文字博物馆——篆书名家提名展等。作品获首届中原书法大赛三等奖，河南省楷书展一等奖，河南省行草书展一等奖，河南省隶书展一等奖，第二届中原书法大赛二等奖，第三届中原书法大赛一等奖，第二届河南书法龙门奖铜奖，全国职工美术、书

法、摄影展览优秀奖，第三届中国书法篆刻电视大赛铜奖，世界华人书画展银奖，首届南京书法传媒林散之奖获评委提名奖，第二届中国书法兰亭奖创作提名奖，作品频频被《书法家》《书法报》《中国青年报》《书法导报》《书法》等报纸、杂志、书籍萃选。书法及传记分别被编入《中国当代艺术界名人录》《中国美术书法界名作博览》《中国当代书法家辞典》等。

李俊国（1956—）
男，汉族，河南省清丰县人。中国殷商文化学会副秘书长、中国书法家协会会员、中国摄影家协会会员、中国楹联学会会员、中国博物馆

协会理事、安阳市书法家协会主席、安阳师范学院美术学院兼职教授、中共安阳市委宣传部副部长、中国文字博物馆党委副书记、副馆长、中国文字博物馆书法院执行院长。涉猎文学、诗歌、哲学，独钟于书法、美术、摄影、工艺制作等。书法作品和书学论文多次入选国内各类展赛和交流活动。美术作品，雕塑《现存的档案》2004 年获河南省第十届美术作品展银奖。2014 年出版《醒月文论》，王宇信作《李俊国〈醒月文论〉序》，文中介绍："《醒月文论》一书，内容丰富，是李俊国近年来学习和体会的结集之作。其内容既有在甲骨文学习与甲骨文书法艺术创作方面的体会，也有他的一般性文化问题与艺术实践的心得，以及关于历史文化名城建设、企业

文化等方面的研究和建议。其中，在书中占有较大篇幅的是关于甲骨文与甲骨文书法艺术方面颇有见地的论述，将会使广大甲骨文书法爱好者受到有益的启示。"

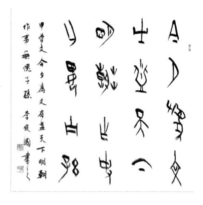

李亮（1958—）男，汉族，河南省洛阳市人，现供职于河南省安阳市群众艺术馆，中国书法家协会会员，河南省书画院特聘书法家，安阳师范学院美术学院兼职教授，安阳市书法家协会副秘书长，安阳市对外文化交流签约书法家。作品曾入展"全国第七届书法作品展""全国第四届书坛新人作品展""中国文字起源展""第二届海峡两岸书法

联展"等。河南省第十二届"群星奖"获银奖、第十四届"群星奖"获金奖、第四届"中原书法大赛"获优秀奖。书法作品被中国文字博物馆、黑龙江博物馆、安阳师范学院美术学院收藏。个人撰被载入《河南地方志·书画名人卷》。

谢兆岗 （1958—）
男，汉族，湖南省黔阳县人。笔名空悟、微尘子。中国殷商文化学会副秘书长、中国甲骨文书法艺术研究会副会长、湖南省甲骨文学会会长、湖南省楹联协会副主席、湖南省书法家协会会员、长沙市甲骨文学会会长，长沙市九届政协委员。2008 年 8月，向北京第 29 届奥运会 204 个参赛国捐赠 4 尺甲骨文书法作品，探索出了一条利用奥运平台推广甲骨文书法，提高中国文化地位的新途径。出版有《谢兆岗书法集》《圆梦奥运书法展作品集》，王宇信作"序"介绍："谢兆岗先生为甲骨文书法的弘扬和普及做了大量工作。自 20 世纪 70 年代初开始研究书法艺术，曾涉猎诸体，并碑帖兼学，打下了广博的书法艺术基础。于此同时，他酷爱甲骨学和文字学，并在 2006 年 8 月，开发研究成功中国三大古文字字库，即甲骨文、帛书、女书字库等。如此等等，为他专供甲骨文书法打下了坚实的基础……他的甲骨文书法，以形写神，注意文字的大小，笔画的精细、疏密，以及虚实的和谐统一，谢兆岗的甲骨书法也幅式多样，有主轴、条幅、长卷、斗方、中堂、扇面等，并在意境、章法、颜色、用墨上也进行了一定的探索，收到自然天成的效果。"

陈士先 （1960—）
男，汉族，河南省安阳市人。字宏堂，号洹楠炜望。中国甲骨文书法研究会常务理事，中国扇子艺术学会会员，中国楹联学会会员，中华海峡两岸书画艺术家协会常务理事，《中国艺术家报》艺术家联谊会理事，中国文字博物馆陈列展示部主任。长期对甲骨文书法艺术进行探索和研究，形成了淳朴自然、潇洒舒畅的甲骨文书法艺术风格，作品先后入展第二届"四堂杯"全国书法精品大展、"全国燕赵都市报杯"全国首届书法艺术分科选评展中获当代中国书坛中青年组篆书入选奖，甲骨文书法作品入选第十届国拍展和入选第一届、第二届、第三届"华夏情"全国甲骨文书法联展，并被收录到大展组委会编辑的《华夏情甲骨文书法作品集》。2006 年曾举办个人甲骨文书法展，甲骨文书法作品先后被台湾地区中华甲骨文学会、中华书画艺术研究会及新加坡、韩国、美国、俄罗斯、日本等国内外友人和书画单位收藏。出版有《实力派书法篆刻家陈士先》作品集。

王景强 （1962—）男，汉族，河北省沧州市人。中国书法家协会会员，河南省书法家协会篆书委员会委员，殷契印社社长，安阳市工商行政管理局文联秘书长。作品曾获中国书协举办的"全国第七届书法篆刻展"最高奖"全国奖"。书法篆刻作品先后入展中国黄河魂艺术大展,第二届当代书画家作品家邀请展,第二届海峡两岸甲骨文书法展,纪念

毛泽东诞辰 110 周年全国书画大赛特别金奖,"和平女神杯"首届国际书画大展赛和平奖,全国第八届书法篆刻作品展,纪念邓小平诞辰 100 周年全国大型书法展览,全国楹联书法篆刻大赛创作一等奖,纪晓岚碑林名家书画作品邀请展,林散之奖南京书法传媒三年展,"盛事国风" 2004 中国书画年展,2004 年、2005 年《书法导报》国际书法篆刻

大展,首届 "翰墨飘香" 中华诗书画艺术联展金奖,全国书法艺术大赛 "冼夫人奖" 优秀奖,韩国第二回直指国际书艺大展,西泠印社首届中国印大展,第二届中国颜真卿全国书法大赛优秀奖,"三晋杯" 全国首届公务员书法大展等重大展览。作品分别发表于《中国书法》《书法》《书法报》《书法导报》等专业报纸杂志,作品被国内外多家权威机构收藏。

任天顺（1962—）男,汉族,河南省安阳县人。中国书法家协会会员、河南省书协篆书委员会委员、河南省书画院特聘书法家、安阳

市市管优秀专家、安阳市书协理事、殷契印社副社长,曾供职于河南安阳殷墟书画院。书法、篆刻师从于著名甲骨文书法家篆刻家徐学萍、刘顺,遵其师嘱,从艺树立三心:一是奠定游艺终身的决心;二是坚持追索不懈的恒心;三是果断自任克艰的信心。真草隶篆均有涉猎,尤擅长甲骨文、石鼓文,尤喜石鼓文之结体严谨、劲秀圆健,借鉴清代大家吴昌硕的笔法,创作时表现出温润遒美的金石气息,重在追求巧中之拙味,以及疏密聚散的变化,平正中不失古趣,并积极探索甲骨文字入印。作品获第八届全国书法篆刻展提名奖,在国家文化部主办的全国第十三届 "群星奖" 评选中获书法 "群星奖",入展中国书法家协会主办的 "全国第七届、第八届书法篆刻展" "首届中国兰亭书法大展" "杏花

村集团杯全国电视书法展""新世纪全球华人书法展",2003 年获"第七届全国少数民族传统体育运动会书法作品大赛"铜奖,同年获"盛世国风中国书画年展"银奖,2004 年获全国第三届"祖国颂"书法大赛金奖,入展名家系列工程全国千人千作展。作品被《书法报》《书法导报》《中国书法报》《中国书法》《篆刻》等权威报纸、杂志发表,入编多部典集。并被国家、省、市多家文化机构、博物馆及日本、韩国、新加坡等国家的中外友人收藏。

法篆刻展;纪念老子诞辰 2578 周年全国书法展;纪念傅山诞辰 400 周年书法艺术展;首届中国普洱茶乡书法艺术节全国书法篆刻展优秀奖。许慎杯全国著名书法家作品展优秀奖、第三届"商鼎杯"全国书法篆刻作品大奖赛优秀奖、首届北京迎奥运中国书法电视大奖赛一等奖、"赣粤高速杯"纪念建军 80 周年、秋收起义 80 周年、井冈山革命根据创建 80 周年全国书画展览优秀奖、纪念中国共青团成立 85 周年书画展。

常文艺 (1963—)
男,汉族,中国书协会员,河南书协会员,安阳书协会员,殷契印社会员,中国甲骨文书法艺术研究会会员。第十一届滑县政协委员。书法作品入展全国首届小榄杯县镇书法大赛;全国第四届正书大展;第五届中国书坛新人新作展;第九届全国书法篆刻展;全国首届册页书法大展;第二届隶书展;纪念红军长征胜利 70 周年全国书

刘宝平 (1963—) 男,汉族,河南省安阳市人。中国书法家协会会员、河南省篆书委员会委员、河南省书画院特聘书法家,安阳市文峰区文联主席。作

品入展获奖情况：全国
第三届楹联书法大展入
展，全国第八届中青年
书法篆刻展入展，郑州
中国书法兰亭奖入展，
全国第四届楹联书法大

展入展，首届中国书法兰亭奖入展，首
届杏花村汾酒集团杯电视书法大赛优秀
奖，全国第八届书法篆刻展提名奖，全
国第四届正书展入展，全国第二届扇面
书法大展入展，第五届赛克勒杯中国书
法大赛铜奖，第二、三届"全国百家书
法精品展"入展，深圳龙岗杯国际书法
大赛金奖，浙江"金华杯"全国茶花书
画艺术大奖赛银奖，"黔冠杯"中国书

画大赛银奖，"孔子文化艺术杯"全国
书画大展赛银奖，人民日报纪念邓小平
诞辰 100 周年全国书画赛金奖，第七、
八届中国钢笔书法大赛一等奖，日本第
二届全中国代表书家作品展入展。

金玉甫 （1967—）
男，汉族，祖籍河南省
内黄县，生于河南省濮
阳市。美术学博士，师
从当今著名学者、书法
教育家欧阳中石。现为
安阳师范学院教授，中

国书法家协会会员。甲骨文书法入选全
国第八届书法篆刻展、全国第四届书坛
新人作品展、全国首届大字展、纪念邓
小平诞辰 100 周年全国书法展等。2012
年应联合国之邀，赴纽约参加第三届
"联合国中文日"，甲骨文书法作品被联
合国收藏。专著获河南省社会科学优秀
成果一等奖。学术论文分别发表于《新
华文摘》《中国书法》《书法研究》《艺
术百家》等专业核心期刊，《形象与象
形》入选全国第六届书学讨论会。2009

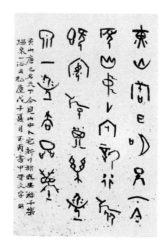

年 3 月，应书谱杂志社邀请，参加"甲骨文书法"十家论坛并与会发言，收录于 2009 年《书谱》甲骨文专辑。

傅维学（1968—）男，汉族，河南省安阳市人。中国书法家协会会员，民建中央画院特聘书法家，河南省政协书画院常务理事，河南省青年书法家协会副主席，安阳市青年书法家协会副主席，安阳师院美术学院兼职教授。早年师从刘顺、朱长和学习书法。书法作品入展情况：第二届兰亭奖，第七届全国书法篆刻家作品展，第五届全国中青年书法篆刻家作品展，首届中国书坛"新人新作"作品展，全国第六届楹联书法作品展，气韵东方——别克君威全国书法大奖赛荣获佳作奖，中国文联庆祝建国五十周年书画展，中国文联沃土新花——全国书画家采风成果汇报展，第四届中原书法大赛，荣获专业组优秀奖，河南省文化厅"群星奖"银奖，共青团河南省委"五四文艺奖"铜奖，商鼎杯全国书法大赛银奖，大相国寺建寺 1450 周年全国书法大赛银奖，《书法导报》第一届年展。2004 年在日本石川县立美术馆由中国人民对外友好协会主办的"中国古文字起源展"。2005 年分别在中国国家博物馆，河南省博物院共同举办的"中日甲骨文书法展"。第一届华夏情甲骨文书法篆刻展。第二届海峡两岸甲骨文书法联展。

郭永生（1968—）男，汉族，河南安阳人。中国书法家协会会员，河南省青年书法家协会副主席，民革党员、河南省青年联合会委员、河南省甲骨学与殷商文化研究中心研究员、安阳师范学院客座教授。其甲骨文书法作品入展第三届中国书法"兰亭奖"获艺术奖；全国第八、九届书法篆刻作品展；首届全国青年书法篆刻作品展；中国书法家协会会员百人精品展；中国书坛第五届新人新作展；全国第六届楹联

书法大赛；全国首届书法小作品展；第四届全军书法作品展获三等奖；获河南省五四文艺奖书法金奖；"情系西部" 2003 中国书法名家作品邀请展获金奖。作品散见于《中国书法》《中国书画报》《书法导报》《书法报》《河南书法年鉴》等。

管遮嵩（1973—）
男，汉族，别署卧薪斋主。为中国书法家协会会员、中国甲骨文书法艺术研究会会员。文欣书画院院士、安阳海侨书画院副院长、殷契印

社副秘书长。中国书法名城书画名家工程特邀书法家、安阳市政府对外宣传签约书画家。安阳市五一劳动奖章获得者。书法篆刻作品入选全国第二届"兰亭"奖、全国第八届书法篆刻展、全国第九届书法篆刻展（入展提名）、全国首届大字展、邓小平诞辰 100 周年展、羲之杯全国书法篆刻展、纪念中国共产党建党八十五周年书法大展、纪念傅山诞辰 400 周年全国书法艺术展、海峡两岸甲骨文书法联展、中国书法群贤 100 人作品展、首届加拿大中华诗书画大展、"梁披云杯"全国书法大展、"华夏情"甲骨文书法篆刻大展、纪念孙过庭诞辰 1359 周年全国书法大展、第二届"商鼎杯"全国书法大奖赛、"脐橙杯"全国书法艺术大奖赛、大厨房杯全国书法美术大奖赛、"孙诒让杯"全国甲骨文书法大赛、首届"四堂杯"全国书法大赛。书法篆刻作品获全国首届公务员书

法大展优秀奖、皖北"煤炭杯"全国书法篆刻展优秀奖、"商业银行杯"全国书画大赛一等奖、"三农"全国书法篆刻展一等奖、第三届"汝官窑杯"全国书法大赛一等奖、首届中国文人楹联书法大赛一等奖、首届"任伯年杯"全国书法大赛一等奖、纪念中华人民共和国成立 55 周年全国楹联书法篆刻大赛银奖、林散之三年展佳作奖、第四届中国书画华表奖金奖等。

李永根（1975—）
男，汉族，河南省滑县人。中国书法家协会会员，中国甲骨文书法艺术研究会会员。师从著名书法篆刻家徐学萍学习书法。书法作品入展

情况：2004 年 1 月荣获全国法制宣传日书法大赛二等奖；2005 年 1 月荣获第二

届"殷都杯"书画大赛一等奖;2005 年 1 月荣获反腐倡廉美术书法展优秀奖;2007 年 8 月入展"东方杯"河南省青年书法展;2007 年 10 月入展全国第九届书法篆刻展;2009 年入编当代甲骨文书法篆刻精品展;2010 年 5 月荣获"供销杯"全国书画大奖赛优秀奖;2010 年 7 月入展全国楹联书法绘画邀请展;2010 年 9 月入展"贞元杯"全国书法大赛;2012 年 10 月入展"四堂杯"全国书法精品大展;2015 年 10 月,作品入展首届中国字·"世界情"甲骨文书法展。作品发表于《书法》《青年书法报》《书法导报》《书法世界》《中国书画报》等多家专业报纸杂志。2011 年 4 月其书法作品被中国文字博物馆收藏。

陈则威 (1975—)
男,汉族,河南省安阳市人。中国书法家协会会员,中华诗词学会会员,中国教育学会书法专业委员会会员,中国文字博物馆特聘书法家,河南省书法院特聘书法家,安阳师

范学院兼职书法教授,安阳工学院兼职书法教授。作品多次在中国文联、中国书协、西泠印社主办展赛中入展或获奖。甲骨文书法作品获中国书协、中国文字博物馆举办的第二届"四堂杯"全国书法精品大展一等奖;入展中国书法家协会会员百人精品展(中国书协);荣获第四届全国书法百家精品展最高奖(中国书协);入展第二届中国书法兰亭奖安美杯书法大展(中国书协);荣获全国首届册页展三等奖(中国书协);入展全国首届篆书作品展(中国书协);入展全国首届书法临帖展(中国书协);入展全国第五届书法百家精品展(中国

书协）；入展全国第七届楹联书法作品
展（中国书协）。获中国文联、中国书
协主办第四届中国书法艺术节"中国书
法十杰"，《书法》中国年度风云榜最值
得期待奖，第四届中国书坛中青年百强
榜"书法十佳"。曾应邀赴泰国、韩国
参加文化交流活动，作品被美国、日本、
德国、英国、泰国等多位国际友人和多
位驻外大使与中国文字博物馆、翰园碑
林、郑州美术馆等多家单位收藏，并发
表于《书法》《篆刻》《书法报》《书法
导报》《青少年书法》《神州诗书画报》
等杂志或做专题推介。

丁国朝（1975—）

男，汉族，河南省滑县
人。中国书法家协会会
员，河南省书协篆书委
员会委员，河南省青年
书法家协会理事，河南
省书法院特聘书法家。

进修于李刚田篆书高研班、中国国家画
院胡抗美、曾翔工作室。书法作品入展
第二届中国书法兰亭奖艺术奖；第三届
中国书法兰亭奖艺术奖；全国第八届、
第九届书法篆刻展；全国首届青年书法
篆刻展；全国首届册页书法艺术展；全
国第四届、第五届百家精品展；中国文
联主办的第七届东方美术家作品交流展；
当代甲骨文书法精品展；2005 年《书法
导报》国际书法篆刻年展。曾在全国第
三届青少年书法美术大赛获一等奖；
"墨舞中原"首届全国书法大赛获优
秀奖。

李永成（1980—）

男，汉族，河南省滑县
人。安阳师范学院美术
系毕业，现为中国书法
家协会会员，殷契印社
副秘书长。农工党党
员。作品获奖入展情
况：第二届中国临沂书圣文化节羲之杯
全国书法大奖赛入展（中书协）；纪念
邓小平诞辰 100 周年全国书法大奖赛入
展（中书协）；首届皖北煤炭杯全国书
法大奖赛入展（中书协）；全国首届语
文报杯中小学生及中小老师书法大赛二

等奖（中书协）；全国青年国庆书画展优秀奖（中书协）；三晋杯全国首届公务员书法大赛入展（中书协）；全国第四届正书大展入展（中书协）；全国首届走进青海书法展入展（中书协）；全

国书法大赛冼夫人奖优秀奖（中书协）；首届中国普洱茶乡书法艺术节优秀奖（中书协）；纪念老子诞辰 2578 周年全国书法展入展（中书协）；纪念傅山诞辰 400 周年书法艺术展入展（中书协）；庆祝共青团成立 85 周年全国书法大赛入展（中国青年杂志社）；全国第九届书法篆刻展获奖提名（中书协）；第二届洪洞大槐树国际书画艺术展三等奖；第七届东方美术家交流展入展（中国文联）；中国（芮城）永乐宫第二届书画节优秀奖（中书协）；建文杯全国书法大赛三等奖（中国书法杂志社）；全国首届篆书作品展入展（中书协）；中国曲阜国际孔子文化节首届孔子艺术奖书画展获奖提名；涌泉杯浙东书风第二届全国书法大赛三等奖；庆祝建党九十信德杯全国个体私营企业书法展入展（中书协）；中国书法名城书法作品联展（中书协）；全国第二届篆书作品展入展（中书协）；甲骨文书法名家作品邀请展（中国文字博物馆）。

三 甲骨学相关人物

李成 生卒年月不详，男，汉族。安阳小屯村的剃头匠。据董作宾《甲骨年表》记载："先是，小屯北地滨洹水的农田，常有甲骨发现，村人李成检之，售于药店，谓之龙骨，经过数十年。"另据明义士《甲骨研究讲义》记载，在1899年以前，"常用龙骨粉做刀尖药。此地久出龙骨，小屯村民不以为奇。乃以骨片、甲版、鹿角等物，或有或无字，都为龙骨。当时小屯人以为字不是刻上去的，而是天然长成的，并说有字的不好卖，刮去字药店才要。李成收集龙骨，卖与药店，每斤制钱六文"。无论是磨成细粉用作刀尖药，还是作为龙骨成批卖给药店，都给甲骨学事业造成了永远无法挽救的损失。由此，胡厚宣"称这个时期为药材时期"（胡厚宣《〈五十年甲骨学论著目〉序》）。

张学献 生卒年月不详，男，汉族。殷墟甲骨文私挖乱掘时期（1928年前）的小屯村村主任。据董作宾《殷墟沿革》记载："家于小屯甚早，约在清康熙的初年。惜家谱毁于兵燹，上世已不可考。他的高祖张草亭，约生当清乾隆年间，自草亭以下至学献，凡八世皆居小屯。家有田数十亩，为现今小屯之富户。他的高祖张草亭，乃是一武秀才，曾在花园庄王家作教师……"从1899年至1928年之间的九次大规模私人挖掘甲骨，张学献参与了三次：第一次1909年，张学献在自家地里挖山药沟，发现了甲骨文。于是村人相约挖掘，所得骨臼及骨条为罗振玉收购；第二次1923年，张学献的菜园内有字骨出现，因而挖掘，获得有文字的大骨版两块，可能卖给了明义士；第三次1926年春天，张学献被土匪绑票，需钱赎票，村人趁机跟他家里的人商量，大举挖掘菜园，平分所得的甲骨文。这一次，参加工作的有几十人，呈品字形，各向深处挖掘，再向四面探求。正在挖的起劲，忽然虚土下塌，活埋四人，于是赶忙营救，挖掘的工作因而停止。这次所得甲骨很多，陆续都卖给明义士。张学献是明义士好友，其子明明德中文名"天宝"即为张氏赐名。

朱坤 生卒年月不详，小屯村地主。有资料记载，1904年（清光绪三十年），小屯村地主朱坤率领佃农，在村北洹河南岸朱氏田中，大举挖掘，搭席棚，起炉灶，挖掘很久。后因霍、刘等姓与朱氏争地挖掘，械斗与讼，便被县官禁止。

这一次所得的甲骨文，传说有数车之多。罗振玉、黄新甫（黄濬之父）、徐枋、端方以及美国方法敛、英国库寿龄、金璋等人所买得的，大概都是这一批甲骨文。胡厚宣在《五十年甲骨文发现的总结》中记载："这批甲骨都被罗振玉和外国人买去了。"

蓝葆光 生卒年月不详，男，汉族。河北人。《甲骨年表》记，董作宾 1928 年第一次见到他时，蓝已 30 多岁并流寓彰德府多年。他心灵手巧，能在没字的铜器、甲骨上或鹿角、箭头上刻些甲骨文字，并用此技造假古董以骗古董商卖钱做毒资，购买鸦片吸食。蓝氏很早就在古董商买来的无字甲骨、鹿角之类便宜货上刻字，并有很好的销路。自刘铁云藏甲骨起，就被掺入了假甲骨，直到 1928 年左右，还在大量出伪货。蓝葆光虽然在本子上抄录过刘铁云、罗振玉出版甲骨书上的文字，但都不识一字。蓝氏在小片上抄写"文字"，甲片放倒，文字就刻成倒文，甚至全篇皆可刻倒。后来刻工进步，就抄完整甲骨片，刻工甚佳，凡可以乱真。但因他不懂文例，刻辞位置和左右行皆与真甲骨不同，因而蓝刻假甲骨文字，难逃甲骨学家的法眼。

端方 （1861—1911）全名托忒克·端方，男，满族，满洲正白旗人。字午桥，号陶斋。1882 年（光绪八年）中举人，捐员外郎，后迁候补郎中。

一度支持戊戌变法，但在变法失败后，又受到荣禄和李莲英的保护，未受株连。1898 年（光绪二十四年），任直隶霸昌道。不久清廷在北京创办农工商局，将其召还主持局务。端方趁此机会上《劝善歌》，受到慈禧赏识，被赐三品顶戴。1900 年（光绪二十六年），八国联军占领北京，慈禧和光绪帝出逃陕西。端方因接驾有功，出任陕西按察使、布政使、并代理陕西巡抚。此后，又调任河南布政使，旋升任湖北巡抚。1902 年（光绪二十八年），代理湖广总督。1904 年（光绪三十年），代任两江总督并创建暨南大学。之后，他调任湖南巡抚。在历任上述封疆大吏期间，端方鼓励学子出洋留学，被誉为开明人士，"奋发有为，于内政外交尤有心得"。端方是中国新式教育的创始人之一，他在代任两江总督期间，在南京鼓楼创办了暨南学堂。在任湖北、湖南巡抚期间，命令各道、府开办师范学院。在任江苏巡抚期间，决心革除陋习，下令各州县照例奉送的红包全数退回，用作选派两名当地学生出国留学。端方还是中国第一所幼儿园和省立图书馆的创办人。1905 年，赴欧美考察各国政治，次年回国，建议清政府预备立宪，以抵制革命运动。近代公共图书馆事业开创者，在外国考察时，见国外名都均没有官方公共藏书机构，民众教育普及，使他耳目一新。遂奏请设立公共藏书机构图书馆，成为创办图书馆、发展图书馆事业促进派。我国最早的几个官办公共图书馆，如江南图书馆，湖北省图书馆、湖南图书馆、京师图书馆等馆的创立，他出力甚多。为完成中国封建藏书楼向近代图书馆过渡，起了重要推动作用，对保存中国古代文献亦有贡献。1907年（光绪三十三年），江南藏书家丁丙经商失败亏资百万，欲售其藏书。端方恐"八千卷楼"重蹈"皕宋楼"复辙，奏请政府以75 000元尽购丁丙的藏书，藏于江南图书馆（今南京图书馆）。宣统元年端方调直隶总督，北洋大臣，后被弹劾罢官。1911年（宣统三年）起为川汉、粤汉铁路督办，入川镇压保路运动，为起义新军所杀。谥忠敏。著有《陶斋吉金录》、《端忠敏公奏稿》等。端方与甲骨文的关系是他在甲骨文被发现之初，王懿荣和刘鹗之后，与罗振玉同时或前后收藏甲骨文。《甲骨年表》以为1899年（光绪二十五年）范维卿为端方收购甲骨，每字二两半，遂以端方为收甲骨的第一人，是不正确的。《洹洛访古游记》记载："至近三年（谓宣统元年以来）余兄专意收此，京客东客所有，无不留之。继之者为端午桥尚书，其余好古之士如沈子培方伯亦尝购之。"《甲骨研究》也记载："1904年范氏又得1000块，到长沙售归端方"；又说："端方所藏，闻至今约有400片，余得了几份拓片。"宣统三年（1911），端方死于四川，所藏甲骨大部分归其婿项城袁氏，1947年秋，辗转归于罗福颐，伪品甚多（此点可推知其收藏不能甚早），真品不足200片。北京解放前，罗氏分三批分散了端方的甲骨：一部分售于北京大学文科研究所，一批百余片赠徐宗元，一部分残碎片赠曾毅

公。（陈梦家：《殷虚卜辞综述·端方及其同时者的甲骨收藏》）

刘体智（1879—1962）男，汉族，安徽庐江人。字晦之，晚号善斋老人，晚清重臣四川总督刘秉璋之子。刘秉璋在浙江巡抚任上时，正值中法战争爆发，他率军坐镇杭州。在战争的关键时刻，他对家人说："万一战场失利，吾得对国尽忠，夫人要尽节，三个儿子（指老大刘体乾、老二刘体仁、老三刘体信）要尽孝，小四、小五尚小，送给李鸿章了。"此言一出，军中将士无不铁心报国。中法之战镇海一役历时103天，空前酷烈，全凭浙江一省的财力和兵力支持，最终战胜法军。法军舰队司令孤拔受重伤，不久死在澎湖列岛。刘秉璋因此战获胜而擢升为四川总督。刘体智是刘秉璋的"小四"，自幼聪慧好读。因刘秉璋是李鸿章的至交，两家又是姻亲，故刘体智从小就得以进入天津李鸿章的家塾，与李氏诸子弟一起读书，中西文俱佳，又得以与李氏门生故吏及其子弟朝夕相处，过从无间，还饱览了故家旧族多年秘不示人的典籍和收藏，这都为他后来从事银行业和收藏事业打下了基础。刘体智的文物收藏堪称海内一流，尤其是龟甲骨片和青铜器的收藏，世间罕有其比。其甲骨文的收藏在抗战前就达2.8万余片，1953年全部出让给国家。据统计，现存我国大陆的龟甲骨片，总共9万余片，分布在95个机关单

位和 44 位私人收藏家手里，而刘晦之的 2.8 万片，几乎就占了三分之一，是私人收藏甲骨最大的一宗。1936 年郭沫若亡命日本时，日子过得很困窘，有时连毛笔也买不起。刘晦之知其博学多才，就将自己历年所收集的龟甲骨片，请人拓出文字，集为《书契丛编》，分装成 20 册，托中国书店的金祖同带到日本，亲手交给郭沫若，供其研究、著书。郭沫若见后叹为观止，从中挑选了 1595 片，先期研读考释，并据此著成了甲骨学上具有重要意义的巨著《殷契粹编》，在日本出版。郭沫若在书序中一再感叹道："刘氏体智所藏甲骨之多而未见，殆为海内外之冠"。"去岁夏间，蒙托金祖同君远道见示，更允其选辑若干，先行景布，如此高谊，世所罕遘。""然此均赖刘氏搜集椎拓之力，得以幸存。余仅坐享其成者，自无待论。"（郭沫若《殷契粹编·序》）感激之情，溢于言表。抗日战争胜利后，胡厚宣从大后方返沪到复旦大学任教，即常往市区新闸路上的小校经阁拜访刘体智，与之订交，参观过他的藏品，并专门安排学生们前去参观他用楠木盒子规规整整分装起来收藏的 100 盒甲骨。另有甲骨拓本《书契丛编》20 册，每册后附简单释文。这套拓本，与盒内的甲骨实物先后次序正相对照。胡厚宣曾查其甲骨实数，实为 28192 片。著名学者陈梦家还考证过，其中有 300 余片为徐乃昌随庵的旧藏。1953 年，刘氏甲骨出让国家，由中央文化部文物局接收，中国科学院考古研究所将其又重新墨拓了一遍，拓本题名

《善斋所藏甲骨拓本》。

罗振常（1875—1942）男，汉族，江苏淮安人，祖籍浙江上虞（现浙江省绍兴上虞市永丰乡）。字子经，又字子敬，号心井、邈园。为甲骨学家  罗振玉的季弟。少艰苦励学，工诗古文辞。后致力于教育事业，在辽东任教数年，回归后，设"蟫隐庐"以藏书、刻书。居书肆 30 年，遇有宋元精刻、名家抄校等均加以收藏，又精于校勘，于版本源流，文字异同、收藏变迁皆详为稽考。与刘承干交谊密切，每相遇，则谈论藏书之事，刘承干叹服其精博。其编有家藏善本书目为《善本书所见录》，分经、史、子、集 4 卷，每书下记卷数、版刻、题解、收藏人等。由其婿周子美新订，刘承干作序。罗振常著有《南唐二主同词汇校》《洹洛访古游记》《征声词》《暹罗载记》《养菥篇》《古凋堂诗文集》《新唐诗演义》等。《邈园丛书》共十二册，计二十六种行世，罗振常原编。此书为罗身故后，由其婿周延年（子美）于 1944 年（民国三十三年）年汇集。罗振常与甲骨文的关系，即在于受其兄罗振玉命，于 1911 年春直接来安阳小屯搜购甲骨和古物。此行所获甚丰，其事见所著《洹洛访古游记》。

张五元　生卒年月不详，小屯村村民，小屯南地甲骨的发现和守护人。据《小屯南地甲骨·前言》记载："一九七二年十二月下旬，安阳小屯村社员张五

元在村南公路旁的小沟取土，发现黄土中有一些卜骨碎片，其中六片有刻辞。他立即报告中国科学院考古研究所安阳发掘队。当时正值隆冬，不便发掘，安阳发掘队便对出卜骨之地采取了一些保护措施。"参加小屯南地甲骨发掘的刘一曼曾对笔者讲过当时的情景，张五元发现甲骨后，即兴奋地拿着甲骨跑到安阳发掘队，见到刘一曼后，连连喊："发现甲骨了！发现甲骨了！"之后，张五元担心这批甲骨被他人盗掘，常常夜半三更去村南公路巡视，义务保护这批甲骨。

方法敛 ［美］

（1862—1914），Rev. Fran H. Chalfant，或译查尔凡，男，生于美国宾州匹兹堡。在拉斐耶特大学毕业后，又就读神学院。1887 年他刚结婚便赴中国，到山东潍县乐道院传教，担任道学教授。方氏酷爱中国文化，起初以收藏和研究中国古钱币闻名，到 20 世纪初甲骨文发现后，又以极大的热情转向甲骨文的搜购。由于当时潍县古董商范维清最早采购到殷墟甲骨文并得到王懿荣鉴定，消息传开后，潍坊的古董商人蜂拥而至安阳搜求，几乎垄断了初期的甲骨贩销市场。1903 年，方法敛和英国传教士库寿龄在潍县先后向古董商人赵允中（字执斋）、李茹宾等陆续购买了大批龟甲兽骨。1904 年冬，河南安阳小屯村的地主朱坤，挖到数车龟甲骨片，被古董商转卖到山东后，都被方法

敛和库寿龄收购了。他们二人是最早从事甲骨文搜购和倒卖的西方人，他们不仅不遗余力地掠购，而且插手殷墟的发掘，甚至肆意出售。早在 1906 年春天，方法敛就从他所买到的甲骨中选取了 119 片转卖给美国普林斯顿大学，这成为最早批量流失国外的甲骨之一。同年，方法敛在美国出版了《中国最早的文字》一书（亦译作《中国原始文字考》），此书仅比刘鹗 1903 年所编中国甲骨文开山之作《铁云藏龟》晚三年，当时在国际史学界引起较大轰动，并使甲骨文研究迅速得到国际学术界认可。方法敛凡购得一批，必先画其图形，摹其文字。后来凡见到他人收藏的甲骨，也都设法摹写下来。此外，凡是方法敛在决定出售甲骨之前，也都提前对文字进行摹写、抄录，还都附加上经过他多方搜寻和研究的资料。10 年之间，完成《甲骨卜辞》一书，书中包含有摹写本 423 页，书前有 60 页引论，又有一个 3300 字的字汇，字汇前有序文，并以甲骨文与金文小篆比较作为附录，书后还附有两种索引及一篇书目提要。他被称为是西方研究和传播甲骨文字的第一人。方法敛的胞兄方伟廉比他早三年来到中国，在潍县、青州、济南教书，并代理过广文大学校长。方法敛 1911 年在青岛患半身不遂，1914 年 1 月 23 日在匹兹堡去世。他的遗稿由美国芝加哥菲尔德自然史博物院的朋友劳佛（Berthold Laufer）代为保管，长达 20 年之久。1934 年劳佛去世，原稿改归纽约大学教授白瑞华保存。1935 年，白瑞华从方法

敛的《甲骨卜辞》一书423页摹写手稿中，校编选印出三部甲骨文专著，为后继学者们提供了可靠的研究资料。由方法敛相继转卖甲骨的藏家有：美国普林斯顿大学、上海的英国皇家亚细亚学会博物馆、苏格兰皇家博物馆、伦敦博物馆、美国卡内基博物馆等。

库寿龄［英］　（1859—1922），Rev. Samuel Couling，或译库全英、考龄，男，英国汉学家。年轻时来中国传教，后从事文化教育事业，曾创立山东青州广德书院，与人合著《上海史》，并立志以大英百科全书为楷模，编写一部中国的百科全书——《中国百科全书》。在编写过程中，获得的最大支持是莫理循（1862—1920）私人图书馆。他的《中国百科全书》只有一版，却被多次重印。第一次是在1964年被台湾Literature House影印；第二次是在1973年由台湾成文出版社影印；第三次是在1983年由牛津大学出版社（香港）出版；第四次是在2007年由英国的Global Oriental出版。此外，库寿龄还以搜购甲骨文闻名于世，早在1903年，他作为英国浸礼会驻山东青州传教士时，与美国驻山东潍县的传教士方法敛合伙搜购了很多甲骨，这应该是欧美人最早搜购甲骨文的开始。他们曾把四百片甲骨转卖给上海英国人所办的亚洲文会博物馆。1904年冬，小屯村又出甲骨数车，陆续被库方二氏购得，先后转卖给美国普利斯顿大学、卡内基博物院、苏格兰皇家博物院、大英博物院、美国菲尔德博物院等。后来，由方法敛对这批甲骨加以

摹写，由白瑞华编成《库方二氏藏甲骨卜辞》，于1935年在中国出版。库寿龄还著有《河南之卜骨》文章，其中记载他前后到中国来搜购甲骨及其他器物三次，回去后分别卖给各地博物院。无论功过，库寿龄的一生与中国密不可分，最后死在中国。

金璋［英］　（1854—1952）全名：莱昂内尔·查尔斯·霍布金斯（Lionel Charles Hopkins），汉名为金璋，男，生于英国汉普斯特的奥克希尔。一说金璋于1874年来华，另一说为1871年随英国大使团来华。金璋为职业外交官，在华30余年。初在使馆充当翻译生，住在公使馆的寓所中。他有一个习惯就是经常给母亲等写家信，介绍他在中国的所见所闻。这些信都是叙事式的，是他在华生活34年和对汉学认识的概括。他后来到过中国许多通商口岸，是清末西方列强侵华外交的见证人。1886年他任英国驻华使馆助理，1894年署理英驻台湾淡水领事。1901年3月被委任为英国驻天津总领事。这是他工作时间最长的一个外交岗位。1908年9月后，他因身体不佳，被准允退职回国，后被授予英国皇家勋章。在近代外国驻华外交官中，对中国古老而深邃的民族文化感兴趣的，确有不少。他们之中，有的不惜花费大量精力去主动接触，成为"中国通"。还有通过不懈努力和悉心钻研，成为颇有建树的汉学家。曾任英国驻天津总领事7年半之久的金璋就是比较典型的一位。他是早期搜集殷墟甲骨的西方人之一，在甲骨文和中国古钱学研究方面具

有相当造诣，发表了不少著述。他的后半生实际上就是在浓浓的汉学氛围包裹中度过的。在华末期，金璋经历了一起重大文化事件并激发了研究欲望。这就是 1899 年殷墟出土的、日益产生深远影响并引起海内外关注的甲骨文。以往对中国古钱币颇有兴趣的金璋，开始对古汉字有了更深的、更新的认识。1906年，金璋从一则出版社的通知中获悉，美国在华传教士方法敛编著的《中国原始文字考》由安德鲁·卡内基资助出版。这是最早用英文写成的研究中国古文字的著作。他主动写信与方法敛取得联系。此后他们之间的通信连绵不断，直到 1914 年方法敛去世为止。据说他们从未见过面，但却因都喜欢古汉字且能达成共识而成为情投意合的朋友。他们最初的交往是从谈论中国古钱币开始的。从这个话题引申到甲骨文，引起了二人的共鸣。甲骨文引起了金璋的极大兴趣。他开始了个人收购甲骨的活动。他想尽办法搜寻，总计购买了大约 1000 片甲骨。方法敛是充实金璋甲骨收藏的最大卖家。他接受金璋委托在山东为金璋代购甲骨的同时，甚至把他在潍县购买的部分甲骨以收购价转让给了金璋。另曾受到库寿龄的帮助，库寿龄有少量甲骨转让给了他。1952 年金璋把倾注了毕生心血的所藏甲骨以及其他文物赠给了剑桥大学，现仍保存在该校图书馆中文部。剑桥大学图书馆共藏有 622 片甲骨，有 3 片完整的求年卜辞，还有关于尹的记载，其中金璋的旧藏有 607 片（并非以往统计的近 800 片）。在 607 片中，除去伪片和残甚者，共 595 片。伪片和原骨实物缺失（只有摹片）者共 20 片。可代换为拓片者，共 495 片，未曾著目录者 136 片。早在 20 世纪 30 年代中后期，纽约大学教授白瑞华，以方法敛摹写的稿本《甲骨卜辞》一书为素材，编辑了三册甲骨卜辞书籍。其中就包括 1939 年在纽约成书的《金璋所藏甲骨卜辞》。此书长期以来为研究者不断引用，成为甲骨文研究的基本资料。有资料记载，金璋曾受王懿荣之子之邀，写了一篇关于介绍收藏于天津新学书院的 25 片刻字甲骨的文章，发表在该书院 1908 年 5 月出版的《校园回声》上。尽管在文章中，他引用了方法敛编著的《中国原始文字考》的观点，但自己对甲骨文还是有一些独到见解的，有的经后来者不断研究考证后，认为是正确的或者接近史实。如写有"癸巳卜，争贞：日若兹敏，惟年祸？三月"的一片甲骨，反映了商代把太阳的非常态现象，视为可预示福祸、灾祥的日神等情。金璋认为，日敏是日月运行中的一种现象。郭沫若后读"敏"为"晦"。现在已基本认为，日敏是气象变化或指天风气混而太阳昏晦不明的现象。

怀履光［加］（1873—1960），William Charles White，男，加拿大圣公会传教士。1897 年来到中国，先在福建传教，1910年 3 月偕夫人从福建来到开封任基督教河南圣公会的主教后，在开封、商丘、

洛阳等地建教堂、办学校、开医院，还开展了一些慈善和社会救济工作，着力培养中国高层神职人员，促使了基督教在河南的传播和发展。与此同时，他利用主教的身份大肆攫取河南的文物，尤其是对洛阳的两处周代贵族大墓，进行了破坏性的盗掘，致使大量珍贵文物流散国外，对中国文化造成了极大的破坏。回加拿大后曾长期担任多伦多大学中国研究系主任，著有《洛阳古墓考》《墓砖图集》《中国庙宇壁画》《中国古代甲骨文化》等。他是一个饱受争议的人物。在河南传教期间，他利用自己"河南主教"的身份以及与社会上层人物的密切关系，短时间内便成为开封最大的古董买家，并形成了以开封为中心的古物搜购网，其触角远达上海和京津地区，而主要的活动地点集中在安阳和洛阳两地，搜购的重点放在公元前的文物上，诸如汉代以前的青铜器、玉器、甲骨和陶器为主。怀履光究竟为加拿大搜购了多少中国出土文物，仅从李巍《从传教士到汉学家——加拿大圣公会主教怀履光》一文中所记载的1925年怀履光的通信中，可窥一斑，"1月份，运回50种，和100多件；2月份，20种；4月份，50多种陶器和瓷器；5月份，9件青铜器和陶器；9月份，165件"。1930年，民国政府颁布"古物保存法"，怀履光仍想法设法将中国文物盗运出境。1934年，他将殷墟"象坑"（因所出青铜器有"大象"纹饰而得名）所出土的近百件文物盗走。有一次，怀履光在盗运的过程中被冯玉祥的手下抓获。冯玉祥信仰基督教，与怀履光是老相识，但因事关重大，他还是发布了一道命令："如果再出现怀履光盗运文物的类似事件，我们将不再为基督教提供任何保护。"怀履光因而被指控为偷盗中国文物的罪人。

哈 同 ［英］
（1851—1931），Silas Aaron Hardoon，出生于巴格达，1856年随父母迁居印度孟买，并加入英国籍。1872年只身东来香港，第二年转到上海，在沙逊洋行供职。1886年与一名中法混血，笃信佛教的罗迦陵结婚。1887年担任上海法租界公董局董事，1898年又改任上海公共租界工部局董事。1901年脱离沙逊洋行独立创办哈同洋行，专营房地产业。特别在开发经营南京路时获得巨大成功（他占有南京路地产的44%）。1904年开始在静安寺路购地300亩花费70万两银圆兴建上海最大的私人花园爱俪园（哈同花园），是典型的中国式园林。哈同热衷于中国古典文化，还在园内创办了仓圣明智大学。1927年铁铮根据日译本、参照英译本译出全文《古兰经》，此后四年姬觉弥在犹太人哈同的资助下，汉译全文本《古兰经》并得以出版。是近代上海的一位犹太裔房地产大亨。

罗迦陵 （1864—1941）本名俪蕤（Liza），号迦陵、慈淑老人，法名太隆。是近代上海的英国籍犹太裔房地产大亨哈同的中国籍妻子，按照罗迦陵自己的说法，她是一名中法混血儿。父亲路易·罗诗是一名法国水手，母亲沈氏，原籍福州闽县。1864 年，罗迦陵出生在上海县城内九亩地（今黄浦区露香园路、大境路一带）。罗迦陵出生不久，父亲回国，六七岁时母亲也去世，因此她是由亲戚抚养长大。罗迦陵虽然识字不多，但她自幼聪明伶俐，机智多谋。为生活所迫，她曾经做过外侨女佣，许多书报都说她在虹口做过专门接待外国水手的"咸水妹"，其实并无证据。不过，罗迦陵确实阅历相当丰富，还学会了说英语和法语。哈同夫妇热衷于中国古典文化，1909 年，罗迦陵应邀前往北京，被隆裕太后的母亲认为义女，于是罗迦陵与隆裕太后成了干姐妹。后来，宣统皇帝的弟媳又认哈同为义父。民国初年，哈同夫妇又去北京给干娘拜寿，受到清宫款待，封罗迦陵为正一品夫人，又赐给 60 名太监回上海使唤。全盛时期园内有管家、警卫、仆人、和尚、尼姑、教师、学生近 800 人。据与罗迦陵亲近的人回忆，她在家中颇有贾母和慈禧太后的风范，颇为讲究排场。花费最巨的是她的两次祝寿，一次是 1922 年 71 岁的哈同与 59 岁的罗迦陵做"百卅大寿"，一次是 1933 年哈同去世后罗迦陵做七十大寿，这两次祝寿当时均轰动了整个上海。哈同夫妇开办的仓圣明智大学，是一所从小学到大学的全日制学校，学生的膳食、住宿和学杂费全部由园内提供。课程则侧重于中国古代文字、古董和典章制度，学校鼎盛时亦曾有学生 1600 余人。聘请的学者包括王国维、章一山、费恕皆、邹景叔等，国画大师徐悲鸿也曾经在这里工作和生活过。关键是他们还曾出巨资搜购安阳殷墟出土的大批甲骨，其中就有刘鹗旧藏的 1000 余片，并请著名学者罗振玉等在爱俪园进行整理，1917 年王国维著录编成《戬寿堂所藏甲骨文字》。这批甲骨现收藏于上海博物馆。

第三编
著作编

一　著录

（一）著录专书（部分附释文）

《铁云藏龟》
简称《铁》。刘鹗撰。1903 年（清光绪二十九年）10 月，刘鹗将所收藏 5000 多片甲骨文中，选出 1058 片（其中赝品 4 片，重者 3 片），除去伪刻和重复外，实际为 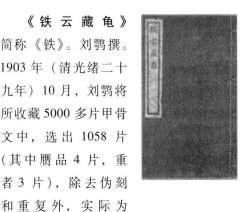 1051 片。拓印成册，以刘鹗字铁云命名，第一次出版《铁云藏龟》。这是第一部著录甲骨文的专著。书中称甲骨文为龟，以龟甲概骨，说明他们所看到的和所藏的多为残碎小片，还无法清楚分辨甲和骨。第一次出版的《铁云藏龟》是抱残守缺斋的石印本，线装 6 册，不分卷，共 272 页，无著录序号。最初，这部书的前面，有刘鹗"自序"和吴昌绶"序"。据罗振玉《殷商贞卜文字·自序》中说，他也曾为该书作过序。不过现在的初印本不但不见罗振玉的序，

而且连刘鹗、吴昌绶二者的序也都被删除。大概是因为刘鹗听信古董商的谎言，在"自序"中以为甲骨出土地在河南汤阴的羑里城。等到发现知道错误了，就将所有的序文全部舍弃。所以，现在很难看到有序文的原版。1931 年 5 月，上海蟫隐卢第二次重印，与《铁云藏龟之余》合为线装 6 册石印本发行，前面有了刘鹗与吴昌绶"序"。其中每片著录甲骨的旁边加鲍鼎的释文。这次重印本，用粉重描，文字多失真，所考释也多不妥。1959 年 4 月，严一萍的台北艺文印书馆第三次再印，32 开纸本，上、下两册，上册前面有刘鹗照片一帧，并在罗振玉、吴昌绶、刘鹗三篇序文之前，增加了严一萍的铅字排印的 6 页"跋"。将"跋"放在全书的前面，不知何意。一般写"跋"应该放在全书的后面。本次再印，由于增加了罗振玉的"序"，被称为"三序本"。1975 年夏，《铁云藏龟》第四次重印，仍由台北艺文印书馆翻印，但按断代分类重新编辑，名为《铁云藏龟新编》，署名严一萍撰。《铁云藏龟》的贡献，不单单是第一部著录刊布甲骨文的著作，重要的是刘鹗的"自序"写道："祖乙、祖辛、母庚以干

支为名，实为殷人之碻据也"。确定了甲骨文是殷代遗物，意义尤为重大。另外，刘鹗的"自序"已考释了 49 个文字，其中 43 字是正确的，由此可以说刘鹗实际上是第一位认识甲骨文字的人。特别是所识别的 19 个干支字和 2 个数目字"五"和"十"，他在"自序"中写道："龟版可识者，干支而已，如甲申、乙酉、丙寅、丁卯、戊午、乙亥、庚戌、辛丑、壬辰、癸未、惟巳字不见，其百十三页，第四片，髳骉辛巳，是否未敢定也。"由刘鹗开创的"直接指认"考释甲骨文字的方法，直接影响了其后罗振玉《殷墟书契》的考释。罗振玉《殷墟书契》中有多处也使用了"直接指认"考释甲骨文字的方法。虽然有学者认为"直接指认法"为没有办法的办法，但是筚路蓝缕，开山首创之功，难能可贵。且影响后世学者至今，功不可没。

《殷虚书契》（前编）　简称《前》《前编》。罗振玉编著。《殷虚书契》（前编），出版有多种版本，影响较大有五种版本。第一种，为 1911 年发表在《国学丛刊》第一、二、三分册上的石印本，共三卷，著录甲骨 294 片。罗振玉的"自序"中曾写道："因略加类次为《殷虚书契前编》二十卷。"只是出了三卷以后，未见续出完成 20 卷，是因为辛亥革命成功后《国学丛刊》一共出三册后

停刊，即使已经出版的三卷本，还抵不上后来出版的八卷本的第一卷。此外，编排次序也与后出版的八卷本不同。第二种是 1912 年出版的珂罗版影印双宣纸本，8 卷，线装 4 册，著录甲骨 2228 片。卷首自题"集古遗文第一"、有"序"。这个版本印刷、纸张和装订都非常精美，最初定价银圆 80 元，后来逐渐涨到银圆 200 元。但书中内容有许多缺陷，因为所著录的拓片大都被剪裁的整整齐齐，失去原形，不但无法拼兑缀合，甚至连辨别部位都很困难，所以在学术价值上，反而不如之后的重印本，即下述的第三种版本。第三种是 1931 年在上海重印另拓的版本，仍为线装 8 卷 4 册。著录甲骨为 2221 片。这个版本不但著录甲骨片数与前编不同，还有很多与前版不同之处。最明显的是所用的纸张不同，还有重印本的拓片比较能保持原状等。第四种，是 1960 年台北艺文印书馆重印出版，32 开纸本，8 卷 4 册。著录甲骨文拓片分卷页编排，无著录片号。第五种，是 1970 年台北艺文印书馆翻印出版，绵纸本 8 卷，线装 4 册。这个版本的形式大小都仿照第三种重印版本，在前增加了一篇铅字排印的严一萍序文。除上述五种版本之外，还有 1981 年中国书店影印本、1976 年台北大通书局收入《罗雪堂先生全集》（七编 4、5 册）版本、1993 年 5 月天津古籍书店影印版本。

《殷虚书契菁华》　简称《菁》《菁华》。罗振玉编。1914 年出版，原片照相珂罗版印。该书为最早用照相方法著

录甲骨，罗振玉在该书  "自序"写道："予曩搜集殷墟遗文，得甲骨逾万，既拓其尤要者为《殷虚书契》，而匧中所存最大之骨，尚未拓墨，盖骨质至脆，惧或损文字也。然又不忍湮没不传，爰影照精印，并取往者拓墨所遗，脆弱易损者数十枚益之，颜之曰《殷虚书契菁华》俾与《前编》并行焉。"此书前部分8版为牛胛骨4块，大字涂朱，正反两面，其1、2、3、4两版曾有拓本，发表在罗君美编印的《传古别录》第一册中。其中拓本三比较《菁华》的照相本更为完全，上面保留原骨的边缘，故多出刻辞8字。但拓本4下部边缘未印全，较《菁华》少去"河"字，最上方刻写的"兹"字也看不清楚。全书共著录罗振玉所藏甲骨实物照片68帧。由于当时的照相技术还很落后，所著录的照片后60帧，也就是罗振玉"序"中所加"数十枚"甲骨，大多为文武丁时代的，字较小，字迹不清楚。又出版翻印本一册，小片模糊，更不可辨认。

《铁云藏龟之余》
简称《余》《之余》。罗振玉编著。1915年出版，1927年重印再版，为《铁云藏龟》这一系列书之一。罗振玉在"自序"中叙述出版该书的目的为悼念和颂扬已故的刘鹗："予之知有贞

卜文字也，因亡友刘君铁云。刘君所藏，予既为之编辑为《铁云藏龟》，逾十年，予始考订其文字为《殷商贞卜文字考》，时君则以事流西陲死矣。又二年成《考释》一卷，则距君之死且数年矣。居恒辄叹殷墟遗宝，由君得传于世，而君竟不及见予书之成也。欲揭君流传之功以告当世，乃搜箧得君曩日诒予之墨本，选《藏龟》所未载者，得数十纸为《铁云藏龟之余》，以旌君之识，以慰君于九泉。呜呼，君遂将藉此书留姓名于人间矣，岂不哀哉！"其中有两点值得注意：（1）肯定"殷墟遗宝由君（刘鹗）得传于世"，并清楚地说明"予（罗振玉）之知有贞卜文字也，因亡友刘君铁云"。（2）叙述了刘铁云所藏龟甲由罗振玉为之编辑为《铁云藏龟》。该书著录刘鹗所遗甲骨文拓本40片，1931年合于《铁云藏龟》之后，附鲍鼎释文。

《殷虚书契》（后编） 简称《后》《后编》。罗振玉编著。1916年3月拓本影印出版。又版《广仓学宭丛书·艺术丛编》第一集本。《殷虚书契后编》著录甲骨文1104片，二卷。

所著录甲骨已经不全部是罗振玉自藏甲骨，其中一部分选自随庵徐积余。随庵所藏有甲骨拓本350张，王国维1920年作《随庵所藏殷虚文字跋》写道："徐积余随庵藏骨不多，罗振玉已选印入《书契后编》。"这批甲骨后来归刘体智

收藏，因此《粹编》与《后编》有相重复的，这点《后编》"自序"中并无交代。1970 年 10 月台北艺文印书馆重印，又收入台北大通书局于 1969 年 7 月出版的《罗雪堂先生全集》（续编第六册）。罗振玉在该书"自序"中叙述了一件非常重要的往事，"宣统壬子，予既类次所藏殷虚文字为《书契前编》八卷，书既出，群苦其卜可读也。越二岁，予乃发愤为之考释，私意区宇之大，圆颅方趾之众，必将有嗣予而阐明之者，乃久而阒然。复意并世之士，或不乐为此，寂寞之学，当有会最殷虚文字以读我书，久亦阒然无所闻也。一若发潜阐幽，为区区一人之责者。至是予乃益自历曰：天不出神物于我生之前，我生之后，是天以畀予也。举世不之顾而以委之予，此人之召我也。天与之，人与之，敢不勉夫！爰以乙卯仲春，渡海涉洹，吊武乙氏之故虚，履发掘之遗迹，怳然如见殷大史藏书之故府，归而发箧，尽出所藏甲骨数万，遴选《前编》文字所未备者，复得千余品，手施毡墨，百日而竣"。所记为甲骨学史上一件大事，即乙卯（1915 年）春，罗振玉从日本渡海回国，专程来到甲骨文出土地殷墟凭吊后，发愤编著此书。

《殷虚书契》（续编）　简称《续》《续编》。罗振玉编著。1933 年 10 月出版，石印本线装六册。1970 年台北艺文印书馆重印出版，翻印本

线装六册。又收录台北大通书局出版的《罗雪堂先生全集》（第七编）。该书为罗振玉最后编印的甲骨文著录书，所著录甲骨拓片已经不是他自己所藏。全书著录甲骨 2016 片，其中大部分与之前所出版诸书重复。如辑自《戬寿堂所藏殷虚文字》的 570 片，《簠室殷契徵文》的 755 片，凡将斋所藏的 83 片，北京大学所藏的 183 片等，其余还有选自古董商人所卖甲骨后留下的拓本。董作宾在《甲骨学六十年》甲骨材料的总估计中写道："以《殷虚书契续编》而论，全书共收甲骨 2016 片，与《殷契佚存》《簠室骨契类纂》、北京大学及凡将斋所藏相重复者为 1641 片，不从者仅 375 片，是与它书重复者充占全书十分之八。"董作宾所言的《殷契佚存》当是《戬寿堂所藏殷虚文字》的误记。严一萍著有《殷虚书契续编研究》，曾以完整的拓本重摹，一一说明其来源，注其重出。1978 年 10 月由台北艺文印书馆出版，上下两册，有摹本、释文。

《戬寿堂所藏殷虚文字》　简称《戬》《戬寿》。署名为姬佛陀类次，有丁巳（1917 年）5 月有太隆罗诗氏"序"，张荫椿篆书题名。著录甲骨 653 片。全书共 50 页，不分卷。上海仓圣明智大学出版。拓本石印。又见有《艺术丛编》第 3 集石印本 1 册和单行本与王国维《戬寿堂殷虚文字考释》合二册的版本。据罗诗氏"序言"，"余夙嗜古文字，与王（懿荣）刘（鹗）诸君具有同好。丙辰冬，得甲骨千片于海上。乃丹徒刘氏故物。其中见于铁云藏龟者什一

二，未见者什八九。乃复选其尤者影印，以传于世"。应为罗诗收藏刘鹗所遗甲骨，姬佛陀类次，王国维释文。其中无著录片号。据王国维《随庵所藏殷虚文字》跋中所记："丙辰冬，铁云所藏一部归英人哈同君，余为编次考释之。"此书实为王国维编著，严一萍认为，"序"也出自王国维之手。关于该书所录甲骨文的重要性，"序"中写道："此编所辑，其数较罗氏书不过什之三，视刘氏书亦仅什之七，然如第一页之第十片与《书契后编》上第八页之第十四片，乃本一骨折而为二者，海宁王静安徵君国维，据此以定殷先公之世系。又如中宗祖乙、小祖乙等，亦仅见此编中。其余单文只字，足补刘罗两家书者，亦往往而有，虽区区数十页书，其有裨于经史文字之学者，要非浅鲜也。"由此可知，王国维当为最早进行甲骨缀合的学者。1933 年罗振玉的《殷虚书契续编》中收录《戬寿堂所藏甲骨文字》拓本 507 片，所余仅 83 片未被收入。1980 年台北艺文印书馆绵纸翻印再版，线装 2 册。

《殷虚卜辞》（初编） 简称《虚》《明》《明义士》。明义士［加］（James Mellon Menvies）编著。1917 年自写石印，上海别发洋行出版。石印本一册。本书为临本，较摹本仍有一定差距。著录甲骨 2369 片，前有英文"自序"，由陈柱译为

中文，以殷墟龟甲文字发掘的经过为题，于 1928 年 2 月发表在上海商务印书馆出版的《东方杂志》第 25 卷 3 号上。明义士"自序"中写道："书中所收甲骨，盖从所藏五万片中选出者。书凡三次易稿，经三年之功乃成。"又写道："将著述史前之中国一书，专讨论中国历史之黎明，及其文化之进展。而以《殷虚卜辞》为其书之第一部。其第二部为《殷虚卜辞字典》。第三部以后诸书则将根据甲骨之碎片，及别项之证据，以阐发中华民族之古代宗教，并根据各种古石骨瓦器，以讨论中国古代之文化问题。"该书为第一部甲骨文以摹本方法著录的书，由于采用了临的方法而不是摹，与拓本比较，从片形到字形都有失真，并有漏字。该书著录的这批甲骨原存于南京加拿大大使馆，1951 年被南京博物院收存，数量为 2384 片。1972 年 3 月，台北艺文印书馆重印出版。

《龟甲兽骨文字》 简称《龟》《林》。林泰辅［日］编。1921 年（日

本大正十年）日本商周遗文会出版。拓本石印，二卷二册。这部书是日本人研究甲骨流传，著录甲骨文拓本的第一部书。书前有 1917 年（日本大正六年十二月）作者自序，所以，有学者误认为 1917 年为该书的初版年。著录日本三井源右卫门听冰阁、河井荃庐、继述堂和推古斋四家所藏甲骨文拓片 1023 片。无著录片号，书后附抄释一篇。所谓抄释，就是将拓片上已识的甲骨文字抄录一起。此批甲骨原物现藏日本东洋文库。本书著录拓片中渗入伪刻 3 片，与《殷虚书契前编》重 108 片。作者在"自序"中言："编中所载与《殷虚书契》同者，系听冰阁所藏实物拓本，非袭《殷虚书契》所录也。"1930 年北京富晋书社将抄释移前翻印出版，翻印本 2 册，但字迹不清。1970 年台北艺文印书馆照原本合为一册重印出版。1973 年 5 月台北艺文印书馆翻印再版。

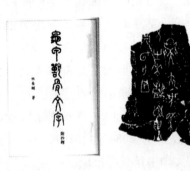

《簠室殷契徵文》　简称《簠》《簠室》。王襄编著。1925 年 9 月天津博物院影印出版。拓本石印，与《簠室殷契徵文考释》合线装四册，拓本、考释各二册。有"自序""凡例"。著录拓片分类顺序编通号，目录共分天象、地望、帝系、人名、岁时、干支、贞类、典礼、征伐、游田、杂事、文字十二编，著录甲骨拓片 1125 片。其中天象 93 片、地望 62 片、帝系 243 片、人名 111 片、岁时 24 片、干支 23 片、贞类 36 片、典礼 122 片、征伐 52 片、游田 135 片、杂事 139 片、文字 85 片。是编者自 1899 年（清光绪二十五年）以来所购甲骨之拓本，原墨拓本极精，但印时为分类剪裁甚多，文字涂描，有失真之感，最初发行时群相怀疑，认为是赝品。因为《簠》中的甲骨文字，多数为摹刻仿制，或拓本被描摹，或拓片边缘被剪裁，不能直接缀合。原墨拓本已为《甲骨文合集》收录。王襄"自序"中言："自清光绪己亥下迄民国纪元此十四年间，所出甲骨颇有所获。往年编殷契类纂兼及旧藏……因选所藏分拓若干本。"由中可见，王氏蒐藏甲骨由清光绪己亥（1899）始。

《铁云藏龟拾遗》　简称《拾》《拾遗》，全名为《铁云藏龟拾遗附考释》。叶玉森编著。书名由刘启琳篆书题，1925 年 5 月五凤砚斋出版，后北京富晋书社照原本翻印。拓本石印，合考释线装一册，不分

卷，无著录片号，有"自序"。著录甲骨文 240 片。叶玉森"自序"写道："自卜龟出殷墟，吾乡刘先生鹗首网罗之，拓印千版曰《铁云藏龟》，于是商人贞卜文字始见于世，而贞古文遂开一新天地。……今年春，闻先生所藏，家不能保，王君瀣与同年柳君诒徵，先后抵余书，爰得收其千三百版，乃就《藏龟》及《藏龟之余》未著录者，选集二百四十版，手自拓墨，编订成册，颜曰《铁云藏龟拾遗》，管见所逮，竝附考释于后，将之付印就正鸿达……惟是先生藏龟，凡五千版，今归余裁此数，它皆不知所往，窃恐一落贾胡，唯利是图，得不沦于沙吒利与异域，斯幸矣。"由于本书所著录均为刘鹗旧藏，甲骨学界将其归属为《铁云藏龟》系列书之一。香港书店 1972 年影印出版。

《新获卜辞写本》 简称《新》《写》《写本》。董作宾编著。

1928 年 12 月中央研究院历史语言研究所出版。编入 1929 年 12 月安阳发掘报告第一册影印。摹本石印，平装一册。附有"后记"。摹本顺序编通号，著录中央研究院历史研究所董作宾主持 1928 年 10 月第一次发掘安阳殷墟所获甲骨 784 片中选录的 381 片摹本。后记为"新获卜辞写本后记"。全文分为六章：一曰地下之知识，二曰时代之考证，三曰文辞之研求，四曰契法之探索，五曰骨料之发现，六曰涂饰之一斑。并附《新获甲骨统计表》以及《三区中各类卜辞分布表》。余永梁写"跋"：分（甲）新字解释、（乙）《《字演变之系统补、（丙）附疑误之点。后拓本编录于《殷墟文字甲编》。《新获卜辞写本》是第一部根据科学发掘的材料而写成的书，虽然只是摹本，但在甲骨学史上是一个新的起点。董作宾在后记中说的这一次发掘的新发现者十事："曰：新字三十有七；曰：新辞九十有九；曰：甲骨在地下漂没情形；曰：卜辞与出土地之关系；曰：一年间卜辞之推算；曰：卜室中按年庋藏之例证；曰：契法之考见；曰：骨料之创获；曰：吉字之演化；曰：取材之变易。"也就是《新获卜辞写本》的十方面贡献。按照李济的说法："为我们的殷墟发掘奠定了理论上的基础。"（李济《董作宾先生逝世三周年纪念集·南阳董作宾先生与近代考古学》）

《殷虚文字存真》 简称《真》《存真》。关百益（葆谦）编著。1931 年 6 月河南博物馆出版第一集，以后陆续出版，1935 年编至第八集为止，共编辑八集。每集线装一册，八集八册（有资料记载其中六、七两集未印行）。每集著录拓本 100 片，共著录甲骨文 800 片。未编著录片号。第一集有考释作者许敬参"序"及"考释""凡例"，有关百益的"序"和

《河南省博物馆的分集拓售说明》。许敬参"序"，末记有"壬申中秋许敬参自序于河南省博物馆之研究部"，时间较1936年2月晚一年多，不知是出版时间有误，还是其他原因。另许敬参"序"中有"上虞罗叔言会稽王静安"，王国维（静安）浙江海宁人，许"序"写作会稽，不知何故。根据关百益"序"记载："民国十九年春，余编《殷虚器物存真》第一集，即自序之以问世矣，二十年春，河南博物馆改组，同仁等欲出《殷虚文字存真》与之并行，仍以编辑属余……今就河南博物馆中，亲往殷墟掘获之甲骨，精拓成书。"知所著录甲骨是原河南省博物馆于1929年和1930年两次在殷墟发掘所得甲骨3656片中选拓的拓片。其《考释凡例》说："本书每集每品之次第，均仍《殷墟文字存真》之旧，惟在每品下之排列（一）拓片、（二）摹写、（三）释文、（四）考证，以归一律。"《河南博物馆分集拓售说明》说："本书以保存甲骨文字真迹为宗旨，特就原物精拓成书，至释文解字，请候将来。"该书印数较少，流传甚少，所著录甲骨文与孙海波编著的《甲骨文录》大部分重复。

《卜辞通纂》

简称《通》《卜通》《通纂》。郭沫若编著。1933年5月日本东京文求堂书店出版。墨拓石印，图版一卷，考释三卷，索引一卷，线装四册。有"自序""后记"和"序例"，附"书后""勘误"和"索引"。图版正编分类顺序编通号，选录甲骨文拓片和照片800片。"别录"选录拓片和照片129片。正编的甲骨文拓片和照片主要是选自《殷虚书契前编》《殷虚书契后编》《龟甲兽骨文字》，少数选自《铁云藏龟》《殷虚书契菁华》《戬寿堂所藏殷虚文字》《铁云藏龟之余》和燕京大学所藏甲骨拓片，以及中央研究院历史语言研究所第三第四次发掘殷墟新获的一个牛头刻辞和两个鹿头刻辞拓片。还收录了日本收藏家山内孝卿、中村不折、河井荃庐、富冈君撝、田中庆太郎、富冈谦藏等和东京帝国大学考古教室所藏拓片。别录之一收录42片，选自中央研究院历史语言研究所前九次发掘殷墟新获之《大龟四版》《新获卜辞写本》和何叙甫所藏之拓片。别录之二收录87片，选自日本岩间德也、河井荃庐、中村不折、田中庆太郎、中岛蚝山、内藤湖南六人和桃山中学、东洋文库、上野博物馆、东京帝国大学、京都帝国大学等所收藏的甲骨照片。其中有41片之墨拓，为1939年出版的《殷契遗珠》所著录。正编图版按类编排，考释按所分的干支、数字、世系、天象、食货、征伐、田游、杂纂八类。别录分家编号考释。索引分人名、卜人名、地名和奇字（原形）编排。1978年由孟世凯重新校订，替换部分不清晰拓片、照片，不能替换者，则摹录附后，新校本收入《郭沫若全集·考古编》第二卷，1983年6月由科学出版社出版，又列为"考古学专刊，甲种第九号"，于同年出单行本。郭沫若在"后记"中言，"本书录就，已先后付印。承董氏彦堂以所作《甲骨文断代研究例》三校稿本相示。（揲其稿样拟登集刊）已返复诵读数遍；既感动其高谊，复敬佩其卓识。如是有系统之综合研究，寔至甲骨文出土以来所未有。……余读此文之快味，故有在寻常欣赏之上也"。

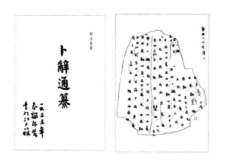

《殷契粹编》 简称《粹》《粹编》。郭沫若编著。1937 年 5 月日本东京文求堂石印本，线装，五册（拓本二册，考释三册）。又，1965 年 5 月，由中国科学院考古研究所编辑，列为考古学专刊甲总第二号，科学出版社重新出版，十六开本，一册。1976 年 2 月，日本东京三一书房重印。1965 年的新版书，图版部分换了新拓的善斋旧藏甲骨拓本，按照原书号码编排，因而拓本印刷清晰。新拓本全部按甲骨原形拓全，有些拓本增加了字数，增出的文字由胡厚宣考释，列表附书后。全书由于省吾校阅一遍，于氏的一些看法，录于眉批。索引由考古研究所重编。1965 年新版书，目次如下：一、序；二、述例；三、甲骨拓本（1595 片）四、考释；五、追

记二则；六、编后记；七、新换拓片中增补及并号表（附释文）；八、干支表；九、殷代世系图；十、索引。该书的甲骨为刘体智旧藏，作者从中选择 1595 片加以排比和考释，其分类大体与《卜辞通纂》相同。这些拓本的时代，包括甲骨分期的第一至五期，其中又以第三、四期卜骨为多。卜辞内容相当丰富，有不少精品。如：《粹》第 1222 片"贞：王令多羌垦田？"《粹》第 597 片"丁酉，贞：王作三师，右、中、左？"等，都是研究商代历史的重要资料。考释部分简明扼要，多有创见。

《福氏所藏甲骨文字》 简称《福》《福氏》。商承祚编著。1933 年 2 月金陵大学中国文化研究所丛刊甲种本影印。墨拓，与考释合线装一册。董作宾作"跋"。商承祚"自序"："美国福开森先生旅居我国凡四十余年。常与士大夫游酷，嗜中华文物举凡殷商甲骨、周秦彝器、汉魏碑碣、宋元书画以及砖甓陶瓷。经史典籍无不备……复将

福先生已寄至学校甲骨八函赍平共选拓的 37 版精印，行世文字之末附以考释。甲骨皆刘铁云（鹗）、徐梧生（坊）故物也。"著录拓片顺序编通号，正、反、臼编一号，共 37 片。据陈振东《殷契书录》记载："文敏长君讳崇烈者，曾出其家藏甲骨，售于美洲人福开森氏，予尝于吾师徐墨迳先生处见拓本数十纸。"37 片中，有 6 片（7、8、9、11、13、29）为徐梧生（坊）旧藏，其余 31 片为王懿荣旧藏。香港书店 1973 年影印再版。

《殷契卜辞》

简称《契》《契》《燕》《燕大》，全名为《殷契卜辞附释文及文编》。容庚编著，容庚、瞿润缗同释。容庚亲题篆体书名。商承祚、唐兰、董作宾同校。1933 年 5 月哈佛燕京学社出版。墨拓石印线装三册。一册为甲骨文拓本，二册为释文，三册为文编。有"自序"，其中言："十八年（1929）五月余为燕京大学以千金购得徐坊所藏甲骨千二百片于德宝斋。徐氏所藏虽不详其购置年月，然彼卒于民国五年，其时赝品犹少，故此中伪刻不及百分之一。今既加以淘汰，使不至真伪杂糅则所存者自可信。据其甲子大版一方完善无缺，亦他处所未见。遂于暇日选取八百七十四片，命工拓之。"可见这是容庚于 1929 年 5 月为燕京大学所购甲骨 1200 片中的选品。甲骨原为徐坊（梧生）于

1916 年以前所购藏。拓片顺序编通号，著录甲骨拓片 874 片。有两片已为《卜辞通纂》所著录。1971 年 3 月台北艺文印书馆改名为《燕京大学所藏甲骨卜辞》，影印出版。

《殷契佚存》

简称《佚》《佚存》。商承祚编著。1933 年 10 月金陵大学中国文化研究所影印出版。墨拓，线装两册。图版一册，考释一册。董作宾、唐兰作"序言"，并有作者"自序"。董作宾"序"："民国二十二年六月，史语所迁沪后，余重游北平，小住西厢。时锡永先生方辑殷契佚存成书，初定样本，编号犹未跋事，即检一份贻余，且以考释全部见示，读已欣快无量。旋赴山东调查淄滕遗址，七月末过平茌彰，复此书至洹上村。溽暑中披襟挥汗，回还籀读，少有所得，兼一缅怀旧事，触发新愁，百感袭来，使余不能已于言"。董序从四个方面论及特别应注意者：（1）第三期之一批材料；（2）肋骨刻辞之重要；（3）美国施氏所藏甲骨文出土地及其渊源；（4）肋骨之出土与安阳村农之盗

掘。着重分析了编号为 426、427、518 三版肋骨刻辞，言："江夏黄氏所藏肋骨刻辞（本书四二六、四二七）。五一八一版与黄氏物花纹对称文字全同而较完整。此种文字所可注意者为其字体、书法、行款酷类吾人发掘殷墟所得之兽头刻辞。兽头刻辞凡三，由征盂方，祀文武丁之记载，可定为帝乙帝辛时物，是乃第五期之文字。今肋骨刻辞既与字体、书法、行款全同，亦可定为殷商晚期物也。"《殷契佚存》全书著录甲骨拓片分原收藏家顺序编通号。商承祚"自序"详序来源，其中有何遂藏 61 片，美国施密士藏 62 片，王富晋藏 27 片，陈邦怀藏 30 片，于省吾藏 7 片，商承祚藏 77 片。拓本有：孙壮藏 193 片，黄浚藏 60 片，商承祚藏 483 片。共 1000 片。其中渗入伪刻 1 片。与已版的《铁云藏龟》重 39 片，《殷虚书契前编》重 2 片，《铁云藏龟之余》重 3 片，《戬寿堂所藏殷虚文字》重 35 片，《篝》重 31 片（以该书拓片计算），《书一》重 1 片，又与同年出版的《通·别一》《殷虚书契续编》亦有少数重出。自重 3 片。1966 年日本东京影印重版。《殷契佚存》中所录 518 片肋骨刻辞即著名的"宰丰骨刻辞"，商氏"自序"中也分别

与殷墟考古出土牛头刻辞、鹿头刻辞进行了比较研究。

《续安阳县志·甲骨文》　简称《县志》。王子玉撰。1933 年北平文岚簃古宋印书局初版的《续安阳县志》一书附录的最后一部分，铅印本，有署名王子玉《甲骨文序》。1982 年 7 月台湾安阳文献编辑委员会重印，由台北文史哲出版社出版。《续安阳县志》上的《甲骨文》排《金石录》后，有目录如下：

其中甲骨文著录以摹本木刻入录，每片附释文、源出处及简单译读。分类著录甲骨文172版。其中除婚姻类第2版标有"此版为邑人李显丞所藏"一片外，其他171片多为刘鹗、明义士旧藏和"中央研究院"史语所与河南省博物馆藏品。

《上海亚洲文会博物馆藏甲骨卜辞》 简称《沪亚》。吉卜生〔英〕编著。1934年《中国杂志》二十一卷六号，《商代之象形文字》附刊。著录甲骨文86片。

《邺中片羽》（初集） 简称《邺初》。黄浚编。1935年2月北平尊古斋出版。影印线装两册。其中自第35页至47页共24页为甲骨文部分，著录甲骨文245片。书前有柯昌泗"序言"："安阳之出古器物，昉于宋人之河亶甲城瓴等，然其后遂未闻有所发见。元明以来，大率皆知有铜雀瓦耳。至武虚谷、赵渭渔两君，

始从事于辑录，其时商周法物，尚不多出，虽有成书，不过椎轮大辂而已。庸讵知之漳滏之间，奇宝沈霾，精华蕴结，历两三千年之久，迄今兹而甫显于世乎？自甲骨文字出于殷墟，而安阳之古物，赫然为海内称首。甲骨以外，间出吉金，新发见者，日有所闻。近二十年来，中外考古名家无不以安阳为赏奇析疑之渊囿。于是稗贩云集，辗转于四方矣。江夏黄君伯川，受尘旧都，意轻牟利，志在笃古。遇有安阳出土古物，无不多方网罗，虽以资力所限，不克久守，则先摄影拓文而后陈诸市肆，其有力不能致者，亦必借之影拓，留其文字图象，盖已预储为流传之地矣。积累数年，汰其习见者，尚有甲骨、彝器、戈、矛、陶、玉之属，都四百有四事，于是影印为书，名之曰《邺中片羽》。"由此可知，除甲骨以外，所录404件器物皆为河南安阳所出。1972年7月台北艺文印书馆合《邺中片羽》初、二、三中的甲骨文著录为一册，加以翻印出版，严一萍为之"跋"。

《郼斋所藏甲骨拓本》 简称《郼》《郼斋》。金祖同编著。1935年2月上海中国书店出版，为《殷虚卜辞讲话》的附录，与《殷虚卜辞讲话》合为一册。共著录甲骨拓本23片，全部是小片。

《库方二氏藏甲骨卜辞》 简称《库》《库方》。方法敛〔美〕摹，白瑞华〔美〕校。"库"指库寿龄〔英〕，又叫库全英，"方"指方法敛，又称方济普，库寿龄是英国驻山东青州传教士，方法敛是美国驻山东潍县传教士。两位

在山东期间大量蒐集甲骨，后将所收甲骨卖给英格兰皇家博物馆 760 片，伦敦博物馆 485 片，美国卡内基博物馆 438 片，芝加哥费尔德博物馆 4 片。此书就是这批甲骨的著录，1935 年 12 月上海商务印书馆出版。石印本 1 册。书前白瑞华"序言"写道："此甲骨集，为山东潍县两牧师所收藏。两牧师者，一英人库全英先生，一美人方法敛博士是也。1904 年至 1908 年间，二氏即向古董商收购；然初不知此即殷虚遗物也。此集有兽骨 670 片，龟甲 1016 片，鹿角 1，共凡 1687 件，分散于四博物馆中，美国两所，英伦一所，苏格兰一所。"又云："此集所刊之各片，均可为河南安阳县所发掘之代表品，然亦须审慎分辨，因此等均系购至商人也。如鹿角刻文，即聚讼纷纭。大兽骨片中，亦颇多令人怀疑者。余于各片，不能一一确言其真伪……方法敛博士之制成此摹本，迄今已廿余年矣。博士为西方人士中研究殷虚卜辞者之第一人……至 1914 年 1 月 23 日（方氏）病卒时，全书已告完成，方拟刊行，然同年 7 月间欧战爆发，不果。手稿存于飞尔德博物院者廿余年，最近始交余。"该书中部分拓本又见著录于周鸿祥 1976 年编著出版的《美国所藏甲骨录》。

《柏根氏旧藏甲骨文字》 简称《柏》《柏根》。明义士［加］编著。

1935 年齐鲁大学国学研究所影印出版。墨拓，线装一册。明义士作"序"。书后附摹本和考释，著录拓片顺序编通号，共 74 片。著录美国长老会传教士柏根于 1904—1908 年间在山东潍县收购甲骨的拓本。明义士"序"中云，柏根氏"1883 年来华，1904 年任山东潍县广文学校校长时，即本校在济南成立前之旧校，而本校西楼之以柏根名，亦即为氏长校之纪年者也。氏当 1904—1908 年间，尝与驻青州英人库寿龄先生，驻潍县美人方泽普博士，同时在潍县收购甲骨而研究之，然氏当日仅知甲骨出土于河南卫辉汲县殷墟，则为估贩所秕而弗宣也。氏所收藏诸甲骨，现在陈列于济南南关广智院……1933 年春，予至院中参观，偶见有红色细小之蜘蛛，潜入玻璃框内，蛀蚀粘贴甲骨之面糊，势将危及甲骨。因商之院长魏礼模博士，谋为改善保存之方法。经院长魏君之许可，遂取出诸片，浸之西洋白漆皮中，片之折者重为整理接合。并携往北平，觅工拓墨，稍加类次。惟诸片磁面，不无损毁，致令榻本不甚晰。乃就榻本之后，附以摹写，并为释文一卷于后。念氏于三十年前，已注意收藏，且以公于世。今以此卷付印出版，庶不负氏收藏陈列之意也"。柏根氏这批甲骨所藏济南南关广智院，1949 年被人民政府接管后，改为自然博物馆。

《安阳侯家庄出土之甲骨文字》 简称《侯》《侯家庄》。董作宾编著。1936 年 8 月编入《田野考古报告》第一册出版。全书共分七部分：（一）发现与发掘。1. 侯家庄高井台子之发掘；2. 侯家庄发现甲骨文字之由来；3. 侯家庄南地之发掘。（二）大龟七版之出土。（三）遗址之概况及甲骨文之分布。1. 东部遗址之一小组；2. 西部遗址之一小组；3. 甲骨文字在此遗址中之分布情况；4. 其他遗物与小屯之关系。（四）甲文概论。1. 关于史官"狄"；2. 尾甲记名例；3. 第三期刻辞之草率；4. 说董；5. 释风。（五）骨文概论。1. 第三期之骨文；2. 第五期之骨文。（六）拓本。1. 甲文（编号1至8，又26）；2. 骨文（编号9至25，又27至42）。（七）考释。1. 编例；2. 考释（附摹本）；3. 编号记载对照表。著录考释安阳侯家庄南地出土甲骨42版。

《殷虚甲骨相片》 简称《相》。白瑞华〔美〕编著。1935年美国纽约出版，照片影印，简装一册。有"自序"，著录甲骨文照片顺序编通号，共103号，其中渗入伪刻两片。拓片著录在1976年出版的《美国所见甲骨录》中。

《殷虚甲骨拓片》 简称《拓》。白瑞华〔美〕编著。1937年美国纽约出版。拓本石印，简装一册。有"自序"，著录甲骨文拓片顺序编通号，共22号。

《邺中片羽》（二集） 简称《邺二》。黄浚编著。1937年8月北平尊古斋出版。影印线装，上下两卷。著录所见河南安阳出土的古器物290件。因循所编《邺中片羽初集》之名，故称《邺中片羽二集》。上卷主要为青铜彝器；下卷为青铜兵器和甲骨。其中自第35页至42页共8页为甲骨文部分，著录甲骨文93片。此书主要为铜器图录书，甲骨文附后。书前有于省吾（字思泊）序言写道："黄君伯川，既印《邺中片羽》行于世，又裒其所见安阳出土之古器物，都290品，为《邺中片羽》第二集，匄余序之。余以为三代器物之出土，自汉以来，代有所见，然均不逮輓近世之多，輓近如河南之新郑，山西之浑源，秦中之宝鸡，安徽之寿州，所出器物，号称极盛，然均不逮邺中之多也。邺中所出器物，以彝器、甲骨二者为最。"1972年7月《邺二》著录的甲骨文入编台北艺文印书馆合三编重印再版。

《甲骨文录》 简称《录》《文录》。孙海波编著。1938年1月河南通志馆影印出版。本为《河南通志·文物志》中附在《金石录》后的一部分。细分拓本一卷、释文一卷、索引一卷、线装二册。有作者1937年10月"自序""例言"六条。拓片顺序编通号，正反编一个号。著录甲骨拓片930片，其名为《甲骨文录》，实际为河南博物馆所藏甲骨文字之精选。乃何日章在安阳所采集和原河南省博物馆于1929年和1930年两次在安阳殷墟发掘所得甲骨3656片中挑选之精粹。其编录初衷如编者"自序"中言，"民国二十三年河南主席安吉刘公绩修省志总纂通许胡公复议立文物之志，将以纪古文物之流源翔陶石甲骨金石诸门爰命海波编述。甲骨自出土以来，以至诸家考证得失汇为一编别以出土，卜辞之未见著录者若河南博物馆，中央研究院以及海内外私人所储，择其尤者，分别辑录，著于文物志中，于是期年而书成，会清苑商公继主豫政，谋资依次刊行焉。今兹之编，则民国十五年何日章君在安阳所采集，总甲与骨凡三千六百方，而储藏于河南博物馆者，录其菁英得九百三十版，为之考释而著于篇"。（"自序"中"民国十五年何日章君在安阳之采集"。其年代有误，应为民国十八年即1929年河南省博物馆与中央研究院史语所争夺发掘一年。）1958年5月台北艺文印书馆改版重印。增加严一萍"序言"。改版重印时，缀合原书拓本43片为二十一版。去其自重2片，编为907号。书名《甲骨文录新编》。1971年台北艺文印书馆照1938年原版再次重印。

《甲骨卜辞七集》 简称《七》《七集》。方法敛［美］摹，白瑞华［美］校，1938年美国纽约出版。摹本影印平装，著录甲骨527片。其中收录有：①天津新学书院25片，系王懿荣旧藏。②上海皇家亚细亚学博物馆195片，此批甲骨拓本又被《殷契拾掇》所著录。③柏根氏旧藏79片，已经明义士将拓本影印并重加摹写，编录入《柏根氏旧藏甲骨文字》出版。④美国普林斯顿大学藏119片，拓本后又著录于1976年出版的周鸿翔编著《美国所藏甲骨录》中。⑤卫理贤藏72片，后归瑞士民俗博物馆。实物照片后为饶宗颐著录于1961年出版的《海外甲骨录遗》中发表68片。⑥临淄孙氏所藏31片。⑦伦敦皇家亚细

亚学会所藏6片。著录摹本按收藏家分编通号，先后顺序为：T（天津新学书院）25号，S（上海皇家亚细亚学会博物馆）195号，B（柏根氏旧藏）79号，P（美国普林斯顿大学）119号，W（卫理贤旧藏）72号，X（临淄孙氏）31号，L（伦敦皇家亚细亚学会）6号，共527号。关于《七集》中⑥临淄孙氏所藏31片的真伪，争议最大。董作宾在《方法敛博士对于甲骨文之贡献》一文中曾写道："《七集》中孙文兰所藏甲骨最可疑，孙氏原有百版，方氏何以只选摹不足三分之一？方氏摹写是真赝全收，当非因其余为赝品之故，或因其余甲骨太残碎之故。《七集》所收31版之中，前八版附有拓本，用拓本审视，几乎全是伪刻，无一原物，伪刻与赝刻不同，赝刻或杂凑字句，或别拘新辞，出于臆造为多。伪刻则颇像翻版之书，依样葫芦。"陈梦家也说《七集·孙氏》摹本为伪刻，但胡厚宣在《临淄孙氏旧藏甲骨文字考辨》一文中认为："《甲骨卜辞七集》第六部分所收录的孙氏所藏甲骨文字，乃全部为真，没有一片是伪的，也没有一片是仿刻的伪品。"1974年严一萍在台湾《中国文字》（第五十二册）发表《甲骨卜辞七集中孙氏藏甲骨的真伪问题》，文中认为《七集》所录孙氏部分全为伪刻。1966年6月台北艺文印书馆将《甲骨卜辞七集》编入《方法敛摹甲骨卜辞三种》翻印出版。

《天壤阁甲骨文存》 简称《天》《天壤》。唐兰编著。1939年3月北京辅仁大学出版。全名为《天壤阁甲骨文存

并考释》，书名由沈兼士题写。这是王懿荣所遗留下来的甲骨文拓本，由唐兰编订。天壤阁为王懿荣祖父王兆琛的书阁号，其曾编著《天壤阁丛书》，最后由王懿荣完成。据唐兰"自序"中言，"余与王氏（王懿荣）次 子汉章先生稔，昔岁晤于天津，蒙其以拓墨二册见假，并许以其传布。昨夏又于辅仁大学图书馆见拓本一册，首有王氏长子汉辅先生题语，中多与前两册复出。知亦王氏故物。又并在福氏所获之外。余追惟王氏始鉴定功不可没又感汉章先生之厚意，乃合三册，去其复重，得百有八片，辑为《天壤阁甲骨文存》。其间大部未经著录，第二十一片之骨臼所刻卜辞与在他处者同，为前此所未见，尤关重要。乃商与沈兼士先生由辅仁大学印行"。由此可知，这仅是以拓本流传，关于原甲骨何在，书中未说明。仅有两块牛骨原物为方杰人所藏，后金恒祥曾在《大陆杂志》（十卷五期）发表《方杰人先生收藏的两块牛胛骨》与此合。"自序"中唐氏自称："余于卜辞文字，致力最久，所释倍于前人，闻者或以为夸诞。"书中附《天壤阁甲骨文存简字》和《天壤阁甲骨文存考释》。全书共著录甲骨108片，与考释合线装4册。本书还有最为重要的一点，就是唐兰在"序言"中提出了"甲骨四堂"说："卜辞研究，自雪堂导夫先路，观堂继以考史，彦堂区其时代，鼎堂发其辞例，固已极一时之盛。"由此，四堂说一直脍炙人口，传为美谈。

《铁云藏龟零拾》 简称《零》《零拾》《铁零》。李旦丘编著。1939年3月上海中法文化出版委员会影印出版。拓本，合考释线装一册，编为孔德图书馆丛书第二种。有"自序"，

拓片顺序编通号，著录拓片93片，是刘铁云旧藏甲骨，为吴振平收藏的拓本，与《铁云藏龟》重16片，《殷虚书契续编》重2片。李旦秋"自序"中言，"吾友金祖同君携会稽吴振平先生所藏甲骨拓墨93片来寄存馆中，且嘱余为之考释……按吴氏所藏甲骨本铁云旧物，其中数片已见《铁云藏龟》，然多半系未经著录者。今得公之于世。其于学术岂无小补，爰不揣谫陋，略加按语于释文之后，以供读者参考"。后附《追记二则》。为《铁云藏龟》系列书之一。

《铁云藏龟四百种》 "中央研究院"历史语言研究所藏。所辑拓本未署名不知作者为何人，无序跋，未出版。由于其中有刘鹗旧藏甲骨，所以列入《铁云藏龟》系列。虽然称400种，实际甲骨为395片。其中多数已为《殷契

粹编》所著录，由此可知此批甲骨曾经刘体智收藏。

《殷契遗珠》 简称《珠》《遗珠》。金祖同编著。1939年5月上海中法文化出版委员会影印出版。拓本，线装三册。前两册为图版，后一册为选释。编为孔德图书馆丛书第一种。有郭沫若“序”和“自序”。沈尹默题写书名。金氏“自序”置选释前。其言：“《殷契遗珠》二卷，盖纂录日本河井荃庐氏、中村不折氏、堂野前种松氏、中岛蚝叟氏、田中救堂氏、三井源右卫门氏六家所藏甲骨刻辞而成。汰芜存精，约得一千五百片。除三井氏拓本为见赠者外，余皆祖同前年在日本所手拓者。当时已成考释两卷，且经鼎堂师审定一过。以事变突作，忽促归国，未及携出，今亦不知其所在矣。近复六家的拓本，重加整理。因忆鼎堂师见诲之语，诠释文字，无异射覆，胪列陈言，侈张肊见，徒滋纷扰，无裨实学。故今就其残泐漫漶者注释之。其积有新解，往复胸中而不能自已者，亦间记出之聊以资研寻者参证，力去陈杂，务求简显，写成一册，名曰《发凡》，附于卷末。”全书图版顺序编通号，正反编为一个号。著录甲骨拓片1459片。1974年台北艺文印书馆将原书版增加53片（三井源右卫门藏拓）重印出版。此书所录甲骨与已出版的《铁云藏龟》重11片，《殷虚书契前编》重5片，《龟甲兽骨文字》重72片，《通・别二》重33片，《殷契佚存》重20片，《殷契粹编》重1片。1974年台北艺文印书馆翻印再版。

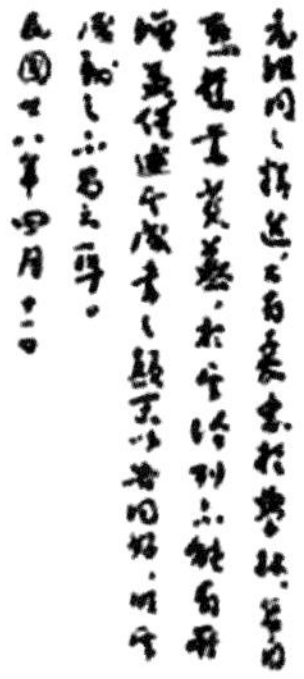

《邺中片羽》（三集） 简称《邺三》。黄濬编著。1942年1月，北平尊古斋出版，影印线装两册。前有于省吾（字思泊）“序”。书中自第34页至50页共17页为甲骨文部分，著录甲骨文214片。该书与以前出版的《邺初》《邺二》一样，都是甲骨文和安阳所出土的其他古器物图录编在一起。据于省吾“序”记载：“黄君伯川以数载之力，搜罗邺中所出彝器、戎器、陶、石、甲骨、及佩玉共如干种，付诸景印，以为《邺中片羽》三集。……近年邺中所出器物，虽不限于是，然环琦伟丽之品已多著录于兹编……闲尝以为近世邺中出土器物之盛，契刻铭文之备，文原可寻，殷礼足徵。而宝物法器之输诸两瀛，未能尽著于图录，无以资学人之考索者多矣。伯川隐于贾，独致力于鉴别古器物，与夫杙纸景本之流布，数十年而不怠。"1972年7月，《邺三》中著录的甲骨文，入编台北艺文印书馆合三集甲骨本重印。

《金璋所藏甲骨卜辞》　简称《金》《金璋》。方法敛［美］摹，白瑞华［美］校。1939年美国纽约影印单行本一册出版。该书为英国金璋（L. C. Hopkins）所藏甲骨摹本，拓本未见发表。全书编号为743版，但空号缺片最多。据董作宾在《方法敛博士对于甲骨文字之贡献》一文中统计所缺号即有266版，故编734号，所收著录的甲骨实为477版。此外，也有统计实际著录甲骨文484版，不知何依据。《金璋所藏甲骨卜辞》1966年合并编入《方法敛甲骨卜辞三种》由台北艺文印书馆重印出版。

《诚斋殷虚文字》
简称《诚》《诚斋》。孙海波编著。1940年2月北京修文堂书店影印出版。有孙海波"序"与孙诚温"序"，所收甲骨实为冀县孙诚温搜集、潢

川孙海波编次。容庚题写书名。全书共著录甲骨500片，附释文。孙海波"序"中言，"民国二十年春，冀县孙宝

君南游沪，渎得甲骨墨本数册……乃杨天锡氏之所搜集，皆新出未录之品，意甚珍惜，将谋梓版流传。因属予为之斥其重复，撮其箐英得五百版稍加编次著于篇"。孙诚温"序"中言，"予于己卯之夏，南游沪上。得杨氏天锡所藏墨本数千纸。内多海内外诸家所未录之物，为之狂喜。因请孙海波氏选录五百版，为之译文印行"。诚斋当指孙诚温斋号。

《中央大学藏甲骨文字》　简称《中》。李孝定摹写，蒋维崧释文。1940年8月中央大学影印出版。石印本一册。罗家伦题写书名。全书共摹写252版，摹本按顺序编号。金毓黻"序"中言，"中央大学迁渝之三稔，余在史学系检得所藏甲骨文字二百余片……寻之胡小石教授（光炜）谓，蚕年两度购得十之七八，为刘铁云（鹗）旧藏，其余则叶葓渔（玉森）故物也。刘氏所藏已先后襮之于外，此则多为《藏龟》《戬寿堂》诸本所不载……原拟用摄景法印行，时值军兴，蜀中艰于制版，且所费不赀，无已乃倩李君孝定摹写上石，并由蒋君维崧作释，以公诸氏"。

《河南安阳遗宝》 简称《宝》《遗宝》。梅原末治〔日〕编著。1940年日本影印本一册出版。该书图版第1—12版为甲骨照片，共收入144片。第1版为全州岩间也藏卜甲一片。第2版为京都大学藏甲骨15片。第3—12版为京都研究所藏甲骨128片的拓片。所著录甲骨，1959年收入贝冢茂树编著《京都大学人文科学研究所藏甲骨文字》。

《甲骨五十片》 简称《五》。白瑞华〔美〕编著。1940年美国纽约出版。摹写石印，影印简装一册。前有"自序"，后附英文考释。摹录甲骨文50片，顺序编通号。此书所摹录之甲骨文只有文字，无甲骨片形。

《叙圃甲骨释略》 简称《叙》《叙圃》。何遂编著。1941年影印本一册出版。著录甲骨文22片。

《厦门大学所藏甲骨文字》 简称《厦》《厦大》。胡厚宣编著。1944年3月刊载于《甲骨学商史论丛》初集第四册出版。著录甲骨文19片。

《甲骨六录》 简称《六》《六录》。胡厚宣编著。1945年7月成都齐鲁大学出版。拓本石印，线装一册。为《甲骨学商史论丛》第三集。徐中舒题写封面。目录

有：①自序。②中央大学所藏甲骨文字。③华西大学所藏甲骨文字。④清晖山馆所藏甲骨文字。⑤束天民氏所藏甲骨文字。⑥曾和窨氏所藏甲骨文字。⑦释双剑誃所藏甲骨文字。⑧索引。胡厚宣"自序"中言，"二十九年辞研究院来四川，讲授之暇，于公私所藏，乃尽力受访。数年之间，凡得五家，都五六百片，施以墨拓，副以摹录，加以考释。更益于以双剑誃近在北平所发布之三甲，共六家，编为一集，言曰《甲骨六录》。不惜经费之钜，印刷之间，急于付梓，以供治此之学者。书中所录材料，以数量言虽不甚多，然其记事之辞，刻画之例，龟卜之制，四兄之称，皆极为重要。而双剑誃三甲，实与中央研究院十三次发掘所得者为同一坑，举一反三，一脔知味，尤为至感与会之问题"。拓片共录六家，分藏家顺序编号，正反曰分号，拓本后附摹片隶定对照。共659片。计中央大学藏252片、华西大学藏277片、清晖山馆藏201片、束天民藏149片、曾和窨藏24片、于省吾《双剑誃殷契

骈枝》藏 3 片。与《铁云藏龟》重 22 片、《殷虚书契前编》重 1 片、《殷虚书契续编》重 1 片、《殷契佚存》重 30 片、《双图》重 3 片。中央大学的甲骨，原为刘鹗的旧物，1941 年由李孝定摹写，蒋维崧作释，编为《中央大学史学系所藏甲骨文字》，刊入《史学述林》中。胡厚宣以拓本、摹本、释文，编入《甲骨六录》。此批甲骨已归南京大学。清晖山馆陈钟凡所藏又编入《殷虚文字外编》。束天民所藏甲骨先让于上海暨南大学，后归复旦大学。曾和睿所藏和华西大学所藏不知归属。双剑誃三片，胡厚宣《战后殷墟出土的新大龟七版》其中的 5、6 两版，即是双剑誃三片中的两片。此两片都可以和《殷虚文字·乙编》缀合，有学者认为是 YH127 坑同出之物，但不知如何会远在北京，成为双剑誃中的藏品。

《殷契摭佚》 简称《摭》《摭佚》。李旦丘编著。1941 年 1 月来薰阁

书店影印出版。墨拓，线装一册。有"自序""凡例"，书后附考释。编为上海孔德图书馆丛书第三种。李旦丘"自序"中言，"己卯春，书贾携罗振玉氏所藏甲骨拓墨千余片，来馆求售。类皆残阙，精品绝少。本馆惧古代遗物之将归于散逸也，乃购而藏之。入秋以后，余始选其文句之较完整者，与乎文字之较值注意者，凡一百一十八片，编为是篇"。全书甲骨文拓片顺序编通号，著录 118 片。因为罗振玉旧藏甲骨的拓片，由孔德图书馆收藏。所录甲骨与已出版的《铁云藏龟》重 3 片，《殷虚书契前编》重 3 片，《殷虚书契后编》重 2 片，《殷契粹编》重 1 片。

《骨的文化》 简称《骨》《骨文化》。全称《中国古代骨的文化》（*Bone culture of Ancient China*）怀履光［加］编著。1945 年加拿大多伦多博物馆出版。摹本影印，石印本一册。著录甲骨 26 片，有"自序"。著录甲骨文摹片顺序编通号。是加拿大安大略皇家博物馆所藏甲骨的摹本。1963 年 10 月，李棪访问多伦多，曾将怀氏所藏，检视一通。怀氏原编号的方法为骨类自 0001 号至 1000 号，甲类自 1001 号至 2999 号。其

中有赝品 151 片及无字骨 84 片，真品 2764 片，李棪为之排比分类重新编号，存放库中。后由许进雄重新加以整理付印，收入《安怀》出版。

《龟卜》 金祖同编著，全名为《龟卜百二十五片》。1948 年 1 月上海知温书店影印出版。拓本，线装一册。有郭沫若"序言"和"自序"，书后有"跋"

和简释。金氏"跋"中云，"予既自河井荃卢氏所赠三井源右卫门氏藏契墨本中选辑四百二十八片编入殷契遗珠，今又自丛残中检出'龟卜百二十五片'者，加以诠次，辑为此集。仍原名曰：'龟卜百二十五片'，存其真也。日本三井源右卫门氏藏甲骨，十年前与沫若氏见之于河井荃卢家。计大木合数十，累累多大块巨制，目挥手送，竭半日之力，才尽十三四，未尝及窥全豹也。自是之前，学人无有知三井家藏龟有如此之多且巨者"。全书拓片顺序编通号，如金氏"跋"中所言著录日本三井源右卫门所藏甲骨拓片 125 片。所录甲骨与《殷墟书契后编》重 1 片，《龟甲兽骨文字》重 40 片，《殷契遗珠》重 21 片。

《战后平津新获甲骨集》 简称《平》《平津》。胡厚宣编著。1946 年，成都齐鲁大学国学研究所专刊之一，《甲骨学商史论丛》四集，第一

册，5 月出版。第二册，7 月出版。共著录甲骨文 538 片，其摹本包括三种，其中元嘉造像室以及颂斋所藏甲骨，后来以拓本编入 1955 年出版的《甲骨续存》第一册。双剑誃的甲骨，仍以摹本编在《甲骨续存》第二册，所以胡厚宣在《战后京津新货甲骨集》的"序要"中说这部书名应该取消了。

《殷虚文字甲编》 简称《甲》《屯甲》。董作宾编著。1948 年 4 月中央研究院历史语言研究所出版，上海商务印书馆发行。影印本，精装一册。

1976 年 11 月史语所在台北翻印再版，精装一册，平装两册。此书著录甲骨文拓本编 3942 号，是从安阳殷墟 1928 年 10 月第一次发掘至 1934 年春第九次发掘的 6513 片甲骨中，选出字甲 2467 片、字骨 1399 片，共计 3866 片，再加上附录的牛头鹿头鹿角刻辞 4 片。关于甲骨原片与编入书中的拓本号数的关系，董作宾"自序"中有详细说明：选入甲片数 2467 片，编入拓本号数 2513 号；选入骨片数 1399 片，编入拓本号数 1425 号。有关书名和所著录甲骨编排次序，

"自序"中写道:"这部书的命名,是傅孟真(傅斯年)先生的意思。本来我们是可以叫它作《甲骨文字》的,因为它是殷墟发掘总报告的一部分,我们计划把殷墟出土的古物中,有文字的统同收入,并不只限于甲骨,凡是铜器,石器,陶器,骨角器,兽头骨等铭刻,均在其内,所以用《殷墟文字》来赅括它。……排列的方法,并不是分期或分类,为的显示这一批材料是经过科学发掘工作,所以依照着它们出土的先后次序排列的。每片有两种号码,大字是拓本号,小字是发掘时在实物上所编的登记号。拓本号的次序,完全依照着登记号的次序。"此外,董作宾"自序"中详细叙述了此书三次付印最终出版的艰难过程。书前除有作者"自序",还有李济《跋彦堂自序》。

《殷虚文字乙编》 简称《乙》《屯乙》。董作宾主编。由"中央研究院"历史语言研究所出版,分为上、中、下三辑先后印刷发行。上辑于1948年10月在上海印刷发行,中辑于1949年3月在上海印刷发行,下辑于1953年12月在台北由艺文印书馆印刷发行。精装本每辑400页为一册,分为上、中、下三辑三册;平装本仍分三辑,但每辑四册,每册100页。1994年6月台北再版,钟柏生作"再版说明"。此外,1956年3月中国科学院考古研究所翻印《乙编》下辑,由科学出版社出版,精装一册,书

后有中国科学院考古研究所1955年12月"重印后记"。此书所著录发表的甲骨是"中央研究院"历史语言研究所发掘殷墟第十三、十四、十五次所获甲骨18405片中选拓的拓片,共计9105片,上、中、下三辑编通号。此书前有董作宾"序"写道:"《殷墟文字乙编》,继《甲编》而作,包括著殷墟发掘第十三次至第十五次所采获的甲骨文字。这可以说是一个很自然的区划:第一次至第九次,连接着在小屯村发掘,从民国十七年秋季到二十三年春季,这九次所得的甲骨文字,已全部收入《甲编》;第十次至第十二次,从二十三年秋季到二十四年秋季,这三次,工作重心转移到洹河北岸侯家庄西北冈殷代陵墓的发掘,没有得到甲骨文字,所得的全是金石陶器铭刻,将来打算收入丙编;第十三次至第十五次,从二十五年春季到二十六年春季,这三次发掘工作,又重新回到小屯村,并且集中在村北的BC两区,所得的甲骨文字,全部收入《乙编》;十五次发掘所得的陶、骨、石、铜器铭刻,将来也要收入《丙编》的。《乙编》所收材料,超过《甲编》的四倍以上;出土的坑位简单明晰;内容新颖而且丰富;研究的价值,也远在《甲编》之上;因此我们对于这批材料的整理,更加慎重。……编辑的体例,一如甲编,仍以发掘时期坑位为次第……也和甲编一样,先把图版部分发表,以后再续印考释部分。后三次所得甲骨文字,第十三次占最大多数,十三次又以YH127一坑出土的龟甲占最大多数"。董作宾

"序言"还发表了两篇文章：第一，《请注意这里面一坑所出的一万七千零九十六版甲骨文字》、第二，《揭穿了文武丁时代卜辞的迷》。另 1995 年台北"中央研究院"历史研究所出版钟柏生主编《殷虚文字乙编·补遗》，详见《殷虚文字乙编·补遗》。

《战后宁沪新获甲骨集》 简称《宁》《宁沪》。胡厚宣编著。1951 年 4 月北京来薰阁出版。摹本，线装三卷。卷一编 688 号；卷二编 166 号；卷三编 389 号，共编 1143 号，石印本两册。为胡厚宣《战后新获甲骨集》第二部。有"自序"和"述例"。著录甲骨文摹本分卷顺序编通号，每片正反编为两号。胡厚宣"自序"中写道："抗日战兴，时逾八载，民国三十四年，倭寇投降，余自成都遄赴平津，搜访沦陷期间甲骨出土情形，并购得实物及拓本万片以上。曾闻民国二十九年前后，安阳出土甲骨一大坑，为上海禹贡古玩行叶叔重氏购去，片大字多，盛两网篮。嗣自北平重返成都，翌岁，东来上海，探叶氏于昭通路，时当傍晚，叶氏方携古物一箱，拟即搭夜快车前往南京参见某项文物展览，开箱视之，固在北平所闻两网篮之甲骨，一时忻快，匪可言宣，商谈良久，以厚值留之……摒弃疑伪，得六七百片，于是编之为卷一。民国三十五年岁末，余自济南来南京，转道上海，以交通中断，留教复旦大学，暇者涉猎场肆，得识中国古玩社周氏黄生，承其代购甲骨一批，一百六十七片，字大涂朱，喜未曾有，因其多属于武丁及帝乙帝辛时期，

与罗振玉早年所得者相类，大约出于小屯村北，于是编之为卷二。此外数年以来，往返宁沪，于商肆藏家，三五偶见，兼收并蓄，细大不捐，计其所得，亦二三百片，于是编之为卷三。"卷一、卷二中所摹录的甲骨大部分现为清华大学所收藏。据此书"述例"说明："甲骨摹本，以时代为序。一曰盘庚、小辛、小乙、武丁时期；二曰祖庚、祖甲时期；三曰廪辛、康丁、武乙、文丁时期；四曰帝乙、帝辛时期。""每期甲骨，再分以类别，按其性质，序为：气象、农产、祭祀、田猎、征伐、行止、灾祸、杂项等科。"开创了甲骨著录编纂"先分期，后分类"的新体例。

《战后南北所见甲骨录》 简称《南》《南北》。胡厚宣编著。1951 年 11 月北京来薰阁出版。石印本，线装三卷三册。为胡厚宣《战后新获甲骨集》第三部。摹本，著录甲骨文 3276 版。其来源如下：

1. 辅仁大学所藏甲骨文字 107 片
2. 诚明文学院所藏甲骨文字 91 片
3. 上海文物会所藏甲骨文字 157 片
4. 南京博物院所藏甲骨文字 4 片
5. 无想山房旧藏甲骨文字 509 片
6. 明义士旧藏甲骨文字 847 片
7. 南北师友所见甲骨录卷一 204 片
8. 南北师友所见甲骨录卷二 271 片
9. 南北坊所见甲骨录卷一 111 片
10. 南北坊所见甲骨录卷二 208 片
11. 南北坊所见甲骨录卷三 144 片
12. 南北坊所见甲骨录卷四 556 片
13. 南北坊所见甲骨录卷五 67 片

其中无想山房即是冬饮庐藏甲骨，拓本又发表在"中央研究院"历史语言研究所集刊第 37 本中，原甲骨存研究院。诚明文学院的甲骨，原是戬寿堂旧藏，先归武进同乡会，后归诚明文学院，现藏上海博物馆，胡厚宣摹录了《戬寿堂所藏殷虚文字》一书中未著录的一些重要甲骨。明义士旧藏于 1972 年被许进雄将原拓本编入《殷虚书契后编》发表。辅仁大学所藏甲骨的原拓后发表在台湾《中国文字》第五十期。有陈子展的"题诗""自序"和"序例"。摹录甲骨文按收藏家分家顺序编号。每片正反编为两号。以时代为序，四期断代为盘庚、小辛、小乙、武丁时期；祖庚、祖甲时期；廪辛、康丁、武乙、文丁时期；帝乙、帝辛时期。每时期再分类，类别按其性质列为：来源、气象、农产、祭祀、神明、征伐、田猎、刍鱼、行止、卜占、营建、梦幻、疾病、死亡、吉凶、灾害、诸妇、多子、家族、臣庶、命唤、成语、纪数、杂类等项。

《战后京津新获甲骨集》　简称《京津》。胡厚宣编著。1954 年 3 月上海群联出版社出版。为胡厚宣《战后新获甲骨集》第四部。墨拓影印，线装四册，以拓

本编印，自编 5642 号。所著录甲骨实物，不能称为 5642 片，因为文中正反分编二号，系一片占用二号。书前有杨树达"序"，另有自作"序要"11 条，第

四条写道："甲骨时代暂分四期：自编号 1 至 3160 为一期，即盘庚、小辛、小乙、武丁四王之物。其中 1 至 2907，当属于武丁时。2908 至 3086，笔划纤细；3096 至 3114，笔划扁宽；3115 至 3160，笔划挺劲者，疑皆当属于武丁之前，或为盘庚、小辛、小乙之物。笔划挺进者，或以为当属于武乙、文丁时。凡此均未敢必决，尚待究明，姑附于武丁时之后。自编号 3161 至 3802 为二期，即祖庚、祖甲时之物。自编号 3803 至 4986 为三期，即廪辛、康丁、武乙、文丁四王之物。廪辛、康丁、武乙、文丁时甲骨，根据称谓，有确可分为廪辛、康丁及武乙、文丁两期，亦有确知其当属于某一王者；但绝大多数，并无称谓可据，字体事类，往往类似混同，难以强分。兹为慎重起见，姑列为一期。自编号 4987 至 5642 为四期，即帝乙、帝辛时之物。""序要"第十条写道："本书出版后，前出《战后平津新获甲骨集》书名取消，所录《元嘉造像室所藏甲骨文字》将编入另外部份行之。"著录的甲骨文是 1945 年抗日战争胜利以后，编者在北京和天津所搜集到甲骨的拓本。该书与其他著录书重录较多，与《粹编》重录最多。关于这一点，胡厚宣在"序要"第八条写道："本书所录甲骨，间有已见著录于他书者。因非吾人自所发掘，既先已流传，则互见重出，即属难免。而校对比勘，实一最烦琐之工作，虽经反复审视，书成后仍发现重者约占全书二十分之一。拟另制重见著录表，附于释文之后。"

《殷契拾掇》

简称《掇一》《拾掇一》。郭若愚编著。1951年7月上海出版公司出版。第一编，一册。郭沫若题写书名，陈梦家作"序言"并有"自序"。"自序"中就该书甲骨的来源写道：

1. 上海亚洲文会博物馆藏甲骨文字176版：上海亚洲文会的甲骨，在1934年《中国杂志》21卷第6号里有吉卜生发表的摹本，1938年出版的《甲骨卜辞七集》亦有。我在1948年的春天，在博物馆里墨拓了一份，一共是176片。

2. 上海市立博物馆藏甲骨文字202版：市博馆的甲骨，都是刘铁云的旧物，共有1200片。比较有用者皆收于《殷契佚存》中。1947年夏天，我利用暑假的空暇，在馆里椎拓，本书选了202片。

3. 智龛自藏甲骨文字75版：1948年的2月里，我收到了一批甲骨，连同没有字的，总数是1000片。后来因为出让者，又出让给了北平的友人，因此我就有机会交换到较好的80片，经过拼合，就是72片了（393、442两片是王秀仁藏物）

4. 胡厚宣藏甲骨文字10版：胡先生藏甲骨有1万多片，这里是最精粹的10片，现在其中4片闻已归严一萍氏收藏。

5. 王懿荣旧藏甲骨文字2版：这两骨是方豪氏的收藏品，前版见《天壤阁甲骨文存》第24片，后者见第91片。

一片是我剔出了几个字，一片拓本面积大些，可以便利缀合，因此都收在这里。

6. 刘铁云旧藏甲骨文字83版：《铁云藏龟》因为是石印的，有很多地方印得不清楚。这里在上海市立博物院藏骨和自藏的拓本里选印了85片，对于研究《藏龟》那书的读者们可能有一些帮助吧！

7. 孔德研究所旧藏甲骨文字2版：孔德研究所藏骨，以这两片最大最重要，这拓本可能是古玩商流传出来的。现在《殷契撫佚续编》亦著录了。

2005年6月，《掇一》《掇二》与未出版的《殷契拾掇》第三编合为一编由上海古籍出版社出版。

《殷契拾掇二编》

简称《掇二》《拾掇》。郭若愚编著。1953年3月上海来薰阁出版。线装一册，有"自序"。共著录甲骨文495片。著录甲骨拓片源自公私所藏25家：1. 北京图书馆藏甲骨49片。2. 南京博物院藏甲骨4片。3. 上海市文物会藏甲骨34片。4. 浙江文物会藏甲骨9片。5. 浙江省图书馆藏甲骨12片。6. 沈曾植旧藏甲骨14片。7. 张丹斧旧藏甲骨26片。8. 陈伏卢旧藏甲骨15片。9. 龚心钊旧藏甲骨3片。10. 黄宾虹藏甲骨1片。11. 陈器成藏甲骨4片。12. 严一萍藏甲骨1片。13. 刘体智藏甲骨2片。14. 陈伯衡藏甲骨14片。

15. 边政平藏甲骨 11 片。16. 张彦生藏甲骨 1 片。17. 孙叔仁藏甲骨 3 片。18. 金祖同藏甲骨 2 片。19. 刘华瑞藏甲骨 25 片。20. 童大年藏甲骨 2 片。21. 吴进思藏甲骨 1 片。22. 杜亚贻藏甲骨 22 片。23. 潘盉盦藏甲骨 100 片。24. 智盦自藏甲骨 96 片。25. 智盦藏拓本 59 片。2005 年 6 月，由上海古籍出版社将已出版的《殷契拾掇》一、二编和未出版的第三编合为一集出版。该书的第三编是首次刊印，著录甲骨文 900 片，其中初次著录的约 180 片。第三编完成于 1963 年，未刊行。浩劫中，郭若愚家藏的文物、图书荡然无存，唯独这部第三编稿本因为被放在办公室而躲过抄家，得以保存。然而，由于编次与出版相隔四十余年，现在看到的第三编在编排上存在着较大的混乱。

《甲骨续存》　简称《存》《续存》。胡厚宣编著。1955 年 12 月上海群联出版社出  版。全书 3 册，分上下两编，第一、二册为上编，著录拓本 2755 片；第三册为下编，著录摹本 998 片。上编拓本来自 17 家如下：

上海历史博物馆藏甲骨　　289 片
浙江图书馆藏甲骨　　　　　1 片
厦门大学中国文化研究所藏甲 24 片
复旦大学历史系藏甲骨　　49 片
容希白颂斋旧藏甲骨　　135 片
孙师匡养藏楼旧藏甲骨　　173 片
罗伯昭沐园旧藏甲骨　　　16 片
叶玉森（字葓渔）梦颉盦旧藏甲骨　　　　　　　　　　　53 片
谢午生元嘉造像室旧藏甲骨　244 片
方曾寿藏甲骨　　　　　　145 片
沈勤庐藏甲骨　　　　　　　20 片
何叙甫藏甲骨　　　　　　　27 片
王永元藏甲骨　　　　　　　4 片
梁思永藏甲骨　　　　　　　2 片
易均室藏甲骨　　　　　　　28 片
三井源右卫门［日］藏甲骨　55 片
胡厚宣自藏甲骨拓本　　　1486 片

下编摹本选自 23 家：北京历史博物馆藏 9 片；东北博物馆藏 54 片；旅顺博物馆藏 256 片；吉林博物馆藏 18 片；浙江博物馆藏 14 片；前河南地志博物馆藏 16 片；山东文管会藏 42 片；浙江文管会藏 75 片；前苏南文管会藏 5 片；前苏州市文管会藏 7 片；河南文物工作队藏 38 片；安阳小屯保管所藏 26 片；新乡图书馆藏 27 片；华东师范大学历史系藏 38 片；东北师范大学历史系藏 7 片；于省吾双剑誃旧藏 253 片；郦衡叔旧藏 42 片；陈伯衡藏 40 片；陈保之藏 10 片；徐喜辰藏 10 片；罗继祖藏 1 片；王亚洲藏 5 片；陈宝三藏 4 片。上述厦门大学所藏甲骨中，有 4 片现在台湾大学考古系，当为日寇侵略者劫存至台大。郦衡叔所得刘鹗旧藏甲骨 160 片，胡厚宣选录 40 片入《甲骨续存》，现这批甲骨在杭州。浙江文物会所藏甲骨，即是《铁云藏龟零拾》所著录的那批吴振平收藏。此书有"自序"，录有完整和较大的龟腹甲图版 8 幅，后附《采录资料索引表》。以四期断代法分期，每期又再分类。上编 1—1465 号，下编 1—598 号为一期。上编 1466—1727 号，下编 599—730 号为二期。上编 1728—2270 号，下编 731—861 号为三期。上编 2271—2755 号，下编 862—998 号为四期。每期再以事类为次，按其性质，分为来源、气象、农产、祭祀、神祇、征伐、田猎、刍鱼、行止、卜占、营建、梦幻、疾病、死亡、吉凶、灾害、诸妇、多子、家族、臣庶、命唤、成语、纪数、杂类二十四类。

《殷虚文字外编》

简称《外》。董作宾编，后附严一萍的摹本和释文。1956 年 6 月台北艺文印书馆出版，线装一册。书前有严一萍作"序言"。著录甲骨文 464 片，是集合十四家所藏甲骨拓本编纂而成，其所集十四收藏者与数量如下：

收藏者	拓本编号	备注
历史博物馆	1—29	旧藏原骨 20 版
"中央研究院"	30—75	购至南京原骨 45 版
何春渚	76—94	
刘铁云	95—109	旧藏由商锡永借拓原甲骨 15 版
何叙甫	110—144	
	202—227	
沈厓庐	145—171	在苏州购得刘鹗旧藏甲骨 25 版

续表

收藏者	拓本编号	备注
梁思永	172—175	任公先生旧藏甲骨 4 版
徐旭生	176—188	在西安购得甲骨 13 版
庄慕陵	189—196	旧藏甲骨 7 版
陈中凡	197—201	
	228—418	原甲骨 178 版
史语所	419—434	调查殷墟购得甲骨标本 16 版
商承祚	435—451	是刘鹗旧藏甲骨 15 版
李玄伯	452—459	旧藏一部分甲骨 7 版
严一萍	460—464	购藏原骨 4 版

其中沈厓庐的甲骨原物现藏江苏博物馆，李玄伯的甲骨原物已归台湾大学。与已出版的《铁云藏龟》重 15 片，《殷虚书契前编》重 1 片，《殷虚书契续编》重 1 片，《殷契佚存》重 23 片，《战后南北所见甲骨录》重 141 片，《京》重 16 片，伪刻 1 片。根据严一萍"序言"介绍，以《铁云藏龟》三·二版在刘鹗殁后散佚，仅存半版被董作宾辑入《外编》为例，感叹："著录流传，宁非急务欤？"又云："殷墟文字外编者，有别殷墟文字而言，殷墟文字者，中央研究院历史语言研究所十二次发掘殷墟所得甲骨文字之总集，而为彦堂先生所手辑。盖自民国十七年试掘殷墟，以迄最后一册殷墟文字之出版，皆彦堂先生所亲历，几将卅载。发掘而外，公私购藏，时有所获，则借拓汇辑，成此一书，故曰外编。凡收一十四家，四六四版，五期咸备。零骨碎甲之中，尤多罕见之文，至堪珍异。奈何世事多故，迄未刊布。……三十年来，彦堂先生主持发掘

者非一次，摩挲甲骨者以万计，而一己之私所宝者，惟此拓本一编，别无一骨一甲之藏。高风亮节，莫之与京。"全书拓片分藏家顺序编通号，正、反、臼分编。1977 年 11 月此书收入台北艺文印书馆出版的《董作宾先生全集》（乙编第七册）。董作宾哲嗣董敏曾将董作宾所手辑拓本出示王宇信观鉴，王宇信推测董作宾早有汇集出版《甲骨文合集》之意和准备。

《殷虚文字丙编》　简称《丙》《丙编》。张秉权编著。著录复原以及未发表的甲骨拓片 632 版，包括由 3658 片碎甲缀合而成的 330 块较完整龟甲的拓本。全书分上、中、下三辑，每辑分（一）、（二）两册。由台北"中央研究院"历史语言研究所出版，出版的时间先后为上辑（一）为 1957 年 8 月，上辑（二）为 1959 年 10 月；中辑（一）为 1962 年，中辑（二）为 1965 年 4 月；下辑（一）为 1967 年 12 月，下辑（二）为 1972 年。1992 年重印再版。上辑（一）著录甲骨拓片 95 版，缀合龟甲 54 版，上辑（二）著录甲骨拓片 101 版，缀合龟甲 56 版；中辑（一）著录甲骨拓片 105 版，缀合龟甲 57 版，中辑（二）著

录甲骨拓片 109 版，掇合龟甲 60 版；下辑（一）著录甲骨拓片 102 版，缀合龟甲 55 版，下辑（二）著录甲骨拓片 120 版，缀合龟甲 67 版。根据作者张秉权《甲骨文与甲骨学》中记载："民国三十六年（1947），在南京的时候，董彦堂（作宾）师命我继李陆琦（孝定）兄编辑《乙编》的图版。并且吩咐我撰写《乙编》的考释，那时，我觉得自己年纪还轻，学识方面尚待充实。所以决定一面拼兑甲骨，编辑图版；一面先做一些撰写《考释》的准备工作。例如：释文的撰写与实物的描述等等。至于考证方面，该做的，可做的，比比皆是，苦于无暇兼顾，未能作进一步的深入研究，只能札记片语，聊作备忘而已，自己总觉得那些稿子应加补充，才能发表，因此，当图版刊行以后，《考释》却迟迟没有问世。后来李济之（济）先生当了史语所的所长，逼稿甚急，不得已，只好将其中的一部分，抽出来先行发表，那就是《殷虚文字丙编》诞生的原因了。《丙编》原来就是《乙编考释》中的一小部分，因为要选择一些复原的比较完整的甲骨，先拓先印，所以不能按照《乙编》的次序，加以排比，不得以只好另外给它取个名字叫做《殷墟文字丙编》。"由上述可知，《丙编》以缀合为主，是《乙编》的补充。原因是 YH127 坑甲骨运到南京后整理分开，每一块整甲装入一个纸匣子，一共装有三四百块完整的龟甲。抗日战争开始后这些被装在大木箱中的纸匣子，经长途奔波运到昆明龙头村后开箱再整理时，已

经全部散断，原来完整的龟甲成为混杂的碎片，当时情况下已无法还原，于是只好根据现状编列，出版《乙编》。张秉权费了将近二十年的功夫掇合考释，出版《丙编》六册。正如"自序"所述："《丙编》是由《乙编》及编余拼兑复原，重新传拓，重新编辑，加以考释而成。所以这一编，也可以说是一部《殷墟文字乙编》甲骨复原选集。"

《殷契摭佚续编》

简称《摭续》。李亚农（旦丘）编著。1950 年 9 月商务印书馆影印出版。墨拓，线装一册。有"自序"和"述例"，书后附考释，题为中国科学院考古研究所特刊。李氏"自序"中言，"本编完稿于八九年前，因抗日战争日益紧张，太平洋事变继之暴发，遂无法付印，乃托友人代为保存。今年春，上海解放。于随军重来，于友人家中寻得旧稿。经此长期战祸居然未毁于兵燹，岂非厚幸。编中拓片精品颇多，亟应付印，以供契林之研究。惟是羁于公务，于旧稿虽多不满之处，终未遑执笔重写，仅增损数字而已，纠正乖谬请俟异日。其中考释文字曾请夏鼐胡厚宣两先生费心校阅一过。此则应向两先生致谢者也"。另李氏"述例"中言，"释文拓片号码下有※符者，本为画家顾青瑶氏珍藏，于去岁始归孔德研究所。系出土于三十年以前者。无※符者乃购自海上之古董商人，殆为今年出土之物"。

当为原上海孔德图书馆所藏甲骨的拓片。《摭续》著录甲骨拓片顺序编通号，共 343 片。自重 1 片，倒置 2 片，甲骨拓片之后附录骨器花纹六件，编属 344 至 349 号。1972 年 3 月台北艺文印书馆影印再版。

《台湾大学藏甲骨文字——本系所藏甲骨文字》

董作宾编著。1951 年台湾大学文学院《考古人类学》期刊第 1 期。这实际上是两篇文章，一篇是《台湾大学藏甲骨文字》；另一篇为《本系所藏甲骨文字》。前者著录的是厦门大学旧藏，日寇占领台湾期间转藏于台北帝大的 5 片，后者著录的是李玄伯让归台湾大学的 7 片。后 7 片的拓本之前收入《殷虚文字外编》，摹本也早被胡厚宣《战后平津新获甲骨集》收录，为元嘉造像室所藏。董作宾再次著录发表，一为交待对这批甲骨的归处，二对这批甲骨进行考释。

《书道全集》

《书道全集》著录甲骨书，有三种不同的记载：①严一萍《甲骨学》259 页，《书道全集》第一卷，中村不折编，日本书道社影印，平凡社出版。此书系照相石印，所据全部为《铁云藏龟》，共录 28 页。②张秉权《甲骨文与

甲骨学》121 页，《书
道全集》 （卷一），
［日］下中弥三郎
（编），著录甲骨 54
版，民国三十四年
（日本昭和二十九年，
1954）平凡出版社，
附摹本及贝冢茂树与

白川静的释文。③孟世凯《甲骨学辞典》
505 页，《书道全集》。一是日本中村不折
编。1913 年日本书道院出版。照片影印，
精装一册。著录甲骨文照片九十七片，大
多已见于《铁云藏龟》和《殷虚书契菁
华》。河井荃庐藏的大龟和中村不折藏的
大兽骨已著录于《卜辞通纂·别录二》。
简称《书一》。二是日本中下邦彦编。
1954 年 9 月日本平凡社出版。照片影印，
精装一册，著录甲骨文照片六十三片，选
自日本京都大学人文科学研究所藏。拓本
著录于《京都人文科学研究所藏甲骨文
字》。与《铁云藏龟》重二片，《殷虚书
契菁华》重一片，《余》重一片，自重一
片。简称《书二》。

《甲骨文零拾》
简称《甲零》。陈邦
怀编著。1959 年 9 月
天津人民出版社影印
出版。拓本石印，线
状一册，编者"自
序"，附考释。陈氏
"自序"中言，"四十
年前，余客上海，常至神州国光社观览
金石书画。一日，见贾人持殷墟甲骨文
两包，求售于邓秋枚先生（实）。秋枚

以四十银币购之。余乞让其半，弗允。
乃检甲文数片见赠。既访父执宣愚公先
生哲于华园里寓所，见架上小铁匣盛甲
骨碎片，若不甚珍惜者。余取而观之，
爱不释手。愚公曰：'子何好笃耶？余
昔游小屯，收得甚多，且价极廉。农人
售我，其片稍大而字稍多者，每片才铜
币数枚耳。'语毕登楼，以报纸包甲骨
累累。……顾近数年间，访求不辍，所
得绝尠，将无复增益之望矣。比以养疴
多暇日，辑墨本为一卷。此百六十片，
大都零星得知，书既成，因名之曰甲骨
文零拾"。可见陈氏收藏甲骨真乃"零
拾"。其著录图版顺序编通号，正反编
为一号。著录甲骨拓片 160 片。与《殷
虚书契续编》重 1 片，《殷契佚存》重
34 片，《甲骨卜辞七集》重 4 片，《甲骨
续存》重 10 片。1970 年 6 月日本汲古
书画院重印出版。

**《京都大学人文科学研究所藏甲骨
文字》** 贝冢茂树［日］著。1960 年 3
月京都大学人文科学研究所编，日本写
真印刷株式会社影印出版。此书的"目
次"前有作者"序"，正文前还有作者
《序论》，正文前有《甲骨抄本图版目
次》《插图目次》《图标目次》（其中有

《贞人名一览表》《殷代王氏世系图》《记事刻辞文例表》《第五期帝辛时代五祀先王先妣顺位表》《第五期帝辛时代五祀表》)、《引用书目略号一览》《引用释文略号》《引用论著略号》。"序论"部分六章，第一章、京都大学人文科学研究所藏甲骨文字的收集和来源，第二章、研究所藏甲骨的整理研究经过，第三章、甲骨文时代区分的基础、贞人的意义，第四章、殷墟卜辞的分类，第五章、贞人无署名卜辞，第六章、甲骨文时代区分的标准。释文部分有《释文凡例》《释文期别分类目次》，卜辞释文按甲骨文五期分法次第，单列王族卜辞、多子族卜辞、桥本关雪旧藏卜辞、补遗缀合卜辞，后附《新旧番号对照表》《英文摘要》。

《甲骨文集》 白川静［日］撰。1963 年日本东京二玄社出版。著录甲骨文 87 片。

《冬饮庐藏甲骨文字》 简称《冬》。周法高编。1967 年台北"中央研究院"历史语言研究所《集刊》第 37 本发表。著录甲骨文 660 片。后附周法高"跋"、张秉权"跋"。为刘鹗旧藏甲骨，其中 509 片摹本已著录于胡厚宣《战后南北所见甲骨录》中，为无想山房旧藏甲骨文字部分。关于此书著录甲骨的来龙去脉，周法高"跋"中写道："先姑丈王冬饮所藏甲骨文字拓本，凡 660 片，内两面有字凡 134 片。此为刘铁云故物，刘氏殁后，其家属侨寓苏州，依黄门而居。盖海陵黄隰朋先生传周太谷之学，讲学苏州，号称黄门，铁云素

与有渊源，《老残游记》中之黄龙士，即影射其人。冬饮丈为黄先生入室弟子，亦时往游焉。民国二十年（1931）左右，冬饮丈与商锡永、陈斠玄、束天民、郦衡叔等，醵资共购得刘氏所藏甲骨文字。各分得数百片，商氏并择尤刊入《殷契佚存》中。倭寇据南京，冬饮丈举家迁城北避难。数月后返家，得之于屋后荒圃中。民国三十六年（1947），复出让与中央研究院历史语言研究所，而自留拓片一份，为该所魏善臣先生所手拓，即此本是也。嗟乎！区区甲骨，出土甫数十年，而数易其主，人世之沧桑，从可知已！"商锡永即商承祚，其《殷契佚存》441 号至 1000 号大部分当是这批刘鹗旧物。陈斠玄即陈中凡，又号清辉山馆，其所藏连同束天民所藏，经胡厚宣以拓本及摹本发表在《甲骨六录》中。陈中凡所藏的拓本又发表在董作宾《殷墟文字外编》。之后，严一萍的学生李殿魁对该书所著录甲骨进行了考释，发表于 1968 年 12 月出版的台湾《中国文字》第三十册。

《大原美术馆所藏甲骨文字》 简称《大原》。伊藤道治［日］编著。1968 年 1 月刊于日本《仓敷考古馆研究集报》第四号。著录甲骨文拓片 39 片，均已发表于《殷契遗珠》。

《藤井有邻馆所藏甲骨卜辞》 简称《藤井》。伊藤道治［日］编著。1971 年 3 月刊登于日本京都《东方学报》第四十二册。共著录甲骨文 16 片。

《日本所见甲骨录》（一） 简称《日本》《日见（一）》。饶宗颐编。

1956 年 1 月刊香港大学出版之《东方文化》第三卷第一期。著录甲骨文照片 56 片。其中三篇为附图一,考释附于图版之后。附图二,摹录已著录的甲骨文中有"中子"者 16 片。附图三,摹录已著录的甲骨文中有"大子"者三片。书后补记"论中子大子"。著录日本东京大学考古研究室所藏甲骨和东洋文库及硲伊氏所藏甲骨的照片。又 1956 年 6 月香港大学出版,抽印本简装一册。

《殷虚卜辞综述附图》 简称《综述》。陈梦家编著。中国科学院考古研究所(今属中国社会科学院)编辑,列为考古学专刊甲种第二号。1956 年 7 月科学出版社初版,1964 年 10 月日本东京大安书店翻印出版。1971 年 2 月台湾大通书局翻印出版。中华书局 1988 年 1 月重印,2004 年 4 月再版。精装一本(二册)。第二册书后附插图十幅、图版二十四幅,其中甲骨和甲骨文二十二幅。

《巴黎所见甲骨录》 简称《巴》《巴黎》。饶宗颐编著。1956 年 12 月 Too Hung Engraving Printing 公司影印出版。摹本石印,线装一册。董作宾篆书题写书名。为《选堂丛书之三》。饶氏在前"自序"中言,"本年九月,于役法京,出席第九届国际汉学会议。日得交其硕彦长德,纵观博物院图书馆庋藏。故国宝器,往往乎在,敦煌残卷,触手如新,载玩斯文,有忻永日。流连阶陛者之久,

洹水甲骨,夙所究心。前岁旅居扶桑,弋钓所及,薄有纂记,将次弟载于港大东方文化半年刊。若巴黎藏契,向所未闻,各家之书,从无记述。泊来此间,得王君联曾之助,先后于巴黎大学中国学院、策努斯奇博物院、策努斯奇博物院获观所藏龟甲兽骨,爰剔去伪品,橅录以归,甄集为编"。其中巴黎大学中国学院所藏 13 片,归默博物院所藏 9 片,归默博物院所藏 4 片。另有图版考释,附录考释文四篇,附图 10 片。摹片顺序编通号。共 26 片。摹自法国巴黎收藏之殷墟甲骨。与《殷契佚存》重 4 片,附图中倒置 1 片。

《"国立中央"图书馆藏甲骨文字》 简称《中图》。金祥恒摹录。发表于台湾《中国文字》第 19 期和第 20 期。这部分甲骨共 648 片,大多数片碎小,其拓片虽早已拓好,但未发表。金祥恒摹录编排发表。

《中国书谱殷商编》 严一萍撰。1958 年台北艺文印书馆出版。著录甲骨文 88 片,多为《殷虚文字甲编》《殷虚文字乙编》的缀合,如四方风龟腹甲,武丁大龟等。

《书道博物馆所藏甲骨文字》 简

称《书道》《书博》。青木木菟哉〔日〕编。先后分 5 次刊登在日本甲骨学会编印的《甲骨学》杂志上：第一次 1958 年 3 月《甲骨学》第 6 号刊登 1—65 片。第二次 1959 年 3 月《甲骨学》第 7 号刊登 66—100 片。第三次 1960 年 3 月《甲骨学》第 8 号刊登 101—200 片。第四次 1961 年 8 月《甲骨学》第 9 号刊登 201—300 片。第五次 1964 年 7 月《甲骨学》第 10 号刊登 301—400 片。李孝定《甲骨文与甲骨学》书中记载《书道博物馆所藏甲骨文字》著录甲骨文为 349 片。该书拓片大部著录于《殷契遗珠》，少数著录于《卜辞通纂·别录二》和《京都大学人文科学研究所藏甲骨文字》。

《日本散见甲骨文字蒐汇》　简称《日散》《日汇》。松丸道雄〔日〕编著。1959 年 3 月，日本甲骨学会的《甲骨学》杂志第七号开始刊载，至 1980 年《甲骨学》杂志第十二号止，五次刊登，著录甲骨文 600 片。其中，自第六篇（第十二号）起，著录甲骨拓本与摹本并列。由于作者的目的在于汇集日本公私零星所藏甲骨文字为一编，所以，虽发表过的也在收集之列。书中对于所收各家甲骨的来源，作了详细说明。

《海外甲骨录遗》　简称《海》。饶宗颐编著。1961 年《香港大学东方文化》第 4 卷第 1—2 期刊。此书辑录李棪所藏甲骨。以拓本及照片对照。第二部分为德国卫礼贤旧藏甲骨，已刊于《甲骨卜辞七集》者，此批甲骨现已归瑞士巴塞尔民俗博物馆，仅用照片发表。

《东莞邓氏旧藏甲骨》　简称《邓》。李棪编著，1969 年刊于香港出版的《联合书院学报》第七册。墨拓影印，顺序编通号。著录甲骨文拓片 45 片，是邓尔雅旧藏甲骨的拓本，这批邓尔雅的遗物，1969 年香港联合书院的学生邓祀玄奉母命捐赠联合书院图书馆，其中：龟甲 32 片，骨 23 片，共 55 片。《邓》所著录的 45 片中，仅 1、3、7、8、21、25、31 七片未发表过，其他均为已出版的著录书所著录。

《北美所见甲骨选粹》　简称《北美》。李棪编著。1970 年刊登于香港中文大学《中国文化研究所学报》第三卷第二期。此书所选甲骨来源为：加拿大多伦多皇家博物馆藏 3 片；匹斯堡卡内基博物馆藏 32 片；哈佛大学藏 6 片；哥伦比亚藏 1 片。

《欧美亚所见甲骨录存》　简称《欧美亚》。饶宗颐编著。1970 年《南洋大学》学报第四期发表。所著录甲骨来源于欧美亚 15 家，其中欧洲 4 家：大英博物馆、英国剑桥大学图书馆、英国牛津大学亚士摩兰博物院、瑞士巴萨尔民俗博物馆。美洲 5 家：加拿大多伦多大学安达黎奥博物馆、明义士旧藏、哈佛大学佩波第考古人种学博物馆、普林斯顿大学、匹斯堡卡内基博物馆。亚洲 6 家：日本东京国立博物馆、日本东洋文库、日本书道博物馆、韩国汉城大学考古系博物馆、香港大学冯平山博物馆、香港大会堂美术博物馆。所录材料均已为其他甲骨著录书发表过。

《殷虚卜辞后编》　简称《明后》

《墟后》。明义士［加］著，许进雄编。1972 年 3 月台北艺文印书馆出版。精装二册。顺序编通号，正反合编一号，著录甲骨文 2805 片。书前有《编者的话》写道："明义士先生，是外国人当中收集和研究甲骨卜辞最著名的，他眼光的敏锐，是难以比拟的。他注意到的问题，如贞人名、周易为卜辞所演变、钻凿的不同型态，都证实了是甲骨学上的重要发现。……据胡厚宣《战后南北所见甲骨录》的'序例'，此编共拓有五份。明氏自留一份，一份赠马衡，一份赠商承祚，一份赠容庚。容氏的一份，转归于省吾，又转归清华大学。还有一份赠曾毅公，后索回改赠多伦多大学图书室。但据曾与明义士共事甚久的史景成教授函告，明氏只拓四份而已。安大略博物馆的藏本，是明士殁后才收到的，多伦多大学并没藏有此稿。收录于《南明》的是胡厚宣摹自商承祚和于省吾的拓本，都没有藏甲的部分，大概是甲质脆弱不便多拓，故只赠送他们骨头的部分，则此馆所藏的或是唯一的全本了。此编原来分为九大册，每页一片，前六册为藏甲，后三册为藏骨，他于藏甲部分，于序列号外，并注明购进时的包裹号码。藏骨则除少数外，都要是只有序列号码，可能是整批购进的。两者的拓本共是 2819 片，有七片可与他片缀合，故为 2812 片。其中两片被撕去，以及确实为伪刻的两片，糊糊无法辨读的三片，实数是 2805 片，全部编入本书。"全书按五期断代分期，其所属各期的编号为：第一期 甲 S0001—1554、骨 B1555—1936；

第二期 甲 S1937—2031、骨 B2032—2145；第三期 甲 S2146—2163、骨 B2164—2342；第四期 甲 S2343—2424、骨 B2425—2665；第五期 甲 S2666—2722、骨 B2723—2805。再分类编排，共分祭祀、求年、气象、卜夕、卜旬、田游、方国征伐、疾病共八类。书前附有本书与《殷契佚存》重出 17 片，《战后南北所见甲骨录》中明义士旧藏甲骨文字重出 843 片的片号《对照表》。

《加拿大安大略皇家博物馆藏明义士甲骨卜辞》 简称《安明》，许进雄编著。1972 年加拿大安大略博物馆影印出版。铜版纸平版，精装。图版、考释各一册。封面明义士收藏甲骨中英文书名。有英文"序"。《释文篇》为中文版，目录为：1. 序说，2. 凡例，3. 引用甲骨书目简称表，4. 附录（①关于断代分期、②关于五种祭祀、③关于田猎卜辞），5. 释文，6. 图版。中文版《序说》中言："整理明义士甲骨的工作现已告一段落。此释文附了几片可与博物馆尚未发表的甲骨缀合的拓片，其编号以 971X 起头，是表示于 1971 年编号而不知来源者。……笔者于 1968 年 12 月受聘来整理资料，以两年时间拓印编辑第一册后，就进入多伦多大学东亚系攻读哲学硕士学位，改为工作半日，以迄于今。先后按计划完成了《卜骨上的凿钻型态》及本释文。……本释文之作，如凡例所说，志在藉释文以辨拓本之不清楚者，故力求简单。本篇所收，不乏贵重的资料，不见于其他著录的单字、辞例往往可见，分别于释文中指出。"

全书图版、释文顺序编通号。按五期断代，每期又分甲和骨，英文字母 s 代表其为甲，b 为骨。再分类编排。分祭祀、求年、气象、卜夕、卜旬、田游、方国征伐、疾病等八类。著录拓片 3176 片。后附甲骨缀合七版，与其他著录书缀合后的摹本四十二版。是安大略皇家博物馆藏明义士〔（James Mellon Menzies），1885—1957〕旧藏甲骨 4700 片中选拓的大部分。

《美国所藏甲骨录》 周鸿翔编著。1976 年美国加利福尼亚大学（University of California）出版。1973 年 1 月严一萍撰《美国纳尔森美术馆所藏甲骨考释》，由台北艺文印书馆出版，即此书中一部分甲骨的相本、摹本和释文。本书拓本影印精装一册，有"自序"，著录甲骨共 700 片。共计著录美国各大学及美术馆 11 个单位所藏甲骨。其具体收藏单位和甲骨数量为：卡内基博物院藏甲骨 413 片，此批甲骨已著录于《库方二氏藏甲骨卜辞》，但较其摹本 438 片少 25 片，当删去了伪刻片。此批甲骨为方法敛于 1909 年卖给该博物院的藏品。哥伦比亚大学藏甲骨 67 片，即为《殷契佚存》中施氏所藏甲骨，略有出入。哈佛大学藏甲骨 61 片。普林斯顿大学藏甲骨 119 片，实际 115 片，此即《甲骨卜辞七集》中之普林斯顿藏甲骨。纳尔森美术馆藏甲骨 12 片。费里埃艺术馆藏甲骨 1 片。国会图书馆藏甲骨 4 片。都市艺术博物馆藏甲骨 11 片。历史与技术博物馆藏甲骨 1 片。自然与历史博物馆（原飞尔德博物院）藏甲骨 6 片，此前摹本

已著录于《库方》。纳尔逊艺术馆藏甲骨 12 片。M. H. 杨纪念馆藏甲骨 4 片。关于上述美国的收藏甲骨情况，李棪曾于所著《北美所见甲骨选粹考释》中有所介绍，对于卡内基、哈佛大学、哥伦比亚大学所藏甲骨，当可参考了解。

《日本所见甲骨录》（二） 简称《日见（二）》。伊藤道治〔日〕编。1977 年日本京都朋友书店出版，墨拓影印，精装一册。有"自序"。著录甲骨文拓本分家顺序编通号。计有：故小川睦之辅氏藏甲骨文字 7 片，藤井有邻馆所藏甲骨文字 16 片，桧垣元吉氏藏甲骨文字 13 片，关西大学考古学资料室藏甲骨文字 22 片，大原美术馆所藏甲骨文字 39 片，共五家 97 片。其中《小川》《藤井》《桧垣》《大原美术馆所藏甲骨文字》四家所藏甲骨文，在收入该书前已由编者分别著录发表。所著录大部分已见于饶宗颐的《日本所见甲骨录（一）》中。

《甲骨文字——天理大学附属天理馆藏甲骨文字》 简称《日天》《天理》。天理大学、天理教道友社共编。1987 年 2 月日本天理时报社出版。书前有"序"、原京都大学校长平泽兴〔日〕《特别寄稿》、江村治树〔日〕的总论

《殷代的社会与文化》还有遗迹地图、对照表。伊藤道治［日］编集著录图版，共著录甲骨文 692 片，全部为日本天理大学附属参考馆所藏。伊藤

道治［日］作《释文》。书中著录甲骨文，全部以照片和拓片在图版篇中对照刊出。虽然这部分没附有摹本，但本书另册释文部分却把每片甲骨的摹本与释文一起刊出，这就使书中所收每片甲骨的照片、拓片、摹片可互相对照、勘校。因此该书是一部前辈大师董作宾所倡导的"三位一体"的甲骨著录著作。书中还记载了一个关于甲骨文字概论的座谈会，参加者有伊藤道治［日］、金关恕［日］、近江晶司［日］等，谈论的主要内容有六方面：第一，甲骨的整治、占卜与文字契刻，并涉及周原甲骨。第二，关于甲骨的分期断代"五期说"并讨论了断代研究的"新旧派"的新方案。第三，关于商代崇拜的诸神。第四，关于文字的起源。第五，甲骨文字的起源。第六，关于与甲骨文同时的文字和甲骨文研究史等。

《甲骨文合集》　简称《合集》。郭沫若主编，胡厚宣任总编辑，中国社会科学院历史研究所《甲骨文合集》编辑组编纂。编辑工作从 1960 年正

式开始，1978 年 10 月，《甲骨文合集》的第二册作为向全国科学大会的献礼率先问世（其第一册有序目等，最后刊印），自 1978 年至 1982 年全书共 13 册，由中华书局出版全部出齐。是一部集大成的甲骨文著录巨著。全书分五期二十一类编排，著录甲骨文 41956 片。其各册的出版年月和它所包含的拓本起讫编号及其时代如下：

册序	出版年月	拓本起讫编号	分期
第一册	1982 年 10 月	00001—01139	一期（武丁时期）
第二册	1978 年 10 月	01140—04974	一期（武丁时期）
第三册	1978 年 12 月	04975—07771	一期（武丁时期）
第四册	1979 年 8 月	07772—11479	一期（武丁时期）
第五册	1979 年 10 月	11480—14821	一期（武丁时期）
第六册	1979 年 12 月	14822—19753	一期（武丁时期）
第七册	1980 年 8 月	19754—22356	一期、附"子组"
第八册	1981 年 1 月	22357—26878	二期（祖庚祖甲时期）
第九册	1981 年 6 月	26879—29695	三期（廪辛康丁时期）
第十册	1981 年 12 月	29696—32977	三、四期
第十一册	1982 年 1 月	32978—35342	四期（武乙文丁时期）
第十二册	1982 年 6 月	35343—39476	五期（帝乙帝辛时期）
第十三册	1982 年 3 月	（摹本）39477—41956	一至五期

从 1899 年甲骨文发现到《甲骨文合

集》出版，80 多年来，安阳殷墟出土甲骨 10 多万片，国内外先后出版了 70 多种甲骨文著录书。但限于当时的水平和印刷条件，或字迹不清，急需更换整理；或当时印数很少，分藏于世界各大图书馆，国内藏书很少；还有不少的甲骨分散于国内外尚未收入著录书内。鉴于此，郭沫若主编了《甲骨文合集》，以满足研究者的急需。《合集》不仅著录内容较精，取材范围较广，而且经过了科学处理：其一，校出重片，共校出重片 1.4 万余片次之多，这样大规模的校重工作是前人所不能做到的。其二，为辨伪和缀合，全书在尽量吸收前人辨伪和缀合断片的成果前提下，共缀合甲骨 1600 多版。其三，重新整理拓本，所收录的甲骨文，凡现收藏在国内的，尽量换用较清楚、完整的拓本，并补拓了原著录所缺的有字反面和骨臼部分，照相、摹本也尽量换用拓本；原骨不在国内的，则尽量选用著录中完整的拓本。其四是将全部"子组""午组"等字体纤细、柔弱或扁宽、称谓特殊、学术界分歧较大的卜辞，集中编在一起，附于武丁期后卜辞。其五为按五期分期次第，每一时期又按其内容分为：第一，阶级和国家；第二，社会生产；第三，思想文化；第四，其他四大项和二十一个小类。是在批判地继承、借鉴前人甲骨著录分类，用历史唯物主义观点，对甲骨文内容进行科学分析归纳出来的甲骨分类编排法。

《小屯南地甲骨》 简称《屯南》。中国社会科学院考古研究所编。全书分上、下册，上册分第一分册、第二分册，

1980 年 10 月中华书局出版；下册分第一分册、第二分册、第三分册，1983 年 10 月中华书局出版。全书精装五册。上册为著录图版部分，第一分册书前有编号为《屯南》636、1128 二帧彩色照片，有"凡例""前言""图版号及拓片顺序号目录表""龟甲统计表""背文统计表"，著录 1973 年于河南安阳市小屯村南地发掘出土甲骨文 4589 片，其中朱书照片 8 片。后附 1971 年冬于小屯西地出土卜骨 10 片，1975 年至 1977 年在小屯村一带零星采集的有字甲骨 13 片。拓片顺序编通号，并附出土时原编号。下册第一分册为释文，书前有"释文凡例""引书目录""引文目录"，后附"上册'前言'图版勘误"。第二分册为索引，"目录"为：一、索引凡例。二、部首。三、检字表。四、字、词索引。五、隶定字、词表。六、人名索引。七、地名索引。八、摹本号登记表。九、摹本图版。第三分册为钻凿，书前有编号为 2542、4517 彩色照片二帧，目录为：一、小屯南地甲骨钻凿形态。二、钻凿统计表。三、骨面钻凿统计表。四、钻凿摹本、拓本目录表。五、钻凿图版，1. 摹本图版，2. 拓本图版。六、后记。另有《小屯南地甲骨》附册，著录原大图版 47 幅，其中上册第一分册图 21 幅，上册第二分册图 26 幅。

《谢氏瓠庐殷墟遗文》 谢伯殳辑。北平富晋书社影印本，原拓本 8 册，著

录谢伯殳辑藏甲骨文拓本 574 片，其中重要的部分已辑入胡厚宣《战后京津新获甲骨集》。1979 年 9 月松丸道雄［日］解题，由日本东京汲古书院影印出版。

《东京大学东洋文化研究所藏甲骨文字》　简称《东京》《东大》《东化》。松丸道雄［日］编。1983 年 3 月日本东京大学东洋文化研究所出版图版第一册。所著录甲骨为日本河井荃庐、田中救堂、三浦清吾三家旧藏，共计 1315 片。每一片甲骨都有拓本和照片，另外还有所谓"补救"甲骨，即仅有序数及残字的 39 版，有拓本而无照片。按甲骨分期、分类编排，顺序编通号。有"自序""凡例"。书后附英文"目录"。

《甲骨文的诸相东京大学东洋文化研究所新收甲骨片》　东京大学东洋文化研究所编。1988 年 12 月《书道研究》第 2 卷 12 号出版特集《甲骨文的研究》。著录该所新收未发表甲骨文相片 38 片，其中大版 1 片，小片 37 片，同时发表董作宾甲骨文临书一幅，罗振玉临书作品一幅。

《日本后藤朝太郎氏藏的甲骨文字》　蔡哲茂编著。1989 年 1 月发表于台北《大陆杂志》第 78 卷第 1 期，1993 年 1 月收入台北《安阳文献》第 9 期。著录甲骨文 26 片。

《天津师范学院图书馆藏甲骨选介》　李先登编著。1978 年发表于《天津师院学报》第 4 期。所著录的是天津师范学院图书馆，为配合教学工作，历年来征集收藏的 24 片甲骨中的 23 片（另一片系伪刻）。其中，卜甲 14 片，卜骨 9 片；属于甲骨一期的 19 片（卜甲 12 片、卜骨 7 片），二期的 2 片（卜甲卜骨各 1 片），三期的 2 片（卜甲卜骨各 1 片）。

《凡将斋藏甲骨文字》　马衡编。著录甲骨文 118 片。前未出版，1979 年 4 月，严一萍撰《凡将斋藏甲骨文字考释》由台北艺文印书馆出版。此书所著录甲骨文，《殷虚书契续编》已收录 89 片，未著录的仅 29 片。

《北京大学藏甲骨刻辞》　唐兰编。1917 年霍保禄购买了一批甲骨，共 521 片，1922 年捐赠给了北京大学研究所国学门。唐兰将其编为《北京大学藏甲骨刻辞》，计 495 片。罗振玉编《殷虚书契续编》收录了 183 片。该书当年未出版。1980 年 9 月，严一萍撰《北京大学国学门藏殷虚文字考释》附摹本，由台北艺文印书馆出版。

《怀特氏等收藏甲骨文集》　简称《怀》《怀特》。许进雄编著。1991 年加拿大安大略博物馆影印出版。墨拓，精装一册。有英文和中文"序言"。目录：序言、甲骨拓本（图版 1—115）、甲骨缀合例（图版 116—117）、甲骨写本（图版 118—124）、甲骨长凿图（图版 125—145）、释文（1—108）。即为《甲骨缀合例》八版，《甲骨写本》98 片，《甲骨长凿图》172 片和本书图版释文。著录拓片顺序编通号，编 1915 号。著录之拓片有：皇家安大略博物馆 1931 年收藏加拿大传教士怀履光（William Charles White 1873—1960）1930 年前在中国蒐集到约 3000 片甲骨中大部分；1920 年收藏的乔治·克罗夫特（George Crofte）原藏 65 片，1967 年斯波尔丁（Spaulding）夫妇捐赠之 7 片和萨缪尔·麦西尔（Samuel Mercer）藏片和明义士旧藏甲骨少数拓片。其中怀履光旧藏甲骨拓片，有 24 片已见 1945 年出版之《骨的文化》。编者"自序"中言："本书的每一片甲骨，都可以从拓本下的博物馆登录号码斜体数字看出其来源。怀履光的藏品以 52 起头；乔治·克罗夫特的以 77 起头；萨缪尔·麦西尔的以 152 为起头；明义士的以 237 起头；至于有一批虽可与馆中收藏的甲骨缀合，但缺乏入馆的来源记录的，则以 x129 起头。除登录号外，每片甲骨也都有其各自的出版号码，英文字母 s 代表其为甲，b 为骨，至于刻辞有涂朱的情形，则加以星号表示。又出版号码后之 b 代表背面刻辞，c 代表骨臼刻辞。"另该书出版得到明义士基金会提供基金支持。

《东洋文库所藏甲骨文字》 简称《东洋》。日本东洋文库古代史研究委员会编。1979 年 3 月日本财团法人东洋文库影印出版，精装一册。由东洋文库收藏的殷墟甲骨 614 片，去掉其中 23 片伪刻，共著录甲骨拓片 591 片。前有渡边兼庸的"序言"、凡例、总目次，著录图版后有释文、索引、检字表（已释字、未释字）。图版顺序按董作宾甲骨五期先后顺序，每期再分卜甲、卜骨，再按卜辞内容分类编通号，分类先后为

祭祀类、求年类、风雨类、旬夕类、田猎类、往来类、方国征伐类、使令类、疾梦类、卜占类、贞人类、杂卜类。该书著录的拓片已分别见于《龟骨兽骨文字》《卜辞通纂·别录之二》《殷契遗珠》《龟卜》《日本所见甲骨录》《日本散见甲骨文搜汇》等著录书。

《法国所藏甲骨录》 简称《法》。雷焕章［法］编著。1985 年 1 月台北光启出版社出版。全书分上、下两编，书前有《简称表》、作者  "序"。上编著录，A 对照表：A1 中国学术研究院藏、A2 季梅博物院藏、A3 池努奇博物院藏、A4 雅克博藏、A5 戴迪野藏、A6 法国国立图书馆藏，B 著录与编译。下编释文（中文），依次按著录顺序介绍藏片来源与释文。后有附录：1. 征引甲骨著录书籍简称表，2. 征引甲骨学考释书籍简称表，3. 文字索引。著录甲骨 59 片，以商王世系分期，每期内再按内容分为三大类：一诸神之领域，包括祭祀、祭仪、祈求、禀告、御邪、卜旬、卜夕、占辞。二自然力之领域，包括天文、气象、畜牧、田猎、捕鱼、疾病、生育、死亡、梦幻、灾祸。三人事之领域，包括战争、出游、贡纳、命令、出使、城邑、师旅、地域、方国、部落、族长、权贵、官吏、人物、众人。著录的方法为相片、摹本两种，但遗憾的是黑白相片不太清楚。作者"序"中写道："约在十年前本人认识了对甲骨

学极有兴趣的法籍研究生齐斯田·戴迪野。由于他常在西欧各地旅行，便鼓励他着手调查各大博物院及图书馆甲骨实物收藏的情况。1980 年笔者赴西欧，戴迪野先生表示无法再继续从事此项调查工作，虽将其蒐存之资料转赠给我。彼时利氏学社主任甘易逢教授，鼓励笔者继续完成此一调查工作，并将其辑录成书。西欧有关甲骨实物之收藏，主要在英国与西柏林，据闻此批收藏最近已有发表计划。其余之甲骨则散诸法国、比利时、荷兰、西德及瑞士等地。特别感谢这几个国家博物院院长及图书馆馆长友善之合作，由于他们的协助，利氏学社才得以顺利完成此发表计划。本书著录乃整个发表计划之第一部分，刊录法国一些博物院、图书馆及私人收藏之甲骨。其中有些是从未发表，但非常有价值的甲骨。本著录皆摄有实物之照片，每片甲骨背面不论是否有刻辞，皆一照相刊出，这不但有助于对甲骨钻凿方法之研究，同时也帮助研究者对原骨更加熟识，犹如玩赏于手中一般。而对牛肩胛骨言，其背面之照相尤其重要，因其骨脊与后骨缘削平之痕迹，可做为辨别左肩胛或右肩胛之依据。又，为弥补照片不够清晰之缺点，另附以针笔描绘之摹本，这些摹本不重美观，而重在正确性。"

《安阳博物馆馆藏卜辞选》　安阳博物馆编。1981 年《中原文物》第 1 期发表。是安阳市博物馆库藏 190 片甲骨文进行摹拓以及文字考释后，从中选录各个分期的卜辞 100 片，其中卜甲 69

片，卜骨 31 片。属于甲骨断代第一期的有卜甲 24 片，卜骨 9 片，共 33 片；属于甲骨断代第二期的有卜甲 12 片，卜骨 11 片，共 23 片；属于甲骨断代第三期的有卜甲 2 片，卜骨 3 片，共 5 片；属于甲骨断代第四期的有卜骨 2 片；属于甲骨断代第五期的有卜甲 31 片，卜骨 6 片，共 37 片。所公布的 100 片甲骨文中共计 541 字，内容涉及祭祀、天时、年成、征伐、王事、旬夕等多方面。这批材料一经面世，立刻受到学者们的高度重视。不久，王宇信即在 1981 年《中原文物》第 3 期发表了《试读〈安阳市博物馆馆藏甲骨文字〉》文章，认为《中原文物》1981 年第 1 期发表的《安阳市博物馆馆藏甲骨文文字》一文，公布了不少前所未见的拓本，其中有不少重要内容。为了便于读者了解这批材料的内容，王宇信专为这批甲骨文作了译读。

《孟广慧旧藏甲骨选介》　李先登编著。1983 年发表于中华书局《古文字研究》第八辑。著录孟广慧旧藏甲骨 12 片，卜甲 5 片，卜骨 7 片。天津的孟广慧和王襄同时期收藏研究甲骨，也是最早鉴定收藏甲骨文的学者之一。据有关资料记载，孟广慧先后共收藏甲骨 431 片，其中最大的一片牛胛骨是赝品，后转归王西铭，现不知下落，其余的 430 片先归杨富邨，后归李鹤年。1952 年李鹤年将其中 400 片卖给了文化部，现藏于北京图书馆，其 400 片中，以小片居多。李鹤年留下的 30 片不但片子大，而且内容也较为重要，应是孟广慧旧藏甲骨中的精华部分。1976 年以后，其中的

28 片收藏于天津市历史博物馆，其余 2 片不知下落，后落实政策归还给个人。2004 年 7 月 3 号在上海崇源拍卖出 5280 万元人民币高价的 20 片刻字甲骨，就是这其中的主要部分。（参见 2004 年 7 月 3 号上海拍卖出的 20 片甲骨文实物图）

《英国所藏甲骨集》　简称《英》。李学勤、齐文心、艾兰［英］纂辑，中国社会科学院历史研究所、英国伦敦大学亚非学院编辑。1985 年 9 月中华书局出版上篇，上篇上、下两册，于省吾题写书名，著录甲骨文 2647 片。此书旨在收录英国各家所藏全部甲骨文资料（凡有一字以上者都尽量收入），根据中英文化协定，将来自英国十一个公私藏家的甲骨全部墨拓编成。其十一个收藏公私藏家为：不列颠图书馆、皇家苏格兰博物馆、剑桥大学图书馆、不列颠博物院、牛津大学亚士摩兰博物馆、伦敦大学亚飞学院珀西沃·大卫基金会和剑桥大学考古与人类学博物馆、维多利亚与阿尔伯特博物馆、柯文所藏（现已转赠中国社会科学院历史研究所）、孟克廉夫妇所藏、库克所藏等。这些英国公私藏家的甲骨，许多都是库寿龄、方法敛、金璋等人早年倒卖过来的，其中有 1649 片甲骨被先后著录过。但所著录既不是全部英国所藏，又时有误摹、伪片或有争议的甲骨录入，所以重新墨拓出版一部全部英国所藏甲骨，十分必要。胡厚宣在本书

"序"中写道："这无疑是对甲骨学研究的一大贡献。"1991 年中华书局出版下篇上、下两册，安排为释文、附录及材料来源表、与《库方》《金璋》等书著录对照、甲骨现藏及情况表、图版补正、附录照片和索引等。

《苏德美日所见甲骨集》　简称《苏德美日》。胡厚宣编著。1988 年 3 月四川辞书出版社出版。著录甲骨 576 片，另加附录 6 片，共 582 片。全书前有"总序"，内容四卷：卷一苏联国立爱米塔什博物馆所藏甲骨文字选（摹本 1—79），是苏联国立爱米塔什博物馆所藏甲骨，系苏联研究院马尔博士语言思想研究所研究生布那柯夫蒐集，共 199 片，原藏研究所石器陈列所，布氏在卫国战争中牺牲后，即为国立爱米塔什博物馆保存。这批甲骨以骨居多，时代以第 2 期最多，其次是 3、4 期，其次为第 1 期，第 5 期最少。《甲骨文合集》曾选收过一部分，但不完全。该卷收录的摹本是胡厚宣 1958 年在国立爱米塔什博物馆选摹的，还有刘克甫代摹的一些。后 1991 年又单独发表。卷二德国西柏林民俗博物馆所藏甲骨文字（摹本 1—112、摹本 113—422），为德国西柏林民俗博物馆所藏甲骨文字，原是德国人威尔茨于 1909 年在青岛所购 711 片，现已不全，剩 400 多片。《甲骨文合集》曾收录过中国社会科学院考古研究所提供的一些照片

（112 片），但这些照片存在着缩小、不全、不清、缺臼、缺反、破裂等种种问题，本卷收摹本共 422 片（包括《合集》的 112 片），系香港中文大学李棪斋教授 1966 年就实物摹写。卷三美国所见甲骨录补录（照片、摹本 1—24），是美国所见甲骨补录，为胡厚宣 1983 年在美国访问 9 个城市 9 个学术机关及 6 个私人收藏家，选摹周鸿翔《美国所藏甲骨录》未收的 65 片中的 24 片。胡厚宣认为其中 1 号是盘庚、小辛、小乙时代的，非常重要。卷四日本天理大学参考馆所藏甲骨文字选（摹本 1—51），是日本天理大学参考馆所藏甲骨文字，据胡厚宣 1981 年在天理大学天理参考馆调查，系王国维、罗振玉旧藏甲骨 28 盒 819 片，其中 1、2、3、4 期的甲骨都有，5 期的较少，且多系碎片。本卷所收系胡厚宣摹写的 51 片，其中 2、3、8、10、11、12、21、30、35、36、38、40、43、50 等片，皆极为重要。附录一：德国私人收藏牛胛骨卜辞（拓本及照片），附录二：香港大会堂美术馆所藏牛胛骨卜辞（拓本），附录三：美国旧金山亚洲艺术博物馆所藏四片牛胛骨卜辞（照片）。《苏德美日所见甲骨集》出版后，日本天理参考馆藏品第五卷《甲骨文字》也出版了，共收甲骨 692 片，胡厚宣认为《苏德美日所见甲骨集》的卷四可以取消。总之，《苏德美日所见甲骨集》一书收录了许多《合集》《美国所藏甲骨录》等书未曾著录的海外甲骨中的重要材料，虽然都是摹本，仍有很大的参考价值。

《甲骨续存补编·甲编》（上、中、下）  简称《续补》。胡厚宣辑，王宏、胡振宇整理。香港北山堂基金会资助，1996 年 12 月天津古籍出版社出版。精装，上、中、下三册。著录甲骨文拓本 3841 片。书的封面由饶宗颐题写书名，书前有甲骨学大师胡厚宣照片、有胡厚宣与饶宗颐 1983 年在香港合影和拍摄的共同阅读甲骨著录书合影、有胡厚宣与日本学者贝冢茂树 1982 年摄于京都大学的合影，还有胡厚宣及其公子胡振宇与裘锡圭 1992 年在台湾的合影。之后，有著名学者任继愈题字和著名学者史树青 1996 年题写诗两首。饶宗颐撰写"序言"，崔志远作"前言"。全书分七卷，是按收藏单位及性质接近者分七卷辑录。前三卷为上册：卷一为国内 19 家博物馆藏品，共计 333 片；卷二为国内 13 家大学藏品，共计 209 片；卷三为已被 15 种甲骨著录收入的，共计 622 片。第四、第五卷为中册：卷四为省、市有关文物单位、研究机构 9 家所藏甲骨，共 84 片；卷五为 34 位私人收藏家的藏品，共计 1355 片。卷六、卷七为下册：卷六为 21 位私人收藏家藏品，共计 1668 片；卷七为 15 家其他单位藏品，共计 69 片。每卷卷首有本卷甲骨收藏者目录与片数，共收甲骨拓片（涵一片正反面）4513 片。下册书后有裘锡圭、胡振宇合写的"后记"。无拓片序号。附录两则：一、附古玉文字拓片十片。二、附伪刻甲骨文字选八片。该书"前言"写道："《甲骨续存补编·甲编》所收拓本，原分装三十四册，以收录时间为经、收藏单位为纬。此次排印之前，整理者重为类次，按原收藏单位编排，辑为七卷；卷一博物馆，卷二大学，卷三甲骨诸书，卷四文管及研究机构等，卷五、卷六私人所藏，卷七其他单位。"所著录甲骨文拓片大多与出版著录书中重出，因印制精良，不少卜辞较己著录者清楚。根据王宇信回忆："在《合集》出版以后，胡厚宣教授曾多次表示，'拟乘我有生之年，整理一下自己五十多年以来已出版未出版已完成未完成的论著，作一总结，以了心愿。这项工作，拟先从整理自己常年以来所搜集的甲骨文资料开始'。但由于《合集》编纂完成以后，胡老又忙于《合集释文》《来源表》的紧张工作和出席海内外的学术会议，以及培养博士研究生等，终于积劳成疾，在 1995 年 4 月驾鹤西去，他多年积累的《续补》材料等也没有能来得及亲手整理出版。现今，在王宏和胡振宇的努力下，《甲骨续存补篇》上、中、下册终于出版，这是甲骨学界的幸事。"

《殷墟》 河南省安阳市文化局编。副书名为"奴隶社会的一个缩影"，1986 年 8 月文物出版社出版。这是一本简介殷墟及其出土文物，兼叙殷商历史的通俗读物。书中插有甲骨文拓片 15 片。

《商周甲骨文总集》 简称《商周总集》。严一萍辑。1984 年 8 月台北艺文印书馆出版。影印本，十六册。《甲骨文合集》十三册于 1982 年 12 月出齐后，严一萍影印《甲骨文合集》全部图版，加上周原出土甲骨文和全国各地出土的西周、春秋时期甲骨文影印成册出版。

《苏联国立爱米塔什博物馆藏甲骨文字》 简称《苏联》。胡厚宣著。1991 年 8 月上海古籍出版社《甲骨文与殷商史》第 3 集。著录甲骨文摹本 79 片。作者文前叙述了发现这批藏于苏联甲骨的过程："1958 年 7 月，那时我们历史研究所还属于中国科学院，历史研究所第一所，我曾奉派执行中苏科学合作协定项目，去莫斯科苏联科学院中国研究所讲学。在莫斯科于苏联国立东方文化博物馆中国艺术陈列部，看到有完整无缺的龟腹甲卜辞 17 片，龟甲是现代的，文字后刻的，都是靠不住的伪品。但是 1955 年苏联出版的十卷本《世界通史》第一卷第十七章"远古的中国"彩色插图 32 幅，载有中国古代文字的龟甲，收入的却正是这批伪甲的一版。当时我曾向中国学研究所的专家们指出，他们都大吃了一惊，说这么伟大的一部著作，怎么会收入假的东西呢？我们要赶快写信告诉总编辑茹科夫院士，让他更正。1959 年我国三联书店出版汉译本《世界通史》第一卷，经我们指出，把假的龟甲抽出，另外换上了《殷墟文字》乙编著录的真的完整的龟甲卜辞三版……又东方学研究所的郭质生博士陪同，参观了苏联国立爱米塔什博物馆，承博物馆的东方氏族文化艺术历史部主任克列切朵娃女士接待，看到了东方部所藏中国殷墟出土的甲骨文字。甲骨共199片，乃前苏联研究院马尔博士语言思想研究所研究生布那柯夫所蒐集，原来陈列在研究所的古器陈列所。在苏联卫国战争期间，布那柯夫牺牲，此项甲骨，以后即归国立爱米塔什博物馆保存。但博物馆对这批甲骨并不重视，听说还有人认为全是假的东西。其实这批甲骨倒是一片也不假，而且还有一些重要的材料。我另有考释，在这里暂不赘说。据布那柯夫文中说，还有大胛骨一版，即由两片拼合，长24.6厘米，宽19.5厘米，参观时未能得见，不知这一大版胛骨，现在收藏在什么地方……常年以来，好多甲骨学者，因我去过苏联，每每询及这一批材料的情况，爰将我当时根据原骨所选录的一个摹本，公布出来，暂供学者们的参考。又刘克甫先生也曾代我选摹了一些，现亦一并收录。"

《记美国辛格博士所藏甲骨》　齐文心编著。发表于《文物》1993年第5期。著录甲骨文摹本24片，是美国著名的中国文物收藏家的藏品。作者文中记载："1982年在纽约有幸认识辛格博士，并参观了所藏甲骨，这批甲骨绝大多数未曾发表，内容也很重要。现将辛格博士所藏24片甲骨全部介绍出来，供学者研究。这批甲骨原属于瑞士人弗里茨·毕费格尔，他曾任加拿大铝业公司驻远东代表。30年代在中国购得这些甲骨（中有3伪片）。1977年前后，将他们卖给了辛格博士。本文根据辛格博士惠赠的照片做了摹本。辛格博士所藏24片甲骨的占卜范围涉及祭祀、田猎、晴雨、

吉凶等多方面。其时代包括董作宾划分的一、二、四、五期。按组划分则包括师组、宾组、出组、历组和黄组。"

《殷虚文字乙编补遗》　简称《乙补》《乙编补》。钟柏生编纂。1995年5月台北"中央研究院"历史语言研究所出版，精装一册。著录甲骨文7441片。钟柏生作"前言"写道："第十三次至第十五次的有字甲骨，去除《殷虚文字乙编》所刊载的，剩下来的材料，全数收录在本书中。原本考古出土的资料凡是有价值者，不论其价值大小，都当整理后发表，何况甲骨。第十三次发掘出土甲骨有其特殊性，完整的龟版相当多，虽然本书中的拓片，每版甲骨文字不多，但从缀合的工作而言，却是十分重要。一版完整甲骨的价值自然远超过残缺不全的甲骨。本书出版后，甲骨学者自然多了一份重要的参考资料。本书取用的拓本是本所仅存的一套原拓本，甲骨出土愈久，因天然的腐蚀，字迹必不如刚出土的清晰，因此早期原拓本的出版，在研究甲骨的学者而言更具其重要性。本书内容除了前言外可分为七项，其次第分别是：《殷虚文字乙编补遗》甲骨出土坑层表，此表乃依据石璋如所著《中国考古报告集、小屯、第一本、丁编、甲骨坑层之二、十三次至十五次出土甲骨》下册抄编而成；其次为《殷虚文字丙编》所引《殷虚文字乙编》拓本编号更正及漏列表，

此表乃是《丙编》所引《乙编》拓本编号经重新校订后，所制之表，方便其后四种对照表的检索；再其次为图版部分，体例沿用《殷虚文字乙编》一书；再其次为《殷虚文字乙编》与《殷虚文字丙编》拓本编号相互对照表及《殷虚文字丙编》与《殷虚文字乙编补遗》拓本编号相互对照表……至此殷墟发掘第十三次至第十五次的甲骨原始资料全部发表完毕。后续缀合工作仍有待继续努力。"

《中岛玉振旧藏甲骨片》 简称《中岛》。荒木日吕子[日]编纂。1995年日本创荣出版社出版。这部书的出版"是一批著录之余的甲骨文，从被遗忘的角落再次发掘出来提

供给学术界研究，从而使这些沉睡多年的甲骨文，再度焕发了活力，成为甲骨学研究的重要资料。不仅如此，《中岛》将所收甲骨，拓片、照片、摹片'三位一体'进行编纂，是与董作宾、胡厚宣等甲骨学大师一再倡导的著录甲骨的科学方向一致的"。（王宇信：《新中国甲骨学六十年》，中国社会科学出版社2013年版）全书著录甲骨56片，其中甲骨一期的38片，甲骨二期的8片，甲骨三期的2片，甲骨四期的1片，甲骨五期的7片。内容目次为：一、经纬，二、内容，三、甲骨片的性格，四、释文，五、图版（拓本、写真、摹写），后记。所收56片甲骨其中28片，为金

祖同1939年出版的《殷契遗珠》所未收录，多数片小，字少。

《德瑞荷比所藏一些甲骨录》 简称《雷德》《德瑞荷比》。雷焕章[法]编著。1997年1月台北光启出版社影印出版。编纂者为利氏学社，编为利氏学社《汉学新丛书河》第七十七册。彩色封面，精装一册。该书总目在简称表、序之后，分上、下编。上编：著录A. 对照表（A1. 库恩藏，A2. 巴塞尔藏，A3. 来登藏，A4. 玛鹿蒙藏），B. 著录与编辞（B1. 库恩藏 B2. 巴塞尔藏 B3. 来登藏 B4. 布鲁塞尔藏 B5. 玛鹿蒙藏 B6. 阿姆斯特丹藏）；下编：释文A. 释文中文（A1. 库恩藏、A2. 巴塞尔藏、A3. 来登藏、A4. 布鲁塞尔藏、A5. 玛鹿蒙藏、A6. 阿姆斯特丹藏）。全书释文、对照表等均中英文版。著录相本208片（含摹片），每片均标注高之尺寸。附录：Ⅰ. 贞人组类与分期。Ⅱ. 征引甲骨著录书籍简称表。Ⅲ. 征引甲骨学考释书籍简称表。Ⅳ. 文字索引。

《殷墟甲骨拾遗》（一） 焦智勤编。发表于《华夏考古》1997年第2期。著录甲骨文81片。全文分为一、释读，二、出土地点调查。所著录甲骨，作者文前介绍："殷墟甲骨文字，自从1899年被学者认识，迄今已经百年，共发现15万片以上。近年来时闻有人在殷墟范围内捡到带字甲骨片让鉴定真伪，遂留意这些零星甲骨的选拓。两年来竟得甲骨拓片百余，经初步整理，选81片介绍如下。"后来作者又先后发表了《殷墟甲骨拾遗》（二）、《殷墟甲骨拾

遗》（三）、《殷墟甲骨拾遗》（四），汇总出版了《殷墟甲骨辑佚》。虽然《殷墟甲骨拾遗》在1997年《华夏考古》发表时没有标（一）序数，但作者之后先后发表了《殷墟甲骨拾遗》（二）、（三）、（四）、（五），之后又由宋镇豪、孙亚冰参与编著出版了《殷墟甲骨拾遗》专书，为了区别，代作者补充了序号（一）。

《河北大学文物室所藏甲骨》　河北大学历史系编。1998年发表于科学出版社出版的《胡厚宣纪念文集》。著录甲骨通编211号，其中无字（或仅残存少许刻划）32片，伪刻5片，经整理缀合5片，实际为169片，卜甲139片，卜骨30片。这批甲骨是河北大学在20世纪50年代初，在天津瑞恒委托店购买，原藏家不详，但从残留在甲骨上的旧有的编号看，曾分属两批收藏。虽然这批甲骨多是小片，但不乏重要内容，且多数过去未曾著录发表过。据有关资料记载，20世纪70年代胡厚宣主持《甲骨文合集》编辑工作，曾到河北大学收集资料，从这批甲骨中选拓32片，选用28片编入《甲骨文合集》。这28片均属于比较重要的资料，如此文编为第一号的关于祭祀"西母"的卜辞，所见卜辞中对"东母""西母"的祭祀，"西母"的祭祀卜辞很少见。1995年秋，李学勤到河北大学讲学，参观历史系文物室看到了这批甲骨，认为很有学术价值。随后，1996年11月李学勤和罗琨再到河北大学帮助整理这批甲骨，墨拓了其中的177片，并完成了释文。

《甲骨文合集补编》　简称《补编》《合补》《合集补》。彭邦炯、谢济、马季凡纂辑。

1999年7月语文出版社出版，上、下编，精装七册。共著录甲骨文13450片，另附录"殷墟以外遗址出土甲骨"306片，为王宇信、杨升南辑。上编：卷首有李学勤"序"、编者"前言""凡例"、殷墟甲骨文拓本。编辑体例仍沿袭《甲骨文合集》，即先行分期，每期内再行分类；甲骨文分期仍从董作宾的五期分法，每期甲骨内再按其内容分为四大类，即一、阶级和国家；二、社会生产；三、科学文化；四、其他。四大类内再细分22小类，即奴隶与平民、奴隶主贵族、官吏、军队、战争、方域、贡纳、农业、渔猎畜牧、手工业、商业交通、天文历法、气象、建筑、疾病、生育、鬼神崇拜、祭祀、吉凶梦幻、卜法、文字、其他。所收甲骨，都经过按一定标准选片、校重、缀合的整理工作。对《合集》遗漏的重要甲骨进行了增补，著录不全的补反面或骨臼，拓本不清的尽量更换清晰拓本，还对误缀漏缀的进行了校对和增缀处理。著录甲骨文顺序编通号。下编：释文（附录殷墟以外遗址出土甲骨文）、来源表、索引，分为：一、《补编》资料来源索引总表；二、《补编》选收著录书（文）表；三、《补编》选收各家缀合表；四、《补编》选收著录书缀合表；五、殷墟以外遗址出土甲骨来源表;六、殷墟以外遗址出土甲骨与《补编》附号对照表;七、《补编》引用、参考著录书(文)简称表。殷墟以外遗址出土甲骨为摹本,共著录摹本316号。其中有陕西周原岐山县凤雏、扶风县齐家(即周原甲骨文),山西洪赵(今洪洞县)坊堆,北京市昌平北源村、房山琉璃河、房山镇江营,河北邢台市南小汪,河南郑州、舞阳县贾湖,山东桓台县史家等遗址出土的甲骨。《甲骨文合集补编》作为甲骨集大成的《甲骨文合集》的续编,王宇信先生不但亲自参与纂辑,而且给予高度评价:"《合集补》所收13450版甲骨与《合集》41956版甲骨互为补充,共55406版,几占已著录甲骨近8万片的三分之二强,对甲骨文材料整理和公布所作出的贡献是有目共睹的。"

《瑞典斯德哥尔摩远东古物博物馆藏甲骨文字》 简称《瑞典》《瑞斯》。李学勤、齐文心、艾兰〔美〕编纂。1999年中华书局出版。李学勤作"前言",有"前言(英译本)""编辑凡例",书后附录"图版号与藏品号对照表""馆藏拓本著录情况表""字词索引凡例""部首""索引"。正文著录甲骨108号,附图13号,是瑞典斯德哥尔摩远东古物博物馆收藏的六宗甲骨。第一宗17片,其中龟背甲、牛胛骨各一片,其余15片为龟腹甲,乃20世纪初购自北京。第二宗26片,为1926年罗振玉赠送。第三宗19片,为法克曼旧藏,1913年购自北京,1928年入藏该馆。第四宗3片,为卡尔白克旧藏,1929年购自安阳。第五宗48片,其中1片卜骨,47片卜甲,购自中国胶东。第六宗4片,私人旧藏,1946年入藏该馆。另外,该馆还有甲骨拓本14片(其中两片可缀合),为美国纽约山中商会旧藏。此书正文全部书稿由齐文心完成,再校对和英文翻译由李学勤和时在英国伦敦亚非学院的艾兰承担。著录甲骨编排顺序用分贞卜人物组的方式,宾组1—55号,出组56—75号,何组76—86号,黄组87—100号,师组101—103号,子组104—105号,历组106—107号、附1—7号,无名组108号、附8—13号。每片甲骨的照片与摹本编号相同,图版通编号与其后摹本通编号相同,故每片甲骨照片与摹本可互相勘校。此书把这一批我国流散到瑞典的殷墟甲骨文发表公布,为甲骨学研究提供了新材料。

《新乡市博物馆藏甲骨》 朱旗编著。1999年《黄河文化》第2、3期刊登。新乡市图书馆收藏甲骨小片200片,其中已经著录于《甲骨续存》有27片,当为安阳谢午生旧藏元嘉造像室中部分。这批甲骨转藏于新乡市博物馆。

《河南省运台古物甲骨文专集》 简称《甲专》《运台》。董玉京编著。2001年7月由河南省运台古物监护委员会统筹出版。闫振兴题写书名,河南省运台古物监护委员会主任委员于镇洲作"序"。"序"中言,"河南省运台古物,其中甲骨共三六四六片,每片都有文字可考。查此项文物运台后在该馆封存四十余载(仅少数骨片曾作展览),未见天日。幸经本会委员在清点后,提请本会全体委员会议决议：推请甲骨文世家本会委员董玉京先生负责整编，历时三年有半，董委员在其医务百忙中，每周亲往博物馆整理与摹写，备极辛劳。本专集经编审委员审定竣事后，仍请本会副主任委员王广亚先生负责刊印，特加叙明"。董玉京为董作宾次子，早年毕业于美国堪萨斯大学医学中心心脏科，为芝加哥先天性心脏病研究训练中心研究员。后回台北曾为蒋介石与陈诚的随侍医师。因其家学渊源，对甲骨文与甲骨学亦有深厚研究兴趣，也是著名的甲骨文书法家。所著录《河南省运台古物甲骨文专集》分为摹本和拓本两部分，其中摹写图片 1000 片，顺序编通号；拓片图录 754 片，顺序编通号。这批河南运台古物中的甲骨文，本是 1929 年 10 月河南省政府派何日章等至安阳，在中央研究院殷墟发掘期间招工自掘两次所得。第一次自 1929 年 10 月起，为期两月；第二次自 1930 年 2 月 20 日起，至 3 月 9 日；又 4 月起至月中止。照原登记之档案共得甲文 2673 片，骨文 983 片；总计共得甲骨 3656 片。1931 年开封关百益选拓其中 800 片编为《殷虚文字存真》，1938 年孙海波选 905 片编为《甲骨文录》入《河南通志》。河南博物馆在 1937 年抗战初期，装运了包括甲骨、铜器、陶器、织锦、玉器、玉如意及书籍等，运至重庆。1949 年 11 月，民国政府教育部再自重庆空运河南省古物三十八箱至台湾。开始存放在台北"故宫"和中央博物馆联合管理处，迨至 1956 年台湾历史博物馆初创时期，急需

充实其典藏文物，乃于该年四月二十五日经由河南旅台人士同意与教育部令交由该馆整理陈列该项古物，所有权仍为河南省所有。董玉京在该书前言中说："做梦也没想到我这位心脏医师会成为河南运台古物中殷墟甲骨文的摹写整编人。"

《殷墟花园庄东地甲骨》　简称《花》《花东》。中国社会科学院考古研究所编纂（具体负责甲骨整理和纂辑的为刘一曼、曹定云）。2003 年 12 月云南人民出版社出版，八开精装六册。共著录甲骨文 689 片，这是"第一部以甲骨拓本、摹本、照相'三位一体'出版的科学发掘所得甲骨的著录书，是百年来著录甲骨的首创"。（王宇信：《中国甲骨学》，上海人民出版社 2009 年版）所著录的甲骨全部为中国社会科学院考古研究所 1991 年在殷墟花园庄东地 H3 甲骨坑发掘出土的甲骨。全书六册中，第一分册为前言、甲骨顺序图版目录等四个统计表、图版凡例、甲骨拓本、摹本对照图版。第二、三分册为甲骨拓本与摹本对照图版。第四、五分册为甲骨照片图版。第六分册为全书所收甲骨的释文、后附鑽凿形态研究、引用书简称、索引凡例、部首、字形检字、字词索引表、笔画检字表和刘一曼、曹定云"后记"。由于花园庄东地甲骨，是殷墟从科学发掘以来，自 YH127 坑重大发现迄今第三次重大发掘，尤显重要。花园庄东地甲骨从 1991 年发掘出土，到 2003 年《花东》出版，历经 12 年时间，本书的编辑者进行了深入的研究。王宇信

在《新中国甲骨学六十年》中介绍该书的内容特征写道："编纂者在前言中详细介绍了殷墟花园庄东地集中出土甲骨的 H3 窖穴的考古学地层关系、时代及甲骨出土情形等科学信息，为这批新出土的甲骨断代研究提供了坚实的考古学证据。《花东》的编纂者在前言中，对花园庄东地 H3 窖穴出土甲骨刻辞的特点，包括字体、卜辞的结构（前辞、占辞、用辞等）、行款、占卜的主体等方面进行了系统的整理和分析、研究。《花东》前言认为，花东 H3 出土卜辞，应为非王卜辞，并全面论证了 H3 卜辞的占卜主体、'子'的身份及在商王朝所处的地位等。《花东》的出版，推动了非王卜辞研究的深入与发展。"

《洹宝斋所藏甲骨》 简称《洹宝》。郭青萍编著。2006 年 7 月内蒙古人民出版社出版。著录安阳民间散藏碎小甲骨 306 片，其中 4 片存疑。

对于其中的第 300 片和第 301 片，该书甲骨真伪的鉴定者，甲骨学家王宇信、杨升南分别写有意见，前者写道："此片为真，内容重要。王宇信、杨升南。2006.5.4。"后者写道："此片内容重要 王宇信 杨升南 06.5.4。"该书虽为安阳民间碎小片甲骨散藏的著录，但一经出版发表，立即得到海内外专家学者的热情关注。台北"中央研究院"历史语言研究所蔡哲茂看到该书不久，即将该书著录的 101 片与《甲骨文合集》

6820 片正面和 4551 片进行缀合，在国际互联网上，发表《洹宝斋所藏甲骨新缀一则》。过了半年，又将《合集》17466 片与《新缀》进一步缀合，在网上发表《〈洹宝斋所藏甲骨新缀一则〉补缀》。使失散多年的 4 片甲骨整合到一起。由此可见甲骨文的价值不能完全以片的大小来衡量，而要根据其上的文字和反映的内容作判断。

《当甲骨遇上考古——导览 YH127 坑》 李宗焜著。蓝敏菁编辑。2006 年 6 月，台北"中央研究院"历史语言研究所，作为 YH127 坑发

掘 70 周年纪念特展书出版，台北文盛彩艺事业有限公司印行。书前有董作宾对 YH127 坑发掘评价："这真是应该大书特书的一件事，也是十五次发掘殷虚打破纪录的一个奇迹"，石璋如的评价："这是一个空前未有的大发现。"时任史语所所长王汎森作"序"。正文为：壹、前言，贰、话说从头，叁、殷虚的科学发掘，肆、甲骨的占卜过程，伍、YH127 坑的特色，陆、YH127 坑甲骨的时代。用浅白流畅的文字叙述以前只是出现在考古报告或学术论文中的深奥甲骨学知识，尤为珍贵的是公布了《小屯·殷虚文字》乙编、丙编中所著录的 27 版甲骨彩色照片和部分拓本。其公布的彩照编号有：《乙》0566、0778、0867、1410、4692、5167、5241、5399、5867、6164、8669、8672，《丙》001、

012、014、016、018、020、065、067、069、184（正反）、207、243、354、359、612。为史语所出版《历史文物陈列馆丛书》第一本。

《中国国家博物馆馆藏文物研究丛书·甲骨卷》 简称《国博藏甲》。中国国家博物馆编。2007年11月上海古籍出版社出版。吕章申作"总序"，王冠英作"前言"，有"凡例"。

甲骨图录和甲骨考释目录依贞卜人与字分为：一、师组卜辞，二、宾组卜辞、三、子、午组非王卜辞，四、历组卜辞，五、出组卜辞，六、无名组卜辞，七、何组卜辞，八、黄祖卜辞，九、非卜辞类刻辞，十、无字卜骨与卜甲。每组中再按内容：祭祀、战争、农业、气象、田猎、其他工事、生育、卜旬、地理、人物、文史、记事十二类依次排列。另有论文五篇：一、朱凤瀚《武丁时期商王国北部与西北部之边患与政治地理—再读有关边患的武丁大版牛胛骨卜辞》，二、宋镇豪《记国博所藏甲骨及其与YH127坑有关的大龟六版》，三、沈建华《从〈菁华〉大版卜辞看商人风俗与信仰》，四、沈建华《重读小臣墙刻辞—论殷代的西北地理及其有关问题》，五、刘源《从国博所藏甲骨谈殷墟王卜辞中的子某》。后附甲骨来源著录书简称、后记。正文内容所著录甲骨统编为268号，每一版甲骨均用数码相机照相，并制成彩色图版，一般略加放大，以便更清楚观看甲骨原貌。凡反面有字或有钻凿的，也有彩色照片，并与其正面编为同号，每号之下皆注明此甲骨片的长和宽度。这批甲骨的来源，全部为1959年中国历史博物馆（中国国家博物馆的前身）建馆以来，从全国各博物馆和文化单位征调来的精品，都是海内外学术界熟知的甲骨名片。虽然多被之前的著录书著录，但开了全用彩色图版著录甲骨的先河。

《殷墟甲骨辑佚·安阳民间藏甲骨》 简称《辑佚》。段振美、焦智勤、党相魁编著。2008年9月文物出版社出版。此书虽然冠以安阳市文物局组织人力编纂，但实际是所标作者之一焦智勤多年在安阳民间调查散存甲骨残碎片研究成果的结集。书中所著录的甲骨，焦智勤之前已先后在《华夏考古》和中国殷商文化学会召开的学术会议《论文集》中发表。全书拓本收录了甲骨1100片，每片甲骨有摹本，还有文字隶释稿和释文，编辑体例按殷墟甲骨一至五期排列。所著录的甲骨虽然是安阳民间散藏，且多为一字半字的残碎片，但有的可与已经著录发表的甲骨缀合。作者也说有新发现的文字，具有研究和学术价值，也为殷商历史研究增添了新资料。书中还有《私家收藏甲骨的几个问题》等。

《北京大学珍藏甲骨文字》 简称《北大》《北珍》。李钟淑〔韩〕、葛英会编纂。2008年11月上海古籍出版社出版。李伯谦作"序"一，王宇信作"序"二，有"前言""编辑凡例"，后附北京大学所藏甲骨文字著录重见表、后记。全书分上、下两卷，上卷为北京大学所藏甲骨的影本彩照和拓本图版，收录甲骨2929号，还收入了部分伪刻甲骨，编为2930—2980号。编纂体例以甲骨卜辞内容分为十二类：一、农事（1—42），二、田猎（43—135），三、祭祀（136—760），四、战争（761—880），五、巡狩（881—920），六、刑狱（921—934），七、征调贡纳（935—963），八、王事（964—1435），九、天气气象（1436—1627），十、干支历数（1628—1886），十一、卜法（1887—2051），十二、其他（2052—2929），书中还有专列遗失甲骨拓本图版（1—53）。虽然按十二组分类，但每类内甲骨卜辞再按五期分法类次，每期在图版皆标明期别以示醒目。下卷为甲骨摹本及释文图版。此书所收甲骨为北京大学考古与艺术博物馆所藏，据李伯谦"序"、该书"前言"介绍，其来源为六部分：第一部分1922年北京达古斋主人霍保禄捐赠北京大学研究所国学门共463片。第二部分1929年容庚为燕京大学国学研究所购置的1200片。第三部分1936年外国友人G.A.H捐赠，但当时捐赠的数量和接受的单位没有记录可查。第四部分1950年入藏北大的690片。第五部分1951年入藏北大的29片。第六部分1954年入藏北大的5片。后三部分购入或捐赠，经何人之手从何处而来，原始档案上均无记录。1952年院校调整时，燕京大学被撤销，北京大学由北京城内沙滩原址迁至原燕京大学旧址，原燕京大学所藏甲骨亦为北京大学历史系

考古研究室所接收。因北京大学旧藏甲骨来源不同，装置包装也五花八门。有的甲骨精心置于特制的木匣内，也有的甲骨仅用红线扎在草纸板上，再层层叠压在破旧木箱内……时任考古教研室资料室主任的闫文儒对甲骨的保存状况十分忧虑，提议对这批甲骨进行彻底整理、核查数量、拓墨，并统一制成木匣以妥为存放。这部书的出版是对北京大学所藏甲骨，用现代最先进的方法进行再整理和著录，书中所收每一片甲骨，均作有原大彩色照片，照片与拓本共编一号，书中的双号页码均置甲骨彩照，单号页码均在相应的位置排印甲骨拓片，使用十分方便。下册还列有北京大学所藏甲骨文字著录重见索引表、北京大学所藏甲骨的编号、北京大学考古与艺术博物馆登记号、《殷契卜辞》收录号、《殷虚书契续编》收录号、《殷契佚存》收录号、《南北师友》收录号、北京大学研究所国学门《殷墟文字考释》收录号、《甲骨文合集》收录号等。这是第一部将彩照、拓本、摹本、片形部位释文"四位一体"合为一编的甲骨著录书。

《上海博物馆藏甲骨文字》（上、下）　简称《上博》。濮茅左辑。2009年上海辞书出版社出版。陈燮君作《甲骨风云与文化之谜》（代序），作者濮茅左作"序"，有"凡例""书目简称"。后附录一、日本姬卫道资料馆藏骨，附录二、上博所藏孔德研究所甲骨主要著录表，上博所藏武进文献征集社甲骨主要著录情况表，《戬寿堂所藏殷虚文字》的现藏与主要著录情况表，上博所藏前

上海市历史博物馆甲骨主要著录情况表，参考目录。书前刊有甲骨彩色照片 16 版，应是所藏各家较为典型的甲骨片。上册的主体部分为所著录甲骨的影本彩照和拓本图版，排练顺序：一、上海博物馆接管甲骨（列有 6 宗）2596 片；二、上海博物馆受赠甲骨（列有 12 宗）927 片；三、上海博物馆征集甲骨（21 宗）1120 片；四、上海博物馆退还甲骨（19 宗）90 片（属"文化大革命"后落实政策，上海博物馆退还原藏主的。实共 161 片，但因某种原因，本书仅收录其中 90 片）；五、上海所见甲骨（共 26 宗）268 片，附录 1 片等。按以上诸宗顺序，总计著录 5002 片甲骨。所收甲骨，不分期、不分类，也没有统编号，仅在一、二、三、四、五大宗内统编小号。下册部分为释文，每一片甲骨均按上册中的实物作出摹本，并在精致的摹本轮廓同大的印刷灰版上，按甲骨文字的位置，用毛笔书写对应的释文。其排列顺序与上册影本、拓本的顺序相同。也是一部将彩照、拓本、摹本、片形部位释文"四位一体"合为一编的甲骨著录书。但全书无统一编号，是极为不便读者使用的。

《史语所购藏甲骨集》 简称《史购》。台北"中央研究院"历史语言研究所编。2009 年台北历史语言研究所出版。共著录甲骨 380 号。顾名思义，所著录的不是史语所 1928 年

至 1937 年在安阳殷墟科学发掘的藏品，而是史语所历次收购所得的传世品。据书中李宗焜出版说明介绍，史语所先后共收购甲骨七批：一、1928 年董作宾购入 18 片。二、自南京购入 45 片（《外》30—75 即是）。三、1934 年董作宾前辈用 10 元购自侯家庄村民 31 片，经缀合后为 28 片。董先生又从旧甲骨挖掘坑中捡得 6 片（即《甲》3393—3937 号）。四、1928 年 10 月董作宾购入 28 片。五、1938 年李济购入 30 片（其中一片无字）。六、1946 年傅斯年购于北平 130 片，缀合后为 126 片，其中 3 片无字。七、1946 年傅氏又于北平购入 72 片。以上七批收购甲骨，其中有一部分已著录发表，但多数未经著录，在本书首次发表。而已发表的甲骨，著录时有的用摹本，有的用拓本，但从没有照片发表过。正文著录甲骨图版按风格和事类依时代顺序排列，这种用字体分类分组著录甲骨的方法，打破了董作宾所创传统的五期分法甲骨著录顺序。所收甲骨统编为 380 号，每片甲骨，都附有数码相机所摄彩色照片。甲骨摹本是用半透明玻璃纸，在甲骨原大的片形框内描摹而成，并可与其下覆盖甲骨拓本上的文字相重合。每片甲骨的彩色照片上的甲骨文字，可与半透明的玻璃纸上的摹本相对照，并可进一步与摹本下的拓本相对照。可谓是前辈学者倡导的"三位一体"科学著录甲骨的著作。

《殷墟甲骨拾遗》（续五） 焦智勤编。2009 年发表于《夏商周文明研究·八》2009 中国福山《纪念王懿荣发现甲

骨文110周年国际学术研讨会论文集》。著录甲骨25片。按作者的说法："《殷墟甲骨辑佚》出版后，朋友们建议我再出一本书，经过近一年的调查，又选拓了五百余片甲骨。时值王懿荣先生发现甲骨文一百一十周年之际，把所得甲骨中较大片者写成小文，就教于专家学者，以纪念王懿荣先生。"

《殷墟文字拾遗》 简称《殷拾》。朱孔阳著。该书现收录于宋镇豪、朱德天编集的《云间朱孔阳藏戬寿堂殷虚文字旧拓》一书中，2009年12月线装书局出版发行。朱孔阳旧藏甲骨拓本、摹本集《甲骨文锦》分上、下两卷，上卷名为《殷墟文字拾补》（以下简称《殷拾》），著录了135版拓片及其摹本，下卷名为《殷墟文字之余》，著录了158版拓片及其摹本，共收录了293版拓片及其摹本。这批拓片的原骨原系戬寿堂旧藏，《戬寿堂所藏殷虚文字》只收录了戬寿堂旧藏甲骨的一部分，这批拓片不见《戬寿堂所藏殷虚文字》一书，但有一部分是《戬寿堂所藏殷虚文字》拓本的反拓或正拓。这批拓片的原骨现藏上海博物馆、国家博物馆、中国社会科学院历史所。

《中国社会科学院历史所藏甲骨集》（全三册）简称《所藏》。宋镇豪、赵鹏、马季凡编纂。2011年10月上海古籍出版

社出版。是中国社会科学院历史研究所藏全部甲骨，有字及无字的、零碎小片或伪片2034版的著录专集。宋镇豪作"前言"，上册为"目录""编辑凡例""甲骨彩版""附录"（碎骨无字骨伪片），中册为著录甲骨拓本，下册为释文，附表四种。所著录甲骨影本彩照，用数码相机摄制，效果极佳，有的甲骨还摄有侧影，便于观察骨质、断碴、厚薄等。背面有文字或有钻凿一并摄制收录。编辑体例按甲骨分期类次，即分为第一期、第二期、第三期、第四期、第五期，统编为1920号，每期内再按内容依次分类。中国社会科学院所藏甲骨，自从1956年胡厚宣由上海复旦大学调入北京中国科学院历史研究所（现为中国社科院历史研究所），就提出编纂集甲骨大成的著录《甲骨文合集》，以后历年收集甲骨文材料的过程中，陆续收藏多批甲骨实物。其中，有捐赠入藏的，如郭沫若、胡厚宣、容庚、康生等人的捐赠品；有海外收藏家如英国的库克原藏品等捐赠品；也有分批收购入藏的，如购买徐宗元旧藏260多片等。在国内科学研究单位中，收藏甲骨为较多的。其中的甲骨多数已经著录发表，但仍有部分甲骨没有著录发表过，在此书中首次公布。特别是特意刊出收藏的甲骨赝品，之前的著录书也有赝品录入，但是无意的，这种有意刊登伪刻，是继《北京大学珍藏甲骨文字》有意刊登收藏的赝品，第二部有意刊登收藏伪片的甲骨著录书。

《殷墟小屯村中村南甲骨》（上、

下） 简称《村中南》。中国社会科学院考古研究所编纂（主要负责甲骨整理和纂辑的为刘一曼、岳占伟）。2012年云南人民出版社出版。全书共收入甲骨531号。王宇信评价此书："《村中南》是继2003年《花东》出版以后的第二部以拓本、摹本、照片'三位一体'著录科学发掘甲骨的著作，不仅代表了一百多年来甲骨著录发展新水平，而且堪称为前辈学者期待的'一部完美的著作'。这从一个侧面反映了近年来我国经济实力的增强和印刷技术发展新水平。由于经费的充裕，所以才有条件精益求精，追求传世精品。也由于科技发展，特别是现代印刷技术和数码照相技术的新发展，才有彩色照片效果的逼真。但这一切，又以充裕的经费为后盾。因此，不同时期出版的甲骨著录的印制水平，是国家经济实力和科技发展水平的反映。"全书上册有前言、附有甲骨出土地层、坑位及共存陶器线图48幅，另有考古发掘及甲骨埋藏状况彩色照片24幅。小屯村中村南甲骨共编为514号，每号为甲骨原大拓片、摹本。其后附录为小屯北地、花园庄东地、苗圃北地、大司空村四个地点今年所处有字甲骨17片的拓片、摹本，并与其前所刊之小屯村中村南甲骨编号相接，统编至531号。下册集中了上册所刊村中、村南及小屯北地、花园庄东地、苗圃北地、大司空村等地共531号甲骨的彩色照片。有的内容较重要的甲骨，还做有局部放大照片，因而531片甲骨共有彩色照片594幅。之后为全书531号甲骨约10万字的释文。每片甲骨都首先概要描述甲骨色泽、质地、保存状况、钻凿形态等，然后对其上刻辞进行了释译、句读，并对该号甲骨重要的字词做简要考释。释文后为本书甲骨字词索引、笔画检字表，并附《小屯村中村南甲骨钻凿形态》论文。

《俄罗斯国立爱米塔什博物馆藏殷墟甲骨》 简称《俄藏》。俄罗斯国立爱米塔什博物馆、中国社会科学院历史研究所编，宋镇豪、马丽娅〔俄〕辑。2013年12月上海古籍出版社出版。早年甲骨学大师胡厚宣曾以摹本的方式，著录发表过《苏联国立爱米塔什博物馆所藏甲骨文字》。这次以彩版、拓本、摹本、释文及著录表"五位一体"的方式，全方位的整理和研究俄藏200片甲骨，并结集发表，不但增加了甲骨文研究的一批资料，同时也弥补了胡厚宣当年的遗憾。这批甲骨虽然量不大，但却有较高的史料价值，可参见胡厚宣《苏联国立爱米塔什博物馆所藏甲骨文字》。此书中著录甲骨的影本彩照，正反侧三面反映各片甲骨整体形态。各片甲骨依新编号，将彩版、拓本、摹本均排在一面上，可以相互对照。

《旅顺博物馆所藏甲骨》（全三册）简称《旅博》。宋镇豪、郭富纯编著。列入"中国社会科学院文库·历史考古研究系列"，2014年10月上海古籍出版社出版。所著录的这批甲骨，为罗振玉旧藏。众所周知，罗振玉与郑孝胥帮助溥仪当了伪满洲国的皇帝，沦为汉奸，后移居旅顺。1940年病逝在旅顺后，他所收藏的这批甲骨留在了旅顺，差点被日本人偷运走，后来入藏旅顺博物馆。这批甲骨应该是 1911 年 2 月，罗振玉特派其弟罗振常到安阳搜购甲骨，罗振常在安阳逗留了 50 余天，为罗振玉搜购到的 1 万余片甲骨中的一部分。据编纂者宋镇豪介绍，原来以为罗振玉在他的四本甲骨著作书中收录了这批藏品的拓片，谁知其中竟有 1700 余片从未公布过。宋先生认为，旅顺馆藏的这 2000 多片是罗振玉藏品中的精品，均为殷墟早期出土的甲骨，而且绝大部分为龟腹甲和牛胛骨，少量为龟背甲，最大的一片复原长度达 48 厘米。此外，让宋镇豪意外的是，罗振玉收录了不少亲朋好友所藏拓片，估计这批甲骨罗振玉想晚年整理，心愿未了便一命呜呼。有资料记载，宋镇豪从这批甲骨中发现了 6 个新字，为地名、人名和动物名。另外，编纂者在旅顺博物馆整理这批甲骨时，还发现了罗振玉写于 1901 年的有关甲骨文研究札记，记载了罗振玉始作于 1900 年（光绪庚子年）的《置杖录》手稿中。经过认真分析，初步认定，这正是罗氏最早的甲骨文研究"心得"之一。那么，罗振玉的甲骨文研究，应该从 1901 年初次见到甲骨文，并写出最早的研究札记开始。此书以影本彩照、墨本、摹本、释文简释的形式刊布出版，是一部甲骨著录融学术研究为一体的高档次甲骨著录书。

《殷墟甲骨拾遗》 简称《殷遗》。宋镇豪、焦智勤、孙亚冰编著。2015 年 1 月，列入中国社会科学院创新工程学术出版资助项目，由中国社会科学出版

社出版发行。宋镇豪作"序"，全书有凡例、甲骨彩版、甲骨拓本与摹本、甲骨释文、甲骨分期及组类一览表。全书著录原散藏于河南安阳民间的殷墟出土甲骨文 647 片，采用甲骨彩版、拓本与摹本、释文三位一体的著录方式。释文中兼顾甲骨材质鉴定，同文例互补、新见字及新见字形、甲骨残片缀合等皆加以了简单说明。甲骨图版的编次体例，仍依"分期断代，按字体别其组类，再按内容次第顺序"的原则。宋镇豪在"序"中介绍："这批甲骨文内容涉及殷商政治制度、王室结构、社会生活、经济生产、方国地理、军事战争、宗教祭祀、卜法制度、文化礼制等方方面面，具有极高的文物价值和史料价值，有不少是珍品。"

《殷契别鉴》 著名主编陈子游、副主编白恒，著作者邓泓。2012 年 1 月列为《中国民间私家藏品书系·奥缶斋》（上）由北京文化艺术出版社出版，书前有编者总序，正文：北蒙遗韵、殷契国粹、骨牙神工、玉颂商吟、石破天惊、贝阙珠宫、泥情陶趣、亘古金铜，附录部分参考书目。其殷契国粹（甲骨文）分为两部分，一部分著录了无字占卜用羊肩胛骨、牛肩胛骨、龟腹甲、龟背甲图版 21 版；另一部分为主要内容，著录了有字卜甲、卜骨 109 片，皆为高清晰彩色图片。其中，编号为 00 号的一版龟腹甲，由七片残龟甲缀合，曾分别

《殷契别鉴》00 号正面（280 毫米×180 毫米）

《殷契别鉴》00 号反面

被五位民间藏家收藏，之前被焦智勤《殷墟甲骨拾遗·续六》部分著录，发表后焦智勤、宋镇豪、孙亚冰三位曾在中国社科院历史研究所网站发表了有关该版龟甲缀合的文章《〈殷墟甲骨拾遗·续六〉缀合一则》，另中国社科院研究所院杨杨博士有专文《释安阳邓鸿诸家藏大龟一版》，发表于宋镇豪主编中国社会科学院殷商史研究集刊《甲骨文与殷商史》（新三辑）。据《殷契别鉴》14 页中介绍，"该带卜辞大版龟腹甲残高：280mm，残宽 180mm。黄褐色，间有缺损。卜辞内容较多，涉及征伐、灾祸等。正反两面均有刻辞，计一百九十余字。若加上他人收藏的小片（未著录部分），累积字数在二百一十字以上"。从正面卜辞出现的贞卜人物殷以及反面刻辞出现的人物妇妌等，可知此大龟版当断代为卜辞一期武丁时期。此外，书中"泥情陶趣"部分著录了陶文 18 片，亦非常珍贵。特别是玉颂商吟部分著录的玉璋朱书文字 3 片，尤为珍稀。

（二）著录散篇

殷墟甲骨文著录散篇简表（著录甲骨 10 片以内）

篇名或书名、简称	著作者	著录甲骨片数	发表或出版版本、时间
《殷墟古器物图录》简称《殷图》《图》	罗振玉	4 片	1916 年 4 月影印本 1 册，又《艺术丛编》第一集本。又翻印本
《传古别录》第二集简称《别》	罗福颐	4 片	1928 年影印本 1 册
《殷墟出土兽头刻辞三种》	"中央研究院"历史语言研究所	3 片	1930 年中央研究院历史语言研究所
《大龟四版考释》简称《四版》	董作宾	4 片	1931 年 6 月《安阳发掘报告》第 1 期
《周汉遗宝》简称《周汉》	原田淑人［日］	5 片（照片）	1932 年日本帝室博物馆出版。照片影印精装 1 册。其中著录甲骨文

续表

篇名或书名、简称	著作者	著录甲骨片数	发表或出版版本、时间
《释后冈出土的一片卜辞》简称《后冈》	董作宾	1 片	1933 年 6 月《安阳发掘报告》第 4 期
《衡斋金石识小录》简称《衡》	黄濬	2 片	1935 年尊古斋影印本
《双剑誃古器物图录》简称《双古》	于省吾	4 片	1940 年 11 月影印本
《殷文丁时卜辞中一旬间之气象记录》	董作宾	1 片	1943 年 11 月《气象学报》17 卷 1、2、3、4 期合刊
《甲骨学商史论丛》初集，简称《商初》	胡厚宣	8 片	1944 年成都齐鲁大学国学研究所专刊 1、4 册
《契斋藏龟之一》	胡厚宣	1 片	1944 年 3 月成都齐鲁大学国学研究所专刊《甲骨学商史论丛》初集，1970 年 11 月香港文友堂书店影印本，1972 年 10 月台北大通书店影印本，1990 年收入上海书店出版的《民国丛书》第一编 82《历史地理类》
《双剑誃殷契骈枝三编》简称《骈三》	于省吾	2 片	1944 年 5 月石印本
《战后新出土的新大龟七版》简称《战》《七版》	胡厚宣	7 片	1947 年 2 月至 4 月，上海中央日报《文物周刊》22—31 期
《殷墟出土的牛距骨刻辞》	高去寻	1 片	1949 年《中国考古学报》第 4 册
《十万片以外的一片甲骨》	董作宾	1 片	《甲骨学六十年》
《汉城大学所藏大胛骨刻辞考释》简称《汉城》	董作宾	2 片	1957 年 5 月《史语所集刊》二十八本下册
《方地山所藏之一版卜辞》	董作宾	1 片	《平庐文存》卷三
《吉林大学所藏甲骨选释》简称《吉大》	姚孝遂	7 片	1963 年《吉林大学社会科学学报》第 4 期
《故小川睦之辅氏藏甲骨文字》简称《小川》	伊藤道治［日］	7 片	1966 年 3 月日本京都《东方学报》第 37 册
《加拿大多伦多博物馆所藏一片骨栖铭文的考释》	金祥恒	1 片	1967 年 12 月《华冈学报》第 4 期，1990 年 12 月收入台北艺文印书馆出版的《金祥恒先生全集》第 2 册
《加拿大多伦多大学安达黎奥博物馆所藏一片牛胛刻辞考释》	金祥恒	1 片	1970 年 12 月《中国文字》第 38 册《董作宾逝世七周年纪念专号》，1990 年 12 月收入台北艺文印书馆出版的《金祥恒先生全集》第 2 册
《安阳新出土的牛胛骨及其刻辞》简称《安新》	郭沫若	10 片	1972 年《考古》第 2 期
《介绍一片伐人方的卜辞》	沈之瑜	1 片	1974 年《考古》第 4 期
《香港历史博物馆所藏的一片甲骨与商王的"王旗"》	雷焕章［法］	1 片	1976 年香港《考古学会杂志》第 7 卷

篇名或书名、简称	著作者	著录甲骨片数	发表或出版版本、时间
《释流散到德国的一片卜辞》	胡厚宣	1 片	1980 年《郑州大学学报》（社会科学版）第 2 期
《记故宫博物院新收的两片甲骨卜辞》	胡厚宣	2 片	1981 年《中华文史论丛》第 1 期，1994 年 12 月收入上海古籍出版社出版，复旦大学中文系编《选堂文史论苑——饶宗颐先生任复旦大学顾问教授纪念文集》
《记日本京都大学考古学研究室所藏一片牛肩胛骨卜辞》	胡厚宣	1 片	1985 年《考古与文物》第 6 期
《记香港大会堂美术博物馆所藏一片牛胛骨卜辞》	胡厚宣	1 片	1986 年《中原文物》第 1 期
《法国中国学术研究院所藏牛胛骨卜辞》	胡厚宣	1 片	1989 年 5 月农业出版社《辛树帜先生诞辰九十周年纪念论文集》
《殷商甲骨三片》	徐州博物馆	3 片	1998 年 8 月文物出版社《书法丛刊》总第 55 期
《安阳小屯》——夏商周断代工程丛书	中国社科院考古所	字甲 2 片，字骨 1 片	2004 年 7 月世界图书出版公司北京公司

二 考释

《契文举例》简称《举例》。孙诒让遗书。撰著于1904年，是作者根据第一部著录甲骨文的专著刘鹗的《铁云藏龟》，而撰写的第一部考释甲骨文字的著作，也

是甲骨学史上第一部甲骨文研究专著。但是，此书直到1917年冬日，王国维得"《契文举例》稿本于沪肆，因寄罗氏，印于《吉石庵丛书》"，也就是说，在《契文举例》写出十三年后，此书才得以出版，此时距孙诒让1908年谢世已经过去了九年。《吉石庵丛书》本《契文举例》，石印线装一册。1927年8月，上海蟫隐庐翻印出版，石印线装两册。1968年12月台北大通书局影印出版，1993年12月山东齐鲁书社影印出版。全书内容共分十章：月日第一、贞卜第二、卜事第三、鬼神第四、卜人第五、官氏第六、方国第七、典礼第八、文字第九、杂例第十。这是将甲骨文按内容进行分类的最早尝试。虽然现在这样的分类并不困难，但在当时却属首创。作者基于小学金文方面的深厚根底，以分析偏旁的方

法，互相比勘，考释出了一百八十多个甲骨文字。虽然有许多完全认错了，但正如王宇信所讲："在甲骨学史上荜路蓝缕，它的草创之功是不能抹煞的。"（王宇信：《建国以来甲骨文研究》）

《殷商贞卜文字考》 罗振玉撰。由于作者对甲骨文字的考释，还处于最初步的试释，先后往往更易补充其说，手稿本和增订本反复增易，所以有三种版本，第一，1910年石印本

《殷商贞卜文字考》一卷；第二，《贞卜》删订本（未印行）；第三，手稿本《殷商贞卜文字》卷上（未发行）。全书分为考史、正名、卜法、余论四部十四节。目录如下，考史第一：（一）殷之都城、（二）殷之帝王名谥；正名第二，（一）籀文即古文、（二）古象形字因形示意不拘笔画、（三）与金文相发明、（四）纠正许书之违失；卜法第三：（一）贞、（二）契、（三）焯、（四）致墨、（五）兆坼、（六）卜辞、（七）龝、（八）骨卜；余论第四。其中卜法

第三，显然已经超越了考释文字的范围，是最早对甲骨占卜法的考证研究。有学者考证手稿本《殷商贞卜文字》卷上与未印行的删订本大致是同时所作，约在 1912 年至 1914 年之间。总之，罗振玉《殷商贞卜文字考》虽只有 30 页，但就甲骨文研究而言，已初具规模，也是罗振玉研究甲骨文的第一部著作。

《殷虚书契考释》

简称《考释》。罗振玉撰。1914 年 12 月，王国维手写石印，线装一册。前有作者"自序"，有沈曾植、柯劭忞的"题诗"各一首。后有王国维"后序"。内容分为下列八章：一、都邑，二、帝王，三、人名，四、地名，五、文字，六、卜辞，七、礼制，八、卜法。1923 年 10 月商承祚的决定不移轩，刻印前四章为一卷，附于《殷虚文字类编》后。1927 年 2 月东方学会出版增订本《增订殷虚书契考释》，三卷线装二册，罗福颐校。（初印王国维手写本第五章，在增订本中称为卷中；"文字第五"分为三部分：一、形声义胥可知者 485 字，二、仅得知其形与义者 56 字，三、形声义胥不可知而与古彝器款识同者 25 字，增订本删去二、三部分；考释字数由初印本 485 个增至增订本 571 个）。书前增加王国维"序言"，增删较多。2006 年 1 月中华书局影印再版。根据罗振玉《殷虚书契后编·序》记载，此书是在作者《殷虚书契》出版后，就开始准备"继是而为之考释"，即就《殷商贞卜文字考》一书中考史、正名和卜法三节，扩大为八章，其卜辞一章又因事类而分别为八项（增订本增加杂卜一项），把零碎而杂乱的卜辞，梳理成为可用的有条理的史料。这就是作者在 1910 年出版了《殷商贞卜文字考》以后，又集中全部精力进行的甲骨文字考释，写成这部六万多字的《殷虚书契考释》。作者考释文字的方法是"由许书以溯金文，由金文以窥书契，穷其蕃变，渐得指归，可识之文遂几五百"。作者罗振玉对甲骨学的贡献，正如郭沫若所评价："甲骨出土后，其搜集保存传播之功，罗氏当居第一，而考释之功亦深赖罗氏。"（郭沫若：《中国古代社会研究》科学出版社 1955 年版）

《殷虚卜辞中所见先公先王考》

王国维撰。1917 年 3 月编入上海仓圣明智大学的《学术丛书》，石印一卷。1923 年收入《观堂集林》卷九，1927 年收入《王忠悫公遗书》初集，1940 年又收入《王静安先生遗书》。1959 年 6 月中华书局整理出版《观堂集林》影印本，对本著作和《殷卜辞中所见先公先王续考》作了校订。这两部著作的发表标志着甲骨文的研究，从"文字时期"进入了"史料时期"，把甲骨学的研究推向了一个新阶段。两部著作考证了甲骨文中出现的先公先王与父、兄等称谓，为用称谓来断定卜辞时代的第一人，继而根据《殷虚书契后编》上 8.14 和《戬寿堂所藏殷虚文字》1.10 两片甲骨的缀合，认为"上甲以后诸先公之次，当为报乙、报丙、报丁、主壬、主癸"，纠正了《史记·殷本记》所记载"报丁、报乙、报丙"顺序的错误，同时也客观证明了《史记》所记载商王世系的可靠性。同时，又开创了甲骨文缀合先例。当时罗振玉尚没有这样的拼合甲骨意识，否则他不会将许多收入书中的拓本，修剪的整整齐齐地印出来。陈梦家曾评价："王氏所释的字数只寥寥十余字。然他认识了早期的'王'字，对于卜辞全体的认识，是很重要的。他的'旬'字'昱'字的认识，解决了占据很多数量的卜旬卜辞。他认识了'土'字并以为假为'社'字，对于古代礼俗提供了新材料，我们由此而发现了卜辞中的'亳社'。他分别了卜辞中'又'字有'祐''侑''有'的不同用法；他说明朔义与假义的分别如'我'字本象兵器，假借为人称。凡此皆足表示他在文字学上的精深之处。"（陈梦家《综述》第 61 页）

《殷卜辞中所见先公先王续考》
王国维撰。1917 年编入上海仓圣明智大学的《学术丛书》，1923 年收入《观堂集林》，1927 年又收入《王忠悫公遗书》初集。详见《殷卜辞中所见先公先王考》。

《戬寿堂所藏殷虚文字考释》 王国维撰。1917 年（民国六年）五月上海仓圣明智大学出版，不分卷，石印一册，为《戬寿堂所藏殷虚文字》的释文部分，是王国维对《戬寿堂所藏殷虚文字》著录甲骨文字的考释。1918 年纳入广仓学窘丛书《艺术丛编》再版，出单

行本。1980 年 1 月台北艺文印书馆与《戬寿堂所藏甲骨文字》合为一册影印出版。是最早由甲骨文字研究引入对殷商历史研究的开端，也是甲骨缀合的开端。详见著录部分《戬寿堂所藏殷虚文字》。

《殷虚书契补释》
柯昌济著。目前所能见到的只有 1980 年宋镇豪手抄柯昌济 1921 年 6 月自刻本影印件。据该本宋镇豪"后记"："柯昌济先生殷虚书契补释写于一九

二一年，原版木刻手印，故传世甚鲜。胡厚宣师曾与余谈起凡甲骨文著录、论文、专著，师几乎都搜罗到了，惟有柯氏此书及胡光炜氏《说文古文考》未能得到，甚为憾缺。《说文古文考》共上下二册，余曾从南京大学借阅，费一星期时间抄了一遍。是书乃油印本，是胡氏家藏本，彼生前以为授课讲义，仅油印了数十本分赠叶玉森、董作宾诸氏，并未付梓。一九六五年胡氏病卒于南京大学，生前遗著均归南京大学图书馆，而《说文古文考》亦与焉。闻台湾学人已把此书印出当做甲骨学界的专论之一。闻而有感，治学于今世，而传之其人，盖不逮也。至若学人之徒，如履坎坷，其柯氏耶。柯氏性情澹淡，不喜言语，处里巷之间每不与人相争，家居上海女儿孙孩，三代合占数十平方，读书几乎难以尽情，未闻其有询询弋生，且耄年七十九矣，上海社会科学院分院成立，

被聘为其历史研究所研究员。晚而始安乃欣然再言谈甲骨文，近闻于殷虚文字丙编有所新见。其早年的殷墟书契考释，余近从中国科学院图书馆借得，乃单色木刻印刷，封面为'殷墟书契考释　性存仁兄惠存　昌泗'有昌泗阴文章及阳文章各一方，知此书乃柯氏兄所赠幸存者。而扉页上有'殷虚书契补释　辛酉六月兄昌泗题'十四字。正文仅十页，每页十二行，直行正文及注均二十五字，注文为双行，天地单栏，眉心有书名及页数，单画丹口，通高二十七点四厘米，宽十八厘米，栏高十八点九厘米，宽十五点三厘米。此书之成，离甲骨文的发现几二十年矣，然是时传世之甲骨著录不过数十种而已。"

《殷虚书契考释小笺》　陈邦怀著。1925 年 2 月略识字斋石印本影印出版。书名由作者篆书体题写，书前有作者序言两篇。正文两部分：一为地名篇。二为礼制篇，分其宗庙之制、其封建之制、其祀神之礼等。

《甲骨文字研究》　简称《甲研》。郭沫若撰。1931 年 5 月上海大东书局出版。石印，线装二卷二册。1952 年 9 月人民出版社再版，石印线装一册，不分卷，增加"重印弁言"和"序录"，本版经作者修订，抽去释寇、释攻、释作、释封、释挈、释版、释南、释緐、释蚀等九篇。增加 1934 年写的释勿勿（曾收入《古代铭刻汇考续篇》）一篇。1962 年 10 月科学出版社重印 1952 年版，精装一册。1982 年科学出版社将《甲骨文字研究》《殷契余论》《安阳新出土的牛胛骨及其刻辞》合为一编，以《甲骨文字研究》为书名，作为《郭沫若全集》考古编第一卷出版。郭沫若在 1927 年大革命失败后，旅居日本。他为了阐述人类社会发展的共同规律，潜心研究中国古代社会史。他在搜集甲骨文资料的同时，"对于殷代的甲骨文字和殷周两代的青铜器铭文也就不得不进行研究"（郭沫若：《〈金文丛考〉重印弁言》，人民出版社 1954 年版），"开创了为探讨古代社会的实际而研究古文字的道路"。1931 年出版的《甲骨文字研究》一书，"是他研究甲骨文的第一个集子"（《〈郭沫若全集〉考古编第一卷〈说明〉》，科学出版社 1982 年版），与他的《卜辞中之古代社会》是互为表里的。郭沫若此书，不仅对断片缀合、残辞互补、缺刻横划、分期断代等方面多有发现，而且在文字考释方面也颇有创获。王宇信评价说："郭沫若《甲骨文字研究》一书，开辟了用历史唯物主义研究甲骨文字的新途径，在甲骨学史上占有重要地位。"（王宇信：《甲骨学通论》中国社会科学出版社 1989 年版）全书有 1929 年的"自序"和"序录"，1930 年"自跋"两篇，"后记"一篇。内容为考释甲骨文字十七篇。

《甲骨研究》　明义士［加］撰。是明义士 1932 年执教于齐鲁大学时的讲义。1949 年前曾有少量印刷，许多人看不到它。现方辉根据明义士手写影印本讲义整理，由齐鲁书社重新出版。从王宇信发表在《殷墟学刊》1997年第4期的《踏破铁鞋无觅处——祝方辉博士整理明义士〈甲骨研究〉出版》文章，可以详细了解明义士《甲骨研究》的时代背景和研究情况。此书对早年甲骨文出土和流传情况，以及甲骨文字的考释情况，提供了可信资料。王宇信"序"。

《殷虚书契前编集释》　简称《前释》。叶玉森著。1933年10月上海大东书局石印本影印出版。作者隶书题写书名，书前有"序""凡例""参考书目"。正文依据罗振玉《殷虚书契前编》八卷所著录甲骨卜辞，逐页、逐条进行甲骨文字考释。根据作者"序"介绍，"自同邑刘氏铁云藏龟行世，瑞安孙氏仲容据以著《契文举例》《名原》两书，析文剖词，时有创解。惜取材未博，立说惝艰，然筚路蓝缕之功，不可没也……予曩有《殷虚书契前编》编译之作，寒暑十数易稿，经五校终惴惴不敢自信。爰浏览诸家考释，就稿本录存其说"，而石印影印此书。

《殷契余论》　郭沫若著。1933年12月日本东京文求堂书店石印本影印出版。书名作者自题"殷契余论　1933年秋日书于江户川畔之鸿台　沫若"。该书后与《金文续考》《石鼓文研究》《汉代刻辞两种》合刊为《古代铭刻汇考》，《殷契余论》为合刊的第一册。此书是作者继《卜辞通纂》之后的又一部甲骨文研究专著。书前有"目次"，正文考释文章11篇。其第一篇《殷爽拾遗》

中根据《殷虚书契续编》著录的三片卜辞，对《卜辞通纂》中所列的商王世系表作了修订。陈梦家曾说："郭的考释，不在于一个字一个词的发明。他的优点是：不落窠臼，不受束缚，因此多有创获；考证简明，因此对与不对，一目了然；在对于古代社会总的认识之下解释卜辞，因此可能说字不仅是对的，而其大体上是正确的；对于罗、王的成说去粗取精，加以补充修正；比较的注意卜辞文法结构，不孤立地处理单字。"此外，该书在甲骨卜辞研究的断片缀合、残辞互补、缺刻辨识等方面做了探讨研究。

《殷契通释》　徐协贞著，1933年12月北平琉璃厂文楷斋影印出版。书前有作者"序"、张伯烈"序"。

正文两篇，多方篇：引言，卷一、方一殷代社会，卷二、方二两性文源，卷三、方三王朝政绩；仪祭篇：引言，卷四、祭一卜贞原理，卷五、祭二各种祭法，卷六、祭三王公考证。后为殷契通释释辞引用著录。此书由文字考释兼论占卜、祭法及考史等。

《殷契粹编考释》　简称《粹考》。郭沫若著。1937年4月日本东京文求堂书店石印本影印出版。线装一函五册。前两册拓本为影印，顺序编通号（详见著录部分《殷契萃编》）。后三册为《殷契粹编考释》，是前两册著录甲骨1595片的逐片释文。所谓《粹》，是指对刘体智所藏甲骨的选粹，选取了比较重要的卜辞，分类排比考释，从而帮助读者自浅而深的、全面又系统地了解甲骨卜辞的内容。书后有《殷代世系图》和《索引》。

《天壤阁甲骨文存考释》 唐兰撰。1939 年 3 月北京辅仁大学出版。全名为《天壤阁甲骨文存并考释》，书名由沈兼士题写。是《天壤阁甲骨文存并考释》中

附"天壤阁甲骨文存考释"的部分，也是最早的甲骨著录书中附甲骨释文和考释的书之一。书中体现了唐兰对甲骨文考释的特点与贡献，即特别强调严密的与发展的孙诒让式的偏旁部首分析法。唐氏非常自信地说："前人所称已认识的文字不过一千，中间有一部分是不足信的；根据我个人的方法，所认识的字几可增加一倍。"参见著录部分《天壤阁甲骨文存并考释》。

《双剑誃殷契骈枝三编》（**《双剑誃殷契骈枝初编》《双剑誃殷契骈枝二编》《双剑誃殷契骈枝三编》**）　简称《骈枝初》《骈枝二》《骈枝三》《骈枝》。于省吾

撰。1940 年出版初编石印本一册，1941 年出版续编石印本一册，1944 年出版三编石印本一册，后来又出来个四编（未印行），共有《骈枝》四册。作者在此书序中说，"契学多端，要以识字为其先务。爰就分析点划偏旁之法，辅以声韵通假之方，痹疑通滞，荟辑称编"。全书共收考释文章九十八篇，考释卜辞一百多条，总体分为三类：一类是单字，二类是语词，三类是专名。对于单字的辨认又分两种，一种是前人所未释或释错的，另一种是前人已释而加以补充的。作者对甲骨文中一个两平横划中间有一短横划的字，释为"气"，这个字形直到西周初年仍见使用，十分重要，特别是考定在卜辞中"气求""迄至""讫终"三种用法，可见其古文字功夫之精到。书中的语词指卜辞中常常出现的，有关占卜所用的术语，以及成语、常用复词等。专名在甲骨文中占有很大的数量，书中列举五种：1. 女性，如卜辞中的"妇某"。2. 贞卜人名，如"争"，字形像上下两手争夺一力（即未）之形，后世作为动词，但卜辞中仅见作人名用。3. 方国和族名，其与古代民族与地理的关系十分复杂，有时人名、地名和方国族名混同，考证十分困难。4. 人名和先公或神祇名，如卜辞中所见商先王名甲的有七位，其中《史记》中称为河亶甲、沃甲、阳甲的，郭沫若确定为卜辞的戔甲、狗甲、象甲，但其他学者认为卜辞的"狗甲"应该写作羌甲，很难统一。5. 是地名，卜辞中地名以单字居多，不易于确定古今的关系，极多而极难确定其相当于现在何地，正确的分析字形，辅以地理沿革，有助于考证卜辞中的地名。王宇信评价："于省吾此

书文字考释简练、精到、严谨,并将所释就之字再放到有关卜辞中去核校,做到了文从字顺。《骈枝》一书,在学术界有重大影响。"(王宇信:《甲骨学通论》中国社会科学出版社 1989 年版)

《积微居甲文说·卜辞琐记》 杨树达撰。1954 年 5 月中国科学院影印出版,1947 年曾发表于湖南大学《学术丛刊》第 1 期,1986 年  12 月收入上海古籍出版社《杨树达文集》之五,与《耐林廎甲文说》《卜辞求义》合为一册。全书实际上是两部分,第一部分《积微居甲文说》,内容卷上为甲骨文字考释:第一类、识字之属凡十一篇,第二类、说义之属凡十三篇,第三类、说通读之属六篇,第四类、说形之属凡三篇。卷下为考史之文凡二十篇:第一类、人名之属凡七篇,第二类、国名之属凡五篇,第三类、水名之属凡二篇,第四类、祭祀之属凡二篇,第五类、杂考之属凡四篇。卷上卷下共五十三篇。第二部分《卜辞琐记》。作者自述:"频年研习甲文,时时读诸家著作,心有所疑,辄复记之。其有原书偶缺,亦为之拾遗补缺。积久得若干事。近日无事,辄加删汰,得四十九条。余于甲文,识字必依篆籀,考事则据故书,不敢凭肊立说。自信于方法上或无大谬耳。"关于此书的出版,曾受到时任中国科学院院长的郭沫若关照,其艰难历程参见《耐林廎甲文说·卜辞

求义》。

《耐林廎甲文说·卜辞求义》 杨树达著。1954 年 11 月上海群联出版社影印出版,实为《耐林廎甲文说》和《卜辞求义》两部书,1986 年 12 月上海古籍出版社将两书合为一册出版。所以,书中有《耐林廎甲文说自序》和《卜辞求义自序》。《耐林廎甲文说》的内容,有考释甲骨卜辞《释多介父》等四篇,还有《甲骨文中开矿的记载——附开矿文字后记》《说殷先公先王与其妣日名字不同》论文两篇。《卜辞求义》按声韵的二十八部考释甲骨文单字,除第 22 支部、第 28 添部无字外,其余 26 部,共考释甲骨文单字 218 个。关于《耐林廎甲文说》出版情况,作者"自序"中叙述:"此编收集余说甲骨之文字之凡六篇,本《积微居甲文说》之文字也。初余于 1952 年 3 月取《积微居甲文说》送中国科学院请审查出版,不知何故,审查人搁置一年不报,余无已,通书陶孟和先生询之,遂由院别请一人审查,久之得复,从原稿七十篇中选定十篇,未可刊行。余意卷中颇多会心之作,可存者决不止十篇,例如《竹书纪年所见殷王名疏证》一文,乃余前后费时数年,辛勤采获,在甲文中证验明确,毫无可疑者,亦竟在屏弃之列,以是余颇愤愤,心不能平。继思审查人不知谁氏,度亦治学之人,宜不至故与立异,特学力未到,不能认识耳。因此余不复与之辩论,而以书达科学院长郭鼎堂先生请其审定。旋得复,为余选定文字五十余篇,即近日科学院出版之《积微居甲文

说》是也。此六篇为郭先生汰去十余篇之少半，余意以为可存者，以荆山之和，一再刖足，经郭先生审定，屈已大伸，不欲复有言也。顷者上海群联出版社向余徵稿，余因取此六篇名曰《耐林廎甲文说》付之。耐林廎者，数年前梦中得句有曰霜枝耐晚林者，余喜其语吉，因取以自名其室者也。"

《殷虚书契解诂》
简称《解诂》。吴其昌著。1959 年 6 月台北艺文印书馆影印出版。此书是对罗振玉《殷虚书契前编》著录甲骨卜辞的考释，全书共解诂《殷虚书契前编》中卜辞 255 条。其解诂的方法主要为，参照其他著录书进行类比，如书中第 11 条对《殷虚书契前编》页二片三"癸酉卜，贞：王宾示癸……"比照《新获卜辞写本》第 91 片"癸未卜，贞：王宾示癸……"文法书体完全类同，可相比勘。

《殷契新诠》（之一至之六）　鲁实先著。台北《幼狮学报》1960 年 10 月第 3 卷 1 期发表《殷契新诠》（之一），台北《幼狮学报》1961 年 6 月第 3 卷 1 期发表《殷契新诠》（之二），台北《幼狮学报》1961 年 10 月第 4 卷 1、2 期合发表《殷契新诠》（之三），台北《幼狮学报》1962 年 4 月第 1 卷 2 期发表《殷契新诠》（之四），台北《幼狮学报》1962 年 7 月第 1 卷 3 期发表《殷契新诠》（之五）。《殷契新诠》（之六）。本

为台湾师范大学国文研究所讲义。作者生前好友徐复观称誉："在古文字的考证上，旁人有几个字的成就，便可互相标榜，鲁先生的精确考证，则以千百计，前无古人，他是可以当之无愧的。""他在台湾二十多年的遭遇是一个在学术界中'孤寒特出'之士的奋斗的典型。"曾因写了《殷历谱纠矫》产生很大影响。

《殷周文字释丛》
朱芳圃著。1962 年 11 月中华书局影印出版。书前有作者《叙言》，正文释丛分卷上、卷中、卷下，共释文字 181 个。其中，

作者自认为"新识之字，计甲骨文四十一，金文一十八，余皆纠正旧说，另创新解"。（见是书"叙言"）另作者"叙言"中写道："余结集近十余年来研究甲骨吉金文字之心得，成殷周文字释丛三卷。钞写既竟，因书其端曰：文字者，图画与语言结合之产物也。其形成约在新石器时代之末期，其结构皆社会事状之反映。故为了解古代人类物质生活及精神面貌极可珍贵之资料。在考古学上之功用，视地下发掘之遗迹遗物，有过之而无不及。吾国现存文字，以殷代之甲骨，两周之吉金为最古。距离创造时期虽已遥远，然由流溯源，参互比证，先民制作之初意，故历历可考可知"。

《殷虚书契后编释文稿》　池田末利［日］著。1964 年 12 月广岛大学文学部中国哲学研究室编，日本创元社影

印出版，之前曾于 1956 年 10 月至 1964 年 7 月在日本《甲骨学》杂志第 4、5 号合刊至第 10 号连续刊载。书前有作者"自序""凡例""征引作品简称目录"，"索引"附后。正文分卷上、卷下，是根据罗振玉《殷虚书契后编》原书编排的 1104 片甲骨，逐片进行考释。为方便对照，书中将每片甲骨原形摹录列在释文之前。所引用的有关著作主要有，杨树达的《积微居甲文说》《卜辞求义》，陈梦家的《殷虚卜辞综述》，丁山的《甲骨文所见氏族及其制度》，饶宗颐的《殷代贞卜人物通考》，陈邦怀的《殷代社会史料征存》，鲁实先的《殷契新诠之一——六》，金祥恒的《续甲骨文编》，屈万里的《殷虚文字甲编考释》，胡厚宣的《殷代封建制度考》《殷代婚姻家族生育制度考》《殷代之天神崇拜》《殷代年岁称谓考》《武丁时五种祭祀刻辞考》《卜辞中所见之殷代农业》《气候变迁与殷代气候之检讨》，李学勤的《殷代地理简论》，白川静［日］的《甲骨金文学论丛初——十集》，岛邦男［日］的《殷虚卜辞研究》，贝冢茂树［日］的《京都大学人文科学研究所藏甲骨文字本文编》。

《甲骨文字集释》 简称《集释》。李孝定撰。1965 年台北"中央研究院"历史语

言研究所出版，1970 年再版，1975 年三版。全书共十六册，均由作者手书影印。

卷首第一扉页有："本书写作期间先后承美国洛克斐勒基金会（Rockefeller Foundation）及中国东亚学术研究计划委员会推荐得哈佛·燕京学社（Harvard—Yenching Institute）资助谨此志谢。"其著作体例，仍按《说文解字》，分十四卷，另有补遗一卷，存疑一卷，待考一卷。书前有屈万里作"甲骨文字集释序"、张秉权作"甲骨文字集释序"和作者"自序"，有"凡例""目录""补遗目录""存疑目录""本书索引""异说索引""存疑索引""引用诸家著述书名""后记"等。此书每字字形之后，列举各家的考释，然后加以按语判断，不但有作者自己的见解，而且保存了各种不同的意见。特别珍贵的是将散见在报章杂志中的断篇零简；或者是师友间的片言只语；或者是大部头的书中的高论，都收取来置于每条之下，并都注明出处。所以就字义的解释来说，也是一部非常好的甲骨文字典。

《殷墟卜辞综类》
岛邦男［日］撰。1967 年日本东京星文社印刷，大安书店发行。全书一册，之后又出版缩影本。这部书的作者将他能看到的甲骨文资料，用摹

写原形的方法，将每一部书中著录的甲骨文，逐页、逐片、逐条、逐字的摹录下来，然后分类排比，编辑成书。它的分类也不按《说文解字》部首，不过前边有一个检目检字表，检查起来，也还

方便。其比较复杂，而且难认的字，到还齐备，比较简单而易识的字，往往收得不很完全，有时候也有一些脱文断句的错误。这部书的特点是每条材料，都有出处，每个甲骨文字，都保持原形，使用的人可以看出它们的时代性，也可以免去许多由于隶定而引起不必要的误会和误解。它的缺点是初学的不识甲骨文的人，无法加以利用。这部书严格说起来不能算是字典，也不能算是索引。

《美国纳尔森美术馆藏甲骨卜辞考释》 简称《美纳》。严一萍编著。1973 年 1 月台北艺文印书馆出版。著录美国纳尔逊艺术馆藏甲骨照片十二。摹本影印，精装一册，有"自序"，书后附考释和引用甲骨文摹片图版五十一。

《甲骨古文字研究》 严一萍撰。1976 年 6 月台北艺文印书馆初版。精装三册。又收入《严一萍先生全集》甲编第六函，1990 年 1 月艺文印书馆出版。卷首有"自序"、目录。甲骨文研究论文第一册三十篇，第二册二十九篇，第三册十九篇。另附有春秋战国文字、楚续书新考、跋北齐孟阿造像记等五篇论述。

《汉字百话》 白川静〔日〕著。1978 年日本中央公论新社出版，2014 年郑威日文译中文，由中信出版社出版。全书

由十个部分组成，每一部分内含十个小专题，共计一百个专题，故命名"百话"。十个部分先后为：Ⅰ.记号的体系，Ⅱ.象征的方法，Ⅲ.古代的宗教，Ⅳ.灵的行踪，Ⅴ.字形学的问题，Ⅵ.字音与字义，Ⅶ.汉字的历程，Ⅷ.文字与思维，Ⅸ.作为国字的汉字，Ⅹ.汉字的问题。附有后记、文库版后记、参考文献、图版解说。此书的封面上译者郑威写有："日本国宝级汉学家白川静写给大家的汉字解读书。"

《甲骨文字释林》 于省吾著。1979 年 6 月中华书局影印出版，精装一册，内容分上、中、下三卷。书前有作者撰"甲骨文字释林序""凡例"

和"本书引用书目的简称（依简称笔画为序）"，后有附录。上卷共有甲骨文字考释 53 篇。是作者早年发表的《双剑誃殷契骈枝》三编，共 98 篇增删而成。中卷和下卷内容来源有两部分，一是作者《双剑誃殷契骈枝》四编稿本的增删整理，二是整合近二十年来所发表甲骨文字考释文章，其中卷共有甲骨文字考释 68 篇，下卷 39 篇。正如作者"序"中叙述："今将解放前我所写的甲骨文字考释，大加删订，和解放以后所写的甲骨文字考释，彙集在一起，共一百九十篇，名之为《甲骨文字释林》。至于其中的释一至十之纪数字、释具有部分表音的独体象形字、释古文字中附划因声指事字的一例等篇，并非专释一字一

词，而是根据甲骨文字的某些构形进行综合性的解释，就文字起源和造字方法提出了一些新的看法。"

《殷虚第一次发掘所得甲骨考释》 严一萍编著。1980 年 9 月台北艺文印书馆出版，精装全一册。全书内容分两大部分，第一部分主要为董作宾《新获卜辞写本》中著录的，第一次殷墟发掘的甲骨编 447 号的摹本和少数拓本。第二部分为作者对这批甲骨的考释研究。后附《新获卜辞写本与甲编对照表》和《新获卜辞写本未录之甲编甲骨号》。关于本书的编著情况，作者在书前所作"序"中叙述："殷墟第一次发掘，开始于民国十七年十月十三日，至同月三十日止，计共工作十八日。主其事者，董彦堂先生，参与工作者，赵芝庭、李春昱、王湘、郭宝钧、张锡晋等五人。工作地在小屯，分三区进行，总计三区坑位逐日所出甲骨之情形，在《新获卜辞写本》后附录《新获甲骨统计表》中加以统计，此乃最准确之原始资料也。""序"中叙述"此次考释拓本之总数为四八三号"。（第一次发掘甲骨的数字，前后统计的数量不相符，一说卜甲 582 片、卜骨 192 片，合计 774 片，为未编号数字。另一说卜甲 555 片，卜骨 229 片，合计 784 片，为编号数字。后者当为准确数字）。

《殷虚文字记》　唐兰著。1981 年 5 月中华书局出版《殷虚文字记》手书影印，16 开平装。此书写于 1934 年，是作者在北京大学时的石印讲义本，1978 年中国科学院历史研究所（现中国

社科院历史研究所）曾油印 500 部。中华书局出版的此版本，增加了目录、补正。所以，书前有了目录。正文收入考释论文 33 篇，对甲骨单字逐个考释，后有参考书目。我们知道，作者在甲骨卜辞考释方面，不仅考释出很多难识的字，而且还建立了一套较为完整和系统的甲骨卜辞考释的研究方法，如对照法、推勘法、偏旁分析法、历史考证法，使古文字研究摆脱了过去那种猜谜射覆式的主观臆想，走上了比较科学的轨道。在古文字的分类中提出较为科学的自然分类法，打破《说文》归纳的五百四十部分类法。主张文字学应从音韵和训诂学中分出，成为一门独立发展的学科。作者提出三书说：形符（象形）、意符（象意）、声符（象声），突破了《说文》六书体系。其独到的见解都实践于《殷虚文字记》对甲骨文字的考释中。

《小屯南地甲骨考释》　姚孝遂、肖丁编著。1985 年 8 月中华书局影印出版。书前有姚孝遂、肖丁两位作者合作"序言""本书所引书目简称表"、甲骨文考

释为 11 部分，一、先公。二、先王。三、先妣。四、神祇。五、人牲、物牲。六、方国。七、人物、职官（略）。八、

众。九、天象。十、田猎。十一、习刻。后附小屯南地甲骨考释释文。小屯南地甲骨坑所出土的这批甲骨，中国社会科学院考古研究所编辑著录书时，已有释文附后。此书是在原有释文基础上更深入一步的考释研究。作者"序言"中叙述了他们二位与小屯南地所出甲骨的缘分，"我们两人与这批资料都有一段特殊的因缘，1973 年，姚孝遂恰好正在发掘现场，躬逢这批甲骨出土的盛况；肖丁是《屯南》一书的责任编辑，我们两人是唯一的除考古所诸同志之外有幸首先接触到这批宝贵资料的人。我们两人有一个共同的愿望：能够使这批宝贵的资料发挥它应尽的作用而做出我们最大的努力。我们认为，《屯南》由于其资料的重要性，它应该在更大规模的范围内，为更多的学科所利用。但是，目前在这方面还存在着很多问题。……考释采用分类的形式，打乱了原顺序，这是为了便于问题的讨论，而同一刻辞，又可以说明不同的问题，这就不可避免的出现重复。我们认为这种重复还是必要的"。

《殷契新释》　刘桓编著。1989 年 7 月河北教育出版社影印出版。张政烺、李学勤分别作"序"。全书分上、下两卷，卷上主要为甲骨单字的考释，卷下有：甲骨文形变字释例（略）。后附：读甲骨文编札记，卜辞地名札记，后记。张政烺"序"中评价："刘桓同志有意研究甲骨文字，十多年来刻苦钻研古文字学，运用比较丰富的古文献知识，周密的观察和思考。他所写的考释甲骨文字的文章五十五篇，约十多万字，集成《殷契新释》一书。"李学勤"序"中评价："书内多篇更涉及古代历史文化、社会制度及其神话传说等方面，相信不仅研究古文字的学者，凡是对古代文化有兴趣的读者，都能从这本书得到启示。"之后的 1992 年，李学勤为《殷契存稿》作"序"介绍此书："一九八六年冬，我曾读过刘桓同志所著《殷契新释》书稿，为作序言，这部书已由河北教育出版社在一九八九年出版了。《新释》如刘桓同志自述，是他十年间研治殷墟甲骨文字的一个结集，收文 55 篇，可称用力既勤，收获亦富。"

《甲骨文精萃选读》　王宇信、杨升南、聂玉海编。1989 年 10 月语文出版社出版，1996 年 9 月第二次印刷。周谷城题写书名，王宇信、杨升南作《〈甲骨文精萃选读〉序》，有编者"前言"，附录《笔画索引》和《选读各片来源表》。正文为选读及释文，选读指收入的 692 片甲骨文摹本，释文是对每片所选甲骨依摹片所作的片形轮廓线内，写出摹片上相应位置的甲骨文字的楷释，即所谓的"片形部位释文"。根据编者"前言"介绍："目前国内外迫切需要一种既包括殷墟甲骨文的精萃，又有相应的释文，供大多数有关人员学习和使用的读本。本书就是为适应这个迫切需要，从《甲骨文合集》《小屯南地甲骨》《怀特氏等旧藏甲骨文集》等书中选取有代表性的精萃 692 片编释而成的。它不仅是初学者的读本，也可做史学、文物考古、大专院校文理科师生、中学历史教师、书法艺术及其他行业有关人员研究时的索引和参考书。"

《殷墟甲骨文字通释稿》 朱歧祥编著。1989 年 12 月台北文史哲出版社影印出版。书前有"序言""凡例""部首索引""检字表""笔画索引""引书简称表"。

通释部分考释甲骨文字约两千个，主要为字的本意、引申和假借，以及每个单字在甲骨文分期各个时期中的各种用法。分期断代依据董作宾《甲骨文断代研究例》的观点，分五期。作者在"序言"中叙述："《殷墟甲骨文字通释稿》是一部尝试通盘观察殷代文字字义用例的书稿，他代表我治学前阶段欲藉着古文字的剖析来展示中国信史的小小野心。全书奠基在我对于殷代方国考释、地理系联、文字同形异构及对贞句法的一些初步研究。稿中所收录的一千七百多个甲骨文字，其部属分类主要是因承日本人岛邦男的《殷墟卜辞综类》一书，加以分合，另增添了若干《小屯南地甲骨》《甲骨文合集》等新出土材料，是目前较完备的一部甲骨文字辞典。本人由最初核对甲骨拓片开始，经隶定形构、分期考释，以至排比归纳辞例，迄今稿成，已是六易寒暑。学途孤寂，幸得以古人为友。箇中甘苦，实不易一一为人道。"

《甲骨四堂论文选集》 朱歧祥编。1990 年 8 月台湾学生书局出版。作者序

《甲骨学九十年的回顾与前瞻》，是作者在中正大学中文研究所讲稿。正文收入罗振玉《增订殷虚书契考释序》等 22 篇，王国维《殷卜辞中所见先公先王考》等 10 篇，董作宾《甲骨文分期的整理》等 6 篇，郭沫若《卜辞中社会基础的生产情况》等 4 篇。

《凡将斋所藏殷墟文字考释》 严一萍撰。1991 年台北艺文印书馆影印出版。为作者对罗振玉《殷虚书契续编》系列研究之一。书前后有作者"序""跋"，内容三十节。"序"曰："自来美国，已三年有半，其间遄返台湾，或去香港者，约占三分之一，三分之二之岁月，留美以著述自遣。盖自民国四十一年冬季以来，余即从事于艺文印书馆之出版事业，惨淡经营，绵力二十余载。至民国六十四年秋，毅然卸我公司仔肩，专心于甲骨研究，以补二十余年来之损失，所以卜居美国者，环境清静，可以不问世事，潜心写作耳。三年以来，已完成者颇有，然私衷所愿，厥为已著录甲骨之整理摹写，以便利后之研究者……凡续编所引用已摹写之甲骨，概不重摹，所作考释，亦务求简要，余之目的在甲骨之摹写，不在考释之详尽也。余老矣，炳烛从事，犹愿为甲骨之传播尽力，以报我先师董彦堂先生之遗志耳。"作者在此书"跋"中介绍了自己对罗振玉《殷虚书契续编》系列研究情况，"殷虚书契续编研究，既编印成书，

于罗氏集录之甲骨，各各还其原形，而资其取材者，用与不用亦皆可以明指。惟甲骨有两千余片之多，以所用五书之错综，虽经反复覈对，尚有疏漏，于是为五书撰考释，以从流溯源，而探究竟，乃刻不容缓矣。自先成凡将斋藏殷墟文字考释一书，果发现与续编相重者尚有四片，如此，凡将斋为续编所采用者达97片，不用者仅21片而已。其他四书当同此情况，亦将次第写成考释，则续编甲骨之总数，最后当不及1900片焉"。

《戬寿堂所藏殷虚文字考释》　严一萍撰。1991年1月台北艺文印书馆影印出版。为作者对罗振玉《殷虚书契续编》系列研究之一。全书考释《戬寿堂所藏殷虚文字》五十页。戬寿堂旧藏甲骨在1917年《戬寿堂所藏殷虚文字》著录本出版时，王国维同时发表了《戬寿堂所藏殷墟文字考释》，影响极大至今。严一萍再次考释戬寿堂甲骨，并非叠床架屋。正如作者在"序言"中所叙述的："甚矣，著作之难也。昔王国维先生撰戬寿堂所藏殷墟文字考释，时在民国五年，世际承平，居爱俪园中，窗明几净，心旷神怡，凝思写作，毫无尘世之纷扰，故能字字楷书，一笔不苟。其用心之专，足为后学所矜式。然以如此专一，而仍有疏忽者三，迄今亦无人发见。其一为第十二页，共有十四片，漏释第三片，致全页仅释十三片。其二为第十七页，共有十八片，漏释第十五片，致全页仅释十七片。其三为第四十四页，共有十八片，第十五片重写作第十四片，致全页仅写至十七片止。此三

者，为今次重写考释所发现。以王先生之精心专志犹如此，无怪余之秉性粗疏，而又身丁乱世，尘物纷扰之际，致续编研究考释写成，尤多谬误也。……此次作考释，可述者虽多，最大之收获，莫过于 ♁ 为小甲之辨认（见第一页第十片）。此为数十年来，罗王董郭诸家所未识者，今得识之，与吴其昌之释 ♔ 为雍己，可谓异曲同工，契学上之突破也。"

《北京大学国学门藏殷虚文字考释》　严一萍撰。1991年1月台北艺文印书馆影印出版。为作者对罗振玉《殷虚书契续编》系列研究之一。

书前作者"序"后，内容为四卷，卷一考释甲骨文著录摹本图版39页，卷二考释甲骨文著录摹本图版31页，卷三考释甲骨文著录摹本图版16页，卷四考释甲骨文著录摹本图版31页。根据作者"序"中介绍："北京大学研究所国学门所藏甲骨文字，系北平霍保禄氏所赠。据《甲骨年表》民国十一年（1922）条载：'达古斋主人霍保禄以所藏甲骨文字，捐赠国立北京大学研究所国学门，凡四六三版。'六十年来，该批甲骨，仅有拓本四册流传，未见有专书影印或考释。1966年商锡永氏编殷契佚存，其自序称：'昔年之间，计续得北平孙氏壮甲骨墨本百九十三纸。'此百九十三纸中，有三十四版为国学门所藏之墨拓，而胡厚宣氏之南北师友所见甲骨录卷二

之摹本中，大部分为北大所藏。其见于流传者，仅此而已。1966 年余第一次为美国纳尔森美术馆所藏甲骨做考释，发表于中国文字第二十二期，至今十五年间，已先后撰成柏根氏旧藏甲骨文字考释，凡将斋所藏殷虚文字考释，戬寿堂所藏殷虚文字考释，殷墟第一次发掘所得甲骨考释，以及此次之北京大学研究所国学门所藏甲骨文字考释五种，此五种实完成于近三年中，均已次第印竣，可以面世矣。"

《柏根氏旧藏甲骨文字考释》

严一萍撰。1991 年 1 月台北艺文印书馆影印出版。《柏根氏旧藏甲骨文字》原书是明义士〔加〕早年就济南广智院所藏甲骨著录编辑而成，发表在山东齐鲁大学《季刊》第 6、7 期，1935 年由齐鲁大学国学研究所出版了单行本。据严一萍"序"记载："《柏根氏旧藏甲骨文字》一书，台湾公私均未收藏，故李孝定氏撰《甲骨文字集释》未见采及。余于一九七〇年七月游日时，承松丸道雄先生以藏本见借复影，遂有此书。总以牵于人事，迄无暇晷，此来美国，埋首于掇拾丛残，抒其所见，遂及此书，乃费时两月，始告杀青。将以付梓，为述其始末如此。"

《殷虚书契续编研究》（上、下）

严一萍著。1991 年 1 月台北艺文印书馆影印出版，收入《严一萍先生全集》甲编之五。书前有作者"序"，正文分六卷，附录：一、戬寿堂所藏殷虚文字与续编对照表，二、铁云藏龟之余与续编对照表，三、簠室殷契徵文与续编对照表，四、北京大学国学门藏殷虚文字与续编对照表，五、凡将斋殷虚文字与续编对照表，六、罗氏自藏甲骨拓本著录表，七、续编自相重出甲骨著录表，八、续编缀合表，九、殷虚书契续编研究引用甲骨书名简称表。关于考释选用罗振玉《殷虚书契续编》取舍情况：一、《戬寿堂所藏殷虚文字》选用 586 片，不用 67 片，总计 653 片。二、《铁云藏龟之余》选用 34 片，不用 6 片，总计 40 片。三、《簠室殷契徵文》选用 779 片，不用 346 片，总计 1125 片。四、《北京大学国学门藏殷虚文字》选用 222 片，不用 285 片，总计 507 片。五、《凡将斋殷虚文字》选用 93 片，不用 25 片，总计 118 片。作者在"序"中叙述："今之续编研究，志在作彻底之整理，故先为甲骨之摹写，次为逐片之解释。甲骨以摹录全形，删除重片为主，盖当时罗氏编录此书，每为节省篇幅，将拓片任意剪裁，而又摒弃背拓，以致全形尽失，莫辨甲骨。今以重片之多，特选用最全者摹录之，或使面背相连，顿复旧貌。有可以自相缀合者，使之连缀成一，有可与他书相缀合者，必注明其出处或录补他书之断片，务使残辞零句，足其文义。至若其他种种问题繁多，不能一一列举者，均于每片之下，详为解释。从此续编之真相见，设罗氏尚在，其将许我为净友乎。"

《殷契存稿》

刘桓编著。1992 年

6月黑龙江教育出版社影印出版。李学勤作"序"。全书分"殷契存稿之一""殷契存稿之二"两部分,"殷契存稿之一"部分是对甲骨文字、词的考释;"殷契存稿之二"部分为《殷墟文字通论》:一、甲骨文之特征　一字数形例、同源字例、繁文例、象形会意字被形声字取代例、本字例、于整体取局部造字例、加口字造字例;二、甲骨文六书分类释例(上)　象形字、陶文象形字、会意字、同部会意字、指事字;三、甲骨文六书分类释例(下)　形声字、声符后加、假借字。附录:一、甲骨文文字省略互足字例,二、卜辞原刻之误,后记。李学勤"序"中介绍此书,说当年为作者《殷契新释》作"序"时,"当时他便告诉我,尚有不少文稿,计划继续辑集。今年初春,他又亲自把《殷墟文字通论》和《殷契存稿》两书送来。披读之下,见其成果较《新释》更多,使我欣喜过望"。李学勤评价:"于矜慎中求创新,是刘桓同志两部书的特点。过去于思泊(省吾)先生著《双剑誃殷契骈枝》,成书三集,久已风行,后增订为《甲骨文字释林》,于未安之说概行芟删,其谨严足为后学矜式。刘桓同志殆亦取法于此,立说力求可存可传,读者自两部书可以得到很多启发。"

《"中央研究院"历史语言研究所所购甲骨选释》　钟柏生编著。1997年发表于香港中文大学中国文化研究所中国语言及文学系《第三届国际中国古文字学研讨会论文集》。全文分为一、前言,二、甲骨选释部分。前言中作者介绍:"历史语言研究所到目前为止,依其收藏的甲骨实物来源,可分为三类:一、殷墟十五次发掘出土的甲骨;二、1949年前购买的甲骨;三、私人赠送的甲骨。第一类原始资料均已出版,剩下缀合及修订的工作仍待继续进行。第二类资料来源可分为三部分:(一)为民国十七年调查殷墟购得甲骨十六版,发表于《殷虚文字外编》编号419—434.(二)中央研究院购自南京骨版四十六版;发表于《殷虚文字外编》编号30—75.(三)是民国卅六至卅七年间,由傅斯年先生购买,高去寻、李光宇两位先生分批运至南京的甲骨。未经缀合前之总数为199片,有字的甲骨为196片。这批古物二年前才开始整理,在购买前出土及流传的情形,史语所藏甲骨多年来没有彻底整理,所知有限,种种因素阴错阳差耽搁了这批材料的研究与发表。"此文所选释的正是傅斯年购买的这批甲骨中的一部分。

《历史语言研究所购藏甲骨选释》(二)　钟柏生编著。1998年发表于台湾师范大学国文学系和台北"中央研究院"历史语言研究所《甲骨文发现一百周年学术研讨会论文集》。著录选释甲骨27片,附缀合1片。内容编排体例,图版部分有拓片及照相本,背面有文字的才附拓本及照相本。释文及说明部分,先表明有字甲骨编号,再列原始编号,质材、断代、释文及说明（包括重片）。著录和选释的甲骨来源与作者 1997 年发表的《"中央研究院"历史语言研究所所购甲骨选释》相同。

《甲骨文合集释文》  胡厚宣主编，王宇信、杨升南总审校。中国社会科学院历史研究所《甲骨文合集》编纂组释。1999 年 8 月中国社会科学出版社出版，精装四册四本。与甲骨文合集所著录甲骨同号，统编为：第一册 00001—09614 号，第二册 09615—20909 号，第三册 20910—32235 号，第四册 32236—41956 号，是对甲骨文著录集大成者《甲骨文合集》所著录甲骨进行文字考释成果的结集。第一本卷首有："前言""凡例"。对《甲骨文合集》图版各册考释作者分别为：第一册、罗琨，第二册、孟世凯，第三册、杨升南，第四册、王贵民，第五册、谢济，第六册、牛继斌，第七册、肖良琼，第八册、齐文心，第九册、张永山，第十册、王宇信，第十一册、彭邦炯，第十二册、常玉芝，第十三册、孟世凯 罗琨。后附《甲骨文合集》重片表。《甲骨文合集释文》适应了多学科学者使用《甲骨文合集》所收 41956 版商王朝遗留下来的第一手文字资料，深入研究中国古代文明和大力弘扬中华传统文化的需要。不少学科的学者虽然不专门研究甲骨文，但有关研究仍须从最早的文字记载开始。因而面对《甲骨文合集》（以下简称《合集》）所收拓本上暴睛鼓眼的商朝人契刻文字，学者可据《合集释文》爬梳有关的资料，从而极大地方便了多学科利用甲骨文资料进行溯本求源的研究工作；而对考古、历史、语言学者来说，他们既可读《合集》所收原片，又可将拓本漫漶不清之处，或自己的释读与《合集释文》互相勘校并相互启示，从而使所需利用的材料更加准确和可信。正是由于《合集释文》的准确性和实用性，所以出版以后受到了海内外学术界的重视和好评，并获得了中国社会科学院科研成果一等奖。

《甲骨文读本》  简称《读本》。朱歧祥著。1999 年台北里仁书局出版。书前有作者朱歧祥《甲骨文论》（代序），主要内容有释文部分（第 1—153 页）；拓本与描本部分（第 154—366 页），后附"参考书目""后记"。其拓本与描本部分，共收入甲骨拓本 196 片，主要选自《甲骨文合集》《小屯南地甲骨》《英国所藏甲骨集》《怀特氏等收藏甲骨文集》《殷虚文字丙编》等数。每号甲骨拓本后，都作有甲骨拓片描本。之所以名为"描本"而不称为摹本，是因为在甲骨拓本的轮廓线内，不是将通篇甲骨文字全部摹出，而是只在相应部位描出该号所作释文的甲骨原篆，为突出作者通过"释读 196 版殷武丁至帝辛时期的甲骨中有问题的辞例"，以提供读者"如何通读甲骨文句的方法"的目的。（朱歧祥：《甲骨文读本·后记》1999年台北里仁书局）王宇信评价："《甲骨文读本》比同类著作，诸如王宇信《甲骨文精粹释译》和韩国梁东淑的《甲骨文解读》就别具一格。《读本》选片虽不如以上两书为多，而释文也不是对每版上各辞逐条全面加以释定、解说，只是有选择地对每版上的典型辞条加以说解。但《读本》的侧重点不是在于全面，而是突出重点——疑难较多的辞条，在于为读者指出正确识读甲骨卜辞的方法。从这个意义上说，本书对具有中等甲骨学知识的人，更实用并更有指导意义！"（王宇信：《新中国甲骨学六十年》，中国社会科学出版社2013年版）

《甲骨文精粹释译》 简称《精粹》。王宇信、杨升南、聂玉海编。2003年云南人民出版社出版。作者之一王宇信题写书名，目录为：前言（王宇信），甲骨文基

础知识（王宇信、杨升南），拓片、摹本、片形部位释文，释文及译读，附录：一、笔画索引，二、各片来源表。正如王宇信"前言"开篇写道："首先我要说明的是，这本由云南人民出版社出版的《甲骨文精粹释译》，就是原来由王宇信、杨升南、聂玉海主编，王义印、刘学顺、朱彦民、李雪山、郭旭东、贾明刚、韩江苏等参加编纂，语文出版社1989年出版的《甲骨文精萃选读》一书

为基础的增订和再提高，但内容和编排有了很大的变化。从这个意义上说，是云南人民出版社的新版之作。"著录甲骨文于《甲骨文精萃选读》相同，仍为692号。内容在原基础上增加了每片甲骨拓本，以所选录的甲骨拓片、摹本、片形部位释文为主体部分，每一片甲骨，都录有拓片，并据拓片作出摹片，再在据摹片所作的片形轮廓线内，写出摹片上相应位置的甲骨文字的楷释，即所谓的"片形部位释文"。每一片甲骨的拓片、摹片、片形部位释文共为一号。全书所收692号甲骨的拓本皆置于该书的各单号页码书页上。因此一打开书页，即可使每片甲骨的拓片、摹片、片形部位释文三者互相核校，并可将其上的文字互相勘校、补充、发明。所收692片甲骨的《释文及译读》为王宇信所作，在书中占有相当比重。每一片甲骨上的刻辞，皆按当前文字考释的最新成果作出有标点的释读。所收692片甲骨，多是选自《合集》及部分选自《合集》未来得及收入的《屯南》《怀特》等书者。所收片数虽然不多，但选片标准精中求精，力求把学者研究著作中经常引用的著名甲骨卜辞尽可能多的收入。诚如学者所评价的，《精粹》一书"囊括了自甲骨文发现以来的总计十多万片的全部精华"。（郭盛强：《一部甲骨文翻译高水平的著作——读〈精粹〉》，收入《2005北京平谷与华夏文明学术研讨会论文集》，社会科学文献出版社2006年版）

《字学论集》 王蕴智著。2004年

9月河南美术出版社出版，列入由张海主编的《当代中州书坛学人丛书》，得到河南省书法家协会鼎力襄助，并由郑州大学省重点学科经费资助出版。扉页为作者半

身黑白照和个人简历，张海作"总序"，李学勤为本书作"序"。正文五篇，1. 远古篇：远古陶器符号摹记，从远古刻画符号谈汉字的起源。2. 殷商篇：试论商代文字的造字方式，商代文字构形的文化内涵（上），商代文字结体例说，商代文字可释字形的初步整理，殷周古文同源分化探论，对当前甲骨学基础研究工作的几点思考，《甲骨文合集补编》相重著录校勘，葉字谱系考——兼说商代的葉族。3. 释字篇："毓""后"考辩，出土资料中所见的"贏"和"龙"，"宜""俎"同源证说，同源字例释三组，释"競""业"及其同源的几个字，释"豸""祟"及其相关的几个字，古文字中的"子"和闽方言的"囝"，"丝"和与"丝"同源的字音义分析，《殷墟甲骨刻辞类纂》释字订补（上），释甲骨文"市"字。4. 许学篇：字圣许慎评传，《说文》广义分形字集例。5. 述怀篇：于安澜传略，《殷周古文同源分化现象探索》后记，关于创建河南文字馆的初步构想。李学勤为该书作的"序"写道："这是近年这一领域中一部突出的好书，尤值得向读者推荐。"

《甲骨文字学纲要》 赵诚著。

2005年5月北京中华书局出版发行，2009年5月北京第二次印刷。书前有作者自序，全书分为十章以及附录：第一章，文字和甲骨文字；第二

章，文字学和甲骨文字学；第三章，甲骨文以前的汉字；第四章，甲骨文字的性质；第五章，甲骨文字的基本情况；第六章，甲骨文字构成的类型；第七章，甲骨文字形符系统；第八章，甲骨文字声符系统；第九章，甲骨文字表示的词义系统；第十章，甲骨文字的发展、变化，附录有部首表、字形总表。作者在"自序"中言："本书从理论上来讲应该称之为《甲骨文字学》，是一部断代文字学。由于各汉字系统的断代研究尚未展开，相当多的问题尚待探索，一些关键性的历史性线索尚待系联；也由于能够确认的甲骨文字还比较有限，甲骨文字之间平面关系的认识也很不充分，所以对甲骨文字各个方面的论述只能是一种提纲性的，所以书名称之为《甲骨文字学纲要》。"

《解读甲骨文》 郭青萍著。2005年10月中国文联出版社出版。列入"河南省文史研究馆馆员丛书"，出版得到安阳市富林公司洹宝斋赞助。书前有作者简介和彩色半身照，还有1991年2月时任中共中央总书记、国家主席江泽民亲切接见该书作者郭青萍亲切握手彩照，有作者"自序"，正文三部分：一、甲骨文识字（17篇）。二、甲骨原片选

读：（一）农业，（二）征伐，（三）祭祀，（四）田猎，（五）天象（风雨），（六）贞旬贞夕，（七）疾病梦幻，（八）使令，（九）往来，（十）婚娶生育，（十一）贡纳，（十二）其他。三、殷墟甲骨名片选书：（一）月食，（二）狩光，（三）贞风雨，（四）虎，（五）沚？与沚国，（六）作兹邑与终兹邑，（七）霾，（八）师殷，（九）王往伐？，（十）五刑，（十一）渔，（十二）飨，（十三）女，（十四）子画，（十五）桒雨。这是一本推广甲骨文知识的普及读物。

《甲骨文解读》　简称《甲文解》。梁东淑［韩］著。2005 年韩国首尔《书艺文人画》月刊社出版。书首刊登了 7 版甲骨文彩色照片，分别为《甲骨文合集》6654、6484 号整龟版、14002 号龟前甲和首甲、34165 号右牛胛骨、36534 号鹿头刻辞，现藏台北史语所；山东大学藏卜龟右前甲；《小屯南地甲骨》1128 号右牛胛骨。甲骨彩照后有作者《序文》。全书分上下卷，上卷：甲骨学通论，下卷：甲骨文解读，一、商王室世系，二、贵族·平民，三、官吏，四、祭祀，五、战争，六、军队·刑罚·监狱，七、方域，八、教育，九、贡纳，十、农业，十一、渔猎·牧畜，十二、手工业，十三、商业·交通，十四、天文，十五、历法，十六、气象，十七、建筑，十八、音乐·舞蹈，十九、疾病，二十、生育，二十一、鬼神，二十二、吉凶共二十二类。附录部分有：本书材料来源表、文字笔画索引等。全书用韩文撰写，甲骨卜辞为汉字隶定标点释文，在韩国发行。王宇信评价："《甲骨文解读》选片典型，著录方法科学，是值得我们重视的在国外出版的一部甲骨学研究新成果。"（王宇信：《新中国甲骨学六十年》，中国社会科学出版社 2013 年版）

《姚孝遂古文字论集》　姚孝遂著。2010 年 1 月中华书局出版。为作者遗著，繁体竖排版。书前有目录、"序"，正文为作者生前研究甲骨文的论述 25 篇：《古文字研究》第一辑《古文字研究工作的现状及展望》、《古文字研究》第四辑《古汉字形体结构及其发展阶段》、1983 年香港中文大学《中国古文字国际研讨会论文集·古文字的符号化问题》《甲骨文形体结构分析》《再论古汉字的性质》《说"一"》《漫谈古文字的考译》[《吉林大学学报》（1979 年第 6 期）]、《古文字学教学的若干问题》《古文字研究》第一辑《契文考释辨证举例》、《言林大学旧藏甲骨选释》[《吉林大学学报》（1963 年第 4 期）]、《古文字研究》第一辑《商代的俘虏》、《古文字研究》第六辑《甲骨刻辞狩猎考》、《古文字研究》第九辑《牢考辨》、《古文字研究》第十二辑《读〈小屯南地甲骨〉劄记》《〈汉语文字学〉序》《殷墟与河亶》等。该书是作者毕生研究古文字学术精华，为古文字界的研究工作提供了便利条件。该书可供各大专院校作为教材使用，也可供从事相关工作的人员作为参考用书使用。

《殷墟甲骨文——中国古文字导读》  王宇信、王绍东著。2016 年 4 月文物出版社出版。书前有王宇信作"'中国古文字导读'丛书总序"，王绍东作《殷墟甲骨文简序》。正文为《甲骨拓片精选导读》。附录一"拓片来源表"、附录二"著录书、拓本简称全称对应表"、参考文献与"后记"。作者"简序"分为：一、百余年来甲骨文发现和研究；二、甲骨文与我国古代传统文化的弘扬；三、学习甲骨文的入门参考著作；（一）有关甲骨学史方面的著作、（二）关于文字识读方面的著作、（三）关于甲骨文分期断代研究方面的著作、（四）有关甲骨文文例与甲骨拓片的释读、（五）公布甲骨材料的著录书、（六）甲骨学研究必备的工具书。作者"后记"介绍："本书作为一本甲骨文入门的普及性读物，借鉴和引用了不少前人的研究成果。书中所选甲骨拓片都是从《甲骨文精粹释译》中选出的比较经典的、有代表性的甲骨，甲骨摹片也是《精粹》所作。可以说，本书所收这 241 版甲骨，是当年初涉甲骨之门的学子，从《甲骨文合集》等书中数万片甲骨中精选出 692 版甲骨的精中之精。我感谢《精粹》一书的原编者，我的师兄朱彦民、郭旭东、李雪山、韩江苏、刘学顺、王义印等当年所作的努力！三十多年前，师兄们从《甲骨文精粹选读》开始，步入甲骨学堂奥。但限于当时条件，只作了选片摹本和片形部位释文，无甲骨拓本和每版辞条的标点释文。虽然此书收到初学者的欢迎，先后重印了三次，但还给初学者留下识读甲骨辞条的种种不便。而在十多年前出版的《甲骨文精粹释译》，虽然加上了甲骨拓本、标点释文和白话翻译，使初学者便于了解所收甲骨片的内容，但对初学者进一步认识每一片甲骨上的文字及单词，还是有很大困难。这次的《殷墟甲骨文导读》，应是《精粹》一书的继续和完善，本书不仅对每一片甲骨讲明其来源（著录、现藏）、分期、译文、释文、价值，还充分利用前人成果作了较为详细的字词解析，这对初学者认识和了解甲骨文当有所裨益。阅读本书，不仅可以见到一些典型的甲骨，还可以初步掌握和认识一些常见的甲骨文字。在此基础上，通过甲骨片的识读了解商代的社会万象。本来，原拟对《精粹》全书都作一导读，但限于出版社原定篇幅，只得一再压缩，仅读了这 241 版（其实，基本全读完了）。将来如有可能，我将继续导读下去。鉴于我亦为初学者，水平有限，书中难免有疏漏和错误之处，欢迎广大读者批评指正！我也希望，自己能像诸位师兄一样，经过本书的训练和今后的努力，能在甲骨文研究和弘扬方面作出自己的贡献！"

三　甲骨学研究

（一）占卜法

《商代龟卜之推测》　董作宾著。1929 年 12 月发表在中央研究院历史语言研究所出版的《安阳发掘报告》第一期，1962 年收入台北世界书局出版的《董作宾学术论著》上册，1967 年台北世界书局再版，1977 年 11 月又收入台北艺文印书馆《董作宾先生全集》甲编第 3 册。全文分三个部分：一、弁言。二、分论：取用第一、辨相第二、釁衅第三、攻治第四、类例第五、钻凿第六、燋灼第七、兆璺第八、书契第九、庋藏第十。三、结论。文中谈到攻治工具有五种："一、锯，锯有齿，为今世治骨角者必要之工具。二、错，……殷墟出土之甲骨，多经错治，凡文之交错如织，即其遗矣。三、刀，此为刮治龟版之刀，其形制已不可知。四、凿，……出土之甲骨，其平处盖皆经凿治者。五、钻，……考今日出土之卜用龟骨，其灼处必先凿而后钻，凿而不钻者甚少。由其钻处可求得其物之大小，因所凿为 U 形，深九公厘，中宽七公厘，下成圆形。

由此可知钻之形制，大致亦不外是矣。"由其是对每一版卜甲或卜骨所刻写的卜辞体例以及次序，都进行了详尽的考证。但是限于当时的条件，作者谈论卜龟的整治过程较为详细，论卜骨的内容太少。

《殷虚卜辞综述·甲骨的整治与书契》　陈梦家著。1956 年 7 月科学出版社出版，1988 年 1 月中华书局重印，2004 年 4 月再版。此外 1971 年 2 月台湾大通书局翻印出版，1964 年日本东京大安书店翻印出版。此为作者在该书中关于殷墟甲骨整治过程介绍的一个章节，如作者写道："我们根据小屯实物的观察，辅以文献的记录，略述小屯卜用的甲骨，从取材以至刻辞的经过。"先后为：（一）取材，（二）锯削，（三）刮磨，（四）钻凿，（五）灼兆，（六）刻辞，（七）书辞，（八）涂辞，（九）刻兆。

《殷代贞卜人物通考》（上、下册）饶宗颐著。1959 年 11 月香港大学出版社出版。书前有 F. S. Drake 作"序"（英文）、作者"殷代贞

卜人物通考自序""例言""征引甲骨书籍简称表""本书征引未刊甲骨资料"。正文卷一为前论：一、论卜事起于殷前及卜用甲骨在地理上之分布，附卜用甲骨发见地址分布表。二、论殷代甲骨之属类。三、论龟卜占书源流。四、论占卜仪式及其有关人物之职掌。五、论卜辞中贞卜及占之分别。六、论宗人与涖卜。七、论占卜人数。八、论卜人与史官。九、论卜辞与命辞。十、论殷契占卜事类与周礼作龟之八命。十一、论卜辞中关于"龟"之记载。十二、论殷人兼用"卜""筮"。卷二为贞卜人物记名辞式释例：一、但言"卜"者。二、但言"贞"者。三、兼言"卜"与"贞"者。四、重言"卜"或"贞"者。五、言"曰"者。六、二人同贞者。七、书卜时者。八、书卜地者。九、但识人名者。十、龟甲卜人记名特例。十一、论"卜王"。十二、卜字释义。十三、贞字释义。卷三至卷十七为贞卜人物事辑。卷十八为备考。卷十九为结语：一、论称谓与断代。二、论同时期贞卜者在甲骨上所见之关系。三、论贞卜者契刻者与字形。四、论卜人名称之字例。五、论贞卜者与甲骨上署名者。六、论贞卜者与记事刻辞。七、论贞卜者与诸子及诸妇。八、论贞卜者与地名。九、论贞人断代与分人研究法，十、论贞卜事类。十一、论分派说。十二、贞人刊误。卷二十为附录：一、贞卜人物同版关系表。二、贞卜人物同辞关系表。三、各期贞卜事类表。补记。索引。是一部由系统研究贞卜人物而全方位论述殷墟甲骨文

占卜卜法的巨著。

《卜骨的攻治技术演进过程之探讨》
刘渊临著。1974 年台北"中央研究院"历史语言研究所《集刊》第 46 本 1 分。全文目次为：壹、前言。贰、各时期卜骨：一、龙山期（一）城子崖卜骨，（二）河北唐山市大城山卜骨；二、齐家期（一）甘肃武威皇娘娘台卜骨；三、殷商早期（一）二里冈卜骨，（二）琉璃阁卜骨，（三）渑池鹿寺卜骨，（四）褚邱卜骨，（五）七里铺卜骨，（六）徐州高皇庙卜骨；四、安阳卜骨的分期（一）安阳早期，（二）安阳晚期。叁、安阳早期卜骨上的文字。肆、论钻凿：一、钻，二、凿。伍、结论。后附参考书目、拓本图版。

《占卜的源流》
容肇祖著。1928 年发表于中央研究院历史语言研究所《集刊》第 1 本 1 分册，2010 年 10 月海豚出版社出版。全文约 50 万字，按照占卜的演变史，

对占卜历史的发展演化进行考究、论述。分为七个部分：一、从殷墟甲骨考证出古代占卜的实况；二、周代的占卜——龟、筮、筵篿及星占等；三、秦汉间至汉哀平前的占术及其哲学化；四、汉哀平以后的占术；五、魏晋南北朝至唐的占术；六、宋明以来《周易》的变化和占术的发展；七、杂卜术见于书籍的记载而无甚足称者。全文语言严谨、表述客观、引经据典、内容丰富，具有很高

的社会价值和历史价值。

《甲骨文的发现与骨卜习惯的考证》
张秉权著。1967 年 6 月发表于"中央研究院"历史语言研究所《集刊》37 本下册。此文一、什么是甲骨文：1. 命名的经过和定名的意义，2. 甲骨文的字数与片数。二、甲骨文的出土与甲骨文的发现：1. 甲骨文发现以前的甲骨出土情况，2. 私人挖掘的时期——为古董商人的搜购而发掘，3. 公家发掘的时期——为找寻科学研究的资料而发掘。三、骨卜习惯的原始与分布：1. 龙山文化或其他新石器文化时期的卜骨分布情形（山东省境内、河南省境内、河北省境内、热河省境内、辽宁省境内、吉林省境内、甘肃省境内），2. 殷商文化时期的卜骨和卜龟分布情形（山东省境内、河南省境内、河北省境内、江苏省境内），3. 周代（包括春秋战国）文化时期的卜骨和卜龟分布情形（河南省境内、河北省境内、山西省境内、陕西省境内、四川省境内、湖北省境内、江苏省境内），4. 文化时期不明者的卜骨和卜龟的分布情形（吉林省境内、山西省境内、陕西省境内、四川省境内、江苏省境内）。四、骨卜习惯的考证：1. 占卜材料的搜集和积储，2. 卜用甲骨的攻治，3. 贞问所卜的事情，4. 灼兆及其所用的火种，5. 辨兆及其断定吉否的因素，6. 记兆和刻兆，7. 卜辞的书契，8. 记验和归档。后有附注、引用书目、附甲骨拓本 7 版。

《卜骨上的凿钻形态》　许进雄〔加〕著。1973 年 8 月台北艺文印书馆。全书分为六部分：一、序（作者）。二、明义士藏骨钻凿形态图。三、卜骨上的钻凿形态 1. 概说，2. 五期概况，3. 王族卜辞属于第一期的商榷，4. 钻凿形态分类，5. 异常形第一式——圆凿大于并包括长凿，6. 异常形第二式——小圆凿，7. 异常形第三式——圆凿在长凿旁，8. 异常形第四式——于骨面施凿，9. 正常形，10. 王族卜辞的归宿，11. 第三与第四期卜辞的辨别，12. 第三期田猎卜辞的确认，13. 结语。四、附录英译全文。五、本书引用之图一。六、本书引用之图二。

《小屯南地甲骨》（下册·第三分册《钻凿》）　中国社会科学院考古研究所编。1983 年 10 月中华书局出版的《小屯南地甲骨》下册第三分册为《钻凿》内容部分。其中：一、小屯南地甲骨钻凿形态，二、钻凿统计表，三、骨面钻凿统计表，四、钻凿摹本、拓本目录表，五、钻凿图版：1. 摹本图版，2. 拓本图版，六、后记。在其中《小屯南地甲骨的钻凿形态》一文中，作者写道："甲骨上的钻凿形态是甲骨学的重要内容之一。他不仅反映出甲骨的攻治情形，而且与甲骨的分期断代有着密切的关联。"全文内容为：一. 甲骨的攻治，二. 凿之型、式，三. 凿型变化与分期（其中列《小屯南地各期甲骨凿之型式统计表》），四. 卜骨上凿之排列，五. 骨面施凿，六. 骨沿的型式，七. 钻，八. 结语。此文与董作宾 1929 年的《商代龟骨之推测》，董先生的文章侧重对卜龟的研究，此文对小屯南地出土以卜骨为主的这批材料，侧重卜骨的研究。两篇文章的发表虽然相差了五十多年，但互为补充，相得益彰。

《龟卜象数论——由卜兆记数推究殷人对于数的观念》（附论·上代之数字图案及卦象以数字奇偶表示阴阳之习惯） 饶宗颐著。1959 年 11 月香港大学出版社出版，1961 年 6 月收入台北"中央研究院"历史语言研究所《集刊》外编第 4 种《庆祝董作宾先生六十五岁论文集》下册，1982 年 4 月又收入香港明文书局股份有限公司出版《选堂集林·史林》。这是一部对出现在殷墟甲骨上，钻凿形态、卜辞以外还有的若干成组数字的系统研究专著。全书十四部分：一、引言，二、钻凿、兆、数、辞的连带关系，三、龟腹甲上数字性质的分析（同数、等数、差数、变数），四、数字排列的通例，五、论数止于十和龟数为五，六、论数的顺逆，七、论以"一"为共数，八、三三方阵式与洛书九宫，九、对称与对应在龟甲上表现之数的意义，十、揲策定数与灼龟见兆，十一、筮法创于殷代说兼论筮数出于龟数，十二、"极数知来"之"占"可包括卜与筮，十三、从龟数论古代思想几个主要观念（数与阴阳、本末与度数、象数），十四、余论。作者认为："龟甲上有四件东西，保持着连带的关系，即是龟背的钻凿孔，和经烧灼之后，腹面所呈的兆象，及刻在兆位的数字，与契刻在腹或背面的卜事记录的卜辞或纪事别辞。我们知道必先钻凿而后灼龟，才可得兆，有了兆乃在兆位记着数。故可以说是由钻灼以得兆，再由兆而得数。"

《甲骨学·钻凿与占卜》 严一萍著。是 1978 年 2 月台北艺文印书馆出版作者的《甲骨学》第四章"钻凿与占卜"。其中分钻与凿、占卜两部分，钻与凿部分又分：1. 钻凿之形式：甲、民间的；乙、侯国的；丙、王室的。2. 钻凿之分类：甲、胛骨；乙、背甲；丙、腹甲。占卜单列为一部分。

《甲骨文与甲骨学·骨卜习惯的考证》 张秉权著。是 1988 年台北"国立"编译馆出版作者的《甲骨文与甲骨学》第四章"骨卜习惯的考证"，分为八节：第一节、占卜材料的蒐集和积储；第二节、卜用甲骨的攻治；第三节、贞问所卜的事情；第四节、灼兆及其所用的火种；第五节、辨兆及其断定吉凶的因素；第六节、记兆与刻兆；第七节、卜辞的书契、第八节、记验和归档。"是以出土的遗物为主要的依据，以文献上的材料，作为帮助了解遗物的参考，再从出土的甲骨所遗留的痕迹上，去推测当时骨卜习俗中的一些细节。然后把那些细节联串起来，作一有系统的说明。"（张秉权《甲骨文与甲骨学》，第 53 页）

《甲骨学通论·甲骨的整治与占卜》 王宇信著，是 1989 年 6 月中国社会科学院出版作者的《甲骨学通论》第五章"甲骨的整治与占卜"。全章分商代卜用龟甲和兽骨的来源、甲骨的整治、甲骨的占卜与文字的契刻、甲骨占卜后的处理及少数民族保存的卜骨习俗。作者认为："甲骨文释商王朝晚期遗留下来的占卜记事文字。有关古代占卜用龟的记载，虽然在一些先秦古籍，诸如《尚书》《诗经》《左传》《国语》以及诸子和《周礼》等书中都有所记载，但语焉不详。商人是怎样占卜的？学者们只得将出土的甲骨实物并结合上述古籍里的一些记述进行考察。"（王宇信《甲骨学通论》，第103—104页）

《再论殷商王朝甲骨占卜制度》 宋镇豪著。发表于《中国历史博物馆馆刊》1999年第1期。全文分四个部分：一、正反对贞，同事异问，一事多卜。二、习卜之制，以不同时间因袭前卜而继续占卜该事或该事的发展。三、三卜之制，反复贞问一事于一龟一骨之外，已渐次降为同时利用三块甲骨反复占卜同一事——此制与殷商王朝卜官建制相应。四、卜筮并用，两相参照。详细论述甲骨占卜制度为殷商王朝固有礼制的重要部分。

（二）文法文例

《甲骨文例》 胡小石（光炜）著。列入1928年中山大学语言历史学研究所"考古学丛书"出版，上下两卷。这部书是最早有系统地研究甲骨文例的书。全书上卷为形式篇，计有二十八例：一、单字例，二、单列下行例，三、单列右行例，四、单列左字行，五、复列右行例，六、复列左行例，七、单复合右行例，八、单复合左行例，九、单列下行兼单右行例，十、单列下行兼单左行例，十一、单列下行兼上行例，十二、复右行兼单右行例，十三、复右行兼单左行例，十四、复左行例兼单右行例，十五、复左行兼单左行例，十六、复左行兼单左行右行例，十七、复左兼复右例，十八、一方右行，一方左行例，十九、上行例，二十、倒书例，廿一、上下错行例，廿二、互倒例，廿三、斜行例，廿四、沾注例，廿五、句转例，廿六、疏密例，廿七、重文例，廿八、合文例。下卷为辞例编，计有十六例：一、言之例，二、言其例，三、言不其弗其例，四、言于例，甲 系地例，乙 系时例，丙 声人例，丁 业词后置例，五、言在例，子 前置者，丑 后置者，乙 系地例，丙 时地并称例，丁 系代词例，六、言乎例，甲 同于例，乙 同乎例，七、言曰例，甲 句嵩例，乙 句末例，八、言隹例，甲 发嵩例，子 系日者，丑 系人者，乙 语助词，丙 连属词例，九、言自例，甲 系时例，乙 系方例，丙 系地例，丁 系人例，十、言今例，甲 系时例，乙 不系时例，十一、言众例，十二、言亦例，甲 叠双例，乙 以亦为又例，丙 省上文例，十三、言乍例，十四、言乃例，甲 曳词例，乙 乃犹而例，丙 易言女例，十五、言允例，十六、言亡言不言弗言勿言毋例，甲 言亡例，乙 言不例，丙 言弗例，丁 言勿例，戊 言毋例。由上可知，下卷是对卜辞中常用的二十多个虚词用法的研究，应该属于文法的范围。作者著作这部书时，因材料不足，所以有些个词例的观点有待完善，其他学者多有争议。但是其初立规模，艰苦缔造，并非容易的事情。董作宾从对此书加以修正补充。胡厚宣曾评介说:"胡光炜作《甲骨文例》,为最早研治卜辞文例之专书,惜误谬甚多,无足观取。其后董彦堂(作宾)作《新获卜辞写本后记》于卜辞之款式涂饰,皆有解说。又作《商代龟卜之推测》,综合龟甲中之可以认定其部位者凡七十,以索其通例,乃得龟甲文字所以左右行之由。其后又作《大龟四版考释》,龟甲行文之例,由完整大龟与以凿确之证明,遂成为定说。"

《帚矛说——骨臼刻辞的研究》 董作宾著。1933 年 6 月《安阳发掘报告》第 4 册,1962 年收入台北世界书局《董作宾学术论著》上册,1977 年 11 月又收入台北艺文印书馆《董作宾先生全集》甲编第 2 册。全文分正附两篇,正篇是研究帚矛刻辞,附篇是摹写帚矛刻辞的原拓片和释文。根据作者 20 年后所做的《骨臼刻辞再考》绪言中声明:"在民国二十年九月,我曾把这一类刻辞写成了一篇论文,名曰《帚矛说》,副题是《骨臼刻辞研究》。二十一年八月和二十二年四月,经过两次改定,发表在二十二年六月出版的《安阳发掘报告》第四期。这一篇文章,大标题错了,应该废掉,用副标题《骨臼刻辞研究》。这一篇论文的结论,重要的是:'1. 骨臼刻辞,是在卜辞以外的记事文字。2. 证明贞人即是史官,因为在这类刻辞中签名的都是史臣,有几位也同时作过贞人。3. 时代皆在武丁之世。4. 骨臼刻辞皆是签名的史臣所书契,可以推知卜辞文字,也都是贞人的手笔。这一部分的结论,现在看,还都是不错的。'"

《骨臼刻辞再考》 董作宾著。1954 年 6 月"中央研究院"《院刊》第 1 辑 《庆祝朱家骅先生六十岁论文集》,1962 年收入台北世界书局《董作宾学术论著》下册,1967 年台北世界书局再版。全文为九个部分,一、绪言,二、骨臼刻辞一例,三、一人所送胛骨成对的和零版之例,四、邑所送最多的胛骨,五、宝字的书法,六、重刻的骨臼,七、骨臼文例,八、骨臼刻辞整理的结果,九、三种记事刻辞的总检讨。对于骨臼刻辞的研究,作者在本文的开篇就说:"这是二十年来甲骨文字研究中,一个关系殷代文化甚大的小问题。"此文表明作者对骨臼刻辞的研究有了新的认识。

《骨文例》 董作宾著。1936 年 12 月发表于中央研究院历史语言研究所《集刊》第七本第一分。此书从安阳殷墟前三次的发掘所得的甲骨中,摹录卜骨 210 片,卜辞 489 例,外加《殷虚书契菁华》甲骨上的文例部分,绘制图版 30 幅,分析研究其行文款式。按照作者的说法:"兹更依照胛骨刻辞之部位,定其行文之通例。"得出的结论为:"凡完全之胛骨,无论左右,缘近边两行之刻辞,在左方,皆为下行而左,间有下行及左行者。在右方,皆为下行而右,亦间有下行及右行者。左胛骨中部如有刻辞,则下行而右,右胛骨中部反是,但亦有下行而右者。"甲骨学界认为,《骨文例》的发表是甲骨文文例系统研究的开辟。全书内容分为三部分,一、整理古文例之方法及材料，二、卜法，甲、钻凿，乙、灼兆。三、文例，甲　胛骨之正面背面刻辞例，（子　骨版刻辞地位之比较，丑　刻辞之下行及左右行，寅　刻辞之下、左、右行在胛骨上之比较，卯　大字长文之胛骨，辰　胛骨正面刻辞之变例），乙　胛骨之骨臼刻辞例。四、记事之史官签名。作者在书中的最后写到："此稿开始搜集材料，在民国二十年前后，二十四年秋始写定为兹篇，二十五年七月清会骨版图三十幅。甲骨贞卜方法及刻辞形款，自第四次发掘殷墟以后，迭有新知，更拟别作甲骨卜法文例，列入《小屯村发掘报告》中，故对此旧稿未加改窜，以存本来面目。盖甲骨文例，兹篇与《商代龟卜之推测》中所列，皆已粗具规模，后有所得，不过补苴缺略而已。"

《卜辞杂例》　胡厚宣著。1939年发表于中央研究院历史语言研究所《集刊》第八本第三分。内容列举了甲骨文例凡28种：1.夺字例，2.衍字例，3.误字例，4.添字例，5.删字例，6.删字又添例，7.空字未刻例，8.疑字书圈例，9.文字倒书例，10.人名称例，11.干支倒称例，12.成语倒称例，13.方国倒称例，14.文字倒书例，15.数字倒称例，16.一字析书例，17.行款错误例，18.左右横行例，19.追刻卜辞例，20.两史同贞例，21.先祖世次颠倒例，22.多辞左右错行例，23.一辞左右兼行例，24.兽骨卜辞对贞例，25.兽骨相间刻辞例，26.一辞分为两段例，27.正反面文字相倒例，28.同面文字倒正错综例。作者在文章前写到："平日读契，于比较特殊之例，每为记出，日久见多，综而合之……更得二十八事，录而出之，以就证于世之博雅，他日有得，当广续为之也。"

《武丁时五种记事刻辞考》　胡厚宣著。1944年3月发表于成都齐鲁大学国学研究所专刊胡厚宣《甲骨学商史论丛》初集第3册。全文分引论、释名、辑例、辨误、考义、结论六部分，列举了武丁时期甲骨文中的甲桥刻辞、甲尾刻辞、背甲刻辞、骨臼刻辞、骨面刻辞共五种记事刻辞，列举了525例，后又在"补证"中增加了11例，共536例，详细考证了甲骨上那些专为记事而契刻的文字。由此，甲骨上的记事刻辞开始受到关注和重视。1970年11月收入香港文友堂书店影印本《甲骨学商史论丛》（初集），1972年10月又收入台湾大通书局影印本《甲骨学商史论丛》（初集）下册，1990年又收入上海书店出版《民国丛书》第一编82册《历史地理类》。

《卜辞同文例》　胡厚宣著。1947年发表于中央研究院历史语言研究所《集刊》第九本。搜集了甲骨文卜辞同文例11种，1.一辞同文，凡四十八例。2.二辞同文，凡十六例。3.三辞同文，凡五例。4.四辞同文，凡二例。5.五辞同文，凡一例。6.六辞同文，凡一例。7.八辞同文，凡二例。8.多辞同文，凡七例。9.辞同序同，凡三例。10.同文异史，凡九例。11.同文反正，凡四例。所举的辞例有98例。此文研究的重点正如作者在序言中写道："殷代一事多卜，在同一甲骨者，普通皆刻一辞，如……等多数之例是也。其卜兆如距离较远，则同一卜辞或每一兆旁刻之，如前举附图……诸例是也。一事多卜之例，又有在不同之甲骨上为之者，则同一卜辞，常刻于每一甲骨。即今所谓卜辞同文之例也。卜辞中此例至多，而常为诸家所忽略。余常综合所有能见之卜辞而悉索之，两版或两版以上之甲骨，有一辞相同者，有二辞相同者，有三辞相同者，有四辞相同者，有五辞相同者，有六辞相同者，有八辞相同者，有多辞相同者，有辞同卜序亦同者，有同文异史者，有同文而为一事之反正两面者。一下试分而论之。"

《龟版文例研究》 李达良著。1972年7月发表于香港中文大学联合书院中国语言文学系《文史丛刊》乙种之二。此书所依据的资料，1. 张秉权的《殷虚文字丙编》第五册所著录的480余片复原的龟甲。2. 胡厚宣的《新大龟七版》。对所选的3400余条卜辞进行研究。全书分为《方位》与《文例》两篇，归纳为4大类，48例。第一类为卜辞种类释例：一、单贞 1. 单贞正问例，2. 单贞负问例。二、对贞 1. 对贞正在右负在左例，2. 对贞正在左负在右例，3. 二辞皆正例，4. 二辞皆负例。三、同卜一事刻数辞所问不限于正负之辞 1. 同一祭主卜问用牲之数或牲数不同例。2. 同卜一事所问对象不同例。3. 所卜事同，进行及发生之时日不同，或程序有先后之异，或人地名学于后刻之辞例。

4. 成套卜辞，甲 一正一负例，乙 数辞皆正例。5. 同事多卜刻二辞以上体例与成套卜辞同而序数不相连之辞，甲 一正一负例，乙 二正一负例，丙 二负一正例。第二类为卜辞段落结构释例：一、四段，四段俱全例（结构完整的卜辞）。二、三段，1. 前辞命辞占辞合刻例，2. 前辞命辞验辞合刻例。三、二段，1. 前辞命辞合刻例，2. 命辞占辞合刻例，3. 命辞验辞合刻例。四、一段，仅刻命辞例。第三类为前辞释例：一、某日卜某贞例。二、某日卜某无贞字例。三、某日卜例。四、某日卜贞例。五、仅计贞字例。六、某日卜王例。七、称日例。第四类为卜辞省文例：一、二辞相对省文例，1. 省卜日及贞人，2. 省前辞，3. 省贞字，4. 正问不计卜日贞人，范文省贞字例，5. 省命辞之文，甲 专有名辞之省称，乙 主词之省略，丙 受词之省略，丁 动词之省略，戊 时间短语之省略，己 部分文句之省略，庚 仅存短语或表示正反之词。二、二辞以上相对省文例，1. 省前辞之文，2. 省前辞及命辞之文。三、不同事类辞之相对省文例。四、成套卜辞省文例，1. 省前辞之文，2. 省前辞及命辞文例。五、成套腹甲省文例。可谓对卜辞文例条分缕析、详尽深入研究的专著。

《殷虚甲骨刻辞的语法研究》 管燮初著。1953年科学出版社出版。此书主要的是将体系性的语法理论，运用到甲骨刻辞研究中来，从而建立了一套甲骨刻辞的语法体系，包括造词法、词法、句法等。对甲骨刻辞语法上的一些特征，作了初步的分析。例如书中对于句型、语序、语序变例、修饰语的分析等，对词与词之间的关系进行了研究，例如在分析简单句型（主语—关系内动词—宾语）中，以形式标识来区分关系内动词、外动词。又如在语序的研究方面，从词的排列形式着手研究；在词类的研究中，关于否定副词语法特征的分析等，都进行了积极的探索。关于文法方面，按照词义分为十二类：1. 名词，2. 代词，3. 数词，4. 量词，5. 时地词，6. 动词，7. 系词，8. 形容词，9. 副词，10. 连词，11. 介词，12. 感叹词。由于甲骨文的词义，有时很难确定，所以按照词义分类不太容易掌握。有学者评价："此书在甲骨刻辞语法体系的建立上，是有其先导之功的。"（侯镜昶：《论甲骨刻辞语法研究的方向——评〈殷虚甲骨刻辞的语法研究〉》1982年上海古籍出版社《中华文史论丛·语言文字研究专辑》）。

《甲骨文中之先置宾语》 杨树达撰。1954年5月收入中国科学院出版的《积微居甲文说·卜辞琐记》，为《卜辞琐记》收入49篇短文中的一篇，写作于1951年3月31日。文中写道："吾国文法外动字与宾词之次序，常先外动后宾词，然亦时有与此相反取宾词先置者。余近读甲文，知其意如此。"

《殷虚卜辞综述·第三章文法》 陈梦家著。1956年出版的《殷虚卜辞综述》中的第三章文法，全面而有系统的对甲骨卜辞的文法进行研究和叙述。对于卜辞词性按照词位，将卜辞中的词类，分为九类：1. 名词——有通名和专名之别，通名为物名、期名、区位、身份和集体名；专名分为人名、女字、方族、地名、日子名。2. 单位词，也就是量词，这一类的词卜辞中并不多见，也不太容易解释。3. 代词——有人称代词与指示代词，人称代词又分第一人称代词如"余""朕""我"，第二人称代词如"汝""乃"，第三人称代词争议较多，有学者认为"有"字可认为是第三人称代词；指示代词如"之""兹"等。4. 动词——有外动词（及物，即有宾词的）或内动词（不及物，即无宾语的）。5. 状词——亦即形容名词的词，在卜辞中常见的状词有"大""小""多""少""白""黄""赤""新""旧""足"等。6. 数词——甲骨文中的数字，十以上的数字有时用合文，有时不用，五十以上倍数的合文则须由下往下读；干支之也是数词。7. 指词——有学者将这类词归入指示代词，卜辞中对时间的指称如"昔""羽""来""生""之""今"等，就词位讲归入指示代词不妥。8. 关系词——有学者将关系词分为连词和介词两类，连词卜辞中有"眔""有""又""于"；介词有"于""至""自""在""从"。9. 助动词——之一些动词的附加词，认为副词中的"又""有""亦""乃""自""允""其""更""惟""勿""弗""不""毋"都是助动词。文中认为，卜辞的句型已经具备了与现代汉语同样的结构和形式，即主词—动词—宾语，或主词—宾语—动词等基本句型，在卜辞中都出现过，所以可以说从甲骨文卜辞以至现代汉语，中国语文是一脉相承的。

《殷墟甲骨卜辞的语序研究》　沈培著。台北文津出版社1992年11月影印出版，编入《大陆地区博士论文丛刊》。全书前有作者"前言"，内容分为五章：第一章、主语的位置，第二章、宾语的位置，第一节、否定句代词宾语的位置，第二节、由"惠"和"唯"提示的宾语前置句，第三节、关于其他情况的宾语前置的讨论，第四节、双宾语语序，一、非祭祀动词变宾语语序，二、祭祀动词变宾语语序。第三章、介词结构的位置。第四章、状语的位置，第一节、副词的位置，第二节、时间名词的后置现象。第五章、数名结合的顺序及其他。后有结语、后记、本书所引用的甲骨著录书简称表、主要参考书目。作者"前言"中写到："就研究的程序来说，最好先对甲骨卜辞的正常语序作出客观的全面的描述，然后再作进一步研究。但是，根据现有的语言材料和有关研究，汉语自古至今的语序并没有太大的变化。因此，本书没有花大力气描述并讨论甲骨卜辞的正常语序，而把注意力集中在上面指出的'特殊语序'上，希望能得出一些有意义的结论。"

《中国字例》　高鸿缙著。1960年自刊本二卷，1964年台湾广文书店出版。1984年台北三民书局出版第六版。该书总目：第一篇、总论，第二篇、象

形，第三篇、指事，第四篇、会意，第五篇、形声，第六篇、转注，第七篇、叚借与通叚，第八篇、结论。其中第四章中国文字之研究途径与方法的第十三节为研究殷甲文之要义及甲文书目，以及第五章不可释之文字汇存待考的第十六节为甲文之不可识者。此书依六书分类，内容遍及六书体例及文字学多项内涵。诸如六书沿革、含意、文字创始、说文相关问题等，并列举字例每字均附甲骨文、金文、小篆、隶书及楷书并列说文说解，且凡《说文》大小徐本有异之处亦并两文皆引，下则列出诸家见解，加案语论述己见，详释其构造及字形演变状况。

《甲骨卜辞中否定词用法探究》（1—3）　韩耀隆著。文章三篇先后于1972年9、12月、1973年3月发表在《中国文字》第45、46、47册，对甲骨中卜辞中否定词的用法进行了全面研究。作者在第一篇文章开篇写道："历来学者在考释卜辞时，虽亦偶及否定词之探索……综观前贤之研究，似尚有可补苴或修正者，乃就所见，列卜辞否定词'不、弗、弜、勿、毋、非、亡'等七字，并举较可通读之卜辞五百余条，试加分析归纳，籍观其用"。通篇依甲、乙、丙、丁、戊、己、庚、辛、壬次第排序，由甲至庚七部分是对甲骨卜辞中七个否定词的逐个研究，辛部分为甲骨卜辞举例，壬部分为结论十五条。

《殷墟卜辞句法论稿——对贞卜辞句型变异研究》 朱歧祥著。台湾学生书局1990年3月影印出版。是作者再香港中文大学撰写的哲学博士论文修订稿。全书总分七章，共五十

七节。第一章、绪言（概论卜辞中的对贞）。第二章、对贞卜辞否定词断代研究。第三章、对贞卜辞句型变异之一——省文。第四章、对贞卜辞句型变异之二——移位。第五章、对贞卜辞句型变异之三——加接。第六章、对贞卜辞句型变异之四——复合词。第七章、对贞卜辞句型变异之五——类比。后有总论，附一：本文引用甲骨书目简称，附二：参考书目举要，附三：期刊论文举要，后言。旨在探讨甲骨文对贞卜辞的句法，比较分析对贞卜辞中的常态和变异句型，并确立甲骨文句法的若干理论架构。

《甲骨文动词词汇研究》 陈年福著。2001年9月，受浙江省省级社会科学学术著作出版资助，由巴蜀书社出版发行。喻遂生作"序"，

书前有凡例、前言，正文分为四章：第一章．甲骨文动词的数量和类别，第一节、甲骨文动词的确认；第二节、甲骨文动词的数量；第三节、甲骨文动词的类别。第二章．甲骨文动词的词义，第

一节、单义和多义；第二节、本义；第三节、词义引申。第三章．甲骨文动词词与词的关系．第一节、组合关系和聚合关系；第二节、同义词；第三节、反义词。第四章．甲骨文动词的字词关系，第一节、同字异词和同辞异字；第二节、字词蕴含和随文改字；第三节、甲骨文动词字结构分析。附录一：甲骨文动词表句式零释。附录二：甲骨文动词认证例释。附录三：甲骨文字、词、及物行为动词以及主要参考书目和后记。

《殷墟甲骨刻辞词类研究》 杨逢彬著。2003年9月广州花城出版社出版发行。郭锡良作"序"，书前有"绪论"，正文分为七章：第一章．动词（非祭祀动

词）：第一节、行为动词，一、不；二、及物行为动词。第二节、趋止动词，一、不及物趋止动词；二、及物趋止动词。第三节、感知心理动词，一、不及物感知心理动词；二、及物感知心理动词。第四节、状态动词，一、不及物状态动词；二、及物状态动词。第五节、存在动词。第六节、类同动词。第二章．祭祀动词：第一节、甲类祭祀动词，一、甲类祭祀动词A；二、甲类祭祀动词B。第二节、乙类祭祀动词，一、典型的乙类祭祀动词；二、不典型的乙类祭祀动词。第三节、关于不是祭祀动词的所谓"祭名"。第三章．形容词—对若干"形容词"的辩证；第四章．名词（附数

词）：第一节、普通名词。第二节、专
有名词。数词。第五章．代词：第一节、
人称代词。第二节、指示代词。第六
章．副词（附语气词）。第七章．介词。
结语。附录：一组甲骨语法论文。

《甲骨文字形类组差异现象研究》

王子杨著。2013 年 10
月由上海中西书局出
版，列入《复旦出土
文献与古文字研究博
士丛书》第一辑，由
上海文化发展基金会图书出版专项基金
资助。裘锡圭作《〈复旦出土文献与古
文字研究博士丛书〉序》，黄天树为本
书作"序"。"凡例"后正文五章，第一
章、绪论 1.1 解题：1.1.1 类组，1.1.2
类组差异。1.2 本课题的研究基础与相
关研究成果的简单回顾：1.2.1 研究前
提和基础，1.2.2 相关研究成果的简单
回顾。1.3 本课题的选题意义和主要研
究工作：1.3.1 选题意义，1.3.2 主要研
究工作。第二章、甲骨文字形的类组差
异现象举例 2.1 说明。2.2 甲骨文字形
的类组差异现象举例：2.2.1｛裸 1｝，
2.2.2｛裸 2｝，2.2.3｛祝｝……2.3 小
结。第三章、从"异体分工"和"特殊
讹混"再论甲骨文字形的类组差异现
象。第四章、甲骨文字形类组差异现象
的成因分析。第五章、基于甲骨文字形
类组差异现象的文字考释。后附参考文
献和后记。该书对甲骨文字的字形类组
差异现象进行分析、研究。全书包括以
下四个方面内容：第一，把前人揭示出

来的不同类组卜辞所使用文字形体不同
的例子进行汇总整理。第二，对甲骨文
字形存在类组差异现象的成因进行重新
探讨。第三，对甲骨卜辞存在的"异体
分工""特殊讹混"现象进行初步研究。
第四，甲骨文字考释。通过书的研究，
可以极大丰富对甲骨文字形存在类组差
异的现象的认识，为分期分类考察法研
究甲骨文字提供坚实的理论支持。其次，
指导甲骨文字考释实践。同时，又为汉
字史研究提供可借鉴的材料。

《殷墟花园庄东地甲骨文例研究》

孙亚冰著。2014 年 3
月上海古籍出版社，
收入国家哲学社会科
学成果文库。宋镇豪
作"序"，书前有凡
例、绪论，绪论有关于甲骨文例、花东
甲骨文的研究概况、本书研究的内容和
方法三节。正文分六章：第一章、花东
卜辞的行款特点；第二章、花东卜辞的
段落结构；第三章、花东卜辞的贞卜次
序；第四章、花东的成批卜辞；第五章、
花东记事刻辞文例；第六章、花东卜辞
的契刻特例，其中有合文例、重文例、
补刻例、误刻例、夺字例、衍字例、倒
书例、侧书例等。后有附录及参考文献、
引书简称对照、后记。甲骨文例研究是
甲骨学的一个分支，甲骨文例包括卜辞
文例和记事刻辞文例。作者总结前人对
甲骨文例的看法，认为甲骨文例的研究
内容应包括两个方面：第一，卜辞和记
事刻辞的行款走向、书契位置、先后次

序、字体写刻习惯等；第二，卜辞的结构形式（即叙辞、命辞、占辞、验辞、用辞、孚辞、兆序、兆辞）、同版或异版甲骨上的卜辞形式（即正反对贞、选贞、同文例、成套卜辞、成批卜辞等）。1991 年殷墟花园庄东地发现了一个完整的甲骨坑，出土了刻辞甲骨 689 片（卜甲 684 片，卜骨 5 片），2003 年收录该批甲骨文全部材料的《殷墟花园庄东地甲骨》出版，甲骨学界非常重视花东甲骨文研究，该书系统归纳了花东甲骨文例的特点，对花东甲骨文例研究进行了积极探索。

（三）校订缀合

《甲骨叕存》

简称《叕存》《叕》。曾毅公编著。1940 年 6 月山东齐鲁大学国学研究所影印出版。书名由作者篆书自题，自题时间为"（民国）二十八年十一月"。书前有孙海波作"甲骨叕存序"，有作者"甲骨叕存自序"，"凡例"（包括缀合残片出处书名）。正文共收录甲骨缀合 75 版（后来又入编《甲骨缀合编》），采用的材料出自已出版的《铁云藏龟》《殷虚书契前编》《殷虚书契菁华》《铁云藏龟之余》《殷虚书契后编》《殷虚卜辞》《戬寿堂所藏殷虚文字》《龟甲兽骨文字》《铁云藏龟拾遗》《簠室殷契徵文》《卜辞通纂》《殷契卜辞》《殷契佚存》《殷契粹编》《殷虚书契续编》《甲骨文录》共十六种甲骨著录书的拓片。此书为最早的甲骨文缀合专书，也是 1949 年以前缀合甲骨规模最大的著录及甲骨缀合研究领域集大成者。此书比较之前学者们随文或在著录书的考释中公布缀合甲骨不同，是学者专门在缀合这一领域，悉心追求的成果结集。王宇信说："甲骨缀合专著，既与甲骨著录有相同之处，即都是公布甲骨拓片（或摹本）；但又有所不同，即缀合著录所公布的甲骨拓本（或摹本），是经过学者对以著录甲骨精心的科学整理，体现了学者的甲骨功力和超人的智慧，从而使'身处异处'的残碎甲骨，又能'重聚一堂'并发挥其更大的科学价值。"（王宇信《新中国甲骨学六十年》，中国社会科学出版社 2013 年版）

《甲骨缀合编》

简称《缀》《甲缀》《缀合》《缀合编》。曾毅公著。1950 年 6 月北京修文堂书店石印本两册。是作者在《甲骨叕存》的基础上出版的缀合甲骨新结集，共收入甲骨缀合 496 版，所采用材料来自除《甲骨叕存》所采用十六种甲骨著录书外，增至三十多种著录书，还有五种尚未出版的（如《明义士殷契卜辞后编》等）五种著录拓本的资料。所整理的甲骨多为王懿荣、王襄及日本人林泰辅等藏家早年所收甲骨和一部分安阳殷墟科学发掘的甲骨材料。全书各版按一定的事类编次，为王号、祭祀、方国、地名、天象、田猎、卜年、卜旬、卜夕、卜日和甲子表等。各缀合版下均注明该缀合版所缀各片出自原著录书的卷、页、编号。缀合中收入了郭沫若的《殷契余论》中《缀和例》和董作宾的《殷历谱》中所缀合的成果。无论在甲骨缀合的成果上，还是在缀合甲骨的范围上，都比《甲骨叕存》有了很大的提高。

《殷虚文字缀合》

简称《合》《殷缀》。郭若愚、曾毅公、李学勤合编。1955 年 4 月作为中国科学院考古研究所《考古学专刊》乙种第 1 号，由科学出版社影印出版。由于此书的主要内容，是对安阳殷墟科学发掘，著录发表于《殷虚文字甲编》和《殷虚文字乙编》的甲骨进行缀合，所以书名为《殷虚文字缀合》。书前有郑振铎作"序"，正文缀合图版顺序编通号，共编 482 号。其中郭若愚缀合 324 版（《殷虚文字甲编》76 版、《殷虚文字乙编》248 版），曾毅公和李学勤缀合 158 版（《殷虚文字甲编》46 版、《殷虚文字乙编》152 版）。众所周知，安阳殷墟发掘出土的甲骨文，第一次至第九次发掘所得著录于《殷虚文字甲编》，第十三次至第十五次发掘所得的大部分著录于《殷虚文字乙编》。但是从 1937 年抗战爆发前，第十五次发掘结束至 1948 年《甲编》出版，直至 1953 年《乙编》（下辑）出版，这批甲骨从安阳到南京，从南京到

长沙，再从长沙到昆明再到四川李庄，一路颠沛流离，致一部分原为一版的甲骨，破裂为数块；原本已经整理粘对好的甲骨再次断裂；原包装箱中若干版甲骨破裂成一团混沌。《甲编》情况还好一点，因为抗战前就已经做好了拓本，《乙编》情况因还没有做好拓本就装箱运走，因而出现在《乙编》上的著录拓本许多都是那些碎断的甲骨拓本。对此种情况不了解的人，曾怀疑董作宾"秘藏椟中"和"秘而不宣"，加以指责。事实上，即便是没有战争，甲骨从发掘出土，到整理研究，编辑出版，总要有个过程。花园庄东地甲骨 1991 年发掘出土，2003 年才由云南人民出版社出版《殷墟花园庄东地甲骨》，在高科技和平年代还花费了十多年时间，何况当年董作宾他们身处战乱。王宇信在他的《甲骨学通论》中的观点还是非常客观的："董作宾等学者不折不挠，忍辱负重，终于将此书出版，为甲骨学研究作出了巨大贡献。我们现在平心静气地看，他们的工作效率还是非常之高的。我们应当充分理解他们的处境和一心想把材料早日公布的心情。"战争使安阳所出甲骨遭受了劫难，造成完整的资料破碎，但也造就了一批因整理和缀合研究这批甲骨的而成长的学者专家。

《契文举例校读》

白玉峥著。1969 年至 1974 年先后发表于台湾大学文学院中国文学系编印的《中国文字》34、43、52 期。

全书分上、中、下三册。作者在书前写道："瑞安孙诒让先生契文举例，乃考释甲骨文字第一书也。先生治古文大篆之学四十年，所见彝器款识逾二千种。为晚清金文大家。既得铁云藏龟，诧为奇迹，乃穷两月之力校读之而成此书。创始维艰，厥功至伟，洵为甲骨研究者所不可不读。惟以不识误识之字过多，于征引契文，苦难句读，玉峥尝以此意，请益于秀水严一萍先生，先生然之。爰加校订或卜考释，傥亦有助于研读欤。"

《甲骨缀合新编》简称《新缀》《缀新》。严一萍著。1975 年 6 月

台北艺文印书馆影印出版。全书十册，第一册至第九册共收入缀合甲骨 684 版，第十册为《甲骨缀合订讹》，共收入 364 版，是将《甲骨叕存》《甲骨缀合编》《殷虚文字甲编考释附图》等甲骨著录书中缀合的甲骨，重新编排的拓本和摹本。书前有"自序""凡例"，附有"总目""补拓本目录""索引""勘误表"。正文中所缀合版的每版，前为拓本，摹本随拓本之后，可相互参照；每版的编号之下还将之前所缀合的作者一一著名；并在每个所缀部位标明 A、B、C、D 等英文字母部位号，注明某部位曾为某书所缀。第十册订讹部分，不但将之前自己认为缀合有误的收入，而且指出其中缀合的不合理之处。此后，作者又有新获，1976 年出版了《甲骨缀合新编补》。

1990 年收入台北艺文印书馆《严一萍先生全集甲编》第四、五函。

《甲骨缀合新编补》　简称《新缀补》。严一萍著。《萍庐甲骨研究集》之一。1976 年 12 月台北艺文印书馆影印本一册，1990 年收入台北艺文印书馆《严一萍先生全集甲编》第五函。详见《甲骨缀合新编》。

《殷虚第十三次发掘所得卜甲缀合集》　严一萍著。1989 年 6 月台北艺文印书馆，1990 年收入台北艺文印书馆《严一萍先生全集》甲编第三函。该书为严一萍遗著之一。所谓第 13 次发掘所得卜甲，主要是指 YH127 坑出土的 17096 片甲骨，主要部分董作宾著录发表于《殷虚文字乙编》，张秉权的《殷虚文字丙编》已进行了大量的拼兑缀合。该书是在丙编的基础上，再次拼兑缀合 211 余版，多为《殷虚文字丙编》所未及者，也有在丙编基础上再予缀合。白玉峥作"后记"介绍："本缀合集所著录者，夫子早在二十余年前即已完成，且不止此数，其所以迄未发表者，常训示玉峥曰：'若乙编所著录之拓本，触处皆可缀合，二十余年前颇从事于此业，自丙编出，即未继续，而所作缀合不见于丙编者，亦不拟发表。……'缘斯、本缀合集于未整理前，曾多方拜访夫子生前好友、学者，咸认：凡所缀合，皆有益于甲骨学、古文字学、殷商史实之

研究，亟宜早日整理刊行，提供研究之最佳研究资料。"

《殷虚第十五次发掘所得甲骨校释》白玉峥著。1990年2月台北艺文印书馆影印出版。全书分五部分，一、前言：1. 卜甲整理，2. 卜骨整理。二、卜甲校释。三、卜骨校释。四、拓本图版。五、后记。作者"后记"写道：该校释，始业于1987年，至1997年春末清缮完成，发表于《中国文字》新13期。"刊出后，得读者函示，鼓励出版专书，并能增列各该拓本图版。经祖根兄、殷魁兄之鼎力支持与鼓励，遂据甲骨文合集及殷墟文字乙编所著录之拓本，摘其最优最善者辑录之。另将前贤所作之缀合版与玉峥所为者并予辑入，藉成较完正之拓本，而利于研究。"

《甲骨缀合集》简称《蔡缀》。蔡哲茂著。1999年台北乐学书局出版。书名由著名考古学家石璋如题写，扉页上的赫然醒目一行字"谨以此书纪念先师金祥恒先生"，以表达作者对恩师的怀念和感激之情。书前有裘锡圭"序"、雷焕章[法]"序"、松丸道雄[日]"序"和作者"自序"。正文为缀合图版、释文考释，共收入甲骨缀合版361组，所收入的组合版与过去发表的甲骨缀合文章不同，过去是用摹本发表，没有释文或考释，本书中重新用拓本并加摹本、释文和考释。所以说，既是作者多年来发表甲骨缀合成果的总合，又是新体例新内容的新书。对其他各家先后发表的同版的缀合，则在考释中著名，还将各家缀合汇集成《甲骨文合集》缀合号码表附后。附录有：引用甲骨文书目简称表、参考书目、作者所发表缀合文章目录、引用诸家缀合出处、后记。书后又附八种表格：1. 甲骨缀合集组别号码表，2. 甲骨缀合集缀合号码表，3. 甲骨文合集未收缀合号码表，4. 甲骨文合集缀合号码表，5. 小屯南地甲骨缀合号码表，6. 英国所藏甲骨集缀合号码表，7. 甲骨文合集重片号码表，8. 甲骨文合集同文例号码表。王宇信评价："上述诸表，是蔡哲茂在自己多年的缀合研究工作中，对《甲骨文合集》《屯南》《英藏》诸书的缀合成果进行彻底清理得出的总认识，也是对前人缀合所取得成果的全面反映和总结。不言而喻，这些表格也展示了蔡哲茂的缀合成果，以及《甲骨缀合集》在甲骨缀合史上所处的重要地位。蔡哲茂《甲骨缀合集》的缀合研究，就是在前人已取得这些成就的基础上，又做了总集成并反映了此领域研究工作的新进展"。（王宇信《新中国甲骨学六十年》中国社会科学出版社2013年版）对于这部《甲骨缀合集》，著名学者裘锡圭在为此书所作的"序"中高度评价："不但是对蔡先生自己的甲骨缀合成果来说是一部集大成的著作，就是对迄今为止整个学术界的甲骨缀合成果也是一部集大成的著作。"

《甲骨文缀合续集》简称《缀续》《蔡缀续》。蔡哲茂著。2004年台北文津出版社出版。日本学者松丸道雄题写书名，李学勤作"序"。正文收入甲骨缀合版185组，由于是作者此前《甲骨文缀合集》的续集，因而书中所收各组缀合版的编号与《甲骨文缀合集》的号数相接，统编为362—546号，每组拓本与摹本同编一号，都有释文及考释。附录诸家所作缀合出处、作者所发表缀合文章目录、参考书目、引用甲骨文书名简称表、后记。作者收入此书的研究成果，主要是1999年彭邦炯、谢济、马季凡的《甲骨文合集补编》出版，公布了许多以前没有著录发表的甲骨，引起了许多学者的注意。作者很快也注意到了这批新材料并开始整理和缀合研究，先后在台北《大陆杂志》仍以《甲骨文缀合补遗》之名，发表系列文章八篇。这些研究成果，应是此书内容的主要组成部分，根据作者后记叙述，是"将这些已发表的缀合成果合成一编"的总集。此书和之前出版的《甲骨文缀合集》一样，也后附了《甲骨文缀合续集组别号码表》《甲骨文合集缀合号码表》《甲古文合集重片号码表》《甲骨文合集误缀号码表》《甲骨文合集补编误缀号码表》《甲骨缀合集组别号码及发表出处表》《甲骨缀合续集各组发表出处表》《小屯南地甲骨缀合号码表》《甲骨缀合表勘误表》等。

《甲骨文合集缀合补遗》　蔡哲茂著。1984年6月《大陆杂志》第68卷第6期开始发表，其后陆续在《大陆杂志》上发表了续、续二……直到续十八。《甲骨文合集》的编纂工作，本身

就包括甲骨缀合这一重要内容，胡厚宣在《甲骨文合集·序》中记载："总计拼合不下两千余版，单《殷墟文字》甲、乙两编，就拼合了一千版以上。"王宇信在《建国以来甲骨文研究》中讲到《甲骨文合集》的缀合成就，"能超过《甲骨叕存》《甲骨缀合编》《殷墟文字缀合》《殷墟文字丙编》《甲骨缀合新编》《甲骨缀合新编补》等前人近人著作"。《甲骨文合集》出版，为缀合研究提供了大量素材，引发了作者这一系列对《甲骨文合集》的缀合研究文章。作者在其后的结集《甲骨缀合集·自序》中写道："甲骨缀合此一工作是不可能有结束的一天，具有无限性。"

《甲骨文合集缀合补遗》（续）　蔡哲茂著。1999年台北《大陆杂志》陆续刊登。1999年彭邦炯、谢济、马季凡的《甲骨文合集补编》出版，虽然这部著录书在编辑过程中也注重了缀合工作，但占有二分之一左右的著录为第一次发表的新材料，仍有许多可以自相缀合。作者很快注意到这一现象，并将注意力集中到对《合集补》的缀合研究方面，按作者自己的话说："我陆续将缀合成果发表于《大陆杂志》，文章仍名为《甲骨文合集缀合补遗》，在系列文章中列为续十九到续廿六等八篇。"直到发表到《大陆杂志》停刊，又转移阵地继续发表。这些研究成果之后都合成与《甲骨文缀合续集》。

《甲骨拼合集》　黄天树主编。2010年8月学院出版社出版。书前有黄天树"序""凡例"，书后附录一：《殷

墟龟腹甲形态研究》（黄天树）。附录二：《关于卜骨的左右问题》（黄天树）。附录三：《甲骨形态学》（黄天树）。附录四：《甲骨文合集同文表》

（李爱辉）。附录五：《甲骨文拼合集索引表》（莫伯锋、王子扬）。附录六：《2004—2010 年甲骨新缀号码表》（莫伯锋、王子扬），《本书引用甲骨著录简称表》。此书的主体部分是缀合图版，收入黄天树及其学生们的甲骨缀合成果共 326 例，其中，缀合图版第 1 例至第 51 例为黄天树缀，第 52 例至第 76 例为姚萱缀，第 77 例至第 94 例为方稚松缀，第 95 例至第 176 例为刘影缀，第 177 例至第 193 例为齐航福缀，第 194 例至第 251 例为莫伯锋缀，第 252 例至第 261 例为何会缀，第 262 例至第 307 例为李爱辉缀，第 308 例至第 321 例为李延彦缀，第 325 例为郭艳缀，第 326 例为田敏缀。每位作者的缀合成果按其发表时间前后为序。缀合图版后为说明于考释部分。所收各例甲骨卜辞的分类、各组卜辞的时代，皆从黄天树《甲骨王卜辞的分类与断代的观点》。所缀合的方法依据黄天树的"甲骨形态学"。王宇信评价："《甲骨拼合集》是表象的传统的甲骨缀合方法与深层次的甲骨形态学考察相结合，对甲骨文残片进行了又一次全方位、多角度的总清理，并取得了巨大成功。"（王宇信《新中国甲骨学六十年》中国社会科学出版社 2013 年版）

从 1917 年王国维考释《戬寿堂所藏甲骨》，缀其中一片与《殷墟书契后编》一片合，到郭沫若著《卜辞通纂》缀合甲骨 30 多片，并以论文形式发表《甲骨断片缀合八例》，只是依据卜辞内容和片形偶然的、自发的缀合。董作宾 1929 年发表《商代卜龟之推测》于 1936 年发表《古文例》，倡导将残碎卜甲和卜龟置于龟骨整体形态及位置上进行整理和研究，提出了"定位法"。曾毅公《甲骨叕存》、张秉权《殷墟文字丙编》、严一萍《甲骨缀合新编》、蔡哲茂《甲骨缀合集》等，都是根据甲骨实物"定位法"的实践。对黄天树的"甲骨形态学"，从王宇信观点："是对甲骨缀合'定位法'的深入与细化。"

《醉古集——甲骨的缀合与研究》 林宏明著。2008 年 9 月由台湾书房出版社出版，松丸道雄 ［日］题写书名。正文目次为：图版 382

组、醉古集组别号码表、醉古集缀合学者一览表、醉古集与甲骨文合集对照表、醉古集与甲骨文合集补编对照表、醉古集与殷虚文字乙编对照表、醉古集与殷虚文字乙编补遗对照表、醉古集与殷虚文字丙编对照表、醉古集与其他甲骨文字著录对照表、醉古集与殷虚文字缀合对照表、醉古集与殷墟第十三次发掘所得卜甲缀合集对照表、释文及考释、与醉古集有关的释文刊定表、参考书目、醉古集引用著录简称表、审查意见及后

记。作者师从"中央研究院"历史语言研究所蔡哲茂研究员，开始甲骨缀合工作，目前是海峡两岸青年甲骨学者中缀合甲骨数量最多的人之一，其缀合成果中有不少可促进甲骨分期、文字考释、文例研究的进一步深入。2011年3月作者自印《醉古集——骨的缀合与研究》500部再版，由台北万卷楼公司代为发行。

（四）断代分期

《甲骨文断代研究例》 董作宾著。1933年1月发表于中央研究院历史语言研究所《集刊》外编第1种《庆祝蔡元培先生六十五岁论文集》上册，收入台北"中央研究院"《历史语言研究所专刊》之五十之附册，1962年又收入台北世界书局出版的《董作宾学术论著》，1967年再版，1977年11月又收入台北艺文印书馆《董作宾先生全集》甲编第2册，1996年10月又收入河北教育出版社刘梦溪主编《中国现代先生经典·董作宾卷》。著作开篇叙述了断代研究的宗旨，即"把每一块甲骨上所记的史实，还他个原有的时代"。而后阐述了一、是甲骨文字所包含的时期的延展，二、是断代研究的标准逐渐成立，拟定了下列的十个标准：一、世系；二、称谓；三、贞人；四、坑位；五、方国；六、人物；七、事类；八、文法；九、字形；十、书体。由上述标准分盘庚以至帝辛为五期：第一期、武丁及其以前（盘庚、小辛、小乙）；第二期、祖庚、

祖甲；带三期、廪辛、康丁；第四期、武乙、文丁；第五期、帝乙、帝辛。正文本着五个时期的划分，就十种标准一一举例论述。王宇信评价："这'十项标准'犹如一把钥匙，为我们打开了看来似是'浑沌'一团的十五万片甲骨时代先后的大门，使其'各归其主'，有条不紊地划归五个不同时期，隶属八世十二王的名下。因此，熟练地掌握上述分期断代的'十项标准'，不仅是初学甲骨文的基础训练，在甲骨学和商史研究工作中也将受益无穷。""《甲骨文断代研究例》，是一篇十万余言的宏篇巨著。文中构筑的'五期'分法和'十项标准'，至今还是国内外甲骨学界和商史研究中所普遍使用和承认的基本方法。可以毫不夸大地说，这篇甲骨史上的名作，振聋发聩，钩深致远，为甲骨学商史研究开辟了一个全新时期。五十多年来，历年长新，是几代甲骨学者的基本入门教科书。所谓甲骨文分期断代研究，就是董作宾分期断代学说的继承和发展。"

《殷虚卜辞综述·断代（上、下）》 陈梦家著。是1956年7月科学出版社出版的《殷虚卜辞综述》的第四章"断代"上与第五章"断代"下。第四章分为：断代的分期及其标准；坑位对于甲骨断代的限度；村中出土的康、武、文卜辞；师组卜辞；E16坑与师组的时代；宾组卜辞；子组卜辞；午组卜辞；结语九节，并附录第一次发掘各坑甲骨、《写本》与《甲编》1—447对校、第十三次发掘所获各坑甲骨、十五次发掘所

获甲骨及其地区、宾师子午四组卜辞称
谓对照表。第五章分为：武丁宾组卜人；
武丁特殊记事刻辞；武丁不系联的卜人；
祖庚、祖甲出组卜人；出组分群及其相
当的时代；廪辛何组卜人；武乙和帝乙、
帝辛卜人；结语九节，附卜人表一至五。
文中对董作宾断代"五期"说与"十项
标准"进行了某些修正，提出了殷墟甲
骨分期断代的三个标准和"九期说法"。
王宇信认为："陈梦家的'三个标准'
和'九期'说法，从内容和方法方面
看，与董作宾的'五期'说和'十项标
准'并没有什么实质上的不同。所以我
们认为，无论是胡厚宣先生的'四期'
分法，还是陈梦家的'九期'说，仍是
以董作宾的'五期'说和'十项标准'
为依据的。"（王宇信《甲骨学通论》，
第183页）

《帝乙时代的非王卜辞》 李学勤
著。发表于《考古学报》1958年第1
期。文章开始叙述了"非王卜辞"的概
念，并指出："1938年日本贝冢茂树发
表《论殷代金文中所见图像文字 》一
文，从小屯卜辞中区别出他所谓'子卜
贞卜辞'，指出这种卜辞不是王卜辞。
后来他在1946年出版的《中国古代史学
的发展》和1953年发表的《甲骨文断
代研究法的再讨论》中进一步推开了这
一见解。"此文从一、YH251、330坑的
妇女卜辞，二、YH127坑的子卜辞，
三、与子卜辞有关的一些卜辞，四、
YH127坑的允卜辞，五、非王卜辞的时
代等五方面，指出了殷墟甲骨卜辞确含
有少数非王卜辞，并初步论述了这些非

王卜辞的性质、时代、内容等。后附
注释。

《甲骨文断代研究管见》 高景成
著。1977年2月台北艺文印书馆。作于
抗战期间，原稿共分为一、总论，二、
字形的补充，三、字形的商榷，四、书
法补说，五、贞人之补充又字形的补充
这一部分。

《甲骨学·断代》 严一萍著。是
1978年2月台北艺文印书馆出版作者
《甲骨学》一书中的第七章"断代"。全
章目次为：一、断代的前提，1. 断代的
研究法；2. 论殷代礼制的新旧两派；
3. 揭穿文武丁时代之谜。二、断代异说
的批判，1. 胡厚宣的四期说；2. 陈梦家
的贞人组；3. 贝冢茂树的王族多子族卜
辞。三、文武丁时代的新证据，1. 文武
丁时代的客观标准；2. 称谓与风格；
3. 妣戊与侑祭；4. 文武丁时代的钻凿；
5. 文武丁时代的遗物遗址。四、贞人，
1. 贞人非卜人；2. 贞人跨越数代的问
题；3. 贞人与方国；4. 新的贞人与新
人物。

《甲骨断代问题》
严一萍著。1982年8
月台北艺文印书馆出
版，1991年元月影印
再版。书前有作者
"序""再序"，正文
八部分，一、前言。
二、月食所引起的问
题。三、甲骨的异代使用问题。四、上
甲廿示与用侯屯。五、贞人跨越时代与
历？（扶）。六、贞人扶的书体。七、相

同称谓的不同时代：甲、父 1. 父甲；
2. 父乙；3. 父丙；4. 父丁，A. 二期称
武丁为父丁；B. 三期也有一位父丁；
C. 武乙称康丁为父丁；D. 文武丁称武
乙同辈之父丁；E. 帝乙时称文武丁为父
丁；5. 父戊；6. 父己；7. 父庚；8. 父
辛；9. 父壬；10. 父癸，乙、母 1. 母
甲；2. 母乙；3. 母丙；4. 母丁；5. 母
戊；6. 母己；7. 母庚；8. 母辛；9. 母
壬；10. 母癸，丙、兄 1. 兄甲；2. 兄
乙；3. 兄丙；4. 兄丁；5. 兄戊；6. 兄
己；7. 兄庚；8. 兄辛；9. 兄壬；10. 兄
癸，丁、子 1. 子丁；2. 子庚；3. 子癸。
八、后语。该书全面论证了"师组"卜
辞应为文武丁时代，并论证了"贞人历
与贞人扶的时间相近，贞人历是武乙时
人，贞人扶在文武丁早年任职，正可以
衔接"。这样专就分期断代研究中的某
些问题（主要是论述文武丁卜辞的时
代）进行全面研究而写成的专著，在国
内外还是不多见的。特别是书中坚持并
进一步论证董作宾的"文武丁时代"的
看法，与不少学者的意见是针锋相对的。
因此，就更值得我们重视并认真加以
研讨。

**《甲骨学通论·甲骨文的分期断代
（上、下）》**　王宇信著。是 1989 年 6
月中国社会科学出版社出版发行的作者
《甲骨学通论》中的第七章"甲骨文的
分期断代"上与第八章"甲骨文的分期
断代"下两部分。第七章主要有甲骨文
分期断代的探索与分期断代"五期"说
及"十项标准"两部分内容，分期断代
"五期"说及"十项标准"分上、中、

下三节论述。第八章有：第一节、分期
断代研究的深入——"揭穿了文武丁时
代卜辞的密"；第二节、甲骨文分期断
代的又一个"谜团"——所谓"历组"
卜辞的争论和武乙、文丁卜辞的细区分；
第三节、关于甲骨文分期断代的几个新
方案；第四节、分期断代研究有待解决
的几个问题。全面系统地论述了甲骨文
分期断代的基本理论和方法。

《谈甲骨文的断代》（黄沛荣笔记）
金祥恒著。收入 1990 年 12 月台北艺文
印书馆出版的《金祥恒先生全集》第一
册 265 页至 274 页。

**《殷墟王卜辞的
分类与断代》**　黄天
树著。1991 年 11 月
台湾文津出版社影印
出版，2007 年 10 月
科学出版社简体字出
版。2007 年本，书前
有"自序""繁体字

版序""繁体字版自序"；1991 年台湾繁
体字本有李学勤"序""自序""凡例"
"本书引用书目简称""前言"，正文十
三章。2007 年本将"前言"改为第一章
绪论，正文成为十四章：第一章、绪论。
第二章、师组卜辞：一、师组肥笔类，
二、师组小字类。第三章、有类卜辞。
第四章、宾组卜辞：一、典宾类，二、
宾组𠂤类，三、宾组一类。第五章、宾
出类卜辞：一、宾组宾出类（宾组三
类），二、出组宾出类（出组一类），
三、论宾组三类卜辞的时代，四、对于
宾组中三种类型卜辞时代先后的考察。

第六章、师宾间类卜辞：一、师宾间 A
类，二、师宾间 B 类。第七章、论师组
小字类卜辞的时代。第八章、历类卜辞：
一、历一类，二、历二类，三、历类卜
辞的时代，四、历一类与历二类卜辞之
间的关系，五、历草体类及其时代。第
九章、师历间类卜辞：一、师历间 A
类，二、师历间 B 类，三、师历间类卜
辞的时代。第十章、何组卜辞：一、事
何类，二、何组一类，三、何组二类。
第十一章、历无名间类。第十二章、无
名类：一、无名类，二、无名类的"左
支卜"与"右支卜"，三、无名类和何
组二类的相互关系及其时代。第十三章、
无名黄间类卜辞。第十四章、黄类卜辞：
一、黄类，二、什么是真正的武乙、文
丁时期的卜辞。后有注释，附录一、关
于卜辞的计日法，附录二、关于无名类
等的用辞，附录三、甲骨新缀廿二例。
还有字体类别图版，缀合图版。殷墟甲
骨卜辞使用的时代长达两百多年，无论
从历史学的角度或从语言文字学的角度
来使用这批资料，都必须先加以分期断
代。甲骨断代学说是董作宾所创立的。
20 世纪 70 年代以来，在李学勤、裴锡
圭等学者的努力下，这方面的研究又有
了很大的进展。甲骨学界多数学者接受
了必须先分类（指根据字体等特征把殷
墟甲骨文分成不同的类），然后再在此
基础上进行分期断代的观点，以及殷墟
卜辞的发展演变分两系的观点。本书根
据新的观点、方法和研究成果，对殷墟
甲骨文的主要部分——王卜辞的分期断
代做了全面系统和深入细致的研究。本

书是分期新说的系统发展，作者从严密
的类型学分析着手，把殷墟王卜辞细分
为 20 类，对各类的特征、时代以及彼此
间的关系作了细致、翔实的论述，不但
很好地总结了已有的研究成果，而且还
有很多创见，使 20 世纪 70 年代以来逐
渐形成的甲骨断代新说得到了充实和
发展。

《殷虚卜辞断代
研究》　方述鑫著。

1992 年 7 月台湾文津
出版社出版，列入
《大陆地区博士论文
丛刊》，本为作者四
川大学考古学博士学
位论文题目，后加充实整理成书出版后，
荣获四川省社会科学优秀成果奖。胡厚
宣作《〈殷墟卜辞的断代研究〉序》。正
文前言后分三章，第一章、论"非王卜
辞"一、"非王卜辞"说的产生及其影
响。二、"非王卜辞"的时代和内容：
1. 坑位情况，2. 地层关系，3. 同版现
象，4. 字体与文例，5. 人名与地名，
6. 亲属称谓 7. "非王卜辞"释读中的
一些问题。三、"非王卜辞"的性质。
四、结论。第二章、师组卜辞断代研究
　一、师组卜辞的分类，二、师组卜辞
的出土情况，三、师组卜辞的时代，四、
对殷墟卜辞两系说的简单看法，五、结
论。第三章、论"历组卜辞"与武乙、
文丁的卜辞　一、"历组卜辞"与武乙、
文丁的卜辞的分类，二、"历组卜辞"
与武乙、文丁的卜辞的出土情况，三、
"历组卜辞"与武乙、文丁的卜辞的世

系和称谓：1. 集合庙主的世系，2. 亲属称谓。四、"历组卜辞"与武乙、文丁的卜辞的人物和事类：1. 人名和妇名，2. 方国和事类。五、"历组卜辞"与武乙、文丁的卜辞的其他问题：1. 兆辞、前辞和署辞，2. 字形和文例，3. 异代同版问题，4. 关于文丁三类卜辞。六、结论。有后记和本书引用甲骨著录书目的简称。胡厚宣在为此书所作"序"中评价："方述鑫先生系徐中舒先生的博士研究生。其博士论文题目是《殷墟卜辞的断代研究》，我诚邀为论文答辩委员会委员，对于这篇论文，颇感材料丰富，论证明晰，极见作者刻苦钻研之功……从出土的坑位地层，结合甲骨文的字形、文例、人名、地名、方国、事类、亲属称谓，同版关系以及卜兆钻凿问题等大量的材料，论证所谓'非王卜辞'，乃武丁时殷王所卜，既不属于帝乙时代，也不是非王卜辞……资料充实，分析明确，持之有故，言之成理，是一部非常优秀的学术论著，对于当前正在争论的这三个问题，我想还是很有裨益的。"

《殷墟甲骨断代》彭裕商著。1994 年 5 月收入"中国社会科学博士论文文库"由中国社会科学出版社出版。书前有李学勤"序"与作者"自序"，正文目次：绪

论，第一章、甲骨分期研究简史，第二章、甲骨分期的理论方法，第三章、关于殷墟考古，第四章、殷墟早期王室卜辞的时代分析，第五章、非王卜辞的时代分析，第六章、武丁以前甲骨文字的探索，余论、一. 关于殷墟卜辞的两系发展，二. 殷墟卜辞发展演变概况之推测。该书为殷墟甲骨"两系说"构建断代新体系的典型力作之一。王宇信评价："彭裕商《殷墟甲骨断代》在整理甲骨卜辞时，'充分使用考古学的方法，先分类，再断代。分类的主要标准有字体和卜人'，而'确定时代的主要标准有称谓系统，考古学依据，卜辞间的相互关系等三项。其中称谓系统可确定绝对年代（王世），其余两项可推求相对早晚'。但'对某一王世的卜辞再进一步细分早晚时，称谓系统就不起作用了，这里只能以后二者为主要依据'（彭书第二十一页）。彭氏《殷墟甲骨断代》广征博引，对殷墟早期各种卜辞进行了分类与断代的全面研究。"（王宇信《中国甲骨学》，第 206 页）

《殷墟甲骨分期研究》　李学勤、彭裕商著。1996 年 12 月收入《中国传统文化研究丛书》，得到国家古籍整理出版规划小组资助，由上海古籍出版社出版。全

书目次为：绪论、第一章、甲骨分期的理论方法，第二章、分期实际工作的进展与现状，第三章、关于殷墟考古，第四章、殷墟王卜辞的时代分析，第五章、殷墟非王卜辞的时代分析，第六章、武丁以前甲骨文字的探索，第七章、卜辞

中所见商代重要史实，余论、附表及后记。该书是在彭裕商《殷墟甲骨断代》的基础上，扩充了"何组卜辞""黄组卜辞""无名组卜辞"等部分内容，从而涵盖了卜辞的全部内容，是殷墟甲骨"两系说"断代新体系代表作。王宇信评价："书中全面论证了'师组卜辞村南、村北均有出土，是两系的共同起源。师宾间组只出村北，师历间组只出村南，才开始两系发展。往后宾组、出组、何组、黄组为村北系列，历组、无名组、无名黄间类为村南系列。无名黄间类以后，村南系列又融合于村北系列之中，黄组称为两系共同归宿'（李书第三〇五至三〇七页）。如此等等，此书为'两系说'首创者李学勤的力作，在理论上、方法上都有示范意义。"又"无论是赞成'两系说'者，还是目前尚不赞成'两系说'者，都应对此三书（黄天树《殷墟王卜辞分期断代》、彭裕商《殷墟甲骨断代》、李学勤彭裕商《殷墟甲骨分期研究》）给以特别注意！"（王宇信《中国甲骨学》，第206—207页）

《殷墟第三、四期甲骨断代研究》 吴俊德著。1999年1月台北艺文印书馆出版。该书作者毕业于台湾大学中国文学研究所，从国际知名甲骨学者许进雄学习甲骨学，该书为其初试啼声之作，写作态度严谨，思路条理分明，总括前贤的成果，辅以详赡的资料，为第三、四两期甲骨刻辞的区分建立了明确的标准。

（五）研究专题

《殷历谱》 董作宾著。1945年4月作为《中央研究院历史语言研究所专刊》石印出版二百部，数月而售罄。傅斯年作"殷历谱序"，有作者"自序"。正文分上下两编，上编：卷一殷历鸟瞰、卷二殷历之编制、卷三祀与年、卷四殷之年代。下编：卷一年历谱、卷二祀谱、卷三交食谱、卷四日至谱、卷五闰谱、卷六朔谱、卷七月谱、卷八旬谱、卷九日谱、卷十夕谱，凡七十余万字。据董作宾哲嗣董敏介绍，《殷历谱》开始撰写于1943年，每日手书一页，自写石印，历时二十月余。傅斯年《殷历谱序》称赞董先生之所以能作出如此一部伟大著作，原因有三：其一，善于综合；其二，利用新法；其三，推尽至极，并介绍"殷历谱者，吾友董彦堂先生积十年之力而成之书也。……余目覩当世甲骨学之每进一步，即彦堂之每进一步……彦堂之书出，集文献之大小总汇，用新法则厥尽精微，历日与刻辞勘不合，历法与古文若符契，殷商二百七十三年之大纪，粲然明白而不诬矣！于是中国信史向上增益三百年，孔子歉为文献无徵者，经彦堂而有徵焉。从此治殷周史者，界画之略已具，疑年之用盖寡，发乎勇，成乎智，质诸后人而无疑，俟诸续出史料而必合也"。作者也曾言："近二十年，对于古史年历的研究，耗费了我的一大部分时间。为了解决甲骨文中所涵殷代历法的问题，不能不考定共和以前的年代，为了考年，又不能不限解决太初以前历法的问题，于是有古史年历谱的推算。古史年历谱是一个新的进步，务求先建立一部合天的历书，然后，以甲骨金文铭刻，史籍载记，考定年代，这里面推求真朔，用奥人奥泊尔子氏交食图表对证定朔，由定朔以求平朔；推求节气，用儒略历互相对照，更换算格列高里历以求定气和恒气；以西历纪元前的长尺度，对照干支纪年，以儒略周日的长尺度，对照干支纪日。这是纯粹的以天文科学做基础而独立推算的结果。有此绝对客观的历谱，然后考之载记，定其年代，方不至于落于空疏"。《殷历谱》的出版，受到当时国民政府高度重视，曾专发嘉奖令云："董作宾君所著《殷历谱》一书，发凡起例，考证精实，使代远年湮之古史年历，爬梳有绪，脉络贯通，有裨学术文化诚非浅鲜，良深嘉慰。希由院转致嘉勉为盼。"著名学者胡适、陈寅恪、马衡、唐兰、朱自清等，纷纷至函讨论和赞美。外国人如德效骞、李约瑟等也用英文至函讨论和请益。即便《殷历谱》的反对者鲁实先也曾有文赞誉："董作宾前辈先生道右：先生于殷契甚多刱见，若骨文例，若断代之研究，若殷历之发见，并可为后学之矜式。后学鲁实先手奏。"（载1941年4月16日《责善半月刊》二卷十五期学术通讯栏）

《中国年历总谱》 董作宾著。1960年1月香港大学出版社出版发行，1974年2月台北艺文印书馆再版，1977年11月收入台北艺文印书馆出版的《董作宾先生全集》甲编第4、5册。于右任题写《中国年历总谱》书名。全书文上下两编，上编有作者《中国年历总谱自序》，检查法（英文），凡例，年世谱，年历谱。附录：一、历代帝系表；二、春秋战国表；三、西历元旦儒曆周日表；四、儒曆周日干支日名检查表；五、儒曆周日星期表；六、阳历年中积日表（甲）平年，（乙）闰年；七、西元干支换算表。下编：年历谱。附录：一、历代帝系表；二、蜀汉魏吴年号对照表；三、晋末十六国年号对照表；四、南北朝年号对照表；五、唐末十国年表；六、辽金夏元年号表；七、明清之际年号对照表；八、太平天国年号对照表；九、蜀魏吴朔闰异同表；十、陈周隋朔闰异同表；十一、太平天国年历对照表；十二、西历元旦儒曆周日表；索引说明；年谱索引。作者"自序"介绍："以旅港三年之力，完成二十余年来，濚洄于心中之我国上古史建设问题，作一总结集。"此书出版前，董作宾曾作《关于〈中国年历总谱〉》于1957年2月发表在《大陆杂志》第14卷4期。

《续殷历谱》 严一萍著。1955年初版，1979年1月再版。作者有初版"自序"与"再版序"，正文有《一论〈殷历谱纠矫〉》《一论〈殷

历谱纠矫〉后记》《正日本薮内清氏对殷历的误解》《答薮内清氏关于殷历的两三个问题》《我的声明》《殷历谱〈旬谱〉补》《卜辞八月乙酉月食腹甲的拼合与考证的经过》《卜辞癸未月食辨》《文武丁侑祭新谱》《文武丁祀谱》《𤊾祭祀谱》《帝乙祀谱的新资料》《殷历谱订补》《何尊与周初的年代》《两宋月食考》。附录：《殷历谱自我检讨》（董作宾）、《殷历谱气朔新证举例》（许倬云）。作者"再版序"介绍："《续殷历谱》出版印行于1959年八月，距今已二十三年，原先只收五篇，在二十三年的长时间里，我又为《殷历谱》写了十一篇有关的文章，有的是驳难，有的是新资料，有的是《殷历谱》的订正与补充。初版印行的一半原因为了批驳鲁实先的《殷历谱纠矫》，现在再版的问世，依然写了鲁实先的攻讦彦堂先生。虽然鲁君现在已作了古人，但他在逝世前所作的访问录，攻讦彦堂先生简直一无是处，这种狂妄的自吹自擂，本不值识者一笑，但在今天的社会里，已没有学术的标准，一般人以耳代目，谁有能力去辨别高深学问的真面目。一犬吠影，百犬吠声，很容易会使是非颠倒的。彦堂先生已逝世十四周年，他早已不会讲话，即使还健在，对着一个狂人的猖狂之声，他也不会还口，他有这个宽宏的雅量。可是我有责任，因为我与鲁君有一段交往，也算是朋友，对于彦堂先生的学问，我固然知之若素，对于鲁君所以攻讦的原因，也十分了解，尤其对于鲁君颇为自负的'学问'，也一样是'知之若

素'，我必须作事实真相之说明，这便是《一论〈殷历谱纠矫〉后记》所说的一切。其他的文章，以《殷历谱订补》比较重要，它补出《殷历谱》所未有的连小月，解决许多资料与历谱的出入，真是意想不到的新发见。"

《殷代社会生活》

李亚农著。1955年6月上海人民出版社出版发行。1962年9月收入上海人民出版社出版的《欣然斋史论集》，1964年9月收入上海人民出版社出版的《李亚农史论集》、1978年11月再版。书前有作者"自序"，要目：第一章、殷族的起源及其活动的区域，第二章、一夫一妻制的确立，第三章、氏族组织及宗法制度的崩溃，第四章、殷代的社会经济状况，第五章、高级阶级的奴隶制，第六章、国家的形成，第七章、文化的起源——文字的创造，第八章、天文学和历法，第九章、艺术的繁荣和奴隶主的奢侈生活，第十章、殷代的建筑和殷人的生活习惯，第十一章、奴隶制社会的意识形态。后附作者"跋"。作者"自序"介绍："古代的经籍所能供给的殷代的史料，实在太少；如果我们想把殷人的社会生活重建起来，那就不能不借助于地下出土的资料。殷墟出土的甲骨卜辞以及其他物质文化资料，就是著者在重建殷人的社会生活时所凭藉的主要材料。郭沫若先生、胡厚宣先生等关于甲骨文字研究的著作和郭宝均先生关于殷墟发

掘的报告是著者不离座右的参考书，对于诸先生在殷代考古学上的劳绩，著者应该表示敬意。此外从董作宾、石璋如诸氏的著作中，也引用了不少的资料，亦应申明。"

《殷代地理简论》

李学勤著。1959年1月科学出版社出版。全书共分三章：第一章为殷、商与商西猎区，所叙述的商西猎区，是相对大邑商（殷墟）西南部及其西方的狩猎区，根据可以联系的地名和地理位置分为凡、敦、孟、邵四区。这一区域是以沁阳为中心，地当太行山麓，沁水附近与黄河之间，是狩猎及政治上的重要地方。第二章为帝乙十祀征人方路程，叙述商帝乙时期征人方往返路经各地及其有关问题。第三章为殷代多方，叙述商王国以外的一些方国以及他们与商中央王朝的关系以及一些战争上的地理问题，最后附带说明了商王国的活动范围。正如作者所叙述的，本书并非将卜辞中所有的地名，尽多地罗列出来，而只是对于上述三方面的问题，作了简述。其在研究当中所采用的办法，作者在自序中也曾提到，即是："以安阳即殷这一肯定的事实为基点，联系论述殷代历史地理及有关历史事件。"相比较过去研究殷代地理的，或者单独地、孤立地就其文字的含义和现在的地名相比附，着重于一些地名的考释，或者是根据古代文献中所记载的三代都邑而加以

研究，无论研究方法与内容，都是很大的提高。王宇信在《甲骨学通论》中评价："《殷代地理简论》，是新中国成立以来出版的唯一一本有关商代地理研究的专著。本书有以下几个特点，其一首先在卜辞中找出相邻近或商王所经过地名的内在联系，然后对地名加以考释和排比。其二本书对大邑商西南部狩猎区域及一些有关地名，分为凡区、敦区、孟区、邵区进行联系论述，较为详细，确定了'这些猎区是东起今河南辉县，西至山西南隅及其以西，太行山以南，黄河以北'。这'是在前人研究的基础上，又为引申了一步'。其三书中还对一些问题进行了探索，如提出商末'十祀征人方'的应是帝乙而不是帝辛。还提出了狩猎区逐渐转为农田的变化，'孟是此区中最重要的地方，有卜受年的卜辞，所以也是一个农业区域。'古文字学家张政烺对此十分赞同，说：'关于这个问题，我完全同意李学勤同志的意见'。此外，书中还把武丁时期的重要敌国与商王朝的战争分为早晚不同的时期等等，都是很有意义的工作。"

《商周史料考证》

丁山撰。1960年龙门联合书局出版，1988年3月中华书局出版，2008年12月北京图书馆出版社出版沈西峰点校本。全书十二章：第一章、殷虚考古之鸟瞰，第二章、洹、滴与商虚，第三章、盘庚迁殷以前商族踪迹之追寻，

第四章、盘庚迁蒙泽武丁始居小屯，第五章、神话时代商人生活之推测，第六章、传说时代的王号与传统，第七章、武丁之武功，第八章、武丁的内治，第九章、武丁以后的诸王积年，第十章、孝己康丁之间世系补证及其大事，第十一章、武乙死于河渭之间，第十二章标题空缺。本书是丁山遗著，作者根据甲骨文、金文的记载，以古代典籍为依据，参以诸家解说，论证了商周两代特别是殷商历史上的部分问题。在资料的搜集、考订方面，具有一定的参考价值。作者丁山离开我们已经有半个多世纪了，其间学术文化飞速发展，以今天的学术眼光看，书中一些观点还有进一步商榷的必要。尽管如此，该书所体现的科学的学术思想与严谨的治学态度，仍然值得我们学习与借鉴。

《关于殷墟卜辞中的田猎地——为研究殷代的国家构造》　松丸道雄〔日〕著。1963 年 3 月作为《东洋文化研究所纪要》第 31 册日文出版。全著分为六个方面：一、田猎卜辞的形式，二、有关田猎日的规定，三、田猎地相关见的距离关系，四、有关田猎地拟定的诸说及其批判，五、田猎地的拟定，六、田猎和田猎区所具有的意义及其与殷代国家结构的关系。该书为作者的代表论著之一。

《甲骨探史录》　胡厚宣主编。1982 年 9 月上海三联书店出版发行。尹达作"序"。收录论文：胡厚宣《郭沫若同志在甲骨学上的巨大贡献》，张政烺《殷虚甲骨文羡字说》，胡厚宣《甲

骨文蒙字说》，李学勤《小屯丙组基址与扶卜辞》，王宇信《甲骨文贞人"专"时代的审定》，谢齐《试论历组卜辞的分期》，罗琨《商代人祭及相关问题》，张永山《论商代的"众"人》，彭邦炯《卜辞"作邑"蠡测》，王贵民《说御史》，杨升南《略论商代的军队》，寒锋《甲骨文所见的商代军制数则》，齐文心《"六"为商人之封国说》，王宇信、杨宝成《殷墟象坑和"殷人服象"的再探讨》共 14 篇。

《吕思勉读史札记》　吕思勉著。1982 年上海古籍出版社出版发行。这是一部后人根据吕老的笔记和论著整理而成的内容博大、论述严谨

之史学通史性学术专著，是吕老史学论著之集大成。集中相关甲骨文和殷商史的论文有：《说商》《自契至于成汤八迁考》《释亳》《汤弱密须氏》《论汤放桀地域考》《汤冢》《伊尹生于空桑》《惟尹躬见于西邑夏解》《盘庚五迁》《殷兄弟相及》《武王克商》。

《商代经济史》　杨升南著。1992 年 10 月，由中国社会科学院出版资金资助，贵州人民出版社出版发行。封面张政烺题签，李学勤作"序"，全书分十一章：第一章、绪论，第一节、商代的

社会概况；第二节、疆域；第三节、商时期的自然环境；第四节、商代的人口。第二章、土地制度，第一节、国家（或商王）对土地所拥有的权力；第二节、奴隶

社主贵族的土地权；第三节、邑人（公社成员）的份地；第四节、商代"公社"—邑的性质。第三章、农业，第一节、农业在商代经济中的地位；第二节、甲骨文中所见商代农业区域；第三节、农作物种类；第四节、农业生产工具；第五节、农业生产技术；第六节、农业管理；第七节、农业劳动者及其身份。第四章、发达的畜牧业，第一节、畜牧业是商代社会中的一个独立经济部门；第二节、家畜家禽的品种；第三节、畜牧业生产技术；第四节、牧场的设置；第五节、畜牧业的管理体制；第六节、畜牧业中的生产者及其身份。第五章、狩猎活动，第一节、甲骨文中所见商代狩猎概况；第二节、狩猎地区；第三节、狩猎技术；第四节、狩猎所获禽兽种类；第五节、狩猎的参加者；第六节、狩猎活动的组织管理；第七节、狩猎活动的社会经济效益。第六章、渔业经济，第一节、鱼类资源；第二节、捕鱼方法；第三节、对鱼类资源的保护。第七章、手工业（上）：青铜冶铸业，第一节、青铜器的发现和出土地域分布；第二节、青铜器的种类与合金成分；第三节、采矿和冶炼；第四节、型范制造工艺；第

五节、青铜器铸造的工艺流程。第八章、手工业（中）：建筑业，第一节、古文献和甲骨文中有关商代建筑的记载；第二节、宫殿建筑技术；第三节、防护设施建筑（城墙、防护沟）；第四节、普通居民建筑；第五节、地下建筑；第六节、木构和石料建筑。第九章、手工业（下）：陶瓷、纺织等制造业，第一节、陶瓷制造业；第二节、纺织业（附：编制工艺）；第三节、木作业；第四节、漆器制造业；第五节、玉器制造业；第六节、骨器制造业；第七节、酿造业；第八节、手工业劳动者的身份及王室对手工业生产的管理。第十章、商业与交通，第一节、社会分工的深化与城市的发展；第二节、商品交换；第三节、货币；第四节、发达的交通。第十一章、财政制度，第一节、财政收入；第二节、财政支出。后记及附录、附图。李学勤在书前"序"中介绍："这部《商代经济史》，首先说明商代的社会、历史、地理以及自然环境，作为全书论述的背景与基础。然后按照经济史学科的要求，就有关各种方面，条分缕析，展示出当时经济的全貌。"

《商代地理概论》
郑杰祥著。1994 年 6月由郑州中州古籍出版社出版发行。胡厚宣作《〈商代地理概论〉序》，高明作《序〈商代地理概论〉》。书前有作者"前言"，正文分四章：第一章．商代王畿和都邑：第一节、

王畿的范围和都邑；第二节、王畿以内及其附近的若干地名考证；第三节、王畿以内的山川河流。第二章．商王的主要田猎区。第三章．商代的四土和部族方国：第一节、商代的东土和东部方国；第一节、商代的东土和东部方国；第二节、商代的南土和南部方国；第三节、商代的西土和西部方国；第四节、商代的北土和北部方国。第四章．关于卜辞所记黄河下游部分河道的探讨和帝辛十年征人方的问题：一、关于卜辞所记黄河下游部分河道的探讨；二、关于帝辛十年征人方的几个问题。附录：本著作引书目录及其简称。胡厚宣"序"中介绍："杰祥同志《商代地理概论》一书，全面考论商代王畿和四方四土的诸多地理，并专题研讨了商代田猎、黄河故道及帝辛征伐人方的有关问题，洋洋大观，可谓盛矣！"

《甲骨文田猎刻辞研究》 陈炜湛著。1995 年 4 月受到香港中文大学高等学术研究中心基金资助，由广西教育出版社出版发行。全书分

为甲骨文各期田猎刻辞概述，有关甲骨文田猎卜辞的文字考订与辨析，关于甲骨文各期田猎地点及田猎中心的讨论，甲骨文田猎刻辞选粹摹本，甲骨文田猎刻辞选粹释文，各期贞人所卜田猎卜辞辑录，共六部分。附录甲骨文田猎刻辞论著要目、引用书目及简称与后记。

《甲骨文农业资料考辨与研究》 彭邦炯编著。1997 年 12 月列入《中国传统文化研究丛书》，由李学勤、王宇信推荐与中国社科院历史研究

所学术委员会评审推荐，吉林文史出版社出版发行。书前有胡厚宣"旧序"、李学勤"序"、陈文华"序"。全书文（上）、（下）二部分：（上）一、农作物（1—105 片）黍、稷、麦、菽、秜、畲；附禾，二、农田治理（106—154 片）垦田、**叠**田、藉田、作田；附求田、省田、尊田，三、作物种植（155—205 片）种黍、种稷、种麦、种菽；附圃……，四、田间管理（206—290 片）省视作物、水、旱、肥、蓐、除害，五、收与藏（291—333 片）收割、储藏，六、求禾、受禾与购禾（334—401 片），七、求年、受年与购年（402—606 片），附：祸年、祟年、**敉**年（607—614 片）。（下）释文、考释、研究。一、选片释文与考辨，二、商代农业研究（一）历史的考评，（二）商代的主要农业生产手段，（三）商代的主要农作物，（四）商代农业生产的全过程，（五）收藏与脱粒，（六）商代的主要农业之地，（七）简单的结论。后有总附录：1. 甲骨商史主要农业论著目录索引，2. 本书引用甲骨书简称表，3. 卜辞中的重要农业字词考辨索引，后记。《商史专家王宇信研究员推荐意见》介绍："商代农业是前人屡有述及并较为

注意的课题。但像《甲骨文农业资料考辨与研究》这样精选甲骨 600 余片、卜辞数千条，并对其加以释文、考辨并进行全面系统研究的大型专著，在国内外还从未出版过一部。因此可以说，此书是填补商代农业研究空白的一部专著，将受到历史学界和科技史研究者，特别是农学史界的重视。"

《甲骨文研究》　朱歧祥著。1998 年 8 月台北里仁书局印行。书前有作者"自序"，作者自称本书是他 40 岁以前研治甲骨文的一个小结。全书分 23 章，第一章、论岩书与文字起源；第二章、论陶符合陶文；第三章、论夏文字与夏文化；第四章、说羌——评估甲骨文的羌是夏遗民说；第五章、殷商甲骨文兆辞的检讨；第六章、由对贞句型论殷墟卜辞的命辞有属问句考辨；第七章、释贞——由贞字的用法论卜辞命辞有属问句；第八章、由"不"的特殊句例论卜辞命辞有属问句；第九章、再论"不"的特殊句例；第十章、卜辞中"乎"字非疑问语词考；第十一章、殷墟甲骨文有非问句考；第十二章、由省例论殷卜辞的性质；第十三章、一辞二卜考；第十四章、论殷对贞卜辞中的一些特殊复合句型；第十五章、殷墟卜辞辞例流变考；第十六章、甲骨文否定词研究；第十七章、由方法学论近人误用甲骨举隅——以神话研究为例；第十八章、论文例对研读甲骨的帮助；第十九章、论甲骨文的点；第二十章、释、执同字——兼论执、奴、伐的关系；第二十一章、殷初战争史稿—殷武丁时期方国

研究；第二十二章、殷商自然神考；第二十三章、释儒。实际上是收录了 23 篇论文，凡 468 页。内容主要有四部分：一、讨论中国文字和文化的起源；二、确定殷墟卜辞属问句的性质；三、研读甲骨文的方法；四、重点介绍殷商历史和文化。

《殷商历法研究》
常玉芝著。1998 年 9 月由吉林文史出版社初版发行。全书分为六章十五节：第一章、绪论。第二章、甲骨文天象记录的证

认，第一节、关于卜辞中的"星"；第二节、甲骨文月食刻辞考；第三节、卜辞日至说疑议。第三章、殷代的历日，第一节、殷代行用干支纪日法；第二节、一个干支表示的时间范围；第三节、殷代的纪时法；第四节、殷代的日法；第五节、殷代的计日法；第六节、纪日的时间指示词。第四章、殷代的历月，第一节、殷历的月长；第二节、殷历的闰月；第三节、殷历的月首。第五章、殷代的历年，第一节、殷历的纪年法；第二节、殷历的长度；第三节、殷历的岁首。第六章、结束语。该书以发表的十数万片甲骨文为基础，结合有关商代金文，对甲骨文当中有关的天象记录进行了详尽的论证，针对前人研究中的不少观点，提出了许多新的见解，对重构和复原殷商历法以及甲骨文和商史、殷商年代的研究皆有重要的参考价值。

《甲骨征史》　刘桓著。2002 年 11

月由黑龙江教育出版
社出版发行。李学勤
作"序言"。此书为
作者甲骨文研究方面
的论文集，共收入论
文 18 篇，附录甲骨文

字考释文章 8 篇，为
《卜辞所见来自各方
国的被奴役者》《甲骨金文中所见的鬼
方、犬戎与猃狁》《殷代德方说》《殷周
时期的北土与北方》《关于殷历岁首之
月的考证》《说殷代农耕过程的几个问
题》《卜辞社稷说》《卜辞勿牛说》《说
"六大示"与"（曰龟）示"》《试释褅
与"某某祊其牢"》《释甲骨文衍字兼说
大保簋铭的考释》《殷代史官及其相关
问题》《试说"多生"、"百生"与婚
媾》《说高祖夒——兼探商族源问题》
《甲骨文目字一解》《说卜辞囗字的几个
词语》《解读利簋铭文》《说武丁时的一
次南征》。附录（略）。李学勤的"序
言"介绍："《甲骨征史》这部书就是沿
着《古史新证》开辟的方向做出的新的
发展。"

《商周祭祖礼研
究》 刘源著。2004
年 10 月，受中国社会
科学院出版基金资
助，列为《中国社会
科学院历史研究所专
刊》甲种之四，由北
京商务印书馆出版发

行。朱凤瀚作"序一"，常玉芝作"序
二"，全书有绪论及正文八章：绪论。

第一章．商代后期祭祖仪式的类型：第
一节、"祭名"不能作为判断祭祖仪式
类型的标准，一、对祭名说的回顾和反
思；二、祭名不能用来划分祭祖仪式类
型的几个主要原因。第二节、卜辞中所
见商代后期祭祖仪式类型，一、有具体
目的之祭祖仪式；二、无具体目的之祭
祖仪式——兼论周祭之外无严格制度化
的祭祖仪式。第二章．周代祭祖仪式的
类型：第一节、常祀，一、《诗经》所
见西周贵族于农作物收获之后举行的年
度祭祖活动；二、金文中所见西周、春
秋时代贵族对祖先的常祀；三、对东周
礼书中常祀的讨论之一："四时之祭"；
四、对东周礼书中常祀的讨论之二：
"褅、祫"。第二节、临时祭告，一、因
政治活动而祭告祖先；二、军事活动前
后祭告祖先；三、因社会活动祭告祖先；
四、因灾祸而祭告祖先；附录一、金文
"享"字反映的常祀。第三章．甲骨文中
所见商代后期贵族祭祖仪式内容：第一
节、对几个祭祀动词的探讨——兼谈利
用甲骨文材料研究商代后期祭祀仪式内
容的方法，一、关于"又"：表示抽象
进献意思的祭祀动词；二、关于"岁"：
说明祭祀仪式中具体活动的祭祀动词例
之一；三、关于"酌"：说明祭祀仪式
中具体活动的祭祀动词例之二；四、利
用卜辞研究商代祭祀仪式内容的方法：
对祭祀动词先分类，再分析。第二节、
禳祓与祈求之祭的仪式内容，一、祈求
之祭的仪式内容；二、禳祓之祭的仪式
内容。第三节．个案研究：清晰的祭祖
仪式过程；余论：花园庄东地卜辞中所

见商人祭祖仪式内容。第四章．周代贵族祭祖仪式过程：第一节、殷周之际及周初周人祭祖仪式内容：与商文化兼容，一、殷周之际周人祭祖仪式内容；二、西周早期周人祭祖仪式内容：对商文化吸收；三、西周早、中期金文中所见祭祖仪式内容：对商文化的继承与发展。第二节、周代贵族祭祖仪式的一般过程：《诗经》与《仪礼》的比较研究，一、祭祀前的准备；二、正式祭祀的仪式过程；余论：有关商周祭祖仪式内容的一个细节问题：对男女祖先的祭祀有什么不同；附录二　礼书中所见周天子祭祖仪式过程；附录三　《仪礼》记述的周代贵族祭祖仪式内容。第五章．从祭祖礼看商代后期前段的祖先观念：强烈的鬼神崇拜。第六章．从祭祖礼看周人的祖先崇拜：现实和理性的态度。第七章．商代后期祭祖仪式所反映的社会关系。第八章．周代祭祖礼对宗法制的维护。以及结语、主要参考文献和后记。

《甲骨文商史丛考》 杨升南著。2007年4月，列入《中国语言文字研究丛刊》（第二辑），由北京线装书局出版发行。书前有作者"自序"，据作者"自序"

中介绍："本书是作者研究商代社会历史方面的论文集。撰写这些论文，主要是依据殷墟出土的甲骨卜辞资料，所以给书取名为《甲骨文商史丛考》"。全书共收入论文31篇：为《商代的王权和对王权的神化》《卜辞中所见诸侯对商王室的臣属关系》《甲骨文中的"男"为爵称说》《周原甲骨族属考辨》《商代的长族——兼说鹿邑"长子口"大墓的墓主》《从殷墟卜辞的"示"、"宗"说到商代的宗法制度》《殷墟花东H3卜辞"子"的主人是武丁太子孝己》《周人传子制非"周公手定"》《关于商代的俯身葬问题——附说商代的族墓地》《殷墟甲骨文中的邑和族》《殷墟卜辞中"众"的身份考》《商代生产领域中的奴隶劳动》《商代人牲身份的再考察》《略论商代的军队》《商代的法律》《汤放桀之役中的几个地理问题》《"殷人屡迁"辨析》《殷墟与洹水》《商代的财政制度》《商代的土地制度》《商代的经济构成——农业是商代社会经济主体说》《贝是商代的货币》《从"卤小臣"说武丁对西北征伐的经济目的》《新干大洋洲商墓中的铜犁铧、商代的犁耕和甲骨文中的"犁"字》《甲骨文中的"舟"字及商代的水上交通工具》《武丁时行"年中置闰"的证据》《说甲骨卜辞中的"湄日"》《殷墟甲骨文中的"河"》《殷契"河日"说》《商代称"殷"的由来》《百年来的殷墟甲骨文研究》，附录参考文献、杨升南论著目以及后记。31篇论文以内容大体可分四类：第一类是对商代社会史诸问题的考辨；第二类是有关商代的地理都邑方面问题的研究；第三类是有关商代经济领域内诸问题的探究；第四类为杂类，即有商代历法的研究，也有甲骨文研究状况的介绍，还有对商人先祖神名的考证等。

《甲骨文与殷商人祭》 王平、沃尔夫冈·顾彬［德］著。2007 年 11 月大象出版社出版，列入《中西学者视野中的出土文献与文化资源》。书前《彩版目录》后，刊有龟腹甲、牛胛骨彩版六幅

和拓本一幅，殷墟宫殿区 H127 甲骨窖穴模型彩图、殷墟鸟瞰图、商时期中心区域图、妇好钺和镶嵌鸟纹玉援戈图、祭祀坑中人头骨和无头遗骨共十六幅。正文分为六部分，第一部分为导言　一、殷商甲骨文概说：1. 甲骨文的名称，2. 甲骨文的发现、出土与收藏，3. 甲骨文的分期断代，4. 甲骨文与占卜，5. 甲骨文的内容。二、中国古代的人祭：1. 人祭的含义，2. 人祭和人殉。三、甲骨文与殷商人祭研究，1. 甲骨文与殷商人祭研究之回顾，2. 本书研究材料说明，3. 本书体例说明。第二部分为人祭卜辞中的人牲　一、人牲之名称：1. 人牲通名，2. 人牲专名。二、人牲之身份：1. 以羌为主的俘虏人牲，2. 以仆为主的奴隶人牲，3. 小臣人牲，4. 女巫人牲，5. 不明身份之人牲。三、人牲的来源：1. 战争中掠夺的异族人，2. 臣属国作为贡品献给商王朝的异族人，3. 牧刍或田猎所获异族人。第三部分为人祭卜辞中的杀人牲法　一、斩人牲首法。二、解剖人牲法。三、击毙人牲法。四、劈砍人牲法。五、焚烧人牲法。六、土埋人牲法。七、水沉人牲法。八、陈列人

牲法。九、曝干人牲法。十、刉人牲血法。十一、烹煮人牲法。第四部分为享用人牲的祖先神　一、先公。二、先王。三、先妣。四、旧臣。五、祖先神享用人牲种类表。第五部分为享用人牲的自然神　一、河神。二、土神。三、四方神。四、岳神。五、人祭卜辞中的祈雨之祭。第六部分殷商人祭特点及其盛行原因　一、殷商人祭之特点：1. 人祭为殷商时期最隆重的祭祀仪式，2. 人祭实施的对象主要是祖先神，3. 人牲是祭祀神灵之极品，4. 异族人是人牲的主要来源，5. 殷商人祭以武丁时期最为盛行，6. 人祭的目的主要是祈福免灾与巩固王权。二、殷商人祭盛行之原因：1. 过分信赖和依赖神灵，2. 仇视和排斥异族。附录　一、表格：1. 殷商世系年表，2. 殷商大事年表，3. 人祭卜辞与《史记·殷本纪》所记商王对照表。二、各地收藏甲骨文材料数据。三、参考书目：1. 著作类，2. 论文类。索引　一、征引文献索引，二、甲骨文拓片索引，三、人祭卜辞分类索引。此书以西方汉学家审视殷商社会的独特视角为切入点，选定殷商甲骨文中的"人祭"刻辞为研究对象，对殷商人祭活动中所用人牲的种类，处置人牲的方法，用人牲祭祀的对象、目的以及殷商人祭盛行的原因和特点等问题进行了详尽的分析和深入的研究，并考察了殷商时期的社会与宗教生活。随文插配 260 余幅甲骨刻辞拓片，文图并茂，资料翔实；语言简练平实，论证缜密，对甲骨学及殷商社会史研究具有重要学术参考价值。

《殷契释亲——论商代的亲属称谓及亲属组织制度》 赵林著。2011年12月，列入《早期中国研究丛书》由上海世纪出版股份有限公司、上海古籍出版社出版发行。朱渊清作《丛书序》，宋镇豪为此书作"序"。全书有《导言》，正文分15章：导言、中国古代亲属研究更上一层楼的构建。第一章．父与子，一、父与商代的亲称父；二、商王父子间的生身血缘关系；三、多父多母家庭（族）与兄终弟及制；四、昵、考：父之描述性称谓及死称；五、子的涵义；六、子子与命名；七、诸子的排行；八、诸子间的主从关系；九、帝子、介子、多子；十、子爵；十一、结语。第二章．祖、妣、报、示与祖先崇拜，一、前言；二、且（祖）的造字本义；三、匕（妣）的造字本义；四、祖妣（且匕）作亲称的结构内涵；五、报与示之内涵；六、报、示与墓祭、庙祭；七、玄鸟神话；八、图腾制度与野性思；九、玄鸟与商人的祖先崇拜；十、商人认祖归宗与血亲组织之分类命名法；十一、结语。第三章．母与女，一、母、女异字同形；二、甲骨文中的女；三、商代的母及其称谓式；四、商人男女同系地名不分姓氏；五、结语。第四章．弟及其相关的亲属称谓，一、弟及娣；二、弟及姨；三、弟及侄；四、弟及吊、叔；五、结语。第五章．兄弟及旁系亲属，一、前言；

二、《尔雅·释亲》之兄弟亲称系统及其性质；三、商代兄弟亲称内涵之一：在旁系血亲方面；四、商代兄弟亲称内涵之二：在旁系姻亲方面；五、类型性兄弟亲称的个别化；六、结语。第六章．商代的诸妇，一、前言；二、释"妇"及"妇某"、"某妇"；三、诸妇资料之性质与统计；四、妇好；五、妇妌；六、妇妥；七、诸妇；八、子妇；九、商贵族世家之妇；十、妇与王妇、子妇、世妇及司妇；十一、结语。第七章．姑及其相关的亲属称谓。第八章．生及其相关的亲属称谓。第九章．商代的婚姻制度及其亲属结构之形态。第十章．商代家族组织的亲属结构。第十一章．氏的造字成词。第十二章．古姓的商代来源。第十三章．亚及其相关的问题。第十四章．在商代社会舆国家建构中的地位。第十五章．商代的世（嗣）系及王统。附录一：《论商代甲金文喻四字之声类接触及其相关问题》节选。附录二：从甲骨文看上古汉语音节问题的隅。以及中文引用书目、英文引用书目和索引。

《甲骨文与殷商史》（第一辑） 胡厚宣主编。1983年3月上海古籍出版社出版发行。胡厚宣作"前言"，收录论文13篇：有张政烺《殷契

夃田解》、李学勤《释多君多子》、裘锡圭《说卜辞的焚巫尪与作土龙》、寒峰《商代"臣"的身份缕析》、张永山《殷契小臣辨正》、罗琨《"高宗伐鬼方"史

蹟考辩》、杨升南《卜辞所见诸侯对商王室的臣属关系》、王贵民《就殷墟甲骨文所见试说"司马"职名的起源》、曹定云《"亚弜"、"亚启"考》、孟世凯《商代田猎性质初探》、常玉芝《关于周祭中武乙文丁等的祀序问题》、常弘《释橐和蠹》、肖良琼《周原卜辞和殷墟卜辞之异同初探》。附补白：昆仑《殷墟卜辞有关于农业生产的记载吗》，简讯：《甲骨文选编》在编辑中，编后记及附录：引用甲骨文著录书目和简称。

《甲骨文与殷商史》（第二辑） 胡厚宣主编。1986 年 6月上海古籍出版社出版发行。胡厚宣作"前言"，收录论文 13篇：有胡厚宣《〈英国所藏甲骨集〉序》、

赵诚《甲骨文词义系统探索》、肖良琼《卜辞文例和卜辞整理研究》、宋镇豪《甲骨文牵字说》、谢济《祖庚祖甲卜辞与历组卜辞的分期》、常玉芝《"礿祭"卜辞时代的再辨析》、杨升南《"殷人屡迁"辨析》、林小安《殷武丁臣属征伐与行祭考》、彭邦炯《从甲骨文的"秄"字说到商代农作物的收割法》、范毓周《甲骨文月食纪事刻辞考辩》、王宇信《西周甲骨述论》、朱鸿元《青铜刀契刻甲骨文字的探讨》、刘克甫《再论"弜"字》。附补白三篇、简讯两则即王煦华的《编后》。

《甲骨文与殷商史》（第三辑） 王宇信主编。1991 年 8月上海古籍出版社

出版发行。收录论文25 篇：有王宇信《甲骨学研究的发展与胡厚宣的贡献——为庆祝胡厚宣师八十寿辰而作》、胡厚宣《苏联国立艾米塔什博物

馆所藏甲骨文字》、李学勤《记英国收藏的殷墟甲骨》、杨向奎《释"橐"》、宋镇豪《释督昼》、刘翔《贾字考源》、陈汉平《古文字释丛》、谢元震《释稻》、王贵民《说"降永"》、谢济《甲骨断代研究与康丁文丁卜辞》、王宇信《武丁期战争卜辞分期的尝试》、范毓周《殷代武丁时期的战争》、顾颉刚《殷人自西徂东札记》、刘起釪《甲骨文与〈尚书〉研究》、杨升南《殷墟卜辞中众的身份考》、肖良琼《"臣"、"宰"申议》、彭邦炯《从商的竹国论及商代北疆诸氏》、罗琨《殷商时期的羌和羌方》、裘锡圭《西周铜器铭文中的"履"》、白川静［日］《胡厚宣氏的商史研究——甲骨学商史论丛》、张光直［美］《西北冈》、姚平编译《伊藤道治论文著作目录和内容提要》、寒峰《商代文明国际讨论会简介》、仁言《甲骨文论著简目（1979.8—1982.10）》、胡振宇编辑《胡厚宣先生著作选目》。王宇信作《编后记》。

《甲骨文与殷商史》（新一辑） 宋镇豪主编。作为中国社会科学院甲骨学殷商史研究中心集刊，2009 年线装书局出版发行。《甲骨文与殷商史》系 20 世纪 80 年代由中国社科院历史所胡厚宣等

一批学者创办的以甲骨文殷商史研究为主旨的学术刊物，共出版了 3 辑（1983 年、1986 年、1996 年，上海古籍出版社）。时隔 12 年之后，中国社科院甲骨学殷商史研究中心确定以图书代替期刊的形式复刊（新一辑），计划以后每年一期，是关于研究中国先秦史、甲骨学、古文字领域内重要的学术刊物。新一辑（2008）集合了 25 位目前海内外在甲骨学和殷商史研究专业的重要作者，主要刊布了国内外学者近年来在甲骨学、甲骨文与殷商史、商周金文等方面的研究最新成果。此书宋镇豪作《复刊词》，共收录论文 26 篇：李学勤《甲骨卜辞与〈尚书·盘庚〉》、罗琨《楚竹书本〈荣成氏〉与商汤伐桀再探讨》、金恒祥遗作《甲骨卜辞中殷先王上乙下乙考》、常玉芝《卜辞"大示"所指再议》、魏慈德《殷非王卜辞中所见商王记载》、葛英会《释殷墟甲骨的土田封疆卜辞》、冯时《殷田射御考》、杨升南、马季凡《商人入蜀的道路》、孙亚冰《商代的道路交通网络》、常耀华《由祖道刻辞说到商代的出行礼俗》、彭邦炯《从〈花东〉卜辞的行款说到诸字的释读》、刘源《再谈殷墟花东甲骨卜辞中的"囗"》、沈建华《卜辞中的建筑——公宫与馆》、王震中《偃师商城中的"明堂"与"内朝""外朝"》、赵林《论"氏"的造字成词》、赵鹏《殷墟甲骨文女名结构分析》、郭静云《由

商周文字论"道"的本义》、焦智勤《安阳民间所藏甲骨选读》、孙亚冰《郭人民教授旧藏殷墟甲骨》、黄天树《甲骨缀合六例及其考释》、刘义峰《无名组卜辞缀合十组》、焦智勤《关于新出殷商陶文四则的通信》、戴明德《谈第一本甲骨学的博士论文——1925 年张凤的〈甲骨刻字考异补释〉》、谢济《〈殷契粹编校读（节录）〉之校读》、宋镇豪《商代史著述的新进展》。

《甲骨文与殷商史》（新二辑）"纪念胡厚宣教授诞辰一百周年专辑"，宋镇豪主编，刘源副主编。作为中国社会科学院甲骨学殷商史研究中心集刊，2011 年 11 月由上海古籍出版社出版发行。全书收录论文 22 篇：有李学勤《纣子武庚禄父与大保簋》、宋镇豪《甲骨文所见殷人的祀门礼》、冯时《殷代女师制度考》、郭静云《殷商王族祭日与祖妣日名索隐》、杨升南《妇好墓中"司母辛"铜器的作者与花东 H3 甲骨时代》、张兴兆《商代农田水利试探》、柿沼阳平［日］《殷周时代的海贝文化及其特点》、蔡哲茂《殷卜辞"用侯屯"辨》、孙俊、赵鹏《"艰"字补释》、孙亚冰《由一例合文谈到卜辞中的"燕申吉"》、单育辰《甲骨文所见的动物"麋"和"鹰"》、陈英傑《说癹》、郑慧生《商周文字中的义符》、刘一曼《重论午组卜辞》、周忠兵《谈新划分出的历组小类》、刘义峰《无名组卜辞的分类与断代》、焦智勤《殷墟甲骨拾遗·续六》、蒋玉斌《说〈合集〉35261 逐麋大骨缀合的问题》、林宏明《甲骨

新缀七则》、莫伯锋《甲骨拼合五则》、王子扬《甲骨新缀五例》、刘影《再论判断卜骨左右的方法》。

《甲骨文与殷商史》（新三辑）　宋镇豪主编。作为中国社会科学院甲骨学殷商史研究中心集刊，2013 年 4 月由上海古籍出版社出版发行。全书收录论文 34 篇：有李学勤《释读两片征盂方卜辞》、宋镇豪《甲骨金文中所见的殷商建筑称名》、冯时《甲骨文"震"及相关问题》、赵林《说尸及《山海经》的诸尸》、常玉芝《商汤时的祖先崇拜与社神崇拜》、孙亚冰《卜辞中所见"（山厂今酉云）羙方"考》、张兴兆《甲骨文字反映的自然地理景观》、韦心滢《关于王都以外商王的常居地》、曹定云《周原甲骨"二王"同猎与"文王囚羑里"——兼论周原卜辞族属》、林小安《"神不歆非类，民不祀非族"漫议》、刘源《〈春秋〉、〈左传〉与甲骨卜辞对读数例——兼谈春秋诸侯史官承袭殷人史官笔法问题》、朱凤瀚《黄组卜辞中的"畲巫九畲"试论》、蔡哲茂《甲骨文四方风名再探》、刘桓《读殷墟卜辞札记四则》、郭静云《甲骨文"戌"、"阮"、"阝"字考》、郑慧生《释"丁"》、莫伯锋《殷墟花园庄东地甲骨》中新见的"羔"字》、王子扬《甲骨文所谓的"内"当释作"丙"》、方法敛著［美］、任平生译《中国古代文字考》、刘一曼、曹定云《论殷墟花园庄东地 H3 的记事刻辞》、曹锦炎《记杭州藏友收藏的甲骨文》、赵鹏《读〈笋之考文手稿〉》、杨杨《释安阳邓鸿诸家藏大龟

一版》、何毓灵《论殷墟新发现的两座"甲骨贞人"墓》、王若、宝卫《新发现罗振玉早期甲骨文研究札记二种》、邬晓娜《金璋甲骨的收藏始末》、林宏明《谈甲骨重片与甲骨着录的一些问题》、刘义峰《无名组卜辞的发现与着录》、任会斌《清华藏战时安阳所出一坑甲骨述要》、刘影《试述牛胛骨形态在甲骨研究中的具体应用》、李爱辉《〈中国社会科学院历史研究所藏甲骨集〉缀合三则》、李延彦《龟腹甲左前甲新缀六例》、贾双喜《甲骨传拓技法》、何海慧《甲骨传拓技术小议》。后附《征稿启事》

《甲骨文与殷商史》（新四辑）　"庆祝中国社会科学院历史研究所建所六十周年"，宋镇豪主编。作为中国社会科学院甲骨学殷商史研究中心集刊，2014 年 10 月由上海古籍出版社出版发行。全书收录论文 25 篇：有蔡哲茂《武丁王位继承之谜——从殷卜辞的特殊现象来作探讨》、曹定云《殷墟卜辞"毓"字补论——兼论武乙卜辞中的"毓父丁"》、孙亚冰《从甲骨文看商代的世官制度》、罗琨《卜辞十祀征夷方方位的探讨》、沈建华《清华楚简〈说命〉"失仲"与卜辞中的"失"族》、赵林《说商代的鬼》、郭静云《试释"虎甴"——兼论老虎为殷王室保护神的作用》、刘钊《甲骨文"害"字"及从"害"诸字考释》、赵鹏《谈谈殷墟甲骨文的"左"、"中"、"右"》、张惟捷《读契札记五则》、黄天树《谈谈甲骨文的程度副词》、王晖《论甲骨文中特殊

动词的释读法问题》、刘影《边面对应关系的两种特例》、莫伯峰《〈甲骨文合集〉前六册中误置的历组卜辞》、宋镇豪《记王襄〈题甲骨拓本八叶〉》、宋雅萍《𠂤组背甲卜辞新缀十二例》、李延彦《左背甲新缀三例》、李爱辉《坑位在甲骨缀合中的应用——〈小屯南地甲骨〉缀合六例》、何会《殷墟 YH127 坑甲骨卜辞缀合拾遗二例》、夏含夷［美］《契于甲骨——西方汉学家商周甲骨文研究概要》、郅晓娜《金璋的甲骨文研究》、翟跃群《试论"岩间大龟"自出土到入藏旅顺博物馆的来龙去脉》、陈英杰《容庚先生的鸟书研究》、刘一曼《重建商代史的杰作——〈商代史〉述评》、史墈《纪念一位甲骨摄影师》。后附《征稿启事》

《商代音系探索》　赵诚著。1984年3月中华书局出版，列入中国音韵学研究会编《音韵学研究》第1辑。该文利用商代甲骨文和晚商金文及所反映的同音借代字和谐声关系对殷商语言现象作了全面地声、韵考察分析，认为商代音系辅音不分清浊，发音方法比较简单，存在复辅音和多音节现象，没有入声韵，阳声韵也不如后代典型，似仅为元音的鼻化，韵部划分也比周秦古音为少，声调上也没有四音的区别。当然，由于赵先生所用的材料内部不是完全统一，对其结论势必有所影响。

《古代文字音韵论文集》　赵诚著。1991年11月中华书局出版。本集所收入的论文，从内容上分大体四类：一、属于甲骨文字学的范围。长期以来，关

于汉字的论著相当丰富，但都不是太理想。二、属于甲骨文言学的范围。19世纪末殷商甲骨文发现以来，甲骨文成了一门新典的学科。三、属于上古音韵学研究的范围。四、属于上古社会上古历史研究的范围。所选用的新材料，与旧有的材料重新进行了分析，用新的观点、新的方法，对传统的观点和方法进行了重新论证。书前有"序"，所收入的论著有：《甲骨文文形符系统初探》《古文字发展过程中的内部调整》《甲骨文字的二重性及其构形关系》《甲骨文字符号的体系性》《本字探索》《甲骨文词義系统探索》《甲骨文动词探索》（一）（关于词義）、《甲骨文动词探索》（二）（关于被动词）、《甲骨文动词探索》（三）（关于动词和名词）、《商代音系探索》《临沂汉简的通假字》《〈说文〉谐声探索》（一）、《〈说文〉谐声探索》（二）、《〈说文〉谐声探索》（三）、《〈说文解字〉的形和义》《〈利簋〉铭文通释》《〈臧盘〉铭文补释》《〈中山壶〉〈中山鼎〉铭文试释》《商代社会性新探索》《周德清和〈中原通讯〉》《甲骨文字补释》。

《商代史》（全11卷）　宋镇豪主编，《商代史》课题

组著。2010 年 10 月至 2011 年 7 月列入"中国科学院文库·历史考古研究系列"，由中国社会科学出版社出版。全书分为《商代史论纲》《〈殷本纪〉订补与商史人物徵》《商族起源与先商社会变迁》《商代国家与社会》《商代都邑》《商代经济与科技》《商代社会生活与礼俗》《商代宗教祭祀》《商代战争与军制》《商代地理与方国》《殷遗与殷鉴》共 11 卷。利用甲骨文、金文、传统文献与商代考古材料，从不同的角度对商代历史展开论述。从某种意义上讲，即是史书，又是甲骨文专题研究成果的集中展示。这部巨著的现实意义和历史意义写在每卷封底上，即"商代是中华古文明的早期阶段，中国历史画卷在商代的永久记忆上前赴后继地拉开。以古为镜，可知兴替。商代文明的发展时空，下启中华文化演进的先河，十一卷本《商代史》用断代史著述体例，通过有商一代历史事象与制度名物的研究，寻绎中国社会传统文化元素的由来、特征、品格与传承，提供可资借鉴的历史资源"。

《商代史·卷一·商代史论纲》
宋镇豪主编，宋镇豪主笔。2010 年 7 月列入"中国科学院文库·历史考古研究系列"，由中国社会科学出版社出版。此卷编为《商代史》的第一卷，书前有《商代史分卷目次及撰稿人》，有宋镇豪作《商代史·总序〈重建商代史的学术使命与契机〉》，有《商代史总细目》。此卷正文有：商朝的历史年代与政治地理架构、先商文化与商代都邑、人口、商代国家与社会、《殷本纪》订补与商

史人物徵、商代理地理与方国、商代经济科技、商代宗教信仰、商代战争与军制九章。本卷作为《商代史》总纲，概述了《商代史》的著述体例，商代史研究的回顾，重建商代史的课题立项与意义，有关商代史的史料问题与研究方法，总叙商朝的历史年代、政治地理、社会人口规模与人口构成、国体与政体、行政区划、社会组织、社会形态、经济生活、文化信仰、周边方国及军制战争等。

《商代史·卷二·〈殷本纪〉订补与商史人物徵》　宋镇豪主编，韩江苏、江林昌著。2010 年 12 月列入"中国科学院文库·历史考古研究系列"，由中国社会科学出版社出版，编为《商代史》的第二卷。本卷目次：绪论、关于《殷本纪》殷商世系及商族史迹的一般认识；第一章、商族先公史略；第二章、商前期诸王及其配偶纪略；第三章、商中期诸王及其配偶纪略；第四章、商后期诸王及其配偶纪略；第五章、文献所见商王朝臣正纪略；第六章、甲骨文所见商王朝臣正纪略；第七章、贞人与卜官；第八章、商王朝史事徵；第九章、商朝的积年与诸王系年。该卷重点从《殷本纪》切入，辨析文献史料的真伪，考核商代信史成分，结合甲骨文、金文材料，研究商先公远世、先公近世及商王世系、商王室结构，订补《殷本纪》史事史迹，增补甲骨文中商史人物传。

《商代史·卷三·商族起源与先商社会变迁》　宋镇豪主编，王震中著。2010 年 11 月列入"中国科学院文库·历史考古研究系列"，由中国社会科学

出版社出版，编为《商代史》的第三卷。本卷目次：绪论；第一章、商族的起源；第二章、商族的早期迁徙；第三章、商汤灭夏前的亳邑；第四章、先商的文化与年代；第五章、先商社会形态的演进。该卷梳理整合历史文献与甲骨文、考古学材料，考订商族的发祥、起源和先商时期的迁徙问题，探析先商文化以及灭夏之前商族社会形态的演变。

《商代史·卷四·商代国家与社会》宋镇豪主编，王宇信、徐义华著。2011年7月列入"中国科学院文库·历史考古研究系列"，由中国社会科学出版社出版，编为《商代史》的第四卷。本卷目次：第一章、商代国家与社会在中国古代史上的地位；第二章、商王是贵族统治阶级的最高首领；第三章、商朝的贵族统治阶级；第四章、商王朝的被统治阶级——甲骨文中的"人"；第五章、商代社会的众和众人；第六章、商王朝的国家体制；第七章、商王朝的职官制度；第八章、商王朝的法律制度。该卷阐述商代社会性质、商王朝国体与政权结构形式、分封制与内外服制相兼的国家政治体制、社会等级分层、族氏家族组织机制，详细考察商代社会不同身份者的阶级属性和阶级矛盾，论述商王朝公共事务管理的具体运作、职官体系、刑狱法律等。

《商代史·卷五·商代都邑》　宋镇豪主编，王震中著。2010年10月列入"中国科学院文库·历史考古研究系列"，由中国社会科学出版社出版，编为《商代史》的第五卷。本卷目次：绪论、视点与方法；第一章、早商时期的王都；第二章、早商时期的地方城邑；第三章、中商时期的王都与迁徙；第四章、晚商初期的王都与地方族邑；第五章、武丁以来的晚商殷都；第六章、晚商方国都邑；第七章、商的王畿四土与都鄙结构。该卷全面搜汇、整理商代考古学材料，进行典型遗址分析和区系文化模拟，结合甲骨文、金文与文献史料，分析商朝城邑的空间关系及城邑体系的分层结构形态与都邑文明，归纳理论上的体系进行阐述。

《商代史·卷六·商代经济与科技》宋镇豪主编，杨升南、马季凡著。2010年10月列入"中国科学院文库·历史考古研究系列"，由中国社会科学出版社出版，编为《商代史》的第六卷。本卷目次：绪论；第一章、商人从事经济活动的自然环境；第二章、土地制度；第三章、作为经济基础的农业；第四章、成为独立经济部门的畜牧业；第五章、补充肉食来源的渔猎活动；第六章、发达的手工业；第七章、活跃的商业；第八章、商代的财政制度；第九章、商代方国经济（上）；第十章、商代方国经济（下）；第十一章、商代的天文与历法。该卷利用甲骨文、金文、文献资料与商代考古材料，就商代社会经济形态、经济基础、土地所有制、贫富分层差异等展开论述，考量商朝财政收支、方国经济、商业交换和商品货币状况，缕析商代农业、畜牧业、渔猎业、建筑业、青铜冶铸业、纺织业、陶瓷业、手工业管理，以及有关科技与天文历法等。

《商代史·卷七·商代社会生活与礼俗》　宋镇豪主编，宋镇豪著。2010年10月列入"中国科学院文库·历史考古研究系列"，由中国社会科学出版社出版，编为《商代史》的第七卷。本卷目次：绪论；第一章、居住礼俗；第二章、饮食礼俗；第三章、服饰制度；第四章、交通出行；第五章、农业礼俗；第六章、婚姻礼俗；第七章、人生俗尚；第八章、疾患和梦幻；第九章、丧葬礼俗；第十章、占卜礼俗。该卷论述商朝礼制与社会生活礼俗的运作，以及有关商代社会行为观念整合规范的机制。全面考察城邑生活与族居形态、建筑营造礼仪、宫室宅落建制、居住作息习俗、家族亲属关系和社会风尚，包括商代的衣食住行、农业信仰礼俗、人生俗尚、婚制婚俗、生育观念、养老教子、卫生保健与医疗俗信，以及社会礼仪及礼器名物制度、服饰车马制度、文化娱乐、丧葬制度、甲骨占卜等。

《商代史·卷八·商代宗教祭祀》宋镇豪主编，常玉芝著。2010年10月列入"中国科学院文库·历史考古研究系列"，由中国社会科学出版社出版，编为《商代史》的第八卷。本卷目次：绪论；第一章、宗教的起源与商人图腾崇拜的遗迹；第二章、上帝及帝廷诸神的崇拜；第三章、自然神崇拜；第四章、祖先神的崇拜与祭祀；第五章、大示 小示 上示 下示 它示等的分指；第六章、对异族神的祭祀；第七章、商人宗教祭祀的种类；第八章、祭地与祀所；第九章、商代宗教的性质和社会作用。该卷考察商代图腾残遗信仰，系统探研上帝及帝廷诸神、自然神、祖先神的三大宗教分野、神灵崇拜的代变、神灵权能和神性、祀所设置、人殉人祭，对甲骨文中的祭仪名类进行全面梳理，阐述王室周祭祀谱、有关祭仪和庙制，剖析宗教祭祀活动的性质，深入研究商代宗教信仰层面诸如社会凝聚力、情感寄托、宗教功能等社会学方面的意义。

《商代史·卷九·商代战争与军制》宋镇豪主编，罗琨著。2010年11月列入"中国科学院文库·历史考古研究系列"，由中国社会科学出版社出版，编为《商代史》的第九卷。本卷目次：第一章、成汤灭夏的战争；第二章、商代前期的战争；第三章、商代后期的战争（上）；第四章、商代后期的战争（下）；第五章、商代的军事制度；第六章、商代的军事装备与国防；第七章、余说即商代军礼发凡与军事思想萌芽。该卷着重论述商朝开疆拓土经略、各个时期战争的性质、战争规模、战争手段、重大战争（如商汤灭夏、商代前期的夷夏交争、武丁对多方及拓疆南土的战争、武乙文丁伐召方、帝乙帝辛时伐夷方、商周牧野之战）的始末过程，甲骨文中几次重要战争行程的排谱，考订商代军制、军法和军礼、国防警卫、武装力量组织、兵种、武器装备、后勤保障、军事训练等。

《商代史·卷十·商代地理与方国》宋镇豪主编，孙亚冰、林欢著。2010年10月列入"中国科学院文库·历史考古研究系列"，由中国社会科学出版社出版，编为《商代史》的第十卷。本卷目次：绪论；第一章、商代自然地理；第二章、商代政治地理；第三章、王畿区和四土地名考订举例；第四章、商代的经济地理；第五章、商代的交通地理；第六章、商代方国；第七章、商代方国考订。该卷论述商代自然生态和政治经济地理，重在缕析甲骨金文中农业地理、田猎地理、贡纳地理、交通地理史料，对商代诸侯方国资料进行搜汇和考述，与地下出土青铜器"族徽"地望及商代考古遗址相结合，阐述商代政治地理架构、人文地理结构演变和方国地望等。

《商代史·卷十一·殷遗与殷鉴》宋镇豪主编，宫长为、徐义华著。2011年7月列入"中国科学院文库·历史考古研究系列"，由中国社会科学出版社出版，编为《商代史》的第十一卷。本卷目次：第一章、商王朝的覆亡与殷遗问题；第二章、商灭亡的原因；第三章、初失国家的殷遗；第四章、周代的殷遗；第五章、殷商亡国之鉴；第六章、商周制度的演绎；附录一 引用甲骨文著录目及有关简称对照、附录二 商代史主要参考文献。该卷是《商代史》的特笔，寻绎历史变化条理，以古为鉴知兴替。论述武王灭商、周公东征前后与商王朝退出历史舞台后有关殷遗民考古发现和文献记述，考察殷遗的遭遇与族组织结构的裂变，殷遗的社会政治地位，对周文化发展的作用，讨论所谓"殷鉴"及周人对商朝得失的评判，商周制度演绎与变革因素、其间的文化异同等。书后附宋镇豪编"引用甲骨文著录目及有关简称对照""商代史主要参考文献"。

四　甲骨学史研究

（一）发现发掘

《五十日梦痕录》
罗振玉著。1915 年《雪堂丛刻》的第五十二种，1970 年 4 月收入台北文华出版公司《罗雪堂先生全集》影印本第三编第 20 册。甲骨文 1899
年被王懿荣发现后，古董商为了利益一直隐瞒甲骨文的真正出土地。罗振玉经过多年的留意探寻，直到 1908 年才知道了甲骨文的确切出土地在河南安阳的小屯村，他曾在 1916 年写的《〈殷虚古器物图录〉序》中回忆："光绪戊申，予既访知贞卜文字出土之地应为洹滨之小屯。"1915 年，罗振玉专程从日本回国探访小屯。该著作即为此行的记录，其中记道："三月三十日已刻抵彰德寓人和昌栈，亟进餐，赁车至小屯……近十余年间，龟甲兽骨，悉出于此。询之土人，出甲骨之地，约四十余亩。因往履其地，则甲骨之无字者，田中累累皆

是……其地种麦及棉，乡人每以刈棉后，即是发掘。其穴深者二丈许，掘后填之，后种植焉。所出之物，甲骨以外，蠡壳至多，与甲骨等，往岁所未知也。古兽角亦至多，其角非今世所有……古器物出土之地，于考古至有关系，前人多忽之，良以古物多得之都市估人，辗转贩鬻，致售者亦不知所自出。其尤黠者或译言之。如龟甲兽骨，潍县范姓估人始得之，亡友刘君铁云问所自出，则诡言得之汤阴。予访之数年，始知实出洹滨。使不知所自出，则殷墟所在，末由断定矣。"罗振玉是第一位来到殷墟的甲骨学家。

《民国十七年十月试掘安阳小屯报告书》　董作宾著。1929 年 12 月《安阳发掘报告》第 1 册，1962 年 2 月收入台北世界书局《董作宾学术论著》上册，1967 年再版，1977 年 11 月收入台北艺文印书馆《董作宾先生全集》甲编第 3 册。文章开篇作者写道："吾人感于殷虚甲骨有大举发掘之必要，乃先从调查入手。调查之后，觉有可以发掘之机会，于是作为计划，着手筹备，而从事试掘之工作。调查与筹备之经过，及工作之开始与结束，均于此述之。"正

文先后为五部分：甲、调查。乙、计划。丙、筹备。丁、工作。戊、结束。其中记载傅斯年汇款千元，在安阳挖掘所用之款，仅三百五十余元。

《殷虚之发掘》　郭沫若著。1930年3月上海中亚书店《中国古代社会研究》附录一，1931年收入上海现代书局，1947年4月又收入上海联合书店，1950年6月又收入上海群联出版社，1952年7月又收入上海新文艺出版社，1954年9月、1964年10月、1977年均又收入人民出版社，1960年、1961年、1962年均又收入科学出版社，1963年又发表于人民文学出版社《沫若文集》第14卷，1982年9月又收入人民出版社《郭沫若全集·历史编》第1卷。

《殷墟沿革》　董作宾著。1930年8月发表于中央研究院历史语言研究所《集刊》第二本，1977年11月收入台北艺文印书馆《董作宾先生全集》甲编第3册。此文的第一部分"沿革表"，第二部分"沿革图"，第三部分"沿革考"：甲、商代的北蒙和殷　1. 北蒙，2. 盘庚迁于北蒙曰殷，3. 帝乙时都城的圮没，4. 受辛时代的殷故墟。乙、周秦两汉的殷墟，5. 春秋战国时的所属，6. 秦世殷墟之所属及项羽章邯之盟，7. 两汉时的所属。丙、魏、晋、北朝的殷墟，8. 殷墟的所属。丁、隋唐五代的殷墟，9. 隋时殷墟所属，10. 唐时的所属，11. 隋唐时的墓葬，12. 五代时殷墟的所属。戊、宋、金、元的殷墟，13. 殷墟的所属，14. 河亶甲塚的古铜器出土，15. 宋代殷墟出土的古铜器。

己、明清以来的殷墟，16. 明朝初年大屠杀的传闻及小屯村的创建，17. 朱氏的先茔，18. 明清两代殷墟的所属，19. 高楼庄与蔡家楼，20. 崔家小屯，21. 马家坟，22. 后小屯，23. 张学献世家，24. 现代的小屯与甲骨的出土，25. 民国以来殷墟的所属，26. 科学的发掘与殷墟的评价。

《洹洛访古游记》
罗振常著。1936年上海蟬隐庐石印本线装二卷二册，1987年1月收入河南人民出版社翻印本，陈鸿祥（校注）。此书为1911年罗振常（罗振玉弟）奉罗振玉之命，赴安阳小屯进行甲骨搜购及到洛阳游历所写的日记。全书分上、下两卷。上卷详细记载了其在安阳的行迹，如勘查洹阳之殷墟遗址，搜求发掘之契文甲骨，凡洹水之形势，出龟之地段，发掘之源流，甲骨之种类，记无不详。下卷记述作者由彰德赴洛及途中所见所闻。在洛期间，罗振常游龙门、关林，踏勘帝陵故址，寻访及购买出土墓志，记录民俗传说，有闻必录。对今之洛阳人了解百年前的洛阳名胜古迹状况，颇多裨益。

《五十年甲骨文发现的总结》　胡厚宣著。原为1949年作者在复旦大学的讲义本《五十年来之甲骨学》，1951年3月商务印书馆出版，名为《五十年甲骨文发现的总结》，1952年1月再版，1953年又三版，1957年香港华夏出版社

翻印出版。全书共八
章，一，引言；二，
甲骨文的命名；三，
甲骨文的认识；四，
甲骨文出土的地方；
五，甲骨文的搜购和
流传；六，科学发掘
的甲骨文字；七，战

后甲骨文的出土和采访；八，五十年甲
骨文出土的总计等。该书将1899年甲骨
文出土以前的历史，和1899年以后的非
科学发掘时期及1928年以后科学发掘时
期出土的甲骨文及流传情况，做了详细
介绍。

《发掘殷墟工作存真》 董作宾辑。
1977年11月发表于台北艺文印书馆
《董作宾先生全集》乙编第7册。篇名
董作宾手书"发掘殷墟工作存真 卅七
年七月二十一日芝城"，应为董作宾在
芝加哥大学时整理的，作为遗书收入
《董作宾先生全集》。其第一页《殷墟发
掘工作区域图》，作者手书："殷墟的范
围 出土甲骨文字地点：小屯 侯家庄
后岗"。其后共收入图版44幅：小屯
村北地、小屯村中、第一次发觉工作人
员留影、村北之发掘、工作伊始、小屯
村中之工作、第三次发掘工作、第四次
发掘工作、遗址之发现、柱础、殷代之
地下室、窖窑、地下室之二、高形之窖、
骨版文字在地窖中之情形、地窖中之器
物、殷人之墓、埋祭之牛羊、土穴中之
骨版、空前的大发现、装入大木箱中、
三吨重之大木箱起运了、到南京、整理
工作中、甲骨文字、龟腹甲之正面、反

面、龟背甲之右半正面、反面、腹甲上
半、改制之背甲、武丁世之大字卜辞、
牛胛骨之正面、反面、牛胛骨反面钻凿
之例、武丁世大字骨版、上一版"亦"
字之放大、祖甲世之卜辞、三千年前毛
笔书写之文字——龟甲反面之墨书、硃
书、骨版反面之硃书、石器上之墨书、
白陶残片上之墨书——骨版上刻的
"祀"字同时同坑出土、不堪回首二十
年。每幅图的标题均为董作宾毛笔手书，
全部为非常珍贵的图片资料。

《安阳》 李济
著。原名《安阳发
掘》，最早在1974年
发表于《大英百科全
书》第15期第1卷，
1977年美国西雅图华
盛顿大学出版部出版

英文本，改名为《安阳》，日本人国分
直一根据原稿本译成日文，名为《安阳
发掘》，1982年由新日本教育图书公司
出版。李济的《安阳》一书有两个中译
本。一为1988年聂玉海、苏秀菊夫妇据
英文本《安阳》译为中文本，经杨锡璋
校阅，在安阳殷墟甲骨文发现90周年纪
念活动时由中国社会科学出版社出版。
二为李济哲嗣李光谟译本，收入河北教
育出版社《二十世纪中国史学名著》，
2000年出版。后者对前者有所评价，指
其问题较多。聂玉海、苏秀菊译本前有
内容提要："本书为著名考古学家、前
台湾中央研究院院长李济生前所著。作
者根据亲生经理、耳闻目睹，用简洁生
动的语言，比较全面地叙述了殷商古都

15 次科学发掘的原因、过程、主要收获和尔后 40 年对遗迹、遗物深入研究的概况和学术总结。全书图文并茂，既有较强的科学性、系统性，又有一定的可读性"。有胡厚宣作《李济〈安阳〉中译本序言》，胡先生"序言"中写道："《安阳》是一本具有重大意义的书。……《安阳》中译本，尤其具有现实的意义。"还有"译者的话"、李济的"序言"、罗杰斯"前言"。正文 15 部分，1. 甲骨文：最初的发现及学者们的首次接触。2. 早期研究阶段：甲骨文的搜集、考释和初步研究。3. 田野方法：20 世纪初期西方的地质学家、古生物学家和考古学家在中国演示的田野方法。4. 安阳有计划发掘的初期。5. 王陵：王陵的发现及有组织的发掘。6. 第二次世界大战前在小屯的最后三次田野发掘。7. 战时继续研究安阳发现物所取得的成果。8. 战后研究所工作环境及安阳发现物的研究。9. 史前遗物和古代中国的传说记载。10. 建筑技术：建筑遗迹和地上建筑物复原之我见。11. 经济：农业和手工业制品。12. 殷商的装饰艺术。13. 世系、贞人和亲属关系。14. 祖先及鬼神的祭祀仪式。15. 关于殷商人群体质人类学的评述。后附注释、参考文献。不管李济的后人对聂玉海、苏秀菊译本有多少微词（但能译未译），毕竟让中国的读者提前了十多年见到了原著，聂氏夫妇是功不可没的。

《20 世纪河南考古发现与研究》杨育彬、袁广阔主编。1985 年中州古籍出版社出版。全书共十章，先后为：第

一章、概述。第二章、旧石器时代。第三章、新石器时代。第四章、夏商时代。第五章、两周时代。第六章、秦汉时代。第七章、魏晋南北朝时代。第八章、隋唐五代。第九章、宋金元明时代。第十章、20 世纪河南考古大事记。其中第四章第五部分为安阳殷墟：（一）殷墟发掘概述，（二）殷墟的范围和布局，（三）殷墟的宫殿宗庙建筑基址，（四）殷墟的手工作坊遗址，（五）殷墟的王陵和其它墓葬，（六）殷墟甲骨文科学发掘与研究，（七）殷墟文化的分期，（八）有关殷墟性质的争论。

《〈小屯〉第一本〈遗址的发现与发掘〉丁编〈甲骨坑层之一·一次至九次出土甲骨〉》　石璋如著。1985 年 4 月列为石璋如、高去寻编辑，台北"中央研究院"历史语言研究所《中国考古报告集》之二。书前作者"序"中写道："1978 年编完了《殷虚墓葬之五》之后，打算接着即编撰《殷虚穴窖》，由于甲骨乃是穴窖中遗物之一，其出土情形拟在穴窖之遗物部分说明，但基于以下的五个理由特别把甲骨部分提出并提前编撰甲骨坑层"。全书第一章为概说，其后按顺序分九章介绍第一次至第九次发掘甲骨坑层情况，每一章又分为三部分：一、发掘情形，二、各区各坑概况，三、工作总结。第十一章为结语：一、安阳有多少地方出土甲骨？二、共开了多少

坑，有多少坑出有甲骨？三、共采掘了多少甲骨？骨多呢？还是甲多？四、采集的标准如何？拓印的标准如何？五、以某次获得最多，某次获得最少，原因何在？六、甲骨在地下埋藏的情形如何，窖藏呢？还是弃置？七、甲骨出土的情形，同坑呢？还是异坑？八、大墓中有没有甲骨？第十二章附录：一、甲骨分期比较表，二、甲编考释拼合图版甲骨之坑位。另附图版十幅。

《〈小屯〉第一本〈遗址的发现与发掘〉丁编〈甲骨坑层之一〉》　石璋如著。1986 年 8 月列为石璋如、高去寻编辑，台北"中央研究院"历史语言研究所《中国考古报告集》之二。参见《〈小屯〉第一本〈遗址的发现与发掘〉丁编〈甲骨坑层之一·一次至九次出土甲骨〉》。

《〈小屯〉第一本〈遗址的发现与发掘〉丁编〈甲骨坑层之二〉》（上、下册）　石璋如著。1992 年 9 月列为石璋如、高去寻编辑，台北"中央研究院"历史语言研究所《中国考古报告集》之二。参见《〈小屯〉第一本〈遗址的发现与发掘〉丁编〈甲骨坑层之一·一次至九次出土甲骨〉》。

《明义士和他的藏品》　方辉［加］著。2000 年 6 月山东大学出版社出版发行。书前有明义士［加］照片及明义士1935 年考察山东淄川石棚遗址照片和 1929

年春明义士一家在巴基斯坦照片，有1933 年明义士于齐鲁大学时的书稿手迹，还有董作宾 1947 年于华盛顿赠给明义士的甲骨文书法作品。明明德（明义士之子，第二任加拿大驻中国大使，1916 年出生于安阳，小名天宝）作"序"，还有李学勤、王宇信分别作"序"。全文"前言"后分为七章：第一章，来华传教，1. 家世背景，2. 申请来华，3. 姓名来历，4. 传教生涯；第二章，讲业齐鲁，1. "哈燕"项目，2. 教学相长，3. 考古调查；第三章，文物收藏，1. 初识甲骨，2. 邂逅殷墟，3. 早期的西方收藏家，4. "上帝的指引"，5. 收藏原则；第四章，1. 皇家安大略博物馆的不愉快经历，2. 从旧金山到华盛顿，3. 退休以后；第五章，1. 甲骨的整理与研究，2. 商代青铜文化研究；第六章，1. 明义士藏品入藏山东省博物馆，2. 南京博物馆的明义士甲骨藏品，3. 故宫博物馆的意外发现，4. 皇家安大略博物馆的明义士收藏，5. 维多利亚一书博物馆的明义士收藏，6. 送给山东大学的礼物；第七章、藏品选粹。附录一：论殷墟出土的明氏鹿及古代的麋，附录二：书信十二则，附录三：参考文献，附录四：引用甲骨著录书目及简称，后记，拓片与图版。关于明义士来安阳的时间，许多资料记录为 1914 年，实际是 1910 年，明义士 1910 年来到武安县，当时的武安行政区划隶属安阳，为安阳下属的一个县，1952 年平原省撤销，调整行政区划武安县划给了河北省。但 1910 年，来到武安也就是来到了安阳。

（二）通论、概说、年表

《甲骨学五十年》　董作宾著。1950 年 8 月至 1951 年 12 月《大陆杂志》第 1 卷 3、4、6、9、10 期，第 3 卷 9—11 期，1955 年 7 月台北艺文印书馆出版单行本，1964 年杨保罗中译英收入日本东京《东亚文化研究论集》第 6 期。1965 年根据作者建议，增加了几篇文章，特别是增加了"最近十年的甲骨学"一章后，改名《甲骨学六十年》。（详见《甲骨学六十年》）

《殷虚卜辞综述》 陈梦家著。1956 年 7 月科学出版社编为《考古学专刊甲种第二号》出版，1964 年 10 月日本东京大安书店翻印出版，1971 年台

湾大通书局翻印出版，1988 年 1 月中华书局重印出版、2004 年 4 月编入《陈梦家著作集》再版。正文前有作者"前言"，第一册第一章总论：第一节 甲骨的发现、鉴定与搜集，第二节 甲骨的种属及采用的部分，第三节 甲骨的整治与书刻，第四节 甲骨的出土地的确定与展延，第五节"殷墟"所在和甲骨包含的年代，第六节 安阳发掘与甲骨铜器出土地区，第七节 甲骨刻辞的内容与其它铭辞，第八节 甲骨刻辞研究的经过。第二章 文字：第一节 甲骨文字的初期审释，第二节 甲骨字汇的编制及其内容，第三节 考释甲骨文字的方法，第四节 甲骨文

字和汉构造。第三章 文法：第一节 卜雨之辞，第二节 词位的分析——名词，第三节 单位词，第四节 代词，第五节 动词，第六节 状词，第七节 数词，第八节 指词，第九节 关系词，第十节 助动词，第十一节 句形，第十二节 结语。第四章 断代 上：第一节 断代的分期及其标准，第二节 坑位对于甲骨断代的限度，第三节 村中出土的康、武、文卜辞，第四节 师组卜辞，第五节 E16 坑与师组的时代，第六节 宾组卜辞，第七节 子组卜辞，第八节 午组卜辞，第九节 结语，第五章 断代 下：第一节 武丁宾组卜人，第二节 武丁特殊词刻辞，第三节 武丁不系聊的卜人，第四节 祖康、祖甲出组卜人，第五节 出组分辈及其相当的朝代，第六节 廪辛何组卜人，第七节 何组卜人早晚的分别，第八节 武乙和帝乙、帝辛卜人，第九节 结语。第六章 年代。第七章 历法天象。第八章 万国地理。第九章 政治区域。第二册 第十章 先公旧臣。第十一章 先王先妣。第十二章 庙号 上。第十三章 庙号 下。第十四章 亲属。第十五章 百官。第十六章 农业及其他。第十七章 宗教。第十八章 身分。第十九章 总结。第二十章　附录：一、有关甲骨材料的记载　二、甲骨著录简目　三、甲骨著录简表。还有插图目录和图版目录。王宇信评价此书为"甲骨文研究的总结性著作"，"全面、系统的总结自甲骨文发现（1899 年）至 1956 年以前近 56 年来科学研究成果的一部巨著"。"在充分总结、利用前人研究成果的基础上，结合自己研究甲骨学的精深造诣，对殷墟

出土甲骨文研究的经过、方法和内容进行了全面科学的叙述。”并总结此书的几个特色为“其一，《殷虚卜辞综述》是一部集56年来甲骨文发现和研究之大成的综合之作。其二，搜集了大量商代文献史料。《殷虚卜辞综述》一书，在论述有关甲骨文和商史的各个问题时，将甲骨文材料尽量与搜集到的大量文献材料相印证。因此，该书显得立论坚实，科学性强。其三，大量考古资料的使用。其四，有意义的‘附录’”。认为“既是一部十分重要的参考书，也是一部十分方便的工具书。而对于初学甲骨文的人，也是一部入门必读之书”（王宇信：《新中国甲骨学六十年》，中国社会科学出版社2013年版）。

《殷墟卜辞研究》

岛邦男［日］著。1958年7月日本弘前大学出版，1975年8月日本东京汲古书院影印再版，1975年12月温天河、李寿林日文译中文由台北鼎文书局出版。台北译本

前有作者“自序”“中译本序”，还有屈万里作“译本殷墟卜辞研究序”、杨家骆作“殷墟卜辞研究中译本序”、金祥恒作“译本殷墟卜辞研究序”。作者“中译本序”记述：“我油印发布《祭祀卜辞研究》的时间是1953年，那时候，董作宾先生的殷历谱还没有引进我国。翌年，由贝冢茂树带来了用照相复写的殷历谱，这是我首次见到殷历谱，而蒙

受启示的经过。从这本书，知道董作宾先生已经研究了祭祀卜辞，其先王先妣的祀序和我所发现的结果一致，对这不谋而合的奇事感到非常惊异。董先生见了拙著也表惊奇，其事已见后跋。殷墟卜辞研究就是以这个祭祀卜辞研究为基础，在加以增补而成书的。”正文有序论：第一、贞人补正，第二、卜辞上的父母兄子之称谓。本论的第一篇殷室的祭祀：第一章、关于先王先妣的五祀，第二章、禘祭，第三章、外祭，第四章、祭仪。第二篇殷代的社会：第一章、殷的地域，第二章、殷的方国，第三章、殷的封建，第四章、殷的官僚，第五章、殷的社会，第六章、殷的产业，第七章、殷的历法。后有“跋”、附录：《殷墟卜辞综类之本书缘起》、索引、英文要旨。

《甲骨学六十年》（《甲骨学五十年》）

董作宾著。1965年6月台北艺文印书馆出版，1977年11月收入台北艺文印书馆《董作宾先生全集》乙编第5册，1993年李亨求［韩］出版韩文译本。书前有严一萍作“甲骨学六十年校后记”“甲骨学五十年序”，有Kimpei Goto《甲骨学五十年英译本编辑琐言》，还有《安阳小屯工作区域图》，正文六部分：第一部分为解题和概说：一、甲骨文字的定名，二、前期与后期研究的不同，三、甲骨文的字数和片数。第二部分为殷代文化宝库的发现：一、殷墟概略，二、殷墟开发的前期——私

人挖掘，三、殷墟开发的后期——公家发掘。第三部分为前期研究的经历：一、字句的考释，二、篇章的通读。第四部分为后期研究的进程：一、分期的整理（一）关于贞人，（二）断代研究的十个标准，二、分派的研究（一）殷代礼制的新旧两派。第五部分为甲骨文材料的总估计：一、已见著录的甲骨文字，二、未著录的甲骨文字，三、甲骨文材料的总估计。第六部分为最近十年的甲骨学：一、回顾甲骨学的六十年，二、殷契周甲（一）解题，（二）六十年来殷契研究之概略，（三）十万片以外的一片卜辞，三、甲骨学前途之展望（一）甲骨资料之结集，（二）缀合复原之重要，（三）索引工具之编制，（四）研究方法之改进。根据严一萍"校后记"："甲骨学五十年的单行本，是民国四十四年出版的。民国五十一年秋天，日本远东文化中心征求彦堂夫子的同意，把它译为英文。同时，夫子也嘱我把中文本加以补充再版。于是辑录叙述最近十年来甲骨研究情形的论文三篇，增为《最近十年的甲骨学》一章。又加上新由李霖灿兄从美国带回的《殷墟发掘工作存真》图片数十幅，以及甲骨年表正续编。而书名也决定改为《甲骨学六十年》。"

《安阳殷墟》
杨建芳著。1965 年 6 月北京中华书局《中国历史小丛书》，1978 年 8 月北京中华书局再版，1977 年 6 月香港中华书局版收

入《中国历史的童年》，1982 年 11 月出版《中国历史小丛书》合订本，1983 年 10 月中华书局再版。

《甲骨学导论》
吴玓著。1973 年台北文史哲出版社出版，到 1981 年第三次印刷，1988 年上海古籍出版社出版简体本，平装 32K 一册。全书

"前言"后分四章，第一章、发现与发掘：第一节、发现。第二节、发掘 壹 私人挖售，贰 公家发掘 一、"中央研究院"之发掘；二、河南博物馆之发掘。第二章、收藏与著录：第一节、私人收藏与著录。第二节、外人收藏与著录。第三章、研究成果：第一节、考释。第二节、论著。第四章、结论：第一节、正经传。第二节、补古史。第三节、考文字。第四节、结语。附六十年来有关甲骨学论著目录。

《甲骨学》（上、下）
严一萍著。1978 年 2 月台北艺文印书馆出版，1990 年收入《严一萍先生全集》甲

编。书前有作者"序""再序"。正文第一章、认识甲骨与殷商的疆域：一、认识甲骨 1. 卜骨，2. 卜甲。二、殷墟以外卜甲卜骨的发现 1. 新石器时期的甲骨分布情况，2. 殷商时期的甲骨分布情

况，3. 两周时期的甲骨分布情况，4. 文化时期不明的甲骨分布情况。三、殷商的疆域。第二章、甲骨的出土传拓与著录：一、甲骨的出土。二、甲骨的传拓。三、甲骨的著录。第三章、辨伪与缀合：一、辨伪 1. 辨契刻之伪，2. 辨缀合之伪，3. 辨拓本之伪，4. 辨释文之伪。二、缀合。第四章、钻凿与占卜：一、钻与凿 1. 钻凿之形式，2. 钻凿之分类。二、占卜。第五章、释字与识字。第六章、通句读与识文例：一、通句读。二、识文例。第七章、断代：一、断代的前提 1. 断代的研究法，2. 论殷代礼制的新旧两派，3. 揭穿文武丁时代之谜。二、断代异说的批判 1. 胡厚宣的四期说，2. 陈梦家的贞人组，3. 贝冢茂树的王族多子族卜辞。三、文武丁时代的新证据 1. 文武丁时代的客观标准，2. 称谓与风格，3. 妣戊与有祭，4. 文武丁时代的钻凿，5. 文武丁时代的遗物遗址。四、贞人 1. 贞人非卜人，2. 贞人跨越数代的问题，3. 贞人与方国，4. 新的贞人与新人物。五、文例与书体之演变 1. 贞旬体例之演变，2. 卜雨辞的分期，3. 几个特殊字例的演变，4. 一般字形分期示例。六、钻凿与断代的关系。第八章、甲骨文字的艺术。第九章、甲骨学前途之展望。

《商代史料——中国青铜时代的甲骨文》　吉德炜［美］著。1978 年美国加利福尼亚大学出版。全书共五章，第一章论述商代占卜过程；第二章论述卜辞的内容和结构；第三章全面介绍甲骨文研究和考释成果，包括所取得的成就、甲骨著录情况、甲骨字汇索引编纂情况以及概论、文献目录的出版等。此外，还介绍并讨论了卜辞的解读、通读甲骨残辞、如何全面研究甲骨上卜辞的各项内容等方面。第四章是有关甲骨断代问题的讨论。书中系统地介绍了董作宾分期断代理论并提出了自己的看法，将断代标准分为"内在标准"（祖先称谓、贞人、字体、刻辞、卜辞位置、边缘记事刻辞、序辞与后辞形式、卜兆、验辞、兆序和成套性、兆辞、事类与习用语等）、"甲骨形态标准"和"考古学标准"等三个方面。还介绍了"午组""子组"的争论并提出自己的看法，认为应是"王族"卜辞，不同意董作宾的"新、旧"派说。第五章论述了甲骨文不是唯一的商代史料，在铜、陶、骨、石、玉等材料上的文字以外，将来还有可能在丝、帛、竹、木等材料上发现商代文字。并认为不能讲甲骨文做为商代"档案"，它只能反映商代思想的某些方面而不能包括商代社会的各个方面。此外，还对辨伪的方法与标准、拓本（摹本、照相）的制作方法作了介绍。本书附录的一至三项是有关甲骨鉴别、牛胛骨龟腹甲的比例、标本的尺寸等方面的内容。第四项和第五项主要是依据年代学研究成果和碳十四测定甲骨的绝对年代、见于各期的事类、习用语出现的规律等。书中还有三十三幅插图和三十八个表格，书后附有引证甲骨著录书目及文献目录。《商代史料》对我国台湾、香港地区，以及国外其他地区的甲骨学研究成果，做了较为全面的介绍。王宇信高度评价："堪称西方甲骨学者总结甲骨学研究成果的第一部成功的著作。它不仅反映了西方甲骨学者研究的最新成就，而且对欧美一些国家了解和研究甲骨文这一古老华夏文明也将起到重大推动作用。正如美国著名考古学家、哈佛大学教授张光直在该书封底所指出的，'本书将受到学习中国古代历史文化的学生们的热情欢迎与感谢。作为西方第一部系统介绍商代甲骨刻辞的入门书，作为对于以任何语言撰写的同类著作来讲都是最完善的一部著作，《商代史料》在未来的岁月里将是这一领域里的一本标准教科书。同时，学习中国古代古典文献和古典宗教的学生们也会感到它是十分有用的。'"

《商周考古简编》

殷涤非著。1984 年安徽人民出版社，1986年 8 月黄山书社再版。作者为安徽省文物考古研究所研究员。该书约 12 万字，是应安徽大学历史系文博专业课程需要，收集全国各地重大发现和考古工作者对考古学、古文字的研究成果编辑而成。该书以商周考古为主，简述了夏代至战国各个历史时期的物质文化特征、宫殿及城墙基址、各期墓葬和有关问题，并把甲骨文和青铜器各作一章论述。甲骨文和青铜器铭文，是研究商周历史文化的最可靠的珍贵资料。作者以较多的篇幅叙述甲骨文、铜器铭文的研究成果及与商周考古的关系，是该书的一个主要特点。

《甲骨文与甲骨学》

张秉权著。1988 年 9 月台湾"国立"编译馆出版。书前有两版龟腹甲影本彩照三幅（其中《丙》207、208 为一版龟腹甲的正反两面）。作者《关于甲骨文与甲骨学》（代序）。第一章绪论：第一节、什么是甲骨文，第二节、什么是甲骨学，第三节甲骨文的字数和片数，第四节、甲骨文的字典和索引，第五节、甲骨学的分类和目录。第二章甲骨文的发现与发掘：第一节、甲骨文出土以前的甲骨出土情形，第二节、甲骨文发现的经过，第三节、私人挖售的时期——为古董商人的搜购而挖掘，第四节、公家发掘的时期——为寻找科学研究的资料而发掘。第三章、骨卜习惯的原始与分布：第一节、骨卜习惯的原始，第二节、骨卜习惯的分布，第三节、文献记载以及调查记录的骨卜习俗。第四章、骨卜习惯的考证：第一节、占卜材料的蒐集和积储，第二节、卜用甲骨的攻治，第三节、贞问所卜的事情，第四节、灼兆及其所用的火种，第五节、辨兆及其断定吉凶的因素，第六节、记兆与刻兆，第七节、卜辞的书契，第八节、记验和归档。第五章、甲骨学的建立与发展：第一节、甲骨学的萌芽，第二节、初期研究的灌溉和耕耘，第三节、全盛时期的多彩多姿，第四节、由绚烂归于平淡的时期，第五节、最近的趋势与前途的展望。第六章、甲骨文材料的整理复原与流传：第一节、甲骨出土以后的清理工作，第二节、拼兑与复原，第三节、传拓照相制图与编辑，第四节、流传与著录。第七章、文字文例与文法：第一节、文字，第二节、文例，第三节、文法。第七章、卜辞与记事刻辞：第一节、什么是卜辞，第二节、什么是记事刻辞。第九章、成套卜辞与成套甲骨：第一节、什么是成套卜辞与成套甲骨，第二节、成套甲骨与成套卜辞的发现，第三节、成套甲骨与成套卜辞的种类，第四节、成套甲骨与成套卜辞的价值。第十章、断代与分期：第一节、断代与分期研究的历程，第二节、断代的十种标准与五个时期，第三节、甲骨文中新旧两派的差异。第十一章、天文气象与历法：第一节、天文，第二节、气象，第三节、历法。第十二章、人名地名与方国：第一节、甲骨文中人地同名的现象，第二节、单纯的人地同名例，第三节、复杂的人地同名例，第四节、人地同名现象可能的成因，第五节、方国。第十三章、先公先王与世系：第一节、上甲以前的先公，第二节、上甲以后的先公先王，第三节、先妣，第四节、世系，第五节、一支贵族的世系——儿氏家谱。第十四章、祭祀巫术与宗教信仰：第一节、祭祀的对象，第二节、祭祀的种类，第三节、祭祀礼制的新旧两派，第四节、祭祀的牺牲，第五节、祭祀牺牲的来源，第六节、祭祀的场所，第七节、从祭祀用牲看殷人日常生活，第八节、巫术与宗教信仰。第十五章、政治与官制：第

一节、政治权力的来源，第二节、政权的转移与运作，第三节、外服诸侯，第四节、内服百官。第十六章、农业与社会：第一节、殷代的农业与社会鸟瞰，第二节、农业区域，第三节、农业技术、第四节、农业产品，第五节、农业管理，第六节、农业礼俗。第十七章、田游与征伐：第一节、田游与征伐卜辞的形式，第二节、武丁也爱田游，第三节、田猎区域与殷都东南地理，第四节、战争的记录。第十八章、人口疆域与文化的接触面：第一节、论殷代地理之难治，第二节、政治力量达到的范围，第三节、人口的估计，第四节、文化的接触面。第十九章、技术与工业：第一节、甲骨文中的资料，第二节、田野考古的发现。第二十章、甲骨上黏附的棉布：第一节、棉布的发现，第二节、标本的检验，第三节、黏附棉布的龟甲碎片，第四节、田野考古发现的棉布，第五节、文献上记载唐代以前的棉布。后附引用甲骨文资料书目、插图目录、表目录、图版目录。按照作者的说法："对甲骨学而言，这，好像是一部导游的书，一方面要解说这一学问的来龙去脉，也就是他的历史的叙述。一方面又要指点这一区域中的种种景色，也就是内容的分析。这里有前人研究的丰硕成果；也有作者个人的特殊见解。"

《甲骨文史话》　萧艾著。1980年6月文物出版社出版。王宇信评价："本书概要地叙述了甲骨文发现和研究的历史，并介绍了王国维、罗振玉、董作宾、郭沫若、唐兰、于省吾、陈梦家、胡厚

宣等前辈学者对甲骨学研究的贡献。文字简明流畅，叙述生动活泼，为初学甲骨文和学习甲骨学史的入门读物。"（王宇信《甲骨学通论》，中国社会科学出版社 1989 年版）

《殷墟甲骨文简述》 孟世凯著。1980 年 11 月文物出版社出版。1984 年 11 月 26 日本狼烟社出版成家彻郎［日］日文译本，更名为《谈

龟的历史——甲骨文字与汉字的起源》。书前有作者"前言"，正文十部分：一、为什么叫甲骨文。二、甲骨文的发现、私掘和外流。三、甲骨文研究的概况。四、甲骨文中反映的阶级关系。五、甲骨文中反映的农业和畜牧业。六、甲骨文中反映的田猎。七、甲骨文中反映的气象。八、甲骨文中反映的天文和历法。九、甲骨文中反映的疾病。十、结束语。附录：（一）各家所定甲骨卜辞贞人时期表，（二）甲骨文论著简目。如作者"前言"叙述："这本书里介绍是八十年前在'殷墟'发现并陆续出土的甲骨上刻的文字。至于'殷墟'以外地区出土的一些甲骨文和近年来在陕西省岐山县'周原'出土的甲骨文，不在这本书里介绍"。王宇信评价："此书简明扼要地总结了八十多年来甲骨文发现和研究的情况，特别是甲骨文中所反映的阶级关

系、农业畜牧业、田猎、气象、天文和历法、疾病等方面所取得的研究成果。本书对初学者了解甲骨文的发现情况和甲骨文的内容有一定的参考价值"。（王宇信《甲骨学通论》，中国社会科学出版社 1989 年版）

《建国以来甲骨文研究》 王宇信著。1981 年 3 月中国社会科学出版社出版，1982 年 7 月再版。著名历史学家谢国桢题写书名。书前有胡厚宣《建国以来

甲骨文研究序》和李学勤《建国以来甲骨文研究序》，正文前言，第一章、建国前甲骨文发现和研究的回顾（1899—1949 年）：第一节、甲骨文的发现及其出土地点的确定，第二节、甲骨文的搜集、著录和甲骨文的流散国外，第三节、《甲编》《乙编》——科学发掘甲骨文的总集，第四节、从《契文举例》到《殷卜辞中所见先公先王考》，第五节、凿破鸿蒙——"大龟四版"的启示和《断代例》的发表，第六节、YH127 坑甲骨发现的重大学术意义，第七节、简短的结语。第二章、建国以来的甲骨文发现和著录：第一节、甲骨文的新发现，第二节、周代甲骨文的发现及其学术意义，第三节、胡厚宣在甲骨文流传方面的新贡献，第四节、甲骨文的辨伪和缀合，第五节、集大成的著录——《甲骨文合集》，第六节、简短的结语。第三章、建国以来的甲骨文研究：第一节、甲骨

文中的一种"异形文字"的发现及研究，第二节、甲骨文字的考释和于省吾考释文字的新贡献，第三节、对"文武丁时代卜辞的谜"的探讨，第四节、古代占卜的再现，第五节、甲骨文研究的总结性著作——《殷墟卜辞综述》，第六节、简短的结语。第四章、建国以来的甲骨文研究和考古学（略）。第五章、建国以来的甲骨文研究和历史学（略）。第六章、建国以来的甲骨文研究和古代科学技术（略）。第七章、郭沫若对甲骨文研究的卓越贡献：第一节、郭沫若与甲骨文的搜集和著录，第二节、郭沫若与甲骨文研究，第三节、郭沫若的马克思主义商史研究，第四节、老一辈甲骨学者的"益友"和初学甲骨者的"良师"，第五节、简短的结语。第八章、三十年来甲骨学的进展与我国甲骨文研究的展望（略）。后记，附录一、甲骨文主要著录目及其通用的简称。附录二、建国以来甲骨文编年论著简目（1949—1979 年 9 月）。附录三、建国以来甲骨文作者论著简目。最后是图版目录（附录图版十二幅）。胡厚宣和李学勤在书前"序"中，都给予了高度评价。

《中国甲骨学史》

吴浩坤、潘悠著。1985 年 12 月上海人民出版社出版，1990 年 9 月台北贯雅文化事业公司再版。目录：胡厚宣序、戴家祥序、第一章、甲骨文的发现、搜集与流传，第一节、甲骨

文的的发现；第二节、早期甲骨的搜购和流传。第二章、殷墟发掘和其他地区的考古发现，第一节、关于殷墟的考定；第二节、1928—1937 年的殷墟发掘；第三节、战后出土甲骨的搜集和著录；第四节、解放后的科学发掘与重要收获。第三章、卜甲与卜骨，第一节、甲骨的类别；第二节、甲骨的大小和字数；第三节、甲骨的数量和产地。第四章、卜法与文例，第一节、卜法；第二节、文例。第五章、文字，第一节、古文字的发展和演变；第二节、甲骨文的形体结构；第三节、考释甲骨文字的方法。第六章、文法，第一节、句型；第二节、词类。第七章、断代，第一节、郭沫若董作宾等的断代研究；第二节、各家对董氏断代学说的意见。第八章、辨伪与缀合，第一节、辨伪；第二节、缀合。第九章、甲骨文与诸学科的关系（上），第一节、甲骨文与古文字学；第二节、甲骨文与考古学。第十章、甲骨文与诸学科的关系（下），第一节、甲骨文与古文献考证；第二节、甲骨文与商史研究。第十一章、甲骨文研究的回顾，第一节、初期的甲骨文研究；第二节、甲骨学的重要发展时期；第三节、骨学研究的新阶段。附录一：甲骨大事简表。附录二：甲骨著录简表。附录三：甲骨论著目录。后记。

《甲骨文简论》　陈炜湛著。1987 年 5 月上海古籍出版社出版。书名由容庚题写，商承祚作"甲骨文简论序"。全书分九章，第一章 甲骨文的发现与发掘：一、甲骨文的偶然发现与殷墟的初

步考察，二、解放前甲骨文的私人挖掘和科学发掘，三、新中国成立后的殷墟发掘及甲骨文的新发现，四、八十年来出土甲骨文总数的估计及今

后出土甲骨文的展望。第二章 甲骨文的著录、考释及字典的编纂：一、甲骨文著录的形式与方法（附 著录甲骨的主要书籍及简称表），二、甲骨文考释的进展（一）草创阶段、（二）奠基阶段、（三）发展阶段，三、甲骨文字典的编纂——从《簠室殷契类纂》到《甲骨文字集释》。第三章 甲骨的占卜与刻辞：一、甲骨的种类及来源，二、占卜前的准备与占卜的程序，三、契刻与读法，四、契刻与书写的关系。第四章 甲骨文字的特点及其发展变化：一、甲骨文字与六书问题，二、甲骨文字形体结构的特点，三、甲骨文字形体与意义的关系，四、甲骨文字的发展变化。第五章 甲骨文的分类和主要内容：一、甲骨文的分类研究——各家对甲骨文的分类，二、各类卜辞举例，三、非卜辞——卜辞以外的各种刻辞，四、关于"非王卜辞"。第六章 甲骨文的分期——断代研究：一、甲骨文分期断代的重要性，二、甲骨文断代的标准，三、断代研究中碰到的困难及目前争论的问题。第七章 甲骨文的缀合：一、甲骨缀合的重要意义，二、甲骨缀合的基本原则，三、关于甲骨缀合的著作——从《甲骨叕存》到《甲骨文合集》。第八章 甲骨文的辨伪：

一、作伪的由来及辨别的方法，二、关于"契斋藏甲之一"的真伪问题，三、关于《库》1506 片"家谱刻辞"的真伪问题，附 甲骨伪片表，附图 甲骨伪刻举例。第九章 甲骨文研究的过去、现状及今后的展望：一、八十年来甲骨文研究的主要成就，二、研究甲骨文的两条途径、两种方法，三、甲骨文研究的现状及亟待解决的问题，四、对今后甲骨文研究的展望与设想。商承祚在此书"序"中评价："即是授课的教材，也是有志于学习甲骨文者之入门书，自学者之向导，可谓一举而两得也。本书虽仅九章，篇幅不多，缺牵涉到有关甲骨文的许多重要问题，作者的介绍、论述，实际上也是对八十余年来对我国甲骨文研究的一个小结。"

《甲骨学》 王宇信著。1988 年 11 月发表于东方出版社《中国文化概览》。

《甲骨学通论》 王宇信著。1989 年 6 月中国社会科学出版社出版。周谷城题写书名，胡厚宣作《〈甲骨学通论〉序》，李学勤作《序〈甲骨学通论〉》。此书出版

有韩译本及四次重印本。要目：前言、第一章、绪论。上篇　第二章、甲骨文的发现年代和发现者。第三章、甲骨文出土地与时代的确定及甲骨文的命名。第四章、甲骨文发现和甲骨学研究的几个阶段。第五章、甲骨的整治与占卜。第六章、甲骨学专业用语及甲骨文例。

第七章、甲骨文的分期断代（上）。第八章、甲骨文的分期断代（下）。第九章、使用甲骨文材料应注意的几个问题。第十章、重要甲骨的著录及现藏。第十一章、甲骨学与殷商史研究要籍。第十二章、甲骨学史上有贡献的学者及其研究特点。下篇 小引。第十三章、甲骨学研究的一门新分支学科——西周甲骨学。第十四章、周原出土的商人庙祭甲骨。第十五章、今后的西周甲骨学研究。第十六章、甲骨文与甲骨书法。附录一：甲骨学大事记（1899 年—1986 年）。附录二：甲骨文著录目及简称。附录三：新中国甲骨学论著目。附录四：西周甲骨论著目。后记。附图。

《甲骨学论丛》

朱歧祥著。1992 年台湾学生书局影印出版。书前有作者"序言"，正文为作者分别发表在大学、研究机构及学报上的十五篇论文，内容包括研究甲文的辞例、考字、明史、释文、方法五类。分别为：殷墟甲骨文字的艺术，甲骨文一字异形研究，释示册，释乍，释更，释勿，弜同字，殷武丁时期方国研究——鬼方考，由小屯南地甲骨看殷代官吏，小屯南地甲骨释文正补，略谈甲骨文字的新方向，甲骨学九十年回顾与前瞻，谈王国维的三种境界，谈王国维的二重证据法，殷周彝器作器人物简论，中国文字简化刍议。涉及甲骨文研究的诸多方面，所以我们把它归于通论部分，其中许多单篇也出现在文字考释、研究方法等其他部分。

《殷墟甲骨文引论》 马如森著。1993 年 4 月东北师大出版社出版，1997 年 1 月高雄丽文文化事业股份有限公司翻印出版，列入《两岸丛书》J001。有胡厚宣

"序"、孙常叙"序"、李学勤"序"。上编为甲骨学简述：第一章 甲骨的出土和甲骨文的发现。第一节 甲骨的出土、地点、时间和命名 一、关于甲骨的出土，二、甲骨出土地点的认定，三、关于甲骨出土的时间问题，四、甲骨文的命名；第二节 甲骨被误为"龙骨；第三节 王懿荣发现了甲骨文；第四节 继王懿荣之后的两位甲骨收藏家——刘鹗和罗振玉；第五节 发掘甲骨的四个历史时期。第二章 甲骨文的重大意义。第一节 甲骨学的建立；第二节 甲骨学的辅助学科和相关学科；第三节 甲骨学与考古学；第四节 甲骨学与历史学；第五节 甲骨学与天文、气象、历法学 一、对天体气象的记载，二、对天体星辰的记载，三、历法；第六节 甲骨学与农业科学；第七节 甲骨文在语言文字研究中的重要作用 一、殷商以前文字的推测，二、甲骨文与汉字学，三、甲骨文与汉语语法学，四、甲骨文与上古音韵学。第三章 甲骨文研究。第一节 甲骨文著录；第二节 甲骨文论著；第三节 从事甲骨文研究的几位

学者。第四章　甲骨文的骨版研究。第一节　甲骨的来源；第二节　甲骨骨版的结构分析　一、龟甲骨版分析，二、家畜骨和兽骨骨版分析；第三节　甲骨骨版的分类；第四节　甲骨骨版的缀合　一、甲骨缀合的原因、基本原则和专书简介，二、甲骨缀合的几种类型（一）同一骨版分散在不同著录著作中的缀合，（二）龟腹甲骨版的缀合，（三）肩胛骨版的缀合。第五章　占卜、骨版的凿钻、灼龟、吉凶。第一节　对占卜的认识；第二节　占卜的准备　一、龟骨的取材，二、龟胛的整治、削锯和刮磨，三、骨版的钻凿；第三节　占卜的开始、结束和结尾　一、灼龟，二、吉凶说试议。第六章　甲骨刻辞。第一节　甲骨刻辞的部位　一、龟腹甲整版的刻辞部位，二、龟腹甲断片刻辞部位，三、肩胛骨刻辞部位，四、牛头骨刻辞部位，五、鹿头骨刻辞部位，六、犀牛肋骨刻辞部位，七、虎骨刻辞部位，八、人头骨刻辞部位；第二节　甲骨刻辞的分类　一、占卜刻辞，二、对贞刻辞，三、记事刻辞，四、纪事刻辞，五、兆序刻辞，六、兆记刻辞；第三节　甲骨刻辞的内容；第四节　甲骨刻辞的书法　一、甲骨文的契刻工具，二、先书后刻？还是不书即刻？还是兼而有之？三、先直后横，是否普遍规律？四、单峰字和双峰字，五、字体形态的不同，六、卜辞的形款、界划和涂朱。第七章　甲骨文的分期断代。第一节　商代的社会概况；第二节　甲骨文的断代研究；第三节　甲骨文断代研究"五期"说略述。第八章　甲骨文

字。第一节　甲骨文字与新的"六书"说；第二节　甲骨文字形体结构的特点。一、象物的象形字，二、象事字，三、象意字，四、标示字，五、形声字，六、部件通用结构，七、形体的方位变换，八、合体部件的移位，九、部件上下结构，十、部件内外结构，十一、繁简字并存，十二、笔划结构的细微差别，十三、合文；第三节　甲骨文字的演变和异字同形例　一、甲骨文字的演变，二、异字同行例；第四节　甲骨文字的考释方法　一、字形比较法，二、卜辞文例推勘法，三、礼俗制度释字法。下编为可识字形音义简释。后有一、凡例，二、笔画查字表，三、殷墟甲骨文可识字形音义简释正文，四、汉语拼音索引，五、后记。

《甲骨学导论》
王宇信、魏建震著。1998 年 12 月列入《社科院研究生重点教材》丛书，由中国社会科学出版社出版。《甲骨学导论》

对甲骨学的定义、研究对象、专业用语和基本课题进行了科学规范和系统论述，并将甲骨学的基本理论和学科规律的不断严密与完善，以及研究方法的继承与创新等，放在甲骨学 100 年发展史上进行了缜密考察。同时，作者通过对甲骨学的标志性成果和划时代贡献的学者的介绍，显示了甲骨学研究发展道路上各个时期的阶段性特点。全书分为十五章，第一章　绪论。第一节、什么是甲骨学：

一、甲骨学概念的界定，二、甲骨文与甲骨学。第二节、甲骨文的发现开辟了中国近代学术的新纪元：一、甲骨文的发现和研究，标志着中国传统学术向近代学术的转型，二、为殷商考古学的发展提供了契机，三、为新史学的发展奠定了坚实基础。第三节、甲骨学与其他学科的关系：一、甲骨学与历史学的关系，二、甲骨学与语言文字学的关系，三、甲骨学与商代考古学的关系，四、甲骨学与古代科技史的研究关系密切。第四节、刻苦钻研甲骨学成功之路就在你的脚下。第二章　甲骨学的研究与发展。第一节、甲骨学研究的草创时期（1899 年至 1928 年）：一、甲骨文发现地点及其所属时代的确定，二、甲骨文的非科学发掘、搜集与著录，三、甲骨学研究所取得的成就。第二节、甲骨学研究的发展时期（1928 年至 1937 年）：一、殷墟的十五次发掘与甲骨文出土概况，二、甲骨学研究的较快发展。第三节、甲骨学研究的深入发展时期和全面深入发展时期（1949 年至今）：一、甲骨文材料的新出土，二、新中国建立后甲骨文资料的搜集与著录，三、甲骨学研究的深入发展。第三章　甲骨的整治与占卜。第一节、商代卜用龟甲和兽骨的来源。第二节、甲骨的整治：一、取材，二、削锯与刮磨，三、钻凿制作。第三节、甲骨的占卜与文字的契刻。第四节、甲骨占卜后的处理及少数民族保存的骨卜习俗。第四章　甲骨学专业用语及甲骨文例。第一节、甲骨学的基本专业用语：一 甲骨的正反、左右、内

外、上下，二 兆序，三 兆记，四 卜辞。第二节、甲骨文例：一、卜辞文例，二、非卜辞记事文例。第三节、殷人一事多卜和卜辞同文及特例卜辞。第五章　甲骨文的分期断代。第一节、甲骨文分期断代的探索。第二节、甲骨文断代“五期”说及“十项标准”。第三节、甲骨文断代研究的深入：一、揭穿文武丁卜辞之谜，二、有关“历组”卜辞的争论和武乙、文丁卜辞的细划分，三、盘庚时期甲骨文与帝辛时期甲骨文的寻找，四、钻凿形态研究与甲骨分期。第四节、关于甲骨文分期断代研究的两个新方案：一、分派整理法，二、贞人分组与“王卜辞两系”说。第六章　使用甲骨文材料应注意的几个问题。第一节、甲骨文的校重。第二节、甲骨文的辨伪：一、辨文字之伪，二、辨辞例之伪。第三节、甲骨文的缀合。第四节、甲骨文的残辞互补。第七章　重要的甲骨著录及现藏。第一节、国内学者著录的甲骨及现藏。第二节、国外学者著录的甲骨及现藏。第三节、科学发掘甲骨的著录及现藏。第四节、集大成的著录——《甲骨文合集》《甲骨文合集补编》。第八章　甲骨文的考释及重要著作。第一节、从《契文举例》到《殷虚书契考释》：一、孙诒让的《契文举例》，二、罗振玉所著《殷虚书契考释》。第二节、郭沫若《甲骨文字研究》与唐兰《殷虚文字记》。第三节、《甲骨文字释林》与裘锡圭的《古文字论集》。第四节、甲骨文考释的总结性著作——《综览》与《诂林》。第九章　甲骨学研究总结性著作。第一

节、甲骨学研究"草创时期"的研究总结。第二节、董作宾《甲骨文研究的扩大》与《甲骨学五十年》。第三节、陈梦家《综述》与王宇信《建国以来甲骨文研究》。第四节、《甲骨文与甲骨学》和《甲骨学通论》。第五节、百年来甲骨学研究的总结和《甲骨学一百年》。第十章　甲骨文与殷商文化研究著作。第一节、王国维《先公先王考》《续考》与郭沫若《中国古代社会研究》。第二节、胡厚宣《论丛》把商史研究推向"发展时期"的高峰。第三节、《夏商社会生活史》对商代社会史的全面探究。第四节、多卷本《商代史》——里程碑式的商史研究著作。第十一章　甲骨学史上有重要贡献的学者及其研究特点。第一节、早年出土甲骨的几位购藏家。第二节、罗振玉、王国维和"罗王之学"。第三节、甲骨文科学发掘阶段的几位有贡献的学者。第四节、新一代的甲骨学者和成长中的新一代。第五节、甲骨学家成功道路对我们的启示：一、深厚的国学基础，是前辈学者取得成功的前提，二、学贯中西，是几代学者推动甲骨学研究不断前进的保障，三、重视甲骨文资料的搜集、整理与刊布工作，四、开拓进取，不断追求，把甲骨学研究推向深入。第十二章　甲骨学的新分支学科——西周甲骨学。第一节、关于西周甲骨文"古已有之"的推测。第二节、西周甲骨的发现和确认。第三节、周原甲骨的成批发现与公布。第四节、西周甲骨学的形成与发展。第五节、西周甲骨研究的深入发展（1982 年 5 月至

2002 年）：一、西周甲骨的科学整理和新材料的公布，二、西周甲骨研究的深入与发展。第六节、西周甲骨全面深入研究时期（2002 年至今）：一、《周原甲骨文》与西周甲骨学的全面深入发展，二、西周甲骨的新发现将推动研究的继续发展。第十三章　谈甲骨文与甲骨文书法。第一节、中国文字的发展和甲骨书法小史。第二节、写好甲骨书法的准备工作。第三节、精益求精，将甲骨书法艺术提高一步：一、要合情，二、要合理，三、甲骨文书法是艺术创作。第四节、甲骨学家、甲骨书法家与甲骨书法的弘扬。第十四章　百多年的甲骨学研究与展望。第一节、甲骨学研究的"草创时期"（1899 年至 1928 年）。第二节、甲骨文研究的发展时期（1978 年至 1937 年）。第三节、甲骨学研究的深入发展时期（1949 年至今）。一、科学发掘甲骨文的不断出土和包容时间、空间的扩大，二、甲骨文材料的集中、整理及刊布方面取得了成功，三、甲骨学研究的深入，四、甲骨学史和甲骨学研究的总结性著作。第四节、甲骨学研究国际学术交流的加强。第五节、甲骨学研究的展望与思考。第十五章　甲骨文例读。第一节、一期片例读。第二节、二期片例读。第三节、三期片例读。第四节、四期片例读。第五节、五期片例读。附录：甲骨著录及简称，后记。

《甲骨学一百年》　王宇信、杨升南、孟世凯、宋镇豪、常玉芝编著。1999 年社会科学文献出版社出版。目次：第一章、序论，第二章、百年出土

甲骨文述要，第三章、甲骨学研究基础工作的不断加强，第四章、甲骨文的考释及其理论化，第五章、甲骨文的分期断代，第六章、甲骨占卜和卜辞文例文法（上），第七章、甲骨占卜和卜辞文例文法（下），第八章、甲骨学研究的新发展——西周甲骨分支学科的形成，第九章、前辈学者的成果和经验，是可资借鉴的文化遗产，第十章、学科的不断认识和总结一，指导和推动了研究的发展，第十一章、商代社会机构和国家职能研究，第十二章、商代社会经济，第十三章、商代宗教祭祀及其规律的认识，第十四章、关于商代气象、历法与医学传统的发掘与研究，第十五章、新世纪甲骨学研究的展望，后记。作者以详实的资料，全面总结了甲骨文发现一百年来收集、整理、保存、研究的全过程，论述了甲骨学的形成与发展、成就与不足，介绍了百年来甲骨文研究的重要成果和作出突出贡献的学者，并对 21 世纪的甲骨学研究进行了展望。该书荣获第五届国家图书奖提名奖，第八届"五个一工程"奖，第二届郭沫若中国历史学奖。

《甲骨学殷商史研究》 宋镇豪、刘源著。列入《二十世纪中国人文学科学术研究史丛书·史学专辑》，2006 年 3 月福建人民出版社出版。《史学专辑》由陈祖武、杨泓主编。正文"绪论"后，第一章 总论 第一节、学者对甲骨

文的逐步认识。第二节、殷墟甲骨文分类的进展：一、殷墟甲骨文中的王卜辞和非王卜辞，二、非王卜辞的种类，三、记事文字，四、表谱刻辞，五、习刻，六、殷墟以外地区甲骨文的种类。第三节、甲骨学的确立：一、甲骨学的界定，二、甲骨学与殷商史研究之间的关系。第二章 甲骨文的发现与发掘：第一节 殷墟甲骨文的发现。第二节、殷墟甲骨文的私掘盗掘：一、1899 年至 1928 年间小屯村民的九次私掘，二、河南省博物馆何日章的发掘，三、抗日战争期间日本人在殷墟的盗掘，四、1937 年至 1949 年小屯村民的盗掘。第三节、殷墟甲骨文的搜集和流传：一、王懿荣搜集甲骨之经过，二、王襄和孟广慧搜集甲骨之经过，三、刘鹗搜集甲骨之经过，四、罗振玉搜集甲骨之经过，五、国内其他人购藏甲骨的情况，六、日本人搜购甲骨的情况，七、加拿大人搜集甲骨之经过，八、英美人搜集甲骨之经过，九、其他外国人搜集甲骨的情况。第四节、殷墟甲骨文的科学发掘：一、"中央研究院"历史语言研究所的十五次发掘，二、1949 年之后的历次发掘。第五节、殷墟以外地区甲骨文的发现和科学发掘：一、殷墟以外地区商代甲骨文的发现和发掘，二、西周甲骨文的发现和发掘。第三章 甲骨文著录 第一节、百年来甲骨文著录工作概况：一、什么是甲骨文

著录，二、甲骨文著录工作的意义，三、甲骨文著录工作中应注意的几点问题，四、甲骨文著录工作的几个发展阶段。第二节、甲骨文著录论著评介：一、著录殷墟甲骨文的论著，二、著录殷墟以外地区出土甲骨文的论著。第三节、甲骨缀合。第四章　甲骨文断代　第一节、早期的探索：一、殷墟甲骨文大时代的确定，二、殷墟甲骨文断代的尝试和实践。第二节、董作宾"五期说"的提出及其修正：一、大龟四版和"贞人"的发现，二、甲骨文断代的十项标准，三、五期断代法及其修订。第三节、"卜人祖"的提出与"师组"、"子组""午组"卜辞时代的确定：一、陈梦家的"卜人祖"，二、文武丁时代卜辞的谜与师组、子族、午组卜辞时代的断定。第四节、"历组"卜辞时代的讨论与"两系说"：一、历组卜辞时代问题的提出，二、有关历组卜辞时代问题的讨论，三、甲骨文断代理论的进步和殷墟卜辞发展的两系说。第五节、其他甲骨文断代的问题：一、殷墟非王卜辞断代，二、殷墟以外地区商代甲骨文的断代，三、西周甲骨文断代。第五章　甲骨文工具书的编纂　第一节、甲骨文字汇工具书的编纂。第二节、甲骨卜辞索引工具书的编纂。第三节、甲骨文字典及词典类工具书的编纂。第四节、甲骨文字集释工具书的编纂。第五节、专门性质的甲骨文通检索引工具书的编纂。第六章　甲骨文书法　第一节、推陈出新的甲骨文书法。第二节、甲骨文在书学史上的地位。第七章　商代后期的国家与社会　第一

节、殷墟甲骨文反映的商王国国家形态：一、商王国的整治地理结构，二、内服与外服二重官僚体系。第二节、商王国的社会组织与社会结构：一、家族和宗法，二、社会分层——对"众"的身份的讨论。第八章　商代后期的鬼神崇拜的祭祀　第一节、卜辞所见神灵——上帝、祖先神和自然神崇拜：一、上帝的权威，二、祖先神的范围及其权能，三、自然神的范围及其崇拜。第二节、商人的祭祀：一、商人祭祀的分类，二、商人祭祀活动的内容和过程，三、对祭祀动词的研究。后有主要参考书目和后记。根据作者之一"后记"介绍："本书由宋镇豪先生与我合作完成。绪论、总论、甲骨文的发现与发掘、甲骨文著录、甲骨文断代、商代后期的国家与社会、商代后期的鬼神崇拜与祭祀等章是我写的，甲骨文工具书的编纂、甲骨文书法三章是宋先生写的。宋先生细心审读了全部书稿，纠正了不少错误。书中的其他纰漏，则有我负全部责任。"

《商周甲骨文》　王宇信、徐义华著。列入《20世纪中国文物考古发现与研究丛书》，2006年7月文物出版社出版。扉页中、英文"本丛书得到何东先生独资赞

助"。书前有《殷墟宫殿宗庙区鸟瞰》《殷墟宫殿区H127甲骨窖穴（复原）》，还有三幅制作精美的甲骨文影本彩图、《殷墟出土象牙杯》《殷墟出土石人》。

张文彬为《20世纪中国文物考古发现与研究丛书》作"序"。正文"前言"后，一 绪论（一）1899年殷墟甲骨文的发现在我国学术史上的意义。（二）甲骨文发现和甲骨学研究的几个阶段：1. 甲骨文"盗掘时期"和甲骨学研究的"草创阶段"（1899—1928年），2. 甲骨文"科学发掘时期"与甲骨学研究的"发展阶段"（1928—1937年），3. 甲骨文的继续科学发掘与甲骨学的"深入研究阶段"（1949—1978年），4. 甲骨文出土时空的扩大与甲骨学研究的"全面深入阶段"（1979—1999年），5. 多学科联合攻关与甲骨学研究的百年辉煌（1999年至今）。二 甲骨文"盗掘时期"与甲骨学研究的"草创阶段"（一）商王朝"失国埋卜"与甲骨文的埋藏和破坏。（二）甲骨文的发现与"盗掘"出土的甲骨文：1. 有关甲骨文发现年代和发现者的争论，2. "盗掘"出土的甲骨文及收藏。（三）"古董"走向社会的飞跃——甲骨文的著录：1. 第一部甲骨著录《铁云藏龟》，2. "罗氏四书"在甲骨学史上的重要地位，3. 王襄《簠室殷契征文》反映了甲骨学研究的新进展。（四）"筚路蓝缕"——甲骨学研究"草创时期"取得的成果：1. 关于甲骨文出土地的确定和殷墟都城的考索，2. 甲骨文字的考释与"识文字、断句读"阶段的完成，3. 王国维等学者把甲骨学"草创阶段"的研究推向了高峰。三 甲骨文"科学发掘时期"与甲骨学研究的"发展阶段"（一）科学发掘殷墟甲骨文与殷墟的科学发掘：1. 1928年，科学发掘

甲骨文实为"刻不容缓之图"，2. 科学发掘殷墟的意义，3. 殷墟科学发掘的几个阶段及其在我国考古学史上的地位。（二）殷墟科学发掘时期甲骨文的出土：1. 殷墟十五次大规模发掘出土甲骨之一斑，2. "大龟四版"与"大龟七版"的出土情形，3. 甲骨学史上空前的甲骨大发现——YH127坑甲骨窖藏，4. 殷墟科学发掘暂停期间（1937—1949年）甲骨文的零散出土。（三）殷墟"科学发掘时期"甲骨文的著录：1.《甲编》《乙编》与著录科学发掘所得甲骨的新体例，2.《卜辞通纂》开辟唯物史观整理甲骨文的新天地，3. 殷墟科学发掘暂停期间出土甲骨的著录。（四）"凿破鸿蒙"——《甲骨文断代研究例》的构筑：1. 学者们凿破甲骨文"一团浑沌"的探索，2.《甲骨文断代研究例》与甲骨学的发展。（五）甲骨学研究的发展：1. 卜法文例与商代占卜的复原，2. 甲骨文字的考释及理论化，3. 商史研究的新成果。四 甲骨文的继续科学发掘与甲骨学的"深入研究阶段"（一）科学发掘甲骨文的继续出土：1. 殷墟甲骨文的陆续出土，2. 1973年小屯南地甲骨的成批出土，3. 甲骨文出土时空的扩大。（二）甲骨文的著录与著录的科学化：1. 科学发掘甲骨文的最科学著录——《小屯南地甲骨》，2. "先分期，再分类"著录甲骨的新体例与传世甲骨的结集，3. 甲骨学史上里程碑式的著作《甲骨文合集》。（三）甲骨学研究的"深入发展"：1. 1971年小屯西地甲骨的出土与"习卜制"的讨论，2. 分期断代研究的深入，

3. 殷商考古学研究的深入，4. 文字起源的探索与文字考释的新途径，5. 唯物史观指导下的甲骨文商史研究。五 甲骨学的"全面深入研究阶段"（一）甲骨文出土时空的继续扩大：1. 1991 年花园庄东地甲骨文的新收获，2. 郑州与桓台甲骨的发现，3. 西周甲骨在多处地点出土，4. 殷以前文字资料的寻觅。（二）甲骨文集大成著录的推出：1. 甲骨文材料的全面整理与《殷墟甲骨刻辞类纂》，2.《乙编补遗》和《合集补编》是甲骨文的世纪总结，3.《合集释文》和《来源表》的推出，4. 西周甲骨文的结集。（三）甲骨学研究的"全面深入"：1. 关于甲骨文命辞是否问句的再讨论，2. "历组卜辞"时间前提的大辩论，3. 甲骨文分期断代"两系说"体系的构筑，4. 关于第四期卜辞的细区分，5. 盘庚时期甲骨文和帝辛时期甲骨文的寻觅，6. 钻凿形态的研究与甲骨分期，7. 无字卜骨研究被提上日程。（四）甲骨学研究的新分支学科——西周甲骨学的形成：1. 西周甲骨研究的几个阶段，2. 西周甲骨的特征及其族属的讨论，3. 西周甲骨分期的探索，4. 西周甲骨的学术价值。（五）甲骨学研究的世纪总结：1. 甲骨文字考释成果的集大成著作——《诂林》与《综览》，2. 几代大师凝心力——《百年甲骨学论著目》，3. 继往开来的《甲骨学一百年》。（六）国际学术交流的加强：1. 世界各国收藏甲骨文的出版，2. 海外学者研究著作为甲骨学发展做出了贡献，3. 国际学术会议的召开推动了学术交流。（七）前辈学者的

成功经验是新时期应加以继承和弘扬的宝贵财富：1. 甲骨学史上"四堂"与"四老"，2. 前辈学者的成功道路对后世学人的启迪。六 新时期甲骨学研究的展望 （一）甲骨文新材料的继续发现与科学整理：1. 期待着甲骨文新材料的继续发现，2. 甲骨文材料的进一步科学整理与公布，（二）甲骨学研究的进一步深入与开拓：1. 甲骨文字考释的攻关，2. 分期断代研究的深化，3. 大型商史著作应提上日程，4. 研究方法与研究手段的现代化。后有甲骨学书目简称对照表、参考书目、后记。全书虽规模不大，但全面综述了 20 世纪商周甲骨文的重要发现和甲骨学的发展历程，并对新时期的甲骨文研究作出了展望，图文并茂，资料翔实，具有较高的学术价值和欣赏价值。

《殷墟甲骨学——带你走进甲骨文的世界》 马如森著。2007 年 1 月列入王宇信主编《世界文化遗产——中国殷墟丛书》由上海大学出版社出版，2007 年 9

月第二次印刷。书名由作者的老师，著名古文字学家、语言学家孙常叙隶书体题写。书前有内容简介，甲骨文影本图版、拓本 24 幅，还有殷墟甲骨碑廊、YH127 当年发掘场景及甲骨窖穴复原全景、殷墟 H3 甲骨窖穴甲骨堆积层等图片 5 幅。有胡厚宣"序"、孙常叙"序"、李学勤"序"。正文分上、下编，

上编为殷墟甲骨学，第一章 甲骨的出土和甲骨文的发现：第一节 甲骨的出土、地点、时间和命名，第二节 甲骨被误为"龙骨"，第三节 王懿荣发现了甲骨文，第四节 继懿荣之后的两位甲骨收藏家——刘鹗和罗振玉，第五节 发堀甲骨的四个历史时期。第二章 甲骨文的重大意义：第一节 甲骨学的建立，第二节 甲骨学的辅助学科和相关学科，第三节 甲骨学与考古学，第四节 甲骨学与历史学，第五节 甲骨学与天文、气象、历法学，第六节 甲骨学与农业科学，第七节 甲骨文在语言文学研究中的重要作用。第三章 甲骨文研究：第一节 甲骨文著录，第二节 甲骨文论著，第三节 从事甲骨文研究的几位学者。第四章 甲骨文的骨版研究：第一节 甲骨的来源，第二节 甲骨骨版的结构分析，第三节 甲骨骨版的分类，第四节 甲骨骨版的缀合。第五章 占卜、骨版的凿钻、灼、吉凶：第一节 对占卜的认识，第二节 占卜的准备，第三节 占卜的开始、结束和结尾。第六章 甲骨刻辞：第一节 甲骨刻辞的部位，第二节 甲骨刻辞的分类，第三节 甲骨刻辞的内容，第四节 甲骨刻辞的书法。第七章 甲骨文的分期断代：第一节 商代的社会概况，第二节 甲骨文的断代研究，第三节 甲骨文断代研究"五期"说略述。第八章 甲骨文字：第一节 甲骨文字与新的"六书"说，第二节 甲骨文字形体结构的特点，第三节 甲骨文字的演变和异字同形例，第四节 甲骨文字的考释方法。下编为殷墟甲骨文可识字：一、凡例。二、笔画查字表。

三、殷墟甲骨文可识字正文。四、汉语拼音索引。再版后记。正如内容简介所介绍，此书为"详细阐述中国最早的具有较完整体系的文字——甲骨文"的著作。

《图说殷墟甲骨文》　韩鉴堂著/插图。2009 年 12 月文物出版社出版。书前有殷墟博物苑彩图一幅，名《今日殷墟》《大版龟腹甲刻辞》彩图、《牛肩胛骨刻

辞》彩图、《大版牛肩胛骨刻辞》（局部）彩图、《"大龟四版"拓片》（拓本之一）、《刻有"出虹自北饮于河"的大版牛肩胛骨》彩图、《殷墟甲骨文大事记》。"前言"后正文四部分：一 甲骨沧桑 1. 古文字的"缺环"，2. 中药里的大发现，3. 小屯！小屯！4. 洹河在这里转弯，5. 千疮百孔的小屯，6. 记住 1928 年，7. "大龟四版"横空出世，8. 惊天大发现——"HY127"坑甲骨出土，9. 早期甲骨文的著录和考释，10. 明义士的贡献，11. "甲骨四堂"：雪堂——罗振玉，12. "甲骨四堂"：观堂——王国维，13. "甲骨四堂"：彦堂——董作宾，14. "甲骨四堂"：鼎堂——郭沫若，15. "甲骨四老"：胡厚宣、唐兰、于省吾、陈梦家，16. 甲骨卜辞中的"妇好"，17. 新中国甲骨文的发现，18. "文武丁卜辞"与"历组卜辞"的时代之谜，19. 甲骨文研究的重要著作，20. 甲骨文书籍的传奇故事。

二 甲骨占卜与刻辞 1. 商朝甲骨占卜活动，2. 甲骨刻辞。三 甲骨文字 1. 甲骨文的特点，2. 甲骨文字中的大千世界，3. 甲骨文书法艺术，4. 甲骨卜辞常用字词示例，5. 甲骨卜辞常用短语，6. 甲骨卜辞中常见贞人，7. 甲骨卜辞中常见人物，8. 甲骨卜辞中常见方国。四 甲骨刻辞拓片精品赏析 1. 农业，2. 天象，3. 祭祀，4. 战争，5. 狩猎，6. 生育，7. 疾病，8. 梦幻，9. 贞旬，10. 干支。后有主要参考书目。这是一本连"卜辞"和"刻辞"概念都分不很清楚的作者写的书。

《中国甲骨学》
王宇信著。2009 年 8 月上海人民出版社出版。书前的《建国以来甲骨文研究》二篇序和《甲骨学通论》二篇序是胡厚宣和李学勤所写，作者认

为："这部《中国甲骨学》出版的时候，我把三十多年前胡厚宣教授、李学勤教授为我的第一部著作《建国以来甲骨文研究》所作的序言，和二十年前我的第二部著作《甲骨学通论》再一次所作的序言在这部新作前刊出，是为了表达我对二位先生当年对我学习中国甲骨学的鼓励、期望与支持的由衷感谢！不宁唯是，还表示我对一九六四年至今，这四十多年的学术生涯中，令我终生难忘的《甲骨文合集》的集体科研工作为我打下的甲骨学基础，以及我个人在甲骨学的学习、研究和著述中，对《建国以来

甲骨文研究》和《甲骨学通论》这两部旧作的却极为看重。应该说，这部《中国甲骨学》，是从《建国以来甲骨文研究》开始，经过我对《甲骨学通论》的学习和总结、思考，并追踪不断涌现的中国甲骨学研究发展的大量新材料、新成果，由此带动自己的理解和认识不断深化的基础上所完成的一部通论性著述。"前言后第一章 绪论：第一节、什么是甲骨学。第二节、中国的"旧学"自甲骨文出土而另辟一新纪元。第三节、甲骨学与其他学科的关系。第四节、刻苦钻研甲骨学，成功之路就在你的脚下。第五节、本书的宗旨。上篇第二章 甲骨文的发现年代和发现者：第一节、甲骨文的发现年代能提前到一八九八年吗？第二节、甲骨文的第一个发现者王懿荣。第三节、关于甲骨文发现的其他说法和几点新补证。第三章 甲骨文出土地与时代的确定及甲骨文的命名：第一节、甲骨文出土地的探索和意义。第二节、甲骨文时代的确定和小屯为殷墟的研究。第三节、甲骨文的命名种种。第四章 甲骨文发现和甲骨学研究的几个阶段。第一节、甲骨学的"先史"时期。第二节、甲骨文的非科学发掘阶段和甲骨学的草创时期（上、下）。第三节、甲骨文的科学发掘阶段和甲骨学的发展时期（上、下）。第四节、再谈殷墟 YH127 甲骨窖藏发现在甲骨学史上的意义及新时期面临的课题。第五节、甲骨学的深入发展时期（上、下）。第五章 论一九七八年以后的甲骨学研究进入了"全面深入发展"的新阶段：第一节、一九七八

年以后，甲骨学研究资料匮乏的局面根本改观。第二节、一九七八年以后，甲骨学研究课题向广度和深度拓展。第三节、一九七八年以后，甲骨学研究方法和手段愈益与当代科技同步发展。第四节、一九七八年以后涌现出的大量论作，显示出甲骨学研究进入"全面深入发展"的阶段。第五节、商周甲骨文的不断发现，为研究的"全面深入发展"注入了新活力。第六节、我们的建议。第六章 甲骨文、甲骨学与甲骨学的科学界定：第一节、甲骨文与甲骨学的学名由来。第二节、"甲骨学"的科学界定。第七章 甲骨的整治与占卜：第一节、商代卜用龟甲和兽骨的来源。第二节、甲骨的整治。第三节、甲骨的占卜与文字的契刻。第四节、甲骨占卜后的处理及少数民族保存的骨卜习俗。第八章 甲骨学专业用语及甲骨文例：第一节、甲骨学的基本专业用语。第二节、甲骨文例。第三节、殷人一事多卜和卜辞同文。第四节、特殊的卜辞举例。第九章 甲骨文的分期断代（上）：第一节、甲骨文分期断代的探索。第二节、分期断代"五期"说及"十项标准"（上）。第三节、分期断代"五期"说及"十项标准"（中）。第四节、分期断代"五期"说及"十项标准"（下）。第十章 甲骨文的分期断代（下）：第一节、分期断代研究的深入——"揭穿了文武丁时代卜辞的谜。第二节、甲骨文分期断代的又一个"谜团"——所谓"历组"卜辞的争论和武乙、文丁卜辞的细区分。第三节、关于甲骨文分期断代的几个新方案。第

四节、分期断代研究有待解决的几个问题。第十一章 使用甲骨文材料应注意的几个问题：第一节、甲骨文的校重。第二节、甲骨文的辨伪。第三节、甲骨文的缀合。第四节、甲骨文的残辞互补。第十二章 重要甲骨的著录及现藏：第一节、著录甲骨的准备。第二节、国内学者著录的甲骨及现藏。第三节、国外学者著录的甲骨及现藏。第四节、科学发掘甲骨的著录及现藏。第五节、集大成的著录——《甲骨文合集》及其编纂。第六节、甲骨学史上里程碑式著作：《甲骨文合集》。第十三章 甲骨学与殷商史研究要籍：第一节、甲骨文字考释的专书。第二节、甲骨学研究著作。第三节、商史与甲骨学史专著。第四节、重要的工具书与入门著作。第五节、近年日本出版的几部重要甲骨学著作。第十四章 甲骨学研究与学者之间的友谊：第一节、于老（省吾）"致觇"（商承祚）和甲骨学史上的两大工程。第二节、商承祚教授对《甲骨文合集》编纂工作的巨大贡献。第十五章 甲骨学史上有贡献的学者及其研究特点：第一节、早年出土甲骨文的几位购藏家。第二节、罗振玉、王国维和"罗王之学"。第三节、甲骨文科学发掘时期有贡献的几位学者（上）。第四节、甲骨文科学发掘时期有贡献的几位学者（下）。第五节、新一代的甲骨学者和成长中的新一代。第六节、值得继承和弘扬的共同财富。第十六章 前辈大师点石成金，泽及后学：第一节、明义士殷商文化研究的成功及对我们的启示。第二节、甲骨学史上的一

代宗师——郭沫若。第三节、甲骨学研究的发展与胡厚宣的贡献。中篇 小引第十七章 甲骨学研究的一门新分支学科——西周甲骨学的形成：第一节、西周甲骨的发现。第二节、西周甲骨研究的几个阶段。第三节、西周甲骨的特征及与殷卜辞的关系。第四节、西周甲骨的分期。第十八章 周原出土的商人庙祭甲骨：第一节、商周时代的祭祀制度与祭祀异姓。第二节、周原出土庙祭甲骨诠释及其族属（上）。第三节、周原出土庙祭甲骨诠释及其族属（下）。第四节、周原出土庙祭甲骨的时代。第五节、对周原出土商人庙祭甲骨的几点认识。第十九章 周原甲骨探论。第二十章 读邢台新出西周甲骨刻辞。第二十一章 今后的西周甲骨学研究。下篇第二十二章甲骨文与甲骨书法。第二十三章 谈上甲至汤灭夏前商族早期国家的形成。第二十四章 商代的马和养马业。第二十五章甲骨文"马"、"射"的再考察——兼驳马、射与战车相配置。第二十六章 卜辞所见殷人宝玉、用玉及几点启示。第二十七章 简论殷墟发掘第一阶段在我国考古学史上的地位。第二十八章 殷墟——人类文明的宝库。附录：附录一、附录二、后记，图版与例图。此书介绍了百年来甲骨学研究及其分支的研究成果及发展趋势，既有对成果的科学总结，又有研究途径和方法的启示；既有学术史的回顾，又有研究的展望，是集资料性、学术性和工具性于一身的巨著。曾获中国社会科学院第五届离退休人员优秀著作一等奖。

《**新中国甲骨学六十年**（1949—2009）》 王宇信著。列入中国社会科学院创新工程学术出版资助项目，《中国哲学社会科学学科发展报告》丛书，2013 年 11月由中国社会科学出版社出版。书前第一部分为王宇信生平简介和学术成就，有图版十六：一、安阳殷墟博物苑大门。二、《国博藏甲》35（正、反）（《合集》6057 正、反）。三、《国博藏甲》62（正）。四、《花东》53。五、《合集》137（正、反）。六、《合集》10405（正、反）。七、大辛庄甲骨（正、反）。八、周公庙西周甲骨文。九、洛阳西周甲骨文（全骨）。十、洛阳西周甲骨文（局部有字处放大）。十一、甲骨学四个第一人（黑白半身照）：1. 甲骨文第一个发现者王懿荣（1845—1900），2. 第一部著录《铁云藏龟》的编纂者刘鹗（1857—1909），3. 第一部研究著作《契文举例》（1848—1908），4. 第一部字典《簠室殷契类纂》的编纂者王襄（1876—1956）。十二、甲骨四堂（黑白半身照）：1. 雪堂罗振玉（1866—1940），2. 观堂王国维（1877—1927），3. 鼎堂郭沫若（1892—1978），4. 彦堂董作宾（1895—1963）（是按出生年月排序）。十三、殷墟考古十兄弟（黑白合影照）。十四、甲骨学八老前辈学者：1. 容庚（1894—1983），2. 于省吾（1896—1984），3. 唐兰（1901—1979），

4. 商承祚（1902—1991），5. 陈梦家（1911—1966），6. 胡厚宣（1911—1995），7. 严一萍（1912—1987），8. 饶宗颐（1917 年出生）。十五、甲骨学六外国权威学者：1. 明义士［加］（1885—1957），2. 岛邦男［日］（1908—1977），3. 雷焕章［法］（1922—2010），4. 伊藤道治［日］（1925 年出生），5. 吉德炜［美］（1932 年出生），6. 松丸道雄［日］（1934 年出生）。十六、甲骨学五资深学者：1. 李学勤（1933 年出生），2. 裘锡圭（1935 年出生），3. 王宇信（1940 年出生），4. 刘一曼（1940 年出生），5. 许进雄（1941 年出生）。有《中国哲学社会科学学科发展报告》编辑委员会名单。王伟光作"总序"，张岂之作"序"。目次后有作者作《鼓励与期望 起点与追求》、胡厚宣的《〈建国以来甲骨文研究〉序》（1979 年 12 月）、李学勤的《〈建国以来甲骨文研究〉序》（1979 年 12 月）。王宇信"前言"，小引。上篇七章，前后为：第一章，甲骨文发现和著录。第二章，甲骨文研究。第三章，甲骨文研究和考古学。第四章，甲骨文研究和历史学。第五章，甲骨文研究和古代科学技术。第六章，郭沫若对甲骨文研究的卓越贡献。第七章，30 年来甲骨学的进展与我国甲骨文研究的展望。下篇为：第八章，甲骨学新资料的不断出土及所谓的"新发现"种种。第九章，传世甲骨的集大成与新出甲骨的公布，为研究的全面深入发展奠定了基础。第十章，新石器不断出版的额加

固著录，为甲骨学研究全面深入发展注入了新活力。第十一章，甲骨文断片缀合不断取得新成果。第十二章，甲骨学的新分支学科。第十三章，甲骨文断代研究的新成果及敲向"两系说"架构的一记重槌。第十四章，甲骨学商史研究新作与突破性成果。第十五章，殷墟"申遗"的成功，开启了保护、弘扬与研究的新阶段。第十六章，古文字学研究生培养 60 年。后有论著目为附录一、附录二及附录三。再有附图：附图一 鹿头刻辞、附图二 甲骨之王、附图三 "大龟四版"之一、附图四 YH127 坑出土大龟、附图五 YH127 坑出土"焚田"卜辞、附图六 甲骨文四方风名大骨、附图七 1971 年安阳小屯西地出土卜骨之一、附图八 西周甲骨文、附图九 最大牛骨刻辞正面、附图十 1. 殷代文字最多的战争卜辞，2. 殷代"家谱刻辞"、附图十一 1. 江苏铜山丘湾商代石社遗址，2. 殷墟祭祀坑五个被活埋的奴隶 M222、附图十二 殷墟妇好墓 M5 出土铜器铭文、附图十三 焚廪卜辞、附图十四 河北藁城台西村商代遗址发现的酿酒遗迹、附图十五 商代鸟星记录、附图十六 郭沫若为王国维原缀甲骨增缀及郭沫若新缀甲骨、附图十七 郭老给青年学者的信及关于妇好墓意见的批示手迹、附图十八 《甲骨文合集·释文》、附图十九 《小屯南地甲骨》、附图二十 《甲骨文精粹释译》、附图二十一 《甲骨文解读》、附图二十二 《甲骨文研究》、附图二十三 《国博藏甲》、附图二十四 《北珍》、附图

二十五 《所藏》、附图二十六 《怀特》（封面）、附图二十七 《怀特》（中文封面）、附图二十八 《法藏》（封面）、附图二十九 《英藏》（封面）、附图三十 《德瑞荷比》（封面）、附图三十一 《美藏》（中文封面）、附图三十二 《美藏》（英文封面）、附图三十三 《京人》（封面）、附图三十四 《东文》（封面）、附图三十五 《东化》（封面）、附图三十六 《天理》（封面）、附图三十七 《中岛》（封面）、附图三十八 《甲骨缀合集》（封面）、附图三十九 《甲骨缀合续集》（封面）、附图四十 《西周甲骨探论》（封面）、附图四十一 《周原甲骨文》（封面）、附图四十二 陕西岐山凤雏甲组基址平面图、附图四十三 《综述》（新版封面）、附图四十四 《建国以来甲骨文研究》（封面）、附图四十五 《甲骨文与甲骨学》（封面）、附图四十六 《甲骨学通论》（增订本封面）、附图四十七 《甲骨学一百年》（封面）、附图四十八 《五十年甲骨学论著目》（封面）、附图四十九 《百年甲骨学论著目》（封面）、附图五十 《中国历史大系古代史·殷代奴隶制社会史》（封面）、附图五十一 《殷代社会生活》（封面）、附图五十二 《殷商史》（封面）、附图五十三 《商代史》（11卷本封面）、附图五十四 《安阳殷墟小屯建筑遗存》（封面）、附图五十五 《殷墟宫殿区建筑基址研究》（封面）、附图五十六 殷墟宫殿宗庙区丙组基址一角（模拟复原保护展示）、附图五十七 殷墟王陵区祭祀场（模拟复原保护展示）、附图五十八 殷墟宫殿宗庙区乙七基址前祭祀坑遗址（模拟复原保护展示），索引，后记，后记之后，补记。这是一部全面的系统研究总结和展示新中国成立以来甲骨学研究成果的巨著，荣获中国社会科学院第七届（2017年）离退休人员优秀著作一等奖，及中国社会科学院第十届（2019年）优秀科研成果三等奖。

（三）年表

《甲骨年表》　董作宾、胡厚宣著。1937年4月发表于商务印书馆出版的前中央研究院《历史语言研究所单刊》乙种第四号，1967年6月收入台北"中央研究院"历史语言研究所《甲骨年表正续合编》。1977年11月又收入台北艺文印书馆《董作宾先生全集乙编》第6册中的甲骨年表前增加了《编纂略例》，表编三列，纪年、纪事、撰者，纪年从清光绪二十五年己亥（1899）至中华民国二十五年丙子（1936）。纪事、撰者据《编纂略例》第十一记载："本表记事栏共录九十七条，撰著栏共录三百三十三款。"后附《甲骨文论著分类索引》：（一）、编纂类（1）拓印，（2）摹写，（3）纂辑。（二）考释类（1）专书，（2）散见，（3）通考。（三）研究类（1）文字，（2）历史，（3）考古，（4）社会，（5）礼制，（6）历法。（四）载记（1）报告，（2）记叙。（五）论述（1）专论，（2）附见，（3）目录，（4）方法，（5）书评。

《**续甲骨年表**》　董作宾、黄然伟著。1961—1963 年发表于《中国文字》第 3、6—12 册，1967 年 5 月单行本收入"中央研究院"《历史语言研究所单刊》乙种，1967 年 6 月又收入"中央研究院"历史语言研究所《甲骨年表正续合编》，1977 年 11 月收入台北艺文印馆《董作宾先生全集乙编》第 6 册。该年表纪年从 1937 年丁丑（民国二十六年）至 1964 年甲辰。体例除纪年外还有纪事、撰著，附《甲骨文论著撰人索引》，收入甲骨文学者 163 人。

五　工具书

（一）字书典书

《簠室殷契类纂》
王襄编撰。1920 年 12
月天津博物院出版石
印本，2 册，正编 14
卷，附编、存疑、待
考各 1 卷。1929 年增
订重印，仍为 2 册，
1988 年 3 月台北艺文
印书馆影印线装本一

函四册。这是第一部甲骨文字典。全书
两册都由作者王襄手写石印。书中内容
分为四部分：1. 正编 14 卷，完全按照
《说文解字》的次序排列。每字之下，
除了解释之外，有时还列举卜辞，以供
参考，所列举卜辞全文都是按照原形摹
写，不像那些已经隶定了的释文，容易
引起误解与误会。初版时，收录可识的
字 873 个，重印再版时，增加到 957 字，
比初版时多了 84 个字。2. 附编一卷，
辑录合文 243 例。3. 存疑一卷，收录
《说文解字》所没有的字，以及不能确
认的字，计有 1852 字。4. 待考一卷，
收录一些连存疑也放不进去的未识字
142 个。

《殷虚文字类编》
商承祚类次，罗振玉
考释。1923 年由决定
不移轩刻印，全书 6
册，按照《说文解
字》的分类，编为 14
卷。另附待问编 13

卷，内收罗振玉著《殷虚书契考释》1
卷，《殷虚书契待问编》1 卷。这部书是
商承祚替他的老师罗振玉的书所作的
《通检》。取材于罗振玉的《殷虚书契前
编》《后编》《菁华》，以及刘鹗的《铁
云藏龟》等书。全书内容分两部分：
1. 字形方面，在每个字的各种字形下
面，都以双行注明出处，也就是说明那
个字形，见于某卷；某页。2. 解释方
面，主要是罗振玉的考释，有时也参加
一些王国维和商承祚自己的意见。1927
年又出版删校本 6 册，1971 年台北艺文
印书馆影印出版。

《甲骨学·文字编》　朱芳圃编撰。
1933 年 12 月由商务印书馆出版，全书
石印两册。1964 年台湾商务印书馆再版
印刷，1976 年 8 月台湾商务印书馆一版

第五次印刷。这部书实际是朱芳圃《甲骨学》8 篇之一。朱氏 8 篇一曰导言、二曰文字、三曰文例、四曰事类、五曰商史、六曰卜法、七曰器物、八曰余论。此为

八篇中第二篇,称《文字编》。内容分正编 14 卷,附录 2 卷,补遗 1 卷。这部书的体例与《殷虚文字类编》大体一样,但所引用的材料比较多,而且作者朱芳圃在解释文字方面,只选取诸家的考释,不参与自己的意见,似乎是很客观的,但他有时删节原著,不加删除符号或说明,可见还是有他的意见参乎其间。每卷所收的字,有一文目,便于查阅。相比较此前的字典书可谓是进步。《附录》下卷收入罗振玉《殷虚书契考释序》、王国维《殷虚书契考释序》、容庚《甲骨文字研究序》和节录了容庚《甲骨文字之发现及其考释》、董作宾《甲骨文字研究的扩大》。

《甲骨文编》 孙海波撰集、商承祚校订。1934 年 10 月由北平哈佛燕京学社石印、排

印(检字、备查)出版,1958 年 5 月台北艺文印书馆影印出版,1964 年,中国社科院考古研究所增订补充,1965 年 9 月由中华书局影印出版,增订本 1 册,列为《考古学专刊》乙种第 14 号,

1982 年 6 月中华书局再版。全书 1 册,分正编 14 卷,合文 1 卷,附录 1 卷,检字 1 卷,备查 1 卷。这是一部以字形体例为主的字典,它的分卷分部以及次序编排,虽然也都是依照《说文解字》的体例,但它的特点是每字必录,而且每字之下,都注出处,不但注明书名、卷数、页数,而且还注明那是这一页的第几片拓本,亦即版数。孙海波编撰这部书,花了五年时间,他所依据的材料,只有《铁云藏龟》《之余》《拾遗》《殷虚书契前编》《后编》《菁华》《龟甲兽骨文字》《戬寿堂所藏殷虚文字》八种。至于王襄的《殷契征文》,他以为真伪难辨,大小易位,所以不收。明义士的《殷虚卜辞》,是摹本,认为也难以徵信,也不收,所以他所引的材料比朱芳圃的《文字编》少了两种。其治学的严谨态度,固然可贵,但因此而遗漏了不少真实的材料。该书改订的时候,曾经邀请唐兰、商承祚、于省吾、陈梦家、张政烺等专家学者商讨体例。该订本将合文除了编入附录以外,也择要附列在每字之下。例如:在"一"字之下,附列"一人""一牛""一羌""一牢"等的合文语词。这是和其他字典类书都不同的地方。又如他对于材料的选择,并不像孙海波那样摒弃摹本,所以范围扩大,可以说是观念上的一种突破。

《甲骨地名通检》 曾毅公著。1939 年山东齐鲁大学国学研究所石印出版,上、下两卷,线装一册。书前有"凡例"《检字》。上卷收入 534 个殷墟甲骨文中所见商代地名,为能够隶定的

甲骨文字，依隶定的现代汉字笔画顺序次第；下卷收入 404 个殷墟甲骨文中所见商代地名，为不能够隶定的甲骨文字摹录原形，列为待考。所依据参考的资料为 1938 年以前所出版的 24 种甲骨文著录书。据该书"凡例"第四条："此编本为《商代地理考》之附编。"但未见作者的《商代地理考》发表。后附石印本《双剑誃契骈枝三编》。作者为当代学界泰斗李学勤的恩师。

《续甲骨文编》
金祥恒撰。1959 年 10 月由哈佛燕京社出版，台北艺文印书馆影印发行。全书线装四册，分正文十四卷，附录一：合文及甲词举隅，附录二：

待问编，检字表一、二。这部书，是继孙海波的《甲骨文编》而做。自 1934 年，孙海波的《甲骨文编》出版，到 1959 年，金祥恒的《续甲骨文编》问世，中间新出的材料书籍，比起孙海波当年，不知增加了多少。所以金祥恒选用的材料比孙海波多出 20 多种。此书的体例也和孙海波的《甲骨文编》相同，不过他将《说文解字》的小篆和解说，另立一行，放在每字之前，使得眉目更加清晰。1990 年 12 月收入台北艺文印书馆《金祥恒先生全集》第五册。

《薇庼甲骨文原》 马薇庼（马辅）著。1971 年 4 月由台北文史哲出版社出版，1991 年 4 月增订再版。全书精装两册，内容分为十二大类：1. 天象，2. 地理，3. 植物，4. 动物，5. 人，6. 身体上，7. 身体下，8. 兵器，9. 刑具礼器，10. 衣食，11. 住行，12. 杂行。另外，还有：1. 补遗，2. 由契文偏旁而得的字，3. 待考部，4. 附录。附录内容：一．人名地名之不知者，二．未知之字，三．单字，四．合文。目录除小标题外皆使用甲骨原字，又有《检字表》。这部书的作者，原为台湾糖业公司职员，平素喜爱甲骨文，一有心得，便加记录，退休以后，加以整理，撰成此书。他可以说是一位业余的甲骨文爱好者，也是一位业余的甲骨学家。这部书的最大特点，是不受传统解说的限制。有时可以看到一些新奇的见解；有时也难免有一些望文生义的遐想。所以该书的分部目录，也不受《说文解字》等传统的束缚。此书前有"自序"、《增订再版序》"凡例"，作者"自序"写道："许氏说文为我国唯一解释字形之书，向为文字学家所重视，然该书之所根据，祇为秦文与列国文字，视契文尚后一千余年，较造字原形，讹变甚多，实难期分析至当，故每多牵强附会之辞，且间杂阴阳五行之说，故示玄虚，益增淆昧，故持许书以证契文，亦非适当之方法也。本书考释契文，无所依据，但求方法合理而已，创见虽多，不敢自是，为求商榷于并世同文贤明，得订正错误，公开研订，以臻圆满，用敢不揣浅薄，献其一得之愚，以公于世。本书自民国五十四年开始写述，历时五载，以年逾古稀之颓龄，任此艰巨工作，初自以为无法完成者，卒覩厥成，杀青之日，诚不觉破涕为笑，感彼苍之佑我哉！"

《殷墟卜辞综类》

岛邦男［日］著。1967 年 11 月日本东京大安书店影印出版，1971 年收入日本东京汲古书店增订本再版，1977 年三版，1970 年 12 月台湾大通书局翻印出版，1979 年北京中国书店翻印出版。全书有自序、凡例、增订版凡例、总目次、部首、本文目次、本文、附录、本书所引甲骨著录书目、部首、检字所引、释字一览、汉字索引和增订版自序构成。其中附录又包括五期之称谓、世系、先王先妣祀序、贞人署名版、通用・假借・同义用例、帝辛时甲日之祀谱。有学者称此书是甲骨学史上第一部索引类工具书，作者敢于突破旧有框架，一改传统古文字工具书依据《说文》部首编排的体例，首创了 164 个甲骨文部首体例，是研究甲骨文字的必备工具书之一。

《汉语古文字字形表》　徐中舒主编。汉语古文字字形表编纂组。1980 年四川人民出版社影印出版，线装本 3 册。1981 年 8 月该社将线

装三册合为一册，增补了批注，出版了标准本，后四川辞书出版社又多次重印。2010 年 10 月中华书局编辑部得到徐亮工的大力支持，重新排印了书中的注释文字，并修补、订正了书中的模糊、错

讹之处，同时，征得张亚初家属的同意，将张亚初于 1999 年在《中国古文字研究》（第一辑）上发表的《〈汉语古文字字形表〉订补》一文，附于书后重新出版。全书"汉语古文字字形表序"后，正文为汉语古文字字形表卷一至汉语古文字字形表卷十四，附检字表，引用参考书目。收列古文字字头约三千个，古文字字形约一万个。这是一部收录古文字字形的工具书，徐中舒教授主编外，参与该书的编写人员有徐永年、伍士谦、陈刚、庾国琼、谌贻祝、李宗贵、李崇智、欧昌俊、冷雪、周旭初、查中林、李玫等。在编写上，该书遵循以下几个原则：第一，大体按文字发展的历史层次分殷代、西周、春秋战国三栏排列。第二，主要选取《说文》小篆为字头，并依《说文》的次第排列；《说文》没有的，则写成楷书并注明出处。第三，所收字形绝大多数是从原拓本或原件照片中摹取出来的，少数未见原拓的字，则采用传世影写谨严可靠的摹本。第四，对最初一个形体而有几种用法，后来演化为几个字的，或先只有假借字，后来才出现专字的，参照《金文编》等书成例，采取重见的办法。第五，书中所收字形的断代，主要根据董作宾和郭沫若的考证，也参考其他一些专着。有资料记载，李学勤的一篇文章中提到，第一次看到这个书名，李先生将此书与高明《古文字类编》并列，以为此二书"分栏列举不同时代字体，尤有助于学者通习文字的流变"，从此记在心里。后来邮购到《古文字类编》，好一阵高兴，

一时就忘了这部《字形表》。

《古文字类编》

高明著。1980 年 11 月中华书局影印出版，1982 年 3 月再版，2008 年上海古籍出版社出版了增订本，由高明、涂白奎编，对原书的材料作了补充，使该书进一步完善。中华书局 1980 年 11 月影印版要目为"序""凡例"，第一编、古文字。第二编、合文。第三编、未识徽号文字。引书目录、引器目录、检字表、后记。收入已识的古文字和徽号文字，共 3958 字，18483 个字形。第一编的古文字，分甲骨文、金文、战国文字和秦篆四部分；第二编的合体文字，分甲骨文、金文和战国文字三部分；第三编的徽号文字，分甲骨文和金文两部分。甲骨文依惯例分为五期，金文分为西周早、中、晚三期。这部著作可谓是古文字研究方面的全面、可靠的必备参考书。本书原是作者为北京大学历史系考古专业学生讲授古文字学时，编写的《古文字学讲义》中的第二章"古文字表"。《古文字学讲义》于 1974 年由北京大学影印。经过几年的试用，认为这种分栏式的字表对学生学习很有帮助。因而把《古文字表》从讲义中分离出来，各自成书，改编成现在的《古文字类编》。王宇信评价："《古文字类编》，是一部综合先秦文字的很有价值的工具书。首先，该书收入可识之字已达三千，反映了近年考古发现新材料和研究的最新成果。如所周知，《甲骨文编》收入正编的可识字仅九百多个。《金文编》《古玺文字征》《古陶文昚录》《陶文编》等数周茹可识的字公约二千三、四百个。而《古文字类编》一书所收可识之字已超过了上述各书可识之字的总和，可以说本书是对古文字研究的总结性著作。其次，本书分栏分期编次不同时代、不同时期的古文字，这就'很自然地显现出许多汉字的发展过程和演变情况，可以从中总结许多带有规律性和普遍性的理论问题。'（高明：《〈古文字类编〉序》）。"（王宇信：《甲骨学通论》，中国社会科学出版社 1989 年版）

《字源》　约斋著，董作宾校订。

1985 年 11 月台北艺文印书馆出版，精装一册。书前有董作宾二条校订评价："四十八年台大医院六月二十七日开始用毛笔写字，自五年十一日到此，已一个多月矣。平庐老人自记"又"民国五十年五月二十三日细看此书，觉几乎全是作对的，仅少数不太合适。常用字可作标准用的。较之李（敬）斋之字典强的多了"。据严一萍为该书所作"跋"中叙述："这册约斋著的字源，是民国四十八年五月，董作宾先生在台大医院治疗中风病时，带在身边的书。……他在目录的最后一页上又写道：文字学是科学，也是艺术"。全书所收字 946 个，重文 150 个，总计 1096 个字，类目为：人体门第一、自然门第二、器用门第三、语词门第四、补遗门第五。字形由甲金文到篆，再到楷。

《殷虚文字丙编通检》　高岛谦一[加]编。1985 年 12 月，由台北"中央研究院"历史语言研究所出版，全书一册，537 页。这部书是专为《殷虚文字丙编》而作的《通检》，是将《丙编·考释》扩大复印，凡是一条卜辞中有多少个字就复印多少份，然后一条一条地剪辑开来，分别贴在每字之下，这样就可以看到所有出现那个字的整条的卜辞了。《通检》的编排，分为未类别字与类别字两部分：未类别字依照《康熙字典》部首的先后排列；类别字则分为二十类：1. 贞人，2. 否定词，3. 某方，4. 子某，5. 某子，6. 妇某，7. 某妇，8. 母某，9. 某母，10. 先王先臣，11. 大某兄、某某兄，12. 父某，13. 妣某，14. 某妣，15 祖某，16. 多某，17. 数字，18. 四方，19. 天干地支，20. 遗漏。最后附有四种索引：1. 部首索引，2. 岛氏部首或难索文字索引，3. 类别索引，4. 拼音索引。另有一表，表列各版及刻辞分布的页数。

《甲骨学小词典》　孟世凯编著。上海辞书出版社 1987 年 12 月初版，1991 年 2 月再版，1999 年 6 月三版。精装一册。出版封面甲骨文书写"甲骨学小词典"，卷首有八幅甲骨图版，有杨向奎"序"、李学勤"序"和"自序""凡例"、词目笔划索引。书后附录有：1. 商代世系对照表。2. 殷墟卜辞中父母兄子称谓表。3. 各家所定甲骨卜辞贞人时期表。4. 殷墟卜辞所见先妣表。5. 殷墟甲骨文中所见诸子表。6. 殷墟甲骨文中所见诸妇表。7. 甲骨文干支表。8. 甲骨学大事年表。9. 殷墟甲骨文著录书简表和《后记》。正文共收甲骨文字、词六百六十条，含自殷墟甲骨发现以后至 1980 年甲骨学中的重要名词、术语等。作者"自序"中叙述："采诸家之说，合各家所长，间述己之浅见，简释八十年来甲骨学中所见之部分词汇、术语。试图为读者提供点滴方便，为甲骨学工具书之编写作一次尝试。""自序"末附有《商代世系对照表》《各家所定甲骨卜辞贞人表》。

《甲骨文简明词典——卜辞分类读本》　赵诚编著。1988 年 1 月中华书局初版，1996 年 7 月第三次印刷，2009 年 5 月改封面再版，精装一册。卷首有"前言"、目录。书后附"索引"。全书收甲骨文字、词 2093 个。按照卜辞所反映的内容以及商代语言的现实，将全部内容分为二十六类：1. 上帝和自然神，2. 先公和祭祀对象，3. 先王，4. 旧臣，5. 祖·父·兄·弟·子，6. 妣·母·女·妇，7. 配偶之称谓，8. 侯·伯·职官，9. 军队，10. 地名，11. 方国，12. 疾病·人体的各部位，13. 平民·奴隶·战俘及其它，14. 人名，15. 天象·自然，16. 动物，17. 植物·粮食，18. 建筑物，19. 器物·用器，20. 祭祀，21. 数词·量词，22. 时间，23. 空

间·方位，24. 形容词·吉凶用语·成语，25. 虚词，26. 动词。作为一部读本，最起码的要求是将该学科的基本内容按照该学科的内容关系划分为一定的类，然后分章分节加以介绍或论述。此书完全遵循这一原则，在吸收前辈和当代研契诸家的成果编写而成的，并加以选择或做一些必要的补充，其间也有作者的研究所得。对于各词的解说，有的基本上从一家之言；有的是综合了各家的研究成果；有的又是在某些考释的基础上稍加补充；有的虽然从某家之说但又并非是全部采用。依据辞典体例引文不现一一注明出处。

《北京图书馆藏甲骨文书籍提要》

刘一曼、郭振录、徐志强编著。1988 年 8 月书目文献出版社出版发行。张政烺题写书名，刘起釪作"序"，有作者"前言"与"略例"，正文分：一、著录（1—92），二、考释（93—115），三、研究（116—208），四、汇集（字书、诗联、目录、索引、年表）（209—229），五、其他（230—237）。有后记、附录、附录一，甲骨文书籍编年简目（1903—1984）附录二，著者索引、附录三，甲骨文书名通用简称。全书收录北京图书馆藏甲骨文相关书籍 237 种，并对所收录的每部书的作者、出版社、出版时间及内容作了简单介绍。

《甲骨文字典》　徐中舒主编。

1988 年 11 月四川辞书出版社出版，2006 年 9 月再版。精装一本，内容共 14 卷。有序言、凡例、目录、检字、本书所引甲骨著录书目。这部书是作者在古文字研究方面的主要成果之一，既广泛吸收了最新研究成果，又融入了作者数十年研究甲骨文的重要收获。此书体例独创，释义精辟，举例恰当，有以下独到之处：第一，兼采各书之长，独创最先进的编纂体例。该书对甲骨文字的解释，分为字形、解字、释义三部分，字形部分收录有代表性的甲骨文字形，解字部分解说甲骨文字的本义及引申假借义，释义部分列举各类有代表性的辞条，以说明所释各字在殷商时期具体语言环境中的各种词义。三个部分有机结合，互为表里，使读者能通过该书对甲骨文有一个较为全面深入的了解。第二，字形的收集，先汇集全部甲骨文字，从其中选出有代表性的字形，故该书所收字形虽不是太多，却有一以当十之功效。字形的排列，按时代先后分五期依次系于各字头之下。这样可以使读者了解各个不同时期甲骨文字发展演变的脉络，和各个时期的不同字形、书体风格等，便于全面深入掌握甲骨文字字形，这是此前的任何一部古文字工具书所没有的。字义的解释，博采众家之长，不囿于一说，实事求是，同时又融入了徐先生数十年研究甲骨文的学术成果，综合形、音、义全面考察，创获颇多。第三，该书在甲骨文的考释上充分体现了徐先生科学的考释古文字的方法，强调文字之间的相互联系，解决了许多长期以来未曾解决的学术问题。如以前的学者未曾充分注意到甲骨文"小"与"少"为一字，因而只释出甲骨文中从"小"的合文，如"小甲""小乙""小王""小臣"等，而对许多从"少"的合文却阙然不释，该书从古文字的基本特点入手，指出"小"和"少"本为一字，突破了字形上的束缚，释出从"少"的"小甲""小母"等合文。又如甲骨文的"弁"字，系徐先生早年所释，当时限于考古发掘的状况，只从文献和字形变化来进行论证。该书则充分利用殷墟妇好墓新出的考古材料与甲骨文字形相结合，对该字作了更为全面的考释，证明了徐先生早年的结论是正确的，等等。由于此书的这些长处，所以一经出版，就饮誉中外，受到学术界一致的高度评价。

《殷墟甲骨刻辞类纂》（全三册）

姚孝遂主编，肖丁副主编。作为《吉林大学古籍研究所丛刊》之六，由中华书局出版发行。1989年1月初版，1992年8月再版，1998年4月三版。全书上、中、下精装三册。上册目录：部首表、序、凡例、字形总表、亲属称谓表、类纂。中册目录：部首表、类纂。下册目录：部首表、类纂、卜辞世系表、贞人系联及分组表、贞人统计表、部首检索、笔画检索、拼音检索。根据姚孝遂"序"所记载，此书的甲骨文资料范围及其取舍，包括《甲骨文合集》41956片，《小屯南地甲骨》4626片，《英国所藏甲骨集》2674片，《怀特氏所藏甲骨文集》1915片。其中，《甲骨文合集》的第十三册摹本全部不录，伪刻、习刻不录，重出者删去，常见辞例节录，常见字之残词不录。所以实际收录这总数当远低于五万片。关于断代与分期，此书完全依据原著录的分期断代，不做任何变动。此外"序"还分别叙述了部首与字头、文字形体的同异和分合、特殊情况的处理、残泐文辞的处理、拼音检字等。参与编辑的作者还有何琳仪、吴振武、黄锡全、曹锦炎、汤余惠、刘钊。抄录：王少华。

《商周古文字类纂》

郭沫若著。1991年7月文物出版社影印出版。为作者遗书。1944年，作者在重庆以月余时间仅凭借记忆编纂了《商周古文字类纂》。这是一部集金文，甲骨文，古玺印，石鼓文等为一体的字编。由于编纂于抗日战争时期，按作者的说法，"新材料求之不易，间架初立即停笔。其后，国事日繁，迄无继续述作之时日"，所以，此书在作者生前一直未发表，也不见于他人的记载，直到作者逝世，他的家人在清理遗物时，才被发现，1991年由文物出版社影印出版。虽然作者数十年前写作此书时因无书籍资料可资参考，未能详尽，但书中收集了近两千字，收录字例虽以金文为主，但同时收录了秦以前甲骨文，金文，古玺印，石鼓文等各种字体，并进行相互比对，得出的结论颇为可信，还有不少新颖的见解和预见。通过字形的历史纵向比较，清楚地了解了所释文字的发展变化的脉络，追溯文字的源流，为本书的主要特点之一。张政烺在为本书所作的《后记》中有精彩的评价："汉代许慎作《说文解字》（公元一〇〇年），以秦汉通行之小篆为主，得九千余字，兼收籀文，古文异体一千余字，作为重文，是汉字最早最大的一部字典，其优点是从文字之形，音，义三方面进行解释，分列部首，文字相类依从，条理细密，说解明白……然而许氏所见材料有限，分部或不合理，析形，释义或多牵强。郭著此书收集甲骨文，金文，古玺印以及石鼓文等，皆秦以前文字，选择已识者近两千字，按照《说文解字》部首及字序编排，从汉字发展史看，前后衔接，补许书之不足，探汉字之本源。其中形音义相和者可相辅而益彰，形音义间有违异，互相对证亦可以匡正许氏之失。"

《新编甲骨文字典》   刘兴隆著。1993 年 1 月中国国际文化出版公司出版。胡厚宣作《〈新编甲骨文字典〉序》，李学勤作"序言"，二序后有"作者简言""凡例"。正文后有引书简介，许顺湛作

"跋"，检字表：1. 笔画检字表，2. 索引总表（按页码顺序）。如《作者简言》叙述："为了使读者能够更多的了解文字的形义，在释义中一是吸取各家之长，尽力注入个人见解，二是与金文相对照，三是引证先秦及两汉典籍资料并从中找出通假线索来。另外，为了让读者能够得到较多的研究资料，故将一些残损的辞例以及目前尚释不出的字也一并收入。编排中基本上按《说文》部首排列，共收进单字（包括异文和通假字）三千多个。"

《甲骨文字字释综览》   松丸道雄[日]、高岛谦一[加]。1993 年 3 月作为《东京大学东洋文化研究所报告》之一，《东洋文化研究所丛刊》第 13 辑，由东京大学出版会

出版，又见 1994 年版本。书前有松丸道雄"序言""凡例"，字释综览分为十九篇，后为"文献目录""索引""甲骨文编"内相关番号检索表、《殷墟卜辞综类》《甲骨文编》检索表，末有跋文及编者介绍。编排顺序均依照《甲骨文编》《殷墟卜辞综类》，甲骨文字原字、字释、参考，共收 8330 条。收入年代从 1899 年到 1988 年底（个别至 1989 年），中国国内外约 471 名甲骨文研究者在文字考释方面的研究成果，总共约 25000 项，为甲骨文字考释领域的代表性著作。

《甲骨文虚词词典》   张玉金著。1994 年 3 月中华书局出版。扉页有作者

"志谢 本书原名'甲骨文虚词研究'，曾得到国家社会科学基金资助（1990），被列入中国古籍整理出版'八五'规划。特致感谢之忱！"总目为：《前言——殷

商时代的虚词系统》"凡例"、目录、正文、本书所引甲骨著录书目、检字、后记。收入甲骨文里的单音节虚词60余个，并分别对其词类、用法予以研究、释说。先后为，一、代词系统：（一）人称代词，（二）指示代词。二、副词系统：（一）语气副词，（二）否定副词，（三）时间副词，（四）情态方式副词，（五）频率副词，（六）范围副词，（七）肯定副词，（八）程度副词。三、介词系统：（一）引介时间词语，（二）引介处所词语，（三）引介与格词语，（四）引介对象词语，（五）引介施事词语，（六）引介受事词语，（七）其他。四、连词系统。五、语气词系统。六、助词系统。七、感叹词系统。

《甲骨文字诂林》

于省吾编著。1996年5月中华书局初版，1999年12月再版。套装四册。原定名《甲骨文考释类编》出版时定名《甲骨文字诂林》。参加编辑本书有：王贵民、王宇信、谢济、何琳仪、吴振武、汤余惠、刘钊。姚孝遂作"序"，要目为：编辑人员名单、著录简称表、五期称谓表、部首表、字形总表、甲骨文字诂林。第四册书后有：部首检索、笔划检索、拼音检索。共收甲骨文3691个字（条），其中含合文、称谓和215个待考单字。此书广泛搜集了甲骨文字发现以来九十年间有关甲骨文字考释的研究成果，凡是有价值的观点和意见全部集录其中，是研究古文字的学者理想的工具书之一。据有关资料记载，此书编著经过18年的努力，终于全部完稿。早在1973年，作者与肖丁即筹划酝酿甲骨文考释类编的编写工作。1974年，有关资料的收集整理工作即已着手进行。1975年，便在北京召开了由作者主持召集的甲骨文考释类编编写工作会议，会议上确定了编写体例及分工。王宇信评价："于省吾主编的将各家考释分类编纂并加按语的《甲骨文字诂林》一书，是集80年来甲骨文考释大成之作，也和《甲骨文合集》的出版一样，是甲骨学史上一件空前的大事。"（王宇信：《新中国甲骨学六十年》，中国社会科学出版社2013年版）此外，陈伟武作《〈甲骨文字诂林〉补遗》，收入1998年5月出版的，台湾师范大学国文系、台北"中央研究院"历史语言研究所编辑的《甲骨文发现一百周年学术研讨会论文集》。

《甲骨文献集成》 宋镇豪、段志洪主编，2001年4月四川大学出版社出版。书前有李学勤、饶宗颐分别作"序"，段志洪、宋镇豪分别作"前言"。全书八开精装，共40册，每册约550页。其40册内容分五大类：一、甲骨文

考释：第1—6册，著录片考释；第7—14册，文字考释。二、甲骨研究：第15—16册，分期断代；第16—17册，卜法；第17—18册，文例文法；第19册，校订缀合。

三、专题分论：第20—21册，世系礼制；第21—25册，国家与社会；第25—26册，经济与科技；第27册，军事征伐；第27—28册，方国地理；第28—29册，文化生活；第29—30册，宗教风俗；第31—32册，天文历法。四、西周甲骨与其他：第33册。五、综合：第34册，甲骨文发现与流传；第35—38册，甲骨学通论；第38—39册，古文字研究；第39—40册，序跋与述评。该书纂选年代范围自1899年殷墟甲骨文发现迄至1999年以前一百年间公布发表的甲骨文殷商史研究之成果，根据原版本按统一格式影印。结集中国大陆、香港、台湾地区以及日、美、加拿大、英、法、德、瑞典、瑞士、俄、澳、韩等国家或地区数千位学者的各种语种的有关甲骨论著计2000余种，堪称为世纪性编次的大型甲骨文献资料文库。《甲骨文献集成》的出版为当代文化建设上的大事，是这门国际性显学百年成就的汇总，其性质有如中国文献学所说的"类书"。《甲骨文献集成》的编纂，分为甲骨文考释、甲骨研究、专题分论、西周甲骨及其他、综合类等五大类，每大类之下，再分小类，或多或少，各以

性质定之。所收论著种类达数千种，其规模已远远超过唐宋以来类书，且保留文稿版本原貌，均非辑录摘要。作者队伍涉及中、日、美、英、法、加、俄、韩等国，包括台湾和香港地区，语种多样。正如李学勤在"序"中评价："《中国古文字大系》的第一种《甲骨文献集成》，全部共四十巨册，刚好在世纪交替的当口，由四川大学出版社印行。这件事无疑会有较大影响，为学术界所欢迎。中国古文字学是在二十世纪中从形成走向繁荣的。特别是近二十余年……从冷落的绝学一跃成为煊赫的显学，堪称是国内发展最迅速、成就最彰著的学科之一，已为世所共睹。百年之间，学科有关文献汗牛充栋，当前尤在不断增多，即使是资深专家也难于遍览。许多专著久成绝版珍籍，论文更散见无数报刊，非任何藏家所能具备。利用现代的出版条件及手段，将长期积累的大量材料集中起来，自然极有价值。其中不少文献，过去是一般读者无法接触的，而如今大家都能见到，确是功德无量。"

《甲骨文速查手册——四角号码》 樊中岳、陈大英编。2005年8月湖北美术出版社出版，列入《书法篆刻工具丛书》。目录后有"编者絮语""凡例"。正

文内容是参照《甲骨文字典》《甲骨文编》选汉字1116个作字头，以繁体（或异体）作为"四角号码"查字的主

要手段顺序编排。后附：（一）甲骨文笔画检字查号表，（二）四角号码查字法，（三）四角号码查字口诀。编者认为："四角号码查字法是目前查字速度最快的检字手段之一。"

《甲骨文小字典》

王本兴编。2006 年 7 月文物出版社出版。书前有一、"前言"，二、《编著说明》，三、汉语拼音字母索引，四、汉字笔画索引。字典正文后附甲骨文借用字表。字典正文收录甲骨文字 1292 个，其中包括 22 个数目合文字，借用文字三百六十五个，通假文字二百五十九个。依《编著说明》介绍，这些甲骨文字在辞典、辞源、汉语大字典相关工具书中，都能检索查找到。一有些无法检索查找到的甲骨文字则未作收录。有一些争议过大，尚未达成共识，而诸家论说还不够到位的甲骨文字，亦未作收录。释文以简化体为准，繁体字、异体字附标在括号内。甲骨文字一字多释者，不再另外分列，在其下方注明与某字通。甲骨文字一字多形者，取其最有代表意义的结体。易与其他文字混淆或者近似于他字结体的甲骨文字一般不予收录，以利规范用字。采用拼音与汉字笔画查找方式。以"六书"为准则，借助《说文解字》《甲骨文字诂林》《康熙大字典》等，肯定了共识的甲骨文字，弃除了尚未定论的字，辨析确定了一些存疑待定的文字，归纳了诸多通假文字。

《甲骨文研究资料汇编》

北京图书馆《甲骨文研究资料汇编》编委会编辑，2008 年北京图书馆出版社出版发行，平装 16 开本，共 20 册。

第一册：《铁云藏龟》刘鹗藏、鲍鼎释，1931 年（民国二十年）上虞罗振常蟫隐庐石印本。《铁云藏龟之余》罗振玉辑，1931 年（民国二十年）上虞罗振常蟫隐庐石印本。第二册：《殷虚书契前编》罗振玉编，1912 年（民国元年）上虞罗振玉日本永慕园影印本。第三册：《殷虚书契续编》罗振玉编，1933 年（民国二十二年）上虞罗振玉殷礼在斯堂影印本。《殷虚书契考释》罗振玉撰，1914 年（民国三年）上虞罗振玉永慕园影印本。《殷商贞卜文字考》罗振玉撰，1910 年（清宣统二年）玉简斋石印本。《殷虚书契菁华》罗振玉辑，1914 年（民国三年）上虞罗振玉影印本。第四册：《殷虚书契续编校记》曾毅公撰，1939 年（民国二十八年）齐鲁大学国学研究所铅印本。《簠室殷契类纂》王襄撰，1920 年（民国九年）天津博物院石印本。《簠室殷契序》王襄撰稿本。第五册：《簠室殷契征文》王襄编，1925 年（民国十四年）天津博物院影印本。《殷代贞史待征录》王襄撰稿本。第六册：《甲骨文字研究》郭沫若撰，1931 年（民国二十年）上海大东书局影印本。《甲骨文字研究》商承祚撰，1932 年（民国二十一年）北平聚魁堂装订讲义书局影印本。第七册：《殷契粹编》郭沫若编，1937 年东京文求堂影印本。第八册：《卜辞通纂》郭沫若撰，1933 年东京文求堂石印暨影印本。第九册：《甲骨学商史论丛初集》胡厚宣撰，1944 年（民国三十三年）成都齐鲁大学国学研究所石印本。第十册：《甲骨学商史论丛二集》胡厚宣撰，1945 年（民国三十四年）成都齐鲁大学国学研究所石印本。《甲骨六录》胡厚宣撰，1945 年（民国三十四年）成都齐鲁大学国学研究所石印本。第十一册：《战后京津新获甲骨集》胡厚宣编，1954 年上海群联出版社影印本。《元嘉造像室所藏甲骨文字》胡厚宣编，1950 年石印本。《颂斋所藏甲骨文字》胡厚宣编，1950 年石印本。第十二册：《战后宁沪新获甲骨集》胡厚宣编，1951 年来熏阁书店石印本。《战后南北所见甲骨录》胡厚宣编，1951 年来熏阁书店石印本。第十三册：《殷虚文字类编》商承祚编，1923 年（民国十二年）番禺商承祚决定不移轩刻本。《殷虚文字待问编》商承祚编，1926 年（民国十五年）番禺商承祚契斋刻本。《福氏所藏甲骨文字》商承祚编，1933 年（民国二十二年）南京金陵大学中国文化研究所影印暨铅印本。第十四册：《殷契佚存》商承祚辑，1933 年（民国二十二年）南京金陵大学中国文化研究所影印本。《天壤阁甲骨文存并考释》王懿荣藏、唐兰释，1939 年（民国二十八年）北平辅仁大学影印本。第十五册：《甲骨地名通检》曾毅公撰，1939 年（民国二十八

年）齐鲁大学国学研究所铅印本。《甲骨缀合编》曾毅公辑，1950 年修文堂石印本。《甲骨缀存》曾毅公撰，1939 年（民国二十八年）石印暨铅印本。第十六册：《殷契卜辞》容庚、瞿润缗撰，1933 年（民国二十二年）北平哈佛燕京学社石印本。《卜辞研究》容庚编，1942 年（民国三十一年）国立北京大学铅印暨石印本。《殷契钩沉》叶玉森撰，1929 年（民国十八年）北平富晋书社玻璃版影印本。《说契》叶玉森撰，1929 年（民国十八年）北平富晋书社影印本。《研契枝谭》叶玉森撰，1929 年（民国十八年）北平富晋书社影印本。《铁云藏龟拾遗》刘鹗藏、叶玉森撰，1925 年（民国十四年）丹徒叶玉森五凤砚斋影印本。第十七册：《殷虚书契前编集释》（卷一至四）叶玉森撰，1934 年（民国二十三年）上海大东书局影印本。第十八册：《殷虚书契前编集释》（卷五至八）叶玉森撰，1934 年（民国二十三年）上海大东书局影印本。《柏根氏旧藏甲骨文字》明义士［加］编，1935 年（民国二十四年）济南齐鲁大学铅印暨石印本。《库方二氏藏甲骨卜辞》库寿龄、方法敛藏，1936 年（民国二十五年）上海商务印书馆石印本。《中央大学史学系藏甲骨文字》李孝定编、蒋维崧释文，1940 年（民国二十九年）成都中央大学石印本。第十九册：《契文举例》孙诒让撰，1917 年（民国六年）影印孙诒让稿本。《龟甲文字概论》陈晋撰，1933 年（民国二十二年）上海中华书局石印本。《殷墟龟契考》陈邦福

撰，1928年（民国十七年）石印本。《殷契辨疑》陈邦福撰，1929年（民国十八年）石印本。《殷契琐言》陈邦福撰，1934年（民国二十三年）石印本。《龟甲兽骨文字》林泰辅［日］辑，民国间北平富晋书社影印日本大正六年影印本。《叙圃甲骨释略》何遂撰，1941年（民国三十年）影印本。第二十册：《殷契通释》徐协贞撰，1933年（民国二十二年）北平文楷斋刻蓝印本。甲骨文发现百余年来，众多学者对其进行了广泛研究，这些研究成果或因年代久远，或因藏地分散，很多资料，尤其是早期的文献资料，普通读者已很难得见。该书收录《铁云藏龟》《殷虚书契》《簠室殷契类纂》《殷契粹编》《卜辞通纂》《甲骨文字研究》《甲骨学商史论丛》《殷契通释》等甲骨文发现早期（多为1949年以前）学术价值较高、影响较大的图录及研究著作等50种，是一部对甲骨学、古文字学及相关历史学的研究方面颇具参考价值的巨著。

《甲骨学辞典》

孟世凯编著。2009年1月上海人民出版社出版。扉页为作者简介和工作照，书前有龟腹甲（正）、鹿头刻辞、牛胛骨（正）、龟腹甲（反）4幅影本彩照，甲骨学四堂黑白照片，甲骨拓本112版。有"自序""凡例""笔画词目表"。附录一：商代世系对照表，附录二：甲骨卜辞中父母兄子称谓表，附录三：各家所定甲骨卜辞贞人时期表，附录四：殷墟卜辞所见先妣表，附录五：甲骨卜辞中所见诸子表，附录六：殷墟甲骨文所见诸妇表，附录七：甲骨文干支表，附录八：甲骨学大事年表，附录九：殷墟甲骨文著录书简表，附录十：《甲骨文合集》图版检索表。正文依甲骨文释别或隶定为现代汉字的笔画类次，从一画到二十二画以上，"所收词目以殷墟甲骨文极其有关内容为主，兼收周原甲骨文。共收3182条。著录、论述出版时间截止2001年"。（见此书"凡例"）作者"自序"介绍："《甲骨学小词典》出版后又三次再版，期间我和出版社都收到一些读者的反映，除提出上举的不足和建议外，大多希望尽快编一本内容更加丰富的《甲骨学辞典》。许仲毅和我数次商议编写的问题。他提出："加强甲骨文中的内容。"因为对于非专业的读者来说，更需要了解甲骨文中反映的内容。在甲骨文中有的字形与隶定的无太多差别，一般读者也能认识，如：人、口、大、小、牛、羊、犬、山、水、林、木等，虽然知道在现代汉语中的用法，但不知在甲骨刻辞中是否一样？希望从《甲骨学辞典》中得到有关知识。他建议在编写时将甲骨学的一般性研究或介绍甲骨文的著述移到《大事年表》中。否则此书的容量太大，也不可能全无遗漏地将每种著述都一一介绍完整。还建议在正文中增加已辞世的甲骨学家，使读者对他们在甲骨学发展史上作过的贡献有更多了解。"

《甲骨文字编》　李宗焜编著。

2012 年 3 月北京中华书局出版发行，北京第一次印刷。李学勤作"序"，裘锡圭署耑。全书分上、中、下、检索附录四册，有作者前言、凡例、甲骨书目简称表、字表目录、正文、残文、摹本、合文、检索、附录、后记，二封为检索表。据作者扉页介绍："收录截止 2010 年底所见的殷墟的甲骨文字，共计单字 4378 号、残文 52 个、摹本 26 个、合文 328 组。单字 4378 号中，隶定 2369 号，其中可释者 1286 号：①见于《汉语大字典》收录者 1365 号。②未见于《汉语大字典》，而音义基本可定者 317 号。全书摹录甲骨字形总计 46635 文。字形据拓片原大精确摹写，依自然分类法归类，并标注出处及所属时代。对字形的隶定和分合，做了必要的处理。"该书出版得到国家古籍整理出版专项经费资助。李学勤在该书的"序"中介绍："李宗焜先生潜心修纂这部《甲骨文字编》，历时达 18 年之久……李宗焜先生的《甲骨文字编》，不是《甲骨文编》《续甲骨文编》的简单扩大和延续，而是在新的学科水准和时代条件下精心撰辑的一部新著。我仔细译读书的样稿，感到有六点胜过前贤的长处，即其收集之备、选择之善、摹写之精、分合之当、析类之详及检索之便。"

《甲骨文通检》（第一分册　先公、先王、先妣、贞人）；（第二分册

地名）；（第三分册　天文气象）；（第四分册　职官人物）；（第五分册　田猎）

饶宗颐主编。第一分册 1989 年 10 月、第二分册 1994 年 12 月、第三分册 1995 年 3 月、第四分册 1995 年 12 月、第五分册 1998 年 7 月先后全由香港中文大学出版社出版。分类甲骨文字索引的第一分册，作者撰《贞人问题与坑位》代前言，有"凡例"。正文包括甲骨文字中先公先王先妣及贞人两部分，内容为：先公、先王、先妣通检索引，贞人通检索引。附录：《殷虚文字丙编》通检索引，先公、先王、先妣通检，贞人通检。还附《殷虚文字丙编》通检。分类甲骨文字索引的第二分册地名篇，书中共分为五个部分：一、四方四土、四邦方，二、山、丘、麓、河、泉，三、京、奠（甸）鄙、邑，四、方国，五、其他地名。分类甲骨文字索引的第三分册为天文气象篇（略），分类甲骨文字索引的第四分册为职官人物篇（略）。分类甲骨文字索引的第五分册是田猎篇，有"前言""凡例"、卷一至卷四条目检索，卷一、田猎动物种类。卷二、田猎手段与方法。卷三、田狩与祭祀。卷四、田猎术语。卷五、同版田猎地名。后附：同版田猎地名部首及条目检索、同字异体表。所收资料，除《甲骨文合集》十三册之外，暨《合集》不及收录之《小屯南地》、英国、法国、日本东京大学、天理大学、加拿

大怀特氏等所藏甲骨，以及周原等处新出甲骨，并附《殷虚文字丙编》所缀合甲骨诸版。可以说传世的甲骨文字，殆已囊括于此书中。作为一部工具书，对于研究古代史及古文字学将有极大的帮助。此外，作者在第一分册"前言"中首次指出贞人往往被用作地名，举出数十例。这说明贞人名号所以跨越数代，事实不是一个人，对于甲骨断代，提出崭新看法。

《甲骨文字释义》　韩建周、牛海燕编著。2013 年 8 月河南大学出版社出版。书的封面四行引言：一部实用的甲骨文字典、一部标准的甲骨文字帖、引领你走进有趣的甲骨文世界、追寻汉字文明的活水源头……书前有"编著说明"，河南大学文学院杨松岐作"序言"《甲骨文字检索表》《汉字笔画检索表》《汉语拼音检索表》。据"编著说明"：全书按甲骨文字形分类顺序编排并编制目录，共分三大部分、二十五类。第一为人体部分：一、与人体侧面站姿形态相关的字，二、与人体正面站姿形态相关的字，三、与人体侧面跪姿形态相关的字，四、与女子跪姿形态相关的字，五、与婴幼儿身体形姿相关的字，六、于人手及其行为相关的字，七、与人脚及其行为相关的字，八、与人体器官形态相关的字，九、与人体其它部位形态相关的字。第二为社会部分：十、与人们衣食住行相关的字，十一、与人们日常用具、工具相关的字，十二、与古代军旅兵器相关的字，十三、与贝玉钱财及其交换相关的字，十四、与古代占卜祭祀活动相关的字，十五、与古代部分刑具相关的字，十六、与人类某些文化现象相关的字，十七、与其它人类活动等相关的字。第三为自然部分：十八、与宇宙自然景象等相关的字，十九、与山水田园地理景象相关的字，二十、与树木野草类植物相关的字，二十一、与禾麦黍等农作物相关的字，二十二、与四肢行走类动物相关的字，二十三、与水生和虚拟动物相关的字，二十四、与爬行类动物相关的字，二十五、与飞行类动物相关的字。杨松岐"序言"中评价："该书达到了知识性、系统性、学术性、实用性和工具性的和谐统一，并体现出全面、新颖、简洁、实用、便利等特点。"此书名为"甲骨文字释义"，但对每个甲骨文字字义的解释全没有引用卜辞，不知离开了甲骨卜辞特定的背景，如何能解释得清甲骨文字的真正含义。

（二）论著目录

《甲骨文论著目录》　董作宾著。1932 年 9 月北京大学讲义排印本，1933 年 4 月收入《北平图书馆读书月刊》第 2 卷 7 期，又单行本。

《五十年甲骨学论著目》　胡厚宣编。1952 年 1 月中华书局出版，1966 年香港太平书局影印出版，1983 年 9 月中华书局影印再版，1975 年收入台北县永和华世出版社出版的《甲骨学论著提要目录三种》。此书是为纪念甲骨文发现的五十周年而作，辑录自1899—1949年，五十年来所有关于甲骨学

的中、日、英、法、德、俄各种文字的专书书目和论文篇目，共计876种，其中专书148种，论文728种。分类编纂，详注出版时期及版本出处，后附著者、篇名、编年三种索引，以便检查。是一本研究甲骨学及古代史、古文字的很方便的工具书。全书有"目录""序言""略序"，正文目壹、发现。目贰、著录。目叁、考释。目肆、研究。目伍、通说。目陆、评论。目柒、汇集。目捌、杂著。论著者人数为289人，其中中国230人，外国59人，具体而言，日本40人，英国6人，美国5人，德国4人，法国2人，俄国1人，加拿大1人。此书为当年展示甲骨文与甲骨研究所取得的成果，及时传递信息，掌握学科发展动向，弘扬学术，为研究提供便利，甲骨学论著目的工具书中较具系统性和代表性的著作。

《甲骨学商史论丛初集·甲骨学类目》 胡厚宣著。编入1944年3月成都齐鲁大学国学研究所专刊之一，胡厚宣《甲骨学商史论丛二集》（下册）胡先生在《论丛·自序》中介绍："《甲骨学类目》，则有文必录，不加选择，期能成一完全无遗之目录书。此后拟每年一补，付于各集《论丛》之后。"《甲骨学类

目》的总目列发现、著录、考释、研究、通说、评论、汇集、杂著八部分。发现部分又分报告、记述、推测三小类；著录部分又分影照、墨拓、摹录三小类；考释部分又分专著、散篇两小类；研究又分文字、文法、文例、文学、历史、地理、帝王、礼制、社会、经济、文化、宗教、风俗、历象、考古十五小类；通说部分又分概论、方法两小类；评论部分又分总论、校补、序跋、书评四小类；汇集部分又分字书、诗联、考证、目录、索引、年表六小类；杂著单列一类。有附录一"撰人索引"、附录二"年代索引"。

《甲骨学论著目录（1949—1979）》 肖楠著。发表于1979年8月吉林大学古文字研究室编《古文字研究》第1辑，中华书局出版。全书收录甲骨文论著目录共1083种，分为国内部分与国外部分，每部分内又分专著、论文两类，各类按编年顺序收入了从1949年至1979年30年期间发表的甲骨文研究专著和论文的目录，其中国内部分收入专著目录105种，论文目录722种；国外部分专著目录40种，论文目录216种。该文被甲骨学界视为胡厚宣《甲骨学类目》的续编。

《建国以来甲骨文研究·编年论著简目、作者论著简目》 王宇信著。是1981年3月中国社会科学出版社出版的王宇信《建国以来甲骨文研究》一书中的附录二"建国以来甲骨文编年论著简目（1949—1979年9月）"与附录三"建国以来甲骨文作者论著简目"。收入

了从 1949 年至 1979 年国内出版的重要甲骨学论著，特别是有关作者论著与胡厚宣的《五十年论著目》相接，为研究者提供了查阅时的方便。戴维·恩·凯特利［英］作《评〈建国以来甲骨文研究〉》中引吉德炜 1982 年在《哈佛大学亚洲研究杂志》42 卷 1 期评价："《建国以来甲骨文研究》一书，为 1949 年以来甲骨学的研究作了非常宝贵的总结。"又"具体包含了中国甲骨文研究的现状，条理清晰，颇有见地，书中论述精彩，富有指导意义；他的文献目录是令人鼓舞的，我高度地评价这部书，并向读者推荐它"。（［英］戴维·恩·凯特利，《评〈建国以来甲骨文研究〉》，译文载《历史教学》1982 年第 11 期）

《百年甲骨学论著目》　宋镇豪主编，宋镇豪、常耀华编纂。1999 年 7 月语文出版社出版，作为甲骨学一百年成果之三。王宇信、杨升南

作"总序"，有作者"序""凡例"。正文十部分，一、甲骨发现：（一）考古，（二）记述。二、甲骨综论：（一）通论，（二）概说。三、甲骨著录：（一）专书，（二）散篇。四、甲骨研究：（一）占卜，（二）断代，（三）文字 1. 专著；2. 论文 1）总说、2）考释、3）其他，（四）文例文法，（五）校订缀合。五、专题分论：（一）国家，（二）社会，（三）历史，（四）世系，（五）礼制，（六）职官，（七）刑狱，

（八）军事，（九）族属，（十）地理，（十一）经济，（十二）文化，（十三）生活，（十四）风俗，（十五）思想，（十六）宗教，（十七）艺术，（十八）文学，（十九）教育，（二十）历象，（二十一）技术。六、甲骨类编：（一）字书，（二）诗联，（三）索引，（四）目录，（五）年表。七、书刊评介：（一）评论，（二）序跋，（三）书讯。八、其他杂著：（一）动态，（二）辑集，（三）杂类。九、学人传记。十、附录：（一）殷墟遗存　1. 遗址遗迹；2. 墓葬；3. 青铜器；4. 玉石器；5. 陶器；6. 其他，（二）殷墟以外甲骨等刻文发现与研究。还有编年索引、作者索引、篇名索引。作者"凡例"中介绍："本书目搜汇了自 1899 年殷墟甲骨文发现至 1999 年 6 月一百年间正式发表的关于甲骨学与商代史的论文专书计 10946 种。"作者"序"中记载："此次，国家社会科学和中国社会科学院'九五'重点科研项目'甲骨学一百年'立项，我应课题组主持人王宇信、杨升南先生之提议，将原立项计划拟编的百年甲骨论著简目，扩充成一个世纪性的全面汇总与编纂。"根据该书的统计，一百年有关论著超过 1 万种，作者队伍共加起来达到 3833 人，分布于中国各地，以及世界上其他 14 个国家，其中中国（包括港澳台地区）3332 人，外国 502 人内，日本 290 人，美国 93 人，韩国 40 人，英国 27 人，法国 16 人，德国 9 人，加拿大 9 人，俄国 7 人，瑞典 4 人，澳大利亚 3 人，瑞士、意大利、匈牙利、新

加坡各 1 人。……足以表明，甲骨学殷商史作为一门国际性显学，研究成绩多么丰硕可观，进展态势是多么强劲可喜，学术前景不可估量。

《甲骨学与商史论著目录》　濮矛左著。1991 年 12 月上海古籍出版社出版。该书目录收集自 1898 年甲骨文发现以来至 1987 年国内外学者所作的甲骨学与商史论著目录。分为甲骨学、商代社会、经济、文化思想、科学技术、考古、其他等八部分。

六　学者传记

《甲骨文之父王懿荣》　吕伟达主编。1995年12月山东画报出版社出版。书前有王懿荣照片、画像各一幅，有随王懿荣殉国的夫人谢氏画像一幅，王懿荣绝命词及殉国处——北京锡拉胡同11号砖井图片。有臧克家、胡厚宣为王懿荣纪念馆书写的"前言"，臧克家题"慧眼识甲骨，高风拜先生"，胡厚宣题"庆祝九十多年以来甲骨文科学研究的辉煌成就，深切怀念开山的祖师王懿荣先生"。正文目次：引言，一、官宦世家，二、少年时代，三、仕途生涯，四、家庭春秋，五、从金石学家到甲骨文之父，六、兴办团练，七、丹心照汗青。作者吕伟达曾任山东烟台市王懿荣纪念馆馆长。

《刘鹗年谱》蒋逸雪著，1980年6月齐鲁出版社出版发行。内容摘要：刘鹗字铁云，系著名小说《老残游记》作者，他对数学、医术、音

乐、水利等学，颇有研究。喜藏金石甲骨，编有《铁云藏龟》。本谱按年记事，述其时代背景、生活、思想、著述、交游及其他社会活动。历来对其评价，意见分歧，迄无定论。本谱不掩其长，不护其短，征引资料，如实阐述，可供文学研究者参考。

《铁云先生年谱长编》　刘蕙荪著，1982年8月齐鲁书社出版发行。该书作者系谱主刘铁云之孙，其由祖父手迹、日记及家人讲述中，收集了大量有关刘铁云的家世、思想、著述及其他社会活动等珍贵资料。

《孙诒让研究》周予同、刘节、金嵘轩、雪克等著。1963年杭州大学语言文字研究室编辑出版。收入周予同、胡奇光的《孙诒让与中国近代语文学》、刘节的《名原校证序》、朱芳圃的《名原述评》、沈镜如的《孙诒让

的政治思想述评》、金嵘轩的《略论孙诒让的教育活动和教育思想》等论文及孙诒让《广韵姓氏刊误》《仪礼注疏校记》等遗著，并附稿本图四幅及玉海楼图一幅。

《孙诒让小学谫论》　朱瑞平著。2005 年 9 月收入《孙诒让研究丛书》，由商务印书馆出版。全书目次：绪论。上篇：第一章、孙诒让的文字学研究，第一

节、孙氏的金文研究；第二节、甲骨文研究的开山之作——《契文举例》：一、甲骨文的发现与《契文举例》的诞生；二、《契文举例》的内容；三、《契文举例》的研究方法；四、对《契文举例》的评价问题。第三节、《名原》对古文字的理论总结：一、作《名原》的学术准备；二、《名原》的内容；三、《名原》的特殊价值；四、小结。第二章、孙诒让的训诂学研究。第三章、孙诒让的校勘学研究。下篇：第一章、孙诒让学术的特色与局限。第二章、孙诒让的学术地位与影响。第三章、孙诒让取得成就的原因。有主要参考文献，附录一、孙诒让学术活动系年、附录二、孙诒让部分手稿本、批校本及后记。该书是作者的博士学位论文修改而成。在论文构思阶段，郭锡良教授、李建国教授、陈绂教授等都给予了指导。

《郭沫若与中国史学》　林甘泉、黄烈主编，1992 年 10 月中国社会科学

出版社出版。是从史学角度研究郭沫若的一部专著性纪念论集，全书分上下篇 15 个专题，上篇：一、才华卓著的一代史学宗师，二、早期的史学思想及其向唯物史观的转变，三、传统文化的继承和超越，四、西方文化的影响，五、传统考据学的批判继承，六、治史的个性特征，七、史剧和史学关系的探索。下篇：八、中国古代社会形态研究，九、历史人物研究，十、农民战争史研究，十一、先秦诸子研究，十二、甲骨文研究，十三、殷周青铜器铭文研究，十四、先秦时代其他出土文献的研究，十五、成绩斐然的古籍整理。后记。主编林甘泉、黄烈都曾长期参与郭沫若主持的史学研究项目。黄烈长期任郭沫若学术秘书。

《郭沫若评传》　孙党伯著，1987 年 8 月人民文学出版社出版。正文内容为：青少年时代、留学日本、新诗的第一块丰碑——《女神》、思想转换的途中、投身

大革命、海外十年、抗日救国、独树一帜的新编历史剧、为民族解放而斗争，前进在社会主义道路上，作者"后记"介绍，该书的初稿原是其研究生毕业论文，1964 年秋写成。1978 年开始，又重新搜集资料，对原稿进行了改写或补写。

《郭沫若正传》

黄侯兴著。2010年1月列入《名家正传丛书》，由凤凰传媒出版集团、江苏文艺出版社出版发行。书前有"小引"，全书正文分："家在峨眉画里"、买来一只"黑猫"、留日十年，"女神"再生、戎马书生、炮火洗礼、亡命日本，自励坚贞、"欣将残骨埋诸夏""灌溉现实的蟠桃""八千里路赴云旗"、在不断调整的时空中生存、诗歌创作的得失、毁誉参半的史剧创作、史学研究的新贡献，共十二章。有尾声凤凰更生，后附修订絮语。编者"小引"谓："其实'正传'实很必须，在一个'戏说'盛行的时代。我们的'名家正传'，便是廓除'戏说'，本于信实，由有研究功力的作者以简赅之文辞，诚恳之态度，状名家之风貌，留历史之真迹。"

《郭沫若评传》

谢保成著，2010年3月百花洲文艺出版社出版。《郭沫若评传》从20世纪学术文化发展的趋势出发，透过郭沫若一生的学术成就，揭示出他对中国现代学术文化发展的卓越贡献。重点考察他因"疑经"而探甲骨卜辞、青铜器铭，创通条例，开拓困奥；用实物证史，苏活古代文献生命；因史而论周秦诸子，考释诗词曲赋的"国学"研究体系。同时，发掘其治学的心理过程、学术风格，以展现"国学大师郭沫若"的风采。

《郭沫若的三十年（1918—1948）》

冯锡刚著，2011年1月中共文献出版社出版。正文目次，1918——"博多湾水碧琉璃"；1919——"神州是我神州"；1920——"死了的凤凰更生了"；1921——"旗鼓既张，奋斗到底"；1922——"创造个光明是世界"；1923——"进退维谷的苦闷"；1924——"我成了马克思主义的信徒"；1925——"桃花落地的声音都可以听得见呀！"1926——"揽辔忧天下"；1927——"铁甲满关山"；1928——"感受着一片伟大的苍凉"；1929——"瞻往可以察今"；1930——"要他们才是真正的战士"；1931——"诗心自清素"1932——"爱将金玉，自励坚贞"；1933——"桃叶因风舞自怜"；1934——"举世沉浮浑似海"；1935——"渊深默默走惊雷"；1936——"心在跳跃、血在沸腾"；1937——"欣将残骨埋诸夏"；1938——"且听洪波一曲"；1939——"驱车我欲出潼关"；1940——"坐老金刚坡"；1941——"士为知己者死、意义更千秋"；1942——"日月江河一卷诗"；1943——"因风我寄《南冠草》"；1944——"光明今夕天官府"；1945——"民主者兴、不民主者亡"；

1946——"不信人民终可悔";1947——"备添黰暗夜将明";1948——"北来真个见光明"。作者后记中介绍,这30年是郭沫若26岁至56岁的30年。这部"算是'郭沫若三部曲'之三吧",之前的2004年6月作者出版了《郭沫若的晚年岁月——1928—1966》,2005年出版了《"文革"前的郭沫若(1949—1965)》。

《董作宾先生逝世三周年纪念集》 董作宾先生逝世三周年纪念集编辑委员会编。1966年11月台北艺文印书馆出版。严一萍作"序",正

文收入:李济《南阳董作宾先生与近代考古学》;李济《大龟四版的故事》;杨步伟、赵元任《回忆彦堂中的声色》;劳榦《董彦堂先生逝世三周年的怀念》;陈槃《山园感逝》;庄尚严《彦堂从事甲骨文研究之始》;白川静《忆董彦堂先生》;驹井和爱《董彦堂先生回忆》;台静农《平庐的篆刻与书法》;戴君仁《彦堂在东海一夕》;蒋复璁《追忆董彦堂先生》;严灵峰《忆彦堂先生》;钱存训《董作宾先生访美记》;彭泽周《彦堂先生在日本》;张克明《追思董院士彦堂先生》;谭旦冏《"乐道自敛简易平夷"永远怀念彦堂》;陈铁凡《门外传习记》;李光涛《"香樟集"》;李霖灿《殷历谱二三事》;张景樵《忆平庐老人》;李光宇《怀念董彦堂先生》;张秉权《董彦堂先生对甲骨学上的贡献》;

刘渊临《董作宾先生与清明上河图》;田倩君《追念董彦堂师》;石璋如《董彦堂先生在昆明》;金祥恒《纪董师彦堂先生讲"中国文字的起源"及其动机》;严一萍《"肩随易北面"——敬悼彦堂夫子》;严一萍《董作宾先生年谱初稿》共纪念文章28篇。严一萍附记:"十月,平庐文存上册出版。殷历谱再版本出版,艺文印书馆。十一月十四日,溥儒卒。先生自子入院治疗,荏苒八月,终告不治。十一月二十三日午,寿终于台湾大学附属医院病室。移灵极业殡仪馆。举殡日,总统蒋颁赐辂额,副总统陈公亲临弔祭,学术文化界同深哀悼,执绋者千余人。葬南港中央研究院高山之阳,与胡适之先生墓为邻。本谱系根据平庐影谱所增辑,仅是初步纲领,详细资料,独待整理补充。倘蒙各方友好赐借或抄示有关文献如函件等,俾加辑録,尤为感盼。"

《殷商史的解谜者——董作宾百年冥诞特辑》 台湾清华大学艺术中心策划,1994年12月台北市艺术家出版社印行。清大艺术中心主任彭

明辉作《当代、甲骨文与上古史——董作宾百年冥诞展》序文,收入董作宾《平庐影谱》,庄尚严《董作宾年表》《彦老从事甲骨文研究之始》,金祥恒《论贞人扶的分期问题》,石璋如《董作宾与周公测景台》《董师彦堂先生五十大庆追记》,黄竞新《毕生钜献——殷

历谱的编制》，李霖灿《高山仰止图——纪念董作宾先生百龄冥寿的故事》，董敏《平庐》与董玉京《大家一起来学习甲骨文——纪念董作宾先生百年冥诞》以及董玉京甲骨文书法成语、格言、对联、诗词选。彭明辉"序"中介绍："在廿世纪末的今天，在远离安阳小屯的竹堑风城，清华大学艺术中心筹办了以《当代、甲骨文与上古史》为题的董作宾百年冥诞展，一方面是纪念董作宾先生对中国上古史的贡献，另一方面则希望重新唤起大家对甲骨文与上古史的注意。"

《走进甲骨学大师——董作宾》　董作宾原谱，董敏编选、张坚作传，2007年12月列入王宇信主编的《世界文化遗产——中国殷墟丛书》（第一辑），由上海大学出版社出版。书前有王宇信作《"世界文化遗产·中国殷墟"丛书总序·殷墟：人类文明的宝库》，又有王宇信作《〈走进甲骨学大师董作宾序〉董作宾先生对甲骨学研究的贡献》。正文内容包括：《平庐影谱》（简体字版）、《平庐影谱》（繁体字原版）、《董作宾传略》。其中《董作宾传略》张坚著，内容有：一、董作宾的家庭与南阳董氏旧居门前的两块匾牌（代引言）；二、奋发自修的早年（1900年—1927年）；三、河南山东田野考古与甲骨研究的卓越贡献（1928年8月—1939年7月）；四、由抗日战争迁

徙西南期间的研究（1937年7月—1946年10月）；五、赴美国讲学（1947年1月—1948年12月）；六、在台湾和香港的晚年（1949年1月—1963年11月）

《董作宾与甲骨学研究》　郭新和编著。2003年10月河南大学出版社出版。书前有王宇信作"序"与董玉京作"序"，有编者"前言"，正文共收入论文23篇，其中专门为纪念董作宾而写的有：《大师的风采——试论董作宾先生的治学精神》（郭新和）、《董作宾先生甲骨文分期断代的研究》（郭胜强）、《董作宾晚年与中国传统文化》（刘朴兵）、《董作宾先生对传承汉字所作出的贡献》（苏新友）、《殷商学巨擘的美感情怀——董作宾先生文艺观探微》（翟苏民）、《董作宾与郭沫若在甲骨学研究中的交往与友谊》（郭胜强）等及《从殷墟的发现看中国版画的源头》（魏运成）《无尽怀思无尽恩》（董玉京）、《董作宾先生生平简介》（刘志庆整理）、《董作宾年表》（刘志庆整理）、《董作宾先生论文、著作总目》（李雪山整理）、《董作宾先生研究总目》（李雪山整理）、《引用甲骨文著录书名简称对照表》（李雪山整理）、后记。

《罗雪堂先生传略》　董作宾著。1962年3月发表于《中国文字》第7册，1968年12月收入台湾大通书局《罗雪堂先生全集初编》第1册，1977

年 11 月收入台北艺文印书馆《董作宾先生全集》乙编第 5 册。其中有在"己亥，甲骨出土于河南小屯。后三年，先生始见龟甲兽骨文字之摹本于丹徒刘鹗寓所叹谓：'此汉以来小学家若张、杜、杨、许诸儒所不得见者也，今山川效灵，三千年而一泄其密，且适我之生，所以谋流传而悠远之，我之责也'。遂尽墨刘氏所藏千余片，印成《铁云藏龟》，是为甲骨文字著录行世之权舆"。

《王国维与罗振玉》 张连科著。2002 年 5 月天津人民出版社出版。书前有"序"、绪论，正文目次：一、物华天宝，人杰地灵。二、奔波生计，求索学海。

三、慧眼识才，定交上海。四、为求发展，心为形役。五、投身教育，积极进取。六、目的虽不阿，先后渡扶桑。七、关山阻隔，天各一方。八、体弱多病，潜心学术。九、相聚姑苏，创获日丰。十、初入京师，锋芒毕露。十一、京城繁华地，士子骋才时。十二、竭尽全力，昌明国粹。十三、流亡海外，心系故国。十四、情寄甲骨，贡献卓著。十五、学术合作，共著鸿篇。十六、分手扶桑，鸿雁传情。十七、终归故土，魂系国故。十八、同入小朝廷，沉迷未知返。十九、甲子之变，奔走其间。二十、定交垂卅载，最终割席去。二十一、举身赴清池，一代英杰逝。二十二、逝后哀荣，独冠今古。后有余论、后记、附录主要参考

文献。《王国维与罗振玉》作者以客观公允的心态，探讨王国维与罗振玉的关系、学术成就及应有地位，为今天的学术发展提供借鉴。

《王国维评传》

萧艾著，1983 年列入《浙江历代文学家评传丛书》，由浙江文艺出版社出版。书前有作者"前言"，正文分：时代家世、海上居、留东前后、哲学欤？文学欤？由叔本华到《红楼梦评论》、《人间词》与《人间词话》、京都四年、归国及《魏石经考》、卜辞研究新成绩、治学与自学、交游、南书房行走、清华园里、葬身昆明湖后共十四章，附录《王国维生平年表》。

《王国维全传》

陈鸿翔著。2004 年 11 月人民出版社出版《王国维传》，2007 年 5 月人民出版社再版，更名为《王国维全传》。书前有王国维相关图片 14 幅。正文目次：第一章、忧郁好学的少年；第二章、舍弃科举觅新路；第三章、在"变法"激流中求学；第四章、跨入新世纪；第五章、"独学时代"；第六章、"独学"中的辉煌：《红楼梦评论》；第七章、遨游"教育世界"；第八章、中西交汇中的反思与探索；第九章、人间：感情与理性的搏击；第十章、在"学学山海居"里辛勤耕

耘；第十一章、辛亥东渡哀清亡；第十二章、居东四年的学术丰收；第十三章、归国以后的学术辉煌；第十四章、面对新文化大潮；第十五章、严于自律的学者风范；第十六章、南书房行走；第十七章、应聘清华研究院导师；第十八章、再出新成果；第十九章、丧子与断交；第二十章、自沉悲剧；尾声、王国维——二十世纪国学新路之引领人。附后记与再版后记。该书以崭新的人文视野、凝重的历史笔触，从新旧世纪之交的广阔背景上，再现了王国维五十年经历的时代风云、事变沧桑，记述了他怎样从清末诸生、寒门布衣，通过独学成就了融会中西、学贯古今的一代大师，并从宏观与微观的结合上，比较全面而翔实地展示了他作为新文艺理论的先导、新史学的开山和甲骨四堂、清华四大师之一的学术巨子，对近代中国文化学术

多方面建树及世界性贡献同时，从思想上揭示了他在帝制到共和的大变局中，追求、苦恼、矛盾、徘徊，最后自沉的悲剧性结局。这是作者在潜心研究王氏生平学术、所撰多部专著的基础上，参酌海内外最新成果写就的，是王氏去世80年以来，第一部气势恢弘、跌宕多彩的全传。

《王国维年谱》
王德毅著，2013年1月兰台出版社出版。

作品目录：蓝序、叙例、增订本自序、王观堂先生年谱卷上、王观堂先生年谱卷中之一、王观堂先生年谱卷中之二、王观堂先生年谱卷下、王观堂先生著述考、王观堂先生校勘书目、史源和参考书。

七　甲骨文书法

（一）论著

《甲骨文书法》　董作宾著。1956年香港《中外画报》第四期发表了董作宾书法专页，同时发表了作者于1956年8月28日撰写的《甲骨文书法》一文。虽然仅是一篇短文，但是甲骨学家最早见诸于报端甲骨文书法理论文章。作者在文字写道："甲骨文本身，有过二百七三年历史，它的书契，有肥、有瘦、有方、有圆、有的劲峭刚健，有顽廉儒立的精神；有的婀娜多姿，有潇洒飘逸的感觉，举殷代中兴名王武丁时代为例，那时候的史臣们书契文字，气魄宏放，技术灿练，字里行间，充满了艺术的自由精神，决不是其余各王朝所能比拟的。所以我也喜欢写这一派。殷代王朝，爱好艺术的空气，非常浓厚。"并且针对甲骨文书法用字问题提出了"书法只是美术品之一，不能够用学术立场，加以限制"的观点。

《甲骨学·甲骨文字的艺术》　严一萍著。是1978年2月台北艺文印书馆出版作者的《甲骨学》中的第八章"甲骨文字的艺术"。文中由董作宾《乙编·序》中谈到殷人的毛笔书写与朱墨的涂饰，再联想殷人书写的情况，并就1921年罗振玉印行《集殷虚文字楹帖》以来的甲骨文书法相关创作情况进行了详细论述。其中著录罗振玉甲骨文书法3幅，董作宾甲骨文书法20幅等。结合自己集契的经过提出了九点相关建议。

《安阳殷墟笔会论文选》　安阳殷墟笔会编。1984年10月印行。全书收录甲骨文书法艺术方面的论文14篇，有周凤池《开发殷墟与振兴安阳》，郭若愚《商玉版干支表艺术书体之复原》，陈恒安《殷墟书法漫述》，裘锡圭《甲骨文特殊书写习惯对甲骨文考释的影响》，欧阳可亮《殷墟遗址之刍议》，柳曾符《我所知道的几位书法家——兼论甲骨文书法和后代书法的关系》，杜乙简《甲骨文二三事》，徐伯鸿《甲骨文字识别二则》，余鸿业《从字素的分析试释且、土、帝等形意变化》，唐云来《浅谈甲骨文的美学价值》，席志强《漫谈甲骨文书法艺术》，王紫虹《甲骨文"合文"的流变》，王慎行《卜辞书法的结体与布局初探》，郭胜强、郭万青《中日友谊的桥梁——记早期中日两国学者在研究甲骨文中的交往》。

《甲骨学通论·甲骨文与甲骨文书法》　王宇信著。是 1989 年 6 月中国社会科学出版社出版的作者《甲骨学通论》中的第十六章"甲骨文与甲骨文书法"。全章分三节：第一节、中国文字的发展和甲骨书法小史；第二节、写好甲骨书法的准备工作；第三节、精益求精，将甲骨书法艺术提高一步。这是中国大陆学者最早推甲骨文书法登上"大雅之堂"，也是最早对甲骨文书法进行全方位研究著作。作者认为："甲骨书法的出现，与甲骨学研究的草创阶段的完成时分不开的。甲骨文字经过释读，才有可能出现把甲骨文字作为艺术品看待的甲骨书法。甲骨文是卜辞，是用刀契刻而成的，主要用于记录商王室占卜之事。而甲骨书法，是今人用毛笔书写，有时集字书写诗词，有时集字书写楹联，是为了欣赏或陶冶性情，与三千多年前商代甲骨文的实用性不大相同。甲骨书法与甲骨学的研究水平是密切相关的，甲骨学研究的不断发展，促进了甲骨书法艺术水平的提高。"

《甲骨文书法艺术》　董玉京著。1999 年 4 月河南大象出版社出版。作者的《我的父亲（董作宾）与甲骨文书法》代序。正文有引言、甲骨玩的特性、甲骨文书体风格的分期、甲骨文书法的派别、甲骨文字的艺术、甲骨文"文字画"、

我所喜欢的学习方法、结语八部分。后附《董作宾甲骨文书法作品选》《董玉京甲骨文书法作品选》以及濮茅左、徐谷甫的《甲骨文字形表》。该书的出版说明中介绍："董玉京先生，字宛任，河南省南阳市人。1933 年 7 月 26 日生。我国已故考古学家董作宾先生之哲嗣。……现任宏恩医院内科主任。……董先生更因其家学渊源，对甲骨文与甲骨学亦有深厚之研究，不但写得一手美好的甲骨文字，更有《甲骨文书法集》《甲骨文成语初集与续集》等书出版。《甲骨文书法艺术》为董玉京先生的新作，总结了董先生多年来研究甲骨文书法的经验。此次在大陆出版，既是对甲骨文发现 100 周年的纪念，也是对甲骨文书法的鼓吹和推进。"

《商周甲骨文》（《中国书法全集》第 1 卷）　刘一曼、冯时主编。2009 年 7 月北京荣宝斋出版社出版。全书总目录：凡例、序言、原色作品选页、甲骨文概论（刘一曼）、甲骨文的考古发掘（刘一曼、冯时）、甲骨文的书法艺术（冯时、刘一曼）、殷代占卜书契制度研究（冯时）、试论中国文字的起源（冯时）、中国文字与书法的孪生（李学勤）；甲骨文作品选（刘一曼、冯时）、作品考释（刘一曼、冯时）。另有附录：史前时代文字遗迹（冯时）、甲骨学年表（冯时、刘一曼）、商西周甲骨文出土分布示意图（刘一曼）、参考书目与简称、主要引用参考文献、图版目录。《商周甲骨文》作为《中国书法全集》的第 1 卷，是把甲骨文作为上迄商周、

下迄当代的书法作品的一种，所以本书和以往公布甲骨文材料书的编纂体例有所不同，即本书是把甲骨文从书法作品水准，从书刻艺术水平的角度加以精选收入书法全集的。按照作者的说法："都是以作品和书家研究为中心。绪论、评传、考释、年表等等，都围绕这个中心的设计和完成。因为我们还有一个现实的目的，即为热爱书法、研习书法、创作书法的爱好者和书法家服务。"（刘正成：《商周甲骨文·序言》，荣宝斋出版社 2009 年版）

《中国甲骨学·甲骨文与甲骨文书法》　王宇信著。是 2009 年 8 月上海人民出版社出版的作者《中国甲骨学》中的第二十二章"甲骨文与甲骨书法"，是作者继《甲骨学通论》后进一步对甲骨文书法的论述，在《甲骨学通论》十六章三节内容前提下增加了《"序"甲骨文书法集谈甲骨文书法》，收录了作者的《序〈甲骨文论语〉》《序张坚（金开）甲骨文书法〈耕耘集〉》《序李来付先生甲骨文书法集》三篇序文。作者介绍"在笔者为一些书法家的作品集所作的'序'中，又进一步谈了我们对甲骨书法艺术的看法"又"甲骨学家与甲骨书法家互动，标志着甲骨文书法艺术进入了一个全新的阶段"（王宇信《中国甲骨学》，第 589 页）。

《王宇信甲骨文书法论序集》　朱月萍编。2014 年 11 月文物出版社出版。扉页王宇信书"弘扬甲骨书法艺术　复兴华夏传统文明"（行书体），王宇信作《〈甲骨文书法论序集〉出版感言》。正

文有：《谈甲骨文与甲骨书法》《甲骨文基础知识——为甲骨书法爱好者而写》《〈甲骨文精粹选读〉前言》《甲骨文：镌刻文明的国宝——为殷墟申报世界文化遗产名录而作》《〈甲骨文精粹释译〉前言》《刘佳〈话说甲骨文〉序》《谢玉堂〈甲骨文的由来与发展〉序》《甲骨文书法漫谈》《雷声〈甲骨文论语〉序》《金开〈耕耘集〉序》《张坚〈甲骨文解读 300 字〉序》《姬克喜〈甲骨文源流简释〉序》《〈华夏情：甲骨文国际书法大展集萃（2007 烟台）〉序》《李来付〈甲骨文书法集〉序》《谢兆岗〈圆梦奥运书法展作品集〉序》《〈华夏情：甲骨文国际书法大展集萃（2009 烟台）〉序》《〈傅雨海甲骨文唐诗两首〉序》《〈甲骨文春联集〉序》《〈四书——王友谊大篆写本〉》《〈陆健书法作品集〉序》《梁东淑［韩］〈甲骨文的深奥与美〉序》《走甲骨文书法自己的道路——序〈张大顺甲骨文书法·入门编〉》《〈甲骨文精粹释译书法选集〉序》《中国文学博物馆〈甲骨文论丛〉序》《李俊国〈醒月文论〉序》《〈中国成语——魏峰甲骨文书法篆刻集〉序》《2007 年山东烟台"甲骨学暨书刻艺术国际研讨会"开幕词》《在"王懿荣甲骨文书法艺术奖"颁奖典礼上的讲话》《在杭州师范大学"中国甲骨文书法高端论坛"开幕式上的讲话》。后附王宇

信甲骨文书法作品精选，集录王宇信甲骨文书法作品 13 幅。通过该书所集的关于甲骨文书法的论序，不但可以领略作者关于甲骨文书法理论的研究成果，更能从中受益而得到提高。作者曾在《金开〈耕耘集〉序》中写道："甲骨书法的弘扬，对甲骨学发展和普及是很有意义的。因此，甲骨学者应和甲骨书家联合起来，为甲骨书法这一墨苑新葩的绽放异彩，在中国书法界取得应有的地位而努力。虽然有的甲骨学者一度对甲骨书法不以为然，但中国殷商文化学会倡导老一辈学者关注甲骨书法的精神，因而近年不少学者开始重视甲骨书法并热情地投身繁荣甲骨书法艺术中来。"

《耕耘集·甲骨学与甲骨文书法艺术》　张坚著。是 2006 年《殷都学刊》特刊号《耕耘集·金开甲骨文书法》中的《甲骨学与甲骨文书法艺术》文章。文章分一、甲骨文的概念与名称；二、甲骨文的发现著录与传播；三、甲骨文的由来与甲骨文字的特征；四、甲骨文的考释研究与甲骨文的面世；五、甲骨文书法艺术的发展；六、甲骨文书法的主要几种风格流派；七、甲骨文朱书墨迹的思考；八、甲骨文先书后刻、双刀刻和涂朱填墨现象的启示。王宇信在《序金开甲骨文书法〈耕耘集〉》中评价："张坚先生的《甲骨学与甲骨文书法艺术》的不少看法，我是赞成并支持的。我认为：甲骨书法的弘扬，对甲骨学发展和普及是很有意义的。因此甲骨学者应和甲骨书家联合起来，为甲骨书法这一墨苑新葩的绽放异彩，在中国书坛占有应有的地位而努力。"

《甲骨文书法艺术》　刘鸣著。2000 年 5 月编入徐传武的《中华学人文稿》，由中国文联出版社出版。书前有徐传武《中华学人文稿总序》，有作者"前言"。

正文分为甲骨学的概念、甲骨文书法审美特性、甲骨文书法书写方法、现代甲骨文书法的发展趋势、甲骨文范字表、甲骨文书法作品欣赏六部分。作者前言中介绍："本书只所以定位与'甲骨文书法艺术'，主要是基于以下考虑：一是在突出甲骨文书法艺术这一点上，本书从第一部分到第四部分只有一个中心，即阐述甲骨文书法艺术的生成，特性，书写技术及其发展；第五部分的甲骨文范字表也主要是出于对学习和创作甲骨文书法之便利而设置的；第六部分例举了几幅甲骨文书法古今作品，以示'书家'在此方面的艺术之'感性显现'。二是由于作者受者主客观因素的影响，故没能在本书中对每一课题做更详尽、透彻的阐述，只是做了高屋建瓴，提纲挈领的'试说'。另外，笔者还考虑到对甲骨文书法艺术的充分继承，所以，在本书中对原始的甲骨文书法所做的艺术分析，其比重更大一些。然而，这对当今的甲骨文书法之创新发展必将会起到积极的支持和推动作用。"

《甲骨文书论选编》　胡冰编。2008 年 11 月黄山书社出版发行。书前有作者"前言"，收入郭沫若《殷契粹编·自序》（摘录），董作宾《论甲骨文书法》，史树青《中国历史博物馆藏法书大观》概述（摘录），许青松《书法艺术的童年》，张本义《罗振玉在近代书法史上的地位》，张士钧《董作宾的甲骨文研究与书法创作》，吴仁生《董作宾书学思想钩沉》，刘江《甲骨文书法艺术的探索之路》，陈爱民《二十世纪甲骨文书法的接纳与进入》，张同印《甲骨文的审美特征》，潘主兰《谈甲骨文书法》，杨鲁安《甲骨文书体识别与摹写》，王本兴《甲骨文书体八型说》，贾书晟《浅谈甲骨文书法的研究与培训》，齐陆《甲骨文书法艺术中的辩证思维》，傅永强《甲骨文及其书法艺术》，刘尊法《甲骨文书法研习之我见》，王庆华《悉敲古韵　元脉悠长》，张俊之《加强培养甲骨文书法人才》，路工《刘顺的甲骨文书法》，刘云鹏《浅谈翟万益先生的甲骨文书法创作》，洪家义《如何规范甲骨文书法》，党相魁《甲骨文书法的用字问题》，严东篱《随意编造：甲骨文书法不能承受之重》。附录《甲骨文书法鉴赏》，收入罗振玉、董作宾等甲骨文书法作品 31 幅。

《书谱——甲骨文专辑》　香港汉字书法篆刻研究会编。作为书法季刊由香港书谱出版社出版发行。书前《每期楹联》刊载罗振玉八言对联一副。收入宋镇

豪《甲骨文书法介》，黄天树《商代文字的构造与"二书"说》，徐畅《甲骨文字并不难学》，姜栋《从"用佐临池"到"天马行空"——甲骨文书写实践刍议》，陈爱民《甲骨文书法的艺术规定性及当代评价问题》，艾兰［美］《论甲骨文的契刻》。《十家论坛之名家访谈》访谈人物有刘江、李学勤、李刚田、刘正成、宋镇豪、王友谊、苏金海、傅永强、王宇信、黄天树、金玉甫、江栋、刘彦湖、张羽翔、程风子、尹海龙。编者《编后语》云："甲骨文，乃汉字之滥觞，会六书之妙旨，内涵神灵、祖先、文字与图腾之崇拜，冶陶纹之工与爻辩之玄于一炉，开篆隶真行草，为中文书法之初祖。出土百余年，曾领风骚八十载。今逢安阳殷墟甲骨现世 110 周年庆，特辑以纪之。"

《话说甲骨文·甲骨文书法》　刘佳著。2009 年 11 月山东出版集团、山东友谊出版社出版发行。王宇信作序。全书内容为六章：文字起源、甲骨春秋、发现之旅、甲骨四堂、甲骨文与山东、甲骨文书法。其中第六章专对甲骨文书法艺术从入门、选帖、读帖、临帖、临作、创作等方面阐述了自己的体会并从甲骨文的书契者贞人、契刻甲骨文之美、甲骨文是中国书法艺术的萌芽、甲骨文对书法艺术的贡献、后世的墨迹甲骨文书法、罗振玉是甲骨文书法的开创者、罗振玉的甲骨文书法、董作宾的甲骨文书法等方面发表了自己的意见。王宇信在为该书所作的"序"中赞扬："刘佳《话说甲骨文》专论'甲骨文书法'一

章，必将受到甲骨书法爱好者欢迎并将推动甲骨书法艺术的发展。我一向主张，坐而论道不如亲身实践，在旁欣赏不如投身其中。刘佳女士不妨投身到甲骨文书法艺术的创作和实践之中，写出一批无愧于伟大时代的作品来！"

《纪念〈契文举例〉问世 110 周年论文集》 纪念《契文举例》问世 110 周年活动委员会编。是浙江瑞安即孙诒让的家乡纪念孙诒让《契文举例》问世 110 周年纪念活动的论文集，王宇信作《甲骨文书法当遵"法"前行》为该论文集首篇，另收入甲骨文书法创作相关论文有：贾书晟《从揭示契刻甲骨文书法不同书体特征入手，促进甲骨文笔墨书法健康发展》、齐陆《试论甲骨文黄组书体的书法特色》、萧兴华《甲骨文历组二类的书法特色分析》、李颖伯《甲骨文何一组书体浅析》、康睿元《小议甲骨文书法中的"口"与"丁"》、陈爱民《断裂与延续：20 世纪甲骨文书法的历史文化背景》、周见人《甲骨文假借刍议》、吴柏军《我认识的甲骨文和甲骨文书法》、姬长明《浅谈甲骨文书法创作的用字和书写规范》、赵洪喜《甲骨文书法创作之感悟》、马如森《甲骨文书法艺术的归真字》、张道森《甲骨文书法之笔法探索》、王经纬《罗振玉集契楹联浅析》、北室南苑〔日〕《甲骨文——人类创造的美好事物》、张大顺《"合文"——甲骨文书法表现上不可或缺的重要因素和标志》、周建平《甲骨文走向民用才能重现辉煌——浅谈发展甲骨文砖刻艺术》。

《甲骨文墨场挥毫备要》 郭永生编著。2011 年 11 月中国新时代出版社出版发行。书前有作者简介及作者的甲骨文书法作品两幅。正文分为：卷一、艺海品鉴；卷二、天地流韵；卷三、灵苑撷英；卷四、花国拾趣；卷五、释道寻幽；卷六、祥瑞书题；卷七、名言佳句；卷八、楹联；卷九、集诗；卷十、集词；卷十一、印语；参考书目。作者"后记"中介绍："历八年近 2700 个日夜，经苦心遴选补缀，《甲骨文墨场挥毫备要》终于草成付梓……中国甲骨文书法研究协会副主席兼秘书长刘继贤先生、河南省文联副主席兼省书法家协会主席宋华平、河南省青年书法家协会主席周斌、河南省青年美术家协会副主席曲春林及副主席兼秘书长石贵州、安阳市文联主席张坚等给予多方面关爱关注。"

《甲骨文书法大字典》 马如森著。2012 年 2 月上海大学出版社出版。书前有胡厚宣"序"、孙常叙"序"、李学勤"序"，有《王宇信论甲骨文书法》《宋镇豪论甲骨文书法》，有凡例、绪论。正文有：商代的社会概况、甲骨文的命名、甲骨文的断代分期、新的"六书"说与甲骨文字、甲骨文字形体结构的特点、甲骨文的书法、甲骨文的著录、甲骨文论著及主要参考文献等。正文共 1203 页。每页既有该甲骨文字的字音、序号、墨书，又有该甲骨文字的文献出处、独体结构等。《甲骨文书法大字典》在目前甲骨学研究普遍展开的情况下，对语文工作者，尤其对于中青年学者初学甲骨文者，是一本非常有益的著作。

《甲骨文书法探微》　朱彦民著。北京大学出版社收入《中国画法研究院·众芳文存》出版发行。书前有范曾手书

《题〈甲骨文书法探微〉》文代序，有作者"前言"。正文有：甲骨文的刻写、以"六书"理论分析甲骨文字、甲骨文字形体特征与演变规律、甲骨文字的形体美、甲骨文字的结构美、甲骨卜辞的章法美、现代甲骨文笔墨书法大观、当代甲骨文书法艺术共八章，有作者"后记"。范曾《题〈甲骨文书法探微〉》介绍："朱君彦民刻苦攻研甲骨文垂三十年矣，初略类王国维之以字考史，其成名之篇《殷卜辞所见先公配偶考》出，学界宿彦，叹为杰构。朱君固笃于学者，然于书道二十年来视为散淡游心之域，魂牵梦萦中忽见甲骨文字皆有生命，遂于考诂之余，体悟文字之形神。于形态、结构、章法、风韵多所探求，偶以甲骨文书诗章、联句示余，余大惊喜，力促其作专著面世，以匡正时下不识甲骨而为甲骨'书家'之谬误。书三越秋以成，洋洋乎二十五万字，余细读月余以毕，欢欣奚似，题数字于卷首为贺。"

（二）作品集

《集殷虚文字楹帖》　罗振玉编著。1921年2月上虞罗氏贻安堂影印本印行。由于全书编入的全部是罗振玉用毛笔书写

的楹联，故名《集殷虚文字楹帖》。其中集有四言联语11对；五言61对；六言4对；七言5对；八言18对，共计99对。其中19页有印"二万石斋"，22页有印"后四源堂"，当皆为罗振玉的斋堂号。书后有罗振玉作《集殷虚文字楹帖跋》，其言："自客津沽，人事旁午，读书之日，几辍其半。去冬奔走南北，匍匐振灾，时阅月间，益无寸晷。昨小憩尘劳，取殷契文字可识者，集为偶语。三日夕得百联，存之巾笥，用佐临池，辞之工拙，非所计也。辛酉二月雪翁记。"严一萍评价："他只有用三天之力，就集得一百六十多幅对联，虽然在现在看来，也有不少错字，但在民国十年的时候，甲骨出土尚少，而考释文字，除了王国维外，就只有他。……这样，第一部《集殷虚文字楹帖》就问世了。"（严一萍《甲骨学》，第1350页）王宇信评价："最早出现甲骨文书法作品是在一九二一年。著名学者罗振玉在研究之余，首先集甲骨文字用毛笔写成楹联，以《集殷虚文字楹帖》为书名复印。"（王宇信《中国甲骨学》，第582页）1927年收入《集殷虚

文字楹帖汇编》由东方学会石印本出版。

《商卜文集联》（附诗） 丁仁著。见于1928年出版石印本一册，由西泠印社、上海中国书店、上海中华书局等经售。书前有黄葆戊、黄宾虹二"序"。收

入丁辅之集甲骨文四言至十二言对联220幅。严一萍评价："丁氏（丁辅之）不懂甲骨文，看他所写的字体，都作方笔，对于甲骨拓本，一定见的很少。而联中错字更是不少，比起罗振玉的《集殷虚文字楹帖》，相差实在太远。"（严一萍《甲骨学》，第1350页）王宇信亦认为："1928年丁辅之出版了《商卜文集联》，1937年出版了《观水游山集》。1937年简琴斋也出版了《甲骨集古诗联》上编等。因为他们不懂甲骨文，所写的文字或都为方笔，或象行书，而且集错的字也时有发现。"（王宇信《甲骨学通论》，中国社会科学出版社1989年版，第447页）1969年6月收入台北艺文印书馆《集契汇编》。

《观水游山集》 丁辅之编著。1937年5月上海墨缘堂初版初印，原装一册。该书为丁辅之游历时所作诗词集，以甲骨文字手书。即作者游览名山大川之时，游必有记，记必有诗，做诗后以甲骨文字书写，并附楷书释文。作者曾于1937年春将所集纪游诗近两百首书一长卷，此卷为西泠印社早期社员吴振平

所见，代为付印。故此编前有丁辅之画像三幅。2009年西泠印社出版社据此本影印，前有书画家郭大祥题跋，卷后有金石家王福厂、王渔隐、高野侯等人的读后记。又见有2009年4月北京科文图书业信息技术有限公司版本。1969年6月收入台北艺文印书馆《集契汇编》。

《甲骨集古诗联》（上编） 简琴斋编著。1937年2月商务印书馆石印本线装一册，1937年4月再版，1939年8月三版。吴湖帆题写书名并题扉页，书前有叶恭绰、容庚、商承祚及作者四序。商承祚序云："吾师上虞罗先生始集为联语，继之者章式之、王君九、高远香、戴迴云诸家，其集为诗者，则有叶葰渔之流。予于研究文字之暇，间尝集为楹联，书贻同好，愧弗工也。吾友简君琴斋，凤通欧西文字，归国后理董国故，比岁攻治甲骨文字，于形声义三者，时时观其会通，今夏（1936年）避暑莫干山，曾未币月，集诗三十余首，联语百又四十余。"严一萍评价："简氏（简琴斋）亦不懂甲骨文，但有文学修养，故所集古人之句，颇为可观。可惜错字亦多。我在民国五十八年把这六人的作品（罗振玉、章珏、高德馨、王季烈、丁辅之、简琴斋）编成《集契汇编》由艺文印书馆出版，目的在提倡甲骨文字之研究，当时曾写了一篇序，说明写甲骨必须临摹墨拓，不可以他人编集之书作范本。"（严一萍《甲骨学》，第1350页）王宇信的评价见《商卜文集联》（附诗）条。1969年6月收入台北艺文印书馆《集契汇编》。

《集契集》 汪怡、董作宾著。1978年台北艺文印书馆出版。为汪怡根据董作宾提供的甲骨字而创作的诗词，董作宾名为《集契集》。其中共集诗91首，集词及北曲小令83首，还有楹联等。1976年欧阳可亮书写并由日本春秋书院出版。此为严一萍为普及甲骨文书法，手写诗87首，词83首集为一册，为纪念董作宾、汪怡出版，亦饷甲骨文书法爱好者。

《平庐印存》 董作宾编著。收入1977年11月台北艺文印书馆出版《董作宾先生全集》乙编第六册。台静农题《平庐印存》，收入董作宾刻印90方，其中多为甲骨文字入印，如甲骨文"于右任"印、"梦家"印、"光宇"印、"大采"（傅斯年夫人）印等。

《广字系》（第一） 董作宾、严一萍编著。发表于《中国文字》第十一期，收入1977年11月台北艺文印书馆出版《董作宾先生全集》乙编第六册。作者书前《广字系》介绍："字系一书，为嘉定夏曰残所著，草创于光绪十一年乙酉（1885），刊布于民国五年……夏氏之说，穷源止于《说文》，参证仅赖汉隶，今则甲骨金文之研究日新，古文字之源流益明。倪以篆为楷之祖，隶为篆之子，则金文乃篆之父，而甲骨为始祖也，五世共于一堂，纵历三千年之嬗变，子孙派衍虽多，脉络贯呼一系。因就夏氏原书，增列甲骨金文两栏，共分五格，遵其体例，广其未备，故名之曰广字系。"

《董作宾先生逝世三周年纪念集·图版》 董作宾先生逝世三周年纪念集编辑委员会编。1965年由台北艺文印书馆出版。严一萍作序并作《董作宾先生年谱初稿》。其序后125幅图版部分与钱存训《董作宾先生访美纪略》文中，共收入董作宾书法35幅。其中：摹写6幅、中堂9幅、对联10副、条屏10幅。钱存训《董作宾先生访美纪略》文中记录："彦老在工作之余，最有兴趣的消遣，便是收集和写字了。……至于书写甲骨文字，当然更是他的专长，他也竭力想把中国古代的文字加以通俗化。但用宣纸书写，再美无法装裱。他于是购买各种颜色的图书纸和金银色的广告纸，裁成各种大小尺寸，用各种颜色的书料书写，配上镜框，便成为一种美术品的装饰。每有朋友来访，便以此馈赠，如逢婚寿庆典，他也带着他所自书的甲骨文作为礼品。所以胡适之先生曾说道，他从太平洋走到大西洋，几乎没有一家中国朋友或美国的中国学者家没有董作宾的甲骨文，此乃实情，并非过甚其词。"（《董作宾先生逝世三周年纪念集》，第37页）

《万象——甲骨文诗画集》 董敏编著。1974年3月由台北伟灵企业有限公司初版发行。封面董作宾题甲骨文"万象"。全书目次：李灵迦《董作宾先生画像》；董作宾《摹写殷人之天文星象记录》；马国光《照亮中国古史的人》；庄尚严《彦老从事甲骨文研究之始》；台静农《故中央研究院院士董作宾墓碑铭》；牟润孙《董彦堂先生与甲骨文》；董作宾《新瓶旧酒》；董作宾《甲骨文与中国文字》；董作宾《甲骨文书法》；马国光、李殿魁《甲骨文单字释例》；董作宾甲骨文书《祝寿词》；《董作宾先生安阳小屯殷墟发掘工作照片》；《殷商牛肩胛骨刻辞真迹》；《诗画篇·董作宾先生手书甲骨文诗词31首、对联10幅，董敏摄影配图53幅，董灵摄影配图1幅》；董敏《翁之乐者山林也，客亦知夫水月乎？（摄影地点说明）》；庄灵《用观察和了解来表现生命的摄影家——董敏》；马国光《摄影家的底片》；董敏《纪念董作宾先生九十诞辰"渊远流长"艺展》；张平宜《甲骨文大师和他的两个儿子》；《董敏简历》。

《万象——甲骨文诗画集》（五版增订）　2012年12月台北伟灵企业有限公司出版。甲骨文法书：董作宾，总编辑：董敏，图片摄影：董敏、董灵，版面编辑：马若白、董伟。虽名为五版增订，实际是《万象——甲骨文诗画集》的第六次增订再版。全书分为四大部分：大我永生，夫子不朽，甲骨诗影，多黍多稌。书前编者言："仅以此书中所呈述的：（一）从公元前一三零零年公元二零一二年间，三千多年来中华文化的精华之一角。（二）我个人一生中所亲聆亲炙的民国人物和学者们所给予的睿智、历练以及他们的人格修养和芬芳，对我人生的启发……暨以呈献给……二十一世纪的中华儿女们，并期望中国人和中华文化能在新世纪的来临之际，更加发扬光大。"正文第一部分"大我永生"，收录：胡适《老鸦》，严一萍《胡适先生悼文》《民国十六年夏北大研究所国学门师生同仁合影》，亮轩《照亮中国古史的人》，董作宾铜像，王宇信《董作宾与甲骨学》，董敏《"周公"与"蒋公"》，董作宾《蒋介石先生七十岁诞辰之贺词》，董敏《蒋介石先生与宋美龄夫人》，蒋中正《蒋中正墨宝》，陈槃《故中央研究院士董作宾墓碑铭》，李在中《尤道不尤贫——傅斯年的教育理想与棉裤子》，傅斯年《中国学校制度之批评》（上），傅斯年《中国学校制度之批评》（下），董敏《〈大我永生〉后记》，董敏《红楼故事》，李在中《红楼与五四》，《廉立之交》（本文节录张坚著《董作宾传略》），董作宾《傅斯年先生吊祭文》，董敏《诤谏半世纪，学术三千年》，董作宾《廉立散儒》，董敏《"平庐"与联考》。第二部分"夫子不朽"，收录：庄尚严《彦老从事甲骨文研究之始》，牟润孙《董彦堂先生与甲骨文》，《殷商牛肩胛刻辞真迹》，严一萍《夫子不朽》，李在中《武丁十甲》，《研究甲骨文原物之完整资料的四个步骤和要件》，董作宾《董作宾先生手著绘殷商第一期"武丁十甲"》，董作宾《平庐印存》，董作宾《平庐印谱集粹》，台静农《平庐的篆刻》，杨联陞《TEN EXAMPLES OF EARLY TORTOISE-

SHELL INSCRIPTIONS》，董作宾《认识YH127坑出土的甲骨文特殊——武丁十甲》，石璋如《董作宾先生与殷墟第九次发掘》，董敏《谈安阳发掘工作者对考古学者们的精神建设》《安阳小屯殷墟发掘工作留影》《"中研院"历史语言研究所在河南安阳发掘出土的殷商工艺品》，董作宾《新瓶旧酒》，董作宾《甲骨文书法》，董作宾《甲骨文左行十例》，董作宾《甲骨文与中文字》，董作宾《（彦堂先生遗著两篇）：（一）皇帝可以没有头的么？（二）被弃了的婴孩》，董玉京、董敏、董灵《中文十四字演变表》，马国光、李殿魁《甲骨文字释例》。第三部分"甲骨诗影"，收录：《殷商武丁早期征讨卜辞》，董作宾《手书甲骨文诗词》，董敏、董灵《摄影配图》，庄灵《用观察和了解来表现生命的摄影家——董敏》，亮轩《摄影家的底片》。第四部分"多黍多稌"，收录：董作宾、董敏《人》，张平宜《甲骨文大师和他的两个儿子》，傅斯年《老头子和小孩子》，董作宾《"一日一生"》，李在中《多黍多稌》，李霖燦《山川心影》，农妇《书虫啃碎了的……》，董敏《没有故乡的人》，李在中《李庄北京七十年》，董敏《为纪念董作宾先生就是诞辰》《中国的形象和何处觅》《Y·V·A小语》，马国光《试评董敏作品》，董敏《心痛——所以不能行动》，李在中《宁鸣而死，不默而生》，中国时报《"失踪幼童竟遭截肢断舌沦为乞儿"》，董敏《合欢山上松雪楼中的婚礼》，董敏摄影、陈钦忠文

《合欢山——合欢万象》，李美鹃《董敏——不断革新自己的命》，楚戈《国破山河在》，董敏《生是因缘、死是归零》《天行健君子以自强不息》。后附董敏简历与《香港世界画刊》刊载的《奇迹的发掘者》。

《集契汇编》　严一萍编。1969年6月台北艺文印书馆出版。书前有编者"序"，正文集殷虚文字楹帖目次：罗集一（上虞罗振玉）；章集二（长洲章钰）；高集三（长洲高德馨）；王集四（吴王季烈）；丁集五（丁辅之）；简集六（简琴斋），是罗振玉《集殷虚文字楹帖》及罗振玉、章珏、高德馨、王季烈《集殷虚文字楹帖汇编》、丁辅之《商卜文集联》、简琴斋《甲骨集古诗联》的汇编。作者在序中介绍了《集契汇编》目的在提倡甲骨文字之研究，写甲骨必须临摹墨拓，不可以他人编辑之书做范本。该书2005年12月由台北印文印书馆第二次印刷。

《甲骨文书法艺术大观》　段长山、魏峰主编。1992年9月收入《殷商文化与周易研究丛刊》，由中州古籍出版社出版发行。胡厚宣题写书名，书前有王学仲题篆书体《甲骨文书法艺术作品大观》，有胡厚宣摹书《甲骨文合集》第一片甲骨文书法作品。段长山作"前言"，收入近代罗振玉、董作宾、王襄、叶玉森、丁辅之等与当代胡厚宣、王宇信、杨升南、潘天寿、潘主兰等作者的甲骨文书法作品，以及选自北京、上海、福建、浙江、湖南、湖北、山东、山西、广东、广西、新疆、甘肃、江

苏、江西、四川、陕西、黑龙江、吉林、辽宁、台湾等地，以及美国、法国、新加坡、日本等 168 位作者的甲骨文书法作品三百余幅，还有 64 位作者的甲骨文篆刻作品三百余件。编者在序中言："《甲骨文书法艺术大观》，是我国第一部集近代、现代甲骨文书法家作品之大成。"

《中国古文字起源——中日甲骨文书法展》　中国人民对外友好协会、河南省人民对外友好协会、中国殷商文化学会、安阳师范学院、日本北枝篆会编。是 2004 年由中国人民对外友好协会、河南省人民对外友好协会、中国殷商文化学会、安阳师范学院、日本北枝篆会联合举办的中日甲骨文书法作品，先后在北京国家博物馆、河南省博物院与日本展出的作品集。书前第一部分为寄语，有中国人民对外友好协会会长陈昊苏的贺词；河南省人民对外友好协会会长赵国成的贺词；安阳师范学院党委书记郭新和、院长骆平安的贺词。有王宇信《甲骨文与甲骨书法》。还有日本北枝篆会会长北室南苑中文与日本寄语《中国古文字起源——中日甲骨文书法展》。全书的第二部分收入王宇信、杨升南、葛英会、王友谊、李强、董玉京（台湾）、安国钧（台湾）、张坚、徐学萍、焦智勤、马如森等中方作品 98 幅。全书的第三部分收入北室南苑、板坂刚、江岸海燕、加藤松声等日方作品 85 幅。是在北京中国国家博物馆与河南省博物院以及日本展出的"中国古文字起源——中日甲骨文书法展"的作品集。

《耕耘集——金开甲骨文书法》　《殷都学刊》编，2006 年《殷都学刊》特刊号印行。中国书法家协会主席张海题写书名，王宇信作《序金开（张坚）甲骨文书法〈耕耘集〉》，宋镇豪作"跋"，马春勇题贺。正文有文章《甲骨学与甲骨文书法艺术》；武丁大龟图版；集撰甲骨文书法；临摹甲骨原片；临摹戍嗣子铭文；临摹名家甲骨文书法。收录作者集撰甲骨文书法作品 19 幅，摹写甲骨文原片 10 幅，临摹甲骨书法名家罗振玉、董作宾作品 4 件。王宇信"序"中介绍："张坚先生的甲骨文书法创作，是以临摹甲骨原片为基础，并在临摹前辈大师书法作品的过程中，广收博采，形成了自己的书法风格。我们还可以发现，这些书法作品，力图原汁原味地展现甲骨文字的风采——他在创作中搜索枯肠地使用甲骨文中原有的字。例如本书他歌颂世界文化遗产的《殷墟礼赞》，共用甲骨字达三百零一个，但其中没有一个'借'字或'造'字（像我一直主张的那样，如果甲骨文中没有某字时，可以有根据地'借'字，或合理地'造'字才能解决，因甲骨文字太少，远不敷表达当代人丰富思想需要的矛盾）。可以说，这是迄今全部用甲骨文字创作的最长的一幅作品了。这反映了张坚先生甲骨文字的深厚功力。"王宇信的"序"后收入 2009 年 8 月出版的

《中国甲骨学》。宋镇豪的"跋"中介绍:"余与张坚先生是相知多年的挚友,他执著于甲骨文殷商文化的弘扬,深受学人的赏识,而被推举为中国殷商文化学会常务副秘书长。他浸渍于甲骨文书法日深,瀚笔濡毫不期然上追殷商之遗,融会前贤墨趣,书体矩整凝爽,笔势规旋内敛,章法静穆洒脱,用笔折转兼备,有推陈出新之望。他的甲骨文集诗联句,给人以文辞隽永、格调雅逸的美感。如'野舟载梦还我乡'、'庭竹室兰效古贤'七绝诗两轴,意概高畅,心绪和谐。'合游息藏修皆为学,通阴阳造化廼成文'、'知春秋大义学成文武艺,效古今圣贤心系百姓安'两联,觉世喻世醒世,意味深长。'洹水载史传万年,安阳甲骨岁三千'书轴,'殷墟礼赞'四联轴,表明了他对安阳殷墟文化遗产的深深关安,对家乡故土衷注的赤子情怀。本集的推出,为甲骨文书艺苑地增添了又一绮蓓,我乐愿趁此向广大甲骨文书法爱好者作一推荐。"

《第一届华夏情甲骨文书法篆刻大展作品集》 中国甲骨文书法艺术研究会、安阳市文联、安阳市甲骨学会、殷契印社编。是由中国甲骨文书法艺术研究会、安阳市文联、安阳市甲骨学会、殷契印社与台湾中华甲骨文学会、中华书画艺术同心会联合举办的"2007 年国际甲骨文名家书画展"作品集的一部。作品集收入参展作者的甲骨文书法作品共 267 幅,其中北京作者 21 人,河南作者 95 人,江苏作者 58 人,上海、天津、新疆、内蒙古、黑龙江等作者 38 人,台湾作者 59 人,国外作者包括新加坡作者 10 人,日本作者 1 人。编者在"序言"中介绍:"为增强中华民族的向心力和凝聚力,吸引更多的海外华人参与活动,将原定'海峡两岸甲骨文书法大展'更名为'华夏情甲骨文书法篆刻大展'继续举办,首展地点选在'甲骨之乡'安阳。这便是展览之缘起。"

《2007 年国际甲骨文名家书画展专辑》 中华甲骨文学会、中华书画艺术同心会编。2007 年 10 月编为《中华甲骨文学会丛刊之四二》,由中华甲骨文学会、中华书画艺术同心会出版。中华甲骨文学会理事长安国钧题写书名并作《耕耘与收获》代序,中华书画艺术同心会会长李枝昌作"序"。正文收入海峡两岸甲骨文书法作品 112 幅及绘画作品 44 幅。时年 93 岁的安国钧在书前《耕耘与收获》文章中写道:"余祖籍河南杞县,青少年时接受国学教育。其时,确认甲骨文为中国古老文字,为时未久,中央研究院历史语言研究所已正式在安阳发掘,一时成为相关知识界谈论话题,余因所学及地缘关系,自然有所听闻与认知,并兴起探究之兴趣。……更有幸认识甲骨学权威学者暨甲骨文书法大师,河南乡贤董作宾教授,获得诸多教益,遂决定用心探究甲骨文并习练书写艺术,时间达 40 余年,自觉渐有心得,遂邀集志同道合朋友,依法令规定组成中华民国甲骨文学会(后名称改为中华甲骨文学会)。"

《华夏情 甲骨文国际书法大展集粹》 李来付主编。2007 年 9 月中国国

际广播出版社出版，
是 2007 年 9 月在王懿
荣故乡烟台市举办的
甲骨学暨甲骨文书法
艺术国际研讨会期
间，推出的"华夏情
甲骨文书刻艺术国际
大展"的作品集。此次大展的主办单位
为：中国殷商文化学会、山东省大舜文
化研究会、山东省甲骨文国际交流中心、
中国甲骨文书法艺术研究会。作品集由
王宇信作"序言"，收入领导题词 13
幅，山东甲骨文书法作品 33 幅，河南甲
骨文书法作品 76 幅，江苏甲骨文书法作
品 23 幅，北京甲骨文书法作品 39 幅，
台湾甲骨文书法作品 27 幅，以及上海、
新疆、香港等地的甲骨文书法作品 43
幅，美国、法国、新加坡、日本的甲骨
文书法作品 5 幅，还有甲骨文篆刻作品
22 幅，仿刻甲骨片与绘画 16 件。王宇
信在"序言"中写道："自 1899 年殷墟
甲骨文被王懿荣发现至今天，一百多年
来的甲骨学研究，经过几代海内外学者
的努力，取得了辉煌的成就，甲骨学已
成为一门国际性的学问。镌刻文明的国
宝——甲骨文，内容丰富，堪称一部商
代文明的'百科全书'。学者从多角度、
全方位地进行研究，而甲骨书法、篆刻
艺术的研究、学习、继承、弘扬，也是
广义上的甲骨学重要课题之一和有机组
成部分。"

《胡冰书甲骨文集句集联》　胡冰
著。2008 年 11 月黄山书社出版发行。
书前有作者"自序"。正文收入作者书

法作品 76 幅与《临甲骨文四条屏》一
幅。后附作者《学习甲骨文书法随记》
（曾刊载《安徽书坛》2008 年第 3 期）。

**《华夏情　甲骨文书法篆刻国际大
展作品集》**　中国艺术家杂志社编。
2009 年 10 月由中国书画家杂志社出版。
是安阳市人民政府、中国甲骨文书法艺
术研究会、安阳市文化局、安阳市甲骨
学会、安阳市老年书画研究会主办的
"华夏情甲骨文书法篆刻国际大展"的
作品集。李发军题写书名，王宇信题甲
骨文"乐人之乐，人亦乐其乐"。共收
入甲骨文书法作品，河南作者的 121 幅、
北京作者的 35 幅，台湾作者的 49 幅，
江苏作者的 88 幅，山东作者的 13 幅，
黑龙江作者的 17 幅，辽宁作者的 11 幅，
陕西、广东、内蒙古、上海、天津等省
市作者的 40 幅；国外有新加坡作者的 7
幅。另有甲骨文仿刻作品 9 件。编者前
言中介绍："此次'华夏情甲骨文书法
篆刻国际大赛'于 2008 年开始征稿，历
时 1 年，共征集海内外作品 500 余幅，
经过精心筛选，入选作品 380 幅。"

**《甲骨文拓片精
选——书体分类及临
摹指要》**　王本兴编
著。2005 年 8 月天津
人民美术出版社出版
发行。书前有编者说
明、江苏省甲骨文学

会会长徐自学作"序"。正文目次：一、
概述，二、甲骨文拓片分类：1. 奇肆雄
浑型甲骨文拓片概述；2. 奇肆雄浑型甲
骨文拓片；3. 宽绰疏朗型甲骨文拓片概

述；4. 宽绰疏朗型甲骨文拓片；5. 峻秀道丽型甲骨文拓片概述；6. 峻秀道丽型甲骨文拓片；7. 尖利奔放型甲骨文拓片概述；8. 尖利奔放型甲骨文拓片；9. 方整内敛型甲骨文拓片概述；10. 方整内敛型甲骨文拓片；11. 婉转流畅型甲骨文拓片概述；12. 婉转流畅型甲骨文拓片；13. 挺拔修长型甲骨文拓片概述；14. 挺拔修长型甲骨文拓片；15. 率性随意型甲骨文拓片概述；16. 率性随意型甲骨文拓片，三、后记。书前"序"介绍："全书1141件拓片系从10万多片甲骨文原拓中精选而来。源出《甲骨文合集》《甲骨文合集补编》《小屯南地甲骨考释》《英国所藏甲骨》等权威性专集，资料可靠、内容丰富。所择拓片富有代表性、经典性。尤其经王本兴先生精心考核补缀，更加黑白分明、清晰悦目，既利浏览阅读、又利临摹书写。每件拓片旁附有释文，大大方便了解读与研究。一改以往有些著录释文与图片分册、分类刊印之弊端。增强了实用性、资料性、学术性。"

《纪念孙诒让〈契文举例〉问世110周年国际甲骨文书法艺术作品集》　郑小龙主编，方增瑞、林峰副主编。是浙江瑞安即孙诒让的家乡纪念孙诒让《契文举例》问世110周年纪念活动举办的国际甲骨文书法艺术展的作品集。王宇信作"前言"，收入来自海内外的85位作者的甲骨文书法作品，并收入郑小龙、方增瑞等人的10件甲骨文工艺作品图片。王宇信"序"中论述："今天我们研究甲骨文、书写甲骨文，都体现了甲骨文的深厚文化底蕴所在。我认为，甲骨书法家要在掌握一定的甲骨基础知识的基础上，重在文字和'刀笔'等方面的学习和训练。一旦掌握了它的基本技法并进入创作阶断，'作品'便成为我们的试金石，时刻在展现着创作者的耐力和综合素养。只有不断地沉浸在甲骨文书法的艺术世界，努力提高书写甲骨文的艺术水平，不仅陶冶和升华自己的情操和创作风格，也使更多的人在欣赏中得到启示和感悟。希望有更多朋友加入甲骨文书法创作队伍，创作出更多的无愧于时代的作品来。"

《徐学萍书法篆刻集》　河南省书法家协会编，2000年收入河南省书法家协会《墨海弄潮百人集》，由河南美术出版社出版发行。书前有李刚田作"前言"，作者简介，集入作者甲骨文、篆书、隶书作品23幅，其中甲骨文对联1副，甲骨文临卜辞书法4幅。另有篆刻作品30幅。李刚田"前言"中介绍："学萍的书法篆刻，不是才子型的，不是靠少年心事、冰雪聪明去突发奇想而一鸣惊人，而是靠一点一滴的积累，一步一个脚印，日有所得而渐入佳境。其学在一恒字，其志在一韧字，故其艺在一厚字，厚积而薄发。"

《甲骨文写意书法集》　识文斋主人著。2005年10月中国戏剧出版社出版。书前有识文斋主人的《识文斋序》，杨英侯作的"序言"，本书编委会的

《〈甲骨文写意书法
集〉出版缘起》及作
者"前言"。正文共
四集：第一集同人体
有关的字，其中包括
同人字有关的字、同
大字有关的字、同卩

字有关的字、同女字有关的字、同子字
有关的字。第二集同人体器官有关的字，
其中包括同手字有关的字、同趾字有关
的字、同耳字有关的字、同目字有关的
字、同口字有关的字、同肉字有关的字、
同其他人体器官有关的字。第三集同自
然界有关的字，其中包括同天文有关的
字、同地理有关的字、同植物有关的字、
同动物有关的字。第四集同人类行为有
关的字，其中包括同衣有关的字、同食
有关的字、同住有关的字、同行有关的
字、同用具有关的字、同祭祀有关的字、
同生产有关的字、同政事有关的字、同
军事有关的字、同符号有关的字、同数
字有关的字、同天干地支四季有关的字、
同方位有关的字。

**《河南省书画院
系列丛书——张坚作
品集》**　李运江、李
德君主编。2008 年
11 月收入《河南省
书画院系列丛书第二
辑》，由河北美术出

版社出版发行。书前有《张坚艺术简
介》，以董作宾《甲骨文书法》代序，
收入作者甲骨文书法作品对联 12 副，
中堂《百年祭酒歌》1 幅，四联通屏 1

幅，斗方 4 幅，团扇 12 幅，折扇 6 幅。
作者的《甲骨文书法用字的几点意见》
代后记，其中提出"写甲骨文书法必须
写甲骨文原字形，这是最基本的必须遵
循的基本原则。在上述原则前提下，建
议从以下三个方面追求甲骨文书法用字
的增量，以创作体现时代精神的新诗
篇。一慎声旁借代。二从一家之言。三
容坦言从宽"。

《魏峰甲骨文春联集》　魏峰著。
2009 年 1 月中国文联出版社出版。书前
有王宇信作《〈甲骨文春联集〉序》，正
文收入甲骨文四言联 5 对，五言联 32
对，六言联 5 对，七言联，八言联等。
王宇信在为其所作的"序"中介绍：
"魏峰先生《甲骨文春联集》艺术成就
的取得，是他几十年孜孜追求甲骨文书
法艺术的结果。他自 20 世纪 60 年代，
就开始临摹罗振玉《集殷虚文字楹帖》。
此后，他节衣缩食，购得当时是'天
价'的《甲骨文合集》《小屯南地甲骨》
等甲骨文著录进行研习。他还利用工作
单位距考古所安阳站较近的'地利'之
便，经常去那里观摩甲骨实物。我还记
得，1989 年《甲骨学通论》出版以后，
我也曾送他一本参考……就是这样，魏
峰先生打下了良好的甲骨学基础，因而
他在甲骨书法艺术创作时如鱼得水，并
成为被广大群众所熟悉和喜爱的著名甲
骨书法家。我为他取得的成就感到由衷
高兴！"

《任天顺书法篆刻作品集》　北京
古城轩书画院编，2011 年收入北京古城
轩书画院名家名作印行。中国书法家协

会主席张海题写书名。收入作者甲骨文、篆书、隶书作品共 10 幅，其中甲骨文书法对联 1 幅，甲骨文书法条屏 2 幅。另有篆刻作品 6 幅，其中甲骨文篆刻 3 幅。

《静虚堂墨迹——刘宝平书法选集》 孙宪勇编。2012 年 8 月河南人民出版社出版发行。王希社作《温雅俊逸笔精墨妙》代"序言"。正文集录作者书法作品 55 幅，书体除金文、章草、隶书、行书外，收录甲骨文条屏 2 幅、斗方 1 幅。

《谢兆岗书法集》 李燕歌编。2008 年 8 月人文艺术出版社出版。书前有王宇信《谢兆岗〈圆梦奥运书法展作品集〉序》。全书收入作者甲骨文书法作品对联 19 副，条屏 19 幅及斗方、扇面等。作者后记中写道："甲骨文研究是一门深奥和魅力

无穷的学问，甲骨文书法更是值得我们骄傲和自豪的国学！全世界都越来越重视，我们炎黄子孙没有不加倍珍视的理由！"

《翰墨古韵——国际古文字书法济南邀请展》（作品集） 李来付主编。2015 年 8 月香港中华出版社出版。书前有王宇信"贺词"，方辉作"序"。入选作品有甲骨文书法作品 96 幅，其中山东作者作品 20 幅，北京作者作品 19 幅，浙江作者作品 8 幅，河南作者作品 7 幅以及香港作品作者 5 幅、台湾作者作品 10 幅，国外有新加坡作者作品 8 幅、日本作者作品 5 幅等。王宇信"贺词"介绍："商史刻入甲骨，周礼铸进青铜。以甲骨金文等古文字为源头的中国汉字，历史悠久，文化底蕴丰厚。作为书面语言的中国汉字，为中华民族积累了文明和留下了浩如烟海的历史典籍。在今天要想认识中国对世界的贡献及如何推动人类文明进程的，就必须从汉字的记载开始。与此同时，汉字还是独特的形象艺术，在历代书法家的如椽妙笔下，又成为人类文化宝库中的珍品，使生活更加丰富多彩，陶冶和升华了人们的精神世界。"

附　　录

附录一 殷墟出土甲骨文收藏统计表

（一）国内

收藏单位（个人）	收藏甲骨片数	已著录片数	著录书名（简称）
"中央研究院"发掘所得	24918	13041	《甲、乙》
购自王伯沆	600		《无想》
自购	62		《史购》
河南博物馆发掘所得	3656	983	《河》《存真》
北京图书馆接收罗振玉	462	462	《前》
接收张仁蠡	292		
何遂所赠	130	16，61	《别一》，《佚》
购自胡厚宣	1900		
购自通古斋	420	420	《邺》
清华大学购自于省吾	697	254，114	《剑》，《邺初》，《存》
购于胡厚宣	900	746	《宁沪》1、2
购自厂肆	38		
北京大学承燕京大学	1088	874	《燕》
霍保禄赠	521	约300	《续》
购自罗福颐	788		
购自庆云堂	486		
接收久下司	5		
接收张仁蠡	32		
北京师范大学承辅仁大学	320	120	《邺三》
前诚明文学院	741	741	《戬》，《诚明》
南京大学承中央大学	277	277	《中大》
承金陵大学	37	37	《福》
厦门大学	29	29	《厦》，《存》
华西大学	16	16	《华西》

收藏单位（个人）	收藏甲骨片数	已著录片数	著录书名（简称）
文化部购自刘体智	28000	1595	《粹》（《京津》有许多）
罗伯昭捐献	388		
徐炳昶捐献	13		
张珩捐献	32		
购自郭若愚	440	171	《掇一》《掇二》
购自孟定生	360		
购自邵伯絅	22		
上海博物馆承孔德研究所	1550	343289	《撷续》《掇一》《存》
承市立博物馆	1032	34	《掇二》
购买及捐献	10		
山东文管会接收罗振玉	1309	42	《存》
承山东图书馆	71		
明义士	1037	847	《明续》
青岛文管会	27		
浙江文管会	160 +	?，9，131	《佚》《掇二》《存》
天津市文化局	800 +	800	《簠》
浙江省图书室	22	22，1	《掇二》《存》
南京博物院	4	4，4	《掇二》《存》
明义士	2384	2369	《明》
旅顺博物馆	1500	256	《存》
广州博物馆	约 150	135	《存》（容）
东北博物馆	390	53	《存》
故宫博物院	约 200（实 22463）		
北京历史博物馆	250	9	《存》
江苏博物馆	9	7	《存》
吉林博物馆	40	18	《存》
新乡图书馆	200（小）	27	《存》
河南省文管会	200（小）	38	《存》
华东师范学院	120	38	《存》
复旦大学	300	49	《存》
东北人民大学	40	7	《存》
以上总计	约 100000 +	约 25000	
小屯南地甲骨	4589	4589	《屯南》
花园庄东地甲骨	689	689	《花东》

收藏单位（个人）	收藏甲骨片数	已著录片数	著录书名（简称）
小屯村中村南甲骨	531	531	《村中南》
河南大学图书馆			
安阳洹宝斋	306	306	《洹宝》

（二）国外

国家	收藏单位（个人）	收藏数	著录数	著录书（简称）
美国	卡内基博物院	438	438	《库方》（卡）
	普林斯顿大学	119	119	《七》（普）
	施密士	62	62	《佚》
	古董商	500 +		
英国	伦敦博物院	484	484	《库方》（伦）
	苏格兰博物院	760	760	《库方》（苏）
	金璋	484	484	《金》
德国	柏林民俗博物馆	711	72	《七》（卫）
加拿大	多伦多博物院	3000（小片）	27	《加》
		总计 6362	2450	
日本	林泰辅（入东洋文库）	600	213	《林》
	三井源右卫门	3000	788，424	《林》《珠》
	河井荃庐	500	500 -	《林》《珠》《别二》《龟卜》
	中村不折	500 +	283	《珠》《别二》
	堂野前种松	86	86	《珠》《佚》
	中岛蠓叟	200	127	《珠》《别二》
	岩间德也	1 +	1	《别二》《安》
	田中救堂	400 +	202，19	《珠》《别二》
	内藤虎	25	4	《别二》
	富冈君撝	700 +		
	桃山中学	1 +	1	《别二》
	上野博物馆	21	7	《别二》
	东京帝国大学	100 +	14，15	《别二》《安》
	京都大学	45	7	《别二》
	京都人文研究所	128	128	《安》
		3000	22	《京都》

国家	收藏单位（个人）	收藏数	著录数	著录书（简称）
		共计 9307	2362	
总计		15669	4812	
韩国	汉城大学	2 +	2	《汉城》
俄罗斯		200 +	200	《俄藏》

附录二 《史记·殷本纪》与殷墟甲骨卜辞商代世系对照

（《史记·殷本纪》简称《殷》，殷墟甲骨卜辞简称卜辞）

《殷》：喾⁽一⁾——契⁽二⁾————昭明⁽三⁾——相土⁽四⁾——昌若⁽五⁾

卜辞：［夒🐒］—［夒🐒、🐚］—［夋🐦］——［土🔲］——————

《殷》：——曹圉⁽六⁾——冥⁽七⁾——振⁽八⁾（上甲以前的先公八世）

卜辞：———————［河🐚］——［亥🐚］————————

《殷》：——微⁽¹⁾——报丁⁽²⁾——报乙⁽³⁾——报丙⁽⁴⁾——主壬⁽⁵⁾

卜辞：—［上甲田］—［报乙🔲］—［报丙🔲］—［报丁🔲］—［示壬🔲］

《殷》：—主癸⁽⁶⁾——天乙⁽⁷⁾（——太丁⁽⁸⁾——外丙⁽⁹⁾—仲壬⁽¹⁰⁾）

卜辞：—［示癸🔲］—［大乙🔲］——［大丁🔲］—［卜丙🔲］—［南壬🔲］

《殷》：—太甲⁽¹¹⁾—（沃丁⁽¹²⁾—太庚⁽¹³⁾）—————————（小甲⁽¹⁴⁾）

卜辞：—［大甲🔲］——————［大庚🔲］—————————［小甲🔲］

《殷》：—雍己⁽¹⁵⁾——太戊⁽¹⁶⁾）——仲丁⁽¹⁷⁾（—外壬⁽¹⁸⁾—河亶甲⁽¹⁹⁾）

卜辞：—［大戊🔲］—［雍己🔲］——［仲丁🔲］——［卜壬🔲］——［戋甲🔲］

《殷》：——祖乙⁽²⁰⁾——祖辛⁽²¹⁾—沃甲⁽²²⁾——祖丁⁽²³⁾——南庚⁽²⁴⁾

卜辞：———［且乙🔲］—［且辛🔲］—［羌甲🔲］—［且丁🔲］—［南庚🔲］

《殷》：（—阳甲⁽²⁵⁾—盘庚⁽²⁶⁾——小辛⁽²⁷⁾——小乙⁽²⁸⁾）—武丁⁽²⁹⁾

卜辞：—［阳甲🔲］—［盘庚🔲］——［小辛🔲］——［小乙🔲］——［武丁🔲］

《殷》：（—祖庚⁽³⁰⁾—祖甲⁽³¹⁾）（—廪辛⁽³²⁾——康丁⁽³³⁾）——武乙⁽³⁴⁾

卜辞：—［且庚▨］—［且甲▨］—［三且辛三▨］—［康丁▨口］—［武乙▨］

《殷》：———太丁⁽³⁵⁾———帝乙⁽³⁶⁾———帝辛⁽³⁷⁾

卜辞：——［文武丁▨］———［帝乙▨］———［王▨］

注：《史记·殷本纪》世系中圆括号内为同世兄弟先后相传。

附录三　商代王室世系及卜辞所见时王对受祭者称谓表

世系		先公先王名号		先妣	卜辞所见时王对左列受祭者的称位				
					第一期	第二期	第三期	第四期	第五期
大宗	小宗	殷本纪	卜辞	卜辞	武丁	且庚 且甲	廪辛 康丁	武乙 文丁	帝乙 帝辛
一		帝喾	夒	夒母	夒	夒	夒、高且夒、夒母	夒、高且夒	
二		契	禼		禼			禼	
三		昭明	王吴		王吴		王吴	王吴	
四		相土	（土）		土	土	土	土	
五		昌若	羔		羔		羔	羔	
六		曹圉							
七		冥	季		季				
八		振（以上先公远祖）	王亥		王亥 王亥母 王亥妾 王恒			高祖王亥	
九		微	上甲	妣甲 妣癸	上甲 妣甲、 妣癸	上甲	上甲	上甲	上甲
十		报丁（误）	（匚乙）		匚乙	匚乙	匚乙	匚乙	匚乙
十一		报乙（误）	（匚丙）			匚丙	匚丙	匚丙	匚丙
十二		报丙	（匚丁）			匚丁		匚丁	匚丁
十三		主壬	示壬	妣庚 妻妣庚 妾妣庚 母妣庚	示壬 妻妣庚 妾妣庚 妣庚	示壬 妣庚	示壬 妣庚	示壬	示壬 母妣庚 妣庚
十四		主癸（以上先公近祖）	（示癸）	妣甲 妾妣甲	示癸 妾妣甲	示癸	示癸	示癸 妣甲	示癸 妣甲

世系		先公先王名号		先妣	卜辞所见时王对左列受祭者的称位				
					第一期	第二期	第三期	第四期	第五期
大宗	小宗	殷本纪	卜辞	卜辞	武丁	且庚 且甲	廪辛 康丁	武乙 文丁	帝乙 帝辛
一	1	天乙	唐 咸 大乙	妣丙	唐、咸	唐、咸、大乙	唐、咸、大乙、妣丙	唐、咸、大乙、妣丙	大乙 妣丙
二		太丁	（大丁）	妣戊	大丁	大丁 妣戊	大丁	大丁	大丁
	2	外丙	卜丙	妣甲	卜丙	卜丙 妣甲		卜丙	卜丙
	3	仲壬							
三	4	太甲	大甲	妣辛	大甲	大甲 妣辛	大甲	大甲 妣辛	大甲 妣辛
四	5	沃丁							
	6	太庚	大庚	妣壬 妣庚	大庚	大庚 妣壬	大庚	大庚	大庚 妣壬 妣庚
五	7	小甲	小甲			小甲		小甲	小甲
	8	雍己	雝己			雝己		雝己	雝己
	9	太戊	大戊	妣壬	大戊	大戊 妣壬	大戊	大戊	大戊 妣壬
	10	仲丁	中囗（中丁） 三祖丁	妣己 妣癸	中丁	中丁 妣癸	中丁 三祖丁	中丁 三祖丁	中丁 妣己 妣癸
	11	外壬	卜壬			卜壬			卜壬
	12	河亶甲	戔甲			戔甲		戔甲	戔甲
七	13	祖乙	且乙 下乙 入乙 高祖乙 中宗祖乙	妣己	祖乙 下乙 高妣乙	祖乙 妣己 妣庚（？）	祖乙 高祖乙 中宗祖乙 妣己 妣庚（？）	祖乙 下乙 入乙 高祖乙 中宗祖乙	祖乙 妣己 妣庚（？）
八	14	祖辛	且辛	妣庚 妣甲 妣壬	祖辛 高妣庚	祖辛 妣甲 妣壬	祖辛	祖辛	祖辛 妣甲 妣庚
	15	沃甲	羌甲	妣庚	羌甲	羌甲 妣庚	羌甲 妣庚	羌甲	羌甲

续表

世系		先公先王名号		先妣	卜辞所见时王对左列受祭者的称位				
					第一期	第二期	第三期	第四期	第五期
大宗	小宗	殷本纪	卜辞	卜辞	武丁	且庚 且甲	廪辛 康丁	武乙 文丁	帝乙 帝辛
九	16	祖丁	且丁 小丁 四且丁	妣甲 妣己 妣庚 妣辛 妣癸	祖丁 妣庚 妣己 妣甲	祖丁 小丁 妣己	祖丁 小丁 四祖丁	祖丁 小丁 四祖丁 妣己	祖丁 妣庚 妣己 妣辛 妣癸
	17	南庚	南庚 且庚		南庚 祖庚	南庚	南庚	南庚	南庚
	18	阳甲（以上先王前期）	虎甲 父甲 且甲		虎甲 父甲	虎甲 祖甲	虎甲 祖甲	虎甲	虎甲
	19	盘庚	般庚 父庚 三且庚 且凡庚		父庚	般庚 三祖庚 祖凡庚	般庚 三祖庚	般庚	般庚
	20	小辛	小辛 父辛 且辛 二且辛		父辛 父辛	小辛 小辛 祖辛	小辛 小辛 二祖辛	小辛 小辛	小辛 小辛
十	21	小乙	小乙 小祖乙 后祖乙	妣庚 母庚 妣己	小乙 父乙 母庚	小乙 祖乙 小祖乙 后祖乙 妣庚 妣己	小乙 祖乙 后祖乙 妣庚	小乙 后祖乙	小乙 祖乙 妣庚
			兄丁 兄戊		兄丁 兄戊 （武丁至此）				
十一	22	武丁	武丁	妣辛 母辛 后妣辛 妣癸 妣戊		父丁 母辛	祖丁 后祖丁 妣辛、后妣辛	后祖丁	武丁 祖丁 妣辛 妣癸 妣戊
		（祖己）	且己 兄己 小王父己 中己			兄己 小王兄己 （祖庚至此）	父己 小王父己 中己	祖己	祖己
	23	祖庚	祖庚 兄庚 父庚			兄庚	父庚	祖庚	祖庚
			兄壬			兄壬 （祖甲至此）			

续表

世系		先公先王名号		先妣	卜辞所见时王对左列受祭者的称位						
					第一期	第二期	第三期		第四期		第五期
大宗	小宗	殷本纪	卜辞	卜辞	武丁	且庚 且甲	廪辛 康丁		武乙 文丁		帝乙 帝辛
十二	24	祖甲	组甲	姒戊 母戊			父甲 母戊 (廪辛至此)		祖甲		祖甲 姒戊
十三	25	廪辛	兄辛 父辛						兄辛	父辛	
	26		康丁 康祖丁 父丁	姒辛				父丁	康丁 姒辛		康丁 康祖丁
			兄丙				兄丙	父丙			
			子癸 (康丁之子)				子癸 (康丁至此)	兄癸 (武乙至此)	父癸		
十四	27	武乙	武乙 父乙 武且乙						(文武丁至此)	武乙 (姒戊)	武祖乙
十五	28	太丁	文武丁 父丁				姒癸 母癸			父丁 母癸 (帝乙至此)	文武丁 文武帝 文武宗 姒癸
十六	29	帝乙	父乙								父乙
十七	30	帝辛									

附录四　甲骨学大事年表

（1899 年至今）摘引自董作宾、胡厚宣《甲骨年表》、《续甲骨年表》（带引号部分）、王宇信《新中国甲骨学六十年》，其中"又:"部分为编者辑增内容。

纪年	纪事	论著
1899 年（清光绪二十五年）己亥	王懿荣在北京第一个鉴定并开始购藏甲骨文。 　王襄与孟定生也在天津开始购藏甲骨文。 　"远在本年以前，河南省安阳县小屯村北地滨洹河之农田中，即常有甲骨发现，小屯村人以为药材，捡拾之，售于药店，谓之龙骨。村人有李成者，终其身，即以售龙骨为业，今已老死。所谓龙骨，多半皆为甲骨文字，售法有零有整，零售粉骨为细面，名曰'刀尖药'，可以医治创伤，每年赶'春会'出售。整批，则售于药材店，每斤制钱六文。有字者，多被刮去。 　是年，丹徒刘鹗铁云客游京师，寓福山王懿荣正儒私第。正儒病痁，服药用龟版，购自菜市口达仁堂。铁云见有契刻篆文，以示正儒，相与惊讶。正儒故治金文，知为古物，至药肆询其来历，言河南汤阴安阳，居民揌地得之……（据汐翁《龟甲文》。惟原文误以为光绪戊戌年事，特更正之。） 　山东潍县古董商人范维卿，为端方搜买古物，往来于河南武安彰德间，见甲骨刻有文字，购若干片，献端方，端极喜，每字酬银二两五钱。范乃竭力购致。至今小屯村人尚能称述其事，传为美谈。 　是年秋，范估以甲骨文字十二版售与王懿荣，每版价银二两。（据明义士《甲骨研究》讲义引范估所言） 　又"古董商范维清（一百多年来一直将'清'错为'卿'，今据范氏后人族谱改）"（孟世凯《辞典》696 页）。	

纪年	纪事	论著
1900 年 （清光绪二十六年）庚子	春、夏，王懿荣从范维卿、赵执斋处购得甲骨上千版。 秋，王懿荣以身殉国。 "春，范估又挟甲骨八百片走京师，售与王懿荣，其中有全甲一版。（据明义士《甲骨研究》讲义引范言）后有潍县赵执斋得数百片，亦售归王氏。（刘鹗《铁云藏龟自序》）当时士夫，议论纷纭，多诋为伪品，王氏谓所记皆商代帝王之名，且文字奇古，必为殷商遗物。……范估亦以拳乱之故，携所存古物走潍县，而存其一部分于行友赵执斋。此时以甲骨文字见重于时，遂渐有伪刻出现。（据明义士《甲骨研究》讲义）"	
1901 年 （清光绪二十七年）辛丑	"北京仍未安，范估亦未去彰德。（据明义士《甲骨研究》讲义）"	
1902 年 （清光绪二十八年）壬寅	刘鹗购入王懿荣所藏甲骨。 罗振玉在刘鹗家始见甲骨文并为之墨拓。 "王懿荣之子王翰甫，出所藏古器物，清凤债，甲骨千余片最后出，悉数售与刘铁云。定海方若药雨又得范估所藏三百余片，亦归刘氏。赵执斋更为刘氏奔走齐、鲁、赵、魏之郊，凡一年，前后收得三千余片。刘氏复命第三子大绅至安阳搜罗，又得千余片。总计刘氏前后所得，约五千片而强。（见《铁云藏龟自序》） 上虞罗振玉叔言在刘鹗家见甲骨墨本，叹为'汉以来小学家若张、杜、杨、许所不得见'之文字。以谋流传之责自任，于是尽墨刘氏所藏千余片，为编印之。（见《殷虚书契前编自序》，惟罗氏误以为岁在辛丑，兹据《铁云藏龟自序》，当在此年）。"	

纪年	纪事	论著
1903 年（清光绪二十九年）癸卯	"八月，罗振玉为《铁云藏龟》作序文，以其有所是正于经史者四事：一曰灼龟与钻龟，二曰钻灼之处，三曰卜之日，四曰卜骨之原始。（见原序） 九月，刘鹗字序《铁云藏龟》，述龟版出土始末，购求原委又考证其繇辞体例，定为殷人刀笔文字。（见原序）" 美国长老会驻潍县宣教士必和英国浸礼会驻青州宣教士掣为上海亚洲学会博物馆购得甲骨四百片。	第一部甲骨著录书《铁云藏龟》出版。 "十月，丹徒刘鹗铁云所编印之《铁云藏龟》出版，抱残守缺斋石印本六册，凡著录甲骨文字一〇五八片，前附罗振玉序、吴昌绶序及自序。又民国二十年五月蟫隐庐石印本，附鲍鼎释文。"
1904 年（清光绪三十年）甲辰	冬，小屯村民于村北朱姓地中大肆挖掘甲骨文。 美国人方法敛及英国人库寿龄、驻潍县牧师柏尔根、英国人赫布金、德国人威尔茨等在潍县、青岛等地收购我国甲骨文。 "范估又得千版，售于端方。 北京尊古斋主人江夏黄濬伯川得甲骨文字六百版。 徐枋梧生在北京，亦得千余版。（以上三条，并据明义士《甲骨研究》讲义）"	孙诒让撰甲骨学史上第一部研究著作《契文举例》。
1905 年（清光绪三十一年）乙巳	孙诒让撰《名原》二卷。	"十一月，孙诒让著《名原》二卷自刻本，又上海三顷堂书局翻印本。"
1906 年（清光绪三十二年）丙午	罗振玉奉调北京，始于坊间搜购甲骨及古物等。 "九月（阳），美国驻潍宣教士查尔凡（方法敛）著《中国原始文字考》，是为欧美研究甲骨文字之第一人。"	"《中国原始文字考》一书出版，为《喀尼各博物院报告》之第四卷。"
1907 年（清光绪三十三年）丁未	罗振玉研究甲骨文，已"渐能寻绎其义"，但"犹未及笺记"。（《〈前〉自序》） "本年罗振玉方'备官中朝，曹务清简，退食之暇，辄披览墨本，及自所藏龟，于向之蓄疑不能遽通者，谛审既久，渐能寻绎其义，但犹未及笺记。'（《殷虚书契前编自序》）孙诒让之后，甲骨文字之研究，以罗氏用力最勤，贡献最大。"	
1908 年（清光绪三十四年）戊申	罗振玉访知甲骨文确切出土于河南安阳小屯村。 是年，孙诒让逝世。	

纪年	纪事	论著
1909 年（清宣统元年）己酉	春，小屯村张家地出土大批甲骨。 日本人林泰辅开始研究甲骨文，为日本第一位研究甲骨文的学者。 七月，刘鹗卒于迪化（即今乌鲁木齐）。 "《铁云藏龟》出，林氏（林泰辅）颇疑书中所载恐为伪造之物。其后东京文求堂购得甲骨文字百版，以之贩卖，林氏购得十版，既见实物，始觉焕然，于是乃信其真为古代之物。至本年，乃揭载其事于《史学杂志》。其时疑者仍甚多，而林氏则对于甲骨独感特殊兴趣。既而林氏又购得六百版，三井源右卫门亦得三千版，次若河井仙郎中村不折亦均藏百余版或数十版。（据徐嘉瑞《日本甲骨之收藏与研究》）"	"十月（阳），日本林泰辅所作《清国河南汤阴县发现之龟甲兽骨》一文出版，刊《史学杂志》第二十卷第八、九、十期。（日本东京史学会发行，每册定价日金拾七钱）"
1910 年（清宣统二年）庚戌	（罗振玉）考知河南安阳小屯村为商朝"武乙之虚"。 "林泰辅以所作甲骨论著邮寄罗振玉，罗氏以为援据赅博，足补其曩日《铁云藏龟序》之疏略，惟尚有怀疑不能决者，于是'乃以退食余晷，尽发所藏拓墨，又从估人之来自中州者，博观龟甲兽骨数千枚，选其尤殊者七百并询知发见之地，乃在安阳县西五里之小屯，而非汤阴。其地为武乙之墟，又于刻辞中得殷帝王名谥十余，乃恍然悟此卜辞者，实为殷室王朝之遗物。其文字虽简略，然可正史家之违失，考小学之源流，求古代之卜法。爰本是三者，以三阅月之力，为考一卷。凡林君之所未达，至是乃一一剖析明白'。（《殷商贞卜文字考自序》）即《殷商贞卜问文字考》一书。" "闻小屯村人言，同时搜求购买者，尚有上海估人金宋卿，及山东范兆庆，北京祝续斋（即祝继先）罗振常时年四十许，貌似日人，村人呼曰'日本罗'。呼祝曰'祝吃巴'，祝识真伪，土人不能欺。 刘鹗以庚子买仓粮事得罪，流新疆死。所藏甲骨文字未出版者，其后一部分归罗振玉，拓印为《铁云藏龟之余》。一部分归上海英籍犹太人哈同夫人罗氏，（原籍中国）印为《戬寿堂所藏殷虚文字》。一部分归叶玉森，后印为《铁云藏龟拾遗》。一部分归中央大学。一部分归盐城陈钟凡。又一部分归商承祚、容庚、洪维良等。（据明义士《甲骨研究》，及陈振东《殷契书录》）。"	六月，罗振玉《殷商贞卜文字考》出版。 "七月，日本富冈谦藏所讲《古羑里城出土龟甲之说明》一文出版，刊《史学研究会演讲集》第三册。（日本东京史学研究会出版。按诸家皆误作刊《史学杂志》。）"

续表

纪年	纪事	论著
1911 年（清宣统三年）辛亥	罗振玉派其弟罗振常等赴河南安阳小屯村收购甲骨文，听获甚夥。《菁》书所收四大版即为此次所得精品。 　　冬，罗振玉举家赴日本。王国维同行。 　　"本年冬，革命军起，罗振玉赴日本，'将辛苦累蓄之三千年骨与甲者，郑重载入行笈，而展转运输，及税吏检察，损坏者十巳五六，幸其尤殊者墨本尚存'（《殷虚书契前编自序》）。"	"十月（阳），英国赫布金所《著最近发现之中国周朝文字》一文出版，刊《英国皇家亚洲学会杂志》。 　　武龙章作《安阳洹上之特产及其发现物》一文，刊《地学杂志》第二年第十七号。（北京中国地学会发行） 　　张凤所著《河南甲骨之研究》一文出版，刊《亚洲杂志》第十八期（按此为张氏在法国里昂大学之论文。） 　　法国沙畹所著《中国古代之甲骨卜辞》一文出版，刊《古物杂志》。"
1912 年（民国元年）壬子	罗振玉在日本整理所藏甲骨文。 　　"罗振玉在日本'乃以一年之力，编为《前编》八卷付工精印，而《后编》亦将次写定。'（《前编自序》）"	"四月，英国赫布金所著《中国古代之皇家遗物》一文出版，刊《人类杂志》。 　　十月，英国赫布金所著《骨上所刻之衰文与家谱》一文出版。"
1913 年（民国二年）癸丑		罗振玉《殷虚书契》在日本出版。 　　"壬子十二月，罗振玉所辑《殷虚书契前编》八卷出版。自影印本，四册，初定价八十元，渐增至二百元。凡著录甲骨文字二二二九版。前附自序。又民国二十一年重拓影印本，四册，定价洋一百元。又清宣统三年《国学丛刊》石印本三期，共著录三卷，凡甲骨文字二九二版。 　　七月，英国赫布金所著《古代骨刻文中龙龟之研究》一文出版。 　　德国勃可第所著《中国古代之卜骨》一文出版。 　　德国穆勒所著《中国古代卜骨论》一文出版，刊《人类学杂志》第六期。"
1914 年（民国三年）甲寅	英国驻安阳长老会牧师、加拿大人明义士开始在安阳小屯村收藏甲骨。 　　"本年春，英国驻安阳长老会牧师，坎拿大人明义士子宜乘老白马游于洹水南岸，考察殷墟出土甲骨文字情形。自此以后，频往调查搜求，所获颇多。惟明氏初得大胛骨，乃新牛骨仿制者，售者欺外人不识真伪，举以鬻之。未久，乃腐臭不可向迩。然明氏从此悉心考究，终成鉴别真伪能手。明氏自谓'第一次所得之大者，乃全为伪物。'以后乃知小者之不可忽，故所得甲骨以碎片为众。（据《殷墟卜辞自序》） 　　十月（阴），罗振玉复影照精印其所藏最大之肩胛骨，未经拓墨者，为《殷虚书契菁华》一卷。其骨大者尺余，字大者七八分，小者不及黍米。陈振东《殷契书录》曰：'罗氏介第振常，当语吾师陈保之先生云，其中最大之一片，渠在河南从一土人手中得来，仅费十九银币。耳当日甲骨价值之廉如此。' 　　海宁王国维静安为罗氏手写《殷虚书契考释》，竟为作《后序》，叹为'三代以后言古文者未当有'之书。 　　美国查尔凡教士死，其甲骨文字及考释底稿，存美国芝加哥田野博物院。"	罗振玉《殷虚书契菁华》出版。 　　"十月（阴），罗振玉所编《殷虚书契菁华》一卷出版。自影印本，一册，定价洋三元。凡著录甲骨文字六八版，前附自序。又重印本，多模糊。 　　英国浸礼会驻青州教士考龄所著《河南之卜骨》一文出版，刊《皇家亚洲学会分会杂志》第四十五期。"

纪年	纪事	论著
1915 年 （民 国 四 年） 乙卯	春，罗振玉从日本回国，至河南安阳踏访殷墟遗址。	罗振玉《殷虚书契考释》出版。 "甲寅十二月（阴），罗振玉所著《殷虚书契考释》一卷出版。王国维手写石印本，一册。目次：（一）都邑，（二）帝王，（三）人名，（四）地名，（五）文字，（六）卜辞，（七），礼制，（八），卜法。前附自序，后附王国维后序。又十二年六月商承祚决定不移轩刻本，节录四章，一册，附于《殷虚文字类编》中。又十六年二月东方 学会石印增订本，三卷，二册，定价洋六元。卷前增入王国维序一篇，其余各目，附入考释凡数十百条，惟每字之下，删去书名及页数。 正月（阴），罗振玉所编《铁云藏龟之余》一卷出版。自影印本一册。凡著录甲骨文字四十版，前附自序。又十六年重印本一册，定价洋一元四角。又二十年蟫隐庐石印本，有鲍鼎释文，附于《铁云藏龟》之后。 四月（阴），海宁王国维静安著《殷虚卜辞中所见地名考》一文，刊《学堂丛刻》（罗振玉辑印）《三代地理小记》一文中。又刊《观堂别集补遗》。（十六年校印《王忠悫公遗书》初集本。） 八月，日本后藤朝太郎所作《中国河南省所发掘龟甲兽骨之研究》一文出版，分刊于《考古学杂志》第四卷第五、六、七、九、十二，第五卷第五、八各期。（东京考古学会发行，每册日金四拾五钱。） 同月，后藤朝太郎所作《龟甲兽骨文字之研究》一文出版，分刊于《东洋学报》第四卷第一，第五卷第三两期。（东京东洋协会学术调查部发行，每册定价日金一圆五拾钱。）"
1916 年 （民 国 五 年） 丙辰		罗振玉《殷虚书契后编》及《殷虚文字待问编》出版。 "三月（阴），罗振玉所辑《殷虚书契后编》二卷出版。自影印本，一册，定价洋二十元。凡著录甲骨文字一一〇四版，前附自序又《艺术丛编》第一集本。 四月（阴），罗振玉所编《殷虚古器物图录》一卷，《附说》一卷出版。自影印本，合一册，定价洋七元。著录甲骨文字凡四版，前附自序一篇。又《艺术丛编》第一集本，同。 五月（阴），罗振玉所辑《殷虚书契待问编》一卷出版。自写影印本，一册，定价洋一元六角。前附自序一篇。 七月，日本内藤虎次郎所作《王亥》一文出版，刊《艺文》第七卷第七期。（日本内外出版印刷株式会社发行。）"

纪年	纪事	论著
1917 年 （民国 六年） 丁巳		王国维《殷卜辞中所见先公先王考》及《续考》等划时代著作发表。 春，明义士《殷虚卜辞》出版。此书为西方学者所编第一部甲骨著录书。 十二月，林泰辅《龟甲兽骨文字》出版。此书为日本学者所编第一部甲骨著录书。 "一月，英国赫布金著《商代之帝王》一文出版。刊《英国皇家亚洲学会杂志》。 同月，日本内藤虎次郎讲《中国古代之社会状态》。二十五年四月刊《东洋文化史研究》。（日本东京弘文堂书房出版，每册定价日金三圆。按此文乃在大阪朝日新闻社讲稿。） 二月（阴），王国维著《殷卜辞中所见先公先王考》一卷，编入《学术丛书》，（上海仓圣明智大学印行，）又刊《观堂集林》卷九。（十二年乌程蒋氏密韵楼做宋聚珍本，六册，定价洋十元。又十六年《王忠悫公遗书》初集本。） 又二月（阴），王国维著《殷卜辞中所见先公先王续考》一卷，编入《学术丛书》，（上海仓圣明智大学印行，）又刊《观堂集林》卷九。（十二年乌程蒋氏密韵楼做宋聚珍本，六册，定价洋十元。又十六年《王忠悫公遗书》初集本。） 三月，坎拿大明义士子宜所辑《殷虚卜辞》出版。自写石印洋装本，一册，定价洋二十元。凡著录甲骨文字二三六九版，前附英文自序一篇。 四月，英国赫布金所著《凤凰朋贝考》一文出版，刊《英国皇家亚洲学会杂志》。 五月，睢宁姬佛陀觉弥编《戬寿堂所藏殷虚文字》一卷。《艺术丛编》第三集石印本。凡著录甲骨文字六五五版。前附太隆罗诗氏序。又单行本，与《戬寿堂所藏殷虚文字考释》同刊，共二册，定价洋六元。 同月（阴），王国维著《戬寿堂所藏殷虚文字考释》一卷。《艺术丛编》第三集石印本。又单行本，与《戬寿堂所藏殷虚文字》同刊，共二册，定价洋六元。 七月（阴），王国维著《殷周制度论》一卷。编入《学术丛书》，（上海仓圣明智大学印行。）又刊《观堂集林》卷十。（十二年乌程蒋氏密韵楼做宋聚珍本，六册，定价洋十元。又十六年《王忠悫公遗书》初集本。）又北新《活叶文选》本。 八月，日本内藤虎次郎所著《续王亥》一文出版。刊《艺文》第八卷第八期。（日本内外出版印刷株式会社发行。） 十月，英国赫布金所著《象形文字研究》第一期出版，刊《英国皇家亚洲学会杂志》。 十二月，日本林泰辅编《龟甲兽骨文字》二卷，附钞释二卷。凡著录甲骨文字一〇二三版，前附自序。民国十年出版，商周遗文会影印本，二册。又十九年北平富晋书社翻印本，二册，定价洋四元。 王国维著《殷先公先王考附注》一文，刊观堂别集补遗》。（十六年《王忠悫公遗书》初集本。）"

纪年	纪事	论著
1918 年（民国七年）戊午	四月，林泰辅来中国并至河南安阳小屯村考察，为踏访殷墟的第一位日本甲骨学者。 "四月，日本林泰辅来华旅行，亲至安阳小屯村，调查殷虚，蒐集甲骨，又记载甲骨出土地方之风土区域甚详。购得甲骨二十版，陶骨贝蚌之类甚多。归国后作《殷虚遗物研究》一文。（见徐嘉瑞《日本甲骨之收藏与研究》)。"	"十月，英国赫布金所著《象形文字研究》第二期出版，刊《英国皇家亚洲学会杂志》。"
1919 年（民国八年）己未	"本年又大批伪刻甲骨文字发现。估人诡称新出土者，售于开封市。通许时经训志斋购得数百片，当以此物为'竹简'故名之曰'商简,'而录于所编《河南地志》（本年出版）中。《志》有云：'骨董商人名曰龟版，罗叔蕴先生著《殷虚书契考释》定为兽骨。今化验之，确系竹简，与钅质化合，故光莹如骨。罗书以为骨质误矣。用正今名。'又说明竹简不腐之故，云：'此物因河患埋没土中，排去竹质之细胞，与土中之硅酸燐质相吸，合是以逾三千年而不腐。'又称'近年复出土甚夥，经训购得数百片，其字奇古，有为罗书所未载者，盖晚出者系被压于下层，自为一系，与初出土者时代不同，文字自异耳。'"	"四月，英国赫布金所著《象形文字研究》第三期出版，刊《英国皇家亚洲学会杂志》。 五月，英国赫布金所著《占卜之方法》一文出版，刊《新中国评论杂志》。" "十月，通许时经训志斋著《商简》一文，见《河南地志》（河南商务印书馆，代售，定价洋一元。）第七章《古物》。" 王国维作《释昱》一文，刊《观堂集林》卷六。（十二年乌程蒋氏密韵楼仿宋聚珍本，六册，定价洋十元。又十六年《王忠悫公遗书》初集本。） 王国维作《释旬》一文，刊《观堂集林》卷六。 王国维作《释西》一文，刊《观堂集林》卷六。 王国维《释物》一文，刊《观堂集林》卷六。 日本林泰辅作《殷虚遗物研究》一文，刊《东亚之光》十四卷五号。 日本后藤朝太郎作《殷代龟版文中之族字》一文，刊《民族与历史》一卷三期。"
1920 年（民国九年）庚申	华北大旱，小屯村民在村北大肆挖掘甲骨。 "是年，北五省大旱成灾，乡人迫于饥寒，相约挖掘甲骨文字于小屯村北河畔。凡前曾出土甲骨之处，搜寻再三。附近村人亦多参与。"	十二月，王襄《簠室殷契类纂》出版，是为第一部甲骨文字典。 "六月（阴），罗振玉所著《释叔》一文出版，刊《永丰乡人甲稾》。（又称《云窗漫稾》。） 同月，罗振玉所著《释爰》一文出版，刊《永丰乡人甲稾》。（又称《云窗漫稾》。） 同月，罗振玉所著《与林浩卿博士论卜辞王宾书》一文出版，刊《永丰乡人甲稾》。（又称《云窗漫稾》。） 同月，罗振玉所著《与王静安徵君论卜辞上甲书》一文出版，刊《永丰乡人甲稾》。（又称《云窗漫稾》。） 九月（阴），王国维作《随庵所藏殷虚文字跋》一文，刊《观堂别集补遗》，（十六年《王忠悫公遗书初集本。）又十九年《观堂遗墨》影印稿本上。 九月，闽县林义光药园著《文源》十二卷附录二卷，自写石印本三册，定价洋一元。 十二月，天津王襄纂阁所编《簠室殷契类纂》出版。《正编》十四卷，依《说文》次序，载甲骨中可识之字凡八七三。自写石印本，二册，定价洋八元。"

纪年	纪事	论著
1921 年 （民国 十 年） 辛酉		"一月，英国赫布金所著《河南遗物之研究及其结果》一文出版，刊《英国皇家亚洲学会杂志》。 　　五月，日本内藤虎次郎所作《殷虚考》一文出版，刊《考古学杂志》第十二卷第五期。（东京考古学会发行，每册定价日金四拾五钱。） 　　胶西柯昌济纯卿所著《殷虚书契补释》一卷出版。自刊本一册。 　　日本内藤虎次郎又作《续王亥》一文，刊《艺文》第十二卷第二、四期。（日本内外出版印刷株式会社发行。）"
1922 年 （民国 十一 年） 壬戌	达古斋以所得甲骨四百多版赠北京大学研究所国学门。	"一月，英国赫布金著《象形文字研究》第四期出版，刊《英国皇家亚洲学会杂志》。 　　二月，抗父所著《殷虚文字之发现与研究》一文出版，刊《东方杂志》第十九卷第三号（上海商务印书馆发行，每册定价洋一角二分五。）《最近二十年间中国旧学之进步》一文中。又见《东方文库》第七十一种，《考古学零简》。 　　英国赫布金所著《殷虚甲骨上所载王室谱系及商代之记载》一文出版，刊德国《大亚细亚杂志夏德纪念号》。"
1923 年 （民国 十二 年） 癸亥	春，小屯村中张家菜地出土甲骨。	七月，商承祚《殷虚文字类编》出版。 十二月，叶玉森《殷契钩沉》出版。 "七月，番禺商承祚、锡永所辑《殷虚文字类编》十四卷，附《待问编》十三卷，及罗振玉《殷虚书契考释》一卷出版。前附自序及王国维序。决定不移轩自刻本，六册，定价洋十元。又十六年删校本。 　　同月，英国赫布金所著《象形文字研究》第五期出版，刊《英国皇家亚洲学会杂志》。 　　八月，赵华煦所作《金石甲骨古文学及文字形体之发明》一文出版。刊《国学丛刊》第一卷第二期。（南京国学研究会发行，每册定价洋三角五分。） 　　十二月，丹徒叶玉森、滨渔所著《殷契钩沈》二卷出版。手写石印刊于《学衡》二十四期。（上海中华书局发行，每册定价二角五分。）前附柳诒徵序，后附《自题殷契钩沈甲乙卷初稾后》各一篇。又单行本。又十八年富晋书社放大影印本，一册，定价洋二元四角。 　　同月，历城陆懋德、詠沂《甲骨文之历史及其价值》讲稿出版，刊十二年十二月二十五日北京《晨报副刊》。 　　鄞县马衡、叔平著《甲骨》一篇，见所著《金石学》。（国立北京大学额讲义，石印本。） 　　泾县胡韫玉、朴安著《甲文》一篇，见所著《文字学研究法》。（国学汇编》第一集本。）"

纪年	纪事	论著
1924 年 （民国 十三 年） 甲子	小屯村人筑墙发现一坑甲骨，为明义士购得。（见明义士《甲骨研究》。）	七月，叶玉森《说契》及《研契枝谭》出版。 "三月，东莞容庚、希白著《甲骨文之发现及其考释》一文，刊《国学季刊》第一卷第四期。（国立北京大学国学季刊编纂委员会出版，每册定价洋五角。） 七月，叶玉森所著《说契》一卷出版，手写石印刊于《学衡》第三十一期。（上海中华书局发行，每册定价二角五分。）又单行本。又十八年北平富晋书社放大影印本，于《研契枝谭》合一册，定价洋二元四角。 同月，叶玉森所著《研契枝谭》一卷出版，手写石印，刊《学衡》第三十一期。又单行本。又十八年北平富晋书社放大影印本与《说契》合一册，定价洋二元四角。 同月，英国赫布金所著《象形文字研究》第六期出版，刊《英国皇家亚洲学会杂志》。 十二月，马衡在协和医学校讲演《三千年前的龟甲和兽骨》讲稿载十三年十二月十五日北京《京报副刊》第二十号。"
1925 年 （民国 十四 年） 乙丑	小屯村人在村前路旁挖掘，得甲骨数筐，其大胛骨尺余。这批甲骨多为上海古董商购得，后归刘本智。	八月，王国维《古史新证》出版。 九月，王襄《簠室殷契征文》出版。 "二月，丹徒陈邦怀保之所著《殷虚书契考释小笺》卷一出版。自刻本，一册，定价洋一元。前附自序及吉城序。 同月，日本小岛祐马所著《殷代之产业》一文出版，刊《支那学》第三卷第十期。（东京弘文堂书店发行，每册定价日金四拾钱。） 五月，叶玉森所编著《铁云藏龟拾遗》一卷附《考释》一卷出版。自写石印本一册，定价洋二元。凡著录甲骨文字二四〇版，前附自序。 同月，迈五所撰从《殷虚遗文窥测上古风俗的一斑》一文出版，刊《南开大学周刊十九周年纪念专号》。 七月，英国赫布金所著《中国古今文字考》一文出版。刊《英国皇家亚洲学会杂志》。 八月，王国维著《古史新证》一卷。目次：（一）：总论，（二）禹，（三）殷之先公先王，（四）商诸臣，（五）商之诸侯及都邑。北平清华研究院油印讲义本。又刊《国学月报》第二卷八、九、十号合刊，《王静安先生专号》。（十六年十月北京樸社出版，每册定价洋四角。）又刊《燕大月刊》第七卷第二期。（十九年二月北平燕京大学燕大月刊社出版。）又二十三年北平来薰阁影印王氏稿本，一册，定价洋一元二角。 九月，王国维所讲《殷虚甲骨文字及书目演说稿出版，刊《学衡》四十五期（上海中华书局发行，每册定价洋二角五分。）《最近二三十年中中国新发现之学问》一文中。（又刊《卫聚贤《中国考古小史，二十二年十二月商务印书馆发行。） 同月，王襄所编《簠室殷契徵文》十二卷，《考释》十二卷出版。天津博物院石印本，四册，定价洋十四元。凡著录甲骨文字一一二五版。 十月，商承祚所著《殷虚文字考》一文出版，刊《国学丛刊》第二卷第四期。（南京国学研究会发行，每册定价三角五分。） 十二月，息县刘盼遂著《甲骨中殷商庙制徵》一文，刊《女师大学术季刊》第一卷第一期。（十九年三月，北平大学女子师范学院图书馆出版委员会发行，每册定价洋五角。）"

纪年	纪事	论著
1926 年 （民国 十五 年） 丙寅	小屯村民在村中张家菜地挖得大批甲骨，后为明义士购得。	"四月，忠县余永梁绍孟著《殷虚文字考》一文，后附自记。刊《国学论丛》第一卷第一号。（十六年六月北平清华研究院出版，每册定价洋一元二角。） 　　七月，英国赫布金所编《象形文字研究》第七期出版，刊《英国皇家亚洲学会杂志》。 　　八月，张世禄所作《金石甲骨文字学者疑许书古文平议》一文出版，刊《国学丛刊》第三卷第一期。（南京国学研究会发行，每册定价洋三角五分。） 　　福山王绪祖编《殷虚书契萃菁》二卷。（见黄立猷《金石书目》。尚未印行。）"
1927 年 （民国 十六 年） 丁卯	五月三日上午，王国维自沉于北京颐和园昆明湖。 　　"明义士于本年购得大批甲骨文字。盖自民国三年以来，明义士驻彰德传教，土人呼曰'明牧士。'据村人言，十余年间，名氏得甲骨极多，民国六年，明氏出版《殷虚卜辞》时，已藏五万片。而十四年及十五年村中所出，本年均为明氏所收买。"	"一月，徐嘉瑞所撰《日本甲骨之收藏与研究》一文出版，刊《国学月报》第二卷第一期。（北平樸社发行，每册定价洋一角。） 　　九月，余永梁著《殷虚文字续考》一文，后附自记。刊《国学论丛》第一卷第四号。（十七年十月北平清华研究院出版，每册定价洋一元二角。） 　　同月，松江闻宥在宥译日本林泰辅《甲骨文地名考》一文。刊《中山大学语言历史学研究所周刊第九集一〇四、一〇五期。（十八年十一月广州国立中山大学语言历史学研究所出版，每期定价洋五分。）" 　　十月，商承祚著《殷虚文字》一卷，广州中山大学讲义石印本。 　　同月，英国赫布金所编《象形文字研究》第八期出版，刊《英国皇家亚洲学会杂志》。 　　十二月，王国维所著《殷礼徵文》一卷出版。《王忠悫公遗书》二集石印本。目次：（一）殷人以日为名之所由来，（二）商先公先王皆特祭，（三）殷先妣皆特祭，（四）殷祭，（五）外祭。 　　同月，陆懋德所著《由甲骨文考见商代文化》一文出版，刊《清华学报》第四卷第二期。（北京清华学校出版，每册定价三角五分。） 　　陈邦怀所著《殷契拾遗》一卷出版，自写石印本一册，定价洋一元。 　　容庚撰《甲骨文》一篇，见所著《中国文字学》。（北京燕京大学讲义石印本。）"

纪年	纪事	论著
1928 年（民国十七年）戊辰	春，北伐军作战于安阳。战事结束后，小屯村民在村前路旁及麦场前树林中大规模挖掘甲骨。所得甲骨多卖给上海、开封古董商。 　八月，"中研院"历史语言研究所派董作宾赴河南省安阳小屯村，调查甲骨出土情形。 　十月，"中研院"历史语言研究所派董作宾主持安阳小屯村科学发掘甲骨文工作。此为中国考古学史上著名的十五次大规模科学发掘殷墟之始。	二月，郭沫若《卜辞中之古代社会》发表。 　"二月，陈柱所译明义士《殷虚龟甲文字发掘的经过》（按：即名氏《殷虚卜辞自序》。）一文出版，刊《东方杂志》第二十五卷第三号。（上海商务印书馆发行，每册定价洋一角二分五。） 　同月，闻宥所作《殷虚文字孳乳研究》一文出版，刊东方杂志第二十五卷第三号。 　同月，续溪程憬仰之所著《殷民族的社会》一文出版，刊《中山大学语言历史学研究所周刊》第二集第十六期。（广州国立中山大学语言历史学研究所发行，每期定价洋五分。） 　三月，程憬著《商民族的氏族社会》一文，刊《中山大学语言历史学研究所周刊》第四集第三十九、四十。四十二期。（同年七月、八月、广州国立中山大学语言历史学研究所出版，每册定价洋五分。） 　四月，英国赫布金所著《象形文字研究》第九期附《引得》出版，刊《英国皇家亚洲学会杂志》。 　五月，和县丁山丁丁山著《殷契亡尤说》一文，刊《国立中央研究院历史语言研究所集刊》第一本第一分。（同年十月，国立中央研究院历史语言研究所出版，每册定价洋五角。） 　六月，丹徒陈邦福墨迻所著《殷虚蘊契考》一卷出版。自写石印本一册，定价洋八角。前附自序。 　同月，何丁生所著《汉以前的文法研究》一文出版，刊《中山大学语言历史学研究所周刊》第三集第三十一、三十二、三十三期。（中山大学语言历史学研究所发行，每册定价洋五分。） 　七月，嘉兴胡光炜小石所著《甲骨文例》二卷出版。广州中山大学语言历史学研究所石印余永梁手写本，一册，定价洋一元。上卷《形式篇》，下卷《辞例篇》，末附余永梁后记。 　八月，箫炳实所著《殷虚甲骨文之发现及其著录与研究》一文出版，刊《东方杂志》二十五卷十五号。（上海商务印书馆发行，每册定价洋一角二分五。） 　十一月，闻宥所作《甲骨文之过去与将来》一文出版，刊《民铎杂志》第九卷第五号。（上海商务印书馆发行，每册定价洋二角。） 　十二月，南阳董作宾彦堂编著《新获卜辞写本》一卷，《后记》一卷。摹写石印本，一册。又十八年十二月《安阳发掘报告》第一期（中央研究院历史语言研究所出版，每册定价洋一元五角。）影写石印本。《后记》又刊北平《新晨报》，十八年三月十七日，四月七日，五月十二日，六月十五日，七月二十一日，八月二十五日《文化特刊》。 　上虞罗福成君美编《传古别录》第二集。影印本，一册，定价洋二元。著录甲骨文字凡四版。 　陈邦福著《殷虚甄微》一书。（书名见所著《殷虚蘊契考》自序。尚未印行。） 　明义士编《殷虚卜辞后编》。"

纪年	纪事	论著
1929 年 （民国 十八 年） 己巳	三月，第二次科学发掘殷墟工作开始。 十月，第三次科学发掘殷墟工作开始。 河南省何日章发掘殷墟二月余。 "三月，中央研究院历史语言研究所考古组李济、董作宾、董光忠、王庆昌、王湘等全体人员赴安阳发掘殷虚，设办事处于洹上村。三月七日开工，至五月六日停工，得甲骨文字六八○版，又古器物、兽骨、蚌壳、陶片之类甚多。是为安阳发掘之第二次。 五月间，军事突兴，土匪蜂起，考古组停止工作，乃以所掘古物一部分，沄至北平整理研究。同月，容庚为北平燕京大学国学研究所购得徐枋旧藏甲骨一千二百版，以甲为多。 十月七日，中央研究院历史语言研究所考古组李济、董作宾、董光忠、张蔚然、王湘等再赴安阳开工。二十一日，忽有河南省政府所派何日章至安阳，声言拒绝中央研究院工作，并招工自掘。考古组乃暂时停工。十一月十五日复开工，至十二月十二日停工先后得古器物甚多，甲骨文字凡二七四二版。是为安阳发掘之第三次。 何日章所派人员，挖掘两月，亦得甲骨文字及古器物甚多。 十二月，中央研究院历史语言研究所所长傅斯年，因安阳发掘纠纷，至开封与河南省政府接洽，商定解决办法五条以归。（详情见傅斯年《国立中央研究历史语言研究所发掘殷墟之经过》一文。）"	八月，董作宾《商代龟卜之推测》发表。 "二月，松江浦江清撰《殷虚甲骨之新发现》一文，刊十八年二月二十五日天津《大公报文学副刊》第五十九期。 同月，郭沫若撰《殷墟之发现》一文，刊于所著《中国古代社会研究》附录。（十九年五月，上海新新书店三版增订，每册定价洋一元五角。 四月，如皋魏建功天行所著《论六书条例不可适用于甲骨文字责彦堂》一文出版，刊于十八年三月十七日及四月七日北平《新晨报文化特刊》。 同月，邓尔雅所著《跋董作宾新获卜辞写本》一文出版，刊《中山大学语言历史学研究所周刊》第七集第七十五期。（广州国立中三大学语言历史学研究所发行，每册定价洋五分。） 五月，陈邦福所作《龟甲文》一篇出版，刊十八年五月十四日天津《益世报艺术周刊》。 八月，胡韫玉所作《论甲文》一篇出版，刊于所著《文字学》。（上海世界书局《ABC 丛书》，每册定价洋八角。） 同月，董作宾著《商代龟卜之推测》一文，刊《安阳发掘报告》第一期。（同年十二月，国立中央研究院历史语言研究所出版，每册定价洋一元五角。） 九月，闻宥著《研究甲骨文字之两条新路》一文，刊《中山大学语言历史学研究所周刊百期纪念号》。（同年十月广州中山大学语言历史学研究所出版，每册定价洋二角。） 同月，郭沫若著《卜辞中之古代社会》一卷，刊所著《中国古代社会研究》中。（十九年三月，上海新新书店出版，一册，定价洋一元五角。此外增订本及翻印本坊间极多。）目次：（一）序说，（二）社会基础的生产状况，（三）上层建筑的社会组织后附白二则。 十月，丁山著《释疾》一文，刊《中央研究院历史语言研究所集刊》第一本第二分（十九年，国立中央研究院历史语言研究所出版，每册定价洋六角。）《说冀》附录一。 同月，丁山著《释瘳》一文，刊《中央研究院历史语言研究所集刊》第一本第二分《说冀》附录二。 同月，丁山著《释蒙》一文刊《中央研究院历史语言研究所集刊》第一本第二分《说冀》附录三。 十一月，冯宗麟所著《甲骨文字学史》一文出版，刊《中央大学半月刊》第一卷第二期。（南京国立中央大学出版组发行，每册定价洋二角。） 十二月，董作宾所作《中华民国十七年十月试掘安阳小屯报告书》一文出版，刊《安阳发掘报告》第一期。（国立中央研究院历史语言研究所出版，每册定价洋一元五角。） 同月，钟祥李济济之所著《小屯地面下情形分析初步》一文出版，刊《安阳发掘报告》第一期。 同月，余永梁所著《新获卜辞写本后记跋》一文出版，董作宾手写石印，刊于《安阳发掘报告》第一期。 同月，胡光炜所讲《干支与古历法》演说稿出版，（闵君豪笔录）刊《咫闻》。（南京金陵大学国学研究会印行。） 陈邦福所著《殷契辨疑》一卷出版，自写石印本，一册，定价洋八角。 陈邦福所著《殷契说存》一卷出版，自写石印本，一册，定价洋一元。 程憬所作《商民族的经济生活之推测》一文出版，刊《新月》第二卷第六期。（上海新月书店发行。）"

纪年	纪事	论著
1930 年 （民国十九年） 庚午	三月，何日章再赴安阳殷墟发掘，先后又两次开工。	五月，郭沫若《中国古代社会研究》出版。 八月。郭沫若《甲骨文字研究》出版。 "一月，聊城傅斯年、孟真撰《国立中央研究院历史语言研究所发掘安阳殷虚之经过》一文，本年三月排印单行本，又刊《安阳发掘报告》第二期。（同年十二月，中央研究院历史语言研究所出版，每册定价洋一元五角。） 二月，董作宾著《甲骨文研究的扩大》一文，同年三月，与《发掘安阳殷虚之经过》一文合刊，又刊《安阳发掘报告》第二期，又刊《史学杂志》第二卷第三、四期合刊。（同年九月，南京中国史学会出版，每册定价洋四角。） 同月，李济撰《现代考古学与殷墟发掘》一文，同年三月与《发掘安阳殷墟之经过》一文合刊本，又刊《安阳发掘报告》第二期，又刊《史学杂志》第二卷第三、四期合刊。 同月，郭沫若作《殷虚中仍无铁的发现》一文，刊所著《中国古代社会研究》。（同年五月，上海新新书店三版增订本，每册定价洋一元五角。此外坊间翻印本极多。） 三月，董作宾著《获白麟解》一文，刊《安阳发掘报告》第二期。（同年十二月，中央研究院历史语言研究所出版，每册定价洋一元五角。） 同月，柳诒徵翼谋所作《论文化事业之争执》一文出版，刊《史学杂志》第二卷第一期。（南京中国史学会发行，每册定价洋二角。）文中载何日章《发掘安阳殷墟文字之经过》及《陈列安阳殷虚甲骨及器物之感言》两文。 四月，叶玉森所著《芝加哥博物馆殷契摄影记》一文出版，刊《中山大学语言历史学研究所周刊》第十一集一二五至一二八期合刊《文字专号》。（广州国立中山大学语言历史学研究所出版，每册定价洋二角。） 同月，闻宥所著《甲骨文字义文之研究》一文出版，刊《中山大学语言历史学研究所周刊》第十一集一二五至一二八期合刊《文字专号》。 同月，商承祚所著《殷虚文字用点之研究》一文出版，刊《中山大学语言历史学研究所周刊》第十一集一二五至一二八期合刊《文字专号》。 同月，董作宾作《殷虚沿革》一文，刊《中央研究院历史语言研究所集刊》第二本第二分。（同年八月，中央研究院历史语言研究所出版，每册定价洋八角。） 六月，商承祚著《甲骨及钟鼎文字研究》，北京大学讲义石印本。目次：（一）象形，（二）指事，（三）会意，（四）形声，（五）假借。前附《绪言》。 七月，董作宾作《甲骨年表》一篇，刊中央研究院历史语言研究所集刊》第二本第二分。（同年八月，中央研究院历史语言研究所出版，每册定价洋八角。） 同月，东台陈振东枕亚撰《殷契书录》二卷，排印本，一册，前附自序，后附戚元良跋。 九月，董作宾著《卜辞中所见之殷历》一文，刊《安阳发掘报告》第三期。（二十年六月，中央研究院历史语言研究所出版，每册定价洋一元五角。） 同月，傅斯年所作致《南京史学杂志社函》一文出

纪年	纪事	论著
		版，刊《史学杂志》第二卷三、四期合刊。（南京中国史学会发行，每册定价洋四角。） 　　同月，陈邦福著《殷契琐言》一卷，考释甲骨文字凡四十一条。二十三年四月出版，自写石印本一册，定价洋八角。 　　同月，日本梅崎鹤雄所作《殷虚文字之发现与研究》一文出版，刊《东亚》第三卷第九期。（东京东亚经济调查局发行，每册定价日金五拾钱。按此文乃据罗振玉讲演而作。） 　　同月，日本矢岛恭介所作《读殷墟发掘报告》一文出版，刊《考古学杂志》第二十卷第九期。（东京考古学会发行，每册定价日金四拾五钱。） 　　十月，永嘉周蘧予同所撰《最近安阳殷虚之发掘与研究》一文出版，刊《中学生》九号。（上海开明书局发行，每册定价洋一角八分。） 　　十一月，丹徒束世徵天民所著《殷商制度考》一文出版，刊《中央大学半月刊》第二卷第四期。（南京中央大学出版组发行，每册定价洋二角。） 　　十二月，傅斯年所著《新获卜辞写本后记跋》一文出版，刊《安阳发掘报告》第二期。（国立中央研究院历史语言研究所出版，每册定价洋一元五角。） 　　同月，李济所作《民国十八年秋季发掘殷虚之经过及其重要发现》一文出版，刊《安阳发掘报告》第二期。 　　同月，沈西林所作《殷代国际地位蠡测》一文出版，刊《史学》创刊号。（上海光华书局发行，每册定价洋六角。） 　　同月，金华刘朝阳著《殷历质疑》一文，刊《燕京学报》第十期。（二十年十二月，北平燕京大学发行，每册定价洋五角。） 　　万国鼎所著《殷代的农业》一文出版，刊《金陵光》第十六卷第二期。（南京金陵大学发行，每册定价洋一元五角。） 　　丹徒陈邦直进宦所著《殷契腾义》一卷出版，自写石印本，定价洋八角。 　　马元材非百所著《卜辞时代的经济生活》一文出版，刊《飞跃双周》第二卷第一期。 　　张蔚然所著《殷虚地层研究》一文出版，刊《安阳发掘报告》第二期。（中央研究院历史语言研究所发行，每册定价洋一元五角。） 　　沔阳陆和九作《契文》一篇，编入所著《金石学附录》。（北平中国大学石印讲义本一册，定价洋二元。）"

纪年	纪事	论著
1931 年（民国二十年）辛未	三月，第四次科学发掘殷墟工作开始。 十一月，第五次科学发掘殷墟工作开始。 "本年中央研究院于南京购得甲骨文字四十七版"	六月，董作宾《大龟四版考释》发表。 "三月，丽江方国瑜著《获白麟解质疑》一文，刊《师大国学丛刊》第一卷第二期。（同年五月，北平师范大学出版部出版，每册定价洋二角五分。） 五月，望都胡厚宣译日名静一《卜法管见》一文，刊《德音》第一期。（二十一年六月，保定培德中学出版。每册定价洋三角。） 同月，吴县瞿润缗子陵所著《骨卜考》一文出版，刊《燕大月刊》第八卷第一期。（北平燕京大学月刊部发行，每册定价洋二角五分。） 同月，合肥张龙炎子淋所著《殷史蠡测》一文出版，刊《金陵学报》第一卷第一期。（南京金陵大学编辑部发行，每册定价洋八角。） 同月，丹徒鲍鼎所著《铁云藏龟释文》及《铁云藏龟之余释文》出版，蟫隐庐石印本，共六册，均释于原版之旁，书端有释文凡例。 六月，开封关葆谦百益所编《殷虚文字存真》第一集出版，河南博物馆拓本，一册，定价洋五十元。凡著录字甲一百版，前附自序及分集拓售说明。 同月，董作宾所作《大龟四版考释》一文出版，刊《安阳发掘报告》第三期。（同理中央研究院历史语言研究所出版，每册定价洋一元五角。） 同月，开封秉志农山所著《河南安阳之龟壳》一文出版，刊《安阳发现报告》第三期。 七月，卫大法师聚贤作《读释干支》一文，自油印本。 同月，汐翁所著《龟甲文》一篇出版，刊本年七月五日北平《华北日报华北书刊》第八十九期。 同月，董作宾作《释后岗出土的一片卜辞》一文，刊《安阳发掘报告》第四期。（二十二年六月，中央研究院历史语言研究所出版，每册定价洋一元五角。） 同月，闽侯林义光药园所著《鬼方黎国并见卜辞说》一文出版，刊《国学丛编》第一期第二册。（北平中国大学出版部发行，每册定价洋五角。） 九月，潢川孙海波所著《说盦》一文出版，刊《学文》第一卷第四期。（北平学文杂志社发行，每册定价一角五分。） 同月，林义光所著《释栽畜》一文出版，刊《国学丛编》第一期第三册。（北平中国大学出版部发行，每册定价洋五角。） 十一月，林义光所著《卜辞□□即燊惑说》一文出版，刊《国学丛编》第一期第四册。（北平中国大学出版部发行，每册定价洋五角。） 周予同所著《关于甲骨学》一文出版，刊《中学生》，（上海开明书店发行。）又开明书店《活叶文选》本。 王汉章所撰《殷虚甲骨纪略》一文出版，刊《美术丛刊》创刊号。（天津美术馆发行。）"

纪年	纪事	论著
1932年（民国二十一年）壬申	四月，第六次科学发掘殷墟工作开始。 　　十月，第七次科学发掘殷墟工作开始。 　　"本年，叶玉森欲将所藏甲骨文字售归中央研究院，托程演生为解释，其原函有云：'蔽藏殷墟甲骨千三百枚，悉得之同乡刘铁云先生家。先生逝后，诸姬俵分所藏甲骨数千枚，亦先后辗转至宁。友人首为介绍，鄙人两次赴宁，就数千枚中选的千三百枚。零甲碎骨中，多罕见文字，至堪珍异，故收入之价独昂。同好王君分区普通之品二百枚，故现存千一百枚。往年以经济缺乏，仅选印二百数十枚，略加诠释，成《铁云藏龟拾遗》一卷，聊慰铁云翁在天之灵而已。鄙人罢官以后，即堕窘乡，除甲骨外，别无长物。上年驻芜日本领事藤村君搜罗吾国骨董，曾愿以巨金易蔽藏甲骨九十。以此项珍物为吾国三千年上之瑰宝，于历史上且为吾乡铁翁家之旧藏，断不忍令散落海东岛国，故拒而未允。……本来甲骨与古文学有绝大关系，最好中央研究院代为保存，以供高材生研究之助。……蔽藏之千一百片，无一赝造。考最初收入之价，每字计银四两，铁云先生既出重价购此珍物，当时别择，必已充分注意。且其时距出土未久，骨董家尚未及赝造，则可共信也。'（按事虽在今年，而此函似早写者，故言近撰一文云云。此一文者，即十九年四月出版之《芝加哥博物馆殷契摄影记》一文也。原函现存中央研究院。）惟终以事未果成。 　　据郭沫若于是年在日本探访收藏甲骨诸家，'东大考古学教室藏约百片，上野博物馆二十余片，东洋文库五百余片，（林泰辅旧藏）中村不折约千片，中岛蠛山二百片，田中子祥四百余片，京大考古学教室四五十片，（半为罗振玉寄赠，半为滨田青陵博士于殷墟所拾得），内藤湖南博士二十余片，故富岗君扐七八百片，此外闻尚有大宗蒐藏家，则因重重关系，未得寓目也'。（见所著《卜辞通纂序》）。 　　本年十月二十一日，闽侯林义光乐园患咯血卒。"	"二月，丁迪豪所著《殷民族的奴隶制度》一文出版，刊《进展》创刊号。（北平进展月刊社发行，每册定价洋二角。） 　　三月，商承祚作《殷商无四时考》一文，刊《清华周刊》第三十七卷九、十号合刊，《文史专号》。（同年五月，北平国立清华大学清华周刊社出版，每册定价洋三角五分。） 　　同月，董作宾《甲骨文断代研究例》一卷，刊《中央研究院历史语言研究所集刊外编蔡元培先生六十五岁庆祝论文集》上册。（二十二年中央研究院历史语言研究所出版，上下两册，预约价洋六元。） 　　四月，海宁吴其昌子馨著《殷代人祭考》一文，刊《清华周刊》第三十七卷九、十号合刊，《文史专号》。（同年五月，国立清华大学清华周刊社出版，每册定价洋三角五分。） 　　同月，默厂所作《谈龟》一文出版，刊《枕戈旬刊》第一期。（上海枕戈旬刊社发行，每册定价洋二分五。） 　　五月，孙海波所著《说十三月》一文出版，刊《学文》第一卷第五期。（北平学文杂志社发行，每册定价洋一角五分。） 　　同月，瞿润缗著《大龟四版考释商榷》一文，刊《燕京学报》第十四期。（二十二年十二月，北平燕京大学燕京学报社出版，每册定价洋八角。） 　　六月，瞿润缗所著《说豆》一文出版，刊《中山大学文史研究所辑刊》第二册。（国立中山大学文史研究所出版，每册定价洋六角。） 　　同月，秀水唐兰立厂所著《获白兕考》一文出版，刊《史学年报》第四期。（北平景山书社发行，每册定价洋七角。） 　　同月，松江闻宥在宥所著《上代象形文字中目文之研究》一文出版，刊《燕京学报》第十一期。（北平燕京大学国学研究所发行，每册定价洋五角。） 　　同月，商承祚著《甲骨文字研究》二篇，国立师范大学石印讲义本。 　　七月，安阳戚公田雨先所作《殷虚之研究》（《明义士访问记》）一文出版，刊本月份《河南民国日报副刊》。 　　八月，李济作《安阳最近发掘报告及六持工作之总估计》一文，刊《安阳发掘报告》第四期。（二十二年六月，国立中央研究院历史语言研究所出版，每册定价一元五角。） 　　九月，董作宾作《释犾鏊》一文，刊《安阳发掘报告》第四期。 　　同月，董作宾作《今后怎样研治甲骨文》一篇国立北京大学讲义排印本。 　　十月，林义光所著《论殷人祖妣之称》一文出版，刊《国学丛编》第二期第一册。（北平中国大学出版部发行，每册定价洋五角。） 　　同月，南阳郭宝钧子衡著《B区发掘记之一》一文，刊《安阳发掘报告》第四期。（二十二年十二月，中央研究院历史语言研究所出版，每册定价洋一元五角。） 　　同月，郭宝钧著《B区发掘记之二》一文，刊《安阳发掘报告》第四期。

续表

纪年	纪事	论著
		同月，刘朝阳著《再论殷历》一文，刊《燕京学报》第十三期。（二十二年六月，北平燕京大学燕京学报社出版，每册定价洋八角。）
		同月，郑师许作《读殷虚文字之批判》一文，刊《大陆杂志》第一卷第十期。（二是二年四月，上海南京书店出版，每册定价洋二角五分。）
		同月，日本饭岛忠夫作《殷虚文字之年代》一文，刊《东洋学报》第二十一卷第一号。（二十二年十月，东京东洋协会学术调查部发行。）
		十二月，萧炳实所作《以甲骨文证商代历史》，刊《厦大学报》。（厦门厦门大学发行。）
		同月，明义士所著《商代文化》一文出版，刊《齐大季刊》第一期。（济南齐鲁大学刊行。）
		同月，郇齐所作《卜辞中弋口口庚之研究》一文出版，刊《枕戈旬刊》第一卷第十二期。（上海枕戈旬刊社发行。）
		闻宥所作《甲文夌饰初论》一文出版，刊《中山大学文史研究所辑刊》第二册。（国立中山大学文史研究所发行。）
		嘉兴胡光炜小石著《说文古文考》二卷。（叶玉森所著之《殷虚书契前编集释》参考书目。）
		英国明义士所著《商代之文化》一文出版，刊北平《导报》，又单行本。（北平导报社发行。）"
1933 年（民国二十二年）癸酉	十月，第八次科学发掘殷墟工作开始。 "十月，商承祚自序《殷契佚存》曰：'曩从上虞罗雪堂师攻治斯学，师当慨然曰：甲骨古脆，出土之日，即澌灭之期，收集材料，则尤重于考释也。'本年秋，丹徒叶玉森葳渔卒。"	一月，董作宾《甲骨文断代研究例》发表，此文为甲骨学史上划时代名作。 五月，郭沫若《卜辞通纂》在日本出版。 九月，罗振玉《殷虚书契续编》出版。 十月，叶玉森《殷虚书契前编集释》出版。 十一月，陈晋《龟甲文字概论》出版。 十二月，朱芳圃《甲骨学文字编》出版。 同月，郭沫若《殷契余论》出版。 "一月，安庆徐中舒《殷周史料考订大纲》，国立北京大学讲义排印本。 二月，董作宾编《甲骨文论著目录》，国立北京大学讲义排印本，又自排印单行本，又刊《读书月刊》第二卷第七号。（同年四月，国立北平图书馆出版。） 四月，郑师许所译日本饭岛忠夫《殷虚文字之批判》一文出版，刊《大陆杂志》第一卷第十期。（上海南京书店发行。） 同月，商承祚所编著《福氏所藏甲骨文字》一卷，《考释》一卷出版，南京金陵大学中国文化研究所影印本，一册。凡著录美国福开森所藏甲骨文字三十七版，前附自序，后附董作宾跋。 同月，王礼锡所著《古代的中国社会》一文出版，刊《读书杂志》第三卷三、四期合刊，《中国社会史论战》第四辑。（上海神州国光社发行。） 同月，董作宾著《帚矛说》一文，刊《安阳发掘报告》第四期。（同年六月，国立中央研究院历史语言研究所出版。） 同月，明义士著《甲骨研究初编》，济南齐鲁大学石印讲义本。

纪年	纪事	论著
		五月，郭沫若所著《卜辞通纂》一卷，《考释》三卷《索引》一卷出版，日本东京文求堂书店石印本，四册。) 同月，容庚、瞿润缗所编著《殷契卜辞》一卷，《释文》一卷，《文编》一卷出版，北平哈佛燕京学社石印本，三册。凡著录燕京大学所藏甲骨文八七四版。前附容氏自序，又《考释文编》前各附《凡例》一篇。 同月，温丹铭所著《殷卜辞婚嫁考》一文出版，刊中山大学文史研究所月刊第一卷第五期。(国立中山大学文史研究所发行。) 六月，永嘉刘節子植所作评《卜辞通纂》一文出版，刊《研究学报》第十三期。(北京燕京大学燕京学报社出版。)学术消息栏。 同月，明义士所著《表较新旧版殷虚书契前编并记所得之新材料》一文出版，刊《齐大季刊》第二期。(济南齐鲁大学刊行。) 同月，丁迪豪所作《商代母系制的诸形态》一文出版，刊《历史科学》第一卷三、四期合刊。(北平历史科学研究会刊行。) 同月，开封许敬参彦鲁所著《殷虚文字存真第一集考释》出版，河南博物馆石印本。前附自序，凡例关百益序及分集拓售说明。 同月，陈准所著《殷契书目录》一文出版，刊《图书馆学集刊》第七卷第二号。(中华图书馆协会发行。)二十三年又刊《瓯风杂志》第一、六、七、期。(浙江瑞安瓯风杂志社刊行。) 同月，温丹铭所著《新获卜辞写本后记书后》一文出版，刊《中山大学文学院专刊》第一期。(国立中山大学出版。) 同月，偃师石璋如所著《第七次殷墟发掘E区工作报告》一文出版，刊《安阳发掘报告》第四期。(国立中央研究院历史语言研究所出版。) 同月，胡厚宣撰《殷商文化丛考》一文，刊《新梦》第一卷五、六期。(二十二年九月，十二月，国立北京大学新梦社出版。) 七月，英国叶慈所著《商朝与安阳古物》一文出版，刊英国皇家亚洲学会杂志。) 八月，郑师许著《读殷商无四时说》一文，刊《岭南学报》第三卷第二期。(二十三年四月，广州岭南大学出版。) 同月，王子玉所撰《甲骨文》一卷出版，载《续安阳县志》(仿宋字铅印本，与《安阳县志》合刊共十二册。) 九月(阴)，罗振玉所辑《殷虚书契续编》六卷出版，自影印本，六册。凡著录甲骨文字二〇一六版，前附自序。 同月，丁迪豪所著《殷代奴隶史》一文出版，刊《历史科学》第一卷第五期，奴隶史特辑。(北平历史科学研究会发行。) 十月，商承祚所著《殷契佚存》一卷，《考释》一卷出版，南京金陵大学中国文化研究所影印本，二册。凡著录各家所藏甲骨文字共千版。前附董作宾序，唐兰序及自序。《考释》前附《考释凡例》一篇。

续表

纪年	纪事	论著
		同月，陈贇宪所著《贞人质疑》一文出版，刊《中山大学文史研究所月刊》第二卷第一期。（国立中山大学文史研究所发行。） 　　十一月，泰兴陈晋夕康所著《龟甲文字概论》出版，上海中华书局石印本，一册。 　　十二月，吴其昌所著《殷卜辞所见先公先王三续考》一文出版，刊《燕京学报》第十四期。（北平燕京大学燕京学报社刊行。） 　　同月，醴陵朱芳圃所辑《甲骨学文字编》十四卷出版，上海商务印书馆石印本，二册。前附《自序》，后附《附录》二篇及《补遗》。 　　同月，郓白徐协贞吉轩所著《殷契通释》六卷出版，北平文楷斋木刻本，六册。前附自序、李盛铎序、及张伯烈序，后附自跋。 　　同月，郭沫若所著《殷契余论》出版，刊所著《古代铭刻汇考》（日本东京文求堂书店石印本。） 　　同月，吴其昌著《丛挖甲骨金文中所涵殷历推证》一文，刊《中央研究院历史语言研究所集刊》第四本第三分。（二十三年国立中央研究院历史语言研究所出版。） 　　陈松茂所著《殷墟甲骨文字辨伪初论》一文出版，刊《厦门图书馆声》第二卷第三期。（厦门公立图书馆发行。） 　　黎徽赋所著《由甲骨文窥见殷商社会的宗教生活》一文出版，刊《南星杂志》第二卷第七期。（香港南星报社发行。） 　　英国明义士所著《中国商代之卜骨》一文出版，刊《济南扶输社报告》。又抽印本。"
1934 年（民国二十三年）甲戌	三月，第九次科学发掘殷墟工作开始。 　　同月，第十次科学发掘殷墟工作开始。 　　"本年，山东省国立书馆自潍县谭贾购得甲骨文字凡十三版。"	十月，孙海波《甲骨文编》出版。 　　"一月，李星可所著《释女》一文出版，刊《中法大学月刊》第四卷第三期。（北平中法大学发行。） 　　同月，丁山著《宗法考源》一文，刊《中央研究院历史语言研究所集刊》第四本第四分。（本年中央研究院历史语言研究所出版。） 　　二月，李星可所编《甲骨学目录并序》一文出版，刊《中法大学月刊》第四卷第四期。（北平中法大学出版。） 　　三月，刘节所作《评殷契佚存》一文出版，刊《图书季刊》第一期。（国立北平图书馆编印。） 　　同月，戴家祥所作《评殷契通释》一文出版，刊本年三月三十一日天津《大公报图书副刊》第二十期。 　　同月，裴文中所《跋董作宾获白麟解》一文，刊本年三月十八日、二十五日北平《世界日报自然周刊》六十八、六十九期。 　　同月，王名元作《殷周货币考》一文，刊中山大学文史研究所月刊》三卷三期。（二十四年一月中山大学文史研究所出版。） 　　同月，丁山著《辨殷商》一文，刊《文史丛刊》第一期。（本年五月国立山东大学出版。） 　　四月，戴家祥所作《评龟甲文字概论》一文出版，刊本年四月七日天津《大公报图书副刊》第二十一期。 　　同月，孙海波著《禹贡半月刊》第一卷第六期。（本年五月北平禹贡学会出版。）五月，郭沫若所著《释七十》（殷文纪数之一新例）一文出版，刊所著《古代铭刻汇考

纪年	纪事	论著
		续编》。（日本东京文求堂书店石印本，一册。） 　　同月，郭沫若所著《释口勿》（《殷代用口用笏之证》）一文出版，刊所著《古代铭刻汇考续编》中。 　　同月，郭沫若所著《骨臼刻辞之考察》一文出版，刊所著《古代铭刻汇考续编》中。 　　同月，董作宾作《殷历中几个重要问题》一文，刊《中央研究院历史语言研究所集刊》第四本第三分。（本年中央研究院历史语言研究所出版。） 　　六月，徐协贞戴家祥《关于殷契通释之讨论》出版，刊本年六月二日天津《大公报图书副刊》第二十九期。 　　同月，涛所撰《钟鼎甲骨概说》一文出版，刊《武汉日报》二十三年六月二十八日《艺风》第五期。 　　七月，吕振羽所作《殷代奴隶制度研究》一文出版，刊《劳动季报》第二期。（南京正中书局发行。） 　　八月，积微所作《读商承祚君殷契佚存》一文出版，刊本年八月二十五日天津《大公报图书副刊》第四十一期。 　　同月，赵世昌所撰《殷之社会》一篇出版，载所著《中国上古史研究》。（北平新史研究社铅印本，一册。） 　　九月，周传儒书舲所著《甲骨文字与殷商制度》出版，上海开明书局排印本。前附《自序》，后附《甲骨文书目》。 　　同月，李星可所著《易经与卜辞的比较研究》一文出版，刊《中法大学月刊》第五卷第五期。（北平中法大学发行。） 　　同月，邵子风所作《增订殷虚书契考释后记》一文，刊《燕京大学图书馆报》第六十七期。（北平燕京大学图书馆发行。） 　　同月，戴家祥所作《评甲骨学文字编》一文出版，刊《图书集刊》第三期。（国立北平图书馆编印。） 　　十月，叶玉森所著《殷虚书契前编集释》八卷出版，上海大东书局石印本，八册。前附《自序》即《凡例》。 　　同月，孙海波所辑《甲骨文编》十四卷，附《合文》一卷，《附录》一卷，《检字》一卷，《备查》一卷出版，北平哈佛燕京学社石印排印本，共五册。前附唐兰《序》，容庚《序》，商承祚《序》，《自序》及《凡例》。 　　十一月，民所撰《甲骨文中之食》一文出版，刊《武汉日报》二十三年十一月十五日、二十九日《艺风》十三、十四期。 　　同月，商承祚所著《说文中之骨文考》出版，刊《金陵学报》第四卷第二期。（南京金陵大学编纂委员会发行。） 　　十二月，朱芳圃编《甲骨学商史编》十卷。前附《序例》十则。二十四年二月，上海中华书局出版，石印本，二册。 　　吴其昌所著《殷墟书契解诂》及一续、二续出版，分刊于《文哲季刊》第三卷二、三、四期。（国立武汉大学出版部发行。）共释《殷虚书契前编》自一至六十九版。 　　孙海波所著《释采》一文出版，刊《行素杂志》一卷三期。 　　孙海波所著《释眉》一文出版，刊《行素杂志》一卷三期。

纪年	纪事	论著
		九月，日本石滨纯太郎所著《殷虚学文献小志》一文出版，刊《龙谷史壇》第十四号。（日本龙谷大学史学研究室秃氏祐祥刊行。） 唐兰著《殷虚文字记》（本年十二月出版之《考古社刊》第一期。） 唐兰著《北京大学藏甲骨刻辞考释》（本年十二月出版之《考古社刊》第一期。） 孙海波著《甲骨释文》。（本年十二月出版之《考古社刊》第一期。） 戴蕃豫著《殷礼足徵记》。（本年十二月出版之《考古社刊》第一期。） 戴蕃豫著《殷契论丛第一辑》。（本年十二月出版之《考古社刊》第一期。）"
1935 年（民国二十四年）乙亥	三月，第十一次科学发掘殷墟工作开始。 九月，第十二次科学发掘殷墟工作开始。	七月，董作宾《骨文例》发表。 "一月，李梦英所作《从卜辞中所见的殷民族》一文出版，刊《史学》第一期。（国立北京大学史学社刊行） 同月，孙海波所编《古文音系》二卷出版，北平来薰阁书店石印本，四册。前附有省吾《序》、刘盼遂《序》、唐兰《序》、《自序》、闻宥《函》、《凡例》、《分韵》及《目录》，后附《检字》。 二月，江夏黄濬百川所集《邺城片羽》二卷出版，北平尊古斋影印本，二册。所著录除铜器、玉器、骨器、陶笵之外，有甲骨文字凡二百四十五版。前附柯昌泗《序》。 同月，郑师所作《我国甲骨学发现史》一文出版，刊《文学期刊》（上海复旦大学中国文学系发行）第二期。 同月，吴泽作《殷代经济研究》一文，刊《劳动季报》第五期。（本年五月南京正中书店出版。） 同月，金且同著《殷墟卜辞讲话》上海中国书店石印本，一册。 三月，孙海波著《卜辞历法小记》一文，刊《燕京学报》第十七期。（本年六月北平燕京大学燕京学报社出版。） 四月，曹铨所作《殷商甲骨刻文考》一文出版，刊《国专月刊》第一卷第二号（无锡国学专修学校出版。）《㪯古屺金石题跋》一文中。 同月，涛所撰《甲骨文中之衣》一文出版，刊《武汉日报》二十四年四月二十五日《艺风》第二十三期。 五月，陈竞明作《三十五年来的甲骨学》一文，刊《考古社刊》第三期。（同年第二月北平考古学社出版。） 六月，孙海波所著《读王静安先生古史新证书后》一文出版，刊《考古学社社刊》第二期。（北平考古学社刊行。） 七月，董作宾著《骨文例》一文。（刊中央研究院历史语言研究所集刊。） 同月，束世澂作《殷商之社会组织》一文出版，刊国立四川大学集刊》第一期。（国立四川大学出版课发现。） 同月，英国叶慈所著《最近安阳附近之发掘》一文出版，刊《英国皇家亚洲学会杂志》 八月，翦伯赞所作《殷代奴隶社会研究之批判》一文出版，刊《劳动季报》第一卷第六期。（南京正中书局发行。）

纪年	纪事	论著
		同月，董作宾撰《五等爵在殷商》一文，二十五年八月出版，刊《中央研究院历史语言研究所集刊》六本三分。（商务印书馆发行） 同月，董作宾著《安阳侯家庄出土之甲骨文字》一文，（二十五年刊《中央研究院历史语言研究所田野考古报告》第一集。） 九月，日本长濑诚所著《殷墟卜辞》一文出版，刊《同仁》九卷九号。（日本东京同仁会发行） 十月，张述所作《甲骨文发现之经过及其贡献》一文出版，刊《集美周刊》十八卷四期。 十一月，邵子风所撰《甲骨书录解题》五卷，附《甲骨论文解题》三卷出版，上海商务印书馆石印本一册。 十二月，孙海波所著《卜辞文字小记》一文出版，刊《考古社刊》第三期，（北平考古学社发行）凡考甲骨文字二十三。 同月，开封许敬参彦鲁所撰《戬寿堂殷虚文字考释补正》一文出版，刊《考古社刊》第三期。（北平考古学社发行） 同月，许敬参所撰《铁云藏龟释文补正》一文出版，刊《考古社刊》第三期。（北平考古学社发行） 同月，夏甲亘所著《甲骨文中之食》一文出版，刊《北平晨报》二十四年十二月二十四日、二十五日、二十七日、二十八日、三十日。 同月，商承祚作《研究甲骨文字应该注重的一个问题》一文，刊《中国学生》二卷一至四期合刊。（二十五年一月，上海中国学术周刊社出版。） 同月，美国查尔凡所摹写《甲骨卜辞》一书出版。上海商务印书馆石印一册。共摹甲骨文字一六八七片。前附白瑞华序文。 吴其昌续著《殷虚书契解诂》三续四续五续出版，刊《文哲集刊》第四卷二、四期，五卷一期。（国立武汉大学出版部发行。）续释《殷虚书契前编》自七十版至一百六十七版。 俄国布那柯夫所著《安阳龟甲兽骨》一书出版。 关葆谦编拓《殷虚文字存真》二至八集。（本年六月出版于《考古社刊》第二期。） 许敬参著《殷虚文字存真第二三集考释》。（本年六月出版于《考古社刊》第二期。） 许敬参著《契文卜王释例》。（本年六月出版于《考古社刊》第二期。） 柯昌济著《殷虚书契扎记》。（本年十二月出版于《考古社刊》第三期。） 柯昌济著《殷虚书契答问》。（本年十二月出版于《考古社刊》第三期。）"

续表

纪年	纪事	论著
1936 年（民国二十五年）丙子	三月，第十三次科学发掘殷墟工作开始。此次有 YH127 坑 1 万 7 千多版甲骨的重大发现。YH127 坑甲骨整体运至南京史语所后，胡厚宣等于 7 月 12 日—10 月 15 日继续“室内发掘”三个月。 九月，第十四次科学发掘殷墟工作开始。	“二月，沈兼士著《鬼字原始意义之试探》一文，北京大学讲义课排印本，又刊北大《国学季刊》卷五三期。（七月北京大学出版组出版） 四月，孙海波所著《甲骨金文中说文之逸文》一书出版，刊《师大月刊》第二十六号。（北平师范大学出版课发行。） 六月，唐兰所著《释四方之名》一文出版，刊《考古社刊》第四期。（北平考古学社发行） 同月，孙海波所著《卜辞文字小记》之又一部分出版，刊《考古社刊》第四期。 同月，陈梦家所著《古文字中之商周祭祀》一文出版，刊《燕京学报》第十九期。（北平燕京大学哈佛燕京学社发行。） 七月，唐兰所著《关于尾右甲卜辞》一文出版，刊《国学集刊》卷五三期。（北京大学出版组发行） 同月，唐兰所著《卜辞时代的文学和卜辞文学》一文出版，刊《清华学报》十一卷三期。（北平清华大学出版部发行） 吴其昌所著《殷虚书契解诂》六续出版，刊《文哲集刊》五卷四期。（武汉大学出版部发行）续释《殷虚书契前编》自一百六十八版至二百版。”
1937 年（民国二十六年）丁丑	三月，第十五次科学发掘殷墟工作开始。 “四月，董作宾、胡厚宣编纂《甲骨年表》，分纪年、纪事、撰者三项。纪年始自清光绪二十五年（1899），迄于中华民国二十五年（1936）八月。纪事略记甲骨文字发现始末，流传情形，及研究撰著之经过。撰著备列有关甲骨文字之专著及论文，末附甲骨文论著分类索引，及论著撰人索引。 十月，孙海波编《甲骨文录》，其序略云，兹编为名国十五年何日章君在安阳所采集，统甲与骨凡三千六百方，而储藏于河南博物馆者，录其菁英，得九百三十版，为之考释而著于篇云云。”	四月，郭沫若《殷契粹编》出版。 同月，董作宾、胡厚宣《甲骨年表》出版。 “二月，吴其昌撰甲骨金文中所见的商代农稼情况，刊张菊生纪念论文集。商务印书馆印行。 同月，徐英澄宇著甲骨文字理惑出版，全一册，中华书局发行。 三月，美国白瑞华撰卜骨之颜料一文，刊哈佛亚洲学报第二卷第一期。 四月，胡厚宣撰甲骨文材料之统计一文，刊天津益世报人文周刊第十三期，又载开明书店月报一卷五期。 同月，董作宾、胡厚宣合编甲骨年表出版，全一册，编属国立中央研究院历史语言研究所单刊乙种之四。 同月，董作宾撰殷人之书与契一文，刊中国艺术论丛，商务印书馆出版。 同月，郭沫若著殷契粹编出版，一函五册，一、二两册为拓本，三、四、五味考释，日本文求堂发行。 五月，蒋大沂撰甲骨学小史一文，刊上海名报上海市博物馆周刊十六期。 同月，唐兰撰裕郊祖宗报一文，刊考古社刊第六期。 同月，唐兰撰释示宗及主义文，刊考古社刊第六期。 同月，唐兰撰释内一文，刊考古社刊第六期。 同月，孙海波撰簠室殷契徵文校录一文，刊考古社刊第六期。 同月，英国吉卜生撰商代之农业刊中国杂志二十六卷六号。 七月，唐兰撰卜辞彝铭字多侧书一文，刊国学季刊五卷三期。 陈梦家撰高禖郊祀统考一文，刊清华学报十二卷第三期。

纪年	纪事	论著
		八月，黄濬著邺中片羽二集出版，北京尊古斋影本二册。 十月，孙海波编甲骨文录出版，共二册，河南通志馆出版。 十二月，英国吉卜生撰商代的田猎刊中国杂志第三十七卷六号。 陈梦家撰，殷代地理小记一文，刊禹贡月刊七卷六七合期，古代地理学专号。 陈梦家撰祖庙与神主之起源一文，刊燕大文学年报第三期。 美国白瑞华著殷墟甲骨拓片出版，美国纽约影印单行本一册。 英国金璋撰中国古代文字专题研究刊英国皇家亚洲文会杂志一、四、七月号。 日本加藤常贤撰释宗一文，刊汉学会杂志五卷三期。 许敬参撰契文卜王释例，刊河南博物馆馆刊。 日本佐野袈裟美著氏族制度社会，刘惠之、刘希宁译文，刊中国历史教程第一篇第二章，读书生活出版社出版。 美国皮期来撰《中国卜骨涂色之显微分析》，刊工业机械化学杂志第九卷三号。 苏联布那柯夫撰《安阳古器与美国甲骨学》，刊莫斯科苏联研究院东方问题研究所图书杂志第十号。"
1938 年 （民国二十七年） 戊寅		美国方法敛摹、白瑞华校《甲骨卜辞七集》出版。 "五月，葛毅卿撰《说商》，刊中央研究院历史语言研究所集刊第七本第四分。 十月，日本小川茂樹撰《殷代金文所见图像文字考》，刊东方学报京都第九号。 十二月，葛启扬撰《卜辞所见之殷代家族制度》，刊燕京大学史学年报十周年纪念号。 十二月，陈梦家撰《五行之起源》，刊燕京学报二十四期。 美国方法敛摹，白瑞华校之《甲骨卜辞七集》出版，影印单行本，美国纽约出版。 美国顾立雅撰《中国的古代象形文字》，刊通讯三十四卷。 英国吉卜生撰《商代的家畜和祭祀》，刊亚洲文会杂志。 日本牧野巽著《古代中国之制度与社会》，刊东洋文化史大系卷一。"

纪年	纪事	论著
1939 年（民国二十八年）己卯	"四月，唐兰著天壤阁甲骨文存坿考释，共两册。该书收甲骨拓片一〇八片，原为福山王懿荣正儒故物，王次子汉章以拓墨交唐氏印行，并加考释。其序云：'王氏（懿荣）后人既以所藏归刘氏（鹗），尚颇留其精粹，其后又散佚归于福开森氏三十余片，金陵大学已为印行，余与王氏次子汉章先生稔，昔岁晤于天津，蒙其以拓墨二册见假，并许其傅佈，昨夏又于辅仁大学图书馆见拓本一册，首有王氏长子汉辅先生题语，中多与前两册复出，亦知王氏故物，又并在福山氏所获之外。金追惟王氏始鉴定，功不可没，又感汉章先生之厚意，乃合三册，去其重复，得百有八片，辑为天壤阁甲骨文存。' 五月，李旦丘著《铁云藏龟零拾》一书出版，其序云：'……去夏（二十七年）吾友金祖同君携会稽吴振平先生所藏甲骨拓墨九十三片来，寄存馆中，且嘱余为之考释，余始摒除百虑，复专心致意于古文字之探讨。按吴氏所藏甲骨，本铁云旧物，其中数片已见《铁云藏龟》。然多半系未经著录者，今得公之于世，其于学术岂无小补，爰不揣谫陋，略加按语于释文之后，以供读者参考。'云云。 五月，金祖同著《殷契遗珠》三卷出版，书附郭鼎堂罗雪堂及自序各一篇。自序云：'《殷契遗珠》二卷，盖篆录日本河井荃庐氏，中村不折氏，堂野前种松氏，中岛蠔叟氏，田中救堂氏，三井源右卫门氏六家所藏甲骨刻辞而成，汰芜存精，约得一千五百片，除三井氏拓本为见赠者外，余皆祖同在日本所手拓者。' 曾毅公著《甲骨地名通检》为《商代地理考释》附编，该书计收地名五二九个，其排列悉以笔画为次，不可悉者，依自然分部法排列。"	四月，唐兰《天壤阁甲骨文存》出版。 "二月，金祖同撰《閒话甲骨文》，刊说文月刊第一卷第一期。 二月，陈庚撰《评甲骨文字理惑》，刊天津大公报图书副刊第一六八期。 四月，英国金璋撰《中国兕之服用》，刊英国皇家亚洲文会杂志。 四月，唐兰著《天壤阁甲骨文存》出版，附考释，共两册，为辅仁大学丛书之一，北平辅仁大学印行，每部定价五元。 五月，李旦丘著《铁云藏龟零拾》出版，附释文，一册。上海中法文化出版委员会出版，编为孔德图书馆丛书第二种，定价国币五元。 五月，金祖同著《殷契遗珠》出版，共三册，第一、二卷拓片，第三卷释文，上海中法文化出版委员会出版，编属孔德图书馆丛书第一种，定价每部三十元。 五月一日，卫聚贤撰《秦汉时发现甲骨说》，刊说文月刊一卷四期。 五月，英国吉卜生撰《中国商代的交通》，刊中国杂志二十六卷五号。 五月，瞿润缗撰《释·口＝一之演变》，刊燕京大学文学年报第五期。 五月瞿润缗撰《释不》，刊燕京大学文学年报第五期。 七月，英国金璋撰《商王猎鹿之纪录》，刊英国皇家亚洲文会杂志。 八月，陈德钜撰《读契瓈记》，刊说文月刊一卷八期。 八月，陈梦家撰《商王名号考》，刊重庆中央日报读书第一号（民国二十九年又载于燕京学报第廿七期）。 九月，陈梦家撰《读天壤阁甲骨文存》，刊北平图书馆图书季刊第一卷三期。 九月，日本白尾阳光撰《见于卜辞之殷代农业》，刊东亚经济研究二十三卷五号。 十月八日，唐兰撰《未有谥法之前的易名制度》，看重庆中央日报读书第一号。 十一月二十九日，唐兰撰《关于岁星》，刊重庆中央日报读书第二号。 十二月时期日，唐兰撰《说井》，看重庆中央日报的读书第八号。 十二月，沈兼士撰《𣂪祭古语同源考》，刊辅仁学志八卷二期。 十二月，陈梦家撰《评铁云藏龟零拾》，刊北平图书馆图书季刊新一卷四期。 十二月，储皖峯撰《评天壤阁甲骨文存》，刊辅仁学誌八卷二期。 于省吾撰《释屯》，刊辅仁学誌八卷二期。 胡厚宣撰《释牢》，刊中央研究院历史语言研究所集刊第八本。 胡厚宣撰《释丝用丝御》，刊中央研究院历史语言研究所集刊第八本第四份。 曾毅公著《甲骨地名通检》出版，一册，齐鲁大学国学研究所出版。 胡厚宣撰《卜辞杂例》，刊中央研究院历史语言研究所集刊第八本。 金祖同撰《中国文字形体的演变》，刊说文月刊第一卷十、十一期。

纪年	纪事	论著
		英国吉卜生撰《从商代象形文字看中国文字之进化》，刊亚洲文会杂志。 胡厚宣撰《殷代焚田说》，刊中央研究院历史语言研究所集刊第九本。 顾颉刚撰《商王国的始末》，云南大学讲义本（民国三十年又载文史杂志第一卷第二期）。 陈槃撰《卜辞中之田渔与祭祀关系》，刊中央研究院历史语言研究所第十本。 日本八幡关太郎撰《殷墟发掘之甲骨文概论说》，刊东洋四十一卷第十一、十二期。 曾毅公著《殷墟书契续编》校记，刊齐鲁大学国学研究所国学汇编，又单行本。"
1940 年（民国二十九年）庚辰	五月，罗振玉病逝。 同月，曾毅公《甲骨叕存》出版，是为第一本甲骨缀合专书。 "二月，孙海波编辑之《诚斋殷虚文字》出版，其序云：'民国二十八年春，冀县孙实君南游沪渎，得甲骨墨本数册以归，既启示，乃杨天锡氏之所搜集，皆新出未录之品，意甚珍惜，将谋梓版流传，因属予为之斥其重复，掇其菁英，得五百版'。该书初版一百五十部。 五月十四日，上虞罗振玉雪堂逝世，年七十五。（1866—1940）"	六月，于省吾《双剑誃殷契骈枝》出版。 十月，日本梅原末治《河南安阳遗宝》出版。 "一月，董作宾撰《研究殷代年历的基本问题》，刊国立北京大学四十周年纪念论文集乙编上册。 一月，孙海波撰《评殷虚书契续编校记》，刊中和一卷一期。 一月，孙海波撰《评甲骨地名通检》，刊中和一卷一期。 一月，陈恭禄著《商史》出版，商务印书馆印行，中国史第一册第四编。 一月，德国魏特夫格撰《商代卜辞中之气象纪录》，刊地理杂志三十卷一号，陈家芷译文，载大学一卷十二期。 二月二十日，唐兰撰《读新出版殷虚文字学书六种》，刊昆明中央日报读书新十六期。 二月，罗荣宗撰《研究商代社会材料之商榷》，刊蓝田国立师范学院国学季刊第六期。 二月，孙海波撰《评殷契遗珠》，刊中和一卷二期。 二月，孙海波撰《评铁云藏龟零拾》，刊中和一卷二期。 二月，孙海波撰《评金璋所藏甲骨卜辞》，刊中和一卷二期。 二月，孙海波撰《评甲骨叕存》，刊中和一卷二期。 二月廿四日，陈梦家撰《收买甲骨者日记》，刊昆明中央日报读书第十八期。（按：此文为摘录罗振常洹洛访古游记而成。） 二月，何天行撰《甲骨文已发现于古代说》，刊上海学术第一辑。 同月，孙海波编辑《诚斋殷虚文字》出版，附考释，一册，定价国币十二元，北京修文堂书店影印本。 三月，陈梦家撰《述方法敛所摹甲骨卜辞》，刊北平图书馆图书季刊新二卷二期。 同月，董作宾撰《方法敛博士对于甲骨文字的贡献》，刊北平图书馆图书季刊新二卷二期。 同月，陈梦家撰《评殷虚书契遗珠并论罗氏前编的来源》，刊北平图书馆图书季刊二卷一期。 陈梦家撰《郭沫若周易的构成时代书后》一文，为郭著周易的构成时代附录，商务印书馆出版。 四月，金祖同撰《剖面的殷代社会举例》，刊说文月刊二卷一期。 同月，蒋大沂撰《从古文字中观察古代家宅演进的情形》，刊学术第三辑。

纪年	纪事	论著
		同月，李旦丘撰《古代文字学的方法论》，刊学术第三辑。
		五月，闻一多撰《释囧》，刊金陵学报一卷第十二期。民国三十七年八月，收入闻一多全集第二册。
		故吾撰《访殷虚记》，刊中和一卷五期。
		六月，于省吾著《双剑誃殷契骈枝》出版，石印本，一册，北京虎访桥大业印书局印行。
		六月四日十日十八日，张荫麟撰《中国史黎明期的大势》，刊昆明中央日报史学八十五至八十七期。又列入所著中国史纲第一册，浙江大学史地教育丛书。
		同月，傅东华撰《鬼方塙见卜辞说》，刊群雅月刊第一集第三卷。
		八月，杨树达撰《释利》，载于湖南大学古文字学研究讲义。
		九月，陈梦家撰《述方法敛所摹甲骨卜辞补》，刊北平图书馆图书季刊新二卷三期。
		同月，杨树达撰《释庐》，载于湖南大学古文字学讲义。
		同月，杨树达撰《释豈》，载于湖南大学古文字学讲义。
		同月，杨树达撰《释正》，载于湖南大学古文字学讲义。
		同月，杨树达撰《释藏》，载于湖南大学古文字学讲义。
		同月，杨树达撰《释⺆》，载于湖南大学古文字学讲义。
		同月，杨树达撰《释滴》，载于湖南大学古文字学讲义。
		同月，杨树达撰《释異》，载于湖南大学古文字学讲义。
		同月，饶宗颐撰《㕣为根圉说》，刊成都齐鲁大学国学研究所责善半月刊一卷十三期。
		十月，杨树达撰《释雄》，载于湖南大学古文字学讲义。
		同月，杨树达撰《释祊》，载于湖南大学古文字学讲义。
		十一月，于省吾著《双剑誃古器物图录》二卷出版，影印本二册。
		十二月，张宗骞撰《卜辞弜弗通用考》，刊燕京学报二十八期。
		董作宾撰《论雍己在殷代祀典中的位置》，刊中央研究院历史语言研究所集刊第八本。
		陈梦家撰《商王名号考》，刊燕京学报第二十七期。
		丁山著《新殷本纪》，史董第一册。
		日本梅原末治著《河南安阳遗宝》出版，日本影印本一册。
		黄濬著《邺中片羽三集》出版，北京尊古斋影印本二册。
		英国金璋撰《中国古文字中之人形》，刊英国皇家亚洲文会杂志，又中山大学语言历史学研究所周刊第十一集一至二五至一二八合刊文字学专号有王师韞译文。
		黄淬伯撰《殷周之社会及其文化》，刊政治集刊四卷一期。
		董作宾撰《积三百有六旬有六日新考》，刊华西大学中国文化研究所集刊，第一期。
		杨树达撰《读甲骨文编记》，刊湖南大学文哲丛刊卷一。
		董作宾撰《殷代之天文》，刊中国天文学会十五届年会会刊。"

纪年	纪事	论著
1941 年（民国三十年）辛巳	"一月，李旦丘著《殷契摭佚》出版，序曰：'己卯春，书贾携罗振玉氏所藏甲骨拓片千余片来馆求售，类皆残阙，精品绝少。本馆懼古代遗物之将归于散逸也，乃购而藏之。入秋以后，余始选其文句之较完整者，与乎文字之较值注意者，凡一百十八片编为是编。非敢自谓有以贡献于契林，不过保存古代文化之微意云尔。'本书体例悉依所著《铁云藏龟零拾》。"	四月，于省吾《双剑誃殷契骈枝续编》出版。 "一月，李旦丘著《殷契摭佚》出版，附考释一册，属孔德图书馆丛书第三种。 一月，杨树达撰《释乎》，载于湖南大学古文字学讲义。 同月，杨树达撰《释凵》，载于湖南大学古文字学讲义。 同月，杨树达撰《释物》，载于湖南大学古文字学讲义。 四月，于省吾著《双剑誃殷契骈枝续编》出版，石印本一册、 四月，陈梦家撰《射与郊》，刊清华学报十三卷第一期。 四、五、六月马叙伦撰《中国文字之源流与研究方法之新倾向》，刊学林六、七、八辑，开明书局出版。 六月，李玄伯著《中国古代社会新研究》，排印本，一册，属孔德研究所丛刊之三，来薰阁书店出版。 七月，唐兰撰《评铁云藏龟零拾》，刊文史杂志一卷七期。 秋，罗振玉遗著《释行、释止、释奚》出版，刊贞松老人遗稿甲集之一，后丁戊搞。 十一月，金祖同著《甲骨文辩证上卷》出版，影印本一册。 十一月，胡厚宣撰《甲骨文所见殷代之天神》，刊成都齐鲁大学责善半月刊二卷十六期。 十二月，胡厚宣撰《卜辞零简》，刊成都齐鲁大学研究所责善半月刊二卷十八期。 吕振羽著《中国社会史上的奴隶制度问题》出版，耕耘出版社出版。 蓝文徵著《商代》，刊中国通史第一册之第一章，贵阳文通书局出版经世丛书之一。"
1942 年（民国三十一年）壬午		胡厚宣《甲骨文四方风名考证》发表。 董作宾《从高宗谅阴说到武丁父子们的建康》发表。 "一月，姜亮夫撰《释王》一文，刊东北大学志林第三期。 二月，丁声树、胡厚宣撰《甲骨文四方风名考证》，刊齐鲁大学研究所责善月刊二卷二十二期。 四月，邓初民撰《夏殷时代的中国奴隶社会》，刊文化杂志三卷二号。 四月，郭沫若撰《殷周是奴隶社会考》，刊学习生活二卷三期。 四月，日本重泽俊郎撰《周末社会与商之文化》，刊支那学第十卷特别号。 五月，杨树达撰《释兽》，刊湖南大学古文字学研究讲义。 六月，邓初民撰《奴隶社会出版》，中国社会史教程第三章，文化供应社出版。 八月，杨树达撰《释反》，刊湖南大学古文字学研究讲义。 八月，董作宾撰《殷代的羌与蜀》，刊说文月刊三卷七期巴蜀文化专号。

纪年	纪事	论著
		九月,董作宾撰《从高宗谅阴说到武丁父子们的健康》,刊中国青年七卷二三期。 十月,日本薮内清撰《殷周至隋之历法史》,胡佛译,刊中日文化二卷八、九期。 十一月,厅堂撰《商代的江浙》,刊真知学报二卷三期。 十二月,日本松田寿男撰《卜辞与古代中国人之生活》,刊加藤博士还历纪念东洋史集说。 叶芝著《安阳之回顾》出版,印于英国伦敦。 梅原末治撰《河南省彰德府侯家庄古墓群之概况》出版,刊日本宝云二十九至三十一期。 董作宾撰《魏特夫商代卜辞中之气象纪录》,刊华西大学中国文化研究所集刊三卷一、二、三、四号合刊。 容庚编著《卜辞研究》,北京大学讲义,北平石印。 张政烺撰《六书古义》,刊中央研究院历史语言研究所集刊第十本。 沈启无、朱耘菴撰《龟卜通考》,刊华北编译馆刊一卷一至三期。 郭沫若撰《甲骨文辩证序》,刊说文月刊第二卷合订本。"
1943 年(民国三十二年)癸未		五月,于省吾《双剑誃殷契骈枝三编》出版。 "一月,胡厚宣撰《甲骨学概要》,刊大学二卷一期。 二月,纪稣宜撰《商史徵》,刊真知学报二卷六期。 四月,蔡元邦撰《中国社会的检讨》,刊中山大学经济科学第五期,中国经济史研究特辑。 四月,袁亦山撰《中国氏族社会与土地共有制》,刊中山大学经济科学第五期,中国经济史研究特辑。 五月,于省吾著《双剑誃殷契骈枝三编》出版。北京虎坊桥大业印刷局印行。 六月,湖光炜撰《卜辞中之岳即昌若说》,刊中央大学文史哲集刊一卷二期。 六月,沈启无撰《卜辞中之鷫辞及其他》,刊真知学报三卷二期。 七月,董作宾撰《殷虚甲骨文字》,刊读书通讯六十九期。 八月,金祖同撰《孔德所藏卜辞写本录副》,刊说文月刊三卷一期。 十二月,罗振玉遗著《贞松老人外集补遗》出版。 十二月,翦伯赞撰《略论殷商青铜器文化》,刊文风杂志第一卷第一期。 十二月,董作宾撰《殷文武丁时卜辞中一旬间之气象纪录》,刊气象学报十七卷一至四期合刊。 伍献文撰《武丁大龟之腹甲提要》,刊六学术团体联合年会论文提要,读书通讯七九、八十两期合刊。"

纪年	纪事	论著
1944 年（民国三十三年）甲申	"三月，胡厚宣所著《甲骨学商史论丛初集》出版，自序云：'余曩年读书北京大学，从诸大师治古史每感书阙有闲，文献难征，及入中央研究院，既参见殷墟发掘工作，整理殷墟出土之甲骨；并作殷墟文字释文，乃恍然知研究古史，必当自殷商，而甲骨文实为其最基本之材料。又念研治甲骨文字倘欲免断章取义，穿凿附会之嫌，则所见之材料必多于是，乃发奋搜集所有国内外公私已否著录之材料，先作一总结之研究。十年以来，凡已出版之书，必设法购置，其未出版之材料，知其下落者，必辗转设法，借拓钩摹国内国外公私所藏，虽一片不遗，虽千金莫惜。而中央研究院先后发掘所得大版碎片近三万，以工作关系，玩之尤为熟悉，迄今计所得见之材料，约七、八万片，以视全部材料，所差者不过十之一、二或二、三而已。二十六年事变之后，随中央研究院西迁，昆明三年，所成论文，逾百万字，其长篇之作，以种种原因衔未能付刊。二十九年夏，应齐鲁大学之聘来成都，教学之余，方期以最大努力，在最短期间，对甲骨文作一通盘总括之澈底整理。不意一病经年，此事遂废。三十一年夏，余身体渐健，乃略据旧作，每成新篇，遂以顾颉刚先生之怂恿，写印《甲骨学商史论丛》一书，并拟赓续前志，于三数年内，成书四集，然后作《甲骨文字学》及《商史新证》两书以完成澈底整理之宿愿。今《甲骨学商史论丛初集》，实其靱始之工作也'。全书刊论文二十篇，约四十万言。"	三月，胡厚宣《甲骨学商史论丛》初集一、二、三、四册出版。 "二月，陈震巽撰《中国原始社会之母系制的考证》，刊中华报七卷二号。 三月，随河撰《殷代的巫觋阶级与占卜》，刊申报月刊复刊号二卷二期。 三月，胡厚宣著《甲骨学商史论丛初集》出版，共四册，齐鲁大学国学研究所专刊之一。目次：第一册：徐（中舒）序；缪钺题辞；自序；殷代封建制度考；殷代婚姻宗法生育制度考；殷非奴隶社会论；殷代焚田说。第二册：殷代舌方考；殷代之天神崇拜；'一甲十癸'辨；甲骨文四方风名考证；论殷代五方观念及中国称谓之起源。第三册：卜辞下乙说，殷人疾病考；殷人占梦考；武丁时五种纪事刻辞考。第四册：殷代卜龟之来源；卜辞地名与古人居丘说；释屮；厦门大学所藏甲骨文字；读曾毅公君殷墟书契编校记；甲骨文发见之历史及其材料之统计，引用甲骨文材料简名表。 十月，翦伯赞撰《古代社会》，刊所著中国史纲第一卷第三章，五十年代出版社出版。 五月，吴泽撰《殷代帝王名谥世次世系家族与继承制度研究》，刊中山文化季刊一卷四期。 五月，李泰华撰《殷代之农业与物质文化》，刊读书通讯九十期。 五月，董作宾撰《王若曰古义》，刊说文月刊第四卷合订本。 五月，姜蕴刚撰《殷商民族与文化》，刊说文月刊第四卷合订本。 六月，董作宾撰《麽些象形文字字典序》，刊李霖璨所著《麽些象形文字字典》，中央博物院出版。 九月，傅筑夫撰《关于殷人不常厥邑的一个经济解释》，刊文史杂志五六期合刊中国经济史专号。 九月，万国鼎撰《殷商之土地制度》，刊文史杂志四卷五六期合刊中国经济史专号。 十月，郭沫若撰《古代研究的自我批评》，刊群众九卷二十期，又列入所著十批判书。 十一月，杨树达撰《释取》，载湖南大学古文字学研究讲义。 同月，杨树达撰《释凡》，载湖南大学古文字学研究讲义。 同月，杨树达撰《释尤》，载湖南大学古文字学研究讲义。 同月，杨树达撰《释䖵》，载湖南大学古文字学研究讲义。 十二月，张政烺撰《关于奭字说》，刊齐鲁大学学史丛刊第一期。 十二月，李得贤撰《殷周制度新论》，刊成都齐鲁大学学史丛刊第一期。 十二月，白雪樵撰《殷代妇女地位的推测》，刊成都齐鲁大学学史丛刊第一期。 十二月，董作宾撰《中康日食》，刊入徐炳昶著之《中国古史的传说时代》，中国文化服务社出版。

纪年	纪事	论著
		十二月，张政烺、胡厚宣撰《关于殷代卜龟之来源》，刊成都齐鲁大学学史丛刊第一期。 十二月，胡厚宣撰《齐鲁大学对于甲骨学的贡献》，刊成都新中国日报齐鲁大学八十周年纪念刊。 吕炯、胡厚宣撰《关于殷代之气候》，刊齐鲁大学学史丛刊第一卷。 徐中舒撰《殷井田制度探源》，刊中国文化研究所汇刊第四卷上册。 吴泽撰《甲骨地名与殷代地理新考》，刊中山文化季刊二卷一期。 刘朝阳撰《殷历的轮廓》，刊华西大学中国文化研究所专刊乙种第二册，周初历法考之三。 刘朝阳撰《殷末周处日月食考》，刊华西金陵齐鲁三大学中国文化研究所汇刊第四卷。 日本梅原末治著《河南安阳遗物之研究》出版，影印一册。"
1945 年（民国三十四年）乙酉	"四月，董作宾著《殷历谱》出版。序曰：'此书虽名《殷历谱》，实则应用《断代研究》更进一步之方法，试作甲骨文字之分期类、分派研究之书也。余之目的，一为藉卜辞中有关天文历法之纪录，以解决殷周年代之问题，一为揭示用新法研究甲骨文字之结果，以供治斯学者参考。前者在殷历，后者在历谱，盖由谱以证历，非屈历以就谱。历求合天，谱徵信史；历自历，谱自谱，一而二，二而一者也。'"	四月，董作宾《殷历谱》出版。 同月。胡厚宣《甲骨学商史论丛》二集一、二册出版。 七月，胡厚宣《甲骨六录》出版，收入《甲骨学商史论丛》三集。 "一月，石璋如撰《小屯的文化层》，刊中央研究院历史语言研究所集刊外编第三种，又六同别录上卷。 一月，张政烺撰《说文燕召公史篇名醜解》，刊六同别录上册。又三十七年载中央研究院历史语言研究所集刊第十三本。 一月，张政烺撰《奭字解》，刊六同别录上册，又三十七年刊中央研究院历史语言研究所集刊第十三本。 一月至三月，刘朝阳撰《甲骨文之日珥观测纪录》，刊宇宙十一卷一至三号。 二月，杨树达撰《甲骨文蠡测撷要》，载湖南大学古文字学讲义。 三月，杨树达撰《释塵逜兆兆》，载湖南大学古文字学讲义。 三月，杨树达撰《释ㅅ》，载湖南大学古文字学讲义。 三月，周铁铮撰书《释ㅅ》后，载湖南大学古文字学讲义。 三月，杨树达撰《说方》，载湖南大学古文字学讲义。 三月，杨树达撰《说戠》，载湖南大学古文字学讲义。 三月十三日，杨树达撰《方族考》，载湖南大学古文字学讲义。 三月，杨树达撰《释ㄅ》，载湖南大学古文字学讲义。 三月，杨树达撰《黄尹黄奭伊夾考》，载湖南大学古文字学讲义。 三月，杨树达撰《高禖说》，载湖南大学古文字学讲义。 三月，杨树达撰《殷人尚白说》，载湖南大学古文字学讲义。 三月，杨树达撰《甲骨文中之四方神名与风名》，载湖南大学古文字学讲义。 三月，杨树达撰《读胡厚宣君殷人疾病考》，载湖南

纪年	纪事	论著
		大学古文字学讲义。

大学古文字学讲义。

　　三月，杨树达撰《甲骨文中之先置宾辞》，载湖南大学古文字学讲义。

　　四月，胡厚宣著《甲骨学商史论丛二集》出版。总目：自序，卜辞中所见之殷代农业。（以上第一册）气候变迁与殷代气候之检讨；甲骨学绪论；甲骨学类目。（以上第二册）两册共收论文四编约二十五万言。印于成都华西坝。

　　四月，董作宾著《殷历谱》出版，中央研究院历史语言研究所专刊。重要目录。（上编）卷一，殷历鸟瞰：第一章绪言，第二章时与日，第三章月，第四章年，第五章闰，第六章殷历沿革。卷二，历谱之编制：第一章四分术之基础，第二章殷代朔闰之推求，第三章年历谱之编制，第四章九谱之编制。卷三，祀典年：一章殷代之纪年法，第二章乙辛祀典，第三章祖甲祀典，第四章祀谱述要。卷四，殷之年代，第一章殷商总年，第二章殷庚迁殷后之年，第三章各王之年，第四章周总年及共和以年之年，第五章殷周之际年历考。（下编）卷一年历谱：叙说：（甲）：谱例，（乙）历例。卷二祀谱。卷三交食谱。卷四日至谱。卷五闰谱。卷六月谱。卷七月谱。卷八旬谱。卷九日谱。卷十夕谱。全书共四册，附傅斯年序及自序。

　　四月，杨树达撰《释夬》，载湖南大学古文字学讲义。

　　四月，杨树达撰《释𣥺》，载湖南大学古文字学讲义。

　　四月，杨树达撰《说𣪊》，载湖南大学古文字学讲义。

　　四月，杨树达撰《说昌》，载湖南大学古文字学讲义。

　　四月，杨树达撰《说反》，载湖南大学古文字学讲义。

　　四月，杨树达撰《余卜考》，载湖南大学古文字学讲义。

　　四月，杨树达撰《犬方考》，载湖南大学古文字学讲义。

　　五月，杨树达撰《释𡴂𡴘》，载湖南大学古文字学讲义。

　　五月，杨树达撰《释𠦪》，载湖南大学古文字学讲义。

　　五月，杨树达撰书《释𠦪后》，载湖南大学古文字学讲义。

　　五月，杨树达撰《说更》，载湖南大学古文字学讲义。

　　五月，杨树达撰《其牢兹用考》，载湖南大学古文字学讲义。

　　五月，杨树达撰《多介父考》，载湖南大学古文字学讲义。

　　五月，杨树达撰《舌河说》，载湖南大学古文字学讲义。

　　五月，杨树达撰《𪋀宗考》，载湖南大学古文字学讲义。

　　五月，杨树达撰《殷先公称王说》，载湖南大学古文字学讲义。

　　六月，杨树达撰《说𣥺》，载湖南大学古文字学讲义。

　　六月，杨树达撰《释𠂤》，载湖南大学古文字学讲义。

　　六月，徐中舒撰《殷代兄终弟及即选举制说，刊文学杂志五卷六期合刊中国社会史专号。

　　七月，胡厚宣著《甲骨六录》出版，目次：自序；中

纪年	纪事	论著
		央大学所藏甲骨文字；华西大学所藏甲骨文字，清晖山馆所藏甲骨文字，柬天民氏所藏甲骨文字；曾和窨氏所藏甲骨文字；释双剑誃所藏甲骨文字；索引。全一册。又列入所著甲骨学商史论丛三集。印于成都华西坝。 　　七月，杨树达撰《释龠》，载湖南大学古文字学讲义。 　　七月，杨树达撰《说星》，载湖南大学古文字学讲义。 　　七月，杨树达撰《释聚》，载湖南大学古文字学讲义。 　　七月，杨树达撰《说母》，载湖南大学古文字学讲义。 　　七月，杨树达撰《说于》，载湖南大学古文字学讲义。 　　七月，杨树达撰《说易》，载湖南大学古文字学讲义。 　　七月，杨树达撰《说即》，载湖南大学古文字学讲义。 　　七月，杨树达撰《释戋》，载湖南大学古文字学讲义。 　　七月，杨树达撰《释丰》，载湖南大学古文字学讲义。 　　七月，杨树达撰《释丰补》，载湖南大学古文字学讲义。 　　七月，杨树达撰《释疛》，载湖南大学古文字学讲义。 　　七月，杨树达撰《再说方》，载湖南大学古文字学讲义。 　　七月，杨树达撰《说攸》，载湖南大学古文字学讲义。 　　七月，杨树达撰《说曰》，载湖南大学古文字学讲义。 　　七月，杨树达撰《说𪅀》，载湖南大学古文字学讲义。 　　七月，杨树达撰《又宗西宗考》，载湖南大学古文字学讲义。 　　七月，杨树达撰《冬蜀考》，载湖南大学古文字学讲义。 　　七月，杨树达撰《御史考》，载湖南大学古文字学讲义。 　　八月，鲁实先撰《斥傅斯年殷历谱序之谬》，刊重庆新蜀雅十一辑。 　　八月，董作宾撰《麼些象形文字典序》，刊说文月刊五卷三四期合刊。 　　八月，杨树达撰《说畬》，载湖南大学古文字学讲义。 　　八月，杨树达撰《释𠬝》，载湖南大学古文字学讲义。 　　八月，胡厚宣撰《论殷人卜辞中关于雨的记载》，刊学术与建设第一期。 　　九月，杨树达撰《说亦》，载湖南大学古文字学讲义。 　　九月，杨树达撰《凡方考》，载湖南大学古文字学讲义。 　　九月，冯汉骥撰《由尚书盘庚篇观察殷商社会》，刊成都新中国日报中国社会五、六、七期。又民国三十四年载文史杂志五卷五、六期中国社会专号，题为自尚书盘庚篇看殷商社会的演变。 　　九月，杨树达撰《说汤盘》，载湖南大学古文字学讲义。 　　十月，杨树达撰《说仆》，载湖南大学古文字学讲义。 　　十月，杨树达撰《释远》，载湖南大学古文字学讲义。 　　十月，杨树达撰《说灵》，载湖南大学古文字学讲义。 　　十月，杨树达撰《说高》，载湖南大学古文字学讲义。 　　十月，杨树达撰《补释昆》，载湖南大学古文字学讲义。 　　十月，陈觉玄撰《殷代社会史之探究》，刊大学月刊

续表

纪年	纪事	论著
		四卷七八期。又三十五年三月载新中华复刊四卷五期。 　十一月，蒋逸雪撰《殷商拓地朝鲜考》，刊东方杂志四十一卷三十一期。 　十二月，董作宾撰《殷历谱后记》，刊六同别录中册。又三十七年刊中央研究院历史语言研究所集刊第十三本。 　十二月，屈万里撰《甲骨文从比二字辨》，刊六同别录中册。又三十七年刊中央研究院历史语言研究所集刊第十三本。 　十二月，屈万里撰《𤉲不跟解》，刊六同别录中册。又三十七年载中央研究院历史语言研究所集刊第十三本。 　十二月，屈万里撰《谥法滥觞于殷代论》，刊六同别录中册。又三十七年载中央研究院历史语言研究所集刊第十三本。 　石璋如撰《小屯后五次发掘的重要发现》，刊中央研究院历史语言研究所集刊外编第三种。 　陈梦家著《西周年代考》出版，商务印书馆出版，又四十四年重订本印出。 　杨树达撰《𦜕日考》，载湖南大学古文字学讲义。 　郑子田著《中国原始社会之研究》出版，上海永祥印书馆出版，全一册。 　陈子展撰《龟历歌》，刊重庆新蜀报蜀雅。 　刘朝阳著《晚殷长历》出版，华西大学中国文化研究所专刊乙种第三册。 　刘朝阳撰《关于殷周历法之基本问题》，刊华西大学中国文化研究所集刊第四卷。 　刘朝阳撰《夏书日历考》，刊华西齐鲁金陵三大学中国文化研究汇刊第五卷。 　缪凤林撰《与某君论古史书》，中央大学讲义。又载学原月刊，商务印书馆出版。"
1946 年（民国三十五年）丙戌	"五月，胡厚宣著《战后平津新获甲骨集》一册出版。七月出版第二册。第一册总目：元嘉造像室所藏甲骨文字；颂斋所藏甲骨文字；双剑誃所藏甲骨文字；国立北平图书馆所藏甲骨文字；平津坊间所藏甲骨录；厚宣所藏甲骨文字；自序，附录。按第一册录：元嘉造像室所藏甲骨文字摹本二七零片，颂斋所藏甲骨文字摹本十三片；附释文。第二册录：双剑誃所藏甲骨文字录摹本二五四片，附释文。全书二册，共录摹本五三七片。总目所列国立北平图书馆所藏甲骨文字，平津坊间所藏甲骨录，厚宣所藏甲骨文字，自序及附录未见。"	七月，胡厚宣《战后平津新获甲骨集》出版，放入《甲骨学商史论丛》四集。 　"二月十六日，杨树达撰《释追逐》，载湖南大学古文字学研究讲义。 　二月十六日，杨树达撰《说翟》，载湖南大学古文字学研究讲义。 　二月十九日，杨树达撰《释兴》，载湖南大学古文字学研究讲义。 　三月六日，杨树达撰《说兄》，载湖南大学古文字学研究讲义。 　三月八日，杨树达撰《释豕》，载湖南大学古文字学研究讲义。 　三月十日，杨树达撰《𡊤𡊤》，载湖南大学古文字学研究讲义。 　三月十五日，杨树达撰《释𢎛》，载湖南大学古文字学研究讲义。 　三月十九日，杨树达撰《说𤇾登》，载湖南大学古文字学研究讲义。 　四月十九日，胡厚宣撰《甲骨学简说》，刊成都中央日报商代甲骨铜器展览专刊（上）。 　四月十九日，孙伏园撰《甲骨与学术》，刊成都中央日报商代甲骨铜器展览专刊（上）。

纪年	纪事	论著
		四月二十日，胡厚宣撰《我怎样蒐集的这一批材料》，刊成都新中国日报专刊。 四月二十日，胡厚宣撰《甲骨学研究之经过》，刊成都中央日报商代甲骨铜器展览专刊（下）。 四月二十日，胡厚宣撰《甲骨文发现之历史》，刊成都中央日报商代甲骨铜器展览专刊（下）。 五月，胡厚宣著《战后平津新获甲骨集》第一册出版，属甲骨学商史论丛四集，目次：（一）元嘉造像室所藏甲骨文字；（二）颂斋所藏甲骨文字。成都齐鲁大学研究所出版，初版二百部。线装一册。 六月，饶宗颐撰《殷困民国考》，刊文理学报一卷一期。 六月，饶宗颐撰《葡未困三字释》，刊文理学报一卷二期。 六月三十日，姜亮夫撰《释示》，刊南京中央日报文史周刊。 七月，章鸿钊、董作宾撰《殷周年历问题之商讨》，刊说文报十九至二十三期。 七月，胡厚宣著《战后平津新获甲骨集》第二册出版，属甲骨学商史论丛四集。目录：双剑誃所藏甲骨文字。齐鲁大学国学研究所出版。初版二百部，线装一册。 十月十六日，沈兼士初期意符字发微，刊上海大公报文史周刊第一期。 十月二十七日，邵慎之撰《安阳祭器出土记》，刊上海申报。 董作宾撰《再谈殷代气候》，刊华西大学中国文化研究所集刊第五期。 李玄伯撰《古代社会与现代初民社会》，刊中央图书馆书林集刊。 竺可桢撰《二十八宿起源之时代与地点》，刊思想与时代四十三期。 周传儒撰《甲骨文字的研究》，刊中央图书馆书林集刊卷一。 董作宾撰《殷代之历法农业与气象》，刊华西大学中国文化研究所集刊第五册。"
1947 年 （民 国 三 十 六 年 ） 丁亥	胡厚宣《战后出土的新大龟七版》发表，首次指出 YH127 坑甲骨有流失社会者。	"一月十日，方诗铭撰《甲骨文字》，刊上海益世史苑十八期。 一月十五日，胡厚宣撰《甲骨学提纲》，刊上海大公报文史周刊十三期；又天津版大公报文史周刊十三期。 一月二十九日，于省吾撰《释人尸仁𡰥夷》，刊上海大公报文史周刊十四期。 二月，毛起鷙撰《殷商时代的妇女婚姻及族制，刊中国杂志一卷一期。 二月，王达津撰《汤誓和盘庚里的众和有众》，刊读书通讯一二六期。 二月，朱芳圃撰《殷卜辞中所见先公先王再续考》，刊新中华复刊第五卷第四期。 二月四日，杨宪益撰《中康日食考辨》，刊南京中央日报文史周刊卅七期。 三月，石璋如撰《殷虚最近之重要发现附论小屯地层》，刊田野考古报告第二册。

纪年	纪事	论著
		三月一日，岑仲勉撰《仲康日食内的难题》，刊南京和平日报人文二十二期。 三月，振宜撰介绍董作宾先生的《殷历谱》，刊南京和平日报社会与政治副刊四十四期。 四月九日、十六日，丁山撰《十批判书之批判》，刊上海东南日报文史三十七三十八期。 五月，杨树达撰《积微居甲字说》，刊复旦学报第三期。 六月，闻一多撰《释为释豸》，刊考古社刊第六期。又卅七年八月收入闻一多全集第二册，开明书店出版。 六月四日、十一日，丁山撰《卲其卣三器铭文考释》，刊上海中央日报文物周刊三十七、三十八期。 八月二十六日，陈子展撰《关于殷历谱纠謡》，刊申报春秋。 九月，吴泽撰《殷代贡纳制度辨》，刊大厦大学历史社会学集刊一卷二期。 九月一日，徐景贤撰《释徐》，刊南京大刚报，文史副刊。 九月，章鸿钊撰《殷人祀岁星考》，刊学艺十七卷九号。 十月，陈梦家撰《上古天文材料》，刊学原第一卷第六期。南京学原社发行。 十二月十日，方诗铭撰《天问吴获迄古解》，刊上海东南日报文史六十九期。 胡厚宣撰《战后出土的新大龟七版》，刊中央日报文物周刊二十二期至三十一期。 胡厚宣撰《卜辞同文例》，刊中央研究院历史语言研究所集刊第九本。 安志敏撰《殷虚之石刀》刊燕京学报第三十三期。 图书周刊编者撰《胡厚宣氏甲骨学研究近况》，刊天津大公报图书周刊。"
1948 年 （民国三十七年） 戊子	"四月，董作宾编辑之《殷虚文字甲编》出版。甲编收录中央研究院历史语言研究所小屯九次发掘所得甲骨经整理后拓印而成，该书选拓有字龟甲二四六七片，有字骨版一三九九片，共计三八六六片。此外计有牛头刻辞一件鹿头刻辞二件鹿角器一件。附自序及李济之跋彦堂自序。 十月，董作宾主编之《殷虚文字乙编》上辑出版。乙编为继甲编之后拓印中央研究院历史语言研究所主持之第十三十四十五三次（民国二十五年春至二十六年春）发掘所得甲骨，共计一八四零五片乙编分上中下三辑。上辑录 13.01—13.0.7275 中辑录 13.0.7276—13.0.13349，下辑录 13.0.13350—15.2.50。"	四月，董作宾《殷虚文字甲编》出版。 "一月，金祖同著《龟卜》出版，温知书店影印本一册。 一月，刘節撰《释嬴》，刊中山大学文史集刊第一册。 一月，钱健夫著《中国社会经济史上的奴隶制问题》，商务印书馆出版。 三月二十日，周祖谟撰《甲骨卜辞中的蚨字》，刊上海申报文史十五期。 三月廿五、廿六日王瑞明撰《胡厚宣教授访问记》，刊上海益世报益世副刊。 四月，董作宾编辑《殷虚文字甲编》出版。中央研究院历史语言研究所出版，一册。商务印书馆发行。 六月，董作宾撰《武丁龟甲卜辞十例》，美国哈佛大学刊印（英文本）杨联坒译。 八月，闻一多撰《释余》，收入闻一多全集第二册。 八月，闻一多撰《释蟲》，收入闻一多全集第二册。 八月，闻一多撰《释羔》，收入闻一多全集第二册。 八月，闻一多撰《释桑》，收入闻一多全集第二册。 八月，闻一多撰《释畺》，收入闻一多全集第二册。 八月，闻一多撰《释壶》，收入闻一多全集第二册；又

纪年	纪事	论著
		刊清华学报十二卷三期。 　　八月，闻一多撰《释不钺》，收入闻一多全集第二册。 　　九月八日，方静若撰《米为小甲合文说》，刊上海中央日报文物周刊。 　　十月六日，张子祺撰《甲骨缀合小记》，刊上海中央日报文物周刊一零四期；又三十八年一月十四日刊中央日报文物周刊第一一一期。 　　十月，董作宾编《殷虚文字乙编》上辑出版，中央研究院历史语言研究所出版。 　　胡厚宣撰《卜辞记事文字史官签名例》，刊中央研究院历史语言研究所集刊第十二本。 　　陈梦家撰《六国纪年》，分刊燕京学报三十四、三十六、三十七三期。"
1949 年		三月，董作宾《殷虚文字乙编》上、中辑出版。 　　"三月，董作宾编《殷虚文字乙编》中辑出版，中言研究院历史语言研究所出版，安定珂罗版社印刷。 　　八月，吴泽著《古代史》出版，长风书店出版。 　　八月，侯外庐著《殷代社会的特性》，三联书店出版，《中国古代社会史》第二章第二节。 　　十月，董作宾撰《中国文字在商代》，刊天声第一卷一、二两期。 　　中国考古学报第四册出版，商务印书馆行。内刊杨钟健、刘东生撰《安阳殷虚之哺乳动物群补》；伍献文撰《记殷虚出土之鱼骨》；高去寻撰《殷虚出土之牛距骨刻辞》；董作宾撰《殷虚文字甲编》自序；李济撰跋彦堂自序；董作宾撰《殷虚文字乙编》自序；石璋如撰《殷虚最近之重要发现后记》等文。 　　安志敏撰《中国史前时期之农业》，刊燕京大学社会科学第二卷。 　　胡厚宣著五十年来之甲骨学，载复旦大学讲义。 　　吕振羽著《殷代的奴隶制社会》出版，中国社会史纲增订本第二卷。耕耘出版社出版。 　　胡厚宣撰《读吴泽古代史》，载复旦大学讲义。"
1950 年	春，中国科学院考古研究所恢复中断多年的殷墟科学发掘工作，此后历年不断。武官村大墓发现，并在史学界引起震动。 　　《文物参考资料》创刊（1959 年改名为《文物》）。 　　"曾毅公辑《甲骨缀合编》出版，缀合甲骨卜辞约四百片，以王号、方国、地名、天象、田猎、卜年、卜旬、卜夕、卜日，甲子表为先后。附容庚陈梦家序及自序。"	是年，曾毅公《甲骨缀合编》出版。 　　"四月，《殷虚调查发掘工作》，刊科学通报第一期。 　　七月，《殷虚发掘组工作概况》，刊文物参考资料第六期。 　　七月，石璋如撰《小屯殷代的成套兵器附殷代的策》，刊中央研究院历史语言研究所集刊第二十二本。 　　七月，董作宾撰《殷代月食考》，刊'中央研究院'历史语言研究所集刊第二十二本。 　　九月，李亚农著《殷契摭佚续编》出版，石印本一册。 　　十一月，平庐撰《甲骨月食龟版》，刊大陆杂志第一卷第十期。 　　曾毅公辑《甲骨缀合编》出版，全书二册。"

纪年	纪事	论著
1951 年	十月，日本《甲骨学》杂志出版，是为国外第一家专门发表甲骨学论著的刊物。 是年，《中国考古学报》复刊（后改名《考古学报》）。 "三月，胡厚宣著《五十年甲骨文发现的总结》，序言曰：'殷墟出土商朝后半期的甲骨文字，自从一八八九年也就是光绪二十五年开始发现到现在已经整整五十年了，据我们粗略的估计，在这短短的五十年里出土的甲骨，共有十六万一千百八十九片，研究甲骨文字写有论著的作家共有二百八十九人，出版的著作共有八百七十六种。'云云。 四月，胡厚宣所编之《战后宁沪新获甲骨集》出版。属胡氏战后新获甲骨集之二。序言'曾闻一九四零年前后，安阳出土甲骨一大坑，为上海禹贡古玩行叶叔重氏购去。片大多字，盛两网篮。嗣自北京返成都。翌岁，东来上海。探叶氏于昭通路，时当傍晚，叶氏方携古物一箱，拟即搭夜车前往南京参见其项文物展览。开箱视之，固在北京所闻两网篮之甲骨，一时忻快，匪可言宣，商谈良久，以厚值留之。并悉此批甲骨间有分散，亦均设法一一罗致之。时代多属廪辛、康丁、武乙、文丁四王，大约出于小屯村中，摒弃疑伪得六七百片，于是编为一卷。一九四六年岁末，余自济南来南京，转道上海，以交通中断，留教复旦大学。暇者涉猎场肆，得识中国古玩社周氏壬生，承其代购甲骨一批一百六十七片，字大涂朱未曾有。因其多属于武丁及帝乙帝辛时代，与罗振玉早年所得者类似，大约出自小屯村北，于是编之为卷二。此外数年以来，往往宁沪，于商肆藏家三五偶见，兼收并蓄，细大不捐，计其所得，亦二三百片，于是编之为卷三。总合三卷得一千一百四十三片。' 六月，严一萍著《殷契征医》出版。自序云：'年来从事契学，尝举卜病有关之辞凡四百余版，董而考释之，若作医之年；药物之用；病因病象之辨，告祭祷祝之礼，防治赈备，巫医并业。曩所疑莫能道者，涣然冰释。于是殷商医学之真相见，而中国医学之渊源明矣。' 八月，郭若愚编《殷契拾缀》出版。该书为郭氏将上海亚洲文会博物院、上海市立博物馆、智龛、胡厚宣及王懿荣、刘铁云、孔德研究所旧藏部分	三月，胡厚宣《五十年甲骨文发现的总结》出版。 四月，胡厚宣《战后宁沪新获甲骨集》出版。 十一月，胡厚宣《战后南北所见甲骨录》出版。 "二月，董作宾撰《论商人以十日为名》，刊大陆杂志二卷三期。 三月，胡厚宣著《五十年甲骨文发现的总结》出版。目次：（一）引言。（二）甲骨文的名称。（三）甲骨文的认识。（四）甲骨文出土的地方。（五）甲骨文的搜购和流传。（六）科学院发掘的甲骨文字。（七）战后甲骨文的出土和采访。（八）五十年甲骨文出土的总计。 四月，胡厚宣编《战后宁沪新获甲骨集摹本》出版，二册。北平来薰阁书店出版。初版三百部。 四月，严一萍撰《中国医学之起源考略》，刊大陆杂志第二卷第八、九两期。 五月，董作宾撰《中国古历与世界古历》，刊大陆杂志二卷十期。 六月，严一萍著《殷契征医》出版，油印本一册。附董作宾及自序。 七月，陈梦家撰《殷契拾缀》序。见郭若愚编《殷契拾缀》。 七月，董作宾撰《从麽些文刊甲骨文》，刊大陆杂志三卷一、二、三期。又见李霖璨编著之《麽些文字典》。 八月，郭若愚编《殷契拾缀》出版。目次：（一）上海亚洲文会博物院藏。（二）上海市立博物馆藏。（三）智龛自藏。（四）胡厚宣藏。（五）王懿荣旧藏。（六）刘铁云旧藏。（七）孔德研究所旧藏。附陈梦序及自序。 十月，董作宾撰《大龟四版之四卜旬版年代订》，刊大陆杂志三卷第七期。 十月，严一萍撰《殷历谱'旬谱'补》，刊大陆杂志三卷七期。 十一月，胡厚宣编《战后南北所见甲骨录》出版，全书共三册。北平来薰阁书店出版。初版三百部。 十二月，董作宾撰《中国古代文化的认识》，刊大陆杂志三卷十二期。 郭宝均撰《一九五零年春殷虚发掘报告》，刊中国考古学报第五册。 李亚农撰《殷契杂释》，刊考古学报第五期。 陈梦家撰《甲骨断代学》，刊燕京学报第四十期。 陈梦家撰《祀周与农历——甲骨断代学甲编》，刊燕京学报第四十期。"

续表

纪年	纪事	论著
	甲骨拓印，全书一册，共五五零片。 　　十一月，胡厚宣编《战后南北所见甲骨录》，属胡氏《战后新获甲骨集》之一。（按：胡氏《战后新获甲骨集》全部计分四编：（一）战后京津新获甲骨集；（二）战后宁沪新获甲骨集；（三）战后南北所见甲骨录；（四）十家所获甲骨文存。）全书三册，分是编十二卷。内容：辅仁大学所藏甲骨文字一零七片。诚明文学院所藏甲骨文字九一片。上海文物会所藏甲骨文字一五七片，南京博物院所藏甲骨文字四片。无想山房旧藏甲骨文字五零九片，明义士旧藏甲骨文字八十七片。南北师友所见甲骨录卷一，二零四片。南北师友所见甲骨录卷二，二七一片，南北坊间所见甲骨录卷一，一一一片。南北坊间所见甲骨录卷二，二零八片。南北坊间所见甲骨录卷三，一四四片。南北坊间所见甲骨录卷四，五五六片。南北坊间所见甲骨录卷五，六七片。共收三二零九片。"	
1952 年	"一月，胡厚宣著《五十年甲骨学论著》出版，为胡氏将五十年（一八九九——一九四九）来所有关于甲骨文字之专书论文，不加检选全部收录。又此目所收，以所藏所见为主，间有知而未见者，亦酌量收录，惟于其下注明'未见'二字。其序言曰：'据我的统计，在这五十年中，甲骨文材料的出土，（一）已著录出书者七一种四一零八七片。（二）国内机关采集尚未著录者三一处，二零九七一片。（三）国内私人收藏尚未著录者七六家，九三六二五片。（四）国外机关采集尚未著录者九处，五四八一片。（五）国外私人收藏尚未著录者六家，八二五片。总共是一九三家，一六一九八九片。'又根据这译本《五十年甲骨学论著目》的统计，五十年中研究甲骨学者而有论著的作家，有（一）中国二三零人。（二）日本四十人。（三）英国六人。（四）美国五人。（五）德国四人。（六）法国二人。（七）苏联一人。（八）加拿大一人。此外述研究人著作性质及类目甚详。该书为继《甲骨年表》后有系统之专书。 　　九月，郭鼎堂著《甲骨文字研究》一书出版。该书写于一九二九年夏，曾于一九三一年在上海印行。原书由十七篇考释组成，今本剔去九篇，另将一九三四年所写《释勹勿》一篇编入（曾收入《古代铭刻汇考续编》。）此外原书序文及两编后叙删去，余下数篇于文字及引证亦略有改削及补充。"	一月，胡厚宣《五十年甲骨学论著目》出版。 　　六月，郭沫若《奴隶制时代》出版。 　　"一月，胡厚宣著《五十年甲骨学论著目》出版。总目（一）发现。（二）著录。（三）考释。（四）研究。（五）通说。（六）评论。（七）汇集。（八）杂著。附著者索引、篇名索引、编年索引。一册。中华书局出版。 　　七月，董作宾撰《卜辞中八月乙酉月食考》，刊大陆杂志特刊第一辑下册。 　　七月，严一萍撰《夏商周文化异同考》，刊大陆杂志特刊第一辑下册。 　　七月，张秉权撰《说吉》，刊'中央研究院'历史语言研究所集刊第二十三本，傅斯年先生纪念论文集下册。 　　八月，饶宗颐撰《殷代日至考》，刊大陆杂志五卷第三期。 　　九月，郭鼎堂著《甲骨文字研究出版》，影印本一册。目录释祖妣、释臣宰（附土方考）、释耤、释勹勿、释鯀言、释朋、释五十、释岁、释干支：（一）干支表。（二）十日。（三）十二辰。（四）何谓辰。（五）十二辰古说。（六）十二辰与十二宫。（七）岁名之真伪。（八）十二次。（九）余论。（十）附录——西纪前二二零零年代巴比伦之恒星天图。 　　十月，日本贝冢茂树撰《甲骨学之将来》，刊甲骨学第一卷第二号。日本甲骨学会出版。 　　十月，日本佐藤武敏撰《董作宾氏之甲骨文研究方向》，刊甲骨学第一卷第二号。日本甲骨学会出版。 　　十月，日本水泽利忠撰《契学综览》（二），刊甲骨学第一卷第二号。日本甲骨学会出版。 　　十一月，董作宾撰《中国文字的起源》，刊大陆杂志五卷第十期联合国中国同志会第八次座谈会纪要。 　　十一月，严一萍撰《正日本数内清氏对殷历的误解兼辨"至日"》，刊大陆杂志第五卷第九期。 　　十二月，董作宾撰《周金文中生霸死霸考》，刊台湾大学傅故校长斯年先生纪念论文集。台湾大学出版。 　　郭鼎堂撰《奴隶制社会》，刊新文艺。"

续表

纪年	纪事	论著
1953 年	“郭若愚编《殷契拾掇》二编，所收公私所藏及郭氏自藏甲骨共二十五处计有（一）北京图书馆藏。（二）南北博物院藏。（三）上海文物会藏。（四）浙江文物会所藏。（五）浙江省立图书馆藏。（六）沈曾植旧藏。等等。”	三月，日本贝冢茂树、伊藤道治《甲骨文断代研究法的再检讨》发表。 十二月，董作宾《殷虚文字乙编》下辑出版。 “一月，董作宾撰《卜辞中的亳与商》，刊大陆杂志六卷一期。 二月，董作宾撰《王二曰匄》，刊大陆杂志六卷第四期。 三月，郭若愚编《殷虚拾缀》二编出版，拓本影印一册。 三月，日本贝冢茂树、伊藤道治撰《甲骨文断代研究之再检讨》，刊东方学报京都二十三册。日本京都大学人文科学研究所发行。 四月，董作宾撰我国的文字，刊中央日报社出版我们的国家。 五月，董作宾撰《台湾大学所藏甲骨文字》，刊台湾大学考古人类学刊第一期。考古人类学系印行。 六月，李济撰《跪坐蹲居与箕踞》，刊‘中央研究院’历史语言研究所集刊第二十四本。 十二月，董作宾编《殷虚文字乙编》下辑出版，‘中央研究院’历史语言研究所出版。艺文印书馆印行。 十二月，董作宾撰《殷代纪日法》，刊文史哲学报第五期。 十二月，董作宾撰《五十年考订殷代世系的检讨》，刊学术季刊一卷三期。 十二月，陈梦家撰《殷代卜人篇——甲骨断代学丙编》，刊考古学报第六册第一份，考古研究所辑编。”
1954 年	是年，山西洪赵坊堆村出土有字西周甲骨。 “三月，胡厚宣编《战后京津新获甲骨集》，所录甲骨为胡氏抗战胜利后在各地搜集所得，共五六四二片，计实物三分之一，拓本三分之二。 四月二日，梁思永先生因心脏病逝世于北平，享年五十岁。 十一月，杨树达著《耐林庼甲文说》，序曰：‘此片收集余说甲骨之文字凡六篇，本积微居甲骨说中之文字也。初余以积微居甲骨说原稿七十篇送审查出版，经选定十篇，谓可刊行，余意卷中颇多会心之作，可存者决不止十篇，乃达书郭鼎堂，为余选定五十余篇，即积微居甲骨文说是也。此六篇为郭氏汰去十余篇之少半，余以为可以存者，故刊之曰耐林庼甲骨文说’卜辞求义自序略云：‘余于古文字之研究重视义训，往读甲骨文诸家之书，过有说义善者，则手录之，心有所觸，自觉其可存者，亦附记焉，久之不觉盈帙，遂即成篇。’云云。”	三月，胡厚宣《战后京津新获甲骨集》出版。 五月，杨树达《积微居甲文说·卜辞琐记》出版 十一月，杨树达《耐林庼甲文说·卜辞求义》出版。 “三月，胡厚宣编《战后京津新获甲骨集》出版，全书四册，附序要及杨树达序。群联出版社出版，初版共印四百部。 三月，董作宾撰《殷虚出土一块“武丁逐豕”骨版的研究》，刊大陆杂志八卷六期。 五月，石璋如撰《骨卜与龟卜探源》，刊大陆杂志八卷十二期。 五月，杨树达著《积微居甲骨文说卜辞琐记》出版。目次：卷上，说字之文：第一类，识字之属，十一篇；第二类，说义之属，凡十三篇；第三类，说通读之属，六篇；第四类，说形之属，凡三篇。卷下，考史之文。第一类，人名之是属，凡七篇；第二类，国名之属，凡五篇；第三类，水名之属，凡二篇；第四类，祭祀之属，凡二篇；第五类，杂考之属，凡四篇。卜辞琐记，附自序。 六月，张秉权撰《殷虚文字劄记》，刊‘中央研究院’历史语言研究所集刊第二十五本。 六月，张秉权撰《殷虚卜龟之卜兆及其有关问题》，刊‘中央研究院’院刊第一辑，庆祝朱家骅先生六十岁论文集。 六月，董作宾撰《武丁狩[龜攵]浅说》，刊大陆杂志八卷十二期。 六月，石璋如撰《殷代地上建筑复原之一例》，刊

纪年	纪事	论著
		'中央研究院'院刊第一辑，庆祝朱家骅先生六十岁论文集。 六月，高去寻撰《殷礼的含贝与握贝》，刊'中央研究院'院刊第一辑，庆祝朱家骅先生六十岁论文集。 六月，董作宾撰《骨臼刻辞再考》，'中央研究院'院刊第一辑，庆祝朱家骅先生六十岁论文集。 六月，周法高撰《古代的称数》，刊中央研究院院刊第一辑，庆祝朱家骅先生六十岁论文集。 七月，严一萍《八月乙酉月食腹甲的拼合与考证的经过》，刊大陆杂志九卷第十一期。 七月，董作宾撰《钞本武乙卜辞十一版》，刊大陆杂志九卷第二期。 八月，董作宾撰《我国文字的特色》，刊华侨青年二卷一期。 八月，董作宾撰《殷历谱的自我检讨》，刊大陆杂志九卷四期，联合国中国同志会第一百次座谈会纪要。 九月，陈梦家撰《殷代铜器》，刊考古学报第七册。 十月，饶宗颐撰殷历之新资料，刊大陆杂志九卷七期。 日本白川静撰《释南》，刊甲骨学第三号，日本甲骨学会编印。 十月，日本池田末利撰《释庙》，刊甲骨学第三号，日本甲骨学会编印。 十月，日本青木英哉撰《殷虚卜辞断代研究管见》（一），刊甲骨学第三号，日本甲骨学会编印。 十月，日本水泽利忠撰《契学综览》（三），刊甲骨学，日本甲骨学会编印。 十一月，杨树达著《耐林庼甲文说卜辞求义》出版，一册，上海群联出版社出版。 十二月，陈梦家撰《商王庙号考——甲骨断代学乙编》，刊考古学报第八期。 十二月，董作宾撰《中国文字》，刊中国文化论集。 安志敏撰《一九五二年秋郑州二里岗发掘记》，刊考古学报第八册。 陈梦家撰《甲骨的新资料和整理研究》，刊文物参考资料。 董作宾撰《殷代的革命政治家》，刊中国政治思想史及制度史论文集。 董作宾撰《今日之甲骨学》，刊金匮论古综合刊第一期。香港出版。"

纪年	纪事	论著
1955 年	一月，《考古通讯》创刊（自一九五九年改名《考古》）。 　秋，河南省郑州市发现商代城址。 　"四月，《殷虚文字缀合》出版，该书为郭若愚、曾毅公、李学勤三人将中央研究院历史语言研究所考古报告集之二《殷虚文字甲编》、《殷虚文字乙编》之碎片缀合。其中郭氏缀合者计甲编之1—76；乙编77—324，曾李二氏人合者有甲编之325—360；乙编之361—482。附郑振铎序，编者附记及目录。 　十二月，胡厚宣编《甲骨续存》出版，序曰：'我编过战后京津新获甲骨集，战后宁沪新获甲骨集，战后南北所见甲骨录等三书，收录抗战复员归来载南北各地所得的甲骨文字一万片左右。最近几年，由于工作的需要，常到各处去参观，于公私所藏续有所见，随手描录，或施墨拓，日久渐积，就多了起来，略加整理，我想还是把它发表出来，好供大家研究的方便。书编讫题为甲骨续存。本编体例，一切仍仿前三书，著录先后，以时代为序……编拓本为上编，摹本为下编，号码各自起讫，计录拓本二七五五，摹本九九八，共三七五三片。'"	四月，郭若愚、曾毅公、李学勤《殷虚文字缀合》出版。 　五门，胡厚宣《殷墟发掘》出版。 　七月，董作宾《甲骨学五十年》出版。 　十二月，胡厚宣《甲骨续存》出版。 　"一月，严一萍撰《一论"殷历谱纠謬"》，刊大陆杂志十卷第一期。 　二月，许倬云撰《殷历谱气朔新证举例》，刊大陆杂志第十卷第三期。 　三月，日本白川静撰《释史》，刊甲骨金文学论丛初集。 　三月，金祥恒撰《记方杰人先生所藏的两片牛胛骨》，刊大陆杂志第十卷第五期。 　四月，方豪撰《王氏旧藏两胛骨补记》，刊大陆杂志第十卷第八期。 　四月，董作宾撰《甲骨学在日本》，刊中日文化论集第一册，中华文化出版事业委员会出版。 　四月，郭若愚、曾毅公、李学勤等合著《殷虚文字缀合》出版。科学出版社出版。 　五月，胡厚宣著《殷虚发掘》出版，学习生活出版社出版。 　五月，日本白川静撰《作册考》，刊甲骨金文学论丛第三集。 　日本白川静撰《召方考》，刊甲骨金文学论丛第三集。 　七月，陈梦家撰《殷代社会的历史文化》，刊新建设。 　七月，董作宾著《甲骨学五十年》出版。目次：（一）解题和概说。（二）殷代文化宝藏的开发。（三）前期研究的经过。（四）后期研究的进行。（五）甲骨文材料的总估计。附严一萍序。艺文印书馆出版。 　八月，日本白川静撰《释师》，刊甲骨金文学论丛第三集。 　十月，严一萍著《续殷历谱》出版。附董作宾殷历谱的自我检讨及许倬云殷历谱气朔新证举例。艺文印书馆出版。 　十月，董作宾《讲殷代甲骨文字与古代文化》，在日本东方学会讲义辞，藤空明保翻译，刊东方学第一册。 　十二月，胡厚宣编《甲骨续存》出版，全三册。第一第二册拓本，第三册摹本。上海群联出版社出版。 　杨向奎撰《释不玄冥》，刊历史研究第二卷。 　陈梦家撰《商殷与夏周的年代问题》，刊历史研究第二卷。 　唐兰撰《中国古代历史上的年代问题》，刊新建设第三卷。 　安志敏撰《中国古代的刀》，刊考古学报第十期。 　胡厚宣撰《殷代农作施肥说》，刊历史研究第一卷。 　日本天野元之助撰《西周之农业及社会构造》，刊日本松大商大论文集七卷一号。"

纪年	纪事	论著
1956 年	四月，陕西长安县沣河西岸西周遗址进行大规模科学发掘工作，发现有字西周甲骨。 "六月，董作宾编辑严一萍摹释《殷虚文字外编》出版。严氏序言曰：'殷虚文字外编者，有别殷虚文字而言；殷虚文字者，中央研究院历史语言研究所十二次发掘殷虚所得甲骨文字之总集，而为彦堂先生所手辑。盖自民国十七年试掘殷虚，以迄最后一册殷虚文字之出版，皆彦堂先生所亲历，几乎将卅载。发掘而外，公私购藏，时有所获，则借拓汇辑，成此一书，故曰外编。凡收十四家，四六四版，五期咸备。零骨碎甲之中，尤多罕见之文，至堪珍异。'该书搜辑计有历史博物馆旧藏原骨二十版，中央研究院购自南京原骨四十五版；何春畲所藏二十九片，铁云旧藏由商锡永借拓原甲骨实物版；州何叙甫所藏六十一片；沈孱庐在苏州购得刘铁云旧藏甲骨二十五版；梁思永存任公先生旧藏甲骨四版；徐旭省在西安购得甲骨十三版；庄慕陵旧藏甲骨七版；陈中凡原甲骨一七八版；历史语言研究所于民国十七年调查殷虚购得甲骨标本十六版；商承祚所藏云是铁云旧藏甲骨十五版；李玄伯旧藏之一部分甲骨七版；严一萍购藏原骨四版。 十二月，饶宗颐著《巴黎所见甲骨录》，为饶氏于一九五六年九月出席第九届国际汉学会议时于巴黎将巴黎大学中国学院策努斯奇博物院归默博物院所藏部分甲骨摹写，共得二十六片，其中巴黎大学中国学院十三片，策努斯奇博物院九片，归默博物院四片。"	七月，陈梦家《殷虚卜辞综述》出版。 九月，丁山《甲骨文所见氏族及其制度》出版。 十二月，周谷城《古史零证》出版。 "一月，董作宾撰《王孙舌考》，刊东方文化第三卷第一期，香港大学出版。 一月，饶宗颐撰《日本所见甲骨录》（一），刊东方文化第三卷第一期，香港大学出版。 三月，张秉权撰《卜辞甲申月食考后记》，刊大陆杂志十二卷第六期。 三月，董作宾撰《我怎样研究上古史》，刊香港孟氏图书馆馆刊二卷一期。 四月，张秉权撰《卜辞甲申月食考》，刊'中央研究院'历史语言研究所集刊第二十七本。 四月，屈万里撰《易卦源于龟卜考》，刊'中央研究院'历史语言研究所集刊第二十七本。 六月，董作宾、严一萍编《殷虚文字外编》出版。 七月，陈梦家著《殷虚卜辞综述》出版。重要目次：第一章总论，第二章文字，第三章文法，第四章断代上，第五章断代下，第六章年代，第七章历法天象，第八章方国地理，第九章整治区域。第十章先公旧臣，第十一章先王先妣，第十二章庙号上，第十三章庙号下，第十四章亲属，第十五章百官，第十六章农业及其他，第十七章宗教，第十八章身份，第十九章总结，第二十章附录；（1）有关甲骨材料的记载，（2）甲骨论著简目（3）甲骨著录简表。科学出版社出版。 九月，丁山著甲骨文所见氏族及其制度出版。目次：（一）甲骨文所见氏族及其制度；（二）殷商氏族方国志。科学出版社出版。 九月，严一萍撰《卜辞癸未月食辨》，刊大陆杂志十三卷第五期。 十月，张秉权撰《论卜辞癸未月食的求证方法》，刊大陆杂志十三卷第八期。 十月，日本加藤常贤撰《释〇》，刊甲骨学第四、五合并号。日本甲骨学会出版。 十月，日本岛邦男撰《贞人补》，刊甲骨学第四、五合并号。日本甲骨学会出版。 十月，日本青木木菟哉撰《殷虚卜辞断代研究管见》（二），刊甲骨学第四、五合并号。日本甲骨学会出版。 十月，日本池田末利撰《殷虚书契后编释文》，刊甲骨学第四、五合并号。日本甲骨学会出版。 十月，日本赤塚忠撰《殷王朝之"河"祭及其起源》，刊甲骨学第四、五合并号。日本甲骨学会出版。 十月，董作宾撰《甲骨学前途之展望》，刊李丙寿博士华甲纪念论丛。 十一月，张秉权撰《卜龟腹甲的序数》，刊中央研究院历史语言研究所集刊第二十八本，庆祝胡适先生六十五岁论文集。 十一月，董作宾撰《春秋晋卜骨文字考》，刊大陆杂志十三卷第九期。 十二月，饶宗颐著《巴黎所见甲骨录》出版。目次：甲摹本（一）巴黎大学中国学院所藏甲骨。（二）策努斯

纪年	纪事	论著
		奇博物院所藏甲骨。（三）归默博物院所藏甲骨。乙考释。丙附录四篇；（1）释馘，（2）释贵，（3）释畾，（4）释古梳，丁；附图，自序。 十二月，张秉权撰《卜辞癸未月食的新证据》，刊'中央研究院'院刊第三辑，丁故总干事文江逝世二十周年纪念刊。 十二月，董作宾撰《卜辞之时代区分》，刊香港大学，香港大学出版。 十二月，周谷城著《古史零证》出版。 董作宾撰《中国历史上三正论之科学证明》，刊中国学术史论集第一辑。"
1957 年	三月，甲骨学家明义士逝世。 "三月十六日加拿大明义士逝世。 八月，张秉权著《殷虚文字丙编》上辑（一）出版，序曰：'丙编是由乙编及其编余的甲骨拼兑复原，重新传拓，重新编辑，加以考释而成，所以这一编，也可以说是一部殷虚文字乙编甲骨复原选集，丙编共分三辑。上辑（一）计有复原龟腹甲五十三，复原龟背甲一，拓本九十五。'"	八月，张秉权《殷虚文字丙编》上辑一出版（全书共上、中、下三辑六册，至 1972 年出齐）。 十二月，日本贝冢茂树《古代殷帝国》出版。 "一月，日本薮内清撰关于殷历的两三个问题，刊大陆杂志十四卷第一期，郑清茂译文。 一月，严一萍撰《答薮内清氏"关于殷历的两三个问题"》，刊大陆杂志十四卷第一期。 二月，劳干撰《史字的结构及史官的原始职务》，刊大陆杂志十四卷第三期。 二月，董作宾撰《中国文字演变之一例》，刊新亚学报第二卷第三期。香港新亚书院出版。 五月，董作宾撰《为书道全集详论卜辞时代之区分》，刊大陆杂志十四卷第九期。 五月，高去寻撰《小臣糸石簋的残片与铭文》，刊'中央研究院'历史语言研究所集刊二十八本下册，庆祝胡适先生六十五岁论文集。 五月，董作宾撰《汉城大学所藏大胛骨刻辞考释》，刊'中央研究院'历史语言研究所集刊二十八本下册，庆祝胡适先生六十五岁论文集。 七月，严一萍撰《卜辞四方风新义》，刊大陆杂志十五卷第一期。 八月，张秉权著《殷虚文字丙编》上辑（一）出版，中央研究院历史语言研究所出版。 九月，日本白川静撰《殷代雄族考——其一：郑》，刊甲骨金文学论丛第五集。 十月，屈万里撰《甲骨金文与经学》，刊学人——文史丛刊第一辑，中央日报社出版。 十一月，李济撰《安阳遗址出土之狩猎卜辞动物遗骸与装饰文样》，刊台湾大学考古人类学刊第九、十期合刊。原文英文，陈奇禄节译。 十二月，日本白川静撰《殷代雄族考——其二雀，其三辈》，刊甲骨金文学论丛第六集。 十二月，日本贝冢茂树著《古代殷帝国》出版，一册。北野民夫氏发行。 张秉权撰《商代卜辞中的气象记录之商榷》，刊学术季刊六卷第二期。 胡厚宣撰《释余一人》，刊历史研究第一期。 胡厚宣撰《说贵田》，刊历史研究第七期。 徐中舒撰《论西周是封建社会——兼论殷代社会性质》，刊历史研究第五期。"

纪年	纪事	论著
1958 年	"五月，艺文印书馆重印《甲骨文录》，严一萍于牟言记曰：'甲骨文录刊于民国二十六年，为河南通志文物志之一部分。原物藏河南博物馆，经孙君海波所选辑者，都九三零版。书成二十载，流传日少。爰将拓片重加董理，付之景印，庶几资料普及，便利研究。原片有可缀合者，今皆合而为一，凡得一十九版，其编号为 26927；28929；40＋41；44＋45；68＋724；75＋76；233＋240；259＋043；398＋485＋718；403＋424；404＋420＋421＋561；534＋535；669＋672；725＋726；794＋795＋849。其中一版而著录两号者：一七一与五七五。三二零与四四一，两版皆重出，而所释义互岐。……两加核对，知五七五与四四一所释有讹漏，不知当日何缘疏失，孙君慎既若此，繇知治契之洵非易事也。又六零零之一版，系两首甲所误合，今并析之为二。凡此釐正，去其复重缀合，实得九零五版'云云。"	七月，日本岛邦男《殷虚卜辞研究》出版。 十一月，周鸿翔《商殷帝王本纪》出版。 "五月，董作宾撰《中国古史年代》，刊台湾大学考古人类学刊第十一期。台大考古人类学系印行。 五月，李学勤著《殷虚地理简论》出版，科学出版社出版，一册。目次：第一章殷商与商西猎区，第二章帝乙十祀征人方路程。第三章殷代多方，附录殷代王卜辞分类表。 五月，重印《甲骨文录》出版，艺文印书馆印行。一册，附严一萍牟言。 五月，日本白川静撰《殷代雄族考——其四肃，其五皐》，刊甲骨金文学论丛第七集。 七月，日本岛邦男著《殷虚卜辞研究》出版。目次：第一编殷室之祭祀。第一章先王，先妣与王祀。第二章禘祀。第三章外祭。第四章祭仪。第二编：殷代之社会。第一章殷之地域。第二章殷之方国。第三章殷之封建。第四章殷之官僚。第五章殷之社会。第六章殷之产业。第七章殷之历法。附自序、序论、索引。日本弘前大学文理学部中国学研究会出版。 七月，日本贝冢茂树著《甲骨学概说》，刊大陆杂志十七卷第一期，郑清茂译。 八月，日本白川静撰《殷代雄族考——其六甬；其七戌》，刊甲骨金文学论丛第八集。 九月，严一萍撰《中国书谱殷商编序》，刊中国书谱，台北艺文印书馆印行。 十一月，董作宾撰《甲骨实物之整理》，刊'中央研究院'历史语言研究所集刊二十九本庆祝赵元任先生六十五岁论文集。 十一月，周鸿祥著《殷商帝王本纪》出版。目次：（一）夏商周帝系比较表。（二）前论。（三）本纪。（四）附图：甲骨所见商殷帝系表。附饶宗颐序，自序。 十一月，张秉权撰《卜辞甶囨化说》，刊'中央研究院'历史语言研究所集刊二十九本庆祝赵元任先生六十五岁论文集下册。"
1959 年	"十月，金祥恒编辑之《续甲骨文编》出版。该书乃继民国廿三年孙海波氏之《甲骨文编》而编。金氏据二十五年间新出土，新流布之甲骨文字编成。计字首二千五百余文，共录五万余字，摹写拓片书籍计三十九种，前孙氏误，摹误释之字，于此皆有纠正。"	三月，日本贝冢茂树《京都大学人文科学研究所藏甲骨文字》图版篇出版。 五月，李学勤《殷代地理简论》出版。 十一月，饶宗颐《殷代贞卜人物通考》出版。 是年，石璋如《建筑遗存》（小屯乙编：遗址的发现与发掘）出版。 "三月，日本贝冢茂树编著京都大学人文科学研究所藏甲骨文字图版部分出版，两册，日本京都大学人文科学研究所出版。 四月，严一萍撰《四且丁》，刊大陆杂志第十八卷八期。 四月，严一萍撰《铁云藏龟跋》，刊艺文印书馆重印《铁云藏龟》上册。 五月，郑文基撰《鱼字考》，刊汉城大学论文集第八辑。 五月，《甲骨学第七号》出版。目次：加藤常贤释甞鬯。池田末利平岛氏殷虚卜辞研究（一）及'贞人补正'之补

纪年	纪事	论著
		正。池田末利殷虚书契后编释文（三）。加藤道理甲骨文金文关系文献目录。岛邦男甲骨卜辞地名通检。松丸道雄日本散见甲骨文字搜汇（一）。青木菟哉书道博物馆藏甲骨文字（二）。 六月，鲁实先撰《卜辞姓氏通释之一》，刊东海学报第一卷第一期，东海大学出版。 八月，严一萍、金祥恒撰《读京都大学人文科学研究所藏甲骨文字》，刊大陆杂志十九卷第三期。 十月，金祥恒编辑《续甲骨文编》出版。全书共四册，十四卷，附录两卷，检字一卷。台北艺文印书馆印行。 十月，张秉权著《殷虚文字丙编》上辑（二）出版。国立中央研究院历史语言研究所出版。目次：图版目录、考释目录、图版、考释等。 十月，鲁实先撰《卜辞姓氏通释之二》，刊幼狮学报二卷第一期。 十一月，董作宾撰《殷契周甲》，刊青年学术论文集，台北幼狮书店发行。 十一月，饶宗颐著《殷代贞卜人物通考》出版。目次：卷一前论。卷二贞卜人物记名辞或释例。卷三贞卜人物事辑一。卷四贞卜人物事辑二。卷五贞卜人物事辑三。卷六贞卜人物事辑四。卷七贞卜人物事辑五。卷八贞卜人物事辑六。卷九贞卜人物事辑七。卷十贞卜人物事辑八。卷十一贞卜人物事辑九。卷十二贞卜人物事辑十。卷十三贞卜人物事辑十一。卷十四贞卜人物事辑十二。卷十五贞卜人物事辑十三。卷十六贞卜人物事辑十四。卷十七贞卜人物事辑十五。卷十八备考。卷十九结论。卷二十附录补记索引。"
1960 年	三月，日本贝冢茂树《京都大学人文科学研究所藏甲骨文字》本文篇出版。 十月，河南偃师二里头遗址发现大面积夯土建筑遗存。 同月，台湾《中国文字》杂志创刊。	一月，董作宾《中国年历总谱》上、下出版。 "三月，贝冢茂树编著《京都大学人文科学研究所藏甲骨文字释文》部分出版，一册，日本京都大学人文科学研究所出版。 四月，金祥恒撰《卜辞中所见殷商宗庙及殷祭考》，刊大陆杂志二十卷第八、九、十三期。 四月，乔健撰《说且示》，刊大陆杂志二十卷第七期。 五月，屈万里撰《岳义稽古》，刊清华学报新二卷第一期。 六月，高鸿缙著《中国字例》第二册出版。目次：（一）第二篇象形。（二）第三篇指事，台湾省立师范大学出版组出版。 六月，鲁实先撰《卜辞姓氏通释之三》，刊东海学报第二卷一期，东海大学出版。 七月，日本岛邦男撰《帝乙帝辛之在位年数，刊'中央研究院'历史语言研究所集刊外编第四种庆祝董作宾先生六十五岁论文集。 七月，屈万里撰《释尤》，刊'中央研究院'历史语言研究所集刊外编第四种庆祝董作宾先生六十五岁论文集。 七月，严一萍撰《甲骨文断代研究新例》，刊'中央研究院'历史语言研究所集刊外编第四种庆祝董作宾先生六十五岁论文集。

纪年	纪事	论著
		七月，饶宗颐撰《由卜兆记数推究殷人对于数的观念》，刊'中央研究院'历史语言研究所集刊外编第四种庆祝董作宾先生六十五岁论文集。 七月，李孝定撰《释"霋"与"沫"》，刊'中央研究院'历史语言研究所集刊外编第四种庆祝董作宾先生六十五岁论文集。 十月，董作宾撰《殷虚文字乙编》摹本示例，刊中国文字第一期，台湾大学文学院古文字学研究室编印。 十月，严一萍撰《释得》，刊中国文字第一期，台湾大学文学院古文字学研究室编印。 十月，金祥恒撰《释虎》，刊中国文字第一期，台湾大学文学院古文字学研究室编印。 十月，鲁实先撰《殷契新诠释之一》，刊幼狮学报第三卷第一期。"
1961 年		十一月，屈万里《殷虚文字甲编考释》出版。 十二月，《新中国考古收获》出版。 "一月，严一萍撰《说文牭㹝㹖四字辨源》，刊中国文字第二期。台湾大学文学古文字学研究室编印。 同月，董作宾撰《殷虚文字中之人猿图》，刊中国文字第二期。 同月董作宾撰《殷虚文字乙编摹写本示例一续》，刊中国文字第二期。 四月，董作宾撰《大肩腹甲绝非象骨之证》，刊中国文字第三期。 同月，严一萍撰《释䒑》，刊中国文字第二期。 同月，严一萍撰《释𢆶》，刊中国文字第三期。 同月，董作宾撰《殷虚文字乙编摹写本示例二续》，刊中国文字第三期。 同月，董作宾、黄然伟编《续甲骨年表》，刊中国文字第三期。 六月，日本岛邦男撰《评饶宗颐著〈殷代贞卜人物通考〉》，刊大陆杂志二十二卷第十二期，郑清茂译。 六月，鲁实先撰《殷契新诠之二》，刊东海学报第三卷第一期。 六月，严一萍撰《释太——汏汰泰达》，刊中国文字第四期。 同月，严一萍撰《释屰——逆》，刊中国文字第四期。 同月，严一萍撰《释立——位涖莅㘸竦》，刊中国文字第四期。 同月，严一萍撰《释竝》，刊中国文字第四期。 同月，严一萍撰《释奚——嫨僕》，刊中国文字第四期。 同月，王恒余撰《释日月雷河》，刊中国文字第四期。 同月，金祥恒撰《释车》，刊中国文字第四期。 同月，金祥恒撰《释牛》，刊中国文字第四期。 同月，金祥恒撰《释羊》，刊中国文字第四期。 七月，王恒余撰《说祝》，刊'中央研究院'史语所集刊第三十二本。 九月，严一萍撰：一释天；二释大；三释夫；四释扶；五释矢；六释夭。刊中国文字第五期。

纪年	纪事	论著
		九月，金祥恒撰《释生——止之上》，刊中国文字第五期。 　　同月，董作宾撰《殷虚文字乙编摹本示例三续》，刊中国文字第五期。 　　十一月，严一萍撰《略论饶著〈贞卜人物通考〉的基础问题》，刊大陆杂志三卷第九、十期。 　　屈万里著《殷虚文字甲编考释》出版，目次（一）自序，（二）凡例，（三）引书简称表，（四）考释，（五）图版。'中央研究院'历史语言研究所出版。 　　十一月，董作宾、金祥恒撰《本系所藏甲骨文字》，刊台湾大学考古人类学刊第十七、十八合刊，台湾大学考古人类学系出版。 　　罗振玉撰《欧阳可亮重编殷虚文字楹贴汇编》，日本春秋学院出版。 　　欧阳可亮著《尧山甲骨美术第一集》出版，日本春秋学院甲骨学术研究室出版。 　　日本松丸道雄撰《饶宗颐〈殷代贞卜人物通考〉》，刊东洋学报四三卷四号。 　　日本池田末利撰《甲骨文字本文编》，刊日本东洋学报四四卷三号。" 　　又：是年，饶宗颐著《海外甲骨录遗》刊《香港大学东方文化》第4卷第1—2期。
1962 年	"胡光炜小石逝世，享年七十五（一八八八——一九六二）。"	十月，梁思永、高去寻《第一〇〇一号大墓》出版。 　　十一月，朱芳圃《殷周文字释丛》出版。 　　"一月，董作宾撰《殷文例分常例特例二种说》，刊中国文字第六期，台湾大学文学院古文字学研究室编印。 　　一月，严一萍撰《关于文武丁时代一片父腹甲的两种缀合》，刊中国文字第六期，台湾大学文学院古文字学研究室编印。 　　一月，金祥恒撰《释生》（下），刊中国文字第六期，台湾大学文学院古文字学研究室编印。 　　一月，董作宾编《殷虚文字乙编摹写本示例四续》，刊中国文字第六期，台湾大学文学院古文字学研究室编印。 　　三月，日本松丸道雄撰《论殷墟卜辞中之田猎地区》，刊东洋文化研究所纪要第三十一册，日本东京大学东洋文化研究所出版。 　　三月，严一萍撰《释茻》，刊中国文字第七期，台湾大学文学院古文字学研究室编印。 　　三月，金祥恒撰《释又尹》，刊中国文字第七期，台湾大学文学院古文字学研究室编印。 　　三月，董作宾编《殷虚文字乙编摹写本示例五续》，刊中国文字第七期，台湾大学文学院古文字学研究室编印。 　　四月，鲁实先撰《殷契新诠之四》，刊幼狮学志第一卷第二期。 　　六月，金祥恒撰《殷商祭祀用牲之来源说》，刊中国文字第七期，台湾大学文学院古文字学研究室编印。 　　六月，严一萍撰《卜辞》，刊中国文字第八期，台湾大学文学院古文字学研究室编印。

纪年	纪事	论著
		六月,金祥恒撰《释ß》,刊中国文字第八期,台湾大学文学院古文字学研究室编印。 六月,金祥恒撰《释赤与幽》,刊中国文字第八期,台湾大学文学院古文字学研究室编印。 六月,董作宾编《殷虚文字乙编摹写本示例六续》,刊中国文字第八期,台湾大学文学院古文字学研究室编印。 七月,鲁实先撰《殷契新诠之五》,刊幼狮学志第一卷第三期。 九月,董作宾撰《方地山所藏之一版卜辞》,刊中国文字第九期,台湾大学文学院古文字学研究室编印。 九月,金祥恒撰《释牝牡》,刊中国文字第九期,台湾大学文学院古文字学研究室编印。 九月,董作宾编《殷虚文字乙编摹写本示例七续》,刊中国文字第九期,台湾大学文学院古文字学研究室编印。 九月,于省吾撰《释奴婢》,刊考古第九期,北平考古杂志社出版。 十二月,金祥恒撰《释后》,刊中国文字第十期,台湾大学文学院古文字学研究室编印。 十二月,金祥恒撰《甲骨通借字举隅》,刊中国文字第十期,台湾大学文学院古文字学研究室编印。 十二月,董作宾编《殷虚文字乙编摹写本示例八续》,刊中国文字第十期,台湾大学文学院古文字学研究室编印。 费海玑撰《小屯第二本考释前编》,刊费海玑近作选集》,自印本。 张秉权著《殷虚文字丙编中辑》(一)出版,'中央研究院'历史语言研究所出版。"
1963年	是年,甲骨学一代宗师董作宾逝世。 "十一月二十三日下午三时,董作宾先生逝世于台湾大学医院,享寿六十九岁(一八九五——一九六三)。"	八月,日本白川静《殷·甲骨文集》出版。 "三月,金祥恒撰《释杕》,刊中国文字第十一期,台湾大学文学院古文字学研究室编印。 三月,金祥恒撰《释ʌ》,刊中国文字第十一期,台湾大学文学院古文字学研究室编印。 三月,严一萍撰《释閛》,刊中国文字第十一期,台湾大学文学院古文字学研究室编印。 三月,董作宾编《殷虚文字乙编摹写本示例九续》,刊中国文字第十一期,台湾大学文学院古文字学研究室编印。 五月,胡厚宣撰《殷代农作施肥说补证》,刊文物月刊第五期,北平文物出版社出版。 六月,严一萍撰《释ʔ》,刊中国文字第十二期,台湾大学文学院古文字学研究室编印。 六月,许进雄撰《释御》,刊中国文字第十二期,台湾大学文学院古文字学研究室编印。 六月,董作宾编《殷虚文字乙编摹写本示例十续》,刊中国文字第十二期,台湾大学文学院古文字学研究室编印。"

纪年	纪事	论著
1964 年	"董作宾原著《甲骨学五十年》，英译本出版。该书编辑琐言曰：一九六二年秋，远东文化中心徵求董作宾教授同意，将其所著甲骨学五十年译成英文，付之剞劂。其时董先生适在病中，即函表同意，于是本中心从事此名著之译事。严一萍先生于原书序内提及，此书'综述五十年来甲骨学研究之结果，并指示将来研究此学之途径'实为恰论。因其如是，此书全部实具有特殊性质。是以在将其译成英文时，对于其内容再三注意，务求使学术专家及一般读者，皆易于领悟而不敢误解。因之祇有将多数之甲骨刻辞，及书中引用学者之言论，割爱未译。然为使读者易于了解是项学问起见，于文中增刊摄影图片，书末增列附录。是以本书实为原书之节本，所至望者，本书之出，可达成将五十年来研究甲骨学之历史宣扬于世界而不致引起误解之目的。……本书第一、二、五章，系索菲亚大学杨保罗先生之译笔，其余第三、四两章，则为远东文化研究中心所编。翻译全文见甲骨学六十年。"	十月，陈梦家《殷虚卜辞综述》在日本影印出版。 十二月，日本池田末利《殷虚书契后编释文稿》出版。 "董作宾原著《甲骨学五十年》英文本出版，日本东京东亚文化研究中心翻译。 董作宾著《殷历谱》重刊本出版，台北艺文印书馆影印，一函四册。"
1965 年		五月，郭沫若《殷契粹编》重印出版。 六月，董作宾《甲骨学六十年》出版。 同月，李孝定《甲骨文字集释》出版。 七月，梁思永、高去寻《第一〇〇二号大墓》出版。 九月，中国科学院考古研究所编辑《甲骨文编》出版。
1966 年	九月，古文字学家陈梦家逝世。	四月，梁思永、高去寻《第一〇〇三号大墓》出版。 七月，日本伊藤道治《古代殷王朝之谜》出版。
1967 年		十一月，日本岛邦男《殷墟卜辞综类》出版。
1968 年		六月，许进雄《殷卜辞中五种祭祀的研究》出版。 七月，梁思永、高去寻《第一二一七号大墓》出版。
1969 年		七月，日本白川静《说文新义》开始陆续出版。 是年，周鸿翔《卜辞对贞述例》出版。 又：是年，李棪《东莞邓氏旧藏甲骨》刊香港出版的《联合书院学报》第七册。

纪年	纪事	论著
1970 年		三月，梁思永、高去寻《第一〇〇四号大墓》出版。 四月，日本白川静《汉字》出版。 是年，石璋如、高去寻《殷墟墓葬之一》（小屯丙编：遗址的发现与发掘）出版。殷墟墓葬之一至五（北组墓葬、中组墓葬、南组墓葬、乙区基址上下的墓葬、丙组墓葬上、下）分别于 1970 年、1972 年、1973 年、1976 年、1980 年出版。 又：是年，李棪编著《北美所见甲骨选粹》刊香港中文大学《中国文化研究所学报》第 3 卷第 2 期。 是年，饶宗颐编著《欧美亚所见甲骨录存》刊《南洋大学学报》第 4 期。
1971 年	十二月，考古研究所安阳工作队在小屯西地发现牛胛骨卜骨 20 版，有文字的 10 版。	九月，马宗芗《甲骨地名通检》出版。
1972 年		二月，日本白川静《甲骨文之世界》出版。 是年，许进雄编《殷虚卜辞后编》出版。 许进雄编《明义士收藏甲骨文集》出版。 李达良《龟版文例研究》出版。
1973 年	三月，河南安阳小屯南地发现甲骨 5 千多版，为中华人民共和国成立后出土最多的一批。 十一月，河北藁城台西商代遗址发现一把铁刃铜钺。	八月，许进雄《卜骨上的钻凿形态》出版。 十二月，日本白川静《甲骨金文学论集》出版。 又：是年，许进雄编著《辅仁大学所藏甲骨文字》刊台湾《中国文字》第 50 册，附金祥恒《辅仁大学所藏甲骨文字后言》。
1974 年		五月，许进雄《骨卜技术与卜辞断代》出版。 是年，梁思永、高去寻《第一五〇〇号大墓》出版。
1975 年	三月，北京昌平白浮西周墓出土有字甲骨。	六月，严一萍《甲骨缀合新编》出版。 是年，严一萍《甲骨集成》（一）出版。
1976 年	七月，河南安阳殷墟发现"妇好墓"（M5），出土大批铜器、玉器等珍贵文物。	五月，周鸿翔《美国所藏甲骨录》出版。 是年，梁思永、高去寻《第一五五〇号大墓》出版。
1977 年	四月，陕西岐山凤雏宫殿基址西厢二号房内窖穴出土西周甲骨 1 万 7 千多版。 七月，中国社会科学院考古研究所与中国历史博物馆联合召开关于殷墟五号墓（即妇好墓）的座谈会。	三月，日本赤塚忠《中国古代的宗教与文化——殷王朝的祭祀》出版。 十一月，李学勤发表《论"妇好"墓的年代及有关问题》一文，提出"历组"卜辞时代应前提并引起争论。 同月，《董作宾全集》甲、乙编共十二册出版。此书是甲骨学史上的重要文献。 是年，李济《安阳》（英文版）出版。
1978 年	六月，甲骨学一代宗师郭沫若逝世。 十一月，中国古文字学术研究会在长春市举行，中国古文字学术研究会成立。	二月，严一萍《甲骨学》上、下册出版。 十月，郭沫若主编，胡厚宣总编辑《甲骨文合集》第二册出版。全书共十三册，至 1982 年 12 月出齐，是甲骨学史上里程碑式的著作。 是年，美国吉德炜《商代史料——中国青铜时代的甲骨文》出版。 又：是年，李先登编著《天津师范学院图书馆藏甲骨选介》刊《天津师院学报》第 4 期。

纪年	纪事	论著
1979 年	一月，古文字学家唐兰逝世。 八月，《古文字研究》创刊。 十月，《文物》开始公布陕西岐山凤雏出土有字西周甲骨。 十一月，中国古文字学术研究会第二届年会在广州举行。 冬，陕西扶风齐家村发现有字西周甲骨。 是年，著名考古学家李济逝世。	六月，于省吾《甲骨文字释林》出版。 是年，许进雄《怀特氏等收藏甲骨文集》出版。 又：三月，日本东洋文库古代史研究委员会编《东洋文库所藏甲骨文字》日本财团法人东洋文库影印出版。 四月，马衡编《凡将斋藏甲骨文字》由台北艺文印书馆出版。严一萍撰《凡将斋藏甲骨文字考释》。 九月，谢伯殳辑《谢氏瓠庐殷墟遗文》由松丸道雄〔日〕解题，日本东京汲古书院影印出版。
1980 年	九月，中国古文字学术研究会第三次年会于山西太原召开。	是年，中国社会科学院考古研究所编《小屯南地甲骨》上册一、二出版。 又：九月，严一萍撰《北京大学国学门藏殷虚文字考释》附摹本由台北艺文印书馆出版。
1981 年	九月，中国古文字学术研究会第四届年会于四川成都召开。 是月，《文物》公布陕西扶风齐家出土有字西周甲骨。	三月，王宇信《建国以来甲骨文研究》出版。 五月，唐兰《殷虚文字记》增订本出版。 又：是年，安阳博物馆编《安阳博物馆藏卜辞选》刊 1981 年《中原文物》第 1 期。
1982 年	九月，商文明国际讨论会在美国夏威夷召开。	五月，陈全方《陕西岐山凤雏村西周甲骨文概论》全部公布了有字西周甲骨 289 片，促进了西周甲骨的深入研究。 九月，石璋如《殷虚文字甲编的五种分析》发表，公布了《甲编》所收甲骨的坑位。
1983 年	三月，古文字学家容庚逝世。 七月，著名考古学家尹达（即刘耀）逝世。 是月，国际中国古文字研讨会在香港召开。	三月，日本松丸道雄《东京大学东洋文化研究所藏甲骨文字》图版篇出版。 三月，《甲骨文与殷商史》出版。 七年，中国社会科学院考古研究所编《小屯南地甲骨》下册一、二、三出版。 九月，美国张光直《中国青铜时代》在北京出版。 又：是年，李先登编著《孟广慧旧藏甲骨选介》刊《古文字研究》第 8 辑。
1984 年	七月，古文字学家于省吾逝世。 八月，中国古文字学术术研究会第五届年会于陕西西安召开。 十月，全国商史学术研讨会于河南安阳召开。 十二月，《殷都学刊》公开发行，辟有《殷商文化研究》专栏。	四月，王宇信《西周甲骨探论》出版。 又：八月，严一萍辑《商周甲骨文总集》台北艺文印书馆出版。
1985 年	一月，武汉大学将甲骨文输入电子计算机。 六月，著名考古学家夏鼐逝世。	五月，中国社会科学院考古研究所《新中国的考古发现与研究》出版。 六月，《出土文献研究》出版。 八月，姚孝遂、肖丁（即赵诚）《小屯南地甲骨考释》出版。 九月，李民《夏商史探索》出版。 十月，杨育彬《河南考古》出版。 十二月，吴浩坤、潘悠《中国甲骨学史》出版。 是年，严一萍《商周甲骨文总集》出版。 又：一月，雷焕章编著《法国所藏甲骨录》台北光启出版社出版。

纪年	纪事	论著
1986 年	五月,《人民日报》报道陕西西安出土一批史前时期骨刻文。 八月二日,《人民日报》报道巢湖发现一批西周甲骨。 九月,中国古文字学术研究会第六届年会于山东烟台地区长岛县召开。	八月,《中国大百科全书·考古学卷》出版。 九月,林沄《古文字研究简论》出版。 是年,《英国所藏甲骨集》出版。
1987 年	九月,中国殷商文化国际讨论会在安阳召开,国内外学者 120 名参加会议,提交论文 107 篇。中国殷商文化学会宣告成立。会长胡厚宣,副会长田昌五、李学勤、李民、邹衡、郑振香。秘书长田昌五,副秘书长王宇信(常务)、杨升南、李绍连、聂玉海。	二月,伊藤道治《天理大学附属天理参考馆甲骨文字》出版。 是年,常玉芝《商代周祭制度》出版。
1988 年	八月,"纪念殷墟发掘六十周年座谈会"在河南安阳市召开,出席会议的有 40 位国内外知名学者。	二月,姚孝遂等《殷墟甲骨刻辞摹释总集》出版。 三月,胡厚宣《苏德美日所见甲骨集》出版。 九月,张秉权《甲骨文与甲骨学》在台北出版。 又:十二月,东京大学东洋文化研究所编《甲骨文的诸相东京大学东洋文化研究所新收甲骨片》由《书道研究》第 2 卷 12 号出版特集《甲骨文的研究》。
1989 年	"纪念殷墟甲骨文发现九十周年国际学术研讨会"住河南安阳市召开,海内外 120 名学者出席。	一月,姚孝遂等《殷墟甲骨刻辞类纂》出版。 六月,王宇信《甲骨学通论》出版。 八月,《殷墟博物苑苑刊》出版。 是年,王贵民《商周制度考信》出版。 又:一月,蔡哲茂编著《日本后藤朝太郎氏藏的甲骨文字》刊台北《大陆杂志》第 78 卷第 1 期,1993 年 1 月收入台北《安阳文献》第 9 期。 七月,刘桓编著《殷契新释》由河北教育出版社影印出版。 十二月,朱歧祥编著《殷墟甲骨文字通释稿》由台北文史哲出版社影印出版。
1990 年		五月,《殷墟甲骨文发现九十周年国际学术研讨会专辑》(殷商史)(《史学月刊》1990 年,第 3 期)出版。 八月,朱凤瀚《商周家族形态研究》出版。 九月,《殷墟甲骨文发现九十周年国际学术研讨会专辑》(甲骨学)(《中原文物》1990 年第 3 期)出版。
1991 年	一月,著名古文字学家徐中舒教授逝世。 "夏商文明国际学术研讨会"在河南洛阳市举行,海内外 120 名著名学者出席。 中国殷商文化学会增选理事:高明、商志醰、王宇信。 九月,河南安阳殷墟花园庄东地窖穴 H3 内有大批甲骨发现,其中有刻辞者 579 片,是继 1936 年 YH127 甲骨窖藏之后的又一次重大发现。 是年,著名学者商承祚逝世。	八月,《甲骨文与殷商史》第三辑出版。 又:八月,胡厚宣著《苏联国立爱米塔什博物馆藏甲骨文字》刊上海古籍出版社《甲骨文与殷商史》第 3 集。

续表

纪年	纪事	论著
1992 年	是年，河北邢台南小汪有字西周甲骨公布。	十月，裘锡圭《古文字论集》出版。 十二月，杨升南《商代经济史》出版。
1993 年	八月，"郑州商城与殷商文明国际学术研讨会"在河南召开。 　是月，"中国南方青铜器暨殷商文明国际学术研讨会"在江西南昌召开。 　十月，"第二届国际中国古文字学研讨会"在香港中文大学召开。	李民《殷商社会生活史》出版。 又：是年，齐文心编著《记美国辛格博士所藏甲骨》刊《文物》1993 年第 5 期。
1994 年	九月，"纪念甲骨文发现九十五周年国际学术研讨会"在河南安阳召开。	是年，松丸道雄、高岛谦一《甲骨文字字释综览》出版。 宋镇豪《夏商社会生活史》出版。 《中国南方青铜器暨殷商文明国际学术研讨会专辑》（南方文物）1994 年第 1、2 期）出版。
1995 年	四月，著名甲骨学家胡厚宣教授逝世。 　八月，"北京建城三〇四〇年暨燕文明国际学术研讨会"在北京房山召开，110 名海内外学者出席。 　中国殷商文化学会增选理事：李伯谦、雷从云、杨升南、李绍连、杨育彬、齐心。 　推选会长：田昌五。	《夏商文明研究：（91）洛阳夏商文明国际学术研讨会专集》出版。 是年，钟柏生《殷虚文字乙编补遗》出版。
1996 年	六月，"国际甲骨学术讨论会"在韩国首尔淑明女子大学召开。中国学者裘锡圭、王宇信、蔡哲茂，加拿大学者许进雄应邀出席。韩国中国古文字学会成立。 　十一月，北京房山琉璃河燕都城址内发现三片有字西周甲骨，其中一片刻有"成周"二字。	五月，于省吾主编《甲骨文字诂林》出版。 六月《古文字学论集》（第一辑，甲骨学特辑），韩国东文选出版。 九月，《于省吾教授百年诞辰论文集》出版。 十二月，李学勤等《殷墟甲骨分期研究》出版。是年，胡厚宣《甲骨续存补编》出版。 荒木日吕子《中岛玉振旧藏甲骨》出版。
1997 年	八月，"（97）山东桓台中国殷商文明国际学术研讨会"召开，近百名海内外知名学者出席。 　中国殷商文化学会增选高英民、高大伦、陈炜湛教授为理事。 　十一月，第三届中国古文字学研讨会在香港中文大学召开。	三月，《北京建城三〇四〇年暨燕文明国际学术研讨会议专辑》出版。 是年，雷焕章《德荷瑞比所见一些甲骨录》出版。

纪年	纪事	论著
1998 年	五月，"甲骨文发现一百周年学术讨论会"在台湾台北召开。 八月，（98）河北邢台中国商周文明国际学术研讨会"召开，120 名海内外学者出席。 中国殷商文化学会增选理事：王巍、宋镇豪、尹盛平、秦文生、栾丰实、孙敬明。 增选学会副会长：王宇信。 九月，"殷墟发掘七十周年国际学术研讨会"在河南安阳召开，120 名国内外学者出席会议。	朱歧祥《甲骨文研究（中国文字与文化论稿）》由台北里仁书局出版。 十月，《徐中舒先生百年诞辰纪念文集》出版。 又：是年，河北大学历史系编《河北大学文物室所藏甲骨》刊科学出版社出版的《胡厚宣纪念文集》。
1999 年	四月，"甲骨文发现一百周年学术研讨会"在南京召开。 五月，"王懿荣发现甲骨文一百周年学术研讨会"在山东烟台市召开。 八月，"甲骨文发现一百周年国际学术研讨会"在河南安阳市召开。中国社会科学院历史研究所、考古研究所、中国殷商文化学会、安阳市人民政府等单位发起。李铁映院长出席。王宇信被选为会长。 全体代表在殷墟"申遗"呼吁书上签名。	四月，《胡厚宣先生纪念文集》出版。 八月，《甲骨学一百年》出版。 是年，《甲骨文合集补编》出版。《百年甲骨学论著目》出版。《甲骨文合集释文·来源表》出版。《甲骨学通论》（增订本）出版。《殷商文明研究：（97）山东桓台中国殷商文明国际学术研讨会文集》（《管子学刊》增刊）出版。《夏商周文明研究：（98）河北邢台中国商周文明国际学术研讨会论文集》出版。 蔡哲茂《甲骨缀合集》出版。 又：是年，李学勤、齐文心、艾兰［美］编纂《瑞典斯德哥尔摩远东古物博物馆藏甲骨文字》由中华书局出版。 是年，朱旗编著《新乡市博物馆藏甲骨》刊《黄河文化》第 2、3 期。 是年，朱歧祥著《甲骨文读本》由台北里仁书局出版。
2000 年	七月，中国殷商文化学会等单位举办的"殷商文明暨三星堆遗址发现七十周年国际学术研讨会"在四川广汉市召开。 十月，第十一届中国文字学研讨会在台湾台南召开。	六月，方辉《明义士和他的藏品》由山东大学出版社出版。 七月，王玉哲《中华远古史》由上海人民出版社出版。 八月，饶宗颐主编《华学》（第四辑）由紫禁城出版社出版。
2001 年	七月，著名考古学家、中国殷商文化学会理事安金槐教授逝世。 九月，著名史学家、原中国殷商文化学会会长、山东大学教授田昌五逝世于济南。 十月，中国殷商文化学会会长王宇信、理事王震中自北京赴济南吊唁，向学会发展作出重大贡献的老会长田昌五教授致祭。	五月，朱彦民《巫史重光》由百花文艺出版社出版。 九月，张玉金《甲骨文语法学》由学林出版社出版。 钱宪和主编《海峡两岸古玉学会议论文集》（一、二）由台湾大学出版。 十一月，《历史研究所集刊》（第一集）由社会科学文献出版社出版。《古文字研究》（第二十一辑）由中华书局出版。 十二月，饶宗颐主编《华学》（第五辑）由紫禁城出版社出版。 沈建华等《新编甲骨文字形总表》由中文大学出版社在香港出版。 又：七月，董玉京编著《河南省运台古物甲骨文专集》由河南省运台古物监护委员会统筹出版。

续表

纪年	纪事	论著
2002 年	八月，河南安阳小屯南地又出土甲骨 800 余片，其中有字者 228 片，即有字卜甲 106 片，有字卜骨 122 片。 九月，"明义士学术研讨会"在济南山东大学召开。 是年，陕西扶风齐家村发现西周甲骨 11 片，其中一片 3 行筮数与 3 行刻辞交错排列，共 37 字。	一月，杨朝明《周公事迹研究》由中国社会科学出版社出版。 刘正《金文氏族研究》由中华书局出版。 二月，杨宝成《殷墟文化研究》由武汉大学出版社出版。 邵东方、倪德卫主编《今本竹书纪年论集》由台北唐山出版社出版。 五月，张永山主编《揖芬集——张政烺先生九十华诞纪念文集》由社会科学文献出版社出版。 六月，《古文字研究》（第二十二辑）由中华书局出版。 七月，《古文字研究》（第二十三辑）由中华书局出版。 十月，曹玮《周原甲骨文》由世界图书出版公司出版。 伊藤道治《中国古代王朝的形成》由中华书局出版。 十一月，刘桓《甲骨征文》由黑龙江教育出版社出版。 胡厚宣《甲骨学商史论丛》（外一种）上、下由河北教育出版社出版。 十二月，喻遂生《甲金语言文字研究论集》由巴蜀书社出版。 沈长云《上古史探微》由中华书局出版。
2003 年	三月，在山东济南大辛庄遗址发现商代有字卜甲 4 版，其中最大卜龟共 34 字。 十二月，陕西岐山周公庙遗址发现有字西周卜甲 2 版，共有文字 56 个。	三月，王宇信、宋镇豪主编《纪念殷墟甲骨文发现一百周年国际学术研讨会论文集》由社会科学文献出版社出版。 郭旭东《青铜王国》由浙江文艺出版社出版。 四月，胡厚宣《殷商史》由上海人民出版社出版。 八月，宋镇豪、肖先进主编《殷商文明暨纪念三星堆遗址发现七十周年国际学术研讨会论文集》由社会科学文献出版社出版。 陈全方等《西周甲文注》由学林出版社出版。 九月，《商承祚教授百年诞辰纪念文集》由文物出版社出版。 李伯谦《商文化论集》（上、下）由文物出版社出版。 十月，杜金鹏《殷师商城初探》由中国社会科学出版社出版。 十二月，《中国考古学（夏商卷）》由中国社会科学出版社出版。 《殷墟花园庄东地甲骨》由云南人民出版社出版。 王晖《古文字与商周史新证》由中华书局出版。

纪年	纪事	论著
2004 年	三月，文字学学术研讨会在台中东海大学召开。殷墟大司空村遗址窖穴出土刻辞骨 1 版。 　　当夏，陕西岐山周公庙遗址考古发掘又有西周甲骨重大发现，在四个地点共出土卜甲、卜骨 700 度片，有字卜骨上共有文字 480 个左右，已知人名有"周公"等，地名有"新邑""唐"等，材料尚未公布。	八月，中国殷商文化学会等联合举办安阳殷商文明国际学术研讨会在河南安阳召开。蔡哲茂《甲骨缀合续集》由台北文津书局出版。 　　一月，韩国李宰硕译《甲骨学通论》（王宇信著，1989 年版）由首尔东文选出版。 　　四月，《历史研究所集刊》（第三集）由商务印书馆出版。 　　五月，王宇信等《甲骨文精粹释译》由云南人民出版社出版。 　　八月，李雪山《商代分封制度研究》由中国社会科学出版社出版。 　　任伟《西周封国考疑》由社会科学文献出版社出版。 　　九月，王宇信、宋镇豪等《二〇〇四年安阳殷商文明国际学术研讨会论文集》由社会科学文献出版社出版。 　　王蕴智《字学论集》由河南美术出版社出版。 　　十月，《历史研究所集刊》（第三集）由商务印书馆出版。 　　刘源《商周祭祖礼研究》由商务印书馆出版。 　　十二月，白于兰《殷墟甲骨刻辞摹释总集校订》由福建人民出版社出版。 　　王仲孚《中国上古史论文集第二本》由台北兰台出版社出版。 　　是年，蔡哲茂《甲骨缀合续集》在台湾出版。
2005 年	殷墟西区一座中字型墓出土嵌绿松石文字骨栖。 　　三月，加拿大温哥华哥伦比亚大学召开中国早期文明研讨会，王宇信、蔡哲茂、李伯谦、许倬云等出席。 　　五月，著名史学家、中国殷商文化学会理事、南开大学教授王玉哲逝世。 　　八月，中国殷商文化学会、平谷区人民政府举办的 05 北京平谷与华夏文明国际学术研讨会在北京平谷区金海宾馆召开。 　　十月，郑州商城发现五十周年纪念座谈会在河南郑州召开。 　　十一月，甲骨学国际学术研讨会在台中东海大学召开。 　　十二月，商周考古第一人、中国殷商文化学会副会长、北京大学教授邹衡于当月 28 日逝世。	一月，唐石父等辑《王襄著作选集》（上、中、下）由天津古籍出版社出版。 　　五月，《李学勤文集》由上海辞书出版社出版。 　　六月，郭若愚《殷契拾掇》由上海辞书出版社出版。 　　《黄盛璋先生八十秩华诞纪念文集》由中国教育出版社出版。 　　七月，彭明瀚《吴城文化研究》由文物出版社出版。 　　九月，陈智勇《先秦社会文化论丛》由中州古籍出版社出版。 　　十月，王震中《中国古代文明的探索》由云南人民出版社出版。 　　杨郁产《甲骨文合集分组分类总表》由台北艺文印书馆出版。 　　十一月，王建生、朱歧祥主编《二〇〇四年文字学学术研讨会论文集》由台北里仁书局出版。 　　又：五月，赵诚著《甲骨文字学纲要》由中华书局出版。 　　是年，梁东淑〔韩〕著《甲骨文解读》由韩国首尔《书艺文人画》月刊社出版。

纪年	纪事	论著
2006 年	七月，联合国科教文组织在 13 日于立陶宛首都维尔纽斯召开的第 30 届世界文化遗产大会上，中国殷墟这一闻名中外的古代文化遗产以高票通过列入"世界文化遗产名录"，举国同庆。我中国殷商文化学会在 1999 年甲骨学一百年纪念国际会议及 2004 年殷商文明国际学术会议上，曾以全体出席会议的学者签名呼吁殷墟申报世界文化遗产并做了许多工作。几代学者保护、弘扬殷墟文化的追求和努力终于实现。 八月，中国殷商文化学会等单位联合召开的"庆祝殷墟申遗成功暨纪念 YH127 坑发现七十周年国际学术研讨会"在安阳召开。 十月，"纪念 YH127 甲骨窖藏坑南京室内发掘七十周年学术研讨会"在江苏南京召开。	七月，朱歧祥《殷墟花园庄东地甲骨校释》出版。 一月，林仁顺［韩］《殷商甲骨文形义关系研究》由中国社会科学出版社出版。 四月，胡淀咸《甲骨文金文释林》由安徽人民出版社出版。 五月，宋镇豪、刘源《甲骨学与殷商史研究》由福建人民出版社出版。 岳洪彬《殷墟青铜礼器研究》由中国社会科学出版社出版。 十月，《杨希枚集》由中国社会科学出版社出版。 六月，《尹达集》由中国社会科学出版社出版。 七月，王宇信、徐义华《商周甲骨文》由文物出版社出版。 陈梦家《中国文字学》由中华书局出版。 史昌友《灿烂的殷商文化》由中国社会科学出版社出版。 王建生、朱歧祥《花园庄东地甲骨论丛》由台北圣环图书公司出版。 郭青萍《洹宝斋所藏甲骨》由内蒙古人民出版社出版。 八月，杨善清等《中国殷墟》（世界文化遗产殷墟丛书）由上海大学出版社出版。王宇信序。 刘庆俄《汉字新论》由同心出版社出版。 九月，王宇信、秦刚、王云峰主编《北京平谷与华夏文明国际学术研讨会论文集（2005）》由社会科学文献出版社出版。 十一月，姚萱《殷墟花园庄东地甲骨卜辞的初步研究》由线装书局出版。 常耀华《殷墟甲骨非王卜辞研究》由线装书局出版。 十二月，饶宗颐《甲骨文校释总集》（全二十卷）由上海辞书出版社出版。 又：六月，李宗焜著《当甲骨遇上考古——导览 YH127 坑》作为 YH127 坑发掘 70 周年纪念特展书出版。

纪年	纪事	论著
2007 年	二月，中国殷商文化学会在北京召开"殷墟保护、利用、管理与构建和谐社会资深文物考古专家座谈会"。 七月，"陈梦家先生九十五岁诞辰座谈会"在北京召开。 八月，中国殷商文化学会与有关单位联合举办"甲骨学暨甲骨文书法国际研讨会"在山东烟台召开。	一月，《中国国家博物馆馆藏文物研究·甲骨卷》由上海古籍出版社出版。 一月，马如森《殷墟甲骨学》（世界文化遗产殷墟丛书）由上海大学出版社出版。王宇信总序。 二月，胡庆钧等《早期奴隶制社会比较研究》由中国社会科学出版社出版。 三月，王震中、王宇信等《中国古代文明与国家形成研究》由中国社会科学出版社出版。 四月，韩江苏《殷墟花东 H3 卜辞主人"子"研究》由线装书局出版，王宇信序。赵鹏《殷墟甲骨文人名与断代的初步研究》由线装书局出版。 四月，杨升南《甲骨文商史丛书》由线装书局出版。 六月，晁福林《先秦社会思想研究》由商务印书馆出版。 陈絜《商周姓氏制度研究》由商务印书馆出版。 八月，《历史研究所集刊》（第四集）由商务印书馆出版。 十一月，朱凤瀚主编《仰止集》由天津人民出版社出版。 十二月，董敏《走近甲骨学大师董作宾》（世界文化遗产殷墟丛书）由上海大学出版社出版，王宇信序。 郭青萍《〈洹宝斋所藏甲骨〉解读》由北京艺术与科学电子出版社出版。 李雪山主编《董作宾与甲骨学研究续编》由中国社会科学出版社出版。 是年，彭邦炯《甲骨文医学资料考证与研究》由人民卫生出版社出版。
2008 年	一月，中国殷商文化学会在京理事会于北京召开。 五月，中国殷商文化学会发起的"盛世收藏：鉴定与市场高层论坛"在广州召开。 八月，在殷墟花园庄村南，发现商代陶窑 10 座及大量次品、废品陶器，以陶豆为多，簋次之。花园庄南地制陶作坊遗址的发现，是八十多年来殷墟考古的首次。 十月，台湾"中研院"召开的"纪念殷墟发掘八十周年大会"于 13 日在台北召开。 中国社会科学院考古研究所、中国殷商文化学会等单位召开的"纪念殷墟发掘八十周年国际学术研讨会"于 10 月 30 日至 31 日在安阳举行。 十一月，《中国甲骨学》二校毕。上海人民出版社编审许仲毅专程赴京，与孟世凯、杨升南、王宇信、宋镇豪等教授聚谈，商议甲骨学成果出版诸事宜。是为 12 日（周六）。	一月，郭旭东主编《殷商文明论集》由中国社会科学出版社出版。 四月，商承祚《甲骨文字研究》由天津古籍出版社出版。 《历史研究所集刊》（第五集）由商务印书馆出版。 魏建震《殷墟甲骨文常用字典》（世界文化遗产殷墟丛书）由上海大学出版社出版。 五月，商志䕌策事《殷墟书契考释原稿信札》由文物出版社出版。 九月，焦智勤、党相魁《殷墟甲骨辑佚》由文物出版社出版。 九月，《古文字研究》（第二十七辑）由中华书局出版。 又：十一月，李钟淑［韩］、葛英会编纂《北京大学珍藏甲骨文字》由上海古籍出版社出版。王宇信作《序》。

纪年	纪事	论著
2009年	7月，著名甲骨学家、考古学家、中国殷商文化学会副会长商志䕼教授逝世（1933.12—2009.7.1），国家文物局局长张文彬、会长王宇信赴广州吊唁致哀。 "铁骨铮铮礼仪诗书绵世泽，云山霭霭盘盂竹帛哭贤人"——学会理事陈炜湛献挽联，表示对商志䕼教授悼念。 八月，中国殷商文化学会发起的"纪念王懿荣发现甲骨文110周年国际学术研讨会"在烟台召开，海内外学者200余人出席。授王懿荣甲骨学研究奖（一等陈健，二等赵平安，三等刘一曼、曹定云）及书法奖一、二、三等若干人。会上，王宇信《中国甲骨学》（上海人民出版社）及《纪念王懿荣发现甲骨文110周年国际学术研讨会论文集》（社会科学文献出版社）首发。"甲骨文国际书法大展"在烟台举行。 十一月，中国文字博物馆落成并于16日隆重开馆，李长春、陈志立、刘延东、陈奎元、蔡武、单霁翔等各级领导出席盛典。中国殷商文化学会与该馆联合举办"中国文字论坛"举行，出席会议有海内外专家百余名。王宇信、王巍作大会主题发言，并主持"论坛"。	一月，孟世凯《甲骨学辞典》由上海人民出版社出版。 六月，江苏省甲骨文学会《甲骨学与南京》由南京出版社出版。 十二月，李雪山等《甲骨学110年，回顾与展望——王宇信教授师友国际学术研讨会论文集》由中国社会科学出版社出版。 又：是年，濮茅左辑《上海博物馆藏甲骨文字》（上、下）由上海辞书出版社出版。 是年，台北中研院历史语言研究所编《史语所购藏甲骨集》由台北中研院历史语言研究所出版。 又：是年，宋镇豪主编《甲骨文与殷商史》（新一辑）由线装书局出版。
2010年	八月，韩国釜山庆星大学中国汉字研究所举办"汉语文字与文化国际学术研讨会暨21世纪汉字文化研究的新模式——东西方的方法论比较高级论坛"17—22日举行。王宇信、赵平安、李立新、王平、臧克和等中国学者及阿辻哲次〔日〕、顾彬（德）、蒲芳莎〔法〕、白谦慎〔美〕、刘志基〔美〕等应邀出席。 十月，中国文字博物馆成立一周年庆典暨"中国文字论坛"举行。史金波、王宇信在会上被聘为该馆顾问，并代表该馆向特聘研究员、客座研究员颁发聘书。 十一月，台北中国文化大学举办"发皇汉语——涵咏文学学术研讨会"，王宇信应邀出席，并提供《古文字学研究生培养六十年：启示与思考》。	肖楠《甲骨学论文集》由中华书局出版。 王宇信、魏建震《甲骨学导论》由中国社会科学出版社出版。 十二月，杜金鹏《殷墟宫殿区建筑基址研究》由科学出版社出版。 考古研究所《安阳殷墟小屯建筑遗存》由文物出版社出版。 又：一月，姚孝遂著《姚孝遂古文字论集》由中华书局出版。

纪年	纪事	论著
2011 年	五月，著名考古学家、中国殷商文化学会理事辛占山教授（1937—2011.5.4）逝世。"家事所事考古事事事真君子，亲情友情科研情情情大丈夫"——会长王宇信特写此挽联表示对辛占山理事的悼念。 　　五月七日，"母亲节"宁夏"中华黄河坛"落成典礼举行，王宇信等应邀出席。"司母河鼎"（重 18 吨）、农耕大道、文化大道、感恩大道及感恩大殿文化底蕴深厚，令人震撼！中国殷商文化学会李学勤、王宇信、杨升南、朱凤瀚、李伯谦、唐际根等学者，曾为此"中华黄河坛"的打造作了自己应作的贡献。 　　七月十八日，中国社会科学院学部委员大会向王巍、宋镇豪等 10 名新增选学部委员颁发证书，向黄展岳、任式楠、王宇信等 38 名新增选荣誉学部委员颁发证书。 　　又：十二月九日至十一日，由中国殷商文化学会、安阳市人民政府、傅说文化研究会共同举办的"殷商文明暨傅说文化研究高端论坛"在安阳市召开。会议期间中国殷商文化学会进行了学会领导改选，王宇信被选举为名誉会长，李民、杨升南当选首席顾问。新一届学会领导，会长：王震中，副会长：张国硕、唐际根、张坚、方辉、郭旭东、朱彦民，秘书长：徐义华。	四月，王宇信、杨升南主编《甲骨学一百年》由韩国河永三教授译竟，并由启明出版社出版五卷本。 　　七月，宋镇豪主编《商代史》共 11 卷由中国社会科学出版社出版。 　　卷一《商代史论纲》宋镇豪主笔 　　卷二《〈殷本纪〉订补与商史人物徵》韩江苏、江林昌著 　　卷三《商族起源与先商社会变迁》王震中著 　　卷四《商代国家与社会》王宇信、徐义华著 　　卷五《商代都邑》王震中著 　　卷六《商代经济与科技》杨升南、马季凡著 　　卷七《商代社会生活与礼俗》宋镇豪著 　　卷八《商代宗教祭祀》常玉芝著 　　卷九《商代战争与军制》罗琨著 　　卷十《商代地理与方国》孙亚冰、林欢著 　　卷十一《殷遗与殷鉴》宫长为、徐义华著 　　七月，谢玉堂《甲骨文的由来与发展》由山东人民出版社出版，王宇信序。 　　马季凡等《中国社会科学院历史研究所藏甲骨文》由上海古籍出版社出版。 　　考古研究所《殷墟小屯村中村南甲骨》由云南人民出版社出版。 　　又：十一月，宋镇豪主编，刘源副主编《纪念胡厚宣教授诞辰一百周年专辑》《甲骨文与殷商史》（新二辑）由上海古籍出版社出版。
2012 年	又：一月二十七日，由中国社会科学院历史研究所举办的"胡厚宣先生百年诞辰纪念会"在历史研究所举行。李学勤、卜宪群、王宇信、宋镇豪、刘一曼、朱凤瀚等中国古文字学、先秦史学界的专家学者及胡厚宣先生的亲友弟子等 70 余人参加了纪念活动。 　　八月，在山东高青召开"甲骨学暨高青陈庄西周城址重大发现国际学术研讨会"。	又：一月，容庚《卜辞研究》（1942 年北京大学文学院讲义本一册）收入《容庚学术著作全集·卜辞研究》由中华书局出版。 　　三月，李宗焜编著《甲骨文字编》北京中华书局出版，李学勤作《序》。

纪年	纪事	论著
2013 年	又：是年，台北"中研院"史语所举办"凿破鸿蒙——纪念董作宾逝世五十周年"特展。	又：四月，宋镇豪主编《甲骨文与殷商史》（新三辑）由上海古籍出版社出版。 十一月，王宇信著《新中国甲骨学六十年》（1949—2009）由中国社会科学出版社出版。 十二月，俄罗斯国立爱米塔什博物馆、中国社会科学院历史研究所编，宋镇豪、马丽娅［俄］辑《俄罗斯国立爱米塔什博物馆藏殷墟甲骨》由上海古籍出版社出版。 是年，李宗焜编著《凿破鸿蒙——纪念董作宾逝世五十周年》由台北"中研院"历史所出版。
2014 年	又：八月十日至十二日，由中国殷商文化学会、山东省烟台市福山区人民政府联合主办的"甲骨学殷商史暨庆祝王懿荣纪念馆落成国际学术研讨会"在烟台市福山区召开。 十一月十四日至十五日，经中国殷商文化学会、中国甲骨文书法艺术研究会、孙诒让甲骨学研究会发起组织，由浙江省瑞安市政协、市委宣传部主办，瑞安市甲骨文学会承办的"纪念《契文举例》问世110周年甲骨文书法艺术国际研讨会"，"甲骨文书法艺术国际邀请展""书法创作交流"与"学术研讨"等活动，在全国重点文保单位孙诒让藏书楼——瑞安玉海楼隆重举行。	又：十月，宋镇豪、郭富纯编著《旅顺博物馆所藏甲骨》（全三册）由上海古籍出版社出版。 十一月，纪念〈契文举例〉问世110周年活动委员会编《纪念〈契文举例〉问世110周年论文集》刊行。王宇信作《甲骨文书法当遵"法"前行》为该论文集首篇。
2015 年	又：八月，由中国殷商文化学会、山东省烟台市福山区人民政府联合主办的"纪念王懿荣殉国一百一十五周年爱国主义高端论坛"在烟台市福山区召开。	又：一月，宋镇豪、焦智勤、孙亚冰编著《殷墟甲骨拾遗》由中国社会科学出版社出版。
2016 年	又：七月十三日至十五日，为纪念殷墟申报世界文化遗产成功十周年，国家考古遗址公园联盟第六届联席会议在安阳召开。会议期间召开了"殷墟申遗十年回顾与展望座谈会"，著名学者李伯谦、王宇信、刘庆柱、宋镇豪、王震中、杜金鹏等出席会议并发言。 七月十三日，由中国邮政集团公司、中华全国集邮联合会共同主办的《殷墟》特种邮票首发暨"集邮周"标识发布仪式在安阳市国际会展中心举行。国家发行的《殷墟》特种纪念邮票一套三枚分别表现了殷墟出土的甲骨文、青铜器和玉器。	又：四月，王宇信主编，王宇信、王绍东著《中国古文字导读——殷墟甲骨文》由文物出版社出版。

附录五　甲骨文著录书简称表

简称	原书名	作者	出版者	出版年代
《铁》	《铁云藏龟》	刘鹗	抱残守缺斋石印本	1903
《前》《前编》	《殷虚书契前编》	罗振玉	影印本	1912
《菁》《菁华》	《殷虚书契菁华》	罗振玉	影印本	1914
《余》《之余》	《铁云藏龟之余》	罗振玉	影印本	1915
《后》《后编》	《殷虚书契后编》	罗振玉	影印本	1916
《明》《明义士》《墟》	《殷墟卜辞》（初编）	明义士［加］	上海别发洋行石印本	1917
《戬》《戬寿》	《戬寿堂所藏殷虚文字》	姬佛陀、王国维	上海仓圣明智大学石印本	1917
《林》《龟》	《龟甲兽骨文字》	林泰辅［日］	日本商周遗文会石印本	1921
《簠》《簠室》	《簠室殷契徵文》	王襄	天津博物院石印本	1925
《拾》《拾遗》	《铁云藏龟拾遗附考释》	叶玉森	五凤砚斋影印本	1925
《新》《写》《写本》	《新获卜辞写本》	董作宾	中央研究院历史语言研究所	1928
《真》《存真》	《殷虚文字存真》	关百益（关葆谦）	河南博物馆拓本集	1931—1935
《福》《福氏》	《福氏所藏甲骨文字》	商承祚	金陵大学中国文化研究所丛刊甲种影印本	1933
《契》《栔》《燕》《燕大》	《殷栔卜辞附释文及文编》	容庚、瞿润缗	哈佛燕京学社石印本	1933
《通》《卜通》《通纂》	《卜辞通纂》	郭沫若	日本东京文求堂书店石印本	1933
《续》《续编》	《殷虚书契续编》	罗振玉	影印本	1933
《佚》《佚存》	《殷契佚存》	商承祚	金陵大学中国文化研究所丛刊甲种影印本	1933
《县志》	《续安阳县志·甲骨文》	王子玉	北平文岚簃古宋印书局铅印本	1933
《沪亚》	《上海亚洲文会博物馆藏甲骨卜辞》	吉卜生［英］	《中国杂志》21卷6号	1934

续表

简称	原书名	作者	出版者	出版年代
《邺初》	《邺中片羽》初集	黄濬	北平尊古斋景印本	1935
《郼》《郼斋》	《郼斋所藏甲骨拓本》	金祖同	上海中国书店	1935
《库》《库方》	《库方二氏藏甲骨卜辞》	方法敛［美］、白瑞华［美］	上海商务印书馆石印本	1935
《柏》《柏根》	《柏根氏旧藏甲骨文字》	明义士［加］	齐鲁大学国学研究所影印本	1935
《相》	《殷墟甲骨相片》	白瑞华［美］	美国纽约照片影印本	1935
《侯》《侯家庄》	《安阳侯家庄出土之甲骨文字》	董作宾	《田野考古报告》第1册	1936
《邺二》	《邺中片羽》二集	黄濬	北平尊古斋影印本	1937
《录》《文录》	《甲骨文录》	孙海波	河南通志馆影印本	1937
《粹》《粹编》	《殷契粹编》	郭沫若	日本东京文求堂石印本	1937
《拓》	《殷墟甲骨拓片》	白瑞华［美］	美国纽约石印本	1937
《七》《七集》	《甲骨卜辞七集》	方法敛［美］、白瑞华［美］	美国纽约影印本	1938
《天》《天壤》	《天壤阁甲骨文存》	唐兰	北平辅仁大学影印本	1939
《零》《零拾》《铁零》	《铁云藏龟零拾》	李旦丘	上海中法文化出版委员会影印本	1939
《珠》《遗珠》	《殷契遗珠》	金祖同	上海中法文化出版委员会影印本	1939
《金》《金璋》	《金璋所藏甲骨卜辞》	方法敛［美］、白瑞华［美］	美国纽约影印本	1939
《叕存》	《甲骨叕存》	曾毅公	齐鲁大学国学研究所石印本	1939
《诚》《诚斋》	《诚斋殷虚文字》	孙海波	北平修文堂书店影印本	1940
《宝》《遗宝》	《河南安阳遗宝》	梅原末治［日］	日本京都大学影印本	1940
《中》	《中央大学藏甲骨文字》	李孝定	中央大学影印本	1940
《五》	《甲骨五十片》	白瑞华［美］	美国纽约石印本	1940
《摭》《摭佚》	《殷契摭佚》	李旦丘	来薰阁书店影印本	1941
《叙》《叙圃》	《叙圃甲骨释要》	何遂		1941
《邺三》	《邺中片羽》三集	黄濬	北平尊古斋影印本	1942
《骈》《骈枝》	《殷契骈枝》（三编）	于省吾		1943
《厦》《厦大》	《厦门大学所藏甲骨文字》	胡厚宣	《甲骨学商史论丛》初集第4册	1944

续表

简称	原书名	作者	出版者	出版年代
《六》《六录》，其中所录简称《中大》《清晖》《束》《曾》《华西》	《甲骨六录》：《中央大学藏》《陈钟凡藏》《束天民藏》《曾和窘藏》《华西大学藏》	胡厚宣	齐鲁大学石印本	1945
《骨》《坎》《骨文化》	《中国古代骨的文化》	怀履光［加］	加拿大多伦多大学影印本	1945
《平》《平津》	《战后平津新获甲骨集》	胡厚宣	《甲骨学商史论丛》4集第1册	1946
《剑》《双剑》、	《双剑誃所藏甲骨文字》	胡厚宣		1946
《七版》	《战后殷墟出土的新大龟七版》	胡厚宣		1947
《龟卜》	《龟卜百二十五片》	金祖同	上海知温书店影印本	1948
《甲》《屯甲》	《殷虚文字甲编》	董作宾	商务印书馆	1948
《乙》《屯乙》	《殷虚文字乙编》	董作宾	商务印书馆	1948 1953
《缀》《缀合》《甲缀》《缀合编》	《甲骨缀合编》	曾毅公	北京修文堂书店石印本	1950
《摭续》	《殷契摭佚续编》	李旦丘	商务印书馆影印本	1950
《掇一》《拾掇一》	《殷契拾掇》初编	郭若愚	上海出版公司石印本	1951
《宁》《宁沪》	《战后宁沪新获甲骨集》	胡厚宣	来薰阁石印本	1951
《南》《南北》，其中所录简称：《南辅》《南诚》《南上》《南南》《南无》《南明》《南师》《南坊》	《战后南北所见甲骨录》：《辅仁大学藏》《诚明文学院藏》《上海博物馆藏》《南京博物院藏》《王泊沆藏》《明义士旧藏》《师友藏二卷》《坊间藏五卷》	胡厚宣	来薰阁书店石印本	1951
《掇二》《拾掇》	《殷契拾掇》二编	郭若愚	来薰阁书店石印本	1953
《京津》	《战后京津新获甲骨集》	胡厚宣	上海群联出版社影印本	1954
《存》《续存》	《甲骨续存》	胡厚宣	上海群联出版社影印本	1955
《合》《殷缀》	《殷墟文字缀合》	郭若愚、曾毅公、李学勤	科学出版社影印本	1955
《外》《外编》	《殷虚文字外编》	董作宾	台北艺文印书馆影印本	1956
《巴》《巴黎》	《巴黎所见甲骨录》	饶宗颐	台北艺文印书馆影印本	1956

简称	原书名	作者	出版者	出版年代
《日本》《日见（一）》	《日本所见甲骨录》（一）	饶宗颐	香港大学《东方文化》3 卷第 1 期	1956
《综述》	《殷墟卜辞综述附图》	陈梦家	科学出版社	1956
《汉城》	《汉城大学所藏大胛骨刻辞考释》	董作宾		1957
《丙》《丙编》	《殷虚文字丙编》（上中下辑）	张秉权	"中央研究院" 历史语言研究所影印本	1957—1972
《书道》《书博》	《书道博物馆所藏甲骨文字》	青木木菟哉［日］	日本《甲骨学》杂志	1958—1964
	《中国书谱殷商编》	严一萍	台北艺文印书馆	1958
《京人》	《京都大学人文科学研究所藏甲骨文字》	贝冢茂树［日］、伊藤道治［日］	京都大学人文科学研究所	1959
《甲零》	《甲骨文零拾》	陈邦怀	天津人民出版社影印本	1959
《日散》《日汇》	《日本散见甲骨文字搜汇》（1—6）	松丸道雄［日］	《甲骨学》 第 7—12 号	1959—1980
《甲释》	《殷虚文字甲编考释》（附图）	屈万里	"中央研究院" 历史语言研究所影印本	1961
《海》	《海外甲骨录遗》	饶宗颐	《香港大学东方文化》第 4 卷第 1—2 期	1961
	《甲骨文集》	白川静［日］	日本东京二玄社	1963
《中图》	《"国立中央图书馆" 所藏甲骨文字》	金祥恒	《中国文字》19、20 期	1966
《冬》	《冬饮庐藏甲骨文字》	周法高	台北"中央研究院" 历史语言研究所《集刊》第 37 本	1967
《大原》	《大原美术馆所藏甲骨文字》	伊藤道治［日］	日本《仓敷考古馆研究集报》第 4 号	1968
《邓》	《东莞邓氏旧藏甲骨》	李棪	香港《联合书院学报》第 7 册影印本	1969
《棪斋》	《殷虚 "骨筒" 及其有关问题》	刘渊临	《"中央研究院" 历史语言研究所集刊》第 39 本上册	1969
《北美》	《北美所见甲骨选粹》	李棪	香港中文大学《中国文化研究所学报》第 3 卷 2 期	1970
《欧美亚》	《欧美亚所见甲骨录存》	饶宗颐	《南洋大学学报》（社会科学与人文科学）第 4 期	1970
《藤井》	《藤井有邻馆所藏甲骨卜辞》	伊藤道治［日］	日本京都《东方学报》第 42 册	1971

简称	原书名	作者	出版者	出版年代
《明后》《墟后》	《殷墟卜辞后编》	明义士［加］、许进雄［加］	台北艺文印书馆	1972
《安明》	《加拿大安大略皇家博物馆藏明义士甲骨卜辞》	许进雄［加］	加拿大多伦多皇家安大略博物馆影印本	1972
《辅仁》	《辅仁大学所藏甲骨文字》	许进雄［加］	台湾《中国文字》第50册	1973
《新缀》《缀新》	《甲骨缀合新编》	严一萍	台北艺文印书馆影印本	1975
《集成一》	《甲骨集成》（第一集）	严一萍	台北艺文印书馆	1975
《新缀补》	《甲骨缀合新编补》	严一萍	台北艺文印书馆影印本	1976
《美》《美国》	《美国所藏甲骨录》	周鸿翔［美］	美国加利福尼亚大学	1976
《合集》	《甲骨文合集》	郭沫若、胡厚宣	中华书局	1978—1983
《东洋》	《东洋文库所藏甲骨文字》	日本东洋文库古代史研究委员会	日本东洋文库影印本	1979
《屯南》	《小屯南地甲骨》	中国社会科学院考古研究所	中华书局	1980—1983
《屯附》	《小屯南地甲骨·附》	中国社会科学院考古研究所	中华书局	1980
《屯补》	《小屯南地甲骨·补》	中国社会科学院考古研究所	中华书局	1980
《东京》《东大》《东化》	《东京大学东洋文化研究所藏甲骨文字》	松丸道雄［日］	东京大学东洋文化研究所	1983
《商周总集》	《商周甲骨文总集》	严一萍	台北艺文印书馆影印本	1984
《英》《英藏》	《英国所藏甲骨集》（上编）	李学勤、齐文心、艾兰［美］	中华书局影印本	1985
《法》	《法国所藏甲骨录》	雷焕章［法］	台北市光启出版社	1985
	《殷墟》	河南省安阳市文化局	文物出版社	1986
《日天》《天理》	《天理大学附属天理参考馆甲骨文字》	伊藤道治［日］	天理教道友社	1987
《苏德美日》	《苏德美日所见甲骨集》	胡厚宣	四川辞书出版社	1988
《苏联》	《苏联国立爱米塔什博物馆所藏甲骨文字》	胡厚宣	《甲骨文与殷商史》第3辑上海古籍出版社	1991

简称	原书名	作者	出版者	出版年代
《怀》《怀特》	《怀特氏等收藏甲骨文集》	许进雄［加］	加拿大多伦多皇家安大略博物馆	1991
《英藏》	《英国所藏甲骨集》（下编）	李学勤、齐文心、艾兰［美］	中华书局影印本	1992
《乙补》《乙编补》	《殷虚文字乙编补遗》	钟柏生	台北"中央研究院"历史语言研究所	1995
《屯遗》	《小屯南地甲骨补遗》	考古所安阳工作队	考古学集刊第9集	1995
《续补》	《甲骨续存补编·甲编》（上中下册）	胡厚宣	天津古籍出版社影印本	1996
《雷德》《德瑞荷比》	《德瑞荷比所藏一些甲骨录》	雷焕章［法］	台北光启出版社影印本	1997
《山博》《山东博》	《山东省博物馆珍藏甲骨墨拓集》	刘敬亭	齐鲁书社	1998
《瑞典》《瑞斯》	《瑞典斯德哥尔摩远东古物博物馆藏甲骨文字》	李学勤、齐文心、艾兰［美］	中华书局	1999
《补编》《合补》《合集补》	《甲骨文合集补编》	彭邦炯、谢济、马季凡	语文出版社影印本	1999
《蔡缀》	《甲骨缀合集》	蔡哲茂	"中央研究院"历史语言研究所外版书、台北文渊阁文化事业有限公司	1999
《甲专》《运台》	《河南省运台古物甲骨文专集》	董玉京	河南省运合台古物监护委员会	2001
《花》《花东》	《殷墟花园庄东地甲骨》	刘一曼	云南人民出版社	2003
《东北》	《东北师大所藏甲骨选释》	宫长为	《夏商周文明研究（四）·纪念殷墟甲骨文发现一百周年国际学术研讨会论文集》社会科学文献出版社	2003
《缀续》《蔡缀续》	《甲骨文缀合续集》	蔡哲茂	"中央研究院"历史语言研究所外版书、台北文津出版社有限公司	2004
《掇三》	《殷契拾掇》三编	郭若愚	上海古籍出版社	2005
《村中南》				
《洹宝》	《洹宝斋所藏甲骨》	郭青萍	内蒙古人民出版社	2006
《国博》《历博》《国博藏甲》	《中国国家博物馆馆藏文物研究丛书—甲骨卷》	朱凤瀚、沈建华	上海古籍出版社	2007
《北大》《北珍》	《北京大学珍藏甲骨文字》	李锺淑、葛英会	上海古籍出版社	2008

简称	原书名	作者	出版者	出版年代
《辑佚》	《殷墟甲骨辑佚》	段振美等	文物出版社	2008
《上博》	《上海博物馆藏甲骨文字》	上海博物馆	上海辞书出版社	2009
《史购》	《史语所购藏甲骨集》	"中研院"史语所	"中研院"史语所	2009
《殷拾》	《殷虚文字拾补》	朱孔阳	线装书局	2009
《张》	《张世放所藏殷墟甲骨集》	宋镇豪	线装书局	2009
《所藏》	《中国社会科学院历史研究所藏甲骨集》	宋镇豪、赵鹏、马季凡	上海古籍出版社	2011
《俄藏》	《俄罗斯国立爱米塔什博物馆藏殷墟甲骨》	宋镇豪、马丽娅〔俄〕	上海古籍出版社	2013
《旅博》	《旅顺博物馆所藏甲骨》	宋镇豪、郭富纯	上海古籍出版社	2014
《殷遗》	《殷墟甲骨拾遗》	宋镇豪、焦智勤、孙亚冰	中国社会科学出版社	2015

金文

简称	原书名	作者		出版年代
《捃古》	《捃古录金文》	吴式芬	石印本	1899
《图》《殷图》《图录》	《殷虚古器物图录》	罗振玉	影印本	1916
	《殷文存》	罗振玉	影印本	1917
《传古》	《传古别录》第二集	罗福成	影印本	1928
《善斋》	《善斋吉金录》	刘体智	石印本	1934
《小校》	《小校经阁金文拓片》	刘体智	石印本	1935
《三代》	《三代吉金文存》	罗振玉	影印本	1937
《双图》《双古》	《双剑誃古器物图录》	于省吾	北京函雅堂影印本	1940
《录遗》	《商周金文录遗》	于省吾	科学出版社	1957
《集成》	《殷周金文集成》	中国社会科学院考古研究所	中华书局	1984—1994
	《钟鼎款识》	王厚之	中华书局	1985
	《商周金文选》	曹锦炎	西泠印社	1990
	《中国青铜器全集》	中国青铜器全集编辑委员会	文物出版社	1993—1998
	《殷周金文集成释文》	中国社会科学院考古研究所	香港中文大学出版社	2001

附录六　引证参用著作及简称

序号	著作名	作者	出版社及出版时间	简称
1	《郭沫若全集·历史编》	郭沫若	人民出版社 1982 年 9 月	
2	《殷虚书契考释》	罗振玉	中华书局影印 2006 年 1 月	《殷释》
3	《观堂集林》	王国维	河北教育出版社 2002 年 1 月	《集林》
4	《董作宾先生全集》	董作宾	台北艺文印书馆 1977 年 11 月	《董全集》
5	《甲骨学商史论丛初集》（外一种）上、下	胡厚宣	河北教育出版社 2002 年 11 月	《商史论丛》
6	《殷虚卜辞综述》	陈梦家	中华书局 2004 年 4 月	《综述》
7	《甲骨学》	严一萍	台北艺文印书馆 1978 年 2 月	
8	《建国以来甲骨文研究》	王宇信	中国社会科学出版社 1981 年 3 月	
9	《甲骨学通论》	王宇信	中国社会科学出版社 1989 年 6 月	《通论》
10	《甲骨学一百年》	王宇信、杨升南	社会科学文献出版社 1999 年	《一百年》
11	《甲骨文精粹释译》	王宇信、杨升南、聂玉海	云南人民出版社 2004 年 5 月	
12	《中国甲骨学》	王宇信	上海人民出版社 2009 年 8 月	
13	《新中国甲骨学六十年》	王宇信	中国社会科学出版社 2013 年 11 月	《六十年》
14	《甲骨文与甲骨学》	张秉权	台北"国立"编译馆 1988 年 9 月	
15	《甲骨文通检》	饶宗颐	香港中文大学出版社 1989—1999 年	《通检》
16	《商代经济史》	杨升南	贵州人民出版社 1992 年 10 月	
17	《商代地理概论》	郑杰祥	中州古籍出版社 1994 年 6 月	《概论》
18	《甲骨文字集释》	李孝定	台北"中央研究院"历史语言研究所 1965 年	《集释》
19	《甲骨文字诂林》	于省吾	中华书局 1996 年 5 月	《诂林》
20	《甲骨文字释林》	于省吾	中华书局 1999 年 11 月	《释林》
21	《殷墟甲骨刻辞摹释总集》	姚孝遂、肖丁	中华书局 1998 年 4 月	《摹释》
22	《殷墟甲骨刻辞类纂》	姚孝遂、肖丁	中华书局 1998 年 4 月	《类纂》
23	《殷墟卜辞综类》	岛邦男［日］	汲古书院 1971 年	《综类》
24	《小屯南地甲骨考释》	姚孝遂、肖丁	中华书局 1999 年 11 月	《屯南考释》

序号	著作名	作者	出版社及出版时间	简称
25	《殷墟甲骨文字通释稿》	朱歧祥	台北文史哲出版社 1989 年 12 月	《通释稿》
26	《甲骨学论丛》	朱歧祥	台湾学生书局 1992 年 2 月	
27	《百年甲骨学论著目》	宋镇豪	语文出版社 1999 年 7 月	
28	《中国风俗通史·夏商卷》	宋镇豪	上海文艺出版社 2001 年 11 月	
29	《夏商社会生活史》	宋镇豪	中国社会科学出版社 2005 年 10 月	
30	《甲骨文简明词典——卜辞分类读本》	赵诚	中华书局 1996 年 7 月	《词典》
31	《甲骨学辞典》	孟世凯	上海人民出版社 2009 年 1 月	《辞典》
32	《增订薇膩甲骨文原》（上、下）	马薇膩	台北文史哲出版社 1991 年 4 月	
33	《中国甲骨学史》	吴浩坤、潘悠	台北贯雅文化事业有限公司 1990 年 9 月	
34	《甲骨学·文字编》	朱芳圃	台湾商务印书馆 1997 年 8 月	
35	《甲骨文动词词汇研究》	陈年福	巴蜀书社 2001 年 9 月	
36	《殷墟甲骨刻辞词类研究》	杨逢彬	花城出版社 2003 年 9 月	
37	《甲骨文献集成》	宋镇豪、段志洪	四川大学出版社 2001 年 4 月	
38	《商代史》（1—11 卷）	宋镇豪	中国社会科学出版社 2011 年 7 月	

附录七　本书采用甲骨文字参考表

说明：1. 本字表依据《甲骨文编》、《新甲骨文编》、《殷墟甲骨文编》、《甲骨文字编》诸书整理；2. 本字表依据发音的第一个字母先后排序；3. 本字表收录甲骨文字，裁自《甲骨文合集》、《小屯南地甲骨》、《花园庄东地甲骨》，每字号均为原片编号；4. 有一些文字考释存在很大争议，本字表为解决用字困难，权从一家之言；5. 本字表目前共整理收录 1249 个单字，只作为本书与学人参考。

艾	8015	31267	安	905	905	21054	33561	37568
晻	18128	18553	30956	31824	敖	188	31762	37434
冪	20164	駛 37514	八	17057	22050	巴		6469
	8414	霸 《屯》873	37848 反	白（伯）	3397	20463 反	32330	百
	302	1115	5760	19914	柏	27781	33380	33517	败

般 17318	1113	19916	32862	32900	邦 10104	33205
勺（伏）	14294	14295	苟 20625	20626	雹（霁） 7370	14156
亠	655	13517	20004	宝 17512	18623	保 3481
16431	18970	勹（包） 28905	豹 3286	3295	3320	4620
虤 11429	697	卑 19233	北 13442	33177	33049	贝
諕（悖）	20247	狈 18370	18371	18372	29420	备 565
6900	9608	34866	奔 《花》295	302	34076	皂
偪 1096	3823	34602	20652	27991	柲 3335	9608
31835	32835	鼻 8189	匕（姚） 21237	26899	27529	28068

比	6420	32615	33003	33107	35244	沘 36946	啚
9810	10861	13757	鄙	6057	6057 反	6058	畀 1430
6770	8332	18473	32915	敝	584	8250	28869 婢
26956	35363	飶	17954	18210	駜	28195	濞 8357
璧	8108	《花》37	《花》490	边	28058	编 26801	髟
7571	11446	鳖	8996	别	17230	宾 2638	2638
3154	3159	3169	4283	6498	8082	22838	30347 橐
9420	冰	8251	兵	18329	丙 909	17681	19777
32402	33853	36166	秉	519	18157	并 10959	32833

並	4405	11503	20149	驳	36836	36987	帛
泊 36842	36812	亳(郊)	7841	28132	32675	36534	彀
378	1474	1525	15620	32430	卜 667	29324	31669
32487	33348	不	595	10406 反	13375	32625 / 32995	33354
步 12814	20375	32509	32670	32946	采 《花》183	《花》266	11726
20397	参	1096	6626	賚 29324	29327	憯	
仓 667	18606	曹 9645	36828	棘 6942	册		
685	6160	6161	24133	30411	32285	曾 6536	6536
瘥 7354	31821	32164	21358	22391	煇 18938	昌	

19924	甾	301	1506	10584	15616	16244	22925	30572
31990	32874	35153	朝	23148	23209	29092	33130	澡
28095	28096	车	584	6834	11449	11452	11456	21778
36481	10405	11446	10405	中	6732	15396 反	18661	彻
8073	14270	36567	臣	217	628	20354	20356	辰
1888	13375	19831	30587	32848	34477	沉	5505	16187
26907	32028	32915	晨	9493	23174	23475	9477	再
6468	7426	19539	倆	10405	25020	成	1243	8984
19619	32052	32444	39465	丞	2279	承	4094	乘

6487	6498	6667	32897	迟	28202	31676	齿 591
8803	8884	10349	17295	18139	赤	3313	33003 沖
32906	春	9336	17078	虫	14403	22296	23110 畴
1183	1626	21174	绸	10056	丑（地支）	367	916 6060
27387	醜（丑）	12878 反	臭	8977	出	6696	12954 20045
初	31801	窭	96	126	137	11407	楚 29984
31139	32986	34220	豕	378	15983	20980	畜 29415
29416	琡	5598	16976	32535	32721	川	3748 22098
28180	33352	33352 反	33357	传	9100	川吹	9359 20960

柏	24389	春	2358	4852	8181	8525	8582	11533
20074	29715	遄	26992	娹	13961	17068	茨	34687
34688	34689	辝	248	248	辞 《花》286	此		5524
30831	31188	31191	束	5129	7473	9445 白	20327	21444
32054	次	5813	6536	33062	恩	5346	从	5166
12686	5716	琼	152	32805	32806	32807	32981	摧（推）
17334	虘	7910	27997	达	21099	22303	27745	蠪
8197	大	13362	19827	20083	汰	3046	罦（暨）	6157
18081	30700	32388	34136	37514	带	20502	28035	35242

戴	2274	17992	30502	丹	716	1623	单	137
	11501	21729	掸	31787	旦	29780	32718	34601	僤
	8713	宕	8977	28132	刀	32625	33037	枡（刻）	7938
岛	《屯》4565	盗	8315	4284	得	3298	3734	5601
	8909	8929	19756	30000	登	5760	5822	8672	10896
	18581	21225	30973	34596	38690	隥	22598	迪	24550
镝	14221	18476	杕	32959	32960	弟	9817	31810
帝	2334	14229	30388	32012	34147	34148	颠	6065
	18752	18789	典	20332	22675	30660	33020	奠	584

		靿				鏊	
4837	8938	5991	弔 6637	31807		17938	
丁					顶		鼎
	6637	31807	6058	21291	32402	21025	
						定	
2790	11499	11499	13404	22145	31000	36537	36850
东					冬(终)	涷	
	6058	6906	33068	33422	916	11156	
姛		斗			豆		鬥(斗)
	18066	21341	21344		18587	29364	
		剢				督	
152	21524	525	5997	5998		30365	33871
杜		妱		度		蟊	
	21458	282	21289 反	31009		22159	
殬		队		对	兊		隓
	28233	17984		18755		28801	
			敦				
4837	33149	33152	339	6358	7947	28123	28915

盾		多				妸		
	36481		2607	8938	17450		7081	9669 白

娥				歨			轭	
	5477	14781	14788		19933	22495		18267

儿			而					
	3397	14681		673	6480	10869	17931	20649

尔			耳					
	3298	11023		4059 白	13631	17563 白	18088	22438

迩						洱		
	28376	29236	29341	30273	31778		9774	14122

絧（联）					聑		二	
	4070 白	29783	32176	32721		《雷德》121		10925

发				伐				
	5558	9085	10405		916	21138	32255	32267

开			凡				匚（报）		
	32268	33133		8844	29383	32295		32349	7772

方						防		
	6567	6689	8487	20483	33020		5665	32937

32999	33235	妃	32162	32166	非	32693	33126	34709
分	11398	焚	583 反	10688	10691	28800	28802	28803
29309	33156	34495	37743	粪	18181	33374	丰	137
17514 白	22289	凤	137	7369	34033	34034	风	30225
30250	娉	21568	枫	18416	封	5814	18426	36528
夆	37507	逢	36904	36914	缶	6571	9408	夫
1471	14850	18592	弗	6016	13584	32609	免	14161
孚 (俘)	11499 反	32597	37471	刜	18448	34409	服	36924
枹	9070	畐	30065	30948	福	10613	10613	箙

302	3908	蝠 914	甫	7896	9526	20217	30173
斧	3212	父 2137	20576	32225	32669	妇	14025
18060	阜 7860	10405	20600	复 4037	5409	19354	
19355	富 2190	腹 5373	31759	37398	改 36418		
39472	丏 19893	31708	勹 32315	34172	甘 5129		
8001	敢 6536	6959	干 4947	28059	刚 32597		
36813	纲 22049	31136	高 28140	29707	32028	膏	
7926	15062	杲 20592	告 137	137	戈 584		
32834	或 32879	33074	槁 4855	4855	各 5493		

根			亘			
10405 反	4580	18244	1075	6477	15161	19442
亙 （恒）			庚			
	14749	14762	522 反	20362	20792	29886	32488
更				工		弓
	10380	10951	10952	4246	4247	37840
				攻	肱	
151	3046	4811	9101 反	21565	5532	13681
公	宫			龚		
	30961	4290	10985	20306	6595	7352
		廾 （收）			共	
20029	24951	23	24	22214	2795	13962
冓			苟		遘	
	17055	32329	35252	32294	22715	30922
	古			谷	罟	
32381	466	20149	21242	24471		10475
蛊				鼓		
	2530	6016	14277	17190	891	21228	30388

瞽	5177白	5299反	8987	16013	16017	16042	17136
							18936
雇	7901	13619	13925	冎	3236	32770	观
							2212屯
	27115	27824	32137	官	4576	18754	冠
							10976 裸
	8425	25592	30449	30923	32448	光	583反
							5935 10048
	15551	广	4880	10405	羿	18085	20281
							归 2281
	7049	13506	32880	33069	33070	圭	11006
							龟 6480
	8995	9000	魗	《花》191	鬼	8592	17450
							34146 癸
	6834	36234	36820	鯀	33162	33574	郭（墉）
							19681 20570
	29800	聝	6619	虢	4531	亥	6846
							12447 17680

20972	害	6615	18134	18435	28011	函	10244	28058
涵	29345	31826	寒	892	28129	28371	28982	29318
31818	漠	10186	25971	行	4037	4903 反	22550	航
655 甲	655 乙	6788	11472	20619	豪	39460	好	2638
2688	32757	32760	禾	9464	33209	33209	33268	合
3298	14365	18100	21963	何	7001	31310	31323	31324
河	683	8324	8331	9399 倒刻	26907	30438	32307	妖
18051	阖	4854	和（龢）	1240	15335	30693	崔	33384
黑	10171	22067	弘	3440	虹	10406	13444	鸿

36555	36567	侯	7503	32982	33208	33966	猴 8984
厚	34123	34124	后	18595	25948	2358 屯	乎 37
21479	26907	36518	狐	10982	壶	7382	18559	18560
18561	18562	虎	6553	10209	17849	20463 反	21472	33378
33378	唬	18312	户	31230	32833	茱	5568	18404
化	1100	6654	吴	13728	画	4283	32770	32773
淮	29366	38470	洹	7854	8315	8315	8321	10119
31923	34165	萈	6062	14801	萑	8184	8184	18422
18432	34172	34529	缓	13544	圂	136	9063	皇

			黄			潢		
6354	6913	6961		916	14313		31685	37514
凰					会		恚	
	13381	20815	27459	27459		1030		19212
彗								
	3253	7047	7056	9690	9780	13420	32000	32920
	昏				火			获（隻）
33717		25163	29794	29803		11503 反	30158	
			祸					
10350	34465	37471		667 反	6887	16930	33069	36820
惑		蒦		霍			镬	
	26896		10989		13009	36781		4834
			漤			鸡		
5477	15946	32922		23070	32891		18341	18342
	姬		基			跻		
37471		34217		6570	8448		1656	1656
箕			羁			及		
	6063	18493		18305	28161		4473	6342

吉	734	5275	6649	6830	8251	12508	16313	18893 反
	21054	26957	28011	30061	32983	38589	即 7634	20174
	22381	22860	25164	29706	29707	32467	32701	32995 / 呕
	13637	疾 137	8549	13671	21054	36766	集	17455
	17867	18333	耤 5604	9503	10410		几 30393	33296
	己	386	6057	乩 9198	34621		旡 1751	18006
	18800	季 14710	21117	21119			既 163	6648 7018
	11498	13399	祭	7905	15023	32625	35401	稷 9946
	冀	《殷遗》449	家	3522	13579	13589	13593	21028 / 嘉

13999	14020	14067	21789	21790	豤	12980	32353	夹
6063	7075	24245	戛	6300	甲	137	罦	18580
19791	稼	9618	9619	歼	96	32920	33087	戋
7321	36348	艰	137 反	584	24147	24204	翦	6366
6367	6375	6834	14295	18351	32103	33084	33208	36518
见	12984	17450	21305	建	36908	荐	38445	38447
鉴	27740	27742	28037	将	809	19560	32767	32768
姜	22099	32160	弨	31995	32791	32890	33388	降
6498	19829	32112	陟	32420	泽	19869	交	32509

角				炊				教
	6057	17672	20532		30172	32289	34488	
								皆
	5617	27732	28008	31482	31483	21422	32700	
				阶		街		逮
	30044	31182	33543		36937	4908		3353
		睫 (兼)						解
	35273		280	28233	28804	28962	30677	34095
		丰			介			戒
	18387	3954	9199		2164	17706	19027	
				犑		巾		
	3814	7060	20558		27721	28795	16546	19690 反
斤		今				金		堇
	21954	5111	20483	20961		23573		
		尽		进		晋		
	10180	32017	3515	3521	32353		19568	
京					井			
	526	8073	10921	24446	33221	33947		4725

9390	33044	洪	18770	姘	2732	8993	竟 35224
囧	695	18716	20041	32963	34165	九	1055 18134
32029	34675	37743	酒	721	896	13399	21220 22858
26957	32329	32360	32420	34095	旧	3522	30429 32235
咎	6095	21119	厩	29415	就	3142	苴 36965
柾	31139	丿	13443 白	17612	珏	14588	16091 32486
拃 32487	厥	19946 反	爵	3226	18571	22067	30173 君
24133	麇	4596	畯	3019	5608	侃	27879 29185
康	35969	36101	亢	312 屯	丂	22063	32616 疴

	柯			可				克
20966		3297	4014		2218 反	18896	31960	
				口			叩	寇
4528	19187	19188 反		24063	32906		1060	
				哭			夸	
138	559	577	9815		7815	23705		4813
	窥			蚰				
18075	18076	23670		1140	14700	14703	14704	
	困			拉			刺	
17166	33007	34235		《花》380	17987		18514	
	来						姝	
27885		975	7503	20076	36534	36604		14017
娄		狼		劳		牢		
	10298		《花》108		24333		321	20700
				老				
32669	32791	20045	33631		13758 反	17055	17055 反	21054
			乐		雷			
22246	23715	23717		33153		13409	13417	24364

潩	14357	頪	《花》53	唎	7042	礼（豊） 16085		34609
34610	力	19801	22099	帚	201	15706	32235	历
10425	32818	34599	立	3594	14254	利	2774 白	7043
7045	31243	33401	栎	36746	栗	10934	36745	厤（历）
13624	20157	31228	蒿	13624	怜	4310	良	1628 反
9810 反	10302	13936	22049	粮	24369	25585	量	18507
22094	22097	辽	28190	潦	24423	30775	寮	18626
24272	36909	燎	358	2975	10529	15662	21204	28108
32306	32420	33249	33385	34212	34274	34449	34459	34461

茢	14295	26992	31009	邻	《屯》1111	2607	林	20017
34544	36749	临	4299	粦	261	霖	13010	麢
36481	36836	向	583 反	9642	33236	廪	584 反	9637
22260	吝	25216	閦	27160	灵	592	2869	32509
夌	1094	1095	紒	9381	19878	20332	31812	32919
令	14626	32048	32509	32700	32890	流	27996	驪
29420	柳	36526	六	20736	32329	32917	34461	龙
4653	4658	5682	6592	8593	9552	1415 反	19269 反	21805
29365	31972	吭	4659	泷	902	3755	聋	21099

礲	9772	卢	12800	19956	22048	22073	32903	鲁
7823	10132	22102	櫓	20397	陆	36825	录	10957
13375	33177	33378	鹿	10260	10274	19957 反	20714	26907
28341	33369	脙	14103	18515	20964	麓	28899	29410
30268	35501	37452	奎	5667	13307	16238	16239	32384
罗	6016	仑	18690	泺	5902	洛	36959	吕
6567	旅	1027	5824	22558	25059	履	33284	35273
律	28953	率	5842	6347	26051	32385	马	10405
19813	20407	27950	29416	32995	霾	13466	13469	买

10976	29420	麦	9620	24404	27459	曼	583 反	1309
4508	芒	5475	20743	汇	27884	杧	36901	龙
4652	莽	18409	18430	21437	罘	5664	10727	10756
28342	卯	32	20070	21291	冒	10405 反	懋	29004
枚	19078	29957	眉	673	2516	3198	3421	4503
湄	30150	33515	30157	每	31260	33394	36518	美
3103	22044	31023	沫	31951	31951	妹	2605	19138
38305	彪	13751	14287	14288	14289	寐	20966	媚
14035	14792	14797	14799	门	12814	13605	34220	盟

19923	32330	32391	窆	13696	孟	22323	33014	梦
5598	10406	17410	17450	17468	22145	32212	麋	5579
10350	10358	10380	26899	26899	35261 习刻	米	72	32963
糸	335	21306	28401	宓	4813	4885	31996	娩（冥）
7845	10936	13942	13982	14020	冕	33069	面	21427
21428	灭	1397	17103	蔑	8308	14811	民	13629
20231	揹	9375	19945	20119	皿	5742	10964	21885
31150	敏	36765	39495	黾	17055	名	2190	9505
明	14	721	11708	16057	18725	鸣	522 反	4725

17366 反	明	18726	19411	殁 26 花	莫	10227
						27397
29807	30617	30972	牟	14313	18274	母
					2525 反	10406
19954	19956	19957	19957 反	21102	23348	牡
					34081	34359
14271	11196	2303	11244	8233	98 花	198 花
					木	5749
33193	目	4091	6195	6195	33367	牧
					4849	14357
7343	28351	6	31997	穆	7563	33373
						肭 12025
乃	655	10405	31199	廼	5181	6536
					10132 反	11406
20018	27416	奈	23431	25370	囡 8820 反	男 3451
3452	3454	21954	南	806	11504	13648
				14294	22543	

24938	24939	夒	21102	34172	35269	内	2873	17562 白
能	10457	19703	秕	13505	麂	10260	10386	10392
伿	8344	屰	14626	20472	逆	4450	4914	5951
17537	32035	匿	《屯》3566	怒	18385	年	9753	9817
9866	辇	29693	廿	499	1098	21249	念	1824
12670	娘	10137 反	11423	鸟	116	6528	11500	17366 反
尿	137	23340	囡	22173	22293	牵（幸）	127	136
5864	33091	聂	22283	臬	6333	澡	7320	33361
孽	248	4198	7407	宁	5884	14370	33233	33348

	嫥			泞			侅	
36457		14706	37563		32278	34041		32166
		妞		牛				
34095	37485		37485		6072	8875	22055	22078
			沑		弄			
32028	32982	33606		18781 反		10577	32288	35279
奴		妠			虐		善	
	8251		454	14084		17192		8755
		女				哦		屵
9663	18136		2688	6948	14001	718		
		庞				旁		
22238	32982		1899	7284	7287	5776 倒书		6665
			配			嵤		
8624	18680	33198		5007	14238		8174	8177
		朋				倗		
33147	33148		11441	11445	21774		13	7563
	彭					怀		㤹
19636		7064	31406	31432	31563		3284	

皮 13404	貔 《花东》550	貔 28319	罴 95	罴 1110	5840	
5844	10746	20772	20775	辟 5584	17356	20608 / 26895
品 26895	品 23712	34675	牝 11149	11198	3353	5777
17224	3411	8811	7040	18218	18220	32603 / 粤 18842
仆 17961	璞 6816	圛 9488	9552	瀑 36955		
七 32384	妻 689	5450	6057	戚 34287	34400	
霎 38192	38196	魁 6063	齐 98	36803	祁	
雺 18801	33128	其 738	5111	32029	祈 33803	32903
骑 17989	22283	棋 8189	乞 29	583 反	企	

18982	18983	31760	杞	13890	24473	启	4113	9339
13399	21002	啟	6471	17633	啓	30205	39800	起
7244	弃	8451	9100	21430	契	14176	31823	千
17910	17911	奸	32301	臤	8461	18143	牵	34675
擎	9368	23708	遣	4387	5315	11484	欠	914 反
9099	18008	32344	羌	163	32052	32119	32121	32182
戕	35301	墙	36481	殷	667	且（祖）	1770	20045
22052	32014	妾	13937	32165	侵	6057	6057 反	亲
30757	秦	299	4532 反	32742	禽	6049	9225	32271

32803	嫀	1086	擒	8336	17387	32788	寝	8163
32980	沁	20738	22370	岀	1824	庆	24474	36550
磬	317	7370	10500	丘	4734	5602	9331	秋
32028	33166	33233	34148	囚	10406 反	求	1170	1416
8396	23717	26854	32615	裘	2853	7921	7922	区
32020	34679	驱	30998	曲	1022	取	108	4734
34218	34497	娶	3297	齫	13662	去	5129	5134
5143 反	则	307	15429	35501		权	862	18159	泉
8374	10156	34165	34165	犬	5665	5666	17136	20683

22470	23689	27751	32983	33359	雀		
						387 反	4122	32839
32842	冉			攘			人
	6963	28078		3468	28187	28188	
			壬		朴		
1055	17055	32272		13375	17975	24358	34262
刃			任	妊			扔
	117	6660		7854	2800	21725	
	日					戎	
21050		20483	27338	30987	33694	34300	1066 反
					冗		肉
7768	19957	20555	21897	22425	27997	32730	
				如		乳	
6507	21017	24869	31770		19136	32227	22246
汝				辱		入	入
	2792	14026	15935 白		《屯》125	《屯》474	19725
			蓐			若	
20578	20646	22063		583 反	9497	7075	32035

〔33123〕	卅	〔32050〕	〔32052〕	塞	〔29365〕	三	〔31674〕	彡
〔1263〕	〔1347〕	〔32351〕	〔38289〕	散	〔8183〕	〔10908〕	〔29092〕	桑
〔6959〕	〔35435〕	丧	〔54〕	〔64〕	〔18120〕	〔23711〕	〔28982〕	〔32000〕
扫	〔13727〕	啬	〔13399〕	〔21306〕	〔28202〕	龇	〔38717〕	瑟
《花》130	森	〔11323〕	杀	〔303〕	〔584 反〕	〔16169〕	〔34606〕	山
〔16205〕	〔20982〕	芟	〔10571〕	杉	〔8027〕	删	〔22075〕	〔22075〕
羴	〔6996〕	〔21434〕	善	〔303〕	〔2942〕	〔14585〕	〔15422〕	〔18286〕
〔18296〕	〔20397〕	蟮（蟺）	〔26898〕	商	〔2955〕	〔4740〕	〔8883〕	〔33128〕
〔36975〕	滴	〔1082〕	〔8310〕	〔33177〕	〔33178〕	上	〔14258〕	〔32348〕

邵	《花》275	《花》467	舌	2561	5532	6248	10163
	13635						
16940	17410	射	2 花	467 花	163	3228	5779
涉							
1051	5227	20464	21256	31983	麝	《屯》2539	申
11423							
11497	20972	32386	36643	身	13666	13669	罙
6425							
6807	7082	18524	18533	29278	柛	《花》53	娠
14070							
深	5362	18765	升	811	27005	32716	35913
生	2646	24142	声	6016	18758	27632	32926
5116	7773	21524	31762	33378	33515	盛	18803
尸							
11000	20612	师	17180	32487	十	818	32052
石							

7695	19681	33916	食	6352	11485	19504	29776	祐
327	15217	姼	1395	22246	22323	史	20362	27721
4722	矢	5699	32193	豕	8814	20700	驶	28195
宋	10678	屎	9582	13625	示	21	6131	27412
28250	36182	市	29015	30884	沚	29365	视	5205
6175	6789	19156	室	806	22543	29437	30347	少(小)
5595	攴	18170	守	33407	首	13613	15105	20322
受	6520	9552	33018	33249	狩	584	10940	32903
33384	33394	嗳	28052	殳	21868	书	3272	疋

190	4586	6044	19956	21396	22236	32910	赤	7932
叔	29185	30911	姝	5807	14161	殊	10406 反	17057
埶	17936	30284	黍	11	9552	9598	9950	32593
34589	蜀	6859	7981	9775	21910	21910	鼠	2804
14020	尤	2940	18406	戌	6	28031	28039	28050
束	19704	22044	30381	31137	庶	4292	22045	竖
5352	衰	9096	帅	7329	8947	18589	爽（奭）	409
20106	27177	32744	36246	脽	6649	水	33349	33350
司（后）	6057 反	21067	21069	32548	37870	丝	3336	姛

2402	36176	38729	獄	36541	36542	死	17055	17060
21306	21890	22049	巳	734	15194	15495	19777	21291
27919	30757	32391	39957 反	四	31674	汜	8367	兕
10350	10398	24358	27146	28398	30995	37398	祀	9817
14549	15460	15489	飮 (饱)	9100	17953	18033	20326	肆
15872	15881	15882	23572	宋	20032	20035	20233	叟
4634 反	5624	嗽	34072	34073	夙	9804	20346 反	速
113 花	15109	夊	38563	岁	10040	13475	32052	32138
32982	34529	36975	祟 (求)	137	4787	34750	穗	33269

33269	孙	10554	31217	所 9389	索 387	15121
15516	21306	它 672	4813	14353	32509 她	22301
沓	28982	台	《花》85 《花》502	汏 3061	4350	贪
17468	覃	1809	3266 3326	潭 10474	檀	29408
糲	10040	10044	唐 1279	3226	6301	13405 19824
22741	28114	涛	10984	匋 36477	陶 5788	忒
《花》181	替	32892	天 22094	36535	田 3	20495
32700	32992 反	33209	33211	33215	畋 20744	20746 丙
23715	33075	条	11484	35239	珥 36943	听 5298

5299	8669	14291	14295	20017	庭	721	8088 反	15241
通	19834	20510	31793	同	24118	37517	桐	10196
童	30178	突	21224	33568	徒	3521	7657	途
67	68	6033	6056	17055	32770	32773	32897	涂
8361	梌	7936	37635	土	1506	3298	6420	33049
33050	36975	兔	499	7634	象	2496	22226	退
32261	34115	屯	7081	17568 白	豚	11263	28009	30510
臀	7075	17976	20582 反	乇	9280	32699	34363	橐
4499	4741	7694	鼄	17869	妥	3175	5578	21890

洼		娃		娲			刓	
	15678		4464		14021	14022		6002

		宛		万				
6008	8250		30268		8715	9812	17914	18396

亡			王					
	137	32064		137	6677	19946	21471 反	22838

							网	
23895	30529	32329	33209	33521	36512	36534		10514

			往					望
10754	22402	10976		3094	8251	10234	36646	

							危	
2281	2985	4589 反	6486	6492	32897	33112		32

			娃			微		
6498	6527	6530		6822	21462		27996	17942

韦						为		
	3847	3861	7329	11892	36909		15185	15185

	围		唯			尾	卫
15186		33399		29696	31677	136	

		未						
19957	20504		367	3944	19957	19957 反	22211	33521
畏			畐					
	14173	17442		17165	17391	21373	24116	28905
	温				文			
32881		137	151	1824		18682	18683	36089
	闻					紊		问
36168		1075	9100	18089	19173		27456	
	我					硪		
16419		584	6072	21249	32829	35913		10405
巫		吾		五		午		
	32234		8788		《花》178	11708		17731
				武				
20611	20792	21174	34148		17090	36159	36168	36534
舞							兀	
	795	7690	12839	15998	27891	32986	35277	
	勿					戊		
19642		3826	25364	27443	33604	33691		255

					疛		
3515	6441	19955	32490	36534		27253	雾（阴）16057
夕							兮
	12279	12623	17450	17680	17680	32330	23666
			西				
33165	33694	34481		7103	8752	33207	33209	36975
昔				析			息
	137反	3523	14229	16930	4742	14294	
		奚					
2354白	3449		644	647	811	6477	19771	19773
		劾			膝		嬉
32126	32524		1079	33189	33190	13670	
	熹			義		习	
2726反		18739	32536		36754	31669	31674
騽		洗			喜		系
	37514		8619	18245	9259	26621	
						下	
495	1098	1100	1105	14384	18463	6487	32615

夏				先			
	27722	30000	31617		1191	15291	32029	32401

	次			弦			咸
35308		8317	17934	21181		9410	13523	

			倪		县		陷
1397	11497	11499		21774		3286	18918	

							宪
3223	7363	19800	21258	22123	22374	28798	33348

	献			相			香
8811		31812	36345		12410	18793	36844	

		襄				祥	絑
36501	36752		3458 反	10990	20464		104	

				亯			飨
6	8599	20373	33019		3135	5640	32986	

			向			象	
5236	12797	16050		30122	33530	33540		1052

					小		效
8983	8984	8984	10222	10226		1661 白	32835	

		媒				爨		炘
3093	3094		2773	7854	14019		18178	
		心				近		辛
30413		905	3025	6928		《屯》656	《屯》4544	
			枞			新		
947	20792	21145		14710	18378		22073	29712
			歆			囟		
30974	32998	34522		32757	32757		26762	28092
星								
	9615	10344	11489	11491	11498	11500	11501	11505
			鲑		兴			
6124 反	21419	29696		22405		339	6530	19907
杏		姓		兄				
	17524		2861	18052		1807	2883	23525
				羞				
25029	休							
		3360	32961		18148	20928	30768	32768
宿			岫			戌		
	27812	29351	33567		3218	6477		583 反

				续		宣		
19803	19945	34120	36534		18384		28137	30374
旋	21482	薛	1253	11240 反	17412	31910	学	32
3511	8304	27712	雪	9365	34039	血	13562	18802
旬	17055	36809	36820	寻	3108	6406	8947	14474
32439	33230	巡	21526	21744	21795	嚆	28205	36904
讯	659	6746	36389	迅	18277	29084	29092	31792
徇	17167	徇	6044	32910	32911	亚	1941	22305
30122	娅	22301	延	13392	19834	32138	33422	言
1861	3685	13636	17795 反	21928	妍	3273	3274	27250

		炎		岩				合
30459	32170		36509		9432	17600	17601	

	劜			衍			
762		7325	18520	31136	563	4913	7706

			畬			麣	
27827	28712	33190		28097	32344	630	4828

			焱		燕		
6063	8904	24358		22133	5281	5284	5290

嚥			央		扬	羊	
	10613	15221		10404	3138	1924	

							阳
14838	20468	20680	20980	20982 反	21752	28046	《屯》4529

易			祥			洋	
	3393	3394		20306	33705	8548	17070

		敇					恙
26407	26411		5842	11398	21069	32014	35240

	爻			尧		杳	要
8877		13705	30518		9379	《屯》2682	

18094	噎	5411	野	18006	30173	页	22215	35270
枼 (叶)	12344	14018	19956	34136	伊	《屯》1122	32790	32791
33329	34176	衣	26039	34655	医	36641	依 (庇)	4730
6169	6407	夷	17027	陕	376	926	13887	17586 臼
19662	21284	32926	宦	34158	痍	13691	疑	12532
13465	23590	26382	32908	彝	14294	32360	36512	乙
137	19944	叺	《花东》62	以	1100	19777	31982	32000
32271	34041	乂	137 反	22219	32103	32982	33140	弋
4283	5899	6816	11031	18723	义	32982	38762	艺

								刈 （穫）
2920	13890	15354	20045	21523	30528	34606	35230	
					役			亦
9523	9557	9564	9567	18578		17708	18272	
					异			
522 反	583 反	6072	11502	32035		3193	4611	30416
		妷		印 （抑）				
31000	32915		22301		8329	13404	17096	19755
	邑				易			
19780		6063	17706	21583		1075	25971	32226
	益				執			
32955		12983	18803	31814		7928	27823	28821
殺		逸						
	9774		137	137	137	513	628	839
						翌		
839	5928	5935	9472 反	10148	10148		454	1626
1888	10936	13942	19945	25059	27726	27879	28888	32793

33515	33712	劓	5995	8986	8986 反	因	12359	14294
阴	20769	20770	殷		17979	狋	14396	18308	寅
4787	20972	21291	22421	35657	35696	尹	3492	32979
34564	引	1752	34381	饮	6057	10137	10405	鹰
10500	瘿	190	17541 臼	22067	庸	12839	15994	18802
31015	34612	35248	雍	122	1932 反	3122	3125	3128
3130	3131	3131	9798	9799	32923	雔	36593	36603
永	522	6058	12342	33190	踊	12830	用	20514
22294	32615	32791	34123	34148	攸	5760	32982	37519

幽	14951	33606	尤	22722	25268	26899	34722	由
595	20149	犹	33076	油	8358	游	5079	23701
33399	友	6057	6063 反	10960	有	7845	11497 反	13562
19957	20074	22047	酉	1055	32070	卣	3583	16246
30815	33292	右（又）	899	8506	32052	390	幼	52
柚	8063	8065	18417	24458	28942	于	137 反	1166
20582	22050	22075	余	2804	13503	20233	盂	33527
36520	37398	臾	1107	8720	32509	鱼	2972	7896
10483	10492	12921	18802	29700	竽	16242	18635	24216

俞			雩					渔
	4883	10405		3318	5512 臼	11423	17603	
								涡
	52	2984	2985	13723	14831	32780	喝 36751	
			榆			踰		雨
	《屯》2212	36531		28927	28928		18256	12839
								囷
	13375	20980	20983	24156	24770	27948	28295	31669
							玉	
	522 反	584 反	795	5972	5978	6057	6666	3990
				聿			御	
	6653	7053	16089		22063	32791	656 反	795
	1076	1578	2617	6761	32329	32329	32579	32935	33030
毓（育）							禦	
	8251	19066	22323	27323	32317	27559	27972	
			鬱					鸢
	27559	27972		8182	32963	33201	33225	5739

5740	渊	《屯》722	元	722	4489	员	10978	20592
爰	8930	19238	19238	19238	19240	22368	袁	18165
27756	30085	羰	14801	远	8277	夗	1824	苑
9506	日	1	734	2804	5760	14294	17055 反	17057
36975	月	《花》159	94	20881	31009	36125	戉	6567
6855	35913	刖	2541	33211	枂	20145	33015	岳
34212	34224	34295	2373	龠	4720	22855	25751	晕
13046	13051	20987	云	10406 反	11407	13387	13392	21021
33273	允	137	6057 反	17680	抎	13404	孕	709

	币			雠		灾		
21071		21911	22289		27151		1824	3222
							甾	
7996	8955	28646	28650	29324	33534	37802		36348
	宰	羊	牢	再		在 （才）		
36515		35501	583 反		7660		7	1055
		瓒			臧		葬	
19946	19946 反		17534 白	4849 反		6404 反		20578
					凿			
32831	21375	6043 反	6943	17180		201	13444	14238
		早 （艸）			蚤			
17282	32885		5059	6690	25370		18154	21238
棗 （枣）	秦		责	择				矢
	17444	《花》206	22226		126	32057		
				旲				贱
1051	3892	14708	14709		10405 反	13442	20965	
	柞			宅		翟		
18379		18835	0624		19532	21031		37439

占	734	3815	6830	13220	19886	36518	长	17055
27641	28195	28195	爪	叉		6450	召	
				975		36902		
31978	33014	33018	33020	36641	36643	36647	36664	36735
兆	1330	8340	13517	33178	33178	34255	36952	罩
6959	10759	33078	肇	7023	21623	折	7923	18459
真	32603	贞	734	18430	21220	22006	22044	22086
22088	31386	32815	33147	框	9816 反	18413	姬	18034
20815	裖	《花》496	振	36426	朕	152	1196	20335
20547	22307	震	17364	34715	36430	争	7	137

	征		姃		正			
667		31791		7145		424	6057	6323
6677	15857	16934	19851	24933	28398	33694	之	11917
12949	知	32563	30429	30692	38289	戠	33685	33708
执	5951	5970	20376	32183	32185	33008	33044	直
22103	22413	32877	姪	14067	18055	戠	20003	22246
止	20346 反	27321	沚	7503	20346	聑	8284	8286
11046	18836 反	徴	5663	6057	祉	5639	砒	14775
至	583 反	31194	豕	13521	致	27890	值	32
5598	20547	彘	1339	14930	18775	22361	33407	置

1989	4003	18213	23603	25901	32014	雉	7352	10513
10921	26879	37345	稚	《上博》43972	鷹	5658 反	10213	10410
28421	麈	33155	36654	37621	中	3875	13375	22587
32982	仲	3259	6174	众	23	32	37	31972
妣	22269	重	17949	舟	16940	32389	32522	32850
32852	州	659	7972	17577	俯	《花》380	周	6657
6822	6822	8472	22294	泅	11477	11478	30757	婤
《屯》3110	妯	14068	20001	肘	4899	11018	呪	《屯》3035
宙	21966	冑	4078	36492	昼	22942	撇（骤）	367

13363	13365	13366	帚（妇）	32762	181	2649	2777	13931
14067	20463	32760	朱	36743	竹	108	24409	32933
逐	10234	10644	28793	10294	10654	33374 反	助	16468
31678	住	27522	贮（贾）	371 反	1090	4696	5480 反	18381
27456	注	5468	壴	3508	9260	32418	34477	祝
15280	15281	26648	26689	27082	27456	30648	32418	32790
34444	专	3349	6834	8597	叀	17680	27347	32193
32615	32834	36002	耑	6842	8266	妆	5652	18063
椿	《花》11	隹	2923	503	21119	33123	33256	追

628	869	椎	13159	枞	33136	涿	23032	23032
23193	25418	酌	26039	瀰	36851	兹	3261	34148
36166	淄		10163	15230	子	32777	905	905	3138
22086	22294	20025	20035	21889	子（地支）	20514	20603	20790
21305	20409	22067	19812	19946	31655	32063	423	33523
33929	38396	梓	《花》483	自	137 反	320	19820	32329
32348	32615	33361	宗	32052	32121	33123	33233	36159
走	2326	17993	奏	1600	2072	8196	9004	26011
33128	33954	卒	1901	6161	7782	11274	18687	族

				俎				
14922	32518	33017	34136		387	388	6157	13050 反
		朘		宨			尊	
32124	34165		28064		30386	34676		8437
			左			乍（作）		
9869	32536	33140		137	371 反		217	6092
							坐	
6570	13503	14202	18006	23711	32557	1779		5357
	祏							
16998		14120	22284					

索　引

音序索引

361,373,374,376,383,387,388,391,403,
408,412—414,419,420,433,446,447,449,
486,492,494,500,505,506,509,515,517,
518,520,524,525,529,531,534,535,537,
541,543,545,547,552,557,560,562,563,
578,597,599,601,605,607,608,612,616—
624,628—633,684,693,705,720—723,725,
731,732,761,763—767,773—775,874,951,
963,964,976,1038—1040,1042,1045,1046,
1061, 1064, 1068, 1142—1146, 1185,
1192,1193

帝于 99,269,270,324,485,522,523

帝云 131

帝肇王疾 523

帝佳其终兹邑 523

禘 78,90,114—117,128,129,132,269,278,
281,282,284,325,326,346,369,415,431,
522—524,727,1051,1069,1170,1192

电 11,50,73,135,136,507,522,823,827,849,
851,862,877,884,887,915,919,922,923,
1199,1206

奠 74,148,149,175,176,178,179,181,206,
218,226,256,268,304,305,311,319,354,
355,357,375,378,398,425,446,458,499,
519,557,637,660,688,690,732,733,758,
787,791,794,796,801,811,824,842,850,
921,947,1011,1076,1079,1089,1106,1226

奠臣 688

奠幡侯 765

弔 431,687,720,1114,1127,1227

壹 534,851,1227

丁(动词、时间词、贞卜人物) 67,464

丁丑 31,38,66,70,71,92,93,98,99,134,139,
158,168,198,207,212,219,233,240,279,
280,282,285,300,302,319,337,348,349,
363,434,440,470—472,479,480,516,520,
522,523,531,546,568,578,594,617,622,

623,633,634,647,666—668,700,701,717,
720,723,736,740,764,781,1091,1170

丁辅之 904,1125,1128

丁官 170,358

丁国朝 927

丁亥 38,66,68,74,75,94,101,139,144,152,
155,165,180,202,216,228,238,241,242,
244,261,262,277,278,281,311,355,399,
407,421,459,461,473,484,489,516,612,
623,644,678,683,684,688,700,701,712,
713,723,726,731,737,755,759,1182

丁家 167

丁卯 38,41,65,67,72,92,96,122,138,169,
171,172,179,182,207,213,238,247,253,
262,278—280,284,285,291,308,325,331,
356,376,383,403,404,413,415,423,435,
437,442,485,487,502,522,527,564,589,
590,596,612,642,644,651,653,657,664,
667,687,688,693,699,707,712,718,762,
766,769,774,942,1157

丁门 173

丁山 36,127,145,178,179,236,238,261,271,
290,291,294,327,333,336,342,345,346,
351,352,359,362,372,375,380,387,403,
461,538,542,590,756,764,765,778,799,
1007,1046,1047,1158,1159,1166,1174,
1183,1190

丁巳 38,66,69,71,72,74,83,90,110,117,
129,140,143,155,156,167,169,190,211,
229,230,247,256,257,260,269,272,277—
280,286—288,296,326,330,344,353,354,
379,398,409,428,451,457,472,473,483,
490,502,509,514,529,580,604,616,619,
641,649,651,658,669,674,684,685,690,
697,700,704,710,713,723,726,752,757,
769,774,944,1153

丁未 38,66,72,73,107,157,159,167,172,

H

卢方 197,379,380,399,733

卢御史 733

芦金峰 892

庐子 665

鲁 16,44,78,81,260,265,312,328,331,333,
336,344,346,349,356,359,373,389,390,
395,521,544,583,592,597,626,763,764,
798,800,802,820,836—838,840,849,876,
882,884,888,899,910,935,953,959,961,
985,997,999,1002,1003,1006,1013,1026,
1032,1045,1067,1093,1103,1104,1108,
1111,1122,1148,1150,1164,1165,1169,
1172—1175,1177,1178,1181,1182,1211,
1212,1215,1243

鲁实先 256,273,289,343,351,573,840,853,
854,1006,1007,1044,1045,1180,1193—1196

橹(盾) 568

陆 44,46,50,52,88,154,228,233,316,324,
330,378,379,381,382,483,545,580,599,
609,616,798,809,815,834,841,842,844,
848,853,882,899,929,931,933,934,947,
956,968,978,989,993,1029,1036,1041,
1044,1068,1074,1083,1102,1108,1119,
1120,1122,1123,1155,1157,1161,1164,
1184—1195,1197,1200,1243

鹿 13,15—17,32,37,39,63,128,151,165,
174,183,185,192,195,202,204,212,216,
221,228,235,238—244,247—249,252,264,
270,272,276,287,292,307,309,310,313,
319,320,334,338,341,342,345,346,360,
370,372,378,399,400,416,462,478,482,
486,487,549,568,569,624,656,658,710,
738,746,748,826,929,930,948,951,953,
961,985,1018,1021,1052,1067,1089,1105,
1172,1183,1243

鹿头骨刻辞 33,37,1078

路工 915,917,1122

麗 567,568,675,710

麓 115,176,178,183,209,210,238,270,299,
307—310,321,394,568,578,669,749,834,
1046,1106,1243

麓觋 308

麓埜 176,307

吕 7,90,135,261,381,393,459,533,593,599,
624,678,985,990,1047,1167,1175,1178,
1184,1201,1243

吕伟达 875,876,1111

旅(贞卜人物、军事) 297,714

旅邑 178,297

律 13,19,20,24,40,45,82,117,469,470,494,
587,602,793,801,809,817,825,830,847,
863,872,878,885,887,948,1002,1052,1060,
1071,1078,1081,1096,1117,1124,1243

率 15,26,29,35,41,42,70,125,130—132,
158,242,294,295,327,335,337,381,383,
412,443,458,498,499,502,504,510,527,
572,575,590,594,599,616,622,623,635,
636,641,661,689,741,770,779,780,782,
784,791,805,806,929,931,952,954,976,
1033,1101,1132,1243

绿 10,37,137,582,805,875,883,1204

俞 549,575,576

罗 244,1243

罗迦陵 936,937

罗琨 298,299,373,381,384,860,861,870,
986,1015,1047,1054—1057,1061,1208

罗振常 15,57,791,932,995,1064,1103,1150,
1151,1173

罗振玉 13,17,19,21,22,25,44,45,47,48,57,
59,70,72—78,80,86,87,89,91—95,111—
113,118,122,128,132,135,136,145,146,
151—154,176,182,184,185,187,188,190,
191,194,195,200,201,205—207,212,213,
226,228,230,232,233,238—242,244,247,

Q

S

其他

著作音序索引